山西经济普查年鉴

Shanxi Economic Census Yearbook

综｜合｜卷 2008

山西省第二次全国经济普查领导小组办公室
山西省统计局 编

中国统计出版社
China Statistics Press

(京)新登字041号

图书在版编目（CIP）数据

山西经济普查年鉴. 2008 / 山西省第二次全国经济普查领导小组办公室、山西省统计局编. -- 北京：中国统计出版社，2010.11
ISBN 978-7-5037-6129-4

Ⅰ. ①山… Ⅱ. ①山… ②国… Ⅲ. ①经济－普查－山西省－2008－年鉴 Ⅳ. ①F127.25-54

中国版本图书馆CIP数据核字（2010）第209101号

山西经济普查年鉴—2008/综合卷

作　者/山西省第二次全国经济普查领导小组办公室　山西省统计局
责任编辑/徐　颖
装帧设计/黄俊杰　李雪燕
出版发行/中国统计出版社
通信地址/北京市西城区月坛南街57号
邮政编码/100826
办公地址/北京市丰台区西三环南路甲6号
网　址/www.stats.gov.cn/tjshujia
电　话/邮购（010）63376907　书店（010）68783172
印　刷/河北天普润印刷厂
经　销/新华书店
开　本/880×1230毫米　1/16
字　数/935千字
印　张/30
版　别/2011年1月第1版
版　次/2011年1月第1次印刷
书　号/ISBN 978-7-5037-6129-4/F・2965
定　价/980. 00元　（全四册附光盘）

本书附同版光盘一张，内容以纸质图书为准。

《山西经济普查年鉴—2008》编辑机构名单

编者说明

《山西经济普查年鉴—2008》是一部全面反映山西省第二次全国经济普查成果的大型资料工具书。该书系根据山西省第二次全国经济普查结果，按照国家统计分类标准，对普查数据进行各种分组、加工汇总而形成的综合资料。

一、本资料的调查年度为2008年，调查时点为2008年12月31日。

二、本资料的汇总范围为山西省境内从事第二、第三产业活动的全部法人单位、产业活动单位和个体工商户。

三、本资料书共三卷，即综合卷、第二产业卷（上、下册）和第三产业卷。

综合卷为单位基本情况资料，共三篇。第一篇为综合篇，第二篇为企业篇，第三篇为事业、机关、社团、民办非企业篇。

第二产业卷分上下册，上册一篇，下册三篇，共四篇。第一篇为工业企业生产经营及财务状况，第二篇为企业水及能源消费情况，第三篇为工业企业科技情况，第四篇为建筑业企业生产经营及财务状况。

第三产业卷共五篇。第一篇为交通运输、仓储和邮政业生产经营及财务状况，第二篇为批发和零售业商品销售和财务状况，第三篇为住宿和餐饮业经营及财务状况，第四篇为房地产业生产经营及财务状况，第五篇为其他服务业生产经营及财务状况。

四、本资料表中的空格表示无该项统计指标数据，“…”表示该指标数值小，达不到计量单位标准。有关加工数据因小数取舍产生的误差未做人工调整。

五、农、林、牧、渔业为第二、三产业法人兼营的第一产业活动单位。因铁路部门数据以条组织普查，数据无法分解到省，故铁路运输业不包括铁路部门普查的企业数据。

第二次全国经济普查成果资料十分丰富，受时间、技术和水平所限，本资料尚不能涵盖普查成果的全部内容。目前，省经济普查办公室正在组织力量进行课题开发应用，力争有更多的普查资料成果公诸于世。

序

山 西 省 人 民 政 府 副 省 长

山西省经济普查领导小组组长 牛仁亮

第二次全国经济普查是国务院决定开展的一项重大国情国力调查。2008年以来，省人民政府根据国务院的统一部署，组织进行了山西省第二次全国经济普查。在国务院经济普查领导小组的统一领导下，全省各级党委、政府高度重视经济普查工作，各有关部门密切配合，各级普查机构广泛动员，精心组织，科学实施。全省组织动员了20多万基层普查员和普查指导员，对山西境内从事第二、三产业的16万法人单位、24万产业活动单位以及近百万个体经营户，进行了“地毯式”的逐户上门清查和现场登记，并使用现代网络信息技术进行了超大规模的数据处理和审核评估工作。与第一次经普相比，这次普查正值我国经济社会发展极不平凡的时期，全国人民倾力抗击汶川特大地震灾害，倾力举办奥运会，倾力应对国际金融危机，特别是面对着近年来经济规模不断扩大、经济结构日趋复杂、经济形式日益多样的新形势，普查工作量成倍增

加，普查任务相当艰巨。

通过这次普查，我们不仅比较全面地摸清了第二、三产业的规模、速度、结构和效益，包括19个行业门类、90个行业大类、378个行业中类、875个行业小类的大量基础性信息，还填补了服务业、能源、信息化等常规统计数据的空白，进一步查实了我省GDP总量和结构，初步形成了全面反映第二、三产业状况的综合数据库、基本单位名录库。对于这次经济普查工作和成果，省委、省政府给予充分肯定和高度评价，同时也得到了国务院经普领导小组及国家统计局的充分肯定和表彰奖励。

回顾两年多来的历程，我省经济普查的圆满成功，主要得益于以下五个方面：一是各级党委和政府强有力的领导和支持；二是各有关部门的密切配合和通力合作；三是各级普查工作机构卓有成效的组织实施；四是全省广大普查人员的团结奋斗和无私奉献；五是社会各界和普查对象的积极参与和密切配合。历史将永远不会忘记那些为普查做出过贡献的人们！

为了充分发挥经济普查成果的作用，省经济普查办公室在较短时间内完成了普查数据的加工整理，编纂出版了《山西经济普查年鉴—2008》大型普查资料丛书。该丛书共分三卷、四册，是全省广大普查人员汗水和智慧的结晶，是一笔十分珍贵的信息资源和社会财富。该书的面世必将会为社会各界更好地认识省情、把握全局、规划未来，在全面加快山西转型跨越发展的伟大实践中发挥重要的基础信息作用。

二零一零年十月

综合卷　目录

第一篇　综合篇

第二篇　企业篇

第三篇　事业、机关、社团、民办非企业篇

附录

第 1 篇

综合篇

1-1-1 按地区、行业(门类)

地　　区	法　人单位数(个)	农、林、牧、渔业	采矿业	制造业	电力、燃气及水的生产和供应业	建筑业	交通运输、仓储和邮政业	信息传输、计算机服务和软件业	批发和零售业	住宿和餐饮业
总　计	**160747**	**15**	**7969**	**22409**	**770**	**4203**	**2964**	**2603**	**28977**	**2866**
太原市	28987	1	685	3711	46	1508	470	906	8152	803
大同市	14181	1	750	1375	65	381	280	258	2848	301
阳泉市	7082		322	1138	43	208	82	106	1521	173
长治市	15958	7	849	1940	89	372	284	173	2681	224
晋城市	11463		596	1595	88	250	212	163	2171	185
朔州市	7771	1	217	628	40	185	197	54	1586	116
晋中市	14187	3	874	2747	91	315	286	133	2015	243
运城市	16334	1	522	3483	89	275	359	328	2181	215
忻州市	14417		825	1734	84	185	197	73	1431	171
临汾市	18973	1	1326	2257	89	363	404	362	3358	318
吕梁市	11394		1003	1801	46	161	193	47	1033	117

分组的法人单位数

金融业	房地产业	租赁和商务服务业	科学研究、技术服务和地质勘查业	水利、环境和公共设施管理业	居民服务和其他服务业	教育	卫生、社会保障和社会福利业	文化、体育和娱乐业	公共管理和社会组织
731	**3886**	**6615**	**3957**	**1720**	**2685**	**9003**	**5292**	**2299**	**51783**
207	1269	2209	1201	273	887	1326	750	479	4104
69	408	632	415	171	174	763	555	209	4526
44	163	304	163	57	178	313	155	113	1999
57	428	627	395	218	163	846	570	255	5780
43	189	481	244	141	236	625	313	197	3734
34	161	192	153	83	208	332	230	87	3267
61	243	409	286	140	152	818	405	196	4770
50	286	494	314	167	255	1027	745	202	5341
44	198	295	218	164	90	687	569	169	7283
68	361	756	428	201	280	1589	659	236	5917
54	180	216	140	105	62	677	341	156	5062

1-1-2 按机构类型、人员组距、开业(成立)时间分组的法人单位数、产业活动单位数及就业人数

项目	法人单位					产业活动单位		
	单位数(个)	单产业法人	多产业法人	就业人数(人)	#女性	单位数(个)	#多产业法人所属的产业活动单位数	就业人数(人)
总计	**160747**	**142259**	**18488**	**6647298**	**1995972**	**235124**	**92865**	**7023617**
按机构类型分组								
企业	87417	83740	3677	4862418	1272701	113723	29983	5123586
事业单位	23492	20690	2802	1015710	495879	54287	33597	1134418
机关	8973	5829	3144	391463	104648	14199	8370	361845
社会团体	5001	4882	119	64690	22438	5630	748	69713
民办非企业单位	2947	2922	25	82275	48842	2922		80836
基金会	19	19		146	36	30	11	218
居委会	1823	1723	100	17629	11769	1874	151	17498
村委会	28208	19629	8579	170775	19359	28727	9098	158825
其他组织机构	2867	2825	42	42192	20300	13732	10907	76678
按就业人员分组								
7人及以下	73406	67656	5750	295088	75473	126178	58522	444671
8-19人	40409	35726	4683	475208	150213	54963	19237	644888
20-49人	25215	22119	3096	759632	255862	30922	8803	921386
50-99人	10910	8650	2260	746047	267755	11770	3120	798859
100-299人	7968	6185	1783	1274335	444312	8234	2049	1319044
300-499人	1413	1080	333	531214	160218	1501	421	565410
500-999人	811	545	266	549649	157590	886	341	605931
1000-4999人	553	276	277	1045274	280471	603	327	1128919
5000-9999人	38	17	21	255355	61071	52	35	346473
10000人及以上	24	5	19	715496	143007	15	10	248036
按开业(成立)年份分组								
1949年以前	5069	3983	1086	430941	125837	7737	3754	228390
1950-1977年	22652	17438	5214	1367858	428988	41827	24389	1277676
1978-1991年	30396	22585	7811	1195825	342883	45270	22685	1286827
1992-1995年	6829	6269	560	407441	112512	11196	4927	451833
1996年	2173	2042	131	114696	37814	3324	1282	137544
1997年	2395	2208	187	133715	44077	3743	1535	154899
1998年	4617	4284	333	245243	71265	7485	3201	317317
1999年	3668	3465	203	173624	53359	5486	2021	230259
2000年	5608	5258	350	274439	83603	7988	2730	261440
2001年	6460	5968	492	271348	76437	9200	3232	313306
2002年	8173	7700	473	383618	118296	11389	3689	401554
2003年	8715	8358	357	339001	98359	11575	3217	412882
2004年	8931	8616	315	291369	83427	11476	2860	328598
2005年	10053	9792	261	268749	81741	12900	3108	314600
2006年	11551	11361	190	264297	89304	14839	3478	317893
2007年	11287	11101	186	249153	76701	14343	3242	303778
2008年	8416	8268	148	164613	57279	11335	3067	210854

注：本表按开业(成立)年份分组中不包含筹建单位的单位数。

1-1-3　按地区分组的法人单位数、产业活动单位数及就业人数

地　区	法人单位					产业活动单位				
	单位数（个）	单产业法　人	多产业法　人	就业人数（人）	#女性	单位数（个）	#多产业法人所属的产业活动单位数	就业人数（人）	单产业法人所属的就业人数	多产业法人所属的就业人数
总　计	**160747**	**142259**	**18488**	**6647298**	**1995972**	**235124**	**92865**	**7023617**	**4390216**	**2633401**
太原市	28987	27496	1491	1428649	465190	36466	8970	1527997	914479	613518
大同市	14181	13274	907	659548	207967	20025	6751	679843	398143	281700
阳泉市	7082	6085	997	377383	106049	10228	4143	367839	198071	169768
长治市	15958	13417	2541	598255	177577	24679	11262	627994	361831	266163
晋城市	11463	9103	2360	504468	136819	18292	9189	531611	340453	191158
朔州市	7771	7409	362	280904	85693	10416	3007	287950	218247	69703
晋中市	14187	12110	2077	605832	161433	21683	9573	618105	393537	224568
运城市	16334	14269	2065	669746	220465	26706	12437	725195	454392	270803
忻州市	14417	13384	1033	403897	112319	20513	7129	441754	313244	128510
临汾市	18973	15412	3561	632451	195617	29391	13979	667127	430758	236369
吕梁市	11394	10300	1094	486165	126843	16725	6425	548202	367061	181141

1-1-4 按行业(小类)分组的法人单位数、产业活动单位数及就业人数

项　　目	法人单位					产业活动单位		
	单位数(个)	单产业法　人	多产业法　人	就业人数(人)	#女性	单位数(个)	#多产业法人所属的产业活动单位数	就业人数(人)
总　计	**160747**	**142259**	**18488**	**6647298**	**1995972**	**235124**	**92865**	**7023617**
农、林、牧、渔业	**15**		**15**	**2039**	**809**	**949**	**949**	**9382**
农业	6		6	1466	681	85	85	445
谷物及其他作物的种植	2		2	1421	657	7	7	69
谷物的种植	2		2	1421	657	4	4	59
薯类的种植								
油料的种植								
豆类的种植								
棉花的种植								
麻类的种植								
糖料的种植								
烟草的种植								
其他作物的种植						3	3	10
蔬菜、园艺作物的种植	3		3	36	21	18	18	190
蔬菜的种植	3		3	36	21	8	8	76
花卉的种植						9	9	105
其他园艺作物的种植						1	1	9
水果、坚果、饮料和香料作物的种植						60	60	186
水果、坚果的种植						60	60	186
茶及其他饮料作物的种植								
香料作物的种植								
中药材的种植	1		1	9	3			
中药材的种植	1		1	9	3			
林业	3		3	77	16	106	106	1647
林木的培育和种植	3		3	77	16	102	102	1618
育种和育苗	1		1	30	11	45	45	417
造林						27	27	366
林木的抚育和管理	2		2	47	5	30	30	835
木材和竹材的采运						2	2	26
木材的采运						2	2	26
竹材的采运								
林产品的采集						2	2	3
林产品的采集						2	2	3
畜牧业	4		4	269	73	27	27	2378
牲畜的饲养	1		1	30	7	12	12	173
牲畜的饲养	1		1	30	7	12	12	173
猪的饲养	2		2	211	48	6	6	174
猪的饲养	2		2	211	48	6	6	174
家禽的饲养						7	7	2013
家禽的饲养						7	7	2013
狩猎和捕捉动物								
狩猎和捕捉动物								
其他畜牧业	1		1	28	18	2	2	18
其他畜牧业	1		1	28	18	2	2	18

1-1-4 续表 1

项　目	法人单位					产业活动单位		
	单位数（个）	单产业法人	多产业法人	就业人数（人）	#女性	单位数（个）	#多产业法人所属的产业活动单位数	就业人数（人）
渔业	1		1	60	12	3	3	18
海洋渔业								
海水养殖								
海洋捕捞								
内陆渔业	1		1	60	12	3	3	18
内陆养殖	1		1	60	12	3	3	18
内陆捕捞								
农、林、牧、渔服务业	1		1	167	27	728	728	4894
农业服务业	1		1	167	27	193	193	1807
灌溉服务	1		1	167	27	44	44	582
农产品初加工服务						5	5	288
其他农业服务						144	144	937
林业服务业						129	129	924
林业服务业						129	129	924
畜牧服务业						406	406	2163
兽医服务						349	349	1710
其他畜牧服务						57	57	453
渔业服务业								
渔业服务业								
采矿业	**7969**	**7830**	**139**	**1181261**	**165694**	**8364**	**534**	**1138654**
煤炭开采和洗选业	4817	4702	115	1101740	159543	5087	385	1047481
烟煤和无烟煤的开采洗选	4816	4702	114	1100659	158993	5084	382	1046319
烟煤和无烟煤的开采洗选	4816	4702	114	1100659	158993	5084	382	1046319
褐煤的开采洗选								
褐煤的开采洗选								
其他煤炭采选	1		1	1081	550	3	3	1162
其他煤炭采选	1		1	1081	550	3	3	1162
石油和天然气开采业	12	11	1	1488	302	14	3	1534
天然原油和天然气开采	9	8	1	1028	170	11	3	1074
天然原油和天然气开采	9	8	1	1028	170	11	3	1074
与石油和天然气开采有关的服务活动	3	3		460	132	3		460
与石油和天然气开采有关的服务活动	3	3		460	132	3		460
黑色金属矿采选业	1493	1482	11	49545	3119	1534	52	54904
铁矿采选	1468	1457	11	46204	2831	1507	50	50814
铁矿采选	1468	1457	11	46204	2831	1507	50	50814
其他黑色金属矿采选	25	25		3341	288	27	2	4090
其他黑色金属矿采选	25	25		3341	288	27	2	4090
有色金属矿采选业	127	122	5	6820	822	138	16	10209
常用有色金属矿采选	103	98	5	5043	672	113	15	8282
铜矿采选	52	47	5	1804	256	60	13	4048
铅锌矿采选	8	8		1027	66	8		1027
镍钴矿采选								
锡矿采选								
锑矿采选								
铝矿采选	31	31		1973	346	33	2	2968
镁矿采选	8	8		148	2	8		148
其他常用有色金属矿采选	4	4		91	2	4		91

1-1-4 续表 2

项　目	法人单位					产业活动单位		
	单位数(个)	单产业法人	多产业法人	就业人数(人)	#女性	单位数(个)	#多产业法人所属的产业活动单位数	就业人数(人)
贵金属矿采选	22	22		1728	145	23	1	1878
金矿采选	20	20		1720	143	21	1	1870
银矿采选	2	2		8	2	2		8
其他贵金属矿采选								
稀有稀土金属矿采选	2	2		49	5	2		49
钨钼矿采选	1	1		47	4	1		47
稀土金属矿采选	1	1		2	1	1		2
放射性金属矿采选								
其他稀有金属矿采选								
非金属矿采选业	1520	1513	7	21668	1908	1590	77	24430
土砂石开采	1375	1369	6	19948	1733	1441	72	22695
石灰石、石膏开采	385	383	2	5464	603	397	14	6129
建筑装饰用石开采	242	242		3557	227	267	25	4875
耐火土石开采	84	84		1173	129	90	6	1561
粘土及其他土砂石开采	664	660	4	9754	774	687	27	10130
化学矿采选	77	77		995	98	79	2	1008
化学矿采选	77	77		995	98	79	2	1008
采盐								
采盐								
石棉及其他非金属矿采选	68	67	1	725	77	70	3	727
石棉、云母矿采选	5	4	1	93	5	6	2	93
石墨、滑石采选	3	3		19	3	3		19
宝石、玉石开采	1	1		28	6	1		28
其他非金属矿采选	59	59		585	63	60	1	587
其他采矿业						1	1	96
其他采矿业						1	1	96
其他采矿业						1	1	96
制造业	**22409**	**21948**	**461**	**1576189**	**455492**	**23743**	**1795**	**1648869**
农副食品加工业	1743	1709	34	49855	19117	1868	159	49896
谷物磨制	545	540	5	7630	2041	603	63	8062
谷物磨制	545	540	5	7630	2041	603	63	8062
饲料加工	224	218	6	6105	1964	230	12	5985
饲料加工	224	218	6	6105	1964	230	12	5985
植物油加工	121	119	2	4477	1240	126	7	4780
食用植物油加工	87	85	2	4115	1156	92	7	4418
非食用植物油加工	34	34		362	84	34		362
制糖	6	6		834	149	6		834
制糖	6	6		834	149	6		834
屠宰及肉类加工	268	251	17	11754	5132	321	70	11241
畜禽屠宰	142	129	13	7215	3080	179	50	6262
肉制品及副产品加工	126	122	4	4539	2052	142	20	4979
水产品加工	1	1		10	3	2	1	11
水产品冷冻加工	1	1		10	3	2	1	11
鱼糜制品及水产品干腌制加工								
水产饲料制造								
鱼油提取及制品的制造								
其他水产品加工								

1-1-4　续表 3

项　目	法人单位 单位数（个）	单产业法人	多产业法人	就业人数（人）	#女性	产业活动单位 单位数（个）	#多产业法人所属的产业活动单位数	就业人数（人）
蔬菜、水果和坚果加工	278	275	3	8806	4671	278	3	8743
蔬菜、水果和坚果加工	278	275	3	8806	4671	278	3	8743
其他农副食品加工	300	299	1	10239	3917	302	3	10240
淀粉及淀粉制品的制造	133	133		7203	2578	133		7203
豆制品制造	69	69		1242	525	70	1	1243
蛋品加工	15	15		227	129	15		227
其他未列明的农副食品加工	83	82	1	1567	685	84	2	1567
食品制造业	947	923	24	37634	17711	985	62	37259
焙烤食品制造	218	211	7	6055	3732	232	21	6148
糕点、面包制造	161	155	6	3884	2254	173	18	3969
饼干及其他焙烤食品制造	57	56	1	2171	1478	59	3	2179
糖果、巧克力及蜜饯制造	193	190	3	6510	3654	195	5	6552
糖果、巧克力制造	8	7	1	228	132	9	2	266
蜜饯制作	185	183	2	6282	3522	186	3	6286
方便食品制造	98	97	1	3840	2116	99	2	3834
米、面制品制造	53	52	1	1537	783	54	2	1531
速冻食品制造	20	20		668	385	20		668
方便面及其他方便食品制造	25	25		1635	948	25		1635
液体乳及乳制品制造	94	91	3	6776	2423	105	14	7224
液体乳及乳制品制造	94	91	3	6776	2423	105	14	7224
罐头制造	57	52	5	2752	1429	58	6	2716
肉、禽类罐头制造	13	10	3	848	486	14	4	825
水产品罐头制造	2	2		6		2		6
蔬菜、水果罐头制造	41	39	2	1897	943	41	2	1884
其他罐头食品制造	1	1		1		1		1
调味品、发酵制品制造	187	182	5	8622	3295	194	12	7675
味精制造	1	1		3	1	1		3
酱油、食醋及类似制品的制造	163	158	5	7645	2882	170	12	6698
其他调味品、发酵制品制造	23	23		974	412	23		974
其他食品制造	100	100		3079	1062	102	2	3110
营养、保健食品制造	28	28		535	177	28		535
冷冻饮品及食用冰制造	22	22		667	344	22		667
盐加工	1	1		30	6	1		30
食品及饲料添加剂制造	29	29		1624	449	31	2	1655
其他未列明的食品制造	20	20		223	86	20		223
饮料制造业	515	501	14	31166	11821	526	25	31586
酒精制造	10	10		729	255	10		729
酒精制造	10	10		729	255	10		729
酒的制造	226	218	8	21123	7777	227	9	21091
白酒制造	178	171	7	16660	5990	179	8	16648
啤酒制造	16	16		3606	1467	16		3606
黄酒制造	7	7		106	28	7		106
葡萄酒制造	11	11		278	140	11		278
其他酒制造	14	13	1	473	152	14	1	453

1-1-4 续表 4

项 目	法人单位					产业活动单位		
	单位数(个)	单产业法人	多产业法人	就业人数(人)	#女性	单位数(个)	#多产业法人所属的产业活动单位数	就业人数(人)
软饮料制造	270	265	5	9168	3730	280	15	9622
碳酸饮料制造	26	26		1918	719	28	2	1948
瓶(罐)装饮用水制造	134	130	4	1609	595	139	9	1700
果菜汁及果菜汁饮料制造	77	76	1	4602	2059	79	3	4635
含乳饮料和植物蛋白饮料制造	18	18		606	180	19	1	906
固体饮料制造	5	5		206	79	5		206
茶饮料及其他软饮料制造	10	10		227	98	10		227
精制茶加工	9	8	1	146	59	9	1	144
精制茶加工	9	8	1	146	59	9	1	144
烟草制品业	1	1		1263	524	1		1263
烟叶复烤								
烟叶复烤								
卷烟制造	1	1		1263	524	1		1263
卷烟制造	1	1		1263	524	1		1263
其他烟草制品加工								
其他烟草制品加工								
纺织业	270	261	9	28447	19009	284	23	28745
棉、化纤纺织及印染精加工	124	119	5	19187	13076	128	9	19760
棉、化纤纺织加工	111	106	5	17147	11859	114	8	17665
棉、化纤印染精加工	13	13		2040	1217	14	1	2095
毛纺织和染整精加工	9	9		524	371	10	1	579
毛条加工	3	3		10	1	3		10
毛纺织	5	5		354	244	6	1	409
毛染整精加工	1	1		160	126	1		160
麻纺织	5	5		2312	1478	5		2312
麻纺织	5	5		2312	1478	5		2312
丝绢纺织及精加工	11	10	1	1291	1038	12	2	1456
缫丝加工	8	8		795	633	8		795
绢纺和丝织加工	3	2	1	496	405	4	2	661
丝印染精加工								
纺织制成品制造	59	58	1	1994	1326	63	5	2106
棉及化纤制品制造	23	23		427	255	23		427
毛制品制造	6	5	1	218	143	6	1	212
麻制品制造	3	3		855	644	3		855
丝制品制造	4	4		73	40	4		73
绳、索、缆的制造	3	3		22	14	3		22
纺织带和帘子布制造	2	2		24	8	5	3	138
无纺布制造	4	4		30	10	4		30
其他纺织制成品制造	14	14		345	212	15	1	349
针织品、编织品及其制品制造	62	60	2	3139	1720	66	6	2532
棉、化纤针织品及编织品制造	35	34	1	1777	1262	36	2	1809
毛针织品及编织品制造	5	5		166	107	6	1	169
丝针织品及编织品制造	6	6		150	97	6		150
其他针织品及编织品制造	16	15	1	1046	254	18	3	404
纺织服装、鞋、帽制造业	248	239	9	13112	8461	268	29	13784
纺织服装制造	214	205	9	12382	8049	234	29	13054
纺织服装制造	214	205	9	12382	8049	234	29	13054

1-1-4　续表 5

项　目	法人单位 单位数(个)	单产业法人	多产业法人	就业人数(人)	#女性	产业活动单位 单位数(个)	#多产业法人所属的产业活动单位数	就业人数(人)
纺织面料鞋的制造	29	29		648	349	29		648
纺织面料鞋的制造	29	29		648	349	29		648
制帽	5	5		82	63	5		82
制帽	5	5		82	63	5		82
皮革、毛皮、羽毛(绒)及其制品业	32	31	1	1043	534	33	2	1088
皮革鞣制加工	2	2		97		2		97
皮革鞣制加工	2	2		97		2		97
皮革制品制造	18	17	1	788	449	18	1	785
皮鞋制造	13	12	1	632	386	13	1	629
皮革服装制造								
皮箱、包(袋)制造	4	4		125	37	4		125
皮手套及皮装饰制品制造	1	1		31	26	1		31
其他皮革制品制造								
毛皮鞣制及制品加工	11	11		148	78	12	1	196
毛皮鞣制加工	7	7		61	35	7		61
毛皮服装加工	2	2		4	2	3	1	52
其他毛皮制品加工	2	2		83	41	2		83
羽毛(绒)加工及制品制造	1	1		10	7	1		10
羽毛(绒)加工								
羽毛(绒)制品加工	1	1		10	7	1		10
木材加工及木、竹、藤、棕、草制品业	239	236	3	4811	1661	250	14	5238
锯材、木片加工	83	83		937	293	88	5	1166
锯材加工	49	49		414	120	54	5	643
木片加工	34	34		523	173	34		523
人造板制造	62	62		2086	554	63	1	2086
胶合板制造	23	23		854	226	23		854
纤维板制造	9	9		747	205	10	1	747
刨花板制造	8	8		98	16	8		98
其他人造板、材制造	22	22		387	107	22		387
木制品制造	80	77	3	1611	700	85	8	1809
建筑用木料及木材组件加工	38	37	1	805	279	39	2	805
木容器制造	29	27	2	635	365	31	4	830
软木制品及其他木制品制造	13	13		171	56	15	2	174
竹、藤、棕、草制品制造	14	14		177	114	14		177
竹、藤、棕、草制品制造	14	14		177	114	14		177
家具制造业	227	225	2	4303	1086	237	12	4532
木质家具制造	181	179	2	3643	898	188	9	3680
木质家具制造	181	179	2	3643	898	188	9	3680
竹、藤家具制造	1	1		1		1		1
竹、藤家具制造	1	1		1		1		1
金属家具制造	19	19		268	102	20	1	370
金属家具制造	19	19		268	102	20	1	370
塑料家具制造	7	7		142	27	7		142
塑料家具制造	7	7		142	27	7		142
其他家具制造	19	19		249	59	21	2	339
其他家具制造	19	19		249	59	21	2	339

1-1-4 续表 6

项目	法人单位					产业活动单位		
	单位数(个)	单产业法人	多产业法人	就业人数(人)	#女性	单位数(个)	#多产业法人所属的产业活动单位数	就业人数(人)
造纸及纸制品业	563	557	6	16631	7029	573	16	16817
纸浆制造	13	13		273	54	13		273
纸浆制造	13	13		273	54	13		273
造纸	182	180	2	6525	2531	184	4	6530
机制纸及纸板制造	149	147	2	5929	2257	151	4	5934
手工纸制造	8	8		272	113	8		272
加工纸制造	25	25		324	161	25		324
纸制品制造	368	364	4	9833	4444	376	12	10014
纸和纸板容器的制造	296	292	4	7935	3631	302	10	8098
其他纸制品制造	72	72		1898	813	74	2	1916
印刷业和记录媒介的复制	650	639	11	15453	7421	715	76	17082
印刷	582	573	9	14067	6923	644	71	15594
书、报、刊印刷	272	266	6	7396	3571	296	30	8077
本册印制	124	122	2	1904	1054	141	19	2234
包装装潢及其他印刷	186	185	1	4767	2298	207	22	5283
装订及其他印刷服务活动	67	65	2	1383	498	70	5	1485
装订及其他印刷服务活动	67	65	2	1383	498	70	5	1485
记录媒介的复制	1	1		3		1		3
记录媒介的复制	1	1		3		1		3
文教体育用品制造业	47	43	4	4090	1573	50	7	3383
文化用品制造	11	10	1	338	125	14	4	416
文具制造	3	2	1	21	14	5	3	87
笔的制造	2	2		18	4	2		18
教学用模型及教具制造	2	2		149	45	2		149
墨水、墨汁制造	1	1		116	52	2	1	128
其他文化用品制造	3	3		34	10	3		34
体育用品制造	30	27	3	3574	1342	30	3	2789
球类制造	1	1		45	32	1		45
体育器材及配件制造	12	12		706	194	12		706
训练健身器材制造	16	13	3	2806	1105	16	3	2021
运动防护用具制造								
其他体育用品制造	1	1		17	11	1		17
乐器制造	2	2		43	5	2		43
中乐器制造	2	2		43	5	2		43
西乐器制造								
电子乐器制造								
其他乐器及零件制造								
玩具制造	2	2		118	101	2		118
玩具制造	2	2		118	101	2		118
游艺器材及娱乐用品制造	2	2		17		2		17
露天游乐场所游乐设备制造	1	1		2		1		2
游艺用品及室内游艺器材制造	1	1		15		1		15
石油加工、炼焦及核燃料加工业	440	401	39	189618	39252	481	80	177182
精炼石油产品的制造	46	44	2	4615	1626	48	4	3314
原油加工及石油制品制造	44	42	2	3679	1327	45	3	1578
人造原油生产	2	2		936	299	3	1	1736

1-1-4　续表 7

项　　目	法人单位					产业活动单位		
	单位数(个)	单产业法　人	多产业法　人	就业人数(人)	#女性	单位数(个)	#多产业法人所属的产业活动单位数	就业人数(人)
炼焦	394	357	37	185003	37626	432	75	173784
炼焦	394	357	37	185003	37626	432	75	173784
核燃料加工						1	1	84
核燃料加工						1	1	84
化学原料及化学制品制造业	1543	1507	36	156685	42729	1657	150	184683
基础化学原料制造	561	554	7	49583	13200	605	51	60669
无机酸制造	57	57		1912	338	61	4	2366
无机碱制造	37	36	1	10581	4028	43	7	15210
无机盐制造	144	142	2	12868	2273	155	13	13464
有机化学原料制造	168	165	3	18641	5362	182	17	23330
其他基础化学原料制造	155	154	1	5581	1199	164	10	6299
肥料制造	203	193	10	45354	11144	223	30	60886
氮肥制造	51	45	6	34048	7524	60	15	50501
磷肥制造	22	21	1	1450	423	24	3	2000
钾肥制造	2	2		50	14	3	1	50
复混肥料制造	42	40	2	8436	2886	49	9	6965
有机肥料及微生物肥料制造	58	58		890	152	58		890
其他肥料制造	28	27	1	480	145	29	2	480
农药制造	62	61	1	1980	700	63	2	1935
化学农药制造	44	43	1	1701	606	45	2	1656
生物化学农药及微生物农药制造	18	18		279	94	18		279
涂料、油墨、颜料及类似产品制造	170	165	5	4719	1311	177	12	4844
涂料制造	125	122	3	1677	434	131	9	1764
油墨及类似产品制造	16	16		825	213	17	1	869
颜料制造	13	12	1	623	118	13	1	623
染料制造	11	10	1	1528	539	11	1	1522
密封用填料及类似品制造	5	5		66	7	5		66
合成材料制造	46	43	3	9614	2821	54	11	9920
初级形态的塑料及合成树脂制造	24	23	1	3444	974	30	7	3558
合成橡胶制造	11	10	1	3088	824	13	3	3287
合成纤维单(聚合)体的制造	5	4	1	3015	1010	5	1	3008
其他合成材料制造	6	6		67	13	6		67
专用化学产品制造	433	424	9	39007	11475	462	38	39921
化学试剂和助剂制造	124	123	1	5923	1200	128	5	6217
专项化学用品制造	45	45		1409	546	49	4	1664
林产化学产品制造	86	86		3639	454	86		3639
炸药及火工产品制造	65	59	6	22021	7972	80	21	23395
信息化学品制造	3	3		103	18	3		103
环境污染处理专用药剂材料制造	28	27	1	877	157	30	3	883
动物胶制造	29	29		474	132	29		474
其他专用化学产品制造	53	52	1	4561	996	57	5	3546
日用化学产品制造	68	67	1	6428	2078	73	6	6508
肥皂及合成洗涤剂制造	30	29	1	6013	1928	34	5	6081
化妆品制造	3	3		10	1	3		10
口腔清洁用品制造	3	3		28	16	3		28
香料、香精制造	7	7		153	27	7		153
其他日用化学产品制造	25	25		224	106	26	1	236

1-1-4 续表 8

项目	法人单位					产业活动单位		
	单位数(个)	单产业法人	多产业法人	就业人数(人)	#女性	单位数(个)	#多产业法人所属的产业活动单位数	就业人数(人)
医药制造业	261	255	6	31660	16817	269	14	31703
化学药品原药制造	30	30		6101	2603	33	3	6325
化学药品原药制造	30	30		6101	2603	33	3	6325
化学药品制剂制造	70	68	2	12406	7248	68		12209
化学药品制剂制造	70	68	2	12406	7248	68		12209
中药饮片加工	27	27		771	386	29	2	777
中药饮片加工	27	27		771	386	29	2	777
中成药制造	48	47	1	7914	4298	49	2	8152
中成药制造	48	47	1	7914	4298	49	2	8152
兽用药品制造	48	47	1	1545	601	49	2	1545
兽用药品制造	48	47	1	1545	601	49	2	1545
生物、生化制品的制造	21	20	1	1242	603	22	2	1254
生物、生化制品的制造	21	20	1	1242	603	22	2	1254
卫生材料及医药用品制造	17	16	1	1681	1078	19	3	1441
卫生材料及医药用品制造	17	16	1	1681	1078	19	3	1441
化学纤维制造业	15	14	1	1845	641	15	1	1790
纤维素纤维原料及纤维制造	1	1		1062	292	1		1062
化纤浆粕制造								
人造纤维(纤维素纤维)制造	1	1		1062	292	1		1062
合成纤维制造	14	13	1	783	349	14	1	728
锦纶纤维制造	1	1		132	41	2	1	152
涤纶纤维制造	6	5	1	421	181	5		346
腈纶纤维制造	1	1		80	60	1		80
维纶纤维制造								
其他合成纤维制造	6	6		150	67	6		150
橡胶制品业	166	162	4	9107	2990	193	31	11328
轮胎制造	15	15		3063	942	16	1	3064
车辆、飞机及工程机械轮胎制造	8	8		2929	913	8		2929
力车胎制造	1	1		32	10	1		32
轮胎翻新加工	6	6		102	19	7	1	103
橡胶板、管、带的制造	42	39	3	2515	848	53	14	4190
橡胶板、管、带的制造	42	39	3	2515	848	53	14	4190
橡胶零件制造	47	46	1	1302	602	53	7	1291
橡胶零件制造	47	46	1	1302	602	53	7	1291
再生橡胶制造	29	29		1369	122	30	1	1419
再生橡胶制造	29	29		1369	122	30	1	1419
日用及医用橡胶制品制造	6	6		308	228	8	2	597
日用及医用橡胶制品制造	6	6		308	228	8	2	597
橡胶靴鞋制造	7	7		54	7	9	2	90
橡胶靴鞋制造	7	7		54	7	9	2	90
其他橡胶制品制造	20	20		496	241	24	4	677
其他橡胶制品制造	20	20		496	241	24	4	677
塑料制品业	565	556	9	17714	8166	591	35	19309
塑料薄膜制造	55	55		1969	564	58	3	2059
塑料薄膜制造	55	55		1969	564	58	3	2059

1-1-4　续表 9

项　　目	法人单位					产业活动单位		
	单位数（个）	单产业法　人	多产业法　人	就业人数（人）	#女性	单位数（个）	#多产业法人所属的产业活动单位数	就业人数（人）
塑料板、管、型材的制造	126	120	6	3705	1161	134	14	4110
塑料板、管、型材的制造	126	120	6	3705	1161	134	14	4110
塑料丝、绳及编织品的制造	127	126	1	6718	4203	134	8	7642
塑料丝、绳及编织品的制造	127	126	1	6718	4203	134	8	7642
泡沫塑料制造	64	64		1145	416	64		1145
泡沫塑料制造	64	64		1145	416	64		1145
塑料人造革、合成革制造	4	3	1	71	12	6	3	97
塑料人造革、合成革制造	4	3	1	71	12	6	3	97
塑料包装箱及容器制造	62	62		1894	1008	62		1894
塑料包装箱及容器制造	62	62		1894	1008	62		1894
塑料零件制造	14	14		158	79	16	2	234
塑料零件制造	14	14		158	79	16	2	234
日用塑料制造	52	51	1	888	207	53	2	889
塑料鞋制造	1	1		43	30	1		43
日用塑料杂品制造	51	50	1	845	177	52	2	846
其他塑料制品制造	61	61		1166	516	64	3	1239
其他塑料制品制造	61	61		1166	516	64	3	1239
非金属矿物制品业	5758	5713	45	260033	70340	5970	257	269326
水泥、石灰和石膏的制造	568	560	8	46431	9351	591	31	48784
水泥制造	367	359	8	43130	8902	387	28	45375
石灰和石膏制造	201	201		3301	449	204	3	3409
水泥及石膏制品制造	734	727	7	17943	2977	769	42	18294
水泥制品制造	320	318	2	11416	1822	337	19	11382
砼结构构件制造	302	300	2	4412	614	318	18	4601
石棉水泥制品制造	10	9	1	147	23	10	1	138
轻质建筑材料制造	79	78	1	1622	440	80	2	1687
其他水泥制品制造	23	22	1	346	78	24	2	486
砖瓦、石材及其他建筑材料制造	2908	2893	15	87913	20534	3016	123	89439
粘土砖瓦及建筑砌块制造	2335	2325	10	70527	15732	2419	94	72889
建筑陶瓷制品制造	86	86		7369	3496	89	3	7394
建筑用石加工	295	291	4	5816	451	305	14	4698
防水建筑材料制造	51	51		1090	174	53	2	1135
隔热和隔音材料制造	50	49	1	1215	354	54	5	1270
其他建筑材料制造	91	91		1896	327	96	5	2053
玻璃及玻璃制品制造	311	311		45323	19738	313	2	45403
平板玻璃制造	13	13		1204	267	13		1204
技术玻璃制品制造	7	7		2659	950	7		2659
光学玻璃制造	1	1		1		1		1
玻璃仪器制造	9	9		1028	500	9		1028
日用玻璃制品及玻璃包装容器制造	231	231		38727	17302	231		38727
玻璃保温容器制造	3	3		470	281	3		470
玻璃纤维及制品制造	12	12		460	123	12		460
玻璃纤维增强塑料制品制造	17	17		324	87	19	2	404
其他玻璃制品制造	18	18		450	228	18		450
陶瓷制品制造	135	132	3	15198	8223	134	2	15130
卫生陶瓷制品制造	4	4		52	20	4		52

1-1-4 续表 10

项目	法人单位					产业活动单位		
	单位数（个）	单产业法人	多产业法人	就业人数（人）	#女性	单位数（个）	#多产业法人所属的产业活动单位数	就业人数（人）
特种陶瓷制品制造	18	18		1483	628	18		1483
日用陶瓷制品制造	101	98	3	13476	7507	100	2	13408
园林、陈设艺术及其他陶瓷制品制造	12	12		187	68	12		187
耐火材料制品制造	792	784	8	31214	6753	812	28	32600
石棉制品制造	18	18		471	173	21	3	636
云母制品制造	1	1		2		1		2
耐火陶瓷制品及其他耐火材料制造	773	765	8	30741	6580	790	25	31962
石墨及其他非金属矿物制品制造	310	306	4	16011	2764	335	29	19676
石墨及碳素制品制造	208	204	4	12150	1930	219	15	14792
其他非金属矿物制品制造	102	102		3861	834	116	14	4884
黑色金属冶炼及压延加工业	621	605	16	188254	35575	660	55	186088
炼铁	349	343	6	49888	8564	363	20	52095
炼铁	349	343	6	49888	8564	363	20	52095
炼钢	51	48	3	24394	4352	57	9	33176
炼钢	51	48	3	24394	4352	57	9	33176
钢压延加工	136	131	5	100753	20685	148	17	79773
钢压延加工	136	131	5	100753	20685	148	17	79773
铁合金冶炼	85	83	2	13219	1974	92	9	21044
铁合金冶炼	85	83	2	13219	1974	92	9	21044
有色金属冶炼及压延加工业	341	325	16	88619	17553	370	45	77880
常用有色金属冶炼	222	214	8	78339	15550	242	28	68127
铜冶炼	11	10	1	9933	3091	16	6	7779
铅锌冶炼	14	13	1	2107	495	13		1909
镍钴冶炼								
锡冶炼								
锑冶炼								
铝冶炼	46	41	5	36650	7683	61	20	29239
镁冶炼	133	132	1	29406	4237	134	2	28957
其他常用有色金属冶炼	18	18		243	44	18		243
贵金属冶炼	6	5	1	625	100	5		475
金冶炼	1	1		5		1		5
银冶炼	4	3	1	550	96	3		400
其他贵金属冶炼	1	1		70	4	1		70
稀有稀土金属冶炼	18	18		1306	194	18		1306
钨钼冶炼	7	7		236	69	7		236
稀土金属冶炼	9	9		1026	122	9		1026
其他稀有金属冶炼	2	2		44	3	2		44
有色金属合金制造	28	27	1	1886	271	29	2	1415
有色金属合金制造	28	27	1	1886	271	29	2	1415
有色金属压延加工	67	61	6	6463	1438	76	15	6557
常用有色金属压延加工	57	52	5	5426	1149	63	11	5339
贵金属压延加工	2	2		176	53	3	1	281
稀有稀土金属压延加工	8	7	1	861	236	10	3	937
金属制品业	1179	1164	15	41451	12139	1251	87	47392
结构性金属制品制造	475	466	9	12955	3465	507	41	16490
金属结构制造	290	284	6	9832	2631	315	31	13316
金属门窗制造	185	182	3	3123	834	192	10	3174

1-1-4　续表 11

项　目	法人单位					产业活动单位		
	单位数（个）	单产业法　人	多产业法　人	就业人数（人）	#女性	单位数（个）	#多产业法人所属的产业活动单位数	就业人数（人）
金属工具制造	117	116	1	3487	1324	121	5	3609
切削工具制造	17	16	1	1835	724	18	2	1836
手工具制造	9	9		157	44	9		157
农用及园林用金属工具制造	15	15		310	60	15		310
刀剪及类似日用金属工具制造	6	6		100	25	7	1	108
其他金属工具制造	70	70		1085	471	72	2	1198
集装箱及金属包装容器制造	36	36		1858	636	40	4	2350
集装箱制造								
金属压力容器制造	11	11		587	114	13	2	1016
金属包装容器制造	25	25		1271	522	27	2	1334
金属丝绳及其制品的制造	91	90	1	2877	1081	97	7	3081
金属丝绳及其制品的制造	91	90	1	2877	1081	97	7	3081
建筑、安全用金属制品制造	259	256	3	15665	4390	272	16	16137
建筑、家具用金属配件制造	27	27		329	69	29	2	429
建筑装饰及水暖管道零件制造	189	187	2	13718	3872	193	6	13776
安全、消防用金属制品制造	25	25		1231	382	27	2	1257
其他建筑、安全用金属制品制造	18	17	1	387	67	23	6	675
金属表面处理及热处理加工	58	58		1452	435	62	4	1691
金属表面处理及热处理加工	58	58		1452	435	62	4	1691
搪瓷制品制造	2	2		133	54	2		133
工业生产配套用搪瓷制品制造	1	1		5	1	1		5
搪瓷卫生洁具制造								
搪瓷日用品及其他搪瓷制品制造	1	1		128	53	1		128
不锈钢及类似日用金属制品制造	46	46		1225	365	48	2	1362
金属制厨房调理及卫生器具制造	8	8		95	15	10	2	232
金属制厨用器皿及餐具制造	8	8		423	142	8		423
其他日用金属制品制造	30	30		707	208	30		707
其他金属制品制造	95	94	1	1799	389	102	8	2539
铸币及贵金属制实验室用品制造								
其他未列明的金属制品制造	95	94	1	1799	389	102	8	2539
通用设备制造业	3373	3313	60	134685	32091	3542	229	154619
锅炉及原动机制造	237	233	4	11465	2972	246	13	11125
锅炉及辅助设备制造	220	216	4	7119	1572	229	13	6779
内燃机及配件制造	12	12		3795	1174	12		3795
汽轮机及辅机制造								
水轮机及辅机制造	1	1		20	9	1		20
其他原动机制造	4	4		531	217	4		531
金属加工机械制造	230	225	5	7333	1899	247	22	7613
金属切削机床制造	17	17		1673	464	17		1673
金属成形机床制造	21	20	1	817	185	21	1	824
铸造机械制造	55	53	2	1677	413	57	4	1711
金属切割及焊接设备制造	18	18		310	76	19	1	442
机床附件制造	15	15		371	50	15		371
其他金属加工机械制造	104	102	2	2485	711	118	16	2592

1-1-4 续表 12

项　　目	法人单位					产业活动单位		
	单位数（个）	单产业法　人	多产业法　人	就业人数（人）	#女性	单位数（个）	#多产业法人所属的产业活动单位数	就业人数（人）
起重运输设备制造	56	55	1	4171	899	61	6	5098
起重运输设备制造	56	55	1	4171	899	61	6	5098
泵、阀门、压缩机及类似机械的制造	290	284	6	14604	3504	294	10	15441
泵及真空设备制造	68	67	1	5838	1389	69	2	5845
气体压缩机械制造	11	10	1	866	227	11	1	866
阀门和旋塞的制造	36	35	1	2169	387	37	2	2179
液压和气压动力机械及元件制造	175	172	3	5731	1501	177	5	6551
轴承、齿轮、传动和驱动部件的制造	80	77	3	3338	849	82	5	3512
轴承制造	35	33	2	2071	568	36	3	2217
齿轮、传动和驱动部件制造	45	44	1	1267	281	46	2	1295
烘炉、熔炉及电炉制造	7	6	1	513	115	8	2	513
烘炉、熔炉及电炉制造	7	6	1	513	115	8	2	513
风机、衡器、包装设备等通用设备制造	136	133	3	7028	1749	147	14	8821
风机、风扇制造	34	34		1799	402	34		1799
气体、液体分离及纯净设备制造	13	13		303	71	14	1	563
制冷、空调设备制造	10	9	1	933	147	12	3	968
风动和电动工具制造	2	2		62	16	2		62
喷枪及类似器具制造	3	2	1	688	332	2		673
包装专用设备制造	2	2		25		2		25
衡器制造	24	24		991	313	25	1	1116
其他通用设备制造	48	47	1	2227	468	56	9	3615
通用零部件制造及机械修理	766	740	26	25721	10335	864	124	36601
金属密封件制造	7	7		66	15	7		66
紧固件、弹簧制造	52	49	3	1087	380	54	5	1026
机械零部件加工及设备修理	644	622	22	23052	9549	732	110	32889
其他通用零部件制造	63	62	1	1516	391	71	9	2620
金属铸、锻加工	1571	1560	11	60512	9769	1593	33	65895
钢铁铸件制造	872	865	7	39569	7167	890	25	44996
锻件及粉末冶金制品制造	699	695	4	20943	2602	703	8	20899
专用设备制造业	879	833	46	94789	28274	997	164	110314
矿山、冶金、建筑专用设备制造	372	346	26	39054	10893	446	100	56933
采矿、采石设备制造	263	242	21	32249	9292	322	80	49954
石油钻采专用设备制造	15	12	3	1987	697	18	6	784
建筑工程用机械制造	29	29		1059	187	31	2	1924
建筑材料生产专用机械制造	18	18		426	81	19	1	440
冶金专用设备制造	47	45	2	3333	636	56	11	3831
化工、木材、非金属加工专用设备制造	85	84	1	2854	642	93	9	3006
炼油、化工生产专用设备制造	13	13		1090	195	13		1090
橡胶加工专用设备制造						1	1	3
塑料加工专用设备制造	7	7		434	124	8	1	445
木材加工机械制造	8	8		149	26	10	2	171
模具制造	51	50	1	964	193	55	5	1080
其他非金属加工专用设备制造	6	6		217	104	6		217
食品、饮料、烟草及饲料生产专用设备制造	9	9		1053	59	9		1053
食品、饮料、烟草工业专用设备制造	3	3		126	20	3		126
农副食品加工专用设备制造	4	4		882	34	4		882
饲料生产专用设备制造	2	2		45	5	2		45

1-1-4　续表 13

项　　目	法人单位					产业活动单位		
	单位数(个)	单产业法人	多产业法人	就业人数(人)	#女性	单位数(个)	#多产业法人所属的产业活动单位数	就业人数(人)
印刷、制药、日化生产专用设备制造	25	24	1	726	175	29	5	1087
制浆和造纸专用设备制造	5	5		90	31	6	1	530
印刷专用设备制造	5	5		342	57	5		342
日用化工专用设备制造						1	1	16
制药专用设备制造	1	1		10	5	1		10
照明器具生产专用设备制造	9	9		130	49	11	2	145
玻璃、陶瓷和搪瓷制品生产专用设备制造	2	2		20	1	2		20
其他日用品生产专用设备制造	3	2	1	134	32	3	1	24
纺织、服装和皮革工业专用设备制造	130	127	3	12878	4545	142	15	15169
纺织专用设备制造	128	125	3	12848	4520	140	15	15139
皮革、毛皮及其制品加工专用设备制造	2	2		30	25	2		30
缝纫机械制造								
其他服装加工专用设备制造								
电子和电工机械专用设备制造	55	46	9	31733	10361	60	14	26372
电工机械专用设备制造	27	26	1	1686	509	28	2	1696
电子工业专用设备制造	19	19		1048	358	20	1	1079
航空、航天及其他专用设备制造	1		1	3493	1244	1	1	3301
农、林、牧、渔专用机械制造	54	52	2	2317	385	59	7	2120
拖拉机制造	1		1	1000	200	1	1	550
机械化农业及园艺机具制造	18	17	1	348	62	18	1	347
营林及木竹采伐机械制造								
畜牧机械制造	1	1		3	1	2	1	22
渔业机械制造								
农林牧渔机械配件制造	8	8		249	57	8		249
其他农林牧渔业机械制造及机械修理	26	26		717	65	30	4	952
医疗仪器设备及器械制造	32	31	1	623	203	35	4	686
医疗诊断、监护及治疗设备制造	6	6		121	43	6		121
口腔科用设备及器具制造	3	3		89	27	4	1	109
实验室及医用消毒设备和器具的制造	2	2		31	22	2		31
医疗、外科及兽医用器械制造	3	2	1	76	21	3	1	76
机械治疗及病房护理设备制造	1	1		20	5	1		20
假肢、人工器官及植(介)入器械制造	6	6		172	51	6		172
其他医疗设备及器械制造	11	11		114	34	13	2	157
环保、社会公共安全及其他专用设备制造	117	114	3	3551	1011	124	10	3888
环境污染防治专用设备制造	32	31	1	896	173	37	6	1196
地质勘查专用设备制造	1	1		76	13	1		76
邮政专用机械及器材制造								
商业、饮食、服务业专用设备制造	1	1		298	79	1		298
社会公共安全设备及器材制造	12	12		605	280	14	2	646
交通安全及管制专用设备制造	5	5		61	21	5		61
水资源专用机械制造	19	19		648	161	19		648
其他专用设备制造	47	45	2	967	284	47	2	963
交通运输设备制造业	573	555	18	44486	10804	645	90	50130
铁路运输设备制造	87	82	5	19766	4925	100	18	21871
铁路机车车辆及动车组制造	3	3		5675	1052	4	1	5715

1-1-4 续表 14

项目	法人单位 单位数(个)	单产业法人	多产业法人	就业人数(人)	#女性	产业活动单位 单位数(个)	#多产业法人所属的产业活动单位数	就业人数(人)
工矿有轨专用车辆制造	8	8		497	81	8		497
铁路机车车辆配件制造	39	37	2	6246	1885	45	8	5598
铁路专用设备及器材、配件制造	25	23	2	2847	873	28	5	4949
其他铁路设备制造及设备修理	12	11	1	4501	1034	15	4	5112
汽车制造	464	451	13	23562	5467	520	69	26858
汽车整车制造	4	3	1	482	128	8	5	1154
改装汽车制造	5	4	1	917	269	5	1	992
电车制造								
汽车车身、挂车的制造	21	21		1128	89	23	2	1347
汽车零部件及配件制造	106	101	5	15790	3963	111	10	16520
汽车修理	328	322	6	5245	1018	373	51	6845
摩托车制造	4	4		27	1	5	1	86
摩托车整车制造	2	2		6	1	2		6
摩托车零部件及配件制造	2	2		21		3	1	80
自行车制造	6	6		43	10	6		43
脚踏自行车及残疾人座车制造	5	5		38	9	5		38
助动自行车制造	1	1		5	1	1		5
船舶及浮动装置制造								
金属船舶制造								
非金属船舶制造								
娱乐船和运动船的建造和修理								
船用配套设备制造								
船舶修理及拆船								
航标器材及其他浮动装置的制造								
航空航天器制造	1	1		838	329	1		838
飞机制造及修理	1	1		838	329	1		838
航天器制造								
其他飞行器制造								
交通器材及其他交通运输设备制造	11	11		250	72	13	2	434
潜水及水下救捞装备制造								
交通管理用金属标志及设施制造	5	5		113	30	6	1	117
其他交通运输设备制造	6	6		137	42	7	1	317
电气机械及器材制造业	427	413	14	27627	9431	473	60	30594
电机制造	38	35	3	10779	3826	45	10	10842
发电机及发电机组制造	15	14	1	2269	769	19	5	2500
电动机制造	15	13	2	8353	2993	16	3	8114
微电机及其他电机制造	8	8		157	64	10	2	228
输配电及控制设备制造	170	164	6	6965	2245	187	23	8297
变压器、整流器和电感器制造	44	43	1	2084	538	52	9	2746
电容器及其配套设备制造	10	8	2	602	202	11	3	598
配电开关控制设备制造	76	73	3	2977	1095	82	9	3592
电力电子元器件制造	17	17		647	263	17		647
其他输配电及控制设备制造	23	23		655	147	25	2	714
电线、电缆、光缆及电工器材制造	108	104	4	5644	1763	117	13	6179
电线电缆制造	79	76	3	4033	1173	86	10	5173
光纤、光缆制造	2	1	1	798	200	3	2	172
绝缘制品制造	9	9		412	276	9		412
其他电工器材制造	18	18		401	114	19	1	422

1-1-4　续表 15

项　　目	法人单位					产业活动单位		
	单位数(个)	单产业法　人	多产业法　人	就业人数(人)	#女性	单位数(个)	#多产业法人所属的产业活动单位数	就业人数(人)
电池制造	18	18		1105	416	20	2	1157
电池制造	18	18		1105	416	20	2	1157
家用电力器具制造	12	12		417	168	16	4	567
家用制冷电器具制造						2	2	68
家用空气调节器制造	1	1		12	4	1		12
家用通风电器具制造	2	2		73	43	2		73
家用厨房电器具制造	3	3		134	45	4	1	144
家用清洁卫生电器具制造	1	1		48	22	1		48
家用美容、保健电器具制造								
家用电力器具专用配件制造	3	3		115	37	3		115
其他家用电力器具制造	2	2		35	17	3	1	107
非电力家用器具制造	24	24		403	114	25	1	708
燃气、太阳能及类似能源的器具制造	22	22		395	114	23	1	700
其他非电力家用器具制造	2	2		8		2		8
照明器具制造	28	27	1	852	425	29	2	1307
电光源制造	3	3		24	4	3		24
照明灯具制造	16	15	1	498	240	16	1	948
灯用电器附件及其他照明器具制造	9	9		330	181	10	1	335
其他电气机械及器材制造	29	29		1462	474	34	5	1537
车辆专用照明及电气信号设备装置制造	1	1		7		1		7
其他未列明的电气机械制造	28	28		1455	474	33	5	1530
通信设备、计算机及其他电子设备制造业	140	133	7	64471	26358	154	21	66993
通信设备制造	13	12	1	46234	19170	17	5	45790
通信传输设备制造	5	4	1	1550	484	4		1034
通信交换设备制造	1	1		7	1	1		7
通信终端设备制造								
移动通信及终端设备制造	2	2		44642	18675	6	4	44661
其他通信设备制造	5	5		35	10	6	1	88
雷达及配套设备制造	1	1		681	211	1		681
雷达及配套设备制造	1	1		681	211	1		681
广播电视设备制造	3	3		55	12	3		55
广播电视节目制作及发射设备制造								
广播电视接收设备及器材制造	1	1		22	3	1		22
应用电视设备及其他广播电视设备制造	2	2		33	9	2		33
电子计算机制造	4	3	1	3260	1272	8	5	3843
电子计算机整机制造	3	2	1	3257	1272	5	3	3560
计算机网络设备制造								
电子计算机外部设备制造	1	1		3		3	2	283
电子器件制造	19	17	2	1880	749	21	4	1875
电子真空器件制造	3	3		297	60	3		297
半导体分立器件制造	3	2	1	528	283	5	3	548
集成电路制造								
光电子器件及其他电子器件制造	13	12	1	1055	406	13	1	1030

1-1-4 续表 16

项目	法人单位					产业活动单位		
	单位数(个)	单产业法人	多产业法人	就业人数(人)	#女性	单位数(个)	#多产业法人所属的产业活动单位数	就业人数(人)
电子元件制造	70	68	2	11474	4604	72	4	13569
电子元件及组件制造	69	67	2	11470	4603	70	3	13491
印制电路板制造	1	1		4	1	2	1	78
家用视听设备制造	1	1		340	138	1		340
家用影视设备制造								
家用音响设备制造	1	1		340	138	1		340
其他电子设备制造	29	28	1	547	202	31	3	840
其他电子设备制造	29	28	1	547	202	31	3	840
仪器仪表及文化、办公用机械制造业	125	120	5	8466	3457	138	18	8942
通用仪器仪表制造	77	74	3	3942	1429	83	9	3546
工业自动控制系统装置制造	40	38	2	2752	761	42	4	2202
电工仪器仪表制造	19	19		737	410	19		737
绘图、计算及测量仪器制造	2	2		25	6	2		25
实验分析仪器制造	5	5		230	190	5		230
试验机制造	1	1		40	8	1		40
供应用仪表及其他通用仪器制造	10	9	1	158	54	14	5	312
专用仪器仪表制造	22	21	1	3659	1776	24	3	3351
环境监测专用仪器仪表制造	1	1		70	25	1		70
汽车及其他用计数仪表制造	1	1		7	5	1		7
导航、气象及海洋专用仪器制造	4	3	1	2479	1104	4	1	1933
农林牧渔专用仪器仪表制造	3	3		36	19	3		36
地质勘探和地震专用仪器制造								
教学专用仪器制造								
核子及核辐射测量仪器制造	2	2		55	13	2		55
电子测量仪器制造	5	5		323	108	6	1	498
其他专用仪器制造	6	6		689	502	7	1	752
钟表与计时仪器制造	3	3		53	22	3		53
钟表与计时仪器制造	3	3		53	22	3		53
光学仪器及眼镜制造	5	4	1	268	60	5	1	239
光学仪器制造	4	3	1	260	55	4	1	231
眼镜制造	1	1		8	5	1		8
文化、办公用机械制造	6	6		70	16	6		70
电影机械制造								
幻灯及投影设备制造								
照相机及器材制造								
复印和胶印设备制造								
计算器及货币专用设备制造	1	1		8		1		8
其他文化、办公用机械制造	5	5		62	16	5		62
其他仪器仪表的制造及修理	12	12		474	154	17	5	1683
其他仪器仪表的制造及修理	12	12		474	154	17	5	1683
工艺品及其他制造业	442	436	6	7921	2639	454	18	8548
工艺美术品制造	137	135	2	3021	1416	138	3	3016
雕塑工艺品制造	32	32		435	137	32		435
金属工艺品制造	25	25		822	277	25		822
漆器工艺品制造	8	7	1	297	117	9	2	292
花画工艺品制造	7	7		195	132	7		195
天然植物纤维编织工艺品制造	1	1		13	6	1		13

1-1-4 续表 17

项 目	法人单位					产业活动单位		
	单位数（个）	单产业法人	多产业法人	就业人数（人）	#女性	单位数（个）	#多产业法人所属的产业活动单位数	就业人数（人）
抽纱刺绣工艺品制造	19	19		653	398	19		653
地毯、挂毯制造	16	16		308	218	16		308
珠宝首饰及有关物品的制造	4	4		28	8	4		28
其他工艺美术品制造	25	24	1	270	123	25	1	270
日用杂品制造	13	13		260	125	13		260
制镜及类似品加工	6	6		153	71	6		153
鬃毛加工、制刷及清扫工具的制造	2	2		11	10	2		11
其他日用杂品制造	5	5		96	44	5		96
煤制品制造	271	268	3	3431	709	280	12	3654
煤制品制造	271	268	3	3431	709	280	12	3654
核辐射加工								
核辐射加工								
其他未列明的制造业	21	20	1	1209	389	23	3	1618
其他未列明的制造业	21	20	1	1209	389	23	3	1618
废弃资源和废旧材料回收加工业	79	78	1	950	289	93	15	1375
金属废料和碎屑的加工处理	38	38		548	205	46	8	681
金属废料和碎屑的加工处理	38	38		548	205	46	8	681
非金属废料和碎屑的加工处理	41	40	1	402	84	47	7	694
非金属废料和碎屑的加工处理	41	40	1	402	84	47	7	694
电力、燃气及水的生产和供应业	**770**	**711**	**59**	**124919**	**35911**	**1223**	**512**	**148954**
电力、热力的生产和供应业	402	370	32	98066	25947	748	378	112993
电力生产	253	240	13	51783	13535	312	72	59884
火力发电	128	119	9	48068	12791	175	56	55738
水力发电	108	104	4	3132	675	116	12	3227
核力发电								
其他能源发电	17	17		583	69	21	4	919
电力供应	42	31	11	36187	9664	280	249	41188
电力供应	42	31	11	36187	9664	280	249	41188
热力生产和供应	107	99	8	10096	2748	156	57	11921
热力生产和供应	107	99	8	10096	2748	156	57	11921
燃气生产和供应业	103	97	6	6409	2156	128	31	12773
燃气生产和供应业	103	97	6	6409	2156	128	31	12773
燃气生产和供应业	103	97	6	6409	2156	128	31	12773
水的生产和供应业	265	244	21	20444	7808	347	103	23188
自来水的生产和供应	209	189	20	18841	7395	282	93	21192
自来水的生产和供应	209	189	20	18841	7395	282	93	21192
污水处理及其再生利用	51	50	1	1548	400	59	9	1938
污水处理及其再生利用	51	50	1	1548	400	59	9	1938
其他水的处理、利用与分配	5	5		55	13	6	1	58
其他水的处理、利用与分配	5	5		55	13	6	1	58
建筑业	**4203**	**4023**	**180**	**683596**	**84353**	**5389**	**1366**	**689237**
房屋和土木工程建筑业	1700	1560	140	561379	64633	2664	1104	558128
房屋工程建筑	895	798	97	270802	29350	1679	881	284914
房屋工程建筑	895	798	97	270802	29350	1679	881	284914
土木工程建筑	805	762	43	290577	35283	985	223	273214
铁路、道路、隧道和桥梁工程建筑	353	334	19	178669	20556	444	110	170906

1-1-4 续表 18

项目	法人单位					产业活动单位		
	单位数（个）	单产业法人	多产业法人	就业人数（人）	#女性	单位数（个）	#多产业法人所属的产业活动单位数	就业人数（人）
水利和港口工程建筑	63	61	2	8331	1377	73	12	8933
工矿工程建筑	66	56	10	56275	7837	96	40	47237
架线和管道工程建筑	161	152	9	33088	3325	191	39	31748
其他土木工程建筑	162	159	3	14214	2188	181	22	14390
建筑安装业	784	767	17	65439	11179	897	130	71318
建筑安装业	784	767	17	65439	11179	897	130	71318
建筑安装业	784	767	17	65439	11179	897	130	71318
建筑装饰业	1224	1212	12	26786	4941	1268	56	28109
建筑装饰业	1224	1212	12	26786	4941	1268	56	28109
建筑装饰业	1224	1212	12	26786	4941	1268	56	28109
其他建筑业	495	484	11	29992	3600	560	76	31682
工程准备	181	176	5	12009	1430	205	29	12110
工程准备	181	176	5	12009	1430	205	29	12110
提供施工设备服务	85	83	2	4117	468	99	16	4758
提供施工设备服务	85	83	2	4117	468	99	16	4758
其他未列明的建筑活动	229	225	4	13866	1702	256	31	14814
其他未列明的建筑活动	229	225	4	13866	1702	256	31	14814
交通运输、仓储和邮政业	**2964**	**2802**	**162**	**170783**	**45124**	**5231**	**2429**	**205304**
铁路运输业	60	60		2487	677	85	25	8224
铁路旅客运输						1	1	34
铁路旅客运输						1	1	34
铁路货物运输						16	16	3776
铁路货物运输						16	16	3776
铁路运输辅助活动	60	60		2487	677	68	8	4414
客运火车站								
货运火车站	4	4		60	3	6	2	137
其他铁路运输辅助活动	56	56		2427	674	62	6	4277
道路运输业	1697	1581	116	88275	19582	2416	835	103002
公路旅客运输	153	135	18	17429	4334	220	85	13659
公路旅客运输	153	135	18	17429	4334	220	85	13659
道路货物运输	1145	1115	30	38964	6675	1301	186	45024
道路货物运输	1145	1115	30	38964	6675	1301	186	45024
道路运输辅助活动	399	331	68	31882	8573	895	564	44319
客运汽车站	74	69	5	3246	955	117	48	9166
公路管理与养护	286	226	60	25582	6632	715	489	32133
其他道路运输辅助活动	39	36	3	3054	986	63	27	3020
城市公共交通业	242	232	10	29095	9129	288	56	30820
公共电汽车客运	84	77	7	20623	8205	111	34	21326
公共电汽车客运	84	77	7	20623	8205	111	34	21326
轨道交通	1	1		25	9	3	2	29
轨道交通	1	1		25	9	3	2	29
出租车客运	153	151	2	8165	792	164	13	8810
出租车客运	153	151	2	8165	792	164	13	8810
城市轮渡								
城市轮渡								

1-1-4　续表 19

项　目	法人单位					产业活动单位		
	单位数（个）	单产业法人	多产业法人	就业人数（人）	#女性	单位数（个）	#多产业法人所属的产业活动单位数	就业人数（人）
其他城市公共交通	4	3	1	282	123	10	7	655
其他城市公共交通	4	3	1	282	123	10	7	655
水上运输业	13	13		168	45	20	7	210
水上旅客运输	3	3		64	29	3		64
远洋旅客运输	1	1		30	14	1		30
沿海旅客运输								
内河旅客运输	2	2		34	15	2		34
水上货物运输	3	3		33	5	6	3	46
远洋货物运输	1	1		8	5	1		8
沿海货物运输						1	1	3
内河货物运输	2	2		25		4	2	35
水上运输辅助活动	7	7		71	11	11	4	100
客运港口								
货运港口								
其他水上运输辅助活动	7	7		71	11	11	4	100
航空运输业	31	27	4	2459	923	42	15	2534
航空客货运输	7	6	1	108	27	9	3	115
航空旅客运输	2	2		9	5	3	1	12
航空货物运输	5	4	1	99	22	6	2	103
通用航空服务	6	6		43	18	9	3	82
通用航空服务	6	6		43	18	9	3	82
航空运输辅助活动	18	15	3	2308	878	24	9	2337
机场	2	2		199	72	4	2	210
空中交通管理	1	1		393	152	1		393
其他航空运输辅助活动	15	12	3	1716	654	19	7	1734
管道运输业	1	1		10	2	1		10
管道运输业	1	1		10	2	1		10
管道运输业	1	1		10	2	1		10
装卸搬运和其他运输服务业	430	417	13	13629	2814	500	83	15243
装卸搬运	209	207	2	8336	1063	234	27	9794
装卸搬运	209	207	2	8336	1063	234	27	9794
运输代理服务	221	210	11	5293	1751	266	56	5449
运输代理服务	221	210	11	5293	1751	266	56	5449
仓储业	461	454	7	12318	3329	571	117	15562
谷物、棉花等农产品仓储	223	219	4	6697	1974	270	51	7097
谷物、棉花等农产品仓储	223	219	4	6697	1974	270	51	7097
其他仓储	238	235	3	5621	1355	301	66	8465
其他仓储	238	235	3	5621	1355	301	66	8465
邮政业	29	17	12	22342	8623	1308	1291	29699
国家邮政	12		12	22013	8479	1280	1280	29137
国家邮政	12		12	22013	8479	1280	1280	29137
其他寄递服务	17	17		329	144	28	11	562
其他寄递服务	17	17		329	144	28	11	562
信息传输、计算机服务和软件业	**2603**	**2527**	**76**	**56775**	**23408**	**4666**	**2139**	**75640**
电信和其他信息传输服务业	591	525	66	41397	18432	2599	2074	58591
电信	223	165	58	35249	16336	2116	1951	50955
固定电信服务	56	27	29	17340	7268	965	938	27660
移动电信服务	107	84	23	15896	8565	1019	935	20980
其他电信服务	60	54	6	2013	503	132	78	2315

1-1-4 续表 20

项目	法人单位					产业活动单位		
	单位数(个)	单产业法人	多产业法人	就业人数(人)	#女性	单位数(个)	#多产业法人所属的产业活动单位数	就业人数(人)
互联网信息服务	279	277	2	2550	1041	313	36	3589
互联网信息服务	279	277	2	2550	1041	313	36	3589
广播电视传输服务	85	79	6	3531	1034	165	86	3967
有线广播电视传输服务	67	61	6	2703	918	136	75	3034
无线广播电视传输服务	18	18		828	116	29	11	933
卫星传输服务	4	4		67	21	5	1	80
卫星传输服务	4	4		67	21	5	1	80
计算机服务业	1714	1708	6	11715	3862	1747	39	12195
计算机系统服务	183	181	2	2076	600	191	10	2135
计算机系统服务	183	181	2	2076	600	191	10	2135
数据处理	9	9		100	46	12	3	118
数据处理	9	9		100	46	12	3	118
计算机维修	41	40	1	279	79	45	5	428
计算机维修	41	40	1	279	79	45	5	428
其他计算机服务	1481	1478	3	9260	3137	1499	21	9514
其他计算机服务	1481	1478	3	9260	3137	1499	21	9514
软件业	298	294	4	3663	1114	320	26	4854
公共软件服务	254	250	4	3254	979	272	22	4421
基础软件服务	92	90	2	930	270	98	8	1083
应用软件服务	162	160	2	2324	709	174	14	3338
其他软件服务	44	44		409	135	48	4	433
其他软件服务	44	44		409	135	48	4	433
批发和零售业	**28977**	**27226**	**1751**	**506709**	**209470**	**39641**	**12415**	**524014**
批发业	13734	13127	607	249041	77407	16905	3778	252582
农畜产品批发	1074	1021	53	13189	3822	1208	187	13001
谷物、豆及薯类批发	510	490	20	6659	1819	544	54	6455
种子、饲料批发	277	266	11	2568	779	319	53	2600
棉、麻批发	53	43	10	1364	545	90	47	1471
牲畜批发	17	16	1	159	22	20	4	156
其他农畜产品批发	217	206	11	2439	657	235	29	2319
食品、饮料及烟草制品批发	1282	1213	69	30377	11174	1553	340	31594
米、面制品及食用油批发	378	369	9	5498	2053	431	62	5938
糕点、糖果及糖批发	51	48	3	840	415	60	12	885
果品、蔬菜批发	286	278	8	5250	1803	303	25	5245
肉、禽、蛋及水产品批发	61	49	12	2115	667	98	49	2012
盐及调味品批发	133	118	15	3110	1358	155	37	3217
饮料及茶叶批发	173	165	8	3594	1800	192	27	3701
烟草制品批发	43	35	8	7784	2147	140	105	8355
其他食品批发	157	151	6	2186	931	174	23	2241
纺织、服装及日用品批发	410	390	20	7507	3797	455	65	7768
纺织品、针织品及原料批发	83	82	1	1623	629	90	8	1751
服装批发	106	100	6	2789	1704	121	21	2879
鞋帽批发	10	10		242	123	11	1	292
厨房、卫生间用具及日用杂货批发	72	67	5	911	458	83	16	1035
化妆品及卫生用品批发	48	46	2	782	327	51	5	792
其他日用品批发	91	85	6	1160	556	99	14	1019

1-1-4　续表 21

项　目	法人单位					产业活动单位		
	单位数（个）	单产业法人	多产业法人	就业人数（人）	#女性	单位数（个）	#多产业法人所属的产业活动单位数	就业人数（人）
文化、体育用品及器材批发	227	221	6	2750	1320	245	24	2584
文具用品批发	82	79	3	698	249	92	13	855
体育用品批发	17	16	1	241	88	17	1	221
图书批发	71	69	2	1164	643	75	6	795
报刊批发	3	3		57	26	4	1	73
音像制品及电子出版物批发	4	4		32	12	6	2	77
首饰、工艺品及收藏品批发	30	30		375	222	30		375
其他文化用品批发	20	20		183	80	21	1	188
医药及医疗器材批发	350	315	35	11021	4371	438	123	11328
西药批发	116	96	20	4602	1803	168	72	4754
中药材及中成药批发	78	67	11	5184	2041	107	40	5268
医疗用品及器材批发	156	152	4	1235	527	163	11	1306
矿产品、建材及化工产品批发	6074	5800	274	132328	36067	7844	2044	132765
煤炭及制品批发	1577	1503	74	77976	19139	1721	218	77841
石油及制品批发	199	171	28	6305	2166	247	76	5230
非金属矿及制品批发	146	143	3	1814	452	150	7	1731
金属及金属矿批发	1393	1378	15	14452	4183	1426	48	14753
建材批发	1660	1633	27	17095	4956	1708	75	17188
化肥批发	498	395	103	6729	2356	1768	1373	7496
农药批发	122	112	10	925	346	298	186	1062
农用薄膜批发	10	7	3	152	48	15	8	151
其他化工产品批发	469	458	11	6880	2421	511	53	7313
机械设备、五金交电及电子产品批发	3243	3153	90	39754	12889	3432	279	40609
农业机械批发	220	207	13	3111	1057	237	30	3119
汽车、摩托车及零配件批发	362	345	17	5767	1716	374	29	5791
五金、交电批发	732	716	16	8520	3070	786	70	8672
家用电器批发	133	130	3	2863	1433	138	8	2957
计算机、软件及辅助设备批发	229	217	12	2361	850	245	28	2380
通讯及广播电视设备批发	92	90	2	1078	390	97	7	1123
其他机械设备及电子产品批发	1475	1448	27	16054	4373	1555	107	16567
贸易经纪与代理	229	225	4	1997	668	241	16	2122
贸易经纪与代理	229	225	4	1997	668	241	16	2122
其他批发	845	789	56	10118	3299	1489	700	10811
再生物资回收与批发	512	463	49	5773	1793	1131	668	6159
其他未列明的批发	333	326	7	4345	1506	358	32	4652
零售业	15243	14099	1144	257668	132063	22736	8637	271432
综合零售	2374	1951	423	80237	49941	4742	2791	79091
百货零售	1075	945	130	41579	26856	1675	730	38522
超级市场零售	272	210	62	23876	16844	483	273	25118
其他综合零售	1027	796	231	14782	6241	2584	1788	15451
食品、饮料及烟草制品专门零售	1558	1460	98	20239	8515	2357	897	22166
粮油零售	573	546	27	7636	2953	718	172	7665
糕点、面包零售	65	54	11	1286	788	201	147	1578
果品、蔬菜零售	162	159	3	2578	847	184	25	2808

1-1-4 续表 22

项目	法人单位 单位数(个)	单产业法人	多产业法人	就业人数(人)	#女性	产业活动单位 单位数(个)	#多产业法人所属的产业活动单位数	就业人数(人)
肉、禽、蛋及水产品零售	98	88	10	2424	1056	343	255	2597
饮料及茶叶零售	190	180	10	1582	710	223	43	1655
烟草制品零售	115	107	8	1037	474	164	57	1122
其他食品零售	355	326	29	3696	1687	524	198	4741
纺织、服装及日用品专门零售	1456	1315	141	26253	17747	1953	638	31577
纺织品及针织品零售	181	155	26	3945	2417	269	114	5831
服装零售	719	652	67	16831	12099	926	274	19528
鞋帽零售	96	89	7	1117	766	131	42	1276
钟表、眼镜零售	96	76	20	767	461	149	73	805
化妆品及卫生用品零售	172	163	9	944	691	206	43	1165
其他日用品零售	192	180	12	2649	1313	272	92	2972
文化、体育用品及器材专门零售	829	764	65	10035	5680	1023	259	10656
文具用品零售	206	199	7	1523	782	231	32	1618
体育用品零售	68	65	3	469	226	77	12	523
图书零售	192	153	39	4572	2485	303	150	4779
报刊零售	4	3	1	52	19	16	13	104
音像制品及电子出版物零售	28	26	2	132	61	35	9	165
珠宝首饰零售	161	151	10	2229	1597	178	27	2361
工艺美术品及收藏品零售	83	82	1	452	260	91	9	488
照相器材零售	24	24		189	60	26	2	195
其他文化用品零售	63	61	2	417	190	66	5	423
医药及医疗器材专门零售	1024	875	149	14132	8648	2352	1477	16498
药品零售	836	693	143	12933	8080	2146	1453	15229
医疗用品及器材零售	188	182	6	1199	568	206	24	1269
汽车、摩托车、燃料及零配件专门零售	2505	2409	96	49667	18174	4248	1839	52564
汽车零售	815	794	21	21465	7165	846	52	21567
汽车零配件零售	447	437	10	4350	1215	485	48	4809
摩托车及零配件零售	174	163	11	1393	426	191	28	1360
机动车燃料零售	1069	1015	54	22459	9368	2726	1711	24828
家用电器及电子产品专门零售	1997	1924	73	21860	10558	2173	249	23076
家用电器零售	586	558	28	9743	5200	679	121	10443
计算机、软件及辅助设备零售	800	770	30	6387	2510	851	81	6568
通信设备零售	301	288	13	3286	1924	326	38	3598
其他电子产品零售	310	308	2	2444	924	317	9	2467
五金、家具及室内装修材料专门零售	1890	1844	46	18216	7272	2092	248	18401
五金零售	1010	980	30	9403	3809	1165	185	9449
家具零售	205	199	6	3442	1856	219	20	3513
涂料零售	44	44		400	113	49	5	423
其他室内装修材料零售	631	621	10	4971	1494	659	38	5016
无店铺及其他零售	1610	1557	53	17029	5528	1796	239	17403
流动货摊零售	10	10		72	15	12	2	80
邮购及电子销售	1	1		12	9	1		12
生活用燃料零售	244	230	14	3388	870	295	65	3436
花卉零售	74	69	5	570	199	83	14	793
旧货零售	15	15		151	50	16	1	153
其他未列明的零售	1266	1232	34	12836	4385	1389	157	12929

1-1-4　续表 23

项　　目	法人单位					产业活动单位		
	单位数(个)	单产业法　人	多产业法　人	就业人数(人)	#女性	单位数(个)	#多产业法人所属的产业活动单位数	就业人数(人)
住宿和餐饮业	**2866**	**2765**	**101**	**161164**	**91080**	**3457**	**692**	**172271**
住宿业	1290	1257	33	75694	42969	1518	261	81324
旅游饭店	354	348	6	42582	23903	376	28	43673
旅游饭店	354	348	6	42582	23903	376	28	43673
一般旅馆	852	827	25	29949	17112	1029	202	33997
一般旅馆	852	827	25	29949	17112	1029	202	33997
其他住宿服务	84	82	2	3163	1954	113	31	3654
其他住宿服务	84	82	2	3163	1954	113	31	3654
餐饮业	1576	1508	68	85470	48111	1939	431	90947
正餐服务	1384	1323	61	78648	44010	1648	325	82988
正餐服务	1384	1323	61	78648	44010	1648	325	82988
快餐服务	95	92	3	4756	2930	158	66	4861
快餐服务	95	92	3	4756	2930	158	66	4861
饮料及冷饮服务	27	26	1	274	151	29	3	270
饮料及冷饮服务	27	26	1	274	151	29	3	270
其他餐饮服务	70	67	3	1792	1020	104	37	2828
其他餐饮服务	70	67	3	1792	1020	104	37	2828
金融业	**731**	**390**	**341**	**132161**	**61658**	**7011**	**6621**	**182127**
银行业	251	34	217	93150	43849	5183	5149	122541
中央银行	22	2	20	4565	1669	188	186	5452
中央银行	22	2	20	4565	1669	188	186	5452
商业银行	218	28	190	87154	41590	4731	4703	107099
商业银行	218	28	190	87154	41590	4731	4703	107099
其他银行	11	4	7	1431	590	264	260	9990
其他银行	11	4	7	1431	590	264	260	9990
证券业	14	8	6	1672	668	74	66	2072
证券市场管理	2	1	1	339	134	9	8	208
证券市场管理	2	1	1	339	134	9	8	208
证券经纪与交易	10	5	5	1326	532	56	51	1732
证券经纪与交易	10	5	5	1326	532	56	51	1732
证券投资	1	1		2		8	7	127
证券投资	1	1		2		8	7	127
证券分析与咨询	1	1		5	2	1		5
证券分析与咨询	1	1		5	2	1		5
保险业	238	130	108	32971	14873	1229	1099	51820
人寿保险	73	26	47	23643	11000	668	642	39927
人寿保险	73	26	47	23643	11000	668	642	39927
非人寿保险	103	49	54	8317	3449	477	428	10434
非人寿保险	103	49	54	8317	3449	477	428	10434
保险辅助服务	62	55	7	1011	424	84	29	1459
保险辅助服务	62	55	7	1011	424	84	29	1459
其他金融活动	228	218	10	4368	2268	525	307	5694
金融信托与管理	18	17	1	578	213	24	7	569
金融信托与管理	18	17	1	578	213	24	7	569
金融租赁	2	2		45	15	4	2	68
金融租赁	2	2		45	15	4	2	68

1-1-4 续表 24

项目	法人单位					产业活动单位		
	单位数(个)	单产业法人	多产业法人	就业人数(人)	#女性	单位数(个)	#多产业法人所属的产业活动单位数	就业人数(人)
财务公司	2	2		37	10	4	2	65
财务公司	2	2		37	10	4	2	65
邮政储蓄	7	1	6	2037	1426	271	270	3169
邮政储蓄	7	1	6	2037	1426	271	270	3169
典当	76	75	1	673	242	77	2	673
典当	76	75	1	673	242	77	2	673
其他未列明的金融活动	123	121	2	998	362	145	24	1150
其他未列明的金融活动	123	121	2	998	362	145	24	1150
房地产业	**3886**	**3779**	**107**	**88756**	**29985**	**4283**	**504**	**105897**
房地产业	3886	3779	107	88756	29985	4283	504	105897
房地产开发经营	1836	1811	25	41723	12333	1897	86	45960
房地产开发经营	1836	1811	25	41723	12333	1897	86	45960
物业管理	1056	1018	38	29661	11268	1182	164	41118
物业管理	1056	1018	38	29661	11268	1182	164	41118
房地产中介服务	301	286	15	3124	1233	368	82	3401
房地产中介服务	301	286	15	3124	1233	368	82	3401
其他房地产活动	693	664	29	14248	5151	836	172	15418
其他房地产活动	693	664	29	14248	5151	836	172	15418
租赁和商务服务业	**6615**	**6356**	**259**	**130257**	**49302**	**8330**	**1974**	**159769**
租赁业	320	316	4	4657	1516	348	32	5315
机械设备租赁	311	308	3	4563	1483	337	29	5220
汽车租赁	103	102	1	1279	438	108	6	1390
农业机械租赁	22	22		186	33	26	4	214
建筑工程机械与设备租赁	121	120	1	1532	357	125	5	1631
计算机及通讯设备租赁	2	2		12	7	3	1	155
其他机械与设备租赁	63	62	1	1554	648	75	13	1830
文化及日用品出租	9	8	1	94	33	11	3	95
图书及音像制品出租	3	3		30	13	4	1	31
其他文化及日用品出租	6	5	1	64	20	7	2	64
商务服务业	6295	6040	255	125600	47786	7982	1942	154454
企业管理服务	1310	1201	109	49927	18587	1981	780	72887
企业管理机构	276	225	51	18901	7104	564	339	29137
投资与资产管理	309	302	7	7444	2503	330	28	7163
其他企业管理服务	725	674	51	23582	8980	1087	413	36587
法律服务	514	513	1	4790	1654	708	195	5584
律师及相关的法律服务	398	397	1	3820	1262	530	133	4342
公证服务	67	67		563	270	89	22	708
其他法律服务	49	49		407	122	89	40	534
咨询与调查	1329	1317	12	16820	6671	1593	276	18325
会计、审计及税务服务	467	463	4	6684	3346	600	137	7219
市场调查	71	71		746	318	149	78	1033
社会经济咨询	246	244	2	1922	709	270	26	2345
其他专业咨询	545	539	6	7468	2298	574	35	7728
广告业	1039	1028	11	8698	3543	1075	47	9065
广告业	1039	1028	11	8698	3543	1075	47	9065

1-1-4　续表 25

项　目	法人单位					产业活动单位		
	单位数(个)	单产业法人	多产业法人	就业人数(人)	#女性	单位数(个)	#多产业法人所属的产业活动单位数	就业人数(人)
知识产权服务	38	38		246	124	39	1	247
知识产权服务	38	38		246	124	39	1	247
职业中介服务	308	301	7	6812	2962	356	55	7070
职业中介服务	308	301	7	6812	2962	356	55	7070
市场管理	403	389	14	11197	4683	479	90	12915
市场管理	403	389	14	11197	4683	479	90	12915
旅行社	682	608	74	9124	5280	908	300	9819
旅行社	682	608	74	9124	5280	908	300	9819
其他商务服务	672	645	27	17986	4282	843	198	18542
会议及展览服务	84	83	1	865	319	88	5	902
包装服务	13	13		163	75	14	1	168
保安服务	46	40	6	6816	457	74	34	7266
办公服务	155	152	3	1136	560	202	50	1557
其他未列明的商务服务	374	357	17	9006	2871	465	108	8649
科学研究、技术服务和地质勘查业	**3957**	**3843**	**114**	**94096**	**28291**	**5210**	**1367**	**107347**
研究与试验发展	492	478	14	15484	5166	561	83	16249
自然科学研究与试验发展	46	43	3	2899	1003	55	12	2758
自然科学研究与试验发展	46	43	3	2899	1003	55	12	2758
工程和技术研究与试验发展	167	161	6	6315	1888	183	22	6603
工程和技术研究与试验发展	167	161	6	6315	1888	183	22	6603
农业科学研究与试验发展	165	162	3	4387	1466	196	34	4787
农业科学研究与试验发展	165	162	3	4387	1466	196	34	4787
医学研究与试验发展	69	69		1048	438	75	6	1178
医学研究与试验发展	69	69		1048	438	75	6	1178
社会人文科学研究与试验发展	45	43	2	835	371	52	9	923
社会人文科学研究与试验发展	45	43	2	835	371	52	9	923
专业技术服务业	2159	2104	55	49803	14994	2637	533	55230
气象服务	139	134	5	1697	663	153	19	1833
气象服务	139	134	5	1697	663	153	19	1833
地震服务	102	96	6	1139	417	109	13	1178
地震服务	102	96	6	1139	417	109	13	1178
海洋服务	1	1		4	1	1		4
海洋服务	1	1		4	1	1		4
测绘服务	119	118	1	1515	452	145	27	1952
测绘服务	119	118	1	1515	452	145	27	1952
技术检测	385	380	5	6507	2089	498	118	7698
技术检测	385	380	5	6507	2089	498	118	7698
环境监测	123	121	2	2603	1023	208	87	3827
环境监测	123	121	2	2603	1023	208	87	3827
工程技术与规划管理	972	944	28	28391	8199	1154	210	31555
工程管理服务	544	534	10	13931	3432	608	74	15164
工程勘察设计	330	315	15	12205	3814	393	78	14252
规划管理	98	95	3	2255	953	153	58	2139
其他专业技术服务	318	310	8	7947	2150	369	59	7183
其他专业技术服务	318	310	8	7947	2150	369	59	7183
科技交流和推广服务业	1168	1136	32	14363	4381	1852	716	18308
技术推广服务	904	876	28	11185	3425	1513	637	14672
技术推广服务	904	876	28	11185	3425	1513	637	14672

1-1-4 续表 26

项　　目	法人单位					产业活动单位		
	单位数（个）	单产业法　人	多产业法　人	就业人数（人）	#女性	单位数（个）	#多产业法人所属的产业活动单位数	就业人数（人）
科技中介服务	151	149	2	1919	517	184	35	2146
科技中介服务	151	149	2	1919	517	184	35	2146
其他科技服务	113	111	2	1259	439	155	44	1490
其他科技服务	113	111	2	1259	439	155	44	1490
地质勘查业	138	125	13	14446	3750	160	35	17560
矿产地质勘查	47	42	5	5768	1289	57	15	5987
能源矿产地质勘查	28	25	3	4393	1075	33	8	4230
固体矿产地质勘查	11	9	2	1154	185	12	3	1278
其他矿产地质勘查	8	8		221	29	12	4	479
基础地质勘查	43	37	6	5435	1513	46	9	5362
基础地质勘查	43	37	6	5435	1513	46	9	5362
地质勘查技术服务	48	46	2	3243	948	57	11	6211
地质勘查技术服务	48	46	2	3243	948	57	11	6211
水利、环境和公共设施管理业	**1720**	**1654**	**66**	**62560**	**23183**	**2447**	**793**	**72734**
水利管理业	725	693	32	15487	4438	1179	486	19776
防洪管理	59	57	2	1038	261	87	30	1099
防洪管理	59	57	2	1038	261	87	30	1099
水资源管理	432	407	25	11133	3174	690	283	14003
水库管理	127	118	9	4114	1154	199	81	5325
调水、引水管理	146	134	12	4391	1076	245	111	5419
其他水资源管理	159	155	4	2628	944	246	91	3259
其他水利管理	234	229	5	3316	1003	402	173	4674
其他水利管理	234	229	5	3316	1003	402	173	4674
环境管理业	345	334	11	24008	10934	488	154	27629
自然保护	69	66	3	1640	417	100	34	1881
自然保护区管理	30	28	2	758	160	38	10	852
野生动植物保护	8	7	1	305	136	13	6	354
其他自然保护	31	31		577	121	49	18	675
环境治理	276	268	8	22368	10517	388	120	25748
城市市容管理	46	42	4	2431	958	77	35	3121
城市环境卫生管理	147	144	3	17920	8898	194	50	19867
水污染治理	28	27	1	1307	421	37	10	1424
危险废物治理	10	10		144	33	12	2	151
其他环境治理	45	45		566	207	68	23	1185
公共设施管理业	650	627	23	23065	7811	780	153	25329
市政公共设施管理	131	126	5	6045	1928	186	60	6971
市政公共设施管理	131	126	5	6045	1928	186	60	6971
城市绿化管理	244	237	7	7189	2736	269	32	7511
城市绿化管理	244	237	7	7189	2736	269	32	7511
游览景区管理	275	264	11	9831	3147	325	61	10847
风景名胜区管理	113	108	5	5474	1432	137	29	5690
公园管理	51	50	1	2483	1179	68	18	3224
其他游览景区管理	111	106	5	1874	536	120	14	1933

1-1-4　续表 27

项　目	法人单位 单位数(个)	单产业法人	多产业法人	就业人数(人)	#女性	产业活动单位 单位数(个)	#多产业法人所属的产业活动单位数	就业人数(人)
居民服务和其他服务业	**2685**	**2601**	**84**	**39000**	**15077**	**3117**	**516**	**49198**
居民服务业	1361	1303	58	19720	9766	1624	321	23065
家庭服务	46	46		314	151	48	2	320
家庭服务	46	46		314	151	48	2	320
托儿所	10	10		168	105	11	1	199
托儿所	10	10		168	105	11	1	199
洗染服务	68	67	1	549	351	81	14	591
洗染服务	68	67	1	549	351	81	14	591
理发及美容保健服务	231	213	18	2067	1390	280	67	2302
理发及美容保健服务	231	213	18	2067	1390	280	67	2302
洗浴服务	277	269	8	8550	4335	332	63	9430
洗浴服务	277	269	8	8550	4335	332	63	9430
婚姻服务	83	83		547	280	92	9	642
婚姻服务	83	83		547	280	92	9	642
殡葬服务	65	60	5	1043	334	73	13	1111
殡葬服务	65	60	5	1043	334	73	13	1111
摄影扩印服务	182	167	15	2066	1168	220	53	2224
摄影扩印服务	182	167	15	2066	1168	220	53	2224
其他居民服务	399	388	11	4416	1652	487	99	6246
其他居民服务	399	388	11	4416	1652	487	99	6246
其他服务业	1324	1298	26	19280	5311	1493	195	26133
修理与维护	865	849	16	10340	2638	948	99	12047
汽车、摩托车维护与保养	700	686	14	8589	2014	750	64	9280
办公设备维修	52	52		672	221	63	11	1353
家用电器修理	70	70		517	141	83	13	627
其他日用品修理	43	41	2	562	262	52	11	787
清洁服务	143	139	4	4378	1391	156	17	4237
建筑物清洁服务	41	39	2	942	458	47	8	952
其他清洁服务	102	100	2	3436	933	109	9	3285
其他未列明的服务	316	310	6	4562	1282	389	79	9849
其他未列明的服务	316	310	6	4562	1282	389	79	9849
教育	**9003**	**7910**	**1093**	**509386**	**294042**	**24234**	**16324**	**604912**
教育	9003	7910	1093	509386	294042	24234	16324	604912
学前教育	1088	1068	20	25430	21781	2294	1226	33188
学前教育	1088	1068	20	25430	21781	2294	1226	33188
初等教育	3076	2171	905	171768	112068	16279	14108	245871
初等教育	3076	2171	905	171768	112068	16279	14108	245871
中等教育	2840	2735	105	229111	124221	3288	553	237674
初中教育	1888	1819	69	128576	71951	2277	458	136215
高中教育	385	370	15	64307	34170	403	33	64798
中等专业教育	143	138	5	12287	6045	142	4	12058
职业中学教育	208	198	10	13995	7243	218	20	13567
技工学校教育	78	73	5	5211	2402	94	21	6127
其他中等教育	138	137	1	4735	2410	154	17	4909
高等教育	203	186	17	49471	21167	278	92	50571
普通高等教育	74	59	15	45268	19162	118	59	45600
成人高等教育	129	127	2	4203	2005	160	33	4971
其他教育	1796	1750	46	33606	14805	2095	345	37608
职业技能培训	1181	1159	22	20621	8569	1368	209	23804
特殊教育	48	48		2048	1060	52	4	2094
其他未列明的教育	567	543	24	10937	5176	675	132	11710

1-1-4 续表 28

项　目	法人单位					产业活动单位		
	单位数(个)	单产业法　人	多产业法　人	就业人数(人)	#女性	单位数(个)	#多产业法人所属的产业活动单位数	就业人数(人)
卫生、社会保障和社会福利业	**5292**	**4833**	**459**	**181779**	**106924**	**19966**	**15133**	**227666**
卫生	4288	3840	448	169144	101235	18452	14612	212556
医院	938	860	78	107881	67986	1079	219	124169
综合医院	415	369	46	79187	50473	515	146	93811
中医医院	113	97	16	9882	5734	118	21	9824
中西医结合医院	44	40	4	2852	1862	47	7	3677
民族医院	3	3		8	4	3		8
专科医院	329	318	11	14533	9210	351	33	15320
疗养院	34	33	1	1419	703	45	12	1529
卫生院及社区医疗活动	1804	1471	333	34066	17082	3634	2163	37083
卫生院及社区医疗活动	1804	1471	333	34066	17082	3634	2163	37083
门诊部医疗活动	726	707	19	5336	2607	12294	11587	25728
门诊部医疗活动	726	707	19	5336	2607	12294	11587	25728
计划生育技术服务活动	278	274	4	3207	2127	758	484	5696
计划生育技术服务活动	278	274	4	3207	2127	758	484	5696
妇幼保健活动	136	132	4	6801	5367	143	11	6809
妇幼保健活动	136	132	4	6801	5367	143	11	6809
专科疾病防治活动	60	59	1	2060	1251	68	9	2062
专科疾病防治活动	60	59	1	2060	1251	68	9	2062
疾病预防控制及防疫活动	159	156	3	5795	2900	235	79	6494
疾病预防控制及防疫活动	159	156	3	5795	2900	235	79	6494
其他卫生活动	187	181	6	3998	1915	241	60	4515
其他卫生活动	187	181	6	3998	1915	241	60	4515
社会保障业	522	517	5	7555	3334	830	313	9038
社会保障业	522	517	5	7555	3334	830	313	9038
社会保障业	522	517	5	7555	3334	830	313	9038
社会福利业	482	476	6	5080	2355	684	208	6072
提供住宿的社会福利	333	329	4	3973	1834	474	145	4710
干部休养所	71	71		1126	442	88	17	1233
收养收容服务	262	258	4	2847	1392	386	128	3477
不提供住宿的社会福利	149	147	2	1107	521	210	63	1362
不提供住宿的社会福利	149	147	2	1107	521	210	63	1362
文化、体育和娱乐业	**2299**	**2219**	**80**	**56478**	**24157**	**3029**	**810**	**60667**
新闻出版业	267	257	10	10172	4550	312	55	10503
新闻业	92	90	2	1885	840	110	20	1937
新闻业	92	90	2	1885	840	110	20	1937
出版业	175	167	8	8287	3710	202	35	8566
图书出版	14	14		525	228	16	2	546
报纸出版	83	78	5	6635	2974	95	17	6687
期刊出版	58	55	3	788	383	66	11	877
音像制品出版	1	1		42	15	1		42
电子出版物出版								
其他出版	19	19		297	110	24	5	414

1-1-4　续表 29

项　目	法人单位					产业活动单位		
	单位数(个)	单产业法人	多产业法人	就业人数(人)	#女性	单位数(个)	#多产业法人所属的产业活动单位数	就业人数(人)
广播、电视、电影和音像业	353	318	35	13471	5623	559	241	14296
广播	60	54	6	2696	1197	159	105	3138
广播	60	54	6	2696	1197	159	105	3138
电视	121	99	22	6895	2675	211	112	7432
电视	121	99	22	6895	2675	211	112	7432
电影	139	132	7	3400	1594	154	22	3194
电影制作与发行	23	21	2	1133	681	26	5	869
电影放映	116	111	5	2267	913	128	17	2325
音像制作	33	33		480	157	35	2	532
音像制作	33	33		480	157	35	2	532
文化艺术业	1071	1051	20	22137	10152	1483	432	24724
文艺创作与表演	248	247	1	8915	3650	265	18	9236
文艺创作与表演	248	247	1	8915	3650	265	18	9236
艺术表演场馆	35	35		1356	480	47	12	1482
艺术表演场馆	35	35		1356	480	47	12	1482
图书馆与档案馆	199	195	4	2653	1756	228	33	2832
图书馆	96	96		1249	860	116	20	1389
档案馆	103	99	4	1404	896	112	13	1443
文物及文化保护	162	151	11	2333	1006	235	84	3369
文物及文化保护	162	151	11	2333	1006	235	84	3369
博物馆	69	67	2	2059	943	86	19	2178
博物馆	69	67	2	2059	943	86	19	2178
烈士陵园、纪念馆	48	48		702	392	58	10	754
烈士陵园、纪念馆	48	48		702	392	58	10	754
群众文化活动	183	181	2	2777	1321	422	241	3442
群众文化活动	183	181	2	2777	1321	422	241	3442
文化艺术经纪代理	17	17		208	90	17		208
文化艺术经纪代理	17	17		208	90	17		208
其他文化艺术	110	110		1134	514	125	15	1223
其他文化艺术	110	110		1134	514	125	15	1223
体育	237	232	5	4239	917	268	36	4375
体育组织	148	144	4	3140	472	164	20	3205
体育组织	148	144	4	3140	472	164	20	3205
体育场馆	43	42	1	560	234	50	8	579
体育场馆	43	42	1	560	234	50	8	579
其他体育	46	46		539	211	54	8	591
其他体育	46	46		539	211	54	8	591
娱乐业	371	361	10	6459	2915	407	46	6769
室内娱乐活动	233	227	6	4340	1957	249	22	4422
室内娱乐活动	233	227	6	4340	1957	249	22	4422
游乐园	12	12		324	176	14	2	354
游乐园	12	12		324	176	14	2	354
休闲健身娱乐活动	96	95	1	1443	668	110	15	1621
休闲健身娱乐活动	96	95	1	1443	668	110	15	1621
其他娱乐活动	30	27	3	352	114	34	7	372
其他娱乐活动	30	27	3	352	114	34	7	372

1-1-4 续表 30

项 目	法人单位					产业活动单位		
	单位数（个）	单产业法人	多产业法人	就业人数（人）	#女性	单位数（个）	#多产业法人所属的产业活动单位数	就业人数（人）
公共管理和社会组织	**51783**	**38842**	**12941**	**889390**	**252012**	**64834**	**25992**	**840975**
中国共产党机关	1624	1438	186	24342	5294	1724	286	23199
中国共产党机关	1624	1438	186	24342	5294	1724	286	23199
中国共产党机关	1624	1438	186	24342	5294	1724	286	23199
国家机构	14475	10527	3948	597493	185324	26631	16104	558378
国家权力机构	283	229	54	9767	2498	402	173	9594
国家权力机构	283	229	54	9767	2498	402	173	9594
国家行政机构	13731	9960	3771	562135	175797	25392	15432	522279
综合事务管理机构	3577	2178	1399	133156	38844	6057	3879	125035
对外事务管理机构	55	54	1	742	220	71	17	862
公共安全管理机构	588	404	184	73743	12358	2635	2231	84693
社会事务管理机构	2941	2030	911	131313	57684	4780	2750	86092
经济事务管理机构	3522	2621	901	133305	38885	6712	4091	124358
政府事务管理机构	1604	1379	225	41754	13598	2345	966	42233
行政监督检查机构	1444	1294	150	48122	14208	2792	1498	59006
人民法院和人民检察院	296	190	106	20741	5405	570	380	21470
人民法院	140	63	77	11366	3041	357	294	11797
人民检察院	156	127	29	9375	2364	213	86	9673
其他国家机构	165	148	17	4850	1624	267	119	5035
其他国家机构	165	148	17	4850	1624	267	119	5035
人民政协和民主党派	255	244	11	3863	1060	274	30	4045
人民政协	146	135	11	3169	796	164	29	3349
人民政协	146	135	11	3169	796	164	29	3349
民主党派	109	109		694	264	110	1	696
民主党派	109	109		694	264	110	1	696
群众团体、社会团体和宗教组织	5460	5340	120	76242	29820	6181	841	81590
群众团体	990	909	81	17096	6250	1245	336	19807
工会	319	298	21	9574	3912	472	174	12130
妇联	136	121	15	917	794	170	49	951
共青团	142	128	14	1080	318	172	44	1109
其他群众团体	393	362	31	5525	1226	431	69	5617
社会团体	3748	3723	25	44990	15367	3957	234	47123
专业性团体	1701	1693	8	19926	6096	1795	102	21132
行业性团体	1398	1390	8	14364	3744	1473	83	15168
其他社会团体	649	640	9	10700	5527	689	49	10823
宗教组织	722	708	14	14156	8203	979	271	14660
宗教组织	722	708	14	14156	8203	979	271	14660
基层群众自治组织	29969	21293	8676	187450	30514	30024	8731	173763
社区自治组织	1781	1682	99	16907	11247	1790	108	16540
社区自治组织	1781	1682	99	16907	11247	1790	108	16540
村民自治组织	28188	19611	8577	170543	19267	28234	8623	157223
村民自治组织	28188	19611	8577	170543	19267	28234	8623	157223

1-1-5　按登记注册类型分组的法人单位数、产业活动单位数及就业人数

项　目	法人单位					产业活动单位		
	单位数（个）	单产业法人	多产业法人	就业人数（人）	#女性	单位数（个）	#多产业法人所属的产业活动单位数	就业人数（人）
总　计	**160747**	**142259**	**18488**	**6647298**	**1995972**	**235124**	**92865**	**7023617**
内资	**160268**	**141815**	**18453**	**6488205**	**1944371**	**234114**	**92299**	**6856351**
国有	39044	32666	6378	2123999	795030	75557	42891	2511338
集体	8304	7270	1034	409858	124330	23694	16424	488722
股份合作	1365	1321	44	53598	18269	1861	540	65972
国有联营	57	54	3	2201	814	113	59	4702
集体联营	129	128	1	6367	597	180	52	7043
国有与集体联营	33	31	2	1197	420	45	14	1377
其他联营	177	159	18	4679	1195	255	96	4891
国有独资公司	180	136	44	339990	75682	375	239	241264
其他有限责任公司	11012	10339	673	1465382	327622	13688	3349	1214683
股份有限公司	3731	3400	331	362899	106128	7833	4433	542598
私营独资	25696	25448	248	392239	117285	27370	1922	398040
私营合伙	4199	4156	43	73771	19792	4375	219	74852
私营有限责任公司	24852	24203	649	803116	223352	26579	2376	824286
私营股份有限公司	2819	2730	89	86447	23806	3055	325	88538
其他	38670	29774	8896	362462	110049	49134	19360	388045
港澳台商投资	**184**	**174**	**10**	**83975**	**31541**	**329**	**155**	**89174**
与港澳台商合资经营	95	92	3	22373	5783	134	42	23589
与港澳台商合作经营	18	15	3	1520	716	25	10	1793
港澳台商独资	54	51	3	55451	23446	116	65	58392
港澳台商投资股份有限公司	17	16	1	4631	1596	54	38	5400
外商投资	**295**	**270**	**25**	**75118**	**20060**	**681**	**411**	**78092**
中外合资经营	180	166	14	52360	11656	235	69	53286
中外合作经营	15	13	2	5611	964	22	9	6004
外资企业	84	78	6	15458	6517	260	182	16583
外商投资股份有限公司	16	13	3	1689	923	164	151	2219

1-1-6 按地区、机构类型分组的法人单位数

地　区	法人单位数（个）	企业	事业单位	机关	社会团体	民办非企业单位	基金会	居委会	村委会	其他组织机构
总　计	**160747**	**87417**	**23492**	**8973**	**5001**	**2947**	**19**	**1823**	**28208**	**2867**
太原市	28987	21566	2888	868	898	562	6	550	996	653
大同市	14181	7516	2131	904	643	428	2	290	1976	291
阳泉市	7082	4334	906	373	273	39		110	963	84
长治市	15958	7819	2655	973	547	247	3	124	3454	136
晋城市	11463	6270	1587	515	400	127	1	122	2214	227
朔州市	7771	3652	1322	532	234	135	1	103	1686	106
晋中市	14187	7638	2052	778	459	198		141	2756	165
运城市	16334	8575	2234	951	367	427		101	3184	495
忻州市	14417	5200	2461	970	343	213	1	52	4902	275
临汾市	18973	9983	3429	1202	528	388	4	143	2960	336
吕梁市	11394	4864	1827	907	309	183	1	87	3117	99

1-1-7　按地区、机构类型分组的法人单位就业人数

地　区	就业人数(人)	企业	事业单位	机关	社会团体	民办非企业单位	基金会	居委会	村委会	其他组织机构
总　计	**6647298**	**4862418**	**1015710**	**391463**	**64690**	**82275**	**146**	**17629**	**170775**	**42192**
太原市	1428649	1139492	187116	46356	16798	12269	68	7693	9696	9161
大同市	659548	494272	97018	35704	5600	8543	9	1787	11131	5484
阳泉市	377383	314316	35703	14252	2234	759		1004	7951	1164
长治市	598255	432700	92257	33569	7866	5732	24	1410	22915	1782
晋城市	504468	393523	58055	21982	7238	2713	2	1754	16419	2782
朔州市	280904	188408	43490	23267	1977	9314	6	583	7244	6615
晋中市	605832	453059	90241	32700	4865	3958		974	18339	1696
运城市	669746	463282	114991	48181	5933	14293		502	17576	4988
忻州市	403897	244441	86001	39161	2657	7665	12	626	19537	3797
临汾市	632451	420845	114789	54465	5781	11718	16	717	20467	3653
吕梁市	486165	318080	96049	41826	3741	5311	9	579	19500	1070

1-1-8 按行业(小类)、

项　　目	法　人 单位数 (个)	太原市	大同市	阳泉市
总　计	**160747**	**28987**	**14181**	**7082**
农、林、牧、渔业	**15**	**1**	**1**	
农业	6		1	
谷物及其他作物的种植	2		1	
谷物的种植	2		1	
薯类的种植				
油料的种植				
豆类的种植				
棉花的种植				
麻类的种植				
糖料的种植				
烟草的种植				
其他作物的种植				
蔬菜、园艺作物的种植	3			
蔬菜的种植	3			
花卉的种植				
其他园艺作物的种植				
水果、坚果、饮料和香料作物的种植				
水果、坚果的种植				
茶及其他饮料作物的种植				
香料作物的种植				
中药材的种植	1			
中药材的种植	1			
林业	3			
林木的培育和种植	3			
育种和育苗	1			
造林				
林木的抚育和管理	2			
木材和竹材的采运				
木材的采运				
竹材的采运				
林产品的采集				
林产品的采集				
畜牧业	4	1		
牲畜的饲养	1	1		
牲畜的饲养	1	1		
猪的饲养	2			
猪的饲养	2			
家禽的饲养				
家禽的饲养				
狩猎和捕捉动物				
狩猎和捕捉动物				
其他畜牧业	1			
其他畜牧业	1			
渔业	1			
海洋渔业				
海水养殖				
海洋捕捞				

地区分组的法人单位数

长治市	晋城市	朔州市	晋中市	运城市	忻州市	临汾市	吕梁市
15958	**11463**	**7771**	**14187**	**16334**	**14417**	**18973**	**11394**
7		**1**	**3**	**1**		**1**	
3		1	1				
		1					
		1					
2			1				
2			1				
1							
1							
1				1		1	
1				1		1	
				1			
1						1	
1			2				
1			1				
1			1				
			1				
			1				
1							

1-1-8 续表 1

项　　目	法　人单位数(个)	太原市	大同市	阳泉市
内陆渔业	1			
内陆养殖	1			
内陆捕捞				
农、林、牧、渔服务业	1			
农业服务业	1			
灌溉服务	1			
农产品初加工服务				
其他农业服务				
林业服务业				
林业服务业				
畜牧服务业				
兽医服务				
其他畜牧服务				
渔业服务业				
渔业服务业				
采矿业	**7969**	**685**	**750**	**322**
煤炭开采和洗选业	4817	417	316	165
烟煤和无烟煤的开采洗选	4816	417	316	165
烟煤和无烟煤的开采洗选	4816	417	316	165
褐煤的开采洗选				
褐煤的开采洗选				
其他煤炭采选	1			
其他煤炭采选	1			
石油和天然气开采业	12	2		
天然原油和天然气开采	9	2		
天然原油和天然气开采	9	2		
与石油和天然气开采有关的服务活动	3			
与石油和天然气开采有关的服务活动	3			
黑色金属矿采选业	1493	184	336	5
铁矿采选	1468	184	312	5
铁矿采选	1468	184	312	5
其他黑色金属矿采选	25		24	
其他黑色金属矿采选	25		24	
有色金属矿采选业	127	2	16	
常用有色金属矿采选	103	2	13	
铜矿采选	52		6	
铅锌矿采选	8		6	
镍钴矿采选				
锡矿采选				
锑矿采选				
铝矿采选	31	1		
镁矿采选	8		1	
其他常用有色金属矿采选	4	1		
贵金属矿采选	22		3	
金矿采选	20		1	
银矿采选	2		2	
其他贵金属矿采选				

长治市	晋城市	朔州市	晋中市	运城市	忻州市	临汾市	吕梁市
1							
1							
1							
1							
1							
849	**596**	**217**	**874**	**522**	**825**	**1326**	**1003**
439	431	189	717	140	282	888	833
439	430	189	717	140	282	888	833
439	430	189	717	140	282	888	833
	1						
	1						
	8					1	1
	5					1	1
	5					1	1
	3						
	3						
169	22	5	23	90	315	308	36
169	22	5	23	90	314	308	36
169	22	5	23	90	314	308	36
					1		
					1		
5	4			48	35	6	11
5	4			47	18	4	10
				44	2		
					2		
3	4			1	9	3	10
2				1	3	1	
				1	2		
				1	16	2	
				1	16	2	

1-1-8 续表 2

项目	法人单位数(个)	太原市	大同市	阳泉市
稀有稀土金属矿采选	2			
钨钼矿采选	1			
稀土金属矿采选	1			
放射性金属矿采选				
其他稀有金属矿采选				
非金属矿采选业	1520	80	82	152
土砂石开采	1375	76	78	132
石灰石、石膏开采	385	25	12	44
建筑装饰用石开采	242	7	25	10
耐火土石开采	84	8	3	50
粘土及其他土砂石开采	664	36	38	28
化学矿采选	77	1		19
化学矿采选	77	1		19
采盐				
采盐				
石棉及其他非金属矿采选	68	3	4	1
石棉、云母矿采选	5	1		
石墨、滑石采选	3			
宝石、玉石开采	1			
其他非金属矿采选	59	2	4	1
其他采矿业				
其他采矿业				
其他采矿业				
制造业	**22409**	**3711**	**1375**	**1138**
农副食品加工业	1743	111	149	15
谷物磨制	545	14	29	4
谷物磨制	545	14	29	4
饲料加工	224	28	30	
饲料加工	224	28	30	
植物油加工	121	7	14	3
食用植物油加工	87	6	14	3
非食用植物油加工	34	1		
制糖	6		1	1
制糖	6		1	1
屠宰及肉类加工	268	34	29	4
畜禽屠宰	142	16	18	
肉制品及副产品加工	126	18	11	4
水产品加工	1			
水产品冷冻加工	1			
鱼糜制品及水产品干腌制加工				
水产饲料制造				
鱼油提取及制品的制造				
其他水产品加工				
蔬菜、水果和坚果加工	278	17	17	1
蔬菜、水果和坚果加工	278	17	17	1
其他农副食品加工	300	11	29	2
淀粉及淀粉制品的制造	133	3	14	1
豆制品制造	69	7	7	1
蛋品加工	15	1		
其他未列明的农副食品加工	83		8	

长治市	晋城市	朔州市	晋中市	运城市	忻州市	临汾市	吕梁市
					1		1
					1		
							1
236	131	23	134	244	193	123	122
215	131	23	97	215	182	121	105
95	34	9	19	74	5	33	35
44	8	5	12	43	35	27	26
9		2	2	1	6	1	2
67	89	7	64	97	136	60	42
			36	4	1	1	15
			36	4	1	1	15
21			1	25	10	1	2
					4		
					2	1	
				1			
21			1	24	4		2
1940	**1595**	**628**	**2747**	**3483**	**1734**	**2257**	**1801**
202	98	112	181	266	146	288	175
77	55	19	34	110	31	135	37
77	55	19	34	110	31	135	37
24	10	8	25	33	18	33	15
24	10	8	25	33	18	33	15
3	3	8	10	22	7	10	34
3	3	8	8	22	6	8	6
			2		1	2	28
		2			2		
		2			2		
31	8	19	41	20	28	35	19
14	3	18	11	13	19	19	11
17	5	1	30	7	9	16	8
						1	
						1	
20	4	44	26	49	15	34	51
20	4	44	26	49	15	34	51
47	18	12	45	32	45	40	19
17	8	6	15	13	34	16	6
10	5	3	17	5	1	12	1
8			3	1		1	1
12	5	3	10	13	10	11	11

1-1-8 续表 3

项目	法人单位数(个)	太原市	大同市	阳泉市
食品制造业	947	157	58	22
焙烤食品制造	218	29	22	4
糕点、面包制造	161	23	20	4
饼干及其他焙烤食品制造	57	6	2	
糖果、巧克力及蜜饯制造	193	8	3	
糖果、巧克力制造	8	1		
蜜饯制作	185	7	3	
方便食品制造	98	15	6	2
米、面制品制造	53	10	4	2
速冻食品制造	20	4	1	
方便面及其他方便食品制造	25	1	1	
液体乳及乳制品制造	94	7	8	8
液体乳及乳制品制造	94	7	8	8
罐头制造	57	6	2	
肉、禽类罐头制造	13	1		
水产品罐头制造	2			
蔬菜、水果罐头制造	41	5	2	
其他罐头食品制造	1			
调味品、发酵制品制造	187	66	11	7
味精制造	1			
酱油、食醋及类似制品的制造	163	63	8	6
其他调味品、发酵制品制造	23	3	3	1
其他食品制造	100	26	6	1
营养、保健食品制造	28	10	2	
冷冻饮品及食用冰制造	22	2	2	
盐加工	1	1		
食品及饲料添加剂制造	29	5	1	1
其他未列明的食品制造	20	8	1	
饮料制造业	515	45	43	17
酒精制造	10		2	
酒精制造	10		2	
酒的制造	226	15	26	1
白酒制造	178	9	19	1
啤酒制造	16	1	4	
黄酒制造	7		2	
葡萄酒制造	11	5		
其他酒制造	14		1	
软饮料制造	270	28	15	16
碳酸饮料制造	26	4		2
瓶(罐)装饮用水制造	134	15	7	12
果菜汁及果菜汁饮料制造	77	4	5	
含乳饮料和植物蛋白饮料制造	18	3	1	2
固体饮料制造	5			
茶饮料及其他软饮料制造	10	2	2	
精制茶加工	9	2		
精制茶加工	9	2		

长治市	晋城市	朔州市	晋中市	运城市	忻州市	临汾市	吕梁市
69	39	35	97	263	70	86	51
17	7	9	30	40	27	30	3
11	6	8	13	26	27	21	2
6	1	1	17	14		9	1
4	4	1	3	129	16	7	18
1		1		3	1	1	
3	4		3	126	15	6	18
13	7	7	7	16	8	9	8
8	3	1	5	6	4	4	6
2	2	2		3	4	2	
3	2	4	2	7		3	2
10	8	14	12	10	5	9	3
10	8	14	12	10	5	9	3
4			7	28	3	3	4
			6	3	2		1
				1			1
4			1	23	1	3	2
				1			
10	8	3	32	23	5	13	9
				1			
9	8	3	28	17	4	10	7
1			4	5	1	3	2
11	5	1	6	17	6	15	6
2	2		2	4	1	2	3
2	2		1	7	1	4	1
5	1		2	2	3	8	1
2		1	1	4	1	1	1
44	23	31	63	60	30	56	103
2			1	1	1	2	1
2			1	1	1	2	1
13	3	13	35	14	13	13	80
10	1	11	30	7	8	6	76
1	1	2	3	1		2	1
					4		1
	1		1	3		1	
2			1	3	1	4	2
28	20	18	26	43	16	38	22
2	1	5	2	2	2	4	2
19	7	7	12	24	7	19	5
5	9	6	7	14	7	11	9
1	2		2	2		3	2
1			1				3
	1		2	1		1	1
1			1	2		3	
1			1	2		3	

1-1-8 续表 4

项目	法人单位数(个)	太原市	大同市	阳泉市
烟草制品业	1	1		
烟叶复烤				
烟叶复烤				
卷烟制造	1	1		
卷烟制造	1	1		
其他烟草制品加工				
其他烟草制品加工				
纺织业	270	39	12	6
棉、化纤纺织及印染精加工	124	10	2	1
棉、化纤纺织加工	111	10	2	1
棉、化纤印染精加工	13			
毛纺织和染整精加工	9	3	1	
毛条加工	3			
毛纺织	5	2	1	
毛染整精加工	1	1		
麻纺织	5			
麻纺织	5			
丝绢纺织及精加工	11	1	1	
缫丝加工	8	1		
绢纺和丝织加工	3		1	
丝印染精加工				
纺织制成品制造	59	18	2	2
棉及化纤制品制造	23	7	1	1
毛制品制造	6	2		
麻制品制造	3		1	
丝制品制造	4	2		
绳、索、缆的制造	3			
纺织带和帘子布制造	2			
无纺布制造	4	1		
其他纺织制成品制造	14	6		1
针织品、编织品及其制品制造	62	7	6	3
棉、化纤针织品及编织品制造	35	4	1	2
毛针织品及编织品制造	5	1	1	
丝针织品及编织品制造	6	1		1
其他针织品及编织品制造	16	1	4	
纺织服装、鞋、帽制造业	248	46	25	22
纺织服装制造	214	44	20	21
纺织服装制造	214	44	20	21
纺织面料鞋的制造	29		4	1
纺织面料鞋的制造	29		4	1
制帽	5	2	1	
制帽	5	2	1	
皮革、毛皮、羽毛(绒)及其制品业	32	4	10	2
皮革鞣制加工	2		1	1
皮革鞣制加工	2		1	1
皮革制品制造	18	3	2	1
皮鞋制造	13	2	1	1
皮革服装制造				

长治市	晋城市	朔州市	晋中市	运城市	忻州市	临汾市	吕梁市
19	19	7	35	83	9	36	5
4	1	1	13	61	5	24	2
4	1	1	12	54	1	23	2
			1	7	4	1	
1				1	1	2	
1					1	1	
				1		1	
	2	1		2			
	2	1		2			
	7			1		1	
	5			1		1	
	2						
10	3	2	9	5	1	6	1
3			5	3		3	
1		1	1		1		
	1	1					
	2						
2						1	
						1	1
1			2				
3			1	2		1	
4	6	3	13	13	2	3	2
3	3	2	9	8	1	1	1
			1	2			
1		1	1	1			
	3		2	2	1	2	1
23	24	2	21	38	9	28	10
19	22	2	14	35	7	21	9
19	22	2	14	35	7	21	9
3	1		7	3	2	7	1
3	1		7	3	2	7	1
1	1						
1	1						
2	3	1	2	3	2		3
2	3	1	2	1	1		2
2	2	1		1	1		2

1-1-8 续表 5

项　　目	法　人 单位数 (个)	太原市	大同市	阳泉市
皮箱、包(袋)制造	4		1	
皮手套及皮装饰制品制造	1	1		
其他皮革制品制造				
毛皮鞣制及制品加工	11	1	7	
毛皮鞣制加工	7		6	
毛皮服装加工	2	1		
其他毛皮制品加工	2		1	
羽毛(绒)加工及制品制造	1			
羽毛(绒)加工				
羽毛(绒)制品加工	1			
木材加工及木、竹、藤、棕、草制品业	239	32	12	3
锯材、木片加工	83	5	7	1
锯材加工	49	3	6	1
木片加工	34	2	1	
人造板制造	62	11	1	
胶合板制造	23	2	1	
纤维板制造	9			
刨花板制造	8	3		
其他人造板、材制造	22	6		
木制品制造	80	13	4	2
建筑用木料及木材组件加工	38	6	2	2
木容器制造	29	3	2	
软木制品及其他木制品制造	13	4		
竹、藤、棕、草制品制造	14	3		
竹、藤、棕、草制品制造	14	3		
家具制造业	227	56	18	6
木质家具制造	181	39	13	6
木质家具制造	181	39	13	6
竹、藤家具制造	1			
竹、藤家具制造	1			
金属家具制造	19	6	3	
金属家具制造	19	6	3	
塑料家具制造	7	3	2	
塑料家具制造	7	3	2	
其他家具制造	19	8		
其他家具制造	19	8		
造纸及纸制品业	563	71	24	6
纸浆制造	13	2		
纸浆制造	13	2		
造纸	182	23	7	1
机制纸及纸板制造	149	12	5	1
手工纸制造	8	1	1	
加工纸制造	25	10	1	
纸制品制造	368	46	17	5
纸和纸板容器的制造	296	21	9	4
其他纸制品制造	72	25	8	1
印刷业和记录媒介的复制	650	183	65	39
印刷	582	153	61	36

长治市	晋城市	朔州市	晋中市	运城市	忻州市	临汾市	吕梁市
	1		2				
				1	1		1
					1		
							1
				1			
				1			
				1			
28	8	6	38	46	15	41	10
14	4	3	6	18	10	14	1
10	2	2	3	8	5	8	1
4	2	1	3	10	5	6	
3	2	3	8	19		12	3
2	1		4	6		6	1
		2	1	4		1	1
	1		1	2		1	
1		1	2	7		4	1
9	2		23	9	3	9	6
5	2		7	4	1	7	2
2			16	1	1	1	3
2				4	1	1	1
2			1		2	6	
2			1		2	6	
14	14	7	24	38	7	22	21
11	11	6	22	29	7	16	21
11	11	6	22	29	7	16	21
						1	
						1	
2	1	1	2	4			
2	1	1	2	4			
				2			
				2			
1	2			3		5	
1	2			3		5	
16	12	17	69	249	21	47	31
		1	1	6	2		1
		1	1	6	2		1
5	3	2	14	71	4	35	17
5	1	2	11	68	3	30	11
	1			2	1		2
	1		3	1		5	4
11	9	14	54	172	15	12	13
7	7	8	49	165	7	10	9
4	2	6	5	7	8	2	4
51	43	13	56	87	26	54	33
47	39	13	52	81	24	51	25

1-1-8 续表 6

项　目	法人单位数（个）	太原市	大同市	阳泉市
书、报、刊印刷	272	84	31	17
本册印制	124	25	13	9
包装装潢及其他印刷	186	44	17	10
装订及其他印刷服务活动	67	30	4	3
装订及其他印刷服务活动	67	30	4	3
记录媒介的复制	1			
记录媒介的复制	1			
文教体育用品制造业	47	7	2	3
文化用品制造	11	4		2
文具制造	3			2
笔的制造	2	2		
教学用模型及教具制造	2	1		
墨水、墨汁制造	1	1		
其他文化用品制造	3			
体育用品制造	30	2	1	
球类制造	1	1		
体育器材及配件制造	12			
训练健身器材制造	16	1		
运动防护用具制造				
其他体育用品制造	1		1	
乐器制造	2			
中乐器制造	2			
西乐器制造				
电子乐器制造				
其他乐器及零件制造				
玩具制造	2	1		1
玩具制造	2	1		1
游艺器材及娱乐用品制造	2		1	
露天游乐场所游乐设备制造	1		1	
游艺用品及室内游艺器材制造	1			
石油加工、炼焦及核燃料加工业	440	37	21	4
精炼石油产品的制造	46	10	4	1
原油加工及石油制品制造	44	9	4	1
人造原油生产	2	1		
炼焦	394	27	17	3
炼焦	394	27	17	3
核燃料加工				
核燃料加工				
化学原料及化学制品制造业	1543	259	128	75
基础化学原料制造	561	43	17	41
无机酸制造	57	1	1	5
无机碱制造	37	6	1	4
无机盐制造	144	5	3	9
有机化学原料制造	168	24	6	6
其他基础化学原料制造	155	7	6	17
肥料制造	203	22	14	3
氮肥制造	51	1	9	
磷肥制造	22	1	3	1

长治市	晋城市	朔州市	晋中市	运城市	忻州市	临汾市	吕梁市
26	11	5	21	19	12	37	9
12	22	5	12	7	7	7	5
9	6	3	19	55	5	7	11
4	4		4	6	2	3	7
4	4		4	6	2	3	7
							1
							1
10	4		6	7	1	6	1
			2	2	1		
					1		
			1				
			1	2			
8	4		4	4		6	1
3	1		2			6	
5	3		2	4			1
2							
2							
				1			
				1			
65	7	6	45	70	11	91	83
4	2	1	7	9		6	2
3	2	1	7	9		6	2
1							
61	5	5	38	61	11	85	81
61	5	5	38	61	11	85	81
154	130	33	146	293	52	145	128
88	76	13	63	68	24	46	82
	4	1	8	3	1	7	26
3	1		3	14		2	3
47	31	5	7	6	6	6	19
20	9	6	17	31	5	19	25
18	31	1	28	14	12	12	9
15	16	6	26	51	8	33	9
3	6	5	5	9	4	3	6
1	5		3	3	2	1	2

1-1-8 续表 7

项 目	法人单位数(个)	太原市	大同市	阳泉市
钾肥制造	2			
复混肥料制造	42	7	1	1
有机肥料及微生物肥料制造	58	8		
其他肥料制造	28	5	1	1
农药制造	62	5		2
化学农药制造	44	3		2
生物化学农药及微生物农药制造	18	2		
涂料、油墨、颜料及类似产品制造	170	63	9	7
涂料制造	125	49	7	5
油墨及类似产品制造	16	10		
颜料制造	13	2		2
染料制造	11	2	1	
密封用填料及类似品制造	5		1	
合成材料制造	46	10	7	1
初级形态的塑料及合成树脂制造	24	6	2	1
合成橡胶制造	11		4	
合成纤维单(聚合)体的制造	5	2		
其他合成材料制造	6	2	1	
专用化学产品制造	433	93	72	20
化学试剂和助剂制造	124	32	9	4
专项化学用品制造	45	12	2	8
林产化学产品制造	86	13	52	2
炸药及火工产品制造	65	4	7	3
信息化学品制造	3	1		
环境污染处理专用药剂材料制造	28	10	1	
动物胶制造	29	1	1	
其他专用化学产品制造	53	20		3
日用化学产品制造	68	23	9	1
肥皂及合成洗涤剂制造	30	8	6	1
化妆品制造	3	2		
口腔清洁用品制造	3	2		
香料、香精制造	7		1	
其他日用化学产品制造	25	11	2	
医药制造业	261	50	40	2
化学药品原药制造	30	8	7	
化学药品原药制造	30	8	7	
化学药品制剂制造	70	21	19	
化学药品制剂制造	70	21	19	
中药饮片加工	27	3	8	
中药饮片加工	27	3	8	
中成药制造	48	2	5	1
中成药制造	48	2	5	1
兽用药品制造	48	9	1	
兽用药品制造	48	9	1	
生物、生化制品的制造	21	3		
生物、生化制品的制造	21	3		
卫生材料及医药用品制造	17	4		1
卫生材料及医药用品制造	17	4		1

长治市	晋城市	朔州市	晋中市	运城市	忻州市	临汾市	吕梁市
			1	1			
3	1	1	3	15		10	
8	3		12	10	2	15	
	1		2	13		4	1
	1		4	45		5	
			1	33		5	
	1		3	12			
13	15	1	12	26		19	5
12	10	1	9	13		15	4
			1	5			
1	3			3		1	1
	2			3		3	
			2	2			
6	2		8	7	1	2	2
5	1		5	3			1
1			3	1	1	1	
				1		1	1
	1			2			
25	18	11	31	85	18	33	27
8	2	1	5	51		3	9
6	4		2	8		2	1
	3		4	3	5		4
6	8	6	10	4	8	3	6
1				1			
1		3	2	4		2	5
1		1	3	3		19	
2	1		5	11	5	4	2
7	2	2	2	11	1	7	3
3	1		1	5		4	1
1							
1							
1				3		2	
1	1	2	1	3	1	1	2
24	16	7	29	59	7	23	4
4	2	2	3	3			1
4	2	2	3	3			1
1	2	1	9	7		10	
1	2	1	9	7		10	
1	5		2	2		6	
1	5		2	2		6	
6	7	1	4	12	4	4	2
6	7	1	4	12	4	4	2
5			6	27			
5			6	27			
5		2	4	2	3	2	
5		2	4	2	3	2	
2		1	1	6		1	1
2		1	1	6		1	1

1-1-8 续表 8

项 目	法人单位数(个)	太原市	大同市	阳泉市
化学纤维制造业	15	6	2	
纤维素纤维原料及纤维制造	1		1	
化纤浆粕制造				
人造纤维(纤维素纤维)制造	1		1	
合成纤维制造	14	6	1	
锦纶纤维制造	1			
涤纶纤维制造	6	5		
腈纶纤维制造	1			
维纶纤维制造				
其他合成纤维制造	6	1	1	
橡胶制品业	166	27	10	17
轮胎制造	15	3	2	
车辆、飞机及工程机械轮胎制造	8	3		
力车胎制造	1			
轮胎翻新加工	6		2	
橡胶板、管、带的制造	42	6	4	2
橡胶板、管、带的制造	42	6	4	2
橡胶零件制造	47	13	3	6
橡胶零件制造	47	13	3	6
再生橡胶制造	29	1		1
再生橡胶制造	29	1		1
日用及医用橡胶制品制造	6			1
日用及医用橡胶制品制造	6			1
橡胶靴鞋制造	7			
橡胶靴鞋制造	7			
其他橡胶制品制造	20	4	1	7
其他橡胶制品制造	20	4	1	7
塑料制品业	565	117	36	13
塑料薄膜制造	55	6	11	
塑料薄膜制造	55	6	11	
塑料板、管、型材的制造	126	40	3	4
塑料板、管、型材的制造	126	40	3	4
塑料丝、绳及编织品的制造	127	7	7	5
塑料丝、绳及编织品的制造	127	7	7	5
泡沫塑料制造	64	11	2	1
泡沫塑料制造	64	11	2	1
塑料人造革、合成革制造	4	1	2	
塑料人造革、合成革制造	4	1	2	
塑料包装箱及容器制造	62	17	3	2
塑料包装箱及容器制造	62	17	3	2
塑料零件制造	14	6		
塑料零件制造	14	6		
日用塑料制造	52	7	4	
塑料鞋制造	1	1		
日用塑料杂品制造	51	6	4	
其他塑料制品制造	61	22	4	1
其他塑料制品制造	61	22	4	1

长治市	晋城市	朔州市	晋中市	运城市	忻州市	临汾市	吕梁市
1			2	3			1
1			2	3			1
			1				
				1			
				1			
1			1	1			1
16	5	1	18	37	7	7	21
		1	1	3		2	3
		1		2			2
						1	
			1	1		1	1
7	2		2	13	1	3	2
7	2		2	13	1	3	2
8	2		3	6	4		2
8	2		3	6	4		2
1			12	3			11
1			12	3			11
	1			2	1		1
	1			2	1		1
				7			
				7			
				3	1	2	2
				3	1	2	2
56	39	9	74	131	20	46	24
4	1	1	4	20	1	4	3
4	1	1	4	20	1	4	3
15	16		20	14	3	6	5
15	16		20	14	3	6	5
20	10	4	16	34	8	15	1
20	10	4	16	34	8	15	1
4	2		14	17	2	7	4
4	2		14	17	2	7	4
					1		
					1		
2	2	1	8	20	1	1	5
2	2	1	8	20	1	1	5
3			2			3	
3			2			3	
6	4	2	4	11	2	10	2
6	4	2	4	11	2	10	2
2	4	1	6	15	2		4
2	4	1	6	15	2		4

1-1-8 续表 9

项 目	法人单位数(个)	太原市	大同市	阳泉市
非金属矿物制品业	5758	394	308	584
水泥、石灰和石膏的制造	568	38	26	22
水泥制造	367	26	22	9
石灰和石膏制造	201	12	4	13
水泥及石膏制品制造	734	93	64	22
水泥制品制造	320	46	30	6
砼结构构件制造	302	18	24	2
石棉水泥制品制造	10	3	2	
轻质建筑材料制造	79	20	6	12
其他水泥制品制造	23	6	2	2
砖瓦、石材及其他建筑材料制造	2908	163	142	125
粘土砖瓦及建筑砌块制造	2335	97	77	75
建筑陶瓷制品制造	86	4	2	13
建筑用石加工	295	25	55	32
防水建筑材料制造	51	9	1	2
隔热和隔音材料制造	50	9	6	
其他建筑材料制造	91	19	1	3
玻璃及玻璃制品制造	311	28	7	
平板玻璃制造	13	2	1	
技术玻璃制品制造	7		1	
光学玻璃制造	1			
玻璃仪器制造	9	2		
日用玻璃制品及玻璃包装容器制造	231	6	3	
玻璃保温容器制造	3			
玻璃纤维及制品制造	12	2	1	
玻璃纤维增强塑料制品制造	17	8		
其他玻璃制品制造	18	8	1	
陶瓷制品制造	135	5	9	11
卫生陶瓷制品制造	4		1	
特种陶瓷制品制造	18	1		4
日用陶瓷制品制造	101	4	8	6
园林、陈设艺术及其他陶瓷制品制造	12			1
耐火材料制品制造	792	47	25	380
石棉制品制造	18	4	3	
云母制品制造	1			1
耐火陶瓷制品及其他耐火材料制造	773	43	22	379
石墨及其他非金属矿物制品制造	310	20	35	24
石墨及碳素制品制造	208	11	27	18
其他非金属矿物制品制造	102	9	8	6
黑色金属冶炼及压延加工业	621	74	38	7
炼铁	349	10	7	2
炼铁	349	10	7	2
炼钢	51	11	6	
炼钢	51	11	6	
钢压延加工	136	44	7	4
钢压延加工	136	44	7	4
铁合金冶炼	85	9	18	1
铁合金冶炼	85	9	18	1

长治市	晋城市	朔州市	晋中市	运城市	忻州市	临汾市	吕梁市
635	601	237	592	885	321	685	516
95	32	25	33	76	63	78	80
49	23	13	26	55	26	49	69
46	9	12	7	21	37	29	11
162	97	37	53	70	24	67	45
70	25	17	32	25	12	32	25
76	65	16	17	38	9	22	15
2	1			2			
12	3	4	3	3	2	12	2
2	3		1	2	1	1	3
293	400	85	275	552	196	483	194
250	342	67	227	465	162	424	149
8	35	4	5	8	3	2	2
22	12	10	29	33	19	35	23
1			4	28	3		3
6	5		5	4	3	6	6
6	6	4	5	14	6	16	11
4	11	6	113	94	5	10	33
1		1	1	3		3	1
		1	2			2	1
							1
				1			6
	7	4	106	81	4	2	18
				1		2	
2	2		2	3			
1	1		1	3		1	2
	1		1	2	1		4
12	18	47	1	20	5	4	3
1	1	1					
2	2			7			2
7	13	46	1	7	5	3	1
2	2			6		1	
14	11	26	46	45	14	28	156
1	4			2		2	2
13	7	26	46	43	14	26	154
55	32	11	71	28	14	15	5
28	22	5	64	14	9	8	2
27	10	6	7	14	5	7	3
39	85	10	36	59	69	136	68
20	80	3	12	19	41	105	50
20	80	3	12	19	41	105	50
4		1	1	6	1	12	9
4		1	1	6	1	12	9
7	2	3	22	20	11	13	3
7	2	3	22	20	11	13	3
8	3	3	1	14	16	6	6
8	3	3	1	14	16	6	6

1-1-8 续表 10

项　　目	法　人 单位数 (个)	太原市	大同市	阳泉市
有色金属冶炼及压延加工业	341	55	23	11
常用有色金属冶炼	222	24	17	3
铜冶炼	11			
铅锌冶炼	14	1	6	
镍钴冶炼				
锡冶炼				
锑冶炼				
铝冶炼	46	2		1
镁冶炼	133	20	6	1
其他常用有色金属冶炼	18	1	5	1
贵金属冶炼	6	1	4	
金冶炼	1		1	
银冶炼	4	1	3	
其他贵金属冶炼	1			
稀有稀土金属冶炼	18	1	2	2
钨钼冶炼	7			
稀土金属冶炼	9	1	1	2
其他稀有金属冶炼	2		1	
有色金属合金制造	28	8		2
有色金属合金制造	28	8		2
有色金属压延加工	67	21		4
常用有色金属压延加工	57	19		
贵金属压延加工	2	1		
稀有稀土金属压延加工	8	1		4
金属制品业	1179	412	61	76
结构性金属制品制造	475	170	42	42
金属结构制造	290	124	16	31
金属门窗制造	185	46	26	11
金属工具制造	117	21	6	4
切削工具制造	17	3	1	1
手工具制造	9	3		1
农用及园林用金属工具制造	15		5	1
刀剪及类似日用金属工具制造	6			
其他金属工具制造	70	15		1
集装箱及金属包装容器制造	36	16	2	
集装箱制造				
金属压力容器制造	11	3	1	
金属包装容器制造	25	13	1	
金属丝绳及其制品的制造	91	16	3	11
金属丝绳及其制品的制造	91	16	3	11
建筑、安全用金属制品制造	259	86	1	8
建筑、家具用金属配件制造	27	5		
建筑装饰及水暖管道零件制造	189	55		7
安全、消防用金属制品制造	25	21	1	
其他建筑、安全用金属制品制造	18	5		1
金属表面处理及热处理加工	58	28	2	2
金属表面处理及热处理加工	58	28	2	2
搪瓷制品制造	2			
工业生产配套用搪瓷制品制造	1			
搪瓷卫生洁具制造				
搪瓷日用品及其他搪瓷制品制造	1			

长治市	晋城市	朔州市	晋中市	运城市	忻州市	临汾市	吕梁市
22	12	5	18	126	19	22	28
17	4	4	11	99	10	11	22
1			1	7	1	1	
			2	4		1	
		1	2	22	3	1	14
13	4	1	5	63	5	7	8
3		2	1	3	1	1	
							1
							1
	2		1	4	5	1	
				2	5		
	2		1	2			
						1	
2	2		1	6	2	2	3
2	2		1	6	2	2	3
3	4	1	5	17	2	8	2
3	4	1	4	17	2	7	
						1	
			1				2
76	69	22	201	117	30	56	59
31	20	13	44	44	21	12	36
24	4	3	15	22	17	4	30
7	16	10	29	22	4	8	6
15	3	2	10	53		1	2
5	2		1	3			1
	1		2	2			
1			6	1		1	
3		1	1	1			
6		1		46			1
4	3	1	1	6	1	1	1
1	1		1	3	1		
3	2	1		3		1	1
11	25		12	5		4	4
11	25		12	5		4	4
6	11	3	110	3	1	25	5
2	4		1			14	1
3	7	3	105			7	2
					1		2
1			4	3		4	
2	1		14	1	2	2	4
2	1		14	1	2	2	4
	2						
	1						
	1						

1-1-8 续表 11

项 目	法人单位数(个)	太原市	大同市	阳泉市
不锈钢及类似日用金属制品制造	46	34		2
金属制厨房调理及卫生器具制造	8	6		1
金属制厨用器皿及餐具制造	8	5		
其他日用金属制品制造	30	23		1
其他金属制品制造	95	41	5	7
铸币及贵金属制实验室用品制造				
其他未列明的金属制品制造	95	41	5	7
通用设备制造业	3373	659	147	101
锅炉及原动机制造	237	38	14	5
锅炉及辅助设备制造	220	38	12	4
内燃机及配件制造	12		2	
汽轮机及辅机制造				
水轮机及辅机制造	1			1
其他原动机制造	4			
金属加工机械制造	230	89	12	14
金属切削机床制造	17	8		
金属成形机床制造	21	6		
铸造机械制造	55	12	1	1
金属切割及焊接设备制造	18	13	1	1
机床附件制造	15	2		2
其他金属加工机械制造	104	48	10	10
起重运输设备制造	56	19	2	2
起重运输设备制造	56	19	2	2
泵、阀门、压缩机及类似机械的制造	290	73	4	12
泵及真空设备制造	68	5		4
气体压缩机械制造	11	6		1
阀门和旋塞的制造	36	1	2	4
液压和气压动力机械及元件制造	175	61	2	3
轴承、齿轮、传动和驱动部件的制造	80	16	4	1
轴承制造	35	7		
齿轮、传动和驱动部件制造	45	9	4	1
烘炉、熔炉及电炉制造	7	2		1
烘炉、熔炉及电炉制造	7	2		1
风机、衡器、包装设备等通用设备制造	136	50	7	2
风机、风扇制造	34	7		
气体、液体分离及纯净设备制造	13	7		1
制冷、空调设备制造	10	7		
风动和电动工具制造	2			
喷枪及类似器具制造	3	1		
包装专用设备制造	2			
衡器制造	24	6	5	
其他通用设备制造	48	22	2	1
通用零部件制造及机械修理	766	257	78	33
金属密封件制造	7	3		
紧固件、弹簧制造	52	22	2	3
机械零部件加工及设备修理	644	213	73	28
其他通用零部件制造	63	19	3	2

长治市	晋城市	朔州市	晋中市	运城市	忻州市	临汾市	吕梁市
1			3		1	3	2
						1	
						2	1
1			3		1		1
6	4	3	7	5	4	8	5
6	4	3	7	5	4	8	5
161	164	41	526	273	794	179	328
17	8	14	50	16	47	21	7
14	8	14	48	9	47	20	6
3			2	4		1	
				3			1
23	6	1	19	31	16	4	15
2	2		1	1	1		2
7	1		2	3	1		1
5	2	1	7	7	9	3	7
				1			2
2			2	6	1		
7	1		7	13	4	1	3
7	4		1	1	20		
7	4		1	1	20		
17	7	1	118	37	6	9	6
6	2	1	25	19	2	2	2
1			1	2			
4	3		3	10		5	4
6	2		89	6	4	2	
15	3		9	10	11	10	1
12	1		5	7	1	1	1
3	2		4	3	10	9	
2			1			1	
2			1			1	
10	9		10	32	9	6	1
1				18	6	2	
			2	1	1	1	
				1	2		
1						1	
			1				1
	1					1	
4	7			1		1	
4	1		7	11			
44	21	3	111	64	9	44	102
1			2	1			
3	6		9	4		2	1
33	13	2	95	39	7	40	101
7	2	1	5	20	2	2	

1-1-8 续表 12

项　　目	法　人单位数(个)	太原市	大同市	阳泉市
金属铸、锻加工	1571	115	26	31
钢铁铸件制造	872	100	23	24
锻件及粉末冶金制品制造	699	15	3	7
专用设备制造业	879	281	31	27
矿山、冶金、建筑专用设备制造	372	129	23	20
采矿、采石设备制造	263	74	20	16
石油钻采专用设备制造	15	9		
建筑工程用机械制造	29	17	2	2
建筑材料生产专用机械制造	18	4	1	
冶金专用设备制造	47	25		2
化工、木材、非金属加工专用设备制造	85	29		1
炼油、化工生产专用设备制造	13	2		
橡胶加工专用设备制造				
塑料加工专用设备制造	7	3		
木材加工机械制造	8	2		
模具制造	51	22		1
其他非金属加工专用设备制造	6			
食品、饮料、烟草及饲料生产专用设备制造	9	2	1	
食品、饮料、烟草工业专用设备制造	3	1	1	
农副食品加工专用设备制造	4			
饲料生产专用设备制造	2	1		
印刷、制药、日化生产专用设备制造	25	14		1
制浆和造纸专用设备制造	5	4		
印刷专用设备制造	5			
日用化工专用设备制造				
制药专用设备制造	1			
照明器具生产专用设备制造	9	6		1
玻璃、陶瓷和搪瓷制品生产专用设备制造	2	1		
其他日用品生产专用设备制造	3	3		
纺织、服装和皮革工业专用设备制造	130	2		1
纺织专用设备制造	128	1		1
皮革、毛皮及其制品加工专用设备制造	2	1		
缝纫机械制造				
其他服装加工专用设备制造				
电子和电工机械专用设备制造	55	29	2	3
电工机械专用设备制造	27	15	1	2
电子工业专用设备制造	19	10	1	1
航空、航天及其他专用设备制造	1			
农、林、牧、渔专用机械制造	54	6	1	1
拖拉机制造	1			
机械化农业及园艺机具制造	18	4		
营林及木竹采伐机械制造				
畜牧机械制造	1			
渔业机械制造				
农林牧渔机械配件制造	8	1		
其他农林牧渔业机械制造及机械修理	26	1	1	1

长治市	晋城市	朔州市	晋中市	运城市	忻州市	临汾市	吕梁市
26	106	22	207	82	676	84	196
21	103	21	203	78	26	78	195
5	3	1	4	4	650	6	1
64	39	10	223	77	28	59	40
35	22	5	52	32	15	22	17
32	21	4	41	17	14	14	10
			3			3	
2				1		2	3
			6	5	1		1
1	1	1	2	9		3	3
5	1	1	8	13	3	9	15
				3			8
2			1	1			
		1	2	2	1		
1	1		5	5	2	7	7
2				2		2	
3	1		1	1			
	1						
3				1			
			1				
	4		1	3		2	
			1				
	2			2		1	
				1			
	1					1	
	1						
1			123	2		1	
			123	2		1	
1							
7	1	2	5	3		3	
2		2	2	2		1	
2			2	1		2	
1							
7	5	2	10	7	4	8	3
				1			
2	2		4	1		5	
					1		
3	1		1	1	1		
2	2	2	5	4	2	3	3

1-1-8 续表 13

项 目	法 人 单位数 (个)	太原市	大同市	阳泉市
医疗仪器设备及器械制造	32	18	1	
医疗诊断、监护及治疗设备制造	6	3		
口腔科用设备及器具制造	3	2		
实验室及医用消毒设备和器具的制造	2	1		
医疗、外科及兽医用器械制造	3	1		
机械治疗及病房护理设备制造	1			
假肢、人工器官及植(介)入器械制造	6	3	1	
其他医疗设备及器械制造	11	8		
环保、社会公共安全及其他专用设备制造	117	52	3	
环境污染防治专用设备制造	32	17		
地质勘查专用设备制造	1	1		
邮政专用机械及器材制造				
商业、饮食、服务业专用设备制造	1	1		
社会公共安全设备及器材制造	12	2	1	
交通安全及管制专用设备制造	5	1		
水资源专用机械制造	19	4	1	
其他专用设备制造	47	26	1	
交通运输设备制造业	573	137	60	18
铁路运输设备制造	87	36	15	
铁路机车车辆及动车组制造	3		1	
工矿有轨专用车辆制造	8			
铁路机车车辆配件制造	39	19	8	
铁路专用设备及器材、配件制造	25	13	1	
其他铁路设备制造及设备修理	12	4	5	
汽车制造	464	95	43	18
汽车整车制造	4	2	1	
改装汽车制造	5	3		
电车制造				
汽车车身、挂车的制造	21	4	3	
汽车零部件及配件制造	106	18	4	1
汽车修理	328	68	35	17
摩托车制造	4			
摩托车整车制造	2			
摩托车零部件及配件制造	2			
自行车制造	6	1	1	
脚踏自行车及残疾人座车制造	5	1	1	
助动自行车制造	1			
船舶及浮动装置制造				
金属船舶制造				
非金属船舶制造				
娱乐船和运动船的建造和修理				
船用配套设备制造				
船舶修理及拆船				
航标器材及其他浮动装置的制造				
航空航天器制造	1			
飞机制造及修理	1			
航天器制造				
其他飞行器制造				

长治市	晋城市	朔州市	晋中市	运城市	忻州市	临汾市	吕梁市
1	2		4	3		2	1
1			2				
				1			
						1	
			1	1			
				1			
	2						
			1			1	1
5	3		19	13	6	12	4
1	2		4		2	2	4
			6	1		2	
1			2		1		
1			5	5	2	1	
2	1		2	7	1	7	
47	47	5	97	70	4	66	22
5		1	11	17			2
			1	1			
4		1	2	1			
				11			1
1			7	3			
			1	1			1
36	46	4	86	48	3	65	20
						1	
1			1				
		1	12				1
9	7		19	24		19	5
26	39	3	54	24	3	45	14
				4			
				2			
				2			
4							
3							
1							
	1						
	1						

1-1-8 续表 14

项　　目	法　人 单位数 (个)	太原市	大同市	阳泉市
交通器材及其他交通运输设备制造	11	5	1	
潜水及水下救捞装备制造				
交通管理用金属标志及设施制造	5	3		
其他交通运输设备制造	6	2	1	
电气机械及器材制造业	427	156	19	28
电机制造	38	9	5	
发电机及发电机组制造	15	2	4	
电动机制造	15	4	1	
微电机及其他电机制造	8	3		
输配电及控制设备制造	170	74	11	16
变压器、整流器和电感器制造	44	15	4	2
电容器及其配套设备制造	10	2	2	
配电开关控制设备制造	76	39	1	13
电力电子元器件制造	17	6	2	
其他输配电及控制设备制造	23	12	2	1
电线、电缆、光缆及电工器材制造	108	23	1	5
电线电缆制造	79	16		3
光纤、光缆制造	2	1		
绝缘制品制造	9	2	1	1
其他电工器材制造	18	4		1
电池制造	18	11		
电池制造	18	11		
家用电力器具制造	12	6		
家用制冷电器具制造				
家用空气调节器制造	1	1		
家用通风电器具制造	2	2		
家用厨房电器具制造	3	2		
家用清洁卫生电器具制造	1			
家用美容、保健电器具制造				
家用电力器具专用配件制造	3	1		
其他家用电力器具制造	2			
非电力家用器具制造	24	7	2	
燃气、太阳能及类似能源的器具制造	22	6	2	
其他非电力家用器具制造	2	1		
照明器具制造	28	12		3
电光源制造	3	2		
照明灯具制造	16	8		1
灯用电器附件及其他照明器具制造	9	2		2
其他电气机械及器材制造	29	14		4
车辆专用照明及电气信号设备装置制造	1			
其他未列明的电气机械制造	28	14		4
通信设备、计算机及其他电子设备制造业	140	79	5	5
通信设备制造	13	10	1	
通信传输设备制造	5	5		
通信交换设备制造	1			
通信终端设备制造				
移动通信及终端设备制造	2	2		
其他通信设备制造	5	3	1	

长治市	晋城市	朔州市	晋中市	运城市	忻州市	临汾市	吕梁市
2				1	1	1	
1					1		
1				1		1	
35	22		58	61	13	29	6
5	1		6	11		1	
2			4	3			
2			2	5		1	
1	1			3			
14	9		8	17	6	12	3
2	3		4	7	4	2	1
	2			3		1	
9	3			3	1	5	2
2			3	1		3	
1	1		1	3	1	1	
5	6		23	29	6	8	2
3	5		22	17	5	6	2
						1	
			1	4			
2	1			8	1	1	
3	1			1		1	1
3	1			1		1	1
1	1		2			2	
			1				
			1				
1	1						
						2	
2	1		11			1	
2	1		10			1	
			1				
2	3		4	3		1	
	1						
1	1		3	2			
1	1		1	1		1	
3			4		1	3	
1							
2			4		1	3	
13	3		6	15	1	2	11
					1	1	
					1		
						1	

1-1-8 续表 15

项　目	法 人 单位数 (个)	太原市	大同市	阳泉市
雷达及配套设备制造	1		1	
雷达及配套设备制造	1		1	
广播电视设备制造	3	1		
广播电视节目制作及发射设备制造				
广播电视接收设备及器材制造	1			
应用电视设备及其他广播电视设备制造	2	1		
电子计算机制造	4	3		
电子计算机整机制造	3	3		
计算机网络设备制造				
电子计算机外部设备制造	1			
电子器件制造	19	8		
电子真空器件制造	3			
半导体分立器件制造	3	2		
集成电路制造				
光电子器件及其他电子器件制造	13	6		
电子元件制造	70	32	3	4
电子元件及组件制造	69	32	3	4
印制电路板制造	1			
家用视听设备制造	1			
家用影视设备制造				
家用音响设备制造	1			
其他电子设备制造	29	25		1
其他电子设备制造	29	25		1
仪器仪表及文化、办公用机械制造业	125	90	2	7
通用仪器仪表制造	77	61		4
工业自动控制系统装置制造	40	37		1
电工仪器仪表制造	19	15		2
绘图、计算及测量仪器制造	2	1		
实验分析仪器制造	5	3		
试验机制造	1	1		
供应用仪表及其他通用仪器制造	10	4		1
专用仪器仪表制造	22	15	2	1
环境监测专用仪器仪表制造	1		1	
汽车及其他用计数仪表制造	1	1		
导航、气象及海洋专用仪器制造	4	4		
农林牧渔专用仪器仪表制造	3	1		1
地质勘探和地震专用仪器制造				
教学专用仪器制造				
核子及核辐射测量仪器制造	2	2		
电子测量仪器制造	5	3		
其他专用仪器制造	6	4	1	
钟表与计时仪器制造	3	2		1
钟表与计时仪器制造	3	2		1
光学仪器及眼镜制造	5	4		
光学仪器制造	4	3		
眼镜制造	1	1		

长治市	晋城市	朔州市	晋中市	运城市	忻州市	临汾市	吕梁市
1	1						
1							
	1						
							1
							1
4			1	6			
				3			
			1				
4				3			
7	2		4	8			10
7	2		3	8			10
			1				
			1				
			1				
1				1		1	
1				1		1	
10	1		5	3	1	3	3
7	1		2	1			1
1			1				
2							
							1
2							
2	1		1	1			
1			1		1	1	
			1				
1						1	
					1		
			1				
			1				

1-1-8 续表 16

项　目	法人单位数（个）	太原市	大同市	阳泉市
文化、办公用机械制造	6	2		
电影机械制造				
幻灯及投影设备制造				
照相机及器材制造				
复印和胶印设备制造				
计算器及货币专用设备制造	1	1		
其他文化、办公用机械制造	5	1		
其他仪器仪表的制造及修理	12	6		1
其他仪器仪表的制造及修理	12	6		1
工艺品及其他制造业	442	112	20	22
工艺美术品制造	137	20	12	3
雕塑工艺品制造	32	3	5	
金属工艺品制造	25	8	2	
漆器工艺品制造	8			
花画工艺品制造	7	1		1
天然植物纤维编织工艺品制造	1			
抽纱刺绣工艺品制造	19			
地毯、挂毯制造	16	3	3	1
珠宝首饰及有关物品的制造	4	2		
其他工艺美术品制造	25	3	2	1
日用杂品制造	13	3	1	
制镜及类似品加工	6	3	1	
鬃毛加工、制刷及清扫工具的制造	2			
其他日用杂品制造	5			
煤制品制造	271	87	3	19
煤制品制造	271	87	3	19
核辐射加工				
核辐射加工				
其他未列明的制造业	21	2	4	
其他未列明的制造业	21	2	4	
废弃资源和废旧材料回收加工业	79	14	6	
金属废料和碎屑的加工处理	38	7	3	
金属废料和碎屑的加工处理	38	7	3	
非金属废料和碎屑的加工处理	41	7	3	
非金属废料和碎屑的加工处理	41	7	3	
电力、燃气及水的生产和供应业	**770**	**46**	**65**	**43**
电力、热力的生产和供应业	402	20	30	14
电力生产	253	6	17	12
火力发电	128	4	12	6
水力发电	108		2	4
核力发电				
其他能源发电	17	2	3	2
电力供应	42	5	6	
电力供应	42	5	6	
热力生产和供应	107	9	7	2
热力生产和供应	107	9	7	2

长治市	晋城市	朔州市	晋中市	运城市	忻州市	临汾市	吕梁市
2							2
2							2
			1	2		2	
			1	2		2	
39	67	8	72	43	19	30	10
25	9	2	19	18	8	15	6
9	2		5	1	2	3	2
1	1		2	9		1	1
	1		3	4			
2			1	1	1		
						1	
8			4	2	2	3	
1	3	1			3		1
		1				1	
4	2		4	1		6	2
		1		6	1		1
					1		1
				2			
		1		4			
14	54	3	49	17	9	13	3
14	54	3	49	17	9	13	3
	4	2	4	2	1	2	
	4	2	4	2	1	2	
5	1	3	7	21	2	14	6
1			6	13	1	4	3
1			6	13	1	4	3
4	1	3	1	8	1	10	3
4	1	3	1	8	1	10	3
89	**88**	**40**	**91**	**89**	**84**	**89**	**46**
59	61	26	48	34	45	43	22
48	51	11	24	24	24	23	13
20	16	8	14	12	12	17	7
28	35		8	11	11	5	4
		3	2	1	1	1	2
3	3	3	7	4	3	6	2
3	3	3	7	4	3	6	2
8	7	12	17	6	18	14	7
8	7	12	17	6	18	14	7

1-1-8 续表 17

项目	法人单位数(个)	太原市	大同市	阳泉市
燃气生产和供应业	103	7	7	6
燃气生产和供应业	103	7	7	6
燃气生产和供应业	103	7	7	6
水的生产和供应业	265	19	28	23
自来水的生产和供应	209	13	20	20
自来水的生产和供应	209	13	20	20
污水处理及其再生利用	51	5	8	3
污水处理及其再生利用	51	5	8	3
其他水的处理、利用与分配	5	1		
其他水的处理、利用与分配	5	1		
建筑业	**4203**	**1508**	**381**	**208**
房屋和土木工程建筑业	1700	387	189	62
房屋工程建筑	895	161	127	42
房屋工程建筑	895	161	127	42
土木工程建筑	805	226	62	20
铁路、道路、隧道和桥梁工程建筑	353	88	22	11
水利和港口工程建筑	63	6	7	
工矿工程建筑	66	16	9	4
架线和管道工程建筑	161	60	10	1
其他土木工程建筑	162	56	14	4
建筑安装业	784	386	57	53
建筑安装业	784	386	57	53
建筑安装业	784	386	57	53
建筑装饰业	1224	481	112	79
建筑装饰业	1224	481	112	79
建筑装饰业	1224	481	112	79
其他建筑业	495	254	23	14
工程准备	181	97	7	2
工程准备	181	97	7	2
提供施工设备服务	85	16	7	8
提供施工设备服务	85	16	7	8
其他未列明的建筑活动	229	141	9	4
其他未列明的建筑活动	229	141	9	4
交通运输、仓储和邮政业	**2964**	**470**	**280**	**82**
铁路运输业	60	6	5	3
铁路旅客运输				
铁路旅客运输				
铁路货物运输				
铁路货物运输				
铁路运输辅助活动	60	6	5	3
客运火车站				
货运火车站	4			1
其他铁路运输辅助活动	56	6	5	2
道路运输业	1697	252	190	56
公路旅客运输	153	18	15	4
公路旅客运输	153	18	15	4

长治市	晋城市	朔州市	晋中市	运城市	忻州市	临汾市	吕梁市
7	6	4	13	19	13	17	4
7	6	4	13	19	13	17	4
7	6	4	13	19	13	17	4
23	21	10	30	36	26	29	20
19	15	9	23	32	16	25	17
19	15	9	23	32	16	25	17
4	6	1	7	2	9	4	2
4	6	1	7	2	9	4	2
				2	1		1
				2	1		1
372	**250**	**185**	**315**	**275**	**185**	**363**	**161**
179	94	90	167	116	136	168	112
95	53	39	81	66	78	87	66
95	53	39	81	66	78	87	66
84	41	51	86	50	58	81	46
31	15	20	39	25	31	56	15
2	2	6	6	8	8	3	15
8	4	9	1	5	2	5	3
32	3	10	11	7	11	9	7
11	17	6	29	5	6	8	6
42	34	33	40	34	21	67	17
42	34	33	40	34	21	67	17
42	34	33	40	34	21	67	17
130	84	24	78	92	18	104	22
130	84	24	78	92	18	104	22
130	84	24	78	92	18	104	22
21	38	38	30	33	10	24	10
7	19	19	9	3	1	13	4
7	19	19	9	3	1	13	4
12	9	6	3	11	2	7	4
12	9	6	3	11	2	7	4
2	10	13	18	19	7	4	2
2	10	13	18	19	7	4	2
284	**212**	**197**	**286**	**359**	**197**	**404**	**193**
6	6	1	6	10	1	14	2
6	6	1	6	10	1	14	2
	1			1		1	
6	5	1	6	9	1	13	2
185	142	126	179	167	90	204	106
11	5	14	17	17	21	17	14
11	5	14	17	17	21	17	14

1-1-8 续表 18

项　目	法　人 单位数 (个)	太原市	大同市	阳泉市
道路货物运输	1145	189	122	46
道路货物运输	1145	189	122	46
道路运输辅助活动	399	45	53	6
客运汽车站	74	4	8	1
公路管理与养护	286	35	42	4
其他道路运输辅助活动	39	6	3	1
城市公共交通业	242	20	17	10
公共电汽车客运	84	6	5	1
公共电汽车客运	84	6	5	1
轨道交通	1		1	
轨道交通	1		1	
出租车客运	153	12	11	9
出租车客运	153	12	11	9
城市轮渡				
城市轮渡				
其他城市公共交通	4	2		
其他城市公共交通	4	2		
水上运输业	13	2		
水上旅客运输	3	1		
远洋旅客运输	1	1		
沿海旅客运输				
内河旅客运输	2			
水上货物运输	3	1		
远洋货物运输	1	1		
沿海货物运输				
内河货物运输	2			
水上运输辅助活动	7			
客运港口				
货运港口				
其他水上运输辅助活动	7			
航空运输业	31	27	1	
航空客货运输	7	7		
航空旅客运输	2	2		
航空货物运输	5	5		
通用航空服务	6	3		
通用航空服务	6	3		
航空运输辅助活动	18	17	1	
机场	2	1	1	
空中交通管理	1	1		
其他航空运输辅助活动	15	15		
管道运输业	1			
管道运输业	1			
管道运输业	1			
装卸搬运和其他运输服务业	430	66	35	4
装卸搬运	209	13	23	
装卸搬运	209	13	23	
运输代理服务	221	53	12	4
运输代理服务	221	53	12	4

长治市	晋城市	朔州市	晋中市	运城市	忻州市	临汾市	吕梁市
121	107	92	134	109	33	128	64
121	107	92	134	109	33	128	64
53	30	20	28	41	36	59	28
5	6	5	7	9	9	16	4
45	18	14	17	26	23	40	22
3	6	1	4	6	4	3	2
29	22	12	23	32	18	39	20
6	9	3	12	12	6	17	7
6	9	3	12	12	6	17	7
22	13	9	11	20	12	21	13
22	13	9	11	20	12	21	13
1						1	
1						1	
2				6			3
1				1			
1				1			
				2			
				2			
1				3			3
1				3			3
2		1					
2		1					
2		1					
		1					
		1					
		1					
31	25	38	35	44	31	96	25
16	19	28	14	10	24	50	12
16	19	28	14	10	24	50	12
15	6	10	21	34	7	46	13
15	6	10	21	34	7	46	13

1-1-8 续表 19

项目	法人单位数(个)	太原市	大同市	阳泉市
仓储业	461	88	29	8
谷物、棉花等农产品仓储	223	17	11	3
谷物、棉花等农产品仓储	223	17	11	3
其他仓储	238	71	18	5
其他仓储	238	71	18	5
邮政业	29	9	3	1
国家邮政	12	2	1	1
国家邮政	12	2	1	1
其他寄递服务	17	7	2	
其他寄递服务	17	7	2	
信息传输、计算机服务和软件业	**2603**	**906**	**258**	**106**
电信和其他信息传输服务业	591	247	71	24
电信	223	78	41	7
固定电信服务	56	9	5	4
移动电信服务	107	42	27	2
其他电信服务	60	27	9	1
互联网信息服务	279	159	15	17
互联网信息服务	279	159	15	17
广播电视传输服务	85	8	14	
有线广播电视传输服务	67	6	11	
无线广播电视传输服务	18	2	3	
卫星传输服务	4	2	1	
卫星传输服务	4	2	1	
计算机服务业	1714	429	181	78
计算机系统服务	183	117	8	6
计算机系统服务	183	117	8	6
数据处理	9	5	1	
数据处理	9	5	1	
计算机维修	41	15	4	8
计算机维修	41	15	4	8
其他计算机服务	1481	292	168	64
其他计算机服务	1481	292	168	64
软件业	298	230	6	4
公共软件服务	254	193	6	4
基础软件服务	92	65	4	4
应用软件服务	162	128	2	
其他软件服务	44	37		
其他软件服务	44	37		
批发和零售业	**28977**	**8152**	**2848**	**1521**
批发业	13734	4625	1001	454
农畜产品批发	1074	97	139	13
谷物、豆及薯类批发	510	22	91	1
种子、饲料批发	277	47	28	6
棉、麻批发	53	1	2	1
牲畜批发	17	3		1
其他农畜产品批发	217	24	18	4

长治市	晋城市	朔州市	晋中市	运城市	忻州市	临汾市	吕梁市
28	16	17	42	98	54	46	35
19	3	11	18	56	42	18	25
19	3	11	18	56	42	18	25
9	13	6	24	42	12	28	10
9	13	6	24	42	12	28	10
1	1	1	1	2	3	5	2
1	1	1	1	1	1	1	1
1	1	1	1	1	1	1	1
				1	2	4	1
				1	2	4	1
173	**163**	**54**	**133**	**328**	**73**	**362**	**47**
28	70	21	17	33	32	29	19
11	19	10	9	16	8	16	8
3	8	4	4	8	2	5	4
5	9	2	4	7	3	3	3
3	2	4	1	1	3	8	1
2	44	5	4	9	14	6	4
2	44	5	4	9	14	6	4
14	7	6	4	8	10	7	7
11	7	5	1	8	7	6	5
3		1	3		3	1	2
1							
1							
132	80	29	108	292	40	318	27
6	6	9	3	9	2	16	1
6	6	9	3	9	2	16	1
1		2					
1		2					
3	3	1	2	2	1	2	
3	3	1	2	2	1	2	
122	71	17	103	281	37	300	26
122	71	17	103	281	37	300	26
13	13	4	8	3	1	15	1
12	11	2	8	2	1	14	1
4	2		5	1		7	
8	9	2	3	1	1	7	1
1	2	2		1		1	
1	2	2		1		1	
2681	**2171**	**1586**	**2015**	**2181**	**1431**	**3358**	**1033**
1228	973	666	964	1062	661	1780	320
115	61	93	116	115	122	182	21
76	30	37	63	43	75	63	9
18	20	14	40	27	14	56	7
1	2		5	22	3	16	
	2		2	2	6	1	
20	7	42	6	21	24	46	5

1-1-8 续表 20

项　目	法人单位数（个）	太原市	大同市	阳泉市
食品、饮料及烟草制品批发	1282	315	127	30
米、面制品及食用油批发	378	38	39	13
糕点、糖果及糖批发	51	12	7	1
果品、蔬菜批发	286	65	33	2
肉、禽、蛋及水产品批发	61	20	6	
盐及调味品批发	133	24	11	3
饮料及茶叶批发	173	71	18	7
烟草制品批发	43	7	4	3
其他食品批发	157	78	9	1
纺织、服装及日用品批发	410	233	24	5
纺织品、针织品及原料批发	83	30	8	1
服装批发	106	75	2	1
鞋帽批发	10	4	1	
厨房、卫生间用具及日用杂货批发	72	35	7	1
化妆品及卫生用品批发	48	38	1	1
其他日用品批发	91	51	5	1
文化、体育用品及器材批发	227	172	3	2
文具用品批发	82	51	3	2
体育用品批发	17	13		
图书批发	71	66		
报刊批发	3	3		
音像制品及电子出版物批发	4	4		
首饰、工艺品及收藏品批发	30	24		
其他文化用品批发	20	11		
医药及医疗器材批发	350	186	14	1
西药批发	116	45	7	
中药材及中成药批发	78	26	5	
医疗用品及器材批发	156	115	2	1
矿产品、建材及化工产品批发	6074	1900	439	230
煤炭及制品批发	1577	315	111	41
石油及制品批发	199	73	9	4
非金属矿及制品批发	146	20	6	29
金属及金属矿批发	1393	563	174	48
建材批发	1660	669	76	92
化肥批发	498	34	30	4
农药批发	122	11	2	2
农用薄膜批发	10	5	1	
其他化工产品批发	469	210	30	10
机械设备、五金交电及电子产品批发	3243	1353	203	130
农业机械批发	220	16	20	2
汽车、摩托车及零配件批发	362	129	25	5
五金、交电批发	732	265	64	36
家用电器批发	133	65	3	1
计算机、软件及辅助设备批发	229	165	2	2
通讯及广播电视设备批发	92	70	3	2
其他机械设备及电子产品批发	1475	643	86	82
贸易经纪与代理	229	123	10	3
贸易经纪与代理	229	123	10	3

长治市	晋城市	朔州市	晋中市	运城市	忻州市	临汾市	吕梁市
134	96	61	95	127	94	160	43
45	47	15	35	35	43	63	5
3	3	1	1	10	8	3	2
17	17	22	26	44	10	42	8
11	3	1	4	2	3	7	4
18	6	5	10	14	15	17	10
26	8	5	10	9	6	9	4
4	4	4	3	6	2	5	1
10	8	8	6	7	7	14	9
21	26	14	14	25	11	30	7
7	9	3	2	11	6	4	2
3	2	5	2	6	2	5	3
	1				1	3	
5	4	1	6	4	1	8	
2		2	1	1	1	1	
4	10	3	3	3		9	2
5	3	8	6	10	4	13	1
3	1	3	5	3	1	10	
1	1			1		1	
	1			2	1	1	
1				2	2	1	
		5	1	2			1
32	17	14	19	22	14	24	7
11	4	8	11	12	5	9	4
9	8	3	5	8	6	7	1
12	5	3	3	2	3	8	2
587	472	255	420	495	277	865	134
189	138	86	108	59	143	303	84
13	6	15	12	14	9	39	5
4	9	8	8	17	11	31	3
127	104	20	104	68	44	128	13
145	150	96	93	107	36	186	10
67	35	14	49	143	24	92	6
5	12	2	12	48	2	25	1
2				1			1
35	18	14	34	38	8	61	11
276	229	179	211	180	74	360	48
24	14	30	21	16	18	50	9
21	11	27	42	39	13	44	6
74	101	54	20	42	8	64	4
2	7	5	2	21	1	25	1
	3	4	2	12	4	35	
2	2	1	1	1	2	8	
153	91	58	123	49	28	134	28
3	6	3	13	19	17	16	16
3	6	3	13	19	17	16	16

1-1-8 续表 21

项目	法人单位数(个)	太原市	大同市	阳泉市
其他批发	845	246	42	40
再生物资回收与批发	512	101	32	38
其他未列明的批发	333	145	10	2
零售业	15243	3527	1847	1067
综合零售	2374	301	302	182
百货零售	1075	124	147	93
超级市场零售	272	48	17	8
其他综合零售	1027	129	138	81
食品、饮料及烟草制品专门零售	1558	305	247	82
粮油零售	573	35	130	27
糕点、面包零售	65	28	4	5
果品、蔬菜零售	162	16	25	2
肉、禽、蛋及水产品零售	98	21	14	5
饮料及茶叶零售	190	53	32	11
烟草制品零售	115	43	18	11
其他食品零售	355	109	24	21
纺织、服装及日用品专门零售	1456	418	183	107
纺织品及针织品零售	181	50	24	7
服装零售	719	178	96	58
鞋帽零售	96	33	9	13
钟表、眼镜零售	96	28	24	5
化妆品及卫生用品零售	172	74	10	12
其他日用品零售	192	55	20	12
文化、体育用品及器材专门零售	829	282	81	50
文具用品零售	206	72	30	24
体育用品零售	68	16	2	3
图书零售	192	46	14	6
报刊零售	4	3		1
音像制品及电子出版物零售	28	14	2	3
珠宝首饰零售	161	42	18	6
工艺美术品及收藏品零售	83	45	7	3
照相器材零售	24	13	3	
其他文化用品零售	63	31	5	4
医药及医疗器材专门零售	1024	212	152	57
药品零售	836	125	128	44
医疗用品及器材零售	188	87	24	13
汽车、摩托车、燃料及零配件专门零售	2505	433	266	138
汽车零售	815	195	109	55
汽车零配件零售	447	108	69	44
摩托车及零配件零售	174	11	10	5
机动车燃料零售	1069	119	78	34
家用电器及电子产品专门零售	1997	619	169	106
家用电器零售	586	88	48	32
计算机、软件及辅助设备零售	800	253	71	33
通信设备零售	301	114	31	21
其他电子产品零售	310	164	19	20

长治市	晋城市	朔州市	晋中市	运城市	忻州市	临汾市	吕梁市
55	63	39	70	69	48	130	43
50	36	16	63	49	31	69	27
5	27	23	7	20	17	61	16
1453	1198	920	1051	1119	770	1578	713
235	232	124	228	200	189	227	154
88	83	94	74	93	86	101	92
25	28	7	32	22	30	33	22
122	121	23	122	85	73	93	40
150	126	123	94	90	106	159	76
49	56	69	22	27	73	55	30
	4	5	5	4	2	5	3
7	16	4	24	21	5	29	13
4	7	12	7	8	3	8	9
23	13	6	17	6	2	21	6
12	10	8	5	1	2	4	1
55	20	19	14	23	19	37	14
173	106	78	109	81	46	132	23
37	13	9	15	2	8	9	7
84	54	45	56	45	26	70	7
11		6	4	4		14	2
7	11	6	6	5	1	2	1
10	11	3	15	13	1	19	4
24	17	9	13	12	10	18	2
71	43	54	50	48	28	93	29
12	9	16	13	9	2	17	2
12	9	9	3			13	1
19	11	12	13	17	12	28	14
2			2		3	1	1
14	4	9	13	14	11	22	8
6	4	4	5	3		5	1
2		1		1		2	2
4	6	3	1	4		5	
49	59	59	57	149	57	136	37
44	49	54	50	140	55	113	34
5	10	5	7	9	2	23	3
220	153	188	222	186	197	307	195
59	41	41	51	47	58	108	51
28	25	35	20	22	21	45	30
17	12	25	11	32	6	37	8
116	75	87	140	85	112	117	106
197	188	88	99	166	50	265	50
65	48	35	37	94	18	101	20
101	100	28	41	44	16	96	17
15	25	11	20	13	11	33	7
16	15	14	1	15	5	35	6

1-1-8 续表 22

项 目	法人单位数(个)	太原市	大同市	阳泉市
五金、家具及室内装修材料专门零售	1890	396	245	250
五金零售	1010	218	155	174
家具零售	205	37	26	13
涂料零售	44	8	11	3
其他室内装修材料零售	631	133	53	60
无店铺及其他零售	1610	561	202	95
流动货摊零售	10	6	1	
邮购及电子销售	1	1		
生活用燃料零售	244	23	64	7
花卉零售	74	23	3	8
旧货零售	15	1	1	2
其他未列明的零售	1266	507	133	78
住宿和餐饮业	**2866**	**803**	**301**	**173**
住宿业	1290	307	105	57
旅游饭店	354	85	27	10
旅游饭店	354	85	27	10
一般旅馆	852	186	72	43
一般旅馆	852	186	72	43
其他住宿服务	84	36	6	4
其他住宿服务	84	36	6	4
餐饮业	1576	496	196	116
正餐服务	1384	432	170	99
正餐服务	1384	432	170	99
快餐服务	95	30	19	4
快餐服务	95	30	19	4
饮料及冷饮服务	27	13		8
饮料及冷饮服务	27	13		8
其他餐饮服务	70	21	7	5
其他餐饮服务	70	21	7	5
金融业	**731**	**207**	**69**	**44**
银行业	251	60	17	13
中央银行	22	4	2	1
中央银行	22	4	2	1
商业银行	218	52	15	12
商业银行	218	52	15	12
其他银行	11	4		
其他银行	11	4		
证券业	14	9	1	1
证券市场管理	2	2		
证券市场管理	2	2		
证券经纪与交易	10	7		1
证券经纪与交易	10	7		1
证券投资	1		1	
证券投资	1		1	
证券分析与咨询	1			
证券分析与咨询	1			
保险业	238	73	28	12
人寿保险	73	16	10	4
人寿保险	73	16	10	4

长治市	晋城市	朔州市	晋中市	运城市	忻州市	临汾市	吕梁市
294	141	124	137	61	40	150	52
118	70	59	67	33	21	72	23
30	29	11	14	13	6	19	7
6	1	2	2	2	1	5	3
140	41	52	54	13	12	54	19
64	150	82	55	138	57	109	97
		1			1	1	
32	14	10	13	24	18	26	13
3	13	7		9	1	7	
1	2	1	1		2	3	1
28	121	63	41	105	35	72	83
224	**185**	**116**	**243**	**215**	**171**	**318**	**117**
111	95	53	124	112	112	160	54
12	22	10	32	39	56	54	7
12	22	10	32	39	56	54	7
98	66	39	92	64	52	99	41
98	66	39	92	64	52	99	41
1	7	4		9	4	7	6
1	7	4		9	4	7	6
113	90	63	119	103	59	158	63
109	77	59	105	86	54	140	53
109	77	59	105	86	54	140	53
3	2	1	9	4	2	12	9
3	2	1	9	4	2	12	9
1	1		1	1	1	1	
1	1		1	1	1	1	
	10	3	4	12	2	5	1
	10	3	4	12	2	5	1
57	**43**	**34**	**61**	**50**	**44**	**68**	**54**
23	15	15	20	21	22	23	22
2	1	2	2	2	2	2	2
2	1	2	2	2	2	2	2
20	14	12	17	18	19	20	19
20	14	12	17	18	19	20	19
1		1	1	1	1	1	1
1		1	1	1	1	1	1
1						2	
1						1	
1						1	
						1	
						1	
17	19	11	12	19	9	19	19
6	8	4	5	5	2	8	5
6	8	4	5	5	2	8	5

1-1-8 续表 23

项 目	法人单位数(个)	太原市	大同市	阳泉市
非人寿保险	103	22	13	6
非人寿保险	103	22	13	6
保险辅助服务	62	35	5	2
保险辅助服务	62	35	5	2
其他金融活动	228	65	23	18
金融信托与管理	18	5	2	1
金融信托与管理	18	5	2	1
金融租赁	2	1	1	
金融租赁	2	1	1	
财务公司	2	1		
财务公司	2	1		
邮政储蓄	7	1	2	
邮政储蓄	7	1	2	
典当	76	25	9	4
典当	76	25	9	4
其他未列明的金融活动	123	32	9	13
其他未列明的金融活动	123	32	9	13
房地产业	**3886**	**1269**	**408**	**163**
房地产业	3886	1269	408	163
房地产开发经营	1836	618	193	98
房地产开发经营	1836	618	193	98
物业管理	1056	347	104	35
物业管理	1056	347	104	35
房地产中介服务	301	145	32	8
房地产中介服务	301	145	32	8
其他房地产活动	693	159	79	22
其他房地产活动	693	159	79	22
租赁和商务服务业	**6615**	**2209**	**632**	**304**
租赁业	320	94	36	14
机械设备租赁	311	90	36	13
汽车租赁	103	30	17	5
农业机械租赁	22	5	3	
建筑工程机械与设备租赁	121	33	10	7
计算机及通讯设备租赁	2	1		
其他机械与设备租赁	63	21	6	1
文化及日用品出租	9	4		1
图书及音像制品出租	3	1		
其他文化及日用品出租	6	3		1
商务服务业	6295	2115	596	290
企业管理服务	1310	378	240	75
企业管理机构	276	96	6	6
投资与资产管理	309	105	21	22
其他企业管理服务	725	177	213	47
法律服务	514	128	38	21
律师及相关的法律服务	398	107	27	19
公证服务	67	4	7	2
其他法律服务	49	17	4	

长治市	晋城市	朔州市	晋中市	运城市	忻州市	临汾市	吕梁市
8	10	5	6	12	7	8	6
8	10	5	6	12	7	8	6
3	1	2	1	2		3	8
3	1	2	1	2		3	8
16	9	8	29	10	13	24	13
1	4	1		1	2		1
1	4	1		1	2		1
1							
1							
	1		1		1	1	
	1		1		1	1	
4	3	3	5	7	5	4	7
4	3	3	5	7	5	4	7
10	1	4	23	2	5	19	5
10	1	4	23	2	5	19	5
428	**189**	**161**	**243**	**286**	**198**	**361**	**180**
428	189	161	243	286	198	361	180
168	81	77	106	171	110	136	78
168	81	77	106	171	110	136	78
112	57	65	65	80	47	110	34
112	57	65	65	80	47	110	34
28	15	12	15	10	8	18	10
28	15	12	15	10	8	18	10
120	36	7	57	25	33	97	58
120	36	7	57	25	33	97	58
627	**481**	**192**	**409**	**494**	**295**	**756**	**216**
28	34	18	22	18	13	32	11
28	34	16	22	18	12	31	11
8	4	2	9	7	4	14	3
1	2	1	5		3	2	
14	19	8	6	8	5	6	5
						1	
5	9	5	2	3		8	3
		2			1	1	
					1	1	
		2					
599	447	174	387	476	282	724	205
180	105	19	52	68	74	82	37
43	32	2	13	39	30	3	6
30	40	3	18	5	7	43	15
107	33	14	21	24	37	36	16
55	42	18	44	34	35	72	27
40	33	13	33	26	24	55	21
13	4	2	8	4	6	12	5
2	5	3	3	4	5	5	1

1-1-8 续表 24

项　目	法　人单位数(个)	太原市	大同市	阳泉市
咨询与调查	1329	600	101	52
会计、审计及税务服务	467	151	46	26
市场调查	71	22	16	2
社会经济咨询	246	91	14	16
其他专业咨询	545	336	25	8
广告业	1039	362	42	49
广告业	1039	362	42	49
知识产权服务	38	20	5	
知识产权服务	38	20	5	
职业中介服务	308	62	41	24
职业中介服务	308	62	41	24
市场管理	403	119	28	11
市场管理	403	119	28	11
旅行社	682	167	51	27
旅行社	682	167	51	27
其他商务服务	672	279	50	31
会议及展览服务	84	56	5	3
包装服务	13	3		2
保安服务	46	8	2	5
办公服务	155	68	21	10
其他未列明的商务服务	374	144	22	11
科学研究、技术服务和地质勘查业	**3957**	**1201**	**415**	**163**
研究与试验发展	492	227	60	11
自然科学研究与试验发展	46	25	3	1
自然科学研究与试验发展	46	25	3	1
工程和技术研究与试验发展	167	106	8	3
工程和技术研究与试验发展	167	106	8	3
农业科学研究与试验发展	165	54	24	5
农业科学研究与试验发展	165	54	24	5
医学研究与试验发展	69	25	21	
医学研究与试验发展	69	25	21	
社会人文科学研究与试验发展	45	17	4	2
社会人文科学研究与试验发展	45	17	4	2
专业技术服务业	2159	722	182	114
气象服务	139	16	17	4
气象服务	139	16	17	4
地震服务	102	12	14	5
地震服务	102	12	14	5
海洋服务	1			
海洋服务	1			
测绘服务	119	22	12	4
测绘服务	119	22	12	4
技术检测	385	90	23	28
技术检测	385	90	23	28
环境监测	123	29	5	7
环境监测	123	29	5	7

长治市	晋城市	朔州市	晋中市	运城市	忻州市	临汾市	吕梁市
75	70	46	63	80	36	185	21
44	26	20	27	27	17	70	13
2	2	6	10	6	4	1	
22	16	4	15	19	6	38	5
7	26	16	11	28	9	76	3
91	89	33	56	121	19	158	19
91	89	33	56	121	19	158	19
1	3	4	2	1	1	1	
1	3	4	2	1	1	1	
42	21	14	25	13	12	38	16
42	21	14	25	13	12	38	16
46	18	7	27	25	15	73	34
46	18	7	27	25	15	73	34
50	40	15	81	76	67	66	42
50	40	15	81	76	67	66	42
59	59	18	37	58	23	49	9
4	4	3		1	3	3	2
1		1	1	3	2		
3	4	3	5	2	6	4	4
21	6		5	4	3	16	1
30	45	11	26	48	9	26	2
395	**244**	**153**	**286**	**314**	**218**	**428**	**140**
39	11	9	26	35	27	28	19
3	2	4		3	3	1	1
3	2	4		3	3	1	1
14	2	1	16	1	3	8	5
14	2	1	16	1	3	8	5
12	3	4	6	24	18	6	9
12	3	4	6	24	18	6	9
4	1		1	6	1	8	2
4	1		1	6	1	8	2
6	3		3	1	2	5	2
6	3		3	1	2	5	2
189	140	100	169	116	120	216	91
14	8	6	21	10	13	20	10
14	8	6	21	10	13	20	10
11	1	6	15	10	10	16	2
11	1	6	15	10	10	16	2
							1
							1
13	3	2	11	10	11	24	7
13	3	2	11	10	11	24	7
63	29	10	29	16	21	49	27
63	29	10	29	16	21	49	27
13	16	8	12	5	9	17	2
13	16	8	12	5	9	17	2

1-1-8 续表 25

项目	法人单位数（个）	太原市	大同市	阳泉市
工程技术与规划管理	972	359	102	54
工程管理服务	544	217	58	32
工程勘察设计	330	123	34	13
规划管理	98	19	10	9
其他专业技术服务	318	194	9	12
其他专业技术服务	318	194	9	12
科技交流和推广服务业	1168	206	164	34
技术推广服务	904	128	140	21
技术推广服务	904	128	140	21
科技中介服务	151	45	16	9
科技中介服务	151	45	16	9
其他科技服务	113	33	8	4
其他科技服务	113	33	8	4
地质勘查业	138	46	9	4
矿产地质勘查	47	8	6	2
能源矿产地质勘查	28	7	4	1
固体矿产地质勘查	11	1	1	
其他矿产地质勘查	8		1	1
基础地质勘查	43	15	1	1
基础地质勘查	43	15	1	1
地质勘查技术服务	48	23	2	1
地质勘查技术服务	48	23	2	1
水利、环境和公共设施管理业	**1720**	**273**	**171**	**57**
水利管理业	725	79	78	17
防洪管理	59	10	5	1
防洪管理	59	10	5	1
水资源管理	432	44	48	8
水库管理	127	4	10	3
调水、引水管理	146	19	21	1
其他水资源管理	159	21	17	4
其他水利管理	234	25	25	8
其他水利管理	234	25	25	8
环境管理业	345	79	40	14
自然保护	69	8	10	1
自然保护区管理	30	1	5	1
野生动植物保护	8	1	3	
其他自然保护	31	6	2	
环境治理	276	71	30	13
城市市容管理	46	7	2	3
城市环境卫生管理	147	34	16	6
水污染治理	28	7	6	2
危险废物治理	10	5		
其他环境治理	45	18	6	2
公共设施管理业	650	115	53	26
市政公共设施管理	131	18	8	8
市政公共设施管理	131	18	8	8

长治市	晋城市	朔州市	晋中市	运城市	忻州市	临汾市	吕梁市
70	57	60	69	38	48	81	34
36	33	34	38	18	19	41	18
25	15	21	19	16	22	28	14
9	9	5	12	4	7	12	2
5	26	8	12	27	8	9	8
5	26	8	12	27	8	9	8
157	86	40	76	157	63	160	25
144	44	22	63	123	54	145	20
144	44	22	63	123	54	145	20
9	34	5	8	10	5	6	4
9	34	5	8	10	5	6	4
4	8	13	5	24	4	9	1
4	8	13	5	24	4	9	1
10	7	4	15	6	8	24	5
5	5		10		4	6	1
3	5		3		2	3	
1			6		1	1	
1			1		1	2	1
4	1	1	4	4	1	9	2
4	1	1	4	4	1	9	2
1	1	3	1	2	3	9	2
1	1	3	1	2	3	9	2
218	**141**	**83**	**140**	**167**	**164**	**201**	**105**
99	47	35	54	79	100	89	48
3	6	1		6	14	4	9
3	6	1		6	14	4	9
64	33	15	38	55	49	48	30
21	10	7	19	17	9	16	11
33	9	1	12	18	17	7	8
10	14	7	7	20	23	25	11
32	8	19	16	18	37	37	9
32	8	19	16	18	37	37	9
37	21	19	23	19	30	44	19
3	7	4	6	7	4	12	7
2	5		4	3	1	4	4
		1		2		1	
1	2	3	2	2	3	7	3
34	14	15	17	12	26	32	12
8		2	5	1	8	6	4
20	11	7	6	8	13	19	7
3		2	4	2		1	1
1	3		1				
2		4	1	1	5	6	
82	73	29	63	69	34	68	38
9	14	6	19	14	6	18	11
9	14	6	19	14	6	18	11

1-1-8 续表 26

项　目	法　人 单位数 (个)	太原市	大同市	阳泉市
城市绿化管理	244	62	29	11
城市绿化管理	244	62	29	11
游览景区管理	275	35	16	7
风景名胜区管理	113	8	6	2
公园管理	51	22	5	
其他游览景区管理	111	5	5	5
居民服务和其他服务业	**2685**	**887**	**174**	**178**
居民服务业	1361	501	117	92
家庭服务	46	20	6	
家庭服务	46	20	6	
托儿所	10	6		1
托儿所	10	6		1
洗染服务	68	25	10	6
洗染服务	68	25	10	6
理发及美容保健服务	231	104	21	19
理发及美容保健服务	231	104	21	19
洗浴服务	277	103	42	24
洗浴服务	277	103	42	24
婚姻服务	83	19	6	2
婚姻服务	83	19	6	2
殡葬服务	65	15	9	5
殡葬服务	65	15	9	5
摄影扩印服务	182	60	14	17
摄影扩印服务	182	60	14	17
其他居民服务	399	149	9	18
其他居民服务	399	149	9	18
其他服务业	1324	386	57	86
修理与维护	865	252	34	58
汽车、摩托车维护与保养	700	199	22	45
办公设备维修	52	24	1	6
家用电器修理	70	20	6	5
其他日用品修理	43	9	5	2
清洁服务	143	55	11	5
建筑物清洁服务	41	9	5	4
其他清洁服务	102	46	6	1
其他未列明的服务	316	79	12	23
其他未列明的服务	316	79	12	23
教育	**9003**	**1326**	**763**	**313**
教育	9003	1326	763	313
学前教育	1088	185	61	33
学前教育	1088	185	61	33
初等教育	3076	277	220	116
初等教育	3076	277	220	116
中等教育	2840	265	256	94
初中教育	1888	130	168	63
高中教育	385	51	33	11
中等专业教育	143	29	14	8
职业中学教育	208	15	16	8
技工学校教育	78	20	8	1
其他中等教育	138	20	17	3

长治市	晋城市	朔州市	晋中市	运城市	忻州市	临汾市	吕梁市
22	21	17	16	7	14	32	13
22	21	17	16	7	14	32	13
51	38	6	28	48	14	18	14
5	17	3	12	32	8	13	7
3	3	1	2	4	2	3	6
43	18	2	14	12	4	2	1
163	**236**	**208**	**152**	**255**	**90**	**280**	**62**
84	108	60	80	142	44	111	22
1	2	1	3	2		11	
1	2	1	3	2		11	
			1	1			1
			1	1			1
11	3	3	3	2		4	1
11	3	3	3	2		4	1
18	15	14	17	8	3	11	1
18	15	14	17	8	3	11	1
12	32	7	13	12	16	15	1
12	32	7	13	12	16	15	1
10	14	1	8	8	6	7	2
10	14	1	8	8	6	7	2
5	2	1	7	5	4	9	3
5	2	1	7	5	4	9	3
15	12	11	15	14	3	17	4
15	12	11	15	14	3	17	4
12	28	22	13	90	12	37	9
12	28	22	13	90	12	37	9
79	128	148	72	113	46	169	40
69	80	96	45	72	31	99	29
59	67	78	36	60	27	80	27
2	4	9	1	3		2	
4	7	4	4	6	2	10	2
4	2	5	4	3	2	7	
6	15	6	8	14	5	18	
4	4	3	3	4	1	4	
2	11	3	5	10	4	14	
4	33	46	19	27	10	52	11
4	33	46	19	27	10	52	11
846	**625**	**332**	**818**	**1027**	**687**	**1589**	**677**
846	625	332	818	1027	687	1589	677
113	81	38	111	139	82	179	66
113	81	38	111	139	82	179	66
273	217	95	304	309	239	800	226
273	217	95	304	309	239	800	226
295	190	97	266	417	257	427	276
194	138	63	191	293	150	307	191
34	22	17	38	53	41	46	39
18	4	4	8	19	13	15	11
21	17	7	19	25	30	28	22
6	4	2	3	16	6	10	2
22	5	4	7	11	17	21	11

1-1-8 续表 27

项　目	法 人 单位数 (个)	太原市	大同市	阳泉市
高等教育	203	71	20	6
普通高等教育	74	45	3	1
成人高等教育	129	26	17	5
其他教育	1796	528	206	64
职业技能培训	1181	339	126	34
特殊教育	48	14	3	2
其他未列明的教育	567	175	77	28
卫生、社会保障和社会福利业	**5292**	**750**	**555**	**155**
卫生	4288	631	447	114
医院	938	171	89	28
综合医院	415	76	42	13
中医医院	113	17	8	5
中西医结合医院	44	10	7	2
民族医院	3	3		
专科医院	329	57	27	8
疗养院	34	8	5	
卫生院及社区医疗活动	1804	208	162	45
卫生院及社区医疗活动	1804	208	162	45
门诊部医疗活动	726	132	109	16
门诊部医疗活动	726	132	109	16
计划生育技术服务活动	278	24	20	5
计划生育技术服务活动	278	24	20	5
妇幼保健活动	136	14	13	6
妇幼保健活动	136	14	13	6
专科疾病防治活动	60	11	15	
专科疾病防治活动	60	11	15	
疾病预防控制及防疫活动	159	17	23	7
疾病预防控制及防疫活动	159	17	23	7
其他卫生活动	187	54	16	7
其他卫生活动	187	54	16	7
社会保障业	522	65	42	16
社会保障业	522	65	42	16
社会保障业	522	65	42	16
社会福利业	482	54	66	25
提供住宿的社会福利	333	44	46	15
干部休养所	71	17	7	2
收养收容服务	262	27	39	13
不提供住宿的社会福利	149	10	20	10
不提供住宿的社会福利	149	10	20	10
文化、体育和娱乐业	**2299**	**479**	**209**	**113**
新闻出版业	267	124	20	17
新闻业	92	15	9	4
新闻业	92	15	9	4
出版业	175	109	11	13
图书出版	14	12		

长治市	晋城市	朔州市	晋中市	运城市	忻州市	临汾市	吕梁市
10	14	8	16	11	14	15	18
5	1	1	4	4	3	4	3
5	13	7	12	7	11	11	15
155	123	94	121	151	95	168	91
77	82	74	85	116	65	112	71
4	5	2	3	6	2	5	2
74	36	18	33	29	28	51	18
570	**313**	**230**	**405**	**745**	**569**	**659**	**341**
411	245	189	322	665	469	531	264
69	46	42	62	139	90	141	61
33	19	21	31	51	36	52	41
12	7	4	6	13	15	17	9
2	3	3	2	5	2	7	1
22	16	13	19	68	30	59	10
	1	1	4	2	7	6	
194	110	82	147	183	269	259	145
194	110	82	147	183	269	259	145
18	30	34	55	258	27	33	14
18	30	34	55	258	27	33	14
90	32	1	23	21	17	33	12
90	32	1	23	21	17	33	12
15	6	7	12	20	14	18	11
15	6	7	12	20	14	18	11
1	2	1	3	18	1	7	1
1	2	1	3	18	1	7	1
16	9	5	11	13	22	22	14
16	9	5	11	13	22	22	14
8	10	17	9	13	29	18	6
8	10	17	9	13	29	18	6
73	39	20	35	47	59	77	49
73	39	20	35	47	59	77	49
73	39	20	35	47	59	77	49
86	29	21	48	33	41	51	28
55	19	16	37	23	25	32	21
12	3	2	8	6	5	5	4
43	16	14	29	17	20	27	17
31	10	5	11	10	16	19	7
31	10	5	11	10	16	19	7
255	**197**	**87**	**196**	**202**	**169**	**236**	**156**
21	17	9	10	13	16	16	4
14	8	6	6	5	12	10	3
14	8	6	6	5	12	10	3
7	9	3	4	8	4	6	1
	2						

1-1-8 续表 28

项　目	法 人 单位数 (个)	太原市	大同市	阳泉市
报纸出版	83	39	7	9
期刊出版	58	42	3	4
音像制品出版	1	1		
电子出版物出版				
其他出版	19	15	1	
广播、电视、电影和音像业	353	58	33	17
广播	60	6	11	3
广播	60	6	11	3
电视	121	13	8	5
电视	121	13	8	5
电影	139	21	14	8
电影制作与发行	23	6	3	3
电影放映	116	15	11	5
音像制作	33	18		1
音像制作	33	18		1
文化艺术业	1071	152	94	47
文艺创作与表演	248	35	18	15
文艺创作与表演	248	35	18	15
艺术表演场馆	35	12	5	1
艺术表演场馆	35	12	5	1
图书馆与档案馆	199	13	24	10
图书馆	96	2	13	5
档案馆	103	11	11	5
文物及文化保护	162	26	11	2
文物及文化保护	162	26	11	2
博物馆	69	8	1	1
博物馆	69	8	1	1
烈士陵园、纪念馆	48	5	2	1
烈士陵园、纪念馆	48	5	2	1
群众文化活动	183	24	19	10
群众文化活动	183	24	19	10
文化艺术经纪代理	17	3	1	2
文化艺术经纪代理	17	3	1	2
其他文化艺术	110	26	13	5
其他文化艺术	110	26	13	5
体育	237	42	37	9
体育组织	148	26	20	1
体育组织	148	26	20	1
体育场馆	43	11	4	5
体育场馆	43	11	4	5
其他体育	46	5	13	3
其他体育	46	5	13	3
娱乐业	371	103	25	23
室内娱乐活动	233	61	17	20
室内娱乐活动	233	61	17	20
游乐园	12		1	
游乐园	12		1	

长治市	晋城市	朔州市	晋中市	运城市	忻州市	临汾市	吕梁市
4	3	2	3	6	4	5	1
3	2	1	1	1		1	
	2			1			
30	21	13	26	33	37	51	34
5	4	3	5	6	5	5	7
5	4	3	5	6	5	5	7
9	5	7	10	10	20	19	15
9	5	7	10	10	20	19	15
16	9	3	10	15	11	22	10
1	2			2		4	2
15	7	3	10	13	11	18	8
	3		1	2	1	5	2
	3		1	2	1	5	2
142	82	34	115	92	88	129	96
33	26	9	24	26	19	24	19
33	26	9	24	26	19	24	19
2			6	3	2	2	2
2			6	3	2	2	2
28	9	8	24	20	18	29	16
13	5	5	12	9	10	13	9
15	4	3	12	11	8	16	7
17	13	8	18	16	15	19	17
17	13	8	18	16	15	19	17
6	3	1	12	8	9	14	6
6	3	1	12	8	9	14	6
5	5	2	5	2	9	5	7
5	5	2	5	2	9	5	7
36	18	3	18	9	12	20	14
36	18	3	18	9	12	20	14
	3		1	1		2	4
	3		1	1		2	4
15	5	3	7	7	4	14	11
15	5	3	7	7	4	14	11
31	25	21	23	11	16	10	12
17	21	19	14	8	9	5	8
17	21	19	14	8	9	5	8
5	2		6	1	5	2	2
5	2		6	1	5	2	2
9	2	2	3	2	2	3	2
9	2	2	3	2	2	3	2
31	52	10	22	53	12	30	10
18	35	2	8	43	9	14	6
18	35	2	8	43	9	14	6
1	2	1		4	1	2	
1	2	1		4	1	2	

1-1-8 续表 29

项目	法人单位数(个)	太原市	大同市	阳泉市
休闲健身娱乐活动	96	33	5	3
休闲健身娱乐活动	96	33	5	3
其他娱乐活动	30	9	2	
其他娱乐活动	30	9	2	
公共管理和社会组织	**51783**	**4104**	**4526**	**1999**
中国共产党机关	1624	121	223	69
中国共产党机关	1624	121	223	69
中国共产党机关	1624	121	223	69
国家机构	14475	1505	1216	573
国家权力机构	283	44	13	9
国家权力机构	283	44	13	9
国家行政机构	13731	1377	1173	531
综合事务管理机构	3577	299	319	109
对外事务管理机构	55	12	4	
公共安全管理机构	588	83	52	31
社会事务管理机构	2941	329	225	113
经济事务管理机构	3522	252	339	92
政府事务管理机构	1604	224	99	107
行政监督检查机构	1444	178	135	79
人民法院和人民检察院	296	30	28	12
人民法院	140	14	13	5
人民检察院	156	16	15	7
其他国家机构	165	54	2	21
其他国家机构	165	54	2	21
人民政协和民主党派	255	30	18	15
人民政协	146	15	12	7
人民政协	146	15	12	7
民主党派	109	15	6	8
民主党派	109	15	6	8
群众团体、社会团体和宗教组织	5460	940	806	273
群众团体	990	177	92	42
工会	319	107	20	14
妇联	136	14	13	6
共青团	142	13	17	6
其他群众团体	393	43	42	16
社会团体	3748	700	522	226
专业性团体	1701	299	224	92
行业性团体	1398	302	250	116
其他社会团体	649	99	48	18
宗教组织	722	63	192	5
宗教组织	722	63	192	5
基层群众自治组织	29969	1508	2263	1069
社区自治组织	1781	518	288	109
社区自治组织	1781	518	288	109
村民自治组织	28188	990	1975	960
村民自治组织	28188	990	1975	960

长治市	晋城市	朔州市	晋中市	运城市	忻州市	临汾市	吕梁市
8	7	5	14	6	2	10	3
8	7	5	14	6	2	10	3
4	8	2				4	1
4	8	2				4	1
5780	**3734**	**3267**	**4770**	**5341**	**7283**	**5917**	**5062**
327	57	106	108	133	144	233	103
327	57	106	108	133	144	233	103
327	57	106	108	133	144	233	103
1256	932	1131	1260	1523	1676	1973	1430
25	15	30	12	34	32	22	47
25	15	30	12	34	32	22	47
1202	876	1078	1217	1449	1597	1895	1336
378	243	230	331	439	419	494	316
1	11	4	3	5	5	5	5
50	33	38	47	51	67	86	50
203	241	288	262	285	307	359	329
348	172	356	380	313	413	584	273
88	104	88	93	230	196	169	206
134	72	74	101	126	190	198	157
29	15	22	24	31	33	42	30
14	6	13	12	14	15	20	14
15	9	9	12	17	18	22	16
	26	1	7	9	14	14	17
	26	1	7	9	14	14	17
27	18	11	29	20	32	39	16
20	8	9	12	13	17	19	14
20	8	9	12	13	17	19	14
7	10	2	17	7	15	20	2
7	10	2	17	7	15	20	2
592	396	230	478	384	479	569	313
96	103	48	69	71	95	122	75
21	46	16	22	16	16	26	15
14	7	6	12	13	18	20	13
15	7	7	13	11	18	20	15
46	43	19	22	31	43	56	32
431	265	157	355	287	208	379	218
202	149	110	135	116	85	187	102
118	84	22	141	113	69	126	57
111	32	25	79	58	54	66	59
65	28	25	54	26	176	68	20
65	28	25	54	26	176	68	20
3578	2331	1789	2895	3281	4952	3103	3200
124	118	103	140	100	51	143	87
124	118	103	140	100	51	143	87
3454	2213	1686	2755	3181	4901	2960	3113
3454	2213	1686	2755	3181	4901	2960	3113

1-1-9 按行业(小类)、

项　目	就业人数(个)	太原市	大同市	阳泉市
总　计	**6647298**	**1428649**	**659548**	**377383**
农、林、牧、渔业	**2039**	**30**	**36**	
农业	1466		36	
谷物及其他作物的种植	1421		36	
谷物的种植	1421		36	
薯类的种植				
油料的种植				
豆类的种植				
棉花的种植				
麻类的种植				
糖料的种植				
烟草的种植				
其他作物的种植				
蔬菜、园艺作物的种植	36			
蔬菜的种植	36			
花卉的种植				
其他园艺作物的种植				
水果、坚果、饮料和香料作物的种植				
水果、坚果的种植				
茶及其他饮料作物的种植				
香料作物的种植				
中药材的种植	9			
中药材的种植	9			
林业	77			
林木的培育和种植	77			
育种和育苗	30			
造林				
林木的抚育和管理	47			
木材和竹材的采运				
木材的采运				
竹材的采运				
林产品的采集				
林产品的采集				
畜牧业	269	30		
牲畜的饲养	30	30		
牲畜的饲养	30	30		
猪的饲养	211			
猪的饲养	211			
家禽的饲养				
家禽的饲养				
狩猎和捕捉动物				
狩猎和捕捉动物				
其他畜牧业	28			
其他畜牧业	28			
渔业	60			
海洋渔业				
海水养殖				
海洋捕捞				

地区分组的法人单位就业人数

长治市	晋城市	朔州市	晋中市	运城市	忻州市	临汾市	吕梁市
598255	**504468**	**280904**	**605832**	**669746**	**403897**	**632451**	**486165**
361		**1385**	**178**	**30**		**19**	
25		1385	20				
		1385					
		1385					
16			20				
16			20				
9							
9							
28				30		19	
28				30		19	
				30			
28						19	
81			158				
81			130				
81			130				
			28				
			28				
60							

1-1-9 续表 1

项　　目	就业人数(个)	太原市	大同市	阳泉市
内陆渔业	60			
内陆养殖	60			
内陆捕捞				
农、林、牧、渔服务业	167			
农业服务业	167			
灌溉服务	167			
农产品初加工服务				
其他农业服务				
林业服务业				
林业服务业				
畜牧服务业				
兽医服务				
其他畜牧服务				
渔业服务业				
渔业服务业				
采矿业	**1181261**	**102731**	**182702**	**138774**
煤炭开采和洗选业	1101740	98624	168892	136811
烟煤和无烟煤的开采洗选	1100659	98624	168892	136811
烟煤和无烟煤的开采洗选	1100659	98624	168892	136811
褐煤的开采洗选				
褐煤的开采洗选				
其他煤炭采选	1081			
其他煤炭采选	1081			
石油和天然气开采业	1488	81		
天然原油和天然气开采	1028	81		
天然原油和天然气开采	1028	81		
与石油和天然气开采有关的服务活动	460			
与石油和天然气开采有关的服务活动	460			
黑色金属矿采选业	49545	2727	9513	50
铁矿采选	46204	2727	6175	50
铁矿采选	46204	2727	6175	50
其他黑色金属矿采选	3341		3338	
其他黑色金属矿采选	3341		3338	
有色金属矿采选业	6820	17	1410	
常用有色金属矿采选	5043	17	1398	
铜矿采选	1804		419	
铅锌矿采选	1027		978	
镍钴矿采选				
锡矿采选				
锑矿采选				
铝矿采选	1973	12		
镁矿采选	148		1	
其他常用有色金属矿采选	91	5		
贵金属矿采选	1728		12	
金矿采选	1720		4	
银矿采选	8		8	
其他贵金属矿采选				

长治市	晋城市	朔州市	晋中市	运城市	忻州市	临汾市	吕梁市
60							
60							
167							
167							
167							
148191	**160749**	**54570**	**123998**	**13402**	**55915**	**94773**	**105456**
136048	157363	53824	119768	4870	38012	85710	101818
136048	156282	53824	119768	4870	38012	85710	101818
136048	156282	53824	119768	4870	38012	85710	101818
	1081						
	1081						
	1374					17	16
	914					17	16
	914					17	16
	460						
	460						
9559	350	246	2606	3108	13378	7556	452
9559	350	246	2606	3108	13375	7556	452
9559	350	246	2606	3108	13375	7556	452
					3		
					3		
55	41			1364	2058	159	1716
55	41			1354	368	96	1714
				1323	62		
					49		
32	41			15	138	21	1714
23				2	47	75	
				14	72		
				10	1643	63	
				10	1643	63	

1-1-9 续表 2

项目	就业人数(个)	太原市	大同市	阳泉市
稀有稀土金属矿采选	49			
钨钼矿采选	47			
稀土金属矿采选	2			
放射性金属矿采选				
其他稀有金属矿采选				
非金属矿采选业	21668	1282	2887	1913
土砂石开采	19948	1264	2859	1497
石灰石、石膏开采	5464	346	182	397
建筑装饰用石开采	3557	139	1107	87
耐火土石开采	1173	121	27	626
粘土及其他土砂石开采	9754	658	1543	387
化学矿采选	995	4		406
化学矿采选	995	4		406
采盐				
采盐				
石棉及其他非金属矿采选	725	14	28	10
石棉、云母矿采选	93	4		
石墨、滑石采选	19			
宝石、玉石开采	28			
其他非金属矿采选	585	10	28	10
其他采矿业				
其他采矿业				
其他采矿业				
制造业	**1576189**	**327697**	**100817**	**65088**
农副食品加工业	49855	4027	2766	689
谷物磨制	7630	257	286	80
谷物磨制	7630	257	286	80
饲料加工	6105	996	258	
饲料加工	6105	996	258	
植物油加工	4477	89	151	45
食用植物油加工	4115	87	151	45
非食用植物油加工	362	2		
制糖	834		514	10
制糖	834		514	10
屠宰及肉类加工	11754	1952	850	356
畜禽屠宰	7215	744	259	
肉制品及副产品加工	4539	1208	591	356
水产品加工	10			
水产品冷冻加工	10			
鱼糜制品及水产品干腌制加工				
水产饲料制造				
鱼油提取及制品的制造				
其他水产品加工				
蔬菜、水果和坚果加工	8806	217	298	6
蔬菜、水果和坚果加工	8806	217	298	6
其他农副食品加工	10239	516	409	192
淀粉及淀粉制品的制造	7203	96	281	180
豆制品制造	1242	410	42	12
蛋品加工	227	10		
其他未列明的农副食品加工	1567		86	

长治市	晋城市	朔州市	晋中市	运城市	忻州市	临汾市	吕梁市
					47		2
					47		
							2
2529	1621	500	1624	4060	2467	1331	1454
2343	1621	500	1215	3720	2334	1303	1292
1078	588	170	326	1661	85	323	308
355	90	62	225	562	465	234	231
75		51	12	3	125	8	125
835	943	217	652	1494	1659	738	628
			394	8	3	26	154
			394	8	3	26	154
186			15	332	130	2	8
					89		
					17	2	
				28			
186			15	304	24		8
143007	**92983**	**39497**	**178028**	**279515**	**72399**	**143945**	**133213**
6892	1939	3581	4876	11114	4094	4050	5827
1234	875	291	605	1692	880	1020	410
1234	875	291	605	1692	880	1020	410
431	164	148	1084	893	363	520	1248
431	164	148	1084	893	363	520	1248
18	45	126	269	3035	146	129	424
18	45	126	169	3035	138	83	218
			100		8	46	206
		307			3		
		307			3		
1298	162	600	963	3396	699	782	696
645	111	580	404	2978	609	440	445
653	51	20	559	418	90	342	251
						10	
						10	
643	218	1839	754	1343	142	771	2575
643	218	1839	754	1343	142	771	2575
3268	475	270	1201	755	1861	818	474
2830	364	216	784	511	1470	425	46
211	61	25	244	46	13	176	2
130			55	15		15	2
97	50	29	118	183	378	202	424

1-1-9 续表 3

项目	就业人数（个）	太原市	大同市	阳泉市
食品制造业	37634	9019	1392	936
焙烤食品制造	6055	1285	499	240
糕点、面包制造	3884	1208	486	240
饼干及其他焙烤食品制造	2171	77	13	
糖果、巧克力及蜜饯制造	6510	717	6	
糖果、巧克力制造	228	18		
蜜饯制作	6282	699	6	
方便食品制造	3840	624	104	24
米、面制品制造	1537	557	87	24
速冻食品制造	668	52	15	
方便面及其他方便食品制造	1635	15	2	
液体乳及乳制品制造	6776	328	612	378
液体乳及乳制品制造	6776	328	612	378
罐头制造	2752	150	8	
肉、禽类罐头制造	848	80		
水产品罐头制造	6			
蔬菜、水果罐头制造	1897	70	8	
其他罐头食品制造	1			
调味品、发酵制品制造	8622	5459	76	138
味精制造	3			
酱油、食醋及类似制品的制造	7645	5442	29	133
其他调味品、发酵制品制造	974	17	47	5
其他食品制造	3079	456	87	156
营养、保健食品制造	535	226	38	
冷冻饮品及食用冰制造	667	38	22	
盐加工	30	30		
食品及饲料添加剂制造	1624	79	7	156
其他未列明的食品制造	223	83	20	
饮料制造业	31166	2435	1890	380
酒精制造	729		13	
酒精制造	729		13	
酒的制造	21123	827	1248	10
白酒制造	16660	547	353	10
啤酒制造	3606	152	859	
黄酒制造	106		15	
葡萄酒制造	278	128		
其他酒制造	473		21	
软饮料制造	9168	1586	629	370
碳酸饮料制造	1918	1290		148
瓶(罐)装饮用水制造	1609	132	71	201
果菜汁及果菜汁饮料制造	4602	79	540	
含乳饮料和植物蛋白饮料制造	606	25	5	21
固体饮料制造	206			
茶饮料及其他软饮料制造	227	60	13	
精制茶加工	146	22		
精制茶加工	146	22		

长治市	晋城市	朔州市	晋中市	运城市	忻州市	临汾市	吕梁市
2360	1483	3359	4325	9670	1180	2236	1674
752	157	76	710	1199	308	753	76
185	107	66	248	833	308	187	16
567	50	10	462	366		566	60
101	170	87	46	4357	393	65	568
11		87		96	15	1	
90	170		46	4261	378	64	568
257	401	326	1057	451	215	82	299
89	84	6	217	135	68	31	239
80	212	83		60	147	19	
88	105	237	840	256		32	60
606	431	2775	607	593	22	145	279
606	431	2775	607	593	22	145	279
147			806	1516	31	22	72
			681	61	21		5
				4			2
147			125	1450	10	22	65
				1			
306	230	87	1011	783	105	117	310
				3			
211	230	87	954	210	99	108	142
95			57	570	6	9	168
191	94	8	88	771	106	1052	70
47	11		14	142	6	9	42
55	33		5	461	15	22	16
76	50		39	120	82	1011	4
13		8	30	48	3	10	8
1147	1089	1179	4140	2939	1093	1909	12965
166			18	7	200	310	15
166			18	7	200	310	15
314	333	885	3457	585	269	805	12390
168	22	343	2288	318	179	208	12224
116	300	542	1062	15		410	150
					85		6
	11		79	37		23	
30			28	215	5	164	10
659	756	294	614	2300	624	776	560
51	20	98	38	138	76	37	22
263	83	92	137	344	60	188	38
213	583	104	194	1704	488	481	216
25	60		169	72		52	177
107			30				69
	10		46	42		18	38
8			51	47		18	
8			51	47		18	

1-1-9 续表 4

项　　目	就业人数（个）	太原市	大同市	阳泉市
烟草制品业	1263	1263		
烟叶复烤				
烟叶复烤				
卷烟制造	1263	1263		
卷烟制造	1263	1263		
其他烟草制品加工				
其他烟草制品加工				
纺织业	28447	2261	332	199
棉、化纤纺织及印染精加工	19187	1202	144	81
棉、化纤纺织加工	17147	1202	144	81
棉、化纤印染精加工	2040			
毛纺织和染整精加工	524	481	1	
毛条加工	10			
毛纺织	354	321	1	
毛染整精加工	160	160		
麻纺织	2312			
麻纺织	2312			
丝绢纺织及精加工	1291	33	1	
缫丝加工	795	33		
绢纺和丝织加工	496		1	
丝印染精加工				
纺织制成品制造	1994	354	24	75
棉及化纤制品制造	427	143	19	15
毛制品制造	218	28		
麻制品制造	855		5	
丝制品制造	73	49		
绳、索、缆的制造	22			
纺织带和帘子布制造	24			
无纺布制造	30	11		
其他纺织制成品制造	345	123		60
针织品、编织品及其制品制造	3139	191	162	43
棉、化纤针织品及编织品制造	1777	174	2	33
毛针织品及编织品制造	166	1	91	
丝针织品及编织品制造	150	3		10
其他针织品及编织品制造	1046	13	69	
纺织服装、鞋、帽制造业	13112	3215	697	736
纺织服装制造	12382	3148	657	636
纺织服装制造	12382	3148	657	636
纺织面料鞋的制造	648		34	100
纺织面料鞋的制造	648		34	100
制帽	82	67	6	
制帽	82	67	6	
皮革、毛皮、羽毛(绒)及其制品业	1043	275	298	70
皮革鞣制加工	97		92	5
皮革鞣制加工	97		92	5
皮革制品制造	788	272	74	65
皮鞋制造	632	241	72	65
皮革服装制造				

长治市	晋城市	朔州市	晋中市	运城市	忻州市	临汾市	吕梁市
172	4653	809	3598	10324	2366	3462	271
21	9	4	2978	9424	2015	3294	15
21	9	4	2948	7508	1932	3283	15
			30	1916	83	11	
3				30	1	8	
3					1	6	
				30		2	
	2250	20		42			
	2250	20		42			
	1082			170		5	
	587			170		5	
	495						
89	174	736	87	179	150	116	10
41			34	84		91	
2		36	2		150		
	150	700					
	24						
14						8	
						14	10
3			16				
29			35	95		3	
59	1138	49	533	479	200	39	246
29	453	47	336	303	180	20	200
			20	54			
30		2	25	80			
	685		152	42	20	19	46
789	978	28	561	4919	222	702	265
686	957	28	412	4870	183	546	259
686	957	28	412	4870	183	546	259
102	13		149	49	39	156	6
102	13		149	49	39	156	6
1	8						
1	8						
11	177	32	2	45	86		47
11	177	32	2	28	81		46
11	56	32		28	81		46

1-1-9 续表 5

项　目	就业人数(个)	太原市	大同市	阳泉市
皮箱、包(袋)制造	125		2	
皮手套及皮装饰制品制造	31	31		
其他皮革制品制造				
毛皮鞣制及制品加工	148	3	132	
毛皮鞣制加工	61		56	
毛皮服装加工	4	3		
其他毛皮制品加工	83		76	
羽毛(绒)加工及制品制造	10			
羽毛(绒)加工				
羽毛(绒)制品加工	10			
木材加工及木、竹、藤、棕、草制品业	4811	426	607	118
锯材、木片加工	937	34	80	28
锯材加工	414	22	51	28
木片加工	523	12	29	
人造板制造	2086	170	21	
胶合板制造	854	51	21	
纤维板制造	747			
刨花板制造	98	20		
其他人造板、材制造	387	99		
木制品制造	1611	196	506	90
建筑用木料及木材组件加工	805	121	124	90
木容器制造	635	51	382	
软木制品及其他木制品制造	171	24		
竹、藤、棕、草制品制造	177	26		
竹、藤、棕、草制品制造	177	26		
家具制造业	4303	1200	185	132
木质家具制造	3643	918	154	132
木质家具制造	3643	918	154	132
竹、藤家具制造	1			
竹、藤家具制造	1			
金属家具制造	268	70	23	
金属家具制造	268	70	23	
塑料家具制造	142	68	8	
塑料家具制造	142	68	8	
其他家具制造	249	144		
其他家具制造	249	144		
造纸及纸制品业	16631	2390	494	191
纸浆制造	273	18		
纸浆制造	273	18		
造纸	6525	422	134	45
机制纸及纸板制造	5929	214	131	45
手工纸制造	272	50	2	
加工纸制造	324	158	1	
纸制品制造	9833	1950	360	146
纸和纸板容器的制造	7935	1495	219	138
其他纸制品制造	1898	455	141	8
印刷业和记录媒介的复制	15453	5682	1518	479
印刷	14067	5236	1456	449

长治市	晋城市	朔州市	晋中市	运城市	忻州市	临汾市	吕梁市
	121		2				
				7	5		1
					5		
							1
				7			
				10			
				10			
334	60	135	604	1467	131	823	106
109	16	47	38	361	87	122	15
67	11	35	15	57	52	61	15
42	5	12	23	304	35	61	
115	20	88	191	996		456	29
108	10		108	178		373	5
		35	10	666		30	6
	10		15	40		13	
7		53	58	112		40	18
102	24		349	110	18	154	62
69	24		192	54	4	79	48
9			157	6	8	10	12
24				50	6	65	2
8			26		26	91	
8			26		26	91	
234	426	112	560	806	54	363	231
209	400	110	503	617	54	315	231
209	400	110	503	617	54	315	231
						1	
						1	
5	9	2	57	102			
5	9	2	57	102			
				66			
				66			
20	17			21		47	
20	17			21		47	
313	252	516	2286	7747	345	1235	862
		12	5	142	31		65
		12	5	142	31		65
107	44	52	599	3691	43	1103	285
107	21	52	578	3493	42	1093	153
	18			190	1		11
	5		21	8		10	121
206	208	452	1682	3914	271	132	512
183	186	254	1427	3378	114	111	430
23	22	198	255	536	157	21	82
893	553	236	772	2711	420	999	1190
867	525	236	725	2190	340	986	1057

1-1-9 续表 6

项　　目	就业人数(个)	太原市	大同市	阳泉市
书、报、刊印刷	7396	3463	810	213
本册印制	1904	627	222	108
包装装潢及其他印刷	4767	1146	424	128
装订及其他印刷服务活动	1383	446	62	30
装订及其他印刷服务活动	1383	446	62	30
记录媒介的复制	3			
记录媒介的复制	3			
文教体育用品制造业	4090	302	19	128
文化用品制造	338	149		18
文具制造	21			18
笔的制造	18	18		
教学用模型及教具制造	149	15		
墨水、墨汁制造	116	116		
其他文化用品制造	34			
体育用品制造	3574	145	17	
球类制造	45	45		
体育器材及配件制造	706			
训练健身器材制造	2806	100		
运动防护用具制造				
其他体育用品制造	17		17	
乐器制造	43			
中乐器制造	43			
西乐器制造				
电子乐器制造				
其他乐器及零件制造				
玩具制造	118	8		110
玩具制造	118	8		110
游艺器材及娱乐用品制造	17		2	
露天游乐场所游乐设备制造	2		2	
游艺用品及室内游艺器材制造	15			
石油加工、炼焦及核燃料加工业	189618	30432	6162	4501
精炼石油产品的制造	4615	173	296	81
原油加工及石油制品制造	3679	170	296	81
人造原油生产	936	3		
炼焦	185003	30259	5866	4420
炼焦	185003	30259	5866	4420
核燃料加工				
核燃料加工				
化学原料及化学制品制造业	156685	22490	11310	10027
基础化学原料制造	49583	11901	1593	2704
无机酸制造	1912	5	38	317
无机碱制造	10581	9069	1	562
无机盐制造	12868	195	976	1198
有机化学原料制造	18641	2021	187	217
其他基础化学原料制造	5581	611	391	410
肥料制造	45354	390	1755	957
氮肥制造	34048	8	1728	
磷肥制造	1450	56	4	256

长治市	晋城市	朔州市	晋中市	运城市	忻州市	临汾市	吕梁市
551	204	47	277	197	115	847	672
168	224	44	94	138	180	76	23
148	97	145	354	1855	45	63	362
26	28		47	521	80	13	130
26	28		47	521	80	13	130
							3
							3
1579	346		603	756	3	351	3
			144	24	3		
					3		
			134				
			10	24			
1536	346		459	717		351	3
39	70		246			351	
1497	276		213	717			3
43							
43							
				15			
				15			
19172	1680	2567	31564	20585	2627	34471	35857
1161	472	1981	122	266		58	5
228	472	1981	122	266		58	5
933							
18011	1208	586	31442	20319	2627	34413	35852
18011	1208	586	31442	20319	2627	34413	35852
21766	14517	4831	10743	31693	11416	9038	8854
6247	4407	1946	3492	4214	6951	1817	4311
	302	21	498	40	4	163	524
80	180		246	349		31	63
4104	1993	1450	309	665	494	36	1448
1614	1179	460	1080	2580	6087	1418	1798
449	753	15	1359	580	366	169	478
7529	8652	2115	2011	14703	3099	1857	2286
976	8277	2037	1660	13427	2447	1207	2281
10	39		58	166	612	246	3

1-1-9 续表 7

项　目	就业人数(个)	太原市	大同市	阳泉市
钾肥制造	50			
复混肥料制造	8436	140	8	700
有机肥料及微生物肥料制造	890	149		
其他肥料制造	480	37	15	1
农药制造	1980	231		56
化学农药制造	1701	187		56
生物化学农药及微生物农药制造	279	44		
涂料、油墨、颜料及类似产品制造	4719	1457	134	324
涂料制造	1677	673	73	46
油墨及类似产品制造	825	670		
颜料制造	623	72		278
染料制造	1528	42	60	
密封用填料及类似品制造	66		1	
合成材料制造	9614	229	3122	32
初级形态的塑料及合成树脂制造	3444	141	172	32
合成橡胶制造	3088		2940	
合成纤维单(聚合)体的制造	3015	61		
其他合成材料制造	67	27	10	
专用化学产品制造	39007	8071	4142	5950
化学试剂和助剂制造	5923	980	152	106
专项化学用品制造	1409	151	23	314
林产化学产品制造	3639	161	2890	45
炸药及火工产品制造	22021	6164	1072	3473
信息化学品制造	103	16		
环境污染处理专用药剂材料制造	877	89	2	
动物胶制造	474	7	3	
其他专用化学产品制造	4561	503		2012
日用化学产品制造	6428	211	564	4
肥皂及合成洗涤剂制造	6013	135	510	4
化妆品制造	10	6		
口腔清洁用品制造	28	16		
香料、香精制造	153		2	
其他日用化学产品制造	224	54	52	
医药制造业	31660	3801	7696	135
化学药品原药制造	6101	1074	3849	
化学药品原药制造	6101	1074	3849	
化学药品制剂制造	12406	1850	3208	
化学药品制剂制造	12406	1850	3208	
中药饮片加工	771	241	178	
中药饮片加工	771	241	178	
中成药制造	7914	176	411	108
中成药制造	7914	176	411	108
兽用药品制造	1545	203	50	
兽用药品制造	1545	203	50	
生物、生化制品的制造	1242	55		
生物、生化制品的制造	1242	55		
卫生材料及医药用品制造	1681	202		27
卫生材料及医药用品制造	1681	202		27

长治市	晋城市	朔州市	晋中市	运城市	忻州市	临汾市	吕梁市
			40	10			
6469	12	78	136	638		255	
74	301		104	144	40	78	
	23		13	318		71	2
	20		57	1429		187	
			24	1247		187	
	20		33	182			
147	223	10	259	897		1155	113
145	81	10	241	131		174	103
			3	152			
2	109			151		1	10
	33			413		980	
			15	50			
1876	18		1155	144	10	3013	15
1875	13		1087	110			14
1			68	7	10	62	
				2		2951	1
	5			25			
5709	1180	724	3758	5143	1354	899	2077
110	409	16	162	3488		19	481
315	108		26	459		9	4
	63		84	118	148		130
5223	595	361	1986	432	1011	597	1107
1				86			
6		285	42	84		40	329
8		62	157	62		175	
46	5		1301	414	195	59	26
258	17	36	11	5163	2	110	52
240	2		8	5062		32	20
4							
12							
1				83		67	
1	15	36	3	18	2	11	32
4534	915	424	3732	7487	777	1673	486
299	14	212	63	410			180
299	14	212	63	410			180
50	191	42	1184	4709		1172	
50	191	42	1184	4709		1172	
30	106		31	69		116	
30	106		31	69		116	
3095	604	35	790	1376	727	296	296
3095	604	35	790	1376	727	296	296
195			253	844			
195			253	844			
843		12	179	20	50	83	
843		12	179	20	50	83	
22		123	1232	59		6	10
22		123	1232	59		6	10

1-1-9 续表 8

项　目	就业人数(个)	太原市	大同市	阳泉市
化学纤维制造业	1845	431	1063	
纤维素纤维原料及纤维制造	1062		1062	
化纤浆粕制造				
人造纤维(纤维素纤维)制造	1062		1062	
合成纤维制造	783	431	1	
锦纶纤维制造	132			
涤纶纤维制造	421	411		
腈纶纤维制造	80			
维纶纤维制造				
其他合成纤维制造	150	20	1	
橡胶制品业	9107	3423	592	361
轮胎制造	3063	2684	42	
车辆、飞机及工程机械轮胎制造	2929	2684		
力车胎制造	32			
轮胎翻新加工	102		42	
橡胶板、管、带的制造	2515	215	272	143
橡胶板、管、带的制造	2515	215	272	143
橡胶零件制造	1302	208	262	92
橡胶零件制造	1302	208	262	92
再生橡胶制造	1369	8		2
再生橡胶制造	1369	8		2
日用及医用橡胶制品制造	308			36
日用及医用橡胶制品制造	308			36
橡胶靴鞋制造	54			
橡胶靴鞋制造	54			
其他橡胶制品制造	496	308	16	88
其他橡胶制品制造	496	308	16	88
塑料制品业	17714	3198	1082	357
塑料薄膜制造	1969	204	156	
塑料薄膜制造	1969	204	156	
塑料板、管、型材的制造	3705	1397	19	64
塑料板、管、型材的制造	3705	1397	19	64
塑料丝、绳及编织品的制造	6718	205	264	212
塑料丝、绳及编织品的制造	6718	205	264	212
泡沫塑料制造	1145	236	15	10
泡沫塑料制造	1145	236	15	10
塑料人造革、合成革制造	71	1	69	
塑料人造革、合成革制造	71	1	69	
塑料包装箱及容器制造	1894	638	199	68
塑料包装箱及容器制造	1894	638	199	68
塑料零件制造	158	82		
塑料零件制造	158	82		
日用塑料制造	888	80	347	
塑料鞋制造	43	43		
日用塑料杂品制造	845	37	347	
其他塑料制品制造	1166	355	13	3
其他塑料制品制造	1166	355	13	3

长治市	晋城市	朔州市	晋中市	运城市	忻州市	临汾市	吕梁市
27			138	146			40
27			138	146			40
			132				
				10			
				80			
27			6	56			40
736	343	6	1098	811	395	384	958
		6	35	73		35	188
		6		58			181
						32	
			35	15		3	7
550	104		184	464	2	324	257
550	104		184	464	2	324	257
182	24		48	98	375		13
182	24		48	98	375		13
4			831	41			483
4			831	41			483
	215			50	3		4
	215			50	3		4
				54			
				54			
				31	15	25	13
				31	15	25	13
1388	1560	203	2102	6237	230	949	408
80	3	9	290	1048	6	68	105
80	3	9	290	1048	6	68	105
612	386		553	433	16	72	153
612	386		553	433	16	72	153
530	802	102	537	3372	110	577	7
530	802	102	537	3372	110	577	7
40	102		281	377	7	57	20
40	102		281	377	7	57	20
					1		
					1		
15	113	3	292	472	10	59	25
15	113	3	292	472	10	59	25
34			24			18	
34			24			18	
73	34	71	53	112	11	98	9
73	34	71	53	112	11	98	9
4	120	18	72	423	69		89
4	120	18	72	423	69		89

1-1-9 续表 9

项　　目	就业人数(个)	太原市	大同市	阳泉市
非金属矿物制品业	260033	19733	18941	29319
水泥、石灰和石膏的制造	46431	5209	6015	1331
水泥制造	43130	4907	5869	1139
石灰和石膏制造	3301	302	146	192
水泥及石膏制品制造	17943	5129	1560	830
水泥制品制造	11416	4170	746	370
砼结构构件制造	4412	432	689	104
石棉水泥制品制造	147	66	7	
轻质建筑材料制造	1622	380	83	341
其他水泥制品制造	346	81	35	15
砖瓦、石材及其他建筑材料制造	87913	4995	7483	4567
粘土砖瓦及建筑砌块制造	70527	3494	3942	2793
建筑陶瓷制品制造	7369	123	31	1064
建筑用石加工	5816	302	2850	656
防水建筑材料制造	1090	66	2	20
隔热和隔音材料制造	1215	665	93	
其他建筑材料制造	1896	345	565	34
玻璃及玻璃制品制造	45323	1627	304	
平板玻璃制造	1204	1089	6	
技术玻璃制品制造	2659		22	
光学玻璃制造	1			
玻璃仪器制造	1028	48		
日用玻璃制品及玻璃包装容器制造	38727	244	259	
玻璃保温容器制造	470			
玻璃纤维及制品制造	460	5	3	
玻璃纤维增强塑料制品制造	324	91		
其他玻璃制品制造	450	150	14	
陶瓷制品制造	15198	110	58	1763
卫生陶瓷制品制造	52		3	
特种陶瓷制品制造	1483	22		565
日用陶瓷制品制造	13476	88	55	1188
园林、陈设艺术及其他陶瓷制品制造	187			10
耐火材料制品制造	31214	2348	1046	18673
石棉制品制造	471	161	53	
云母制品制造	2			2
耐火陶瓷制品及其他耐火材料制造	30741	2187	993	18671
石墨及其他非金属矿物制品制造	16011	315	2475	2155
石墨及碳素制品制造	12150	167	1620	1558
其他非金属矿物制品制造	3861	148	855	597
黑色金属冶炼及压延加工业	188254	50183	3419	945
炼铁	49888	2928	42	870
炼铁	49888	2928	42	870
炼钢	24394	759	134	
炼钢	24394	759	134	
钢压延加工	100753	45702	507	67
钢压延加工	100753	45702	507	67
铁合金冶炼	13219	794	2736	8
铁合金冶炼	13219	794	2736	8

长治市	晋城市	朔州市	晋中市	运城市	忻州市	临汾市	吕梁市
18257	26055	16324	40204	42532	11217	15742	21709
6475	3430	1644	3255	6193	3457	3899	5523
5745	3248	1328	3172	5914	2741	3632	5435
730	182	316	83	279	716	267	88
2381	1452	721	1447	983	407	1655	1378
1141	575	422	1257	399	164	1201	971
802	736	258	145	462	220	249	315
46	8			20			
367	71	41	37	74	21	190	17
25	62		8	28	2	15	75
7510	15398	4283	9695	13066	6128	9277	5511
6962	9893	3686	9254	11385	5541	8682	4895
103	5188	288	39	227	186	102	18
237	157	162	240	428	206	305	273
51			55	800	89		7
49	35		65	39	36	44	189
108	125	147	42	187	70	144	129
45	2339	251	17797	17620	77	297	4966
10		55	8	20		11	5
		6	17			14	2600
							1
				105			875
	2240	190	17749	16785	67	2	1191
				205		265	
16	69		9	358			
19	20		4	115		5	70
	10		10	32	10		224
446	2541	7909	328	1500	391	54	98
20	9	20					
266	112			460			58
150	2362	7889	328	933	391	52	40
10	58			107		2	
400	366	555	1188	1738	309	413	4178
6	42			13		148	48
394	324	555	1188	1725	309	265	4130
1000	529	961	6494	1432	448	147	55
316	290	587	6403	973	154	61	21
684	239	374	91	459	294	86	34
25252	13384	1184	4881	21877	5824	38658	22647
2080	9674	22	901	3433	3471	17125	9342
2080	9674	22	901	3433	3471	17125	9342
8649		1	1773	1274	2	6740	5062
8649		1	1773	1274	2	6740	5062
13644	3608	140	1607	14222	241	14460	6555
13644	3608	140	1607	14222	241	14460	6555
879	102	1021	600	2948	2110	333	1688
879	102	1021	600	2948	2110	333	1688

1-1-9 续表 10

项　目	就业人数（个）	太原市	大同市	阳泉市
有色金属冶炼及压延加工业	88619	6675	2830	2131
常用有色金属冶炼	78339	5364	1557	1674
铜冶炼	9933			
铅锌冶炼	2107	198	302	
镍钴冶炼				
锡冶炼				
锑冶炼				
铝冶炼	36650	856		1534
镁冶炼	29406	4308	1177	110
其他常用有色金属冶炼	243	2	78	30
贵金属冶炼	625	6	549	
金冶炼	5		5	
银冶炼	550	6	544	
其他贵金属冶炼	70			
稀有稀土金属冶炼	1306	34	724	160
钨钼冶炼	236			
稀土金属冶炼	1026	34	720	160
其他稀有金属冶炼	44		4	
有色金属合金制造	1886	300		21
有色金属合金制造	1886	300		21
有色金属压延加工	6463	971		276
常用有色金属压延加工	5426	802		
贵金属压延加工	176	64		
稀有稀土金属压延加工	861	105		276
金属制品业	41451	16040	1377	3035
结构性金属制品制造	12955	3978	833	2158
金属结构制造	9832	3540	552	1782
金属门窗制造	3123	438	281	376
金属工具制造	3487	1115	320	80
切削工具制造	1835	680	263	60
手工具制造	157	43		15
农用及园林用金属工具制造	310		57	2
刀剪及类似日用金属工具制造	100			
其他金属工具制造	1085	392		3
集装箱及金属包装容器制造	1858	1022	65	
集装箱制造				
金属压力容器制造	587	200	62	
金属包装容器制造	1271	822	3	
金属丝绳及其制品的制造	2877	1142	40	320
金属丝绳及其制品的制造	2877	1142	40	320
建筑、安全用金属制品制造	15665	6527	5	153
建筑、家具用金属配件制造	329	66		
建筑装饰及水暖管道零件制造	13718	5171		133
安全、消防用金属制品制造	1231	1174	5	
其他建筑、安全用金属制品制造	387	116		20
金属表面处理及热处理加工	1452	777	40	56
金属表面处理及热处理加工	1452	777	40	56
搪瓷制品制造	133			
工业生产配套用搪瓷制品制造	5			
搪瓷卫生洁具制造				
搪瓷日用品及其他搪瓷制品制造	128			

长治市	晋城市	朔州市	晋中市	运城市	忻州市	临汾市	吕梁市
2294	317	1795	2297	56921	4996	4178	4185
1946	181	1785	758	53414	4707	2971	3982
40			202	8699	1	991	
			78	169		1360	
		1681	49	26656	4062	3	1809
1865	181	98	409	17835	641	609	2173
41		6	20	55	3	8	
							70
							70
	26		70	69	183	40	
				53	183		
	26		70	16			
						40	
14	27		875	463	57	56	73
14	27		875	463	57	56	73
334	83	10	594	2975	49	1111	60
334	83	10	174	2975	49	999	
						112	
			420				60
2303	1522	338	10529	2634	727	1018	1928
1100	433	236	954	1357	483	225	1198
1033	165	94	564	433	440	101	1128
67	268	142	390	924	43	124	70
691	234	18	304	700		12	13
538	229		12	43			10
	5		70	24			
19			210	10		12	
50		8	12	30			
84		10		593			3
50	30	8	23	364	28	180	88
19	18		23	237	28		
31	12	8		127		180	88
278	496		340	48		47	166
278	496		340	48		47	166
38	148	42	8188	38	5	355	166
9	64		15			170	5
27	84	42	8016			131	114
					5		47
2			157	38		54	
54	6		371	40	12	62	34
54	6		371	40	12	62	34
	133						
	5						
	128						

1-1-9 续表 11

项　　目	就业人数（个）	太原市	大同市	阳泉市
不锈钢及类似日用金属制品制造	1225	1012		14
金属制厨房调理及卫生器具制造	95	82		7
金属制厨用器皿及餐具制造	423	392		
其他日用金属制品制造	707	538		7
其他金属制品制造	1799	467	74	254
铸币及贵金属制实验室用品制造				
其他未列明的金属制品制造	1799	467	74	254
通用设备制造业	134685	22962	15012	5403
锅炉及原动机制造	11465	3165	3672	205
锅炉及辅助设备制造	7119	3165	221	185
内燃机及配件制造	3795		3451	
汽轮机及辅机制造				
水轮机及辅机制造	20			20
其他原动机制造	531			
金属加工机械制造	7333	2945	298	679
金属切削机床制造	1673	1258		
金属成形机床制造	817	129		
铸造机械制造	1677	535	2	50
金属切割及焊接设备制造	310	218	37	25
机床附件制造	371	27		36
其他金属加工机械制造	2485	778	259	568
起重运输设备制造	4171	1642	549	260
起重运输设备制造	4171	1642	549	260
泵、阀门、压缩机及类似机械的制造	14604	2054	98	1438
泵及真空设备制造	5838	227		713
气体压缩机械制造	866	495		31
阀门和旋塞的制造	2169	40	34	514
液压和气压动力机械及元件制造	5731	1292	64	180
轴承、齿轮、传动和驱动部件的制造	3338	403	267	134
轴承制造	2071	219		
齿轮、传动和驱动部件制造	1267	184	267	134
烘炉、熔炉及电炉制造	513	208		180
烘炉、熔炉及电炉制造	513	208		180
风机、衡器、包装设备等通用设备制造	7028	2691	99	29
风机、风扇制造	1799	63		
气体、液体分离及纯净设备制造	303	204		9
制冷、空调设备制造	933	768		
风动和电动工具制造	62			
喷枪及类似器具制造	688	653		
包装专用设备制造	25			
衡器制造	991	337	54	
其他通用设备制造	2227	666	45	20
通用零部件制造及机械修理	25721	5426	8770	604
金属密封件制造	66	30		
紧固件、弹簧制造	1087	404	34	66
机械零部件加工及设备修理	23052	4509	8643	516
其他通用零部件制造	1516	483	93	22

长治市	晋城市	朔州市	晋中市	运城市	忻州市	临汾市	吕梁市
7			122		28	34	8
						6	
						28	3
7			122		28		5
85	42	34	227	87	171	103	255
85	42	34	227	87	171	103	255
9012	6650	1149	23116	14261	21486	6672	8962
481	132	725	1038	386	704	409	548
436	132	725	943	217	704	337	54
45			95	132		72	
				37			494
717	122	10	635	893	520	17	497
37	44		8	14	206		106
356	5		251	23	45		8
141	60	10	103	351	136	15	274
				14			16
4			40	248	16		
179	13		233	243	117	2	93
823	213		16	18	650		
823	213		16	18	650		
1516	215	85	4908	2705	457	273	855
1332	86	85	968	2211	50	104	62
76			260	4			
37	91		102	414		144	793
71	38		3578	76	407	25	
762	27		641	429	371	132	172
624	5		590	356	55	50	172
138	22		51	73	316	82	
104			8			13	
104			8			13	
337	289		980	1667	769	147	20
21				1025	594	96	
			50	5	30	5	
				20	145		
29						33	
			15				20
	22					3	
230	260			100		10	
57	7		915	517			
3182	1152	37	1939	1971	281	622	1737
5			17	14			
189	137		207	37		8	5
2903	994	33	1576	1315	227	604	1732
85	21	4	139	605	54	10	

1-1-9 续表 12

项　目	就业人数(个)	太原市	大同市	阳泉市
金属铸、锻加工	60512	4428	1259	1874
钢铁铸件制造	39569	3679	1031	1066
锻件及粉末冶金制品制造	20943	749	228	808
专用设备制造业	94789	36729	1726	2082
矿山、冶金、建筑专用设备制造	39054	17015	1368	1403
采矿、采石设备制造	32249	14013	1334	1278
石油钻采专用设备制造	1987	349		
建筑工程用机械制造	1059	652	19	75
建筑材料生产专用机械制造	426	76	15	
冶金专用设备制造	3333	1925		50
化工、木材、非金属加工专用设备制造	2854	782		15
炼油、化工生产专用设备制造	1090	30		
橡胶加工专用设备制造				
塑料加工专用设备制造	434	312		
木材加工机械制造	149	27		
模具制造	964	413		15
其他非金属加工专用设备制造	217			
食品、饮料、烟草及饲料生产专用设备制造	1053	106	38	
食品、饮料、烟草工业专用设备制造	126	86	38	
农副食品加工专用设备制造	882			
饲料生产专用设备制造	45	20		
印刷、制药、日化生产专用设备制造	726	307		10
制浆和造纸专用设备制造	90	73		
印刷专用设备制造	342			
日用化工专用设备制造				
制药专用设备制造	10			
照明器具生产专用设备制造	130	98		10
玻璃、陶瓷和搪瓷制品生产专用设备制造	20	2		
其他日用品生产专用设备制造	134	134		
纺织、服装和皮革工业专用设备制造	12878	63		200
纺织专用设备制造	12848	35		200
皮革、毛皮及其制品加工专用设备制造	30	28		
缝纫机械制造				
其他服装加工专用设备制造				
电子和电工机械专用设备制造	31733	15665	290	449
电工机械专用设备制造	1686	683	280	428
电子工业专用设备制造	1048	935	10	21
航空、航天及其他专用设备制造	3493			
农、林、牧、渔专用机械制造	2317	158	2	5
拖拉机制造	1000			
机械化农业及园艺机具制造	348	136		
营林及木竹采伐机械制造				
畜牧机械制造	3			
渔业机械制造				
农林牧渔机械配件制造	249	19		
其他农林牧渔业机械制造及机械修理	717	3	2	5

长治市	晋城市	朔州市	晋中市	运城市	忻州市	临汾市	吕梁市
1090	4500	292	12951	6192	17734	5059	5133
803	4446	291	12844	5414	1114	3763	5118
287	54	1	107	778	16620	1296	15
17207	3772	327	17462	4914	1425	7265	1880
3554	1912	218	2087	1969	1296	6779	1453
3484	1829	192	1689	805	1284	5213	1128
			169			1469	
45				21		33	214
			216	77	12		30
25	83	26	13	1066		64	81
225	45	11	239	893	53	226	365
				767			293
105			7	10			
		11	70	21	20		
7	45		162	53	33	164	72
113				42		62	
866	2		25	16			
	2						
866				16			
			25				
	334		17	40		18	
			17				
	309			30		3	
				10			
	7					15	
	18						
2			12561	32		20	
			12561	32		20	
2							
12268	1248	37	1547	207		22	
27		37	31	185		15	
13			40	22		7	
3493							
170	187	61	256	1409	24	36	9
				1000			
4	87		18	74		29	
					3		
130	81		9	8	2		
36	19	61	229	327	19	7	9

1-1-9 续表 13

项　　目	就业人数(个)	太原市	大同市	阳泉市
医疗仪器设备及器械制造	623	396	12	
医疗诊断、监护及治疗设备制造	121	34		
口腔科用设备及器具制造	89	64		
实验室及医用消毒设备和器具的制造	31	25		
医疗、外科及兽医用器械制造	76	40		
机械治疗及病房护理设备制造	20			
假肢、人工器官及植(介)入器械制造	172	146	12	
其他医疗设备及器械制造	114	87		
环保、社会公共安全及其他专用设备制造	3551	2237	16	
环境污染防治专用设备制造	896	734		
地质勘查专用设备制造	76	76		
邮政专用机械及器材制造				
商业、饮食、服务业专用设备制造	298	298		
社会公共安全设备及器材制造	605	17	8	
交通安全及管制专用设备制造	61	5		
水资源专用机械制造	648	472	6	
其他专用设备制造	967	635	2	
交通运输设备制造业	44486	10151	14492	278
铁路运输设备制造	19766	7346	10558	
铁路机车车辆及动车组制造	5675		5643	
工矿有轨专用车辆制造	497			
铁路机车车辆配件制造	6246	1575	4112	
铁路专用设备及器材、配件制造	2847	2196	209	
其他铁路设备制造及设备修理	4501	3575	594	
汽车制造	23562	2678	3908	278
汽车整车制造	482	357	100	
改装汽车制造	917	360		
电车制造				
汽车车身、挂车的制造	1128	171	130	
汽车零部件及配件制造	15790	965	2681	9
汽车修理	5245	825	997	269
摩托车制造	27			
摩托车整车制造	6			
摩托车零部件及配件制造	21			
自行车制造	43	2	3	
脚踏自行车及残疾人座车制造	38	2	3	
助动自行车制造	5			
船舶及浮动装置制造				
金属船舶制造				
非金属船舶制造				
娱乐船和运动船的建造和修理				
船用配套设备制造				
船舶修理及拆船				
航标器材及其他浮动装置的制造				
航空航天器制造	838			
飞机制造及修理	838			
航天器制造				
其他飞行器制造				

长治市	晋城市	朔州市	晋中市	运城市	忻州市	临汾市	吕梁市
20	14		71	78		24	8
20			67				
				25			
						6	
			3	33			
				20			
	14						
			1			18	8
102	30		659	270	52	140	45
13	24		60		12	8	45
			541	25		14	
44			8		4		
4			34	67	30	35	
41	6		16	178	6	83	
2411	2864	170	3971	5863	48	3705	533
82		15	654	958			153
			29	3			
34		15	268	180			
				526			33
48			307	87			
			50	162			120
2277	2026	155	3317	4802	38	3703	380
						25	
412			145				
		12	728				87
1514	1521		1436	4437		3110	117
351	505	143	1008	365	38	568	176
				27			
				6			
				21			
38							
33							
5							
	838						
	838						

1-1-9 续表 14

项　目	就业人数（个）	太原市	大同市	阳泉市
交通器材及其他交通运输设备制造	250	125	23	
潜水及水下救捞装备制造				
交通管理用金属标志及设施制造	113	98		
其他交通运输设备制造	137	27	23	
电气机械及器材制造业	27627	5653	3596	1234
电机制造	10779	1119	2023	
发电机及发电机组制造	2269	13	1963	
电动机制造	8353	1078	60	
微电机及其他电机制造	157	28		
输配电及控制设备制造	6965	1788	1514	731
变压器、整流器和电感器制造	2084	377	390	129
电容器及其配套设备制造	602	82	387	
配电开关控制设备制造	2977	984	251	578
电力电子元器件制造	647	184	163	
其他输配电及控制设备制造	655	161	323	24
电线、电缆、光缆及电工器材制造	5644	662	38	256
电线电缆制造	4033	480		219
光纤、光缆制造	798	1		
绝缘制品制造	412	74	38	12
其他电工器材制造	401	107		25
电池制造	1105	567		
电池制造	1105	567		
家用电力器具制造	417	213		
家用制冷电器具制造				
家用空气调节器制造	12	12		
家用通风电器具制造	73	73		
家用厨房电器具制造	134	123		
家用清洁卫生电器具制造	48			
家用美容、保健电器具制造				
家用电力器具专用配件制造	115	5		
其他家用电力器具制造	35			
非电力家用器具制造	403	81	21	
燃气、太阳能及类似能源的器具制造	395	76	21	
其他非电力家用器具制造	8	5		
照明器具制造	852	460		144
电光源制造	24	21		
照明灯具制造	498	425		3
灯用电器附件及其他照明器具制造	330	14		141
其他电气机械及器材制造	1462	763		103
车辆专用照明及电气信号设备装置制造	7			
其他未列明的电气机械制造	1455	763		103
通信设备、计算机及其他电子设备制造业	64471	54968	777	173
通信设备制造	46234	46212	9	
通信传输设备制造	1550	1550		
通信交换设备制造	7			
通信终端设备制造				
移动通信及终端设备制造	44642	44642		
其他通信设备制造	35	20	9	

长治市	晋城市	朔州市	晋中市	运城市	忻州市	临汾市	吕梁市
14				76	10	2	
5					10		
9				76		2	
2679	856		2346	7704	376	2468	715
1398	35		240	5962		2	
96			145	52			
1289			95	5829		2	
13	35			81			
702	277		427	562	272	547	145
37	83		339	361	183	105	80
	49			82		2	
589	129			71	84	226	65
64			24	26		186	
12	16		64	22	5	28	
196	333		1455	1107	89	978	530
153	313		1447	689	29	173	530
						797	
			8	280			
43	20			138	60	8	
113	40			28		317	40
113	40			28		317	40
10	100		59			35	
			11				
			48				
10	100						
						35	
20	28		66			187	
20	28		63			187	
			3				
25	43		75	45		60	
	3						
2	3		40	25			
23	37		35	20		60	
215			24		15	342	
7							
208			24		15	342	
341	5525		589	1777	7	48	266
					7	6	
					7		
						6	

1-1-9 续表 15

项目	就业人数（个）	太原市	大同市	阳泉市
雷达及配套设备制造	681		681	
雷达及配套设备制造	681		681	
广播电视设备制造	55	18		
广播电视节目制作及发射设备制造				
广播电视接收设备及器材制造	22			
应用电视设备及其他广播电视设备制造	33	18		
电子计算机制造	3260	3257		
电子计算机整机制造	3257	3257		
计算机网络设备制造				
电子计算机外部设备制造	3			
电子器件制造	1880	1124		
电子真空器件制造	297			
半导体分立器件制造	528	431		
集成电路制造				
光电子器件及其他电子器件制造	1055	693		
电子元件制造	11474	3874	87	170
电子元件及组件制造	11470	3874	87	170
印制电路板制造	4			
家用视听设备制造	340			
家用影视设备制造				
家用音响设备制造	340			
其他电子设备制造	547	483		3
其他电子设备制造	547	483		3
仪器仪表及文化、办公用机械制造业	8466	7054	94	179
通用仪器仪表制造	3942	3658		96
工业自动控制系统装置制造	2752	2647		65
电工仪器仪表制造	737	675		29
绘图、计算及测量仪器制造	25	24		
实验分析仪器制造	230	203		
试验机制造	40	40		
供应用仪表及其他通用仪器制造	158	69		2
专用仪器仪表制造	3659	2999	94	25
环境监测专用仪器仪表制造	70		70	
汽车及其他用计数仪表制造	7	7		
导航、气象及海洋专用仪器制造	2479	2479		
农林牧渔专用仪器仪表制造	36	1		25
地质勘探和地震专用仪器制造				
教学专用仪器制造				
核子及核辐射测量仪器制造	55	55		
电子测量仪器制造	323	300		
其他专用仪器制造	689	157	24	
钟表与计时仪器制造	53	22		31
钟表与计时仪器制造	53	22		31
光学仪器及眼镜制造	268	262		
光学仪器制造	260	254		
眼镜制造	8	8		

长治市	晋城市	朔州市	晋中市	运城市	忻州市	临汾市	吕梁市
22	15						
22							
	15						
							3
							3
118			97	541			
				297			
			97				
118				244			
186	5510		152	1232			263
186	5510		148	1232			263
			4				
			340				
			340				
15				4		42	
15				4		42	
131	15		133	59	508	261	32
95	15		67	10			1
11			29				
33							
							1
27							
24	15		38	10			
8			10		508	15	
			10				
8						15	
					508		
			6				
			6				

1-1-9 续表 16

项　目	就业人数(个)	太原市	大同市	阳泉市
文化、办公用机械制造	70	11		
电影机械制造				
幻灯及投影设备制造				
照相机及器材制造				
复印和胶印设备制造				
计算器及货币专用设备制造	8	8		
其他文化、办公用机械制造	62	3		
其他仪器仪表的制造及修理	474	102		27
其他仪器仪表的制造及修理	474	102		27
工艺品及其他制造业	7921	1162	357	870
工艺美术品制造	3021	232	151	150
雕塑工艺品制造	435	28	50	
金属工艺品制造	822	94	32	
漆器工艺品制造	297			
花画工艺品制造	195	2		138
天然植物纤维编织工艺品制造	13			
抽纱刺绣工艺品制造	653			
地毯、挂毯制造	308	67	58	8
珠宝首饰及有关物品的制造	28	11		
其他工艺美术品制造	270	30	11	4
日用杂品制造	260	118	5	
制镜及类似品加工	153	118	5	
鬃毛加工、制刷及清扫工具的制造	11			
其他日用杂品制造	96			
煤制品制造	3431	762	151	720
煤制品制造	3431	762	151	720
核辐射加工				
核辐射加工				
其他未列明的制造业	1209	50	50	
其他未列明的制造业	1209	50	50	
废弃资源和废旧材料回收加工业	950	117	93	
金属废料和碎屑的加工处理	548	78	18	
金属废料和碎屑的加工处理	548	78	18	
非金属废料和碎屑的加工处理	402	39	75	
非金属废料和碎屑的加工处理	402	39	75	
电力、燃气及水的生产和供应业	**124919**	**44609**	**11884**	**7900**
电力、热力的生产和供应业	98066	40174	8556	4530
电力生产	51783	5837	6237	4179
火力发电	48068	5674	6167	4086
水力发电	3132		58	86
核力发电				
其他能源发电	583	163	12	7
电力供应	36187	32417	1129	
电力供应	36187	32417	1129	
热力生产和供应	10096	1920	1190	351
热力生产和供应	10096	1920	1190	351

长治市	晋城市	朔州市	晋中市	运城市	忻州市	临汾市	吕梁市
28							31
28							31
			50	49		246	
			50	49		246	
758	1032	168	749	1098	330	1199	198
625	153	26	312	815	245	158	154
115	25		49	32	92	19	25
6	20		110	529		23	8
	2		82	213			
19			4	18	14		
						13	
429			34	22	102	66	
32	65	16			37		25
		10				7	
24	41		33	1		30	96
		17		90	15		15
					15		15
				11			
		17		79			
133	759	80	414	138	68	177	29
133	759	80	414	138	68	177	29
	120	45	23	55	2	864	
	120	45	23	55	2	864	
15	20	24	47	418	16	86	114
2			42	350	14	26	18
2			42	350	14	26	18
13	20	24	5	68	2	60	96
13	20	24	5	68	2	60	96
7880	**9295**	**6939**	**9685**	**6792**	**7097**	**9229**	**3609**
5937	7934	5960	6473	4765	4791	6586	2360
4874	6288	4192	4974	4266	3848	5428	1660
4366	5294	4142	4761	4175	2559	5396	1448
508	994		93	81	1261	30	21
		50	120	10	28	2	191
164	238	593	590	180	93	742	41
164	238	593	590	180	93	742	41
899	1408	1175	909	319	850	416	659
899	1408	1175	909	319	850	416	659

1-1-9 续表 17

项　目	就业人数(个)	太原市	大同市	阳泉市
燃气生产和供应业	6409	534	147	1276
燃气生产和供应业	6409	534	147	1276
燃气生产和供应业	6409	534	147	1276
水的生产和供应业	20444	3901	3181	2094
自来水的生产和供应	18841	3559	3057	2003
自来水的生产和供应	18841	3559	3057	2003
污水处理及其再生利用	1548	341	124	91
污水处理及其再生利用	1548	341	124	91
其他水的处理、利用与分配	55	1		
其他水的处理、利用与分配	55	1		
建筑业	**683596**	**305738**	**45515**	**40126**
房屋和土木工程建筑业	561379	235777	38057	32410
房屋工程建筑	270802	67787	25029	20216
房屋工程建筑	270802	67787	25029	20216
土木工程建筑	290577	167990	13028	12194
铁路、道路、隧道和桥梁工程建筑	178669	117961	4338	5045
水利和港口工程建筑	8331	3302	254	
工矿工程建筑	56275	20155	7251	6489
架线和管道工程建筑	33088	20607	859	590
其他土木工程建筑	14214	5965	326	70
建筑安装业	65439	37892	3565	5378
建筑安装业	65439	37892	3565	5378
建筑安装业	65439	37892	3565	5378
建筑装饰业	26786	13806	2592	991
建筑装饰业	26786	13806	2592	991
建筑装饰业	26786	13806	2592	991
其他建筑业	29992	18263	1301	1347
工程准备	12009	8864	164	236
工程准备	12009	8864	164	236
提供施工设备服务	4117	804	325	710
提供施工设备服务	4117	804	325	710
其他未列明的建筑活动	13866	8595	812	401
其他未列明的建筑活动	13866	8595	812	401
交通运输、仓储和邮政业	**170783**	**32980**	**20247**	**8306**
铁路运输业	2487	473	575	55
铁路旅客运输				
铁路旅客运输				
铁路货物运输				
铁路货物运输				
铁路运输辅助活动	2487	473	575	55
客运火车站				
货运火车站	60			30
其他铁路运输辅助活动	2427	473	575	25
道路运输业	88275	12439	9799	3520
公路旅客运输	17429	2856	1151	59
公路旅客运输	17429	2856	1151	59

长治市	晋城市	朔州市	晋中市	运城市	忻州市	临汾市	吕梁市
314	281	135	1632	511	495	763	321
314	281	135	1632	511	495	763	321
314	281	135	1632	511	495	763	321
1629	1080	844	1580	1516	1811	1880	928
1511	893	806	1441	1418	1578	1727	848
1511	893	806	1441	1418	1578	1727	848
118	187	38	139	61	223	153	73
118	187	38	139	61	223	153	73
				37	10		7
				37	10		7
31545	**22785**	**23211**	**42887**	**54740**	**38121**	**56105**	**22823**
27346	16867	18792	37107	47840	35952	50596	20635
17535	11515	7771	24306	29905	26786	23100	16852
17535	11515	7771	24306	29905	26786	23100	16852
9811	5352	11021	12801	17935	9166	27496	3783
2446	1733	2809	7082	4128	7184	24159	1784
203	51	881	892	1555	430	270	493
5680	3131	2003	14	8753	229	2378	192
1408	143	5016	1907	367	1200	606	385
74	294	312	2906	3132	123	83	929
1349	3497	2138	2803	3157	1246	2880	1534
1349	3497	2138	2803	3157	1246	2880	1534
1349	3497	2138	2803	3157	1246	2880	1534
1965	1353	452	1811	1750	304	1281	481
1965	1353	452	1811	1750	304	1281	481
1965	1353	452	1811	1750	304	1281	481
885	1068	1829	1166	1993	619	1348	173
217	263	702	326	42	287	825	83
217	263	702	326	42	287	825	83
662	164	157	64	813	12	360	46
662	164	157	64	813	12	360	46
6	641	970	776	1138	320	163	44
6	641	970	776	1138	320	163	44
17075	**14259**	**8596**	**14628**	**18456**	**9630**	**17882**	**8724**
89	97	78	148	422	50	446	54
89	97	78	148	422	50	446	54
	8			10		12	
89	89	78	148	412	50	434	54
11361	8006	5127	8514	10871	4898	9141	4599
2456	1493	393	1282	5140	1424	570	605
2456	1493	393	1282	5140	1424	570	605

1-1-9 续表 18

项 目	就业人数(个)	太原市	大同市	阳泉市
道路货物运输	38964	5586	5511	3076
道路货物运输	38964	5586	5511	3076
道路运输辅助活动	31882	3997	3137	385
客运汽车站	3246	304	182	12
公路管理与养护	25582	3633	2932	372
其他道路运输辅助活动	3054	60	23	1
城市公共交通业	29095	9353	4453	3446
公共电汽车客运	20623	8425	4211	2352
公共电汽车客运	20623	8425	4211	2352
轨道交通	25		25	
轨道交通	25		25	
出租车客运	8165	652	217	1094
出租车客运	8165	652	217	1094
城市轮渡				
城市轮渡				
其他城市公共交通	282	276		
其他城市公共交通	282	276		
水上运输业	168	38		
水上旅客运输	64	30		
远洋旅客运输	30	30		
沿海旅客运输				
内河旅客运输	34			
水上货物运输	33	8		
远洋货物运输	8	8		
沿海货物运输				
内河货物运输	25			
水上运输辅助活动	71			
客运港口				
货运港口				
其他水上运输辅助活动	71			
航空运输业	2459	2239	197	
航空客货运输	108	108		
航空旅客运输	9	9		
航空货物运输	99	99		
通用航空服务	43	20		
通用航空服务	43	20		
航空运输辅助活动	2308	2111	197	
机场	199	2	197	
空中交通管理	393	393		
其他航空运输辅助活动	1716	1716		
管道运输业	10			
管道运输业	10			
管道运输业	10			
装卸搬运和其他运输服务业	13629	1937	1998	83
装卸搬运	8336	1365	940	
装卸搬运	8336	1365	940	
运输代理服务	5293	572	1058	83
运输代理服务	5293	572	1058	83

长治市	晋城市	朔州市	晋中市	运城市	忻州市	临汾市	吕梁市
4064	3249	2668	4603	2075	669	5520	1943
4064	3249	2668	4603	2075	669	5520	1943
4841	3264	2066	2629	3656	2805	3051	2051
103	387	115	357	454	308	348	676
4672	2840	1904	2236	1324	1974	2336	1359
66	37	47	36	1878	523	367	16
2061	3423	520	865	1592	929	1739	714
1726	837	92	577	803	368	881	351
1726	837	92	577	803	368	881	351
331	2586	428	288	789	561	856	363
331	2586	428	288	789	561	856	363
4						2	
4						2	
30				74			26
28				6			
28				6			
				25			
				25			
2				43			26
2				43			26
11		12					
11		12					
11		12					
		10					
		10					
		10					
682	979	1288	1079	1118	1745	2130	590
386	858	1105	427	522	949	1354	430
386	858	1105	427	522	949	1354	430
296	121	183	652	596	796	776	160
296	121	183	652	596	796	776	160

1-1-9 续表 19

项 目	就业人数(个)	太原市	大同市	阳泉市
仓储业	12318	2393	787	300
谷物、棉花等农产品仓储	6697	610	534	209
谷物、棉花等农产品仓储	6697	610	534	209
其他仓储	5621	1783	253	91
其他仓储	5621	1783	253	91
邮政业	22342	4108	2438	902
国家邮政	22013	3946	2310	902
国家邮政	22013	3946	2310	902
其他寄递服务	329	162	128	
其他寄递服务	329	162	128	
信息传输、计算机服务和软件业	**56775**	**21165**	**5669**	**1739**
电信和其他信息传输服务业	41397	14817	4495	1286
电信	35249	12638	4030	1205
固定电信服务	17340	6516	701	945
移动电信服务	15896	5878	3185	257
其他电信服务	2013	244	144	3
互联网信息服务	2550	1275	85	81
互联网信息服务	2550	1275	85	81
广播电视传输服务	3531	870	356	
有线广播电视传输服务	2703	476	328	
无线广播电视传输服务	828	394	28	
卫星传输服务	67	34	24	
卫星传输服务	67	34	24	
计算机服务业	11715	3179	1125	421
计算机系统服务	2076	1422	78	134
计算机系统服务	2076	1422	78	134
数据处理	100	75	10	
数据处理	100	75	10	
计算机维修	279	107	44	24
计算机维修	279	107	44	24
其他计算机服务	9260	1575	993	263
其他计算机服务	9260	1575	993	263
软件业	3663	3169	49	32
公共软件服务	3254	2803	49	32
基础软件服务	930	741	26	32
应用软件服务	2324	2062	23	
其他软件服务	409	366		
其他软件服务	409	366		
批发和零售业	**506709**	**120343**	**66321**	**23439**
批发业	249041	63177	26426	8870
农畜产品批发	13189	1088	1506	250
谷物、豆及薯类批发	6659	355	1081	2
种子、饲料批发	2568	293	175	71
棉、麻批发	1364	112	89	14
牲畜批发	159	56		3
其他农畜产品批发	2439	272	161	160

长治市	晋城市	朔州市	晋中市	运城市	忻州市	临汾市	吕梁市
903	357	348	1593	1760	1715	1278	884
637	174	248	873	1032	1271	696	413
637	174	248	873	1032	1271	696	413
266	183	100	720	728	444	582	471
266	183	100	720	728	444	582	471
1938	1397	1213	2429	2619	293	3148	1857
1938	1397	1213	2429	2607	281	3137	1853
1938	1397	1213	2429	2607	281	3137	1853
				12	12	11	4
				12	12	11	4
3626	**3041**	**2317**	**3188**	**7180**	**1066**	**5360**	**2424**
3103	2580	2010	2749	3248	895	3992	2222
2861	2039	1343	2543	2324	658	3615	1993
1378	270	374	2060	1643	76	3065	312
1011	1465	375	480	646	468	452	1679
472	304	594	3	35	114	98	2
4	222	352	19	361	58	71	22
4	222	352	19	361	58	71	22
229	319	315	187	563	179	306	207
166	319	310	48	563	119	271	103
63		5	139		60	35	104
9							
9							
462	336	288	382	3917	160	1281	164
31	43	168	9	84	10	86	11
31	43	168	9	84	10	86	11
4		11					
4		11					
9	17	19	24	23	3	9	
9	17	19	24	23	3	9	
418	276	90	349	3810	147	1186	153
418	276	90	349	3810	147	1186	153
61	125	19	57	15	11	87	38
60	97	10	57	12	11	85	38
30	24		31	10		36	
30	73	10	26	2	11	49	38
1	28	9		3		2	
1	28	9		3		2	
37985	**49271**	**29971**	**36928**	**36628**	**34745**	**49674**	**21404**
17716	25050	15907	18634	18464	18376	25341	11080
1238	955	1125	1442	1477	2153	1687	268
887	418	464	868	423	1443	503	215
142	406	189	261	260	201	530	40
25	20		174	610	58	262	
	36		5	16	38	5	
184	75	472	134	168	413	387	13

1-1-9 续表 20

项　目	就业人数(个)	太原市	大同市	阳泉市
食品、饮料及烟草制品批发	30377	6923	4203	657
米、面制品及食用油批发	5498	566	857	206
糕点、糖果及糖批发	840	114	171	5
果品、蔬菜批发	5250	1130	762	8
肉、禽、蛋及水产品批发	2115	411	749	
盐及调味品批发	3110	661	405	82
饮料及茶叶批发	3594	2148	369	108
烟草制品批发	7784	889	764	242
其他食品批发	2186	1004	126	6
纺织、服装及日用品批发	7507	4076	1289	37
纺织品、针织品及原料批发	1623	383	382	3
服装批发	2789	2185	100	2
鞋帽批发	242	195	20	
厨房、卫生间用具及日用杂货批发	911	378	173	10
化妆品及卫生用品批发	782	288	395	20
其他日用品批发	1160	647	219	2
文化、体育用品及器材批发	2750	2287	17	10
文具用品批发	698	529	17	10
体育用品批发	241	226		
图书批发	1164	1079		
报刊批发	57	57		
音像制品及电子出版物批发	32	32		
首饰、工艺品及收藏品批发	375	274		
其他文化用品批发	183	90		
医药及医疗器材批发	11021	3530	591	3
西药批发	4602	1506	120	
中药材及中成药批发	5184	1117	458	
医疗用品及器材批发	1235	907	13	3
矿产品、建材及化工产品批发	132328	26820	14069	6221
煤炭及制品批发	77976	11598	8966	3713
石油及制品批发	6305	1446	222	18
非金属矿及制品批发	1814	213	56	434
金属及金属矿批发	14452	4950	2116	785
建材批发	17095	5458	1101	923
化肥批发	6729	646	528	116
农药批发	925	86	30	55
农用薄膜批发	152	57	10	
其他化工产品批发	6880	2366	1040	177
机械设备、五金交电及电子产品批发	39754	15031	3974	1092
农业机械批发	3111	324	322	18
汽车、摩托车及零配件批发	5767	1392	578	54
五金、交电批发	8520	2491	705	294
家用电器批发	2863	2026	41	25
计算机、软件及辅助设备批发	2361	1813	14	12
通讯及广播电视设备批发	1078	703	12	14
其他机械设备及电子产品批发	16054	6282	2302	675
贸易经纪与代理	1997	757	57	26
贸易经纪与代理	1997	757	57	26

长治市	晋城市	朔州市	晋中市	运城市	忻州市	临汾市	吕梁市
2160	2099	2026	2694	3140	2849	2105	1521
435	706	188	945	372	792	357	74
24	53	13	4	197	227	19	13
151	383	1071	496	732	187	278	52
150	106	180	30	110	281	42	56
268	172	105	256	316	360	266	219
262	58	38	97	201	121	165	27
711	437	348	721	1109	764	906	893
159	184	83	145	103	117	72	187
241	323	247	93	541	311	147	202
100	95	34	3	193	290	17	123
10	22	172	20	177	9	38	54
	12				2	13	
56	140	10	36	57	6	45	
39		20	10	4	4	2	
36	54	11	24	110		32	25
17	10	57	38	104	94	76	40
10	5	18	33	12	5	59	
4	3			4		4	
	2			57	18	8	
3				22	71	5	
		39	5	9			40
742	239	205	575	3098	1350	456	232
420	80	105	360	514	1216	159	122
253	105	23	195	2565	112	262	94
69	54	77	20	19	22	35	16
9940	16549	10046	9917	6629	8676	16095	7366
6295	11514	7095	6382	998	6290	9653	5472
390	34	1042	373	196	74	1444	1066
91	444	117	74	114	56	192	23
1070	1193	266	1046	949	702	1136	239
978	2486	996	1055	1393	660	1844	201
601	467	214	518	2217	412	944	66
16	31	7	35	336	86	163	80
18				50			17
481	380	309	434	376	396	719	202
2222	3980	1832	2613	2703	1945	3803	559
283	278	317	256	194	361	679	79
351	202	364	708	1072	156	748	142
505	2358	469	198	525	350	602	23
15	91	22	46	501	5	86	5
	33	32	12	88	18	339	
7	12	16	4	16	228	66	
1061	1006	612	1389	307	827	1283	310
13	40	27	117	194	353	87	326
13	40	27	117	194	353	87	326

1-1-9 续表 21

项　　目	就业人数(个)			
		太原市	大同市	阳泉市
其他批发	10118	2665	720	574
再生物资回收与批发	5773	915	532	406
其他未列明的批发	4345	1750	188	168
零售业	257668	57166	39895	14569
综合零售	80237	13250	11945	4776
百货零售	41579	5006	10071	3177
超级市场零售	23876	5767	607	710
其他综合零售	14782	2477	1267	889
食品、饮料及烟草制品专门零售	20239	5383	3139	863
粮油零售	7636	1098	1895	317
糕点、面包零售	1286	963	43	29
果品、蔬菜零售	2578	360	174	10
肉、禽、蛋及水产品零售	2424	1137	168	134
饮料及茶叶零售	1582	463	271	46
烟草制品零售	1037	379	310	75
其他食品零售	3696	983	278	252
纺织、服装及日用品专门零售	26253	4800	7022	1560
纺织品及针织品零售	3945	526	1190	202
服装零售	16831	2818	4933	1019
鞋帽零售	1117	422	74	90
钟表、眼镜零售	767	165	316	46
化妆品及卫生用品零售	944	415	48	64
其他日用品零售	2649	454	461	139
文化、体育用品及器材专门零售	10035	3004	1542	477
文具用品零售	1523	509	394	98
体育用品零售	469	112	33	12
图书零售	4572	1065	410	176
报刊零售	52	35		17
音像制品及电子出版物零售	132	58	16	17
珠宝首饰零售	2229	623	561	129
工艺美术品及收藏品零售	452	250	74	12
照相器材零售	189	132	16	
其他文化用品零售	417	220	38	16
医药及医疗器材专门零售	14132	4586	1773	686
药品零售	12933	3952	1663	616
医疗用品及器材零售	1199	634	110	70
汽车、摩托车、燃料及零配件专门零售	49667	11339	5748	2269
汽车零售	21465	7299	2636	1101
汽车零配件零售	4350	1248	748	274
摩托车及零配件零售	1393	59	51	38
机动车燃料零售	22459	2733	2313	856
家用电器及电子产品专门零售	21860	6926	2475	861
家用电器零售	9743	2361	1157	430
计算机、软件及辅助设备零售	6387	2205	785	159
通信设备零售	3286	1018	343	148
其他电子产品零售	2444	1342	190	124

长治市	晋城市	朔州市	晋中市	运城市	忻州市	临汾市	吕梁市
1143	855	342	1145	578	645	885	566
1108	546	192	831	384	254	422	183
35	309	150	314	194	391	463	383
20269	24221	14064	18294	18164	16369	24333	10324
6638	9742	4266	7045	5667	5684	8474	2750
3084	3490	3836	3223	2417	2896	2710	1669
2019	3639	164	2135	2200	1472	4452	711
1535	2613	266	1687	1050	1316	1312	370
1341	1724	1028	873	1323	1844	1848	873
317	698	656	295	174	1111	657	418
	32	37	45	38	36	32	31
80	520	28	164	442	53	599	148
93	81	105	70	108	353	54	121
173	93	23	120	171	8	178	36
48	82	38	17	2	65	19	2
630	218	141	162	388	218	309	117
2096	1723	2131	1253	1386	1552	2147	583
560	142	217	215	134	281	106	372
903	1262	1602	654	776	1032	1676	156
190		119	69	46		93	14
43	92	42	22	18	12	9	2
48	60	22	52	77	25	104	29
352	167	129	241	335	202	159	10
700	475	529	591	668	411	1136	502
55	49	102	81	45	21	151	18
75	51	51	19			114	2
385	293	275	347	490	258	542	331
10			3		16	3	9
128	25	60	108	93	116	261	125
17	13	21	28	9		23	5
13		3		6		7	12
17	44	17	5	25		35	
776	610	617	664	1389	727	1689	615
746	561	586	627	1342	714	1525	601
30	49	31	37	47	13	164	14
4011	4579	2132	5109	4361	3458	4833	1828
1496	1805	513	1373	1629	729	2432	452
157	211	306	138	195	259	413	401
116	95	255	57	280	33	334	75
2242	2468	1058	3541	2257	2437	1654	900
1790	2036	1428	952	1590	970	2091	741
756	757	754	612	1098	553	888	377
697	767	231	248	287	189	657	162
237	414	315	90	130	200	289	102
100	98	128	2	75	28	257	100

1-1-9 续表 22

项 目	就业人数(个)	太原市	大同市	阳泉市
五金、家具及室内装修材料专门零售	18216	2899	3376	1959
五金零售	9403	1485	1999	1198
家具零售	3442	437	761	154
涂料零售	400	198	64	23
其他室内装修材料零售	4971	779	552	584
无店铺及其他零售	17029	4979	2875	1118
流动货摊零售	72	28	2	
邮购及电子销售	12	12		
生活用燃料零售	3388	237	1289	104
花卉零售	570	140	25	48
旧货零售	151	8	36	35
其他未列明的零售	12836	4554	1523	931
住宿和餐饮业	**161164**	**51478**	**21394**	**8022**
住宿业	75694	21186	6665	2533
旅游饭店	42582	13302	4072	1859
旅游饭店	42582	13302	4072	1859
一般旅馆	29949	6320	2528	593
一般旅馆	29949	6320	2528	593
其他住宿服务	3163	1564	65	81
其他住宿服务	3163	1564	65	81
餐饮业	85470	30292	14729	5489
正餐服务	78648	26342	14299	5313
正餐服务	78648	26342	14299	5313
快餐服务	4756	3216	344	83
快餐服务	4756	3216	344	83
饮料及冷饮服务	274	185		33
饮料及冷饮服务	274	185		33
其他餐饮服务	1792	549	86	60
其他餐饮服务	1792	549	86	60
金融业	**132161**	**24877**	**12697**	**6620**
银行业	93150	16901	8375	5166
中央银行	4565	718	324	134
中央银行	4565	718	324	134
商业银行	87154	15868	8051	5032
商业银行	87154	15868	8051	5032
其他银行	1431	315		
其他银行	1431	315		
证券业	1672	1572	2	81
证券市场管理	339	339		
证券市场管理	339	339		
证券经纪与交易	1326	1233		81
证券经纪与交易	1326	1233		81
证券投资	2		2	
证券投资	2		2	
证券分析与咨询	5			
证券分析与咨询	5			
保险业	32971	5515	3806	1175
人寿保险	23643	2772	2820	815
人寿保险	23643	2772	2820	815

长治市	晋城市	朔州市	晋中市	运城市	忻州市	临汾市	吕梁市
2452	1750	1131	1192	773	886	1278	520
1021	526	577	685	438	441	783	250
510	736	150	126	229	102	149	88
20	6	31	7	10	1	25	15
901	482	373	374	96	342	321	167
465	1582	802	615	1007	837	837	1912
		25			14	3	
238	179	95	240	153	541	149	163
9	157	68		41	3	79	
3	6	7	4		21	26	5
215	1240	607	371	813	258	580	1744
10808	**10887**	**7135**	**11922**	**10437**	**9280**	**13000**	**6801**
5517	6266	3286	6528	6156	6387	8159	3011
1673	3872	1765	3018	3185	4564	4966	306
1673	3872	1765	3018	3185	4564	4966	306
3829	2248	1403	3510	2543	1753	3031	2191
3829	2248	1403	3510	2543	1753	3031	2191
15	146	118		428	70	162	514
15	146	118		428	70	162	514
5291	4621	3849	5394	4281	2893	4841	3790
5057	4297	3782	5040	3763	2854	4383	3518
5057	4297	3782	5040	3763	2854	4383	3518
219	32	20	140	50	25	388	239
219	32	20	140	50	25	388	239
15	12			8	5	16	
15	12			8	5	16	
	280	47	214	460	9	54	33
	280	47	214	460	9	54	33
15030	**9656**	**5779**	**15331**	**14011**	**6932**	**12425**	**8803**
9174	6228	4348	7218	12488	6216	9842	7194
576	62	336	246	277	671	640	581
576	62	336	246	277	671	640	581
8481	6166	3890	6911	11925	5345	8998	6487
8481	6166	3890	6911	11925	5345	8998	6487
117		122	61	286	200	204	126
117		122	61	286	200	204	126
5						12	
5						7	
5						7	
						5	
						5	
5691	2906	1320	7440	1444	306	1924	1444
4989	2174	731	6571	879	101	1177	614
4989	2174	731	6571	879	101	1177	614

1-1-9 续表 23

项 目	就业人数(个)			
		太原市	大同市	阳泉市
非人寿保险	8317	2039	923	353
非人寿保险	8317	2039	923	353
保险辅助服务	1011	704	63	7
保险辅助服务	1011	704	63	7
其他金融活动	4368	889	514	198
金融信托与管理	578	282	5	89
金融信托与管理	578	282	5	89
金融租赁	45	42	3	
金融租赁	45	42	3	
财务公司	37	2		
财务公司	37	2		
邮政储蓄	2037	110	329	
邮政储蓄	2037	110	329	
典当	673	188	116	19
典当	673	188	116	19
其他未列明的金融活动	998	265	61	90
其他未列明的金融活动	998	265	61	90
房地产业	**88756**	**32693**	**9089**	**6123**
房地产业	88756	32693	9089	6123
房地产开发经营	41723	13622	3915	3121
房地产开发经营	41723	13622	3915	3121
物业管理	29661	13973	3691	1632
物业管理	29661	13973	3691	1632
房地产中介服务	3124	1996	197	70
房地产中介服务	3124	1996	197	70
其他房地产活动	14248	3102	1286	1300
其他房地产活动	14248	3102	1286	1300
租赁和商务服务业	**130257**	**42887**	**16377**	**5446**
租赁业	4657	1670	933	75
机械设备租赁	4563	1615	933	73
汽车租赁	1279	210	442	34
农业机械租赁	186	11	17	
建筑工程机械与设备租赁	1532	442	314	34
计算机及通讯设备租赁	12	4		
其他机械与设备租赁	1554	948	160	5
文化及日用品出租	94	55		2
图书及音像制品出租	30	12		
其他文化及日用品出租	64	43		2
商务服务业	125600	41217	15444	5371
企业管理服务	49927	14588	7455	2584
企业管理机构	18901	5354	318	712
投资与资产管理	7444	3112	379	454
其他企业管理服务	23582	6122	6758	1418
法律服务	4790	1734	395	188
律师及相关的法律服务	3820	1500	258	152
公证服务	563	68	107	36
其他法律服务	407	166	30	

长治市	晋城市	朔州市	晋中市	运城市	忻州市	临汾市	吕梁市
676	690	582	862	526	205	700	761
676	690	582	862	526	205	700	761
26	42	7	7	39		47	69
26	42	7	7	39		47	69
160	522	111	673	79	410	647	165
16	56	38		7	10		75
16	56	38		7	10		75
35							
35							
	420		427		314	437	
	420		427		314	437	
35	24	37	44	60	51	27	72
35	24	37	44	60	51	27	72
74	22	36	202	12	35	183	18
74	22	36	202	12	35	183	18
6399	**3856**	**3324**	**5355**	**6403**	**5579**	**6727**	**3208**
6399	3856	3324	5355	6403	5579	6727	3208
2960	1921	2019	2976	3942	2805	2378	2064
2960	1921	2019	2976	3942	2805	2378	2064
1771	1387	1019	1375	1876	882	1507	548
1771	1387	1019	1375	1876	882	1507	548
207	100	100	112	72	54	157	59
207	100	100	112	72	54	157	59
1461	448	186	892	513	1838	2685	537
1461	448	186	892	513	1838	2685	537
12880	**9757**	**4425**	**5678**	**12606**	**7526**	**9096**	**3579**
260	330	217	150	302	235	337	148
260	330	198	150	302	220	334	148
88	33	29	69	118	23	188	45
6	16	16	26		85	9	
118	143	75	46	155	112	16	77
						8	
48	138	78	9	29		113	26
		19			15	3	
					15	3	
		19					
12620	9427	4208	5528	12304	7291	8759	3431
6047	4243	772	1206	6311	4320	1524	877
744	2905	84	215	5610	2817	91	51
1454	823	43	268	38	51	467	355
3849	515	645	723	663	1452	966	471
430	360	99	340	270	289	507	178
352	279	65	272	202	204	419	117
71	34	12	62	28	31	67	47
7	47	22	6	40	54	21	14

1-1-9 续表 24

项目	就业人数(个)	太原市	大同市	阳泉市
咨询与调查	16820	8874	1102	599
会计、审计及税务服务	6684	2531	681	383
市场调查	746	189	118	15
社会经济咨询	1922	861	73	114
其他专业咨询	7468	5293	230	87
广告业	8698	2576	361	477
广告业	8698	2576	361	477
知识产权服务	246	162	35	
知识产权服务	246	162	35	
职业中介服务	6812	756	2639	197
职业中介服务	6812	756	2639	197
市场管理	11197	4697	1397	133
市场管理	11197	4697	1397	133
旅行社	9124	2043	571	252
旅行社	9124	2043	571	252
其他商务服务	17986	5787	1489	941
会议及展览服务	865	630	27	54
包装服务	163	21		8
保安服务	6816	1830	940	626
办公服务	1136	653	98	41
其他未列明的商务服务	9006	2653	424	212
科学研究、技术服务和地质勘查业	**94096**	**43497**	**8970**	**3651**
研究与试验发展	15484	9658	1267	94
自然科学研究与试验发展	2899	2639	34	11
自然科学研究与试验发展	2899	2639	34	11
工程和技术研究与试验发展	6315	4489	105	37
工程和技术研究与试验发展	6315	4489	105	37
农业科学研究与试验发展	4387	1652	801	39
农业科学研究与试验发展	4387	1652	801	39
医学研究与试验发展	1048	326	261	
医学研究与试验发展	1048	326	261	
社会人文科学研究与试验发展	835	552	66	7
社会人文科学研究与试验发展	835	552	66	7
专业技术服务业	49803	25285	4254	3031
气象服务	1697	363	217	89
气象服务	1697	363	217	89
地震服务	1139	376	104	32
地震服务	1139	376	104	32
海洋服务	4			
海洋服务	4			
测绘服务	1515	557	187	44
测绘服务	1515	557	187	44
技术检测	6507	1912	733	509
技术检测	6507	1912	733	509
环境监测	2603	856	55	118
环境监测	2603	856	55	118

长治市	晋城市	朔州市	晋中市	运城市	忻州市	临汾市	吕梁市
647	1182	557	535	1018	322	1664	320
440	546	158	318	549	166	688	224
7	17	249	65	43	33	10	
171	111	13	113	116	37	296	17
29	508	137	39	310	86	670	79
516	677	235	298	1924	115	1384	135
516	677	235	298	1924	115	1384	135
6	12	16	6	4	1	4	
6	12	16	6	4	1	4	
332	245	1046	238	189	143	671	356
332	245	1046	238	189	143	671	356
803	565	43	465	506	356	1786	446
803	565	43	465	506	356	1786	446
734	936	142	1132	1575	825	494	420
734	936	142	1132	1575	825	494	420
3105	1207	1298	1308	507	920	725	699
17	34	29		8	32	14	20
39		4	5	33	53		
1013	512	173	509	99	722	165	227
134	27		20	36	16	91	20
1902	634	1092	774	331	97	455	432
7147	**3903**	**1572**	**6250**	**5452**	**3956**	**7233**	**2465**
594	108	136	1744	455	561	344	523
25	41	41		71	20	2	15
25	41	41		71	20	2	15
160	12	7	1207	8	28	173	89
160	12	7	1207	8	28	173	89
330	32	88	513	211	292	107	322
330	32	88	513	211	292	107	322
36	7		10	158	180	29	41
36	7		10	158	180	29	41
43	16		14	7	41	33	56
43	16		14	7	41	33	56
3164	2518	1049	2569	1759	1718	3272	1184
183	49	77	222	85	177	145	90
183	49	77	222	85	177	145	90
70	7	53	100	125	78	169	25
70	7	53	100	125	78	169	25
							4
							4
111	59	13	108	86	74	227	49
111	59	13	108	86	74	227	49
897	590	74	311	297	198	632	354
897	590	74	311	297	198	632	354
237	230	127	315	115	198	289	63
237	230	127	315	115	198	289	63

1-1-9 续表 25

项　目	就业人数（个）	太原市	大同市	阳泉市
工程技术与规划管理	28391	14885	2821	1858
工程管理服务	13931	7133	1648	804
工程勘察设计	12205	7406	933	416
规划管理	2255	346	240	638
其他专业技术服务	7947	6336	137	381
其他专业技术服务	7947	6336	137	381
科技交流和推广服务业	14363	2654	1662	307
技术推广服务	11185	1248	1503	232
技术推广服务	11185	1248	1503	232
科技中介服务	1919	1046	98	46
科技中介服务	1919	1046	98	46
其他科技服务	1259	360	61	29
其他科技服务	1259	360	61	29
地质勘查业	14446	5900	1787	219
矿产地质勘查	5768	883	1637	24
能源矿产地质勘查	4393	871	1191	11
固体矿产地质勘查	1154	12	426	
其他矿产地质勘查	221		20	13
基础地质勘查	5435	2990	143	14
基础地质勘查	5435	2990	143	14
地质勘查技术服务	3243	2027	7	181
地质勘查技术服务	3243	2027	7	181
水利、环境和公共设施管理业	**62560**	**13667**	**8178**	**2176**
水利管理业	15487	2199	1941	205
防洪管理	1038	148	82	26
防洪管理	1038	148	82	26
水资源管理	11133	1445	1374	112
水库管理	4114	294	544	63
调水、引水管理	4391	847	600	19
其他水资源管理	2628	304	230	30
其他水利管理	3316	606	485	67
其他水利管理	3316	606	485	67
环境管理业	24008	5936	3674	1217
自然保护	1640	357	159	21
自然保护区管理	758	16	89	21
野生动植物保护	305	258	32	
其他自然保护	577	83	38	
环境治理	22368	5579	3515	1196
城市市容管理	2431	234	48	36
城市环境卫生管理	17920	4484	3142	1082
水污染治理	1307	655	170	62
危险废物治理	144	83		
其他环境治理	566	123	155	16
公共设施管理业	23065	5532	2563	754
市政公共设施管理	6045	1726	1033	180
市政公共设施管理	6045	1726	1033	180

长治市	晋城市	朔州市	晋中市	运城市	忻州市	临汾市	吕梁市
1595	1253	652	1406	838	828	1716	539
510	788	381	738	446	257	926	300
873	342	239	413	363	433	582	205
212	123	32	255	29	138	208	34
71	330	53	107	213	165	94	60
71	330	53	107	213	165	94	60
1752	1012	354	929	2136	1026	2065	466
1642	462	168	818	1748	975	1959	430
1642	462	168	818	1748	975	1959	430
80	419	15	63	71	23	27	31
80	419	15	63	71	23	27	31
30	131	171	48	317	28	79	5
30	131	171	48	317	28	79	5
1637	265	33	1008	1102	651	1552	292
1192	191		837		610	296	98
1028	191		599		270	232	
156			236		287	37	
8			2		53	27	98
400	4	12	169	568	1	959	175
400	4	12	169	568	1	959	175
45	70	21	2	534	40	297	19
45	70	21	2	534	40	297	19
7229	**3150**	**2482**	**6450**	**5439**	**3703**	**6159**	**3927**
1532	690	546	1426	2209	1903	1968	868
22	119	5		170	237	39	190
22	119	5		170	237	39	190
1155	441	204	1140	1875	1223	1601	563
506	104	93	414	900	165	826	205
463	191	30	508	689	661	180	203
186	146	81	218	286	397	595	155
355	130	337	286	164	443	328	115
355	130	337	286	164	443	328	115
3341	639	1041	1275	914	1242	2601	2128
63	44	17	125	118	98	393	245
58	33		93	86	40	143	179
		1		12		2	
5	11	16	32	20	58	248	66
3278	595	1024	1150	796	1144	2208	1883
318		33	233	132	171	263	963
2788	570	888	786	540	890	1850	900
71		67	125	112		25	20
31	25		5				
70		36	1	12	83	70	
2356	1821	895	3749	2316	558	1590	931
487	482	235	689	292	53	548	320
487	482	235	689	292	53	548	320

1-1-9 续表 26

项 目	就业人数（个）	太原市	大同市	阳泉市
城市绿化管理	7189	2004	920	353
城市绿化管理	7189	2004	920	353
游览景区管理	9831	1802	610	221
风景名胜区管理	5474	279	258	150
公园管理	2483	1482	300	
其他游览景区管理	1874	41	52	71
居民服务和其他服务业	**39000**	**13257**	**3590**	**1935**
居民服务业	19720	7315	2598	941
家庭服务	314	114	70	
家庭服务	314	114	70	
托儿所	168	89		37
托儿所	168	89		37
洗染服务	549	169	66	46
洗染服务	549	169	66	46
理发及美容保健服务	2067	942	156	101
理发及美容保健服务	2067	942	156	101
洗浴服务	8550	3295	1914	374
洗浴服务	8550	3295	1914	374
婚姻服务	547	122	25	47
婚姻服务	547	122	25	47
殡葬服务	1043	444	115	53
殡葬服务	1043	444	115	53
摄影扩印服务	2066	815	136	143
摄影扩印服务	2066	815	136	143
其他居民服务	4416	1325	116	140
其他居民服务	4416	1325	116	140
其他服务业	19280	5942	992	994
修理与维护	10340	2694	468	581
汽车、摩托车维护与保养	8589	2239	222	499
办公设备维修	672	208	23	37
家用电器修理	517	177	94	28
其他日用品修理	562	70	129	17
清洁服务	4378	2233	277	186
建筑物清洁服务	942	303	43	180
其他清洁服务	3436	1930	234	6
其他未列明的服务	4562	1015	247	227
其他未列明的服务	4562	1015	247	227
教育	**509386**	**88983**	**49419**	**18730**
教育	509386	88983	49419	18730
学前教育	25430	5938	2240	732
学前教育	25430	5938	2240	732
初等教育	171768	17755	19043	7935
初等教育	171768	17755	19043	7935
中等教育	229111	24881	21634	8192
初中教育	128576	11628	11252	4257
高中教育	64307	7389	6135	2094
中等专业教育	12287	2936	1446	946
职业中学教育	13995	803	1014	640
技工学校教育	5211	1673	1134	188
其他中等教育	4735	452	653	67

长治市	晋城市	朔州市	晋中市	运城市	忻州市	临汾市	吕梁市
1047	302	550	510	243	287	663	310
1047	302	550	510	243	287	663	310
822	1037	110	2550	1781	218	379	301
115	454	67	2335	1298	89	219	210
264	34	7	35	85	80	108	88
443	549	36	180	398	49	52	3
1648	**4247**	**2716**	**1933**	**4002**	**1946**	**2967**	**759**
968	2082	762	764	2009	712	1276	293
8	4	3	31	13		71	
8	4	3	31	13		71	
			28	8			6
			28	8			6
36	142	17	11	12		20	30
36	142	17	11	12		20	30
216	225	178	135	32	18	51	13
216	225	178	135	32	18	51	13
199	1060	162	130	657	519	190	50
199	1060	162	130	657	519	190	50
62	93	38	42	43	27	41	7
62	93	38	42	43	27	41	7
60	39	11	99	71	31	103	17
60	39	11	99	71	31	103	17
186	107	61	139	207	18	213	41
186	107	61	139	207	18	213	41
201	412	292	149	966	99	587	129
201	412	292	149	966	99	587	129
680	2165	1954	1169	1993	1234	1691	466
551	1035	1096	461	1270	841	1067	276
498	939	835	369	1032	725	957	274
8	47	190	5	144		10	
29	33	23	36	36	9	50	2
16	16	48	51	58	107	50	
69	533	97	413	348	109	113	
24	43	73	186	47	1	42	
45	490	24	227	301	108	71	
60	597	761	295	375	284	511	190
60	597	761	295	375	284	511	190
49626	**27116**	**23536**	**43461**	**67103**	**36470**	**61403**	**43539**
49626	27116	23536	43461	67103	36470	61403	43539
2222	1898	993	2356	2738	1576	2473	2264
2222	1898	993	2356	2738	1576	2473	2264
19762	9657	8250	14035	25310	13245	21637	15139
19762	9657	8250	14035	25310	13245	21637	15139
21329	13061	12234	21472	35178	17875	30683	22572
11532	8253	7647	11457	20604	9308	19719	12919
5526	3461	3674	6786	9520	5526	7771	6425
1743	222	216	963	1437	350	540	1488
1705	793	462	2020	1673	1878	1702	1305
421	129	131	108	490	252	466	219
402	203	104	138	1454	561	485	216

1-1-9 续表 27

项目	就业人数(个)	太原市	大同市	阳泉市
高等教育	49471	29764	2957	618
普通高等教育	45268	27757	2713	503
成人高等教育	4203	2007	244	115
其他教育	33606	10645	3545	1253
职业技能培训	20621	6270	2280	812
特殊教育	2048	1016	110	67
其他未列明的教育	10937	3359	1155	374
卫生、社会保障和社会福利业	**181779**	**36282**	**18028**	**6551**
卫生	169144	33838	16502	6145
医院	107881	26548	11261	4108
综合医院	79187	16760	8349	3046
中医医院	9882	2067	783	598
中西医结合医院	2852	1394	372	87
民族医院	8	8		
专科医院	14533	5747	1431	377
疗养院	1419	572	326	
卫生院及社区医疗活动	34066	2496	2878	1128
卫生院及社区医疗活动	34066	2496	2878	1128
门诊部医疗活动	5336	734	385	158
门诊部医疗活动	5336	734	385	158
计划生育技术服务活动	3207	328	312	61
计划生育技术服务活动	3207	328	312	61
妇幼保健活动	6801	731	398	268
妇幼保健活动	6801	731	398	268
专科疾病防治活动	2060	1059	155	
专科疾病防治活动	2060	1059	155	
疾病预防控制及防疫活动	5795	794	664	248
疾病预防控制及防疫活动	5795	794	664	248
其他卫生活动	3998	1148	449	174
其他卫生活动	3998	1148	449	174
社会保障业	7555	1455	720	213
社会保障业	7555	1455	720	213
社会保障业	7555	1455	720	213
社会福利业	5080	989	806	193
提供住宿的社会福利	3973	873	609	153
干部休养所	1126	377	123	29
收养收容服务	2847	496	486	124
不提供住宿的社会福利	1107	116	197	40
不提供住宿的社会福利	1107	116	197	40
文化、体育和娱乐业	**56478**	**16418**	**4965**	**2636**
新闻出版业	10172	6367	761	319
新闻业	1885	968	124	16
新闻业	1885	968	124	16
出版业	8287	5399	637	303
图书出版	525	513		

长治市	晋城市	朔州市	晋中市	运城市	忻州市	临汾市	吕梁市
3259	789	295	3202	1080	1977	3777	1753
3070	564	169	3066	827	1750	3465	1384
189	225	126	136	253	227	312	369
3054	1711	1764	2396	2797	1797	2833	1811
1457	1053	829	1642	2128	1102	1812	1236
170	103	59	118	93	68	104	140
1427	555	876	636	576	627	917	435
16527	**11588**	**6510**	**15885**	**22020**	**14531**	**20224**	**13633**
15064	10881	6025	14829	20986	13415	18771	12688
9957	4856	4151	7807	12317	7747	11575	7554
7839	3580	3193	6526	9556	5780	8153	6405
1351	449	395	502	742	1010	1397	588
56	247	49	37	190	59	235	126
711	575	509	644	1760	622	1722	435
	5	5	98	69	276	68	
2725	3458	904	4261	5126	3365	4294	3431
2725	3458	904	4261	5126	3365	4294	3431
275	823	347	1108	793	100	383	230
275	823	347	1108	793	100	383	230
584	395	37	326	239	370	351	204
584	395	37	326	239	370	351	204
732	663	161	670	1190	590	844	554
732	663	161	670	1190	590	844	554
10	44	67	60	562	2	98	3
10	44	67	60	562	2	98	3
529	385	106	417	505	692	863	592
529	385	106	417	505	692	863	592
252	257	252	180	254	549	363	120
252	257	252	180	254	549	363	120
797	434	281	653	781	744	830	647
797	434	281	653	781	744	830	647
797	434	281	653	781	744	830	647
666	273	204	403	253	372	623	298
434	197	188	368	183	261	455	252
79	76	16	64	52	50	223	37
355	121	172	304	131	211	232	215
232	76	16	35	70	111	168	46
232	76	16	35	70	111	168	46
4584	**3808**	**1386**	**3892**	**5393**	**4427**	**4411**	**4558**
498	266	195	198	383	206	194	785
168	193	48	60	57	95	127	29
168	193	48	60	57	95	127	29
330	73	147	138	326	111	67	756
	12						

1-1-9 续表 28

项　　目	就业人数(个)	太原市	大同市	阳泉市
报纸出版	6635	3925	591	285
期刊出版	788	695	19	18
音像制品出版	42	42		
电子出版物出版				
其他出版	297	224	27	
广播、电视、电影和音像业	13471	2043	1279	974
广播	2696	201	312	107
广播	2696	201	312	107
电视	6895	539	718	754
电视	6895	539	718	754
电影	3400	1066	249	112
电影制作与发行	1133	680	9	55
电影放映	2267	386	240	57
音像制作	480	237		1
音像制作	480	237		1
文化艺术业	22137	4735	2149	816
文艺创作与表演	8915	1180	1034	513
文艺创作与表演	8915	1180	1034	513
艺术表演场馆	1356	987	59	29
艺术表演场馆	1356	987	59	29
图书馆与档案馆	2653	345	267	102
图书馆	1249	170	130	56
档案馆	1404	175	137	46
文物及文化保护	2333	366	215	11
文物及文化保护	2333	366	215	11
博物馆	2059	869	81	5
博物馆	2059	869	81	5
烈士陵园、纪念馆	702	112	16	2
烈士陵园、纪念馆	702	112	16	2
群众文化活动	2777	527	367	126
群众文化活动	2777	527	367	126
文化艺术经纪代理	208	23	3	6
文化艺术经纪代理	208	23	3	6
其他文化艺术	1134	326	107	22
其他文化艺术	1134	326	107	22
体育	4239	1184	293	174
体育组织	3140	960	98	1
体育组织	3140	960	98	1
体育场馆	560	146	61	66
体育场馆	560	146	61	66
其他体育	539	78	134	107
其他体育	539	78	134	107
娱乐业	6459	2089	483	353
室内娱乐活动	4340	1343	349	337
室内娱乐活动	4340	1343	349	337
游乐园	324		5	
游乐园	324		5	

长治市	晋城市	朔州市	晋中市	运城市	忻州市	临汾市	吕梁市
306	36	145	132	286	111	62	756
24	9	2	6	10		5	
	16			30			
516	1023	370	1261	1549	1550	1407	1499
68	274	111	487	273	366	257	240
68	274	111	487	273	366	257	240
182	530	216	619	821	922	803	791
182	530	216	619	821	922	803	791
266	201	43	149	389	260	309	356
18	91			20		46	214
248	110	43	149	369	260	263	142
	18		6	66	2	38	112
	18		6	66	2	38	112
2557	1464	557	1914	2308	1102	2454	2081
1268	939	218	646	1127	530	606	854
1268	939	218	646	1127	530	606	854
49			44	84	22	23	59
49			44	84	22	23	59
356	83	87	260	327	163	428	235
137	60	57	121	127	99	170	122
219	23	30	139	200	64	258	113
140	60	178	313	341	87	417	205
140	60	178	313	341	87	417	205
128	62	3	285	111	80	335	100
128	62	3	285	111	80	335	100
48	24	15	67	36	62	233	87
48	24	15	67	36	62	233	87
454	248	23	221	139	144	287	241
454	248	23	221	139	144	287	241
	17		27	15		7	110
	17		27	15		7	110
114	31	33	51	128	14	118	190
114	31	33	51	128	14	118	190
350	148	118	186	138	1442	94	112
259	114	105	85	79	1359	39	41
259	114	105	85	79	1359	39	41
33	25		88	1	75	31	34
33	25		88	1	75	31	34
58	9	13	13	58	8	24	37
58	9	13	13	58	8	24	37
663	907	146	333	1015	127	262	81
560	653	45	57	709	76	144	67
560	653	45	57	709	76	144	67
2	64	29		190	24	10	
2	64	29		190	24	10	

1-1-9 续表 29

项　目	就业人数(个)	太原市	大同市	阳泉市
休闲健身娱乐活动	1443	583	108	16
休闲健身娱乐活动	1443	583	108	16
其他娱乐活动	352	163	21	
其他娱乐活动	352	163	21	
公共管理和社会组织	**889390**	**109317**	**73650**	**30121**
中国共产党机关	24342	2727	2780	932
中国共产党机关	24342	2727	2780	932
中国共产党机关	24342	2727	2780	932
国家机构	597493	71610	49721	18055
国家权力机构	9767	2702	384	233
国家权力机构	9767	2702	384	233
国家行政机构	562135	64594	47229	16140
综合事务管理机构	133156	10003	12398	4307
对外事务管理机构	742	242	99	
公共安全管理机构	73743	16002	7001	2685
社会事务管理机构	131313	13822	9876	2181
经济事务管理机构	133305	9642	10847	3313
政府事务管理机构	41754	7678	2239	2176
行政监督检查机构	48122	7205	4769	1478
人民法院和人民检察院	20741	2677	2088	782
人民法院	11366	1468	1083	387
人民检察院	9375	1209	1005	395
其他国家机构	4850	1637	20	900
其他国家机构	4850	1637	20	900
人民政协和民主党派	3863	817	270	161
人民政协	3169	605	250	137
人民政协	3169	605	250	137
民主党派	694	212	20	24
民主党派	694	212	20	24
群众团体、社会团体和宗教组织	76242	17172	8006	2237
群众团体	17096	5899	1068	434
工会	9574	5140	577	278
妇联	917	134	91	34
共青团	1080	279	119	28
其他群众团体	5525	346	281	94
社会团体	44990	10884	4340	1734
专业性团体	19926	3347	1541	844
行业性团体	14364	2588	2420	587
其他社会团体	10700	4949	379	303
宗教组织	14156	389	2598	69
宗教组织	14156	389	2598	69
基层群众自治组织	187450	16991	12873	8736
社区自治组织	16907	7356	1745	829
社区自治组织	16907	7356	1745	829
村民自治组织	170543	9635	11128	7907
村民自治组织	170543	9635	11128	7907

长治市	晋城市	朔州市	晋中市	运城市	忻州市	临汾市	吕梁市
67	93	55	276	116	27	90	12
67	93	55	276	116	27	90	12
34	97	17				18	2
34	97	17				18	2
76707	**64117**	**55553**	**80155**	**100137**	**90574**	**111819**	**97240**
3600	956	1676	1595	2193	2577	3502	1804
3600	956	1676	1595	2193	2577	3502	1804
3600	956	1676	1595	2193	2577	3502	1804
40572	37477	38797	54024	73430	62719	79763	71325
443	559	633	279	1114	876	875	1669
443	559	633	279	1114	876	875	1669
38191	35739	36968	52058	69240	60004	75124	66848
11762	11310	6901	13058	18034	16115	16921	12347
10	85	85	12	49	87	21	52
6226	3227	3662	7370	6681	4430	12234	4225
4897	10064	11999	9238	15364	17084	15059	21729
11353	5883	10099	17192	15237	12644	23518	13577
1466	1859	2395	1524	7326	5472	3743	5876
2477	3311	1827	3664	6549	4172	3628	9042
1938	906	1183	1634	2711	1714	3399	1709
1170	491	647	1029	1458	992	1690	951
768	415	536	605	1253	722	1709	758
	273	13	53	365	125	365	1099
	273	13	53	365	125	365	1099
382	282	162	258	400	338	461	332
355	186	152	214	362	230	376	302
355	186	152	214	362	230	376	302
27	96	10	44	38	108	85	30
27	96	10	44	38	108	85	30
7828	7264	7091	4974	6133	4859	6909	3769
897	4175	431	547	954	691	1224	776
322	1775	163	184	228	188	384	335
79	53	61	74	84	96	127	84
79	51	45	79	67	96	142	95
417	2296	162	210	575	311	571	262
6721	2826	1376	3824	4964	1511	4121	2689
4824	1529	963	1204	1747	599	2049	1279
801	1075	135	1753	2459	604	1292	650
1096	222	278	867	758	308	780	760
210	263	5284	603	215	2657	1564	304
210	263	5284	603	215	2657	1564	304
24325	18138	7827	19304	17981	20081	21184	20010
1410	1720	583	970	452	546	717	579
1410	1720	583	970	452	546	717	579
22915	16418	7244	18334	17529	19535	20467	19431
22915	16418	7244	18334	17529	19535	20467	19431

1-1-10 按行业(小类)、

项　目	法人单位数(个)	1949年以前	1950-1977年	1978-1991年	1992-1995年	1996年
总　计	**160747**	**5069**	**22652**	**30396**	**6829**	**2173**
农、林、牧、渔业	**15**		**6**			**2**
农业	6		3			
谷物及其他作物的种植	2		2			
谷物的种植	2		2			
薯类的种植						
油料的种植						
豆类的种植						
棉花的种植						
麻类的种植						
糖料的种植						
烟草的种植						
其他作物的种植						
蔬菜、园艺作物的种植	3		1			
蔬菜的种植	3		1			
花卉的种植						
其他园艺作物的种植						
水果、坚果、饮料和香料作物的种植						
水果、坚果的种植						
茶及其他饮料作物的种植						
香料作物的种植						
中药材的种植	1					
中药材的种植	1					
林业	3		2			
林木的培育和种植	3		2			
育种和育苗	1					
造林						
林木的抚育和管理	2		2			
木材和竹材的采运						
木材的采运						
竹材的采运						
林产品的采集						
林产品的采集						
畜牧业	4					2
牲畜的饲养	1					1
牲畜的饲养	1					1
猪的饲养	2					1
猪的饲养	2					1
家禽的饲养						
家禽的饲养						
狩猎和捕捉动物						
狩猎和捕捉动物						
其他畜牧业	1					
其他畜牧业	1					
渔业	1					
海洋渔业						
海水养殖						
海洋捕捞						

注：本表中按开业(成立)时间分组不包含筹建单位的单位数。

开业(成立)时间分组的法人单位数

1997年	1998年	1999年	2000年	2001年	2002年	2003年	2004年	2005年	2006年	2007年	2008年
2395	**4617**	**3668**	**5608**	**6460**	**8173**	**8715**	**8931**	**10053**	**11551**	**11287**	**8416**
1				**2**		**2**	**1**		**1**		
				2			1				
				1			1				
				1			1				
				1							
				1							
						1					
						1					
						1					
						1			1		
									1		
									1		
						1					
						1					
1											

1-1-10 续表 1

项　　目	法人单位数(个)	1949年以前	1950-1977年	1978-1991年	1992-1995年	1996年
内陆渔业	1					
内陆养殖	1					
内陆捕捞						
农、林、牧、渔服务业	1		1			
农业服务业	1		1			
灌溉服务	1		1			
农产品初加工服务						
其他农业服务						
林业服务业						
林业服务业						
畜牧服务业						
兽医服务						
其他畜牧服务						
渔业服务业						
渔业服务业						
采矿业	**7969**	**11**	**203**	**965**	**491**	**127**
煤炭开采和洗选业	4817	9	180	804	399	95
烟煤和无烟煤的开采洗选	4816	9	180	804	399	95
烟煤和无烟煤的开采洗选	4816	9	180	804	399	95
褐煤的开采洗选						
褐煤的开采洗选						
其他煤炭采选	1					
其他煤炭采选	1					
石油和天然气开采业	12					
天然原油和天然气开采	9					
天然原油和天然气开采	9					
与石油和天然气开采有关的服务活动	3					
与石油和天然气开采有关的服务活动	3					
黑色金属矿采选业	1493		6	77	52	16
铁矿采选	1468		5	77	49	16
铁矿采选	1468		5	77	49	16
其他黑色金属矿采选	25		1		3	
其他黑色金属矿采选	25		1		3	
有色金属矿采选业	127		1	9	4	2
常用有色金属矿采选	103			6	3	1
铜矿采选	52			4	3	
铅锌矿采选	8					
镍钴矿采选						
锡矿采选						
锑矿采选						
铝矿采选	31			2		1
镁矿采选	8					
其他常用有色金属矿采选	4					
贵金属矿采选	22		1	3	1	1
金矿采选	20		1	3	1	1
银矿采选	2					
其他贵金属矿采选						

1997年	1998年	1999年	2000年	2001年	2002年	2003年	2004年	2005年	2006年	2007年	2008年
1											
1											
120	**233**	**203**	**291**	**411**	**324**	**620**	**767**	**852**	**775**	**698**	**386**
99	171	150	193	275	171	329	375	448	379	324	154
99	171	150	193	275	171	329	375	448	378	324	154
99	171	150	193	275	171	329	375	448	378	324	154
									1		
									1		
						2			2		1
						1			2		1
						1			2		1
						1					
						1					
10	20	23	44	68	85	134	188	202	170	177	96
8	20	23	44	66	84	131	184	201	168	174	95
8	20	23	44	66	84	131	184	201	168	174	95
2				2	1	3	4	1	2	3	1
2				2	1	3	4	1	2	3	1
1	4	5	4	8	7	9	10	10	19	16	4
1	3	4	4	7	7	9	8	7	15	13	3
	1	3	4	4	3	3	2	4	11	5	1
1					2				1	3	1
	2	1		3	1	2	2	3	3	5	1
						2	4				
					1	2					
	1	1		1			2	1	4	3	1
	1	1					2	1	4	3	1
				1							

1-1-10 续表 2

项　　目	法　人单位数（个）	1949年以前	1950-1977年	1978-1991年	1992-1995年	1996年
稀有稀土金属矿采选	2					
钨钼矿采选	1					
稀土金属矿采选	1					
放射性金属矿采选						
其他稀有金属矿采选						
非金属矿采选业	1520	2	16	75	36	14
土砂石开采	1375		12	53	28	9
石灰石、石膏开采	385		3	11	11	4
建筑装饰用石开采	242		1	6	3	1
耐火土石开采	84		4	10	1	2
粘土及其他土砂石开采	664		4	26	13	2
化学矿采选	77	2	4	18	6	2
化学矿采选	77	2	4	18	6	2
采盐						
采盐						
石棉及其他非金属矿采选	68			4	2	3
石棉、云母矿采选	5					
石墨、滑石采选	3					
宝石、玉石开采	1					
其他非金属矿采选	59			4	2	3
其他采矿业						
其他采矿业						
其他采矿业						
制造业	**22409**	**29**	**788**	**1541**	**1370**	**465**
农副食品加工业	1743	1	67	86	70	32
谷物磨制	545	1	27	24	26	7
谷物磨制	545	1	27	24	26	7
饲料加工	224		2	19	9	8
饲料加工	224		2	19	9	8
植物油加工	121		2	9	8	4
食用植物油加工	87		2	6	8	2
非食用植物油加工	34			3		2
制糖	6					
制糖	6					
屠宰及肉类加工	268		28	13	14	2
畜禽屠宰	142		25	9	5	2
肉制品及副产品加工	126		3	4	9	
水产品加工	1					
水产品冷冻加工	1					
鱼糜制品及水产品干腌制加工						
水产饲料制造						
鱼油提取及制品的制造						
其他水产品加工						
蔬菜、水果和坚果加工	278		3	7	5	3
蔬菜、水果和坚果加工	278		3	7	5	3
其他农副食品加工	300		5	14	8	8
淀粉及淀粉制品的制造	133		2	4	4	7
豆制品制造	69		1	6	1	1
蛋品加工	15				1	
其他未列明的农副食品加工	83		2	4	2	

1997年	1998年	1999年	2000年	2001年	2002年	2003年	2004年	2005年	2006年	2007年	2008年
								2			
								1			
								1			
10	38	25	50	60	61	146	194	192	205	181	131
9	27	24	45	56	55	136	180	177	193	171	122
3	9	11	9	18	15	51	63	49	46	31	36
1	2	5	12	14	14	14	31	35	46	30	13
	3	1	5	5	4	9	7	6	8	10	5
5	13	7	19	19	22	62	79	87	93	100	68
1	7		2	2	2	4	7	5	3	6	4
1	7		2	2	2	4	7	5	3	6	4
	4	1	3	2	4	6	7	10	9	4	5
								1	1		3
							1	1	1		
	4	1	3	2	4	6	6	8	7	4	2
498	**867**	**709**	**1099**	**1223**	**1411**	**1857**	**2001**	**2007**	**2257**	**1987**	**1297**
37	70	67	92	84	103	131	132	137	203	198	106
11	23	19	37	31	22	36	44	56	67	53	34
11	23	19	37	31	22	36	44	56	67	53	34
4	10	6	11	11	11	20	16	12	32	29	10
4	10	6	11	11	11	20	16	12	32	29	10
6	5	5	4	9	5	12	16	5	8	7	4
5	4	4	2	9	1	8	9	3	5	7	3
1	1	1	2		4	4	7	2	3		1
						1			4		1
						1			4		1
11	12	16	13	9	15	26	16	25	23	18	15
6	10	7	6	2	9	18	9	8	9	7	8
5	2	9	7	7	6	8	7	17	14	11	7
											1
											1
2	10	11	11	12	35	17	22	20	38	39	25
2	10	11	11	12	35	17	22	20	38	39	25
3	10	10	16	12	15	19	18	19	31	52	16
2	7	8	7	4	8	11	7	12	9	23	
1	1		4	6	3	2	3	2	5	20	8
	1		4		1		1	1	4		
	1	2	1	2	3	6	7	4	13	9	8

1-1-10 续表 3

项目	法人单位数(个)	1949年以前	1950-1977年	1978-1991年	1992-1995年	1996年
食品制造业	947	2	21	64	46	14
焙烤食品制造	218	1	12	22	15	4
糕点、面包制造	161	1	10	22	14	3
饼干及其他焙烤食品制造	57		2		1	1
糖果、巧克力及蜜饯制造	193	1		6	5	1
糖果、巧克力制造	8			1		
蜜饯制作	185	1		5	5	1
方便食品制造	98		2	1	1	1
米、面制品制造	53		2		1	1
速冻食品制造	20					
方便面及其他方便食品制造	25			1		
液体乳及乳制品制造	94			5	6	
液体乳及乳制品制造	94			5	6	
罐头制造	57			2	2	3
肉、禽类罐头制造	13			1	1	1
水产品罐头制造	2					
蔬菜、水果罐头制造	41			1	1	2
其他罐头食品制造	1					
调味品、发酵制品制造	187		6	21	10	3
味精制造	1					
酱油、食醋及类似制品的制造	163		6	21	10	2
其他调味品、发酵制品制造	23					1
其他食品制造	100		1	7	7	2
营养、保健食品制造	28			2	4	
冷冻饮品及食用冰制造	22				1	1
盐加工	1					
食品及饲料添加剂制造	29			2	2	1
其他未列明的食品制造	20		1	3		
饮料制造业	515	3	11	31	18	8
酒精制造	10		1			
酒精制造	10		1			
酒的制造	226	2	8	23	10	5
白酒制造	178	2	8	18	9	4
啤酒制造	16			2	1	
黄酒制造	7			1		
葡萄酒制造	11			2		1
其他酒制造	14					
软饮料制造	270	1	2	8	8	3
碳酸饮料制造	26		2	2		
瓶(罐)装饮用水制造	134			3	5	2
果菜汁及果菜汁饮料制造	77	1		2	1	1
含乳饮料和植物蛋白饮料制造	18			1	1	
固体饮料制造	5					
茶饮料及其他软饮料制造	10				1	
精制茶加工	9					
精制茶加工	9					

1997年	1998年	1999年	2000年	2001年	2002年	2003年	2004年	2005年	2006年	2007年	2008年
29	38	34	42	53	73	71	86	84	94	89	72
2	9	8	6	7	16	19	20	15	19	19	15
	8	6	5	6	11	8	12	12	10	15	13
2	1	2	1	1	5	11	8	3	9	4	2
6	2	2	11	13	12	13	19	15	29	23	31
				1	1		1	2			1
6	2	2	11	12	11	13	18	13	29	23	30
3	7	5	3	8	5	6	7	14	7	16	8
2	3	1	1	4	4	1	2	7	5	10	6
1	4	3				1	3	3	1	2	1
		1	2	4	1	4	2	4	1	4	1
4	1	6	10	8	12	7	7	10	11	3	
4	1	6	10	8	12	7	7	10	11	3	
5	4	1	4	4	3	2	5	5	8	4	3
2		1	1	1			1		2	1	1
			2								
3	4		1	3	3	2	4	5	5	3	2
									1		
9	11	9	6	6	15	18	16	18	9	13	10
	1										
7	10	8	5	5	13	17	14	16	7	11	7
2		1	1	1	2	1	2	2	2	2	3
	4	3	2	7	10	6	12	7	11	11	5
	2	1	1	3	2	1	1		2	5	1
		1		1	4		3	2	4	5	
				1							
	1	1	1	1	4	3	4	2	4	1	1
	1			1		2	4	3	1		3
21	20	31	33	24	32	36	30	55	45	42	28
1					1	1	1	2	1	2	
1					1	1	1	2	1	2	
13	12	10	16	14	16	18	10	16	14	14	11
11	8	9	12	12	13	14	7	14	11	10	9
1			1		1	1	2		1	3	1
			2	1	1				1		
1	2					1			1		
	2	1	1	1	1	2	1	2		1	1
7	8	20	16	10	14	17	17	37	28	26	17
2	2	3		1	1		4	3	2		3
3	2	11	7	2	7	7	8	15	16	20	9
1	4	3	6	4	4	8	5	13	9	3	4
1		2	2	2		2		3		2	1
		1						1	1	1	
			1	1	2			2			
		1	1		1		2		2		
		1	1		1		2		2		

1-1-10 续表 4

项　目	法人单位数(个)	1949年以前	1950-1977年	1978-1991年	1992-1995年	1996年
烟草制品业	1	1				
烟叶复烤						
烟叶复烤						
卷烟制造	1	1				
卷烟制造	1	1				
其他烟草制品加工						
其他烟草制品加工						
纺织业	270	1	25	24	11	5
棉、化纤纺织及印染精加工	124	1	14	11	2	2
棉、化纤纺织加工	111	1	14	11	1	
棉、化纤印染精加工	13				1	2
毛纺织和染整精加工	9		2	1	1	
毛条加工	3					
毛纺织	5		2	1	1	
毛染整精加工	1					
麻纺织	5		1		2	
麻纺织	5		1		2	
丝绢纺织及精加工	11			1	2	1
缫丝加工	8				2	
绢纺和丝织加工	3			1		1
丝印染精加工						
纺织制成品制造	59		3	4	3	
棉及化纤制品制造	23		2	1	1	
毛制品制造	6			2	1	
麻制品制造	3				1	
丝制品制造	4					
绳、索、缆的制造	3			1		
纺织带和帘子布制造	2					
无纺布制造	4					
其他纺织制成品制造	14		1			
针织品、编织品及其制品制造	62		5	7	1	2
棉、化纤针织品及编织品制造	35		1	7	1	1
毛针织品及编织品制造	5		1			
丝针织品及编织品制造	6		1			
其他针织品及编织品制造	16		2			1
纺织服装、鞋、帽制造业	248		31	35	10	5
纺织服装制造	214		21	31	8	5
纺织服装制造	214		21	31	8	5
纺织面料鞋的制造	29		7	3	2	
纺织面料鞋的制造	29		7	3	2	
制帽	5		3	1		
制帽	5		3	1		
皮革、毛皮、羽毛(绒)及其制品业	32	1	6	6	4	
皮革鞣制加工	2		1	1		
皮革鞣制加工	2		1	1		
皮革制品制造	18	1	3	3	3	
皮鞋制造	13	1	3	2	2	
皮革服装制造						

1997年	1998年	1999年	2000年	2001年	2002年	2003年	2004年	2005年	2006年	2007年	2008年
4	13	6	18	9	15	25	24	28	25	17	15
	4	3	10	4	11	12	9	18	12	4	6
	4	3	7	4	8	12	9	18	8	4	6
			3		3				4		
						1	2		1	1	
							2			1	
									1		
						1					
			1						1		
			1						1		
							2			3	1
							2			3	1
2	6		4	5	3	4	5	4	6	4	4
1	4		2	3	2	1	2	1	1	1	1
	1					1					
							1				1
				1		2		1			
				1						1	
			1					1			
					1				1	1	
1	1		1				2	1	4	1	2
2	3	3	3		1	8	6	6	5	5	4
2	3	3	2		1	3	3	3	3		1
						2				2	
			1					1	1		2
						3	3	2	1	3	1
5	13	8	13	19	10	17	10	15	18	21	11
5	13	8	12	15	10	12	10	15	16	18	9
5	13	8	12	15	10	12	10	15	16	18	9
			1	4		5			1	3	2
			1	4		5			1	3	2
									1		
									1		
	2				1	3		3	2	2	1
	1				1	2		1	1	2	
					1	1			1	2	

1-1-10 续表 5

项 目	法人单位数(个)	1949年以前	1950-1977年	1978-1991年	1992-1995年	1996年
皮箱、包(袋)制造	4				1	
皮手套及皮装饰制品制造	1			1		
其他皮革制品制造						
毛皮鞣制及制品加工	11		2	1	1	
毛皮鞣制加工	7		2		1	
毛皮服装加工	2			1		
其他毛皮制品加工	2					
羽毛(绒)加工及制品制造	1			1		
羽毛(绒)加工						
羽毛(绒)制品加工	1			1		
木材加工及木、竹、藤、棕、草制品业	239		5	14	7	3
锯材、木片加工	83			5	1	3
锯材加工	49			3	1	2
木片加工	34			2		1
人造板制造	62			1	3	
胶合板制造	23			1	1	
纤维板制造	9				1	
刨花板制造	8					
其他人造板、材制造	22				1	
木制品制造	80		5	7	3	
建筑用木料及木材组件加工	38		3	1		
木容器制造	29			4	3	
软木制品及其他木制品制造	13		2	2		
竹、藤、棕、草制品制造	14			1		
竹、藤、棕、草制品制造	14			1		
家具制造业	227		11	16	24	9
木质家具制造	181		11	12	18	8
木质家具制造	181		11	12	18	8
竹、藤家具制造	1					
竹、藤家具制造	1					
金属家具制造	19			1	5	1
金属家具制造	19			1	5	1
塑料家具制造	7					
塑料家具制造	7					
其他家具制造	19			3	1	
其他家具制造	19			3	1	
造纸及纸制品业	563		5	47	34	16
纸浆制造	13					
纸浆制造	13					
造纸	182		3	18	13	8
机制纸及纸板制造	149		3	11	11	8
手工纸制造	8			3		
加工纸制造	25			4	2	
纸制品制造	368		2	29	21	8
纸和纸板容器的制造	296		1	23	17	4
其他纸制品制造	72		1	6	4	4
印刷业和记录媒介的复制	650	4	49	85	64	13
印刷	582	4	44	75	53	13

1997年	1998年	1999年	2000年	2001年	2002年	2003年	2004年	2005年	2006年	2007年	2008年
	1					1		1			
	1					1		2	1		1
						1		1			1
	1										
								1	1		
3	10	4	6	11	12	15	19	28	29	36	22
1	4		4	4	5	3	7	8	13	14	8
1	4		3	2	4	3	4	2	9	7	3
			1	2	1		3	6	4	7	5
1	1	3		3	3	4	6	11	7	9	7
1		2		1	3	1	4	2	1	2	3
		1		1		1		3	1		1
							1	2	2	3	
	1			1		2	1	4	3	4	3
1	4	1	2	4	4	7	5	8	7	10	6
1	3		1	1	2	3	2	4	5	6	3
	1	1	1	3	1	2	3	3	1	3	1
					1	2		1	1	1	2
	1					1	1	1	2	3	1
	1					1	1	1	2	3	1
5	10	9	6	12	15	17	13	15	23	20	19
3	8	6	6	11	10	14	13	13	16	16	14
3	8	6	6	11	10	14	13	13	16	16	14
									1		
									1		
1	2				3	1		1	3		
1	2				3	1		1	3		
1		2			1				2		1
1		2			1				2		1
		1		1	1	2		1	1	4	4
		1		1	1	2		1	1	4	4
16	26	31	52	49	43	67	49	37	42	26	14
1		2				2	1		2	1	1
1		2				2	1		2	1	1
4	13	10	18	12	11	17	11	9	19	8	5
4	11	7	17	9	11	13	9	8	14	7	3
			1	1		1				1	1
	2	3		2		3	2	1	5		1
11	13	19	34	37	32	48	37	28	21	17	8
8	12	19	30	33	27	39	24	24	15	12	6
3	1		4	4	5	9	13	4	6	5	2
11	33	17	46	45	51	45	39	39	37	29	32
10	32	16	38	41	48	42	36	35	30	27	27

1-1-10 续表 6

项目	法人单位数（个）	1949年以前	1950-1977年	1978-1991年	1992-1995年	1996年
书、报、刊印刷	272	2	26	42	28	3
本册印制	124	1	11	25	12	5
包装装潢及其他印刷	186	1	7	8	13	5
装订及其他印刷服务活动	67		5	10	11	
装订及其他印刷服务活动	67		5	10	11	
记录媒介的复制	1					
记录媒介的复制	1					
文教体育用品制造业	47		3	5	4	1
文化用品制造	11		2	3	2	
文具制造	3			2		
笔的制造	2				1	
教学用模型及教具制造	2		1			
墨水、墨汁制造	1		1			
其他文化用品制造	3			1	1	
体育用品制造	30		1	2	2	1
球类制造	1					
体育器材及配件制造	12			1	2	
训练健身器材制造	16		1	1		1
运动防护用具制造						
其他体育用品制造	1					
乐器制造	2					
中乐器制造	2					
西乐器制造						
电子乐器制造						
其他乐器及零件制造						
玩具制造	2					
玩具制造	2					
游艺器材及娱乐用品制造	2					
露天游乐场所游乐设备制造	1					
游艺用品及室内游艺器材制造	1					
石油加工、炼焦及核燃料加工业	440		2	25	45	7
精炼石油产品的制造	46			3	4	
原油加工及石油制品制造	44			3	4	
人造原油生产	2					
炼焦	394		2	22	41	7
炼焦	394		2	22	41	7
核燃料加工						
核燃料加工						
化学原料及化学制品制造业	1543		44	127	85	37
基础化学原料制造	561		8	51	34	11
无机酸制造	57		1	5	2	1
无机碱制造	37			3	6	1
无机盐制造	144		2	18	10	1
有机化学原料制造	168		3	7	7	1
其他基础化学原料制造	155		2	18	9	7
肥料制造	203		14	17	6	2
氮肥制造	51		9	4	2	
磷肥制造	22		2	4	2	1

1997年	1998年	1999年	2000年	2001年	2002年	2003年	2004年	2005年	2006年	2007年	2008年
3	14	9	16	15	24	19	13	17	9	14	11
2	7	4	5	7	12	2	5	6	12	3	5
5	11	3	17	19	12	21	18	12	9	10	11
1	1	1	8	4	3	3	3	4	6	2	5
1	1	1	8	4	3	3	3	4	6	2	5
									1		
									1		
1		2	2	4		4	7	2	5	3	3
						1	2	1			
						1					
							1				
							1				
								1			
1		2	1	3		3	5	1	4	3	1
						1					
		1	1	2				1	3		1
1		1		1		2	5		1	2	
										1	
									1		1
									1		1
			1								
			1								
				1							1
											1
				1							
8	21	12	24	28	37	67	48	31	32	21	10
		2	4	2	7	5	1	3	8	2	2
		2	4	2	7	5	1	3	7	2	2
									1		
8	21	10	20	26	30	62	47	28	24	19	8
8	21	10	20	26	30	62	47	28	24	19	8
35	78	62	94	90	115	136	134	151	126	109	47
14	17	21	35	28	46	60	51	49	48	33	20
2	3	1	1	2	7	9	6	4	3	5	3
	2	2	2	2	1	6		5	3	1	2
6	3	10	6	8	14	15	17	6	5	11	6
3	5	2	16	10	15	21	11	12	21	9	6
3	4	6	10	6	9	9	17	22	16	7	3
3	15	10	11	13	12	15	17	19	23	13	6
1	4	2	4	1	1	5	4	4	5	5	
	2	1	1	1	1	1	3		1		

1-1-10 续表 7

项　　目	法人单位数(个)	1949年以前	1950-1977年	1978-1991年	1992-1995年	1996年
钾肥制造	2					
复混肥料制造	42			4	1	1
有机肥料及微生物肥料制造	58		3	3	1	
其他肥料制造	28			2		
农药制造	62		1	6	5	3
化学农药制造	44		1	6	4	3
生物化学农药及微生物农药制造	18				1	
涂料、油墨、颜料及类似产品制造	170		3	12	11	11
涂料制造	125		2	6	6	8
油墨及类似产品制造	16			2	3	2
颜料制造	13			1	1	
染料制造	11		1		1	1
密封用填料及类似品制造	5			3		
合成材料制造	46		4	4	1	
初级形态的塑料及合成树脂制造	24		2	3		
合成橡胶制造	11		2			
合成纤维单(聚合)体的制造	5			1	1	
其他合成材料制造	6					
专用化学产品制造	433		11	32	23	7
化学试剂和助剂制造	124		1	4	6	1
专项化学用品制造	45			4	2	2
林产化学产品制造	86			8	5	1
炸药及火工产品制造	65		9	14	4	
信息化学品制造	3					
环境污染处理专用药剂材料制造	28				5	
动物胶制造	29		1	1		
其他专用化学产品制造	53			1	1	3
日用化学产品制造	68		3	5	5	3
肥皂及合成洗涤剂制造	30		1	2	3	1
化妆品制造	3			1		
口腔清洁用品制造	3					
香料、香精制造	7			1		1
其他日用化学产品制造	25		2	1	2	1
医药制造业	261		11	18	22	7
化学药品原药制造	30		1	4		1
化学药品原药制造	30		1	4		1
化学药品制剂制造	70		1	5	7	2
化学药品制剂制造	70		1	5	7	2
中药饮片加工	27		1	1	1	
中药饮片加工	27		1	1	1	
中成药制造	48		7	3	8	
中成药制造	48		7	3	8	
兽用药品制造	48			2	1	4
兽用药品制造	48			2	1	4
生物、生化制品的制造	21		1		3	
生物、生化制品的制造	21		1		3	
卫生材料及医药用品制造	17			3	2	
卫生材料及医药用品制造	17			3	2	

1997年	1998年	1999年	2000年	2001年	2002年	2003年	2004年	2005年	2006年	2007年	2008年
						2					
	4	4	2	3	3	3	2	6	5	3	
1	3	3	2	3	2	4	7	7	8	3	5
1	2		2	5	5		1	2	4	2	1
1	9	8	4	2	3	2	6	7	2	2	
1	6	8	3	2	1	1	2	5		1	
	3		1		2	1	4	2	2	1	
7	10	5	8	13	10	14	14	16	14	14	2
6	6	5	7	8	9	7	12	12	12	12	2
	1			3		2		1	1	1	
	1		1	1	1	3	1	1	1	1	
	1			1		2	1	2			
1	1										
2	2		1	6	6	4	1	3	1	6	1
1	1			3	3	3	1			3	
			1	2	2	1		2		1	
	1				1			1			
1				1					1	2	1
6	23	16	29	24	34	35	41	49	36	34	16
2	6	5	8	6	14	8	5	18	15	15	6
	3	4	4	1	2	4	2	4	3	3	2
2	5	2	4	11	7	6	12	7	6	6	1
1	4	2	2	2	1	4	9	6	6	1	
			2							1	
	2			2	3	1	4	5	1	1	3
			2	1	4	4	7	4	4	1	
1	3	3	7	1	3	8	2	5	1	6	4
2	2	2	6	4	4	6	4	8	2	7	2
1	2		4	1	2	3	1	3	2	4	
						1		1			
		1				1				1	
			1	1						2	
1		1	1	2	2	1	3	4			2
5	10	20	15	19	22	24	20	17	16	9	8
	2		2	3	2	4	1	3	3	3	
	2		2	3	2	4	1	3	3	3	
1	1	5	6	6	3	9	10	5	4	1	
1	1	5	6	6	3	9	10	5	4	1	
	1	3	2	3		1	2	1	1	3	3
	1	3	2	3		1	2	1	1	3	3
3	3	2	1	1	6	4	1	2	3		3
3	3	2	1	1	6	4	1	2	3		3
1	3	6	2	3	6	4	3	4	4	1	
1	3	6	2	3	6	4	3	4	4	1	
		2	1	1	4		3	1	1		1
		2	1	1	4		3	1	1		1
		2	1	2	1	2		1		1	1
		2	1	2	1	2		1		1	1

1-1-10 续表 8

项　　目	法人单位数(个)	1949年以前	1950-1977年	1978-1991年	1992-1995年	1996年
化学纤维制造业	15		2	1	1	1
纤维素纤维原料及纤维制造	1					
化纤浆粕制造						
人造纤维(纤维素纤维)制造	1					
合成纤维制造	14		2	1	1	1
锦纶纤维制造	1		1			
涤纶纤维制造	6		1	1		1
腈纶纤维制造	1				1	
维纶纤维制造						
其他合成纤维制造	6					
橡胶制品业	166		14	19	14	6
轮胎制造	15				3	
车辆、飞机及工程机械轮胎制造	8				2	
力车胎制造	1				1	
轮胎翻新加工	6					
橡胶板、管、带的制造	42		6	5	2	2
橡胶板、管、带的制造	42		6	5	2	2
橡胶零件制造	47		5	10	1	1
橡胶零件制造	47		5	10	1	1
再生橡胶制造	29			1	4	
再生橡胶制造	29			1	4	
日用及医用橡胶制品制造	6		1	1	1	
日用及医用橡胶制品制造	6		1	1	1	
橡胶靴鞋制造	7				3	2
橡胶靴鞋制造	7				3	2
其他橡胶制品制造	20		2	2		1
其他橡胶制品制造	20		2	2		1
塑料制品业	565		12	47	38	18
塑料薄膜制造	55		3	7	4	5
塑料薄膜制造	55		3	7	4	5
塑料板、管、型材的制造	126		3	6	9	3
塑料板、管、型材的制造	126		3	6	9	3
塑料丝、绳及编织品的制造	127		2	10	8	5
塑料丝、绳及编织品的制造	127		2	10	8	5
泡沫塑料制造	64		1	1	1	
泡沫塑料制造	64		1	1	1	
塑料人造革、合成革制造	4			1		
塑料人造革、合成革制造	4			1		
塑料包装箱及容器制造	62		1	9	7	1
塑料包装箱及容器制造	62		1	9	7	1
塑料零件制造	14			5	3	
塑料零件制造	14			5	3	
日用塑料制造	52		1	4	3	1
塑料鞋制造	1		1			
日用塑料杂品制造	51			4	3	1
其他塑料制品制造	61		1	4	3	3
其他塑料制品制造	61		1	4	3	3

1997年	1998年	1999年	2000年	2001年	2002年	2003年	2004年	2005年	2006年	2007年	2008年
	1	1	2						1	1	1
			1								
			1								
	1	1	1						1	1	1
		1	1						1		
	1									1	1
2	4	3	14	10	10	12	8	12	17	6	7
			1	1		2	1	1	1	1	2
			1	1			1	1			2
						2			1	1	
1	2	1	3	1	2	2	3	2	3	3	
1	2	1	3	1	2	2	3	2	3	3	
	1	1	7	2	3	4	1	5	5		1
	1	1	7	2	3	4	1	5	5		1
			2	2	3	3	3	4	3		3
			2	2	3	3	3	4	3		3
					1	1				1	
					1	1				1	
1										1	
1										1	
	1	1	1	4	1				5		1
	1	1	1	4	1				5		1
17	33	21	25	31	34	35	42	50	62	48	37
1	6	5	2	1	2	2	1	5	4	1	2
1	6	5	2	1	2	2	1	5	4	1	2
4	6	1	4	10	9	7	10	13	17	12	7
4	6	1	4	10	9	7	10	13	17	12	7
4	5	7	6	9	6	8	12	10	13	13	9
4	5	7	6	9	6	8	12	10	13	13	9
1	2	3	3	1	1	6	8	9	10	9	7
1	2	3	3	1	1	6	8	9	10	9	7
	2									1	
	2									1	
1	3	1	3	3	6	4	7	5	5	3	2
1	3	1	3	3	6	4	7	5	5	3	2
				1	3				1	1	
				1	3				1	1	
1	5	1	2	2	3	5	1	6	7	5	3
1	5	1	2	2	3	5	1	6	7	5	3
5	4	3	5	4	4	3	3	2	5	3	7
5	4	3	5	4	4	3	3	2	5	3	7

1-1-10 续表 9

项目	法人单位数(个)	1949年以前	1950-1977年	1978-1991年	1992-1995年	1996年
非金属矿物制品业	5758	5	139	375	342	98
水泥、石灰和石膏的制造	568	1	44	36	40	7
水泥制造	367	1	43	29	31	4
石灰和石膏制造	201		1	7	9	3
水泥及石膏制品制造	734		17	71	55	22
水泥制品制造	320		12	24	14	9
砼结构构件制造	302		2	40	37	11
石棉水泥制品制造	10		1			1
轻质建筑材料制造	79		2	6	4	1
其他水泥制品制造	23			1		
砖瓦、石材及其他建筑材料制造	2908	2	36	183	162	43
粘土砖瓦及建筑砌块制造	2335	2	27	164	129	37
建筑陶瓷制品制造	86			4	9	1
建筑用石加工	295		3	8	12	3
防水建筑材料制造	51			4	5	
隔热和隔音材料制造	50		4	1	3	1
其他建筑材料制造	91		2	2	4	1
玻璃及玻璃制品制造	311	1	7	18	14	5
平板玻璃制造	13		1	2		
技术玻璃制品制造	7					2
光学玻璃制造	1					
玻璃仪器制造	9					
日用玻璃制品及玻璃包装容器制造	231		4	13	11	3
玻璃保温容器制造	3	1				
玻璃纤维及制品制造	12			2		
玻璃纤维增强塑料制品制造	17		1		2	
其他玻璃制品制造	18		1	1	1	
陶瓷制品制造	135		18	5	8	3
卫生陶瓷制品制造	4					
特种陶瓷制品制造	18		3	2		
日用陶瓷制品制造	101		14	2	8	2
园林、陈设艺术及其他陶瓷制品制造	12		1	1		1
耐火材料制品制造	792	1	15	39	45	8
石棉制品制造	18			2	2	
云母制品制造	1					
耐火陶瓷制品及其他耐火材料制造	773	1	15	37	43	8
石墨及其他非金属矿物制品制造	310		2	23	18	10
石墨及碳素制品制造	208			16	15	7
其他非金属矿物制品制造	102		2	7	3	3
黑色金属冶炼及压延加工业	621	2	14	33	43	15
炼铁	349		7	17	25	10
炼铁	349		7	17	25	10
炼钢	51		1	3	2	1
炼钢	51		1	3	2	1
钢压延加工	136	2	4	3	10	3
钢压延加工	136	2	4	3	10	3
铁合金冶炼	85		2	10	6	1
铁合金冶炼	85		2	10	6	1

1997年	1998年	1999年	2000年	2001年	2002年	2003年	2004年	2005年	2006年	2007年	2008年
119	160	117	245	280	308	501	579	511	614	607	440
10	19	15	16	24	25	59	68	54	39	47	29
9	15	12	8	14	16	38	33	28	25	27	14
1	4	3	8	10	9	21	35	26	14	20	15
16	27	13	41	40	34	61	57	53	64	84	43
6	15	4	17	23	18	24	29	24	28	38	18
9	10	8	18	11	8	29	20	21	24	28	17
				1		2			1	1	2
1	1		6	2	5	5	6	6	9	13	4
	1	1		3	3	1	2	2	2	4	2
54	72	57	112	121	152	196	244	259	375	371	282
44	61	40	91	90	103	154	192	205	297	312	230
	2	2	5	3	7	9	7	6	9	11	7
6	4	7	14	18	21	26	31	33	50	19	26
1	2	3	1	3	7	2	2	6	5	7	2
3		1	1	2	5	3	4	3	3	5	8
	3	4		5	9	2	8	6	11	17	9
13	11	11	25	17	27	53	24	24	31	16	7
			1	1		3	2			2	
			1						2		
				1							
1			1			1	2		3	1	
10	9	9	19	11	26	46	17	17	23	9	3
		1								1	
			2	3		1		1			3
1	2		1	1	1	1	1	4		1	
1		1				1	2	2	3	2	1
3	5	4	7	8	9	16	12	5	8	12	6
					1	1	2				
2		1	3	1	1				1	3	1
1	5	1	4	6	7	13	9	5	6	8	5
		2		1		2	1		1	1	
19	17	14	28	47	38	88	129	94	72	58	55
						5	3		2	2	1
							1				
19	17	14	28	47	38	83	125	94	70	56	54
4	9	3	16	23	23	28	45	22	25	19	18
3	4	2	13	17	19	16	29	17	14	11	14
1	5	1	3	6	4	12	16	5	11	8	4
10	19	14	25	27	52	86	67	59	66	46	21
4	14	9	12	13	40	48	34	28	35	28	12
4	14	9	12	13	40	48	34	28	35	28	12
4	1	1	3	3	5	8	4	4	6	1	2
4	1	1	3	3	5	8	4	4	6	1	2
1	3	1	6	6	1	18	20	19	16	14	5
1	3	1	6	6	1	18	20	19	16	14	5
1	1	3	4	5	6	12	9	8	9	3	2
1	1	3	4	5	6	12	9	8	9	3	2

1-1-10 续表 10

项 目	法人单位数（个）	1949年以前	1950-1977年	1978-1991年	1992-1995年	1996年
有色金属冶炼及压延加工业	341		3	15	24	7
常用有色金属冶炼	222		2	6	11	5
铜冶炼	11		1		1	
铅锌冶炼	14			1	2	
镍钴冶炼						
锡冶炼						
锑冶炼						
铝冶炼	46			3		4
镁冶炼	133		1	2	8	1
其他常用有色金属冶炼	18					
贵金属冶炼	6			1	1	
金冶炼	1				1	
银冶炼	4			1		
其他贵金属冶炼	1					
稀有稀土金属冶炼	18		1	2	3	1
钨钼冶炼	7		1	1	1	
稀土金属冶炼	9			1	2	1
其他稀有金属冶炼	2					
有色金属合金制造	28			2	1	
有色金属合金制造	28			2	1	
有色金属压延加工	67			4	8	1
常用有色金属压延加工	57			4	5	1
贵金属压延加工	2					
稀有稀土金属压延加工	8				3	
金属制品业	1179	1	58	77	80	29
结构性金属制品制造	475	1	17	27	24	9
金属结构制造	290		12	20	19	3
金属门窗制造	185	1	5	7	5	6
金属工具制造	117		13	15	12	5
切削工具制造	17		4	3	2	
手工具制造	9		1		2	
农用及园林用金属工具制造	15		4	1		
刀剪及类似日用金属工具制造	6					
其他金属工具制造	70		4	11	8	5
集装箱及金属包装容器制造	36		3	1	4	
集装箱制造						
金属压力容器制造	11		1		2	
金属包装容器制造	25		2	1	2	
金属丝绳及其制品的制造	91		8	5	4	1
金属丝绳及其制品的制造	91		8	5	4	1
建筑、安全用金属制品制造	259		5	14	23	9
建筑、家具用金属配件制造	27			1	1	1
建筑装饰及水暖管道零件制造	189		5	6	19	7
安全、消防用金属制品制造	25			5	2	1
其他建筑、安全用金属制品制造	18			2	1	
金属表面处理及热处理加工	58		2	6	6	
金属表面处理及热处理加工	58		2	6	6	
搪瓷制品制造	2					
工业生产配套用搪瓷制品制造	1					
搪瓷卫生洁具制造						
搪瓷日用品及其他搪瓷制品制造	1					

1997年	1998年	1999年	2000年	2001年	2002年	2003年	2004年	2005年	2006年	2007年	2008年
6	8	8	28	18	18	28	43	31	28	35	17
4	5	6	22	11	9	19	30	23	17	23	9
				1	1			2	2	1	1
1		1	2					2	1	1	
1	1	1	2	4	3	3	3	7	2	4	2
2	4	3	15	6	3	15	23	11	9	16	6
		1	3		2	1	4	1	3	1	
			1					1		1	
			1					1			
										1	
1			1	3		1	1	1	1	2	
1				1					1	1	
			1	1		1	1	1			
				1						1	
	2	1	1		1	2	5	3	3	4	1
	2	1	1		1	2	5	3	3	4	1
1	1	1	3	4	8	6	7	3	7	5	7
	1	1	2	4	6	5	7	3	6	5	6
1											1
			1		2	1			1		
34	46	49	41	56	66	74	100	96	133	120	75
10	12	24	14	19	33	26	42	39	66	65	30
6	7	11	6	9	9	16	32	27	45	37	19
4	5	13	8	10	24	10	10	12	21	28	11
5	7	5	4	12	4	6	7	6	3	7	6
1					2	2	2		1		
1				2	1		1				1
1		2	1	2				2		2	
	1	2								1	2
2	6	1	3	8	1	4	4	4	2	4	3
2		1			2	4	4	3	5	5	1
		1			1	1	3			1	
2					1	3	1	3	5	4	1
2	5	2	4	4	2	3	13	7	7	6	11
2	5	2	4	4	2	3	13	7	7	6	11
11	12	15	10	16	12	17	13	29	29	20	15
1	1			1	2	2	1	4	3	3	2
9	9	14	8	10	7	13	11	21	22	15	12
1	1		1	4	2	1	1	3	1	1	
	1	1	1	1	1	1		1	3	1	1
	6	1	3	2	3	4	6	1	5	6	4
	6	1	3	2	3	4	6	1	5	6	4
									1		
									1		

1-1-10 续表 11

项　　目	法人单位数(个)	1949年以前	1950-1977年	1978-1991年	1992-1995年	1996年
不锈钢及类似日用金属制品制造	46		2	3	2	1
金属制厨房调理及卫生器具制造	8					
金属制厨用器皿及餐具制造	8		1		1	
其他日用金属制品制造	30		1	3	1	1
其他金属制品制造	95		8	6	5	4
铸币及贵金属制实验室用品制造						
其他未列明的金属制品制造	95		8	6	5	4
通用设备制造业	3373	4	95	244	228	81
锅炉及原动机制造	237		7	14	17	3
锅炉及辅助设备制造	220		6	14	17	3
内燃机及配件制造	12					
汽轮机及辅机制造						
水轮机及辅机制造	1					
其他原动机制造	4		1			
金属加工机械制造	230		17	13	13	7
金属切削机床制造	17		3		2	1
金属成形机床制造	21		2	1	2	
铸造机械制造	55		4	3	1	1
金属切割及焊接设备制造	18			2	3	1
机床附件制造	15		2		1	
其他金属加工机械制造	104		6	7	4	4
起重运输设备制造	56		3	4	1	2
起重运输设备制造	56		3	4	1	2
泵、阀门、压缩机及类似机械的制造	290	2	15	25	18	9
泵及真空设备制造	68	1	8	10	6	2
气体压缩机械制造	11		1	2	1	1
阀门和旋塞的制造	36	1	4	4	3	
液压和气压动力机械及元件制造	175		2	9	8	6
轴承、齿轮、传动和驱动部件的制造	80	1	3	6	8	3
轴承制造	35	1	3	2	1	1
齿轮、传动和驱动部件制造	45			4	7	2
烘炉、熔炉及电炉制造	7				2	
烘炉、熔炉及电炉制造	7				2	
风机、衡器、包装设备等通用设备制造	136	1	6	3	8	1
风机、风扇制造	34		2		2	
气体、液体分离及纯净设备制造	13				1	
制冷、空调设备制造	10				1	
风动和电动工具制造	2					
喷枪及类似器具制造	3			1		
包装专用设备制造	2					
衡器制造	24		3		2	
其他通用设备制造	48	1	1	2	2	1
通用零部件制造及机械修理	766		22	74	40	10
金属密封件制造	7			1		
紧固件、弹簧制造	52		2	11	3	2
机械零部件加工及设备修理	644		16	54	35	7
其他通用零部件制造	63		4	8	2	1

1997年	1998年	1999年	2000年	2001年	2002年	2003年	2004年	2005年	2006年	2007年	2008年
2		1	3	1	2	3	5	3	7	4	5
1			1			2		1	2		1
			1					2	1	1	
1		1	1	1	2	1	5		4	3	4
2	4		3	2	8	11	10	8	10	7	3
2	4		3	2	8	11	10	8	10	7	3
75	160	96	160	218	262	261	296	358	324	271	158
12	14	14	17	14	10	17	10	32	23	21	8
12	14	12	17	11	9	15	10	30	21	18	8
		2		3	1	2		1	1	2	
								1	1	1	
5	9	7	7	8	14	14	28	25	26	22	6
				1	1	2	1	2		3	1
			1	1	1	2	4	1	3		2
3	4	2	1	3	2	3	6	6	7	5	2
		1		1			2	4		4	
	2		2			2	3		1	2	
2	3	4	3	2	10	5	12	12	15	8	1
1	3	1	1	3	7	6	5	3	9	3	4
1	3	1	1	3	7	6	5	3	9	3	4
8	14	3	12	15	25	27	24	34	21	17	11
	7		1	4	7	4	2	4	3	3	5
			1			1		2	1	1	
1	2	1	1	4	2	3	2	5	1		
7	5	2	9	7	16	19	20	23	16	13	6
2	3	3	1	9	10	5	5	6	3	4	8
	1	2	1	4	6	1	3	2	1	2	4
2	2	1		5	4	4	2	4	2	2	4
1								1	2	1	
1								1	2	1	
2	4	5	8	6	10	15	11	21	12	13	6
2	1		1		3	7	2	5	2	5	2
			3		1			4	1		3
		1	1				2	1	1	2	
		1								1	
	1									1	
								1	1		
	1		2		2	3	4	2	5		
	1	3	1	6	4	5	3	8	2	4	1
12	33	26	28	43	51	46	74	84	82	64	55
	1				1	1				1	2
	2	3	1	3	4	2	6	5	4	3	1
10	27	21	24	37	45	38	63	70	73	54	50
2	3	2	3	3	1	5	5	9	5	6	2

1-1-10 续表 12

项目	法人单位数(个)	1949年以前	1950-1977年	1978-1991年	1992-1995年	1996年
金属铸、锻加工	1571		22	105	121	46
钢铁铸件制造	872		19	73	83	21
锻件及粉末冶金制品制造	699		3	32	38	25
专用设备制造业	879	3	75	30	59	20
矿山、冶金、建筑专用设备制造	372		25	14	30	15
采矿、采石设备制造	263		18	10	25	12
石油钻采专用设备制造	15		2	1		
建筑工程用机械制造	29		4	2	1	
建筑材料生产专用机械制造	18				2	1
冶金专用设备制造	47		1	1	2	2
化工、木材、非金属加工专用设备制造	85	1	5	2	3	2
炼油、化工生产专用设备制造	13		1			2
橡胶加工专用设备制造						
塑料加工专用设备制造	7		2			
木材加工机械制造	8		1	1		
模具制造	51		1	1	3	
其他非金属加工专用设备制造	6	1				
食品、饮料、烟草及饲料生产专用设备制造	9		2	1	1	
食品、饮料、烟草工业专用设备制造	3			1		
农副食品加工专用设备制造	4		2			
饲料生产专用设备制造	2				1	
印刷、制药、日化生产专用设备制造	25		2			
制浆和造纸专用设备制造	5		1			
印刷专用设备制造	5					
日用化工专用设备制造						
制药专用设备制造	1					
照明器具生产专用设备制造	9					
玻璃、陶瓷和搪瓷制品生产专用设备制造	2		1			
其他日用品生产专用设备制造	3					
纺织、服装和皮革工业专用设备制造	130		7	7	10	
纺织专用设备制造	128		5	7	10	
皮革、毛皮及其制品加工专用设备制造	2		2			
缝纫机械制造						
其他服装加工专用设备制造						
电子和电工机械专用设备制造	55	2	9	1	2	2
电工机械专用设备制造	27		3	1	2	2
电子工业专用设备制造	19		1			
航空、航天及其他专用设备制造	1		1			
农、林、牧、渔专用机械制造	54		19	3	2	1
拖拉机制造	1		1			
机械化农业及园艺机具制造	18		5	1		
营林及木竹采伐机械制造						
畜牧机械制造	1					
渔业机械制造						
农林牧渔机械配件制造	8		3	1	1	
其他农林牧渔业机械制造及机械修理	26		10	1	1	1

1997年	1998年	1999年	2000年	2001年	2002年	2003年	2004年	2005年	2006年	2007年	2008年
32	80	37	86	120	135	131	139	152	146	126	60
23	46	24	45	61	51	74	81	82	79	47	38
9	34	13	41	59	84	57	58	70	67	79	22
13	26	30	30	54	50	65	88	75	110	71	54
4	10	13	10	20	19	29	42	40	45	30	15
3	8	8	7	10	11	23	29	31	27	18	14
				2	2		2	1	3	1	1
		1		1		2	3	3	7	3	
1		1	1	1	3	1	2	1	3	1	
	2	3	2	6	3	3	6	4	5	7	
1	2	4	2	8	7	8	7	4	13	9	7
		1	1	2	1		1		3		1
				1		2			1		1
					1	1			1	1	2
1	1	3	1	5	5	4	5	3	7	8	3
	1					1	1	1	1		
		1						3		1	
								1		1	
		1						1			
								1			
	1	1	1	3	1	2	2	3	5		3
								1	1		1
				2		1			2		
									1		
				1	1	1	1	2	1		2
			1								
	1	1					1				
1	3	5	7	12	8	11	12	9	19	8	9
1	3	5	7	12	8	11	12	9	19	8	9
1	3	3	3	1	5	5	4	3	3	3	4
1	1	1	1		3	2	2		2	3	3
	2	2	2	1	1	3	2	2	1		1
5	1	1	1	1	1	1	3	3	3	4	1
2	1			1			1		2	2	
					1						
						1		2			
3		1	1				2	1	1	2	1

1-1-10 续表 13

项目	法人单位数(个)	1949年以前	1950-1977年	1978-1991年	1992-1995年	1996年
医疗仪器设备及器械制造	32		1		3	
医疗诊断、监护及治疗设备制造	6					
口腔科用设备及器具制造	3					
实验室及医用消毒设备和器具的制造	2				1	
医疗、外科及兽医用器械制造	3					
机械治疗及病房护理设备制造	1					
假肢、人工器官及植(介)入器械制造	6		1			
其他医疗设备及器械制造	11				2	
环保、社会公共安全及其他专用设备制造	117		5	2	8	
环境污染防治专用设备制造	32		2		2	
地质勘查专用设备制造	1		1			
邮政专用机械及器材制造						
商业、饮食、服务业专用设备制造	1					
社会公共安全设备及器材制造	12				1	
交通安全及管制专用设备制造	5			1		
水资源专用机械制造	19		2		1	
其他专用设备制造	47			1	4	
交通运输设备制造业	573	1	22	53	42	15
铁路运输设备制造	87	1	6	11	12	1
铁路机车车辆及动车组制造	3					
工矿有轨专用车辆制造	8		2		1	
铁路机车车辆配件制造	39		3	7	7	1
铁路专用设备及器材、配件制造	25			4	2	
其他铁路设备制造及设备修理	12	1	1		2	
汽车制造	464		12	40	29	14
汽车整车制造	4		1			
改装汽车制造	5		1			
电车制造						
汽车车身、挂车的制造	21				2	1
汽车零部件及配件制造	106		6	8	7	2
汽车修理	328		4	32	20	11
摩托车制造	4			1		
摩托车整车制造	2			1		
摩托车零部件及配件制造	2					
自行车制造	6		2	1	1	
脚踏自行车及残疾人座车制造	5		2	1	1	
助动自行车制造	1					
船舶及浮动装置制造						
金属船舶制造						
非金属船舶制造						
娱乐船和运动船的建造和修理						
船用配套设备制造						
船舶修理及拆船						
航标器材及其他浮动装置的制造						
航空航天器制造	1		1			
飞机制造及修理	1		1			
航天器制造						
其他飞行器制造						

1997年	1998年	1999年	2000年	2001年	2002年	2003年	2004年	2005年	2006年	2007年	2008年
	1		2	2	3	3	3	5	4	1	3
	1		1		1		1		1		1
				1			1			1	
								1			
				1	1						1
						1					
						1			3		
			1		1	1	1	4			1
1	5	2	4	7	6	6	15	5	18	15	12
	1				3	2	7	2	2	4	4
1											
		1	2	2	1				3	2	
								1	2		1
			1	2	1		6		3		2
	4	1	1	3	1	4	2	2	8	9	5
14	29	24	28	23	30	46	54	41	55	56	29
1	3	3	3	1	8	6	5	5	8	10	3
						1	1			1	
						2		1			2
	1	2			5	2	1		2	7	1
1	2		2	1	1	1	2	3	5	1	
		1	1		2		1	1	1	1	
13	25	19	24	20	21	40	49	33	46	45	26
							1			1	1
	1					1		2			
			1	2		1	7	1		3	
3	6	5	3	7	5	15	11	6	10	7	4
10	18	14	20	11	16	23	30	24	36	34	21
			1	1						1	
										1	
			1	1							
				1							
				1							

1-1-10 续表 14

项目	法人单位数(个)	1949年以前	1950-1977年	1978-1991年	1992-1995年	1996年
交通器材及其他交通运输设备制造	11		1			
潜水及水下救捞装备制造						
交通管理用金属标志及设施制造	5					
其他交通运输设备制造	6		1			
电气机械及器材制造业	427		33	30	24	7
电机制造	38		6	3	4	
发电机及发电机组制造	15			1	3	
电动机制造	15		6	1		
微电机及其他电机制造	8			1	1	
输配电及控制设备制造	170		11	15	11	3
变压器、整流器和电感器制造	44		4	3	6	
电容器及其配套设备制造	10		2	1	1	
配电开关控制设备制造	76		4	6	3	2
电力电子元器件制造	17		1	2		1
其他输配电及控制设备制造	23			3	1	
电线、电缆、光缆及电工器材制造	108		9	6	5	3
电线电缆制造	79		8	4	4	2
光纤、光缆制造	2					
绝缘制品制造	9			2		
其他电工器材制造	18		1		1	1
电池制造	18		2	1	1	
电池制造	18		2	1	1	
家用电力器具制造	12		1	1	2	1
家用制冷电器具制造						
家用空气调节器制造	1					
家用通风电器具制造	2				2	
家用厨房电器具制造	3		1			
家用清洁卫生电器具制造	1					1
家用美容、保健电器具制造						
家用电力器具专用配件制造	3			1		
其他家用电力器具制造	2					
非电力家用器具制造	24			1		
燃气、太阳能及类似能源的器具制造	22					
其他非电力家用器具制造	2			1		
照明器具制造	28		2	2	1	
电光源制造	3					
照明灯具制造	16		1	1		
灯用电器附件及其他照明器具制造	9		1	1	1	
其他电气机械及器材制造	29		2	1		
车辆专用照明及电气信号设备装置制造	1					
其他未列明的电气机械制造	28		2	1		
通信设备、计算机及其他电子设备制造业	140		6	7	4	2
通信设备制造	13		1	1		
通信传输设备制造	5		1	1		
通信交换设备制造	1					
通信终端设备制造						
移动通信及终端设备制造	2					
其他通信设备制造	5					

1997年	1998年	1999年	2000年	2001年	2002年	2003年	2004年	2005年	2006年	2007年	2008年
	1	2			1			3	1		
	1	2						2			
					1			1	1		
16	13	18	20	24	17	31	37	42	41	32	19
	2	1	4	3		1	3	4	1	3	
	2			3				2		1	
			4			1	2	1			
		1					1	1	1	2	
6	4	7	9	13	6	16	15	16	18	8	7
1		1	1	3	4	7	3	3	5	1	2
		2	1				1	1	1		
3	3	4	6	5	2	6	5	8	7	6	3
2			1	1			1	1	3		2
	1			4		3	5	3	2	1	
6	4	7	5	4	6	6	10	12	9	9	5
3	4	3	3	2	5	5	6	9	6	9	4
		1		1							
2		1	1				2		1		
1		2	1	1	1	1	2	3	2		1
1	1	1		3	1	1		1	1		1
1	1	1		3	1	1		1	1		1
					1		3	2			1
							1				
							1	1			
							1	1			
					1						1
		1	1			1	2	1	1	6	3
			1			1	2	1	1	6	3
		1									
1	2			1	2	3		4	6	3	
									2	1	
1	1			1	2	2		2	2	2	
	1					1		2	2		
2		1	1		1	3	4	2	5	3	2
		1									
2			1		1	3	4	2	5	3	2
1	5	8	5	5	13	11	11	21	14	10	8
	1				2			4	1		
	1										
					1						
					1				1		
								4			

1-1-10 续表 15

项　　目	法人单位数（个）	1949年以前	1950-1977年	1978-1991年	1992-1995年	1996年
雷达及配套设备制造	1		1			
雷达及配套设备制造	1		1			
广播电视设备制造	3				1	
广播电视节目制作及发射设备制造						
广播电视接收设备及器材制造	1					
应用电视设备及其他广播电视设备制造	2				1	
电子计算机制造	4			1		
电子计算机整机制造	3			1		
计算机网络设备制造						
电子计算机外部设备制造	1					
电子器件制造	19		2			
电子真空器件制造	3					
半导体分立器件制造	3		2			
集成电路制造						
光电子器件及其他电子器件制造	13					
电子元件制造	70		1	5	2	1
电子元件及组件制造	69		1	5	2	1
印制电路板制造	1					
家用视听设备制造	1		1			
家用影视设备制造						
家用音响设备制造	1		1			
其他电子设备制造	29				1	1
其他电子设备制造	29				1	1
仪器仪表及文化、办公用机械制造业	125		9	7	12	4
通用仪器仪表制造	77		2	2	9	4
工业自动控制系统装置制造	40		1		4	1
电工仪器仪表制造	19			1	4	2
绘图、计算及测量仪器制造	2					
实验分析仪器制造	5		1	1		
试验机制造	1					
供应用仪表及其他通用仪器制造	10				1	1
专用仪器仪表制造	22		4	2	3	
环境监测专用仪器仪表制造	1					
汽车及其他用计数仪表制造	1		1			
导航、气象及海洋专用仪器制造	4		2			
农林牧渔专用仪器仪表制造	3		1		1	
地质勘探和地震专用仪器制造						
教学专用仪器制造						
核子及核辐射测量仪器制造	2				1	
电子测量仪器制造	5					
其他专用仪器制造	6			2	1	
钟表与计时仪器制造	3					
钟表与计时仪器制造	3					
光学仪器及眼镜制造	5		2	1		
光学仪器制造	4		1	1		
眼镜制造	1		1			

1997年	1998年	1999年	2000年	2001年	2002年	2003年	2004年	2005年	2006年	2007年	2008年
				2							
				1							
				1							
					1		1			1	
					1		1				
										1	
		1	2		3	2	3	2	1	2	1
			1		1		1				
								1			
		1	1		2	2	2	1	1	2	1
1	3	6	2	3	4	6	6	8	8	5	5
1	3	5	2	3	4	6	6	8	8	5	5
		1									
	1	1	1		3	3	1	7	4	2	2
	1	1	1		3	3	1	7	4	2	2
2	6	5	6	8	4	8	12	15	11	9	5
2	4	4	3	5	3	6	7	8	5	8	3
	3	4	3	3	1	6	3	5	2	3	1
2				1	1		1		2	3	2
	1							1			
				1			1	1			
								1			
					1		2		1	2	
	2	1	1	2			1	3	3		
								1			
	1	1									
								1			
	1										
			1	1			1	1	1		
				1					2		
			1				1			1	
			1				1			1	
							1	1			
							1	1			

1-1-10 续表 16

项 目	法人单位数（个）	1949年以前	1950-1977年	1978-1991年	1992-1995年	1996年
文化、办公用机械制造	6					
电影机械制造						
幻灯及投影设备制造						
照相机及器材制造						
复印和胶印设备制造						
计算器及货币专用设备制造	1					
其他文化、办公用机械制造	5					
其他仪器仪表的制造及修理	12		1	2		
其他仪器仪表的制造及修理	12		1	2		
工艺品及其他制造业	442		15	17	10	5
工艺美术品制造	137		10	11	4	1
雕塑工艺品制造	32			2		
金属工艺品制造	25		1	2	1	
漆器工艺品制造	8			1		
花画工艺品制造	7		2			
天然植物纤维编织工艺品制造	1					
抽纱刺绣工艺品制造	19				2	
地毯、挂毯制造	16		4	6		1
珠宝首饰及有关物品的制造	4				1	
其他工艺美术品制造	25		3			
日用杂品制造	13		2	1	1	1
制镜及类似品加工	6		2	1		
鬃毛加工、制刷及清扫工具的制造	2					
其他日用杂品制造	5				1	1
煤制品制造	271			5	5	2
煤制品制造	271			5	5	2
核辐射加工						
核辐射加工						
其他未列明的制造业	21		3			1
其他未列明的制造业	21		3			1
废弃资源和废旧材料回收加工业	79			3	5	
金属废料和碎屑的加工处理	38			2	2	
金属废料和碎屑的加工处理	38			2	2	
非金属废料和碎屑的加工处理	41			1	3	
非金属废料和碎屑的加工处理	41			1	3	
电力、燃气及水的生产和供应业	**770**	**6**	**96**	**122**	**40**	**15**
电力、热力的生产和供应业	402	2	37	63	26	7
电力生产	253	1	33	44	13	5
火力发电	128	1	12	14	6	4
水力发电	108		21	30	7	1
核力发电						
其他能源发电	17					
电力供应	42	1	4	9	7	
电力供应	42	1	4	9	7	
热力生产和供应	107			10	6	2
热力生产和供应	107			10	6	2
燃气生产和供应业	103			10	5	1
燃气生产和供应业	103			10	5	1
燃气生产和供应业	103			10	5	1

1997年	1998年	1999年	2000年	2001年	2002年	2003年	2004年	2005年	2006年	2007年	2008年
					1	2		2	1		
					1						
						2		2	1		
			1	1			2	1	2		2
			1	1			2	1	2		2
8	11	10	23	19	16	33	46	46	73	45	32
5	7	2	10	7	5	8	9	11	13	14	8
	1		1	3	2	4	3	6	2	4	1
1	2	1	4	3	1	1	2		3	1	2
				1		1	2	1		1	1
	1		1						1	2	
1											
			1					1	3	3	3
2		1			1		1				
1							1			1	
	3		3		1	2		3	4	2	1
	1					1	1		1	4	
	1					1				1	
										2	
							1		1	1	
3	3	8	13	9	10	21	35	33	57	27	22
3	3	8	13	9	10	21	35	33	57	27	22
				3	1	3	1	2	2		2
				3	1	3	1	2	2		2
1	2	2	4	3	2	8	7	8	11	8	6
1	1	2	2	1		4	4	4	6	4	4
1	1	2	2	1		4	4	4	6	4	4
	1		2	2	2	4	3	4	5	4	2
	1		2	2	2	4	3	4	5	4	2
6	**17**	**15**	**21**	**24**	**26**	**45**	**42**	**52**	**37**	**44**	**42**
2	13	5	12	14	8	21	22	33	20	22	23
1	9	3	9	8	5	11	15	16	12	11	5
	5	3	6	3	5	8	12	14	6	4	1
1	3		2	5		2	3	2	5	6	3
	1		1			1			1	1	1
	3			3			1	4	1	1	
	3			3			1	4	1	1	
1	1	2	3	3	3	10	6	13	7	10	18
1	1	2	3	3	3	10	6	13	7	10	18
1	1	5	4	6	6	10	5	8	6	11	6
1	1	5	4	6	6	10	5	8	6	11	6
1	1	5	4	6	6	10	5	8	6	11	6

1-1-10 续表 17

项 目	法人单位数(个)	1949年以前	1950-1977年	1978-1991年	1992-1995年	1996年
水的生产和供应业	265	4	59	49	9	7
自来水的生产和供应	209	4	59	49	9	7
自来水的生产和供应	209	4	59	49	9	7
污水处理及其再生利用	51					
污水处理及其再生利用	51					
其他水的处理、利用与分配	5					
其他水的处理、利用与分配	5					
建筑业	**4203**	**2**	**141**	**300**	**253**	**100**
房屋和土木工程建筑业	1700	2	124	210	126	37
房屋工程建筑	895	2	80	116	76	13
房屋工程建筑	895	2	80	116	76	13
土木工程建筑	805		44	94	50	24
铁路、道路、隧道和桥梁工程建筑	353		10	37	24	12
水利和港口工程建筑	63		8	8	1	2
工矿工程建筑	66		7	9	7	
架线和管道工程建筑	161		6	24	9	5
其他土木工程建筑	162		13	16	9	5
建筑安装业	784		12	52	50	21
建筑安装业	784		12	52	50	21
建筑安装业	784		12	52	50	21
建筑装饰业	1224			21	55	30
建筑装饰业	1224			21	55	30
建筑装饰业	1224			21	55	30
其他建筑业	495		5	17	22	12
工程准备	181		2	3	13	4
工程准备	181		2	3	13	4
提供施工设备服务	85			4	2	1
提供施工设备服务	85			4	2	1
其他未列明的建筑活动	229		3	10	7	7
其他未列明的建筑活动	229		3	10	7	7
交通运输、仓储和邮政业	**2964**	**9**	**251**	**254**	**131**	**49**
铁路运输业	60	1	1	12	7	1
铁路旅客运输						
铁路旅客运输						
铁路货物运输						
铁路货物运输						
铁路运输辅助活动	60	1	1	12	7	1
客运火车站						
货运火车站	4					
其他铁路运输辅助活动	56	1	1	12	7	1
道路运输业	1697	6	127	125	63	23
公路旅客运输	153	3	16	8	6	4
公路旅客运输	153	3	16	8	6	4
道路货物运输	1145	1	31	34	36	10
道路货物运输	1145	1	31	34	36	10

1997年	1998年	1999年	2000年	2001年	2002年	2003年	2004年	2005年	2006年	2007年	2008年
3	3	5	5	4	12	14	15	11	11	11	13
3	3	4	5	3	7	8	10	6	6	7	11
3	3	4	5	3	7	8	10	6	6	7	11
		1		1	4	5	5	3	5	4	2
		1		1	4	5	5	3	5	4	2
					1	1		2			
					1	1		2			
95	**180**	**207**	**193**	**198**	**281**	**303**	**301**	**422**	**431**	**411**	**289**
31	80	82	78	80	117	106	94	132	151	122	87
16	41	49	43	55	70	45	45	63	63	54	46
16	41	49	43	55	70	45	45	63	63	54	46
15	39	33	35	25	47	61	49	69	88	68	41
8	19	16	14	13	20	29	23	29	38	31	22
1	2	2	1		7	8	6	5	2	6	1
1	4	2	2		4	4	3	7	5	4	5
4	5	10	9	9	9	8	12	15	22	10	1
1	9	3	9	3	7	12	5	13	21	17	12
27	40	45	25	36	46	58	57	94	77	74	54
27	40	45	25	36	46	58	57	94	77	74	54
27	40	45	25	36	46	58	57	94	77	74	54
34	43	56	69	55	74	90	105	141	151	150	116
34	43	56	69	55	74	90	105	141	151	150	116
34	43	56	69	55	74	90	105	141	151	150	116
3	17	24	21	27	44	49	45	55	52	65	32
1	9	9	11	12	12	15	16	18	19	24	9
1	9	9	11	12	12	15	16	18	19	24	9
	3	5	3	2	10	9	4	6	10	16	9
	3	5	3	2	10	9	4	6	10	16	9
2	5	10	7	13	22	25	25	31	23	25	14
2	5	10	7	13	22	25	25	31	23	25	14
47	**115**	**84**	**117**	**118**	**149**	**201**	**186**	**273**	**297**	**325**	**273**
	7	3	3	1	3	1	1	6	2	4	3
	7	3	3	1	3	1	1	6	2	4	3
	1				1			1		1	
	6	3	3	1	2	1	1	5	2	3	3
23	62	43	64	73	88	118	117	153	187	194	179
4	5	5	9	13	10	18	7	11	15	8	9
4	5	5	9	13	10	18	7	11	15	8	9
12	32	28	39	49	67	80	95	114	151	174	155
12	32	28	39	49	67	80	95	114	151	174	155

1-1-10 续表 18

项目	法人单位数(个)	1949年以前	1950-1977年	1978-1991年	1992-1995年	1996年
道路运输辅助活动	399	2	80	83	21	9
客运汽车站	74	1	10	9	4	1
公路管理与养护	286	1	68	67	15	7
其他道路运输辅助活动	39		2	7	2	1
城市公共交通业	242		4	9	11	16
公共电汽车客运	84		4	4	2	2
公共电汽车客运	84		4	4	2	2
轨道交通	1					
轨道交通	1					
出租车客运	153			5	9	13
出租车客运	153			5	9	13
城市轮渡						
城市轮渡						
其他城市公共交通	4					1
其他城市公共交通	4					1
水上运输业	13		1	2	1	
水上旅客运输	3			2		
远洋旅客运输	1					
沿海旅客运输						
内河旅客运输	2			2		
水上货物运输	3		1			
远洋货物运输	1					
沿海货物运输						
内河货物运输	2		1			
水上运输辅助活动	7				1	
客运港口						
货运港口						
其他水上运输辅助活动	7				1	
航空运输业	31				2	
航空客货运输	7					
航空旅客运输	2					
航空货物运输	5					
通用航空服务	6					
通用航空服务	6					
航空运输辅助活动	18				2	
机场	2					
空中交通管理	1					
其他航空运输辅助活动	15				2	
管道运输业	1					
管道运输业	1					
管道运输业	1					
装卸搬运和其他运输服务业	430	1	12	46	16	5
装卸搬运	209		12	32	9	2
装卸搬运	209		12	32	9	2
运输代理服务	221	1		14	7	3
运输代理服务	221	1		14	7	3
仓储业	461	1	105	59	31	4
谷物、棉花等农产品仓储	223	1	87	35	16	3
谷物、棉花等农产品仓储	223	1	87	35	16	3

1997年	1998年	1999年	2000年	2001年	2002年	2003年	2004年	2005年	2006年	2007年	2008年
7	25	10	16	11	11	20	15	28	21	12	15
2	3	6	2	3	3	8	3	7	2	2	5
5	22	2	14	7	7	10	8	15	14	8	10
		2		1	1	2	4	6	5	2	
8	10	8	10	11	15	20	28	36	22	15	15
3	5	2	4	5	8	11	5	10	7	6	5
3	5	2	4	5	8	11	5	10	7	6	5
			1								
			1								
5	4	6	5	5	7	9	23	26	14	9	10
5	4	6	5	5	7	9	23	26	14	9	10
	1			1					1		
	1			1					1		
	1				1			2	2	1	2
	1										
	1										
								1			1
								1			
											1
					1			1	2	1	1
					1			1	2	1	1
1	1	1	1	2	3	2	4	5	4	1	4
		1	1		1		3				1
					1						1
		1	1				3				
					2		1		1		2
					2		1		1		2
1	1			2		2		5	3	1	1
								1	1		
										1	
1	1			2		2		4	2		1
			1								
			1								
			1								
7	13	16	15	18	19	35	17	41	49	57	51
1	5	10	6	8	8	18	9	10	26	31	18
1	5	10	6	8	8	18	9	10	26	31	18
6	8	6	9	10	11	17	8	31	23	26	33
6	8	6	9	10	11	17	8	31	23	26	33
7	14	10	21	13	19	24	16	30	28	49	17
5	7	7	12	9	9	4	4	5	6	7	5
5	7	7	12	9	9	4	4	5	6	7	5

1-1-10 续表 19

项目	法人单位数（个）	1949年以前	1950-1977年	1978-1991年	1992-1995年	1996年
其他仓储	238		18	24	15	1
其他仓储	238		18	24	15	1
邮政业	29		1	1		
国家邮政	12		1			
国家邮政	12		1			
其他寄递服务	17			1		
其他寄递服务	17			1		
信息传输、计算机服务和软件业	**2603**	**1**	**22**	**35**	**27**	**9**
电信和其他信息传输服务业	591	1	21	19	14	3
电信	223	1	6	7	2	1
固定电信服务	56	1	2	3	1	
移动电信服务	107			2	1	1
其他电信服务	60		4	2		
互联网信息服务	279		1	2	2	2
互联网信息服务	279		1	2	2	2
广播电视传输服务	85		14	9	10	
有线广播电视传输服务	67		7	4	7	
无线广播电视传输服务	18		7	5	3	
卫星传输服务	4			1		
卫星传输服务	4			1		
计算机服务业	1714		1	13	7	3
计算机系统服务	183		1	4	5	1
计算机系统服务	183		1	4	5	1
数据处理	9					
数据处理	9					
计算机维修	41					
计算机维修	41					
其他计算机服务	1481			9	2	2
其他计算机服务	1481			9	2	2
软件业	298			3	6	3
公共软件服务	254			2	5	2
基础软件服务	92			1	3	2
应用软件服务	162			1	2	
其他软件服务	44			1	1	1
其他软件服务	44			1	1	1
批发和零售业	**28977**	**138**	**1961**	**1437**	**1073**	**442**
批发业	13734	19	732	732	504	225
农畜产品批发	1074	2	215	122	27	11
谷物、豆及薯类批发	510	1	172	80	14	6
种子、饲料批发	277		8	20	9	2
棉、麻批发	53	1	20	10	1	2
牲畜批发	17		2			1
其他农畜产品批发	217		13	12	3	
食品、饮料及烟草制品批发	1282	6	170	107	90	26
米、面制品及食用油批发	378	2	116	34	22	5
糕点、糖果及糖批发	51		11	2	3	2

1997年	1998年	1999年	2000年	2001年	2002年	2003年	2004年	2005年	2006年	2007年	2008年
2	7	3	9	4	10	20	12	25	22	42	12
2	7	3	9	4	10	20	12	25	22	42	12
1	7	3	2		1	1	3		3	4	2
1	7	3									
1	7	3									
			2		1	1	3		3	4	2
			2		1	1	3		3	4	2
13	**28**	**44**	**87**	**152**	**178**	**243**	**257**	**301**	**472**	**396**	**318**
2	9	19	23	44	47	35	41	55	106	83	66
	5	10	12	25	24	14	24	21	27	20	21
	1		5	10	7	6	6	3	4	5	2
	1	9	6	9	12	7	14	8	12	8	15
	3	1	1	6	5	1	4	10	11	7	4
1	3	4	3	11	19	15	14	31	75	58	38
1	3	4	3	11	19	15	14	31	75	58	38
1	1	5	8	8	4	4	3	2	4	5	7
1	1	5	8	6	4	4	2	2	4	5	7
				2			1				
						2		1			
						2		1			
5	16	22	53	96	113	182	187	215	326	266	203
3	7	7	7	5	6	10	21	13	26	26	37
3	7	7	7	5	6	10	21	13	26	26	37
			1		1		3	2		1	1
			1		1		3	2		1	1
	3	3	1	2	3	4	2	5	8	6	4
	3	3	1	2	3	4	2	5	8	6	4
2	6	12	44	89	103	168	161	195	292	233	161
2	6	12	44	89	103	168	161	195	292	233	161
6	3	3	11	12	18	26	29	31	40	47	49
4	3	3	9	9	14	24	25	25	35	40	44
2	1	1	5	5	4	7	7	8	8	14	18
2	2	2	4	4	10	17	18	17	27	26	26
2			2	3	4	2	4	6	5	7	5
2			2	3	4	2	4	6	5	7	5
553	**1031**	**946**	**1223**	**1388**	**1609**	**2134**	**2248**	**2601**	**3384**	**3510**	**2735**
267	490	457	567	641	733	1003	1058	1252	1639	1747	1315
16	36	34	32	37	36	31	42	54	110	160	72
5	19	12	11	7	15	3	8	20	31	62	25
8	9	15	12	14	14	14	17	17	46	39	24
	3		1	2	1		2	2	5	2	
		2					1		1	3	5
3	5	5	8	14	6	14	14	15	27	54	18
29	66	47	49	44	52	65	58	80	100	158	100
3	33	15	14	7	9	11	12	24	19	22	23
3	2	1	2	3	3	4	2	3	1	4	1

1-1-10 续表 20

项目	法人单位数(个)	1949年以前	1950-1977年	1978-1991年	1992-1995年	1996年
果品、蔬菜批发	286		11	14	12	3
肉、禽、蛋及水产品批发	61		11	6	6	1
盐及调味品批发	133	2	7	16	40	5
饮料及茶叶批发	173	1	2	8	1	3
烟草制品批发	43			22	2	1
其他食品批发	157	1	12	5	4	6
纺织、服装及日用品批发	410		22	21	18	8
纺织品、针织品及原料批发	83		6	8	4	1
服装批发	106		2	3	6	2
鞋帽批发	10					
厨房、卫生间用具及日用杂货批发	72		5	5	2	3
化妆品及卫生用品批发	48			1	4	1
其他日用品批发	91		9	4	2	1
文化、体育用品及器材批发	227	1	6	13	12	3
文具用品批发	82		2	2	4	3
体育用品批发	17			1		
图书批发	71	1	2	5	6	
报刊批发	3			1	1	
音像制品及电子出版物批发	4					
首饰、工艺品及收藏品批发	30		2	3		
其他文化用品批发	20			1	1	
医药及医疗器材批发	350		44	8	18	5
西药批发	116		27	2	5	1
中药材及中成药批发	78		12	4	3	1
医疗用品及器材批发	156		5	2	10	3
矿产品、建材及化工产品批发	6074	9	192	316	208	88
煤炭及制品批发	1577	1	20	168	75	20
石油及制品批发	199		1	10	18	3
非金属矿及制品批发	146		1	5	5	1
金属及金属矿批发	1393		10	28	30	17
建材批发	1660	1	23	37	40	27
化肥批发	498	6	114	35	14	3
农药批发	122		8	8	10	3
农用薄膜批发	10		5			
其他化工产品批发	469	1	10	25	16	14
机械设备、五金交电及电子产品批发	3243	1	51	72	79	66
农业机械批发	220		30	10	5	3
汽车、摩托车及零配件批发	362		1	6	8	7
五金、交电批发	732	1	13	17	28	19
家用电器批发	133			3	1	7
计算机、软件及辅助设备批发	229			3	2	4
通讯及广播电视设备批发	92				2	
其他机械设备及电子产品批发	1475		7	33	33	26
贸易经纪与代理	229		8	6	10	3
贸易经纪与代理	229		8	6	10	3
其他批发	845		24	67	42	15
再生物资回收与批发	512		17	48	25	7
其他未列明的批发	333		7	19	17	8

1997年	1998年	1999年	2000年	2001年	2002年	2003年	2004年	2005年	2006年	2007年	2008年
3	12	5	8	3	9	18	14	14	36	72	38
2	3	2		2	3		4	3	6	7	3
8	6	8	6	4	5	6	2	4	5	4	4
4	5	12	9	14	9	10	16	14	14	28	20
1		1		1	2	1	1	2	1	6	2
5	5	3	10	10	12	15	7	16	18	15	9
8	17	17	28	18	22	31	31	31	32	47	45
2	4	3	5	3	8	4	7	7	8	8	2
2	3	5	5	4	4	13	7	6	9	16	16
			2			3	1	1	1	1	
	5	3	4	2	3	5	3	8	6	9	8
	1	2	5	3	2	5	6	4	1	1	11
4	4	4	7	6	5	1	7	5	7	12	8
7	11	5	12	5	18	14	38	16	15	26	19
3	6	4	6	2	7	6	6	7	5	10	7
	1		2		1	3	2		2	2	2
3	1		3		6	1	23	7	6	5	2
										1	
				1		1	2				
	2	1	1		3	1	1	1	2	4	7
1	1			2	1	2	4	1		4	1
13	13	16	17	19	25	30	29	34	30	22	21
6	3	5	3	6	9	7	9	12	5	6	8
	2	2	3	2	7	5	3	10	9	9	4
7	8	9	11	11	9	18	17	12	16	7	9
101	196	192	250	320	338	479	474	583	805	734	612
29	41	50	61	80	79	127	116	171	170	184	148
8	16	11	13	14	5	15	18	20	17	15	9
2	6	7	4	11	4	7	8	12	20	23	21
28	39	31	46	70	91	127	132	142	201	185	173
19	51	53	72	81	89	124	140	156	284	215	179
4	16	16	17	26	34	18	29	42	41	44	33
1	8	2	9	11	8	12	3	12	13	5	8
									2	1	1
10	19	22	28	27	28	49	28	28	57	62	40
79	112	120	135	164	187	276	290	346	435	433	339
8	15	15	15	12	16	20	17	13	10	17	11
12	18	14	18	19	21	37	34	34	49	49	33
16	24	28	42	29	43	49	74	71	94	99	74
1	8	2	6	11	6	9	18	19	12	16	14
7	3	15	12	15	11	24	20	24	36	27	22
3	1	3	3	10	13	8	6	9	12	10	9
32	43	43	39	68	77	129	121	176	222	215	176
3	9	3	14	7	8	18	14	16	18	53	35
3	9	3	14	7	8	18	14	16	18	53	35
11	30	23	30	27	47	59	82	92	94	114	72
7	13	11	15	16	25	32	47	69	55	72	45
4	17	12	15	11	22	27	35	23	39	42	27

1-1-10 续表 21

项 目	法人单位数(个)					
		1949年以前	1950-1977年	1978-1991年	1992-1995年	1996年
零售业	15243	119	1229	705	569	217
综合零售	2374	76	731	235	78	28
百货零售	1075	22	313	133	49	19
超级市场零售	272		4	6	5	3
其他综合零售	1027	54	414	96	24	6
食品、饮料及烟草制品专门零售	1558	5	258	132	50	18
粮油零售	573	2	170	79	19	6
糕点、面包零售	65	1	4	4	2	2
果品、蔬菜零售	162	2	18	15		
肉、禽、蛋及水产品零售	98		14	10	5	2
饮料及茶叶零售	190		9	3	7	3
烟草制品零售	115		3	11	4	
其他食品零售	355		40	10	13	5
纺织、服装及日用品专门零售	1456	2	65	63	43	23
纺织品及针织品零售	181	1	16	14	11	
服装零售	719	1	13	29	20	15
鞋帽零售	96		5	1	2	2
钟表、眼镜零售	96		5	3		2
化妆品及卫生用品零售	172			1	3	1
其他日用品零售	192		26	15	7	3
文化、体育用品及器材专门零售	829	33	44	28	34	12
文具用品零售	206			3	8	3
体育用品零售	68				1	1
图书零售	192	33	43	17	4	3
报刊零售	4			1		
音像制品及电子出版物零售	28				1	1
珠宝首饰零售	161			3	9	3
工艺美术品及收藏品零售	83				4	1
照相器材零售	24				2	
其他文化用品零售	63		1	4	5	
医药及医疗器材专门零售	1024		51	27	22	5
药品零售	836		51	23	19	4
医疗用品及器材零售	188			4	3	1
汽车、摩托车、燃料及零配件专门零售	2505		15	57	180	57
汽车零售	815		3	9	22	8
汽车零配件零售	447		6	9	14	7
摩托车及零配件零售	174		4	1	7	4
机动车燃料零售	1069		2	38	137	38
家用电器及电子产品专门零售	1997		8	36	42	23
家用电器零售	586		7	23	23	12
计算机、软件及辅助设备零售	800			4	11	6
通信设备零售	301		1	5	4	
其他电子产品零售	310			4	4	5
五金、家具及室内装修材料专门零售	1890	2	38	61	56	20
五金零售	1010	2	34	46	31	11
家具零售	205		1	7	6	2
涂料零售	44			1	3	
其他室内装修材料零售	631		3	7	16	7

1997年	1998年	1999年	2000年	2001年	2002年	2003年	2004年	2005年	2006年	2007年	2008年
286	541	489	656	747	876	1131	1190	1349	1745	1763	1420
39	70	77	76	87	82	98	121	120	147	165	130
22	39	39	24	32	34	47	53	49	64	71	58
2	5	13	21	22	23	23	29	25	33	26	28
15	26	25	31	33	25	28	39	46	50	68	44
25	62	29	51	50	64	83	81	106	178	214	127
10	35	14	14	14	15	9	26	28	42	61	23
2	2		3	1	2	4	3	2	10	16	7
	5		9	5	6	8	3	9	33	28	14
3	5	1	7	5	4	9	4	7	11	7	3
1	6	4	6	7	11	20	12	16	22	37	25
3	3		3	2	7	7	6	15	15	24	12
6	6	10	9	16	19	26	27	29	45	41	43
30	55	43	57	70	79	97	116	138	196	198	166
1	7	6	11	8	8	18	10	17	18	21	12
14	25	19	25	30	45	44	63	71	107	102	89
3	6	1	5	9	3	8	9	8	13	12	8
7	3	4	6	12	3	6	6	7	14	11	6
2	6	8	2	4	12	12	12	14	27	29	36
3	8	5	8	7	8	9	16	21	17	23	15
12	28	39	37	34	47	67	66	86	104	77	74
5	10	16	4	9	15	20	16	19	33	21	22
1	2	3	4	1	8	3	5	12	10	9	8
3	4	6	6	4	2	9	12	13	10	13	9
				1		1	1				
	1	2	2	4	4	2	2	2	2	2	3
	8	6	16	7	11	12	11	25	20	16	13
2	2	1	2	5	3	6	8	8	17	9	13
	1	3			2	3	3	2	4	2	2
1		2	3	3	2	11	8	5	8	5	4
7	32	18	33	42	62	127	116	129	149	104	98
6	22	13	28	27	50	113	98	111	105	88	77
1	10	5	5	15	12	14	18	18	44	16	21
83	126	109	143	191	179	225	243	198	237	244	186
14	29	28	35	52	77	102	80	65	98	90	84
10	17	14	15	36	30	31	60	36	42	71	46
7	13	15	13	13	12	15	15	17	17	12	9
52	67	52	80	90	60	77	88	80	80	71	47
28	58	70	92	109	135	167	161	238	315	258	232
14	22	26	29	36	37	41	42	63	74	69	60
9	25	29	43	39	68	70	67	92	147	93	94
3	7	8	10	22	15	30	24	36	42	54	35
2	4	7	10	12	15	26	28	47	52	42	43
29	52	58	81	102	135	147	153	177	232	257	234
16	23	35	42	56	79	80	75	87	109	134	119
4	7		11	13	17	15	20	23	26	27	24
1	2	1	3	1	1	4	3	9	10	4	1
8	20	22	25	32	38	48	55	58	87	92	90

1-1-10 续表 22

项　目	法人单位数(个)	1949年以前	1950-1977年	1978-1991年	1992-1995年	1996年
无店铺及其他零售	1610	1	19	66	64	31
流动货摊零售	10			1	1	
邮购及电子销售	1					
生活用燃料零售	244		2	19	19	8
花卉零售	74			1	1	
旧货零售	15		1		1	2
其他未列明的零售	1266	1	16	45	42	21
住宿和餐饮业	**2866**	**4**	**88**	**218**	**135**	**53**
住宿业	1290	2	61	152	79	38
旅游饭店	354		17	27	20	13
旅游饭店	354		17	27	20	13
一般旅馆	852	2	41	116	54	22
一般旅馆	852	2	41	116	54	22
其他住宿服务	84		3	9	5	3
其他住宿服务	84		3	9	5	3
餐饮业	1576	2	27	66	56	15
正餐服务	1384	2	22	59	51	15
正餐服务	1384	2	22	59	51	15
快餐服务	95		1	3	4	
快餐服务	95		1	3	4	
饮料及冷饮服务	27			1		
饮料及冷饮服务	27			1		
其他餐饮服务	70		4	3	1	
其他餐饮服务	70		4	3	1	
金融业	**731**	**7**	**29**	**88**	**41**	**19**
银行业	251	7	28	69	28	9
中央银行	22	5	1	1		
中央银行	22	5	1	1		
商业银行	218	2	27	67	27	3
商业银行	218	2	27	67	27	3
其他银行	11			1	1	6
其他银行	11			1	1	6
证券业	14			3	4	1
证券市场管理	2			1	1	
证券市场管理	2			1	1	
证券经纪与交易	10			2	3	1
证券经纪与交易	10			2	3	1
证券投资	1					
证券投资	1					
证券分析与咨询	1					
证券分析与咨询	1					
保险业	238			12	4	8
人寿保险	73			2	1	4
人寿保险	73			2	1	4

1997年	1998年	1999年	2000年	2001年	2002年	2003年	2004年	2005年	2006年	2007年	2008年
33	58	46	86	62	93	120	133	157	187	246	173
			1		1	1	1	3		1	
1											
4	9	9	17	8	7	24	20	24	28	29	14
	3	1	8	1	3	10	6	10	12	12	3
1			1	1		3	1		1	3	
27	46	36	59	52	82	82	105	120	146	201	156
58	**117**	**84**	**148**	**150**	**172**	**196**	**191**	**244**	**344**	**341**	**280**
37	70	45	65	68	89	79	78	97	115	113	83
14	21	19	14	32	24	24	24	28	27	30	13
14	21	19	14	32	24	24	24	28	27	30	13
19	39	23	47	34	62	48	50	63	83	78	60
19	39	23	47	34	62	48	50	63	83	78	60
4	10	3	4	2	3	7	4	6	5	5	10
4	10	3	4	2	3	7	4	6	5	5	10
21	47	39	83	82	83	117	113	147	229	228	197
18	42	35	74	79	70	106	99	126	194	204	171
18	42	35	74	79	70	106	99	126	194	204	171
3	1	2	2		8	4	7	10	18	17	11
3	1	2	2		8	4	7	10	18	17	11
	1		1		2	2	3	5	5	3	4
	1		1		2	2	3	5	5	3	4
	3	2	6	3	3	5	4	6	12	4	11
	3	2	6	3	3	5	4	6	12	4	11
18	**27**	**18**	**13**	**23**	**41**	**56**	**44**	**43**	**75**	**81**	**97**
9	12	7	3	2	2	3	10	4	5	22	30
	2	2			1	1	9				
	2	2			1	1	9				
7	10	4	3	2	1	2	1	4	5	22	30
7	10	4	3	2	1	2	1	4	5	22	30
2		1									
2		1									
				2	1	1				1	
				1	1	1					
				1	1	1					
				1							
				1							
										1	
										1	
8	4	5	2	4	19	28	18	23	41	21	37
5		1		1	7	8	8	5	7	9	13
5		1		1	7	8	8	5	7	9	13

1-1-10 续表 23

项　目	法　人 单位数 (个)	1949年以前	1950-1977年	1978-1991年	1992-1995年	1996年
非人寿保险	103			8	2	3
非人寿保险	103			8	2	3
保险辅助服务	62			2	1	1
保险辅助服务	62			2	1	1
其他金融活动	228		1	4	5	1
金融信托与管理	18		1	3	1	
金融信托与管理	18		1	3	1	
金融租赁	2				1	
金融租赁	2				1	
财务公司	2				1	
财务公司	2				1	
邮政储蓄	7					
邮政储蓄	7					
典当	76				2	
典当	76				2	
其他未列明的金融活动	123			1		1
其他未列明的金融活动	123			1		1
房地产业	**3886**	**3**	**178**	**184**	**163**	**33**
房地产业	3886	3	178	184	163	33
房地产开发经营	1836			77	83	12
房地产开发经营	1836			77	83	12
物业管理	1056		6	12	26	10
物业管理	1056		6	12	26	10
房地产中介服务	301			3	4	3
房地产中介服务	301			3	4	3
其他房地产活动	693	3	172	92	50	8
其他房地产活动	693	3	172	92	50	8
租赁和商务服务业	**6615**	**30**	**230**	**531**	**330**	**127**
租赁业	320		7	17	10	2
机械设备租赁	311		7	17	9	2
汽车租赁	103			4	1	1
农业机械租赁	22		1	2	1	
建筑工程机械与设备租赁	121		1	5	3	1
计算机及通讯设备租赁	2					
其他机械与设备租赁	63		5	6	4	
文化及日用品出租	9				1	
图书及音像制品出租	3					
其他文化及日用品出租	6				1	
商务服务业	6295	30	223	514	320	125
企业管理服务	1310	28	169	188	78	28
企业管理机构	276	9	63	53	24	7
投资与资产管理	309		5	5	10	2
其他企业管理服务	725	19	101	130	44	19
法律服务	514		1	126	44	11
律师及相关的法律服务	398			66	39	11
公证服务	67			57	2	
其他法律服务	49		1	3	3	

1997年	1998年	1999年	2000年	2001年	2002年	2003年	2004年	2005年	2006年	2007年	2008年
3	4	3	1	1	8	13	3	12	13	7	21
3	4	3	1	1	8	13	3	12	13	7	21
		1	1	2	4	7	7	6	21	5	3
		1	1	2	4	7	7	6	21	5	3
1	11	6	8	15	19	24	16	16	29	37	30
			1	1	2	2		1	1	1	3
			1	1	2	2		1	1	1	3
										1	
										1	
										1	
										1	
				1						1	5
				1						1	5
	8	1	1	2	10	9	2	5	12	21	2
	8	1	1	2	10	9	2	5	12	21	2
1	3	5	6	11	7	13	14	10	16	12	20
1	3	5	6	11	7	13	14	10	16	12	20
60	**133**	**123**	**204**	**178**	**260**	**294**	**311**	**405**	**472**	**497**	**259**
60	133	123	204	178	260	294	311	405	472	497	259
22	77	71	117	92	140	153	170	224	263	240	79
22	77	71	117	92	140	153	170	224	263	240	79
8	21	31	44	47	73	88	89	115	126	177	113
8	21	31	44	47	73	88	89	115	126	177	113
9	5	7	17	21	24	28	32	38	43	33	29
9	5	7	17	21	24	28	32	38	43	33	29
21	30	14	26	18	23	25	20	28	40	47	38
21	30	14	26	18	23	25	20	28	40	47	38
139	**256**	**215**	**372**	**369**	**391**	**495**	**448**	**577**	**667**	**672**	**634**
6	17	12	17	20	21	23	15	30	34	44	40
6	16	12	17	19	21	21	15	28	33	43	40
5	8	5	8	7	9	8	1	7	11	12	16
					1		1	2	1	5	6
	4	6	5	5	7	8	11	16	15	16	16
					1						
1	4	1	4	7	3	5	2	3	6	10	2
	1			1		2		2	1	1	
	1					1			1		
				1		1		2		1	
133	239	203	355	349	370	472	433	547	633	628	594
40	42	32	38	58	66	72	57	103	92	77	108
12	8	3	4	12	9	8	10	15	16	9	12
8	9	10	14	17	22	33	14	29	41	35	30
20	25	19	20	29	35	31	33	59	35	33	66
6	33	26	40	43	34	37	21	26	30	20	14
5	28	24	35	37	33	31	18	22	18	18	11
1		1	1	2		1			1	1	
	5	1	4	4	1	5	3	4	11	1	3

1-1-10 续表 24

项　　目	法人单位数(个)	1949年以前	1950-1977年	1978-1991年	1992-1995年	1996年
咨询与调查	1329		5	60	44	16
会计、审计及税务服务	467		1	14	14	9
市场调查	71		1	18	4	2
社会经济咨询	246		1	11	8	1
其他专业咨询	545		2	17	18	4
广告业	1039			7	28	19
广告业	1039			7	28	19
知识产权服务	38			1	1	2
知识产权服务	38			1	1	2
职业中介服务	308	1	1	42	23	6
职业中介服务	308	1	1	42	23	6
市场管理	403		33	43	33	21
市场管理	403		33	43	33	21
旅行社	682	1	1	10	17	3
旅行社	682	1	1	10	17	3
其他商务服务	672		13	37	52	19
会议及展览服务	84		3	8	5	2
包装服务	13			1	1	1
保安服务	46			7	5	2
办公服务	155		2	3	12	8
其他未列明的商务服务	374		8	18	29	6
科学研究、技术服务和地质勘查业	**3957**	**12**	**399**	**709**	**229**	**54**
研究与试验发展	492	4	57	83	31	4
自然科学研究与试验发展	46		6	7	3	1
自然科学研究与试验发展	46		6	7	3	1
工程和技术研究与试验发展	167		12	12	17	1
工程和技术研究与试验发展	167		12	12	17	1
农业科学研究与试验发展	165	4	33	39	3	1
农业科学研究与试验发展	165	4	33	39	3	1
医学研究与试验发展	69		3	7	2	1
医学研究与试验发展	69		3	7	2	1
社会人文科学研究与试验发展	45		3	18	6	
社会人文科学研究与试验发展	45		3	18	6	
专业技术服务业	2159		194	348	126	32
气象服务	139		91	8	7	2
气象服务	139		91	8	7	2
地震服务	102		16	32	6	
地震服务	102		16	32	6	
海洋服务	1					
海洋服务	1					
测绘服务	119		5	9	4	3
测绘服务	119		5	9	4	3
技术检测	385		29	78	20	2
技术检测	385		29	78	20	2
环境监测	123		7	46	14	2
环境监测	123		7	46	14	2
工程技术与规划管理	972		32	133	64	19
工程管理服务	544		7	37	37	13
工程勘察设计	330		20	77	19	2
规划管理	98		5	19	8	4

1997年	1998年	1999年	2000年	2001年	2002年	2003年	2004年	2005年	2006年	2007年	2008年
21	26	40	127	57	76	102	93	139	159	179	155
7	10	21	96	24	34	28	26	32	42	48	52
3	1	1	2	1	2	6	1	3	9	10	7
3	8	6	6	10	10	21	19	25	39	38	34
8	7	12	23	22	30	47	47	79	69	83	62
17	35	31	55	64	62	96	99	98	142	145	129
17	35	31	55	64	62	96	99	98	142	145	129
1	1	3		1	4	4	5	1	5	6	3
1	1	3		1	4	4	5	1	5	6	3
10	22	8	10	10	16	20	22	24	22	26	38
10	22	8	10	10	16	20	22	24	22	26	38
15	27	12	14	29	28	25	25	23	25	19	14
15	27	12	14	29	28	25	25	23	25	19	14
8	24	33	50	59	50	69	64	78	78	65	58
8	24	33	50	59	50	69	64	78	78	65	58
15	29	18	21	28	34	47	47	55	80	91	75
1	1	1	3	1	1	3	6	6	13	19	11
	1			1	2	1	1		1	1	1
		2	3	1		5	6	3	2	5	4
4	14	7	6	10	12	7	12	13	16	20	8
10	13	8	9	15	19	31	22	33	48	46	51
67	**139**	**98**	**178**	**163**	**226**	**223**	**241**	**301**	**317**	**299**	**221**
5	13	13	26	22	27	22	35	31	35	33	39
		2	4	1	3	1	5	1	4		7
		2	4	1	3	1	5	1	4		7
1	7	2	7	7	12	7	15	16	19	14	16
1	7	2	7	7	12	7	15	16	19	14	16
4	3	4	6	8	8	7	6	7	3	10	10
4	3	4	6	8	8	7	6	7	3	10	10
	2	3	5	5	3	5	8	4	7	8	6
	2	3	5	5	3	5	8	4	7	8	6
	1	2	4	1	1	2	1	3	2	1	
	1	2	4	1	1	2	1	3	2	1	
42	74	63	100	96	133	148	143	197	165	155	111
			3	4	5	5	5	3	2	4	
			3	4	5	5	5	3	2	4	
3	3	1	4	1	2	1	2	18	8	2	3
3	3	1	4	1	2	1	2	18	8	2	3
					1						
					1						
1	3	2	8	10	6	7	14	10	11	15	9
1	3	2	8	10	6	7	14	10	11	15	9
7	17	8	15	14	26	29	27	24	29	28	26
7	17	8	15	14	26	29	27	24	29	28	26
4	4	3	3	3	6	6	4	6	1	6	6
4	4	3	3	3	6	6	4	6	1	6	6
21	36	44	54	54	73	75	63	106	83	65	33
14	23	33	34	34	47	46	37	74	53	30	14
5	10	10	16	17	20	23	23	19	18	30	17
2	3	1	4	3	6	6	3	13	12	5	2

1-1-10 续表 25

项　　目	法　人 单位数 （个）	1949年以前	1950-1977年	1978-1991年	1992-1995年	1996年
其他专业技术服务	318		14	42	11	4
其他专业技术服务	318		14	42	11	4
科技交流和推广服务业	1168	8	116	252	61	15
技术推广服务	904	7	92	200	48	11
技术推广服务	904	7	92	200	48	11
科技中介服务	151	1	19	30	9	2
科技中介服务	151	1	19	30	9	2
其他科技服务	113		5	22	4	2
其他科技服务	113		5	22	4	2
地质勘查业	138		32	26	11	3
矿产地质勘查	47		11	12	4	1
能源矿产地质勘查	28		9	8	2	1
固体矿产地质勘查	11		2	3	2	
其他矿产地质勘查	8			1		
基础地质勘查	43		15	7	4	
基础地质勘查	43		15	7	4	
地质勘查技术服务	48		6	7	3	2
地质勘查技术服务	48		6	7	3	2
水利、环境和公共设施管理业	**1720**	**9**	**227**	**357**	**137**	**27**
水利管理业	725	6	175	223	79	10
防洪管理	59	1	15	13	8	1
防洪管理	59	1	15	13	8	1
水资源管理	432	3	125	146	30	5
水库管理	127		65	33	2	1
调水、引水管理	146	3	37	41	12	3
其他水资源管理	159		23	72	16	1
其他水利管理	234	2	35	64	41	4
其他水利管理	234	2	35	64	41	4
环境管理业	345	2	26	71	21	7
自然保护	69		16	9	4	2
自然保护区管理	30		5	4	2	
野生动植物保护	8			1	1	1
其他自然保护	31		11	4	1	1
环境治理	276	2	10	62	17	5
城市市容管理	46		1	9	7	2
城市环境卫生管理	147	2	9	44	8	2
水污染治理	28			1		
危险废物治理	10					1
其他环境治理	45			8	2	
公共设施管理业	650	1	26	63	37	10
市政公共设施管理	131		11	25	14	3
市政公共设施管理	131		11	25	14	3
城市绿化管理	244		8	25	6	4
城市绿化管理	244		8	25	6	4
游览景区管理	275	1	7	13	17	3
风景名胜区管理	113	1	3	5	9	1
公园管理	51		2	7	4	1
其他游览景区管理	111		2	1	4	1

1997年	1998年	1999年	2000年	2001年	2002年	2003年	2004年	2005年	2006年	2007年	2008年
6	11	5	13	10	14	25	28	30	31	35	34
6	11	5	13	10	14	25	28	30	31	35	34
18	45	20	48	43	62	47	53	66	105	106	68
12	29	14	42	36	56	34	35	49	79	81	52
12	29	14	42	36	56	34	35	49	79	81	52
4	6	4	4	5	5	7	11	10	17	7	6
4	6	4	4	5	5	7	11	10	17	7	6
2	10	2	2	2	1	6	7	7	9	18	10
2	10	2	2	2	1	6	7	7	9	18	10
2	7	2	4	2	4	6	10	7	12	5	3
	3		1	1	1	3	3		4	1	
	1			1		2			3		
			1				2		1		
	2				1	1	1			1	
2	1	1	1		3	1	2	3	2	1	
2	1	1	1		3	1	2	3	2	1	
	3	1	2	1		2	5	4	6	3	3
	3	1	2	1		2	5	4	6	3	3
32	**53**	**48**	**50**	**52**	**73**	**98**	**82**	**80**	**98**	**112**	**91**
18	13	15	16	15	27	36	12	17	18	21	18
3	2	2	3	1	2	2		2	1	1	1
3	2	2	3	1	2	2		2	1	1	1
6	7	7	5	11	16	18	5	8	15	8	12
1	1	1	2	5		1	1	3	1	4	3
4	1	2		3	7	11	3	1	8	2	7
1	5	4	3	3	9	6	1	4	6	2	2
9	4	6	8	3	9	16	7	7	2	12	5
9	4	6	8	3	9	16	7	7	2	12	5
3	14	12	11	12	14	23	22	17	20	21	27
	1	2	2	2	4	6	6	3	5	3	
	1		1	1	1	4	4		2	2	
					1	1	1		2		
		2	1	1	2	1	1	3	1	1	
3	13	10	9	10	10	17	16	14	15	18	27
1	2	2	3	2	2	2	1	5	2	2	3
2	10	6	2	6	3	9	7	3	6	9	11
	1	2	1	1	2	1	4	1	2	1	4
					1	3		1	1	1	1
			3	1	2	2	4	4	4	5	8
11	26	21	23	25	32	39	48	46	60	70	46
3	7	5	6	4	6	4	10	10	7	8	6
3	7	5	6	4	6	4	10	10	7	8	6
5	9	13	6	10	14	16	18	17	23	34	22
5	9	13	6	10	14	16	18	17	23	34	22
3	10	3	11	11	12	19	20	19	30	28	18
3	5		3	4	7	5	4	6	16	8	10
	4	3	4	4	1	2	5	5	1	6	1
	1		4	3	4	12	11	8	13	14	7

1-1-10 续表 26

项　目	法　人 单位数 (个)	1949年以前	1950-1977年	1978-1991年	1992-1995年	1996年
居民服务和其他服务业	**2685**	**7**	**63**	**137**	**114**	**50**
居民服务业	1361	6	40	66	57	21
家庭服务	46			1		1
家庭服务	46			1		1
托儿所	10		1	3		
托儿所	10		1	3		
洗染服务	68	1			4	2
洗染服务	68	1			4	2
理发及美容保健服务	231		3	2	8	2
理发及美容保健服务	231		3	2	8	2
洗浴服务	277	1	3	6	6	7
洗浴服务	277	1	3	6	6	7
婚姻服务	83			1	5	1
婚姻服务	83			1	5	1
殡葬服务	65	1	17	8	5	3
殡葬服务	65	1	17	8	5	3
摄影扩印服务	182	2	8	17	8	5
摄影扩印服务	182	2	8	17	8	5
其他居民服务	399	1	8	28	21	
其他居民服务	399	1	8	28	21	
其他服务业	1324	1	23	71	57	29
修理与维护	865		15	44	39	21
汽车、摩托车维护与保养	700		13	29	33	20
办公设备维修	52		1	6	1	
家用电器修理	70			2	3	1
其他日用品修理	43		1	7	2	
清洁服务	143			4	3	1
建筑物清洁服务	41			1	2	
其他清洁服务	102			3	1	1
其他未列明的服务	316	1	8	23	15	7
其他未列明的服务	316	1	8	23	15	7
教育	**9003**	**397**	**2563**	**1771**	**459**	**110**
教育	9003	397	2563	1771	459	110
学前教育	1088	6	99	155	65	19
学前教育	1088	6	99	155	65	19
初等教育	3076	298	1310	518	159	21
初等教育	3076	298	1310	518	159	21
中等教育	2840	74	976	788	129	35
初中教育	1888	32	721	524	89	28
高中教育	385	36	149	40	8	
中等专业教育	143	5	41	49	11	2
职业中学教育	208		13	95	13	3
技工学校教育	78		11	30	2	1
其他中等教育	138	1	41	50	6	1

1997年	1998年	1999年	2000年	2001年	2002年	2003年	2004年	2005年	2006年	2007年	2008年
53	**101**	**88**	**115**	**111**	**143**	**196**	**226**	**249**	**305**	**365**	**313**
27	55	47	65	45	73	94	125	122	139	193	170
	2	1	1	1	2	1	6	5	5	8	10
	2	1	1	1	2	1	6	5	5	8	10
				1			2	1		1	1
				1			2	1		1	1
1	4	2	5	7	4	6	2	9	4	7	10
1	4	2	5	7	4	6	2	9	4	7	10
6	6	8	10	4	12	18	25	28	34	38	27
6	6	8	10	4	12	18	25	28	34	38	27
8	18	13	12	8	16	16	31	37	32	36	24
8	18	13	12	8	16	16	31	37	32	36	24
	1	2	3		3	4	10	5	15	17	16
	1	2	3		3	4	10	5	15	17	16
2	4	1	1	1	3	1	2	4	1	3	2
2	4	1	1	1	3	1	2	4	1	3	2
6	5	10	14	10	12	23	4	10	17	15	13
6	5	10	14	10	12	23	4	10	17	15	13
4	15	10	19	13	21	25	43	23	31	68	67
4	15	10	19	13	21	25	43	23	31	68	67
26	46	41	50	66	70	102	101	127	166	172	143
20	32	31	40	41	49	80	62	91	104	101	81
16	26	21	32	35	47	65	46	69	88	83	64
1	2	2		1	1	8	3	7	4	8	7
2	3	7	6	3		4	6	11	10	4	8
1	1	1	2	2	1	3	7	4	2	6	2
3	2	3	7	7	6	2	13	11	20	30	24
3		3	2		1		4	2	4	9	7
	2		5	7	5	2	9	9	16	21	17
3	12	7	3	18	15	20	26	25	42	41	38
3	12	7	3	18	15	20	26	25	42	41	38
120	**210**	**191**	**335**	**282**	**349**	**334**	**403**	**376**	**440**	**371**	**263**
120	210	191	335	282	349	334	403	376	440	371	263
20	56	51	87	63	82	74	56	72	79	60	42
20	56	51	87	63	82	74	56	72	79	60	42
35	29	37	65	73	69	76	136	62	82	60	45
35	29	37	65	73	69	76	136	62	82	60	45
31	59	62	98	69	78	76	88	73	83	74	46
17	35	41	56	47	57	52	53	40	40	35	20
3	9	11	25	11	13	10	15	15	17	17	6
1	5	2	6	2	2	4	2	2	5	3	1
5	4	4	5	5	2	7	9	10	10	12	11
1	3	1	1	1	2	2	4	5	6	4	4
4	3	3	5	3	2	1	5	1	5	3	4

1-1-10 续表 27

项　目	法　人 单位数 (个)	1949年以前	1950-1977年	1978-1991年	1992-1995年	1996年
高等教育	203	6	39	89	17	1
普通高等教育	74	6	21	21	5	
成人高等教育	129		18	68	12	1
其他教育	1796	13	139	221	89	34
职业技能培训	1181	1	37	131	51	20
特殊教育	48		10	5	12	
其他未列明的教育	567	12	92	85	26	14
卫生、社会保障和社会福利业	**5292**	**129**	**1831**	**1015**	**260**	**62**
卫生	4288	126	1794	752	160	45
医院	938	70	221	203	46	14
综合医院	415	65	158	48	15	6
中医医院	113		13	82	3	1
中西医结合医院	44	1	10	8	4	3
民族医院	3					
专科医院	329	3	32	55	22	4
疗养院	34	1	8	10	2	
卫生院及社区医疗活动	1804	43	1222	151	21	5
卫生院及社区医疗活动	1804	43	1222	151	21	5
门诊部医疗活动	726	6	188	141	39	16
门诊部医疗活动	726	6	188	141	39	16
计划生育技术服务活动	278	3	11	142	28	2
计划生育技术服务活动	278	3	11	142	28	2
妇幼保健活动	136	1	63	51	7	1
妇幼保健活动	136	1	63	51	7	1
专科疾病防治活动	60		6	12	5	2
专科疾病防治活动	60		6	12	5	2
疾病预防控制及防疫活动	159	1	54	16	3	2
疾病预防控制及防疫活动	159	1	54	16	3	2
其他卫生活动	187	2	29	36	11	3
其他卫生活动	187	2	29	36	11	3
社会保障业	522	1	6	117	70	9
社会保障业	522	1	6	117	70	9
社会保障业	522	1	6	117	70	9
社会福利业	482	2	31	146	30	8
提供住宿的社会福利	333	2	25	108	12	5
干部休养所	71	1	4	50	1	
收养收容服务	262	1	21	58	11	5
不提供住宿的社会福利	149		6	38	18	3
不提供住宿的社会福利	149		6	38	18	3
文化、体育和娱乐业	**2299**	**58**	**388**	**540**	**123**	**37**
新闻出版业	267	5	22	75	33	8
新闻业	92	2	10	20	8	2
新闻业	92	2	10	20	8	2
出版业	175	3	12	55	25	6
图书出版	14		1	6	1	
报纸出版	83	3	8	28	15	1
期刊出版	58			13	9	4

1997年	1998年	1999年	2000年	2001年	2002年	2003年	2004年	2005年	2006年	2007年	2008年
2	2	3	7	6	8	6	3	4	5	4	1
2		1	5	3	2	1	1	1	5		
	2	2	2	3	6	5	2	3		4	1
32	64	38	78	71	112	102	120	165	191	173	129
20	41	33	52	49	62	71	87	134	146	136	93
2	2	1		1	3	2	3	3	2	2	
10	21	4	26	21	47	29	30	28	43	35	36
65	**144**	**77**	**149**	**99**	**207**	**197**	**163**	**198**	**233**	**274**	**172**
49	106	57	105	72	130	107	123	147	169	208	132
14	30	9	25	18	30	27	43	54	50	44	40
5	8	2	7	5	11	11	10	15	17	18	14
	1	1	2	2	2	1		1	2	1	1
	1	1	2	1		1	3	4	1	1	3
	2									1	
7	15	5	14	10	17	13	29	33	27	21	22
2	3					1	1	1	3	2	
20	17	20	20	12	29	33	27	31	39	70	41
20	17	20	20	12	29	33	27	31	39	70	41
4	41	16	31	15	22	19	29	30	45	54	29
4	41	16	31	15	22	19	29	30	45	54	29
5	4	3	14	13	22	6	5	4	7	7	2
5	4	3	14	13	22	6	5	4	7	7	2
2			1	1	1		2	3	3		
2			1	1	1		2	3	3		
	2		5	3	4	3	3	3	5	4	3
	2		5	3	4	3	3	3	5	4	3
2	3	3	5	4	12	13	10	7	5	14	5
2	3	3	5	4	12	13	10	7	5	14	5
2	9	6	4	6	10	6	4	15	15	15	12
2	9	6	4	6	10	6	4	15	15	15	12
8	17	3	20	19	48	71	26	29	32	31	12
8	17	3	20	19	48	71	26	29	32	31	12
8	17	3	20	19	48	71	26	29	32	31	12
8	21	17	24	8	29	19	14	22	32	35	28
5	11	9	15	2	14	16	11	18	24	25	25
2	3		1		1	1	1	3	2		1
3	8	9	14	2	13	15	10	15	22	25	24
3	10	8	9	6	15	3	3	4	8	10	3
3	10	8	9	6	15	3	3	4	8	10	3
36	**61**	**50**	**67**	**78**	**113**	**97**	**93**	**130**	**130**	**164**	**114**
5	12	10	10	10	12	10	10	11	20	12	2
	2	5	3	5	6	4	6	4	9	5	1
	2	5	3	5	6	4	6	4	9	5	1
5	10	5	7	5	6	6	4	7	11	7	1
	1			1			1		1	2	
3	7	3	2	1	2	2	2	1	3	2	
2	1	1	4	3	4	4		4	6	2	1

1-1-10 续表 28

项　目	法人单位数(个)	1949年以前	1950-1977年	1978-1991年	1992-1995年	1996年
音像制品出版	1					
电子出版物出版						
其他出版	19		3	8		1
广播、电视、电影和音像业	353	2	114	86	25	5
广播	60		14	23	1	
广播	60		14	23	1	
电视	121		20	31	17	3
电视	121		20	31	17	3
电影	139	2	80	32	5	1
电影制作与发行	23	1	8	3	1	1
电影放映	116	1	72	29	4	
音像制作	33				2	1
音像制作	33				2	1
文化艺术业	1071	49	228	329	49	15
文艺创作与表演	248	18	74	44	6	3
文艺创作与表演	248	18	74	44	6	3
艺术表演场馆	35		16	6	1	
艺术表演场馆	35		16	6	1	
图书馆与档案馆	199	5	52	120	6	2
图书馆	96	4	20	66	1	1
档案馆	103	1	32	54	5	1
文物及文化保护	162	4	12	47	11	3
文物及文化保护	162	4	12	47	11	3
博物馆	69		9	32	1	2
博物馆	69		9	32	1	2
烈士陵园、纪念馆	48	3	20	13	3	2
烈士陵园、纪念馆	48	3	20	13	3	2
群众文化活动	183	19	38	27	10	3
群众文化活动	183	19	38	27	10	3
文化艺术经纪代理	17		1		2	
文化艺术经纪代理	17		1		2	
其他文化艺术	110		6	40	9	
其他文化艺术	110		6	40	9	
体育	237	1	17	31	9	4
体育组织	148		9	10	4	4
体育组织	148		9	10	4	4
体育场馆	43		2	9	1	
体育场馆	43		2	9	1	
其他体育	46	1	6	12	4	
其他体育	46	1	6	12	4	
娱乐业	371	1	7	19	7	5
室内娱乐活动	233		6	12	3	2
室内娱乐活动	233		6	12	3	2
游乐园	12				1	
游乐园	12				1	
休闲健身娱乐活动	96			5	1	2
休闲健身娱乐活动	96			5	1	2
其他娱乐活动	30	1	1	2	2	1
其他娱乐活动	30	1	1	2	2	1

1997年	1998年	1999年	2000年	2001年	2002年	2003年	2004年	2005年	2006年	2007年	2008年
	1										
		1	1				1	2	1	1	
5	5	8	8	12	20	10	6	10	13	14	9
1	1	1	3	2	8	1	1	3		1	
1	1	1	3	2	8	1	1	3		1	
3	2	5	4	7	10	4	3	4	1	4	3
3	2	5	4	7	10	4	3	4	1	4	3
1	1	2	1	1	1	2			4	3	2
1			1	1		1			2	2	1
	1	2			1	1			2	1	1
	1			2	1	3	2	3	8	6	4
	1			2	1	3	2	3	8	6	4
14	27	13	26	28	44	40	31	45	33	52	38
3	3	3	7	6	15	12	6	7	12	14	14
3	3	3	7	6	15	12	6	7	12	14	14
	1	1	1	2			1		3		2
	1	1	1	2			1		3		2
2	3		1	1	2	1	1		2		1
			1		1	1					1
2	3			1	1		1		2		
3	10	2	6	7	5	7	8	15	4	6	8
3	10	2	6	7	5	7	8	15	4	6	8
1	2	1	5	2	3	6	4			1	
1	2	1	5	2	3	6	4			1	
						2		1	2	1	1
						2		1	2	1	1
3	5	4	3	5	10	8	8	13	6	12	7
3	5	4	3	5	10	8	8	13	6	12	7
1			1			1	2	3	1	3	2
1			1			1	2	3	1	3	2
1	3	2	2	5	9	3	1	6	3	15	3
1	3	2	2	5	9	3	1	6	3	15	3
8	9	6	8	8	13	15	13	19	18	33	23
5	5	4	5	5	10	10	10	14	11	23	18
5	5	4	5	5	10	10	10	14	11	23	18
2	2	2	1	2		3	1	4	4	6	3
2	2	2	1	2		3	1	4	4	6	3
1	2		2	1	3	2	2	1	3	4	2
1	2		2	1	3	2	2	1	3	4	2
4	8	13	15	20	24	22	33	45	46	53	42
3	6	9	9	13	12	14	20	30	26	38	29
3	6	9	9	13	12	14	20	30	26	38	29
	1	1	1	3	1	2	1			1	
	1	1	1	3	1	2	1			1	
	1	2	2	3	9	3	9	12	18	13	11
	1	2	2	3	9	3	9	12	18	13	11
1		1	3	1	2	3	3	3	2	1	2
1		1	3	1	2	3	3	3	2	1	2

1-1-10 续表 29

项目	法人单位数（个）	1949年以前	1950-1977年	1978-1991年	1992-1995年	1996年
公共管理和社会组织	**51783**	**4217**	**13188**	**20192**	**1453**	**392**
中国共产党机关	1624	241	417	541	49	8
中国共产党机关	1624	241	417	541	49	8
中国共产党机关	1624	241	417	541	49	8
国家机构	14475	640	3143	4062	943	198
国家权力机构	283	16	66	121	8	1
国家权力机构	283	16	66	121	8	1
国家行政机构	13731	595	2927	3795	913	189
综合事务管理机构	3577	267	812	1069	277	27
对外事务管理机构	55		8	17	2	1
公共安全管理机构	588	91	95	169	19	14
社会事务管理机构	2941	132	840	840	116	34
经济事务管理机构	3522	61	884	861	255	57
政府事务管理机构	1604	39	202	483	84	17
行政监督检查机构	1444	5	86	356	160	39
人民法院和人民检察院	296	25	131	102	5	1
人民法院	140	20	92	15	2	1
人民检察院	156	5	39	87	3	
其他国家机构	165	4	19	44	17	7
其他国家机构	165	4	19	44	17	7
人民政协和民主党派	255	14	48	136	8	4
人民政协	146	11	36	82	1	1
人民政协	146	11	36	82	1	1
民主党派	109	3	12	54	7	3
民主党派	109	3	12	54	7	3
群众团体、社会团体和宗教组织	5460	214	381	1038	386	148
群众团体	990	131	249	285	49	11
工会	319	34	100	61	14	5
妇联	136	42	56	19		1
共青团	142	43	48	23	4	2
其他群众团体	393	12	45	182	31	3
社会团体	3748	17	87	593	255	78
专业性团体	1701	3	43	295	107	31
行业性团体	1398	9	31	192	97	27
其他社会团体	649	5	13	106	51	20
宗教组织	722	66	45	160	82	59
宗教组织	722	66	45	160	82	59
基层群众自治组织	29969	3108	9199	14415	67	34
社区自治组织	1781	20	88	130	29	24
社区自治组织	1781	20	88	130	29	24
村民自治组织	28188	3088	9111	14285	38	10
村民自治组织	28188	3088	9111	14285	38	10

1997年	1998年	1999年	2000年	2001年	2002年	2003年	2004年	2005年	2006年	2007年	2008年
414	**905**	**468**	**946**	**1439**	**2220**	**1124**	**926**	**942**	**816**	**740**	**632**
16	54	17	40	58	77	16	22	22	14	6	4
16	54	17	40	58	77	16	22	22	14	6	4
16	54	17	40	58	77	16	22	22	14	6	4
246	490	245	363	590	1071	452	415	452	364	347	227
1	13	4	5	4	13	3	2	4	5	5	3
1	13	4	5	4	13	3	2	4	5	5	3
242	466	233	355	582	1049	445	405	434	346	331	217
47	116	38	95	175	185	72	75	75	65	59	47
2	5	4	4		1	2		2	4	1	2
10	22	10	16	25	23	10	16	21	19	15	8
43	82	42	59	85	180	80	86	88	63	70	53
79	120	61	99	151	305	114	103	101	96	75	63
22	54	37	43	96	209	93	55	52	39	35	20
39	67	41	39	50	146	74	70	95	60	76	24
1	7	2	2	2	2		3	3	1	3	1
	2	2	1	1				1	1		
1	5		1	1	2		3	2		3	1
2	4	6	1	2	7	4	5	11	12	8	6
2	4	6	1	2	7	4	5	11	12	8	6
1	7	2	4	12	7	2	1	2	2	2	2
	6		1	2	1			1	1		2
	6		1	2	1			1	1		2
1	1	2	3	10	6	2	1	1	1	2	
1	1	2	3	10	6	2	1	1	1	2	
78	191	152	238	203	310	312	378	360	397	349	312
7	32	11	19	11	38	17	20	31	32	25	22
1	9	3	5	5	14	7	2	20	17	12	10
	7	2	2	1	3	1	1		1		
	5		3	1	6	2	3	1	1		
6	11	6	9	4	15	7	14	10	13	13	12
53	132	111	185	164	247	273	307	312	331	310	282
34	50	44	86	82	126	113	142	137	137	144	123
13	58	51	72	70	91	104	119	134	136	109	83
6	24	16	27	12	30	56	46	41	58	57	76
18	27	30	34	28	25	22	51	17	34	14	8
18	27	30	34	28	25	22	51	17	34	14	8
73	163	52	301	576	755	342	110	106	39	36	87
25	65	47	126	329	428	131	91	65	31	29	81
25	65	47	126	329	428	131	91	65	31	29	81
48	98	5	175	247	327	211	19	41	8	7	6
48	98	5	175	247	327	211	19	41	8	7	6

1-1-11 按地区、开业(成立)

地　区	法人单位数(个)	1949年以前	1950-1977年	1978-1991年	1992-1995年	1996年	1997年	1998年
总　计	**160747**	**5069**	**22652**	**30396**	**6829**	**2173**	**2395**	**4617**
太原市	28987	141	1492	2669	1504	514	616	1353
大同市	14181	357	2517	2436	599	215	218	503
阳泉市	7082	195	422	1632	342	105	135	225
长治市	15958	696	2279	3917	592	180	183	325
晋城市	11463	428	1433	2361	514	191	162	254
朔州市	7771	414	1849	955	326	101	107	170
晋中市	14187	663	1818	2662	517	182	202	318
运城市	16334	234	1864	4310	641	236	239	480
忻州市	14417	953	4783	2643	506	150	125	244
临汾市	18973	294	2106	4337	832	196	278	518
吕梁市	11394	694	2089	2474	456	103	130	227

注：本表中按开业(成立)时间分组不包含筹建单位的法人单位数。

时间分组的法人单位数

1999年	2000年	2001年	2002年	2003年	2004年	2005年	2006年	2007年	2008年
3668	**5608**	**6460**	**8173**	**8715**	**8931**	**10053**	**11551**	**11287**	**8416**
964	1204	1289	1741	2013	2154	2507	3116	2933	2181
393	571	660	813	663	726	846	882	823	652
185	298	390	320	393	432	455	422	511	373
250	479	613	695	813	824	892	996	1001	695
265	400	344	488	634	638	574	819	858	706
169	192	325	372	378	393	494	582	541	347
272	404	606	817	757	836	922	944	1020	778
415	671	707	848	878	839	964	1063	1013	741
163	264	318	501	488	574	648	692	692	462
420	787	802	1016	1179	958	1165	1361	1299	1031
172	338	406	562	519	557	586	674	596	450

1-1-12 按地区、学历分组的法人单位就业人数

地　区	法人单位数(个)	就业人数(人)	具有研究生及以上学历人员	具有大学本科学历人员	具有大专学历人员	具有高中学历人员	具有初中及以下学历人员
总　计	**160747**	**6647298**	**56908**	**790395**	**1314053**	**2022994**	**2462948**
太原市	28987	1428649	30717	252211	307274	348128	490319
大同市	14181	659548	2710	64897	123156	235824	232961
阳泉市	7082	377383	1198	30150	56589	108992	180454
长治市	15958	598255	3409	65406	123873	195162	210405
晋城市	11463	504468	1545	38118	84056	177232	203517
朔州市	7771	280904	1196	28641	56990	95189	98888
晋中市	14187	605832	2853	56271	95738	156527	294443
运城市	16334	669746	3450	72304	141934	236551	215507
忻州市	14417	403897	2606	46379	82531	127706	144675
临汾市	18973	632451	4306	83235	147870	199236	197804
吕梁市	11394	486165	2918	52783	94042	142447	193975

1-1-13　按行业(小类)、学历分组的法人单位就业人数

项　目	法人单位数(个)	就业人数(人)	具有研究生及以上学历人员	具有大学本科学历人员	具有大专学历人员	具有高中学历人员	具有初中及以下学历人员
总　计	**160747**	**6647298**	**56908**	**790395**	**1314053**	**2022994**	**2462948**
农、林、牧、渔业	**15**	**2039**	**1**	**33**	**1047**	**500**	**458**
农业	6	1466		2	990	320	154
谷物及其他作物的种植	2	1421		1	986	295	139
谷物的种植	2	1421		1	986	295	139
薯类的种植							
油料的种植							
豆类的种植							
棉花的种植							
麻类的种植							
糖料的种植							
烟草的种植							
其他作物的种植							
蔬菜、园艺作物的种植	3	36		1	2	21	12
蔬菜的种植	3	36		1	2	21	12
花卉的种植							
其他园艺作物的种植							
水果、坚果、饮料和香料作物的种植							
水果、坚果的种植							
茶及其他饮料作物的种植							
香料作物的种植							
中药材的种植	1	9			2	4	3
中药材的种植	1	9			2	4	3
林业	3	77	1	12	16	38	10
林木的培育和种植	3	77	1	12	16	38	10
育种和育苗	1	30		2	7	21	
造林							
林木的抚育和管理	2	47	1	10	9	17	10
木材和竹材的采运							
木材的采运							
竹材的采运							
林产品的采集							
林产品的采集							
畜牧业	4	269		18	31	107	113
牲畜的饲养	1	30		2	6	12	10
牲畜的饲养	1	30		2	6	12	10
猪的饲养	2	211		16	22	78	95
猪的饲养	2	211		16	22	78	95
家禽的饲养							
家禽的饲养							
狩猎和捕捉动物							
狩猎和捕捉动物							
其他畜牧业	1	28			3	17	8
其他畜牧业	1	28			3	17	8
渔业	1	60		1	5	7	47
海洋渔业							
海水养殖							
海洋捕捞							

1-1-13 续表 1

项　　目	法人单位数(个)	就业人数(人)	具有研究生及以上学历人员	具有大学本科学历人员	具有大专学历人员	具有高中学历人员	具有初中及以下学历人员
内陆渔业	1	60		1	5	7	47
内陆养殖	1	60		1	5	7	47
内陆捕捞							
农、林、牧、渔服务业	1	167			5	28	134
农业服务业	1	167			5	28	134
灌溉服务	1	167			5	28	134
农产品初加工服务							
其他农业服务							
林业服务业							
林业服务业							
畜牧服务业							
兽医服务							
其他畜牧服务							
渔业服务业							
渔业服务业							
采矿业	**7969**	**1181261**	**1793**	**57849**	**104024**	**322687**	**694908**
煤炭开采和洗选业	4817	1101740	1722	56583	100459	300509	642467
烟煤和无烟煤的开采洗选	4816	1100659	1721	56581	100428	300431	641498
烟煤和无烟煤的开采洗选	4816	1100659	1721	56581	100428	300431	641498
褐煤的开采洗选							
褐煤的开采洗选							
其他煤炭采选	1	1081	1	2	31	78	969
其他煤炭采选	1	1081	1	2	31	78	969
石油和天然气开采业	12	1488	16	202	304	628	338
天然原油和天然气开采	9	1028	15	153	202	547	111
天然原油和天然气开采	9	1028	15	153	202	547	111
与石油和天然气开采有关的服务活动	3	460	1	49	102	81	227
与石油和天然气开采有关的服务活动	3	460	1	49	102	81	227
黑色金属矿采选业	1493	49545	35	588	1859	13206	33857
铁矿采选	1468	46204	35	547	1747	11906	31969
铁矿采选	1468	46204	35	547	1747	11906	31969
其他黑色金属矿采选	25	3341		41	112	1300	1888
其他黑色金属矿采选	25	3341		41	112	1300	1888
有色金属矿采选业	127	6820	4	189	460	2623	3544
常用有色金属矿采选	103	5043	4	155	380	1931	2573
铜矿采选	52	1804	2	57	122	642	981
铅锌矿采选	8	1027		10	28	449	540
镍钴矿采选							
锡矿采选							
锑矿采选							
铝矿采选	31	1973	2	64	186	729	992
镁矿采选	8	148		12	2	106	28
其他常用有色金属矿采选	4	91		12	42	5	32
贵金属矿采选	22	1728		27	65	672	964
金矿采选	20	1720		27	62	670	961
银矿采选	2	8			3	2	3
其他贵金属矿采选							

1-1-13　续表 2

项　　目	法人单位数(个)	就业人数(人)	具有研究生及以上学历人员	具有大学本科学历人员	具有大专学历人员	具有高中学历人员	具有初中及以下学历人员
稀有稀土金属矿采选	2	49		7	15	20	7
钨钼矿采选	1	47		7	15	20	5
稀土金属矿采选	1	2					2
放射性金属矿采选							
其他稀有金属矿采选							
非金属矿采选业	1520	21668	16	287	942	5721	14702
土砂石开采	1375	19948	14	268	856	5251	13559
石灰石、石膏开采	385	5464	1	67	350	1276	3770
建筑装饰用石开采	242	3557		62	103	1001	2391
耐火土石开采	84	1173	2	22	61	266	822
粘土及其他土砂石开采	664	9754	11	117	342	2708	6576
化学矿采选	77	995		3	40	204	748
化学矿采选	77	995		3	40	204	748
采盐							
采盐							
石棉及其他非金属矿采选	68	725	2	16	46	266	395
石棉、云母矿采选	5	93			1	47	45
石墨、滑石采选	3	19			2	9	8
宝石、玉石开采	1	28					28
其他非金属矿采选	59	585	2	16	43	210	314
其他采矿业							
其他采矿业							
其他采矿业							
制造业	**22409**	**1576189**	**5461**	**71608**	**173956**	**547866**	**777298**
农副食品加工业	1743	49855	205	1522	4483	16378	27267
谷物磨制	545	7630	15	234	700	2623	4058
谷物磨制	545	7630	15	234	700	2623	4058
饲料加工	224	6105	54	426	938	2149	2538
饲料加工	224	6105	54	426	938	2149	2538
植物油加工	121	4477	11	65	285	1286	2830
食用植物油加工	87	4115	9	60	245	1180	2621
非食用植物油加工	34	362	2	5	40	106	209
制糖	6	834	23	84	185	310	232
制糖	6	834	23	84	185	310	232
屠宰及肉类加工	268	11754	76	361	1051	3824	6442
畜禽屠宰	142	7215	75	250	653	1983	4254
肉制品及副产品加工	126	4539	1	111	398	1841	2188
水产品加工	1	10			2	8	
水产品冷冻加工	1	10			2	8	
鱼糜制品及水产品干腌制加工							
水产饲料制造							
鱼油提取及制品的制造							
其他水产品加工							
蔬菜、水果和坚果加工	278	8806	15	142	548	2229	5872
蔬菜、水果和坚果加工	278	8806	15	142	548	2229	5872
其他农副食品加工	300	10239	11	210	774	3949	5295
淀粉及淀粉制品的制造	133	7203	4	158	599	3047	3395
豆制品制造	69	1242	3	26	40	413	760
蛋品加工	15	227		5	12	59	151
其他未列明的农副食品加工	83	1567	4	21	123	430	989

1-1-13 续表 3

项　目	法人单位数(个)	就业人数(人)	具有研究生及以上学历人员	具有大学本科学历人员	具有大专学历人员	具有高中学历人员	具有初中及以下学历人员
食品制造业	947	37634	166	1679	3842	13187	18760
焙烤食品制造	218	6055	15	178	546	2320	2996
糕点、面包制造	161	3884	15	124	392	1643	1710
饼干及其他焙烤食品制造	57	2171		54	154	677	1286
糖果、巧克力及蜜饯制造	193	6510	16	117	438	2283	3656
糖果、巧克力制造	8	228	1	6	24	102	95
蜜饯制作	185	6282	15	111	414	2181	3561
方便食品制造	98	3840	29	145	282	1505	1879
米、面制品制造	53	1537	3	57	144	560	773
速冻食品制造	20	668		45	42	308	273
方便面及其他方便食品制造	25	1635	26	43	96	637	833
液体乳及乳制品制造	94	6776	25	559	1100	2144	2948
液体乳及乳制品制造	94	6776	25	559	1100	2144	2948
罐头制造	57	2752	2	133	205	1072	1340
肉、禽类罐头制造	13	848		20	66	517	245
水产品罐头制造	2	6				2	4
蔬菜、水果罐头制造	41	1897	2	113	139	553	1090
其他罐头食品制造	1	1					1
调味品、发酵制品制造	187	8622	31	342	786	2711	4752
味精制造	1	3					3
酱油、食醋及类似制品的制造	163	7645	31	306	693	2375	4240
其他调味品、发酵制品制造	23	974		36	93	336	509
其他食品制造	100	3079	48	205	485	1152	1189
营养、保健食品制造	28	535	36	80	131	173	115
冷冻饮品及食用冰制造	22	667		16	57	206	388
盐加工	1	30		10	10		10
食品及饲料添加剂制造	29	1624	10	90	265	709	550
其他未列明的食品制造	20	223	2	9	22	64	126
饮料制造业	515	31166	92	1351	3427	10417	15879
酒精制造	10	729		17	63	223	426
酒精制造	10	729		17	63	223	426
酒的制造	226	21123	25	683	1925	6653	11837
白酒制造	178	16660	17	453	1309	4625	10256
啤酒制造	16	3606	1	182	528	1766	1129
黄酒制造	7	106		3	10	39	54
葡萄酒制造	11	278	2	20	28	85	143
其他酒制造	14	473	5	25	50	138	255
软饮料制造	270	9168	65	639	1423	3497	3544
碳酸饮料制造	26	1918	3	200	408	562	745
瓶(罐)装饮用水制造	134	1609	1	49	172	618	769
果菜汁及果菜汁饮料制造	77	4602	53	340	724	1796	1689
含乳饮料和植物蛋白饮料制造	18	606	1	33	72	370	130
固体饮料制造	5	206	5	4	23	63	111
茶饮料及其他软饮料制造	10	227	2	13	24	88	100
精制茶加工	9	146	2	12	16	44	72
精制茶加工	9	146	2	12	16	44	72

1-1-13　续表 4

项　　目	法人单位数(个)	就业人数(人)	具有研究生及以上学历人员	具有大学本科学历人员	具有大专学历人员	具有高中学历人员	具有初中及以下学历人员
烟草制品业	1	1263	10	159	507	234	353
烟叶复烤							
烟叶复烤							
卷烟制造	1	1263	10	159	507	234	353
卷烟制造	1	1263	10	159	507	234	353
其他烟草制品加工							
其他烟草制品加工							
纺织业	270	28447	40	591	2166	11321	14329
棉、化纤纺织及印染精加工	124	19187	14	323	1343	8129	9378
棉、化纤纺织加工	111	17147	12	239	1081	7303	8512
棉、化纤印染精加工	13	2040	2	84	262	826	866
毛纺织和染整精加工	9	524	5	36	75	225	183
毛条加工	3	10				7	3
毛纺织	5	354	5	31	42	173	103
毛染整精加工	1	160		5	33	45	77
麻纺织	5	2312		16	109	825	1362
麻纺织	5	2312		16	109	825	1362
丝绢纺织及精加工	11	1291	11	29	108	530	613
缫丝加工	8	795	10	27	54	378	326
绢纺和丝织加工	3	496	1	2	54	152	287
丝印染精加工							
纺织制成品制造	59	1994	9	92	290	644	959
棉及化纤制品制造	23	427	3	44	34	138	208
毛制品制造	6	218	5	35	49	75	54
麻制品制造	3	855			156	257	442
丝制品制造	4	73		4	6	21	42
绳、索、缆的制造	3	22			1	19	2
纺织带和帘子布制造	2	24			3	8	13
无纺布制造	4	30			1	12	17
其他纺织制成品制造	14	345	1	9	40	114	181
针织品、编织品及其制品制造	62	3139	1	95	241	968	1834
棉、化纤针织品及编织品制造	35	1777	1	93	184	479	1020
毛针织品及编织品制造	5	166			1	44	121
丝针织品及编织品制造	6	150			6	66	78
其他针织品及编织品制造	16	1046		2	50	379	615
纺织服装、鞋、帽制造业	248	13112	27	261	999	5021	6804
纺织服装制造	214	12382	27	259	977	4782	6337
纺织服装制造	214	12382	27	259	977	4782	6337
纺织面料鞋的制造	29	648		2	16	202	428
纺织面料鞋的制造	29	648		2	16	202	428
制帽	5	82			6	37	39
制帽	5	82			6	37	39
皮革、毛皮、羽毛(绒)及其制品业	32	1043		20	71	285	667
皮革鞣制加工	2	97				37	60
皮革鞣制加工	2	97				37	60
皮革制品制造	18	788		18	54	226	490
皮鞋制造	13	632		16	53	166	397
皮革服装制造							

1-1-13 续表 5

项目	法人单位数(个)	就业人数(人)	具有研究生及以上学历人员	具有大学本科学历人员	具有大专学历人员	具有高中学历人员	具有初中及以下学历人员
皮箱、包(袋)制造	4	125		2		52	71
皮手套及皮装饰制品制造	1	31			1	8	22
其他皮革制品制造							
毛皮鞣制及制品加工	11	148		2	10	19	117
毛皮鞣制加工	7	61			4	8	49
毛皮服装加工	2	4			3		1
其他毛皮制品加工	2	83		2	3	11	67
羽毛(绒)加工及制品制造	1	10			7	3	
羽毛(绒)加工							
羽毛(绒)制品加工	1	10			7	3	
木材加工及木、竹、藤、棕、草制品业	239	4811	6	92	568	1744	2401
锯材、木片加工	83	937		5	240	190	502
锯材加工	49	414			32	85	297
木片加工	34	523		5	208	105	205
人造板制造	62	2086	4	62	159	801	1060
胶合板制造	23	854	1	16	65	392	380
纤维板制造	9	747	2	33	72	302	338
刨花板制造	8	98			2	20	76
其他人造板、材制造	22	387	1	13	20	87	266
木制品制造	80	1611	2	25	161	705	718
建筑用木料及木材组件加工	38	805		12	82	246	465
木容器制造	29	635		3	36	371	225
软木制品及其他木制品制造	13	171	2	10	43	88	28
竹、藤、棕、草制品制造	14	177			8	48	121
竹、藤、棕、草制品制造	14	177			8	48	121
家具制造业	227	4303	35	129	465	1417	2257
木质家具制造	181	3643	35	110	357	1150	1991
木质家具制造	181	3643	35	110	357	1150	1991
竹、藤家具制造	1	1					1
竹、藤家具制造	1	1					1
金属家具制造	19	268		8	37	135	88
金属家具制造	19	268		8	37	135	88
塑料家具制造	7	142		4	34	84	20
塑料家具制造	7	142		4	34	84	20
其他家具制造	19	249		7	37	48	157
其他家具制造	19	249		7	37	48	157
造纸及纸制品业	563	16631	13	276	1030	5152	10160
纸浆制造	13	273		14	36	105	118
纸浆制造	13	273		14	36	105	118
造纸	182	6525	6	82	390	2426	3621
机制纸及纸板制造	149	5929	4	75	354	2174	3322
手工纸制造	8	272	2	6	15	154	95
加工纸制造	25	324		1	21	98	204
纸制品制造	368	9833	7	180	604	2621	6421
纸和纸板容器的制造	296	7935	7	148	483	2152	5145
其他纸制品制造	72	1898		32	121	469	1276
印刷业和记录媒介的复制	650	15453	48	630	2071	6898	5806
印刷	582	14067	48	564	1835	6275	5345

1-1-13　续表 6

项　　目	法　人 单位数 (个)	就业人数 (人)	具有研究生及以上学历人员	具有大学本科学历人员	具有大专学历人员	具有高中学历人员	具有初中及以下学历人员
书、报、刊印刷	272	7396	27	252	1049	3720	2348
本册印制	124	1904		66	243	832	763
包装装潢及其他印刷	186	4767	21	246	543	1723	2234
装订及其他印刷服务活动	67	1383		66	236	623	458
装订及其他印刷服务活动	67	1383		66	236	623	458
记录媒介的复制	1	3					3
记录媒介的复制	1	3					3
文教体育用品制造业	47	4090	1	98	400	1403	2188
文化用品制造	11	338		8	38	118	174
文具制造	3	21			1	11	9
笔的制造	2	18					18
教学用模型及教具制造	2	149		1	14	71	63
墨水、墨汁制造	1	116		2	10	30	74
其他文化用品制造	3	34		5	13	6	10
体育用品制造	30	3574	1	90	357	1248	1878
球类制造	1	45				5	40
体育器材及配件制造	12	706		5	70	162	469
训练健身器材制造	16	2806	1	85	287	1064	1369
运动防护用具制造							
其他体育用品制造	1	17				17	
乐器制造	2	43				16	27
中乐器制造	2	43				16	27
西乐器制造							
电子乐器制造							
其他乐器及零件制造							
玩具制造	2	118				11	107
玩具制造	2	118				11	107
游艺器材及娱乐用品制造	2	17			5	10	2
露天游乐场所游乐设备制造	1	2					2
游艺用品及室内游艺器材制造	1	15			5	10	
石油加工、炼焦及核燃料加工业	440	189618	621	7625	21328	75280	84764
精炼石油产品的制造	46	4615	37	332	689	1947	1610
原油加工及石油制品制造	44	3679	14	161	469	1431	1604
人造原油生产	2	936	23	171	220	516	6
炼焦	394	185003	584	7293	20639	73333	83154
炼焦	394	185003	584	7293	20639	73333	83154
核燃料加工							
核燃料加工							
化学原料及化学制品制造业	1543	156685	491	7450	20412	56253	72079
基础化学原料制造	561	49583	103	1935	5814	15282	26449
无机酸制造	57	1912	2	46	85	546	1233
无机碱制造	37	10581	16	803	1629	1522	6611
无机盐制造	144	12868	6	177	679	3688	8318
有机化学原料制造	168	18641	67	755	2688	7732	7399
其他基础化学原料制造	155	5581	12	154	733	1794	2888
肥料制造	203	45354	132	1919	6211	18097	18995
氮肥制造	51	34048	67	1005	4027	13622	15327
磷肥制造	22	1450	8	32	124	710	576

1-1-13 续表 7

项　目	法人单位数(个)	就业人数(人)	具有研究生及以上学历人员	具有大学本科学历人员	具有大专学历人员	具有高中学历人员	具有初中及以下学历人员
钾肥制造	2	50			1	13	36
复混肥料制造	42	8436	45	815	1919	3329	2328
有机肥料及微生物肥料制造	58	890	8	26	57	272	527
其他肥料制造	28	480	4	41	83	151	201
农药制造	62	1980	31	145	516	679	609
化学农药制造	44	1701	10	117	482	560	532
生物化学农药及微生物农药制造	18	279	21	28	34	119	77
涂料、油墨、颜料及类似产品制造	170	4719	25	286	526	1799	2083
涂料制造	125	1677	6	87	255	582	747
油墨及类似产品制造	16	825	10	119	100	410	186
颜料制造	13	623		13	29	195	386
染料制造	11	1528	9	64	140	593	722
密封用填料及类似品制造	5	66		3	2	19	42
合成材料制造	46	9614	28	492	1559	3882	3653
初级形态的塑料及合成树脂制造	24	3444	3	163	373	1396	1509
合成橡胶制造	11	3088	2	166	549	1310	1061
合成纤维单(聚合)体的制造	5	3015	23	160	630	1135	1067
其他合成材料制造	6	67		3	7	41	16
专用化学产品制造	433	39007	152	2148	4615	12563	19529
化学试剂和助剂制造	124	5923	68	399	628	2064	2764
专项化学用品制造	45	1409	8	93	150	471	687
林产化学产品制造	86	3639	5	76	237	1107	2214
炸药及火工产品制造	65	22021	41	1040	2557	7190	11193
信息化学品制造	3	103	3	20	20	15	45
环境污染处理专用药剂材料制造	28	877	3	28	65	247	534
动物胶制造	29	474		11	48	132	283
其他专用化学产品制造	53	4561	24	481	910	1337	1809
日用化学产品制造	68	6428	20	525	1171	3951	761
肥皂及合成洗涤剂制造	30	6013	19	506	1103	3761	624
化妆品制造	3	10			8	1	1
口腔清洁用品制造	3	28		2	7	5	14
香料、香精制造	7	153		1	31	91	30
其他日用化学产品制造	25	224	1	16	22	93	92
医药制造业	261	31660	200	2393	6019	13472	9576
化学药品原药制造	30	6101	12	368	984	2740	1997
化学药品原药制造	30	6101	12	368	984	2740	1997
化学药品制剂制造	70	12406	65	1057	2215	5681	3388
化学药品制剂制造	70	12406	65	1057	2215	5681	3388
中药饮片加工	27	771	3	56	125	343	244
中药饮片加工	27	771	3	56	125	343	244
中成药制造	48	7914	84	546	1757	3147	2380
中成药制造	48	7914	84	546	1757	3147	2380
兽用药品制造	48	1545	9	123	274	577	562
兽用药品制造	48	1545	9	123	274	577	562
生物、生化制品的制造	21	1242	25	200	354	478	185
生物、生化制品的制造	21	1242	25	200	354	478	185
卫生材料及医药用品制造	17	1681	2	43	310	506	820
卫生材料及医药用品制造	17	1681	2	43	310	506	820

1-1-13　续表 8

项　　目	法人单位数（个）	就业人数（人）	具有研究生及以上学历人员	具有大学本科学历人员	具有大专学历人员	具有高中学历人员	具有初中及以下学历人员
化学纤维制造业	15	1845		40	187	467	1151
纤维素纤维原料及纤维制造	1	1062		10	57	140	855
化纤浆粕制造							
人造纤维(纤维素纤维)制造	1	1062		10	57	140	855
合成纤维制造	14	783		30	130	327	296
锦纶纤维制造	1	132			50	40	42
涤纶纤维制造	6	421		28	75	165	153
腈纶纤维制造	1	80				60	20
维纶纤维制造							
其他合成纤维制造	6	150		2	5	62	81
橡胶制品业	166	9107	29	483	994	3435	4166
轮胎制造	15	3063	13	284	431	1420	915
车辆、飞机及工程机械轮胎制造	8	2929	11	263	415	1354	886
力车胎制造	1	32		5		27	
轮胎翻新加工	6	102	2	16	16	39	29
橡胶板、管、带的制造	42	2515	14	128	294	914	1165
橡胶板、管、带的制造	42	2515	14	128	294	914	1165
橡胶零件制造	47	1302		43	151	564	544
橡胶零件制造	47	1302		43	151	564	544
再生橡胶制造	29	1369		4	69	380	916
再生橡胶制造	29	1369		4	69	380	916
日用及医用橡胶制品制造	6	308	1	4	11	25	267
日用及医用橡胶制品制造	6	308	1	4	11	25	267
橡胶靴鞋制造	7	54				10	44
橡胶靴鞋制造	7	54				10	44
其他橡胶制品制造	20	496	1	20	38	122	315
其他橡胶制品制造	20	496	1	20	38	122	315
塑料制品业	565	17714	53	607	1643	5790	9621
塑料薄膜制造	55	1969	12	117	286	731	823
塑料薄膜制造	55	1969	12	117	286	731	823
塑料板、管、型材的制造	126	3705	26	273	516	1292	1598
塑料板、管、型材的制造	126	3705	26	273	516	1292	1598
塑料丝、绳及编织品的制造	127	6718	5	112	360	1690	4551
塑料丝、绳及编织品的制造	127	6718	5	112	360	1690	4551
泡沫塑料制造	64	1145	4	10	65	345	721
泡沫塑料制造	64	1145	4	10	65	345	721
塑料人造革、合成革制造	4	71		4	3	53	11
塑料人造革、合成革制造	4	71		4	3	53	11
塑料包装箱及容器制造	62	1894	1	29	220	639	1005
塑料包装箱及容器制造	62	1894	1	29	220	639	1005
塑料零件制造	14	158		11	19	56	72
塑料零件制造	14	158		11	19	56	72
日用塑料制造	52	888		3	48	573	264
塑料鞋制造	1	43		1	2		40
日用塑料杂品制造	51	845		2	46	573	224
其他塑料制品制造	61	1166	5	48	126	411	576
其他塑料制品制造	61	1166	5	48	126	411	576

1-1-13 续表 9

项 目	法人单位数（个）	就业人数（人）	具有研究生及以上学历人员	具有大学本科学历人员	具有大专学历人员	具有高中学历人员	具有初中及以下学历人员
非金属矿物制品业	5758	260033	317	4393	14777	71018	169528
水泥、石灰和石膏的制造	568	46431	87	1336	4902	14840	25266
水泥制造	367	43130	79	1285	4682	13871	23213
石灰和石膏制造	201	3301	8	51	220	969	2053
水泥及石膏制品制造	734	17943	28	707	1972	6042	9194
水泥制品制造	320	11416	21	542	1494	3811	5548
砼结构构件制造	302	4412	3	94	281	1464	2570
石棉水泥制品制造	10	147		5	8	34	100
轻质建筑材料制造	79	1622	3	49	158	642	770
其他水泥制品制造	23	346	1	17	31	91	206
砖瓦、石材及其他建筑材料制造	2908	87913	87	932	3111	19956	63827
粘土砖瓦及建筑砌块制造	2335	70527	13	371	1654	15246	53243
建筑陶瓷制品制造	86	7369	67	199	578	1756	4769
建筑用石加工	295	5816	5	128	353	1762	3568
防水建筑材料制造	51	1090	1	61	120	415	493
隔热和隔音材料制造	50	1215		110	231	392	482
其他建筑材料制造	91	1896	1	63	175	385	1272
玻璃及玻璃制品制造	311	45323	6	281	1361	12503	31172
平板玻璃制造	13	1204		47	154	369	634
技术玻璃制品制造	7	2659		18	67	1499	1075
光学玻璃制造	1	1					1
玻璃仪器制造	9	1028		3	25	160	840
日用玻璃制品及玻璃包装容器制造	231	38727	6	202	888	10099	27532
玻璃保温容器制造	3	470		2	12	156	300
玻璃纤维及制品制造	12	460			123	38	299
玻璃纤维增强塑料制品制造	17	324		8	34	123	159
其他玻璃制品制造	18	450		1	58	59	332
陶瓷制品制造	135	15198	22	198	647	5268	9063
卫生陶瓷制品制造	4	52		2	12	13	25
特种陶瓷制品制造	18	1483	11	38	117	618	699
日用陶瓷制品制造	101	13476	11	158	516	4561	8230
园林、陈设艺术及其他陶瓷制品制造	12	187			2	76	109
耐火材料制品制造	792	31214	56	429	1470	8459	20800
石棉制品制造	18	471		1	26	115	329
云母制品制造	1	2					2
耐火陶瓷制品及其他耐火材料制造	773	30741	56	428	1444	8344	20469
石墨及其他非金属矿物制品制造	310	16011	31	510	1314	3950	10206
石墨及碳素制品制造	208	12150	20	319	950	2727	8134
其他非金属矿物制品制造	102	3861	11	191	364	1223	2072
黑色金属冶炼及压延加工业	621	188254	696	9197	25476	65119	87766
炼铁	349	49888	100	1173	3680	17755	27180
炼铁	349	49888	100	1173	3680	17755	27180
炼钢	51	24394	33	743	2116	7867	13635
炼钢	51	24394	33	743	2116	7867	13635
钢压延加工	136	100753	552	6706	18451	35321	39723
钢压延加工	136	100753	552	6706	18451	35321	39723
铁合金冶炼	85	13219	11	575	1229	4176	7228
铁合金冶炼	85	13219	11	575	1229	4176	7228

1-1-13　续表 10

项　目	法人单位数（个）	就业人数（人）	具有研究生及以上学历人员	具有大学本科学历人员	具有大专学历人员	具有高中学历人员	具有初中及以下学历人员
有色金属冶炼及压延加工业	341	88619	222	3569	9256	35980	39592
常用有色金属冶炼	222	78339	187	3080	8102	32096	34874
铜冶炼	11	9933	7	649	2109	4077	3091
铅锌冶炼	14	2107	15	76	179	1370	467
镍钴冶炼							
锡冶炼							
锑冶炼							
铝冶炼	46	36650	112	1665	4199	16430	14244
镁冶炼	133	29406	53	684	1596	10110	16963
其他常用有色金属冶炼	18	243		6	19	109	109
贵金属冶炼	6	625		19	54	123	429
金冶炼	1	5				3	2
银冶炼	4	550		17	53	117	363
其他贵金属冶炼	1	70		2	1	3	64
稀有稀土金属冶炼	18	1306	4	43	130	388	741
钨钼冶炼	7	236		2	33	70	131
稀土金属冶炼	9	1026	2	38	92	308	586
其他稀有金属冶炼	2	44	2	3	5	10	24
有色金属合金制造	28	1886	2	72	199	359	1254
有色金属合金制造	28	1886	2	72	199	359	1254
有色金属压延加工	67	6463	29	355	771	3014	2294
常用有色金属压延加工	57	5426	23	284	658	2661	1800
贵金属压延加工	2	176	3	33	62	57	21
稀有稀土金属压延加工	8	861	3	38	51	296	473
金属制品业	1179	41451	97	1106	3389	12471	24388
结构性金属制品制造	475	12955	48	422	1346	4447	6692
金属结构制造	290	9832	28	294	978	3241	5291
金属门窗制造	185	3123	20	128	368	1206	1401
金属工具制造	117	3487	4	148	508	1327	1500
切削工具制造	17	1835	1	112	388	648	686
手工具制造	9	157	3	7	15	66	66
农用及园林用金属工具制造	15	310		1	3	100	206
刀剪及类似日用金属工具制造	6	100			4	20	76
其他金属工具制造	70	1085		28	98	493	466
集装箱及金属包装容器制造	36	1858	9	127	281	755	686
集装箱制造							
金属压力容器制造	11	587		76	165	212	134
金属包装容器制造	25	1271	9	51	116	543	552
金属丝绳及其制品的制造	91	2877	2	53	194	833	1795
金属丝绳及其制品的制造	91	2877	2	53	194	833	1795
建筑、安全用金属制品制造	259	15665	13	185	530	3589	11348
建筑、家具用金属配件制造	27	329		6	44	133	146
建筑装饰及水暖管道零件制造	189	13718	8	89	306	2818	10497
安全、消防用金属制品制造	25	1231	5	77	146	418	585
其他建筑、安全用金属制品制造	18	387		13	34	220	120
金属表面处理及热处理加工	58	1452	9	36	122	588	697
金属表面处理及热处理加工	58	1452	9	36	122	588	697
搪瓷制品制造	2	133		2	23	35	73
工业生产配套用搪瓷制品制造	1	5			5		
搪瓷卫生洁具制造							
搪瓷日用品及其他搪瓷制品制造	1	128		2	18	35	73

1-1-13 续表 11

项目	法人单位数(个)	就业人数(人)	具有研究生及以上学历人员	具有大学本科学历人员	具有大专学历人员	具有高中学历人员	具有初中及以下学历人员
不锈钢及类似日用金属制品制造	46	1225	3	63	200	403	556
金属制厨房调理及卫生器具制造	8	95		6	14	25	50
金属制厨用器皿及餐具制造	8	423		21	84	142	176
其他日用金属制品制造	30	707	3	36	102	236	330
其他金属制品制造	95	1799	9	70	185	494	1041
铸币及贵金属制实验室用品制造							
其他未列明的金属制品制造	95	1799	9	70	185	494	1041
通用设备制造业	3373	134685	371	5358	12822	45443	70691
锅炉及原动机制造	237	11465	110	958	1816	2751	5830
锅炉及辅助设备制造	220	7119	104	596	719	1797	3903
内燃机及配件制造	12	3795	6	358	1067	892	1472
汽轮机及辅机制造							
水轮机及辅机制造	1	20			20		
其他原动机制造	4	531		4	10	62	455
金属加工机械制造	230	7333	25	373	932	3258	2745
金属切削机床制造	17	1673	5	134	299	773	462
金属成形机床制造	21	817	3	46	75	350	343
铸造机械制造	55	1677		28	133	664	852
金属切割及焊接设备制造	18	310	3	34	57	140	76
机床附件制造	15	371		25	14	182	150
其他金属加工机械制造	104	2485	14	106	354	1149	862
起重运输设备制造	56	4171	15	152	483	1498	2023
起重运输设备制造	56	4171	15	152	483	1498	2023
泵、阀门、压缩机及类似机械的制造	290	14604	37	994	2155	5811	5607
泵及真空设备制造	68	5838	21	214	807	2556	2240
气体压缩机械制造	11	866		18	66	247	535
阀门和旋塞的制造	36	2169		260	257	718	934
液压和气压动力机械及元件制造	175	5731	16	502	1025	2290	1898
轴承、齿轮、传动和驱动部件的制造	80	3338	13	192	360	1445	1328
轴承制造	35	2071	7	93	198	999	774
齿轮、传动和驱动部件制造	45	1267	6	99	162	446	554
烘炉、熔炉及电炉制造	7	513	12	82	92	179	148
烘炉、熔炉及电炉制造	7	513	12	82	92	179	148
风机、衡器、包装设备等通用设备制造	136	7028	52	452	965	2911	2648
风机、风扇制造	34	1799	6	121	308	559	805
气体、液体分离及纯净设备制造	13	303	3	24	34	169	73
制冷、空调设备制造	10	933	18	49	112	444	310
风动和电动工具制造	2	62			9	32	21
喷枪及类似器具制造	3	688		2	19	239	428
包装专用设备制造	2	25		2	10	11	2
衡器制造	24	991	4	43	95	448	401
其他通用设备制造	48	2227	21	211	378	1009	608
通用零部件制造及机械修理	766	25721	41	738	2001	10007	12934
金属密封件制造	7	66		1	7	25	33
紧固件、弹簧制造	52	1087	1	41	96	226	723
机械零部件加工及设备修理	644	23052	40	672	1721	9104	11515
其他通用零部件制造	63	1516		24	177	652	663

1-1-13　续表 12

项　目	法人单位数(个)	就业人数(人)	具有研究生及以上学历人员	具有大学本科学历人员	具有大专学历人员	具有高中学历人员	具有初中及以下学历人员
金属铸、锻加工	1571	60512	66	1417	4018	17583	37428
钢铁铸件制造	872	39569	48	704	2250	11217	25350
锻件及粉末冶金制品制造	699	20943	18	713	1768	6366	12078
专用设备制造业	879	94789	918	10065	16153	36045	31608
矿山、冶金、建筑专用设备制造	372	39054	391	3958	5894	15299	13512
采矿、采石设备制造	263	32249	335	3246	4777	12846	11045
石油钻采专用设备制造	15	1987	6	192	569	788	432
建筑工程用机械制造	29	1059	2	145	153	393	366
建筑材料生产专用机械制造	18	426	3	8	39	120	256
冶金专用设备制造	47	3333	45	367	356	1152	1413
化工、木材、非金属加工专用设备制造	85	2854	25	191	324	1175	1139
炼油、化工生产专用设备制造	13	1090	3	74	124	584	305
橡胶加工专用设备制造							
塑料加工专用设备制造	7	434	1	6	42	80	305
木材加工机械制造	8	149		1	5	86	57
模具制造	51	964	5	87	117	333	422
其他非金属加工专用设备制造	6	217	16	23	36	92	50
食品、饮料、烟草及饲料生产专用设备制造	9	1053	10	30	56	650	307
食品、饮料、烟草工业专用设备制造	3	126	5	7	25	37	52
农副食品加工专用设备制造	4	882	5	20	30	585	242
饲料生产专用设备制造	2	45		3	1	28	13
印刷、制药、日化生产专用设备制造	25	726	6	31	137	158	394
制浆和造纸专用设备制造	5	90		5	5	13	67
印刷专用设备制造	5	342		17	97	47	181
日用化工专用设备制造							
制药专用设备制造	1	10				8	2
照明器具生产专用设备制造	9	130	3	5	22	66	34
玻璃、陶瓷和搪瓷制品生产专用设备制造	2	20				1	19
其他日用品生产专用设备制造	3	134	3	4	13	23	91
纺织、服装和皮革工业专用设备制造	130	12878	228	777	1596	5510	4767
纺织专用设备制造	128	12848	228	777	1596	5502	4745
皮革、毛皮及其制品加工专用设备制造	2	30				8	22
缝纫机械制造							
其他服装加工专用设备制造							
电子和电工机械专用设备制造	55	31733	207	4510	6566	11083	9367
电工机械专用设备制造	27	1686	1	87	173	673	752
电子工业专用设备制造	19	1048	46	402	196	255	149
航空、航天及其他专用设备制造	1	3493	40	456	288	221	2488
农、林、牧、渔专用机械制造	54	2317	10	49	712	999	547
拖拉机制造	1	1000	10	30	600	360	
机械化农业及园艺机具制造	18	348		8	13	154	173
营林及木竹采伐机械制造							
畜牧机械制造	1	3			2		1
渔业机械制造							
农林牧渔机械配件制造	8	249		1	33	110	105
其他农林牧渔业机械制造及机械修理	26	717		10	64	375	268

1-1-13 续表 13

项目	法人单位数(个)	就业人数(人)	具有研究生及以上学历人员	具有大学本科学历人员	具有大专学历人员	具有高中学历人员	具有初中及以下学历人员
医疗仪器设备及器械制造	32	623	5	102	168	169	179
医疗诊断、监护及治疗设备制造	6	121	2	38	19	37	25
口腔科用设备及器具制造	3	89		13	67	9	
实验室及医用消毒设备和器具的制造	2	31			4	22	5
医疗、外科及兽医用器械制造	3	76	1	8	8	22	37
机械治疗及病房护理设备制造	1	20		6	5	9	
假肢、人工器官及植(介)入器械制造	6	172		14	44	29	85
其他医疗设备及器械制造	11	114	2	23	21	41	27
环保、社会公共安全及其他专用设备制造	117	3551	36	417	700	1002	1396
环境污染防治专用设备制造	32	896	17	155	159	234	331
地质勘查专用设备制造	1	76		7	8	36	25
邮政专用机械及器材制造							
商业、饮食、服务业专用设备制造	1	298		37	44	53	164
社会公共安全设备及器材制造	12	605	8	32	205	204	156
交通安全及管制专用设备制造	5	61			7	22	32
水资源专用机械制造	19	648		32	102	124	390
其他专用设备制造	47	967	11	154	175	329	298
交通运输设备制造业	573	44486	162	3398	7548	17151	16227
铁路运输设备制造	87	19766	76	1994	3993	8875	4828
铁路机车车辆及动车组制造	3	5675	22	892	1826	2540	395
工矿有轨专用车辆制造	8	497	1	36	69	174	217
铁路机车车辆配件制造	39	6246	19	298	756	2541	2632
铁路专用设备及器材、配件制造	25	2847	8	203	538	1477	621
其他铁路设备制造及设备修理	12	4501	26	565	804	2143	963
汽车制造	464	23562	85	1349	3352	7803	10973
汽车整车制造	4	482	16	164	145	103	54
改装汽车制造	5	917	6	172	234	262	243
电车制造							
汽车车身、挂车的制造	21	1128	2	31	95	534	466
汽车零部件及配件制造	106	15790	54	868	2452	5056	7360
汽车修理	328	5245	7	114	426	1848	2850
摩托车制造	4	27		1	1	2	23
摩托车整车制造	2	6				1	5
摩托车零部件及配件制造	2	21		1	1	1	18
自行车制造	6	43			6	19	18
脚踏自行车及残疾人座车制造	5	38			3	18	17
助动自行车制造	1	5			3	1	1
船舶及浮动装置制造							
金属船舶制造							
非金属船舶制造							
娱乐船和运动船的建造和修理							
船用配套设备制造							
船舶修理及拆船							
航标器材及其他浮动装置的制造							
航空航天器制造	1	838	1	44	183	304	306
飞机制造及修理	1	838	1	44	183	304	306
航天器制造							
其他飞行器制造							

1-1-13 续表 14

项 目	法 人 单位数 (个)	就业人数 (人)	具有研究生及以上学历人员	具有大学本科学历人员	具有大专学历人员	具有高中学历人员	具有初中及以下学历人员
交通器材及其他交通运输设备制造	11	250		10	13	148	79
潜水及水下救捞装备制造							
交通管理用金属标志及设施制造	5	113		3	7	38	65
其他交通运输设备制造	6	137		7	6	110	14
电气机械及器材制造业	427	27627	154	2028	4844	10442	10159
电机制造	38	10779	77	1022	2521	3455	3704
发电机及发电机组制造	15	2269	11	201	836	920	301
电动机制造	15	8353	66	816	1673	2508	3290
微电机及其他电机制造	8	157		5	12	27	113
输配电及控制设备制造	170	6965	29	481	1031	2896	2528
变压器、整流器和电感器制造	44	2084	7	142	291	1011	633
电容器及其配套设备制造	10	602		19	34	174	375
配电开关控制设备制造	76	2977	16	240	493	1207	1021
电力电子元器件制造	17	647	4	50	122	203	268
其他输配电及控制设备制造	23	655	2	30	91	301	231
电线、电缆、光缆及电工器材制造	108	5644	10	232	592	2625	2185
电线电缆制造	79	4033	7	115	519	2028	1364
光纤、光缆制造	2	798		61		275	462
绝缘制品制造	9	412		9	22	202	179
其他电工器材制造	18	401	3	47	51	120	180
电池制造	18	1105	26	146	303	410	220
电池制造	18	1105	26	146	303	410	220
家用电力器具制造	12	417		25	44	98	250
家用制冷电器具制造							
家用空气调节器制造	1	12				5	7
家用通风电器具制造	2	73		4	7	21	41
家用厨房电器具制造	3	134		6	16	36	76
家用清洁卫生电器具制造	1	48					48
家用美容、保健电器具制造							
家用电力器具专用配件制造	3	115		7	18	17	73
其他家用电力器具制造	2	35		8	3	19	5
非电力家用器具制造	24	403		5	66	141	191
燃气、太阳能及类似能源的器具制造	22	395		5	66	141	183
其他非电力家用器具制造	2	8					8
照明器具制造	28	852	9	35	73	317	418
电光源制造	3	24			5	13	6
照明灯具制造	16	498	5	22	30	198	243
灯用电器附件及其他照明器具制造	9	330	4	13	38	106	169
其他电气机械及器材制造	29	1462	3	82	214	500	663
车辆专用照明及电气信号设备装置制造	1	7			5	2	
其他未列明的电气机械制造	28	1455	3	82	209	498	663
通信设备、计算机及其他电子设备制造业	140	64471	222	4905	6611	19245	33488
通信设备制造	13	46234	116	3532	3858	10369	28359
通信传输设备制造	5	1550	76	356	474	257	387
通信交换设备制造	1	7				3	4
通信终端设备制造							
移动通信及终端设备制造	2	44642	40	3168	3377	10095	27962
其他通信设备制造	5	35		8	7	14	6

1-1-13 续表 15

项 目	法人单位数(个)	就业人数(人)	具有研究生及以上学历人员	具有大学本科学历人员	具有大专学历人员	具有高中学历人员	具有初中及以下学历人员
雷达及配套设备制造	1	681		54	128	295	204
雷达及配套设备制造	1	681		54	128	295	204
广播电视设备制造	3	55		3	29	11	12
广播电视节目制作及发射设备制造							
广播电视接收设备及器材制造	1	22			5	5	12
应用电视设备及其他广播电视设备制造	2	33		3	24	6	
电子计算机制造	4	3260	30	268	593	140	2229
电子计算机整机制造	3	3257	30	268	590	140	2229
计算机网络设备制造							
电子计算机外部设备制造	1	3			3		
电子器件制造	19	1880	14	180	355	849	482
电子真空器件制造	3	297		45	70	105	77
半导体分立器件制造	3	528	1	15	23	213	276
集成电路制造							
光电子器件及其他电子器件制造	13	1055	13	120	262	531	129
电子元件制造	70	11474	36	720	1475	7275	1968
电子元件及组件制造	69	11470	36	720	1472	7274	1968
印制电路板制造	1	4			3	1	
家用视听设备制造	1	340		21	17	142	160
家用影视设备制造							
家用音响设备制造	1	340		21	17	142	160
其他电子设备制造	29	547	26	127	156	164	74
其他电子设备制造	29	547	26	127	156	164	74
仪器仪表及文化、办公用机械制造业	125	8466	232	1864	1617	3599	1154
通用仪器仪表制造	77	3942	153	1236	1017	1067	469
工业自动控制系统装置制造	40	2752	127	1144	847	498	136
电工仪器仪表制造	19	737	11	39	74	416	197
绘图、计算及测量仪器制造	2	25	2	1	10	1	11
实验分析仪器制造	5	230		2	14	110	104
试验机制造	1	40	5	25	8	2	
供应用仪表及其他通用仪器制造	10	158	8	25	64	40	21
专用仪器仪表制造	22	3659	57	465	426	2210	501
环境监测专用仪器仪表制造	1	70		1	2	30	37
汽车及其他用计数仪表制造	1	7				5	2
导航、气象及海洋专用仪器制造	4	2479	41	372	255	1681	130
农林牧渔专用仪器仪表制造	3	36	1	5	7	22	1
地质勘探和地震专用仪器制造							
教学专用仪器制造							
核子及核辐射测量仪器制造	2	55	1	13	31	10	
电子测量仪器制造	5	323	8	55	66	167	27
其他专用仪器制造	6	689	6	19	65	295	304
钟表与计时仪器制造	3	53		2	18	17	16
钟表与计时仪器制造	3	53		2	18	17	16
光学仪器及眼镜制造	5	268	19	86	40	105	18
光学仪器制造	4	260	19	86	39	100	16
眼镜制造	1	8			1	5	2

1-1-13　续表 16

项　目	法　人 单位数 (个)	就业人数 (人)	具有研究生及以上学历人员	具有大学本科学历人员	具有大专学历人员	具有高中学历人员	具有初中及以下学历人员
文化、办公用机械制造	6	70	3	3	10	37	17
电影机械制造							
幻灯及投影设备制造							
照相机及器材制造							
复印和胶印设备制造							
计算器及货币专用设备制造	1	8				8	
其他文化、办公用机械制造	5	62	3	3	10	29	17
其他仪器仪表的制造及修理	12	474		72	106	163	133
其他仪器仪表的制造及修理	12	474		72	106	163	133
工艺品及其他制造业	442	7921	31	301	754	2748	4087
工艺美术品制造	137	3021	5	110	296	1334	1276
雕塑工艺品制造	32	435	2	7	27	138	261
金属工艺品制造	25	822	1	70	179	381	191
漆器工艺品制造	8	297		1	9	113	174
花画工艺品制造	7	195			17	142	36
天然植物纤维编织工艺品制造	1	13			2	10	1
抽纱刺绣工艺品制造	19	653	2	20	20	261	350
地毯、挂毯制造	16	308		7	6	90	205
珠宝首饰及有关物品的制造	4	28			8	12	8
其他工艺美术品制造	25	270		5	28	187	50
日用杂品制造	13	260		4	10	94	152
制镜及类似品加工	6	153		4	7	68	74
鬃毛加工、制刷及清扫工具的制造	2	11				5	6
其他日用杂品制造	5	96			3	21	72
煤制品制造	271	3431	8	47	190	925	2261
煤制品制造	271	3431	8	47	190	925	2261
核辐射加工							
核辐射加工							
其他未列明的制造业	21	1209	18	140	258	395	398
其他未列明的制造业	21	1209	18	140	258	395	398
废弃资源和废旧材料回收加工业	79	950	2	18	97	451	382
金属废料和碎屑的加工处理	38	548	1	9	40	312	186
金属废料和碎屑的加工处理	38	548	1	9	40	312	186
非金属废料和碎屑的加工处理	41	402	1	9	57	139	196
非金属废料和碎屑的加工处理	41	402	1	9	57	139	196
电力、燃气及水的生产和供应业	**770**	**124919**	**846**	**15522**	**32690**	**40026**	**35835**
电力、热力的生产和供应业	402	98066	781	13213	25784	29470	28818
电力生产	253	51783	142	5413	12013	19532	14683
火力发电	128	48068	135	5099	11325	18321	13188
水力发电	108	3132	7	269	448	1084	1324
核力发电							
其他能源发电	17	583		45	240	127	171
电力供应	42	36187	510	7099	11728	5916	10934
电力供应	42	36187	510	7099	11728	5916	10934
热力生产和供应	107	10096	129	701	2043	4022	3201
热力生产和供应	107	10096	129	701	2043	4022	3201

1-1-13 续表 17

项　　目	法人单位数(个)	就业人数(人)	具有研究生及以上学历人员	具有大学本科学历人员	具有大专学历人员	具有高中学历人员	具有初中及以下学历人员
燃气生产和供应业	103	6409	19	812	1958	2251	1369
燃气生产和供应业	103	6409	19	812	1958	2251	1369
燃气生产和供应业	103	6409	19	812	1958	2251	1369
水的生产和供应业	265	20444	46	1497	4948	8305	5648
自来水的生产和供应	209	18841	39	1377	4536	7484	5405
自来水的生产和供应	209	18841	39	1377	4536	7484	5405
污水处理及其再生利用	51	1548	7	120	408	806	207
污水处理及其再生利用	51	1548	7	120	408	806	207
其他水的处理、利用与分配	5	55			4	15	36
其他水的处理、利用与分配	5	55			4	15	36
建筑业	**4203**	**683596**	**1592**	**44025**	**93042**	**199394**	**345543**
房屋和土木工程建筑业	1700	561379	1000	33552	69816	161450	295561
房屋工程建筑	895	270802	465	11777	32815	83737	142008
房屋工程建筑	895	270802	465	11777	32815	83737	142008
土木工程建筑	805	290577	535	21775	37001	77713	153553
铁路、道路、隧道和桥梁工程建筑	353	178669	277	13791	21120	41496	101985
水利和港口工程建筑	63	8331	28	726	1439	1961	4177
工矿工程建筑	66	56275	76	3179	6854	16611	29555
架线和管道工程建筑	161	33088	96	3138	5529	12350	11975
其他土木工程建筑	162	14214	58	941	2059	5295	5861
建筑安装业	784	65439	259	4555	11632	20343	28650
建筑安装业	784	65439	259	4555	11632	20343	28650
建筑安装业	784	65439	259	4555	11632	20343	28650
建筑装饰业	1224	26786	142	2986	6464	8723	8471
建筑装饰业	1224	26786	142	2986	6464	8723	8471
建筑装饰业	1224	26786	142	2986	6464	8723	8471
其他建筑业	495	29992	191	2932	5130	8878	12861
工程准备	181	12009	95	1374	2424	3664	4452
工程准备	181	12009	95	1374	2424	3664	4452
提供施工设备服务	85	4117	4	161	678	1528	1746
提供施工设备服务	85	4117	4	161	678	1528	1746
其他未列明的建筑活动	229	13866	92	1397	2028	3686	6663
其他未列明的建筑活动	229	13866	92	1397	2028	3686	6663
交通运输、仓储和邮政业	**2964**	**170783**	**565**	**11173**	**35193**	**69631**	**54221**
铁路运输业	60	2487	7	333	680	972	495
铁路旅客运输							
铁路旅客运输							
铁路货物运输							
铁路货物运输							
铁路运输辅助活动	60	2487	7	333	680	972	495
客运火车站							
货运火车站	4	60		1	4	14	41
其他铁路运输辅助活动	56	2427	7	332	676	958	454
道路运输业	1697	88275	395	6405	16477	33296	31702
公路旅客运输	153	17429	104	1169	2677	6911	6568
公路旅客运输	153	17429	104	1169	2677	6911	6568

1-1-13　续表 18

项　目	法　人 单位数 (个)	就业人数 (人)	具有研究生及以上学历人员	具有大学本科学历人员	具有大专学历人员	具有高中学历人员	具有初中及以下学历人员
道路货物运输	1145	38964	41	1308	4293	15136	18186
道路货物运输	1145	38964	41	1308	4293	15136	18186
道路运输辅助活动	399	31882	250	3928	9507	11249	6948
客运汽车站	74	3246	11	158	728	1141	1208
公路管理与养护	286	25582	235	3476	7124	9334	5413
其他道路运输辅助活动	39	3054	4	294	1655	774	327
城市公共交通业	242	29095	10	854	6494	14652	7085
公共电汽车客运	84	20623	3	739	6071	9437	4373
公共电汽车客运	84	20623	3	739	6071	9437	4373
轨道交通	1	25		1	4	20	
轨道交通	1	25		1	4	20	
出租车客运	153	8165	7	113	383	4952	2710
出租车客运	153	8165	7	113	383	4952	2710
城市轮渡							
城市轮渡							
其他城市公共交通	4	282		1	36	243	2
其他城市公共交通	4	282		1	36	243	2
水上运输业	13	168		19	24	41	84
水上旅客运输	3	64		13	10	18	23
远洋旅客运输	1	30		13	10	7	
沿海旅客运输							
内河旅客运输	2	34				11	23
水上货物运输	3	33		2	5	3	23
远洋货物运输	1	8		2	5	1	
沿海货物运输							
内河货物运输	2	25				2	23
水上运输辅助活动	7	71		4	9	20	38
客运港口							
货运港口							
其他水上运输辅助活动	7	71		4	9	20	38
航空运输业	31	2459	16	542	1072	470	359
航空客货运输	7	108		35	60	7	6
航空旅客运输	2	9		1	7	1	
航空货物运输	5	99		34	53	6	6
通用航空服务	6	43	2	6	15	15	5
通用航空服务	6	43	2	6	15	15	5
航空运输辅助活动	18	2308	14	501	997	448	348
机场	2	199		37	89	63	10
空中交通管理	1	393	5	146	189	52	1
其他航空运输辅助活动	15	1716	9	318	719	333	337
管道运输业	1	10		2	8		
管道运输业	1	10		2	8		
管道运输业	1	10		2	8		
装卸搬运和其他运输服务业	430	13629	14	319	1322	4341	7633
装卸搬运	209	8336	4	85	432	2185	5630
装卸搬运	209	8336	4	85	432	2185	5630
运输代理服务	221	5293	10	234	890	2156	2003
运输代理服务	221	5293	10	234	890	2156	2003

1-1-13 续表 19

项　目	法人单位数（个）	就业人数（人）	具有研究生及以上学历人员	具有大学本科学历人员	具有大专学历人员	具有高中学历人员	具有初中及以下学历人员
仓储业	461	12318	15	844	2864	4921	3674
谷物、棉花等农产品仓储	223	6697	6	477	1634	2598	1982
谷物、棉花等农产品仓储	223	6697	6	477	1634	2598	1982
其他仓储	238	5621	9	367	1230	2323	1692
其他仓储	238	5621	9	367	1230	2323	1692
邮政业	29	22342	108	1855	6252	10938	3189
国家邮政	12	22013	108	1720	6174	10873	3138
国家邮政	12	22013	108	1720	6174	10873	3138
其他寄递服务	17	329		135	78	65	51
其他寄递服务	17	329		135	78	65	51
信息传输、计算机服务和软件业	**2603**	**56775**	**1601**	**13749**	**15858**	**17663**	**7904**
电信和其他信息传输服务业	591	41397	1250	10706	12009	11886	5546
电信	223	35249	1068	9470	10260	9623	4828
固定电信服务	56	17340	509	4844	4447	3989	3551
移动电信服务	107	15896	545	4294	5186	5023	848
其他电信服务	60	2013	14	332	627	611	429
互联网信息服务	279	2550	42	526	546	1035	401
互联网信息服务	279	2550	42	526	546	1035	401
广播电视传输服务	85	3531	140	698	1173	1211	309
有线广播电视传输服务	67	2703	37	419	939	1041	267
无线广播电视传输服务	18	828	103	279	234	170	42
卫星传输服务	4	67		12	30	17	8
卫星传输服务	4	67		12	30	17	8
计算机服务业	1714	11715	98	1265	2713	5318	2321
计算机系统服务	183	2076	65	651	711	525	124
计算机系统服务	183	2076	65	651	711	525	124
数据处理	9	100	8	43	31	10	8
数据处理	9	100	8	43	31	10	8
计算机维修	41	279	4	77	91	86	21
计算机维修	41	279	4	77	91	86	21
其他计算机服务	1481	9260	21	494	1880	4697	2168
其他计算机服务	1481	9260	21	494	1880	4697	2168
软件业	298	3663	253	1778	1136	459	37
公共软件服务	254	3254	239	1576	1007	397	35
基础软件服务	92	930	33	443	305	142	7
应用软件服务	162	2324	206	1133	702	255	28
其他软件服务	44	409	14	202	129	62	2
其他软件服务	44	409	14	202	129	62	2
批发和零售业	**28977**	**506709**	**2715**	**37269**	**100275**	**212626**	**153824**
批发业	13734	249041	1596	21873	52992	101526	71054
农畜产品批发	1074	13189	42	585	1774	5783	5005
谷物、豆及薯类批发	510	6659	6	171	807	3017	2658
种子、饲料批发	277	2568	33	245	476	1126	688
棉、麻批发	53	1364	1	104	209	551	499
牲畜批发	17	159		4	8	62	85
其他农畜产品批发	217	2439	2	61	274	1027	1075

1-1-13　续表 20

项　　目	法　人单位数(个)	就业人数(人)	具有研究生及以上学历人员	具有大学本　科学历人员	具有大专学　历人　员	具有高中学　历人　员	具有初中及以下学历人员
食品、饮料及烟草制品批发	1282	30377	129	2000	5954	13735	8559
米、面制品及食用油批发	378	5498	16	212	816	2832	1622
糕点、糖果及糖批发	51	840	4	57	193	333	253
果品、蔬菜批发	286	5250	5	111	426	2153	2555
肉、禽、蛋及水产品批发	61	2115		70	229	666	1150
盐及调味品批发	133	3110	40	238	714	1426	692
饮料及茶叶批发	173	3594	16	360	784	1856	578
烟草制品批发	43	7784	45	815	2340	3626	958
其他食品批发	157	2186	3	137	452	843	751
纺织、服装及日用品批发	410	7507	27	780	1818	3310	1572
纺织品、针织品及原料批发	83	1623	10	303	315	673	322
服装批发	106	2789	5	215	789	1284	496
鞋帽批发	10	242		23	115	79	25
厨房、卫生间用具及日用杂货批发	72	911	2	88	173	407	241
化妆品及卫生用品批发	48	782	2	47	139	425	169
其他日用品批发	91	1160	8	104	287	442	319
文化、体育用品及器材批发	227	2750	89	481	719	1188	273
文具用品批发	82	698	8	86	185	297	122
体育用品批发	17	241	9	85	67	54	26
图书批发	71	1164	30	220	311	539	64
报刊批发	3	57	5	22	17	13	
音像制品及电子出版物批发	4	32	3	13	9	7	
首饰、工艺品及收藏品批发	30	375	4	44	95	215	17
其他文化用品批发	20	183	30	11	35	63	44
医药及医疗器材批发	350	11021	56	2015	3463	3683	1804
西药批发	116	4602	16	389	1244	1826	1127
中药材及中成药批发	78	5184	13	1407	1796	1413	555
医疗用品及器材批发	156	1235	27	219	423	444	122
矿产品、建材及化工产品批发	6074	132328	792	10743	26921	52803	41069
煤炭及制品批发	1577	77976	419	6536	15918	29371	25732
石油及制品批发	199	6305	46	507	1086	2079	2587
非金属矿及制品批发	146	1814	5	227	469	720	393
金属及金属矿批发	1393	14452	114	1365	3498	6181	3294
建材批发	1660	17095	92	1184	3343	7566	4910
化肥批发	498	6729	27	222	949	3197	2334
农药批发	122	925	5	28	145	475	272
农用薄膜批发	10	152	3	9	33	75	32
其他化工产品批发	469	6880	81	665	1480	3139	1515
机械设备、五金交电及电子产品批发	3243	39754	364	4371	10355	16261	8403
农业机械批发	220	3111	13	135	605	1761	597
汽车、摩托车及零配件批发	362	5767	33	449	1552	2469	1264
五金、交电批发	732	8520	66	609	1750	3308	2787
家用电器批发	133	2863	15	616	1020	902	310
计算机、软件及辅助设备批发	229	2361	80	638	1087	475	81
通讯及广播电视设备批发	92	1078	24	230	537	218	69
其他机械设备及电子产品批发	1475	16054	133	1694	3804	7128	3295
贸易经纪与代理	229	1997	19	333	551	767	327
贸易经纪与代理	229	1997	19	333	551	767	327

1-1-13 续表 21

项　目	法　人单位数(个)	就业人数(人)	具有研究生及以上学历人员	具有大学本　科学历人员	具有大专学　历人　员	具有高中学　历人　员	具有初中及以下学历人员
其他批发	845	10118	78	565	1437	3996	4042
再生物资回收与批发	512	5773	8	109	517	2384	2755
其他未列明的批发	333	4345	70	456	920	1612	1287
零售业	15243	257668	1119	15396	47283	111100	82770
综合零售	2374	80237	65	2547	10233	33655	33737
百货零售	1075	41579	50	1173	5782	18108	16466
超级市场零售	272	23876	10	1009	3224	8868	10765
其他综合零售	1027	14782	5	365	1227	6679	6506
食品、饮料及烟草制品专门零售	1558	20239	42	858	3140	9412	6787
粮油零售	573	7636	6	247	1249	3445	2689
糕点、面包零售	65	1286	5	132	328	600	221
果品、蔬菜零售	162	2578	1	46	231	964	1336
肉、禽、蛋及水产品零售	98	2424	2	44	215	1259	904
饮料及茶叶零售	190	1582	10	109	335	771	357
烟草制品零售	115	1037	12	115	196	506	208
其他食品零售	355	3696	6	165	586	1867	1072
纺织、服装及日用品专门零售	1456	26253	41	1017	3921	12358	8916
纺织品及针织品零售	181	3945	3	210	502	1714	1516
服装零售	719	16831	25	562	2567	7926	5751
鞋帽零售	96	1117	3	39	138	550	387
钟表、眼镜零售	96	767		43	163	399	162
化妆品及卫生用品零售	172	944	7	47	215	472	203
其他日用品零售	192	2649	3	116	336	1297	897
文化、体育用品及器材专门零售	829	10035	70	872	2849	4434	1810
文具用品零售	206	1523	4	149	358	712	300
体育用品零售	68	469		24	115	197	133
图书零售	192	4572	38	453	1498	1916	667
报刊零售	4	52	3	10	17	22	
音像制品及电子出版物零售	28	132	3	11	38	63	17
珠宝首饰零售	161	2229	9	107	442	1123	548
工艺美术品及收藏品零售	83	452	6	44	182	168	52
照相器材零售	24	189	1	19	55	54	60
其他文化用品零售	63	417	6	55	144	179	33
医药及医疗器材专门零售	1024	14132	135	1110	4216	6948	1723
药品零售	836	12933	123	912	3816	6478	1604
医疗用品及器材零售	188	1199	12	198	400	470	119
汽车、摩托车、燃料及零配件专门零售	2505	49667	256	3861	10353	19768	15429
汽车零售	815	21465	161	2582	6231	7843	4648
汽车零配件零售	447	4350	10	240	773	1790	1537
摩托车及零配件零售	174	1393	1	35	175	688	494
机动车燃料零售	1069	22459	84	1004	3174	9447	8750
家用电器及电子产品专门零售	1997	21860	218	2552	6328	8862	3900
家用电器零售	586	9743	45	725	2300	4355	2318
计算机、软件及辅助设备零售	800	6387	116	1054	2225	2258	734
通信设备零售	301	3286	17	279	993	1464	533
其他电子产品零售	310	2444	40	494	810	785	315

1-1-13　续表 22

项　　目	法人单位数(个)	就业人数(人)	具有研究生及以上学历人员	具有大学本科学历人员	具有大专学历人员	具有高中学历人员	具有初中及以下学历人员
五金、家具及室内装修材料专门零售	1890	18216	55	1155	3090	8556	5360
五金零售	1010	9403	37	602	1656	4510	2598
家具零售	205	3442	16	308	586	1673	859
涂料零售	44	400		10	161	154	75
其他室内装修材料零售	631	4971	2	235	687	2219	1828
无店铺及其他零售	1610	17029	237	1424	3153	7107	5108
流动货摊零售	10	72		2	7	47	16
邮购及电子销售	1	12		1		11	
生活用燃料零售	244	3388	2	98	393	1656	1239
花卉零售	74	570	2	50	120	239	159
旧货零售	15	151		3	16	97	35
其他未列明的零售	1266	12836	233	1270	2617	5057	3659
住宿和餐饮业	**2866**	**161164**	**1405**	**7354**	**20335**	**59631**	**72439**
住宿业	1290	75694	153	2925	10437	30535	31644
旅游饭店	354	42582	90	1925	6243	16502	17822
旅游饭店	354	42582	90	1925	6243	16502	17822
一般旅馆	852	29949	59	880	3623	12822	12565
一般旅馆	852	29949	59	880	3623	12822	12565
其他住宿服务	84	3163	4	120	571	1211	1257
其他住宿服务	84	3163	4	120	571	1211	1257
餐饮业	1576	85470	1252	4429	9898	29096	40795
正餐服务	1384	78648	234	2620	9305	27465	39024
正餐服务	1384	78648	234	2620	9305	27465	39024
快餐服务	95	4756	1012	1740	340	756	908
快餐服务	95	4756	1012	1740	340	756	908
饮料及冷饮服务	27	274	2	15	45	151	61
饮料及冷饮服务	27	274	2	15	45	151	61
其他餐饮服务	70	1792	4	54	208	724	802
其他餐饮服务	70	1792	4	54	208	724	802
金融业	**731**	**132161**	**1858**	**31093**	**50996**	**39986**	**8228**
银行业	251	93150	1192	20525	37340	27400	6693
中央银行	22	4565	97	2015	1698	699	56
中央银行	22	4565	97	2015	1698	699	56
商业银行	218	87154	1023	18099	35156	26355	6521
商业银行	218	87154	1023	18099	35156	26355	6521
其他银行	11	1431	72	411	486	346	116
其他银行	11	1431	72	411	486	346	116
证券业	14	1672	162	912	451	143	4
证券市场管理	2	339	30	175	72	62	
证券市场管理	2	339	30	175	72	62	
证券经纪与交易	10	1326	132	737	376	77	4
证券经纪与交易	10	1326	132	737	376	77	4
证券投资	1	2			2		
证券投资	1	2			2		
证券分析与咨询	1	5			1	4	
证券分析与咨询	1	5			1	4	
保险业	238	32971	411	8769	11553	11002	1236
人寿保险	73	23643	257	6259	7308	8743	1076
人寿保险	73	23643	257	6259	7308	8743	1076

1-1-13 续表 23

项目	法人单位数(个)	就业人数(人)	具有研究生及以上学历人员	具有大学本科学历人员	具有大专学历人员	具有高中学历人员	具有初中及以下学历人员
非人寿保险	103	8317	97	2162	3806	2098	154
非人寿保险	103	8317	97	2162	3806	2098	154
保险辅助服务	62	1011	57	348	439	161	6
保险辅助服务	62	1011	57	348	439	161	6
其他金融活动	228	4368	93	887	1652	1441	295
金融信托与管理	18	578	40	164	227	96	51
金融信托与管理	18	578	40	164	227	96	51
金融租赁	2	45		26	18	1	
金融租赁	2	45		26	18	1	
财务公司	2	37	4	29	4		
财务公司	2	37	4	29	4		
邮政储蓄	7	2037	10	310	737	821	159
邮政储蓄	7	2037	10	310	737	821	159
典当	76	673	7	86	278	270	32
典当	76	673	7	86	278	270	32
其他未列明的金融活动	123	998	32	272	388	253	53
其他未列明的金融活动	123	998	32	272	388	253	53
房地产业	**3886**	**88756**	**791**	**12946**	**23925**	**29337**	**21757**
房地产业	3886	88756	791	12946	23925	29337	21757
房地产开发经营	1836	41723	521	9387	14247	11554	6014
房地产开发经营	1836	41723	521	9387	14247	11554	6014
物业管理	1056	29661	139	2057	6068	11423	9974
物业管理	1056	29661	139	2057	6068	11423	9974
房地产中介服务	301	3124	61	546	1079	865	573
房地产中介服务	301	3124	61	546	1079	865	573
其他房地产活动	693	14248	70	956	2531	5495	5196
其他房地产活动	693	14248	70	956	2531	5495	5196
租赁和商务服务业	**6615**	**130257**	**2088**	**21069**	**35299**	**42660**	**29141**
租赁业	320	4657	18	431	1087	1940	1181
机械设备租赁	311	4563	18	422	1047	1908	1168
汽车租赁	103	1279	3	98	291	664	223
农业机械租赁	22	186		7	27	72	80
建筑工程机械与设备租赁	121	1532	9	122	333	566	502
计算机及通讯设备租赁	2	12		2	6	4	
其他机械与设备租赁	63	1554	6	193	390	602	363
文化及日用品出租	9	94		9	40	32	13
图书及音像制品出租	3	30		7	10	10	3
其他文化及日用品出租	6	64		2	30	22	10
商务服务业	6295	125600	2070	20638	34212	40720	27960
企业管理服务	1310	49927	569	7106	12515	16629	13108
企业管理机构	276	18901	158	2389	3920	6684	5750
投资与资产管理	309	7444	195	1507	2689	2086	967
其他企业管理服务	725	23582	216	3210	5906	7859	6391
法律服务	514	4790	324	2749	1276	365	76
律师及相关的法律服务	398	3820	307	2277	900	276	60
公证服务	67	563	9	268	237	43	6
其他法律服务	49	407	8	204	139	46	10

1-1-13　续表 24

项　目	法　人单位数（个）	就业人数（人）	具有研究生及以上学历人员	具有大学本　科学历人员	具有大专学　历人　员	具有高中学　历人　员	具有初中及以下学历人员
咨询与调查	1329	16820	649	5035	6451	3763	922
会计、审计及税务服务	467	6684	266	2227	3075	966	150
市场调查	71	746	24	180	272	145	125
社会经济咨询	246	1922	93	591	758	364	116
其他专业咨询	545	7468	266	2037	2346	2288	531
广告业	1039	8698	126	1521	3298	2931	822
广告业	1039	8698	126	1521	3298	2931	822
知识产权服务	38	246	17	110	86	30	3
知识产权服务	38	246	17	110	86	30	3
职业中介服务	308	6812	47	844	1393	2107	2421
职业中介服务	308	6812	47	844	1393	2107	2421
市场管理	403	11197	55	550	2029	4951	3612
市场管理	403	11197	55	550	2029	4951	3612
旅行社	682	9124	88	1177	3551	3419	889
旅行社	682	9124	88	1177	3551	3419	889
其他商务服务	672	17986	195	1546	3613	6525	6107
会议及展览服务	84	865	30	192	271	256	116
包装服务	13	163	1	18	29	63	52
保安服务	46	6816	11	165	557	2381	3702
办公服务	155	1136	31	171	328	459	147
其他未列明的商务服务	374	9006	122	1000	2428	3366	2090
科学研究、技术服务和地质勘查业	**3957**	**94096**	**3327**	**26940**	**29944**	**22679**	**11206**
研究与试验发展	492	15484	1134	5526	3986	3062	1776
自然科学研究与试验发展	46	2899	377	1219	557	347	399
自然科学研究与试验发展	46	2899	377	1219	557	347	399
工程和技术研究与试验发展	167	6315	276	2136	1947	1615	341
工程和技术研究与试验发展	167	6315	276	2136	1947	1615	341
农业科学研究与试验发展	165	4387	301	1440	937	902	807
农业科学研究与试验发展	165	4387	301	1440	937	902	807
医学研究与试验发展	69	1048	65	306	335	125	217
医学研究与试验发展	69	1048	65	306	335	125	217
社会人文科学研究与试验发展	45	835	115	425	210	73	12
社会人文科学研究与试验发展	45	835	115	425	210	73	12
专业技术服务业	2159	49803	1702	15695	17479	11277	3650
气象服务	139	1697	48	517	586	422	124
气象服务	139	1697	48	517	586	422	124
地震服务	102	1139	31	385	452	224	47
地震服务	102	1139	31	385	452	224	47
海洋服务	1	4		2	2		
海洋服务	1	4		2	2		
测绘服务	119	1515	25	403	584	404	99
测绘服务	119	1515	25	403	584	404	99
技术检测	385	6507	150	1282	2182	2221	672
技术检测	385	6507	150	1282	2182	2221	672
环境监测	123	2603	64	896	1056	514	73
环境监测	123	2603	64	896	1056	514	73

1-1-13 续表 25

项　目	法人单位数（个）	就业人数（人）	具有研究生及以上学历人员	具有大学本科学历人员	具有大专学历人员	具有高中学历人员	具有初中及以下学历人员
工程技术与规划管理	972	28391	996	9794	10401	5612	1588
工程管理服务	544	13931	306	4104	6062	2747	712
工程勘察设计	330	12205	620	5204	3789	1957	635
规划管理	98	2255	70	486	550	908	241
其他专业技术服务	318	7947	388	2416	2216	1880	1047
其他专业技术服务	318	7947	388	2416	2216	1880	1047
科技交流和推广服务业	1168	14363	230	3015	4535	4270	2313
技术推广服务	904	11185	171	2049	3582	3412	1971
技术推广服务	904	11185	171	2049	3582	3412	1971
科技中介服务	151	1919	36	761	577	421	124
科技中介服务	151	1919	36	761	577	421	124
其他科技服务	113	1259	23	205	376	437	218
其他科技服务	113	1259	23	205	376	437	218
地质勘查业	138	14446	261	2704	3944	4070	3467
矿产地质勘查	47	5768	55	850	1367	1823	1673
能源矿产地质勘查	28	4393	47	569	1083	1266	1428
固体矿产地质勘查	11	1154	6	258	232	443	215
其他矿产地质勘查	8	221	2	23	52	114	30
基础地质勘查	43	5435	125	1243	1533	1390	1144
基础地质勘查	43	5435	125	1243	1533	1390	1144
地质勘查技术服务	48	3243	81	611	1044	857	650
地质勘查技术服务	48	3243	81	611	1044	857	650
水利、环境和公共设施管理业	**1720**	**62560**	**266**	**5474**	**13288**	**20549**	**22983**
水利管理业	725	15487	65	1782	4548	5496	3596
防洪管理	59	1038	13	153	348	371	153
防洪管理	59	1038	13	153	348	371	153
水资源管理	432	11133	26	1192	3148	3979	2788
水库管理	127	4114	9	323	1037	1564	1181
调水、引水管理	146	4391	11	494	1199	1503	1184
其他水资源管理	159	2628	6	375	912	912	423
其他水利管理	234	3316	26	437	1052	1146	655
其他水利管理	234	3316	26	437	1052	1146	655
环境管理业	345	24008	62	1799	3251	6805	12091
自然保护	69	1640	6	245	394	470	525
自然保护区管理	30	758	3	147	203	140	265
野生动植物保护	8	305	2	49	93	97	64
其他自然保护	31	577	1	49	98	233	196
环境治理	276	22368	56	1554	2857	6335	11566
城市市容管理	46	2431	9	131	476	727	1088
城市环境卫生管理	147	17920	25	1061	1731	4916	10187
水污染治理	28	1307	3	174	445	533	152
危险废物治理	10	144	8	22	49	29	36
其他环境治理	45	566	11	166	156	130	103
公共设施管理业	650	23065	139	1893	5489	8248	7296
市政公共设施管理	131	6045	45	717	1644	2082	1557
市政公共设施管理	131	6045	45	717	1644	2082	1557

1-1-13　续表 26

项　　目	法人单位数（个）	就业人数（人）	具有研究生及以上学历人员	具有大学本科学历人员	具有大专学历人员	具有高中学历人员	具有初中及以下学历人员
城市绿化管理	244	7189	54	613	1494	2426	2602
城市绿化管理	244	7189	54	613	1494	2426	2602
游览景区管理	275	9831	40	563	2351	3740	3137
风景名胜区管理	113	5474	36	252	1189	2055	1942
公园管理	51	2483	1	241	730	874	637
其他游览景区管理	111	1874	3	70	432	811	558
居民服务和其他服务业	**2685**	**39000**	**157**	**1954**	**6131**	**15852**	**14906**
居民服务业	1361	19720	80	917	3179	8567	6977
家庭服务	46	314	2	25	41	115	131
家庭服务	46	314	2	25	41	115	131
托儿所	10	168		34	99	33	2
托儿所	10	168		34	99	33	2
洗染服务	68	549	3	30	55	213	248
洗染服务	68	549	3	30	55	213	248
理发及美容保健服务	231	2067	10	38	245	948	826
理发及美容保健服务	231	2067	10	38	245	948	826
洗浴服务	277	8550	19	246	1113	3627	3545
洗浴服务	277	8550	19	246	1113	3627	3545
婚姻服务	83	547		24	147	283	93
婚姻服务	83	547		24	147	283	93
殡葬服务	65	1043	6	79	209	363	386
殡葬服务	65	1043	6	79	209	363	386
摄影扩印服务	182	2066	9	128	523	1080	326
摄影扩印服务	182	2066	9	128	523	1080	326
其他居民服务	399	4416	31	313	747	1905	1420
其他居民服务	399	4416	31	313	747	1905	1420
其他服务业	1324	19280	77	1037	2952	7285	7929
修理与维护	865	10340	35	502	1637	4335	3831
汽车、摩托车维护与保养	700	8589	23	370	1217	3590	3389
办公设备维修	52	672	1	55	162	277	177
家用电器修理	70	517		47	142	212	116
其他日用品修理	43	562	11	30	116	256	149
清洁服务	143	4378		74	382	1174	2748
建筑物清洁服务	41	942		16	81	314	531
其他清洁服务	102	3436		58	301	860	2217
其他未列明的服务	316	4562	42	461	933	1776	1350
其他未列明的服务	316	4562	42	461	933	1776	1350
教育	**9003**	**509386**	**17198**	**194839**	**197581**	**80050**	**19718**
教育	9003	509386	17198	194839	197581	80050	19718
学前教育	1088	25430	260	4030	10961	8466	1713
学前教育	1088	25430	260	4030	10961	8466	1713
初等教育	3076	171768	810	37431	90759	38717	4051
初等教育	3076	171768	810	37431	90759	38717	4051
中等教育	2840	229111	4787	117961	77086	20911	8366
初中教育	1888	128576	1567	53601	56450	12713	4245
高中教育	385	64307	1842	44995	11206	4240	2024
中等专业教育	143	12287	586	7030	2522	1284	865
职业中学教育	208	13995	334	7819	4176	1212	454
技工学校教育	78	5211	120	2424	1428	886	353
其他中等教育	138	4735	338	2092	1304	576	425

1-1-13 续表 27

项　目	法人单位数(个)	就业人数(人)	具有研究生及以上学历人员	具有大学本科学历人员	具有大专学历人员	具有高中学历人员	具有初中及以下学历人员
高等教育	203	49471	10463	24089	7786	4127	3006
普通高等教育	74	45268	10240	21850	6487	3783	2908
成人高等教育	129	4203	223	2239	1299	344	98
其他教育	1796	33606	878	11328	10989	7829	2582
职业技能培训	1181	20621	505	5878	6499	5730	2009
特殊教育	48	2048	15	927	635	362	109
其他未列明的教育	567	10937	358	4523	3855	1737	464
卫生、社会保障和社会福利业	**5292**	**181779**	**3486**	**41629**	**66950**	**53865**	**15849**
卫生	4288	169144	3360	39010	61819	50605	14350
医院	938	107881	2953	31606	39548	25920	7854
综合医院	415	79187	1976	24857	28871	17634	5849
中医医院	113	9882	222	2103	3853	3081	623
中西医结合医院	44	2852	203	619	1052	866	112
民族医院	3	8		2	6		
专科医院	329	14533	545	3781	5324	3827	1056
疗养院	34	1419	7	244	442	512	214
卫生院及社区医疗活动	1804	34066	111	2246	10837	16284	4588
卫生院及社区医疗活动	1804	34066	111	2246	10837	16284	4588
门诊部医疗活动	726	5336	44	762	1863	2000	667
门诊部医疗活动	726	5336	44	762	1863	2000	667
计划生育技术服务活动	278	3207	21	607	1578	877	124
计划生育技术服务活动	278	3207	21	607	1578	877	124
妇幼保健活动	136	6801	36	1333	3267	1877	288
妇幼保健活动	136	6801	36	1333	3267	1877	288
专科疾病防治活动	60	2060	72	588	791	508	101
专科疾病防治活动	60	2060	72	588	791	508	101
疾病预防控制及防疫活动	159	5795	66	981	2548	1845	355
疾病预防控制及防疫活动	159	5795	66	981	2548	1845	355
其他卫生活动	187	3998	57	887	1387	1294	373
其他卫生活动	187	3998	57	887	1387	1294	373
社会保障业	522	7555	84	1908	3598	1775	190
社会保障业	522	7555	84	1908	3598	1775	190
社会保障业	522	7555	84	1908	3598	1775	190
社会福利业	482	5080	42	711	1533	1485	1309
提供住宿的社会福利	333	3973	28	495	1021	1222	1207
干部休养所	71	1126	13	195	425	354	139
收养收容服务	262	2847	15	300	596	868	1068
不提供住宿的社会福利	149	1107	14	216	512	263	102
不提供住宿的社会福利	149	1107	14	216	512	263	102
文化、体育和娱乐业	**2299**	**56478**	**799**	**11677**	**16819**	**17012**	**10171**
新闻出版业	267	10172	270	4646	3025	1521	710
新闻业	92	1885	62	774	837	176	36
新闻业	92	1885	62	774	837	176	36
出版业	175	8287	208	3872	2188	1345	674
图书出版	14	525	20	276	150	71	8

1-1-13　续表 28

项　　目	法　人单位数（个）	就业人数（人）	具有研究生及以上学历人员	具有大学本　科学历人员	具有大专学　历人　员	具有高中学　历人　员	具有初中及以下学历人员
报纸出版	83	6635	109	3153	1599	1150	624
期刊出版	58	788	64	349	308	56	11
音像制品出版	1	42	1	6	29	3	3
电子出版物出版							
其他出版	19	297	14	88	102	65	28
广播、电视、电影和音像业	353	13471	162	2793	4986	3883	1647
广播	60	2696	6	621	1224	662	183
广播	60	2696	6	621	1224	662	183
电视	121	6895	137	1842	2751	1600	565
电视	121	6895	137	1842	2751	1600	565
电影	139	3400	10	222	869	1509	790
电影制作与发行	23	1133	2	84	308	475	264
电影放映	116	2267	8	138	561	1034	526
音像制作	33	480	9	108	142	112	109
音像制作	33	480	9	108	142	112	109
文化艺术业	1071	22137	261	3188	6282	8102	4304
文艺创作与表演	248	8915	66	515	1407	4174	2753
文艺创作与表演	248	8915	66	515	1407	4174	2753
艺术表演场馆	35	1356	23	293	312	587	141
艺术表演场馆	35	1356	23	293	312	587	141
图书馆与档案馆	199	2653	23	687	1226	646	71
图书馆	96	1249	11	295	496	406	41
档案馆	103	1404	12	392	730	240	30
文物及文化保护	162	2333	48	424	925	702	234
文物及文化保护	162	2333	48	424	925	702	234
博物馆	69	2059	9	352	687	521	490
博物馆	69	2059	9	352	687	521	490
烈士陵园、纪念馆	48	702	11	61	187	326	117
烈士陵园、纪念馆	48	702	11	61	187	326	117
群众文化活动	183	2777	30	504	1042	814	387
群众文化活动	183	2777	30	504	1042	814	387
文化艺术经纪代理	17	208	24	77	66	30	11
文化艺术经纪代理	17	208	24	77	66	30	11
其他文化艺术	110	1134	27	275	430	302	100
其他文化艺术	110	1134	27	275	430	302	100
体育	237	4239	59	638	1184	733	1625
体育组织	148	3140	53	425	709	462	1491
体育组织	148	3140	53	425	709	462	1491
体育场馆	43	560		63	201	181	115
体育场馆	43	560		63	201	181	115
其他体育	46	539	6	150	274	90	19
其他体育	46	539	6	150	274	90	19
娱乐业	371	6459	47	412	1342	2773	1885
室内娱乐活动	233	4340	13	173	794	2011	1349
室内娱乐活动	233	4340	13	173	794	2011	1349
游乐园	12	324		9	107	180	28
游乐园	12	324		9	107	180	28

1-1-13 续表 29

项目	法人单位数(个)	就业人数(人)	具有研究生及以上学历人员	具有大学本科学历人员	具有大专学历人员	具有高中学历人员	具有初中及以下学历人员
休闲健身娱乐活动	96	1443	19	161	307	499	457
休闲健身娱乐活动	96	1443	19	161	307	499	457
其他娱乐活动	30	352	15	69	134	83	51
其他娱乐活动	30	352	15	69	134	83	51
公共管理和社会组织	**51783**	**889390**	**10959**	**184192**	**296700**	**230980**	**166559**
中国共产党机关	1624	24342	933	10586	9565	2686	572
中国共产党机关	1624	24342	933	10586	9565	2686	572
中国共产党机关	1624	24342	933	10586	9565	2686	572
国家机构	14475	597493	8242	152009	252280	143680	41282
国家权力机构	283	9767	289	3598	3869	1634	377
国家权力机构	283	9767	289	3598	3869	1634	377
国家行政机构	13731	562135	6857	135664	240254	138940	40420
综合事务管理机构	3577	133156	1492	36570	55784	31189	8121
对外事务管理机构	55	742	15	275	241	185	26
公共安全管理机构	588	73743	1108	19081	34630	15162	3762
社会事务管理机构	2941	131313	1291	29029	61982	32227	6784
经济事务管理机构	3522	133305	1292	26184	52490	39629	13710
政府事务管理机构	1604	41754	995	12130	16084	9204	3341
行政监督检查机构	1444	48122	664	12395	19043	11344	4676
人民法院和人民检察院	296	20741	886	11107	6428	2000	320
人民法院	140	11366	338	6275	3528	1053	172
人民检察院	156	9375	548	4832	2900	947	148
其他国家机构	165	4850	210	1640	1729	1106	165
其他国家机构	165	4850	210	1640	1729	1106	165
人民政协和民主党派	255	3863	104	1283	1764	613	99
人民政协	146	3169	61	1005	1491	530	82
人民政协	146	3169	61	1005	1491	530	82
民主党派	109	694	43	278	273	83	17
民主党派	109	694	43	278	273	83	17
群众团体、社会团体和宗教组织	5460	76242	1551	17148	21220	20940	15383
群众团体	990	17096	754	5867	4578	4677	1220
工会	319	9574	614	3914	2462	1670	914
妇联	136	917	48	448	323	83	15
共青团	142	1080	51	717	228	78	6
其他群众团体	393	5525	41	788	1565	2846	285
社会团体	3748	44990	759	11009	15871	11005	6346
专业性团体	1701	19926	396	5596	7012	5189	1733
行业性团体	1398	14364	181	2738	4213	4092	3140
其他社会团体	649	10700	182	2675	4646	1724	1473
宗教组织	722	14156	38	272	771	5258	7817
宗教组织	722	14156	38	272	771	5258	7817
基层群众自治组织	29969	187450	129	3166	11871	63061	109223
社区自治组织	1781	16907	41	1289	4684	7832	3061
社区自治组织	1781	16907	41	1289	4684	7832	3061
村民自治组织	28188	170543	88	1877	7187	55229	106162
村民自治组织	28188	170543	88	1877	7187	55229	106162

1-1-14　按登记注册类型、学历分组的法人单位就业人数

项　　目	法　人单位数（个）	就业人数（人）	具有研究生及以上学历人员	具有大学本　科学历人员	具有大专学　历人　员	具有高中学　历人　员	具有初中及以下学历人员
总　计	**160747**	**6647298**	**56908**	**790395**	**1314053**	**2022994**	**2462948**
内资	**160268**	**6488205**	**54940**	**775603**	**1292488**	**1974809**	**2390365**
国有	39044	2123999	35892	480819	681213	557521	368554
集体	8304	409858	1261	17182	52499	140269	198647
股份合作	1365	53598	215	3748	8076	16603	24956
国有联营	57	2201	10	688	515	573	415
集体联营	129	6367	8	180	436	1725	4018
国有与集体联营	33	1197	23	188	350	347	289
其他联营	177	4679	4	216	710	1571	2178
国有独资公司	180	339990	1318	47047	57803	93796	140026
其他有限责任公司	11012	1465382	4060	72440	179855	481522	727505
股份有限公司	3731	362899	2613	35667	66016	124686	133917
私营独资	25696	392239	1213	13324	38936	124860	213906
私营合伙	4199	73771	422	3584	7162	22047	40556
私营有限责任公司	24852	803116	4896	56124	123115	269139	349842
私营股份有限公司	2819	86447	611	5256	12364	29253	38963
其他	38670	362462	2394	39140	63438	110897	146593
港澳台商投资	**184**	**83975**	**473**	**6700**	**8997**	**26331**	**41474**
与港澳台商合资经营	95	22373	86	1359	3055	7147	10726
与港澳台商合作经营	18	1520	7	82	267	690	474
港澳台商独资	54	55451	145	4760	4957	16273	29316
港澳台商投资股份有限公司	17	4631	235	499	718	2221	958
外商投资	**295**	**75118**	**1495**	**8092**	**12568**	**21854**	**31109**
中外合资经营	180	52360	268	4162	8885	13317	25728
中外合作经营	15	5611	16	367	1081	3237	910
外资企业	84	15458	1191	3273	2094	4706	4194
外商投资股份有限公司	16	1689	20	290	508	594	277

1-1-15 按地区、专业技术职称分组的法人单位就业人数

地 区	法人单位数（个）	就业人数（人）	#具有高级技术职称人员	#具有中级技术职称人员	#具有初级技术职称人员
总 计	**160747**	**6647298**	**124219**	**503581**	**657990**
太原市	28987	1428649	50673	132586	138548
大同市	14181	659548	10417	48338	63241
阳泉市	7082	377383	4817	22462	29825
长治市	15958	598255	8779	41546	65718
晋城市	11463	504468	4983	27894	46411
朔州市	7771	280904	3627	18328	26020
晋中市	14187	605832	8129	37673	57794
运城市	16334	669746	10494	50377	67900
忻州市	14417	403897	7248	42375	46478
临汾市	18973	632451	8089	45475	62307
吕梁市	11394	486165	6963	36527	53748

1-1-16　按行业(小类)、专业技术职称分组的法人单位就业人数

项　　目	法人单位数(个)	就业人数(人)	#具有高级技术职称人员	#具有中级技术职称人员	#具有初级技术职称人员
总　计	**160747**	**6647298**	**124219**	**503581**	**657990**
农、林、牧、渔业	**15**	**2039**	**10**	**35**	**93**
农业	6	1466	1	3	5
谷物及其他作物的种植	2	1421	1	1	3
谷物的种植	2	1421	1	1	3
薯类的种植					
油料的种植					
豆类的种植					
棉花的种植					
麻类的种植					
糖料的种植					
烟草的种植					
其他作物的种植					
蔬菜、园艺作物的种植	3	36		1	2
蔬菜的种植	3	36		1	2
花卉的种植					
其他园艺作物的种植					
水果、坚果、饮料和香料作物的种植					
水果、坚果的种植					
茶及其他饮料作物的种植					
香料作物的种植					
中药材的种植	1	9		1	
中药材的种植	1	9		1	
林业	3	77	3	15	22
林木的培育和种植	3	77	3	15	22
育种和育苗	1	30		8	18
造林					
林木的抚育和管理	2	47	3	7	4
木材和竹材的采运					
木材的采运					
竹材的采运					
林产品的采集					
林产品的采集					
畜牧业	4	269	5	12	20
牲畜的饲养	1	30			3
牲畜的饲养	1	30			3
猪的饲养	2	211	4	10	15
猪的饲养	2	211	4	10	15
家禽的饲养					
家禽的饲养					
狩猎和捕捉动物					
狩猎和捕捉动物					
其他畜牧业	1	28	1	2	2
其他畜牧业	1	28	1	2	2
渔业	1	60	1	5	10
海洋渔业					
海水养殖					
海洋捕捞					

1-1-16 续表 1

项目	法人单位数(个)	就业人数(人)	#具有高级技术职称人员	#具有中级技术职称人员	#具有初级技术职称人员
内陆渔业	1	60	1	5	10
内陆养殖	1	60	1	5	10
内陆捕捞					
农、林、牧、渔服务业	1	167			36
农业服务业	1	167			36
灌溉服务	1	167			36
农产品初加工服务					
其他农业服务					
林业服务业					
林业服务业					
畜牧服务业					
兽医服务					
其他畜牧服务					
渔业服务业					
渔业服务业					
采矿业	**7969**	**1181261**	**7928**	**32446**	**63423**
煤炭开采和洗选业	4817	1101740	7515	31166	60729
烟煤和无烟煤的开采洗选	4816	1100659	7515	31161	60715
烟煤和无烟煤的开采洗选	4816	1100659	7515	31161	60715
褐煤的开采洗选					
褐煤的开采洗选					
其他煤炭采选	1	1081		5	14
其他煤炭采选	1	1081		5	14
石油和天然气开采业	12	1488	35	78	135
天然原油和天然气开采	9	1028	18	33	75
天然原油和天然气开采	9	1028	18	33	75
与石油和天然气开采有关的服务活动	3	460	17	45	60
与石油和天然气开采有关的服务活动	3	460	17	45	60
黑色金属矿采选业	1493	49545	257	728	1370
铁矿采选	1468	46204	248	694	1305
铁矿采选	1468	46204	248	694	1305
其他黑色金属矿采选	25	3341	9	34	65
其他黑色金属矿采选	25	3341	9	34	65
有色金属矿采选业	127	6820	46	183	259
常用有色金属矿采选	103	5043	40	137	225
铜矿采选	52	1804	13	27	63
铅锌矿采选	8	1027	6	7	13
镍钴矿采选					
锡矿采选					
锑矿采选					
铝矿采选	31	1973	21	88	89
镁矿采选	8	148		5	
其他常用有色金属矿采选	4	91		10	60
贵金属矿采选	22	1728	3	38	31
金矿采选	20	1720	3	38	31
银矿采选	2	8			
其他贵金属矿采选					

1-1-16　续表 2

项　　目	法人单位数（个）	就业人数（人）	#具有高级技术职称人员	#具有中级技术职称人员	#具有初级技术职称人员
稀有稀土金属矿采选	2	49	3	8	3
钨钼矿采选	1	47	3	8	3
稀土金属矿采选	1	2			
放射性金属矿采选					
其他稀有金属矿采选					
非金属矿采选业	1520	21668	75	291	930
土砂石开采	1375	19948	73	278	914
石灰石、石膏开采	385	5464	14	95	524
建筑装饰用石开采	242	3557	15	35	94
耐火土石开采	84	1173	13	29	45
粘土及其他土砂石开采	664	9754	31	119	251
化学矿采选	77	995		8	14
化学矿采选	77	995		8	14
采盐					
采盐					
石棉及其他非金属矿采选	68	725	2	5	2
石棉、云母矿采选	5	93	1		
石墨、滑石采选	3	19			
宝石、玉石开采	1	28			
其他非金属矿采选	59	585	1	5	2
其他采矿业					
其他采矿业					
其他采矿业					
制造业	**22409**	**1576189**	**17553**	**60862**	**84500**
农副食品加工业	1743	49855	397	1290	2181
谷物磨制	545	7630	35	169	230
谷物磨制	545	7630	35	169	230
饲料加工	224	6105	64	240	294
饲料加工	224	6105	64	240	294
植物油加工	121	4477	25	84	110
食用植物油加工	87	4115	24	79	92
非食用植物油加工	34	362	1	5	18
制糖	6	834	4	23	17
制糖	6	834	4	23	17
屠宰及肉类加工	268	11754	166	342	692
畜禽屠宰	142	7215	116	216	396
肉制品及副产品加工	126	4539	50	126	296
水产品加工	1	10			
水产品冷冻加工	1	10			
鱼糜制品及水产品干腌制加工					
水产饲料制造					
鱼油提取及制品的制造					
其他水产品加工					
蔬菜、水果和坚果加工	278	8806	55	259	593
蔬菜、水果和坚果加工	278	8806	55	259	593
其他农副食品加工	300	10239	48	173	245
淀粉及淀粉制品的制造	133	7203	32	131	161
豆制品制造	69	1242	6	28	49
蛋品加工	15	227	2	4	7
其他未列明的农副食品加工	83	1567	8	10	28

1-1-16 续表 3

项 目	法人单位数(个)	就业人数(人)	#具有高级技术职称人员	#具有中级技术职称人员	#具有初级技术职称人员
食品制造业	947	37634	272	1109	1476
焙烤食品制造	218	6055	46	211	244
糕点、面包制造	161	3884	43	192	223
饼干及其他焙烤食品制造	57	2171	3	19	21
糖果、巧克力及蜜饯制造	193	6510	20	222	246
糖果、巧克力制造	8	228	3	12	21
蜜饯制作	185	6282	17	210	225
方便食品制造	98	3840	41	101	95
米、面制品制造	53	1537	22	53	65
速冻食品制造	20	668	13	25	11
方便面及其他方便食品制造	25	1635	6	23	19
液体乳及乳制品制造	94	6776	34	223	330
液体乳及乳制品制造	94	6776	34	223	330
罐头制造	57	2752	32	96	114
肉、禽类罐头制造	13	848		15	34
水产品罐头制造	2	6			
蔬菜、水果罐头制造	41	1897	32	81	80
其他罐头食品制造	1	1			
调味品、发酵制品制造	187	8622	53	150	320
味精制造	1	3			
酱油、食醋及类似制品的制造	163	7645	51	135	298
其他调味品、发酵制品制造	23	974	2	15	22
其他食品制造	100	3079	46	106	127
营养、保健食品制造	28	535	20	42	50
冷冻饮品及食用冰制造	22	667	5	17	27
盐加工	1	30		6	
食品及饲料添加剂制造	29	1624	16	38	42
其他未列明的食品制造	20	223	5	3	8
饮料制造业	515	31166	226	776	1182
酒精制造	10	729	12	33	53
酒精制造	10	729	12	33	53
酒的制造	226	21123	112	374	552
白酒制造	178	16660	78	283	366
啤酒制造	16	3606	18	65	133
黄酒制造	7	106	4	3	6
葡萄酒制造	11	278	2	6	15
其他酒制造	14	473	10	17	32
软饮料制造	270	9168	97	367	576
碳酸饮料制造	26	1918	14	32	64
瓶(罐)装饮用水制造	134	1609	6	22	31
果菜汁及果菜汁饮料制造	77	4602	58	252	386
含乳饮料和植物蛋白饮料制造	18	606	9	34	61
固体饮料制造	5	206	3	7	10
茶饮料及其他软饮料制造	10	227	7	20	24
精制茶加工	9	146	5	2	1
精制茶加工	9	146	5	2	1

1-1-16　续表 4

项　　目	法人单位数(个)	就业人数(人)	#具有高级技术职称人员	#具有中级技术职称人员	#具有初级技术职称人员
烟草制品业	1	1263	51	198	165
烟叶复烤					
烟叶复烤					
卷烟制造	1	1263	51	198	165
卷烟制造	1	1263	51	198	165
其他烟草制品加工					
其他烟草制品加工					
纺织业	270	28447	161	845	1077
棉、化纤纺织及印染精加工	124	19187	88	631	755
棉、化纤纺织加工	111	17147	62	510	597
棉、化纤印染精加工	13	2040	26	121	158
毛纺织和染整精加工	9	524	2	26	39
毛条加工	3	10			
毛纺织	5	354		18	34
毛染整精加工	1	160	2	8	5
麻纺织	5	2312	8	67	87
麻纺织	5	2312	8	67	87
丝绢纺织及精加工	11	1291	7	36	57
缫丝加工	8	795	7	20	47
绢纺和丝织加工	3	496		16	10
丝印染精加工					
纺织制成品制造	59	1994	35	75	118
棉及化纤制品制造	23	427	5	10	19
毛制品制造	6	218	22	26	45
麻制品制造	3	855			
丝制品制造	4	73	2	7	2
绳、索、缆的制造	3	22			
纺织带和帘子布制造	2	24			2
无纺布制造	4	30			
其他纺织制成品制造	14	345	6	32	50
针织品、编织品及其制品制造	62	3139	21	10	21
棉、化纤针织品及编织品制造	35	1777	21	4	15
毛针织品及编织品制造	5	166			
丝针织品及编织品制造	6	150			
其他针织品及编织品制造	16	1046		6	6
纺织服装、鞋、帽制造业	248	13112	57	442	721
纺织服装制造	214	12382	55	434	693
纺织服装制造	214	12382	55	434	693
纺织面料鞋的制造	29	648	2	4	16
纺织面料鞋的制造	29	648	2	4	16
制帽	5	82		4	12
制帽	5	82		4	12
皮革、毛皮、羽毛(绒)及其制品业	32	1043	5	47	20
皮革鞣制加工	2	97			
皮革鞣制加工	2	97			
皮革制品制造	18	788	3	43	15
皮鞋制造	13	632	3	43	13
皮革服装制造					

1-1-16 续表 5

项　　目	法人单位数(个)	就业人数(人)	#具有高级技术职称人员	#具有中级技术职称人员	#具有初级技术职称人员
皮箱、包(袋)制造	4	125			
皮手套及皮装饰制品制造	1	31			2
其他皮革制品制造					
毛皮鞣制及制品加工	11	148	1	3	3
毛皮鞣制加工	7	61	1	3	
毛皮服装加工	2	4			
其他毛皮制品加工	2	83			3
羽毛(绒)加工及制品制造	1	10	1	1	2
羽毛(绒)加工					
羽毛(绒)制品加工	1	10	1	1	2
木材加工及木、竹、藤、棕、草制品业	239	4811	113	94	115
锯材、木片加工	83	937	2	2	10
锯材加工	49	414	1	1	2
木片加工	34	523	1	1	8
人造板制造	62	2086	103	43	69
胶合板制造	23	854	3	14	11
纤维板制造	9	747	99	25	45
刨花板制造	8	98		1	6
其他人造板、材制造	22	387	1	3	7
木制品制造	80	1611	8	47	34
建筑用木料及木材组件加工	38	805	8	26	16
木容器制造	29	635		9	16
软木制品及其他木制品制造	13	171		12	2
竹、藤、棕、草制品制造	14	177		2	2
竹、藤、棕、草制品制造	14	177		2	2
家具制造业	227	4303	45	81	126
木质家具制造	181	3643	42	75	117
木质家具制造	181	3643	42	75	117
竹、藤家具制造	1	1			
竹、藤家具制造	1	1			
金属家具制造	19	268	2	1	
金属家具制造	19	268	2	1	
塑料家具制造	7	142		3	4
塑料家具制造	7	142		3	4
其他家具制造	19	249	1	2	5
其他家具制造	19	249	1	2	5
造纸及纸制品业	563	16631	120	292	589
纸浆制造	13	273	6	3	3
纸浆制造	13	273	6	3	3
造纸	182	6525	72	133	308
机制纸及纸板制造	149	5929	59	105	242
手工纸制造	8	272	10	22	60
加工纸制造	25	324	3	6	6
纸制品制造	368	9833	42	156	278
纸和纸板容器的制造	296	7935	34	120	219
其他纸制品制造	72	1898	8	36	59
印刷业和记录媒介的复制	650	15453	84	476	598
印刷	582	14067	78	421	549

1-1-16　续表 6

项　　目	法人单位数(个)	就业人数(人)	#具有高级技术职称人员	#具有中级技术职称人员	#具有初级技术职称人员
书、报、刊印刷	272	7396	49	211	284
本册印制	124	1904	8	60	70
包装装潢及其他印刷	186	4767	21	150	195
装订及其他印刷服务活动	67	1383	6	55	49
装订及其他印刷服务活动	67	1383	6	55	49
记录媒介的复制	1	3			
记录媒介的复制	1	3			
文教体育用品制造业	47	4090	2	66	119
文化用品制造	11	338		6	29
文具制造	3	21			1
笔的制造	2	18			
教学用模型及教具制造	2	149		3	13
墨水、墨汁制造	1	116		3	15
其他文化用品制造	3	34			
体育用品制造	30	3574	2	60	89
球类制造	1	45			
体育器材及配件制造	12	706	1	7	18
训练健身器材制造	16	2806	1	53	71
运动防护用具制造					
其他体育用品制造	1	17			
乐器制造	2	43			1
中乐器制造	2	43			1
西乐器制造					
电子乐器制造					
其他乐器及零件制造					
玩具制造	2	118			
玩具制造	2	118			
游艺器材及娱乐用品制造	2	17			
露天游乐场所游乐设备制造	1	2			
游艺用品及室内游艺器材制造	1	15			
石油加工、炼焦及核燃料加工业	440	189618	1475	6635	9901
精炼石油产品的制造	46	4615	49	141	271
原油加工及石油制品制造	44	3679	36	104	225
人造原油生产	2	936	13	37	46
炼焦	394	185003	1426	6494	9630
炼焦	394	185003	1426	6494	9630
核燃料加工					
核燃料加工					
化学原料及化学制品制造业	1543	156685	1769	7367	9693
基础化学原料制造	561	49583	606	2565	2754
无机酸制造	57	1912	4	24	50
无机碱制造	37	10581	257	1232	1128
无机盐制造	144	12868	72	197	407
有机化学原料制造	168	18641	158	903	903
其他基础化学原料制造	155	5581	115	209	266
肥料制造	203	45354	339	1796	3100
氮肥制造	51	34048	143	833	2113
磷肥制造	22	1450		23	20

1-1-16 续表 7

项　　目	法人单位数（个）	就业人数（人）	#具有高级技术职称人员	#具有中级技术职称人员	#具有初级技术职称人员
钾肥制造	2	50			
复混肥料制造	42	8436	166	898	909
有机肥料及微生物肥料制造	58	890	18	19	17
其他肥料制造	28	480	12	23	41
农药制造	62	1980	50	97	89
化学农药制造	44	1701	33	79	78
生物化学农药及微生物农药制造	18	279	17	18	11
涂料、油墨、颜料及类似产品制造	170	4719	46	181	266
涂料制造	125	1677	27	76	101
油墨及类似产品制造	16	825	7	59	128
颜料制造	13	623	5	13	27
染料制造	11	1528	7	33	10
密封用填料及类似品制造	5	66			
合成材料制造	46	9614	84	556	826
初级形态的塑料及合成树脂制造	24	3444	40	182	406
合成橡胶制造	11	3088	22	174	137
合成纤维单(聚合)体的制造	5	3015	19	200	283
其他合成材料制造	6	67	3		
专用化学产品制造	433	39007	580	1736	2264
化学试剂和助剂制造	124	5923	103	349	431
专项化学用品制造	45	1409	15	63	106
林产化学产品制造	86	3639	30	78	90
炸药及火工产品制造	65	22021	279	1122	1476
信息化学品制造	3	103	6	6	3
环境污染处理专用药剂材料制造	28	877	6	49	77
动物胶制造	29	474	4	14	20
其他专用化学产品制造	53	4561	137	55	61
日用化学产品制造	68	6428	64	436	394
肥皂及合成洗涤剂制造	30	6013	57	426	376
化妆品制造	3	10			
口腔清洁用品制造	3	28	1		4
香料、香精制造	7	153	1	2	1
其他日用化学产品制造	25	224	5	8	13
医药制造业	261	31660	441	1786	2318
化学药品原药制造	30	6101	36	216	243
化学药品原药制造	30	6101	36	216	243
化学药品制剂制造	70	12406	175	506	711
化学药品制剂制造	70	12406	175	506	711
中药饮片加工	27	771	16	54	70
中药饮片加工	27	771	16	54	70
中成药制造	48	7914	140	754	1000
中成药制造	48	7914	140	754	1000
兽用药品制造	48	1545	31	79	99
兽用药品制造	48	1545	31	79	99
生物、生化制品的制造	21	1242	24	132	150
生物、生化制品的制造	21	1242	24	132	150
卫生材料及医药用品制造	17	1681	19	45	45
卫生材料及医药用品制造	17	1681	19	45	45

1-1-16　续表 8

项　　目	法人单位数(个)	就业人数(人)	#具有高级技术职称人员	#具有中级技术职称人员	#具有初级技术职称人员
化学纤维制造业	15	1845	7	65	147
纤维素纤维原料及纤维制造	1	1062	2	30	90
化纤浆粕制造					
人造纤维(纤维素纤维)制造	1	1062	2	30	90
合成纤维制造	14	783	5	35	57
锦纶纤维制造	1	132			
涤纶纤维制造	6	421	5	34	52
腈纶纤维制造	1	80			
维纶纤维制造					
其他合成纤维制造	6	150		1	5
橡胶制品业	166	9107	103	297	371
轮胎制造	15	3063	29	142	81
车辆、飞机及工程机械轮胎制造	8	2929	26	135	78
力车胎制造	1	32			
轮胎翻新加工	6	102	3	7	3
橡胶板、管、带的制造	42	2515	44	88	164
橡胶板、管、带的制造	42	2515	44	88	164
橡胶零件制造	47	1302	15	35	92
橡胶零件制造	47	1302	15	35	92
再生橡胶制造	29	1369	2	5	4
再生橡胶制造	29	1369	2	5	4
日用及医用橡胶制品制造	6	308	7	10	18
日用及医用橡胶制品制造	6	308	7	10	18
橡胶靴鞋制造	7	54			
橡胶靴鞋制造	7	54			
其他橡胶制品制造	20	496	6	17	12
其他橡胶制品制造	20	496	6	17	12
塑料制品业	565	17714	142	503	653
塑料薄膜制造	55	1969	34	67	104
塑料薄膜制造	55	1969	34	67	104
塑料板、管、型材的制造	126	3705	39	127	203
塑料板、管、型材的制造	126	3705	39	127	203
塑料丝、绳及编织品的制造	127	6718	36	175	194
塑料丝、绳及编织品的制造	127	6718	36	175	194
泡沫塑料制造	64	1145	5	18	33
泡沫塑料制造	64	1145	5	18	33
塑料人造革、合成革制造	4	71		1	3
塑料人造革、合成革制造	4	71		1	3
塑料包装箱及容器制造	62	1894	3	43	71
塑料包装箱及容器制造	62	1894	3	43	71
塑料零件制造	14	158	4	12	9
塑料零件制造	14	158	4	12	9
日用塑料制造	52	888		9	9
塑料鞋制造	1	43			
日用塑料杂品制造	51	845		9	9
其他塑料制品制造	61	1166	21	51	27
其他塑料制品制造	61	1166	21	51	27

1-1-16 续表 9

项　目	法人单位数(个)	就业人数(人)	#具有高级技术职称人员	#具有中级技术职称人员	#具有初级技术职称人员
非金属矿物制品业	5758	260033	1307	5183	9149
水泥、石灰和石膏的制造	568	46431	373	1583	2840
水泥制造	367	43130	360	1520	2729
石灰和石膏制造	201	3301	13	63	111
水泥及石膏制品制造	734	17943	180	822	990
水泥制品制造	320	11416	133	610	695
砼结构构件制造	302	4412	27	121	190
石棉水泥制品制造	10	147		8	1
轻质建筑材料制造	79	1622	16	66	90
其他水泥制品制造	23	346	4	17	14
砖瓦、石材及其他建筑材料制造	2908	87913	243	913	2032
粘土砖瓦及建筑砌块制造	2335	70527	151	440	1353
建筑陶瓷制品制造	86	7369	55	328	461
建筑用石加工	295	5816	9	28	76
防水建筑材料制造	51	1090	15	39	49
隔热和隔音材料制造	50	1215	4	29	34
其他建筑材料制造	91	1896	9	49	59
玻璃及玻璃制品制造	311	45323	57	424	653
平板玻璃制造	13	1204	8	46	27
技术玻璃制品制造	7	2659		8	12
光学玻璃制造	1	1			
玻璃仪器制造	9	1028	2	10	18
日用玻璃制品及玻璃包装容器制造	231	38727	42	329	548
玻璃保温容器制造	3	470			
玻璃纤维及制品制造	12	460	2	4	9
玻璃纤维增强塑料制品制造	17	324		21	34
其他玻璃制品制造	18	450	3	6	5
陶瓷制品制造	135	15198	49	195	297
卫生陶瓷制品制造	4	52			
特种陶瓷制品制造	18	1483	17	51	68
日用陶瓷制品制造	101	13476	27	134	224
园林、陈设艺术及其他陶瓷制品制造	12	187	5	10	5
耐火材料制品制造	792	31214	242	769	1569
石棉制品制造	18	471	8	35	17
云母制品制造	1	2			
耐火陶瓷制品及其他耐火材料制造	773	30741	234	734	1552
石墨及其他非金属矿物制品制造	310	16011	163	477	768
石墨及碳素制品制造	208	12150	139	350	585
其他非金属矿物制品制造	102	3861	24	127	183
黑色金属冶炼及压延加工业	621	188254	2109	8059	10126
炼铁	349	49888	401	1095	2563
炼铁	349	49888	401	1095	2563
炼钢	51	24394	248	905	926
炼钢	51	24394	248	905	926
钢压延加工	136	100753	1395	5826	6065
钢压延加工	136	100753	1395	5826	6065
铁合金冶炼	85	13219	65	233	572
铁合金冶炼	85	13219	65	233	572

1-1-16　续表 10

项　　目	法人单位数（个）	就业人数（人）	#具有高级技术职称人员	#具有中级技术职称人员	#具有初级技术职称人员
有色金属冶炼及压延加工业	341	88619	1666	4344	6534
常用有色金属冶炼	222	78339	1559	3906	5972
铜冶炼	11	9933	241	935	924
铅锌冶炼	14	2107	76	260	414
镍钴冶炼					
锡冶炼					
锑冶炼					
铝冶炼	46	36650	1038	2351	3593
镁冶炼	133	29406	204	359	1038
其他常用有色金属冶炼	18	243		1	3
贵金属冶炼	6	625	7	11	21
金冶炼	1	5			
银冶炼	4	550	7	11	20
其他贵金属冶炼	1	70			1
稀有稀土金属冶炼	18	1306	34	51	83
钨钼冶炼	7	236	2	6	1
稀土金属冶炼	9	1026	29	43	81
其他稀有金属冶炼	2	44	3	2	1
有色金属合金制造	28	1886	7	31	151
有色金属合金制造	28	1886	7	31	151
有色金属压延加工	67	6463	59	345	307
常用有色金属压延加工	57	5426	49	287	250
贵金属压延加工	2	176	4	15	2
稀有稀土金属压延加工	8	861	6	43	55
金属制品业	1179	41451	422	1196	1615
结构性金属制品制造	475	12955	229	592	669
金属结构制造	290	9832	168	443	480
金属门窗制造	185	3123	61	149	189
金属工具制造	117	3487	30	112	242
切削工具制造	17	1835	16	86	201
手工具制造	9	157	1	1	1
农用及园林用金属工具制造	15	310			2
刀剪及类似日用金属工具制造	6	100			
其他金属工具制造	70	1085	13	25	38
集装箱及金属包装容器制造	36	1858	25	77	86
集装箱制造					
金属压力容器制造	11	587	12	26	40
金属包装容器制造	25	1271	13	51	46
金属丝绳及其制品的制造	91	2877	13	55	127
金属丝绳及其制品的制造	91	2877	13	55	127
建筑、安全用金属制品制造	259	15665	47	165	255
建筑、家具用金属配件制造	27	329		5	2
建筑装饰及水暖管道零件制造	189	13718	20	101	159
安全、消防用金属制品制造	25	1231	26	40	50
其他建筑、安全用金属制品制造	18	387	1	19	44
金属表面处理及热处理加工	58	1452	18	68	70
金属表面处理及热处理加工	58	1452	18	68	70
搪瓷制品制造	2	133			12
工业生产配套用搪瓷制品制造	1	5			
搪瓷卫生洁具制造					
搪瓷日用品及其他搪瓷制品制造	1	128			12

1-1-16 续表 11

项　　目	法人单位数(个)	就业人数(人)	#具有高级技术职称人员	#具有中级技术职称人员	#具有初级技术职称人员
不锈钢及类似日用金属制品制造	46	1225	8	53	64
金属制厨房调理及卫生器具制造	8	95		3	6
金属制厨用器皿及餐具制造	8	423	2	11	23
其他日用金属制品制造	30	707	6	39	35
其他金属制品制造	95	1799	52	74	90
铸币及贵金属制实验室用品制造					
其他未列明的金属制品制造	95	1799	52	74	90
通用设备制造业	3373	134685	1729	5686	8545
锅炉及原动机制造	237	11465	208	775	1163
锅炉及辅助设备制造	220	7119	116	534	697
内燃机及配件制造	12	3795	92	234	432
汽轮机及辅机制造					
水轮机及辅机制造	1	20			
其他原动机制造	4	531		7	34
金属加工机械制造	230	7333	173	487	525
金属切削机床制造	17	1673	53	187	236
金属成形机床制造	21	817	16	45	68
铸造机械制造	55	1677	21	68	63
金属切割及焊接设备制造	18	310	13	37	25
机床附件制造	15	371	15	9	9
其他金属加工机械制造	104	2485	55	141	124
起重运输设备制造	56	4171	35	238	243
起重运输设备制造	56	4171	35	238	243
泵、阀门、压缩机及类似机械的制造	290	14604	159	980	1131
泵及真空设备制造	68	5838	45	349	526
气体压缩机械制造	11	866		6	11
阀门和旋塞的制造	36	2169	19	177	187
液压和气压动力机械及元件制造	175	5731	95	448	407
轴承、齿轮、传动和驱动部件的制造	80	3338	69	205	298
轴承制造	35	2071	55	160	246
齿轮、传动和驱动部件制造	45	1267	14	45	52
烘炉、熔炉及电炉制造	7	513	10	28	34
烘炉、熔炉及电炉制造	7	513	10	28	34
风机、衡器、包装设备等通用设备制造	136	7028	107	379	511
风机、风扇制造	34	1799	22	79	80
气体、液体分离及纯净设备制造	13	303	12	53	25
制冷、空调设备制造	10	933	16	25	41
风动和电动工具制造	2	62		3	2
喷枪及类似器具制造	3	688		3	18
包装专用设备制造	2	25			
衡器制造	24	991	10	68	106
其他通用设备制造	48	2227	47	148	239
通用零部件制造及机械修理	766	25721	239	896	1433
金属密封件制造	7	66	1	2	14
紧固件、弹簧制造	52	1087	6	73	88
机械零部件加工及设备修理	644	23052	205	744	1155
其他通用零部件制造	63	1516	27	77	176

1-1-16　续表 12

项　　目	法人单位数（个）	就业人数（人）			
			#具有高级技术职称人员	#具有中级技术职称人员	#具有初级技术职称人员
金属铸、锻加工	1571	60512	729	1698	3207
钢铁铸件制造	872	39569	310	1070	2136
锻件及粉末冶金制品制造	699	20943	419	628	1071
专用设备制造业	879	94789	2445	7269	9077
矿山、冶金、建筑专用设备制造	372	39054	1048	2833	3568
采矿、采石设备制造	263	32249	903	2178	2692
石油钻采专用设备制造	15	1987	40	165	173
建筑工程用机械制造	29	1059	28	83	87
建筑材料生产专用机械制造	18	426	3	9	14
冶金专用设备制造	47	3333	74	398	602
化工、木材、非金属加工专用设备制造	85	2854	34	137	192
炼油、化工生产专用设备制造	13	1090	8	53	64
橡胶加工专用设备制造					
塑料加工专用设备制造	7	434	2	25	23
木材加工机械制造	8	149	2	17	12
模具制造	51	964	19	40	67
其他非金属加工专用设备制造	6	217	3	2	26
食品、饮料、烟草及饲料生产专用设备制造	9	1053	11	22	18
食品、饮料、烟草工业专用设备制造	3	126	8	11	16
农副食品加工专用设备制造	4	882	1	2	
饲料生产专用设备制造	2	45	2	9	2
印刷、制药、日化生产专用设备制造	25	726	10	43	40
制浆和造纸专用设备制造	5	90			
印刷专用设备制造	5	342	4	28	21
日用化工专用设备制造					
制药专用设备制造	1	10			
照明器具生产专用设备制造	9	130	1	9	9
玻璃、陶瓷和搪瓷制品生产专用设备制造	2	20			
其他日用品生产专用设备制造	3	134	5	6	10
纺织、服装和皮革工业专用设备制造	130	12878	224	606	462
纺织专用设备制造	128	12848	224	606	460
皮革、毛皮及其制品加工专用设备制造	2	30			2
缝纫机械制造					
其他服装加工专用设备制造					
电子和电工机械专用设备制造	55	31733	930	3123	4272
电工机械专用设备制造	27	1686	19	72	96
电子工业专用设备制造	19	1048	51	281	326
航空、航天及其他专用设备制造	1	3493	134	417	474
农、林、牧、渔专用机械制造	54	2317	17	56	162
拖拉机制造	1	1000	10	9	30
机械化农业及园艺机具制造	18	348	3	10	5
营林及木竹采伐机械制造					
畜牧机械制造	1	3			
渔业机械制造					
农林牧渔机械配件制造	8	249		11	64
其他农林牧渔业机械制造及机械修理	26	717	4	26	63

1-1-16 续表 13

项 目	法人单位数(个)	就业人数(人)	#具有高级技术职称人员	#具有中级技术职称人员	#具有初级技术职称人员
医疗仪器设备及器械制造	32	623	36	77	62
医疗诊断、监护及治疗设备制造	6	121	2	9	5
口腔科用设备及器具制造	3	89	19	30	15
实验室及医用消毒设备和器具的制造	2	31			
医疗、外科及兽医用器械制造	3	76	5	5	14
机械治疗及病房护理设备制造	1	20	1	4	
假肢、人工器官及植(介)入器械制造	6	172	5	15	23
其他医疗设备及器械制造	11	114	4	14	5
环保、社会公共安全及其他专用设备制造	117	3551	135	372	301
环境污染防治专用设备制造	32	896	65	107	87
地质勘查专用设备制造	1	76	2	4	3
邮政专用机械及器材制造					
商业、饮食、服务业专用设备制造	1	298	1	21	19
社会公共安全设备及器材制造	12	605	8	53	31
交通安全及管制专用设备制造	5	61	2	4	
水资源专用机械制造	19	648	7	56	69
其他专用设备制造	47	967	50	127	92
交通运输设备制造业	573	44486	781	2509	3437
铁路运输设备制造	87	19766	386	945	1754
铁路机车车辆及动车组制造	3	5675	88	246	761
工矿有轨专用车辆制造	8	497	4	22	42
铁路机车车辆配件制造	39	6246	75	263	411
铁路专用设备及器材、配件制造	25	2847	46	92	115
其他铁路设备制造及设备修理	12	4501	173	322	425
汽车制造	464	23562	373	1482	1538
汽车整车制造	4	482	19	53	13
改装汽车制造	5	917	12	82	81
电车制造					
汽车车身、挂车的制造	21	1128	14	61	43
汽车零部件及配件制造	106	15790	201	867	895
汽车修理	328	5245	127	419	506
摩托车制造	4	27	1		
摩托车整车制造	2	6			
摩托车零部件及配件制造	2	21	1		
自行车制造	6	43			
脚踏自行车及残疾人座车制造	5	38			
助动自行车制造	1	5			
船舶及浮动装置制造					
金属船舶制造					
非金属船舶制造					
娱乐船和运动船的建造和修理					
船用配套设备制造					
船舶修理及拆船					
航标器材及其他浮动装置的制造					
航空航天器制造	1	838	19	75	134
飞机制造及修理	1	838	19	75	134
航天器制造					
其他飞行器制造					

1-1-16　续表 14

项　　目	法人单位数（个）	就业人数（人）	#具有高级技术职称人员	#具有中级技术职称人员	#具有初级技术职称人员
交通器材及其他交通运输设备制造	11	250	2	7	11
潜水及水下救捞装备制造					
交通管理用金属标志及设施制造	5	113	1	2	11
其他交通运输设备制造	6	137	1	5	
电气机械及器材制造业	427	27627	780	1788	1770
电机制造	38	10779	413	995	904
发电机及发电机组制造	15	2269	98	327	252
电动机制造	15	8353	314	659	646
微电机及其他电机制造	8	157	1	9	6
输配电及控制设备制造	170	6965	206	373	413
变压器、整流器和电感器制造	44	2084	81	108	99
电容器及其配套设备制造	10	602	9	12	21
配电开关控制设备制造	76	2977	97	212	231
电力电子元器件制造	17	647	13	32	46
其他输配电及控制设备制造	23	655	6	9	16
电线、电缆、光缆及电工器材制造	108	5644	72	226	180
电线电缆制造	79	4033	23	118	102
光纤、光缆制造	2	798	36	76	52
绝缘制品制造	9	412	5	10	16
其他电工器材制造	18	401	8	22	10
电池制造	18	1105	28	61	88
电池制造	18	1105	28	61	88
家用电力器具制造	12	417	1	8	7
家用制冷电器具制造					
家用空气调节器制造	1	12		1	
家用通风电器具制造	2	73		3	
家用厨房电器具制造	3	134		2	7
家用清洁卫生电器具制造	1	48			
家用美容、保健电器具制造					
家用电力器具专用配件制造	3	115			
其他家用电力器具制造	2	35	1	2	
非电力家用器具制造	24	403	15	6	39
燃气、太阳能及类似能源的器具制造	22	395	15	6	39
其他非电力家用器具制造	2	8			
照明器具制造	28	852	12	18	31
电光源制造	3	24		2	2
照明灯具制造	16	498	6	9	3
灯用电器附件及其他照明器具制造	9	330	6	7	26
其他电气机械及器材制造	29	1462	33	101	108
车辆专用照明及电气信号设备装置制造	1	7			
其他未列明的电气机械制造	28	1455	33	101	108
通信设备、计算机及其他电子设备制造业	140	64471	192	1342	1667
通信设备制造	13	46234	16	78	54
通信传输设备制造	5	1550	14	72	51
通信交换设备制造	1	7			
通信终端设备制造					
移动通信及终端设备制造	2	44642			
其他通信设备制造	5	35	2	6	3

1-1-16 续表 15

项　　目	法人单位数(个)	就业人数(人)	#具有高级技术职称人员	#具有中级技术职称人员	#具有初级技术职称人员
雷达及配套设备制造	1	681	5	86	96
雷达及配套设备制造	1	681	5	86	96
广播电视设备制造	3	55		10	4
广播电视节目制作及发射设备制造					
广播电视接收设备及器材制造	1	22		5	
应用电视设备及其他广播电视设备制造	2	33		5	4
电子计算机制造	4	3260	42	418	588
电子计算机整机制造	3	3257	42	418	588
计算机网络设备制造					
电子计算机外部设备制造	1	3			
电子器件制造	19	1880	29	189	163
电子真空器件制造	3	297	5	10	50
半导体分立器件制造	3	528	2	17	22
集成电路制造					
光电子器件及其他电子器件制造	13	1055	22	162	91
电子元件制造	70	11474	77	434	673
电子元件及组件制造	69	11470	77	432	671
印制电路板制造	1	4		2	2
家用视听设备制造	1	340		48	22
家用影视设备制造					
家用音响设备制造	1	340		48	22
其他电子设备制造	29	547	23	79	67
其他电子设备制造	29	547	23	79	67
仪器仪表及文化、办公用机械制造业	125	8466	578	859	644
通用仪器仪表制造	77	3942	408	485	334
工业自动控制系统装置制造	40	2752	382	390	217
电工仪器仪表制造	19	737	13	67	88
绘图、计算及测量仪器制造	2	25			
实验分析仪器制造	5	230		2	10
试验机制造	1	40	5	15	15
供应用仪表及其他通用仪器制造	10	158	8	11	4
专用仪器仪表制造	22	3659	159	344	248
环境监测专用仪器仪表制造	1	70	3	5	7
汽车及其他用计数仪表制造	1	7			3
导航、气象及海洋专用仪器制造	4	2479	120	256	218
农林牧渔专用仪器仪表制造	3	36		4	2
地质勘探和地震专用仪器制造					
教学专用仪器制造					
核子及核辐射测量仪器制造	2	55	5	38	3
电子测量仪器制造	5	323	25	30	
其他专用仪器制造	6	689	6	11	15
钟表与计时仪器制造	3	53			
钟表与计时仪器制造	3	53			
光学仪器及眼镜制造	5	268	7	8	37
光学仪器制造	4	260	7	8	37
眼镜制造	1	8			

1-1-16　续表 16

项　　目	法人单位数（个）	就业人数（人）	#具有高级技术职称人员	#具有中级技术职称人员	#具有初级技术职称人员
文化、办公用机械制造	6	70	1	5	1
电影机械制造					
幻灯及投影设备制造					
照相机及器材制造					
复印和胶印设备制造					
计算器及货币专用设备制造	1	8			
其他文化、办公用机械制造	5	62	1	5	1
其他仪器仪表的制造及修理	12	474	3	17	24
其他仪器仪表的制造及修理	12	474	3	17	24
工艺品及其他制造业	442	7921	62	224	439
工艺美术品制造	137	3021	13	73	223
雕塑工艺品制造	32	435	6	24	31
金属工艺品制造	25	822	6	21	163
漆器工艺品制造	8	297	1	8	5
花画工艺品制造	7	195		1	
天然植物纤维编织工艺品制造	1	13		2	
抽纱刺绣工艺品制造	19	653		2	10
地毯、挂毯制造	16	308		7	11
珠宝首饰及有关物品的制造	4	28			
其他工艺美术品制造	25	270		8	3
日用杂品制造	13	260		1	3
制镜及类似品加工	6	153		1	3
鬃毛加工、制刷及清扫工具的制造	2	11			
其他日用杂品制造	5	96			
煤制品制造	271	3431	14	65	95
煤制品制造	271	3431	14	65	95
核辐射加工					
核辐射加工					
其他未列明的制造业	21	1209	35	85	118
其他未列明的制造业	21	1209	35	85	118
废弃资源和废旧材料回收加工业	79	950	12	34	45
金属废料和碎屑的加工处理	38	548	1	14	24
金属废料和碎屑的加工处理	38	548	1	14	24
非金属废料和碎屑的加工处理	41	402	11	20	21
非金属废料和碎屑的加工处理	41	402	11	20	21
电力、燃气及水的生产和供应业	**770**	**124919**	**3276**	**10984**	**20886**
电力、热力的生产和供应业	402	98066	3016	9659	18839
电力生产	253	51783	1019	4663	9168
火力发电	128	48068	978	4448	8778
水力发电	108	3132	23	169	334
核力发电					
其他能源发电	17	583	18	46	56
电力供应	42	36187	1837	4550	9097
电力供应	42	36187	1837	4550	9097
热力生产和供应	107	10096	160	446	574
热力生产和供应	107	10096	160	446	574

1-1-16 续表 17

项目	法人单位数(个)	就业人数(人)	#具有高级技术职称人员	#具有中级技术职称人员	#具有初级技术职称人员
燃气生产和供应业	103	6409	56	320	370
燃气生产和供应业	103	6409	56	320	370
燃气生产和供应业	103	6409	56	320	370
水的生产和供应业	265	20444	204	1005	1677
自来水的生产和供应	209	18841	197	949	1626
自来水的生产和供应	209	18841	197	949	1626
污水处理及其再生利用	51	1548	7	52	49
污水处理及其再生利用	51	1548	7	52	49
其他水的处理、利用与分配	5	55		4	2
其他水的处理、利用与分配	5	55		4	2
建筑业	**4203**	**683596**	**9967**	**52616**	**73895**
房屋和土木工程建筑业	1700	561379	6844	38565	61950
房屋工程建筑	895	270802	2219	19654	34587
房屋工程建筑	895	270802	2219	19654	34587
土木工程建筑	805	290577	4625	18911	27363
铁路、道路、隧道和桥梁工程建筑	353	178669	2775	11436	17699
水利和港口工程建筑	63	8331	172	814	980
工矿工程建筑	66	56275	843	3191	5107
架线和管道工程建筑	161	33088	586	2357	2518
其他土木工程建筑	162	14214	249	1113	1059
建筑安装业	784	65439	1311	6920	6235
建筑安装业	784	65439	1311	6920	6235
建筑安装业	784	65439	1311	6920	6235
建筑装饰业	1224	26786	792	3911	2635
建筑装饰业	1224	26786	792	3911	2635
建筑装饰业	1224	26786	792	3911	2635
其他建筑业	495	29992	1020	3220	3075
工程准备	181	12009	580	1669	1641
工程准备	181	12009	580	1669	1641
提供施工设备服务	85	4117	53	329	357
提供施工设备服务	85	4117	53	329	357
其他未列明的建筑活动	229	13866	387	1222	1077
其他未列明的建筑活动	229	13866	387	1222	1077
交通运输、仓储和邮政业	**2964**	**170783**	**1533**	**5724**	**7004**
铁路运输业	60	2487	11	175	240
铁路旅客运输					
铁路旅客运输					
铁路货物运输					
铁路货物运输					
铁路运输辅助活动	60	2487	11	175	240
客运火车站					
货运火车站	4	60	1	1	1
其他铁路运输辅助活动	56	2427	10	174	239
道路运输业	1697	88275	491	2423	3361
公路旅客运输	153	17429	54	459	660
公路旅客运输	153	17429	54	459	660

1-1-16 续表 18

项目	法人单位数(个)	就业人数(人)	#具有高级技术职称人员	#具有中级技术职称人员	#具有初级技术职称人员
道路货物运输	1145	38964	145	658	995
道路货物运输	1145	38964	145	658	995
道路运输辅助活动	399	31882	292	1306	1706
客运汽车站	74	3246	2	93	149
公路管理与养护	286	25582	272	1139	1452
其他道路运输辅助活动	39	3054	18	74	105
城市公共交通业	242	29095	251	1400	809
公共电汽车客运	84	20623	238	1285	505
公共电汽车客运	84	20623	238	1285	505
轨道交通	1	25		2	15
轨道交通	1	25		2	15
出租车客运	153	8165	13	113	289
出租车客运	153	8165	13	113	289
城市轮渡					
城市轮渡					
其他城市公共交通	4	282			
其他城市公共交通	4	282			
水上运输业	13	168		4	15
水上旅客运输	3	64			2
远洋旅客运输	1	30			
沿海旅客运输					
内河旅客运输	2	34			2
水上货物运输	3	33		1	7
远洋货物运输	1	8		1	7
沿海货物运输					
内河货物运输	2	25			
水上运输辅助活动	7	71		3	6
客运港口					
货运港口					
其他水上运输辅助活动	7	71		3	6
航空运输业	31	2459	26	168	383
航空客货运输	7	108		1	
航空旅客运输	2	9		1	
航空货物运输	5	99			
通用航空服务	6	43		1	
通用航空服务	6	43		1	
航空运输辅助活动	18	2308	26	166	383
机场	2	199	4	20	15
空中交通管理	1	393	3	123	112
其他航空运输辅助活动	15	1716	19	23	256
管道运输业	1	10			
管道运输业	1	10			
管道运输业	1	10			
装卸搬运和其他运输服务业	430	13629	49	183	224
装卸搬运	209	8336	17	63	99
装卸搬运	209	8336	17	63	99
运输代理服务	221	5293	32	120	125
运输代理服务	221	5293	32	120	125

1-1-16 续表 19

项目	法人单位数(个)	就业人数(人)	#具有高级技术职称人员	#具有中级技术职称人员	#具有初级技术职称人员
仓储业	461	12318	179	571	717
谷物、棉花等农产品仓储	223	6697	42	232	329
谷物、棉花等农产品仓储	223	6697	42	232	329
其他仓储	238	5621	137	339	388
其他仓储	238	5621	137	339	388
邮政业	29	22342	526	800	1255
国家邮政	12	22013	526	792	1247
国家邮政	12	22013	526	792	1247
其他寄递服务	17	329		8	8
其他寄递服务	17	329		8	8
信息传输、计算机服务和软件业	**2603**	**56775**	**1122**	**5742**	**6328**
电信和其他信息传输服务业	591	41397	701	4640	5555
电信	223	35249	644	4259	4915
固定电信服务	56	17340	289	2496	2816
移动电信服务	107	15896	343	1655	1766
其他电信服务	60	2013	12	108	333
互联网信息服务	279	2550	13	76	107
互联网信息服务	279	2550	13	76	107
广播电视传输服务	85	3531	44	299	528
有线广播电视传输服务	67	2703	28	245	413
无线广播电视传输服务	18	828	16	54	115
卫星传输服务	4	67		6	5
卫星传输服务	4	67		6	5
计算机服务业	1714	11715	210	492	404
计算机系统服务	183	2076	140	296	269
计算机系统服务	183	2076	140	296	269
数据处理	9	100	6	19	14
数据处理	9	100	6	19	14
计算机维修	41	279	5	28	24
计算机维修	41	279	5	28	24
其他计算机服务	1481	9260	59	149	97
其他计算机服务	1481	9260	59	149	97
软件业	298	3663	211	610	369
公共软件服务	254	3254	194	579	355
基础软件服务	92	930	49	115	95
应用软件服务	162	2324	145	464	260
其他软件服务	44	409	17	31	14
其他软件服务	44	409	17	31	14
批发和零售业	**28977**	**506709**	**4952**	**19560**	**22817**
批发业	13734	249041	3027	11555	13081
农畜产品批发	1074	13189	140	575	1019
谷物、豆及薯类批发	510	6659	24	226	540
种子、饲料批发	277	2568	76	198	239
棉、麻批发	53	1364	15	104	144
牲畜批发	17	159		2	18
其他农畜产品批发	217	2439	25	45	78

1-1-16　续表 20

项　　目	法人单位数(个)	就业人数(人)	#具有高级技术职称人员	#具有中级技术职称人员	#具有初级技术职称人员
食品、饮料及烟草制品批发	1282	30377	268	1269	1563
米、面制品及食用油批发	378	5498	23	181	257
糕点、糖果及糖批发	51	840	7	32	67
果品、蔬菜批发	286	5250	69	198	194
肉、禽、蛋及水产品批发	61	2115	13	144	188
盐及调味品批发	133	3110	55	254	302
饮料及茶叶批发	173	3594	17	173	191
烟草制品批发	43	7784	78	208	276
其他食品批发	157	2186	6	79	88
纺织、服装及日用品批发	410	7507	62	254	217
纺织品、针织品及原料批发	83	1623	11	84	51
服装批发	106	2789	9	70	55
鞋帽批发	10	242	2	34	
厨房、卫生间用具及日用杂货批发	72	911	2	10	20
化妆品及卫生用品批发	48	782	2	12	7
其他日用品批发	91	1160	36	44	84
文化、体育用品及器材批发	227	2750	53	139	74
文具用品批发	82	698	17	43	23
体育用品批发	17	241	8	10	6
图书批发	71	1164	22	54	21
报刊批发	3	57	3	7	6
音像制品及电子出版物批发	4	32		2	4
首饰、工艺品及收藏品批发	30	375	1	14	9
其他文化用品批发	20	183	2	9	5
医药及医疗器材批发	350	11021	466	1081	1963
西药批发	116	4602	87	442	1214
中药材及中成药批发	78	5184	358	511	661
医疗用品及器材批发	156	1235	21	128	88
矿产品、建材及化工产品批发	6074	132328	1212	5633	5858
煤炭及制品批发	1577	77976	609	3350	3477
石油及制品批发	199	6305	102	248	302
非金属矿及制品批发	146	1814	11	48	62
金属及金属矿批发	1393	14452	214	734	671
建材批发	1660	17095	117	521	509
化肥批发	498	6729	73	266	360
农药批发	122	925	6	41	44
农用薄膜批发	10	152	3	18	17
其他化工产品批发	469	6880	77	407	416
机械设备、五金交电及电子产品批发	3243	39754	699	2148	1917
农业机械批发	220	3111	15	187	221
汽车、摩托车及零配件批发	362	5767	193	409	345
五金、交电批发	732	8520	113	365	348
家用电器批发	133	2863	15	115	117
计算机、软件及辅助设备批发	229	2361	84	198	134
通讯及广播电视设备批发	92	1078	29	88	80
其他机械设备及电子产品批发	1475	16054	250	786	672
贸易经纪与代理	229	1997	49	146	134
贸易经纪与代理	229	1997	49	146	134

1-1-16 续表 21

项 目	法人单位数(个)	就业人数(人)	#具有高级技术职称人员	#具有中级技术职称人员	#具有初级技术职称人员
其他批发	845	10118	78	310	336
再生物资回收与批发	512	5773	27	79	106
其他未列明的批发	333	4345	51	231	230
零售业	15243	257668	1925	8005	9736
综合零售	2374	80237	139	1115	1660
百货零售	1075	41579	97	612	1119
超级市场零售	272	23876	20	305	209
其他综合零售	1027	14782	22	198	332
食品、饮料及烟草制品专门零售	1558	20239	188	538	823
粮油零售	573	7636	40	171	453
糕点、面包零售	65	1286	57	45	44
果品、蔬菜零售	162	2578	13	43	41
肉、禽、蛋及水产品零售	98	2424	7	38	46
饮料及茶叶零售	190	1582	30	58	20
烟草制品零售	115	1037	15	68	49
其他食品零售	355	3696	26	115	170
纺织、服装及日用品专门零售	1456	26253	66	318	518
纺织品及针织品零售	181	3945	4	57	90
服装零售	719	16831	22	144	250
鞋帽零售	96	1117	3	12	6
钟表、眼镜零售	96	767	28	52	24
化妆品及卫生用品零售	172	944		14	6
其他日用品零售	192	2649	9	39	142
文化、体育用品及器材专门零售	829	10035	99	579	439
文具用品零售	206	1523	7	113	108
体育用品零售	68	469	4	10	8
图书零售	192	4572	52	202	148
报刊零售	4	52	1	3	1
音像制品及电子出版物零售	28	132		2	
珠宝首饰零售	161	2229	20	193	149
工艺美术品及收藏品零售	83	452	8	31	13
照相器材零售	24	189	2	1	
其他文化用品零售	63	417	5	24	12
医药及医疗器材专门零售	1024	14132	147	961	1545
药品零售	836	12933	119	860	1488
医疗用品及器材零售	188	1199	28	101	57
汽车、摩托车、燃料及零配件专门零售	2505	49667	636	2213	2430
汽车零售	815	21465	495	1339	1296
汽车零配件零售	447	4350	70	233	291
摩托车及零配件零售	174	1393	8	19	43
机动车燃料零售	1069	22459	63	622	800
家用电器及电子产品专门零售	1997	21860	300	1035	987
家用电器零售	586	9743	72	266	407
计算机、软件及辅助设备零售	800	6387	111	429	252
通信设备零售	301	3286	65	134	135
其他电子产品零售	310	2444	52	206	193

1-1-16 续表 22

项 目	法人单位数(个)	就业人数(人)	#具有高级技术职称人员	#具有中级技术职称人员	#具有初级技术职称人员
五金、家具及室内装修材料专门零售	1890	18216	82	480	666
五金零售	1010	9403	46	251	301
家具零售	205	3442	20	146	289
涂料零售	44	400	1	7	7
其他室内装修材料零售	631	4971	15	76	69
无店铺及其他零售	1610	17029	268	766	668
流动货摊零售	10	72	1	6	2
邮购及电子销售	1	12		1	
生活用燃料零售	244	3388	5	105	105
花卉零售	74	570	1	13	4
旧货零售	15	151		3	5
其他未列明的零售	1266	12836	261	638	552
住宿和餐饮业	**2866**	**161164**	**1230**	**3583**	**6344**
住宿业	1290	75694	380	1511	2906
旅游饭店	354	42582	229	910	1979
旅游饭店	354	42582	229	910	1979
一般旅馆	852	29949	122	425	821
一般旅馆	852	29949	122	425	821
其他住宿服务	84	3163	29	176	106
其他住宿服务	84	3163	29	176	106
餐饮业	1576	85470	850	2072	3438
正餐服务	1384	78648	814	2004	3293
正餐服务	1384	78648	814	2004	3293
快餐服务	95	4756	14	33	72
快餐服务	95	4756	14	33	72
饮料及冷饮服务	27	274	3	1	2
饮料及冷饮服务	27	274	3	1	2
其他餐饮服务	70	1792	19	34	71
其他餐饮服务	70	1792	19	34	71
金融业	**731**	**132161**	**977**	**17172**	**23709**
银行业	251	93150	682	14982	21709
中央银行	22	4565	136	1993	987
中央银行	22	4565	136	1993	987
商业银行	218	87154	504	12589	20309
商业银行	218	87154	504	12589	20309
其他银行	11	1431	42	400	413
其他银行	11	1431	42	400	413
证券业	14	1672	37	425	118
证券市场管理	2	339	1	34	6
证券市场管理	2	339	1	34	6
证券经纪与交易	10	1326	36	391	112
证券经纪与交易	10	1326	36	391	112
证券投资	1	2			
证券投资	1	2			
证券分析与咨询	1	5			
证券分析与咨询	1	5			
保险业	238	32971	153	1313	1619
人寿保险	73	23643	33	315	334
人寿保险	73	23643	33	315	334

1-1-16 续表 23

项　　目	法人单位数(个)	就业人数(人)	#具有高级技术职称人员	#具有中级技术职称人员	#具有初级技术职称人员
非人寿保险	103	8317	71	867	1217
非人寿保险	103	8317	71	867	1217
保险辅助服务	62	1011	49	131	68
保险辅助服务	62	1011	49	131	68
其他金融活动	228	4368	105	452	263
金融信托与管理	18	578	33	159	68
金融信托与管理	18	578	33	159	68
金融租赁	2	45			
金融租赁	2	45			
财务公司	2	37	2	3	15
财务公司	2	37	2	3	15
邮政储蓄	7	2037	15	78	80
邮政储蓄	7	2037	15	78	80
典当	76	673	14	68	32
典当	76	673	14	68	32
其他未列明的金融活动	123	998	41	144	68
其他未列明的金融活动	123	998	41	144	68
房地产业	**3886**	**88756**	**2700**	**11235**	**8251**
房地产业	3886	88756	2700	11235	8251
房地产开发经营	1836	41723	2044	8097	5431
房地产开发经营	1836	41723	2044	8097	5431
物业管理	1056	29661	425	2123	1904
物业管理	1056	29661	425	2123	1904
房地产中介服务	301	3124	52	295	152
房地产中介服务	301	3124	52	295	152
其他房地产活动	693	14248	179	720	764
其他房地产活动	693	14248	179	720	764
租赁和商务服务业	**6615**	**130257**	**3386**	**11282**	**9014**
租赁业	320	4657	32	206	276
机械设备租赁	311	4563	32	199	276
汽车租赁	103	1279	9	37	60
农业机械租赁	22	186		4	8
建筑工程机械与设备租赁	121	1532	13	89	114
计算机及通讯设备租赁	2	12		2	
其他机械与设备租赁	63	1554	10	67	94
文化及日用品出租	9	94		7	
图书及音像制品出租	3	30		2	
其他文化及日用品出租	6	64		5	
商务服务业	6295	125600	3354	11076	8738
企业管理服务	1310	49927	1272	5283	4640
企业管理机构	276	18901	566	2038	1574
投资与资产管理	309	7444	284	1103	543
其他企业管理服务	725	23582	422	2142	2523
法律服务	514	4790	184	460	467
律师及相关的法律服务	398	3820	144	349	263
公证服务	67	563	15	55	179
其他法律服务	49	407	25	56	25

1-1-16　续表 24

项　目	法人单位数(个)	就业人数(人)	#具有高级技术职称人员	#具有中级技术职称人员	#具有初级技术职称人员
咨询与调查	1329	16820	1365	3171	1109
会计、审计及税务服务	467	6684	686	1959	553
市场调查	71	746	24	166	70
社会经济咨询	246	1922	116	238	143
其他专业咨询	545	7468	539	808	343
广告业	1039	8698	92	409	302
广告业	1039	8698	92	409	302
知识产权服务	38	246	20	38	19
知识产权服务	38	246	20	38	19
职业中介服务	308	6812	71	296	362
职业中介服务	308	6812	71	296	362
市场管理	403	11197	91	402	359
市场管理	403	11197	91	402	359
旅行社	682	9124	64	388	886
旅行社	682	9124	64	388	886
其他商务服务	672	17986	195	629	594
会议及展览服务	84	865	22	67	37
包装服务	13	163		16	7
保安服务	46	6816	1	23	11
办公服务	155	1136	7	37	49
其他未列明的商务服务	374	9006	165	486	490
科学研究、技术服务和地质勘查业	**3957**	**94096**	**8873**	**18354**	**15326**
研究与试验发展	492	15484	1736	3008	2655
自然科学研究与试验发展	46	2899	365	583	626
自然科学研究与试验发展	46	2899	365	583	626
工程和技术研究与试验发展	167	6315	502	920	1117
工程和技术研究与试验发展	167	6315	502	920	1117
农业科学研究与试验发展	165	4387	546	1067	681
农业科学研究与试验发展	165	4387	546	1067	681
医学研究与试验发展	69	1048	124	214	151
医学研究与试验发展	69	1048	124	214	151
社会人文科学研究与试验发展	45	835	199	224	80
社会人文科学研究与试验发展	45	835	199	224	80
专业技术服务业	2159	49803	5190	11035	8439
气象服务	139	1697	139	499	576
气象服务	139	1697	139	499	576
地震服务	102	1139	71	179	108
地震服务	102	1139	71	179	108
海洋服务	1	4		1	1
海洋服务	1	4		1	1
测绘服务	119	1515	57	264	269
测绘服务	119	1515	57	264	269
技术检测	385	6507	311	885	995
技术检测	385	6507	311	885	995
环境监测	123	2603	202	500	434
环境监测	123	2603	202	500	434

1-1-16 续表 25

项　　目	法人单位数（个）	就业人数（人）	#具有高级技术职称人员	#具有中级技术职称人员	#具有初级技术职称人员
工程技术与规划管理	972	28391	3497	7173	4857
工程管理服务	544	13931	1285	3828	2111
工程勘察设计	330	12205	2129	3095	2455
规划管理	98	2255	83	250	291
其他专业技术服务	318	7947	913	1534	1199
其他专业技术服务	318	7947	913	1534	1199
科技交流和推广服务业	1168	14363	782	2153	2107
技术推广服务	904	11185	554	1696	1766
技术推广服务	904	11185	554	1696	1766
科技中介服务	151	1919	160	258	201
科技中介服务	151	1919	160	258	201
其他科技服务	113	1259	68	199	140
其他科技服务	113	1259	68	199	140
地质勘查业	138	14446	1165	2158	2125
矿产地质勘查	47	5768	496	787	532
能源矿产地质勘查	28	4393	434	658	465
固体矿产地质勘查	11	1154	60	125	60
其他矿产地质勘查	8	221	2	4	7
基础地质勘查	43	5435	475	886	1100
基础地质勘查	43	5435	475	886	1100
地质勘查技术服务	48	3243	194	485	493
地质勘查技术服务	48	3243	194	485	493
水利、环境和公共设施管理业	**1720**	**62560**	**739**	**3440**	**4663**
水利管理业	725	15487	317	1529	2131
防洪管理	59	1038	20	131	177
防洪管理	59	1038	20	131	177
水资源管理	432	11133	206	1044	1609
水库管理	127	4114	58	336	641
调水、引水管理	146	4391	70	324	503
其他水资源管理	159	2628	78	384	465
其他水利管理	234	3316	91	354	345
其他水利管理	234	3316	91	354	345
环境管理业	345	24008	145	610	961
自然保护	69	1640	56	126	287
自然保护区管理	30	758	21	49	114
野生动植物保护	8	305	11	11	42
其他自然保护	31	577	24	66	131
环境治理	276	22368	89	484	674
城市市容管理	46	2431	2	26	121
城市环境卫生管理	147	17920	29	239	337
水污染治理	28	1307	19	126	140
危险废物治理	10	144	4	6	1
其他环境治理	45	566	35	87	75
公共设施管理业	650	23065	277	1301	1571
市政公共设施管理	131	6045	111	538	617
市政公共设施管理	131	6045	111	538	617

1-1-16　续表 26

项　　目	法人单位数(个)	就业人数(人)	#具有高级技术职称人员	#具有中级技术职称人员	#具有初级技术职称人员
城市绿化管理	244	7189	83	417	457
城市绿化管理	244	7189	83	417	457
游览景区管理	275	9831	83	346	497
风景名胜区管理	113	5474	61	169	319
公园管理	51	2483	16	115	102
其他游览景区管理	111	1874	6	62	76
居民服务和其他服务业	**2685**	**39000**	**588**	**1537**	**1814**
居民服务业	1361	19720	250	571	671
家庭服务	46	314		5	2
家庭服务	46	314		5	2
托儿所	10	168		21	15
托儿所	10	168		21	15
洗染服务	68	549	5	13	13
洗染服务	68	549	5	13	13
理发及美容保健服务	231	2067	114	121	83
理发及美容保健服务	231	2067	114	121	83
洗浴服务	277	8550	60	145	226
洗浴服务	277	8550	60	145	226
婚姻服务	83	547	5	26	22
婚姻服务	83	547	5	26	22
殡葬服务	65	1043	4	33	41
殡葬服务	65	1043	4	33	41
摄影扩印服务	182	2066	38	103	166
摄影扩印服务	182	2066	38	103	166
其他居民服务	399	4416	24	104	103
其他居民服务	399	4416	24	104	103
其他服务业	1324	19280	338	966	1143
修理与维护	865	10340	254	673	788
汽车、摩托车维护与保养	700	8589	231	579	699
办公设备维修	52	672	4	32	32
家用电器修理	70	517	5	31	39
其他日用品修理	43	562	14	31	18
清洁服务	143	4378	19	44	111
建筑物清洁服务	41	942	1	22	38
其他清洁服务	102	3436	18	22	73
其他未列明的服务	316	4562	65	249	244
其他未列明的服务	316	4562	65	249	244
教育	**9003**	**509386**	**33695**	**136005**	**166766**
教育	9003	509386	33695	136005	166766
学前教育	1088	25430	511	4002	5358
学前教育	1088	25430	511	4002	5358
初等教育	3076	171768	4316	54524	67831
初等教育	3076	171768	4316	54524	67831
中等教育	2840	229111	18348	61374	81253
初中教育	1888	128576	6490	35538	49232
高中教育	385	64307	7883	16662	22113
中等专业教育	143	12287	1859	3163	2621
职业中学教育	208	13995	989	3487	5129
技工学校教育	78	5211	624	1119	1018
其他中等教育	138	4735	503	1405	1140

1-1-16 续表 27

项　　目	法人单位数(个)	就业人数(人)	#具有高级技术职称人员	#具有中级技术职称人员	#具有初级技术职称人员
高等教育	203	49471	8816	11076	8156
普通高等教育	74	45268	8409	10235	7569
成人高等教育	129	4203	407	841	587
其他教育	1796	33606	1704	5029	4168
职业技能培训	1181	20621	984	2523	2094
特殊教育	48	2048	118	493	477
其他未列明的教育	567	10937	602	2013	1597
卫生、社会保障和社会福利业	**5292**	**181779**	**12080**	**39804**	**62138**
卫生	4288	169144	11935	38385	60718
医院	938	107881	10190	27167	37753
综合医院	415	79187	8408	21320	27802
中医医院	113	9882	487	2350	4148
中西医结合医院	44	2852	83	371	606
民族医院	3	8		2	1
专科医院	329	14533	1157	2911	4925
疗养院	34	1419	55	213	271
卫生院及社区医疗活动	1804	34066	392	4758	14192
卫生院及社区医疗活动	1804	34066	392	4758	14192
门诊部医疗活动	726	5336	176	949	1714
门诊部医疗活动	726	5336	176	949	1714
计划生育技术服务活动	278	3207	51	696	818
计划生育技术服务活动	278	3207	51	696	818
妇幼保健活动	136	6801	373	2038	2553
妇幼保健活动	136	6801	373	2038	2553
专科疾病防治活动	60	2060	215	457	683
专科疾病防治活动	60	2060	215	457	683
疾病预防控制及防疫活动	159	5795	311	1744	1725
疾病预防控制及防疫活动	159	5795	311	1744	1725
其他卫生活动	187	3998	227	576	1280
其他卫生活动	187	3998	227	576	1280
社会保障业	522	7555	97	1174	1188
社会保障业	522	7555	97	1174	1188
社会保障业	522	7555	97	1174	1188
社会福利业	482	5080	48	245	232
提供住宿的社会福利	333	3973	37	165	181
干部休养所	71	1126	7	74	71
收养收容服务	262	2847	30	91	110
不提供住宿的社会福利	149	1107	11	80	51
不提供住宿的社会福利	149	1107	11	80	51
文化、体育和娱乐业	**2299**	**56478**	**2567**	**7548**	**7562**
新闻出版业	267	10172	840	1532	1392
新闻业	92	1885	72	192	179
新闻业	92	1885	72	192	179
出版业	175	8287	768	1340	1213
图书出版	14	525	89	138	71

1-1-16　续表 28

项　　目	法人单位数(个)	就业人数(人)	#具有高级技术职称人员	#具有中级技术职称人员	#具有初级技术职称人员
报纸出版	83	6635	594	1034	1033
期刊出版	58	788	52	108	61
音像制品出版	1	42	6	8	11
电子出版物出版					
其他出版	19	297	27	52	37
广播、电视、电影和音像业	353	13471	410	1913	2253
广播	60	2696	159	485	390
广播	60	2696	159	485	390
电视	121	6895	199	1091	1343
电视	121	6895	199	1091	1343
电影	139	3400	19	294	497
电影制作与发行	23	1133	6	106	165
电影放映	116	2267	13	188	332
音像制作	33	480	33	43	23
音像制作	33	480	33	43	23
文化艺术业	1071	22137	1174	3689	3449
文艺创作与表演	248	8915	421	1350	1125
文艺创作与表演	248	8915	421	1350	1125
艺术表演场馆	35	1356	228	320	318
艺术表演场馆	35	1356	228	320	318
图书馆与档案馆	199	2653	140	668	564
图书馆	96	1249	60	388	349
档案馆	103	1404	80	280	215
文物及文化保护	162	2333	90	281	330
文物及文化保护	162	2333	90	281	330
博物馆	69	2059	133	335	357
博物馆	69	2059	133	335	357
烈士陵园、纪念馆	48	702	14	42	42
烈士陵园、纪念馆	48	702	14	42	42
群众文化活动	183	2777	115	564	598
群众文化活动	183	2777	115	564	598
文化艺术经纪代理	17	208	3	16	6
文化艺术经纪代理	17	208	3	16	6
其他文化艺术	110	1134	30	113	109
其他文化艺术	110	1134	30	113	109
体育	237	4239	73	240	311
体育组织	148	3140	24	76	77
体育组织	148	3140	24	76	77
体育场馆	43	560	10	31	62
体育场馆	43	560	10	31	62
其他体育	46	539	39	133	172
其他体育	46	539	39	133	172
娱乐业	371	6459	70	174	157
室内娱乐活动	233	4340	27	93	121
室内娱乐活动	233	4340	27	93	121
游乐园	12	324	2	4	1
游乐园	12	324	2	4	1

1-1-16 续表 29

项 目	法人单位数(个)	就业人数(人)	#具有高级技术职称人员	#具有中级技术职称人员	#具有初级技术职称人员
休闲健身娱乐活动	96	1443	40	68	31
休闲健身娱乐活动	96	1443	40	68	31
其他娱乐活动	30	352	1	9	4
其他娱乐活动	30	352	1	9	4
公共管理和社会组织	**51783**	**889390**	**11043**	**65652**	**73457**
中国共产党机关	1624	24342	144	391	338
中国共产党机关	1624	24342	144	391	338
中国共产党机关	1624	24342	144	391	338
国家机构	14475	597493	8793	60134	68061
国家权力机构	283	9767	72	374	365
国家权力机构	283	9767	72	374	365
国家行政机构	13731	562135	8269	58646	66923
综合事务管理机构	3577	133156	1673	8322	8916
对外事务管理机构	55	742	1	29	7
公共安全管理机构	588	73743	393	2112	2083
社会事务管理机构	2941	131313	3078	30046	35292
经济事务管理机构	3522	133305	1883	10951	12906
政府事务管理机构	1604	41754	544	3561	3490
行政监督检查机构	1444	48122	697	3625	4229
人民法院和人民检察院	296	20741	282	540	372
人民法院	140	11366	153	265	123
人民检察院	156	9375	129	275	249
其他国家机构	165	4850	170	574	401
其他国家机构	165	4850	170	574	401
人民政协和民主党派	255	3863	50	173	60
人民政协	146	3169	16	52	23
人民政协	146	3169	16	52	23
民主党派	109	694	34	121	37
民主党派	109	694	34	121	37
群众团体、社会团体和宗教组织	5460	76242	1812	3791	2730
群众团体	990	17096	812	1528	942
工会	319	9574	768	1368	810
妇联	136	917	6	10	3
共青团	142	1080	4	5	7
其他群众团体	393	5525	34	145	122
社会团体	3748	44990	983	2232	1775
专业性团体	1701	19926	616	1266	1063
行业性团体	1398	14364	256	690	461
其他社会团体	649	10700	111	276	251
宗教组织	722	14156	17	31	13
宗教组织	722	14156	17	31	13
基层群众自治组织	29969	187450	244	1163	2268
社区自治组织	1781	16907	63	283	361
社区自治组织	1781	16907	63	283	361
村民自治组织	28188	170543	181	880	1907
村民自治组织	28188	170543	181	880	1907

1-1-17　按登记注册类型、专业技术职称分组的法人单位就业人数

项　目	法人单位数（个）	就业人数（人）	#具有高级技术职称人员	#具有中级技术职称人员	#具有初级技术职称人员
总　计	**160747**	**6647298**	**124219**	**503581**	**657990**
内资	**160268**	**6488205**	**123167**	**497611**	**650808**
国有	39044	2123999	70247	292243	364906
集体	8304	409858	2632	17112	34266
股份合作	1365	53598	1036	2755	3440
国有联营	57	2201	35	132	187
集体联营	129	6367	22	97	235
国有与集体联营	33	1197	22	81	134
其他联营	177	4679	52	168	262
国有独资公司	180	339990	5503	17755	25392
其他有限责任公司	11012	1465382	16227	68260	100057
股份有限公司	3731	362899	4396	22511	28068
私营独资	25696	392239	2815	8381	14093
私营合伙	4199	73771	788	1606	2410
私营有限责任公司	24852	803116	12821	43601	48726
私营股份有限公司	2819	86447	1414	5040	6894
其他	38670	362462	5157	17869	21738
港澳台商投资	**184**	**83975**	**364**	**2134**	**2488**
与港澳台商合资经营	95	22373	215	1209	1814
与港澳台商合作经营	18	1520	18	47	33
港澳台商独资	54	55451	83	792	492
港澳台商投资股份有限公司	17	4631	48	86	149
外商投资	**295**	**75118**	**688**	**3836**	**4694**
中外合资经营	180	52360	420	2175	2806
中外合作经营	15	5611	58	510	980
外资企业	84	15458	203	1079	829
外商投资股份有限公司	16	1689	7	72	79

1-1-18 按地区、技术等级分组的法人单位就业人数

地　区	法人单位数（个）	就业人数（人）	#高级技师	#技师	#高级工	#中级工
总　计	**160747**	**6647298**	**29494**	**93190**	**206299**	**339513**
太原市	28987	1428649	11222	32505	66928	79193
大同市	14181	659548	1350	7044	17224	35831
阳泉市	7082	377383	710	3775	10263	26332
长治市	15958	598255	1748	8286	25420	36333
晋城市	11463	504468	1397	4152	11999	20912
朔州市	7771	280904	944	3133	5876	19843
晋中市	14187	605832	4887	8729	14174	23345
运城市	16334	669746	2492	8287	16973	30112
忻州市	14417	403897	1154	4814	9059	19502
临汾市	18973	632451	1892	6583	18611	29935
吕梁市	11394	486165	1698	5882	9772	18175

1-1-19　按行业(小类)、技术等级分组的法人单位就业人数

项　目	法人单位数(个)	就业人数(人)	#高级技师	#技师	#高级工	#中级工
总　计	**160747**	**6647298**	**29494**	**93190**	**206299**	**339513**
农、林、牧、渔业	**15**	**2039**		**3**	**4**	**64**
农业	6	1466			1	11
谷物及其他作物的种植	2	1421			1	11
谷物的种植	2	1421			1	11
薯类的种植						
油料的种植						
豆类的种植						
棉花的种植						
麻类的种植						
糖料的种植						
烟草的种植						
其他作物的种植						
蔬菜、园艺作物的种植	3	36				
蔬菜的种植	3	36				
花卉的种植						
其他园艺作物的种植						
水果、坚果、饮料和香料作物的种植						
水果、坚果的种植						
茶及其他饮料作物的种植						
香料作物的种植						
中药材的种植	1	9				
中药材的种植	1	9				
林业	3	77		3	3	2
林木的培育和种植	3	77		3	3	2
育种和育苗	1	30				
造林						
林木的抚育和管理	2	47		3	3	2
木材和竹材的采运						
木材的采运						
竹材的采运						
林产品的采集						
林产品的采集						
畜牧业	4	269				
牲畜的饲养	1	30				
牲畜的饲养	1	30				
猪的饲养	2	211				
猪的饲养	2	211				
家禽的饲养						
家禽的饲养						
狩猎和捕捉动物						
狩猎和捕捉动物						
其他畜牧业	1	28				
其他畜牧业	1	28				
渔业	1	60				20
海洋渔业						
海水养殖						
海洋捕捞						

1-1-19 续表 1

项目	法人单位数(个)	就业人数(人)	#高级技师	#技师	#高级工	#中级工
内陆渔业	1	60				20
内陆养殖	1	60				20
内陆捕捞						
农、林、牧、渔服务业	1	167				31
农业服务业	1	167				31
灌溉服务	1	167				31
农产品初加工服务						
其他农业服务						
林业服务业						
林业服务业						
畜牧服务业						
兽医服务						
其他畜牧服务						
渔业服务业						
渔业服务业						
采矿业	**7969**	**1181261**	**1334**	**10060**	**33788**	**92346**
煤炭开采和洗选业	4817	1101740	1208	9466	32753	89692
烟煤和无烟煤的开采洗选	4816	1100659	1208	9466	32752	89689
烟煤和无烟煤的开采洗选	4816	1100659	1208	9466	32752	89689
褐煤的开采洗选						
褐煤的开采洗选						
其他煤炭采选	1	1081			1	3
其他煤炭采选	1	1081			1	3
石油和天然气开采业	12	1488	2	8	40	63
天然原油和天然气开采	9	1028	2	2	10	12
天然原油和天然气开采	9	1028	2	2	10	12
与石油和天然气开采有关的服务活动	3	460		6	30	51
与石油和天然气开采有关的服务活动	3	460		6	30	51
黑色金属矿采选业	1493	49545	84	355	506	1411
铁矿采选	1468	46204	82	345	482	1374
铁矿采选	1468	46204	82	345	482	1374
其他黑色金属矿采选	25	3341	2	10	24	37
其他黑色金属矿采选	25	3341	2	10	24	37
有色金属矿采选业	127	6820	11	102	231	605
常用有色金属矿采选	103	5043	9	95	225	586
铜矿采选	52	1804	4			8
铅锌矿采选	8	1027		4	1	4
镍钴矿采选						
锡矿采选						
锑矿采选						
铝矿采选	31	1973	4	89	209	551
镁矿采选	8	148			5	1
其他常用有色金属矿采选	4	91	1	2	10	22
贵金属矿采选	22	1728		2	3	16
金矿采选	20	1720		2	3	16
银矿采选	2	8				
其他贵金属矿采选						

1-1-19 续表 2

项 目	法人单位数(个)	就业人数(人)	#高级技师	#技师	#高级工	#中级工
稀有稀土金属矿采选	2	49	2	5	3	3
钨钼矿采选	1	47	2	5	3	3
稀土金属矿采选	1	2				
放射性金属矿采选						
其他稀有金属矿采选						
非金属矿采选业	1520	21668	29	129	258	575
土砂石开采	1375	19948	29	124	257	561
石灰石、石膏开采	385	5464	2	45	119	231
建筑装饰用石开采	242	3557	3	14	26	73
耐火土石开采	84	1173	4	4	26	60
粘土及其他土砂石开采	664	9754	20	61	86	197
化学矿采选	77	995		2	1	4
化学矿采选	77	995		2	1	4
采盐						
采盐						
石棉及其他非金属矿采选	68	725		3		10
石棉、云母矿采选	5	93				10
石墨、滑石采选	3	19				
宝石、玉石开采	1	28				
其他非金属矿采选	59	585		3		
其他采矿业						
其他采矿业						
其他采矿业						
制造业	**22409**	**1576189**	**10789**	**27905**	**64879**	**98878**
农副食品加工业	1743	49855	225	484	501	1527
谷物磨制	545	7630	15	54	85	184
谷物磨制	545	7630	15	54	85	184
饲料加工	224	6105	39	53	62	327
饲料加工	224	6105	39	53	62	327
植物油加工	121	4477	24	22	23	69
食用植物油加工	87	4115	23	19	20	64
非食用植物油加工	34	362	1	3	3	5
制糖	6	834		3		29
制糖	6	834		3		29
屠宰及肉类加工	268	11754	73	171	142	278
畜禽屠宰	142	7215	50	83	106	225
肉制品及副产品加工	126	4539	23	88	36	53
水产品加工	1	10				
水产品冷冻加工	1	10				
鱼糜制品及水产品干腌制加工						
水产饲料制造						
鱼油提取及制品的制造						
其他水产品加工						
蔬菜、水果和坚果加工	278	8806	33	79	88	371
蔬菜、水果和坚果加工	278	8806	33	79	88	371
其他农副食品加工	300	10239	41	102	101	269
淀粉及淀粉制品的制造	133	7203	33	89	85	224
豆制品制造	69	1242	1	6	2	7
蛋品加工	15	227	1	3		1
其他未列明的农副食品加工	83	1567	6	4	14	37

1-1-19 续表 3

项　　目	法人单位数(个)	就业人数(人)	#高级技师	#技师	#高级工	#中级工
食品制造业	947	37634	182	426	503	1238
焙烤食品制造	218	6055	41	70	107	228
糕点、面包制造	161	3884	39	66	102	205
饼干及其他焙烤食品制造	57	2171	2	4	5	23
糖果、巧克力及蜜饯制造	193	6510	13	14	50	266
糖果、巧克力制造	8	228	1	2	2	15
蜜饯制作	185	6282	12	12	48	251
方便食品制造	98	3840	24	44	44	76
米、面制品制造	53	1537	12	20	17	22
速冻食品制造	20	668	7	3	5	1
方便面及其他方便食品制造	25	1635	5	21	22	53
液体乳及乳制品制造	94	6776	21	111	128	166
液体乳及乳制品制造	94	6776	21	111	128	166
罐头制造	57	2752	13	28	26	64
肉、禽类罐头制造	13	848	9	3	2	5
水产品罐头制造	2	6				
蔬菜、水果罐头制造	41	1897	4	25	24	59
其他罐头食品制造	1	1				
调味品、发酵制品制造	187	8622	41	117	83	350
味精制造	1	3				
酱油、食醋及类似制品的制造	163	7645	26	105	81	346
其他调味品、发酵制品制造	23	974	15	12	2	4
其他食品制造	100	3079	29	42	65	88
营养、保健食品制造	28	535	8	11	18	24
冷冻饮品及食用冰制造	22	667	2	20	29	18
盐加工	1	30				
食品及饲料添加剂制造	29	1624	14	11	18	43
其他未列明的食品制造	20	223	5			3
饮料制造业	515	31166	138	256	350	836
酒精制造	10	729	10	33	50	112
酒精制造	10	729	10	33	50	112
酒的制造	226	21123	70	126	105	322
白酒制造	178	16660	50	70	75	209
啤酒制造	16	3606	13	37	28	88
黄酒制造	7	106	2	2		7
葡萄酒制造	11	278	1	13		15
其他酒制造	14	473	4	4	2	3
软饮料制造	270	9168	56	96	191	401
碳酸饮料制造	26	1918	11	20	24	41
瓶(罐)装饮用水制造	134	1609	5	2	9	21
果菜汁及果菜汁饮料制造	77	4602	32	57	143	271
含乳饮料和植物蛋白饮料制造	18	606	5	3		52
固体饮料制造	5	206		1	5	5
茶饮料及其他软饮料制造	10	227	3	13	10	11
精制茶加工	9	146	2	1	4	1
精制茶加工	9	146	2	1	4	1

1-1-19　续表 4

项　　目	法人单位数(个)	就业人数(人)				
			#高级技师	#技师	#高级工	#中级工
烟草制品业	1	1263		7	232	229
烟叶复烤						
烟叶复烤						
卷烟制造	1	1263		7	232	229
卷烟制造	1	1263		7	232	229
其他烟草制品加工						
其他烟草制品加工						
纺织业	270	28447	56	270	506	2284
棉、化纤纺织及印染精加工	124	19187	40	234	436	2154
棉、化纤纺织加工	111	17147	30	200	422	2121
棉、化纤印染精加工	13	2040	10	34	14	33
毛纺织和染整精加工	9	524			1	
毛条加工	3	10				
毛纺织	5	354			1	
毛染整精加工	1	160				
麻纺织	5	2312				
麻纺织	5	2312				
丝绢纺织及精加工	11	1291	3	6	22	12
缫丝加工	8	795	3	6	22	12
绢纺和丝织加工	3	496				
丝印染精加工						
纺织制成品制造	59	1994	13	23	41	90
棉及化纤制品制造	23	427		1	4	12
毛制品制造	6	218	11	18	24	36
麻制品制造	3	855				
丝制品制造	4	73		2		
绳、索、缆的制造	3	22				
纺织带和帘子布制造	2	24				2
无纺布制造	4	30		2		
其他纺织制成品制造	14	345	2		13	40
针织品、编织品及其制品制造	62	3139		7	6	28
棉、化纤针织品及编织品制造	35	1777		3	1	18
毛针织品及编织品制造	5	166		2		
丝针织品及编织品制造	6	150				
其他针织品及编织品制造	16	1046		2	5	10
纺织服装、鞋、帽制造业	248	13112	62	144	306	820
纺织服装制造	214	12382	61	139	279	759
纺织服装制造	214	12382	61	139	279	759
纺织面料鞋的制造	29	648	1	5	5	19
纺织面料鞋的制造	29	648	1	5	5	19
制帽	5	82			22	42
制帽	5	82			22	42
皮革、毛皮、羽毛(绒)及其制品业	32	1043	1	3	41	13
皮革鞣制加工	2	97				
皮革鞣制加工	2	97				
皮革制品制造	18	788		2	41	13
皮鞋制造	13	632		2	41	13
皮革服装制造						

1-1-19 续表 5

项　　目	法人单位数(个)	就业人数(人)	#高级技师	#技师	#高级工	#中级工
皮箱、包(袋)制造	4	125				
皮手套及皮装饰制品制造	1	31				
其他皮革制品制造						
毛皮鞣制及制品加工	11	148	1	1		
毛皮鞣制加工	7	61	1	1		
毛皮服装加工	2	4				
其他毛皮制品加工	2	83				
羽毛(绒)加工及制品制造	1	10				
羽毛(绒)加工						
羽毛(绒)制品加工	1	10				
木材加工及木、竹、藤、棕、草制品业	239	4811	5	16	31	123
锯材、木片加工	83	937		2	5	19
锯材加工	49	414		1		4
木片加工	34	523		1	5	15
人造板制造	62	2086	1	10	14	60
胶合板制造	23	854		6	4	32
纤维板制造	9	747	1	4	6	23
刨花板制造	8	98				
其他人造板、材制造	22	387			4	5
木制品制造	80	1611	4	4	12	42
建筑用木料及木材组件加工	38	805	4	4	9	41
木容器制造	29	635			3	1
软木制品及其他木制品制造	13	171				
竹、藤、棕、草制品制造	14	177				2
竹、藤、棕、草制品制造	14	177				2
家具制造业	227	4303	66	142	78	119
木质家具制造	181	3643	66	136	78	118
木质家具制造	181	3643	66	136	78	118
竹、藤家具制造	1	1				
竹、藤家具制造	1	1				
金属家具制造	19	268		1		1
金属家具制造	19	268		1		1
塑料家具制造	7	142				
塑料家具制造	7	142				
其他家具制造	19	249		5		
其他家具制造	19	249		5		
造纸及纸制品业	563	16631	102	160	164	455
纸浆制造	13	273				
纸浆制造	13	273				
造纸	182	6525	40	66	54	151
机制纸及纸板制造	149	5929	27	59	49	146
手工纸制造	8	272	10	5		
加工纸制造	25	324	3	2	5	5
纸制品制造	368	9833	62	94	110	304
纸和纸板容器的制造	296	7935	54	64	74	241
其他纸制品制造	72	1898	8	30	36	63
印刷业和记录媒介的复制	650	15453	60	163	485	970
印刷	582	14067	58	150	438	920

1-1-19　续表 6

项　目	法人单位数(个)	就业人数(人)	#高级技师	#技师	#高级工	#中级工
书、报、刊印刷	272	7396	21	56	315	575
本册印制	124	1904	7	12	56	192
包装装潢及其他印刷	186	4767	30	82	67	153
装订及其他印刷服务活动	67	1383	2	13	47	50
装订及其他印刷服务活动	67	1383	2	13	47	50
记录媒介的复制	1	3				
记录媒介的复制	1	3				
文教体育用品制造业	47	4090	1	19	69	257
文化用品制造	11	338			1	2
文具制造	3	21				
笔的制造	2	18				
教学用模型及教具制造	2	149			1	2
墨水、墨汁制造	1	116				
其他文化用品制造	3	34				
体育用品制造	30	3574	1	19	68	255
球类制造	1	45				
体育器材及配件制造	12	706	1	8	25	35
训练健身器材制造	16	2806		11	43	220
运动防护用具制造						
其他体育用品制造	1	17				
乐器制造	2	43				
中乐器制造	2	43				
西乐器制造						
电子乐器制造						
其他乐器及零件制造						
玩具制造	2	118				
玩具制造	2	118				
游艺器材及娱乐用品制造	2	17				
露天游乐场所游乐设备制造	1	2				
游艺用品及室内游艺器材制造	1	15				
石油加工、炼焦及核燃料加工业	440	189618	3662	4533	6138	8302
精炼石油产品的制造	46	4615	7	80	125	110
原油加工及石油制品制造	44	3679	7	79	125	110
人造原油生产	2	936		1		
炼焦	394	185003	3655	4453	6013	8192
炼焦	394	185003	3655	4453	6013	8192
核燃料加工						
核燃料加工						
化学原料及化学制品制造业	1543	156685	400	1701	7027	10851
基础化学原料制造	561	49583	129	644	1065	3310
无机酸制造	57	1912			5	35
无机碱制造	37	10581	9	126	148	1602
无机盐制造	144	12868	25	153	303	388
有机化学原料制造	168	18641	70	270	528	1163
其他基础化学原料制造	155	5581	25	95	81	122
肥料制造	203	45354	73	239	910	3753
氮肥制造	51	34048	40	171	831	2653
磷肥制造	22	1450		2		

1-1-19 续表 7

项　目	法人单位数(个)	就业人数(人)	#高级技师	#技师	#高级工	#中级工
钾肥制造	2	50				
复混肥料制造	42	8436	20	52	55	1065
有机肥料及微生物肥料制造	58	890	6	8	15	19
其他肥料制造	28	480	7	6	9	16
农药制造	62	1980	16	23	39	83
化学农药制造	44	1701	11	14	34	78
生物化学农药及微生物农药制造	18	279	5	9	5	5
涂料、油墨、颜料及类似产品制造	170	4719	19	33	33	91
涂料制造	125	1677	9	19	19	52
油墨及类似产品制造	16	825	7	2	5	3
颜料制造	13	623	2	6	4	33
染料制造	11	1528	1	6	5	3
密封用填料及类似品制造	5	66				
合成材料制造	46	9614	33	244	1684	875
初级形态的塑料及合成树脂制造	24	3444	30	138	31	39
合成橡胶制造	11	3088	2	68	443	425
合成纤维单(聚合)体的制造	5	3015	1	38	1210	410
其他合成材料制造	6	67				1
专用化学产品制造	433	39007	127	496	3236	2059
化学试剂和助剂制造	124	5923	47	92	144	185
专项化学用品制造	45	1409	9	13	81	83
林产化学产品制造	86	3639	17	47	56	55
炸药及火工产品制造	65	22021	47	322	2911	1628
信息化学品制造	3	103				
环境污染处理专用药剂材料制造	28	877	3	7	22	50
动物胶制造	29	474				1
其他专用化学产品制造	53	4561	4	15	22	57
日用化学产品制造	68	6428	3	22	60	680
肥皂及合成洗涤剂制造	30	6013	1	20	56	673
化妆品制造	3	10				
口腔清洁用品制造	3	28	1		1	3
香料、香精制造	7	153				
其他日用化学产品制造	25	224	1	2	3	4
医药制造业	261	31660	159	406	1069	1179
化学药品原药制造	30	6101	40	70	90	102
化学药品原药制造	30	6101	40	70	90	102
化学药品制剂制造	70	12406	45	184	226	225
化学药品制剂制造	70	12406	45	184	226	225
中药饮片加工	27	771	5	4	11	185
中药饮片加工	27	771	5	4	11	185
中成药制造	48	7914	51	113	666	576
中成药制造	48	7914	51	113	666	576
兽用药品制造	48	1545	12	21	34	53
兽用药品制造	48	1545	12	21	34	53
生物、生化制品的制造	21	1242	2	11	28	35
生物、生化制品的制造	21	1242	2	11	28	35
卫生材料及医药用品制造	17	1681	4	3	14	3
卫生材料及医药用品制造	17	1681	4	3	14	3

1-1-19　续表 8

项　　目	法人单位数(个)	就业人数(人)	#高级技师	#技师	#高级工	#中级工
化学纤维制造业	15	1845	1	2	10	11
纤维素纤维原料及纤维制造	1	1062				
化纤浆粕制造						
人造纤维(纤维素纤维)制造	1	1062				
合成纤维制造	14	783	1	2	10	11
锦纶纤维制造	1	132				
涤纶纤维制造	6	421	1	2	5	11
腈纶纤维制造	1	80				
维纶纤维制造						
其他合成纤维制造	6	150			5	
橡胶制品业	166	9107	83	74	263	1952
轮胎制造	15	3063	32	21	210	1839
车辆、飞机及工程机械轮胎制造	8	2929	32	21	200	1839
力车胎制造	1	32				
轮胎翻新加工	6	102			10	
橡胶板、管、带的制造	42	2515	44	27	31	77
橡胶板、管、带的制造	42	2515	44	27	31	77
橡胶零件制造	47	1302	2	6	7	13
橡胶零件制造	47	1302	2	6	7	13
再生橡胶制造	29	1369	2	2	1	3
再生橡胶制造	29	1369	2	2	1	3
日用及医用橡胶制品制造	6	308	3	12	8	9
日用及医用橡胶制品制造	6	308	3	12	8	9
橡胶靴鞋制造	7	54				4
橡胶靴鞋制造	7	54				4
其他橡胶制品制造	20	496		6	6	7
其他橡胶制品制造	20	496		6	6	7
塑料制品业	565	17714	61	181	337	510
塑料薄膜制造	55	1969	19	50	28	71
塑料薄膜制造	55	1969	19	50	28	71
塑料板、管、型材的制造	126	3705	21	51	107	141
塑料板、管、型材的制造	126	3705	21	51	107	141
塑料丝、绳及编织品的制造	127	6718	9	45	94	155
塑料丝、绳及编织品的制造	127	6718	9	45	94	155
泡沫塑料制造	64	1145	1	5	3	6
泡沫塑料制造	64	1145	1	5	3	6
塑料人造革、合成革制造	4	71		1		
塑料人造革、合成革制造	4	71		1		
塑料包装箱及容器制造	62	1894	4	6	74	55
塑料包装箱及容器制造	62	1894	4	6	74	55
塑料零件制造	14	158	1	2	3	16
塑料零件制造	14	158	1	2	3	16
日用塑料制造	52	888	1	5	7	8
塑料鞋制造	1	43				
日用塑料杂品制造	51	845	1	5	7	8
其他塑料制品制造	61	1166	5	16	21	58
其他塑料制品制造	61	1166	5	16	21	58

1-1-19 续表 9

项目	法人单位数(个)	就业人数(人)	#高级技师	#技师	#高级工	#中级工
非金属矿物制品业	5758	260033	740	1846	2842	7350
水泥、石灰和石膏的制造	568	46431	174	427	651	1670
水泥制造	367	43130	171	411	634	1630
石灰和石膏制造	201	3301	3	16	17	40
水泥及石膏制品制造	734	17943	98	195	230	566
水泥制品制造	320	11416	75	131	157	344
砼结构构件制造	302	4412	10	33	47	172
石棉水泥制品制造	10	147		1		
轻质建筑材料制造	79	1622	12	28	21	41
其他水泥制品制造	23	346	1	2	5	9
砖瓦、石材及其他建筑材料制造	2908	87913	135	475	707	1847
粘土砖瓦及建筑砌块制造	2335	70527	79	321	296	1097
建筑陶瓷制品制造	86	7369	38	111	309	598
建筑用石加工	295	5816	1	18	21	53
防水建筑材料制造	51	1090	9	10	14	29
隔热和隔音材料制造	50	1215	1	5	56	41
其他建筑材料制造	91	1896	7	10	11	29
玻璃及玻璃制品制造	311	45323	99	180	360	619
平板玻璃制造	13	1204	1	10		
技术玻璃制品制造	7	2659		4	10	12
光学玻璃制造	1	1				
玻璃仪器制造	9	1028				
日用玻璃制品及玻璃包装容器制造	231	38727	97	144	326	564
玻璃保温容器制造	3	470				
玻璃纤维及制品制造	12	460			3	
玻璃纤维增强塑料制品制造	17	324	1	15	17	36
其他玻璃制品制造	18	450		7	4	7
陶瓷制品制造	135	15198	23	73	322	1057
卫生陶瓷制品制造	4	52				
特种陶瓷制品制造	18	1483	5	11	8	57
日用陶瓷制品制造	101	13476	15	50	302	980
园林、陈设艺术及其他陶瓷制品制造	12	187	3	12	12	20
耐火材料制品制造	792	31214	110	288	325	955
石棉制品制造	18	471	1	11	7	13
云母制品制造	1	2				
耐火陶瓷制品及其他耐火材料制造	773	30741	109	277	318	942
石墨及其他非金属矿物制品制造	310	16011	101	208	247	636
石墨及碳素制品制造	208	12150	85	190	206	312
其他非金属矿物制品制造	102	3861	16	18	41	324
黑色金属冶炼及压延加工业	621	188254	1038	4319	10513	14327
炼铁	349	49888	248	561	925	2489
炼铁	349	49888	248	561	925	2489
炼钢	51	24394	325	929	1399	2017
炼钢	51	24394	325	929	1399	2017
钢压延加工	136	100753	416	2686	7927	8832
钢压延加工	136	100753	416	2686	7927	8832
铁合金冶炼	85	13219	49	143	262	989
铁合金冶炼	85	13219	49	143	262	989

1-1-19　续表 10

项　　目	法人单位数（个）	就业人数（人）	#高级技师	#技师	#高级工	#中级工
有色金属冶炼及压延加工业	341	88619	355	2308	3300	4651
常用有色金属冶炼	222	78339	324	2137	2999	4156
铜冶炼	11	9933		91	446	854
铅锌冶炼	14	2107	118	199	210	320
镍钴冶炼						
锡冶炼						
锑冶炼						
铝冶炼	46	36650	145	1716	2077	2070
镁冶炼	133	29406	60	131	266	912
其他常用有色金属冶炼	18	243	1			
贵金属冶炼	6	625				
金冶炼	1	5				
银冶炼	4	550				
其他贵金属冶炼	1	70				
稀有稀土金属冶炼	18	1306	15	52	140	278
钨钼冶炼	7	236		2		6
稀土金属冶炼	9	1026	12	44	138	267
其他稀有金属冶炼	2	44	3	6	2	5
有色金属合金制造	28	1886	1	3	4	19
有色金属合金制造	28	1886	1	3	4	19
有色金属压延加工	67	6463	15	116	157	198
常用有色金属压延加工	57	5426	8	94	113	170
贵金属压延加工	2	176	2	3		
稀有稀土金属压延加工	8	861	5	19	44	28
金属制品业	1179	41451	224	351	804	1499
结构性金属制品制造	475	12955	101	157	311	410
金属结构制造	290	9832	81	127	216	288
金属门窗制造	185	3123	20	30	95	122
金属工具制造	117	3487	4	22	265	558
切削工具制造	17	1835	4	11	256	516
手工具制造	9	157				
农用及园林用金属工具制造	15	310		5	7	14
刀剪及类似日用金属工具制造	6	100		1		1
其他金属工具制造	70	1085		5	2	27
集装箱及金属包装容器制造	36	1858	26	39	47	81
集装箱制造						
金属压力容器制造	11	587	11	10	23	27
金属包装容器制造	25	1271	15	29	24	54
金属丝绳及其制品的制造	91	2877	9	13	33	65
金属丝绳及其制品的制造	91	2877	9	13	33	65
建筑、安全用金属制品制造	259	15665	45	57	76	134
建筑、家具用金属配件制造	27	329				
建筑装饰及水暖管道零件制造	189	13718	28	44	57	117
安全、消防用金属制品制造	25	1231	14	9	16	16
其他建筑、安全用金属制品制造	18	387	3	4	3	1
金属表面处理及热处理加工	58	1452	10	22	15	59
金属表面处理及热处理加工	58	1452	10	22	15	59
搪瓷制品制造	2	133				8
工业生产配套用搪瓷制品制造	1	5				
搪瓷卫生洁具制造						
搪瓷日用品及其他搪瓷制品制造	1	128				8

1-1-19 续表 11

项 目	法人单位数(个)	就业人数(人)	#高级技师	#技师	#高级工	#中级工
不锈钢及类似日用金属制品制造	46	1225	9	17	29	45
金属制厨房调理及卫生器具制造	8	95	2	3	7	7
金属制厨用器皿及餐具制造	8	423	2	5	13	21
其他日用金属制品制造	30	707	5	9	9	17
其他金属制品制造	95	1799	20	24	28	139
铸币及贵金属制实验室用品制造						
其他未列明的金属制品制造	95	1799	20	24	28	139
通用设备制造业	3373	134685	787	2350	6827	10883
锅炉及原动机制造	237	11465	55	205	2399	2295
锅炉及辅助设备制造	220	7119	34	139	1306	1096
内燃机及配件制造	12	3795	21	61	1083	771
汽轮机及辅机制造						
水轮机及辅机制造	1	20				
其他原动机制造	4	531		5	10	428
金属加工机械制造	230	7333	96	167	259	695
金属切削机床制造	17	1673	11	36	92	399
金属成形机床制造	21	817	6	30	42	57
铸造机械制造	55	1677	22	46	38	83
金属切割及焊接设备制造	18	310	12	14	24	35
机床附件制造	15	371	9	10	18	17
其他金属加工机械制造	104	2485	36	31	45	104
起重运输设备制造	56	4171	26	110	172	694
起重运输设备制造	56	4171	26	110	172	694
泵、阀门、压缩机及类似机械的制造	290	14604	52	282	750	1845
泵及真空设备制造	68	5838	11	150	304	863
气体压缩机械制造	11	866		29	65	87
阀门和旋塞的制造	36	2169	24	18	54	188
液压和气压动力机械及元件制造	175	5731	17	85	327	707
轴承、齿轮、传动和驱动部件的制造	80	3338	50	67	149	288
轴承制造	35	2071	44	45	91	166
齿轮、传动和驱动部件制造	45	1267	6	22	58	122
烘炉、熔炉及电炉制造	7	513	1	4	24	32
烘炉、熔炉及电炉制造	7	513	1	4	24	32
风机、衡器、包装设备等通用设备制造	136	7028	55	96	262	507
风机、风扇制造	34	1799	6	17	48	103
气体、液体分离及纯净设备制造	13	303	2	8	12	14
制冷、空调设备制造	10	933	26	31	107	176
风动和电动工具制造	2	62		2		
喷枪及类似器具制造	3	688		1	2	30
包装专用设备制造	2	25				
衡器制造	24	991	2	3	29	64
其他通用设备制造	48	2227	19	34	64	120
通用零部件制造及机械修理	766	25721	113	371	936	1119
金属密封件制造	7	66		2	1	2
紧固件、弹簧制造	52	1087	6	11	7	66
机械零部件加工及设备修理	644	23052	85	316	853	974
其他通用零部件制造	63	1516	22	42	75	77

1-1-19　续表 12

项　　目	法人单位数(个)	就业人数(人)	#高级技师	#技师	#高级工	#中级工
金属铸、锻加工	1571	60512	339	1048	1876	3408
钢铁铸件制造	872	39569	171	652	1233	2488
锻件及粉末冶金制品制造	699	20943	168	396	643	920
专用设备制造业	879	94789	767	2982	11891	12276
矿山、冶金、建筑专用设备制造	372	39054	492	1852	3423	4812
采矿、采石设备制造	263	32249	383	1602	3063	4185
石油钻采专用设备制造	15	1987	34	73	172	276
建筑工程用机械制造	29	1059	22	42	17	26
建筑材料生产专用机械制造	18	426	6	2	1	6
冶金专用设备制造	47	3333	47	133	170	319
化工、木材、非金属加工专用设备制造	85	2854	29	80	291	550
炼油、化工生产专用设备制造	13	1090	3	16	171	383
橡胶加工专用设备制造						
塑料加工专用设备制造	7	434		2	37	65
木材加工机械制造	8	149		5	20	26
模具制造	51	964	22	45	43	46
其他非金属加工专用设备制造	6	217	4	12	20	30
食品、饮料、烟草及饲料生产专用设备制造	9	1053			6	8
食品、饮料、烟草工业专用设备制造	3	126				
农副食品加工专用设备制造	4	882			1	2
饲料生产专用设备制造	2	45			5	6
印刷、制药、日化生产专用设备制造	25	726	9	9	7	22
制浆和造纸专用设备制造	5	90				
印刷专用设备制造	5	342	4	1		
日用化工专用设备制造						
制药专用设备制造	1	10				
照明器具生产专用设备制造	9	130		3	1	2
玻璃、陶瓷和搪瓷制品生产专用设备制造	2	20		1	1	
其他日用品生产专用设备制造	3	134	5	4	5	20
纺织、服装和皮革工业专用设备制造	130	12878	25	107	591	441
纺织专用设备制造	128	12848	25	107	591	441
皮革、毛皮及其制品加工专用设备制造	2	30				
缝纫机械制造						
其他服装加工专用设备制造						
电子和电工机械专用设备制造	55	31733	129	749	7190	6151
电工机械专用设备制造	27	1686	5	16	33	24
电子工业专用设备制造	19	1048	3	17	37	78
航空、航天及其他专用设备制造	1	3493	24	142	619	616
农、林、牧、渔专用机械制造	54	2317	13	51	24	57
拖拉机制造	1	1000	10	39	15	23
机械化农业及园艺机具制造	18	348	1	1	1	11
营林及木竹采伐机械制造						
畜牧机械制造	1	3	1	1		
渔业机械制造						
农林牧渔机械配件制造	8	249		1		4
其他农林牧渔业机械制造及机械修理	26	717	1	9	8	19

1-1-19　续表 13

项　　目	法人单位数(个)	就业人数(人)	#高级技师	#技师	#高级工	#中级工
医疗仪器设备及器械制造	32	623	37	65	53	36
医疗诊断、监护及治疗设备制造	6	121	2	1	6	10
口腔科用设备及器具制造	3	89	14	35	7	8
实验室及医用消毒设备和器具的制造	2	31				
医疗、外科及兽医用器械制造	3	76	5	6	14	10
机械治疗及病房护理设备制造	1	20				
假肢、人工器官及植(介)入器械制造	6	172	15	23	20	7
其他医疗设备及器械制造	11	114	1		6	1
环保、社会公共安全及其他专用设备制造	117	3551	33	69	306	199
环境污染防治专用设备制造	32	896	13	25	45	18
地质勘查专用设备制造	1	76		3	20	35
邮政专用机械及器材制造						
商业、饮食、服务业专用设备制造	1	298		7		
社会公共安全设备及器材制造	12	605	2	2	3	7
交通安全及管制专用设备制造	5	61				
水资源专用机械制造	19	648	3	21	204	111
其他专用设备制造	47	967	15	11	34	28
交通运输设备制造业	573	44486	271	1207	4765	6977
铁路运输设备制造	87	19766	141	709	3145	4181
铁路机车车辆及动车组制造	3	5675	17	133	1177	1145
工矿有轨专用车辆制造	8	497				3
铁路机车车辆配件制造	39	6246	43	345	1220	1478
铁路专用设备及器材、配件制造	25	2847	69	150	138	368
其他铁路设备制造及设备修理	12	4501	12	81	610	1187
汽车制造	464	23562	126	483	1618	2790
汽车整车制造	4	482		9	1	48
改装汽车制造	5	917	6	36	36	35
电车制造						
汽车车身、挂车的制造	21	1128	8	30	39	69
汽车零部件及配件制造	106	15790	48	221	1353	2267
汽车修理	328	5245	64	187	189	371
摩托车制造	4	27			1	
摩托车整车制造	2	6				
摩托车零部件及配件制造	2	21			1	
自行车制造	6	43				
脚踏自行车及残疾人座车制造	5	38				
助动自行车制造	1	5				
船舶及浮动装置制造						
金属船舶制造						
非金属船舶制造						
娱乐船和运动船的建造和修理						
船用配套设备制造						
船舶修理及拆船						
航标器材及其他浮动装置的制造						
航空航天器制造	1	838		15		
飞机制造及修理	1	838		15		
航天器制造						
其他飞行器制造						

1-1-19　续表 14

项　目	法人单位数(个)	就业人数(人)	#高级技师	#技师	#高级工	#中级工
交通器材及其他交通运输设备制造	11	250	4		1	6
潜水及水下救捞装备制造						
交通管理用金属标志及设施制造	5	113			1	6
其他交通运输设备制造	6	137	4			
电气机械及器材制造业	427	27627	178	486	1980	2844
电机制造	38	10779	84	279	1310	1858
发电机及发电机组制造	15	2269	15	61	28	6
电动机制造	15	8353	69	218	1282	1852
微电机及其他电机制造	8	157				
输配电及控制设备制造	170	6965	66	124	282	228
变压器、整流器和电感器制造	44	2084	28	51	44	46
电容器及其配套设备制造	10	602		5	30	2
配电开关控制设备制造	76	2977	34	49	162	92
电力电子元器件制造	17	647	2	3	25	56
其他输配电及控制设备制造	23	655	2	16	21	32
电线、电缆、光缆及电工器材制造	108	5644	5	19	49	250
电线电缆制造	79	4033	2	11	35	99
光纤、光缆制造	2	798				130
绝缘制品制造	9	412		2	10	8
其他电工器材制造	18	401	3	6	4	13
电池制造	18	1105	13	27	47	79
电池制造	18	1105	13	27	47	79
家用电力器具制造	12	417	1	3	2	40
家用制冷电器具制造						
家用空气调节器制造	1	12				
家用通风电器具制造	2	73			2	
家用厨房电器具制造	3	134		1		40
家用清洁卫生电器具制造	1	48				
家用美容、保健电器具制造						
家用电力器具专用配件制造	3	115				
其他家用电力器具制造	2	35	1	2		
非电力家用器具制造	24	403	5	6	22	81
燃气、太阳能及类似能源的器具制造	22	395	5	6	22	81
其他非电力家用器具制造	2	8				
照明器具制造	28	852	2	9	2	3
电光源制造	3	24				2
照明灯具制造	16	498		2	1	1
灯用电器附件及其他照明器具制造	9	330	2	7	1	
其他电气机械及器材制造	29	1462	2	19	266	305
车辆专用照明及电气信号设备装置制造	1	7				
其他未列明的电气机械制造	28	1455	2	19	266	305
通信设备、计算机及其他电子设备制造业	140	64471	987	2760	2950	5362
通信设备制造	13	46234	936	2519	2557	4141
通信传输设备制造	5	1550	4	7	1	3
通信交换设备制造	1	7				
通信终端设备制造						
移动通信及终端设备制造	2	44642	932	2511	2556	4138
其他通信设备制造	5	35		1		

1-1-19 续表 15

项　　目	法人单位数（个）	就业人数（人）				
			#高级技师	#技师	#高级工	#中级工
雷达及配套设备制造	1	681		7		
雷达及配套设备制造	1	681		7		
广播电视设备制造	3	55		5		
广播电视节目制作及发射设备制造						
广播电视接收设备及器材制造	1	22		5		
应用电视设备及其他广播电视设备制造	2	33				
电子计算机制造	4	3260	7	114	105	526
电子计算机整机制造	3	3257	7	114	105	526
计算机网络设备制造						
电子计算机外部设备制造	1	3				
电子器件制造	19	1880	8	18	47	120
电子真空器件制造	3	297				
半导体分立器件制造	3	528	1	2	12	37
集成电路制造						
光电子器件及其他电子器件制造	13	1055	7	16	35	83
电子元件制造	70	11474	19	74	206	523
电子元件及组件制造	69	11470	19	74	206	523
印制电路板制造	1	4				
家用视听设备制造	1	340		10		
家用影视设备制造						
家用音响设备制造	1	340		10		
其他电子设备制造	29	547	17	13	35	52
其他电子设备制造	29	547	17	13	35	52
仪器仪表及文化、办公用机械制造业	125	8466	113	183	614	758
通用仪器仪表制造	77	3942	70	117	65	166
工业自动控制系统装置制造	40	2752	60	111	57	138
电工仪器仪表制造	19	737	5	5	2	17
绘图、计算及测量仪器制造	2	25	2	1	2	1
实验分析仪器制造	5	230	1			4
试验机制造	1	40				2
供应用仪表及其他通用仪器制造	10	158	2		4	4
专用仪器仪表制造	22	3659	30	55	525	566
环境监测专用仪器仪表制造	1	70				
汽车及其他用计数仪表制造	1	7				
导航、气象及海洋专用仪器制造	4	2479	28	50	521	558
农林牧渔专用仪器仪表制造	3	36				
地质勘探和地震专用仪器制造						
教学专用仪器制造						
核子及核辐射测量仪器制造	2	55		2	3	4
电子测量仪器制造	5	323	1	1		1
其他专用仪器制造	6	689	1	2	1	3
钟表与计时仪器制造	3	53				
钟表与计时仪器制造	3	53				
光学仪器及眼镜制造	5	268	13	10	20	21
光学仪器制造	4	260	13	10	20	21
眼镜制造	1	8				

1-1-19　续表 16

项　目	法人单位数(个)	就业人数(人)	#高级技师	#技师	#高级工	#中级工
文化、办公用机械制造	6	70		1	1	
电影机械制造						
幻灯及投影设备制造						
照相机及器材制造						
复印和胶印设备制造						
计算器及货币专用设备制造	1	8				
其他文化、办公用机械制造	5	62		1	1	
其他仪器仪表的制造及修理	12	474			3	5
其他仪器仪表的制造及修理	12	474			3	5
工艺品及其他制造业	442	7921	58	123	249	223
工艺美术品制造	137	3021	18	51	65	40
雕塑工艺品制造	32	435	2	8	3	25
金属工艺品制造	25	822	15	16	22	2
漆器工艺品制造	8	297		4	7	
花画工艺品制造	7	195				
天然植物纤维编织工艺品制造	1	13				
抽纱刺绣工艺品制造	19	653				
地毯、挂毯制造	16	308		22	27	9
珠宝首饰及有关物品的制造	4	28			2	3
其他工艺美术品制造	25	270	1	1	4	1
日用杂品制造	13	260	2	4	27	3
制镜及类似品加工	6	153	2	4	27	3
鬃毛加工、制刷及清扫工具的制造	2	11				
其他日用杂品制造	5	96				
煤制品制造	271	3431	15	20	23	42
煤制品制造	271	3431	15	20	23	42
核辐射加工						
核辐射加工						
其他未列明的制造业	21	1209	23	48	134	138
其他未列明的制造业	21	1209	23	48	134	138
废弃资源和废旧材料回收加工业	79	950	7	3	34	52
金属废料和碎屑的加工处理	38	548			21	30
金属废料和碎屑的加工处理	38	548			21	30
非金属废料和碎屑的加工处理	41	402	7	3	13	22
非金属废料和碎屑的加工处理	41	402	7	3	13	22
电力、燃气及水的生产和供应业	**770**	**124919**	**759**	**5240**	**14907**	**12921**
电力、热力的生产和供应业	402	98066	660	4855	12445	10543
电力生产	253	51783	266	1774	4787	7076
火力发电	128	48068	244	1695	4504	6608
水力发电	108	3132	7	55	270	449
核力发电						
其他能源发电	17	583	15	24	13	19
电力供应	42	36187	369	2890	7560	2592
电力供应	42	36187	369	2890	7560	2592
热力生产和供应	107	10096	25	191	98	875
热力生产和供应	107	10096	25	191	98	875

1-1-19 续表 17

项 目	法人单位数（个）	就业人数（人）	#高级技师	#技师	#高级工	#中级工
燃气生产和供应业	103	6409	20	69	99	125
燃气生产和供应业	103	6409	20	69	99	125
燃气生产和供应业	103	6409	20	69	99	125
水的生产和供应业	265	20444	79	316	2363	2253
自来水的生产和供应	209	18841	77	307	2348	2226
自来水的生产和供应	209	18841	77	307	2348	2226
污水处理及其再生利用	51	1548	2	6	12	14
污水处理及其再生利用	51	1548	2	6	12	14
其他水的处理、利用与分配	5	55		3	3	13
其他水的处理、利用与分配	5	55		3	3	13
建筑业	**4203**	**683596**	**5872**	**13359**	**30720**	**52149**
房屋和土木工程建筑业	1700	561379	4661	10092	24872	40851
房屋工程建筑	895	270802	944	4879	9902	25408
房屋工程建筑	895	270802	944	4879	9902	25408
土木工程建筑	805	290577	3717	5213	14970	15443
铁路、道路、隧道和桥梁工程建筑	353	178669	3064	2816	9999	8518
水利和港口工程建筑	63	8331	78	189	625	927
工矿工程建筑	66	56275	357	1240	2178	2731
架线和管道工程建筑	161	33088	177	796	1406	1195
其他土木工程建筑	162	14214	41	172	762	2072
建筑安装业	784	65439	708	1777	2937	5883
建筑安装业	784	65439	708	1777	2937	5883
建筑安装业	784	65439	708	1777	2937	5883
建筑装饰业	1224	26786	283	926	954	2049
建筑装饰业	1224	26786	283	926	954	2049
建筑装饰业	1224	26786	283	926	954	2049
其他建筑业	495	29992	220	564	1957	3366
工程准备	181	12009	114	318	695	953
工程准备	181	12009	114	318	695	953
提供施工设备服务	85	4117	16	77	154	300
提供施工设备服务	85	4117	16	77	154	300
其他未列明的建筑活动	229	13866	90	169	1108	2113
其他未列明的建筑活动	229	13866	90	169	1108	2113
交通运输、仓储和邮政业	**2964**	**170783**	**261**	**1428**	**4593**	**6743**
铁路运输业	60	2487		11	36	39
铁路旅客运输						
铁路旅客运输						
铁路货物运输						
铁路货物运输						
铁路运输辅助活动	60	2487		11	36	39
客运火车站						
货运火车站	4	60				
其他铁路运输辅助活动	56	2427		11	36	39
道路运输业	1697	88275	182	1044	2240	3072
公路旅客运输	153	17429	40	188	369	411
公路旅客运输	153	17429	40	188	369	411

1-1-19　续表 18

项　目	法人单位数(个)	就业人数(人)				
			#高级技师	#技师	#高级工	#中级工
道路货物运输	1145	38964	87	310	487	784
道路货物运输	1145	38964	87	310	487	784
道路运输辅助活动	399	31882	55	546	1384	1877
客运汽车站	74	3246	3	7	50	120
公路管理与养护	286	25582	48	529	1292	1712
其他道路运输辅助活动	39	3054	4	10	42	45
城市公共交通业	242	29095	6	57	198	471
公共电汽车客运	84	20623	2	40	132	308
公共电汽车客运	84	20623	2	40	132	308
轨道交通	1	25			2	6
轨道交通	1	25			2	6
出租车客运	153	8165	4	17	64	157
出租车客运	153	8165	4	17	64	157
城市轮渡						
城市轮渡						
其他城市公共交通	4	282				
其他城市公共交通	4	282				
水上运输业	13	168				
水上旅客运输	3	64				
远洋旅客运输	1	30				
沿海旅客运输						
内河旅客运输	2	34				
水上货物运输	3	33				
远洋货物运输	1	8				
沿海货物运输						
内河货物运输	2	25				
水上运输辅助活动	7	71				
客运港口						
货运港口						
其他水上运输辅助活动	7	71				
航空运输业	31	2459		64	87	86
航空客货运输	7	108				
航空旅客运输	2	9				
航空货物运输	5	99				
通用航空服务	6	43				
通用航空服务	6	43				
航空运输辅助活动	18	2308		64	87	86
机场	2	199			3	8
空中交通管理	1	393				
其他航空运输辅助活动	15	1716		64	84	78
管道运输业	1	10				
管道运输业	1	10				
管道运输业	1	10				
装卸搬运和其他运输服务业	430	13629	11	50	648	210
装卸搬运	209	8336	10	35	610	135
装卸搬运	209	8336	10	35	610	135
运输代理服务	221	5293	1	15	38	75
运输代理服务	221	5293	1	15	38	75

1-1-19 续表 19

项 目	法人单位数(个)	就业人数(人)	#高级技师	#技师	#高级工	#中级工
仓储业	461	12318	60	109	340	464
谷物、棉花等农产品仓储	223	6697	10	25	124	206
谷物、棉花等农产品仓储	223	6697	10	25	124	206
其他仓储	238	5621	50	84	216	258
其他仓储	238	5621	50	84	216	258
邮政业	29	22342	2	93	1044	2401
国家邮政	12	22013		90	1041	2401
国家邮政	12	22013		90	1041	2401
其他寄递服务	17	329	2	3	3	
其他寄递服务	17	329	2	3	3	
信息传输、计算机服务和软件业	**2603**	**56775**	**228**	**1105**	**2092**	**1531**
电信和其他信息传输服务业	591	41397	118	968	1978	1185
电信	223	35249	110	872	1836	1005
固定电信服务	56	17340	74	333	1717	881
移动电信服务	107	15896	35	506	16	106
其他电信服务	60	2013	1	33	103	18
互联网信息服务	279	2550	3	6	14	17
互联网信息服务	279	2550	3	6	14	17
广播电视传输服务	85	3531	5	88	123	160
有线广播电视传输服务	67	2703	4	57	90	136
无线广播电视传输服务	18	828	1	31	33	24
卫星传输服务	4	67		2	5	3
卫星传输服务	4	67		2	5	3
计算机服务业	1714	11715	53	59	58	122
计算机系统服务	183	2076	31	37	38	61
计算机系统服务	183	2076	31	37	38	61
数据处理	9	100			1	
数据处理	9	100			1	
计算机维修	41	279	5	2	1	8
计算机维修	41	279	5	2	1	8
其他计算机服务	1481	9260	17	20	18	53
其他计算机服务	1481	9260	17	20	18	53
软件业	298	3663	57	78	56	224
公共软件服务	254	3254	53	74	51	220
基础软件服务	92	930	13	9	13	22
应用软件服务	162	2324	40	65	38	198
其他软件服务	44	409	4	4	5	4
其他软件服务	44	409	4	4	5	4
批发和零售业	**28977**	**506709**	**1620**	**3254**	**4134**	**7555**
批发业	13734	249041	786	1568	2107	3609
农畜产品批发	1074	13189	19	84	188	199
谷物、豆及薯类批发	510	6659	9	36	138	70
种子、饲料批发	277	2568	4	24	25	64
棉、麻批发	53	1364	3	18	19	27
牲畜批发	17	159				
其他农畜产品批发	217	2439	3	6	6	38

1-1-19　续表 20

项　目	法人单位数(个)	就业人数(人)	#高级技师	#技师	#高级工	#中级工
食品、饮料及烟草制品批发	1282	30377	16	169	238	451
米、面制品及食用油批发	378	5498	1	8	40	61
糕点、糖果及糖批发	51	840			9	5
果品、蔬菜批发	286	5250	1	12	24	54
肉、禽、蛋及水产品批发	61	2115	6	43	21	34
盐及调味品批发	133	3110	4	76	53	60
饮料及茶叶批发	173	3594	3	6	2	8
烟草制品批发	43	7784		14	86	214
其他食品批发	157	2186	1	10	3	15
纺织、服装及日用品批发	410	7507	14	50	47	61
纺织品、针织品及原料批发	83	1623	8	17	11	7
服装批发	106	2789		1	7	42
鞋帽批发	10	242		15	25	10
厨房、卫生间用具及日用杂货批发	72	911	4	8		
化妆品及卫生用品批发	48	782				
其他日用品批发	91	1160	2	9	4	2
文化、体育用品及器材批发	227	2750	5	19	25	23
文具用品批发	82	698	1	12	11	16
体育用品批发	17	241	3	4		
图书批发	71	1164		2	9	1
报刊批发	3	57				
音像制品及电子出版物批发	4	32				
首饰、工艺品及收藏品批发	30	375			4	5
其他文化用品批发	20	183	1	1	1	1
医药及医疗器材批发	350	11021	33	46	49	58
西药批发	116	4602	7	23	20	16
中药材及中成药批发	78	5184	22	22	23	32
医疗用品及器材批发	156	1235	4	1	6	10
矿产品、建材及化工产品批发	6074	132328	470	768	1109	1828
煤炭及制品批发	1577	77976	301	484	797	1201
石油及制品批发	199	6305	80	52	124	169
非金属矿及制品批发	146	1814	7	1	9	9
金属及金属矿批发	1393	14452	14	49	36	120
建材批发	1660	17095	41	91	73	144
化肥批发	498	6729	3	25	24	116
农药批发	122	925	5	17	19	23
农用薄膜批发	10	152		3		
其他化工产品批发	469	6880	19	46	27	46
机械设备、五金交电及电子产品批发	3243	39754	211	378	372	772
农业机械批发	220	3111	9	29	29	66
汽车、摩托车及零配件批发	362	5767	50	117	143	175
五金、交电批发	732	8520	25	26	29	123
家用电器批发	133	2863	24	15	10	16
计算机、软件及辅助设备批发	229	2361	22	30	24	57
通讯及广播电视设备批发	92	1078	4	6	2	6
其他机械设备及电子产品批发	1475	16054	77	155	135	329
贸易经纪与代理	229	1997	4	12	11	14
贸易经纪与代理	229	1997	4	12	11	14

1-1-19 续表 21

项　　目	法人单位数（个）	就业人数（人）	#高级技师	#技师	#高级工	#中级工
其他批发	845	10118	14	42	68	203
再生物资回收与批发	512	5773	2	14	4	38
其他未列明的批发	333	4345	12	28	64	165
零售业	15243	257668	834	1686	2027	3946
综合零售	2374	80237	51	121	280	565
百货零售	1075	41579	17	45	216	362
超级市场零售	272	23876	27	57	41	138
其他综合零售	1027	14782	7	19	23	65
食品、饮料及烟草制品专门零售	1558	20239	48	126	138	179
粮油零售	573	7636	13	34	39	81
糕点、面包零售	65	1286	18	26	5	7
果品、蔬菜零售	162	2578	4	9	1	6
肉、禽、蛋及水产品零售	98	2424	1	5	1	
饮料及茶叶零售	190	1582	11	24	9	
烟草制品零售	115	1037		3		
其他食品零售	355	3696	1	25	83	85
纺织、服装及日用品专门零售	1456	26253	33	38	36	250
纺织品及针织品零售	181	3945	3	9	1	158
服装零售	719	16831	17	15	11	45
鞋帽零售	96	1117	1			
钟表、眼镜零售	96	767	11	9	18	18
化妆品及卫生用品零售	172	944	1	5		5
其他日用品零售	192	2649			6	24
文化、体育用品及器材专门零售	829	10035	16	45	45	155
文具用品零售	206	1523	7	15	9	20
体育用品零售	68	469		1	3	12
图书零售	192	4572	1	10	22	39
报刊零售	4	52				
音像制品及电子出版物零售	28	132			1	
珠宝首饰零售	161	2229	3	7	1	67
工艺美术品及收藏品零售	83	452	3	7	6	15
照相器材零售	24	189	1	1	1	1
其他文化用品零售	63	417	1	4	2	1
医药及医疗器材专门零售	1024	14132	96	96	39	54
药品零售	836	12933	81	63	29	47
医疗用品及器材零售	188	1199	15	33	10	7
汽车、摩托车、燃料及零配件专门零售	2505	49667	379	851	1067	2020
汽车零售	815	21465	298	654	700	1062
汽车零配件零售	447	4350	40	103	99	95
摩托车及零配件零售	174	1393	9	11	2	42
机动车燃料零售	1069	22459	32	83	266	821
家用电器及电子产品专门零售	1997	21860	112	201	157	318
家用电器零售	586	9743	26	45	37	115
计算机、软件及辅助设备零售	800	6387	53	106	72	133
通信设备零售	301	3286	14	24	31	26
其他电子产品零售	310	2444	19	26	17	44

1-1-19　续表 22

项　　目	法人单位数(个)	就业人数(人)				
			#高级技师	#技师	#高级工	#中级工
五金、家具及室内装修材料专门零售	1890	18216	21	66	88	163
五金零售	1010	9403	10	36	62	105
家具零售	205	3442	7	15	9	22
涂料零售	44	400		1	5	9
其他室内装修材料零售	631	4971	4	14	12	27
无店铺及其他零售	1610	17029	78	142	177	242
流动货摊零售	10	72	1		1	
邮购及电子销售	1	12				
生活用燃料零售	244	3388	3	5	9	50
花卉零售	74	570	1	6	5	11
旧货零售	15	151		2	1	
其他未列明的零售	1266	12836	73	129	161	181
住宿和餐饮业	**2866**	**161164**	**698**	**2106**	**2371**	**4514**
住宿业	1290	75694	201	1006	1374	2475
旅游饭店	354	42582	99	673	943	1684
旅游饭店	354	42582	99	673	943	1684
一般旅馆	852	29949	78	228	321	716
一般旅馆	852	29949	78	228	321	716
其他住宿服务	84	3163	24	105	110	75
其他住宿服务	84	3163	24	105	110	75
餐饮业	1576	85470	497	1100	997	2039
正餐服务	1384	78648	483	1072	974	1960
正餐服务	1384	78648	483	1072	974	1960
快餐服务	95	4756	9	11	12	34
快餐服务	95	4756	9	11	12	34
饮料及冷饮服务	27	274	1	4	1	1
饮料及冷饮服务	27	274	1	4	1	1
其他餐饮服务	70	1792	4	13	10	44
其他餐饮服务	70	1792	4	13	10	44
金融业	**731**	**132161**	**308**	**236**	**304**	**384**
银行业	251	93150	150	134	132	175
中央银行	22	4565	3	56	1	15
中央银行	22	4565	3	56	1	15
商业银行	218	87154	145	75	131	159
商业银行	218	87154	145	75	131	159
其他银行	11	1431	2	3		1
其他银行	11	1431	2	3		1
证券业	14	1672			1	
证券市场管理	2	339				
证券市场管理	2	339				
证券经纪与交易	10	1326			1	
证券经纪与交易	10	1326			1	
证券投资	1	2				
证券投资	1	2				
证券分析与咨询	1	5				
证券分析与咨询	1	5				
保险业	238	32971	89	54	7	26
人寿保险	73	23643	3	48	2	23
人寿保险	73	23643	3	48	2	23

1-1-19 续表 23

项 目	法人单位数(个)	就业人数(人)	#高级技师	#技师	#高级工	#中级工
非人寿保险	103	8317	85	5	5	3
非人寿保险	103	8317	85	5	5	3
保险辅助服务	62	1011	1	1		
保险辅助服务	62	1011	1	1		
其他金融活动	228	4368	69	48	164	183
金融信托与管理	18	578	7	9	15	15
金融信托与管理	18	578	7	9	15	15
金融租赁	2	45				
金融租赁	2	45				
财务公司	2	37				
财务公司	2	37				
邮政储蓄	7	2037	51	34	144	158
邮政储蓄	7	2037	51	34	144	158
典当	76	673			2	4
典当	76	673			2	4
其他未列明的金融活动	123	998	11	5	3	6
其他未列明的金融活动	123	998	11	5	3	6
房地产业	**3886**	**88756**	**735**	**1399**	**1698**	**3259**
房地产业	3886	88756	735	1399	1698	3259
房地产开发经营	1836	41723	494	787	1023	1634
房地产开发经营	1836	41723	494	787	1023	1634
物业管理	1056	29661	176	467	410	994
物业管理	1056	29661	176	467	410	994
房地产中介服务	301	3124	6	24	10	69
房地产中介服务	301	3124	6	24	10	69
其他房地产活动	693	14248	59	121	255	562
其他房地产活动	693	14248	59	121	255	562
租赁和商务服务业	**6615**	**130257**	**553**	**1528**	**2153**	**3263**
租赁业	320	4657	25	22	20	69
机械设备租赁	311	4563	25	22	20	67
汽车租赁	103	1279	7	6	3	8
农业机械租赁	22	186		4		9
建筑工程机械与设备租赁	121	1532	7	6	14	16
计算机及通讯设备租赁	2	12				
其他机械与设备租赁	63	1554	11	6	3	34
文化及日用品出租	9	94				2
图书及音像制品出租	3	30				
其他文化及日用品出租	6	64				2
商务服务业	6295	125600	528	1506	2133	3194
企业管理服务	1310	49927	239	1062	1467	1880
企业管理机构	276	18901	148	451	782	880
投资与资产管理	309	7444	32	98	127	166
其他企业管理服务	725	23582	59	513	558	834
法律服务	514	4790	11	25	37	62
律师及相关的法律服务	398	3820	10	10	18	29
公证服务	67	563	1	15	16	28
其他法律服务	49	407			3	5

1-1-19　续表 24

项　　目	法人单位数(个)	就业人数(人)	#高级技师	#技师	#高级工	#中级工
咨询与调查	1329	16820	99	88	209	245
会计、审计及税务服务	467	6684	42	16	26	83
市场调查	71	746	7	20	35	56
社会经济咨询	246	1922	8	13	29	20
其他专业咨询	545	7468	42	39	119	86
广告业	1039	8698	31	90	93	136
广告业	1039	8698	31	90	93	136
知识产权服务	38	246	3	2	1	5
知识产权服务	38	246	3	2	1	5
职业中介服务	308	6812	13	54	87	302
职业中介服务	308	6812	13	54	87	302
市场管理	403	11197	17	58	85	192
市场管理	403	11197	17	58	85	192
旅行社	682	9124	10	16	14	77
旅行社	682	9124	10	16	14	77
其他商务服务	672	17986	105	111	140	295
会议及展览服务	84	865	54	36	20	34
包装服务	13	163		3		8
保安服务	46	6816	1	5	3	110
办公服务	155	1136	33	12	17	17
其他未列明的商务服务	374	9006	17	55	100	126
科学研究、技术服务和地质勘查业	**3957**	**94096**	**554**	**1908**	**4643**	**5140**
研究与试验发展	492	15484	71	359	802	640
自然科学研究与试验发展	46	2899	6	41	176	24
自然科学研究与试验发展	46	2899	6	41	176	24
工程和技术研究与试验发展	167	6315	39	69	193	194
工程和技术研究与试验发展	167	6315	39	69	193	194
农业科学研究与试验发展	165	4387	23	219	414	406
农业科学研究与试验发展	165	4387	23	219	414	406
医学研究与试验发展	69	1048	2	9	2	7
医学研究与试验发展	69	1048	2	9	2	7
社会人文科学研究与试验发展	45	835	1	21	17	9
社会人文科学研究与试验发展	45	835	1	21	17	9
专业技术服务业	2159	49803	329	939	1542	2302
气象服务	139	1697	12	19	19	27
气象服务	139	1697	12	19	19	27
地震服务	102	1139	4	24	51	67
地震服务	102	1139	4	24	51	67
海洋服务	1	4				
海洋服务	1	4				
测绘服务	119	1515	3	41	76	120
测绘服务	119	1515	3	41	76	120
技术检测	385	6507	43	211	244	307
技术检测	385	6507	43	211	244	307
环境监测	123	2603	14	73	92	149
环境监测	123	2603	14	73	92	149

1-1-19 续表 25

项目	法人单位数(个)	就业人数(人)	#高级技师	#技师	#高级工	#中级工
工程技术与规划管理	972	28391	161	335	713	1110
工程管理服务	544	13931	119	124	333	462
工程勘察设计	330	12205	36	145	326	277
规划管理	98	2255	6	66	54	371
其他专业技术服务	318	7947	92	236	347	522
其他专业技术服务	318	7947	92	236	347	522
科技交流和推广服务业	1168	14363	136	344	544	756
技术推广服务	904	11185	44	245	433	628
技术推广服务	904	11185	44	245	433	628
科技中介服务	151	1919	81	88	68	83
科技中介服务	151	1919	81	88	68	83
其他科技服务	113	1259	11	11	43	45
其他科技服务	113	1259	11	11	43	45
地质勘查业	138	14446	18	266	1755	1442
矿产地质勘查	47	5768	4	37	547	432
能源矿产地质勘查	28	4393		30	428	282
固体矿产地质勘查	11	1154	4	7	113	144
其他矿产地质勘查	8	221			6	6
基础地质勘查	43	5435	12	138	835	674
基础地质勘查	43	5435	12	138	835	674
地质勘查技术服务	48	3243	2	91	373	336
地质勘查技术服务	48	3243	2	91	373	336
水利、环境和公共设施管理业	**1720**	**62560**	**122**	**2575**	**4623**	**5277**
水利管理业	725	15487	40	468	1131	1721
防洪管理	59	1038	7	45	59	94
防洪管理	59	1038	7	45	59	94
水资源管理	432	11133	22	318	901	1265
水库管理	127	4114	12	120	431	488
调水、引水管理	146	4391	7	110	277	474
其他水资源管理	159	2628	3	88	193	303
其他水利管理	234	3316	11	105	171	362
其他水利管理	234	3316	11	105	171	362
环境管理业	345	24008	3	793	1407	1477
自然保护	69	1640	3	115	218	248
自然保护区管理	30	758	3	31	92	112
野生动植物保护	8	305		61	58	59
其他自然保护	31	577		23	68	77
环境治理	276	22368		678	1189	1229
城市市容管理	46	2431		23	143	208
城市环境卫生管理	147	17920		532	848	885
水污染治理	28	1307		113	167	99
危险废物治理	10	144			7	6
其他环境治理	45	566		10	24	31
公共设施管理业	650	23065	79	1314	2085	2079
市政公共设施管理	131	6045	23	535	875	719
市政公共设施管理	131	6045	23	535	875	719

1-1-19　续表 26

项　目	法人单位数(个)	就业人数(人)	#高级技师	#技师	#高级工	#中级工
城市绿化管理	244	7189	43	455	636	884
城市绿化管理	244	7189	43	455	636	884
游览景区管理	275	9831	13	324	574	476
风景名胜区管理	113	5474	12	80	117	114
公园管理	51	2483		238	445	330
其他游览景区管理	111	1874	1	6	12	32
居民服务和其他服务业	**2685**	**39000**	**316**	**851**	**883**	**1271**
居民服务业	1361	19720	158	452	314	376
家庭服务	46	314				
家庭服务	46	314				
托儿所	10	168	1		5	3
托儿所	10	168	1		5	3
洗染服务	68	549	1	12	11	1
洗染服务	68	549	1	12	11	1
理发及美容保健服务	231	2067	47	71	78	52
理发及美容保健服务	231	2067	47	71	78	52
洗浴服务	277	8550	78	227	42	56
洗浴服务	277	8550	78	227	42	56
婚姻服务	83	547	2	14	6	15
婚姻服务	83	547	2	14	6	15
殡葬服务	65	1043		49	58	65
殡葬服务	65	1043		49	58	65
摄影扩印服务	182	2066	26	42	48	57
摄影扩印服务	182	2066	26	42	48	57
其他居民服务	399	4416	3	37	66	127
其他居民服务	399	4416	3	37	66	127
其他服务业	1324	19280	158	399	569	895
修理与维护	865	10340	131	316	355	630
汽车、摩托车维护与保养	700	8589	127	277	281	544
办公设备维修	52	672		7	5	9
家用电器修理	70	517	4	11	9	41
其他日用品修理	43	562		21	60	36
清洁服务	143	4378	2	17	49	147
建筑物清洁服务	41	942		9	26	103
其他清洁服务	102	3436	2	8	23	44
其他未列明的服务	316	4562	25	66	165	118
其他未列明的服务	316	4562	25	66	165	118
教育	**9003**	**509386**	**1721**	**4434**	**5563**	**5446**
教育	9003	509386	1721	4434	5563	5446
学前教育	1088	25430	91	242	317	349
学前教育	1088	25430	91	242	317	349
初等教育	3076	171768	534	222	589	776
初等教育	3076	171768	534	222	589	776
中等教育	2840	229111	642	1546	2556	2667
初中教育	1888	128576	368	360	699	1037
高中教育	385	64307	132	481	907	771
中等专业教育	143	12287	41	281	419	276
职业中学教育	208	13995	42	136	204	343
技工学校教育	78	5211	59	194	165	137
其他中等教育	138	4735		94	162	103

1-1-19 续表 27

项目	法人单位数(个)	就业人数(人)	#高级技师	#技师	#高级工	#中级工
高等教育	203	49471	115	1811	1223	689
普通高等教育	74	45268	96	1725	1165	612
成人高等教育	129	4203	19	86	58	77
其他教育	1796	33606	339	613	878	965
职业技能培训	1181	20621	170	401	599	634
特殊教育	48	2048	3	25	58	55
其他未列明的教育	567	10937	166	187	221	276
卫生、社会保障和社会福利业	**5292**	**181779**	**2017**	**2969**	**3739**	**5213**
卫生	4288	169144	1991	2487	3112	4460
医院	938	107881	1743	1736	2069	2583
综合医院	415	79187	1702	1385	1604	2008
中医医院	113	9882		112	172	253
中西医结合医院	44	2852		3	12	27
民族医院	3	8				
专科医院	329	14533	38	192	238	234
疗养院	34	1419	3	44	43	61
卫生院及社区医疗活动	1804	34066	194	245	397	1020
卫生院及社区医疗活动	1804	34066	194	245	397	1020
门诊部医疗活动	726	5336	10	77	36	71
门诊部医疗活动	726	5336	10	77	36	71
计划生育技术服务活动	278	3207	8	52	94	126
计划生育技术服务活动	278	3207	8	52	94	126
妇幼保健活动	136	6801	10	127	125	207
妇幼保健活动	136	6801	10	127	125	207
专科疾病防治活动	60	2060	15	44	39	34
专科疾病防治活动	60	2060	15	44	39	34
疾病预防控制及防疫活动	159	5795	9	126	205	252
疾病预防控制及防疫活动	159	5795	9	126	205	252
其他卫生活动	187	3998	2	80	147	167
其他卫生活动	187	3998	2	80	147	167
社会保障业	522	7555	19	215	358	465
社会保障业	522	7555	19	215	358	465
社会保障业	522	7555	19	215	358	465
社会福利业	482	5080	7	267	269	288
提供住宿的社会福利	333	3973		224	212	219
干部休养所	71	1126		131	96	77
收养收容服务	262	2847		93	116	142
不提供住宿的社会福利	149	1107	7	43	57	69
不提供住宿的社会福利	149	1107	7	43	57	69
文化、体育和娱乐业	**2299**	**56478**	**124**	**1282**	**1996**	**2503**
新闻出版业	267	10172	12	182	477	253
新闻业	92	1885	3	21	47	32
新闻业	92	1885	3	21	47	32
出版业	175	8287	9	161	430	221
图书出版	14	525	1	15	12	6

1-1-19　续表 28

项　　目	法人单位数（个）	就业人数（人）	#高级技师	#技师	#高级工	#中级工
报纸出版	83	6635	3	128	405	200
期刊出版	58	788	3	12	4	5
音像制品出版	1	42	2	2	6	2
电子出版物出版						
其他出版	19	297		4	3	8
广播、电视、电影和音像业	353	13471	12	506	645	1136
广播	60	2696		259	150	217
广播	60	2696		259	150	217
电视	121	6895	2	207	433	704
电视	121	6895	2	207	433	704
电影	139	3400	6	40	57	213
电影制作与发行	23	1133	3	11	5	41
电影放映	116	2267	3	29	52	172
音像制作	33	480	4		5	2
音像制作	33	480	4		5	2
文化艺术业	1071	22137	56	400	702	922
文艺创作与表演	248	8915	15	66	124	238
文艺创作与表演	248	8915	15	66	124	238
艺术表演场馆	35	1356		6	38	45
艺术表演场馆	35	1356		6	38	45
图书馆与档案馆	199	2653	8	64	93	129
图书馆	96	1249	4	37	63	83
档案馆	103	1404	4	27	30	46
文物及文化保护	162	2333	20	54	112	207
文物及文化保护	162	2333	20	54	112	207
博物馆	69	2059	1	52	160	141
博物馆	69	2059	1	52	160	141
烈士陵园、纪念馆	48	702	1	41	31	39
烈士陵园、纪念馆	48	702	1	41	31	39
群众文化活动	183	2777	9	102	131	108
群众文化活动	183	2777	9	102	131	108
文化艺术经纪代理	17	208				1
文化艺术经纪代理	17	208				1
其他文化艺术	110	1134	2	15	13	14
其他文化艺术	110	1134	2	15	13	14
体育	237	4239	6	96	68	62
体育组织	148	3140	5	53	31	31
体育组织	148	3140	5	53	31	31
体育场馆	43	560	1	32	18	19
体育场馆	43	560	1	32	18	19
其他体育	46	539		11	19	12
其他体育	46	539		11	19	12
娱乐业	371	6459	38	98	104	130
室内娱乐活动	233	4340	19	43	83	95
室内娱乐活动	233	4340	19	43	83	95
游乐园	12	324			5	8
游乐园	12	324			5	8

1-1-19 续表 29

项　　目	法人单位数(个)	就业人数(人)	#高级技师	#技师	#高级工	#中级工
休闲健身娱乐活动	96	1443	19	54	14	26
休闲健身娱乐活动	96	1443	19	54	14	26
其他娱乐活动	30	352		1	2	1
其他娱乐活动	30	352		1	2	1
公共管理和社会组织	**51783**	**889390**	**1483**	**11548**	**23209**	**31056**
中国共产党机关	1624	24342	40	490	549	535
中国共产党机关	1624	24342	40	490	549	535
中国共产党机关	1624	24342	40	490	549	535
国家机构	14475	597493	1262	10004	21594	28876
国家权力机构	283	9767	64	287	274	311
国家权力机构	283	9767	64	287	274	311
国家行政机构	13731	562135	1164	9335	20580	27357
综合事务管理机构	3577	133156	328	1865	3870	4564
对外事务管理机构	55	742		29	26	42
公共安全管理机构	588	73743	59	347	987	1709
社会事务管理机构	2941	131313	295	1594	3127	4068
经济事务管理机构	3522	133305	281	3295	8296	11471
政府事务管理机构	1604	41754	85	1395	2191	2217
行政监督检查机构	1444	48122	116	810	2083	3286
人民法院和人民检察院	296	20741	20	224	552	924
人民法院	140	11366	7	117	298	542
人民检察院	156	9375	13	107	254	382
其他国家机构	165	4850	14	158	188	284
其他国家机构	165	4850	14	158	188	284
人民政协和民主党派	255	3863	9	116	90	121
人民政协	146	3169	4	105	79	113
人民政协	146	3169	4	105	79	113
民主党派	109	694	5	11	11	8
民主党派	109	694	5	11	11	8
群众团体、社会团体和宗教组织	5460	76242	127	757	827	1190
群众团体	990	17096	19	333	367	522
工会	319	9574	5	259	225	381
妇联	136	917	1	3	12	16
共青团	142	1080	1	10	11	16
其他群众团体	393	5525	12	61	119	109
社会团体	3748	44990	107	421	458	661
专业性团体	1701	19926	35	170	210	216
行业性团体	1398	14364	52	207	188	372
其他社会团体	649	10700	20	44	60	73
宗教组织	722	14156	1	3	2	7
宗教组织	722	14156	1	3	2	7
基层群众自治组织	29969	187450	45	181	149	334
社区自治组织	1781	16907	9	30	68	84
社区自治组织	1781	16907	9	30	68	84
村民自治组织	28188	170543	36	151	81	250
村民自治组织	28188	170543	36	151	81	250

1-1-20　按登记注册类型、技术等级分组的法人单位就业人数

项　　目	法人单位数（个）	就业人数（人）				
			#高级技师	#技师	#高级工	#中级工
总　计	**160747**	**6647298**	**29494**	**93190**	**206299**	**339513**
内资	**160268**	**6488205**	**27667**	**88766**	**201341**	**330255**
国有	39044	2123999	7720	35786	79849	98387
集体	8304	409858	990	3242	5552	17692
股份合作	1365	53598	370	591	825	3246
国有联营	57	2201	9	27	46	139
集体联营	129	6367	21	15	59	54
国有与集体联营	33	1197		20	3	15
其他联营	177	4679	12	36	39	85
国有独资公司	180	339990	3105	6059	31614	39368
其他有限责任公司	11012	1465382	4635	18653	50940	104752
股份有限公司	3731	362899	3423	6050	9661	16572
私营独资	25696	392239	1028	2843	3019	8923
私营合伙	4199	73771	384	551	409	1452
私营有限责任公司	24852	803116	4903	11843	15396	32606
私营股份有限公司	2819	86447	541	1514	2363	4136
其他	38670	362462	526	1536	1566	2828
港澳台商投资	**184**	**83975**	**1457**	**3383**	**3581**	**5949**
与港澳台商合资经营	95	22373	486	622	635	1193
与港澳台商合作经营	18	1520	2	13	11	6
港澳台商独资	54	55451	933	2694	2872	4699
港澳台商投资股份有限公司	17	4631	36	54	63	51
外商投资	**295**	**75118**	**370**	**1041**	**1377**	**3309**
中外合资经营	180	52360	254	716	1029	2597
中外合作经营	15	5611	89	176	140	500
外资企业	84	15458	26	144	203	210
外商投资股份有限公司	16	1689	1	5	5	2

1-1-21 按行业分组的个体经营户经营情况

项目	个体经营户数（户）	#有营业执照	#已办理税务登记	期末从业人员数（人）	#有营业执照	#已办理税务登记
总计	**950684**	**631517**	**362562**	**2507652**	**1730770**	**1048690**
工业	56663	26860	13885	208616	117234	68934
建筑业	10937	3150	1904	73999	16864	10682
交通运输业	207312	90874	48851	479038	242127	121454
批发业	30477	24737	17731	82582	67802	49449
零售业	419380	331418	197739	961026	775817	486485
住宿业	7753	4459	2790	28866	18857	13194
餐饮业	70207	49240	28042	268808	205940	135962
房地产业	691	64	29	2475	252	98
租赁和商务服务业	7236	4610	2932	20207	13162	8892
教育	2666	1163	564	13367	7085	3751
卫生和福利业	19457	14648	6455	46957	35805	17370
居民服务业	101790	70591	36164	272732	197944	112586
文化、体育和娱乐业	7193	3986	2111	21956	14171	8898
其他服务业	8922	5717	3365	27023	17710	10935

1-1-22 按地区分组的个体经营户经营情况

地区	个体经营户数（户）	#有营业执照	#已办理税务登记	期末从业人员数（人）	#有营业执照	#已办理税务登记
总计	**950684**	**631517**	**362562**	**2507652**	**1730770**	**1048690**
太原市	125413	94997	48317	354313	286100	144161
大同市	74062	48640	27433	183884	127628	79698
阳泉市	28203	22316	15766	56060	46340	34806
长治市	74403	47413	28029	157573	108303	70263
晋城市	60948	35994	18851	144385	90504	52318
朔州市	90539	32807	14470	259851	110487	54321
晋中市	91910	59394	37648	229600	150449	101744
运城市	145208	104727	66898	474644	338529	218076
忻州市	70585	45841	24101	160944	109507	64504
临汾市	116100	85354	49632	307313	228614	141728
吕梁市	73313	54034	31417	179085	134309	87071

第2篇

企业篇

1-2-1 按行业(大类)、地区

项　　目	企业法人单位数(个)	太原市	大同市	阳泉市	长治市
总　计	**87417**	**21566**	**7516**	**4334**	**7819**
农、林、牧、渔业	**13**	**1**			**6**
农业	5				3
林业	3				1
畜牧业	4	1			1
渔业	1				1
农、林、牧、渔服务业					
采矿业	**7969**	**685**	**750**	**322**	**849**
煤炭开采和洗选业	4817	417	316	165	439
石油和天然气开采业	12	2			
黑色金属矿采选业	1493	184	336	5	169
有色金属矿采选业	127	2	16		5
非金属矿采选业	1520	80	82	152	236
其他采矿业					
制造业	**22409**	**3711**	**1375**	**1138**	**1940**
农副食品加工业	1743	111	149	15	202
食品制造业	947	157	58	22	69
饮料制造业	515	45	43	17	44
烟草制品业	1	1			
纺织业	270	39	12	6	19
纺织服装、鞋、帽制造业	248	46	25	22	23
皮革、毛皮、羽毛(绒)及其制品业	32	4	10	2	2
木材加工及木、竹、藤、棕、草制品业	239	32	12	3	28
家具制造业	227	56	18	6	14
造纸及纸制品业	563	71	24	6	16
印刷业和记录媒介的复制	650	183	65	39	51
文教体育用品制造业	47	7	2	3	10
石油加工、炼焦及核燃料加工业	440	37	21	4	65
化学原料及化学制品制造业	1543	259	128	75	154
医药制造业	261	50	40	2	24
化学纤维制造业	15	6	2		1
橡胶制品业	166	27	10	17	16
塑料制品业	565	117	36	13	56
非金属矿物制品业	5758	394	308	584	635
黑色金属冶炼及压延加工业	621	74	38	7	39
有色金属冶炼及压延加工业	341	55	23	11	22
金属制品业	1179	412	61	76	76
通用设备制造业	3373	659	147	101	161
专用设备制造业	879	281	31	27	64
交通运输设备制造业	573	137	60	18	47
电气机械及器材制造业	427	156	19	28	35
通信设备、计算机及其他电子设备制造业	140	79	5	5	13
仪器仪表及文化、办公用机械制造业	125	90	2	7	10
工艺品及其他制造业	442	112	20	22	39
废弃资源和废旧材料回收加工业	79	14	6		5
电力、燃气及水的生产和供应业	**716**	**39**	**60**	**39**	**87**
电力、热力的生产和供应业	384	16	28	13	59
燃气生产和供应业	99	6	7	5	7
水的生产和供应业	233	17	25	21	21
建筑业	**4202**	**1507**	**381**	**208**	**372**
房屋和土木工程建筑业	1699	386	189	62	179
建筑安装业	784	386	57	53	42
建筑装饰业	1224	481	112	79	130
其他建筑业	495	254	23	14	21

分组的企业法人单位数

晋城市	朔州市	晋中市	运城市	忻州市	临汾市	吕梁市
6270	**3652**	**7638**	**8575**	**5200**	**9983**	**4864**
	1	**3**	**1**		**1**	
	1	1				
			1		1	
		2				
596	**217**	**874**	**522**	**825**	**1326**	**1003**
431	189	717	140	282	888	833
8					1	1
22	5	23	90	315	308	36
4			48	35	6	11
131	23	134	244	193	123	122
1595	**628**	**2747**	**3483**	**1734**	**2257**	**1801**
98	112	181	266	146	288	175
39	35	97	263	70	86	51
23	31	63	60	30	56	103
19	7	35	83	9	36	5
24	2	21	38	9	28	10
3	1	2	3	2		3
8	6	38	46	15	41	10
14	7	24	38	7	22	21
12	17	69	249	21	47	31
43	13	56	87	26	54	33
4		6	7	1	6	1
7	6	45	70	11	91	83
130	33	146	293	52	145	128
16	7	29	59	7	23	4
		2	3			1
5	1	18	37	7	7	21
39	9	74	131	20	46	24
601	237	592	885	321	685	516
85	10	36	59	69	136	68
12	5	18	126	19	22	28
69	22	201	117	30	56	59
164	41	526	273	794	179	328
39	10	223	77	28	59	40
47	5	97	70	4	66	22
22		58	61	13	29	6
3		6	15	1	2	11
1		5	3	1	3	3
67	8	72	43	19	30	10
1	3	7	21	2	14	6
85	**39**	**86**	**80**	**72**	**86**	**43**
59	25	47	31	42	42	22
5	4	13	19	13	17	3
21	10	26	30	17	27	18
250	**185**	**315**	**275**	**185**	**363**	**161**
94	90	167	116	136	168	112
34	33	40	34	21	67	17
84	24	78	92	18	104	22
38	38	30	33	10	24	10

1-2-1 续表

项　目	企业法人单位数(个)	太原市	大同市	阳泉市	长治市
交通运输、仓储和邮政业	**2709**	**444**	**254**	**76**	**243**
铁路运输业	54	6	5	3	2
道路运输业	1486	230	167	53	152
城市公共交通业	236	19	16	10	28
水上运输业	11	2			1
航空运输业	30	26	1		2
管道运输业	1				
装卸搬运和其他运输服务业	421	66	35	2	31
仓储业	441	86	27	7	26
邮政业	29	9	3	1	1
信息传输、计算机服务和软件业	**2338**	**823**	**240**	**96**	**164**
电信和其他信息传输服务业	486	213	59	21	20
计算机服务业	1570	389	177	72	132
软件业	282	221	4	3	12
批发和零售业	**28977**	**8152**	**2848**	**1521**	**2681**
批发业	13734	4625	1001	454	1228
零售业	15243	3527	1847	1067	1453
住宿和餐饮业	**2715**	**750**	**285**	**164**	**223**
住宿业	1216	285	99	55	110
餐饮业	1499	465	186	109	113
金融业	**686**	**198**	**66**	**43**	**54**
银行业	230	58	15	12	20
证券业	13	8	1	1	1
保险业	230	69	28	12	17
其他金融活动	213	63	22	18	16
房地产业	**3772**	**1256**	**400**	**158**	**419**
房地产业	3772	1256	400	158	419
租赁和商务服务业	**4857**	**1763**	**394**	**249**	**381**
租赁业	298	86	36	13	28
商务服务业	4559	1677	358	236	353
科学研究、技术服务和地质勘查业	**1872**	**808**	**175**	**71**	**99**
研究与试验发展	194	133	2	3	12
专业技术服务业	1178	528	86	54	71
科技交流和推广服务业	424	119	82	11	12
地质勘查业	76	28	5	3	4
水利、环境和公共设施管理业	**530**	**115**	**42**	**18**	**57**
水利管理业	78	15	7	2	1
环境管理业	92	33	7	3	7
公共设施管理业	360	67	28	13	49
居民服务和其他服务业	**2227**	**727**	**159**	**150**	**155**
居民服务业	1043	381	105	75	80
其他服务业	1184	346	54	75	75
教育	**480**	**191**	**19**	**33**	**31**
教育	480	191	19	33	31
卫生、社会保障和社会福利业	**387**	**196**	**31**	**15**	**15**
卫生	365	185	31	14	13
社会保障业	9	4			1
社会福利业	13	7		1	1
文化、体育和娱乐业	**558**	**200**	**37**	**33**	**43**
新闻出版业	39	32		2	
广播、电视、电影和音像业	90	25	3	6	3
文化艺术业	137	51	8	6	9
体育	33	11	6	2	3
娱乐业	259	81	20	17	28

晋城市	朔州市	晋中市	运城市	忻州市	临汾市	吕梁市
199	**178**	**284**	**320**	**172**	**373**	**166**
6	1	6	8	1	14	2
130	112	177	139	68	174	84
22	12	23	31	17	39	19
			6			2
	1					
	1					
25	33	35	43	31	96	24
15	17	42	91	52	45	33
1	1	1	2	3	5	2
135	**49**	**119**	**304**	**55**	**321**	**32**
57	17	14	27	20	26	12
68	28	97	274	34	280	19
10	4	8	3	1	15	1
2171	**1586**	**2015**	**2181**	**1431**	**3358**	**1033**
973	666	964	1062	661	1780	320
1198	920	1051	1119	770	1578	713
176	**114**	**226**	**204**	**161**	**307**	**105**
90	52	113	106	103	154	49
86	62	113	98	58	153	56
39	**31**	**55**	**47**	**41**	**65**	**47**
14	13	18	19	20	21	20
					2	
18	11	11	19	9	19	17
7	7	26	9	12	23	10
179	**151**	**233**	**274**	**189**	**348**	**165**
179	151	233	274	189	348	165
349	**162**	**288**	**406**	**148**	**566**	**151**
31	16	21	16	11	29	11
318	146	267	390	137	537	140
112	**61**	**127**	**125**	**41**	**208**	**45**
2	3	14	9	3	12	1
81	45	79	57	28	111	38
22	10	23	59	8	73	5
7	3	11		2	12	1
56	**28**	**60**	**53**	**19**	**55**	**27**
6	8	11	7	8	8	5
8	7	9	3	1	8	6
42	13	40	43	10	39	16
191	**182**	**127**	**166**	**72**	**249**	**49**
83	53	61	69	31	92	13
108	129	66	97	41	157	36
50	**29**	**24**	**40**	**24**	**30**	**9**
50	29	24	40	24	30	9
24	**5**	**17**	**39**	**18**	**17**	**10**
24	4	16	38	17	15	8
			1		2	1
	1	1		1		1
63	**6**	**38**	**55**	**13**	**53**	**17**
2			1		2	
8		5	10	7	18	5
16	1	16	5		15	10
3		3		3	2	
34	5	14	39	3	16	2

1-2-2 按行业(大类)、地区分组的

项　　目	企业法人单位数(个)	太原市	大同市	阳泉市	长治市
总　计	**7589**	**1666**	**1034**	**474**	**798**
农、林、牧、渔业	**4**				**1**
农业	2				
林业	2				1
畜牧业					
渔业					
农、林、牧、渔服务业					
采矿业	**355**	**18**	**65**	**21**	**37**
煤炭开采和洗选业	309	16	54	19	33
石油和天然气开采业	5	2			
黑色金属矿采选业	15		1		4
有色金属矿采选业	8		3		
非金属矿采选业	18		7	2	
其他采矿业					
制造业	**1007**	**239**	**175**	**69**	**112**
农副食品加工业	114	11	24	2	13
食品制造业	52	10	12	5	5
饮料制造业	22	4	5	2	
烟草制品业	1	1			
纺织业	20	5	1	2	
纺织服装、鞋、帽制造业	9	3	1		2
皮革、毛皮、羽毛(绒)及其制品业	4	1	2		1
木材加工及木、竹、藤、棕、草制品业	3		1		
家具制造业	3	3			
造纸及纸制品业	3			1	1
印刷业和记录媒介的复制	67	25	9	4	6
文教体育用品制造业	4	1	1		1
石油加工、炼焦及核燃料加工业	23	1	3		5
化学原料及化学制品制造业	96	13	22	8	16
医药制造业	27	6	4		4
化学纤维制造业	3	2			
橡胶制品业	7	4			2
塑料制品业	17	5	1	1	3
非金属矿物制品业	113	23	25	10	8
黑色金属冶炼及压延加工业	30	5	4		6
有色金属冶炼及压延加工业	25	4	3	2	1
金属制品业	25	6	3	4	3
通用设备制造业	119	26	25	8	16
专用设备制造业	81	26	6	6	8
交通运输设备制造业	52	16	13	2	6
电气机械及器材制造业	42	15	8	5	3
通信设备、计算机及其他电子设备制造业	14	8	2	3	
仪器仪表及文化、办公用机械制造业	16	13		3	
工艺品及其他制造业	9	2		1	1
废弃资源和废旧材料回收加工业	6				1
电力、燃气及水的生产和供应业	**304**	**17**	**32**	**12**	**37**
电力、热力的生产和供应业	145	10	14	7	18
燃气生产和供应业	26	3	2	2	2
水的生产和供应业	133	4	16	3	17
建筑业	**438**	**146**	**41**	**26**	**36**
房屋和土木工程建筑业	328	91	38	17	28
建筑安装业	54	20	2	5	6
建筑装饰业	15	9		3	
其他建筑业	41	26	1	1	2

国有控股企业法人单位数

晋城市	朔州市	晋中市	运城市	忻州市	临汾市	吕梁市
536	**314**	**494**	**556**	**745**	**634**	**338**
	1	**1**			**1**	
	1	1				
					1	
45	**37**	**28**	**3**	**40**	**35**	**26**
42	36	27	3	26	28	25
3						
		1		4	5	
				3	1	1
	1			7	1	
50	**24**	**70**	**95**	**70**	**71**	**32**
5	5	6	12	20	13	3
4		3	5	4	2	2
1		2	4	1		3
2		3	3	2	2	
		1	2			
			2			
		1				
4	1	2	3	3	8	2
		1				
		5			6	3
7	4	5	11	4	4	2
4		3	2	2	1	1
		1				
					1	
2	1	1	2	1		
2	7	8	10	10	5	5
2		1	2	3	6	1
	1		10	1	2	1
2	1	2	1	2	1	
3	4	8	11	8	6	4
7		12	2	8	5	1
2		3	7		2	1
1		1	5		3	1
		1				
1				1	2	1
1			1		2	1
27	**23**	**31**	**23**	**37**	**41**	**24**
18	14	13	7	18	17	9
1	1	4	1	3	6	1
8	8	14	15	16	18	14
23	**22**	**27**	**26**	**35**	**33**	**23**
11	19	26	23	34	23	18
5	2	1	2	1	6	4
2						1
5	1		1		4	

1-2-2 续表

项 目	企业法人单位数(个)	太原市	大同市	阳泉市	长治市
交通运输、仓储和邮政业	**467**	**55**	**48**	**25**	**51**
铁路运输业	22	3	3	2	
道路运输业	179	14	32	15	25
城市公共交通业	22	2	2	2	4
水上运输业	3	1			
航空运输业	6	4	1		1
管道运输业					
装卸搬运和其他运输服务业	31	4	2	1	1
仓储业	191	24	7	4	19
邮政业	13	3	1	1	1
信息传输、计算机服务和软件业	**100**	**23**	**11**	**4**	**10**
电信和其他信息传输服务业	87	12	11	3	9
计算机服务业	8	6		1	1
软件业	5	5			
批发和零售业	**2716**	**444**	**444**	**143**	**290**
批发业	1600	276	218	56	204
零售业	1116	168	226	87	86
住宿和餐饮业	**357**	**115**	**33**	**15**	**33**
住宿业	274	85	21	10	29
餐饮业	83	30	12	5	4
金融业	**261**	**75**	**28**	**20**	**22**
银行业	97	34	6	7	6
证券业	6	3	1	1	1
保险业	114	27	15	8	9
其他金融活动	44	11	6	4	6
房地产业	**434**	**131**	**64**	**42**	**68**
房地产业	434	131	64	42	68
租赁和商务服务业	**521**	**172**	**43**	**49**	**63**
租赁业	16	2	6	1	1
商务服务业	505	170	37	48	62
科学研究、技术服务和地质勘查业	**282**	**115**	**23**	**25**	**16**
研究与试验发展	20	15			1
专业技术服务业	203	81	15	22	12
科技交流和推广服务业	34	11	7	1	1
地质勘查业	25	8	1	2	2
水利、环境和公共设施管理业	**73**	**10**	**5**	**5**	**3**
水利管理业	24	3	2	1	
环境管理业	11		2	2	1
公共设施管理业	38	7	1	2	2
居民服务和其他服务业	**106**	**40**	**11**	**9**	**2**
居民服务业	48	23	8	4	2
其他服务业	58	17	3	5	
教育	**38**	**15**	**3**	**3**	**5**
教育	38	15	3	3	5
卫生、社会保障和社会福利业	**58**	**24**	**7**	**2**	**8**
卫生	52	22	7	2	6
社会保障业	2	1			1
社会福利业	4	1			1
文化、体育和娱乐业	**68**	**27**	**1**	**4**	**4**
新闻出版业	19	17		2	
广播、电视、电影和音像业	32	3		2	3
文化艺术业	8	5			
体育	4	1			
娱乐业	5	1	1		1

晋城市	朔州市	晋中市	运城市	忻州市	临汾市	吕梁市
25	**15**	**32**	**53**	**70**	**61**	**32**
2	1		1		9	1
11	6	12	12	19	27	6
3		1	1	2	3	2
			2			
2	3	6	1	4	5	2
6	4	12	35	44	16	20
1	1	1	1	1	1	1
11	**5**	**5**	**9**	**6**	**13**	**3**
11	5	5	9	6	13	3
207	**118**	**152**	**227**	**348**	**221**	**122**
134	64	109	143	205	145	46
73	54	43	84	143	76	76
21	**10**	**23**	**27**	**43**	**25**	**12**
17	8	20	23	37	17	7
4	2	3	4	6	8	5
23	**12**	**19**	**19**	**12**	**21**	**10**
7	5	7	8	5	6	6
14	5	6	9	5	13	3
2	2	6	2	2	2	1
15	**7**	**18**	**8**	**22**	**42**	**17**
15	7	18	8	22	42	17
38	**18**	**32**	**32**	**21**	**34**	**19**
1			1	1	1	2
37	18	32	31	20	33	17
27	**7**	**25**	**8**	**10**	**18**	**8**
		1		1	2	
23	6	15	7	8	8	6
2	1	5	1		4	1
2		4		1	4	1
8	**4**	**14**	**12**	**6**	**3**	**3**
3		5	5	2	1	2
1	2	2	1			
4	2	7	6	4	2	1
7	**7**	**7**	**3**	**12**	**5**	**3**
3	1	1	2	3		1
4	6	6	1	9	5	2
2	**2**	**2**	**2**	**3**	**1**	
2	2	2	2	3	1	
1	**2**	**4**	**4**	**4**	**2**	
1	1	3	4	4	2	
	1	1				
6		**4**	**5**	**6**	**7**	**4**
4		3	5	5	4	3
					2	1
1		1			1	
1				1		

1-2-3 按行业(大类)、地区分组的

项目	就业人数(人)	太原市	大同市	阳泉市	长治市
总　计	**4862418**	**1139492**	**494272**	**314316**	**432700**
农、林、牧、渔业	**1836**	**30**			**194**
农业	1430				25
林业	77				28
畜牧业	269	30			81
渔业	60				60
农、林、牧、渔服务业					
采矿业	**1181261**	**102731**	**182702**	**138774**	**148191**
煤炭开采和洗选业	1101740	98624	168892	136811	136048
石油和天然气开采业	1488	81			
黑色金属矿采选业	49545	2727	9513	50	9559
有色金属矿采选业	6820	17	1410		55
非金属矿采选业	21668	1282	2887	1913	2529
其他采矿业					
制造业	**1576189**	**327697**	**100817**	**65088**	**143007**
农副食品加工业	49855	4027	2766	689	6892
食品制造业	37634	9019	1392	936	2360
饮料制造业	31166	2435	1890	380	1147
烟草制品业	1263	1263			
纺织业	28447	2261	332	199	172
纺织服装、鞋、帽制造业	13112	3215	697	736	789
皮革、毛皮、羽毛(绒)及其制品业	1043	275	298	70	11
木材加工及木、竹、藤、棕、草制品业	4811	426	607	118	334
家具制造业	4303	1200	185	132	234
造纸及纸制品业	16631	2390	494	191	313
印刷业和记录媒介的复制	15453	5682	1518	479	893
文教体育用品制造业	4090	302	19	128	1579
石油加工、炼焦及核燃料加工业	189618	30432	6162	4501	19172
化学原料及化学制品制造业	156685	22490	11310	10027	21766
医药制造业	31660	3801	7696	135	4534
化学纤维制造业	1845	431	1063		27
橡胶制品业	9107	3423	592	361	736
塑料制品业	17714	3198	1082	357	1388
非金属矿物制品业	260033	19733	18941	29319	18257
黑色金属冶炼及压延加工业	188254	50183	3419	945	25252
有色金属冶炼及压延加工业	88619	6675	2830	2131	2294
金属制品业	41451	16040	1377	3035	2303
通用设备制造业	134685	22962	15012	5403	9012
专用设备制造业	94789	36729	1726	2082	17207
交通运输设备制造业	44486	10151	14492	278	2411
电气机械及器材制造业	27627	5653	3596	1234	2679
通信设备、计算机及其他电子设备制造业	64471	54968	777	173	341
仪器仪表及文化、办公用机械制造业	8466	7054	94	179	131
工艺品及其他制造业	7921	1162	357	870	758
废弃资源和废旧材料回收加工业	950	117	93		15
电力、燃气及水的生产和供应业	**121710**	**44080**	**11610**	**6998**	**7827**
电力、热力的生产和供应业	97140	39856	8462	4415	5937
燃气生产和供应业	6026	469	147	1126	314
水的生产和供应业	18544	3755	3001	1457	1576
建筑业	**683567**	**305709**	**45515**	**40126**	**31545**
房屋和土木工程建筑业	561350	235748	38057	32410	27346
建筑安装业	65439	37892	3565	5378	1349
建筑装饰业	26786	13806	2592	991	1965
其他建筑业	29992	18263	1301	1347	885

企业法人单位就业人数

晋城市	朔州市	晋中市	运城市	忻州市	临汾市	吕梁市
393523	**188408**	**453059**	**463282**	**244441**	**420845**	**318080**
	1385	**178**	**30**		**19**	
	1385	20				
			30		19	
		158				
160749	**54570**	**123998**	**13402**	**55915**	**94773**	**105456**
157363	53824	119768	4870	38012	85710	101818
1374					17	16
350	246	2606	3108	13378	7556	452
41			1364	2058	159	1716
1621	500	1624	4060	2467	1331	1454
92983	**39497**	**178028**	**279515**	**72399**	**143945**	**133213**
1939	3581	4876	11114	4094	4050	5827
1483	3359	4325	9670	1180	2236	1674
1089	1179	4140	2939	1093	1909	12965
4653	809	3598	10324	2366	3462	271
978	28	561	4919	222	702	265
177	32	2	45	86		47
60	135	604	1467	131	823	106
426	112	560	806	54	363	231
252	516	2286	7747	345	1235	862
553	236	772	2711	420	999	1190
346		603	756	3	351	3
1680	2567	31564	20585	2627	34471	35857
14517	4831	10743	31693	11416	9038	8854
915	424	3732	7487	777	1673	486
		138	146			40
343	6	1098	811	395	384	958
1560	203	2102	6237	230	949	408
26055	16324	40204	42532	11217	15742	21709
13384	1184	4881	21877	5824	38658	22647
317	1795	2297	56921	4996	4178	4185
1522	338	10529	2634	727	1018	1928
6650	1149	23116	14261	21486	6672	8962
3772	327	17462	4914	1425	7265	1880
2864	170	3971	5863	48	3705	533
856		2346	7704	376	2468	715
5525		589	1777	7	48	266
15		133	59	508	261	32
1032	168	749	1098	330	1199	198
20	24	47	418	16	86	114
9101	**6885**	**9493**	**6372**	**6786**	**9063**	**3495**
7852	5906	6463	4624	4740	6525	2360
169	135	1632	511	495	763	265
1080	844	1398	1237	1551	1775	870
22785	**23211**	**42887**	**54740**	**38121**	**56105**	**22823**
16867	18792	37107	47840	35952	50596	20635
3497	2138	2803	3157	1246	2880	1534
1353	452	1811	1750	304	1281	481
1068	1829	1166	1993	619	1348	173

1-2-3 续表

项　目	就业人数(人)	太原市	大同市	阳泉市	长治市
交通运输、仓储和邮政业	**149457**	**29409**	**18926**	**7929**	**13067**
铁路运输业	2362	473	575	55	36
道路运输业	68848	9341	8623	3228	7634
城市公共交通业	29014	9333	4428	3446	2057
水上运输业	159	38			28
航空运输业	2066	1846	197		11
管道运输业	10				
装卸搬运和其他运输服务业	13330	1937	1998	6	682
仓储业	11326	2333	667	292	681
邮政业	22342	4108	2438	902	1938
信息传输、计算机服务和软件业	**52815**	**19829**	**5376**	**1688**	**3480**
电信和其他信息传输服务业	38389	13880	4249	1273	2970
计算机服务业	10862	2824	1099	393	462
软件业	3564	3125	28	22	48
批发和零售业	**506709**	**120343**	**66321**	**23439**	**37985**
批发业	249041	63177	26426	8870	17716
零售业	257668	57166	39895	14569	20269
住宿和餐饮业	**155820**	**50074**	**20866**	**7913**	**10773**
住宿业	72316	20257	6412	2522	5482
餐饮业	83504	29817	14454	5391	5291
金融业	**126891**	**24002**	**12371**	**6486**	**14161**
银行业	88322	16213	8051	5032	8305
证券业	1630	1530	2	81	5
保险业	32758	5380	3806	1175	5691
其他金融活动	4181	879	512	198	160
房地产业	**86278**	**32434**	**8537**	**5876**	**6222**
房地产业	86278	32434	8537	5876	6222
租赁和商务服务业	**99368**	**33783**	**11365**	**4387**	**9616**
租赁业	4309	1544	933	73	260
商务服务业	95059	32239	10432	4314	9356
科学研究、技术服务和地质勘查业	**39694**	**20459**	**3525**	**2042**	**2129**
研究与试验发展	3365	1941	47	37	174
专业技术服务业	28843	16000	2625	1720	1358
科技交流和推广服务业	3913	1145	524	77	58
地质勘查业	3573	1373	329	208	539
水利、环境和公共设施管理业	**13587**	**2928**	**738**	**310**	**757**
水利管理业	1367	356	123	5	4
环境管理业	2296	765	187	42	125
公共设施管理业	9924	1807	428	263	628
居民服务和其他服务业	**33558**	**11187**	**3305**	**1618**	**1542**
居民服务业	16362	5867	2411	727	942
其他服务业	17196	5320	894	891	600
教育	**10076**	**3991**	**397**	**669**	**840**
教育	10076	3991	397	669	840
卫生、社会保障和社会福利业	**11780**	**5868**	**1380**	**310**	**600**
卫生	10981	5152	1380	281	590
社会保障业	649	634			3
社会福利业	150	82		29	7
文化、体育和娱乐业	**11822**	**4938**	**521**	**663**	**764**
新闻出版业	2008	1938		11	
广播、电视、电影和音像业	2587	544	18	379	55
文化艺术业	1875	576	44	21	58
体育	382	152	43	17	15
娱乐业	4970	1728	416	235	636

晋城市	朔州市	晋中市	运城市	忻州市	临汾市	吕梁市
13667	**6541**	**13670**	**14673**	**8505**	**15894**	**7176**
97	78	148	350	50	446	54
7451	3189	7556	7607	3927	7168	3124
3423	520	865	1573	924	1739	706
			74			19
	12					
	10					
979	1171	1079	1018	1745	2130	585
320	348	1593	1432	1566	1263	831
1397	1213	2429	2619	293	3148	1857
2873	**2093**	**2993**	**6374**	**884**	**5009**	**2216**
2474	1794	2610	2592	736	3773	2038
285	280	326	3767	137	1149	140
114	19	57	15	11	87	38
49271	**29971**	**36928**	**36628**	**34745**	**49674**	**21404**
25050	15907	18634	18464	18376	25341	11080
24221	14064	18294	18164	16369	24333	10324
10172	**7103**	**11279**	**9874**	**8702**	**12711**	**6353**
5838	3271	5976	5971	5826	8019	2742
4334	3832	5303	3903	2876	4692	3611
9536	**5433**	**15052**	**13722**	**6256**	**11782**	**8090**
6166	4012	6972	12211	5545	9202	6613
					12	
2880	1320	7433	1444	306	1924	1399
490	101	647	67	405	644	78
3751	**3168**	**5251**	**6110**	**5373**	**6559**	**2997**
3751	3168	5251	6110	5373	6559	2997
8283	**4058**	**4009**	**11340**	**3246**	**6954**	**2327**
318	202	136	247	176	272	148
7965	3856	3873	11093	3070	6682	2179
2189	**609**	**2553**	**1654**	**646**	**3251**	**637**
18	33	679	141	22	238	35
1616	473	1334	891	419	1865	542
290	82	212	622	80	787	36
265	21	328		125	361	24
1370	**937**	**3312**	**1773**	**235**	**707**	**520**
143	127	202	167	115	71	54
198	369	291	71	11	135	102
1029	441	2819	1535	109	501	364
3787	**2467**	**1554**	**3006**	**1645**	**2756**	**691**
1848	698	613	1284	612	1117	243
1939	1769	941	1722	1033	1639	448
979	**368**	**517**	**1187**	**472**	**538**	**118**
979	368	517	1187	472	538	118
901	**31**	**343**	**1527**	**236**	**350**	**234**
901	26	340	1522	222	346	221
			5		4	3
	5	3		14		10
1126	**81**	**1014**	**1355**	**275**	**755**	**330**
14			30		15	
231		410	340	202	222	186
209	3	265	247		343	109
27		67		34	27	
645	78	272	738	39	148	35

1-2-4 按行业(大类)、地区分组的

项　目	就业人数(人)				
		太原市	大同市	阳泉市	长治市
总　计	**2033038**	**588554**	**261692**	**167794**	**189523**
农、林、牧、渔业	**1452**				**28**
农业	1405				
林业	47				28
畜牧业					
渔业					
农、林、牧、渔服务业					
采矿业	**704250**	**81992**	**142237**	**99667**	**79881**
煤炭开采和洗选业	696517	81911	141126	99590	78449
石油和天然气开采业	1204	81			
黑色金属矿采选业	3587		213		1432
有色金属矿采选业	1857		359		
非金属矿采选业	1085		539	77	
其他采矿业					
制造业	**436317**	**144415**	**40703**	**11591**	**51308**
农副食品加工业	4812	746	651	366	284
食品制造业	3515	1246	138	268	100
饮料制造业	11815	466	162	53	
烟草制品业	1263	1263			
纺织业	10509	302	1	106	
纺织服装、鞋、帽制造业	3489	193	1		456
皮革、毛皮、羽毛(绒)及其制品业	207	201	2		4
木材加工及木、竹、藤、棕、草制品业	128		98		
家具制造业	124	124			
造纸及纸制品业	183			45	108
印刷业和记录媒介的复制	4584	2461	561	59	298
文教体育用品制造业	658	116	17		391
石油加工、炼焦及核燃料加工业	39204	14837	5208		4185
化学原料及化学制品制造业	74853	16287	5592	4282	9159
医药制造业	5706	1023	693		1745
化学纤维制造业	261	129			
橡胶制品业	2972	2884			56
塑料制品业	1569	252	5	4	263
非金属矿物制品业	25014	5896	7518	1676	1942
黑色金属冶炼及压延加工业	71827	43474	255		12084
有色金属冶炼及压延加工业	39647	138	801	1536	350
金属制品业	2428	1072	307	197	673
通用设备制造业	25190	5636	4676	1427	3611
专用设备制造业	60064	28806	582	867	13576
交通运输设备制造业	20544	5409	9966	25	553
电气机械及器材制造业	14197	2344	2783	369	1463
通信设备、计算机及其他电子设备制造业	6471	5290	686	155	
仪器仪表及文化、办公用机械制造业	3933	3812		121	
工艺品及其他制造业	1052	8		35	3
废弃资源和废旧材料回收加工业	98				4
电力、燃气及水的生产和供应业	**102842**	**42940**	**8873**	**6610**	**5985**
电力、热力的生产和供应业	81679	39386	6013	4384	4249
燃气生产和供应业	4379	237	118	1043	210
水的生产和供应业	16784	3317	2742	1183	1526
建筑业	**356164**	**210463**	**19285**	**22435**	**12505**
房屋和土木工程建筑业	332137	193799	19146	22050	11807
建筑安装业	15846	9791	81	163	578
建筑装饰业	625	495		20	
其他建筑业	7556	6378	58	202	120

国有控股企业法人单位就业人数

晋城市	朔州市	晋中市	运城市	忻州市	临汾市	吕梁市
156192	**71286**	**129929**	**131408**	**82524**	**163934**	**90202**
	1385	**20**			**19**	
	1385	20				
					19	
90133	**35274**	**58743**	**738**	**25956**	**44537**	**45092**
89010	35158	57874	738	25225	43718	43718
1123						
		869		332	741	
				68	56	1374
	116			331	22	
15167	**4925**	**21065**	**75230**	**10982**	**43524**	**17407**
278	410	356	469	951	235	66
370		27	675	57	618	16
34		446	324	7		10323
2652		958	2448	1944	2098	
		172	2667			
			30			
		30				
69	2	57	78	153	258	588
		134				
		3091			10535	1348
6018	1816	2206	19180	3842	5096	1375
418		160	1330	57	110	170
		132				
					32	
232	2	237	566	8		
498	834	1552	2409	1520	926	243
632		216	707	812	13267	380
	1681		32213	10	1901	1017
30	1	44	50	32	22	
812	179	2029	3543	498	1532	1247
2224		8083	64	1083	4774	5
844		532	2999		208	8
8		263	5450		1000	517
		340				
28				8	877	93
20			28		35	11
7365	**6258**	**6283**	**4351**	**5048**	**6461**	**2668**
6320	5373	3775	3215	3207	4197	1560
102	64	1361	145	295	550	254
943	821	1147	991	1546	1714	854
8154	**8855**	**12083**	**15658**	**9819**	**32861**	**4046**
6170	7936	11270	14553	9665	31999	3742
1719	835	813	1005	154	408	299
105						5
160	84		100		454	

1-2-4 续表

项 目	就业人数(人)	太原市	大同市	阳泉市	长治市
交通运输、仓储和邮政业	**83649**	**20284**	**10910**	**6102**	**7539**
铁路运输业	1646	455	569	25	
道路运输业	29109	3545	3167	2518	3336
城市公共交通业	19161	8532	4036	2402	1534
水上运输业	67	30			
航空运输业	1306	1102	197		7
管道运输业					
装卸搬运和其他运输服务业	3250	1283	302	4	92
仓储业	7072	1366	329	251	632
邮政业	22038	3971	2310	902	1938
信息传输、计算机服务和软件业	**25987**	**6434**	**3860**	**803**	**2494**
电信和其他信息传输服务业	25838	6293	3860	799	2490
计算机服务业	107	99		4	4
软件业	42	42			
批发和零售业	**138877**	**23971**	**19038**	**9292**	**9201**
批发业	91531	15309	11341	4567	6495
零售业	47346	8662	7697	4725	2706
住宿和餐饮业	**26193**	**11302**	**1646**	**642**	**2352**
住宿业	20810	8447	1003	504	2173
餐饮业	5383	2855	643	138	179
金融业	**77022**	**16008**	**8015**	**4033**	**9458**
银行业	50436	11960	6226	2715	4265
证券业	1012	924	2	81	5
保险业	22832	2626	1442	1130	5119
其他金融活动	2742	498	345	107	69
房地产业	**16799**	**6506**	**1450**	**2355**	**1019**
房地产业	16799	6506	1450	2355	1019
租赁和商务服务业	**32837**	**8916**	**3190**	**2221**	**5820**
租赁业	957	424	372	10	32
商务服务业	31880	8492	2818	2211	5788
科学研究、技术服务和地质勘查业	**15626**	**9498**	**881**	**1445**	**858**
研究与试验发展	824	622			12
专业技术服务业	11629	7670	684	1238	358
科技交流和推广服务业	544	188	48	12	2
地质勘查业	2629	1018	149	195	486
水利、环境和公共设施管理业	**2418**	**342**	**164**	**68**	**98**
水利管理业	698	284	12	3	
环境管理业	576		96	40	8
公共设施管理业	1144	58	56	25	90
居民服务和其他服务业	**3606**	**760**	**894**	**118**	**25**
居民服务业	1650	557	734	47	25
其他服务业	1956	203	160	71	
教育	**1607**	**563**	**114**	**37**	**409**
教育	1607	563	114	37	409
卫生、社会保障和社会福利业	**4208**	**2405**	**362**	**18**	**485**
卫生	3636	1851	362	18	475
社会保障业	537	534			3
社会福利业	35	20			7
文化、体育和娱乐业	**3184**	**1755**	**70**	**357**	**58**
新闻出版业	1605	1594		11	
广播、电视、电影和音像业	1254	78		346	55
文化艺术业	148	67			
体育	32	3			
娱乐业	145	13	70		3

晋城市	朔州市	晋中市	运城市	忻州市	临汾市	吕梁市
7297	**2270**	**4048**	**8764**	**3980**	**9372**	**3083**
28	78		139		304	48
3900	708	372	5130	1480	4295	658
1755		40	50	74	668	70
			37			
25	87	318	6	794	189	150
192	184	889	795	1351	779	304
1397	1213	2429	2607	281	3137	1853
1902	**1042**	**2312**	**2017**	**655**	**3407**	**1061**
1902	1042	2312	2017	655	3407	1061
11253	**5829**	**11774**	**8519**	**17164**	**12375**	**10461**
7627	4057	8194	4379	11829	10326	7407
3626	1772	3580	4140	5335	2049	3054
1980	**561**	**1326**	**1683**	**2136**	**1305**	**1260**
1764	356	1162	1508	1937	1112	844
216	205	164	175	199	193	416
6736	**3021**	**9337**	**7604**	**2765**	**6173**	**3872**
3541	2043	3088	7042	2197	4179	3180
2761	931	5792	546	247	1548	690
434	47	457	16	321	446	2
752	**210**	**594**	**125**	**1483**	**1887**	**418**
752	210	594	125	1483	1887	418
3524	**694**	**980**	**4867**	**1340**	**804**	**481**
7			4	26	41	41
3517	694	980	4863	1314	763	440
653	**147**	**582**	**302**	**279**	**813**	**168**
		30		13	147	
491	145	236	293	146	244	124
24	2	54	9		185	20
138		262		120	237	24
274	**333**	**372**	**592**	**86**	**71**	**18**
91		142	117	34	7	8
10	318	48	56			
173	15	182	419	52	64	10
639	**384**	**211**	**39**	**426**	**82**	**28**
184	20	3	19	57		4
455	364	208	20	369	82	24
175	**90**	**15**	**51**	**103**	**50**	
175	90	15	51	103	50	
14	**8**	**103**	**673**	**83**	**57**	
14	3	100	673	83	57	
	5	3				
174		**81**	**195**	**219**	**136**	**139**
124		74	195	195	50	137
					79	2
15		7			7	
35				24		

1-2-5　按行业(大类)、营业状态分组的企业法人单位数

项　目	企业法人单位数(个)	营业	停业(歇业)	筹建	当年关闭	当年破产	其他
总　计	**87417**	**69910**	**11977**	**2934**	**1868**	**257**	**471**
农、林、牧、渔业	**13**	**13**					
农业	5	5					
林业	3	3					
畜牧业	4	4					
渔业	1	1					
农、林、牧、渔服务业							
采矿业	**7969**	**3962**	**2784**	**501**	**633**	**23**	**66**
煤炭开采和洗选业	4817	2519	1438	271	516	10	63
石油和天然气开采业	12	3	2	7			
黑色金属矿采选业	1493	520	773	125	64	11	
有色金属矿采选业	127	57	52	14	4		
非金属矿采选业	1520	863	519	84	49	2	3
其他采矿业							
制造业	**22409**	**16427**	**4278**	**1009**	**511**	**102**	**82**
农副食品加工业	1743	1274	296	127	33	7	6
食品制造业	947	724	153	36	18	9	7
饮料制造业	515	361	91	47	12	3	1
烟草制品业	1	1					
纺织业	270	192	60	5	7	6	
纺织服装、鞋、帽制造业	248	171	63	7	4		3
皮革、毛皮、羽毛(绒)及其制品业	32	12	18	1			1
木材加工及木、竹、藤、棕、草制品业	239	168	50	15	4	1	1
家具制造业	227	174	40	3	9	1	
造纸及纸制品业	563	426	112	9	10	6	
印刷业和记录媒介的复制	650	557	71	11	7		4
文教体育用品制造业	47	35	8	1	2		1
石油加工、炼焦及核燃料加工业	440	286	90	22	34	5	3
化学原料及化学制品制造业	1543	1047	350	74	58	8	6
医药制造业	261	203	36	18	3		1
化学纤维制造业	15	6	6	3			
橡胶制品业	166	111	41	8	6		
塑料制品业	565	416	115	15	11	6	2
非金属矿物制品业	5758	4066	1224	318	125	15	10
黑色金属冶炼及压延加工业	621	328	205	22	56	6	4
有色金属冶炼及压延加工业	341	196	112	24	7		2
金属制品业	1179	893	216	44	16	4	6
通用设备制造业	3373	2705	510	83	52	11	12
专用设备制造业	879	687	153	27	7	2	3
交通运输设备制造业	573	488	61	12	5	4	3
电气机械及器材制造业	427	340	53	23	2	5	4
通信设备、计算机及其他电子设备制造业	140	111	14	9	5		1
仪器仪表及文化、办公用机械制造业	125	115	7	2	1		
工艺品及其他制造业	442	290	101	34	14	2	1
废弃资源和废旧材料回收加工业	79	44	22	9	3	1	
电力、燃气及水的生产和供应业	**716**	**521**	**62**	**118**	**9**	**1**	**5**
电力、热力的生产和供应业	384	265	37	71	5	1	5
燃气生产和供应业	99	68	12	18	1		
水的生产和供应业	233	188	13	29	3		
建筑业	**4202**	**3665**	**392**	**96**	**38**	**4**	**7**
房屋和土木工程建筑业	1699	1467	168	41	17	2	4
建筑安装业	784	704	55	16	8		1
建筑装饰业	1224	1060	116	34	10	2	2
其他建筑业	495	434	53	5	3		

1-2-5　续表

项　目	企业法人单位数(个)	营业	停业(歇业)	筹建	当年关闭	当年破产	其他
交通运输、仓储和邮政业	**2709**	**2169**	**388**	**85**	**57**	**10**	
铁路运输业	54	41	9	4			
道路运输业	1486	1133	253	52	43	5	
城市公共交通业	236	224	8	4			
水上运输业	11	7	4				
航空运输业	30	26	4				
管道运输业	1	1					
装卸搬运和其他运输服务业	421	336	61	12	10	2	
仓储业	441	372	49	13	4	3	
邮政业	29	29					
信息传输、计算机服务和软件业	**2338**	**2219**	**78**	**20**	**18**		**3**
电信和其他信息传输服务业	486	469	12	3	1		1
计算机服务业	1570	1498	52	6	14		
软件业	282	252	14	11	3		2
批发和零售业	**28977**	**25037**	**2745**	**564**	**402**	**87**	**142**
批发业	13734	11350	1663	353	232	58	78
零售业	15243	13687	1082	211	170	29	64
住宿和餐饮业	**2715**	**2503**	**135**	**41**	**27**	**3**	**6**
住宿业	1216	1116	69	18	6	3	4
餐饮业	1499	1387	66	23	21		2
金融业	**686**	**649**	**22**	**11**	**3**		**1**
银行业	230	229		1			
证券业	13	11		1	1		
保险业	230	222	4	4			
其他金融活动	213	187	18	5	2		1
房地产业	**3772**	**3144**	**362**	**125**	**43**	**12**	**86**
房地产业	3772	3144	362	125	43	12	86
租赁和商务服务业	**4857**	**4292**	**348**	**119**	**57**	**5**	**36**
租赁业	298	245	38	5	7		3
商务服务业	4559	4047	310	114	50	5	33
科学研究、技术服务和地质勘查业	**1872**	**1636**	**136**	**72**	**14**	**3**	**11**
研究与试验发展	194	167	14	11	1		1
专业技术服务业	1178	1076	56	30	8	3	5
科技交流和推广服务业	424	324	61	29	5		5
地质勘查业	76	69	5	2			
水利、环境和公共设施管理业	**530**	**368**	**60**	**87**	**10**		**5**
水利管理业	78	57	15	4	1		1
环境管理业	92	62	6	21	1		2
公共设施管理业	360	249	39	62	8		2
居民服务和其他服务业	**2227**	**2017**	**114**	**47**	**32**	**3**	**14**
居民服务业	1043	969	38	15	13		8
其他服务业	1184	1048	76	32	19	3	6
教育	**480**	**439**	**17**	**16**	**1**	**2**	**5**
教育	480	439	17	16	1	2	5
卫生、社会保障和社会福利业	**387**	**361**	**12**	**8**	**4**	**1**	**1**
卫生	365	345	11	3	4	1	1
社会保障业	9	7		2			
社会福利业	13	9	1	3			
文化、体育和娱乐业	**558**	**488**	**44**	**15**	**9**	**1**	**1**
新闻出版业	39	38	1				
广播、电视、电影和音像业	90	85	3		1	1	
文化艺术业	137	107	18	8	4		
体育	33	27	3	2	1		
娱乐业	259	231	19	5	3		1

1-2-6 按行业(大类)、营业状态分组的国有控股企业法人单位数

项　目	企业法人单位数(个)	营业	停业(歇业)	筹建	当年关闭	当年破产	其他
总　计	**7589**	**6120**	**1088**	**156**	**110**	**47**	**68**
农、林、牧、渔业	**4**	**4**					
农业	2	2					
林业	2	2					
畜牧业							
渔业							
农、林、牧、渔服务业							
采矿业	**355**	**250**	**61**	**29**	**13**		**2**
煤炭开采和洗选业	309	225	43	27	12		2
石油和天然气开采业	5	2	2	1			
黑色金属矿采选业	15	10	4		1		
有色金属矿采选业	8	3	5				
非金属矿采选业	18	10	7	1			
其他采矿业							
制造业	**1007**	**695**	**256**	**21**	**14**	**17**	**4**
农副食品加工业	114	69	43	1			1
食品制造业	52	26	24			1	1
饮料制造业	22	18	2	1	1		
烟草制品业	1	1					
纺织业	20	7	9			4	
纺织服装、鞋、帽制造业	9	6	3				
皮革、毛皮、羽毛(绒)及其制品业	4		4				
木材加工及木、竹、藤、棕、草制品业	3	1	2				
家具制造业	3	1	2				
造纸及纸制品业	3	3					
印刷业和记录媒介的复制	67	60	6	1			
文教体育用品制造业	4	4					
石油加工、炼焦及核燃料加工业	23	19	1	2		1	
化学原料及化学制品制造业	96	63	27	5	1		
医药制造业	27	22	5				
化学纤维制造业	3		3				
橡胶制品业	7	5			2		
塑料制品业	17	9	6	1	1		
非金属矿物制品业	113	80	28	3		1	1
黑色金属冶炼及压延加工业	30	17	8	1	2	2	
有色金属冶炼及压延加工业	25	21	4				
金属制品业	25	19	6				
通用设备制造业	119	79	31	1	5	2	1
专用设备制造业	81	63	17			1	
交通运输设备制造业	52	43	8			1	
电气机械及器材制造业	42	25	11	1	1	4	
通信设备、计算机及其他电子设备制造业	14	10	3		1		
仪器仪表及文化、办公用机械制造业	16	16					
工艺品及其他制造业	9	6	2	1			
废弃资源和废旧材料回收加工业	6	2	1	3			
电力、燃气及水的生产和供应业	**304**	**247**	**22**	**32**	**2**	**1**	
电力、热力的生产和供应业	145	112	12	18	2	1	
燃气生产和供应业	26	21	3	2			
水的生产和供应业	133	114	7	12			
建筑业	**438**	**415**	**19**		**2**		**2**
房屋和土木工程建筑业	328	309	17		1		1
建筑安装业	54	53					1
建筑装饰业	15	14	1				
其他建筑业	41	39	1		1		

1-2-6　续表

项　　目	企业法人单位数(个)	营业	停业(歇业)	筹建	当年关闭	当年破产	其他
交通运输、仓储和邮政业	**467**	**405**	**47**	**6**	**5**	**4**	
铁路运输业	22	22					
道路运输业	179	144	26	5	3	1	
城市公共交通业	22	22					
水上运输业	3	2	1				
航空运输业	6	5	1				
管道运输业							
装卸搬运和其他运输服务业	31	29	2				
仓储业	191	168	17	1	2	3	
邮政业	13	13					
信息传输、计算机服务和软件业	**100**	**98**	**1**				**1**
电信和其他信息传输服务业	87	85	1				1
计算机服务业	8	8					
软件业	5	5					
批发和零售业	**2716**	**2078**	**541**	**15**	**45**	**15**	**22**
批发业	1600	1192	337	10	35	8	18
零售业	1116	886	204	5	10	7	4
住宿和餐饮业	**357**	**332**	**18**	**5**	**1**		**1**
住宿业	274	260	11	3			
餐饮业	83	72	7	2	1		1
金融业	**261**	**253**	**3**	**5**			
银行业	97	96		1			
证券业	6	5		1			
保险业	114	111		3			
其他金融活动	44	41	3				
房地产业	**434**	**346**	**41**	**3**	**18**	**5**	**21**
房地产业	434	346	41	3	18	5	21
租赁和商务服务业	**521**	**450**	**43**	**12**	**5**	**1**	**10**
租赁业	16	12	3				1
商务服务业	505	438	40	12	5	1	9
科学研究、技术服务和地质勘查业	**282**	**264**	**11**	**4**		**1**	**2**
研究与试验发展	20	19	1				
专业技术服务业	203	192	5	3		1	2
科技交流和推广服务业	34	28	5	1			
地质勘查业	25	25					
水利、环境和公共设施管理业	**73**	**50**	**9**	**13**			**1**
水利管理业	24	17	6	1			
环境管理业	11	3	1	7			
公共设施管理业	38	30	2	5			1
居民服务和其他服务业	**106**	**87**	**8**	**5**	**4**	**1**	**1**
居民服务业	48	41	2	2	2		1
其他服务业	58	46	6	3	2	1	
教育	**38**	**36**		**1**			**1**
教育	38	36		1			1
卫生、社会保障和社会福利业	**58**	**48**	**5**	**3**	**1**	**1**	
卫生	52	44	4	2	1	1	
社会保障业	2	2					
社会福利业	4	2	1	1			
文化、体育和娱乐业	**68**	**62**	**3**	**2**		**1**	
新闻出版业	19	19					
广播、电视、电影和音像业	32	30	1			1	
文化艺术业	8	6	1	1			
体育	4	3		1			
娱乐业	5	4	1				

1-2-7 按登记注册类型、营业状态分组的企业法人单位数

项　目	企业法人单位数(个)	营业	停业(歇业)	筹建	当年关闭	当年破产	其他
总　计	**87417**	**69910**	**11977**	**2934**	**1868**	**257**	**471**
内资企业	**86945**	**69495**	**11949**	**2908**	**1867**	**257**	**469**
国有企业	5853	4588	982	85	100	43	55
集体企业	6904	5224	1219	89	233	27	112
股份合作企业	1247	981	170	75	15	2	4
国有联营企业	39	30	7	2			
集体联营企业	113	81	21	5	6		
国有与集体联营企业	27	22	2	2			1
其他联营企业	148	120	23		1		4
国有独资公司	178	151	14	8		1	4
其他有限责任公司	10897	9256	1013	401	153	13	61
股份有限公司	3681	3089	351	195	32	4	10
私营独资企业	24623	18658	4262	777	744	100	82
私营合伙企业	3951	2850	778	201	97	14	11
私营有限责任公司	24711	20804	2507	871	400	40	89
私营股份有限公司	2800	2310	302	127	48	5	8
其他企业	1773	1331	298	70	38	8	28
港澳台商投资企业	**183**	**162**	**8**	**12**			**1**
与港澳台合资经营企业	94	86	5	2			1
与港澳台合作经营企业	18	13	1	4			
港澳台商独资企业	54	48	1	5			
港澳台商投资股份有限公司	17	15	1	1			
外商投资企业	**289**	**253**	**20**	**14**	**1**		**1**
中外合资经营企业	178	155	15	6	1		1
中外合作经营企业	14	12		2			
外资企业	82	73	4	5			
外商投资股份有限公司	15	13	1	1			

1-2-8　按登记注册类型、营业状态分组的企业法人单位就业人数

项　目	就业人数(人)	营业	停业(歇业)	筹建	当年关闭	当年破产	其他
总　计	**4862418**	**4527883**	**213126**	**56320**	**44618**	**8527**	**11944**
内资企业	**4703420**	**4371980**	**211641**	**54991**	**44498**	**8527**	**11783**
国有企业	746148	689628	39737	5010	5300	4513	1960
集体企业	373743	320077	32696	3599	13278	382	3711
股份合作企业	48589	43264	2912	1798	465	54	96
国有联营企业	887	829	35	23			
集体联营企业	6030	5129	353	56	492		
国有与集体联营企业	955	901	36	17			1
其他联营企业	4232	3777	281		5		169
国有独资公司	339940	336510	1544	1593		172	121
其他有限责任公司	1462318	1413429	27443	9548	9111	745	2042
股份有限公司	361477	341985	10079	8340	871	11	191
私营独资企业	370400	314481	39702	7726	6731	774	986
私营合伙企业	69268	55042	10491	2379	1093	71	192
私营有限责任公司	801290	742542	38301	11574	5761	1766	1346
私营股份有限公司	86206	78111	4661	2284	1061	7	82
其他企业	31937	26275	3370	1044	330	32	886
港澳台商投资企业	**83917**	**83294**	**90**	**402**			**131**
与港澳台合资经营企业	22315	21903	31	250			131
与港澳台合作经营企业	1520	1477	30	13			
港澳台商独资企业	55451	55304	19	128			
港澳台商投资股份有限公司	4631	4610	10	11			
外商投资企业	**75081**	**72609**	**1395**	**927**	**120**		**30**
中外合资经营企业	52352	50819	1046	337	120		30
中外合作经营企业	5604	5283		321			
外资企业	15439	15152	69	218			
外商投资股份有限公司	1686	1355	280	51			

1-2-9 按地区、营业状态分组的企业法人单位数

地　　区	企业法人单位数(个)	营业	停业(歇业)	筹建	当年关闭	当年破产	其他
总　计	**87417**	**69910**	**11977**	**2934**	**1868**	**257**	**471**
太原市	21566	19064	1767	414	179	30	112
大同市	7516	5602	1377	239	217	25	56
阳泉市	4334	3616	507	131	39	6	35
长治市	7819	6032	1061	485	195	19	27
晋城市	6270	5124	622	327	155	13	29
朔州市	3652	3279	206	56	75	25	11
晋中市	7638	5961	1151	339	125	16	46
运城市	8575	7064	1175	136	121	33	46
忻州市	5200	3733	1120	206	99	22	20
临汾市	9983	7235	1893	342	418	51	44
吕梁市	4864	3200	1098	259	245	17	45

1-2-10 按地区、营业状态分组的国有控股企业法人单位数

地 区	企业法人单位数(个)	营业	停业(歇业)	筹建	当年关闭	当年破产	其他
总 计	**7589**	**6120**	**1088**	**156**	**110**	**47**	**68**
太原市	1666	1495	129	13	8	9	12
大同市	1034	677	301	16	22	12	6
阳泉市	474	412	44	7	3	3	5
长治市	798	624	134	18	8	1	13
晋城市	536	449	52	28	6	1	
朔州市	314	271	18	9	6	7	3
晋中市	494	400	48	23	9	4	10
运城市	556	499	48	2	2	2	3
忻州市	745	525	177	16	23	2	2
临汾市	634	509	74	14	21	5	11
吕梁市	338	259	63	10	2	1	3

1-2-11 按行业(大类)、营业状态分组的企业法人单位就业人数

项　目	就业人数(人)	营业	停业(歇业)	筹建	当年关闭	当年破产	其他
总　计	**4862418**	**4527883**	**213126**	**56320**	**44618**	**8527**	**11944**
农、林、牧、渔业	**1836**	**1836**					
农业	1430	1430					
林业	77	77					
畜牧业	269	269					
渔业	60	60					
农、林、牧、渔服务业							
采矿业	**1181261**	**1066338**	**64708**	**19327**	**25680**	**214**	**4994**
煤炭开采和洗选业	1101740	1010522	45268	16339	24560	98	4953
石油和天然气开采业	1488	1093	81	314			
黑色金属矿采选业	49545	32851	14227	1511	842	114	
有色金属矿采选业	6820	6002	553	255	10		
非金属矿采选业	21668	15870	4579	908	268	2	41
其他采矿业							
制造业	**1576189**	**1447391**	**91062**	**21027**	**9790**	**4800**	**2119**
农副食品加工业	49855	44848	3054	1482	140	14	317
食品制造业	37634	33472	2181	622	103	1219	37
饮料制造业	31166	29241	1267	616	22	5	15
烟草制品业	1263	1263					
纺织业	28447	23805	3412	128	39	1063	
纺织服装、鞋、帽制造业	13112	11997	957	93	5		60
皮革、毛皮、羽毛(绒)及其制品业	1043	401	632	5			5
木材加工及木、竹、藤、棕、草制品业	4811	4132	528	127	8		16
家具制造业	4303	3573	645	62	22	1	
造纸及纸制品业	16631	15666	791	119	31	24	
印刷业和记录媒介的复制	15453	14647	642	89	14		61
文教体育用品制造业	4090	3833	132	110	12		3
石油加工、炼焦及核燃料加工业	189618	176314	7442	2153	3591	26	92
化学原料及化学制品制造业	156685	141898	8899	4613	890	279	106
医药制造业	31660	30182	691	273	32		482
化学纤维制造业	1845	446	1326	73			
橡胶制品业	9107	8048	886	106	67		
塑料制品业	17714	15281	2055	303	17	22	36
非金属矿物制品业	260033	231479	21161	5593	1081	423	296
黑色金属冶炼及压延加工业	188254	176837	6862	1273	2691	498	93
有色金属冶炼及压延加工业	88619	78890	9192	442	49		46
金属制品业	41451	38205	2177	632	368	15	54
通用设备制造业	134685	124025	8842	757	332	524	205
专用设备制造业	94789	91356	3045	319	34	14	21
交通运输设备制造业	44486	43521	621	107	104	108	25
电气机械及器材制造业	27627	24382	2144	408	28	548	117
通信设备、计算机及其他电子设备制造业	64471	63780	608	59	17		7
仪器仪表及文化、办公用机械制造业	8466	8377	63	25	1		
工艺品及其他制造业	7921	6788	698	317	78	15	25
废弃资源和废旧材料回收加工业	950	704	109	121	14	2	
电力、燃气及水的生产和供应业	**121710**	**112342**	**4886**	**2063**	**1976**	**258**	**185**
电力、热力的生产和供应业	97140	90926	2436	1394	1941	258	185
燃气生产和供应业	6026	4538	1222	263	3		
水的生产和供应业	18544	16878	1228	406	32		
建筑业	**683567**	**675760**	**6301**	**957**	**304**	**20**	**225**
房屋和土木工程建筑业	561350	555970	4416	675	109	16	164
建筑安装业	65439	64782	487	90	30		50
建筑装饰业	26786	25899	658	167	47	4	11
其他建筑业	29992	29109	740	25	118		

1-2-11　续表

项　目	就业人数(人)						
		营业	停业(歇业)	筹建	当年关闭	当年破产	其他
交通运输、仓储和邮政业	**149457**	**143336**	**3737**	**819**	**180**	**1385**	
铁路运输业	2362	2152	122	88			
道路运输业	68848	64401	2470	479	128	1370	
城市公共交通业	29014	28943	60	11			
水上运输业	159	112	47				
航空运输业	2066	2036	30				
管道运输业	10	10					
装卸搬运和其他运输服务业	13330	12665	531	86	45	3	
仓储业	11326	10675	477	155	7	12	
邮政业	22342	22342					
信息传输、计算机服务和软件业	**52815**	**51872**	**395**	**82**	**86**		**380**
电信和其他信息传输服务业	38389	37912	55	29	20		373
计算机服务业	10862	10494	288	16	64		
软件业	3564	3466	52	37	2		7
批发和零售业	**506709**	**468312**	**28453**	**4243**	**3056**	**1268**	**1377**
批发业	249041	224676	18319	2806	1732	689	819
零售业	257668	243636	10134	1437	1324	579	558
住宿和餐饮业	**155820**	**151680**	**2141**	**1242**	**481**	**146**	**130**
住宿业	72316	70352	957	793	31	146	37
餐饮业	83504	81328	1184	449	450		93
金融业	**126891**	**126613**	**122**	**143**	**12**		**1**
银行业	88322	88308		14			
证券业	1630	1620		5	5		
保险业	32758	32642	30	86			
其他金融活动	4181	4043	92	38	7		1
房地产业	**86278**	**77246**	**4146**	**1098**	**2336**	**287**	**1165**
房地产业	86278	77246	4146	1098	2336	287	1165
租赁和商务服务业	**99368**	**93794**	**3363**	**1198**	**351**	**34**	**628**
租赁业	4309	3784	456	23	13		33
商务服务业	95059	90010	2907	1175	338	34	595
科学研究、技术服务和地质勘查业	**39694**	**37856**	**1067**	**570**	**102**	**23**	**76**
研究与试验发展	3365	3173	80	107	2		3
专业技术服务业	28843	27912	609	222	33	23	44
科技交流和推广服务业	3913	3287	313	217	67		29
地质勘查业	3573	3484	65	24			
水利、环境和公共设施管理业	**13587**	**11595**	**751**	**1162**	**19**		**60**
水利管理业	1367	1212	107	35	1		12
环境管理业	2296	1869	121	295	2		9
公共设施管理业	9924	8514	523	832	16		39
居民服务和其他服务业	**33558**	**29745**	**1221**	**2055**	**182**	**3**	**352**
居民服务业	16362	15476	276	219	73		318
其他服务业	17196	14269	945	1836	109	3	34
教育	**10076**	**9667**	**204**	**151**		**2**	**52**
教育	10076	9667	204	151		2	52
卫生、社会保障和社会福利业	**11780**	**11309**	**125**	**118**	**19**	**49**	**160**
卫生	10981	10603	122	28	19	49	160
社会保障业	649	590		59			
社会福利业	150	116	3	31			
文化、体育和娱乐业	**11822**	**11191**	**444**	**65**	**44**	**38**	**40**
新闻出版业	2008	2006	2				
广播、电视、电影和音像业	2587	2492	55		2	38	
文化艺术业	1875	1747	81	32	15		
体育	382	315	40	25	2		
娱乐业	4970	4631	266	8	25		40

1-2-12 按行业(大类)、开业(成立)

项　　目	企业法人单位数(个)	1949年以前	1950-1977年	1978-1991年	1992-1995年	1996年
总　计	**87417**	**214**	**3827**	**5466**	**4128**	**1460**
农、林、牧、渔业	**13**		**4**			**2**
农业	5		2			
林业	3		2			
畜牧业	4					2
渔业	1					
农、林、牧、渔服务业						
采矿业	**7969**	**11**	**203**	**965**	**491**	**127**
煤炭开采和洗选业	4817	9	180	804	399	95
石油和天然气开采业	12					
黑色金属矿采选业	1493		6	77	52	16
有色金属矿采选业	127		1	9	4	2
非金属矿采选业	1520	2	16	75	36	14
其他采矿业						
制造业	**22409**	**29**	**788**	**1541**	**1370**	**465**
农副食品加工业	1743	1	67	86	70	32
食品制造业	947	2	21	64	46	14
饮料制造业	515	3	11	31	18	8
烟草制品业	1	1				
纺织业	270	1	25	24	11	5
纺织服装、鞋、帽制造业	248		31	35	10	5
皮革、毛皮、羽毛(绒)及其制品业	32	1	6	6	4	
木材加工及木、竹、藤、棕、草制品业	239		5	14	7	3
家具制造业	227		11	16	24	9
造纸及纸制品业	563		5	47	34	16
印刷业和记录媒介的复制	650	4	49	85	64	13
文教体育用品制造业	47		3	5	4	1
石油加工、炼焦及核燃料加工业	440		2	25	45	7
化学原料及化学制品制造业	1543		44	127	85	37
医药制造业	261		11	18	22	7
化学纤维制造业	15		2	1	1	1
橡胶制品业	166		14	19	14	6
塑料制品业	565		12	47	38	18
非金属矿物制品业	5758	5	139	375	342	98
黑色金属冶炼及压延加工业	621	2	14	33	43	15
有色金属冶炼及压延加工业	341		3	15	24	7
金属制品业	1179	1	58	77	80	29
通用设备制造业	3373	4	95	244	228	81
专用设备制造业	879	3	75	30	59	20
交通运输设备制造业	573	1	22	53	42	15
电气机械及器材制造业	427		33	30	24	7
通信设备、计算机及其他电子设备制造业	140		6	7	4	2
仪器仪表及文化、办公用机械制造业	125		9	7	12	4
工艺品及其他制造业	442		15	17	10	5
废弃资源和废旧材料回收加工业	79			3	5	
电力、燃气及水的生产和供应业	**716**	**6**	**84**	**104**	**37**	**11**
电力、热力的生产和供应业	384	2	36	56	24	6
燃气生产和供应业	99			8	5	1
水的生产和供应业	233	4	48	40	8	4
建筑业	**4202**	**2**	**141**	**299**	**253**	**100**
房屋和土木工程建筑业	1699	2	124	209	126	37
建筑安装业	784		12	52	50	21
建筑装饰业	1224			21	55	30
其他建筑业	495		5	17	22	12

注：本表中按开业(成立)时间分组数据不包含筹建单位的单位数。

时间分组的企业法人单位数

1997年	1998年	1999年	2000年	2001年	2002年	2003年	2004年	2005年	2006年	2007年	2008年
1646	**3086**	**2775**	**3942**	**4362**	**5022**	**6735**	**7184**	**8254**	**9789**	**9533**	**7075**
1				**2**		**2**	**1**		**1**		
				2			1				
						1					
						1			1		
1											
120	**233**	**203**	**291**	**411**	**324**	**620**	**767**	**852**	**775**	**698**	**386**
99	171	150	193	275	171	329	375	448	379	324	154
						2			2		1
10	20	23	44	68	85	134	188	202	170	177	96
1	4	5	4	8	7	9	10	10	19	16	4
10	38	25	50	60	61	146	194	192	205	181	131
498	**867**	**709**	**1099**	**1223**	**1411**	**1857**	**2001**	**2007**	**2257**	**1987**	**1297**
37	70	67	92	84	103	131	132	137	203	198	106
29	38	34	42	53	73	71	86	84	94	89	72
21	20	31	33	24	32	36	30	55	45	42	28
4	13	6	18	9	15	25	24	28	25	17	15
5	13	8	13	19	10	17	10	15	18	21	11
	2				1	3		3	2	2	1
3	10	4	6	11	12	15	19	28	29	36	22
5	10	9	6	12	15	17	13	15	23	20	19
16	26	31	52	49	43	67	49	37	42	26	14
11	33	17	46	45	51	45	39	39	37	29	32
1		2	2	4		4	7	2	5	3	3
8	21	12	24	28	37	67	48	31	32	21	10
35	78	62	94	90	115	136	134	151	126	109	47
5	10	20	15	19	22	24	20	17	16	9	8
	1	1	2						1	1	1
2	4	3	14	10	10	12	8	12	17	6	7
17	33	21	25	31	34	35	42	50	62	48	37
119	160	117	245	280	308	501	579	511	614	607	440
10	19	14	25	27	52	86	67	59	66	46	21
6	8	8	28	18	18	28	43	31	28	35	17
34	46	49	41	56	66	74	100	96	133	120	75
75	160	96	160	218	262	261	296	358	324	271	158
13	26	30	30	54	50	65	88	75	110	71	54
14	29	24	28	23	30	46	54	41	55	56	29
16	13	18	20	24	17	31	37	42	41	32	19
1	5	8	5	5	13	11	11	21	14	10	8
2	6	5	6	8	4	8	12	15	11	9	5
8	11	10	23	19	16	33	46	46	73	45	32
1	2	2	4	3	2	8	7	8	11	8	6
6	**17**	**14**	**20**	**22**	**26**	**43**	**41**	**51**	**34**	**43**	**39**
2	13	5	12	13	8	20	22	32	18	22	22
1	1	5	4	5	6	10	5	8	6	11	5
3	3	4	4	4	12	13	14	11	10	10	12
95	**180**	**207**	**193**	**198**	**281**	**303**	**301**	**422**	**431**	**411**	**289**
31	80	82	78	80	117	106	94	132	151	122	87
27	40	45	25	36	46	58	57	94	77	74	54
34	43	56	69	55	74	90	105	141	151	150	116
3	17	24	21	27	44	49	45	55	52	65	32

1-2-12 续表

项 目	企业法人单位数(个)	1949年以前	1950-1977年	1978-1991年	1992-1995年	1996年
交通运输、仓储和邮政业	**2709**	**7**	**175**	**180**	**117**	**43**
铁路运输业	54		1	11	7	
道路运输业	1486	5	60	55	52	19
城市公共交通业	236		4	9	10	15
水上运输业	11		1	2		
航空运输业	30				2	
管道运输业	1					
装卸搬运和其他运输服务业	421	1	11	44	16	5
仓储业	441	1	97	58	30	4
邮政业	29		1	1		
信息传输、计算机服务和软件业	**2338**	**1**	**7**	**15**	**16**	**7**
电信和其他信息传输服务业	486	1	7	5	5	2
计算机服务业	1570			9	6	2
软件业	282			1	5	3
批发和零售业	**28977**	**138**	**1961**	**1437**	**1073**	**442**
批发业	13734	19	732	732	504	225
零售业	15243	119	1229	705	569	217
住宿和餐饮业	**2715**	**3**	**74**	**195**	**128**	**53**
住宿业	1216	1	48	136	73	38
餐饮业	1499	2	26	59	55	15
金融业	**686**	**2**	**28**	**85**	**40**	**19**
银行业	230	2	27	68	28	9
证券业	13			3	3	1
保险业	230			12	4	8
其他金融活动	213		1	2	5	1
房地产业	**3772**	**2**	**173**	**171**	**139**	**32**
房地产业	3772	2	173	171	139	32
租赁和商务服务业	**4857**	**6**	**87**	**206**	**199**	**75**
租赁业	298		7	13	9	2
商务服务业	4559	6	80	193	190	73
科学研究、技术服务和地质勘查业	**1872**		**20**	**74**	**89**	**22**
研究与试验发展	194		4	1	15	3
专业技术服务业	1178		11	35	49	14
科技交流和推广服务业	424		1	24	18	3
地质勘查业	76		4	14	7	2
水利、环境和公共设施管理业	**530**		**7**	**11**	**20**	**3**
水利管理业	78		6	4	4	1
环境管理业	92			1	2	
公共设施管理业	360		1	6	14	2
居民服务和其他服务业	**2227**	**4**	**37**	**103**	**92**	**40**
居民服务业	1043	4	23	43	40	16
其他服务业	1184		14	60	52	24
教育	**480**		**2**	**24**	**18**	**5**
教育	480		2	24	18	5
卫生、社会保障和社会福利业	**387**	**1**	**18**	**33**	**27**	**7**
卫生	365	1	18	32	27	7
社会保障业	9					
社会福利业	13			1		
文化、体育和娱乐业	**558**	**2**	**18**	**23**	**19**	**7**
新闻出版业	39		1	7	6	1
广播、电视、电影和音像业	90		12	8	7	2
文化艺术业	137	1	5	7	2	
体育	33				1	
娱乐业	259	1		1	3	4

1997年	1998年	1999年	2000年	2001年	2002年	2003年	2004年	2005年	2006年	2007年	2008年
42	**103**	**82**	**105**	**113**	**140**	**195**	**180**	**264**	**288**	**320**	**270**
	5	3	3	1	2	1	1	6	2	4	3
20	52	42	54	69	83	115	111	145	183	191	178
8	10	8	9	11	15	19	28	36	20	15	15
	1				1			2	1	1	2
1	1	1	1	2	3	2	4	5	4		4
			1								
7	13	16	15	18	18	34	17	40	48	57	49
5	14	9	20	12	17	23	16	30	27	48	17
1	7	3	2		1	1	3		3	4	2
12	**26**	**40**	**83**	**137**	**161**	**224**	**239**	**278**	**434**	**349**	**289**
2	8	16	21	35	43	33	36	46	92	72	59
4	16	21	51	90	103	166	175	204	302	230	185
6	2	3	11	12	15	25	28	28	40	47	45
553	**1031**	**946**	**1223**	**1388**	**1609**	**2134**	**2248**	**2601**	**3384**	**3510**	**2735**
267	490	457	567	641	733	1003	1058	1252	1639	1747	1315
286	541	489	656	747	876	1131	1190	1349	1745	1763	1420
56	**114**	**82**	**147**	**145**	**161**	**187**	**184**	**236**	**320**	**325**	**264**
35	68	44	65	67	82	78	75	94	111	106	77
21	46	38	82	78	79	109	109	142	209	219	187
18	**24**	**17**	**11**	**21**	**38**	**54**	**35**	**42**	**71**	**77**	**93**
9	10	6	3	2	2	2	1	4	5	21	30
				2	1	1				1	
8	4	5	2	3	18	27	18	22	40	20	35
1	10	6	6	14	17	24	16	16	26	35	28
55	**131**	**120**	**198**	**171**	**252**	**287**	**306**	**398**	**466**	**490**	**256**
55	131	120	198	171	252	287	306	398	466	490	256
87	**176**	**158**	**287**	**273**	**268**	**382**	**370**	**469**	**575**	**564**	**556**
6	16	11	17	19	20	23	14	27	32	39	38
81	160	147	270	254	248	359	356	442	543	525	518
25	**59**	**59**	**104**	**96**	**127**	**155**	**167**	**212**	**227**	**212**	**152**
2	6	3	12	9	16	8	21	18	25	16	24
19	36	45	72	69	91	114	116	148	125	123	81
2	13	11	19	16	19	28	21	41	66	69	44
2	4		1	2	1	5	9	5	11	4	3
8	**10**	**18**	**20**	**15**	**28**	**44**	**37**	**38**	**61**	**63**	**60**
2		3	3	4	6	12	3	5	9	6	6
		3	4	2	2	9	7	4	8	12	17
6	10	12	13	9	20	23	27	29	44	45	37
48	**76**	**79**	**100**	**93**	**120**	**160**	**194**	**224**	**267**	**292**	**251**
24	41	40	54	36	56	72	100	102	116	138	123
24	35	39	46	57	64	88	94	122	151	154	128
8	**11**	**13**	**21**	**16**	**29**	**28**	**39**	**58**	**87**	**67**	**38**
8	11	13	21	16	29	28	39	58	87	67	38
6	**14**	**5**	**14**	**14**	**18**	**24**	**30**	**44**	**42**	**43**	**39**
6	14	4	11	14	17	22	28	42	40	42	37
					1	1	1	2		1	1
		1	3			1	1		2		1
8	**14**	**23**	**26**	**24**	**29**	**36**	**44**	**58**	**69**	**82**	**61**
1	1	2	2		2	3	4	1	6	2	
2	2	4	6	3	2	5	3	6	11	9	8
1	3	4	7	4	5	10	7	12	18	27	16
1	2	2		1	1	1	2	4	4	10	2
3	6	11	11	16	19	17	28	35	30	34	35

1-2-13 按地区、开业(成立)

地　区	企业法人单位数(个)	1949年以前	1950-1977年	1978-1991年	1992-1995年	1996年	1997年	1998年
总　计	**87417**	**214**	**3827**	**5466**	**4128**	**1460**	**1646**	**3086**
太原市	21566	31	445	1043	1108	395	474	803
大同市	7516	11	502	641	345	113	140	342
阳泉市	4334	15	167	369	226	70	96	174
长治市	7819	64	494	526	320	128	117	208
晋城市	6270	24	301	480	322	113	102	174
朔州市	3652	1	150	194	139	63	45	114
晋中市	7638	17	333	455	345	110	128	255
运城市	8575	13	351	495	375	171	165	348
忻州市	5200	14	476	383	259	94	79	160
临汾市	9983	19	372	538	397	131	197	351
吕梁市	4864	5	236	342	292	72	103	157

注：本表中按开业(成立)时间分组数据不包含筹建单位的单位数。

时间分组的企业法人单位数

1999年	2000年	2001年	2002年	2003年	2004年	2005年	2006年	2007年	2008年
2775	**3942**	**4362**	**5022**	**6735**	**7184**	**8254**	**9789**	**9533**	**7075**
828	948	933	1263	1710	1837	2143	2719	2580	1894
273	376	387	459	489	532	666	742	720	539
147	177	250	242	331	371	396	373	456	344
186	309	353	453	603	676	734	776	825	562
183	260	266	307	483	496	456	703	696	577
110	148	242	262	286	314	360	476	434	259
216	299	398	420	540	656	784	828	873	649
319	526	543	576	730	682	803	921	813	608
103	183	214	286	336	407	515	550	573	364
281	499	541	510	897	785	947	1142	1110	924
129	217	235	244	330	428	450	559	453	355

1-2-14 按行业(大类)、登记注册

项　　目	企业法人单位数(个)	内资企业		
			国有企业	集体企业
总　计	**87417**	**86945**	**5853**	**6904**
农、林、牧、渔业	**13**	**13**	**4**	
农业	5	5	2	
林业	3	3	2	
畜牧业	4	4		
渔业	1	1		
农、林、牧、渔服务业				
采矿业	**7969**	**7942**	**222**	**949**
煤炭开采和洗选业	4817	4796	190	754
石油和天然气开采业	12	8	1	
黑色金属矿采选业	1493	1493	11	69
有色金属矿采选业	127	126	5	12
非金属矿采选业	1520	1519	15	114
其他采矿业				
制造业	**22409**	**22157**	**665**	**1591**
农副食品加工业	1743	1735	98	69
食品制造业	947	929	36	26
饮料制造业	515	502	13	29
烟草制品业	1	1		
纺织业	270	267	15	35
纺织服装、鞋、帽制造业	248	247	7	69
皮革、毛皮、羽毛(绒)及其制品业	32	32	4	9
木材加工及木、竹、藤、棕、草制品业	239	239	3	15
家具制造业	227	227	1	21
造纸及纸制品业	563	562	1	41
印刷业和记录媒介的复制	650	646	57	109
文教体育用品制造业	47	43	4	4
石油加工、炼焦及核燃料加工业	440	418	7	8
化学原料及化学制品制造业	1543	1521	42	106
医药制造业	261	245	14	5
化学纤维制造业	15	15	2	
橡胶制品业	166	164	3	21
塑料制品业	565	554	8	56
非金属矿物制品业	5758	5729	80	374
黑色金属冶炼及压延加工业	621	618	17	26
有色金属冶炼及压延加工业	341	326	7	13
金属制品业	1179	1163	20	127
通用设备制造业	3373	3349	87	214
专用设备制造业	879	874	49	66
交通运输设备制造业	573	561	36	51
电气机械及器材制造业	427	418	26	42
通信设备、计算机及其他电子设备制造业	140	134	8	5
仪器仪表及文化、办公用机械制造业	125	123	10	10
工艺品及其他制造业	442	436	4	35
废弃资源和废旧材料回收加工业	79	79	6	5
电力、燃气及水的生产和供应业	**716**	**709**	**224**	**88**
电力、热力的生产和供应业	384	377	89	49
燃气生产和供应业	99	99	19	4
水的生产和供应业	233	233	116	35
建筑业	**4202**	**4188**	**297**	**287**
房屋和土木工程建筑业	1699	1692	231	181
建筑安装业	784	783	36	52
建筑装饰业	1224	1219	7	22
其他建筑业	495	494	23	32

类型分组的企业法人单位数

股份合作企业	联营企业	有限责任公司	股份有限公司	私营企业	其他企业	港澳台商投资企业	外商投资企业
1247	**327**	**11075**	**3681**	**56085**	**1773**	**183**	**289**
		4	**2**	**3**			
		1		2			
			1				
		3		1			
			1				
114	**50**	**1230**	**278**	**5020**	**79**	**13**	**14**
66	42	1056	229	2420	39	10	11
		4	2	1		3	1
18	1	95	29	1255	15		
3		21	5	77	3		1
27	7	54	13	1267	22		1
342	**42**	**2653**	**836**	**15700**	**328**	**83**	**169**
49	5	163	63	1242	46	1	7
15		92	34	712	14	6	12
5	2	80	34	337	2	3	10
		1					
7		43	6	155	6	3	
1		26	10	133	1		1
		4	1	13	1		
4		24	6	183	4		
6	1	18	10	166	4		
5		30	21	453	11	1	
9		68	27	363	13		4
		4	1	30			4
7		109	23	260	4	10	12
18		272	89	983	11	8	14
4	1	74	17	129	1	7	9
		5		8			
2		22	7	106	3		2
11		62	20	393	4	5	6
92	13	459	132	4490	89	9	20
8	2	133	25	404	3	1	2
5	1	73	32	189	6	8	7
12	3	112	37	837	15	5	11
43	8	365	137	2451	44	5	19
14	1	165	33	533	13	2	3
8	2	92	21	337	14	2	10
9	2	72	18	242	7	1	8
1		22	6	91	1	4	2
2	1	23	10	67			2
5		34	14	337	7	2	4
		6	2	56	4		
10	**7**	**159**	**52**	**163**	**6**	**1**	**6**
6	3	104	33	90	3	1	6
		22	9	45			
4	4	33	10	28	3		
17	**4**	**786**	**121**	**2648**	**28**	**9**	**5**
9	3	378	63	813	14	3	4
2		139	22	527	5	1	
3		177	21	984	5	4	1
3	1	92	15	324	4	1	

1-2-14 续表

项目	企业法人单位数(个)	内资企业	国有企业	集体企业
交通运输、仓储和邮政业	**2709**	**2692**	**393**	**239**
铁路运输业	54	54	20	11
道路运输业	1486	1474	134	113
城市公共交通业	236	236	17	12
水上运输业	11	11	3	2
航空运输业	30	29	4	
管道运输业	1	1		
装卸搬运和其他运输服务业	421	420	23	56
仓储业	441	439	180	44
邮政业	29	28	12	1
信息传输、计算机服务和软件业	**2338**	**2325**	**70**	**11**
电信和其他信息传输服务业	486	476	60	9
计算机服务业	1570	1569	6	2
软件业	282	280	4	
批发和零售业	**28977**	**28930**	**2347**	**2395**
批发业	13734	13708	1398	907
零售业	15243	15222	949	1488
住宿和餐饮业	**2715**	**2684**	**325**	**225**
住宿业	1216	1205	247	165
餐饮业	1499	1479	78	60
金融业	**686**	**677**	**102**	**118**
银行业	230	230	60	114
证券业	13	13	1	
保险业	230	221	21	1
其他金融活动	213	213	20	3
房地产业	**3772**	**3745**	**335**	**269**
房地产业	3772	3745	335	269
租赁和商务服务业	**4857**	**4850**	**389**	**362**
租赁业	298	298	13	26
商务服务业	4559	4552	376	336
科学研究、技术服务和地质勘查业	**1872**	**1861**	**204**	**83**
研究与试验发展	194	191	14	7
专业技术服务业	1178	1173	142	49
科技交流和推广服务业	424	422	24	22
地质勘查业	76	75	24	5
水利、环境和公共设施管理业	**530**	**530**	**51**	**41**
水利管理业	78	78	19	9
环境管理业	92	92	8	6
公共设施管理业	360	360	24	26
居民服务和其他服务业	**2227**	**2221**	**87**	**145**
居民服务业	1043	1041	40	76
其他服务业	1184	1180	47	69
教育	**480**	**480**	**32**	**27**
教育	480	480	32	27
卫生、社会保障和社会福利业	**387**	**385**	**48**	**45**
卫生	365	363	45	43
社会保障业	9	9		1
社会福利业	13	13	3	1
文化、体育和娱乐业	**558**	**556**	**58**	**29**
新闻出版业	39	39	19	2
广播、电视、电影和音像业	90	89	24	10
文化艺术业	137	136	8	8
体育	33	33	4	1
娱乐业	259	259	3	8

股份合作企业	联营企业	有限责任公司	股份有限公司	私营企业	其他企业	港澳台商投资企业	外商投资企业
55	**10**	**351**	**137**	**1503**	**4**	**6**	**11**
	1	5	3	14			
25	4	214	76	906	2	5	7
9	1	41	22	134			
		1	2	3			
2		8	1	14			1
		1					
10	1	50	19	260	1		1
7	3	30	12	163		1	1
2		1	2	9	1		1
14	**4**	**119**	**60**	**1972**	**75**	**5**	**8**
10	2	40	24	320	11	4	6
2	2	48	25	1424	60	1	
2		31	11	228	4		2
392	**156**	**3197**	**1108**	**18672**	**663**	**21**	**26**
177	47	1615	562	8741	261	13	13
215	109	1582	546	9931	402	8	13
42	**11**	**252**	**104**	**1670**	**55**	**14**	**17**
23	8	123	48	569	22	7	4
19	3	129	56	1101	33	7	13
13		**67**	**204**	**163**	**10**		**9**
7		1	45		3		
		6	2	4			
3		18	140	37	1		9
3		42	17	122	6		
30	**6**	**895**	**144**	**2030**	**36**	**21**	**6**
30	6	895	144	2030	36	21	6
72	**14**	**726**	**297**	**2823**	**167**	**2**	**5**
4	1	38	15	191	10		
68	13	688	282	2632	157	2	5
67	**2**	**324**	**148**	**965**	**68**	**4**	**7**
1		35	14	113	7	1	2
27		244	118	562	31	2	3
36	2	39	13	256	30	1	1
3		6	3	34			1
10	**4**	**62**	**53**	**273**	**36**		
	1	6	8	31	4		
2		13	10	44	9		
8	3	43	35	198	23		
35	**10**	**156**	**87**	**1619**	**82**	**2**	**4**
18	5	61	42	752	47		2
17	5	95	45	867	35	2	2
15	**1**	**20**	**14**	**298**	**73**		
15	1	20	14	298	73		
10	**4**	**11**	**12**	**226**	**29**	**2**	
9	3	7	9	221	26	2	
1		2	3	2			
	1	2		3	3		
9	**2**	**63**	**24**	**337**	**34**		**2**
		2	1	12	3		
1		15	5	32	2		1
1	2	15	7	85	10		1
		3	2	20	3		
7		28	9	188	16		

1-2-15 按地区、登记注册

地 区	企业法人单位数(个)	内资企业	国有企业	集体企业	股份合作企业	联营企业
总 计	**87417**	**86945**	**5853**	**6904**	**1247**	**327**
太原市	21566	21366	1203	1262	279	41
大同市	7516	7481	904	1077	92	42
阳泉市	4334	4318	324	537	56	12
长治市	7819	7789	620	870	90	29
晋城市	6270	6249	358	827	114	43
朔州市	3652	3646	265	245	28	11
晋中市	7638	7580	342	439	165	18
运城市	8575	8530	438	408	126	33
忻州市	5200	5191	682	404	130	20
临汾市	9983	9954	436	522	83	17
吕梁市	4864	4841	281	313	84	61

类型分组的企业法人单位数

有限责任公司	股份有限公司	私营企业	其他企业	港澳台商投资企业	外商投资企业
11075	**3681**	**56085**	**1773**	**183**	**289**
2016	942	15259	364	81	119
985	158	4116	107	9	26
1096	185	2022	86	6	10
958	216	4950	56	12	18
868	289	3608	142	6	15
428	127	2497	45	2	4
1675	439	4293	209	27	31
924	481	5798	322	14	31
527	341	2989	98	3	6
1103	224	7428	141	14	15
495	279	3125	203	9	14

1-2-16 按行业(大类)、登记注册

项 目	就业人数(人)	内资企业		
			国有企业	集体企业
总 计	**4862418**	**4703420**	**746148**	**373743**
农、林、牧、渔业	**1836**	**1836**	**1452**	
农业	1430	1430	1405	
林业	77	77	47	
畜牧业	269	269		
渔业	60	60		
农、林、牧、渔服务业				
采矿业	**1181261**	**1166823**	**130973**	**111665**
煤炭开采和洗选业	1101740	1087784	128556	106568
石油和天然气开采业	1488	1236	46	
黑色金属矿采选业	49545	49545	1348	1719
有色金属矿采选业	6820	6750	128	570
非金属矿采选业	21668	21508	895	2808
其他采矿业				
制造业	**1576189**	**1460370**	**101152**	**81298**
农副食品加工业	49855	48931	3460	1463
食品制造业	37634	35433	977	680
饮料制造业	31166	27626	1456	899
烟草制品业	1263	1263		
纺织业	28447	28219	4980	1197
纺织服装、鞋、帽制造业	13112	12992	2919	3607
皮革、毛皮、羽毛(绒)及其制品业	1043	1043	207	394
木材加工及木、竹、藤、棕、草制品业	4811	4811	128	557
家具制造业	4303	4303	3	332
造纸及纸制品业	16631	16619	30	1144
印刷业和记录媒介的复制	15453	14787	2814	2143
文教体育用品制造业	4090	3642	658	44
石油加工、炼焦及核燃料加工业	189618	167508	8661	4648
化学原料及化学制品制造业	156685	152826	4539	4276
医药制造业	31660	25472	1828	152
化学纤维制造业	1845	1845	129	
橡胶制品业	9107	8786	137	1176
塑料制品业	17714	17186	331	2311
非金属矿物制品业	260033	252882	11875	15800
黑色金属冶炼及压延加工业	188254	188133	1815	2000
有色金属冶炼及压延加工业	88619	84760	2940	822
金属制品业	41451	40706	1461	6770
通用设备制造业	134685	131427	16160	18291
专用设备制造业	94789	90361	10039	4781
交通运输设备制造业	44486	41396	11004	3971
电气机械及器材制造业	27627	26665	7744	1697
通信设备、计算机及其他电子设备制造业	64471	14191	2399	102
仪器仪表及文化、办公用机械制造业	8466	8126	1376	1027
工艺品及其他制造业	7921	7481	984	897
废弃资源和废旧材料回收加工业	950	950	98	117
电力、燃气及水的生产和供应业	**121710**	**115299**	**71824**	**3481**
电力、热力的生产和供应业	97140	90729	54028	2707
燃气生产和供应业	6026	6026	3815	229
水的生产和供应业	18544	18544	13981	545
建筑业	**683567**	**679185**	**146132**	**42744**
房屋和土木工程建筑业	561350	558037	130753	32752
建筑安装业	65439	65427	10695	7751
建筑装饰业	26786	25865	398	707
其他建筑业	29992	29856	4286	1534

类型分组的企业法人单位就业人数

股份合作企业	联营企业	有限责任公司	股份有限公司	私营企业	其他企业	港澳台商投资企业	外商投资企业
48589	**12104**	**1802258**	**361477**	**1327164**	**31937**	**83917**	**75081**
		244	**90**	**50**			
		5		20			
			30				
		239		30			
			60				
8223	**6702**	**682877**	**72321**	**150782**	**3280**	**870**	**13568**
7339	6591	667219	69510	99106	2895	668	13288
		869	305	16		202	50
438	8	8793	1960	35130	149		
65		3635	303	2019	30		70
381	103	2361	243	14511	206		160
21756	**1765**	**576710**	**122764**	**548183**	**6742**	**72206**	**43613**
1182	54	14799	2086	25309	578	50	874
387		10151	2393	20445	400	447	1754
143	24	14478	2292	8293	41	122	3418
		1263					
945		12594	1047	7327	129	228	
12		2686	488	3270	10		120
		134	28	273	7		
173		1274	153	2498	28		
133	1	826	222	2728	58		
326		1654	785	12500	180	12	
181		3718	581	5251	99		666
		280	781	1879			448
3754		68665	16901	64826	53	6259	15851
1047		72029	37257	33475	203	1216	2643
123	37	8232	6514	8578	8	1445	4743
		1409		307			
19		3959	426	2851	218		321
285		3676	1419	9098	66	314	214
5457	403	59474	8053	149352	2468	3949	3202
922	601	129536	2230	51005	24	15	106
250	181	39268	22699	18502	98	1978	1881
296	122	8403	974	22479	201	301	444
1348	203	26917	6146	61126	1236	949	2309
3224	12	55867	3954	12304	180	4017	411
380	52	14460	1805	9534	190	190	2900
709	33	10324	843	5169	146	317	645
50		6564	842	4224	10	50262	18
38	42	3041	1513	1089			340
372		812	272	4059	85	135	305
		217	60	432	26		
892	**138**	**24646**	**8805**	**5385**	**128**	**877**	**5534**
868	109	20535	7966	4418	98	877	5534
		867	429	686			
24	29	3244	410	281	30		
665	**103**	**314644**	**16447**	**157735**	**715**	**2428**	**1954**
224	92	281334	13053	99636	193	1384	1929
298		19914	2302	24025	442	12	
120		4370	223	20008	39	896	25
23	11	9026	869	14066	41	136	

1-2-16 续表

项　目	就业人数(人)	内资企业	国有企业	集体企业
交通运输、仓储和邮政业	**149457**	**148596**	**53082**	**10497**
铁路运输业	2362	2362	1603	278
道路运输业	68848	68061	13567	5225
城市公共交通业	29014	29014	6185	745
水上运输业	159	159	67	34
航空运输业	2066	2036	1102	
管道运输业	10	10		
装卸搬运和其他运输服务业	13330	13327	1888	3259
仓储业	11326	11297	6657	953
邮政业	22342	22330	22013	3
信息传输、计算机服务和软件业	**52815**	**47576**	**19533**	**715**
电信和其他信息传输服务业	38389	33333	19427	709
计算机服务业	10862	10854	68	6
软件业	3564	3389	38	
批发和零售业	**506709**	**504450**	**107857**	**55157**
批发业	249041	247924	77418	26510
零售业	257668	256526	30439	28647
住宿和餐饮业	**155820**	**149854**	**24255**	**7376**
住宿业	72316	70275	19555	5637
餐饮业	83504	79579	4700	1739
金融业	**126891**	**126061**	**29573**	**32360**
银行业	88322	88322	24958	32307
证券业	1630	1630	10	
保险业	32758	31928	2972	14
其他金融活动	4181	4181	1633	39
房地产业	**86278**	**85010**	**11295**	**6172**
房地产业	86278	85010	11295	6172
租赁和商务服务业	**99368**	**98447**	**27227**	**13587**
租赁业	4309	4309	811	654
商务服务业	95059	94138	26416	12933
科学研究、技术服务和地质勘查业	**39694**	**39488**	**10569**	**1631**
研究与试验发展	3365	3340	738	73
专业技术服务业	28843	28726	7151	1176
科技交流和推广服务业	3913	3905	232	156
地质勘查业	3573	3517	2448	226
水利、环境和公共设施管理业	**13587**	**13587**	**1444**	**1486**
水利管理业	1367	1367	403	173
环境管理业	2296	2296	472	353
公共设施管理业	9924	9924	569	960
居民服务和其他服务业	**33558**	**33465**	**2634**	**3271**
居民服务业	16362	16347	1238	1711
其他服务业	17196	17118	1396	1560
教育	**10076**	**10076**	**1041**	**707**
教育	10076	10076	1041	707
卫生、社会保障和社会福利业	**11780**	**11752**	**3513**	**939**
卫生	10981	10953	3498	916
社会保障业	649	649		5
社会福利业	150	150	15	18
文化、体育和娱乐业	**11822**	**11545**	**2592**	**657**
新闻出版业	2008	2008	1605	23
广播、电视、电影和音像业	2587	2337	700	214
文化艺术业	1875	1848	148	201
体育	382	382	32	7
娱乐业	4970	4970	107	212

股份合作企业	联营企业	有限责任公司	股份有限公司	私营企业	其他企业	港澳台商投资企业	外商投资企业
1490	**251**	**42128**	**8043**	**33054**	**51**	**348**	**513**
	10	131	30	310			
805	94	22887	5501	19967	15	338	449
468	58	15060	1325	5173			
		8	19	31			
11		782	4	137			30
		10					
119	20	2221	625	5163	32		3
63	69	1024	391	2140		10	19
24		5	148	133	4		12
205	**14**	**3055**	**8751**	**14678**	**625**	**3282**	**1957**
181	5	1955	8364	2601	91	3274	1782
12	9	630	202	9415	512	8	
12		470	185	2662	22		175
6564	**2039**	**77588**	**40935**	**207923**	**6387**	**1040**	**1219**
2515	847	34928	17300	85926	2480	870	247
4049	1192	42660	23635	121997	3907	170	972
2448	**149**	**19058**	**7026**	**86587**	**2955**	**1637**	**4329**
1607	129	8578	3422	30429	918	1376	665
841	20	10480	3604	56158	2037	261	3664
1986		**2367**	**56900**	**1638**	**1237**		**830**
1923		400	27550		1184		
		498	912	210			
51		454	27997	436	4		830
12		1015	441	992	49		
635	**58**	**24081**	**2987**	**39077**	**705**	**1114**	**154**
635	58	24081	2987	39077	705	1114	154
947	**548**	**15542**	**7902**	**29544**	**3150**	**10**	**911**
50	2	943	149	1592	108		
897	546	14599	7753	27952	3042	10	911
978	**8**	**9611**	**3263**	**12698**	**730**	**27**	**179**
5		1060	160	1262	42	5	20
560		7758	2787	8776	518	17	100
366	8	584	158	2231	170	5	3
47		209	158	429			56
211	**76**	**3860**	**1144**	**4700**	**666**		
	5	318	97	335	36		
10		343	278	611	229		
201	71	3199	769	3754	401		
547	**85**	**3116**	**2491**	**20370**	**951**	**50**	**43**
222	19	1088	635	10890	544		15
325	66	2028	1856	9480	407	50	28
262	**28**	**740**	**488**	**4490**	**2320**		
262	28	740	488	4490	2320		
560	**81**	**276**	**805**	**5019**	**559**	**28**	
504	61	213	266	4995	500	28	
56		44	539	5			
	20	19		19	59		
220	**59**	**1715**	**315**	**5251**	**736**		**277**
		121	3	224	32		
21		642	81	344	335		250
6	59	356	26	889	163		27
		17	30	239	57		
193		579	175	3555	149		

1-2-17 按地区、登记注册

地 区	就业人数（人）	内资企业	国有企业	集体企业	股份合作企业
总 计	**4862418**	**4703420**	**746148**	**373743**	**48589**
太原市	1139492	1072501	190906	55257	8894
大同市	494272	486515	90779	70312	3428
阳泉市	314316	311656	48296	35534	1579
长治市	432700	425774	59191	43363	3414
晋城市	393523	377379	40634	39169	6173
朔州市	188408	184680	52935	19795	2769
晋中市	453059	427302	43107	25839	6603
运城市	463282	455402	69917	19043	5187
忻州市	244441	243469	65449	21002	3855
临汾市	420845	412653	50207	21314	2474
吕梁市	318080	306089	34727	23115	4213

类型分组的企业法人单位就业人数

联营企业	有限责任公司	股份有限公司	私营企业	其他企业	港澳台商投资企业	外商投资企业
12104	**1802258**	**361477**	**1327164**	**31937**	**83917**	**75081**
862	464625	48075	297942	5940	51348	15643
1353	210353	17333	91364	1593	1294	6463
532	161334	16517	46544	1320	507	2153
3090	170321	41787	103895	713	1468	5458
1238	145142	59729	81042	4252	7134	9010
591	35425	7814	64638	713	119	3609
688	185952	38118	122324	4671	13086	12671
593	117814	69496	168172	5180	2780	5100
979	48028	19463	82994	1699	468	504
686	162904	24614	148340	2114	3398	4794
1492	100360	18531	119909	3742	2315	9676

1-2-18 按行业(大类)、登记注册

项　目	全年营业收入(千元)			
		内资企业		
			国有企业	集体企业
总　计	**1973416131**	**1898961321**	**419834314**	**67758475**
农、林、牧、渔业	**117213**	**117213**	**1541**	
农业	5248	5248	1175	
林业	12366	12366	366	
畜牧业	88065	88065		
渔业	11534	11534		
农、林、牧、渔服务业				
采矿业	**406337221**	**397632372**	**53158701**	**20077846**
煤炭开采和洗选业	389518526	380831148	52679286	19698567
石油和天然气开采业	925774	925774	187	
黑色金属矿采选业	12636461	12636461	420351	246531
有色金属矿采选业	1914370	1914370	2854	44020
非金属矿采选业	1342090	1324619	56024	88727
其他采矿业				
制造业	**608363282**	**560737604**	**18490935**	**8437841**
农副食品加工业	11841546	11233432	193048	106396
食品制造业	6668128	5291502	32705	22886
饮料制造业	8010884	6368478	123283	78523
烟草制品业	2048713	2048713		
纺织业	2180187	2060320	98724	39909
纺织服装、鞋、帽制造业	1176520	1153253	431572	314308
皮革、毛皮、羽毛(绒)及其制品业	20161	20161		5882
木材加工及木、竹、藤、棕、草制品业	694317	694317	358	8413
家具制造业	284030	284030		3889
造纸及纸制品业	1637930	1625835	19014	46152
印刷业和记录媒介的复制	1340690	1219428	203822	96814
文教体育用品制造业	687291	441060	34385	2874
石油加工、炼焦及核燃料加工业	163610707	140906977	1542842	1928286
化学原料及化学制品制造业	51131583	48747408	479581	469564
医药制造业	6922533	4239542	135004	5060
化学纤维制造业	364148	364148		
橡胶制品业	1975629	1696432	23741	172092
塑料制品业	2643314	2436424	15361	193181
非金属矿物制品业	23354186	22802008	2153570	671794
黑色金属冶炼及压延加工业	193572167	193427019	205589	317382
有色金属冶炼及压延加工业	42638835	40935707	500869	107828
金属制品业	5708894	5509640	310124	676015
通用设备制造业	19275361	17735013	2626478	1331797
专用设备制造业	30456618	29355985	1971090	975098
交通运输设备制造业	11499530	9634658	3684341	360364
电气机械及器材制造业	6872776	6160759	3226043	164699
通信设备、计算机及其他电子设备制造业	9035243	2002496	268269	6249
仪器仪表及文化、办公用机械制造业	1757677	1406900	143556	71552
工艺品及其他制造业	828792	811066	64529	254206
废弃资源和废旧材料回收加工业	124892	124892	3037	6627
电力、燃气及水的生产和供应业	**85023095**	**77869783**	**54578356**	**922648**
电力、热力的生产和供应业	82777929	75624617	53339559	863231
燃气生产和供应业	935707	935707	237749	37329
水的生产和供应业	1309458	1309458	1001047	22088
建筑业	**148543224**	**147888080**	**36892455**	**3674644**
房屋和土木工程建筑业	134132754	133618627	34538690	3132951
建筑安装业	7972016	7970674	1472435	417283
建筑装饰业	2678449	2582070	59157	46705
其他建筑业	3760005	3716709	822173	77705

类型分组的企业全年营业收入

股份合作企业	联营企业	有限责任公司	股份有限公司	私营企业	其他企业	港澳台商投资企业	外商投资企业
29320757	**2708261**	**756732053**	**213404655**	**404517598**	**4685208**	**22092267**	**52362543**
		87590	**23534**	**4548**			
		513		3560			
			12000				
		87077		988			
			11534				
2429614	**1557803**	**219945299**	**34580537**	**64776721**	**1105851**	**126161**	**8578688**
2361075	1552987	214321838	34273974	54869709	1073712	126161	8561217
		820116	102201	3271			
38339	118	2996563	173623	8739254	21683		
3485		1521579	20273	321172	986		
26714	4698	285203	10467	843315	9470		17471
7391860	**366629**	**327228641**	**56751372**	**141413502**	**656826**	**17808878**	**29816800**
122286	168	5753701	395707	4636810	25315	29459	578654
106675		2021682	537657	2495632	74266	198356	1178270
3081	3566	4433319	873667	851527	1512	125800	1516606
		2048713					
132546		1141055	13942	625353	8792	119866	
1315		257764	8317	139780	197		23267
		16	3189	10521	552		
3121		545044	6733	130497	151		
10831		32876	17936	214178	4320		
8275		155062	59599	1309539	28192	12095	
10766		446010	53161	398334	10520		121263
		47698	145464	210638			246231
5768721		56589927	17456320	57576188	44693	6701296	16002434
77824		22577638	17263149	7864919	14732	306966	2077209
1752	151	1348238	1380084	1366453	2801	420191	2262800
		288005		76144			
118		1133670	17466	339023	10322		279197
32646		603230	259860	1328530	3617	133394	73495
402700	17429	8085756	1489615	9815222	165921	181817	370362
66942	272681	162264794	585592	29711682	2355	4874	140274
9398	46275	21660207	13077806	5525706	7618	737465	965663
47338	1860	1588458	133204	2748126	4516	96387	102867
108024	11283	4289783	936113	8270911	160626	416426	1123922
338007	263	23233834	1013908	1798540	25245	966295	134338
19743	1391	3645909	394235	1503690	24983	84387	1780485
68961	9666	1623590	47634	990069	30097	232473	479544
1705		839386	98552	787020	1315	7032498	250
1290	1895	537003	474033	177572			350777
47796		24391	8429	411456	259	8833	8892
		11881		99441	3906		
79470	**3214**	**14489448**	**7164736**	**627786**	**4123**	**1189512**	**5963800**
79172	3175	14226566	6561819	550306	789	1189512	5963800
		51136	556747	52745			
299	39	211746	46169	24736	3334		
79806	**4087**	**85084839**	**1327275**	**20771814**	**53160**	**273449**	**381695**
17101	2555	81044736	920544	13949691	12359	133986	380141
53593		2774001	193697	3026999	32666	1342	
2313		455636	11871	1998741	7647	94825	1554
6799	1532	810466	201163	1796383	488	43296	

1-2-18 续表

项　　目	全年营业收入(千元)			
		内资企业		
			国有企业	集体企业
交通运输、仓储和邮政业	**28408942**	**28176072**	**6396400**	**721377**
铁路运输业	368102	368102	221515	11345
道路运输业	19670042	19461910	1451589	488880
城市公共交通业	1457302	1457302	306174	34825
水上运输业	13033	13033	4560	310
航空运输业	882057	870057	243087	
管道运输业	3190	3190		
装卸搬运和其他运输服务业	1174099	1173899	213172	110780
仓储业	3105725	3093881	2274357	74737
邮政业	1735392	1734698	1681946	500
信息传输、计算机服务和软件业	**30796754**	**26405942**	**7459632**	**49633**
电信和其他信息传输服务业	29176547	24796260	7446312	49563
计算机服务业	1087335	1086888	9858	70
软件业	532872	522794	3462	
批发和零售业	**484329258**	**482297380**	**187375906**	**18834152**
批发业	379222887	377888292	177230853	14178776
零售业	105106371	104409088	10145053	4655376
住宿和餐饮业	**11125824**	**10320778**	**1545116**	**400781**
住宿业	4826489	4649439	1269064	326331
餐饮业	6299335	5671339	276052	74450
金融业	**123080312**	**121963682**	**44883837**	**12627213**
银行业	92456049	92456049	37663843	12624301
证券业	1003964	1003964	5000	
保险业	28611498	27494868	6773936	1200
其他金融活动	1008801	1008801	441058	1712
房地产业	**22127790**	**20861528**	**1998293**	**449663**
房地产业	22127790	20861528	1998293	449663
租赁和商务服务业	**12150500**	**11988019**	**3710964**	**1095380**
租赁业	530086	530086	11848	65773
商务服务业	11620414	11457933	3699116	1029607
科学研究、技术服务和地质勘查业	**7184797**	**6888430**	**2127311**	**189857**
研究与试验发展	496526	494235	124519	23076
专业技术服务业	5474134	5468915	1708261	148536
科技交流和推广服务业	526056	525799	10800	4482
地质勘查业	688081	399481	283731	13763
水利、环境和公共设施管理业	**1023083**	**1023083**	**62432**	**53472**
水利管理业	225577	225577	23435	2727
环境管理业	97077	97077	3894	12282
公共设施管理业	700429	700429	35103	38463
居民服务和其他服务业	**2357525**	**2348592**	**292424**	**108732**
居民服务业	831460	831140	109231	56448
其他服务业	1526065	1517452	183193	52284
教育	**479856**	**479856**	**50186**	**44766**
教育	479856	479856	50186	44766
卫生、社会保障和社会福利业	**842595**	**841897**	**330207**	**36719**
卫生	818484	817786	330197	36188
社会保障业	21065	21065		129
社会福利业	3046	3046	10	402
文化、体育和娱乐业	**1124860**	**1121010**	**479618**	**33751**
新闻出版业	454593	454593	413930	40
广播、电视、电影和音像业	244087	241087	55544	17910
文化艺术业	89549	88699	6216	3738
体育	26111	26111	665	10
娱乐业	310520	310520	3263	12053

股份合作企业	联营企业	有限责任公司	股份有限公司	私营企业	其他企业	港澳台商投资企业	外商投资企　业
201491	**31540**	**11046075**	**2285466**	**7492029**	**1694**	**104180**	**128690**
	2600	21678	2300	108664			
91412	22210	9333687	2022206	6051126	800	99180	108952
25751	3600	720265	72302	294385			
		6641	146	1376			
120		608656	66	18128			12000
		3190					
82180	443	199248	64554	503408	114		200
1238	2687	152522	78892	509448		5000	6844
790		188	45000	5494	780		694
41953	**612**	**523254**	**16754397**	**1535670**	**40791**	**539049**	**3851763**
39440	155	263527	16667161	316937	13165	538602	3841685
800	457	189382	21181	838066	27074	447	
1713		70345	66055	380667	552		10078
2745244	**382244**	**82977134**	**44427388**	**144056078**	**1499234**	**646223**	**1385655**
1674994	256414	65575642	23277632	94766386	927595	573768	760827
1070250	125830	17401492	21149756	49289692	571639	72455	624828
159312	**6904**	**1496196**	**359413**	**6167157**	**185899**	**138256**	**666790**
116599	5424	682366	191575	2004973	53107	118141	58909
42713	1480	813830	167838	4162184	132792	20115	607881
15708081		**694079**	**47333168**	**288203**	**429101**		**1116630**
15668535		151048	25923252		425070		
		98941	779539	120484			
39042		70139	20581200	29330	21		1116630
504		373951	49177	138389	4010		
169025	**3410**	**6873924**	**1056733**	**10134795**	**175685**	**1259052**	**7210**
169025	3410	6873924	1056733	10134795	175685	1259052	7210
94095	**335582**	**2534355**	**694640**	**3314248**	**208755**	**30**	**162451**
3417	112	159981	24093	225558	39304		
90678	335470	2374374	670547	3088690	169451	30	162451
52150	**295**	**2905262**	**303638**	**1270492**	**39425**	**467**	**295900**
150		194105	14926	136027	1432		2291
39325		2430001	271850	845036	25906	360	4859
9779	295	237672	8212	242472	12087	107	150
2896		43484	8650	46957			288600
12074	**5413**	**317860**	**53168**	**480951**	**37713**		
	12	167023	9930	19128	3322		
1945		9757	6039	61173	1987		
10129	5401	141080	37199	400650	32404		
86525	**4373**	**295439**	**213405**	**1300761**	**46933**	**6313**	**2620**
67860	1801	64849	36355	478524	16072		320
18665	2572	230590	177050	822237	30861	6313	2300
6758	**957**	**58315**	**28449**	**190595**	**99830**		
6758	957	58315	28449	190595	99830		
58153	**4330**	**18911**	**34443**	**339379**	**19755**	**698**	
58093	3330	16888	14973	338890	19227	698	
60		1276	19470	130			
	1000	747		359	528		
5146	**868**	**155432**	**12893**	**352868**	**80434**		**3850**
		6384	106	33573	560		
712		85414	3674	20916	56917		3000
1050	868	22842	511	52085	1389		850
		1777	332	21247	2080		
3384		39015	8270	225047	19488		

1-2-19 按地区、登记注册

地 区	全年营业收入(千元)	内资企业			
			国有企业	集体企业	股份合作企业
总 计	**1973416131**	**1898961321**	**419834314**	**67758475**	**29320757**
太原市	642190448	622578602	169422904	8262228	19407673
大同市	130237802	124069162	31377054	11208204	867807
阳泉市	86625892	84949420	19302486	5415496	386645
长治市	186402827	180013306	32687985	6982191	907482
晋城市	131259528	122835511	19920785	5298333	742681
朔州市	95720286	93857774	45425311	8435854	1175849
晋中市	157532442	146704316	29147744	4553915	916593
运城市	145602822	142016174	18660039	3150822	565691
忻州市	62221770	61844609	15901023	3119777	658661
临汾市	191852497	186845545	19984125	5619989	640698
吕梁市	143769817	133246902	18004858	5711665	3050977

类型分组的企业全年营业收入

联营企业	有限责任公司	股份有限公司	私营企业	其他企业	港澳台商投资企业	外商投资企业
2708261	**756732053**	**213404655**	**404517598**	**4685208**	**22092267**	**52362543**
371338	241733250	51173787	131398476	808946	8592232	11019614
268448	50654458	9449761	19927762	315668	315440	5853199
89602	45691772	5266252	8700737	96430	340013	1336460
722278	75742741	23154478	39768253	47899	433505	5956015
69605	50851771	31675956	13978615	297765	901689	7522328
100799	14668135	3973601	19928783	149442	240700	1621812
231445	69164887	16884194	24848196	957342	5826923	5001203
65066	47135646	34496837	37389892	552180	773853	2812795
297896	17482410	8462712	15773245	148884	105908	271253
139735	96054202	16125939	48136637	144221	2643947	2363005
352048	47552781	12741139	44667002	1166430	1918057	8604858

1-2-20 按行业(大类)、登记

项目	企业资产总额(千元)	内资企业	国有企业	集体企业
总计	**4489714616**	**4372918779**	**1264596297**	**324995292**
农、林、牧、渔业	**180558**	**180558**	**7454**	
农业	31039	31039	5824	
林业	30323	30323	1630	
畜牧业	105541	105541		
渔业	13655	13655		
农、林、牧、渔服务业				
采矿业	**588777406**	**574550786**	**80322452**	**26239394**
煤炭开采和洗选业	568167855	554531596	79956570	25866882
石油和天然气开采业	1730382	1281420	812	
黑色金属矿采选业	13716786	13716786	216768	234060
有色金属矿采选业	2844496	2731381	8134	41380
非金属矿采选业	2317887	2289603	140168	97073
其他采矿业				
制造业	**694501364**	**637442132**	**30060964**	**9216811**
农副食品加工业	13338936	12991410	673480	171353
食品制造业	8108289	7091700	179056	71533
饮料制造业	10446229	8284072	244697	75428
烟草制品业	1371675	1371675		
纺织业	4356994	4099538	818398	81621
纺织服装、鞋、帽制造业	1192600	1175266	409746	251372
皮革、毛皮、羽毛(绒)及其制品业	40471	40471	1246	16093
木材加工及木、竹、藤、棕、草制品业	1627130	1627130	6440	21452
家具制造业	385093	385093	26	27534
造纸及纸制品业	1862210	1859152	5978	66538
印刷业和记录媒介的复制	2087588	1800631	367670	103499
文教体育用品制造业	1144691	839633	141654	3151
石油加工、炼焦及核燃料加工业	167247023	143970009	1816899	1535295
化学原料及化学制品制造业	71715627	68423585	1336094	687764
医药制造业	12078314	8842828	325142	15046
化学纤维制造业	816027	816027	288484	
橡胶制品业	2636225	2376141	34867	117226
塑料制品业	3345925	2793655	42788	246173
非金属矿物制品业	42062116	40566042	2807734	1191175
黑色金属冶炼及压延加工业	172688125	172605762	458103	296153
有色金属冶炼及压延加工业	62104419	59369586	2041868	126192
金属制品业	6040572	5842662	460768	828019
通用设备制造业	21972780	20547562	4232563	1554090
专用设备制造业	42203251	40750485	3363295	929499
交通运输设备制造业	13799978	11917584	5093290	348640
电气机械及器材制造业	8040792	7157571	3177080	248531
通信设备、计算机及其他电子设备制造业	16870257	5577611	1310924	20842
仪器仪表及文化、办公用机械制造业	3398885	3196754	223855	96255
工艺品及其他制造业	1399742	1003096	193865	76159
废弃资源和废旧材料回收加工业	119400	119400	4955	10179
电力、燃气及水的生产和供应业	**180180883**	**166085919**	**83798682**	**1982916**
电力、热力的生产和供应业	172758333	158663369	79100912	1919634
燃气生产和供应业	2134880	2134880	620664	25352
水的生产和供应业	5287671	5287671	4077105	37930
建筑业	**144621427**	**143951813**	**31810665**	**4259086**
房屋和土木工程建筑业	125655237	125166791	28999723	3380134
建筑安装业	9350939	9347235	1687871	577213
建筑装饰业	4154118	4006114	102132	81108
其他建筑业	5461133	5431673	1020939	220631

注册类型分组的企业资产总额

股份合作企业	联营企业	有限责任公司	股份有限公司	私营企业	其他企业	港澳台商投资企业	外商投资企业
373685054	**5201129**	**1019232505**	**930807369**	**434478758**	**19922375**	**38627133**	**78168704**
		102366	**42348**	**28390**			
		4825		20390			
			28693				
		97541		8000			
			13655				
2841649	**2122346**	**371639204**	**36666642**	**53438458**	**1280640**	**857849**	**13368771**
2727195	2119361	364150493	36058158	42397533	1255404	447618	13188641
		929004	350899	705		410232	38731
70172	276	3523180	213644	9446765	11920		
7595		2265819	18491	388497	1466		113115
36687	2709	770708	25450	1204958	11850		28284
9694883	**190257**	**366381167**	**74400040**	**146690731**	**807278**	**24455921**	**32603312**
136042	977	6906706	515636	4544687	42529	6707	340819
38150		2719636	684568	3349396	49361	236525	780064
13549	6468	5366182	911427	1663165	3156	154603	2007554
		1371675					
194771		1882471	50022	1065133	7123	257456	
789		288365	8742	214937	1315		17334
		4366	986	17524	256		
4900		1371909	24953	197213	263		
52642	986	73241	15660	208800	6205		
5382		236036	94638	1428737	21843	3058	
13259		690280	59994	558628	7302		286957
		35524	157891	501412			305058
7671272		53509250	16538965	62805323	93006	7853990	15423024
55686		34557326	23567255	8210285	9173	527218	2764825
17160	3189	3320690	2780896	2379259	1447	534884	2700602
		491419		36124			
5392		1810016	17965	378431	12243		260084
65256		745485	223827	1467240	2887	307476	244794
558599	20746	18471648	2128449	15109795	277896	166821	1329252
45971	104144	149433334	438276	21828394	1387	4287	78077
14299	22896	31937007	20813430	4409243	4651	1259296	1475536
46936	8746	1787357	387705	2312451	10681	84485	113424
116035	15411	5387815	1389358	7666878	185413	273633	1151584
324867	230	32974319	1231448	1905410	21416	1141893	310874
30770	1023	4060609	668208	1697121	17924	103082	1779313
141735	4057	2403221	86074	1081326	15548	242165	641056
19129		3135568	175666	913838	1644	11291491	1155
2323	1383	1233952	1345808	293178			202131
119972		159899	37276	405457	10468	6851	389794
		15863	44916	41347	2140		
343939	**952550**	**53956446**	**21745606**	**3262022**	**43758**	**2555915**	**11539049**
340394	929993	52909064	20438005	2984719	40648	2555915	11539049
		242776	1084913	161175			
3546	22557	804605	222688	116128	3110		
140904	**23291**	**80909870**	**2116904**	**24643711**	**47382**	**541969**	**127645**
22166	20891	75969996	1494538	15271281	8062	361673	126773
107248		3056540	221885	3668760	27718	3704	
5700		719813	20227	3069252	7882	147132	872
5790	2400	1163521	380254	2634418	3720	29460	

1-2-20 续表

项目	企业资产总额(千元)	内资企业	国有企业	集体企业
交通运输、仓储和邮政业	**53895435**	**52449670**	**17685883**	**994074**
铁路运输业	1005297	1005297	190731	13445
道路运输业	30153956	28738338	2916726	620628
城市公共交通业	2302810	2302810	426438	82846
水上运输业	29700	29700	11080	925
航空运输业	4993280	4975280	2171665	
管道运输业	7980	7980		
装卸搬运和其他运输服务业	2525522	2523922	1055191	119857
仓储业	9003764	8993319	7065152	155973
邮政业	3873126	3873024	3848900	400
信息传输、计算机服务和软件业	**78532574**	**68883832**	**22385341**	**104019**
电信和其他信息传输服务业	76369939	66741506	22365468	103874
计算机服务业	1386964	1386865	11338	145
软件业	775671	755461	8535	
批发和零售业	**224114565**	**222629805**	**74342178**	**10064935**
批发业	160746584	159634896	67776328	6893683
零售业	63367981	62994909	6565850	3171252
住宿和餐饮业	**19944810**	**19118701**	**3700468**	**1096097**
住宿业	12010557	11473729	3274126	859551
餐饮业	7934253	7644972	426342	236546
金融业	**2185510822**	**2185097031**	**812875506**	**264802582**
银行业	2103695359	2103695359	785369265	264765267
证券业	12596843	12596843	3000	
保险业	27214341	26800550	3652708	1000
其他金融活动	42004279	42004279	23850533	36315
房地产业	**142829471**	**136731626**	**9840271**	**1945894**
房地产业	142829471	136731626	9840271	1945894
租赁和商务服务业	**144927800**	**134796435**	**93214275**	**3308218**
租赁业	1744739	1744739	121374	162620
商务服务业	143183061	133051696	93092901	3145598
科学研究、技术服务和地质勘查业	**11828677**	**11231154**	**2553648**	**184497**
研究与试验发展	1972557	1703663	324509	21290
专业技术服务业	7047834	7013078	1771172	136702
科技交流和推广服务业	2139500	2134227	188367	11392
地质勘查业	668786	380186	269600	15113
水利、环境和公共设施管理业	**6176136**	**6176136**	**394464**	**308128**
水利管理业	1466381	1466381	70754	14234
环境管理业	347099	347099	23318	12500
公共设施管理业	4362656	4362656	300392	281394
居民服务和其他服务业	**8872420**	**8866378**	**380483**	**205492**
居民服务业	6648677	6647918	220703	125156
其他服务业	2223743	2218460	159780	80336
教育	**1177078**	**1177078**	**77435**	**54046**
教育	1177078	1177078	77435	54046
卫生、社会保障和社会福利业	**1177218**	**1098354**	**381644**	**65206**
卫生	1128987	1050123	379794	61086
社会保障业	11711	11711		470
社会福利业	36520	36520	1850	3650
文化、体育和娱乐业	**2465972**	**2451371**	**764484**	**163896**
新闻出版业	628392	628392	576055	25
广播、电视、电影和音像业	747557	733806	138728	33888
文化艺术业	304231	303381	22220	6483
体育	94433	94433	14608	100
娱乐业	691359	691359	12873	123400

股份合作企业	联营企业	有限责任公司	股份有限公司	私营企业	其他企业	港澳台商投资企业	外商投资企业
469359	**108235**	**21426429**	**4650909**	**7113137**	**1644**	**535947**	**909818**
	3800	36393	625200	135728			
399288	92540	16501970	3599182	4606804	1200	535147	880471
37814	3000	1320268	94562	337882			
		5635	8060	4000			
600		2779897	500	22618			18000
		7980					
25982	2774	196218	147536	975950	414		1600
5545	6121	578004	162515	1020009		800	9645
130		64	13354	10146	30		102
35848	**486**	**655347**	**42785144**	**2678328**	**239319**	**2952876**	**6695866**
33468	286	399486	42635164	1017470	186290	2952777	6675656
1150	200	156046	32374	1133199	52413	99	
1230		99815	117606	527659	616		20210
1395018	**334323**	**41693497**	**16293506**	**77439834**	**1066514**	**663927**	**820833**
752724	256618	30085583	9163619	44118123	588218	639321	472367
642294	77705	11607914	7129887	33321711	478296	24606	348466
315951	**11708**	**3074081**	**1025815**	**9738708**	**155873**	**433913**	**392196**
238241	11398	1832558	725222	4471251	61382	410736	126092
77710	310	1241523	300593	5267457	94491	23177	266104
356991390		**14918192**	**719048269**	**2419557**	**14041535**		**413791**
356978233		4536656	678054560		13991378		
		4232399	7786381	575063			
2385		22296	23044011	70257	7893		413791
10772		6126841	10163317	1774237	42264		
677745	**6329**	**35982926**	**3875057**	**83684250**	**719154**	**5488060**	**609785**
677745	6329	35982926	3875057	83684250	719154	5488060	609785
452048	**1368406**	**18969859**	**6619483**	**10551147**	**312999**	**31238**	**10100127**
20945	5060	754763	122932	543125	13920		
431103	1363346	18215096	6496551	10008022	299079	31238	10100127
78116	**250**	**4946163**	**649021**	**2602267**	**217192**	**27732**	**569791**
500		527444	155041	642707	32172		268894
55057		3257484	465180	1283279	44204	22759	11997
21231	250	1128259	20713	623199	140816	4973	300
1328		32976	8087	53082			288600
10554	**40813**	**3226592**	**475532**	**1374490**	**345563**		
	10	1297340	56180	25711	2152		
459		152763	47490	106086	4483		
10095	40803	1776489	371862	1242693	338928		
86609	**5975**	**604885**	**156919**	**7319913**	**106102**	**2922**	**3120**
25550	5000	200203	60963	5963714	46629		759
61059	975	404682	95956	1356199	59473	2922	2361
25238	**1000**	**141616**	**171056**	**537439**	**169248**		
25238	1000	141616	171056	537439	169248		
106239	**34630**	**50637**	**45357**	**374393**	**40248**	**78864**	
101312	34430	24061	40271	373663	35506	78864	
4927		1118	5086	110			
	200	25458		620	4742		
19563	**530**	**553228**	**39761**	**581983**	**327926**		**14601**
		5078	1000	44414	1820		
1556		236986	3564	32898	286186		13751
5000	530	183839	12126	70913	2270		850
		1684	1233	68328	8480		
13007		125641	21838	365430	29170		

1-2-21 按地区、登记注册类型

地 区	企业资产总额(千元)	内资企业	国有企业	集体企业	股份合作企业
总 计	**4489714616**	**4372918779**	**1264596297**	**324995292**	**373685054**
太原市	2118644742	2075948874	821390032	33924486	348420688
大同市	307769797	303163142	33748353	29765449	871070
阳泉市	184577725	182464593	56560293	25307252	165184
长治市	333179453	326947536	43260185	43211570	1144727
晋城市	255303618	238642417	38537190	16442903	3965654
朔州市	145664227	143268160	64403111	17901709	802895
晋中市	226643294	210043864	27546384	22663568	1322163
运城市	253352971	247887602	66374797	25261703	831800
忻州市	139481902	139207284	35400864	24379714	3782230
临汾市	272327387	266285172	36470461	41366249	8621595
吕梁市	252769500	239060133	40904626	44770689	3757049

分组的企业资产总额

联营企业	有限责任公司	股份有限公司	私营企业	其他企业	港澳台商投资企业	外商投资企业
5201129	**1019232505**	**930807369**	**434478758**	**19922375**	**38627133**	**78168704**
1404113	305336424	413800130	150314682	1358320	17711990	24983878
188394	94407914	122032474	21633976	515512	275434	4331221
46878	76634858	11026162	12633777	90190	466447	1646685
959444	108221029	96765231	33301786	83563	1133625	5098291
239877	79287799	85871537	13741721	555737	3038215	13622986
1155905	23322456	19460518	16115897	105670	264813	2131254
262444	90752887	32438006	20555557	14502855	7402549	9196881
46939	55888649	44946176	53701468	836071	1958049	3507320
176908	34245210	25486304	15604715	131337	63023	211596
204468	86411078	48174347	44561179	475796	2884380	3157835
515760	64724200	30806484	52314001	1267323	3428609	10280758

1-2-22 按行业(大类)、就业人数

项　目	企业法人单位数(个)	7人及以下	8-19人	20-49人
总　计	**87417**	**35863**	**22844**	**15406**
农、林、牧、渔业	**13**	**1**	**3**	**5**
农业	5	1	2	1
林业	3		1	2
畜牧业	4			2
渔业	1			
农、林、牧、渔服务业				
采矿业	**7969**	**2238**	**1704**	**1671**
煤炭开采和洗选业	4817	1051	673	994
石油和天然气开采业	12	1	2	3
黑色金属矿采选业	1493	544	354	410
有色金属矿采选业	127	45	35	27
非金属矿采选业	1520	597	640	237
其他采矿业				
制造业	**22409**	**6246**	**6137**	**5485**
农副食品加工业	1743	711	514	318
食品制造业	947	283	308	194
饮料制造业	515	157	147	123
烟草制品业	1			
纺织业	270	65	56	66
纺织服装、鞋、帽制造业	248	72	67	65
皮革、毛皮、羽毛(绒)及其制品业	32	17	1	5
木材加工及木、竹、藤、棕、草制品业	239	103	67	52
家具制造业	227	90	66	47
造纸及纸制品业	563	148	184	161
印刷业和记录媒介的复制	650	246	233	107
文教体育用品制造业	47	9	18	3
石油加工、炼焦及核燃料加工业	440	81	37	55
化学原料及化学制品制造业	1543	455	381	318
医药制造业	261	47	45	43
化学纤维制造业	15	3	1	3
橡胶制品业	166	48	37	47
塑料制品业	565	168	174	134
非金属矿物制品业	5758	1352	1401	1787
黑色金属冶炼及压延加工业	621	182	68	103
有色金属冶炼及压延加工业	341	71	54	67
金属制品业	1179	367	374	259
通用设备制造业	3373	762	1132	928
专用设备制造业	879	229	238	237
交通运输设备制造业	573	148	192	108
电气机械及器材制造业	427	109	121	107
通信设备、计算机及其他电子设备制造业	140	36	33	30
仪器仪表及文化、办公用机械制造业	125	25	41	34
工艺品及其他制造业	442	212	131	74
废弃资源和废旧材料回收加工业	79	50	16	10
电力、燃气及水的生产和供应业	**716**	**159**	**144**	**136**
电力、热力的生产和供应业	384	76	79	54
燃气生产和供应业	99	28	20	24
水的生产和供应业	233	55	45	58
建筑业	**4202**	**1099**	**818**	**809**
房屋和土木工程建筑业	1699	255	241	272
建筑安装业	784	201	139	189
建筑装饰业	1224	515	344	231
其他建筑业	495	128	94	117

组距分组的企业法人单位数

50-99人	100-299人	300-499人	500-999人	1000-2999人	3000-4999人	5000人及以上
6028	**4931**	**1101**	**690**	**421**	**72**	**61**
2	**1**			**1**		
				1		
1	1					
1						
792	**1106**	**223**	**120**	**78**	**19**	**18**
655	1016	207	110	74	19	18
3	2		1			
100	63	14	5	3		
8	6	2	3	1		
26	19		1			
2073	**1626**	**392**	**242**	**158**	**27**	**23**
105	76	10	5	4		
79	58	18	5	2		
35	37	9	5	1		1
				1		
26	37	7	8	5		
21	17	2	2	2		
7	2					
9	6	2				
18	6					
45	16	7	2			
39	17	6	2			
3	11	1	2			
32	77	62	53	34	4	5
170	133	34	25	19	5	3
51	53	9	7	6		
4	3			1		
16	14	2	1	1		
53	29	4	3			
652	455	68	24	19		
76	88	42	34	18	5	5
33	61	21	17	11	4	2
83	77	12	5	2		
301	193	29	16	11	1	
83	48	18	8	10	5	3
47	51	14	6	5	1	1
46	27	8	5	3	1	
14	15	2	4	2	1	3
10	8	4	2	1		
13	10	1	1			
2	1					
108	**96**	**27**	**26**	**19**		**1**
52	64	23	19	16		1
14	11		2			
42	21	4	5	3		
481	**570**	**183**	**130**	**78**	**18**	**16**
211	367	138	110	73	16	16
109	99	28	12	5	2	
87	42	5				
74	62	12	8			

1-2-22 续表

项目	企业法人单位数(个)	7人及以下	8-19人	20-49人
交通运输、仓储和邮政业	**2709**	**1021**	**689**	**533**
铁路运输业	54	10	16	15
道路运输业	1486	581	385	286
城市公共交通业	236	60	56	46
水上运输业	11	3	4	4
航空运输业	30	13	10	3
管道运输业	1		1	
装卸搬运和其他运输服务业	421	180	95	84
仓储业	441	167	118	90
邮政业	29	7	4	5
信息传输、计算机服务和软件业	**2338**	**1656**	**374**	**208**
电信和其他信息传输服务业	486	295	76	39
计算机服务业	1570	1204	223	128
软件业	282	157	75	41
批发和零售业	**28977**	**16432**	**7642**	**3188**
批发业	13734	7595	3743	1545
零售业	15243	8837	3899	1643
住宿和餐饮业	**2715**	**402**	**635**	**788**
住宿业	1216	218	281	316
餐饮业	1499	184	354	472
金融业	**686**	**146**	**150**	**86**
银行业	230	2	14	14
证券业	13	4	1	2
保险业	230	32	54	54
其他金融活动	213	108	81	16
房地产业	**3772**	**1161**	**1362**	**892**
房地产业	3772	1161	1362	892
租赁和商务服务业	**4857**	**2585**	**1352**	**590**
租赁业	298	166	80	37
商务服务业	4559	2419	1272	553
科学研究、技术服务和地质勘查业	**1872**	**794**	**574**	**349**
研究与试验发展	194	83	69	29
专业技术服务业	1178	399	399	263
科技交流和推广服务业	424	293	85	39
地质勘查业	76	19	21	18
水利、环境和公共设施管理业	**530**	**234**	**151**	**79**
水利管理业	78	35	26	12
环境管理业	92	39	26	12
公共设施管理业	360	160	99	55
居民服务和其他服务业	**2227**	**1109**	**702**	**302**
居民服务业	1043	550	277	154
其他服务业	1184	559	425	148
教育	**480**	**177**	**154**	**108**
教育	480	177	154	108
卫生、社会保障和社会福利业	**387**	**163**	**91**	**72**
卫生	365	153	84	69
社会保障业	9	5	1	1
社会福利业	13	5	6	2
文化、体育和娱乐业	**558**	**240**	**162**	**105**
新闻出版业	39	11	13	6
广播、电视、电影和音像业	90	35	26	17
文化艺术业	137	74	40	15
体育	33	19	6	7
娱乐业	259	101	77	60

50-99人	100-299人	300-499人	500-999人	1000-2999人	3000-4999人	5000人及以上
247	**151**	**22**	**19**	**23**	**3**	**1**
9	2	2				
124	74	13	12	10	1	
34	28	5	3	2	1	1
1	1		1	1		
37	21	1	2	1		
42	23	1				
	2		1	9	1	
42	**30**	**11**	**7**	**8**	**2**	
22	26	11	7	8	2	
14	1					
6	3					
1020	**531**	**91**	**51**	**20**		**2**
505	264	44	27	10		1
515	267	47	24	10		1
487	**336**	**45**	**18**	**4**		
191	171	29	9	1		
296	165	16	9	3		
42	**119**	**65**	**55**	**21**	**2**	
8	85	45	44	18		
3	2		1			
30	30	15	10	3	2	
1	2	5				
238	**105**	**10**	**2**	**2**		
238	105	10	2	2		
175	**120**	**19**	**8**	**7**	**1**	
8	6	1				
167	114	18	8	7	1	
100	**43**	**5**	**6**	**1**		
10	2	1				
78	30	3	5	1		
4	3					
8	8	1	1			
45	**19**	**1**		**1**		
4	1					
12	3					
29	15	1		1		
76	**35**	**2**	**1**			
42	19	1				
34	16	1	1			
31	**7**	**2**	**1**			
31	7	2	1			
34	**23**	**1**	**3**			
33	23	1	2			
1			1			
35	**13**	**2**	**1**			
4	4		1			
8	2	2				
5	3					
1						
17	4					

1-2-23 按地区、就业人数

地　区	企业法人单位数（个）				
		7人及以下	8-19人	20-49人	50-99人
总　计	**87417**	**35863**	**22844**	**15406**	**6028**
太原市	21566	9933	5802	3284	1232
大同市	7516	3128	1854	1242	565
阳泉市	4334	1859	1014	728	291
长治市	7819	3637	1865	1160	526
晋城市	6270	2262	1698	1156	499
朔州市	3652	1338	1048	588	290
晋中市	7638	2723	1941	1462	692
运城市	8575	2862	2419	2024	579
忻州市	5200	1484	1486	1322	488
临汾市	9983	4793	2557	1531	462
吕梁市	4864	1844	1160	909	404

组距分组的企业法人单位数

100-299人	300-499人	500-999人	1000-2999人	3000-4999人	5000人及以上
4931	**1101**	**690**	**421**	**72**	**61**
881	193	119	84	19	19
518	103	60	38	3	5
317	56	34	23	9	3
417	100	55	45	8	6
434	113	58	41	3	6
291	45	34	14	2	2
563	121	85	43	5	3
453	110	63	49	11	5
300	57	41	19	2	1
405	107	85	33	5	5
352	96	56	32	5	6

1-2-24 按登记注册类型、就业

项　目	企业法人单位数（个）	7人及以下	8-19人	20-49人
总　计	**87417**	**35863**	**22844**	**15406**
内资企业	**86945**	**35803**	**22779**	**15315**
国有企业	5853	1370	1331	1309
集体企业	6904	2031	1759	1470
股份合作企业	1247	472	348	239
国有联营企业	39	17	11	6
集体联营企业	113	44	29	15
国有与集体联营企业	27	6	9	7
其他联营企业	148	71	42	20
国有独资公司	178	23	21	40
其他有限责任公司	10897	3149	2592	2095
股份有限公司	3681	1114	998	732
私营独资企业	24623	13042	6381	3795
私营合伙企业	3951	1755	1149	790
私营有限责任公司	24711	10624	6908	4027
私营股份有限公司	2800	1112	747	535
其他企业	1773	973	454	235
港澳台商投资企业	**183**	**26**	**30**	**27**
与港澳台合资经营企业	94	11	11	7
与港澳台合作经营企业	18	5	2	4
港澳台商独资企业	54	6	12	13
港澳台商投资股份有限公司	17	4	5	3
外商投资企业	**289**	**34**	**35**	**64**
中外合资经营企业	178	17	20	36
中外合作经营企业	14	2	2	3
外资企业	82	11	13	20
外商投资股份有限公司	15	4		5

人数组距分组的企业法人单位数

50-99人	100-299人	300-499人	500-999人	1000-2999人	3000-4999人	5000人及以上
6028	**4931**	**1101**	**690**	**421**	**72**	**61**
5961	**4829**	**1065**	**669**	**398**	**69**	**57**
718	660	178	142	115	22	8
681	749	122	70	20	2	
98	60	18	9	3		
4	1					
8	12	2	3			
3	2					
8	3	3	1			
21	14	6	8	21	8	16
1101	1188	352	246	124	27	23
335	291	72	80	43	7	9
950	410	40	4	1		
186	63	5	1	2		
1561	1195	234	94	64	3	1
228	142	23	10	3		
59	39	10	1	2		
30	**38**	**16**	**6**	**6**	**1**	**3**
15	27	13	5	5		
4	1	2				
10	7	1	1	1		3
1	3				1	
37	**64**	**20**	**15**	**17**	**2**	**1**
20	48	14	9	11	2	1
2	1	1		3		
13	12	5	5	3		
2	3		1			

1-2-25 按行业(大类)、全年营业

项目	企业法人单位数(个)	100万元及以下	100万-200万元
总计	**87417**	**49611**	**9460**
农、林、牧、渔业	**13**	**8**	
农业	5	4	
林业	3	2	
畜牧业	4	2	
渔业	1		
农、林、牧、渔服务业			
采矿业	**7969**	**3614**	**467**
煤炭开采和洗选业	4817	1527	188
石油和天然气开采业	12	9	
黑色金属矿采选业	1493	798	139
有色金属矿采选业	127	80	10
非金属矿采选业	1520	1200	130
其他采矿业			
制造业	**22409**	**12969**	**2387**
农副食品加工业	1743	1167	169
食品制造业	947	603	104
饮料制造业	515	350	44
烟草制品业	1		
纺织业	270	135	23
纺织服装、鞋、帽制造业	248	182	16
皮革、毛皮、羽毛(绒)及其制品业	32	27	
木材加工及木、竹、藤、棕、草制品业	239	175	21
家具制造业	227	164	21
造纸及纸制品业	563	352	88
印刷业和记录媒介的复制	650	472	59
文教体育用品制造业	47	28	2
石油加工、炼焦及核燃料加工业	440	120	13
化学原料及化学制品制造业	1543	765	121
医药制造业	261	95	14
化学纤维制造业	15	9	1
橡胶制品业	166	91	12
塑料制品业	565	330	67
非金属矿物制品业	5758	3606	670
黑色金属冶炼及压延加工业	621	247	36
有色金属冶炼及压延加工业	341	119	16
金属制品业	1179	667	131
通用设备制造业	3373	1689	501
专用设备制造业	879	457	109
交通运输设备制造业	573	352	51
电气机械及器材制造业	427	218	37
通信设备、计算机及其他电子设备制造业	140	65	18
仪器仪表及文化、办公用机械制造业	125	64	14
工艺品及其他制造业	442	362	27
废弃资源和废旧材料回收加工业	79	58	2
电力、燃气及水的生产和供应业	**716**	**379**	**70**
电力、热力的生产和供应业	384	193	25
燃气生产和供应业	99	52	10
水的生产和供应业	233	134	35
建筑业	**4202**	**1917**	**411**
房屋和土木工程建筑业	1699	524	117
建筑安装业	784	360	83
建筑装饰业	1224	804	155
其他建筑业	495	229	56

收入组距分组的企业法人单位数

200万-500万元	500万-1000万元	1000万-2000万元	2000万-5000万元	5000万元-1亿元	1亿元以上
12986	**4595**	**3926**	**3019**	**1544**	**2276**
1	**1**	**2**		**1**	
1					
		1			
	1			1	
		1			
1069	**672**	**613**	**633**	**415**	**486**
572	604	525	574	380	447
1					2
306	56	77	52	32	33
22	2	5	3	1	4
168	10	6	4	2	
3612	**1021**	**684**	**708**	**357**	**671**
232	51	39	48	16	21
137	25	19	30	12	17
50	17	12	20	8	14
					1
67	13	11	7	9	5
35	4	3	4	1	3
4	1				
33	5	3		1	1
31	7	3	1		
90	9	8	14	1	1
88	10	7	7	6	1
3	3	3	5		3
41	11	11	19	32	193
295	79	81	90	45	67
44	30	28	21	12	17
2			1	1	1
40	6	5	7	1	4
106	27	12	14	4	5
883	243	146	125	50	35
74	61	25	31	34	113
58	15	24	24	34	51
228	58	30	44	13	8
685	207	123	101	36	31
145	56	37	29	11	35
64	24	19	31	15	17
86	31	20	16	6	13
23	6	6	12	1	9
21	9	5	5	3	4
31	12	3	2	4	1
16	1	1		1	
99	**37**	**31**	**25**	**24**	**51**
42	21	20	17	18	48
22	4	5	3	2	1
35	12	6	5	4	2
500	**372**	**349**	**338**	**160**	**155**
191	179	185	236	133	134
113	78	66	51	16	17
124	71	47	22	1	
72	44	51	29	10	4

1-2-25 续表

项目	企业法人单位数（个）	100万元及以下	100万-200万元
交通运输、仓储和邮政业	**2709**	**1523**	**325**
铁路运输业	54	23	11
道路运输业	1486	814	190
城市公共交通业	236	134	38
水上运输业	11	9	
航空运输业	30	20	4
管道运输业	1		
装卸搬运和其他运输服务业	421	283	40
仓储业	441	225	42
邮政业	29	15	
信息传输、计算机服务和软件业	**2338**	**1962**	**145**
电信和其他信息传输服务业	486	351	33
计算机服务业	1570	1409	80
软件业	282	202	32
批发和零售业	**28977**	**14788**	**3487**
批发业	13734	6893	1509
零售业	15243	7895	1978
住宿和餐饮业	**2715**	**1068**	**813**
住宿业	1216	517	324
餐饮业	1499	551	489
金融业	**686**	**220**	**60**
银行业	230	7	11
证券业	13	3	2
保险业	230	67	16
其他金融活动	213	143	31
房地产业	**3772**	**2863**	**196**
房地产业	3772	2863	196
租赁和商务服务业	**4857**	**3610**	**521**
租赁业	298	224	36
商务服务业	4559	3386	485
科学研究、技术服务和地质勘查业	**1872**	**1305**	**230**
研究与试验发展	194	140	22
专业技术服务业	1178	762	167
科技交流和推广服务业	424	369	31
地质勘查业	76	34	10
水利、环境和公共设施管理业	**530**	**410**	**49**
水利管理业	78	59	10
环境管理业	92	75	4
公共设施管理业	360	276	35
居民服务和其他服务业	**2227**	**1859**	**187**
居民服务业	1043	883	80
其他服务业	1184	976	107
教育	**480**	**387**	**37**
教育	480	387	37
卫生、社会保障和社会福利业	**387**	**293**	**28**
卫生	365	273	27
社会保障业	9	7	1
社会福利业	13	13	
文化、体育和娱乐业	**558**	**436**	**47**
新闻出版业	39	24	2
广播、电视、电影和音像业	90	67	4
文化艺术业	137	119	11
体育	33	30	2
娱乐业	259	196	28

200万-500万元	500万-1000万元	1000万-2000万元	2000万-5000万元	5000万元-1亿元	1亿元以上
324	**184**	**145**	**106**	**53**	**49**
6	7	4	1	2	
181	85	83	69	31	33
27	9	12	10	5	1
1	1				
	3	1			2
1					
42	35	9	7	5	
65	44	35	18	6	6
1		1	1	4	7
95	**46**	**27**	**25**	**7**	**31**
16	16	17	19	3	31
59	12	5	2	3	
20	18	5	4	1	
5842	**1539**	**1640**	**744**	**353**	**584**
1852	1077	1300	451	221	431
3990	462	340	293	132	153
343	**240**	**145**	**86**	**14**	**6**
160	93	66	46	8	2
183	147	79	40	6	4
38	**29**	**30**	**77**	**55**	**177**
5	5	8	30	39	125
2	1		2	2	1
14	18	19	36	11	49
17	5	3	9	3	2
197	**133**	**118**	**159**	**71**	**35**
197	133	118	159	71	35
389	**168**	**75**	**58**	**20**	**16**
18	8	5	6	1	
371	160	70	52	19	16
200	**63**	**31**	**30**	**4**	**9**
17	6	3	5		1
153	47	22	19	2	6
13	5	1	3	1	1
17	5	5	3	1	1
43	**15**	**4**	**6**	**1**	**2**
5	3				1
9	3	1			
29	9	3	6	1	1
121	**36**	**8**	**10**	**4**	**2**
54	17	5	4		
67	19	3	6	4	2
39	**9**	**6**	**2**		
39	9	6	2		
34	**15**	**10**	**4**	**2**	**1**
34	15	9	4	2	1
		1			
40	**15**	**8**	**8**	**3**	**1**
2	2	3	3	2	1
9	4	2	3	1	
5		1	1		
		1			
24	9	1	1		

1-2-26 按地区、全年营业收入组距分组的企业法人单位数

地区	企业法人单位数(个)	100万元及以下	100万-200万元	200万-500万元	500万-1000万元	1000万-2000万元	2000万-5000万元	5000万元-1亿元	1亿元以上
总计	**87417**	**49611**	**9460**	**12986**	**4595**	**3926**	**3019**	**1544**	**2276**
太原市	21566	13035	2329	2527	1166	972	651	326	560
大同市	7516	4274	829	1241	338	289	267	134	144
阳泉市	4334	2335	395	899	196	186	155	81	87
长治市	7819	5032	640	698	402	351	307	154	235
晋城市	6270	3872	635	627	348	265	234	123	166
朔州市	3652	2002	482	433	173	229	158	69	106
晋中市	7638	4244	763	902	508	422	396	183	220
运城市	8575	3543	964	2785	390	383	205	130	175
忻州市	5200	2485	700	987	343	286	202	90	107
临汾市	9983	6267	1264	1215	373	277	208	114	265
吕梁市	4864	2522	459	672	358	266	236	140	211

1-2-27　按登记注册类型、全年营业收入组距分组的企业法人单位数

项　目	企业法人单位数(个)	100万元及以下	100万-200万元	200万-500万元	500万-1000万元	1000万-2000万元	2000万-5000万元	5000万元-1亿元	1亿元以上
总　计	**87417**	**49611**	**9460**	**12986**	**4595**	**3926**	**3019**	**1544**	**2276**
内资企业	**86945**	**49507**	**9435**	**12930**	**4565**	**3883**	**2959**	**1499**	**2167**
国有企业	5853	2669	542	835	438	422	358	188	401
集体企业	6904	3790	692	1050	399	384	314	146	129
股份合作企业	1247	727	134	202	65	50	33	16	20
国有联营企业	39	19	3	12	1	2	2		
集体联营企业	113	73	9	9	5	4	6	3	4
国有与集体联营企业	27	13	6	2	2	2	1	1	
其他联营企业	148	97	14	24	4	4		1	4
国有独资公司	178	61	7	13	7	11	15	8	56
其他有限责任公司	10897	4577	974	1702	837	840	805	472	690
股份有限公司	3681	1741	413	618	229	210	176	75	219
私营独资企业	24623	17040	2684	3609	577	393	171	76	73
私营合伙企业	3951	2529	506	603	111	135	43	11	13
私营有限责任公司	24711	13350	2967	3589	1666	1249	924	444	522
私营股份有限公司	2800	1505	340	467	185	137	86	48	32
其他企业	1773	1316	144	195	39	40	25	10	4
港澳台商投资企业	**183**	**50**	**10**	**17**	**12**	**17**	**25**	**19**	**33**
与港澳台合资经营企业	94	18	2	13	6	11	13	12	19
与港澳台合作经营企业	18	9	1		1	1	4	1	1
港澳台商独资企业	54	14	5	4	4	3	8	6	10
港澳台商投资股份有限公司	17	9	2		1	2			3
外商投资企业	**289**	**54**	**15**	**39**	**18**	**26**	**35**	**26**	**76**
中外合资经营企业	178	27	9	25	11	15	21	16	54
中外合作经营企业	14	4		1	4		2		3
外资企业	82	21	4	10	3	10	11	9	14
外商投资股份有限公司	15	2	2	3		1	1	1	5

1-2-28 按行业(大类)、资产总额组距分组的企业法人单位数

项目	企业法人单位数(个)	50万元及以下	50万-100万元	100万-500万元	500万-1000万元	1000万-5000万元	5000万元-1亿元	1亿元以上
总计	**87417**	**32330**	**13144**	**22207**	**6696**	**8427**	**1937**	**2676**
农、林、牧、渔业	**13**	**1**		**5**	**2**	**4**	**1**	
农业	5			4		1		
林业	3	1		1		1		
畜牧业	4				2	1	1	
渔业	1					1		
农、林、牧、渔服务业								
采矿业	**7969**	**1583**	**753**	**1980**	**1010**	**1691**	**448**	**504**
煤炭开采和洗选业	4817	425	243	933	821	1515	415	465
石油和天然气开采业	12	2	2	2		2		4
黑色金属矿采选业	1493	308	176	652	155	145	30	27
有色金属矿采选业	127	33	21	53	5	9	1	5
非金属矿采选业	1520	815	311	340	29	20	2	3
其他采矿业								
制造业	**22409**	**8151**	**3754**	**6029**	**1349**	**1913**	**451**	**762**
农副食品加工业	1743	779	303	417	81	118	22	23
食品制造业	947	395	191	212	32	81	20	16
饮料制造业	515	194	91	115	32	49	11	23
烟草制品业	1							1
纺织业	270	80	36	84	18	29	8	15
纺织服装、鞋、帽制造业	248	116	47	60	7	14	2	2
皮革、毛皮、羽毛(绒)及其制品业	32	17	7	6	1	1		
木材加工及木、竹、藤、棕、草制品业	239	131	37	54	9	5	1	2
家具制造业	227	120	33	60	5	9		
造纸及纸制品业	563	224	134	163	17	15	9	1
印刷业和记录媒介的复制	650	342	115	141	22	20	7	3
文教体育用品制造业	47	18	6	10	3	6		4
石油加工、炼焦及核燃料加工业	440	53	26	59	25	52	32	193
化学原料及化学制品制造业	1543	440	244	408	121	212	43	75
医药制造业	261	43	20	50	24	63	33	28
化学纤维制造业	15	3	1	4		4		3
橡胶制品业	166	64	18	47	16	15	3	3
塑料制品业	565	210	99	174	28	42	5	7
非金属矿物制品业	5758	2312	962	1560	353	414	89	68
黑色金属冶炼及压延加工业	621	120	52	160	48	95	45	101
有色金属冶炼及压延加工业	341	61	24	76	35	66	31	48
金属制品业	1179	421	207	365	74	90	11	11
通用设备制造业	3373	1023	715	1086	215	264	33	37
专用设备制造业	879	259	136	270	73	83	17	41
交通运输设备制造业	573	229	89	129	31	57	13	25
电气机械及器材制造业	427	124	56	134	36	56	7	14
通信设备、计算机及其他电子设备制造业	140	24	22	41	16	22	4	11
仪器仪表及文化、办公用机械制造业	125	37	16	35	11	18	4	4
工艺品及其他制造业	442	263	57	94	12	12	1	3
废弃资源和废旧材料回收加工业	79	49	10	15	4	1		
电力、燃气及水的生产和供应业	**716**	**159**	**67**	**151**	**73**	**141**	**32**	**93**
电力、热力的生产和供应业	384	72	31	62	31	82	24	82
燃气生产和供应业	99	30	14	18	10	22	3	2
水的生产和供应业	233	57	22	71	32	37	5	9
建筑业	**4202**	**965**	**509**	**940**	**619**	**845**	**165**	**159**
房屋和土木工程建筑业	1699	270	106	267	279	520	119	138
建筑安装业	784	168	99	218	117	143	26	13
建筑装饰业	1224	431	243	305	154	85	5	1
其他建筑业	495	96	61	150	69	97	15	7

1-2-28　续表

项　　目	企业法人单位数(个)	50万元及以下	50万–100万元	100万–500万元	500万–1000万元	1000万–5000万元	5000万元–1亿元	1亿元以上
交通运输、仓储和邮政业	**2709**	**944**	**382**	**787**	**216**	**250**	**53**	**77**
铁路运输业	54	16	4	15	10	7	1	1
道路运输业	1486	520	201	448	121	132	27	37
城市公共交通业	236	71	40	83	17	17	3	5
水上运输业	11	5	1	2	3			
航空运输业	30	14	5	4	2	2		3
管道运输业	1				1			
装卸搬运和其他运输服务业	421	207	68	86	29	27	2	2
仓储业	441	100	61	147	31	65	19	18
邮政业	29	11	2	2	2		1	11
信息传输、计算机服务和软件业	**2338**	**1470**	**357**	**355**	**51**	**50**	**12**	**43**
电信和其他信息传输服务业	486	255	78	63	17	21	10	42
计算机服务业	1570	1090	220	223	21	15	1	
软件业	282	125	59	69	13	14	1	1
批发和零售业	**28977**	**11704**	**4792**	**8015**	**2007**	**1832**	**315**	**312**
批发业	13734	4962	2154	3790	1200	1172	218	238
零售业	15243	6742	2638	4225	807	660	97	74
住宿和餐饮业	**2715**	**779**	**398**	**898**	**245**	**313**	**55**	**27**
住宿业	1216	310	149	404	123	177	36	17
餐饮业	1499	469	249	494	122	136	19	10
金融业	**686**	**103**	**47**	**96**	**64**	**109**	**35**	**232**
银行业	230	5	3	9	4	17	11	181
证券业	13	2	1	3			1	6
保险业	230	49	28	57	23	35	10	28
其他金融活动	213	47	15	27	37	57	13	17
房地产业	**3772**	**802**	**408**	**675**	**513**	**779**	**268**	**327**
房地产业	3772	802	408	675	513	779	268	327
租赁和商务服务业	**4857**	**2493**	**732**	**978**	**238**	**250**	**70**	**96**
租赁业	298	120	42	81	32	15	7	1
商务服务业	4559	2373	690	897	206	235	63	95
科学研究、技术服务和地质勘查业	**1872**	**786**	**319**	**513**	**128**	**91**	**14**	**21**
研究与试验发展	194	61	32	62	11	16	6	6
专业技术服务业	1178	427	231	357	92	56	6	9
科技交流和推广服务业	424	275	48	69	17	9	1	5
地质勘查业	76	23	8	25	8	10	1	1
水利、环境和公共设施管理业	**530**	**246**	**73**	**112**	**35**	**48**	**4**	**12**
水利管理业	78	41	11	12	8	5		1
环境管理业	92	48	14	17	5	7	1	
公共设施管理业	360	157	48	83	22	36	3	11
居民服务和其他服务业	**2227**	**1381**	**356**	**374**	**53**	**53**	**7**	**3**
居民服务业	1043	674	156	152	31	24	5	1
其他服务业	1184	707	200	222	22	29	2	2
教育	**480**	**279**	**58**	**103**	**23**	**13**	**2**	**2**
教育	480	279	58	103	23	13	2	2
卫生、社会保障和社会福利业	**387**	**204**	**54**	**84**	**22**	**20**	**2**	**1**
卫生	365	196	47	79	21	19	2	1
社会保障业	9	4	2	3				
社会福利业	13	4	5	2	1	1		
文化、体育和娱乐业	**558**	**280**	**85**	**112**	**48**	**25**	**3**	**5**
新闻出版业	39	19	3	7		7	1	2
广播、电视、电影和音像业	90	36	16	18	11	6	1	2
文化艺术业	137	89	18	21	5	3		1
体育	33	19	5	5	2	2		
娱乐业	259	117	43	61	30	7	1	

1-2-29 按地区、资产总额组距分组的企业法人单位数

地　区	企业法人单位数(个)	50万元及以下	50万-100万元	100万-500万元	500万-1000万元	1000万-5000万元	5000万元-1亿元	1亿元以上
总　计	**87417**	**32330**	**13144**	**22207**	**6696**	**8427**	**1937**	**2676**
太原市	21566	7299	3585	5536	1800	2130	502	714
大同市	7516	2861	1082	1907	623	714	157	172
阳泉市	4334	1976	531	937	278	395	97	120
长治市	7819	3363	948	1706	568	819	163	252
晋城市	6270	2587	841	1442	480	574	147	199
朔州市	3652	1357	513	994	238	317	105	128
晋中市	7638	2935	986	1782	612	860	200	263
运城市	8575	2728	1435	2835	514	682	150	231
忻州市	5200	1619	905	1493	408	557	94	124
临汾市	9983	4026	1724	2389	641	778	173	252
吕梁市	4864	1579	594	1186	534	601	149	221

1-2-30　按登记注册类型、资产总额组距分组的企业法人单位数

项　　目	企业法人单位数(个)	50万元及以下	50万-100万元	100万-500万元	500万-1000万元	1000万-5000万元	5000万元-1亿元	1亿元以上
总　计	**87417**	**32330**	**13144**	**22207**	**6696**	**8427**	**1937**	**2676**
内资企业	**86945**	**32296**	**13129**	**22132**	**6653**	**8316**	**1894**	**2525**
国有企业	5853	1338	539	1565	673	982	272	484
集体企业	6904	2490	883	1800	582	794	172	183
股份合作企业	1247	477	185	349	75	110	24	27
国有联营企业	39	14	6	8	5	5	1	
集体联营企业	113	53	9	21	8	13	2	7
国有与集体联营企业	27	4	6	8		6	2	1
其他联营企业	148	81	16	35	3	8	1	4
国有独资公司	178	17	7	16	17	31	16	74
其他有限责任公司	10897	2455	1215	2607	1162	2056	561	841
股份有限公司	3681	933	520	1084	353	452	106	233
私营独资企业	24623	13604	4012	5463	831	595	83	35
私营合伙企业	3951	1722	756	1131	201	118	17	6
私营有限责任公司	24711	7193	4281	6885	2411	2794	564	583
私营股份有限公司	2800	838	457	854	266	290	60	35
其他企业	1773	1077	237	306	66	62	13	12
港澳台商投资企业	**183**	**14**	**7**	**27**	**19**	**44**	**16**	**56**
与港澳台合资经营企业	94	3	2	11	11	27	9	31
与港澳台合作经营企业	18	5		3	2	2	1	5
港澳台商独资企业	54	2	2	11	4	13	5	17
港澳台商投资股份有限公司	17	4	3	2	2	2	1	3
外商投资企业	**289**	**20**	**8**	**48**	**24**	**67**	**27**	**95**
中外合资经营企业	178	8	5	27	12	44	17	65
中外合作经营企业	14	2			2	1	2	7
外资企业	82	6	2	16	9	22	8	19
外商投资股份有限公司	15	4	1	5	1			4

1-2-31 按地区、学历分组的企业法人单位就业人数

地 区	企业法人单位数(个)	就业人数(人)	具有研究生及以上学历人员	具有大学本科学历人员	具有大专学历人员	具有高中学历人员	具有初中及以下学历人员
总 计	**87417**	**4862418**	**21854**	**331894**	**696580**	**1597703**	**2214387**
太原市	21566	1139492	12125	140884	223128	301569	461786
大同市	7516	494272	948	24059	66488	193419	209358
阳泉市	4334	314316	693	12001	36415	95212	169995
长治市	7819	432700	1550	25827	64919	156992	183412
晋城市	6270	393523	799	14976	46597	147148	184003
朔州市	3652	188408	394	8986	24630	69083	85315
晋中市	7638	453059	1094	18079	44437	122747	266702
运城市	8575	463282	1404	25503	62387	180310	193678
忻州市	5200	244441	460	9692	28001	88417	117871
临汾市	9983	420845	1754	40354	65974	139006	173757
吕梁市	4864	318080	633	11533	33604	103800	168510

1-2-32　按行业(大类)、学历分组的企业法人单位就业人数

项　　目	企业法人单位数(个)	就业人数(人)	具有研究生及以上学历人员	具有大学本科学历人员	具有大专学历人员	具有高中学历人员	具有初中及以下学历人员
总　计	**87417**	**4862418**	**21854**	**331894**	**696580**	**1597703**	**2214387**
农、林、牧、渔业	**13**	**1836**	**1**	**32**	**1041**	**465**	**297**
农业	5	1430		1	989	313	127
林业	3	77	1	12	16	38	10
畜牧业	4	269		18	31	107	113
渔业	1	60		1	5	7	47
农、林、牧、渔服务业							
采矿业	**7969**	**1181261**	**1793**	**57849**	**104024**	**322687**	**694908**
煤炭开采和洗选业	4817	1101740	1722	56583	100459	300509	642467
石油和天然气开采业	12	1488	16	202	304	628	338
黑色金属矿采选业	1493	49545	35	588	1859	13206	33857
有色金属矿采选业	127	6820	4	189	460	2623	3544
非金属矿采选业	1520	21668	16	287	942	5721	14702
其他采矿业							
制造业	**22409**	**1576189**	**5461**	**71608**	**173956**	**547866**	**777298**
农副食品加工业	1743	49855	205	1522	4483	16378	27267
食品制造业	947	37634	166	1679	3842	13187	18760
饮料制造业	515	31166	92	1351	3427	10417	15879
烟草制品业	1	1263	10	159	507	234	353
纺织业	270	28447	40	591	2166	11321	14329
纺织服装、鞋、帽制造业	248	13112	27	261	999	5021	6804
皮革、毛皮、羽毛(绒)及其制品业	32	1043		20	71	285	667
木材加工及木、竹、藤、棕、草制品业	239	4811	6	92	568	1744	2401
家具制造业	227	4303	35	129	465	1417	2257
造纸及纸制品业	563	16631	13	276	1030	5152	10160
印刷业和记录媒介的复制	650	15453	48	630	2071	6898	5806
文教体育用品制造业	47	4090	1	98	400	1403	2188
石油加工、炼焦及核燃料加工业	440	189618	621	7625	21328	75280	84764
化学原料及化学制品制造业	1543	156685	491	7450	20412	56253	72079
医药制造业	261	31660	200	2393	6019	13472	9576
化学纤维制造业	15	1845		40	187	467	1151
橡胶制品业	166	9107	29	483	994	3435	4166
塑料制品业	565	17714	53	607	1643	5790	9621
非金属矿物制品业	5758	260033	317	4393	14777	71018	169528
黑色金属冶炼及压延加工业	621	188254	696	9197	25476	65119	87766
有色金属冶炼及压延加工业	341	88619	222	3569	9256	35980	39592
金属制品业	1179	41451	97	1106	3389	12471	24388
通用设备制造业	3373	134685	371	5358	12822	45443	70691
专用设备制造业	879	94789	918	10065	16153	36045	31608
交通运输设备制造业	573	44486	162	3398	7548	17151	16227
电气机械及器材制造业	427	27627	154	2028	4844	10442	10159
通信设备、计算机及其他电子设备制造业	140	64471	222	4905	6611	19245	33488
仪器仪表及文化、办公用机械制造业	125	8466	232	1864	1617	3599	1154
工艺品及其他制造业	442	7921	31	301	754	2748	4087
废弃资源和废旧材料回收加工业	79	950	2	18	97	451	382
电力、燃气及水的生产和供应业	**716**	**121710**	**846**	**15452**	**32056**	**38577**	**34779**
电力、热力的生产和供应业	384	97140	781	13205	25688	29058	28408
燃气生产和供应业	99	6026	19	801	1875	2050	1281
水的生产和供应业	233	18544	46	1446	4493	7469	5090
建筑业	**4202**	**683567**	**1592**	**44020**	**93039**	**199391**	**345525**
房屋和土木工程建筑业	1699	561350	1000	33547	69813	161447	295543
建筑安装业	784	65439	259	4555	11632	20343	28650
建筑装饰业	1224	26786	142	2986	6464	8723	8471
其他建筑业	495	29992	191	2932	5130	8878	12861

1-2-32 续表

项目	企业法人单位数(个)	就业人数(人)	具有研究生及以上学历人员	具有大学本科学历人员	具有大专学历人员	具有高中学历人员	具有初中及以下学历人员
交通运输、仓储和邮政业	**2709**	**149457**	**366**	**8072**	**27769**	**62996**	**50254**
铁路运输业	54	2362	7	332	603	941	479
道路运输业	1486	68848	201	3566	9755	27326	28000
城市公共交通业	236	29014	10	853	6470	14602	7079
水上运输业	11	159		19	18	38	84
航空运输业	30	2066	11	396	883	418	358
管道运输业	1	10		2	8		
装卸搬运和其他运输服务业	421	13330	14	295	1236	4270	7515
仓储业	441	11326	15	754	2544	4463	3550
邮政业	29	22342	108	1855	6252	10938	3189
信息传输、计算机服务和软件业	**2338**	**52815**	**1434**	**12968**	**14716**	**16239**	**7458**
电信和其他信息传输服务业	486	38389	1108	10174	11060	10809	5238
计算机服务业	1570	10862	75	1060	2556	4984	2187
软件业	282	3564	251	1734	1100	446	33
批发和零售业	**28977**	**506709**	**2715**	**37269**	**100275**	**212626**	**153824**
批发业	13734	249041	1596	21873	52992	101526	71054
零售业	15243	257668	1119	15396	47283	111100	82770
住宿和餐饮业	**2715**	**155820**	**1402**	**7193**	**19562**	**57707**	**69956**
住宿业	1216	72316	150	2807	9988	29258	30113
餐饮业	1499	83504	1252	4386	9574	28449	39843
金融业	**686**	**126891**	**1730**	**28958**	**49073**	**39082**	**8048**
银行业	230	88322	1095	18514	35583	26596	6534
证券业	13	1630	149	887	449	141	4
保险业	230	32758	396	8705	11468	10953	1236
其他金融活动	213	4181	90	852	1573	1392	274
房地产业	**3772**	**86278**	**780**	**12658**	**23284**	**28430**	**21126**
房地产业	3772	86278	780	12658	23284	28430	21126
租赁和商务服务业	**4857**	**99368**	**1455**	**14372**	**25811**	**33305**	**24425**
租赁业	298	4309	18	390	986	1780	1135
商务服务业	4559	95059	1437	13982	24825	31525	23290
科学研究、技术服务和地质勘查业	**1872**	**39694**	**1488**	**11880**	**13086**	**9526**	**3714**
研究与试验发展	194	3365	227	1043	812	898	385
专业技术服务业	1178	28843	1007	9334	10360	6369	1773
科技交流和推广服务业	424	3913	105	649	1005	1190	964
地质勘查业	76	3573	149	854	909	1069	592
水利、环境和公共设施管理业	**530**	**13587**	**82**	**890**	**2692**	**4506**	**5417**
水利管理业	78	1367	8	145	388	414	412
环境管理业	92	2296	8	223	427	610	1028
公共设施管理业	360	9924	66	522	1877	3482	3977
居民服务和其他服务业	**2227**	**33558**	**102**	**1578**	**5026**	**13819**	**13033**
居民服务业	1043	16362	60	660	2461	7223	5958
其他服务业	1184	17196	42	918	2565	6596	7075
教育	**480**	**10076**	**185**	**1962**	**3261**	**3465**	**1203**
教育	480	10076	185	1962	3261	3465	1203
卫生、社会保障和社会福利业	**387**	**11780**	**246**	**3164**	**4910**	**2877**	**583**
卫生	365	10981	223	2944	4782	2506	526
社会保障业	9	649	14	198	106	329	2
社会福利业	13	150	9	22	22	42	55
文化、体育和娱乐业	**558**	**11822**	**176**	**1969**	**2999**	**4139**	**2539**
新闻出版业	39	2008	62	1004	743	142	57
广播、电视、电影和音像业	90	2587	32	533	832	761	429
文化艺术业	137	1875	49	170	390	840	426
体育	33	382	3	28	145	119	87
娱乐业	259	4970	30	234	889	2277	1540

1-2-33　按登记注册类型、学历分组的企业法人单位就业人数

项　目	企业法人单位数(个)	就业人数(人)	具有研究生及以上学历人员	具有大学本科学历人员	具有大专学历人员	具有高中学历人员	具有初中及以下学历人员
总　计	**87417**	**4862418**	**21854**	**331894**	**696580**	**1597703**	**2214387**
内资企业	**86945**	**4703420**	**19892**	**317110**	**675038**	**1549544**	**2141836**
国有企业	5853	746148	4054	71915	147287	256043	266849
集体企业	6904	373743	980	12175	40046	127693	192849
股份合作企业	1247	48589	160	2491	6447	15411	24080
国有联营企业	39	887	2	56	169	355	305
集体联营企业	113	6030	7	122	326	1669	3906
国有与集体联营企业	27	955	8	81	264	327	275
其他联营企业	148	4232	1	157	530	1407	2137
国有独资公司	178	339940	1317	47024	57787	93790	140022
其他有限责任公司	10897	1462318	3976	72159	178889	480506	726788
股份有限公司	3681	361477	2600	35308	65710	124371	133488
私营独资企业	24623	370400	774	9465	30766	118709	210686
私营合伙企业	3951	69268	290	2378	5753	21221	39626
私营有限责任公司	24711	801290	4852	55818	122592	268534	349494
私营股份有限公司	2800	86206	608	5214	12286	29179	38919
其他企业	1773	31937	263	2747	6186	10329	12412
港澳台商投资企业	**183**	**83917**	**473**	**6700**	**8992**	**26307**	**41445**
与港澳台合资经营企业	94	22315	86	1359	3050	7123	10697
与港澳台合作经营企业	18	1520	7	82	267	690	474
港澳台商独资企业	54	55451	145	4760	4957	16273	29316
港澳台商投资股份有限公司	17	4631	235	499	718	2221	958
外商投资企业	**289**	**75081**	**1489**	**8084**	**12550**	**21852**	**31106**
中外合资经营企业	178	52352	267	4156	8884	13317	25728
中外合作经营企业	14	5604	16	367	1074	3237	910
外资企业	82	15439	1186	3271	2084	4704	4194
外商投资股份有限公司	15	1686	20	290	508	594	274

1-2-34 按地区、专业技术职称分组的企业法人单位就业人数

地区	企业法人单位数(个)	就业人数(人)	#具有高级技术职称人员	#具有中级技术职称人员	#具有初级技术职称人员
总计	**87417**	**4862418**	**59824**	**237926**	**331348**
太原市	21566	1139492	27429	85617	98017
大同市	7516	494272	4143	22259	31172
阳泉市	4334	314316	2310	12208	19020
长治市	7819	432700	4565	20301	31757
晋城市	6270	393523	2823	13131	24904
朔州市	3652	188408	1754	8237	11898
晋中市	7638	453059	3224	15312	22691
运城市	8575	463282	5825	20172	28225
忻州市	5200	244441	2042	12733	17773
临汾市	9983	420845	3546	17008	26306
吕梁市	4864	318080	2163	10948	19585

1-2-35　按行业(大类)、专业技术职称分组的企业法人单位就业人数

项　目	企业法人单位数(个)	就业人数(人)	#具有高级技术职称人员	#具有中级技术职称人员	#具有初级技术职称人员
总　计	**87417**	**4862418**	**59824**	**237926**	**331348**
农、林、牧、渔业	**13**	**1836**	**9**	**34**	**54**
农业	5	1430		2	2
林业	3	77	3	15	22
畜牧业	4	269	5	12	20
渔业	1	60	1	5	10
农、林、牧、渔服务业					
采矿业	**7969**	**1181261**	**7928**	**32446**	**63423**
煤炭开采和洗选业	4817	1101740	7515	31166	60729
石油和天然气开采业	12	1488	35	78	135
黑色金属矿采选业	1493	49545	257	728	1370
有色金属矿采选业	127	6820	46	183	259
非金属矿采选业	1520	21668	75	291	930
其他采矿业					
制造业	**22409**	**1576189**	**17553**	**60862**	**84500**
农副食品加工业	1743	49855	397	1290	2181
食品制造业	947	37634	272	1109	1476
饮料制造业	515	31166	226	776	1182
烟草制品业	1	1263	51	198	165
纺织业	270	28447	161	845	1077
纺织服装、鞋、帽制造业	248	13112	57	442	721
皮革、毛皮、羽毛(绒)及其制品业	32	1043	5	47	20
木材加工及木、竹、藤、棕、草制品业	239	4811	113	94	115
家具制造业	227	4303	45	81	126
造纸及纸制品业	563	16631	120	292	589
印刷业和记录媒介的复制	650	15453	84	476	598
文教体育用品制造业	47	4090	2	66	119
石油加工、炼焦及核燃料加工业	440	189618	1475	6635	9901
化学原料及化学制品制造业	1543	156685	1769	7367	9693
医药制造业	261	31660	441	1786	2318
化学纤维制造业	15	1845	7	65	147
橡胶制品业	166	9107	103	297	371
塑料制品业	565	17714	142	503	653
非金属矿物制品业	5758	260033	1307	5183	9149
黑色金属冶炼及压延加工业	621	188254	2109	8059	10126
有色金属冶炼及压延加工业	341	88619	1666	4344	6534
金属制品业	1179	41451	422	1196	1615
通用设备制造业	3373	134685	1729	5686	8545
专用设备制造业	879	94789	2445	7269	9077
交通运输设备制造业	573	44486	781	2509	3437
电气机械及器材制造业	427	27627	780	1788	1770
通信设备、计算机及其他电子设备制造业	140	64471	192	1342	1667
仪器仪表及文化、办公用机械制造业	125	8466	578	859	644
工艺品及其他制造业	442	7921	62	224	439
废弃资源和废旧材料回收加工业	79	950	12	34	45
电力、燃气及水的生产和供应业	**716**	**121710**	**3243**	**10874**	**20581**
电力、热力的生产和供应业	384	97140	3001	9634	18811
燃气生产和供应业	99	6026	55	309	324
水的生产和供应业	233	18544	187	931	1446
建筑业	**4202**	**683567**	**9967**	**52614**	**73895**
房屋和土木工程建筑业	1699	561350	6844	38563	61950
建筑安装业	784	65439	1311	6920	6235
建筑装饰业	1224	26786	792	3911	2635
其他建筑业	495	29992	1020	3220	3075

1-2-35 续表

项　　目	企业法人单位数（个）	就业人数（人）	#具有高级技术职称人员	#具有中级技术职称人员	#具有初级技术职称人员
交通运输、仓储和邮政业	**2709**	**149457**	**1288**	**4535**	**5523**
铁路运输业	54	2362	11	171	236
道路运输业	1486	68848	262	1425	2066
城市公共交通业	236	29014	251	1396	794
水上运输业	11	159		4	15
航空运输业	30	2066	23	45	271
管道运输业	1	10			
装卸搬运和其他运输服务业	421	13330	49	183	219
仓储业	441	11326	166	511	667
邮政业	29	22342	526	800	1255
信息传输、计算机服务和软件业	**2338**	**52815**	**1039**	**5394**	**5727**
电信和其他信息传输服务业	486	38389	660	4374	5052
计算机服务业	1570	10862	174	432	321
软件业	282	3564	205	588	354
批发和零售业	**28977**	**506709**	**4952**	**19560**	**22817**
批发业	13734	249041	3027	11555	13081
零售业	15243	257668	1925	8005	9736
住宿和餐饮业	**2715**	**155820**	**1169**	**3479**	**6224**
住宿业	1216	72316	343	1433	2828
餐饮业	1499	83504	826	2046	3396
金融业	**686**	**126891**	**824**	**15108**	**22592**
银行业	230	88322	546	12979	20633
证券业	13	1630	37	425	118
保险业	230	32758	138	1276	1586
其他金融活动	213	4181	103	428	255
房地产业	**3772**	**86278**	**2689**	**11050**	**8095**
房地产业	3772	86278	2689	11050	8095
租赁和商务服务业	**4857**	**99368**	**2614**	**8188**	**6412**
租赁业	298	4309	32	200	265
商务服务业	4559	95059	2582	7988	6147
科学研究、技术服务和地质勘查业	**1872**	**39694**	**4365**	**8058**	**5478**
研究与试验发展	194	3365	310	527	518
专业技术服务业	1178	28843	3561	6634	4305
科技交流和推广服务业	424	3913	140	299	216
地质勘查业	76	3573	354	598	439
水利、环境和公共设施管理业	**530**	**13587**	**198**	**561**	**596**
水利管理业	78	1367	33	83	58
环境管理业	92	2296	27	76	64
公共设施管理业	360	9924	138	402	474
居民服务和其他服务业	**2227**	**33558**	**525**	**1330**	**1607**
居民服务业	1043	16362	210	445	572
其他服务业	1184	17196	315	885	1035
教育	**480**	**10076**	**325**	**780**	**635**
教育	480	10076	325	780	635
卫生、社会保障和社会福利业	**387**	**11780**	**839**	**2315**	**2671**
卫生	365	10981	839	2307	2661
社会保障业	9	649		8	
社会福利业	13	150			10
文化、体育和娱乐业	**558**	**11822**	**297**	**738**	**518**
新闻出版业	39	2008	77	180	154
广播、电视、电影和音像业	90	2587	141	400	178
文化艺术业	137	1875	29	60	64
体育	33	382	2	3	6
娱乐业	259	4970	48	95	116

1-2-36　按登记注册类型、专业技术职称分组的企业法人单位就业人数

项　目	企业法人单位数（个）	就业人数（人）	#具有高级技术职称人员	#具有中级技术职称人员	#具有初级技术职称人员
总　计	**87417**	**4862418**	**59824**	**237926**	**331348**
内资企业	**86945**	**4703420**	**58774**	**231963**	**324167**
国有企业	5853	746148	12282	51373	72626
集体企业	6904	373743	1916	11851	24095
股份合作企业	1247	48589	865	2278	2560
国有联营企业	39	887	17	56	58
集体联营企业	113	6030	20	74	226
国有与集体联营企业	27	955	18	60	104
其他联营企业	148	4232	34	92	195
国有独资公司	178	339940	5503	17735	25388
其他有限责任公司	10897	1462318	16138	67965	99864
股份有限公司	3681	361477	4329	22319	27945
私营独资企业	24623	370400	2279	6704	11585
私营合伙企业	3951	69268	681	1294	1999
私营有限责任公司	24711	801290	12749	43441	48626
私营股份有限公司	2800	86206	1403	5017	6882
其他企业	1773	31937	540	1704	2014
港、澳、台商投资企业	**183**	**83917**	**364**	**2134**	**2488**
与港澳台合资经营企业	94	22315	215	1209	1814
与港澳台合作经营企业	18	1520	18	47	33
港澳台商独资企业	54	55451	83	792	492
港澳台商投资股份有限公司	17	4631	48	86	149
外商投资企业	**289**	**75081**	**686**	**3829**	**4693**
中外合资经营企业	178	52352	420	2175	2806
中外合作经营企业	14	5604	58	510	980
外资企业	82	15439	201	1074	828
外商投资股份有限公司	15	1686	7	70	79

1-2-37 按地区、技术等级分组的企业法人单位就业人数

地 区	企业法人单位数(个)	就业人数(人)	#高级技师	#技师	#高级工	#中级工
总 计	**87417**	**4862418**	**23775**	**67945**	**160748**	**282624**
太原市	21566	1139492	9151	25745	59736	72877
大同市	7516	494272	959	4408	11749	30123
阳泉市	4334	314316	591	2591	8536	24565
长治市	7819	432700	1519	6114	21581	31931
晋城市	6270	393523	1146	2549	9271	17912
朔州市	3652	188408	671	2656	4447	17397
晋中市	7638	453059	4520	5961	9265	17523
运城市	8575	463282	1955	6325	12149	22509
忻州市	5200	244441	701	2712	5097	14140
临汾市	9983	420845	1455	4776	12746	20102
吕梁市	4864	318080	1107	4108	6171	13545

1-2-38　按行业(大类)、技术等级分组的企业法人单位就业人数

项　目	企业法人单位数(个)	就业人数(人)	#高级技师	#技师	#高级工	#中级工
总　计	**87417**	**4862418**	**23775**	**67945**	**160748**	**282624**
农、林、牧、渔业	**13**	**1836**		**3**	**3**	**22**
农业	5	1430				
林业	3	77		3	3	2
畜牧业	4	269				
渔业	1	60				20
农、林、牧、渔服务业						
采矿业	**7969**	**1181261**	**1334**	**10060**	**33788**	**92346**
煤炭开采和洗选业	4817	1101740	1208	9466	32753	89692
石油和天然气开采业	12	1488	2	8	40	63
黑色金属矿采选业	1493	49545	84	355	506	1411
有色金属矿采选业	127	6820	11	102	231	605
非金属矿采选业	1520	21668	29	129	258	575
其他采矿业						
制造业	**22409**	**1576189**	**10789**	**27905**	**64879**	**98878**
农副食品加工业	1743	49855	225	484	501	1527
食品制造业	947	37634	182	426	503	1238
饮料制造业	515	31166	138	256	350	836
烟草制品业	1	1263		7	232	229
纺织业	270	28447	56	270	506	2284
纺织服装、鞋、帽制造业	248	13112	62	144	306	820
皮革、毛皮、羽毛(绒)及其制品业	32	1043	1	3	41	13
木材加工及木、竹、藤、棕、草制品业	239	4811	5	16	31	123
家具制造业	227	4303	66	142	78	119
造纸及纸制品业	563	16631	102	160	164	455
印刷业和记录媒介的复制	650	15453	60	163	485	970
文教体育用品制造业	47	4090	1	19	69	257
石油加工、炼焦及核燃料加工业	440	189618	3662	4533	6138	8302
化学原料及化学制品制造业	1543	156685	400	1701	7027	10851
医药制造业	261	31660	159	406	1069	1179
化学纤维制造业	15	1845	1	2	10	11
橡胶制品业	166	9107	83	74	263	1952
塑料制品业	565	17714	61	181	337	510
非金属矿物制品业	5758	260033	740	1846	2842	7350
黑色金属冶炼及压延加工业	621	188254	1038	4319	10513	14327
有色金属冶炼及压延加工业	341	88619	355	2308	3300	4651
金属制品业	1179	41451	224	351	804	1499
通用设备制造业	3373	134685	787	2350	6827	10883
专用设备制造业	879	94789	767	2982	11891	12276
交通运输设备制造业	573	44486	271	1207	4765	6977
电气机械及器材制造业	427	27627	178	486	1980	2844
通信设备、计算机及其他电子设备制造业	140	64471	987	2760	2950	5362
仪器仪表及文化、办公用机械制造业	125	8466	113	183	614	758
工艺品及其他制造业	442	7921	58	123	249	223
废弃资源和废旧材料回收加工业	79	950	7	3	34	52
电力、燃气及水的生产和供应业	**716**	**121710**	**745**	**5133**	**14585**	**12387**
电力、热力的生产和供应业	384	97140	651	4839	12413	10445
燃气生产和供应业	99	6026	15	57	68	90
水的生产和供应业	233	18544	79	237	2104	1852
建筑业	**4202**	**683567**	**5871**	**13359**	**30718**	**52149**
房屋和土木工程建筑业	1699	561350	4660	10092	24870	40851
建筑安装业	784	65439	708	1777	2937	5883
建筑装饰业	1224	26786	283	926	954	2049
其他建筑业	495	29992	220	564	1957	3366

1-2-38 续表

项目	企业法人单位数（个）	就业人数（人）	#高级技师	#技师	#高级工	#中级工
交通运输、仓储和邮政业	**2709**	**149457**	**218**	**946**	**3110**	**4818**
铁路运输业	54	2362		11	27	22
道路运输业	1486	68848	139	610	930	1305
城市公共交通业	236	29014	6	56	192	458
水上运输业	11	159				
航空运输业	30	2066		64	87	86
管道运输业	1	10				
装卸搬运和其他运输服务业	421	13330	11	45	638	182
仓储业	441	11326	60	67	192	364
邮政业	29	22342	2	93	1044	2401
信息传输、计算机服务和软件业	**2338**	**52815**	**217**	**1017**	**1970**	**1359**
电信和其他信息传输服务业	486	38389	114	885	1859	1022
计算机服务业	1570	10862	46	55	57	114
软件业	282	3564	57	77	54	223
批发和零售业	**28977**	**506709**	**1620**	**3254**	**4134**	**7555**
批发业	13734	249041	786	1568	2107	3609
零售业	15243	257668	834	1686	2027	3946
住宿和餐饮业	**2715**	**155820**	**672**	**2008**	**2161**	**4202**
住宿业	1216	72316	189	945	1229	2217
餐饮业	1499	83504	483	1063	932	1985
金融业	**686**	**126891**	**303**	**180**	**298**	**363**
银行业	230	88322	147	78	131	160
证券业	13	1630			1	
保险业	230	32758	88	54	7	26
其他金融活动	213	4181	68	48	159	177
房地产业	**3772**	**86278**	**734**	**1364**	**1614**	**3158**
房地产业	3772	86278	734	1364	1614	3158
租赁和商务服务业	**4857**	**99368**	**424**	**688**	**1007**	**1864**
租赁业	298	4309	25	18	20	65
商务服务业	4559	95059	399	670	987	1799
科学研究、技术服务和地质勘查业	**1872**	**39694**	**338**	**577**	**1161**	**1376**
研究与试验发展	194	3365	51	56	109	122
专业技术服务业	1178	28843	241	400	601	828
科技交流和推广服务业	424	3913	29	62	62	101
地质勘查业	76	3573	17	59	389	325
水利、环境和公共设施管理业	**530**	**13587**	**59**	**201**	**300**	**558**
水利管理业	78	1367	6	29	81	125
环境管理业	92	2296	1	27	66	83
公共设施管理业	360	9924	52	145	153	350
居民服务和其他服务业	**2227**	**33558**	**284**	**702**	**739**	**1014**
居民服务业	1043	16362	135	360	230	249
其他服务业	1184	17196	149	342	509	765
教育	**480**	**10076**	**53**	**104**	**86**	**106**
教育	480	10076	53	104	86	106
卫生、社会保障和社会福利业	**387**	**11780**	**74**	**118**	**40**	**84**
卫生	365	10981	74	117	40	82
社会保障业	9	649		1		2
社会福利业	13	150				
文化、体育和娱乐业	**558**	**11822**	**40**	**326**	**155**	**385**
新闻出版业	39	2008		17	7	2
广播、电视、电影和音像业	90	2587	4	229	87	280
文化艺术业	137	1875	9	23	6	21
体育	33	382				4
娱乐业	259	4970	27	57	55	78

1-2-39　按登记注册类型、技术等级分组的企业法人单位就业人数

项　目	企业法人单位数(个)	就业人数(人)	#高级技师	#技师	#高级工	#中级工
总　计	**87417**	**4862418**	**23775**	**67945**	**160748**	**282624**
内资企业	**86945**	**4703420**	**21949**	**63528**	**155790**	**273366**
国有企业	5853	746148	2720	12103	36288	45034
集体企业	6904	373743	809	2888	4900	16491
股份合作企业	1247	48589	369	570	808	3211
国有联营企业	39	887	7	22	17	28
集体联营企业	113	6030	21	14	57	53
国有与集体联营企业	27	955		20	3	15
其他联营企业	148	4232	10	33	36	78
国有独资公司	178	339940	3105	6059	31614	39368
其他有限责任公司	10897	1462318	4618	18628	50898	104688
股份有限公司	3681	361477	3400	6043	9660	16558
私营独资企业	24623	370400	939	2760	2970	8733
私营合伙企业	3951	69268	374	538	399	1437
私营有限责任公司	24711	801290	4897	11820	15384	32572
私营股份有限公司	2800	86206	540	1514	2363	4136
其他企业	1773	31937	140	516	393	964
港澳台商投资企业	**183**	**83917**	**1457**	**3383**	**3581**	**5949**
与港澳台合资经营企业	94	22315	486	622	635	1193
与港澳台合作经营企业	18	1520	2	13	11	6
港澳台商独资企业	54	55451	933	2694	2872	4699
港澳台商投资股份有限公司	17	4631	36	54	63	51
外商投资企业	**289**	**75081**	**369**	**1034**	**1377**	**3309**
中外合资经营企业	178	52352	254	716	1029	2597
中外合作经营企业	14	5604	88	171	140	500
外资企业	82	15439	26	144	203	210
外商投资股份有限公司	15	1686	1	3	5	2

1-2-40 按行业(大类)、控股情况分组的企业法人单位数

项目	企业法人单位数(个)	国有控股	集体控股	私人控股	港澳台商控股	外商控股	其他
总　计	**87417**	**7589**	**8523**	**67635**	**134**	**181**	**3355**
农、林、牧、渔业	**13**	**4**	**1**	**6**			**2**
农业	5	2		2			1
林业	3	2		1			
畜牧业	4			3			1
渔业	1		1				
农、林、牧、渔服务业							
采矿业	**7969**	**355**	**1214**	**6285**	**8**	**10**	**97**
煤炭开采和洗选业	4817	309	999	3420	6	7	76
石油和天然气开采业	12	5		3	2	1	1
黑色金属矿采选业	1493	15	74	1397			7
有色金属矿采选业	127	8	15	102		1	1
非金属矿采选业	1520	18	126	1363		1	12
其他采矿业							
制造业	**22409**	**1007**	**1998**	**18951**	**49**	**102**	**302**
农副食品加工业	1743	114	97	1499	2	5	26
食品制造业	947	52	41	826	3	12	13
饮料制造业	515	22	56	422	2	8	5
烟草制品业	1	1					
纺织业	270	20	42	204	1		3
纺织服装、鞋、帽制造业	248	9	75	162			2
皮革、毛皮、羽毛(绒)及其制品业	32	4	10	15			3
木材加工及木、竹、藤、棕、草制品业	239	3	17	211			8
家具制造业	227	3	25	196			3
造纸及纸制品业	563	3	43	505		1	11
印刷业和记录媒介的复制	650	67	120	448		4	11
文教体育用品制造业	47	4	7	35		1	
石油加工、炼焦及核燃料加工业	440	23	17	388	5	2	5
化学原料及化学制品制造业	1543	96	138	1284	5	4	16
医药制造业	261	27	12	208	6	5	3
化学纤维制造业	15	3	1	11			
橡胶制品业	166	7	25	132		2	
塑料制品业	565	17	66	467	4	3	8
非金属矿物制品业	5758	113	435	5129	2	13	66
黑色金属冶炼及压延加工业	621	30	43	540	1	1	6
有色金属冶炼及压延加工业	341	25	17	286	2	4	7
金属制品业	1179	25	155	971	4	6	18
通用设备制造业	3373	119	262	2932	4	12	44
专用设备制造业	879	81	88	691		2	17
交通运输设备制造业	573	52	67	438	2	3	11
电气机械及器材制造业	427	42	65	302	1	7	10
通信设备、计算机及其他电子设备制造业	140	14	6	114	3	3	
仪器仪表及文化、办公用机械制造业	125	16	14	93		2	
工艺品及其他制造业	442	9	46	378	2	2	5
废弃资源和废旧材料回收加工业	79	6	8	64			1
电力、燃气及水的生产和供应业	**716**	**304**	**119**	**273**			**20**
电力、热力的生产和供应业	384	145	67	157			15
燃气生产和供应业	99	26	6	66			1
水的生产和供应业	233	133	46	50			4
建筑业	**4202**	**438**	**366**	**3246**	**8**	**3**	**141**
房屋和土木工程建筑业	1699	328	230	1090	2	2	47
建筑安装业	784	54	67	642	1		20
建筑装饰业	1224	15	28	1125	4	1	51
其他建筑业	495	41	41	389	1		23

1-2-40　续表

项　　目	企业法人单位数(个)	国有控股	集体控股	私人控股	港澳台商控股	外商控股	其他
交通运输、仓储和邮政业	**2709**	**467**	**288**	**1848**	**6**	**10**	**90**
铁路运输业	54	22	13	19			
道路运输业	1486	179	144	1107	5	5	46
城市公共交通业	236	22	15	185			14
水上运输业	11	3	2	6			
航空运输业	30	6	1	20		1	2
管道运输业	1			1			
装卸搬运和其他运输服务业	421	31	62	311		1	16
仓储业	441	191	50	187	1	1	11
邮政业	29	13	1	12		2	1
信息传输、计算机服务和软件业	**2338**	**100**	**22**	**2155**	**3**	**9**	**49**
电信和其他信息传输服务业	486	87	13	364	2	7	13
计算机服务业	1570	8	7	1532	1		22
软件业	282	5	2	259		2	14
批发和零售业	**28977**	**2716**	**2776**	**21803**	**24**	**19**	**1639**
批发业	13734	1600	1084	10224	14	9	803
零售业	15243	1116	1692	11579	10	10	836
住宿和餐饮业	**2715**	**357**	**269**	**1883**	**9**	**9**	**188**
住宿业	1216	274	193	659	3	1	86
餐饮业	1499	83	76	1224	6	8	102
金融业	**686**	**261**	**150**	**209**		**1**	**65**
银行业	230	97	119	2			12
证券业	13	6		4			3
保险业	230	114	24	56		1	35
其他金融活动	213	44	7	147			15
房地产业	**3772**	**434**	**361**	**2844**	**15**	**3**	**115**
房地产业	3772	434	361	2844	15	3	115
租赁和商务服务业	**4857**	**521**	**474**	**3564**	**4**	**3**	**291**
租赁业	298	16	31	236			15
商务服务业	4559	505	443	3328	4	3	276
科学研究、技术服务和地质勘查业	**1872**	**282**	**127**	**1312**	**4**	**4**	**143**
研究与试验发展	194	20	12	143	1	1	17
专业技术服务业	1178	203	77	799	2	1	96
科技交流和推广服务业	424	34	32	329	1	1	27
地质勘查业	76	25	6	41		1	3
水利、环境和公共设施管理业	**530**	**73**	**61**	**348**		**1**	**47**
水利管理业	78	24	13	37			4
环境管理业	92	11	8	63			10
公共设施管理业	360	38	40	248		1	33
居民服务和其他服务业	**2227**	**106**	**173**	**1859**	**3**	**4**	**82**
居民服务业	1043	48	92	866		1	36
其他服务业	1184	58	81	993	3	3	46
教育	**480**	**38**	**34**	**372**			**36**
教育	480	38	34	372			36
卫生、社会保障和社会福利业	**387**	**58**	**53**	**259**	**1**		**16**
卫生	365	52	50	247	1		15
社会保障业	9	2	1	6			
社会福利业	13	4	2	6			1
文化、体育和娱乐业	**558**	**68**	**37**	**418**		**3**	**32**
新闻出版业	39	19	3	15			2
广播、电视、电影和音像业	90	32	12	43		2	1
文化艺术业	137	8	11	113		1	4
体育	33	4	2	23			4
娱乐业	259	5	9	224			21

1-2-41 按地区、控股情况分组的企业法人单位数

地 区	企业法人单位数(个)						
		国有控股	集体控股	私人控股	港澳台商控股	外商控股	其他
总 计	**87417**	**7589**	**8523**	**67635**	**134**	**181**	**3355**
太原市	21566	1666	1533	17575	67	76	649
大同市	7516	1034	1172	5076	6	16	212
阳泉市	4334	474	655	2753	5	5	442
长治市	7819	798	1081	5810	6	8	116
晋城市	6270	536	1254	4276	4	9	191
朔州市	3652	314	273	2969	1	4	91
晋中市	7638	494	578	6112	13	16	425
运城市	8575	556	523	7101	11	29	355
忻州市	5200	745	452	3810	2	4	187
临汾市	9983	634	630	8283	10	5	421
吕梁市	4864	338	372	3870	9	9	266

第3篇

事业、机关、社团、民办非企业篇

1-3-1　按行业(大类)分组的事业法人单位数及就业人数

项　目	事业法人单位数(个)	单产业法人	多产业法人	就业人数(人)	#女性
总　计	**23492**	**20690**	**2802**	**1015710**	**495879**
农、林、牧、渔业	**2**		**2**	**203**	**30**
农业	1		1	36	3
林业					
畜牧业					
渔业					
农、林、牧、渔服务业	1		1	167	27
电力、燃气及水的生产和供应业	**49**	**43**	**6**	**3063**	**1026**
电力、热力的生产和供应业	15	14	1	792	217
燃气生产和供应业	4	3	1	383	141
水的生产和供应业	30	26	4	1888	668
建筑业	**1**	**1**		**29**	**5**
房屋和土木工程建筑业	1	1		29	5
建筑安装业					
建筑装饰业					
其他建筑业					
交通运输、仓储和邮政业	**238**	**188**	**50**	**20619**	**5436**
铁路运输业	6	6		125	20
道路运输业	203	154	49	19068	4988
城市公共交通业	6	5	1	81	26
水上运输业	2	2		9	2
航空运输业	1	1		393	152
管道运输业					
装卸搬运和其他运输服务业	5	5		111	28
仓储业	15	15		832	220
邮政业					
信息传输、计算机服务和软件业	**84**	**81**	**3**	**2663**	**786**
电信和其他信息传输服务业	58	55	3	2346	679
计算机服务业	19	19		245	89
软件业	7	7		72	18
住宿和餐饮业	**46**	**46**		**2486**	**1294**
住宿业	38	38		2166	1171
餐饮业	8	8		320	123
金融业	**15**	**5**	**10**	**1014**	**322**
银行业	10		10	821	259
证券业	1	1		42	16
保险业	1	1		68	20
其他金融活动	3	3		83	27

1-3-1 续表

项 目	事业法人单位数（个）	单产业法人	多产业法人	就业人数（人）	#女性
房地产业	**75**	**68**	**7**	**1482**	**614**
房地产业	75	68	7	1482	614
租赁和商务服务业	**1204**	**1168**	**36**	**24022**	**8477**
租赁业	4	4		133	37
商务服务业	1200	1164	36	23889	8440
科学研究、技术服务和地质勘查业	**1790**	**1719**	**71**	**50847**	**16301**
研究与试验发展	202	194	8	11179	3705
专业技术服务业	913	885	28	20056	6706
科技交流和推广服务业	616	593	23	8756	2964
地质勘查业	59	47	12	10856	2926
水利、环境和公共设施管理业	**1127**	**1074**	**53**	**47673**	**19058**
水利管理业	619	591	28	13814	4107
环境管理业	242	232	10	21170	9872
公共设施管理业	266	251	15	12689	5079
居民服务和其他服务业	**124**	**120**	**4**	**1746**	**570**
居民服务业	71	68	3	940	317
其他服务业	53	52	1	806	253
教育	**6256**	**5209**	**1047**	**427423**	**245363**
教育	6256	5209	1047	427423	245363
卫生、社会保障和社会福利业	**3664**	**3223**	**441**	**154854**	**90699**
卫生	2885	2452	433	144799	86067
社会保障业	500	496	4	6752	3212
社会福利业	279	275	4	3303	1420
文化、体育和娱乐业	**1426**	**1365**	**61**	**39637**	**17477**
新闻出版业	214	206	8	7950	3386
广播、电视、电影和音像业	258	227	31	10827	4711
文化艺术业	821	801	20	18408	8469
体育	87	85	2	1730	618
娱乐业	46	46		722	293
公共管理和社会组织	**7391**	**6380**	**1011**	**237949**	**88421**
中国共产党机关	174	171	3	1292	324
国家机构	7200	6192	1008	236469	88018
人民政协和民主党派	17	17		188	79
群众团体、社会团体和宗教组织					
基层群众自治组织					

1-3-2　按地区分组的事业法人单位数及就业人数

地　区	事业法人单位数（个）	单产业法人	多产业法人	就业人数（人）	#女性
总　计	**23492**	**20690**	**2802**	**1015710**	**495879**
太原市	2888	2654	234	187116	89566
大同市	2131	1904	227	97018	46599
阳泉市	906	816	90	35703	17748
长治市	2655	2345	310	92257	44666
晋城市	1587	1346	241	58055	27245
朔州市	1322	1235	87	43490	18746
晋中市	2052	1694	358	90241	44881
运城市	2234	1888	346	114991	58044
忻州市	2461	2123	338	86001	39394
临汾市	3429	3121	308	114789	60109
吕梁市	1827	1564	263	96049	48881

1-3-3 按行业(大类)、地区

项 目	事业法人单位数(个)	太原市	大同市	阳泉市
总 计	**23492**	**2888**	**2131**	**906**
农、林、牧、渔业	**2**		**1**	
农业	1		1	
林业				
畜牧业				
渔业				
农、林、牧、渔服务业	1			
电力、燃气及水的生产和供应业	**49**	**6**	**5**	**4**
电力、热力的生产和供应业	15	3	2	1
燃气生产和供应业	4	1		1
水的生产和供应业	30	2	3	2
建筑业	**1**	**1**		
房屋和土木工程建筑业	1	1		
建筑安装业				
建筑装饰业				
其他建筑业				
交通运输、仓储和邮政业	**238**	**24**	**25**	**6**
铁路运输业	6			
道路运输业	203	20	23	3
城市公共交通业	6	1	1	
水上运输业	2			
航空运输业	1	1		
管道运输业				
装卸搬运和其他运输服务业	5			2
仓储业	15	2	1	1
邮政业				
信息传输、计算机服务和软件业	**84**	**20**	**17**	**2**
电信和其他信息传输服务业	58	8	11	
计算机服务业	19	9	4	1
软件业	7	3	2	1
住宿和餐饮业	**46**	**12**	**8**	**4**
住宿业	38	12	6	2
餐饮业	8		2	2
金融业	**15**	**3**	**1**	
银行业	10	1	1	
证券业	1	1		
保险业	1	1		
其他金融活动	3			

分组的事业法人单位数

长治市	晋城市	朔州市	晋中市	运城市	忻州市	临汾市	吕梁市
2655	1587	1322	2052	2234	2461	3429	1827
1							
1							
2	3	1	4	9	11	2	2
	2	1	1	3	2		
	1						1
2			3	6	9	2	1
41	12	14	2	33	23	31	27
4				2			
33	11	12	2	27	20	30	22
1				1	1		1
1							1
		2					1
2	1			3	2	1	2
8	7	3	3	4	8	6	6
7	5	3	3	4	8	3	6
	2					3	
1							
1	2	1	4	2	6	5	1
1	1	1	4	1	5	4	1
	1			1	1	1	
1	1	1	1	1	2	2	2
1	1	1	1	1	1	1	1
					1	1	1

1-3-3 续表

项　　目	事业法人单位数（个）	太原市	大同市	阳泉市
房地产业	**75**	**5**	**4**	**3**
房地产业	75	5	4	3
租赁和商务服务业	**1204**	**263**	**186**	**29**
租赁业	4			
商务服务业	1200	263	186	29
科学研究、技术服务和地质勘查业	**1790**	**324**	**195**	**90**
研究与试验发展	202	71	34	8
专业技术服务业	913	171	93	60
科技交流和推广服务业	616	64	64	21
地质勘查业	59	18	4	1
水利、环境和公共设施管理业	**1127**	**150**	**122**	**35**
水利管理业	619	60	69	13
环境管理业	242	44	30	10
公共设施管理业	266	46	23	12
居民服务和其他服务业	**124**	**28**	**10**	**12**
居民服务业	71	19	7	7
其他服务业	53	9	3	5
教育	**6256**	**692**	**516**	**246**
教育	6256	692	516	246
卫生、社会保障和社会福利业	**3664**	**335**	**343**	**120**
卫生	2885	254	266	90
社会保障业	500	55	42	16
社会福利业	279	26	35	14
文化、体育和娱乐业	**1426**	**236**	**144**	**70**
新闻出版业	214	86	20	15
广播、电视、电影和音像业	258	33	30	10
文化艺术业	821	85	79	37
体育	87	23	14	6
娱乐业	46	9	1	2
公共管理和社会组织	**7391**	**789**	**554**	**285**
中国共产党机关	174	18	17	8
国家机构	7200	771	537	276
人民政协和民主党派	17			1
群众团体、社会团体和宗教组织				
基层群众自治组织				

长治市	晋城市	朔州市	晋中市	运城市	忻州市	临汾市	吕梁市
7	**3**	**1**	**10**	**8**	**7**	**13**	**14**
7	3	1	10	8	7	13	14
217	**75**	**22**	**93**	**54**	**117**	**101**	**47**
			1		2	1	
217	75	22	92	54	115	100	47
286	**117**	**77**	**141**	**134**	**166**	**177**	**83**
22	8	5	9	3	20	8	14
114	50	46	87	57	88	100	47
144	59	25	41	68	52	60	18
6		1	4	6	6	9	4
155	**75**	**49**	**76**	**107**	**142**	**145**	**71**
95	37	22	42	71	91	81	38
29	11	12	14	15	29	35	13
31	27	15	20	21	22	29	20
2	**16**	**8**	**6**	**16**	**11**	**12**	**3**
2	4	1	3	8	8	9	3
	12	7	3	8	3	3	
641	**465**	**185**	**649**	**637**	**492**	**1227**	**506**
641	465	185	649	637	492	1227	506
474	**244**	**187**	**316**	**383**	**454**	**498**	**310**
354	187	154	258	317	372	392	241
72	38	19	34	45	58	73	48
48	19	14	24	21	24	33	21
181	**75**	**56**	**127**	**120**	**139**	**166**	**112**
21	12	8	9	9	16	14	4
27	11	13	21	21	30	33	29
120	44	31	84	81	81	106	73
10	3	2	10	5	5	4	5
3	5	2	3	4	7	9	1
638	**492**	**717**	**620**	**726**	**883**	**1044**	**643**
57	12	22	4	15	11	9	1
580	475	694	616	711	866	1032	642
1	5	1			6	3	

1-3-4 按行业(大类)、地区分组的

项目	就业人数(个)	太原市	大同市	阳泉市
总计	**1015710**	**187116**	**97018**	**35703**
农、林、牧、渔业	**203**		**36**	
农业	36		36	
林业				
畜牧业				
渔业				
农、林、牧、渔服务业	167			
电力、燃气及水的生产和供应业	**3063**	**479**	**274**	**902**
电力、热力的生产和供应业	792	268	94	115
燃气生产和供应业	383	65		150
水的生产和供应业	1888	146	180	637
建筑业	**29**	**29**		
房屋和土木工程建筑业	29	29		
建筑安装业				
建筑装饰业				
其他建筑业				
交通运输、仓储和邮政业	**20619**	**3560**	**1220**	**377**
铁路运输业	125			
道路运输业	19068	3087	1176	292
城市公共交通业	81	20	25	
水上运输业	9			
航空运输业	393	393		
管道运输业				
装卸搬运和其他运输服务业	111			77
仓储业	832	60	19	8
邮政业				
信息传输、计算机服务和软件业	**2663**	**899**	**290**	**15**
电信和其他信息传输服务业	2346	675	243	
计算机服务业	245	196	26	5
软件业	72	28	21	10
住宿和餐饮业	**2486**	**730**	**292**	**59**
住宿业	2166	730	253	11
餐饮业	320		39	48
金融业	**1014**	**267**	**70**	
银行业	821	157	70	
证券业	42	42		
保险业	68	68		
其他金融活动	83			

事业法人单位就业人数

长治市	晋城市	朔州市	晋中市	运城市	忻州市	临汾市	吕梁市
92257	**58055**	**43490**	**90241**	**114991**	**86001**	**114789**	**96049**
167							
167							
53	**194**	**54**	**188**	**420**	**288**	**105**	**106**
	82	54	10	141	28		
	112						56
53			178	279	260	105	50
4008	**522**	**1900**	**958**	**3586**	**952**	**1988**	**1548**
53				72			
3727	485	1871	958	3226	798	1973	1475
4				19	5		8
2							7
		29					5
222	37			269	149	15	53
134	**78**	**206**	**139**	**350**	**141**	**231**	**180**
121	72	206	139	350	141	219	180
	6					12	
13							
35	**301**	**15**	**249**	**129**	**430**	**152**	**94**
35	192	15	249	82	413	92	94
	109			47	17	60	
78	**62**	**51**	**49**	**83**	**91**	**104**	**159**
78	62	51	49	83	86	101	84
					5	3	75

1-3-4 续表

项目	就业人数（个）	太原市	大同市	阳泉市
房地产业	**1482**	**161**	**54**	**181**
房地产业	1482	161	54	181
租赁和商务服务业	**24022**	**7059**	**3852**	**589**
租赁业	133			
商务服务业	23889	7059	3852	589
科学研究、技术服务和地质勘查业	**50847**	**22030**	**5114**	**1595**
研究与试验发展	11179	7498	987	57
专业技术服务业	20056	9024	1612	1311
科技交流和推广服务业	8756	981	1057	216
地质勘查业	10856	4527	1458	11
水利、环境和公共设施管理业	**47673**	**10678**	**7271**	**1662**
水利管理业	13814	1808	1768	191
环境管理业	21170	5150	3373	1000
公共设施管理业	12689	3720	2130	471
居民服务和其他服务业	**1746**	**389**	**216**	**156**
居民服务业	940	291	118	91
其他服务业	806	98	98	65
教育	**427423**	**73871**	**42020**	**17275**
教育	427423	73871	42020	17275
卫生、社会保障和社会福利业	**154854**	**26610**	**14760**	**6103**
卫生	144799	25418	13589	5778
社会保障业	6752	714	720	213
社会福利业	3303	478	451	112
文化、体育和娱乐业	**39637**	**11025**	**4228**	**1759**
新闻出版业	7950	4335	761	308
广播、电视、电影和音像业	10827	1499	1261	564
文化艺术业	18408	3970	2040	725
体育	1730	948	160	132
娱乐业	722	273	6	30
公共管理和社会组织	**237949**	**29329**	**17321**	**5030**
中国共产党机关	1292	291	147	128
国家机构	236469	29038	17174	4894
人民政协和民主党派	188			8
群众团体、社会团体和宗教组织				
基层群众自治组织				

长治市	晋城市	朔州市	晋中市	运城市	忻州市	临汾市	吕梁市
100	**36**	**42**	**104**	**268**	**168**	**168**	**200**
100	36	42	104	268	168	168	200
2837	**944**	**289**	**1412**	**835**	**3758**	**1308**	**1139**
			14		59	60	
2837	944	289	1398	835	3699	1248	1139
4762	**1557**	**745**	**3597**	**2917**	**3205**	**3583**	**1742**
382	83	42	1040	41	515	68	466
1646	808	472	1225	747	1273	1351	587
1636	666	219	652	1027	891	990	421
1098		12	680	1102	526	1174	268
6284	**1619**	**1502**	**3117**	**3311**	**3461**	**5447**	**3321**
1512	456	397	1217	2034	1787	1897	747
3056	421	672	984	796	1231	2461	2026
1716	742	433	916	481	443	1089	548
20	**269**	**91**	**88**	**153**	**239**	**106**	**19**
20	92	11	42	78	75	103	19
	177	80	46	75	164	3	
44202	**23622**	**14411**	**39516**	**52948**	**30169**	**50998**	**38391**
44202	23622	14411	39516	52948	30169	50998	38391
14838	**10070**	**5444**	**14753**	**18421**	**13344**	**17352**	**13159**
13585	9418	5014	13836	17505	12342	16061	12253
794	432	268	651	773	739	804	644
459	220	162	266	143	263	487	262
3256	**2048**	**1087**	**2697**	**3534**	**2697**	**3447**	**3859**
498	226	165	192	295	206	179	785
461	776	370	851	1199	1348	1185	1313
2200	880	504	1537	1911	1023	1956	1662
70	35	13	84	95	72	32	89
27	131	35	33	34	48	95	10
11483	**16733**	**17653**	**23374**	**28036**	**27058**	**29800**	**32132**
214	110	146	13	116	51	67	9
11267	16543	17499	23361	27920	26924	29726	32123
2	80	8			83	7	

1-3-5 按地区、学历分组的事业法人单位就业人数

地　区	事业法人单位数（个）	就业人数（人）	具有研究生及以上学历人员	具有大学本科学历人员	具有大专学历人员	具有高中学历人员	具有初中及以下学历人员
总　计	**23492**	**1015710**	**24647**	**292792**	**378492**	**231341**	**88438**
太原市	2888	187116	14574	74188	52920	28489	16945
大同市	2131	97018	1063	26916	34142	25370	9527
阳泉市	906	35703	316	12225	12574	7148	3440
长治市	2655	92257	1374	25200	35977	22039	7667
晋城市	1587	58055	435	14456	24316	13621	5227
朔州市	1322	43490	405	9774	17104	11340	4867
晋中市	2052	90241	1304	26132	33671	19049	10085
运城市	2234	114991	1150	29125	48507	28409	7800
忻州市	2461	86001	1231	22942	32695	21037	8096
临汾市	3429	114789	1713	24806	48212	32629	7429
吕梁市	1827	96049	1082	27028	38374	22210	7355

1-3-6　按行业(大类)、学历分组的事业法人单位就业人数

项　目	事业法人单位数(个)	就业人数(人)					
			具有研究生及以上学历人员	具有大学本科学历人员	具有大专学历人员	具有高中学历人员	具有初中及以下学历人员
总　计	**23492**	**1015710**	**24647**	**292792**	**378492**	**231341**	**88438**
农、林、牧、渔业	**2**	**203**		**1**	**6**	**35**	**161**
农业	1	36		1	1	7	27
林业							
畜牧业							
渔业							
农、林、牧、渔服务业	1	167			5	28	134
电力、燃气及水的生产和供应业	**49**	**3063**		**70**	**616**	**1348**	**1029**
电力、热力的生产和供应业	15	792		8	81	317	386
燃气生产和供应业	4	383		11	83	201	88
水的生产和供应业	30	1888		51	452	830	555
建筑业	**1**	**29**		**5**	**3**	**3**	**18**
房屋和土木工程建筑业	1	29		5	3	3	18
建筑安装业							
建筑装饰业							
其他建筑业							
交通运输、仓储和邮政业	**238**	**20619**	**199**	**3084**	**7203**	**6403**	**3730**
铁路运输业	6	125		1	77	31	16
道路运输业	203	19068	194	2827	6620	5821	3606
城市公共交通业	6	81		1	24	50	6
水上运输业	2	9			6	3	
航空运输业	1	393	5	146	189	52	1
管道运输业							
装卸搬运和其他运输服务业	5	111		19	71	17	4
仓储业	15	832		90	216	429	97
邮政业							
信息传输、计算机服务和软件业	**84**	**2663**	**127**	**675**	**922**	**785**	**154**
电信和其他信息传输服务业	58	2346	111	495	843	750	147
计算机服务业	19	245	14	138	60	29	4
软件业	7	72	2	42	19	6	3
住宿和餐饮业	**46**	**2486**	**3**	**109**	**253**	**960**	**1161**
住宿业	38	2166	3	100	226	830	1007
餐饮业	8	320		9	27	130	154
金融业	**15**	**1014**	**55**	**492**	**308**	**141**	**18**
银行业	10	821	27	410	251	130	3
证券业	1	42	13	25	2	2	
保险业	1	68	14	39	15		
其他金融活动	3	83	1	18	40	9	15

1-3-6 续表

项 目	事业法人单位数(个)	就业人数(人)	具有研究生及以上学历人员	具有大学本科学历人员	具有大专学历人员	具有高中学历人员	具有初中及以下学历人员
房地产业	**75**	**1482**	**10**	**250**	**511**	**494**	**217**
房地产业	75	1482	10	250	511	494	217
租赁和商务服务业	**1204**	**24022**	**424**	**4674**	**7815**	**7426**	**3683**
租赁业	4	133		15	62	44	12
商务服务业	1200	23889	424	4659	7753	7382	3671
科学研究、技术服务和地质勘查业	**1790**	**50847**	**1738**	**14127**	**16062**	**12241**	**6679**
研究与试验发展	202	11179	854	4231	2822	1980	1292
专业技术服务业	913	20056	658	6169	6912	4638	1679
科技交流和推广服务业	616	8756	114	1877	3297	2630	838
地质勘查业	59	10856	112	1850	3031	2993	2870
水利、环境和公共设施管理业	**1127**	**47673**	**184**	**4543**	**10364**	**15548**	**17034**
水利管理业	619	13814	57	1616	4121	4952	3068
环境管理业	242	21170	54	1564	2789	6060	10703
公共设施管理业	266	12689	73	1363	3454	4536	3263
居民服务和其他服务业	**124**	**1746**	**33**	**161**	**430**	**622**	**500**
居民服务业	71	940	15	103	247	311	264
其他服务业	53	806	18	58	183	311	236
教育	**6256**	**427423**	**15706**	**172908**	**165263**	**61059**	**12487**
教育	6256	427423	15706	172908	165263	61059	12487
卫生、社会保障和社会福利业	**3664**	**154854**	**2924**	**35136**	**56627**	**46708**	**13459**
卫生	2885	144799	2832	32992	52047	44261	12667
社会保障业	500	6752	67	1649	3447	1422	167
社会福利业	279	3303	25	495	1133	1025	625
文化、体育和娱乐业	**1426**	**39637**	**558**	**9251**	**12958**	**11517**	**5353**
新闻出版业	214	7950	205	3565	2189	1338	653
广播、电视、电影和音像业	258	10827	130	2258	4130	3097	1212
文化艺术业	821	18408	163	2870	5569	6538	3268
体育	87	1730	54	427	749	379	121
娱乐业	46	722	6	131	321	165	99
公共管理和社会组织	**7391**	**237949**	**2686**	**47306**	**99151**	**66051**	**22755**
中国共产党机关	174	1292	60	496	480	162	94
国家机构	7200	236469	2624	46737	98586	65862	22660
人民政协和民主党派	17	188	2	73	85	27	1
群众团体、社会团体和宗教组织							
基层群众自治组织							

1-3-7　按地区、专业技术职称分组的事业法人单位就业人数

地　区	事业法人单位数(个)	就业人数(人)	#具有高级技术职称人员	#具有中级技术职称人员	#具有初级技术职称人员
总　计	**23492**	**1015710**	**54282**	**227114**	**285502**
太原市	2888	187116	20091	40048	35892
大同市	2131	97018	5526	22991	28851
阳泉市	906	35703	2201	9230	10073
长治市	2655	92257	3552	18713	30558
晋城市	1587	58055	1751	12829	19145
朔州市	1322	43490	1445	7964	11487
晋中市	2052	90241	4135	19643	31792
运城市	2234	114991	3704	25102	34837
忻州市	2461	86001	4235	24671	22998
临汾市	3429	114789	3507	24537	31235
吕梁市	1827	96049	4135	21386	28634

1-3-8 按行业(大类)、专业技术职称分组的事业法人单位就业人数

项目	事业法人单位数(个)	就业人数(人)	#具有高级技术职称人员	#具有中级技术职称人员	#具有初级技术职称人员
总计	**23492**	**1015710**	**54282**	**227114**	**285502**
农、林、牧、渔业	**2**	**203**	**1**	**1**	**39**
农业	1	36	1	1	3
林业					
畜牧业					
渔业					
农、林、牧、渔服务业	1	167			36
电力、燃气及水的生产和供应业	**49**	**3063**	**31**	**110**	**295**
电力、热力的生产和供应业	15	792	15	25	20
燃气生产和供应业	4	383	1	11	46
水的生产和供应业	30	1888	15	74	229
建筑业	**1**	**29**		**2**	
房屋和土木工程建筑业	1	29		2	
建筑安装业					
建筑装饰业					
其他建筑业					
交通运输、仓储和邮政业	**238**	**20619**	**244**	**1183**	**1476**
铁路运输业	6	125		4	4
道路运输业	203	19068	228	992	1290
城市公共交通业	6	81		4	15
水上运输业	2	9			
航空运输业	1	393	3	123	112
管道运输业					
装卸搬运和其他运输服务业	5	111			5
仓储业	15	832	13	60	50
信息传输、计算机服务和软件业	**84**	**2663**	**63**	**296**	**475**
电信和其他信息传输服务业	58	2346	30	225	393
计算机服务业	19	245	28	53	73
软件业	7	72	5	18	9
住宿和餐饮业	**46**	**2486**	**54**	**60**	**90**
住宿业	38	2166	33	43	70
餐饮业	8	320	21	17	20
金融业	**15**	**1014**	**42**	**375**	**142**
银行业	10	821	28	338	105
证券业	1	42			
保险业	1	68	14	25	29
其他金融活动	3	83		12	8

1-3-8　续表

项　目	事业法人单位数(个)	就业人数(人)	#具有高级技术职称人员	#具有中级技术职称人员	#具有初级技术职称人员
房地产业	**75**	**1482**	**6**	**132**	**119**
房地产业	75	1482	6	132	119
租赁和商务服务业	**1204**	**24022**	**527**	**2417**	**2332**
租赁业	4	133		3	11
商务服务业	1200	23889	527	2414	2321
科学研究、技术服务和地质勘查业	**1790**	**50847**	**4225**	**9928**	**9661**
研究与试验发展	202	11179	1326	2326	2053
专业技术服务业	913	20056	1546	4291	4093
科技交流和推广服务业	616	8756	542	1751	1829
地质勘查业	59	10856	811	1560	1686
水利、环境和公共设施管理业	**1127**	**47673**	**535**	**2825**	**4049**
水利管理业	619	13814	284	1434	2069
环境管理业	242	21170	112	517	885
公共设施管理业	266	12689	139	874	1095
居民服务和其他服务业	**124**	**1746**	**16**	**103**	**107**
居民服务业	71	940	10	58	29
其他服务业	53	806	6	45	78
教育	**6256**	**427423**	**31016**	**127734**	**156489**
教育	6256	427423	31016	127734	156489
卫生、社会保障和社会福利业	**3664**	**154854**	**10408**	**35243**	**56400**
卫生	2885	144799	10282	33915	55049
社会保障业	500	6752	96	1153	1183
社会福利业	279	3303	30	175	168
文化、体育和娱乐业	**1426**	**39637**	**2220**	**6679**	**6879**
新闻出版业	214	7950	757	1341	1224
广播、电视、电影和音像业	258	10827	269	1506	2063
文化艺术业	821	18408	1125	3543	3271
体育	87	1730	63	225	289
娱乐业	46	722	6	64	32
公共管理和社会组织	**7391**	**237949**	**4894**	**40026**	**46949**
中国共产党机关	174	1292	46	110	103
国家机构	7200	236469	4829	39820	46836
人民政协和民主党派	17	188	19	96	10
群众团体、社会团体和宗教组织					
基层群众自治组织					

1-3-9 按地区、技术等级分组的事业法人单位就业人数

地　区	事业法人单位数(个)	就业人数(人)	#高级技师	#技师	#高级工	#中级工
总　计	**23492**	**1015710**	**4354**	**17537**	**32135**	**38898**
太原市	2888	187116	1761	5561	6135	5173
大同市	2131	97018	296	1814	3757	4033
阳泉市	906	35703	61	900	1351	1416
长治市	2655	92257	149	1468	2892	3144
晋城市	1587	58055	162	1030	1954	2021
朔州市	1322	43490	198	289	751	1444
晋中市	2052	90241	203	1965	3741	4500
运城市	2234	114991	381	1067	3003	4450
忻州市	2461	86001	309	1170	2540	3744
临汾市	3429	114789	354	1179	3739	6003
吕梁市	1827	96049	480	1094	2272	2970

1-3-10　按行业(大类)、技术等级分组的事业法人单位就业人数

项　目	事业法人单位数(个)	就业人数(人)	#高级技师	#技师	#高级工	#中级工
总　计	**23492**	**1015710**	**4354**	**17537**	**32135**	**38898**
农、林、牧、渔业	**2**	**203**			**1**	**42**
农业	1	36			1	11
林业						
畜牧业						
渔业						
农、林、牧、渔服务业	1	167				31
电力、燃气及水的生产和供应业	**49**	**3063**	**14**	**107**	**317**	**524**
电力、热力的生产和供应业	15	792	9	16	27	88
燃气生产和供应业	4	383	5	12	31	35
水的生产和供应业	30	1888		79	259	401
建筑业	**1**	**29**	**1**		**2**	
房屋和土木工程建筑业	1	29	1		2	
建筑安装业						
建筑装饰业						
其他建筑业						
交通运输、仓储和邮政业	**238**	**20619**	**43**	**482**	**1483**	**1919**
铁路运输业	6	125			9	17
道路运输业	203	19068	43	434	1310	1761
城市公共交通业	6	81		1	6	13
水上运输业	2	9				
航空运输业	1	393				
管道运输业						
装卸搬运和其他运输服务业	5	111		5	10	28
仓储业	15	832		42	148	100
邮政业						
信息传输、计算机服务和软件业	**84**	**2663**	**2**	**83**	**119**	**156**
电信和其他信息传输服务业	58	2346	2	81	117	147
计算机服务业	19	245		1		8
软件业	7	72		1	2	1
住宿和餐饮业	**46**	**2486**		**65**	**187**	**233**
住宿业	38	2166		56	142	207
餐饮业	8	320		9	45	26
金融业	**15**	**1014**			**5**	**16**
银行业	10	821				11
证券业	1	42				
保险业	1	68				
其他金融活动	3	83			5	5

1-3-10 续表

项　　目	事业法人单位数（个）	就业人数（人）	#高级技师	#技师	#高级工	#中级工
房地产业	**75**	**1482**	**1**	**33**	**78**	**87**
房地产业	75	1482	1	33	78	87
租赁和商务服务业	**1204**	**24022**	**125**	**817**	**1103**	**1342**
租赁业	4	133		4		4
商务服务业	1200	23889	125	813	1103	1338
科学研究、技术服务和地质勘查业	**1790**	**50847**	**107**	**1250**	**3468**	**3614**
研究与试验发展	202	11179	4	291	690	516
专业技术服务业	913	20056	85	533	936	1345
科技交流和推广服务业	616	8756	17	219	476	636
地质勘查业	59	10856	1	207	1366	1117
水利、环境和公共设施管理业	**1127**	**47673**	**63**	**2373**	**4323**	**4717**
水利管理业	619	13814	34	439	1050	1596
环境管理业	242	21170	2	766	1341	1394
公共设施管理业	266	12689	27	1168	1932	1727
居民服务和其他服务业	**124**	**1746**	**1**	**110**	**132**	**217**
居民服务业	71	940	1	60	83	123
其他服务业	53	806		50	49	94
教育	**6256**	**427423**	**1501**	**4155**	**5123**	**4836**
教育	6256	427423	1501	4155	5123	4836
卫生、社会保障和社会福利业	**3664**	**154854**	**1911**	**2703**	**3614**	**4995**
卫生	2885	144799	1886	2233	3002	4257
社会保障业	500	6752	19	210	358	460
社会福利业	279	3303	6	260	254	278
文化、体育和娱乐业	**1426**	**39637**	**79**	**943**	**1826**	**2096**
新闻出版业	214	7950	12	161	469	250
广播、电视、电影和音像业	258	10827	8	276	553	851
文化艺术业	821	18408	47	377	695	887
体育	87	1730	6	96	68	58
娱乐业	46	722	6	33	41	50
公共管理和社会组织	**7391**	**237949**	**506**	**4416**	**10354**	**14104**
中国共产党机关	174	1292		67	43	72
国家机构	7200	236469	505	4349	10309	14030
人民政协和民主党派	17	188	1		2	2
群众团体、社会团体和宗教组织						
基层群众自治组织						

1-3-11　按地区分组的机关法人单位数及就业人数

地　区	机关法人单位数（个）	单产业法人	多产业法人	就业人数（人）	#女性
总　计	**8973**	**5829**	**3144**	**391463**	**104648**
太原市	868	608	260	46356	14464
大同市	904	574	330	35704	8471
阳泉市	373	261	112	14252	3814
长治市	973	746	227	33569	8442
晋城市	515	320	195	21982	5068
朔州市	532	373	159	23267	5196
晋中市	778	386	392	32700	9158
运城市	951	573	378	48181	13864
忻州市	970	684	286	39161	10202
临汾市	1202	732	470	54465	15348
吕梁市	907	572	335	41826	10621

1-3-12　按地区、就业人数组距分组的机关法人单位数

地　区	机关法人单位数（个）	7人及以下	8–19人	20–49人	50–99人	100–299人	300–499人	500–999人	1000–2999人	3000–4999人	5000人及以上
总　计	**8973**	**1539**	**2277**	**2756**	**1598**	**711**	**60**	**27**	**5**		
太原市	868	181	221	207	152	89	7	8	3		
大同市	904	185	244	276	135	56	5	2	1		
阳泉市	373	82	111	91	57	29	1	2			
长治市	973	190	306	271	159	40	5	2			
晋城市	515	94	118	153	104	40	5	1			
朔州市	532	75	129	188	84	54	2				
晋中市	778	124	216	230	143	59	3	3			
运城市	951	124	197	313	191	119	6	1			
忻州市	970	153	230	332	190	60	3	2			
临汾市	1202	221	296	372	199	94	14	6			
吕梁市	907	110	209	323	184	71	9		1		

1-3-13 按地区、学历分组的机关法人单位就业人数

地 区	机关法人单位数（个）	就业人数（人）	具有研究生及以上学历人员	具有大学本科学历人员	具有大专学历人员	具有高中学历人员	具有初中及以下学历人员
总 计	**8973**	**391463**	**6663**	**118162**	**165890**	**81497**	**19251**
太原市	868	46356	2012	21160	15836	5682	1666
大同市	904	35704	475	9376	15417	8375	2061
阳泉市	373	14252	152	4980	5673	2762	685
长治市	973	33569	375	10827	15407	5711	1249
晋城市	515	21982	236	6562	9077	4836	1271
朔州市	532	23267	300	6124	9722	5899	1222
晋中市	778	32700	325	9967	13933	6529	1946
运城市	951	48181	612	13259	21420	11011	1879
忻州市	970	39161	613	10730	16949	8685	2184
临汾市	1202	54465	592	13147	24962	13797	1967
吕梁市	907	41826	971	12030	17494	8210	3121

1-3-14 按地区、专业技术职称分组的机关法人单位就业人数

地 区	机关法人单位数（个）	就业人数（人）	#具有高级技术职称人员	#具有中级技术职称人员	#具有初级技术职称人员
总 计	**8973**	**391463**	**4201**	**22325**	**22392**
太原市	868	46356	529	2074	1080
大同市	904	35704	364	1971	1577
阳泉市	373	14252	130	627	374
长治市	973	33569	308	1527	1659
晋城市	515	21982	172	1202	1527
朔州市	532	23267	220	1087	1320
晋中市	778	32700	470	1796	2020
运城市	951	48181	484	2980	2312
忻州市	970	39161	541	3424	3862
临汾市	1202	54465	542	2477	2561
吕梁市	907	41826	441	3160	4100

1-3-15　按地区、技术等级分组的机关法人单位就业人数

地　区	机关法人单位数（个）	就业人数（人）	#高级技师	#技师	#高级工	#中级工
总　计	**8973**	**391463**	**808**	**6250**	**11880**	**15432**
太原市	868	46356	97	704	645	737
大同市	904	35704	72	648	1555	1352
阳泉市	373	14252	24	230	320	287
长治市	973	33569	42	553	833	1034
晋城市	515	21982	51	480	651	759
朔州市	532	23267	61	169	633	901
晋中市	778	32700	121	700	1035	1089
运城市	951	48181	101	781	1650	2859
忻州市	970	39161	107	825	1324	1407
临汾市	1202	54465	48	537	1956	3497
吕梁市	907	41826	84	623	1278	1510

1-3-16　按地区分组的社团法人单位数及就业人数

地　区	社团法人单位数（个）	单产业法人	多产业法人	就业人数（人）	#女性
总　计	**5001**	**4882**	**119**	**64690**	**22438**
太原市	898	883	15	16798	9254
大同市	643	636	7	5600	1782
阳泉市	273	273		2234	771
长治市	547	544	3	7866	2466
晋城市	400	393	7	7238	1266
朔州市	234	231	3	1977	433
晋中市	459	430	29	4865	1274
运城市	367	351	16	5933	1412
忻州市	343	330	13	2657	905
临汾市	528	508	20	5781	1974
吕梁市	309	303	6	3741	901

1-3-17 按地区、就业人数组距分组的社团法人单位数

地　区	社团法人单位数（个）	7人及以下	8-19人	20-49人	50-99人	100-299人	300-499人	500-999人	1000-2999人	3000-4999人	5000人及以上
总　计	**5001**	**3586**	**922**	**271**	**132**	**76**	**8**	**2**	**3**	**1**	
太原市	898	662	144	46	21	18	5		1	1	
大同市	643	509	97	24	5	5	3				
阳泉市	273	236	18	7	7	5					
长治市	547	389	99	37	12	9			1		
晋城市	400	278	84	17	13	6		1	1		
朔州市	234	163	52	13	4	2					
晋中市	459	324	90	23	14	8					
运城市	367	207	87	39	27	6		1			
忻州市	343	256	70	13	2	2					
临汾市	528	357	120	26	16	9					
吕梁市	309	205	61	26	11	6					

1-3-18 按地区、学历分组的社团法人单位就业人数

地　区	社团法人单位数（个）	就业人数（人）	具有研究生及以上学历人员	具有大学本科学历人员	具有大专学历人员	具有高中学历人员	具有初中及以下学历人员
总　计	**5001**	**64690**	**1502**	**17095**	**20970**	**16659**	**8464**
太原市	898	16798	1038	7531	5729	1550	950
大同市	643	5600	70	1853	1942	1172	563
阳泉市	273	2234	24	490	780	616	324
长治市	547	7866	44	2029	3115	2232	446
晋城市	400	7238	48	920	1553	3623	1094
朔州市	234	1977	19	522	757	538	141
晋中市	459	4865	30	727	1205	1424	1479
运城市	367	5933	48	801	1839	2328	917
忻州市	343	2657	31	510	908	667	541
临汾市	528	5781	41	1014	2008	1622	1096
吕梁市	309	3741	109	698	1134	887	913

1-3-19　按地区、专业技术职称分组的社团法人单位就业人数

地　区	社团法人单位数(个)	就业人数(人)	#具有高级技术职称人员	#具有中级技术职称人员	#具有初级技术职称人员
总　计	**5001**	**64690**	**1780**	**3737**	**2710**
太原市	898	16798	1160	1714	973
大同市	643	5600	123	314	265
阳泉市	273	2234	55	115	91
长治市	547	7866	113	299	198
晋城市	400	7238	89	252	225
朔州市	234	1977	26	79	31
晋中市	459	4865	42	282	210
运城市	367	5933	34	198	121
忻州市	343	2657	45	165	89
临汾市	528	5781	53	148	124
吕梁市	309	3741	40	171	383

1-3-20　按地区、技术等级分组的社团法人单位就业人数

地　区	社团法人单位数(个)	就业人数(人)	#高级技师	#技师	#高级工	#中级工
总　计	**5001**	**64690**	**127**	**752**	**828**	**1184**
太原市	898	16798	25	254	171	186
大同市	643	5600	9	69	60	199
阳泉市	273	2234	13	38	45	42
长治市	547	7866	17	121	97	62
晋城市	400	7238	23	52	96	178
朔州市	234	1977	2	5	12	31
晋中市	459	4865	10	52	91	128
运城市	367	5933	5	68	81	97
忻州市	343	2657	9	29	37	53
临汾市	528	5781	4	39	103	164
吕梁市	309	3741	10	25	35	44

1-3-21 按地区分组的民办非企业法人单位数及就业人数

地　区	民办非企业法人单位数(个)			就业人数(人)	
		单产业法人	多产业法人		#女性
总　计	**2947**	**2922**	**25**	**82275**	**48842**
太原市	562	556	6	12269	7883
大同市	428	426	2	8543	5514
阳泉市	39	39		759	459
长治市	247	242	5	5732	3586
晋城市	127	124	3	2713	1683
朔州市	135	135		9314	5642
晋中市	198	195	3	3958	2451
运城市	427	426	1	14293	8196
忻州市	213	209	4	7665	3489
临汾市	388	387	1	11718	7161
吕梁市	183	183		5311	2778

1-3-22 按地区、就业人数组距分组的民办非企业法人单位数

地　区	民办非企业法人单位数(个)	7人及以下	8-19人	20-49人	50-99人	100-299人	300-499人	500-999人	1000-2999人	3000-4999人	5000人及以上
总　计	**2947**	**1001**	**889**	**655**	**249**	**129**	**19**	**3**	**2**		
太原市	562	211	205	104	26	12	2	1	1		
大同市	428	203	112	81	20	8	4				
阳泉市	39	13	11	12	2	1					
长治市	247	81	78	62	18	7	1				
晋城市	127	43	41	29	11	3					
朔州市	135	29	33	25	20	21	5	2			
晋中市	198	97	50	36	9	5	1				
运城市	427	106	122	118	48	31	2				
忻州市	213	77	51	41	30	13			1		
临汾市	388	94	141	92	39	18	4				
吕梁市	183	47	45	55	26	10					

1-3-23　按地区、学历分组的民办非企业法人单位就业人数

地　区	民办非企业法人单位数（个）	就业人数（人）	具有研究生及以上学历人员	具有大学本科学历人员	具有大专学历人员	具有高中学历人员	具有初中及以下学历人员
总　计	**2947**	**82275**	**1584**	**21446**	**31580**	**18280**	**9385**
太原市	562	12269	549	4407	4198	2117	998
大同市	428	8543	136	2167	3432	2016	792
阳泉市	39	759		149	259	282	69
长治市	247	5732	51	1081	2806	1330	464
晋城市	127	2713	11	645	954	852	251
朔州市	135	9314	52	2810	3686	1588	1178
晋中市	198	3958	80	964	1130	1132	652
运城市	427	14293	198	3046	5751	3919	1379
忻州市	213	7665	236	1872	2523	1220	1814
临汾市	388	11718	171	3210	4547	2644	1146
吕梁市	183	5311	100	1095	2294	1180	642

1-3-24　按地区、专业技术职称分组的民办非企业法人单位就业人数

地　区	民办非企业法人单位数（个）	就业人数（人）	#具有高级技术职称人员	#具有中级技术职称人员	#具有初级技术职称人员
总　计	**2947**	**82275**	**2932**	**8666**	**11211**
太原市	562	12269	1005	2153	1579
大同市	428	8543	196	524	842
阳泉市	39	759	40	33	33
长治市	247	5732	157	434	967
晋城市	127	2713	79	117	114
朔州市	135	9314	119	807	1103
晋中市	198	3958	172	344	644
运城市	427	14293	370	1597	2035
忻州市	213	7665	310	1100	1459
临汾市	388	11718	363	920	1600
吕梁市	183	5311	121	637	835

1-3-25 按地区、技术等级分组的民办非企业法人单位就业人数

地区	民办非企业法人单位数（个）	就业人数（人）	#高级技师	#技师	#高级工	#中级工
总计	**2947**	**82275**	**184**	**265**	**339**	**579**
太原市	562	12269	52	93	143	89
大同市	428	8543	9	52	15	16
阳泉市	39	759	6		1	
长治市	247	5732	13	18	14	29
晋城市	127	2713	4	10	10	5
朔州市	135	9314	11	3	9	22
晋中市	198	3958	18	4	12	64
运城市	427	14293	40	25	79	139
忻州市	213	7665	11	20	9	90
临汾市	388	11718	10	30	39	114
吕梁市	183	5311	10	10	8	11

附录

山西省第二次全国经济普查主要数据公报

（第一号）

山西省第二次全国经济普查领导小组办公室

山　西　省　统　计　局

2010 年 3 月 1 日

为了全面掌握我省第二产业和第三产业[1]的发展规模及布局，了解我省产业组织、产业结构、产业技术的现状以及各生产要素的构成，摸清我省各类企业的基本情况，建立健全覆盖国民经济各行业的基本单位名录库、基础信息数据库和统计电子地理信息系统，为加强和改善宏观调控，科学制定中长期发展规划，提供科学准确的统计信息支持，我省于 2008 年进行了第二次全国经济普查。这次普查的标准时点为 2008 年 12 月 31 日，时期资料为 2008 年度。普查对象是在我省境内从事第二产业和第三产业的全部法人单位、产业活动单位和个体经营户[2]。普查主要内容包括单位基本属性、从业人员、财务状况、生产经营情况、生产能力、科技活动情况等。

经过各地区和有关部门及全体普查人员近两年的共同努力，全省经济普查的登记填报及数据审核汇总工作基本完成。山西省第二次全国经济普查领导小组办公室采取分层随机等距整群抽样方法，对 11 个地市的数据质量进行了抽查，共抽查 38 个普查小区的 3471 个法人单位和产业活动单位（抽查比例约为 13.7‰），个体经营户 6432 户（抽查比例约为 6.8‰）。抽查汇总结果，数据填报综合差错率为 1.2‰，数据质量达到预期目标要求。

根据《全国经济普查条例》的有关要求，经省政府批准，山西省第二次全国经济普查领导小组和山西省统计局将向社会发布经济普查公报。现将第一号公报发布如下。

一、单位基本情况

2008 年末，全省共有从事第二、三产业的法人单位 160747 个，与 2004 年第一次全国经济普查同口径数据相比，增加 28945 个，增长 22%；产业活动单位 235124 个，增加 19209 个，增长 8.9%；有证照的个体经营户 633785 户，增加 161034 户，增长 34.1%（详见表 1）。

表 1　单位数与有证照的个体经营户数

	单位数（个）	比重（%）
法人单位	**160747**	**100.0**
企业法人	87417	54.4
机关、事业法人	32465	20.2
社会团体和其他法人	40865	25.4
产业活动单位	**235124**	**100.0**
第二产业	38719	16.5
第三产业	195456	83.1
有证照的个体经营户	**633785**	**100.0**
第二产业	30164	4.8
第三产业	603141	95.2

（一）企业注册类型情况

与2004年第一次全国经济普查同口径数据相比，企业法人单位增加21102个，增长31.8%。其中，国有企业5853个，减少1470个，下降20.1%；集体企业6904个，减少4974个，下降41.9%；股份合作企业1247个，减少272个，下降17.9%；联营企业、有限责任公司和股份有限公司共15082个，增加3802个，增长33.7%；私营企业56085个，增加22726个，增长68.1%；其他内资企业1774个，增加1267个，增长249.9%，港、澳、台商投资企业183个，减少18个，下降9%；外商投资企业289个，增加41个，增长16.5%（详见表2）。

表2 按登记注册类型分组的企业法人单位

	单位数（个）	比重（%）
合　计	**87417**	**100.0**
内资企业	**86945**	**99.5**
国有企业	5853	6.7
集体企业	6904	7.9
股份合作企业	1247	1.4
联营企业	327	0.4
国有联营企业	39	…
集体联营企业	113	0.1
国有与集体联营企业	27	…
其他联营企业	148	0.2
有限责任公司	11074	12.7
国有独资公司	178	0.2
其他有限责任公司	10896	12.5
股份有限公司	3681	4.2
私营企业	56085	64.2
其他企业	1774	2.0
港、澳、台商投资企业	**183**	**0.2**
外商投资企业	**289**	**0.3**

（二）地区分布情况

从地区分布看，2008年末，拥有法人单位和产业活动单位名列全省前四位的是：太原市、临汾市、运城市和长治市，四市法人单位总数和产业活动单位总数占全省比重的49.9%。

有证照的个体经营户较多的前三市是：运城市、太原市和临汾市(详见表3)。

表3 单位与有证照个体经营户的地区分布

	法人单位		产业活动单位		有证照的个体经营户	
	数量（个）	比重（%）	数量（个）	比重（%）	数量（个）	比重（%）
合　计	**160747**	**100.0**	**235124**	**100.0**	**633785**	**100.0**
太原市	28987	18.0	36466	15.5	95171	15.0
大同市	14181	8.8	20025	8.5	48878	7.7
阳泉市	7082	4.4	10229	4.4	22355	3.5
长治市	15958	9.9	24679	10.5	47655	7.5
晋城市	11463	7.1	18292	7.8	36089	5.7
朔州市	7771	4.8	10416	4.4	32987	5.2
晋中市	14187	8.8	21683	9.2	59580	9.4
运城市	16334	10.2	26705	11.4	105029	16.6
忻州市	14417	9.0	20514	8.7	46038	7.3
临汾市	18973	11.8	29390	12.5	85723	13.5
吕梁市	11394	7.1	16725	7.1	54280	8.6

（三）行业分布情况

在全省产业活动单位总数中，从事制造业的单位23743个，占10.1%；批发和零售业39641个，占16.9%；教育24234个，占10.3%；公共管理和社会组织64834个，占27.6%。以上四个行业合计占64.8%（详见表4）。

表4　产业活动单位的行业分布

	单位数（个）	比重（%）
合　计	**235124**	**100.0**
农、林、牧、渔业*	949	0.4
采矿业	8364	3.6
制造业	23743	10.1
电力、燃气及水的生产和供应业	1223	0.5
建筑业	5389	2.3
交通运输、仓储和邮政业	5231	2.2
信息传输、计算机服务和软件业	4666	2.0
批发和零售业	39641	16.9
住宿和餐饮业	3457	1.5
金融业	7011	3.0
房地产业	4283	1.8
租赁和商务服务业	8330	3.5
科学研究、技术服务和地质勘查业	5210	2.2
水利环境和公共设施管理业	2447	1.0
居民服务和其他服务业	3117	1.3
教育	24234	10.3
卫生、社会保障和社会福利业	19966	8.5
文化、体育和娱乐业	3029	1.3
公共管理和社会组织	64834	27.6

* 农、林、牧、渔业为第二、三产业法人兼营的第一产业活动单位。

有证照的个体经营户较为集中的五个行业是：工业26992户，占有证照的个体经营户总数的4.3%；交通运输业91450户，占14.4%；批发和零售业357057户，占56.3%；住宿和餐饮业53935户，占8.5%；居民服务和其他服务业70859户，占11.2%（详见表5）。

表5　有证照个体经营户的行业分布

	单位数（个）	比重（%）
合　计	**633785**	**100.0**
工业*	26992	4.3
建筑业	3172	0.5
交通运输业	91450	14.4
批发和零售业	357057	56.3
住宿和餐饮业	53935	8.5
房地产业	65	…
租赁和商务服务业	4624	0.7
居民服务和其他服务业	70859	11.2
教育	1167	0.2
卫生和社会福利业	14712	2.3
文化、体育和娱乐业	4002	0.6
其他	5750	0.9

* 工业包括采矿业、制造业和电力、燃气及水的生产和供应业。

二、从业人员

2008 年末，全省第二、三产业法人单位和有证照的个体经营户从业人员[3]数为 838.24 万人。在从业人员中，第二、三产业法人单位从业人员 664.53 万人，占 79.3%；有证照的个体经营人员 173.71 万人，占 20.7%。在全省第二、三产业法人单位从业人员中，第二产业为 356.6 万人，与 2004 年第一次全国经济普查同口径数据相比，增加 0.25 万人，增长 0.1%；第三产业为 307.93 万人，增加 36.22 万人，增长 13.3%。在法人单位从业人员中，女性 199.6 万人，占法人单位从业人员总数的 30%。

在法人单位从业人员中，制造业 157.62 万人，占 23.7%；采矿业 118.13 万人，占 17.8%；公共管理和社会组织 88.94 万人，占 13.4%；建筑业 68.36 万人，占 10.3%；教育 50.94 万人，占 7.7%（详见表 6）。

表 6　法人单位从业人员的行业分布

	从业人员（万人）	比重（%）
合　计	**664.73**	**100.0**
农、林、牧、渔业	0.20	…
采矿业	118.13	17.8
制造业	157.62	23.7
电力、燃气及水的生产和供应业	12.49	1.9
建筑业	68.36	10.3
交通运输、仓储和邮政业	17.08	2.6
信息传输、计算机服务和软件业	5.68	0.9
批发和零售业	50.67	7.6
住宿和餐饮业	16.12	2.4
金融业	13.22	2.0
房地产业	8.88	1.3
租赁和商务服务业	13.03	2.0
科学研究、技术服务和地质勘查业	9.41	1.4
水利、环境和公共设施管理业	6.26	0.9
居民服务和其他服务业	3.90	0.6
教育	50.94	7.7
卫生、社会保障和社会福利业	18.18	2.7
文化、体育和娱乐业	5.65	0.8
公共管理和社会组织	88.94	13.4

在法人单位从业人员中，具有研究生及以上、大学本科、专科、高中、初中及以下学历的人员分别占 0.9%、11.9%、19.8%、30.4%和 37.1%。具有技术职称的人员共 128.58 万人，占单位从业人员的 19.3%；具有技术等级资格证书的人员共 66.85 万人，占单位从业人员的 10.1%（详见表 7）。

表 7　法人单位从业人员学历、职称、技术等级情况

	从业人员（万人）	比重（%）
从业人员合计	**664.73**	**100.0**
具有研究生及以上学历者	5.69	0.9
具有大学本科学历者	79.04	11.9
具有大专学历者	131.41	19.8
具有高中学历者	202.30	30.4
具有初中及以下学历者	246.29	37.1
具有技术职称的人员合计	**128.58**	**100.0**
具有高级技术职称者	12.42	9.7
具有中级技术职称者	50.36	39.2
具有初级技术职称者	65.80	51.2
具有技术等级证书人员合计	**66.85**	**100.0**
高级技师	2.95	4.4
技师	9.32	13.9
高级工	20.63	30.9
中级工	33.95	50.8

三、企业资产总额

2008 年末，全省第二、三产业企业法人单位资产总额为 44897.15 亿元，比 2004 年末增加 26775.91 亿元，增长 147.8%。其中，国有企业资产总额 12645.96 亿元，增加 5668.14 亿元，增长 81.2%；集体企业资产总额 3249.95 亿元，增加 1460.19 亿元，增长 81.6%；股份合作企业资产总额 3736.85 亿元，增加 3549.33 亿元，增长 19 倍；私营企业资产总额 4344.79 亿元，增加 2613.78 亿元，增长 151%；港、澳、台商投资企业资产总额 386.27 亿元，增加 160.3 亿元，增长 70.9%；外商投资企业资产总额 781.69 亿元，增加 450.41 亿元，增长 136%（详见表 8）。

表 8　按登记注册类型分组的企业资产总额

	资产总额（亿元）	比重（%）
合　计	**44897.15**	**100.0**
内资企业	**43729.20**	**97.4**
国有企业	12645.96	28.2
集体企业	3249.95	7.2
股份合作企业	3736.85	8.3
联营企业	52.01	0.1
有限责任公司	10158.85	22.6
股份有限公司	9308.07	20.7
私营企业	4344.79	9.7
其他企业	232.70	0.5
港、澳、台商投资企业	**386.27**	**0.9**
外商投资企业	**781.69**	**1.7**

四、企业实收资本

2008 年末，全省第二、三产业企业法人的实收资本[4]总额为 5390.81 亿元，与 2004 年第一次全国经济普查同口径数据相比，增加 1953.96 亿元，增长 56.9%。在全部企业法人单位（不含证券业）的实收资本总额中，国家资本 1948.05 亿元，增加 337.06 亿元，增长 20.9%；集体资本 284.31 亿元，增加 84.37 亿元，增长 42.2%；法人资本 1276.49 亿元，增加 367.92 亿元，增长 40.5%；个人资本 1548.84 亿元，增加 921.2 亿元，增长 146.8%；港、澳、台资本 146.08 亿元，增加 123.53 亿元，增长 547.7%；外商资本 187.05 亿元，增加 119.88 亿元，增长 178.5%。

注释

[1]三次产业的划分:

第一产业是指农、林、牧、渔业。

第二产业是指采矿业，制造业，电力、燃气及水的生产和供应业，建筑业。

第三产业是指除第一、二产业以外的其他行业，具体包括：交通运输、仓储和邮政业，信息传输、计算机服务和软件业，批发和零售业，住宿和餐饮业，金融业，房地产业，租赁和商务服务业，科学研究、技术服务和地质勘查业，水利、环境和公共设施管理业，居民服务和其他服务业，教育，卫生、社会保障和社会福利业，文化、体育和娱乐业，公共管理和社会组织，国际组织。本次普查未包括国际组织。

[2]单位的划分:

法人单位是指具备以下条件的单位:

(1)依法成立，有自己的名称、组织机构和场所，能够独立承担民事责任;

(2)独立拥有和使用(或授权使用)资产，承担负债，有权与其他单位签订合同;

(3)会计上独立核算，能够编制资产负债表。

法人单位包括企业法人、事业单位法人、机关法人、社会团体法人和其他法人。

产业活动单位是指具备以下条件的单位:

(1)在一个场所从事一种或主要从事一种社会经济活动;

(2)相对独立组织生产经营或业务活动;

(3)能够掌握收入和支出等业务核算资料。

个体经营户是指除农户外，生产资料归劳动者个人所有，以个体劳动为基础，劳动成果归劳动者个人占有和支配的一种经营单位。其中有证照的个体经营户包括以下两类:

(1)按照《民法通则》和《城乡个体工商户管理暂行条例》规定经各级工商行政管理机关登记注册、领取《营业执照》的个体工商户。具体是指公民在法律允许范围内，依法经核准登记，从事工业、商业、建筑业、运输业、餐饮业、服务业等活动的个体劳动者。

(2)在税务部门办理税务登记并领取税务登记证的个体劳动者。

[3]从业人员：是指 2008 年 12 月 31 日在第二、三产业单位和有证照的个体经营户在岗的从业人员。未包括上述范围之外的从业人员。

单位从业人员是指在本单位工作并取得劳动报酬或收入的年末实有人员数。包括：在各单位工作的外方人员、港、澳、台方工作人员、兼职人员、再就业的离退休人员、借用的外单位人员和第二职业者。但不包括离开本单位仍保留劳动关系的职工。

[4]实收资本：是指投资者按照企业章程，或合同、协议的约定，实际投入企业的资本。企业实收资本按照投资主体划分为国家资本、集体资本、法人资本、个人资本、港澳台资本和外商资本六种。

[5]指标口径：因铁路系统以"条"组织普查，国务院经济普查办公室未向各省反馈铁路系统分企业数据，本号公报中单位数量、从业人员，均不包括铁路旅客运输和铁路货物运输单位数据。

[6]数据误差：本公报所有经济指标保留两位小数、实物量指标和相对指标保留一位小数；各表中的合计数和部分计算数据因小数取舍而产生的误差,均未作调整；如果指标数值小，达不到计量单位标准的，统一用"…"表示。

山西省第二次全国经济普查主要数据公报

（第二号）

山西省第二次全国经济普查领导小组办公室

山 西 省 统 计 局

2010年3月1日

根据山西省第二次全国经济普查结果，现将我省第二产业的主要数据公布如下:

一、工业

（一）企业法人单位数和从业人员

2008年末，全省共有工业企业法人单位31140个，从业人员288.2万人，分别比2004年末增长4.65%和−2.1%。

在工业企业法人单位中，国有企业及国有独资公司1222个，占3.9%；集体企业2629个，占8.4%；私营企业20882个，占67.1%；港、澳、台商投资企业97个，占0.3%；外商投资企业189个，占0.6%；其余类型企业6121个，占19.7%。

在工业企业法人单位从业人员中，国有企业及国有独资公司占21.5%，集体企业占6.8%，私营企业占24.4%，港、澳、台商投资企业占2.6%、外商投资企业占2.2%，其余类型企业占42.5%（详见表1）。

表1 按登记注册类型分组的工业企业法人单位数和从业人员

	企业法人（个）	从业人员（万人）
合 计	**31140**	**288.21**
内资企业	**30854**	**274.55**
国有企业	1153	30.68
集体企业	2629	19.64
股份合作企业	467	3.09
联营企业	99	0.86
国有联营企业	10	0.04
集体联营企业	57	0.54
国有与集体联营企业	8	0.03
其他联营企业	24	0.24
有限责任公司	4043	128.43
国有独资公司	69	31.18
其他有限责任公司	3974	97.25
股份有限公司	1166	20.39
私营企业	20882	70.43
其他企业	415	1.02
港、澳、台商投资企业	**97**	**7.39**
外商投资企业	**189**	**6.27**

在工业企业法人单位中，采矿业7969个，制造业22409个，电力、燃气及水的生产和供应业762个，分别占25.6%、72.0%和2.4%。

在工业企业法人单位的从业人员中，采矿业占41.0%，制造业占54.7%，电力、燃气及水的生产和供应业占4.3%。在工业行业大类中，煤炭开采和洗选业、塑料制品业、文教体育用品制造业、非金属矿物制品业、石油加工炼焦及核燃料加工业、金属制品业的从业人员数超过10万人，分别占38.2%、9.0%、6.6%、6.5%、5.4%和4.7%（详见表2）。

表2 工业企业法人单位数和从业人员的行业分布

	企业法人（个）	从业人员（万人）
合　计	**31140**	**288.21**
采矿业	**7969**	**118.13**
煤炭开采和洗选业	4817	110.17
石油和天然气开采业	12	0.15
黑色金属矿采选业	1493	4.95
有色金属矿采选业	127	0.68
非金属矿采选业	1520	2.17
其他采矿业		
制造业	**22409**	**157.61**
农副食品加工业	1743	4.99
食品制造业	947	3.76
饮料制造业	515	3.12
烟草制品业	1	0.13
纺织业	270	2.84
纺织服装、鞋、帽制造业	248	1.31
皮革、毛皮、羽毛(绒)及其制品业	32	0.10
木材加工及木、竹、藤、棕、草制品业	239	0.48
家具制造业	227	0.43
造纸及纸制品业	563	1.66
印刷业和记录媒介的复制	650	1.55
文教体育用品制造业	47	0.41
石油加工、炼焦及核燃料加工业	440	18.96
化学原料及化学制品制造业	1543	15.67
医药制造业	261	3.17
化学纤维制造业	15	0.18
橡胶制品业	166	0.91
塑料制品业	565	1.77
非金属矿物制品业	5758	26.00
黑色金属冶炼及压延加工业	621	18.83
有色金属冶炼及压延加工业	341	8.86
金属制品业	1179	4.15
通用设备制造业	3373	13.47
专用设备制造业	879	9.48
交通运输设备制造业	573	4.45
电气机械及器材制造业	427	2.76
通信设备、计算机及其他电子设备制造业	140	6.45
仪器仪表及文化、办公用机械制造业	125	0.85
工艺品及其他制造业	442	0.79
废弃资源和废旧材料回收加工业	79	0.10
电力、燃气及水的生产和供应业	**762**	**12.47**
电力、热力的生产和供应业	401	9.81
燃气生产和供应业	102	0.64
水的生产和供应业	259	2.03

（二）主要工业产品产量

2008 年主要工业产品产量（详见表 3）。

表 3　主要工业产品产量

产品名称	计量单位	2008 年	产品名称	计量单位	2008 年
原煤	万吨	65577.0	硫酸（折 100%）	万吨	55.9
洗精煤	万吨	13140.9	合成氨（无水氨）	万吨	483.6
焦炭	万吨	8295.9	化肥（折纯）	万吨	397.1
其中：机焦	万吨	8031.1	电石	万吨	92.0
发电量	亿千瓦小时	1793.8	水泥	万吨	2451.7
其中：火电	亿千瓦小时	1764.9	平板玻璃	万重量箱	1327.3
白酒(折 65 度,商品量)	万千升	15.7	生铁	万吨	2780.4
软饮料	万吨	72.5	粗钢	万吨	2350.7
液体乳	万吨	48.6	不锈钢	万吨	179.5
食醋	万吨	34.1	钢材	万吨	1984.9
卷烟	亿支	145.0	铁合金	万吨	102.2
纱	万吨	6.6	氧化铝	万吨	340.9
机制纸及纸板	万吨	31.5	原铝	万吨	97.3
化学纤维	万吨	3.0	镁	万吨	50.9
合成洗涤剂	万吨	11.8	金属切削机床	台	2008.0

（三）资产负债和所有者权益

2008 年末，工业企业法人单位资产合计 14601.19 亿元，比 2004 年末增长 118.2%；负债合计 9723.41 亿元，比 2004 年末增长 128.9%；所有者权益合计[1]4877.77 亿元，比 2004 年末增长 99.5%（详见表 4）。

2008 年末，工业企业法人单位资产负债率 66.6%，采矿业为 63.2%，其中，煤炭开采和洗选业 63.5%；制造业为 67.1%，其中，石油加工、炼焦及核燃料加工业 72.7%、化学原料及化学制品制造业 62.9%、黑色金属冶炼及压延加工业 67.6%、有色金属冶炼及压延加工业 65.7%；电力、燃气及水的生产和供应业为 75.6%，其中，电力、热力的生产和供应业 76.9%。

（四）主营业务收入和利润总额

2008 年，工业企业法人单位主营业务收入 10785.49 亿元，比 2004 年增长 160.7%。其中，采矿业占 36.8%，制造业占 55.4%，电力、燃气及水的生产和供应业占 7.8%。主营业务收入超过 100 亿元的行业大类有 12 个，比 2004 年增加 6 个行业。依次为：煤炭开采和洗选业、黑色金属冶炼及压延加工业、石油加工炼焦及核燃料加工业、电力热力的生产和供应业、化学原料及化学制品制造业、有色金属冶炼及压延加工业、专用设备制造业、非金属矿物制品业、通用设备制造业、黑色金属矿采选业、农副食品加工业和交通运输设备制造业。

2008 年，工业企业法人单位利润总额 693.53 亿元，比 2004 年增长 145.4%。其中，采矿业占 83.5%，制造业占 22.3%，电力、燃气及水的生产和供应业占−5.9%。利润总额超过 10 亿元的行业有 7 个，比 2004 年增加 2 个行业。依次为：煤炭开采和洗选业、石油加工炼焦及核燃料加工业、黑色金属矿采选业、化学原料及化学制品制造业、黑色金属冶炼及压延加工业、专用设备制造业和非金属矿物制品业（详见表 5）。

表 4 工业法人单位资产负债和所有者权益行业分布情况

单位：亿元

	资产总计	负债合计	所有者权益合计
合　计	**14601.19**	**9723.41**	**4877.77**
采矿业	**5866.38**	**3707.51**	**2158.87**
煤炭开采和洗选业	5662.82	3593.53	2069.29
石油和天然气开采业	15.59	8.30	7.29
黑色金属矿采选业	136.93	73.77	63.16
有色金属矿采选业	28.38	21.05	7.33
非金属矿采选业	22.65	10.86	11.79
其他采矿业			
制造业	**6923.16**	**4646.71**	**2276.45**
农副食品加工业	131.87	70.47	61.40
食品制造业	80.96	41.47	39.48
饮料制造业	104.26	58.69	45.56
烟草制品业	13.72	3.28	10.43
纺织业	43.11	30.07	13.03
纺织服装、鞋、帽制造业	11.83	5.96	5.88
皮革、毛皮、羽毛(绒)及其制品业	0.35	0.17	0.18
木材加工及木、竹、藤、棕、草制品业	16.18	9.23	6.95
家具制造业	3.84	2.07	1.77
造纸及纸制品业	18.54	8.82	9.72
印刷业和记录媒介的复制	20.84	10.94	9.91
文教体育用品制造业	11.44	7.02	4.41
石油加工、炼焦及核燃料加工业	1669.92	1213.33	456.59
化学原料及化学制品制造业	713.65	449.00	264.65
医药制造业	120.49	72.86	47.63
化学纤维制造业	8.16	13.49	-5.33
橡胶制品业	26.03	15.47	10.56
塑料制品业	33.30	18.78	14.52
非金属矿物制品业	418.63	278.45	140.18
黑色金属冶炼及压延加工业	1724.36	1165.01	559.35
有色金属冶炼及压延加工业	620.04	407.58	212.46
金属制品业	59.90	41.49	18.41
通用设备制造业	216.71	142.28	74.43
专用设备制造业	420.13	277.67	142.46
交通运输设备制造业	137.29	97.45	39.84
电气机械及器材制造业	80.14	58.47	21.67
通信设备、计算机及其他电子设备制造业	168.65	121.53	47.12
仪器仪表及文化、办公用机械制造业	33.98	19.79	14.19
工艺品及其他制造业	13.67	5.25	8.42
废弃资源和废旧材料回收加工业	1.19	0.62	0.57
电力、燃气及水的生产和供应业	**1811.65**	**1369.19**	**442.46**
电力、热力的生产和供应业	1729.36	1329.39	399.96
燃气生产和供应业	22.54	16.99	5.55
水的生产和供应业	59.75	22.80	36.95

表 5 工业企业法人单位主营业务收入和利润总额的行业分布

单位：亿元

	主营业务收入	利润总额
合 计	**10785.49**	**693.53**
采矿业	**3968.94**	**579.20**
煤炭开采和洗选业	3801.37	553.02
石油和天然气开采业	9.24	0.26
黑色金属矿采选业	126.22	22.87
有色金属矿采选业	19.12	1.30
非金属矿采选业	12.99	1.75
其他采矿业		
制造业	**5970.67**	**154.96**
农副食品加工业	117.25	6.20
食品制造业	65.78	3.90
饮料制造业	79.52	6.01
烟草制品业	20.49	2.00
纺织业	20.66	-0.27
纺织服装、鞋、帽制造业	11.53	0.84
皮革毛皮羽毛(绒)及制品业	0.20	0.02
木材加工及木、竹、藤、棕、草制品业	6.85	0.76
家具制造业	2.82	0.29
造纸及纸制品业	16.25	1.49
印刷业和记录媒介的复制	13.10	0.63
文教体育用品制造业	6.84	-0.19
石油加工、炼焦及核燃料加工业	1605.85	46.59
化学原料及化学制品制造业	505.81	19.30
医药制造业	68.37	5.30
化学纤维制造业	3.58	-1.04
橡胶制品业	19.58	0.97
塑料制品业	26.24	1.33
非金属矿物制品业	230.79	10.26
黑色金属冶炼及压延加工业	1903.61	12.92
有色金属冶炼及压延加工业	420.11	7.17
金属制品业	56.01	1.87
通用设备制造业	187.66	6.56
专用设备制造业	294.42	11.43
交通运输设备制造业	109.14	6.87
电气机械及器材制造业	62.36	1.82
通信设备、计算机及其他电子设备制造业	89.21	0.14
仪器仪表及文化、办公用机械制造业	17.16	1.43
工艺品及其他制造业	8.22	0.28
废弃资源和废旧材料回收加工业	1.25	0.09
电力、燃气及水的生产和供应业	**845.89**	**-40.63**
电力、热力的生产和供应业	823.08	-39.60
燃气生产和供应业	9.16	0.06
水的生产和供应业	13.65	-1.09

2008 年，全省有 5 个市工业企业法人单位主营业务收入超过 1000 亿元，占全省工业主营业务收入的比重依次为：太原市 18.5%、临汾市 12.5%、长治市 10.8%、吕梁市 10.6%、运城市 9.4%。有 4 个市工业企业法人单位利润总额超过 50 亿元，从大到小依次为晋城市、吕梁市、长治市、太原市，分别占全省工业利润总额的 18.3%、16.1%、12.2%和 11.2%。

（五）企业科技活动

2008 年末，规模以上工业企业[2]中开展科技活动的企业[3]有 442 个，占 10.0%；开展研究与试验发展（R&D）活动的企业有 215 个，占 4.9%。在大中型企业中，开展科技活动的企业所占比重为 20.5%，开展研究与试验发展（R&D）活动的企业所占比重为 10.9%。

2008 年末，规模以上工业企业有科技活动人员 9.1 万人 ，比 2004 年末增长 47.8%；企业投入的科技活动经费为 157.7 亿元，比 2004 年末增长 235.0%。

在企业投入的科技活动经费中，代表企业自主创新能力的研究与试验发展（R&D）经费较快增长，2008 年为 48.89 亿元，比 2004 年增长 195.4%；2008 年研究与试验发展（R&D）经费的投入强度[4]为 0.48%，高于 2004 年 0.44%的水平。2008 年大中型工业企业投入研究与试验发展经费 47.0 亿元，投入强度为 0.56%，高于 2004 年 0.54%的水平。分行业研究与实验发展经费投入情况详见表 6。

研究与试验发展经费投入超过 3 亿元的地市有 5 个：太原市、大同市、长治市、晋城市和晋中市。

表 6 规模以上工业企业研究与试验发展经费投入的行业分布

	经费投入（亿元）	投入强度（%）
合 计	**48.89**	**0.48**
采矿业	**14.99**	**0.41**
煤炭开采和洗选业	14.98	0.42
黑色金属矿采选业	0.02	0.02
制造业	**33.60**	**0.60**
农副食品加工业	0.03	0.03
食品制造业	0.05	0.08
饮料制造业	1.07	1.44
烟草制品业	0.02	0.09
纺织业	…	0.02
造纸及纸制品业	0.03	0.26
文教体育用品制造业	0.06	0.97
石油加工、炼焦及核燃料加工业	1.61	0.10
化学原料及化学制品制造业	3.53	0.74
医药制造业	0.13	0.19
橡胶制品业	0.21	1.16
非金属矿物制品业	0.39	0.24
黑色金属冶炼及压延加工业	17.19	0.91
有色金属冶炼及压延加工业	1.41	0.35
金属制品业	0.04	0.11
通用设备制造业	0.42	0.33
专用设备制造业	5.42	1.95
交通运输设备制造业	0.53	0.53
电气机械及器材制造业	0.91	1.62
通信设备、计算机及其他电子设备制造业	0.11	0.12
仪器仪表及文化、办公用机械制造业	0.43	3.02
电力、燃气及水的生产和供应业	**0.29**	**0.04**
电力、热力的生产和供应业	0.29	0.04

2008 年，规模以上工业企业实现新产品[5]产值 677.6 亿元，新产品产值占同口径工业总产值的比重为 6.8%。2008 年，规模以上工业企业专利申请量为 1238 件，其中发明专利申请 401 件，发明专利申请所占比重为 32.4%。

二、建筑业

（一）企业单位数和从业人员

2008 年末，全省共有建筑业法人企业单位 4203 个，从业人员 68.36 万人；建筑业有证照的个体经营户 3172 户，从业人员 1.7 万人。

建筑业企业法人单位中，国有企业及国有独资公司 311 个，占 7.4%；集体企业 287 个，占 6.8%；私营企业 2648 个，占 63.0%；港、澳、台商投资企业 9 个，外商投资企业 5 个，共占 0.3%；其余类型企业 943 个，占 22.4%。

建筑业企业法人单位从业人员中，国有企业及国有独资公司占 24.7%，集体企业占 6.3%，私营企业占 23.1%，其他有限责任公司占 42.7%，其余类型企业占 3.2%（详见表 7）。

表 7 按登记注册类型分组的建筑业企业法人单位和从业人员

	企业法人（个）	从业人员（万人）
合 计	**4203**	**68.36**
内资企业	**4189**	**67.91**
国有企业	298	14.62
集体企业	287	4.27
股份合作企业	17	0.07
联营企业	4	0.01
国有联营企业	1	…
集体联营企业	2	0.01
国有与集体联营企业	1	…
其他联营企业		
有限责任公司	786	31.46
国有独资公司	13	2.25
其他有限责任公司	773	29.21
股份有限公司	121	1.64
私营企业	2648	15.77
其他内资企业	28	0.07
港、澳、台商投资企业	**9**	**0.24**
外商投资企业	**5**	**0.19**

建筑业企业法人单位中，房屋和土木工程建筑业占 40.4%；建筑安装业占 18.7%；建筑装饰业占 29.1%；其他建筑业占 11.8%。

建筑业企业法人单位从业人员中，房屋和土木工程建筑业占 82.1%；建筑安装业占 9.6%；建筑装饰业占 3.9%；其他建筑业占 4.4%（详见表 8）。

表 8 建筑业企业法人单位数和从业人员的行业分布

	合 计		资质内企业		资质外企业	
	企业法人（个）	从业人员（万人）	企业法人（个）	从业人员（万人）	企业法人（个）	从业人员（万人）
合 计	**4203**	**68.36**	**2038**	**63.69**	**2165**	**4.67**
房屋和土木工程建筑业	1700	56.14	993	53.82	707	2.32
建筑安装业	784	6.54	406	5.67	378	0.87
建筑装饰业	1224	2.68	418	1.86	806	0.82
其他建筑业	495	3.00	221	2.33	274	0.67

（二）建筑业总产值

2008 年，全省建筑业企业法人单位的建筑业总产值 1409.48 亿元。其中，资质内建筑业企业[6]完成 1359.71 亿元，资质外建筑业企业完成 49.77 亿元。

在建筑业企业法人单位的建筑业总产值中，房屋和土木工程建筑业占 89.8%；建筑安装业占 5.6%；建筑装饰业占 1.9%；其他建筑业占 2.7%（详见表 9）。

表 9 建筑业企业法人单位建筑业总产值的行业分布

单位：亿元

	合 计	资质内企业	资质外企业
合 计	**1409.48**	**1359.71**	**49.77**
房屋和土木工程建筑业	1265.40	1242.30	23.11
建筑安装业	79.46	66.97	12.49
建筑装饰业	26.15	18.41	7.74
其他建筑业	38.46	32.04	6.43

（三）房屋建筑面积及竣工价值

2008 年，全省总承包和专业承包建筑业企业[7]房屋建筑施工面积 5716.71 万平方米，房屋建筑竣工面积 2320.72 万平方米，竣工价值 229.72 亿元，其中住宅建筑竣工面积 1636.76 万平方米，竣工价值 147.80 亿元（详见表 10）。

表 10 总承包和专业承包建筑业企业房屋建筑完成情况

	房屋建筑竣工面积（万平方米）	房屋建筑竣工价值（亿元）
合 计	**2320.72**	**229.72**
厂房、仓库	170.24	24.09
住宅	1636.76	147.80
办公用房	197.67	22.65
批发和零售用房	21.00	2.15
住宿和餐饮用房	45.03	4.51
居民服务业用房	29.11	2.65
教育用房	92.75	9.36
文化、体育用房	29.56	5.02
卫生医疗用房	20.72	2.82
科研用房	7.45	0.65
其他用房	70.43	8.03

（四）资产负债和所有者权益

2008 年末，全省总承包和专业承包建筑业企业的资产合计为 1354.92 亿元，负债合计为 1028.35 亿元，企业所有者权益合计为 326.57 亿元，资产负债率为 75.9%（详见表 11）。

表 11　总承包和专业承包建筑业企业资产负债和所有者权益行业分布

单位：亿元

	资产总计	负债合计	所有者权益合计
合　计	**1354.92**	**1028.35**	**326.57**
房屋和土木工程建筑业	1207.74	951.35	256.39
建筑安装业	76.88	44.12	32.76
建筑装饰业	28.01	10.39	17.63
其他建筑业	42.28	22.49	19.79

（五）工程结算收入和利润总额

2008 年，全省总承包和专业承包建筑业企业法人单位工程结算收入 1416.98 亿元，其中，房屋和土木工程建筑业占 91.9%，建筑安装业占 4.6%，建筑装饰业占 1.3%，其他建筑业占 2.1%；利润总额 23.17 亿元，其中，房屋和土木工程建筑业占 86.1%，建筑安装业占 5.9%，建筑装饰业占 2.4%，其他建筑业占 5.7%（详见表 12）。

表 12　总承包和专业承包建筑业企业工程结算收入和利润总额

单位：亿元

	工程结算收入	利润总额
合　计	**1416.98**	**23.17**
房屋和土木工程建筑业	1302.78	19.95
建筑安装业	65.67	1.36
建筑装饰业	19.11	0.55
其他建筑业	29.42	1.31

注释

[1]所有者权益合计：是指所有者在企业资产中享有的经济利益，即企业资产减去负债后的余额。所有者权益包括实收资本（或股本）、资本公积、盈余公积和未分配利润等。

[2]规模以上工业企业：是指全年主营业务收入 500 万元及以上的法人工业企业。

[3]开展科技活动的企业：是指有组织地开展科研和技术开发活动，并有相应经费支出的企业。

[4]研究与试验发展经费投入强度：是指研究与试验发展经费支出与主营业务收入之比。

[5]新产品：是指采用新技术原理、新设计构思研制生产的全新产品，或在结构、材质、工艺等某一方面比原有产品有明显改进，从而显著提高了产品性能或扩大了使用功能的产品。包括经政府有关部门认定并在有效期内的新产品，也包括企业自行开发研制，但尚未经政府有关部门认定、投产一年之内的新产品。

[6]资质内建筑业企业：是指依据建设部《建筑业企业资质管理规定》（中华人民共和国建设部令 2001 年第 87 号）及《建筑业企业资质等级标准》（建[2001]82 号），已经领取《建筑业企业资质证书》的企业。资质外建筑业企业指虽然没有领取《建筑业企业资质证书》，但实际从事建筑生产经营活动的建筑业企业。

[7]总承包和专业承包企业：总承包企业是指具有施工总承包资质，可以对工程实行施工总承包或者对主体工程实行施工承包的建筑业企业。专业承包企业是指具有专业承包资质，可以承接总承包企业分包的专业工程或者建设单位按照规定发包的专业工程的建筑业企业。不包括资质以外的建筑业企业和个体经营户。

山西省第二次全国经济普查主要数据公报

（第三号）

山西省第二次全国经济普查领导小组办公室

山　西　省　统　计　局

2010 年 3 月 1 日

根据山西省第二次全国经济普查结果，现将我省第三产业的主要数据公布如下:

一、交通运输、仓储和邮政业

（一）企业法人单位数和从业人员

2008 年末，全省共有交通运输、仓储和邮政业企业法人单位 2699 个，比 2004 年增加 1306 个；从业人员 14.92 万人，比 2004 年末减少 7.16 万人。交通运输、仓储和邮政业的行政事业法人单位 256 个，比 2004 年末减少 23 个；从业人员 2.09 万人，比 2004 年末减少 0.39 万人。

在交通运输、仓储和邮政业企业法人单位中，交通运输业占 82.6%，仓储业占 16.3%，邮政业占 1.1%；在企业法人单位从业人员中，交通运输业占 77.4%，仓储业占 7.6%，邮政业占 15%（详见表 1）。

表 1　交通运输、仓储和邮政业企业法人单位数和从业人员

	法人单位（个）	从业人员（万人）
合　计	**2699**	**14.92**
铁路运输业*	54	0.24
道路运输业	1480	6.87
城市公共交通业	235	2.90
水上运输业	11	0.02
航空运输业	30	0.21
管道运输业	1	…
装卸搬运和其他运输服务业	419	1.33
仓储业	440	1.13
邮政业	29	2.23

* 因铁路部门数据以条组织普查，数据无法分解到省，故铁路运输业不包括国家反馈铁路企业法人单位数和从业人员数。

（二）资产总计、营业收入和营业利润

2008 年末，交通运输、仓储和邮政业企业法人单位资产总计 1468.22 亿元。在资产总计中，交通运输业、仓储业和邮政业分别占 91.22%、6.13%和 2.64%。

2008 年末，交通运输、仓储和邮政业企业法人单位营业收入 569.36 亿元。其中，交通运输业、仓储业和邮政业分别占 91.5%、5.4%和 3.1%。

交通运输、仓储和邮政业企业法人单位营业利润 126.09 亿元。其中，交通运输业达 126.75 亿元（详见表 2）。

表 2　交通运输、仓储和邮政业企业法人单位资产总计、营业收入和营业利润

单位：亿元

	资产总计	营业收入	营业利润
合　计	**1468.22**	**569.36**	**126.09**
铁路运输业	940.27	290.39	97.19
道路运输业	300.61	195.56	29.17
城市公共交通业	23.01	14.55	−0.12
水上运输业	0.30	0.13	0.01
航空运输业	49.93	8.77	−1.65
管道运输业	0.08	0.03	0.01
装卸搬运和其他运输服务业	25.25	11.73	2.15
仓储业	90.03	30.86	0.56
邮政业	38.73	17.35	−1.23

二、批发和零售业

（一）企业法人单位数和从业人员

2008 年末，全省共有批发和零售业企业法人单位 28969 个，从业人员 50.64 万人，分别比 2004 年增长 42.2%和 3.1%。

在批发和零售业企业法人单位中，批发业 13728 个，零售业 15241 个，分别占 47.4%和 52.6%。

在批发和零售业企业法人单位从业人员中，批发业占 49.1%，零售业占 50.9%（详见表 3）。

表 3　批发和零售业企业法人单位数和从业人员

	法人单位（个）	从业人员（万人）
合　计	**28969**	**50.64**
批发业	**13728**	**24.88**
农畜产品批发	1072	1.32
食品、饮料及烟草制品批发	1282	3.04
纺织、服装及日用品批发	410	0.75
文化、体育用品及器材批发	227	0.28
医药及医疗器材批发	350	1.10
矿产品、建材及化工产品批发	6071	13.21
机械设备、五金交电及电子产品批发	3242	3.97
贸易经纪与代理	229	0.20
其他批发	845	1.01
零售业	**15241**	**25.76**
综合零售	2373	8.02
食品、饮料及烟草制品专门零售	1558	2.02
纺织、服装及日用品专门零售	1456	2.63
文化、体育用品及器材专门零售	829	1.00
医药及医疗器材专门零售	1024	1.41
汽车、摩托车、燃料及零配件专门零售	2505	4.97
家用电器及电子产品专门零售	1996	2.19
五金、家具及室内装修材料专门零售	1890	1.82
无店铺及其他零售	1610	1.70

在批发和零售业企业法人单位中，国有、国有联营和国有独资公司2394个，占8.3%；集体、集体联营和股份合作企业2816个，占9.7%；私营企业18671个，占64.5%；港、澳、台商投资企业21个，占0.07%；外商投资企业26个，占0.09%。

在批发和零售业企业法人单位从业人员中，国有、国有联营和国有独资公司共占21.7%；集体、集体联营和股份合作企业共占12.2%；私营企业占41.1%；港、澳、台商投资企业占0.2%；外商投资企业占0.2%（详见表4）。

表4　按登记注册类型分组的批发和零售业企业法人单位数和从业人员

	法人单位（个）	从业人员（万人）
合　计	**28969**	**50.64**
内资企业	**28922**	**50.42**
国有企业	2344	10.78
集体企业	2394	5.51
股份合作企业	392	0.66
联营企业	156	0.20
国有联营企业	18	0.02
集体联营企业	30	0.02
有限责任公司	3194	7.73
国有独资公司	32	0.19
其他有限责任公司	3162	7.54
股份有限公司	1108	4.09
私营企业	18671	20.79
港、澳、台商投资企业	**21**	**0.10**
外商投资企业	**26**	**0.12**

表5　批发和零售业企业法人单位商品销售额及零售额

单位：亿元

	销售额	零售额
合　计	**4950.49**	**1124.16**
批发业	**3856.32**	**96.86**
农畜产品批发	37.97	5.35
食品、饮料及烟草制品批发	276.51	9.79
纺织、服装及日用品批发	21.95	1.18
文化、体育用品及器材批发	20.25	1.00
医药及医疗器材批发	60.90	2.45
矿产品、建材及化工产品批发	3127.58	62.79
机械设备、五金交电及电子产品批发	237.48	12.79
贸易经纪与代理	8.33	0.13
其他批发	65.35	1.38
零售业	**1094.17**	**1027.30**
综合零售	162.60	159.44
食品、饮料及烟草制品专门零售	38.18	37.38
纺织、服装及日用品专门零售	42.54	42.08
文化、体育用品及器材专门零售	33.20	32.79
医药及医疗器材专门零售	37.75	31.68
汽车、摩托车、燃料及零配件专门零售	599.45	546.00
家用电器及电子产品专门零售	81.60	80.54
五金、家具及室内装修材料专门零售	39.62	39.01
无店铺及其他零售	59.23	58.38

（二）商品销售额和零售额

2008 年，批发和零售业企业法人单位商品销售额 4950.49 亿元，比 2004 年增长 140.8%。其中，批发业销售额 3856.32 亿元，零售业销售额 1094.17 亿元，分别比 2004 年增长 146.3%和 123.4%。2008 年末，批发和零售业企业法人单位商品零售额 1124.16 亿元，比 2004 年增长 105.8%。其中，批发业零售额 96.86 亿元，零售业零售额 1027.30 亿元，分别比 2004 年下降 6.0%和增长 131.8%（详见表 5）。

（三）资产总计和所有者权益合计

2008 年末，批发和零售业企业法人单位资产总计 2221.15 亿元，比 2004 年末增长 74.4%；批发和零售业企业法人单位所有者权益合计为 736.95 亿元。其中，批发业所有者权益合计 509.48 亿元，零售业所有者权益合计 227.47 亿元（详见表 6）。

表 6　批发和零售业企业法人单位资产总计和所有者权益合计

单位：亿元

	资产总计	所有者权益合计
合　计	**2221.15**	**736.95**
批发业	**1587.61**	**509.48**
农畜产品批发	46.72	11.43
食品、饮料及烟草制品批发	122.49	69.86
纺织、服装及日用品批发	17.69	9.61
文化、体育用品及器材批发	17.78	6.29
医药及医疗器材批发	37.42	6.95
矿产品、建材及化工产品批发	1154.71	340.40
机械设备、五金交电及电子产品批发	156.98	53.28
贸易经纪与代理	8.12	3.81
其他批发	25.70	7.85
零售业	**633.54**	**227.47**
综合零售	141.34	29.68
食品、饮料及烟草制品专门零售	33.97	10.83
纺织、服装及日用品专门零售	35.80	14.65
文化、体育用品及器材专门零售	30.70	14.06
医药及医疗器材专门零售	22.84	8.82
汽车、摩托车、燃料及零配件专门零售	236.14	90.39
家用电器及电子产品专门零售	52.13	20.33
五金、家具及室内装修材料专门零售	34.92	17.17
无店铺及其他零售	45.70	21.54

（四）主营业务收入和营业利润

2008 年，全省批发和零售业企业法人单位主营业务收入 4792.01 亿元，比 2004 年增长 143.6%。其中，批发业 3756.50 亿元，零售业 1035.51 亿元，分别比 2004 年增长 149.0%和 126.0%。2008 年末，全省批发和零售业法人企业营业利润 179.50 亿元。其中，批发业 134.44 亿元，零售业 45.06 亿元（详见表 7）。

表 7 批发和零售业企业法人单位主营业务收入和营业利润

单位：亿元

	主营业务收入	营业利润
合　计	**4792.01**	**179.50**
批发业	**3756.50**	**134.44**
农畜产品批发	37.40	1.49
食品、饮料及烟草制品批发	249.64	33.44
纺织、服装及日用品批发	21.48	-0.31
文化、体育用品及器材批发	19.60	0.42
医药及医疗器材批发	58.93	2.75
矿产品、建材及化工产品批发	3062.92	83.83
机械设备、五金交电及电子产品批发	231.26	8.56
贸易经纪与代理	10.69	1.05
其他批发	64.58	3.21
零售业	**1035.51**	**45.06**
综合零售	146.56	6.89
食品、饮料及烟草制品专门零售	37.37	2.47
纺织、服装及日用品专门零售	41.44	3.13
文化、体育用品及器材专门零售	31.77	2.56
医药及医疗器材专门零售	33.86	2.34
汽车、摩托车、燃料及零配件专门零售	571.41	16.40
家用电器及电子产品专门零售	76.65	4.33
五金、家具及室内装修材料专门零售	39.26	3.45
无店铺及其他零售	57.19	3.49

三、住宿和餐饮业

（一）企业法人单位数和从业人员

2008 年末，全省共有住宿和餐饮业企业法人单位 2855 个，从业人员 16.07 万人，分别比 2004 年增长 32.2%和 30.8%。

在住宿和餐饮业企业法人单位中，住宿业 1282 个，餐饮业 1573 个，分别占 44.9%和 55.1%。在住宿和餐饮业企业法人单位从业人员中，住宿业占 46.8%，餐饮业占 53.2%（详见表 8）。

表 8 住宿和餐饮业企业法人单位数和从业人员

	法人单位（个）	从业人员（万人）
合　计	**2855**	**16.07**
住宿业	**1282**	**7.52**
旅游饭店	353	4.26
一般旅馆	845	2.95
其他住宿服务	84	0.31
餐饮业	**1573**	**8.55**
正餐服务	1382	7.86
快餐服务	95	0.48
饮料及冷饮服务	27	0.03
其他餐饮服务	69	0.18

在住宿和餐饮业企业法人单位中，国有企业 360 个，占 12.6%；集体、集体联营和股份合作企业共 281 个，占 9.8 %；私营企业 1740 个，占 60.9%；港、澳、台商投资企业 14 个，占 0.5%；外商投资企业 17 个，占 0.6%。

在住宿和餐饮业企业法人单位从业人员中，国有企业占 16.4%；集体、集体联营和股份合作企业共占 6.3%；私营企业占 55.0%；港、澳、台商投资企业占 1.0%；外商投资企业占 2.7%（详见表 9）。

表 9　按登记注册类型分组的住宿和餐饮业企业法人单位数和从业人员

	法人单位（个）	从业人员（万人）
合　计	**2855**	**16.07**
内资企业	**2824**	**15.48**
国有企业	360	2.63
集体企业	231	0.75
股份合作企业	44	0.26
联营企业	15	0.02
集体联营企业	6	…
有限责任公司	257	1.94
其他有限责任公司	257	1.94
股份有限公司	110	0.72
私营企业	1740	8.84
港、澳、台商投资企业	**14**	**0.16**
外商投资企业	**17**	**0.43**

（二）营业额

2008 年，全省住宿和餐饮业企业法人单位营业额 112.31 亿元，比 2004 年增长 107.4%。其中，住宿业营业额 48.26 亿元，餐饮业营业额 64.05 亿元，分别比 2004 年增长 60.6%和 165.7%（详见表 10）。

表 10　住宿和餐饮业企业法人单位营业额

单位：亿元

	营业额
合　计	**112.31**
住宿业	**48.26**
旅游饭店	31.15
一般旅馆	15.03
其他住宿服务	2.08
餐饮业	**64.05**
正餐服务	56.95
快餐服务	5.99
饮料及冷饮服务	0.26
其他餐饮服务	0.85

（三）资产总计和所者权益合计

2008 年末，全省住宿和餐饮业企业法人单位资产总计为 203.35 亿元，比 2004 年末增长 79.9%；全省住宿和餐饮业企业法人单位所有者权益合计 77.0 亿元，其中住宿业为 43.44 亿元，餐饮业为 33.56 亿元（详见表 11）。

表 11 住宿和餐饮业企业法人单位资产总计和所有者权益合计

单位：亿元

	资产总计	所有者权益合计
合 计	**203.35**	**77.00**
住宿业	**123.03**	**43.44**
旅游饭店	86.25	27.73
一般旅馆	33.88	14.76
其他住宿服务	2.90	0.95
餐饮业	**80.32**	**33.56**
正餐服务	74.73	30.82
快餐服务	3.25	1.83
饮料及冷饮服务	0.19	0.08
其他餐饮服务	2.15	0.83

（四）主营业务收入和营业利润

2008 年，全省住宿和餐饮业企业法人单位主营业务收入 111.28 亿元，比 2004 年增长 111.1%。其中，住宿业 48.15 亿元，餐饮业 63.13 亿元；全省住宿和餐饮业企业法人单位营业利润 3.85 亿元，其中，住宿业 −0.31 亿元，餐饮业 4.16 亿元（详见表 12）。

表 12 住宿和餐饮业企业法人单位主营业务收入和营业利润

单位：亿元

	主营业务收入	营业利润
合 计	**111.28**	**3.85**
住宿业	**48.15**	**-0.31**
旅游饭店	31.00	-1.65
一般旅馆	15.06	1.19
其他住宿服务	2.09	0.15
餐饮业	**63.12**	**4.16**
正餐服务	56.13	3.05
快餐服务	5.94	0.99
饮料及冷饮服务	0.27	0.03
其他餐饮服务	0.79	0.09

四、房地产业

（一）企业法人单位数

2008 年末，全省共有房地产业企业法人单位 3886 个，比 2004 年第一次经济普查增加 1919 个。其中，房地产开发业 1836 个，物业管理企业 1056 个，中介服务业 301 个，其他房地产 693 个，分别比 2004 年第一次经济普查增加 783 个、593 个、69 个和 474 个（详见表 13）。

表 13　房地产业企业法人单位地区分布

	企业法人单位（个）	房地产开发	物业管理	中介服务	其他房地产
合　计	**3886**	**1836**	**1056**	**301**	**693**
太原市	1269	618	347	145	159
大同市	408	193	104	32	79
阳泉市	163	98	35	8	22
长治市	428	168	112	28	120
晋城市	189	81	57	15	36
朔州市	161	77	65	12	7
晋中市	243	106	65	15	57
运城市	285	171	80	10	25
忻州市	199	110	47	8	33
临汾市	361	136	110	18	97
吕梁市	180	78	34	10	58

（二）从业人员

2008 年，全省房地产业企业的从业人员 8.88 万人，比 2004 年第一次经济普查增加 3.35 万人。其中，房地产开发业 4.17 万人，物业管理企业 2.97 万人，中介服务业 0.31 万人，其他房地产 1.42 万人，分别比 2004 年第一次经济普查增加 1.24 万人、1.21 万人、0.07 万人、0.83 万人（详见表 14）。

表 14　房地产业企业法人单位从业人员地区分布

	从业人员（人）	房地产开发	物业管理	中介服务	其他房地产
合　计	**88756**	**41723**	**29661**	**3124**	**14248**
太原市	32693	13622	13973	1996	3102
大同市	9089	3915	3691	197	1286
阳泉市	6123	3121	1632	70	1300
长治市	6399	2960	1771	207	1461
晋城市	3856	1921	1387	100	448
朔州市	3324	2019	1019	100	186
晋中市	5355	2976	1375	112	892
运城市	6353	3942	1876	72	513
忻州市	5629	2805	882	54	1838
临汾市	6727	2378	1507	157	2685
吕梁市	3208	2064	548	59	537

（三）主营业务收入、实收资本和主营业务利润

2008 年，全省房地产企业的主营业务收入 215.90 亿元，比 2004 年第一次经济普查增长 110.6%，其中，房地产开发业 192.59 亿元，物业管理企业 13.32 亿元，中介服务业 2.42 亿元，其他房地产 7.57 亿元，分别比 2004 年第一次经济普查增长 104.3%、228.3%、69.0%和 172.3%（详见表 15）。房地产企业实收资本 276.72 亿元，比 2004 年第一次经济普查增长 123.9%，主营业务利润 25.29 亿元。

2008 年，主营业务收入超十亿元的市共 9 个，依次为：太原市、运城市、晋中市、大同市、临汾市、长治市、忻州市、朔州市和阳泉市。

表 15 房地产业企业主营业务收入地区分布

	主营业务收入（亿元）	房地产开发	物业管理	中介服务	其他房地产
合 计	**215.90**	**192.59**	**13.32**	**2.42**	**7.57**
太原市	69.21	59.41	5.85	1.96	1.99
大同市	21.31	16.60	4.35	0.08	0.28
阳泉市	10.52	10.10	0.30	0.02	0.11
长治市	13.58	12.39	0.46	0.03	0.70
晋城市	9.30	8.89	0.32	0.04	0.06
朔州市	10.84	9.91	0.26	0.04	0.62
晋中市	23.29	20.76	0.36	0.11	2.06
运城市	26.26	25.52	0.56	0.02	0.16
忻州市	11.67	11.14	0.20	0.01	0.31
临汾市	14.49	13.18	0.41	0.06	0.84
吕梁市	5.43	4.68	0.26	0.05	0.44

五、其他第三产业

（一）单位数和从业人员

2008 年末，全省从事其他第三产业[1]的法人单位 86688 个，比 2004 年末增加 13554 个。从业人员 215.19 万人，比 2004 年末增加 24.73 万人。其中，企业法人单位 13935 个，从业人员 39.96 万人；行政事业及其他非企业单位 72753 个，从业人员 175.23 万人（详见表 16）。

表 16 其他第三产业法人单位和从业人员

	法人单位(个)		从业人员（万人）	
	企 业	行政事业及其他非企业	企 业	行政事业及其他非企业
合 计	**13935**	**72753**	**39.96**	**175.23**
信息传输、计算机服务和软件业	2338	265	5.28	0.40
金融业	686	45	12.69	0.53
租赁和商务服务业	4857	1758	9.94	3.09
科学研究、技术服务和地质勘查业	1872	2085	3.97	5.44
水利、环境和公共设施管理业	530	1190	1.36	4.90
居民服务和其他服务业	2227	458	3.36	0.54
教育	480	8523	1.01	49.93
卫生、社会保障和社会福利业	387	4905	1.18	17.00
文化、体育和娱乐业	558	1741	1.18	4.47
公共管理和社会组织	–	51783	–	88.94

（二）企业法人单位的资产总计、营业收入和营业利润

2008 年，其他第三产业企业（不含证券业）法人单位资产总计 24631.31 亿元，营业收入 1923.64 亿元，营业利润 274.92 亿元。在资产总计中，金融业（不含证券业）、信息传输及计算机服务和软件业、租赁和商

务服务业所占比重分别是 89.2%、3.2%和 6.0%，三个行业合计占 98.4%。在营业收入中，上述三个行业分别占 71.4%、15.8%和 5.8%，合计占 93.0%。在营业利润中，上述三个行业分别占 41.1%、31.3%和 21.4%，合计占 93.8%（详见表 17）

表 17　其他第三产业企业法人单位资产总计、营业收入和营业利润

单位：亿元

	资产总计	营业收入	营业利润
合　计	**24631.31**	**1923.64**	**274.92**
信息传输、计算机服务和软件业	786.26	303.33	86.04
金融业（不含证券业）	21970.50	1372.88	112.93
租赁和商务服务业	1484.87	111.67	58.90
科学研究、技术服务和地质勘查业	132.36	72.76	7.24
水利、环境和公共设施管理业	68.36	10.30	0.13
居民服务和其他服务业	89.82	23.91	3.78
教育	38.61	4.99	1.02
卫生、社会保障和社会福利业	24.66	8.33	1.99
文化、体育和娱乐业	35.87	15.47	2.90

（三）行政事业和其他非企业法人单位的资产、收入和支出（或费用）

2008 年末，其他第三产业中的行政事业单位和其他非企业法人单位固定资产原价 1422.71 亿元，全年收入合计 1364.55 亿元，全年支出（或费用）合计 1231.09 亿元（详见表 18）。

表 18　行政事业和其他非企业法人单位固定资产、收入和支出（或费用）

单位：亿元

	固定资产原价	收入合计	支出（或费用）合计
合　计	**1422.71**	**1364.55**	**1231.09**
信息传输、计算机服务和软件业	5.53	3.77	3.58
金融业	35.55	5.99	14.01
租赁和商务服务业	12.55	25.22	24.55
科学研究、技术服务和地质勘查业	40.71	60.19	43.20
水利、环境和公共设施管理业	58.28	31.19	28.32
居民服务和其他服务业	2.31	2.22	2.08
教育	399.54	257.71	244.62
卫生、社会保障和社会福利业	137.72	153.75	148.40
文化、体育和娱乐业	92.38	125.93	103.70
公共管理和社会组织	638.15	698.58	618.64

注释

其他第三产业：包括信息传输、计算机服务和软件业，金融业，租赁和商务服务业，科学研究、技术服务和地质勘查业，水利、环境和公共设施管理业，居民服务和其他服务业，教育，卫生、社会保障和社会福利业，文化、体育和娱乐业，公共管理和社会组织。

主要指标解释

1.**法人单位**：指具备以下条件的单位：(1)依法成立，有自己的名称、组织机构和场所，能够独立承担民事责任；(2)独立拥有和使用(或授权使用)资产，承担负债，有权与其他单位签订合同；(3)会计上独立核算，能够编制资产负债表。法人单位包括企业法人、事业单位法人、机关法人、社会团体法人和其他法人。

2.**企业法人**：指依据《中华人民共和国企业法人登记管理条例》、《中华人民共和国公司登记管理条例》等，经各级工商行政管理机关登记注册，领取《企业法人营业执照》，取得法人资格的企业。包括:公司和非公司制企业法人。

依据《个人独资企业法》及《合伙企业法》，经各级工商行政管理机关登记注册、领取《营业执照》的不具有法人资格的个人独资企业、合伙企业视同非公司制企业法人。

3.**事业单位法人**：指经国务院机构编制管理部门批准、国家事业单位登记管理部门登记或备案；或经地方县级以上机构编制管理部门批准、地方县级以上事业单位登记管理部门登记或备案，领取《事业单位法人证书》，取得法人资格的事业单位。包括：(1)各级党委、政府直属事业单位；(2)党中央、国务院直属事业单位举办的事业单位；(3)各级人大、政协机关，人民法院、人民检察院和各民主党派机关举办的事业单位；(4)各级党委部门和政府部门举办的事业单位；(5)使用财政性经费的社会团体举办的事业单位；(6)国有企业及其他组织利用国有资产举办的事业单位；(7)依照法律或有关规定，应当由各级登记管理机关登记的其他事业单位。

4.**机关法人**：指各级政党机关和国家机关。包括：(1)县级以上各级中国共产党委员会及其所属各工作部门；(2)县级以上各级人民代表大会机关；(3)县级以上各级人民政府及其所属各工作部门，以及地区行政行署；(4)县级以上各级政治协商会议机关；(5)县级以上各级人民法院、检察院机关；(6)县级以上各民主党派机关；(7)乡、镇中国共产党委员会和人民政府。

5.**社会团体法人**：指依据《社会团体登记管理条例》，经国务院民政部门和县级以上地方各级人民政府民政部门登记注册或备案、领取《社会团体法人登记证书》的各类社会团体；以及依法不需要办理法人登记、由机构编制管理部门管理其机关机构编制的群众团体。

6.**其他法人**：指除企业法人、事业单位法人、机关法人和社会团体法人以外的其他符合法人条件的单位。包括：(1)依据《中华人民共和国居民委员会组织法》和《中华人民共和国村民委员会组织法》批准设立的居民委员会和村民委员会；(2)依据《基金会管理条例》规定，由民政部和省级民政部门核准登记、领取《基金会法人登记证书》的基金会；(3)依据《民办非企业单位登记管理暂行条例》，经国务院民政部门和县级以上地方各级人民政府民政部门核准登记，领取《民办非企业单位(法人)登记证书》的民办非企业单位。

7.**法人单位所属的产业活动单位**：指具备以下条件的单位：(1)在一个场所从事一种或主要从事一种社会经济活动；(2)相对独立组织生产经营或业务活动；(3)能够掌握收入和支出等业务核算资料。

8.**单产业法人**：法人单位只位于一个场所并主要从事一种社会经济活动，称为单产业法人。单产业法人本身也是一个产业活动单位。

9.**多产业法人**：法人单位从事多种经济活动，或者位于多个地点，称为多产业法人。多产业法人由两个或两个以上产业活动单位组成。

10.**产业活动单位总数**：是指单产业法人单位数与多产业法人所属的产业活动单位数之和。

11.**就业人数**：是指 2008 年 12 月 31 日在单位和个体经营户在岗的就业人员。未包括上述范围之外的就业人员。

12.**资产总计**：指企业拥有或控制的能以货币计量的经济资源，包括各种财产、债权和其他权利。资产按其流动性（即资产的变现能力和支付能力）划分为：流动资产、长期投资、固定资产、无形资产、递延资产和其他资产。

13.**全年营业收入合计**：是指企业(单位)全年生产经营活动中通过销售商品或提供劳务以及让渡资产取得的收入。营业收入合计分为主营业务收入和其他业务收入。主营业务收入指企业在销售商品、提供劳务等日常活动中所产生的收入总额。其他业务收入指各类企业主营业务以外其他业务的收入。

分类规定

行业分类 本资料行业分类采用的是《国民经济行业分类》（GB/T4754--2002）标准。

三次产业 （1）第一产业：是指农、林、牧、渔业，行业代码为01-05。（2）第二产业：是指采矿业，制造业，电力、燃气及水的生产和供应业，建筑业，行业代码为06-50。（3）第三产业：是指除第一、二产业以外的其他行业。包括：交通运输、仓储和邮政业，信息传输、计算机服务和软件业，批发和零售业，住宿和餐饮业，金融业，房地产业，租赁和商务服务业，科学研究、技术服务和地质勘查业，水利、环境和公共设施管理业，居民服务和其他服务业，教育，卫生、社会保障和社会福利业，文化、体育和娱乐业，公共管理和社会组织，国际组织，行业代码为51-98。

登记注册类型 工商行政管理部门对企业(单位)登记注册的类型分为以下几种:

1. 国有企业：指企业全部资产归国家所有，并按《中华人民共和国企业法人登记管理条例》规定登记注册的非公司制的经济组织。不包括有限责任公司中的国有独资公司。

2. 集体企业：指企业资产归集体所有，并按《中华人民共和国企业法人登记管理条例》规定登记注册的经济组织。

3. 股份合作企业：指以合作制为基础，由企业职工共同出资入股，吸收一定比例的社会资产投资组建，实行自主经营，自负盈亏，共同劳动，民主管理，按劳分配与按股分红相结合的一种集体经济组织。

4. 联营企业：两个及两个以上相同或不同所有制性质的企业法人或事业单位法人，按自愿、平等、互利的原则，共同投资组成的经济组织称为联营企业。联营企业包括国有联营企业、集体联营企业、国有与集体联营企业和其他联营企业。

5. 有限责任公司：根据《中华人民共和国公司登记管理条例》规定登记注册，由两个以上，五十个以下的股东共同出资，每个股东以其所认缴的出资额对公司承担有限责任，公司以其全部资产对其债务承担责任的经济组织称为有限责任公司。有限责任公司分为国有独资公司以及其他有限责任公司。国有独资公司是指国家授权的投资机构或者国家授权的部门单独投资设立的有限责任公司。其他有限责任公司是指国有独资公司以外的其他有限责任公司。

6. 股份有限公司：指根据《中华人民共和国公司登记管理条例》规定登记注册，其全部注册资本由等额股份构成并通过发行股票筹集资本，股东以其认购的股份对公司承担有限责任，公司以其全部资产对其债务承担责任的经济组织。

7. 私营企业：由自然人投资设立或由自然人控股，以雇佣劳动为基础的营利性经济组织称为私营企业。包括按照《公司法》、《合伙企业法》、《私营企业暂行条例》以及《个人独资企业法》规定登记注册的私营独资企业、私营有限责任公司、私营股份有限公司、私营合伙企业和个人独资企业。

私营独资企业是指按《私营企业暂行条例》的规定，由一名自然人投资经营，以雇佣劳动为基础，投资者对企业债务承担无限责任的企业。

个人独资企业是指按《个人独资企业法》、《个人独资企业登记管理办法》的规定，由一个自然人投资，财产为投资人个人所有，投资人以其个人财产对企业债务承担无限责任的经营实体。个人独资企业归入私营独资企业。

私营合伙企业是指按《合伙企业法》或《私营企业暂行条例》的规定，由两个以上自然人按照协议共同投资、共同经营、共负盈亏，以雇佣劳动为基础，对债务承担无限责任的企业。

私营有限责任公司是指按《公司法》、《私营企业暂行条例》的规定，由两个以上自然人投资或由单个自然人控股的有限责任公司。

私营股份有限公司是指按《公司法》的规定，由五个以上自然人投资，或由单个自然人控股的股份有限公司。

8. 其他内资企业：是指上述第1条至第7条之外的其他内资经济组织。

9. 与港澳台商合资经营企业：是指港澳台地区投资者与内地的企业依照《中华人民共和国中外合资经营企业法》及有关法律的规定，按合同规定的比例投资设立，分享利润和分担风险的企业。

10. 与港澳台商合作经营企业：是指港澳台地区投资者与内地企业依照《中华人民共和国中外合作经营企业法》及有关法律的规定，依照合作合同的约定进行投资或提供条件设立，分配利润、分担风险和亏损的企业。

11. 港澳台商独资经营企业：是指依照《中华人民共和国外资企业法》及有关法律的规定，在内地设立的由港澳台地区投资者在内地全额投资设立的企业。

12. 港澳台商投资股份有限公司：是指根据国家有关规定，经商务部(包括原外经贸部)批准设立，并且其中港、澳、台商的股本占公司注册资本的比例达25%以上的股份有限公司。凡其中港、澳、台商的股本占公司注册资本的比例小于25%的，属于内资中的股份有限公司。

13. 中外合资经营企业：是指外国企业或外国人与中国内地企业依照《中华人民共和国中外合资经营企业法》及有关法律的规定，按合同规定的比例投资设立，分享利润和分担风险的企业。

14. 中外合作经营企业：是指外国企业或外国人与中国内地企业依照《中华人民共和国中外合作经营企业法》及有

关法律的规定，依照合作合同的约定进行投资或提供条件设立，分配利润、分担风险和亏损的企业。

15. 外资企业：是指依照《中华人民共和国外资企业法》及有关法律的规定，在中国内地设立的由外国投资者全额投资设立的企业。

16. 外商投资股份有限公司：是指根据国家有关规定，经商务部(包括原外经贸部)批准设立，并且其中外资的股本占公司注册资本的比例达25%以上的股份有限公司。凡其中外资股本占公司注册资本的比例小于25%的，属于内资中的股份有限公司。

控股情况 根据企业实收资本中某种经济成分的出资人的实际投资情况，或出资人对企业资产的实际控制、支配程度进行分类。具体分为国有控股、集体控股、私人控股、港澳台商控股、外商控股和其他六类。

1. 国有控股：包括（1）在企业的全部实收资本中，国有经济成分的出资人拥有的实收资本（股本）所占企业全部实收资本（股本）的比例大于 50%的国有绝对控股；（2）国有经济成分的出资人拥有的实收资本（股本）所占比例虽未大于50%，但相对大于其他任何一方经济成分的出资人所占比例的国有相对控股；或者虽不大于其他经济成分，但根据协议规定拥有企业实际控制权的国有协议控股。

投资双方各占50%，且未明确由谁绝对控股的企业，若其中一方为国有经济成分的，一律按国有控股处理。

2. 集体控股：包括（1）在企业的全部实收资本中，集体经济成分的出资人拥有的实收资本（股本）所占企业全部实收资本（股本）的比例大于 50%的集体绝对控股；（2）集体经济成分的出资人拥有的实收资本（股本）所占比例虽未大于50%，但相对大于其他任何一方经济成分的出资人所占比例的集体相对控股；或者虽不大于其他经济成分，但根据协议规定拥有企业实际控制权的集体协议控股。

3. 私人控股：包括（1）在企业的全部实收资本中，私人经济成分的出资人拥有的实收资本（股本）所占企业全部实收资本（股本）的比例大于 50%的私人绝对控股；（2）私人经济成分的出资人拥有的实收资本（股本）所占比例虽未大于50%，但相对大于其他任何一方经济成分的出资人所占比例的私人相对控股；或者虽不大于其他经济成分，但根据协议规定拥有企业实际控制权的私人协议控股。

4. 港澳台商控股：包括（1）在企业的全部实收资本中，港澳台商经济成分的出资人拥有的实收资本（股本）所占企业全部实收资本（股本）的比例大于50%的港澳台商绝对控股；（2）港澳台商经济成分的出资人拥有的实收资本（股本）所占比例虽未大于50%，但相对大于其他任何一方经济成分的出资人所占比例的港澳台商相对控股；或者虽不大于其他经济成分，但根据协议规定拥有企业实际控制权的港澳台商协议控股。

5. 外商控股：包括（1）在企业的全部实收资本中，外商经济成分的出资人拥有的实收资本（股本）所占企业全部实收资本（股本）的比例大于 50%的外商绝对控股；（2）外商经济成分的出资人拥有的实收资本（股本）所占比例虽未大于50%，但相对大于其他任何一方经济成分的出资人所占比例的外商相对控股；或者虽不大于其他经济成分，但根据协议规定拥有企业实际控制权的外商协议控股。

6. 其他：除上述五类以外的企业控股情况。

山西经济普查年鉴

Shanxi Economic Census Yearbook

2008

第二产业卷｜上册

山西省第二次全国经济普查领导小组办公室
山西省统计局
编

中国统计出版社
China Statistics Press

(京)新登字 041 号

图书在版编目（CIP）数据

山西经济普查年鉴．2008／山西省第二次全国经济普查领导小组办公室、山西省统计局编．-- 北京：中国统计出版社，2010.11

ISBN 978-7-5037-6129-4

Ⅰ．①山… Ⅱ．①山… ②国… Ⅲ．①经济－普查－山西省－2008－年鉴 Ⅳ．①F127.25-54

中国版本图书馆 CIP 数据核字（2010）第 209101 号

山西经济普查年鉴—2008/第二产业卷(上)

作　　者/山西省第二次全国经济普查领导小组办公室　山西省统计局
责任编辑/徐　颖
装帧设计/黄俊杰　李雪燕
出版发行/中国统计出版社
通信地址/北京市西城区月坛南街57号
邮政编码/100826
办公地址/北京市丰台区西三环南路甲6号
网　　址/www.stats.gov.cn/tjshujia
电　　话/邮购（010）63376907　书店（010）68783172
印　　刷/河北天普润印刷厂
经　　销/新华书店
开　　本/880×1230毫米　1/16
字　　数/1500千字
印　　张/47.5
版　　别/2011年1月第1版
版　　次/2011年1月第1次印刷
书　　号/ISBN 978-7-5037-6129-4/F・2965
定　　价/980.00元（全四册附光盘）

《山西经济普查年鉴—2008》编辑机构名单

编辑委员会

主　　任　牛仁亮

副 主 任　崔国红　杨文章　杨　波　李永平　张秋明
陈仲英　陈官虎　刘惠民　秦作栋　刘蓉华
王卫东　赵友亭　马　珩　贾新田　郝光亮
刘建光　马联社　王国强　董育中　翟振新
李太阳　于建刚　皮本固　王小平

委　　员　（以姓氏笔画为序）
卫永杰　方仲平　王利波　王瑞刚　王素琴
王德才　尹优平　白日成　闫立铭　闫清河
刘香兰　刘景雯　刘志才　孙春生　孙　文
陆　东　李　渊　李光烈　杨景隆　杨小平
杨丽平　杨锦耀　杨志刚　陈广慧　沈俊峥
吴素贤　张树秋　张晓东　张明峰　周礼仁
武晓勤　武忠生　赵丽华　赵健武　段晋峰
柳　淳　荆红社　侯广庆　侯晓远　高　晔
顾向红　郭炳亮　徐建中　温太隆　焦有梅
窦志达　曹乃珍　蔚崇通　潘志勇

编辑工作人员

总 编 辑　翟振新

副总编辑　方仲平　闫立铭　曹乃珍
张明峰　郝增国　黄云枫

编辑人员　（以姓氏笔画为序）
马双喜　马　忠　马　聪　文明佳　史美荣
阮并晶　刘瑞平　闫新江　杨艳文　张利云
张淑虹　杨　永　张　璇　张艳芳　郝志军
郭骞擘　徐永库　崔旭连　黄云枫　梁卫华
韩　燕　雷士伟

责任编辑　张明峰　马　忠　黄云枫

编者说明

《山西经济普查年鉴—2008》是一部全面反映山西省第二次全国经济普查成果的大型资料工具书。该书系根据山西省第二次全国经济普查结果，按照国家统计分类标准，对普查数据进行各种分组、加工汇总而形成的综合资料。

一、本资料的调查年度为2008年，调查时点为2008年12月31日。

二、本资料的汇总范围为山西省境内从事第二、第三产业活动的全部法人单位、产业活动单位和个体工商户。

三、本资料书共三卷，即综合卷、第二产业卷（上、下册）和第三产业卷。

综合卷为单位基本情况资料，共三篇。第一篇为综合篇，第二篇为企业篇，第三篇为事业、机关、社团、民办非企业篇。

第二产业卷分上下册，上册一篇，下册三篇，共四篇。第一篇为工业企业生产经营及财务状况，第二篇为企业水及能源消费情况，第三篇为工业企业科技情况，第四篇为建筑业企业生产经营及财务状况。

第三产业卷共五篇。第一篇为交通运输、仓储和邮政业生产经营及财务状况，第二篇为批发和零售业商品销售和财务状况，第三篇为住宿和餐饮业经营及财务状况，第四篇为房地产业生产经营及财务状况，第五篇为其他服务业生产经营及财务状况。

四、本资料表中的空格表示无该项统计指标数据，“…”表示该指标数值小，达不到计量单位标准。有关加工数据因小数取舍产生的误差未做人工调整。

五、农、林、牧、渔业为第二、三产业法人兼营的第一产业活动单位。因铁路部门数据以条组织普查，数据无法分解到省，故铁路运输业不包括铁路部门普查的企业数据。

第二次全国经济普查成果资料十分丰富，受时间、技术和水平所限，本资料尚不能涵盖普查成果的全部内容。目前，省经济普查办公室正在组织力量进行课题开发应用，力争有更多的普查资料成果公诸于世。

序

山西省人民政府副省长
山西省经济普查领导小组组长 牛仁亮

第二次全国经济普查是国务院决定开展的一项重大国情国力调查。2008年以来，省人民政府根据国务院的统一部署，组织进行了山西省第二次全国经济普查。在国务院经济普查领导小组的统一领导下，全省各级党委、政府高度重视经济普查工作，各有关部门密切配合，各级普查机构广泛动员，精心组织，科学实施。全省组织动员了20多万基层普查员和普查指导员，对山西境内从事第二、三产业的16万法人单位、24万产业活动单位以及近百万个体经营户，进行了“地毯式”的逐户上门清查和现场登记，并使用现代网络信息技术进行了超大规模的数据处理和审核评估工作。与第一次经普相比，这次普查正值我国经济社会发展极不平凡的时期，全国人民倾力抗击汶川特大地震灾害，倾力举办奥运会，倾力应对国际金融危机，特别是面对着近年来经济规模不断扩大、经济结构日趋复杂、经济形式日益多样的新形势，普查工作量成倍增

加，普查任务相当艰巨。

通过这次普查，我们不仅比较全面地摸清了第二、三产业的规模、速度、结构和效益，包括19个行业门类、90个行业大类、378个行业中类、875个行业小类的大量基础性信息，还填补了服务业、能源、信息化等常规统计数据的空白，进一步查实了我省GDP总量和结构，初步形成了全面反映第二、三产业状况的综合数据库、基本单位名录库。对于这次经济普查工作和成果，省委、省政府给予充分肯定和高度评价，同时也得到了国务院经普领导小组及国家统计局的充分肯定和表彰奖励。

回顾两年多来的历程，我省经济普查的圆满成功，主要得益于以下五个方面：一是各级党委和政府强有力的领导和支持；二是各有关部门的密切配合和通力合作；三是各级普查工作机构卓有成效的组织实施；四是全省广大普查人员的团结奋斗和无私奉献；五是社会各界和普查对象的积极参与和密切配合。历史将永远不会忘记那些为普查做出过贡献的人们！

为了充分发挥经济普查成果的作用，省经济普查办公室在较短时间内完成了普查数据的加工整理，编纂出版了《山西经济普查年鉴—2008》大型普查资料丛书。该丛书共分三卷、四册，是全省广大普查人员汗水和智慧的结晶，是一笔十分珍贵的信息资源和社会财富。该书的面世必将会为社会各界更好地认识省情、把握全局、规划未来，在全面加快山西转型跨越发展的伟大实践中发挥重要的基础信息作用。

二零一零年十月

第二产业卷(上)　目录

第一篇　工业企业生产经营及财务状况

第 1 篇

工业企业生产经营及财务状况

2-1-1 全部工业企业主要经济指标一览表

单位：个、万元

指标名称	2008年
企业单位数	29414
亏损企业单位数	5130
工业总产值(当年价格)	106967876
年末存货	15381147
固定资产原价	82886134
本年折旧(规模以下工业企业)	370592
资产总计	146011886
负债合计	97234149
所有者权益合计	48777738
实收资本	28399438
国家资本	9827188
集体资本	1317992
法人资本	9324360
个人资本	6500221
港澳台资本	446023
外商资本	983654
主营业务收入	107854931
主营业务成本	85876197
主营业务税金及附加	1386594
营业费用、管理费用、财务费用合计	13482486
营业利润	7416147
职工工资和福利费	7942809
全部从业人员年平均人数(人)	2849657

2-1-2　规模以上工业企业主要经济指标一览表

单位：个、万元

指标名称	2008年
企业单位数	4415
亏损企业单位数	1219
工业总产值(当年价格)	100238679
工业销售产值(当年价格)	97902178
出口交货值	4122305
资产总计	134526727
流动资产合计	54869852
年末存货	14268536
固定资产合计	60625650
固定资产原价	76686523
负债合计	90236321
流动负债合计	64201748
长期负债合计	24264711
所有者权益合计	44290407
实收资本	24334486
国家资本	9489329
集体资本	937789
法人资本	8001774
个人资本	4596677
港澳台资本	419782
外商资本	889136
主营业务收入	101306114
主营业务成本	80692835
主营业务税金及附加	1236475
营业费用	3760823
管理费用	6527919
财务费用	2459184
营业利润	6823347
利润总额	6342504
利税总额	14282497
本年应交增值税	6703518
本年应付工资总额	6898654
本年应付福利费总额	479001
全部从业人员年平均人数(人)	2149273

2-1-3 规模以下工业企业主要经济指标一览表

单位：个、万元

指标名称	2008年
企业单位数	24999
亏损企业单位数	3911
工业总产值(当年价格)	6729197
年初存货	770131
年末存货	1112612
资产总计	11485159
固定资产原价	6199611
负债合计	6997828
所有者权益合计	4487331
实收资本	4064952
国家资本	337860
集体资本	380204
法人资本	1322586
个人资本	1903544
港澳台资本	26241
外商资本	94517
本年折旧	370592
营业收入	6612991
主营业务收入	6548817
营业成本	5269644
主营业务成本	5183363
营业税金及附加	156430
主营业务税金及附加	150119
主营业务利润	1292648
其他业务利润	34712
营业费用、管理费用、财务费用合计	734560
税金	75589
利息支出	63777
营业利润	592801
职工工资和福利费	565155
本年应交增值税	383804
全部从业人员年平均人数(人)	700384
资产减值损失	10897
公允价值变动收益	-835
投资收益	211

2-1-4 全部工业企业主要产品产量、销售量和销售额

单位：个、万元

产品名称	计量单位	企业单位数		本年生产量	
			规模以上工业		规模以上工业
原煤	吨	1893	1127	644916844	608139246
1.无烟煤	吨	491	212	157781301	143271122
2.烟煤	吨	1383	916	487099543	464868124
(1)炼焦烟煤	吨	245	176	113447828	112132331
(2)一般烟煤	吨	1140	743	373651716	352735794
3.褐煤	吨	3		36000	
洗煤	吨	1706	592	333280590	297632585
其中：洗精煤	吨	1260	461	133993111	107457655
天然气	万立方米	2	2	52110	52110
液化天然气	吨	3	1	12968	12568
铁矿石原矿	吨	531	117	41814641	36959430
锰矿石成品矿	吨	15	12	651398	501713
铜金属含量	吨	11	4	28104	27291
铅金属含量	吨	4	4	8555	8555
锌金属含量	吨	3	2	5654	4504
金金属含量	千克	6		25589	
石膏	吨	82	2	1214747	259562
天然大理石荒料	立方米	62		932551	
天然花岗石荒料	立方米	35	4	248615	63554
萤石	吨	14		28749	
高岭土(也称瓷土)	吨	35	4	123213	24211
硫铁矿石(折含硫35%)	吨	27		84750	
磷矿石(折含五氧化二磷30%)	吨	3		372	
石棉	吨	1		40000	
天然石墨	吨	1		414	
石英砂	吨	24		108094	
小麦粉	吨	307	20	469349	180565
其中：小麦专用粉	吨	80	2	75484	4826
大米	吨	3	1	417	400
饲料	吨	137	29	991257	864730
其中：配合饲料	吨	39	14	503011	470213
混合饲料	吨	25	9	358431	333113
宠物饲料	吨	3		3351	
毛油(初榨植物油)	吨	12		3125	
精制食用植物油	吨	47	12	88456	82791
其中：大豆精制油	吨	11	4	26305	25570
菜籽精制油	吨	2	1	954	524
人造黄油及其他食用油脂	吨	1	1	497	497
非食用植物油	吨	8		2533	
成品糖	吨	2	2	31450	31450
加工糖	吨				
鲜、冷藏肉	吨	64	11	53098	47659
其中：鲜、冷藏猪肉	吨	13	4	15788	14152
冻肉	吨	6	3	91754	89112
熟肉制品	吨	58	10	19968	11205
冷冻蔬菜	吨	26	2	14552	2461
暂时保藏的蔬菜	吨	5		2390	
腌渍菜	吨	19	1	16444	6640
焙、炒加工的坚果及果仁	吨	35	1	8422	800

2-1-4 续表 1

单位：个、万元

产品名称	计量单位	企业单位数		本年生产量	
			规模以上工业		规模以上工业
淀粉及淀粉制品	吨	55	9	681365	637612
豆腐及豆制品	吨	40	1	12967	750
糕点	吨	78	7	14305	6956
面包	吨	25	2	2186	1149
饼干	吨	19	2	10827	7996
膨化食品	吨	8	2	1571	227
焙烤松脆食品	吨	23	4	10396	6836
糖果	吨	7	2	2387	1978
巧克力	吨	1		5	
蜜饯	吨	144	4	28565	7468
面制半成品	吨	35	1	21124	2261
米制半成品	吨	5		2220	
速冻米面食品	吨	19	2	19851	1298
方便面	吨	15	2	13821	7348
乳制品	吨	65	26	551029	529773
1.液体乳	吨	61	23	486355	466337
其中：灭菌乳	吨	10	6	100778	99108
巴氏杀菌乳	吨	8	5	83440	82664
酸牛乳	吨	11	8	45272	42031
2.固体乳制品	吨	16	10	64674	63436
其中：乳粉	吨	9	9	46521	46521
干酪(奶酪)	吨	1		128	
罐头	吨	47	16	41643	29043
其中：畜肉类罐头	吨	9	3	6458	5666
禽肉类罐头	吨	1		30	
蔬菜类罐头	吨	25	12	31555	23292
水果类罐头	吨	6		1919	
味精(谷氨酸钠)	吨				
酱油	吨	17	4	9116	4501
食醋	吨	109	14	341241	216293
复合调味品	吨	9		600	
其中：鸡精	吨	1		38	
食品用氨基酸	吨				
蜂蜜营养制品	吨	6	1	1056	748
冷冻饮品	吨	10		2921	
食品添加剂	吨	12	4	56701	43675
饲料添加剂	吨	6		6612	
发酵酒精(折96度，商品量)	千升	4	3	29640	29575
饮料酒	千升	125	23	403631	332540
其中：白酒(折65度，商品量)	千升	97	13	156732	108778
啤酒	千升	11	8	240190	219326
黄酒	千升	4		289	
葡萄酒	千升	5	1	1171	755
软饮料	吨	166	34	724997	546110
其中：碳酸饮料类(汽水)	吨	17	3	165147	152378
包装饮用水类	吨	63	4	262642	135153
果汁和蔬菜汁饮料类	吨	59	23	259728	244090
蛋白饮料类	吨	11	5	9631	8013
其中：含乳饮料	吨	6	2	3287	1879

2-1-4　续表 2　　　　单位：个、万元

产品名称	计量单位	企业单位数		本年生产量	
			规模以上工业		规模以上工业
固体饮料类	吨	3	1	191	16
茶饮料类	吨	2		5849	
特殊用途饮料	吨	2		7841	
精制茶	吨	2		5716	
卷烟	万支	1	1	1450000	1450000
1.一类卷烟	万支				
2.二类卷烟	万支	1	1	154796	154796
3.三类卷烟	万支	1	1	138250	138250
4.四类卷烟	万支	1	1	1071319	1071319
5.五类卷烟	万支	1	1	85635	85635
纱	吨	47	21	66004	49020
1.棉纱	吨	46	21	60047	45175
2.棉混纺纱	吨	6	4	5891	3845
3.化学纤维纱	吨	5	3	66	
缝纫线	吨	1		260	
布	万米	25	9	6648	5275
其中：色织布(含牛仔布)	万米	1		120	
其中：1.棉布	万米	21	9	5971	4771
2.棉混纺布	万米	4	3	623	504
3.化学纤维布	万米	5	2	54	
印染布	万米	10	4	10414	10194
1.漂白布	万米	3		190	
2.染色布	万米	5	3	9194	9168
3.印花布	万米	2	1	1030	1026
毛条	吨	1		10	
毛纱	吨	3		171	
绒线(俗称毛线)	吨	1	1	157	157
亚麻纱(含亚麻≥55%)	吨	1		154	
生丝	吨	6	1	339	64
绢纺丝	吨				
蚕丝及交织机织物(含蚕丝≥50%)	万米	1	1	94	94
床褥单类	万条	5	1	152	…
床罩	万个				
棉被	万条	7	2	78	4
毛巾被	万条	1	1	1	1
毛巾	万条	3	1	377	211
毛毯	条	1	1	438	438
毡呢	吨	1		190	
丝针织围巾	万条	1	1	…	…
蚕丝被	万条	2	1	2	1
纤维纺制的线、绳、索、缆	吨	1		50	
无纺布(无纺织物)	吨	1		873	
棉、化纤针织坯布	吨	7		675	
针织袜	万双	14		8177	
服装	万件	108	17	3550	1946
1.针织服装	万件	50	10	3109	1858
其中：针织内衣	万件	12	1	113	…
针织T恤衫	万件	1		45	
针织休闲衫类服装	万件	4	2	1069	957
针织衬衫	万件	2	1	37	28
针织运动类服装	万件	6	2	15	10

2-1-4 续表 3 单位：个、万元

产品名称	计量单位	企业单位数		本年生产量	
			规模以上工业		规模以上工业
2.梭织服装	万件	61	9	441	88
其中：毛制大衣	万件	1		3	
防寒服	万件	2	1	10	2
西服套装	万件	18	4	26	11
其中：男式西服套装	万件	6	2	6	2
女式西服套装(套裙)	万件	2	2	1	1
衬衫	万件	4	3	15	13
其中：男衬衫	万件	2	2	9	9
女衬衫	万件	2	2	2	2
裤	万件	1	1	1	1
其中：男裤	万件	1	1	1	1
女裤	万件	1	1	...	...
裙	万件	1	1	...	...
女式保健内衣	万件	1		1	
睡衣裤	万件	2	1	3	2
婴儿服装及衣着附件	万件	1		1	
运动服类服装	万件	4		24	
皮革鞋靴	万双	4	1	368	1
其中：皮革面旅游(运动)鞋靴	万双	1		1	
皮革服装	件	2		279	
鞣制毛皮(折羊毛皮)	张	1	1	41018	41018
锯材	立方米	21		34954	
人造板	立方米	39	4	384925	321171
其中：胶合板	立方米	12	1	16449	4932
纤维板	立方米	4	3	317219	316239
刨花板	立方米	7		15965	
人造板表面装饰板	平方米	19	1	1735976	764558
实木制门	扇	12		41194	
非实木制门	扇	8	1	21904	15574
木制地板	平方米	1		59	
复合木地板	平方米	1		59	
包装用木箱	立方米	22	1	185641	6300
柳(荆)条制品	件	3		134800	
草制品	件	3		433500	
家具	件	138	8	546252	217854
其中：木质家具	件	92	3	253670	4028
金属家具	件	14	2	70883	40533
塑料家具	件	2		2040	
软体家具	件	6	1	29452	25193
纸浆(原生浆及废纸浆)	吨	10	6	55910	52083
其中：木浆	吨	1	1	6368	6368
非木材纤维纸浆	吨	3	3	23954	23954
废纸纸浆	吨	3	1	2231	1635
机制纸及纸板(外购原纸加工除外)	吨	90	15	315484	242677
其中：未涂布印刷书写用纸	吨	7	4	37865	31645
其中：新闻纸	吨	2	1	10039	4869

2-1-4 续表 4 单位：个、万元

产品名称	计量单位	企业单位数		本年生产量	
			规模以上工业		规模以上工业
涂布类印刷用纸	吨	1		130	
卫生用纸原纸	吨	10		6452	
包装用纸及纸板	吨	56	8	234706	193315
其中：箱纸板	吨	26	3	47837	26866
白纸板	吨	3	1	141946	138626
瓦楞原纸	吨	10	1	13012	5463
加工纸	吨	13		8327	
其中：静电复印纸	吨	3		2658	
纸制品	吨	254	11	236888	78623
其中：瓦楞纸箱	吨	191	10	190284	70483
纸制文具及办公用品	吨	4		546	
卫生用纸制品	吨	32		19663	
单色印刷品	令	188	9	1835396	1194120
多色印刷品	对开色令	52	10	4569476	4264758
本册	万本	117	1	13944	2
塑料印刷品	万印	15		20546	
金属印刷品	万印	6		3968	
文件夹类文具	万个	1		20	
墨水	吨	2		300	
皮或革制可充气运动用球	万个	1		150	
体育器材及配件	千元	8	4	247543	244268
室内训练健身器材	台	5	4	36347	35327
中乐器	把(件)	2		50000	
电子乐器	台	1		500	
玩具	千元	1		480	
其中：供儿童乘骑的带轮玩具	千元	1		36	
填充类玩具	千元	1		90	
木制玩具	千元	1		114	
塑胶玩具	千元	1		240	
原油加工量	吨/吨	1	1	9630	9630
润滑油	吨	5	5	35638	35638
燃料油	吨	1	1	1750	1750
润滑脂	吨	1		227	
石油焦	吨	1		196	
石油沥青	吨	2		13557	
焦炭	吨	302	247	82958688	81442522
其中：机焦	吨	253	235	80310830	79472131
硫酸(折100%)	吨	19	11	558988	541375
盐酸(氯化氢，含量31%)	吨	12	5	103787	94567
磷酸(含量85%)	吨	4		8612	
烧碱(折100%)	吨	14	8	564870	555224
其中：离子膜法烧碱(折100%)	吨	3	2	139987	137367
纯碱(碳酸钠)	吨	8	1	166890	158693
亚硝酸钠	吨	8	2	10071	4360
三磷酸钠(三聚磷酸钠)	吨	1	1	4712	4712
碳化钙(电石，折 300升／千克)	吨	62	35	919986	708749
轻质碳酸钙	吨	3		8144	
甲烷	吨	4		2882	
丙烯	吨	1		722	
环氧乙烷	吨	2		4090	

2-1-4 续表 5

单位：个、万元

产品名称	计量单位	企业单位数		本年生产量	
			规模以上工业		规模以上工业
粗苯	吨	51	46	236032	190738
纯苯	吨	10	6	102744	86418
甲苯	吨	8	4	11487	7761
邻二甲苯	吨	5	1	9712	1759
对二甲苯	吨				
混合二甲苯	吨	2	2	336	336
对硝基氯苯	吨	1		620	
精甲醇	吨	16	16	694876	694876
苯酚	吨	1	1		
冰乙酸(冰醋酸)	吨	1	1	28583	28583
苯胺	吨	1	1	74603	74603
甲醛	吨	12	4	200724	172302
重铬酸钠(红钒钠)	吨	6		7605	
黄磷	吨	4		1869	
浓硝酸	吨	4	3	38835	38364
合成氨(无水氨)	吨	32	30	4835822	4834182
农用氮、磷、钾化学肥料总计(折纯)	吨	50	43	3970994	3949185
1.氮肥(折含N100%)	吨	43	42	3849303	3848103
其中：尿素(折含N100%)	吨	21	21	3086444	3086444
碳酸氢铵(折含N100%)	吨	3	3	32461	32461
2.磷肥(折五氧化二磷100%)	吨	8	2	121690	101081
合成复合肥料(实物量)	吨	54	6	1188312	1114611
其中：磷酸铵肥(实物量)	吨	8		7493	
硝酸磷肥(实物量)	吨	1	1	760406	760406
化学农药原药(折有效成分100%)	吨	23	3	3230	1057
其中：杀虫剂原药	吨	9	3	1061	677
杀菌剂原药	吨	4	3	368	328
除草剂原药	吨	3	2	132	52
涂料	吨	86	6	74329	23415
其中：建筑涂料	吨	29	4	35789	14634
油墨	吨	10	5	30453	27793
颜料	吨	7	2	8568	5783
其中：无机颜料	吨	2	1	2692	1342
有机颜料	吨	2		46	
染料	吨	5	2	30543	30298
合成粘合剂(胶粘剂)	吨	7		9270	
初级形态的塑料	吨	19	8	507522	498306
其中：聚乙烯树酯	吨	2		985	
聚丙烯树脂	吨	4		264	
聚氯乙烯树脂	吨	7	6	486218	485918
合成橡胶	吨	8	3	30288	23819
合成纤维单体	吨	1		480	
乙二醇	吨	1		480	
合成纤维聚合物	吨	1		900	
其中：聚脂	吨	1		900	
化学试剂	吨	41	1	41902	1468
催化剂	吨	8		4648	
橡胶助剂	吨	4	1	2811	2481
塑料助剂	吨	1		158	

2-1-4　续表 6　　　　单位：个、万元

产品名称	计量单位	企业单位数	规模以上工业	本年生产量	规模以上工业
纺织工业用整理剂、助剂	吨	2		1540	
制革工业用整理剂、助剂	吨	2		30	
建工建材用化学助剂	吨	16	1	11736	3797
炭黑(或称炉黑)	吨	29	17	239039	206878
硬脂酸	吨	6		11169	
松节油	吨	1		350	
活性炭	吨	54	13	92643	46855
炸药	吨	8	8	82016	82016
雷管	万支	4	4	23009	23009
焰火制品	千元	24		36855	
其中：烟花	千元	15		20998	
明胶	吨	10	1	2639	256
肥(香)皂	吨	3		147	
合成洗涤剂	吨	26	3	117795	108401
其中：合成洗衣粉	吨	5	3	89267	88117
液体洗涤剂	吨	7	2	16934	14705
表面活性剂	吨	3		11369	
香精	吨	3	1	505	400
化学药品原药	吨	17	10	7837	7292
其中：抗菌素(抗感染药)	吨	4	4	3531	3531
消化系统用药	吨	1		2	
解热镇痛药	吨	1			
维生素类	吨	1		3	
激素类药	吨	1		5	
冻干粉针剂	万瓶(支)	4	3	6592	4191
粉针剂	万瓶(支)	7	5	28018	23008
注射液	万支	11	10	140023	138576
输液	万瓶	2	1	2079	1888
片剂	万片	32	25	3920219	3909370
胶囊剂	万粒	26	20	778551	775180
颗粒剂	万袋(包)	12	9	20911	20742
膏霜剂	万支	1	1	9620	9620
口服液体制剂	万瓶	6	3	2097	418
植物类饮片	千克	6	1	458349	163428
中成药	吨	29	21	13363	9478
其中：中成药丸剂	吨	9	8	4163	4161
中成药冲剂	吨	5	3	1152	61
中成药针剂	吨	4	3	1767	1347
中成药胶囊	吨	7	7	555	555
兽用化学药品	吨	35	4	17607	4985
生物化学药品	千克	4	1	206490	6790
血液制品	万支	1	1	50	50
卫生材料及敷料	筒(卷、包、团)	1		3381	
医用缝合材料及外科用无菌材料	团(盒、瓶)	3		10819	
化学纤维用浆粕	吨	1	1	2842	2842
化学纤维	吨	6	3	30371	30166
其中：人造纤维(纤维素纤维)	吨	1	1	19674	19674
其中：粘胶纤维	吨	1	1	19674	19674

2-1-4 续表 7

单位：个、万元

产品名称	计量单位	企业单位数		本年生产量	
			规模以上工业		规模以上工业
合成纤维	吨	5	2	10697	10492
其中：锦纶纤维	吨	2		105	
涤纶纤维	吨	2	2	10492	10492
其中：涤纶长丝	吨	1	1	6572	6572
腈纶纤维	吨	1		100	
橡胶轮胎外胎	条	9	2	1054391	1021561
其中：子午线轮胎外胎	条	2	1	440578	440523
其中：载货汽车橡胶轮胎外胎	条	1		200	
力车橡胶胎内胎	条	2		252000	
橡胶输送带	平方米	4	2	6156456	6126256
橡胶管	万标米	8	3	29043	75
橡胶板(片、带)	吨	4		1376	
橡胶零件、附件	吨	26	1	8870	771
初级形状的再生橡胶	吨	17	6	49413	36883
日用橡胶制品	吨	3		1175	
医疗、卫生用橡胶制品	吨	1	1	383	383
胶鞋类	万双	3		15	
塑料制品	吨	314	45	266684	174863
1.塑料薄膜	吨	28	5	37189	21866
其中：农用薄膜	吨	6	2	21703	20227
2.塑料板、片	吨	18	2	6071	571
3.塑料管及其附件	吨	37	7	15435	7531
4.塑料条、棒、型材	吨	19	6	101028	97051
5.塑料丝、绳及编织品	吨	85	18	54562	35051
其中：塑料编织布	吨	4		198	
塑料编织袋	吨	56	16	46267	31551
6.泡沫塑料	吨	40	1	8993	1235
7.塑料人造革、合成革	吨	1		60	
8.塑料包装箱及容器	吨	24	8	12625	9472
9.塑料零件	吨	10		1103	
10.日用塑料制品	吨	15		3136	
11.建筑用塑料制品	吨	19		13310	
12.其他塑料制品	吨	28	3	13172	2086
水泥熟料	吨	146	116	15317307	14602862
其中：窑外分解窑水泥熟料	吨	24	23	6965651	6949889
水泥	吨	291	142	24516686	21215733
其中：1.通用水泥	吨	272	137	23757004	20593936
⑴硅酸盐水泥(P·Ⅰ或P·Ⅱ)	吨	66	12	2781320	1655890
⑵普通硅酸盐水泥(P·O)	吨	103	63	8511320	7650981
⑶矿渣硅酸盐水泥(P·S·A或P·S·B)	吨	93	64	8433330	7729687
⑷粉煤灰硅酸盐水泥(P·F)	吨	6	2	1108884	1042786
⑸火山灰硅酸盐水泥(P·P)	吨	1		220	
⑹复合硅酸盐水泥(P·C)	吨	14	10	2045900	2014459
⑺石灰石硅酸盐水泥(P·L)	吨	12	4	876030	500133
2.专用水泥	吨	15	4	287995	171804
3.特性水泥	吨	9	2	471687	449993
其中：强度等级42.5水泥(含R型)	吨	9	8	1060822	1059822
强度等级52.5水泥(含R型)	吨	1	1	25626	25626
石灰	吨	125	5	1908432	226803
商品混凝土	立方米	75	27	5772803	3560550

2-1-4　续表 8

单位：个、万元

产品名称	计量单位	企业单位数	规模以上工业	本年生产量	规模以上工业
水泥混凝土排水管	千米	51	1	55606	18
水泥混凝土压力管	千米	7		90	
水泥混凝土电杆	根	29	4	144987	37546
预应力混凝土桩	米	2		52696	
遁构法施工用钢筋混凝土管片	米	3		44900	
水泥混凝土预制构件	立方米	299	3	2218834	69376
石棉水泥瓦	平方米	6		546761	
石膏板	万平方米	21	1	4566	1215
蒸压加气混凝土板	立方米	5		19940	
砖	万块	1660	19	1487814	141759
其中：烧结粘土砖	万块	749	15	703291	134919
其中：烧结普通砖	万块	476	12	367543	118447
蒸压砖	万块	11	1	6190	70
其中：蒸压灰砂砖	万块	5		1483	
免烧砖	万块	119		79933	
瓦	万片	27		14263	
建筑砌块	立方米	52	1	1887334	44587
其中：蒸压加气混凝土砌块	立方米	7	1	65645	44587
瓷质砖	平方米	16	9	21253817	20483373
细炻砖	平方米	1		22500	
陶质砖	平方米	10		7199288	
陶瓷马赛克	平方米	1		4300	
建筑琉璃制品	吨	29		84840	
天然大理石建筑板材	平方米	35		172285	
天然花岗石建筑板材	平方米	19	5	3142550	3064030
人造石材	平方米	59		1189827	
碑石及其他类似制品	平方米	7		65720	
沥青和改性沥青防水卷材	平方米	12		208116	
隔热、隔音人造矿物材料及其制品	吨	23		38853	
平板玻璃	重量箱	8	2	13272687	13240197
钢化玻璃	平方米	4	1	566966	559796
其中：车辆用钢化安全玻璃	平方米				
夹层玻璃	平方米	2	1	395846	395771
其中：车辆用夹层玻璃	平方米				
中空玻璃	平方米	1	1	3628	3628
日用玻璃制品	吨	129	35	292712	221553
玻璃包装容器	吨	14	1	58899	23181
其中：玻璃啤酒瓶	吨	2	1	28221	23181
玻璃保温容器	万个	3		600066	
玻璃纤维纱	吨	1	1	752	752
玻璃纤维布	米	3	1	111230	230
玻璃纤维工业用玻璃球	吨	1		257	
玻璃纤维增强塑料制品	吨	6	2	3308	1222
显像管玻璃外壳	万个	1		130	
卫生陶瓷制品	件	4		6790	
其中：陶瓷质便器	件	1		1569	
陶瓷质洗涤器	件	3		5221	
日用陶瓷制品	万件	60	24	58078	46725
石棉制品	吨	8		7099	

2-1-4 续表 9

单位：个、万元

产品名称	计量单位	企业单位数		本年生产量	
			规模以上工业		规模以上工业
耐火材料制品	吨	590	60	8545215	1336413
石墨及炭素制品	吨	124	38	704529	535029
磨具	吨	21	1	42053	795
生铁	吨	168	115	27803732	27339023
1.炼钢生铁	吨	76	69	25712084	25621588
2.铸造生铁	吨	56	48	1819461	1717435
铸铁管	吨	54	9	361739	240786
粗钢	吨	34	31	23507450	23505700
其中：1.非合金钢	吨	19	17	10758368	10756618
2.低合金钢	吨	9	9	6205172	6205172
3.合金钢(不含不锈钢)	吨	11	11	4749365	4749365
4.不锈钢	吨	2	2	1794545	1794545
其中：1.转炉钢	吨	25	25	21649665	21649665
2.电弧炉钢	吨	3	3	1702150	1702150
3.感应电炉钢	吨	2		1750	
4.其他炉种冶炼钢	吨	4	4	153885	153885
钢材	吨	65	41	19849019	19826010
1.铁道用钢材	吨	1		1055	
重轨	吨	1		1055	
3.中小型型钢	吨	12	7	1030758	1024751
4.棒材	吨	6	6	2275035	2275035
5.钢筋	吨	13	8	2890035	2882899
6.线材(盘条)	吨	18	16	4350433	4349783
7.特厚板	吨	1	1	43237	43237
8.厚钢板	吨	2	2	934907	934907
9.中板	吨	2	2	1301632	1301632
10.热轧薄板	吨	2	1	10557	9957
11.冷轧薄板	吨	2	2	17874	17874
12.中厚宽钢带	吨	1	1	4111390	4111390
13.热轧薄宽钢带	吨	1	1	1413046	1413046
14.冷轧薄宽钢带	吨	5	4	612920	612570
15.热轧窄钢带	吨	2	1	71271	71061
16.冷轧窄钢带	吨	1	1	1792	1792
17.镀层板(带)	吨	1		1014	
19.电工钢板(带)	吨	2	2	363278	363278
20.无缝钢管	吨	2	1	49695	49020
21.焊接钢管	吨	9	5	230097	227985
22.其它钢材	吨	6	4	138993	135793
用外购国产钢材再加工生产的钢材	吨	1		609	
铁合金	吨	59	48	1021886	983372
1.普通铁合金	吨	46	38	827891	799189
其中：硅铁(折合含硅75%)	吨	18	13	142908	134995
锰硅合金	吨	18	18	347830	347830
2.特种铁合金	吨	12	10	193995	184183
十种有色金属	吨	118	90	1501080	1440796
精炼铜(电解铜)	吨	2	2	91245	91245
矿产粗铅	吨	1	1	46	46
铅	吨	1	1	2815	2815
锌	吨	2	2	18461	18461

2-1-4 续表 10

单位：个、万元

产品名称	计量单位	企业单位数		本年生产量	
			规模以上工业		规模以上工业
氧化铝	吨	7	5	3385528	3385251
原铝(电解铝)	吨	13	12	972830	968862
再生铝	吨	1			
镁	吨	99	72	414767	359311
海绵钛	吨	1	1	102	102
黄金	千克	8	3	1344	1115
白银(银锭)	千克	3	2	60396	60273
钨	千克	3		77975	
钼	千克	1		20	
单一稀土金属	千克	1		141	
混合稀土金属	千克	4	1	193912	1210
硅	吨	4	1	9585	7250
单晶硅	千克	1		12000	
多晶硅	千克	1		4	
稀土化合物	千克	4	1	28253	3123
铝合金	吨	4	2	28934	28374
硬质合金	吨	1		96	
稀有稀土金属合金	吨	4	2	8159	3356
铜材	吨	11	4	23401	22909
其中：铜板材	吨	1		57	
铜棒材	吨	1	1	561	561
铜管材	吨	2		35	
铜线材	吨	2	2	3063	3063
铝材	吨	18	4	66698	63302
其中：铝棒材	吨	2		230	
铝型材	吨	6	1	5626	4520
铝板材	吨	3	1	12239	12222
铝带材	吨	3	2	4652	4652
铝箔材	吨	2	1	8866	8866
铝管材	吨	1			
铝线材	吨	4		1486	
铅材	吨	1		200	
镍材	吨	1		9658	
钢结构及其产品	吨	112	10	191464	143184
预制建筑物(活动房屋)	个	2		330	
金属制门及其框架、门槛	吨	55	1	20633	2367
金属制窗及窗框	吨	43		38009	
金属切削工具	万件	15	4	7740	2422
机床可互换工具	万件	1		1	
通用手工具	万把	6		196	
专用手工具	万把	2		7	
日常用刀	万把	1		34	
金属集装箱	立方米	1		5646	
金属压力容器	吨	7	1	10187	4368
金属包装容器	吨	14	2	47854	44857
金属丝	吨	41	1	30840	2743
其中：钢丝	吨	10		3961	
钢丝绳	吨	6		9282	
钢绞线	吨	7		1454	

2-1-4 续表 11

单位：个、万元

产品名称	计量单位	企业单位数	规模以上工业	本年生产量	规模以上工业
锁具	万把	9		780	
保险柜	个	5	1	12390	7730
搪瓷制品	吨	1	1	1955	1955
不锈钢日用制品	吨	4		179	
其中：不锈钢制洗涤、卫生器具	吨	1		80	
厨房用手动机械器具	吨	2		120	
焊条	吨	5		2906	
金属铸造制品	吨	60	1	561421	1517
电站锅炉	蒸发量吨	1	1	4552	4552
工业锅炉	蒸发量吨	48	6	5951	2476
锅炉用辅助设备及装置	台	85	1	47996	12
发动机	台	2		552	
发动机	千瓦	2		43761	
汽轮机	千瓦	1	1	93000	93000
其中：电站用汽轮机	千瓦	1	1	93000	93000
金属切削机床	台	5	3	1895	1765
其中：车床	台	1	1	1196	1196
磨床	台	2	2	250	250
铣床	台	2	1	28	26
特种加工机床	台	2	1	202	201
其中：数控金属切削机床	台	3	2	440	439
其中：加工中心	台	1		1	
金属成形机床	台	11	3	921	161
金属成形机床	吨	6	1	12379	12062
其中：锻造机及冲压机械	台	1	1	12	12
弯曲、折叠、矫直或矫平机床	台	6	1	778	63
其中：数控金属成形机床(数控锻压设备)	台	1	1	24	24
铸造机械	台	25	1	9820	52
电焊机	台	6		2867	
工具夹具	件	8		119489	
轻小型起重设备	台	8	1	24681	19774
轻小型起重设备	吨	7		1636	
其中：手动葫芦	台	2	1	19775	19774
手动葫芦	吨	1		16	
电动葫芦	台	1		5	
电动葫芦	吨	1		63	
千斤顶	台	3		3333	
千斤顶	吨	3		1250	
起重机	台	6	3	317	298
起重机	吨	7	4	83089	82919
其中：塔式起重机	台	1		9	
塔式起重机	吨	1		100	
门式起重机(龙门起重机)	台	1		1	
门式起重机(龙门起重机)	吨	1		10	
桥式起重机	台	4	3	299	298
桥式起重机	吨	4	3	75917	75907
输送机械(输送机和提升机)	台	25	3	2031	118
输送机械(输送机和提升机)	米	18	4	226138	206108
其中：带式输送机	台	10	3	530	113

2-1-4 续表 12

单位：个、万元

产品名称	计量单位	企业单位数		本年生产量	
			规模以上工业		规模以上工业
带式输送机	米	4	3	65619	65617
刮板输送机	台	6	2	476	5
刮板输送机	米	5	1	16460	100
给料机械	台	3		143	
泵	台	48	9	164548	100342
其中：真空泵	台	4		2701	
气体压缩机	台	8	1	2189	85
其中：制冷设备用压缩机	台	2		1255	
阀门	吨	19	1	19197	251
1.普通阀门	吨	19	1	19016	251
2.真空阀门	吨	2		181	
液压元件	件	91	6	2040089	534188
液压系统及装置	套	49	6	14382	3743
液力机械及装置	台(套)	9	1	6185	277
滚动轴承	万套	11	3	142	33
轴承零配件	吨	17		10537	
齿轮传动轴	吨	11	1	20575	231
齿轮	吨	9	1	4075	110
钢铁铰接链(工业链条)	吨	7		1784	
风机	台	22	4	8573	2370
鼓风机	台	1		329	
气体分离及液化设备	台	4	2	25	17
冷却设备	台	4		1913	
液体真空过滤器	个	4		24148	
非家用制冷、空调设备	台(套)	2	1	45	25
风动或液压工具	台	1		1917	
灭火器	台	4		104170	
包装专用设备	台	1		220	
衡器(秤)	台	16	1	53879	162
其中：工业用衡器	台	4	1	50264	162
商业用衡器	台	1		2000	
固液分离机	台	3		2000	
减速机	台	12	4	14438	12249
真空干燥设备	台	2		240	
金属密封件	万件	10		170	
机械密封件	套	10		7836	
金属紧固件	吨	28	3	35371	17068
弹簧	吨	10		7181	
铸铁件	吨	456	68	860536	564008
铸钢件	吨	166	9	186798	50168
锻件	吨	237	18	284933	121928
粉末冶金零件	吨	262	12	162904	55497
采矿专用设备	台	74	5	71848	3082
采矿专用设备	吨	40	12	106406	100019
石油钻井设备	台(套)	5	2	32876	26408
其中：陆地石油钻机	台(套)	1		561	
采油设备	台(套)	1		38	
挖掘、铲土运输机械	台	3		326	
装载机	台	1		120	

2-1-4 续表 13 单位：个、万元

产品名称	计量单位	企业单位数		本年生产量	
			规模以上工业		规模以上工业
挖沟及管道吊装联合机	台	2		48	
桩工机械	台	1		20	
筑路机械	台	1	1	35	35
水泥专用设备	吨	6		3587	
混凝土机械	台	2		85	
金属冶炼设备	台	7	3	408	48
金属冶炼设备	吨	7	3	6740	6254
1.造块设备	台	1		80	
2.炼焦设备	台	4	3	91	48
3.炼铁设备	台	1		120	
4.炼钢设备	台	1		110	
6.有色金属冶炼设备	台	1		7	
金属轧制设备	台	3	1	431	28
金属轧制设备	吨	3	1	73700	66962
轧材剪切设备	台	2		851	
炼油、化工生产专用设备	吨	4	2	21919	21649
炼油、化工生产专用设备	台	3		319	
其中：塔类设备	台	2		302	
塑料加工专用设备	台	6	3	173	144
塑料加工专用设备	吨	3	2	3470	3470
木工机床	台	6		12073	
模具	套	24	1	65007	157
其中：金属冲压模具	套	2		6584	
金属铸造模具	套	10	1	42063	157
矿物材料用模具	套	1		1800	
粮食加工机械	台	3		2356	
其中：碾米机	台	2		860	
饲料生产专用设备	台	1		5	
制浆和造纸专用设备	台	1		20	
印刷专用设备	台	5	1	1130	66
印刷专用设备	吨	3	1	835	217
其中：印前设备	台	1		29	
化学纺织纤维加工专用机械	台	2		482	
纺织纤维梳理机	台	2	1	270	120
细纱机	台	7	3	1675	966
织机	台	1		120	
铁芯制造专用设备	台	2		1790	
绝缘处理设备	台	3		776	
电子整机装联设备	台	1		119	
拖拉机	台	2	2	12955	12955
3.小型拖拉机	台	2	2	12955	12955
农林用自装或自卸式挂车	台	3	1	1433	1075
土壤耕整机械	台	2	1	1110	60
播种、种植机械	台	4		3280	
农作物收获机械	台	1	1	15	15
其中：联合收割机	台	1	1	15	15
棉花加工机械	台	1	1	810	810
农作物清洁、分选机械	台	4		2306	
医用射线设备	台	2		156	

2-1-4　续表 14　　　　单位：个、万元

产品名称	计量单位	企业单位数	规模以上工业	本年生产量	规模以上工业
临床检验分析仪器及诊断系统	台	3		4880	
环境污染防治专用设备	台(套)	17	2	1877	21
其中：大气污染防治设备	台	7	2	264	21
其中：除尘设备	台	6	2	254	21
水质污染防治设备	台(套)	3		997	
铁路机车	辆	1	1	118	118
铁路机车	千瓦	1	1	1118200	1118200
铁路货车	辆	2	2	3111	3111
铁路机车车辆配件及零件	吨	42	10	288203	227987
汽车	辆	2	2	846	846
3.载货汽车	辆	1	1	846	846
改装汽车	辆	5	4	2772	1950
其中：改装载货汽车	辆	1	1	395	395
改装自卸汽车	辆	1	1	568	568
改装厢式汽车	辆	2	2	517	517
汽车车身(包括驾驶室)	辆	1		230	
挂车、半挂车	辆	10	5	1759	770
机动车(汽车)零配件	千元	39	9	1047388	955958
摩托车整车	辆	2		2750	
发电机	台	2	1	442	76
直流发电机	台	1		366	
发电机组(发电设备)	台	2		574	
直流电动机	千瓦	1	1	22117	22117
交流电动机	千瓦	8	5	7264972	7261999
微电机	万台	3		15	
其中：控制微电机	万台	1		11	
变压器	台	25	7	5370	2537
变压器	千伏安	12	5	2233420	2132690
其中：电力变压器	台	7	4	841	619
电力变压器	千伏安	5	3	1752860	1734930
其中：电力变压器(额定容量≥8000kVA)	台	4	3	84	83
电力变压器(额定容量≥8000kVA)	千伏安	3	2	576001	576000
电力变压器(额定容量≥8000kVA，110kV≤电压<220kV)	台	1	1		
电力变压器(额定容量≥8000kVA，110kV≤电压<220kV)	千伏安	1	1		
电力变压器(5000kVA<额定容量<8000kVA)	台	1	1	2	2
电力变压器(额定容量≤5000kVA)	台	2	2	371	371
电力变压器(额定容量≤5000kVA)	千伏安	1	1	36050	36050
互感器	台	2		103	
电压互感器，额定容量>16kVA	台	1		100	
静止式变流器	台	1		15	
电感器	台	2		1043	
电力电容器成套装置	套	7		24765	
配电或电器控制设备(11万伏以下)	台(套、面)	52	4	101360	27548
其中：高压电路开关、保护电器装置	台(套)	11	1	26663	59
高压开关板	面	5	3	1377	1141
漏电断路器	台	1		81	
低压开关板	面	11	3	63890	26348
高压开关设备(11万伏以上)	台	4	1	1398	204
安全、自动化监控设备	台(套)	9		1365	

2-1-4 续表 15

单位：个、万元

产品名称	计量单位	企业单位数		本年生产量	
			规模以上工业		规模以上工业
电力半导体器件(5A以上)	万个	2		160	
电力微电子组件	万个	3		162	
电线	千米	19	2	116038	64159
通信及电子网络用电缆	对千米	3	2	16176	15999
电力电缆	千米	14	4	19932	3257
裸铜线	吨	1		120	
漆包绕组线	吨	3		203	
电子元器件引线	吨	2		1490	
裸铝线	吨	1		390	
光缆	芯千米	1	1	237540	237540
绝缘制品	吨	8	3	7555	1087
电气设备用绝缘配件	吨	2	1	375	15
铅酸蓄电池	千伏安时	6	1	132714	116245
其中：电动自行车用铅酸蓄电池	千伏安时	1		12000	
用于起动活塞发动机铅酸蓄电池	千伏安时	1		17	
碱性蓄电池	只(自然只)	2		8085	
锂离子电池	只(自然只)	1	1	1007691	1007691
太阳能电池	千瓦	1		200	
房间空气调节器	台	3		992	
分体式房间空气调节器	台	1		292	
家用电风扇	台	1		2000	
家用电热烹调器具	个	1		67	
家用电热烘烤器具	个	1		1500	
电暖气	台	1		1757	
家用燃气用具	台	8	2	162847	151582
其中：家用燃气灶具	台	5	2	150100	148001
家用燃气热水器	台	2	1	8981	3581
太阳能热水器	台	3	1	4265	1225
电光源	万只	2		23	
其中：白炽灯泡	万只	1		3	
荧光灯	万只	1		20	
灯具及照明装置	套(台、个)	12	2	374790	60202
其中：室内照明灯具	套	1		1500	
其中：嵌入灯	套(个)	1		1500	
户外照明用灯具及装置	套	4	1	3387	687
其中：街灯及照明装置	台	3	1	2387	687
光缆中继设备	部	1		1108	
大屏幕电子显示系统	台	1		20	
电子计算机整机	台	1	1	2570	2570
微型计算机设备	台	1	1	2570	2570
网络接口和适配器	台	1		233262	
半导体分立器件	万只	2		4513	
敏感元件及传感器	万只	1		1379	
光电子器件	万只(片、套)	2		5097	
半导体光电器件	万只	1			
激光器件	万只	1		70	
电子元件	万只	7		263	
射频元器件	万只	1		50	

2-1-4 续表 16

单位：个、万元

产品名称	计量单位	企业单位数		本年生产量	
			规模以上工业		规模以上工业
电声器件	万只	2		362	
磁性材料元件	万只	8	2	2581	1671
工业自动调节仪表与控制系统	台(套)	27		5507	
1.工业自动调节仪表	台	17		4727	
2.工业自动控制系统	台(套)	6		625	
4.其他形式的自动控制系统	台(套)	6		155	
电工仪器仪表	台	5		21790	
其中：电能表	台				
量具	万件	2		34	
工业仪表	台(个)	13		179199	
其中：温度测量仪表	台	1		400	
压力测量仪表	台	4		63002	
流量测量仪表	台	4		32952	
其中：煤气表	个	1		4500	
水表	个	2		19452	
物位／液位测量仪表	台	1		460	
分析仪器及装置	台(套)	2		118	
试验机	台	1		1101	
环境监测专用仪器仪表	台	4		10549	
汽车仪器仪表	台	1		6	
表	只	2		858	
光学仪器	台(个)	3		10110	
其中：显微镜	台	1		100	
已装配光学元件	个	1		10000	
电子计算器	台	1		150	
雕塑工艺品	千元	19		14468	
金属工艺品	千元	18	1	66068	45931
漆器工艺品	千元	5		13440	
花画工艺品	千元	6		10865	
天然植物纤维编织工艺品	千元	2		125	
抽纱刺绣工艺品	千元	11		11429	
手工地毯、挂毯	平方米	8		9825	
贵金属首饰	千元	3		3352	
漆刷及类似刷	万把	1			
伞类制品	把	2		222000	
打火机	万个	2		30	
熔炼用废钢	吨	8		24690	
熔炼用废铁	吨	4		6274	
发电量	万千瓦小时	253	157	17937828.4	17832045.4
其中：火力发电量	万千瓦小时	181	153	17704008	17619858
水力发电量	万千瓦小时	72	4	233820	212187
售电量	万千瓦小时	6	4	10044733	10039483
供电量	万千瓦小时	9	4	10834559	10833231
供热总量	万吉焦	62	28	10437	8713
煤气生产量	万立方米	88	70	2211931	2156389
人工煤气供应总量	万立方米	6	2	4381	1431
天然气供应量	万立方米	10	4	2968	2561
液化石油气供应总量	万吨	1		2	
自来水生产量	万立方米	143	20	723729	46301

2-1-4 续表 17 单位：个、万元

产品名称	计量单位	本年销售量		本年销售金额	
			规模以上工业		规模以上工业
原煤	吨	446022880	417635147	18669692	17507431
1.无烟煤	吨	132463289	118362477	5354524	4793991
2.烟煤	吨	313524479	299272670	13313878	12713440
(1)炼焦烟煤	吨	45983058	44781984	2420889	2365939
(2)一般烟煤	吨	267541421	254490686	10892989	10347501
3.褐煤	吨	35112		1290	
洗煤	吨	289663913	257943776	19234626	16543473
其中：洗精煤	吨	108783391	85658372	10070533	8002057
天然气	万立方米	45734	45734	28364	28364
液化天然气	吨	10546	10146	874	695
铁矿石原矿	吨	23638916	18886899	695284	475909
锰矿石成品矿	吨	625055	498414	65986	54604
铜金属含量	吨	6522	5431	25782	22454
铅金属含量	吨	8809	8809	25968	25968
锌金属含量	吨	5590	4440	1914	1454
金金属含量	千克	25589		718	
石膏	吨	1253992	328896	7967	2040
天然大理石荒料	立方米	919683		10045	
天然花岗石荒料	立方米	239214	65080	25265	21543
萤石	吨	37619		701	
高岭土(也称瓷土)	吨	111865	23018	8161	4362
硫铁矿石(折含硫35%)	吨	84444		5040	
磷矿石(折含五氧化二磷30%)	吨	372		112	
石棉	吨	40000		430	
天然石墨	吨	414		50	
石英砂	吨	87946		2105	
小麦粉	吨	453899	177308	77552	27864
其中：小麦专用粉	吨	77160	4824	15265	1045
大米	吨	455	438	151	143
饲料	吨	938890	812036	219398	191969
其中：配合饲料	吨	503031	467644	109171	100828
混合饲料	吨	307119	282443	83356	78135
宠物饲料	吨	3330		530	
毛油(初榨植物油)	吨	2725		2284	
精制食用植物油	吨	86914	82000	73553	67607
其中：大豆精制油	吨	26323	25479	20767	19848
菜籽精制油	吨	950	524	1456	603
人造黄油及其他食用油脂	吨	497	497	447	447
非食用植物油	吨	2503		1494	
成品糖	吨	24141	24141	8332	8332
加工糖	吨				
鲜、冷藏肉	吨	53409	47975	71265	64751
其中：鲜、冷藏猪肉	吨	16215	14589	28760	27628
冻肉	吨	91110	88585	86703	84997
熟肉制品	吨	15233	11153	37704	30508
冷冻蔬菜	吨	15145	3597	5232	2131
暂时保藏的蔬菜	吨	2390		1006	
腌渍菜	吨	15210	6023	7886	2024
焙、炒加工的坚果及果仁	吨	5881	800	5157	850

2-1-4　续表 18　　　　单位：个、万元

产品名称	计量单位	本年销售量	规模以上工业	本年销售金额	规模以上工业
淀粉及淀粉制品	吨	681709	648365	184090	175423
豆腐及豆制品	吨	12829	750	3946	781
糕点	吨	14225	7015	15310	9088
面包	吨	2212	1148	2932	1576
饼干	吨	10516	7927	7752	5978
膨化食品	吨	1403	59	2412	501
焙烤松脆食品	吨	10317	6975	11558	7195
糖果	吨	2382	1974	1286	688
巧克力	吨	5		2	
蜜饯	吨	26573	6626	25837	9963
面制半成品	吨	20508	1920	7935	2687
米制半成品	吨	2218		84	
速冻米面食品	吨	6637	1111	3269	673
方便面	吨	13582	7343	27768	25497
乳制品	吨	527886	507737	219967	213566
1.液体乳	吨	472167	453248	167542	161420
其中：灭菌乳	吨	94230	92560	34950	34316
巴氏杀菌乳	吨	78259	77483	14757	14539
酸牛乳	吨	42831	39599	9504	9041
2.固体乳制品	吨	55719	54489	52425	52146
其中：乳粉	吨	37574	37574	36278	36278
干酪(奶酪)	吨	127		47	
罐头	吨	39956	27904	69875	61136
其中：畜肉类罐头	吨	5874	5128	30108	28712
禽肉类罐头	吨	20		100	
蔬菜类罐头	吨	30631	22691	36447	31924
水果类罐头	吨	1880		619	
味精(谷氨酸钠)	吨				
酱油	吨	7660	3227	1537	557
食醋	吨	333750	212121	84080	64470
复合调味品	吨	554		812	
其中：鸡精	吨	28		35	
食品用氨基酸	吨				
蜂蜜营养制品	吨	912	637	2295	1875
冷冻饮品	吨	2649		1214	
食品添加剂	吨	58534	45064	24199	16833
饲料添加剂	吨	6609		1738	
发酵酒精(折96度，商品量)	千升	27275	27210	4787	4736
饮料酒	千升	377694	310267	334365	300076
其中：白酒(折65度，商品量)	千升	141750	96036	231179	202406
啤酒	千升	230867	211065	46170	42464
黄酒	千升	256		141	
葡萄酒	千升	905	700	3531	3309
软饮料	吨	710196	536355	261439	242683
其中：碳酸饮料类(汽水)	吨	161317	149440	48948	46667
包装饮用水类	吨	260086	134489	17684	13065
果汁和蔬菜汁饮料类	吨	252149	237428	186054	178269
蛋白饮料类	吨	9873	8355	3553	3079
其中：含乳饮料	吨	3261	1933	986	595

2-1-4 续表 19 单位：个、万元

产品名称	计量单位	本年销售量		本年销售金额	
			规模以上工业		规模以上工业
固体饮料类	吨	186	15	186	75
茶饮料类	吨	5354		905	
特殊用途饮料	吨	7254		872	
精制茶	吨	6716		595	
卷烟	万支	1450803	1450803	211889	211889
1.一类卷烟	万支				
2.二类卷烟	万支	153796	153796	51934	51934
3.三类卷烟	万支	138250	138250	29544	29544
4.四类卷烟	万支	1073149	1073149	123355	123355
5.五类卷烟	万支	85608	85608	7056	7056
纱	吨	49797	33904	65377	52457
1.棉纱	吨	45706	31903	60319	47951
2.棉混纺纱	吨	4031	2002	4984	4506
3.化学纤维纱	吨	61		74	
缝纫线	吨	250		79	
布	万米	6627	5392	32991	27778
其中：色织布(含牛仔布)	万米	107		432	
其中：1.棉布	万米	5809	4745	23303	19230
2.棉混纺布	万米	763	644	9027	8537
3.化学纤维布	万米	55	3	661	11
印染布	万米	10297	10092	46606	45259
1.漂白布	万米	180		1169	
2.染色布	万米	9037	9016	40077	39907
3.印花布	万米	1080	1076	5360	5352
毛条	吨	10		17	
毛纱	吨	162		1022	
绒线(俗称毛线)	吨	185	185	6394	6394
亚麻纱(含亚麻≥55%)	吨	136		354	
生丝	吨	307	71	3558	1054
绢纺丝	吨				
蚕丝及交织机织物(含蚕丝≥50%)	万米	186	186	1267	1267
床褥单类	万条	139	…	654	99
床罩	万个				
棉被	万条	78	4	3281	1446
毛巾被	万条	1	1	89	89
毛巾	万条	352	210	721	443
毛毯	条	425	425	64	64
毡呢	吨	173		160	
丝针织围巾	万条	…	…	5	5
蚕丝被	万条	1	1	457	457
纤维纺制的线、绳、索、缆	吨	45		18	
无纺布(无纺织物)	吨	822		128	
棉、化纤针织坯布	吨	587		1270	
针织袜	万双	2314		3046	
服装	万件	3527	1942	94053	75507
1.针织服装	万件	3092	1854	77757	70510
其中：针织内衣	万件	120	1	1689	60
针织T恤衫	万件	45		707	
针织休闲衫类服装	万件	1043	942	4552	4110
针织衬衫	万件	38	29	1401	1084
针织运动类服装	万件	17	12	2333	1787

2-1-4　续表 20　　单位：个、万元

产品名称	计量单位	本年销售量	规模以上工业	本年销售金额	规模以上工业
2.梭织服装	万件	435	88	16296	4997
其中：毛制大衣	万件	3		214	
防寒服	万件	10	2	385	220
西服套装	万件	25	11	3075	1590
其中：男式西服套装	万件	6	2	956	515
女式西服套装(套裙)	万件	1	1	127	127
衬衫	万件	14	12	844	764
其中：男衬衫	万件	8	8	534	534
女衬衫	万件	2	2	139	139
裤	万件	1	1	79	79
其中：男裤	万件	…	…	64	64
女裤	万件	…	…	15	15
裙	万件	…	…	7	7
女式保健内衣	万件	1		1	
睡衣裤	万件	3	2	624	489
婴儿服装及衣着附件	万件	1		10	
运动服类服装	万件	26		3537	
皮革鞋靴	万双	324	1	1016	87
其中：皮革面旅游(运动)鞋靴	万双	1		12	
皮革服装	件	1826		59	
鞣制毛皮(折羊毛皮)	张	41018	41018	512	512
锯材	立方米	34216		3710	
人造板	立方米	383657	322518	51888	47216
其中：胶合板	立方米	15522	3750	2431	201
纤维板	立方米	319748	318768	47113	47015
刨花板	立方米	14653		715	
人造板表面装饰板	平方米	1673110	769826	4547	1543
实木制门	扇	35685		1906	
非实木制门	扇	22119	15941	1579	1340
木制地板	平方米	27		1	
复合木地板	平方米	27		1	
包装用木箱	立方米	187199	6300	3811	90
柳(荆)条制品	件	134050		550	
草制品	件	433500		454	
家具	件	516194	216948	27361	8507
其中：木质家具	件	239026	3822	16862	1734
金属家具	件	57600	40333	1328	782
塑料家具	件	1840		51	
软体家具	件	29859	25193	3917	3762
纸浆(原生浆及废纸浆)	吨	9965	6368	3453	2989
其中：木浆	吨	6368	6368	2989	2989
非木材纤维纸浆	吨				
废纸纸浆	吨	366		45	
机制纸及纸板(外购原纸加工除外)	吨	311527	242400	97333	79499
其中：未涂布印刷书写用纸	吨	38619	32329	13719	11077
其中：新闻纸	吨	10369	5109	4375	2009

2-1-4 续表 21

单位：个、万元

产品名称	计量单位	本年销售量		本年销售金额	
			规模以上工业		规模以上工业
涂布类印刷用纸	吨	130		29	
卫生用纸原纸	吨	6472		1652	
包装用纸及纸板	吨	230296	191295	67937	59613
其中：箱纸板	吨	47331	27173	11107	7093
白纸板	吨	141169	138849	46144	45845
瓦楞原纸	吨	11586	4100	3891	1881
加工纸	吨	6819		2023	
其中：静电复印纸	吨	2658		615	
纸制品	吨	230042	75984	58188	22533
其中：瓦楞纸箱	吨	185053	67886	45150	19843
纸制文具及办公用品	吨	345		125	
卫生用纸制品	吨	18764		5730	
单色印刷品	令	1838025	1198353	25978	12438
多色印刷品	对开色令	4009556	3710306	23430	17950
本册	万本	9839	2	12126	24
塑料印刷品	万印	6813		2815	
金属印刷品	万印	828		163	
文件夹类文具	万个	20		58	
墨水	吨	250		654	
皮或革制可充气运动用球	万个	100		800	
体育器材及配件	千元	248624	245349	24862	24535
室内训练健身器材	台	28793	27773	7125	6727
中乐器	把(件)	24000		120	
电子乐器	台	500		50	
玩具	千元	480		48	
其中：供儿童乘骑的带轮玩具	千元	36		4	
填充类玩具	千元	90		9	
木制玩具	千元	114		11	
塑胶玩具	千元	240		24	
原油加工量	吨/吨	9002	9002	9543	9543
润滑油	吨	35141	35141	128965	128965
燃料油	吨	1700	1700	510	510
润滑脂	吨	227		182	
石油焦	吨	196		98	
石油沥青	吨	15436		3673	
焦炭	吨	77065261	75550954	13458239	13266222
其中：机焦	吨	74898107	74072539	13092501	12989383
硫酸(折100%)	吨	539210	522257	53328	51853
盐酸(氯化氢，含量31%)	吨	100761	91571	5509	4937
磷酸(含量85%)	吨	6406		411	
烧碱(折100%)	吨	552928	544164	92175	91179
其中：离子膜法烧碱(折100%)	吨	139277	137367	18124	17941
纯碱(碳酸钠)	吨	168723	160526	25944	24467
亚硝酸钠	吨	9912	4520	2575	1272
三磷酸钠(三聚磷酸钠)	吨	4184	4184	2775	2775
碳化钙(电石，折 300升／千克)	吨	923607	701525	244921	189044
轻质碳酸钙	吨	7420		333	
甲烷	吨	2886		1049	
丙烯	吨	657		450	
环氧乙烷	吨	4090		1946	

2-1-4 续表 22

单位：个、万元

产品名称	计量单位	本年销售量		本年销售金额	
			规模以上工业		规模以上工业
粗苯	吨	219699	174449	108958	72203
纯苯	吨	109045	85955	62279	52517
甲苯	吨	10603	7680	5528	4435
邻二甲苯	吨	9980	1739	3160	1071
对二甲苯	吨				
混合二甲苯	吨	376	376	240	240
对硝基氯苯	吨	587		256	
精甲醇	吨	677723	677723	161129	161129
苯酚	吨	3	3	3	3
冰乙酸(冰醋酸)	吨	28583	28583	12307	12307
苯胺	吨	75087	75087	73496	73496
甲醛	吨	41212	13389	5341	1276
重铬酸钠(红钒钠)	吨	7460		967	
黄磷	吨	1813		606	
浓硝酸	吨	39225	38754	7421	7256
合成氨(无水氨)	吨	214539	212922	41741	41350
农用氮、磷、钾化学肥料总计(折纯)	吨	3901115	3880294	1413399	1410746
1.氮肥(折含N100%)	吨	3777434	3776234	1357431	1357081
其中：尿素(折含N100%)	吨	3012642	3012642	1040112	1040112
碳酸氢铵(折含N100%)	吨	32151	32151	9235	9235
2.磷肥(折五氧化二磷100%)	吨	123681	104060	55967	53665
合成复合肥料(实物量)	吨	1204442	1131714	226368	216101
其中：磷酸铵肥(实物量)	吨	7438		776	
硝酸磷肥(实物量)	吨	784222	784222	142926	142926
化学农药原药(折有效成分100%)	吨	2731	1028	14054	7862
其中：杀虫剂原药	吨	1035	654	8135	6304
杀菌剂原药	吨	362	322	685	625
除草剂原药	吨	133	52	581	341
涂料	吨	81470	31388	31063	21586
其中：建筑涂料	吨	43621	22548	12381	11359
油墨	吨	29841	27211	43528	42196
颜料	吨	8693	5918	12323	11074
其中：无机颜料	吨	2815	1465	1653	1243
有机颜料	吨	45		51	
染料	吨	32599	32354	51697	51117
合成粘合剂(胶粘剂)	吨	9073		1914	
初级形态的塑料	吨	508573	499896	327485	325532
其中：聚乙烯树酯	吨	989		643	
聚丙烯树脂	吨	276		158	
聚氯乙烯树脂	吨	488289	487999	314728	314583
合成橡胶	吨	28273	22626	61419	59356
合成纤维单体	吨	480		480	
乙二醇	吨	480		480	
合成纤维聚合物	吨	900		500	
其中：聚脂	吨	900		500	
化学试剂	吨	41008	1042	20126	892
催化剂	吨	3583		1575	
橡胶助剂	吨	1813	1531	3991	3295
塑料助剂	吨	158		87	

2-1-4 续表 23

单位：个、万元

产品名称	计量单位	本年销售量		本年销售金额	
			规模以上工业		规模以上工业
纺织工业用整理剂、助剂	吨	1536		251	
制革工业用整理剂、助剂	吨	31		25	
建工建材用化学助剂	吨	11376	3742	5472	3022
炭黑(或称炉黑)	吨	235465	212100	113811	104335
硬脂酸	吨	8787		1220	
松节油	吨	350		791	
活性炭	吨	89907	45215	44485	30038
炸药	吨	83148	83148	47131	47131
雷管	万支	21928	21928	25761	25761
焰火制品	千元	36633		3663	
其中：烟花	千元	20168		2017	
明胶	吨	2569	226	2452	598
肥(香)皂	吨	157		62	
合成洗涤剂	吨	117363	109274	32793	30154
其中：合成洗衣粉	吨	90062	88912	24605	24295
液体洗涤剂	吨	17136	14851	6443	5586
表面活性剂	吨	11255		1104	
香精	吨	405	300	966	636
化学药品原药	吨	7557	7138	151977	151123
其中：抗菌素(抗感染药)	吨	3535	3535	25032	25032
消化系统用药	吨	3		5	
解热镇痛药	吨				
维生素类	吨	3		314	
激素类药	吨	5		4	
冻干粉针剂	万瓶(支)	6751	4350	9223	8022
粉针剂	万瓶(支)	28040	23530	21935	21027
注射液	万支	143144	141697	28502	27344
输液	万瓶	2080	1890	848	548
片剂	万片	3865215	3855272	59153	57721
胶囊剂	万粒	754410	750516	34384	34115
颗粒剂	万袋(包)	31617	31432	2298	2225
膏霜剂	万支	9491	9491	3109	3109
口服液体制剂	万瓶	1934	255	3586	2469
植物类饮片	千克	408945	162071	1413	603
中成药	吨	13733	9924	94722	89834
其中：中成药丸剂	吨	4027	4024	15905	15868
中成药冲剂	吨	1148	57	2726	1817
中成药针剂	吨	1738	1388	45730	45371
中成药胶囊	吨	536	536	14220	14220
兽用化学药品	吨	16907	4961	12399	4308
生物化学药品	千克	72410	6910	2530	2384
血液制品	万支	56	56	15649	15649
卫生材料及敷料	筒(卷、包、团)	3381		426	
医用缝合材料及外科用无菌材料	团(盒、瓶)	10124		347	
化学纤维用浆粕	吨				
化学纤维	吨	26152	25947	35249	34733
其中：人造纤维(纤维素纤维)	吨	16685	16685	24694	24694
其中：粘胶纤维	吨	16685	16685	24694	24694

2-1-4　续表 24　　单位：个、万元

产品名称	计量单位	本年销售量		本年销售金额	
			规模以上工业		规模以上工业
合成纤维	吨	9467	9262	10554	10039
其中：锦纶纤维	吨	105		38	
涤纶纤维	吨	9262	9262	10039	10039
其中：涤纶长丝	吨	5681	5681	7208	7208
腈纶纤维	吨	100		478	
橡胶轮胎外胎	条	1059813	1029256	99096	98436
其中：子午线轮胎外胎	条	458197	458142	63809	63801
其中：载货汽车橡胶轮胎外胎	条	200		5	
力车橡胶胎内胎	条	230000		412	
橡胶输送带	平方米	6117851	6087651	51157	50882
橡胶管	万标米	29043	70	3607	2462
橡胶板(片、带)	吨	1322		1274	
橡胶零件、附件	吨	7871	646	5254	857
初级形状的再生橡胶	吨	48404	37228	14105	11181
日用橡胶制品	吨	1144		602	
医疗、卫生用橡胶制品	吨	378	378	3329	3329
胶鞋类	万双	14		235	
塑料制品	吨	257007	172779	232827	176151
1.塑料薄膜	吨	40193	24781	16964	10842
其中：农用薄膜	吨	24507	23145	10432	9284
2.塑料板、片	吨	6213	838	7171	1553
3.塑料管及其附件	吨	14141	7582	17865	11554
4.塑料条、棒、型材	吨	100442	96806	88881	84361
5.塑料丝、绳及编织品	吨	50080	30959	58316	46116
其中：塑料编织布	吨	186		135	
塑料编织袋	吨	41811	27465	49522	41156
6.泡沫塑料	吨	8799	1235	9721	3100
7.塑料人造革、合成革	吨	25		20	
8.塑料包装箱及容器	吨	11841	8720	19894	16928
9.塑料零件	吨	1023		1475	
10.日用塑料制品	吨	2989		1557	
11.建筑用塑料制品	吨	8962		3704	
12.其他塑料制品	吨	12298	1857	7261	1697
水泥熟料	吨	2468797	1899170	48101	37979
其中：窑外分解窑水泥熟料	吨	1179133	1179133	22207	22207
水泥	吨	23747807	20607730	529166	463500
其中：1.通用水泥	吨	23031140	20019857	510554	448443
(1)硅酸盐水泥(P·Ⅰ或P·Ⅱ)	吨	2805182	1722693	59022	38895
(2)普通硅酸盐水泥(P·O)	吨	8061373	7255727	185282	168024
(3)矿渣硅酸盐水泥(P·S·A或P·S·B)	吨	8194146	7540860	174398	159673
(4)粉煤灰硅酸盐水泥(P·F)	吨	1064577	997579	26496	25051
(5)火山灰硅酸盐水泥(P·P)	吨	220		3	
(6)复合硅酸盐水泥(P·C)	吨	2045757	2014300	44182	43637
(7)石灰石硅酸盐水泥(P·L)	吨	859885	488698	21172	13164
2.专用水泥	吨	274641	165703	6261	3424
3.特性水泥	吨	442026	422170	12351	11633
其中：强度等级42.5水泥(含R型)	吨	961874	961012	24045	24015
强度等级52.5水泥(含R型)	吨	25459	25459	764	764
石灰	吨	1815336	229575	33453	5451
商品混凝土	立方米	5760447	3558034	161270	98662

2-1-4 续表 25 单位：个、万元

产品名称	计量单位	本年销售量	规模以上工业	本年销售金额	规模以上工业
水泥混凝土排水管	千米	53467	19	6671	725
水泥混凝土压力管	千米	86		280	
水泥混凝土电杆	根	161262	37561	8147	3133
预应力混凝土桩	米	34200		866	
遁构法施工用钢筋混凝土管片	米	31900		402	
水泥混凝土预制构件	立方米	1986739	68131	30987	972
石棉水泥瓦	平方米	553681		1281	
石膏板	万平方米	4444	1329	8628	5804
蒸压加气混凝土板	立方米	18008		751	
砖	万块	1358569	123152	249152	24194
其中：烧结粘土砖	万块	651970	116342	113990	21676
其中：烧结普通砖	万块	333521	100732	60817	18305
蒸压砖	万块	6153	70	1868	501
其中：蒸压灰砂砖	万块	1439		366	
免烧砖	万块	68644		14547	
瓦	万片	13624		5058	
建筑砌块	立方米	1858435	32421	15617	1366
其中：蒸压加气混凝土砌块	立方米	51251	32421	3170	1366
瓷质砖	平方米	17878349	17431060	21232	18325
细炻砖	平方米	21429		30	
陶质砖	平方米	5489419		4605	
陶瓷马赛克	平方米	4100		426	
建筑琉璃制品	吨	84138		6555	
天然大理石建筑板材	平方米	165971		2585	
天然花岗石建筑板材	平方米	3125289	3034122	52306	51176
人造石材	平方米	1126815		5647	
碑石及其他类似制品	平方米	52100		982	
沥青和改性沥青防水卷材	平方米	202843		1138	
隔热、隔音人造矿物材料及其制品	吨	38043		3209	
平板玻璃	重量箱	12856537	12826297	80014	79038
钢化玻璃	平方米	514715	507775	2686	2483
其中：车辆用钢化安全玻璃	平方米				
夹层玻璃	平方米	737908	737848	6702	6691
其中：车辆用夹层玻璃	平方米				
中空玻璃	平方米	3628	3628	36	36
日用玻璃制品	吨	272140	211465	126037	93628
玻璃包装容器	吨	50090	19736	9551	1889
其中：玻璃啤酒瓶	吨	22256	19736	2089	1889
玻璃保温容器	万个	500063		902	
玻璃纤维纱	吨	287	287	252	252
玻璃纤维布	米	102789	242	492	437
玻璃纤维工业用玻璃球	吨	257		360	
玻璃纤维增强塑料制品	吨	2954	1132	2223	1522
显像管玻璃外壳	万个	130		28	
卫生陶瓷制品	件	6733		353	
其中：陶瓷质便器	件	1569		110	
陶瓷质洗涤器	件	5164		244	
日用陶瓷制品	万件	51051	41957	45150	36918
石棉制品	吨	6735		2301	

2-1-4　续表 26　　　　单位：个、万元

产品名称	计量单位	本年销售量		本年销售金额	
			规模以上工业		规模以上工业
耐火材料制品	吨	8133153	1315745	376551	164140
石墨及炭素制品	吨	673309	520328	300445	256017
磨具	吨	32479	904	12112	1039
生铁	吨	7976662	7537671	2456192	2335782
1.炼钢生铁	吨	6033039	5937297	1882451	1853614
2.铸造生铁	吨	1695811	1600374	511253	482169
铸铁管	吨	349728	236266	161148	117475
粗钢	吨	6885410	6884170	2685454	2684868
其中：1.非合金钢	吨	4046052	4044812	1534392	1533806
2.低合金钢	吨	1724547	1724547	733472	733472
3.合金钢(不含不锈钢)	吨	1112797	1112797	414972	414972
4.不锈钢	吨	2014	2014	2618	2618
其中：1.转炉钢	吨	6729671	6729671	2623572	2623572
2.电弧炉钢	吨	89718	89718	23277	23277
3.感应电炉钢	吨	1240		586	
4.其他炉种冶炼钢	吨	64781	64781	38019	38019
钢材	吨	19783652	19763854	11350346	11340073
1.铁道用钢材	吨	1070		728	
重轨	吨	1070		728	
3.中小型型钢	吨	1020755	1015828	429210	427346
4.棒材	吨	2290713	2290713	983955	983955
5.钢筋	吨	2876999	2871619	1216263	1214326
6.线材(盘条)	吨	4273654	4273024	1792620	1792380
7.特厚板	吨	43772	43772	21005	21005
8.厚钢板	吨	914564	914564	456940	456940
9.中板	吨	1291629	1291629	1316875	1316875
10.热轧薄板	吨	10514	9954	6631	6371
11.冷轧薄板	吨	18132	18132	23627	23627
12.中厚宽钢带	吨	4114537	4114537	2633304	2633304
13.热轧薄宽钢带	吨	1407760	1407760	777210	777210
14.冷轧薄宽钢带	吨	623101	622781	1178631	1178471
15.热轧窄钢带	吨	71800	71600	23708	23628
16.冷轧窄钢带	吨	1792	1792	762	762
17.镀层板(带)	吨	1014		345	
19.电工钢板(带)	吨	366784	366784	246110	246110
20.无缝钢管	吨	50892	50322	26152	25949
21.焊接钢管	吨	256697	254726	134677	133960
22.其它钢材	吨	147473	144317	81595	77856
用外购国产钢材再加工生产的钢材	吨	600		499	
铁合金	吨	980215	942635	783919	744177
1.普通铁合金	吨	781537	753591	646795	617617
其中：硅铁(折合含硅75%)	吨	124730	116470	99625	93952
锰硅合金	吨	340611	340611	275087	275087
2.特种铁合金	吨	198678	189044	137124	126561
十种有色金属	吨	1371171	1312698	2323418	2188688
精炼铜(电解铜)	吨	89727	89727	218913	218913
矿产粗铅	吨	54	54	49	49
铅	吨	3004	3004	4597	4597
锌	吨	18137	18137	29493	29493

2-1-4 续表 27

单位：个、万元

产品名称	计量单位	本年销售量		本年销售金额	
			规模以上工业		规模以上工业
氧化铝	吨	3232635	3232360	868490	868350
原铝(电解铝)	吨	869474	866574	1233428	1228460
再生铝	吨				
镁	吨	390129	335176	835934	706698
海绵钛	吨	80	80	527	527
黄金	千克	1350	1120	24245	21754
白银(银锭)	千克	41807	41684	8475	8442
钨	千克	71437		2388	
钼	千克	20		12	
单一稀土金属	千克	144		162	
混合稀土金属	千克	193883	1210	3656	1545
硅	吨	9001	6760	5555	4461
单晶硅	千克	12000		144	
多晶硅	千克	4		20	
稀土化合物	千克	28345	3221	3936	3670
铝合金	吨	28558	27998	44875	44139
硬质合金	吨	76		190	
稀有稀土金属合金	吨	7602	3196	26826	26356
铜材	吨	21564	20940	106964	105641
其中：铜板材	吨	57		224	
铜棒材	吨	561	561	2416	2416
铜管材	吨	35		171	
铜线材	吨	3031	3031	15039	15039
铝材	吨	66235	63161	113407	107580
其中：铝棒材	吨	230		460	
铝型材	吨	5462	4520	10755	9677
铝板材	吨	12164	12147	22164	22144
铝带材	吨	4195	4195	6781	6781
铝箔材	吨	8230	8230	18010	18010
铝管材	吨				
铝线材	吨	1356		3286	
铅材	吨	200		120	
镍材	吨	9658		2897	
钢结构及其产品	吨	191675	144251	137312	109798
预制建筑物(活动房屋)	个	330		604	
金属制门及其框架、门槛	吨	19764	2367	8718	947
金属制窗及窗框	吨	32723		9036	
金属切削工具	万件	12396	7080	6397	5065
机床可互换工具	万件	1		570	
通用手工具	万把	144		1517	
专用手工具	万把	6		15	
日常用刀	万把	33		169	
金属集装箱	立方米	5546		1109	
金属压力容器	吨	8885	4368	16551	14827
金属包装容器	吨	45136	42063	3912	2204
金属丝	吨	29993	2731	12723	1421
其中：钢丝	吨	3632		1731	
钢丝绳	吨	8807		2503	
钢绞线	吨	1428		1054	

2-1-4　续表 28　　　　单位：个、万元

产品名称	计量单位	本年销售量		本年销售金额	
			规模以上工业		规模以上工业
锁具	万把	778		1625	
保险柜	个	11850	7900	2147	1580
搪瓷制品	吨	1862	1862	2150	2150
不锈钢日用制品	吨	169		182	
其中：不锈钢制洗涤、卫生器具	吨	70		130	
厨房用手动机械器具	吨	98		74	
焊条	吨	2754		2283	
金属铸造制品	吨	38669	1499	16071	862
电站锅炉	蒸发量吨	4482	4482	23625	23625
工业锅炉	蒸发量吨	5807	2683	13946	7330
锅炉用辅助设备及装置	台	43790	12	17138	6616
发动机	台	562		648	
发动机	千瓦	44632		648	
汽轮机	千瓦	93000	93000	31282	31282
其中：电站用汽轮机	千瓦	93000	93000	31282	31282
金属切削机床	台	1772	1642	16153	15398
其中：车床	台	1090	1090	4389	4389
磨床	台	250	250	4475	4475
铣床	台	26	24	1677	1617
特种加工机床	台	208	208	1510	1510
其中：数控金属切削机床	台	446	446	1903	1903
其中：加工中心	台				
金属成形机床	台	971	162	45629	44440
金属成形机床	吨	12953	12613	33000	31841
其中：锻造机及冲压机械	台	12	12	31841	31841
弯曲、折叠、矫直或矫平机床	台	829	64	3665	3006
其中：数控金属成形机床(数控锻压设备)	台	24	24	2800	2800
铸造机械	台	7826	50	3665	1072
电焊机	台	2807		2849	
工具夹具	件	109729		1116	
轻小型起重设备	台	23640	18748	2041	913
轻小型起重设备	吨	1564		1128	
其中：手动葫芦	台	18749	18748	920	913
手动葫芦	吨	16		7	
电动葫芦	台	5		54	
电动葫芦	吨	63		54	
千斤顶	台	3333		550	
千斤顶	吨	1250		550	
起重机	台	289	270	194336	193941
起重机	吨	82370	82200	203886	203491
其中：塔式起重机	台	9		246	
塔式起重机	吨	100		246	
门式起重机(龙门起重机)	台	1		6	
门式起重机(龙门起重机)	吨	10		6	
桥式起重机	台	271	270	193964	193941
桥式起重机	吨	75198	75188	193964	193941
输送机械(输送机和提升机)	台	1823	123	18267	9998
输送机械(输送机和提升机)	米	214952	202438	27418	22780
其中：带式输送机	台	493	112	11231	8688

2-1-4 续表 29

单位：个、万元

产品名称	计量单位	本年销售量		本年销售金额	
			规模以上工业		规模以上工业
带式输送机	米	61248	61247	8518	8498
刮板输送机	台	325	11	3982	1310
刮板输送机	米	10050	800	3700	1029
给料机械	台	145		599	
泵	台	158476	98285	34249	25564
其中：真空泵	台	1967		604	
气体压缩机	台	2113	88	4338	1775
其中：制冷设备用压缩机	台	1255		558	
阀门	吨	19906	231	5315	82
1.普通阀门	吨	19725	231	5249	82
2.真空阀门	吨	181		66	
液压元件	件	1892245	524882	64076	51020
液压系统及装置	套	13795	3543	80685	76554
液力机械及装置	台(套)	6160	274	5038	4170
滚动轴承	万套	139	42	7113	3905
轴承零配件	吨	10634		3871	
齿轮传动轴	吨	16962	231	2278	81
齿轮	吨	3555	110	1211	39
钢铁铰接链(工业链条)	吨	2125		1098	
风机	台	8106	2378	25372	19068
鼓风机	台	329		70	
气体分离及液化设备	台	24	17	1830	1821
冷却设备	台	1892		5015	
液体真空过滤器	个	20128		458	
非家用制冷、空调设备	台(套)	73	26	589	571
风动或液压工具	台	1700		1787	
灭火器	台	101544		1357	
包装专用设备	台	100		160	
衡器(秤)	台	43508	197	5009	2019
其中：工业用衡器	台	40283	197	3488	2019
商业用衡器	台	2000		196	
固液分离机	台	2300		414	
减速机	台	13720	11745	32173	25486
真空干燥设备	台	240		451	
金属密封件	万件	223		2021	
机械密封件	套	7638		821	
金属紧固件	吨	36318	18520	18743	12374
弹簧	吨	6946		2332	
铸铁件	吨	833973	566527	418890	289025
铸钢件	吨	151459	23779	73197	24325
锻件	吨	206038	62585	194279	88612
粉末冶金零件	吨	156509	54256	150413	61398
采矿专用设备	台	70757	3117	224145	201052
采矿专用设备	吨	101279	94494	278139	270687
石油钻井设备	台(套)	31733	25695	98838	94226
其中：陆地石油钻机	台(套)	561		291	
采油设备	台(套)	38		4994	
挖掘、铲土运输机械	台	185		502	
装载机	台	100		420	

2-1-4 续表 30

单位：个、万元

产品名称	计量单位	本年销售量		本年销售金额	
			规模以上工业		规模以上工业
挖沟及管道吊装联合机	台	50		126	
桩工机械	台	2		1	
筑路机械	台	35	35	1789	1789
水泥专用设备	吨	3267		766	
混凝土机械	台	26		58	
金属冶炼设备	台	499	52	60027	59347
金属冶炼设备	吨	6280	5799	11458	11012
1.造块设备	台	80		85	
2.炼焦设备	台	93	52	59557	59347
3.炼铁设备	台	120		120	
4.炼钢设备	台	200		115	
6.有色金属冶炼设备	台	6		149	
金属轧制设备	台	331	28	120624	118506
金属轧制设备	吨	54534	47821	120624	118506
轧材剪切设备	台	726		1044	
炼油、化工生产专用设备	吨	18647	18377	36235	35851
炼油、化工生产专用设备	台	319		607	
其中：塔类设备	台	302		270	
塑料加工专用设备	台	148	119	1088	903
塑料加工专用设备	吨	3239	3239	2801	2801
木工机床	台	11935		953	
模具	套	61304	138	7361	3305
其中：金属冲压模具	套	5427		535	
金属铸造模具	套	40889	138	4840	3305
矿物材料用模具	套	1800		27	
粮食加工机械	台	2036		553	
其中：碾米机	台	546		104	
饲料生产专用设备	台	5		229	
制浆和造纸专用设备	台	20		13	
印刷专用设备	台	1130	66	856	24
印刷专用设备	吨	835	217	802	24
其中：印前设备	台	29		36	
化学纺织纤维加工专用机械	台	460		295	
纺织纤维梳理机	台	261	111	2339	2246
细纱机	台	1691	982	15908	14006
织机	台	120		604	
铁芯制造专用设备	台	1790		710	
绝缘处理设备	台	773		675	
电子整机装联设备	台	123		416	
拖拉机	台	12973	12973	10284	10284
3.小型拖拉机	台	12973	12973	10284	10284
农林用自装或自卸式挂车	台	1478	1081	9278	8198
土壤耕整机械	台	1085	55	380	55
播种、种植机械	台	3220		382	
农作物收获机械	台	11	11	160	160
其中：联合收割机	台	11	11	160	160
棉花加工机械	台	826	826	350	350
农作物清洁、分选机械	台	2292		522	
医用射线设备	台	128		53	

2-1-4 续表 31 单位：个、万元

产品名称	计量单位	本年销售量	规模以上工业	本年销售金额	规模以上工业
临床检验分析仪器及诊断系统	台	4545		659	
环境污染防治专用设备	台(套)	1816	21	13612	11757
其中：大气污染防治设备	台	230	21	12117	11757
其中：除尘设备	台	227	21	12055	11757
水质污染防治设备	台(套)	993		293	
铁路机车	辆	118	118	245111	245111
铁路机车	千瓦	1118200	1118200	245111	245111
铁路货车	辆	2941	2941	124691	124691
铁路机车车辆配件及零件	吨	290305	231392	206039	187924
汽车	辆	731	731	15170	15170
3.载货汽车	辆	731	731	15170	15170
改装汽车	辆	2650	1828	13377	12966
其中：改装载货汽车	辆	281	281	5529	5529
改装自卸汽车	辆	560	560	2313	2313
改装厢式汽车	辆	517	517	2783	2783
汽车车身(包括驾驶室)	辆	200		60	
挂车、半挂车	辆	1748	761	9284	4660
机动车(汽车)零配件	千元	1061681	976603	106177	97660
摩托车整车	辆	2550		487	
发电机	台	566	206	3015	2516
直流发电机	台	360		499	
发电机组(发电设备)	台	574		1333	
直流电动机	千瓦	22117	22117	1117	1117
交流电动机	千瓦	6302968	6300004	135883	135356
微电机	万台	15		854	
其中：控制微电机	万台	11		350	
变压器	台	5328	2602	69250	64675
变压器	千伏安	2657218	2585090	15919	13900
其中：电力变压器	台	884	691	11267	10037
电力变压器	千伏安	2176103	2160775	9765	8600
其中：电力变压器(额定容量≥8000kVA)	台	75	74	823	800
电力变压器(额定容量≥8000kVA)	千伏安	516001	516000	673	650
电力变压器(额定容量≥8000kVA，110kV≤电压<220kV)	台	1	1	92	92
电力变压器(额定容量≥8000kVA，110kV≤电压<220kV)	千伏安	20000	20000	92	92
电力变压器(5000kVA<额定容量<8000kVA)	台	2	2	140	140
电力变压器(额定容量≤5000kVA)	台	374	374	1402	1402
电力变压器(额定容量≤5000kVA)	千伏安	31030	31030	254	254
互感器	台	103		338	
电压互感器，额定容量>16kVA	台	100		320	
静止式变流器	台	15		3	
电感器	台	683		33	
电力电容器成套装置	套	24648		2160	
配电或电器控制设备(11万伏以下)	台(套、面)	98758	27548	33841	14352
其中：高压电路开关、保护电器装置	台(套)	24626	59	2031	152
高压开关板	面	1377	1141	4551	4227
漏电断路器	台	81		9	
低压开关板	面	63746	26348	11023	9973
高压开关设备(11万伏以上)	台	1398	204	2741	2180
安全、自动化监控设备	台(套)	1191		3463	

2-1-4 续表 32 单位：个、万元

产品名称	计量单位	本年销售量		本年销售金额	
			规模以上工业		规模以上工业
电力半导体器件(5A以上)	万个	80		250	
电力微电子组件	万个	153		1097	
电线	千米	107161	61085	6739	2614
通信及电子网络用电缆	对千米	23064	22934	1639	1621
电力电缆	千米	11728	3139	8692	3966
裸铜线	吨	114		432	
漆包绕组线	吨	201		494	
电子元器件引线	吨	1490		562	
裸铝线	吨	369		853	
光缆	芯千米	269421	269421	4594	4594
绝缘制品	吨	7680	1194	7447	6459
电气设备用绝缘配件	吨	392	15	1515	1195
铅酸蓄电池	千伏安时	124299	111272	13709	8383
其中：电动自行车用铅酸蓄电池	千伏安时	10000		100	
用于起动活塞发动机铅酸蓄电池	千伏安时	17		35	
碱性蓄电池	只(自然只)	7220		546	
锂离子电池	只(自然只)	1007691	1007691	23240	23240
太阳能电池	千瓦	173		5	
房间空气调节器	台	924		183	
分体式房间空气调节器	台	290		58	
家用电风扇	台	2938		81	
家用电热烹调器具	个	67		1	
家用电热烘烤器具	个	1000		11	
电暖气	台	566		29	
家用燃气用具	台	161322	150758	1391	1173
其中：家用燃气灶具	台	149164	147166	757	730
家用燃气热水器	台	8392	3592	494	444
太阳能热水器	台	4084	1209	714	212
电光源	万只	23		74	
其中：白炽灯泡	万只	3		17	
荧光灯	万只	20		57	
灯具及照明装置	套(台、个)	336981	63844	5821	2037
其中：室内照明灯具	套	700		70	
其中：嵌入灯	套(个)	700		70	
户外照明用灯具及装置	套	3081	667	709	642
其中：街灯及照明装置	台	2299	667	669	642
光缆中继设备	部	1170		141	
大屏幕电子显示系统	台	20		50	
电子计算机整机	台	2240	2240	746	746
微型计算机设备	台	2240	2240	746	746
网络接口和适配器	台	233262		2201	
半导体分立器件	万只	3210		76	
敏感元件及传感器	万只	1387		638	
光电子器件	万只(片、套)	5097		974	
半导体光电器件	万只				
激光器件	万只	70		36	
电子元件	万只	260		1918	
射频元器件	万只	50		490	

2-1-4 续表 33 单位：个、万元

产品名称	计量单位	本年销售量		本年销售金额	
			规模以上工业		规模以上工业
电声器件	万只	361		775	
磁性材料元件	万只	2278	1675	5654	4585
工业自动调节仪表与控制系统	台(套)	5030		4706	
1.工业自动调节仪表	台	4253		2807	
2.工业自动控制系统	台(套)	625		460	
4.其他形式的自动控制系统	台(套)	152		1439	
电工仪器仪表	台	21270		889	
其中：电能表	台				
量具	万件	34		76	
工业仪表	台(个)	170244		4602	
其中：温度测量仪表	台	390		2	
压力测量仪表	台	63230		690	
流量测量仪表	台	30371		978	
其中：煤气表	个	4756		275	
水表	个	17915		414	
物位／液位测量仪表	台	150		45	
分析仪器及装置	台(套)	78		214	
试验机	台	1101		894	
环境监测专用仪器仪表	台	9800		825	
汽车仪器仪表	台	6		7	
表	只	820		39	
光学仪器	台(个)	10109		177	
其中：显微镜	台	100		22	
已装配光学元件	个	10000		62	
电子计算器	台	150		15	
雕塑工艺品	千元	12254		1185	
金属工艺品	千元	66825	47331	6683	4733
漆器工艺品	千元	12962		1296	
花画工艺品	千元	10060		1006	
天然植物纤维编织工艺品	千元	125		13	
抽纱刺绣工艺品	千元	11427		1143	
手工地毯、挂毯	平方米	8691		204	
贵金属首饰	千元	3346		335	
漆刷及类似刷	万把	22		9	
伞类制品	把	219800		306	
打火机	万个	26		66	
熔炼用废钢	吨	17401		3821	
熔炼用废铁	吨	6270		900	
发电量	万千瓦小时	16015352	15908012	3995282	3971031
其中：火力发电量	万千瓦小时	15782950	15696787	3941310	3921471
水力发电量	万千瓦小时	232402	211225	53972	49560
售电量	万千瓦小时	10045964	10039483	4138006	4134225
供电量	万千瓦小时	10835820	10833211	4121324	4119987
供热总量	万吉焦	6841	5123	88394	69447
煤气生产量	万立方米	234147	179017	77288	71494
人工煤气供应总量	万立方米	21287	17954	15082	13153
天然气供应量	万立方米	29253	27926	49415	46345
液化石油气供应总量	万吨	2		11	
自来水生产量	万立方米	720025	43011	117243	93390

2-1-5 规模以上工业产品生产、销售、库存情况

产品名称	计量单位	年初库存量	本年生产量	本企业自用量及其他	本年销售量	年末库存量
原煤	吨	19238815	608139246	193095134	417635147	16730929
1.无烟煤	吨	4404549	143271122	26039916	118362477	3273278
2.烟煤	吨	14834266	464868124	167055218	299272670	13457651
(1)炼焦烟煤	吨	5428979	112132331	68422517	44781984	4356808
(2)一般烟煤	吨	9405288	352735794	98632701	254490686	9100843
洗煤	吨	10918500	297632585	36367797	257943776	14239512
其中：洗精煤	吨	3192291	107457655	18692366	85658372	6299208
天然气	万立方米		52110	6376	45734	
液化天然气	吨		12568		10146	2422
铁矿石原矿	吨	1085058	36959430	16576982	18886899	2580607
锰矿石成品矿	吨	143703	501713		498414	147002
铜金属含量	吨	4402	27291	25778	5431	484
铅金属含量	吨	3573	8555		8809	3319
锌金属含量	吨	1321	4504		4440	1385
石膏	吨	111876	259562		328896	42542
天然花岗石荒料	立方米	2519	63554		65080	993
高岭土(也称瓷土)	吨	3104	24211		23018	4298
小麦粉	吨	12568	180565	1025	177308	14800
其中：小麦专用粉	吨	13	4826		4824	15
大米	吨	93	400		438	55
饲料	吨	13233	864730	53441	812036	12485
其中：配合饲料	吨	6395	470213	3571	467644	5393
混合饲料	吨	5046	333113	49792	282443	5924
精制食用植物油	吨	11325	82791	22	82000	12094
其中：大豆精制油	吨	1529	25570		25479	1620
菜籽精制油	吨	19	524		524	19
人造黄油及其他食用油脂	吨		497		497	
成品糖	吨	12939	31450		24141	20248
鲜、冷藏肉	吨	4898	47659	191	47975	4390
其中：鲜、冷藏猪肉	吨	2696	14152		14589	2259
冻肉	吨	8874	89112	10	88585	9391
熟肉制品	吨	236	11205		11153	288
冷冻蔬菜	吨	1244	2461		3597	108
腌渍菜	吨	6	6640	3	6023	620
焙、炒加工的坚果及果仁	吨	300	800	100	800	200
淀粉及淀粉制品	吨	58486	637612	230	648365	47503
豆腐及豆制品	吨	500	750	200	750	300
糕点	吨	251	6956	9	7015	183
面包	吨	3	1149		1148	4
饼干	吨	24	7996		7927	93
膨化食品	吨	319	227		59	487
焙烤松脆食品	吨	1429	6836		6975	1290

2-1-5 续表 1

产品名称	计量单位	年初库存量	本年生产量	本企业自用量及其他	本年销售量	年末库存量
糖果	吨	83	1978		1974	86
蜜饯	吨	514	7468	56	6626	1301
面制半成品	吨	285	2261		1920	626
速冻米面食品	吨	55	1298		1111	242
方便面	吨	138	7348		7343	143
乳制品	吨	8651	529773	1080	507737	29607
1.液体乳	吨	5996	466337	1080	453248	18005
其中：灭菌乳	吨	243	99108		92560	6791
巴氏杀菌乳	吨	8	82664		77483	5189
酸牛乳	吨	975	42031		39599	3407
2.固体乳制品	吨	2655	63436		54489	11602
其中：乳粉	吨	2655	46521		37574	11602
罐头	吨	11000	29043		27904	12139
其中：畜肉类罐头	吨	466	5666		5128	1004
蔬菜类罐头	吨	10528	23292		22691	11129
酱油	吨	114	4501		3227	1388
食醋	吨	19336	216293	3400	212121	24900
蜂蜜营养制品	吨	28	748		637	138
食品添加剂	吨	3336	43675		45064	1947
发酵酒精(折96度，商品量)	千升	922	29575		27210	3287
饮料酒	千升	41720	332540	17790	310267	46203
其中：白酒(折65度，商品量)	千升	35398	108778	17746	96036	30394
啤酒	千升	2504	219326	44	211065	10721
葡萄酒	千升	794	755		700	849
软饮料	吨	147024	546110	919	536355	155860
其中：碳酸饮料类(汽水)	吨	5280	152378	370	149440	7848
包装饮用水类	吨	1008	135153	110	134489	1561
果汁和蔬菜汁饮料类	吨	139724	244090	438	237428	145948
蛋白饮料类	吨	510	8013	1	8355	167
其中：含乳饮料	吨	112	1879		1933	58
固体饮料类	吨		16		15	1
卷烟	万支	1830	1450000		1450803	1027
2.二类卷烟	万支		154796		153796	1000
3.三类卷烟	万支		138250		138250	
4.四类卷烟	万支	1830	1071319		1073149	
5.五类卷烟	万支		85635		85608	27
纱	吨	7544	49020	12977	33904	9683
1.棉纱	吨	6529	45175	11570	31903	8231
2.棉混纺纱	吨	835	3845	1407	2002	1272
3.化学纤维纱	吨	180				180
布	万米	1264	5275	11	5392	1135
其中：1.棉布	万米	886	4771	11	4745	901

2-1-5　续表 2

产品名称	计量单位	年初库存量	本年生产量	本企业自用量及其他	本年销售量	年末库存量
2.棉混纺布	万米	363	504		644	223
3.化学纤维布	万米	15			3	12
印染布	万米	736	10194		10092	839
2.染色布	万米	664	9168		9016	817
3.印花布	万米	72	1026		1076	22
绒线(俗称毛线)	吨	40	157		185	12
生丝	吨	8	64		71	1
蚕丝及交织机织物(含蚕丝≥50%)	万米	137	94		186	46
床褥单类	万条		...		...	
棉被	万条	...	4		4	...
毛巾被	万条	...	1		1	1
毛巾	万条	2	211		210	4
毛毯	条	20	438		425	33
丝针织围巾	万条		...		...	
蚕丝被	万条	...	1		1	...
服装	万件	206	1946		1942	210
1.针织服装	万件	200	1858		1854	204
其中：针织内衣	万件	...	...		1	...
针织休闲衫类服装	万件	42	957		942	56
针织衬衫	万件	1	28		29	
针织运动类服装	万件	2	10		12	1
2.梭织服装	万件	6	88		88	6
防寒服	万件	...	2		2	...
西服套装	万件	...	11		11	...
其中：男式西服套装	万件	...	2		2	...
女式西服套装(套裙)	万件	...	1		1	...
衬衫	万件	3	13		12	4
其中：男衬衫	万件	3	9		8	3
女衬衫	万件	...	2		2	...
裤	万件	...	1		1	...
其中：男裤	万件	...	1		...	...
女裤	万件		...		...	
裙	万件		...		...	
睡衣裤	万件	1	2		2	1
皮革鞋靴	万双	1	1		1	1
鞣制毛皮(折羊毛皮)	张		41018		41018	
人造板	立方米	17595	321171		322518	16247
其中：胶合板	立方米	43	4932		3750	1225
纤维板	立方米	17552	316239		318768	15022
人造板表面装饰板	平方米	15148	764558		769826	9880
非实木制门	扇	1867	15574		15941	1500
包装用木箱	立方米		6300		6300	

2-1-5 续表 3

产品名称	计量单位	年初库存量	本年生产量	本企业自用量及其他	本年销售量	年末库存量
家具	件	2103	217854		216948	3009
其中：木质家具	件	341	4028		3822	547
金属家具	件	1400	40533		40333	1600
软体家具	件	362	25193		25193	362
纸浆(原生浆及废纸浆)	吨	2383	52083	45715	6368	2383
其中：木浆	吨		6368		6368	
非木材纤维纸浆	吨	2383	23954	23954		2383
废纸纸浆	吨		1635	1635		
机制纸及纸板(外购原纸加工除外)	吨	13626	242677		242400	13903
其中：未涂布印刷书写用纸	吨	3576	31645		32329	2892
其中：新闻纸	吨	618	4869		5109	378
包装用纸及纸板	吨	8616	193315		191295	10637
其中：箱纸板	吨	2586	26866		27173	2279
白纸板	吨	5050	138626		138849	4827
瓦楞原纸	吨	202	5463		4100	1566
纸制品	吨	50057	78623		75984	52696
其中：瓦楞纸箱	吨	50052	70483		67886	52649
单色印刷品	令	38700	1194120		1198353	34767
多色印刷品	对开色令	216550	4264758		3710306	691118
本册	万本		2		2	
体育器材及配件	千元	10769	244268	1205	245349	8483
室内训练健身器材	台	9003	35327		27773	16557
原油加工量	吨	3284	9630		9002	3912
润滑油	吨	4293	35638		35141	4790
燃料油	吨	100	1750		1700	150
焦炭	吨	5410603	81442522	4535719	75550954	6766452
其中：机焦	吨	5085345	79472131	4086737	74072539	6238201
硫酸(折100%)	吨	26780	541375	24424	522257	21474
盐酸(氯化氢，含量31%)	吨	208	94567	3146	91571	59
烧碱(折100%)	吨	15710	555224	15847	544164	10923
其中：离子膜法烧碱(折100%)	吨	2813	137367		137367	2813
纯碱(碳酸钠)	吨	6553	158693		160526	4720
亚硝酸钠	吨	195	4360	1	4520	35
三磷酸钠(三聚磷酸钠)	吨	249	4712		4184	777
碳化钙(电石，折 300升／千克)	吨	6579	708749	9365	701525	4439
粗苯	吨	7289	190738	1652	174449	21956
纯苯	吨	5170	86418	226	85955	5407
甲苯	吨	573	7761	24	7680	630
邻二甲苯	吨	4	1759		1739	24
混合二甲苯	吨	85	336	45	376	
精甲醇	吨	16012	694876	5741	677723	27424
苯酚	吨	4			3	1

2-1-5　续表 4

产品名称	计量单位	年初库存量	本年生产量	本企业自用量及其他	本年销售量	年末库存量
冰乙酸(冰醋酸)	吨		28583		28583	
苯胺	吨	4955	74603		75087	4471
甲醛	吨	1352	172302	159315	13389	951
浓硝酸	吨	1049	38364	-32	38754	690
合成氨(无水氨)	吨	17191	4834182	4624775	212922	13676
农用氮、磷、钾化学肥料总计(折纯)	吨	134173	3949185	551	3880294	214412
1.氮肥(折含N100%)	吨	116883	3848103	540	3776234	200112
其中：尿素(折含N100%)	吨	64480	3086444	1867	3012642	148309
碳酸氢铵(折含N100%)	吨	580	32461	77	32151	813
2.磷肥(折五氧化二磷100%)	吨	17290	101081	11	104060	14300
合成复合肥料(实物量)	吨	179181	1114611	1286	1131714	160793
硝酸磷肥(实物量)	吨	118692	760406	99	784222	94777
化学农药原药(折有效成分100%)	吨	25	1057		1028	54
其中：杀虫剂原药	吨	10	677		654	33
杀菌剂原药	吨	15	328		322	21
除草剂原药	吨		52		52	
涂料	吨	9630	23415		31388	1657
其中：建筑涂料	吨	9293	14634		22548	1379
油墨	吨	855	27793		27211	1437
颜料	吨	426	5783		5918	290
其中：无机颜料	吨	219	1342		1465	96
染料	吨	2256	30298	200	32354	
初级形态的塑料	吨	9514	498306	...	499896	7924
聚氯乙烯树脂	吨	9307	485918	...	487999	7226
合成橡胶	吨	1045	23819		22626	2238
化学试剂	吨	48	1468		1042	474
橡胶助剂	吨		2481	674	1531	277
建工建材用化学助剂	吨	15	3797		3742	70
炭黑(或称炉黑)	吨	22622	206878		212100	17400
活性炭	吨	2898	46855	1035	45215	3503
炸药	吨	5430	82016	720	83148	3579
雷管	万支	1334	23009		21928	2415
明胶	吨	10	256		226	40
合成洗涤剂	吨	4910	108401		109274	4037
其中：合成洗衣粉	吨	3307	88117		88912	2512
液体洗涤剂	吨	1449	14705		14851	1303
香精	吨	100	400		300	200
化学药品原药	吨	101	7292	103	7138	151
其中：抗菌素(抗感染药)	吨	53	3531	27	3535	22
冻干粉针剂	万瓶(支)	584	4191	1	4350	424
粉针剂	万瓶(支)	4837	23008	1	23530	4314
注射液	万支	12022	138576	...	141697	8901

2-1-5 续表 5

产品名称	计量单位	年初库存量	本年生产量	本企业自用量及其他	本年销售量	年末库存量
输液	万瓶	40	1888		1890	38
片剂	万片	516479	3909370	3673	3855272	566903
胶囊剂	万粒	33890	775180	121	750516	58432
颗粒剂	万袋(包)	11321	20742		31432	631
膏霜剂	万支	188	9620	5	9491	312
口服液体制剂	万瓶	51	418		255	215
植物类饮片	千克	3205	163428	4562	162071	
中成药	吨	1752	9478	...	9924	1306
其中：中成药丸剂	吨	358	4161	...	4024	495
中成药冲剂	吨	21	61		57	25
中成药针剂	吨	112	1347		1388	71
中成药胶囊	吨	99	555		536	119
兽用化学药品	吨	309	4985	20	4961	313
生物化学药品	千克	470	6790		6910	350
血液制品	万支	22	50		56	16
化学纤维用浆粕	吨		2842	2842		
化学纤维	吨	1476	30166		25947	5695
其中：人造纤维(纤维素纤维)	吨	717	19674		16685	3706
其中：粘胶纤维	吨	717	19674		16685	3706
合成纤维	吨	759	10492		9262	1989
涤纶纤维	吨	759	10492		9262	1989
其中：涤纶长丝	吨	422	6572		5681	1313
橡胶轮胎外胎	条	71179	1021561		1029256	63484
其中：子午线轮胎外胎	条	48151	440523		458142	30532
橡胶输送带	平方米	253325	6126256		6087651	291930
橡胶管	万标米	8	75		70	14
橡胶零件、附件	吨		771		646	125
初级形状的再生橡胶	吨	3635	36883		37228	3290
医疗、卫生用橡胶制品	吨	90	383		378	96
塑料制品	吨	19315	174863	3983	172779	17416
1.塑料薄膜	吨	5690	21866		24781	2775
其中：农用薄膜	吨	5683	20227		23145	2765
2.塑料板、片	吨	430	571		838	163
3.塑料管及其附件	吨	2001	7531		7582	1950
4.塑料条、棒、型材	吨	7501	97051		96806	7746
5.塑料丝、绳及编织品	吨	3393	35051	3983	30959	3502
塑料编织袋	吨	2929	31551	3983	27465	3032
6.泡沫塑料	吨		1235		1235	
8.塑料包装箱及容器	吨	284	9472		8720	1036
12.其他塑料制品	吨	15	2086		1857	244
水泥熟料	吨	597929	14602862	12318046	1899170	983574
其中：窑外分解窑水泥熟料	吨	357961	6949889	5413191	1179133	715526

2-1-5　续表 6

产品名称	计量单位	年初库存量	本年生产量	本企业自用量及其他	本年销售量	年末库存量
水泥	吨	2086827	21215733	515595	20607730	2179235
其中：1.通用水泥	吨	2076309	20593936	495564	20019857	2154823
(1)硅酸盐水泥(P·Ⅰ或P·Ⅱ)	吨	174209	1655890	7246	1722693	100160
(2)普通硅酸盐水泥(P·O)	吨	860409	7650981	318607	7255727	937056
(3)矿渣硅酸盐水泥(P·S·A或P·S·B)	吨	878108	7729687	169684	7540860	897252
(4)粉煤灰硅酸盐水泥(P·F)	吨	407	1042786		997579	45614
(6)复合硅酸盐水泥(P·C)	吨	153876	2014459		2014300	154035
(7)石灰石硅酸盐水泥(P·L)	吨	9299	500133	27	488698	20707
2.专用水泥	吨	5442	171804	31	165703	11512
3.特性水泥	吨	5076	449993	20000	422170	12899
其中：强度等级42.5水泥(含R型)	吨	28585	1059822	19820	961012	107574
强度等级52.5水泥(含R型)	吨	1191	25626		25459	1358
石灰	吨	6323	226803	5	229575	3546
商品混凝土	立方米		3560550		3558034	2516
水泥混凝土排水管	千米	9	18		19	8
水泥混凝土电杆	根	11623	37546		37561	11608
水泥混凝土预制构件	立方米	41467	69376		68131	42711
石膏板	万平方米	122	1215		1329	8
砖	万块	2386	141759	65	123152	20929
其中：烧结粘土砖	万块	2311	134919	65	116342	20824
其中：烧结普通砖	万块	2311	118447	65	100732	19962
蒸压砖	万块		70		70	
建筑砌块	立方米	6037	44587		32421	18203
其中：蒸压加气混凝土砌块	立方米	6037	44587		32421	18203
瓷质砖	平方米	2878615	20483373	7146	17431060	5923782
天然花岗石建筑板材	平方米	12823	3064030		3034122	42731
平板玻璃	重量箱	1345002	13240197		12826297	1758902
钢化玻璃	平方米	508873	559796		507775	560894
夹层玻璃	平方米	481116	395771		737848	139039
中空玻璃	平方米		3628		3628	
日用玻璃制品	吨	24839	221553	304	211465	34622
玻璃包装容器	吨	4578	23181		19736	8023
其中：玻璃啤酒瓶	吨	4578	23181		19736	8023
玻璃纤维纱	吨	59	752	444	287	80
玻璃纤维布	米	100	230		242	88
玻璃纤维增强塑料制品	吨	52	1222		1132	142
日用陶瓷制品	万件	6999	46725		41957	11767
耐火材料制品	吨	326949	1336413	8347	1315745	339270
石墨及炭素制品	吨	53516	535029	4062	520328	64155
磨具	吨	108	795		904	
生铁	吨	534244	27339023	19876046	7537671	459551
1.炼钢生铁	吨	354440	25621588	19710060	5937297	328671

2-1-5 续表 7

产品名称	计量单位	年初库存量	本年生产量	本企业自用量及其他	本年销售量	年末库存量
2.铸造生铁	吨	179805	1717435	165986	1600374	130880
铸铁管	吨	18941	240786		236266	23461
粗钢	吨	335612	23505700	16552486	6884170	404657
其中：1.非合金钢	吨	150342	10756618	6665931	4044812	196218
2.低合金钢	吨	92151	6205172	4470124	1724547	102652
3.合金钢(不含不锈钢)	吨	66824	4749365	3622242	1112797	81150
4.不锈钢	吨	26295	1794545	1794189	2014	24637
其中：1.转炉钢	吨	306309	21649665	14849701	6729671	376603
2.电弧炉钢	吨	21716	1702150	1613390	89718	20758
4.其他炉种冶炼钢	吨	7587	153885	89395	64781	7296
钢材	吨	599296	19826010	17262	19763854	644099
3.中小型型钢	吨	32217	1024751	11	1015828	41129
4.棒材	吨	64263	2275035	125	2290713	48460
5.钢筋	吨	117415	2882899	10728	2871619	117967
6.线材(盘条)	吨	58897	4349783	5365	4273024	130200
7.特厚板	吨	1285	43237		43772	750
8.厚钢板	吨	18304	934907		914564	38647
9.中板	吨	30378	1301632		1291629	40381
10.热轧薄板	吨	420	9957		9954	423
11.冷轧薄板	吨	1364	17874		18132	1106
12.中厚宽钢带	吨	115436	4111390		4114537	112289
13.热轧薄宽钢带	吨	57238	1413046		1407760	62524
14.冷轧薄宽钢带	吨	43217	612570		622781	33006
15.热轧窄钢带	吨	1298	71061	36	71600	723
16.冷轧窄钢带	吨		1792		1792	
19.电工钢板(带)	吨	6401	363278		366784	2895
20.无缝钢管	吨	3081	49020	4	50322	1775
21.焊接钢管	吨	33711	227985	993	254726	5977
22.其它钢材	吨	14371	135793		144317	5847
铁合金	吨	62491	983372	25530	942635	77699
1.普通铁合金	吨	51576	799189	25530	753591	71645
其中：硅铁(折合含硅75%)	吨	4892	134995	13473	116470	9944
锰硅合金	吨	30788	347830	12057	340611	25950
2.特种铁合金	吨	10915	184183		189044	6054
十种有色金属	吨	58799	1440796	83667	1312698	103230
精炼铜(电解铜)	吨	1561	91245		89727	3079
矿产粗铅	吨	23	46		54	15
铅	吨	189	2815		3004	
锌	吨	191	18461		18137	515
氧化铝	吨	47702	3385251	121888	3232360	78705
原铝(电解铝)	吨	43899	968862	72907	866574	73280
镁	吨	12959	359311	10760	335176	26334

2-1-5　续表 8

产品名称	计量单位	年初库存量	本年生产量	本企业自用量及其他	本年销售量	年末库存量
海绵钛	吨		102		80	22
黄金	千克	5	1115		1120	
白银(银锭)	千克	316	60273		41684	18905
混合稀土金属	千克		1210		1210	
硅	吨	194	7250		6760	684
稀土化合物	千克	98	3123		3221	
铝合金	吨	97	28374		27998	473
稀有稀土金属合金	吨	185	3356		3196	345
铜材	吨	990	22909	1299	20940	1660
铜棒材	吨		561		561	
铜线材	吨	95	3063		3031	127
铝材	吨	3279	63302	1103	63161	2317
铝型材	吨	85	4520		4520	85
铝板材	吨	792	12222	506	12147	361
铝带材	吨		4652		4195	457
铝箔材	吨	556	8866	517	8230	675
钢结构及其产品	吨	3165	143184	72	144251	2026
金属制门及其框架、门槛	吨	106	2367		2367	106
金属切削工具	万件	5003	2422		7080	346
金属压力容器	吨		4368		4368	
金属包装容器	吨	7483	44857		42063	10277
金属丝	吨	32	2743		2731	44
保险柜	个	1020	7730		7900	850
搪瓷制品	吨		1955		1862	94
金属铸造制品	吨	55	1517		1499	73
电站锅炉	蒸发量吨		4552		4482	70
工业锅炉	蒸发量吨	729	2476	4	2683	518
锅炉用辅助设备及装置	台		12		12	
汽轮机	千瓦		93000		93000	
其中：电站用汽轮机	千瓦		93000		93000	
金属切削机床	台	1715	1765		1642	1838
其中：车床	台	1385	1196		1090	1491
磨床	台		250		250	
铣床	台	12	26		24	14
特种加工机床	台	281	201		208	274
其中：数控金属切削机床	台	281	439		446	274
金属成形机床	台	4	161		162	3
金属成形机床	吨	1641	12062		12613	1090
其中：锻造机及冲压机械	台		12		12	
弯曲、折叠、矫直或矫平机床	台	4	63		64	3
其中：数控金属成形机床(数控锻压设备)	台		24		24	
铸造机械	台	2	52		50	4

2-1-5 续表 9

产品名称	计量单位	年初库存量	本年生产量	本企业自用量及其他	本年销售量	年末库存量
轻小型起重设备	台	24467	19774		18748	25493
其中：手动葫芦	台	24467	19774		18748	25493
起重机	台	32	298		270	60
起重机	吨	7850	82919		82200	8569
桥式起重机	台	32	298		270	60
桥式起重机	吨	7850	75907		75188	8569
输送机械(输送机和提升机)	台	37	118		123	32
输送机械(输送机和提升机)	米	20995	206108		202438	24665
其中：带式输送机	台	26	113		112	27
带式输送机	米	19895	65617		61247	24265
刮板输送机	台	11	5		11	5
刮板输送机	米	1100	100		800	400
泵	台	13434	100342	3	98285	15488
气体压缩机	台	28	85		88	25
阀门	吨	7	251	1	231	27
1.普通阀门	吨	7	251	1	231	27
液压元件	件	151806	534188		524882	161112
液压系统及装置	套	19	3743		3543	219
液力机械及装置	台(套)	1	277		274	4
滚动轴承	万套	17	33		42	8
齿轮传动轴	吨		231		231	
齿轮	吨		110		110	
风机	台	16	2370		2378	8
气体分离及液化设备	台		17		17	
非家用制冷、空调设备	台(套)	3	25		26	2
衡器(秤)	台	47	162		197	12
其中：工业用衡器	台	47	162		197	12
减速机	台	963	12249		11745	1467
金属紧固件	吨	2349	17068		18520	897
铸铁件	吨	72587	564008	2948	566527	67120
铸钢件	吨	1320	50168	22763	23779	3946
锻件	吨	6357	121928	57536	62585	8164
粉末冶金零件	吨	1824	55497		54256	3064
采矿专用设备	台	145	3082		3117	110
采矿专用设备	吨	4526	100019		94494	5051
石油钻井设备	台(套)	1242	26408		25695	1955
筑路机械	台		35		35	
金属冶炼设备	台	17	48		52	13
金属冶炼设备	吨	648	6254		5799	1103
2.炼焦设备	台	17	48		52	13
金属轧制设备	台		28		28	
金属轧制设备	吨	1685	66962		47821	2455

2-1-5 续表 10

产品名称	计量单位	年初库存量	本年生产量	本企业自用量及其他	本年销售量	年末库存量
炼油、化工生产专用设备	吨	4847	21649	637	18377	7482
塑料加工专用设备	台	60	144		119	85
塑料加工专用设备	吨	307	3470		3239	537
模具	套	21	157		138	40
金属铸造模具	套	21	157		138	40
印刷专用设备	台	45	66		66	45
印刷专用设备	吨	136	217		217	136
纺织纤维梳理机	台	8	120		111	17
细纱机	台	216	966		982	200
拖拉机	台	1608	12955		12973	1590
3.小型拖拉机	台	1608	12955		12973	1590
农林用自装或自卸式挂车	台	101	1075		1081	95
土壤耕整机械	台	3	60		55	8
农作物收获机械	台		15		11	4
其中：联合收割机	台		15		11	4
棉花加工机械	台	223	810		826	207
环境污染防治专用设备	台(套)	9	21		21	9
其中：大气污染防治设备	台	9	21		21	9
其中：除尘设备	台	9	21		21	9
铁路机车	辆		118		118	
铁路机车	千瓦		1118200		1118200	
铁路货车	辆		3111		2941	170
铁路机车车辆配件及零件	吨	11520	227987		231392	8155
汽车	辆	26	846		731	141
2.客车	辆	19				19
(2)中型客车(7米<车长⩽10米)	辆	1				1
(3)轻型客车(车长⩽7米)	辆	18				18
3.载货汽车	辆	7	846		731	122
改装汽车	辆	43	1950		1828	165
其中：改装载货汽车	辆	43	395		281	157
改装自卸汽车	辆		568		560	8
改装厢式汽车	辆		517		517	
挂车、半挂车	辆	73	770		761	82
机动车(汽车)零配件	千元	357480	955958		976603	136609
发电机	台	130	76		206	
直流电动机	千瓦		22117		22117	
交流电动机	千瓦	746716	7261999		6300004	1708711
变压器	台	416	2537		2602	351
变压器	千伏安	1693108	2132690		2585090	1960708
其中：电力变压器	台	291	619		691	219
电力变压器	千伏安	1642553	1734930		2160775	1936708

2-1-5 续表 11

产品名称	计量单位	年初库存量	本年生产量	本企业自用量及其他	本年销售量	年末库存量
其中：电力变压器(额定容量≥8000kVA)	台	1	83		74	10
电力变压器(额定容量≥8000kVA)	千伏安	20000	576000		516000	800000
电力变压器(额定容量≥8000kVA，110kV≤电压<220kV)	台	1			1	
电力变压器(额定容量≥8000kVA，110kV≤电压<220kV)	千伏安	20000			20000	
电力变压器(5000kVA<额定容量<8000kVA)	台		2		2	
电力变压器(额定容量≤5000kVA)	台	51	371		374	48
电力变压器(额定容量≤5000kVA)	千伏安	22200	36050		31030	27220
配电或电器控制设备(11万伏以下)	台(套、面)		27548		27548	
其中：高压电路开关、保护电器装置	台(套)		59		59	
高压开关板	面		1141		1141	
低压开关板	面		26348		26348	
高压开关设备(11万伏以上)	台		204		204	
电线	千米	9716	64159		61085	12790
通信及电子网络用电缆	对千米	23608	15999		22934	16673
电力电缆	千米	2427	3257		3139	2546
光缆	芯千米	52242	237540		269421	20361
绝缘制品	吨	145	1087		1194	38
电气设备用绝缘配件	吨		15		15	
铅酸蓄电池	千伏安时	1701	116245		111272	6674
锂离子电池	只(自然只)		1007691		1007691	
家用燃气用具	台	4414	151582		150758	5238
其中：家用燃气灶具	台	4068	148001		147166	4903
家用燃气热水器	台	346	3581		3592	335
太阳能热水器	台	355	1225	12	1209	359
灯具及照明装置	套(台、个)	5255	60202		63844	1613
户外照明用灯具及装置	套	60	687		667	80
其中：街灯及照明装置	台	60	687		667	80
电子计算机整机	台		2570		2240	330
微型计算机设备	台		2570		2240	330
磁性材料元件	万只	15	1671		1675	11
金属工艺品	千元	2680	45931		47331	1280
发电量	万千瓦小时		17832045	1773745	15908012	
其中：火力发电量	万千瓦小时		17619858	1772784	15696787	
水力发电量	万千瓦小时		212187	962	211225	
售电量	万千瓦小时		10039483		10039483	
供电量	万千瓦小时		10833231	20	10833211	
供热总量	万吉焦	…	8713	3589	5123	
煤气生产量	万立方米		2156389	2068372	179017	
人工煤气供应总量	万立方米		1431		17954	
天然气供应量	万立方米		2561		27926	
自来水生产量	万立方米		46301	2957	43011	333

2-1-6　规模以上工业主要产品生产能力

产品名称	计量单位	年初生产能力	年末生产能力
原　煤	吨	637632375	718740778
卷　烟	万支	1575000	1530000
棉纺锭／纺纱量	锭/吨	419506	421186
气流纺锭／纺纱量	头/吨	5989	5389
棉布织机／布	台/万米	2732	2732
原油加工能力／原油加工量	吨/吨	11500	11500
焦　炭	吨	137691133	141352297
碳化钙(电石，折300升／千克)	吨	1175775	1178872
农用氮、磷、钾化学肥料总计(折纯)	吨	4759906	5048951
化学纤维	吨	40200	45200
水泥熟料	吨	23623541	24084596
其中：窑外分解窑熟料	吨	10817918	11587918
立窑熟料	吨	6517500	5916495
中空窑熟料	吨	280000	275000
水　泥	吨	41725250	42592878
平板玻璃	重量箱	15760000	13900000
其中：浮法玻璃	重量箱	15760000	13900000
生　铁	吨	44081090	46891924
粗　钢	吨	36722142	38812091
钢　材	吨	28744265	29637858
铁合金	吨	1807750	2186485
原铝(电解铝)	吨	1101300	1089300
金属切削机床	台	2313	2512
汽　车	辆	3000	3000
电子计算机整机	台	200000	200000
其中：微型计算机设备	台	200000	200000
发电设备容量总计／发电量	万千瓦/万千瓦小时	3169	3468

2-1-7 全部工业企业

指标名称	企业单位数	亏损企业	工业总产值（当年价格）	固定资产原价
总　计	**29414**	**5130**	**106967876**	**82886134**
一、按轻重工业分				
轻工业	6722	1085	5325922	3948691
重工业	22692	4045	101641954	78937443
二、按登记注册类型分				
内资企业	**29138**	**5028**	**100511417**	**77210863**
国有企业	1083	342	12432227	14557055
集体企业	2434	528	2834056	1628555
股份合作企业	443	78	1035083	667471
联营企业	92	18	180016	195766
国有联营企业	10	3	8753	6045
集体联营企业	54	10	117164	63009
国有与集体联营企业	7	2	1834	94177
其他联营企业	21	3	52266	32536
有限责任公司	3875	1177	54502622	41805306
国有独资公司	66	20	15659533	13364779
其他有限责任公司	3809	1157	38843088	28440526
股份有限公司	1111	253	8851136	8634543
私营企业	19726	2590	20493792	9618684
私营独资企业	10867	1055	3375845	1666400
私营合伙企业	1878	140	509475	332152
私营有限责任公司	6067	1229	15456457	6915152
私营股份有限公司	914	166	1152015	704979
其他企业	374	42	182483	103483
港澳台商投资企业	**93**	**35**	**2046914**	**1886615**
与港澳台商合资经营企业	55	17	1041318	918429
与港澳台商合作经营企业	8	2	45846	32133
港澳台商独资企业	25	13	870171	835971
港澳台商投资股份有限公司	5	3	89578	100083
外商投资企业	**183**	**67**	**4409545**	**3788656**
中外合资经营企业	125	46	3145285	1743746
中外合作经营企业	4		568005	1526623
外资企业	51	20	568887	476445
外商投资股份有限公司	3	1	127368	41842
三、按隶属关系分				
中央	146	52	14360297	19614434
省	462	158	29836690	28658053
市	1667	477	6477103	5614371
县(区、市)	6496	1335	17664958	10190208
乡镇(街道)	2322	364	4891156	2698774
基层群众自治组织	3228	359	2193042	1199097
其他	15093	2385	31544630	14911196
四、按控股情况分				
国有控股	1624	545	52631239	55234211
集体控股	3102	685	6021583	3978495
私人控股	24192	3763	44900030	21279042
港澳台商控股	55	14	1281146	1037057
外商控股	109	41	1810460	1131911
其他	332	82	323418	225418

主要经济指标

单位：个、万元、人

所有者权益合计	实收资本	本年折旧（规下工业）	主营业务收入	主营业务成本
48777738	**28399438**	**370592**	**107854931**	**85876197**
3226329	2059503	58060	5087977	3957458
45551409	26339936	312533	102766954	81918739
45472198	**25881262**	**360933**	**101606141**	**80886311**
6164457	3682217	24408	12378188	9440705
1306525	694416	23878	2877251	1932676
362743	292061	6281	977442	769340
97356	45082	19275	187528	116103
6742	5511	25	8063	6706
46086	10638	167	112214	64663
4636	4443	18557	1795	901
39893	24490	526	65456	43833
24706545	13690767	63381	54846015	43873939
8467074	3065824	2084	16138514	12770675
16239471	10624943	61296	38707501	31103264
4911513	2369614	37745	9752989	7910604
7858989	5047606	183415	20408047	16706443
1298054	1076565	78734	3302150	2638812
305115	238063	15675	488623	359737
5725257	3359326	74812	15464033	12758494
530564	373653	14194	1153241	949400
64069	59499	2551	178681	136500
868906	**778670**	**1692**	**1887368**	**1687115**
383920	287621	837	953744	848099
17367	18744	34	50902	44963
434540	410373	752	769788	691720
33079	61931	69	112934	102334
2436633	**1739507**	**7967**	**4361422**	**3302771**
1733466	1109467	6934	3182634	2305006
481034	402069	6	568006	446738
197730	207706	997	514668	481552
24403	20264	30	96113	69476
6724898	4562473	2667	14274602	11873199
16244486	8524803	31517	31978661	24772009
3310734	1873269	32524	6298115	5274658
8474555	4219085	94417	16983967	12841863
2131500	1410428	22268	4719106	3365313
1006937	702626	33831	2129161	1596761
10884627	7106754	153368	31471320	26152395
27674285	15330589	75760	54427320	42811685
2743180	1643649	39085	5976741	4127750
16355498	10002880	243678	44225212	36552860
518255	439069	1452	1139236	982817
1308646	859567	3498	1660904	1041178
177873	123684	7121	425519	359907

2-1-7 续表 1

指标名称	企业单位数	亏损企业	工业总产值(当年价格)	固定资产原价
五、按国民经济行业分				
采矿业	**7559**	**1037**	**38049476**	**27791252**
煤炭开采和洗选业	4573	716	36295186	26729113
烟煤和无烟煤的开采洗选	4573	716	36295186	26729113
烟煤和无烟煤的开采洗选	4573	716	36295186	26729113
石油和天然气开采业	9	2	91316	12977
天然原油和天然气开采	7	1	82298	7294
天然原油和天然气开采	7	1	82298	7294
与石油和天然气开采有关的服务活动	2	1	9018	5683
与石油和天然气开采有关的服务活动	2	1	9018	5683
黑色金属矿采选业	1437	143	1338043	700063
铁矿采选	1412	140	1268718	668604
铁矿采选	1412	140	1268718	668604
其他黑色金属矿采选	25	3	69325	31459
其他黑色金属矿采选	25	3	69325	31459
有色金属矿采选业	125	21	192378	207586
常用有色金属矿采选	101	14	162099	175095
铜矿采选	52	6	27146	34248
铅锌矿采选	8	2	32085	6708
铝矿采选	29	2	102241	132474
镁矿采选	8	1	331	985
其他常用有色金属矿采选	4	3	296	680
贵金属矿采选	22	6	29992	32374
金矿采选	20	6	29992	32347
银矿采选	2			27
稀有稀土金属矿采选	2	1	287	117
钨钼矿采选	1		286	84
稀土金属矿采选	1	1	1	33
非金属矿采选业	1415	155	132553	141513
土砂石开采	1280	136	122887	124611
石灰石、石膏开采	357	48	28909	40123
建筑装饰用石开采	217	25	25625	18959
粘土及其他土砂石开采	632	57	63111	59630
耐火土石开采	74	6	5242	5899
化学矿采选	75	15	3518	12152
化学矿采选	75	15	3518	12152
石棉及其他非金属矿采选	60	4	6149	4749
石棉、云母矿采选	5	1	383	375
石墨、滑石采选	3		41	170
宝石、玉石开采	1			99
其他非金属矿采选	51	3	5725	4105
制造业	**21148**	**3824**	**60416875**	**36679812**
农副食品加工业	1639	182	1208913	666239
谷物磨制	515	46	99981	73575
谷物磨制	515	46	99981	73575
饲料加工	207	21	287063	76517
饲料加工	207	21	287063	76517
植物油加工	117	19	151272	119859
食用植物油加工	83	13	143998	111159

单位：个、万元、人

所有者权益合计	实收资本	本年折旧(规下工业)	主营业务收入	主营业务成本
21588688	**11564211**	**116118**	**39689361**	**25793483**
20692876	10992183	94675	38013702	24572039
20692876	10992183	94675	38013702	24572039
20692876	10992183	94675	38013702	24572039
72924	68261	95	92357	79280
28775	25109	95	82298	72493
28775	25109	95	82298	72493
44149	43151		10059	6788
44149	43151		10059	6788
631616	339977	12601	1262210	874329
603715	323001	12469	1182718	801142
603715	323001	12469	1182718	801142
27901	16976	132	79492	73187
27901	16976	132	79492	73187
73335	62431	1142	191212	169986
49558	40489	890	161543	146549
28230	12006	578	28375	20490
3999	2630	21	33762	30951
3946	12469	179	98782	94338
942	1082	61	328	262
12440	12303	51	296	508
23708	21877	244	29382	23203
23695	21863	244	29382	23203
13	13			
69	66	8	287	234
36	33	7	286	233
33	33	2	1	1
117936	101359	7604	129881	97850
106665	93178	7047	119676	89302
26126	20528	1833	28698	22339
19336	18965	1144	24429	20327
58140	50671	3700	61861	43408
3063	3014	369	4689	3228
8132	5119	85	3502	3434
8132	5119	85	3502	3434
3139	3062	473	6702	5113
76	74	41	383	338
349	349	1	41	32
99	99	10		
2616	2540	421	6278	4744
22764479	**13035784**	**194336**	**59706697**	**51886508**
613986	342766	10481	1172509	1036670
61951	47499	2309	98851	82542
61951	47499	2309	98851	82542
75817	60746	1527	282846	257060
75817	60746	1527	282846	257060
96792	41300	782	156528	144201
89145	34759	547	148492	136730

2-1-7 续表 2

指标名称	企业单位数	亏损企业	工业总产值(当年价格)	固定资产原价
非食用植物油加工	34	6	7274	8701
制糖	6	2	11784	18596
制糖	6	2	11784	18596
屠宰及肉类加工	256	39	303841	121893
畜禽屠宰	137	22	234080	69956
肉制品及副产品加工	119	17	69761	51937
蔬菜、水果和坚果加工	266	17	87498	58394
蔬菜、水果和坚果加工	266	17	87498	58394
其他农副食品加工	271	38	267441	197397
淀粉及淀粉制品的制造	125	13	252534	179873
豆制品制造	62	11	4269	3406
蛋品加工	13	1	3498	939
其他未列明的农副食品加工	71	13	7139	13179
水产品加工	1		33	7
水产品冷冻加工	1		33	7
食品制造业	894	119	755485	457721
焙烤食品制造	199	21	39210	26718
糕点、面包制造	150	15	19846	16691
饼干及其他焙烤食品制造	49	6	19365	10027
糖果、巧克力及蜜饯制造	189	12	44434	27445
糖果、巧克力制造	7	1	2179	2519
蜜饯制作	182	11	42255	24926
方便食品制造	92	13	48002	35419
米、面制品制造	49	6	13179	13691
速冻食品制造	19	5	4526	7667
方便面及其他方便食品制造	24	2	30296	14061
液体乳及乳制品制造	89	20	365035	173257
液体乳及乳制品制造	89	20	365035	173257
罐头制造	56	12	83209	32564
肉、禽类罐头制造	12	1	39194	7740
蔬菜、水果罐头制造	41	10	43739	24209
水产品罐头制造	2		276	559
其他罐头食品制造	1	1		56
调味品、发酵制品制造	174	23	110160	73544
酱油、食醋及类似制品的制造	151	19	89892	59991
其他调味品、发酵制品制造	22	4	19992	13544
味精制造	1		276	10
其他食品制造	95	18	65435	88775
营养、保健食品制造	26	5	7647	37800
冷冻饮品及食用冰制造	20	2	7230	5139
食品及饲料添加剂制造	29	7	49375	43940
盐加工	1		271	170
其他未列明的食品制造	19	4	912	1726
饮料制造业	479	84	733213	546795
酒精制造	10	3	22857	29897
酒精制造	10	3	22857	29897
酒的制造	210	38	380161	268586
白酒制造	166	21	315113	192805
啤酒制造	13	9	54252	63495

单位：个、万元、人

所有者权益合计	实收资本	本年折旧(规下工业)	主营业务收入	主营业务成本
7646	6541	235	8035	7471
7515	8669	…	8605	9203
7515	8669	…	8605	9203
152808	65400	1822	289835	255925
104165	38252	1305	223753	200079
48643	27148	517	66082	55846
62049	36838	2014	84540	66450
62049	36838	2014	84540	66450
157054	82314	2027	251271	221282
140337	72075	1363	236933	209996
3810	3536	175	4183	3062
1145	774	56	3494	3190
11763	5928	433	6660	5035
		1	33	7
		1	33	7
394822	255459	7627	657758	519391
26804	16724	1027	45895	35676
11988	10039	788	25175	18802
14815	6685	239	20720	16874
33610	17206	1869	41211	31307
1690	745	37	2001	1036
31920	16461	1832	39210	30270
27520	19835	1167	47869	39319
10272	6736	785	12629	10407
7409	3430	87	5792	4433
9839	9669	295	29448	24480
173749	99708	1268	291277	223348
173749	99708	1268	291277	223348
31623	24353	425	71555	61729
11676	7426	67	31397	24996
19476	16532	269	39895	36560
427	362	79	263	173
43	33	10		
62133	40898	1109	102062	80479
48060	36343	1057	86063	66631
14053	4542	51	15726	13601
20	13	2	273	248
39384	36736	763	57889	47533
9404	7613	212	7557	3265
4801	1492	103	7105	5656
23979	26587	237	42094	37893
309	185	34	275	44
891	858	177	859	674
455628	280413	3208	795221	528858
18223	16965	77	18435	16213
18223	16965	77	18435	16213
259637	128178	1337	468104	272289
216308	73829	1020	407956	228999
33764	46139	163	49476	36848

2-1-7 续表 3

指标名称	企业单位数	亏损企业	工业总产值(当年价格)	固定资产原价
葡萄酒制造	11	1	3217	7534
其他酒制造	13	3	7462	4239
黄酒制造	7	4	116	512
软饮料制造	251	41	329311	247570
碳酸饮料制造	25	1	42381	36628
瓶(罐)装饮用水制造	122	17	18661	14492
果菜汁及果菜汁饮料制造	73	13	256224	160158
含乳饮料和植物蛋白饮料制造	17	7	4908	27017
固体饮料制造	5	1	3398	6020
茶饮料及其他软饮料制造	9	2	3738	3256
精制茶加工	8	2	884	742
精制茶加工	8	2	884	742
烟草制品业	1		211946	92278
卷烟制造	1		211946	92278
卷烟制造	1		211946	92278
纺织业	248	58	219856	259590
棉、化纤纺织及印染精加工	119	34	164025	183486
棉、化纤纺织加工	106	31	116388	152094
棉、化纤印染精加工	13	3	47637	31392
毛纺织和染整精加工	9		15595	10179
毛纺织	5		15120	9615
毛条加工	3		12	210
毛染整精加工	1		462	355
麻纺织	5	1	14143	13944
麻纺织	5	1	14143	13944
丝绢纺织及精加工	11	6	4402	9514
缫丝加工	8	4	3435	8130
绢纺和丝织加工	3	2	967	1385
纺织制成品制造	49	13	9580	14083
棉及化纤制品制造	20	6	3386	1897
毛制品制造	4	2	3590	7129
麻制品制造	3	2	18	2737
丝制品制造	3	1	377	76
绳、索、缆的制造	2	1	34	359
纺织带和帘子布制造	2		305	91
无纺布制造	2		153	79
其他纺织制成品制造	13	1	1719	1713
针织品、编织品及其制品制造	55	4	12112	28384
棉、化纤针织品及编织品制造	32	3	9094	27166
毛针织品及编织品制造	5		556	233
丝针织品及编织品制造	5		355	48
其他针织品及编织品制造	13	1	2107	937
纺织服装、鞋、帽制造业	226	38	120305	53427
纺织服装制造	198	34	118483	51308
纺织服装制造	198	34	118483	51308
纺织面料鞋的制造	25	4	1821	2064
纺织面料鞋的制造	25	4	1821	2064
制帽	3		...	56
制帽	3		...	56

单位：个、万元、人

所有者权益合计	实收资本	本年折旧（规下工业）	主营业务收入	主营业务成本
6299	5288	18	3666	1776
2757	2414	125	6895	4583
510	510	12	110	84
175082	133700	1754	307861	239818
12185	10292	249	49337	35985
8637	12505	561	15443	12621
124523	84444	718	230260	182393
16059	15443	160	4701	2965
9380	8697	11	3966	3434
4297	2320	56	4155	2421
2686	1570	40	821	537
2686	1570	40	821	537
104337	61320		204871	82098
104337	61320		204871	82098
104337	61320		204871	82098
130339	120505	4747	206636	194626
98225	73728	3228	152577	149540
87586	59404	3191	106585	104039
10640	14324	37	45992	45502
13990	13229	103	12472	11018
13687	12961	31	11997	10621
133	99	1	12	11
170	170	71	462	386
10491	7401	40	17018	13782
10491	7401	40	17018	13782
8659	10491	447	4351	4488
8488	7247	447	3083	3181
171	3244		1268	1306
7559	7052	586	8879	6517
1504	1161	53	3638	2460
4396	4441	417	2788	1971
102	72	…	16	11
98	103	11	399	364
46	46	11	28	17
26	26	2	247	231
356	356	11	150	119
1030	847	81	1614	1343
-8586	8604	343	11340	9281
-9557	7705	239	8354	6743
240	240	34	553	462
56	56	6	288	237
675	603	64	2145	1839
58763	33358	1164	115286	94384
57149	31828	1136	113471	93086
57149	31828	1136	113471	93086
1261	1437	28	1815	1298
1261	1437	28	1815	1298
353	93		1	…
353	93		1	…

2-1-7 续表 4

指标名称	企业单位数	亏损企业	工业总产值(当年价格)	固定资产原价
皮革、毛皮、羽毛(绒)及其制品业	28	1	2129	2150
毛皮鞣制及制品加工	11	1	911	716
其他毛皮制品加工	2		578	509
毛皮鞣制加工	7	1	322	194
毛皮服装加工	2		11	14
皮革鞣制加工	2		4	53
皮革鞣制加工	2		4	53
皮革制品制造	14		1212	1303
皮鞋制造	11		1136	1262
皮箱、包(袋)制造	2			…
皮手套及皮装饰制品制造	1		76	40
羽毛(绒)加工及制品制造	1		2	79
羽毛(绒)制品加工	1		2	79
木材加工及木、竹、藤、棕、草制品业	224	38	71665	47216
锯材、木片加工	81	8	7332	8114
木片加工	34	4	4406	6228
锯材加工	47	4	2927	1886
人造板制造	58	10	54681	33411
胶合板制造	21	5	2919	3554
纤维板制造	9	2	48618	25605
刨花板制造	7	2	704	408
其他人造板、材制造	21	1	2440	3844
木制品制造	72	18	7625	5509
建筑用木料及木材组件加工	33	3	3601	3300
木容器制造	27	13	3071	673
软木制品及其他木制品制造	12	2	953	1536
竹、藤、棕、草制品制造	13	2	2027	182
竹、藤、棕、草制品制造	13	2	2027	182
家具制造业	217	20	30429	21531
木质家具制造	175	15	26374	19581
木质家具制造	175	15	26374	19581
竹、藤家具制造	1			11
竹、藤家具制造	1			11
金属家具制造	16		1874	969
金属家具制造	16		1874	969
塑料家具制造	6		1098	459
塑料家具制造	6		1098	459
其他家具制造	19	5	1084	511
其他家具制造	19	5	1084	511
造纸及纸制品业	542	59	168261	120635
纸浆制造	12	2	4242	6186
纸浆制造	12	2	4242	6186
造纸	171	18	48426	53593
机制纸及纸板制造	141	12	46068	51331
手工纸制造	7	2	594	668
加工纸制造	23	4	1764	1594
纸制品制造	359	39	115593	60856
纸和纸板容器的制造	289	32	103497	54469
其他纸制品制造	70	7	12097	6387

单位：个、万元、人

所有者权益合计	实收资本	本年折旧 (规下工业)	主营业务收入	主营业务成本
1841	1562	85	2016	1722
383	318	5	900	767
299	234	4	567	550
76	76	1	322	210
9	9	…	11	7
45	45		4	1
45	45		4	1
1412	1198	68	1110	952
1381	1167	64	1034	882
…	…			
31	31	4	76	70
		12	2	1
		12	2	1
69467	14793	1325	68460	54907
6155	3925	504	6963	5633
5087	2899	315	4189	3340
1068	1027	189	2774	2294
59080	7309	562	52117	41713
4368	2820	284	2660	2091
52253	2426	60	46375	37485
546	362	36	701	597
1913	1702	181	2381	1540
4071	3399	252	7476	5905
2568	2340	100	3472	2467
44	263	54	3060	2813
1459	795	98	944	625
160	160	7	1904	1656
160	160	7	1904	1656
17695	13597	917	28188	21508
15203	11481	729	24348	18536
15203	11481	729	24348	18536
1394	1300	99	1825	1431
1394	1300	99	1825	1431
407	339	38	955	734
407	339	38	955	734
692	477	51	1060	807
692	477	51	1060	807
97217	61507	4243	162513	134642
1675	995	181	3926	3366
1675	995	181	3926	3366
46913	26740	1778	48342	40905
44908	24907	1538	46052	39195
409	440	97	576	411
1596	1393	142	1714	1299
48629	33772	2285	110245	90371
42715	29824	1740	98886	82248
5914	3948	545	11358	8123

2-1-7 续表 5

指标名称	企业单位数	亏损企业	工业总产值(当年价格)	固定资产原价
印刷业和记录媒介的复制	630	111	140699	140163
印刷	564	101	126839	114917
书、报、刊印刷	263	50	62513	63613
本册印制	122	21	14094	10072
包装装潢及其他印刷	179	30	50232	41232
装订及其他印刷服务活动	65	10	13859	25245
装订及其他印刷服务活动	65	10	13859	25245
记录媒介的复制	1			
记录媒介的复制	1			
文教体育用品制造业	46	9	66199	43683
体育用品制造	29	6	64635	42199
体育器材及配件制造	11	1	13687	2275
训练健身器材制造	16	4	50505	39771
球类制造	1		427	132
其他体育用品制造	1	1	15	22
文化用品制造	11	3	1453	1208
文具制造	3	1	66	25
笔的制造	2			7
教学用模型及教具制造	2		1019	592
墨水、墨汁制造	1	1	16	312
其他文化用品制造	3	1	352	273
乐器制造	2		79	214
中乐器制造	2		79	214
玩具制造	2		32	27
玩具制造	2		32	27
游艺器材及娱乐用品制造	2		1	35
露天游乐场所游乐设备制造	1		1	2
游艺用品及室内游艺器材制造	1			33
石油加工、炼焦及核燃料加工业	409	123	15771233	7308429
精炼石油产品的制造	41	10	124557	47352
原油加工及石油制品制造	39	9	124557	47155
人造原油生产	2	1		197
炼焦	368	113	15646676	7261077
炼焦	368	113	15646676	7261077
化学原料及化学制品制造业	1450	357	4970865	4783428
基础化学原料制造	522	160	1655450	1278940
无机酸制造	55	13	50280	23782
无机碱制造	36	6	494650	445822
无机盐制造	131	50	332016	130615
有机化学原料制造	156	39	601272	418698
其他基础化学原料制造	144	52	177232	260023
肥料制造	188	25	1749649	2152040
氮肥制造	49	12	1367476	1626265
磷肥制造	18	2	12939	17343
复混肥料制造	40	4	355394	492731
有机肥料及微生物肥料制造	53	5	8664	4823
钾肥制造	2		743	8852
其他肥料制造	26	2	4432	2026
农药制造	62	8	43549	22190

单位：个、万元、人

所有者权益合计	实收资本	本年折旧(规下工业)	主营业务收入	主营业务成本
99084	77242	3935	131030	109102
83270	63269	3602	116487	97959
40521	34329	1379	55805	46835
11524	5550	482	13776	10350
31225	23389	1740	46906	40773
15814	13973	333	14542	11144
15814	13973	333	14542	11144
44149	20352	167	68409	60960
42925	19428	63	66971	59940
1330	2916	1	10818	9535
41266	16184	60	55615	50020
197	197	1	526	375
132	132	1	13	11
754	714	95	1327	927
12	12	…	67	54
20	14	…		
427	395	57	921	700
193	193	5	17	13
101	101	34	322	160
322	76	4	79	72
322	76	4	79	72
114	99	2	32	20
114	99	2	32	20
35	35	3	1	1
2	2		1	1
33	33	3		
4565866	2429945	6814	16058475	13495875
63168	38900	1134	233474	194259
63135	38867	1115	233474	194247
33	33	20		13
4502698	2391045	5679	15825001	13301616
4502698	2391045	5679	15825001	13301616
2646493	1483142	14817	5058095	4356476
715563	447083	5573	1638531	1459265
11500	12796	447	47652	40624
266892	111814	277	525387	481009
78178	63884	1882	326154	296819
248038	189059	1749	560336	502108
110954	69530	1218	179001	138705
950365	594189	992	1831647	1536264
662010	448231	35	1473679	1260081
8486	4178	102	15473	13102
264116	128558	299	328912	252500
4555	2553	213	8565	6557
8849	8851	135	723	605
2351	1818	209	4295	3419
24841	14216	870	48171	33842

2-1-7 续表 6

指标名称	企业单位数	亏损企业	工业总产值(当年价格)	固定资产原价
化学农药制造	44	6	39491	20070
生物化学农药及微生物农药制造	18	2	4058	2120
涂料、油墨、颜料及类似产品制造	158	30	155920	55366
涂料制造	114	21	25525	8967
油墨及类似产品制造	16	2	61397	16021
颜料制造	12	5	20383	5956
染料制造	11	2	48056	24012
密封用填料及类似品制造	5		559	411
合成材料制造	42	9	643187	626922
初级形态的塑料及合成树脂制造	21	5	303635	202378
合成橡胶制造	10	2	65349	64722
合成纤维单(聚合)体的制造	5	2	272490	359524
其他合成材料制造	6		1713	299
专用化学产品制造	418	113	617575	509077
化学试剂和助剂制造	118	39	187205	97587
专项化学用品制造	43	8	27937	22108
林产化学产品制造	85	14	52696	53833
炸药及火工产品制造	65	19	272366	272683
环境污染处理专用药剂材料制造	26	7	12172	8585
动物胶制造	28	15	3441	4590
其他专用化学产品制造	51	10	60604	47943
信息化学品制造	2	1	1153	1748
日用化学产品制造	60	12	105535	138893
肥皂及合成洗涤剂制造	28	6	102315	136807
香料、香精制造	5		1716	985
化妆品制造	1		3	7
口腔清洁用品制造	3	1	341	128
其他日用化学产品制造	23	5	1160	966
医药制造业	246	74	779328	618400
化学药品原药制造	27	5	271404	199820
化学药品原药制造	27	5	271404	199820
化学药品制剂制造	69	30	292748	195774
化学药品制剂制造	69	30	292748	195774
中药饮片加工	25	6	10814	18679
中药饮片加工	25	6	10814	18679
中成药制造	46	16	123686	121290
中成药制造	46	16	123686	121290
兽用药品制造	43	10	13967	15655
兽用药品制造	43	10	13967	15655
生物、生化制品的制造	19	5	42653	38626
生物、生化制品的制造	19	5	42653	38626
卫生材料及医药用品制造	17	2	24056	28556
卫生材料及医药用品制造	17	2	24056	28556
化学纤维制造业	13	6	41970	46892
纤维素纤维原料及纤维制造	1	1	29253	5626
人造纤维(纤维素纤维)制造	1	1	29253	5626
合成纤维制造	12	5	12716	41266
涤纶纤维制造	6	3	11785	30100
锦纶纤维制造	1	1	8	10490

单位：个、万元、人

所有者权益合计	实收资本	本年折旧（规下工业）	主营业务收入	主营业务成本
23179	12945	672	44594	31167
1662	1271	197	3577	2675
63351	28789	968	152799	121454
10492	9234	609	26279	21909
26241	9503	109	51041	37369
2300	2297	42	19395	18193
23813	7252	158	55555	43533
505	503	50	528	451
329404	77689	136	649184	594216
69330	21302	54	323467	307034
42730	9154	53	62183	53561
217168	47078	6	261840	232096
176	156	23	1694	1525
400914	259023	5734	609689	501638
103414	84816	2723	184778	160724
23715	24095	440	28578	24659
45958	23535	909	51811	44192
158456	85343	359	270613	213143
6467	6101	190	10861	7660
3574	3628	73	3281	2555
57291	29467	743	58994	48010
2038	2038	297	772	695
162055	62151	543	128074	109797
158957	59635	448	125184	107501
1212	684	39	1381	1028
7	7		3	2
57	53	8	340	253
1823	1773	48	1166	1012
476350	323868	5233	683707	477041
115275	93964	855	231426	200498
115275	93964	855	231426	200498
180747	110764	1906	245124	160383
180747	110764	1906	245124	160383
15738	15490	122	10341	8659
15738	15490	122	10341	8659
88240	50245	777	124191	58477
88240	50245	777	124191	58477
16825	15223	682	13004	10115
16825	15223	682	13004	10115
32831	19331	596	38511	22417
32831	19331	596	38511	22417
26694	18850	295	21111	16492
26694	18850	295	21111	16492
-53341	17635	371	35807	29199
19617	1972		25111	18971
19617	1972		25111	18971
-72957	15664	371	10696	10228
-57035	6153	349	10040	9736
-16387	9095		8	9

2-1-7 续表 7

指标名称	企业单位数	亏损企业	工业总产值(当年价格)	固定资产原价
腈纶纤维制造	1		577	93
其他合成纤维制造	4	1	346	584
橡胶制品业	156	32	201397	141689
轮胎制造	15	3	107880	100025
车辆、飞机及工程机械轮胎制造	8	2	107472	97803
力车胎制造	1			237
轮胎翻新加工	6	1	407	1985
橡胶板、管、带的制造	37	9	56356	24845
橡胶板、管、带的制造	37	9	56356	24845
橡胶零件制造	46	7	16550	4624
橡胶零件制造	46	7	16550	4624
再生橡胶制造	26	9	13804	4687
再生橡胶制造	26	9	13804	4687
日用及医用橡胶制品制造	6		4093	5315
日用及医用橡胶制品制造	6		4093	5315
橡胶靴鞋制造	7		364	384
橡胶靴鞋制造	7		364	384
其他橡胶制品制造	19	4	2350	1810
其他橡胶制品制造	19	4	2350	1810
塑料制品业	530	98	276908	169519
塑料薄膜制造	53	14	49811	29554
塑料薄膜制造	53	14	49811	29554
塑料板、管、型材的制造	118	23	113380	53727
塑料板、管、型材的制造	118	23	113380	53727
塑料丝、绳及编织品的制造	118	22	54109	35846
塑料丝、绳及编织品的制造	118	22	54109	35846
泡沫塑料制造	62	8	10718	5038
泡沫塑料制造	62	8	10718	5038
塑料包装箱及容器制造	60	12	35062	32328
塑料包装箱及容器制造	60	12	35062	32328
其他塑料制品制造	55	7	9487	6588
其他塑料制品制造	55	7	9487	6588
塑料人造革、合成革制造	4	1	132	3844
塑料人造革、合成革制造	4	1	132	3844
塑料零件制造	13	2	923	581
塑料零件制造	13	2	923	581
日用塑料制造	47	9	3287	2014
塑料鞋制造	1	1	16	125
日用塑料杂品制造	46	8	3271	1889
非金属矿物制品业	5401	758	2453294	2587851
水泥、石灰和石膏的制造	528	120	630101	1057812
水泥制造	351	102	601347	1033225
石灰和石膏制造	177	18	28755	24587
水泥及石膏制品制造	699	94	222986	259390
水泥制品制造	305	49	173922	197533
砼结构构件制造	290	32	26603	35642
轻质建筑材料制造	72	9	15639	12905
其他水泥制品制造	23	3	6044	11362
石棉水泥制品制造	9	1	779	1948

单位：个、万元、人

所有者权益合计	实收资本	本年折旧 (规下工业)	主营业务收入	主营业务成本
119	119	3	314	254
345	296	19	334	229
105560	92878	925	195800	170539
63848	60249	138	102348	93150
61801	58306	51	101974	92926
82	82			
1965	1862	87	374	225
24916	20850	307	56929	46272
24916	20850	307	56929	46272
5280	3276	142	16242	11843
5280	3276	142	16242	11843
4368	4913	144	13555	13814
4368	4913	144	13555	13814
4584	2302	5	4137	3594
4584	2302	5	4137	3594
104	104	46	331	133
104	104	46	331	133
2460	1183	144	2258	1733
2460	1183	144	2258	1733
145243	109980	4217	262419	225802
39017	27468	467	52211	47708
39017	27468	467	52211	47708
50361	33353	1352	101124	85914
50361	33353	1352	101124	85914
26049	19564	685	59299	52545
26049	19564	685	59299	52545
4122	4127	380	10211	8928
4122	4127	380	10211	8928
16269	17163	558	26258	21091
16269	17163	558	26258	21091
6620	5637	507	9234	6499
6620	5637	507	9234	6499
402	402	74	132	66
402	402	74	132	66
654	498	46	879	665
654	498	46	879	665
1749	1768	148	3072	2387
202	199	23	13	9
1546	1570	126	3058	2378
1401785	1253397	54264	2307927	1882913
383847	393663	8080	578357	483079
362811	376147	7004	549872	461411
21036	17516	1076	28486	21668
170491	160880	14097	225209	186608
122137	114416	11342	177652	151043
29373	28466	2111	24253	17659
11161	11121	376	14637	11300
6753	6054	107	7927	6000
1068	822	162	741	605

2-1-7 续表 8

指标名称	企业单位数	亏损企业	工业总产值（当年价格）	固定资产原价
砖瓦、石材及其他建筑材料制造	2731	229	534906	400898
粘土砖瓦及建筑砌块制造	2193	161	246280	262124
建筑陶瓷制品制造	81	15	38580	57924
建筑用石加工	275	31	166369	43988
防水建筑材料制造	51	6	67458	14323
其他建筑材料制造	85	8	12559	14453
隔热和隔音材料制造	46	8	3660	8085
玻璃及玻璃制品制造	293	69	266304	223506
平板玻璃制造	12	3	27642	41315
技术玻璃制品制造	6	2	67876	77281
玻璃仪器制造	8	3	2764	7231
日用玻璃制品及玻璃包装容器制造	221	51	159005	91702
玻璃纤维及制品制造	8	2	1250	714
玻璃纤维增强塑料制品制造	17	4	3779	1819
光学玻璃制造	1			33
玻璃保温容器制造	3		501	378
其他玻璃制品制造	17	4	3487	3033
陶瓷制品制造	128	30	63507	73513
特种陶瓷制品制造	18	10	11104	17021
日用陶瓷制品制造	94	18	50692	50709
卫生陶瓷制品制造	4	1	178	5340
园林、陈设艺术及其他陶瓷制品制造	12	1	1534	443
耐火材料制品制造	739	141	373872	302681
石棉制品制造	16	3	7222	2807
耐火陶瓷制品及其他耐火材料制造	723	138	366650	299874
石墨及其他非金属矿物制品制造	283	75	361617	270052
石墨及碳素制品制造	194	51	297533	203601
其他非金属矿物制品制造	89	24	64084	66451
黑色金属冶炼及压延加工业	576	163	19237665	9591590
炼铁	318	78	2684494	1127284
炼铁	318	78	2684494	1127284
炼钢	50	12	2831156	922505
炼钢	50	12	2831156	922505
钢压延加工	128	38	12691540	7185337
钢压延加工	128	38	12691540	7185337
铁合金冶炼	80	35	1030475	356464
铁合金冶炼	80	35	1030475	356464
有色金属冶炼及压延加工业	328	101	4380191	4141407
常用有色金属冶炼	216	76	3838684	3991382
铜冶炼	11	1	521227	252314
铅锌冶炼	13	4	48090	86563
铝冶炼	45	16	2314724	3258509
镁冶炼	130	49	943545	392378
其他常用有色金属冶炼	17	6	11098	1617
贵金属冶炼	6	2	13477	17874
银冶炼	4		13181	17700
金冶炼	1	1		11
其他贵金属冶炼	1	1	296	164
稀有稀土金属冶炼	17	3	62996	19688

单位：个、万元、人

所有者权益合计	实收资本	本年折旧（规下工业）	主营业务收入	主营业务成本
338167	254225	15091	473368	368358
225811	178175	11395	228036	165665
20196	13487	905	30907	27033
53113	34895	1476	139986	116785
21447	12735	533	60370	49247
9794	8108	500	10394	7043
7806	6826	281	3675	2585
106533	100998	3274	251840	219495
2093	8635	76	25702	23891
35013	35345	3	63363	58555
1468	1046	163	2336	1865
63749	52097	2504	151933	128193
390	452	79	1252	1071
1371	1276	77	3300	2760
21	13			
956	861	33	468	339
1472	1273	340	3486	2821
38531	36139	1159	58611	44899
7375	7472	150	11219	8833
25960	23514	941	45860	34837
3187	3183	4	160	98
2010	1971	64	1372	1132
203081	164876	9608	369248	282690
2592	1350	126	6391	5673
200489	163525	9482	362857	277017
161134	142616	2955	351293	297784
124146	106017	2134	291657	247653
36989	36599	821	59637	50131
5593484	2130855	7548	19036123	17533491
664330	495826	4685	2516048	2351328
664330	495826	4685	2516048	2351328
488183	343257	980	2825194	2793322
488183	343257	980	2825194	2793322
4216122	1134719	1202	12667934	11430136
4216122	1134719	1202	12667934	11430136
224849	157052	682	1026947	958706
224849	157052	682	1026947	958706
2124599	1384944	6872	4201109	3838789
1943830	1239330	5483	3710583	3375189
431527	159079	757	509691	481312
28865	38568	165	46685	36050
1175580	845568	863	2224202	2006547
306074	193976	3631	918893	842840
1783	2140	67	11112	8440
9343	6938	15	12545	8412
8817	6412	8	12223	8167
				…
526	526	7	322	244
18656	12599	184	64620	62017

2-1-7 续表 9

指标名称	企业单位数	亏损企业	工业总产值（当年价格）	固定资产原价
稀土金属冶炼	8	1	59139	12626
其他稀有金属冶炼	2	1	1638	1671
钨钼冶炼	7	1	2218	5391
有色金属合金制造	25	7	181558	27770
有色金属合金制造	25	7	181558	27770
有色金属压延加工	64	13	283477	84693
常用有色金属压延加工	54	9	212386	72197
贵金属压延加工	2	1	55716	5009
稀有稀土金属压延加工	8	3	15376	7487
金属制品业	1109	248	561508	224556
结构性金属制品制造	445	77	241375	82651
金属结构制造	268	49	211598	59172
金属门窗制造	177	28	29777	23479
金属工具制造	115	28	27034	25952
切削工具制造	17	9	10704	15814
农用及园林用金属工具制造	13	6	1322	1049
手工具制造	9	3	1149	1230
刀剪及类似日用金属工具制造	6	2	545	351
其他金属工具制造	70	8	13313	7508
集装箱及金属包装容器制造	31	9	30937	14614
金属压力容器制造	10	5	10227	7803
金属包装容器制造	21	4	20711	6812
金属丝绳及其制品的制造	86	20	37905	12703
金属丝绳及其制品的制造	86	20	37905	12703
建筑、安全用金属制品制造	241	55	152578	63132
建筑装饰及水暖管道零件制造	178	40	137353	55296
安全、消防用金属制品制造	24	8	11845	5373
建筑、家具用金属配件制造	23	4	1688	1427
其他建筑、安全用金属制品制造	16	3	1692	1036
金属表面处理及热处理加工	52	16	23953	3717
金属表面处理及热处理加工	52	16	23953	3717
搪瓷制品制造	2	1	2260	702
搪瓷日用品及其他搪瓷制品制造	1	1	2260	603
工业生产配套用搪瓷制品制造	1			99
不锈钢及类似日用金属制品制造	46	14	29013	4340
金属制厨用器皿及餐具制造	8	1	12381	1221
其他日用金属制品制造	30	12	14751	2619
金属制厨房调理及卫生器具制造	8	1	1881	501
其他金属制品制造	91	28	16453	16746
其他未列明的金属制品制造	91	28	16453	16746
通用设备制造业	3256	544	1943175	1036946
锅炉及原动机制造	228	40	180206	160359
锅炉及辅助设备制造	211	35	93783	53664
内燃机及配件制造	12	4	85817	103206
水轮机及辅机制造	1			2762
其他原动机制造	4	1	606	727
金属加工机械制造	214	35	90646	50498
金属切削机床制造	16	5	25990	17035
金属成形机床制造	18	6	8256	3888

单位：个、万元、人

所有者权益合计	实收资本	本年折旧（规下工业）	主营业务收入	主营业务成本
12252	8395	56	60878	58869
1992	520	3	1638	1319
4412	3684	124	2104	1829
27965	24748	185	169655	160594
27965	24748	185	169655	160594
124805	101329	1005	243706	232578
110382	87483	960	186643	178186
10509	8358		46504	45146
3914	5488	45	10559	9246
184090	158134	9258	560125	495147
71625	62745	3312	240718	213243
51941	47790	1979	211522	189029
19684	14955	1333	29196	24213
4515	13850	885	25414	18310
-776	7928	74	9693	7644
164	722	33	1293	1165
408	566	89	1092	778
269	251	27	551	436
4450	4383	663	12785	8288
23998	16549	701	29636	27466
12324	5411	528	9700	9274
11673	11138	173	19936	18193
7056	7289	446	45059	42683
7056	7289	446	45059	42683
50355	33526	2279	155185	137532
40294	26232	1918	136580	122679
7816	5572	168	15438	12570
1300	1122	90	1636	1019
944	600	104	1530	1265
5500	4675	277	22913	18698
5500	4675	277	22913	18698
92	729		2157	1945
-6	631		2157	1945
99	99			
7695	6491	320	24243	22731
3116	1490	35	8194	7819
3730	4152	237	14527	13576
849	848	47	1522	1336
13253	12280	1039	14800	12539
13253	12280	1039	14800	12539
744328	617614	22862	1876621	1612923
110138	56397	916	160456	127563
43804	32562	777	79365	62591
65573	23084	123	80482	64499
460	460			
301	291	16	609	472
50776	41897	1979	85852	73094
21307	18122	114	26120	22304
3389	2916	142	7223	5933

2-1-7 续表 10

指标名称	企业单位数	亏损企业	工业总产值（当年价格）	固定资产原价
铸造机械制造	51	11	18344	10665
金属切割及焊接设备制造	18	1	4405	925
机床附件制造	13	2	4711	3810
其他金属加工机械制造	98	10	28941	14175
起重运输设备制造	55	14	62508	25214
起重运输设备制造	55	14	62508	25214
泵、阀门、压缩机及类似机械的制造	274	68	195390	113280
泵及真空设备制造	67	15	68403	55273
气体压缩机械制造	11	4	4363	3142
阀门和旋塞的制造	33	10	15583	8053
液压和气压动力机械及元件制造	163	39	107041	46811
轴承、齿轮、传动和驱动部件的制造	78	13	27473	16179
轴承制造	33	9	11900	7662
齿轮、传动和驱动部件制造	45	4	15573	8517
烘炉、熔炉及电炉制造	6	1	8258	1372
烘炉、熔炉及电炉制造	6	1	8258	1372
风机、衡器、包装设备等通用设备制造	133	27	112261	54079
风机、风扇制造	34	6	41010	12982
气体、液体分离及纯净设备制造	13	3	3706	1017
制冷、空调设备制造	10	2	9434	4052
喷枪及类似器具制造	3	1	4991	1518
衡器制造	23	3	7268	7491
其他通用设备制造	46	10	44113	23781
风动和电动工具制造	2	2	1595	3014
包装专用设备制造	2		145	224
通用零部件制造及机械修理	728	177	234393	123485
紧固件、弹簧制造	52	13	20831	10758
机械零部件加工及设备修理	611	147	202142	102313
其他通用零部件制造	59	16	11011	9999
金属密封件制造	6	1	408	414
金属铸、锻加工	1540	169	1032040	492480
钢铁铸件制造	847	143	592121	300908
锻件及粉末冶金制品制造	693	26	439919	191572
专用设备制造业	821	234	2989069	1560478
矿山、冶金、建筑专用设备制造	359	88	1791114	576471
采矿、采石设备制造	255	56	1540438	474309
石油钻采专用设备制造	13	4	118874	38890
建筑工程用机械制造	28	14	6861	10294
建筑材料生产专用机械制造	18	3	4113	2679
冶金专用设备制造	45	11	120828	50299
化工、木材、非金属加工专用设备制造	83	12	68241	31641
炼油、化工生产专用设备制造	13	2	52468	16520
塑料加工专用设备制造	6	2	3607	3000
模具制造	50	5	10322	10701
木材加工机械制造	8	1	650	817
其他非金属加工专用设备制造	6	2	1194	603
食品、饮料、烟草及饲料生产专用设备制造	7	2	2269	2339
食品、饮料、烟草工业专用设备制造	2		1787	1889
农副食品加工专用设备制造	3	2	110	311

单位：个、万元、人

所有者权益合计	实收资本	本年折旧(规下工业)	主营业务收入	主营业务成本
9126	7185	257	16834	14302
2285	849	61	3195	2580
2435	1566	472	4556	3464
12234	11260	933	27924	24511
22824	22506	304	60925	54648
22824	22506	304	60925	54648
81883	77832	2329	185295	139125
39509	32928	972	61366	45861
-508	1982	79	3893	3353
6386	6553	313	16608	12867
36496	36370	966	103428	77044
17863	12377	628	25643	22166
6726	6498	426	12008	10339
11137	5878	202	13635	11827
4539	2268	27	6566	5270
4539	2268	27	6566	5270
66749	46973	2268	99958	87747
18379	15501	343	37103	32961
2445	2576	79	3654	3106
5073	3326	124	6989	6238
792	409	2	4394	4338
6303	2217	109	7189	5430
32069	22345	1364	39027	34198
1425	368	210	1496	1410
263	230	37	105	66
68985	71301	4595	246591	220893
8471	4295	177	22453	20378
56284	62649	3858	213087	191025
3999	4148	492	10640	9262
231	209	68	411	229
320571	286063	9816	1005335	882417
183320	180448	5723	581640	516272
137251	105615	4092	423695	366145
1424629	663326	7521	2944233	2469604
744557	265450	3693	1729999	1444887
649415	200842	2338	1467817	1218468
28856	13774	451	161669	138609
18809	16320	291	7328	6627
3094	2675	239	3999	2932
44383	31839	374	89186	78252
24071	17516	743	51540	41242
12586	4912	193	36958	29251
-268	3502	22	3908	3387
11237	8133	465	8940	7465
692	688	43	632	481
-175	282	20	1102	658
3890	1399	58	2039	1639
3568	1108		1584	1222
164	172	45	86	81

2-1-7 续表 11

指标名称	企业单位数	亏损企业	工业总产值（当年价格）	固定资产原价
饲料生产专用设备制造	2		372	138
印刷、制药、日化生产专用设备制造	23	5	5281	2782
印刷专用设备制造	5		3817	2057
制浆和造纸专用设备制造	4	2	112	174
制药专用设备制造	1		329	7
照明器具生产专用设备制造	9	3	629	322
玻璃、陶瓷和搪瓷制品生产专用设备制造	1			7
其他日用品生产专用设备制造	3		395	216
纺织、服装和皮革工业专用设备制造	109	62	145509	153587
纺织专用设备制造	108	61	145505	153502
皮革、毛皮及其制品加工专用设备制造	1	1	4	86
电子和电工机械专用设备制造	51	17	887524	740856
电工机械专用设备制造	26	10	22565	11129
电子工业专用设备制造	16	4	13141	10510
航空、航天及其他专用设备制造	1		160326	105353
农、林、牧、渔专用机械制造	49	9	48370	23777
拖拉机制造	1		37921	16081
机械化农业及园艺机具制造	14	3	4085	2002
其他农林牧渔业机械制造及机械修理	25	5	5775	4068
畜牧机械制造	1		13	10
农林牧渔机械配件制造	8	1	575	1616
医疗仪器设备及器械制造	31	8	4305	6577
医疗诊断、监护及治疗设备制造	6	1	887	1968
假肢、人工器官及植(介)入器械制造	6		1728	3618
口腔科用设备及器具制造	3	2	145	234
实验室及医用消毒设备和器具的制造	2	1	280	193
医疗、外科及兽医用器械制造	3		348	276
机械治疗及病房护理设备制造	1		275	15
其他医疗设备及器械制造	10	4	643	272
环保、社会公共安全及其他专用设备制造	109	31	36457	22449
环境污染防治专用设备制造	29	7	20186	9453
社会公共安全设备及器材制造	12	4	3419	1276
水资源专用机械制造	17	3	4484	3429
地质勘查专用设备制造	1	1	510	956
商业、饮食、服务业专用设备制造	1	1	2367	4707
交通安全及管制专用设备制造	4	1	239	173
其他专用设备制造	45	14	5252	2455
交通运输设备制造业	553	120	1118934	561933
铁路运输设备制造	85	13	699976	225261
铁路机车车辆及动车组制造	3	1	261166	83566
工矿有轨专用车辆制造	8	1	6795	6439
铁路机车车辆配件制造	39	5	158324	77666
铁路专用设备及器材、配件制造	24	4	100713	21780
其他铁路设备制造及设备修理	11	2	172978	35811
汽车制造	449	105	411622	318858
汽车整车制造	4	2	15611	8599
改装汽车制造	5	2	49318	16914
汽车车身、挂车的制造	19	7	27591	9442

单位：个、万元、人

所有者权益合计	实收资本	本年折旧(规下工业)	主营业务收入	主营业务成本
158	118	13	370	337
3838	3378	146	5025	3766
2893	2495	87	3600	2813
112	92	19	112	53
43	33	1	296	260
545	513	27	625	387
7	7			
238	238	12	392	254
80911	123714	889	181415	171458
80734	123538	888	181413	171457
177	176	1	2	1
507730	217367	732	896449	740859
6976	6727	707	21335	19016
18643	14114	25	21148	15040
82927	12787		143174	110784
24975	8087	332	36332	32814
19804	5180		28919	26849
2330	1136	90	1537	949
1747	1370	210	5336	4568
5	5	…	13	10
1089	397	32	527	438
6570	5436	171	4681	3525
729	564	44	1033	774
3577	2994	9	1923	1309
855	813	33	143	97
342	337	15	272	257
289	237	46	374	296
15	15	2	275	236
763	476	23	661	555
28086	20979	757	36753	29413
20609	9755	98	20257	16294
99	1485	72	3761	2083
-952	1803	34	5011	4206
292	292	6	257	365
3976	3945	276	2355	2419
139	139	13	222	161
3923	3560	257	4890	3885
398398	319964	3454	1091414	929670
180356	157743	660	678734	577850
44289	55993	29	258868	235036
6305	6313	8	5636	5046
60718	54329	361	157802	124121
41760	21627	204	83283	69510
27284	19481	58	173144	144136
209815	154604	2648	405094	346033
19055	20351	25	15196	14146
19600	8146		46716	42840
19757	17064	53	26208	25021

2-1-7 续表 12

指标名称	企业单位数	亏损企业	工业总产值(当年价格)	固定资产原价
汽车零部件及配件制造	103	32	288606	262455
汽车修理	318	62	30496	21448
航空航天器制造	1		5377	15563
飞机制造及修理	1		5377	15563
交通器材及其他交通运输设备制造	11	1	1902	1566
交通管理用金属标志及设施制造	5	1	1240	996
其他交通运输设备制造	6		662	570
摩托车制造	4	1	51	579
摩托车整车制造	2		12	500
摩托车零部件及配件制造	2	1	39	79
自行车制造	3		6	106
脚踏自行车及残疾人座车制造	3		6	106
电气机械及器材制造业	398	89	657626	275255
电机制造	33	7	314603	120262
发电机及发电机组制造	13	3	15730	10939
电动机制造	14	4	298089	108888
微电机及其他电机制造	6		784	436
输配电及控制设备制造	164	45	146287	49039
变压器、整流器和电感器制造	43	14	66555	21920
电容器及其配套设备制造	9		4915	1833
配电开关控制设备制造	74	22	58698	15819
电力电子元器件制造	16	4	9051	3799
其他输配电及控制设备制造	22	5	7069	5669
电线、电缆、光缆及电工器材制造	101	26	117433	52423
电线电缆制造	72	19	100987	28978
光纤、光缆制造	2	1	6720	19316
绝缘制品制造	9	1	5402	1116
其他电工器材制造	18	5	4323	3014
电池制造	17	1	53855	37666
电池制造	17	1	53855	37666
家用电力器具制造	12	1	9388	5478
家用电力器具专用配件制造	3		3065	2909
其他家用电力器具制造	2		4339	1029
家用空气调节器制造	1		38	49
家用通风电器具制造	2		135	48
家用厨房电器具制造	3		1584	819
家用清洁卫生电器具制造	1	1	227	623
非电力家用器具制造	18		2909	1190
燃气、太阳能及类似能源的器具制造	18		2909	1190
照明器具制造	24	3	6345	2771
照明灯具制造	14	2	2790	1344
灯用电器附件及其他照明器具制造	8	1	3235	994
电光源制造	2		320	433
其他电气机械及器材制造	29	6	6805	6426
其他未列明的电气机械制造	28	6	6767	6398
车辆专用照明及电气信号设备装置制造	1		38	28
通信设备、计算机及其他电子设备制造业	133	47	1032766	1014916
通信设备制造	12	5	748352	694084
通信传输设备制造	5	2	36326	30975

单位：个、万元、人

所有者权益合计	实收资本	本年折旧（规下工业）	主营业务收入	主营业务成本
127649	88503	1276	286924	242575
23754	20539	1293	30050	21452
6673	6000		5377	4032
6673	6000		5377	4032
1446	1513	49	2158	1727
873	987	19	1448	1219
573	526	30	710	509
103	99	96	46	23
66	66	85	7	4
37	33	12	39	20
6	6	1	5	5
6	6	1	5	5
216708	175769	6685	623627	525046
59472	41438	248	302719	262698
14529	12490	62	15699	15759
44456	28461	115	286251	246317
487	487	71	769	621
83853	54139	1616	133370	102091
44520	22199	874	60095	42966
3588	2457	83	4354	3113
25850	20890	432	53624	44558
3716	2347	124	8203	5853
6178	6246	103	7095	5602
34989	48103	1220	116029	103811
33044	24281	841	96874	87214
-2240	20901		9500	9013
1630	852	26	5207	3973
2555	2068	352	4447	3611
29428	18730	2577	48389	37798
29428	18730	2577	48389	37798
5005	5123	190	7433	5404
1512	1810	6	3440	3034
1853	1813	1	2073	1826
130	66	4	38	27
120	80	3	134	101
963	960	158	1557	206
427	395	18	191	210
1813	622	20	2875	2355
1813	622	20	2875	2355
3216	2787	268	5927	5078
1567	1287	241	2663	2371
1504	1481	23	2944	2448
145	20	4	320	259
-1068	4827	547	6885	5811
-1102	4792	542	6847	5782
34	34	5	38	29
471162	468110	1310	892060	795335
331178	276915	145	647324	585674
28672	14600	139	21177	13056

2-1-7 续表 13

指标名称	企业单位数	亏损企业	工业总产值（当年价格）	固定资产原价
移动通信及终端设备制造	2	1	711566	662941
通信交换设备制造	1		7	7
其他通信设备制造	4	2	453	161
雷达及配套设备制造	1	1	13174	8099
雷达及配套设备制造	1	1	13174	8099
广播电视设备制造	3	1	552	815
应用电视设备及其他广播电视设备制造	2		388	783
广播电视接收设备及器材制造	1	1	164	32
电子计算机制造	4	1	17645	57326
电子计算机整机制造	3	1	17630	57312
电子计算机外部设备制造	1		14	13
电子器件制造	17	5	23768	13874
电子真空器件制造	3	1	10528	5941
光电子器件及其他电子器件制造	11	2	12499	7025
半导体分立器件制造	3	2	742	909
电子元件制造	66	22	225439	237187
电子元件及组件制造	65	21	225426	237183
印制电路板制造	1	1	14	4
其他电子设备制造	29	12	3836	1823
其他电子设备制造	29	12	3836	1823
家用视听设备制造	1			1708
家用音响设备制造	1			1708
仪器仪表及文化、办公用机械制造业	122	37	169308	96411
通用仪器仪表制造	75	22	120040	38008
工业自动控制系统装置制造	40	11	113830	33354
电工仪器仪表制造	19	4	3725	3544
绘图、计算及测量仪器制造	2	1	124	142
实验分析仪器制造	4	1	463	330
试验机制造	1		626	7
供应用仪表及其他通用仪器制造	9	5	1272	632
专用仪器仪表制造	21	6	38428	48565
导航、气象及海洋专用仪器制造	4		31833	46329
电子测量仪器制造	5		5185	1087
环境监测专用仪器仪表制造	1	1	4	658
汽车及其他用计数仪表制造	1			24
农林牧渔专用仪器仪表制造	3		140	76
核子及核辐射测量仪器制造	2	1	407	27
其他专用仪器制造	5	4	859	365
光学仪器及眼镜制造	5	2	3437	1144
光学仪器制造	4	2	3419	1095
眼镜制造	1		18	49
钟表与计时仪器制造	3	1	180	97
钟表与计时仪器制造	3	1	180	97
文化、办公用机械制造	6	2	916	345
计算器及货币专用设备制造	1		66	53
其他文化、办公用机械制造	5	2	850	292
其他仪器仪表的制造及修理	12	4	6305	8252
其他仪器仪表的制造及修理	12	4	6305	8252
工艺品及其他制造业	402	64	88880	60438

单位：个、万元、人

所有者权益合计		本年折旧（规下工业）	主营业务收入	主营业务成本
	实收资本			
302316	262131		625702	572213
7	7	…	7	6
183	178	6	439	399
-3589	551		10612	9556
-3589	551		10612	9556
825	521	7	1862	639
441	143	1	1695	504
384	378	6	167	136
-6349	19680	3	16076	15084
-6362	19667	…	16056	15076
13	13	3	20	8
13566	6111	669	13200	8786
798	1190	266	2987	2571
13050	4632	345	9576	5691
-282	289	59	637	523
135011	162055	388	199447	172822
134995	162036	388	199434	172809
16	20	…	14	13
2324	2082	97	3539	2775
2324	2082	97	3539	2775
-1804	195			
-1804	195			
141917	51132	1698	171583	124869
89416	37229	958	115631	83195
82701	34428	305	109688	78317
5463	1694	579	3650	3108
186	164	4	124	118
161	166	13	428	353
66	66	1	626	498
839	710	54	1115	801
47652	11366	50	45185	32967
43132	7750	3	38975	28137
1961	1099	8	4806	3872
986	986	2	6	6
23	21			
340	340	1	146	90
125	99	5	397	229
1085	1072	32	855	633
2073	426	7	3350	2679
2067	426	7	3331	2669
6			18	10
230	230	6	180	116
230	230	6	180	116
312	243	45	926	622
		3	66	8
312	243	43	860	615
2233	1638	632	6311	5291
2233	1638	632	6311	5291
84178	66991	2177	82215	70817

2-1-7 续表 14

指标名称	企业单位数	亏损企业	工业总产值（当年价格）	固定资产原价
工艺美术品制造	127	25	17873	16740
金属工艺品制造	25	7	12712	9985
雕塑工艺品制造	30	5	1214	1770
漆器工艺品制造	8	1	1184	375
花画工艺品制造	6		1197	125
天然植物纤维编织工艺品制造	1	1	18	9
抽纱刺绣工艺品制造	15	2	732	356
地毯、挂毯制造	16	5	179	1915
珠宝首饰及有关物品的制造	4		230	1318
其他工艺美术品制造	22	4	407	887
其他未列明的制造业	17	5	9846	18999
其他未列明的制造业	17	5	9846	18999
日用杂品制造	13	4	1033	3165
制镜及类似品加工	6	3	259	2921
鬃毛加工、制刷及清扫工具的制造	2	1	10	9
其他日用杂品制造	5		764	234
煤制品制造	245	30	60128	21534
煤制品制造	245	30	60128	21534
废弃资源和废旧材料回收加工业	71	10	13658	8242
金属废料和碎屑的加工处理	35	6	10866	1831
金属废料和碎屑的加工处理	35	6	10866	1831
非金属废料和碎屑的加工处理	36	4	2793	6412
非金属废料和碎屑的加工处理	36	4	2793	6412
电力、燃气及水的生产和供应业	**707**	**269**	**8501525**	**18415071**
电力、热力的生产和供应业	368	145	8269544	17790924
电力生产	230	89	3960290	12396420
火力发电	113	62	3868242	11926845
水力发电	101	23	84326	389513
其他能源发电	16	4	7722	80062
电力供应	37	10	4178874	4922462
电力供应	37	10	4178874	4922462
热力生产和供应	101	46	130379	472043
热力生产和供应	101	46	130379	472043
燃气生产和供应业	91	32	92100	156754
燃气生产和供应业	91	32	92100	156754
燃气生产和供应业	91	32	92100	156754
水的生产和供应业	248	92	139881	467392
自来水的生产和供应	203	82	124513	376749
自来水的生产和供应	203	82	124513	376749
污水处理及其再生利用	41	10	14638	89545
污水处理及其再生利用	41	10	14638	89545
其他水的处理、利用与分配	4		730	1098
其他水的处理、利用与分配	4		730	1098
六、按行业大类分				
采矿业	**7559**	**1037**	**38049476**	**27791252**
煤炭开采和洗选业	4573	716	36295186	26729113
石油和天然气开采业	9	2	91316	12977
黑色金属矿采选业	1437	143	1338043	700063
有色金属矿采选业	125	21	192378	207586
非金属矿采选业	1415	155	132553	141513

单位：个、万元、人

所有者权益合计	实收资本	本年折旧（规下工业）	主营业务收入	主营业务成本
15099	9474	376	11936	9091
10930	4791	63	7419	6038
1464	1269	65	1136	673
415	361	43	1140	813
106	96	9	676	604
44	20	1	18	12
255	508	23	757	400
271	1038	85	162	119
1089	881	57	243	151
526	511	31	385	280
19221	8322	94	8469	7524
19221	8322	94	8469	7524
1097	1030	307	1001	685
836	782	284	257	221
		1	9	7
260	249	22	734	458
48761	48165	1400	60809	53517
48761	48165	1400	60809	53517
5704	5225	409	12459	14103
1519	1450	199	9821	9468
1519	1450	199	9821	9468
4185	3774	210	2638	4636
4185	3774	210	2638	4636
4424571	**3799444**	**60138**	**8458873**	**8196206**
3999622	3559734	41277	8230803	8020087
2731346	2663741	34438	3895084	3923266
2550452	2502801	30969	3834596	3890395
138597	116996	735	52894	24299
42297	43943	2734	7595	8572
1125988	811196	751	4205580	3958570
1125988	811196	751	4205580	3958570
142289	84797	6087	130139	138252
142289	84797	6087	130139	138252
55476	52443	14075	91560	74675
55476	52443	14075	91560	74675
55476	52443	14075	91560	74675
369472	187267	4786	136510	101444
304101	147176	3612	122462	88383
304101	147176	3612	122462	88383
64193	38916	1147	13401	12524
64193	38916	1147	13401	12524
1178	1174	27	647	537
1178	1174	27	647	537
21588688	**11564211**	**116118**	**39689361**	**25793483**
20692876	10992183	94675	38013702	24572039
72924	68261	95	92357	79280
631616	339977	12601	1262210	874329
73335	62431	1142	191212	169986
117936	101359	7604	129881	97850

2-1-7 续表 15

指标名称	企业单位数	亏损企业	工业总产值(当年价格)	固定资产原价
制造业	**21148**	**3824**	**60416875**	**36679812**
农副食品加工业	1639	182	1208913	666239
食品制造业	894	119	755485	457721
饮料制造业	479	84	733213	546795
烟草制品业	1		211946	92278
纺织业	248	58	219856	259590
纺织服装、鞋、帽制造业	226	38	120305	53427
皮革、毛皮、羽毛(绒)及其制品业	28	1	2129	2150
木材加工及木、竹、藤、棕、草制品业	224	38	71665	47216
家具制造业	217	20	30429	21531
造纸及纸制品业	542	59	168261	120635
印刷业和记录媒介的复制	630	111	140699	140163
文教体育用品制造业	46	9	66199	43683
石油加工、炼焦及核燃料加工业	409	123	15771233	7308429
化学原料及化学制品制造业	1450	357	4970865	4783428
医药制造业	246	74	779328	618400
化学纤维制造业	13	6	41970	46892
橡胶制品业	156	32	201397	141689
塑料制品业	530	98	276908	169519
非金属矿物制品业	5401	758	2453294	2587851
黑色金属冶炼及压延加工业	576	163	19237665	9591590
有色金属冶炼及压延加工业	328	101	4380191	4141407
金属制品业	1109	248	561508	224556
通用设备制造业	3256	544	1943175	1036946
专用设备制造业	821	234	2989069	1560478
交通运输设备制造业	553	120	1118934	561933
电气机械及器材制造业	398	89	657626	275255
通信设备、计算机及其他电子设备制造业	133	47	1032766	1014916
仪器仪表及文化、办公用机械制造业	122	37	169308	96411
工艺品及其他制造业	402	64	88880	60438
废弃资源和废旧材料回收加工业	71	10	13658	8242
电力、燃气及水的生产和供应业	**707**	**269**	**8501525**	**18415071**
电力、热力的生产和供应业	368	145	8269544	17790924
燃气生产和供应业	91	32	92100	156754
水的生产和供应业	248	92	139881	467392
七、按地区分				
直　报	2		4064032	4851165
太原市	4295	922	20271858	15049912
大同市	2160	435	6557772	6457925
阳泉市	1382	396	4256631	5022617
长治市	2087	578	11779321	8862337
晋城市	2166	299	6762872	7240886
朔州市	883	47	5843694	4598615
晋中市	3402	909	9067190	5420526
运城市	4086	435	10225768	8585302
忻州市	2632	332	3629078	3420532
临汾市	3470	375	13325005	6683510
吕梁市	2849	402	11184655	6692808

单位：个、万元、人

所有者权益合计	实收资本	本年折旧（规下工业）	主营业务收入	主营业务成本
22764479	**13035784**	**194336**	**59706697**	**51886508**
613986	342766	10481	1172509	1036670
394822	255459	7627	657758	519391
455628	280413	3208	795221	528858
104337	61320		204871	82098
130339	120505	4747	206636	194626
58763	33358	1164	115286	94384
1841	1562	85	2016	1722
69467	14793	1325	68460	54907
17695	13597	917	28188	21508
97217	61507	4243	162513	134642
99084	77242	3935	131030	109102
44149	20352	167	68409	60960
4565866	2429945	6814	16058475	13495875
2646493	1483142	14817	5058095	4356476
476350	323868	5233	683707	477041
-53341	17635	371	35807	29199
105560	92878	925	195800	170539
145243	109980	4217	262419	225802
1401785	1253397	54264	2307927	1882913
5593484	2130855	7548	19036123	17533491
2124599	1384944	6872	4201109	3838789
184090	158134	9258	560125	495147
744328	617614	22862	1876621	1612923
1424629	663326	7521	2944233	2469604
398398	319964	3454	1091414	929670
216708	175769	6685	623627	525046
471162	468110	1310	892060	795335
141917	51132	1698	171583	124869
84178	66991	2177	82215	70817
5704	5225	409	12459	14103
4424571	**3799444**	**60138**	**8458873**	**8196206**
3999622	3559734	41277	8230803	8020087
55476	52443	14075	91560	74675
369472	187267	4786	136510	101444
1095879	782472		4091073	3863013
9155385	4246511	78544	19911265	16354519
4231254	2807339	23634	6813553	5183074
2644982	1412657	10279	4392260	3183876
5132395	2872807	25380	11689500	9323809
4649475	2569452	30375	7610173	5324805
2978171	1880441	27122	5414989	3525063
3158940	2432268	27422	9358167	7624650
5039665	2744455	77311	10190636	9041843
2250436	1344209	20940	3403060	2481671
4107732	2374871	18814	13514726	11582217
4333425	2931956	30770	11465529	8387658

2-1-7 续表 16

指标名称	主营业务税金及附加	主营业务利润	其他业务利润	营业费用管理费用财务费用合计
总 计	**1386594**	**20669452**	**331402**	**13482486**
一、按轻重工业分				
轻工业	175306	962459	25149	723835
重工业	1211288	19706993	306254	12758650
二、按登记注册类型分				
内资企业	**1328015**	**19468782**	**295194**	**12770440**
国有企业	145862	2825298	31552	1837488
集体企业	63660	885852	10198	479923
股份合作企业	14425	194452	2270	120012
联营企业	3836	67597	4487	29831
国有联营企业	47	1310		232
集体联营企业	2405	45148	4486	22606
国有与集体联营企业	50	843	…	810
其他联营企业	1333	20296	1	6182
有限责任公司	668488	10307330	150924	7246067
国有独资公司	172719	3195120	12939	2233166
其他有限责任公司	495769	7112210	137985	5012902
股份有限公司	102729	1748257	18266	1115818
私营企业	326303	3400375	77370	1915586
私营独资企业	86509	592597	7823	269515
私营合伙企业	14382	116192	1389	48394
私营有限责任公司	193752	2518887	61343	1494121
私营股份有限公司	31660	172698	6815	103555
其他企业	2712	39621	127	25715
港澳台商投资企业	**18094**	**182272**	**6019**	**202391**
与港澳台商合资经营企业	16836	88815	276	95458
与港澳台商合作经营企业	1049	4891	746	5760
港澳台商独资企业	13	78161	4963	81463
港澳台商投资股份有限公司	195	10405	34	19711
外商投资企业	**40485**	**1018398**	**30190**	**509655**
中外合资经营企业	36174	841658	21504	417624
中外合作经营企业	1581	119687	336	33995
外资企业	2726	30418	8558	49799
外商投资股份有限公司	3	26634	-209	8237
三、按隶属关系分				
中央	207309	2197344	19970	1696468
省	380592	6826827	61051	4885736
市	43167	1014059	40419	804171
县(区、市)	190725	3959263	68581	2125104
乡镇(街道)	94993	1262348	17706	702598
基层群众自治组织	43898	496250	12446	261723
其他	425909	4913360	111230	3006685
四、按控股情况分				
国有控股	666307	10984949	123635	7693882
集体控股	110728	1744655	22528	991424
私人控股	586778	7120137	159074	4398637
港澳台商控股	10273	146253	12313	131823
外商控股	9304	610435	12026	220207
其他	3204	63024	1825	46514

单位：个、万元、人

营业利润	职工工资和福利费	本年应交增值税	年末存货	全部从业人员年平均人数
7416147	**7942809**	**7087322**	**15381147**	**2849657**
274007	428546	220106	1194623	330166
7142140	7514263	6867216	14186524	2519491
6893852	**7556269**	**6724272**	**14475557**	**2712440**
987054	943742	812087	973420	299361
399334	317800	240670	392013	191048
63771	44397	115800	166515	29728
40539	21619	17129	17455	8617
1157	392	795	699	415
22939	14519	11550	6492	5448
33	429	155	127	329
16409	6280	4629	10137	2425
3198807	4781961	3506218	8573203	1269559
1001644	1567539	948028	3238762	300857
2197162	3214423	2558190	5334441	968702
654048	533687	594833	1315984	203575
1532270	903773	1424801	2994435	701531
327516	209875	217218	384408	228654
69884	34018	27386	56712	40826
1061008	608244	1110940	2355929	391693
73861	51636	69258	197386	40358
18030	9290	12732	42532	9021
-15611	**211715**	**82558**	**334409**	**75968**
-5502	36386	70072	186957	16298
-2040	2178	2909	4018	664
1695	164479	6450	110930	54378
-9764	8672	3128	32503	4628
537906	**174825**	**280492**	**571182**	**61249**
464244	130209	203617	423054	47008
86028	19749	53773	45412	3832
-15096	22668	21314	86020	9966
2730	2198	1788	16696	443
548429	859758	789864	1635589	202455
1890425	3724954	2101634	4660707	721268
316170	458445	304744	988948	218599
1923845	1043675	1127452	2536089	574608
518726	346249	376312	640884	189728
243780	183314	148761	281834	139182
1974772	1326415	2238554	4637095	803817
3361766	5278214	3394969	7272371	1220050
740624	558528	477821	864729	316583
2870316	1803709	3049288	6741767	1205013
27181	168362	45732	213133	55957
396191	112407	101033	225367	35919
20069	21589	18478	63780	16135

2-1-7 续表 17

指标名称	主营业务税金及附加	主营业务利润	其他业务利润	营业费用管理费用财务费用合计
五、按国民经济行业分				
采矿业	**708473**	**13224094**	**105091**	**7006719**
煤炭开采和洗选业	677385	12798857	101681	6849194
烟煤和无烟煤的开采洗选	677385	12798857	101681	6849194
烟煤和无烟煤的开采洗选	677385	12798857	101681	6849194
石油和天然气开采业	943	12133	147	8050
天然原油和天然气开采	891	8914	26	4365
天然原油和天然气开采	891	8914	26	4365
与石油和天然气开采有关的服务活动	52	3219	121	3685
与石油和天然气开采有关的服务活动	52	3219	121	3685
黑色金属矿采选业	25289	363276	761	121977
铁矿采选	23592	358505	761	118322
铁矿采选	23592	358505	761	118322
其他黑色金属矿采选	1697	4771		3656
其他黑色金属矿采选	1697	4771		3656
有色金属矿采选业	1267	20222	199	13640
常用有色金属矿采选	1137	14097	196	9916
铜矿采选	369	7516	174	5446
铅锌矿采选	284	2528		3057
铝矿采选	482	3962		1332
镁矿采选	2	44	23	25
其他常用有色金属矿采选	1	47		57
贵金属矿采选	129	6072	3	3697
金矿采选	129	6072	3	3697
银矿采选				
稀有稀土金属矿采选	1	53		27
钨钼矿采选	1	52		26
稀土金属矿采选	…	1		1
非金属矿采选业	3589	29605	2303	13857
土砂石开采	3504	28001	2066	13219
石灰石、石膏开采	716	5802	927	3047
建筑装饰用石开采	547	3727	88	1700
粘土及其他土砂石开采	2097	16805	1043	7389
耐火土石开采	144	1667	8	1083
化学矿采选	26	57	73	246
化学矿采选	26	57	73	246
石棉及其他非金属矿采选	59	1547	164	392
石棉、云母矿采选	2	43		32
石墨、滑石采选	1	12		4
宝石、玉石开采				
其他非金属矿采选	56	1492	164	356
制造业	**633054**	**7221609**	**208584**	**5835616**
农副食品加工业	8608	129749	4941	94259
谷物磨制	1415	14929	335	9109
谷物磨制	1415	14929	335	9109
饲料加工	1233	25105	941	15982
饲料加工	1233	25105	941	15982
植物油加工	354	12346	357	9508
食用植物油加工	294	11779	346	9157

单位：个、万元、人

营业利润	职工工资和福利费	本年应交增值税	年末存货	全部从业人员年平均人数
6247087	**4597615**	**3546238**	**3651922**	**1175394**
5969820	4484508	3445982	3314457	1092360
5969820	4484508	3445982	3314457	1092360
5969820	4484508	3445982	3314457	1092360
3314	4457	1364	4268	1311
4393	3183	950	4242	903
4393	3183	950	4242	903
-1079	1274	414	26	408
-1079	1274	414	26	408
241842	78034	83755	204667	53511
230962	73118	78564	172391	50110
230962	73118	78564	172391	50110
10880	4917	5191	32276	3401
10880	4917	5191	32276	3401
14651	12589	7013	109192	6836
12246	9540	6205	106270	5074
2210	2820	1940	2510	1861
7371	760	2136	5636	1027
2633	5725	2070	97747	1948
42	139	9	318	147
-10	95	50	60	91
2379	3012	791	2921	1713
2379	3007	791	2921	1705
	4	…		8
26	38	17		49
26	37	17		47
…	1	…		2
17459	18026	8125	19338	21376
16256	17218	7602	18797	19782
2860	5285	2060	5480	5585
2128	2384	1111	1570	3342
10677	8880	4120	9593	9761
592	669	311	2153	1094
-116	340	96	201	976
-116	340	96	201	976
1319	468	427	340	618
11	51	21		80
8	10	1	25	19
	18			28
1300	388	405	315	491
1585693	**2899973**	**3062523**	**11378486**	**1553671**
54476	47464	20374	238062	47841
7030	7634	4135	19192	7115
7030	7634	4135	19192	7115
8352	6633	2415	29793	5926
8352	6633	2415	29793	5926
7695	3643	1629	39408	4414
7425	3292	1385	39016	4063

2-1-7 续表 18

指标名称	主营业务税金及附加	主营业务利润	其他业务利润	营业费用管理费用财务费用合计
非食用植物油加工	60	567	11	351
制糖	22	-619	77	5357
制糖	22	-619	77	5357
屠宰及肉类加工	3586	30537	1053	19384
畜禽屠宰	3169	20697	1052	11051
肉制品及副产品加工	416	9840	...	8333
蔬菜、水果和坚果加工	817	18322	428	7635
蔬菜、水果和坚果加工	817	18322	428	7635
其他农副食品加工	1175	29109	1751	27278
淀粉及淀粉制品的制造	641	26364	1690	25830
豆制品制造	80	1042	5	765
蛋品加工	28	276	...	120
其他未列明的农副食品加工	426	1426	55	564
水产品加工	7	20		7
水产品冷冻加工	7	20		7
食品制造业	4393	134216	1871	77799
焙烤食品制造	424	9873	658	6786
糕点、面包制造	327	6091	597	4985
饼干及其他焙烤食品制造	97	3782	61	1801
糖果、巧克力及蜜饯制造	604	9314	104	4443
糖果、巧克力制造	30	934	22	197
蜜饯制作	573	8380	82	4246
方便食品制造	501	8075	58	5188
米、面制品制造	204	2038	35	862
速冻食品制造	92	1268		1515
方便面及其他方便食品制造	205	4768	23	2811
液体乳及乳制品制造	453	67567	345	30802
液体乳及乳制品制造	453	67567	345	30802
罐头制造	231	9594	45	7586
肉、禽类罐头制造	141	6259	22	3943
蔬菜、水果罐头制造	89	3246	23	3634
水产品罐头制造	1	89		8
其他罐头食品制造				...
调味品、发酵制品制造	1611	19988	593	15268
酱油、食醋及类似制品的制造	1595	17843	586	12806
其他调味品、发酵制品制造	15	2121	7	2452
味精制造	1	25		10
其他食品制造	569	9806	68	7726
营养、保健食品制造	61	4232	5	795
冷冻饮品及食用冰制造	343	1104	22	470
食品及饲料添加剂制造	133	4078	42	6189
盐加工	3	227		186
其他未列明的食品制造	29	165		86
饮料制造业	60626	206941	3038	150792
酒精制造	675	1583	96	2050
酒精制造	675	1583	96	2050
酒的制造	57215	138700	2222	104379
白酒制造	51560	127395	1979	88916
啤酒制造	4717	7978	224	13843

单位：个、万元、人

营业利润	职工工资和福利费	本年应交增值税	年末存货	全部从业人员年平均人数
270	351	244	392	351
-1661	1183	…	17234	554
-1661	1183	…	17234	554
14587	12351	3910	54683	11401
12411	7306	1819	38996	7081
2177	5045	2090	15687	4320
8372	5767	2894	18165	8348
8372	5767	2894	18165	8348
10088	10248	5391	59587	10073
8731	8478	4812	56763	7241
283	796	277	813	1123
157	179	19	149	212
918	796	283	1861	1497
13	5	1		10
13	5	1		10
50002	41733	19167	120009	36584
3835	5666	2548	8140	5652
1815	3978	1785	4451	3743
2020	1688	763	3689	1909
4974	5641	1623	11119	6173
759	179	155	887	212
4215	5462	1468	10232	5961
2811	3662	2067	6920	3878
1212	1262	546	2988	1517
-238	645	142	1803	672
1837	1755	1380	2128	1689
30868	10623	6075	37352	7011
30868	10623	6075	37352	7011
3492	5345	2382	23585	3665
3909	997	1073	5224	808
-498	4325	1260	18359	2834
81	23	49	2	22
…	1			1
4159	7060	3184	20591	7223
4468	6113	2700	17584	6244
-324	942	463	3000	976
15	4	21	7	3
-136	3735	1288	12303	2982
987	890	165	1665	553
655	524	456	686	650
-1898	2149	583	9544	1522
41	20	35	90	30
79	153	48	317	227
62508	53571	45776	268245	30556
253	789	201	11728	773
253	789	201	11728	773
42901	40991	34159	150126	20784
45509	35429	30901	132360	16213
-4335	4759	2665	13183	3746

2-1-7 续表 19

指标名称	主营业务税金及附加	主营业务利润	其他业务利润	营业费用管理费用财务费用合计
葡萄酒制造	338	1563	20	668
其他酒制造	595	1742		935
黄酒制造	5	22		17
软饮料制造	2710	66399	719	44242
碳酸饮料制造	106	13277	179	12522
瓶(罐)装饮用水制造	140	2731	69	901
果菜汁及果菜汁饮料制造	1980	46839	415	28410
含乳饮料和植物蛋白饮料制造	143	1594	7	1409
固体饮料制造	3	530		626
茶饮料及其他软饮料制造	338	1429	49	374
精制茶加工	26	259	1	120
精制茶加工	26	259	1	120
烟草制品业	82261	40512		20594
卷烟制造	82261	40512		20594
卷烟制造	82261	40512		20594
纺织业	949	11589	5160	23953
棉、化纤纺织及印染精加工	565	2922	5005	15571
棉、化纤纺织加工	477	2501	-23	10221
棉、化纤印染精加工	88	421	5028	5351
毛纺织和染整精加工	8	1446	…	1377
毛纺织	2	1375		1311
毛条加工	…	1		1
毛染整精加工	6	70	…	65
麻纺织	78	3158	1	2675
麻纺织	78	3158	1	2675
丝绢纺织及精加工	13	-150	-7	946
缫丝加工	7	-105	28	438
绢纺和丝织加工	6	-45	-35	508
纺织制成品制造	121	2308	124	1599
棉及化纤制品制造	60	1119	5	820
毛制品制造	22	795	102	576
麻制品制造	…	5		8
丝制品制造	6	29		33
绳、索、缆的制造	1	10		11
纺织带和帘子布制造	…	15		13
无纺布制造	10	21		13
其他纺织制成品制造	23	314	18	123
针织品、编织品及其制品制造	163	1904	36	1785
棉、化纤针织品及编织品制造	128	1484	36	1595
毛针织品及编织品制造	6	85		5
丝针织品及编织品制造	5	54		34
其他针织品及编织品制造	25	281	…	151
纺织服装、鞋、帽制造业	1000	20007	854	14041
纺织服装制造	969	19519	853	13810
纺织服装制造	969	19519	853	13810
纺织面料鞋的制造	31	488	1	231
纺织面料鞋的制造	31	488	1	231
制帽		…		
制帽		…		

单位：个、万元、人

营业利润	职工工资和福利费	本年应交增值税	年末存货	全部从业人员年平均人数
915	287	216	2654	277
807	482	369	1881	462
5	34	8	47	86
19214	11703	11385	104424	8873
933	3958	2516	6485	1906
1812	1214	1026	4022	1503
15379	5247	7053	90956	4391
81	908	307	1374	655
-96	138	238	1295	196
1104	238	245	290	222
139	88	31	1967	126
139	88	31	1967	126
19946	11475	22879	23592	1259
19946	11475	22879	23592	1259
19946	11475	22879	23592	1259
-3249	27429	8118	103619	29859
-4350	20753	5122	81917	21064
-4447	16129	4671	61489	19019
97	4625	452	20428	2045
69	506	711	3611	529
63	343	659	3375	360
…	3	1	7	9
5	160	52	229	160
485	2380	699	6096	2387
485	2380	699	6096	2387
-653	607	151	6150	1129
-515	351	97	5192	795
-138	256	53	958	334
834	1241	627	2165	1847
304	313	231	768	413
320	219	227	834	214
-3	390	1	69	760
-4	54	36	51	69
-1	7	2	72	17
2	7	2	70	24
7	16	12	1	26
208	235	116	298	324
367	1942	808	3680	2903
137	1327	668	2817	1598
80	110	60	12	165
20	116	21	68	140
130	389	59	783	1000
6438	14328	5029	27546	12827
6181	13985	4905	26878	12221
6181	13985	4905	26878	12221
257	336	124	649	589
257	336	124	649	589
…	8	…	19	17
…	8	…	19	17

2-1-7 续表 20

指标名称	主营业务税金及附加	主营业务利润	其他业务利润	营业费用管理费用财务费用合计
皮革、毛皮、羽毛(绒)及其制品业	34	259	9	87
毛皮鞣制及制品加工	8	125		20
其他毛皮制品加工	2	15		9
毛皮鞣制加工	5	107		9
毛皮服装加工	1	3		2
皮革鞣制加工	1	1	1	1
皮革鞣制加工	1	1	1	1
皮革制品制造	26	132	8	66
皮鞋制造	26	126	8	63
皮箱、包(袋)制造				
皮手套及皮装饰制品制造	...	6		4
羽毛(绒)加工及制品制造	...	...		...
羽毛(绒)制品加工	...	...		...
木材加工及木、竹、藤、棕、草制品业	541	13079	115	6500
锯材、木片加工	105	1248	20	610
木片加工	60	800	12	411
锯材加工	46	449	8	199
人造板制造	188	10296	13	5097
胶合板制造	70	519	...	332
纤维板制造	55	8835	12	4498
刨花板制造	23	95		123
其他人造板、材制造	40	847	...	144
木制品制造	86	1488	44	778
建筑用木料及木材组件加工	46	960	12	495
木容器制造	28	221	5	240
软木制品及其他木制品制造	12	306	27	43
竹、藤、棕、草制品制造	162	47	39	15
竹、藤、棕、草制品制造	162	47	39	15
家具制造业	530	6303	139	3569
木质家具制造	478	5486	128	3194
木质家具制造	478	5486	128	3194
竹、藤家具制造				
竹、藤家具制造				
金属家具制造	28	368	1	197
金属家具制造	28	368	1	197
塑料家具制造	11	210	5	37
塑料家具制造	11	210	5	37
其他家具制造	14	239	5	141
其他家具制造	14	239	5	141
造纸及纸制品业	1423	26811	1083	13821
纸浆制造	53	572	1	176
纸浆制造	53	572	1	176
造纸	424	7116	146	4002
机制纸及纸板制造	389	6569	121	3813
手工纸制造	10	156		46
加工纸制造	25	391	25	143
纸制品制造	946	19122	936	9643
纸和纸板容器的制造	671	16155	900	8421
其他纸制品制造	274	2968	36	1222

单位：个、万元、人

营业利润	职工工资和福利费	本年应交增值税	年末存货	全部从业人员年平均人数
181	364	87	898	843
105	87	20	263	148
6	41	15	222	83
99	44	4	39	61
1	2	2	1	4
1	40	...	29	97
1	40	...	29	97
74	229	66	606	588
71	209	66	574	555
	1			2
2	19	...	33	31
...	9	...		10
...	9	...		10
7516	3877	1908	82240	4500
658	726	546	61436	927
401	453	432	1920	515
257	273	114	59516	412
6036	2118	896	18151	1940
187	611	192	1099	763
5174	1094	481	16689	696
-28	79	35	140	88
703	333	188	223	393
751	944	443	2612	1471
474	496	153	1527	714
-14	344	140	711	592
291	104	150	375	165
72	89	23	41	162
72	89	23	41	162
2886	4075	1387	8248	4202
2434	3566	1115	7734	3584
2434	3566	1115	7734	3584
	1			1
	1			1
172	186	78	295	256
172	186	78	295	256
178	97	107	97	130
178	97	107	97	130
103	225	88	123	231
103	225	88	123	231
13953	16235	5296	25659	16458
398	333	140	237	216
398	333	140	237	216
3090	5875	2049	9837	6509
2708	5213	1895	9544	5921
110	347	101	110	272
273	316	53	182	316
10464	10027	3108	15586	9733
8683	8549	2424	14273	7892
1781	1478	684	1313	1841

2-1-7 续表 21

指标名称	主营业务税金及附加	主营业务利润	其他业务利润	营业费用管理费用财务费用合计
印刷业和记录媒介的复制	1344	21110	1134	16459
印刷	1273	17775	1122	14873
书、报、刊印刷	591	8473	733	9153
本册印制	265	3493	54	1698
包装装潢及其他印刷	417	5809	335	4022
装订及其他印刷服务活动	71	3334	12	1587
装订及其他印刷服务活动	71	3334	12	1587
记录媒介的复制				
记录媒介的复制				
文教体育用品制造业	410	7039	348	10703
体育用品制造	387	6644	346	10626
体育器材及配件制造	73	1210		1219
训练健身器材制造	234	5361	346	9388
球类制造	79	72		13
其他体育用品制造	...	2		6
文化用品制造	20	379	2	74
文具制造	1	11	2	4
笔的制造				
教学用模型及教具制造	12	208		50
墨水、墨汁制造	1	3		11
其他文化用品制造	6	156	...	10
乐器制造	1	5		...
中乐器制造	1	5		...
玩具制造	1	11		3
玩具制造	1	11		3
游艺器材及娱乐用品制造				
露天游乐场所游乐设备制造				
游艺用品及室内游艺器材制造				
石油加工、炼焦及核燃料加工业	204709	2357963	86426	1860042
精炼石油产品的制造	2742	36472	650	18576
原油加工及石油制品制造	2742	36484	650	18573
人造原油生产		-13		3
炼焦	201967	2321491	85776	1841466
炼焦	201967	2321491	85776	1841466
化学原料及化学制品制造业	20314	683533	11531	522531
基础化学原料制造	7349	172222	4933	133543
无机酸制造	393	6644	-17	4250
无机碱制造	2188	42227	43	40941
无机盐制造	2040	27364	2449	19944
有机化学原料制造	2353	55969	1844	58489
其他基础化学原料制造	375	40018	615	9918
肥料制造	3953	291453	907	199370
氮肥制造	2055	211543	-972	146631
磷肥制造	89	2282	...	1901
复混肥料制造	1584	74845	1763	49688
有机肥料及微生物肥料制造	127	1879	4	911
钾肥制造	34	85		19
其他肥料制造	65	819	112	221
农药制造	187	14181	26	1711

单位：个、万元、人

营业利润	职工工资和福利费	本年应交增值税	年末存货	全部从业人员年平均人数
6107	17011	7727	25516	15108
4347	15782	6818	24152	13742
267	9515	2942	12892	7333
1975	2236	1152	2264	1892
2104	4031	2723	8995	4517
1760	1229	909	1364	1364
1760	1229	909	1364	1364
	…			2
	…			2
-2680	4494	3609	16170	4140
-2998	4251	3529	15895	3621
672	1129	479	1726	782
-3726	3082	3036	14081	2777
59	33	13		45
-4	7	2	89	17
306	213	72	89	341
9	9	3	…	21
	7	…		18
159	86	45	21	149
-8	76	…	65	116
146	35	25	3	37
5	14	2	186	43
5	14	2	186	43
7	5	5	1	118
7	5	5	1	118
	11			17
	1			2
	10			15
497375	418874	1467669	2649046	187587
10947	16587	6101	44584	3189
10963	16584	6101	44584	3186
-16	3	…		3
486428	402287	1461568	2604463	184398
486428	402287	1461568	2604463	184398
183790	256612	161641	682461	153483
72190	64785	60206	210997	47470
2346	2224	3125	9098	1891
39307	17176	14611	77368	10509
6274	14998	10460	22576	13040
-4970	24466	21848	91673	17236
29233	5922	10163	10282	4794
87989	79436	33905	224410	44646
64145	60654	21026	154900	34385
373	1123	829	4256	1172
21722	16215	11184	63438	7728
972	1032	440	1138	857
66	48	59	138	56
711	364	367	540	448
4073	1709	1734	7005	1784

2-1-7 续表 22

指标名称	主营业务税金及附加	主营业务利润	其他业务利润	营业费用管理费用财务费用合计
化学农药制造	165	13299	23	1375
生物化学农药及微生物农药制造	22	882	3	335
涂料、油墨、颜料及类似产品制造	693	30837	669	17806
涂料制造	298	4253	331	3283
油墨及类似产品制造	83	13590	25	5145
颜料制造	45	1158	135	1452
染料制造	255	11768	178	7904
密封用填料及类似品制造	12	68		24
合成材料制造	2291	52677	2886	58198
初级形态的塑料及合成树脂制造	827	15606	790	22341
合成橡胶制造	494	8127	1319	7848
合成纤维单(聚合)体的制造	961	28783	777	27935
其他合成材料制造	9	160		74
专用化学产品制造	4717	104920	2103	95115
化学试剂和助剂制造	1238	22841	-37	21041
专项化学用品制造	171	3780	27	3141
林产化学产品制造	788	7336	4	4607
炸药及火工产品制造	1507	56919	1811	58247
环境污染处理专用药剂材料制造	108	3094	234	1599
动物胶制造	78	648	1	323
其他专用化学产品制造	803	10226	63	6144
信息化学品制造	23	77		14
日用化学产品制造	1123	17242	9	16789
肥皂及合成洗涤剂制造	1034	16669	5	16515
香料、香精制造	32	370		170
化妆品制造	…	1		…
口腔清洁用品制造	22	66		54
其他日用化学产品制造	36	137	3	49
医药制造业	4225	202516	1620	154306
化学药品原药制造	264	30663	500	21582
化学药品原药制造	264	30663	500	21582
化学药品制剂制造	1661	83051	316	59425
化学药品制剂制造	1661	83051	316	59425
中药饮片加工	48	1647	211	2166
中药饮片加工	48	1647	211	2166
中成药制造	1333	64390	96	55007
中成药制造	1333	64390	96	55007
兽用药品制造	222	2663	437	1702
兽用药品制造	222	2663	437	1702
生物、生化制品的制造	518	15660	7	10577
生物、生化制品的制造	518	15660	7	10577
卫生材料及医药用品制造	178	4442	52	3848
卫生材料及医药用品制造	178	4442	52	3848
化学纤维制造业	101	6563	414	17260
纤维素纤维原料及纤维制造	83	6058	72	7712
人造纤维(纤维素纤维)制造	83	6058	72	7712
合成纤维制造	18	505	341	9548
涤纶纤维制造	13	292	341	1474
锦纶纤维制造		53		8045

单位：个、万元、人

营业利润	职工工资和福利费	本年应交增值税	年末存货	全部从业人员年平均人数
3523	1424	1239	6159	1506
550	284	495	846	278
7921	12155	5388	27743	4785
1289	2620	1226	4077	1576
2382	5822	1448	7539	833
-159	1258	467	3114	623
4365	2402	2209	12986	1685
45	53	39	27	68
-8419	26588	22890	49083	10172
-5961	8150	8217	6311	4202
1644	7637	3503	8831	3098
-4187	10743	11069	33797	2810
86	59	101	143	62
18461	61635	30864	125057	38233
3983	8280	8477	35548	6067
-134	2129	1287	5234	1368
3049	3811	4098	15296	3593
5145	40433	10902	49477	21275
1540	1072	803	4704	874
326	391	142	1715	474
4489	5386	5130	12579	4480
62	133	24	504	102
1576	10304	6653	38166	6393
1272	10002	6442	37812	5999
200	150	148	107	150
…	2	…		5
12	19	5	29	28
91	131	57	218	211
51154	57156	41652	149076	29826
9549	9961	4721	37296	6049
9549	9961	4721	37296	6049
25264	29243	16683	50190	12605
25264	29243	16683	50190	12605
-312	601	363	4960	716
-312	601	363	4960	716
10004	10863	13445	39435	6149
10004	10863	13445	39435	6149
913	1503	1604	3734	1393
913	1503	1604	3734	1393
5090	2196	3294	8212	1235
5090	2196	3294	8212	1235
645	2790	1542	5247	1679
645	2790	1542	5247	1679
-10358	1924	890	8963	1755
-1656	1064	550	6041	1062
-1656	1064	550	6041	1062
-8702	859	340	2921	693
-841	611	224	2586	340
-7992	44	9	240	132

2-1-7 续表 23

指标名称	主营业务税金及附加	主营业务利润	其他业务利润	营业费用管理费用财务费用合计
腈纶纤维制造	…	60		16
其他合成纤维制造	5	100		13
橡胶制品业	1143	24160	251	21053
轮胎制造	537	8661	168	8399
车辆、飞机及工程机械轮胎制造	526	8522	168	8289
力车胎制造				
轮胎翻新加工	11	139		110
橡胶板、管、带的制造	205	10453	30	7713
橡胶板、管、带的制造	205	10453	30	7713
橡胶零件制造	189	4217	21	2967
橡胶零件制造	189	4217	21	2967
再生橡胶制造	161	-414	7	771
再生橡胶制造	161	-414	7	771
日用及医用橡胶制品制造	3	541	…	542
日用及医用橡胶制品制造	3	541	…	542
橡胶靴鞋制造	4	218	23	34
橡胶靴鞋制造	4	218	23	34
其他橡胶制品制造	45	484	2	627
其他橡胶制品制造	45	484	2	627
塑料制品业	1731	35014	826	23632
塑料薄膜制造	117	4409	46	3101
塑料薄膜制造	117	4409	46	3101
塑料板、管、型材的制造	573	14710	407	10119
塑料板、管、型材的制造	573	14710	407	10119
塑料丝、绳及编织品的制造	521	6243	15	5302
塑料丝、绳及编织品的制造	521	6243	15	5302
泡沫塑料制造	110	1177	82	604
泡沫塑料制造	110	1177	82	604
塑料包装箱及容器制造	119	5052	104	2807
塑料包装箱及容器制造	119	5052	104	2807
其他塑料制品制造	209	2551	151	1282
其他塑料制品制造	209	2551	151	1282
塑料人造革、合成革制造	1	65		22
塑料人造革、合成革制造	1	65		22
塑料零件制造	15	200	…	158
塑料零件制造	15	200	…	158
日用塑料制造	65	607	21	234
塑料鞋制造	…	4	1	31
日用塑料杂品制造	65	603	20	204
非金属矿物制品业	28897	405883	8822	303719
水泥、石灰和石膏的制造	6181	89791	1958	89567
水泥制造	5335	83563	1926	86048
石灰和石膏制造	846	6229	32	3519
水泥及石膏制品制造	3377	35875	580	26104
水泥制品制造	1999	24957	423	20829
砼结构构件制造	836	5962	105	3213
轻质建筑材料制造	312	3063	44	1252
其他水泥制品制造	218	1711	7	648
石棉水泥制品制造	11	182		162

单位：个、万元、人

营业利润	职工工资和福利费	本年应交增值税	年末存货	全部从业人员年平均人数
43	68	53	88	80
87	136	53	8	141
8368	11983	5992	51426	8997
4432	4923	1300	32423	3063
4403	4811	1233	32241	2915
	12	1		32
29	99	66	182	116
2801	3843	2650	9013	2443
2801	3843	2650	9013	2443
1265	1382	982	1699	1260
1265	1382	982	1699	1260
-178	1058	756	4960	1366
-178	1058	756	4960	1366
-18	290	94	629	325
-18	290	94	629	325
207	31	29	9	54
207	31	29	9	54
-141	455	180	2694	486
-141	455	180	2694	486
12911	22382	8256	63775	17532
1353	3123	609	17309	1858
1353	3123	609	17309	1858
4983	7790	2615	25906	3428
4983	7790	2615	25906	3428
1463	6576	1726	11322	7346
1463	6576	1726	11322	7346
654	833	385	993	979
654	833	385	993	979
2411	2316	1896	5486	1751
2411	2316	1896	5486	1751
1568	1026	701	1874	1141
1568	1026	701	1874	1141
43	54	10	67	63
43	54	10	67	63
42	99	60	229	158
42	99	60	229	158
394	566	254	589	808
-25	17	1	86	31
420	549	253	503	777
101367	269336	133504	585805	254545
-11086	55332	41544	165525	44982
-13840	52970	39218	162814	41935
2754	2361	2326	2711	3047
13026	17415	9861	49151	17489
7539	11972	6686	38565	11270
2633	3300	1854	6313	4262
1763	1661	365	2659	1472
1070	399	871	1353	341
20	84	84	260	144

2-1-7 续表 24

指标名称	主营业务税金及附加	主营业务利润	其他业务利润	营业费用管理费用财务费用合计
砖瓦、石材及其他建筑材料制造	9086	100205	2301	52269
粘土砖瓦及建筑砌块制造	6959	59513	1411	24302
建筑陶瓷制品制造	377	3489	55	2968
建筑用石加工	859	22440	44	14354
防水建筑材料制造	458	10666	576	8166
其他建筑材料制造	276	3161	213	2044
隔热和隔音材料制造	157	936	1	434
玻璃及玻璃制品制造	1280	31311	511	29222
平板玻璃制造	85	1726	49	4823
技术玻璃制品制造	74	4735	265	6902
玻璃仪器制造	38	428	8	272
日用玻璃制品及玻璃包装容器制造	999	22984	168	16492
玻璃纤维及制品制造	20	162	8	155
玻璃纤维增强塑料制品制造	32	511	13	296
光学玻璃制造				
玻璃保温容器制造	9	125	1	37
其他玻璃制品制造	25	640		244
陶瓷制品制造	544	13460	463	9301
特种陶瓷制品制造	89	2297	8	2660
日用陶瓷制品制造	431	10885	449	6580
卫生陶瓷制品制造	10	52		35
园林、陈设艺术及其他陶瓷制品制造	14	227	6	25
耐火材料制品制造	6949	83142	2177	53097
石棉制品制造	45	678	12	235
耐火陶瓷制品及其他耐火材料制造	6904	82463	2165	52862
石墨及其他非金属矿物制品制造	1480	52099	833	44160
石墨及碳素制品制造	1032	43010	688	34110
其他非金属矿物制品制造	448	9089	145	10050
黑色金属冶炼及压延加工业	133252	1369785	33945	1201300
炼铁	28698	136065	7084	110612
炼铁	28698	136065	7084	110612
炼钢	19706	12170	4845	54550
炼钢	19706	12170	4845	54550
钢压延加工	66021	1172129	22107	981038
钢压延加工	66021	1172129	22107	981038
铁合金冶炼	18827	49420	-92	55100
铁合金冶炼	18827	49420	-92	55100
有色金属冶炼及压延加工业	27732	334643	6035	317540
常用有色金属冶炼	25297	310084	4508	283151
铜冶炼	2802	25578	2095	16883
铅锌冶炼	239	10401	2	7358
铝冶炼	9310	208347	-295	214882
镁冶炼	12897	63146	2691	43883
其他常用有色金属冶炼	49	2612	14	144
贵金属冶炼	751	3383		2724
银冶炼	749	3307		2555
金冶炼		…		…
其他贵金属冶炼	2	75		169
稀有稀土金属冶炼	238	2374	-39	4409

单位：个、万元、人

营业利润	职工工资和福利费	本年应交增值税	年末存货	全部从业人员年平均人数
49360	71306	24040	61399	84000
36590	49218	14813	30513	66537
552	4346	1526	13852	7006
8130	13750	4486	7184	6276
2255	1432	2490	5496	1089
1330	1663	537	3454	1879
503	898	187	899	1213
2476	52661	9779	81859	46189
-3048	2044	503	6686	1175
-1902	3529	1710	29818	2657
164	760	137	1131	997
6534	44988	6994	41128	39795
16	446	80	362	422
228	318	195	1852	324
	…			1
88	235	8	105	382
397	341	153	777	436
4822	12740	3683	31585	15030
-530	1793	896	8074	1517
5128	10772	2676	21680	13272
17	27	17	1704	52
207	148	94	127	189
32740	34144	32174	98813	30978
541	313	495	1664	422
32199	33831	31679	97149	30556
10029	25738	12423	97474	15877
11993	17902	9069	82274	12224
-1964	7836	3354	15200	3653
175805	613057	684458	3224839	183971
37488	74514	129265	472753	52042
37488	74514	129265	472753	52042
-22550	54338	72813	334258	24671
-22550	54338	72813	334258	24671
134114	457290	434387	2131078	94138
134114	457290	434387	2131078	94138
26753	26915	47992	286749	13120
26753	26915	47992	286749	13120
66250	208267	181809	790903	93278
44075	179338	172887	710280	83042
24154	19324	25186	104215	9960
3045	2287	3094	12097	2099
-6139	96031	97318	487907	36896
20534	61453	47118	104893	33839
2482	244	171	1169	248
1958	1267	1154	5965	622
2052	1204	1117	5728	547
…	2	…		5
-94	61	37	237	70
9646	2757	2214	12712	1271

2-1-7 续表 25

指标名称	主营业务税金及附加	主营业务利润	其他业务利润	营业费用管理费用财务费用合计
稀土金属冶炼	81	1937	-50	4129
其他稀有金属冶炼	131	188		181
钨钼冶炼	26	249	11	99
有色金属合金制造	539	8523	252	7053
有色金属合金制造	539	8523	252	7053
有色金属压延加工	908	10279	1314	20203
常用有色金属压延加工	420	8096	1257	18141
贵金属压延加工	440	918		998
稀有稀土金属压延加工	47	1265	57	1064
金属制品业	7397	60246	1619	44505
结构性金属制品制造	1635	26309	644	18313
金属结构制造	1272	21357	578	15985
金属门窗制造	363	4953	66	2329
金属工具制造	223	6877	189	4109
切削工具制造	42	2007	96	3095
农用及园林用金属工具制造	7	122	5	108
手工具制造	21	292	19	120
刀剪及类似日用金属工具制造	7	108		33
其他金属工具制造	146	4347	69	753
集装箱及金属包装容器制造	205	1983	141	2310
金属压力容器制造	44	401	30	668
金属包装容器制造	161	1582	111	1642
金属丝绳及其制品的制造	499	3208	411	3403
金属丝绳及其制品的制造	499	3208	411	3403
建筑、安全用金属制品制造	4080	13602	111	10495
建筑装饰及水暖管道零件制造	3885	10044	81	7757
安全、消防用金属制品制造	115	2753	24	2407
建筑、家具用金属配件制造	44	573	6	184
其他建筑、安全用金属制品制造	35	232	...	147
金属表面处理及热处理加工	275	3947	47	2111
金属表面处理及热处理加工	275	3947	47	2111
搪瓷制品制造		212		314
搪瓷日用品及其他搪瓷制品制造		212		314
工业生产配套用搪瓷制品制造				
不锈钢及类似日用金属制品制造	209	1303	61	1812
金属制厨用器皿及餐具制造	8	368	46	414
其他日用金属制品制造	172	778	...	1148
金属制厨房调理及卫生器具制造	30	157	14	249
其他金属制品制造	272	2805	16	1639
其他未列明的金属制品制造	272	2805	16	1639
通用设备制造业	15389	253623	12896	199497
锅炉及原动机制造	1161	32033	-163	26141
锅炉及辅助设备制造	1069	16006	188	13019
内燃机及配件制造	90	15893	-351	13103
水轮机及辅机制造				
其他原动机制造	2	134		19
金属加工机械制造	627	12225	791	10197
金属切削机床制造	149	3692	134	3549
金属成形机床制造	44	1247	4	826

单位：个、万元、人

营业利润	职工工资和福利费	本年应交增值税	年末存货	全部从业人员年平均人数
8933	2535	2106	11311	1005
551	61	50	697	44
161	161	58	705	222
1644	3147	2471	11383	2164
1644	3147	2471	11383	2164
8927	21758	3083	50562	6179
7668	7606	2425	31798	5157
1001	13218	106	9050	166
258	934	552	9714	856
19325	50828	21392	152165	40871
8061	15856	6911	50806	12473
5371	13485	5787	44868	9472
2690	2371	1124	5938	3001
2950	7723	2226	20179	3522
-998	6418	484	18034	1921
19	162	54	301	253
191	124	94	360	164
76	67	55	93	94
3663	951	1539	1391	1090
-90	2801	1363	9636	1630
-179	671	549	5639	585
90	2130	813	3998	1045
-92	2966	891	6816	2767
-92	2966	891	6816	2767
5520	16353	7406	51844	16099
4661	14650	6572	44755	14342
379	1276	739	6414	1225
395	200	37	274	286
85	228	59	401	246
1878	1707	1204	1652	1413
1878	1707	1204	1652	1413
-102	448	36	361	135
-102	445	36	361	130
	3			5
16	1025	722	6683	1182
47	390	51	1126	396
48	571	621	4710	694
-79	63	50	848	92
1182	1948	633	4188	1650
1182	1948	633	4188	1650
66983	174906	64932	519699	131908
5319	19025	2471	98885	11206
3925	7687	1839	76219	6850
1279	11134	541	22417	3810
				20
115	204	91	248	526
3106	9993	3121	37746	6982
161	3161	528	20648	1687
425	1011	206	3606	766

2-1-7 续表 26

指标名称	主营业务税金及附加	主营业务利润	其他业务利润	营业费用管理费用财务费用合计
铸造机械制造	138	2393	13	1987
金属切割及焊接设备制造	29	638	486	516
机床附件制造	55	1037	19	763
其他金属加工机械制造	213	3218	135	2556
起重运输设备制造	326	5977	1108	7109
起重运输设备制造	326	5977	1108	7109
泵、阀门、压缩机及类似机械的制造	914	45254	1138	28657
泵及真空设备制造	305	15123	648	10963
气体压缩机械制造	50	491	293	1206
阀门和旋塞的制造	135	3585	61	3305
液压和气压动力机械及元件制造	424	26056	136	13183
轴承、齿轮、传动和驱动部件的制造	300	3248	56	1857
轴承制造	115	1557	21	861
齿轮、传动和驱动部件制造	186	1691	35	996
烘炉、熔炉及电炉制造	32	1264	417	1572
烘炉、熔炉及电炉制造	32	1264	417	1572
风机、衡器、包装设备等通用设备制造	700	11648	1088	12231
风机、风扇制造	342	3791	11	2721
气体、液体分离及纯净设备制造	46	503	42	317
制冷、空调设备制造	14	738	175	590
喷枪及类似器具制造	42	10	566	554
衡器制造	74	1780	203	1869
其他通用设备制造	170	4712	89	5910
风动和电动工具制造	5	81	1	258
包装专用设备制造	7	33		13
通用零部件制造及机械修理	2322	23538	2284	22405
紧固件、弹簧制造	91	1998	229	1983
机械零部件加工及设备修理	2144	20030	1967	19212
其他通用零部件制造	75	1341	88	1124
金属密封件制造	12	169	1	86
金属铸、锻加工	9007	118438	6177	89329
钢铁铸件制造	5548	61830	1186	51516
锻件及粉末冶金制品制造	3459	56607	4991	37813
专用设备制造业	10677	464160	10950	359787
矿山、冶金、建筑专用设备制造	7619	277679	5962	184290
采矿、采石设备制造	6693	242833	5033	158679
石油钻采专用设备制造	320	22740	446	12110
建筑工程用机械制造	17	684	51	1329
建筑材料生产专用机械制造	36	1032	163	377
冶金专用设备制造	554	10389	270	11795
化工、木材、非金属加工专用设备制造	324	9983	462	5879
炼油、化工生产专用设备制造	173	7533	357	4020
塑料加工专用设备制造	14	507	21	588
模具制造	91	1392	69	996
木材加工机械制造	16	136	11	89
其他非金属加工专用设备制造	30	414	4	186
食品、饮料、烟草及饲料生产专用设备制造	9	391		141
食品、饮料、烟草工业专用设备制造	7	355		103
农副食品加工专用设备制造	1	4		15

单位：个、万元、人

营业利润	职工工资和福利费	本年应交增值税	年末存货	全部从业人员年平均人数
868	2263	814	5925	1587
544	970	72	1072	293
294	483	341	656	375
814	2106	1161	5840	2274
-147	6329	1413	25778	4279
-147	6329	1413	25778	4279
7241	18474	6015	72993	14961
6082	8442	2429	28290	6124
-422	768	75	3215	1067
330	2273	631	9866	2168
1251	6991	2880	31622	5602
1417	3044	1053	7238	2899
716	1628	575	3503	1611
700	1416	479	3735	1288
222	1640	135	1982	503
222	1640	135	1982	503
2449	10371	3831	29124	6734
1730	2915	1368	9826	1614
227	380	349	607	299
322	996	272	6991	913
23	1784	382	92	688
115	858	277	2244	966
187	3368	1157	8749	2167
-175	51	21	576	62
20	20	7	39	25
3298	26772	11074	39753	24175
273	1054	409	4076	973
2674	23850	10094	33119	21668
267	1812	469	2520	1486
84	56	103	39	48
44078	79257	35818	206200	60169
18680	50491	22818	141391	39304
25398	28767	13000	64809	20865
103304	210597	69147	874935	92937
87395	92675	51305	540085	38613
75699	75900	44296	462449	32084
10979	5415	3294	37951	1653
-594	630	293	2745	1028
415	574	238	1218	425
896	10157	3183	35722	3423
5177	3668	1504	24985	2812
3870	2205	749	19906	1088
-59	313	200	913	428
1075	877	341	2862	930
58	105	80	297	149
232	168	134	1006	217
239	341	97	2556	214
242	271	91	2190	124
-10	35	4	290	45

2-1-7 续表 27

指标名称	主营业务税金及附加	主营业务利润	其他业务利润	营业费用管理费用财务费用合计
饲料生产专用设备制造	1	31		24
印刷、制药、日化生产专用设备制造	120	1141	84	759
印刷专用设备制造	39	748	84	578
制浆和造纸专用设备制造	1	58		51
制药专用设备制造	16	19		10
照明器具生产专用设备制造	11	230		84
玻璃、陶瓷和搪瓷制品生产专用设备制造				
其他日用品生产专用设备制造	53	86		36
纺织、服装和皮革工业专用设备制造	533	9390	950	21711
纺织专用设备制造	533	9389	950	21701
皮革、毛皮及其制品加工专用设备制造	...	1		10
电子和电工机械专用设备制造	1676	153914	3201	137313
电工机械专用设备制造	214	2106	4	3110
电子工业专用设备制造	126	5982	4	5300
航空、航天及其他专用设备制造	394	31996	438	23736
农、林、牧、渔专用机械制造	70	3447	2	2689
拖拉机制造	7	2063		1878
机械化农业及园艺机具制造	18	570	...	212
其他农林牧渔业机械制造及机械修理	30	737	1	484
畜牧机械制造	...	3		1
农林牧渔机械配件制造	15	75	1	113
医疗仪器设备及器械制造	37	1123	10	1192
医疗诊断、监护及治疗设备制造	7	252	7	207
假肢、人工器官及植(介)入器械制造	1	613	2	718
口腔科用设备及器具制造	9	37		88
实验室及医用消毒设备和器具的制造	7	8		10
医疗、外科及兽医用器械制造	3	79	1	73
机械治疗及病房护理设备制造	1	38		2
其他医疗设备及器械制造	9	97		95
环保、社会公共安全及其他专用设备制造	289	7092	279	5814
环境污染防治专用设备制造	94	3870	50	2298
社会公共安全设备及器材制造	77	1601	57	1501
水资源专用机械制造	25	807	7	816
地质勘查专用设备制造	...	-109	126	75
商业、饮食、服务业专用设备制造	15	-79		99
交通安全及管制专用设备制造	4	58		55
其他专用设备制造	73	944	39	969
交通运输设备制造业	6227	155912	5009	164565
铁路运输设备制造	2501	98734	3026	100789
铁路机车车辆及动车组制造	826	23006	11	43832
工矿有轨专用车辆制造	15	575		554
铁路机车车辆配件制造	596	33252	1187	22979
铁路专用设备及器材、配件制造	450	13322	319	10637
其他铁路设备制造及设备修理	614	28578	1509	22788
汽车制造	3691	55414	1964	62020
汽车整车制造	4	1047	146	2992
改装汽车制造	43	3832	3	3139
汽车车身、挂车的制造	65	1124	22	1177

单位：个、万元、人

营业利润	职工工资和福利费	本年应交增值税	年末存货	全部从业人员年平均人数
7	35	2	77	45
461	868	364	2366	760
249	578	257	1981	342
7	49	11	8	57
9	13	16	33	10
146	126	59	309	135
	1			2
50	100	21	35	214
-12313	17502	4143	63158	11692
-12304	17483	4142	63144	11664
-9	19	…	14	28
20993	88580	9839	217434	32465
-1000	1974	639	8440	1637
964	2418	606	4295	1025
8697	18462	1552	31498	3327
556	2017	372	8207	2202
185	926	97	5886	1000
139	217	58	791	256
268	763	162	1209	701
2	2	…		3
-37	109	54	322	242
-58	557	129	1415	604
51	112	35	430	111
-103	198	5	398	168
-51	71	8	4	89
-2	15	9	158	29
7	48	22	133	76
36	13	37	3	20
2	100	13	290	111
855	4388	1394	14728	3575
1019	1911	139	9045	951
56	653	380	3132	591
-3	416	243	508	632
-58	23	5	305	69
-177	335	365	82	302
3	56	9	120	58
14	994	252	1536	972
53975	99755	35587	221574	43823
56579	62806	24960	93205	18763
29282	27900	5337	23728	4459
20	555	123	2193	384
16319	14592	12409	24382	6322
3130	7150	2955	12281	2993
7828	12610	4135	30622	4605
-2622	35357	10511	124974	23910
-1929	1097	2	6521	435
359	2016	73	11517	876
-141	1511	295	2991	1089

2-1-7 续表 28

指标名称	主营业务税金及附加	主营业务利润	其他业务利润	营业费用管理费用财务费用合计
汽车零部件及配件制造	2988	41340	1601	50883
汽车修理	591	8072	192	3829
航空航天器制造	10	1336		1327
飞机制造及修理	10	1336		1327
交通器材及其他交通运输设备制造	25	406	19	408
交通管理用金属标志及设施制造	10	219	19	250
其他交通运输设备制造	15	187		158
摩托车制造	2	21		21
摩托车整车制造	...	3		...
摩托车零部件及配件制造	1	18		21
自行车制造	...	1		...
脚踏自行车及残疾人座车制造	...	1		...
电气机械及器材制造业	4568	94842	3027	74146
电机制造	1078	38985	2347	36430
发电机及发电机组制造	59	-106		1597
电动机制造	1005	38957	2347	34791
微电机及其他电机制造	14	134		43
输配电及控制设备制造	590	30703	372	20169
变压器、整流器和电感器制造	118	17017	169	8397
电容器及其配套设备制造	83	1158		570
配电开关控制设备制造	256	8817	155	8361
电力电子元器件制造	71	2279	37	1948
其他输配电及控制设备制造	62	1432	10	894
电线、电缆、光缆及电工器材制造	527	11731	26	10777
电线电缆制造	424	9268	82	7434
光纤、光缆制造	32	456	-84	2125
绝缘制品制造	39	1203	14	685
其他电工器材制造	32	804	15	533
电池制造	2061	8616	69	3747
电池制造	2061	8616	69	3747
家用电力器具制造	48	2124	153	590
家用电力器具专用配件制造	1	405	152	338
其他家用电力器具制造	41	206		157
家用空气调节器制造	2	9		6
家用通风电器具制造	4	29		21
家用厨房电器具制造	...	1494	1	38
家用清洁卫生电器具制造	1	-19		30
非电力家用器具制造	128	406		120
燃气、太阳能及类似能源的器具制造	128	406		120
照明器具制造	54	792	10	620
照明灯具制造	14	276	3	246
灯用电器附件及其他照明器具制造	30	466	7	343
电光源制造	10	50		31
其他电气机械及器材制造	83	1484	51	1691
其他未列明的电气机械制造	83	1458	45	1668
车辆专用照明及电气信号设备装置制造	...	26	6	23
通信设备、计算机及其他电子设备制造业	940	96090	5031	99090
通信设备制造	40	61611	4534	58646
通信传输设备制造	7	8114	...	3751

单位：个、万元、人

营业利润	职工工资和福利费	本年应交增值税	年末存货	全部从业人员年平均人数
-5313	26258	8596	98142	16351
4403	4475	1545	5802	5159
...	1210	2	2912	838
...	1210	2	2912	838
16	337	106	463	248
-12	208	49	43	113
29	129	57	420	135
...	39	7	20	52
3	10	...	7	11
-2	29	7	13	41
...	6	...	1	12
...	6	...	1	12
25298	53354	25941	151006	26038
5175	26750	8316	73097	10397
-1641	5158	115	3040	2226
6724	21491	8137	69958	8062
92	101	64	99	109
11464	12468	6805	36185	6598
9290	2652	3441	17320	1824
588	714	342	1141	583
670	7043	2199	12849	2982
368	1338	350	2219	623
549	722	473	2657	586
1581	5831	8293	25257	5101
2417	4019	7383	19353	3471
-1754	687	240	5000	796
632	721	382	412	414
287	404	288	491	420
4967	5497	1116	10689	1138
4967	5497	1116	10689	1138
1858	671	374	3302	412
390	330	177	565	144
49	45	38	814	34
3	9	2	...	12
9	28	5	151	40
1457	213	142	1325	134
-49	45	11	447	48
286	177	327	520	332
286	177	327	520	332
123	807	281	1238	868
-26	504	82	619	540
130	292	180	610	307
19	12	19	9	21
-156	1152	429	718	1192
-165	1145	428	696	1185
9	7	2	22	7
-3061	181821	9221	255594	66494
4283	150528	2134	161516	48386
1146	4264	10	73249	1549

2-1-7 续表 29

指标名称	主营业务税金及附加	主营业务利润	其他业务利润	营业费用管理费用财务费用合计
移动通信及终端设备制造		53489	4532	54869
通信交换设备制造	...	1		...
其他通信设备制造	33	8	2	26
雷达及配套设备制造	3	1053	25	2647
雷达及配套设备制造	3	1053	25	2647
广播电视设备制造	4	1218	10	248
应用电视设备及其他广播电视设备制造	3	1188	4	212
广播电视接收设备及器材制造	1	30	6	36
电子计算机制造	30	969	25	4672
电子计算机整机制造	21	960	25	4671
电子计算机外部设备制造	9	9		...
电子器件制造	68	4347	13	4306
电子真空器件制造	34	382	-11	957
光电子器件及其他电子器件制造	27	3858	24	3158
半导体分立器件制造	7	107		191
电子元件制造	779	26119	407	27902
电子元件及组件制造	779	26118	407	27900
印制电路板制造	...	1		2
其他电子设备制造	17	773	17	670
其他电子设备制造	17	773	17	670
家用视听设备制造				
家用音响设备制造				
仪器仪表及文化、办公用机械制造业	1932	48224	269	31525
通用仪器仪表制造	961	31583	-12	17421
工业自动控制系统装置制造	903	30468	-66	16447
电工仪器仪表制造	22	627	9	489
绘图、计算及测量仪器制造	1	5		6
实验分析仪器制造	4	71		144
试验机制造	5	122		53
供应用仪表及其他通用仪器制造	25	289	45	283
专用仪器仪表制造	560	11660	274	9439
导航、气象及海洋专用仪器制造	505	10333	50	7797
电子测量仪器制造	32	902	10	876
环境监测专用仪器仪表制造	...	...		110
汽车及其他用计数仪表制造				
农林牧渔专用仪器仪表制造	4	53		50
核子及核辐射测量仪器制造	5	163		172
其他专用仪器制造	14	209	214	434
光学仪器及眼镜制造	18	653	...	458
光学仪器制造	17	645	...	450
眼镜制造	1	8		8
钟表与计时仪器制造	1	62	6	70
钟表与计时仪器制造	1	62	6	70
文化、办公用机械制造	30	273		164
计算器及货币专用设备制造	2	56		...
其他文化、办公用机械制造	28	217		164
其他仪器仪表的制造及修理	362	3994	2	3974
其他仪器仪表的制造及修理	362	3994	2	3974
工艺品及其他制造业	1513	9906	306	7552

单位：个、万元、人

营业利润	职工工资和福利费	本年应交增值税	年末存货	全部从业人员年平均人数
3152	146235	2102	88223	46799
…	5	…	1	7
-16	23	22	43	31
-465	1201	25	4180	658
-465	1201	25	4180	658
12	88	103	913	55
13	72	98	393	33
-1	16	5	519	22
-3652	3656	181	6475	3387
-3660	3653	181	6467	3384
9	3	…	8	3
55	3221	394	12493	1898
-586	839	69	9154	297
725	2053	294	2566	1047
-84	329	32	774	554
-3415	22341	6241	68605	11232
-3414	22339	6241	68603	11228
-1	2	…	1	4
120	635	143	1328	538
120	635	143	1328	538
	151		85	340
	151		85	340
11466	18592	4845	43487	8035
7890	10368	3126	30997	3832
7695	9322	2869	28991	2729
147	633	98	1092	669
…	19	5	71	23
-72	171	38	259	227
69	27	41		40
51	195	75	584	144
3258	7099	1136	7987	3391
3350	5936	856	5182	2419
35	814	202	2046	312
-110	63	…	222	70
	2	…	50	6
3	20	4	295	36
-9	52	8	43	55
-12	212	66	148	493
190	398	177	639	222
190	394	177	587	214
1	4	…	53	8
-2	49	40	91	50
-2	49	40	91	50
109	65	66	63	66
56	3	…	8	5
53	61	66	55	61
21	613	300	3710	474
21	613	300	3710	474
2794	7638	3561	13237	7469

2-1-7 续表 30

指标名称	主营业务 税金及附加	主营业务 利润	其他业务 利润	营业费用 管理费用 财务费用 合 计
工艺美术品制造	280	2543	127	1775
金属工艺品制造	109	1272	17	1035
雕塑工艺品制造	83	341	42	309
漆器工艺品制造	41	286	...	106
花画工艺品制造	3	69	1	12
天然植物纤维编织工艺品制造	2	4		8
抽纱刺绣工艺品制造	13	344	...	121
地毯、挂毯制造	4	39	48	81
珠宝首饰及有关物品的制造	15	77		16
其他工艺美术品制造	10	110	19	88
其他未列明的制造业	26	924	15	1002
其他未列明的制造业	26	924	15	1002
日用杂品制造	37	282	1	92
制镜及类似品加工	7	30	1	43
鬃毛加工、制刷及清扫工具的制造	2	3		3
其他日用杂品制造	28	250	...	46
煤制品制造	1170	6156	163	4685
煤制品制造	1170	6156	163	4685
废弃资源和废旧材料回收加工业	183	932	916	987
金属废料和碎屑的加工处理	138	267	874	640
金属废料和碎屑的加工处理	138	267	874	640
非金属废料和碎屑的加工处理	45	665	42	348
非金属废料和碎屑的加工处理	45	665	42	348
电力、燃气及水的生产和供应业	**45067**	**223749**	**17727**	**640151**
电力、热力的生产和供应业	42835	173174	14382	573557
电力生产	22688	-48023	6689	453840
火力发电	21908	-75039	7740	432010
水力发电	733	28041	-1059	18948
其他能源发电	47	-1024	8	2882
电力供应	19120	229575	3963	89335
电力供应	19120	229575	3963	89335
热力生产和供应	1027	-8378	3730	30381
热力生产和供应	1027	-8378	3730	30381
燃气生产和供应业	663	16552	1061	18101
燃气生产和供应业	663	16552	1061	18101
燃气生产和供应业	663	16552	1061	18101
水的生产和供应业	1569	34023	2285	48493
自来水的生产和供应	1472	33026	2282	47839
自来水的生产和供应	1472	33026	2282	47839
污水处理及其再生利用	94	890	2	651
污水处理及其再生利用	94	890	2	651
其他水的处理、利用与分配	3	107		2
其他水的处理、利用与分配	3	107		2
六、按行业大类分				
采矿业	**708473**	**13224094**	**105091**	**7006719**
煤炭开采和洗选业	677385	12798857	101681	6849194
石油和天然气开采业	943	12133	147	8050
黑色金属矿采选业	25289	363276	761	121977
有色金属矿采选业	1267	20222	199	13640
非金属矿采选业	3589	29605	2303	13857

单位：个、万元、人

营业利润	职工工资和福利费	本年应交增值税	年末存货	全部从业人员年平均人数
1030	3297	532	6539	2939
387	2039	322	2982	808
75	284	41	344	416
181	261	104	62	296
58	82	9	186	194
-4	6	2	15	13
224	250	17	140	611
6	200	6	512	315
61	26	13	2165	28
41	149	18	132	258
-62	1863	132	1097	1167
-62	1863	132	1097	1167
192	177	97	389	257
-13	88	4	351	150
-1	12	1	4	11
205	77	92	34	96
1634	2301	2800	5213	3106
1634	2301	2800	5213	3106
861	836	669	691	945
502	530	471	520	572
502	530	471	520	572
359	305	198	170	373
359	305	198	170	373
-416632	**445221**	**478560**	**350739**	**120592**
-403089	406524	467448	342826	95824
-489769	160490	289363	308286	49545
-495150	154639	280788	307454	45982
9280	5470	8381	336	3036
-3898	382	193	496	527
122581	229566	174771	19717	36695
122581	229566	174771	19717	36695
-35901	16467	3314	14823	9584
-35901	16467	3314	14823	9584
-310	5960	4202	3199	6142
-310	5960	4202	3199	6142
-310	5960	4202	3199	6142
-13232	32737	6910	4714	18626
-13615	31388	6563	3855	17308
-13615	31388	6563	3855	17308
278	1310	263	854	1264
278	1310	263	854	1264
104	39	85	4	54
104	39	85	4	54
6247087	**4597615**	**3546238**	**3651922**	**1175394**
5969820	4484508	3445982	3314457	1092360
3314	4457	1364	4268	1311
241842	78034	83755	204667	53511
14651	12589	7013	109192	6836
17459	18026	8125	19338	21376

2-1-7 续表 31

指标名称	主营业务税金及附加	主营业务利润	其他业务利润	营业费用管理费用财务费用合计
制造业	**633054**	**7221609**	**208584**	**5835616**
农副食品加工业	8608	129749	4941	94259
食品制造业	4393	134216	1871	77799
饮料制造业	60626	206941	3038	150792
烟草制品业	82261	40512		20594
纺织业	949	11589	5160	23953
纺织服装、鞋、帽制造业	1000	20007	854	14041
皮革、毛皮、羽毛(绒)及其制品业	34	259	9	87
木材加工及木、竹、藤、棕、草制品业	541	13079	115	6500
家具制造业	530	6303	139	3569
造纸及纸制品业	1423	26811	1083	13821
印刷业和记录媒介的复制	1344	21110	1134	16459
文教体育用品制造业	410	7039	348	10703
石油加工、炼焦及核燃料加工业	204709	2357963	86426	1860042
化学原料及化学制品制造业	20314	683533	11531	522531
医药制造业	4225	202516	1620	154306
化学纤维制造业	101	6563	414	17260
橡胶制品业	1143	24160	251	21053
塑料制品业	1731	35014	826	23632
非金属矿物制品业	28897	405883	8822	303719
黑色金属冶炼及压延加工业	133252	1369785	33945	1201300
有色金属冶炼及压延加工业	27732	334643	6035	317540
金属制品业	7397	60246	1619	44505
通用设备制造业	15389	253623	12896	199497
专用设备制造业	10677	464160	10950	359787
交通运输设备制造业	6227	155912	5009	164565
电气机械及器材制造业	4568	94842	3027	74146
通信设备、计算机及其他电子设备制造业	940	96090	5031	99090
仪器仪表及文化、办公用机械制造业	1932	48224	269	31525
工艺品及其他制造业	1513	9906	306	7552
废弃资源和废旧材料回收加工业	183	932	916	987
电力、燃气及水的生产和供应业	**45067**	**223749**	**17727**	**640151**
电力、热力的生产和供应业	42835	173174	14382	573557
燃气生产和供应业	663	16552	1061	18101
水的生产和供应业	1569	34023	2285	48493
七、按地区分				
直　报	18444	209616	3889	76123
太原市	266754	3294523	37336	2392532
大同市	82801	1549984	-69212	1221640
阳泉市	69549	1173476	127861	871775
长治市	91208	2277022	48513	1420930
晋城市	68239	2218555	40869	1145025
朔州市	114376	1778396	8769	969470
晋中市	153537	1584199	25917	1194570
运城市	52790	1098524	27436	869451
忻州市	48891	877406	8760	459106
临汾市	221662	1720184	26165	1123432
吕梁市	198343	2887568	45099	1738432

单位：个、万元、人

营业利润	职工工资和福利费	本年应交增值税	年末存货	全部从业人员年平均人数
1585693	**2899973**	**3062523**	**11378486**	**1553671**
54476	47464	20374	238062	47841
50002	41733	19167	120009	36584
62508	53571	45776	268245	30556
19946	11475	22879	23592	1259
-3249	27429	8118	103619	29859
6438	14328	5029	27546	12827
181	364	87	898	843
7516	3877	1908	82240	4500
2886	4075	1387	8248	4202
13953	16235	5296	25659	16458
6107	17011	7727	25516	15108
-2680	4494	3609	16170	4140
497375	418874	1467669	2649046	187587
183790	256612	161641	682461	153483
51154	57156	41652	149076	29826
-10358	1924	890	8963	1755
8368	11983	5992	51426	8997
12911	22382	8256	63775	17532
101367	269336	133504	585805	254545
175805	613057	684458	3224839	183971
66250	208267	181809	790903	93278
19325	50828	21392	152165	40871
66983	174906	64932	519699	131908
103304	210597	69147	874935	92937
53975	99755	35587	221574	43823
25298	53354	25941	151006	26038
-3061	181821	9221	255594	66494
11466	18592	4845	43487	8035
2794	7638	3561	13237	7469
861	836	669	691	945
-416632	**445221**	**478560**	**350739**	**120592**
-403089	406524	467448	342826	95824
-310	5960	4202	3199	6142
-13232	32737	6910	4714	18626
115803	222794	168820	17807	33167
810872	1614703	1084458	3932004	423053
373035	1055174	461616	952920	292060
317024	571586	368517	706615	214243
875880	862235	726845	1287667	289050
1257166	697047	495571	823242	253946
777535	248292	454830	392468	98808
389977	700950	636485	1349622	301151
271540	484414	533484	1921858	302937
491646	222953	254513	518886	138280
631624	643903	960367	1631212	251245
1104045	618757	941816	1846846	251717

2-1-8 规模以上工业企业

指标名称	企业单位数	亏损企业	工业总产值（当年价格）	工业销售产值（当年价格）	出口交货值
总　计	**4415**	**1219**	**100238679**	**97902178**	**4122305**
一、按轻重工业分					
轻工业	653	197	4585588	4235170	254762
重工业	3762	1022	95653091	93667008	3867542
二、按企业规模分					
大型企业	129	29	48656847	47747746	2939485
中型企业	934	265	33418519	32368057	827716
小型企业	3352	925	18163314	17786374	355103
三、按登记注册类型分					
内资企业	**4238**	**1163**	**93974502**	**91832964**	**3323079**
国有企业	310	104	12179293	12093469	293817
集体企业	443	77	2302528	2365559	29304
股份合作企业	46	12	954974	885509	112
联营企业	25	3	167598	172547	
国有联营企业	2		8068	7597	
集体联营企业	18	3	110970	112720	
其他联营企业	5		48560	52231	
有限责任公司	1572	470	53246993	52071207	2410296
国有独资公司	48	13	15630301	15228969	1401484
其他有限责任公司	1524	457	37616692	36842239	1008813
股份有限公司	231	80	8483929	8153529	167782
私营企业	1593	411	16510736	15963807	421768
私营独资企业	237	53	1641273	1584866	3005
私营合伙企业	37	7	179104	172077	
私营有限责任公司	1214	324	13790717	13298361	363290
私营股份有限公司	105	27	899643	908504	55473
其他企业	18	6	128452	127338	
港澳台商投资企业	**64**	**23**	**2031138**	**1963111**	**357179**
与港澳台商合资经营企业	39	12	1027489	979226	123141
与港澳台商合作经营企业	3	1	45841	50982	
港澳台商独资企业	18	8	868928	836982	200222
港澳台商投资股份有限公司	4	2	88879	95921	33816
外商投资企业	**113**	**33**	**4233039**	**4106102**	**442047**
中外合资经营企业	78	20	2978071	2957934	337215
中外合作经营企业	3		567676	558916	
外资企业	30	12	560164	496568	104832
外商投资股份有限公司	2	1	127128	92684	
四、按隶属关系分					
中央	99	40	14204943	14160647	509783
省	175	69	29581996	29150298	2051663
市	253	90	6107243	5939163	57913
县(区、市)	1247	353	16503354	15819266	222882
乡镇(街道)	509	98	4315924	4242226	226163
基层群众自治组织	264	44	1579081	1556906	12039
其他	1868	525	27946137	27033671	1041861
五、按控股情况分					
国有控股	650	223	51998011	51205816	2595477
集体控股	676	124	5273380	5295545	70932

主要经济指标

单位：个、万元、人

资产总计	流动资产合计				流动资产年平均余额
		应收帐款	存货		
				产成品	
134526727	**54869852**	**8468964**	**14268536**	**5842060**	**49474178**
5705158	2682764	432922	1015493	508625	2556492
128821570	52187088	8036042	13253043	5333434	46917686
72328315	27909519	3277548	6932878	2241280	24727073
42319675	18254876	2981420	4919895	2358981	16624026
19878737	8705457	2209996	2415763	1241799	8123079
126359565	**51617192**	**7674850**	**13400066**	**5415032**	**46308219**
18669360	5919874	904814	919625	276529	5407692
2763881	1394771	369637	246115	127141	1281447
1126338	543775	62057	141940	58655	429751
196014	79055	19480	15677	10897	74938
8471	3074	1139	197	93	3080
120038	47458	10895	5723	2812	48157
67506	28523	7447	9757	7993	23701
75829164	31074506	4240487	8332555	3157437	27576128
25640739	10437950	1206447	3235960	1041125	9342096
50188425	20636557	3034040	5096595	2116312	18234032
12416213	4888434	628625	1258858	462259	4470690
15237061	7650372	1433764	2448078	1294062	7004094
955307	548031	102199	173126	101178	538519
137402	55731	10373	19374	11457	49621
13229666	6595045	1229223	2096860	1087364	5979101
914687	451565	91969	158719	94064	436853
121533	66405	15986	37219	28051	63479
2688487	**983604**	**278925**	**326456**	**157859**	**925284**
1281358	502856	95963	182998	122129	479441
38797	14025	2275	3973	2636	17849
1219479	375005	163955	107638	17606	322515
148852	91717	16731	31847	15489	105479
5478676	**2269057**	**515188**	**542014**	**269169**	**2240675**
3828257	1780671	422250	396765	218628	1776410
934300	195353	42543	45236	4375	183019
647763	265152	43527	83412	31969	252635
68356	27881	6868	16601	14197	28611
22260373	6439174	1135616	1617986	312714	5859261
50003008	19404099	1993093	4631505	1593066	16840171
8647381	3398916	589071	892163	416582	3206205
19514932	8571152	1482057	2325643	1082751	7820552
5311717	2583908	557217	563610	287090	2408529
1588072	839950	234836	139087	74590	811534
27201245	13632653	2477074	4098543	2075267	12527927
83648373	30214121	3857764	7176015	2330355	26761787
6979099	3360951	717919	683250	358478	3164515

2-1-8 续表 1

指标名称	企业单位数	亏损企业	工业总产值(当年价格)	工业销售产值(当年价格)	出口交货值
私人控股	2967	832	39729409	38354622	1093647
港澳台商控股	34	8	1267003	1221007	210071
外商控股	64	24	1781243	1626309	152178
其他	24	8	189632	198880	
六、按国民经济行业分					
采矿业	**1788**	**279**	**34983878**	**34553123**	**1004567**
煤炭开采和洗选业	1577	241	33561157	33227285	1004567
烟煤和无烟煤的开采洗选	1577	241	33561157	33227285	1004567
烟煤和无烟煤的开采洗选	1577	241	33561157	33227285	1004567
石油和天然气开采业	2	1	90970	92011	
天然原油和天然气开采	1		81952	81952	
天然原油和天然气开采	1		81952	81952	
与石油和天然气开采有关的服务活动	1	1	9018	10059	
与石油和天然气开采有关的服务活动	1	1	9018	10059	
黑色金属矿采选业	185	30	1121854	1033205	
铁矿采选	174	29	1063824	966524	
铁矿采选	174	29	1063824	966524	
其他黑色金属矿采选	11	1	58030	66681	
其他黑色金属矿采选	11	1	58030	66681	
有色金属矿采选业	11	4	178289	170489	
常用有色金属矿采选	8	2	150026	143335	
铜矿采选	3		21068	21811	
铅锌矿采选	3	2	30074	31755	
铝矿采选	2		98884	89769	
贵金属矿采选	3	2	28263	27154	
金矿采选	3	2	28263	27154	
非金属矿采选业	13	3	31609	30133	
土砂石开采	13	3	31609	30133	
石灰石、石膏开采	3	1	7170	6247	
建筑装饰用石开采	5	1	13078	12759	
粘土及其他土砂石开采	5	1	11361	11127	
制造业	**2497**	**865**	**57000360**	**55056876**	**3109535**
农副食品加工业	139	31	1028778	993786	24984
谷物磨制	26	7	50516	49899	
谷物磨制	26	7	50516	49899	
饲料加工	27	6	246987	242997	
饲料加工	27	6	246987	242997	
植物油加工	12	4	141357	136438	
食用植物油加工	11	4	137048	131998	
非食用植物油加工	1		4309	4439	
制糖	2	1	11782	8319	
制糖	2	1	11782	8319	
屠宰及肉类加工	31	6	277206	270015	1668
畜禽屠宰	12	3	215817	211137	1181
肉制品及副产品加工	19	3	61389	58878	486
蔬菜、水果和坚果加工	17	1	58394	55740	23150
蔬菜、水果和坚果加工	17	1	58394	55740	23150
其他农副食品加工	24	6	242537	230379	166

单位：个、万元、人

资产总计	流动资产合计	应收帐款	存货	产成品	流动资产年平均余额
39515537	19452904	3407394	5946247	2951116	17825154
1679872	647070	202734	208887	98201	569400
2393501	1037762	251336	212556	90609	1002555
310346	157045	31817	41581	13302	150767
54318405	**23257663**	**3003811**	**3360991**	**1388996**	**19663312**
52868121	22443879	2820859	3068827	1275456	18910160
52868121	22443879	2820859	3068827	1275456	18910160
52868121	22443879	2820859	3068827	1275456	18910160
124449	99884	42305	4033		86574
89359	74027	41186	4007		70263
89359	74027	41186	4007		70263
35090	25857	1120	26		16311
35090	25857	1120	26		16311
999919	549688	118121	171550	103645	508291
927435	499634	112602	143096	78174	465603
927435	499634	112602	143096	78174	465603
72485	50053	5519	28454	25471	42688
72485	50053	5519	28454	25471	42688
250295	127399	10590	107734	6165	120655
223777	122002	10590	104820	4933	113979
34608	13758	8081	2007	1218	11666
14444	9573	2172	5240	3573	9249
174726	98671	337	97573	142	93064
26518	5397		2914	1232	6676
26518	5397		2914	1232	6676
75620	36814	11936	8847	3731	37633
75620	36814	11936	8847	3731	37633
22751	10317	2877	4074	2316	9359
10771	8810	7120	639	270	9146
42099	17687	1939	4134	1145	19128
63593616	**28943124**	**4978166**	**10573799**	**4431015**	**27224957**
1022915	502440	69397	208093	121940	473841
74914	35683	5401	10722	5603	34991
74914	35683	5401	10722	5603	34991
102984	47736	6608	22312	6523	48511
102984	47736	6608	22312	6523	48511
201342	99169	6484	38224	31038	113247
199797	98214	6139	38078	30926	112325
1545	955	345	146	112	921
29775	21872	323	17233	7614	14527
29775	21872	323	17233	7614	14527
260818	136702	20613	51777	22126	118634
178390	102718	16631	37913	17686	85016
82429	33984	3982	13864	4440	33618
66101	33567	5699	14479	10891	32216
66101	33567	5699	14479	10891	32216
286981	127712	24270	53346	38145	111716

2-1-8 续表 2

指标名称	企业单位数	亏损企业	工业总产值(当年价格)	工业销售产值(当年价格)	出口交货值
淀粉及淀粉制品的制造	19	5	236337	224549	
豆制品制造	1	1	969	978	
蛋品加工	1		1700	1700	
其他未列明的农副食品加工	3		3531	3151	166
食品制造业	92	17	673354	576694	25812
焙烤食品制造	12	1	24657	25072	
糕点、面包制造	6	1	10145	10137	
饼干及其他焙烤食品制造	6		14513	14935	
糖果、巧克力及蜜饯制造	9	1	27353	25600	
糖果、巧克力制造	1		1761	1709	
蜜饯制作	8	1	25592	23890	
方便食品制造	6		35459	34946	
米、面制品制造	2		6615	6200	
速冻食品制造	2		2697	3140	
方便面及其他方便食品制造	2		26147	25606	
液体乳及乳制品制造	24	3	359676	293544	
液体乳及乳制品制造	24	3	359676	293544	
罐头制造	17	6	77825	65835	14275
肉、禽类罐头制造	3		37523	29707	
蔬菜、水果罐头制造	14	6	40302	36128	14275
调味品、发酵制品制造	16	5	90897	80060	71
酱油、食醋及类似制品的制造	14	4	72297	65643	71
其他调味品、发酵制品制造	2	1	18600	14417	
其他食品制造	8	1	57487	51638	11466
营养、保健食品制造	3		5622	3486	
冷冻饮品及食用冰制造	1		5547	5454	
食品及饲料添加剂制造	4	1	46318	42698	11466
饮料制造业	58	16	680599	616550	894
酒精制造	4	2	21886	20186	
酒精制造	4	2	21886	20186	
酒的制造	24	8	348648	310424	894
白酒制造	13	2	292033	256065	894
啤酒制造	8	6	50081	48064	
葡萄酒制造	1		2852	2852	
其他酒制造	2		3681	3443	
软饮料制造	30	6	310065	285941	
碳酸饮料制造	3		40078	39620	
瓶(罐)装饮用水制造	1		12097	11804	
果菜汁及果菜汁饮料制造	19	4	248969	224657	
含乳饮料和植物蛋白饮料制造	5	2	4083	3698	
固体饮料制造	1		3245	3812	
茶饮料及其他软饮料制造	1		1595	2350	
烟草制品业	1		211946	211889	
卷烟制造	1		211946	211889	
卷烟制造	1		211946	211889	
纺织业	36	20	185137	177952	26080
棉、化纤纺织及印染精加工	29	18	145660	137285	14133
棉、化纤纺织加工	25	17	98774	91166	55

单位：个、万元、人

资产总计	流动资产合计	应收帐款	存货	产成品	流动资产年平均余额
278721	124573	23756	52011	38036	108817
1032	773	6	309	16	436
355	213	101	81	9	205
6874	2152	406	945	84	2258
628561	263896	56814	104251	47654	240464
36581	19320	4229	5782	1073	18257
18954	11525	1501	2407	449	11020
17627	7795	2728	3375	624	7237
42375	20284	6049	9482	2130	18487
3563	1533	636	752	317	1317
38812	18750	5413	8730	1813	17171
28413	9802	1231	4083	1296	9416
6410	2381	201	1702	815	2219
8985	3528	615	1298	277	3159
13018	3894	416	1084	204	4037
268861	98434	31302	35533	13828	87294
268861	98434	31302	35533	13828	87294
63811	32296	1854	22578	18108	33695
18759	10692	865	5089	2073	10105
45053	21604	989	17489	16035	23590
112316	54289	7115	16161	7020	45848
86003	43909	5045	13363	5964	35880
26314	10380	2070	2798	1055	9969
76204	29472	5033	10633	4200	27467
11082	3274	782	1013	72	2541
6544	1759	99	597	291	1759
58578	24439	4153	9023	3837	23167
913137	488616	34282	246405	126031	479546
46201	19650	832	9538	2082	18887
46201	19650	832	9538	2082	18887
498027	304465	17338	138921	46244	293236
395279	269926	13183	124590	42896	260849
88181	25374	3265	11499	2086	24783
10523	7607	524	1967	1026	6035
4045	1557	367	866	236	1569
368909	164501	16112	97946	77705	167424
37947	13898	632	6170	5920	11069
4724	348		348	17	687
281701	141040	14065	88947	70648	146902
36216	6900	1119	1188	505	6555
6114	1297		1190	512	1205
2208	1019	297	104	104	1005
137168	56048	3958	23592	4899	67308
137168	56048	3958	23592	4899	67308
137168	56048	3958	23592	4899	67308
275448	129540	13649	82270	38496	129786
215910	102081	6172	68832	31921	98990
153536	72933	4857	48471	22897	70884

2-1-8 续表 3

指标名称	企业单位数	亏损企业	工业总产值（当年价格）	工业销售产值（当年价格）	出口交货值
棉、化纤印染精加工	4	1	46886	46120	14078
毛纺织和染整精加工	1		14807	15035	9277
毛纺织	1		14807	15035	9277
麻纺织	1		13554	15374	2669
麻纺织	1		13554	15374	2669
丝绢纺织及精加工	2	2	2272	2341	
缫丝加工	1	1	1305	1074	
绢纺和丝织加工	1	1	967	1267	
纺织制成品制造	2		5227	4699	
棉及化纤制品制造	1		1681	1489	
毛制品制造	1		3546	3210	
针织品、编织品及其制品制造	1		3618	3218	
棉、化纤针织品及编织品制造	1		3618	3218	
纺织服装、鞋、帽制造业	14	2	101465	99130	
纺织服装制造	13	2	100955	98628	
纺织服装制造	13	2	100955	98628	
纺织面料鞋的制造	1		511	502	
纺织面料鞋的制造	1		511	502	
皮革、毛皮、羽毛(绒)及其制品业	1		519	512	
毛皮鞣制及制品加工	1		519	512	
其他毛皮制品加工	1		519	512	
木材加工及木、竹、藤、棕、草制品业	5	2	51764	49216	
锯材、木片加工	1	1	1740	1490	
木片加工	1	1	1740	1490	
人造板制造	3	1	48634	46385	
胶合板制造	1		737	727	
纤维板制造	2	1	47897	45658	
木制品制造	1		1390	1340	
建筑用木料及木材组件加工	1		1390	1340	
家具制造业	6	2	10494	9545	
木质家具制造	6	2	10494	9545	
木质家具制造	6	2	10494	9545	
造纸及纸制品业	28	7	113432	113106	916
纸浆制造	1		3132	2989	
纸浆制造	1		3132	2989	
造纸	12	3	32126	32545	916
机制纸及纸板制造	12	3	32126	32545	916
纸制品制造	15	4	78174	77572	
纸和纸板容器的制造	14	4	77558	76971	
其他纸制品制造	1		616	601	
印刷业和记录媒介的复制	23	10	88222	80819	
印刷	22	10	79655	72252	
书、报、刊印刷	14	6	44906	39322	
本册印制	2	1	6452	6452	
包装装潢及其他印刷	6	3	28297	26478	
装订及其他印刷服务活动	1		8567	8567	
装订及其他印刷服务活动	1		8567	8567	
文教体育用品制造业	12	4	63153	64358	24125

单位：个、万元、人

资产总计	流动资产合计	应收帐款	存货	产成品	流动资产年平均余额
62374	29148	1315	20361	9024	28106
19659	9099	4974	3290	1403	12596
19659	9099	4974	3290	1403	12596
21469	11443	1478	6030	3112	11082
21469	11443	1478	6030	3112	11082
9337	3304	689	1846	671	2949
5679	1183	3	889	7	976
3658	2121	686	957	663	1973
5557	1777	215	990	408	2392
1978	564	107	401	303	1194
3579	1213	107	589	105	1198
3515	1838	122	1282	981	1777
3515	1838	122	1282	981	1777
90475	55853	10861	23074	13683	50951
88477	54783	10620	22607	13521	49163
88477	54783	10620	22607	13521	49163
1999	1069	240	467	161	1788
1999	1069	240	467	161	1788
1003	568	307	221	118	568
1003	568	307	221	118	568
1003	568	307	221	118	568
136223	69655	8146	19453	3037	45935
7615	4153	1523	1285	180	3750
7615	4153	1523	1285	180	3750
124553	64583	6547	17394	2857	41394
4717	3525	17	722	356	3028
119836	61058	6531	16673	2501	38366
4055	919	75	774		791
4055	919	75	774		791
8311	4504	1056	2985	959	3837
8311	4504	1056	2985	959	3837
8311	4504	1056	2985	959	3837
121031	52581	11096	18012	6212	49808
5029	747	341	78	36	341
5029	747	341	78	36	341
55541	20987	7326	6809	2963	21316
55541	20987	7326	6809	2963	21316
60461	30847	3429	11126	3214	28151
59926	30628	3390	10974	3153	27948
535	219	39	151	61	203
124134	69464	16379	15815	6619	66755
103529	55527	12470	14873	6619	52833
60444	33020	7421	9909	4559	29437
10905	8737	88	540		8737
32179	13770	4961	4424	2060	14659
20605	13936	3909	942		13921
20605	13936	3909	942		13921
110605	65298	20883	15518	8742	60793

2-1-8 续表 4

指标名称	企业单位数	亏损企业	工业总产值(当年价格)	工业销售产值(当年价格)	出口交货值
体育用品制造	12	4	63153	64358	24125
体育器材及配件制造	4	1	13335	12598	4892
训练健身器材制造	8	3	49818	51760	19234
石油加工、炼焦及核燃料加工业	242	92	15609468	15001817	598600
精炼石油产品的制造	8	1	119138	126583	
原油加工及石油制品制造	8	1	119138	126583	
炼焦	234	91	15490329	14875234	598600
炼焦	234	91	15490329	14875234	598600
化学原料及化学制品制造业	272	114	4684572	4598783	143316
基础化学原料制造	121	57	1513354	1486240	65514
无机酸制造	8	5	40755	42447	2644
无机碱制造	7	3	489245	491973	311
无机盐制造	42	20	284245	270733	14429
有机化学原料制造	47	19	544114	526921	44951
其他基础化学原料制造	17	10	154995	154167	3179
肥料制造	43	12	1732257	1692575	
氮肥制造	32	10	1366466	1331492	
磷肥制造	2	1	11734	12271	
复混肥料制造	7	1	350368	345269	
有机肥料及微生物肥料制造	2		3689	3542	
农药制造	4	1	31331	28718	
化学农药制造	4	1	31331	28718	
涂料、油墨、颜料及类似产品制造	18	5	139623	143549	15668
涂料制造	6		15923	15765	
油墨及类似产品制造	5	2	59163	61779	
颜料制造	4	3	19208	18623	
染料制造	3		45329	47383	15668
合成材料制造	8	3	636977	627292	16512
初级形态的塑料及合成树脂制造	6	2	301931	300216	
合成橡胶制造	1		62902	59760	6475
合成纤维单(聚合)体的制造	1	1	272144	267315	10036
专用化学产品制造	74	35	533574	525276	39012
化学试剂和助剂制造	27	17	146747	145657	4366
专项化学用品制造	6	1	22273	21300	
林产化学产品制造	16	3	34396	34560	5316
炸药及火工产品制造	13	7	265168	261238	18552
环境污染处理专用药剂材料制造	5	3	10134	9081	5538
动物胶制造	2	2	2103	1911	477
其他专用化学产品制造	5	2	52753	51530	4763
日用化学产品制造	4	1	97457	95134	6612
肥皂及合成洗涤剂制造	3	1	96544	94221	6612
香料、香精制造	1		913	913	
医药制造业	102	36	752627	647283	66463
化学药品原药制造	17	4	269765	226758	66463
化学药品原药制造	17	4	269765	226758	66463
化学药品制剂制造	42	16	289033	232584	
化学药品制剂制造	42	16	289033	232584	
中药饮片加工	5	3	9486	9267	

单位：个、万元、人

资产总计	流动资产合计	应收帐款	存货	产成品	流动资产年平均余额
110605	65298	20883	15518	8742	60793
7814	5327	1987	1635	1367	4996
102791	59970	18897	13883	7375	55797
16501619	8237213	1151307	2623967	1494528	7521356
148051	98058	17460	43061	28224	79282
148051	98058	17460	43061	28224	79282
16353568	8139155	1133847	2580906	1466305	7442074
16353568	8139155	1133847	2580906	1466305	7442074
6449652	2245454	348097	628682	261028	2195518
1803622	707940	133629	192315	75055	653736
24835	13272	1856	7574	904	11897
749116	312055	58064	76534	29732	280113
184794	101137	36356	17798	7079	94589
660063	245189	24473	83521	35146	241831
184814	36288	12880	6887	2194	25305
2640639	784346	44011	220646	94121	774388
2175218	592862	33319	154803	65251	551050
13387	6811	716	3532	2086	6345
448458	183874	9539	62017	26514	215923
3576	799	437	293	270	1069
23129	9612	1803	2245	593	8927
23129	9612	1803	2245	593	8927
113207	77647	25641	24613	13142	69444
13522	7524	4072	1706	701	6502
37103	27121	12755	7264	4220	27056
10450	6975	966	2944	2092	7378
52132	36027	7849	12698	6129	28508
848887	217372	26514	48437	18190	245641
262787	101800	21886	6109	2911	111446
152635	30469	1652	8682	3598	31315
433466	85103	2976	33646	11682	102880
721366	328482	83916	104370	45522	323271
138142	71636	19464	30179	14628	68319
22031	6561	606	3775	2794	6979
61035	21523	4161	9926	2719	18756
409716	182233	46744	47028	22366	183625
11009	8251	2183	3473	2087	8134
2286	576	-142	649	554	637
77146	37702	10900	9341	375	36822
298801	120055	32583	36057	14405	120112
297645	119306	32082	35997	14384	119423
1156	749	501	60	21	689
1086106	500925	99929	140904	63887	464260
264572	91808	27752	36074	13980	85749
264572	91808	27752	36074	13980	85749
429204	218930	25296	48056	20652	191996
429204	218930	25296	48056	20652	191996
35535	21591	4269	4255	3072	20598

2-1-8 续表 5

指标名称	企业单位数	亏损企业	工业总产值（当年价格）	工业销售产值（当年价格）	出口交货值
中药饮片加工	5	3	9486	9267	
中成药制造	25	10	114101	113504	
中成药制造	25	10	114101	113504	
兽用药品制造	6	2	6934	6739	
兽用药品制造	6	2	6934	6739	
生物、生化制品的制造	5	1	40916	37231	
生物、生化制品的制造	5	1	40916	37231	
卫生材料及医药用品制造	2		22392	21199	
卫生材料及医药用品制造	2		22392	21199	
化学纤维制造业	3	2	41037	35377	
纤维素纤维原料及纤维制造	1	1	29253	25238	
人造纤维(纤维素纤维)制造	1	1	29253	25238	
合成纤维制造	2	1	11784	10139	
涤纶纤维制造	2	1	11784	10139	
橡胶制品业	22	5	184678	179681	27243
轮胎制造	2		106148	100436	27243
车辆、飞机及工程机械轮胎制造	2		106148	100436	27243
橡胶板、管、带的制造	11	3	52033	52729	
橡胶板、管、带的制造	11	3	52033	52729	
橡胶零件制造	3		11890	11934	
橡胶零件制造	3		11890	11934	
再生橡胶制造	4	2	10659	10591	
再生橡胶制造	4	2	10659	10591	
日用及医用橡胶制品制造	2		3948	3991	
日用及医用橡胶制品制造	2		3948	3991	
塑料制品业	48	13	216141	208151	38
塑料薄膜制造	7	2	43899	42182	
塑料薄膜制造	7	2	43899	42182	
塑料板、管、型材的制造	15	5	96055	96743	38
塑料板、管、型材的制造	15	5	96055	96743	38
塑料丝、绳及编织品的制造	15	4	42891	41604	
塑料丝、绳及编织品的制造	15	4	42891	41604	
泡沫塑料制造	1	1	3400	3232	
泡沫塑料制造	1	1	3400	3232	
塑料包装箱及容器制造	8	1	27264	21885	
塑料包装箱及容器制造	8	1	27264	21885	
其他塑料制品制造	2		2631	2506	
其他塑料制品制造	2		2631	2506	
非金属矿物制品业	419	152	1736480	1641306	97497
水泥、石灰和石膏的制造	133	50	543740	498482	16
水泥制造	128	47	537516	491726	16
石灰和石膏制造	5	3	6225	6756	
水泥及石膏制品制造	39	10	130655	132650	
水泥制品制造	33	6	114580	116289	
砼结构构件制造	2	2	3471	2663	
轻质建筑材料制造	3	2	8004	7210	
其他水泥制品制造	1		4600	6488	
砖瓦、石材及其他建筑材料制造	46	9	278522	259357	

单位：个、万元、人

资产总计	流动资产合计	应收帐款	存货	产成品	流动资产年平均余额
35535	21591	4269	4255	3072	20598
224634	111285	25406	38267	18522	107146
224634	111285	25406	38267	18522	107146
23527	7776	1518	1964	1097	7542
23527	7776	1518	1964	1097	7542
65951	27818	6521	7183	2870	30040
65951	27818	6521	7183	2870	30040
42682	21716	9167	5105	3695	21189
42682	21716	9167	5105	3695	21189
37572	23362	344	8429	6781	24618
33347	19167	-293	6041	4598	21213
33347	19167	-293	6041	4598	21213
4226	4195	637	2387	2184	3405
4226	4195	637	2387	2184	3405
232354	93385	30671	44945	14343	100312
162053	48911	7587	32054	8843	57844
162053	48911	7587	32054	8843	57844
43828	26915	13096	7948	4414	26463
43828	26915	13096	7948	4414	26463
12331	10214	7693	497	190	8690
12331	10214	7693	497	190	8690
7721	5951	1891	3851	437	5946
7721	5951	1891	3851	437	5946
6421	1395	404	595	460	1370
6421	1395	404	595	460	1370
228231	129554	28845	49960	28600	118859
49587	28759	7117	16271	8363	24883
49587	28759	7117	16271	8363	24883
85028	56241	8401	19807	14022	51066
85028	56241	8401	19807	14022	51066
48431	29750	9337	9450	4738	28654
48431	29750	9337	9450	4738	28654
2000	700	200	150	67	720
2000	700	200	150	67	720
38946	11781	2495	3571	1053	11416
38946	11781	2495	3571	1053	11416
4239	2323	1295	711	357	2120
4239	2323	1295	711	357	2120
2795369	1195224	299146	426704	211410	1142761
1272501	463999	103009	146885	69520	464701
1258870	456218	99049	146466	69283	456932
13631	7781	3960	419	237	7769
210797	106254	44942	25783	6961	106337
181901	97784	42733	22363	5814	97369
13666	3090	991	1473	59	3535
5307	1691	-239	989	404	1745
9922	3689	1458	958	685	3689
243603	91271	28833	20473	11952	82192

2-1-8 续表 6

指标名称	企业单位数	亏损企业	工业总产值（当年价格）	工业销售产值（当年价格）	出口交货值
粘土砖瓦及建筑砌块制造	25	8	42052	38433	
建筑陶瓷制品制造	9	1	25111	23957	
建筑用石加工	4		146946	141929	
防水建筑材料制造	7		60385	52933	
其他建筑材料制造	1		4028	2105	
玻璃及玻璃制品制造	44	21	214546	203033	55027
平板玻璃制造	1	1	26859	25053	
技术玻璃制品制造	1	1	67791	64286	
玻璃仪器制造	1		1530	1155	
日用玻璃制品及玻璃包装容器制造	38	18	115622	110018	55027
玻璃纤维及制品制造	1	1	666	689	
玻璃纤维增强塑料制品制造	2		2078	1832	
陶瓷制品制造	31	10	50361	48258	4945
特种陶瓷制品制造	7	5	9246	9804	
日用陶瓷制品制造	24	5	41115	38454	4945
耐火材料制品制造	70	26	204014	195853	23199
石棉制品制造	1		4844	4197	
耐火陶瓷制品及其他耐火材料制造	69	26	199171	191656	23199
石墨及其他非金属矿物制品制造	56	26	314643	303674	14311
石墨及碳素制品制造	45	19	264662	254867	12335
其他非金属矿物制品制造	11	7	49980	48808	1976
黑色金属冶炼及压延加工业	184	84	18999334	18603637	1319197
炼铁	92	43	2514265	2359441	55873
炼铁	92	43	2514265	2359441	55873
炼钢	19	7	2822875	2778942	3436
炼钢	19	7	2822875	2778942	3436
钢压延加工	37	16	12665956	12506830	1191988
钢压延加工	37	16	12665956	12506830	1191988
铁合金冶炼	36	18	996238	958423	67900
铁合金冶炼	36	18	996238	958423	67900
有色金属冶炼及压延加工业	119	60	4221897	4061910	114860
常用有色金属冶炼	89	50	3708038	3579034	72837
铜冶炼	4	1	514761	491771	
铅锌冶炼	3	1	46072	40571	
铝冶炼	18	12	2308195	2228798	
镁冶炼	63	36	832607	812370	72837
其他常用有色金属冶炼	1		6403	5524	
贵金属冶炼	1		11000	12027	
银冶炼	1		11000	12027	
稀有稀土金属冶炼	4		59799	62774	5701
稀土金属冶炼	3		58161	61455	5701
其他稀有金属冶炼	1		1638	1319	
有色金属合金制造	9	5	179793	171820	36322
有色金属合金制造	9	5	179793	171820	36322
有色金属压延加工	16	5	263267	236255	
常用有色金属压延加工	11	4	195598	169987	
贵金属压延加工	2	1	55716	55705	
稀有稀土金属压延加工	3		11954	10563	

单位：个、万元、人

资产总计	流动资产合计	应收帐款	存货	产成品	流动资产年平均余额
131014	29080	4472	7241	3776	25936
34657	8199	1233	4862	3330	9342
36782	25142	8503	1522	1251	24743
31600	22942	12657	4771	1518	17300
9550	5908	1970	2078	2078	4872
336044	153867	25719	64233	35215	154560
52851	15508	343	6628	1955	17610
162195	84325	14341	29796	14730	84325
6058	823	52	327	173	889
112926	52204	10624	26945	18031	50832
476	353	96	251	237	353
1538	655	263	286	89	553
76389	38111	6320	21715	11005	33913
23868	14146	3092	6331	3472	13828
52521	23965	3229	15383	7533	20086
306292	169612	47134	65914	40805	150107
2122	1069	229	839	69	1069
304170	168543	46905	65075	40736	149038
349742	172111	43189	81701	35952	150950
284418	147830	36452	72314	30717	127342
65324	24281	6737	9386	5235	23608
16940984	6829651	804357	3196700	1090431	6654758
1944041	901156	155411	456091	212261	862960
1944041	901156	155411	456091	212261	862960
1716607	795847	97518	331909	100349	800778
1716607	795847	97518	331909	100349	800778
12498418	4645502	459878	2125856	613588	4520273
12498418	4645502	459878	2125856	613588	4520273
781917	487146	91549	282843	164233	470747
781917	487146	91549	282843	164233	470747
6036937	2143009	197069	768353	221734	2005657
5575426	1917866	168464	693460	178308	1788328
640866	364930	4538	104154	39576	299088
117973	37318	1878	11223	4947	40235
4093942	1210248	105136	483628	99509	1160753
721295	304724	56862	93922	33793	287567
1351	645	50	532	484	685
21943	7832		5447	5183	6568
21943	7832		5447	5183	6568
35707	26285	1791	11869	5608	26051
33136	25314	1711	11171	5608	25081
2571	970	81	697		970
77094	46819	7661	11181	4863	42598
77094	46819	7661	11181	4863	42598
326768	144208	19153	46398	27772	142113
285268	112536	15512	29438	19317	110291
25803	19690	799	9050	1707	19787
15697	11982	2842	7910	6749	12034

2-1-8 续表 7

指标名称	企业单位数	亏损企业	工业总产值(当年价格)	工业销售产值(当年价格)	出口交货值
金属制品业	97	38	384246	373915	16591
结构性金属制品制造	35	9	179216	177483	
金属结构制造	32	9	166858	166162	
金属门窗制造	3		12358	11321	
金属工具制造	6	4	8965	5477	643
切削工具制造	5	3	8453	4965	131
农用及园林用金属工具制造	1	1	512	512	512
集装箱及金属包装容器制造	11	5	25177	23685	
金属压力容器制造	3	1	6135	5451	
金属包装容器制造	8	4	19043	18234	
金属丝绳及其制品的制造	5	2	22237	21796	6785
金属丝绳及其制品的制造	5	2	22237	21796	6785
建筑、安全用金属制品制造	31	14	104810	105093	6998
建筑装饰及水暖管道零件制造	26	12	96218	92928	6998
安全、消防用金属制品制造	5	2	8593	12165	
金属表面处理及热处理加工	4	1	15481	14691	
金属表面处理及热处理加工	4	1	15481	14691	
搪瓷制品制造	1	1	2260	2165	2165
搪瓷日用品及其他搪瓷制品制造	1	1	2260	2165	2165
不锈钢及类似日用金属制品制造	3	2	22050	20168	
金属制厨用器皿及餐具制造	1		11969	10740	
其他日用金属制品制造	2	2	10081	9429	
其他金属制品制造	1		4050	3356	
其他未列明的金属制品制造	1		4050	3356	
通用设备制造业	269	67	1330881	1307466	118552
锅炉及原动机制造	14	3	155932	143827	1162
锅炉及辅助设备制造	12	2	72835	65536	
内燃机及配件制造	2	1	83098	78291	1162
金属加工机械制造	18	2	62296	56980	3006
金属切削机床制造	4		24098	21545	1209
金属成形机床制造	2		6007	5117	935
铸造机械制造	6	2	12393	11741	
金属切割及焊接设备制造	1		2049	1612	862
机床附件制造	1		2707	2326	
其他金属加工机械制造	4		15042	14640	
起重运输设备制造	14	6	51263	51959	
起重运输设备制造	14	6	51263	51959	
泵、阀门、压缩机及类似机械的制造	32	10	154201	151233	4781
泵及真空设备制造	10	2	57264	55147	2620
气体压缩机械制造	1	1	2034	1775	
阀门和旋塞的制造	3	1	10309	11259	
液压和气压动力机械及元件制造	18	6	84594	83052	2161
轴承、齿轮、传动和驱动部件的制造	9	1	12522	11893	
轴承制造	5	1	5335	5537	
齿轮、传动和驱动部件制造	4		7187	6356	
烘炉、熔炉及电炉制造	2		7463	7392	
烘炉、熔炉及电炉制造	2		7463	7392	
风机、衡器、包装设备等通用设备制造	19	2	85643	83918	

单位：个、万元、人

资产总计	流动资产合计	应收帐款	存货	产成品	流动资产年平均余额
354750	266684	76728	110291	45814	248184
136216	102325	42168	39673	12938	98742
121065	95050	41590	37129	11820	91547
15151	7275	579	2543	1118	7195
51754	43541	6004	17632	6148	38263
50877	43312	6003	17405	6148	38064
877	228	1	227		199
30080	20371	2650	7215	1639	17489
8727	4314	-18	3567	123	3393
21353	16058	2668	3648	1516	14096
13262	8727	1777	3365	1622	10486
13262	8727	1777	3365	1622	10486
103505	75642	16815	37781	22169	72745
88728	63956	12186	32468	19733	62036
14777	11686	4629	5313	2436	10709
7416	6729	4209	807	106	4845
7416	6729	4209	807	106	4845
1096	618	83	361	57	498
1096	618	83	361	57	498
8022	7249	2541	2575	644	4151
4183	3571	753	936	42	464
3838	3679	1788	1639	602	3686
3400	1483	481	881	491	966
3400	1483	481	881	491	966
1501980	911862	255390	374350	183024	821784
295493	162177	28211	90391	32620	152809
146705	106437	12907	68885	27321	99330
148788	55741	15304	21507	5300	53479
92770	66547	15783	26394	15925	62471
56157	45281	6824	19139	12813	40368
5169	2955	249	1800	429	2851
15555	8808	2501	4203	1890	10569
1745	680	36	389	289	672
2972	1781	1195	330	250	1727
11173	7042	4978	533	256	6284
60604	43861	11830	22634	13437	28882
60604	43861	11830	22634	13437	28882
198955	117735	39838	50221	26886	104612
81367	49200	16629	22210	8329	39970
3088	2577	710	1297	384	2203
18697	14598	1771	8834	6288	13189
95804	51360	20728	17880	11886	49251
16113	8599	3712	2233	1187	6955
6792	4338	1839	1054	584	3448
9321	4261	1873	1179	603	3507
7734	5682	3069	1114	75	4333
7734	5682	3069	1114	75	4333
84689	58293	22137	15829	6514	48820

2-1-8 续表 8

指标名称	企业单位数	亏损企业	工业总产值(当年价格)	工业销售产值(当年价格)	出口交货值
风机、风扇制造	6		35721	34494	
气体、液体分离及纯净设备制造	1	1	1354	1354	
制冷、空调设备制造	2		3207	3064	
喷枪及类似器具制造	1		4851	4850	
衡器制造	2		4626	4565	
其他通用设备制造	7	1	35883	35591	
通用零部件制造及机械修理	25	12	131155	141713	7630
紧固件、弹簧制造	4	2	15444	16428	7616
机械零部件加工及设备修理	16	6	110447	120410	14
其他通用零部件制造	5	4	5264	4875	
金属铸、锻加工	136	31	670404	658551	101973
钢铁铸件制造	89	29	412184	407158	54492
锻件及粉末冶金制品制造	47	2	258220	251393	47481
专用设备制造业	110	36	2825105	2719936	251329
矿山、冶金、建筑专用设备制造	59	17	1682932	1634192	112770
采矿、采石设备制造	40	12	1457379	1412053	76857
石油钻采专用设备制造	6	1	109891	112698	35913
建筑工程用机械制造	2	2	1994	1982	
建筑材料生产专用机械制造	1		1789	1789	
冶金专用设备制造	10	2	111879	105670	
化工、木材、非金属加工专用设备制造	4	1	57405	41862	
炼油、化工生产专用设备制造	2	1	51109	35851	
塑料加工专用设备制造	1		2674	2707	
模具制造	1		3622	3305	
食品、饮料、烟草及饲料生产专用设备制造	1		1787	1584	
食品、饮料、烟草工业专用设备制造	1		1787	1584	
印刷、制药、日化生产专用设备制造	1		3326	3098	
印刷专用设备制造	1		3326	3098	
纺织、服装和皮革工业专用设备制造	18	10	134443	142909	29943
纺织专用设备制造	18	10	134443	142909	29943
电子和电工机械专用设备制造	17	5	876771	837385	108616
电工机械专用设备制造	3	2	12694	11607	
电子工业专用设备制造	5		12259	13748	
航空、航天及其他专用设备制造	1		160326	157229	64
农、林、牧、渔专用机械制造	4	2	45281	36431	
拖拉机制造	1		37921	30110	
机械化农业及园艺机具制造	1	1	3170	3006	
其他农林牧渔业机械制造及机械修理	2	1	4190	3315	
医疗仪器设备及器械制造	2		2096	2217	
医疗诊断、监护及治疗设备制造	1		449	477	
假肢、人工器官及植(介)入器械制造	1		1646	1740	
环保、社会公共安全及其他专用设备制造	4	1	21065	20258	
环境污染防治专用设备制造	2		18010	17355	
社会公共安全设备及器材制造	1		1745	1704	
水资源专用机械制造	1	1	1310	1198	
交通运输设备制造业	84	29	1035667	1022306	35716
铁路运输设备制造	33	5	655790	646080	

单位：个、万元、人

资产总计	流动资产合计	应收帐款	存货	产成品	流动资产年平均余额
29257	22336	9803	6654	3017	20730
3105	1123	376	159		1331
4637	2481	676	1136	824	2030
1948	1313	401	35		1166
8282	3914	1208	1602	995	3890
37460	27126	9674	6243	1678	19674
151372	105754	32647	16978	9298	92895
23582	17216	3643	2867	865	14469
118745	83030	27721	13134	8092	73143
9046	5508	1283	977	342	5282
594249	343214	98164	148556	77082	320006
382197	219666	63984	99091	60542	201676
212051	123548	34180	49464	16540	118330
3948748	2566355	814356	827314	261251	2274215
2231016	1639016	553572	515343	144242	1396552
1986292	1467217	515890	447159	118103	1249466
85606	57595	15687	32575	12525	51831
19537	13458	929	1306	316	7609
2288	2069	678	677		1057
137292	98678	20389	33626	13299	86589
63619	41076	10953	22222	11783	37796
48419	34255	9705	19853	10954	32419
3200	590		524	275	595
12000	6231	1248	1845	554	4782
4247	3227	648	2190	2093	3227
4247	3227	648	2190	2093	3227
7067	6166	659	1959	835	2165
7067	6166	659	1959	835	2165
247957	158900	41141	58859	24149	172005
247957	158900	41141	58859	24149	172005
1315938	671189	195766	210415	68288	623578
10651	8517	3967	1784	1135	7971
25966	17583	8062	3932	2028	16136
223664	151680	102500	31498	5913	154655
34928	16167	5493	7472	3644	12897
30549	13306	5320	5886	3292	11840
2490	2005	368	595		206
1889	856	-194	992	352	851
5575	1858	340	537	38	2077
697	247	80	142	36	247
4878	1611	259	394	2	1830
38402	28756	5785	8317	6179	23918
33336	26522	5175	7057	5689	21629
2220	1869	543	1017	434	1903
2845	365	66	243	56	387
1279417	752098	235459	199304	67891	770821
716413	444068	167506	80568	13718	456078

2-1-8 续表 9

指标名称	企业单位数	亏损企业	工业总产值（当年价格）	工业销售产值（当年价格）	出口交货值
铁路机车车辆及动车组制造	2		261166	260819	
工矿有轨专用车辆制造	2	1	6351	5788	
铁路机车车辆配件制造	15	3	146976	145822	
铁路专用设备及器材、配件制造	10		92992	86544	
其他铁路设备制造及设备修理	4	1	148305	147107	
汽车制造	48	23	373134	369379	35716
汽车整车制造	1	1	15585	13227	
改装汽车制造	5	2	49318	47231	
汽车车身、挂车的制造	7	5	22185	22318	
汽车零部件及配件制造	30	12	275657	276202	35716
汽车修理	5	3	10390	10401	
航空航天器制造	1		5377	5377	
飞机制造及修理	1		5377	5377	
交通器材及其他交通运输设备制造	2	1	1366	1470	
交通管理用金属标志及设施制造	1	1	861	915	
其他交通运输设备制造	1		505	555	
电气机械及器材制造业	57	15	590579	533661	12925
电机制造	8	2	311215	283021	12752
发电机及发电机组制造	1	1	13777	13777	
电动机制造	7	1	297438	269244	12752
输配电及控制设备制造	24	4	118084	102609	
变压器、整流器和电感器制造	9	3	58834	55046	
电容器及其配套设备制造	1		2765	2388	
配电开关控制设备制造	12	1	47849	36404	
电力电子元器件制造	1		6293	6461	
其他输配电及控制设备制造	1		2344	2309	
电线、电缆、光缆及电工器材制造	16	8	97886	89247	
电线电缆制造	13	7	85670	76905	
光纤、光缆制造	1	1	6720	6734	
绝缘制品制造	1		4315	4208	
其他电工器材制造	1		1181	1400	
电池制造	2		48864	44580	173
电池制造	2		48864	44580	173
家用电力器具制造	2		7040	6976	
家用电力器具专用配件制造	1		2760	2993	
其他家用电力器具制造	1		4280	3983	
非电力家用器具制造	1		2201	2201	
燃气、太阳能及类似能源的器具制造	1		2201	2201	
照明器具制造	3	1	2807	2546	
照明灯具制造	1		650	642	
灯用电器附件及其他照明器具制造	2	1	2157	1904	
其他电气机械及器材制造	1		2481	2481	
其他未列明的电气机械制造	1		2481	2481	
通信设备、计算机及其他电子设备制造业	31	10	1017684	973863	202333
通信设备制造	4	1	746445	726488	158004
通信传输设备制造	2		34879	34879	
移动通信及终端设备制造	2	1	711566	691609	158004
雷达及配套设备制造	1	1	13174	10612	

单位：个、万元、人

资产总计	流动资产合计	应收帐款	存货	产成品	流动资产年平均余额
336924	212508	70635	23728	3899	231303
11116	4573	1585	1917	478	3609
143777	82611	37673	21459	3584	76342
89060	62747	25002	11551	3110	57329
135537	81629	32610	21914	2646	87495
547004	300042	66590	115510	53681	307576
42021	23498	820	6463	4096	28108
48536	25625	2950	11517	5605	25626
40032	25289	2997	2331	529	16123
402963	217292	59370	92827	42757	229110
13452	8338	453	2372	693	8610
13897	6873	987	2912	481	6337
13897	6873	987	2912	481	6337
2103	1115	376	313	12	830
1327	560	257			667
775	555	120	313	12	163
664875	440940	130713	128505	59555	410756
388795	258016	64385	72444	30521	249028
18480	9268	4047	2803	918	9712
370314	248748	60338	69641	29603	239317
131223	100135	43208	25151	11131	93572
66700	52458	19409	14142	4837	46427
2259	2044	928	806	473	1973
46816	35788	18175	7927	5123	35777
3936	3513	1894	587	293	3541
11513	6332	2802	1691	404	5854
88175	50364	19059	21330	12033	41606
60035	35389	12320	16077	9258	26847
24150	11985	4800	5000	2650	12130
2467	1919	1435	207	120	1919
1524	1071	504	47	4	710
41937	23092	1051	7373	5262	18493
41937	23092	1051	7373	5262	18493
5737	2695	420	1352	487	2189
3214	1168	365	545		1168
2524	1527	55	807	487	1021
1606	805		218		818
1606	805		218		818
3935	3248	927	388	121	2439
416	262	165	97	88	262
3520	2986	762	290	33	2177
3468	2586	1662	248		2611
3468	2586	1662	248		2611
1636376	653496	206106	249387	36531	603357
1092364	395418	150793	160688	9936	361233
109455	82365	1206	72465	182	93912
982909	313053	149587	88223	9754	267321
14526	9410	3603	4180	5	9238

2-1-8 续表 10

指标名称	企业单位数	亏损企业	工业总产值（当年价格）	工业销售产值（当年价格）	出口交货值
雷达及配套设备制造	1	1	13174	10612	
广播电视设备制造	1		335	443	
应用电视设备及其他广播电视设备制造	1		335	443	
电子计算机制造	2	1	17594	18238	
电子计算机整机制造	2	1	17594	18238	
电子器件制造	4	1	21438	13710	8281
电子真空器件制造	1	1	10206	2865	
光电子器件及其他电子器件制造	3		11233	10845	8281
电子元件制造	18	6	217743	203614	36048
电子元件及组件制造	18	6	217743	203614	36048
其他电子设备制造	1		954	758	
其他电子设备制造	1		954	758	
仪器仪表及文化、办公用机械制造业	18		141296	139596	1164
通用仪器仪表制造	12		101354	98152	
工业自动控制系统装置制造	12		101354	98152	
专用仪器仪表制造	5		36633	38109	986
导航、气象及海洋专用仪器制造	3		31828	33302	986
电子测量仪器制造	2		4805	4807	
光学仪器及眼镜制造	1		3309	3336	178
光学仪器制造	1		3309	3336	178
工艺品及其他制造业	5	1	19808	14633	899
工艺美术品制造	2		10608	5593	899
金属工艺品制造	2		10608	5593	899
其他未列明的制造业	3	1	9201	9039	
其他未列明的制造业	3	1	9201	9039	
电力、燃气及水的生产和供应业	**130**	**75**	**8254442**	**8292179**	**8202**
电力、热力的生产和供应业	96	56	8124188	8166208	8202
电力生产	65	41	3906705	3948475	8202
火力发电	61	41	3825233	3881817	8202
水力发电	3		80705	65892	
其他能源发电	1		766	766	
电力供应	9	1	4117542	4118118	
电力供应	9	1	4117542	4118118	
热力生产和供应	22	14	99942	99615	
热力生产和供应	22	14	99942	99615	
燃气生产和供应业	7	4	15104	14674	
燃气生产和供应业	7	4	15104	14674	
燃气生产和供应业	7	4	15104	14674	
水的生产和供应业	27	15	115149	111296	
自来水的生产和供应	25	15	103990	101137	
自来水的生产和供应	25	15	103990	101137	
污水处理及其再生利用	2		11159	10159	
污水处理及其再生利用	2		11159	10159	
七、按行业大类分					
煤炭开采和洗选业	1577	241	33561157	33227285	1004567
石油和天然气开采业	2	1	90970	92011	
黑色金属矿采选业	185	30	1121854	1033205	

单位：个、万元、人

资产总计	流动资产合计	应收帐款	存货	产成品	流动资产年平均余额
14526	9410	3603	4180	5	9238
1925	1349	919	367		1246
1925	1349	919	367		1246
66444	26424	4854	6446	2267	23204
66444	26424	4854	6446	2267	23204
30580	16850	1985	10644	8868	13723
14057	9981	940	8596	7550	6763
16522	6868	1045	2048	1319	6960
429794	203370	43858	66579	15426	193993
429794	203370	43858	66579	15426	193993
744	675	95	483	28	721
744	675	95	483	28	721
292217	185594	51892	33201	4342	187989
183942	136842	35055	25601	1415	139876
183942	136842	35055	25601	1415	139876
106041	47495	16538	7141	2827	46698
101540	43387	15360	5180	1859	42532
4501	4108	1178	1961	967	4166
2235	1258	300	459	100	1415
2235	1258	300	459	100	1415
37421	9860	933	3116	1476	10162
12310	3234	238	2461	1459	3004
12310	3234	238	2461	1459	3004
25110	6626	695	655	17	7158
25110	6626	695	655	17	7158
16614707	**2669064**	**486987**	**333746**	**22049**	**2585909**
16070360	2517385	473298	329963	21995	2437940
11357892	1865143	405694	300980	21721	1740601
10918468	1765404	400655	300802	21721	1649660
409298	98894	5039	178		90334
30127	845				607
4276943	497595	49638	17925		534838
4276943	497595	49638	17925		534838
435525	154648	17966	11059	274	162501
435525	154648	17966	11059	274	162501
70933	16068	1882	1004	...	15506
70933	16068	1882	1004	...	15506
70933	16068	1882	1004	...	15506
473414	135611	11807	2780	54	132463
422725	132273	11807	2723		129121
422725	132273	11807	2723		129121
50689	3338		56	54	3342
50689	3338		56	54	3342
52868121	22443879	2820859	3068827	1275456	18910160
124449	99884	42305	4033		86574
999919	549688	118121	171550	103645	508291

2-1-8 续表 11

指标名称	企业单位数	亏损企业	工业总产值（当年价格）	工业销售产值（当年价格）	出口交货值
有色金属矿采选业	11	4	178289	170489	
非金属矿采选业	13	3	31609	30133	
农副食品加工业	139	31	1028778	993786	24984
食品制造业	92	17	673354	576694	25812
饮料制造业	58	16	680599	616550	894
烟草制品业	1		211946	211889	
纺织业	36	20	185137	177952	26080
纺织服装、鞋、帽制造业	14	2	101465	99130	
皮革、毛皮、羽毛(绒)及其制品业	1		519	512	
木材加工及木、竹、藤、棕、草制品业	5	2	51764	49216	
家具制造业	6	2	10494	9545	
造纸及纸制品业	28	7	113432	113106	916
印刷业和记录媒介的复制	23	10	88222	80819	
文教体育用品制造业	12	4	63153	64358	24125
石油加工、炼焦及核燃料加工业	242	92	15609468	15001817	598600
化学原料及化学制品制造业	272	114	4684572	4598783	143316
医药制造业	102	36	752627	647283	66463
化学纤维制造业	3	2	41037	35377	
橡胶制品业	22	5	184678	179681	27243
塑料制品业	48	13	216141	208151	38
非金属矿物制品业	419	152	1736480	1641306	97497
黑色金属冶炼及压延加工业	184	84	18999334	18603637	1319197
有色金属冶炼及压延加工业	119	60	4221897	4061910	114860
金属制品业	97	38	384246	373915	16591
通用设备制造业	269	67	1330881	1307466	118552
专用设备制造业	110	36	2825105	2719936	251329
交通运输设备制造业	84	29	1035667	1022306	35716
电气机械及器材制造业	57	15	590579	533661	12925
通信设备、计算机及其他电子设备制造业	31	10	1017684	973863	202333
仪器仪表及文化、办公用机械制造业	18		141296	139596	1164
工艺品及其他制造业	5	1	19808	14633	899
电力、热力的生产和供应业	96	56	8124188	8166208	8202
燃气生产和供应业	7	4	15104	14674	
水的生产和供应业	27	15	115149	111296	
八、按地区分					
直　报	2		4064032	4064032	
太原市	515	151	19205213	18743764	1727339
大同市	327	73	6034315	5958065	576488
阳泉市	204	64	4002447	3938461	199381
长治市	422	129	11229349	11014713	36287
晋城市	255	41	6031476	5751469	203884
朔州市	260	28	5786236	5664802	260721
晋中市	661	208	8239145	8241422	468606
运城市	453	182	9524359	9006473	229028
忻州市	332	89	3141452	3021951	63278
临汾市	507	136	12708557	12406279	101756
吕梁市	477	118	10272098	10090747	255537

单位：个、万元、人

资产总计	流动资产合计				流动资产年平均余额
		应收帐款	存货	产成品	
250295	127399	10590	107734	6165	120655
75620	36814	11936	8847	3731	37633
1022915	502440	69397	208093	121940	473841
628561	263896	56814	104251	47654	240464
913137	488616	34282	246405	126031	479546
137168	56048	3958	23592	4899	67308
275448	129540	13649	82270	38496	129786
90475	55853	10861	23074	13683	50951
1003	568	307	221	118	568
136223	69655	8146	19453	3037	45935
8311	4504	1056	2985	959	3837
121031	52581	11096	18012	6212	49808
124134	69464	16379	15815	6619	66755
110605	65298	20883	15518	8742	60793
16501619	8237213	1151307	2623967	1494528	7521356
6449652	2245454	348097	628682	261028	2195518
1086106	500925	99929	140904	63887	464260
37572	23362	344	8429	6781	24618
232354	93385	30671	44945	14343	100312
228231	129554	28845	49960	28600	118859
2795369	1195224	299146	426704	211410	1142761
16940984	6829651	804357	3196700	1090431	6654758
6036937	2143009	197069	768353	221734	2005657
354750	266684	76728	110291	45814	248184
1501980	911862	255390	374350	183024	821784
3948748	2566355	814356	827314	261251	2274215
1279417	752098	235459	199304	67891	770821
664875	440940	130713	128505	59555	410756
1636376	653496	206106	249387	36531	603357
292217	185594	51892	33201	4342	187989
37421	9860	933	3116	1476	10162
16070360	2517385	473298	329963	21995	2437940
70933	16068	1882	1004	…	15506
473414	135611	11807	2780	54	132463
4209059	484694	44594	17807		512583
25232901	11531042	1908407	3691499	1303231	10443680
10944318	4283552	568743	831886	365540	3865088
7937697	3181274	465395	649472	228860	2621173
16276230	7003111	1322662	1212467	544022	6458074
10804453	3556719	319218	728509	175551	3210643
7339891	2445925	390824	378405	118313	2130268
9467478	4352212	775509	1192968	666848	3897651
12201823	4741249	629539	1830121	749782	4490120
5561055	2071514	336137	457846	170629	1753231
11271441	4831989	646181	1539690	662461	4559324
13280380	6386573	1061756	1737866	856821	5532344

2-1-8 续表 12

指标名称	固定资产合计	固定资产原价	累计折旧	固定资产净值
总 计	**60625650**	**76686523**	**24896487**	**51790036**
一、按轻重工业分				
轻工业	2429047	3067913	940859	2127055
重工业	58196603	73618609	23955628	49662981
二、按企业规模分				
大型企业	32636759	42420271	15475522	26944749
中型企业	19202011	24592057	7612497	16979560
小型企业	8786879	9674195	1808468	7865727
三、按登记注册类型分				
内资企业	**56592726**	**71158103**	**22835697**	**48322406**
国有企业	10090778	14065389	5059313	9006076
集体企业	973334	1132710	264945	867765
股份合作企业	548791	569216	109360	459856
联营企业	75868	82151	14127	68024
国有联营企业	4617	5360	743	4617
集体联营企业	45087	51712	11252	40459
其他联营企业	26165	25080	2131	22948
有限责任公司	32898643	40432338	12985558	27446780
国有独资公司	9114871	13343185	4973072	8370113
其他有限责任公司	23783772	27089153	8012487	19076667
股份有限公司	5917253	8199105	2914778	5284326
私营企业	6040180	6628153	1479741	5148412
私营独资企业	338483	405041	85101	319940
私营合伙企业	54234	61469	9977	51492
私营有限责任公司	5250873	5716637	1290042	4426595
私营股份有限公司	396590	445006	94622	350384
其他企业	47881	49042	7875	41167
港澳台商投资企业	**1528802**	**1860422**	**663297**	**1197125**
与港澳台商合资经营企业	715572	907061	243303	663757
与港澳台商合作经营企业	24202	31768	8678	23091
港澳台商独资企业	738502	824404	364653	459751
港澳台商投资股份有限公司	50526	97189	46663	50526
外商投资企业	**2504121**	**3667998**	**1397493**	**2270504**
中外合资经营企业	1421480	1671548	442115	1229433
中外合作经营企业	688383	1526565	842061	684504
外资企业	357937	428219	105876	322343
外商投资股份有限公司	36321	41666	7442	34225
四、按隶属关系分				
中央	13117034	19552170	7344262	12207909
省	22098045	28371494	10182133	18189361
市	3832781	4923823	1645813	3278010
县(区、市)	7900359	8877993	2277773	6600220
乡镇(街道)	1991824	2198048	450325	1747723
基层群众自治组织	552789	612390	141183	471208
其他	11132819	12150605	2854999	9295606
五、按控股情况分				
国有控股	40217795	54067504	19518481	34549023
集体控股	2701446	3226706	779059	2447647

单位：个、万元、人

固定资产净值年平均余额	负债合计	流动负债合计	应付账款	长期负债合计	所有者权益合计
52090432	**90236321**	**64201748**	**16239241**	**24264711**	**44290407**
2090843	3091782	2607888	532529	436326	2613376
49999589	87144539	61593860	15706713	23828386	41677031
28478528	48225661	32957506	8213446	14594447	24102654
15828661	28845220	21552272	5238753	6590993	13474455
7783244	13165439	9691970	2787042	3079271	6713298
48465298	**85202211**	**60574516**	**15331434**	**23014222**	**41157354**
8758822	12714777	7812351	1900183	4626922	5954584
853040	1803225	1523816	397200	240435	960656
459224	859292	676686	217236	179498	267046
63993	115294	84747	28292	26546	80721
5032	4584	2349	376	2235	3886
35829	79360	52549	17754	22810	40678
23132	31350	29849	10162	1501	36156
28443226	52066767	36982667	9072897	13974079	23762398
8331407	17258907	11933252	2789309	4843247	8381832
20111818	34807860	25049414	6283587	9130832	15380565
4875538	7806447	4960225	1299357	2795403	4609766
4968315	9747887	8447782	2379942	1169126	5489174
284269	588211	537046	142363	42573	367097
39327	59521	55699	13430	2485	77880
4300930	8522636	7392654	2059097	1025889	4707030
343790	577519	462383	165052	98179	337167
43141	88523	86243	36327	2214	33010
1397664	**1853497**	**1335637**	**343688**	**506187**	**834990**
676510	919404	569483	124192	343093	361953
25761	21993	15146	2657	6803	16805
647599	793989	701968	198773	87220	425490
47795	118111	49041	18067	69071	30741
2227470	**3180613**	**2291595**	**564118**	**744302**	**2298063**
1169915	2215629	1674035	428196	402270	1612628
715646	453669	222847	41431	230822	480631
305371	467108	353905	85006	107812	180656
36538	44207	40808	9486	3399	24149
11522272	15589172	9000904	2433389	6387891	6671201
19524516	33854451	22065639	4979979	11048878	16148558
3087533	5712388	4396165	1037179	1255012	2934993
6403687	11934463	9177968	2155651	2530297	7580469
1653922	3565655	2906260	717590	480404	1746061
486456	1067450	933437	330278	110220	520622
9412045	18512742	15721374	4585175	2452010	8688503
34928534	56485911	36490814	8549882	18916647	27162462
2403601	4794182	3613547	902341	1073054	2184918

2-1-8 续表 13

指标名称	固定资产合计	固定资产原价	累计折旧	固定资产净值
私人控股	15831415	17213338	3883578	13329761
港澳台商控股	888027	1017266	417571	599695
外商控股	884767	1048003	268799	779204
其他	102202	113706	29000	84705
六、按国民经济行业分				
采矿业	**21448300**	**25539598**	**8522194**	**17017403**
煤炭开采和洗选业	20947288	24859498	8307580	16551918
烟煤和无烟煤的开采洗选	20947288	24859498	8307580	16551918
烟煤和无烟煤的开采洗选	20947288	24859498	8307580	16551918
石油和天然气开采业	9780	12005	2224	9780
天然原油和天然气开采	5337	6508	1171	5337
天然原油和天然气开采	5337	6508	1171	5337
与石油和天然气开采有关的服务活动	4443	5497	1054	4443
与石油和天然气开采有关的服务活动	4443	5497	1054	4443
黑色金属矿采选业	357167	448687	119912	328775
铁矿采选	339783	425143	112533	312610
铁矿采选	339783	425143	112533	312610
其他黑色金属矿采选	17385	23544	7379	16165
其他黑色金属矿采选	17385	23544	7379	16165
有色金属矿采选业	119258	191511	77530	113981
常用有色金属矿采选	98137	163427	70567	92860
铜矿采选	17347	28472	14566	13906
铅锌矿采选	4761	5323	594	4729
铝矿采选	76030	129632	55406	74225
贵金属矿采选	21121	28085	6963	21121
金矿采选	21121	28085	6963	21121
非金属矿采选业	14806	27897	14948	12949
土砂石开采	14806	27897	14948	12949
石灰石、石膏开采	9260	18365	9823	8542
建筑装饰用石开采	1589	2240	716	1525
粘土及其他土砂石开采	3957	7292	4409	2883
制造业	**27289476**	**33622444**	**10200627**	**23421818**
农副食品加工业	457978	489284	93389	395895
谷物磨制	29621	31187	6242	24944
谷物磨制	29621	31187	6242	24944
饲料加工	48459	60983	14735	46248
饲料加工	48459	60983	14735	46248
植物油加工	99613	105611	20401	85210
食用植物油加工	99037	104833	20134	84699
非食用植物油加工	576	778	267	511
制糖	4066	18424	15719	2705
制糖	4066	18424	15719	2705
屠宰及肉类加工	102076	91454	17045	74410
畜禽屠宰	58489	49027	10532	38495
肉制品及副产品加工	43586	42427	6512	35915
蔬菜、水果和坚果加工	25263	25451	4307	21144
蔬菜、水果和坚果加工	25263	25451	4307	21144
其他农副食品加工	148881	156174	14940	141234

单位：个、万元、人

固定资产净值年平均余额	负债合计	流动负债合计	应付账款	长期负债合计	所有者权益合计
13140527	26391008	22099775	6315702	3729808	13124529
802087	1191661	928671	236118	251371	488211
737434	1171423	886717	197476	274913	1222078
78250	202137	182223	37723	18918	108209
18444715	**34626860**	**24294324**	**5213973**	**9488961**	**19691545**
17968471	33735490	23462961	5075989	9440449	19132632
17968471	33735490	23462961	5075989	9440449	19132632
17968471	33735490	23462961	5075989	9440449	19132632
6459	75947	75947	22710		48502
3179	71855	71854	20083		17504
3179	71855	71854	20083		17504
3280	4092	4092	2628		30998
3280	4092	4092	2628		30998
334800	568504	515580	97044	45235	431415
320425	514861	462961	88202	44231	412573
320425	514861	462961	88202	44231	412573
14374	53643	52618	8842	1004	18842
14374	53643	52618	8842	1004	18842
114737	204104	201846	11487	2180	46192
92983	197330	195161	10492	2161	26447
14157	11028	8867	4061	2161	23580
4592	11806	11798	2381		2637
74234	174496	174496	4050		230
21754	6773	6685	995	19	19745
21754	6773	6685	995	19	19745
20249	42816	37992	6742	1097	32805
20249	42816	37992	6742	1097	32805
9608	11978	11028	2227	140	10773
1389	2045	805	753	144	8726
9251	28793	26159	3762	813	13307
23010758	**43107960**	**33936642**	**9491611**	**8461093**	**20485656**
380275	558892	473572	85562	80763	464022
23913	46553	33351	7870	13151	28361
23913	46553	33351	7870	13151	28361
42234	43722	39728	6856	3728	59262
42234	43722	39728	6856	3728	59262
85273	117072	111561	2722	5511	84270
84763	116401	110893	2673	5508	83396
510	671	668	49	4	874
4953	22430	18855	4891	3575	7346
4953	22430	18855	4891	3575	7346
70499	133375	97431	11857	32333	127443
37742	90812	71590	3495	16254	87577
32758	42563	25841	8362	16079	39866
22395	30630	21818	1978	8222	35472
22395	30630	21818	1978	8222	35472
131008	165111	150828	49388	14244	121870

2-1-8 续表 14

指标名称	固定资产合计	固定资产原价	累计折旧	固定资产净值
淀粉及淀粉制品的制造	144105	151320	14599	136720
豆制品制造	259	383	124	259
蛋品加工	86	86	3	83
其他未列明的农副食品加工	4431	4386	214	4171
食品制造业	287166	331742	86792	244949
焙烤食品制造	11072	12686	2518	10168
糕点、面包制造	4928	5643	1525	4118
饼干及其他焙烤食品制造	6143	7044	994	6050
糖果、巧克力及蜜饯制造	14879	13270	2376	10894
糖果、巧克力制造	2030	2134	104	2030
蜜饯制作	12849	11137	2272	8864
方便食品制造	17628	18655	2784	15871
米、面制品制造	3875	3520	108	3413
速冻食品制造	4998	5298	1048	4250
方便面及其他方便食品制造	8755	9836	1628	8208
液体乳及乳制品制造	128425	156638	46056	110581
液体乳及乳制品制造	128425	156638	46056	110581
罐头制造	21010	24630	6080	18550
肉、禽类罐头制造	6838	7191	1522	5669
蔬菜、水果罐头制造	14173	17439	4557	12882
调味品、发酵制品制造	50329	56028	16242	39787
酱油、食醋及类似制品的制造	36063	43415	11441	31974
其他调味品、发酵制品制造	14267	12613	4800	7813
其他食品制造	43822	49834	10737	39098
营养、保健食品制造	5566	5480	2284	3196
冷冻饮品及食用冰制造	4784	3809	576	3233
食品及饲料添加剂制造	33472	40545	7876	32668
饮料制造业	357158	464679	133658	331022
酒精制造	24932	26888	2396	24493
酒精制造	24932	26888	2396	24493
酒的制造	147655	227770	95396	132373
白酒制造	89520	161583	73570	88012
啤酒制造	53572	58986	19188	39798
葡萄酒制造	2136	4135	1999	2136
其他酒制造	2427	3066	639	2427
软饮料制造	184571	210021	35866	174155
碳酸饮料制造	21473	33392	11922	21470
瓶(罐)装饮用水制造	4376	5451	2075	3376
果菜汁及果菜汁饮料制造	125947	139254	20653	118601
含乳饮料和植物蛋白饮料制造	27015	25405	430	24975
固体饮料制造	4570	5120	576	4544
茶饮料及其他软饮料制造	1190	1400	210	1190
烟草制品业	80631	92278	19894	72384
卷烟制造	80631	92278	19894	72384
卷烟制造	80631	92278	19894	72384
纺织业	125051	171862	61394	110468
棉、化纤纺织及印染精加工	101628	140266	48079	92187
棉、化纤纺织加工	74144	109497	39830	69666

单位：个、万元、人

固定资产净值年平均余额	负债合计	流动负债合计	应付账款	长期负债合计	所有者权益合计
126232	161772	148020	49196	13712	116949
511	708	708	57		324
83	32	31		1	322
4181	2598	2069	135	530	4275
238847	311095	249767	61385	51857	317467
9582	21399	17710	3024	3678	15182
4195	15616	11937	1370	3678	3338
5387	5783	5773	1654		11844
10870	21260	16661	2911	3380	21115
2030	2399	2134	853	265	1165
8840	18861	14527	2058	3115	19951
15142	12279	10472	1823	1806	16134
3283	1762	1762	238		4648
4153	4475	2669	239	1806	4510
7706	6041	6041	1346		6976
102812	108638	85424	32739	19982	160224
102812	108638	85424	32739	19982	160224
18793	37839	35987	5223	1852	25972
5658	7579	6849	527	730	11180
13135	30261	29138	4696	1122	14792
42653	58850	45074	6177	8768	53467
32611	45679	35285	5721	5386	40323
10042	13171	9789	456	3382	13143
38996	50831	38440	9488	12390	25373
2945	7456	4218	2672	3238	3626
3233	3082	1343	12	1739	3461
32818	40292	32878	6804	7413	18286
313642	529079	501489	68917	26662	384058
23730	32030	26026	4447	6001	14171
23730	32030	26026	4447	6001	14171
121409	273209	268073	31041	4434	224818
82012	203765	201781	20791	1344	191514
36686	59619	56985	9205	2573	28562
2080	7444	7444	392		3079
631	2381	1863	653	518	1664
168503	223840	207390	33429	16227	145069
21226	27454	22282	5611	5155	10492
885	3833	3833	3808		890
116179	170668	159762	21246	10705	111033
24582	21230	20881	2462	349	14985
4540	365	347	301	18	5749
1090	289	284	1		1919
73258	32831	32831	27828		104337
73258	32831	32831	27828		104337
73258	32831	32831	27828		104337
108112	197765	167834	24387	28322	77683
89732	169992	145882	21244	22740	45919
69016	117978	103290	17300	13319	35559

2-1-8 续表 15

指标名称	固定资产合计	固定资产原价	累计折旧	固定资产净值
棉、化纤印染精加工	27484	30769	8249	22520
毛纺织和染整精加工	6568	9158	2608	6550
毛纺织	6568	9158	2608	6550
麻纺织	9283	13617	7599	6018
麻纺织	9283	13617	7599	6018
丝绢纺织及精加工	3402	2954	660	2294
缫丝加工	2642	1573	38	1535
绢纺和丝织加工	759	1382	622	759
纺织制成品制造	2628	2855	978	1877
棉及化纤制品制造	722	704	493	211
毛制品制造	1906	2151	485	1666
针织品、编织品及其制品制造	1542	3012	1470	1542
棉、化纤针织品及编织品制造	1542	3012	1470	1542
纺织服装、鞋、帽制造业	27471	38603	13043	25560
纺织服装制造	26542	37675	12949	24725
纺织服装制造	26542	37675	12949	24725
纺织面料鞋的制造	929	928	94	835
纺织面料鞋的制造	929	928	94	835
皮革、毛皮、羽毛(绒)及其制品业	435	485	51	435
毛皮鞣制及制品加工	435	485	51	435
其他毛皮制品加工	435	485	51	435
木材加工及木、竹、藤、棕、草制品业	27556	31682	4218	27464
锯材、木片加工	3355	3557	294	3263
木片加工	3355	3557	294	3263
人造板制造	22499	26181	3681	22499
胶合板制造	993	997	4	993
纤维板制造	21506	25184	3677	21506
木制品制造	1702	1944	242	1702
建筑用木料及木材组件加工	1702	1944	242	1702
家具制造业	3804	4686	1989	2697
木质家具制造	3804	4686	1989	2697
木质家具制造	3804	4686	1989	2697
造纸及纸制品业	62812	78105	18127	59978
纸浆制造	4282	4108	232	3876
纸浆制造	4282	4108	232	3876
造纸	33365	35313	4322	30991
机制纸及纸板制造	33365	35313	4322	30991
纸制品制造	25164	38684	13573	25110
纸和纸板容器的制造	24848	38278	13484	24794
其他纸制品制造	316	406	90	316
印刷业和记录媒介的复制	43485	93941	55413	38528
印刷	37293	73782	41329	32453
书、报、刊印刷	21415	47190	25967	21223
本册印制	2017	3484	1676	1807
包装装潢及其他印刷	13862	23108	13686	9422
装订及其他印刷服务活动	6191	20160	14085	6075
装订及其他印刷服务活动	6191	20160	14085	6075
文教体育用品制造业	33288	41233	12686	28547

单位：个、万元、人

固定资产净值年平均余额	负债合计	流动负债合计	应付账款	长期负债合计	所有者权益合计
20716	52014	42592	3944	9422	10360
6565	6412	6399	1292	14	13246
6565	6412	6399	1292	14	13246
6201	11305	7554	498	3751	10164
6201	11305	7554	498	3751	10164
2357	5577	4727	415	850	3760
1521	2083	1233	326	850	3596
836	3494	3494	89		164
1894	1918	1102	7	816	3639
671	844	844			1134
1223	1074	258	7	816	2505
1364	2560	2170	931	150	955
1364	2560	2170	931	150	955
25886	46428	43045	13252	3282	44048
25057	45332	41986	13213	3246	43144
25057	45332	41986	13213	3246	43144
829	1095	1059	39	36	903
829	1095	1059	39	36	903
435	726	718	337	9	277
435	726	718	337	9	277
435	726	718	337	9	277
27574	78154	62565	1825	15588	58069
3045	4149	3936	15	213	3466
3045	4149	3936	15	213	3466
22830	70789	55414	1391	15375	53764
832	2878	2878			1838
21999	67911	52535	1391	15375	51926
1699	3216	3216	419		839
1699	3216	3216	419		839
2011	3595	3595	1466		4716
2011	3595	3595	1466		4716
2011	3595	3595	1466		4716
60886	61834	50246	12530	10588	59196
3025	3893	2093	817	1800	1136
3025	3893	2093	817	1800	1136
31863	24601	19314	3281	5287	30940
31863	24601	19314	3281	5287	30940
25999	33340	28840	8432	3500	27120
25697	32886	28385	8058	3500	27040
302	455	455	375		80
44866	62931	52376	17763	5629	61203
38791	53188	46461	11848	5629	50341
21474	32330	27904	5997	3425	28114
2042	5410	5369	2537	41	5495
15275	15448	13189	3314	2163	16732
6075	9743	5915	5915		10862
6075	9743	5915	5915		10862
27932	68485	60778	15315	7707	42120

2-1-8 续表 16

指标名称	固定资产合计	固定资产原价	累计折旧	固定资产净值
体育用品制造	33288	41233	12686	28547
体育器材及配件制造	997	1903	1014	890
训练健身器材制造	32291	39330	11672	27658
石油加工、炼焦及核燃料加工业	6883705	7184370	1590608	5593762
精炼石油产品的制造	31553	37914	12130	25784
原油加工及石油制品制造	31553	37914	12130	25784
炼焦	6852152	7146456	1578478	5567978
炼焦	6852152	7146456	1578478	5567978
化学原料及化学制品制造业	3471795	4508937	1471569	3037368
基础化学原料制造	1034797	1136179	295652	840527
无机酸制造	10884	17209	6761	10448
无机碱制造	436680	442815	110866	331949
无机盐制造	71672	101191	35947	65244
有机化学原料制造	376694	393319	90274	303045
其他基础化学原料制造	138868	181645	51805	129841
肥料制造	1424205	2121070	770425	1350645
氮肥制造	1265433	1620894	426063	1194831
磷肥制造	6010	10216	4236	5980
复混肥料制造	150416	487950	339940	148010
有机肥料及微生物肥料制造	2346	2011	187	1824
农药制造	12258	15319	4233	11086
化学农药制造	12258	15319	4233	11086
涂料、油墨、颜料及类似产品制造	29831	46616	21761	24855
涂料制造	3640	3098	1229	1869
油墨及类似产品制造	6987	15368	9249	6119
颜料制造	3205	5447	2343	3104
染料制造	16000	22703	8940	13763
合成材料制造	543665	624564	195640	428924
初级形态的塑料及合成树脂制造	139528	201145	61800	139345
合成橡胶制造	64116	64116	26103	38013
合成纤维单(聚合)体的制造	340021	359303	107737	251566
专用化学产品制造	324260	433088	135538	297550
化学试剂和助剂制造	58261	71302	19849	51453
专项化学用品制造	14198	17120	3203	13917
林产化学产品制造	32176	39448	9601	29847
炸药及火工产品制造	195048	260741	82045	178696
环境污染处理专用药剂材料制造	2752	3910	1836	2074
动物胶制造	1617	1769	414	1355
其他专用化学产品制造	20209	38798	18589	20209
日用化学产品制造	102779	132100	48320	83781
肥皂及合成洗涤剂制造	102372	131595	48171	83424
香料、香精制造	407	505	149	357
医药制造业	462849	564352	172694	391659
化学药品原药制造	160614	191221	53452	137769
化学药品原药制造	160614	191221	53452	137769
化学药品制剂制造	139730	178632	55748	122884
化学药品制剂制造	139730	178632	55748	122884
中药饮片加工	13900	15476	4722	10754

单位：个、万元、人

固定资产净值年平均余额	负债合计	流动负债合计	应付账款	长期负债合计	所有者权益合计
27932	68485	60778	15315	7707	42120
932	6549	6534	1643	15	1266
27000	61936	54244	13672	7693	40855
5470116	12024948	10131394	2977341	1703619	4476671
25682	92308	91718	39292	588	55743
25682	92308	91718	39292	588	55743
5444434	11932640	10039676	2938050	1703030	4420928
5444434	11932640	10039676	2938050	1703030	4420928
2895584	4033155	2970144	599793	1005566	2416497
825562	1171280	973390	257600	151842	632342
9839	19211	18134	1777	1076	5624
334276	484644	417933	127229	41215	264472
57941	128836	112409	54986	8004	55958
289751	451026	352742	67480	87362	209037
133755	87563	72172	6128	14186	97251
1251173	1713770	1104933	174427	599656	926870
1100033	1514618	947968	150851	560548	660601
6451	7894	6594	1171	1300	5494
142702	188599	148362	21377	37158	259859
1986	2659	2009	1028	650	917
10491	7110	6798	1252	312	16019
10491	7110	6798	1252	312	16019
25935	59177	53842	16319	3578	54030
1831	8157	6590	3764	471	5365
4372	13006	12351	5777		24097
3115	8541	6853	2823	1688	1909
16618	29473	28048	3955	1420	22659
414193	521240	374484	57797	146756	327647
145451	194360	150757	27201	43603	68427
37919	110392	42606	10339	67786	42243
230823	216488	181121	20258	35367	216978
284601	417443	318940	67301	98043	303923
47711	88377	74750	16304	13627	49765
12912	12991	12074	3598	917	9040
23444	25549	18320	7471	7029	35487
174757	252580	180212	33139	72108	157137
2252	7992	7762	3010	230	3017
1235	998	808	565	190	1287
22290	28956	25014	3214	3941	48191
83628	143135	137757	25097	5378	155666
83221	142984	137606	25075	5378	154661
407	151	151	22		1005
406463	654281	509406	96189	128518	431825
139661	157067	79657	25596	74396	107504
139661	157067	79657	25596	74396	107504
130690	259169	217813	40448	31171	170035
130690	259169	217813	40448	31171	170035
13832	24022	23869	2508	153	11513

2-1-8 续表 17

指标名称	固定资产合计	固定资产原价	累计折旧	固定资产净值
中药饮片加工	13900	15476	4722	10754
中成药制造	87885	111013	36709	74304
中成药制造	87885	111013	36709	74304
兽用药品制造	9545	10714	1308	9406
兽用药品制造	9545	10714	1308	9406
生物、生化制品的制造	33733	30807	7022	23785
生物、生化制品的制造	33733	30807	7022	23785
卫生材料及医药用品制造	17442	26489	13732	12757
卫生材料及医药用品制造	17442	26489	13732	12757
化学纤维制造业	4296	5660	1443	4216
纤维素纤维原料及纤维制造	4265	5626	1441	4185
人造纤维(纤维素纤维)制造	4265	5626	1441	4185
合成纤维制造	31	33	2	31
涤纶纤维制造	31	33	2	31
橡胶制品业	125004	127527	23944	103583
轮胎制造	100997	97047	17052	79995
车辆、飞机及工程机械轮胎制造	100997	97047	17052	79995
橡胶板、管、带的制造	15625	20926	5442	15484
橡胶板、管、带的制造	15625	20926	5442	15484
橡胶零件制造	1595	2154	559	1595
橡胶零件制造	1595	2154	559	1595
再生橡胶制造	1761	2180	558	1621
再生橡胶制造	1761	2180	558	1621
日用及医用橡胶制品制造	5026	5220	333	4887
日用及医用橡胶制品制造	5026	5220	333	4887
塑料制品业	82205	112595	44038	68557
塑料薄膜制造	17241	22994	6061	16933
塑料薄膜制造	17241	22994	6061	16933
塑料板、管、型材的制造	24007	30914	10907	20007
塑料板、管、型材的制造	24007	30914	10907	20007
塑料丝、绳及编织品的制造	17142	28702	11921	16780
塑料丝、绳及编织品的制造	17142	28702	11921	16780
泡沫塑料制造	1250	1470	290	1180
泡沫塑料制造	1250	1470	290	1180
塑料包装箱及容器制造	20885	27284	14600	12684
塑料包装箱及容器制造	20885	27284	14600	12684
其他塑料制品制造	1681	1231	259	972
其他塑料制品制造	1681	1231	259	972
非金属矿物制品业	1310830	1715109	561390	1153719
水泥、石灰和石膏的制造	644969	864400	289612	574788
水泥制造	639270	856219	286362	569857
石灰和石膏制造	5699	8181	3250	4931
水泥及石膏制品制造	93213	131351	40589	90762
水泥制品制造	74779	106772	34128	72644
砼结构构件制造	8621	11229	2685	8545
轻质建筑材料制造	3602	3558	195	3363
其他水泥制品制造	6210	9792	3582	6210
砖瓦、石材及其他建筑材料制造	99471	123720	29984	93737

单位：个、万元、人

固定资产净值年平均余额	负债合计	流动负债合计	应付账款	长期负债合计	所有者权益合计
13832	24022	23869	2508	153	11513
78862	147091	135396	20112	8537	77544
78862	147091	135396	20112	8537	77544
8938	11993	11488	657	504	11535
8938	11993	11488	657	504	11535
21150	37344	27298	2131	10046	28607
21150	37344	27298	2131	10046	28607
13330	17596	13885	4738	3711	25086
13330	17596	13885	4738	3711	25086
3475	16223	14989	-521	1234	21349
3457	13730	13730	-795		19617
3457	13730	13730	-795		19617
18	2493	1259	274	1234	1733
18	2493	1259	274	1234	1733
82513	138609	80391	29246	58198	93745
58784	100490	44721	14667	55748	61563
58784	100490	44721	14667	55748	61563
15635	21617	20440	8327	1177	22211
15635	21617	20440	8327	1177	22211
1583	9092	8690	3097	402	3239
1583	9092	8690	3097	402	3239
1734	5461	5398	2987	63	2260
1734	5461	5398	2987	63	2260
4779	1949	1142	169	807	4472
4779	1949	1142	169	807	4472
68169	132469	126656	27636	5805	95761
15115	19631	19511	2082	120	29956
15115	19631	19511	2082	120	29956
23203	54301	52851	9661	1450	30727
23203	54301	52851	9661	1450	30727
16926	27923	25739	9481	2177	20508
16926	27923	25739	9481	2177	20508
1280	1600	1600	7		400
1280	1600	1600	7		400
10705	26188	24812	5969	1375	12758
10705	26188	24812	5969	1375	12758
941	2826	2143	436	683	1413
941	2826	2143	436	683	1413
1180201	1974383	1406574	366244	551385	820985
558391	996962	582205	153310	408938	275539
553555	989749	576919	151763	407053	269121
4836	7213	5286	1547	1885	6418
89566	127000	111284	32221	15316	83797
72482	112744	97217	29801	15126	69158
8802	7612	7612	769		6055
2072	2185	1996	-140	189	3122
6210	4459	4459	1792		5463
91139	107029	86698	22000	19765	136574

2-1-8 续表 18

指标名称	固定资产合计	固定资产原价	累计折旧	固定资产净值
粘土砖瓦及建筑砌块制造	53355	65648	13651	51998
建筑陶瓷制品制造	22836	26512	5674	20838
建筑用石加工	11640	14250	4480	9770
防水建筑材料制造	7998	10536	2709	7827
其他建筑材料制造	3642	6775	3470	3305
玻璃及玻璃制品制造	161377	190290	75154	115137
平板玻璃制造	37344	40273	4302	35971
技术玻璃制品制造	72420	77075	45652	31423
玻璃仪器制造	5236	5434	198	5236
日用玻璃制品及玻璃包装容器制造	45372	66641	24765	41876
玻璃纤维及制品制造	123	183	59	123
玻璃纤维增强塑料制品制造	883	685	178	508
陶瓷制品制造	32691	40565	12063	28503
特种陶瓷制品制造	8746	11801	3840	7961
日用陶瓷制品制造	23945	28764	8222	20542
耐火材料制品制造	125239	159960	48114	111846
石棉制品制造	684	1052	368	684
耐火陶瓷制品及其他耐火材料制造	124555	158907	47746	111162
石墨及其他非金属矿物制品制造	153871	204822	65875	138947
石墨及碳素制品制造	121890	158292	47038	111254
其他非金属矿物制品制造	31981	46530	18837	27693
黑色金属冶炼及压延加工业	7039907	9409249	3143047	6266202
炼铁	967519	1012818	228176	784642
炼铁	967519	1012818	228176	784642
炼钢	889990	896869	222189	674681
炼钢	889990	896869	222189	674681
钢压延加工	4923255	7168810	2605054	4563756
钢压延加工	4923255	7168810	2605054	4563756
铁合金冶炼	259144	330752	87629	243123
铁合金冶炼	259144	330752	87629	243123
有色金属冶炼及压延加工业	3266130	4052209	1164887	2887321
常用有色金属冶炼	3049269	3921959	1129929	2792030
铜冶炼	194669	247855	82964	164891
铅锌冶炼	67170	82028	16543	65485
铝冶炼	2468127	3232871	958953	2273918
镁冶炼	319298	359199	71468	287731
其他常用有色金属冶炼	6	7	1	6
贵金属冶炼	12120	17104	4984	12120
银冶炼	12120	17104	4984	12120
稀有稀土金属冶炼	8975	13664	4990	8674
稀土金属冶炼	7404	12017	4629	7388
其他稀有金属冶炼	1570	1648	362	1286
有色金属合金制造	22545	25499	5585	19914
有色金属合金制造	22545	25499	5585	19914
有色金属压延加工	173220	73983	19400	54584
常用有色金属压延加工	165600	63006	14760	48246
贵金属压延加工	4868	5009	1316	3692
稀有稀土金属压延加工	2752	5969	3324	2645

单位：个、万元、人

固定资产净值年平均余额	负债合计	流动负债合计	应付账款	长期负债合计	所有者权益合计
46891	53015	42372	5433	10438	77999
21704	26773	22236	7254	4177	7884
11518	5647	4415	542	1231	31136
7722	14663	14209	6738	453	16937
3305	6932	3467	2033	3465	2619
145321	254728	190639	49860	63883	81316
37344	51425	18636	3960	32789	1426
61423	127246	103246	24740	24000	34950
2772	5584	5584	4583		474
42726	69324	62363	16382	6755	43602
176	426	426	60		50
880	724	384	134	340	814
28610	56444	41714	9086	11925	19945
7968	17559	14224	2848	3297	6310
20642	38886	27490	6238	8628	13635
114602	212850	194421	46970	18409	93442
684	652	650	326		1470
113918	212198	193771	46644	18409	91972
152572	219370	199614	52797	13150	130372
117282	176160	163067	45973	6525	108258
35290	43210	36547	6823	6625	22114
6081244	11478450	8898257	2699699	2523473	5462535
671223	1371925	1134995	514773	227434	572117
671223	1371925	1134995	514773	227434	572117
656315	1238959	1120287	725798	111728	477649
656315	1238959	1120287	725798	111728	477649
4516389	8292771	6122830	1257124	2136535	4205648
4516389	8292771	6122830	1257124	2136535	4205648
237318	574795	520145	202004	47776	207122
237318	574795	520145	202004	47776	207122
2788811	3970902	2323772	445388	1485612	2066036
2698987	3675967	2049735	386819	1465213	1899459
167588	213148	167872	90529	34884	427718
67446	93202	83383	7756	9819	24771
2238199	2931820	1399911	209754	1393700	1162121
225749	437044	397817	78098	26809	284251
6	753	753	682		598
12471	14237	13835	1309	402	7706
12471	14237	13835	1309	402	7706
7913	21896	12375	8917	9100	13811
6342	21297	12197	8847	9100	11839
1570	599	179	70		1972
15916	51145	49505	11195	1640	25948
15916	51145	49505	11195	1640	25948
53525	207656	198321	37149	9256	119112
47792	180865	177788	29471	3006	104404
2557	15295	9287	1498	6000	10509
3176	11497	11246	6180	251	4200

2-1-8 续表 19

指标名称	固定资产合计	固定资产原价	累计折旧	固定资产净值
金属制品业	75871	109226	38833	70393
结构性金属制品制造	27794	38377	12203	26174
金属结构制造	20517	30173	11011	19162
金属门窗制造	7277	8204	1192	7012
金属工具制造	6468	15149	9503	5646
切削工具制造	5841	14604	9422	5182
农用及园林用金属工具制造	626	545	81	464
集装箱及金属包装容器制造	8333	9528	2492	7037
金属压力容器制造	3067	3838	771	3067
金属包装容器制造	5266	5691	1721	3970
金属丝绳及其制品的制造	4193	7220	3853	3366
金属丝绳及其制品的制造	4193	7220	3853	3366
建筑、安全用金属制品制造	25397	34470	9986	24484
建筑装饰及水暖管道零件制造	22860	30627	8280	22347
安全、消防用金属制品制造	2537	3843	1706	2137
金属表面处理及热处理加工	570	836	267	570
金属表面处理及热处理加工	570	836	267	570
搪瓷制品制造	478	603	125	478
搪瓷日用品及其他搪瓷制品制造	478	603	125	478
不锈钢及类似日用金属制品制造	735	1030	295	735
金属制厨用器皿及餐具制造	613	807	194	613
其他日用金属制品制造	123	223	101	123
其他金属制品制造	1903	2013	111	1903
其他未列明的金属制品制造	1903	2013	111	1903
通用设备制造业	515274	682924	215443	467481
锅炉及原动机制造	114796	141283	36941	104341
锅炉及辅助设备制造	31915	40415	10133	30282
内燃机及配件制造	82882	100867	26808	74059
金属加工机械制造	21648	29495	9717	19778
金属切削机床制造	9369	14261	6679	7582
金属成形机床制造	1731	2500	774	1726
铸造机械制造	6419	7455	1068	6387
金属切割及焊接设备制造	65	98	34	65
机床附件制造	680	962	301	661
其他金属加工机械制造	3384	4219	862	3357
起重运输设备制造	15634	21125	5747	15377
起重运输设备制造	15634	21125	5747	15377
泵、阀门、压缩机及类似机械的制造	60101	84837	39040	45798
泵及真空设备制造	26813	41719	17345	24374
气体压缩机械制造	511	1921	1412	509
阀门和旋塞的制造	1686	5087	3415	1672
液压和气压动力机械及元件制造	31091	36110	16868	19243
轴承、齿轮、传动和驱动部件的制造	7006	8099	1518	6582
轴承制造	2302	2960	670	2291
齿轮、传动和驱动部件制造	4704	5139	848	4291
烘炉、熔炉及电炉制造	681	1097	587	510
烘炉、熔炉及电炉制造	681	1097	587	510
风机、衡器、包装设备等通用设备制造	20237	28080	9249	18831

单位：个、万元、人

固定资产净值年平均余额	负债合计	流动负债合计	应付账款	长期负债合计	所有者权益合计
65407	271203	240096	78352	20820	83547
24506	96167	92666	37960	1882	40049
17533	89665	86447	37362	1600	31400
6974	6502	6219	598	282	8649
5974	53770	33761	5925	11903	-2016
5347	52959	32950	5367	11903	-2082
627	811	811	558		66
6509	16499	12049	-671	3889	13581
3704	5702	4617	1743	1024	3025
2806	10797	7432	-2414	2864	10556
2815	11026	10806	1362	220	2236
2815	11026	10806	1362	220	2236
22060	80865	77939	27706	2927	22640
19944	70672	67935	21573	2737	18056
2116	10194	10004	6133	190	4583
481	5052	5052	2156		2364
481	5052	5052	2156		2364
478	1102	1102	18		-6
478	1102	1102	18		-6
749	4999	4999	2746		3023
613	1581	1581	30		2603
136	3418	3418	2716		420
1834	1722	1722	1150		1677
1834	1722	1722	1150		1677
478865	1042205	888620	290653	131923	459775
104807	204453	158460	28291	39021	91040
30931	119324	89048	13711	23304	27381
73876	85129	69412	14579	15717	63659
20916	59938	51866	9671	8071	32832
8653	36272	29399	4413	6872	19886
1774	3675	3675	832		1494
6551	9550	9532	1035	16	6005
72	196	196	164		1549
666	1681	498	211	1183	1291
3200	8565	8565	3017		2608
14732	44189	43735	17986	444	16415
14732	44189	43735	17986	444	16415
46372	138150	112666	37622	24969	60805
24845	49770	45048	15897	4708	31597
532	4909	4884	887	25	-1821
1184	15922	14523	5064	1400	2774
19811	67549	48212	15774	18836	28255
6370	7332	7239	3784	93	8781
2015	4651	4570	1850	81	2141
4355	2681	2669	1934	12	6640
539	3332	2850	1415	478	4402
539	3332	2850	1415	478	4402
19855	46799	44947	20778	1322	37890

2-1-8 续表 20

指标名称	固定资产合计	固定资产原价	累计折旧	固定资产净值
风机、风扇制造	6730	8288	1794	6494
气体、液体分离及纯净设备制造	314	485	171	314
制冷、空调设备制造	2068	2398	330	2068
喷枪及类似器具制造	635	1412	777	635
衡器制造	3215	5030	1814	3215
其他通用设备制造	7275	10467	4362	6105
通用零部件制造及机械修理	41605	59321	18858	40463
紧固件、弹簧制造	5413	7601	2427	5174
机械零部件加工及设备修理	33509	46700	14066	32633
其他通用零部件制造	2684	5020	2365	2655
金属铸、锻加工	233566	309588	93786	215802
钢铁铸件制造	150136	201184	60731	140453
锻件及粉末冶金制品制造	83431	108403	33055	75349
专用设备制造业	1085331	1468575	525992	942583
矿山、冶金、建筑专用设备制造	427086	533489	197675	335814
采矿、采石设备制造	368484	448809	156579	292230
石油钻采专用设备制造	27308	34588	12851	21737
建筑工程用机械制造	5348	4047	806	3241
建筑材料生产专用机械制造	220	424	309	115
冶金专用设备制造	25727	45622	27130	18492
化工、木材、非金属加工专用设备制造	20247	23794	4267	19528
炼油、化工生产专用设备制造	12129	14351	2702	11648
塑料加工专用设备制造	2349	2849	569	2280
模具制造	5769	6594	996	5599
食品、饮料、烟草及饲料生产专用设备制造	1019	1653	714	939
食品、饮料、烟草工业专用设备制造	1019	1653	714	939
印刷、制药、日化生产专用设备制造	884	1513	629	884
印刷专用设备制造	884	1513	629	884
纺织、服装和皮革工业专用设备制造	77327	143798	69688	74110
纺织专用设备制造	77327	143798	69688	74110
电子和电工机械专用设备制造	529582	730986	244733	486252
电工机械专用设备制造	1770	2946	1245	1701
电子工业专用设备制造	7320	8823	1719	7105
航空、航天及其他专用设备制造	70481	105353	40654	64700
农、林、牧、渔专用机械制造	16512	18231	4688	13544
拖拉机制造	14996	16081	4048	12033
机械化农业及园艺机具制造	485	640	155	485
其他农林牧渔业机械制造及机械修理	1031	1510	484	1026
医疗仪器设备及器械制造	3630	3929	298	3630
医疗诊断、监护及治疗设备制造	363	371	8	363
假肢、人工器官及植(介)入器械制造	3267	3558	291	3267
环保、社会公共安全及其他专用设备制造	9044	11183	3302	7881
环境污染防治专用设备制造	6661	7967	2335	5632
社会公共安全设备及器材制造	351	234	7	228
水资源专用机械制造	2032	2981	960	2021
交通运输设备制造业	373611	523594	195537	328057
铁路运输设备制造	160739	218761	76307	142454

单位：个、万元、人

固定资产净值年平均余额	负债合计	流动负债合计	应付账款	长期负债合计	所有者权益合计
6363	18120	17953	10217	167	11138
314	1280	1280	975		1826
3064	3112	1972	1072	628	1525
630	1202	1202	135		746
3106	3274	3106	11	149	5008
6376	19813	19435	8368	378	17647
41040	122436	114496	64241	832	28936
5125	17557	17556	4280		6025
33473	96444	88962	55952	375	22300
2442	8435	7978	4010	457	611
224235	415575	352363	106864	56693	178673
148837	275111	224887	72205	45667	107087
75398	140465	127476	34659	11027	71587
934945	2618354	2180159	841480	344954	1330394
339753	1544440	1356868	532599	101066	686576
282455	1370451	1226255	499150	90477	615841
35605	66953	62453	17709	122	18653
3228	7756	4355	695		11781
124	1506	1505	379		783
18341	97774	62299	14667	10467	39518
14394	45309	44265	8030	1044	18310
8262	37434	36390	5661	1044	10985
664	3669	3669	1091		-469
5468	4206	4206	1278		7794
939	679	265	47	414	3568
939	679	265	47	414	3568
482	4509	4503	157		2558
482	4509	4503	157		2558
74050	173194	96986	50155	74227	74763
74050	173194	96986	50155	74227	74763
476632	813015	644502	247514	163766	502924
1546	7738	7738	2884		2913
6099	8067	6264	1626	663	17899
64744	140738	113901	87277	23500	82927
16973	12765	10755	800	2011	22162
15893	10745	9369	249	1376	19804
49	843	418	382	425	1646
1031	1177	967	169	210	713
3241	1749	1696	44	53	3826
365	328	328	-19		370
2875	1422	1369	62	53	3456
8482	22694	20320	2135	2374	15708
6329	16117	14552	1635	1565	17220
131	1895	1895	486		326
2021	4683	3874	14	809	-1838
303760	928728	793001	269191	90396	350689
121319	547749	487033	173053	21493	168665

2-1-8 续表 21

指标名称	固定资产合计	固定资产原价	累计折旧	固定资产净值
铁路机车车辆及动车组制造	61233	83407	28827	54581
工矿有轨专用车辆制造	5934	6175	1241	4934
铁路机车车辆配件制造	50890	74556	26136	48420
铁路专用设备及器材、配件制造	17131	19417	5222	14195
其他铁路设备制造及设备修理	25551	35206	14882	20324
汽车制造	204900	288198	109927	178271
汽车整车制造	6854	8349	7432	917
改装汽车制造	16473	16914	4943	11972
汽车车身、挂车的制造	10017	7092	2237	4855
汽车零部件及配件制造	166631	249134	93498	155636
汽车修理	4924	6709	1818	4891
航空航天器制造	6986	15563	8924	6640
飞机制造及修理	6986	15563	8924	6640
交通器材及其他交通运输设备制造	988	1071	379	693
交通管理用金属标志及设施制造	768	833	361	473
其他交通运输设备制造	220	238	18	220
电气机械及器材制造业	154388	220158	89260	130898
电机制造	87572	118276	48333	69943
发电机及发电机组制造	7626	10218	2592	7626
电动机制造	79947	108058	45741	62317
输配电及控制设备制造	21389	30492	10661	19831
变压器、整流器和电感器制造	10901	13815	2924	10891
电容器及其配套设备制造	215	1142	927	215
配电开关控制设备制造	6110	10182	4765	5417
电力电子元器件制造	423	704	281	423
其他输配电及控制设备制造	3739	4649	1765	2885
电线、电缆、光缆及电工器材制造	23197	42613	20061	22552
电线电缆制造	18100	21867	4335	17532
光纤、光缆制造	4096	19316	15220	4096
绝缘制品制造	548	857	386	471
其他电工器材制造	453	573	120	453
电池制造	16972	23222	8991	14231
电池制造	16972	23222	8991	14231
家用电力器具制造	3034	3871	925	2946
家用电力器具专用配件制造	2038	2874	836	2038
其他家用电力器具制造	997	997	89	908
非电力家用器具制造	801	921	121	800
燃气、太阳能及类似能源的器具制造	801	921	121	800
照明器具制造	542	661	122	540
照明灯具制造	19	17	...	17
灯用电器附件及其他照明器具制造	523	644	121	523
其他电气机械及器材制造	882	103	47	56
其他未列明的电气机械制造	882	103	47	56
通信设备、计算机及其他电子设备制造业	852143	995331	434392	560939
通信设备制造	615107	691157	349697	341460
通信传输设备制造	23958	28216	18881	9335
移动通信及终端设备制造	591149	662941	330816	332125
雷达及配套设备制造	4967	8099	3339	4761

单位：个、万元、人

固定资产净值年平均余额	负债合计	流动负债合计	应付账款	长期负债合计	所有者权益合计
44837	292727	272296	61616	19303	44197
3530	4940	4940	1129		6176
43439	87658	86675	32936	614	56119
10114	49504	47928	21144	1576	39556
19399	112920	75195	56229		22617
175130	372563	300448	94512	68705	174441
828	23334	23334	1970		18687
13655	28937	28162	2817	775	19600
6054	24633	19878	2885	1622	15399
149836	288480	222251	86120	65952	114484
4758	7179	6823	719	357	6273
6640	7224	4514	1519	198	6673
6640	7224	4514	1519	198	6673
671	1193	1006	106		910
473	638	638	30		690
199	555	368	76		220
111605	510630	451678	158016	57994	154245
59113	333438	293194	95820	40244	55356
7569	6123	6123	1413		12358
51544	327316	287071	94407	40244	42999
20275	79107	71052	32455	7100	52115
11051	35331	33870	10617	505	31368
241	170	170	49		2088
5791	33895	30639	19315	3256	12921
455	2067	1980	1429	87	1869
2737	7644	4393	1045	3251	3869
18505	63396	55286	10562	8110	24780
13379	35216	29574	5937	5642	24818
4100	26390	23922	3925	2468	-2240
574	984	984	690		1483
452	806	806	10		718
9301	27073	26173	16035	900	14864
9301	27073	26173	16035	900	14864
3018	2478	1180	453	1299	3259
2038	1775	477	453	1299	1439
980	703	703			1820
801	145	145			1461
801	145	145			1461
545	2698	2698	1036		1237
19	96	96			319
527	2602	2602	1036		918
46	2294	1952	1655	342	1174
46	2294	1952	1655	342	1174
758434	1182420	1068918	241468	109247	453957
553217	769552	686444	174805	80453	322812
15750	88959	86177	3637	127	20497
537468	680593	600267	171168	80326	302316
4850	18115	14845	2233	3269	-3589

2-1-8 续表 22

指标名称	固定资产合计	固定资产原价	累计折旧	固定资产净值
雷达及配套设备制造	4967	8099	3339	4761
广播电视设备制造	520	731	244	487
应用电视设备及其他广播电视设备制造	520	731	244	487
电子计算机制造	39882	57308	20909	36399
电子计算机整机制造	39882	57308	20909	36399
电子器件制造	5762	8065	2369	5696
电子真空器件制造	3659	4100	507	3594
光电子器件及其他电子器件制造	2103	3965	1862	2103
电子元件制造	185836	229860	57794	172066
电子元件及组件制造	185836	229860	57794	172066
其他电子设备制造	69	111	42	69
其他电子设备制造	69	111	42	69
仪器仪表及文化、办公用机械制造业	58295	78584	21604	56979
通用仪器仪表制造	23993	30183	7370	22813
工业自动控制系统装置制造	23993	30183	7370	22813
专用仪器仪表制造	33526	47344	13954	33390
导航、气象及海洋专用仪器制造	33218	46315	13232	33083
电子测量仪器制造	307	1029	722	307
光学仪器及眼镜制造	777	1057	280	777
光学仪器制造	777	1057	280	777
工艺品及其他制造业	21010	25470	5294	20176
工艺美术品制造	7243	8155	1030	7126
金属工艺品制造	7243	8155	1030	7126
其他未列明的制造业	13766	17315	4265	13050
其他未列明的制造业	13766	17315	4265	13050
电力、燃气及水的生产和供应业	**11887874**	**17524481**	**6173666**	**11350815**
电力、热力的生产和供应业	11589688	17093534	6021592	11071942
电力生产	8200314	11828065	4091625	7736439
火力发电	7949768	11447314	3958460	7488854
水力发电	221264	351605	133029	218577
其他能源发电	29282	29145	137	29009
电力供应	3124975	4905523	1804585	3100938
电力供应	3124975	4905523	1804585	3100938
热力生产和供应	264398	359946	125382	234564
热力生产和供应	264398	359946	125382	234564
燃气生产和供应业	39905	54075	15026	39049
燃气生产和供应业	39905	54075	15026	39049
燃气生产和供应业	39905	54075	15026	39049
水的生产和供应业	258281	376872	137048	239824
自来水的生产和供应	210930	328663	136191	192472
自来水的生产和供应	210930	328663	136191	192472
污水处理及其再生利用	47351	48208	857	47351
污水处理及其再生利用	47351	48208	857	47351
七、按行业大类分				
煤炭开采和洗选业	20947288	24859498	8307580	16551918
石油和天然气开采业	9780	12005	2224	9780
黑色金属矿采选业	357167	448687	119912	328775

单位：个、万元、人

固定资产净值年平均余额	负债合计	流动负债合计	应付账款	长期负债合计	所有者权益合计
4850	18115	14845	2233	3269	-3589
450	1517	1451			408
450	1517	1451			408
36408	72822	64949	8725	7873	-6378
36408	72822	64949	8725	7873	-6378
4370	18878	11704	2560	7173	11702
2630	13949	6819	2438	7130	108
1741	4928	4885	122	43	11594
159078	301122	289186	53100	10403	128672
159078	301122	289186	53100	10403	128672
61	414	340	45	75	330
61	414	340	45	75	330
57011	169222	146175	39205	9624	122995
21530	107663	92558	24547	1682	76279
21530	107663	92558	24547	1682	76279
34870	61057	53115	14527	7942	44984
34571	58418	50718	13485	7700	43122
299	2639	2397	1043	242	1862
612	503	502	131		1732
612	503	502	131		1732
20434	9965	7601	1664	2321	27456
6994	3154	3149	72	5	9157
6994	3154	3149	72	5	9157
13440	6811	4452	1592	2316	18300
13440	6811	4452	1592	2316	18300
10634960	**12501501**	**5970781**	**1533657**	**6314657**	**4113205**
10370811	12266806	5861378	1516980	6216922	3803554
7256381	8750211	3694517	846179	4893626	2607681
7026333	8455406	3598940	845588	4698248	2463062
227147	292186	94898	592	195288	117111
2901	2619	679		90	27508
2915790	3177013	1965482	641622	1206686	1099930
2915790	3177013	1965482	641622	1206686	1099930
198640	339582	201379	29179	116610	95943
198640	339582	201379	29179	116610	95943
36545	53109	16159	994	36950	17823
36545	53109	16159	994	36950	17823
36545	53109	16159	994	36950	17823
227604	181586	93244	15683	60785	291828
181615	157872	93244	15683	60785	264853
181615	157872	93244	15683	60785	264853
45989	23714				26975
45989	23714				26975
17968471	33735490	23462961	5075989	9440449	19132632
6459	75947	75947	22710		48502
334800	568504	515580	97044	45235	431415

2-1-8 续表 23

指标名称	固定资产合计	固定资产原价	累计折旧	固定资产净值
有色金属矿采选业	119258	191511	77530	113981
非金属矿采选业	14806	27897	14948	12949
农副食品加工业	457978	489284	93389	395895
食品制造业	287166	331742	86792	244949
饮料制造业	357158	464679	133658	331022
烟草制品业	80631	92278	19894	72384
纺织业	125051	171862	61394	110468
纺织服装、鞋、帽制造业	27471	38603	13043	25560
皮革、毛皮、羽毛(绒)及其制品业	435	485	51	435
木材加工及木、竹、藤、棕、草制品业	27556	31682	4218	27464
家具制造业	3804	4686	1989	2697
造纸及纸制品业	62812	78105	18127	59978
印刷业和记录媒介的复制	43485	93941	55413	38528
文教体育用品制造业	33288	41233	12686	28547
石油加工、炼焦及核燃料加工业	6883705	7184370	1590608	5593762
化学原料及化学制品制造业	3471795	4508937	1471569	3037368
医药制造业	462849	564352	172694	391659
化学纤维制造业	4296	5660	1443	4216
橡胶制品业	125004	127527	23944	103583
塑料制品业	82205	112595	44038	68557
非金属矿物制品业	1310830	1715109	561390	1153719
黑色金属冶炼及压延加工业	7039907	9409249	3143047	6266202
有色金属冶炼及压延加工业	3266130	4052209	1164887	2887321
金属制品业	75871	109226	38833	70393
通用设备制造业	515274	682924	215443	467481
专用设备制造业	1085331	1468575	525992	942583
交通运输设备制造业	373611	523594	195537	328057
电气机械及器材制造业	154388	220158	89260	130898
通信设备、计算机及其他电子设备制造业	852143	995331	434392	560939
仪器仪表及文化、办公用机械制造业	58295	78584	21604	56979
工艺品及其他制造业	21010	25470	5294	20176
电力、热力的生产和供应业	11589688	17093534	6021592	11071942
燃气生产和供应业	39905	54075	15026	39049
水的生产和供应业	258281	376872	137048	239824
八、按地区分				
直　报	3075661	4851165	1787306	3063859
太原市	10252871	14099421	5292233	8807188
大同市	5003382	5744168	2098306	3645862
阳泉市	4423675	4789689	1732622	3057067
长治市	6726234	8491609	2495238	5996371
晋城市	4600984	6702674	2526237	4176437
朔州市	3100673	4380013	1461909	2918104
晋中市	4183817	4809265	1291774	3517491
运城市	6322970	8001164	2377495	5623669
忻州市	2506581	2958686	660507	2298179
临汾市	4933392	6064201	1789702	4274499
吕梁市	5495412	5794466	1383157	4411309

单位：个、万元、人

固定资产净值年平均余额	负债合计	流动负债合计	应付账款	长期负债合计	所有者权益合计
114737	204104	201846	11487	2180	46192
20249	42816	37992	6742	1097	32805
380275	558892	473572	85562	80763	464022
238847	311095	249767	61385	51857	317467
313642	529079	501489	68917	26662	384058
73258	32831	32831	27828		104337
108112	197765	167834	24387	28322	77683
25886	46428	43045	13252	3282	44048
435	726	718	337	9	277
27574	78154	62565	1825	15588	58069
2011	3595	3595	1466		4716
60886	61834	50246	12530	10588	59196
44866	62931	52376	17763	5629	61203
27932	68485	60778	15315	7707	42120
5470116	12024948	10131394	2977341	1703619	4476671
2895584	4033155	2970144	599793	1005566	2416497
406463	654281	509406	96189	128518	431825
3475	16223	14989	-521	1234	21349
82513	138609	80391	29246	58198	93745
68169	132469	126656	27636	5805	95761
1180201	1974383	1406574	366244	551385	820985
6081244	11478450	8898257	2699699	2523473	5462535
2788811	3970902	2323772	445388	1485612	2066036
65407	271203	240096	78352	20820	83547
478865	1042205	888620	290653	131923	459775
934945	2618354	2180159	841480	344954	1330394
303760	928728	793001	269191	90396	350689
111605	510630	451678	158016	57994	154245
758434	1182420	1068918	241468	109247	453957
57011	169222	146175	39205	9624	122995
20434	9965	7601	1664	2321	27456
10370811	12266806	5861378	1516980	6216922	3803554
36545	53109	16159	994	36950	17823
227604	181586	93244	15683	60785	291828
2878107	3113181	1949329	633934	1163852	1095879
8721262	16795386	12621783	3171325	3991636	8437515
3259895	7104987	4289988	940820	2747185	3839330
4892227	5434654	4103570	815823	1320304	2503043
6169972	11422170	7816866	2467182	3160469	4854060
4062140	6622789	4195764	904929	2372220	4181664
2664263	4444782	3042184	592049	1210787	2895109
3413169	6823027	5317403	1253747	1312716	2644451
5668856	7611733	5514254	1263469	2052655	4590091
2113247	3730213	2159480	506894	1332430	1830842
4182192	7645278	5992115	1711968	1609316	3626164
4065103	9488121	7199013	1977102	1991142	3792259

2-1-8 续表 24

指标名称	实收资本	主营业务收入	主营业务成本	主营业务税金及附加	其他业务收入
总　计	**24334486**	**101306114**	**80692835**	**1236475**	**2023325**
一、按轻重工业分					
轻工业	1449432	4372575	3408001	157363	43109
重工业	22885055	96933539	77284834	1079112	1980216
二、按企业规模分					
大型企业	11435095	50509492	39944112	567934	1415669
中型企业	8147930	33133623	26425481	421715	425635
小型企业	4751461	17662998	14323242	246826	182020
三、按登记注册类型分					
内资企业	**21971445**	**95249599**	**75859473**	**1179389**	**1927512**
国有企业	3405750	12128028	9226992	142649	236194
集体企业	420682	2365520	1563722	49376	58516
股份合作企业	205508	901271	712659	12616	6323
联营企业	30862	175470	107545	3570	4863
国有联营企业	2823	7488	6225	26	
集体联营企业	6968	106277	60135	2321	4484
其他联营企业	21071	61706	41185	1222	379
有限责任公司	12848856	53619421	42883065	651117	1303329
国有独资公司	2983205	16112165	12754277	172270	272824
其他有限责任公司	9865651	37507256	30128788	478847	1030505
股份有限公司	2082777	9391287	7614557	95014	84386
私营企业	2945261	16542296	13646178	224135	233599
私营独资企业	253388	1626458	1323794	38514	1548
私营合伙企业	27221	174854	131048	5009	21
私营有限责任公司	2461316	13827852	11435560	156208	224395
私营股份有限公司	203336	913132	755776	24405	7636
其他企业	31750	126307	104755	912	301
港澳台商投资企业	**745674**	**1871593**	**1673086**	**17959**	**25057**
与港澳台商合资经营企业	266360	939707	836049	16722	942
与港澳台商合作经营企业	18280	50896	44958	1048	2912
港澳台商独资企业	401434	768754	690717		10921
港澳台商投资股份有限公司	59600	112236	101363	189	10282
外商投资企业	**1617368**	**4184922**	**3160275**	**39127**	**70757**
中外合资经营企业	1002170	3015355	2168885	34967	52336
中外合作经营企业	401666	567686	446568	1581	1606
外资企业	193490	506034	475524	2579	14231
外商投资股份有限公司	20041	95848	69299		2584
四、按隶属关系分					
中央	4500275	14120581	11740512	206468	284654
省	8357226	31729096	24567801	378507	824050
市	1535323	5937578	4969184	38324	284099
县(区、市)	3431693	15848613	11933131	165644	218670
乡镇(街道)	1048708	4149572	2928963	82805	31737
基层群众自治组织	308511	1540639	1196635	26734	12353
其他	5152749	27980034	23356609	337994	367762
五、按控股情况分					
国有控股	14765282	53801748	42288487	660004	1414933
集体控股	1173588	5252418	3628117	92564	90490

单位：个、万元、人

其他业务利润	营业费用	管理费用	税金	财务费用	利息支出	营业利润
296690	**3760823**	**6527919**	**245713**	**2459184**	**2271213**	**6823347**
18548	248945	294299	8720	95201	91295	197550
278142	3511878	6233620	236992	2363983	2179919	6625797
126685	1857846	3711092	139809	1267909	1164003	3231843
124277	1195521	1935562	67623	838148	783754	2478065
45728	707455	881266	38281	353126	323456	1113440
260927	**3479535**	**6252059**	**232335**	**2336298**	**2119566**	**6304089**
27933	677093	756495	28129	350068	304091	970355
8132	62419	291034	8970	41617	39945	348690
1702	37629	35485	5587	37292	35646	54353
4484	5284	19493	281	2992	2936	39355
	31	83	1	7	3	1195
4484	2241	17190	271	2619	2591	22166
…	3012	2219	9	366	342	15995
142401	1656828	4057022	146598	1360422	1261829	3139989
12856	361874	1404409	47728	459713	410360	999227
129546	1294954	2652613	98870	900709	851470	2140761
16590	324538	499469	22049	245471	210848	632171
59696	706024	585836	20631	295657	262318	1114273
1445	72843	58784	2675	14764	10478	115814
	5837	11617	47	499	489	21542
52348	599943	474502	17168	263141	237723	925747
5903	27401	40934	742	17252	13629	51170
-10	9721	7225	92	2779	1953	4903
5990	**62043**	**101205**	**7152**	**36246**	**52843**	**-14467**
276	40085	26659	1815	27377	28761	-6044
746	1679	2834	230	1244	1232	-2039
4934	11338	62765	4497	6194	21568	2709
34	8942	8947	611	1431	1282	-9094
29773	**219245**	**174656**	**6225**	**86640**	**98804**	**533726**
21276	185952	139201	4559	65114	62193	461218
329	8758	15014	902	10106	24960	85988
8376	18465	18594	646	11118	11275	-16143
-209	6070	1847	119	303	376	2663
19507	649271	605271	26223	414510	383417	551640
59061	979073	2965596	100598	893897	844649	1891569
37520	166765	431882	19267	144807	129774	289999
57709	622898	1000302	32721	378791	331296	1826662
16047	172211	355855	8683	90919	77702	476136
10808	37584	116089	8098	27273	25030	143940
96037	1133021	1052925	50122	508987	479345	1643401
118285	1848878	4244549	155787	1472210	1373700	3352969
19273	138673	591174	18270	132171	127618	653857

2-1-8 续表 25

指标名称	实收资本	主营业务收入	主营业务成本	主营业务税金及附加	其他业务收入
私人控股	7136286	39201555	32530011	463527	451999
港澳台商控股	410840	1125008	970431	10152	18530
外商控股	780968	1632253	1018034	9024	43887
其他	67524	293131	257754	1204	3486
六、按国民经济行业分					
采矿业	**9889206**	**36659172**	**23485145**	**631731**	**896700**
煤炭开采和洗选业	9626099	35296478	22483560	610541	890561
烟煤和无烟煤的开采洗选	9626099	35296478	22483560	610541	890561
烟煤和无烟煤的开采洗选	9626099	35296478	22483560	610541	890561
石油和天然气开采业	43500	92011	79076	936	221
天然原油和天然气开采	13500	81952	72288	883	60
天然原油和天然气开采	13500	81952	72288	883	60
与石油和天然气开采有关的服务活动	30000	10059	6788	52	161
与石油和天然气开采有关的服务活动	30000	10059	6788	52	161
黑色金属矿采选业	159076	1061891	735409	18990	2482
铁矿采选	150889	993694	670923	17561	2458
铁矿采选	150889	993694	670923	17561	2458
其他黑色金属矿采选	8187	68197	64486	1429	24
其他黑色金属矿采选	8187	68197	64486	1429	24
有色金属矿采选业	37559	177284	158476	985	213
常用有色金属矿采选	19349	149624	136663	871	213
铜矿采选	7778	22446	15201	208	171
铅锌矿采选	1272	31752	29547	277	4
铝矿采选	10300	95426	91915	386	39
贵金属矿采选	18210	27659	21813	114	
金矿采选	18210	27659	21813	114	
非金属矿采选业	22972	31508	28624	280	3224
土砂石开采	22972	31508	28624	280	3224
石灰石、石膏开采	6045	7516	7406	43	3166
建筑装饰用石开采	8795	12347	11605	139	57
粘土及其他土砂石开采	8132	11645	9613	98	
制造业	**10934354**	**56432711**	**49229913**	**562381**	**1076433**
农副食品加工业	221288	998765	904443	3961	6073
谷物磨制	19903	51329	46730	85	783
谷物磨制	19903	51329	46730	85	783
饲料加工	46341	244775	228283	9	927
饲料加工	46341	244775	228283	9	927
植物油加工	30951	146083	136559	154	551
食用植物油加工	30636	141699	132190	149	551
非食用植物油加工	315	4384	4369	5	
制糖	8500	8604	9201	22	564
制糖	8500	8604	9201	22	564
屠宰及肉类加工	42672	264035	234191	3170	900
畜禽屠宰	23437	205857	184897	2941	738
肉制品及副产品加工	19235	58178	49295	230	162
蔬菜、水果和坚果加工	16218	55934	45515	80	54
蔬菜、水果和坚果加工	16218	55934	45515	80	54
其他农副食品加工	56703	228006	203964	440	2295

单位：个、万元、人

其他业务利润	营业费用	管理费用	税金	财务费用	利息支出	营业利润
134849	1625758	1515787	63643	803640	701324	2387423
12284	45320	66685	3768	18005	31637	27137
11625	90155	99304	3923	26643	30786	394656
373	12039	10421	322	6515	6149	7304
93640	**1950701**	**3905429**	**113594**	**782802**	**707304**	**5921625**
92352	1930338	3812379	110181	770649	697206	5699840
92352	1930338	3812379	110181	770649	697206	5699840
92352	1930338	3812379	110181	770649	697206	5699840
121	1895	5555	46	82	96	3673
	48	3823	46	-24	-24	4752
	48	3823	46	-24	-24	4752
121	1847	1732		106	120	-1079
121	1847	1732		106	120	-1079
417	15651	75906	2970	10713	8759	205422
417	15555	73712	2918	10130	8368	196249
417	15555	73712	2918	10130	8368	196249
	96	2194	52	583	391	9173
	96	2194	52	583	391	9173
144	2101	9954	342	189	76	13592
144	2053	6544	247	128	18	11380
144	506	4622	39	-14	-14	2034
	1547	1253	35	…	…	7029
		669	173	142	31	2318
	48	3411	95	61	58	2212
	48	3411	95	61	58	2212
607	716	1635	56	1169	1167	-901
607	716	1635	56	1169	1167	-901
613	197	581	53	89	87	-1009
-6	264	293	2	118	118	-65
	255	761	1	962	962	173
189035	**1796102**	**2473381**	**120419**	**1245190**	**1129340**	**1305895**
3658	22537	32951	789	23839	23257	28737
17	1846	2555	53	1274	1225	-269
17	1846	2555	53	1274	1225	-269
886	3735	6393	169	3106	2264	2421
886	3735	6393	169	3106	2264	2421
311	1033	2519	14	5268	5941	5361
311	1029	2496	14	5223	5897	5380
	4	23		44	44	-19
77	76	5268	132	12	11	-1661
77	76	5268	132	12	11	-1661
684	4554	7202	132	5289	5044	12695
729	1960	3792	67	3749	3725	10960
-45	2594	3410	65	1540	1319	1735
31	1371	1844	38	1956	1915	2455
31	1371	1844	38	1956	1915	2455
1652	9922	7169	252	6934	6857	7735

2-1-8 续表 26

指标名称	实收资本	主营业务收入	主营业务成本	主营业务税金及附加	其他业务收入
淀粉及淀粉制品的制造	55278	222181	199050	374	2295
豆制品制造	260	973	844	2	
蛋品加工	10	1700	1591	3	
其他未列明的农副食品加工	1155	3151	2480	61	
食品制造业	185786	578904	459989	1934	8455
焙烤食品制造	7176	31987	24872	135	1150
糕点、面包制造	3164	15969	11801	116	967
饼干及其他焙烤食品制造	4012	16019	13071	18	183
糖果、巧克力及蜜饯制造	7720	24921	19457	113	1
糖果、巧克力制造	500	1583	808	2	1
蜜饯制作	7220	23338	18649	111	
方便食品制造	10326	35664	29757	150	1199
米、面制品制造	1756	6201	5248	4	
速冻食品制造	1250	3966	3022	29	1019
方便面及其他方便食品制造	7320	25497	21487	116	180
液体乳及乳制品制造	86672	286390	219942	221	4988
液体乳及乳制品制造	86672	286390	219942	221	4988
罐头制造	19173	66165	57517	163	462
肉、禽类罐头制造	6937	29789	23729	108	
蔬菜、水果罐头制造	12236	36376	33788	55	462
调味品、发酵制品制造	31137	83566	66583	795	410
酱油、食醋及类似制品的制造	27439	69149	54013	795	383
其他调味品、发酵制品制造	3698	14417	12570		28
其他食品制造	23582	50210	41860	358	245
营养、保健食品制造	2280	5685	2030	18	
冷冻饮品及食用冰制造	340	5454	4371	289	
食品及饲料添加剂制造	20962	39071	35459	51	245
饮料制造业	223397	744474	493390	58379	5341
酒精制造	12920	17516	15436	600	98
酒精制造	12920	17516	15436	600	98
酒的制造	101406	437477	250720	55718	4213
白酒制造	55975	385813	212125	50613	3679
啤酒制造	40932	44820	34585	4590	534
葡萄酒制造	3173	3328	1607	332	…
其他酒制造	1326	3516	2403	183	
软饮料制造	109072	289481	227234	2062	1030
碳酸饮料制造	8718	47167	34588	14	204
瓶(罐)装饮用水制造	5000	9169	8182		62
果菜汁及果菜汁饮料制造	74371	223103	177177	1623	756
含乳饮料和植物蛋白饮料制造	14531	3880	2419	136	8
固体饮料制造	5138	3812	3275		
茶饮料及其他软饮料制造	1312	2350	1595	290	
烟草制品业	61320	204871	82098	82261	
卷烟制造	61320	204871	82098	82261	
卷烟制造	61320	204871	82098	82261	
纺织业	77747	173393	168122	469	6121
棉、化纤纺织及印染精加工	47701	135048	135852	338	5908
棉、化纤纺织加工	33593	89751	90868	258	548

单位：个、万元、人

其他业务利润	营业费用	管理费用	税金	财务费用	利息支出	营业利润
1652	9708	6818	122	6653	6606	7736
	136	71	6	256	230	-336
	24	15		10		59
	54	266	124	14	22	276
1145	35006	26803	1069	7992	7702	40039
514	2667	2525	31	397	315	1995
486	2294	1388	28	291	250	676
28	373	1137	3	106	65	1319
…	1653	1106	47	395	379	2197
…	68	55		15	14	635
	1585	1051	47	380	364	1562
	2363	1160	9	577	456	1524
	87	108	9	138	37	615
	228	765		296	276	-365
	2047	287		142	142	1274
291	17081	10463	497	2328	2391	30404
291	17081	10463	497	2328	2391	30404
14	3562	3314	44	220	608	2843
	1741	1694		360	360	3728
14	1821	1620	44	-140	248	-886
320	5888	5121	250	2418	1967	1928
313	5266	4423	249	1502	1213	2309
7	621	698	…	916	755	-382
7	1793	3115	193	1658	1586	-852
	127	163		140	140	752
	107	138		118	118	431
7	1559	2815	193	1399	1328	-2034
2698	73175	55853	1353	14263	12802	55434
96	98	593	81	1309	1300	200
96	98	593	81	1309	1300	200
2100	52090	42918	907	5713	5819	38775
1876	44706	36975	615	5010	4763	43311
224	7219	5162	246	486	829	-5690
	87	535	25	-17	-3	785
	79	246	22	234	232	369
502	20987	12341	364	7241	5682	16458
126	7475	4458	117	250	137	508
4		…		-2		906
366	12942	6699	204	6837	5369	14727
7	308	869	25	106	127	-61
	204	199	19			135
	59	116		49	49	242
	3157	17649	43	-212	-212	19946
	3157	17649	43	-212	-212	19946
	3157	17649	43	-212	-212	19946
4773	3663	10294	337	5897	5128	-6324
4800	1921	7016	248	4718	4086	-6704
-226	1006	4876	210	2508	2374	-6697

2-1-8 续表 27

指标名称	实收资本	主营业务收入	主营业务成本	主营业务税金及附加	其他业务收入
棉、化纤印染精加工	14108	45298	44984	80	5360
毛纺织和染整精加工	12520	11707	10395		
毛纺织	12520	11707	10395		
麻纺织	7074	16539	13668	70	1
麻纺织	7074	16539	13668	70	1
丝绢纺织及精加工	6237	2320	2540	6	
缫丝加工	3000	1054	1235		
绢纺和丝织加工	3237	1267	1306	6	
纺织制成品制造	1560	4773	3059	38	
棉及化纤制品制造	500	2029	1148	17	
毛制品制造	1060	2744	1911	20	
针织品、编织品及其制品制造	2655	3006	2609	17	212
棉、化纤针织品及编织品制造	2655	3006	2609	17	212
纺织服装、鞋、帽制造业	21797	95352	79720	624	2244
纺织服装制造	20997	94799	79358	620	2244
纺织服装制造	20997	94799	79358	620	2244
纺织面料鞋的制造	800	553	362	4	
纺织面料鞋的制造	800	553	362	4	
皮革、毛皮、羽毛(绒)及其制品业	212	512	506	1	
毛皮鞣制及制品加工	212	512	506	1	
其他毛皮制品加工	212	512	506	1	
木材加工及木、竹、藤、棕、草制品业	5122	49103	39752	45	14
锯材、木片加工	1512	1543	1372	3	
木片加工	1512	1543	1372	3	
人造板制造	2610	46219	37339	36	12
胶合板制造	500	561	381	2	
纤维板制造	2110	45658	36958	35	12
木制品制造	1000	1340	1042	6	2
建筑用木料及木材组件加工	1000	1340	1042	6	2
家具制造业	3233	8898	7119	49	19
木质家具制造	3233	8898	7119	49	19
木质家具制造	3233	8898	7119	49	19
造纸及纸制品业	28466	109823	95142	309	1090
纸浆制造	500	2989	2589	19	
纸浆制造	500	2989	2589	19	
造纸	12167	32447	28521	88	287
机制纸及纸板制造	12167	32447	28521	88	287
纸制品制造	15799	74387	64033	202	803
纸和纸板容器的制造	15719	73744	63416	201	803
其他纸制品制造	80	644	617	1	
印刷业和记录媒介的复制	44013	80363	70275	409	2744
印刷	34535	70908	62763	409	2732
书、报、刊印刷	23277	38903	33780	247	2525
本册印制	400	6450	4773	87	2
包装装潢及其他印刷	10858	25555	24210	75	205
装订及其他印刷服务活动	9479	9455	7512		12
装订及其他印刷服务活动	9479	9455	7512		12
文教体育用品制造业	18617	65365	58758	226	318

单位：个、万元、人

其他业务利润	营业费用	管理费用	税金	财务费用	利息支出	营业利润
5026	916	2140	38	2210	1712	-7
	214	459		630	534	10
	214	459		630	534	10
1	844	1433	19	381	340	146
1	844	1433	19	381	340	146
-35	174	432	37	71	71	-488
	17	70		82	82	-350
-35	157	363	37	-12	-12	-138
	391	507	34	77	76	703
	329	331		-2	-3	206
	62	176	34	78	78	497
7	120	448		22	22	10
7	120	448		22	22	10
656	2609	7763	119	1020	935	3892
656	2600	7691	118	1017	933	3788
656	2600	7691	118	1017	933	3788
	9	72	1	3	3	103
	9	72	1	3	3	103
		6				
		6				
		6				
14	571	1961	50	2659	2501	4950
	2	126		141	140	-99
	2	126		141	140	-99
12	530	1599	50	2519	2361	5033
	11	40	...	120	120	7
12	519	1559	50	2399	2240	5026
2	39	236		...		17
2	39	236		...		17
19	861	686	12	92	87	124
19	861	686	12	92	87	124
19	861	686	12	92	87	124
809	3069	4243	496	2537	2432	5212
	34	29	2	26	26	293
	34	29	2	26	26	293
15	555	1296	37	1000	941	834
15	555	1296	37	1000	941	834
794	2480	2919	457	1511	1465	4086
794	2480	2907	457	1499	1453	4085
		12		12	12	1
756	1335	8278	232	1085	1066	60
744	690	7779	232	1073	1069	-739
619	140	6353	159	655	613	-1438
2	1	490		-18	2	1246
123	548	937	73	436	455	-547
12	646	499		12	-3	799
12	646	499		12	-3	799
317	4143	3902	89	2471	2259	-3182

2-1-8 续表 28

指标名称	实收资本	主营业务收入	主营业务成本	主营业务税金及附加	其他业务收入
体育用品制造	18617	65365	58758	226	318
体育器材及配件制造	2850	10464	9359	29	...
训练健身器材制造	15767	54901	49399	197	317
石油加工、炼焦及核燃料加工业	2362752	15913429	13374820	201466	298848
精炼石油产品的制造	33439	227500	189549	2636	1782
原油加工及石油制品制造	33439	227500	189549	2636	1782
炼焦	2329313	15685930	13185271	198830	297066
炼焦	2329313	15685930	13185271	198830	297066
化学原料及化学制品制造业	1265271	4779027	4118182	15616	51959
基础化学原料制造	371871	1498312	1334185	5292	8377
无机酸制造	7172	38573	33657	157	10
无机碱制造	109486	520107	476390	2096	33
无机盐制造	44911	278385	252189	1406	2923
有机化学原料制造	154238	504331	452779	1557	5243
其他基础化学原料制造	56064	156916	119170	76	168
肥料制造	573990	1814898	1523408	3629	29686
氮肥制造	446855	1472670	1259284	2029	18371
磷肥制造	2165	14427	12389	78	
复混肥料制造	124550	324174	248817	1522	11315
有机肥料及微生物肥料制造	420	3628	2918	1	
农药制造	6615	36461	25233	16	
化学农药制造	6615	36461	25233	16	
涂料、油墨、颜料及类似产品制造	20471	137343	109201	377	1359
涂料制造	4510	17224	14791	79	303
油墨及类似产品制造	8008	48891	35774	42	53
颜料制造	1908	18315	17301	27	167
染料制造	6044	52913	41335	228	836
合成材料制造	76010	642828	588920	2156	6459
初级形态的塑料及合成树脂制造	20409	321745	305647	800	836
合成橡胶制造	8675	59588	51436	397	2580
合成纤维单(聚合)体的制造	46927	261495	231837	960	3043
专用化学产品制造	160317	529372	434541	3178	6078
化学试剂和助剂制造	33934	145887	126793	852	1369
专项化学用品制造	9604	23042	19846	84	
林产化学产品制造	13934	34158	29522	288	19
炸药及火工产品制造	77637	264043	208277	1299	4502
环境污染处理专用药剂材料制造	3151	8964	6248	56	189
动物胶制造	1416	1957	1814	1	
其他专用化学产品制造	20640	51321	42041	599	
日用化学产品制造	55996	119813	102694	969	
肥皂及合成洗涤剂制造	55496	119177	102174	965	
香料、香精制造	500	636	521	4	
医药制造业	282280	657969	458798	3594	5967
化学药品原药制造	88092	229743	199125	235	1374
化学药品原药制造	88092	229743	199125	235	1374
化学药品制剂制造	99221	241232	157209	1473	735
化学药品制剂制造	99221	241232	157209	1473	735
中药饮片加工	12765	9179	7753	17	277

单位：个、万元、人

其他业务利润	营业费用	管理费用	税金	财务费用	利息支出	营业利润
317	4143	3902	89	2471	2259	-3182
	332	682	19	141	103	603
317	3811	3220	70	2331	2155	-3785
85344	915651	535585	25858	392589	361519	491690
11	7123	9106	76	1396	1473	10103
11	7123	9106	76	1396	1473	10103
85332	908528	526479	25782	391194	360045	481588
85332	908528	526479	25782	391194	360045	481588
9687	104775	262823	13432	131805	125750	166771
3388	25214	68181	1528	29534	28085	67874
-25	976	1605	39	627	614	1497
6	5416	26207	55	8944	8943	39039
2219	6719	8209	240	2291	1805	6197
1072	10306	28834	1045	15100	14160	-7467
116	1796	3326	148	2572	2563	28609
769	25416	102059	7656	70657	67693	85497
-972	19066	67948	3823	59560	56962	64016
	210	1128	156	364	364	250
1742	5902	32794	3676	10655	10288	21029
	239	190		79	79	203
	150	496		294	293	1850
	150	496		294	293	1850
635	7299	6517	123	2622	2383	6185
300	880	1182	6	175	169	405
25	2974	1943	84	147	113	1948
135	638	573	6	186	185	-276
177	2807	2819	27	2114	1915	4108
2857	19984	23922	2551	13738	13186	-8819
770	9381	5536	1430	7240	7155	-6105
1319	1313	5839	657	479	330	1489
768	9291	12547	464	6019	5700	-4203
2038	21378	56128	1443	9895	9117	12842
-79	9318	5293	181	4365	3830	1406
	716	1024	12	496	493	77
-14	874	1584	234	168	378	2025
1943	7962	45649	833	2919	2327	4541
189	773	452	38	199	146	1237
	48	114	8	34	33	-54
	1689	2011	138	1715	1909	3611
	5334	5520	130	5066	4994	1342
	5304	5444	125	5066	4994	1337
	30	76	5			5
1348	70213	58734	2089	20186	19816	49117
321	5711	10700	174	4775	5184	9485
321	5711	10700	174	4775	5184	9485
276	23414	27070	995	8027	7807	25638
276	23414	27070	995	8027	7807	25638
211	487	937	80	477	222	-285

2-1-8 续表 29

指标名称	实收资本	主营业务收入	主营业务成本	主营业务税金及附加	其他业务收入
中药饮片加工	12765	9179	7753	17	277
中成药制造	39724	114956	52940	1225	1034
中成药制造	39724	114956	52940	1225	1034
兽用药品制造	9901	6254	5275	22	467
兽用药品制造	9901	6254	5275	22	467
生物、生化制品的制造	15334	37047	21273	477	7
生物、生化制品的制造	15334	37047	21273	477	7
卫生材料及医药用品制造	17243	19559	15222	144	2075
卫生材料及医药用品制造	17243	19559	15222	144	2075
化学纤维制造业	3672	35150	28706	95	488
纤维素纤维原料及纤维制造	1972	25111	18971	83	417
人造纤维(纤维素纤维)制造	1972	25111	18971	83	417
合成纤维制造	1700	10039	9735	13	71
涤纶纤维制造	1700	10039	9735	13	71
橡胶制品业	83475	179896	158289	777	1755
轮胎制造	58068	100686	91761	488	1563
车辆、飞机及工程机械轮胎制造	58068	100686	91761	488	1563
橡胶板、管、带的制造	18721	52969	43184	139	185
橡胶板、管、带的制造	18721	52969	43184	139	185
橡胶零件制造	1570	11634	8485	81	2
橡胶零件制造	1570	11634	8485	81	2
再生橡胶制造	2889	10592	11374	67	5
再生橡胶制造	2889	10592	11374	67	5
日用及医用橡胶制品制造	2226	4015	3486	2	
日用及医用橡胶制品制造	2226	4015	3486	2	
塑料制品业	65086	203715	179070	693	1704
塑料薄膜制造	17884	46495	42921	32	
塑料薄膜制造	17884	46495	42921	32	
塑料板、管、型材的制造	16763	84266	72071	339	287
塑料板、管、型材的制造	16763	84266	72071	339	287
塑料丝、绳及编织品的制造	14878	48410	43966	285	978
塑料丝、绳及编织品的制造	14878	48410	43966	285	978
泡沫塑料制造	370	3100	2940	5	78
泡沫塑料制造	370	3100	2940	5	78
塑料包装箱及容器制造	14211	18938	15283	16	338
塑料包装箱及容器制造	14211	18938	15283	16	338
其他塑料制品制造	980	2506	1888	18	22
其他塑料制品制造	980	2506	1888	18	22
非金属矿物制品业	720164	1625197	1367178	9610	20383
水泥、石灰和石膏的制造	295850	497813	417860	4145	5597
水泥制造	292613	491082	412506	4061	5597
石灰和石膏制造	3237	6731	5354	84	
水泥及石膏制品制造	82924	136547	115296	1471	1711
水泥制品制造	65955	119852	102210	1288	1711
砼结构构件制造	8799	2473	2084	81	
轻质建筑材料制造	3320	7735	5914	7	...
其他水泥制品制造	4850	6488	5088	95	
砖瓦、石材及其他建筑材料制造	70427	231488	193849	870	2880

单位：个、万元、人

其他业务利润	营业费用	管理费用	税金	财务费用	利息支出	营业利润
211	487	937	80	477	222	-285
87	32265	14558	632	5262	4963	9315
87	32265	14558	632	5262	4963	9315
417	290	613	13	349	349	-364
417	290	613	13	349	349	-364
7	6157	3349	154	925	922	4872
7	6157	3349	154	925	922	4872
30	1889	1507	41	370	370	456
30	1889	1507	41	370	370	456
73	837	7106	74	52	51	-1648
72	757	6995	74	-41	-42	-1656
72	757	6995	74	-41	-42	-1656
1	80	110		93	93	8
1	80	110		93	93	8
170	6511	7037	90	4958	4924	7503
135	2465	1613	…	4149	4138	4347
135	2465	1613	…	4149	4138	4347
29	2881	3505	22	492	473	2830
29	2881	3505	22	492	473	2830
…	872	1447	60	57	60	687
…	872	1447	60	57	60	687
5	180	293	7	13	13	-330
5	180	293	7	13	13	-330
	114	180	2	247	241	-30
	114	180	2	247	241	-30
427	6198	8061	435	3885	4170	6937
	258	1040	13	1027	912	1217
	258	1040	13	1027	912	1217
263	3989	2687	177	1571	1507	3857
263	3989	2687	177	1571	1507	3857
-27	1149	2745	162	701	731	44
-27	1149	2745	162	701	731	44
78	95	150		-4	-5	-8
78	95	150		-4	-5	-8
92	468	1107	68	560	1003	1658
92	468	1107	68	560	1003	1658
22	239	332	16	29	23	169
22	239	332	16	29	23	169
5444	82972	98318	4057	53982	51364	8960
1574	12849	41211	1925	27111	26713	-17058
1574	12331	40510	1908	26836	26439	-16869
	518	701	16	275	274	-189
251	5653	7872	194	3892	3417	5290
251	5221	6867	189	3241	2832	4265
	91	524		270	274	-798
…	305	251	3	146	146	1018
	36	230	1	235	165	804
1010	18380	10992	351	2585	2467	4946

2-1-8 续表 30

指标名称	实收资本	主营业务收入	主营业务成本	主营业务税金及附加	其他业务收入
粘土砖瓦及建筑砌块制造	41431	35456	28580	294	475
建筑陶瓷制品制造	4243	19191	17829	148	
建筑用石加工	14489	121152	103055	127	
防水建筑材料制造	8818	53284	43243	296	1598
其他建筑材料制造	1446	2406	1142	6	807
玻璃及玻璃制品制造	74845	203305	178564	454	1174
平板玻璃制造	8000	24937	23310	58	49
技术玻璃制品制造	35250	63290	58496	71	996
玻璃仪器制造	200	1155	1000	11	1
日用玻璃制品及玻璃包装容器制造	30883	111404	93653	298	129
玻璃纤维及制品制造	112	688	593	5	
玻璃纤维增强塑料制品制造	400	1832	1512	10	
陶瓷制品制造	19267	46415	35947	309	103
特种陶瓷制品制造	6523	9452	7540	66	3
日用陶瓷制品制造	12744	36963	28407	244	99
耐火材料制品制造	71865	203669	166545	1556	6091
石棉制品制造	315	4253	4070	11	
耐火陶瓷制品及其他耐火材料制造	71550	199417	162475	1545	6091
石墨及其他非金属矿物制品制造	104987	305959	259117	806	2828
石墨及碳素制品制造	81670	258823	219207	592	2788
其他非金属矿物制品制造	23317	47136	39910	214	40
黑色金属冶炼及压延加工业	2015306	18810641	17334786	130387	322068
炼铁	408824	2356885	2211021	26843	25562
炼铁	408824	2356885	2211021	26843	25562
炼钢	333388	2817183	2786808	19534	25804
炼钢	333388	2817183	2786808	19534	25804
钢压延加工	1124971	12644138	11409421	65557	243632
钢压延加工	1124971	12644138	11409421	65557	243632
铁合金冶炼	148124	992435	927537	18453	27071
铁合金冶炼	148124	992435	927537	18453	27071
有色金属冶炼及压延加工业	1335411	4051075	3706081	23108	61059
常用有色金属冶炼	1203355	3585955	3263685	21366	51171
铜冶炼	155275	503245	475287	2772	18816
铅锌冶炼	34554	44765	34102	219	116
铝冶炼	840355	2218577	2002292	9227	25059
镁冶炼	172171	812946	747562	9144	7180
其他常用有色金属冶炼	1000	6422	4442	4	
贵金属冶炼	5301	10042	7130	377	
银冶炼	5301	10042	7130	377	
稀有稀土金属冶炼	8427	61578	59330	208	1279
稀土金属冶炼	7927	59940	58010	77	1279
其他稀有金属冶炼	500	1638	1319	131	
有色金属合金制造	22797	167900	159120	502	2896
有色金属合金制造	22797	167900	159120	502	2896
有色金属压延加工	95532	225600	216816	657	5713
常用有色金属压延加工	82605	170548	164336	171	4377
贵金属压延加工	8358	46504	45146	440	1262
稀有稀土金属压延加工	4569	8547	7335	46	75

单位：个、万元、人

其他业务利润	营业费用	管理费用		财务费用		营业利润
			税金		利息支出	
275	1565	6399	231	403	388	-1542
	324	806	5	695	682	-636
	9623	1938	61	1050	1015	5360
547	6203	1092	2	435	380	1742
188	665	758	52	2	2	21
356	10379	9545	318	5740	5258	-1147
49	2533	2221		-48	-57	-3089
265	1881	1844	77	3166	2932	-1903
…	9	85	1	47	47	3
41	5858	5236	226	2555	2316	3719
	16	88	14	5	5	-18
	83	71	1	15	14	140
73	2884	3601	200	1312	1312	2635
3	885	976	104	364	370	-550
69	1999	2626	96	947	943	3184
1793	17285	10761	413	7014	6103	2819
	36	46		3		172
1793	17249	10715	413	7011	6103	2647
387	15542	14334	658	6329	6094	11475
347	11325	11472	628	5766	5559	13212
40	4217	2862	30	563	535	-1737
33505	220945	610874	39177	354177	278655	166354
7045	22788	49194	2595	27823	23994	31212
7045	22788	49194	2595	27823	23994	31212
4824	5707	27402	5518	20873	20894	-23331
4824	5707	27402	5518	20873	20894	-23331
21802	175874	511503	30101	291590	223247	132910
21802	175874	511503	30101	291590	223247	132910
-166	16575	22774	964	13892	10520	25563
-166	16575	22774	964	13892	10520	25563
5737	58930	126325	8824	125920	119432	59559
4254	53833	108555	7953	116166	110024	39239
2038	2134	8397	722	6193	3490	23863
	654	1832	18	4410	3897	3548
-360	41646	77983	6418	94387	92340	-6626
2576	9396	20316	792	11178	10297	16506
	3	27	4	-1		1948
	37	2045	38	456	447	1296
	37	2045	38	456	447	1296
-54	1195	2231	108	810	813	9471
-54	1135	2172	108	749	753	8918
	60	58		61	60	552
251	1778	3605	106	1568	1411	1500
251	1778	3605	106	1568	1411	1500
1287	2087	9889	619	6920	6738	8054
1231	1882	8802	593	6472	6303	6572
	141	549	10	308	295	1001
56	64	538	15	141	140	480

2-1-8 续表 31

指标名称	实收资本	主营业务收入	主营业务成本	主营业务税金及附加	其他业务收入
金属制品业	74065	390922	356070	3247	8436
结构性金属制品制造	31777	181785	164204	595	2051
金属结构制造	26370	169073	153375	584	2049
金属门窗制造	5407	12711	10828	11	2
金属工具制造	6722	7997	6153	31	95
切削工具制造	6622	7485	5669	31	95
农用及园林用金属工具制造	100	512	484		
集装箱及金属包装容器制造	12341	23723	22047	58	664
金属压力容器制造	1905	5444	5028	11	177
金属包装容器制造	10436	18279	17018	47	488
金属丝绳及其制品的制造	2623	29899	28250	291	4125
金属丝绳及其制品的制造	2623	29899	28250	291	4125
建筑、安全用金属制品制造	14454	110128	101382	2242	1166
建筑装饰及水暖管道零件制造	11022	97802	91502	2163	1143
安全、消防用金属制品制造	3433	12326	9880	79	23
金属表面处理及热处理加工	1817	14469	12429	12	
金属表面处理及热处理加工	1817	14469	12429	12	
搪瓷制品制造	631	2157	1945		
搪瓷日用品及其他搪瓷制品制造	631	2157	1945		
不锈钢及类似日用金属制品制造	2200	17736	17543	1	
金属制厨用器皿及餐具制造	1000	7788	7478		
其他日用金属制品制造	1200	9948	10065	1	
其他金属制品制造	1500	3028	2118	18	335
其他未列明的金属制品制造	1500	3028	2118	18	335
通用设备制造业	349689	1288999	1115534	5442	43579
锅炉及原动机制造	39283	136822	110654	281	3202
锅炉及辅助设备制造	17874	59098	48280	260	1043
内燃机及配件制造	21409	77724	62374	21	2159
金属加工机械制造	25664	59243	51298	166	6046
金属切削机床制造	16839	24582	21042	56	5074
金属成形机床制造	1212	5066	4177	12	3
铸造机械制造	4333	11239	9909	33	
金属切割及焊接设备制造	155	1052	712		460
机床附件制造	600	2657	2054	20	170
其他金属加工机械制造	2525	14647	13405	46	340
起重运输设备制造	17482	50005	45357	114	5549
起重运输设备制造	17482	50005	45357	114	5549
泵、阀门、压缩机及类似机械的制造	59161	145379	106495	437	2411
泵及真空设备制造	25152	50493	37634	174	733
气体压缩机械制造	742	1821	1766	...	196
阀门和旋塞的制造	3392	11461	8858	38	415
液压和气压动力机械及元件制造	29875	81604	58238	225	1067
轴承、齿轮、传动和驱动部件的制造	5909	11557	10162	42	156
轴承制造	2573	5369	4567	21	75
齿轮、传动和驱动部件制造	3336	6187	5596	22	81
烘炉、熔炉及电炉制造	1802	6361	5125	32	1135
烘炉、熔炉及电炉制造	1802	6361	5125	32	1135
风机、衡器、包装设备等通用设备制造	22527	75719	67708	254	1222

单位：个、万元、人

其他业务利润	营业费用	管理费用	税金	财务费用	利息支出	营业利润
940	6081	18029	1092	5593	5403	4807
303	2529	8006	338	2346	2293	3829
301	2177	7714	246	2240	2214	2705
2	352	292	92	106	79	1123
95	244	2402	186	243	235	-986
95	244	2340	186	243	235	-953
		62				-34
113	410	1143	34	378	326	-104
3	97	302	6	27	25	38
111	313	840	28	351	301	-141
337	554	994	75	520	498	-680
337	554	994	75	520	498	-680
79	1936	3959	433	2054	2008	936
72	1176	2762	417	1935	1895	630
7	761	1197	16	119	114	306
	68	394	6	50	47	1514
	68	394	6	50	47	1514
	235	75		3	...	-102
	235	75		3	...	-102
	49	746	4	-1	-2	-138
	49	309		-2	-2	1
		436	4	1	...	-138
12	55	312	19	...		537
12	55	312	19	...		537
9589	46705	84685	3685	19330	18543	26854
-327	2209	15708	634	4951	4803	2281
36	2197	5753	168	2157	2048	1236
-363	12	9955	466	2795	2755	1045
635	2206	4790	528	414	366	1289
101	817	2650	424	-121	-132	123
3	286	286	7	18	11	291
	196	709	25	408	397	434
460	120	217	1	9	-2	391
11	175	342	3	49	37	30
61	613	587	69	52	54	21
1074	1392	4641	322	74	41	-621
1074	1392	4641	322	74	41	-621
483	7903	14506	727	2041	1934	3987
201	3079	5548	283	1021	987	4514
190	130	752		1	1	-639
34	667	1718	86	263	263	-60
58	4028	6487	358	756	683	172
26	136	630	62	34	33	547
5	121	365	54	32	32	268
21	15	264	8	2	1	280
417	487	761	20	53	34	433
417	487	761	20	53	34	433
803	3860	4602	151	1153	1132	889

2-1-8 续表 32

指标名称	实收资本	主营业务收入	主营业务成本	主营业务税金及附加	其他业务收入
风机、风扇制造	9840	31805	29467	125	1
气体、液体分离及纯净设备制造	2028	1354	1273	2	26
制冷、空调设备制造	550	3064	2796	6	11
喷枪及类似器具制造	363	4254	4221	38	597
衡器制造	1246	4660	3180	24	279
其他通用设备制造	8500	30582	26772	60	308
通用零部件制造及机械修理	20390	144975	132363	810	5542
紧固件、弹簧制造	2102	17459	16189	10	205
机械零部件加工及设备修理	16770	122516	111908	779	5335
其他通用零部件制造	1518	5001	4266	21	3
金属铸、锻加工	157472	658938	586372	3305	18316
钢铁铸件制造	111563	412916	370371	1959	10193
锻件及粉末冶金制品制造	45909	246022	216001	1346	8123
专用设备制造业	581823	2784376	2335732	8934	92218
矿山、冶金、建筑专用设备制造	219857	1623899	1355404	6731	51237
采矿、采石设备制造	172404	1385536	1149090	6114	49065
石油钻采专用设备制造	7234	153445	131676	279	496
建筑工程用机械制造	11802	2463	2335	3	82
建筑材料生产专用机械制造	500	1789	1272	5	403
冶金专用设备制造	27917	80666	71031	330	1192
化工、木材、非金属加工专用设备制造	11767	41867	33558	112	1265
炼油、化工生产专用设备制造	3443	35625	28363	105	1168
塑料加工专用设备制造	3324	2997	2555	5	84
模具制造	5000	3246	2640	1	13
食品、饮料、烟草及饲料生产专用设备制造	1108	1584	1222	7	
食品、饮料、烟草工业专用设备制造	1108	1584	1222	7	
印刷、制药、日化生产专用设备制造	2258	3104	2441	28	86
印刷专用设备制造	2258	3104	2441	28	86
纺织、服装和皮革工业专用设备制造	116895	170480	161531	473	12676
纺织专用设备制造	116895	170480	161531	473	12676
电子和电工机械专用设备制造	212552	885224	731592	1489	26663
电工机械专用设备制造	2643	10973	10483	32	22
电子工业专用设备制造	13383	20285	14307	122	5
航空、航天及其他专用设备制造	12787	143174	110784	394	912
农、林、牧、渔专用机械制造	6170	33529	30720	17	
拖拉机制造	5180	28919	26849	7	
机械化农业及园艺机具制造	500	681	352	6	
其他农林牧渔业机械制造及机械修理	490	3929	3519	4	
医疗仪器设备及器械制造	3176	2398	1704	2	
医疗诊断、监护及治疗设备制造	300	557	447	2	
假肢、人工器官及植(介)入器械制造	2876	1841	1256		
环保、社会公共安全及其他专用设备制造	8041	22291	17562	76	291
环境污染防治专用设备制造	6671	18306	14661	52	201
社会公共安全设备及器材制造	438	2147	1293	24	90
水资源专用机械制造	932	1838	1608	…	
交通运输设备制造业	282619	1008970	866706	4946	57945
铁路运输设备制造	151286	634378	543789	1992	40665

单位：个、万元、人

其他业务利润	营业费用	管理费用		财务费用		营业利润
			税金		利息支出	
…	744	1146	9	109	110	864
26		152	4	-1		-45
9	47	162	110	1	1	60
563		543		-4	-4	19
178	772	575		157	156	130
26	2297	2023	28	891	869	-139
1653	930	11759	132	871	838	-223
136	553	781	32	172	142	-82
1514	276	10435	88	641	641	-120
3	101	543	12	57	54	-22
4827	27582	27289	1109	9738	9362	18272
488	17462	16284	753	5762	6587	8746
4339	10120	11005	356	3976	2774	9526
9821	62545	246299	5692	33878	31158	94790
5277	39907	116075	2529	19450	18117	79653
4520	35585	100831	2395	15258	14577	69692
315	2670	7126	3	1601	1557	10310
38	13	576	40	258		-684
158	55	173	11	…	-1	39
247	1585	7370	79	2333	1984	296
357	2463	1850	83	665	658	4188
324	2366	1233	75	269	263	3612
21	97	380		23	22	-42
13	…	237	8	373	373	617
	27	75		…		242
	27	75		…		242
81	159	405				148
81	159	405				148
856	3792	15912	1184	832	764	-12146
856	3792	15912	1184	832	764	-12146
3199	15020	107674	1734	11838	10567	22000
3	106	183	1	133	119	39
4	1241	3896	80	70	88	932
438	1514	18278	591	3944	3895	8697
	750	1199	101	495	489	144
	561	892	82	426	420	185
	61	74	10	16	16	-48
	127	233	10	54	53	7
	81	663	5	16	15	-68
	19	31	5	16	15	42
	62	632				-110
50	347	2444	56	581	548	629
13	184	1434	49	454	420	931
37	124	506	4	128	128	10
	39	504	2	-1		-312
4611	28849	106203	3359	17012	16160	47485
2977	10622	76124	2099	6810	6829	53628

2-1-8 续表 33

指标名称	实收资本	主营业务收入	主营业务成本	主营业务税金及附加	其他业务收入
铁路机车车辆及动车组制造	55905	258868	235036	826	16976
工矿有轨专用车辆制造	6188	5235	4670	7	
铁路机车车辆配件制造	51264	146692	114791	475	1722
铁路专用设备及器材、配件制造	20104	75077	62749	366	417
其他铁路设备制造及设备修理	17825	148507	126543	316	21550
汽车制造	124263	367590	317618	2935	17191
汽车整车制造	20000	15170	14129	2	254
改装汽车制造	8146	46716	42840	43	19
汽车车身、挂车的制造	12994	20821	20033	29	24
汽车零部件及配件制造	78222	274917	232979	2804	16826
汽车修理	4901	9966	7637	56	68
航空航天器制造	6000	5377	4032	10	
飞机制造及修理	6000	5377	4032	10	
交通器材及其他交通运输设备制造	1070	1625	1267	10	89
交通管理用金属标志及设施制造	850	1070	875	5	89
其他交通运输设备制造	220	555	392	5	
电气机械及器材制造业	123296	558599	473339	3733	62684
电机制造	38171	299443	260031	1030	61347
发电机及发电机组制造	10793	13777	14103	29	274
电动机制造	27378	285666	245928	1001	61073
输配电及控制设备制造	32057	106049	80320	254	198
变压器、整流器和电感器制造	16353	52772	36738	29	79
电容器及其配套设备制造	1365	2045	1707	16	
配电开关控制设备制造	10022	43247	36071	163	119
电力电子元器件制造	300	5676	3925	26	
其他输配电及控制设备制造	4017	2309	1880	20	
电线、电缆、光缆及电工器材制造	41047	96859	87608	273	977
电线电缆制造	18756	81751	74269	208	38
光纤、光缆制造	20901	9500	9013	32	750
绝缘制品制造	732	4208	3155	27	...
其他电工器材制造	658	1400	1171	6	188
电池制造	5980	43929	34711	2026	10
电池制造	5980	43929	34711	2026	10
家用电力器具制造	3518	5121	4505	38	152
家用电力器具专用配件制造	1738	3085	2703		152
其他家用电力器具制造	1780	2036	1802	38	
非电力家用器具制造	300	2201	1805	82	
燃气、太阳能及类似能源的器具制造	300	2201	1805	82	
照明器具制造	1223	2425	2106	13	
照明灯具制造	319	521	406		
灯用电器附件及其他照明器具制造	903	1904	1700	13	
其他电气机械及器材制造	1000	2572	2254	18	
其他未列明的电气机械制造	1000	2572	2254	18	
通信设备、计算机及其他电子设备制造业	450051	877692	783738	668	11314
通信设备制造	268570	645431	583874	7	10136
通信传输设备制造	6439	19729	11662	7	...
移动通信及终端设备制造	262131	625702	572213		10136
雷达及配套设备制造	551	10612	9556	3	27

单位：个、万元、人

其他业务利润	营业费用	管理费用	税金	财务费用	利息支出	营业利润
11	2196	39559	883	2077	3721	29282
	34	323	7	183	175	18
1181	3601	15902	174	2052	1041	15911
294	2134	7101	519	268	267	2878
1491	2657	13239	516	2230	1625	5539
1614	17984	28655	1225	10177	9305	-6144
121	591	2550	69	-255	-259	-1856
3	358	2426	104	355	349	359
17	92	634	53	143	143	-202
1471	16569	22514	992	9851	8990	-5699
2	374	531	7	83	83	1255
	18	1286	35	24	24	...
	18	1286	35	24	24	...
19	226	138		2	2	...
19	121	107		2	2	-22
	106	31				22
2557	17203	36544	2174	11648	11055	20266
2347	6796	20341	1497	8976	8655	4890
	60	1356	31	12		-1720
2347	6736	18985	1466	8964	8655	6610
106	7306	7812	108	659	649	10364
71	3830	2359	10	593	576	9796
	123	203	25	-1		-3
37	2205	4577	54	48	54	278
-2	888	467	20	-1	-1	370
	261	206		20	20	-77
-58	2018	5721	502	1656	1307	128
11	1331	3833	95	1304	955	1319
-84	550	1280	154	295	294	-1754
	37	507	253	57	57	527
15	101	101				36
10	738	1914	63	377	376	4203
10	738	1914	63	377	376	4203
152	197	341	1	-61	28	423
152	114	270	1	-61	28	382
	84	72				40
	25	34		23	23	233
	25	34		23	23	233
	76	162	1	-1	-2	10
	9	46				1
	67	117	1	-1	-2	9
	47	219	3	19	21	16
	47	219	3	19	21	16
4955	11357	79655	4915	5814	20712	-3677
4532	6984	49152	2889	2418	17516	4312
...	664	3230	...	-209	-211	1160
4532	6320	45922	2889	2627	17727	3152
25	320	2206	10	120	110	-465

2-1-8 续表 34

指标名称	实收资本	主营业务收入	主营业务成本	主营业务税金及附加	其他业务收入
雷达及配套设备制造	551	10612	9556	3	27
广播电视设备制造	110	1662	481	1	
应用电视设备及其他广播电视设备制造	110	1662	481	1	
电子计算机制造	19651	16023	15056	21	25
电子计算机整机制造	19651	16023	15056	21	25
电子器件制造	4139	10963	7155	13	80
电子真空器件制造	500	2665	2459	1	44
光电子器件及其他电子器件制造	3639	8298	4695	11	35
电子元件制造	156731	192259	167084	624	1045
电子元件及组件制造	156731	192259	167084	624	1045
其他电子设备制造	300	743	533	1	
其他电子设备制造	300	743	533	1	
仪器仪表及文化、办公用机械制造业	37681	143798	101749	1370	3341
通用仪器仪表制造	28818	97182	67474	835	2509
工业自动控制系统装置制造	28818	97182	67474	835	2509
专用仪器仪表制造	8743	43395	31698	519	833
导航、气象及海洋专用仪器制造	7743	38970	28134	505	801
电子测量仪器制造	1000	4425	3564	14	31
光学仪器及眼镜制造	120	3221	2577	17	
光学仪器制造	120	3221	2577	17	
工艺品及其他制造业	10715	13433	11821	27	270
工艺美术品制造	3292	5535	4722	18	
金属工艺品制造	3292	5535	4722	18	
其他未列明的制造业	7423	7898	7099	10	270
其他未列明的制造业	7423	7898	7099	10	270
电力、燃气及水的生产和供应业	**3510927**	**8214231**	**7977777**	**42363**	**50193**
电力、热力的生产和供应业	3372307	8086616	7881728	41272	46637
电力生产	2541987	3841495	3868806	22095	24386
火力发电	2413982	3791544	3846780	21434	21886
水力发电	100497	49285	21528	653	2501
其他能源发电	27508	665	497	8	
电力供应	787432	4144592	3903493	18806	16446
电力供应	787432	4144592	3903493	18806	16446
热力生产和供应	42887	100529	109430	371	5805
热力生产和供应	42887	100529	109430	371	5805
燃气生产和供应业	19381	15086	12736	109	1685
燃气生产和供应业	19381	15086	12736	109	1685
燃气生产和供应业	19381	15086	12736	109	1685
水的生产和供应业	119240	112530	83313	983	1872
自来水的生产和供应	114578	102371	73670	942	1872
自来水的生产和供应	114578	102371	73670	942	1872
污水处理及其再生利用	4662	10159	9643	41	
污水处理及其再生利用	4662	10159	9643	41	
七、按行业大类分					
煤炭开采和洗选业	9626099	35296478	22483560	610541	890561
石油和天然气开采业	43500	92011	79076	936	221
黑色金属矿采选业	159076	1061891	735409	18990	2482

单位：个、万元、人

其他业务利润	营业费用	管理费用		财务费用		营业利润
			税金		利息支出	
25	320	2206	10	120	110	-465
	47	159		…	…	7
	47	159		…	…	7
25	60	3514	521	1090	1078	-3666
25	60	3514	521	1090	1078	-3666
1	181	2890	10	546	533	181
-11	65	313	8	539	539	-724
12	116	2577	3	7	-6	904
371	3678	21619	1484	1635	1474	-4048
371	3678	21619	1484	1635	1474	-4048
	87	116	1	3	1	3
	87	116	1	3	1	3
-32	5792	15395	807	2744	2697	11215
-92	4598	8085	277	2253	2234	7587
-92	4598	8085	277	2253	2234	7587
60	995	7133	525	503	464	3371
50	530	6763	524	503	463	3350
10	465	370	1	…	1	21
	199	178	5	-12	-1	257
	199	178	5	-12	-1	257
15	414	1320	73	-25	-25	25
	311	437	40	105	106	75
	311	437	40	105	106	75
15	103	883	33	-130	-131	-50
15	103	883	33	-130	-131	-50
14015	**14020**	**149110**	**11700**	**431192**	**434569**	**-404173**
12280	6670	112975	10297	426950	430251	-387787
5593	5492	96027	8693	340050	343454	-479977
6754	5437	90387	8549	328094	331498	-489675
-1161	1	5537	135	11955	11955	9697
	55	103	10	1	1	2
3895	1004	9561	1522	73021	72892	120981
3895	1004	9561	1522	73021	72892	120981
2792	173	7387	82	13880	13905	-28792
2792	173	7387	82	13880	13905	-28792
476	1979	2544	186	340	382	-1969
476	1979	2544	186	340	382	-1969
476	1979	2544	186	340	382	-1969
1259	5371	33591	1218	3902	3935	-14417
1259	5328	33439	1217	3869	3899	-14701
1259	5328	33439	1217	3869	3899	-14701
	44	152	1	33	37	284
	44	152	1	33	37	284
92352	1930338	3812379	110181	770649	697206	5699840
121	1895	5555	46	82	96	3673
417	15651	75906	2970	10713	8759	205422

2-1-8 续表 35

指标名称	实收资本	主营业务收入	主营业务成本	主营业务税金及附加	其他业务收入
有色金属矿采选业	37559	177284	158476	985	213
非金属矿采选业	22972	31508	28624	280	3224
农副食品加工业	221288	998765	904443	3961	6073
食品制造业	185786	578904	459989	1934	8455
饮料制造业	223397	744474	493390	58379	5341
烟草制品业	61320	204871	82098	82261	
纺织业	77747	173393	168122	469	6121
纺织服装、鞋、帽制造业	21797	95352	79720	624	2244
皮革、毛皮、羽毛(绒)及其制品业	212	512	506	1	
木材加工及木、竹、藤、棕、草制品业	5122	49103	39752	45	14
家具制造业	3233	8898	7119	49	19
造纸及纸制品业	28466	109823	95142	309	1090
印刷业和记录媒介的复制	44013	80363	70275	409	2744
文教体育用品制造业	18617	65365	58758	226	318
石油加工、炼焦及核燃料加工业	2362752	15913429	13374820	201466	298848
化学原料及化学制品制造业	1265271	4779027	4118182	15616	51959
医药制造业	282280	657969	458798	3594	5967
化学纤维制造业	3672	35150	28706	95	488
橡胶制品业	83475	179896	158289	777	1755
塑料制品业	65086	203715	179070	693	1704
非金属矿物制品业	720164	1625197	1367178	9610	20383
黑色金属冶炼及压延加工业	2015306	18810641	17334786	130387	322068
有色金属冶炼及压延加工业	1335411	4051075	3706081	23108	61059
金属制品业	74065	390922	356070	3247	8436
通用设备制造业	349689	1288999	1115534	5442	43579
专用设备制造业	581823	2784376	2335732	8934	92218
交通运输设备制造业	282619	1008970	866706	4946	57945
电气机械及器材制造业	123296	558599	473339	3733	62684
通信设备、计算机及其他电子设备制造业	450051	877692	783738	668	11314
仪器仪表及文化、办公用机械制造业	37681	143798	101749	1370	3341
工艺品及其他制造业	10715	13433	11821	27	270
电力、热力的生产和供应业	3372307	8086616	7881728	41272	46637
燃气生产和供应业	19381	15086	12736	109	1685
水的生产和供应业	119240	112530	83313	983	1872
八、按地区分					
直　报	782472	4091073	3863013	18444	16389
太原市	3529000	18871687	15508137	234694	382207
大同市	2474602	6306084	4768767	74068	116647
阳泉市	1288771	4139590	2985458	65004	312798
长治市	2627041	11156935	8891751	83913	326479
晋城市	2152506	6896371	4788733	56341	142646
朔州市	1803724	5358647	3489985	111839	55766
晋中市	1944812	8545811	6917535	139201	169362
运城市	2368151	9515711	8530478	38538	187709
忻州市	969468	2932386	2115370	37685	53073
临汾市	1965639	12927549	11128762	200021	152122
吕梁市	2428301	10564270	7704846	176727	108128

单位：个、万元、人

其他业务利润	营业费用	管理费用	税金	财务费用	利息支出	营业利润
144	2101	9954	342	189	76	13592
607	716	1635	56	1169	1167	-901
3658	22537	32951	789	23839	23257	28737
1145	35006	26803	1069	7992	7702	40039
2698	73175	55853	1353	14263	12802	55434
	3157	17649	43	-212	-212	19946
4773	3663	10294	337	5897	5128	-6324
656	2609	7763	119	1020	935	3892
		6				
14	571	1961	50	2659	2501	4950
19	861	686	12	92	87	124
809	3069	4243	496	2537	2432	5212
756	1335	8278	232	1085	1066	60
317	4143	3902	89	2471	2259	-3182
85344	915651	535585	25858	392589	361519	491690
9687	104775	262823	13432	131805	125750	166771
1348	70213	58734	2089	20186	19816	49117
73	837	7106	74	52	51	-1648
170	6511	7037	90	4958	4924	7503
427	6198	8061	435	3885	4170	6937
5444	82972	98318	4057	53982	51364	8960
33505	220945	610874	39177	354177	278655	166354
5737	58930	126325	8824	125920	119432	59559
940	6081	18029	1092	5593	5403	4807
9589	46705	84685	3685	19330	18543	26854
9821	62545	246299	5692	33878	31158	94790
4611	28849	106203	3359	17012	16160	47485
2557	17203	36544	2174	11648	11055	20266
4955	11357	79655	4915	5814	20712	-3677
-32	5792	15395	807	2744	2697	11215
15	414	1320	73	-25	-25	25
12280	6670	112975	10297	426950	430251	-387787
476	1979	2544	186	340	382	-1969
1259	5371	33591	1218	3902	3935	-14417
3889	765	4462	1495	70896	70771	115803
32637	461913	1397828	48849	438718	411300	734581
-70797	418022	579536	26067	146842	151262	361954
126717	115098	574224	17492	143293	145766	270692
45843	245054	784317	24472	309085	292337	859932
33297	126556	713981	19107	198224	211516	1188599
6724	600741	265325	9769	96501	65177	760820
20841	403590	511201	23583	187893	179619	381664
22534	242069	313845	19927	276447	231167	151898
6778	93142	196415	7438	123802	101981	437337
25381	342871	539111	32418	182577	167292	568294
42847	711000	647677	15097	284906	243026	991772

2-1-8 续表 36

指标名称	投资收益	补贴收入	营业外收入	营业外支出	利润总额	亏损企业亏损额
总 计	**354030**	**180458**	**352939**	**1028665**	**6342504**	**1496569**
一、按轻重工业分						
轻工业	8111	24541	16707	39330	203567	68883
重工业	345920	155917	336232	989335	6138937	1427686
二、按企业规模分						
大型企业	285148	50750	201256	362053	3121989	455832
中型企业	66115	93639	121528	276658	2438023	670172
小型企业	2768	36069	30155	389954	782492	370565
三、按登记注册类型分						
内资企业	**314285**	**169796**	**340170**	**990982**	**5818948**	**1365292**
国有企业	55749	39841	46682	158119	900070	341772
集体企业	1984	6157	17688	36750	336283	12855
股份合作企业	-1648	893	1354	12050	42822	22598
联营企业	…		332	7936	31751	497
国有联营企业					1195	
集体联营企业			331	7416	15082	497
其他联营企业	…		1	521	15474	
有限责任公司	214472	74945	217229	419402	3011448	608774
国有独资公司	155875	15831	42454	172942	873006	45488
其他有限责任公司	58597	59114	174776	246460	2138442	563286
股份有限公司	35968	20539	34472	27333	656529	207938
私营企业	7754	27362	22349	328801	835601	170326
私营独资企业	159	1042	1443	10843	107116	9156
私营合伙企业		73	152	16165	5581	232
私营有限责任公司	6847	25357	19822	294872	676086	156999
私营股份有限公司	747	890	933	6921	46818	3938
其他企业	6	60	65	591	4443	532
港澳台商投资企业	**104**	**3626**	**3630**	**9720**	**-16827**	**73352**
与港澳台商合资经营企业	103	2585	931	9050	-11475	45592
与港澳台商合作经营企业			42	49	-2046	2102
港澳台商独资企业	…	595	1766	437	4634	16908
港澳台商投资股份有限公司		446	892	184	-7940	8750
外商投资企业	**39641**	**7037**	**9139**	**27963**	**540384**	**57926**
中外合资经营企业	38845	5309	7102	19357	472142	24589
中外合作经营企业	757		762	4725	82781	
外资企业	2	1728	1233	2898	-16300	32311
外商投资股份有限公司	38		42	983	1760	1027
四、按隶属关系分						
中央	37635	17108	55837	56977	557435	482691
省	151839	36982	144641	310701	1731356	251740
市	72859	44134	43118	52967	334909	234165
县(区、市)	62938	42398	53981	139312	1829918	155563
乡镇(街道)	1227	4252	10955	42506	449984	28590
基层群众自治组织	28	529	1469	18147	127818	14968
其他	27505	35054	42939	408055	1311084	328851
五、按控股情况分						
国有控股	254890	103465	237894	445034	3208393	982379
集体控股	4726	8019	44169	65755	642822	77563

单位：个、万元、人

应交所得税	利税总额	本年应付工资总额	本年应付福利费总额	本年应交增值税	本年进项税额
1704389	**14282497**	**6898654**	**479001**	**6703518**	**9578779**
53230	533670	297877	21349	172740	362930
1651158	13748827	6600777	457652	6530777	9215849
834413	6766920	4499235	268207	3076997	5914749
639331	5314027	1578318	141213	2454289	2401938
230644	2201550	821101	69580	1172232	1262093
1631540	**13344276**	**6549513**	**447458**	**6345940**	**9049236**
259791	1838049	826585	65393	795330	1203700
82795	590686	230237	21544	205026	126890
14288	166023	31821	1679	110585	54239
5425	51503	17994	1730	16182	7078
16	1963	275	18	742	10
3592	28576	12447	1215	11173	2262
1816	20964	5272	496	4267	4806
896288	7096452	4410336	279412	3433887	5527518
152207	1990975	1485438	73361	945699	2184093
744081	5105477	2924898	206051	2488188	3343425
182361	1323166	474363	28124	571623	932695
190094	2264545	553860	49019	1204809	1188769
20518	260682	47163	5324	115052	92267
926	21529	6310	718	10939	9738
159698	1855523	468064	40852	1023229	1018615
8953	126811	32322	2125	55588	68148
497	13853	4319	558	8497	8347
6643	**82902**	**192943**	**16957**	**81770**	**152367**
6434	74608	31378	3523	69361	88023
	1910	1531	599	2908	5795
206	11060	152046	12256	6426	56278
4	-4676	7990	580	3075	2271
66205	**855319**	**156197**	**14585**	**275808**	**377177**
62527	706653	114713	12126	199544	268583
1995	138123	18889	801	53760	39904
1574	7067	20563	1558	20788	56973
109	3476	2033	100	1716	11717
192703	1549145	783054	70043	785242	1562917
530482	4198659	3491958	196242	2088796	3599593
98277	659027	399844	19006	285794	571444
452320	3054694	848802	72832	1059133	1320778
97816	868945	272638	25520	336156	206700
36471	259406	102909	8593	104853	117040
296320	3692622	999450	86765	2043543	2200309
1006993	7233363	4899914	303040	3364966	5775216
167603	1159200	429921	38134	423814	341944

2-1-8 续表 37

指标名称	投资收益	补贴收入	营业外收入	营业外支出	利润总额	亏损企业亏损额
私人控股	70823	60516	63849	488118	2069684	386550
港澳台商控股	85	3075	2325	11139	21484	16706
外商控股	23508	5383	4567	18202	393099	30314
其他			134	416	7023	3057
六、按国民经济行业分						
采矿业	**239009**	**22868**	**152200**	**639577**	**5466567**	**111590**
煤炭开采和洗选业	239965	22804	150593	623426	5260250	99523
烟煤和无烟煤的开采洗选	239965	22804	150593	623426	5260250	99523
烟煤和无烟煤的开采洗选	239965	22804	150593	623426	5260250	99523
石油和天然气开采业	-496		8	257	2928	1581
天然原油和天然气开采			8	251	4509	
天然原油和天然气开采			8	251	4509	
与石油和天然气开采有关的服务活动	-496			6	-1581	1581
与石油和天然气开采有关的服务活动	-496			6	-1581	1581
黑色金属矿采选业	-460	63	1341	14073	192262	8301
铁矿采选	-460	63	1238	13988	183070	7607
铁矿采选	-460	63	1238	13988	183070	7607
其他黑色金属矿采选			103	84	9192	693
其他黑色金属矿采选			103	84	9192	693
有色金属矿采选业			24	1670	11946	592
常用有色金属矿采选			18	255	11143	197
铜矿采选			9	249	1793	
铅锌矿采选				6	7023	197
铝矿采选			10		2327	
贵金属矿采选			6	1415	803	395
金矿采选			6	1415	803	395
非金属矿采选业		2	234	152	-819	1594
土砂石开采		2	234	152	-819	1594
石灰石、石膏开采			159	149	-999	1020
建筑装饰用石开采			4	3	-64	245
粘土及其他土砂石开采		2	71	...	244	328
制造业	**108647**	**125005**	**174737**	**341860**	**1269786**	**791542**
农副食品加工业	899	5413	2797	1303	36238	8256
谷物磨制	-10	679	174	94	426	1010
谷物磨制	-10	679	174	94	426	1010
饲料加工	13	2278	506	358	4860	379
饲料加工	13	2278	506	358	4860	379
植物油加工	12	295	136	27	5742	1154
食用植物油加工	12	202	116	27	5647	1154
非食用植物油加工		94	20		95	
制糖	1337	58	23	1	-244	433
制糖	1337	58	23	1	-244	433
屠宰及肉类加工	318	1120	355	362	14125	1119
畜禽屠宰	315	448	231	301	11653	581
肉制品及副产品加工	3	672	123	61	2472	538
蔬菜、水果和坚果加工		340	53	140	2709	110
蔬菜、水果和坚果加工		340	53	140	2709	110
其他农副食品加工	-771	643	1550	322	8621	4050

单位：个、万元、人

应交所得税	利税总额	本年应付工资总额	本年应付福利费总额	本年应交增值税	本年进项税额
487426	5293054	1301417	116089	2759843	3203926
1648	76687	154913	12149	45051	80247
39287	501733	101432	8777	99610	136132
1432	18461	11058	812	10234	41314
1370063	**9458352**	**4140581**	**279554**	**3360054**	**2319313**
1325945	9148156	4064679	273634	3277365	2251935
1325945	9148156	4064679	273634	3277365	2251935
1325945	9148156	4064679	273634	3277365	2251935
1183	5206	3990	95	1342	1274
1183	6321	2819	70	929	376
1183	6321	2819	70	929	376
	-1115	1171	24	414	899
	-1115	1171	24	414	899
42034	284637	57042	5158	73385	59563
42004	269284	52769	5003	68652	54791
42004	269284	52769	5003	68652	54791
29	15353	4273	156	4733	4773
29	15353	4273	156	4733	4773
799	19132	9876	217	6201	4883
471	17502	7388	191	5488	1602
351	3627	1815	129	1626	1261
1	9361	488	26	2062	76
120	4514	5085	36	1800	265
327	1631	2488	25	713	3281
327	1631	2488	25	713	3281
103	1221	4994	451	1760	1658
103	1221	4994	451	1760	1658
5	-556	2257	7	399	951
15	425	643	150	351	249
83	1352	2095	294	1010	458
314405	**4707092**	**2361948**	**173507**	**2874926**	**6299980**
4856	50039	28521	2634	9840	54013
118	1035	2789	1271	523	3406
118	1035	2789	1271	523	3406
665	5474	4088	493	605	2747
665	5474	4088	493	605	2747
25	6725	2305	160	828	11966
25	6487	2251	154	691	11368
	237	53	5	137	598
	-222	1117	60		
	-222	1117	60		
1036	20319	9149	235	3023	7871
707	15878	5374	110	1284	5030
329	4441	3775	126	1739	2841
267	3727	2078	175	938	1380
267	3727	2078	175	938	1380
2745	12983	6996	240	3922	26642

2-1-8 续表 38

指标名称	投资收益	补贴收入	营业外收入	营业外支出	利润总额	亏损企业亏损额
淀粉及淀粉制品的制造	-771	643	1550	319	8625	3713
豆制品制造				1	-337	337
蛋品加工					59	
其他未列明的农副食品加工				2	273	
食品制造业	73	4141	1600	16797	29039	6620
焙烤食品制造	36	832	76	57	2883	90
糕点、面包制造		10	62	22	726	90
饼干及其他焙烤食品制造	36	822	14	35	2156	
糖果、巧克力及蜜饯制造			4	375	1825	7
糖果、巧克力制造			3	3	636	
蜜饯制作			...	373	1189	7
方便食品制造		1322	630	309	3168	
米、面制品制造			40	...	655	
速冻食品制造		474	545	175	480	
方便面及其他方便食品制造		848	46	134	2033	
液体乳及乳制品制造	...	1048	190	15480	16162	1452
液体乳及乳制品制造	...	1048	190	15480	16162	1452
罐头制造	80	234	340	88	3409	1047
肉、禽类罐头制造	1	187	2	84	3835	
蔬菜、水果罐头制造	80	47	338	4	-425	1047
调味品、发酵制品制造	-61	323	251	226	2214	521
酱油、食醋及类似制品的制造	-61	82	185	182	2333	372
其他调味品、发酵制品制造		241	65	44	-119	149
其他食品制造	17	382	110	263	-622	3504
营养、保健食品制造			...		752	
冷冻饮品及食用冰制造					431	
食品及饲料添加剂制造	17	382	110	263	-1805	3504
饮料制造业	1155	1184	1319	5863	53062	13948
酒精制造		236	...	36	401	215
酒精制造		236	...	36	401	215
酒的制造	1115	173	938	5364	34355	6758
白酒制造	1109	173	755	4789	39278	332
啤酒制造	5		166	572	-6092	6426
葡萄酒制造	1		18	2	802	
其他酒制造				1	368	
软饮料制造	40	775	381	463	18307	6975
碳酸饮料制造		2	235	87	1774	
瓶(罐)装饮用水制造			35	49	891	
果菜汁及果菜汁饮料制造	40	747	87	262	15339	6759
含乳饮料和植物蛋白饮料制造		26	23	64	-76	215
固体饮料制造					135	
茶饮料及其他软饮料制造			1	...	243	
烟草制品业			48	41	19953	
卷烟制造			48	41	19953	
卷烟制造			48	41	19953	
纺织业	236	737	797	606	-5776	8238
棉、化纤纺织及印染精加工	4	544	778	355	-6120	7731
棉、化纤纺织加工	4	467	757	288	-6144	7611

单位：个、万元、人

应交所得税	利税总额	本年应付工资总额	本年应付福利费总额	本年应交增值税	本年进项税额
2695	12757	6628	223	3758	26436
	-313	172	7	22	135
	63	72	5	2	2
51	476	124	5	141	70
3348	44483	27193	1637	13510	63200
182	4346	3407	113	1329	3564
175	1913	2171	87	1071	2406
7	2432	1236	26	258	1158
183	2681	1832	142	744	1420
9	738	82	5	101	12
174	1944	1750	137	643	1408
378	4670	1927	80	1352	808
34	860	330	32	200	316
101	526	380	42	17	52
243	3285	1217	6	1135	440
994	22003	8922	654	5620	34399
994	22003	8922	654	5620	34399
612	5295	4365	193	1722	7745
513	4942	826	14	999	3419
99	353	3539	179	723	4326
683	5037	4537	243	2028	10674
679	4774	3829	215	1647	8984
4	263	708	28	381	1690
316	452	2203	213	716	4590
194	815	543	11	45	144
	1008	266	37	289	
122	-1372	1393	165	382	4446
22701	153440	45218	1735	41998	44699
	1187	548	13	186	1915
	1187	548	13	186	1915
19645	122161	36259	962	32088	11079
19449	119144	32218	177	29253	5625
84	1062	3730	767	2564	4803
	1303	182	2	169	180
113	652	129	16	101	471
3056	30092	8412	760	9724	31705
140	4117	3165	334	2330	8041
1	1253	246		362	1205
2723	23483	4096	369	6521	21612
27	182	756	14	123	241
	364	87	1	228	395
165	693	62	42	161	211
5325	125094	10070	1405	22879	11988
5325	125094	10070	1405	22879	11988
5325	125094	10070	1405	22879	11988
208	219	16467	1124	5527	21073
39	-2104	12698	1047	3677	16698
27	-2603	9046	183	3283	9729

2-1-8 续表 39

指标名称	投资收益	补贴收入	营业外收入	营业外支出	利润总额	亏损企业亏损额
棉、化纤印染精加工		78	21	67	24	121
毛纺织和染整精加工				...	10	
毛纺织				...	10	
麻纺织		10		33	122	
麻纺织		10		33	122	
丝绢纺织及精加工	232	177	20	216	-506	506
缫丝加工	1	177	19	220	-373	373
绢纺和丝织加工	230		1	-4	-133	133
纺织制成品制造		6		1	707	
棉及化纤制品制造		6			212	
毛制品制造				1	496	
针织品、编织品及其制品制造					10	
棉、化纤针织品及编织品制造					10	
纺织服装、鞋、帽制造业	136	1956	1221	175	5879	506
纺织服装制造	136	1956	1221	175	5776	506
纺织服装制造	136	1956	1221	175	5776	506
纺织面料鞋的制造					103	
纺织面料鞋的制造					103	
皮革、毛皮、羽毛(绒)及其制品业						
毛皮鞣制及制品加工						
其他毛皮制品加工						
木材加工及木、竹、藤、棕、草制品业	3	73	18	11	5033	371
锯材、木片加工		73	2	8	-33	33
木片加工		73	2	8	-33	33
人造板制造	3		16	3	5049	338
胶合板制造	3		11		21	
纤维板制造			5	3	5028	338
木制品制造					17	
建筑用木料及木材组件加工					17	
家具制造业			1	21	104	201
木质家具制造			1	21	104	201
木质家具制造			1	21	104	201
造纸及纸制品业	11	402	951	436	6140	423
纸浆制造					293	
纸浆制造					293	
造纸	1	367	265	132	1335	54
机制纸及纸板制造	1	367	265	132	1335	54
纸制品制造	10	35	686	304	4513	369
纸和纸板容器的制造	10	35	686	303	4512	369
其他纸制品制造				1	...	
印刷业和记录媒介的复制	241	57	143	213	288	2933
印刷	241	57	137	212	-516	2933
书、报、刊印刷	29	57	127	196	-1421	2434
本册印制	38				1283	3
包装装潢及其他印刷	174		10	17	-379	496
装订及其他印刷服务活动			6	1	805	
装订及其他印刷服务活动			6	1	805	
文教体育用品制造业	-754	1218	1217	909	-2411	3282

单位：个、万元、人

应交所得税	利税总额	本年应付工资总额	本年应付福利费总额	本年应交增值税	本年进项税额
12	498	3653	864	394	6969
3	624	281	16	614	1366
3	624	281	16	614	1366
3	831	2300		639	1621
3	831	2300		639	1621
	-398	340	29	102	523
	-324	110	5	49	360
	-74	230	25	53	163
164	1094	255	31	349	465
	368	89	8	139	208
164	726	167	23	210	257
	173	594		146	401
	173	594		146	401
1256	10027	10497	422	3524	11133
1230	9897	10414	421	3501	11133
1230	9897	10414	421	3501	11133
26	130	83	2	23	
26	130	83	2	23	
	6	35		6	15
	6	35		6	15
	6	35		6	15
588	5559	1298	43	481	3903
	18	210	2	49	214
	18	210	2	49	214
588	5471	988	41	385	3509
5	54	54	8	32	64
583	5416	933	33	353	3445
	70	101	1	48	180
	70	101	1	48	180
56	314	1138	15	161	366
56	314	1138	15	161	366
56	314	1138	15	161	366
1610	8803	7004	415	2354	15756
5	332	99	10	21	43
5	332	99	10	21	43
254	2385	2801	158	963	4510
254	2385	2801	158	963	4510
1352	6086	4105	247	1371	11203
1352	6083	3985	247	1369	11116
	3	120		2	87
895	4934	9040	877	4236	8516
694	3574	8524	872	3681	7570
369	895	6258	643	2068	4244
322	2083	1007	124	713	388
4	596	1259	105	900	2938
201	1360	516	5	555	946
201	1360	516	5	555	946
66	1264	3881	197	3448	7366

2-1-8 续表 40

指标名称	投资收益	补贴收入	营业外收入	营业外支出	利润总额	亏损企业亏损额
体育用品制造	-754	1218	1217	909	-2411	3282
体育器材及配件制造			10	75	537	260
训练健身器材制造	-754	1218	1207	834	-2948	3022
石油加工、炼焦及核燃料加工业	16794	17760	44390	97267	460226	202393
精炼石油产品的制造	681	54	211	692	9673	118
原油加工及石油制品制造	681	54	211	692	9673	118
炼焦	16114	17707	44180	96575	450553	202275
炼焦	16114	17707	44180	96575	450553	202275
化学原料及化学制品制造业	1348	43213	22458	52001	176014	48908
基础化学原料制造	572	5927	5860	41536	38694	18669
无机酸制造	...	5	232	248	1486	748
无机碱制造			1	38312	728	841
无机盐制造	4	281	993	699	6773	2717
有机化学原料制造	567	5642	4611	1915	1437	14093
其他基础化学原料制造			23	362	28271	270
肥料制造	-563	33779	11178	6427	121233	12711
氮肥制造	5534	33700	10801	4655	101107	12700
磷肥制造			158	22	386	2
复混肥料制造	-6098	79	219	1749	19537	9
有机肥料及微生物肥料制造				...	202	
农药制造		133	2	...	1985	54
化学农药制造		133	2	...	1985	54
涂料、油墨、颜料及类似产品制造	439	177	627	801	6283	336
涂料制造		34	2	13	428	
油墨及类似产品制造	87		108	91	2052	14
颜料制造	9	143	1	13	-136	322
染料制造	343		516	685	3939	
合成材料制造		83	3193	948	-6491	9361
初级形态的塑料及合成树脂制造		83	2239	406	-4190	5451
合成橡胶制造			395	275	1609	
合成纤维单(聚合)体的制造			560	267	-3910	3910
专用化学产品制造	369	3076	1560	2259	12922	7711
化学试剂和助剂制造	3	2374	283	516	1850	2287
专项化学用品制造		5	14	67	28	469
林产化学产品制造		56	19	7	2093	75
炸药及火工产品制造	22	600	1152	963	4731	4035
环境污染处理专用药剂材料制造			...	409	828	476
动物胶制造				1	-55	55
其他专用化学产品制造	344	41	92	297	3447	314
日用化学产品制造	532	38	38	29	1388	65
肥皂及合成洗涤剂制造	532		38	29	1345	65
香料、香精制造		38			44	
医药制造业	615	1990	4346	4413	50970	6088
化学药品原药制造	143	112	894	553	9882	578
化学药品原药制造	143	112	894	553	9882	578
化学药品制剂制造	416	1673	2233	969	28541	3131
化学药品制剂制造	416	1673	2233	969	28541	3131
中药饮片加工			2	8	-291	461

单位：个、万元、人

应交所得税	利税总额	本年应付工资总额	本年应付福利费总额	本年应交增值税	本年进项税额
66	1264	3881	197	3448	7366
40	1007	1020	32	440	992
27	257	2861	165	3008	6374
106958	2119663	379392	33200	1457970	1294571
2685	17954	14384	887	5645	29671
2685	17954	14384	887	5645	29671
104273	2101709	365008	32313	1452325	1264900
104273	2101709	365008	32313	1452325	1264900
43977	337555	216845	16432	145924	515415
12947	98702	54069	2418	54716	194310
515	4413	1484	137	2770	3958
883	17145	16708	82	14322	74226
2495	16924	11396	749	8745	35085
2492	22771	20700	1168	19777	64610
6563	37448	3781	283	9101	16431
25533	157308	72435	5176	32446	153756
19161	124065	56511	4039	20929	123440
103	1229	675	58	766	238
6221	31801	14628	1048	10741	30038
49	213	621	32	10	40
7	2032	316	34	32	237
7	2032	316	34	32	237
550	10967	9865	944	4307	13136
39	1102	1727	92	594	2011
434	3407	4939	667	1313	5964
27	309	1047	65	417	2725
50	6150	2151	121	1982	2436
915	18230	23598	2399	22565	100205
312	4694	7221	752	8084	46373
603	5426	6875	526	3421	16594
	8109	9503	1122	11060	37237
3701	41772	47796	4700	25672	38897
399	8707	5464	278	6005	17295
61	1050	1379	184	938	1902
126	5313	2113	171	2932	1684
3000	16573	34704	3943	10544	15652
14	1569	728	11	685	781
	6	216	6	60	253
102	8555	3193	108	4509	1331
324	8545	8767	761	6188	14875
324	8460	8727	761	6150	14805
	85	40		38	70
8753	93315	48832	4804	38751	60669
1637	14765	8876	825	4648	27551
1637	14765	8876	825	4648	27551
5413	46308	25761	2776	16294	22162
5413	46308	25761	2776	16294	22162
	12	450	3	287	1802

2-1-8 续表 41

指标名称	投资收益	补贴收入	营业外收入	营业外支出	利润总额	亏损企业亏损额
中药饮片加工			2	8	-291	461
中成药制造	17	37	269	2571	7031	1850
中成药制造	17	37	269	2571	7031	1850
兽用药品制造		52	491	18	161	52
兽用药品制造		52	491	18	161	52
生物、生化制品的制造		18	3	276	4618	17
生物、生化制品的制造		18	3	276	4618	17
卫生材料及医药用品制造	39	98	454	18	1029	
卫生材料及医药用品制造	39	98	454	18	1029	
化学纤维制造业	26		9	35	-1673	1734
纤维素纤维原料及纤维制造	26		9	33	-1680	1680
人造纤维(纤维素纤维)制造	26		9	33	-1680	1680
合成纤维制造				2	6	55
涤纶纤维制造				2	6	55
橡胶制品业	-62	1339	719	103	8856	119
轮胎制造		550	581	15	4923	
车辆、飞机及工程机械轮胎制造		550	581	15	4923	
橡胶板、管、带的制造	-62	20	138	34	2893	35
橡胶板、管、带的制造	-62	20	138	34	2893	35
橡胶零件制造		98	...	23	762	
橡胶零件制造		98	...	23	762	
再生橡胶制造		308		8	-30	85
再生橡胶制造		308		8	-30	85
日用及医用橡胶制品制造		363		24	309	
日用及医用橡胶制品制造		363		24	309	
塑料制品业	370	288	510	624	7287	1109
塑料薄膜制造		27	12	19	1231	100
塑料薄膜制造		27	12	19	1231	100
塑料板、管、型材的制造	1	90	471	475	3904	384
塑料板、管、型材的制造	1	90	471	475	3904	384
塑料丝、绳及编织品的制造	369		5	6	412	585
塑料丝、绳及编织品的制造	369		5	6	412	585
泡沫塑料制造			4	1	-5	5
泡沫塑料制造			4	1	-5	5
塑料包装箱及容器制造		21	19	120	1578	35
塑料包装箱及容器制造		21	19	120	1578	35
其他塑料制品制造		150		3	167	
其他塑料制品制造		150		3	167	
非金属矿物制品业	-1424	6826	10358	11716	10163	55196
水泥、石灰和石膏的制造	-3114	3449	5627	3593	-15382	32497
水泥制造	-3114	3449	5574	3587	-15239	32352
石灰和石膏制造			53	7	-143	145
水泥及石膏制品制造		386	158	383	5230	1890
水泥制品制造		241	132	343	4075	774
砼结构构件制造		144	6	25	-673	673
轻质建筑材料制造			20	4	1034	443
其他水泥制品制造				11	793	
砖瓦、石材及其他建筑材料制造	1594	1158	1396	2096	5251	5903

单位：个、万元、人

应交所得税	利税总额	本年应付工资总额	本年应付福利费总额	本年应交增值税	本年进项税额
	12	450	3	287	1802
820	20841	9011	799	12585	5680
820	20841	9011	799	12585	5680
43	474	446	37	292	655
43	474	446	37	292	655
740	8285	1809	249	3191	817
740	8285	1809	249	3191	817
101	2630	2478	116	1457	2001
101	2630	2478	116	1457	2001
135	-942	1648	-47	636	5409
113	-1047	1064		550	3777
113	-1047	1064		550	3777
22	105	584	-47	86	1632
22	105	584	-47	86	1632
881	14175	8888	497	4542	39521
	6585	4255	231	1173	19921
	6585	4255	231	1173	19921
709	5141	3137	231	2110	16502
709	5141	3137	231	2110	16502
64	1414	718	24	571	1328
64	1414	718	24	571	1328
32	637	527	2	600	1201
32	637	527	2	600	1201
77	398	252	9	87	568
77	398	252	9	87	568
1503	12359	13403	1068	4378	21054
104	1442	2083	248	180	2361
104	1442	2083	248	180	2361
1019	6041	5562	514	1798	12141
1019	6041	5562	514	1798	12141
337	1848	4090	265	1151	4147
337	1848	4090	265	1151	4147
2	36	85	10	36	170
2	36	85	10	36	170
40	2623	1379	13	1029	1993
40	2623	1379	13	1029	1993
…	368	204	18	184	242
…	368	204	18	184	242
8877	107992	152365	10511	88219	128190
1884	24949	42475	3532	36186	39426
1884	24327	42025	3521	35505	39272
	622	450	11	681	155
1303	12110	7464	651	5410	2618
1104	9780	6444	345	4417	1927
	-487	241	262	105	132
1	1172	595	15	131	128
198	1645	184	30	757	431
711	13943	22530	708	7823	9634

2-1-8 续表 42

指标名称	投资收益	补贴收入	营业外收入	营业外支出	利润总额	亏损企业亏损额
粘土砖瓦及建筑砌块制造	1594	921	1297	2027	-1504	4630
建筑陶瓷制品制造		237	16	22	-404	1272
建筑用石加工			19	6	5374	
防水建筑材料制造			61	29	1775	
其他建筑材料制造			3	13	10	
玻璃及玻璃制品制造		155	1778	369	418	5544
平板玻璃制造					-3089	3089
技术玻璃制品制造			974	201	-1130	1130
玻璃仪器制造		107		1	109	
日用玻璃制品及玻璃包装容器制造		48	803	166	4405	1308
玻璃纤维及制品制造			1	…	-17	17
玻璃纤维增强塑料制品制造					140	
陶瓷制品制造	25	632	390	118	3563	1421
特种陶瓷制品制造		145	293	39	-151	456
日用陶瓷制品制造	25	487	97	79	3714	965
耐火材料制品制造	214	873	332	1861	2377	2647
石棉制品制造					172	
耐火陶瓷制品及其他耐火材料制造	214	873	332	1861	2205	2647
石墨及其他非金属矿物制品制造	-143	174	677	3296	8706	5295
石墨及碳素制品制造	44	149	476	3261	10464	3386
其他非金属矿物制品制造	-187	25	201	35	-1758	1909
黑色金属冶炼及压延加工业	30696	3719	22986	85457	119706	256690
炼铁	-5645	1601	3470	31374	-902	46807
炼铁	-5645	1601	3470	31374	-902	46807
炼钢	-3162	589	2575	5368	-28697	41705
炼钢	-3162	589	2575	5368	-28697	41705
钢压延加工	39455	937	16188	47070	124483	148113
钢压延加工	39455	937	16188	47070	124483	148113
铁合金冶炼	48	592	753	1644	24822	20066
铁合金冶炼	48	592	753	1644	24822	20066
有色金属冶炼及压延加工业	27244	5771	15601	26567	65010	105792
常用有色金属冶炼	14333	5763	6338	18180	44782	102614
铜冶炼	2136	1637	2989	460	30054	15226
铅锌冶炼		194	5	3720	26	397
铝冶炼	2591	1113	2101	3523	-6943	75700
镁冶炼	9605	2820	1169	9777	20322	11291
其他常用有色金属冶炼			75	700	1323	
贵金属冶炼	24		625	224	1721	
银冶炼	24		625	224	1721	
稀有稀土金属冶炼		8	152	59	9571	
稀土金属冶炼		8	152	59	9019	
其他稀有金属冶炼					552	
有色金属合金制造	10		30	71	1469	1985
有色金属合金制造	10		30	71	1469	1985
有色金属压延加工	12877		8457	8033	7467	1193
常用有色金属压延加工	12877		8347	8004	5905	992
贵金属压延加工				1	1001	201
稀有稀土金属压延加工			109	28	561	

单位：个、万元、人

应交所得税	利税总额	本年应付工资总额	本年应付福利费总额	本年应交增值税	本年进项税额
138	433	7748	429	1644	508
168	607	2318	124	863	1401
9	8684	10990	45	3184	2800
394	4177	753	110	2107	4584
3	42	721		25	341
1411	8435	31822	2599	7563	24591
	-2585	884	1089	446	3515
	647	3394	106	1706	9223
	233	119	34	113	83
1394	9890	27146	1346	5187	11481
	40	180	10	52	65
17	210	100	14	59	224
71	6734	8761	382	2861	2787
6	686	1262	77	771	740
65	6048	7499	304	2091	2047
538	21684	19078	1239	17751	13822
	523	40	6	340	
538	21161	19038	1233	17411	13822
2960	20137	20235	1401	10626	35313
2938	18772	14325	757	7716	31225
22	1365	5910	644	2909	4088
45730	924062	573844	26748	673969	2753090
11887	148338	60205	5738	122396	199339
11887	148338	60205	5738	122396	199339
2367	63291	50707	2449	72454	327997
2367	63291	50707	2449	72454	327997
26817	622917	439637	15553	432877	2128888
26817	622917	439637	15553	432877	2128888
4659	89517	23295	3009	46241	96867
4659	89517	23295	3009	46241	96867
28239	262516	182792	15794	174397	485559
26826	232805	156935	14814	166657	417900
1091	57860	17293	1962	25035	67608
161	3182	1792	246	2937	4662
22567	99181	86179	9005	96897	253794
3007	71189	51633	3602	41722	90810
1	1392	39		66	1026
206	3182	1042	84	1085	497
206	3182	1042	84	1085	497
250	11889	2219	306	2110	8428
83	11156	2171	294	2060	8428
167	733	48	12	50	
468	4355	2870	130	2385	26218
468	4355	2870	130	2385	26218
489	10285	19726	460	2161	32516
215	7594	5798	319	1518	29242
266	1546	13160	59	106	2333
8	1145	769	82	538	941

2-1-8 续表 43

指标名称	投资收益	补贴收入	营业外收入	营业外支出	利润总额	亏损企业亏损额
金属制品业		495	30	1862	4229	4667
结构性金属制品制造		328	54	1630	2580	900
金属结构制造		328	54	1626	1460	900
金属门窗制造				4	1120	
金属工具制造		102	124	40	-801	1103
切削工具制造		102	124	40	-767	1070
农用及园林用金属工具制造					-34	34
集装箱及金属包装容器制造		65	2	28	-65	359
金属压力容器制造				3	34	22
金属包装容器制造		65	2	25	-100	338
金属丝绳及其制品的制造			22	19	-677	904
金属丝绳及其制品的制造			22	19	-677	904
建筑、安全用金属制品制造			-196	135	1365	1156
建筑装饰及水暖管道零件制造			25	114	541	780
安全、消防用金属制品制造			-220	21	824	376
金属表面处理及热处理加工			2		1516	5
金属表面处理及热处理加工			2		1516	5
搪瓷制品制造			10	5	-97	97
搪瓷日用品及其他搪瓷制品制造			10	5	-97	97
不锈钢及类似日用金属制品制造				4	-142	142
金属制厨用器皿及餐具制造					1	
其他日用金属制品制造				4	-142	142
其他金属制品制造			13	1	549	
其他未列明的金属制品制造			13	1	549	
通用设备制造业	173	4360	5441	9909	25493	12044
锅炉及原动机制造	-270	44	2546	708	3853	26
锅炉及辅助设备制造	-270	44	391	558	803	25
内燃机及配件制造			2155	150	3050	1
金属加工机械制造		121	42	540	907	253
金属切削机床制造			7	49	81	
金属成形机床制造		2	4	3	294	
铸造机械制造		5	...	481	-47	253
金属切割及焊接设备制造		76		...	467	
机床附件制造		38	5	1	72	
其他金属加工机械制造			26	7	40	
起重运输设备制造		100	89	83	-514	704
起重运输设备制造		100	89	83	-514	704
泵、阀门、压缩机及类似机械的制造	334	305	678	2335	2864	1518
泵及真空设备制造			246	1328	3432	148
气体压缩机械制造		100	245	16	-310	310
阀门和旋塞的制造		204	152	10	182	110
液压和气压动力机械及元件制造	334	1	35	981	-440	950
轴承、齿轮、传动和驱动部件的制造			14	15	546	13
轴承制造			14	13	269	13
齿轮、传动和驱动部件制造				2	278	
烘炉、熔炉及电炉制造			47	33	447	
烘炉、熔炉及电炉制造			47	33	447	
风机、衡器、包装设备等通用设备制造		275	119	804	479	309

单位：个、万元、人

应交所得税	利税总额	本年应付工资总额	本年应付福利费总额	本年应交增值税	本年进项税额
1352	18391	31288	2203	10915	50271
598	7643	9518	704	4468	25231
364	6433	9051	691	4389	23233
235	1209	467	13	79	1999
3	-385	5041	894	385	981
3	-352	5007	890	385	981
	-34	34	4		
153	957	1925	186	964	2702
	350	231	13	305	789
153	607	1694	173	660	1913
64	112	1460	141	498	4264
64	112	1460	141	498	4264
374	7687	10881	150	4079	12852
225	6143	10067	94	3439	11602
148	1544	815	56	640	1250
118	1817	805	8	289	801
118	1817	805	8	289	801
	-61	441	4	36	250
	-61	441	4	36	250
…	-111	446	40	29	2872
…	17	286	24	16	1139
	-128	161	16	13	1733
42	733	770	77	166	319
42	733	770	77	166	319
5080	71409	106556	7461	40474	157285
628	5314	14088	1475	1180	13353
369	2046	4777	108	983	9531
259	3268	9312	1367	198	3822
294	2711	6141	500	1638	8405
12	551	2542	287	414	3865
11	416	617	51	110	681
57	446	1304	90	461	1359
108	469	739	8	3	133
13	299	222	30	207	245
95	530	716	35	444	2122
50	716	4825	337	1116	7998
50	716	4825	337	1116	7998
687	7380	12194	1355	4079	15524
566	5324	5887	1062	1719	6742
	-274	491	43	35	304
40	604	1261		384	1658
81	1726	4557	250	1941	6821
28	1029	1074	69	440	1571
…	495	448	53	205	738
28	534	626	16	234	833
27	611	1403	73	132	753
27	611	1403	73	132	753
110	2693	7349	401	1960	9545

2-1-8 续表 44

指标名称	投资收益	补贴收入	营业外收入	营业外支出	利润总额	亏损企业亏损额
风机、风扇制造			1	668	196	
气体、液体分离及纯净设备制造					-45	45
制冷、空调设备制造		195		4	251	
喷枪及类似器具制造				11	9	
衡器制造			31	54	107	
其他通用设备制造		80	88	68	-39	264
通用零部件制造及机械修理	179	17	171	197	-233	2905
紧固件、弹簧制造			3	2	-81	90
机械零部件加工及设备修理	179	17	112	182	-172	2735
其他通用零部件制造			55	13	21	80
金属铸、锻加工	-69	3497	1735	5193	17144	6315
钢铁铸件制造	-184	2748	935	1467	9922	5888
锻件及粉末冶金制品制造	115	749	800	3726	7222	428
专用设备制造业	-372	15056	14016	11747	105781	19521
矿山、冶金、建筑专用设备制造	-3162	6151	5189	6599	81465	5668
采矿、采石设备制造	-3162	6121	4993	6252	71625	3954
石油钻采专用设备制造			19	198	10131	35
建筑工程用机械制造			3	11	-692	692
建筑材料生产专用机械制造			41	6	74	
冶金专用设备制造		30	134	133	327	986
化工、木材、非金属加工专用设备制造	4		73	198	4065	15
炼油、化工生产专用设备制造			2	188	3426	15
塑料加工专用设备制造	2		68	10	17	
模具制造	2		2	...	621	
食品、饮料、烟草及饲料生产专用设备制造					242	
食品、饮料、烟草工业专用设备制造					242	
印刷、制药、日化生产专用设备制造	1		25	...	173	
印刷专用设备制造	1		25	...	173	
纺织、服装和皮革工业专用设备制造	-10	1084	2739	329	-9646	11219
纺织专用设备制造	-10	1084	2739	329	-9646	11219
电子和电工机械专用设备制造	2514	7119	5899	4531	27822	2440
电工机械专用设备制造				50	-11	77
电子工业专用设备制造		144	250	19	2107	
航空、航天及其他专用设备制造	100	1579	1672	1339	9030	
农、林、牧、渔专用机械制造	232		68	58	357	84
拖拉机制造	204		37	26	400	
机械化农业及园艺机具制造	29		9	29	-67	67
其他农林牧渔业机械制造及机械修理			21	4	24	17
医疗仪器设备及器械制造	49	486	11	2	476	
医疗诊断、监护及治疗设备制造			5	2	44	
假肢、人工器官及植(介)入器械制造	49	486	6	...	432	
环保、社会公共安全及其他专用设备制造		216	12	30	827	97
环境污染防治专用设备制造			12	28	915	
社会公共安全设备及器材制造				1	9	
水资源专用机械制造		216		...	-97	97
交通运输设备制造业	30044	3704	15737	2072	62178	6503
铁路运输设备制造	29954	508	3398	438	56896	2963

单位：个、万元、人

应交所得税	利税总额	本年应付工资总额	本年应付福利费总额	本年应交增值税	本年进项税额
46	1013	2217	111	692	3493
	-25	106	40	18	192
2	276	633	30	18	307
2	423	1611	148	377	346
3	323	420	15	192	618
58	684	2363	58	663	4589
382	7267	13354	440	6689	14444
2	57	606	6	128	2456
378	6988	11925	379	6381	11430
2	222	823	55	180	558
2874	43689	46129	2811	23241	85691
1914	27573	29878	2505	15692	51067
960	16116	16251	306	7549	34624
10023	175827	176328	18907	61112	245231
5570	134585	79019	5679	46389	193148
3326	118690	64679	5011	40950	180433
2183	13029	4675	369	2620	1210
	-657	338	10	32	449
	121	295		43	193
61	3401	9032	289	2744	10864
140	5029	2100	214	853	6256
140	4212	1821	167	680	5350
	186	99	22	163	363
	632	180	25	10	542
	340	231	24	91	178
	340	231	24	91	178
	382	527		182	355
	382	527		182	355
138	-5425	15107	1133	3748	10769
138	-5425	15107	1133	3748	10769
3901	38785	75547	11632	9474	29282
17	356	653	30	336	1649
126	2772	2149	158	543	2429
1412	10976	10441	8021	1552	6662
197	538	1507	132	164	2314
100	504	856	70	97	2091
87	-47	87	8	14	
10	81	564	54	53	223
4	492	211	9	14	47
4	60	65	1	14	47
	432	146	7		
73	1101	2079	86	198	2883
73	983	1446	55	16	2424
	214	421	28	182	188
	-96	212	2	1	271
6835	98562	85298	5942	31438	135902
5440	81971	55598	3992	23083	85394

2-1-8 续表 45

指标名称	投资收益	补贴收入	营业外收入	营业外支出	利润总额	亏损企业亏损额
铁路机车车辆及动车组制造	29833	81	92	71	29304	
工矿有轨专用车辆制造			1	1	17	6
铁路机车车辆配件制造	67	415	2851	199	18852	2915
铁路专用设备及器材、配件制造	4		417	37	3259	
其他铁路设备制造及设备修理	50	13	37	131	5465	42
汽车制造	90	2896	12021	1623	4976	3513
汽车整车制造		1000	1099	85	-842	842
改装汽车制造		100	120	48	530	103
汽车车身、挂车的制造		7	5	27	-217	334
汽车零部件及配件制造	90	1790	10752	1450	4217	2109
汽车修理			46	13	1288	125
航空航天器制造		300	317	7	311	
飞机制造及修理		300	317	7	311	
交通器材及其他交通运输设备制造				4	-4	26
交通管理用金属标志及设施制造				4	-26	26
其他交通运输设备制造					22	
电气机械及器材制造业	1122	1897	1940	10846	13166	5658
电机制造	1103	69	1347	83	6154	1804
发电机及发电机组制造			8	18	-1730	1730
电动机制造	1103	69	1339	65	7885	73
输配电及控制设备制造		252	133	9957	792	966
变压器、整流器和电感器制造		216	14	9935	90	477
电容器及其配套设备制造			9	3	3	
配电开关控制设备制造		36	31	13	332	490
电力电子元器件制造				3	367	
其他输配电及控制设备制造			80	2		
电线、电缆、光缆及电工器材制造	18	25	216	411	-42	2875
电线电缆制造	18	25	192	109	1427	843
光纤、光缆制造			22	301	-2033	2033
绝缘制品制造			2	1	528	
其他电工器材制造			...	...	36	
电池制造		1529	244	389	5587	
电池制造		1529	244	389	5587	
家用电力器具制造	...	21	...	4	420	
家用电力器具专用配件制造		21	...	4	379	
其他家用电力器具制造	...				41	
非电力家用器具制造					233	
燃气、太阳能及类似能源的器具制造					233	
照明器具制造				1	9	13
照明灯具制造					1	
灯用电器附件及其他照明器具制造				1	8	13
其他电气机械及器材制造				2	14	
其他未列明的电气机械制造				2	14	
通信设备、计算机及其他电子设备制造业	-167	1683	3635	451	747	20344
通信设备制造		114	1095	207	5313	10638
通信传输设备制造			40	139	1061	
移动通信及终端设备制造		114	1054	69	4252	10638
雷达及配套设备制造	4	272	272	...	-193	193

单位：个、万元、人

应交所得税	利税总额	本年应付工资总额	本年应付福利费总额	本年应交增值税	本年进项税额
70	35467	26559	1338	5337	40872
6	146	506	7	121	768
4690	31024	11770	1454	11698	12462
666	6284	6168	228	2658	9119
9	9050	10595	965	3269	22174
1304	16177	28388	1828	8266	50275
145	-839	1010	26		3543
56	646	1940	76	73	6096
	-17	1020	100	171	3176
1095	14666	23065	1476	7645	36976
8	1721	1353	150	377	483
91	322	1105	104	2	44
91	322	1105	104	2	44
	92	208	18	87	189
	18	127	18	40	142
	74	80		47	47
2063	39073	39973	5413	22174	84366
382	15198	21526	4595	8014	53943
	-1689	4609	247	12	944
382	16887	16917	4347	8002	52999
245	6534	9014	411	5488	8913
7	3280	1827	100	3162	6061
1	161	438	29	142	206
234	2264	5480	236	1769	1793
3	599	858	18	206	763
	229	412	28	210	91
48	7389	3739	195	7158	11948
39	8232	2468	135	6597	10284
	-1761	680	6	240	1000
	824	526	54	268	447
9	95	65		53	217
1257	8443	4965	134	830	8338
1257	8443	4965	134	830	8338
33	660	308	43	202	646
23	546	280	39	167	385
10	114	28	4	36	261
92	617	95	13	303	72
92	617	95	13	303	72
5	160	172	15	139	211
	27	10	...	26	
5	134	162	14	113	211
2	72	153	7	41	296
2	72	153	7	41	296
1041	9566	165929	13148	8150	65678
	7432	138419	11682	2112	44901
	1078	3764	102	10	145
	6354	134654	11581	2102	44756
	-166	1085	115	25	129

2-1-8 续表 46

指标名称	投资收益	补贴收入	营业外收入	营业外支出	利润总额	亏损企业亏损额
雷达及配套设备制造	4	272	272	...	-193	193
广播电视设备制造					7	
应用电视设备及其他广播电视设备制造					7	
电子计算机制造		950	2	6	-2720	2783
电子计算机整机制造		950	2	6	-2720	2783
电子器件制造	1			22	158	724
电子真空器件制造					-724	724
光电子器件及其他电子器件制造	1			22	882	
电子元件制造	-171	347	2266	214	-1821	6007
电子元件及组件制造	-171	347	2266	214	-1821	6007
其他电子设备制造					3	
其他电子设备制造					3	
仪器仪表及文化、办公用机械制造业	240	1602	2432	311	14025	
通用仪器仪表制造		881	1961	161	9866	
工业自动控制系统装置制造		881	1961	161	9866	
专用仪器仪表制造	240	656	472	148	3904	
导航、气象及海洋专用仪器制造	240	588	472	147	3816	
电子测量仪器制造		68		1	88	
光学仪器及眼镜制造		65		3	255	
光学仪器制造		65		3	255	
工艺品及其他制造业		120	16	104	57	1
工艺美术品制造			...	32	44	
金属工艺品制造			...	32	44	
其他未列明的制造业		120	16	72	14	1
其他未列明的制造业		120	16	72	14	1
电力、燃气及水的生产和供应业	**6374**	**32585**	**26002**	**47227**	**-393849**	**593437**
电力、热力的生产和供应业	1946	27269	25592	40350	-380739	578373
电力生产	421	6965	15721	4933	-465842	567486
火力发电	383	6901	15713	4531	-475211	567486
水力发电	38	64	8	400	9369	
其他能源发电				2	...	
电力供应	1521		6022	33929	93074	54
电力供应	1521		6022	33929	93074	54
热力生产和供应	4	20304	3849	1488	-7971	10832
热力生产和供应	4	20304	3849	1488	-7971	10832
燃气生产和供应业	1	950	18	68	-1069	1370
燃气生产和供应业	1	950	18	68	-1069	1370
燃气生产和供应业	1	950	18	68	-1069	1370
水的生产和供应业	4428	4366	392	6809	-12041	13695
自来水的生产和供应	4428	4366	392	6809	-12324	13695
自来水的生产和供应	4428	4366	392	6809	-12324	13695
污水处理及其再生利用					284	
污水处理及其再生利用					284	
七、按行业大类分						
煤炭开采和洗选业	239965	22804	150593	623426	5260250	99523
石油和天然气开采业	-496		8	257	2928	1581
黑色金属矿采选业	-460	63	1341	14073	192262	8301

单位：个、万元、人

应交所得税	利税总额	本年应付工资总额	本年应付福利费总额	本年应交增值税	本年进项税额
	-166	1085	115	25	129
	102	61	5	95	155
	102	61	5	95	155
24	-2520	3438	204	179	413
24	-2520	3438	204	179	413
127	315	2306	32	144	927
	-708	731	21	14	450
127	1023	1574	11	130	478
890	4398	20368	1094	5595	19028
890	4398	20368	1094	5595	19028
1	4	253	16	1	126
1	4	253	16	1	126
2036	19035	14965	671	3640	14730
938	13119	8061	552	2419	11702
938	13119	8061	552	2419	11702
1098	5473	6631	81	1050	2769
1097	5177	5877	53	856	2211
1	297	754	28	194	558
	443	272	38	171	259
	443	272	38	171	259
14	356	3243	250	272	1012
10	247	1690	44	186	702
10	247	1690	44	186	702
4	109	1553	206	86	310
4	109	1553	206	86	310
19921	**117053**	**396125**	**25940**	**468538**	**959487**
19578	123172	369688	23591	462640	956777
9715	-156417	142258	11776	287331	367746
7351	-174618	138541	11372	279159	367635
2364	18185	3685	402	8164	110
	16	32	2	8	
9852	285156	216391	10626	173277	584196
9852	285156	216391	10626	173277	584196
11	-5568	11039	1189	2032	4836
11	-5568	11039	1189	2032	4836
31	-123	2713	111	837	1202
31	-123	2713	111	837	1202
31	-123	2713	111	837	1202
311	-5996	23723	2237	5062	1507
244	-6321	23594	2237	5062	1507
244	-6321	23594	2237	5062	1507
67	324	130			
67	324	130			
1325945	9148156	4064679	273634	3277365	2251935
1183	5206	3990	95	1342	1274
42034	284637	57042	5158	73385	59563

2-1-8 续表 47

指标名称	投资收益	补贴收入	营业外收入	营业外支出	利润总额	亏损企业亏损额
有色金属矿采选业			24	1670	11946	592
非金属矿采选业		2	234	152	-819	1594
农副食品加工业	899	5413	2797	1303	36238	8256
食品制造业	73	4141	1600	16797	29039	6620
饮料制造业	1155	1184	1319	5863	53062	13948
烟草制品业			48	41	19953	
纺织业	236	737	797	606	-5776	8238
纺织服装、鞋、帽制造业	136	1956	1221	175	5879	506
皮革、毛皮、羽毛(绒)及其制品业						
木材加工及木、竹、藤、棕、草制品业	3	73	18	11	5033	371
家具制造业			1	21	104	201
造纸及纸制品业	11	402	951	436	6140	423
印刷业和记录媒介的复制	241	57	143	213	288	2933
文教体育用品制造业	-754	1218	1217	909	-2411	3282
石油加工、炼焦及核燃料加工业	16794	17760	44390	97267	460226	202393
化学原料及化学制品制造业	1348	43213	22458	52001	176014	48908
医药制造业	615	1990	4346	4413	50970	6088
化学纤维制造业	26		9	35	-1673	1734
橡胶制品业	-62	1339	719	103	8856	119
塑料制品业	370	288	510	624	7287	1109
非金属矿物制品业	-1424	6826	10358	11716	10163	55196
黑色金属冶炼及压延加工业	30696	3719	22986	85457	119706	256690
有色金属冶炼及压延加工业	27244	5771	15601	26567	65010	105792
金属制品业		495	30	1862	4229	4667
通用设备制造业	173	4360	5441	9909	25493	12044
专用设备制造业	-372	15056	14016	11747	105781	19521
交通运输设备制造业	30044	3704	15737	2072	62178	6503
电气机械及器材制造业	1122	1897	1940	10846	13166	5658
通信设备、计算机及其他电子设备制造业	-167	1683	3635	451	747	20344
仪器仪表及文化、办公用机械制造业	240	1602	2432	311	14025	
工艺品及其他制造业		120	16	104	57	1
电力、热力的生产和供应业	1946	27269	25592	40350	-380739	578373
燃气生产和供应业	1	950	18	68	-1069	1370
水的生产和供应业	4428	4366	392	6809	-12041	13695
八、按地区分						
直　报	1521		5880	33673	88010	
太原市	22021	32044	50281	108527	703095	230857
大同市	31703	11982	25735	44614	355221	95507
阳泉市	6271	14681	76777	38412	315806	30646
长治市	41759	14096	32175	77832	831104	362119
晋城市	158939	27994	28484	40155	1199003	40445
朔州市	1509	2698	5354	292163	475796	42798
晋中市	792	13800	22568	96146	319600	116954
运城市	39156	34139	33631	51574	181326	256709
忻州市	501	8530	11356	23263	434103	47968
临汾市	-23320	12182	18047	138151	433045	209331
吕梁市	73178	8312	42652	84156	1006396	63235

单位：个、万元、人

应交所得税	利税总额	本年应付工资总额	本年应付福利费总额	本年应交增值税	本年进项税额
799	19132	9876	217	6201	4883
103	1221	4994	451	1760	1658
4856	50039	28521	2634	9840	54013
3348	44483	27193	1637	13510	63200
22701	153440	45218	1735	41998	44699
5325	125094	10070	1405	22879	11988
208	219	16467	1124	5527	21073
1256	10027	10497	422	3524	11133
	6	35		6	15
588	5559	1298	43	481	3903
56	314	1138	15	161	366
1610	8803	7004	415	2354	15756
895	4934	9040	877	4236	8516
66	1264	3881	197	3448	7366
106958	2119663	379392	33200	1457970	1294571
43977	337555	216845	16432	145924	515415
8753	93315	48832	4804	38751	60669
135	-942	1648	-47	636	5409
881	14175	8888	497	4542	39521
1503	12359	13403	1068	4378	21054
8877	107992	152365	10511	88219	128190
45730	924062	573844	26748	673969	2753090
28239	262516	182792	15794	174397	485559
1352	18391	31288	2203	10915	50271
5080	71409	106556	7461	40474	157285
10023	175827	176328	18907	61112	245231
6835	98562	85298	5942	31438	135902
2063	39073	39973	5413	22174	84366
1041	9566	165929	13148	8150	65678
2036	19035	14965	671	3640	14730
14	356	3243	250	272	1012
19578	123172	369688	23591	462640	956777
31	-123	2713	111	837	1202
311	-5996	23723	2237	5062	1507
8371	275274	213104	9690	168820	580534
178234	1976070	1454434	83743	1038281	2187698
121376	867081	959922	51750	437793	510038
132900	732252	511385	31810	351442	405889
334195	1615999	757623	60504	700983	992814
234141	1707869	595213	32842	452525	459553
118095	1039499	208391	27502	451864	368050
84233	1050634	578564	54748	591832	893123
63861	679346	359458	32938	459482	1203898
77611	704805	168625	10846	233017	173018
148663	1561842	564682	37520	928775	1124631
202710	2071826	527253	45108	888703	679534

2-1-8 续表 48

指标名称	本年销项税额	全部从业人员年平均人数	产销率(%)	资产负债率(%)	成本费用利润率(%)
总 计	**15572184**	**2149273**	**97.67**	**67.08**	**6.79**
一、按轻重工业分					
轻工业	485083	179543	92.36	54.19	5.03
重工业	15087100	1969730	97.92	67.65	6.87
二、按企业规模分					
大型企业	8681391	1034420	98.13	66.68	6.67
中型企业	4570915	685720	96.86	68.16	8.02
小型企业	2319878	429133	97.92	66.23	4.81
三、按登记注册类型分					
内资企业	**14710504**	**2017744**	**97.72**	**67.43**	**6.62**
国有企业	1913390	246437	99.30	68.11	8.17
集体企业	264211	105672	102.74	65.24	17.17
股份合作企业	138072	16453	92.73	76.29	5.20
联营企业	23099	6489	102.95	58.82	23.46
国有联营企业	382	277	94.16	54.12	18.82
集体联营企业	13454	4447	101.58	66.11	18.35
其他联营企业	9262	1765	107.56	46.44	33.08
有限责任公司	8623408	1162485	97.79	68.66	6.03
国有独资公司	2991312	295489	97.43	67.31	5.83
其他有限责任公司	5632096	866996	97.94	69.35	6.11
股份有限公司	1449580	166590	96.11	62.87	7.56
私营企业	2280766	311450	96.69	63.97	5.49
私营独资企业	198873	25327	96.56	61.57	7.29
私营合伙企业	20605	3984	96.08	43.32	3.75
私营有限责任公司	1942095	263998	96.43	64.42	5.29
私营股份有限公司	119192	18141	100.98	63.14	5.56
其他企业	17979	2168	99.13	72.84	3.57
港澳台商投资企业	**223710**	**74443**	**96.65**	**68.94**	**-0.90**
与港澳台商合资经营企业	155103	15214	95.30	71.75	-1.23
与港澳台商合作经营企业	8711	608	111.22	56.69	-4.03
港澳台商独资企业	57027	54191	96.32	65.11	0.60
港澳台商投资股份有限公司	2869	4430	107.92	79.35	-6.58
外商投资企业	**637969**	**57086**	**97.00**	**58.05**	**14.84**
中外合资经营企业	459551	43530	99.32	57.88	18.45
中外合作经营企业	93664	3795	98.46	48.56	17.23
外资企业	71323	9358	88.65	72.11	-3.11
外商投资股份有限公司	13431	403	72.91	64.67	2.27
四、按隶属关系分					
中央	2254006	195496	99.69	70.03	4.16
省	5495105	695765	98.54	67.70	5.89
市	822309	169752	97.25	66.06	5.86
县(区、市)	2189717	416402	95.85	61.16	13.13
乡镇(街道)	496509	131876	98.29	67.13	12.68
基层群众自治组织	224670	49308	98.60	67.22	9.28
其他	4089869	490674	96.73	68.06	5.03
五、按控股情况分					
国有控股	8791012	1145615	98.48	67.53	6.44
集体控股	688355	203118	100.42	68.69	14.32

单位：个、万元、人

每百元资金实现利税(元)	每百元固定资产原价实现利税(元)	每百元主营业务收入实现利税(元)	流动资产周转次数(次/年)	企业亏损面(%)	总资产贡献率(%)
14.06	**18.62**	**14.10**	**2.05**	**27.61**	**12.31**
11.48	17.40	12.20	1.71	30.17	10.95
14.19	18.68	14.18	2.07	27.17	12.36
12.72	15.95	13.40	2.04	22.48	10.97
16.37	21.61	16.04	1.99	28.37	14.41
13.84	22.76	12.46	2.17	27.60	12.70
14.08	**18.75**	**14.01**	**2.06**	**27.44**	**12.24**
12.97	13.07	15.16	2.24	33.55	11.47
27.67	52.15	24.97	1.85	17.38	22.82
18.68	29.17	18.42	2.10	26.09	17.90
37.07	62.69	29.35	2.34	12.00	27.77
24.20	36.63	26.22	2.43		23.21
34.02	55.26	26.89	2.21	16.67	25.96
44.76	83.59	33.97	2.60		31.56
12.67	17.55	13.23	1.94	29.90	11.02
11.27	14.92	12.36	1.72	27.08	9.37
13.31	18.85	13.61	2.06	29.99	11.87
14.16	16.14	14.09	2.10	34.63	12.35
18.91	34.17	13.69	2.36	25.80	16.58
31.68	64.36	16.03	3.02	22.36	28.38
24.20	35.02	12.31	3.52	18.92	16.02
18.05	32.46	13.42	2.31	26.69	15.82
16.24	28.50	13.89	2.09	25.71	15.35
12.99	28.25	10.97	1.99	33.33	13.01
3.57	**4.46**	**4.43**	**2.02**	**35.94**	**5.05**
6.45	8.23	7.94	1.96	30.77	8.07
4.38	6.01	3.75	2.85	33.33	8.10
1.14	1.34	1.44	2.38	44.44	2.68
-3.05	-4.81	-4.17	1.06	50.00	-2.28
19.14	**23.32**	**20.44**	**1.87**	**29.20**	**17.42**
23.98	42.28	23.44	1.70	25.64	20.08
15.37	9.05	24.33	3.10		17.46
1.27	1.65	1.40	2.00	40.00	2.83
5.34	8.34	3.63	3.35	50.00	5.64
8.91	7.92	10.97	2.41	40.40	8.68
11.55	14.80	13.23	1.88	39.43	10.09
10.47	13.38	11.10	1.85	35.57	9.12
21.48	34.41	19.27	2.03	28.31	17.35
21.39	39.53	20.94	1.72	19.25	17.82
19.99	42.36	16.84	1.90	16.67	17.91
16.83	30.39	13.20	2.23	28.10	15.34
11.73	13.38	13.44	2.01	34.31	10.29
20.82	35.93	22.07	1.66	18.34	18.44

2-1-8 续表 49

指标名称	本年销项税额	全部从业人员年平均人数	产销率(%)	资产负债率(%)	成本费用利润率(%)
私人控股	5703596	706309	96.54	66.79	5.67
港澳台商控股	117229	55156	96.37	70.94	1.95
外商控股	229539	33634	91.30	48.94	31.85
其他	42452	5441	104.88	65.13	2.45
六、按国民经济行业分					
采矿业	**5417069**	**985179**	**98.77**	**63.75**	**18.15**
煤炭开采和洗选业	5274450	945918	99.01	63.81	18.14
烟煤和无烟煤的开采洗选	5274450	945918	99.01	63.81	18.14
烟煤和无烟煤的开采洗选	5274450	945918	99.01	63.81	18.14
石油和天然气开采业	2615	1030	101.14	61.03	3.38
天然原油和天然气开采	1303	742	100.00	80.41	5.92
天然原油和天然气开采	1303	742	100.00	80.41	5.92
与石油和天然气开采有关的服务活动	1312	288	111.54	11.66	-15.10
与石油和天然气开采有关的服务活动	1312	288	111.54	11.66	-15.10
黑色金属矿采选业	128620	30994	92.10	56.86	22.95
铁矿采选	119391	28665	90.85	55.51	23.77
铁矿采选	119391	28665	90.85	55.51	23.77
其他黑色金属矿采选	9229	2329	114.91	74.01	13.65
其他黑色金属矿采选	9229	2329	114.91	74.01	13.65
有色金属矿采选业	8171	3784	95.63	81.55	7.00
常用有色金属矿采选	4176	2707	95.54	88.18	7.66
铜矿采选	2848	948	103.53	31.87	8.83
铅锌矿采选	362	365	105.59	81.74	21.71
铝矿采选	966	1394	90.78	99.87	2.51
贵金属矿采选	3995	1077	96.08	25.54	3.17
金矿采选	3995	1077	96.08	25.54	3.17
非金属矿采选业	3213	3453	95.33	56.62	-2.55
土砂石开采	3213	3453	95.33	56.62	-2.55
石灰石、石膏开采	1350	1193	87.12	52.65	-12.07
建筑装饰用石开采	529	889	97.56	18.99	-0.52
粘土及其他土砂石开采	1334	1371	97.95	68.39	2.10
制造业	**8785371**	**1071513**	**96.59**	**67.79**	**2.32**
农副食品加工业	58560	22433	96.60	54.64	3.68
谷物磨制	3590	1893	98.78	62.14	0.81
谷物磨制	3590	1893	98.78	62.14	0.81
饲料加工	3077	3338	98.38	42.46	2.01
饲料加工	3077	3338	98.38	42.46	2.01
植物油加工	11482	2853	96.52	58.15	3.95
食用植物油加工	10746	2811	96.32	58.26	4.01
非食用植物油加工	736	42	103.01	43.44	2.14
制糖		534	70.61	75.33	-1.68
制糖		534	70.61	75.33	-1.68
屠宰及肉类加工	8442	6175	97.41	51.14	5.62
畜禽屠宰	5113	3857	97.83	50.91	5.99
肉制品及副产品加工	3329	2318	95.91	51.64	4.35
蔬菜、水果和坚果加工	1753	2392	95.45	46.34	5.34
蔬菜、水果和坚果加工	1753	2392	95.45	46.34	5.34
其他农副食品加工	30217	5248	94.99	57.53	3.78

单位：个、万元、人

每百元资金实现利税(元)	每百元固定资产原价实现利税(元)	每百元主营业务收入实现利税(元)	流动资产周转次数(次/年)	企业亏损面(%)	总资产贡献率(%)
17.09	30.75	13.50	2.20	28.04	15.17
5.59	7.54	6.82	1.98	23.53	6.45
28.84	47.88	30.74	1.63	37.50	22.25
8.06	16.24	6.30	1.94	33.33	7.93
24.82	**37.03**	**25.80**	**1.86**	**15.60**	**18.71**
24.81	36.80	25.92	1.87	15.28	18.62
24.81	36.80	25.92	1.87	15.28	18.62
24.81	36.80	25.92	1.87	15.28	18.62
5.60	43.37	5.66	1.06	50.00	4.26
8.61	97.14	7.71	1.17		7.05
8.61	97.14	7.71	1.17		7.05
-5.69	-20.29	-11.09	0.62	100.00	-2.84
-5.69	-20.29	-11.09	0.62	100.00	-2.84
33.76	63.44	26.80	2.09	16.22	29.34
34.26	63.34	27.10	2.13	16.67	29.94
34.26	63.34	27.10	2.13	16.67	29.94
26.91	65.21	22.51	1.60	9.09	21.72
26.91	65.21	22.51	1.60	9.09	21.72
8.13	9.99	10.79	1.47	36.36	7.67
8.46	10.71	11.70	1.31	25.00	7.83
14.05	12.74	16.16	1.92		10.44
67.63	175.85	29.48	3.43	66.67	
2.70	3.48	4.73	1.03		2.60
5.74	5.81	5.90	4.14	66.67	6.37
5.74	5.81	5.90	4.14	66.67	6.37
2.11	4.38	3.87	0.84	23.08	3.16
2.11	4.38	3.87	0.84	23.08	3.16
-2.93	-3.03	-7.40	0.80	33.33	-2.06
4.04	18.98	3.44	1.35	20.00	5.04
4.76	18.54	11.61	0.61	20.00	5.50
9.37	**14.00**	**8.34**	**2.07**	**34.64**	**9.18**
5.86	10.23	5.01	2.11	22.30	7.17
1.76	3.32	2.02	1.47	26.92	3.02
1.76	3.32	2.02	1.47	26.92	3.02
6.03	8.98	2.24	5.05	22.22	7.51
6.03	8.98	2.24	5.05	22.22	7.51
3.39	6.37	4.60	1.29	33.33	6.29
3.29	6.19	4.58	1.26	36.36	6.20
16.58	30.50	5.42	4.76		18.19
-1.14	-1.21	-2.58	0.59	50.00	-0.71
-1.14	-1.21	-2.58	0.59	50.00	-0.71
10.74	22.22	7.70	2.23	19.35	9.72
12.93	32.39	7.71	2.42	25.00	10.99
6.69	10.47	7.63	1.73	15.79	6.99
6.82	14.64	6.66	1.74	5.88	8.54
6.82	14.64	6.66	1.74	5.88	8.54
5.35	8.31	5.69	2.04	25.00	6.91

2-1-8 续表 50

指标名称	本年销项税额	全部从业人员年平均人数	产销率(%)	资产负债率(%)	成本费用利润率(%)
淀粉及淀粉制品的制造	29975	4919	95.01	58.04	3.88
豆制品制造	159	115	100.98	68.62	-25.75
蛋品加工	4	55	100.00	9.14	3.58
其他未列明的农副食品加工	80	159	89.25	37.80	9.71
食品制造业	72833	18742	85.65	49.49	5.48
焙烤食品制造	4870	2327	101.68	58.50	9.46
糕点、面包制造	3462	1085	99.92	82.39	4.60
饼干及其他焙烤食品制造	1409	1242	102.91	32.81	14.68
糖果、巧克力及蜜饯制造	2044	1816	93.59	50.17	8.07
糖果、巧克力制造	113	87	97.06	67.32	67.12
蜜饯制作	1931	1729	93.35	48.60	5.49
方便食品制造	901	1437	98.55	43.22	9.36
米、面制品制造	349	228	93.74	27.49	11.74
速冻食品制造	69	314	116.39	49.81	11.13
方便面及其他方便食品制造	483	895	97.93	46.41	8.48
液体乳及乳制品制造	39550	5404	81.61	40.41	6.47
液体乳及乳制品制造	39550	5404	81.61	40.41	6.47
罐头制造	9332	2733	84.59	59.30	5.28
肉、禽类罐头制造	4914	577	79.17	40.40	13.93
蔬菜、水果罐头制造	4419	2156	89.64	67.17	-1.15
调味品、发酵制品制造	12472	3638	88.08	52.40	2.77
酱油、食醋及类似制品的制造	10620	2977	90.80	53.11	3.58
其他调味品、发酵制品制造	1852	661	77.51	50.05	-0.80
其他食品制造	3663	1387	89.83	66.70	-1.29
营养、保健食品制造	189	113	62.01	67.28	30.56
冷冻饮品及食用冰制造		350	98.32	47.10	9.10
食品及饲料添加剂制造	3474	924	92.18	68.78	-4.38
饮料制造业	63961	20591	90.59	57.94	8.33
酒精制造	2008	525	92.23	69.33	2.30
酒精制造	2008	525	92.23	69.33	2.30
酒的制造	15131	15030	89.04	54.86	9.78
白酒制造	6597	11455	87.68	51.55	13.14
啤酒制造	7436	3406	95.97	67.61	-12.84
葡萄酒制造	563	79	100.00	70.74	36.27
其他酒制造	535	90	93.54	58.87	12.40
软饮料制造	46823	5036	92.22	60.68	6.84
碳酸饮料制造	10371	1364	98.86	72.35	3.79
瓶(罐)装饮用水制造	1559	36	97.58	81.15	10.90
果菜汁及果菜汁饮料制造	33597	3009	90.23	60.58	7.53
含乳饮料和植物蛋白饮料制造	332	482	90.57	58.62	-2.05
固体饮料制造	624	107	117.48	5.97	3.68
茶饮料及其他软饮料制造	342	38	147.39	13.10	13.36
烟草制品业	34836	1259	99.97	23.93	19.43
卷烟制造	34836	1259	99.97	23.93	19.43
卷烟制造	34836	1259	99.97	23.93	19.43
纺织业	22691	16926	96.12	71.80	-3.07
棉、化纤纺织及印染精加工	17710	13300	94.25	78.73	-4.09
棉、化纤纺织加工	12482	11394	92.30	76.84	-6.19

单位：个、万元、人

每百元资金实现利税(元)	每百元固定资产原价实现利税(元)	每百元主营业务收入实现利税(元)	流动资产周转次数(次/年)	企业亏损面(%)	总资产贡献率(%)
5.43	8.43	5.74	2.04	26.32	6.95
-33.00	-81.70	-32.13	2.23	100.00	-8.04
21.85	73.43	3.71	8.28		17.75
7.39	10.84	15.09	1.40		7.24
9.28	13.41	7.68	2.41	18.48	8.30
15.61	34.25	13.59	1.75	8.33	12.74
12.58	33.91	11.98	1.45	16.67	11.41
19.27	34.53	15.18	2.21		14.17
9.13	20.21	10.76	1.35	11.11	7.22
22.05	34.58	46.60	1.20		21.11
7.47	17.45	8.33	1.36	12.50	5.95
19.02	25.04	13.09	3.79		18.04
15.63	24.43	13.87	2.79		13.99
7.19	9.92	13.26	1.26		8.93
27.97	33.39	12.88	6.32		26.33
11.57	14.05	7.68	3.28	12.50	9.07
11.57	14.05	7.68	3.28	12.50	9.07
10.09	21.50	8.00	1.96	35.29	9.25
31.35	68.73	16.59	2.95		28.26
0.96	2.02	0.97	1.54	42.86	1.33
5.69	8.99	6.03	1.82	31.25	6.24
6.97	11.00	6.90	1.93	28.57	6.96
1.31	2.08	1.82	1.45	50.00	3.87
0.68	0.91	0.90	1.83	12.50	2.67
14.86	14.87	14.34	2.24		8.62
20.20	26.47	18.49	3.10		17.21
-2.45	-3.38	-3.51	1.69	25.00	-0.08
19.34	33.02	20.61	1.55	27.59	18.21
2.78	4.41	6.77	0.93	50.00	5.38
2.78	4.41	6.77	0.93	50.00	5.38
29.46	53.63	27.92	1.49	33.33	25.70
34.75	73.74	30.88	1.48	15.38	31.35
1.73	1.80	2.37	1.81	75.00	2.14
16.05	31.50	39.14	0.55		12.35
29.65	21.28	18.55	2.24		21.85
8.96	14.33	10.40	1.73	20.00	9.70
12.75	12.33	8.73	4.26		11.21
79.70	22.99	13.67	13.35		26.52
8.93	16.86	10.53	1.52	21.05	10.24
0.59	0.72	4.70	0.59	40.00	0.85
6.33	7.10	9.54	3.16		5.95
33.08	49.52	29.49	2.34		33.61
88.99	135.56	61.06	3.04		91.04
88.99	135.56	61.06	3.04		91.04
88.99	135.56	61.06	3.04		91.04
0.09	0.13	0.13	1.34	55.56	1.94
-1.12	-1.50	-1.56	1.36	62.07	0.92
-1.86	-2.38	-2.90	1.27	68.00	-0.15

2-1-8 续表 51

指标名称	本年销项税额	全部从业人员年平均人数	产销率(%)	资产负债率(%)	成本费用利润率(%)
棉、化纤印染精加工	5228	1906	98.37	83.39	0.05
毛纺织和染整精加工	916	192	101.54	32.62	0.09
毛纺织	916	192	101.54	32.62	0.09
麻纺织	2260	2315	113.43	52.66	0.75
麻纺织	2260	2315	113.43	52.66	0.75
丝绢纺织及精加工	539	500	103.05	59.73	-15.74
缫丝加工	325	170	82.29	36.68	-26.60
绢纺和丝织加工	215	330	131.07	95.51	-7.33
纺织制成品制造	719	225	89.90	34.52	17.54
棉及化纤制品制造	253	75	88.57	42.66	11.71
毛制品制造	466	150	90.53	30.02	22.27
针织品、编织品及其制品制造	547	394	88.96	72.83	0.31
棉、化纤针织品及编织品制造	547	394	88.96	72.83	0.31
纺织服装、鞋、帽制造业	15512	7275	97.70	51.32	6.45
纺织服装制造	15489	7195	97.70	51.24	6.37
纺织服装制造	15489	7195	97.70	51.24	6.37
纺织面料鞋的制造	23	80	98.28	54.80	23.19
纺织面料鞋的制造	23	80	98.28	54.80	23.19
皮革、毛皮、羽毛(绒)及其制品业	21	76	98.69	72.41	
毛皮鞣制及制品加工	21	76	98.69	72.41	
其他毛皮制品加工	21	76	98.69	72.41	
木材加工及木、竹、藤、棕、草制品业	6381	918	95.08	57.37	11.20
锯材、木片加工	262	178	85.65	54.48	-2.01
木片加工	262	178	85.65	54.48	-2.01
人造板制造	5890	636	95.38	56.83	12.03
胶合板制造	95	95	98.52	61.02	3.80
纤维板制造	5795	541	95.33	56.67	12.14
木制品制造	228	104	96.43	79.31	1.26
建筑用木料及木材组件加工	228	104	96.43	79.31	1.26
家具制造业	451	440	90.96	43.26	1.19
木质家具制造	451	440	90.96	43.26	1.19
木质家具制造	451	440	90.96	43.26	1.19
造纸及纸制品业	17895	5641	99.71	51.09	5.85
纸浆制造	22	38	95.42	77.40	10.93
纸浆制造	22	38	95.42	77.40	10.93
造纸	5357	3098	101.30	44.29	4.25
机制纸及纸板制造	5357	3098	101.30	44.29	4.25
纸制品制造	12516	2505	99.23	55.14	6.36
纸和纸板容器的制造	12407	2405	99.24	54.88	6.42
其他纸制品制造	109	100	97.60	85.04	0.03
印刷业和记录媒介的复制	12200	5387	91.61	50.70	0.36
印刷	10862	4957	90.71	51.37	-0.71
书、报、刊印刷	6081	3666	87.57	53.49	-3.47
本册印制	1098	189	100.00	49.61	24.46
包装装潢及其他印刷	3683	1102	93.57	48.00	-1.45
装订及其他印刷服务活动	1338	430	100.00	47.29	9.28
装订及其他印刷服务活动	1338	430	100.00	47.29	9.28
文教体育用品制造业	10701	3313	101.91	61.92	-3.48

单位：个、万元、人

每百元资金实现利税(元)	每百元固定资产原价实现利税(元)	每百元主营业务收入实现利税(元)	流动资产周转次数(次/年)	企业亏损面(%)	总资产贡献率(%)
1.02	1.62	1.10	1.61	25.00	3.54
3.26	6.82	5.33	0.93		5.89
3.26	6.82	5.33	0.93		5.89
4.81	6.11	5.03	1.49		5.45
4.81	6.11	5.03	1.49		5.45
-7.50	-13.48	-17.16	0.79	100.00	-3.50
-12.98	-20.61	-30.76	1.08	100.00	-4.26
-2.64	-5.36	-5.85	0.64	100.00	-2.35
25.52	38.30	22.91	2.00		21.05
19.72	52.24	18.13	1.70		18.45
29.98	33.73	26.45	2.29		22.46
5.49	5.73	5.74	1.69		5.55
5.49	5.73	5.74	1.69		5.55
13.05	25.98	10.52	1.87	14.29	12.12
13.33	26.27	10.44	1.93	15.38	12.24
13.33	26.27	10.44	1.93	15.38	12.24
4.97	14.01	23.52	0.31		6.65
4.97	14.01	23.52	0.31		6.65
0.62	1.28	1.21	0.90		0.60
0.62	1.28	1.21	0.90		0.60
0.62	1.28	1.21	0.90		0.60
7.56	17.55	11.32	1.07	40.00	5.92
0.27	0.52	1.19	0.41	100.00	2.07
0.27	0.52	1.19	0.41	100.00	2.07
8.52	20.90	11.84	1.12	33.33	6.29
1.41	5.46	9.70	0.19		3.69
8.97	21.51	11.86	1.19	50.00	6.39
2.82	3.62	5.24	1.69		1.73
2.82	3.62	5.24	1.69		1.73
5.36	6.69	3.53	2.32	33.33	4.82
5.36	6.69	3.53	2.32	33.33	4.82
5.36	6.69	3.53	2.32	33.33	4.82
7.95	11.27	8.02	2.20	25.00	9.28
9.86	8.08	11.11	8.76		7.12
9.86	8.08	11.11	8.76		7.12
4.48	6.75	7.35	1.52	25.00	5.99
4.48	6.75	7.35	1.52	25.00	5.99
11.24	15.73	8.18	2.64	26.67	12.49
11.34	15.89	8.25	2.64	28.57	12.58
0.63	0.79	0.50	3.17		2.80
4.42	5.25	6.14	1.20	43.48	4.83
3.90	4.84	5.04	1.34	45.45	4.48
1.76	1.90	2.30	1.32	42.86	2.49
19.32	59.79	32.29	0.74	50.00	19.12
1.99	2.58	2.33	1.74	50.00	3.27
6.80	6.74	14.38	0.68		6.59
6.80	6.74	14.38	0.68		6.59
1.42	3.06	1.93	1.08	33.33	3.19

2-1-8 续表 52

指标名称	本年销项税额	全部从业人员年平均人数	产销率(%)	资产负债率(%)	成本费用利润率(%)
体育用品制造	10701	3313	101.91	61.92	-3.48
体育器材及配件制造	1432	611	94.47	83.80	5.11
训练健身器材制造	9269	2702	103.90	60.25	-5.02
石油加工、炼焦及核燃料加工业	2611320	180444	96.11	72.87	3.02
精炼石油产品的制造	22061	2141	106.25	62.35	4.67
原油加工及石油制品制造	22061	2141	106.25	62.35	4.67
炼焦	2589259	178303	96.03	72.97	3.00
炼焦	2589259	178303	96.03	72.97	3.00
化学原料及化学制品制造业	656567	123655	98.17	62.53	3.81
基础化学原料制造	242122	35603	98.21	64.94	2.66
无机酸制造	6663	1031	104.15	77.35	4.03
无机碱制造	88313	10107	100.56	64.70	0.14
无机盐制造	43446	8570	95.25	69.72	2.51
有机化学原料制造	78468	13679	96.84	68.33	0.28
其他基础化学原料制造	25231	2216	99.47	47.38	22.28
肥料制造	194095	42351	97.71	64.90	7.04
氮肥制造	147886	34189	97.44	69.63	7.19
磷肥制造	976	857	104.58	58.96	2.74
复混肥料制造	45184	6974	98.54	42.06	6.55
有机肥料及微生物肥料制造	49	331	96.01	74.36	5.91
农药制造	259	308	91.66	30.74	7.58
化学农药制造	259	308	91.66	30.74	7.58
涂料、油墨、颜料及类似产品制造	18638	3085	102.81	52.27	5.00
涂料制造	2589	475	99.01	60.32	2.51
油墨及类似产品制造	7275	582	104.42	35.05	5.02
颜料制造	3142	496	96.96	81.73	-0.73
染料制造	5632	1532	104.53	56.54	8.03
合成材料制造	121804	9476	98.48	61.40	-1.00
初级形态的塑料及合成树脂制造	55252	3922	99.43	73.96	-1.28
合成橡胶制造	20000	2823	95.01	72.32	2.72
合成纤维单(聚合)体的制造	46553	2731	98.23	49.94	-1.51
专用化学产品制造	58629	27447	98.44	57.87	2.48
化学试剂和助剂制造	23075	3549	99.26	63.98	1.27
专项化学用品制造	2496	748	95.63	58.97	0.13
林产化学产品制造	3784	1643	100.48	41.86	6.51
炸药及火工产品制造	25835	18526	98.52	61.65	1.79
环境污染处理专用药剂材料制造	1436	504	89.60	72.60	10.79
动物胶制造	238	196	90.85	43.68	-2.72
其他专用化学产品制造	1765	2281	97.68	37.53	7.26
日用化学产品制造	21020	5385	97.62	47.90	1.17
肥皂及合成洗涤剂制造	20912	5352	97.59	48.04	1.14
香料、香精制造	108	33	100.00	13.09	6.94
医药制造业	89342	25595	86.00	60.24	8.38
化学药品原药制造	24848	5720	84.06	59.37	4.49
化学药品原药制造	24848	5720	84.06	59.37	4.49
化学药品制剂制造	38040	11667	80.47	60.38	13.23
化学药品制剂制造	38040	11667	80.47	60.38	13.23
中药饮片加工	538	386	97.70	67.60	-3.02

单位：个、万元、人

每百元资金实现利税(元)	每百元固定资产原价实现利税(元)	每百元主营业务收入实现利税(元)	流动资产周转次数(次/年)	企业亏损面(%)	总资产贡献率(%)
1.42	3.06	1.93	1.08	33.33	3.19
16.98	52.90	9.62	2.09	25.00	14.21
0.31	0.65	0.47	0.98	37.50	2.35
16.32	29.50	13.32	2.12	38.02	15.04
17.10	47.35	7.89	2.87	12.50	13.12
17.10	47.35	7.89	2.87	12.50	13.12
16.31	29.41	13.40	2.11	38.89	15.05
16.31	29.41	13.40	2.11	38.89	15.05
6.63	7.49	7.06	2.18	41.91	7.18
6.67	8.69	6.59	2.29	47.11	7.03
20.30	25.65	11.44	3.24	62.50	20.24
2.79	3.87	3.30	1.86	42.86	3.48
11.10	16.72	6.08	2.94	47.62	10.14
4.28	5.79	4.52	2.09	40.43	5.60
23.54	20.62	23.87	6.20	58.82	21.65
7.77	7.42	8.67	2.34	27.91	8.52
7.51	7.65	8.42	2.67	31.25	8.32
9.61	12.03	8.52	2.27	50.00	11.90
8.87	6.52	9.81	1.50	14.29	9.39
6.96	10.57	5.86	3.39		8.17
10.46	13.26	5.57	4.08	25.00	10.05
10.46	13.26	5.57	4.08	25.00	10.05
11.50	23.53	7.98	1.98	27.78	11.79
13.22	35.56	6.40	2.65		9.40
10.84	22.17	6.97	1.81	40.00	9.49
2.94	5.66	1.68	2.48	75.00	4.73
13.63	27.09	11.62	1.86		15.47
2.76	2.92	2.84	2.62	37.50	3.70
1.83	2.33	1.46	2.89	33.33	4.51
7.84	8.46	9.11	1.90		3.77
2.43	2.26	3.10	2.54	100.00	3.19
6.87	9.65	7.89	1.64	47.30	7.05
7.50	12.21	5.97	2.14	62.96	9.08
5.28	6.13	4.55	3.30	16.67	7.00
12.59	13.47	15.55	1.82	18.75	9.32
4.62	6.36	6.28	1.44	53.85	4.61
15.11	40.12	17.50	1.10	60.00	15.58
0.32	0.34	0.31	3.07	100.00	1.71
14.47	22.05	16.67	1.39	40.00	13.56
4.19	6.47	7.13	1.00	25.00	4.53
4.17	6.43	7.10	1.00	33.33	4.52
7.75	16.83	13.37	0.92		7.35
10.72	16.53	14.18	1.42	35.29	10.42
6.55	7.72	6.43	2.68	23.53	7.54
6.55	7.72	6.43	2.68	23.53	7.54
14.35	25.92	19.20	1.26	38.10	12.61
14.35	25.92	19.20	1.26	38.10	12.61
0.04	0.08	0.13	0.45	60.00	0.66

2-1-8 续表 53

指标名称	本年销项税额	全部从业人员年平均人数	产销率(%)	资产负债率(%)	成本费用利润率(%)
中药饮片加工	538	386	97.70	67.60	-3.02
中成药制造	17553	4987	99.48	65.48	6.69
中成药制造	17553	4987	99.48	65.48	6.69
兽用药品制造	818	398	97.20	50.97	2.46
兽用药品制造	818	398	97.20	50.97	2.46
生物、生化制品的制造	3983	1031	90.99	56.62	14.57
生物、生化制品的制造	3983	1031	90.99	56.62	14.57
卫生材料及医药用品制造	3561	1406	94.67	41.22	5.42
卫生材料及医药用品制造	3561	1406	94.67	41.22	5.42
化学纤维制造业	6045	1342	86.21	43.18	-4.56
纤维素纤维原料及纤维制造	4327	1062	86.27	41.17	-6.29
人造纤维(纤维素纤维)制造	4327	1062	86.27	41.17	-6.29
合成纤维制造	1719	280	86.04	59.00	0.06
涤纶纤维制造	1719	280	86.04	59.00	0.06
橡胶制品业	33437	5794	97.29	59.65	5.01
轮胎制造	20351	2678	94.62	62.01	4.92
车辆、飞机及工程机械轮胎制造	20351	2678	94.62	62.01	4.92
橡胶板、管、带的制造	8730	1748	101.34	49.32	5.78
橡胶板、管、带的制造	8730	1748	101.34	49.32	5.78
橡胶零件制造	1899	505	100.37	73.73	7.01
橡胶零件制造	1899	505	100.37	73.73	7.01
再生橡胶制造	1801	588	99.37	70.73	-0.25
再生橡胶制造	1801	588	99.37	70.73	-0.25
日用及医用橡胶制品制造	655	275	101.07	30.35	7.67
日用及医用橡胶制品制造	655	275	101.07	30.35	7.67
塑料制品业	25677	7625	96.30	58.04	3.69
塑料薄膜制造	2490	870	96.09	39.59	2.72
塑料薄膜制造	2490	870	96.09	39.59	2.72
塑料板、管、型材的制造	14238	1528	100.72	63.86	4.86
塑料板、管、型材的制造	14238	1528	100.72	63.86	4.86
塑料丝、绳及编织品的制造	5256	4294	97.00	57.65	0.85
塑料丝、绳及编织品的制造	5256	4294	97.00	57.65	0.85
泡沫塑料制造	206	71	95.05	80.00	-0.14
泡沫塑料制造	206	71	95.05	80.00	-0.14
塑料包装箱及容器制造	3061	627	80.27	67.24	9.06
塑料包装箱及容器制造	3061	627	80.27	67.24	9.06
其他塑料制品制造	426	235	95.23	66.67	6.69
其他塑料制品制造	426	235	95.23	66.67	6.69
非金属矿物制品业	202077	102270	94.52	70.63	0.63
水泥、石灰和石膏的制造	72115	31398	91.68	78.35	-3.08
水泥制造	71279	31059	91.48	78.62	-3.10
石灰和石膏制造	836	339	108.53	52.91	-2.08
水泥及石膏制品制造	5346	5408	101.53	60.25	3.94
水泥制品制造	3813	4889	101.49	61.98	3.47
砼结构构件制造	136	160	76.73	55.70	-22.66
轻质建筑材料制造	209	291	90.08	41.17	15.63
其他水泥制品制造	1188	68	141.04	44.94	14.20
砖瓦、石材及其他建筑材料制造	16041	11066	93.12	43.94	2.33

单位：个、万元、人

每百元资金实现利税(元)	每百元固定资产原价实现利税(元)	每百元主营业务收入实现利税(元)	流动资产周转次数(次/年)	企业亏损面(%)	总资产贡献率(%)
0.04	0.08	0.13	0.45	60.00	0.66
11.20	18.77	18.13	1.07	40.00	11.49
11.20	18.77	18.13	1.07	40.00	11.49
2.88	4.42	7.58	0.83	33.33	3.50
2.88	4.42	7.58	0.83	33.33	3.50
16.18	26.89	22.36	1.23	20.00	13.96
16.18	26.89	22.36	1.23	20.00	13.96
7.62	9.93	13.45	0.92		7.03
7.62	9.93	13.45	0.92		7.03
-3.35	-16.64	-2.68	1.43	66.67	-2.37
-4.24	-18.61	-4.17	1.18	100.00	-3.27
-4.24	-18.61	-4.17	1.18	100.00	-3.27
3.07	314.67	1.05	2.95	50.00	4.69
3.07	314.67	1.05	2.95	50.00	4.69
7.75	11.12	7.88	1.79	22.73	8.22
5.65	6.79	6.54	1.74		6.62
5.65	6.79	6.54	1.74		6.62
12.21	24.57	9.71	2.00	27.27	12.81
12.21	24.57	9.71	2.00	27.27	12.81
13.76	65.63	12.15	1.34		11.95
13.76	65.63	12.15	1.34		11.95
8.30	29.23	6.02	1.78	50.00	8.42
8.30	29.23	6.02	1.78	50.00	8.42
6.47	7.62	9.91	2.93		9.95
6.47	7.62	9.91	2.93		9.95
6.61	10.98	6.07	1.71	27.08	7.24
3.61	6.27	3.10	1.87	28.57	4.75
3.61	6.27	3.10	1.87	28.57	4.75
8.13	19.54	7.17	1.65	33.33	8.88
8.13	19.54	7.17	1.65	33.33	8.88
4.05	6.44	3.82	1.69	26.67	5.33
4.05	6.44	3.82	1.69	26.67	5.33
1.82	2.47	1.17	4.31	100.00	1.55
1.82	2.47	1.17	4.31	100.00	1.55
11.86	9.61	13.85	1.66	12.50	9.31
11.86	9.61	13.85	1.66	12.50	9.31
12.03	29.91	14.69	1.18		9.22
12.03	29.91	14.69	1.18		9.22
4.65	6.30	6.64	1.42	36.28	5.70
2.44	2.89	5.01	1.07	37.59	4.06
2.41	2.84	4.95	1.07	36.72	4.03
4.94	7.61	9.25	0.87	60.00	6.57
6.18	9.22	8.87	1.28	25.64	7.37
5.76	9.16	8.16	1.23	18.18	6.93
-3.94	-4.33	-19.68	0.70	100.00	-1.56
30.71	32.95	15.16	4.43	66.67	24.84
16.62	16.80	25.36	1.76		18.24
8.04	11.27	6.02	2.82	19.57	6.74

2-1-8 续表 54

指标名称	本年销项税额	全部从业人员年平均人数	产销率(%)	资产负债率(%)	成本费用利润率(%)
粘土砖瓦及建筑砌块制造	1244	4544	91.40	40.47	-4.07
建筑陶瓷制品制造	2264	3051	95.41	77.25	-2.06
建筑用石加工	5474	2451	96.59	15.35	4.65
防水建筑材料制造	6693	455	87.66	46.40	3.48
其他建筑材料制造	366	565	52.26	72.58	0.41
玻璃及玻璃制品制造	27418	24111	94.63	75.80	0.20
平板玻璃制造	3270	1060	93.27	97.30	-11.03
技术玻璃制品制造	10929	2600	94.83	78.45	-1.73
玻璃仪器制造	196	105	75.47	92.17	9.57
日用玻璃制品及玻璃包装容器制造	12623	20134	95.15	61.39	4.11
玻璃纤维及制品制造	117	120	103.41	89.50	-2.48
玻璃纤维增强塑料制品制造	283	92	88.15	47.09	8.34
陶瓷制品制造	5119	8660	95.82	73.89	8.15
特种陶瓷制品制造	1456	929	106.04	73.56	-1.54
日用陶瓷制品制造	3663	7731	93.53	74.04	10.93
耐火材料制品制造	30179	11870	96.00	69.49	1.18
石棉制品制造		30	86.65	30.71	4.14
耐火陶瓷制品及其他耐火材料制造	30179	11840	96.23	69.76	1.12
石墨及其他非金属矿物制品制造	45859	9757	96.51	62.72	2.95
石墨及碳素制品制造	39588	7970	96.30	61.94	4.22
其他非金属矿物制品制造	6271	1787	97.65	66.15	-3.70
黑色金属冶炼及压延加工业	3340328	167909	97.92	67.76	0.65
炼铁	303758	40619	93.84	70.57	-0.04
炼铁	303758	40619	93.84	70.57	-0.04
炼钢	395696	23523	98.44	72.17	-1.01
炼钢	395696	23523	98.44	72.17	-1.01
钢压延加工	2510471	91781	98.74	66.35	1.00
钢压延加工	2510471	91781	98.74	66.35	1.00
铁合金冶炼	130404	11986	96.20	73.51	2.53
铁合金冶炼	130404	11986	96.20	73.51	2.53
有色金属冶炼及压延加工业	621823	83414	96.21	65.78	1.62
常用有色金属冶炼	542437	76049	96.52	65.93	1.26
铜冶炼	92440	9886	95.53	33.26	6.11
铅锌冶炼	7376	1703	88.06	79.00	0.06
铝冶炼	321399	35889	96.56	71.61	-0.31
镁冶炼	120130	28551	97.57	60.59	2.58
其他常用有色金属冶炼	1092	20	86.27	55.76	29.59
贵金属冶炼	1583	360	109.34	64.88	17.79
银冶炼	1583	360	109.34	64.88	17.79
稀有稀土金属冶炼	10492	924	104.97	61.32	15.06
稀土金属冶炼	10442	884	105.66	64.27	14.53
其他稀有金属冶炼	50	40	80.53	23.29	36.87
有色金属合金制造	28509	1879	95.57	66.34	0.88
有色金属合金制造	28509	1879	95.57	66.34	0.88
有色金属压延加工	38803	4202	89.74	63.55	3.17
常用有色金属压延加工	29385	3295	86.91	63.40	3.25
贵金属压延加工	7945	166	99.98	59.27	2.17
稀有稀土金属压延加工	1472	741	88.36	73.24	6.95

单位：个、万元、人

每百元资金实现利税(元)	每百元固定资产原价实现利税(元)	每百元主营业务收入实现利税(元)	流动资产周转次数(次/年)	企业亏损面(%)	总资产贡献率(%)
0.59	0.66	1.22	1.37	32.00	0.63
1.96	2.29	3.16	2.05	11.11	3.72
23.95	60.94	7.17	4.90		26.37
16.69	39.65	7.84	3.08		14.42
0.51	0.61	1.72	0.49		0.46
2.81	4.43	4.15	1.32	47.73	4.07
-4.70	-6.42	-10.37	1.42	100.00	-5.00
0.44	0.84	1.02	0.75	100.00	2.21
6.37	4.29	20.20	1.30		4.62
10.57	14.84	8.88	2.19	47.37	10.81
7.49	21.70	5.76	1.95	100.00	9.45
14.62	30.58	11.44	3.31		14.56
10.77	16.60	14.51	1.37	32.26	10.53
3.15	5.81	7.25	0.68	71.43	4.42
14.85	21.03	16.36	1.84	20.83	13.31
8.19	13.56	10.65	1.36	37.14	9.07
29.84	49.70	12.30	3.98		24.65
8.05	13.32	10.61	1.34	37.68	8.96
6.63	9.83	6.58	2.03	46.43	7.50
7.67	11.86	7.25	2.03	42.22	8.55
2.32	2.93	2.90	2.00	63.64	2.91
7.26	9.82	4.91	2.83	45.65	7.10
9.67	14.65	6.29	2.73	46.74	8.86
9.67	14.65	6.29	2.73	46.74	8.86
4.34	7.06	2.25	3.52	36.84	4.90
4.34	7.06	2.25	3.52	36.84	4.90
6.89	8.69	4.93	2.80	43.24	6.77
6.89	8.69	4.93	2.80	43.24	6.77
12.64	27.06	9.02	2.11	50.00	12.79
12.64	27.06	9.02	2.11	50.00	12.79
5.48	6.48	6.48	2.02	50.42	6.33
5.19	5.94	6.49	2.01	56.18	6.15
12.40	23.34	11.50	1.68	25.00	9.57
2.96	3.88	7.11	1.11	33.33	6.00
2.92	3.07	4.47	1.91	66.67	4.68
13.87	19.82	8.76	2.83	57.14	11.30
201.56	21415.38	21.68	9.38		103.03
16.72	18.61	31.69	1.53		16.54
16.72	18.61	31.69	1.53		16.54
35.00	87.01	19.31	2.36		35.57
35.50	92.83	18.61	2.39		35.94
28.86	44.50	44.76	1.69		30.84
7.44	17.08	2.59	3.94	55.56	7.48
7.44	17.08	2.59	3.94	55.56	7.48
5.26	13.90	4.56	1.59	31.25	5.21
4.80	12.05	4.45	1.55	36.36	4.87
6.92	30.88	3.33	2.35	50.00	7.13
7.52	19.17	13.39	0.71		8.19

2-1-8 续表 55

指标名称	本年销项税额	全部从业人员年平均人数	产销率(%)	资产负债率(%)	成本费用利润率(%)
金属制品业	58003	18803	97.31	76.45	1.10
结构性金属制品制造	29467	5320	99.03	70.60	1.46
金属结构制造	27388	4760	99.58	74.06	0.88
金属门窗制造	2080	560	91.61	42.92	9.67
金属工具制造	1332	1509	61.10	103.89	-8.86
切削工具制造	1332	1467	58.74	104.09	-9.03
农用及园林用金属工具制造		42	100.00	92.43	-6.16
集装箱及金属包装容器制造	3206	957	94.07	54.85	-0.27
金属压力容器制造	654	203	88.86	65.34	0.63
金属包装容器制造	2552	754	95.75	50.56	-0.54
金属丝绳及其制品的制造	3515	1001	98.02	83.14	-2.23
金属丝绳及其制品的制造	3515	1001	98.02	83.14	-2.23
建筑、安全用金属制品制造	15663	8873	100.27	78.13	1.25
建筑装饰及水暖管道零件制造	13727	8207	96.58	79.65	0.56
安全、消防用金属制品制造	1936	666	141.57	68.98	6.89
金属表面处理及热处理加工	1015	416	94.90	68.13	11.72
金属表面处理及热处理加工	1015	416	94.90	68.13	11.72
搪瓷制品制造	285	130	95.82	100.58	-4.29
搪瓷日用品及其他搪瓷制品制造	285	130	95.82	100.58	-4.29
不锈钢及类似日用金属制品制造	3018	447	91.47	62.32	-0.77
金属制厨用器皿及餐具制造	1324	279	89.73	37.79	0.01
其他日用金属制品制造	1694	168	93.53	89.05	-1.36
其他金属制品制造	502	150	82.86	50.66	22.08
其他未列明的金属制品制造	502	150	82.86	50.66	22.08
通用设备制造业	181706	58095	98.24	69.39	2.01
锅炉及原动机制造	12540	6524	92.24	69.19	2.89
锅炉及辅助设备制造	8521	3248	89.98	81.34	1.38
内燃机及配件制造	4020	3276	94.22	57.22	4.06
金属加工机械制造	9738	2892	91.47	64.61	1.54
金属切削机床制造	4186	1220	89.40	64.59	0.33
金属成形机床制造	721	436	85.18	71.09	6.17
铸造机械制造	1799	696	94.74	61.39	-0.42
金属切割及焊接设备制造	34	45	78.68	11.24	44.13
机床附件制造	451	120	85.92	56.56	2.75
其他金属加工机械制造	2547	375	97.33	76.66	0.27
起重运输设备制造	8958	2989	101.36	72.91	-1.00
起重运输设备制造	8958	2989	101.36	72.91	-1.00
泵、阀门、压缩机及类似机械的制造	18741	9366	98.07	69.44	2.19
泵及真空设备制造	7926	4224	96.30	61.17	7.26
气体压缩机械制造	325	683	87.29	158.97	-11.70
阀门和旋塞的制造	2040	1216	109.21	85.16	1.58
液压和气压动力机械及元件制造	8450	3243	98.18	70.51	-0.63
轴承、齿轮、传动和驱动部件的制造	1965	845	94.97	45.50	4.98
轴承制造	908	426	103.78	68.48	5.28
齿轮、传动和驱动部件制造	1057	419	88.44	28.76	4.73
烘炉、熔炉及电炉制造	1062	375	99.05	43.08	6.95
烘炉、熔炉及电炉制造	1062	375	99.05	43.08	6.95
风机、衡器、包装设备等通用设备制造	11282	3456	97.99	55.26	0.62

单位：个、万元、人

每百元资金实现利税（元）	每百元固定资产原价实现利税（元）	每百元主营业务收入实现利税（元）	流动资产周转次数（次/年）	企业亏损面（%）	总资产贡献率（%）
5.86	16.84	4.70	1.58	39.18	6.71
6.20	19.91	4.20	1.84	25.71	7.29
5.90	21.32	3.80	1.85	28.13	7.14
8.54	14.74	9.51	1.77		8.50
-0.87	-2.54	-4.82	0.21	66.67	-0.29
-0.81	-2.41	-4.70	0.20	60.00	-0.23
-4.07	-6.16	-6.56	2.58	100.00	-3.88
3.99	10.05	4.04	1.36	45.45	4.27
4.93	9.12	6.43	1.60	33.33	4.30
3.59	10.67	3.32	1.30	50.00	4.25
0.84	1.55	0.38	2.85	40.00	4.60
0.84	1.55	0.38	2.85	40.00	4.60
8.11	22.30	6.98	1.51	45.16	9.37
7.49	20.06	6.28	1.58	46.15	9.06
12.04	40.17	12.52	1.15	40.00	11.22
34.11	217.29	12.56	2.99	25.00	25.13
34.11	217.29	12.56	2.99	25.00	25.13
-6.28	-10.17	-2.84	4.33	100.00	
-6.28	-10.17	-2.84	4.33	100.00	
-2.27	-10.79	-0.63	4.27	66.67	-1.41
1.58	2.11	0.22	16.78		0.36
-3.35	-57.37	-1.29	2.70	100.00	
26.18	36.40	24.20	3.14		21.56
26.18	36.40	24.20	3.14		21.56
5.49	10.46	5.54	1.57	24.91	5.99
2.06	3.76	3.88	0.90	21.43	3.42
1.57	5.06	3.46	0.59	16.67	2.79
2.57	3.24	4.20	1.45	50.00	4.05
3.25	9.19	4.58	0.95	11.11	3.32
1.12	3.86	2.24	0.61		0.75
9.00	16.65	8.21	1.78		8.26
2.61	5.99	3.97	1.06	33.33	5.42
63.05	476.73	44.59	1.56		26.76
12.48	31.04	11.24	1.54		11.31
5.58	12.55	3.62	2.33		5.23
1.64	3.39	1.43	1.73	42.86	1.25
1.64	3.39	1.43	1.73	42.86	1.25
4.89	8.70	5.08	1.39	31.25	4.68
8.21	12.76	10.54	1.26	20.00	7.76
-10.03	-14.27	-15.06	0.83	100.00	-8.84
4.20	11.87	5.27	0.87	33.33	4.64
2.50	4.78	2.12	1.66	33.33	2.51
7.72	12.70	8.90	1.66	11.11	6.59
9.06	16.72	9.22	1.56	20.00	7.76
6.79	10.38	8.63	1.76		5.74
12.54	55.69	9.60	1.47		8.34
12.54	55.69	9.60	1.47		8.34
3.92	9.59	3.56	1.55	10.53	4.52

2-1-8 续表 56

指标名称	本年销项税额	全部从业人员年平均人数	产销率(%)	资产负债率(%)	成本费用利润率(%)
风机、风扇制造	3965	818	96.57	61.93	0.62
气体、液体分离及纯净设备制造	230	72	100.00	41.21	-3.16
制冷、空调设备制造	302	586	95.54	67.11	8.36
喷枪及类似器具制造	723	653	99.97	61.69	0.18
衡器制造	810	282	98.68	39.53	2.28
其他通用设备制造	5252	1045	99.19	52.89	-0.12
通用零部件制造及机械修理	19679	6895	108.05	80.88	-0.16
紧固件、弹簧制造	1439	363	106.37	74.45	-0.46
机械零部件加工及设备修理	17490	6059	109.02	81.22	-0.14
其他通用零部件制造	750	473	92.61	93.25	0.42
金属铸、锻加工	97741	24753	98.23	69.93	2.63
钢铁铸件制造	63955	17453	98.78	71.98	2.42
锻件及粉末冶金制品制造	33786	7300	97.36	66.24	3.00
专用设备制造业	298174	74853	96.28	66.31	3.95
矿山、冶金、建筑专用设备制造	243181	29624	97.10	69.23	5.32
采矿、采石设备制造	231273	25334	96.89	69.00	5.51
石油钻采专用设备制造	1195	1349	102.55	78.21	7.08
建筑工程用机械制造	426	271	99.43	39.70	-21.76
建筑材料生产专用机械制造	236	128	100.00	65.79	4.91
冶金专用设备制造	10051	2542	94.45	71.22	0.40
化工、木材、非金属加工专用设备制造	7065	1056	72.92	71.22	10.55
炼油、化工生产专用设备制造	5987	757	70.15	77.31	10.63
塑料加工专用设备制造	526	197	101.23	114.65	0.56
模具制造	552	102	91.23	35.05	19.12
食品、饮料、烟草及饲料生产专用设备制造	269	86	88.64	15.99	18.28
食品、饮料、烟草工业专用设备制造	269	86	88.64	15.99	18.28
印刷、制药、日化生产专用设备制造	536	304	93.16	63.80	5.76
印刷专用设备制造	536	304	93.16	63.80	5.76
纺织、服装和皮革工业专用设备制造	12396	9795	106.30	69.85	-5.30
纺织专用设备制造	12396	9795	106.30	69.85	-5.30
电子和电工机械专用设备制造	28916	31118	95.51	61.78	3.21
电工机械专用设备制造	1869	426	91.44	72.65	-0.10
电子工业专用设备制造	3245	889	112.15	31.07	10.80
航空、航天及其他专用设备制造	7542	3327	98.07	62.92	6.71
农、林、牧、渔专用机械制造	2431	1531	80.46	36.55	1.08
拖拉机制造	2140	1000	79.40	35.17	1.39
机械化农业及园艺机具制造	14	66	94.83	33.88	-13.27
其他农林牧渔业机械制造及机械修理	277	465	79.12	62.29	0.61
医疗仪器设备及器械制造	61	179	105.77	31.38	19.32
医疗诊断、监护及治疗设备制造	61	62	106.17	46.99	8.65
假肢、人工器官及植(介)入器械制造		117	105.67	29.14	22.13
环保、社会公共安全及其他专用设备制造	3319	1160	96.17	59.10	3.95
环境污染防治专用设备制造	2636	464	96.36	48.35	5.47
社会公共安全设备及器材制造	370	288	97.67	85.34	0.42
水资源专用机械制造	312	408	91.48	164.58	-4.49
交通运输设备制造业	160519	33200	98.71	72.59	6.10
铁路运输设备制造	106782	15684	98.52	76.46	8.93

单位：个、万元、人

每百元资金实现利税(元)	每百元固定资产原价实现利税(元)	每百元主营业务收入实现利税(元)	流动资产周转次数(次/年)	企业亏损面(%)	总资产贡献率(%)
3.74	12.22	3.19	1.53		3.84
-1.54	-5.23	-1.88	1.02	100.00	-0.81
5.41	11.49	8.99	1.51		5.97
23.56	29.97	9.95	3.65		21.51
4.61	6.41	6.92	1.20		5.78
2.62	6.53	2.24	1.55	14.29	4.15
5.43	12.25	5.01	1.56	48.00	5.35
0.29	0.75	0.33	1.21	50.00	0.84
6.55	14.96	5.70	1.68	37.50	6.42
2.87	4.42	4.44	0.95	80.00	3.05
8.03	14.11	6.63	2.06	22.79	8.93
7.87	13.71	6.68	2.05	32.58	8.94
8.32	14.87	6.55	2.08	4.26	8.91
5.48	11.97	6.31	1.22	32.73	5.24
7.75	25.23	8.29	1.16	28.81	6.84
7.75	26.45	8.57	1.11	30.00	6.71
14.90	37.67	8.49	2.96	16.67	17.04
-6.06	-16.23	-26.67	0.32	100.00	-3.36
10.28	28.62	6.79	1.69		5.24
3.24	7.46	4.22	0.93	20.00	3.92
9.64	21.14	12.01	1.11	25.00	8.94
10.35	29.35	11.82	1.10	50.00	9.24
14.73	6.51	6.19	5.03		6.50
6.17	9.58	19.47	0.68		8.38
8.17	20.60	21.49	0.49		8.01
8.17	20.60	21.49	0.49		8.01
14.44	25.26	12.31	1.43		5.41
14.44	25.26	12.31	1.43		5.41
-2.20	-3.77	-3.18	0.99	55.56	-1.88
-2.20	-3.77	-3.18	0.99	55.56	-1.88
3.53	5.31	4.38	1.42	29.41	3.75
3.74	12.07	3.24	1.38	66.67	4.46
12.47	31.42	13.67	1.26		11.01
5.00	10.42	7.67	0.93		6.65
1.80	2.95	1.60	2.60	50.00	2.94
1.82	3.14	1.74	2.44		3.02
-18.52	-7.37	-6.93	3.30	100.00	-1.24
4.30	5.36	2.06	4.62	50.00	7.09
9.25	12.52	20.51	1.15		9.09
9.83	16.24	10.82	2.25		10.76
9.17	12.13	23.44	1.01		8.86
3.40	9.84	4.94	0.93	25.00	4.29
3.51	12.33	5.37	0.85		4.21
10.52	91.30	9.97	1.13		15.41
-3.98	-3.22	-5.22	4.75	100.00	-3.37
9.17	18.82	9.77	1.31	34.52	8.97
14.20	37.47	12.92	1.39	15.15	12.40

2-1-8 续表 57

指标名称	本年销项税额	全部从业人员年平均人数	产销率(%)	资产负债率(%)	成本费用利润率(%)
铁路机车车辆及动车组制造	46595	4456	99.87	86.88	10.51
工矿有轨专用车辆制造	889	330	91.13	44.44	0.33
铁路机车车辆配件制造	23467	4728	99.22	60.97	13.83
铁路专用设备及器材、配件制造	11751	2336	93.07	55.58	4.51
其他铁路设备制造及设备修理	24081	3834	99.19	83.31	3.78
汽车制造	53440	16524	98.99	68.11	1.33
汽车整车制造	2653	307	84.87	55.53	-4.95
改装汽车制造	6129	876	95.77	59.62	1.15
汽车车身、挂车的制造	3266	612	100.60	61.53	-1.04
汽车零部件及配件制造	40553	13794	100.20	71.59	1.50
汽车修理	840	935	100.11	53.37	14.93
航空航天器制造	20	838	100.00	51.98	5.80
飞机制造及修理	20	838	100.00	51.98	5.80
交通器材及其他交通运输设备制造	276	154	107.61	56.74	-0.27
交通管理用金属标志及设施制造	182	65	106.27	48.04	-2.36
其他交通运输设备制造	95	89	109.89	71.62	4.11
电气机械及器材制造业	97136	16745	90.36	76.80	2.44
电机制造	57943	9754	90.94	85.76	2.08
发电机及发电机组制造	956	1941	100.00	33.13	-11.14
电动机制造	56987	7813	90.52	88.39	2.81
输配电及控制设备制造	13936	2930	86.89	60.28	0.82
变压器、整流器和电感器制造	9151	925	93.56	52.97	0.21
电容器及其配套设备制造	348	362	86.37	7.54	0.15
配电开关控制设备制造	3169	1270	76.08	72.40	0.77
电力电子元器件制造	969	60	102.67	52.52	6.96
其他输配电及控制设备制造	300	313	98.52	66.39	
电线、电缆、光缆及电工器材制造	14082	2918	91.17	71.90	-0.04
电线电缆制造	11856	1796	89.77	58.66	1.77
光纤、光缆制造	1240	795	100.21	109.27	-18.25
绝缘制品制造	715	237	97.53	39.87	14.07
其他电工器材制造	270	90	118.50	52.90	2.64
电池制造	9168	631	91.23	64.56	14.80
电池制造	9168	631	91.23	64.56	14.80
家用电力器具制造	847	146	99.09	43.20	8.42
家用电力器具专用配件制造	550	130	108.44	55.24	12.53
其他家用电力器具制造	297	16	93.06	27.87	2.07
非电力家用器具制造	374	187	100.00	9.03	12.36
燃气、太阳能及类似能源的器具制造	374	187	100.00	9.03	12.36
照明器具制造	349	143	90.70	68.57	0.36
照明灯具制造	26	20	98.77	23.13	0.22
灯用电器附件及其他照明器具制造	324	123	88.27	73.93	0.40
其他电气机械及器材制造	437	36	100.00	66.15	0.53
其他未列明的电气机械制造	437	36	100.00	66.15	0.53
通信设备、计算机及其他电子设备制造业	68277	62809	95.69	72.26	0.08
通信设备制造	40308	47822	97.33	70.45	0.83
通信传输设备制造	163	1023	100.00	81.27	6.91
移动通信及终端设备制造	40144	46799	97.20	69.24	0.68
雷达及配套设备制造	137	658	80.55	124.71	-1.58

单位：个、万元、人

每百元资金实现利税(元)	每百元固定资产原价实现利税(元)	每百元主营业务收入实现利税(元)	流动资产周转次数(次/年)	企业亏损面(%)	总资产贡献率(%)
12.84	42.52	13.70	1.12		11.63
2.04	2.36	2.79	1.45	50.00	2.89
25.90	41.61	21.15	1.92	20.00	22.30
9.32	32.36	8.37	1.31		7.36
8.47	25.71	6.09	1.70	25.00	7.88
3.35	5.61	4.40	1.20	47.92	4.66
-2.90	-10.05	-5.53	0.54	100.00	-2.61
1.65	3.82	1.38	1.82	40.00	2.05
-0.08	-0.24	-0.08	1.29	71.43	0.31
3.87	5.89	5.33	1.20	40.00	5.87
12.87	25.65	17.27	1.16	60.00	13.41
2.48	2.07	5.99	0.85		2.49
2.48	2.07	5.99	0.85		2.49
6.13	8.59	5.66	1.96	50.00	4.47
1.61	2.21	1.72	1.60	100.00	1.51
20.34	30.92	13.27	3.40		9.55
7.48	17.75	6.99	1.36	26.32	7.54
4.93	12.85	5.08	1.20	25.00	6.14
-9.77	-16.53	-12.26	1.42	100.00	-9.14
5.81	15.63	5.91	1.19	14.29	6.90
5.74	21.43	6.16	1.13	16.67	5.47
5.71	23.74	6.22	1.14	33.33	5.78
7.28	14.11	7.88	1.04		7.13
5.45	22.23	5.23	1.21	8.33	4.95
14.99	85.09	10.56	1.60		15.19
2.67	4.93	9.93	0.39		2.16
12.29	17.34	7.63	2.33	50.00	9.86
20.46	37.64	10.07	3.05	53.85	15.30
-10.85	-9.12	-18.54	0.78	100.00	-6.07
33.04	96.06	19.57	2.19		35.71
8.19	16.63	6.80	1.97		6.23
30.38	36.36	19.22	2.38		21.03
30.38	36.36	19.22	2.38		21.03
12.67	17.05	12.88	2.34		11.99
17.02	18.98	17.68	2.64		17.86
5.71	11.47	5.61	1.99		4.52
38.11	67.00	28.04	2.69		39.85
38.11	67.00	28.04	2.69		39.85
5.37	24.24	6.61	0.99	33.33	4.02
9.48	156.47	5.11	1.99		6.49
4.95	20.75	7.02	0.87	50.00	3.75
2.71	70.01	2.80	0.99		2.68
2.71	70.01	2.80	0.99		2.68
0.70	0.96	1.09	1.45	32.26	1.85
0.81	1.08	1.15	1.79	25.00	2.28
0.98	3.82	5.46	0.21		0.79
0.79	0.96	1.02	2.34	50.00	2.45
-1.17	-2.04	-1.56	1.15	100.00	-0.39

2-1-8 续表 58

指标名称	本年销项税额	全部从业人员年平均人数	产销率(%)	资产负债率(%)	成本费用利润率(%)
雷达及配套设备制造	137	658	80.55	124.71	-1.58
广播电视设备制造	48	18	132.21	78.82	0.95
应用电视设备及其他广播电视设备制造	48	18	132.21	78.82	0.95
电子计算机制造	592	3364	103.66	109.60	-13.79
电子计算机整机制造	592	3364	103.66	109.60	-13.79
电子器件制造	814	861	63.95	61.73	1.47
电子真空器件制造	461	195	28.07	99.23	-21.43
光电子器件及其他电子器件制造	354	666	96.54	29.83	11.93
电子元件制造	26242	10030	93.51	70.06	-0.94
电子元件及组件制造	26242	10030	93.51	70.06	-0.94
其他电子设备制造	136	56	79.40	55.68	0.38
其他电子设备制造	136	56	79.40	55.68	0.38
仪器仪表及文化、办公用机械制造业	17748	4624	98.80	57.91	11.16
通用仪器仪表制造	14100	1827	96.84	58.53	11.97
工业自动控制系统装置制造	14100	1827	96.84	58.53	11.97
专用仪器仪表制造	3217	2671	104.03	57.58	9.68
导航、气象及海洋专用仪器制造	2455	2405	104.63	57.53	10.62
电子测量仪器制造	763	266	100.05	58.63	2.00
光学仪器及眼镜制造	430	126	100.82	22.51	8.65
光学仪器制造	430	126	100.82	22.51	8.65
工艺品及其他制造业	1150	1335	73.87	26.63	0.42
工艺美术品制造	795	431	52.73	25.62	0.78
金属工艺品制造	795	431	52.73	25.62	0.78
其他未列明的制造业	355	904	98.25	27.12	0.17
其他未列明的制造业	355	904	98.25	27.12	0.17
电力、燃气及水的生产和供应业	**1369744**	**92581**	**100.46**	**75.24**	**-4.59**
电力、热力的生产和供应业	1362403	80534	100.52	76.33	-4.52
电力生产	600836	41193	101.07	77.04	-10.81
火力发电	593886	39902	101.48	77.44	-11.13
水力发电	6949	1277	81.64	71.39	24.01
其他能源发电		14	100.00	8.69	0.03
电力供应	756002	34753	100.01	74.28	2.33
电力供应	756002	34753	100.01	74.28	2.33
热力生产和供应	5565	4588	99.67	77.97	-6.09
热力生产和供应	5565	4588	99.67	77.97	-6.09
燃气生产和供应业	1958	1863	97.15	74.87	-6.07
燃气生产和供应业	1958	1863	97.15	74.87	-6.07
燃气生产和供应业	1958	1863	97.15	74.87	-6.07
水的生产和供应业	5384	10184	96.65	38.36	-9.54
自来水的生产和供应	5350	10128	97.26	37.35	-10.60
自来水的生产和供应	5350	10128	97.26	37.35	-10.60
污水处理及其再生利用	34	56	91.04	46.78	2.87
污水处理及其再生利用	34	56	91.04	46.78	2.87
七、按行业大类分					
煤炭开采和洗选业	5274450	945918	99.01	63.81	18.14
石油和天然气开采业	2615	1030	101.14	61.03	3.38
黑色金属矿采选业	128620	30994	92.10	56.86	22.95

单位：个、万元、人

每百元资金实现利税(元)	每百元固定资产原价实现利税(元)	每百元主营业务收入实现利税(元)	流动资产周转次数(次/年)	企业亏损面(%)	总资产贡献率(%)
-1.17	-2.04	-1.56	1.15	100.00	-0.39
6.04	14.02	6.16	1.33		
6.04	14.02	6.16	1.33		
-4.23	-4.40	-15.73	0.69	50.00	-2.17
-4.23	-4.40	-15.73	0.69	50.00	-2.17
1.74	3.90	2.87	0.80	25.00	2.77
-7.54	-17.28	-26.58	0.39	100.00	-1.20
11.76	25.80	12.33	1.19		6.16
1.25	1.91	2.29	0.99	33.33	1.37
1.25	1.91	2.29	0.99	33.33	1.37
0.52	3.70	0.55	1.03		0.67
0.52	3.70	0.55	1.03		0.67
7.77	24.22	13.24	0.76		7.44
8.13	43.47	13.50	0.69		8.35
8.13	43.47	13.50	0.69		8.35
6.71	11.56	12.61	0.93		5.60
6.71	11.18	13.28	0.92		5.55
6.64	28.82	6.70	1.06		6.62
21.84	41.88	13.74	2.28		19.78
21.84	41.88	13.74	2.28		19.78
1.16	1.40	2.65	1.32	20.00	0.88
2.47	3.03	4.47	1.84		2.87
2.47	3.03	4.47	1.84		2.87
0.53	0.63	1.38	1.10	33.33	-0.09
0.53	0.63	1.38	1.10	33.33	-0.09
0.89	**0.67**	**1.43**	**3.18**	**57.69**	**3.32**
0.96	0.72	1.52	3.32	58.33	3.44
-1.74	-1.32	-4.07	2.21	63.08	1.65
-2.01	-1.53	-4.61	2.30	67.21	1.44
5.73	5.17	36.90	0.55		7.36
0.45	0.05	2.36	1.10		0.06
8.26	5.81	6.88	7.75	11.11	8.37
8.26	5.81	6.88	7.75	11.11	8.37
-1.54	-1.55	-5.54	0.62	63.64	1.91
-1.54	-1.55	-5.54	0.62	63.64	1.91
-0.24	-0.23	-0.81	0.97	57.14	0.37
-0.24	-0.23	-0.81	0.97	57.14	0.37
-0.24	-0.23	-0.81	0.97	57.14	0.37
-1.67	-1.59	-5.33	0.85	55.56	-0.44
-2.03	-1.92	-6.17	0.79	60.00	-0.57
-2.03	-1.92	-6.17	0.79	60.00	-0.57
0.66	0.67	3.19	3.04		0.71
0.66	0.67	3.19	3.04		0.71
24.81	36.80	25.92	1.87	15.28	18.62
5.60	43.37	5.66	1.06	50.00	4.26
33.76	63.44	26.80	2.09	16.22	29.34

2-1-8 续表 59

指标名称	本年销项税额	全部从业人员年平均人数	产销率(%)	资产负债率(%)	成本费用利润率(%)
有色金属矿采选业	8171	3784	95.63	81.55	7.00
非金属矿采选业	3213	3453	95.33	56.62	-2.55
农副食品加工业	58560	22433	96.60	54.64	3.68
食品制造业	72833	18742	85.65	49.49	5.48
饮料制造业	63961	20591	90.59	57.94	8.33
烟草制品业	34836	1259	99.97	23.93	19.43
纺织业	22691	16926	96.12	71.80	-3.07
纺织服装、鞋、帽制造业	15512	7275	97.70	51.32	6.45
皮革、毛皮、羽毛(绒)及其制品业	21	76	98.69	72.41	
木材加工及木、竹、藤、棕、草制品业	6381	918	95.08	57.37	11.20
家具制造业	451	440	90.96	43.26	1.19
造纸及纸制品业	17895	5641	99.71	51.09	5.85
印刷业和记录媒介的复制	12200	5387	91.61	50.70	0.36
文教体育用品制造业	10701	3313	101.91	61.92	-3.48
石油加工、炼焦及核燃料加工业	2611320	180444	96.11	72.87	3.02
化学原料及化学制品制造业	656567	123655	98.17	62.53	3.81
医药制造业	89342	25595	86.00	60.24	8.38
化学纤维制造业	6045	1342	86.21	43.18	-4.56
橡胶制品业	33437	5794	97.29	59.65	5.01
塑料制品业	25677	7625	96.30	58.04	3.69
非金属矿物制品业	202077	102270	94.52	70.63	0.63
黑色金属冶炼及压延加工业	3340328	167909	97.92	67.76	0.65
有色金属冶炼及压延加工业	621823	83414	96.21	65.78	1.62
金属制品业	58003	18803	97.31	76.45	1.10
通用设备制造业	181706	58095	98.24	69.39	2.01
专用设备制造业	298174	74853	96.28	66.31	3.95
交通运输设备制造业	160519	33200	98.71	72.59	6.10
电气机械及器材制造业	97136	16745	90.36	76.80	2.44
通信设备、计算机及其他电子设备制造业	68277	62809	95.69	72.26	0.08
仪器仪表及文化、办公用机械制造业	17748	4624	98.80	57.91	11.16
工艺品及其他制造业	1150	1335	73.87	26.63	0.42
电力、热力的生产和供应业	1362403	80534	100.52	76.33	-4.52
燃气生产和供应业	1958	1863	97.15	74.87	-6.07
水的生产和供应业	5384	10184	96.65	38.36	-9.54
八、按地区分					
直　报	749243	33167	100.00	73.96	2.23
太原市	3130935	334858	97.60	66.56	3.95
大同市	892162	234325	98.74	64.92	6.01
阳泉市	721149	172683	98.40	68.47	8.27
长治市	1632810	235084	98.09	70.18	8.12
晋城市	845151	177948	95.36	61.30	20.57
朔州市	726483	78788	97.90	60.56	10.69
晋中市	1432766	212199	100.03	72.07	3.98
运城市	1615164	206144	94.56	62.38	1.94
忻州市	354946	83398	96.20	67.08	17.17
临汾市	1995997	189624	97.62	67.83	3.55
吕梁市	1475378	191055	98.23	71.44	10.77

单位：个、万元、人

每百元资金实现利税（元）	每百元固定资产原价实现利税（元）	每百元主营业务收入实现利税（元）	流动资产周转次数（次/年）	企业亏损面（%）	总资产贡献率（%）
8.13	9.99	10.79	1.47	36.36	7.67
2.11	4.38	3.87	0.84	23.08	3.16
5.86	10.23	5.01	2.11	22.30	7.17
9.28	13.41	7.68	2.41	18.48	8.30
19.34	33.02	20.61	1.55	27.59	18.21
88.99	135.56	61.06	3.04		91.04
0.09	0.13	0.13	1.34	55.56	1.94
13.05	25.98	10.52	1.87	14.29	12.12
0.62	1.28	1.21	0.90		0.60
7.56	17.55	11.32	1.07	40.00	5.92
5.36	6.69	3.53	2.32	33.33	4.82
7.95	11.27	8.02	2.20	25.00	9.28
4.42	5.25	6.14	1.20	43.48	4.83
1.42	3.06	1.93	1.08	33.33	3.19
16.32	29.50	13.32	2.12	38.02	15.04
6.63	7.49	7.06	2.18	41.91	7.18
10.72	16.53	14.18	1.42	35.29	10.42
-3.35	-16.64	-2.68	1.43	66.67	-2.37
7.75	11.12	7.88	1.79	22.73	8.22
6.61	10.98	6.07	1.71	27.08	7.24
4.65	6.30	6.64	1.42	36.28	5.70
7.26	9.82	4.91	2.83	45.65	7.10
5.48	6.48	6.48	2.02	50.42	6.33
5.86	16.84	4.70	1.58	39.18	6.71
5.49	10.46	5.54	1.57	24.91	5.99
5.48	11.97	6.31	1.22	32.73	5.24
9.17	18.82	9.77	1.31	34.52	8.97
7.48	17.75	6.99	1.36	26.32	7.54
0.70	0.96	1.09	1.45	32.26	1.85
7.77	24.22	13.24	0.76		7.44
1.16	1.40	2.65	1.32	20.00	0.88
0.96	0.72	1.52	3.32	58.33	3.44
-0.24	-0.23	-0.81	0.97	57.14	0.37
-1.67	-1.59	-5.33	0.85	55.56	-0.44
8.12	5.67	6.73	7.98		8.22
10.31	14.02	10.47	1.81	29.32	9.46
12.17	15.09	13.75	1.63	22.32	9.3
9.75	15.29	17.69	1.58	31.37	11.06
12.80	19.03	14.48	1.73	30.57	11.72
23.48	25.48	24.76	2.15	16.08	17.76
21.68	23.73	19.40	2.52	10.77	15.05
14.37	21.85	12.29	2.19	31.47	12.99
6.69	8.49	7.14	2.12	40.18	7.46
18.23	23.82	24.04	1.67	26.81	14.51
17.87	25.76	12.08	2.84	26.82	15.34
21.59	35.76	19.61	1.91	24.74	17.43

2-1-9 规模以下工业企业

指标名称	企业单位数	亏损企业	工业总产值（当年价格）	全部从业人员年平均人数
总 计	**24999**	**3911**	**6729197**	**700384**
一、按轻重工业分				
轻工业	6069	888	740333	150623
重工业	18930	3023	5988863	549761
二、按登记注册类型分				
内资企业	**24900**	**3865**	**6536914**	**694696**
国有企业	773	238	252934	52924
集体企业	1991	451	531529	85376
股份合作企业	397	66	80109	13275
联营企业	67	15	12419	2128
国有联营企业	8	3	685	138
集体联营企业	36	7	6193	1001
国有与集体联营企业	7	2	1834	329
其他联营企业	16	3	3706	660
有限责任公司	2303	707	1255629	107074
国有独资公司	18	7	29233	5368
其他有限责任公司	2285	700	1226396	101706
股份有限公司	880	173	367207	36985
私营企业	18133	2179	3983056	390081
私营独资企业	10630	1002	1734573	203327
私营合伙企业	1841	133	330371	36842
私营有限责任公司	4853	905	1665741	127695
私营股份有限公司	809	139	252372	22217
其他企业	356	36	54031	6853
港澳台商投资企业	**29**	**12**	**15776**	**1525**
与港澳台商合资经营企业	16	5	13829	1084
与港澳台商合作经营企业	5	1	5	56
港澳台商独资企业	7	5	1243	187
港澳台商投资股份有限公司	1	1	699	198
外商投资企业	**70**	**34**	**176506**	**4163**
中外合资经营企业	47	26	167214	3478
中外合作经营企业	1		329	37
外资企业	21	8	8723	608
外商投资股份有限公司	1		240	40
三、按控股情况分				
国有控股	974	322	633228	74435
集体控股	2426	561	748203	113465
私人控股	21225	2931	5170620	498704
港澳台商控股	21	6	14143	801
外商控股	45	17	29217	2285
其他	308	74	133786	10694
四、按国民经济行业分				
采矿业	**5771**	**758**	**3065598**	**190215**
煤炭开采和洗选业	2996	475	2734030	146442
烟煤和无烟煤的开采洗选	2996	475	2734030	146442
烟煤和无烟煤的开采洗选	2996	475	2734030	146442
石油和天然气开采业	7	1	346	281
天然原油和天然气开采	6	1	346	161
天然原油和天然气开采	6	1	346	161
与石油和天然气开采有关的服务活动	1			120
与石油和天然气开采有关的服务活动	1			120

主要经济指标

单位：个、人、万元

年初存货	年末存货	资产总计	固定资产原价	负债合计	所有者权益合计
770131	**1112612**	**11485159**	**6199611**	**6997828**	**4487331**
139760	179131	1500526	880778	887573	612953
630371	933481	9984633	5318834	6110255	3874378
737889	**1075491**	**11131459**	**6052759**	**6816616**	**4314844**
51591	53795	798138	491666	588264	209874
68614	145898	950895	495845	605026	345869
16131	24575	157034	98255	61338	95697
1393	1778	130218	113616	113582	16636
399	501	3699	685	844	2855
533	770	18562	11297	13154	5407
131	127	99448	94177	94812	4636
330	380	8508	7456	4772	3737
178725	240648	3255514	1372967	2311366	944147
1180	2802	193222	21595	107980	85241
177544	237846	3062292	1351373	2203386	858906
45401	57127	744912	435438	443165	301747
373031	546357	4991465	2990531	2621650	2369815
135807	211282	1919010	1261359	988053	930957
23683	37338	389578	270683	162343	227235
188461	259070	2293564	1198516	1275337	1018227
25080	38667	389314	259973	195917	193396
3003	5313	103283	54441	72224	31059
7074	**7953**	**81352**	**26193**	**47436**	**33917**
3887	3960	45355	11368	23388	21966
24	45	620	364	57	563
1999	3292	29635	11567	20585	9050
1164	656	5742	2894	3405	2338
25167	**29168**	**272347**	**120659**	**133777**	**138570**
22326	26289	206547	72199	85710	120838
119	176	518	58	115	403
2721	2608	65029	48227	47954	17075
	94	253	176	-2	255
88444	96357	2200159	1166708	1688337	511823
96416	181479	1455855	751789	897593	558262
556125	795521	7330725	4065704	4099756	3230969
2900	4246	68976	19791	38932	30044
9829	12811	183051	83907	96483	86568
16416	22199	246392	111713	176728	69664
180249	**290932**	**4345390**	**2251654**	**2448247**	**1897142**
153919	245630	3760104	1869615	2199860	1560244
153919	245630	3760104	1869615	2199860	1560244
153919	245630	3760104	1869615	2199860	1560244
209	235	31493	972	7071	24422
209	235	7857	786	-3413	11271
209	235	7857	786	-3413	11271
		23635	186	10484	13151
		23635	186	10484	13151

2-1-9 续表 1

指标名称	企业单位数	亏损企业	工业总产值(当年价格)	全部从业人员年平均人数
黑色金属矿采选业	1252	113	216189	22517
铁矿采选	1238	111	204894	21445
铁矿采选	1238	111	204894	21445
其他黑色金属矿采选	14	2	11295	1072
其他黑色金属矿采选	14	2	11295	1072
有色金属矿采选业	114	17	14089	3052
常用有色金属矿采选	93	12	12073	2367
铜矿采选	49	6	6078	913
铅锌矿采选	5		2011	662
铝矿采选	27	2	3357	554
镁矿采选	8	1	331	147
其他常用有色金属矿采选	4	3	296	91
贵金属矿采选	19	4	1729	636
金矿采选	17	4	1729	628
银矿采选	2			8
稀有稀土金属矿采选	2	1	287	49
钨钼矿采选	1		286	47
稀土金属矿采选	1	1	1	2
非金属矿采选业	1402	152	100944	17923
土砂石开采	1267	133	91278	16329
石灰石、石膏开采	354	47	21739	4392
建筑装饰用石开采	212	24	12547	2453
耐火土石开采	74	6	5242	1094
粘土及其他土砂石开采	627	56	51750	8390
化学矿采选	75	15	3518	976
化学矿采选	75	15	3518	976
石棉及其他非金属矿采选	60	4	6149	618
石棉、云母矿采选	5	1	383	80
石墨、滑石采选	3		41	19
宝石、玉石开采	1			28
其他非金属矿采选	51	3	5725	491
制造业	**18651**	**2959**	**3416515**	**482158**
农副食品加工业	1500	151	180135	25408
谷物磨制	489	39	49466	5222
谷物磨制	489	39	49466	5222
饲料加工	180	15	40075	2588
饲料加工	180	15	40075	2588
植物油加工	105	15	9915	1561
食用植物油加工	72	9	6950	1252
非食用植物油加工	33	6	2965	309
制糖	4	1	2	20
制糖	4	1	2	20
屠宰及肉类加工	225	33	26635	5226
畜禽屠宰	125	19	18263	3224
肉制品及副产品加工	100	14	8372	2002
水产品加工	1		33	10
水产品冷冻加工	1		33	10
蔬菜、水果和坚果加工	249	16	29105	5956
蔬菜、水果和坚果加工	249	16	29105	5956
其他农副食品加工	247	32	24904	4825
淀粉及淀粉制品的制造	106	8	16197	2322

单位：个、人、万元

年初存货	年末存货	资产总计	固定资产原价	负债合计	所有者权益合计
14213	33117	369373	251376	169172	200201
12316	29294	355547	243462	164405	191142
12316	29294	355547	243462	164405	191142
1897	3822	13826	7915	4767	9059
1897	3822	13826	7915	4767	9059
5247	1458	33498	16075	6354	27144
5237	1451	27454	11668	4343	23111
4781	503	7370	5776	2720	4650
27	395	1949	1385	587	1362
206	175	4963	2843	1246	3716
165	318	1369	985	426	942
58	60	11803	680	-637	12440
10	7	5712	4289	1748	3964
10	7	5675	4262	1725	3950
		37	27	24	13
		332	117	263	69
		299	84	263	36
		33	33		33
6661	10491	150923	113616	65792	85131
6196	9950	129867	96714	56007	73860
1058	1406	28380	21759	13027	15354
616	931	21229	16719	10619	10610
1244	2153	11002	5899	7938	3063
3278	5460	69256	52338	24423	44833
179	201	15042	12152	6910	8132
179	201	15042	12152	6910	8132
287	340	6014	4749	2875	3139
		467	375	391	76
20	25	346	170	-3	349
		99	99		99
267	315	5103	4105	2487	2616
578028	**804688**	**5638011**	**3057367**	**3359188**	**2278823**
22542	29969	295820	176955	145856	149964
5774	8470	64798	42388	31208	33590
5774	8470	64798	42388	31208	33590
7124	7481	44144	15533	27588	16555
7124	7481	44144	15533	27588	16555
1185	1184	22480	14249	9958	12522
895	938	11420	6326	5670	5750
290	246	11060	7922	4288	6772
1	1	210	173	41	169
1	1	210	173	41	169
2075	2906	46227	30439	20862	25365
927	1083	30181	20929	13593	16588
1148	1823	16047	9510	7269	8777
		39	7	39	
		39	7	39	
2263	3685	46344	32943	19766	26577
2263	3685	46344	32943	19766	26577
4120	6241	71578	41224	36393	35185
3182	4752	52156	28554	28768	23388

2-1-9 续表 2

指标名称	企业单位数	亏损企业	工业总产值(当年价格)	全部从业人员年平均人数
豆制品制造	61	10	3301	1008
蛋品加工	12	1	1798	157
其他未列明的农副食品加工	68	13	3609	1338
食品制造业	802	102	82131	17842
焙烤食品制造	187	20	14553	3325
糕点、面包制造	144	14	9701	2658
饼干及其他焙烤食品制造	43	6	4852	667
糖果、巧克力及蜜饯制造	180	11	17081	4357
糖果、巧克力制造	6	1	418	125
蜜饯制作	174	10	16663	4232
方便食品制造	86	13	12543	2441
米、面制品制造	47	6	6565	1289
速冻食品制造	17	5	1829	358
方便面及其他方便食品制造	22	2	4149	794
液体乳及乳制品制造	65	17	5359	1607
液体乳及乳制品制造	65	17	5359	1607
罐头制造	39	6	5384	932
肉、禽类罐头制造	9	1	1670	231
水产品罐头制造	2		276	22
蔬菜、水果罐头制造	27	4	3437	678
其他罐头食品制造	1	1		1
调味品、发酵制品制造	158	18	19264	3585
味精制造	1		276	3
酱油、食醋及类似制品的制造	137	15	17596	3267
其他调味品、发酵制品制造	20	3	1392	315
其他食品制造	87	17	7948	1595
营养、保健食品制造	23	5	2025	440
冷冻饮品及食用冰制造	19	2	1683	300
盐加工	1		271	30
食品及饲料添加剂制造	25	6	3057	598
其他未列明的食品制造	19	4	912	227
饮料制造业	421	68	52614	9965
酒精制造	6	1	972	248
酒精制造	6	1	972	248
酒的制造	186	30	31513	5754
白酒制造	153	19	23080	4758
啤酒制造	5	3	4171	340
黄酒制造	7	4	116	86
葡萄酒制造	10	1	365	198
其他酒制造	11	3	3781	372
软饮料制造	221	35	19246	3837
碳酸饮料制造	22	1	2304	542
瓶(罐)装饮用水制造	121	17	6564	1467
果菜汁及果菜汁饮料制造	54	9	7255	1382
含乳饮料和植物蛋白饮料制造	12	5	825	173
固体饮料制造	4	1	153	89
茶饮料及其他软饮料制造	8	2	2144	184
精制茶加工	8	2	884	126
精制茶加工	8	2	884	126
纺织业	212	38	34720	12933
棉、化纤纺织及印染精加工	90	16	18365	7764

单位：个、人、万元

年初存货	年末存货	资产总计	固定资产原价	负债合计	所有者权益合计
323	505	5185	3024	1700	3486
67	68	1363	853	540	823
548	916	12873	8793	5385	7488
13083	15758	181007	125980	103652	77355
1850	2358	20735	14031	9113	11622
1620	2045	16919	11048	8268	8651
230	313	3816	2983	845	2971
865	1637	20007	14175	7512	12495
89	135	769	386	244	525
777	1502	19238	13789	7268	11970
2380	2837	23430	16764	12044	11386
1459	1287	13840	10171	8216	5624
461	505	4027	2369	1128	2899
459	1044	5563	4224	2700	2863
1684	1818	26909	16619	13385	13525
1684	1818	26909	16619	13385	13525
737	1007	14279	7934	8628	5651
105	135	669	550	173	496
2	2	822	559	395	427
630	870	12732	6769	8048	4684
		56	56	13	43
3965	4430	25565	17516	16899	8666
3	7	33	10	13	20
3837	4221	23493	16576	15756	7737
125	202	2039	931	1129	910
1601	1670	50082	38941	36071	14010
691	652	35384	32320	29606	5778
75	88	1680	1329	341	1339
84	90	373	170	64	309
486	522	10364	3396	4671	5693
265	317	2280	1726	1389	891
15719	21840	129440	82116	57869	71570
886	2190	6020	3008	1968	4052
886	2190	6020	3008	1968	4052
9123	11204	64990	40816	30171	34819
6474	7770	46623	31223	21829	24794
1054	1684	9994	4509	4792	5202
50	47	680	512	170	510
567	687	4746	3399	1526	3220
978	1015	2946	1173	1853	1093
3938	6478	54992	37549	24979	30014
202	316	3906	3236	2214	1693
1848	3674	11566	9041	3818	7747
1622	2010	29954	20904	16463	13491
104	185	1974	1612	900	1074
18	106	5204	900	1572	3631
143	186	2389	1856	11	2378
1772	1967	3438	742	752	2686
1772	1967	3438	742	752	2686
16796	21349	155620	87729	102964	52656
10032	13085	90573	43220	38267	52307

2-1-9 续表 3

指标名称	企业单位数	亏损企业	工业总产值(当年价格)	全部从业人员年平均人数
棉、化纤纺织加工	81	14	17614	7625
棉、化纤印染精加工	9	2	751	139
毛纺织和染整精加工	8		787	337
毛条加工	3		12	9
毛纺织	4		312	168
毛染整精加工	1		462	160
麻纺织	4	1	589	72
麻纺织	4	1	589	72
丝绢纺织及精加工	9	4	2131	629
缫丝加工	7	3	2130	625
绢纺和丝织加工	2	1	1	4
纺织制成品制造	47	13	4353	1622
棉及化纤制品制造	19	6	1705	338
毛制品制造	3	2	44	64
麻制品制造	3	2	18	760
丝制品制造	3	1	377	69
绳、索、缆的制造	2	1	34	17
纺织带和帘子布制造	2		305	24
无纺布制造	2		153	26
其他纺织制成品制造	13	1	1719	324
针织品、编织品及其制品制造	54	4	8494	2509
棉、化纤针织品及编织品制造	31	3	5476	1204
毛针织品及编织品制造	5		556	165
丝针织品及编织品制造	5		355	140
其他针织品及编织品制造	13	1	2107	1000
纺织服装、鞋、帽制造业	212	36	18840	5552
纺织服装制造	185	32	17529	5026
纺织服装制造	185	32	17529	5026
纺织面料鞋的制造	24	4	1310	509
纺织面料鞋的制造	24	4	1310	509
制帽	3		...	17
制帽	3		...	17
皮革、毛皮、羽毛(绒)及其制品业	27	1	1610	767
皮革鞣制加工	2		4	97
皮革鞣制加工	2		4	97
皮革制品制造	14		1212	588
皮鞋制造	11		1136	555
皮箱、包(袋)制造	2			2
皮手套及皮装饰制品制造	1		76	31
毛皮鞣制及制品加工	10	1	392	72
毛皮鞣制加工	7	1	322	61
毛皮服装加工	2		11	4
其他毛皮制品加工	1		59	7
羽毛(绒)加工及制品制造	1		2	10
羽毛(绒)制品加工	1		2	10
木材加工及木、竹、藤、棕、草制品业	219	36	19901	3582
锯材、木片加工	80	7	5592	749
锯材加工	47	4	2927	412
木片加工	33	3	2665	337
人造板制造	55	9	6047	1304
胶合板制造	20	5	2181	668

单位：个、人、万元

年初存货	年末存货	资产总计	固定资产原价	负债合计	所有者权益合计
9891	13018	89465	42597	37438	52027
141	68	1108	623	829	279
326	321	1400	1021	656	744
18	7	297	210	164	133
15	85	583	457	143	441
293	229	519	355	349	170
56	66	561	327	233	327
56	66	561	327	233	327
3331	4304	12087	6560	7189	4899
3331	4304	12076	6557	7184	4892
	...	11	3	5	7
1197	1174	13560	11227	9640	3920
372	367	1883	1193	1514	370
283	245	5030	4978	3139	1892
46	69	3065	2737	2963	102
149	51	296	76	198	98
71	72	671	359	625	46
43	70	208	91	182	26
2	1	176	79	-180	356
231	298	2230	1713	1199	1030
1853	2398	37439	25372	46980	-9541
1318	1535	34214	24154	44726	-10512
9	12	425	233	186	240
60	68	183	48	127	56
466	783	2617	937	1941	675
4098	4473	27845	14825	13129	14716
3964	4272	25557	13633	11551	14005
3964	4272	25557	13633	11551	14005
115	182	1642	1136	1285	357
115	182	1642	1136	1285	357
20	19	646	56	293	353
20	19	646	56	293	353
608	677	2498	1665	934	1564
29	29	71	53	26	45
29	29	71	53	26	45
516	606	2079	1303	667	1412
488	574	1999	1262	618	1381
		...	...	...	...
28	33	80	40	49	31
63	42	269	231	163	107
59	39	215	194	139	76
2	1	29	14	20	9
2	1	26	23	3	22
		79	79	79	
		79	79	79	
2923	62787	25543	15534	14145	11398
882	60152	6499	4557	3810	2689
508	59516	3306	1886	2237	1068
374	635	3193	2671	1573	1620
605	756	10925	7231	5609	5316
239	377	4347	2557	1818	2530

2-1-9 续表 4

指标名称	企业单位数	亏损企业	工业总产值（当年价格）	全部从业人员年平均人数
纤维板制造	7	1	721	155
刨花板制造	7	2	704	88
其他人造板、材制造	21	1	2440	393
木制品制造	71	18	6235	1367
建筑用木料及木材组件加工	32	3	2211	610
木容器制造	27	13	3071	592
软木制品及其他木制品制造	12	2	953	165
竹、藤、棕、草制品制造	13	2	2027	162
竹、藤、棕、草制品制造	13	2	2027	162
家具制造业	211	18	19936	3762
木质家具制造	169	13	15881	3144
木质家具制造	169	13	15881	3144
竹、藤家具制造	1			1
竹、藤家具制造	1			1
金属家具制造	16		1874	256
金属家具制造	16		1874	256
塑料家具制造	6		1098	130
塑料家具制造	6		1098	130
其他家具制造	19	5	1084	231
其他家具制造	19	5	1084	231
造纸及纸制品业	514	52	54829	10817
纸浆制造	11	2	1109	178
纸浆制造	11	2	1109	178
造纸	159	15	16299	3411
机制纸及纸板制造	129	9	13941	2823
手工纸制造	7	2	594	272
加工纸制造	23	4	1764	316
纸制品制造	344	35	37420	7228
纸和纸板容器的制造	275	28	25939	5487
其他纸制品制造	69	7	11481	1741
印刷业和记录媒介的复制	607	101	52477	9721
印刷	542	91	47185	8785
书、报、刊印刷	249	44	17608	3667
本册印制	120	20	7642	1703
包装装潢及其他印刷	173	27	21935	3415
装订及其他印刷服务活动	64	10	5292	934
装订及其他印刷服务活动	64	10	5292	934
记录媒介的复制	1			2
记录媒介的复制	1			2
文教体育用品制造业	34	5	3046	827
文化用品制造	11	3	1453	341
文具制造	3	1	66	21
笔的制造	2			18
教学用模型及教具制造	2		1019	149
墨水、墨汁制造	1	1	16	116
其他文化用品制造	3	1	352	37
体育用品制造	17	2	1482	308
球类制造	1		427	45
体育器材及配件制造	7		352	171
训练健身器材制造	8	1	687	75
其他体育用品制造	1	1	15	17

单位：个、人、万元

年初存货	年末存货	资产总计	固定资产原价	负债合计	所有者权益合计
2	16	1167	422	840	327
178	140	560	408	14	546
185	223	4851	3844	2937	1913
1387	1838	7879	3564	4646	3233
673	753	3582	1355	1852	1730
536	711	1827	673	1784	44
179	375	2470	1536	1010	1459
49	41	240	182	80	160
49	41	240	182	80	160
4696	5263	30061	16846	17081	12979
4289	4748	24653	14895	14167	10486
4289	4748	24653	14895	14167	10486
		17	11	17	
		17	11	17	
254	295	3179	969	1785	1394
254	295	3179	969	1785	1394
75	97	1106	459	699	407
75	97	1106	459	699	407
78	123	1106	511	414	692
78	123	1106	511	414	692
6341	7647	64416	42530	26396	38021
91	158	2697	2077	2159	538
91	158	2697	2077	2159	538
2674	3028	24295	18280	8321	15974
2509	2736	20825	15018	6857	13968
9	110	953	668	544	409
156	182	2517	1594	920	1596
3576	4460	37424	22172	15916	21509
2618	3298	25809	16191	10135	15675
958	1162	11615	5982	5781	5834
8450	9700	84313	46222	46432	37882
8068	9279	77871	41136	44943	32929
2438	2984	35193	16423	22786	12407
1632	1724	11301	6589	5273	6029
3997	4571	31377	18124	16884	14493
382	422	6442	5086	1489	4953
382	422	6442	5086	1489	4953
496	653	3785	2450	1756	2029
82	89	1630	1208	876	754
…	…	65	25	53	12
		26	7	6	20
17	21	940	592	513	427
64	65	312	312	119	193
1	3	286	273	185	101
297	377	1720	966	915	805
		132	132	-66	197
32	91	633	372	568	64
190	198	805	441	393	412
75	89	151	22	20	132

2-1-9 续表 5

指标名称	企业单位数	亏损企业	工业总产值(当年价格)	全部从业人员年平均人数
乐器制造	2		79	43
中乐器制造	2		79	43
玩具制造	2		32	118
玩具制造	2		32	118
游艺器材及娱乐用品制造	2		1	17
露天游乐场所游乐设备制造	1		1	2
游艺用品及室内游艺器材制造	1			15
石油加工、炼焦及核燃料加工业	167	31	161766	7143
精炼石油产品的制造	33	9	5419	1048
原油加工及石油制品制造	31	8	5419	1045
人造原油生产	2	1		3
炼焦	134	22	156347	6095
炼焦	134	22	156347	6095
化学原料及化学制品制造业	1178	243	286293	29828
基础化学原料制造	401	103	142096	11867
无机酸制造	47	8	9525	860
无机碱制造	29	3	5404	402
无机盐制造	89	30	47771	4470
有机化学原料制造	109	20	57158	3557
其他基础化学原料制造	127	42	22237	2578
肥料制造	145	13	17392	2295
氮肥制造	17	2	1010	196
磷肥制造	16	1	1205	315
钾肥制造	2		743	56
复混肥料制造	33	3	5026	754
有机肥料及微生物肥料制造	51	5	4975	526
其他肥料制造	26	2	4432	448
农药制造	58	7	12218	1476
化学农药制造	40	5	8160	1198
生物化学农药及微生物农药制造	18	2	4058	278
涂料、油墨、颜料及类似产品制造	140	25	16297	1700
涂料制造	108	21	9603	1101
油墨及类似产品制造	11		2234	251
颜料制造	8	2	1175	127
染料制造	8	2	2727	153
密封用填料及类似品制造	5		559	68
合成材料制造	34	6	6210	696
初级形态的塑料及合成树脂制造	15	3	1704	280
合成橡胶制造	9	2	2448	275
合成纤维单(聚合)体的制造	4	1	345	79
其他合成材料制造	6		1713	62
专用化学产品制造	344	78	84001	10786
化学试剂和助剂制造	91	22	40459	2518
专项化学用品制造	37	7	5663	620
林产化学产品制造	69	11	18300	1950
炸药及火工产品制造	52	12	7198	2749
信息化学品制造	2	1	1153	102
环境污染处理专用药剂材料制造	21	4	2038	370
动物胶制造	26	13	1338	278
其他专用化学产品制造	46	8	7852	2199

单位：个、人、万元

年初存货	年末存货	资产总计	固定资产原价	负债合计	所有者权益合计
116	186	282	214	-39	322
116	186	282	214	-39	322
1	1	114	27		114
1	1	114	27		114
		39	35	5	35
		7	2	5	2
		33	33		33
16059	25080	197550	124060	108355	89194
1446	1523	12850	9438	5425	7424
1446	1523	12652	9241	5261	7391
		197	197	164	33
14613	23557	184700	114622	102930	81770
14613	23557	184700	114622	102930	81770
46302	53779	686853	274492	456857	229996
15567	18682	419783	142761	336563	83220
1078	1524	13874	6573	7999	5875
332	834	10289	3007	7869	2420
4211	4778	55770	29424	33549	22221
7160	8151	76265	25379	37264	39001
2787	3394	263585	78377	249882	13703
2374	3764	41893	30970	18398	23496
80	97	6444	5372	5035	1409
298	724	8012	7127	5020	2992
118	138	8939	8852	91	8849
1164	1421	9030	4781	4773	4257
447	845	6587	2813	2949	3638
268	540	2881	2026	530	2351
4294	4760	21497	6871	12675	8822
3756	3915	17770	4751	10609	7161
538	846	3727	2120	2066	1662
2146	3131	18585	8750	9264	9321
1583	2371	11916	5869	6789	5127
206	275	3008	653	865	2144
83	170	750	509	359	392
249	288	2267	1309	1114	1154
25	27	643	411	138	505
425	646	5550	2358	3794	1757
170	202	2755	1232	1852	903
137	149	1580	606	1093	487
82	151	516	220	326	191
36	143	699	299	523	176
19437	20687	165529	75989	68538	96991
4199	5369	72611	26286	18962	53649
1071	1459	20643	4987	5968	14675
3774	5370	25047	14385	14575	10472
5297	2449	15505	11942	14185	1320
44	504	3257	1748	1218	2038
1049	1231	6867	4675	3417	3451
355	1066	4065	2821	1779	2286
3648	3238	17533	9144	8432	9101

2-1-9 续表 6

指标名称	企业单位数	亏损企业	工业总产值(当年价格)	全部从业人员年平均人数
日用化学产品制造	56	11	8078	1008
肥皂及合成洗涤剂制造	25	5	5771	647
化妆品制造	1		3	5
口腔清洁用品制造	3	1	341	28
香料、香精制造	4		803	117
其他日用化学产品制造	23	5	1160	211
医药制造业	144	38	26701	4231
化学药品原药制造	10	1	1639	329
化学药品原药制造	10	1	1639	329
化学药品制剂制造	27	14	3714	938
化学药品制剂制造	27	14	3714	938
中药饮片加工	20	3	1328	330
中药饮片加工	20	3	1328	330
中成药制造	21	6	9585	1162
中成药制造	21	6	9585	1162
兽用药品制造	37	8	7034	995
兽用药品制造	37	8	7034	995
生物、生化制品的制造	14	4	1737	204
生物、生化制品的制造	14	4	1737	204
卫生材料及医药用品制造	15	2	1664	273
卫生材料及医药用品制造	15	2	1664	273
化学纤维制造业	10	4	933	413
合成纤维制造	10	4	933	413
锦纶纤维制造	1	1	8	132
涤纶纤维制造	4	2	1	60
腈纶纤维制造	1		577	80
其他合成纤维制造	4	1	346	141
橡胶制品业	134	27	16719	3203
轮胎制造	13	3	1732	385
车辆、飞机及工程机械轮胎制造	6	2	1325	237
力车胎制造	1			32
轮胎翻新加工	6	1	407	116
橡胶板、管、带的制造	26	6	4323	695
橡胶板、管、带的制造	26	6	4323	695
橡胶零件制造	43	7	4660	755
橡胶零件制造	43	7	4660	755
再生橡胶制造	22	7	3145	778
再生橡胶制造	22	7	3145	778
日用及医用橡胶制品制造	4		145	50
日用及医用橡胶制品制造	4		145	50
橡胶靴鞋制造	7		364	54
橡胶靴鞋制造	7		364	54
其他橡胶制品制造	19	4	2350	486
其他橡胶制品制造	19	4	2350	486
塑料制品业	482	85	60767	9907
塑料薄膜制造	46	12	5911	988
塑料薄膜制造	46	12	5911	988
塑料板、管、型材的制造	103	18	17325	1900
塑料板、管、型材的制造	103	18	17325	1900
塑料丝、绳及编织品的制造	103	18	11218	3052

单位：个、人、万元

年初存货	年末存货	资产总计	固定资产原价	负债合计	所有者权益合计
2059	2108	14015	6793	7626	6389
1885	1815	9990	5212	5694	4296
		7	7		7
30	29	229	128	172	57
	47	1024	480	817	207
144	218	2765	966	942	1823
7794	8172	118815	54048	74290	44525
1316	1223	15537	8600	7766	7770
1316	1223	15537	8600	7766	7770
1785	2135	31841	17142	21129	10712
1785	2135	31841	17142	21129	10712
545	705	5095	3203	871	4224
545	705	5095	3203	871	4224
1791	1168	31687	10277	20991	10697
1791	1168	31687	10277	20991	10697
1292	1770	19612	4941	14322	5290
1292	1770	19612	4941	14322	5290
934	1029	9465	7819	5241	4224
934	1029	9465	7819	5241	4224
131	142	5578	2066	3971	1607
131	142	5578	2066	3971	1607
512	534	44030	41232	118720	-74690
512	534	44030	41232	118720	-74690
132	240	13116	10490	29503	-16387
276	198	30066	30066	88833	-58767
99	88	190	93	71	119
6	8	658	584	312	345
5181	6481	27912	14162	16096	11815
388	369	4964	2978	2680	2285
221	187	1599	756	1361	238
		238	237	156	82
166	182	3127	1985	1162	1965
746	1065	4888	3919	2183	2705
746	1065	4888	3919	2183	2705
1083	1202	4180	2470	2139	2041
1083	1202	4180	2470	2139	2041
1053	1110	4766	2507	2657	2108
1053	1110	4766	2507	2657	2108
31	33	293	95	181	112
31	33	293	95	181	112
8	9	386	384	282	104
8	9	386	384	282	104
1873	2694	8435	1810	5975	2460
1873	2694	8435	1810	5975	2460
13286	13815	104813	56924	55332	49481
625	1038	18401	6560	9339	9062
625	1038	18401	6560	9339	9062
7033	6099	41647	22813	22013	19634
7033	6099	41647	22813	22013	19634
1537	1872	11806	7144	6266	5541

2-1-9 续表 7

指标名称	企业单位数	亏损企业	工业总产值(当年价格)	全部从业人员年平均人数
塑料丝、绳及编织品的制造	103	18	11218	3052
泡沫塑料制造	61	7	7318	908
泡沫塑料制造	61	7	7318	908
塑料人造革、合成革制造	4	1	132	63
塑料人造革、合成革制造	4	1	132	63
塑料包装箱及容器制造	52	11	7798	1124
塑料包装箱及容器制造	52	11	7798	1124
塑料零件制造	13	2	923	158
塑料零件制造	13	2	923	158
日用塑料制造	47	9	3287	808
塑料鞋制造	1	1	16	31
日用塑料杂品制造	46	8	3271	777
其他塑料制品制造	53	7	6856	906
其他塑料制品制造	53	7	6856	906
非金属矿物制品业	4982	606	716814	152275
水泥、石灰和石膏的制造	395	70	86361	13584
水泥制造	223	55	63831	10876
石灰和石膏制造	172	15	22530	2708
水泥及石膏制品制造	660	84	92331	12081
水泥制品制造	272	43	59342	6381
砼结构构件制造	288	30	23132	4102
石棉水泥制品制造	9	1	779	144
轻质建筑材料制造	69	7	7634	1181
其他水泥制品制造	22	3	1444	273
砖瓦、石材及其他建筑材料制造	2685	220	256385	72934
粘土砖瓦及建筑砌块制造	2168	153	204229	61993
建筑陶瓷制品制造	72	14	13469	3955
建筑用石加工	271	31	19423	3825
防水建筑材料制造	44	6	7073	634
隔热和隔音材料制造	46	8	3660	1213
其他建筑材料制造	84	8	8531	1314
玻璃及玻璃制品制造	249	48	51758	22078
平板玻璃制造	11	2	783	115
技术玻璃制品制造	5	1	85	57
光学玻璃制造	1			1
玻璃仪器制造	7	3	1233	892
日用玻璃制品及玻璃包装容器制造	183	33	43384	19661
玻璃保温容器制造	3		501	382
玻璃纤维及制品制造	7	1	584	302
玻璃纤维增强塑料制品制造	15	4	1701	232
其他玻璃制品制造	17	4	3487	436
陶瓷制品制造	97	20	13147	6370
卫生陶瓷制品制造	4	1	178	52
特种陶瓷制品制造	11	5	1858	588
日用陶瓷制品制造	70	13	9577	5541
园林、陈设艺术及其他陶瓷制品制造	12	1	1534	189
耐火材料制品制造	669	115	169858	19108
石棉制品制造	15	3	2378	392
耐火陶瓷制品及其他耐火材料制造	654	112	167479	18716
石墨及其他非金属矿物制品制造	227	49	46974	6120

单位：个、人、万元

年初存货	年末存货	资产总计	固定资产原价	负债合计	所有者权益合计
1537	1872	11806	7144	6266	5541
656	843	6137	3568	2415	3722
656	843	6137	3568	2415	3722
43	67	4514	3844	4112	402
43	67	4514	3844	4112	402
1645	1914	9033	5044	5521	3512
1645	1914	9033	5044	5521	3512
161	229	1226	581	572	654
161	229	1226	581	572	654
510	589	3427	2014	1679	1749
75	86	159	125	-43	202
435	503	3268	1889	1722	1546
1077	1163	8623	5357	3416	5207
1077	1163	8623	5357	3416	5207
110511	159102	1390949	872743	810148	580800
11522	18640	279305	193411	170997	108308
10276	16347	254135	177006	160444	93691
1246	2293	25170	16406	10553	14617
18032	23368	216816	128039	130122	86694
13096	16202	162548	90761	109569	52980
3329	4840	35969	24413	12651	23318
187	260	2494	1948	1425	1068
1009	1670	13445	9348	5407	8038
411	396	2360	1569	1071	1290
25591	40925	383266	277178	181673	201593
11340	23272	258879	196476	111067	147812
7236	8990	43835	31413	31523	12312
4629	5663	44304	29738	22327	21977
729	725	7426	3787	2917	4510
843	899	15853	8085	8047	7806
814	1376	12969	7678	5793	7176
12755	17625	61053	33215	35836	25217
94	57	1372	1042	705	667
31	22	335	206	272	63
		33	33	12	21
507	804	3414	1798	2420	994
10452	14183	48780	25061	28633	20147
66	105	660	378	-296	956
83	111	707	531	366	340
1028	1566	1649	1134	1091	558
495	777	4104	3033	2632	1472
7789	9871	89037	32948	70451	18586
1523	1704	7245	5340	4058	3187
1733	1743	48299	5220	47234	1066
4439	6297	30996	21945	18671	12324
93	127	2497	443	488	2010
24868	32899	252158	142721	142519	109639
566	825	3945	1754	2824	1121
24302	32074	248213	140967	139696	108518
9953	15773	109312	65231	78550	30763

2-1-9 续表 8

指标名称	企业单位数	亏损企业	工业总产值(当年价格)	全部从业人员年平均人数
石墨及碳素制品制造	149	32	32871	4254
其他非金属矿物制品制造	78	17	14104	1866
黑色金属冶炼及压延加工业	392	79	238331	16062
炼铁	226	35	170229	11423
炼铁	226	35	170229	11423
炼钢	31	5	8281	1148
炼钢	31	5	8281	1148
钢压延加工	91	22	25584	2357
钢压延加工	91	22	25584	2357
铁合金冶炼	44	17	34238	1134
铁合金冶炼	44	17	34238	1134
有色金属冶炼及压延加工业	209	41	158294	9864
常用有色金属冶炼	127	26	130646	6993
铜冶炼	7		6466	74
铅锌冶炼	10	3	2018	396
铝冶炼	27	4	6529	1007
镁冶炼	67	13	110938	5288
其他常用有色金属冶炼	16	6	4695	228
贵金属冶炼	5	2	2477	262
金冶炼	1	1		5
银冶炼	3		2181	187
其他贵金属冶炼	1	1	296	70
稀有稀土金属冶炼	13	3	3196	347
钨钼冶炼	7	1	2218	222
稀土金属冶炼	5	1	978	121
其他稀有金属冶炼	1	1		4
有色金属合金制造	16	2	1765	285
有色金属合金制造	16	2	1765	285
有色金属压延加工	48	8	20210	1977
常用有色金属压延加工	43	5	16788	1862
稀有稀土金属压延加工	5	3	3422	115
金属制品业	1012	210	177263	22068
结构性金属制品制造	410	68	62159	7153
金属结构制造	236	40	44740	4712
金属门窗制造	174	28	17419	2441
金属工具制造	109	24	18069	2013
切削工具制造	12	6	2252	454
手工具制造	9	3	1149	164
农用及园林用金属工具制造	12	5	810	211
刀剪及类似日用金属工具制造	6	2	545	94
其他金属工具制造	70	8	13313	1090
集装箱及金属包装容器制造	20	4	5760	673
金属压力容器制造	7	4	4092	382
金属包装容器制造	13		1668	291
金属丝绳及其制品的制造	81	18	15668	1766
金属丝绳及其制品的制造	81	18	15668	1766
建筑、安全用金属制品制造	210	41	47768	7226
建筑、家具用金属配件制造	23	4	1688	286
建筑装饰及水暖管道零件制造	152	28	41136	6135
安全、消防用金属制品制造	19	6	3253	559

单位：个、人、万元

年初存货	年末存货	资产总计	固定资产原价	负债合计	所有者权益合计
8045	9960	78928	45309	63040	15888
1908	5813	30385	19922	15510	14875
20901	28139	302640	182341	171691	130949
12382	16662	196248	114466	104035	92213
12382	16662	196248	114466	104035	92213
2280	2349	32953	25636	22418	10535
2280	2349	32953	25636	22418	10535
5527	5222	32428	16527	21954	10474
5527	5222	32428	16527	21954	10474
712	3906	41011	25712	23283	17727
712	3906	41011	25712	23283	17727
14364	22550	163415	89198	104852	58563
9657	16821	117630	69423	73258	44371
65	60	4787	4460	978	3809
1492	874	7498	4536	3404	4095
1933	4278	38547	25638	25088	13459
5943	10971	62344	33179	40520	21823
224	637	4454	1610	3269	1185
417	518	1874	770	237	1637
		11	11	11	
256	281	852	596	-259	1111
161	237	1012	164	486	526
647	844	13260	6024	8415	4845
523	705	12283	5391	7871	4412
125	139	954	609	541	413
		23	23	3	20
186	203	9047	2272	7030	2017
186	203	9047	2272	7030	2017
3456	4164	21605	10709	15912	5693
1869	2360	17245	9191	11267	5978
1588	1804	4359	1518	4645	-285
37062	41874	244204	115330	143661	100543
9325	11134	95718	44274	64141	31576
5966	7739	68434	28999	47893	20542
3359	3395	27283	15275	16249	11035
2356	2547	18171	10802	11641	6530
602	629	3038	1210	1732	1306
340	360	1767	1230	1359	408
85	73	1030	504	932	98
93	93	595	351	326	269
1237	1391	11741	7508	7291	4450
2868	2421	11724	5086	1307	10417
2582	2071	9775	3965	475	9300
286	349	1949	1121	832	1117
2974	3451	13954	5483	9134	4820
2974	3451	13954	5483	9134	4820
14540	14063	65992	28662	38277	27715
239	274	2366	1427	1066	1300
13081	12287	56889	24669	34651	22238
1058	1101	4966	1530	1733	3233

2-1-9 续表 9

指标名称	企业单位数	亏损企业	工业总产值(当年价格)	全部从业人员年平均人数
其他建筑、安全用金属制品制造	16	3	1692	246
金属表面处理及热处理加工	48	15	8472	997
金属表面处理及热处理加工	48	15	8472	997
搪瓷制品制造	1			5
工业生产配套用搪瓷制品制造	1			5
不锈钢及类似日用金属制品制造	43	12	6964	735
金属制厨房调理及卫生器具制造	8	1	1881	92
金属制厨用器皿及餐具制造	7	1	412	117
其他日用金属制品制造	28	10	4670	526
其他金属制品制造	90	28	12403	1500
其他未列明的金属制品制造	90	28	12403	1500
通用设备制造业	2987	477	612294	73813
锅炉及原动机制造	214	37	24273	4682
锅炉及辅助设备制造	199	33	20948	3602
内燃机及配件制造	10	3	2719	534
水轮机及辅机制造	1			20
其他原动机制造	4	1	606	526
金属加工机械制造	196	33	28350	4090
金属切削机床制造	12	5	1891	467
金属成形机床制造	16	6	2248	330
铸造机械制造	45	9	5951	891
金属切割及焊接设备制造	17	1	2356	248
机床附件制造	12	2	2004	255
其他金属加工机械制造	94	10	13899	1899
起重运输设备制造	41	8	11245	1290
起重运输设备制造	41	8	11245	1290
泵、阀门、压缩机及类似机械的制造	242	58	41189	5595
泵及真空设备制造	57	13	11139	1900
气体压缩机械制造	10	3	2329	384
阀门和旋塞的制造	30	9	5274	952
液压和气压动力机械及元件制造	145	33	22447	2359
轴承、齿轮、传动和驱动部件的制造	69	12	14951	2054
轴承制造	28	8	6565	1185
齿轮、传动和驱动部件制造	41	4	8386	869
烘炉、熔炉及电炉制造	4	1	795	128
烘炉、熔炉及电炉制造	4	1	795	128
风机、衡器、包装设备等通用设备制造	114	25	26618	3278
风机、风扇制造	28	6	5289	796
气体、液体分离及纯净设备制造	12	2	2352	227
制冷、空调设备制造	8	2	6227	327
风动和电动工具制造	2	2	1595	62
喷枪及类似器具制造	2	1	140	35
包装专用设备制造	2		145	25
衡器制造	21	3	2642	684
其他通用设备制造	39	9	8229	1122
通用零部件制造及机械修理	703	165	103238	17280
金属密封件制造	6	1	408	48
紧固件、弹簧制造	48	11	5387	610
机械零部件加工及设备修理	595	141	91695	15609
其他通用零部件制造	54	12	5747	1013

单位：个、人、万元

年初存货	年末存货	资产总计	固定资产原价	负债合计	所有者权益合计
162	401	1771	1036	827	944
463	844	5812	2881	2675	3137
463	844	5812	2881	2675	3137
		99	99		99
		99	99		99
1330	4108	8683	3310	4011	4672
59	848	1526	501	677	849
190	190	489	414	-24	514
1080	3070	6668	2396	3358	3309
3206	3307	24050	14732	12474	11576
3206	3307	24050	14732	12474	11576
108110	145350	665112	354023	380560	284553
7702	8494	40550	19076	21451	19099
6790	7335	32247	13249	15824	16423
809	910	3974	2338	2059	1914
		2762	2762	2301	460
104	248	1567	727	1267	301
8222	11352	50327	21003	32384	17943
1526	1509	6271	2774	4850	1421
877	1806	3225	1388	1330	1895
1440	1721	10497	3210	7377	3120
269	683	2823	826	2087	736
334	326	3841	2849	2697	1144
3776	5307	23669	9956	14043	9626
2859	3144	12582	4090	6174	6409
2859	3144	12582	4090	6174	6409
8481	22772	61194	28443	40117	21077
2838	6080	27742	13555	19830	7912
1290	1918	3795	1221	2482	1313
863	1032	5915	2966	2303	3612
3490	13742	23742	10701	15501	8241
3292	5005	19808	8079	10726	9082
2250	2449	10354	4702	5769	4585
1042	2556	9454	3378	4957	4497
306	868	4810	275	4673	137
306	868	4810	275	4673	137
10640	13295	49344	25999	20484	28859
2635	3172	11966	4694	4724	7241
369	448	1614	531	996	619
4558	5856	5027	1654	1479	3548
380	576	3816	3014	2392	1425
37	56	139	107	93	46
	39	263	224		263
572	642	3934	2462	2639	1295
2089	2506	22584	13314	8161	14422
20070	22776	137148	64164	97099	40049
39	39	768	414	537	231
1168	1208	5241	3158	2796	2445
17787	19985	123112	55614	89128	33984
1077	1544	8027	4979	4639	3388

2-1-9 续表 10

指标名称	企业单位数	亏损企业	工业总产值(当年价格)	全部从业人员年平均人数
金属铸、锻加工	1404	138	361636	35416
钢铁铸件制造	758	114	179936	21851
锻件及粉末冶金制品制造	646	24	181700	13565
专用设备制造业	711	198	163964	18084
矿山、冶金、建筑专用设备制造	300	71	108182	8989
采矿、采石设备制造	215	44	83059	6750
石油钻采专用设备制造	7	3	8982	304
建筑工程用机械制造	26	12	4867	757
建筑材料生产专用机械制造	17	3	2324	297
冶金专用设备制造	35	9	8948	881
化工、木材、非金属加工专用设备制造	79	11	10836	1756
炼油、化工生产专用设备制造	11	1	1359	331
塑料加工专用设备制造	5	2	933	231
木材加工机械制造	8	1	650	149
模具制造	49	5	6700	828
其他非金属加工专用设备制造	6	2	1194	217
食品、饮料、烟草及饲料生产专用设备制造	6	2	481	128
食品、饮料、烟草工业专用设备制造	1			38
农副食品加工专用设备制造	3	2	110	45
饲料生产专用设备制造	2		372	45
印刷、制药、日化生产专用设备制造	22	5	1956	456
制浆和造纸专用设备制造	4	2	112	57
印刷专用设备制造	4		491	38
制药专用设备制造	1		329	10
照明器具生产专用设备制造	9	3	629	135
玻璃、陶瓷和搪瓷制品生产专用设备制造	1			2
其他日用品生产专用设备制造	3		395	214
纺织、服装和皮革工业专用设备制造	91	52	11066	1897
纺织专用设备制造	90	51	11062	1869
皮革、毛皮及其制品加工专用设备制造	1	1	4	28
电子和电工机械专用设备制造	34	12	10753	1347
电工机械专用设备制造	23	8	9871	1211
电子工业专用设备制造	11	4	881	136
农、林、牧、渔专用机械制造	45	7	3090	671
机械化农业及园艺机具制造	13	2	915	190
畜牧机械制造	1		13	3
农林牧渔机械配件制造	8	1	575	242
其他农林牧渔业机械制造及机械修理	23	4	1586	236
医疗仪器设备及器械制造	29	8	2209	425
医疗诊断、监护及治疗设备制造	5	1	437	49
口腔科用设备及器具制造	3	2	145	89
实验室及医用消毒设备和器具的制造	2	1	280	29
医疗、外科及兽医用器械制造	3		348	76
机械治疗及病房护理设备制造	1		275	20
假肢、人工器官及植(介)入器械制造	5		82	51
其他医疗设备及器械制造	10	4	643	111
环保、社会公共安全及其他专用设备制造	105	30	15391	2415
环境污染防治专用设备制造	27	7	2176	487
地质勘查专用设备制造	1	1	510	69
商业、饮食、服务业专用设备制造	1	1	2367	302

单位：个、人、万元

年初存货	年末存货	资产总计	固定资产原价	负债合计	所有者权益合计
46539	57645	289349	182893	147452	141898
34576	42300	171622	99724	95389	76233
11963	15345	117727	83169	52062	65664
40941	47621	252539	91903	158304	94234
20741	24742	147594	42982	89613	57981
12786	15290	115827	25500	82254	33574
4920	5376	7481	4302	-2722	10203
1020	1439	10638	6247	3610	7028
711	542	3188	2255	877	2311
1304	2096	10459	4677	5594	4865
2407	2763	16206	7846	10445	5761
71	54	2472	2169	871	1601
391	389	834	151	634	201
246	297	1908	817	1216	692
732	1017	9571	4107	6128	3443
967	1006	1422	603	1597	-175
320	366	1186	686	863	322
		237	237	237	
257	290	707	311	543	164
63	77	242	138	83	158
379	407	2120	1269	840	1280
3	8	265	174	153	112
19	22	681	545	346	335
5	33	85	7	43	43
317	309	761	322	216	545
		7	7		7
35	35	321	216	82	238
3918	4299	24224	9790	18076	6148
3897	4285	24132	9704	18161	5971
21	14	92	86	-85	177
6589	7019	22449	9870	17642	4807
6233	6655	20440	8183	16377	4063
356	363	2008	1687	1264	744
678	735	7955	5546	5142	2812
183	197	2006	1361	1322	684
		13	10	9	5
285	322	2762	1616	1673	1089
209	217	3174	2558	2139	1035
720	879	6862	2648	4118	2744
131	288	3014	1597	2655	359
13	4	1365	234	511	855
156	158	483	193	141	342
158	133	635	276	346	289
	3	15	15		15
19	4	154	60	34	121
243	290	1194	272	431	763
5190	6411	23943	11266	11565	12379
1157	1989	5415	1486	2025	3390
390	305	956	956	664	292
	82	4707	4707	730	3976

2-1-9 续表 11

指标名称	企业单位数	亏损企业	工业总产值(当年价格)	全部从业人员年平均人数
社会公共安全设备及器材制造	11	4	1674	303
交通安全及管制专用设备制造	4	1	239	58
水资源专用机械制造	16	2	3174	224
其他专用设备制造	45	14	5252	972
交通运输设备制造业	469	91	83267	10623
铁路运输设备制造	52	8	44186	3079
铁路机车车辆及动车组制造	1	1		3
工矿有轨专用车辆制造	6		444	54
铁路机车车辆配件制造	24	2	11348	1594
铁路专用设备及器材、配件制造	14	4	7721	657
其他铁路设备制造及设备修理	7	1	24673	771
汽车制造	401	82	38488	7386
汽车整车制造	3	1	26	128
汽车车身、挂车的制造	12	2	5407	477
汽车零部件及配件制造	73	20	12949	2557
汽车修理	313	59	20106	4224
摩托车制造	4	1	51	52
摩托车整车制造	2		12	11
摩托车零部件及配件制造	2	1	39	41
自行车制造	3		6	12
脚踏自行车及残疾人座车制造	3		6	12
交通器材及其他交通运输设备制造	9		536	94
交通管理用金属标志及设施制造	4		379	48
其他交通运输设备制造	5		157	46
电气机械及器材制造业	341	74	67047	9293
电机制造	25	5	3388	643
发电机及发电机组制造	12	2	1953	285
电动机制造	7	3	651	249
微电机及其他电机制造	6		784	109
输配电及控制设备制造	140	41	28203	3668
变压器、整流器和电感器制造	34	11	7721	899
电容器及其配套设备制造	8		2150	221
配电开关控制设备制造	62	21	10849	1712
电力电子元器件制造	15	4	2759	563
其他输配电及控制设备制造	21	5	4725	273
电线、电缆、光缆及电工器材制造	85	18	19546	2183
电线电缆制造	59	12	15318	1675
光纤、光缆制造	1			1
绝缘制品制造	8	1	1087	177
其他电工器材制造	17	5	3141	330
电池制造	15	1	4991	507
电池制造	15	1	4991	507
家用电力器具制造	10	1	2348	266
家用空气调节器制造	1		38	12
家用通风电器具制造	2		135	40
家用厨房电器具制造	3		1584	134
家用清洁卫生电器具制造	1	1	227	48
家用电力器具专用配件制造	2		305	14
其他家用电力器具制造	1		59	18
非电力家用器具制造	17		708	145

单位：个、人、万元

年初存货	年末存货	资产总计	固定资产原价	负债合计	所有者权益合计
2109	2115	3412	1042	3638	-226
49	120	475	173	337	139
279	265	1771	447	885	885
1206	1536	7208	2455	3285	3923
18533	22270	93496	38339	45787	47709
10641	12637	30377	6500	18686	11691
		159	159	66	92
276	275	672	264	543	129
2072	2923	9436	3109	4837	4599
466	730	5487	2363	3283	2203
7827	8708	14623	605	9955	4668
7779	9463	61450	30659	26077	35374
61	58	369	250	1	368
748	660	5059	2350	700	4359
3815	5315	27819	13321	14653	13166
3154	3430	28203	14739	10722	17481
20	20	647	579	545	103
	7	526	500	460	66
20	13	121	79	84	37
…	1	109	106	103	6
…	1	109	106	103	6
93	149	913	495	376	536
57	43	287	163	104	183
35	107	626	332	273	353
19234	22501	136486	55097	74024	62463
489	653	4616	1986	501	4115
199	237	2496	721	325	2171
225	317	1400	829	-57	1457
64	99	720	436	234	487
9486	11034	54064	18548	22326	31738
2863	3178	14566	8105	1414	13152
502	335	3005	691	1505	1499
4059	4922	20809	5637	7879	12930
1449	1632	6979	3095	5132	1847
613	966	8705	1020	6396	2309
4437	3926	29191	9810	18981	10210
3745	3277	24599	7111	16373	8226
		…	…	…	
222	206	672	258	526	146
470	444	3919	2441	2082	1838
1803	3315	27824	14444	13260	14564
1803	3315	27824	14444	13260	14564
1859	1950	4075	1608	2328	1746
	…	49	49	-81	130
151	151	142	48	23	120
1209	1325	3035	819	2072	963
474	447	658	623	230	427
24	20	157	35	84	74
	7	33	33		33
254	302	318	269	-34	352

2-1-9 续表 12

指标名称	企业单位数	亏损企业	工业总产值(当年价格)	全部从业人员年平均人数
燃气、太阳能及类似能源的器具制造	17		708	145
照明器具制造	21	2	3538	725
电光源制造	2		320	21
照明灯具制造	13	2	2140	520
灯用电器附件及其他照明器具制造	6		1078	184
其他电气机械及器材制造	28	6	4324	1156
车辆专用照明及电气信号设备装置制造	1		38	7
其他未列明的电气机械制造	27	6	4286	1149
通信设备、计算机及其他电子设备制造业	102	37	15083	3685
通信设备制造	8	4	1907	564
通信传输设备制造	3	2	1447	526
通信交换设备制造	1		7	7
其他通信设备制造	4	2	453	31
广播电视设备制造	2	1	217	37
广播电视接收设备及器材制造	1	1	164	22
应用电视设备及其他广播电视设备制造	1		53	15
电子计算机制造	2		51	23
电子计算机整机制造	1		36	20
电子计算机外部设备制造	1		14	3
电子器件制造	13	4	2330	1037
电子真空器件制造	2		322	102
半导体分立器件制造	3	2	742	554
光电子器件及其他电子器件制造	8	2	1266	381
电子元件制造	48	16	7697	1202
电子元件及组件制造	47	15	7683	1198
印制电路板制造	1	1	14	4
家用视听设备制造	1			340
家用音响设备制造	1			340
其他电子设备制造	28	12	2881	482
其他电子设备制造	28	12	2881	482
仪器仪表及文化、办公用机械制造业	104	37	28011	3411
通用仪器仪表制造	63	22	18686	2005
工业自动控制系统装置制造	28	11	12476	902
电工仪器仪表制造	19	4	3725	669
绘图、计算及测量仪器制造	2	1	124	23
实验分析仪器制造	4	1	463	227
试验机制造	1		626	40
供应用仪表及其他通用仪器制造	9	5	1272	144
专用仪器仪表制造	16	6	1795	720
环境监测专用仪器仪表制造	1	1	4	70
汽车及其他用计数仪表制造	1			6
导航、气象及海洋专用仪器制造	1		5	14
农林牧渔专用仪器仪表制造	3		140	36
核子及核辐射测量仪器制造	2	1	407	55
电子测量仪器制造	3		380	46
其他专用仪器制造	5	4	859	493
钟表与计时仪器制造	3	1	180	50
钟表与计时仪器制造	3	1	180	50
光学仪器及眼镜制造	4	2	128	96
光学仪器制造	3	2	110	88

单位：个、人、万元

年初存货	年末存货	资产总计	固定资产原价	负债合计	所有者权益合计
254	302	318	269	-34	352
525	851	4422	2109	2442	1979
7	9	665	433	521	145
363	522	2783	1327	1536	1248
155	320	973	349	386	587
382	470	11977	6323	14219	-2242
18	22	94	28	60	34
364	448	11883	6296	14159	-2276
4945	6207	50086	19585	32881	17205
445	828	12641	2927	4276	8365
401	784	11430	2759	3254	8176
	1	13	7	7	7
44	43	1199	161	1016	183
568	546	1222	84	805	417
529	519	1156	32	772	384
39	26	66	53	33	33
24	28	74	17	44	30
21	20	57	4	41	17
3	8	16	13	3	13
1779	1849	15914	5809	14051	1864
558	558	3528	1840	2837	690
750	774	8617	909	8899	-282
471	518	3770	3060	2315	1456
1396	2026	13199	7327	6860	6339
1394	2024	13181	7323	6859	6323
3	1	18	4	2	16
85	85	2136	1708	3940	-1804
85	85	2136	1708	3940	-1804
648	846	4899	1712	2905	1994
648	846	4899	1712	2905	1994
9481	10286	47606	17828	28684	18922
5735	5395	28504	7825	15367	13137
3695	3390	17685	3171	11263	6422
922	1092	7338	3544	1874	5463
72	71	271	142	84	186
311	259	453	330	292	161
3		626	7	560	66
732	584	2132	632	1293	839
688	846	7232	1222	4564	2668
103	222	685	658	-301	986
43	50	24	24	1	23
3	2	27	14	17	10
234	295	540	76	200	340
69	43	372	27	246	125
62	85	372	58	273	99
175	148	5212	365	4127	1085
109	91	265	97	35	230
109	91	265	97	35	230
147	181	1120	87	779	341
94	128	1072	38	736	335

2-1-9 续表 13

指标名称	企业单位数	亏损企业	工业总产值(当年价格)	全部从业人员年平均人数
眼镜制造	1		18	8
文化、办公用机械制造	6	2	916	66
计算器及货币专用设备制造	1		66	5
其他文化、办公用机械制造	5	2	850	61
其他仪器仪表的制造及修理	12	4	6305	474
其他仪器仪表的制造及修理	12	4	6305	474
工艺品及其他制造业	397	63	69072	6134
工艺美术品制造	125	25	7265	2508
雕塑工艺品制造	30	5	1214	416
金属工艺品制造	23	7	2104	377
漆器工艺品制造	8	1	1184	296
花画工艺品制造	6		1197	194
天然植物纤维编织工艺品制造	1	1	18	13
抽纱刺绣工艺品制造	15	2	732	611
地毯、挂毯制造	16	5	179	315
珠宝首饰及有关物品的制造	4		230	28
其他工艺美术品制造	22	4	407	258
日用杂品制造	13	4	1033	257
制镜及类似品加工	6	3	259	150
鬃毛加工、制刷及清扫工具的制造	2	1	10	11
其他日用杂品制造	5		764	96
煤制品制造	245	30	60128	3106
煤制品制造	245	30	60128	3106
其他未列明的制造业	14	4	646	263
其他未列明的制造业	14	4	646	263
废弃资源和废旧材料回收加工业	71	10	13658	945
金属废料和碎屑的加工处理	35	6	10866	572
金属废料和碎屑的加工处理	35	6	10866	572
非金属废料和碎屑的加工处理	36	4	2793	373
非金属废料和碎屑的加工处理	36	4	2793	373
电力、燃气及水的生产和供应业	**577**	**194**	**247083**	**28011**
电力、热力的生产和供应业	272	89	145355	15290
电力生产	165	48	53585	8352
火力发电	52	21	43009	6080
水力发电	98	23	3621	1759
其他能源发电	15	4	6955	513
电力供应	28	9	61333	1942
电力供应	28	9	61333	1942
热力生产和供应	79	32	30437	4996
热力生产和供应	79	32	30437	4996
燃气生产和供应业	84	28	76996	4279
燃气生产和供应业	84	28	76996	4279
燃气生产和供应业	84	28	76996	4279
水的生产和供应业	221	77	24732	8442
自来水的生产和供应	178	67	20523	7180
自来水的生产和供应	178	67	20523	7180
污水处理及其再生利用	39	10	3479	1208
污水处理及其再生利用	39	10	3479	1208
其他水的处理、利用与分配	4		730	54
其他水的处理、利用与分配	4		730	54

单位：个、人、万元

年初存货	年末存货	资产总计	固定资产原价	负债合计	所有者权益合计
53	53	49	49	43	6
43	63	1828	345	1516	312
8	8	526	53	526	
35	55	1302	292	990	312
2758	3710	8656	8252	6423	2233
2758	3710	8656	8252	6423	2233
8139	10121	99273	34968	42551	56722
3697	4077	17544	8585	11602	5943
312	344	4301	1770	2837	1464
461	521	3211	1830	1438	1773
28	62	1153	375	738	415
48	186	182	125	76	106
19	15	53	9	8	44
56	140	2750	356	2495	255
500	512	2541	1915	2270	271
2177	2165	2209	1318	1121	1089
96	132	1145	887	619	526
385	389	4214	3165	3118	1097
314	351	3758	2921	2922	836
1	4	45	9	45	
70	34	411	234	151	260
3639	5213	75121	21534	26360	48761
3639	5213	75121	21534	26360	48761
417	442	2394	1684	1472	922
417	442	2394	1684	1472	922
921	691	11885	8242	6181	5704
766	520	4405	1831	2886	1519
766	520	4405	1831	2886	1519
155	170	7480	6412	3295	4185
155	170	7480	6412	3295	4185
11854	**16992**	**1501758**	**890590**	**1190393**	**311365**
9340	12863	1223211	697390	1027142	196069
5734	7306	935008	568355	811343	123665
5280	6653	560172	479531	472782	87390
140	158	318481	37908	296995	21486
314	496	56355	50916	41566	14789
1680	1792	86552	16939	60494	26058
1680	1792	86552	16939	60494	26058
1926	3764	201651	112096	155306	46346
1926	3764	201651	112096	155306	46346
894	2195	154442	102679	116789	37653
894	2195	154442	102679	116789	37653
894	2195	154442	102679	116789	37653
1620	1934	124105	90520	46461	77644
877	1132	66465	48086	27217	39248
877	1132	66465	48086	27217	39248
740	798	54863	41337	17645	37218
740	798	54863	41337	17645	37218
2	4	2777	1098	1599	1178
2	4	2777	1098	1599	1178

2-1-9 续表 14

指标名称	企业单位数	亏损企业	工业总产值(当年价格)	全部从业人员年平均人数
五、按行业大类分				
煤炭开采和洗选业	2996	475	2734030	146442
石油和天然气开采业	7	1	346	281
黑色金属矿采选业	1252	113	216189	22517
有色金属矿采选业	114	17	14089	3052
非金属矿采选业	1402	152	100944	17923
农副食品加工业	1500	151	180135	25408
食品制造业	802	102	82131	17842
饮料制造业	421	68	52614	9965
纺织业	212	38	34720	12933
纺织服装、鞋、帽制造业	212	36	18840	5552
皮革、毛皮、羽毛(绒)及其制品业	27	1	1610	767
木材加工及木、竹、藤、棕、草制品业	219	36	19901	3582
家具制造业	211	18	19936	3762
造纸及纸制品业	514	52	54829	10817
印刷业和记录媒介的复制	607	101	52477	9721
文教体育用品制造业	34	5	3046	827
石油加工、炼焦及核燃料加工业	167	31	161766	7143
化学原料及化学制品制造业	1178	243	286293	29828
医药制造业	144	38	26701	4231
化学纤维制造业	10	4	933	413
橡胶制品业	134	27	16719	3203
塑料制品业	482	85	60767	9907
非金属矿物制品业	4982	606	716814	152275
黑色金属冶炼及压延加工业	392	79	238331	16062
有色金属冶炼及压延加工业	209	41	158294	9864
金属制品业	1012	210	177263	22068
通用设备制造业	2987	477	612294	73813
专用设备制造业	711	198	163964	18084
交通运输设备制造业	469	91	83267	10623
电气机械及器材制造业	341	74	67047	9293
通信设备、计算机及其他电子设备制造业	102	37	15083	3685
仪器仪表及文化、办公用机械制造业	104	37	28011	3411
工艺品及其他制造业	397	63	69072	6134
废弃资源和废旧材料回收加工业	71	10	13658	945
电力、热力的生产和供应业	272	89	145355	15290
燃气生产和供应业	84	28	76996	4279
水的生产和供应业	221	77	24732	8442
六、按地区分				
太原市	3780	771	1066645	88195
大同市	1833	362	523457	57735
阳泉市	1178	332	254184	41560
长治市	1665	449	549972	53966
晋城市	1911	258	731396	75998
朔州市	623	19	57458	20020
晋中市	2741	701	828046	88952
运城市	3633	253	701409	96793
忻州市	2300	243	487626	54882
临汾市	2963	239	616449	61621
吕梁市	2372	284	912557	60662

单位：个、人、万元

年初存货	年末存货	资产总计	固定资产原价	负债合计	所有者权益合计
153919	245630	3760104	1869615	2199860	1560244
209	235	31493	972	7071	24422
14213	33117	369373	251376	169172	200201
5247	1458	33498	16075	6354	27144
6661	10491	150923	113616	65792	85131
22542	29969	295820	176955	145856	149964
13083	15758	181007	125980	103652	77355
15719	21840	129440	82116	57869	71570
16796	21349	155620	87729	102964	52656
4098	4473	27845	14825	13129	14716
608	677	2498	1665	934	1564
2923	62787	25543	15534	14145	11398
4696	5263	30061	16846	17081	12979
6341	7647	64416	42530	26396	38021
8450	9700	84313	46222	46432	37882
496	653	3785	2450	1756	2029
16059	25080	197550	124060	108355	89194
46302	53779	686853	274492	456857	229996
7794	8172	118815	54048	74290	44525
512	534	44030	41232	118720	-74690
5181	6481	27912	14162	16096	11815
13286	13815	104813	56924	55332	49481
110511	159102	1390949	872743	810148	580800
20901	28139	302640	182341	171691	130949
14364	22550	163415	89198	104852	58563
37062	41874	244204	115330	143661	100543
108110	145350	665112	354023	380560	284553
40941	47621	252539	91903	158304	94234
18533	22270	93496	38339	45787	47709
19234	22501	136486	55097	74024	62463
4945	6207	50086	19585	32881	17205
9481	10286	47606	17828	28684	18922
8139	10121	99273	34968	42551	56722
921	691	11885	8242	6181	5704
9340	12863	1223211	697390	1027142	196069
894	2195	154442	102679	116789	37653
1620	1934	124105	90520	46461	77644
184842	240505	1913949	950491	1196079	717870
46094	121034	1102667	713757	710743	391924
47028	57143	457409	232927	315471	141938
54741	75200	749305	370727	470970	278335
69668	94733	1081476	538211	613666	467810
11027	14063	258360	218602	175298	83062
123954	156654	1360510	611261	846021	514489
65433	91737	824382	584138	374808	449574
34058	61040	1010823	461846	591230	419593
65112	91522	1050444	619309	568876	481568
68175	108980	1675834	898342	1134668	541166

2-1-9 续表 15

指标名称	实收资本	本年折旧	营业收入	主营业务收入	营业成本
总　计	**4064952**	**370592**	**6612991**	**6548817**	**5269644**
一、按轻重工业分					
轻工业	610071	58060	723674	715402	572671
重工业	3454881	312533	5889317	5833415	4696973
二、按登记注册类型分					
内资企业	**3909817**	**360933**	**6417980**	**6356542**	**5110709**
国有企业	276468	24408	264643	250160	224873
集体企业	273734	23878	515963	511731	373269
股份合作企业	86553	6281	78223	76171	58946
联营企业	14219	19275	12066	12058	8664
国有联营企业	2688	25	575	575	481
集体联营企业	3670	167	5939	5938	4571
国有与集体联营企业	4443	18557	1801	1795	901
其他联营企业	3418	526	3750	3750	2711
有限责任公司	841911	63381	1238263	1226594	1009445
国有独资公司	82619	2084	26851	26349	17394
其他有限责任公司	759291	61296	1211412	1200245	992051
股份有限公司	286837	37745	365658	361703	301249
私营企业	2102346	183415	3890687	3865752	3101892
私营独资企业	823177	78734	1681607	1675692	1333488
私营合伙企业	210842	15675	317120	313769	233436
私营有限责任公司	898010	74812	1651351	1636182	1339211
私营股份有限公司	170317	14194	240609	240110	195757
其他企业	27750	2551	52476	52374	32370
港澳台商投资企业	**32996**	**1692**	**15806**	**15776**	**14049**
与港澳台商合资经营企业	21262	837	14036	14036	12050
与港澳台商合作经营企业	464	34	7	7	5
港澳台商独资企业	8939	752	1064	1034	1023
港澳台商投资股份有限公司	2331	69	699	699	971
外商投资企业	**122139**	**7967**	**179205**	**176500**	**144887**
中外合资经营企业	107297	6934	167513	167280	136525
中外合作经营企业	403	6	329	320	170
外资企业	14216	997	11098	8634	7951
外商投资股份有限公司	223	30	266	266	241
三、按控股情况分					
国有控股	565308	75760	643158	625573	546328
集体控股	470061	39085	731383	724322	505999
私人控股	2866594	243678	5058305	5023656	4075206
港澳台商控股	28229	1452	14257	14227	12406
外商控股	78600	3498	31300	28651	25184
其他	56160	7121	134587	132388	104522
四、按国民经济行业分					
采矿业	**1675005**	**116118**	**3055218**	**3030189**	**2329725**
煤炭开采和洗选业	1366085	94675	2741563	2717224	2108244
烟煤和无烟煤的开采洗选	1366085	94675	2741563	2717224	2108244
烟煤和无烟煤的开采洗选	1366085	94675	2741563	2717224	2108244
石油和天然气开采业	24761	95	346	346	205
天然原油和天然气开采	11609	95	346	346	205

单位：个、人、万元

主营业务成本	营业税金及附加	主营业务税金及附加	主营业务利润	其他业务利润
5183363	**156430**	**150119**	**1292648**	**34712**
549457	18441	17944	155248	6600
4633906	137988	132175	1137400	28112
5026837	**154937**	**148627**	**1258045**	**34267**
213712	3716	3213	66912	3619
368954	14993	14284	133430	2067
56682	1867	1809	18456	568
8558	271	266	3242	4
481	26	21	74	
4528	84	84	1328	2
901	50	50	843	...
2648	111	111	997	1
990874	19854	17371	222091	8523
16398	458	449	9503	84
974476	19396	16922	212589	8439
296047	7934	7715	66541	1676
3060265	104490	102169	728392	17674
1315018	49234	47995	328447	6379
228689	9521	9374	77395	1389
1322934	38368	37545	282802	8994
193624	7367	7255	39748	911
31745	1812	1800	18981	137
14029	**135**	**135**	**1725**	**29**
12050	114	114	1879	...
5	1	1	1	
1004	13	13	123	29
971	7	7	-279	
142496	**1358**	**1358**	**32878**	**417**
136121	1207	1207	30155	228
170	...	...	150	7
6027	148	147	2488	182
177	3	3	85	
523198	6858	6303	131692	5350
499633	18955	18164	212917	3255
4022849	128168	123252	912119	24226
12386	120	120	1828	29
23144	281	280	5239	401
102153	2047	2000	28851	1452
2308338	**80301**	**76742**	**681798**	**11451**
2088479	68085	66844	596480	9329
2088479	68085	66844	596480	9329
2088479	68085	66844	596480	9329
205	8	8	133	26
205	8	8	133	26

2-1-9 续表 16

指标名称	实收资本	本年折旧	营业收入	主营业务收入	营业成本
天然原油和天然气开采	11609	95	346	346	205
与石油和天然气开采有关的服务活动	13151				
与石油和天然气开采有关的服务活动	13151				
黑色金属矿采选业	180901	12601	200488	200319	139051
铁矿采选	172112	12469	189193	189024	130350
铁矿采选	172112	12469	189193	189024	130350
其他黑色金属矿采选	8789	132	11295	11295	8700
其他黑色金属矿采选	8789	132	11295	11295	8700
有色金属矿采选业	24872	1142	13941	13928	11622
常用有色金属矿采选	21140	890	11931	11919	9999
铜矿采选	4228	578	5941	5929	5333
铅锌矿采选	1358	21	2011	2011	1404
铝矿采选	2169	179	3355	3355	2461
镁矿采选	1082	61	328	328	262
其他常用有色金属矿采选	12303	51	296	296	539
贵金属矿采选	3667	244	1722	1722	1390
金矿采选	3653	244	1722	1722	1390
银矿采选	13				
稀有稀土金属矿采选	66	8	287	287	234
钨钼矿采选	33	7	286	286	233
稀土金属矿采选	33	2	1	1	1
非金属矿采选业	78387	7604	98880	98372	70603
土砂石开采	70206	7047	88582	88168	61718
石灰石、石膏开采	14483	1833	21232	21181	15252
建筑装饰用石开采	10170	1144	12116	12082	8834
耐火土石开采	3014	369	4693	4689	3229
粘土及其他土砂石开采	42540	3700	50541	50216	34402
化学矿采选	5119	85	3575	3502	3434
化学矿采选	5119	85	3575	3502	3434
石棉及其他非金属矿采选	3062	473	6724	6702	5451
石棉、云母矿采选	74	41	383	383	338
石墨、滑石采选	349	1	41	41	32
宝石、玉石开采	99	10			
其他非金属矿采选	2540	421	6300	6278	5081
制造业	**2101430**	**194336**	**3309629**	**3273987**	**2718321**
农副食品加工业	121478	10481	175137	173744	136138
谷物磨制	27596	2309	47813	47523	36794
谷物磨制	27596	2309	47813	47523	36794
饲料加工	14406	1527	38259	38072	29908
饲料加工	14406	1527	38259	38072	29908
植物油加工	10349	782	10514	10444	7894
食用植物油加工	4123	547	6863	6793	4791
非食用植物油加工	6226	235	3651	3651	3103
制糖	169	...	1	1	2
制糖	169	...	1	1	2
屠宰及肉类加工	22728	1822	25955	25800	21779
畜禽屠宰	14815	1305	18051	17896	15227
肉制品及副产品加工	7913	517	7904	7904	6552

单位：个、人、万元

主营业务成本	营业税金及附加	主营业务税金及附加	主营业务利润	其他业务利润
205	8	8	133	26
138919	6439	6299	55784	343
130219	6171	6031	53295	343
130219	6171	6031	53295	343
8700	268	268	2489	
8700	268	268	2489	
11510	291	282	2399	56
9887	276	267	2006	53
5289	162	161	478	30
1404	7	7	600	
2423	95	95	837	
262	11	2	44	23
508	1	1	47	
1390	15	15	340	3
1390	15	15	340	3
234	1	1	53	
233	1	1	52	
1	...	...	1	
69226	5478	3309	27001	1697
60678	3270	3224	25397	1460
14933	676	672	5735	315
8721	418	409	3124	94
3228	144	144	1667	8
33795	2032	1999	14871	1043
3434	26	26	57	73
3434	26	26	57	73
5113	2182	59	1547	164
338	2	2	43	
32	1	1	12	
4744	2180	56	1492	164
2656595	**73354**	**70673**	**581193**	**19549**
132226	4675	4648	39388	1283
35812	1336	1330	10415	318
35812	1336	1330	10415	318
28777	1228	1224	8623	55
28777	1228	1224	8623	55
7642	200	199	2976	46
4540	145	145	2419	34
3102	54	54	558	11
2	...	...	...	
2	...	...	...	
21734	420	415	3864	368
15182	233	229	2678	323
6552	187	187	1186	45

2-1-9 续表 17

指标名称	实收资本	本年折旧	营业收入	主营业务收入	营业成本
水产品加工		1	33	33	7
水产品冷冻加工		1	33	33	7
蔬菜、水果和坚果加工	20620	2014	28642	28606	21580
蔬菜、水果和坚果加工	20620	2014	28642	28606	21580
其他农副食品加工	25610	2027	23920	23265	18174
淀粉及淀粉制品的制造	16798	1363	15364	14752	11661
豆制品制造	3276	175	3250	3210	2347
蛋品加工	764	56	1795	1794	1600
其他未列明的农副食品加工	4773	433	3511	3509	2565
食品制造业	69674	7627	79401	78854	60997
焙烤食品制造	9548	1027	14083	13908	11359
糕点、面包制造	6875	788	9350	9206	7251
饼干及其他焙烤食品制造	2673	239	4734	4702	4108
糖果、巧克力及蜜饯制造	9486	1869	16290	16290	11923
糖果、巧克力制造	245	37	418	418	228
蜜饯制作	9241	1832	15873	15872	11695
方便食品制造	9509	1167	12227	12205	9678
米、面制品制造	4980	785	6449	6427	5186
速冻食品制造	2180	87	1827	1826	1445
方便面及其他方便食品制造	2349	295	3951	3951	3047
液体乳及乳制品制造	13036	1268	4937	4887	3472
液体乳及乳制品制造	13036	1268	4937	4887	3472
罐头制造	5180	425	5390	5390	4539
肉、禽类罐头制造	489	67	1608	1608	1269
水产品罐头制造	362	79	263	263	230
蔬菜、水果罐头制造	4297	269	3519	3519	3040
其他罐头食品制造	33	10			
调味品、发酵制品制造	9761	1109	18646	18496	14193
味精制造	13	2	273	273	250
酱油、食醋及类似制品的制造	8904	1057	17055	16914	12863
其他调味品、发酵制品制造	844	51	1318	1309	1079
其他食品制造	13154	763	7828	7679	5832
营养、保健食品制造	5333	212	1997	1872	1236
冷冻饮品及食用冰制造	1152	103	1664	1650	1362
盐加工	185	34	275	275	44
食品及饲料添加剂制造	5625	237	3023	3023	2500
其他未列明的食品制造	858	177	869	859	689
饮料制造业	57016	3208	51237	50746	36135
酒精制造	4045	77	920	920	778
酒精制造	4045	77	920	920	778
酒的制造	26773	1337	30740	30626	21679
白酒制造	17853	1020	22243	22142	16971
啤酒制造	5206	163	4656	4656	2263
黄酒制造	510	12	110	110	84
葡萄酒制造	2115	18	352	339	181
其他酒制造	1088	125	3379	3379	2180
软饮料制造	24628	1754	18756	18379	13143
碳酸饮料制造	1574	249	2175	2170	1445

单位：个、人、万元

主营业务成本	营业税金及附加	主营业务税金及附加	主营业务利润	其他业务利润
7	7	7	20	
7	7	7	20	
20935	740	737	7983	396
20935	740	737	7983	396
17318	744	735	5508	99
10946	276	267	3607	38
2218	78	78	915	5
1599	25	25	170	…
2555	365	365	816	55
59402	2627	2459	17235	726
10804	305	290	2893	145
7001	221	211	2040	111
3803	84	79	853	33
11850	502	491	3963	104
228	29	29	161	22
11622	473	462	3802	82
9562	391	351	2318	58
5159	200	200	1090	35
1411	101	63	353	
2993	91	89	875	23
3406	247	232	1340	54
3406	247	232	1340	54
4212	69	68	1108	31
1268	34	33	306	22
173	1	1	89	
2772	34	34	713	9
13896	816	816	3800	273
248	1	1	25	
12618	800	800	3501	273
1030	15	15	274	…
5672	297	211	1814	62
1234	43	43	596	5
1285	55	54	310	22
44	3	3	227	
2435	168	82	517	35
674	29	29	165	
35468	2301	2247	14236	340
778	76	76	103	
778	76	76	103	
21570	1539	1497	7660	123
16874	989	947	4320	103
2263	127	127	2332	
84	5	5	22	
169	7	7	173	20
2180	412	412	813	
12584	660	648	6213	216
1396	92	92	711	53

2-1-9 续表 18

指标名称	实收资本	本年折旧	营业收入	主营业务收入	营业成本
瓶(罐)装饮用水制造	7505	561	6374	6274	4713
果菜汁及果菜汁饮料制造	10073	718	7210	7157	5289
含乳饮料和植物蛋白饮料制造	911	160	822	821	578
固体饮料制造	3559	11	153	153	160
茶饮料及其他软饮料制造	1007	56	2021	1805	959
精制茶加工	1570	40	821	821	537
精制茶加工	1570	40	821	821	537
纺织业	42758	4747	34330	33243	28310
棉、化纤纺织及印染精加工	26026	3228	18424	17529	15204
棉、化纤纺织加工	25811	3191	17708	16834	14655
棉、化纤印染精加工	216	37	716	695	550
毛纺织和染整精加工	709	103	883	765	741
毛条加工	99	1	12	12	11
毛纺织	441	31	291	291	226
毛染整精加工	170	71	580	462	504
麻纺织	327	40	479	479	114
麻纺织	327	40	479	479	114
丝绢纺织及精加工	4254	447	2059	2030	1948
缫丝加工	4247	447	2058	2029	1947
绢纺和丝织加工	7		1	1	1
纺织制成品制造	5492	586	4135	4106	3488
棉及化纤制品制造	661	53	1615	1608	1319
毛制品制造	3381	417	44	44	60
麻制品制造	72	...	16	16	11
丝制品制造	103	11	399	399	364
绳、索、缆的制造	46	11	28	28	17
纺织带和帘子布制造	26	2	247	247	231
无纺布制造	356	11	150	150	119
其他纺织制成品制造	847	81	1637	1614	1366
针织品、编织品及其制品制造	5949	343	8350	8334	6813
棉、化纤针织品及编织品制造	5051	239	5349	5348	4203
毛针织品及编织品制造	240	34	553	553	462
丝针织品及编织品制造	56	6	288	288	237
其他针织品及编织品制造	603	64	2160	2145	1912
纺织服装、鞋、帽制造业	11561	1164	20034	19934	15036
纺织服装制造	10831	1136	18763	18671	14099
纺织服装制造	10831	1136	18763	18671	14099
纺织面料鞋的制造	637	28	1262	1262	936
纺织面料鞋的制造	637	28	1262	1262	936
制帽	93		8	1	...
制帽	93		8	1	...
皮革、毛皮、羽毛(绒)及其制品业	1350	85	1504	1504	1234
皮革鞣制加工	45		4	4	1
皮革鞣制加工	45		4	4	1
皮革制品制造	1198	68	1110	1110	970
皮鞋制造	1167	64	1034	1034	900
皮箱、包(袋)制造	...				

单位：个、人、万元

主营业务成本	营业税金及附加	主营业务税金及附加	主营业务利润	其他业务利润
4439	146	140	1744	65
5216	360	357	2535	49
546	7	7	268	...
160	3	3	-7	
827	52	48	963	49
537	26	26	259	1
537	26	26	259	1
26503	488	480	6787	387
13688	232	227	4065	205
13171	224	218	3877	204
518	9	9	188	1
623	8	8	134	...
11	...	...	1	
226	2	2	63	
386	6	6	70	...
114	8	8	357	
114	8	8	357	
1948	7	7	76	28
1947	7	7	76	28
1	...	...	...	
3458	86	84	632	124
1312	45	43	256	5
60	1	1	-18	102
11	...	...	5	
364	6	6	29	
17	1	1	10	
231	...	...	15	
119	10	10	21	
1343	23	23	314	18
6672	147	147	1524	29
4134	111	111	1104	28
462	6	6	85	
237	5	5	54	
1839	25	25	281	...
14665	381	376	4998	198
13729	352	349	4698	197
13729	352	349	4698	197
936	28	27	300	1
936	28	27	300	1
...			...	
...			...	
1216	34	34	253	9
1	1	1	1	1
1	1	1	1	1
952	26	26	132	8
882	26	26	126	8

2-1-9 续表 19

指标名称	实收资本	本年折旧	营业收入	主营业务收入	营业成本
皮手套及皮装饰制品制造	31	4	76	76	70
毛皮鞣制及制品加工	107	5	388	388	261
毛皮鞣制加工	76	1	322	322	210
毛皮服装加工	9	…	11	11	7
其他毛皮制品加工	22	4	55	55	44
羽毛(绒)加工及制品制造		12	2	2	1
羽毛(绒)制品加工		12	2	2	1
木材加工及木、竹、藤、棕、草制品业	9671	1325	19438	19357	15692
锯材、木片加工	2413	504	5438	5419	4386
锯材加工	1027	189	2787	2774	2294
木片加工	1387	315	2651	2645	2092
人造板制造	4699	562	5913	5898	4565
胶合板制造	2320	284	2113	2099	1753
纤维板制造	316	60	717	717	594
刨花板制造	362	36	701	701	597
其他人造板、材制造	1702	181	2382	2381	1622
木制品制造	2399	252	6183	6135	5086
建筑用木料及木材组件加工	1340	100	2149	2131	1539
木容器制造	263	54	3060	3060	2830
软木制品及其他木制品制造	795	98	974	944	717
竹、藤、棕、草制品制造	160	7	1904	1904	1656
竹、藤、棕、草制品制造	160	7	1904	1904	1656
家具制造业	10364	917	19483	19290	14604
木质家具制造	8248	729	15497	15450	11628
木质家具制造	8248	729	15497	15450	11628
竹、藤家具制造					
竹、藤家具制造					
金属家具制造	1300	99	1825	1825	1431
金属家具制造	1300	99	1825	1825	1431
塑料家具制造	339	38	1100	955	738
塑料家具制造	339	38	1100	955	738
其他家具制造	477	51	1060	1060	807
其他家具制造	477	51	1060	1060	807
造纸及纸制品业	33040	4243	52770	52691	40082
纸浆制造	495	181	938	938	805
纸浆制造	495	181	938	938	805
造纸	14572	1778	15951	15896	12686
机制纸及纸板制造	12739	1538	13648	13605	10898
手工纸制造	440	97	576	576	490
加工纸制造	1393	142	1727	1714	1299
纸制品制造	17973	2285	35881	35857	26590
纸和纸板容器的制造	14105	1740	25160	25143	19033
其他纸制品制造	3868	545	10721	10715	7558
印刷业和记录媒介的复制	33229	3935	50962	50666	39809
印刷	28734	3602	45865	45579	36127
书、报、刊印刷	11053	1379	17086	16902	13309
本册印制	5150	482	7333	7326	5579

单位：个、人、万元

主营业务成本	营业税金及附加	主营业务税金及附加	主营业务利润	其他业务利润
70	…	…	6	
261	7	7	119	
210	5	5	107	
7	1	1	3	
44	2	2	9	
1	…	…	…	
1	…	…	…	
15155	499	496	3774	101
4262	104	103	1079	20
2294	46	46	449	8
1968	58	57	631	12
4373	153	152	1452	1
1709	70	69	341	…
527	20	20	169	1
597	23	23	95	
1540	40	40	847	…
4864	81	80	1195	42
1425	41	40	667	10
2813	28	28	221	5
625	12	12	306	27
1656	162	162	47	39
1656	162	162	47	39
14390	487	481	4572	120
11417	432	429	3756	109
11417	432	429	3756	109
1431	30	28	368	1
1431	30	28	368	1
734	11	11	210	5
734	11	11	210	5
807	14	14	239	5
807	14	14	239	5
39499	1179	1114	12440	273
777	34	34	192	1
777	34	34	192	1
12384	364	336	3278	131
10675	328	302	2731	106
411	10	10	156	
1299	27	25	391	25
26338	780	744	8970	142
18832	507	470	6028	106
7506	274	273	2942	36
38828	946	935	11430	378
35195	872	864	10039	378
13055	347	344	3597	114
5578	180	178	1902	52

2-1-9 续表 20

指标名称	实收资本	本年折旧	营业收入	主营业务收入	营业成本
包装装潢及其他印刷	12532	1740	21446	21351	17239
装订及其他印刷服务活动	4494	333	5097	5087	3681
装订及其他印刷服务活动	4494	333	5097	5087	3681
记录媒介的复制					
记录媒介的复制					
文教体育用品制造业	1735	167	3047	3045	2214
文化用品制造	714	95	1327	1327	927
文具制造	12	...	67	67	54
笔的制造	14	...			
教学用模型及教具制造	395	57	921	921	700
墨水、墨汁制造	193	5	17	17	13
其他文化用品制造	101	34	322	322	160
体育用品制造	812	63	1609	1607	1194
球类制造	197	1	526	526	375
体育器材及配件制造	66	1	353	353	176
训练健身器材制造	417	60	715	715	632
其他体育用品制造	132	1	15	13	11
乐器制造	76	4	79	79	72
中乐器制造	76	4	79	79	72
玩具制造	99	2	32	32	20
玩具制造	99	2	32	32	20
游艺器材及娱乐用品制造	35	3	1	1	1
露天游乐场所游乐设备制造	2		1	1	1
游艺用品及室内游艺器材制造	33	3			
石油加工、炼焦及核燃料加工业	67193	6814	148608	145045	124516
精炼石油产品的制造	5461	1134	7460	5974	5739
原油加工及石油制品制造	5428	1115	7460	5974	5726
人造原油生产	33	20			13
炼焦	61732	5679	141148	139071	118777
炼焦	61732	5679	141148	139071	118777
化学原料及化学制品制造业	217872	14817	282128	279069	244500
基础化学原料制造	75212	5573	141688	140219	126792
无机酸制造	5624	447	9081	9079	7025
无机碱制造	2328	277	5285	5280	4691
无机盐制造	18973	1882	47804	47770	44702
有机化学原料制造	34822	1749	57424	56005	50779
其他基础化学原料制造	13467	1218	22093	22085	19595
肥料制造	20200	992	16820	16749	13647
氮肥制造	1376	35	1010	1010	842
磷肥制造	2013	102	1046	1046	714
钾肥制造	8851	135	723	723	605
复混肥料制造	4008	299	4758	4738	3981
有机肥料及微生物肥料制造	2133	213	4936	4936	3746
其他肥料制造	1818	209	4347	4295	3759
农药制造	7601	870	11710	11710	9367
化学农药制造	6330	672	8132	8132	6512
生物化学农药及微生物农药制造	1271	197	3577	3577	2856

单位：个、人、万元

主营业务成本	营业税金及附加	主营业务税金及附加	主营业务利润	其他业务利润
16563	346	342	4540	212
3632	74	71	1391	...
3632	74	71	1391	...
2202	183	183	659	31
927	20	20	379	2
54	1	1	11	2
700	12	12	208	
13	1	1	3	
160	6	6	156	...
1182	160	160	264	29
375	79	79	72	
176	44	44	134	
621	37	37	56	29
11	...	...	2	
72	1	1	5	
72	1	1	5	
20	1	1	11	
20	1	1	11	
1				
1				
121055	3356	3243	20820	1082
4710	150	107	1157	639
4697	150	107	1170	639
13			-13	
116345	3206	3136	19663	443
116345	3206	3136	19663	443
238294	4794	4698	38304	1844
125081	2067	2057	13386	1545
6968	243	237	1884	7
4620	92	92	605	37
44630	637	634	2573	230
49328	796	796	5975	772
19535	299	298	2349	499
12856	324	324	3592	138
797	26	26	187	
713	11	11	322	...
605	34	34	85	
3682	62	62	1010	21
3639	126	126	1169	4
3419	65	65	819	112
8609	174	172	2969	26
5934	150	150	2086	23
2675	24	22	882	3

2-1-9 续表 21

指标名称	实收资本	本年折旧	营业收入	主营业务收入	营业成本
涂料、油墨、颜料及类似产品制造	8318	968	15503	15456	12608
涂料制造	4724	609	9090	9055	7316
油墨及类似产品制造	1495	109	2150	2150	1650
颜料制造	388	42	1081	1081	926
染料制造	1208	158	2654	2642	2252
密封用填料及类似品制造	503	50	528	528	464
合成材料制造	1679	136	6407	6356	5465
初级形态的塑料及合成树脂制造	893	54	1771	1722	1433
合成橡胶制造	479	53	2595	2595	2198
合成纤维单(聚合)体的制造	151	6	345	345	259
其他合成材料制造	156	23	1696	1694	1574
专用化学产品制造	98706	5734	81684	80317	69304
化学试剂和助剂制造	50882	2723	39225	38892	34838
专项化学用品制造	14490	440	5605	5536	4903
林产化学产品制造	9600	909	17661	17653	14675
炸药及火工产品制造	7706	359	7321	6570	5577
信息化学品制造	2038	297	772	772	695
环境污染处理专用药剂材料制造	2950	190	1963	1897	1438
动物胶制造	2212	73	1337	1324	754
其他专用化学产品制造	8827	743	7800	7673	6424
日用化学产品制造	6155	543	8317	8262	7318
肥皂及合成洗涤剂制造	4139	448	6055	6007	5426
化妆品制造	7		3	3	2
口腔清洁用品制造	53	8	340	340	253
香料、香精制造	184	39	745	745	592
其他日用化学产品制造	1773	48	1174	1166	1045
医药制造业	41588	5233	28317	25738	20023
化学药品原药制造	5872	855	4139	1683	2469
化学药品原药制造	5872	855	4139	1683	2469
化学药品制剂制造	11543	1906	3976	3892	3207
化学药品制剂制造	11543	1906	3976	3892	3207
中药饮片加工	2725	122	1162	1162	928
中药饮片加工	2725	122	1162	1162	928
中成药制造	10522	777	9235	9235	5608
中成药制造	10522	777	9235	9235	5608
兽用药品制造	5322	682	6789	6750	5380
兽用药品制造	5322	682	6789	6750	5380
生物、生化制品的制造	3997	596	1464	1464	1144
生物、生化制品的制造	3997	596	1464	1464	1144
卫生材料及医药用品制造	1607	295	1553	1553	1287
卫生材料及医药用品制造	1607	295	1553	1553	1287
化学纤维制造业	13964	371	777	657	8730
合成纤维制造	13964	371	777	657	8730
锦纶纤维制造	9095		127	8	8119
涤纶纤维制造	4453	349	1	1	1
腈纶纤维制造	119	3	314	314	306
其他合成纤维制造	296	19	334	334	303

单位：个、人、万元

主营业务成本	营业税金及附加	主营业务税金及附加	主营业务利润	其他业务利润
12254	324	316	3072	33
7118	227	219	1899	31
1595	41	41	515	...
892	18	18	171	
2198	26	26	418	2
451	12	12	68	
5296	137	135	925	29
1386	29	27	308	21
2125	98	98	372	
259	1	1	85	8
1525	9	9	160	
67097	1613	1539	13267	65
33932	390	386	4599	43
4813	107	88	667	27
14670	529	500	2988	17
4866	216	208	2453	-132
695	23	23	77	
1411	60	53	434	45
741	78	78	507	1
5969	210	204	1544	63
7102	155	155	1093	9
5328	69	69	631	5
2	...	...	1	
253	22	22	66	
507	28	28	258	
1012	36	36	137	3
18243	632	631	6939	272
1373	29	29	280	179
1373	29	29	280	179
3174	188	188	501	41
3174	188	188	501	41
907	31	31	238	
907	31	31	238	
5537	108	108	3601	10
5537	108	108	3601	10
4839	201	200	1707	20
4839	201	200	1707	20
1144	42	42	363	
1144	42	42	363	
1270	34	34	249	22
1270	34	34	249	22
493	6	6	214	341
493	6	6	214	341
9			53	
1	...	...	1	341
254	...	...	60	
229	6	5	100	

2-1-9 续表 22

指标名称	实收资本	本年折旧	营业收入	主营业务收入	营业成本
橡胶制品业	9403	925	15912	15904	12799
轮胎制造	2181	138	1662	1662	1435
车辆、飞机及工程机械轮胎制造	238	51	1287	1287	1164
力车胎制造	82				
轮胎翻新加工	1862	87	374	374	271
橡胶板、管、带的制造	2129	307	3959	3959	3447
橡胶板、管、带的制造	2129	307	3959	3959	3447
橡胶零件制造	1707	142	4609	4608	3480
橡胶零件制造	1707	142	4609	4608	3480
再生橡胶制造	2024	144	2963	2963	2441
再生橡胶制造	2024	144	2963	2963	2441
日用及医用橡胶制品制造	76	5	122	122	109
日用及医用橡胶制品制造	76	5	122	122	109
橡胶靴鞋制造	104	46	331	331	137
橡胶靴鞋制造	104	46	331	331	137
其他橡胶制品制造	1183	144	2266	2258	1751
其他橡胶制品制造	1183	144	2266	2258	1751
塑料制品业	44895	4217	58893	58704	48279
塑料薄膜制造	9584	467	5721	5716	4928
塑料薄膜制造	9584	467	5721	5716	4928
塑料板、管、型材的制造	16589	1352	16965	16859	14333
塑料板、管、型材的制造	16589	1352	16965	16859	14333
塑料丝、绳及编织品的制造	4686	685	10958	10888	8810
塑料丝、绳及编织品的制造	4686	685	10958	10888	8810
泡沫塑料制造	3757	380	7113	7111	6043
泡沫塑料制造	3757	380	7113	7111	6043
塑料人造革、合成革制造	402	74	132	132	66
塑料人造革、合成革制造	402	74	132	132	66
塑料包装箱及容器制造	2953	558	7322	7320	6294
塑料包装箱及容器制造	2953	558	7322	7320	6294
塑料零件制造	498	46	879	879	669
塑料零件制造	498	46	879	879	669
日用塑料制造	1768	148	3073	3072	2432
塑料鞋制造	199	23	15	13	9
日用塑料杂品制造	1570	126	3058	3058	2423
其他塑料制品制造	4657	507	6730	6728	4704
其他塑料制品制造	4657	507	6730	6728	4704
非金属矿物制品业	533233	54264	689167	682731	523889
水泥、石灰和石膏的制造	97813	8080	80837	80544	65850
水泥制造	83534	7004	59063	58790	49311
石灰和石膏制造	14279	1076	21773	21755	16539
水泥及石膏制品制造	77956	14097	93396	88662	73276
水泥制品制造	48461	11342	57894	57801	50080
砼结构构件制造	19667	2111	26365	21780	16086
石棉水泥制品制造	822	162	764	741	637
轻质建筑材料制造	7801	376	6935	6902	5527
其他水泥制品制造	1204	107	1439	1439	946

单位：个、人、万元

主营业务成本	营业税金及附加	主营业务税金及附加	主营业务利润	其他业务利润
12250	367	366	3331	81
1389	48	48	224	33
1164	38	38	85	33
225	11	11	139	
3088	67	67	806	1
3088	67	67	806	1
3358	109	108	1150	21
3358	109	108	1150	21
2441	94	94	435	2
2441	94	94	435	2
109	1	1	13	…
109	1	1	13	…
133	4	4	218	23
133	4	4	218	23
1733	45	45	484	2
1733	45	45	484	2
46732	1046	1038	11062	399
4787	87	86	867	46
4787	87	86	867	46
13843	235	234	2855	144
13843	235	234	2855	144
8579	237	236	2084	42
8579	237	236	2084	42
5988	106	106	1021	4
5988	106	106	1021	4
66	1	1	65	
66	1	1	65	
5808	108	104	1412	12
5808	108	104	1412	12
665	15	15	200	…
665	15	15	200	…
2387	65	65	607	21
9	…	…	4	1
2378	65	65	603	20
4611	192	192	1951	129
4611	192	192	1951	129
515735	20350	19287	157475	3379
65219	2171	2036	13984	384
48905	1364	1274	9048	352
16314	807	762	4936	32
71312	2030	1906	16094	328
48833	834	711	8603	172
15575	756	755	5654	105
605	11	11	182	
5387	305	305	1250	44
912	124	124	405	7

2-1-9 续表 23

指标名称	实收资本	本年折旧	营业收入	主营业务收入	营业成本
砖瓦、石材及其他建筑材料制造	183799	15091	242342	241880	178164
粘土砖瓦及建筑砌块制造	136744	11395	192902	192580	140359
建筑陶瓷制品制造	9244	905	11717	11716	9214
建筑用石加工	20407	1476	18880	18835	13885
防水建筑材料制造	3917	533	7086	7086	6076
隔热和隔音材料制造	6826	281	3675	3675	2638
其他建筑材料制造	6662	500	8081	7988	5992
玻璃及玻璃制品制造	26153	3274	48596	48535	41118
平板玻璃制造	635	76	765	765	583
技术玻璃制品制造	95	3	73	73	59
光学玻璃制造	13				
玻璃仪器制造	846	163	1216	1181	923
日用玻璃制品及玻璃包装容器制造	21215	2504	40548	40530	34620
玻璃保温容器制造	861	33	475	468	339
玻璃纤维及制品制造	340	79	564	564	478
玻璃纤维增强塑料制品制造	876	77	1468	1468	1282
其他玻璃制品制造	1273	340	3486	3486	2836
陶瓷制品制造	16872	1159	12197	12196	8990
卫生陶瓷制品制造	3183	4	160	160	98
特种陶瓷制品制造	949	150	1767	1766	1293
日用陶瓷制品制造	10769	941	8898	8897	6437
园林、陈设艺术及其他陶瓷制品制造	1971	64	1372	1372	1161
耐火材料制品制造	93011	9608	165968	165578	117468
石棉制品制造	1036	126	2158	2138	1609
耐火陶瓷制品及其他耐火材料制造	91975	9482	163810	163440	115859
石墨及其他非金属矿物制品制造	37629	2955	45831	45334	39023
石墨及碳素制品制造	24347	2134	33307	32834	28746
其他非金属矿物制品制造	13282	821	12524	12500	10277
黑色金属冶炼及压延加工业	115548	7548	227361	225482	200121
炼铁	87003	4685	159548	159163	140695
炼铁	87003	4685	159548	159163	140695
炼钢	9869	980	8034	8011	6647
炼钢	9869	980	8034	8011	6647
钢压延加工	9748	1202	25268	23797	21281
钢压延加工	9748	1202	25268	23797	21281
铁合金冶炼	8929	682	34512	34512	31499
铁合金冶炼	8929	682	34512	34512	31499
有色金属冶炼及压延加工业	49533	6872	150156	150035	133606
常用有色金属冶炼	35976	5483	124682	124628	112057
铜冶炼	3804	757	6446	6446	6025
铅锌冶炼	4014	165	1925	1920	1950
铝冶炼	5213	863	5625	5625	4425
镁冶炼	21805	3631	105996	105947	95659
其他常用有色金属冶炼	1140	67	4690	4690	3998
贵金属冶炼	1637	15	2503	2503	1281
金冶炼					...
银冶炼	1111	8	2181	2181	1037

单位：个、人、万元

主营业务成本	营业税金及附加	主营业务税金及附加	主营业务利润	其他业务利润
174510	8270	8216	63435	1291
137084	6707	6665	52931	1136
9204	230	229	2276	55
13731	736	733	4470	44
6003	163	163	920	29
2585	157	157	936	1
5902	278	270	1903	26
40931	880	826	7024	156
581	26	26	158	
59	3	3	12	
865	27	27	284	8
34541	703	700	5532	126
339	9	9	125	1
478	14	14	72	8
1248	73	22	202	13
2821	25	25	640	
8952	235	235	3301	390
98	10	10	52	
1293	24	24	450	5
6429	188	187	2573	379
1132	14	14	227	6
116144	6087	5393	47574	384
1603	41	35	506	12
114542	6046	5358	47068	372
38667	676	674	6063	446
28446	441	440	3986	341
10221	235	234	2077	105
198706	3165	2865	24317	439
140307	1885	1855	17044	40
140307	1885	1855	17044	40
6514	172	172	1329	21
6514	172	172	1329	21
20715	716	464	2969	305
20715	716	464	2969	305
31170	392	374	2975	74
31170	392	374	2975	74
132708	4634	4624	12758	298
111504	3939	3932	9180	254
6025	30	30	392	58
1948	20	20	-43	2
4255	83	83	1289	66
95278	3760	3753	6907	115
3998	45	45	636	14
1281	374	374	847	
...			...	
1037	372	372	772	

2-1-9 续表 24

指标名称	实收资本	本年折旧	营业收入	主营业务收入	营业成本
其他贵金属冶炼	526	7	322	322	244
稀有稀土金属冶炼	4172	184	3042	3042	2687
钨钼冶炼	3684	124	2104	2104	1829
稀土金属冶炼	468	56	938	938	858
其他稀有金属冶炼	20	3			
有色金属合金制造	1951	185	1756	1756	1474
有色金属合金制造	1951	185	1756	1756	1474
有色金属压延加工	5797	1005	18173	18106	16106
常用有色金属压延加工	4878	960	16162	16095	14195
稀有稀土金属压延加工	919	45	2011	2011	1912
金属制品业	84069	9258	170867	169203	141566
结构性金属制品制造	30968	3312	59695	58934	49797
金属结构制造	21420	1979	42932	42449	36086
金属门窗制造	9548	1333	16763	16484	13711
金属工具制造	7128	885	17443	17417	12686
切削工具制造	1306	74	2208	2208	1975
手工具制造	566	89	1092	1092	778
农用及园林用金属工具制造	622	33	781	781	700
刀剪及类似日用金属工具制造	251	27	551	551	485
其他金属工具制造	4383	663	12811	12785	8747
集装箱及金属包装容器制造	4207	701	5974	5913	5533
金属压力容器制造	3506	528	4317	4256	4358
金属包装容器制造	702	173	1657	1657	1175
金属丝绳及其制品的制造	4666	446	15825	15160	15359
金属丝绳及其制品的制造	4666	446	15825	15160	15359
建筑、安全用金属制品制造	19071	2279	45162	45057	36201
建筑、家具用金属配件制造	1122	90	1636	1636	1025
建筑装饰及水暖管道零件制造	15211	1918	38819	38778	31192
安全、消防用金属制品制造	2139	168	3176	3112	2704
其他建筑、安全用金属制品制造	600	104	1530	1530	1280
金属表面处理及热处理加工	2858	277	8444	8444	6335
金属表面处理及热处理加工	2858	277	8444	8444	6335
搪瓷制品制造	99				
工业生产配套用搪瓷制品制造	99				
不锈钢及类似日用金属制品制造	4291	320	6527	6507	5188
金属制厨房调理及卫生器具制造	848	47	1542	1522	1336
金属制厨用器皿及餐具制造	490	35	406	406	341
其他日用金属制品制造	2952	237	4579	4579	3512
其他金属制品制造	10780	1039	11796	11772	10466
其他未列明的金属制品制造	10780	1039	11796	11772	10466
通用设备制造业	267925	22862	593690	587622	504488
锅炉及原动机制造	17114	916	23826	23635	17359
锅炉及辅助设备制造	14688	777	20458	20267	14658
内燃机及配件制造	1676	123	2759	2759	2146
水轮机及辅机制造	460				
其他原动机制造	291	16	609	609	556
金属加工机械制造	16234	1979	26835	26609	22339

单位：个、人、万元

主营业务成本	营业税金及附加	主营业务税金及附加	主营业务利润	其他业务利润
244	2	2	75	
2687	30	30	333	16
1829	26	26	249	11
858	5	5	84	4
1474	37	37	245	1
1474	37	37	245	1
15762	254	251	2153	27
13850	252	249	2055	26
1912	2	2	98	1
139077	4268	4150	28641	679
49039	1051	1040	9324	341
35654	697	688	6243	277
13385	354	352	3080	64
12157	193	192	5063	94
1975	11	11	222	1
778	22	21	292	19
681	7	7	94	5
436	7	7	108	
8288	146	146	4347	69
5420	148	147	365	28
4245	34	33	-4	27
1175	114	114	368	1
14433	222	208	1849	73
14433	222	208	1849	73
36151	1884	1837	7098	32
1019	45	44	573	6
31177	1767	1722	5906	9
2690	37	36	387	17
1265	35	35	232	...
6269	309	264	1918	47
6269	309	264	1918	47
5188	208	208	1112	61
1336	30	30	157	14
341	8	8	58	46
3511	171	171	897	...
10420	254	254	1913	4
10420	254	254	1913	4
497389	10323	9947	85600	3307
16909	883	880	6146	164
14311	811	809	5448	153
2126	69	69	564	12
472	2	2	134	
21796	477	461	4446	157

2-1-9 续表 25

指标名称	实收资本	本年折旧	营业收入	主营业务收入	营业成本
金属切削机床制造	1283	114	1588	1538	1283
金属成形机床制造	1704	142	2157	2157	1798
铸造机械制造	2852	257	5719	5596	4589
金属切割及焊接设备制造	694	61	2143	2143	1869
机床附件制造	966	472	1902	1899	1485
其他金属加工机械制造	8736	933	13327	13277	11315
起重运输设备制造	5025	304	10935	10920	9350
起重运输设备制造	5025	304	10935	10920	9350
泵、阀门、压缩机及类似机械的制造	18671	2329	40220	39916	33086
泵及真空设备制造	7776	972	10969	10873	8511
气体压缩机械制造	1239	79	2138	2072	1587
阀门和旋塞的制造	3161	313	5164	5148	4016
液压和气压动力机械及元件制造	6495	966	21948	21824	18972
轴承、齿轮、传动和驱动部件的制造	6467	628	14090	14086	12098
轴承制造	3925	426	6641	6638	5849
齿轮、传动和驱动部件制造	2542	202	7449	7448	6248
烘炉、熔炉及电炉制造	466	27	205	205	145
烘炉、熔炉及电炉制造	466	27	205	205	145
风机、衡器、包装设备等通用设备制造	24446	2268	25489	24239	21623
风机、风扇制造	5662	343	5298	5298	3686
气体、液体分离及纯净设备制造	547	79	2300	2300	1910
制冷、空调设备制造	2776	124	5155	3925	4516
风动和电动工具制造	368	210	1496	1496	1410
喷枪及类似器具制造	46	2	140	140	118
包装专用设备制造	230	37	105	105	66
衡器制造	971	109	2550	2530	2331
其他通用设备制造	13845	1364	8445	8444	7587
通用零部件制造及机械修理	50911	4595	102862	101615	90002
金属密封件制造	209	68	465	411	323
紧固件、弹簧制造	2193	177	5124	4994	4392
机械零部件加工及设备修理	45879	3858	91556	90571	80171
其他通用零部件制造	2630	492	5718	5639	5117
金属铸、锻加工	128591	9816	349228	346397	298486
钢铁铸件制造	68885	5723	169166	168724	146478
锻件及粉末冶金制品制造	59706	4092	180063	177673	152008
专用设备制造业	81503	7521	162926	159857	138167
矿山、冶金、建筑专用设备制造	45593	3693	108490	106100	92752
采矿、采石设备制造	28438	2338	83396	82281	72139
石油钻采专用设备制造	6540	451	9437	8223	7014
建筑工程用机械制造	4518	291	4879	4866	4506
建筑材料生产专用机械制造	2175	239	2210	2210	1706
冶金专用设备制造	3922	374	8567	8520	7386
化工、木材、非金属加工专用设备制造	5749	743	10066	9673	8324
炼油、化工生产专用设备制造	1470	193	1333	1333	938
塑料加工专用设备制造	177	22	911	911	860
木材加工机械制造	688	43	647	632	481
模具制造	3133	465	6054	5695	5320

单位：个、人、万元

主营业务成本	营业税金及附加	主营业务税金及附加	主营业务利润	其他业务利润
1263	92	92	208	34
1755	32	32	369	1
4393	111	105	1096	13
1869	29	29	298	26
1410	35	35	453	8
11106	178	167	2022	74
9291	212	211	1442	34
9291	212	211	1442	34
32630	506	477	6807	655
8227	132	131	2437	447
1587	55	50	436	103
4009	108	97	1019	27
18806	211	199	2914	77
12004	259	258	1896	31
5772	94	94	775	16
6232	166	164	1121	15
145	1	…	60	
145	1	…	60	
20038	456	446	3891	285
3494	217	217	1578	11
1834	44	44	423	15
3442	11	8	476	166
1410	5	5	81	1
118	4	4	14	4
66	7	7	33	
2250	51	51	324	25
7426	117	110	962	63
88530	1663	1512	11736	632
229	40	12	169	1
4188	81	81	738	93
79117	1450	1365	10202	453
4996	92	54	627	85
296046	5865	5702	49176	1349
145901	3644	3588	21244	698
150144	2222	2113	27932	652
133872	1800	1744	24450	1130
89483	901	888	15914	684
69377	588	579	12500	513
6933	43	41	1250	131
4292	15	14	559	13
1660	31	31	520	5
7221	224	224	1085	23
7684	220	213	1785	106
888	68	68	377	33
832	8	8	70	1
481	16	16	136	11
4825	98	90	787	56

2-1-9 续表 26

指标名称	实收资本	本年折旧	营业收入	主营业务收入	营业成本
其他非金属加工专用设备制造	282	20	1122	1102	724
食品、饮料、烟草及饲料生产专用设备制造	291	58	455	455	417
食品、饮料、烟草工业专用设备制造					
农副食品加工专用设备制造	172	45	86	86	81
饲料生产专用设备制造	118	13	370	370	337
印刷、制药、日化生产专用设备制造	1120	146	1926	1920	1371
制浆和造纸专用设备制造	92	19	112	112	53
印刷专用设备制造	237	87	501	496	417
制药专用设备制造	33	1	296	296	260
照明器具生产专用设备制造	513	27	626	625	387
玻璃、陶瓷和搪瓷制品生产专用设备制造	7				
其他日用品生产专用设备制造	238	12	392	392	254
纺织、服装和皮革工业专用设备制造	6819	889	10999	10935	10054
纺织专用设备制造	6643	888	10996	10933	10051
皮革、毛皮及其制品加工专用设备制造	176	1	4	2	3
电子和电工机械专用设备制造	4815	732	11226	11226	9313
电工机械专用设备制造	4084	707	10363	10363	8534
电子工业专用设备制造	731	25	863	863	779
农、林、牧、渔专用机械制造	1917	332	2810	2803	2119
机械化农业及园艺机具制造	636	90	856	856	597
畜牧机械制造	5	...	13	13	10
农林牧渔机械配件制造	397	32	534	527	445
其他农林牧渔业机械制造及机械修理	880	210	1407	1407	1066
医疗仪器设备及器械制造	2260	171	2297	2283	1881
医疗诊断、监护及治疗设备制造	264	44	486	476	330
口腔科用设备及器具制造	813	33	143	143	102
实验室及医用消毒设备和器具的制造	337	15	272	272	257
医疗、外科及兽医用器械制造	237	46	374	374	296
机械治疗及病房护理设备制造	15	2	275	275	271
假肢、人工器官及植(介)入器械制造	118	9	82	82	53
其他医疗设备及器械制造	476	23	665	661	572
环保、社会公共安全及其他专用设备制造	12938	757	14657	14463	11936
环境污染防治专用设备制造	3084	98	2008	1951	1665
地质勘查专用设备制造	292	6	383	257	373
商业、饮食、服务业专用设备制造	3945	276	2355	2355	2419
社会公共安全设备及器材制造	1047	72	1613	1613	790
交通安全及管制专用设备制造	139	13	223	222	162
水资源专用机械制造	871	34	3181	3173	2635
其他专用设备制造	3560	257	4892	4890	3893
交通运输设备制造业	37345	3454	82807	82444	65339
铁路运输设备制造	6457	660	44406	44356	35344
铁路机车车辆及动车组制造	89	29			
工矿有轨专用车辆制造	125	8	402	402	377
铁路机车车辆配件制造	3064	361	11115	11110	9724
铁路专用设备及器材、配件制造	1523	204	8216	8206	7634
其他铁路设备制造及设备修理	1656	58	24673	24638	17610
汽车制造	30340	2648	37803	37504	29507

单位：个、人、万元

主营业务成本	营业税金及附加	主营业务税金及附加	主营业务利润	其他业务利润
658	30	30	414	4
417	2	2	36	
81	1	1	4	
337	1	1	31	
1326	94	93	505	3
53	1	1	58	
372	13	11	112	3
260	16	16	19	
387	11	11	230	
254	53	53	86	
9927	88	60	914	94
9926	87	60	914	94
1	…	…	1	
9267	188	187	1772	1
8533	183	182	1647	1
733	5	5	125	
2095	55	53	654	2
597	13	12	247	…
10	…	…	3	
438	15	15	75	1
1050	26	26	330	1
1822	38	35	431	10
327	5	5	144	7
97	9	9	37	
257	7	7	8	
296	3	3	79	1
236	1	1	38	
53	1	1	28	2
555	12	9	97	
11851	214	213	2439	229
1633	43	43	277	37
365	…	…	-109	126
2419	15	15	-79	
790	54	54	770	20
161	4	4	58	
2598	26	25	577	7
3885	73	73	944	39
62964	1294	1282	18594	398
34061	512	509	10136	48
377	8	8	17	
9330	122	120	1827	6
6762	84	83	1361	24
17593	298	298	6931	18
28415	766	755	8377	349

2-1-9 续表 27

指标名称	实收资本	本年折旧	营业收入	主营业务收入	营业成本
汽车整车制造	351	25	26	26	17
汽车车身、挂车的制造	4070	53	5438	5387	5484
汽车零部件及配件制造	10281	1276	12104	12007	9920
汽车修理	15638	1293	20235	20084	14086
摩托车制造	99	96	59	46	23
摩托车整车制造	66	85	7	7	4
摩托车零部件及配件制造	33	12	53	39	20
自行车制造	6	1	5	5	5
脚踏自行车及残疾人座车制造	6	1	5	5	5
交通器材及其他交通运输设备制造	443	49	534	534	460
交通管理用金属标志及设施制造	137	19	378	378	343
其他交通运输设备制造	306	30	156	156	117
电气机械及器材制造业	52473	6685	65872	65028	52658
电机制造	3266	248	3276	3276	2698
发电机及发电机组制造	1697	62	1922	1922	1688
电动机制造	1083	115	585	585	389
微电机及其他电机制造	487	71	769	769	621
输配电及控制设备制造	22082	1616	27611	27320	22122
变压器、整流器和电感器制造	5846	874	7561	7322	6480
电容器及其配套设备制造	1092	83	2309	2309	1406
配电开关控制设备制造	10868	432	10406	10377	8501
电力电子元器件制造	2047	124	2527	2527	1976
其他输配电及控制设备制造	2229	103	4808	4786	3759
电线、电缆、光缆及电工器材制造	7056	1220	19237	19169	16568
电线电缆制造	5526	841	15166	15123	13125
光纤、光缆制造					
绝缘制品制造	120	26	1023	999	871
其他电工器材制造	1410	352	3047	3047	2572
电池制造	12750	2577	4460	4460	3172
电池制造	12750	2577	4460	4460	3172
家用电力器具制造	1605	190	2312	2312	925
家用空气调节器制造	66	4	38	38	27
家用通风电器具制造	80	3	134	134	101
家用厨房电器具制造	960	158	1557	1557	231
家用清洁卫生电器具制造	395	18	191	191	210
家用电力器具专用配件制造	72	6	355	355	331
其他家用电力器具制造	33	1	37	37	24
非电力家用器具制造	322	20	674	674	551
燃气、太阳能及类似能源的器具制造	322	20	674	674	551
照明器具制造	1564	268	3580	3502	3063
电光源制造	20	4	320	320	259
照明灯具制造	967	241	2211	2142	2014
灯用电器附件及其他照明器具制造	577	23	1049	1040	790
其他电气机械及器材制造	3827	547	4721	4314	3559
车辆专用照明及电气信号设备装置制造	34	5	38	38	29
其他未列明的电气机械制造	3792	542	4683	4275	3530
通信设备、计算机及其他电子设备制造业	18059	1310	14518	14368	11980

单位：个、人、万元

主营业务成本	营业税金及附加	主营业务税金及附加	主营业务利润	其他业务利润
17	2	2	7	25
4987	36	36	365	5
9596	187	184	2206	130
13814	541	535	5800	190
23	2	2	21	
4	...	...	3	
20	1	1	18	
5	...	...	1	
5	...	...	1	
460	15	15	58	
343	5	5	30	
117	11	11	28	
51707	856	836	13314	470
2667	48	48	603	
1657	30	30	248	
389	4	4	220	
621	14	14	134	
21771	341	336	5227	266
6228	89	89	1011	98
1406	67	67	836	
8487	97	93	1804	118
1928	45	45	553	40
3722	42	42	1022	10
16203	261	254	2752	84
12945	222	216	1994	70
819	13	12	176	14
2440	26	26	582	
3087	35	35	1425	59
3087	35	35	1425	59
899	10	10	1547	1
27	2	2	9	
101	4	4	29	
206	...	...	1494	1
210	1	1	-19	
331	1	1	23	
24	3	3	11	
551	46	46	91	
551	46	46	91	
2972	50	41	486	10
259	10	10	50	
1965	22	14	162	3
748	17	17	274	7
3557	66	65	1184	51
29	...	...	26	6
3527	66	65	1158	45
11597	282	271	2805	76

2-1-9 续表 28

指标名称	实收资本	本年折旧	营业收入	主营业务收入	营业成本
通信设备制造	8345	145	1905	1893	1809
通信传输设备制造	8161	139	1447	1447	1395
通信交换设备制造	7	...	7	7	6
其他通信设备制造	178	6	451	439	408
广播电视设备制造	411	7	219	199	169
广播电视接收设备及器材制造	378	6	167	167	136
应用电视设备及其他广播电视设备制造	33	1	53	33	33
电子计算机制造	29	3	53	53	28
电子计算机整机制造	16	...	33	33	20
电子计算机外部设备制造	13	3	20	20	8
电子器件制造	1972	669	2248	2237	1735
电子真空器件制造	690	266	322	322	112
半导体分立器件制造	289	59	637	637	523
光电子器件及其他电子器件制造	993	345	1289	1278	1100
电子元件制造	5325	388	7209	7188	5886
电子元件及组件制造	5305	388	7195	7175	5874
印制电路板制造	20	...	14	14	13
家用视听设备制造	195				
家用音响设备制造	195				
其他电子设备制造	1782	97	2885	2797	2354
其他电子设备制造	1782	97	2885	2797	2354
仪器仪表及文化、办公用机械制造业	13451	1698	28628	27784	23706
通用仪器仪表制造	8411	958	18753	18449	15998
工业自动控制系统装置制造	5611	305	12642	12506	10950
电工仪器仪表制造	1694	579	3675	3650	3108
绘图、计算及测量仪器制造	164	4	124	124	123
实验分析仪器制造	166	13	458	428	382
试验机制造	66	1	626	626	498
供应用仪表及其他通用仪器制造	710	54	1228	1115	938
专用仪器仪表制造	2623	50	2319	1790	1529
环境监测专用仪器仪表制造	986	2	6	6	6
汽车及其他用计数仪表制造	21				
导航、气象及海洋专用仪器制造	7	3	5	5	3
农林牧渔专用仪器仪表制造	340	1	146	146	90
核子及核辐射测量仪器制造	99	5	397	397	229
电子测量仪器制造	99	8	380	380	308
其他专用仪器制造	1072	32	1385	855	893
钟表与计时仪器制造	230	6	180	180	116
钟表与计时仪器制造	230	6	180	180	116
光学仪器及眼镜制造	306	7	132	129	102
光学仪器制造	306	7	114	110	92
眼镜制造			18	18	10
文化、办公用机械制造	243	45	932	926	622
计算器及货币专用设备制造		3	66	66	8
其他文化、办公用机械制造	243	43	866	860	615
其他仪器仪表的制造及修理	1638	632	6311	6311	5338
其他仪器仪表的制造及修理	1638	632	6311	6311	5338

单位：个、人、万元

主营业务成本	营业税金及附加	主营业务税金及附加	主营业务利润	其他业务利润
1799	33	33	61	2
1395			53	
6	…	…	1	
399	33	33	8	2
159	3	3	38	10
136	1	1	30	6
23	2	2	8	4
28	9	9	22	
20	…	…	13	
8	9	9	9	
1631	55	55	551	12
112	33	33	178	
523	7	7	107	
996	15	15	267	12
5738	155	155	1568	36
5725	155	155	1567	36
13	…	…	1	
2242	27	17	564	17
2242	27	17	564	17
23120	590	562	7545	301
15720	128	126	2709	79
10843	69	69	1594	25
3108	22	22	627	9
118	1	1	5	
353	4	4	71	
498	5	5	122	
801	27	25	289	45
1269	67	41	481	214
6	…	…	…	
3			2	
90	4	4	53	
229	5	5	163	
308	18	18	54	
633	40	14	209	214
116	1	1	62	6
116	1	1	62	6
102	1	1	26	…
92	…	…	18	…
10	1	1	8	
622	30	30	273	
8	2	2	56	
615	28	28	217	
5291	362	362	3994	2
5291	362	362	3994	2

2-1-9 续表 29

指标名称	实收资本	本年折旧	营业收入	主营业务收入	营业成本
工艺品及其他制造业	56276	2177	69170	68782	59546
工艺美术品制造	6182	376	6601	6401	4678
雕塑工艺品制造	1269	65	1252	1136	677
金属工艺品制造	1498	63	1895	1885	1426
漆器工艺品制造	361	43	1140	1140	958
花画工艺品制造	96	9	676	676	605
天然植物纤维编织工艺品制造	20	1	18	18	12
抽纱刺绣工艺品制造	508	23	757	757	400
地毯、挂毯制造	1038	85	218	162	119
珠宝首饰及有关物品的制造	881	57	243	243	151
其他工艺美术品制造	511	31	402	385	329
日用杂品制造	1030	307	1003	1001	740
制镜及类似品加工	782	284	259	257	223
鬃毛加工、制刷及清扫工具的制造		1	9	9	7
其他日用杂品制造	249	22	734	734	510
煤制品制造	48165	1400	60994	60809	53699
煤制品制造	48165	1400	60994	60809	53699
其他未列明的制造业	899	94	571	571	429
其他未列明的制造业	899	94	571	571	429
废弃资源和废旧材料回收加工业	5225	409	12489	12459	14159
金属废料和碎屑的加工处理	1450	199	9821	9821	9520
金属废料和碎屑的加工处理	1450	199	9821	9821	9520
非金属废料和碎屑的加工处理	3774	210	2668	2638	4639
非金属废料和碎屑的加工处理	3774	210	2668	2638	4639
电力、燃气及水的生产和供应业	**288517**	**60138**	**248145**	**244642**	**221599**
电力、热力的生产和供应业	187427	41277	145803	144187	140168
电力生产	121754	34438	53957	53589	54520
火力发电	88819	30969	43390	43052	43649
水力发电	16500	735	3637	3608	2796
其他能源发电	16435	2734	6929	6929	8074
电力供应	23764	751	61149	60988	55129
电力供应	23764	751	61149	60988	55129
热力生产和供应	41910	6087	30697	29610	30519
热力生产和供应	41910	6087	30697	29610	30519
燃气生产和供应业	33063	14075	77290	76475	62416
燃气生产和供应业	33063	14075	77290	76475	62416
燃气生产和供应业	33063	14075	77290	76475	62416
水的生产和供应业	68027	4786	25052	23980	19015
自来水的生产和供应	32599	3612	20794	20091	15489
自来水的生产和供应	32599	3612	20794	20091	15489
污水处理及其再生利用	34254	1147	3610	3242	2894
污水处理及其再生利用	34254	1147	3610	3242	2894
其他水的处理、利用与分配	1174	27	647	647	632
其他水的处理、利用与分配	1174	27	647	647	632
五、按行业大类分					
煤炭开采和洗选业	1366085	94675	2741563	2717224	2108244
石油和天然气开采业	24761	95	346	346	205

单位：个、人、万元

主营业务成本	营业税金及附加	主营业务税金及附加	主营业务利润	其他业务利润
58996	1607	1485	8322	291
4368	371	262	1749	127
673	83	83	341	42
1316	189	91	478	17
813	41	41	286	…
604	3	3	69	1
12	2	2	4	
400	13	13	344	…
119	14	4	39	48
151	15	15	77	
280	10	10	110	19
685	37	37	282	1
221	7	7	30	1
7	2	2	3	
458	28	28	250	…
53517	1174	1170	6156	163
53517	1174	1170	6156	163
425	26	17	135	
425	26	17	135	
14103	184	183	932	916
9468	138	138	267	874
9468	138	138	267	874
4636	46	45	665	42
4636	46	45	665	42
218429	**2774**	**2704**	**29658**	**3713**
138359	1599	1563	9558	2102
54460	594	594	1383	1096
43615	474	474	1631	986
2771	80	80	936	102
8074	39	39	-1184	8
55077	316	314	7281	68
55077	316	314	7281	68
28822	690	656	894	938
28822	690	656	894	938
61939	582	554	14311	585
61939	582	554	14311	585
61939	582	554	14311	585
18131	593	586	5788	1026
14713	537	530	5267	1024
14713	537	530	5267	1024
2881	53	53	415	2
2881	53	53	415	2
537	3	3	107	
537	3	3	107	
2088479	68085	66844	596480	9329
205	8	8	133	26

2-1-9 续表 30

指标名称	实收资本	本年折旧	营业收入	主营业务收入	营业成本
黑色金属矿采选业	180901	12601	200488	200319	139051
有色金属矿采选业	24872	1142	13941	13928	11622
非金属矿采选业	78387	7604	98880	98372	70603
农副食品加工业	121478	10481	175137	173744	136138
食品制造业	69674	7627	79401	78854	60997
饮料制造业	57016	3208	51237	50746	36135
纺织业	42758	4747	34330	33243	28310
纺织服装、鞋、帽制造业	11561	1164	20034	19934	15036
皮革、毛皮、羽毛(绒)及其制品业	1350	85	1504	1504	1234
木材加工及木、竹、藤、棕、草制品业	9671	1325	19438	19357	15692
家具制造业	10364	917	19483	19290	14604
造纸及纸制品业	33040	4243	52770	52691	40082
印刷业和记录媒介的复制	33229	3935	50962	50666	39809
文教体育用品制造业	1735	167	3047	3045	2214
石油加工、炼焦及核燃料加工业	67193	6814	148608	145045	124516
化学原料及化学制品制造业	217872	14817	282128	279069	244500
医药制造业	41588	5233	28317	25738	20023
化学纤维制造业	13964	371	777	657	8730
橡胶制品业	9403	925	15912	15904	12799
塑料制品业	44895	4217	58893	58704	48279
非金属矿物制品业	533233	54264	689167	682731	523889
黑色金属冶炼及压延加工业	115548	7548	227361	225482	200121
有色金属冶炼及压延加工业	49533	6872	150156	150035	133606
金属制品业	84069	9258	170867	169203	141566
通用设备制造业	267925	22862	593690	587622	504488
专用设备制造业	81503	7521	162926	159857	138167
交通运输设备制造业	37345	3454	82807	82444	65339
电气机械及器材制造业	52473	6685	65872	65028	52658
通信设备、计算机及其他电子设备制造业	18059	1310	14518	14368	11980
仪器仪表及文化、办公用机械制造业	13451	1698	28628	27784	23706
工艺品及其他制造业	56276	2177	69170	68782	59546
废弃资源和废旧材料回收加工业	5225	409	12489	12459	14159
电力、热力的生产和供应业	187427	41277	145803	144187	140168
燃气生产和供应业	33063	14075	77290	76475	62416
水的生产和供应业	68027	4786	25052	23980	19015
六、按地区分					
太原市	717512	78544	1047103	1039577	854701
大同市	332737	23634	515619	507469	416456
阳泉市	123886	10279	254690	252670	200143
长治市	245766	25380	535337	532565	435153
晋城市	416946	30375	735170	713801	553690
朔州市	76717	27122	57837	56342	36441
晋中市	487456	27422	819882	812356	719683
运城市	376304	77311	676597	674925	543145
忻州市	374742	20940	474890	470674	369185
临汾市	409231	18814	591946	587177	456150
吕梁市	503655	30770	903922	901259	684898

单位：个、人、万元

主营业务成本	营业税金及附加	主营业务税金及附加	主营业务利润	其他业务利润
138919	6439	6299	55784	343
11510	291	282	2399	56
69226	5478	3309	27001	1697
132226	4675	4648	39388	1283
59402	2627	2459	17235	726
35468	2301	2247	14236	340
26503	488	480	6787	387
14665	381	376	4998	198
1216	34	34	253	9
15155	499	496	3774	101
14390	487	481	4572	120
39499	1179	1114	12440	273
38828	946	935	11430	378
2202	183	183	659	31
121055	3356	3243	20820	1082
238294	4794	4698	38304	1844
18243	632	631	6939	272
493	6	6	214	341
12250	367	366	3331	81
46732	1046	1038	11062	399
515735	20350	19287	157475	3379
198706	3165	2865	24317	439
132708	4634	4624	12758	298
139077	4268	4150	28641	679
497389	10323	9947	85600	3307
133872	1800	1744	24450	1130
62964	1294	1282	18594	398
51707	856	836	13314	470
11597	282	271	2805	76
23120	590	562	7545	301
58996	1607	1485	8322	291
14103	184	183	932	916
138359	1599	1563	9558	2102
61939	582	554	14311	585
18131	593	586	5788	1026
846382	32861	32060	165666	4699
414306	9401	8733	86735	1585
198418	5302	4545	84348	1143
432057	9511	7296	95751	2670
536072	12290	11898	167257	7573
35078	2670	2538	21573	2045
707116	14718	14336	95124	5076
511365	14853	14251	151830	4902
366302	11381	11206	98074	1983
453455	21719	21641	121418	784
682812	21725	21615	204871	2252

2-1-9 续表 31

指标名称	营业费用管理费用财务费用合计	税金	利息支出	营业利润
总　计	**734560**	**75589**	**63777**	**592801**
一、按轻重工业分				
轻工业	85391	13214	8720	76457
重工业	649169	62375	55056	516343
二、按登记注册类型分				
内资企业	**702548**	**74387**	**61938**	**589763**
国有企业	53832	4272	5974	16698
集体企业	84853	6572	3962	50644
股份合作企业	9606	1659	1219	9418
联营企业	2062	99	43	1183
国有联营企业	111	14	16	-37
集体联营企业	557	20	21	773
国有与集体联营企业	810	6	4	33
其他联营企业	584	59	3	414
有限责任公司	171796	8939	14807	58818
国有独资公司	7169	193	8	2417
其他有限责任公司	164627	8745	14800	56401
股份有限公司	46340	4571	7588	21877
私营企业	328069	47709	28177	417997
私营独资企业	123124	21229	11282	211702
私营合伙企业	30442	6753	1976	48342
私营有限责任公司	156535	16718	12273	135261
私营股份有限公司	17968	3009	2646	22691
其他企业	5991	566	167	13127
港澳台商投资企业	**2897**	**227**	**717**	**-1144**
与港澳台商合资经营企业	1336	128	482	542
与港澳台商合作经营企业	3	1		-1
港澳台商独资企业	1167	95	28	-1014
港澳台商投资股份有限公司	392	4	207	-670
外商投资企业	**29114**	**975**	**1121**	**4181**
中外合资经营企业	27357	803	1051	3026
中外合作经营企业	117	...	...	40
外资企业	1623	156	69	1048
外商投资股份有限公司	18	17	1	68
三、按控股情况分				
国有控股	128245	6011	11270	8798
集体控股	129406	8315	8940	86766
私人控股	453452	59013	41477	482893
港澳台商控股	1813	214	122	44
外商控股	4106	343	398	1535
其他	17538	1694	1569	12765
四、按国民经济行业分				
采矿业	**367787**	**28982**	**22888**	**325461**
煤炭开采和洗选业	335828	21460	20031	269981
烟煤和无烟煤的开采洗选	335828	21460	20031	269981
烟煤和无烟煤的开采洗选	335828	21460	20031	269981
石油和天然气开采业	518	3		-359
天然原油和天然气开采	518	3		-359

单位：个、人、万元

职工工资和福利费	本年应交增值税	资产减值损失	公允价值变动收益	投资收益
565155	**383804**	**10897**	**-835**	**211**
109320	47366	1847	-59	240
455835	336438	9050	-776	-29
559298	**378333**	**10385**	**-843**	**240**
51764	16757	557	-35	-9
66019	35644	372	67	87
10898	5215	156	39	38
1896	947	22	1	-1
99	53	20	1	…
857	377	3	-1	1
429	155			
511	362			-3
92213	72331	722	-478	-536
8739	2329			
83474	70003	722	-478	-536
31200	23210	969	-838	-359
300895	219993	7552	398	1023
157388	102165	5599	298	832
26991	16447	259	102	133
99327	87711	1415	158	26
17188	13670	279	-159	32
4413	4235	34	2	-2
1815	**788**	**1**	**…**	**-30**
1486	711	1	…	-30
49	1			
177	24			
103	53			
4042	**4684**	**511**	**7**	**…**
3370	4073	511	7	…
59	13			
547	525			
66	72			
75261	30002	697	-493	-797
90473	54007	957	-122	-60
386203	289446	8873	-258	1052
1301	680			
2198	1424	234	7	
9719	8244	136	30	15
177479	**186185**	**1991**	**-691**	**328**
146195	168617	1576	-662	189
146195	168617	1576	-662	189
146195	168617	1576	-662	189
372	21			31
294	21			31

2-1-9 续表 32

指标名称	营业费用 管理费用 财务费用 合计	税金	利息支出	营业利润
天然原油和天然气开采	518	3		-359
与石油和天然气开采有关的服务活动				
与石油和天然气开采有关的服务活动				
黑色金属矿采选业	19708	5505	1587	36420
铁矿采选	18925	5415	1578	34713
铁矿采选	18925	5415	1578	34713
其他黑色金属矿采选	783	90	8	1707
其他黑色金属矿采选	783	90	8	1707
有色金属矿采选业	1396	114	37	1059
常用有色金属矿采选	1192	100	37	866
铜矿采选	332	10	11	177
铅锌矿采选	257	16		342
铝矿采选	521	53	23	316
镁矿采选	25	14	3	42
其他常用有色金属矿采选	57	7		-10
贵金属矿采选	177	12		167
金矿采选	177	12		167
银矿采选				
稀有稀土金属矿采选	27	2		26
钨钼矿采选	26	2		26
稀土金属矿采选	1	...		...
非金属矿采选业	10337	1900	1234	18360
土砂石开采	9700	1732	1183	17157
石灰石、石膏开采	2180	428	200	3869
建筑装饰用石开采	1025	256	106	2193
耐火土石开采	1083	168	88	592
粘土及其他土砂石开采	5411	879	789	10504
化学矿采选	246	8	13	-116
化学矿采选	246	8	13	-116
石棉及其他非金属矿采选	392	160	37	1319
石棉、云母矿采选	32	1		11
石墨、滑石采选	4	1		8
宝石、玉石开采				
其他非金属矿采选	356	158	37	1300
制造业	**320943**	**44647**	**31811**	**279798**
农副食品加工业	14932	2528	1648	25739
谷物磨制	3434	776	366	7299
谷物磨制	3434	776	366	7299
饲料加工	2747	363	176	5931
饲料加工	2747	363	176	5931
植物油加工	688	134	132	2334
食用植物油加工	408	109	69	2045
非食用植物油加工	280	26	63	289
制糖	...	...		...
制糖	...	...		...
屠宰及肉类加工	2339	288	3	1893
畜禽屠宰	1550	178	120	1451
肉制品及副产品加工	789	110	-118	442

单位：个、人、万元

职工工资和福利费	本年应交增值税	资产减值损失	公允价值变动收益	投资收益
294	21			31
79				
79				
15834	10370	156	-70	17
15346	9912	151	-67	17
15346	9912	151	-67	17
488	458	5	-3	...
488	458	5	-3	...
2497	812	51	1	12
1960	717	51	1	12
877	314	5	5	5
246	74	43	-6	5
604	270			
139	9	4	1	1
95	50			
499	77	...	...	...
494	77	...	...	...
4	...			
38	17			
37	17			
1	...			
12581	6365	208	40	80
11773	5842	193	31	76
3022	1661	12	7	8
1591	760	48	3	4
669	311	7	-1	...
6492	3110	125	22	63
340	96	8	8	1
340	96	8	8	1
468	427	7	1	4
51	21			
10	1	...	...	...
18				
388	405	7	1	4
364519	**187597**	**8594**	**-48**	**-53**
16309	10534	352	-66	101
3574	3612	46	23	32
3574	3612	46	23	32
2052	1810	19	-6	22
2052	1810	19	-6	22
1179	801	84	-87	-19
886	693	84	-87	-19
293	107			
7	...			
7	...			
2967	886	7	-19	11
1823	535	5	...	9
1144	351	2	-20	2

2-1-9 续表 33

指标名称	营业费用管理费用财务费用合计	税金	利息支出	营业利润
水产品加工	7	1		13
水产品冷冻加工	7	1		13
蔬菜、水果和坚果加工	2463	622	424	5916
蔬菜、水果和坚果加工	2463	622	424	5916
其他农副食品加工	3254	345	547	2354
淀粉及淀粉制品的制造	2651	250	473	994
豆制品制造	302	55	41	619
蛋品加工	72	13	6	98
其他未列明的农副食品加工	229	26	26	643
食品制造业	7998	1725	1284	9963
焙烤食品制造	1197	209	61	1840
糕点、面包制造	1012	146	53	1139
饼干及其他焙烤食品制造	185	64	8	701
糖果、巧克力及蜜饯制造	1289	460	310	2777
糖果、巧克力制造	59	14	3	124
蜜饯制作	1230	446	307	2654
方便食品制造	1089	136	156	1287
米、面制品制造	528	64	47	597
速冻食品制造	226	14	2	126
方便面及其他方便食品制造	335	58	107	564
液体乳及乳制品制造	930	143	46	464
液体乳及乳制品制造	930	143	46	464
罐头制造	490	198	133	649
肉、禽类罐头制造	148	47	6	180
水产品罐头制造	8	1	7	81
蔬菜、水果罐头制造	334	149	121	388
其他罐头食品制造	…	…		…
调味品、发酵制品制造	1842	310	465	2231
味精制造	10	10		15
酱油、食醋及类似制品的制造	1615	291	369	2159
其他调味品、发酵制品制造	217	9	96	57
其他食品制造	1161	268	113	715
营养、保健食品制造	365	116	22	235
冷冻饮品及食用冰制造	107	35	3	224
盐加工	186	1	56	41
食品及饲料添加剂制造	416	90	21	136
其他未列明的食品制造	86	25	12	79
饮料制造业	7501	1013	1000	7074
酒精制造	51	31	13	53
酒精制造	51	31	13	53
酒的制造	3657	385	531	4126
白酒制造	2225	268	481	2198
啤酒制造	976	28	14	1356
黄酒制造	17	3		5
葡萄酒制造	64	17	23	129
其他酒制造	375	69	13	438
软饮料制造	3674	556	448	2756
碳酸饮料制造	339	42	29	425

单位：个、人、万元

职工工资和福利费	本年 应交增值税	资产 减值损失	公允价值 变动收益	投资收益
5	1			
5	1			
3513	1956	12	7	20
3513	1956	12	7	20
3012	1468	184	17	36
1627	1055	65	8	25
617	255	53	5	3
102	17			5
667	141	65	4	3
12903	5656	239	6	-102
2146	1220	17	-5	
1721	714	11	-5	-1
426	506	7		1
3668	879	4	2	2
93	54			
3575	825	4	2	2
1656	715	4	2	4
900	346	1	…	2
224	125			
532	245	4	2	2
1047	456	201	5	-115
1047	456	201	5	-115
788	659	6	-1	2
156	73	4	-1	3
23	49			
607	537	2	-1	-1
1				
2280	1156	4	2	4
4	21			
2070	1053	4	2	4
206	82	…	…	
1320	572	2	…	1
336	120	2	…	…
221	167	…	…	…
20	35			
591	201	…	…	…
153	48			1
6618	3778	99	-9	237
228	15	35	-21	-18
228	15	35	-21	-18
3770	2070	25	8	250
3034	1648	17	5	250
262	101			
34	8			
103	47	…	…	…
337	267	8	3	…
2532	1661	40	3	5
459	186			

2-1-9 续表 34

指标名称	营业费用 管理费用 财务费用 合计	税金	利息支出	营业利润
瓶(罐)装饮用水制造	903	198	49	906
果菜汁及果菜汁饮料制造	1932	277	126	652
含乳饮料和植物蛋白饮料制造	126	19	55	142
固体饮料制造	223	1	170	-231
茶饮料及其他软饮料制造	150	19	19	861
精制茶加工	120	41	9	139
精制茶加工	120	41	9	139
纺织业	4099	865	331	3074
棉、化纤纺织及印染精加工	1916	409	77	2354
棉、化纤纺织加工	1831	398	69	2250
棉、化纤印染精加工	85	11	8	104
毛纺织和染整精加工	76	10		59
毛条加工	1	...		...
毛纺织	9	9		53
毛染整精加工	65	1		5
麻纺织	17	8	...	339
麻纺织	17	8	...	339
丝绢纺织及精加工	269	52	145	-165
缫丝加工	269	52	145	-165
绢纺和丝织加工	...			
纺织制成品制造	625	79	69	131
棉及化纤制品制造	162	35	14	98
毛制品制造	261	22	29	-177
麻制品制造	8			-3
丝制品制造	33	...		-4
绳、索、缆的制造	11	2	3	-1
纺织带和帘子布制造	13			2
无纺布制造	13	12		7
其他纺织制成品制造	123	8	24	208
针织品、编织品及其制品制造	1196	307	40	357
棉、化纤针织品及编织品制造	1006	282	31	127
毛针织品及编织品制造	5	2	1	80
丝针织品及编织品制造	34	2	...	20
其他针织品及编织品制造	151	20	8	130
纺织服装、鞋、帽制造业	2649	341	113	2547
纺织服装制造	2502	301	102	2393
纺织服装制造	2502	301	102	2393
纺织面料鞋的制造	147	40	12	154
纺织面料鞋的制造	147	40	12	154
制帽				...
制帽				...
皮革、毛皮、羽毛(绒)及其制品业	81	29	9	181
皮革鞣制加工	1	...		1
皮革鞣制加工	1	...		1
皮革制品制造	66	25	8	74
皮鞋制造	63	25	8	71
皮箱、包(袋)制造				

单位：个、人、万元

职工工资和福利费	本年 应交增值税	资产 减值损失	公允价值 变动收益	投资收益
968	665	26	-8	-3
783	532	11	11	8
137	184	3	…	…
50	9			
134	85			
88	31			
88	31			
9838	2592	49	22	18
7008	1446	15	7	-16
6900	1388	14	6	-17
108	57	2	2	1
209	97			
3	1			
46	44			
160	52			
80	60	1	1	1
80	60	1	1	1
238	48	8		
237	48	8		
2	…			
954	279	18	2	26
217	92			
29	17	17	1	25
390	1			
54	36			
7	2			
7	2			
16	12	1	1	1
235	116	…		1
1348	662	6	12	7
733	522	1	2	1
110	60			
116	21	1	…	…
389	59	4	10	6
3409	1505	4	1	-5
3150	1404	3	2	-5
3150	1404	3	2	-5
251	101	1	-1	…
251	101	1	-1	…
8	…			
8	…			
329	81			3
40	…			
40	…			
229	66			3
209	66			3
1				

2-1-9 续表 35

指标名称	营业费用管理费用财务费用合计	税金	利息支出	营业利润
皮手套及皮装饰制品制造	4		...	2
毛皮鞣制及制品加工	14	3	1	105
毛皮鞣制加工	9	3		99
毛皮服装加工	2			1
其他毛皮制品加工	3		1	6
羽毛(绒)加工及制品制造	...	...		...
羽毛(绒)制品加工	...	...		...
木材加工及木、竹、藤、棕、草制品业	1308	351	146	2566
锯材、木片加工	342	45	18	757
锯材加工	199	16	7	257
木片加工	142	30	11	500
人造板制造	450	232	31	1003
胶合板制造	161	74	30	181
纤维板制造	22	19		148
刨花板制造	123	115		-28
其他人造板、材制造	144	24	1	703
木制品制造	502	70	97	734
建筑用木料及木材组件加工	220	31	87	457
木容器制造	240	24	5	-14
软木制品及其他木制品制造	43	15	4	291
竹、藤、棕、草制品制造	15	4	1	72
竹、藤、棕、草制品制造	15	4	1	72
家具制造业	1930	384	176	2762
木质家具制造	1555	356	160	2310
木质家具制造	1555	356	160	2310
竹、藤家具制造				
竹、藤家具制造				
金属家具制造	197	4	13	172
金属家具制造	197	4	13	172
塑料家具制造	37	8		178
塑料家具制造	37	8		178
其他家具制造	141	16	4	103
其他家具制造	141	16	4	103
造纸及纸制品业	3972	865	558	8741
纸浆制造	87	51	7	106
纸浆制造	87	51	7	106
造纸	1151	375	143	2257
机制纸及纸板制造	963	323	137	1874
手工纸制造	46	19	1	110
加工纸制造	143	34	5	273
纸制品制造	2734	439	408	6378
纸和纸板容器的制造	1535	326	340	4599
其他纸制品制造	1198	113	68	1780
印刷业和记录媒介的复制	5761	1087	340	6047
印刷	5331	1007	328	5086
书、报、刊印刷	2006	331	113	1705
本册印制	1225	300	32	729

单位：个、人、万元

职工工资和福利费	本年应交增值税	资产减值损失	公允价值变动收益	投资收益
19	…			
52	15			
44	4			
2	2			
6	9			
9	…			
9	…			
2535	1426	16	9	15
515	497	12	7	8
273	114	8	3	3
242	384	5	4	5
1090	511	2	1	6
549	160	1	…	5
128	128			
79	35	…	…	…
333	188	2	1	1
842	395	1	1	2
394	105	1	1	2
344	140			
104	150			
89	23			
89	23			
2922	1226	51	16	60
2413	954	45	15	9
2413	954	45	15	9
1				
1				
186	78	1	1	2
186	78	1	1	2
97	107			
97	107			
225	88	5		49
225	88	5		49
8816	2942	67	-4	-24
225	119	…	…	…
225	119	…	…	…
2916	1086	24	-1	-1
2253	932	24	-1	-1
347	101			
316	53			
5676	1736	43	-3	-22
4318	1055	42	-3	-15
1358	682	1	…	-7
7094	3491	132	49	36
6386	3137	131	49	36
2614	874	43	21	24
1105	439	45	11	12

2-1-9 续表 36

指标名称	营业费用管理费用财务费用合计	税金	利息支出	营业利润
包装装潢及其他印刷	2101	375	183	2651
装订及其他印刷服务活动	430	80	12	961
装订及其他印刷服务活动	430	80	12	961
记录媒介的复制				
记录媒介的复制				
文教体育用品制造业	187	112	4	502
文化用品制造	74	56	1	306
文具制造	4	...		9
笔的制造				
教学用模型及教具制造	50	50		159
墨水、墨汁制造	11	1		-8
其他文化用品制造	10	5	1	146
体育用品制造	109	55	2	184
球类制造	13	13		59
体育器材及配件制造	64	36	1	70
训练健身器材制造	26	7	2	59
其他体育用品制造	6			-4
乐器制造	...	...		5
中乐器制造	...	...		5
玩具制造	3	...	1	7
玩具制造	3	...	1	7
游艺器材及娱乐用品制造				
露天游乐场所游乐设备制造				
游艺用品及室内游艺器材制造				
石油加工、炼焦及核燃料加工业	16217	1093	2050	5685
精炼石油产品的制造	952	198	454	844
原油加工及石油制品制造	948	198	454	860
人造原油生产	3	...		-16
炼焦	15265	895	1596	4841
炼焦	15265	895	1596	4841
化学原料及化学制品制造业	23128	3281	2639	17020
基础化学原料制造	10615	1379	1356	4316
无机酸制造	1042	65	244	849
无机碱制造	373	74	97	269
无机盐制造	2726	296	343	77
有机化学原料制造	4249	719	157	2498
其他基础化学原料制造	2224	225	515	624
肥料制造	1238	327	142	2492
氮肥制造	58	36	1	129
磷肥制造	199	28	36	123
钾肥制造	19	3	1	66
复混肥料制造	338	56	24	693
有机肥料及微生物肥料制造	404	124	43	770
其他肥料制造	221	78	37	711
农药制造	771	316	83	2223
化学农药制造	436	201	70	1673
生物化学农药及微生物农药制造	335	115	13	550

单位：个、人、万元

职工工资和福利费	本年应交增值税	资产减值损失	公允价值变动收益	投资收益
2667	1823	43	17	1
708	354	...		
708	354	...		
...				
...				
416	161	2	-1	-1
213	72			
9	3			
7	...			
86	45			
76	...			
35	25			
173	82	2	-1	-1
33	13	2	-1	-1
77	38			
56	28			
7	2			
14	2			
14	2			
5	5			
5	5			
11				
1				
10				
6282	9698	4179	22	19
1316	456	7		
1313	455	7		
3	...			
4966	9243	4173	22	19
4966	9243	4173	22	19
23335	15717	242	-423	-477
8299	5491	109	8	28
604	354	9	6	5
386	289	2	2	6
2853	1715	1	...	...
2598	2071	55	29	36
1858	1062	42	-30	-19
1825	1460	26	-4	-8
104	97	...	...	1
390	63	7		
48	59	3		
540	443	12	-6	-12
379	430	3	1	3
364	367	2	1	1
1359	1703	7	3	3
1075	1208	5	4	4
284	495	1	...	...

2-1-9 续表 37

指标名称	营业费用 管理费用 财务费用 合计	税金	利息支出	营业利润
涂料、油墨、颜料及类似产品制造	1369	273	145	1736
涂料制造	1046	202	75	884
油墨及类似产品制造	81	19	13	434
颜料制造	54	6	36	117
染料制造	163	34	10	257
密封用填料及类似品制造	24	12	11	45
合成材料制造	554	63	6	400
初级形态的塑料及合成树脂制造	184	25	3	144
合成橡胶制造	217	21	1	155
合成纤维单(聚合)体的制造	78	6		15
其他合成材料制造	74	12	2	86
专用化学产品制造	7713	845	899	5619
化学试剂和助剂制造	2065	312	272	2577
专项化学用品制造	905	66	181	-210
林产化学产品制造	1981	152	162	1024
炸药及火工产品制造	1717	108	45	604
信息化学品制造	14	3	1	62
环境污染处理专用药剂材料制造	175	14	13	303
动物胶制造	127	59		380
其他专用化学产品制造	729	132	226	878
日用化学产品制造	868	77	7	234
肥皂及合成洗涤剂制造	701	49	3	-65
化妆品制造	...	...		...
口腔清洁用品制造	54	1		12
香料、香精制造	64	17	2	195
其他日用化学产品制造	49	10	2	91
医药制造业	5174	830	408	2038
化学药品原药制造	395	41	36	64
化学药品原药制造	395	41	36	64
化学药品制剂制造	915	141	129	-373
化学药品制剂制造	915	141	129	-373
中药饮片加工	264	48	112	-27
中药饮片加工	264	48	112	-27
中成药制造	2921	280	41	689
中成药制造	2921	280	41	689
兽用药品制造	450	299	61	1277
兽用药品制造	450	299	61	1277
生物、生化制品的制造	145	8	19	218
生物、生化制品的制造	145	8	19	218
卫生材料及医药用品制造	83	13	11	189
卫生材料及医药用品制造	83	13	11	189
化学纤维制造业	9265	151	690	-8710
合成纤维制造	9265	151	690	-8710
锦纶纤维制造	8045		688	-7992
涤纶纤维制造	1191	139		-849
腈纶纤维制造	16	4		43
其他合成纤维制造	13	7	2	87

单位：个、人、万元

职工工资和福利费	本年 应交增值税	资产 减值损失	公允价值 变动收益	投资收益
1347	1082	14	2	15
802	632	3	1	4
216	135	…	…	2
146	50	4	…	8
130	227	7		
53	39			
591	325	…	1	…
177	133			
236	82	…	1	…
119	9			
59	101			
9138	5192	85	-433	-517
2538	2472	22	8	9
567	350	2	-460	-560
1528	1166	43	16	15
1786	358	1	1	1
133	24	2	1	1
333	118	5	2	3
169	82	1	…	…
2085	621	9	…	15
777	465	1	…	…
515	292	…		
2	…			
19	5			
110	110			
131	57	1	…	…
3520	2901	159	-2	-12
260	73	…	…	…
260	73	…	…	…
706	389	46	24	8
706	389	46	24	8
148	77			
148	77			
1053	861			
1053	861			
1019	1313	47	-25	-20
1019	1313	47	-25	-20
137	104	66		
137	104	66		
197	85			
197	85			
323	254	…	1	…
323	254	…	1	…
44	9			
75	138	…	1	…
68	53			
136	53			

2-1-9 续表 38

指标名称	营业费用管理费用财务费用合计	税金	利息支出	营业利润
橡胶制品业	2547	463	227	865
轮胎制造	172	55	74	85
车辆、飞机及工程机械轮胎制造	62	30	11	56
力车胎制造				
轮胎翻新加工	110	26	62	29
橡胶板、管、带的制造	835	164	46	-29
橡胶板、管、带的制造	835	164	46	-29
橡胶零件制造	592	77	23	578
橡胶零件制造	592	77	23	578
再生橡胶制造	285	112	94	152
再生橡胶制造	285	112	94	152
日用及医用橡胶制品制造	1	...		12
日用及医用橡胶制品制造	1	...		12
橡胶靴鞋制造	34	26	4	207
橡胶靴鞋制造	34	26	4	207
其他橡胶制品制造	627	29	-12	-141
其他橡胶制品制造	627	29	-12	-141
塑料制品业	5488	983	559	5974
塑料薄膜制造	776	68	83	136
塑料薄膜制造	776	68	83	136
塑料板、管、型材的制造	1873	321	208	1126
塑料板、管、型材的制造	1873	321	208	1126
塑料丝、绳及编织品的制造	707	163	63	1418
塑料丝、绳及编织品的制造	707	163	63	1418
泡沫塑料制造	363	72	36	662
泡沫塑料制造	363	72	36	662
塑料人造革、合成革制造	22	...	1	43
塑料人造革、合成革制造	22	...	1	43
塑料包装箱及容器制造	672	181	123	753
塑料包装箱及容器制造	672	181	123	753
塑料零件制造	158	5	20	42
塑料零件制造	158	5	20	42
日用塑料制造	234	76	10	394
塑料鞋制造	31	1		-25
日用塑料杂品制造	204	75	10	420
其他塑料制品制造	682	97	15	1398
其他塑料制品制造	682	97	15	1398
非金属矿物制品业	68447	11001	7868	92407
水泥、石灰和石膏的制造	8396	1881	1393	5971
水泥制造	6371	1374	1252	3028
石灰和石膏制造	2026	507	141	2943
水泥及石膏制品制造	8686	1631	460	7736
水泥制品制造	5501	1025	255	3275
砼结构构件制造	2329	457	181	3430
石棉水泥制品制造	162	24	3	20
轻质建筑材料制造	549	105	22	745
其他水泥制品制造	147	20		266

单位：个、人、万元

职工工资和福利费	本年应交增值税	资产减值损失	公允价值变动收益	投资收益
2598	1450	16	8	-1
438	127	3		-3
326	60	3		-3
12	1			
99	66			
476	540	…	…	…
476	540	…	…	…
640	411	8	6	…
640	411	8	6	…
528	156	3	1	1
528	156	3	1	1
29	7			
29	7			
31	29	…	…	…
31	29	…	…	…
455	180	2	…	…
455	180	2	…	…
7912	3878	308	13	2
793	429	…	…	…
793	429	…	…	…
1714	817	2	…	2
1714	817	2	…	2
2221	575	3	…	-9
2221	575	3	…	-9
738	349	…	1	…
738	349	…	1	…
54	10	17	10	7
54	10	17	10	7
924	867			
924	867			
99	60	…	…	…
99	60	…	…	…
566	254	2	1	1
17	1			
549	253	2	1	1
804	517	284	1	2
804	517	284	1	2
106460	45285	1040	252	14
9325	5358	112	124	130
7425	3713	8	1	-6
1900	1645	104	124	136
9299	4451	200	53	-106
5182	2269	12	3	7
2797	1749	161	45	-112
84	84	1	-1	-1
1051	235	26	6	…
185	114			

2-1-9 续表 39

指标名称	营业费用管理费用财务费用合计	税金	利息支出	营业利润
砖瓦、石材及其他建筑材料制造	20312	4440	2565	44414
粘土砖瓦及建筑砌块制造	15935	3662	1852	38132
建筑陶瓷制品制造	1143	223	394	1188
建筑用石加工	1744	222	154	2769
防水建筑材料制造	436	125	114	513
隔热和隔音材料制造	434	87	23	503
其他建筑材料制造	619	121	27	1309
玻璃及玻璃制品制造	3557	559	654	3623
平板玻璃制造	117	29	26	41
技术玻璃制品制造	11	...		...
光学玻璃制造				
玻璃仪器制造	131	18	20	161
日用玻璃制品及玻璃包装容器制造	2843	456	597	2815
玻璃保温容器制造	37	6		88
玻璃纤维及制品制造	46	1	4	34
玻璃纤维增强塑料制品制造	127	14	5	87
其他玻璃制品制造	244	35	3	397
陶瓷制品制造	1504	291	178	2188
卫生陶瓷制品制造	35	13		17
特种陶瓷制品制造	435	63	31	20
日用陶瓷制品制造	1009	211	146	1944
园林、陈设艺术及其他陶瓷制品制造	25	4	1	207
耐火材料制品制造	18037	1473	1552	29921
石棉制品制造	149	36	7	369
耐火陶瓷制品及其他耐火材料制造	17887	1436	1544	29552
石墨及其他非金属矿物制品制造	7954	727	1066	-1446
石墨及碳素制品制造	5546	480	977	-1219
其他非金属矿物制品制造	2408	247	89	-227
黑色金属冶炼及压延加工业	15305	1186	1223	9451
炼铁	10807	638	981	6277
炼铁	10807	638	981	6277
炼钢	569	117	63	781
炼钢	569	117	63	781
钢压延加工	2070	252	104	1204
钢压延加工	2070	252	104	1204
铁合金冶炼	1859	179	74	1190
铁合金冶炼	1859	179	74	1190
有色金属冶炼及压延加工业	6366	741	1281	6691
常用有色金属冶炼	4598	537	836	4836
铜冶炼	159	6	13	290
铅锌冶炼	462	18	246	-503
铝冶炼	867	101	73	487
镁冶炼	2993	390	497	4028
其他常用有色金属冶炼	116	21	7	534
贵金属冶炼	186	2		662
金冶炼	...	...		...
银冶炼	17			756

单位：个、人、万元

职工工资和福利费	本年应交增值税	资产减值损失	公允价值变动收益	投资收益
48068	16217	523	79	62
41040	13169	468	71	48
1904	663	6	...	...
2715	1302	36	4	17
570	383	7	1	1
898	187	2	...	-5
942	512	4	2	1
18240	2217	7	3	-5
71	57	1	...	1
30	4			
...				
608	23	...	...	...
16495	1807	5	2	-6
235	8	...	...	...
256	28			
204	136	1		
341	153			
3597	822	8	1	2
27	17	...	...	...
454	126			
2969	585	8	1	1
148	94	...	...	...
13828	14423	164	-10	36
268	155			
13560	14268	164	-10	36
4102	1797	26	...	-105
2820	1353	23	-1	-106
1282	445	3	1	1
12466	10489	152	-162	-278
8571	6869	127	-159	-46
8571	6869	127	-159	-46
1182	359	1	...	...
1182	359	1	...	...
2101	1511	9	4	1
2101	1511	9	4	1
611	1751	16	-7	-234
611	1751	16	-7	-234
9681	7411	38	7	21
7589	6230	34	16	16
69	151	...	...	...
250	157	4	1	2
847	421	8	3	3
6218	5396	7	7	9
205	106	14	5	2
141	69	4	-9	4
2	...			
78	32	4	-9	4

2-1-9 续表 40

指标名称	营业费用 管理费用 财务费用 合计	税金	利息支出	营业利润
其他贵金属冶炼	169	2		-94
稀有稀土金属冶炼	173	15	82	175
钨钼冶炼	99	12	42	161
稀土金属冶炼	73	3	40	15
其他稀有金属冶炼	1			-1
有色金属合金制造	102	12	2	144
有色金属合金制造	102	12	2	144
有色金属压延加工	1307	176	361	874
常用有色金属压延加工	985	171	158	1096
稀有稀土金属压延加工	321	5	203	-222
金属制品业	14802	2318	1450	14518
结构性金属制品制造	5432	660	385	4232
金属结构制造	3854	372	238	2665
金属门窗制造	1578	288	147	1567
金属工具制造	1220	607	55	3937
切削工具制造	268	23	3	-45
手工具制造	120	66	7	191
农用及园林用金属工具制造	46	10	4	52
刀剪及类似日用金属工具制造	33	4		76
其他金属工具制造	753	504	41	3663
集装箱及金属包装容器制造	379	54	63	14
金属压力容器制造	241	37	61	-217
金属包装容器制造	138	17	2	231
金属丝绳及其制品的制造	1334	131	317	588
金属丝绳及其制品的制造	1334	131	317	588
建筑、安全用金属制品制造	2546	464	461	4584
建筑、家具用金属配件制造	184	26	12	395
建筑装饰及水暖管道零件制造	1884	358	423	4030
安全、消防用金属制品制造	331	67	24	73
其他建筑、安全用金属制品制造	147	13	2	85
金属表面处理及热处理加工	1600	84	16	364
金属表面处理及热处理加工	1600	84	16	364
搪瓷制品制造				
工业生产配套用搪瓷制品制造				
不锈钢及类似日用金属制品制造	1019	80	35	153
金属制厨房调理及卫生器具制造	249	24		-79
金属制厨用器皿及餐具制造	58	5	-15	46
其他日用金属制品制造	711	51	50	186
其他金属制品制造	1272	239	118	645
其他未列明的金属制品制造	1272	239	118	645
通用设备制造业	48777	6879	4673	40129
锅炉及原动机制造	3273	466	224	3038
锅炉及辅助设备制造	2912	313	209	2688
内燃机及配件制造	341	135	14	234
水轮机及辅机制造				
其他原动机制造	19	18	1	115
金属加工机械制造	2786	442	123	1817

单位：个、人、万元

职工工资和福利费	本年应交增值税	资产减值损失	公允价值变动收益	投资收益
61	37			
233	104			...
161	58			...
70	46			
1	...			
146	87			
146	87			
1573	922			...
1490	908			...
83	14			
17337	10477	406	21	54
5634	2444	70	5	2
3743	1399	63	4	1
1891	1045	7	1	1
1787	1841	11	7	20
521	99			
124	94	...	...	...
124	54			
67	55	1	...	3
951	1539	9	7	17
691	398	11	4	8
428	245	10	4	7
264	154	1	...	1
1365	393	15	-14	-7
1365	393	15	-14	-7
5322	3327	23	13	73
200	37			
4489	3132	14	8	67
406	99	9	6	5
228	59			
894	915	1	...	...
894	915	1	...	...
3				
3				
539	693	220	30	
63	50	166	...	
81	34	24	30	
394	608	31	...	
1101	467	55	-24	-41
1101	467	55	-24	-41
60889	24458	407	144	205
3462	1291	26	-15	-22
2802	856	25	-15	-22
455	343	...		
204	91			
3352	1484	34	7	36

2-1-9 续表 41

指标名称	营业费用 管理费用 财务费用 合计	税金	利息支出	营业利润
金属切削机床制造	203	30		38
金属成形机床制造	237	19	…	134
铸造机械制造	675	90	44	434
金属切割及焊接设备制造	170	24	1	153
机床附件制造	198	83	17	264
其他金属加工机械制造	1303	196	61	793
起重运输设备制造	1003	83	53	474
起重运输设备制造	1003	83	53	474
泵、阀门、压缩机及类似机械的制造	4207	740	603	3254
泵及真空设备制造	1316	206	325	1568
气体压缩机械制造	322	6	36	217
阀门和旋塞的制造	657	189	155	390
液压和气压动力机械及元件制造	1913	339	86	1079
轴承、齿轮、传动和驱动部件的制造	1057	191	117	870
轴承制造	342	99	73	449
齿轮、传动和驱动部件制造	715	92	44	421
烘炉、熔炉及电炉制造	271	14		-211
烘炉、熔炉及电炉制造	271	14		-211
风机、衡器、包装设备等通用设备制造	2616	402	168	1560
风机、风扇制造	722	176	78	867
气体、液体分离及纯净设备制造	166	30	9	272
制冷、空调设备制造	379	37	27	263
风动和电动工具制造	258	45	9	-175
喷枪及类似器具制造	15	4	10	3
包装专用设备制造	13	7		20
衡器制造	364	26	30	-15
其他通用设备制造	699	76	5	326
通用零部件制造及机械修理	8846	1035	591	3522
金属密封件制造	86	33	2	84
紧固件、弹簧制造	476	83	91	355
机械零部件加工及设备修理	7860	758	490	2794
其他通用零部件制造	423	161	7	289
金属铸、锻加工	24719	3507	2794	25806
钢铁铸件制造	12008	2157	1891	9933
锻件及粉末冶金制品制造	12711	1350	903	15873
专用设备制造业	17066	1850	472	8514
矿山、冶金、建筑专用设备制造	8857	1167	324	7741
采矿、采石设备制造	7006	999	185	6007
石油钻采专用设备制造	712	16	80	669
建筑工程用机械制造	482	43	20	90
建筑材料生产专用机械制造	150	26	27	376
冶金专用设备制造	507	84	12	600
化工、木材、非金属加工专用设备制造	901	209	78	989
炼油、化工生产专用设备制造	152	29	…	258
塑料加工专用设备制造	88	4	6	-17
木材加工机械制造	89	44	26	58
模具制造	386	91	37	458

单位：个、人、万元

职工工资和福利费	本年应交增值税	资产减值损失	公允价值变动收益	投资收益
332	114	1	…	…
343	95	1	…	
869	353	26	6	2
223	70	…	…	1
230	134	5	…	34
1354	718	…	…	…
1168	297	2	1	2
1168	297	2	1	2
4925	1936	13	2	11
1493	711	…	…	…
235	39			1
1012	247	10	2	5
2184	939	2	…	5
1900	614	8	1	1
1126	369	…	…	…
774	244	8	1	1
164	3			
164	3			
2622	1872	8	11	28
588	676	3	4	1
234	331	1	1	3
333	254	4	6	8
51	21			
25	5			
20	7			
424	85	…	…	…
948	494	…	…	16
12979	4385	33	1	12
56	103			
443	281	…	…	1
11545	3713	33	…	11
934	290			1
30318	12577	284	137	136
18108	7125	105	16	-4
12210	5452	179	121	139
15363	8035	387	45	46
7978	4917	101	11	12
6209	3346	51	4	8
371	674			
282	261			
279	195	4		3
837	440	46	7	1
1354	652	43	21	17
217	68			
192	37			
105	80			
672	332	43	21	17

2-1-9 续表 42

指标名称	营业费用 管理费用 财务费用 合计			营业利润
		税金	利息支出	
其他非金属加工专用设备制造	186	42	8	232
食品、饮料、烟草及饲料生产专用设备制造	39	4		-3
食品、饮料、烟草工业专用设备制造				
农副食品加工专用设备制造	15	3		-10
饲料生产专用设备制造	24	...		7
印刷、制药、日化生产专用设备制造	195	41	6	313
制浆和造纸专用设备制造	51	5	3	7
印刷专用设备制造	13	8	1	101
制药专用设备制造	10	10		9
照明器具生产专用设备制造	84	4	3	146
玻璃、陶瓷和搪瓷制品生产专用设备制造				
其他日用品生产专用设备制造	36	14		50
纺织、服装和皮革工业专用设备制造	1176	104	42	-167
纺织专用设备制造	1166	103	42	-158
皮革、毛皮及其制品加工专用设备制造	10	1		-9
电子和电工机械专用设备制造	2780	53	109	-1007
电工机械专用设备制造	2687	40	109	-1039
电子工业专用设备制造	93	13	...	32
农、林、牧、渔专用机械制造	245	93	9	412
机械化农业及园艺机具制造	61	9	...	186
畜牧机械制造	1	...	...	2
农林牧渔机械配件制造	113	62	4	-37
其他农林牧渔业机械制造及机械修理	70	21	4	261
医疗仪器设备及器械制造	431	5	2	10
医疗诊断、监护及治疗设备制造	141	1	1	10
口腔科用设备及器具制造	88	...	...	-51
实验室及医用消毒设备和器具的制造	10	1	...	-2
医疗、外科及兽医用器械制造	73	...		7
机械治疗及病房护理设备制造	2	1		36
假肢、人工器官及植(介)入器械制造	24	1		6
其他医疗设备及器械制造	95	1	...	2
环保、社会公共安全及其他专用设备制造	2442	175	-98	226
环境污染防治专用设备制造	226	17	7	88
地质勘查专用设备制造	75			-58
商业、饮食、服务业专用设备制造	99	8	-131	-177
社会公共安全设备及器材制造	743	68	6	46
交通安全及管制专用设备制造	55	4	6	3
水资源专用机械制造	274	42	8	310
其他专用设备制造	969	35	7	14
交通运输设备制造业	12502	1474	1047	6490
铁路运输设备制造	7234	733	249	2951
铁路机车车辆及动车组制造	...	...		...
工矿有轨专用车辆制造	15	8		3
铁路机车车辆配件制造	1424	52	67	408
铁路专用设备及器材、配件制造	1133	70	9	252
其他铁路设备制造及设备修理	4661	601	173	2288
汽车制造	5205	737	798	3522

单位：个、人、万元

职工工资和福利费	本年应交增值税	资产减值损失	公允价值变动收益	投资收益
168	134			
86	6			
16	...			
35	4			
35	2			
341	182	5		
49	11			
51	75			
13	16			
126	59	3		
1				
100	21	1		
1263	395	2	...	4
1244	395	2	...	4
19	...			
1402	366	160	...	...
1291	303	159	...	...
111	62	...		
379	208	1	1	2
123	45			
2	...			
109	54			
145	109	1	1	2
337	115	...	...	...
46	21			
71	8			
15	9			
48	22	...	...	...
13	37			
44	5			
100	13			
2223	1196	75	13	12
410	123	28	4	4
23	5			
335	365			
204	198	38	...	...
56	9			
202	243	1	...	...
994	252	9	8	7
8515	4149	70	20	11
3217	1877	1	...	...
3				
42	2			
1369	712			
754	297	...	...	...
1050	866	1		
5141	2245	68	20	11

2-1-9 续表 43

指标名称	营业费用管理费用财务费用合计	税金	利息支出	营业利润
汽车整车制造	105	...	5	-73
汽车车身、挂车的制造	309	48	2	61
汽车零部件及配件制造	1950	375	580	387
汽车修理	2841	313	211	3149
摩托车制造	21	1		...
摩托车整车制造	...	...		3
摩托车零部件及配件制造	21	1		-2
自行车制造	...	...		...
脚踏自行车及残疾人座车制造	...	...		...
交通器材及其他交通运输设备制造	42	3	...	17
交通管理用金属标志及设施制造	20	3	...	10
其他交通运输设备制造	22	...		7
电气机械及器材制造业	8751	1045	678	5032
电机制造	318	110	56	284
发电机及发电机组制造	169	68	1	79
电动机制造	106	26	47	114
微电机及其他电机制造	43	16	8	92
输配电及控制设备制造	4393	437	169	1100
变压器、整流器和电感器制造	1615	137	113	-506
电容器及其配套设备制造	245	42		591
配电开关控制设备制造	1531	169	14	391
电力电子元器件制造	594	54	39	-2
其他输配电及控制设备制造	407	36	3	626
电线、电缆、光缆及电工器材制造	1382	242	101	1454
电线电缆制造	967	155	64	1098
光纤、光缆制造				
绝缘制品制造	84	38	2	105
其他电工器材制造	331	49	34	251
电池制造	719	26	312	764
电池制造	719	26	312	764
家用电力器具制造	113	20	38	1435
家用空气调节器制造	6	2		3
家用通风电器具制造	21	...		9
家用厨房电器具制造	38	15	9	1457
家用清洁卫生电器具制造	30	1	30	-49
家用电力器具专用配件制造	15	1		7
其他家用电力器具制造	2	1		9
非电力家用器具制造	38	2	1	53
燃气、太阳能及类似能源的器具制造	38	2	1	53
照明器具制造	382	54	2	114
电光源制造	31	...		19
照明灯具制造	191	13	1	-27
灯用电器附件及其他照明器具制造	160	41	...	122
其他电气机械及器材制造	1407	153	...	-171
车辆专用照明及电气信号设备装置制造	23	8		9
其他未列明的电气机械制造	1384	145	...	-180
通信设备、计算机及其他电子设备制造业	2265	296	197	616

单位：个、人、万元

职工工资和福利费	本年应交增值税	资产减值损失	公允价值变动收益	投资收益
60	2			
390	124			
1718	951	40	8	5
2972	1168	29	12	7
39	7			
10	...			
29	7			
6	...			
6	...			
111	19	1	...	...
63	9			
49	10	1	...	...
7968	3767	82	24	73
630	302			45
302	103			
227	135			45
101	64			
3042	1317	67	14	5
725	279	10	10	2
247	200	...	...	...
1326	430	24	1	
462	144	30	3	
282	264	3	1	2
1897	1134	11	6	3
1415	786	10	6	3
1				
141	113	1	...	...
339	235	...	...	...
399	287	...		
399	287	...		
319	172			
9	2			
28	5			
213	142			
45	11			
11	11			
13	3			
69	24	...	2	...
69	24	...	2	...
621	142			1
12	19			
493	56			1
116	67			
992	388	3	3	19
7	2			
984	387	3	3	19
2743	1071	16	...	-15

2-1-9 续表 44

指标名称	营业费用管理费用财务费用合计	税金	利息支出	营业利润
通信设备制造	92	22		-29
通信传输设备制造	66	21		-13
通信交换设备制造	...	...		...
其他通信设备制造	26	1		-16
广播电视设备制造	42	4	1	6
广播电视接收设备及器材制造	36	...	...	-1
应用电视设备及其他广播电视设备制造	5	3	1	7
电子计算机制造	7	...		15
电子计算机整机制造	7	...		6
电子计算机外部设备制造	...	...		9
电子器件制造	689	138	8	-126
电子真空器件制造	39	10		138
半导体分立器件制造	191	12	7	-84
光电子器件及其他电子器件制造	459	116	1	-180
电子元件制造	970	115	184	633
电子元件及组件制造	968	115	184	634
印制电路板制造	2			-1
家用视听设备制造				
家用音响设备制造				
其他电子设备制造	464	17	3	117
其他电子设备制造	464	17	3	117
仪器仪表及文化、办公用机械制造业	7594	330	124	251
通用仪器仪表制造	2485	103	40	303
工业自动控制系统装置制造	1511	41	34	108
电工仪器仪表制造	489	16	1	147
绘图、计算及测量仪器制造	6	...		...
实验分析仪器制造	144	36	4	-72
试验机制造	53	3		69
供应用仪表及其他通用仪器制造	283	6	...	51
专用仪器仪表制造	809	125	23	-114
环境监测专用仪器仪表制造	110	110		-110
汽车及其他用计数仪表制造				
导航、气象及海洋专用仪器制造	2			...
农林牧渔专用仪器仪表制造	50	4		3
核子及核辐射测量仪器制造	172			-9
电子测量仪器制造	41	7		14
其他专用仪器制造	434	4	23	-12
钟表与计时仪器制造	70	8		-2
钟表与计时仪器制造	70	8		-2
光学仪器及眼镜制造	93	1	...	-67
光学仪器制造	85	1	...	-67
眼镜制造	8	...		1
文化、办公用机械制造	164	6	40	109
计算器及货币专用设备制造	...			56
其他文化、办公用机械制造	164	6	40	53
其他仪器仪表的制造及修理	3974	87	22	21
其他仪器仪表的制造及修理	3974	87	22	21

单位：个、人、万元

职工工资和福利费	本年应交增值税	资产减值损失	公允价值变动收益	投资收益
427	22	15	…	…
399	…	15		
5	…	…	…	…
23	22			
22	8			3
16	5			
6	3			3
14	2			
11	2			
3	…			
884	250			
87	55			
329	32			
468	164			
879	646	2	…	-18
877	646	2	…	-18
2	…			
151				
151				
366	142			
366	142			
2956	1205	44	-2	-3
1755	707	40		
708	450	40		
633	98			
19	5			
171	38			
27	41			
195	75			
387	86			
63	…			
2	…			
7	…			
20	4			
52	8			
31	7			
212	66			
49	40			
49	40			
88	6			
84	6			
4	…			
65	66			
3	…			
61	66			
613	300	4	-2	-3
613	300	4	-2	-3

2-1-9 续表 45

指标名称	营业费用 管理费用 财务费用 合计	税金	利息支出	营业利润
工艺品及其他制造业	5844	1218	529	2769
工艺美术品制造	921	231	98	955
雕塑工艺品制造	309	53	12	75
金属工艺品制造	182	57	47	312
漆器工艺品制造	106	99	…	181
花画工艺品制造	12	1	…	58
天然植物纤维编织工艺品制造	8	2	6	-4
抽纱刺绣工艺品制造	121	5	31	224
地毯、挂毯制造	81	7	1	6
珠宝首饰及有关物品的制造	16	2		61
其他工艺美术品制造	88	6	2	41
日用杂品制造	92	29	6	192
制镜及类似品加工	43	3	3	-13
鬃毛加工、制刷及清扫工具的制造	3	3	1	-1
其他日用杂品制造	46	23	2	205
煤制品制造	4685	937	400	1634
煤制品制造	4685	937	400	1634
其他未列明的制造业	146	20	24	-12
其他未列明的制造业	146	20	24	-12
废弃资源和废旧材料回收加工业	987	210	87	861
金属废料和碎屑的加工处理	640	136	68	502
金属废料和碎屑的加工处理	640	136	68	502
非金属废料和碎屑的加工处理	348	74	20	359
非金属废料和碎屑的加工处理	348	74	20	359
电力、燃气及水的生产和供应业	**45829**	**1961**	**9078**	**-12458**
电力、热力的生产和供应业	26962	984	5691	-15302
电力生产	12271	374	1125	-9793
火力发电	8092	256	789	-5475
水力发电	1455	101	99	-418
其他能源发电	2724	17	237	-3900
电力供应	5749	150	235	1600
电力供应	5749	150	235	1600
热力生产和供应	8942	460	4332	-7110
热力生产和供应	8942	460	4332	-7110
燃气生产和供应业	13238	445	3234	1659
燃气生产和供应业	13238	445	3234	1659
燃气生产和供应业	13238	445	3234	1659
水的生产和供应业	5629	531	153	1185
自来水的生产和供应	5204	462	152	1086
自来水的生产和供应	5204	462	152	1086
污水处理及其再生利用	422	69		-5
污水处理及其再生利用	422	69		-5
其他水的处理、利用与分配	2	1	1	104
其他水的处理、利用与分配	2	1	1	104
五、按行业大类分				
煤炭开采和洗选业	335828	21460	20031	269981
石油和天然气开采业	518	3		-359

单位：个、人、万元

职工工资和福利费	本年应交增值税	资产减值损失	公允价值变动收益	投资收益
4144	3290	26	-41	-52
1563	346	6	4	4
284	41	5	3	4
305	136	…	…	…
261	104			
82	9			
6	2			
250	17			
200	6	1	…	…
26	13			
149	18	…	…	…
177	97	…	1	…
88	4			
12	1			
77	92	…	1	…
2301	2800	18	-46	-57
2301	2800	18	-46	-57
104	46	2	1	1
104	46	2	1	1
836	669	8	3	1
530	471	7	2	2
530	471	7	2	2
305	198	2	…	-1
305	198	2	…	-1
23157	**10022**	**312**	**-96**	**-65**
13244	4808	152	-33	-35
6457	2032	103	-70	-53
4725	1629	10	-9	-9
1383	217	93	-62	-44
348	186			
2549	1494	19	2	-4
2549	1494	19	2	-4
4239	1282	30	35	22
4239	1282	30	35	22
3136	3365	31	8	9
3136	3365	31	8	9
3136	3365	31	8	9
6777	1849	128	-70	-39
5558	1501	128	-70	-39
5558	1501	128	-70	-39
1180	263			
1180	263			
39	85			
39	85			
146195	168617	1576	-662	189
372	21			31

2-1-9 续表 46

指标名称	营业费用管理费用财务费用合计	税金	利息支出	营业利润
黑色金属矿采选业	19708	5505	1587	36420
有色金属矿采选业	1396	114	37	1059
非金属矿采选业	10337	1900	1234	18360
农副食品加工业	14932	2528	1648	25739
食品制造业	7998	1725	1284	9963
饮料制造业	7501	1013	1000	7074
纺织业	4099	865	331	3074
纺织服装、鞋、帽制造业	2649	341	113	2547
皮革、毛皮、羽毛(绒)及其制品业	81	29	9	181
木材加工及木、竹、藤、棕、草制品业	1308	351	146	2566
家具制造业	1930	384	176	2762
造纸及纸制品业	3972	865	558	8741
印刷业和记录媒介的复制	5761	1087	340	6047
文教体育用品制造业	187	112	4	502
石油加工、炼焦及核燃料加工业	16217	1093	2050	5685
化学原料及化学制品制造业	23128	3281	2639	17020
医药制造业	5174	830	408	2038
化学纤维制造业	9265	151	690	-8710
橡胶制品业	2547	463	227	865
塑料制品业	5488	983	559	5974
非金属矿物制品业	68447	11001	7868	92407
黑色金属冶炼及压延加工业	15305	1186	1223	9451
有色金属冶炼及压延加工业	6366	741	1281	6691
金属制品业	14802	2318	1450	14518
通用设备制造业	48777	6879	4673	40129
专用设备制造业	17066	1850	472	8514
交通运输设备制造业	12502	1474	1047	6490
电气机械及器材制造业	8751	1045	678	5032
通信设备、计算机及其他电子设备制造业	2265	296	197	616
仪器仪表及文化、办公用机械制造业	7594	330	124	251
工艺品及其他制造业	5844	1218	529	2769
废弃资源和废旧材料回收加工业	987	210	87	861
电力、热力的生产和供应业	26962	984	5691	-15302
燃气生产和供应业	13238	445	3234	1659
水的生产和供应业	5629	531	153	1185
六、按地区分				
太原市	94074	8448	8796	76292
大同市	77239	3002	2406	11080
阳泉市	39160	3151	4215	46332
长治市	82473	6389	6642	15948
晋城市	106263	6211	12920	68567
朔州市	6903	1233	475	16715
晋中市	91887	9761	10798	8313
运城市	37090	15921	5366	119642
忻州市	45748	4522	3084	54309
临汾市	58872	10130	3421	63330
吕梁市	94849	6822	5655	112273

单位：个、人、万元

职工工资和福利费	本年应交增值税	资产减值损失	公允价值变动收益	投资收益
15834	10370	156	-70	17
2497	812	51	1	12
12581	6365	208	40	80
16309	10534	352	-66	101
12903	5656	239	6	-102
6618	3778	99	-9	237
9838	2592	49	22	18
3409	1505	4	1	-5
329	81			3
2535	1426	16	9	15
2922	1226	51	16	60
8816	2942	67	-4	-24
7094	3491	132	49	36
416	161	2	-1	-1
6282	9698	4179	22	19
23335	15717	242	-423	-477
3520	2901	159	-2	-12
323	254	…	1	…
2598	1450	16	8	-1
7912	3878	308	13	2
106460	45285	1040	252	14
12466	10489	152	-162	-278
9681	7411	38	7	21
17337	10477	406	21	54
60889	24458	407	144	205
15363	8035	387	45	46
8515	4149	70	20	11
7968	3767	82	24	73
2743	1071	16	…	-15
2956	1205	44	-2	-3
4144	3290	26	-41	-52
836	669	8	3	1
13244	4808	152	-33	-35
3136	3365	31	8	9
6777	1849	128	-70	-39
76526	46177	1592	286	74
43502	23823	601	33	-141
28391	17075	190	-35	31
44109	25863	25	-468	-196
68993	43046	724	-407	-35
12400	2965	151	76	68
67637	44653	5642	-1347	-1108
92018	74002	303	56	199
43481	21496	692	363	798
41701	31592	360	228	159
46396	53113	617	380	360

2-1-10 全部国有控股

指标名称	企业单位数	亏损企业	工业总产值(当年价格)	固定资产原价
总 计	**1624**	**545**	**52631239**	**55234211**
一、按轻重工业分				
轻工业	470	163	1129085	1225801
重工业	1154	382	51502154	54008410
二、按登记注册类型分				
内资企业	**1603**	**536**	**51458908**	**52738846**
国有企业	1082	342	12431989	14556690
集体企业	2		4108	2089
股份合作企业	11	3	228011	121319
联营企业	14	4	34249	101316
国有联营企业	10	3	8753	6045
国有与集体联营企业	2	1	263	92885
其他联营企业	2		25233	2386
有限责任公司	406	151	34271886	31766996
国有独资公司	66	20	15659533	13364779
其他有限责任公司	340	131	18612353	18402217
股份有限公司	82	34	4465965	6161104
私营企业	2		6758	2982
私营有限责任公司	2		6758	2982
其他企业	4	2	15942	26350
港澳台商投资企业	**5**	**4**	**216617**	**444705**
与港澳台商合资经营企业	2	2	118912	336935
与港澳台商合作经营企业	2	1	38222	26541
港澳台商投资股份有限公司	1	1	59483	81228
外商投资企业	**16**	**5**	**955714**	**2050660**
中外合资经营企业	14	4	463666	557072
中外合作经营企业	1		359612	1320095
外资企业	1	1	132436	173494
三、按国民经济行业分				
采矿业	**347**	**58**	**21433507**	**20679207**
煤炭开采和洗选业	301	52	21117068	20465612
烟煤和无烟煤的开采洗选	301	52	21117068	20465612
烟煤和无烟煤的开采洗选	301	52	21117068	20465612
石油和天然气开采业	5	2	90989	12511
天然原油和天然气开采	4	1	81971	7014
天然原油和天然气开采	4	1	81971	7014
与石油和天然气开采有关的服务活动	1	1	9018	5497
与石油和天然气开采有关的服务活动	1	1	9018	5497
黑色金属矿采选业	15	1	116447	44345
铁矿采选	15	1	116447	44345
铁矿采选	15	1	116447	44345
有色金属矿采选业	8		103778	144817
常用有色金属矿采选	3		103493	144073
铜矿采选	1		6077	14655
铝矿采选	2		97416	129418
贵金属矿采选	5		285	744
金矿采选	4		285	730
银矿采选	1			14
非金属矿采选业	18	3	5225	11923
土砂石开采	15	1	5181	7175

工业企业主要经济指标

单位：个、万元、万人

所有者权益合计	实收资本	本年折旧（规下工业）	主营业务收入	主营业务成本
27674285	**15330590**	**75760**	**54427320**	**42811684**
902927	508310	8875	1198447	783462
26771358	14822280	66885	53228873	42028222
26967870	**14596070**	**74620**	**53230225**	**41696186**
6164131	3681951	24357	12377930	9440609
1784	1557		3908	2465
162988	115734	14	229403	165512
8697	7462	18669	35761	33230
6742	5511	25	8063	6706
1420	1206	18543	251	133
535	744	101	27447	26391
17486216	9423382	15671	35054423	27594137
8467074	3065824	2084	16138514	12770675
9019143	6357558	13586	18915909	14823462
3123558	1345683	15902	5509535	4446342
3636	3543		6267	3843
3636	3543		6267	3843
16858	16759	8	12998	10047
56080	**126142**	**34**	**248562**	**264992**
27359	62312		118912	141478
12237	13829	34	43645	38405
16484	50000		86005	85109
650336	**608378**	**1106**	**948533**	**850506**
276888	232407	1106	458478	355110
339560	325803		359612	347960
33888	50168		130443	147436
14337168	**7538261**	**10598**	**23159715**	**14639899**
14218789	7456968	10411	22851118	14389852
14218789	7456968	10411	22851118	14389852
14218789	7456968	10411	22851118	14389852
56356	51716	87	92030	79094
25358	21716	87	81971	72306
25358	21716	87	81971	72306
30998	30000		10059	6788
30998	30000		10059	6788
44799	8550	7	111064	72060
44799	8550	7	111064	72060
44799	8550	7	111064	72060
11273	18142	49	99908	94736
10747	17616		99623	94533
10747	7616		6076	4388
	10000		93546	90145
526	526	49	285	204
526	526	49	285	204
5952	2885	44	5595	4157
2943	2463	39	5552	4120

2-1-10 续表 1

指标名称	企业单位数	亏损企业	工业总产值（当年价格）	固定资产原价
粘土及其他土砂石开采	10	1	4975	6975
石灰石、石膏开采	1		51	21
建筑装饰用石开采	3			67
耐火土石开采	1		155	113
化学矿采选	3	2	43	4748
化学矿采选	3	2	43	4748
制造业	**943**	**327**	**23111300**	**17255126**
农副食品加工业	105	26	60568	46963
谷物磨制	36	11	24097	22469
谷物磨制	36	11	24097	22469
制糖	1		4370	1317
制糖	1		4370	1317
屠宰及肉类加工	37	8	30735	16892
畜禽屠宰	34	6	22181	8924
肉制品及副产品加工	3	2	8554	7969
其他农副食品加工	6	3	555	3425
淀粉及淀粉制品的制造	3	1	550	3364
豆制品制造	1	1	5	14
其他未列明的农副食品加工	2	1		48
饲料加工	14		203	937
饲料加工	14		203	937
植物油加工	6	2	28	775
食用植物油加工	6	2	28	775
蔬菜、水果和坚果加工	5	2	580	1148
蔬菜、水果和坚果加工	5	2	580	1148
食品制造业	47	15	49744	63832
焙烤食品制造	18	3	1828	3084
糕点、面包制造	18	3	1828	3084
方便食品制造	8	4	918	11240
速冻食品制造	3	2	577	4246
米、面制品制造	5	2	340	6993
罐头制造	3	1	10027	2405
蔬菜、水果罐头制造	3	1	10027	2405
调味品、发酵制品制造	7	3	17610	16764
酱油、食醋及类似制品的制造	6	2	2510	5359
其他调味品、发酵制品制造	1	1	15100	11405
其他食品制造	7	3	19334	29725
食品及饲料添加剂制造	4	3	19278	29513
其他未列明的食品制造	3		56	211
液体乳及乳制品制造	4	1	28	614
液体乳及乳制品制造	4	1	28	614
饮料制造业	20	6	307525	176270
酒的制造	9	3	260520	152112
白酒制造	8	2	260454	151870
啤酒制造	1	1	66	241
软饮料制造	11	3	47005	24158
果菜汁及果菜汁饮料制造	3	1	46287	23017
碳酸饮料制造	1		39	535
瓶(罐)装饮用水制造	7	2	680	607
烟草制品业	1		211946	92278

单位：个、万元、万人

所有者权益合计	实收资本	本年折旧(规下工业)	主营业务收入	主营业务成本
2830	2367	34	5352	3990
8	6	…	51	33
14	14			
90	75	5	148	98
3009	422	5	43	37
3009	422	5	43	37
9284532	**4365214**	**17271**	**23220209**	**20351951**
41162	23889	747	52867	48336
6982	7285	179	24530	23064
6982	7285	179	24530	23064
3511	3500		3650	3577
3511	3500		3650	3577
22901	8569	454	23401	20559
17568	6872	454	22008	19153
5333	1697	…	1393	1406
4359	3241	12	529	520
4313	3195	11	525	517
14	14	1	5	3
33	33	…		
1113	671	34	211	116
1113	671	34	211	116
1158	256	6	24	18
1158	256	6	24	18
1139	368	62	521	483
1139	368	62	521	483
22555	27773	1192	37734	33692
1332	838	162	1779	1474
1332	838	162	1779	1474
5460	4229	617	990	679
2255	1078	10	618	424
3206	3151	607	372	255
1649	1826	111	6614	5819
1649	1826	111	6614	5819
10149	5266	155	14042	11936
2217	2568	155	2101	1598
7932	2698		11942	10338
3905	15554	140	14280	13764
3835	15485	103	14235	13754
70	69	37	44	10
60	60	8	28	20
60	60	8	28	20
192337	55565	137	396684	219835
178338	47693	22	358838	190091
177904	47473	7	358784	190056
434	220	14	54	35
13998	7872	115	37845	29744
13187	7249	2	37109	29203
192	192	74	39	22
619	431	39	697	518
104337	61320		204871	82098

2-1-10 续表 2

指标名称	企业单位数	亏损企业	工业总产值(当年价格)	固定资产原价
卷烟制造	1		211946	92278
卷烟制造	1		211946	92278
纺织业	19	11	47716	115629
棉、化纤纺织及印染精加工	11	6	30339	85625
棉、化纤纺织加工	9	5	30327	85506
棉、化纤印染精加工	2	1	12	118
麻纺织	1		13554	13617
麻纺织	1		13554	13617
针织品、编织品及其制品制造	3	2	3814	11841
棉、化纤针织品及编织品制造	3	2	3814	11841
毛纺织和染整精加工	1			20
毛纺织	1			20
丝绢纺织及精加工	1	1		1
绢纺和丝织加工	1	1		1
纺织制成品制造	2	2	9	4526
毛制品制造	2	2	9	4526
纺织服装、鞋、帽制造业	8	1	50752	17166
纺织服装制造	7	1	50752	17163
纺织服装制造	7	1	50752	17163
制帽	1			3
制帽	1			3
皮革、毛皮、羽毛(绒)及其制品业	3			71
皮革制品制造	1			20
皮鞋制造	1			20
毛皮鞣制及制品加工	2			51
毛皮鞣制加工	2			51
木材加工及木、竹、藤、棕、草制品业	3	1	6	233
人造板制造	1	1		118
其他人造板、材制造	1	1		118
木制品制造	2		6	115
建筑用木料及木材组件加工	1			1
软木制品及其他木制品制造	1		6	114
家具制造业	3		4253	1076
木质家具制造	2		4253	1046
木质家具制造	2		4253	1046
金属家具制造	1			30
金属家具制造	1			30
造纸及纸制品业	3		2717	424
造纸	2		2364	253
机制纸及纸板制造	2		2364	253
纸制品制造	1		353	171
纸和纸板容器的制造	1		353	171
印刷业和记录媒介的复制	66	21	46178	50881
印刷	61	19	45916	50685
书、报、刊印刷	42	14	36636	42955
本册印制	12	4	7837	5061
包装装潢及其他印刷	7	1	1442	2670
装订及其他印刷服务活动	5	2	263	196
装订及其他印刷服务活动	5	2	263	196
文教体育用品制造业	4	3	3838	5972

单位：个、万元、万人

所有者权益合计	实收资本	本年折旧（规下工业）	主营业务收入	主营业务成本
104337	61320		204871	82098
104337	61320		204871	82098
40638	43161	2196	45692	44097
41511	28150	1727	25943	27563
41426	28065	1709	25936	27560
85	85	18	7	3
10164	7074		16539	13668
10164	7074		16539	13668
-12499	4942	61	3200	2833
-12499	4942	61	3200	2833
		2		
		2		
				…
				…
1462	2996	406	9	32
1462	2996	406	9	32
20024	7775	79	46739	38545
20024	7775	79	46739	38545
20024	7775	79	46739	38545
15	15			
15	15			
15	15			
192	192	28	6	7
		21		
		21		
192	192	7	6	7
64	64			
128	128	7	6	7
1171	1073		3762	2867
1133	1040		3762	2867
1133	1040		3762	2867
37	33			
37	33			
884	414	36	2685	1925
423	360	2	2335	1625
423	360	2	2335	1625
461	54	34	350	300
461	54	34	350	300
35071	25193	450	40624	34290
34918	25060	431	40363	34066
27401	22816	243	31307	27327
6471	1204	139	7676	5568
1046	1040	48	1380	1171
153	133	20	261	223
153	133	20	261	223
561	2960	61	3436	2785

2-1-10 续表 3

指标名称	企业单位数	亏损企业	工业总产值(当年价格)	固定资产原价
体育用品制造	2	2	2835	5102
训练健身器材制造	1	1	2821	5080
其他体育用品制造	1	1	15	22
文化用品制造	2	1	1003	870
教学用模型及教具制造	1		986	559
墨水、墨汁制造	1	1	16	312
石油加工、炼焦及核燃料加工业	22	13	2027909	1385675
精炼石油产品的制造	3	1	1665	1392
原油加工及石油制品制造	2	1	1665	1392
人造原油生产	1			
炼焦	19	12	2026244	1384283
炼焦	19	12	2026244	1384283
化学原料及化学制品制造业	88	34	2640801	3289558
基础化学原料制造	26	9	767476	787108
无机碱制造	2	1	474568	434889
无机盐制造	7	2	50970	24783
有机化学原料制造	11	6	164879	185129
其他基础化学原料制造	4		76466	141754
无机酸制造	2		593	552
肥料制造	25	8	1235464	1713662
氮肥制造	17	8	902442	1224640
复混肥料制造	1		333022	483062
磷肥制造	5			5894
有机肥料及微生物肥料制造	1			53
其他肥料制造	1			13
涂料、油墨、颜料及类似产品制造	5	1	22943	15951
染料制造	1		22893	15512
涂料制造	4	1	49	439
合成材料制造	2	1	335046	423419
合成橡胶制造	1		62902	64116
合成纤维单(聚合)体的制造	1	1	272144	359303
专用化学产品制造	25	13	181743	217169
化学试剂和助剂制造	3	1	2034	271
专项化学用品制造	4	3	6235	6287
林产化学产品制造	3	1	6233	2446
炸药及火工产品制造	13	8	161400	204371
其他专用化学产品制造	1		5841	3137
环境污染处理专用药剂材料制造	1			658
日用化学产品制造	4	2	97856	132248
肥皂及合成洗涤剂制造	3	2	97852	132236
其他日用化学产品制造	1		4	12
农药制造	1		273	1
化学农药制造	1		273	1
医药制造业	25	8	93373	92442
化学药品原药制造	4	1	11650	15592
化学药品原药制造	4	1	11650	15592
化学药品制剂制造	8	3	17325	24271
化学药品制剂制造	8	3	17325	24271
中成药制造	8	3	30428	36224
中成药制造	8	3	30428	36224

单位：个、万元、万人

所有者权益合计	实收资本	本年折旧（规下工业）	主营业务收入	主营业务成本
6	2439	1	2532	2102
-126	2307		2519	2091
132	132	1	13	11
555	522	61	904	684
362	329	56	888	671
193	193	5	17	13
717623	348289	1	2175171	1863863
1054	949	1	5784	5399
1054	949	1	5784	5399
716569	347340		2169387	1858465
716569	347340		2169387	1858465
1605902	802420	1106	2772246	2377681
427560	236604	200	792524	707759
261947	107064		504515	462528
8690	14856	106	54755	47410
88413	73453	11	156173	149870
68313	41040	1	76388	47632
196	191	82	694	320
645885	402863	2	1331359	1114660
393168	281265	2	1023856	879467
250249	120000		307503	235193
2172	1309			
85	79			
210	210			
6513	1821	58	26216	21226
6314	1654		26169	21208
199	166	58	48	18
259221	55602		321083	283273
42243	8675		59588	51436
216978	46927		261495	231837
110691	48212	476	179662	146613
120	142	7	2098	1681
7195	7683	169	6874	6601
1200	917	190	6056	5311
99409	37030	110	159148	128188
2766	2439		5486	4833
156032	57319	369	121128	103879
156025	57311	369	121124	103878
8	8	…	4	2
		…	273	270
		…	273	270
50143	45924	875	90101	57275
15867	20034	57	12529	10135
15867	20034	57	12529	10135
4287	12699	349	16496	12561
4287	12699	349	16496	12561
15356	8950	378	30274	17589
15356	8950	378	30274	17589

2-1-10 续表 4

指标名称	企业单位数	亏损企业	工业总产值(当年价格)	固定资产原价
生物、生化制品的制造	3	1	33969	16154
生物、生化制品的制造	3	1	33969	16154
中药饮片加工	2		1	202
中药饮片加工	2		1	202
化学纤维制造业	3	2	8	39338
合成纤维制造	3	2	8	39338
锦纶纤维制造	1	1	8	10490
涤纶纤维制造	2	1		28848
橡胶制品业	6	2	109034	98312
轮胎制造	3		106148	97284
车辆、飞机及工程机械轮胎制造	2		106148	97047
力车胎制造	1			237
橡胶板、管、带的制造	1		2449	512
橡胶板、管、带的制造	1		2449	512
橡胶零件制造	1	1	43	39
橡胶零件制造	1	1	43	39
其他橡胶制品制造	1	1	395	477
其他橡胶制品制造	1	1	395	477
塑料制品业	15	8	17624	13502
塑料薄膜制造	3	2	2877	2130
塑料薄膜制造	3	2	2877	2130
塑料板、管、型材的制造	3	3	2428	5626
塑料板、管、型材的制造	3	3	2428	5626
塑料丝、绳及编织品的制造	6	1	10765	3973
塑料丝、绳及编织品的制造	6	1	10765	3973
塑料包装箱及容器制造	1		1550	1015
塑料包装箱及容器制造	1		1550	1015
泡沫塑料制造	1	1	3	74
泡沫塑料制造	1	1	3	74
塑料人造革、合成革制造	1	1		684
塑料人造革、合成革制造	1	1		684
非金属矿物制品业	109	42	444397	617103
水泥、石灰和石膏的制造	37	16	222234	452532
水泥制造	35	14	221079	446396
石灰和石膏制造	2	2	1155	6136
水泥及石膏制品制造	23	7	27750	34449
水泥制品制造	14	3	20834	25370
砼结构构件制造	7	4	1020	8294
轻质建筑材料制造	1		5896	779
石棉水泥制品制造	1			6
砖瓦、石材及其他建筑材料制造	27	8	164359	78648
粘土砖瓦及建筑砌块制造	13	6	18400	48800
建筑陶瓷制品制造	3	1	5733	8867
建筑用石加工	5		135869	9836
其他建筑材料制造	1		4028	6775
防水建筑材料制造	1			...
隔热和隔音材料制造	4	1	329	4370
陶瓷制品制造	7	4	2886	13800
特种陶瓷制品制造	2	2	1669	9780
日用陶瓷制品制造	4	2	1217	4007

单位：个、万元、万人

所有者权益合计	实收资本	本年折旧(规下工业)	主营业务收入	主营业务成本
14038	4066	88	30800	16990
14038	4066	88	30800	16990
595	174	3	1	1
595	174	3	1	1
-76448	12263	283	8	9
-76448	12263	283	8	9
-16387	9095		8	9
-60061	3168	283		
63485	59076	72	103485	93776
61645	58150		100686	91761
61563	58068		100686	91761
82	82			
349	552		2361	1709
349	552		2361	1709
46	46	1	43	26
46	46	1	43	26
1447	329	71	395	279
1447	329	71	395	279
11297	9931	573	16273	14247
937	2173	30	2632	2491
937	2173	30	2632	2491
4887	2701	464	2165	1788
4887	2701	464	2165	1788
4926	4686	1	10173	8978
4926	4686	1	10173	8978
440	264		1300	986
440	264		1300	986
107	107	7	3	3
107	107	7	3	3
		71		
		71		
193802	240944	2309	399130	344132
63818	141531	625	204105	179670
59527	139190	625	202427	178845
4291	2341		1678	824
21900	25518	630	31215	25132
14651	17467	142	24473	20337
6223	7051	487	938	810
1026	1000		5804	3985
98909	50256	66	138953	119229
67992	34880	39	15455	13594
-2074	1676		5804	6083
29202	11085	…	114960	98134
2619	1446		2406	1142
1170	1170	26	329	277
3427	3825	164	2089	1953
196	237	34	1271	865
3209	3571	130	818	1088

2-1-10 续表 5

指标名称	企业单位数	亏损企业	工业总产值(当年价格)	固定资产原价
园林、陈设艺术及其他陶瓷制品制造	1			13
耐火材料制品制造	4	2	1129	5029
耐火陶瓷制品及其他耐火材料制造	4	2	1129	5029
石墨及其他非金属矿物制品制造	9	4	25963	30743
石墨及碳素制品制造	7	3	13368	10538
其他非金属矿物制品制造	2	1	12595	20205
玻璃及玻璃制品制造	2	1	77	1903
玻璃仪器制造	1	1	77	1274
日用玻璃制品及玻璃包装容器制造	1			629
黑色金属冶炼及压延加工业	26	10	10614684	6108809
炼铁	8	2	84730	24901
炼铁	8	2	84730	24901
炼钢	3	1	1213288	236200
炼钢	3	1	1213288	236200
钢压延加工	7	4	9274559	5826458
钢压延加工	7	4	9274559	5826458
铁合金冶炼	8	3	42107	21249
铁合金冶炼	8	3	42107	21249
有色金属冶炼及压延加工业	25	11	2419501	2733323
常用有色金属冶炼	15	9	2235679	2668415
铜冶炼	2	1	502366	241044
铝冶炼	10	7	1721241	2415845
镁冶炼	3	1	12072	11526
贵金属冶炼	1		11000	17104
银冶炼	1		11000	17104
有色金属压延加工	7	1	172675	43252
常用有色金属压延加工	5		117675	40212
贵金属压延加工	1		55000	2115
稀有稀土金属压延加工	1	1		926
稀有稀土金属冶炼	1			4341
钨钼冶炼	1			4341
有色金属合金制造	1	1	147	210
有色金属合金制造	1	1	147	210
金属制品业	25	7	75253	14474
结构性金属制品制造	10	4	67838	3525
金属结构制造	8	3	67736	3168
金属门窗制造	2	1	101	357
金属工具制造	3	2	5769	7444
切削工具制造	2	1	5661	7346
农用及园林用金属工具制造	1	1	108	98
集装箱及金属包装容器制造	1		94	909
金属压力容器制造	1		94	909
金属丝绳及其制品的制造	4		1271	365
金属丝绳及其制品的制造	4		1271	365
建筑、安全用金属制品制造	3		123	1988
建筑、家具用金属配件制造	1		38	17
建筑装饰及水暖管道零件制造	1			1944
其他建筑、安全用金属制品制造	1		85	27
金属表面处理及热处理加工	1		118	99
金属表面处理及热处理加工	1		118	99

单位：个、万元、万人

所有者权益合计	实收资本	本年折旧（规下工业）	主营业务收入	主营业务成本
21	16			
5536	5529	550	1086	753
5536	5529	550	1086	753
-239	13806	148	21635	17376
-5630	9834	148	13178	11798
5391	3972		8456	5578
451	478	127	46	19
472	464	127	46	19
-21	14			
3395353	908355	395	10536869	9557613
27753	12912	292	89598	82749
27753	12912	292	89598	82749
186225	102932	4	1223604	1231446
186225	102932	4	1223604	1231446
3169483	786949	75	9178683	8200819
3169483	786949	75	9178683	8200819
11892	5562	23	44984	42599
11892	5562	23	44984	42599
1194099	781403	388	2358236	2228442
1084274	692691	364	2193022	2073153
411359	150476		488668	462512
669809	540462	364	1692781	1598867
3107	1753		11573	11774
7706	5301		10042	7130
7706	5301		10042	7130
97942	79923	4	155047	148008
90988	74129	4	109070	103389
7409	5058		45977	44618
-455	736			
3979	3290			
3979	3290			
197	197	20	125	151
197	197	20	125	151
12938	9364	293	73391	66841
2408	6252	229	67362	62060
2079	5924	224	67239	61944
329	329	5	123	116
3989	2215	32	4520	3441
3904	2178	32	4418	3356
84	37	…	101	85
5709	94	2	94	89
5709	94	2	94	89
366	359	22	1152	1072
366	359	22	1152	1072
393	335	6	113	84
20	20	3	38	13
313	313			
60	2	2	75	71
70	70	1	109	69
70	70	1	109	69

2-1-10 续表 6

指标名称	企业单位数	亏损企业	工业总产值(当年价格)	固定资产原价
其他金属制品制造	3	1	40	144
其他未列明的金属制品制造	3	1	40	144
通用设备制造业	109	36	437971	328477
锅炉及原动机制造	13	4	139220	124299
锅炉及辅助设备制造	11	4	57018	24118
内燃机及配件制造	1		82202	99546
其他原动机制造	1			636
金属加工机械制造	14	4	16491	12401
金属切削机床制造	3	1	15432	10652
金属成形机床制造	2	1	477	271
铸造机械制造	3	1	2	193
其他金属加工机械制造	6	1	581	1284
起重运输设备制造	4	2	14692	13552
起重运输设备制造	4	2	14692	13552
泵、阀门、压缩机及类似机械的制造	15	5	72377	61534
泵及真空设备制造	5	1	19985	30966
气体压缩机械制造	1	1	2034	1921
阀门和旋塞的制造	3	1	9168	4399
液压和气压动力机械及元件制造	6	2	41189	24249
通用零部件制造及机械修理	35	11	82293	42042
机械零部件加工及设备修理	30	11	81691	41268
紧固件、弹簧制造	2		230	753
其他通用零部件制造	3		372	20
金属铸、锻加工	22	8	110401	67664
钢铁铸件制造	17	8	74345	45950
锻件及粉末冶金制品制造	5		36056	21713
轴承、齿轮、传动和驱动部件的制造	3	1	1543	757
轴承制造	2		653	615
齿轮、传动和驱动部件制造	1	1	890	142
风机、衡器、包装设备等通用设备制造	3	1	953	6227
风机、风扇制造	1	1	395	8
衡器制造	1			340
其他通用设备制造	1		559	5878
专用设备制造业	76	28	2282690	1282471
矿山、冶金、建筑专用设备制造	35	13	1327752	429195
采矿、采石设备制造	27	11	1223707	393147
石油钻采专用设备制造	3		102747	31898
建筑工程用机械制造	4	2	506	3867
冶金专用设备制造	1		792	282
化工、木材、非金属加工专用设备制造	2	1	2786	2871
塑料加工专用设备制造	1		2674	2849
其他非金属加工专用设备制造	1	1	112	22
纺织、服装和皮革工业专用设备制造	2	2	70581	104383
纺织专用设备制造	2	2	70581	104383
电子和电工机械专用设备制造	16	7	861707	728356
电子工业专用设备制造	2	1	1477	1581
航空、航天及其他专用设备制造	1		160326	105353
电工机械专用设备制造	5	3	8411	7558
医疗仪器设备及器械制造	1		1646	3558

单位：个、万元、万人

所有者权益合计	实收资本	本年折旧（规下工业）	主营业务收入	主营业务成本
3	38	2	40	25
3	38	2	40	25
168509	143578	1993	419889	345226
79251	31789	7	123817	100117
16062	10850	7	46977	38595
62927	20677		76841	61522
262	262			
6131	4337	160	16366	12879
4136	2592	1	15460	12235
768	535	30	402	332
129	121		33	6
1097	1090	129	471	305
5795	5569	1	11852	9857
5795	5569	1	11852	9857
35083	36302	110	67633	41074
17562	12209	108	18099	12446
-1821	742		1821	1766
1925	2944		9743	7491
17417	20408	1	37971	19370
12012	15458	731	86620	78357
11516	15156	729	85964	77735
449	255		284	277
47	47	3	372	345
23309	43408	94	111121	100727
15272	33356	76	75799	70002
8038	10052	18	35322	30725
498	498	124	1359	1310
235	235	116	609	536
263	263	8	751	774
6431	6216	766	1120	905
168	159	…	561	449
385	179	2		
5878	5878	764	559	456
1137129	457692	1723	2293986	1920461
599514	149917	842	1303932	1085294
576816	143139	626	1157639	960535
19755	5067	138	144636	123373
2641	1442	56	990	791
303	269	21	667	595
-678	3404	1	3110	2599
-469	3324		2997	2555
-209	80	1	113	44
38457	94486		99723	98283
38457	94486		99723	98283
485553	200099	671	864374	715434
486	617	7	1479	1342
82927	12787		143174	110784
2955	2955	664	8928	7289
3456	2876		1841	1256

2-1-10 续表 7

指标名称	企业单位数	亏损企业	工业总产值(当年价格)	固定资产原价
假肢、人工器官及植(介)入器械制造	1		1646	3558
环保、社会公共安全及其他专用设备制造	11	3	17802	11203
环境污染防治专用设备制造	3		13188	6510
社会公共安全设备及器材制造	2	1	2598	689
水资源专用机械制造	3	1	1365	3005
地质勘查专用设备制造	1	1	510	956
其他专用设备制造	2		140	43
食品、饮料、烟草及饲料生产专用设备制造	1			237
食品、饮料、烟草工业专用设备制造	1			237
农、林、牧、渔专用机械制造	8	2	416	2668
农林牧渔机械配件制造	3	1	83	1015
其他农林牧渔业机械制造及机械修理	5	1	333	1653
交通运输设备制造业	50	14	688307	348084
铁路运输设备制造	22	3	557450	169437
铁路机车车辆及动车组制造	1		259418	82778
铁路机车车辆配件制造	9	2	96564	49923
铁路专用设备及器材、配件制造	5		36784	5102
其他铁路设备制造及设备修理	7	1	164684	31635
汽车制造	26	11	124976	162845
汽车整车制造	3	2	15591	8587
改装汽车制造	3	1	15468	9779
汽车零部件及配件制造	9	4	92391	142301
汽车修理	11	4	1525	2178
航空航天器制造	1		5377	15563
飞机制造及修理	1		5377	15563
交通器材及其他交通运输设备制造	1		505	238
其他交通运输设备制造	1		505	238
电气机械及器材制造业	39	16	348641	163357
电机制造	7	2	302182	114654
发电机及发电机组制造	3	2	14270	10293
电动机制造	4		287913	104360
输配电及控制设备制造	18	8	21334	18247
变压器、整流器和电感器制造	4	2	2744	5270
配电开关控制设备制造	9	5	16126	6581
其他输配电及控制设备制造	2		2464	4697
电容器及其配套设备制造	1			55
电力电子元器件制造	2	1		1645
电线、电缆、光缆及电工器材制造	8	4	24900	25683
电线电缆制造	6	3	13865	5510
光纤、光缆制造	1	1	6720	19316
绝缘制品制造	1		4315	857
电池制造	4		224	574
电池制造	4		224	574
其他电气机械及器材制造	2	2	...	4199
其他未列明的电气机械制造	2	2	...	4199
通信设备、计算机及其他电子设备制造业	14	7	68983	97430
通信设备制造	1		29500	22413
通信传输设备制造	1		29500	22413
雷达及配套设备制造	1	1	13174	8099
雷达及配套设备制造	1	1	13174	8099

单位：个、万元、万人

所有者权益合计	实收资本	本年折旧（规下工业）	主营业务收入	主营业务成本
3456	2876		1841	1256
9554	6210	56	20609	17335
11454	3975	19	15378	13592
-587	799	22	2943	1654
-1804	945	1	1892	1655
292	292	6	257	365
199	199	7	140	70
1272	700	153	398	260
648	160	3	69	67
624	540	150	329	192
198820	178261	374	695009	591684
114112	107766	273	557372	473349
43803	55637		258271	234541
36569	29069	179	99389	73929
9801	5002	47	34105	27145
23939	18057	47	165608	137733
77815	64276	101	131706	113912
19032	20329	25	15176	14136
9993	3958		12560	10100
47445	39110	28	102410	88491
1345	879	48	1560	1185
6673	6000		5377	4032
6673	6000		5377	4032
220	220		555	392
220	220		555	392
65072	73000	1068	337966	294334
51217	36590	48	286359	249429
12728	11164	7	14224	14584
38489	25426	41	272134	234845
17330	12602	519	22974	19541
8881	1464	459	3098	2609
4033	6574	52	17447	15010
3936	4083	8	2429	1922
55	55			
426	426			
537	22424	104	28397	25183
1293	790	104	14688	13016
-2240	20901		9500	9013
1483	732		4208	3155
1425	749	9	224	170
1425	749	9	224	170
-5437	635	387	12	11
-5437	635	387	12	11
19178	29363	109	50964	39137
18564	4932		15900	8777
18564	4932		15900	8777
-3589	551		10612	9556
-3589	551		10612	9556

2-1-10 续表 8

指标名称	企业单位数	亏损企业	工业总产值(当年价格)	固定资产原价
电子计算机制造	1	1	16107	57213
电子计算机整机制造	1	1	16107	57213
电子器件制造	4	3	6436	4495
光电子器件及其他电子器件制造	2	1	6111	3621
半导体分立器件制造	2	2	325	873
电子元件制造	5	2	3481	3483
电子元件及组件制造	5	2	3481	3483
家用视听设备制造	1			1708
家用音响设备制造	1			1708
其他电子设备制造	1		284	19
其他电子设备制造	1		284	19
仪器仪表及文化、办公用机械制造业	16	3	48832	53146
专用仪器仪表制造	6	1	35181	46417
导航、气象及海洋专用仪器制造	2		30528	45627
电子测量仪器制造	1		4172	732
农林牧渔专用仪器仪表制造	1		74	31
核子及核辐射测量仪器制造	2	1	407	27
光学仪器及眼镜制造	2	1	3390	1080
光学仪器制造	2	1	3390	1080
通用仪器仪表制造	7	1	10106	5576
工业自动控制系统装置制造	4	1	8690	2476
电工仪器仪表制造	2		791	3093
试验机制造	1		626	7
钟表与计时仪器制造	1		155	73
钟表与计时仪器制造	1		155	73
工艺品及其他制造业	9	1	7743	18516
其他未列明的制造业	1		7510	17240
其他未列明的制造业	1		7510	17240
工艺美术品制造	4	1	154	1059
金属工艺品制造	1	1	118	723
花画工艺品制造	1			7
其他工艺美术品制造	2		36	329
煤制品制造	4		79	217
煤制品制造	4		79	217
废弃资源和废旧材料回收加工业	4	1	304	317
金属废料和碎屑的加工处理	1	1	3	2
金属废料和碎屑的加工处理	1	1	3	2
非金属废料和碎屑的加工处理	3		300	315
非金属废料和碎屑的加工处理	3		300	315
电力、燃气及水的生产和供应业	**334**	**160**	**8086432**	**17299879**
电力、热力的生产和供应业	152	73	7876132	16741372
电力生产	95	49	3619119	11472142
火力发电	57	33	3534982	11069719
水力发电	35	15	82364	371839
其他能源发电	3	1	1774	30584
电力供应	16	3	4162133	4915007
电力供应	16	3	4162133	4915007
热力生产和供应	41	21	94880	354222
热力生产和供应	41	21	94880	354222

单位：个、万元、万人

所有者权益合计	实收资本	本年折旧(规下工业)	主营业务收入	主营业务成本
-7767	18251		15277	14463
-7767	18251		15277	14463
10244	3384	67	4774	2553
10588	3161	15	4556	2395
-344	223	52	218	158
3377	1897	39	4230	3661
3377	1897	39	4230	3661
-1804	195			
-1804	195			
154	154	3	171	128
154	154	3	171	128
52961	11253	761	55654	42863
42846	6938	5	42029	31181
41444	5743		37871	27560
980	800		3680	3341
296	296	…	81	51
125	99	5	397	229
2047	373	4	3302	2647
2047	373	4	3302	2647
7999	3873	747	10169	8938
3476	3060	215	8743	7738
4458	747	531	800	702
66	66	1	626	498
69	69	5	155	97
69	69	5	155	97
15394	4480	15	6427	5660
14831	3923		6207	5519
14831	3923		6207	5519
401	401	9	153	93
263	263	2	118	66
138	138	7	35	27
163	157	7	66	48
163	157	7	66	48
330	288	8	304	231
2	1	…	3	2
2	1	…	3	2
328	287	8	300	229
328	287	8	300	229
4052584	**3427114**	**47891**	**8047396**	**7819834**
3664358	3220827	32314	7840457	7659734
2450081	2380105	29852	3556093	3612441
2319920	2264906	27633	3503412	3585043
124597	106673	264	50933	22811
5564	8525	1955	1748	4588
1117779	804758	392	4188825	3944247
1117779	804758	392	4188825	3944247
96498	35964	2071	95540	103045
96498	35964	2071	95540	103045

2-1-10 续表 9

指标名称	企业单位数	亏损企业	工业总产值(当年价格)	固定资产原价
燃气生产和供应业	29	17	80284	130744
燃气生产和供应业	29	17	80284	130744
燃气生产和供应业	29	17	80284	130744
水的生产和供应业	153	70	130016	427764
自来水的生产和供应	130	64	117126	345053
自来水的生产和供应	130	64	117126	345053
污水处理及其再生利用	21	6	12486	81821
污水处理及其再生利用	21	6	12486	81821
其他水的处理、利用与分配	2		404	890
其他水的处理、利用与分配	2		404	890
四、按行业大类分				
煤炭开采和洗选业	301	52	21117068	20465612
石油和天然气开采业	5	2	90989	12511
黑色金属矿采选业	15	1	116447	44345
有色金属矿采选业	8		103778	144817
非金属矿采选业	18	3	5225	11923
农副食品加工业	105	26	60568	46963
食品制造业	47	15	49744	63832
饮料制造业	20	6	307525	176270
烟草制品业	1		211946	92278
纺织业	19	11	47716	115629
纺织服装、鞋、帽制造业	8	1	50752	17166
皮革、毛皮、羽毛(绒)及其制品业	3			71
木材加工及木、竹、藤、棕、草制品业	3	1	6	233
家具制造业	3		4253	1076
造纸及纸制品业	3		2717	424
印刷业和记录媒介的复制	66	21	46178	50881
文教体育用品制造业	4	3	3838	5972
石油加工、炼焦及核燃料加工业	22	13	2027909	1385675
化学原料及化学制品制造业	88	34	2640801	3289558
医药制造业	25	8	93373	92442
化学纤维制造业	3	2	8	39338
橡胶制品业	6	2	109034	98312
塑料制品业	15	8	17624	13502
非金属矿物制品业	109	42	444397	617103
黑色金属冶炼及压延加工业	26	10	10614684	6108809
有色金属冶炼及压延加工业	25	11	2419501	2733323
金属制品业	25	7	75253	14474
通用设备制造业	109	36	437971	328477
专用设备制造业	76	28	2282690	1282471
交通运输设备制造业	50	14	688307	348084
电气机械及器材制造业	39	16	348641	163357
通信设备、计算机及其他电子设备制造业	14	7	68983	97430
仪器仪表及文化、办公用机械制造业	16	3	48832	53146
工艺品及其他制造业	9	1	7743	18516
废弃资源和废旧材料回收加工业	4	1	304	317
电力、热力的生产和供应业	152	73	7876132	16741372
燃气生产和供应业	29	17	80284	130744
水的生产和供应业	153	70	130016	427764

单位：个、万元、万人

所有者权益合计	实收资本	本年折旧(规下工业)	主营业务收入	主营业务成本
39706	37918	12509	80241	65652
39706	37918	12509	80241	65652
39706	37918	12509	80241	65652
348520	168370	3068	126698	94448
285615	129482	2226	115127	83339
285615	129482	2226	115127	83339
61830	37812	824	11248	10879
61830	37812	824	11248	10879
1076	1076	17	322	230
1076	1076	17	322	230
14218789	7456968	10411	22851118	14389852
56356	51716	87	92030	79094
44799	8550	7	111064	72060
11273	18142	49	99908	94736
5952	2885	44	5595	4157
41162	23889	747	52867	48336
22555	27773	1192	37734	33692
192337	55565	137	396684	219835
104337	61320		204871	82098
40638	43161	2196	45692	44097
20024	7775	79	46739	38545
15	15			
192	192	28	6	7
1171	1073		3762	2867
884	414	36	2685	1925
35071	25193	450	40624	34290
561	2960	61	3436	2785
717623	348289	1	2175171	1863863
1605902	802420	1106	2772246	2377681
50143	45924	875	90101	57275
-76448	12263	283	8	9
63485	59076	72	103485	93776
11297	9931	573	16273	14247
193802	240944	2309	399130	344132
3395353	908355	395	10536869	9557613
1194099	781403	388	2358236	2228442
12938	9364	293	73391	66841
168509	143578	1993	419889	345226
1137129	457692	1723	2293986	1920461
198820	178261	374	695009	591684
65072	73000	1068	337966	294334
19178	29363	109	50964	39137
52961	11253	761	55654	42863
15394	4480	15	6427	5660
330	288	8	304	231
3664358	3220827	32314	7840457	7659734
39706	37918	12509	80241	65652
348520	168370	3068	126698	94448

2-1-10 续表 10

指标名称	主营业务税金及附加	主营业务利润	其他业务利润	营业费用管理费用财务费用合计
总 计	**666307**	**10984949**	**123635**	**7693882**
一、按轻重工业分				
轻工业	135820	280383	6097	252274
重工业	530487	10704566	117538	7441608
二、按登记注册类型分				
内资企业	**663516**	**10905960**	**121176**	**7596178**
国有企业	145858	2825139	31552	1837484
集体企业	167	1276		281
股份合作企业	1578	62313	376	19357
联营企业	141	2390	…	1970
国有联营企业	47	1310		232
国有与集体联营企业	33	85		54
其他联营企业	61	996	…	1684
有限责任公司	469972	6991394	86342	5132032
国有独资公司	172719	3195120	12939	2233166
其他有限责任公司	297253	3796274	73403	2898866
股份有限公司	45695	1018177	2895	600791
私营企业	26	2398		1319
私营有限责任公司	26	2398		1319
其他企业	80	2871	11	2944
港澳台商投资企业	**1272**	**-17702**	**774**	**31060**
与港澳台商合资经营企业	110	-22676		16257
与港澳台商合作经营企业	1000	4240	746	5143
港澳台商投资股份有限公司	162	735	28	9660
外商投资企业	**1520**	**96691**	**1686**	**66643**
中外合资经营企业	1487	102064	1356	59189
中外合作经营企业		11652	329	4566
外资企业	32	-17025		2888
三、按国民经济行业分				
采矿业	**380236**	**8166984**	**61429**	**4763673**
煤炭开采和洗选业	377706	8110940	60980	4745795
烟煤和无烟煤的开采洗选	377706	8110940	60980	4745795
烟煤和无烟煤的开采洗选	377706	8110940	60980	4745795
石油和天然气开采业	936	12000	147	8020
天然原油和天然气开采	883	8781	26	4335
天然原油和天然气开采	883	8781	26	4335
与石油和天然气开采有关的服务活动	52	3219	121	3685
与石油和天然气开采有关的服务活动	52	3219	121	3685
黑色金属矿采选业	1030	37974	32	6741
铁矿采选	1030	37974	32	6741
铁矿采选	1030	37974	32	6741
有色金属矿采选业	465	4729		2089
常用有色金属矿采选	460	4630		2047
铜矿采选	93	1596		1328
铝矿采选	368	3034		719
贵金属矿采选	5	100		42
金矿采选	5	100		42
银矿采选				
非金属矿采选业	98	1341	270	1028
土砂石开采	97	1335	197	915

单位：个、万元、万人

营业利润	职工工资和福利费	本年应交增值税	年末存货	全部从业人员年平均人数
3361766	**5278214**	**3394969**	**7272371**	**1220050**
43361	130891	83920	300560	71830
3318405	5147323	3311049	6971811	1148220
3375001	**5232553**	**3317650**	**7167697**	**1207881**
986900	943675	812044	973408	299283
128	156	501	179	185
42574	5994	21691	21077	2377
2724	1418	1259	6420	1188
1157	392	795	699	415
31	66	11	117	97
1537	960	453	5604	676
1919658	3908222	2182540	5480092	804233
1001644	1567539	948028	3238762	300857
918014	2340683	1234512	2241330	503376
422982	370747	298733	684037	99372
98	388	119	470	159
98	388	119	470	159
-63	1953	762	2013	1084
-50418	**16051**	**10754**	**38129**	**5217**
-38897	6516	7207	6757	927
-2075	1868	2216	2959	470
-9446	7667	1332	28413	3820
37183	**29610**	**66565**	**66545**	**6952**
49640	20835	30611	30302	5217
7415	2991	28339	25534	495
-19872	5784	7615	10709	1240
3433679	**3608579**	**2127977**	**2414773**	**693790**
3398182	3588265	2116761	2296326	685983
3398182	3588265	2116761	2296326	685983
3398182	3588265	2116761	2296326	685983
3211	4302	1344	4033	1127
4290	3107	930	4007	839
4290	3107	930	4007	839
-1079	1195	414	26	288
-1079	1195	414	26	288
28846	7831	7371	14599	3834
28846	7831	7371	14599	3834
28846	7831	7371	14599	3834
2640	6154	2211	97426	1814
2583	6065	2206	97426	1720
268	986	526		346
2315	5079	1680	97426	1374
58	89	6	1	94
58	88	6	1	92
	1			2
800	2027	291	2390	1032
834	1976	287	2366	951

2-1-10 续表 11

指标名称	主营业务税金及附加	主营业务利润	其他业务利润	营业费用管理费用财务费用合计
粘土及其他土砂石开采	89	1274	197	884
石灰石、石膏开采	5	14		8
建筑装饰用石开采		1		1
耐火土石开采	3	47		22
化学矿采选	1	6	73	112
化学矿采选	1	6	73	112
制造业	**245290**	**2625549**	**49016**	**2371750**
农副食品加工业	285	4343	181	5658
谷物磨制	54	1414	10	3209
谷物磨制	54	1414	10	3209
制糖	22	52	44	52
制糖	22	52	44	52
屠宰及肉类加工	184	2754	120	1916
畜禽屠宰	180	2772	165	1470
肉制品及副产品加工	5	-18	-45	446
其他农副食品加工	...	9		258
淀粉及淀粉制品的制造	...	8		256
豆制品制造	...	1		1
其他未列明的农副食品加工				...
饲料加工	14	82	4	38
饲料加工	14	82	4	38
植物油加工	...	7	3	15
食用植物油加工	...	7	3	15
蔬菜、水果和坚果加工	12	26	...	170
蔬菜、水果和坚果加工	12	26	...	170
食品制造业	139	3906	129	8588
焙烤食品制造	17	288	43	329
糕点、面包制造	17	288	43	329
方便食品制造	36	276		984
速冻食品制造	31	164		936
米、面制品制造	5	112		48
罐头制造	24	772	...	1069
蔬菜、水果罐头制造	24	772	...	1069
调味品、发酵制品制造	15	2085	59	2345
酱油、食醋及类似制品的制造	15	482	52	564
其他调味品、发酵制品制造		1604	7	1781
其他食品制造	47	478	27	3834
食品及饲料添加剂制造	46	436	27	3811
其他未列明的食品制造	1	42		22
液体乳及乳制品制造	1	8		27
液体乳及乳制品制造	1	8		27
饮料制造业	48849	128001	1754	88176
酒的制造	48676	120072	1669	84798
白酒制造	48676	120052	1669	84764
啤酒制造		19		35
软饮料制造	173	7929	84	3378
果菜汁及果菜汁饮料制造	164	7741	50	3243
碳酸饮料制造	2	15	35	37
瓶(罐)装饮用水制造	7	173	...	97
烟草制品业	82261	40512		20594

单位：个、万元、万人

营业利润	职工工资和福利费	本年应交增值税	年末存货	全部从业人员年平均人数
804	1917	266	2358	842
6	6	3	1	16
	19			53
25	34	17	7	40
-34	51	4	24	81
-34	51	4	24	81
296811	**1244991**	**812172**	**4546756**	**423550**
-314	6018	1544	15780	4357
-1022	1193	291	5069	1398
-1022	1193	291	5069	1398
82	692		7721	265
82	692		7721	265
976	3883	1228	2004	2255
1485	3532	1088	1853	1527
-508	351	140	151	728
-249	52	1	737	59
-248	41	1	723	44
…	10	…	15	12
…	1	…		3
48	70	12	76	132
48	70	12	76	132
-5	50	1	17	141
-5	50	1	17	141
-144	78	12	155	107
-144	78	12	155	107
-4444	3961	967	11233	3328
1	347	136	643	458
1	347	136	643	458
-700	490	35	794	779
-764	188	19	536	289
64	301	16	257	490
-297	955	219	2220	160
-297	955	219	2220	160
-159	1013	490	3862	1219
12	437	109	2663	724
-171	576	381	1199	495
-3271	1147	85	3715	697
-3291	1119	79	3498	668
20	28	6	217	29
-19	9	2	…	15
-19	9	2	…	15
46679	32416	30309	134555	11646
42125	31604	28159	116242	11192
42140	31591	28149	116125	11175
-15	14	10	117	17
4554	812	2150	18314	454
4466	654	2101	18103	274
13	40	1		56
76	118	48	211	124
19946	11475	22879	23592	1259

2-1-10 续表 12

指标名称	主营业务税金及附加	主营业务利润	其他业务利润	营业费用管理费用财务费用合计
卷烟制造	82261	40512		20594
卷烟制造	82261	40512		20594
纺织业	194	1883	211	9359
棉、化纤纺织及印染精加工	105	-1245	87	5243
棉、化纤纺织加工	101	-1265	87	5240
棉、化纤印染精加工	3	20		3
麻纺织	70	2801	1	2657
麻纺织	70	2801	1	2657
针织品、编织品及其制品制造	18	351	21	1199
棉、化纤针织品及编织品制造	18	351	21	1199
毛纺织和染整精加工				
毛纺织				
丝绢纺织及精加工		...		
绢纺和丝织加工		...		
纺织制成品制造	1	-24	102	260
毛制品制造	1	-24	102	260
纺织服装、鞋、帽制造业	236	7959	650	5672
纺织服装制造	236	7959	650	5672
纺织服装制造	236	7959	650	5672
制帽				
制帽				
皮革、毛皮、羽毛(绒)及其制品业				
皮革制品制造				
皮鞋制造				
毛皮鞣制及制品加工				
毛皮鞣制加工				
木材加工及木、竹、藤、棕、草制品业	...	-2	27	11
人造板制造				...
其他人造板、材制造				...
木制品制造	...	-2	27	11
建筑用木料及木材组件加工				
软木制品及其他木制品制造	...	-2	27	11
家具制造业	26	869		783
木质家具制造	26	869		783
木质家具制造	26	869		783
金属家具制造				
金属家具制造				
造纸及纸制品业	12	769	-16	86
造纸	10	721	-16	81
机制纸及纸板制造	10	721	-16	81
纸制品制造	2	48		5
纸和纸板容器的制造	2	48		5
印刷业和记录媒介的复制	334	6060	550	6912
印刷	333	6024	550	6894
书、报、刊印刷	221	3818	514	6107
本册印制	95	2013	5	681
包装装潢及其他印刷	16	193	31	106
装订及其他印刷服务活动	2	37		18
装订及其他印刷服务活动	2	37		18
文教体育用品制造业	24	627		1060

单位：个、万元、万人

营业利润	职工工资和福利费	本年应交增值税	年末存货	全部从业人员年平均人数
19946	11475	22879	23592	1259
19946	11475	22879	23592	1259
-4402	9317	2075	18483	11252
-3750	6375	1274	10484	8294
-3767	6357	1274	10482	8279
18	18	...	2	15
146	2300	639	6030	2315
146	2300	639	6030	2315
-615	625	146	1754	479
-615	625	146	1754	479
	1	...		135
	1	...		135
...	...	...		1
...	...	...		1
-183	15	15	216	28
-183	15	15	216	28
2500	6438	1295	13490	3766
2500	6436	1294	13490	3763
2500	6436	1294	13490	3763
	2	...		3
	2	...		3
	80	...		203
	79	...		201
	79	...		201
	1	...		2
	1	...		2
14	56	...	1	84
...	26			25
...	26			25
14	30	...	1	59
	20		1	49
14	10	...	...	10
96	176	53	472	130
96	176	53	472	129
96	176	53	472	129
	1	...		1
	1	...		1
667	65	51	453	136
624	61	48	365	79
624	61	48	365	79
43	4	2	88	57
43	4	2	88	57
39	7783	2563	10492	4579
20	7734	2550	10474	4512
-1561	6135	1727	8145	3761
1463	1327	805	788	465
118	273	18	1541	286
19	48	13	19	67
19	48	13	19	67
-433	568	131	2582	658

2-1-10 续表 13

指标名称	主营业务税金及附加	主营业务利润	其他业务利润	营业费用管理费用财务费用合计
体育用品制造	13	417		1000
训练健身器材制造	13	415		995
其他体育用品制造	...	2		6
文化用品制造	11	210		60
教学用模型及教具制造	10	207		49
墨水、墨汁制造	1	3		11
石油加工、炼焦及核燃料加工业	18078	293229	11625	224433
精炼石油产品的制造	20	365	11	250
原油加工及石油制品制造	20	365	11	250
人造原油生产				
炼焦	18059	292864	11614	224184
炼焦	18059	292864	11614	224184
化学原料及化学制品制造业	9609	385923	3366	322817
基础化学原料制造	3398	81379	566	63541
无机碱制造	2020	39967	1	39039
无机盐制造	690	6667	190	2619
有机化学原料制造	665	5638	292	17433
其他基础化学原料制造	...	28756	82	4098
无机酸制造	22	351	1	351
肥料制造	3064	213635	-891	158738
氮肥制造	1597	142792	-2549	111584
复混肥料制造	1467	70842	1658	47154
磷肥制造				
有机肥料及微生物肥料制造				
其他肥料制造				
涂料、油墨、颜料及类似产品制造	151	4838		4662
染料制造	150	4810		4637
涂料制造	1	28		25
合成材料制造	1356	36454	2087	35488
合成橡胶制造	397	7755	1319	7631
合成纤维单(聚合)体的制造	960	28698	768	27857
专用化学产品制造	662	33344	1598	44720
化学试剂和助剂制造	4	413		537
专项化学用品制造	24	250		1298
林产化学产品制造	54	691	3	606
炸药及火工产品制造	561	31355	1595	42067
其他专用化学产品制造	19	634		211
环境污染处理专用药剂材料制造				
日用化学产品制造	977	16271	5	15667
肥皂及合成洗涤剂制造	977	16269	5	15667
其他日用化学产品制造	...	2		...
农药制造	1	2		...
化学农药制造	1	2		...
医药制造业	938	31942	52	28164
化学药品原药制造	72	2323	11	2555
化学药品原药制造	72	2323	11	2555
化学药品制剂制造	84	3822	33	4592
化学药品制剂制造	84	3822	33	4592
中成药制造	355	12331	2	11720
中成药制造	355	12331	2	11720

单位：个、万元、万人

营业利润	职工工资和福利费	本年应交增值税	年末存货	全部从业人员年平均人数
-583	412	87	2501	408
-579	405	85	2413	391
-4	7	2	89	17
150	156	44	81	250
158	80	44	16	134
-8	76	...	65	116
41939	124680	151083	254328	36658
126	294	194	1647	210
126	294	194	1647	210
41814	124386	150888	252682	36448
41814	124386	150888	252682	36448
96497	144344	84657	382671	72867
54666	30038	30537	106614	17759
39328	15853	13663	74527	9454
4269	2295	2197	4878	1609
-13670	9873	7568	25562	6004
24737	1937	7024	1627	532
2	80	86	19	160
47240	55189	26667	149769	29201
27991	40452	16043	91260	22728
19249	14730	10624	58113	6438
	2		395	7
				13
	6			15
519	1156	1637	6555	1127
516	1132	1636	6535	1092
3	24	2	20	35
-2714	18025	14481	42328	5554
1489	7401	3421	8682	2823
-4203	10624	11060	33646	2731
-4358	30225	5036	40186	13881
-124	269	95	1137	203
-1049	558	238	1802	318
100	319	275	1323	278
-3708	28656	4251	35523	13024
423	422	178	403	56
	1			2
1141	9632	6271	37218	5225
1140	9631	6271	37218	5223
2	1	...	1	2
2	79	27	...	120
2	79	27	...	120
4363	9112	7755	17271	5684
-221	1470	726	5037	707
-221	1470	726	5037	707
-209	2407	1090	4564	2217
-209	2407	1090	4564	2217
618	3842	3088	4322	1989
618	3842	3088	4322	1989

2-1-10 续表 14

指标名称	主营业务税金及附加	主营业务利润	其他业务利润	营业费用管理费用财务费用合计
生物、生化制品的制造	428	13466	6	9298
生物、生化制品的制造	428	13466	6	9298
中药饮片加工	...	...		...
中药饮片加工	...	...		...
化学纤维制造业		53	339	9214
合成纤维制造		53	339	9214
锦纶纤维制造		53		8045
涤纶纤维制造			339	1169
橡胶制品业	514	9196	141	8917
轮胎制造	488	8437	135	8227
车辆、飞机及工程机械轮胎制造	488	8437	135	8227
力车胎制造				
橡胶板、管、带的制造	23	630	6	536
橡胶板、管、带的制造	23	630	6	536
橡胶零件制造	...	16		18
橡胶零件制造	...	16		18
其他橡胶制品制造	2	113		136
其他橡胶制品制造	2	113		136
塑料制品业	37	1996	1	1847
塑料薄膜制造	3	138		382
塑料薄膜制造	3	138		382
塑料板、管、型材的制造	4	374		499
塑料板、管、型材的制造	4	374		499
塑料丝、绳及编织品的制造	27	1174	1	656
塑料丝、绳及编织品的制造	27	1174	1	656
塑料包装箱及容器制造	4	310		307
塑料包装箱及容器制造	4	310		307
泡沫塑料制造				2
泡沫塑料制造				2
塑料人造革、合成革制造				...
塑料人造革、合成革制造				...
非金属矿物制品业	2393	52601	2239	77452
水泥、石灰和石膏的制造	1817	22618	925	45991
水泥制造	1771	21810	925	45052
石灰和石膏制造	46	808		939
水泥及石膏制品制造	216	5867	307	5173
水泥制品制造	206	3930	286	4269
砼结构构件制造	10	119	20	547
轻质建筑材料制造		1819		357
石棉水泥制品制造				
砖瓦、石材及其他建筑材料制造	232	19493	462	19980
粘土砖瓦及建筑砌块制造	96	1767	275	5802
建筑陶瓷制品制造	2	-281		1241
建筑用石加工	126	16700		11439
其他建筑材料制造	6	1258	188	1425
防水建筑材料制造				
隔热和隔音材料制造	2	50		74
陶瓷制品制造	24	112	169	751
特种陶瓷制品制造	15	391	1	547
日用陶瓷制品制造	9	-278	168	204

单位：个、万元、万人

营业利润	职工工资和福利费	本年应交增值税	年末存货	全部从业人员年平均人数
4175	1392	2852	3251	723
4175	1392	2852	3251	723
...	1	...	97	48
...	1	...	97	48
-8822	113	147	293	180
-8822	113	147	293	180
-7992	44	9	240	132
-830	69	138	53	48
4421	5033	1396	34333	2943
4347	4498	1175	32054	2710
4347	4485	1173	32054	2678
	12	1		32
99	400	197	500	81
99	400	197	500	81
-2	17	4	50	32
-2	17	4	50	32
-24	119	20	1729	120
-24	119	20	1729	120
129	1711	439	4810	1508
-244	276	39	954	300
-244	276	39	954	300
-125	276	80	1816	122
-125	276	80	1816	122
498	1082	295	2016	1007
498	1082	295	2016	1007
3	72	25	24	73
3	72	25	24	73
-2	4	...		5
-2	4	...		5
...	1			1
...	1			1
-23101	46729	21112	77565	25735
-22143	21193	14833	49174	14059
-22011	20936	14658	49079	13878
-132	257	175	95	181
1040	2423	1124	7091	2193
-14	1746	1103	6177	1685
-407	334	21	513	346
1461	342		401	160
	1			2
547	16696	3871	9563	6729
-3189	4575	927	4097	2805
-1521	719	46	2364	664
5261	10299	2870	777	2075
21	721	25	2078	565
	2	...		6
-24	379	3	247	614
-471	811	206	5359	861
-155	443	135	2689	392
-316	366	71	2669	467

2-1-10　续表 15

指标名称	主营业务税金及附加	主营业务利润	其他业务利润	营业费用管理费用财务费用合计
园林、陈设艺术及其他陶瓷制品制造				
耐火材料制品制造	34	299		415
耐火陶瓷制品及其他耐火材料制造	34	299		415
石墨及其他非金属矿物制品制造	69	4190	370	5111
石墨及碳素制品制造	50	1330	370	3332
其他非金属矿物制品制造	19	2859		1778
玻璃及玻璃制品制造	...	22	5	32
玻璃仪器制造	...	22	5	32
日用玻璃制品及玻璃包装容器制造				
黑色金属冶炼及压延加工业	59664	919593	11525	843845
炼铁	114	6736	361	2160
炼铁	114	6736	361	2160
炼钢	11789	-19631	-163	9587
炼钢	11789	-19631	-163	9587
钢压延加工	47685	930179	11402	828803
钢压延加工	47685	930179	11402	828803
铁合金冶炼	75	2310	-74	3295
铁合金冶炼	75	2310	-74	3295
有色金属冶炼及压延加工业	9300	120494	1573	171798
常用有色金属冶炼	8336	111534	349	153437
铜冶炼	2601	23555	2038	16054
铝冶炼	5693	88221	-1689	136669
镁冶炼	42	-243		713
贵金属冶炼	377	2535		2539
银冶炼	377	2535		2539
有色金属压延加工	581	6458	1223	15816
常用有色金属压延加工	140	5540	1223	14814
贵金属压延加工	440	919		797
稀有稀土金属压延加工				205
稀有稀土金属冶炼				
钨钼冶炼				
有色金属合金制造	7	-33		7
有色金属合金制造	7	-33		7
金属制品业	110	6471	48	4706
结构性金属制品制造	78	5253	42	3406
金属结构制造	77	5246	6	3345
金属门窗制造	2	7	35	61
金属工具制造	25	1053		1162
切削工具制造	24	1038		1143
农用及园林用金属工具制造	1	16		19
集装箱及金属包装容器制造	...	5		3
金属压力容器制造	...	5		3
金属丝绳及其制品的制造	3	77		68
金属丝绳及其制品的制造	3	77		68
建筑、安全用金属制品制造	2	29	6	13
建筑、家具用金属配件制造	...	25	6	10
建筑装饰及水暖管道零件制造				
其他建筑、安全用金属制品制造	2	4		3
金属表面处理及热处理加工	1	40		39
金属表面处理及热处理加工	1	40		39

单位：个、万元、万人

营业利润	职工工资和福利费	本年应交增值税	年末存货	全部从业人员年平均人数
	1			2
-119	763	117	407	560
-119	763	117	407	560
-1951	4819	951	5690	1276
-1632	1409	589	3342	1029
-319	3410	362	2347	247
-5	24	10	282	57
-5	20	10	282	47
	4			10
8860	392768	299469	1776029	65188
3959	1666	1860	9937	1642
3959	1666	1860	9937	1642
-17837	18698	17960	122940	6280
-17837	18698	17960	122940	6280
21335	370726	278606	1634797	55891
21335	370726	278606	1634797	55891
1403	1678	1044	8354	1375
1403	1678	1044	8354	1375
-23677	121644	87557	530006	39550
-32346	102027	85203	502184	36441
23042	18906	24895	100646	9559
-54511	82405	59289	401389	26091
-876	716	1019	149	791
1296	1126	1085	5447	360
1296	1126	1085	5447	360
7413	18474	1269	22296	2719
6415	5312	1164	13570	2653
1202	13161	106	7639	64
-205	1		1087	2
	4			10
	4			10
-39	13	...	79	20
-39	13	...	79	20
1748	4199	1612	25292	2514
1824	2605	1315	14253	1283
1843	2591	1312	14212	1260
-19	15	3	41	23
-108	1447	248	10236	1019
-105	1426	242	10202	999
-4	21	6	34	20
2	12	1	513	28
2	12	1	513	28
9	54	29	210	53
9	54	29	210	53
22	23	5	39	38
22	10	4	17	15
	...	...		1
1	13	...	22	22
...	33	9	4	46
...	33	9	4	46

2-1-10 续表 16

指标名称	主营业务税金及附加	主营业务利润	其他业务利润	营业费用管理费用财务费用合计
其他金属制品制造	...	14		16
其他未列明的金属制品制造	...	14		16
通用设备制造业	1605	73384	1213	65028
锅炉及原动机制造	236	23636	-515	21295
锅炉及辅助设备制造	215	8338	-152	8566
内燃机及配件制造	21	15298	-363	12729
其他原动机制造				
金属加工机械制造	50	3450	138	3375
金属切削机床制造	29	3196	74	3089
金属成形机床制造	2	68		77
铸造机械制造	...	27		27
其他金属加工机械制造	20	159	63	182
起重运输设备制造	47	1948	750	3343
起重运输设备制造	47	1948	750	3343
泵、阀门、压缩机及类似机械的制造	247	26312	325	15933
泵及真空设备制造	146	5506	96	5494
气体压缩机械制造	...	55	190	884
阀门和旋塞的制造	38	2214	35	2386
液压和气压动力机械及元件制造	63	18537	5	7170
通用零部件制造及机械修理	670	7599	303	8003
机械零部件加工及设备修理	662	7568	303	7991
紧固件、弹簧制造	1	6		4
其他通用零部件制造	6	25		7
金属铸、锻加工	324	10110	212	12844
钢铁铸件制造	252	5585	99	8496
锻件及粉末冶金制品制造	72	4525	113	4348
轴承、齿轮、传动和驱动部件的制造	8	41		8
轴承制造	7	66		8
齿轮、传动和驱动部件制造	1	-25		
风机、衡器、包装设备等通用设备制造	22	288		226
风机、风扇制造	20	92		117
衡器制造		95		95
其他通用设备制造	2	101		13
专用设备制造业	6803	366741	8079	280791
矿山、冶金、建筑专用设备制造	5056	213593	3931	132518
采矿、采石设备制造	4780	192336	3624	121511
石油钻采专用设备制造	272	20990	262	10685
建筑工程用机械制造	2	196	45	267
冶金专用设备制造	2	70		55
化工、木材、非金属加工专用设备制造	8	503	21	580
塑料加工专用设备制造	5	437	21	500
其他非金属加工专用设备制造	2	66		81
纺织、服装和皮革工业专用设备制造	232	1208	756	11973
纺织专用设备制造	232	1208	756	11973
电子和电工机械专用设备制造	1461	147478	3195	131719
电子工业专用设备制造	11	126		201
航空、航天及其他专用设备制造	394	31996	438	23736
电工机械专用设备制造	114	1526	1	2615
医疗仪器设备及器械制造		585		694

单位：个、万元、万人

营业利润	职工工资和福利费	本年应交增值税	年末存货	全部从业人员年平均人数
-1	24	5	37	47
-1	24	5	37	47
-870	46113	13767	186038	25373
1011	13988	915	82394	6078
-36	3163	717	61301	2328
1046	10659	198	20995	3256
	166		98	494
96	2245	353	18308	1380
65	1993	265	16323	1054
-8	129	32	1051	86
…	11	…	103	59
40	112	56	831	181
-670	2507	447	14888	1236
-670	2507	447	14888	1236
-718	7134	2425	30118	5666
109	3665	1308	8164	2037
-639	533	35	1297	683
-136	1183	338	8151	1195
-51	1753	742	12506	1751
-171	9399	5145	11194	5066
-191	9343	5127	11106	4993
1	22	…	85	33
18	33	19	3	40
-512	9972	4290	28258	4953
-800	7281	3041	19393	3447
288	2691	1249	8865	1506
33	497	23	351	343
58	349	11	203	223
-25	148	12	147	120
62	372	170	528	651
-26	70	46	396	203
	130	29	…	248
88	171	95	132	200
88004	157622	48885	695287	59788
79226	60380	37705	440099	21282
68670	55554	34830	404817	19508
10567	4608	2836	34045	1171
-26	112	21	721	502
15	106	17	517	101
-56	168	183	531	260
-42	121	163	524	197
-14	47	20	7	63
-11045	9332	1680	32656	5377
-11045	9332	1680	32656	5377
19835	85764	8954	211344	30997
-106	439	100	463	195
8697	18462	1552	31498	3327
-1088	1138	259	6182	999
-110	154		394	117

2-1-10 续表 17

指标名称	主营业务税金及附加	主营业务利润	其他业务利润	营业费用管理费用财务费用合计
假肢、人工器官及植(介)入器械制造		585		694
环保、社会公共安全及其他专用设备制造	42	3240	177	3211
环境污染防治专用设备制造	4	1784	13	1250
社会公共安全设备及器材制造	35	1254	37	1273
水资源专用机械制造	...	243		546
地质勘查专用设备制造	...	-109	126	75
其他专用设备制造	3	67		67
食品、饮料、烟草及饲料生产专用设备制造				
食品、饮料、烟草工业专用设备制造				
农、林、牧、渔专用机械制造	4	134	1	94
农林牧渔机械配件制造	...	2	1	83
其他农林牧渔业机械制造及机械修理	4	133		12
交通运输设备制造业	2066	101578	2699	117738
铁路运输设备制造	1802	82552	2084	83977
铁路机车车辆及动车组制造	825	22905	11	43734
铁路机车车辆配件制造	125	25481	564	13654
铁路专用设备及器材、配件制造	271	6688		4833
其他铁路设备制造及设备修理	581	27478	1508	21756
汽车制造	249	17532	615	32298
汽车整车制造	2	1038	144	2986
改装汽车制造	33	2428		1878
汽车零部件及配件制造	173	13746	452	27109
汽车修理	42	320	19	324
航空航天器制造	10	1336		1327
飞机制造及修理	10	1336		1327
交通器材及其他交通运输设备制造	5	158		136
其他交通运输设备制造	5	158		136
电气机械及器材制造业	1146	42585	2474	45600
电机制造	965	35978	2468	35094
发电机及发电机组制造	42	-389		1431
电动机制造	923	36367	2468	33663
输配电及控制设备制造	72	3360	49	4897
变压器、整流器和电感器制造	11	477	42	1333
配电开关控制设备制造	39	2398	8	2943
其他输配电及控制设备制造	21	486		521
电容器及其配套设备制造				
电力电子元器件制造				100
电线、电缆、光缆及电工器材制造	108	3106	-54	4804
电线电缆制造	49	1623	30	2078
光纤、光缆制造	32	456	-84	2125
绝缘制品制造	27	1027		601
电池制造	1	140		77
电池制造	1	140		77
其他电气机械及器材制造		1	11	728
其他未列明的电气机械制造		1	11	728
通信设备、计算机及其他电子设备制造业	43	11785	83	12165
通信设备制造	...	7123	...	2917
通信传输设备制造	...	7123	...	2917
雷达及配套设备制造	3	1053	25	2647
雷达及配套设备制造	3	1053	25	2647

单位：个、万元、万人

营业利润	职工工资和福利费	本年应交增值税	年末存货	全部从业人员年平均人数
-110	154		394	117
112	1675	329	10075	1460
554	856	26	6747	465
-82	538	276	2769	465
-303	236	2	249	432
-58	23	5	305	69
1	21	20	6	29
	16	…		38
	16	…		38
41	133	35	188	257
-80	79	…	109	196
121	54	35	79	61
45273	63015	21265	139344	19429
57578	47820	19288	64540	10968
29277	27784	5326	22971	4427
18685	6380	8672	9187	2013
1858	2158	1582	3160	564
7758	11498	3708	29221	3964
-12327	13905	1928	71579	7534
-1934	1094		6521	432
212	1639	43	9709	746
-10570	10869	1869	55065	6004
-35	303	16	285	352
…	1210	2	2912	838
…	1210	2	2912	838
22	80	47	313	89
22	80	47	313	89
560	29821	9121	95624	13332
4442	24819	7441	71007	9232
-1758	4918	18	2973	1993
6200	19901	7423	68035	7239
-1400	2603	711	12792	1874
-814	284	113	5391	325
-451	1727	367	5118	981
-36	450	225	1691	323
	5			13
-100	137	7	593	232
-1829	2183	934	11254	1843
-602	917	426	6047	811
-1754	686	240	5000	795
527	580	268	207	237
63	33	34	486	46
63	33	34	486	46
-715	182	1	84	337
-715	182	1	84	337
-2409	10583	348	85244	6529
990	3580		72286	913
990	3580		72286	913
-465	1201	25	4180	658
-465	1201	25	4180	658

2-1-10 续表 18

指标名称	主营业务税金及附加	主营业务利润	其他业务利润	营业费用管理费用财务费用合计
电子计算机制造	19	796	3	4528
电子计算机整机制造	19	796	3	4528
电子器件制造	15	2207	10	1474
光电子器件及其他电子器件制造	10	2151	10	1330
半导体分立器件制造	4	56		144
电子元件制造	5	565	36	555
电子元件及组件制造	5	565	36	555
家用视听设备制造				
家用音响设备制造				
其他电子设备制造	2	41	10	44
其他电子设备制造	2	41	10	44
仪器仪表及文化、办公用机械制造业	580	12211	71	9477
专用仪器仪表制造	522	10326	50	7938
导航、气象及海洋专用仪器制造	505	9806	50	7410
电子测量仪器制造	12	327		326
农林牧渔专用仪器仪表制造	1	30		30
核子及核辐射测量仪器制造	5	163		172
光学仪器及眼镜制造	17	638	...	433
光学仪器制造	17	638	...	433
通用仪器仪表制造	40	1191	16	1048
工业自动控制系统装置制造	32	973	13	980
电工仪器仪表制造	3	95	2	14
试验机制造	5	122		53
钟表与计时仪器制造	1	56	6	59
钟表与计时仪器制造	1	56	6	59
工艺品及其他制造业	44	731	1	778
其他未列明的制造业	6	682		732
其他未列明的制造业	6	682		732
工艺美术品制造	37	22	1	39
金属工艺品制造	36	17		37
花画工艺品制造				
其他工艺美术品制造	2	5	1	1
煤制品制造	1	26		7
煤制品制造	1	26		7
废弃资源和废旧材料回收加工业	...	108		79
金属废料和碎屑的加工处理	...	1		1
金属废料和碎屑的加工处理	...	1		1
非金属废料和碎屑的加工处理		106		77
非金属废料和碎屑的加工处理		106		77
电力、燃气及水的生产和供应业	**40781**	**192416**	**13191**	**558459**
电力、热力的生产和供应业	38885	146853	10592	496683
电力生产	19527	-73107	4272	384517
火力发电	18849	-97811	5365	364144
水力发电	675	27548	-1101	18627
其他能源发电	3	-2844	8	1747
电力供应	18894	227341	3895	87376
电力供应	18894	227341	3895	87376
热力生产和供应	464	-7381	2424	24790
热力生产和供应	464	-7381	2424	24790

单位：个、万元、万人

营业利润	职工工资和福利费	本年应交增值税	年末存货	全部从业人员年平均人数
-3729	3498	174	6120	3328
-3729	3498	174	6120	3328
743	1365	110	1447	997
832	1162	103	839	612
-89	202	7	608	385
46	756	31	1108	263
46	756	31	1108	263
	151		85	340
	151		85	340
7	33	7	18	30
7	33	7	18	30
3564	7627	1567	10793	3750
3202	6575	982	7054	2662
3211	5815	856	5170	2377
1	695	117	1586	205
…	13	1	255	25
-9	52	8	43	55
200	389	173	574	206
200	389	173	574	206
159	632	372	3099	851
6	364	309	2461	568
84	241	22	638	243
69	27	41		40
3	31	39	67	31
3	31	39	67	31
-46	1466	69	629	1050
-50	1363	59	616	854
-50	1363	59	616	854
-15	62	1	…	121
-20	11	1		23
	1			2
5	50	…	…	96
19	40	9	13	75
19	40	9	13	75
29	57	55	63	74
…	9	…	…	11
…	9	…	…	11
29	49	55	63	63
29	49	55	63	63
-368724	**424644**	**454820**	**310842**	**102710**
-354242	389087	445114	304679	81062
-446525	147719	269212	279732	38802
-451009	142602	260940	279034	36264
9066	5034	8266	285	2399
-4582	83	5	413	139
122198	228023	174087	18029	35662
122198	228023	174087	18029	35662
-29916	13346	1816	6918	6598
-29916	13346	1816	6918	6598

2-1-10 续表 19

指标名称	主营业务税金及附加	主营业务利润	其他业务利润	营业费用管理费用财务费用合计
燃气生产和供应业	518	14340	559	15889
燃气生产和供应业	518	14340	559	15889
燃气生产和供应业	518	14340	559	15889
水的生产和供应业	1378	31223	2040	45887
自来水的生产和供应	1334	30806	2040	45547
自来水的生产和供应	1334	30806	2040	45547
污水处理及其再生利用	41	328		338
污水处理及其再生利用	41	328		338
其他水的处理、利用与分配	3	89		1
其他水的处理、利用与分配	3	89		1
四、按行业大类分				
煤炭开采和洗选业	377706	8110940	60980	4745795
石油和天然气开采业	936	12000	147	8020
黑色金属矿采选业	1030	37974	32	6741
有色金属矿采选业	465	4729		2089
非金属矿采选业	98	1341	270	1028
农副食品加工业	285	4343	181	5658
食品制造业	139	3906	129	8588
饮料制造业	48849	128001	1754	88176
烟草制品业	82261	40512		20594
纺织业	194	1883	211	9359
纺织服装、鞋、帽制造业	236	7959	650	5672
皮革、毛皮、羽毛(绒)及其制品业				
木材加工及木、竹、藤、棕、草制品业	...	-2	27	11
家具制造业	26	869		783
造纸及纸制品业	12	769	-16	86
印刷业和记录媒介的复制	334	6060	550	6912
文教体育用品制造业	24	627		1060
石油加工、炼焦及核燃料加工业	18078	293229	11625	224433
化学原料及化学制品制造业	9609	385923	3366	322817
医药制造业	938	31942	52	28164
化学纤维制造业		53	339	9214
橡胶制品业	514	9196	141	8917
塑料制品业	37	1996	1	1847
非金属矿物制品业	2393	52601	2239	77452
黑色金属冶炼及压延加工业	59664	919593	11525	843845
有色金属冶炼及压延加工业	9300	120494	1573	171798
金属制品业	110	6471	48	4706
通用设备制造业	1605	73384	1213	65028
专用设备制造业	6803	366741	8079	280791
交通运输设备制造业	2066	101578	2699	117738
电气机械及器材制造业	1146	42585	2474	45600
通信设备、计算机及其他电子设备制造业	43	11785	83	12165
仪器仪表及文化、办公用机械制造业	580	12211	71	9477
工艺品及其他制造业	44	731	1	778
废弃资源和废旧材料回收加工业	...	108		79
电力、热力的生产和供应业	38885	146853	10592	496683
燃气生产和供应业	518	14340	559	15889
水的生产和供应业	1378	31223	2040	45887

单位：个、万元、万人

营业利润	职工工资和福利费	本年应交增值税	年末存货	全部从业人员年平均人数
-811	4678	3418	1790	4770
-811	4678	3418	1790	4770
-811	4678	3418	1790	4770
-13671	30879	6288	4373	16878
-13785	30294	6005	3734	16154
-13785	30294	6005	3734	16154
27	552	211	635	680
27	552	211	635	680
88	34	72	4	44
88	34	72	4	44
3398182	3588265	2116761	2296326	685983
3211	4302	1344	4033	1127
28846	7831	7371	14599	3834
2640	6154	2211	97426	1814
800	2027	291	2390	1032
-314	6018	1544	15780	4357
-4444	3961	967	11233	3328
46679	32416	30309	134555	11646
19946	11475	22879	23592	1259
-4402	9317	2075	18483	11252
2500	6438	1295	13490	3766
	80	…		203
14	56	…	1	84
96	176	53	472	130
667	65	51	453	136
39	7783	2563	10492	4579
-433	568	131	2582	658
41939	124680	151083	254328	36658
96497	144344	84657	382671	72867
4363	9112	7755	17271	5684
-8822	113	147	293	180
4421	5033	1396	34333	2943
129	1711	439	4810	1508
-23101	46729	21112	77565	25735
8860	392768	299469	1776029	65188
-23677	121644	87557	530006	39550
1748	4199	1612	25292	2514
-870	46113	13767	186038	25373
88004	157622	48885	695287	59788
45273	63015	21265	139344	19429
560	29821	9121	95624	13332
-2409	10583	348	85244	6529
3564	7627	1567	10793	3750
-46	1466	69	629	1050
29	57	55	63	74
-354242	389087	445114	304679	81062
-811	4678	3418	1790	4770
-13671	30879	6288	4373	16878

2-1-11 规模以上国有

指标名称	企业单位数	亏损企业	工业总产值（当年价格）	工业销售产值（当年价格）	出口交货值
总　计	**650**	**223**	**51998011**	**51205816**	**2595477**
一、按轻重工业分					
轻工业	95	42	1080093	1014962	25328
重工业	555	181	50917918	50190854	2570149
二、按企业规模分					
大型企业	89	20	39092889	38559045	2456167
中型企业	270	98	10780896	10601255	132866
小型企业	291	105	2124226	2045516	6444
三、按登记注册类型分					
内资企业	**635**	**216**	**50962432**	**50155820**	**2569118**
国有企业	310	104	12179293	12093469	293817
集体企业	2		4108	3917	
股份合作企业	6	1	227827	224343	
联营企业	3		32743	27290	
国有联营企业	2		8068	7597	
其他联营企业	1		24676	19693	
有限责任公司	264	90	34119086	33451823	2191865
国有独资公司	48	13	15630301	15228969	1401484
其他有限责任公司	216	77	18488785	18222855	790382
股份有限公司	46	20	4376730	4335337	83436
私营企业	2		6758	6198	
私营有限责任公司	2		6758	6198	
其他企业	2	1	15887	13444	
港澳台商投资企业	**3**	**3**	**216617**	**229976**	**26201**
与港澳台商合资经营企业	1	1	118912	118912	
与港澳台商合作经营企业	1	1	38222	43645	
港澳台商投资股份有限公司	1	1	59483	67420	26201
外商投资企业	**12**	**4**	**818962**	**820020**	**158**
中外合资经营企业	10	3	326915	327972	158
中外合作经营企业	1		359612	359612	
外资企业	1	1	132436	132436	
四、按国民经济行业分					
采矿业	**228**	**32**	**21161943**	**20850312**	**1004480**
煤炭开采和洗选业	213	31	20848004	20550818	1004480
烟煤和无烟煤的开采洗选	213	31	20848004	20550818	1004480
烟煤和无烟煤的开采洗选	213	31	20848004	20550818	1004480
石油和天然气开采业	2	1	90970	92011	
天然原油和天然气开采	1		81952	81952	
天然原油和天然气开采	1		81952	81952	
与石油和天然气开采有关的服务活动	1	1	9018	10059	
与石油和天然气开采有关的服务活动	1	1	9018	10059	
黑色金属矿采选业	9		115756	109645	
铁矿采选	9		115756	109645	
铁矿采选	9		115756	109645	
有色金属矿采选业	2		103493	94192	
常用有色金属矿采选	2		103493	94192	
铜矿采选	1		6077	6076	
铝矿采选	1		97416	88115	
非金属矿采选业	2		3721	3646	
土砂石开采	2		3721	3646	
粘土及其他土砂石开采	2		3721	3646	

控股工业企业主要经济指标

单位：个、万元、人

资产总计	流动资产合计				流动资产年平均余额
		应收帐款	存货		
				产成品	
83648373	**30214121**	**3857764**	**7176015**	**2330355**	**26761787**
1768355	827575	100671	282187	118759	824897
81880017	29386546	3757093	6893827	2211595	25936890
60713987	23039517	2565947	5548221	1778999	20200644
18405433	6040708	1041756	1359713	435448	5435340
4528954	1133896	250060	268081	115908	1125804
81847120	**29862137**	**3737858**	**7080580**	**2310120**	**26366530**
18669360	5919874	904814	919625	276529	5407692
4658	1722	650	179	62	1709
327652	151837	15321	20305	9665	110080
18872	10343	2135	5735	5142	9380
8471	3074	1139	197	93	3080
10401	7269	996	5538	5049	6300
55302119	21387666	2632178	5451330	1816594	18655044
25640739	10437950	1206447	3235960	1041125	9342096
29661380	10949717	1425731	2215370	775468	9312948
7495599	2381897	179810	680926	201165	2170377
4758	2448	95	470	46	2346
4758	2448	95	470	46	2346
24102	6350	2856	2011	918	9902
397584	**111788**	**25589**	**37042**	**15290**	**131171**
255592	33658	13906	5670		32408
29464	10277	963	2959	1821	14142
112529	67853	10721	28413	13469	84621
1403669	**240196**	**94317**	**58393**	**4944**	**264087**
615443	130376	40247	22149	4944	154946
601246	64661	37649	25534		65922
186981	45160	16421	10709		43219
40259346	**16119962**	**1261889**	**2402509**	**889701**	**13334286**
39861451	15870554	1202507	2284227	884548	13106259
39861451	15870554	1202507	2284227	884548	13106259
39861451	15870554	1202507	2284227	884548	13106259
124449	99884	42305	4033		86574
89359	74027	41186	4007		70263
89359	74027	41186	4007		70263
35090	25857	1120	26		16311
35090	25857	1120	26		16311
75877	45043	16339	14572	4439	43893
75877	45043	16339	14572	4439	43893
75877	45043	16339	14572	4439	43893
188596	100797	619	97426		95077
188596	100797	619	97426		95077
14500	2543	479			2460
174096	98254	139	97426		92617
8974	3683	120	2251	714	2483
8974	3683	120	2251	714	2483
8974	3683	120	2251	714	2483

2-1-11 续表 1

指标名称	企业单位数	亏损企业	工业总产值（当年价格）	工业销售产值（当年价格）	出口交货值
制造业	**326**	**136**	**22925025**	**22469636**	**1590740**
农副食品加工业	17	6	54487	52847	139
谷物磨制	12	5	20789	20813	
谷物磨制	12	5	20789	20813	
制糖	1		4370	3711	
制糖	1		4370	3711	
屠宰及肉类加工	3		28777	27773	139
畜禽屠宰	2		20317	20143	139
肉制品及副产品加工	1		8460	7630	
其他农副食品加工	1	1	550	550	
淀粉及淀粉制品的制造	1	1	550	550	
食品制造业	6	3	45494	35802	7506
焙烤食品制造	1		556	596	
糕点、面包制造	1		556	596	
方便食品制造	1		428	428	
速冻食品制造	1		428	428	
罐头制造	1	1	9710	6298	
蔬菜、水果罐头制造	1	1	9710	6298	
调味品、发酵制品制造	2	1	16849	13636	
酱油、食醋及类似制品的制造	1		1749	1694	
其他调味品、发酵制品制造	1	1	15100	11942	
其他食品制造	1	1	17951	14843	7506
食品及饲料添加剂制造	1	1	17951	14843	7506
饮料制造业	7	1	306434	264645	894
酒的制造	5	1	260147	227537	894
白酒制造	5	1	260147	227537	894
软饮料制造	2		46287	37109	
果菜汁及果菜汁饮料制造	2		46287	37109	
烟草制品业	1		211946	211889	
卷烟制造	1		211946	211889	
卷烟制造	1		211946	211889	
纺织业	5	2	46850	45982	2669
棉、化纤纺织及印染精加工	3	2	29679	27390	
棉、化纤纺织加工	3	2	29679	27390	
麻纺织	1		13554	15374	2669
麻纺织	1		13554	15374	2669
针织品、编织品及其制品制造	1		3618	3218	
棉、化纤针织品及编织品制造	1		3618	3218	
纺织服装、鞋、帽制造业	3	1	47992	46885	
纺织服装制造	3	1	47992	46885	
纺织服装制造	3	1	47992	46885	
家具制造业	1		4253	3762	
木质家具制造	1		4253	3762	
木质家具制造	1		4253	3762	
造纸及纸制品业	1		1962	1901	

单位：个、万元、人

资产总计	流动资产合计	应收帐款	存货	产成品	流动资产年平均余额
27972247	**11711268**	**2173027**	**4467867**	**1439061**	**11148430**
87807	40640	4958	13603	3823	30501
33989	19265	1870	3626	2223	18503
33989	19265	1870	3626	2223	18503
9713	7750		7721	45	3438
9713	7750		7721	45	3438
35322	10373	2896	1533	1244	5309
29933	10260	2890	1458	1218	5196
5390	113	7	75	26	113
8783	3252	192	723	311	3252
8783	3252	192	723	311	3252
62548	21924	3391	8588	5336	20851
300	222	33	169	56	219
300	222	33	169	56	219
3195	496	77	213	213	487
3195	496	77	213	213	487
3446	2049	78	1947	1717	2701
3446	2049	78	1947	1717	2701
20544	8131	1781	2831	612	7747
2756	1684	3	1632	143	1608
17788	6447	1778	1199	469	6139
35063	11026	1421	3428	2738	9697
35063	11026	1421	3428	2738	9697
404583	276902	12369	132470	51198	277152
368630	257744	12369	114449	35490	249883
368630	257744	12369	114449	35490	249883
35952	19158		18021	15708	27268
35952	19158		18021	15708	27268
137168	56048	3958	23592	4899	67308
137168	56048	3958	23592	4899	67308
137168	56048	3958	23592	4899	67308
77236	28082	2864	16141	9494	29256
52251	14802	1264	8830	5401	16396
52251	14802	1264	8830	5401	16396
21469	11443	1478	6030	3112	11082
21469	11443	1478	6030	3112	11082
3515	1838	122	1282	981	1777
3515	1838	122	1282	981	1777
42185	25652	2378	13411	10114	22775
42185	25652	2378	13411	10114	22775
42185	25652	2378	13411	10114	22775
1253	641		470	46	641
1253	641		470	46	641
1253	641		470	46	641
598	516	11	204	71	516

2-1-11 续表 2

指标名称	企业单位数	亏损企业	工业总产值(当年价格)	工业销售产值(当年价格)	出口交货值
造纸	1		1962	1901	
机制纸及纸板制造	1		1962	1901	
印刷业和记录媒介的复制	10	6	40319	34744	
印刷	10	6	40319	34744	
书、报、刊印刷	8	5	33866	28292	
本册印制	2	1	6452	6452	
文教体育用品制造业	1	1	2821	2488	39
体育用品制造	1	1	2821	2488	39
训练健身器材制造	1	1	2821	2488	39
石油加工、炼焦及核燃料加工业	19	12	2027879	2034018	
精炼石油产品的制造	1		1634	3496	
原油加工及石油制品制造	1		1634	3496	
炼焦	18	12	2026244	2030522	
炼焦	18	12	2026244	2030522	
化学原料及化学制品制造业	45	22	2626327	2581213	63697
基础化学原料制造	15	8	765828	759891	15379
无机碱制造	2	1	474568	476918	
无机盐制造	5	2	50278	47055	1765
有机化学原料制造	7	5	164557	159584	13614
其他基础化学原料制造	1		76425	76335	
肥料制造	14	6	1235464	1208203	
氮肥制造	13	6	902442	880097	
复混肥料制造	1		333022	328106	
涂料、油墨、颜料及类似产品制造	1		22893	25064	7469
染料制造	1		22893	25064	7469
合成材料制造	2	1	335046	327076	16512
合成橡胶制造	1		62902	59760	6475
合成纤维单(聚合)体的制造	1	1	272144	267315	10036
专用化学产品制造	12	7	172737	168679	17725
化学试剂和助剂制造	2	1	1853	1917	662
专项化学用品制造	1	1	5277	5301	
林产化学产品制造	1		1253	1129	
炸药及火工产品制造	7	5	158514	155035	16840
其他专用化学产品制造	1		5841	5298	223
日用化学产品制造	1		94358	92301	6612
肥皂及合成洗涤剂制造	1		94358	92301	6612
医药制造业	13	7	86027	85536	
化学药品原药制造	2	1	11650	12721	
化学药品原药制造	2	1	11650	12721	
化学药品制剂制造	6	3	16626	17989	
化学药品制剂制造	6	3	16626	17989	
中成药制造	4	3	24336	24434	
中成药制造	4	3	24336	24434	
生物、生化制品的制造	1		33416	30392	
生物、生化制品的制造	1		33416	30392	
橡胶制品业	3		108596	102798	27243
轮胎制造	2		106148	100436	27243
车辆、飞机及工程机械轮胎制造	2		106148	100436	27243

单位：个、万元、人

资产总计	流动资产合计	应收帐款	存货	产成品	流动资产年平均余额
598	516	11	204	71	516
598	516	11	204	71	516
57953	33817	5933	8182	4014	33213
57953	33817	5933	8182	4014	33213
47048	25080	5845	7641	4014	24476
10905	8737	88	540		8737
12861	5267	1843	2413	2042	5335
12861	5267	1843	2413	2042	5335
12861	5267	1843	2413	2042	5335
2375689	934720	233169	254294	111109	853815
4340	3257	1498	1613	886	3069
4340	3257	1498	1613	886	3069
2371350	931463	231672	252682	110223	850746
2371350	931463	231672	252682	110223	850746
4232252	1296052	170132	377399	150180	1280947
1122076	387326	71308	106202	40710	347118
735796	303754	57228	74527	28980	272563
32959	12932	-58	4638	1494	9453
233336	58251	8252	25431	10007	63581
119985	12389	5886	1606	229	1521
1910166	533517	37360	149345	60076	539424
1479792	359898	30741	91232	35017	332178
430375	173619	6619	58113	25059	207246
27754	17843	2537	6535	5005	17190
27754	17843	2537	6535	5005	17190
586101	115571	4628	42328	15279	134195
152635	30469	1652	8682	3598	31315
433466	85103	2976	33646	11682	102880
293479	124410	22854	37260	14989	125476
1379	1312	209	1013	205	1226
3621	1500	104	1055	809	2163
941	585	132	269	269	585
281155	116417	22360	34520	13597	117025
6384	4596	50	403	109	4477
292676	117384	31446	35729	14120	117544
292676	117384	31446	35729	14120	117544
131110	62463	16793	16117	8239	64147
26862	11228	3800	5037	2638	11509
26862	11228	3800	5037	2638	11509
32023	17892	4272	3865	2145	15959
32023	17892	4272	3865	2145	15959
42628	16433	3228	4115	1986	16049
42628	16433	3228	4115	1986	16049
29597	16910	5493	3099	1470	20630
29597	16910	5493	3099	1470	20630
164032	50887	8320	32554	9249	59598
162053	48911	7587	32054	8843	57844
162053	48911	7587	32054	8843	57844

2-1-11 续表 3

指标名称	企业单位数	亏损企业	工业总产值(当年价格)	工业销售产值(当年价格)	出口交货值
橡胶板、管、带的制造	1		2449	2361	
橡胶板、管、带的制造	1		2449	2361	
塑料制品业	6	3	16536	15672	
塑料薄膜制造	1	1	2655	2208	
塑料薄膜制造	1	1	2655	2208	
塑料板、管、型材的制造	1	1	1599	1599	
塑料板、管、型材的制造	1	1	1599	1599	
塑料丝、绳及编织品的制造	3	1	10733	10331	
塑料丝、绳及编织品的制造	3	1	10733	10331	
塑料包装箱及容器制造	1		1550	1535	
塑料包装箱及容器制造	1		1550	1535	
非金属矿物制品业	51	21	437949	420867	
水泥、石灰和石膏的制造	25	11	220049	209268	
水泥制造	24	10	218894	207501	
石灰和石膏制造	1	1	1155	1767	
水泥及石膏制品制造	6	1	26101	26098	
水泥制品制造	4		19340	19887	
砼结构构件制造	1	1	864	934	
轻质建筑材料制造	1		5896	5277	
砖瓦、石材及其他建筑材料制造	12	5	163343	159637	
粘土砖瓦及建筑砌块制造	7	4	17737	15902	
建筑陶瓷制品制造	2	1	5733	5804	
建筑用石加工	2		135845	135826	
其他建筑材料制造	1		4028	2105	
陶瓷制品制造	3	2	2224	1925	
特种陶瓷制品制造	1	1	1007	916	
日用陶瓷制品制造	2	1	1217	1009	
耐火材料制品制造	1		809	718	
耐火陶瓷制品及其他耐火材料制造	1		809	718	
石墨及其他非金属矿物制品制造	4	2	25424	23222	
石墨及碳素制品制造	3	1	12829	12885	
其他非金属矿物制品制造	1	1	12595	10336	
黑色金属冶炼及压延加工业	10	4	10601445	10447625	1191755
炼铁	2		78704	83284	
炼铁	2		78704	83284	
炼钢	2	1	1213044	1167418	
炼钢	2	1	1213044	1167418	
钢压延加工	4	2	9272098	9163643	1191755
钢压延加工	4	2	9272098	9163643	1191755
铁合金冶炼	2	1	37599	33281	
铁合金冶炼	2	1	37599	33281	
有色金属冶炼及压延加工业	20	9	2415172	2365953	
常用有色金属冶炼	14	9	2231524	2190618	
铜冶炼	2	1	502366	479209	
铝冶炼	9	7	1717086	1700547	
镁冶炼	3	1	12072	10862	
贵金属冶炼	1		11000	12027	
银冶炼	1		11000	12027	

单位：个、万元、人

资产总计	流动资产合计	应收帐款	存货	产成品	流动资产年平均余额
1980	1976	732	500	407	1754
1980	1976	732	500	407	1754
14623	8768	2335	4456	2216	8584
1419	1070	73	845		1227
1419	1070	73	845		1227
3341	2204	89	1609	1186	2103
3341	2204	89	1609	1186	2103
8703	5373	2133	1978	1006	5133
8703	5373	2133	1978	1006	5133
1160	120	39	24	24	122
1160	120	39	24	24	122
862445	313338	89646	70181	36299	323234
634992	228782	64985	48388	22628	243148
626636	223336	61837	48293	22584	237679
8356	5447	3148	95	44	5469
38274	16586	9379	5309	2882	15733
30709	14579	8506	4739	2576	13167
6330	1476	873	169	59	1919
1235	531		401	248	647
155418	52763	12600	9221	6339	48582
105775	20515	2263	4009	1522	17768
10089	4052	207	2364	1969	3949
30004	22288	8161	770	770	21993
9550	5908	1970	2078	2078	4872
11753	3918	456	2627	1452	4031
7026	2214	303	1622	1134	2242
4727	1705	153	1004	317	1788
3035	1904		82	33	1886
3035	1904		82	33	1886
18973	9384	2226	4555	2965	9854
5951	4106	745	2207	1382	4065
13022	5278	1481	2347	1583	5789
10201877	3832092	475067	1773045	538107	3711149
40547	23805	12874	8245	4900	22309
40547	23805	12874	8245	4900	22309
506145	294005	37700	122721	20264	256503
506145	294005	37700	122721	20264	256503
9635143	3498847	419659	1633996	506060	3418700
9635143	3498847	419659	1633996	506060	3418700
20042	15435	4834	8083	6883	13638
20042	15435	4834	8083	6883	13638
3474119	1176016	67365	526683	116148	1067016
3199115	1068561	56250	500043	104017	957449
611462	356563	4077	100646	37920	292051
2572198	707353	50240	399248	66005	660240
15455	4645	1933	149	93	5158
21943	7832		5447	5183	6568
21943	7832		5447	5183	6568

2-1-11 续表 4

指标名称	企业单位数	亏损企业	工业总产值（当年价格）	工业销售产值（当年价格）	出口交货值
有色金属压延加工	5		172649	163308	
常用有色金属压延加工	4		117649	108308	
贵金属压延加工	1		55000	55000	
金属制品业	3	1	71930	68820	55
结构性金属制品制造	2	1	67431	68366	
金属结构制造	2	1	67431	68366	
金属工具制造	1		4499	454	55
切削工具制造	1		4499	454	55
通用设备制造业	29	11	415760	397322	26512
锅炉及原动机制造	3		138582	127626	1162
锅炉及辅助设备制造	2		56380	50293	
内燃机及配件制造	1		82202	77333	1162
金属加工机械制造	1		15352	12799	173
金属切削机床制造	1		15352	12799	173
起重运输设备制造	3	2	14683	11813	
起重运输设备制造	3	2	14683	11813	
泵、阀门、压缩机及类似机械的制造	7	4	70822	70388	3679
泵及真空设备制造	2	1	18983	18738	2111
气体压缩机械制造	1	1	2034	1775	
阀门和旋塞的制造	2	1	9168	10118	
液压和气压动力机械及元件制造	2	1	40637	39757	1568
通用零部件制造及机械修理	5	2	70502	70596	14
机械零部件加工及设备修理	5	2	70502	70596	14
金属铸、锻加工	10	3	105821	104100	21484
钢铁铸件制造	8	3	72466	71107	21484
锻件及粉末冶金制品制造	2		33354	32993	
专用设备制造业	31	13	2237997	2164256	245102
矿山、冶金、建筑专用设备制造	14	7	1293719	1251510	110285
采矿、采石设备制造	11	6	1194104	1148459	76857
石油钻采专用设备制造	2		99155	102601	33428
建筑工程用机械制造	1	1	460	450	
化工、木材、非金属加工专用设备制造	1		2674	2707	
塑料加工专用设备制造	1		2674	2707	
纺织、服装和皮革工业专用设备制造	2	2	70581	78323	26201
纺织专用设备制造	2	2	70581	78323	26201
电子和电工机械专用设备制造	10	3	853283	813287	108616
电子工业专用设备制造	1		1464	1258	
航空、航天及其他专用设备制造	1		160326	157229	64
医疗仪器设备及器械制造	1		1646	1740	
假肢、人工器官及植(介)入器械制造	1		1646	1740	
环保、社会公共安全及其他专用设备制造	3	1	16094	16690	
环境污染防治专用设备制造	1		13039	13787	
社会公共安全设备及器材制造	1		1745	1704	
水资源专用机械制造	1	1	1310	1198	
交通运输设备制造业	21	7	657526	657589	5880
铁路运输设备制造	9	1	527828	526733	
铁路机车车辆及动车组制造	1		259418	259071	

单位：个、万元、人

资产总计	流动资产合计	应收帐款	存货	产成品	流动资产年平均余额
253061	99624	11115	21193	6948	102999
238015	85755	10320	13554	6199	88918
15046	13869	795	7639	749	14081
65491	61120	24754	23967	3755	54251
42306	40840	24068	13888	2704	38633
42306	40840	24068	13888	2704	38633
23185	20279	686	10079	1051	15619
23185	20279	686	10079	1051	15619
619846	371014	87765	179238	92514	333884
261533	146156	24682	82207	28285	142542
114741	91661	9567	61212	23434	90340
146792	54495	15115	20995	4851	52202
30961	23588	4023	16170	11598	19804
30961	23588	4023	16170	11598	19804
31725	22090	4120	14888	12235	5606
31725	22090	4120	14888	12235	5606
118901	63289	19492	29791	20963	57271
38327	17850	6111	7857	4871	16351
3088	2577	710	1297	384	2203
17657	14130	2010	8149	6262	12721
59828	28732	10661	12488	9446	25996
86160	60697	21605	8721	6249	53187
86160	60697	21605	8721	6249	53187
90567	55193	13844	27461	13184	55475
64602	40074	10036	19228	9556	39304
25965	15119	3808	8233	3628	16171
3317945	2128092	686634	677889	193030	1888066
1849141	1368518	484535	431550	107113	1156113
1772595	1317685	469823	401786	96176	1111641
72735	49512	13902	29424	10623	43766
3811	1321	810	341	314	706
3200	590		524	275	595
3200	590		524	275	595
151705	90524	13230	32656	14764	108573
151705	90524	13230	32656	14764	108573
1280284	645759	184229	204877	65126	600251
963	670	492	178		780
223664	151680	102500	31498	5913	154655
4878	1611	259	394	2	1830
4878	1611	259	394	2	1830
28736	21091	4380	7888	5750	20703
23671	18857	3770	6628	5260	18413
2220	1869	543	1017	434	1903
2845	365	66	243	56	387
855141	516429	170058	128048	38031	543682
571444	358631	137036	53628	7270	379596
335640	211654	70566	22971	3263	230466

2-1-11 续表 5

指标名称	企业单位数	亏损企业	工业总产值(当年价格)	工业销售产值(当年价格)	出口交货值
铁路机车车辆配件制造	3	1	91465	91479	
铁路专用设备及器材、配件制造	3		36012	35992	
其他铁路设备制造及设备修理	2		140934	140191	
汽车制造	10	6	123816	124925	5880
汽车整车制造	1	1	15585	13227	
改装汽车制造	3	1	15468	14412	
汽车零部件及配件制造	5	3	92058	96579	5880
汽车修理	1	1	706	706	
航空航天器制造	1		5377	5377	
飞机制造及修理	1		5377	5377	
交通器材及其他交通运输设备制造	1		505	555	
其他交通运输设备制造	1		505	555	
电气机械及器材制造业	13	4	345548	312663	12752
电机制造	4	1	301362	273050	12752
发电机及发电机组制造	1	1	13777	13777	
电动机制造	3		287585	259273	12752
输配电及控制设备制造	5	1	19759	17815	
变压器、整流器和电感器制造	1		2045	2491	
配电开关控制设备制造	3	1	15369	13015	
其他输配电及控制设备制造	1		2344	2309	
电线、电缆、光缆及电工器材制造	4	2	24428	21797	
电线电缆制造	2	1	13393	10855	
光纤、光缆制造	1	1	6720	6734	
绝缘制品制造	1		4315	4208	
通信设备、计算机及其他电子设备制造业	5	2	68258	67421	5334
通信设备制造	1		29500	29500	
通信传输设备制造	1		29500	29500	
雷达及配套设备制造	1	1	13174	10612	
雷达及配套设备制造	1	1	13174	10612	
电子计算机制造	1	1	16107	16799	
电子计算机整机制造	1	1	16107	16799	
电子器件制造	1		6050	6050	4818
光电子器件及其他电子器件制造	1		6050	6050	4818
电子元件制造	1		3427	4461	516
电子元件及组件制造	1		3427	4461	516
仪器仪表及文化、办公用机械制造业	4		38009	39588	1164
专用仪器仪表制造	3		34700	36252	986
导航、气象及海洋专用仪器制造	2		30528	32078	986
电子测量仪器制造	1		4172	4174	
光学仪器及眼镜制造	1		3309	3336	178
光学仪器制造	1		3309	3336	178
工艺品及其他制造业	1		7510	7349	
其他未列明的制造业	1		7510	7349	
其他未列明的制造业	1		7510	7349	
电力、燃气及水的生产和供应业	**96**	**55**	**7911043**	**7885868**	**257**
电力、热力的生产和供应业	66	37	7783702	7762809	257
电力生产	46	29	3589046	3568303	257
火力发电	43	29	3508341	3502411	257

单位：个、万元、人

资产总计	流动资产合计	应收帐款	存货	产成品	流动资产年平均余额
80193	42693	21108	7197	2263	45335
31481	26920	13382	2903	225	20787
124130	77364	31980	20557	1519	83007
269024	150370	31916	71194	30268	157586
42021	23498	820	6463	4096	28108
28180	18436	265	9709	4824	18834
196768	107389	30731	54999	21347	109624
2056	1047	101	24		1020
13897	6873	987	2912	481	6337
13897	6873	987	2912	481	6337
775	555	120	313	12	163
775	555	120	313	12	163
450838	299049	77967	92711	43369	290270
376241	250724	60622	70772	30104	242988
18480	9268	4047	2803	918	9712
357761	241456	56575	67969	29186	233276
35544	26422	9552	10775	4609	26134
9694	8844	1023	4804	916	7999
14337	11246	5727	4280	3289	12281
11513	6332	2802	1691	404	5854
39053	21902	7792	11165	8656	21148
12436	7998	1557	5958	5886	7098
24150	11985	4800	5000	2650	12130
2467	1919	1435	207	120	1919
200238	121562	9404	84382	3026	130806
103270	81033	53	72286	3	93486
103270	81033	53	72286	3	93486
14526	9410	3603	4180	5	9238
14526	9410	3603	4180	5	9238
64963	24993	3913	6120	2259	21773
64963	24993	3913	6120	2259	21773
12679	3235	1143	771	246	3417
12679	3235	1143	771	246	3417
4800	2892	692	1024	514	2892
4800	2892	692	1024	514	2892
103399	44539	15910	7214	2738	45127
101164	43281	15610	6756	2638	43711
98288	40566	14869	5170	1849	40899
2876	2715	741	1586	789	2813
2235	1258	300	459	100	1415
2235	1258	300	459	100	1415
19012	5640	5	616	17	6310
19012	5640	5	616	17	6310
19012	5640	5	616	17	6310
15416780	**2382891**	**422848**	**305639**	**1593**	**2279071**
14899771	2233627	409230	301959	1593	2133268
10271458	1616888	345952	278729	1593	1467644
9862161	1517994	340913	278551	1593	1377310

2-1-11 续表 6

指标名称	企业单位数	亏损企业	工业总产值（当年价格）	工业销售产值（当年价格）	出口交货值
水力发电	3		80705	65892	
电力供应	8	1	4111501	4111679	
电力供应	8	1	4111501	4111679	
热力生产和供应	12	7	83155	82828	
热力生产和供应	12	7	83155	82828	
燃气生产和供应业	6	4	14406	13976	
燃气生产和供应业	6	4	14406	13976	
燃气生产和供应业	6	4	14406	13976	
水的生产和供应业	24	14	112936	109083	
自来水的生产和供应	23	14	102336	99483	
自来水的生产和供应	23	14	102336	99483	
污水处理及其再生利用	1		10600	9600	
污水处理及其再生利用	1		10600	9600	
五、按行业大类分					
煤炭开采和洗选业	213	31	20848004	20550818	1004480
石油和天然气开采业	2	1	90970	92011	
黑色金属矿采选业	9		115756	109645	
有色金属矿采选业	2		103493	94192	
非金属矿采选业	2		3721	3646	
农副食品加工业	17	6	54487	52847	139
食品制造业	6	3	45494	35802	7506
饮料制造业	7	1	306434	264645	894
烟草制品业	1		211946	211889	
纺织业	5	2	46850	45982	2669
纺织服装、鞋、帽制造业	3	1	47992	46885	
家具制造业	1		4253	3762	
造纸及纸制品业	1		1962	1901	
印刷业和记录媒介的复制	10	6	40319	34744	
文教体育用品制造业	1	1	2821	2488	39
石油加工、炼焦及核燃料加工业	19	12	2027879	2034018	
化学原料及化学制品制造业	45	22	2626327	2581213	63697
医药制造业	13	7	86027	85536	
橡胶制品业	3		108596	102798	27243
塑料制品业	6	3	16536	15672	
非金属矿物制品业	51	21	437949	420867	
黑色金属冶炼及压延加工业	10	4	10601445	10447625	1191755
有色金属冶炼及压延加工业	20	9	2415172	2365953	
金属制品业	3	1	71930	68820	55
通用设备制造业	29	11	415760	397322	26512
专用设备制造业	31	13	2237997	2164256	245102
交通运输设备制造业	21	7	657526	657589	5880
电气机械及器材制造业	13	4	345548	312663	12752
通信设备、计算机及其他电子设备制造业	5	2	68258	67421	5334
仪器仪表及文化、办公用机械制造业	4		38009	39588	1164
工艺品及其他制造业	1		7510	7349	
电力、热力的生产和供应业	66	37	7783702	7762809	257
燃气生产和供应业	6	4	14406	13976	
水的生产和供应业	24	14	112936	109083	

单位：个、万元、人

资产总计	流动资产合计	应收帐款	存货	产成品	流动资产年平均余额
409298	98894	5039	178		90334
4273743	496885	49638	17905		533770
4273743	496885	49638	17905		533770
354569	119854	13641	5325		131854
354569	119854	13641	5325		131854
64824	15582	1882	986	…	15019
64824	15582	1882	986	…	15019
64824	15582	1882	986	…	15019
452185	133682	11735	2695		130785
402850	131321	11735	2695		128419
402850	131321	11735	2695		128419
49335	2361				2365
49335	2361				2365
39861451	15870554	1202507	2284227	884548	13106259
124449	99884	42305	4033		86574
75877	45043	16339	14572	4439	43893
188596	100797	619	97426		95077
8974	3683	120	2251	714	2483
87807	40640	4958	13603	3823	30501
62548	21924	3391	8588	5336	20851
404583	276902	12369	132470	51198	277152
137168	56048	3958	23592	4899	67308
77236	28082	2864	16141	9494	29256
42185	25652	2378	13411	10114	22775
1253	641		470	46	641
598	516	11	204	71	516
57953	33817	5933	8182	4014	33213
12861	5267	1843	2413	2042	5335
2375689	934720	233169	254294	111109	853815
4232252	1296052	170132	377399	150180	1280947
131110	62463	16793	16117	8239	64147
164032	50887	8320	32554	9249	59598
14623	8768	2335	4456	2216	8584
862445	313338	89646	70181	36299	323234
10201877	3832092	475067	1773045	538107	3711149
3474119	1176016	67365	526683	116148	1067016
65491	61120	24754	23967	3755	54251
619846	371014	87765	179238	92514	333884
3317945	2128092	686634	677889	193030	1888066
855141	516429	170058	128048	38031	543682
450838	299049	77967	92711	43369	290270
200238	121562	9404	84382	3026	130806
103399	44539	15910	7214	2738	45127
19012	5640	5	616	17	6310
14899771	2233627	409230	301959	1593	2133268
64824	15582	1882	986	…	15019
452185	133682	11735	2695		130785

2-1-11 续表 7

指标名称	固定资产合计	固定资产原价	累计折旧	固定资产净值
总 计	**40217795**	**54067504**	**19518481**	**34549023**
一、按轻重工业分				
轻工业	700339	1040942	406778	634164
重工业	39517456	53026562	19111703	33914859
二、按企业规模分				
大型企业	27747561	37331461	14067592	23263869
中型企业	9813675	13865358	5018362	8846996
小型企业	2656559	2870685	432527	2438158
三、按登记注册类型分				
内资企业	**38857192**	**51587885**	**18386209**	**33201675**
国有企业	10090778	14065389	5059313	9006076
集体企业	1662	2089	438	1652
股份合作企业	174691	120767	25150	95616
联营企业	6612	7172	2181	4991
国有联营企业	4617	5360	743	4617
其他联营企业	1996	1813	1438	375
有限责任公司	24523170	31338060	10864813	20473247
国有独资公司	9114871	13343185	4973072	8370113
其他有限责任公司	15408299	17994875	5891741	12103134
股份有限公司	4040321	6030637	2430408	3600229
私营企业	2310	2982	730	2252
私营有限责任公司	2310	2982	730	2252
其他企业	17648	20788	3177	17612
港澳台商投资企业	**274792**	**443592**	**169900**	**273691**
与港澳台商合资经营企业	216013	336010	119997	216013
与港澳台商合作经营企业	19187	26354	8268	18086
港澳台商投资股份有限公司	39593	81228	41636	39593
外商投资企业	**1085810**	**2036028**	**962371**	**1073657**
中外合资经营企业	411945	542439	136906	405534
中外合作经营企业	536137	1320095	786152	533943
外资企业	137728	173494	39313	134180
四、按国民经济行业分				
采矿业	**16964869**	**20525538**	**7451735**	**13073802**
煤炭开采和洗选业	16836574	20322391	7371976	12950415
烟煤和无烟煤的开采洗选	16836574	20322391	7371976	12950415
烟煤和无烟煤的开采洗选	16836574	20322391	7371976	12950415
石油和天然气开采业	9780	12005	2224	9780
天然原油和天然气开采	5337	6508	1171	5337
天然原油和天然气开采	5337	6508	1171	5337
与石油和天然气开采有关的服务活动	4443	5497	1054	4443
与石油和天然气开采有关的服务活动	4443	5497	1054	4443
黑色金属矿采选业	29679	42277	13046	29231
铁矿采选	29679	42277	13046	29231
铁矿采选	29679	42277	13046	29231
有色金属矿采选业	87799	144073	60734	83340
常用有色金属矿采选	87799	144073	60734	83340
铜矿采选	11957	14655	5353	9303
铝矿采选	75841	129418	55381	74037
非金属矿采选业	1037	4792	3755	1037
土砂石开采	1037	4792	3755	1037
粘土及其他土砂石开采	1037	4792	3755	1037

单位：个、万元、人

固定资产净值年平均余额	负债合计	流动负债合计	应付账款	长期负债合计	所有者权益合计
34928534	**56485911**	**36490814**	**8549882**	**18916647**	**27162462**
615891	870950	739138	132328	126095	897406
34312644	55614961	35751676	8417554	18790552	26265057
24354748	40644402	27113669	6477123	13023261	20069584
8073873	12456601	7735273	1625930	4273334	5948832
2499914	3384908	1641873	446829	1620052	1144046
33571577	**55371562**	**35910964**	**8413175**	**18382148**	**26475558**
8758822	12714777	7812351	1900183	4626922	5954584
1662	2874	2864	192	10	1784
94379	164989	103839	39862	59892	162663
5407	14209	11974	5247	2235	4663
5032	4584	2349	376	2235	3886
375	9625	9625	4871		776
21515712	38022704	25338729	5859109	11888540	17279415
8331407	17258907	11933252	2789309	4843247	8381832
13184305	20763797	13405477	3069800	7045293	8897583
3179903	4437168	2627947	604407	1803155	3058432
2182	1121	934			3636
2182	1121	934			3636
13510	13721	12326	4176	1394	10381
278982	**341543**	**137257**	**22857**	**204286**	**56041**
221174	227778	99366	9221	128412	27814
20688	17720	10917	1576	6803	11744
37121	96045	26975	12060	69071	16484
1077975	**772806**	**442593**	**113850**	**330213**	**630863**
392387	358028	225554	59992	132474	257415
562875	261686	93331	23879	168355	339560
122714	153093	123708	29978	29384	33888
14647571	**26137085**	**17460714**	**3649043**	**8098158**	**14122262**
14522128	25843083	17174047	3611225	8093531	14018368
14522128	25843083	17174047	3611225	8093531	14018368
14522128	25843083	17174047	3611225	8093531	14018368
6459	75947	75947	22710		48502
3179	71855	71854	20083		17504
3179	71855	71854	20083		17504
3280	4092	4092	2628		30998
3280	4092	4092	2628		30998
27891	31987	27218	7640	3872	43890
27891	31987	27218	7640	3872	43890
27891	31987	27218	7640	3872	43890
83566	177849	177592	4984	257	10747
83566	177849	177592	4984	257	10747
9529	3753	3496	946	257	10747
74037	174096	174096	4038		
7526	8220	5911	2485	498	755
7526	8220	5911	2485	498	755
7526	8220	5911	2485	498	755

2-1-11 续表 8

指标名称	固定资产合计	固定资产原价	累计折旧	固定资产净值
制造业	**12189754**	**16908146**	**6023874**	**10884272**
农副食品加工业	26688	29369	7671	21698
谷物磨制	14123	14670	4208	10462
谷物磨制	14123	14670	4208	10462
制糖	1963	1317	646	670
制糖	1963	1317	646	670
屠宰及肉类加工	8726	10726	2037	8690
畜禽屠宰	3493	3804	315	3489
肉制品及副产品加工	5233	6923	1722	5201
其他农副食品加工	1876	2656	780	1876
淀粉及淀粉制品的制造	1876	2656	780	1876
食品制造业	39170	47149	11690	35459
焙烤食品制造	66	121	55	66
糕点、面包制造	66	121	55	66
方便食品制造	2699	3172	510	2661
速冻食品制造	2699	3172	510	2661
罐头制造	955	1724	769	955
蔬菜、水果罐头制造	955	1724	769	955
调味品、发酵制品制造	11645	13303	5331	7972
酱油、食醋及类似制品的制造	972	1898	926	972
其他调味品、发酵制品制造	10673	11405	4405	7000
其他食品制造	23804	28829	5025	23804
食品及饲料添加剂制造	23804	28829	5025	23804
饮料制造业	93493	171016	77819	93196
酒的制造	77505	148093	70884	77209
白酒制造	77505	148093	70884	77209
软饮料制造	15987	22923	6936	15987
果菜汁及果菜汁饮料制造	15987	22923	6936	15987
烟草制品业	80631	92278	19894	72384
卷烟制造	80631	92278	19894	72384
卷烟制造	80631	92278	19894	72384
纺织业	45019	72242	33309	38932
棉、化纤纺织及印染精加工	34195	55613	24240	31373
棉、化纤纺织加工	34195	55613	24240	31373
麻纺织	9283	13617	7599	6018
麻纺织	9283	13617	7599	6018
针织品、编织品及其制品制造	1542	3012	1470	1542
棉、化纤针织品及编织品制造	1542	3012	1470	1542
纺织服装、鞋、帽制造业	10163	16721	6795	9927
纺织服装制造	10163	16721	6795	9927
纺织服装制造	10163	16721	6795	9927
家具制造业	612	1043	431	612
木质家具制造	612	1043	431	612
木质家具制造	612	1043	431	612
造纸及纸制品业	82	108	26	82

单位：个、万元、人

固定资产净值年平均余额	负债合计	流动负债合计	应付账款	长期负债合计	所有者权益合计
10404116	**18807165**	**13478765**	**3477804**	**5036621**	**9165081**
20590	56915	39337	5357	17446	30892
10120	29734	20340	4452	9344	4255
10120	29734	20340	4452	9344	4255
1441	6202	2627		3575	3511
1441	6202	2627		3575	3511
7154	15814	12516	756	3217	19508
1929	14826	11635	672	3110	15107
5225	989	881	84	108	4401
1876	5165	3854	149	1311	3618
1876	5165	3854	149	1311	3618
34208	47440	37737	7232	9695	15108
60	217	217	88		83
60	217	217	88		83
2652	2073	1205	22	868	1122
2652	2073	1205	22	868	1122
1004	2021	2021	126		1425
1004	2021	2021	126		1425
7374	11729	9314	380	2407	8815
976	1873	1740	122	125	883
6398	9856	7574	258	2282	7932
23117	31400	24980	6616	6420	3663
23117	31400	24980	6616	6420	3663
86421	215596	215453	20193	60	188986
71283	191582	191438	18248	60	177048
71283	191582	191438	18248	60	177048
15138	24014	24014	1945		11938
15138	24014	24014	1945		11938
73258	32831	32831	27828		104337
73258	32831	32831	27828		104337
73258	32831	32831	27828		104337
41025	54050	39562	4767	14248	23185
33460	40185	29838	3338	10347	12066
33460	40185	29838	3338	10347	12066
6201	11305	7554	498	3751	10164
6201	11305	7554	498	3751	10164
1364	2560	2170	931	150	955
1364	2560	2170	931	150	955
9620	23077	21152	7985	1825	19108
9620	23077	21152	7985	1825	19108
9620	23077	21152	7985	1825	19108
612	121	121			1131
612	121	121			1131
612	121	121			1131
82	240	240	175		357

2-1-11 续表 9

指标名称	固定资产合计	固定资产原价	累计折旧	固定资产净值
造纸	82	108	26	82
机制纸及纸板制造	82	108	26	82
印刷业和记录媒介的复制	18322	42440	24328	18112
印刷	18322	42440	24328	18112
书、报、刊印刷	16305	38957	22652	16305
本册印制	2017	3484	1676	1807
文教体育用品制造业	3537	5080	1739	3341
体育用品制造	3537	5080	1739	3341
训练健身器材制造	3537	5080	1739	3341
石油加工、炼焦及核燃料加工业	1290241	1385592	411031	974562
精炼石油产品的制造	1083	1347	264	1083
原油加工及石油制品制造	1083	1347	264	1083
炼焦	1289158	1384246	410767	973479
炼焦	1289158	1384246	410767	973479
化学原料及化学制品制造业	2518111	3262947	1078326	2184621
基础化学原料制造	725676	783182	186222	596960
无机碱制造	432042	434889	107441	327448
无机盐制造	18569	22813	6206	16606
有机化学原料制造	167469	184762	33322	151441
其他基础化学原料制造	107596	140718	39253	101465
肥料制造	1119672	1704983	638996	1065987
氮肥制造	975569	1221921	300037	921885
复混肥料制造	144102	483062	338960	144102
涂料、油墨、颜料及类似产品制造	9911	15512	7837	7675
染料制造	9911	15512	7837	7675
合成材料制造	404137	423419	133840	289579
合成橡胶制造	64116	64116	26103	38013
合成纤维单(聚合)体的制造	340021	359303	107737	251566
专用化学产品制造	158740	207520	64127	143394
化学试剂和助剂制造	60	135	79	56
专项化学用品制造	2121	4604	2571	2033
林产化学产品制造	356	303	108	196
炸药及火工产品制造	154770	199340	59665	139675
其他专用化学产品制造	1433	3137	1704	1433
日用化学产品制造	99975	128331	47303	81027
肥皂及合成洗涤剂制造	99975	128331	47303	81027
医药制造业	60098	85523	29583	55940
化学药品原药制造	10482	14869	4667	10202
化学药品原药制造	10482	14869	4667	10202
化学药品制剂制造	12835	21929	9657	12272
化学药品制剂制造	12835	21929	9657	12272
中成药制造	24094	33709	10458	23251
中成药制造	24094	33709	10458	23251
生物、生化制品的制造	12687	15016	4801	10215
生物、生化制品的制造	12687	15016	4801	10215
橡胶制品业	101000	97559	17560	79999
轮胎制造	100997	97047	17052	79995
车辆、飞机及工程机械轮胎制造	100997	97047	17052	79995

单位：个、万元、人

固定资产净值年平均余额	负债合计	流动负债合计	应付账款	长期负债合计	所有者权益合计
82	240	240	175		357
82	240	240	175		357
18086	28112	23935	7042	3177	29841
18086	28112	23935	7042	3177	29841
16044	22702	18566	4505	3136	24346
2042	5410	5369	2537	41	5495
3341	12986	10043	2350	2943	-126
3341	12986	10043	2350	2943	-126
3341	12986	10043	2350	2943	-126
934323	1658110	1216034	337125	441623	717579
890	3328	3328	3211		1012
890	3328	3328	3211		1012
933432	1654783	1212706	333913	441623	716567
933432	1654783	1212706	333913	441623	716567
2056495	2653586	1903976	383725	718406	1578666
594795	711247	619212	168553	65928	410829
329899	473849	407888	124773	40485	261947
13660	26283	25539	6722	121	6676
146073	158403	133073	35018	25323	74933
105164	52712	52712	2040		67273
962756	1267740	778467	126605	484475	642427
822959	1087614	636983	108373	448782	392177
139796	180125	141484	18233	35693	250249
9849	21440	20020	3241	1420	6314
9849	21440	20020	3241	1420	6314
268742	326880	223727	30597	103153	259221
37919	110392	42606	10339	67786	42243
230823	216488	181121	20258	35367	216978
139523	187434	128803	30464	58331	106045
52	1310	1309	825		69
2148	3264	3264	969		357
196	640	600	190		301
135608	178602	123363	28389	54979	102553
1519	3618	267	91	3351	2766
80830	138846	133746	24266	5100	153830
80830	138846	133746	24266	5100	153830
52573	86251	69978	9267	15963	44859
9854	10077	5294	1389	4783	16785
9854	10077	5294	1389	4783	16785
13824	29643	25465	2217	4178	2381
13824	29643	25465	2217	4178	2381
24319	29716	25205	4427	4201	12911
24319	29716	25205	4427	4201	12911
4576	16815	14014	1235	2801	12782
4576	16815	14014	1235	2801	12782
58787	102121	46352	14840	55748	61911
58784	100490	44721	14667	55748	61563
58784	100490	44721	14667	55748	61563

2-1-11 续表 10

指标名称	固定资产合计	固定资产原价	累计折旧	固定资产净值
橡胶板、管、带的制造	3	512	509	3
橡胶板、管、带的制造	3	512	509	3
塑料制品业	5788	7461	1690	5771
塑料薄膜制造	348	806	457	348
塑料薄膜制造	348	806	457	348
塑料板、管、型材的制造	1137	1753	616	1137
塑料板、管、型材的制造	1137	1753	616	1137
塑料丝、绳及编织品的制造	3294	3887	609	3277
塑料丝、绳及编织品的制造	3294	3887	609	3277
塑料包装箱及容器制造	1008	1015	7	1008
塑料包装箱及容器制造	1008	1015	7	1008
非金属矿物制品业	366705	560751	215298	345454
水泥、石灰和石膏的制造	271366	432910	177284	255626
水泥制造	268458	427354	174570	252784
石灰和石膏制造	2909	5556	2715	2842
水泥及石膏制品制造	21609	27842	7559	20282
水泥制品制造	16131	22034	7153	14881
砼结构构件制造	4787	5029	319	4710
轻质建筑材料制造	691	779	88	691
砖瓦、石材及其他建筑材料制造	56325	71982	18004	53978
粘土砖瓦及建筑砌块制造	38998	47864	8675	39189
建筑陶瓷制品制造	5969	8548	2910	5638
建筑用石加工	7716	8795	2949	5846
其他建筑材料制造	3642	6775	3470	3305
陶瓷制品制造	7400	7262	1699	5563
特种陶瓷制品制造	4415	5861	1446	4415
日用陶瓷制品制造	2985	1401	253	1148
耐火材料制品制造	1131	1750	619	1131
耐火陶瓷制品及其他耐火材料制造	1131	1750	619	1131
石墨及其他非金属矿物制品制造	8874	19007	10132	8874
石墨及碳素制品制造	1157	2404	1247	1157
其他非金属矿物制品制造	7718	16603	8886	7718
黑色金属冶炼及压延加工业	3883506	6084055	2314994	3769061
炼铁	16371	18907	2549	16358
炼铁	16371	18907	2549	16358
炼钢	206336	236161	98215	137946
炼钢	206336	236161	98215	137946
钢压延加工	3657329	5824151	2211244	3612907
钢压延加工	3657329	5824151	2211244	3612907
铁合金冶炼	3471	4835	2986	1850
铁合金冶炼	3471	4835	2986	1850
有色金属冶炼及压延加工业	2059089	2725684	937307	1788377
常用有色金属冶炼	1899908	2666274	919736	1746538
铜冶炼	188355	241044	81858	159186
铝冶炼	1701524	2413704	835591	1578112
镁冶炼	10030	11526	2287	9239
贵金属冶炼	12120	17104	4984	12120
银冶炼	12120	17104	4984	12120

单位：个、万元、人

固定资产净值年平均余额	负债合计	流动负债合计	应付账款	长期负债合计	所有者权益合计
3	1631	1631	173		349
3	1631	1631	173		349
7020	8363	8007	1216	355	6260
363	1346	1346			72
363	1346	1346			72
2525	2483	2483	51		859
2525	2483	2483	51		859
3125	3814	3813	1125		4890
3125	3814	3813	1125		4890
1008	720	365	40	355	440
1008	720	365	40	355	440
333161	686588	355448	79724	329857	175856
246429	580099	268350	62099	311744	54893
243583	576016	266152	61837	309859	50620
2846	4082	2198	263	1885	4273
19375	20450	17756	5827	2694	17824
14183	16879	14185	5147	2694	13830
4713	3361	3361	470		2969
479	210	210	210		1026
50543	58835	46063	6863	12581	96584
33430	38346	30481	3220	7864	67429
6386	12239	12029	1522	21	-2150
7422	1318	87	87	1231	28686
3305	6932	3467	2033	3465	2619
5588	10098	7574	911	2523	1655
4436	6924	4501	242	2423	102
1152	3174	3073	668	100	1553
1123	503	503	503		2532
1123	503	503	503		2532
10104	16604	15202	3522	314	2369
1924	5372	4284	2491		579
8180	11232	10918	1031	314	1790
3618094	6830380	4771920	1154785	2057410	3371497
16544	24211	24160	14276	...	16337
16544	24211	24160	14276	...	16337
127451	319935	319451	254592	485	186209
127451	319935	319451	254592	485	186209
3472153	6466397	4408473	876391	2056925	3168746
3472153	6466397	4408473	876391	2056925	3168746
1945	19837	19837	9526		205
1945	19837	19837	9526		205
1685436	2285904	1316852	244225	820380	1188216
1642088	2116983	1151109	230610	817272	1082133
162675	200103	154835	82160	34877	411359
1471523	1904531	983748	147385	782574	667667
7890	12348	12527	1065	-179	3107
12471	14237	13835	1309	402	7706
12471	14237	13835	1309	402	7706

2-1-11 续表 11

指标名称	固定资产合计	固定资产原价	累计折旧	固定资产净值
有色金属压延加工	147061	42306	12588	29719
常用有色金属压延加工	146219	40192	11314	28877
贵金属压延加工	842	2115	1273	842
金属制品业	3514	8517	5290	3227
结构性金属制品制造	612	1620	1008	612
金属结构制造	612	1620	1008	612
金属工具制造	2901	6897	4282	2615
切削工具制造	2901	6897	4282	2615
通用设备制造业	211305	302818	113653	189165
锅炉及原动机制造	99583	123161	32650	90511
锅炉及辅助设备制造	17451	23615	6413	17202
内燃机及配件制造	82132	99546	26237	73309
金属加工机械制造	5877	10281	4404	5877
金属切削机床制造	5877	10281	4404	5877
起重运输设备制造	9376	13539	4344	9196
起重运输设备制造	9376	13539	4344	9196
泵、阀门、压缩机及类似机械的制造	40064	59350	30137	29213
泵及真空设备制造	16952	28987	12045	16942
气体压缩机械制造	511	1921	1412	509
阀门和旋塞的制造	1115	4385	3284	1100
液压和气压动力机械及元件制造	21487	24057	13396	10661
通用零部件制造及机械修理	24106	34696	10590	24106
机械零部件加工及设备修理	24106	34696	10590	24106
金属铸、锻加工	32299	61791	31529	30263
钢铁铸件制造	21574	40638	21100	19538
锻件及粉末冶金制品制造	10725	21154	10429	10725
专用设备制造业	937288	1260234	443466	816768
矿山、冶金、建筑专用设备制造	348567	420518	148510	272008
采矿、采石设备制造	323110	387705	136095	251610
石油钻采专用设备制造	23135	29816	11734	18082
建筑工程用机械制造	2323	2997	681	2316
化工、木材、非金属加工专用设备制造	2349	2849	569	2280
塑料加工专用设备制造	2349	2849	569	2280
纺织、服装和皮革工业专用设备制造	55321	104383	49777	54607
纺织专用设备制造	55321	104383	49777	54607
电子和电工机械专用设备制造	520587	719378	241836	477542
电子工业专用设备制造	95	161	66	95
航空、航天及其他专用设备制造	70481	105353	40654	64700
医疗仪器设备及器械制造	3267	3558	291	3267
假肢、人工器官及植(介)入器械制造	3267	3558	291	3267
环保、社会公共安全及其他专用设备制造	7197	9547	2484	7064
环境污染防治专用设备制造	4814	6332	1517	4814
社会公共安全设备及器材制造	351	234	7	228
水资源专用机械制造	2032	2981	960	2021
交通运输设备制造业	221915	342945	143697	199248
铁路运输设备制造	113758	166251	63372	102879
铁路机车车辆及动车组制造	60811	82778	28619	54158

单位：个、万元、人

固定资产净值年平均余额	负债合计	流动负债合计	应付账款	长期负债合计	所有者权益合计
30877	154684	151908	12306	2706	98377
29839	147047	144271	10826	2706	90968
1038	7637	7637	1480		7409
3339	56886	53976	19570	2905	8604
594	36931	36931	18663		5375
594	36931	36931	18663		5375
2745	19955	17045	907	2905	3230
2745	19955	17045	907	2905	3230
192252	465555	374625	114669	83401	154292
90491	183285	144912	23958	38373	78248
17347	99420	76761	9457	22660	15320
73143	83865	68152	14501	15713	62927
5848	26530	19658	1529	6872	4431
5848	26530	19658	1529	6872	4431
8946	25937	25577	3778	359	5788
8946	25937	25577	3778	359	5788
30546	85396	62205	15916	22700	33505
17315	22251	19181	3436	3070	16076
532	4909	4884	887	25	-1821
1113	15798	14398	4984	1400	1860
11586	42438	23743	6610	18205	17390
24008	72971	65558	44462	375	13190
24008	72971	65558	44462	375	13190
32414	71437	56714	25026	14722	19130
22111	53087	44339	20125	8747	11515
10303	18350	12375	4900	5974	7616
809320	2198922	1813913	704448	323343	1119024
277199	1263486	1118457	442930	87237	585655
243111	1202747	1062095	427344	87237	569848
31752	58398	54021	14992		14336
2337	2340	2340	594		1471
664	3669	3669	1091		-469
664	3669	3669	1091		-469
52547	113248	41118	15455	72131	38457
52547	113248	41118	15455	72131	38457
469090	797974	630987	243247	163113	482311
103	764	487	244	10	199
64744	140738	113901	87277	23500	82927
2875	1422	1369	62	53	3456
2875	1422	1369	62	53	3456
6945	19123	18314	1663	809	9613
4792	12546	12546	1163		11125
131	1895	1895	486		326
2021	4683	3874	14	809	-1838
192067	664826	562833	198044	64036	190315
93165	464412	410275	141638	18960	107033
44415	291837	271746	61291	18962	43803

2-1-11 续表 12

指标名称	固定资产合计	固定资产原价	累计折旧	固定资产净值
铁路机车车辆配件制造	28495	48385	19890	28495
铁路专用设备及器材、配件制造	2913	3934	1180	2754
其他铁路设备制造及设备修理	21539	31154	13682	17472
汽车制造	100952	160893	71384	89510
汽车整车制造	6854	8349	7432	917
改装汽车制造	7500	9779	2294	7485
汽车零部件及配件制造	85589	141328	61229	80099
汽车修理	1009	1438	429	1009
航空航天器制造	6986	15563	8924	6640
飞机制造及修理	6986	15563	8924	6640
交通器材及其他交通运输设备制造	220	238	18	220
其他交通运输设备制造	220	238	18	220
电气机械及器材制造业	100146	149686	68113	81573
电机制造	84828	114348	47149	67199
发电机及发电机组制造	7626	10218	2592	7626
电动机制造	77203	104130	44557	59574
输配电及控制设备制造	6236	10269	4888	5381
变压器、整流器和电感器制造	280	856	576	280
配电开关控制设备制造	2216	4763	2547	2216
其他输配电及控制设备制造	3739	4649	1765	2885
电线、电缆、光缆及电工器材制造	9082	25069	16077	8993
电线电缆制造	4438	4896	470	4426
光纤、光缆制造	4096	19316	15220	4096
绝缘制品制造	548	857	386	471
通信设备、计算机及其他电子设备制造业	66287	92273	42056	50217
通信设备制造	19105	22413	15689	6724
通信传输设备制造	19105	22413	15689	6724
雷达及配套设备制造	4967	8099	3339	4761
雷达及配套设备制造	4967	8099	3339	4761
电子计算机制造	39839	57213	20857	36356
电子计算机整机制造	39839	57213	20857	36356
电子器件制造	1893	3541	1648	1893
光电子器件及其他电子器件制造	1893	3541	1648	1893
电子元件制造	484	1007	524	484
电子元件及组件制造	484	1007	524	484
仪器仪表及文化、办公用机械制造业	33675	47416	13877	33539
专用仪器仪表制造	32898	46360	13597	32762
导航、气象及海洋专用仪器制造	32787	45627	12976	32651
电子测量仪器制造	111	732	621	111
光学仪器及眼镜制造	777	1057	280	777
光学仪器制造	777	1057	280	777
工艺品及其他制造业	13372	17240	4232	13008
其他未列明的制造业	13372	17240	4232	13008
其他未列明的制造业	13372	17240	4232	13008
电力、燃气及水的生产和供应业	**11063171**	**16633820**	**6042872**	**10590948**
电力、热力的生产和供应业	10789908	16227246	5894046	10333200
电力生产	7436505	11001457	3972939	7028518
火力发电	7215241	10649852	3839911	6809941

单位：个、万元、人

固定资产净值年平均余额	负债合计	流动负债合计	应付账款	长期负债合计	所有者权益合计
29402	45019	45019	17048	-3	35173
2716	22884	22884	9581		8598
16632	104672	70626	53719		19459
92064	192636	147675	54810	44879	76389
828	23334	23334	1970		18687
7963	18188	17413	1154	775	9993
82265	149822	105806	51657	43935	46946
1009	1292	1123	28	169	764
6640	7224	4514	1519	198	6673
6640	7224	4514	1519	198	6673
199	555	368	76		220
199	555	368	76		220
71228	394595	341799	105382	52735	56243
56892	325907	285663	90721	40244	50334
7569	6123	6123	1413		12358
49323	319785	279541	89308	40244	37976
5326	29561	23623	8483	5877	5983
291	9077	9016	1217		617
2299	12840	10214	6221	2626	1498
2737	7644	4393	1045	3251	3869
9009	39127	32513	6178	6614	-74
4336	11754	7608	1563	4146	682
4100	26390	23922	3925	2468	-2240
574	984	984	690		1483
54808	180285	167915	13760	12370	19953
11250	84707	84579	2040	127	18564
11250	84707	84579	2040	127	18564
4850	18115	14845	2233	3269	-3589
4850	18115	14845	2233	3269	-3589
36364	72730	64857	8687	7873	-7767
36364	72730	64857	8687	7873	-7767
1553	2163	2163	109		10516
1553	2163	2163	109		10516
791	2570	1470	692	1100	2230
791	2570	1470	692	1100	2230
34912	59243	52072	14098	7170	44156
34300	58740	51570	13967	7170	42424
34185	56844	49674	12992	7170	41444
115	1896	1896	975		980
612	503	502	131		1732
612	503	502	131		1732
13062	4181	2656		1524	14831
13062	4181	2656		1524	14831
13062	4181	2656		1524	14831
9876847	**11541660**	**5551335**	**1423035**	**5781869**	**3875119**
9633010	11325679	5448026	1410185	5696734	3574092
6549687	7873621	3336277	751658	4377988	2397837
6322540	7581435	3241379	751066	4182700	2280726

2-1-11 续表 13

指标名称	固定资产合计	固定资产原价	累计折旧	固定资产净值
水力发电	221264	351605	133029	218577
电力供应	3122515	4903062	1803844	3099219
电力供应	3122515	4903062	1803844	3099219
热力生产和供应	230889	322726	117263	205463
热力生产和供应	230889	322726	117263	205463
燃气生产和供应业	34284	48366	14939	33427
燃气生产和供应业	34284	48366	14939	33427
燃气生产和供应业	34284	48366	14939	33427
水的生产和供应业	238980	358208	133887	224321
自来水的生产和供应	192006	310917	133569	177348
自来水的生产和供应	192006	310917	133569	177348
污水处理及其再生利用	46974	47291	317	46974
污水处理及其再生利用	46974	47291	317	46974
五、按行业大类分				
煤炭开采和洗选业	16836574	20322391	7371976	12950415
石油和天然气开采业	9780	12005	2224	9780
黑色金属矿采选业	29679	42277	13046	29231
有色金属矿采选业	87799	144073	60734	83340
非金属矿采选业	1037	4792	3755	1037
农副食品加工业	26688	29369	7671	21698
食品制造业	39170	47149	11690	35459
饮料制造业	93493	171016	77819	93196
烟草制品业	80631	92278	19894	72384
纺织业	45019	72242	33309	38932
纺织服装、鞋、帽制造业	10163	16721	6795	9927
家具制造业	612	1043	431	612
造纸及纸制品业	82	108	26	82
印刷业和记录媒介的复制	18322	42440	24328	18112
文教体育用品制造业	3537	5080	1739	3341
石油加工、炼焦及核燃料加工业	1290241	1385592	411031	974562
化学原料及化学制品制造业	2518111	3262947	1078326	2184621
医药制造业	60098	85523	29583	55940
橡胶制品业	101000	97559	17560	79999
塑料制品业	5788	7461	1690	5771
非金属矿物制品业	366705	560751	215298	345454
黑色金属冶炼及压延加工业	3883506	6084055	2314994	3769061
有色金属冶炼及压延加工业	2059089	2725684	937307	1788377
金属制品业	3514	8517	5290	3227
通用设备制造业	211305	302818	113653	189165
专用设备制造业	937288	1260234	443466	816768
交通运输设备制造业	221915	342945	143697	199248
电气机械及器材制造业	100146	149686	68113	81573
通信设备、计算机及其他电子设备制造业	66287	92273	42056	50217
仪器仪表及文化、办公用机械制造业	33675	47416	13877	33539
工艺品及其他制造业	13372	17240	4232	13008
电力、热力的生产和供应业	10789908	16227246	5894046	10333200
燃气生产和供应业	34284	48366	14939	33427
水的生产和供应业	238980	358208	133887	224321

单位：个、万元、人

固定资产净值年平均余额	负债合计	流动负债合计	应付账款	长期负债合计	所有者权益合计
227147	292186	94898	592	195288	117111
2914154	3175378	1963848	641622	1206686	1098365
2914154	3175378	1963848	641622	1206686	1098365
169168	276680	147901	16905	112060	77889
169168	276680	147901	16905	112060	77889
30924	48740	15789	994	32950	16085
30924	48740	15789	994	32950	16085
30924	48740	15789	994	32950	16085
212913	167242	87520	11857	52185	284943
167302	143548	87520	11857	52185	259302
167302	143548	87520	11857	52185	259302
45612	23694				25641
45612	23694				25641
14522128	25843083	17174047	3611225	8093531	14018368
6459	75947	75947	22710		48502
27891	31987	27218	7640	3872	43890
83566	177849	177592	4984	257	10747
7526	8220	5911	2485	498	755
20590	56915	39337	5357	17446	30892
34208	47440	37737	7232	9695	15108
86421	215596	215453	20193	60	188986
73258	32831	32831	27828		104337
41025	54050	39562	4767	14248	23185
9620	23077	21152	7985	1825	19108
612	121	121			1131
82	240	240	175		357
18086	28112	23935	7042	3177	29841
3341	12986	10043	2350	2943	-126
934323	1658110	1216034	337125	441623	717579
2056495	2653586	1903976	383725	718406	1578666
52573	86251	69978	9267	15963	44859
58787	102121	46352	14840	55748	61911
7020	8363	8007	1216	355	6260
333161	686588	355448	79724	329857	175856
3618094	6830380	4771920	1154785	2057410	3371497
1685436	2285904	1316852	244225	820380	1188216
3339	56886	53976	19570	2905	8604
192252	465555	374625	114669	83401	154292
809320	2198922	1813913	704448	323343	1119024
192067	664826	562833	198044	64036	190315
71228	394595	341799	105382	52735	56243
54808	180285	167915	13760	12370	19953
34912	59243	52072	14098	7170	44156
13062	4181	2656		1524	14831
9633010	11325679	5448026	1410185	5696734	3574092
30924	48740	15789	994	32950	16085
212913	167242	87520	11857	52185	284943

2-1-11 续表 14

指标名称	实收资本	主营业务收入	主营业务成本	主营业务税金及附加	其他业务收入
总 计	**14765282**	**53801748**	**42288487**	**660004**	**1414933**
一、按轻重工业分					
轻工业	426725	1150308	746327	134882	11925
重工业	14338557	52651440	41542160	525122	1403008
二、按企业规模分					
大型企业	9695109	41245855	32343522	468597	1184871
中型企业	4119994	10607450	8279984	173651	180964
小型企业	950179	1948442	1664981	17757	49098
三、按登记注册类型分					
内资企业	**14043163**	**52741405**	**41283872**	**657988**	**1394507**
国有企业	3405750	12128028	9226992	142649	236194
集体企业	1557	3908	2465	167	
股份合作企业	115478	229220	165373	1577	657
联营企业	3359	34377	32254	70	379
国有联营企业	2823	7488	6225	26	
其他联营企业	536	26889	26028	44	379
有限责任公司	9216069	34906344	27472496	468344	1097447
国有独资公司	2983205	16112165	12754277	172270	272824
其他有限责任公司	6232864	18794179	14718218	296074	824623
股份有限公司	1287126	5420319	4370454	45076	59530
私营企业	3543	6267	3843	26	
私营有限责任公司	3543	6267	3843	26	
其他企业	10282	12943	9995	80	300
港澳台商投资企业	**125011**	**248562**	**264992**	**1272**	**12294**
与港澳台商合资经营企业	61576	118912	141478	110	39
与港澳台商合作经营企业	13435	43645	38405	1000	2027
港澳台商投资股份有限公司	50000	86005	85109	162	10227
外商投资企业	**597108**	**811781**	**739624**	**744**	**8132**
中外合资经营企业	221137	321726	244227	712	4533
中外合作经营企业	325803	359612	347960		1606
外资企业	50168	130443	147436	32	1993
四、按国民经济行业分					
采矿业	**7332305**	**22890458**	**14425121**	**377167**	**795397**
煤炭开采和洗选业	7263060	22584232	14176277	374732	795109
烟煤和无烟煤的开采洗选	7263060	22584232	14176277	374732	795109
烟煤和无烟煤的开采洗选	7263060	22584232	14176277	374732	795109
石油和天然气开采业	43500	92011	79076	936	221
天然原油和天然气开采	13500	81952	72288	883	60
天然原油和天然气开采	13500	81952	72288	883	60
与石油和天然气开采有关的服务活动	30000	10059	6788	52	161
与石油和天然气开采有关的服务活动	30000	10059	6788	52	161
黑色金属矿采选业	7643	110456	71745	1023	32
铁矿采选	7643	110456	71745	1023	32
铁矿采选	7643	110456	71745	1023	32
有色金属矿采选业	17616	99623	94533	460	36
常用有色金属矿采选	17616	99623	94533	460	36
铜矿采选	7616	6076	4388	93	
铝矿采选	10000	93546	90145	368	36
非金属矿采选业	487	4137	3491	17	
土砂石开采	487	4137	3491	17	
粘土及其他土砂石开采	487	4137	3491	17	

单位：个、万元、人

其他业务利润	营业费用	管理费用	税金	财务费用	利息支出	营业利润
118285	**1848878**	**4244549**	**155787**	**1472210**	**1373700**	**3352969**
4241	80665	127642	2880	22099	21347	52090
114044	1768213	4116907	152907	1450111	1352353	3300879
68149	1563281	3365389	119816	1015093	924623	2460792
42975	231681	768888	28727	348102	340917	898534
7162	53916	110272	7244	109015	108160	-6356
115826	**1842035**	**4203847**	**152797**	**1444617**	**1332289**	**3368915**
27933	677093	756495	28129	350068	304091	970355
	4	81	2	196	196	128
376	4249	9185	1547	5869	5820	42585
…	1255	422	10	5		2676
	31	83	1	7	3	1195
…	1224	339	8	-3	-3	1481
84425	1007462	3118998	108831	968699	925961	1928725
12856	361874	1404409	47728	459713	410360	999227
71569	645587	1714590	61103	508986	515601	929498
3082	151166	316463	14007	118531	94980	424410
	428	892	256	-1	-1	98
	428	892	256	-1	-1	98
11	379	1311	16	1250	1243	-61
774	**3339**	**14097**	**1717**	**13420**	**13381**	**-50214**
		4209	971	11844	11844	-38693
746	1398	2501	225	1244	1231	-2075
28	1940	7387	521	333	306	-9446
1686	**3504**	**26605**	**1273**	**14172**	**28030**	**34267**
1356	3504	23706	1273	9618	9959	46724
329		2900		1667	15231	7415
				2888	2840	-19872
60200	**1334141**	**2799694**	**80957**	**584314**	**530960**	**3399162**
60048	1331167	2786472	80145	583668	530425	3364021
60048	1331167	2786472	80145	583668	530425	3364021
60048	1331167	2786472	80145	583668	530425	3364021
121	1895	5555	46	82	96	3673
	48	3823	46	-24	-24	4752
	48	3823	46	-24	-24	4752
121	1847	1732		106	120	-1079
121	1847	1732		106	120	-1079
32	878	5386	593	239	225	28799
32	878	5386	593	239	225	28799
32	878	5386	593	239	225	28799
	131	1808	173	108	-2	2583
	131	1808	173	108	-2	2583
	131	1199		-2	-2	268
		609	173	110		2315
	70	473		217	217	86
	70	473		217	217	86
	70	473		217	217	86

2-1-11 续表 15

指标名称	实收资本	主营业务收入	主营业务成本	主营业务税金及附加	其他业务收入
制造业	**4168261**	**23038422**	**20202975**	**243288**	**573826**
农副食品加工业	17227	47070	43388	159	599
谷物磨制	5089	21466	20318	6	360
谷物磨制	5089	21466	20318	6	360
制糖	3500	3650	3577	22	54
制糖	3500	3650	3577	22	54
屠宰及肉类加工	6138	21429	18976	131	185
畜禽屠宰	5373	20143	17674	131	23
肉制品及副产品加工	765	1286	1302	1	162
其他农副食品加工	2500	525	517	...	
淀粉及淀粉制品的制造	2500	525	517	...	
食品制造业	20687	33377	30233	90	1259
焙烤食品制造	100	509	486	3	12
糕点、面包制造	100	509	486	3	12
方便食品制造	250	428	310	19	1019
速冻食品制造	250	428	310	19	1019
罐头制造	1620	6297	5537	23	34
蔬菜、水果罐头制造	1620	6297	5537	23	34
调味品、发酵制品制造	3400	13223	11287	5	83
酱油、食醋及类似制品的制造	702	1281	949	5	55
其他调味品、发酵制品制造	2698	11942	10338		28
其他食品制造	15317	12920	12613	41	111
食品及饲料添加剂制造	15317	12920	12613	41	111
饮料制造业	52633	395586	219026	48745	2769
酒的制造	46633	358478	189851	48581	2694
白酒制造	46633	358478	189851	48581	2694
软饮料制造	6000	37109	29175	164	76
果菜汁及果菜汁饮料制造	6000	37109	29175	164	76
烟草制品业	61320	204871	82098	82261	
卷烟制造	61320	204871	82098	82261	
卷烟制造	61320	204871	82098	82261	
纺织业	28355	44603	42293	181	708
棉、化纤纺织及印染精加工	18627	25058	26017	94	495
棉、化纤纺织加工	18627	25058	26017	94	495
麻纺织	7074	16539	13668	70	1
麻纺织	7074	16539	13668	70	1
针织品、编织品及其制品制造	2655	3006	2609	17	212
棉、化纤针织品及编织品制造	2655	3006	2609	17	212
纺织服装、鞋、帽制造业	7186	43986	36552	208	2224
纺织服装制造	7186	43986	36552	208	2224
纺织服装制造	7186	43986	36552	208	2224
家具制造业	1038	3762	2867	26	
木质家具制造	1038	3762	2867	26	
木质家具制造	1038	3762	2867	26	
造纸及纸制品业	294	1901	1343	2	

单位：个、万元、人

其他业务利润	营业费用	管理费用	税金	财务费用	利息支出	营业利润
46928	**503939**	**1312731**	**63853**	**507421**	**457404**	**308992**
23	987	2391	73	1150	1104	-163
2	867	1511	30	489	465	-961
2	867	1511	30	489	465	-961
44	16	20		15	15	82
44	16	20		15	15	82
-23	99	836	43	418	396	965
23	77	620	43	398	377	1285
-45	22	216		20	19	-321
	4	24	…	228	228	-248
	4	24	…	228	228	-248
18	2372	3671	182	1645	1452	-4507
12	37	18	…	…		-23
12	37	18	…	…		-23
	144	540		133	133	-708
	144	540		133	133	-708
…	648	407		…	-1	-317
…	648	407		…	-1	-317
7	726	741	76	679	538	-167
	105	245	76	15	23	4
7	621	496		664	515	-171
	817	1965	105	834	782	-3292
	817	1965	105	834	782	-3292
1719	45927	36661	597	5317	5081	46731
1669	44067	36036	522	4561	4324	42234
1669	44067	36036	522	4561	4324	42234
50	1860	625	76	756	757	4497
50	1860	625	76	756	757	4497
	3157	17649	43	-212	-212	19946
	3157	17649	43	-212	-212	19946
	3157	17649	43	-212	-212	19946
50	1637	4940	170	1356	1313	-2890
42	673	3059	151	953	952	-3045
42	673	3059	151	953	952	-3045
1	844	1433	19	381	340	146
1	844	1433	19	381	340	146
7	120	448		22	22	10
7	120	448		22	22	10
650	1554	3484	78	64	57	2338
650	1554	3484	78	64	57	2338
650	1554	3484	78	64	57	2338
	392	392		-1	-1	96
	392	392		-1	-1	96
	392	392		-1	-1	96
	30	19		…	…	508

2-1-11 续表 16

指标名称	实收资本	主营业务收入	主营业务成本	主营业务税金及附加	其他业务收入
造纸	294	1901	1343	2	
机制纸及纸板制造	294	1901	1343	2	
印刷业和记录媒介的复制	20584	35275	29980	266	1531
印刷	20584	35275	29980	266	1531
书、报、刊印刷	20184	28825	25207	179	1529
本册印制	400	6450	4773	87	2
文教体育用品制造业	2307	2519	2091	13	
体育用品制造	2307	2519	2091	13	
训练健身器材制造	2307	2519	2091	13	
石油加工、炼焦及核燃料加工业	348245	2175141	1863839	18078	42244
精炼石油产品的制造	907	5754	5374	19	
原油加工及石油制品制造	907	5754	5374	19	
炼焦	347338	2169387	1858465	18059	42244
炼焦	347338	2169387	1858465	18059	42244
化学原料及化学制品制造业	769433	2757705	2365039	9465	40787
基础化学原料制造	219879	790800	706912	3346	3944
无机碱制造	107064	504515	462528	2020	1
无机盐制造	12842	54100	47094	680	756
有机化学原料制造	59973	155850	149706	645	3096
其他基础化学原料制造	40000	76335	47585		91
肥料制造	400274	1331359	1114660	3064	26367
氮肥制造	280274	1023856	879467	1597	15405
复混肥料制造	120000	307503	235193	1467	10962
涂料、油墨、颜料及类似产品制造	1654	26169	21208	150	607
染料制造	1654	26169	21208	150	607
合成材料制造	55602	321083	283273	1356	5623
合成橡胶制造	8675	59588	51436	397	2580
合成纤维单(聚合)体的制造	46927	261495	231837	960	3043
专用化学产品制造	37148	171000	138696	585	4247
化学试剂和助剂制造	91	1917	1521	3	
专项化学用品制造	910	5788	5443	20	
林产化学产品制造	120	1083	1018	2	
炸药及火工产品制造	33588	156726	125881	541	4247
其他专用化学产品制造	2439	5486	4833	19	
日用化学产品制造	54876	117294	100290	964	
肥皂及合成洗涤剂制造	54876	117294	100290	964	
医药制造业	40635	83010	53519	866	158
化学药品原药制造	19622	12529	10135	72	108
化学药品原药制造	19622	12529	10135	72	108
化学药品制剂制造	11494	15848	12165	76	42
化学药品制剂制造	11494	15848	12165	76	42
中成药制造	6599	24176	14504	290	2
中成药制造	6599	24176	14504	290	2
生物、生化制品的制造	2920	30456	16715	428	6
生物、生化制品的制造	2920	30456	16715	428	6
橡胶制品业	58620	103047	93470	511	1576
轮胎制造	58068	100686	91761	488	1563
车辆、飞机及工程机械轮胎制造	58068	100686	91761	488	1563

单位：个、万元、人

其他业务利润	营业费用	管理费用	税金	财务费用	利息支出	营业利润
	30	19		…	…	508
	30	19		…	…	508
506	75	5771	145	389	403	-359
506	75	5771	145	389	403	-359
504	73	5281	145	407	401	-1604
2	1	490		-18	2	1246
	117	871		7		-579
	117	871		7		-579
	117	871		7		-579
11614	92967	88267	9410	43182	47659	41942
	47	186				128
	47	186				128
11614	92920	88081	9410	43182	47659	41814
11614	92920	88081	9410	43182	47659	41814
3455	45280	185314	8348	88497	85426	97591
497	6992	41022	615	14716	14944	54571
1	4846	25592	31	8601	8601	39328
122	599	1505	80	431	379	3945
292	1516	12043	420	3501	3782	-13435
82	32	1883	85	2182	2182	24733
-891	16784	83021	6079	58932	56753	47242
-2549	12021	50990	2450	48572	46666	27993
1658	4762	32031	3629	10360	10087	19249
	1601	1987		1049	904	516
	1601	1987		1049	904	516
2087	10604	18386	1121	6498	6030	-2714
1319	1313	5839	657	479	330	1489
768	9291	12547	464	6019	5700	-4203
1762	4006	36087	408	2245	1809	-3434
	304	210	…	8	1	-130
	398	321	2	19	18	-413
	11	20		1		43
1762	3210	35333	366	2290	1790	-3358
	83	203	39	-74		423
	5293	4811	125	5058	4986	1410
	5293	4811	125	5058	4986	1410
22	12348	10207	223	3060	3061	3564
11	1234	1246	55	75	74	-221
11	1234	1246	55	75	74	-221
4	1329	2083	38	1109	1118	-384
4	1329	2083	38	1109	1118	-384
…	3901	4135	37	1235	1230	117
…	3901	4135	37	1235	1230	117
6	5885	2743	93	641	638	4051
6	5885	2743	93	641	638	4051
141	2564	2050	…	4149	4138	4446
135	2465	1613	…	4149	4138	4347
135	2465	1613	…	4149	4138	4347

2-1-11 续表 17

指标名称	实收资本	主营业务收入	主营业务成本	主营业务税金及附加	其他业务收入
橡胶板、管、带的制造	552	2361	1709	23	13
橡胶板、管、带的制造	552	2361	1709	23	13
塑料制品业	6032	15175	13398	34	1
塑料薄膜制造	100	2399	2348	2	
塑料薄膜制造	100	2399	2348	2	
塑料板、管、型材的制造	1018	1336	1118	2	
塑料板、管、型材的制造	1018	1336	1118	2	
塑料丝、绳及编织品的制造	4650	10140	8947	26	1
塑料丝、绳及编织品的制造	4650	10140	8947	26	1
塑料包装箱及容器制造	264	1300	986	4	
塑料包装箱及容器制造	264	1300	986	4	
非金属矿物制品业	208381	392924	339331	2287	6571
水泥、石灰和石膏的制造	131724	202078	178023	1787	3490
水泥制造	129401	200400	177198	1741	3490
石灰和石膏制造	2324	1678	824	46	
水泥及石膏制品制造	20321	29473	23672	186	1681
水泥制品制造	15522	22871	18986	185	1681
砼结构构件制造	3799	798	701	2	
轻质建筑材料制造	1000	5804	3985		
砖瓦、石材及其他建筑材料制造	48459	137929	118440	208	1282
粘土砖瓦及建筑砌块制造	34625	14783	13094	74	475
建筑陶瓷制品制造	1600	5804	6083	2	
建筑用石加工	10789	114936	98122	125	
其他建筑材料制造	1446	2406	1142	6	807
陶瓷制品制造	2543	1585	1604	18	3
特种陶瓷制品制造	143	767	522	9	1
日用陶瓷制品制造	2400	818	1082	9	2
耐火材料制品制造	2532	766	616	27	
耐火陶瓷制品及其他耐火材料制造	2532	766	616	27	
石墨及其他非金属矿物制品制造	2802	21093	16977	61	115
石墨及碳素制品制造	2432	12637	11399	42	115
其他非金属矿物制品制造	370	8456	5578	19	
黑色金属冶炼及压延加工业	895807	10523759	9546145	59616	226008
炼铁	5500	83744	77671	90	361
炼铁	5500	83744	77671	90	361
炼钢	102889	1223317	1231167	11789	12342
炼钢	102889	1223317	1231167	11789	12342
钢压延加工	785682	9176221	8198426	47665	212926
钢压延加工	785682	9176221	8198426	47665	212926
铁合金冶炼	1736	40477	38881	73	379
铁合金冶炼	1736	40477	38881	73	379
有色金属冶炼及压延加工业	777160	2354818	2225330	9289	49404
常用有色金属冶炼	692691	2189756	2070218	8332	44175
铜冶炼	150476	488668	462512	2601	18816
铝冶炼	540462	1689515	1595931	5689	21675
镁冶炼	1753	11573	11774	42	3684
贵金属冶炼	5301	10042	7130	377	
银冶炼	5301	10042	7130	377	

单位：个、万元、人

其他业务利润	营业费用	管理费用	税金	财务费用	利息支出	营业利润
6	99	437				99
6	99	437				99
1	505	729	40	98	98	391
		76	11	41	41	-68
		76	11	41	41	-68
	194	65		…		-42
	194	65		…		-42
1	148	445	29	57	58	498
1	148	445	29	57	58	498
	163	144				3
	163	144				3
1725	19515	33110	1358	20092	19936	-20175
925	6783	20687	1034	17890	17772	-21861
925	6441	20244	1018	17808	17692	-21802
	342	443	16	81	80	-59
222	1183	2734	27	197	164	1761
222	961	2161	27	133	101	705
		447		55	55	-406
	223	126		9	9	1461
462	10086	7828	223	1812	1813	590
275	368	5072	166	184	186	-3163
	231	400	5	610	609	-1521
	8822	1598		1015	1015	5254
188	665	758	52	2	2	21
1	121	260	58	-5	…	-413
1	118	226	57	-5	1	-103
1	3	34	1	…	…	-310
	30	62		-2		30
	30	62		-2		30
114	1312	1540	16	201	187	-283
114	441	646	16	187	187	36
	870	894		14		-319
11446	152531	467595	23416	221608	180477	9298
361	85	973	123	-4	-7	4313
361	85	973	123	-4	-7	4313
-163	606	9092	3081	-117	-151	-17838
-163	606	9092	3081	-117	-151	-17838
11390	150457	456681	20196	221246	180180	21695
11390	150457	456681	20196	221246	180180	21695
-141	1384	849	16	483	454	1128
-141	1384	849	16	483	454	1128
1573	34295	75239	7434	61726	53825	-23434
349	32932	64730	6805	55450	47697	-32347
2038	1991	8044	621	6020	3284	23042
-1689	30847	56093	6175	49404	44393	-54513
	94	594	9	26	20	-876
	37	2045	38	456	447	1296
	37	2045	38	456	447	1296

2-1-11 续表 18

指标名称	实收资本	主营业务收入	主营业务成本	主营业务税金及附加	其他业务收入
有色金属压延加工	79167	155020	147982	581	5229
常用有色金属压延加工	74109	109043	103364	140	3967
贵金属压延加工	5058	45977	44618	440	1262
金属制品业	6203	70149	63791	96	
结构性金属制品制造	4700	66892	61617	75	
金属结构制造	4700	66892	61617	75	
金属工具制造	1503	3256	2174	21	
切削工具制造	1503	3256	2174	21	
通用设备制造业	121952	399582	327293	1248	21367
锅炉及原动机制造	30784	123157	99482	138	2961
锅炉及辅助设备制造	10107	46317	37960	117	802
内燃机及配件制造	20677	76841	61522	21	2159
金属加工机械制造	2533	15380	12193	28	78
金属切削机床制造	2533	15380	12193	28	78
起重运输设备制造	5562	11842	9851	47	3517
起重运输设备制造	5562	11842	9851	47	3517
泵、阀门、压缩机及类似机械的制造	34730	66094	39880	225	1783
泵及真空设备制造	10723	17112	11785	124	323
气体压缩机械制造	742	1821	1766	...	196
阀门和旋塞的制造	2892	9743	7491	38	414
液压和气压动力机械及元件制造	20373	37418	18838	63	850
通用零部件制造及机械修理	8779	75330	68178	503	1380
机械零部件加工及设备修理	8779	75330	68178	503	1380
金属铸、锻加工	39564	107779	97711	308	11649
钢铁铸件制造	30054	74107	68440	240	8535
锻件及粉末冶金制品制造	9510	33672	29270	69	3113
专用设备制造业	446099	2250107	1883337	6491	59984
矿山、冶金、建筑专用设备制造	143520	1270904	1056745	4879	21865
采矿、采石设备制造	139423	1128032	934392	4606	21652
石油钻采专用设备制造	3295	141929	121605	271	131
建筑工程用机械制造	802	943	748	2	82
化工、木材、非金属加工专用设备制造	3324	2997	2555	5	84
塑料加工专用设备制造	3324	2997	2555	5	84
纺织、服装和皮革工业专用设备制造	94486	99723	98283	232	11107
纺织专用设备制造	94486	99723	98283	232	11107
电子和电工机械专用设备制造	196856	855427	708142	1347	26636
电子工业专用设备制造	330	1461	1339	11	
航空、航天及其他专用设备制造	12787	143174	110784	394	912
医疗仪器设备及器械制造	2876	1841	1256		
假肢、人工器官及植(介)入器械制造	2876	1841	1256		
环保、社会公共安全及其他专用设备制造	5036	19214	16357	27	291
环境污染防治专用设备制造	3666	15229	13456	3	201
社会公共安全设备及器材制造	438	2147	1293	24	90
水资源专用机械制造	932	1838	1608	...	
交通运输设备制造业	173612	663601	569022	1662	54279
铁路运输设备制造	104282	527183	451623	1411	39042
铁路机车车辆及动车组制造	55637	258271	234541	825	16976

单位：个、万元、人

其他业务利润	营业费用	管理费用		财务费用		营业利润
			税金		利息支出	
1223	1326	8464	591	5821	5681	7617
1223	1194	7941	581	5678	5551	6415
	132	523	10	143	130	1202
	947	2407	105	971	965	1872
	756	1594	65	926	924	1861
	756	1594	65	926	924	1861
	192	813	40	46	41	11
	192	813	40	46	41	11
1158	10562	43955	2150	8210	8119	-969
-520	1698	14683	581	4866	4768	955
-157	1698	4748	114	2072	2013	-91
-363		9935	466	2795	2755	1046
74	724	2358	417	-15		50
74	724	2358	417	-15		50
750	944	2372	179	24	23	-670
750	944	2372	179	24	23	-670
323	4728	9927	609	1101	1102	-866
96	1236	3679	259	420	398	-37
190	130	752		1	1	-639
33	646	1473	86	265	263	-136
5	2716	4022	264	415	440	-53
279	82	6451	79	616	626	-291
279	82	6451	79	616	626	-291
251	2385	8166	286	1617	1601	-147
138	1441	5530	111	1024	1009	-417
113	945	2636	175	594	592	270
7696	48150	199524	4746	27092	25288	87183
3677	32090	83046	2117	14854	14386	77189
3508	29848	76428	2080	13288	12865	67200
131	2230	6403		1566	1521	9986
38	13	215	38	…		3
21	97	380		23	22	-42
21	97	380		23	22	-42
756	1962	9965	932	46	15	-11045
756	1962	9965	932	46	15	-11045
3193	13687	103750	1653	11635	10361	20941
	14	156		…		-89
438	1514	18278	591	3944	3895	8697
	62	632				-110
	62	632				-110
50	252	1750	44	536	505	249
13	89	740	38	409	377	552
37	124	506	4	128	128	10
	39	504	2	-1		-312
2617	18013	84825	2321	8495	9057	42936
2065	8470	64966	1570	4510	5543	55188
11	2178	39490	883	2067	3711	29277

2-1-11 续表 19

指标名称	实收资本	主营业务收入	主营业务成本	主营业务税金及附加	其他业务收入
铁路机车车辆配件制造	28015	94342	69723	73	564
铁路专用设备及器材、配件制造	4131	32678	26574	219	
其他铁路设备制造及设备修理	16499	141893	120784	295	21502
汽车制造	63110	130486	112976	237	15238
汽车整车制造	20000	15170	14129	2	254
改装汽车制造	3958	12560	10100	33	
汽车零部件及配件制造	38847	102049	88222	169	14972
汽车修理	305	706	526	33	11
航空航天器制造	6000	5377	4032	10	
飞机制造及修理	6000	5377	4032	10	
交通器材及其他交通运输设备制造	220	555	392	5	
其他交通运输设备制造	220	555	392	5	
电气机械及器材制造业	66296	335017	291847	1121	61280
电机制造	35726	285583	248751	948	60470
发电机及发电机组制造	10793	13777	14103	29	274
电动机制造	24933	271806	234648	919	60196
输配电及控制设备制造	8437	21500	18308	68	59
变压器、整流器和电感器制造	406	2491	2100	10	27
配电开关控制设备制造	4014	16700	14328	38	32
其他输配电及控制设备制造	4017	2309	1880	20	
电线、电缆、光缆及电工器材制造	22133	27934	24789	105	752
电线电缆制造	500	14226	12621	46	1
光纤、光缆制造	20901	9500	9013	32	750
绝缘制品制造	732	4208	3155	27	…
通信设备、计算机及其他电子设备制造业	27572	50457	38748	35	74
通信设备制造	4932	15900	8777	…	…
通信传输设备制造	4932	15900	8777	…	…
雷达及配套设备制造	551	10612	9556	3	27
雷达及配套设备制造	551	10612	9556	3	27
电子计算机制造	18251	15277	14463	19	3
电子计算机整机制造	18251	15277	14463	19	3
电子器件制造	3089	4495	2343	10	
光电子器件及其他电子器件制造	3089	4495	2343	10	
电子元件制造	750	4173	3610	4	43
电子元件及组件制造	750	4173	3610	4	43
仪器仪表及文化、办公用机械制造业	6663	44772	33478	533	801
专用仪器仪表制造	6543	41551	30901	516	801
导航、气象及海洋专用仪器制造	5743	37871	27560	505	801
电子测量仪器制造	800	3680	3341	12	
光学仪器及眼镜制造	120	3221	2577	17	
光学仪器制造	120	3221	2577	17	
工艺品及其他制造业	3923	6207	5519	6	202
其他未列明的制造业	3923	6207	5519	6	202
其他未列明的制造业	3923	6207	5519	6	202
电力、燃气及水的生产和供应业	**3264716**	**7872868**	**7660391**	**39549**	**45710**
电力、热力的生产和供应业	3133886	7748164	7566068	38472	42159
电力生产	2325635	3526056	3577317	19415	21995
火力发电	2225138	3476771	3555789	18762	19495

单位：个、万元、人

其他业务利润	营业费用	管理费用	税金	财务费用	利息支出	营业利润
564	2374	10251	158	199	190	18580
	1268	2807	15	32	31	1780
1490	2649	12418	514	2213	1612	5551
552	9421	18541	717	3962	3490	-12274
121	591	2550	69	-255	-259	-1856
	233	1810	1	-165	-170	212
431	8597	14025	647	4384	3920	-10575
		157		-3		-55
	18	1286	35	24	24	...
	18	1286	35	24	24	...
	106	31				22
	106	31				22
2410	8208	25994	1876	9271	8966	2088
2468	6541	19583	1463	8900	8581	4418
	60	1356	31	12		-1720
2468	6482	18227	1432	8888	8581	6138
26	619	3100	2	12	27	-494
26	269	138		7	6	-8
	89	2756	2	-16	1	-409
	261	206		20	20	-77
-84	1048	3310	411	359	358	-1836
1	461	1523	4	7	7	-609
-84	550	1280	154	295	294	-1754
	37	507	253	57	57	527
55	830	10149	584	916	884	-2280
...	331	2891	...	-304	-307	990
...	331	2891	...	-304	-307	990
25	320	2206	10	120	110	-465
25	320	2206	10	120	110	-465
3	48	3390	521	1090	1078	-3729
3	48	3390	521	1090	1078	-3729
	32	1262	3	14	...	836
	32	1262	3	14	...	836
27	99	401	50	-3	3	89
27	99	401	50	-3	3	89
50	923	6710	521	468	441	3469
50	723	6532	516	480	443	3212
50	529	6400	516	481	443	3211
	195	132		-1	-1	1
	199	178	5	-12	-1	257
	199	178	5	-12	-1	257
	55	808	33	-130	-131	-50
	55	808	33	-130	-131	-50
	55	808	33	-130	-131	-50
11157	**10798**	**132124**	**10978**	**380475**	**385336**	**-355185**
9428	3883	96434	9588	376753	381588	-339022
3229	2785	81741	8052	292008	296961	-437153
4390	2785	76204	7917	280053	285006	-446850

2-1-11 续表 20

指标名称	实收资本	主营业务收入	主营业务成本	主营业务税金及附加	其他业务收入
水力发电	100497	49285	21528	653	2501
电力供应	787122	4138193	3898297	18780	16405
电力供应	787122	4138193	3898297	18780	16405
热力生产和供应	21128	83915	90455	278	3759
热力生产和供应	21128	83915	90455	278	3759
燃气生产和供应业	18001	14387	12302	108	1685
燃气生产和供应业	18001	14387	12302	108	1685
燃气生产和供应业	18001	14387	12302	108	1685
水的生产和供应业	112830	110317	82020	970	1866
自来水的生产和供应	108468	100717	72596	933	1866
自来水的生产和供应	108468	100717	72596	933	1866
污水处理及其再生利用	4362	9600	9424	37	
污水处理及其再生利用	4362	9600	9424	37	
五、按行业大类分					
煤炭开采和洗选业	7263060	22584232	14176277	374732	795109
石油和天然气开采业	43500	92011	79076	936	221
黑色金属矿采选业	7643	110456	71745	1023	32
有色金属矿采选业	17616	99623	94533	460	36
非金属矿采选业	487	4137	3491	17	
农副食品加工业	17227	47070	43388	159	599
食品制造业	20687	33377	30233	90	1259
饮料制造业	52633	395586	219026	48745	2769
烟草制品业	61320	204871	82098	82261	
纺织业	28355	44603	42293	181	708
纺织服装、鞋、帽制造业	7186	43986	36552	208	2224
家具制造业	1038	3762	2867	26	
造纸及纸制品业	294	1901	1343	2	
印刷业和记录媒介的复制	20584	35275	29980	266	1531
文教体育用品制造业	2307	2519	2091	13	
石油加工、炼焦及核燃料加工业	348245	2175141	1863839	18078	42244
化学原料及化学制品制造业	769433	2757705	2365039	9465	40787
医药制造业	40635	83010	53519	866	158
橡胶制品业	58620	103047	93470	511	1576
塑料制品业	6032	15175	13398	34	1
非金属矿物制品业	208381	392924	339331	2287	6571
黑色金属冶炼及压延加工业	895807	10523759	9546145	59616	226008
有色金属冶炼及压延加工业	777160	2354818	2225330	9289	49404
金属制品业	6203	70149	63791	96	
通用设备制造业	121952	399582	327293	1248	21367
专用设备制造业	446099	2250107	1883337	6491	59984
交通运输设备制造业	173612	663601	569022	1662	54279
电气机械及器材制造业	66296	335017	291847	1121	61280
通信设备、计算机及其他电子设备制造业	27572	50457	38748	35	74
仪器仪表及文化、办公用机械制造业	6663	44772	33478	533	801
工艺品及其他制造业	3923	6207	5519	6	202
电力、热力的生产和供应业	3133886	7748164	7566068	38472	42159
燃气生产和供应业	18001	14387	12302	108	1685
水的生产和供应业	112830	110317	82020	970	1866

单位：个、万元、人

其他业务利润	营业费用	管理费用	税金	财务费用	利息支出	营业利润
-1161	1	5537	135	11955	11955	9697
3895	1004	8436	1505	73024	72892	120886
3895	1004	8436	1505	73024	72892	120886
2304	93	6257	31	11721	11735	-22755
2304	93	6257	31	11721	11735	-22755
476	1979	2424	179	337	379	-2109
476	1979	2424	179	337	379	-2109
476	1979	2424	179	337	379	-2109
1253	4936	33267	1211	3385	3369	-14054
1253	4892	33171	1211	3348	3332	-14054
1253	4892	33171	1211	3348	3332	-14054
	44	96		37	37	
	44	96		37	37	
60048	1331167	2786472	80145	583668	530425	3364021
121	1895	5555	46	82	96	3673
32	878	5386	593	239	225	28799
	131	1808	173	108	-2	2583
	70	473		217	217	86
23	987	2391	73	1150	1104	-163
18	2372	3671	182	1645	1452	-4507
1719	45927	36661	597	5317	5081	46731
	3157	17649	43	-212	-212	19946
50	1637	4940	170	1356	1313	-2890
650	1554	3484	78	64	57	2338
	392	392		-1	-1	96
	30	19		…	…	508
506	75	5771	145	389	403	-359
	117	871		7		-579
11614	92967	88267	9410	43182	47659	41942
3455	45280	185314	8348	88497	85426	97591
22	12348	10207	223	3060	3061	3564
141	2564	2050	…	4149	4138	4446
1	505	729	40	98	98	391
1725	19515	33110	1358	20092	19936	-20175
11446	152531	467595	23416	221608	180477	9298
1573	34295	75239	7434	61726	53825	-23434
	947	2407	105	971	965	1872
1158	10562	43955	2150	8210	8119	-969
7696	48150	199524	4746	27092	25288	87183
2617	18013	84825	2321	8495	9057	42936
2410	8208	25994	1876	9271	8966	2088
55	830	10149	584	916	884	-2280
50	923	6710	521	468	441	3469
	55	808	33	-130	-131	-50
9428	3883	96434	9588	376753	381588	-339022
476	1979	2424	179	337	379	-2109
1253	4936	33267	1211	3385	3369	-14054

2-1-11 续表 21

指标名称	投资收益	补贴收入	营业外收入	营业外支出	利润总额	亏损企业亏损额
总　计	**254890**	**103465**	**237894**	**445034**	**3208393**	**982379**
一、按轻重工业分						
轻工业	6928	7384	2734	13334	53117	27700
重工业	247961	96081	235160	431700	3155276	954679
二、按企业规模分						
大型企业	229938	45356	186085	310933	2355164	389684
中型企业	23449	50280	43478	64581	914299	416287
小型企业	1502	7830	8332	69520	-61070	176408
三、按登记注册类型分						
内资企业	**254749**	**102873**	**233151**	**443333**	**3220723**	**910124**
国有企业	55749	39841	46682	158119	900070	341772
集体企业			11	1	139	
股份合作企业	76	228	21	4519	38314	461
联营企业	…		1	7	2669	
国有联营企业					1195	
其他联营企业	…		1	7	1474	
有限责任公司	171875	51445	178361	264297	1863246	412891
国有独资公司	155875	15831	42454	172942	873006	45488
其他有限责任公司	16000	35614	135908	91354	990240	367403
股份有限公司	27050	11359	8031	16374	416221	154888
私营企业			1	11	88	
私营有限责任公司			1	11	88	
其他企业			43	6	-24	113
港澳台商投资企业			**1263**	**382**	**-49333**	**49333**
与港澳台商合资经营企业			356	179	-38516	38516
与港澳台商合作经营企业			22	49	-2102	2102
港澳台商投资股份有限公司			885	154	-8715	8715
外商投资企业	**141**	**593**	**3480**	**1320**	**37003**	**22922**
中外合资经营企业	141	434	2990	1035	49254	2968
中外合作经营企业			304	15	7703	
外资企业		159	186	269	-19955	19955
四、按国民经济行业分						
采矿业	**197862**	**13658**	**125330**	**284352**	**3240907**	**62456**
煤炭开采和洗选业	198358	13656	125233	283254	3207265	60875
烟煤和无烟煤的开采洗选	198358	13656	125233	283254	3207265	60875
烟煤和无烟煤的开采洗选	198358	13656	125233	283254	3207265	60875
石油和天然气开采业	-496		8	257	2928	1581
天然原油和天然气开采			8	251	4509	
天然原油和天然气开采			8	251	4509	
与石油和天然气开采有关的服务活动	-496			6	-1581	1581
与石油和天然气开采有关的服务活动	-496			6	-1581	1581
黑色金属矿采选业			82	780	28102	
铁矿采选			82	780	28102	
铁矿采选			82	780	28102	
有色金属矿采选业			6	62	2526	
常用有色金属矿采选			6	62	2526	
铜矿采选			6	62	211	
铝矿采选					2315	
非金属矿采选业		2			86	
土砂石开采		2			86	
粘土及其他土砂石开采		2			86	

单位：个、万元、人

应交所得税	利税总额	本年应付工资总额	本年应付福利费总额	本年应交增值税	本年进项税额
1006993	**7233363**	**4899914**	**303040**	**3364966**	**5775216**
28165	268622	110686	7126	80623	57346
978828	6964741	4789228	295914	3284344	5717870
689769	5298270	4099131	241223	2474509	4945630
293238	1842653	687698	52690	754703	682699
23986	92441	113086	9127	135754	146888
992549	**7168841**	**4859264**	**298619**	**3290130**	**5680797**
259791	1838049	826585	65393	795330	1203700
71	806	152	3	501	76
10651	61578	5579	355	21686	13717
474	3862	1072	84	1123	4381
16	1963	275	18	742	10
458	1899	797	66	381	4371
594451	4507115	3678932	210808	2175526	3907393
152207	1990975	1485438	73361	945699	2184093
442244	2516140	2193494	137447	1229827	1723300
127069	756379	345383	21582	295082	549885
22	234	339	49	119	126
22	234	339	49	119	126
21	818	1222	346	762	1520
3	**-37307**	**14112**	**1916**	**10754**	**18792**
	-31199	5684	831	7207	13436
	1114	1253	593	2216	5355
3	-7222	7175	491	1332	
14441	**101829**	**26538**	**2505**	**64082**	**75627**
12515	78094	18438	1829	28128	27559
1926	36042	2991		28339	33068
	-12308	5108	676	7615	15001
882759	**5730991**	**3374363**	**201327**	**2112916**	**1794459**
874595	5683779	3355923	200331	2101782	1786470
874595	5683779	3355923	200331	2101782	1786470
874595	5683779	3355923	200331	2101782	1786470
1183	5206	3990	95	1342	1274
1183	6321	2819	70	929	376
1183	6321	2819	70	929	376
	-1115	1171	24	414	899
	-1115	1171	24	414	899
6803	36462	7177	544	7337	6386
6803	36462	7177	544	7337	6386
6803	36462	7177	544	7337	6386
172	5192	5907	157	2206	329
172	5192	5907	157	2206	329
53	830	865	121	526	188
119	4362	5042	36	1680	142
5	352	1366	201	249	
5	352	1366	201	249	
5	352	1366	201	249	

2-1-11 续表 22

指标名称	投资收益	补贴收入	营业外收入	营业外支出	利润总额	亏损企业亏损额
制造业	**50437**	**60588**	**87748**	**113647**	**316489**	**373390**
农副食品加工业	27	1052	149	75	991	1226
谷物磨制	-10	324	59	30	-619	978
谷物磨制	-10	324	59	30	-619	978
制糖	37	49	22		190	
制糖	37	49	22		190	
屠宰及肉类加工		679	68	44	1668	
畜禽屠宰		354	68	44	1663	
肉制品及副产品加工		326	...		6	
其他农副食品加工				...	-249	249
淀粉及淀粉制品的制造				...	-249	249
食品制造业	96	474	663	456	-3747	3887
焙烤食品制造			25	...	2	
糕点、面包制造			25	...	2	
方便食品制造		474	545	175	136	
速冻食品制造		474	545	175	136	
罐头制造	79		5	1	-234	234
蔬菜、水果罐头制造	79		5	1	-234	234
调味品、发酵制品制造			65	46	-148	149
酱油、食醋及类似制品的制造				2	2	
其他调味品、发酵制品制造			65	44	-149	149
其他食品制造	17		23	234	-3504	3504
食品及饲料添加剂制造	17		23	234	-3504	3504
饮料制造业	1109	173	495	4523	42703	229
酒的制造	1109	173	478	4513	38199	229
白酒制造	1109	173	478	4513	38199	229
软饮料制造			17	10	4504	
果菜汁及果菜汁饮料制造			17	10	4504	
烟草制品业			48	41	19953	
卷烟制造			48	41	19953	
卷烟制造			48	41	19953	
纺织业		10	207	289	-2961	4364
棉、化纤纺织及印染精加工			207	255	-3094	4364
棉、化纤纺织加工			207	255	-3094	4364
麻纺织		10		33	122	
麻纺织		10		33	122	
针织品、编织品及其制品制造					10	
棉、化纤针织品及编织品制造					10	
纺织服装、鞋、帽制造业	136	376	389	77	2650	247
纺织服装制造	136	376	389	77	2650	247
纺织服装制造	136	376	389	77	2650	247
家具制造业			1	11	86	
木质家具制造			1	11	86	
木质家具制造			1	11	86	
造纸及纸制品业				...	507	

单位：个、万元、人

应交所得税	利税总额	本年应付工资总额	本年应付福利费总额	本年应交增值税	本年进项税额
104805	**1363403**	**1141638**	**76348**	**803627**	**3045861**
418	2302	4588	131	1152	2261
3	-442	839	40	171	1690
3	-442	839	40	171	1690
	211	643	50		
	211	643	50		
416	2780	3070	40	981	486
415	2770	2879	40	977	301
…	11	192		5	185
	-248	36	2	1	85
	-248	36	2	1	85
16	-2982	2691	279	675	3869
	32	89		27	59
	32	89		27	59
16	172	148	8	17	52
16	172	148	8	17	52
	-14	829	88	198	879
	-14	829	88	198	879
…	291	707	28	433	1414
…	59	159		52	171
	232	548	28	381	1243
	-3463	917	155		1465
	-3463	917	155		1465
19884	121697	31669	214	30249	6202
19066	114928	31099	148	28148	4469
19066	114928	31099	148	28148	4469
818	6769	570	66	2101	1733
818	6769	570	66	2101	1733
5325	125094	10070	1405	22879	11988
5325	125094	10070	1405	22879	11988
5325	125094	10070	1405	22879	11988
3	-802	6855	117	1978	4614
	-1806	3962	117	1194	2592
	-1806	3962	117	1194	2592
3	831	2300		639	1621
3	831	2300		639	1621
	173	594		146	401
	173	594		146	401
518	3978	5954	170	1120	4151
518	3978	5954	170	1120	4151
518	3978	5954	170	1120	4151
22	165	159	15	53	108
22	165	159	15	53	108
22	165	159	15	53	108
127	549	40		40	283

2-1-11 续表 23

指标名称	投资收益	补贴收入	营业外收入	营业外支出	利润总额	亏损企业亏损额
造纸				...	507	
机制纸及纸板制造				...	507	
印刷业和记录媒介的复制	67	57	121	78	-192	2426
印刷	67	57	121	78	-192	2426
书、报、刊印刷	29	57	121	78	-1475	2423
本册印制	38				1283	3
文教体育用品制造业			1		-578	578
体育用品制造			1		-578	578
训练健身器材制造			1		-578	578
石油加工、炼焦及核燃料加工业	-2535	9412	4857	18593	31485	54614
精炼石油产品的制造			20	28	120	
原油加工及石油制品制造			20	28	120	
炼焦	-2535	9412	4837	18565	31365	54614
炼焦	-2535	9412	4837	18565	31365	54614
化学原料及化学制品制造业	-10936	25568	15090	44902	78683	27923
基础化学原料制造		4916	2549	38920	23116	11760
无机碱制造				38304	1024	476
无机盐制造			17	161	3801	815
有机化学原料制造		4916	2532	150	-6137	10469
其他基础化学原料制造			...	305	24428	
肥料制造	-11833	20047	10445	4877	58793	8165
氮肥制造	-5735	20007	10231	3554	40653	8165
复混肥料制造	-6098	40	214	1323	18140	
涂料、油墨、颜料及类似产品制造	343		3	68	451	
染料制造	343		3	68	451	
合成材料制造			954	542	-2302	3910
合成橡胶制造			395	275	1609	
合成纤维单(聚合)体的制造			560	267	-3910	3910
专用化学产品制造	22	604	1139	494	-2786	4088
化学试剂和助剂制造		4		1	-126	129
专项化学用品制造			10	66	-469	469
林产化学产品制造					43	
炸药及火工产品制造	22	600	1129	427	-2656	3491
其他专用化学产品制造			...	...	423	
日用化学产品制造	532				1410	
肥皂及合成洗涤剂制造	532				1410	
医药制造业	141	276	248	836	3392	1519
化学药品原药制造	141		102	207	-185	268
化学药品原药制造	141		102	207	-185	268
化学药品制剂制造		276	8	38	-138	841
化学药品制剂制造		276	8	38	-138	841
中成药制造			135	315	-63	410
中成药制造			135	315	-63	410
生物、生化制品的制造			3	275	3779	
生物、生化制品的制造			3	275	3779	
橡胶制品业		550	581	15	5022	
轮胎制造		550	581	15	4923	
车辆、飞机及工程机械轮胎制造		550	581	15	4923	

单位：个、万元、人

应交所得税	利税总额	本年应付工资总额	本年应付福利费总额	本年应交增值税	本年进项税额
127	549	40		40	283
127	549	40		40	283
675	2362	6032	635	2288	3518
675	2362	6032	635	2288	3518
354	279	5024	511	1575	3130
322	2083	1007	124	713	388
	-480	405		85	330
	-480	405		85	330
	-480	405		85	330
19440	200643	113653	11008	151080	239687
30	332	261	15	193	790
30	332	261	15	193	790
19410	200311	113392	10993	150888	238897
19410	200311	113392	10993	150888	238897
26008	172036	132770	9231	83888	300258
9364	56815	29000	809	30353	104350
868	16707	15853		13663	72105
1427	6640	2086	145	2159	6640
1045	2021	9280	529	7513	19622
6024	31447	1781	135	7019	5983
13552	88524	51972	3197	26667	114427
7585	58292	38183	2256	16043	84695
5966	30232	13789	941	10624	29732
29	2236	1033	99	1636	45
29	2236	1033	99	1636	45
603	13536	16378	1648	14481	53831
603	5426	6875	526	3421	16594
	8109	9503	1122	11060	37237
2137	2413	25709	2784	4614	13027
…	-41	193	19	83	230
	-247	333		202	782
	130	45	6	85	
2055	1951	24752	2723	4066	11269
82	620	387	36	178	746
324	8512	8679	695	6138	14577
324	8512	8679	695	6138	14577
612	11418	7360	935	7160	3610
5	612	1095	370	726	187
5	612	1095	370	726	187
4	975	2092	125	1037	1599
4	975	2092	125	1037	1599
88	2775	2970	272	2548	1244
88	2775	2970	272	2548	1244
515	7056	1203	168	2849	580
515	7056	1203	168	2849	580
28	6904	4621	264	1370	20127
	6585	4255	231	1173	19921
	6585	4255	231	1173	19921

2-1-11 续表 24

指标名称	投资收益	补贴收入	营业外收入	营业外支出	利润总额	亏损企业亏损额
橡胶板、管、带的制造					99	
橡胶板、管、带的制造					99	
塑料制品业		40	45	3	433	110
塑料薄膜制造			3	1	-65	65
塑料薄膜制造			3	1	-65	65
塑料板、管、型材的制造		40	40	...	-2	2
塑料板、管、型材的制造		40	40	...	-2	2
塑料丝、绳及编织品的制造			2	2	498	43
塑料丝、绳及编织品的制造			2	2	498	43
塑料包装箱及容器制造					3	
塑料包装箱及容器制造					3	
非金属矿物制品业	272	2340	3309	3149	-19154	33034
水泥、石灰和石膏的制造	-1322	1380	2103	1195	-21051	26228
水泥制造	-1322	1380	2051	1189	-21039	26216
石灰和石膏制造			52	6	-13	13
水泥及石膏制品制造		144	92	46	1951	281
水泥制品制造			66	17	755	
砼结构构件制造		144	6	25	-281	281
轻质建筑材料制造			20	4	1477	
砖瓦、石材及其他建筑材料制造	1594	816	1044	1848	603	5716
粘土砖瓦及建筑砌块制造	1594	578	1025	1831	-3390	4444
建筑陶瓷制品制造		237	16	4	-1272	1272
建筑用石加工					5254	
其他建筑材料制造			3	13	10	
陶瓷制品制造			1	24	-435	435
特种陶瓷制品制造			1	24	-126	126
日用陶瓷制品制造					-310	310
耐火材料制品制造			60	13	77	
耐火陶瓷制品及其他耐火材料制造			60	13	77	
石墨及其他非金属矿物制品制造			9	23	-298	374
石墨及碳素制品制造				7	28	48
其他非金属矿物制品制造			9	16	-326	326
黑色金属冶炼及压延加工业	14133	26	15783	14632	13645	124651
炼铁			...	44	4269	
炼铁			...	44	4269	
炼钢	1138	5	693	323	-16324	16620
炼钢	1138	5	693	323	-16324	16620
钢压延加工	12995	21	14833	14238	24343	107915
钢压延加工	12995	21	14833	14238	24343	107915
铁合金冶炼	...		257	27	1357	117
铁合金冶炼	...		257	27	1357	117
有色金属冶炼及压延加工业	16850	2324	13911	12138	-18075	89060
常用有色金属冶炼	3949	2324	4938	3920	-27766	89060
铜冶炼	1361	1637	2942	459	28411	15226
铝冶炼	2588	687	1995	3264	-55105	72498
镁冶炼			1	198	-1073	1335
贵金属冶炼	24		625	224	1721	
银冶炼	24		625	224	1721	

单位：个、万元、人

应交所得税	利税总额	本年应付工资总额	本年应付福利费总额	本年应交增值税	本年进项税额
28	319	366	33	197	206
28	319	366	33	197	206
135	819	1335	53	352	1945
	-50	121	3	13	112
	-50	121	3	13	112
	25	126	7	25	202
	25	126	7	25	202
135	812	1016	43	289	1435
135	812	1016	43	289	1435
	32	72		25	196
	32	72		25	196
1145	3780	41741	1965	20647	21406
760	-4565	19490	1015	14700	15147
760	-4772	19234	1015	14526	15103
	207	256		174	44
315	3133	1862	10	996	753
315	1931	1390	10	992	621
	-276	130		3	132
1	1477	342			
53	4660	15773	343	3850	3152
41	-2405	4087	337	911	333
…	-1224	686		46	141
9	8247	10279	7	2869	2337
3	42	721		25	341
	-265	496	57	152	100
	-35	227	25	81	59
	-230	269	32	71	41
	177	390	25	73	80
	177	390	25	73	80
17	640	3731	515	877	2174
17	585	779	57	515	1676
	55	2952	458	362	498
1424	372403	382470	9348	299142	1736368
898	6027	1228	100	1668	9525
898	6027	1228	100	1668	9525
68	13423	17667	1013	17959	123404
68	13423	17667	1013	17959	123404
	350509	362057	8170	278501	1599062
	350509	362057	8170	278501	1599062
458	2444	1519	66	1014	4377
458	2444	1519	66	1014	4377
12380	78656	110255	11024	87442	301029
11705	65654	91068	10617	85088	279657
944	55907	16947	1960	24895	65577
10761	9759	73474	8589	59174	213548
	-12	647	69	1019	532
206	3182	1042	84	1085	497
206	3182	1042	84	1085	497

2-1-11 续表 25

指标名称	投资收益	补贴收入	营业外收入	营业外支出	利润总额	亏损企业亏损额
有色金属压延加工	12877		8347	7994	7971	
常用有色金属压延加工	12877		8347	7993	6770	
贵金属压延加工				1	1201	
金属制品业			14	1288	598	230
结构性金属制品制造			14	1280	595	230
金属结构制造			14	1280	595	230
金属工具制造				8	3	
切削工具制造				8	3	
通用设备制造业	507	1481	3570	672	2653	4517
锅炉及原动机制造			2267	101	3121	
锅炉及辅助设备制造			113	-49	70	
内燃机及配件制造			2155	150	3051	
金属加工机械制造			7	48	9	
金属切削机床制造			7	48	9	
起重运输设备制造		100	56	33	-548	584
起重运输设备制造		100	56	33	-548	584
泵、阀门、压缩机及类似机械的制造	333	263	668	209	126	502
泵及真空设备制造			239	64	139	81
气体压缩机械制造		100	245	16	-310	310
阀门和旋塞的制造		163	152	9	106	110
液压和气压动力机械及元件制造	333		31	120	191	...
通用零部件制造及机械修理	174		97	134	-327	2416
机械零部件加工及设备修理	174		97	134	-327	2416
金属铸、锻加工		1118	475	147	272	1016
钢铁铸件制造		832	475	146	-40	1016
锻件及粉末冶金制品制造		286		2	311	
专用设备制造业	-608	11694	11730	9917	96542	14394
矿山、冶金、建筑专用设备制造	-3163	3914	4691	5179	79892	1926
采矿、采石设备制造	-3163	3914	4672	5001	70062	1924
石油钻采专用设备制造			17	170	9833	
建筑工程用机械制造			2	8	-3	3
化工、木材、非金属加工专用设备制造	2		68	10	17	
塑料加工专用设备制造	2		68	10	17	
纺织、服装和皮革工业专用设备制造	-10		1306	260	-10009	10009
纺织专用设备制造	-10		1306	260	-10009	10009
电子和电工机械专用设备制造	2514	7078	5649	4464	25739	2363
电子工业专用设备制造		103		2	13	
航空、航天及其他专用设备制造	100	1579	1672	1339	9030	
医疗仪器设备及器械制造	49	486	6	...	432	
假肢、人工器官及植(介)入器械制造	49	486	6	...	432	
环保、社会公共安全及其他专用设备制造		216	10	4	471	97
环境污染防治专用设备制造			10	2	559	
社会公共安全设备及器材制造				1	9	
水资源专用机械制造		216		...	-97	97
交通运输设备制造业	29888	2850	14223	1172	56005	2528
铁路运输设备制造	29886	285	2980	397	57787	33
铁路机车车辆及动车组制造	29833	81	92	71	29298	

单位：个、万元、人

应交所得税	利税总额	本年应付工资总额	本年应付福利费总额	本年应交增值税	本年进项税额
469	9820	18145	323	1269	20875
203	8073	5036	271	1163	18542
266	1747	13109	52	106	2333
152	2212	3204	253	1518	10466
151	1973	2180	253	1304	10067
151	1973	2180	253	1304	10067
1	238	1024		214	399
1	238	1024		214	399
982	16832	39523	3279	12931	44135
278	4158	12381	1366	899	12025
19	889	3088		701	8220
259	3269	9293	1366	198	3805
2	301	1707	239	265	1724
2	301	1707	239	265	1724
23	-55	2352	150	446	1724
23	-55	2352	150	446	1724
42	2684	6218	699	2332	6236
12	1481	2838	657	1218	1750
	-274	491	43	35	304
30	482	1182		338	1410
	994	1708		740	2773
319	4965	8017	170	4790	6163
319	4965	8017	170	4790	6163
319	4779	8849	655	4199	16263
250	3202	6371	641	3003	11290
69	1577	2478	13	1197	4973
8529	150067	137524	16812	47034	176703
4737	121070	54076	4576	36299	147204
2642	108415	49880	4245	33747	146617
2095	12636	4145	324	2532	439
	20	50	7	21	147
	186	99	22	163	363
	186	99	22	163	363
25	-8097	8633	699	1680	970
25	-8097	8633	699	1680	970
3758	35781	73162	11444	8695	25382
	124	418		100	178
1412	10976	10441	8021	1552	6662
	432	146	7		
	432	146	7		
8	696	1407	64	198	2785
8	578	774	34	16	2326
	214	421	28	182	188
	-96	212	2	1	271
5278	77815	57213	3653	20148	93438
5030	77413	43102	2889	18214	74260
65	35450	26454	1330	5326	40781

2-1-11 续表 26

指标名称	投资收益	补贴收入	营业外收入	营业外支出	利润总额	亏损企业亏损额
铁路机车车辆配件制造		194	2819	186	21213	33
铁路专用设备及器材、配件制造	3		32	11	1801	
其他铁路设备制造及设备修理	50	11	37	130	5475	
汽车制造	2	2265	10926	768	-2115	2495
汽车整车制造		1000	1099	85	-842	842
改装汽车制造			51	13	250	10
汽车零部件及配件制造	2	1265	9769	671	-1475	1595
汽车修理			7		-48	48
航空航天器制造		300	317	7	311	
飞机制造及修理		300	317	7	311	
交通器材及其他交通运输设备制造					22	
其他交通运输设备制造					22	
电气机械及器材制造业	1044	58	1446	393	3159	4877
电机制造	1044	40	1318	78	5658	1730
发电机及发电机组制造			8	18	-1730	1730
电动机制造	1044	40	1310	60	7389	
输配电及控制设备制造		18	103	13	-386	490
变压器、整流器和电感器制造		18		9	1	
配电开关控制设备制造			24	2	-387	490
其他输配电及控制设备制造			80	2		
电线、电缆、光缆及电工器材制造			25	303	-2114	2657
电线电缆制造			1	1	-609	625
光纤、光缆制造			22	301	-2033	2033
绝缘制品制造			2	1	528	
通信设备、计算机及其他电子设备制造业	4	1222	380	167	-1116	2976
通信设备制造			...	139	851	
通信传输设备制造			...	139	851	
雷达及配套设备制造	4	272	272	...	-193	193
雷达及配套设备制造	4	272	272	...	-193	193
电子计算机制造		950	2	6	-2783	2783
电子计算机整机制造		950	2	6	-2783	2783
电子器件制造	1			19	817	
光电子器件及其他电子器件制造	1			19	817	
电子元件制造			106	3	192	
电子元件及组件制造			106	3	192	
仪器仪表及文化、办公用机械制造业	240	487	472	150	3791	
专用仪器仪表制造	240	421	472	147	3536	
导航、气象及海洋专用仪器制造	240	421	472	147	3535	
电子测量仪器制造					1	
光学仪器及眼镜制造		65		3	255	
光学仪器制造		65		3	255	
工艺品及其他制造业		120	16	71	15	
其他未列明的制造业		120	16	71	15	
其他未列明的制造业		120	16	71	15	
电力、燃气及水的生产和供应业	**6591**	**29220**	**24816**	**47035**	**-349003**	**546533**
电力、热力的生产和供应业	2162	23908	24410	40158	-336108	532249
电力生产	638	5996	15148	4771	-424181	524960
火力发电	600	5932	15140	4371	-433550	524960

单位：个、万元、人

应交所得税	利税总额	本年应付工资总额	本年应付福利费总额	本年应交增值税	本年进项税额
4632	29742	5075	559	8456	7601
333	3545	1885	126	1525	3897
	8677	9688	875	2907	21981
157	6	12926	659	1884	19086
145	-839	1010	26		3543
	325	1601	38	43	336
12	533	10157	577	1838	15207
	-12	157	18	3	
91	322	1105	104	2	44
91	322	1105	104	2	44
	74	80		47	47
	74	80		47	47
441	13143	24058	4729	8863	55065
301	13927	20141	4445	7320	52031
	-1689	4609	247	12	944
301	15616	15532	4198	7308	51087
137	340	1939	163	659	727
…	115	175		103	471
136	-4	1352	135	346	165
	229	412	28	210	91
4	-1124	1978	121	885	2307
4	-186	772	61	376	860
	-1761	680	6	240	1000
	824	526	54	268	447
163	-752	9543	553	328	1275
	851	3480	100		
	851	3480	100		
	-166	1085	115	25	129
	-166	1085	115	25	129
16	-2590	3299	199	174	291
16	-2590	3299	199	174	291
126	926	1138		99	197
126	926	1138		99	197
21	226	540	139	30	658
21	226	540	139	30	658
1098	5468	6710	110	1144	2979
1098	5025	6438	72	973	2720
1097	4895	5771	44	856	2211
1	130	667	28	117	509
	443	272	38	171	259
	443	272	38	171	259
4	80	1196	167	59	49
4	80	1196	167	59	49
4	80	1196	167	59	49
19429	**138970**	**383913**	**25365**	**448423**	**934896**
19190	144977	357786	23028	442614	932188
9360	-136625	132346	11322	268141	345462
6996	-154810	128662	10921	259977	345351

2-1-11 续表 27

指标名称	投资收益	补贴收入	营业外收入	营业外支出	利润总额	亏损企业亏损额
水力发电	38	64	8	400	9369	
电力供应	1521		6022	33928	92981	54
电力供应	1521		6022	33928	92981	54
热力生产和供应	4	17912	3239	1460	-4908	7236
热力生产和供应	4	17912	3239	1460	-4908	7236
燃气生产和供应业	1	950	18	68	-1209	1370
燃气生产和供应业	1	950	18	68	-1209	1370
燃气生产和供应业	1	950	18	68	-1209	1370
水的生产和供应业	4428	4362	388	6809	-11686	12914
自来水的生产和供应	4428	4362	388	6809	-11686	12914
自来水的生产和供应	4428	4362	388	6809	-11686	12914
污水处理及其再生利用						
污水处理及其再生利用						
五、按行业大类分						
煤炭开采和洗选业	198358	13656	125233	283254	3207265	60875
石油和天然气开采业	-496		8	257	2928	1581
黑色金属矿采选业			82	780	28102	
有色金属矿采选业			6	62	2526	
非金属矿采选业		2			86	
农副食品加工业	27	1052	149	75	991	1226
食品制造业	96	474	663	456	-3747	3887
饮料制造业	1109	173	495	4523	42703	229
烟草制品业			48	41	19953	
纺织业		10	207	289	-2961	4364
纺织服装、鞋、帽制造业	136	376	389	77	2650	247
家具制造业			1	11	86	
造纸及纸制品业				...	507	
印刷业和记录媒介的复制	67	57	121	78	-192	2426
文教体育用品制造业			1		-578	578
石油加工、炼焦及核燃料加工业	-2535	9412	4857	18593	31485	54614
化学原料及化学制品制造业	-10936	25568	15090	44902	78683	27923
医药制造业	141	276	248	836	3392	1519
橡胶制品业		550	581	15	5022	
塑料制品业		40	45	3	433	110
非金属矿物制品业	272	2340	3309	3149	-19154	33034
黑色金属冶炼及压延加工业	14133	26	15783	14632	13645	124651
有色金属冶炼及压延加工业	16850	2324	13911	12138	-18075	89060
金属制品业			14	1288	598	230
通用设备制造业	507	1481	3570	672	2653	4517
专用设备制造业	-608	11694	11730	9917	96542	14394
交通运输设备制造业	29888	2850	14223	1172	56005	2528
电气机械及器材制造业	1044	58	1446	393	3159	4877
通信设备、计算机及其他电子设备制造业	4	1222	380	167	-1116	2976
仪器仪表及文化、办公用机械制造业	240	487	472	150	3791	
工艺品及其他制造业		120	16	71	15	
电力、热力的生产和供应业	2162	23908	24410	40158	-336108	532249
燃气生产和供应业	1	950	18	68	-1209	1370
水的生产和供应业	4428	4362	388	6809	-11686	12914

单位：个、万元、人

应交所得税	利税总额	本年应付工资总额	本年应付福利费总额	本年应交增值税	本年进项税额
2364	18185	3685	402	8164	110
9829	284828	215774	10626	173068	583317
9829	284828	215774	10626	173068	583317
1	-3226	9666	1079	1404	3409
1	-3226	9666	1079	1404	3409
31	-306	2622	111	796	1202
31	-306	2622	111	796	1202
31	-306	2622	111	796	1202
209	-5702	23505	2226	5014	1507
209	-5739	23468	2226	5014	1507
209	-5739	23468	2226	5014	1507
	37	36			
	37	36			
874595	5683779	3355923	200331	2101782	1786470
1183	5206	3990	95	1342	1274
6803	36462	7177	544	7337	6386
172	5192	5907	157	2206	329
5	352	1366	201	249	
418	2302	4588	131	1152	2261
16	-2982	2691	279	675	3869
19884	121697	31669	214	30249	6202
5325	125094	10070	1405	22879	11988
3	-802	6855	117	1978	4614
518	3978	5954	170	1120	4151
22	165	159	15	53	108
127	549	40		40	283
675	2362	6032	635	2288	3518
	-480	405		85	330
19440	200643	113653	11008	151080	239687
26008	172036	132770	9231	83888	300258
612	11418	7360	935	7160	3610
28	6904	4621	264	1370	20127
135	819	1335	53	352	1945
1145	3780	41741	1965	20647	21406
1424	372403	382470	9348	299142	1736368
12380	78656	110255	11024	87442	301029
152	2212	3204	253	1518	10466
982	16832	39523	3279	12931	44135
8529	150067	137524	16812	47034	176703
5278	77815	57213	3653	20148	93438
441	13143	24058	4729	8863	55065
163	-752	9543	553	328	1275
1098	5468	6710	110	1144	2979
4	80	1196	167	59	49
19190	144977	357786	23028	442614	932188
31	-306	2622	111	796	1202
209	-5702	23505	2226	5014	1507

2-1-11 续表 28

指标名称	本年销项税额	全部从业人员年平均人数	产销率(%)	资产负债率(%)	成本费用利润率(%)
总 计	**8791012**	**1145615**	**98.48**	**67.53**	**6.44**
一、按轻重工业分					
轻工业	109767	53973	93.97	49.25	5.44
重工业	8681245	1091642	98.57	67.92	6.46
二、按企业规模分					
大型企业	7176295	840490	98.63	66.94	6.15
中型企业	1349927	253518	98.33	67.68	9.50
小型企业	264790	51607	96.29	74.74	-3.15
三、按登记注册类型分					
内资企业	**8624029**	**1133842**	**98.42**	**67.65**	**6.60**
国有企业	1913390	246437	99.30	68.11	8.17
集体企业	267	185	95.35	61.70	5.04
股份合作企业	35164	2256	98.47	50.35	20.75
联营企业	5134	877	83.34	75.29	7.86
国有联营企业	382	277	94.16	54.12	18.82
其他联营企业	4751	600	79.81	92.54	5.34
有限责任公司	5863624	788140	98.04	68.75	5.72
国有独资公司	2991312	295489	97.43	67.31	5.83
其他有限责任公司	2872312	492651	98.56	70.00	5.63
股份有限公司	804008	95116	99.05	59.20	8.40
私营企业	160	159	91.71	23.57	1.71
私营有限责任公司	160	159	91.71	23.57	1.71
其他企业	2282	672	84.62	56.93	-0.19
港澳台商投资企业	**27782**	**5200**	**106.17**	**85.90**	**-16.68**
与港澳台商合资经营企业	20218	925	100.00	89.12	-24.45
与港澳台商合作经营企业	7563	455	114.19	60.14	-4.83
港澳台商投资股份有限公司		3820	113.34	85.35	-9.20
外商投资企业	**139202**	**6573**	**100.13**	**55.06**	**4.72**
中外合资经营企业	55179	4838	100.32	58.17	17.52
中外合作经营企业	61407	495	100.00	43.52	2.19
外资企业	22615	1240	100.00	81.88	-13.27
四、按国民经济行业分					
采矿业	**3707372**	**673602**	**98.53**	**64.92**	**16.93**
煤炭开采和洗选业	3689492	666821	98.57	64.83	16.99
烟煤和无烟煤的开采洗选	3689492	666821	98.57	64.83	16.99
烟煤和无烟煤的开采洗选	3689492	666821	98.57	64.83	16.99
石油和天然气开采业	2615	1030	101.14	61.03	3.38
天然原油和天然气开采	1303	742	100.00	80.41	5.92
天然原油和天然气开采	1303	742	100.00	80.41	5.92
与石油和天然气开采有关的服务活动	1312	288	111.54	11.66	-15.10
与石油和天然气开采有关的服务活动	1312	288	111.54	11.66	-15.10
黑色金属矿采选业	13713	3621	94.72	42.16	35.91
铁矿采选	13713	3621	94.72	42.16	35.91
铁矿采选	13713	3621	94.72	42.16	35.91
有色金属矿采选业	1436	1720	91.01	94.30	2.62
常用有色金属矿采选	1436	1720	91.01	94.30	2.62
铜矿采选	713	346	100.00	25.88	3.70
铝矿采选	723	1374	90.45	100.00	2.55
非金属矿采选业	115	410	98.00	91.59	2.02
土砂石开采	115	410	98.00	91.59	2.02
粘土及其他土砂石开采	115	410	98.00	91.59	2.02

单位：个、万元、人

每百元资金实现利税（元）	每百元固定资产原价实现利税（元）	每百元主营业务收入实现利税（元）	流动资产周转次数（次/年）	企业亏损面（%）	总资产贡献率（%）
11.73	**13.38**	**13.44**	**2.01**	**34.31**	**10.29**
18.64	25.81	23.35	1.39	44.21	16.40
11.56	13.13	13.23	2.03	32.61	10.16
11.89	14.19	12.85	2.04	22.47	10.25
13.64	13.29	17.37	1.95	36.30	11.86
2.55	3.22	4.74	1.73	36.08	4.43
11.96	**13.90**	**13.59**	**2.00**	**34.02**	**10.39**
12.97	13.07	15.16	2.24	33.55	11.47
23.92	38.59	20.63	2.29		21.51
30.12	50.99	26.86	2.08	16.67	20.57
26.12	53.85	11.24	3.66		20.46
24.20	36.63	26.22	2.43		23.21
28.45	104.75	7.06	4.27		18.23
11.22	14.38	12.91	1.87	34.09	9.82
11.27	14.92	12.36	1.72	27.08	9.37
11.18	13.98	13.39	2.02	35.65	10.22
14.14	12.54	13.95	2.50	43.48	11.36
5.16	7.83	3.73	2.67		4.90
5.16	7.83	3.73	2.67		4.90
3.49	3.93	6.32	1.31	50.00	8.55
-9.10	**-8.41**	**-15.01**	**1.89**	**100.00**	**-6.02**
-12.30	-9.29	-26.24	3.67	100.00	-7.57
3.20	4.23	2.55	3.09	100.00	7.96
-5.93	-8.89	-8.40	1.02	100.00	-6.15
7.59	**5.00**	**12.54**	**3.07**	**33.33**	**9.25**
14.27	14.40	24.27	2.08	30.00	14.31
5.73	2.73	10.02	5.46		8.53
-7.42	-7.09	-9.44	3.02	100.00	-5.06
20.48	**27.92**	**25.04**	**1.72**	**14.04**	**15.55**
20.57	27.97	25.17	1.72	14.55	15.59
20.57	27.97	25.17	1.72	14.55	15.59
20.57	27.97	25.17	1.72	14.55	15.59
5.60	43.37	5.66	1.06	50.00	4.26
8.61	97.14	7.71	1.17		7.05
8.61	97.14	7.71	1.17		7.05
-5.69	-20.29	-11.09	0.62	100.00	-2.84
-5.69	-20.29	-11.09	0.62	100.00	-2.84
50.79	86.24	33.01	2.52		48.35
50.79	86.24	33.01	2.52		48.35
50.79	86.24	33.01	2.52		48.35
2.91	3.60	5.21	1.05		2.75
2.91	3.60	5.21	1.05		2.75
6.92	5.66	13.66	2.47		5.71
2.62	3.37	4.66	1.01		2.51
3.52	7.35	8.52	1.67		6.34
3.52	7.35	8.52	1.67		6.34
3.52	7.35	8.52	1.67		6.34

2-1-11 续表 29

指标名称	本年销项税额	全部从业人员年平均人数	产销率(%)	资产负债率(%)	成本费用利润率(%)
制造业	**3754930**	**387741**	**98.01**	**67.24**	**1.40**
农副食品加工业	2088	2005	96.99	64.82	2.07
谷物磨制	1598	899	100.11	87.48	-2.67
谷物磨制	1598	899	100.11	87.48	-2.67
制糖		265	84.92	63.85	5.22
制糖		265	84.92	63.85	5.22
屠宰及肉类加工	404	801	96.51	44.77	8.21
畜禽屠宰	215	477	99.15	49.53	8.86
肉制品及副产品加工	189	324	90.19	18.34	0.36
其他农副食品加工	86	40	100.00	58.80	-32.17
淀粉及淀粉制品的制造	86	40	100.00	58.80	-32.17
食品制造业	3391	1692	78.70	75.85	-9.88
焙烤食品制造	87	48	107.19	72.39	0.39
糕点、面包制造	87	48	107.19	72.39	0.39
方便食品制造	69	224	99.98	64.89	12.10
速冻食品制造	69	224	99.98	64.89	12.10
罐头制造	1076	120	64.87	58.65	-3.55
蔬菜、水果罐头制造	1076	120	64.87	58.65	-3.55
调味品、发酵制品制造	1649	693	80.93	57.09	-1.10
酱油、食醋及类似制品的制造	218	198	96.91	67.96	0.11
其他调味品、发酵制品制造	1432	495	79.08	55.41	-1.23
其他食品制造	510	607	82.69	89.55	-21.59
食品及饲料添加剂制造	510	607	82.69	89.55	-21.59
饮料制造业	11089	10859	86.36	53.29	13.91
酒的制造	4767	10619	87.46	51.97	13.92
白酒制造	4767	10619	87.46	51.97	13.92
软饮料制造	6323	240	80.17	66.79	13.89
果菜汁及果菜汁饮料制造	6323	240	80.17	66.79	13.89
烟草制品业	34836	1259	99.97	23.93	19.43
卷烟制造	34836	1259	99.97	23.93	19.43
卷烟制造	34836	1259	99.97	23.93	19.43
纺织业	6587	8657	98.15	69.98	-5.90
棉、化纤纺织及印染精加工	3780	5948	92.29	76.91	-10.08
棉、化纤纺织加工	3780	5948	92.29	76.91	-10.08
麻纺织	2260	2315	113.43	52.66	0.75
麻纺织	2260	2315	113.43	52.66	0.75
针织品、编织品及其制品制造	547	394	88.96	72.83	0.31
棉、化纤针织品及编织品制造	547	394	88.96	72.83	0.31
纺织服装、鞋、帽制造业	6177	3470	97.69	54.70	6.36
纺织服装制造	6177	3470	97.69	54.70	6.36
纺织服装制造	6177	3470	97.69	54.70	6.36
家具制造业	160	126	88.45	9.69	2.36
木质家具制造	160	126	88.45	9.69	2.36
木质家具制造	160	126	88.45	9.69	2.36
造纸及纸制品业	323	34	96.93	40.21	36.46

单位：个、万元、人

每百元资金实现利税（元）	每百元固定资产原价实现利税（元）	每百元主营业务收入实现利税（元）	流动资产周转次数（次/年）	企业亏损面（%）	总资产贡献率（%）
6.33	**8.06**	**5.92**	**2.07**	**41.72**	**6.51**
4.51	7.84	4.89	1.54	35.29	3.88
-1.54	-3.01	-2.06	1.16	41.67	0.07
-1.54	-3.01	-2.06	1.16	41.67	0.07
4.33	16.03	5.78	1.06		2.33
4.33	16.03	5.78	1.06		2.33
22.31	25.92	12.97	4.04		8.99
38.87	72.81	13.75	3.88		10.51
0.20	0.15	0.82	11.38		0.56
-4.83	-9.33	-47.25	0.16	100.00	-0.23
-4.83	-9.33	-47.25	0.16	100.00	-0.23
-5.42	-6.32	-8.93	1.60	50.00	-2.45
11.55	26.63	6.32	2.33		10.67
11.55	26.63	6.32	2.33		10.67
5.47	5.42	40.10	0.88		9.55
5.47	5.42	40.10	0.88		9.55
-0.37	-0.80	-0.22	2.33	100.00	-0.44
-0.37	-0.80	-0.22	2.33	100.00	-0.44
1.92	2.18	2.20	1.71	50.00	4.04
2.26	3.08	4.57	0.80		2.98
1.85	2.04	1.94	1.95	100.00	4.20
-10.55	-12.01	-26.80	1.33	100.00	-7.65
-10.55	-12.01	-26.80	1.33	100.00	-7.65
33.47	71.16	30.76	1.43	14.29	31.34
35.78	77.61	32.06	1.43	20.00	32.35
35.78	77.61	32.06	1.43	20.00	32.35
15.96	29.53	18.24	1.36		20.93
15.96	29.53	18.24	1.36		20.93
88.99	135.56	61.06	3.04		91.04
88.99	135.56	61.06	3.04		91.04
88.99	135.56	61.06	3.04		91.04
-1.14	-1.11	-1.80	1.52	40.00	0.66
-3.62	-3.25	-7.21	1.53	66.67	-1.63
-3.62	-3.25	-7.21	1.53	66.67	-1.63
4.81	6.11	5.03	1.49		5.45
4.81	6.11	5.03	1.49		5.45
5.49	5.73	5.74	1.69		5.55
5.49	5.73	5.74	1.69		5.55
12.28	23.79	9.04	1.93	33.33	9.57
12.28	23.79	9.04	1.93	33.33	9.57
12.28	23.79	9.04	1.93	33.33	9.57
13.14	15.78	4.38	5.87		13.09
13.14	15.78	4.38	5.87		13.09
13.14	15.78	4.38	5.87		13.09
91.82	508.62	28.86	3.69		

2-1-11 续表 30

指标名称	本年销项税额	全部从业人员年平均人数	产销率(%)	资产负债率(%)	成本费用利润率(%)
造纸	323	34	96.93	40.21	36.46
机制纸及纸板制造	323	34	96.93	40.21	36.46
印刷业和记录媒介的复制	5620	3001	86.17	48.51	-0.53
印刷	5620	3001	86.17	48.51	-0.53
书、报、刊印刷	4522	2812	83.54	48.25	-4.76
本册印制	1098	189	100.00	49.61	24.46
文教体育用品制造业	415	391	88.20	100.98	-18.75
体育用品制造	415	391	88.20	100.98	-18.75
训练健身器材制造	415	391	88.20	100.98	-18.75
石油加工、炼焦及核燃料加工业	381407	36637	100.30	69.79	1.51
精炼石油产品的制造	983	190	213.93	76.68	2.14
原油加工及石油制品制造	983	190	213.93	76.68	2.14
炼焦	380424	36447	100.21	69.78	1.51
炼焦	380424	36447	100.21	69.78	1.51
化学原料及化学制品制造业	377752	70002	98.28	62.70	2.93
基础化学原料制造	134312	17417	99.22	63.39	3.00
无机碱制造	85768	9454	100.50	64.40	0.20
无机盐制造	8862	1536	93.59	79.75	7.66
有机化学原料制造	26684	5929	96.98	67.89	-3.68
其他基础化学原料制造	12999	498	99.88	43.93	47.27
肥料制造	135935	29142	97.79	66.37	4.62
氮肥制造	91332	22704	97.52	73.50	4.10
复混肥料制造	44603	6438	98.52	41.85	6.42
涂料、油墨、颜料及类似产品制造	2944	1092	109.48	77.25	1.74
染料制造	2944	1092	109.48	77.25	1.74
合成材料制造	66552	5554	97.62	55.77	-0.72
合成橡胶制造	20000	2823	95.01	72.32	2.72
合成纤维单(聚合)体的制造	46553	2731	98.23	49.94	-1.51
专用化学产品制造	17330	11798	97.65	63.87	-1.54
化学试剂和助剂制造	326	171	103.46	94.99	-6.19
专项化学用品制造	984	179	100.45	90.15	-7.59
林产化学产品制造		56	90.10	68.03	4.09
炸药及火工产品制造	15126	11336	97.81	63.52	-1.59
其他专用化学产品制造	895	56	90.70	56.67	8.39
日用化学产品制造	20678	4999	97.82	47.44	1.22
肥皂及合成洗涤剂制造	20678	4999	97.82	47.44	1.22
医药制造业	9730	4954	99.43	65.79	4.29
化学药品原药制造	383	703	109.20	37.51	-1.46
化学药品原药制造	383	703	109.20	37.51	-1.46
化学药品制剂制造	2625	2050	108.20	92.57	-0.83
化学药品制剂制造	2625	2050	108.20	92.57	-0.83
中成药制造	3292	1509	100.40	69.71	-0.26
中成药制造	3292	1509	100.40	69.71	-0.26
生物、生化制品的制造	3430	692	90.95	56.81	14.54
生物、生化制品的制造	3430	692	90.95	56.81	14.54
橡胶制品业	20753	2759	94.66	62.26	4.91
轮胎制造	20351	2678	94.62	62.01	4.92
车辆、飞机及工程机械轮胎制造	20351	2678	94.62	62.01	4.92

单位：个、万元、人

每百元资金实现利税(元)	每百元固定资产原价实现利税(元)	每百元主营业务收入实现利税(元)	流动资产周转次数(次/年)	企业亏损面(%)	总资产贡献率(%)
91.82	508.62	28.86	3.69		
91.82	508.62	28.86	3.69		
4.60	5.57	6.70	1.06	60.00	4.77
4.60	5.57	6.70	1.06	60.00	4.77
0.69	0.72	0.97	1.18	62.50	1.45
19.32	59.79	32.29	0.74	50.00	19.12
-5.54	-9.45	-19.06	0.47	100.00	-3.73
-5.54	-9.45	-19.06	0.47	100.00	-3.73
-5.54	-9.45	-19.06	0.47	100.00	-3.73
11.22	14.48	9.22	2.55	63.16	10.45
8.38	24.64	5.77	1.87		7.65
8.38	24.64	5.77	1.87		7.65
11.23	14.47	9.23	2.55	66.67	10.46
11.23	14.47	9.23	2.55	66.67	10.46
5.15	5.27	6.24	2.15	48.89	6.08
6.03	7.25	7.18	2.28	53.33	6.40
2.77	3.84	3.31	1.85	50.00	3.44
28.73	29.11	12.27	5.72	40.00	21.30
0.96	1.09	1.30	2.45	71.43	2.49
29.48	22.35	41.20	50.19		28.03
5.89	5.19	6.65	2.47	42.86	7.61
5.05	4.77	5.69	3.08	46.15	7.09
8.71	6.26	9.83	1.48		9.37
8.27	14.42	8.55	1.52		11.31
8.27	14.42	8.55	1.52		11.31
3.36	3.20	4.22	2.39	50.00	3.34
7.84	8.46	9.11	1.90		3.77
2.43	2.26	3.10	2.54	100.00	3.19
0.91	1.16	1.41	1.36	58.33	1.44
-3.18	-30.10	-2.12	1.56	50.00	-2.90
-5.73	-5.36	-4.27	2.68	100.00	-6.32
16.64	42.84	12.00	1.85		13.82
0.77	0.98	1.24	1.34	71.43	1.33
10.34	19.77	11.30	1.23		9.71
4.29	6.63	7.26	1.00		4.61
4.29	6.63	7.26	1.00		4.61
9.78	13.35	13.75	1.29	53.85	11.04
2.86	4.11	4.88	1.09	50.00	2.55
2.86	4.11	4.88	1.09	50.00	2.55
3.27	4.45	6.15	0.99	50.00	6.54
3.27	4.45	6.15	0.99	50.00	6.54
6.88	8.23	11.48	1.51	75.00	9.40
6.88	8.23	11.48	1.51	75.00	9.40
27.99	46.99	23.17	1.48		26.00
27.99	46.99	23.17	1.48		26.00
5.83	7.08	6.70	1.73		6.73
5.65	6.79	6.54	1.74		6.62
5.65	6.79	6.54	1.74		6.62

2-1-11 续表 31

指标名称	本年销项税额	全部从业人员年平均人数	产销率(%)	资产负债率(%)	成本费用利润率(%)
橡胶板、管、带的制造	403	81	96.41	82.39	4.42
橡胶板、管、带的制造	403	81	96.41	82.39	4.42
塑料制品业	2342	1198	94.78	57.19	2.94
塑料薄膜制造	125	60	83.15	94.90	-2.64
塑料薄膜制造	125	60	83.15	94.90	-2.64
塑料板、管、型材的制造	227	106	100.00	74.31	-0.15
塑料板、管、型材的制造	227	106	100.00	74.31	-0.15
塑料丝、绳及编织品的制造	1769	959	96.26	43.82	5.19
塑料丝、绳及编织品的制造	1769	959	96.26	43.82	5.19
塑料包装箱及容器制造	221	73	99.03	62.09	0.22
塑料包装箱及容器制造	221	73	99.03	62.09	0.22
非金属矿物制品业	39861	21298	96.10	79.61	-4.65
水泥、石灰和石膏的制造	29029	12712	95.10	91.36	-9.42
水泥制造	28810	12536	94.80	91.92	-9.49
石灰和石膏制造	218	176	153.00	48.86	-0.75
水泥及石膏制品制造	1065	1535	99.99	53.43	7.02
水泥制品制造	929	1275	102.83	54.96	3.39
砼结构构件制造	136	100	108.03	53.10	-23.36
轻质建筑材料制造		160	89.51	16.97	34.02
砖瓦、石材及其他建筑材料制造	6422	5723	97.73	37.86	0.44
粘土砖瓦及建筑砌块制造	664	2550	89.66	36.25	-18.11
建筑陶瓷制品制造	187	563	101.25	121.31	-17.36
建筑用石加工	5205	2045	99.99	4.39	4.80
其他建筑材料制造	366	565	52.26	72.58	0.41
陶瓷制品制造	268	538	86.57	85.92	-21.99
特种陶瓷制品制造	131	196	90.95	98.55	-14.58
日用陶瓷制品制造	138	342	82.93	67.14	-27.69
耐火材料制品制造	107	200	88.67	16.57	10.85
耐火陶瓷制品及其他耐火材料制造	107	200	88.67	16.57	10.85
石墨及其他非金属矿物制品制造	2970	590	91.34	87.51	-1.49
石墨及碳素制品制造	2111	344	100.44	90.27	0.22
其他非金属矿物制品制造	860	246	82.07	86.26	-4.43
黑色金属冶炼及压延加工业	2001473	63460	98.55	66.95	0.13
炼铁	11497	580	105.82	59.71	5.42
炼铁	11497	580	105.82	59.71	5.42
炼钢	136824	6270	96.24	63.21	-1.32
炼钢	136824	6270	96.24	63.21	-1.32
钢压延加工	1845537	55408	98.83	67.11	0.27
钢压延加工	1845537	55408	98.83	67.11	0.27
铁合金冶炼	7614	1202	88.51	98.98	3.26
铁合金冶炼	7614	1202	88.51	98.98	3.26
有色金属冶炼及压延加工业	388363	39203	97.96	65.80	-0.75
常用有色金属冶炼	359970	36135	98.17	66.17	-1.25
铜冶炼	90434	9559	95.39	32.73	5.94
铝冶炼	268355	25785	99.04	74.04	-3.18
镁冶炼	1181	791	89.97	79.90	-8.59
贵金属冶炼	1583	360	109.34	64.88	17.79
银冶炼	1583	360	109.34	64.88	17.79

单位：个、万元、人

每百元资金实现利税(元)	每百元固定资产原价实现利税(元)	每百元主营业务收入实现利税(元)	流动资产周转次数(次/年)	企业亏损面(%)	总资产贡献率(%)
18.15	62.31	13.51	1.35		16.11
18.15	62.31	13.51	1.35		16.11
5.25	10.98	5.40	1.77	50.00	6.27
-3.16	-6.23	-2.09	1.96	100.00	-0.63
-3.16	-6.23	-2.09	1.96	100.00	-0.63
0.53	1.41	1.85	0.64	100.00	0.75
0.53	1.41	1.85	0.64	100.00	0.75
9.84	20.90	8.01	1.98	33.33	10.00
9.84	20.90	8.01	1.98	33.33	10.00
2.83	3.15	2.46	10.66		2.76
2.83	3.15	2.46	10.66		2.76
0.58	0.67	0.96	1.22	41.18	2.75
-0.93	-1.05	-2.26	0.83	44.00	2.08
-0.99	-1.12	-2.38	0.84	41.67	2.06
2.49	3.73	12.34	0.31	100.00	3.43
8.92	11.25	10.63	1.87	16.67	8.61
7.06	8.77	8.44	1.74		6.62
-4.16	-5.48	-34.53	0.42	100.00	-3.49
131.26	189.62	25.45	8.97		120.32
4.70	6.47	3.38	2.84	41.67	4.16
-4.70	-5.03	-16.27	0.83	57.14	-2.10
-11.84	-14.32	-21.08	1.47	50.00	-6.10
28.04	93.77	7.18	5.23		30.87
0.51	0.61	1.72	0.49		0.46
-2.75	-3.65	-16.70	0.39	66.67	
-0.52	-0.60	-4.55	0.34	100.00	-0.48
-7.82	-16.40	-28.08	0.46	50.00	
5.87	10.09	23.06	0.41		5.83
5.87	10.09	23.06	0.41		5.83
3.21	3.37	3.03	2.14	50.00	4.36
9.77	24.34	4.63	3.11	33.33	12.97
0.39	0.33	0.65	1.46	100.00	0.42
5.08	6.12	3.54	2.84	40.00	5.42
15.51	31.88	7.20	3.75		14.85
15.51	31.88	7.20	3.75		14.85
3.50	5.68	1.10	4.77	50.00	2.62
3.50	5.68	1.10	4.77	50.00	2.62
5.09	6.02	3.82	2.68	50.00	5.51
5.09	6.02	3.82	2.68	50.00	5.51
15.69	50.55	6.04	2.97	50.00	14.46
15.69	50.55	6.04	2.97	50.00	14.46
2.86	2.89	3.34	2.21	45.00	3.81
2.53	2.46	3.00	2.29	64.29	3.54
12.29	23.19	11.44	1.67	50.00	9.68
0.46	0.40	0.58	2.56	77.78	2.11
-0.09	-0.10	-0.10	2.24	33.33	0.05
16.72	18.61	31.69	1.53		16.54
16.72	18.61	31.69	1.53		16.54

2-1-11 续表 32

指标名称	本年销项税额	全部从业人员年平均人数	产销率(%)	资产负债率(%)	成本费用利润率(%)
有色金属压延加工	26810	2708	94.59	61.13	4.87
常用有色金属压延加工	18865	2644	92.06	61.78	5.73
贵金属压延加工	7945	64	100.00	50.76	2.64
金属制品业	11984	1674	95.68	86.86	0.88
结构性金属制品制造	11371	938	101.39	87.30	0.92
金属结构制造	11371	938	101.39	87.30	0.92
金属工具制造	614	736	10.09	86.07	0.09
切削工具制造	614	736	10.09	86.07	0.09
通用设备制造业	54555	20943	95.57	75.11	0.68
锅炉及原动机制造	10925	5481	92.09	70.08	2.59
锅炉及辅助设备制造	6923	2225	89.20	86.65	0.15
内燃机及配件制造	4002	3256	94.08	57.13	4.11
金属加工机械制造	1989	989	83.37	85.69	0.06
金属切削机床制造	1989	989	83.37	85.69	0.06
起重运输设备制造	2178	1228	80.46	81.76	-4.15
起重运输设备制造	2178	1228	80.46	81.76	-4.15
泵、阀门、压缩机及类似机械的制造	8498	5409	99.39	71.82	0.23
泵及真空设备制造	2926	1865	98.71	58.06	0.81
气体压缩机械制造	325	683	87.29	158.97	-11.70
阀门和旋塞的制造	1748	1178	110.35	89.47	1.08
液压和气压动力机械及元件制造	3499	1683	97.84	70.93	0.73
通用零部件制造及机械修理	10934	3437	100.13	84.69	-0.43
机械零部件加工及设备修理	10934	3437	100.13	84.69	-0.43
金属铸、锻加工	20031	4399	98.37	78.88	0.25
钢铁铸件制造	14010	3042	98.12	82.18	-0.05
锻件及粉末冶金制品制造	6021	1357	98.92	70.67	0.93
专用设备制造业	219636	56166	96.71	66.27	4.47
矿山、冶金、建筑专用设备制造	191225	19403	96.74	68.33	6.73
采矿、采石设备制造	190597	18258	96.18	67.85	6.65
石油钻采专用设备制造	460	1072	103.48	80.29	7.46
建筑工程用机械制造	168	73	97.83	61.41	-0.26
化工、木材、非金属加工专用设备制造	526	197	101.23	114.65	0.56
塑料加工专用设备制造	526	197	101.23	114.65	0.56
纺织、服装和皮革工业专用设备制造	873	5377	110.97	74.65	-9.08
纺织专用设备制造	873	5377	110.97	74.65	-9.08
电子和电工机械专用设备制造	24089	29977	95.31	62.33	3.07
电子工业专用设备制造	286	174	85.90	79.35	0.85
航空、航天及其他专用设备制造	7542	3327	98.07	62.92	6.71
医疗仪器设备及器械制造		117	105.67	29.14	22.13
假肢、人工器官及植(介)入器械制造		117	105.67	29.14	22.13
环保、社会公共安全及其他专用设备制造	2922	1095	103.70	66.55	2.49
环境污染防治专用设备制造	2240	399	105.74	53.00	3.81
社会公共安全设备及器材制造	370	288	97.67	85.34	0.42
水资源专用机械制造	312	408	91.48	164.58	-4.49
交通运输设备制造业	111661	17228	100.01	77.74	8.23
铁路运输设备制造	91717	9267	99.79	81.27	10.91
铁路机车车辆及动车组制造	46493	4427	99.87	86.95	10.53

单位：个、万元、人

每百元资金实现利税(元)	每百元固定资产原价实现利税(元)	每百元主营业务收入实现利税(元)	流动资产周转次数(次/年)	企业亏损面(%)	总资产贡献率(%)
7.34	23.21	6.33	1.51		6.13
6.80	20.09	7.40	1.23		5.72
11.55	82.62	3.80	3.27		12.48
3.84	25.97	3.15	1.29	33.33	4.85
5.03	121.78	2.95	1.73	50.00	6.85
5.03	121.78	2.95	1.73	50.00	6.85
1.30	3.46	7.32	0.21		1.20
1.30	3.46	7.32	0.21		1.20
3.20	5.56	4.21	1.20	37.93	4.03
1.78	3.38	3.38	0.86		3.41
0.83	3.76	1.92	0.51		2.53
2.61	3.28	4.25	1.47		4.10
1.17	2.93	1.96	0.78		0.97
1.17	2.93	1.96	0.78		0.97
-0.38	-0.41	-0.46	2.11	66.67	-0.10
-0.38	-0.41	-0.46	2.11	66.67	-0.10
3.06	4.52	4.06	1.15	57.14	3.18
4.40	5.11	8.66	1.05	50.00	4.90
-10.03	-14.27	-15.06	0.83	100.00	-8.84
3.49	11.00	4.95	0.77	50.00	4.22
2.65	4.13	2.66	1.44	50.00	2.40
6.43	14.31	6.59	1.42	40.00	6.49
6.43	14.31	6.59	1.42	40.00	6.49
5.44	7.73	4.43	1.94	30.00	7.04
5.21	7.88	4.32	1.89	37.50	6.52
5.96	7.45	4.68	2.08		8.35
5.56	11.91	6.67	1.19	41.94	5.29
8.45	28.79	9.53	1.10	50.00	7.33
8.00	27.96	9.61	1.01	54.55	6.84
16.73	42.38	8.90	3.24		19.46
0.66	0.67	2.13	1.34	100.00	0.52
14.73	6.51	6.19	5.03		6.50
14.73	6.51	6.19	5.03		6.50
-5.03	-7.76	-8.12	0.92	100.00	-5.33
-5.03	-7.76	-8.12	0.92	100.00	-5.33
3.35	4.97	4.18	1.43	30.00	3.60
13.99	76.87	8.46	1.87		12.88
5.00	10.42	7.67	0.93		6.65
9.17	12.13	23.44	1.01		8.86
9.17	12.13	23.44	1.01		8.86
2.52	7.29	3.62	0.93	33.33	4.18
2.49	9.12	3.79	0.83		4.03
10.52	91.30	9.97	1.13		15.41
-3.98	-3.22	-5.22	4.75	100.00	-3.37
10.58	22.69	11.73	1.22	33.33	10.16
16.37	46.56	14.68	1.39	11.11	14.52
12.90	42.82	13.73	1.12		11.67

2-1-11 续表 33

指标名称	本年销项税额	全部从业人员年平均人数	产销率(%)	资产负债率(%)	成本费用利润率(%)
铁路机车车辆配件制造	16052	1063	100.02	56.14	25.70
铁路专用设备及器材、配件制造	5420	459	99.95	72.69	5.87
其他铁路设备制造及设备修理	23752	3318	99.47	84.32	3.97
汽车制造	19829	7034	100.90	71.61	-1.46
汽车整车制造	2653	307	84.87	55.53	-4.95
改装汽车制造	320	746	93.18	64.54	2.09
汽车零部件及配件制造	16853	5798	104.91	76.14	-1.28
汽车修理	3	183	100.00	62.84	-7.06
航空航天器制造	20	838	100.00	51.98	5.80
飞机制造及修理	20	838	100.00	51.98	5.80
交通器材及其他交通运输设备制造	95	89	109.89	71.62	4.11
其他交通运输设备制造	95	89	109.89	71.62	4.11
电气机械及器材制造业	59753	11564	90.48	87.52	0.94
电机制造	55436	9007	90.61	86.62	1.99
发电机及发电机组制造	956	1941	100.00	33.13	-11.14
电动机制造	54480	7066	90.16	89.39	2.75
输配电及控制设备制造	1125	877	90.16	83.17	-1.75
变压器、整流器和电感器制造	574	131	121.80	93.64	0.04
配电开关控制设备制造	250	433	84.68	89.56	-2.25
其他输配电及控制设备制造	300	313	98.52	66.39	
电线、电缆、光缆及电工器材制造	3191	1680	89.23	100.19	-7.16
电线电缆制造	1236	648	81.05	94.52	-4.17
光纤、光缆制造	1240	795	100.21	109.27	-18.25
绝缘制品制造	715	237	97.53	39.87	14.07
通信设备、计算机及其他电子设备制造业	1396	5599	98.77	90.04	-2.20
通信设备制造	8	913	100.00	82.02	7.28
通信传输设备制造	8	913	100.00	82.02	7.28
雷达及配套设备制造	137	658	80.55	124.71	-1.58
雷达及配套设备制造	137	658	80.55	124.71	-1.58
电子计算机制造	465	3328	104.30	111.96	-14.65
电子计算机整机制造	465	3328	104.30	111.96	-14.65
电子器件制造	157	597	100.00	17.06	22.37
光电子器件及其他电子器件制造	157	597	100.00	17.06	22.37
电子元件制造	630	103	130.18	53.54	4.68
电子元件及组件制造	630	103	130.18	53.54	4.68
仪器仪表及文化、办公用机械制造业	3511	2708	104.15	57.30	9.12
专用仪器仪表制造	3081	2582	104.47	58.06	9.15
导航、气象及海洋专用仪器制造	2455	2377	105.08	57.83	10.11
电子测量仪器制造	626	205	100.06	65.93	0.02
光学仪器及眼镜制造	430	126	100.82	22.51	8.65
光学仪器制造	430	126	100.82	22.51	8.65
工艺品及其他制造业	68	854	97.85	21.99	0.24
其他未列明的制造业	68	854	97.85	21.99	0.24
其他未列明的制造业	68	854	97.85	21.99	0.24
电力、燃气及水的生产和供应业	**1328710**	**84272**	**99.68**	**74.86**	**-4.26**
电力、热力的生产和供应业	1321492	72354	99.73	76.01	-4.18
电力生产	562879	34045	99.42	76.66	-10.73
火力发电	555930	32768	99.83	76.87	-11.07

单位：个、万元、人

每百元资金实现利税（元）	每百元固定资产原价实现利税（元）	每百元主营业务收入实现利税（元）	流动资产周转次数（次/年）	企业亏损面（%）	总资产贡献率（%）
39.80	61.47	31.53	2.08	33.33	37.32
15.08	90.10	10.85	1.57		11.36
8.71	27.85	6.11	1.71		8.29
…	…	…	0.83	60.00	1.30
-2.90	-10.05	-5.53	0.54	100.00	-2.61
1.21	3.33	2.59	0.67	33.33	0.55
0.28	0.38	0.52	0.93	60.00	2.26
-0.60	-0.84	-1.71	0.69	100.00	-0.58
2.48	2.07	5.99	0.85		2.49
2.48	2.07	5.99	0.85		2.49
20.34	30.92	13.27	3.40		9.55
20.34	30.92	13.27	3.40		9.55
3.64	8.78	3.92	1.15	30.77	4.90
4.64	12.18	4.88	1.18	25.00	5.98
-9.77	-16.53	-12.26	1.42	100.00	-9.14
5.53	15.00	5.75	1.17		6.76
1.08	3.31	1.58	0.82	20.00	1.03
1.38	13.40	4.61	0.31		1.25
-0.03	-0.08	-0.02	1.36	33.33	-0.02
2.67	4.93	9.93	0.39		2.16
-3.73	-4.48	-4.02	1.32	50.00	-1.96
-1.63	-3.81	-1.31	2.00	50.00	-1.44
-10.85	-9.12	-18.54	0.78	100.00	-6.07
33.04	96.06	19.57	2.19		35.71
-0.41	-0.82	-1.49	0.39	40.00	0.07
0.81	3.80	5.35	0.17		0.53
0.81	3.80	5.35	0.17		0.53
-1.17	-2.04	-1.56	1.15	100.00	-0.39
-1.17	-2.04	-1.56	1.15	100.00	-0.39
-4.45	-4.53	-16.95	0.70	100.00	-2.33
-4.45	-4.53	-16.95	0.70	100.00	-2.33
18.63	26.15	20.60	1.32		
18.63	26.15	20.60	1.32		
6.13	22.41	5.41	1.44		4.77
6.13	22.41	5.41	1.44		4.77
6.83	11.53	12.21	0.99		5.71
6.44	10.84	12.09	0.95		5.41
6.52	10.73	12.93	0.93		5.43
4.43	17.73	3.53	1.31		4.49
21.84	41.88	13.74	2.28		19.78
21.84	41.88	13.74	2.28		19.78
0.41	0.47	1.29	0.98		-0.27
0.41	0.47	1.29	0.98		-0.27
0.41	0.47	1.29	0.98		-0.27
1.14	**0.84**	**1.77**	**3.45**	**57.29**	**3.40**
1.23	0.89	1.87	3.63	56.06	3.53
-1.70	-1.24	-3.87	2.40	63.04	1.56
-2.01	-1.45	-4.45	2.52	67.44	1.32

2-1-11 续表 34

指标名称	本年销项税额	全部从业人员年平均人数	产销率(%)	资产负债率(%)	成本费用利润率(%)
水力发电	6949	1277	81.64	71.39	24.01
电力供应	754914	34566	100.00	74.30	2.34
电力供应	754914	34566	100.00	74.30	2.34
热力生产和供应	3699	3743	99.61	78.03	-4.52
热力生产和供应	3699	3743	99.61	78.03	-4.52
燃气生产和供应业	1916	1832	97.01	75.19	-7.09
燃气生产和供应业	1916	1832	97.01	75.19	-7.09
燃气生产和供应业	1916	1832	97.01	75.19	-7.09
水的生产和供应业	5302	10086	96.59	36.99	-9.45
自来水的生产和供应	5302	10048	97.21	35.63	-10.25
自来水的生产和供应	5302	10048	97.21	35.63	-10.25
污水处理及其再生利用		38	90.57	48.03	
污水处理及其再生利用		38	90.57	48.03	
五、按行业大类分					
煤炭开采和洗选业	3689492	666821	98.57	64.83	16.99
石油和天然气开采业	2615	1030	101.14	61.03	3.38
黑色金属矿采选业	13713	3621	94.72	42.16	35.91
有色金属矿采选业	1436	1720	91.01	94.30	2.62
非金属矿采选业	115	410	98.00	91.59	2.02
农副食品加工业	2088	2005	96.99	64.82	2.07
食品制造业	3391	1692	78.70	75.85	-9.88
饮料制造业	11089	10859	86.36	53.29	13.91
烟草制品业	34836	1259	99.97	23.93	19.43
纺织业	6587	8657	98.15	69.98	-5.90
纺织服装、鞋、帽制造业	6177	3470	97.69	54.70	6.36
家具制造业	160	126	88.45	9.69	2.36
造纸及纸制品业	323	34	96.93	40.21	36.46
印刷业和记录媒介的复制	5620	3001	86.17	48.51	-0.53
文教体育用品制造业	415	391	88.20	100.98	-18.75
石油加工、炼焦及核燃料加工业	381407	36637	100.30	69.79	1.51
化学原料及化学制品制造业	377752	70002	98.28	62.70	2.93
医药制造业	9730	4954	99.43	65.79	4.29
橡胶制品业	20753	2759	94.66	62.26	4.91
塑料制品业	2342	1198	94.78	57.19	2.94
非金属矿物制品业	39861	21298	96.10	79.61	-4.65
黑色金属冶炼及压延加工业	2001473	63460	98.55	66.95	0.13
有色金属冶炼及压延加工业	388363	39203	97.96	65.80	-0.75
金属制品业	11984	1674	95.68	86.86	0.88
通用设备制造业	54555	20943	95.57	75.11	0.68
专用设备制造业	219636	56166	96.71	66.27	4.47
交通运输设备制造业	111661	17228	100.01	77.74	8.23
电气机械及器材制造业	59753	11564	90.48	87.52	0.94
通信设备、计算机及其他电子设备制造业	1396	5599	98.77	90.04	-2.20
仪器仪表及文化、办公用机械制造业	3511	2708	104.15	57.30	9.12
工艺品及其他制造业	68	854	97.85	21.99	0.24
电力、热力的生产和供应业	1321492	72354	99.73	76.01	-4.18
燃气生产和供应业	1916	1832	97.01	75.19	-7.09
水的生产和供应业	5302	10086	96.59	36.99	-9.45

单位：个、万元、人

每百元资金实现利税(元)	每百元固定资产原价实现利税(元)	每百元主营业务收入实现利税(元)	流动资产周转次数(次/年)	企业亏损面(%)	总资产贡献率(%)
5.73	5.17	36.90	0.55		7.36
8.26	5.81	6.88	7.75	12.50	8.37
8.26	5.81	6.88	7.75	12.50	8.37
-1.07	-1.00	-3.84	0.64	58.33	2.40
-1.07	-1.00	-3.84	0.64	58.33	2.40
-0.66	-0.63	-2.12	0.96	66.67	0.11
-0.66	-0.63	-2.12	0.96	66.67	0.11
-0.66	-0.63	-2.12	0.96	66.67	0.11
-1.66	-1.59	-5.17	0.84	58.33	-0.52
-1.94	-1.85	-5.70	0.78	60.87	-0.60
-1.94	-1.85	-5.70	0.78	60.87	-0.60
0.08	0.08	0.38	4.06		0.15
0.08	0.08	0.38	4.06		0.15
20.57	27.97	25.17	1.72	14.55	15.59
5.60	43.37	5.66	1.06	50.00	4.26
50.79	86.24	33.01	2.52		48.35
2.91	3.60	5.21	1.05		2.75
3.52	7.35	8.52	1.67		6.34
4.51	7.84	4.89	1.54	35.29	3.88
-5.42	-6.32	-8.93	1.60	50.00	-2.45
33.47	71.16	30.76	1.43	14.29	31.34
88.99	135.56	61.06	3.04		91.04
-1.14	-1.11	-1.80	1.52	40.00	0.66
12.28	23.79	9.04	1.93	33.33	9.57
13.14	15.78	4.38	5.87		13.09
91.82	508.62	28.86	3.69		
4.60	5.57	6.70	1.06	60.00	4.77
-5.54	-9.45	-19.06	0.47	100.00	-3.73
11.22	14.48	9.22	2.55	63.16	10.45
5.15	5.27	6.24	2.15	48.89	6.08
9.78	13.35	13.75	1.29	53.85	11.04
5.83	7.08	6.70	1.73		6.73
5.25	10.98	5.40	1.77	50.00	6.27
0.58	0.67	0.96	1.22	41.18	2.75
5.08	6.12	3.54	2.84	40.00	5.42
2.86	2.89	3.34	2.21	45.00	3.81
3.84	25.97	3.15	1.29	33.33	4.85
3.20	5.56	4.21	1.20	37.93	4.03
5.56	11.91	6.67	1.19	41.94	5.29
10.58	22.69	11.73	1.22	33.33	10.16
3.64	8.78	3.92	1.15	30.77	4.90
-0.41	-0.82	-1.49	0.39	40.00	0.07
6.83	11.53	12.21	0.99		5.71
0.41	0.47	1.29	0.98		-0.27
1.23	0.89	1.87	3.63	56.06	3.53
-0.66	-0.63	-2.12	0.96	66.67	0.11
-1.66	-1.59	-5.17	0.84	58.33	-0.52

2-1-12 全部集体工业

指标名称	企业单位数	亏损企业	工业总产值（当年价格）	固定资产原价
总　计	**2434**	**528**	**2834056**	**1628555**
一、按轻重工业分				
轻工业	497	124	104564	59830
重工业	1937	404	2729492	1568725
二、按国民经济行业分				
采矿业	**895**	**122**	**1984893**	**1139843**
煤炭开采和洗选业	715	92	1944142	1117950
烟煤和无烟煤的开采洗选	715	92	1944142	1117950
烟煤和无烟煤的开采洗选	715	92	1944142	1117950
黑色金属矿采选业	62	7	27467	12094
铁矿采选	61	7	25617	11686
铁矿采选	61	7	25617	11686
其他黑色金属矿采选	1		1849	408
其他黑色金属矿采选	1		1849	408
有色金属矿采选业	12	7	4268	3736
贵金属矿采选	4	4	2548	2293
金矿采选	4	4	2548	2293
常用有色金属矿采选	8	3	1720	1443
铜矿采选	6	3	1659	1405
铝矿采选	2		61	38
非金属矿采选业	106	16	9016	6062
土砂石开采	79	9	8168	3714
建筑装饰用石开采	9	1	2511	545
粘土及其他土砂石开采	31	6	3927	2164
石灰石、石膏开采	20	2	1155	705
耐火土石开采	19		574	300
化学矿采选	22	7	408	1815
化学矿采选	22	7	408	1815
石棉及其他非金属矿采选	5		441	533
宝石、玉石开采	1			99
其他非金属矿采选	4		441	434
制造业	**1457**	**382**	**740461**	**395184**
农副食品加工业	62	8	12252	9963
蔬菜、水果和坚果加工	4	1	2554	183
蔬菜、水果和坚果加工	4	1	2554	183
谷物磨制	14		1582	1122
谷物磨制	14		1582	1122
饲料加工	6	1	41	266
饲料加工	6	1	41	266
植物油加工	4	3	1049	792
食用植物油加工	3	2	265	238
非食用植物油加工	1	1	784	554
制糖	2			2
制糖	2			2
屠宰及肉类加工	18	3	474	3542
畜禽屠宰	16	2	376	1876
肉制品及副产品加工	2	1	99	1667
其他农副食品加工	14		6551	4055
淀粉及淀粉制品的制造	7		6378	3324

企业主要经济指标

单位：个、万元、人

所有者权益合计	实收资本	本年折旧（规下工业）	主营业务收入	主营业务成本
1306525	**694416**	**23878**	**2877251**	**1932676**
41832	34098	2629	101193	86970
1264693	660318	21249	2776058	1845706
987531	**474234**	**11727**	**1981918**	**1183459**
966863	462369	11140	1944169	1153333
966863	462369	11140	1944169	1153333
966863	462369	11140	1944169	1153333
12399	5880	214	24602	19104
12341	5822	183	22752	17329
12341	5822	183	22752	17329
58	58	31	1849	1775
58	58	31	1849	1775
3187	2344	67	4390	4446
2382	1961	2	2725	2751
2382	1961	2	2725	2751
805	383	65	1664	1695
778	356	63	1604	1667
27	27	2	60	29
5081	3641	307	8758	6576
3361	2405	207	7930	5998
1183	419	20	2323	1954
1759	1577	118	3878	2754
341	271	58	1159	900
78	138	12	569	391
1254	771	35	394	340
1254	771	35	394	340
466	466	65	434	237
99	99	10		
367	367	55	434	237
260743	**196835**	**10912**	**805653**	**670694**
9033	6180	708	10634	7096
869	201	1	1691	204
869	201	1	1691	204
2762	2745	37	1390	901
2762	2745	37	1390	901
166	162	26	40	31
166	162	26	40	31
523	362	140	1115	1050
178	173	39	331	247
346	189	101	784	803
2	2			
2	2			
2520	2258	219	412	265
1787	1701	13	359	236
733	557	206	52	29
2191	450	286	5986	4646
1908	276	172	5811	4521

2-1-12 续表 1

指标名称	企业单位数	亏损企业	工业总产值(当年价格)	固定资产原价
豆制品制造	3		56	121
其他未列明的农副食品加工	4		117	611
食品制造业	26	8	2484	5139
液体乳及乳制品制造	3	1	992	1694
液体乳及乳制品制造	3	1	992	1694
焙烤食品制造	11	4	466	1655
糕点、面包制造	10	3	459	1642
饼干及其他焙烤食品制造	1	1	7	13
糖果、巧克力及蜜饯制造	2	1		225
蜜饯制作	2	1		225
调味品、发酵制品制造	10	2	1026	1565
酱油、食醋及类似制品的制造	10	2	1026	1565
饮料制造业	27	10	5061	5576
酒的制造	11	3	3734	3591
白酒制造	8	2	2252	1926
啤酒制造	1		1457	1652
黄酒制造	1	1	11	4
其他酒制造	1		14	9
软饮料制造	16	7	1328	1984
碳酸饮料制造	4	1	1168	772
瓶(罐)装饮用水制造	10	4	135	813
果菜汁及果菜汁饮料制造	1	1	19	347
含乳饮料和植物蛋白饮料制造	1	1	7	53
纺织业	28	5	3325	3595
棉、化纤纺织及印染精加工	11	2	1845	1472
棉、化纤纺织加工	11	2	1845	1472
毛纺织和染整精加工	2		53	201
毛纺织	2		53	201
纺织制成品制造	10	3	1061	1474
棉及化纤制品制造	4	1	115	164
丝制品制造	1	1	130	3
绳、索、缆的制造	1		12	13
其他纺织制成品制造	4	1	804	1294
针织品、编织品及其制品制造	5		366	449
棉、化纤针织品及编织品制造	3		366	435
毛针织品及编织品制造	1			13
其他针织品及编织品制造	1			1
纺织服装、鞋、帽制造业	60	13	32275	8301
纺织服装制造	53	13	32275	8104
纺织服装制造	53	13	32275	8104
纺织面料鞋的制造	6			147
纺织面料鞋的制造	6			147
制帽	1			51
制帽	1			51
皮革、毛皮、羽毛(绒)及其制品业	8		595	701
毛皮鞣制及制品加工	4		519	505
其他毛皮制品加工	1		519	485
毛皮鞣制加工	2			17
毛皮服装加工	1			3

单位：个、万元、人

所有者权益合计	实收资本	本年折旧（规下工业）	主营业务收入	主营业务成本
70	67	3	56	45
212	107	110	119	80
1165	3278	247	2228	1839
880	1285		934	792
880	1285		934	792
665	1057	153	382	321
658	1053	151	375	311
7	3	3	7	10
168	168			…
168	168			…
-548	768	93	912	725
-548	768	93	912	725
4662	4444	228	6864	4043
3584	3312	97	5561	2987
1856	1584	18	3423	2310
1652	1652	79	2111	658
21	21	…	11	7
56	56	…	15	12
1078	1132	130	1304	1056
190	373	54	1144	935
679	672	56	136	102
156	35	17	17	14
53	53	3	6	5
2163	1764	187	3197	2668
1144	571	110	1750	1503
1144	571	110	1750	1503
197	197	1	31	18
197	197	1	31	18
437	623	63	1027	805
-232	104	6	108	61
3	3	…	152	149
13	13	1	12	7
652	503	56	755	588
384	373	13	388	342
374	363	13	388	342
10	10	…		
6673	3160	139	31341	29273
6650	3035	139	31341	29272
6650	3035	139	31341	29272
-297	65	1		1
-297	65	1		1
320	60			
320	60			
553	487	4	588	576
279	214		512	506
277	212		512	506
2	2			

2-1-12 续表 2

指标名称	企业单位数	亏损企业	工业总产值(当年价格)	固定资产原价
皮革鞣制加工	1			13
皮革鞣制加工	1			13
皮革制品制造	3		76	183
皮鞋制造	2			143
皮手套及皮装饰制品制造	1		76	40
造纸及纸制品业	36	16	5081	3621
纸制品制造	27	11	4466	2601
纸和纸板容器的制造	21	8	2220	1604
其他纸制品制造	6	3	2246	998
造纸	9	5	614	1020
机制纸及纸板制造	4	2	296	870
手工纸制造	1	1		4
加工纸制造	4	2	318	145
印刷业和记录媒介的复制	105	30	9780	6060
印刷	92	27	9217	5485
书、报、刊印刷	41	13	7309	3682
本册印制	37	7	1041	1178
包装装潢及其他印刷	14	7	867	625
装订及其他印刷服务活动	13	3	563	575
装订及其他印刷服务活动	13	3	563	575
石油加工、炼焦及核燃料加工业	6	2	125150	56415
精炼石油产品的制造	1		36052	24515
原油加工及石油制品制造	1		36052	24515
炼焦	5	2	89098	31901
炼焦	5	2	89098	31901
化学原料及化学制品制造业	94	30	46288	36559
基础化学原料制造	45	20	33042	24528
无机盐制造	22	11	29469	14570
有机化学原料制造	7	3	1483	6673
无机酸制造	1		72	197
无机碱制造	2	1	260	95
其他基础化学原料制造	13	5	1758	2992
涂料、油墨、颜料及类似产品制造	8	1	2403	1717
颜料制造	1	1	2300	1366
涂料制造	6		103	327
密封用填料及类似品制造	1			23
合成材料制造	4	2	2816	340
初级形态的塑料及合成树脂制造	3	1	2748	299
合成橡胶制造	1	1	68	41
专用化学产品制造	27	5	7658	9176
化学试剂和助剂制造	3	1	2117	2636
林产化学产品制造	10	3	4072	5079
专项化学用品制造	3		585	411
炸药及火工产品制造	8	1	469	725
环境污染处理专用药剂材料制造	2		218	128
动物胶制造	1		197	197
肥料制造	4		5	305
磷肥制造	1			151

单位：个、万元、人

所有者权益合计	实收资本	本年折旧(规下工业)	主营业务收入	主营业务成本
10	10			
10	10			
264	264	4	76	70
233	233	…		
31	31	4	76	70
4058	2231	248	4612	3507
3121	1300	150	3927	2991
1265	1008	71	2076	1661
1856	292	79	1851	1330
937	931	98	685	516
851	850	83	296	152
8	8			…
78	73	14	389	365
4268	3696	324	8593	7145
3794	3265	281	8028	6706
2615	2142	173	6150	5169
727	660	56	1030	837
452	462	53	848	699
475	431	43	566	439
475	431	43	566	439
52574	18746	10	191057	142980
18340	14977		110403	95885
18340	14977		110403	95885
34234	3769	10	80655	47095
34234	3769	10	80655	47095
26120	18889	895	45488	41003
21970	13923	642	31872	29210
16122	8362	441	28500	26081
3800	3444	55	1187	1204
197	197	1	56	20
120	74	10	283	258
1731	1845	135	1846	1648
550	565	39	2225	2390
391	415		2130	2312
136	128	39	96	79
23	23			
279	122	6	2595	2189
275	118	5	2540	2147
4	4	1	55	42
2398	3285	186	8401	6929
-1235	340		3030	2726
2425	1783	77	3952	3314
368	368	53	585	362
482	518	28	431	262
128	99	14	218	180
230	178	13	184	85
144	247	1	5	4
151	151			

2-1-12 续表 3

指标名称	企业单位数	亏损企业	工业总产值(当年价格)	固定资产原价
复混肥料制造	1		5	8
有机肥料及微生物肥料制造	2			146
农药制造	2	1	344	317
化学农药制造	2	1	344	317
日用化学产品制造	4	1	20	177
其他日用化学产品制造	4	1	20	177
橡胶制品业	20	6	16814	4172
橡胶板、管、带的制造	5	3	13863	2422
橡胶板、管、带的制造	5	3	13863	2422
橡胶零件制造	11	3	2087	1460
橡胶零件制造	11	3	2087	1460
日用及医用橡胶制品制造	3		704	86
日用及医用橡胶制品制造	3		704	86
其他橡胶制品制造	1		160	203
其他橡胶制品制造	1		160	203
塑料制品业	53	17	11628	16193
塑料板、管、型材的制造	9	2	1433	3129
塑料板、管、型材的制造	9	2	1433	3129
塑料丝、绳及编织品的制造	13	4	8231	9998
塑料丝、绳及编织品的制造	13	4	8231	9998
塑料薄膜制造	9	2	73	1250
塑料薄膜制造	9	2	73	1250
泡沫塑料制造	1	1	20	66
泡沫塑料制造	1	1	20	66
塑料人造革、合成革制造	2			175
塑料人造革、合成革制造	2			175
塑料包装箱及容器制造	8	3	1395	826
塑料包装箱及容器制造	8	3	1395	826
塑料零件制造	3	1	167	321
塑料零件制造	3	1	167	321
日用塑料制造	6	4	149	210
塑料鞋制造	1	1	16	125
日用塑料杂品制造	5	3	133	85
其他塑料制品制造	2		160	218
其他塑料制品制造	2		160	218
非金属矿物制品业	342	57	72785	69998
水泥、石灰和石膏的制造	26	9	17419	27105
水泥制造	20	9	15991	25861
石灰和石膏制造	6		1427	1243
水泥及石膏制品制造	55	8	5849	4521
水泥制品制造	23	4	3359	2733
砼结构构件制造	28	4	2480	1586
石棉水泥制品制造	1		10	2
轻质建筑材料制造	2			191
其他水泥制品制造	1			9
砖瓦、石材及其他建筑材料制造	186	26	23327	19078
粘土砖瓦及建筑砌块制造	166	22	21484	16943
建筑陶瓷制品制造	3	1	300	672

单位：个、万元、人

所有者权益合计	实收资本	本年折旧(规下工业)	主营业务收入	主营业务成本
10	10	1	5	4
-17	85			
742	711	19	371	265
742	711	19	371	265
36	36	2	20	16
36	36	2	20	16
2514	1793	101	17209	15204
49	776	30	14190	12790
49	776	30	14190	12790
2081	706	42	2062	1525
2081	706	42	2062	1525
283	246	5	798	740
283	246	5	798	740
102	66	24	160	149
102	66	24	160	149
7262	5372	181	18627	17032
555	492	19	1601	1433
555	492	19	1601	1433
4051	1924	42	15181	14015
4051	1924	42	15181	14015
1759	1735	15	75	65
1759	1735	15	75	65
-72	48	…	20	22
-72	48	…	20	22
73	73			
73	73			
651	642	43	1266	1075
651	642	43	1266	1075
140	114	22	176	153
140	114	22	176	153
40	288	28	151	118
202	199	23	13	9
-162	89	6	137	109
67	55	11	157	151
67	55	11	157	151
47837	40725	1674	66657	50423
15411	17876	318	17032	14751
14083	17802	316	15622	13406
1328	74	1	1410	1345
4164	4178	216	5475	4309
2502	2630	52	3328	2795
1600	1492	156	2137	1507
3	3	…	10	7
59	53	7		
11909	10736	817	19749	15220
10754	9770	689	18018	14037
40	30	36	297	225

2-1-12 续表 4

指标名称	企业单位数	亏损企业	工业总产值(当年价格)	固定资产原价
建筑用石加工	9	1	583	689
防水建筑材料制造	1		151	66
隔热和隔音材料制造	3	2	213	92
其他建筑材料制造	4		595	617
耐火材料制品制造	37	8	19962	11717
耐火陶瓷制品及其他耐火材料制造	34	6	19588	11521
石棉制品制造	3	2	374	196
石墨及其他非金属矿物制品制造	18	3	5002	5141
石墨及碳素制品制造	10		4708	4496
其他非金属矿物制品制造	8	3	294	645
玻璃及玻璃制品制造	9	2	870	828
平板玻璃制造	1		210	329
日用玻璃制品及玻璃包装容器制造	2		6	43
玻璃纤维及制品制造	1			4
玻璃纤维增强塑料制品制造	2		30	54
其他玻璃制品制造	3	2	624	398
陶瓷制品制造	11	1	356	1609
特种陶瓷制品制造	1	1	151	151
日用陶瓷制品制造	10		205	1458
黑色金属冶炼及压延加工业	22	9	35006	16119
炼铁	9	5	12476	8061
炼铁	9	5	12476	8061
钢压延加工	3		1939	4315
钢压延加工	3		1939	4315
铁合金冶炼	5	2	19996	2938
铁合金冶炼	5	2	19996	2938
炼钢	5	2	596	805
炼钢	5	2	596	805
有色金属冶炼及压延加工业	11	3	10462	6448
有色金属压延加工	6	2	3519	2467
常用有色金属压延加工	6	2	3519	2467
常用有色金属冶炼	3		6874	3627
铝冶炼	1			9
镁冶炼	1		6874	3605
其他常用有色金属冶炼	1			13
贵金属冶炼	1			33
银冶炼	1			33
稀有稀土金属冶炼	1	1	70	321
钨钼冶炼	1	1	70	321
金属制品业	117	44	60493	27807
结构性金属制品制造	38	14	27930	12433
金属结构制造	29	11	26515	11440
金属门窗制造	9	3	1415	993
金属工具制造	23	9	4623	6983
切削工具制造	5	4	910	5157
农用及园林用金属工具制造	2		297	94
刀剪及类似日用金属工具制造	1	1	53	20
其他金属工具制造	15	4	3363	1713

单位：个、万元、人

所有者权益合计	实收资本	本年折旧（规下工业）	主营业务收入	主营业务成本
379	291	34	499	265
39	39	5	138	104
101	101	8	212	197
596	505	45	584	391
11617	4599	186	18283	11122
11360	4348	173	17922	10817
257	251	14	361	305
3706	2385	57	4922	4026
1907	1951	48	4658	3885
1799	433	9	264	141
686	659	68	876	741
427	427	56	210	185
43	43	…	7	3
13	7	4	28	13
202	181	7	631	539
344	292	13	321	255
22	22	13	151	134
323	270	…	170	121
9510	4285	186	31658	29017
2062	3242	132	12664	12045
2062	3242	132	12664	12045
2920	206	4	1931	1402
2920	206	4	1931	1402
4008	317	37	16612	15234
4008	317	37	16612	15234
521	520	13	451	336
521	520	13	451	336
2778	2558	790	10729	7168
1834	1664	62	4101	3619
1834	1664	62	4101	3619
642	592	671	6558	3486
642	592	671	6558	3486
125	125			
125	125			
177	177	58	70	64
177	177	58	70	64
6107	15156	853	62850	55304
7695	5049	405	31437	27811
5999	4425	368	30020	26461
1696	624	37	1417	1350
-6475	5519	181	5178	4119
-7220	4168	10	1639	1553
-286	354	10	294	282
7	7	1	57	53
1024	991	160	3187	2231

2-1-12 续表 5

指标名称	企业单位数	亏损企业	工业总产值(当年价格)	固定资产原价
集装箱及金属包装容器制造	2		4222	483
金属包装容器制造	2		4222	483
金属丝绳及其制品的制造	11	5	10347	2472
金属丝绳及其制品的制造	11	5	10347	2472
建筑、安全用金属制品制造	19	9	6610	4202
安全、消防用金属制品制造	7	5	5037	3291
建筑、家具用金属配件制造	3		147	96
建筑装饰及水暖管道零件制造	8	4	1290	773
其他建筑、安全用金属制品制造	1		137	42
金属表面处理及热处理加工	7	2	5287	244
金属表面处理及热处理加工	7	2	5287	244
不锈钢及类似日用金属制品制造	4		286	368
金属制厨用器皿及餐具制造	1		11	195
其他日用金属制品制造	3		275	174
其他金属制品制造	13	5	1188	621
其他未列明的金属制品制造	13	5	1188	621
通用设备制造业	203	58	127617	57802
锅炉及原动机制造	13	4	2219	1298
锅炉及辅助设备制造	13	4	2219	1298
金属加工机械制造	19	3	5096	4398
铸造机械制造	3	1	2980	3592
金属切削机床制造	1		89	3
金属切割及焊接设备制造	4		546	361
其他金属加工机械制造	11	2	1481	441
起重运输设备制造	6	4	6949	1025
起重运输设备制造	6	4	6949	1025
风机、衡器、包装设备等通用设备制造	10	3	36138	11399
风机、风扇制造	2		9748	897
气体、液体分离及纯净设备制造	1	1	1354	485
制冷、空调设备制造	1		1180	60
喷枪及类似器具制造	1		4851	1412
其他通用设备制造	5	2	19005	8546
通用零部件制造及机械修理	87	32	47530	26769
紧固件、弹簧制造	10	4	4451	2202
机械零部件加工及设备修理	68	26	38835	21259
其他通用零部件制造	9	2	4243	3307
金属铸、锻加工	41	7	27112	10911
钢铁铸件制造	34	7	24384	5425
锻件及粉末冶金制品制造	7		2729	5486
泵、阀门、压缩机及类似机械的制造	18	4	1444	1081
泵及真空设备制造	2	1	553	392
气体压缩机械制造	2		75	102
阀门和旋塞的制造	4	2	169	54
液压和气压动力机械及元件制造	10	1	647	533
轴承、齿轮、传动和驱动部件的制造	9	1	1128	921
轴承制造	3	1	328	365
齿轮、传动和驱动部件制造	6		800	556
专用设备制造业	58	16	78338	21750

单位：个、万元、人

所有者权益合计	实收资本	本年折旧(规下工业)	主营业务收入	主营业务成本
1191	291	7	3892	3388
1191	291	7	3892	3388
1699	1904	47	10049	8938
1699	1904	47	10049	8938
181	1741	129	5954	5262
-443	1132	60	4486	3692
166	135	2	146	124
446	448	65	1193	1321
13	25	2	129	124
304	188	8	4714	4505
304	188	8	4714	4505
554	68	33	288	190
33	33	19	11	10
521	35	13	277	180
959	395	44	1337	1091
959	395	44	1337	1091
34981	37999	1965	127452	112467
720	775	104	2027	1845
720	775	104	2027	1845
4494	4286	44	4901	4203
3084	2980		3024	2459
4	3	…	89	73
210	248	26	339	329
1196	1055	18	1449	1342
716	1036	15	5998	5435
716	1036	15	5998	5435
14607	10878	360	30890	27258
1016	513		6352	5767
1826	2028		1354	1273
47	50		1037	987
746	363		4254	4221
10973	7925	360	17892	15011
6086	13952	962	52972	48966
747	1571	36	4287	4050
4555	10984	796	44683	41580
785	1398	130	4002	3337
6987	6009	321	28147	22551
4791	4283	280	25774	20437
2196	1726	41	2373	2115
710	525	89	1359	1201
332	238	6	505	445
64	55	13	48	17
55	55	3	165	152
259	177	67	640	587
660	537	70	1157	1007
422	373	7	326	296
238	164	64	832	711
17710	9968	752	79911	69639

2-1-12 续表 6

指标名称	企业单位数	亏损企业	工业总产值(当年价格)	固定资产原价
矿山、冶金、建筑专用设备制造	38	6	73460	17330
采矿、采石设备制造	30	5	69790	14538
石油钻采专用设备制造	1	1	713	1126
冶金专用设备制造	6		2957	987
建筑工程用机械制造	1			678
纺织、服装和皮革工业专用设备制造	6	5	4289	3487
纺织专用设备制造	5	4	4285	3401
皮革、毛皮及其制品加工专用设备制造	1	1	4	86
化工、木材、非金属加工专用设备制造	4		298	397
木材加工机械制造	1		31	86
模具制造	3		267	310
食品、饮料、烟草及饲料生产专用设备制造	2	2	72	256
农副食品加工专用设备制造	2	2	72	256
印刷、制药、日化生产专用设备制造	1		63	41
照明器具生产专用设备制造	1		63	41
电子和电工机械专用设备制造	1			7
电工机械专用设备制造	1			7
农、林、牧、渔专用机械制造	4	2	147	164
机械化农业及园艺机具制造	2	1	140	149
其他农林牧渔业机械制造及机械修理	2	1	7	16
环保、社会公共安全及其他专用设备制造	2	1	9	69
环境污染防治专用设备制造	1	1	9	53
社会公共安全设备及器材制造	1			15
交通运输设备制造业	49	12	36121	13795
铁路运输设备制造	11		34622	11387
铁路机车车辆配件制造	5		29354	9751
铁路专用设备及器材、配件制造	3		3086	685
其他铁路设备制造及设备修理	2		2162	909
工矿有轨专用车辆制造	1		20	43
汽车制造	37	12	1499	2310
汽车车身、挂车的制造	1	1	134	383
汽车零部件及配件制造	5	2	205	388
汽车修理	31	9	1160	1538
自行车制造	1			98
脚踏自行车及残疾人座车制造	1			98
电气机械及器材制造业	39	12	13569	7445
电机制造	6	1	7186	3413
电动机制造	2	1	6844	3048
发电机及发电机组制造	4		341	365
输配电及控制设备制造	16	7	3520	1929
变压器、整流器和电感器制造	7	4	1652	771
配电开关控制设备制造	6	1	1379	918
电力电子元器件制造	2	1	483	135
其他输配电及控制设备制造	1	1	7	105
电线、电缆、光缆及电工器材制造	10	4	2740	1086
电线电缆制造	6	2	2105	964
绝缘制品制造	2	1	416	87
其他电工器材制造	2	1	219	34

单位：个、万元、人

所有者权益合计	实收资本	本年折旧(规下工业)	主营业务收入	主营业务成本
7437	7367	534	73648	64013
5576	6257	483	70184	60863
237	303		474	409
1278	647	51	2989	2740
346	161			
9647	2048	125	5663	5130
9470	1872	125	5661	5129
177	176	1	2	1
264	225	24	324	276
31	27	…	31	26
234	198	23	293	249
132	140	39	67	67
132	140	39	67	67
52	53	4	60	51
52	53	4	60	51
7	7			
7	7			
75	68	21	141	96
66	61	20	133	92
8	7	1	8	4
96	60	4	9	6
76	41	4	9	6
20	20			
6320	6017	192	35352	29901
4476	4451	31	33908	28850
3467	3789	7	28913	25323
516	317	14	2917	1940
476	332	6	2059	1571
17	13	4	20	17
1844	1565	161	1443	1051
489	425	7	134	7
349	289	18	164	150
1006	851	136	1145	893
6422	3197	323	15513	12244
3109	1094	25	9543	7185
2663	708		9202	6921
446	386	25	341	264
1628	839	154	3125	2521
719	623	60	1652	1389
736	120	67	1144	879
146	70	13	323	250
27	27	14	6	4
830	574	140	2721	2449
715	470	130	2132	1883
76	60	5	370	375
39	44	5	219	191

2-1-12 续表 7

指标名称	企业单位数	亏损企业	工业总产值(当年价格)	固定资产原价
电池制造	2			644
电池制造	2			644
家用电力器具制造	1		104	39
家用通风电器具制造	1		104	39
非电力家用器具制造	1			1
燃气、太阳能及类似能源的器具制造	1			1
照明器具制造	3		19	332
电光源制造	1			329
照明灯具制造	1		19	3
灯用电器附件及其他照明器具制造	1			
木材加工及木、竹、藤、棕、草制品业	13	4	769	500
锯材、木片加工	6	1	308	71
锯材加工	4	1	299	53
木片加工	2		10	18
木制品制造	7	3	461	429
建筑用木料及木材组件加工	3	1	62	114
木容器制造	2	2	357	190
软木制品及其他木制品制造	2		42	125
家具制造业	19	3	380	1151
木质家具制造	13		274	780
木质家具制造	13		274	780
金属家具制造	2		26	200
金属家具制造	2		26	200
其他家具制造	4	3	80	171
其他家具制造	4	3	80	171
文教体育用品制造业	4	1	289	269
文化用品制造	4	1	289	269
文具制造	2	1	46	19
笔的制造	1			1
其他文化用品制造	1		243	250
医药制造业	5	1	579	1339
化学药品原药制造	2		221	878
化学药品原药制造	2		221	878
化学药品制剂制造	1	1		7
化学药品制剂制造	1	1		7
中药饮片加工	1		227	302
中药饮片加工	1		227	302
卫生材料及医药用品制造	1		131	152
卫生材料及医药用品制造	1		131	152
通信设备、计算机及其他电子设备制造业	4	1	636	263
通信设备制造	1	1	296	9
其他通信设备制造	1	1	296	9
电子计算机制造	1		36	4
电子计算机整机制造	1		36	4
电子元件制造	1		304	139
电子元件及组件制造	1		304	139
其他电子设备制造	1			110
其他电子设备制造	1			110

单位：个、万元、人

所有者权益合计	实收资本	本年折旧（规下工业）	主营业务收入	主营业务成本
585	585			
585	585			
105	66	2	104	83
105	66	2	104	83
164	39	1	20	5
132	7			
33	33	1	20	5
142	357	14	823	687
67	67	2	308	257
53	53	1	299	255
15	15	1	10	1
75	290	12	515	430
92	78	4	59	54
-138	92	5	414	355
120	120	3	42	22
961	693	20	389	349
612	477	11	271	244
612	477	11	271	244
105	104	1	26	18
105	104	1	26	18
243	112	8	92	86
243	112	8	92	86
86	86	30	287	137
86	86	30	287	137
6	6	…	47	45
1	1	…		
80	80	30	240	92
1433	1404	62	506	347
873	866	46	218	155
873	866	46	218	155
197	197			
197	197			
278	263	7	164	99
278	263	7	164	99
84	78	9	124	93
84	78	9	124	93
931	121	26	625	379
32	27	1	288	283
32	27	1	288	283
17	16	…	33	20
17	16	…	33	20
847	43	25	304	76
847	43	25	304	76
35	35			
35	35			

2-1-12 续表 8

指标名称	企业单位数	亏损企业	工业总产值（当年价格）	固定资产原价
仪器仪表及文化、办公用机械制造业	8	3	6563	8512
通用仪器仪表制造	2		712	466
实验分析仪器制造	1		295	243
供应用仪表及其他通用仪器制造	1		416	224
专用仪器仪表制造	2	1	408	219
汽车及其他用计数仪表制造	1			24
其他专用仪器制造	1	1	408	194
光学仪器及眼镜制造	1		18	49
眼镜制造	1		18	49
其他仪器仪表的制造及修理	3	2	5424	7778
其他仪器仪表的制造及修理	3	2	5424	7778
工艺品及其他制造业	33	11	25457	5297
工艺美术品制造	18	8	296	1699
雕塑工艺品制造	1	1	28	20
金属工艺品制造	3	2	32	224
花画工艺品制造	1		26	3
地毯、挂毯制造	8	3	64	1135
其他工艺美术品制造	5	2	146	317
日用杂品制造	2	1	10	90
制镜及类似品加工	2	1	10	90
煤制品制造	12	1	25151	3361
煤制品制造	12	1	25151	3361
其他未列明的制造业	1	1		147
其他未列明的制造业	1	1		147
废弃资源和废旧材料回收加工业	5	2	663	395
金属废料和碎屑的加工处理	2		171	42
金属废料和碎屑的加工处理	2		171	42
非金属废料和碎屑的加工处理	3	2	492	353
非金属废料和碎屑的加工处理	3	2	492	353
电力、燃气及水的生产和供应业	**82**	**24**	**108702**	**93528**
电力、热力的生产和供应业	45	14	104794	89037
电力生产	32	9	99371	83640
火力发电	4	4	98892	81548
水力发电	28	5	478	2092
电力供应	9	4	2866	2331
电力供应	9	4	2866	2331
热力生产和供应	4	1	2558	3065
热力生产和供应	4	1	2558	3065
燃气生产和供应业	3	1	1678	1623
燃气生产和供应业	3	1	1678	1623
燃气生产和供应业	3	1	1678	1623
水的生产和供应业	34	9	2230	2868
自来水的生产和供应	28	8	2144	2494
自来水的生产和供应	28	8	2144	2494
污水处理及其再生利用	5	1	83	200
污水处理及其再生利用	5	1	83	200
其他水的处理、利用与分配	1		2	174
其他水的处理、利用与分配	1		2	174

单位：个、万元、人

所有者权益合计	实收资本	本年折旧（规下工业）	主营业务收入	主营业务成本
2201	1492	612	6540	5320
251	132	28	619	341
124	81	6	289	173
127	51	22	330	167
155	149	2	408	331
23	21			
132	128	2	408	331
6			18	10
6			18	10
1789	1210	582	5494	4638
1789	1210	582	5494	4638
1506	2280	109	25289	24291
292	1027	33	265	184
33	33	…	28	19
138	138	3	29	24
4	4	…	26	16
-51	690	21	55	44
168	163	9	127	82
64	64	1	10	5
64	64	1	10	5
1247	1144	76	25015	24102
1247	1144	76	25015	24102
-97	46			
-97	46			
773	457	32	633	655
52	29	4	171	133
52	29	4	171	133
721	428	28	463	523
721	428	28	463	523
58251	**23346**	**1239**	**89679**	**78523**
54301	19808	989	85777	75165
50824	17360	510	80634	71271
49113	15825	472	80156	70989
1711	1534	37	477	282
1301	1062	142	2783	2317
1301	1062	142	2783	2317
2175	1386	338	2360	1576
2175	1386	338	2360	1576
1697	1697	81	1678	1839
1697	1697	81	1678	1839
1697	1697	81	1678	1839
2254	1841	169	2224	1519
2021	1609	158	2139	1463
2021	1609	158	2139	1463
167	167	7	83	55
167	167	7	83	55
65	65	3	2	1
65	65	3	2	1

2-1-12 续表 9

指标名称	主营业务税金及附加	主营业务利润	其他业务利润	营业费用管理费用财务费用合计
总　计	**63660**	**885852**	**10198**	**479923**
一、按轻重工业分				
轻工业	1772	12642	982	10821
重工业	61888	873210	9217	469102
二、按国民经济行业分				
采矿业	**53088**	**746089**	**2931**	**373494**
煤炭开采和洗选业	52518	738955	2854	370041
烟煤和无烟煤的开采洗选	52518	738955	2854	370041
烟煤和无烟煤的开采洗选	52518	738955	2854	370041
黑色金属矿采选业	288	5209	51	2162
铁矿采选	263	5161	51	2138
铁矿采选	263	5161	51	2138
其他黑色金属矿采选	26	48		24
其他黑色金属矿采选	26	48		24
有色金属矿采选业	19	-76	18	160
贵金属矿采选	2	-27		45
金矿采选	2	-27		45
常用有色金属矿采选	18	-49	18	115
铜矿采选	13	-76	18	108
铝矿采选	4	27		7
非金属矿采选业	262	2001	8	1131
土砂石开采	245	1752	7	1029
建筑装饰用石开采	78	291		113
粘土及其他土砂石开采	89	1099	1	801
石灰石、石膏开采	61	201	7	78
耐火土石开采	17	161	...	36
化学矿采选	14	55	...	91
化学矿采选	14	55	...	91
石棉及其他非金属矿采选	3	194		11
宝石、玉石开采				
其他非金属矿采选	3	194		11
制造业	**10159**	**128999**	**6658**	**92837**
农副食品加工业	129	3485	7	1088
蔬菜、水果和坚果加工	23	1469	...	48
蔬菜、水果和坚果加工	23	1469	...	48
谷物磨制	31	459	7	89
谷物磨制	31	459	7	89
饲料加工	1	8		2
饲料加工	1	8		2
植物油加工	10	118		80
食用植物油加工	7	77		8
非食用植物油加工	2	41		73
制糖				
制糖				
屠宰及肉类加工	13	141		97
畜禽屠宰	13	118		70
肉制品及副产品加工	...	23		27
其他农副食品加工	52	1289		772
淀粉及淀粉制品的制造	27	1263		762

单位：个、万元、人

营业利润	职工工资和福利费	本年应交增值税	年末存货	全部从业人员年平均人数
399334	**317800**	**240670**	**392013**	**191048**
946	11133	5456	18988	14498
398388	306668	235215	373024	176550
363354	**220975**	**198798**	**124497**	**110904**
359584	216303	196821	121478	105951
359584	216303	196821	121478	105951
359584	216303	196821	121478	105951
3098	1888	1486	2103	1674
3073	1830	1465	1533	1609
3073	1830	1465	1533	1609
25	58	21	570	65
25	58	21	570	65
-218	1036	51	354	571
-72	819	6		337
-72	819	6		337
-145	216	45	354	234
-166	204	45	352	221
20	12	…	1	13
890	1749	440	563	2708
743	1546	377	489	2267
190	292	14	121	570
298	775	274	229	1011
129	269	55	109	418
125	211	33	30	268
-36	149	29	67	364
-36	149	29	67	364
183	53	34	7	77
	18			28
183	35	34	7	49
38199	**93811**	**39262**	**247591**	**76859**
1030	866	726	811	1357
49	85	134	139	169
49	85	134	139	169
377	63	65	367	124
377	63	65	367	124
6	19	1	1	27
6	19	1	1	27
38	79	68	57	92
69	34	51	57	42
-31	44	17		50
	1			3
	1			3
44	144	27	90	357
48	127	24	9	276
-4	17	3	81	81
517	475	431	157	585
501	332	417	113	244

2-1-12 续表 10

指标名称	主营业务税金及附加	主营业务利润	其他业务利润	营业费用管理费用财务费用合计
豆制品制造	2	9		6
其他未列明的农副食品加工	23	17		4
食品制造业	21	368	65	794
液体乳及乳制品制造	5	137		495
液体乳及乳制品制造	5	137		495
焙烤食品制造	10	51	59	156
糕点、面包制造	8	56	59	156
饼干及其他焙烤食品制造	1	-5		1
糖果、巧克力及蜜饯制造		...		...
蜜饯制作		...		...
调味品、发酵制品制造	7	180	6	143
酱油、食醋及类似制品的制造	7	180	6	143
饮料制造业	738	2150	207	1239
酒的制造	720	1920	207	907
白酒制造	654	460	207	245
啤酒制造	66	1454		658
黄酒制造	1	3		3
其他酒制造	...	3		1
软饮料制造	17	230		332
碳酸饮料制造	16	193		210
瓶(罐)装饮用水制造	1	34		87
果菜汁及果菜汁饮料制造	...	3		22
含乳饮料和植物蛋白饮料制造	...	...		13
纺织业	40	490	119	396
棉、化纤纺织及印染精加工	20	228	103	265
棉、化纤纺织加工	20	228	103	265
毛纺织和染整精加工	1	12		1
毛纺织	1	12		1
纺织制成品制造	17	205	17	87
棉及化纤制品制造	1	46	3	10
丝制品制造	5	-2		5
绳、索、缆的制造	...	5		1
其他纺织制成品制造	11	156	14	70
针织品、编织品及其制品制造	2	44		42
棉、化纤针织品及编织品制造	2	44		42
毛针织品及编织品制造				
其他针织品及编织品制造				
纺织服装、鞋、帽制造业	300	1806	97	3293
纺织服装制造	300	1806	96	3292
纺织服装制造	300	1806	96	3292
纺织面料鞋的制造		...	1	1
纺织面料鞋的制造		...	1	1
制帽				
制帽				
皮革、毛皮、羽毛(绒)及其制品业	1	12		9
毛皮鞣制及制品加工	1	6		6
其他毛皮制品加工	1	6		6
毛皮鞣制加工				
毛皮服装加工				

单位：个、万元、人

营业利润	职工工资和福利费	本年应交增值税	年末存货	全部从业人员年平均人数
3	16	1	43	46
13	127	12		295
-361	509	111	1861	612
-358	155	48	469	153
-358	155	48	469	153
-46	166	19	877	191
-41	160	18	877	181
-5	7	1		10
…	1	…		2
…	1	…		2
44	186	43	515	266
44	186	43	515	266
638	699	410	1334	881
740	461	328	1063	511
-57	387	261	972	391
796	67	66	79	105
…	4	1	11	10
1	3	…	1	5
-102	238	83	271	370
-18	150	73	180	213
-53	60	8	74	108
-19	15	1	11	29
-13	13	…	6	20
218	670	186	1221	1066
70	436	125	735	592
70	436	125	735	592
11	2	1	66	3
11	2	1	66	3
135	132	53	232	224
39	17	2	13	35
-7	11	26	11	20
4	5	1	7	8
99	99	24	200	161
2	100	8	189	247
2	69	8	189	154
	30			90
	1			3
-1400	3536	1906	5733	3356
-1400	3519	1906	5717	3282
-1400	3519	1906	5717	3282
	15		1	68
	15		1	68
	2		14	6
	2		14	6
2	116	6	314	329
	37	6	221	80
	35	6	221	76
	2	…		3
	1			1

2-1-12 续表 11

指标名称	主营业务税金及附加	主营业务利润	其他业务利润	营业费用管理费用财务费用合计
皮革鞣制加工				
皮革鞣制加工				
皮革制品制造	...	6		4
皮鞋制造				
皮手套及皮装饰制品制造	...	6		4
造纸及纸制品业	81	1026	12	740
纸制品制造	60	878	4	617
纸和纸板容器的制造	34	383	4	331
其他纸制品制造	26	495		286
造纸	21	148	8	123
机制纸及纸板制造	18	127	1	47
手工纸制造		...		...
加工纸制造	3	22	8	76
印刷业和记录媒介的复制	117	1346	184	1010
印刷	108	1222	184	891
书、报、刊印刷	80	904	154	683
本册印制	24	173	28	174
包装装潢及其他印刷	4	144	3	35
装订及其他印刷服务活动	9	124	...	119
装订及其他印刷服务活动	9	124	...	119
石油加工、炼焦及核燃料加工业	2459	45618	...	20503
精炼石油产品的制造	1375	13143	-36	7263
原油加工及石油制品制造	1375	13143	-36	7263
炼焦	1084	32475	36	13240
炼焦	1084	32475	36	13240
化学原料及化学制品制造业	429	4400	1468	4903
基础化学原料制造	280	2402	1333	2951
无机盐制造	235	2204	1333	2359
有机化学原料制造	6	-22	...	270
无机酸制造	1	35		2
无机碱制造	12	14		49
其他基础化学原料制造	26	171		271
涂料、油墨、颜料及类似产品制造	6	-164	135	352
颜料制造	5	-188	135	338
涂料制造	...	23		14
密封用填料及类似品制造				
合成材料制造	12	393		334
初级形态的塑料及合成树脂制造	12	381		322
合成橡胶制造	...	12		12
专用化学产品制造	122	1667		1236
化学试剂和助剂制造	5	299		272
林产化学产品制造	45	910		801
专项化学用品制造	33	191		79
炸药及火工产品制造	25	145		56
环境污染处理专用药剂材料制造	8	30		27
动物胶制造	6	93		1
肥料制造	...	1		...
磷肥制造				

单位：个、万元、人

营业利润	职工工资和福利费	本年应交增值税	年末存货	全部从业人员年平均人数
	36			92
	36			92
2	43	…	93	157
	24		60	126
2	19	…	33	31
299	781	325	1749	1055
264	651	267	1227	874
56	473	149	961	587
209	178	118	267	287
34	129	58	521	181
81	70	39	445	124
…	1	…		2
-46	58	19	76	55
520	1696	552	1182	2039
515	1539	535	1056	1779
375	1172	406	604	1138
28	221	39	194	424
112	147	91	258	217
5	157	17	126	260
5	157	17	126	260
25268	12550	10441	36075	4373
5844	5848	3928	21789	1505
5844	5848	3928	21789	1505
19424	6701	6513	14286	2868
19424	6701	6513	14286	2868
-292	4425	2349	6389	4216
-472	3038	1340	1883	2936
-85	2568	1121	713	2348
-286	184	100	724	211
33	3	1	33	10
-35	93	3	41	60
-99	190	115	372	307
-381	217	139	446	237
-391	186	135	286	173
10	31	4	160	63
	…			1
59	199	99	236	125
60	190	99	215	101
-1	9	1	20	24
430	910	703	3439	799
27	146	36	656	73
108	576	522	2470	472
112	50	92	136	52
89	94	29	110	170
3	39	12	33	24
91	6	11	33	8
1	13	…	1	36
	1			2

2-1-12 续表 12

指标名称	主营业务税金及附加	主营业务利润	其他业务利润	营业费用管理费用财务费用合计
复混肥料制造	...	1		...
有机肥料及微生物肥料制造				
农药制造	7	99		28
化学农药制造	7	99		28
日用化学产品制造	2	2		2
其他日用化学产品制造	2	2		2
橡胶制品业	110	1895	12	2241
橡胶板、管、带的制造	74	1325		1860
橡胶板、管、带的制造	74	1325		1860
橡胶零件制造	33	504	12	319
橡胶零件制造	33	504	12	319
日用及医用橡胶制品制造	2	57		61
日用及医用橡胶制品制造	2	57		61
其他橡胶制品制造	1	10		2
其他橡胶制品制造	1	10		2
塑料制品业	235	1349	57	2389
塑料板、管、型材的制造	7	162	9	164
塑料板、管、型材的制造	7	162	9	164
塑料丝、绳及编织品的制造	217	949	11	1850
塑料丝、绳及编织品的制造	217	949	11	1850
塑料薄膜制造	2	11	16	111
塑料薄膜制造	2	11	16	111
泡沫塑料制造	1	-3		16
泡沫塑料制造	1	-3		16
塑料人造革、合成革制造				
塑料人造革、合成革制造				
塑料包装箱及容器制造	4	187	...	166
塑料包装箱及容器制造	4	187	...	166
塑料零件制造	1	22	...	22
塑料零件制造	1	22	...	22
日用塑料制造	3	16	21	53
塑料鞋制造	...	4	1	31
日用塑料杂品制造	3	12	19	23
其他塑料制品制造	1	6	...	5
其他塑料制品制造	1	6	...	5
非金属矿物制品业	1507	14897	206	8763
水泥、石灰和石膏的制造	425	1855	51	1681
水泥制造	405	1811	50	1657
石灰和石膏制造	21	44	1	24
水泥及石膏制品制造	181	1034	5	693
水泥制品制造	121	414	5	348
砼结构构件制造	59	616		343
石棉水泥制品制造	2	3		1
轻质建筑材料制造				
其他水泥制品制造		1		1
砖瓦、石材及其他建筑材料制造	553	4075	106	2065
粘土砖瓦及建筑砌块制造	458	3556	106	1852
建筑陶瓷制品制造	7	65		95

单位：个、万元、人

营业利润	职工工资和福利费	本年应交增值税	年末存货	全部从业人员年平均人数
1	13	…	1	8
				26
72	37	67	381	50
72	37	67	381	50
…	11	…	5	33
…	11	…	5	33
-330	1902	498	2277	1301
-525	1219	364	1186	712
-525	1219	364	1186	712
191	420	99	592	393
191	420	99	592	393
-4	99	34	178	96
-4	99	34	178	96
8	164	2	321	100
8	164	2	321	100
-392	2315	478	5031	2695
7	148	40	1840	220
7	148	40	1840	220
-298	1583	375	1947	1520
-298	1583	375	1947	1520
-85	55	7	187	72
-85	55	7	187	72
-20	18	1	95	55
-20	18	1	95	55
	4		32	10
	4		32	10
21	175	35	670	299
21	175	35	670	299
-1	28	9	42	50
-1	28	9	42	50
-17	257	6	185	397
-25	17	1	86	31
8	240	6	99	366
1	47	5	35	72
1	47	5	35	72
6542	12975	4285	19802	15072
312	3193	1046	5516	2436
291	3105	1039	5499	2337
21	88	7	17	99
357	1064	171	2147	1503
82	676	44	1025	960
273	369	125	1122	519
2	2	1		5
	1			4
	15			15
2116	4986	926	3197	6799
1809	4650	785	2832	6319
-30	61	15	66	150

2-1-12 续表 13

指标名称	主营业务税金及附加	主营业务利润	其他业务利润	营业费用管理费用财务费用合计
建筑用石加工	11	227		17
防水建筑材料制造	1	33		1
隔热和隔音材料制造	1	14		19
其他建筑材料制造	76	180		80
耐火材料制品制造	312	6898	4	3671
耐火陶瓷制品及其他耐火材料制造	306	6848	4	3590
石棉制品制造	6	50		81
石墨及其他非金属矿物制品制造	27	842	28	565
石墨及碳素制品制造	24	722	28	484
其他非金属矿物制品制造	3	120	...	81
玻璃及玻璃制品制造	8	128	13	53
平板玻璃制造	2	24		22
日用玻璃制品及玻璃包装容器制造	...	3		2
玻璃纤维及制品制造				
玻璃纤维增强塑料制品制造	2	13	13	3
其他玻璃制品制造	3	88		25
陶瓷制品制造	1	65		35
特种陶瓷制品制造	1	16		20
日用陶瓷制品制造	1	49		15
黑色金属冶炼及压延加工业	134	2507	70	2235
炼铁	20	599		728
炼铁	20	599		728
钢压延加工	30	499		343
钢压延加工	30	499		343
铁合金冶炼	74	1304	70	1064
铁合金冶炼	74	1304	70	1064
炼钢	11	105		99
炼钢	11	105		99
有色金属冶炼及压延加工业	437	3124	25	900
有色金属压延加工	35	447	25	513
常用有色金属压延加工	35	447	25	513
常用有色金属冶炼	401	2671		363
铝冶炼				
镁冶炼	401	2671		363
其他常用有色金属冶炼				
贵金属冶炼				
银冶炼				
稀有稀土金属冶炼	...	6		25
钨钼冶炼	...	6		25
金属制品业	430	7117	462	6745
结构性金属制品制造	185	3442	48	2898
金属结构制造	162	3397	48	2839
金属门窗制造	23	45		60
金属工具制造	24	1035	23	1407
切削工具制造	2	85	1	1136
农用及园林用金属工具制造	1	11	5	14
刀剪及类似日用金属工具制造	1	3		7
其他金属工具制造	21	935	17	250

单位：个、万元、人

营业利润	职工工资和福利费	本年应交增值税	年末存货	全部从业人员年平均人数
210	82	19	28	136
32	20	3	7	25
-5	36	19	223	55
101	138	85	40	114
3224	3046	1746	4692	3064
3255	2945	1711	4477	2909
-30	101	35	215	155
415	399	343	3322	578
376	270	329	2899	292
39	129	14	423	286
88	104	41	251	150
1	19	23	13	10
1	29	…	2	41
	1			3
23	9	3	2	10
63	46	15	234	86
30	183	12	676	542
-3	18	…	15	32
34	165	12	661	510
342	1465	1036	9555	1819
-130	563	125	2100	1062
-130	563	125	2100	1062
157	135	114	201	82
157	135	114	201	82
309	614	768	6929	490
309	614	768	6929	490
6	153	28	325	185
6	153	28	325	185
2250	802	296	2480	809
-39	467	115	841	481
-39	467	115	841	481
2308	291	178	1574	271
	23	…		70
2308	268	178	1574	200
	…			1
	13			34
	13			34
-19	30	3	65	23
-19	30	3	65	23
480	12036	2936	20675	6378
491	3087	997	8275	2032
506	3025	973	8010	1933
-15	62	23	265	99
-350	4795	435	5842	979
-1049	4410	12	5272	448
2	30	1	9	64
-4	14	1		30
702	340	422	561	437

2-1-12 续表 14

指标名称	主营业务税金及附加	主营业务利润	其他业务利润	营业费用管理费用财务费用合计
集装箱及金属包装容器制造	44	460	28	290
金属包装容器制造	44	460	28	290
金属丝绳及其制品的制造	70	1041	351	755
金属丝绳及其制品的制造	70	1041	351	755
建筑、安全用金属制品制造	34	658	11	1007
安全、消防用金属制品制造	22	772	11	899
建筑、家具用金属配件制造	1	22		5
建筑装饰及水暖管道零件制造	11	-140		100
其他建筑、安全用金属制品制造	1	4		3
金属表面处理及热处理加工	19	190		127
金属表面处理及热处理加工	19	190		127
不锈钢及类似日用金属制品制造	33	65		31
金属制厨用器皿及餐具制造	...	1		...
其他日用金属制品制造	33	64		31
其他金属制品制造	20	227	1	230
其他未列明的金属制品制造	20	227	1	230
通用设备制造业	1219	13867	2336	14830
锅炉及原动机制造	15	167	4	182
锅炉及辅助设备制造	15	167	4	182
金属加工机械制造	47	703		857
铸造机械制造	19	545		719
金属切削机床制造	1	15		1
金属切割及焊接设备制造	1	62		51
其他金属加工机械制造	26	81		87
起重运输设备制造	14	549	11	558
起重运输设备制造	14	549	11	558
风机、衡器、包装设备等通用设备制造	180	3452	613	4169
风机、风扇制造	91	495		330
气体、液体分离及纯净设备制造	2	80	26	151
制冷、空调设备制造	2	48		38
喷枪及类似器具制造	38	-4	563	539
其他通用设备制造	48	2833	24	3110
通用零部件制造及机械修理	401	3657	1581	6489
紧固件、弹簧制造	24	213	138	403
机械零部件加工及设备修理	354	2802	1443	5611
其他通用零部件制造	23	642		476
金属铸、锻加工	534	5061	31	2310
钢铁铸件制造	498	4840	31	2199
锻件及粉末冶金制品制造	37	222	...	110
泵、阀门、压缩机及类似机械的制造	21	133	94	162
泵及真空设备制造	6	54	1	11
气体压缩机械制造	1	30	86	91
阀门和旋塞的制造	11	-1	5	8
液压和气压动力机械及元件制造	4	50	3	52
轴承、齿轮、传动和驱动部件的制造	6	144	...	102
轴承制造	2	27		12
齿轮、传动和驱动部件制造	4	117	...	90
专用设备制造业	572	9733	328	9131

单位：个、万元、人

营业利润	职工工资和福利费	本年应交增值税	年末存货	全部从业人员年平均人数
252	1049	445	47	425
252	1049	445	47	425
329	1563	558	442	1155
329	1563	558	442	1155
-338	803	206	5200	1089
-115	598	135	4061	721
17	12	17	149	24
-240	158	53	950	324
…	35	1	39	20
62	550	157	299	442
62	550	157	299	442
34	63	16	118	109
1	34	…	22	55
34	29	16	96	54
-1	128	121	453	147
-1	128	121	453	147
1536	19642	4917	39821	16442
-11	368	63	999	519
-11	368	63	999	519
281	956	101	3902	848
262	708	88	2234	336
14	42	1		53
11	62	1	418	81
-6	144	11	1250	378
3	734	122	2267	601
3	734	122	2267	601
-49	4580	1220	7540	1916
220	466	396	1331	208
-45	146	18	159	72
10	118	18	312	86
19	1759	377	35	653
-254	2092	412	5703	897
-1273	8010	2100	9055	9199
-52	274	68	1686	300
-1350	6985	1833	7017	8418
128	750	199	353	481
2477	4361	1221	4988	2634
2365	2543	1092	3476	2139
111	1818	129	1512	495
65	392	36	10366	445
44	178	5	36	128
25	22	2	68	41
-4	24	8	41	48
1	167	21	10221	228
43	240	53	704	280
15	43	18	387	68
28	197	35	317	212
852	6785	2841	14435	4521

2-1-12 续表 15

指标名称	主营业务税金及附加	主营业务利润	其他业务利润	营业费用管理费用财务费用合计
矿山、冶金、建筑专用设备制造	544	9124	321	8413
采矿、采石设备制造	536	8818	321	8179
石油钻采专用设备制造		65		101
冶金专用设备制造	8	241		133
建筑工程用机械制造				
纺织、服装和皮革工业专用设备制造	20	513	7	617
纺织专用设备制造	20	512	7	607
皮革、毛皮及其制品加工专用设备制造	...	1		10
化工、木材、非金属加工专用设备制造	4	44		31
木材加工机械制造	...	4		2
模具制造	3	40		29
食品、饮料、烟草及饲料生产专用设备制造	...	...		10
农副食品加工专用设备制造	...	...		10
印刷、制药、日化生产专用设备制造	...	8		7
照明器具生产专用设备制造	...	8		7
电子和电工机械专用设备制造				
电工机械专用设备制造				
农、林、牧、渔专用机械制造	3	42		40
机械化农业及园艺机具制造	1	40		38
其他农林牧渔业机械制造及机械修理	2	2		1
环保、社会公共安全及其他专用设备制造	1	3		13
环境污染防治专用设备制造	1	3		13
社会公共安全设备及器材制造				
交通运输设备制造业	357	5118	595	4308
铁路运输设备制造	329	4748	594	3901
铁路机车车辆配件制造	275	3335	590	2524
铁路专用设备及器材、配件制造	36	941	4	938
其他铁路设备制造及设备修理	18	470	1	437
工矿有轨专用车辆制造	...	2		2
汽车制造	28	370	1	407
汽车车身、挂车的制造	...	126		134
汽车零部件及配件制造	1	13	...	30
汽车修理	27	230	1	243
自行车制造				
脚踏自行车及残疾人座车制造				
电气机械及器材制造业	194	3075	14	1564
电机制造	70	2288	-120	800
电动机制造	68	2214	-120	776
发电机及发电机组制造	3	74		24
输配电及控制设备制造	54	550	107	513
变压器、整流器和电感器制造	16	248	46	270
配电开关控制设备制造	38	227	21	177
电力电子元器件制造	...	73	40	61
其他输配电及控制设备制造	...	2		5
电线、电缆、光缆及电工器材制造	66	206	27	232
电线电缆制造	62	188	15	157
绝缘制品制造	3	-9	12	41
其他电工器材制造	1	27		34

单位：个、万元、人

营业利润	职工工资和福利费	本年应交增值税	年末存货	全部从业人员年平均人数
1102	5874	2604	12154	3870
1031	5532	2497	10918	3562
-36	81		715	58
108	256	107	248	238
	5		274	12
-246	742	203	1626	437
-237	723	202	1612	409
-9	19	…	14	28
13	70	17	49	92
2	11	…	9	20
11	60	16	40	72
-10	26	3	283	31
-10	26	3	283	31
2	8	4	54	10
2	8	4	54	10
	1			2
	1			2
2	41	9	49	51
2	38	8	48	45
…	2	…	1	6
-11	22	3	219	28
-11	18	3	217	20
	5		2	8
36	6010	2645	7403	3979
72	5531	2584	6978	3242
32	4231	2117	6194	2566
7	725	169	509	377
34	571	296	275	291
	4	1		8
-36	478	61	425	734
-7	78	1	3	120
-17	60	9	88	143
-12	340	52	335	471
	1			3
	1			3
707	1990	840	3353	1571
549	1236	575	1099	624
499	1188	536	1099	581
50	48	39		43
143	301	176	1172	360
24	106	113	220	112
71	138	59	644	170
52	53	3	290	69
-4	4	…	18	9
1	380	84	903	400
45	267	75	542	267
-38	91	4	157	109
-6	22	5	205	24

2-1-12 续表 16

指标名称	主营业务税金及附加	主营业务利润	其他业务利润	营业费用管理费用财务费用合计
电池制造				
电池制造				
家用电力器具制造	4	17		13
家用通风电器具制造	4	17		13
非电力家用器具制造				
燃气、太阳能及类似能源的器具制造				
照明器具制造	...	14		5
电光源制造				
照明灯具制造	...	14		5
灯用电器附件及其他照明器具制造				
木材加工及木、竹、藤、棕、草制品业	9	128	2	122
锯材、木片加工	1	51		22
锯材加工	1	42		21
木片加工	...	8		1
木制品制造	8	77	2	99
建筑用木料及木材组件加工	2	3	2	2
木容器制造	4	55		93
软木制品及其他木制品制造	2	18		5
家具制造业	8	36		41
木质家具制造	6	24		13
木质家具制造	6	24		13
金属家具制造	1	7		4
金属家具制造	1	7		4
其他家具制造	1	4		24
其他家具制造	1	4		24
文教体育用品制造业	4	145	1	7
文化用品制造	4	145	1	7
文具制造	1	...	1	2
笔的制造				
其他文化用品制造	3	145		5
医药制造业	14	145		127
化学药品原药制造	3	60		35
化学药品原药制造	3	60		35
化学药品制剂制造				25
化学药品制剂制造				25
中药饮片加工	10	55		40
中药饮片加工	10	55		40
卫生材料及医药用品制造	...	30		27
卫生材料及医药用品制造	...	30		27
通信设备、计算机及其他电子设备制造业	25	221		55
通信设备制造	22	-16		3
其他通信设备制造	22	-16		3
电子计算机制造	...	13		7
电子计算机整机制造	...	13		7
电子元件制造	3	224		45
电子元件及组件制造	3	224		45
其他电子设备制造				
其他电子设备制造				

单位：个、万元、人

营业利润	职工工资和福利费	本年应交增值税	年末存货	全部从业人员年平均人数
	43		26	80
	43		26	80
3	22	2	132	35
3	22	2	132	35
				8
				8
9	8	3	22	64
			9	3
9	8	3	12	8
				53
8	262	52	59313	545
28	16	11	59134	21
21	10	9	59129	15
7	7	1	5	6
-20	246	41	179	524
3	58	4	19	126
-37	175	36	143	373
14	12	2	18	25
-5	116	15	377	330
11	68	6	297	267
11	68	6	297	267
3	10	3	39	11
3	10	3	39	11
-20	38	6	41	52
-20	38	6	41	52
139	30	26	1	44
139	30	26	1	44
…	7	2	…	18
	4	…		10
139	19	23	1	16
18	112	14	69	152
25	63	2	13	90
25	63	2	13	90
-25	9			20
-25	9			20
15	11	5	55	15
15	11	5	55	15
3	29	7	1	27
3	29	7	1	27
166	91	223	86	97
-19	3	19	26	5
-19	3	19	26	5
6	11	2	20	20
6	11	2	20	20
179	78	202	40	57
179	78	202	40	57
				15
				15

2-1-12 续表 17

指标名称	主营业务税金及附加	主营业务利润	其他业务利润	营业费用管理费用财务费用合计
仪器仪表及文化、办公用机械制造业	376	4179	233	4393
通用仪器仪表制造	14	264	18	202
实验分析仪器制造	3	112		111
供应用仪表及其他通用仪器制造	11	152	18	91
专用仪器仪表制造	6	71	213	285
汽车及其他用计数仪表制造				
其他专用仪器制造	6	71	213	285
光学仪器及眼镜制造	1	8		8
眼镜制造	1	8		8
其他仪器仪表的制造及修理	357	3836	2	3898
其他仪器仪表的制造及修理	357	3836	2	3898
工艺品及其他制造业	203	795	129	912
工艺美术品制造	11	70	25	139
雕塑工艺品制造	2	7		14
金属工艺品制造	...	5		37
花画工艺品制造	1	9		7
地毯、挂毯制造	1	10	10	30
其他工艺美术品制造	7	39	15	51
日用杂品制造	1	4		5
制镜及类似品加工	1	4		5
煤制品制造	192	721	104	717
煤制品制造	192	721	104	717
其他未列明的制造业				52
其他未列明的制造业				52
废弃资源和废旧材料回收加工业	10	-32	27	99
金属废料和碎屑的加工处理	3	35		23
金属废料和碎屑的加工处理	3	35		23
非金属废料和碎屑的加工处理	6	-67	27	76
非金属废料和碎屑的加工处理	6	-67	27	76
电力、燃气及水的生产和供应业	**413**	**10764**	**609**	**13593**
电力、热力的生产和供应业	338	10313	588	13045
电力生产	211	9164	516	12598
火力发电	199	8968	516	12493
水力发电	12	196	...	105
电力供应	100	393	48	393
电力供应	100	393	48	393
热力生产和供应	26	757	23	54
热力生产和供应	26	757	23	54
燃气生产和供应业	7	-186	18	19
燃气生产和供应业	7	-186	18	19
燃气生产和供应业	7	-186	18	19
水的生产和供应业	68	637	3	528
自来水的生产和供应	61	615	3	501
自来水的生产和供应	61	615	3	501
污水处理及其再生利用	7	21		27
污水处理及其再生利用	7	21		27
其他水的处理、利用与分配	...	1		1
其他水的处理、利用与分配	...	1		1

单位：个、万元、人

营业利润	职工工资和福利费	本年应交增值税	年末存货	全部从业人员年平均人数
20	735	322	4284	826
80	190	34	602	208
2	143	32	184	194
78	46	2	417	14
…	109	53	60	322
	2	…	50	6
…	107	53	10	316
1	4	…	53	8
1	4	…	53	8
-61	433	234	3571	288
-61	433	234	3571	288
12	521	808	1944	878
-44	151	9	585	287
-7	11		3	24
-33	24	2	193	43
2	7	…	4	14
-10	69	…	358	142
3	40	6	28	64
-1	8	…	13	15
-1	8	…	13	15
108	362	799	1123	503
108	362	799	1123	503
-52			222	73
-52			222	73
-104	172	17	15	116
12	41	9	10	34
12	41	9	10	34
-115	131	8	5	82
-115	131	8	5	82
-2219	**3015**	**2610**	**19924**	**3285**
-2144	2471	2451	19902	2625
-2918	1955	2153	19153	2111
-3009	1839	2122	19145	1883
91	116	31	7	228
47	351	276	716	332
47	351	276	716	332
727	165	22	33	182
727	165	22	33	182
-187	106	7		160
-187	106	7		160
-187	106	7		160
112	437	153	22	500
117	411	148	22	448
117	411	148	22	448
-6	23	5		45
-6	23	5		45
	2	…	…	7
	2	…	…	7

2-1-13 规模以上集体

指标名称	企业单位数	亏损企业	工业总产值（当年价格）	工业销售产值（当年价格）	出口交货值
总　计	**443**	**77**	**2302528**	**2365559**	**29304**
一、按轻重工业分					
轻工业	12	6	44807	45135	
重工业	431	71	2257721	2320424	29304
二、按企业规模分					
大型企业	2		122875	112282	
中型企业	60	4	892533	974978	20490
小型企业	381	73	1287120	1278299	8814
三、按国民经济行业分					
采矿业	**322**	**38**	**1681970**	**1679580**	
煤炭开采和洗选业	313	37	1652936	1653792	
烟煤和无烟煤的开采洗选	313	37	1652936	1653792	
烟煤和无烟煤的开采洗选	313	37	1652936	1653792	
黑色金属矿采选业	5		22413	19286	
铁矿采选	5		22413	19286	
铁矿采选	5		22413	19286	
有色金属矿采选业	1	1	2548	2548	
贵金属矿采选	1	1	2548	2548	
金矿采选	1	1	2548	2548	
非金属矿采选业	3		4074	3955	
土砂石开采	3		4074	3955	
建筑装饰用石开采	2		2084	1965	
粘土及其他土砂石开采	1		1990	1990	
制造业	**120**	**38**	**522824**	**523645**	**21359**
农副食品加工业	1		2529	1683	
蔬菜、水果和坚果加工	1		2529	1683	
蔬菜、水果和坚果加工	1		2529	1683	
食品制造业	1	1	992	934	
液体乳及乳制品制造	1	1	992	934	
液体乳及乳制品制造	1	1	992	934	
饮料制造业	2	1	2696	3897	
酒的制造	1	1	1832	3023	
白酒制造	1	1	1832	3023	
软饮料制造	1		865	874	
碳酸饮料制造	1		865	874	
纺织业	1	1	676	657	
棉、化纤纺织及印染精加工	1	1	676	657	
棉、化纤纺织加工	1	1	676	657	
纺织服装、鞋、帽制造业	3	1	29134	29314	
纺织服装制造	3	1	29134	29314	
纺织服装制造	3	1	29134	29314	
皮革、毛皮、羽毛(绒)及其制品业	1		519	512	
毛皮鞣制及制品加工	1		519	512	
其他毛皮制品加工	1		519	512	
造纸及纸制品业	1	1	1103	924	
纸制品制造	1	1	1103	924	
纸和纸板容器的制造	1	1	1103	924	
印刷业和记录媒介的复制	1		4857	4857	
印刷	1		4857	4857	
书、报、刊印刷	1		4857	4857	
石油加工、炼焦及核燃料加工业	3		124940	121097	
精炼石油产品的制造	1		36052	40992	

工业企业主要经济指标

单位：个、万元、人

资产总计	流动资产合计	应收帐款	存货	产成品	流动资产年平均余额
2763881	**1394771**	**369637**	**246115**	**127141**	**1281447**
28276	18772	2151	6730	2597	15825
2735605	1375999	367487	239385	124544	1265622
112347	50643	3025	15186	10133	40505
1224119	657361	165508	122681	70309	600430
1427415	686767	201105	108248	46700	640512
2065538	**959382**	**262114**	**107734**	**46196**	**883832**
2050060	951056	259069	106248	45018	875367
2050060	951056	259069	106248	45018	875367
2050060	951056	259069	106248	45018	875367
11580	7171	2611	1365	1096	7164
11580	7171	2611	1365	1096	7164
11580	7171	2611	1365	1096	7164
2116	216				360
2116	216				360
2116	216				360
1782	939	434	121	82	941
1782	939	434	121	82	941
928	526	418	108	69	528
855	413	16	13	13	413
528395	**362683**	**88052**	**119250**	**61815**	**324910**
860	186	52	134	68	186
860	186	52	134	68	186
860	186	52	134	68	186
2137	820	143	469	300	820
2137	820	143	469	300	820
2137	820	143	469	300	820
2065	1229	7	1014	408	1280
1631	1070	5	909	368	1070
1631	1070	5	909	368	1070
434	159	2	106	40	210
434	159	2	106	40	210
642	342	70	257	7	150
642	342	70	257	7	150
642	342	70	257	7	150
16479	12771	1148	4051	1405	11716
16479	12771	1148	4051	1405	11716
16479	12771	1148	4051	1405	11716
1003	568	307	221	118	568
1003	568	307	221	118	568
1003	568	307	221	118	568
629	271	87	150	90	267
629	271	87	150	90	267
629	271	87	150	90	267
2642	2058	316	148	125	206
2642	2058	316	148	125	206
2642	2058	316	148	125	206
148393	92439	13523	36032	25544	72685
88256	62619	12609	21789	15465	47372

2-1-13 续表 1

指标名称	企业单位数	亏损企业	工业总产值(当年价格)	工业销售产值(当年价格)	出口交货值
原油加工及石油制品制造	1		36052	40992	
炼焦	2		88888	80105	
炼焦	2		88888	80105	
化学原料及化学制品制造业	11	5	26364	26630	1157
基础化学原料制造	5	2	16711	16239	
无机盐制造	4	1	15727	15559	
有机化学原料制造	1	1	984	680	
涂料、油墨、颜料及类似产品制造	1	1	2300	2357	
颜料制造	1	1	2300	2357	
合成材料制造	1		2687	2470	
初级形态的塑料及合成树脂制造	1		2687	2470	
专用化学产品制造	4	2	4667	5563	1157
化学试剂和助剂制造	2	1	2117	3030	
林产化学产品制造	2	1	2550	2532	1157
橡胶制品业	4	1	15956	16346	
橡胶板、管、带的制造	2	1	13584	13882	
橡胶板、管、带的制造	2	1	13584	13882	
橡胶零件制造	1		1802	1802	
橡胶零件制造	1		1802	1802	
日用及医用橡胶制品制造	1		569	661	
日用及医用橡胶制品制造	1		569	661	
塑料制品业	2		8225	7699	
塑料板、管、型材的制造	1		629	103	
塑料板、管、型材的制造	1		629	103	
塑料丝、绳及编织品的制造	1		7596	7596	
塑料丝、绳及编织品的制造	1		7596	7596	
非金属矿物制品业	21	8	31663	31491	2155
水泥、石灰和石膏的制造	9	5	14034	14692	
水泥制造	8	5	12734	13392	
石灰和石膏制造	1		1300	1300	
水泥及石膏制品制造	2		2170	2150	
水泥制品制造	2		2170	2150	
砖瓦、石材及其他建筑材料制造	6	3	7707	7491	
粘土砖瓦及建筑砌块制造	6	3	7707	7491	
耐火材料制品制造	2		3521	3144	2155
耐火陶瓷制品及其他耐火材料制造	2		3521	3144	2155
石墨及其他非金属矿物制品制造	2		4232	4015	
石墨及碳素制品制造	2		4232	4015	
黑色金属冶炼及压延加工业	4	1	27208	24025	17970
炼铁	1	1	6165	6364	5425
炼铁	1	1	6165	6364	5425
钢压延加工	2		1630	1629	
钢压延加工	2		1630	1629	
铁合金冶炼	1		19414	16033	12545
铁合金冶炼	1		19414	16033	12545
有色金属冶炼及压延加工业	1	1	379	447	
有色金属压延加工	1	1	379	447	
常用有色金属压延加工	1	1	379	447	
金属制品业	15	4	46617	45841	76
结构性金属制品制造	6	1	23824	23800	
金属结构制造	6	1	23824	23800	

单位：个、万元、人

资产总计	流动资产合计	应收帐款	存货	产成品	流动资产年平均余额
88256	62619	12609	21789	15465	47372
60136	29819	915	14243	10079	25313
60136	29819	915	14243	10079	25313
30342	19024	5108	2353	864	18622
22896	14966	3892	979	509	14551
11238	5998	2399	451	277	6044
11659	8968	1492	528	232	8508
1820	526	21	286	76	633
1820	526	21	286	76	633
1047	847	473	194	18	837
1047	847	473	194	18	837
4579	2685	723	895	261	2601
2291	1475	330	656	27	1429
2288	1210	392	239	234	1172
9159	7186	3001	1412	1126	7182
6076	4450	1979	1074	900	4445
6076	4450	1979	1074	900	4445
2804	2475	937	194	82	2475
2804	2475	937	194	82	2475
278	262	85	144	144	262
278	262	85	144	144	262
16691	10097	4468	2932	1205	10365
4447	2098	185	1277	953	2186
4447	2098	185	1277	953	2186
12245	7999	4283	1654	252	8179
12245	7999	4283	1654	252	8179
41729	18938	4466	9723	3622	18068
22859	8629	1551	4245	1362	8102
21472	8462	1499	4245	1362	7935
1387	167	52			167
2145	770	166	473	473	770
2145	770	166	473	473	770
5308	1529	512	739	579	1810
5308	1529	512	739	579	1810
5598	4077	1515	1652	859	3777
5598	4077	1515	1652	859	3777
5818	3933	723	2614	350	3609
5818	3933	723	2614	350	3609
18411	12047	1136	7964	5145	10460
2694	1607	171	1261	900	1740
2694	1607	171	1261	900	1740
6730	3072	413	192	141	3082
6730	3072	413	192	141	3082
8986	7368	552	6511	4105	5638
8986	7368	552	6511	4105	5638
1695	936	341	361	185	942
1695	936	341	361	185	942
1695	936	341	361	185	942
51808	43957	10640	16411	10028	41174
16620	13973	3498	7644	4353	14249
16620	13973	3498	7644	4353	14249

2-1-13 续表 2

指标名称	企业单位数	亏损企业	工业总产值（当年价格）	工业销售产值（当年价格）	出口交货值
金属工具制造	1	1	769	1535	76
切削工具制造	1	1	769	1535	76
集装箱及金属包装容器制造	1		3916	3916	
金属包装容器制造	1		3916	3916	
金属丝绳及其制品的制造	3		9438	9433	
金属丝绳及其制品的制造	3		9438	9433	
建筑、安全用金属制品制造	3	2	4555	3640	
安全、消防用金属制品制造	3	2	4555	3640	
金属表面处理及热处理加工	1		4116	3518	
金属表面处理及热处理加工	1		4116	3518	
通用设备制造业	30	9	94124	101421	
锅炉及原动机制造	1		930	739	
锅炉及辅助设备制造	1		930	739	
金属加工机械制造	2	1	2980	3023	
铸造机械制造	2	1	2980	3023	
起重运输设备制造	2	1	4701	3849	
起重运输设备制造	2	1	4701	3849	
风机、衡器、包装设备等通用设备制造	8	2	35865	34571	
风机、风扇制造	2		9748	9248	
气体、液体分离及纯净设备制造	1	1	1354	1354	
制冷、空调设备制造	1		1180	1037	
喷枪及类似器具制造	1		4851	4850	
其他通用设备制造	3	1	18732	18082	
通用零部件制造及机械修理	11	5	34971	44662	
紧固件、弹簧制造	2	1	3453	3273	
机械零部件加工及设备修理	6	2	27920	38146	
其他通用零部件制造	3	2	3599	3243	
金属铸、锻加工	6		14677	14577	
钢铁铸件制造	5		12914	12914	
锻件及粉末冶金制品制造	1		1763	1664	
专用设备制造业	12	4	63660	64925	
矿山、冶金、建筑专用设备制造	10	2	60212	61480	
采矿、采石设备制造	8	1	58364	59632	
石油钻采专用设备制造	1	1	713	713	
冶金专用设备制造	1		1135	1135	
纺织、服装和皮革工业专用设备制造	2	2	3448	3445	
纺织专用设备制造	2	2	3448	3445	
交通运输设备制造业	4		32899	32609	
铁路运输设备制造	4		32899	32609	
铁路机车车辆配件制造	2		28549	28107	
铁路专用设备及器材、配件制造	1		2360	2360	
其他铁路设备制造及设备修理	1		1991	2142	
电气机械及器材制造业	2		8282	8338	
电机制造	1		6844	6901	
电动机制造	1		6844	6901	
输配电及控制设备制造	1		1438	1438	
变压器、整流器和电感器制造	1		1438	1438	
电力、燃气及水的生产和供应业	**1**	**1**	**97735**	**162333**	**7945**
电力、热力的生产和供应业	1	1	97735	162333	7945
电力生产	1	1	97735	162333	7945
火力发电	1	1	97735	162333	7945

单位：个、万元、人

资产总计	流动资产合计	应收帐款	存货	产成品	流动资产年平均余额
20353	18559	4015	4999	3847	18502
20353	18559	4015	4999	3847	18502
2208	1936	46	17		194
2208	1936	46	17		194
4650	3064	715	73	26	2693
4650	3064	715	73	26	2693
6098	4584	779	3447	1803	4433
6098	4584	779	3447	1803	4433
1879	1841	1588	231		1104
1879	1841	1588	231		1104
92191	68935	18771	17334	5199	62800
432	282	50	171	62	269
432	282	50	171	62	269
7523	4249	1019	2233	801	5917
7523	4249	1019	2233	801	5917
3416	3072	995	1803	95	3106
3416	3072	995	1803	95	3106
26857	21967	8896	6689	1587	19709
4266	3688	909	1331	130	3564
3105	1123	376	159		1331
1141	1081	576	312		826
1948	1313	401	35		1166
16397	14762	6634	4852	1456	12822
33509	24998	4932	4522	2060	24147
8639	6684	1776	1274	133	6417
19939	14905	2855	2985	1759	14222
4931	3409	301	263	168	3509
20453	14367	2880	1915	594	9653
9019	7239	2880	1188	284	3572
11434	7128		728	310	6081
53329	43896	10931	10452	5802	41706
43037	34976	9239	9034	5197	32606
39711	32527	8750	8240	5151	30388
1693	1040	278	715	46	1025
1633	1409	211	79		1193
10292	8920	1693	1418	606	9100
10292	8920	1693	1418	606	9100
29571	20914	10586	6720	273	20781
29571	20914	10586	6720	273	20781
27058	19210	9603	6162		19121
782	465	1	326	272	388
1732	1239	982	231	1	1272
8621	6069	2950	1113	300	4933
7525	5259	2542	1057	300	4075
7525	5259	2542	1057	300	4075
1096	810	408	56		858
1096	810	408	56		858
169949	**72705**	**19472**	**19130**	**19130**	**72705**
169949	72705	19472	19130	19130	72705
169949	72705	19472	19130	19130	72705
169949	72705	19472	19130	19130	72705

2-1-13 续表 3

指标名称	固定资产合计	固定资产原价	累计折旧(规上工业)	固定资产净值
总 计	**973334**	**1132710**	**264945**	**867765**
一、按轻重工业分				
轻工业	8223	11399	4219	7180
重工业	965111	1121311	260727	860585
二、按企业规模分				
大型企业	55216	57288	15302	41986
中型企业	378082	450715	121245	329471
小型企业	540036	624707	128399	496308
三、按国民经济行业分				
采矿业	**772384**	**850269**	**171768**	**678500**
煤炭开采和洗选业	765620	842339	170603	671736
烟煤和无烟煤的开采洗选	765620	842339	170603	671736
烟煤和无烟煤的开采洗选	765620	842339	170603	671736
黑色金属矿采选业	4392	5089	697	4392
铁矿采选	4392	5089	697	4392
铁矿采选	4392	5089	697	4392
有色金属矿采选业	1900	2244	344	1900
贵金属矿采选	1900	2244	344	1900
金矿采选	1900	2244	344	1900
非金属矿采选业	472	597	125	472
土砂石开采	472	597	125	472
建筑装饰用石开采	30	155	125	30
粘土及其他土砂石开采	442	442		442
制造业	**137293**	**207086**	**81429**	**125657**
农副食品加工业	8	25	17	8
蔬菜、水果和坚果加工	8	25	17	8
蔬菜、水果和坚果加工	8	25	17	8
食品制造业	1127	1549	422	1127
液体乳及乳制品制造	1127	1549	422	1127
液体乳及乳制品制造	1127	1549	422	1127
饮料制造业	787	1190	406	784
酒的制造	562	812	251	562
白酒制造	562	812	251	562
软饮料制造	225	378	155	222
碳酸饮料制造	225	378	155	222
纺织业	157	402	245	157
棉、化纤纺织及印染精加工	157	402	245	157
棉、化纤纺织加工	157	402	245	157
纺织服装、鞋、帽制造业	3707	4875	2107	2767
纺织服装制造	3707	4875	2107	2767
纺织服装制造	3707	4875	2107	2767
皮革、毛皮、羽毛(绒)及其制品业	435	485	51	435
毛皮鞣制及制品加工	435	485	51	435
其他毛皮制品加工	435	485	51	435
造纸及纸制品业	358	434	77	358
纸制品制造	358	434	77	358
纸和纸板容器的制造	358	434	77	358
印刷业和记录媒介的复制	584	1072	489	584
印刷	584	1072	489	584
书、报、刊印刷	584	1072	489	584
石油加工、炼焦及核燃料加工业	44462	55292	17085	38207
精炼石油产品的制造	20633	24515	8655	15860

单位：个、万元、人

固定资产净值年平均余额	负债合计	流动负债合计	应付账款	长期负债合计	所有者权益合计
853040	**1803225**	**1523816**	**397200**	**240435**	**960656**
9437	19480	19159	5360	304	8796
843604	1783745	1504657	391841	240131	951860
54326	44053	31214	3827	12839	68293
304787	863581	741715	208605	118204	360538
493927	895591	750887	184769	109392	531824
666615	**1290183**	**1089533**	**239858**	**177939**	**775355**
659605	1283555	1084280	239157	176579	766505
659605	1283555	1084280	239157	176579	766505
659605	1283555	1084280	239157	176579	766505
4402	5857	4798	661	1048	5723
4402	5857	4798	661	1048	5723
4402	5857	4798	661	1048	5723
2106	158	158			1958
2106	158	158			1958
2106	158	158			1958
503	614	297	40	311	1169
503	614	297	40	311	1169
61	79	74	31		849
442	535	223	9	311	320
122817	**391369**	**345705**	**142663**	**29402**	**137026**
81	20	20	20		840
81	20	20	20		840
81	20	20	20		840
1127	1343	1343	64		794
1127	1343	1343	64		794
1127	1343	1343	64		794
784	1126	1053	107	57	939
562	707	650	73	57	925
562	707	650	73	57	925
223	420	403	34		15
223	420	403	34		15
157	92	92			550
157	92	92			550
157	92	92			550
4933	12175	12161	4405	14	4304
4933	12175	12161	4405	14	4304
4933	12175	12161	4405	14	4304
435	726	718	337	9	277
435	726	718	337	9	277
435	726	718	337	9	277
362	590	476	209	114	39
362	590	476	209	114	39
362	590	476	209	114	39
584	1980	1980			662
584	1980	1980			662
584	1980	1980			662
37629	96230	88312	33998	7872	52163
15286	69916	69916	30587		18340

2-1-13 续表 4

指标名称	固定资产合计	固定资产原价	累计折旧(规上工业)	固定资产净值
原油加工及石油制品制造	20633	24515	8655	15860
炼焦	23830	30777	8430	22347
炼焦	23830	30777	8430	22347
化学原料及化学制品制造业	9659	16654	7148	9506
基础化学原料制造	6572	10908	4337	6572
无机盐制造	3881	6885	3004	3881
有机化学原料制造	2691	4023	1332	2691
涂料、油墨、颜料及类似产品制造	1061	1366	406	960
颜料制造	1061	1366	406	960
合成材料制造	196	240	56	184
初级形态的塑料及合成树脂制造	196	240	56	184
专用化学产品制造	1831	4141	2350	1791
化学试剂和助剂制造	793	2626	1873	753
林产化学产品制造	1039	1514	477	1038
橡胶制品业	1872	2795	923	1872
橡胶板、管、带的制造	1527	2222	695	1527
橡胶板、管、带的制造	1527	2222	695	1527
橡胶零件制造	330	519	190	330
橡胶零件制造	330	519	190	330
日用及医用橡胶制品制造	16	54	38	16
日用及医用橡胶制品制造	16	54	38	16
塑料制品业	5719	11826	6109	5716
塑料板、管、型材的制造	2349	2542	196	2346
塑料板、管、型材的制造	2349	2542	196	2346
塑料丝、绳及编织品的制造	3370	9284	5914	3370
塑料丝、绳及编织品的制造	3370	9284	5914	3370
非金属矿物制品业	19871	28723	9638	19085
水泥、石灰和石膏的制造	14098	19574	6216	13357
水泥制造	12878	18354	5850	12503
石灰和石膏制造	1220	1220	366	854
水泥及石膏制品制造	573	765	193	573
水泥制品制造	573	765	193	573
砖瓦、石材及其他建筑材料制造	2420	3756	1343	2413
粘土砖瓦及建筑砌块制造	2420	3756	1343	2413
耐火材料制品制造	1510	2569	1059	1509
耐火陶瓷制品及其他耐火材料制造	1510	2569	1059	1509
石墨及其他非金属矿物制品制造	1271	2060	827	1232
石墨及碳素制品制造	1271	2060	827	1232
黑色金属冶炼及压延加工业	5721	9031	3377	5654
炼铁	1067	2535	1535	1000
炼铁	1067	2535	1535	1000
钢压延加工	3658	4291	634	3658
钢压延加工	3658	4291	634	3658
铁合金冶炼	997	2205	1208	997
铁合金冶炼	997	2205	1208	997
有色金属冶炼及压延加工业	208	636	428	208
有色金属压延加工	208	636	428	208
常用有色金属压延加工	208	636	428	208
金属制品业	6824	15191	9447	5745
结构性金属制品制造	2548	5258	2889	2368
金属结构制造	2548	5258	2889	2368

单位：个、万元、人

固定资产净值年平均余额	负债合计	流动负债合计	应付账款	长期负债合计	所有者权益合计
15286	69916	69916	30587		18340
22343	26313	18396	3411	7872	33823
22343	26313	18396	3411	7872	33823
8392	20551	12285	4793	2147	9791
5823	13533	5771	3351	1743	9363
3899	5233	4220	3221		6004
1924	8300	1550	129	1743	3359
974	1429	1319	218	111	391
974	1429	1319	218	111	391
183	823	823			224
183	823	823			224
1413	4766	4373	1224	293	-187
427	3526	3327	877	199	-1235
985	1240	1046	348	94	1048
1853	7789	7240	4306	549	1370
1511	6440	5891	3203	549	-364
1511	6440	5891	3203	549	-364
330	1297	1297	1090		1508
330	1297	1297	1090		1508
13	52	52	13		226
13	52	52	13		226
5751	13014	12814	5558	200	3677
2219	4220	4020	929	200	227
2219	4220	4020	929	200	227
3533	8795	8795	4628		3450
3533	8795	8795	4628		3450
18082	26050	19810	6553	5216	15679
12542	12959	9434	3246	3005	9900
12052	12884	9358	3171	3005	8588
490	75	75	75		1312
573	1242	1187	496	55	904
573	1242	1187	496	55	904
2244	3358	2431	250	884	1950
2244	3358	2431	250	884	1950
1502	3519	2247	646	1272	2080
1502	3519	2247	646	1272	2080
1221	4972	4511	1915		846
1221	4972	4511	1915		846
5260	10146	10145	6025		8265
1043	860	860	708		1835
1043	860	860	708		1835
3669	3840	3840	351		2891
3669	3840	3840	351		2891
548	5446	5446	4966		3540
548	5446	5446	4966		3540
208	1528	1228	477	300	167
208	1528	1228	477	300	167
208	1528	1228	477	300	167
4825	55130	37201	14929	9828	-3322
1825	13716	12988	4275	728	2903
1825	13716	12988	4275	728	2903

2-1-13 续表 5

指标名称	固定资产合计	固定资产原价	累计折旧(规上工业)	固定资产净值
金属工具制造	867	4944	4146	798
切削工具制造	867	4944	4146	798
集装箱及金属包装容器制造	272	395	123	272
金属包装容器制造	272	395	123	272
金属丝绳及其制品的制造	1586	1866	1094	772
金属丝绳及其制品的制造	1586	1866	1094	772
建筑、安全用金属制品制造	1513	2673	1177	1496
安全、消防用金属制品制造	1513	2673	1177	1496
金属表面处理及热处理加工	38	56	18	38
金属表面处理及热处理加工	38	56	18	38
通用设备制造业	17670	29383	13830	15553
锅炉及原动机制造	76	175	99	76
锅炉及辅助设备制造	76	175	99	76
金属加工机械制造	3265	3588	323	3265
铸造机械制造	3265	3588	323	3265
起重运输设备制造	344	622	278	344
起重运输设备制造	344	622	278	344
风机、衡器、包装设备等通用设备制造	3149	7992	5112	2880
风机、风扇制造	577	897	533	363
气体、液体分离及纯净设备制造	314	485	171	314
制冷、空调设备制造	60	60	…	60
喷枪及类似器具制造	635	1412	777	635
其他通用设备制造	1564	5138	3631	1507
通用零部件制造及机械修理	5894	11434	5862	5572
紧固件、弹簧制造	1010	1688	744	943
机械零部件加工及设备修理	4195	7342	3393	3948
其他通用零部件制造	689	2405	1724	681
金属铸、锻加工	4942	5572	2155	3417
钢铁铸件制造	1702	2240	1108	1133
锻件及粉末冶金制品制造	3240	3331	1047	2284
专用设备制造业	8648	13293	4877	8416
矿山、冶金、建筑专用设备制造	7284	10799	3747	7052
采矿、采石设备制造	6407	9448	3083	6366
石油钻采专用设备制造	653	1126	644	482
冶金专用设备制造	224	225	20	204
纺织、服装和皮革工业专用设备制造	1364	2494	1130	1364
纺织专用设备制造	1364	2494	1130	1364
交通运输设备制造业	7310	11015	3704	7310
铁路运输设备制造	7310	11015	3704	7310
铁路机车车辆配件制造	6619	9667	3048	6619
铁路专用设备及器材、配件制造	198	510	312	198
其他铁路设备制造及设备修理	493	837	344	493
电气机械及器材制造业	2165	3216	1051	2165
电机制造	1891	2881	990	1891
电动机制造	1891	2881	990	1891
输配电及控制设备制造	274	335	61	274
变压器、整流器和电感器制造	274	335	61	274
电力、燃气及水的生产和供应业	**63658**	**75355**	**11748**	**63608**
电力、热力的生产和供应业	63658	75355	11748	63608
电力生产	63658	75355	11748	63608
火力发电	63658	75355	11748	63608

单位：个、万元、人

固定资产净值年平均余额	负债合计	流动负债合计	应付账款	长期负债合计	所有者权益合计
818	27872	10922	3893	8850	-7519
818	27872	10922	3893	8850	-7519
194	1257	1257			951
194	1257	1257			951
408	3313	3163	542	150	1337
408	3313	3163	542	150	1337
1550	7205	7104	4500	100	-1107
1550	7205	7104	4500	100	-1107
31	1767	1767	1719		113
31	1767	1767	1719		113
15723	71733	68527	27917	2296	20458
76	305	295	8	10	127
76	305	295	8	10	127
3111	4445	4445	579		3079
3111	4445	4445	579		3079
343	2866	2866	2075		550
343	2866	2866	2075		550
3118	15579	15122	7706	457	11278
458	3250	3121	2426	130	1016
314	1280	1280	975		1826
57	1094	1094	365		47
630	1202	1202	135		746
1659	8753	8426	3805	328	7644
6396	30959	30496	13210	422	2550
958	8169	8169	679		470
4757	17868	17828	8845		2071
682	4922	4500	3686	422	9
2679	17580	15304	4340	1407	2874
1069	6957	6088	1526		2062
1610	10623	9216	2814	1407	811
7685	39981	39136	17127	801	13348
6300	38587	37742	16104	801	4450
5419	35746	34901	14503	801	3965
654	1456	1456	1134		237
227	1385	1385	467		248
1385	1394	1394	1023		8898
1385	1394	1394	1023		8898
7291	25370	25369	11194		4201
7291	25370	25369	11194		4201
6615	23669	23668	9557		3389
165	388	388	383		394
512	1314	1313	1254		419
1656	5798	5798	4645		2823
1375	4976	4976	3944		2549
1375	4976	4976	3944		2549
281	822	822	701		274
281	822	822	701		274
63608	**121673**	**88579**	**14679**	**33094**	**48275**
63608	121673	88579	14679	33094	48275
63608	121673	88579	14679	33094	48275
63608	121673	88579	14679	33094	48275

2-1-13 续表 6

指标名称	实收资本	主营业务收入	主营业务成本	主营业务税金及附加	其他业务收入
总　计	**420682**	**2365520**	**1563722**	**49376**	**58516**
一、按轻重工业分					
轻工业	4682	43006	38207	963	2147
重工业	416000	2322514	1525515	48413	56369
二、按企业规模分					
大型企业	10484	118353	59984	1111	
中型企业	90513	1017160	657457	15619	44684
小型企业	319685	1230008	846282	32646	13832
三、按国民经济行业分					
采矿业	**319344**	**1692013**	**995066**	**43086**	**24190**
煤炭开采和洗选业	314885	1665805	974137	42853	24190
烟煤和无烟煤的开采洗选	314885	1665805	974137	42853	24190
烟煤和无烟煤的开采洗选	314885	1665805	974137	42853	24190
黑色金属矿采选业	2308	19599	14959	148	
铁矿采选	2308	19599	14959	148	
铁矿采选	2308	19599	14959	148	
有色金属矿采选业	1800	2725	2736	2	
贵金属矿采选	1800	2725	2736	2	
金矿采选	1800	2725	2736	2	
非金属矿采选业	351	3885	3234	83	
土砂石开采	351	3885	3234	83	
建筑装饰用石开采	91	1895	1647	66	
粘土及其他土砂石开采	260	1990	1587	17	
制造业	**88338**	**594508**	**499050**	**6103**	**33810**
农副食品加工业	152	1671	186	22	
蔬菜、水果和坚果加工	152	1671	186	22	
蔬菜、水果和坚果加工	152	1671	186	22	
食品制造业	1200	934	792	5	
液体乳及乳制品制造	1200	934	792	5	
液体乳及乳制品制造	1200	934	792	5	
饮料制造业	872	3897	2744	648	982
酒的制造	688	3023	2012	641	982
白酒制造	688	3023	2012	641	982
软饮料制造	184	874	732	7	
碳酸饮料制造	184	874	732	7	
纺织业	100	657	609	1	
棉、化纤纺织及印染精加工	100	657	609	1	
棉、化纤纺织加工	100	657	609	1	
纺织服装、鞋、帽制造业	1185	28385	26858	244	
纺织服装制造	1185	28385	26858	244	
纺织服装制造	1185	28385	26858	244	
皮革、毛皮、羽毛(绒)及其制品业	212	512	506	1	
毛皮鞣制及制品加工	212	512	506	1	
其他毛皮制品加工	212	512	506	1	
造纸及纸制品业	23	924	725	10	3
纸制品制造	23	924	725	10	3
纸和纸板容器的制造	23	924	725	10	3
印刷业和记录媒介的复制	523	3897	3475	28	994
印刷	523	3897	3475	28	994
书、报、刊印刷	523	3897	3475	28	994

单位：个、万元、人

其他业务利润	营业费用	管理费用	税金	财务费用	利息支出	营业利润
8132	**62419**	**291034**	**8970**	**41617**	**39945**	**348690**
455	401	3940	34	231	228	-2137
7676	62019	287094	8936	41386	39717	350827
	2201	17141	142	1442	1440	34856
5944	21274	142509	2098	22302	22468	157824
2188	38945	131384	6730	17873	16037	156009
2555	**47619**	**239526**	**7737**	**30676**	**29130**	**326422**
2555	46656	238316	7494	30642	29098	323571
2555	46656	238316	7494	30642	29098	323571
2555	46656	238316	7494	30642	29098	323571
	784	1054	244	28	28	2625
	784	1054	244	28	28	2625
	784	1054	244	28	28	2625
		45				-58
		45				-58
		45				-58
	180	111		6	4	284
	180	111		6	4	284
	73	6		6	4	110
	107	105				174
5061	**12878**	**46767**	**1092**	**5143**	**5123**	**25008**
	13	17		1		58
	13	17		1		58
	13	17		1		58
	121	281		93	93	-358
	121	281		93	93	-358
	121	281		93	93	-358
207	114	209	6	19	16	-110
207	95	99		12	9	-109
207	95	99		12	9	-109
	19	110	6	7	7	-1
	19	110	6	7	7	-1
-3	3	81				-34
-3	3	81				-34
-3	3	81				-34
	74	2641	27	-14	-12	-1428
	74	2641	27	-14	-12	-1428
	74	2641	27	-14	-12	-1428
		6				
		6				
		6				
3		190		7	7	-5
3		190		7	7	-5
3		190		7	7	-5
114		383		-6	-6	131
114		383		-6	-6	131
114		383		-6	-6	131

2-1-13 续表 7

指标名称	实收资本	主营业务收入	主营业务成本	主营业务税金及附加	其他业务收入
石油加工、炼焦及核燃料加工业	18335	190845	142780	2459	1771
精炼石油产品的制造	14977	110403	95885	1375	1735
原油加工及石油制品制造	14977	110403	95885	1375	1735
炼焦	3358	80442	46895	1084	37
炼焦	3358	80442	46895	1084	37
化学原料及化学制品制造业	6139	25768	22795	129	1440
基础化学原料制造	4602	15596	13508	85	1273
无机盐制造	1602	14916	12756	82	1273
有机化学原料制造	3000	680	752	3	
涂料、油墨、颜料及类似产品制造	415	2130	2312	5	167
颜料制造	415	2130	2312	5	167
合成材料制造	80	2479	2091	11	
初级形态的塑料及合成树脂制造	80	2479	2091	11	
专用化学产品制造	1042	5563	4884	28	
化学试剂和助剂制造	340	3030	2726	5	
林产化学产品制造	702	2532	2158	23	
橡胶制品业	1037	16400	14570	103	
橡胶板、管、带的制造	349	13912	12592	74	
橡胶板、管、带的制造	349	13912	12592	74	
橡胶零件制造	462	1802	1341	28	
橡胶零件制造	462	1802	1341	28	
日用及医用橡胶制品制造	226	686	637	1	
日用及医用橡胶制品制造	226	686	637	1	
塑料制品业	1509	15438	14266	195	683
塑料板、管、型材的制造	210	889	796	4	9
塑料板、管、型材的制造	210	889	796	4	9
塑料丝、绳及编织品的制造	1299	14550	13470	191	673
塑料丝、绳及编织品的制造	1299	14550	13470	191	673
非金属矿物制品业	16705	28733	24590	531	20
水泥、石灰和石膏的制造	12455	13820	12064	330	20
水泥制造	12392	12520	10791	311	20
石灰和石膏制造	63	1300	1273	20	
水泥及石膏制品制造	1289	2170	1873	91	
水泥制品制造	1289	2170	1873	91	
砖瓦、石材及其他建筑材料制造	1283	5275	4642	77	
粘土砖瓦及建筑砌块制造	1283	5275	4642	77	
耐火材料制品制造	832	3244	2482	10	
耐火陶瓷制品及其他耐火材料制造	832	3244	2482	10	
石墨及其他非金属矿物制品制造	846	4225	3528	22	
石墨及碳素制品制造	846	4225	3528	22	
黑色金属冶炼及压延加工业	2112	24025	21682	88	70
炼铁	1835	6364	5817	4	
炼铁	1835	6364	5817	4	
钢压延加工	178	1629	1142	30	
钢压延加工	178	1629	1142	30	
铁合金冶炼	100	16033	14723	54	70
铁合金冶炼	100	16033	14723	54	70
有色金属冶炼及压延加工业	727	1307	1255	1	
有色金属压延加工	727	1307	1255	1	
常用有色金属压延加工	727	1307	1255	1	
金属制品业	8451	49174	43998	227	4252
结构性金属制品制造	1859	27353	24188	124	173
金属结构制造	1859	27353	24188	124	173

单位：个、万元、人

其他业务利润	营业费用	管理费用	税金	财务费用	利息支出	营业利润
...	3259	15137	161	1849	1844	25515
-36	1220	5310		733	729	5844
-36	1220	5310		733	729	5844
36	2039	9827	161	1116	1114	19671
36	2039	9827	161	1116	1114	19671
1404	1427	1404	139	581	572	-421
1270	971	910	41	263	261	-127
1270	941	832	41	143	140	169
	30	78		121	121	-296
135	75	132	1	131	131	-391
135	75	132	1	131	131	-391
	254	51		6	6	66
	254	51		6	6	66
	127	312	97	181	174	31
	21	187	78	64	58	27
	106	125	19	117	116	4
	491	1188	53	3	7	49
	444	934		7	7	-129
	444	934		7	7	-129
	22	221	52	-5		191
	22	221	52	-5		191
	26	34	...			-13
	26	34	...			-13
9	593	1199	42	41	76	-254
9	54	40	30	5	5	...
9	54	40	30	5	5	...
	540	1159	12	36	72	-255
	540	1159	12	36	72	-255
20	1049	1672	203	704	628	409
20	176	703	44	513	491	142
20	173	701	44	513	491	140
	3	1				3
	65	134	90	4	3	15
	65	134	90	4	3	15
	241	360	46	10		-57
	241	360	46	10		-57
	460	241	11	85	46	-40
	460	241	11	85	46	-40
	107	235	11	93	87	349
	107	235	11	93	87	349
70	820	906	39	97	82	502
	424	109	4	34	31	-24
	424	109	4	34	31	-24
	86	216	4	35	23	120
	86	216	4	35	23	120
70	310	582	31	28	27	406
70	310	582	31	28	27	406
	19	96				-64
	19	96				-64
	19	96				-64
350	763	4039	237	319	325	-176
14	410	1825	86	252	251	468
14	410	1825	86	252	251	468

2-1-13 续表 8

指标名称	实收资本	主营业务收入	主营业务成本	主营业务税金及附加	其他业务收入
金属工具制造	3866	1535	1462	1	
切削工具制造	3866	1535	1462	1	
集装箱及金属包装容器制造	232	3586	3185	39	329
金属包装容器制造	232	3586	3185	39	329
金属丝绳及其制品的制造	1572	9154	8329	50	3734
金属丝绳及其制品的制造	1572	9154	8329	50	3734
建筑、安全用金属制品制造	877	4013	3377	7	16
安全、消防用金属制品制造	877	4013	3377	7	16
金属表面处理及热处理加工	46	3533	3458	7	
金属表面处理及热处理加工	46	3533	3458	7	
通用设备制造业	17644	93670	84137	552	4642
锅炉及原动机制造	107	730	707	8	
锅炉及辅助设备制造	107	730	707	8	
金属加工机械制造	2975	3023	2459	19	
铸造机械制造	2975	3023	2459	19	
起重运输设备制造	918	3849	3445	7	
起重运输设备制造	918	3849	3445	7	
风机、衡器、包装设备等通用设备制造	7554	30624	27068	171	828
风机、风扇制造	513	6352	5767	91	…
气体、液体分离及纯净设备制造	2028	1354	1273	2	26
制冷、空调设备制造	50	1037	987	2	
喷枪及类似器具制造	363	4254	4221	38	597
其他通用设备制造	4600	17626	14822	39	205
通用零部件制造及机械修理	3814	41001	37714	260	3800
紧固件、弹簧制造	1302	3340	3163	7	144
机械零部件加工及设备修理	1561	34293	31688	237	3656
其他通用零部件制造	952	3368	2863	16	
金属铸、锻加工	2277	14443	12743	87	14
钢铁铸件制造	1779	12779	11202	80	14
锻件及粉末冶金制品制造	498	1664	1542	7	
专用设备制造业	6264	65278	57284	491	17353
矿山、冶金、建筑专用设备制造	5193	60455	52866	477	17241
采矿、采石设备制造	4649	58629	51162	474	17113
石油钻采专用设备制造	303	474	409		128
冶金专用设备制造	241	1351	1295	3	
纺织、服装和皮革工业专用设备制造	1071	4823	4418	14	112
纺织专用设备制造	1071	4823	4418	14	112
交通运输设备制造业	4328	32355	27651	294	678
铁路运输设备制造	4328	32355	27651	294	678
铁路机车车辆配件制造	3755	28107	24613	255	630
铁路专用设备及器材、配件制造	273	2360	1533	27	
其他铁路设备制造及设备修理	300	1888	1504	13	49
电气机械及器材制造业	820	10639	8148	77	922
电机制造	631	9202	6921	68	877
电动机制造	631	9202	6921	68	877
输配电及控制设备制造	188	1438	1227	9	45
变压器、整流器和电感器制造	188	1438	1227	9	45
电力、燃气及水的生产和供应业	**13000**	**78999**	**69607**	**187**	**516**
电力、热力的生产和供应业	13000	78999	69607	187	516
电力生产	13000	78999	69607	187	516
火力发电	13000	78999	69607	187	516

单位：个、万元、人

其他业务利润	营业费用	管理费用	税金	财务费用	利息支出	营业利润
	16	1045	126	...	...	-989
	16	1045	126	...	...	-989
28		239	4	-7		213
28		239	4	-7		213
308	20	534	5	4	7	217
308	20	534	5	4	7	217
	317	357	16	70	68	-114
	317	357	16	70	68	-114
		39				30
		39				30
2056	2427	7648	112	759	705	367
	4	8		3	3	
	4	8		3	3	
	7	320	13	392	380	262
	7	320	13	392	380	262
	12	393	20	18	...	-26
	12	393	20	18	...	-26
613	1904	1925	40	276	259	-52
	16	304	8	11	5	220
26		152	4	-1		-45
		38				10
563		543		-4	-4	19
24	1888	888	27	270	258	-257
1445	186	4207	25	19	14	38
133	46	310	17	1	1	-55
1312	86	3526	6	18	15	67
	55	371	1	...	-3	26
-2	314	796	15	51	49	145
-2	314	714	6	51	49	111
		82	9			33
315	1412	5839	48	218	320	272
308	1312	5326	35	277	320	576
308	1312	5176	34	277	320	608
		101	1			-36
		49		...		5
7	100	513	13	-59		-305
7	100	513	13	-59		-305
591	26	3125	5	467	464	14
591	26	3125	5	467	464	14
590	20	1981	1	455	453	4
		821	2	...		-22
1	6	323	2	12	12	32
-75	267	706	21	6	5	542
-120	218	551	21	6	5	500
-120	218	551	21	6	5	500
45	50	155		...		42
45	50	155		...		42
516	**1922**	**4741**	**141**	**5799**	**5692**	**-2741**
516	1922	4741	141	5799	5692	-2741
516	1922	4741	141	5799	5692	-2741
516	1922	4741	141	5799	5692	-2741

2-1-13 续表 9

指标名称	投资收益	补贴收入	营业外收入	营业外支出	利润总额	亏损企业亏损额
总　计	**1984**	**6157**	**17688**	**36750**	**336283**	**12855**
一、按轻重工业分						
轻工业	9	1725	875	211	-317	996
重工业	1975	4432	16813	36539	336601	11859
二、按企业规模分						
大型企业	576		995	1224	35203	
中型企业	1151	4728	15045	16540	160853	2809
小型企业	257	1430	1649	18985	140228	10046
三、按国民经济行业分						
采矿业	**1025**	**2930**	**14748**	**33601**	**311524**	**6175**
煤炭开采和洗选业	1025	2895	14688	33543	308637	6118
烟煤和无烟煤的开采洗选	1025	2895	14688	33543	308637	6118
烟煤和无烟煤的开采洗选	1025	2895	14688	33543	308637	6118
黑色金属矿采选业		35	60	58	2662	
铁矿采选		35	60	58	2662	
铁矿采选		35	60	58	2662	
有色金属矿采选业					-58	58
贵金属矿采选					-58	58
金矿采选					-58	58
非金属矿采选业					284	
土砂石开采					284	
建筑装饰用石开采					110	
粘土及其他土砂石开采					174	
制造业	**1213**	**2812**	**2475**	**3077**	**26945**	**4494**
农副食品加工业					58	
蔬菜、水果和坚果加工					58	
蔬菜、水果和坚果加工					58	
食品制造业	…		10	2	-349	349
液体乳及乳制品制造	…		10	2	-349	349
液体乳及乳制品制造	…		10	2	-349	349
饮料制造业		2	29	23	-103	103
酒的制造			28	22	-103	103
白酒制造			28	22	-103	103
软饮料制造		2	1	1	1	
碳酸饮料制造		2	1	1	1	
纺织业					-34	34
棉、化纤纺织及印染精加工					-34	34
棉、化纤纺织加工					-34	34
纺织服装、鞋、帽制造业		1580	829	91	311	259
纺织服装制造		1580	829	91	311	259
纺织服装制造		1580	829	91	311	259
皮革、毛皮、羽毛(绒)及其制品业						
毛皮鞣制及制品加工						
其他毛皮制品加工						
造纸及纸制品业			2		-3	3
纸制品制造			2		-3	3
纸和纸板容器的制造			2		-3	3
印刷业和记录媒介的复制			5	86	49	
印刷			5	86	49	
书、报、刊印刷			5	86	49	

单位：个、万元、人

应交所得税	利税总额	本年应付工资总额	本年应付福利费总额	本年应交增值税	本年进项税额
82795	**590686**	**230237**	**21544**	**205026**	**126890**
35	3427	4542	249	2782	5187
82760	587259	225695	21295	202245	121704
9284	47121	11039	345	10806	9968
36683	259677	105405	10522	83205	47719
36829	283888	113793	10677	111015	69203
74490	**528951**	**170593**	**16388**	**174340**	**56923**
74165	524429	168136	16231	172939	55315
74165	524429	168136	16231	172939	55315
74165	524429	168136	16231	172939	55315
324	4088	1287	114	1278	1485
324	4088	1287	114	1278	1485
324	4088	1287	114	1278	1485
	-50	803		6	
	-50	803		6	
	-50	803		6	
	484	368	43	117	122
	484	368	43	117	122
	180	191	27	5	
	304	177	16	113	122
8213	**61706**	**57957**	**5156**	**28658**	**69967**
	214	49	7	134	
	214	49	7	134	
	214	49	7	134	
	-297	154		48	98
	-297	154		48	98
	-297	154		48	98
8	856	401	13	311	389
8	789	292	6	252	301
8	789	292	6	252	301
	67	109	7	60	89
	67	109	7	60	89
	1	156	2	34	78
	1	156	2	34	78
	1	156	2	34	78
15	2295	2693	146	1740	3902
15	2295	2693	146	1740	3902
15	2295	2693	146	1740	3902
	6	35		6	15
	6	35		6	15
	6	35		6	15
	91	229		84	76
	91	229		84	76
	91	229		84	76
12	367	639	82	289	372
12	367	639	82	289	372
12	367	639	82	289	372

2-1-13 续表 10

指标名称	投资收益	补贴收入	营业外收入	营业外支出	利润总额	亏损企业亏损额
石油加工、炼焦及核燃料加工业	702	2	975	1536	24976	
精炼石油产品的制造	681	2	29	408	5465	
原油加工及石油制品制造	681	2	29	408	5465	
炼焦	22		946	1129	19510	
炼焦	22		946	1129	19510	
化学原料及化学制品制造业	9	475	161	121	104	696
基础化学原料制造		249	149	41	230	398
无机盐制造		181	149	40	458	170
有机化学原料制造		68		...	-228	228
涂料、油墨、颜料及类似产品制造	9	143	...	9	-247	247
颜料制造	9	143	...	9	-247	247
合成材料制造		83			149	
初级形态的塑料及合成树脂制造		83			149	
专用化学产品制造			12	72	-28	50
化学试剂和助剂制造				70	-43	50
林产化学产品制造			12	2	15	...
橡胶制品业		30	127	11	195	18
橡胶板、管、带的制造			127	11	-13	18
橡胶板、管、带的制造			127	11	-13	18
橡胶零件制造		13			204	
橡胶零件制造		13			204	
日用及医用橡胶制品制造		17			4	
日用及医用橡胶制品制造		17			4	
塑料制品业	369		2	2	115	
塑料板、管、型材的制造					...	
塑料板、管、型材的制造					...	
塑料丝、绳及编织品的制造	369		2	2	115	
塑料丝、绳及编织品的制造	369		2	2	115	
非金属矿物制品业		159	47	47	568	364
水泥、石灰和石膏的制造		34	17	31	163	257
水泥制造		34	17	31	160	257
石灰和石膏制造					3	
水泥及石膏制品制造					15	
水泥制品制造					15	
砖瓦、石材及其他建筑材料制造		82		1	24	107
粘土砖瓦及建筑砌块制造		82		1	24	107
耐火材料制品制造		43	30	14	19	
耐火陶瓷制品及其他耐火材料制造		43	30	14	19	
石墨及其他非金属矿物制品制造				2	347	
石墨及碳素制品制造				2	347	
黑色金属冶炼及压延加工业			1	9	494	25
炼铁			...	1	-25	25
炼铁			...	1	-25	25
钢压延加工				2	118	
钢压延加工				2	118	
铁合金冶炼			...	6	400	
铁合金冶炼			...	6	400	
有色金属冶炼及压延加工业					-64	64
有色金属压延加工					-64	64
常用有色金属压延加工					-64	64
金属制品业		102	-195	90	-358	1403
结构性金属制品制造			5	17	455	111
金属结构制造			5	17	455	111

单位：个、万元、人

应交所得税	利税总额	本年应付工资总额	本年应付福利费总额	本年应交增值税	本年进项税额
6964	37873	11802	737	10438	17614
1597	10768	5155	694	3928	7508
1597	10768	5155	694	3928	7508
5367	27105	6648	43	6510	10106
5367	27105	6648	43	6510	10106
150	1570	2842	106	1337	2719
143	1166	1992	47	851	1802
143	1317	1927	38	777	1761
	-151	65	9	75	41
	-107	186		135	256
	-107	186		135	256
	253	151	17	93	275
	253	151	17	93	275
7	258	514	42	258	386
3	-2	126	18	36	272
5	259	387	24	222	114
55	758	1389	139	461	11918
2	425	1092	109	364	11697
2	425	1092	109	364	11697
52	301	230	21	70	158
52	301	230	21	70	158
1	32	67	9	27	63
1	32	67	9	27	63
103	689	1255	156	379	628
	34	65	9	30	121
	34	65	9	30	121
103	655	1190	147	349	507
103	655	1190	147	349	507
140	2795	4160	801	1696	1618
87	1382	1798	730	889	1134
87	1360	1762	728	889	1134
	22	36	3		
…	106	277	19		
…	106	277	19		
38	283	1147	26	181	89
38	283	1147	26	181	89
	338	757		309	213
	338	757		309	213
14	686	182	26	316	182
14	686	182	26	316	182
130	1469	858	117	887	3003
	57	269	37	77	798
	57	269	37	77	798
30	223	116	13	75	202
30	223	116	13	75	202
100	1189	474	66	734	2003
100	1189	474	66	734	2003
	-63	12	1		220
	-63	12	1		220
	-63	12	1		220
355	1791	8462	1262	1922	6034
135	1466	2324	135	887	3300
135	1466	2324	135	887	3300

2-1-13 续表 11

指标名称	投资收益	补贴收入	营业外收入	营业外支出	利润总额	亏损企业亏损额
金属工具制造		102		29	-916	916
切削工具制造		102		29	-916	916
集装箱及金属包装容器制造				17	196	
金属包装容器制造				17	196	
金属丝绳及其制品的制造			21	11	228	
金属丝绳及其制品的制造			21	11	228	
建筑、安全用金属制品制造			-220	17	-351	376
安全、消防用金属制品制造			-220	17	-351	376
金属表面处理及热处理加工					30	
金属表面处理及热处理加工					30	
通用设备制造业	5	145	91	626	-89	837
锅炉及原动机制造			11	1	11	
锅炉及辅助设备制造			11	1	11	
金属加工机械制造		5		476	-214	235
铸造机械制造		5		476	-214	235
起重运输设备制造					-26	44
起重运输设备制造					-26	44
风机、衡器、包装设备等通用设备制造		80	15	123	-80	309
风机、风扇制造			...	46	175	
气体、液体分离及纯净设备制造					-45	45
制冷、空调设备制造					10	
喷枪及类似器具制造				11	9	
其他通用设备制造		80	15	66	-228	264
通用零部件制造及机械修理	5		47	20	65	249
紧固件、弹簧制造			3	2	-53	55
机械零部件加工及设备修理	5		15	8	74	138
其他通用零部件制造			29	10	45	57
金属铸、锻加工		60	17	7	155	
钢铁铸件制造		60	17	7	122	
锻件及粉末冶金制品制造					33	
专用设备制造业	1	67	289	420	141	338
矿山、冶金、建筑专用设备制造	1		219	415	381	99
采矿、采石设备制造	1		218	415	412	64
石油钻采专用设备制造			1		-35	35
冶金专用设备制造					5	
纺织、服装和皮革工业专用设备制造		67	71	6	-240	240
纺织专用设备制造		67	71	6	-240	240
交通运输设备制造业	67	221	73	10	365	
铁路运输设备制造	67	221	73	10	365	
铁路机车车辆配件制造	67	221	31	9	314	
铁路专用设备及器材、配件制造			41		19	
其他铁路设备制造及设备修理			1	1	32	
电气机械及器材制造业	59	29	29	3	569	
电机制造	59	29	29	3	526	
电动机制造	59	29	29	3	526	
输配电及控制设备制造					42	
变压器、整流器和电感器制造					42	
电力、燃气及水的生产和供应业	**-254**	**415**	**465**	**71**	**-2186**	**2186**
电力、热力的生产和供应业	-254	415	465	71	-2186	2186
电力生产	-254	415	465	71	-2186	2186
火力发电	-254	415	465	71	-2186	2186

单位：个、万元、人

应交所得税	利税总额	本年应付工资总额	本年应付福利费总额	本年应交增值税	本年进项税额
	-907	3533	865	8	253
	-907	3533	865	8	253
149	626	893	97	391	277
149	626	893	97	391	277
63	774	1090	134	496	1060
63	774	1090	134	496	1060
	-266	404	31	79	581
	-266	404	31	79	581
8	98	218		61	563
8	98	218		61	563
98	3917	11924	585	3454	11193
	43	50		24	54
	43	50		24	54
	-107	635	72	87	386
	-107	635	72	87	386
6	35	478		54	688
6	35	478		54	688
48	1270	4236	255	1179	4047
44	661	444	22	396	684
	-25	106	40	18	192
2	30	118		18	164
2	423	1611	148	377	346
…	182	1957	46	370	2661
13	1806	3411	142	1481	4394
1	14	195		60	497
11	1623	2656	87	1312	3547
2	169	560	55	109	351
31	870	3115	116	628	1624
28	771	1342	116	570	1466
3	99	1773		58	158
82	2928	4591	710	2296	5997
81	3029	4189	509	2171	5425
77	3036	3998	499	2150	5139
…	-35	81			72
4	28	109	10	21	213
1	-101	403	201	125	572
1	-101	403	201	125	572
27	3185	5201	164	2526	2625
27	3185	5201	164	2526	2625
13	2678	4118	87	2109	2230
5	181	601	13	135	203
9	326	481	64	282	192
77	1260	1105	130	615	1468
75	1129	1047	130	536	1303
75	1129	1047	130	536	1303
1	131	58		80	165
1	131	58		80	165
92	**29**	**1687**		**2028**	
92	29	1687		2028	
92	29	1687		2028	
92	29	1687		2028	

2-1-13 续表 12

指标名称	本年销项税额	全部从业人员年平均人数	产销率(%)	资产负债率(%)	成本费用利润率(%)
总 计	**264211**	**105672**	**102.74**	**65.24**	**17.17**
一、按轻重工业分					
轻工业	7835	3524	100.73	68.89	-0.74
重工业	256376	102148	102.78	65.20	17.57
二、按企业规模分					
大型企业	3833	5076	91.38	39.21	43.59
中型企业	111770	41968	109.24	70.55	19.07
小型企业	148609	58628	99.31	62.74	13.56
三、按国民经济行业分					
采矿业	**203069**	**72342**	**99.86**	**62.46**	**23.73**
煤炭开采和洗选业	200065	70570	100.05	62.61	23.93
烟煤和无烟煤的开采洗选	200065	70570	100.05	62.61	23.93
烟煤和无烟煤的开采洗选	200065	70570	100.05	62.61	23.93
黑色金属矿采选业	2763	799	86.05	50.58	15.82
铁矿采选	2763	799	86.05	50.58	15.82
铁矿采选	2763	799	86.05	50.58	15.82
有色金属矿采选业	6	312	100.00	7.47	-2.07
贵金属矿采选	6	312	100.00	7.47	-2.07
金矿采选	6	312	100.00	7.47	-2.07
非金属矿采选业	235	661	97.07	34.43	8.04
土砂石开采	235	661	97.07	34.43	8.04
建筑装饰用石开采		381	94.28	8.52	6.33
粘土及其他土砂石开采	235	280	100.00	62.55	9.69
制造业	**61143**	**31643**	**100.16**	**74.07**	**4.78**
农副食品加工业		98	66.54	2.33	26.86
蔬菜、水果和坚果加工		98	66.54	2.33	26.86
蔬菜、水果和坚果加工		98	66.54	2.33	26.86
食品制造业	146	150	94.14	62.82	-27.15
液体乳及乳制品制造	146	150	94.14	62.82	-27.15
液体乳及乳制品制造	146	150	94.14	62.82	-27.15
饮料制造业	701	368	144.54	54.53	-3.33
酒的制造	552	230	165.06	43.32	-4.66
白酒制造	552	230	165.06	43.32	-4.66
软饮料制造	149	138	101.08	96.66	0.06
碳酸饮料制造	149	138	101.08	96.66	0.06
纺织业	112	230	97.17	14.27	-4.91
棉、化纤纺织及印染精加工	112	230	97.17	14.27	-4.91
棉、化纤纺织加工	112	230	97.17	14.27	-4.91
纺织服装、鞋、帽制造业	5643	1863	100.61	73.88	1.05
纺织服装制造	5643	1863	100.61	73.88	1.05
纺织服装制造	5643	1863	100.61	73.88	1.05
皮革、毛皮、羽毛(绒)及其制品业	21	76	98.69	72.41	
毛皮鞣制及制品加工	21	76	98.69	72.41	
其他毛皮制品加工	21	76	98.69	72.41	
造纸及纸制品业	160	147	83.79	93.81	-0.34
纸制品制造	160	147	83.79	93.81	-0.34
纸和纸板容器的制造	160	147	83.79	93.81	-0.34
印刷业和记录媒介的复制	662	419	100.00	74.93	1.28
印刷	662	419	100.00	74.93	1.28
书、报、刊印刷	662	419	100.00	74.93	1.28

单位：个、万元、人

每百元资金实现利税(元)	每百元固定资产原价实现利税(元)	每百元主营业务收入实现利税(元)	流动资产周转次数(次/年)	企业亏损面(%)	总资产贡献率(%)
27.67	**52.15**	**24.97**	**1.85**	**17.38**	**22.82**
13.57	30.07	7.97	2.72	50.00	12.93
27.84	52.37	25.29	1.84	16.47	22.92
49.69	82.25	39.81	2.92		43.22
28.69	57.61	25.53	1.69	6.67	23.05
25.02	45.44	23.08	1.92	19.16	21.01
34.12	**62.21**	**31.26**	**1.91**	**11.80**	**27.02**
34.17	62.26	31.48	1.90	11.82	27.00
34.17	62.26	31.48	1.90	11.82	27.00
34.17	62.26	31.48	1.90	11.82	27.00
35.34	80.32	20.86	2.74		35.54
35.34	80.32	20.86	2.74		35.54
35.34	80.32	20.86	2.74		35.54
-2.02	-2.22	-1.83	7.57	100.00	-2.36
-2.02	-2.22	-1.83	7.57	100.00	-2.36
-2.02	-2.22	-1.83	7.57	100.00	-2.36
33.50	81.09	12.45	4.13		27.38
33.50	81.09	12.45	4.13		27.38
30.56	116.19	9.51	3.59		19.83
35.53	68.77	15.26	4.82		35.56
13.78	**29.80**	**10.38**	**1.83**	**31.67**	**12.65**
80.16	867.21	12.82	8.97		24.88
80.16	867.21	12.82	8.97		24.88
80.16	867.21	12.82	8.97		24.88
-15.23	-19.14	-31.75	1.14	100.00	-9.55
-15.23	-19.14	-31.75	1.14	100.00	-9.55
-15.23	-19.14	-31.75	1.14	100.00	-9.55
41.49	71.97	21.97	3.04	50.00	42.23
48.39	97.18	26.11	2.83	100.00	48.93
48.39	97.18	26.11	2.83	100.00	48.93
15.47	17.74	7.67	4.15		17.05
15.47	17.74	7.67	4.15		17.05
0.26	0.20	0.12	4.38	100.00	0.16
0.26	0.20	0.12	4.38	100.00	0.16
0.26	0.20	0.12	4.38	100.00	0.16
13.78	47.08	8.09	2.42	33.33	13.85
13.78	47.08	8.09	2.42	33.33	13.85
13.78	47.08	8.09	2.42	33.33	13.85
0.62	1.28	1.21	0.90		0.60
0.62	1.28	1.21	0.90		0.60
0.62	1.28	1.21	0.90		0.60
14.42	20.87	9.80	3.47	100.00	15.58
14.42	20.87	9.80	3.47	100.00	15.58
14.42	20.87	9.80	3.47	100.00	15.58
46.49	34.23	9.42	18.93		13.66
46.49	34.23	9.42	18.93		13.66
46.49	34.23	9.42	18.93		13.66

2-1-13 续表 13

指标名称	本年销项税额	全部从业人员年平均人数	产销率(%)	资产负债率(%)	成本费用利润率(%)
石油加工、炼焦及核燃料加工业	2728	4358	96.92	64.85	15.32
精炼石油产品的制造	-1618	1505	113.70	79.22	5.30
原油加工及石油制品制造	-1618	1505	113.70	79.22	5.30
炼焦	4346	2853	90.12	43.76	32.58
炼焦	4346	2853	90.12	43.76	32.58
化学原料及化学制品制造业	3888	1771	101.01	67.73	0.40
基础化学原料制造	2653	1241	97.18	59.11	1.47
无机盐制造	2537	1189	98.93	46.57	3.12
有机化学原料制造	116	52	69.15	71.19	-23.29
涂料、油墨、颜料及类似产品制造	391	173	102.48	78.54	-9.32
颜料制造	391	173	102.48	78.54	-9.32
合成材料制造	368	57	91.94	78.59	6.21
初级形态的塑料及合成树脂制造	368	57	91.94	78.59	6.21
专用化学产品制造	476	300	119.19	104.09	-0.51
化学试剂和助剂制造	308	70	143.18	153.90	-1.42
林产化学产品制造	167	230	99.29	54.20	0.59
橡胶制品业	2378	831	102.44	85.04	1.20
橡胶板、管、带的制造	2061	608	102.19	105.99	-0.09
橡胶板、管、带的制造	2061	608	102.19	105.99	-0.09
橡胶零件制造	228	163	100.00	46.24	12.90
橡胶零件制造	228	163	100.00	46.24	12.90
日用及医用橡胶制品制造	90	60	116.24	18.66	0.52
日用及医用橡胶制品制造	90	60	116.24	18.66	0.52
塑料制品业	1040	1279	93.60	77.97	0.72
塑料板、管、型材的制造	151	130	16.37	94.89	0.02
塑料板、管、型材的制造	151	130	16.37	94.89	0.02
塑料丝、绳及编织品的制造	889	1149	100.00	71.82	0.76
塑料丝、绳及编织品的制造	889	1149	100.00	71.82	0.76
非金属矿物制品业	2998	3435	99.45	62.43	2.03
水泥、石灰和石膏的制造	2003	1486	104.69	56.69	1.21
水泥制造	2003	1460	105.17	60.00	1.31
石灰和石膏制造		26	100.00	5.43	0.20
水泥及石膏制品制造		491	99.08	57.88	0.71
水泥制品制造		491	99.08	57.88	0.71
砖瓦、石材及其他建筑材料制造	171	707	97.19	63.27	0.46
粘土砖瓦及建筑砌块制造	171	707	97.19	63.27	0.46
耐火材料制品制造	522	543	89.27	62.85	0.59
耐火陶瓷制品及其他耐火材料制造	522	543	89.27	62.85	0.59
石墨及其他非金属矿物制品制造	302	208	94.87	85.46	8.76
石墨及碳素制品制造	302	208	94.87	85.46	8.76
黑色金属冶炼及压延加工业	3181	843	88.30	55.11	2.10
炼铁	166	380	103.23	31.90	-0.39
炼铁	166	380	103.23	31.90	-0.39
钢压延加工	277	77	99.95	57.05	8.01
钢压延加工	277	77	99.95	57.05	8.01
铁合金冶炼	2737	386	82.58	60.61	2.56
铁合金冶炼	2737	386	82.58	60.61	2.56
有色金属冶炼及压延加工业	217	5	118.00	90.15	-4.68
有色金属压延加工	217	5	118.00	90.15	-4.68
常用有色金属压延加工	217	5	118.00	90.15	-4.68
金属制品业	7982	3231	98.33	106.41	-0.73
结构性金属制品制造	4237	1182	99.90	82.53	1.71
金属结构制造	4237	1182	99.90	82.53	1.71

单位：个、万元、人

每百元资金实现利税(元)	每百元固定资产原价实现利税(元)	每百元主营业务收入实现利税(元)	流动资产周转次数(次/年)	企业亏损面(%)	总资产贡献率(%)
34.33	68.50	19.84	2.63		26.76
17.19	43.92	9.75	2.33		13.03
17.19	43.92	9.75	2.33		13.03
56.88	88.07	33.69	3.18		46.93
56.88	88.07	33.69	3.18		46.93
5.81	9.43	6.09	1.38	45.45	7.06
5.72	10.68	7.47	1.07	40.00	6.23
13.24	19.12	8.83	2.47	25.00	12.96
-1.45	-3.76	-22.21	0.08	100.00	-0.26
-6.64	-7.80	-5.01	3.37	100.00	1.32
-6.64	-7.80	-5.01	3.37	100.00	1.32
24.83	105.76	10.22	2.96		24.74
24.83	105.76	10.22	2.96		24.74
6.42	6.22	4.63	2.14	50.00	9.43
-0.09	-0.06	-0.06	2.12	50.00	2.44
12.02	17.13	10.24	2.16	50.00	16.39
8.39	27.13	4.62	2.28	25.00	8.35
7.14	19.14	3.06	3.13	50.00	7.11
7.14	19.14	3.06	3.13	50.00	7.11
10.73	58.00	16.70	0.73		10.73
10.73	58.00	16.70	0.73		10.73
11.63	59.26	4.67	2.61		11.51
11.63	59.26	4.67	2.61		11.51
4.28	5.83	4.46	1.49		4.58
0.77	1.33	3.81	0.41		0.88
0.77	1.33	3.81	0.41		0.88
5.60	7.06	4.50	1.78		5.94
5.60	7.06	4.50	1.78		5.94
7.73	9.73	9.73	1.59	38.10	8.20
6.69	7.06	10.00	1.71	55.56	8.19
6.80	7.41	10.86	1.58	62.50	8.62
3.36	1.81	1.70	7.78		1.59
7.88	13.83	4.87	2.82		5.08
7.88	13.83	4.87	2.82		5.08
6.98	7.53	5.36	2.91	50.00	5.33
6.98	7.53	5.36	2.91	50.00	5.33
6.41	13.17	10.43	0.86		6.86
6.41	13.17	10.43	0.86		6.86
14.20	33.30	16.24	1.17		13.29
14.20	33.30	16.24	1.17		13.29
9.34	16.26	6.11	2.30	25.00	8.42
2.04	2.24	0.89	3.66	100.00	3.27
2.04	2.24	0.89	3.66	100.00	3.27
3.30	5.20	13.70	0.53		3.66
3.30	5.20	13.70	0.53		3.66
19.22	53.92	7.42	2.84		13.53
19.22	53.92	7.42	2.84		13.53
-5.47	-9.91	-4.82	1.39	100.00	-3.72
-5.47	-9.91	-4.82	1.39	100.00	-3.72
-5.47	-9.91	-4.82	1.39	100.00	-3.72
3.89	11.79	3.64	1.19	26.67	4.08
9.12	27.88	5.36	1.92	16.67	10.33
9.12	27.88	5.36	1.92	16.67	10.33

2-1-13 续表 14

指标名称	本年销项税额	全部从业人员年平均人数	产销率(%)	资产负债率(%)	成本费用利润率(%)
金属工具制造	261	366	199.70	136.94	-36.30
切削工具制造	261	366	199.70	136.94	-36.30
集装箱及金属包装容器制造	668	313	100.00	56.92	5.74
金属包装容器制造	668	313	100.00	56.92	5.74
金属丝绳及其制品的制造	1556	806	99.94	71.25	2.56
金属丝绳及其制品的制造	1556	806	99.94	71.25	2.56
建筑、安全用金属制品制造	659	440	79.90	118.15	-8.53
安全、消防用金属制品制造	659	440	79.90	118.15	-8.53
金属表面处理及热处理加工	601	124	85.48	94.01	0.86
金属表面处理及热处理加工	601	124	85.48	94.01	0.86
通用设备制造业	14317	6162	107.75	77.81	-0.09
锅炉及原动机制造	80	83	79.46	70.61	1.50
锅炉及辅助设备制造	80	83	79.46	70.61	1.50
金属加工机械制造	474	334	101.45	59.08	-6.73
铸造机械制造	474	334	101.45	59.08	-6.73
起重运输设备制造	654	363	81.87	83.89	-0.67
起重运输设备制造	654	363	81.87	83.89	-0.67
风机、衡器、包装设备等通用设备制造	5241	1834	96.39	58.01	-0.26
风机、风扇制造	1080	208	94.87	76.19	2.86
气体、液体分离及纯净设备制造	230	72	100.00	41.21	-3.16
制冷、空调设备制造	176	86	87.89	95.91	0.96
喷枪及类似器具制造	723	653	99.97	61.69	0.18
其他通用设备制造	3032	815	96.53	53.38	-1.27
通用零部件制造及机械修理	5595	2448	127.71	92.39	0.16
紧固件、弹簧制造	557	162	94.80	94.56	-1.50
机械零部件加工及设备修理	4566	1981	136.63	89.61	0.21
其他通用零部件制造	472	305	90.09	99.82	1.35
金属铸、锻加工	2274	1100	99.32	85.95	1.11
钢铁铸件制造	2058	913	100.00	77.14	0.99
锻件及粉末冶金制品制造	216	187	94.36	92.90	2.04
专用设备制造业	8120	2852	101.99	74.97	0.22
矿山、冶金、建筑专用设备制造	7473	2552	102.11	89.66	0.64
采矿、采石设备制造	7163	2393	102.17	90.01	0.71
石油钻采专用设备制造	81	58	100.00	86.01	-6.92
冶金专用设备制造	230	101	100.00	84.80	0.35
纺织、服装和皮革工业专用设备制造	647	300	99.92	13.55	-4.82
纺织专用设备制造	647	300	99.92	13.55	-4.82
交通运输设备制造业	4767	2948	99.12	85.79	1.17
铁路运输设备制造	4767	2948	99.12	85.79	1.17
铁路机车车辆配件制造	4108	2523	98.45	87.47	1.16
铁路专用设备及器材、配件制造	330	209	100.00	49.65	0.82
其他铁路设备制造及设备修理	329	216	107.58	75.83	1.74
电气机械及器材制造业	2083	577	100.68	67.25	6.23
电机制造	1839	551	100.82	66.12	6.84
电动机制造	1839	551	100.82	66.12	6.84
输配电及控制设备制造	244	26	100.00	75.00	2.96
变压器、整流器和电感器制造	244	26	100.00	75.00	2.96
电力、燃气及水的生产和供应业		**1687**	**166.10**	**71.59**	**-2.66**
电力、热力的生产和供应业		1687	166.10	71.59	-2.66
电力生产		1687	166.10	71.59	-2.66
火力发电		1687	166.10	71.59	-2.66

单位：个、万元、人

每百元资金实现利税(元)	每百元固定资产原价实现利税(元)	每百元主营业务收入实现利税(元)	流动资产周转次数(次/年)	企业亏损面(%)	总资产贡献率(%)
-4.70	-18.35	-59.11	0.08	100.00	
-4.70	-18.35	-59.11	0.08	100.00	
161.70	158.63	17.46	18.52		28.35
161.70	158.63	17.46	18.52		28.35
24.96	41.47	8.45	3.40		16.80
24.96	41.47	8.45	3.40		16.80
-4.44	-9.95	-6.63	0.91	66.67	-3.25
-4.44	-9.95	-6.63	0.91	66.67	-3.25
8.65	174.25	2.78	3.20		5.22
8.65	174.25	2.78	3.20		5.22
4.99	13.33	4.18	1.49	30.00	5.01
12.56	24.69	5.93	2.72		10.65
12.56	24.69	5.93	2.72		10.65
-1.19	-2.99	-3.55	0.51	50.00	3.63
-1.19	-2.99	-3.55	0.51	50.00	3.63
1.00	5.56	0.90	1.24	50.00	
1.00	5.56	0.90	1.24	50.00	
5.57	15.90	4.15	1.55	25.00	5.69
16.44	73.75	10.41	1.78		15.61
-1.54	-5.23	-1.88	1.02	100.00	-0.81
3.39	49.59	2.88	1.26		2.63
23.56	29.97	9.95	3.65		21.51
1.25	3.53	1.03	1.37	33.33	2.68
5.91	15.80	4.40	1.70	45.45	5.43
0.19	0.84	0.42	0.52	50.00	0.17
8.55	22.11	4.73	2.41	33.33	8.22
4.04	7.03	5.02	0.96	66.67	3.37
7.05	15.61	6.02	1.50		4.49
16.61	34.42	6.03	3.58		9.09
1.28	2.96	5.93	0.27		0.87
5.93	22.03	4.49	1.57	33.33	6.09
7.79	28.05	5.01	1.85	20.00	7.78
8.48	32.13	5.18	1.93	12.50	8.45
-2.10	-3.14	-7.44	0.46	100.00	-2.07
1.99	12.56	2.09	1.13		1.71
-0.96	-4.03	-2.08	0.53	100.00	-0.98
-0.96	-4.03	-2.08	0.53	100.00	-0.98
11.35	28.92	9.84	1.56		12.34
11.35	28.92	9.84	1.56		12.34
10.40	27.70	9.53	1.47		11.57
32.77	35.52	7.68	6.08		23.15
18.30	38.98	17.29	1.48		19.52
19.12	39.18	11.84	2.16		14.67
20.72	39.20	12.27	2.26		15.07
20.72	39.20	12.27	2.26		15.07
11.49	39.01	9.10	1.68		11.95
11.49	39.01	9.10	1.68		11.95
0.02	**0.04**	**0.04**	**1.09**	**100.00**	**3.37**
0.02	0.04	0.04	1.09	100.00	3.37
0.02	0.04	0.04	1.09	100.00	3.37
0.02	0.04	0.04	1.09	100.00	3.37

2-1-14 全部外商投资和港澳台

指标名称	企业单位数	亏损企业	工业总产值(当年价格)	固定资产原价
总 计	**276**	**102**	**6456459**	**5675271**
一、按轻重工业分				
轻工业	101	33	883582	527696
重工业	175	69	5572878	5147575
二、按登记注册类型分				
港澳台商投资企业	**93**	**35**	**2046914**	**1886615**
与港澳台商合资经营企业	55	17	1041318	918429
与港澳台商合作经营企业	8	2	45846	32133
港澳台商独资企业	25	13	870171	835971
港澳台商投资股份有限公司	5	3	89578	100083
外商投资企业	**183**	**67**	**4409545**	**3788656**
中外合资经营企业	125	46	3145285	1743746
中外合作经营企业	4		568005	1526623
外资企业	51	20	568887	476445
外商投资股份有限公司	3	1	127368	41842
三、按国民经济行业分				
采矿业	**25**	**6**	**856284**	**418594**
煤炭开采和洗选业	20	4	854373	416459
烟煤和无烟煤的开采洗选	20	4	854373	416459
烟煤和无烟煤的开采洗选	20	4	854373	416459
非金属矿采选业	1	1	1911	1219
土砂石开采	1	1	1911	1219
建筑装饰用石开采	1	1	1911	1219
石油和天然气开采业	3			426
天然原油和天然气开采	2			240
天然原油和天然气开采	2			240
与石油和天然气开采有关的服务活动	1			186
与石油和天然气开采有关的服务活动	1			186
有色金属矿采选业	1	1		490
常用有色金属矿采选	1	1		490
其他常用有色金属矿采选	1	1		490
制造业	**244**	**93**	**4881200**	**3102441**
农副食品加工业	8		62303	14149
饲料加工	4		34375	7131
饲料加工	4		34375	7131
蔬菜、水果和坚果加工	3		21428	3829
蔬菜、水果和坚果加工	3		21428	3829
屠宰及肉类加工	1		6500	3189
畜禽屠宰	1		6500	3189
食品制造业	17	8	155699	47744
焙烤食品制造	1		2997	1750
饼干及其他焙烤食品制造	1		2997	1750
液体乳及乳制品制造	5	3	119438	34673
液体乳及乳制品制造	5	3	119438	34673
罐头制造	8	3	18822	6049
蔬菜、水果罐头制造	8	3	18822	6049
调味品、发酵制品制造	1	1	996	2171
酱油、食醋及类似制品的制造	1	1	996	2171
其他食品制造	2	1	13446	3101
食品及饲料添加剂制造	1		13439	3050
营养、保健食品制造	1	1	7	51

投资工业企业主要经济指标

单位：个、万元、人

所有者权益合计	实收资本	本年折旧（规下工业）	主营业务收入	主营业务成本
3305540	**2518176**	**9659**	**6248790**	**4989887**
404065	328501	4498	769012	604671
2901475	2189675	5161	5479778	4385216
868906	**778670**	**1692**	**1887368**	**1687115**
383920	287621	837	953744	848099
17367	18744	34	50902	44963
434540	410373	752	769788	691720
33079	61931	69	112934	102334
2436633	**1739507**	**7967**	**4361422**	**3302771**
1733466	1109467	6934	3182634	2305006
481034	402069	6	568006	446738
197730	207706	997	514668	481552
24403	20264	30	96113	69476
779371	**347339**	**1789**	**844337**	**366468**
749151	316353	1712	842648	364712
749151	316353	1712	842648	364712
749151	316353	1712	842648	364712
1136	2000		1690	1754
1136	2000		1690	1754
1136	2000		1690	1754
16932	16834	34		
3781	3682	34		
3781	3682	34		
13151	13151			
13151	13151			
12152	12152	43		2
12152	12152	43		2
12152	12152	43		2
1986840	**1598427**	**7870**	**4693348**	**3903729**
14329	11486	418	60673	52735
4162	7904	20	32546	27326
4162	7904	20	32546	27326
9402	2816	69	21627	19370
9402	2816	69	21627	19370
766	766	329	6500	6039
766	766	329	6500	6039
60447	41353	36	132418	99109
3199	2412		3775	3023
3199	2412		3775	3023
44295	24407	6	98275	67230
44295	24407	6	98275	67230
8094	8528	30	17979	17537
8094	8528	30	17979	17537
897	2000		942	734
897	2000		942	734
3962	4005	…	11448	10584
3594	3637		11441	10574
368	368	…	7	10

2-1-14 续表 1

指标名称	企业单位数	亏损企业	工业总产值(当年价格)	固定资产原价
饮料制造业	12	2	175784	127407
酒的制造	2	1	26373	17996
啤酒制造	1	1	23522	13861
葡萄酒制造	1		2852	4135
软饮料制造	10	1	149411	109411
碳酸饮料制造	1		38470	32283
瓶(罐)装饮用水制造	2		12118	5642
果菜汁及果菜汁饮料制造	6	1	95579	66366
固体饮料制造	1		3245	5120
纺织业	3	1	15073	10950
毛纺织和染整精加工	1		14807	9158
毛纺织	1		14807	9158
丝绢纺织及精加工	1		263	1724
缫丝加工	1		263	1724
针织品、编织品及其制品制造	1	1	3	68
棉、化纤针织品及编织品制造	1	1	3	68
造纸及纸制品业	1	1	1062	87
造纸	1	1	1062	87
机制纸及纸板制造	1	1	1062	87
印刷业和记录媒介的复制	4	1	11740	26317
印刷	3	1	3173	6158
包装装潢及其他印刷	2	1	2851	5254
本册印制	1		322	904
装订及其他印刷服务活动	1		8567	20160
装订及其他印刷服务活动	1		8567	20160
文教体育用品制造业	4	1	27362	2207
体育用品制造	4	1	27362	2207
体育器材及配件制造	2		10158	764
训练健身器材制造	2	1	17204	1443
石油加工、炼焦及核燃料加工业	22	8	2220202	935630
精炼石油产品的制造	1		25864	3543
原油加工及石油制品制造	1		25864	3543
炼焦	21	8	2194338	932087
炼焦	21	8	2194338	932087
化学原料及化学制品制造业	20	8	247608	304846
基础化学原料制造	9	1	144356	205017
无机酸制造	1		6124	2598
有机化学原料制造	5	1	36564	38644
其他基础化学原料制造	3		101668	163775
肥料制造	3	2	56120	79858
氮肥制造	2	1	55908	79735
复混肥料制造	1	1	212	124
涂料、油墨、颜料及类似产品制造	1		34786	10931
油墨及类似产品制造	1		34786	10931
专用化学产品制造	4	3	12265	8747
林产化学产品制造	1		9324	5606
环境污染处理专用药剂材料制造	1	1	2606	1088
其他专用化学产品制造	2	2	335	2053
农药制造	1	1	74	43
生物化学农药及微生物农药制造	1	1	74	43

单位：个、万元、人

所有者权益合计	实收资本	本年折旧（规下工业）	主营业务收入	主营业务成本
56908	60835	31	163339	126449
3633	12114		26512	18263
554	8942		23185	16657
3079	3173		3328	1607
53275	48721	31	136827	108186
10218	8313		45512	33245
1248	5197	31	9190	8188
36061	30073		78312	63478
5749	5138		3812	3275
14318	13598	355	11987	10570
13246	12520		11707	10395
13246	12520		11707	10395
986	980	345	278	175
986	980	345	278	175
86	99	10	2	1
86	99	10	2	1
44	69		1210	1102
44	69		1210	1102
44	69		1210	1102
15846	14842	76	12088	9854
4984	5364	76	2633	2343
4501	5104	9	2316	2195
484	260	66	317	148
10862	9479		9455	7512
10862	9479		9455	7512
15557	3714	34	24623	24279
15557	3714	34	24623	24279
333	750		7346	6189
15224	2964	34	17277	18091
670185	449702		2246953	1874278
7877	6970		25421	21434
7877	6970		25421	21434
662308	442732		2221532	1852844
662308	442732		2221532	1852844
177271	111978	351	234094	178147
109645	66587		140947	103398
2270	1400		5398	4233
20899	17136		32185	29617
86476	48051		103364	69548
47977	34053	9	55753	43535
47841	34000		55541	43378
136	53	9	212	158
12295	4340		27414	22825
12295	4340		27414	22825
5968	5645	322	9919	8343
2994	2850		7736	6591
370	191		1827	1495
2604	2604	322	356	257
99	66	8	55	41
99	66	8	55	41

2-1-14 续表 2

指标名称	企业单位数	亏损企业	工业总产值(当年价格)	固定资产原价
日用化学产品制造	2	1	7	249
肥皂及合成洗涤剂制造	1		3	40
其他日用化学产品制造	1	1	4	208
医药制造业	16	6	314852	218996
化学药品原药制造	4		213362	169261
化学药品原药制造	4		213362	169261
化学药品制剂制造	8	3	91618	36673
化学药品制剂制造	8	3	91618	36673
中成药制造	4	3	9872	13062
中成药制造	4	3	9872	13062
橡胶制品业	2		28189	14142
橡胶板、管、带的制造	1		27873	13979
橡胶板、管、带的制造	1		27873	13979
其他橡胶制品制造	1		316	163
其他橡胶制品制造	1		316	163
塑料制品业	11	4	26457	34770
塑料板、管、型材的制造	3	2	5079	11645
塑料板、管、型材的制造	3	2	5079	11645
塑料包装箱及容器制造	3		20739	22440
塑料包装箱及容器制造	3		20739	22440
塑料零件制造	1	1	269	69
塑料零件制造	1	1	269	69
日用塑料制造	2		97	250
日用塑料杂品制造	2		97	250
其他塑料制品制造	2	1	272	367
其他塑料制品制造	2	1	272	367
非金属矿物制品业	28	13	64794	99948
水泥、石灰和石膏的制造	2		1565	42560
水泥制造	2		1565	42560
水泥及石膏制品制造	2	1	2612	6383
砼结构构件制造	2	1	2612	6383
砖瓦、石材及其他建筑材料制造	4	1	12528	10582
建筑陶瓷制品制造	1		530	4421
建筑用石加工	1		9981	3955
防水建筑材料制造	2	1	2017	2206
玻璃及玻璃制品制造	10	6	20828	9106
日用玻璃制品及玻璃包装容器制造	10	6	20828	9106
耐火材料制品制造	4	3	5560	11625
耐火陶瓷制品及其他耐火材料制造	4	3	5560	11625
石墨及其他非金属矿物制品制造	6	2	21702	19692
石墨及碳素制品制造	4	2	21702	18786
其他非金属矿物制品制造	2			906
黑色金属冶炼及压延加工业	3	1	15674	2648
炼钢	1		11741	1633
炼钢	1		11741	1633
钢压延加工	2	1	3933	1015
钢压延加工	2	1	3933	1015
有色金属冶炼及压延加工业	15	8	187634	166019
常用有色金属冶炼	11	4	149391	154077
铅锌冶炼	2	1	33209	79573

单位：个、万元、人

所有者权益合计	实收资本	本年折旧(规下工业)	主营业务收入	主营业务成本
1287	1287	11	7	5
95	95	7	3	2
1192	1192	5	4	4
138806	107602	657	264322	203151
90569	78864	656	177468	156439
90569	78864	656	177468	156439
40782	24663		75685	42904
40782	24663		75685	42904
7455	4075	1	11169	3809
7455	4075	1	11169	3809
18384	14678	6	27916	21676
18262	14556		27600	21545
18262	14556		27600	21545
122	122	6	316	132
122	122	6	316	132
21854	16902	525	20419	15799
11260	4839	486	6820	5395
11260	4839	486	6820	5395
9938	11349		12998	10031
9938	11349		12998	10031
128	105	6	251	162
128	105	6	251	162
162	129	19	71	45
162	129	19	71	45
367	480	13	278	166
367	480	13	278	166
41165	47487	1181	54738	43401
882	1700		1488	1123
882	1700		1488	1123
3391	5278	11	1680	1388
3391	5278	11	1680	1388
3616	3660	4	7335	5886
1619	100		530	430
650	2000		5205	3936
1347	1560	4	1600	1520
5427	5709	82	18151	14907
5427	5709	82	18151	14907
11321	10687	825	6469	4884
11321	10687	825	6469	4884
16527	20454	260	19615	15213
15528	19419	256	19615	15213
1000	1035	3		
1440	1591	17	14515	13680
649	800		11607	10250
649	800		11607	10250
791	791	17	2908	3430
791	791	17	2908	3430
82694	75398	304	166604	146308
74138	64134	304	133379	113704
21884	33835	69	32782	22400

2-1-14 续表 3

指标名称	企业单位数	亏损企业	工业总产值（当年价格）	固定资产原价
铝冶炼	1		38996	44497
镁冶炼	8	3	77185	30007
有色金属合金制造	2	2	37527	8122
有色金属合金制造	2	2	37527	8122
有色金属压延加工	2	2	716	3820
贵金属压延加工	1	1	716	2894
稀有稀土金属压延加工	1	1		926
金属制品业	16	12	21047	5928
结构性金属制品制造	2	2	8654	1507
金属结构制造	2	2	8654	1507
金属工具制造	3	2	1422	573
切削工具制造	2	1	1395	514
手工具制造	1	1	26	59
集装箱及金属包装容器制造	2	2	5064	2170
金属包装容器制造	1	1	2318	212
金属压力容器制造	1	1	2746	1957
金属表面处理及热处理加工	2	1	1495	564
金属表面处理及热处理加工	2	1	1495	564
搪瓷制品制造	1	1	2260	603
搪瓷日用品及其他搪瓷制品制造	1	1	2260	603
建筑、安全用金属制品制造	1	1	332	150
其他建筑、安全用金属制品制造	1	1	332	150
不锈钢及类似日用金属制品制造	4	3	1493	331
金属制厨房调理及卫生器具制造	1	1	1120	119
其他日用金属制品制造	3	2	373	212
其他金属制品制造	1		327	30
其他未列明的金属制品制造	1		327	30
通用设备制造业	23	7	153099	69290
金属加工机械制造	2		895	496
金属切削机床制造	2		895	496
泵、阀门、压缩机及类似机械的制造	2		1941	2405
阀门和旋塞的制造	1		1141	703
液压和气压动力机械及元件制造	1		799	1702
通用零部件制造及机械修理	4	3	36788	10497
紧固件、弹簧制造	1	1	10171	5594
机械零部件加工及设备修理	2	1	26617	3546
其他通用零部件制造	1	1		1357
金属铸、锻加工	12	2	113040	55642
钢铁铸件制造	7	2	76979	39325
锻件及粉末冶金制品制造	5		36060	16318
锅炉及原动机制造	1	1	100	138
锅炉及辅助设备制造	1	1	100	138
起重运输设备制造	1	1	27	86
起重运输设备制造	1	1	27	86
风机、衡器、包装设备等通用设备制造	1		309	26
风机、风扇制造	1		309	26
专用设备制造业	5	3	71502	99082
矿山、冶金、建筑专用设备制造	3	1	11622	16600
石油钻采专用设备制造	1		533	1875
冶金专用设备制造	1	1	10278	14563

单位：个、万元、人

所有者权益合计	实收资本	本年折旧(规下工业)	主营业务收入	主营业务成本
21246	10000		22856	19018
31008	20299	235	77741	72287
5912	7228		32697	32076
5912	7228		32697	32076
2645	4036		527	527
3099	3300		527	527
-455	736			
14808	15612	459	19817	18294
1066	1501		8056	7656
1066	1501		8056	7656
1438	846	11	1290	746
1388	797	…	1263	726
49	48	11	26	20
7806	8198	388	5406	5517
5324	5787		2470	2420
2482	2411	388	2936	3097
2511	2215	29	1100	756
2511	2215	29	1100	756
-6	631		2157	1945
-6	631		2157	1945
394	329	13	325	317
394	329	13	325	317
1541	1834	15	1155	1066
579	579	11	792	752
962	1255	4	363	314
59	59	4	327	290
59	59	4	327	290
57724	64026	314	152920	128712
13913	12688	34	784	679
13913	12688	34	784	679
4042	2428		2817	2153
915	500		1718	1367
3127	1928		1099	787
12420	4281	219	38669	34909
5177	600		12244	11210
7079	3531	88	26425	23699
164	150	132		
26884	44216	27	110214	90719
15869	38308	27	76028	62099
11016	5908		34186	28620
230	230	25	100	74
230	230	25	100	74
178	132	4	27	21
178	132	4	27	21
56	53	4	309	156
56	53	4	309	156
35723	69342	135	98731	95149
19193	19300	10	12328	9708
1788	1756		573	543
16557	16700		11214	8752

2-1-14 续表 4

指标名称	企业单位数	亏损企业	工业总产值(当年价格)	固定资产原价
采矿、采石设备制造	1		812	162
纺织、服装和皮革工业专用设备制造	2	2	59880	82482
纺织专用设备制造	2	2	59880	82482
交通运输设备制造业	12	4	184470	104327
铁路运输设备制造	5	2	104768	51835
铁路机车车辆配件制造	3	2	86664	51609
工矿有轨专用车辆制造	1		263	50
其他铁路设备制造及设备修理	1		17842	176
汽车制造	7	2	79702	52493
汽车零部件及配件制造	7	2	79702	52493
电气机械及器材制造业	9		77226	37216
输配电及控制设备制造	3		42080	3574
变压器、整流器和电感器制造	1		38754	3049
配电开关控制设备制造	1		2997	265
电力电子元器件制造	1		329	260
电池制造	2		27698	29385
电池制造	2		27698	29385
家用电力器具制造	2		7040	3871
家用电力器具专用配件制造	1		2760	2874
其他家用电力器具制造	1		4280	997
电机制造	1		79	329
电动机制造	1		79	329
照明器具制造	1		329	58
灯用电器附件及其他照明器具制造	1		329	58
通信设备、计算机及其他电子设备制造业	5	3	782126	775769
通信设备制造	2	1	711566	662941
移动通信及终端设备制造	2	1	711566	662941
电子元件制造	2	1	70535	112796
电子元件及组件制造	2	1	70535	112796
其他电子设备制造	1	1	25	32
其他电子设备制造	1	1	25	32
仪器仪表及文化、办公用机械制造业	2	1	33140	2720
通用仪器仪表制造	2	1	33140	2720
工业自动控制系统装置制造	1		32863	2692
电工仪器仪表制造	1	1	277	28
工艺品及其他制造业	5	1	1831	2125
工艺美术品制造	2	1	1156	578
金属工艺品制造	1		828	363
抽纱刺绣工艺品制造	1	1	328	216
日用杂品制造	1		298	58
其他日用杂品制造	1		298	58
煤制品制造	2		377	1489
煤制品制造	2		377	1489
纺织服装、鞋、帽制造业	1		2327	123
纺织服装制造	1		2327	123
纺织服装制造	1		2327	123
电力、燃气及水的生产和供应业	**7**	**3**	**718975**	**2154236**
电力、热力的生产和供应业	7	3	718975	2154236
电力生产	7	3	718975	2154236
火力发电	7	3	718975	2154236

单位：个、万元、人

所有者权益合计	实收资本	本年折旧（规下工业）	主营业务收入	主营业务成本
849	845	10	542	413
16530	50042	125	86402	85441
16530	50042	125	86402	85441
75189	58665	108	185260	140007
44637	39517	18	106854	77472
40885	38353		88782	64848
46	46	1	231	219
3707	1118	17	17842	12405
30551	19149	90	78406	62534
30551	19149	90	78406	62534
42213	21183	2603	71036	47596
18140	5363	36	38949	24386
16668	4800		35639	22018
1166	300		3007	2269
307	263	36	302	99
20083	11569	2495	26581	18512
20083	11569	2495	26581	18512
3259	3518		5121	4505
1439	1738		3085	2703
1820	1780		2036	1802
329	329	66	66	23
329	329	66	66	23
403	403	6	320	170
403	403	6	320	170
388692	359544	6	692848	630062
302316	262131		625702	572213
302316	262131		625702	572213
86339	97375		67121	57829
86339	97375		67121	57829
38	38	6	25	20
38	38	6	25	20
10188	5066	5	32740	20125
10188	5066	5	32740	20125
10105	5000		32463	19848
83	66	5	277	277
32529	33504	227	1773	1488
34	1046	12	1130	1028
-65	1000		801	767
99	46	12	328	261
151	144	9	298	213
151	144	9	298	213
32345	32314	205	345	247
32345	32314	205	345	247
524	250	25	2327	1755
524	250	25	2327	1755
524	250	25	2327	1755
539329	**572411**		**711105**	**719690**
539329	572411		711105	719690
539329	572411		711105	719690
539329	572411		711105	719690

2-1-14 续表 5

指标名称	主营业务税金及附加	主营业务利润	其他业务利润	营业费用管理费用财务费用合计
总　计	**58579**	**1200670**	**36208**	**712046**
一、按轻重工业分				
轻工业	5070	159271	1290	102465
重工业	53509	1041399	34918	609581
二、按登记注册类型分				
港澳台商投资企业	**18094**	**182272**	**6019**	**202391**
与港澳台商合资经营企业	16836	88815	276	95458
与港澳台商合作经营企业	1049	4891	746	5760
港澳台商独资企业	13	78161	4963	81463
港澳台商投资股份有限公司	195	10405	34	19711
外商投资企业	**40485**	**1018398**	**30190**	**509655**
中外合资经营企业	36174	841658	21504	417624
中外合作经营企业	1581	119687	336	33995
外资企业	2726	30418	8558	49799
外商投资股份有限公司	3	26634	-209	8237
三、按国民经济行业分				
采矿业	**6111**	**471759**	**9006**	**120655**
煤炭开采和洗选业	6111	471824	9012	120423
烟煤和无烟煤的开采洗选	6111	471824	9012	120423
烟煤和无烟煤的开采洗选	6111	471824	9012	120423
非金属矿采选业		-64	-6	176
土砂石开采		-64	-6	176
建筑装饰用石开采		-64	-6	176
石油和天然气开采业				
天然原油和天然气开采				
天然原油和天然气开采				
与石油和天然气开采有关的服务活动				
与石油和天然气开采有关的服务活动				
有色金属矿采选业		-2		56
常用有色金属矿采选		-2		56
其他常用有色金属矿采选		-2		56
制造业	**51881**	**738083**	**26299**	**551596**
农副食品加工业	119	7819	195	5512
饲料加工	98	5122	43	3856
饲料加工	98	5122	43	3856
蔬菜、水果和坚果加工	7	2250		1411
蔬菜、水果和坚果加工	7	2250		1411
屠宰及肉类加工	15	447	152	246
畜禽屠宰	15	447	152	246
食品制造业	7	33302	-57	12520
焙烤食品制造		751	28	789
饼干及其他焙烤食品制造		751	28	789
液体乳及乳制品制造	4	31040	-105	9540
液体乳及乳制品制造	4	31040	-105	9540
罐头制造	3	439	14	982
蔬菜、水果罐头制造	3	439	14	982
调味品、发酵制品制造		208		328
酱油、食醋及类似制品的制造		208		328
其他食品制造	...	864	6	881
食品及饲料添加剂制造		867	6	872
营养、保健食品制造	...	-3		9

单位：个、万元、人

营业利润	职工工资和福利费	本年应交增值税	年末存货	全部从业人员年平均人数
522296	**386540**	**363049**	**905590**	**137217**
39127	43968	27016	170499	20297
483168	342572	336033	735092	116920
-15611	**211715**	**82558**	**334409**	**75968**
-5502	36386	70072	186957	16298
-2040	2178	2909	4018	664
1695	164479	6450	110930	54378
-9764	8672	3128	32503	4628
537906	**174825**	**280492**	**571182**	**61249**
464244	130209	203617	423054	47008
86028	19749	53773	45412	3832
-15096	22668	21314	86020	9966
2730	2198	1788	16696	443
377279	**50847**	**81685**	**36244**	**14057**
377583	50439	81636	35816	13662
377583	50439	81636	35816	13662
377583	50439	81636	35816	13662
-246	202	47	371	160
-246	202	47	371	160
-246	202	47	371	160
	131	2		165
	52	2		45
	52	2		45
	79			120
	79			120
-58	75		57	70
-58	75		57	70
-58	75		57	70
193651	**309477**	**229851**	**819887**	**117942**
2882	1007	775	7396	922
1309	566	313	2043	416
1309	566	313	2043	416
1220	375	339	5353	340
1220	375	339	5353	340
353	65	122		166
353	65	122		166
5433	4849	3447	19386	2719
-10	431	143	955	482
-10	431	143	955	482
6084	2465	2633	9563	744
6084	2465	2633	9563	744
-615	1534	326	7369	1242
-615	1534	326	7369	1242
-128	85	55	302	70
-128	85	55	302	70
103	334	291	1196	181
114	329	289	1077	173
-12	5	2	119	8

2-1-14 续表 6

指标名称	主营业务税金及附加	主营业务利润	其他业务利润	营业费用管理费用财务费用合计
饮料制造业	2712	34178	349	28034
酒的制造	2712	5538	141	7981
啤酒制造	2380	4148	141	7376
葡萄酒制造	332	1390		604
软饮料制造	...	28640	208	20053
碳酸饮料制造		12267	137	11906
瓶(罐)装饮用水制造	...	1001	4	2
果菜汁及果菜汁饮料制造		14834	67	7744
固体饮料制造		538		403
纺织业	3	1413		1341
毛纺织和染整精加工		1312		1302
毛纺织		1312		1302
丝绢纺织及精加工	3	100		39
缫丝加工	3	100		39
针织品、编织品及其制品制造	...	1		1
棉、化纤针织品及编织品制造	...	1		1
造纸及纸制品业		107		122
造纸		107		122
机制纸及纸板制造		107		122
印刷业和记录媒介的复制	6	2228	30	1474
印刷	6	284	17	317
包装装潢及其他印刷	...	120	17	234
本册印制	5	164		83
装订及其他印刷服务活动		1944	12	1156
装订及其他印刷服务活动		1944	12	1156
文教体育用品制造业	59	285	27	994
体育用品制造	59	285	27	994
体育器材及配件制造	27	1131		264
训练健身器材制造	32	-846	27	730
石油加工、炼焦及核燃料加工业	40647	332028	17403	268225
精炼石油产品的制造	454	3532	35	2856
原油加工及石油制品制造	454	3532	35	2856
炼焦	40193	328495	17368	265368
炼焦	40193	328495	17368	265368
化学原料及化学制品制造业	104	55843	334	18819
基础化学原料制造	96	37452	199	7775
无机酸制造		1165	1	611
有机化学原料制造	82	2486	116	2066
其他基础化学原料制造	14	33802	82	5098
肥料制造	6	12211	131	6438
氮肥制造		12163	131	6385
复混肥料制造	6	48		53
涂料、油墨、颜料及类似产品制造		4589		3896
油墨及类似产品制造		4589		3896
专用化学产品制造	1	1575	4	693
林产化学产品制造		1146	-14	-41
环境污染处理专用药剂材料制造		332		483
其他专用化学产品制造	1	98	17	251
农药制造		14		15
生物化学农药及微生物农药制造		14		15

单位：个、万元、人

营业利润	职工工资和福利费	本年应交增值税	年末存货	全部从业人员年平均人数
2095	7662	6200	68247	3426
-2382	2204	1744	4995	1070
-3168	2021	1575	3029	991
785	184	169	1967	79
4477	5457	4456	63251	2356
499	3248	2203	5868	1168
918	254	364	350	43
2926	1867	1660	55844	1038
135	88	228	1190	107
71	335	640	3425	233
10	297	614	3290	192
10	297	614	3290	192
61	35	26	100	33
61	35	26	100	33
…	4	…	35	8
…	4	…	35	8
-14	38	3	106	12
-14	38	3	106	12
-14	38	3	106	12
784	879	668	1943	667
-16	358	113	1001	237
-96	260	68	955	141
81	99	45	46	96
799	521	555	942	430
799	521	555	942	430
-682	963	1158	840	518
-682	963	1158	840	518
868	856	404	690	435
-1550	107	753	150	83
79324	49966	155069	381166	21575
713	490	531	6970	115
713	490	531	6970	115
78611	49477	154538	374195	21460
78611	49477	154538	374195	21460
37364	10670	13351	20103	3551
29860	3840	11973	5532	1805
555	190	415	448	150
522	1135	3420	2634	856
28784	2514	8137	2449	799
5903	2348	84	6897	1140
5909	2330	79	6847	1115
-5	18	6	50	25
716	4053	950	2790	336
716	4053	950	2790	336
886	405	343	4838	248
1173	142	260	2068	38
-151	134	69	916	95
-136	129	15	1854	115
-1	15	1	7	14
-1	15	1	7	14

2-1-14 续表 7

指标名称	主营业务税金及附加	主营业务利润	其他业务利润	营业费用管理费用财务费用合计
日用化学产品制造	…	1		1
肥皂及合成洗涤剂制造	…	1		1
其他日用化学产品制造		…		1
医药制造业	54	61117	497	40829
化学药品原药制造	53	20976	482	15422
化学药品原药制造	53	20976	482	15422
化学药品制剂制造		32781	15	19395
化学药品制剂制造		32781	15	19395
中成药制造	1	7359		6013
中成药制造	1	7359		6013
橡胶制品业	20	6220	4	3347
橡胶板、管、带的制造		6056	4	3282
橡胶板、管、带的制造		6056	4	3282
其他橡胶制品制造	20	164		66
其他橡胶制品制造	20	164		66
塑料制品业	25	4595	91	2499
塑料板、管、型材的制造	1	1425		968
塑料板、管、型材的制造	1	1425		968
塑料包装箱及容器制造	1	2966	91	1334
塑料包装箱及容器制造	1	2966	91	1334
塑料零件制造	5	85		99
塑料零件制造	5	85		99
日用塑料制造	1	24	…	18
日用塑料杂品制造	1	24	…	18
其他塑料制品制造	17	95		81
其他塑料制品制造	17	95		81
非金属矿物制品业	315	11022	101	10654
水泥、石灰和石膏的制造		365	4	333
水泥制造		365	4	333
水泥及石膏制品制造	79	213		383
砼结构构件制造	79	213		383
砖瓦、石材及其他建筑材料制造	22	1426	68	1361
建筑陶瓷制品制造	16	84		47
建筑用石加工		1269		1171
防水建筑材料制造	6	73	68	144
玻璃及玻璃制品制造	4	3241		2411
日用玻璃制品及玻璃包装容器制造	4	3241		2411
耐火材料制品制造	209	1376		1657
耐火陶瓷制品及其他耐火材料制造	209	1376		1657
石墨及其他非金属矿物制品制造	…	4402	30	4509
石墨及碳素制品制造	…	4402	30	4509
其他非金属矿物制品制造				
黑色金属冶炼及压延加工业	41	900		381
炼钢	33	1325		222
炼钢	33	1325		222
钢压延加工	9	-424		158
钢压延加工	9	-424		158
有色金属冶炼及压延加工业	2664	17632	465	14016
常用有色金属冶炼	2531	17144	265	11958
铅锌冶炼	202	10180		6927

单位：个、万元、人

营业利润	职工工资和福利费	本年应交增值税	年末存货	全部从业人员年平均人数
…	7	…	40	8
1	3	…	20	3
-1	4		20	5
20826	15174	9990	46649	6211
6035	6710	2326	28592	3658
6035	6710	2326	28592	3658
13430	6944	6150	10189	2202
13430	6944	6150	10189	2202
1360	1521	1514	7868	351
1360	1521	1514	7868	351
2876	912	1089	4202	321
2778	897	1036	4119	310
2778	897	1036	4119	310
99	14	54	82	11
99	14	54	82	11
2132	1386	1403	3360	540
457	341	427	824	152
457	341	427	824	152
1670	979	916	2414	249
1670	979	916	2414	249
-14	14	39	64	21
-14	14	39	64	21
7	28	6	57	68
7	28	6	57	68
14	25	14		50
14	25	14		50
219	10418	2405	22669	6282
35	204	133	579	240
35	204	133	579	240
-391	375	102	1304	66
-391	375	102	1304	66
108	872	311	2159	459
12	54	7		108
98	715	295	752	336
-3	103	9	1408	15
825	5830	925	5512	3291
825	5830	925	5512	3291
-281	1129	783	3787	1096
-281	1129	783	3787	1096
-76	2009	151	9328	1130
-76	2002	151	9250	1097
	7		77	33
520	586	197	1008	135
1102	517	166	257	70
1102	517	166	257	70
-582	69	31	751	65
-582	69	31	751	65
4049	8299	8149	33463	5267
5420	7697	7664	29132	4938
3253	1556	2594	7333	1558

2-1-14 续表 8

指标名称	主营业务税金及附加	主营业务利润	其他业务利润	营业费用管理费用财务费用合计
铝冶炼		3838	109	2568
镁冶炼	2329	3126	157	2462
有色金属合金制造	132	489	200	1654
有色金属合金制造	132	489	200	1654
有色金属压延加工		...		405
贵金属压延加工		...		201
稀有稀土金属压延加工				205
金属制品业	26	1515	20	1765
结构性金属制品制造		399		316
金属结构制造		399		316
金属工具制造	3	541		245
切削工具制造	1	536		238
手工具制造	1	5		7
集装箱及金属包装容器制造	17	-109	19	330
金属包装容器制造		50	1	264
金属压力容器制造	17	-159	19	66
金属表面处理及热处理加工	2	342		172
金属表面处理及热处理加工	2	342		172
搪瓷制品制造		212		314
搪瓷日用品及其他搪瓷制品制造		212		314
建筑、安全用金属制品制造	1	7	...	78
其他建筑、安全用金属制品制造	1	7	...	78
不锈钢及类似日用金属制品制造	3	86	1	276
金属制厨房调理及卫生器具制造	3	37	1	166
其他日用金属制品制造	1	49		111
其他金属制品制造		37		36
其他未列明的金属制品制造		37		36
通用设备制造业	293	23915	546	16026
金属加工机械制造	79	26	2	-11
金属切削机床制造	79	26	2	-11
泵、阀门、压缩机及类似机械的制造		663	1	409
阀门和旋塞的制造		351	1	264
液压和气压动力机械及元件制造		312		144
通用零部件制造及机械修理	195	3564	160	2921
紧固件、弹簧制造		1034		1097
机械零部件加工及设备修理	195	2531	131	1732
其他通用零部件制造			29	92
金属铸、锻加工	18	19477	384	12657
钢铁铸件制造	17	13912	85	8368
锻件及粉末冶金制品制造	1	5565	299	4290
锅炉及原动机制造		26		37
锅炉及辅助设备制造		26		37
起重运输设备制造		6		6
起重运输设备制造		6		6
风机、衡器、包装设备等通用设备制造	1	152		7
风机、风扇制造	1	152		7
专用设备制造业	168	3421	195	13843
矿山、冶金、建筑专用设备制造		2621	167	4064
石油钻采专用设备制造		30	161	147
冶金专用设备制造		2462		3788

单位：个、万元、人

营业利润	职工工资和福利费	本年应交增值税	年末存货	全部从业人员年平均人数
1379	431	1041	11514	630
788	5709	4030	10285	2750
-965	543	485	1832	225
-965	543	485	1832	225
-405	59		2499	104
-201	58		1412	102
-205	1		1087	2
-338	1583	540	4733	776
-2	291	57	514	84
-2	291	57	514	84
290	190	95	501	55
292	186	94	461	47
-2	4	...	41	8
-437	376	186	1362	250
-231	136	43	394	100
-206	240	143	968	150
171	139	93	596	80
171	139	93	596	80
-102	445	36	361	130
-102	445	36	361	130
-71	26	6	55	15
-71	26	6	55	15
-189	85	54	1302	139
-127	12	22	797	7
-62	73	32	505	132
1	30	14	42	23
1	30	14	42	23
10125	9608	5642	19869	3254
39	198	49	363	66
39	198	49	363	66
244	193	108	1056	70
76	79	46	685	38
168	114	63	370	32
790	1529	1588	3682	540
-35	325	24	1560	126
889	1191	1564	2122	395
-64	13			19
8918	7640	3866	14031	2518
7279	5610	2679	9161	1782
1639	2031	1187	4870	736
-11	26	...	711	40
-11	26	...	711	40
...	7	1	13	7
...	7	1	13	7
145	14	31	14	13
145	14	31	14	13
-10511	10386	1379	35973	4428
-1011	2640	30	6148	411
43	37	30	366	64
-1061	2547		5380	315

2-1-14 续表 9

指标名称	主营业务税金及附加	主营业务利润	其他业务利润	营业费用管理费用财务费用合计
采矿、采石设备制造		129	7	129
纺织、服装和皮革工业专用设备制造	168	800	28	9779
纺织专用设备制造	168	800	28	9779
交通运输设备制造业	2400	43037	932	29636
铁路运输设备制造	194	29372	564	18041
铁路机车车辆配件制造	5	23929	564	14807
工矿有轨专用车辆制造	6	7		5
其他铁路设备制造及设备修理	184	5437		3229
汽车制造	2206	13665	368	11595
汽车零部件及配件制造	2206	13665	368	11595
电气机械及器材制造业	2100	21368	160	7273
输配电及控制设备制造	36	14527	1	4659
变压器、整流器和电感器制造		13621		3889
配电开关控制设备制造		738	1	605
电力电子元器件制造	36	168		165
电池制造	2026	6042		2008
电池制造	2026	6042		2008
家用电力器具制造	38	578	152	478
家用电力器具专用配件制造		383	152	323
其他家用电力器具制造	38	195		155
电机制造		71		11
电动机制造		71		11
照明器具制造	…	150	7	117
灯用电器附件及其他照明器具制造	…	150	7	117
通信设备、计算机及其他电子设备制造业		62786	4822	69439
通信设备制造		53489	4532	54869
移动通信及终端设备制造		53489	4532	54869
电子元件制造		9292	290	14547
电子元件及组件制造		9292	290	14547
其他电子设备制造		5		24
其他电子设备制造		5		24
仪器仪表及文化、办公用机械制造业	100	12515	186	4141
通用仪器仪表制造	100	12515	186	4141
工业自动控制系统装置制造	100	12515	186	4141
电工仪器仪表制造		…		1
工艺品及其他制造业	3	281		280
工艺美术品制造	1	101		210
金属工艺品制造		34		134
抽纱刺绣工艺品制造	1	67		76
日用杂品制造	…	85		15
其他日用杂品制造	…	85		15
煤制品制造	2	95		55
煤制品制造	2	95		55
纺织服装、鞋、帽制造业	15	557		426
纺织服装制造	15	557		426
纺织服装制造	15	557		426
电力、燃气及水的生产和供应业	**586**	**-9172**	**903**	**39795**
电力、热力的生产和供应业	586	-9172	903	39795
电力生产	586	-9172	903	39795
火力发电	586	-9172	903	39795

单位：个、万元、人

营业利润	职工工资和福利费	本年应交增值税	年末存货	全部从业人员年平均人数
7	56	…	402	32
-9500	7746	1350	29825	4017
-9500	7746	1350	29825	4017
20714	10468	10808	31110	3002
17975	5658	8090	18600	873
15766	5578	7912	10383	808
1	26	…	177	20
2208	53	178	8039	45
2740	4810	2717	12510	2129
2740	4810	2717	12510	2129
14952	2155	4155	14495	1076
10365	1096	3094	4632	307
10229	836	2905	3593	204
134	188	133	563	63
3	72	56	477	40
4065	642	841	8204	577
4065	642	841	8204	577
423	351	202	1352	146
382	319	167	545	130
40	32	36	807	16
60	7	4	130	9
60	7	4	130	9
40	59	13	176	37
40	59	13	176	37
-1831	157966	2605	94742	52129
3152	146235	2102	88223	46799
3152	146235	2102	88223	46799
-4965	11721	503	6497	5320
-4965	11721	503	6497	5320
-18	10		22	10
-18	10		22	10
2394	3612	…	4705	340
2394	3612	…	4705	340
2395	3599		4666	332
-1	13	…	39	8
136	386	50	293	436
25	309	3	145	337
34	177		92	101
-10	132	3	52	236
70	43	27	29	50
70	43	27	29	50
40	34	20	119	49
40	34	20	119	49
131	172	128	6	122
131	172	128	6	122
131	172	128	6	122
-48634	**26215**	**51514**	**49459**	**5218**
-48634	26215	51514	49459	5218
-48634	26215	51514	49459	5218
-48634	26215	51514	49459	5218

2-1-15 规模以上外商投资和

指标名称	企业数	亏损企业	工业总产值（当年价格）	工业销售产值（当年价格）	出口交货值
总 计	**177**	**56**	**6264177**	**6069213**	**799226**
一、按轻重工业分					
轻工业	64	19	858075	744584	134345
重工业	113	37	5406102	5324629	664881
二、按规模分					
大型企业	9	3	1872229	1828443	363234
中型企业	57	14	3468332	3372831	260290
小型企业	111	39	923616	867940	175702
三、按登记注册类型分					
港澳台商投资企业	**64**	**23**	**2031138**	**1963111**	**357179**
与港澳台商合资经营企业	39	12	1027489	979226	123141
与港澳台商合作经营企业	3	1	45841	50982	
港澳台商独资企业	18	8	868928	836982	200222
港澳台商投资股份有限公司	4	2	88879	95921	33816
外商投资企业	**113**	**33**	**4233039**	**4106102**	**442047**
中外合资经营企业	78	20	2978071	2957934	337215
中外合作经营企业	3		567676	558916	
外资企业	30	12	560164	496568	104832
外商投资股份有限公司	2	1	127128	92684	
四、按国民经济行业分					
采矿业	**12**	**2**	**733967**	**706704**	
煤炭开采和洗选业	11	1	732056	705005	
烟煤和无烟煤的开采洗选	11	1	732056	705005	
烟煤和无烟煤的开采洗选	11	1	732056	705005	
非金属矿采选业	1	1	1911	1699	
土砂石开采	1	1	1911	1699	
建筑装饰用石开采	1	1	1911	1699	
制造业	**159**	**51**	**4811235**	**4643534**	**799226**
农副食品加工业	4		48960	47901	9771
饲料加工	2		27811	27781	
饲料加工	2		27811	27781	
蔬菜、水果和坚果加工	2		21149	20119	9771
蔬菜、水果和坚果加工	2		21149	20119	9771
食品制造业	13	5	155369	132385	16087
焙烤食品制造	1		2997	2949	
饼干及其他焙烤食品制造	1		2997	2949	
液体乳及乳制品制造	3	1	119355	98325	
液体乳及乳制品制造	3	1	119355	98325	
罐头制造	7	3	18582	17504	12127
蔬菜、水果罐头制造	7	3	18582	17504	12127
调味品、发酵制品制造	1	1	996	942	
酱油、食醋及类似制品的制造	1	1	996	942	
其他食品制造	1		13439	12665	3960
食品及饲料添加剂制造	1		13439	12665	3960
饮料制造业	11	2	175763	156390	
酒的制造	2	1	26373	26036	
啤酒制造	1	1	23522	23185	

港澳台投资工业企业主要经济指标

单位：个、万元、人

资产总计	流动资产合计	应收帐款	存货	产成品	流动资产年平均余额
8167162	**3252660**	**794113**	**868470**	**427028**	**3165960**
821678	392009	90868	162527	97728	391370
7345484	2860651	703245	705943	329300	2774589
2582087	1003051	301887	275056	134484	988585
4584695	1674205	352605	442546	220419	1644860
1000380	575404	139622	150868	72124	532514
2688487	**983604**	**278925**	**326456**	**157859**	**925284**
1281358	502856	95963	182998	122129	479441
38797	14025	2275	3973	2636	17849
1219479	375005	163955	107638	17606	322515
148852	91717	16731	31847	15489	105479
5478676	**2269057**	**515188**	**542014**	**269169**	**2240675**
3828257	1780671	422250	396765	218628	1776410
934300	195353	42543	45236	4375	183019
647763	265152	43527	83412	31969	252635
68356	27881	6868	16601	14197	28611
1285680	**546123**	**143313**	**30830**	**4693**	**529945**
1282852	544238	142851	30459	4653	528020
1282852	544238	142851	30459	4653	528020
1282852	544238	142851	30459	4653	528020
2828	1884	463	371	41	1925
2828	1884	463	371	41	1925
2828	1884	463	371	41	1925
5479671	**2515102**	**576174**	**788181**	**422249**	**2418003**
23412	15180	2559	7027	4176	15275
6169	3131		1714	498	3083
6169	3131		1714	498	3083
17244	12049	2559	5313	3678	12192
17244	12049	2559	5313	3678	12192
100678	51575	17605	19161	14723	51284
6538	2000	510	955	48	1667
6538	2000	510	955	48	1667
64286	35972	14936	9552	7651	34800
64286	35972	14936	9552	7651	34800
21764	9628	479	7275	6708	10630
21764	9628	479	7275	6708	10630
2241	495	100	302	101	495
2241	495	100	302	101	495
5850	3480	1581	1077	215	3691
5850	3480	1581	1077	215	3691
216002	104466	10734	63244	51913	106893
33724	15100	537	4995	1078	14935
23201	7493	14	3029	51	8900

2-1-15 续表 1

指标名称	企业数	亏损企业	工业总产值（当年价格）	工业销售产值（当年价格）	出口交货值
葡萄酒制造	1		2852	2852	
软饮料制造	9	1	149390	130354	
碳酸饮料制造	1		38470	37965	
瓶(罐)装饮用水制造	1		12097	11804	
果菜汁及果菜汁饮料制造	6	1	95579	76773	
固体饮料制造	1		3245	3812	
纺织业	1		14807	15035	9277
毛纺织和染整精加工	1		14807	15035	9277
毛纺织	1		14807	15035	9277
造纸及纸制品业	1	1	1062	1210	916
造纸	1	1	1062	1210	916
机制纸及纸板制造	1	1	1062	1210	916
印刷业和记录媒介的复制	2	1	11347	11104	
印刷	1	1	2780	2537	
包装装潢及其他印刷	1	1	2780	2537	
装订及其他印刷服务活动	1		8567	8567	
装订及其他印刷服务活动	1		8567	8567	
文教体育用品制造业	3	1	27179	26561	18456
体育用品制造	3	1	27179	26561	18456
体育器材及配件制造	2		10158	9540	1834
训练健身器材制造	1	1	17022	17022	16622
石油加工、炼焦及核燃料加工业	21	8	2220202	2215559	357917
精炼石油产品的制造	1		25864	25872	
原油加工及石油制品制造	1		25864	25872	
炼焦	20	8	2194338	2189687	357917
炼焦	20	8	2194338	2189687	357917
化学原料及化学制品制造业	13	3	246980	247151	4660
基础化学原料制造	8	1	144356	143566	2644
无机酸制造	1		6124	6307	2644
有机化学原料制造	4	1	36564	35343	
其他基础化学原料制造	3		101668	101916	
肥料制造	2	1	55908	55407	
氮肥制造	2	1	55908	55407	
涂料、油墨、颜料及类似产品制造	1		34786	36975	
油墨及类似产品制造	1		34786	36975	
专用化学产品制造	2	1	11930	11203	2016
林产化学产品制造	1		9324	9051	
环境污染处理专用药剂材料制造	1	1	2606	2152	2016
医药制造业	14	5	314693	249013	63301
化学药品原药制造	3		213208	170677	63301
化学药品原药制造	3		213208	170677	63301
化学药品制剂制造	8	3	91618	67051	
化学药品制剂制造	8	3	91618	67051	
中成药制造	3	2	9867	11286	
中成药制造	3	2	9867	11286	
橡胶制品业	1		27873	27601	
橡胶板、管、带的制造	1		27873	27601	

单位：个、万元、人

资产总计	流动资产合计	应收帐款	存货	产成品	流动资产年平均余额
10523	7607	524	1967	1026	6035
182278	89366	10196	63249	50836	91958
36874	13452	618	5868	5868	10830
4724	348		348	17	687
134566	74268	9578	55844	44440	79236
6114	1297		1190	512	1205
19659	9099	4974	3290	1403	12596
19659	9099	4974	3290	1403	12596
19659	9099	4974	3290	1403	12596
306	277	121	106	70	277
306	277	121	106	70	277
306	277	121	106	70	277
27358	16096	4810	1859	380	16081
6754	2160	901	917	380	2160
6754	2160	901	917	380	2160
20605	13936	3909	942		13921
20605	13936	3909	942		13921
30142	26473	14482	715	488	28734
30142	26473	14482	715	488	28734
3578	2983	1629	690	467	2671
26564	23490	12853	25	21	26062
2327701	1246263	200444	381166	257777	1197488
10862	8690	852	6970	1495	9322
10862	8690	852	6970	1495	9322
2316839	1237573	199592	374195	256282	1188167
2316839	1237573	199592	374195	256282	1188167
321665	71087	19812	18152	4921	59990
202837	33992	11072	5532	2523	25621
2854	722	-64	448	126	871
53100	11279	1785	2634	1974	15312
146883	21992	9351	2449	424	9439
89995	15851	304	6847	543	14368
89995	15851	304	6847	543	14368
17841	14593	6187	2790	875	14242
17841	14593	6187	2790	875	14242
10992	6650	2250	2983	980	5759
6885	3237	1029	2068	263	2542
4107	3414	1220	916	717	3217
314202	125707	26184	45702	15592	121521
196487	57434	18387	27690	10220	56793
196487	57434	18387	27690	10220	56793
88037	49155	7560	10189	3731	45235
88037	49155	7560	10189	3731	45235
29679	19118	238	7823	1641	19493
29679	19118	238	7823	1641	19493
25846	13466	7265	4119	2196	13598
25846	13466	7265	4119	2196	13598

2-1-15 续表 2

指标名称	企业数	亏损企业	工业总产值（当年价格）	工业销售产值（当年价格）	出口交货值
橡胶板、管、带的制造	1		27873	27601	
塑料制品业	4		24899	21533	
塑料板、管、型材的制造	1		4159	5932	
塑料板、管、型材的制造	1		4159	5932	
塑料包装箱及容器制造	3		20739	15602	
塑料包装箱及容器制造	3		20739	15602	
非金属矿物制品业	15	6	59772	51008	13357
水泥、石灰和石膏的制造	1		1565	1375	
水泥制造	1		1565	1375	
水泥及石膏制品制造	1	1	2606	1729	
砼结构构件制造	1	1	2606	1729	
砖瓦、石材及其他建筑材料制造	3		12344	7455	
建筑陶瓷制品制造	1		530	530	
建筑用石加工	1		9981	5092	
防水建筑材料制造	1		1833	1833	
玻璃及玻璃制品制造	6	3	19202	19171	13357
日用玻璃制品及玻璃包装容器制造	6	3	19202	19171	13357
耐火材料制品制造	1	1	3023	2987	
耐火陶瓷制品及其他耐火材料制造	1	1	3023	2987	
石墨及其他非金属矿物制品制造	3	1	21032	18291	
石墨及碳素制品制造	3	1	21032	18291	
黑色金属冶炼及压延加工业	2	1	15104	14508	
炼钢	1		11741	11607	
炼钢	1		11741	11607	
钢压延加工	1	1	3363	2901	
钢压延加工	1	1	3363	2901	
有色金属冶炼及压延加工业	12	6	177556	155001	35905
常用有色金属冶炼	9	3	139313	120373	5430
铅锌冶炼	1		32511	27313	
铝冶炼	1		38996	27287	
镁冶炼	7	3	67806	65773	5430
有色金属合金制造	2	2	37527	33923	30475
有色金属合金制造	2	2	37527	33923	30475
有色金属压延加工	1	1	716	705	
贵金属压延加工	1	1	716	705	
金属制品业	6	4	15592	14464	2165
结构性金属制品制造	2	2	8654	7933	
金属结构制造	2	2	8654	7933	
金属工具制造	1		1227	1085	
切削工具制造	1		1227	1085	
集装箱及金属包装容器制造	1	1	2318	2340	
金属包装容器制造	1	1	2318	2340	
金属表面处理及热处理加工	1		1134	941	
金属表面处理及热处理加工	1		1134	941	
搪瓷制品制造	1	1	2260	2165	2165
搪瓷日用品及其他搪瓷制品制造	1	1	2260	2165	2165
通用设备制造业	15	2	149474	149499	30277

单位：个、万元、人

资产总计	流动资产合计	应收帐款	存货	产成品	流动资产年平均余额
25846	13466	7265	4119	2196	13598
49313	23489	2787	2876	1083	24050
18876	15504	1692	462	366	16521
18876	15504	1692	462	366	16521
30437	7985	1095	2414	718	7529
30437	7985	1095	2414	718	7529
75626	33116	4884	17122	4806	26945
2680	1595	632	579	529	1597
2680	1595	632	579	529	1597
7336	1614	118	1304		1616
7336	1614	118	1304		1616
11410	3993	698	2032	481	4745
3874	321	201			1436
4778	1854	341	752	481	1749
2758	1818	155	1280		1561
10242	5083	563	3779	3003	5050
10242	5083	563	3779	3003	5050
5513	1041	684	263	107	1074
5513	1041	684	263	107	1074
38446	19791	2190	9165	686	12863
38446	19791	2190	9165	686	12863
7808	3915	825	718	718	4051
2215	490	113	257	257	695
2215	490	113	257	257	695
5593	3425	712	462	462	3356
5593	3425	712	462	462	3356
259870	99774	10547	31099	11623	107582
234209	87635	9341	27855	9856	92191
108994	33680	3268	6678	4009	37170
67321	15571	118	11514	3966	16517
57894	38384	5955	9663	1881	38504
14904	6318	1202	1832	809	9686
14904	6318	1202	1832	809	9686
10757	5821	5	1412	958	5706
10757	5821	5	1412	958	5706
12844	9933	1216	1820	453	7723
2830	1299	5	514	49	475
2830	1299	5	514	49	475
1285	1029	511	316	77	910
1285	1029	511	316	77	910
5162	4694	153	394	164	4694
5162	4694	153	394	164	4694
2472	2293	464	235	106	1147
2472	2293	464	235	106	1147
1096	618	83	361	57	498
1096	618	83	361	57	498
135174	83681	20690	18329	8930	82269

2-1-15 续表 3

指标名称	企业数	亏损企业	工业总产值（当年价格）	工业销售产值（当年价格）	出口交货值
金属加工机械制造	1		392	392	
金属切削机床制造	1		392	392	
泵、阀门、压缩机及类似机械的制造	2		1941	2240	594
阀门和旋塞的制造	1		1141	1141	
液压和气压动力机械及元件制造	1		799	1099	594
通用零部件制造及机械修理	2	1	34537	35710	7616
紧固件、弹簧制造	1	1	10171	11345	7616
机械零部件加工及设备修理	1		24365	24365	
金属铸、锻加工	10	1	112605	111157	22067
钢铁铸件制造	5	1	76545	75868	9983
锻件及粉末冶金制品制造	5		36060	35289	12085
专用设备制造业	3	2	70293	79063	26201
矿山、冶金、建筑专用设备制造	2	1	10810	11643	
石油钻采专用设备制造	1		533	373	
冶金专用设备制造	1	1	10278	11270	
纺织、服装和皮革工业专用设备制造	1	1	59483	67420	26201
纺织专用设备制造	1	1	59483	67420	26201
交通运输设备制造业	7	2	165687	164317	17583
铁路运输设备制造	3	2	86664	85958	
铁路机车车辆配件制造	3	2	86664	85958	
汽车制造	4		79023	78359	17583
汽车零部件及配件制造	4		79023	78359	17583
电气机械及器材制造业	5		72832	68876	173
输配电及控制设备制造	2		41751	38646	
变压器、整流器和电感器制造	1		38754	35639	
配电开关控制设备制造	1		2997	3007	
电池制造	1		24041	23254	173
电池制造	1		24041	23254	173
家用电力器具制造	2		7040	6976	
家用电力器具专用配件制造	1		2760	2993	
其他家用电力器具制造	1		4280	3983	
通信设备、计算机及其他电子设备制造业	4	2	782101	762049	192339
通信设备制造	2	1	711566	691609	158004
移动通信及终端设备制造	2	1	711566	691609	158004
电子元件制造	2	1	70535	70440	34334
电子元件及组件制造	2	1	70535	70440	34334
仪器仪表及文化、办公用机械制造业	1		32863	32463	
通用仪器仪表制造	1		32863	32463	
工业自动控制系统装置制造	1		32863	32463	
工艺品及其他制造业	1		828	842	842
工艺美术品制造	1		828	842	842
金属工艺品制造	1		828	842	842
电力、燃气及水的生产和供应业	**6**	**3**	**718975**	**718975**	
电力、热力的生产和供应业	6	3	718975	718975	
电力生产	6	3	718975	718975	
火力发电	6	3	718975	718975	

单位：个、万元、人

资产总计	流动资产合计	应收帐款	存货	产成品	流动资产年平均余额
13228	13220	55	196	52	13633
13228	13220	55	196	52	13633
4285	2683	1570	1056	241	2609
1039	468	-239	685	26	468
3246	2215	1809	370	215	2141
34557	28348	6496	3220	1495	26221
13908	9816	1223	1560	715	7689
20648	18532	5273	1659	780	18532
83104	39429	12569	13858	7143	39807
57186	27937	8245	8989	4377	26902
25918	11493	4324	4870	2766	12904
142494	88708	12359	34158	15718	102040
29965	20855	1638	5745	2249	17419
4399	2468	163	366	184	2400
25565	18387	1475	5380	2064	15019
112529	67853	10721	28413	13469	84621
112529	67853	10721	28413	13469	84621
174651	90205	33211	21897	8309	94782
89908	47401	19693	10383	635	41901
89908	47401	19693	10383	635	41901
84743	42805	13518	11514	7674	52881
84743	42805	13518	11514	7674	52881
65419	46094	18517	11141	4445	39273
35466	31375	17045	4156	115	28020
31789	28035	14756	3593		25036
3677	3340	2289	563	115	2983
24217	12025	1051	5634	3844	9064
24217	12025	1051	5634	3844	9064
5737	2695	420	1352	487	2189
3214	1168	365	545		1168
2524	1527	55	807	487	1021
1129149	340845	160670	94720	12171	289898
982909	313053	149587	88223	9754	267321
982909	313053	149587	88223	9754	267321
146240	27792	11083	6497	2417	22577
146240	27792	11083	6497	2417	22577
20002	15513	1480	4666	352	15513
20002	15513	1480	4666	352	15513
20002	15513	1480	4666	352	15513
350	138		92		138
350	138		92		138
350	138		92		138
1401812	**191435**	**74627**	**49459**	**85**	**218012**
1401812	191435	74627	49459	85	218012
1401812	191435	74627	49459	85	218012
1401812	191435	74627	49459	85	218012

2-1-15 续表 4

指标名称	固定资产合计	固定资产原价	累计折旧	固定资产净值
总 计	**4032923**	**5528419**	**2060790**	**3467630**
一、按轻重工业分				
轻工业	373128	496735	162271	334464
重工业	3659795	5031685	1898519	3133166
二、按规模分				
大型企业	1103114	1260484	491560	768925
中型企业	2570529	3823040	1440028	2383012
小型企业	359281	444895	129202	315693
三、按登记注册类型分				
港澳台商投资企业	**1528802**	**1860422**	**663297**	**1197125**
与港澳台商合资经营企业	715572	907061	243303	663757
与港澳台商合作经营企业	24202	31768	8678	23091
港澳台商独资企业	738502	824404	364653	459751
港澳台商投资股份有限公司	50526	97189	46663	50526
外商投资企业	**2504121**	**3667998**	**1397493**	**2270504**
中外合资经营企业	1421480	1671548	442115	1229433
中外合作经营企业	688383	1526565	842061	684504
外资企业	357937	428219	105876	322343
外商投资股份有限公司	36321	41666	7442	34225
四、按国民经济行业分				
采矿业	**308181**	**378470**	**106257**	**272213**
煤炭开采和洗选业	307237	377251	105983	271269
烟煤和无烟煤的开采洗选	307237	377251	105983	271269
烟煤和无烟煤的开采洗选	307237	377251	105983	271269
非金属矿采选业	944	1219	275	944
土砂石开采	944	1219	275	944
建筑装饰用石开采	944	1219	275	944
制造业	**2583334**	**2995733**	**935984**	**2059750**
农副食品加工业	5886	10341	4657	5684
饲料加工	2793	6972	4179	2793
饲料加工	2793	6972	4179	2793
蔬菜、水果和坚果加工	3093	3369	478	2891
蔬菜、水果和坚果加工	3093	3369	478	2891
食品制造业	34109	47420	16757	30663
焙烤食品制造	1228	1750	522	1228
饼干及其他焙烤食品制造	1228	1750	522	1228
液体乳及乳制品制造	24843	34576	11918	22658
液体乳及乳制品制造	24843	34576	11918	22658
罐头制造	4492	5873	2609	3264
蔬菜、水果罐头制造	4492	5873	2609	3264
调味品、发酵制品制造	1610	2171	569	1602
酱油、食醋及类似制品的制造	1610	2171	569	1602
其他食品制造	1936	3050	1140	1911
食品及饲料添加剂制造	1936	3050	1140	1911
饮料制造业	102785	127216	27175	100041
酒的制造	14459	17996	3833	14164
啤酒制造	12324	13861	1833	12028

单位：个、万元、人

固定资产净值年平均余额	负债合计	流动负债合计	应付账款	长期负债合计	所有者权益合计
3625134	**5034110**	**3627231**	**907807**	**1250489**	**3133053**
325579	480365	387393	93612	82837	341313
3299555	4553745	3239838	814194	1167652	2791739
942043	1601688	1228719	322398	241650	980399
2374818	2887336	1915021	473755	959682	1697358
308272	545086	483492	111653	49157	455295
1397664	**1853497**	**1335637**	**343688**	**506187**	**834990**
676510	919404	569483	124192	343093	361953
25761	21993	15146	2657	6803	16805
647599	793989	701968	198773	87220	425490
47795	118111	49041	18067	69071	30741
2227470	**3180613**	**2291595**	**564118**	**744302**	**2298063**
1169915	2215629	1674035	428196	402270	1612628
715646	453669	222847	41431	230822	480631
305371	467108	353905	85006	107812	180656
36538	44207	40808	9486	3399	24149
252905	**567255**	**413953**	**39409**	**152113**	**718425**
252146	565562	413349	38805	152113	717290
252146	565562	413349	38805	152113	717290
252146	565562	413349	38805	152113	717290
759	1693	604	604		1136
759	1693	604	604		1136
759	1693	604	604		1136
2231249	**3596707**	**2797469**	**776157**	**644038**	**1882964**
5386	10236	10068	1541	168	13176
2801	2026	2026	874		4143
2801	2026	2026	874		4143
2585	8210	8042	667	168	9033
2585	8210	8042	667	168	9033
34113	40978	35672	9581	5296	59700
1023	3339	3330	1068		3199
1023	3339	3330	1068		3199
24882	20115	16716	5332	3399	44171
24882	20115	16716	5332	3399	44171
4535	13925	13021	2908	904	7839
4535	13925	13021	2908	904	7839
1658	1344	1344	183		897
1658	1344	1344	183		897
2015	2256	1263	89	993	3594
2015	2256	1263	89	993	3594
95624	159451	153962	27018	5488	56550
13003	30091	30091	2335		3633
10924	22647	22647	1943		554

2-1-15 续表 5

指标名称	固定资产合计	固定资产原价	累计折旧	固定资产净值
葡萄酒制造	2136	4135	1999	2136
软饮料制造	88326	109220	23342	85877
碳酸饮料制造	20896	32283	11387	20896
瓶(罐)装饮用水制造	4376	5451	2075	3376
果菜汁及果菜汁饮料制造	58484	66366	9304	57062
固体饮料制造	4570	5120	576	4544
纺织业	6568	9158	2608	6550
毛纺织和染整精加工	6568	9158	2608	6550
毛纺织	6568	9158	2608	6550
造纸及纸制品业	29	87	58	29
造纸	29	87	58	29
机制纸及纸板制造	29	87	58	29
印刷业和记录媒介的复制	10780	25336	15672	9664
印刷	4589	5176	1587	3589
包装装潢及其他印刷	4589	5176	1587	3589
装订及其他印刷服务活动	6191	20160	14085	6075
装订及其他印刷服务活动	6191	20160	14085	6075
文教体育用品制造业	1133	2028	1002	1026
体育用品制造	1133	2028	1002	1026
体育器材及配件制造	594	764	277	487
训练健身器材制造	539	1264	726	539
石油加工、炼焦及核燃料加工业	908831	935630	213411	722219
精炼石油产品的制造	2033	3543	1510	2033
原油加工及石油制品制造	2033	3543	1510	2033
炼焦	906799	932087	211900	720187
炼焦	906799	932087	211900	720187
化学原料及化学制品制造业	241318	302378	69303	233075
基础化学原料制造	163493	205017	49363	155655
无机酸制造	1762	2598	847	1751
有机化学原料制造	37206	38644	1945	36699
其他基础化学原料制造	124525	163775	46571	117205
肥料制造	70409	79735	9391	70344
氮肥制造	70409	79735	9391	70344
涂料、油墨、颜料及类似产品制造	3128	10931	7834	3098
油墨及类似产品制造	3128	10931	7834	3098
专用化学产品制造	4288	6694	2716	3979
林产化学产品制造	3600	5606	2006	3600
环境污染处理专用药剂材料制造	688	1088	709	379
医药制造业	173086	214040	61450	152590
化学药品原药制造	132921	164482	44630	119852
化学药品原药制造	132921	164482	44630	119852
化学药品制剂制造	31150	36673	11097	25575
化学药品制剂制造	31150	36673	11097	25575
中成药制造	9015	12885	5723	7162
中成药制造	9015	12885	5723	7162
橡胶制品业	11450	13979	2538	11441
橡胶板、管、带的制造	11450	13979	2538	11441

单位：个、万元、人

固定资产净值年平均余额	负债合计	流动负债合计	应付账款	长期负债合计	所有者权益合计
2080	7444	7444	392		3079
82621	129361	123871	24683	5488	52917
20652	26656	21501	5317	5155	10218
885	3833	3833	3808		890
56544	98506	98190	15256	315	36061
4540	365	347	301	18	5749
6565	6412	6399	1292	14	13246
6565	6412	6399	1292	14	13246
6565	6412	6399	1292	14	13246
55	262	262	17		44
55	262	262	17		44
55	262	262	17		44
10721	12100	6409	6346	1863	15259
4646	2357	494	431	1863	4397
4646	2357	494	431	1863	4397
6075	9743	5915	5915		10862
6075	9743	5915	5915		10862
1071	14863	14862	3198	1	15280
1071	14863	14862	3198	1	15280
508	3245	3244	810	1	333
563	11618	11618	2388		14947
715913	1657517	1225430	364791	300411	670185
2061	2985	2984	2132		7877
2061	2985	2984	2132		7877
713852	1654532	1222446	362658	300411	662308
713852	1654532	1222446	362658	300411	662308
237343	148520	104166	15726	38940	173145
159078	93192	80786	4760	6993	109645
1797	585	584	-14		2270
36396	32201	19943	1789	6845	20899
120886	60407	60259	2986	148	86476
70872	42154	11154	3988	31000	47841
70872	42154	11154	3988	31000	47841
3285	5546	5546	3406		12295
3285	5546	5546	3406		12295
4107	7628	6681	3572	947	3364
3717	3891	2944	2872	947	2994
391	3737	3737	699		370
148485	181512	108541	27154	66676	132690
114904	111964	49928	18014	62036	84523
114904	111964	49928	18014	62036	84523
26227	47255	36321	8957	4640	40782
26227	47255	36321	8957	4640	40782
7355	22293	22292	183		7385
7355	22293	22292	183		7385
11744	7584	7222	3584	362	18262
11744	7584	7222	3584	362	18262

2-1-15 续表 6

指标名称	固定资产合计	固定资产原价	累计折旧	固定资产净值
橡胶板、管、带的制造	11450	13979	2538	11441
塑料制品业	20077	29384	17308	12077
塑料板、管、型材的制造	3372	6945	3573	3372
塑料板、管、型材的制造	3372	6945	3573	3372
塑料包装箱及容器制造	16705	22440	13735	8705
塑料包装箱及容器制造	16705	22440	13735	8705
非金属矿物制品业	36815	45681	12959	32723
水泥、石灰和石膏的制造	1085	3106	2021	1085
水泥制造	1085	3106	2021	1085
水泥及石膏制品制造	3835	6200	2366	3835
砼结构构件制造	3835	6200	2366	3835
砖瓦、石材及其他建筑材料制造	7417	10452	3175	7277
建筑陶瓷制品制造	3552	4421	1009	3412
建筑用石加工	2924	3955	1031	2924
防水建筑材料制造	941	2076	1136	941
玻璃及玻璃制品制造	3384	5994	3027	2968
日用玻璃制品及玻璃包装容器制造	3384	5994	3027	2968
耐火材料制品制造	4153	3708	710	2997
耐火陶瓷制品及其他耐火材料制造	4153	3708	710	2997
石墨及其他非金属矿物制品制造	16942	16221	1660	14561
石墨及碳素制品制造	16942	16221	1660	14561
黑色金属冶炼及压延加工业	3510	2219	315	1905
炼钢	1342	1633	291	1342
炼钢	1342	1633	291	1342
钢压延加工	2168	587	24	563
钢压延加工	2168	587	24	563
有色金属冶炼及压延加工业	139394	158777	28422	130355
常用有色金属冶炼	129240	147761	26384	121377
铅锌冶炼	62442	76679	15922	60757
铝冶炼	47353	44497	2475	42022
镁冶炼	19446	26585	7987	18598
有色金属合金制造	6127	8122	1995	6127
有色金属合金制造	6127	8122	1995	6127
有色金属压延加工	4027	2894	43	2851
贵金属压延加工	4027	2894	43	2851
金属制品业	2826	2857	534	2323
结构性金属制品制造	1496	1507	224	1283
金属结构制造	1496	1507	224	1283
金属工具制造	216	354	139	216
切削工具制造	216	354	139	216
集装箱及金属包装容器制造	465	212	38	175
金属包装容器制造	465	212	38	175
金属表面处理及热处理加工	172	181	9	172
金属表面处理及热处理加工	172	181	9	172
搪瓷制品制造	478	603	125	478
搪瓷日用品及其他搪瓷制品制造	478	603	125	478
通用设备制造业	49526	66002	20914	45087

单位：个、万元、人

固定资产净值年平均余额	负债合计	流动负债合计	应付账款	长期负债合计	所有者权益合计
11744	7584	7222	3584	362	18262
10286	33340	32319	4564	1021	15973
3568	12841	12841	144		6035
3568	12841	12841	144		6035
6719	20499	19478	4420	1021	9938
6719	20499	19478	4420	1021	9938
33022	49392	48973	12235	364	26234
1083	1797	1618	38	179	882
1083	1797	1618	38	179	882
4089	4250	4250	299		3086
4089	4250	4250	299		3086
7196	7934	7879	1351		3476
3035	2255	2200	549		1619
3095	4128	4128	455		650
1066	1552	1551	347		1207
2999	8343	8231	3391	112	1899
2999	8343	8231	3391	112	1899
3052	2728	2728	606		2784
3052	2728	2728	606		2784
14603	24339	24267	6550	73	14106
14603	24339	24267	6550	73	14106
1937	6763	2482	264		1045
1375	1566	1225	204		649
1375	1566	1225	204		649
563	5197	1257	60		396
563	5197	1257	60		396
135054	183181	141753	28043	41274	76689
127833	166531	131111	26511	35274	67678
62673	89448	79629	8137	9819	19547
46113	46076	20620	8963	25455	21246
19047	31008	30862	9411		26885
5703	8992	8992	1514		5912
5703	8992	8992	1514		5912
1519	7658	1650	18	6000	3099
1519	7658	1650	18	6000	3099
1767	3352	3351	-2792		9492
794	1764	1764	799		1066
794	1764	1764	799		1066
230	94	94	29		1191
230	94	94	29		1191
175	-162	-163	-3882		5324
175	-162	-163	-3882		5324
90	555	554	245		1917
90	555	554	245		1917
478	1102	1102	18		-6
478	1102	1102	18		-6
43217	81669	67271	25760	13343	53505

2-1-15 续表 7

指标名称	固定资产合计	固定资产原价	累计折旧	固定资产净值
金属加工机械制造	8	10	2	8
金属切削机床制造	8	10	2	8
泵、阀门、压缩机及类似机械的制造	1572	2405	833	1572
阀门和旋塞的制造	572	703	131	572
液压和气压动力机械及元件制造	1000	1702	702	1000
通用零部件制造及机械修理	5717	8099	2382	5717
紧固件、弹簧制造	4084	5594	1511	4084
机械零部件加工及设备修理	1634	2505	871	1634
金属铸、锻加工	42229	55488	17698	37790
钢铁铸件制造	27865	39170	14552	24618
锻件及粉末冶金制品制造	14364	16318	3145	13172
专用设备制造业	46748	97666	51063	46603
矿山、冶金、建筑专用设备制造	7155	16438	9428	7010
石油钻采专用设备制造	1931	1875	89	1786
冶金专用设备制造	5224	14563	9339	5224
纺织、服装和皮革工业专用设备制造	39593	81228	41636	39593
纺织专用设备制造	39593	81228	41636	39593
交通运输设备制造业	67245	102652	36821	65831
铁路运输设备制造	33561	51609	18543	33066
铁路机车车辆配件制造	33561	51609	18543	33066
汽车制造	33684	51043	18278	32765
汽车零部件及配件制造	33684	51043	18278	32765
电气机械及器材制造业	17313	24093	8869	15224
输配电及控制设备制造	2467	3314	847	2467
变压器、整流器和电感器制造	2297	3049	752	2297
配电开关控制设备制造	170	265	95	170
电池制造	11812	16908	7097	9812
电池制造	11812	16908	7097	9812
家用电力器具制造	3034	3871	925	2946
家用电力器具专用配件制造	2038	2874	836	2038
其他家用电力器具制造	997	997	89	908
通信设备、计算机及其他电子设备制造业	701452	775737	342653	433084
通信设备制造	591149	662941	330816	332125
移动通信及终端设备制造	591149	662941	330816	332125
电子元件制造	110302	112796	11837	100959
电子元件及组件制造	110302	112796	11837	100959
仪器仪表及文化、办公用机械制造业	2242	2692	1346	1346
通用仪器仪表制造	2242	2692	1346	1346
工业自动控制系统装置制造	2242	2692	1346	1346
工艺品及其他制造业	212	363	151	212
工艺美术品制造	212	363	151	212
金属工艺品制造	212	363	151	212
电力、燃气及水的生产和供应业	**1141409**	**2154216**	**1018549**	**1135667**
电力、热力的生产和供应业	1141409	2154216	1018549	1135667
电力生产	1141409	2154216	1018549	1135667
火力发电	1141409	2154216	1018549	1135667

单位：个、万元、人

固定资产净值年平均余额	负债合计	流动负债合计		长期负债合计	所有者权益合计
			应付账款		
6	105	105	112		13123
6	105	105	112		13123
1069	243	232	187		4042
72	125	125	80		915
997	118	107	107		3127
5653	24831	24652	17172	180	9725
4020	8732	8732	3529		5177
1634	16099	15920	13643	180	4549
36489	56490	42282	8289	13163	26615
24115	41587	27482	5094	13105	15599
12373	14902	14800	3194	58	11016
44394	107665	29586	12361	78078	34829
7273	11620	2612	301	9008	18345
1780	2612	2611	300		1788
5493	9009	1	1	9008	16557
37121	96045	26975	12060	69071	16484
37121	96045	26975	12060	69071	16484
54776	104825	96757	31164	8069	69826
27768	49024	49024	16023		40885
27768	49024	49024	16023		40885
27008	55802	47733	15141	8069	28941
27008	55802	47733	15141	8069	28941
12511	36279	33185	14557	2199	29140
2646	17633	16738	8342		17833
2467	15121	14226	6425		16668
179	2512	2512	1917		1166
6848	16168	15268	5763	900	8048
6848	16168	15268	5763	900	8048
3018	2478	1180	453	1299	3259
2038	1775	477	453	1299	1439
980	703	703			1820
624806	740495	658489	188596	80473	388654
537468	680593	600267	171168	80326	302316
537468	680593	600267	171168	80326	302316
87338	59902	58222	17428	147	86339
87338	59902	58222	17428	147	86339
2247	9897	9897	1144		10105
2247	9897	9897	1144		10105
2247	9897	9897	1144		10105
212	415	415	15		-65
212	415	415	15		-65
212	415	415	15		-65
1140980	**870148**	**415810**	**92240**	**454338**	**531664**
1140980	870148	415810	92240	454338	531664
1140980	870148	415810	92240	454338	531664
1140980	870148	415810	92240	454338	531664

2-1-15 续表 8

指标名称	实收资本	主营业务收入	主营业务成本	主营业务税金及附加	其他业务收入
总　计	**2363041**	**6056515**	**4833362**	**57086**	**95813**
一、按轻重工业分					
轻工业	269011	743856	584768	4833	8180
重工业	2094030	5312658	4248594	52254	87633
二、按规模分					
大型企业	652714	1778386	1413431	16818	22709
中型企业	1373055	3424832	2730037	29219	58776
小型企业	337273	853296	689894	11049	14329
三、按登记注册类型分					
港澳台商投资企业	**745674**	**1871593**	**1673086**	**17959**	**25057**
与港澳台商合资经营企业	266360	939707	836049	16722	942
与港澳台商合作经营企业	18280	50896	44958	1048	2912
港澳台商独资企业	401434	768754	690717		10921
港澳台商投资股份有限公司	59600	112236	101363	189	10282
外商投资企业	**1617368**	**4184922**	**3160275**	**39127**	**70757**
中外合资经营企业	1002170	3015355	2168885	34967	52336
中外合作经营企业	401666	567686	446568	1581	1606
外资企业	193490	506034	475524	2579	14231
外商投资股份有限公司	20041	95848	69299		2584
四、按国民经济行业分					
采矿业	**295365**	**722021**	**265458**	**5490**	**26147**
煤炭开采和洗选业	293365	720331	263704	5490	26090
烟煤和无烟煤的开采洗选	293365	720331	263704	5490	26090
烟煤和无烟煤的开采洗选	293365	720331	263704	5490	26090
非金属矿采选业	2000	1690	1754		57
土砂石开采	2000	1690	1754		57
建筑装饰用石开采	2000	1690	1754		57
制造业	**1502930**	**4623389**	**3848213**	**51011**	**65440**
农副食品加工业	10194	47063	41743		52
饲料加工	7641	25699	22520		52
饲料加工	7641	25699	22520		52
蔬菜、水果和坚果加工	2553	21364	19223		
蔬菜、水果和坚果加工	2553	21364	19223		
食品制造业	40637	132065	98862		5244
焙烤食品制造	2412	3775	3023		182
饼干及其他焙烤食品制造	2412	3775	3023		182
液体乳及乳制品制造	24283	98194	67171		4566
液体乳及乳制品制造	24283	98194	67171		4566
罐头制造	8305	17714	17360		362
蔬菜、水果罐头制造	8305	17714	17360		362
调味品、发酵制品制造	2000	942	734		
酱油、食醋及类似制品的制造	2000	942	734		
其他食品制造	3637	11441	10574		134
食品及饲料添加剂制造	3637	11441	10574		134
饮料制造业	60638	163318	126443	2712	902
酒的制造	12114	26512	18263	2712	407
啤酒制造	8942	23185	16657	2380	407

单位：个、万元、人

其他业务利润	营业费用	管理费用	税金	财务费用	利息支出	营业利润
35763	**281288**	**275861**	**13377**	**122886**	**151647**	**519258**
938	49485	38221	1249	11254	12238	37265
34825	231803	237640	12128	111632	139410	481993
5730	44127	110676	6453	24708	38680	191662
28585	188513	125320	5443	86975	101224	292211
1448	48648	39865	1481	11203	11743	35385
5990	**62043**	**101205**	**7152**	**36246**	**52843**	**-14467**
276	40085	26659	1815	27377	28761	-6044
746	1679	2834	230	1244	1232	-2039
4934	11338	62765	4497	6194	21568	2709
34	8942	8947	611	1431	1282	-9094
29773	**219245**	**174656**	**6225**	**86640**	**98804**	**533726**
21276	185952	139201	4559	65114	62193	461218
329	8758	15014	902	10106	24960	85988
8376	18465	18594	646	11118	11275	-16143
-209	6070	1847	119	303	376	2663
9006	**41928**	**46353**	**1600**	**11950**	**14871**	**377017**
9012	41916	46186	1598	11953	14871	377263
9012	41916	46186	1598	11953	14871	377263
9012	41916	46186	1598	11953	14871	377263
-6	12	167	2	-3		-246
-6	12	167	2	-3		-246
-6	12	167	2	-3		-246
25854	**239262**	**212961**	**9869**	**87785**	**100110**	**190875**
43	1523	2204	51	529	505	1488
43	986	1843	39	46	40	348
43	986	1843	39	46	40	348
	537	361	12	484	465	1140
	537	361	12	484	465	1140
-57	8832	4061	316	-432	43	5392
28	2	789		-2		-10
28	2	789		-2		-10
-105	7776	1820	136	-89	9	6099
-105	7776	1820	136	-89	9	6099
14	526	814	10	-376	15	-683
14	526	814	10	-376	15	-683
	172	156	84	…		-128
	172	156	84	…		-128
6	357	482	86	34	19	114
6	357	482	86	34	19	114
349	15622	8878	297	3531	3779	2084
141	5599	2102	140	280	652	-2382
141	5512	1567	116	297	655	-3168

2-1-15 续表 9

指标名称	实收资本	主营业务收入	主营业务成本	主营业务税金及附加	其他业务收入
葡萄酒制造	3173	3328	1607	332	…
软饮料制造	48524	136805	108180		495
碳酸饮料制造	8313	45512	33245		194
瓶(罐)装饮用水制造	5000	9169	8182		62
果菜汁及果菜汁饮料制造	30073	78312	63478		239
固体饮料制造	5138	3812	3275		
纺织业	12520	11707	10395		
毛纺织和染整精加工	12520	11707	10395		
毛纺织	12520	11707	10395		
造纸及纸制品业	69	1210	1102		
造纸	69	1210	1102		
机制纸及纸板制造	69	1210	1102		
印刷业和记录媒介的复制	14479	11700	9647		39
印刷	5000	2245	2135		26
包装装潢及其他印刷	5000	2245	2135		26
装订及其他印刷服务活动	9479	9455	7512		12
装订及其他印刷服务活动	9479	9455	7512		12
文教体育用品制造业	3438	24401	24092	27	
体育用品制造	3438	24401	24092	27	
体育器材及配件制造	750	7346	6189	27	
训练健身器材制造	2688	17054	17904		
石油加工、炼焦及核燃料加工业	449702	2246953	1874278	40647	23420
精炼石油产品的制造	6970	25421	21434	454	35
原油加工及石油制品制造	6970	25421	21434	454	35
炼焦	442732	2221532	1852844	40193	23385
炼焦	442732	2221532	1852844	40193	23385
化学原料及化学制品制造业	107969	233465	177686	96	4203
基础化学原料制造	66587	140947	103398	96	3256
无机酸制造	1400	5398	4233		10
有机化学原料制造	17136	32185	29617	82	3156
其他基础化学原料制造	48051	103364	69548	14	91
肥料制造	34000	55541	43378		931
氮肥制造	34000	55541	43378		931
涂料、油墨、颜料及类似产品制造	4340	27414	22825		
油墨及类似产品制造	4340	27414	22825		
专用化学产品制造	3041	9563	8086		15
林产化学产品制造	2850	7736	6591		15
环境污染处理专用药剂材料制造	191	1827	1495		
医药制造业	103981	264087	202922	53	1521
化学药品原药制造	75313	177240	156214	53	1367
化学药品原药制造	75313	177240	156214	53	1367
化学药品制剂制造	24663	75685	42904		145
化学药品制剂制造	24663	75685	42904		145
中成药制造	4005	11162	3804		9
中成药制造	4005	11162	3804		9
橡胶制品业	14556	27600	21545		4
橡胶板、管、带的制造	14556	27600	21545		4
橡胶板、管、带的制造	14556	27600	21545		4

单位：个、万元、人

其他业务利润	营业费用	管理费用	税金	财务费用	利息支出	营业利润
	87	535	25	-17	-3	785
208	10023	6776	157	3251	3127	4466
137	7346	4316	111	243	130	499
4		…		-2		906
67	2474	2261	26	3009	2997	2926
	204	199	19			135
	214	459		630	534	10
	214	459		630	534	10
	214	459		630	534	10
	33	68	9	21		-14
	33	68	9	21		-14
	33	68	9	21		-14
30	713	708	8	-39	-2	700
17	68	209	8	-51	1	-99
17	68	209	8	-51	1	-99
12	646	499		12	-3	799
12	646	499		12	-3	799
	192	316	17	486	45	-712
	192	316	17	486	45	-712
	111	118	17	35	23	868
	81	198		451	22	-1580
17403	153253	63304	2670	51668	48843	79324
35	1413	1591	33	-148	6	713
35	1413	1591	33	-148	6	713
17368	151841	61712	2638	51815	48837	78611
17368	151841	61712	2638	51815	48837	78611
316	4361	8208	319	5929	6466	37507
199	588	4016	174	3171	3519	29860
1	205	295	22	111	114	555
116	137	1187	14	741	1087	522
82	245	2534	138	2319	2318	28784
131	1088	2478	127	2819	2819	5909
131	1088	2478	127	2819	2819	5909
	2484	1393		19	9	716
	2484	1393		19	9	716
-14	201	320	18	-79	119	1022
-14		190	18	-231	-2	1173
	201	130		152	121	-151
331	17421	17539	433	5715	6003	20810
316	3850	7918	85	3502	3936	6018
316	3850	7918	85	3502	3936	6018
15	10817	7146	179	1433	1340	13430
15	10817	7146	179	1433	1340	13430
	2754	2475	170	780	726	1362
	2754	2475	170	780	726	1362
4	1568	1461	10	253	244	2778
4	1568	1461	10	253	244	2778
4	1568	1461	10	253	244	2778

2-1-15 续表 10

指标名称	实收资本	主营业务收入	主营业务成本	主营业务税金及附加	其他业务收入
塑料制品业	13416	18930	14660	1	270
塑料板、管、型材的制造	2067	5932	4629		
塑料板、管、型材的制造	2067	5932	4629		
塑料包装箱及容器制造	11349	12998	10031	1	270
塑料包装箱及容器制造	11349	12998	10031	1	270
非金属矿物制品业	31855	48868	38493	107	479
水泥、石灰和石膏的制造	1700	1488	1123		7
水泥制造	1700	1488	1123		7
水泥及石膏制品制造	5000	1675	1384	79	
砼结构构件制造	5000	1675	1384	79	
砖瓦、石材及其他建筑材料制造	3520	7127	5688	16	440
建筑陶瓷制品制造	100	530	430	16	
建筑用石加工	2000	5205	3936		
防水建筑材料制造	1420	1392	1322		440
玻璃及玻璃制品制造	1538	16568	13208	2	
日用玻璃制品及玻璃包装容器制造	1538	16568	13208	2	
耐火材料制品制造	2483	2987	2545	10	
耐火陶瓷制品及其他耐火材料制造	2483	2987	2545	10	
石墨及其他非金属矿物制品制造	17614	19023	14547		31
石墨及碳素制品制造	17614	19023	14547		31
黑色金属冶炼及压延加工业	1196	14027	13151	35	
炼钢	800	11607	10250	33	
炼钢	800	11607	10250	33	
钢压延加工	396	2420	2901	2	
钢压延加工	396	2420	2901	2	
有色金属冶炼及压延加工业	69043	156526	137183	2646	2664
常用有色金属冶炼	58515	123302	104580	2514	269
铅锌冶炼	31504	32083	21429	196	
铝冶炼	10000	22856	19018		109
镁冶炼	17011	68362	64133	2318	160
有色金属合金制造	7228	32697	32076	132	2395
有色金属合金制造	7228	32697	32076	132	2395
有色金属压延加工	3300	527	527		
贵金属压延加工	3300	527	527		
金属制品业	10140	14572	13081	1	90
结构性金属制品制造	1501	8056	7656		89
金属结构制造	1501	8056	7656		89
金属工具制造	600	1085	566	1	
切削工具制造	600	1085	566	1	
集装箱及金属包装容器制造	5787	2470	2420		1
金属包装容器制造	5787	2470	2420		1
金属表面处理及热处理加工	1622	804	494		
金属表面处理及热处理加工	1622	804	494		
搪瓷制品制造	631	2157	1945		
搪瓷日用品及其他搪瓷制品制造	631	2157	1945		
通用设备制造业	60331	149479	125937	182	1078
金属加工机械制造	12264	392	431		...
金属切削机床制造	12264	392	431		...

单位：个、万元、人

其他业务利润	营业费用	管理费用		财务费用		营业利润
			税金		利息支出	
91	609	1064	90	399	860	2235
	322	363	22	52	51	566
	322	363	22	52	51	566
91	287	701	68	346	810	1670
91	287	701	68	346	810	1670
92	3237	4858	131	689	647	1326
4	24	237	5	72	72	35
4	24	237	5	72	72	35
	91	78		215	219	-392
	91	78		215	219	-392
58	832	474	63	38	4	112
	27	16		4	4	12
	800	336	61	35		98
58	5	123	2	…		1
	1046	946	40	132	110	1230
	1046	946	40	132	110	1230
	234	101		151	151	-53
	234	101		151	151	-53
30	1011	3022	24	81	91	393
30	1011	3022	24	81	91	393
	32	289	8	2	3	519
	30	189		3	3	1102
	30	189		3	3	1102
	2	100	8	-1		-583
	2	100	8	-1		-583
465	1963	5303	38	5852	5320	4011
265	1511	4349		5405	4877	5177
	631	1567		4337	3825	3923
109	225	1554		789	789	1379
157	654	1228		278	263	-124
200	443	928	38	282	278	-965
200	443	928	38	282	278	-965
	9	26		166	165	-201
	9	26		166	165	-201
1	600	612	3	3	37	165
	179	144	2	-6	34	-2
	179	144	2	-6	34	-2
	29	179	…	3	3	299
	29	179	…	3	3	299
1	155	107		2		-231
1	155	107		2		-231
	2	108	1	1		200
	2	108	1	1		200
	235	75		3	…	-102
	235	75		3	…	-102
506	7612	6327	243	1544	2089	10074
…		123	1	-196	-193	34
…		123	1	-196	-193	34

2-1-15 续表 11

指标名称	实收资本	主营业务收入	主营业务成本	主营业务税金及附加	其他业务收入
泵、阀门、压缩机及类似机械的制造	2428	2817	2153		9
阀门和旋塞的制造	500	1718	1367		1
液压和气压动力机械及元件制造	1928	1099	787		8
通用零部件制造及机械修理	1600	36424	32942	181	553
紧固件、弹簧制造	600	12244	11210		49
机械零部件加工及设备修理	1000	24180	21732	181	504
金属铸、锻加工	44040	109846	90411	1	515
钢铁铸件制造	38132	75660	61791	…	97
锻件及粉末冶金制品制造	5908	34186	28620	1	418
专用设备制造业	68456	97792	94403	162	11326
矿山、冶金、建筑专用设备制造	18456	11786	9295		1099
石油钻采专用设备制造	1756	573	543		164
冶金专用设备制造	16700	11214	8752		935
纺织、服装和皮革工业专用设备制造	50000	86005	85109	162	10227
纺织专用设备制造	50000	86005	85109	162	10227
交通运输设备制造业	55507	166526	126859	2205	1227
铁路运输设备制造	38353	88782	64848	5	564
铁路机车车辆配件制造	38353	88782	64848	5	564
汽车制造	17154	77745	62010	2200	663
汽车零部件及配件制造	17154	77745	62010	2200	663
电气机械及器材制造业	9299	67015	45073	2038	157
输配电及控制设备制造	5100	38646	24287		5
变压器、整流器和电感器制造	4800	35639	22018		
配电开关控制设备制造	300	3007	2269		5
电池制造	680	23247	16281	2000	
电池制造	680	23247	16281	2000	
家用电力器具制造	3518	5121	4505	38	152
家用电力器具专用配件制造	1738	3085	2703		152
其他家用电力器具制造	1780	2036	1802	38	
通信设备、计算机及其他电子设备制造业	359506	692823	630042		10427
通信设备制造	262131	625702	572213		10136
移动通信及终端设备制造	262131	625702	572213		10136
电子元件制造	97375	67121	57829		291
电子元件及组件制造	97375	67121	57829		291
仪器仪表及文化、办公用机械制造业	5000	32463	19848	100	2337
通用仪器仪表制造	5000	32463	19848	100	2337
工业自动控制系统装置制造	5000	32463	19848	100	2337
工艺品及其他制造业	1000	801	767		
工艺美术品制造	1000	801	767		
金属工艺品制造	1000	801	767		
电力、燃气及水的生产和供应业	**564746**	**711105**	**719690**	**586**	**4226**
电力、热力的生产和供应业	564746	711105	719690	586	4226
电力生产	564746	711105	719690	586	4226
火力发电	564746	711105	719690	586	4226

单位：个、万元、人

其他业务利润	营业费用	管理费用	税金	财务费用	利息支出	营业利润
1	59	331	1	18	2	244
1	21	245		-2		76
	39	86	1	20	2	168
127	513	1735	41	267	247	901
	492	435	13	171	141	-35
127	21	1300	28	96	105	936
378	7040	4138	200	1455	2033	8894
80	5170	3078	193	95	1341	7255
299	1870	1060	7	1361	692	1639
188	2181	10270	522	1144	727	-10464
161	241	2882	1	811	420	-1017
161	4	140	1	4	3	43
	238	2742		808	417	-1061
28	1940	7387	521	333	306	-9446
28	1940	7387	521	333	306	-9446
932	6766	15447	291	3860	2825	18704
564	2227	11356	165	1224	330	15766
564	2227	11356	165	1224	330	15766
368	4539	4091	125	2636	2495	2938
368	4539	4091	125	2636	2495	2938
153	3943	1869	17	620	818	14323
1	3103	1086	6	305	414	10363
	2720	865		304	414	10229
1	383	222	6	…	…	134
	642	441	10	376	376	3537
	642	441	10	376	376	3537
152	197	341	1	-61	28	423
152	114	270	1	-61	28	382
	84	72				40
4822	6824	57308	4173	5283	20241	-1813
4532	6320	45922	2889	2627	17727	3152
4532	6320	45922	2889	2627	17727	3152
290	504	11386	1284	2656	2513	-4965
290	504	11386	1284	2656	2513	-4965
186	1721	2319	223	101	87	2395
186	1721	2319	223	101	87	2395
186	1721	2319	223	101	87	2395
	44	92		-2	…	34
	44	92		-2	…	34
	44	92		-2	…	34
903	**97**	**16546**	**1908**	**23152**	**36666**	**-48634**
903	97	16546	1908	23152	36666	-48634
903	97	16546	1908	23152	36666	-48634
903	97	16546	1908	23152	36666	-48634

2-1-15 续表 12

指标名称	投资收益	补贴收入	营业外收入	营业外支出	利润总额	亏损企业亏损额
总　计	**39745**	**10662**	**12769**	**37683**	**523556**	**131278**
一、按轻重工业分						
轻工业	-528	4332	2479	4856	39722	15411
重工业	40273	6331	10290	32827	483834	115867
二、按规模分						
大型企业	26799	538	3046	2246	197774	24767
中型企业	13704	8120	8676	20420	303248	86282
小型企业	-758	2005	1047	15017	22534	20229
三、按登记注册类型分						
港澳台商投资企业	**104**	**3626**	**3630**	**9720**	**-16827**	**73352**
与港澳台商合资经营企业	103	2585	931	9050	-11475	45592
与港澳台商合作经营企业			42	49	-2046	2102
港澳台商独资企业	...	595	1766	437	4634	16908
港澳台商投资股份有限公司		446	892	184	-7940	8750
外商投资企业	**39641**	**7037**	**9139**	**27963**	**540384**	**57926**
中外合资经营企业	38845	5309	7102	19357	472142	24589
中外合作经营企业	757		762	4725	82781	
外资企业	2	1728	1233	2898	-16300	32311
外商投资股份有限公司	38		42	983	1760	1027
四、按国民经济行业分						
采矿业	**23329**	**251**	**906**	**5339**	**378365**	**467**
煤炭开采和洗选业	23329	251	902	5336	378610	222
烟煤和无烟煤的开采洗选	23329	251	902	5336	378610	222
烟煤和无烟煤的开采洗选	23329	251	902	5336	378610	222
非金属矿采选业			4	3	-245	245
土砂石开采			4	3	-245	245
建筑装饰用石开采			4	3	-245	245
制造业	**16416**	**9819**	**10883**	**31555**	**193202**	**69561**
农副食品加工业	10	228	46	40	1732	
饲料加工	10		42	39	361	
饲料加工	10		42	39	361	
蔬菜、水果和坚果加工		228	5	1	1371	
蔬菜、水果和坚果加工		228	5	1	1371	
食品制造业	...	899	366	1219	5438	1756
焙烤食品制造		786	10		787	
饼干及其他焙烤食品制造		786	10		787	
液体乳及乳制品制造		5	43	1201	4946	1027
液体乳及乳制品制造		5	43	1201	4946	1027
罐头制造	...	47	310	2	-328	601
蔬菜、水果罐头制造	...	47	310	2	-328	601
调味品、发酵制品制造			...	...	-128	128
酱油、食醋及类似制品的制造			...	...	-128	128
其他食品制造		62	2	16	162	
食品及饲料添加剂制造		62	2	16	162	
饮料制造业	39	747	322	491	3817	9898
酒的制造	1		33	318	-2666	3468
啤酒制造			15	315	-3468	3468

单位：个、万元、人

应交所得税	利税总额	本年应付工资总额	本年应付福利费总额	本年应交增值税	本年进项税额
72849	**938221**	**349141**	**31542**	**357578**	**529543**
6773	70365	39326	2827	25810	80378
66075	867856	309815	28715	331768	449166
24169	280482	188817	16231	65889	127765
44371	588565	125952	12912	256098	304455
4309	69174	34371	2400	35590	97324
6643	**82902**	**192943**	**16957**	**81770**	**152367**
6434	74608	31378	3523	69361	88023
	1910	1531	599	2908	5795
206	11060	152046	12256	6426	56278
4	-4676	7990	580	3075	2271
66205	**855319**	**156197**	**14585**	**275808**	**377177**
62527	706653	114713	12126	199544	268583
1995	138123	18889	801	53760	39904
1574	7067	20563	1558	20788	56973
109	3476	2033	100	1716	11717
36571	**463079**	**45806**	**4363**	**79225**	**24261**
36571	463278	45618	4349	79179	24012
36571	463278	45618	4349	79179	24012
36571	463278	45618	4349	79179	24012
	-198	188	14	47	249
	-198	188	14	47	249
	-198	188	14	47	249
32629	**471052**	**279355**	**24955**	**226839**	**435539**
	2025	659	139	293	217
	364	321	133	3	
	364	321	133	3	
	1661	338	6	290	217
	1661	338	6	290	217
729	8808	4554	207	3370	15613
	929	431		143	529
	929	431		143	529
590	7577	2277	171	2630	11555
590	7577	2277	171	2630	11555
17	-75	1433	35	254	2000
17	-75	1433	35	254	2000
	-74	85		55	106
	-74	85		55	106
122	451	329		289	1423
122	451	329		289	1423
347	12725	6866	787	6197	20353
	1790	1797	407	1744	2794
	487	1615	406	1575	2614

2-1-15 续表 13

指标名称	投资收益	补贴收入	营业外收入	营业外支出	利润总额	亏损企业亏损额
葡萄酒制造	1		18	2	802	
软饮料制造	38	747	289	173	6483	6430
碳酸饮料制造			234	83	1765	
瓶(罐)装饮用水制造			35	49	891	
果菜汁及果菜汁饮料制造	38	747	21	41	3692	6430
固体饮料制造					135	
纺织业				...	10	
毛纺织和染整精加工				...	10	
毛纺织				...	10	
造纸及纸制品业					-14	14
造纸					-14	14
机制纸及纸板制造					-14	14
印刷业和记录媒介的复制			7	1	706	99
印刷			...		-99	99
包装装潢及其他印刷			...		-99	99
装订及其他印刷服务活动			6	1	805	
装订及其他印刷服务活动			6	1	805	
文教体育用品制造业	-849			83	-1643	2439
体育用品制造	-849			83	-1643	2439
体育器材及配件制造				72	796	
训练健身器材制造	-849			11	-2439	2439
石油加工、炼焦及核燃料加工业	16861	1211	1250	10024	84397	20752
精炼石油产品的制造			141	26	827	
原油加工及石油制品制造			141	26	827	
炼焦	16861	1211	1109	9998	83569	20752
炼焦	16861	1211	1109	9998	83569	20752
化学原料及化学制品制造业	87	2848	84	1462	39063	872
基础化学原料制造			19	971	28908	156
无机酸制造				4	551	
有机化学原料制造			...	630	-108	156
其他基础化学原料制造			19	337	28465	
肥料制造		2848	50	458	8348	566
氮肥制造		2848	50	458	8348	566
涂料、油墨、颜料及类似产品制造	87		12	33	781	
油墨及类似产品制造	87		12	33	781	
专用化学产品制造			4		1026	151
林产化学产品制造			4		1177	
环境污染处理专用药剂材料制造					-151	151
医药制造业	185	915	1470	2533	20781	1015
化学药品原药制造	143		828	385	6604	
化学药品原药制造	143		828	385	6604	
化学药品制剂制造	42	913	552	285	14586	592
化学药品制剂制造	42	913	552	285	14586	592
中成药制造		2	91	1863	-409	423
中成药制造		2	91	1863	-409	423
橡胶制品业		20	4	12	2789	
橡胶板、管、带的制造		20	4	12	2789	
橡胶板、管、带的制造		20	4	12	2789	

单位：个、万元、人

应交所得税	利税总额	本年应付工资总额	本年应付福利费总额	本年应交增值税	本年进项税额
	1303	182	2	169	180
347	10936	5069	380	4453	17559
138	3967	2924	324	2203	7885
1	1253	246		362	1205
208	5352	1812	55	1660	8074
	364	87	1	228	395
3	624	281	16	614	1366
3	624	281	16	614	1366
3	624	281	16	614	1366
	-11	37	1	3	155
	-11	37	1	3	155
	-11	37	1	3	155
201	1327	737	31	621	1436
	-33	221	27	66	490
	-33	221	27	66	490
201	1360	516	5	555	946
201	1360	516	5	555	946
48	-462	931	21	1154	2999
48	-462	931	21	1154	2999
40	1227	837	19	404	845
8	-1689	95	2	750	2154
12162	280113	43918	6047	155069	217840
207	1813	434	55	531	7935
207	1813	434	55	531	7935
11955	278300	43483	5992	154538	209905
11955	278300	43483	5992	154538	209905
6889	52488	9543	954	13329	25138
6649	40977	3611	227	11973	15531
140	967	190		415	507
13	3394	1056	78	3420	5564
6497	36617	2365	150	8137	9460
	8427	2142	188	79	4568
	8427	2142	188	79	4568
240	1731	3535	518	950	3736
240	1731	3535	518	950	3736
	1354	255	21	328	1303
	1436	132	10	260	1061
	-83	123	11	69	242
3547	30821	14157	955	9987	27427
1215	8981	6131	539	2323	21876
1215	8981	6131	539	2323	21876
2332	20736	6556	388	6150	5169
2332	20736	6556	388	6150	5169
…	1105	1471	28	1514	382
…	1105	1471	28	1514	382
675	3825	873	25	1036	3538
675	3825	873	25	1036	3538
675	3825	873	25	1036	3538

2-1-15 续表 14

指标名称	投资收益	补贴收入	营业外收入	营业外支出	利润总额	亏损企业亏损额
塑料制品业			19	117	2138	
塑料板、管、型材的制造					566	
塑料板、管、型材的制造					566	
塑料包装箱及容器制造			19	117	1572	
塑料包装箱及容器制造			19	117	1572	
非金属矿物制品业		2	107	46	1389	573
水泥、石灰和石膏的制造			...	1	34	
水泥制造			...	1	34	
水泥及石膏制品制造					-392	392
砼结构构件制造					-392	392
砖瓦、石材及其他建筑材料制造			22	10	124	
建筑陶瓷制品制造					12	
建筑用石加工			19	6	112	
防水建筑材料制造			3	4	...	
玻璃及玻璃制品制造		2	2	16	1218	93
日用玻璃制品及玻璃包装容器制造		2	2	16	1218	93
耐火材料制品制造			...	1	-54	54
耐火陶瓷制品及其他耐火材料制造			...	1	-54	54
石墨及其他非金属矿物制品制造			83	18	458	34
石墨及碳素制品制造			83	18	458	34
黑色金属冶炼及压延加工业				21	498	604
炼钢					1102	
炼钢					1102	
钢压延加工				21	-604	604
钢压延加工				21	-604	604
有色金属冶炼及压延加工业			25	3922	115	2482
常用有色金属冶炼			18	3911	1285	1313
铅锌冶炼				3712	211	
铝冶炼			6	72	1313	
镁冶炼			13	127	-239	1313
有色金属合金制造			7	11	-969	969
有色金属合金制造			7	11	-969	969
有色金属压延加工					-201	201
贵金属压延加工					-201	201
金属制品业			19	42	142	358
结构性金属制品制造			9	34	-28	28
金属结构制造			9	34	-28	28
金属工具制造					299	
切削工具制造					299	
集装箱及金属包装容器制造			...	3	-233	233
金属包装容器制造			...	3	-233	233
金属表面处理及热处理加工					200	
金属表面处理及热处理加工					200	
搪瓷制品制造			10	5	-97	97
搪瓷日用品及其他搪瓷制品制造			10	5	-97	97
通用设备制造业		46	175	743	9510	43
金属加工机械制造					34	
金属切削机床制造					34	

单位：个、万元、人

应交所得税	利税总额	本年应付工资总额	本年应付福利费总额	本年应交增值税	本年进项税额
181	3427	1153	6	1289	1936
141	939	180		373	635
141	939	180		373	635
40	2489	973	6	916	1301
40	2489	973	6	916	1301
373	3443	8611	388	1947	4064
	166	165	9	132	121
	166	165	9	132	121
	-211	111	262	102	
	-211	111	262	102	
	449	811	53	309	616
	35	54		7	
	407	676	39	295	312
	8	81	14	8	304
328	2067	5285	45	847	1455
328	2067	5285	45	847	1455
	369	402		413	95
	369	402		413	95
45	603	1838	20	145	1778
45	603	1838	20	145	1778
	729	522	58	196	330
	1300	461	56	166	
	1300	461	56	166	
	-572	61	2	30	330
	-572	61	2	30	330
197	10429	7110	305	7667	18662
197	10981	6559	255	7183	13150
70	2948	1279	175	2541	2659
	2354	400	32	1041	2784
127	5680	4881	48	3601	7707
	-352	500	43	485	5512
	-352	500	43	485	5512
	-201	51	7		
	-201	51	7		
105	448	1087	68	305	2150
	30	248	43	57	1309
	30	248	43	57	1309
	392	156	18	91	94
	392	156	18	91	94
	-191	136		43	427
	-191	136		43	427
105	279	105	3	78	71
105	279	105	3	78	71
	-61	441	4	36	250
	-61	441	4	36	250
471	15052	8666	604	5360	17369
	34	143	1		120
	34	143	1		120

2-1-15 续表 15

指标名称	投资收益	补贴收入	营业外收入	营业外支出	利润总额	亏损企业亏损额
泵、阀门、压缩机及类似机械的制造		42		...	244	
阀门和旋塞的制造		42		...	76	
液压和气压动力机械及元件制造				...	168	
通用零部件制造及机械修理			7	7	901	35
紧固件、弹簧制造				1	-35	35
机械零部件加工及设备修理			7	6	937	
金属铸、锻加工		5	168	736	8331	8
钢铁铸件制造			141	719	6677	8
锻件及粉末冶金制品制造		5	27	17	1654	
专用设备制造业			994	185	-9655	9698
矿山、冶金、建筑专用设备制造			109	31	-939	983
石油钻采专用设备制造					43	
冶金专用设备制造			109	31	-983	983
纺织、服装和皮革工业专用设备制造			885	154	-8715	8715
纺织专用设备制造			885	154	-8715	8715
交通运输设备制造业	83	400	2831	268	21749	2907
铁路运输设备制造			2748	185	18329	2907
铁路机车车辆配件制造			2748	185	18329	2907
汽车制造	83	400	82	83	3420	
汽车零部件及配件制造	83	400	82	83	3420	
电气机械及器材制造业	...	1775	241	10219	6098	
输配电及控制设备制造		234	16	9923	689	
变压器、整流器和电感器制造		198	10	9921	516	
配电开关控制设备制造		36	7	3	173	
电池制造		1520	224	292	4989	
电池制造		1520	224	292	4989	
家用电力器具制造	...	21	...	4	420	
家用电力器具专用配件制造		21	...	4	379	
其他家用电力器具制造	...				41	
通信设备、计算机及其他电子设备制造业		287	1083	81	-524	16051
通信设备制造		114	1054	69	4252	10638
移动通信及终端设备制造		114	1054	69	4252	10638
电子元件制造		172	29	12	-4776	5414
电子元件及组件制造		172	29	12	-4776	5414
仪器仪表及文化、办公用机械制造业		442	1841	24	4654	
通用仪器仪表制造		442	1841	24	4654	
工业自动控制系统装置制造		442	1841	24	4654	
工艺品及其他制造业				22	13	
工艺美术品制造				22	13	
金属工艺品制造				22	13	
电力、燃气及水的生产和供应业		**593**	**979**	**789**	**-48011**	**61250**
电力、热力的生产和供应业		593	979	789	-48011	61250
电力生产		593	979	789	-48011	61250
火力发电		593	979	789	-48011	61250

单位：个、万元、人

应交所得税	利税总额	本年应付工资总额	本年应付福利费总额	本年应交增值税	本年进项税额
49	352	190	3	108	342
10	122	79		46	248
40	230	111	3	63	94
137	2486	1394		1404	3919
…	-11	325		24	1684
137	2497	1069		1380	2235
284	12180	6940	601	3847	12989
67	9338	4932	578	2661	9069
218	2841	2008	23	1187	3920
14	-8132	9702	549	1361	65
11	-910	2527	57	30	65
11	73	32	5	30	65
	-983	2495	53		
3	-7222	7175	491	1332	
3	-7222	7175	491	1332	
5021	34529	8760	1436	10575	17311
4632	26245	4307	1272	7912	7658
4632	26245	4307	1272	7912	7658
390	8284	4453	165	2663	9652
390	8284	4453	165	2663	9652
1335	11998	1700	114	3861	7480
46	3728	1007	17	3038	3503
	3421	836		2905	3124
46	306	171	17	133	379
1257	7610	385	54	621	3331
1257	7610	385	54	621	3331
33	660	308	43	202	646
23	546	280	39	167	385
10	114	28	4	36	261
57	2080	145949	12007	2605	48273
	6354	134654	11581	2102	44756
	6354	134654	11581	2102	44756
57	-4274	11295	426	503	3517
57	-4274	11295	426	503	3517
273	4753	3363	236		1723
273	4753	3363	236		1723
273	4753	3363	236		1723
	13	177			93
	13	177			93
	13	177			93
3648	**4090**	**23980**	**2225**	**51514**	**69744**
3648	4090	23980	2225	51514	69744
3648	4090	23980	2225	51514	69744
3648	4090	23980	2225	51514	69744

2-1-15 续表 16

指标名称	本年销项税额	全部从业人员年平均人数	产销率(%)	资产负债率(%)	成本费用利润率(%)
总　计	**861679**	**131529**	**96.89**	**61.64**	**9.50**
一、按轻重工业分					
轻工业	99972	18289	86.77	58.46	5.81
重工业	761708	113240	98.49	61.99	10.02
二、按规模分					
大型企业	180928	73934	97.66	62.03	12.42
中型企业	554487	42569	97.25	62.98	9.69
小型企业	126264	15026	93.97	54.49	2.85
三、按登记注册类型分					
港澳台商投资企业	**223710**	**74443**	**96.65**	**68.94**	**-0.90**
与港澳台商合资经营企业	155103	15214	95.30	71.75	-1.23
与港澳台商合作经营企业	8711	608	111.22	56.69	-4.03
港澳台商独资企业	57027	54191	96.32	65.11	0.60
港澳台商投资股份有限公司	2869	4430	107.92	79.35	-6.58
外商投资企业	**637969**	**57086**	**97.00**	**58.05**	**14.84**
中外合资经营企业	459551	43530	99.32	57.88	18.45
中外合作经营企业	93664	3795	98.46	48.56	17.23
外资企业	71323	9358	88.65	72.11	-3.11
外商投资股份有限公司	13431	403	72.91	64.67	2.27
四、按国民经济行业分					
采矿业	**101802**	**13357**	**96.29**	**44.12**	**103.47**
煤炭开采和洗选业	101572	13197	96.30	44.09	104.08
烟煤和无烟煤的开采洗选	101572	13197	96.30	44.09	104.08
烟煤和无烟煤的开采洗选	101572	13197	96.30	44.09	104.08
非金属矿采选业	230	160	88.90	59.85	-12.70
土砂石开采	230	160	88.90	59.85	-12.70
建筑装饰用石开采	230	160	88.90	59.85	-12.70
制造业	**638980**	**112964**	**96.51**	**65.64**	**4.40**
农副食品加工业	388	636	97.84	43.72	3.76
饲料加工	3	326	99.89	32.85	1.42
饲料加工	3	326	99.89	32.85	1.42
蔬菜、水果和坚果加工	385	310	95.13	47.61	6.65
蔬菜、水果和坚果加工	385	310	95.13	47.61	6.65
食品制造业	17709	2647	85.21	40.70	4.88
焙烤食品制造	675	482	98.40	51.08	20.63
饼干及其他焙烤食品制造	675	482	98.40	51.08	20.63
液体乳及乳制品制造	14178	720	82.38	31.29	6.45
液体乳及乳制品制造	14178	720	82.38	31.29	6.45
罐头制造	1383	1202	94.20	63.98	-1.79
蔬菜、水果罐头制造	1383	1202	94.20	63.98	-1.79
调味品、发酵制品制造	160	70	94.56	59.96	-12.09
酱油、食醋及类似制品的制造	160	70	94.56	59.96	-12.09
其他食品制造	1313	173	94.24	38.56	1.41
食品及饲料添加剂制造	1313	173	94.24	38.56	1.41
饮料制造业	30465	3419	88.98	73.82	2.47
酒的制造	4791	1070	98.72	89.23	-10.16
啤酒制造	4228	991	98.57	97.61	-14.43

单位：个、万元、人

每百元资金实现利税(元)	每百元固定资产原价实现利税(元)	每百元主营业务收入实现利税(元)	流动资产周转次数(次/年)	企业亏损面(%)	总资产贡献率(%)
13.82	**16.97**	**15.49**	**1.91**	**31.64**	**13.34**
9.81	14.17	9.46	1.90	29.69	10.05
14.29	17.25	16.34	1.91	32.74	13.71
14.53	22.25	15.77	1.80	33.33	12.36
14.64	15.40	17.19	2.08	24.56	15.05
8.23	15.55	8.11	1.60	35.14	8.09
3.57	**4.46**	**4.43**	**2.02**	**35.94**	**5.05**
6.45	8.23	7.94	1.96	30.77	8.07
4.38	6.01	3.75	2.85	33.33	8.10
1.14	1.34	1.44	2.38	44.44	2.68
-3.05	-4.81	-4.17	1.06	50.00	-2.28
19.14	**23.32**	**20.44**	**1.87**	**29.20**	**17.42**
23.98	42.28	23.44	1.70	25.64	20.08
15.37	9.05	24.33	3.10		17.46
1.27	1.65	1.40	2.00	40.00	2.83
5.34	8.34	3.63	3.35	50.00	5.64
59.15	**122.36**	**64.14**	**1.36**	**16.67**	**37.17**
59.38	122.80	64.31	1.36	9.09	37.27
59.38	122.80	64.31	1.36	9.09	37.27
59.38	122.80	64.31	1.36	9.09	37.27
-7.39	-16.28	-11.74	0.88	100.00	-7.00
-7.39	-16.28	-11.74	0.88	100.00	-7.00
-7.39	-16.28	-11.74	0.88	100.00	-7.00
10.13	**15.72**	**10.19**	**1.91**	**32.08**	**10.42**
9.80	19.58	4.30	3.08		10.81
6.18	5.22	1.42	8.33		6.55
6.18	5.22	1.42	8.33		6.55
11.24	49.30	7.77	1.75		12.33
11.24	49.30	7.77	1.75		12.33
10.31	18.58	6.67	2.58	38.46	8.79
34.54	53.11	24.62	2.26		14.21
34.54	53.11	24.62	2.26		14.21
12.69	21.91	7.72	2.82	33.33	11.80
12.69	21.91	7.72	2.82	33.33	11.80
-0.49	-1.27	-0.42	1.67	42.86	-0.28
-0.49	-1.27	-0.42	1.67	42.86	-0.28
-3.42	-3.39	-7.82	1.90	100.00	-3.30
-3.42	-3.39	-7.82	1.90	100.00	-3.30
7.90	14.78	3.94	3.10		8.03
7.90	14.78	3.94	3.10		8.03
6.28	10.00	7.79	1.53	18.18	7.64
6.41	9.94	6.75	1.78	50.00	7.24
2.46	3.51	2.10	2.61	100.00	4.92

2-1-15 续表 17

指标名称	本年销项税额	全部从业人员年平均人数	产销率(%)	资产负债率(%)	成本费用利润率(%)
葡萄酒制造	563	79	100.00	70.74	36.27
软饮料制造	25675	2349	87.26	70.97	5.06
碳酸饮料制造	10088	1168	98.69	72.29	3.91
瓶(罐)装饮用水制造	1559	36	97.58	81.15	10.90
果菜汁及果菜汁饮料制造	13404	1038	80.32	73.20	5.18
固体饮料制造	624	107	117.48	5.97	3.68
纺织业	916	192	101.54	32.62	0.09
毛纺织和染整精加工	916	192	101.54	32.62	0.09
毛纺织	916	192	101.54	32.62	0.09
造纸及纸制品业	43	12	113.92	85.58	-1.17
造纸	43	12	113.92	85.58	-1.17
机制纸及纸板制造	43	12	113.92	85.58	-1.17
印刷业和记录媒介的复制	1947	563	97.86	44.23	6.40
印刷	609	133	91.25	34.89	-4.18
包装装潢及其他印刷	609	133	91.25	34.89	-4.18
装订及其他印刷服务活动	1338	430	100.00	47.29	9.28
装订及其他印刷服务活动	1338	430	100.00	47.29	9.28
文教体育用品制造业	4175	505	97.73	49.31	-6.55
体育用品制造	4175	505	97.73	49.31	-6.55
体育器材及配件制造	1249	435	93.92	90.69	12.34
训练健身器材制造	2926	70	100.00	43.73	-13.09
石油加工、炼焦及核燃料加工业	367323	21573	99.79	71.21	3.94
精炼石油产品的制造	8267	115	100.03	27.48	3.41
原油加工及石油制品制造	8267	115	100.03	27.48	3.41
炼焦	359056	21458	99.79	71.41	3.95
炼焦	359056	21458	99.79	71.41	3.95
化学原料及化学制品制造业	40932	3386	100.07	46.17	19.91
基础化学原料制造	27494	1802	99.45	45.94	26.00
无机酸制造	919	150	102.98	20.48	11.38
有机化学原料制造	8981	853	96.66	60.64	-0.34
其他基础化学原料制造	17594	799	100.24	41.13	38.13
肥料制造	7132	1115	99.11	46.84	16.78
氮肥制造	7132	1115	99.11	46.84	16.78
涂料、油墨、颜料及类似产品制造	4677	336	106.29	31.08	2.92
油墨及类似产品制造	4677	336	106.29	31.08	2.92
专用化学产品制造	1629	133	93.90	69.40	12.03
林产化学产品制造	1318	38	97.07	56.52	17.97
环境污染处理专用药剂材料制造	311	95	82.56	90.99	-7.63
医药制造业	30110	6147	79.13	57.77	8.53
化学药品原药制造	16889	3628	80.05	56.98	3.85
化学药品原药制造	16889	3628	80.05	56.98	3.85
化学药品制剂制造	11326	2202	73.18	53.68	23.41
化学药品制剂制造	11326	2202	73.18	53.68	23.41
中成药制造	1895	317	114.38	75.12	-4.16
中成药制造	1895	317	114.38	75.12	-4.16
橡胶制品业	4692	310	99.02	29.34	11.23
橡胶板、管、带的制造	4692	310	99.02	29.34	11.23
橡胶板、管、带的制造	4692	310	99.02	29.34	11.23

单位：个、万元、人

每百元资金实现利税（元）	每百元固定资产原价实现利税（元）	每百元主营业务收入实现利税（元）	流动资产周转次数（次/年）	企业亏损面（%）	总资产贡献率（%）
16.05	31.50	39.14	0.55		12.35
6.26	10.01	7.99	1.49	11.11	7.72
12.60	12.29	8.72	4.20		11.11
79.70	22.99	13.67	13.35		26.52
3.94	8.06	6.83	0.99	16.67	6.20
6.33	7.10	9.54	3.16		5.95
3.26	6.82	5.33	0.93		5.89
3.26	6.82	5.33	0.93		5.89
3.26	6.82	5.33	0.93		5.89
-3.31	-12.69	-0.91	4.36	100.00	-3.59
-3.31	-12.69	-0.91	4.36	100.00	-3.59
-3.31	-12.69	-0.91	4.36	100.00	-3.59
4.95	5.24	11.34	0.73	50.00	4.84
-0.48	-0.64	-1.47	1.04	100.00	-0.47
-0.48	-0.64	-1.47	1.04	100.00	-0.47
6.80	6.74	14.38	0.68		6.59
6.80	6.74	14.38	0.68		6.59
-1.55	-22.79	-1.89	0.85	33.33	-1.38
-1.55	-22.79	-1.89	0.85	33.33	-1.38
38.59	160.62	16.70	2.75		34.94
-6.34	-133.62	-9.90	0.65	100.00	-6.28
14.64	29.94	12.47	1.88	38.10	14.13
15.93	51.17	7.13	2.73		16.75
15.93	51.17	7.13	2.73		16.75
14.63	29.86	12.53	1.87	40.00	14.12
14.63	29.86	12.53	1.87	40.00	14.12
17.65	17.36	22.48	3.89	23.08	18.33
22.19	19.99	29.07	5.50	12.50	21.94
36.24	37.21	17.91	6.20		37.88
6.56	8.78	10.54	2.10	25.00	8.44
28.10	22.36	35.43	10.95		26.51
9.89	10.57	15.17	3.87	50.00	12.50
9.89	10.57	15.17	3.87	50.00	12.50
9.87	15.83	6.31	1.92		9.75
9.87	15.83	6.31	1.92		9.75
13.72	20.22	14.16	1.66	50.00	13.40
22.95	25.62	18.57	3.04		20.83
-2.29	-7.58	-4.52	0.57	100.00	0.93
11.41	14.40	11.67	2.17	35.71	11.72
5.23	5.46	5.07	3.12		6.57
5.23	5.46	5.07	3.12		6.57
29.02	56.54	27.40	1.67	37.50	25.08
29.02	56.54	27.40	1.67	37.50	25.08
4.12	8.57	9.90	0.57	66.67	6.17
4.12	8.57	9.90	0.57	66.67	6.17
15.09	27.36	13.86	2.03		15.74
15.09	27.36	13.86	2.03		15.74
15.09	27.36	13.86	2.03		15.74

2-1-15 续表 18

指标名称	本年销项税额	全部从业人员年平均人数	产销率(%)	资产负债率(%)	成本费用利润率(%)
塑料制品业	3281	346	86.48	67.61	12.78
塑料板、管、型材的制造	1008	97	142.61	68.03	10.55
塑料板、管、型材的制造	1008	97	142.61	68.03	10.55
塑料包装箱及容器制造	2273	249	75.23	67.35	13.83
塑料包装箱及容器制造	2273	249	75.23	67.35	13.83
非金属矿物制品业	6567	4753	85.34	65.31	2.94
水泥、石灰和石膏的制造	253	160	87.88	67.07	2.36
水泥制造	253	160	87.88	67.07	2.36
水泥及石膏制品制造		60	66.35	57.94	-22.18
砼结构构件制造		60	66.35	57.94	-22.18
砖瓦、石材及其他建筑材料制造	414	451	60.39	69.53	1.76
建筑陶瓷制品制造	7	108	100.00	58.21	2.52
建筑用石加工	97	336	51.02	86.39	2.19
防水建筑材料制造	311	7	100.00	56.25	0.01
玻璃及玻璃制品制造	2186	2835	99.84	81.46	7.94
日用玻璃制品及玻璃包装容器制造	2186	2835	99.84	81.46	7.94
耐火材料制品制造	507	360	98.81	49.49	-1.77
耐火陶瓷制品及其他耐火材料制造	507	360	98.81	49.49	-1.77
石墨及其他非金属矿物制品制造	3207	887	86.97	63.31	2.45
石墨及碳素制品制造	3207	887	86.97	63.31	2.45
黑色金属冶炼及压延加工业	360	120	96.06	86.62	3.70
炼钢		70	98.86	70.70	10.52
炼钢		70	98.86	70.70	10.52
钢压延加工	360	50	86.27	92.92	-20.12
钢压延加工	360	50	86.27	92.92	-20.12
有色金属冶炼及压延加工业	25896	4867	87.30	70.49	0.08
常用有色金属冶炼	19975	4540	86.40	71.10	1.11
铅锌冶炼	5201	1360	84.01	82.07	0.75
铝冶炼	3825	630	69.97	68.44	6.08
镁冶炼	10950	2550	97.00	53.56	-0.36
有色金属合金制造	5921	225	90.40	60.33	-2.87
有色金属合金制造	5921	225	90.40	60.33	-2.87
有色金属压延加工		102	98.48	71.19	-27.56
贵金属压延加工		102	98.48	71.19	-27.56
金属制品业	2433	396	92.76	26.10	1.00
结构性金属制品制造	1383	84	91.66	62.33	-0.35
金属结构制造	1383	84	91.66	62.33	-0.35
金属工具制造	184	32	88.45	7.29	38.48
切削工具制造	184	32	88.45	7.29	38.48
集装箱及金属包装容器制造	443	100	100.94	-3.15	-8.68
金属包装容器制造	443	100	100.94	-3.15	-8.68
金属表面处理及热处理加工	137	50	83.02	22.44	33.18
金属表面处理及热处理加工	137	50	83.02	22.44	33.18
搪瓷制品制造	285	130	95.82	100.58	-4.29
搪瓷日用品及其他搪瓷制品制造	285	130	95.82	100.58	-4.29
通用设备制造业	17604	2886	100.02	60.42	6.72
金属加工机械制造	67	32	100.00	0.79	9.58
金属切削机床制造	67	32	100.00	0.79	9.58

单位：个、万元、人

每百元资金实现利税(元)	每百元固定资产原价实现利税(元)	每百元主营业务收入实现利税(元)	流动资产周转次数(次/年)	企业亏损面(%)	总资产贡献率(%)
9.98	11.66	18.11	0.79		8.69
4.67	13.52	15.83	0.36		5.24
4.67	13.52	15.83	0.36		5.24
17.47	11.09	19.14	1.73		10.84
17.47	11.09	19.14	1.73		10.84
5.74	7.54	7.04	1.81	40.00	5.41
6.21	5.36	11.19	0.93		8.88
6.21	5.36	11.19	0.93		8.88
-3.70	-3.40	-12.60	1.04	100.00	0.11
-3.70	-3.40	-12.60	1.04	100.00	0.11
3.76	4.29	6.30	1.50		3.97
0.77	0.78	6.51	0.37		1.01
8.40	10.28	7.81	2.98		8.52
0.29	0.37	0.55	0.89		0.29
25.68	34.48	12.48	3.28	50.00	21.26
25.68	34.48	12.48	3.28	50.00	21.26
8.94	9.94	12.34	2.78	100.00	9.43
8.94	9.94	12.34	2.78	100.00	9.43
2.19	3.72	3.17	1.48	33.33	1.81
2.19	3.72	3.17	1.48	33.33	1.81
12.17	32.83	5.19	3.46	50.00	9.38
62.82	79.64	11.20	16.69		58.83
62.82	79.64	11.20	16.69		58.83
-14.59	-97.48	-23.62	0.72	100.00	-10.23
-14.59	-97.48	-23.62	0.72	100.00	-10.23
4.30	6.57	6.66	1.45	50.00	6.06
4.99	7.43	8.91	1.34	33.33	6.77
2.95	3.84	9.19	0.86		6.21
3.76	5.29	10.30	1.38		4.67
9.87	21.37	8.31	1.78	42.86	10.27
-2.29	-4.33	-1.08	3.38	100.00	-0.50
-2.29	-4.33	-1.08	3.38	100.00	-0.50
-2.78	-6.93	-38.04	0.09	100.00	-0.33
-2.78	-6.93	-38.04	0.09	100.00	-0.33
4.72	15.69	3.08	1.89	66.67	3.78
2.35	1.98	0.37	16.96	100.00	2.26
2.35	1.98	0.37	16.96	100.00	2.26
34.37	110.62	36.11	1.19		30.74
34.37	110.62	36.11	1.19		30.74
-3.91	-89.74	-7.72	0.53	100.00	-3.70
-3.91	-89.74	-7.72	0.53	100.00	-3.70
22.53	154.26	34.63	0.70		11.29
22.53	154.26	34.63	0.70		11.29
-6.28	-10.17	-2.84	4.33	100.00	
-6.28	-10.17	-2.84	4.33	100.00	
11.99	22.81	10.07	1.82	13.33	12.68
0.25	339.60	8.75	0.03		-1.20
0.25	339.60	8.75	0.03		-1.20

2-1-15 续表 19

指标名称	本年销项税额	全部从业人员年平均人数	产销率(%)	资产负债率(%)	成本费用利润率(%)
泵、阀门、压缩机及类似机械的制造	419	70	115.43	5.68	9.51
阀门和旋塞的制造	292	38	100.00	12.02	4.67
液压和气压动力机械及元件制造	127	32	137.46	3.65	17.99
通用零部件制造及机械修理	4177	366	103.40	71.86	2.54
紧固件、弹簧制造	562	126	111.54	62.78	-0.29
机械零部件加工及设备修理	3615	240	100.00	77.97	4.05
金属铸、锻加工	12942	2418	98.71	67.97	8.08
钢铁铸件制造	10055	1682	99.12	72.72	9.52
锻件及粉末冶金制品制造	2887	736	97.86	57.50	5.02
专用设备制造业	91	4199	112.48	75.56	-8.94
矿山、冶金、建筑专用设备制造	91	379	107.70	38.78	-7.10
石油钻采专用设备制造	91	64	69.95	59.37	6.26
冶金专用设备制造		315	109.66	35.24	-7.84
纺织、服装和皮革工业专用设备制造		3820	113.34	85.35	-9.20
纺织专用设备制造		3820	113.34	85.35	-9.20
交通运输设备制造业	25189	2671	99.17	60.02	14.22
铁路运输设备制造	15109	808	99.19	54.53	23.01
铁路机车车辆配件制造	15109	808	99.19	54.53	23.01
汽车制造	10080	1863	99.16	65.85	4.67
汽车零部件及配件制造	10080	1863	99.16	65.85	4.67
电气机械及器材制造业	11303	784	94.57	55.46	11.84
输配电及控制设备制造	6504	267	92.56	49.72	2.40
变压器、整流器和电感器制造	5992	204	91.96	47.57	1.99
配电开关控制设备制造	512	63	100.33	68.30	6.03
电池制造	3952	371	96.73	66.76	28.12
电池制造	3952	371	96.73	66.76	28.12
家用电力器具制造	847	146	99.09	43.20	8.42
家用电力器具专用配件制造	550	130	108.44	55.24	12.53
其他家用电力器具制造	297	16	93.06	27.87	2.07
通信设备、计算机及其他电子设备制造业	45773	52119	97.44	65.58	-0.07
通信设备制造	40144	46799	97.20	69.24	0.68
移动通信及终端设备制造	40144	46799	97.20	69.24	0.68
电子元件制造	5629	5320	99.87	40.96	-6.60
电子元件及组件制造	5629	5320	99.87	40.96	-6.60
仪器仪表及文化、办公用机械制造业	1783	332	98.78	49.48	19.40
通用仪器仪表制造	1783	332	98.78	49.48	19.40
工业自动控制系统装置制造	1783	332	98.78	49.48	19.40
工艺品及其他制造业		101	101.76	118.59	1.40
工艺美术品制造		101	101.76	118.59	1.40
金属工艺品制造		101	101.76	118.59	1.40
电力、燃气及水的生产和供应业	**120898**	**5208**	**100.00**	**62.07**	**-6.32**
电力、热力的生产和供应业	120898	5208	100.00	62.07	-6.32
电力生产	120898	5208	100.00	62.07	-6.32
火力发电	120898	5208	100.00	62.07	-6.32

单位：个、万元、人

每百元资金实现利税（元）	每百元固定资产原价实现利税（元）	每百元主营业务收入实现利税（元）	流动资产周转次数（次/年）	企业亏损面（%）	总资产贡献率（%）
9.57	14.63	12.49	1.08		8.26
22.59	17.34	7.09	3.67		11.74
7.33	13.51	20.93	0.51		7.15
7.80	30.69	6.82	1.39	50.00	7.91
-0.10	-0.20	-0.09	1.59	100.00	0.93
12.38	99.69	10.33	1.30		12.60
15.96	21.95	11.09	2.76	10.00	17.10
18.30	23.84	12.34	2.81	20.00	18.67
11.24	17.41	8.31	2.65		13.63
-5.55	-8.33	-8.32	0.96	66.67	-5.20
-3.68	-5.53	-7.72	0.68	50.00	-1.64
1.74	3.88	12.72	0.24		1.73
-4.79	-6.75	-8.76	0.75	100.00	-2.21
-5.93	-8.89	-8.40	1.02	100.00	-6.15
-5.93	-8.89	-8.40	1.02	100.00	-6.15
23.09	33.64	20.73	1.76	28.57	21.39
37.67	50.85	29.56	2.12	66.67	29.56
37.67	50.85	29.56	2.12	66.67	29.56
10.37	16.23	10.66	1.47		12.72
10.37	16.23	10.66	1.47		12.72
23.17	49.80	17.90	1.71		19.59
12.16	112.48	9.65	1.38		11.68
12.44	112.20	9.60	1.42		12.06
9.69	115.67	10.19	1.01		
47.83	45.01	32.74	2.56		32.98
47.83	45.01	32.74	2.56		32.98
12.67	17.05	12.88	2.34		11.99
17.02	18.98	17.68	2.64		17.86
5.71	11.47	5.61	1.99		4.52
0.23	0.27	0.30	2.39	50.00	1.98
0.79	0.96	1.02	2.34	50.00	2.45
0.79	0.96	1.02	2.34	50.00	2.45
-3.89	-3.79	-6.37	2.97	50.00	-1.20
-3.89	-3.79	-6.37	2.97	50.00	-1.20
26.76	176.58	14.64	2.09		24.20
26.76	176.58	14.64	2.09		24.20
26.76	176.58	14.64	2.09		24.20
3.60	3.48	1.57	5.81		
3.60	3.48	1.57	5.81		
3.60	3.48	1.57	5.81		
0.30	**0.19**	**0.58**	**3.26**	**50.00**	**2.91**
0.30	0.19	0.58	3.26	50.00	2.91
0.30	0.19	0.58	3.26	50.00	2.91
0.30	0.19	0.58	3.26	50.00	2.91

2-1-16 规模以上大中型

指标名称	企业单位数	亏损企业	工业总产值(当年价格)	工业销售产值(当年价格)	出口交货值
总 计	**1063**	**294**	**82075366**	**80115803**	**3767201**
一、按轻重工业分					
轻工业	116	34	2824105	2586483	168076
重工业	947	260	79251260	77529320	3599125
二、按登记注册类型分					
内资企业	**997**	**277**	**76734804**	**74914530**	**3143677**
国有企业	134	44	11251268	11185692	290035
集体企业	62	4	1015408	1087259	20490
股份合作企业	13	5	775975	722578	112
联营企业	7		96764	88596	
集体联营企业	5		59498	59311	
其他联营企业	2		37267	29284	
有限责任公司	500	139	47107709	46072067	2354114
国有独资公司	44	10	15613544	15212259	1401484
其他有限责任公司	456	129	31494166	30859809	952630
股份有限公司	79	26	7626437	7304345	163413
私营企业	200	58	8845356	8440548	315514
私营独资企业	9	1	208933	198556	
私营合伙企业	1		6682	3452	
私营有限责任公司	178	55	8153185	7746303	260158
私营股份有限公司	12	2	476555	492238	55355
其他企业	2	1	15887	13444	
港澳台商投资企业	**23**	**9**	**1827018**	**1774062**	**314787**
与港澳台商合资经营企业	15	5	910255	872048	96248
与港澳台商合作经营企业	1	1	38222	43645	
港澳台商独资企业	5	2	801593	775554	192339
港澳台商投资股份有限公司	2	1	76948	82816	26201
外商投资企业	**43**	**8**	**3513544**	**3427211**	**308737**
中外合资经营企业	31	5	2501743	2479952	245436
中外合作经营企业	3		567676	558916	
外资企业	9	3	444125	388344	63301
三、按控股情况分					
国有控股	359	118	49873785	49160300	2589033
集体控股	163	22	3258167	3293574	50799
私人控股	503	146	26300328	25149414	838119
港澳台商控股	11	2	1141281	1108303	191615
外商控股	23	5	1368154	1268068	97635
其他	4	1	133651	136144	
四、按国民经济行业分					
采矿业	**384**	**28**	**25825751**	**25408498**	**1001716**
煤炭开采和洗选业	360	27	25320248	24913793	1001716
烟煤和无烟煤的开采洗选	360	27	25320248	24913793	1001716
烟煤和无烟煤的开采洗选	360	27	25320248	24913793	1001716
石油和天然气开采业	1		81952	81952	
天然原油和天然气开采	1		81952	81952	
天然原油和天然气开采	1		81952	81952	

工业企业主要经济指标

单位：个、万元、万人

资产总计	流动资产合计	应收帐款	存货	产成品	流动资产年平均余额
114647990	**46164395**	**6258967**	**11852772**	**4600260**	**41351099**
3445509	1642111	239482	596968	283302	1548505
111202482	44522284	6019485	11255805	4316959	39802594
107481208	**43487139**	**5604476**	**11135171**	**4245357**	**38717654**
16534308	5369933	794831	803605	226812	4870148
1336466	708004	168532	137867	80441	640935
945225	468103	41730	121069	49317	360938
89598	39105	4893	12146	9462	40749
68509	23053	3652	4046	1851	25666
21088	16052	1241	8100	7611	15083
68747183	28004459	3465060	7459166	2737532	24695117
25556663	10421182	1205588	3234793	1040804	9323806
43190520	17583277	2259472	4224373	1696728	15371311
10666142	4320865	541673	1112575	389170	3927084
9138184	4570321	584901	1486732	751704	4172781
195125	137793	4392	27058	15097	122164
13683	1561	9	1538	1526	1561
8440306	4187266	553147	1371092	682822	3808819
489070	243701	27352	87044	52260	240237
24102	6350	2856	2011	918	9902
2432556	**855449**	**235454**	**299730**	**144259**	**812579**
1115550	412468	58999	165761	112100	401548
29464	10277	963	2959	1821	14142
1157475	353304	160190	100744	15563	301594
130068	79400	15303	30266	14774	95295
4734226	**1821807**	**419037**	**417872**	**210645**	**1820867**
3292858	1453960	343743	317849	186790	1480885
934300	195353	42543	45236	4375	183019
507068	172494	32751	54786	19480	156962
79119419	29080225	3607704	6907933	2214447	25635984
4286181	2228591	424459	483499	248879	2083295
27508297	13358466	1837402	4101485	1974375	12230207
1495354	551238	172463	188162	90968	488356
2025721	823122	198906	138820	59150	795208
213019	122753	18034	32874	12442	118050
46571463	**19532780**	**1951996**	**2706210**	**1034981**	**16244497**
45879968	19150270	1870630	2547866	1005601	15887327
45879968	19150270	1870630	2547866	1005601	15887327
45879968	19150270	1870630	2547866	1005601	15887327
89359	74027	41186	4007		70263
89359	74027	41186	4007		70263
89359	74027	41186	4007		70263

2-1-16 续表 1

指标名称	企业单位数	亏损企业	工业总产值（当年价格）	工业销售产值（当年价格）	出口交货值
黑色金属矿采选业	18		280331	279779	
铁矿采选	17		260138	255749	
铁矿采选	17		260138	255749	
其他黑色金属矿采选	1		20193	24029	
其他黑色金属矿采选	1		20193	24029	
有色金属矿采选业	4		137203	127640	
常用有色金属矿采选	3		114203	105646	
铜矿采选	2		16787	17531	
铝矿采选	1		97416	88115	
贵金属矿采选	1		23000	21994	
金矿采选	1		23000	21994	
非金属矿采选业	1	1	6018	5335	
土砂石开采	1	1	6018	5335	
石灰石、石膏开采	1	1	6018	5335	
制造业	**625**	**232**	**48860192**	**47270528**	**2757282**
农副食品加工业	14	3	614214	593018	13379
饲料加工	2	1	113138	108881	
饲料加工	2	1	113138	108881	
植物油加工	3	1	93374	89548	
食用植物油加工	3	1	93374	89548	
屠宰及肉类加工	3		185041	183430	
畜禽屠宰	2		166863	165252	
肉制品及副产品加工	1		18178	18178	
蔬菜、水果和坚果加工	2		22640	21817	13379
蔬菜、水果和坚果加工	2		22640	21817	13379
其他农副食品加工	4	1	200022	189342	
淀粉及淀粉制品的制造	4	1	200022	189342	
食品制造业	17	2	306535	238715	7577
焙烤食品制造	2		7714	7618	
糕点、面包制造	1		4717	4669	
饼干及其他焙烤食品制造	1		2997	2949	
糖果、巧克力及蜜饯制造	2		12395	11038	
蜜饯制作	2		12395	11038	
方便食品制造	1		23295	22764	
方便面及其他方便食品制造	1		23295	22764	
液体乳及乳制品制造	5		149946	103970	
液体乳及乳制品制造	5		149946	103970	
罐头制造	2		33966	25429	
肉、禽类罐头制造	1		29079	21236	
蔬菜、水果罐头制造	1		4888	4193	
调味品、发酵制品制造	3	1	55721	47598	71
酱油、食醋及类似制品的制造	2		40621	35657	71
其他调味品、发酵制品制造	1	1	15100	11942	
其他食品制造	2	1	23498	20298	7506
冷冻饮品及食用冰制造	1		5547	5454	
食品及饲料添加剂制造	1	1	17951	14843	7506

单位：个、万元、万人

资产总计	流动资产合计	应收帐款	存货	产成品	流动资产年平均余额
355889	184998	31574	48402	25020	170355
327554	165062	31574	38710	15328	157647
327554	165062	31574	38710	15328	157647
28334	19936		9692	9692	12708
28334	19936		9692	9692	12708
229312	115790	7422	102248	2367	109106
207225	110793	7422	99335	1136	103027
33129	12539	7283	1909	1136	10410
174096	98254	139	97426		92617
22087	4997		2913	1232	6079
22087	4997		2913	1232	6079
16935	7694	1185	3688	1993	7447
16935	7694	1185	3688	1993	7447
16935	7694	1185	3688	1993	7447
54818063	**24385874**	**3906041**	**8858762**	**3543558**	**22984196**
537149	285488	37978	118813	73649	257542
46486	16739	3661	6645	3199	17262
46486	16739	3661	6645	3199	17262
135426	81771	1855	32648	27188	81154
135426	81771	1855	32648	27188	81154
159963	90554	11817	33331	9836	75939
142598	81018	11541	28040	9836	66402
17365	9536	276	5291		9536
19698	8477	765	4445	4036	7763
19698	8477	765	4445	4036	7763
175576	87947	19881	41744	29389	75424
175576	87947	19881	41744	29389	75424
303177	114819	22972	41177	14056	98383
15784	6869	1268	2014	48	6536
9246	4869	758	1059		4869
6538	2000	510	955	48	1667
22280	10911	4722	4304	161	10384
22280	10911	4722	4304	161	10384
9216	2833	64	833	121	2652
9216	2833	64	833	121	2652
118266	35451	11401	13969	1170	28603
118266	35451	11401	13969	1170	28603
26566	12266	371	7151	4568	12928
15100	8714	371	3984	1544	8442
11466	3552		3167	3024	4486
69460	33705	3628	8881	4960	25825
51672	27258	1850	7682	4491	19685
17788	6447	1778	1199	469	6139
41607	12785	1520	4025	3028	11456
6544	1759	99	597	291	1759
35063	11026	1421	3428	2738	9697

2-1-16 续表 2

指标名称	企业单位数	亏损企业	工业总产值（当年价格）	工业销售产值（当年价格）	出口交货值
饮料制造业	11	5	412163	368539	894
酒的制造	8	5	300183	266103	894
白酒制造	3	1	256165	224148	894
啤酒制造	5	4	44018	41955	
软饮料制造	3		111979	102436	
碳酸饮料制造	1		38470	37965	
果菜汁及果菜汁饮料制造	2		73510	64471	
烟草制品业	1		211946	211889	
卷烟制造	1		211946	211889	
卷烟制造	1		211946	211889	
纺织业	11	6	120981	116553	12169
棉、化纤纺织及印染精加工	10	6	107428	101179	9500
棉、化纤纺织加工	8	6	75160	69391	55
棉、化纤印染精加工	2		32268	31788	9445
麻纺织	1		13554	15374	2669
麻纺织	1		13554	15374	2669
纺织服装、鞋、帽制造业	4	1	85772	84251	
纺织服装制造	4	1	85772	84251	
纺织服装制造	4	1	85772	84251	
木材加工及木、竹、藤、棕、草制品业	1		41945	40412	
人造板制造	1		41945	40412	
纤维板制造	1		41945	40412	
造纸及纸制品业	6	1	66932	68350	
造纸	4		16522	17240	
机制纸及纸板制造	4		16522	17240	
纸制品制造	2	1	50410	51110	
纸和纸板容器的制造	2	1	50410	51110	
印刷业和记录媒介的复制	4	2	33582	28259	
印刷	3	2	25015	19692	
书、报、刊印刷	2	1	14152	9860	
包装装潢及其他印刷	1	1	10863	9832	
装订及其他印刷服务活动	1		8567	8567	
装订及其他印刷服务活动	1		8567	8567	
文教体育用品制造业	2	1	22702	24837	1989
体育用品制造	2	1	22702	24837	1989
训练健身器材制造	2	1	22702	24837	1989
石油加工、炼焦及核燃料加工业	152	62	14403778	13868114	537469
精炼石油产品的制造	1		36052	40992	
原油加工及石油制品制造	1		36052	40992	
炼焦	151	62	14367725	13827122	537469
炼焦	151	62	14367725	13827122	537469
化学原料及化学制品制造业	68	22	3879090	3812116	113968
基础化学原料制造	21	5	1066187	1048125	52086
无机碱制造	2	1	474568	476918	
无机盐制造	7		128689	119982	8688
有机化学原料制造	11	4	386505	374890	43399

单位：个、万元、万人

资产总计	流动资产合计	应收帐款	存货	产成品	流动资产年平均余额
512313	313688	17511	143882	59555	303228
419541	267883	14738	114772	33414	260171
355156	246951	11881	106789	31449	239480
64386	20933	2858	7983	1965	20691
92772	45805	2772	29110	26141	43057
36874	13452	618	5868	5868	10830
55898	32353	2154	23242	20273	32227
137168	56048	3958	23592	4899	67308
137168	56048	3958	23592	4899	67308
137168	56048	3958	23592	4899	67308
193977	92739	4893	63559	30411	89656
172507	81296	3416	57529	27300	78574
117529	55752	2262	39393	19344	53776
54978	25544	1153	18136	7956	24798
21469	11443	1478	6030	3112	11082
21469	11443	1478	6030	3112	11082
71334	45128	8709	19451	11466	39059
71334	45128	8709	19451	11466	39059
71334	45128	8709	19451	11466	39059
109082	57777	6237	13719	540	36297
109082	57777	6237	13719	540	36297
109082	57777	6237	13719	540	36297
63513	27161	1568	8294	2955	24675
28443	8161	1067	2393	1192	8510
28443	8161	1067	2393	1192	8510
35071	19000	502	5901	1763	16165
35071	19000	502	5901	1763	16165
49999	27523	9157	4766	1566	28006
29394	13587	5248	3824	1566	14085
18992	8008	3231	2139	516	7634
10403	5579	2017	1685	1050	6450
20605	13936	3909	942		13921
20605	13936	3909	942		13921
57502	27507	2753	9903	4072	20731
57502	27507	2753	9903	4072	20731
57502	27507	2753	9903	4072	20731
15218884	7563759	1050873	2370514	1322685	6931844
88256	62619	12609	21789	15465	47372
88256	62619	12609	21789	15465	47372
15130628	7501140	1038264	2348725	1307220	6884472
15130628	7501140	1038264	2348725	1307220	6884472
5681625	1886907	245533	512873	207888	1844230
1413598	532022	79600	145699	57161	476902
735796	303754	57228	74527	28980	272563
63094	28829	6209	4819	1632	25901
494723	187050	10277	64748	26321	176917

2-1-16 续表 3

指标名称	企业单位数	亏损企业	工业总产值（当年价格）	工业销售产值（当年价格）	出口交货值
其他基础化学原料制造	1		76425	76335	
肥料制造	24	8	1679817	1643071	
氮肥制造	22	7	1340324	1307798	
磷肥制造	1	1	6471	7167	
复混肥料制造	1		333022	328106	
涂料、油墨、颜料及类似产品制造	3		79124	83588	15668
油墨及类似产品制造	1		34786	36975	
染料制造	2		44338	46613	15668
合成材料制造	4	2	611587	603223	16512
初级形态的塑料及合成树脂制造	2	1	276541	276148	
合成橡胶制造	1		62902	59760	6475
合成纤维单(聚合)体的制造	1	1	272144	267315	10036
专用化学产品制造	15	7	348017	341809	23091
化学试剂和助剂制造	2	1	36106	35524	
专项化学用品制造	1		11729	10982	
炸药及火工产品制造	11	6	258781	254581	18552
其他专用化学产品制造	1		41402	40722	4539
日用化学产品制造	1		94358	92301	6612
肥皂及合成洗涤剂制造	1		94358	92301	6612
医药制造业	23	3	552046	465155	65148
化学药品原药制造	5		237193	195425	65148
化学药品原药制造	5		237193	195425	65148
化学药品制剂制造	11	1	192659	151678	
化学药品制剂制造	11	1	192659	151678	
中成药制造	5	2	69721	69392	
中成药制造	5	2	69721	69392	
生物、生化制品的制造	1		33416	30392	
生物、生化制品的制造	1		33416	30392	
卫生材料及医药用品制造	1		19056	18268	
卫生材料及医药用品制造	1		19056	18268	
化学纤维制造业	1	1	29253	25238	
纤维素纤维原料及纤维制造	1	1	29253	25238	
人造纤维(纤维素纤维)制造	1	1	29253	25238	
橡胶制品业	3		134021	128037	27243
轮胎制造	2		106148	100436	27243
车辆、飞机及工程机械轮胎制造	2		106148	100436	27243
橡胶板、管、带的制造	1		27873	27601	
橡胶板、管、带的制造	1		27873	27601	
塑料制品业	4		50964	50743	
塑料薄膜制造	1		28000	27486	
塑料薄膜制造	1		28000	27486	
塑料丝、绳及编织品的制造	3		22965	23256	
塑料丝、绳及编织品的制造	3		22965	23256	
非金属矿物制品业	52	22	791099	757210	66474
水泥、石灰和石膏的制造	19	8	245656	229210	
水泥制造	19	8	245656	229210	

单位：个、万元、万人

资产总计	流动资产合计	应收帐款	存货	产成品	流动资产年平均余额
119985	12389	5886	1606	229	1521
2568832	756665	37801	208437	86615	748300
2130399	578907	30897	148706	60102	537031
8059	4138	286	1618	1454	4023
430375	173619	6619	58113	25059	207246
69473	50270	14027	15166	6708	42450
17841	14593	6187	2790	875	14242
51632	35677	7841	12376	5833	28208
838609	211887	24934	46290	17006	240419
252508	96316	20306	3961	1727	106224
152635	30469	1652	8682	3598	31315
433466	85103	2976	33646	11682	102880
498438	218680	57724	61552	26277	218615
27819	13926	5199	5552	2778	12613
15968	3511	118	2508	1953	3433
398714	175891	43746	45075	21546	178155
55936	25354	8662	8417		24414
292676	117384	31446	35729	14120	117544
292676	117384	31446	35729	14120	117544
669244	298642	69968	80907	39244	273897
216681	65035	18746	29690	11351	63948
216681	65035	18746	29690	11351	63948
272792	139158	17756	25714	10778	115070
272792	139158	17756	25714	10778	115070
114387	59244	20357	18123	12436	56631
114387	59244	20357	18123	12436	56631
29597	16910	5493	3099	1470	20630
29597	16910	5493	3099	1470	20630
35786	18294	7617	4281	3210	17619
35786	18294	7617	4281	3210	17619
33347	19167	-293	6041	4598	21213
33347	19167	-293	6041	4598	21213
33347	19167	-293	6041	4598	21213
187898	62377	14852	36173	11039	71442
162053	48911	7587	32054	8843	57844
162053	48911	7587	32054	8843	57844
25846	13466	7265	4119	2196	13598
25846	13466	7265	4119	2196	13598
48671	30498	10521	11593	2156	26303
23249	14844	5032	6952	563	10698
23249	14844	5032	6952	563	10698
25422	15654	5489	4642	1593	15605
25422	15654	5489	4642	1593	15605
1344735	568083	117935	186197	97685	557692
719633	261602	59427	63964	33717	270335
719633	261602	59427	63964	33717	270335

2-1-16 续表 4

指标名称	企业单位数	亏损企业	工业总产值(当年价格)	工业销售产值(当年价格)	出口交货值
水泥及石膏制品制造	2		14703	15123	
水泥制品制造	2		14703	15123	
砖瓦、石材及其他建筑材料制造	5	1	158285	152898	
粘土砖瓦及建筑砌块制造	1		5811	5402	
建筑陶瓷制品制造	2	1	14789	14700	
建筑用石加工	2		137684	132795	
玻璃及玻璃制品制造	8	5	159056	152011	43281
平板玻璃制造	1	1	26859	25053	
技术玻璃制品制造	1	1	67791	64286	
日用玻璃制品及玻璃包装容器制造	6	3	64406	62671	43281
陶瓷制品制造	2	2	7853	8011	1130
日用陶瓷制品制造	2	2	7853	8011	1130
耐火材料制品制造	4	1	52177	45836	9856
耐火陶瓷制品及其他耐火材料制造	4	1	52177	45836	9856
石墨及其他非金属矿物制品制造	12	5	153369	154122	12207
石墨及碳素制品制造	11	5	152386	152108	12207
其他非金属矿物制品制造	1		983	2014	
黑色金属冶炼及压延加工业	89	41	17974141	17604212	1313530
炼铁	50	24	2098847	1949684	50439
炼铁	50	24	2098847	1949684	50439
炼钢	9	5	2700803	2656527	3436
炼钢	9	5	2700803	2656527	3436
钢压延加工	15	6	12385919	12233478	1191755
钢压延加工	15	6	12385919	12233478	1191755
铁合金冶炼	15	6	788572	764524	67900
铁合金冶炼	15	6	788572	764524	67900
有色金属冶炼及压延加工业	46	22	3700502	3553223	84386
常用有色金属冶炼	39	21	3465142	3343426	72837
铜冶炼	2	1	502366	479209	
铅锌冶炼	1		32511	27313	
铝冶炼	14	8	2285791	2208228	
镁冶炼	22	12	644474	628676	72837
贵金属冶炼	1		11000	12027	
银冶炼	1		11000	12027	
稀有稀土金属冶炼	1		50549	53326	5701
稀土金属冶炼	1		50549	53326	5701
有色金属合金制造	1		20090	17926	5848
有色金属合金制造	1		20090	17926	5848
有色金属压延加工	4	1	153721	126518	
常用有色金属压延加工	3	1	148870	122478	
稀有稀土金属压延加工	1		4851	4040	
金属制品业	8	4	110038	106036	728
结构性金属制品制造	4	2	82750	83614	
金属结构制造	3	2	73200	74111	
金属门窗制造	1		9550	9503	
金属工具制造	1		4499	454	55

单位：个、万元、万人

资产总计	流动资产合计	应收帐款	存货	产成品	流动资产年平均余额
26362	12397	6573	4530	2417	11261
26362	12397	6573	4530	2417	11261
43889	21235	1348	4375	2329	21440
4493	2481	176	1830	357	2481
13316	3099	485	1693	1392	3408
26080	15656	686	852	581	15550
281393	125778	19316	48646	26232	127291
52851	15508	343	6628	1955	17610
162195	84325	14341	29796	14730	84325
66347	25946	4631	12222	9548	25357
10764	6480	1210	3517	1135	6288
10764	6480	1210	3517	1135	6288
88026	58236	12808	22680	17218	52014
88026	58236	12808	22680	17218	52014
174667	82355	17254	38484	14637	69064
166257	80456	16762	37395	14088	67674
8411	1899	493	1089	549	1390
16106202	6392149	723120	2986024	983781	6237404
1710769	781838	125833	403928	184649	751263
1710769	781838	125833	403928	184649	751263
1483403	727866	83365	299531	87878	723052
1483403	727866	83365	299531	87878	723052
12330073	4533191	452557	2080311	586653	4416269
12330073	4533191	452557	2080311	586653	4416269
581957	349253	61365	202255	124602	346821
581957	349253	61365	202255	124602	346821
5682016	1953155	172733	693965	191694	1817431
5350245	1815573	153135	649618	159846	1691463
611462	356563	4077	100646	37920	292051
108994	33680	3268	6678	4009	37170
4048666	1194053	103644	473335	94029	1147051
581122	231277	42146	68959	23888	215191
21943	7832		5447	5183	6568
21943	7832		5447	5183	6568
24035	18627	1248	8232	4007	20251
24035	18627	1248	8232	4007	20251
18179	9457	5459	3398	1419	946
18179	9457	5459	3398	1419	946
267614	101667	12891	27271	21239	98203
258710	95359	11014	22926	16894	92018
8904	6308	1877	4345	4345	6185
120274	99229	29590	41382	17182	91809
63461	55423	26023	21934	7786	53082
51425	49522	25819	19796	6818	47376
12036	5901	204	2138	969	5707
23185	20279	686	10079	1051	15619

2-1-16 续表 5

指标名称	企业单位数	亏损企业	工业总产值（当年价格）	工业销售产值（当年价格）	出口交货值
切削工具制造	1		4499	454	55
建筑、安全用金属制品制造	3	2	22789	21968	673
建筑装饰及水暖管道零件制造	3	2	22789	21968	673
通用设备制造业	26	8	541452	528025	27820
锅炉及原动机制造	2		137652	126887	1162
锅炉及辅助设备制造	1		55450	49554	
内燃机及配件制造	1		82202	77333	1162
金属加工机械制造	1		15352	12799	173
金属切削机床制造	1		15352	12799	173
起重运输设备制造	1		12321	9551	
起重运输设备制造	1		12321	9551	
泵、阀门、压缩机及类似机械的制造	7	3	99368	98811	4187
泵及真空设备制造	4	2	40105	39888	2620
阀门和旋塞的制造	1		8807	8995	
液压和气压动力机械及元件制造	2	1	50457	49927	1568
风机、衡器、包装设备等通用设备制造	1		13882	13561	
其他通用设备制造	1		13882	13561	
通用零部件制造及机械修理	4	1	58243	68960	14
机械零部件加工及设备修理	4	1	58243	68960	14
金属铸、锻加工	10	4	204633	197457	22284
钢铁铸件制造	6	4	125585	121293	22284
锻件及粉末冶金制品制造	4		79049	76164	
专用设备制造业	33	9	2529892	2430415	245102
矿山、冶金、建筑专用设备制造	16	3	1473477	1425979	110285
采矿、采石设备制造	12	1	1320822	1275454	76857
石油钻采专用设备制造	1		96224	99643	33428
冶金专用设备制造	3	2	56432	50882	
化工、木材、非金属加工专用设备制造	1		50140	34961	
炼油、化工生产专用设备制造	1		50140	34961	
印刷、制药、日化生产专用设备制造	1		3326	3098	
印刷专用设备制造	1		3326	3098	
纺织、服装和皮革工业专用设备制造	3	3	96086	104548	26201
纺织专用设备制造	3	3	96086	104548	26201
电子和电工机械专用设备制造	10	3	855903	817931	108616
电子工业专用设备制造	1		4084	5902	
航空、航天及其他专用设备制造	1		160326	157229	64
农、林、牧、渔专用机械制造	1		37921	30110	
拖拉机制造	1		37921	30110	
环保、社会公共安全及其他专用设备制造	1		13039	13787	
环境污染防治专用设备制造	1		13039	13787	
交通运输设备制造业	23	8	793761	788630	28282
铁路运输设备制造	8	1	561692	557672	
铁路机车车辆及动车组制造	1		259418	259071	
铁路机车车辆配件制造	3		115522	115530	
铁路专用设备及器材、配件制造	2		46352	43277	

单位：个、万元、万人

资产总计	流动资产合计	应收帐款	存货	产成品	流动资产年平均余额
23185	20279	686	10079	1051	15619
33629	23527	2882	9370	8345	23108
33629	23527	2882	9370	8345	23108
737685	439181	111287	203403	100125	390608
261100	145875	24632	82036	28223	142273
114308	91380	9518	61042	23372	90071
146792	54495	15115	20995	4851	52202
30961	23588	4023	16170	11598	19804
30961	23588	4023	16170	11598	19804
23961	18242	3433	12492	10488	1897
23961	18242	3433	12492	10488	1897
143838	79401	25635	34871	20878	66998
67990	38703	13469	15774	6259	30015
11256	8370	747	6848	5244	6737
64591	32329	11419	12250	9375	30246
9981	8900	4317	3562	1239	7780
9981	8900	4317	3562	1239	7780
78991	53125	17776	9096	6786	45514
78991	53125	17776	9096	6786	45514
188854	110050	31471	45175	20914	106341
121177	64726	20335	27515	14467	64142
67677	45324	11136	17660	6448	42199
3604748	2341432	738688	767553	237184	2082609
2024844	1504141	515076	480373	130444	1278804
1882367	1401479	489541	423854	108006	1188871
69365	47849	13548	28356	10039	42310
73113	54814	11987	28164	12399	47623
47755	33927	9705	19683	10954	32121
47755	33927	9705	19683	10954	32121
7067	6166	659	1959	835	2165
7067	6166	659	1959	835	2165
180404	111928	18262	46832	20290	131439
180404	111928	18262	46832	20290	131439
1290459	653106	185897	206193	66110	607827
11138	8017	2160	1494	984	8356
223664	151680	102500	31498	5913	154655
30549	13306	5320	5886	3292	11840
30549	13306	5320	5886	3292	11840
23671	18857	3770	6628	5260	18413
23671	18857	3770	6628	5260	18413
1021348	599568	192556	158238	51455	643591
620833	382295	142141	61009	8150	407235
335640	211654	70566	22971	3263	230466
103141	58248	29104	12485	2093	60891
53219	36587	13407	4249	205	34115

2-1-16 续表 6

指标名称	企业单位数	亏损企业	工业总产值（当年价格）	工业销售产值（当年价格）	出口交货值
其他铁路设备制造及设备修理	2	1	140401	139794	
汽车制造	14	7	226693	225581	28282
汽车整车制造	1	1	15585	13227	
改装汽车制造	1		7245	6190	
汽车零部件及配件制造	12	6	203863	206164	28282
航空航天器制造	1		5377	5377	
飞机制造及修理	1		5377	5377	
电气机械及器材制造业	11	4	407462	369192	12925
电机制造	5	1	308206	279951	12752
发电机及发电机组制造	1	1	13777	13777	
电动机制造	4		294429	266174	12752
输配电及控制设备制造	2	1	19581	16515	
配电开关控制设备制造	2	1	19581	16515	
电线、电缆、光缆及电工器材制造	3	2	55635	49472	
电线电缆制造	2	1	48914	42738	
光纤、光缆制造	1	1	6720	6734	
电池制造	1		24041	23254	173
电池制造	1		24041	23254	173
通信设备、计算机及其他电子设备制造业	9	5	922076	891084	197157
通信设备制造	3	1	741066	721109	158004
通信传输设备制造	1		29500	29500	
移动通信及终端设备制造	2	1	711566	691609	158004
雷达及配套设备制造	1	1	13174	10612	
雷达及配套设备制造	1	1	13174	10612	
电子计算机制造	1	1	16107	16799	
电子计算机整机制造	1	1	16107	16799	
电子器件制造	1		6050	6050	4818
光电子器件及其他电子器件制造	1		6050	6050	4818
电子元件制造	3	2	145679	136514	34334
电子元件及组件制造	3	2	145679	136514	34334
仪器仪表及文化、办公用机械制造业	4		106556	106176	986
通用仪器仪表制造	3		78231	76301	
工业自动控制系统装置制造	3		78231	76301	
专用仪器仪表制造	1		28326	29875	986
导航、气象及海洋专用仪器制造	1		28326	29875	986
工艺品及其他制造业	2		17290	12100	57
工艺美术品制造	1		9780	4751	57
金属工艺品制造	1		9780	4751	57
其他未列明的制造业	1		7510	7349	
其他未列明的制造业	1		7510	7349	
电力、燃气及水的生产和供应业	**54**	**34**	**7389423**	**7436777**	**8202**
电力、热力的生产和供应业	46	29	7304637	7353145	8202
电力生产	39	27	3144033	3192868	8202
火力发电	37	27	3064094	3127743	8202
水力发电	2		79939	65125	
电力供应	4		4093170	4093170	

单位：个、万元、万人

资产总计	流动资产合计	应收帐款	存货	产成品	流动资产年平均余额
128833	75806	29064	21303	2589	81763
386618	210401	49429	94317	42825	230019
42021	23498	820	6463	4096	28108
20820	15755	12	9436	4824	16056
323778	171148	48597	78419	33904	185856
13897	6873	987	2912	481	6337
13897	6873	987	2912	481	6337
487681	313645	81603	98043	46209	295584
383766	255983	63164	71829	30404	247063
18480	9268	4047	2803	918	9712
365286	246715	59117	69026	29486	237352
18117	13981	7454	5330	4279	14957
18117	13981	7454	5330	4279	14957
61581	31656	9934	15250	7682	24500
37431	19671	5134	10250	5032	12370
24150	11985	4800	5000	2650	12130
24217	12025	1051	5634	3844	9064
24217	12025	1051	5634	3844	9064
1561347	609619	191842	229843	23897	567115
1086179	394086	149640	160509	9757	360807
103270	81033	53	72286	3	93486
982909	313053	149587	88223	9754	267321
14526	9410	3603	4180	5	9238
14526	9410	3603	4180	5	9238
64963	24993	3913	6120	2259	21773
64963	24993	3913	6120	2259	21773
12679	3235	1143	771	246	3417
12679	3235	1143	771	246	3417
383001	177895	33543	58263	11630	171880
383001	177895	33543	58263	11630	171880
246174	151852	39255	25870	2092	157364
151774	113011	24430	21720	557	118094
151774	113011	24430	21720	557	118094
94400	38841	14825	4151	1535	39270
94400	38841	14825	4151	1535	39270
30972	8735	243	2985	1476	9176
11960	3096	238	2369	1459	2866
11960	3096	238	2369	1459	2866
19012	5640	5	616	17	6310
19012	5640	5	616	17	6310
13258465	**2245741**	**400930**	**287801**	**21721**	**2122405**
12899718	2124460	392447	286063	21721	2000131
8342501	1529401	332649	264548	21721	1358433
7940393	1431295	327682	264434	21721	1268887
402108	98105	4967	114		89545
4249022	491383	47471	17848		525537

2-1-16 续表 7

指标名称	企业单位数	亏损企业	工业总产值（当年价格）	工业销售产值（当年价格）	出口交货值
电力供应	4		4093170	4093170	
热力生产和供应	3	2	67434	67107	
热力生产和供应	3	2	67434	67107	
燃气生产和供应业	1	1	3877	3877	
燃气生产和供应业	1	1	3877	3877	
燃气生产和供应业	1	1	3877	3877	
水的生产和供应业	7	4	80909	79755	
自来水的生产和供应	7	4	80909	79755	
自来水的生产和供应	7	4	80909	79755	
五、按行业大类分					
煤炭开采和洗选业	360	27	25320248	24913793	1001716
石油和天然气开采业	1		81952	81952	
黑色金属矿采选业	18		280331	279779	
有色金属矿采选业	4		137203	127640	
非金属矿采选业	1	1	6018	5335	
农副食品加工业	14	3	614214	593018	13379
食品制造业	17	2	306535	238715	7577
饮料制造业	11	5	412163	368539	894
烟草制品业	1		211946	211889	
纺织业	11	6	120981	116553	12169
纺织服装、鞋、帽制造业	4	1	85772	84251	
木材加工及木、竹、藤、棕、草制品业	1		41945	40412	
造纸及纸制品业	6	1	66932	68350	
印刷业和记录媒介的复制	4	2	33582	28259	
文教体育用品制造业	2	1	22702	24837	1989
石油加工、炼焦及核燃料加工业	152	62	14403778	13868114	537469
化学原料及化学制品制造业	68	22	3879090	3812116	113968
医药制造业	23	3	552046	465155	65148
化学纤维制造业	1	1	29253	25238	
橡胶制品业	3		134021	128037	27243
塑料制品业	4		50964	50743	
非金属矿物制品业	52	22	791099	757210	66474
黑色金属冶炼及压延加工业	89	41	17974141	17604212	1313530
有色金属冶炼及压延加工业	46	22	3700502	3553223	84386
金属制品业	8	4	110038	106036	728
通用设备制造业	26	8	541452	528025	27820
专用设备制造业	33	9	2529892	2430415	245102
交通运输设备制造业	23	8	793761	788630	28282
电气机械及器材制造业	11	4	407462	369192	12925
通信设备、计算机及其他电子设备制造业	9	5	922076	891084	197157
仪器仪表及文化、办公用机械制造业	4		106556	106176	986
工艺品及其他制造业	2		17290	12100	57
电力、热力的生产和供应业	46	29	7304637	7353145	8202
燃气生产和供应业	1	1	3877	3877	
水的生产和供应业	7	4	80909	79755	

单位：个、万元、万人

资产总计	流动资产合计	应收帐款	存货	产成品	流动资产年平均余额
4249022	491383	47471	17848		525537
308195	103676	12328	3667		116161
308195	103676	12328	3667		116161
36409	7920	783	406		7346
36409	7920	783	406		7346
36409	7920	783	406		7346
322338	113362	7700	1331		114929
322338	113362	7700	1331		114929
322338	113362	7700	1331		114929
45879968	19150270	1870630	2547866	1005601	15887327
89359	74027	41186	4007		70263
355889	184998	31574	48402	25020	170355
229312	115790	7422	102248	2367	109106
16935	7694	1185	3688	1993	7447
537149	285488	37978	118813	73649	257542
303177	114819	22972	41177	14056	98383
512313	313688	17511	143882	59555	303228
137168	56048	3958	23592	4899	67308
193977	92739	4893	63559	30411	89656
71334	45128	8709	19451	11466	39059
109082	57777	6237	13719	540	36297
63513	27161	1568	8294	2955	24675
49999	27523	9157	4766	1566	28006
57502	27507	2753	9903	4072	20731
15218884	7563759	1050873	2370514	1322685	6931844
5681625	1886907	245533	512873	207888	1844230
669244	298642	69968	80907	39244	273897
33347	19167	-293	6041	4598	21213
187898	62377	14852	36173	11039	71442
48671	30498	10521	11593	2156	26303
1344735	568083	117935	186197	97685	557692
16106202	6392149	723120	2986024	983781	6237404
5682016	1953155	172733	693965	191694	1817431
120274	99229	29590	41382	17182	91809
737685	439181	111287	203403	100125	390608
3604748	2341432	738688	767553	237184	2082609
1021348	599568	192556	158238	51455	643591
487681	313645	81603	98043	46209	295584
1561347	609619	191842	229843	23897	567115
246174	151852	39255	25870	2092	157364
30972	8735	243	2985	1476	9176
12899718	2124460	392447	286063	21721	2000131
36409	7920	783	406		7346
322338	113362	7700	1331		114929

2-1-16 续表 8

指标名称	固定资产合计	固定资产原价	累计折旧	固定资产净值
总 计	**51838770**	**67012328**	**23088019**	**43924309**
一、按轻重工业分				
轻工业	1396791	1890921	642864	1248057
重工业	50441979	65121406	22445155	42676251
二、按登记注册类型分				
内资企业	**48165128**	**61928803**	**21156431**	**40772372**
国有企业	8653425	12620006	4865869	7754137
集体企业	433298	508003	136546	371457
股份合作企业	456731	465520	84156	381364
联营企业	32411	37788	9556	28233
集体联营企业	28512	33682	7728	25954
其他联营企业	3900	4106	1828	2279
有限责任公司	29991285	37200721	12363942	24836779
国有独资公司	9087953	13309999	4964843	8345156
其他有限责任公司	20903333	23890723	7399100	16491623
股份有限公司	4916311	7093464	2763605	4329859
私营企业	3664018	3982513	929580	3052933
私营独资企业	54658	68090	15357	52733
私营合伙企业	10199	12199	2000	10199
私营有限责任公司	3361834	3626267	854647	2771621
私营股份有限公司	237328	275958	57577	218381
其他企业	17648	20788	3177	17612
港澳台商投资企业	**1441686**	**1744804**	**622151**	**1122653**
与港澳台商合资经营企业	667699	842839	223851	618988
与港澳台商合作经营企业	19187	26354	8268	18086
港澳台商独资企业	709474	785384	345131	440254
港澳台商投资股份有限公司	45326	90227	44901	45326
外商投资企业	**2231957**	**3338721**	**1309437**	**2029284**
中外合资经营企业	1229735	1439927	378116	1061810
中外合作经营企业	688383	1526565	842061	684504
外资企业	313840	372229	89260	282969
三、按控股情况分				
国有控股	37561236	51196819	19085954	32110865
集体控股	1452228	1791162	516026	1275137
私人控股	11189883	12128707	2847483	9281224
港澳台商控股	834180	945528	388156	557372
外商控股	744599	878060	227371	650689
其他	56645	72051	23029	49022
四、按国民经济行业分				
采矿业	**18746702**	**22738173**	**8045937**	**14692236**
煤炭开采和洗选业	18483463	22360070	7907210	14452861
烟煤和无烟煤的开采洗选	18483463	22360070	7907210	14452861
烟煤和无烟煤的开采洗选	18483463	22360070	7907210	14452861
石油和天然气开采业	5337	6508	1171	5337
天然原油和天然气开采	5337	6508	1171	5337
天然原油和天然气开采	5337	6508	1171	5337

单位：个、万元、万人

固定资产净值年平均余额	负债合计	流动负债合计	应付账款	长期负债合计	所有者权益合计
44307189	**77070881**	**54509778**	**13452199**	**21185441**	**37577109**
1219765	1800181	1526343	307625	257904	1645328
43087424	75270700	52983435	13144574	20927536	35931781
40990327	**72581857**	**51366038**	**12656045**	**19984109**	**34899351**
7467988	11030712	7095459	1697293	3721972	5503597
359114	907634	772930	212431	131043	428832
383708	738072	566196	179620	170727	207153
27105	55924	37121	19070	18803	33674
22533	45323	26520	14199	18803	23187
4572	10601	10601	4871		10487
25850657	47258975	33254712	8014624	13038246	21488209
8307843	17236479	11925199	2788998	4828873	8320185
17542814	30022496	21329514	5225626	8209373	13168024
3900216	6525559	4289044	1077345	2204257	4140583
2988030	6051261	5338250	1451486	697667	3086923
46396	110118	98078	11140	11197	85007
10199	2925	2925			10758
2713808	5603520	4981728	1358661	607361	2836786
217627	334698	255519	81685	79109	154372
13510	13721	12326	4176	1394	10381
1329484	**1713183**	**1219606**	**322781**	**487813**	**719374**
633872	833266	499982	114189	327519	282284
20688	17720	10917	1576	6803	11744
632218	754185	669765	193467	84420	403290
42706	108012	38942	13549	69071	22056
1987377	**2775841**	**1924134**	**473373**	**713519**	**1958384**
1005759	1945762	1429944	359395	377639	1347096
715646	453669	222847	41431	230822	480631
265972	376411	271343	72548	105058	130658
32428621	53101003	34848941	8103052	17296595	26018416
1228892	2886324	2374678	542963	455674	1399857
9227624	18880724	15615578	4405271	2910530	8627572
764722	1074480	829706	223709	239011	420875
614100	979421	708752	148527	266825	1046300
43230	148930	132124	28676	16806	64088
16201410	**29989411**	**20345543**	**4096578**	**8944360**	**16582051**
15961329	29515563	19897985	4038515	8918148	16364405
15961329	29515563	19897985	4038515	8918148	16364405
15961329	29515563	19897985	4038515	8918148	16364405
3179	71855	71854	20083		17504
3179	71855	71854	20083		17504
3179	71855	71854	20083		17504

2-1-16 续表 9

指标名称	固定资产合计	固定资产原价	累计折旧	固定资产净值
黑色金属矿采选业	139802	173948	52087	121860
铁矿采选	131404	162783	48354	114429
铁矿采选	131404	162783	48354	114429
其他黑色金属矿采选	8398	11165	3734	7431
其他黑色金属矿采选	8398	11165	3734	7431
有色金属矿采选业	110049	181133	76288	104845
常用有色金属矿采选	92959	157628	69873	87754
铜矿采选	17117	28210	14492	13717
铝矿采选	75841	129418	55381	74037
贵金属矿采选	17091	23505	6415	17091
金矿采选	17091	23505	6415	17091
非金属矿采选业	8052	16515	9182	7333
土砂石开采	8052	16515	9182	7333
石灰石、石膏开采	8052	16515	9182	7333
制造业	**23754149**	**29548178**	**9183801**	**20364377**
农副食品加工业	220324	231797	37998	193799
饲料加工	26970	30713	4724	25989
饲料加工	26970	30713	4724	25989
植物油加工	51250	65836	14910	50926
食用植物油加工	51250	65836	14910	50926
屠宰及肉类加工	51071	41195	8561	32634
畜禽屠宰	45072	34941	7085	27856
肉制品及副产品加工	5999	6254	1476	4778
蔬菜、水果和坚果加工	7836	6808	1812	4996
蔬菜、水果和坚果加工	7836	6808	1812	4996
其他农副食品加工	83198	87245	7991	79254
淀粉及淀粉制品的制造	83198	87245	7991	79254
食品制造业	137938	168981	45496	123485
焙烤食品制造	3940	4720	1304	3416
糕点、面包制造	2712	2971	782	2189
饼干及其他焙烤食品制造	1228	1750	522	1228
糖果、巧克力及蜜饯制造	4251	4719	1006	3713
蜜饯制作	4251	4719	1006	3713
方便食品制造	6092	7132	1278	5854
方便面及其他方便食品制造	6092	7132	1278	5854
液体乳及乳制品制造	58255	76741	23872	52870
液体乳及乳制品制造	58255	76741	23872	52870
罐头制造	5731	5950	1388	4562
肉、禽类罐头制造	5277	5277	1169	4108
蔬菜、水果罐头制造	454	673	219	454
调味品、发酵制品制造	31081	37081	11048	26033
酱油、食醋及类似制品的制造	20407	25675	6643	19033
其他调味品、发酵制品制造	10673	11405	4405	7000
其他食品制造	28588	32639	5601	27037
冷冻饮品及食用冰制造	4784	3809	576	3233
食品及饲料添加剂制造	23804	28829	5025	23804

单位：个、万元、万人

固定资产净值年平均余额	负债合计	流动负债合计	应付账款	长期负债合计	所有者权益合计
123576	207366	183325	27566	24032	148523
117298	183678	159645	25144	24032	143876
117298	183678	159645	25144	24032	143876
6277	23688	23680	2422		4647
6277	23688	23680	2422		4647
105554	187966	185717	9050	2180	41346
88010	184820	182659	8084	2161	22405
13973	10724	8563	4046	2161	22405
74037	174096	174096	4038		
17544	3147	3058	966	19	18941
17544	3147	3058	966	19	18941
7772	6662	6662	1365		10274
7772	6662	6662	1365		10274
7772	6662	6662	1365		10274
20012356	**37427593**	**29065861**	**8074156**	**7793375**	**17390469**
181532	298730	272578	50530	25583	238419
24917	26544	23873	2601	2672	19942
24917	26544	23873	2601	2672	19942
51429	76390	76228	758	162	59036
51429	76390	76228	758	162	59036
27249	79228	65650	6627	13577	80735
26719	69696	56619	2478	13077	72902
530	9532	9032	4149	500	7833
6184	7454	5674	277	1210	12245
6184	7454	5674	277	1210	12245
71752	109115	101153	40267	7962	66461
71752	109115	101153	40267	7962	66461
111987	167009	133703	32944	28297	136168
3212	11194	9562	1836	1623	4590
2189	7855	6232	768	1623	1391
1023	3339	3330	1068		3199
4339	8991	7200	1217	1791	13288
4339	8991	7200	1217	1791	13288
5685	4717	4717	1221		4499
5685	4717	4717	1221		4499
41487	52299	43167	16645	9133	65967
41487	52299	43167	16645	9133	65967
4556	14779	13955	2442	824	11787
4108	6858	6128	401	730	8241
448	7921	7827	2041	94	3545
26357	40547	28780	2956	6767	28913
19959	30691	21206	2698	4485	20981
6398	9856	7574	258	2282	7932
26351	34482	26323	6627	8160	7125
3233	3082	1343	12	1739	3461
23117	31400	24980	6616	6420	3663

2-1-16 续表 10

指标名称	固定资产合计	固定资产原价	累计折旧	固定资产净值
饮料制造业	152876	246875	102637	144238
酒的制造	111853	193495	86730	106765
白酒制造	74854	144446	69614	74832
啤酒制造	37000	49049	17116	31933
软饮料制造	41022	53380	15907	37473
碳酸饮料制造	20896	32283	11387	20896
果菜汁及果菜汁饮料制造	20126	21097	4520	16577
烟草制品业	80631	92278	19894	72384
卷烟制造	80631	92278	19894	72384
卷烟制造	80631	92278	19894	72384
纺织业	89807	128760	50572	78188
棉、化纤纺织及印染精加工	80524	115143	42972	72170
棉、化纤纺织加工	56528	88371	35288	53083
棉、化纤印染精加工	23996	26772	7684	19088
麻纺织	9283	13617	7599	6018
麻纺织	9283	13617	7599	6018
纺织服装、鞋、帽制造业	19264	28491	10935	17555
纺织服装制造	19264	28491	10935	17555
纺织服装制造	19264	28491	10935	17555
木材加工及木、竹、藤、棕、草制品业	14673	18204	3531	14673
人造板制造	14673	18204	3531	14673
纤维板制造	14673	18204	3531	14673
造纸及纸制品业	34397	46586	13835	32751
造纸	20226	20764	2184	18580
机制纸及纸板制造	20226	20764	2184	18580
纸制品制造	14171	25823	11652	14171
纸和纸板容器的制造	14171	25823	11652	14171
印刷业和记录媒介的复制	18332	50897	32681	18216
印刷	12141	30737	18597	12141
书、报、刊印刷	9149	22905	13755	9149
包装装潢及其他印刷	2991	7833	4841	2991
装订及其他印刷服务活动	6191	20160	14085	6075
装订及其他印刷服务活动	6191	20160	14085	6075
文教体育用品制造业	26375	30386	8368	22019
体育用品制造	26375	30386	8368	22019
训练健身器材制造	26375	30386	8368	22019
石油加工、炼焦及核燃料加工业	6407788	6655435	1483117	5172318
精炼石油产品的制造	20633	24515	8655	15860
原油加工及石油制品制造	20633	24515	8655	15860
炼焦	6387155	6630920	1474462	5156458
炼焦	6387155	6630920	1474462	5156458
化学原料及化学制品制造业	3118757	4071831	1359341	2712490
基础化学原料制造	844064	898997	240437	658559
无机碱制造	432042	434889	107441	327448
无机盐制造	29719	44540	17201	27338
有机化学原料制造	274707	278850	76542	202308

单位：个、万元、万人

固定资产净值年平均余额	负债合计	流动负债合计	应付账款	长期负债合计	所有者权益合计
135572	287065	275753	33498	11228	225248
98200	230890	228234	24422	2573	188651
69051	179951	179867	15661		175205
29149	50939	48367	8761	2573	13447
37372	56175	47519	9077	8655	36597
20652	26656	21501	5317	5155	10218
16721	29519	26018	3759	3500	26379
73258	32831	32831	27828		104337
73258	32831	32831	27828		104337
73258	32831	32831	27828		104337
78712	152136	127467	13952	24669	41841
72511	140831	119913	13454	20917	31677
54737	92442	80125	10923	12317	25087
17774	48389	39789	2531	8600	6590
6201	11305	7554	498	3751	10164
6201	11305	7554	498	3751	10164
19335	39570	36876	11118	2694	31764
19335	39570	36876	11118	2694	31764
19335	39570	36876	11118	2694	31764
17931	56781	41406	995	15375	52300
17931	56781	41406	995	15375	52300
17931	56781	41406	995	15375	52300
34530	27230	21823	3699	5406	36284
19430	10473	7456	1673	3017	17970
19430	10473	7456	1673	3017	17970
15100	16756	14368	2026	2389	18314
15100	16756	14368	2026	2389	18314
18658	22974	17433	8593	1713	27025
12583	13231	11518	2678	1713	16163
9308	8477	6764	1529	1713	10515
3276	4754	4754	1149		5649
6075	9743	5915	5915		10862
6075	9743	5915	5915		10862
21502	33747	29231	7303	4517	23755
21502	33747	29231	7303	4517	23755
21502	33747	29231	7303	4517	23755
5078650	11085368	9299493	2746749	1616685	4133516
15286	69916	69916	30587		18340
15286	69916	69916	30587		18340
5063364	11015452	9229577	2716162	1616685	4115176
5063364	11015452	9229577	2716162	1616685	4115176
2593401	3542387	2570933	474306	932840	2139238
649834	892372	745846	181764	113579	521226
329899	473849	407888	124773	40485	261947
22400	30561	28365	12200	145	32533
192371	335251	256881	42751	72949	159472

2-1-16 续表 11

指标名称	固定资产合计	固定资产原价	累计折旧	固定资产净值
其他基础化学原料制造	107596	140718	39253	101465
肥料制造	1383540	2075919	760364	1315555
氮肥制造	1236052	1588343	420276	1168068
磷肥制造	3385	4514	1129	3385
复混肥料制造	144102	483062	338960	144102
涂料、油墨、颜料及类似产品制造	19083	33484	16669	16816
油墨及类似产品制造	3128	10931	7834	3098
染料制造	15955	22553	8835	13718
合成材料制造	539518	619092	194132	424960
初级形态的塑料及合成树脂制造	135382	195673	60292	135382
合成橡胶制造	64116	64116	26103	38013
合成纤维单(聚合)体的制造	340021	359303	107737	251566
专用化学产品制造	232577	316008	100436	215572
化学试剂和助剂制造	12992	16852	4714	12138
专项化学用品制造	11389	11799	410	11389
炸药及火工产品制造	190659	253217	78709	174508
其他专用化学产品制造	17538	34140	16602	17538
日用化学产品制造	99975	128331	47303	81027
肥皂及合成洗涤剂制造	99975	128331	47303	81027
医药制造业	298394	389122	124528	264595
化学药品原药制造	144899	175107	47555	127552
化学药品原药制造	144899	175107	47555	127552
化学药品制剂制造	89743	122294	40673	81620
化学药品制剂制造	89743	122294	40673	81620
中成药制造	37096	53691	18789	34902
中成药制造	37096	53691	18789	34902
生物、生化制品的制造	12687	15016	4801	10215
生物、生化制品的制造	12687	15016	4801	10215
卫生材料及医药用品制造	13968	23015	12710	10305
卫生材料及医药用品制造	13968	23015	12710	10305
化学纤维制造业	4265	5626	1441	4185
纤维素纤维原料及纤维制造	4265	5626	1441	4185
人造纤维(纤维素纤维)制造	4265	5626	1441	4185
橡胶制品业	112447	111026	19589	91436
轮胎制造	100997	97047	17052	79995
车辆、飞机及工程机械轮胎制造	100997	97047	17052	79995
橡胶板、管、带的制造	11450	13979	2538	11441
橡胶板、管、带的制造	11450	13979	2538	11441
塑料制品业	17020	29100	12082	17018
塑料薄膜制造	8405	11638	3233	8405
塑料薄膜制造	8405	11638	3233	8405
塑料丝、绳及编织品的制造	8615	17462	8849	8613
塑料丝、绳及编织品的制造	8615	17462	8849	8613
非金属矿物制品业	622547	867314	323942	543373
水泥、石灰和石膏的制造	338872	497618	184979	312640
水泥制造	338872	497618	184979	312640

单位：个、万元、万人

固定资产净值年平均余额	负债合计	流动负债合计	应付账款	长期负债合计	所有者权益合计
105164	52712	52712	2040		67273
1221335	1670365	1070217	167102	594740	898467
1078182	1485238	923731	148183	559047	645161
3356	5002	5002	687		3056
139796	180125	141484	18233	35693	250249
19453	34994	33574	7354	1420	34479
3285	5546	5546	3406		12295
16168	29448	28028	3947	1420	22184
410489	512382	367671	55460	144710	326227
141747	185501	143944	24864	41558	67007
37919	110392	42606	10339	67786	42243
230823	216488	181121	20258	35367	216978
211460	293429	219878	38359	73290	205009
11072	16486	16116	3775	370	11333
10293	8965	8048	626	917	7003
170571	245656	173393	32553	72003	153058
19524	22321	22321	1405		33615
80830	138846	133746	24266	5100	153830
80830	138846	133746	24266	5100	153830
264816	365847	260578	63473	98910	303396
126738	128110	60568	21047	67541	88571
126738	128110	60568	21047	67541	88571
85985	141459	115086	26328	20014	131333
85985	141459	115086	26328	20014	131333
36594	64516	59673	10688	4843	49871
36594	64516	59673	10688	4843	49871
4576	16815	14014	1235	2801	12782
4576	16815	14014	1235	2801	12782
10924	14947	11237	4176	3711	20839
10924	14947	11237	4176	3711	20839
3457	13730	13730	-795		19617
3457	13730	13730	-795		19617
3457	13730	13730	-795		19617
70528	108074	51943	18251	56110	79825
58784	100490	44721	14667	55748	61563
58784	100490	44721	14667	55748	61563
11744	7584	7222	3584	362	18262
11744	7584	7222	3584	362	18262
15294	21159	21159	5909		27512
6572	6895	6895	364		16353
6572	6895	6895	364		16353
8722	14264	14264	5545		11158
8722	14264	14264	5545		11158
561920	1039405	655367	150470	383462	305330
286026	616880	306585	71120	309947	102753
286026	616880	306585	71120	309947	102753

2-1-16 续表 12

指标名称	固定资产合计	固定资产原价	累计折旧	固定资产净值
水泥及石膏制品制造	13966	20096	6744	13352
水泥制品制造	13966	20096	6744	13352
砖瓦、石材及其他建筑材料制造	18538	23550	7772	15778
粘土砖瓦及建筑砌块制造	449	1512	1063	449
建筑陶瓷制品制造	7665	10284	3509	6775
建筑用石加工	10424	11755	3201	8554
玻璃及玻璃制品制造	138274	158885	64866	94019
平板玻璃制造	37344	40273	4302	35971
技术玻璃制品制造	72420	77075	45652	31423
日用玻璃制品及玻璃包装容器制造	28510	41536	14911	26625
陶瓷制品制造	4170	6062	1995	4067
日用陶瓷制品制造	4170	6062	1995	4067
耐火材料制品制造	27986	42733	17681	25052
耐火陶瓷制品及其他耐火材料制造	27986	42733	17681	25052
石墨及其他非金属矿物制品制造	80741	118370	39904	78465
石墨及碳素制品制造	79917	110858	33217	77641
其他非金属矿物制品制造	824	7512	6688	824
黑色金属冶炼及压延加工业	6671841	9056303	3073278	5983025
炼铁	856893	890203	201380	688823
炼铁	856893	890203	201380	688823
炼钢	729184	780903	206562	574341
炼钢	729184	780903	206562	574341
钢压延加工	4877477	7117901	2592718	4525182
钢压延加工	4877477	7117901	2592718	4525182
铁合金冶炼	208287	267297	72618	194679
铁合金冶炼	208287	267297	72618	194679
有色金属冶炼及压延加工业	3129139	3898887	1129435	2769452
常用有色金属冶炼	2947251	3815364	1107840	2707524
铜冶炼	188355	241044	81858	159186
铅锌冶炼	62442	76679	15922	60757
铝冶炼	2439746	3208289	953309	2254980
镁冶炼	256709	289352	56751	232601
贵金属冶炼	12120	17104	4984	12120
银冶炼	12120	17104	4984	12120
稀有稀土金属冶炼	5408	6455	1063	5392
稀土金属冶炼	5408	6455	1063	5392
有色金属合金制造	4936	3662	1242	2420
有色金属合金制造	4936	3662	1242	2420
有色金属压延加工	159424	56302	14307	41996
常用有色金属压延加工	157781	53129	12670	40459
稀有稀土金属压延加工	1643	3173	1636	1537
金属制品业	18294	28316	10410	17906
结构性金属制品制造	6643	10046	3414	6632
金属结构制造	1045	3555	2521	1034
金属门窗制造	5598	6491	893	5598
金属工具制造	2901	6897	4282	2615

单位：个、万元、万人

固定资产净值年平均余额	负债合计	流动负债合计	应付账款	长期负债合计	所有者权益合计
12458	15661	12967	4665	2694	10701
12458	15661	12967	4665	2694	10701
18746	22673	17057	1937	5427	21215
449	3516	2110	422	1406	977
7802	14029	10819	1059	3021	-713
10495	5128	4128	455	1000	20952
126151	215058	154208	34854	60850	66335
37344	51425	18636	3960	32789	1426
61423	127246	103246	24740	24000	34950
27385	36388	32327	6154	4061	29959
3873	10295	8912	2777	1383	469
3873	10295	8912	2777	1383	469
26080	67186	66891	14454	295	20840
26080	67186	66891	14454	295	20840
88585	91651	88748	20663	2865	83017
80343	91310	88445	20542	2865	74946
8242	340	303	121		8070
5803946	10862423	8390244	2524138	2436623	5243779
575664	1202057	981998	430122	215137	508712
575664	1202057	981998	430122	215137	508712
555241	1091351	1044923	695614	39825	392053
555241	1091351	1044923	695614	39825	392053
4475132	8153815	6000346	1238280	2135956	4176258
4475132	8153815	6000346	1238280	2135956	4176258
197908	415200	362978	160123	45705	166757
197908	415200	362978	160123	45705	166757
2677379	3764565	2137575	385555	1466209	1917451
2617516	3548311	1934080	345210	1453451	1801933
162675	200103	154835	82160	34877	411359
62673	89448	79629	8137	9819	19547
2219471	2903499	1379298	206705	1385992	1145167
172698	355261	320318	48208	22763	225861
12471	14237	13835	1309	402	7706
12471	14237	13835	1309	402	7706
4890	17823	8723	7502	9100	6212
4890	17823	8723	7502	9100	6212
243	18576	18246	4712	330	-398
243	18576	18246	4712	330	-398
42258	165616	162691	26822	2926	101998
40318	157824	155148	23145	2676	100887
1940	7793	7543	3677	250	1111
15448	100150	95092	29351	5051	20125
6791	51117	50387	21219	728	12345
1058	46305	45577	20740	728	5120
5732	4812	4810	478		7225
2745	19955	17045	907	2905	3230

2-1-16 续表 13

指标名称	固定资产合计	固定资产原价	累计折旧	固定资产净值
切削工具制造	2901	6897	4282	2615
建筑、安全用金属制品制造	8749	11373	2714	8660
建筑装饰及水暖管道零件制造	8749	11373	2714	8660
通用设备制造业	259173	367546	134685	232861
锅炉及原动机制造	99507	122985	32551	90435
锅炉及辅助设备制造	17375	23439	6314	17125
内燃机及配件制造	82132	99546	26237	73309
金属加工机械制造	5877	10281	4404	5877
金属切削机床制造	5877	10281	4404	5877
起重运输设备制造	5460	6604	1324	5280
起重运输设备制造	5460	6604	1324	5280
泵、阀门、压缩机及类似机械的制造	47905	63975	29042	34933
泵及真空设备制造	23961	36906	15069	21838
阀门和旋塞的制造	568	2410	1842	568
液压和气压动力机械及元件制造	23377	24659	12131	12527
风机、衡器、包装设备等通用设备制造	1010	4298	3304	994
其他通用设备制造	1010	4298	3304	994
通用零部件制造及机械修理	24885	35859	10974	24885
机械零部件加工及设备修理	24885	35859	10974	24885
金属铸、锻加工	74529	123544	53086	70458
钢铁铸件制造	53215	85179	34000	51179
锻件及粉末冶金制品制造	21314	38365	19086	19279
专用设备制造业	997191	1365906	495191	870715
矿山、冶金、建筑专用设备制造	378594	481585	181736	299849
采矿、采石设备制造	341391	412859	145161	267698
石油钻采专用设备制造	21516	28029	11566	16463
冶金专用设备制造	15688	40697	25009	15688
化工、木材、非金属加工专用设备制造	11793	13941	2630	11312
炼油、化工生产专用设备制造	11793	13941	2630	11312
印刷、制药、日化生产专用设备制造	884	1513	629	884
印刷专用设备制造	884	1513	629	884
纺织、服装和皮革工业专用设备制造	62616	123683	62094	61588
纺织专用设备制造	62616	123683	62094	61588
电子和电工机械专用设备制造	523494	722772	242537	480235
电子工业专用设备制造	3003	3555	767	2788
航空、航天及其他专用设备制造	70481	105353	40654	64700
农、林、牧、渔专用机械制造	14996	16081	4048	12033
拖拉机制造	14996	16081	4048	12033
环保、社会公共安全及其他专用设备制造	4814	6332	1517	4814
环境污染防治专用设备制造	4814	6332	1517	4814
交通运输设备制造业	286667	426033	168715	257318
铁路运输设备制造	129794	183811	67745	116066
铁路机车车辆及动车组制造	60811	82778	28619	54158
铁路机车车辆配件制造	34825	57297	22472	34825
铁路专用设备及器材、配件制造	9330	10276	2795	7481

单位：个、万元、万人

固定资产净值年平均余额	负债合计	流动负债合计	应付账款	长期负债合计	所有者权益合计
2745	19955	17045	907	2905	3230
5912	29078	27660	7225	1418	4551
5912	29078	27660	7225	1418	4551
236241	540537	431953	122474	101533	197148
90414	182980	144617	23951	38363	78121
17271	99115	76465	9450	22650	15193
73143	83865	68152	14501	15713	62927
5848	26530	19658	1529	6872	4431
5848	26530	19658	1529	6872	4431
5289	19605	19605	2382		4355
5289	19605	19605	2382		4355
36130	99684	77424	25333	22248	44154
22131	40313	37231	11736	3070	27677
547	10675	9502	4525	1173	582
13452	48696	30691	9072	18005	15895
1105	6868	6540	2598	328	3113
1105	6868	6540	2598	328	3113
24673	69647	62609	37628		9344
24673	69647	62609	37628		9344
72782	135224	101501	29054	33723	53630
51945	86159	58704	19410	27455	35018
20836	49065	42797	9644	6268	18613
866546	2394538	1975404	769392	333022	1210210
306551	1397377	1222006	491333	93745	627467
260719	1292109	1156324	473875	83544	590258
30379	55589	51212	12233		13776
15452	49679	14470	5225	10201	23434
7926	37229	36186	5603	1044	10525
7926	37229	36186	5603	1044	10525
482	4509	4503	157		2558
482	4509	4503	157		2558
60091	131039	57286	26895	73753	49365
60091	131039	57286	26895	73753	49365
470812	801093	633509	243992	163105	489366
1825	3884	3009	989	2	7254
64744	140738	113901	87277	23500	82927
15893	10745	9369	249	1376	19804
15893	10745	9369	249	1376	19804
4792	12546	12546	1163		11125
4792	12546	12546	1163		11125
242551	775786	649816	226915	84603	245563
105230	493217	434123	149791	20238	127617
44415	291837	271746	61291	18962	43803
35728	66252	66252	25321	-3	36889
6433	27418	26140	11988	1278	25801

2-1-16 续表 14

指标名称	固定资产合计	固定资产原价	累计折旧	固定资产净值
其他铁路设备制造及设备修理	24828	33460	13859	19601
汽车制造	149887	226659	92047	134613
汽车整车制造	6854	8349	7432	917
改装汽车制造	4993	6410	1432	4978
汽车零部件及配件制造	138040	211901	83183	128718
航空航天器制造	6986	15563	8924	6640
飞机制造及修理	6986	15563	8924	6640
电气机械及器材制造业	116827	172770	75668	97102
电机制造	86719	117229	48139	69090
发电机及发电机组制造	7626	10218	2592	7626
电动机制造	79094	107011	45546	61465
输配电及控制设备制造	2446	5747	3349	2397
配电开关控制设备制造	2446	5747	3349	2397
电线、电缆、光缆及电工器材制造	15850	32887	17084	15803
电线电缆制造	11755	13571	1864	11708
光纤、光缆制造	4096	19316	15220	4096
电池制造	11812	16908	7097	9812
电池制造	11812	16908	7097	9812
通信设备、计算机及其他电子设备制造业	829514	967923	422939	544985
通信设备制造	610254	685354	346505	338849
通信传输设备制造	19105	22413	15689	6724
移动通信及终端设备制造	591149	662941	330816	332125
雷达及配套设备制造	4967	8099	3339	4761
雷达及配套设备制造	4967	8099	3339	4761
电子计算机制造	39839	57213	20857	36356
电子计算机整机制造	39839	57213	20857	36356
电子器件制造	1893	3541	1648	1893
光电子器件及其他电子器件制造	1893	3541	1648	1893
电子元件制造	172561	213717	50590	163127
电子元件及组件制造	172561	213717	50590	163127
仪器仪表及文化、办公用机械制造业	49266	66752	18383	48370
通用仪器仪表制造	18642	23789	6044	17745
工业自动控制系统装置制造	18642	23789	6044	17745
专用仪器仪表制造	30624	42963	12339	30624
导航、气象及海洋专用仪器制造	30624	42963	12339	30624
工艺品及其他制造业	20403	25032	5111	19921
工艺美术品制造	7031	7793	879	6914
金属工艺品制造	7031	7793	879	6914
其他未列明的制造业	13372	17240	4232	13008
其他未列明的制造业	13372	17240	4232	13008
电力、燃气及水的生产和供应业	**9337920**	**14725976**	**5858281**	**8867696**
电力、热力的生产和供应业	9187255	14478013	5749121	8728892
电力生产	5881913	9299301	3837582	5461718
火力发电	5666755	8956733	3707485	5249248
水力发电	215158	342568	130098	212470
电力供应	3103785	4885886	1799867	3086019

单位：个、万元、万人

固定资产净值年平均余额	负债合计	流动负债合计	应付账款	长期负债合计	所有者权益合计
18654	107710	69985	51191		21124
130682	275346	211178	75605	64167	111273
828	23334	23334	1970		18687
4755	14529	13754	964	775	6291
125099	237483	174090	72670	63393	86295
6640	7224	4514	1519	198	6673
6640	7224	4514	1519	198	6673
79434	410913	360209	113203	50704	76768
58267	330883	290639	94665	40244	52883
7569	6123	6123	1413		12358
50698	324760	284516	93252	40244	40525
2465	16653	13708	8518	2945	1464
2465	16653	13708	8518	2945	1464
11855	47208	40594	4257	6614	14373
7755	20819	16672	332	4146	16613
4100	26390	23922	3925	2468	-2240
6848	16168	15268	5763	900	8048
6848	16168	15268	5763	900	8048
741269	1132914	1033363	229317	99551	428433
548717	765300	684846	173207	80453	320879
11250	84707	84579	2040	127	18564
537468	680593	600267	171168	80326	302316
4850	18115	14845	2233	3269	-3589
4850	18115	14845	2233	3269	-3589
36364	72730	64857	8687	7873	-7767
36364	72730	64857	8687	7873	-7767
1553	2163	2163	109		10516
1553	2163	2163	109		10516
149785	274607	266652	45082	7955	108394
149785	274607	266652	45082	7955	108394
48617	144808	124511	24932	7065	101366
16452	90863	77042	12537	590	60912
16452	90863	77042	12537	590	60912
32165	53946	47470	12395	6476	40454
32165	53946	47470	12395	6476	40454
19843	6919	5390	57	1529	24053
6782	2739	2733	57	5	9222
6782	2739	2733	57	5	9222
13062	4181	2656		1524	14831
13062	4181	2656		1524	14831
8093423	**9653877**	**5098374**	**1281464**	**4447706**	**3604589**
7955247	9509907	5017817	1272353	4384375	3389811
4912917	6119416	2928226	617671	3083475	2223086
4691877	5830647	2834178	617666	2890755	2109746
221040	288768	94048	6	192720	113340
2901655	3153117	1958766	640853	1194350	1095905

2-1-16 续表 15

指标名称	固定资产合计	固定资产原价	累计折旧	固定资产净值
电力供应	3103785	4885886	1799867	3086019
热力生产和供应	201558	292827	111672	181155
热力生产和供应	201558	292827	111672	181155
燃气生产和供应业	20428	28195	7767	20428
燃气生产和供应业	20428	28195	7767	20428
燃气生产和供应业	20428	28195	7767	20428
水的生产和供应业	130237	219768	101393	118375
自来水的生产和供应	130237	219768	101393	118375
自来水的生产和供应	130237	219768	101393	118375
五、按行业大类分				
煤炭开采和洗选业	18483463	22360070	7907210	14452861
石油和天然气开采业	5337	6508	1171	5337
黑色金属矿采选业	139802	173948	52087	121860
有色金属矿采选业	110049	181133	76288	104845
非金属矿采选业	8052	16515	9182	7333
农副食品加工业	220324	231797	37998	193799
食品制造业	137938	168981	45496	123485
饮料制造业	152876	246875	102637	144238
烟草制品业	80631	92278	19894	72384
纺织业	89807	128760	50572	78188
纺织服装、鞋、帽制造业	19264	28491	10935	17555
木材加工及木、竹、藤、棕、草制品业	14673	18204	3531	14673
造纸及纸制品业	34397	46586	13835	32751
印刷业和记录媒介的复制	18332	50897	32681	18216
文教体育用品制造业	26375	30386	8368	22019
石油加工、炼焦及核燃料加工业	6407788	6655435	1483117	5172318
化学原料及化学制品制造业	3118757	4071831	1359341	2712490
医药制造业	298394	389122	124528	264595
化学纤维制造业	4265	5626	1441	4185
橡胶制品业	112447	111026	19589	91436
塑料制品业	17020	29100	12082	17018
非金属矿物制品业	622547	867314	323942	543373
黑色金属冶炼及压延加工业	6671841	9056303	3073278	5983025
有色金属冶炼及压延加工业	3129139	3898887	1129435	2769452
金属制品业	18294	28316	10410	17906
通用设备制造业	259173	367546	134685	232861
专用设备制造业	997191	1365906	495191	870715
交通运输设备制造业	286667	426033	168715	257318
电气机械及器材制造业	116827	172770	75668	97102
通信设备、计算机及其他电子设备制造业	829514	967923	422939	544985
仪器仪表及文化、办公用机械制造业	49266	66752	18383	48370
工艺品及其他制造业	20403	25032	5111	19921
电力、热力的生产和供应业	9187255	14478013	5749121	8728892
燃气生产和供应业	20428	28195	7767	20428
水的生产和供应业	130237	219768	101393	118375

单位：个、万元、万人

固定资产净值年平均余额	负债合计	流动负债合计	应付账款	长期负债合计	所有者权益合计
2901655	3153117	1958766	640853	1194350	1095905
140674	237375	130825	13829	106550	70820
140674	237375	130825	13829	106550	70820
20003	28268	5434		22834	8141
20003	28268	5434		22834	8141
20003	28268	5434		22834	8141
118174	115702	75123	9111	40497	206636
118174	115702	75123	9111	40497	206636
118174	115702	75123	9111	40497	206636
15961329	29515563	19897985	4038515	8918148	16364405
3179	71855	71854	20083		17504
123576	207366	183325	27566	24032	148523
105554	187966	185717	9050	2180	41346
7772	6662	6662	1365		10274
181532	298730	272578	50530	25583	238419
111987	167009	133703	32944	28297	136168
135572	287065	275753	33498	11228	225248
73258	32831	32831	27828		104337
78712	152136	127467	13952	24669	41841
19335	39570	36876	11118	2694	31764
17931	56781	41406	995	15375	52300
34530	27230	21823	3699	5406	36284
18658	22974	17433	8593	1713	27025
21502	33747	29231	7303	4517	23755
5078650	11085368	9299493	2746749	1616685	4133516
2593401	3542387	2570933	474306	932840	2139238
264816	365847	260578	63473	98910	303396
3457	13730	13730	-795		19617
70528	108074	51943	18251	56110	79825
15294	21159	21159	5909		27512
561920	1039405	655367	150470	383462	305330
5803946	10862423	8390244	2524138	2436623	5243779
2677379	3764565	2137575	385555	1466209	1917451
15448	100150	95092	29351	5051	20125
236241	540537	431953	122474	101533	197148
866546	2394538	1975404	769392	333022	1210210
242551	775786	649816	226915	84603	245563
79434	410913	360209	113203	50704	76768
741269	1132914	1033363	229317	99551	428433
48617	144808	124511	24932	7065	101366
19843	6919	5390	57	1529	24053
7955247	9509907	5017817	1272353	4384375	3389811
20003	28268	5434		22834	8141
118174	115702	75123	9111	40497	206636

2-1-16 续表16

指标名称	实收资本	主营业务收入	主营业务成本	主营业务税金及附加	其他业务收入
总　计	**19583025**	**83643115**	**66369593**	**989649**	**1841305**
一、按轻重工业分					
轻工业	760395	2777324	2077180	143872	21748
重工业	18822629	80865792	64292413	845778	1819556
二、按登记注册类型分					
内资企业	**17557256**	**78439897**	**62226126**	**943612**	**1759820**
国有企业	2993209	11222610	8493871	134614	227920
集体企业	100997	1135512	717441	16730	44684
股份合作企业	166984	722880	596124	6402	5682
联营企业	5669	95819	65313	1331	379
集体联营企业	2005	57060	32476	810	
其他联营企业	3664	38759	32836	521	379
有限责任公司	11233425	47769864	38034021	581882	1224232
国有独资公司	2955049	16095433	12743792	172120	272477
其他有限责任公司	8278376	31674431	25290229	409762	951755
股份有限公司	1667774	8537921	6869195	87252	79773
私营企业	1378916	8942349	7440167	115322	176850
私营独资企业	85346	196355	169419	1946	431
私营合伙企业	50	3953	3376	80	
私营有限责任公司	1224774	8237472	6854962	92949	174649
私营股份有限公司	68747	504568	412410	20347	1770
其他企业	10282	12943	9995	80	300
港澳台商投资企业	**641793**	**1700620**	**1529172**	**17427**	**23232**
与港澳台商合资经营企业	201159	843463	757262	16265	512
与港澳台商合作经营企业	13435	43645	38405	1000	2027
港澳台商独资企业	372199	715281	644940		10465
港澳台商投资股份有限公司	55000	98231	88565	162	10227
外商投资企业	**1383976**	**3502598**	**2614295**	**28610**	**58253**
中外合资经营企业	837921	2536274	1787061	24617	45235
中外合作经营企业	401666	567686	446568	1581	1606
外资企业	144389	398638	380666	2412	11411
三、按控股情况分					
国有控股	13815103	51853305	40623506	642248	1365835
集体控股	616351	3319803	2257956	50472	70132
私人控股	4138830	25934661	21655015	279052	349447
港澳台商控股	341737	1026557	892648	9755	18039
外商控股	638884	1277160	729186	7794	36337
其他	32119	231630	211282	328	1515
四、按国民经济行业分					
采矿业	**8099358**	**27616777**	**16808029**	**448893**	**818942**
煤炭开采和洗选业	8006810	27113331	16427271	443429	814112
烟煤和无烟煤的开采洗选	8006810	27113331	16427271	443429	814112
烟煤和无烟煤的开采洗选	8006810	27113331	16427271	443429	814112
石油和天然气开采业	13500	81952	72288	883	60
天然原油和天然气开采	13500	81952	72288	883	60
天然原油和天然气开采	13500	81952	72288	883	60

单位：个、万元、万人

其他业务利润	营业费用	管理费用	税金	财务费用	利息支出	营业利润
250962	**3053368**	**5646654**	**207432**	**2106058**	**1947757**	**5709907**
11849	183855	199691	4825	58129	57548	149149
239113	2869512	5446963	202607	2047929	1890209	5560759
216647	**2820728**	**5410658**	**195536**	**1994375**	**1807853**	**5226034**
24393	652075	693498	22692	294390	248179	950817
5944	23475	159650	2240	23744	23908	192681
1337	34052	24517	5462	33334	32087	40177
…	2505	12208	42	1692	1684	15091
	814	11507	34	1687	1686	9769
…	1692	702	8	5	-3	5323
127257	1416259	3751666	133930	1248324	1159582	2839322
12709	361822	1397252	47550	458934	409581	1000548
114549	1054437	2354415	86381	789390	750002	1838774
14351	282887	468088	20980	190932	158164	670769
43355	409096	299720	10173	200709	183007	517239
431	4693	8194	46	3090	2935	10997
	44	335				118
41174	393123	269614	9806	188021	171667	478257
1750	11235	21577	321	9598	8405	27867
11	379	1311	16	1250	1243	-61
5816	**55725**	**92053**	**6365**	**33715**	**50342**	**-23475**
199	36119	20925	1367	25581	27370	-11871
746	1398	2501	225	1244	1231	-2075
4843	9776	60196	4175	5681	20638	-468
28	8431	8432	598	1210	1102	-9061
28499	**176915**	**143943**	**5531**	**77968**	**89563**	**507348**
20127	155145	116013	4119	57739	54999	433846
329	8758	15014	902	10106	24960	85988
8043	13012	12916	510	10123	9604	-12487
111123	1794962	4134277	148543	1363195	1265540	3359325
11388	86375	402534	10426	71172	69083	459085
105004	1051692	961283	41461	627128	550887	1482062
12172	40198	59483	3335	16051	29591	20652
10997	71844	83235	3531	23419	27889	385609
278	8297	5842	135	5093	4767	3174
73736	**1515796**	**3404984**	**91667**	**692130**	**630964**	**4788653**
72778	1511781	3366684	90680	686188	625733	4714537
72778	1511781	3366684	90680	686188	625733	4714537
72778	1511781	3366684	90680	686188	625733	4714537
	48	3823	46	-24	-24	4752
	48	3823	46	-24	-24	4752
	48	3823	46	-24	-24	4752

2-1-16 续表 17

指标名称	实收资本	主营业务收入	主营业务成本	主营业务税金及附加	其他业务收入
黑色金属矿采选业	39967	280076	182663	3888	1596
铁矿采选	35287	256071	159820	3840	1572
铁矿采选	35287	256071	159820	3840	1572
其他黑色金属矿采选	4680	24005	22843	47	24
其他黑色金属矿采选	4680	24005	22843	47	24
有色金属矿采选业	33635	135030	119341	662	170
常用有色金属矿采选	17725	111809	101937	557	170
铜矿采选	7725	18263	11793	189	135
铝矿采选	10000	93546	90145	368	36
贵金属矿采选	15910	23221	17403	105	
金矿采选	15910	23221	17403	105	
非金属矿采选业	5445	6387	6467	31	3003
土砂石开采	5445	6387	6467	31	3003
石灰石、石膏开采	5445	6387	6467	31	3003
制造业	**8623741**	**48673115**	**42453196**	**500846**	**977832**
农副食品加工业	87411	604534	547838	471	903
饲料加工	13190	111766	105350		66
饲料加工	13190	111766	105350		66
植物油加工	17146	98350	91992	12	239
食用植物油加工	17146	98350	91992	12	239
屠宰及肉类加工	18895	185722	166157	255	427
畜禽屠宰	15228	160198	144495	133	427
肉制品及副产品加工	3667	25523	21662	122	
蔬菜、水果和坚果加工	4503	20235	16774	8	54
蔬菜、水果和坚果加工	4503	20235	16774	8	54
其他农副食品加工	33677	188462	167565	196	117
淀粉及淀粉制品的制造	33677	188462	167565	196	117
食品制造业	87559	244159	195548	881	1263
焙烤食品制造	3475	13879	10186	82	842
糕点、面包制造	1063	10104	7163	82	659
饼干及其他焙烤食品制造	2412	3775	3023		182
糖果、巧克力及蜜饯制造	1665	9873	7285	31	
蜜饯制作	1665	9873	7285	31	
方便食品制造	6800	22655	19183	110	180
方便面及其他方便食品制造	6800	22655	19183	110	180
液体乳及乳制品制造	38721	104090	77938	110	2
液体乳及乳制品制造	38721	104090	77938	110	2
罐头制造	8372	26424	21704	75	29
肉、禽类罐头制造	4937	22231	18016	75	
蔬菜、水果罐头制造	3435	4193	3688		29
调味品、发酵制品制造	12870	48864	42267	144	99
酱油、食醋及类似制品的制造	10172	36923	31929	144	72
其他调味品、发酵制品制造	2698	11942	10338		28
其他食品制造	15657	18374	16985	330	111
冷冻饮品及食用冰制造	340	5454	4371	289	
食品及饲料添加剂制造	15317	12920	12613	41	111

单位：个、万元、万人

其他业务利润	营业费用	管理费用		财务费用		营业利润
			税金		利息支出	
398	3434	25829	634	5730	5132	64205
398	3434	25004	617	5415	5009	57344
398	3434	25004	617	5415	5009	57344
		825	16	314	123	6861
		825	16	314	123	6861
111	531	8261	306	157	45	6190
111	485	5093	211	98	-14	3750
111	485	4485	37	-13	-14	1435
		609	173	110		2315
	46	3167	95	59	58	2440
	46	3167	95	59	58	2440
450	2	388	2	79	78	-1031
450	2	388	2	79	78	-1031
450	2	388	2	79	78	-1031
165417	**1527424**	**2121550**	**105344**	**1116738**	**1015139**	**1149415**
832	12985	13147	29	13855	14325	24091
66	981	2217		1543	1523	734
66	981	2217		1543	1523	734
239	399	1505	6	4109	4810	4507
239	399	1505	6	4109	4810	4507
427	2681	3971		3147	2963	10235
427	1113	2757		2963	2963	9462
	1568	1214		184		774
31	267	594	23	393	382	464
31	267	594	23	393	382	464
69	8657	4860		4662	4648	8151
69	8657	4860		4662	4648	8151
641	16391	13675	399	3880	3654	17922
566	1747	1769		136	128	638
538	1745	979		137	128	648
28	2	789		-2		-10
	677	670	15	174	160	1035
	677	670	15	174	160	1035
	1890	197		83	83	1007
	1890	197		83	83	1007
	7060	4870	206	1243	1240	14739
	7060	4870	206	1243	1240	14739
12	1349	1551	2	226	226	3103
	1173	1345		227	227	2967
12	176	205	2	…	…	137
64	2745	2516	71	1066	916	262
57	2123	2020	71	402	401	432
7	621	496		664	515	-171
	924	2103	105	952	901	-2862
	107	138		118	118	431
	817	1965	105	834	782	-3292

2-1-16 续表 18

指标名称	实收资本	主营业务收入	主营业务成本	主营业务税金及附加	其他业务收入
饮料制造业	85663	506394	304589	52585	3421
酒的制造	70550	396410	218725	52434	3154
白酒制造	44138	355180	187320	48215	2694
啤酒制造	26412	41231	31405	4219	461
软饮料制造	15113	109983	85864	151	267
碳酸饮料制造	8313	45512	33245		194
果菜汁及果菜汁饮料制造	6800	64471	52619	151	72
烟草制品业	61320	204871	82098	82261	
卷烟制造	61320	204871	82098	82261	
卷烟制造	61320	204871	82098	82261	
纺织业	44914	117508	116516	329	5521
棉、化纤纺织及印染精加工	37840	100968	102848	259	5519
棉、化纤纺织加工	26700	68348	69793	205	495
棉、化纤印染精加工	11140	32621	33056	54	5024
麻纺织	7074	16539	13668	70	1
麻纺织	7074	16539	13668	70	1
纺织服装、鞋、帽制造业	12348	80497	69105	441	2141
纺织服装制造	12348	80497	69105	441	2141
纺织服装制造	12348	80497	69105	441	2141
木材加工及木、竹、藤、棕、草制品业	2080	40412	31804	24	12
人造板制造	2080	40412	31804	24	12
纤维板制造	2080	40412	31804	24	12
造纸及纸制品业	17031	67632	59093	145	768
造纸	8971	17240	15796	43	
机制纸及纸板制造	8971	17240	15796	43	
纸制品制造	8060	50392	43296	102	768
纸和纸板容器的制造	8060	50392	43296	102	768
印刷业和记录媒介的复制	17021	31265	27188	120	1295
印刷	7542	21810	19677	120	1282
书、报、刊印刷	6542	11978	10130	86	1109
包装装潢及其他印刷	1000	9832	9547	34	174
装订及其他印刷服务活动	9479	9455	7512		12
装订及其他印刷服务活动	9479	9455	7512		12
文教体育用品制造业	10000	28046	23120	160	317
体育用品制造	10000	28046	23120	160	317
训练健身器材制造	10000	28046	23120	160	317
石油加工、炼焦及核燃料加工业	2074255	14688112	12329290	182118	294990
精炼石油产品的制造	14977	110403	95885	1375	1735
原油加工及石油制品制造	14977	110403	95885	1375	1735
炼焦	2059278	14577710	12233405	180743	293255
炼焦	2059278	14577710	12233405	180743	293255
化学原料及化学制品制造业	1042847	3988272	3428346	12187	46085
基础化学原料制造	259289	1059849	932771	3530	4136
无机碱制造	107064	504515	462528	2020	1
无机盐制造	10792	128500	113706	299	2180
有机化学原料制造	101433	350500	308953	1210	1864

单位：个、万元、万人

其他业务利润	营业费用	管理费用	税金	财务费用	利息支出	营业利润
2014	60927	46138	620	7237	7234	43575
1820	50925	40380	433	5029	5140	37319
1669	44038	35677	187	4559	4324	42315
150	6887	4703	246	470	816	-4996
194	10002	5758	187	2208	2094	6256
137	7346	4316	111	243	130	499
57	2656	1442	76	1965	1963	5758
	3157	17649	43	-212	-212	19946
	3157	17649	43	-212	-212	19946
	3157	17649	43	-212	-212	19946
5067	2499	7029	242	4736	4187	-4911
5066	1655	5596	223	4355	3848	-5057
42	905	4120	186	2145	2135	-5154
5024	750	1476	37	2210	1712	97
1	844	1433	19	381	340	146
1	844	1433	19	381	340	146
616	1647	5123	85	915	835	3559
616	1647	5123	85	915	835	3559
616	1647	5123	85	915	835	3559
12	283	1373	49	2399	2240	5366
12	283	1373	49	2399	2240	5366
12	283	1373	49	2399	2240	5366
768	2222	2295	439	1174	1106	3411
	178	533	16	400	374	230
	178	533	16	400	374	230
768	2044	1762	423	774	732	3181
768	2044	1762	423	774	732	3181
447	978	3515	154	463	445	-231
434	333	3017	154	451	448	-1031
331	58	2842	136	147	146	-630
103	275	175	18	304	302	-400
12	646	499		12	-3	799
12	646	499		12	-3	799
317	3260	1687	65	1779	2044	-1687
317	3260	1687	65	1779	2044	-1687
317	3260	1687	65	1779	2044	-1687
83305	860647	492818	23818	372264	344802	472101
-36	1220	5310		733	729	5844
-36	1220	5310		733	729	5844
83341	859428	487508	23818	371531	344072	466257
83341	859428	487508	23818	371531	344072	466257
8548	74764	231259	12021	120299	114514	156573
2994	14686	52720	1060	23763	22264	66517
1	4846	25592	31	8601	8601	39328
1990	3074	3651	64	737	453	6100
921	6735	21594	880	12244	11028	-3644

2-1-16 续表 19

指标名称	实收资本	主营业务收入	主营业务成本	主营业务税金及附加	其他业务收入
其他基础化学原料制造	40000	76335	47585		91
肥料制造	554528	1764486	1478966	3486	29333
氮肥制造	434008	1449816	1237552	1982	18371
磷肥制造	520	7167	6221	37	
复混肥料制造	120000	307503	235193	1467	10962
涂料、油墨、颜料及类似产品制造	10194	79713	63679	178	836
油墨及类似产品制造	4340	27414	22825		
染料制造	5854	52299	40854	178	836
合成材料制造	75048	621317	574304	2064	6459
初级形态的塑料及合成树脂制造	19446	300235	291031	708	836
合成橡胶制造	8675	59588	51436	397	2580
合成纤维单(聚合)体的制造	46927	261495	231837	960	3043
专用化学产品制造	88913	345613	278336	1965	5321
化学试剂和助剂制造	2078	35524	31928	130	819
专项化学用品制造	8000	12236	10053	23	
炸药及火工产品制造	73835	257131	202905	1257	4502
其他专用化学产品制造	5000	40722	33450	555	
日用化学产品制造	54876	117294	100290	964	
肥皂及合成洗涤剂制造	54876	117294	100290	964	
医药制造业	165316	487024	331255	2434	4131
化学药品原药制造	76975	201843	177481	156	1367
化学药品原药制造	76975	201843	177481	156	1367
化学药品制剂制造	53993	162253	96039	766	568
化学药品制剂制造	53993	162253	96039	766	568
中成药制造	15845	74691	27146	958	115
中成药制造	15845	74691	27146	958	115
生物、生化制品的制造	2920	30456	16715	428	6
生物、生化制品的制造	2920	30456	16715	428	6
卫生材料及医药用品制造	15583	17780	13875	126	2075
卫生材料及医药用品制造	15583	17780	13875	126	2075
化学纤维制造业	1972	25111	18971	83	417
纤维素纤维原料及纤维制造	1972	25111	18971	83	417
人造纤维(纤维素纤维)制造	1972	25111	18971	83	417
橡胶制品业	72624	128287	113306	488	1567
轮胎制造	58068	100686	91761	488	1563
车辆、飞机及工程机械轮胎制造	58068	100686	91761	488	1563
橡胶板、管、带的制造	14556	27600	21545		4
橡胶板、管、带的制造	14556	27600	21545		4
塑料制品业	19243	60428	55390	237	675
塑料薄膜制造	11264	30378	28115	12	
塑料薄膜制造	11264	30378	28115	12	
塑料丝、绳及编织品的制造	7979	30050	27275	225	675
塑料丝、绳及编织品的制造	7979	30050	27275	225	675
非金属矿物制品业	312336	737811	625156	3272	12411
水泥、石灰和石膏的制造	155866	225258	188261	2074	3536
水泥制造	155866	225258	188261	2074	3536

单位：个、万元、万人

其他业务利润	营业费用	管理费用		财务费用		营业利润
			税金		利息支出	
82	32	1883	85	2182	2182	24733
686	23525	99576	7354	69588	66754	83973
-972	18664	67058	3617	58897	56335	64719
	99	487	107	331	331	5
1658	4762	32031	3629	10360	10087	19249
177	5266	4189	27	2130	1924	4792
	2484	1393		19	9	716
177	2782	2796	27	2111	1915	4076
2857	14468	22781	2507	13734	13180	-8943
770	3865	4395	1386	7236	7150	-6230
1319	1313	5839	657	479	330	1489
768	9291	12547	464	6019	5700	-4203
1835	11525	47182	948	6027	5407	8824
-108	2890	1431	17	903	881	364
	234	413	8	478	475	234
1943	7567	44478	833	2825	2233	4681
	834	860	90	1821	1818	3545
	5293	4811	125	5058	4986	1410
	5293	4811	125	5058	4986	1410
599	58149	40881	1235	12030	12140	44076
316	4806	8526	123	4270	4700	6919
316	4806	8526	123	4270	4700	6919
184	18133	19338	710	4207	4067	24865
184	18133	19338	710	4207	4067	24865
63	27547	8954	268	2612	2434	7831
63	27547	8954	268	2612	2434	7831
6	5885	2743	93	641	638	4051
6	5885	2743	93	641	638	4051
30	1779	1320	41	300	300	410
30	1779	1320	41	300	300	410
72	757	6995	74	-41	-42	-1656
72	757	6995	74	-41	-42	-1656
72	757	6995	74	-41	-42	-1656
139	4032	3074	11	4402	4381	7124
135	2465	1613	…	4149	4138	4347
135	2465	1613	…	4149	4138	4347
4	1568	1461	10	253	244	2778
4	1568	1461	10	253	244	2778
1	1073	2110	41	609	642	1338
	189	690		353	350	1020
	189	690		353	350	1020
1	884	1421	41	256	292	318
1	884	1421	41	256	292	318
2853	37756	44298	1796	33180	32241	-8281
1066	7558	23197	979	19695	19469	-23092
1066	7558	23197	979	19695	19469	-23092

2-1-16 续表 20

指标名称	实收资本	主营业务收入	主营业务成本	主营业务税金及附加	其他业务收入
水泥及石膏制品制造	12942	18107	14772	92	1681
水泥制品制造	12942	18107	14772	92	1681
砖瓦、石材及其他建筑材料制造	7580	128891	112142	92	
粘土砖瓦及建筑砌块制造	391	5509	5273	15	
建筑陶瓷制品制造	2785	11774	11785	34	
建筑用石加工	4404	111608	95085	43	
玻璃及玻璃制品制造	63863	149410	131311	273	1132
平板玻璃制造	8000	24937	23310	58	49
技术玻璃制品制造	35250	63290	58496	71	996
日用玻璃制品及玻璃包装容器制造	20613	61183	49505	143	87
陶瓷制品制造	885	8011	6031	57	10
日用陶瓷制品制造	885	8011	6031	57	10
耐火材料制品制造	16979	46126	37990	321	3580
耐火陶瓷制品及其他耐火材料制造	16979	46126	37990	321	3580
石墨及其他非金属矿物制品制造	54222	162009	134649	363	2472
石墨及碳素制品制造	50994	158395	132724	310	2472
其他非金属矿物制品制造	3228	3614	1925	53	
黑色金属冶炼及压延加工业	1861908	17799808	16393329	121772	301295
炼铁	360726	1948401	1839158	22508	21842
炼铁	360726	1948401	1839158	22508	21842
炼钢	288326	2702998	2681668	19296	25795
炼钢	288326	2702998	2681668	19296	25795
钢压延加工	1102651	12362449	11141366	64710	227053
钢压延加工	1102651	12362449	11141366	64710	227053
铁合金冶炼	110205	785961	731137	15258	26605
铁合金冶炼	110205	785961	731137	15258	26605
有色金属冶炼及压延加工业	1216490	3551092	3230211	20084	52875
常用有色金属冶炼	1126563	3345060	3037748	19399	50474
铜冶炼	150476	488668	462512	2601	18816
铅锌冶炼	31504	32083	21429	196	
铝冶炼	822522	2195731	1982593	9204	24788
镁冶炼	122061	628578	571214	7398	6870
贵金属冶炼	5301	10042	7130	377	
银冶炼	5301	10042	7130	377	
稀有稀土金属冶炼	5000	53066	51304	69	629
稀土金属冶炼	5000	53066	51304	69	629
有色金属合金制造	1577	15901	12383	87	5
有色金属合金制造	1577	15901	12383	87	5
有色金属压延加工	78049	127023	121646	152	1767
常用有色金属压延加工	76399	123213	118310	129	1693
稀有稀土金属压延加工	1650	3809	3336	24	75
金属制品业	15900	117085	106048	2032	1143
结构性金属制品制造	10205	87188	79628	100	
金属结构制造	5148	76295	70125	93	
金属门窗制造	5057	10893	9503	6	
金属工具制造	1503	3256	2174	21	

单位：个、万元、万人

其他业务利润	营业费用	管理费用		财务费用		营业利润
			税金		利息支出	
222	961	1999	5	132	101	412
222	961	1999	5	132	101	412
	9039	1674	66	1531	1492	4490
	20	53		3		221
	238	267	5	507	506	-1056
	8781	1354	61	1021	986	5325
314	8199	7071	219	4639	4189	-1857
49	2533	2221		-48	-57	-3089
265	1881	1844	77	3166	2932	-1903
	3785	3006	142	1521	1313	3135
1	1220	596	22	333	330	-179
1	1220	596	22	333	330	-179
1018	2566	2893	75	3159	3040	557
1018	2566	2893	75	3159	3040	557
232	8213	6867	430	3690	3619	11389
232	7013	6584	430	3608	3547	11317
	1200	283		82	72	71
31996	208643	587448	38242	341690	267100	148357
6536	15286	36196	2264	24571	20917	25760
6536	15286	36196	2264	24571	20917	25760
4823	5366	25121	5492	17373	17396	-25641
4823	5366	25121	5492	17373	17396	-25641
21142	174826	507503	29571	288252	220118	126146
21142	174826	507503	29571	288252	220118	126146
-505	13165	18628	915	11493	8670	22093
-505	13165	18628	915	11493	8670	22093
4954	54312	115849	8118	121542	115477	55308
4027	52010	102844	7389	113577	107696	37817
2038	1991	8044	621	6020	3284	23042
	631	1567		4337	3825	3923
-364	41200	76041	6182	93377	91338	-6026
2353	8187	17192	587	9842	9249	16878
	37	2045	38	456	447	1296
	37	2045	38	456	447	1296
-64	1076	1849	96	655	653	8260
-64	1076	1849	96	655	653	8260
5	127	1014	6	843	796	1452
5	127	1014	6	843	796	1452
986	1062	8098	588	6011	5885	6484
931	1056	7887	573	5942	5817	6264
56	6	211	15	69	69	219
71	1904	4798	560	2300	2241	2231
	1397	2234	229	1178	1150	2587
	1087	2025	139	1154	1150	1747
	310	209	91	25		840
	192	813	40	46	41	11

2-1-16 续表 21

指标名称	实收资本	主营业务收入	主营业务成本	主营业务税金及附加	其他业务收入
切削工具制造	1503	3256	2174	21	
建筑、安全用金属制品制造	4191	26641	24246	1911	1143
建筑装饰及水暖管道零件制造	4191	26641	24246	1911	1143
通用设备制造业	171083	524605	430814	1563	23772
锅炉及原动机制造	30677	122427	98775	130	2961
锅炉及辅助设备制造	10000	45587	37253	109	802
内燃机及配件制造	20677	76841	61522	21	2159
金属加工机械制造	2533	15380	12193	28	78
金属切削机床制造	2533	15380	12193	28	78
起重运输设备制造	4388	10002	8271	33	3060
起重运输设备制造	4388	10002	8271	33	3060
泵、阀门、压缩机及类似机械的制造	43526	94091	63836	269	1542
泵及真空设备制造	22244	38118	29238	137	689
阀门和旋塞的制造	1760	8621	6684	34	8
液压和气压动力机械及元件制造	19522	47352	27913	98	846
风机、衡器、包装设备等通用设备制造	1300	13564	11187	27	205
其他通用设备制造	1300	13564	11187	27	205
通用零部件制造及机械修理	8410	70253	63828	496	4501
机械零部件加工及设备修理	8410	70253	63828	496	4501
金属铸、锻加工	80250	198887	172724	580	11426
钢铁铸件制造	67268	124094	109607	346	8134
锻件及粉末冶金制品制造	12982	74793	63117	234	3292
专用设备制造业	498325	2518675	2102347	7986	89554
矿山、冶金、建筑专用设备制造	178769	1439823	1189358	6112	49036
采矿、采石设备制造	153154	1252106	1029146	5624	48101
石油钻采专用设备制造	2695	139401	119298	268	
冶金专用设备制造	22920	48317	40913	220	935
化工、木材、非金属加工专用设备制造	2943	34735	27535	103	1168
炼油、化工生产专用设备制造	2943	34735	27535	103	1168
印刷、制药、日化生产专用设备制造	2258	3104	2441	28	86
印刷专用设备制造	2258	3104	2441	28	86
纺织、服装和皮革工业专用设备制造	104486	130633	127093	343	12427
纺织专用设备制造	104486	130633	127093	343	12427
电子和电工机械专用设备制造	201023	866232	715616	1392	26636
电子工业专用设备制造	4497	12265	8813	56	
航空、航天及其他专用设备制造	12787	143174	110784	394	912
农、林、牧、渔专用机械制造	5180	28919	26849	7	
拖拉机制造	5180	28919	26849	7	
环保、社会公共安全及其他专用设备制造	3666	15229	13456	3	201
环境污染防治专用设备制造	3666	15229	13456	3	201
交通运输设备制造业	204459	796471	680219	4272	56721
铁路运输设备制造	117803	554403	476731	1609	39988
铁路机车车辆及动车组制造	55637	258271	234541	825	16976
铁路机车车辆配件制造	30722	118393	90935	296	1190
铁路专用设备及器材、配件制造	14441	35477	29201	208	357

单位：个、万元、万人

其他业务利润	营业费用	管理费用		财务费用		营业利润
			税金		利息支出	
	192	813	40	46	41	11
71	316	1751	291	1076	1050	-367
71	316	1751	291	1076	1050	-367
2104	19686	48984	2252	10798	12057	10614
-520	1694	14675	581	4863	4765	955
-157	1694	4741	114	2069	2010	-91
-363		9935	466	2795	2755	1046
74	724	2358	417	-15		50
74	724	2358	417	-15		50
570	715	1504	91	23	21	26
570	715	1504	91	23	21	26
205	6179	10580	634	1459	1460	1828
194	2714	4846	275	776	749	1880
5	505	1063	78	265	264	75
6	2961	4672	280	419	447	-128
24	1432	708	27	182	173	53
24	1432	708	27	182	173	53
1454	64	7572	51	517	520	801
1454	64	7572	51	517	520	801
296	8877	11587	452	3769	5118	6902
30	4630	7529	263	2433	3915	4853
266	4247	4059	189	1336	1204	2049
8463	54688	224578	5170	30701	28264	93015
4137	34723	102718	2256	17773	16668	78980
4136	32011	91499	2182	13966	13333	69428
	2115	6199		1541	1521	9980
…	597	5020	74	2266	1814	-429
324	2366	1162	74	267	263	3627
324	2366	1162	74	267	263	3627
81	159	405				148
81	159	405				148
715	2317	13113	1046	198	150	-12157
715	2317	13113	1046	198	150	-12157
3193	14473	105547	1674	11629	10387	21681
	800	1952	20	-6	27	651
438	1514	18278	591	3944	3895	8697
	561	892	82	426	420	185
	561	892	82	426	420	185
13	89	740	38	409	377	552
13	89	740	38	409	377	552
4215	23274	92359	2632	13300	13565	44911
2911	7587	67431	1649	5138	6162	54297
11	2178	39490	883	2067	3711	29277
1151	2374	11601	158	635	627	18597
297	952	4085	96	226	220	1104

2-1-16 续表 22

指标名称	实收资本	主营业务收入	主营业务成本	主营业务税金及附加	其他业务收入
其他铁路设备制造及设备修理	17003	142262	122053	280	21464
汽车制造	80656	236691	199457	2654	16734
汽车整车制造	20000	15170	14129	2	254
改装汽车制造	878	6190	4373		
汽车零部件及配件制造	59779	215331	180955	2652	16479
航空航天器制造	6000	5377	4032	10	
飞机制造及修理	6000	5377	4032	10	
电气机械及器材制造业	72767	391437	337089	3203	62183
电机制造	36357	294785	255672	1016	61347
发电机及发电机组制造	10793	13777	14103	29	274
电动机制造	25564	281008	241569	987	61073
输配电及控制设备制造	2728	20434	17136	67	86
配电开关控制设备制造	2728	20434	17136	67	86
电线、电缆、光缆及电工器材制造	33001	52971	48001	121	750
电线电缆制造	12100	43471	38988	89	
光纤、光缆制造	20901	9500	9013	32	750
电池制造	680	23247	16281	2000	
电池制造	680	23247	16281	2000	
通信设备、计算机及其他电子设备制造业	433662	810899	728039	484	11033
通信设备制造	267063	641602	580990	…	10136
通信传输设备制造	4932	15900	8777	…	…
移动通信及终端设备制造	262131	625702	572213		10136
雷达及配套设备制造	551	10612	9556	3	27
雷达及配套设备制造	551	10612	9556	3	27
电子计算机制造	18251	15277	14463	19	3
电子计算机整机制造	18251	15277	14463	19	3
电子器件制造	3089	4495	2343	10	
光电子器件及其他电子器件制造	3089	4495	2343	10	
电子元件制造	144709	138913	120688	452	866
电子元件及组件制造	144709	138913	120688	452	866
仪器仪表及文化、办公用机械制造业	28993	111740	77014	1190	3138
通用仪器仪表制造	24160	76091	51655	693	2337
工业自动控制系统装置制造	24160	76091	51655	693	2337
专用仪器仪表制造	4833	35649	25359	497	801
导航、气象及海洋专用仪器制造	4833	35649	25359	497	801
工艺品及其他制造业	6215	10941	9475	24	202
工艺美术品制造	2292	4733	3955	18	
金属工艺品制造	2292	4733	3955	18	
其他未列明的制造业	3923	6207	5519	6	202
其他未列明的制造业	3923	6207	5519	6	202
电力、燃气及水的生产和供应业	**2859926**	**7353224**	**7108367**	**39911**	**44531**
电力、热力的生产和供应业	2776995	7268779	7047314	39275	42860
电力生产	1978382	3083950	3085758	20374	23763
火力发电	1881382	3035431	3064896	19725	21262
水力发电	97000	48519	20861	650	2501
电力供应	785184	4119917	3887052	18644	16401

单位：个、万元、万人

其他业务利润	营业费用	管理费用	税金	财务费用	利息支出	营业利润
1453	2084	12255	512	2210	1605	5319
1303	15669	23642	948	8139	7380	-9387
121	591	2550	69	-255	-259	-1856
	155	1628	1	-180	-181	214
1182	14923	19464	878	8573	7820	-7745
	18	1286	35	24	24	...
	18	1286	35	24	24	...
2272	9286	26700	1696	10295	9892	7451
2347	6759	20135	1483	8906	8586	4918
	60	1356	31	12		-1720
2347	6700	18778	1452	8894	8586	6638
9	796	3010		-3	1	-475
9	796	3010		-3	1	-475
-84	1090	3115	203	1016	930	-530
	540	1835	50	721	636	1224
-84	550	1280	154	295	294	-1754
	642	441	10	376	376	3537
	642	441	10	376	376	3537
4876	9910	74999	4755	4458	19377	-4187
4532	6651	48812	2889	2322	17420	4142
...	331	2891	...	-304	-307	990
4532	6320	45922	2889	2627	17727	3152
25	320	2206	10	120	110	-465
25	320	2206	10	120	110	-465
3	48	3390	521	1090	1078	-3729
3	48	3390	521	1090	1078	-3729
	32	1262	3	14	...	836
	32	1262	3	14	...	836
316	2858	19330	1333	912	769	-4970
316	2858	19330	1333	912	769	-4970
237	3873	11612	728	2709	2654	9407
186	3393	5977	223	2229	2211	6175
186	3393	5977	223	2229	2211	6175
50	480	5636	505	480	442	3233
50	480	5636	505	480	442	3233
	322	1153	73	-24	-25	-9
	267	345	40	107	106	41
	267	345	40	107	106	41
	55	808	33	-130	-131	-50
	55	808	33	-130	-131	-50
11809	**10148**	**120120**	**10421**	**297190**	**301654**	**-228161**
11376	5793	91602	9300	293996	298425	-215282
5179	4934	82524	7781	210651	215191	-311116
6340	4933	77105	7646	198708	203248	-320877
-1161	1	5419	135	11943	11943	9761
3893	765	4462	1495	72176	72051	119136

2-1-16 续表 23

指标名称	实收资本	主营业务收入	主营业务成本	主营业务税金及附加	其他业务收入
电力供应	785184	4119917	3887052	18644	16401
热力生产和供应	13429	64911	74504	257	2696
热力生产和供应	13429	64911	74504	257	2696
燃气生产和供应业	6553	4551	4456	41	1235
燃气生产和供应业	6553	4551	4456	41	1235
燃气生产和供应业	6553	4551	4456	41	1235
水的生产和供应业	76378	79894	56598	595	436
自来水的生产和供应	76378	79894	56598	595	436
自来水的生产和供应	76378	79894	56598	595	436
五、按行业大类分					
煤炭开采和洗选业	8006810	27113331	16427271	443429	814112
石油和天然气开采业	13500	81952	72288	883	60
黑色金属矿采选业	39967	280076	182663	3888	1596
有色金属矿采选业	33635	135030	119341	662	170
非金属矿采选业	5445	6387	6467	31	3003
农副食品加工业	87411	604534	547838	471	903
食品制造业	87559	244159	195548	881	1263
饮料制造业	85663	506394	304589	52585	3421
烟草制品业	61320	204871	82098	82261	
纺织业	44914	117508	116516	329	5521
纺织服装、鞋、帽制造业	12348	80497	69105	441	2141
木材加工及木、竹、藤、棕、草制品业	2080	40412	31804	24	12
造纸及纸制品业	17031	67632	59093	145	768
印刷业和记录媒介的复制	17021	31265	27188	120	1295
文教体育用品制造业	10000	28046	23120	160	317
石油加工、炼焦及核燃料加工业	2074255	14688112	12329290	182118	294990
化学原料及化学制品制造业	1042847	3988272	3428346	12187	46085
医药制造业	165316	487024	331255	2434	4131
化学纤维制造业	1972	25111	18971	83	417
橡胶制品业	72624	128287	113306	488	1567
塑料制品业	19243	60428	55390	237	675
非金属矿物制品业	312336	737811	625156	3272	12411
黑色金属冶炼及压延加工业	1861908	17799808	16393329	121772	301295
有色金属冶炼及压延加工业	1216490	3551092	3230211	20084	52875
金属制品业	15900	117085	106048	2032	1143
通用设备制造业	171083	524605	430814	1563	23772
专用设备制造业	498325	2518675	2102347	7986	89554
交通运输设备制造业	204459	796471	680219	4272	56721
电气机械及器材制造业	72767	391437	337089	3203	62183
通信设备、计算机及其他电子设备制造业	433662	810899	728039	484	11033
仪器仪表及文化、办公用机械制造业	28993	111740	77014	1190	3138
工艺品及其他制造业	6215	10941	9475	24	202
电力、热力的生产和供应业	2776995	7268779	7047314	39275	42860
燃气生产和供应业	6553	4551	4456	41	1235
水的生产和供应业	76378	79894	56598	595	436

单位：个、万元、万人

其他业务利润	营业费用	管理费用	税金	财务费用	利息支出	营业利润
3893	765	4462	1495	72176	72051	119136
2304	93	4617	25	11169	11183	-23302
2304	93	4617	25	11169	11183	-23302
134		1159	78	275	302	-1247
134		1159	78	275	302	-1247
134		1159	78	275	302	-1247
299	4356	27358	1042	2918	2927	-11632
299	4356	27358	1042	2918	2927	-11632
299	4356	27358	1042	2918	2927	-11632
72778	1511781	3366684	90680	686188	625733	4714537
	48	3823	46	-24	-24	4752
398	3434	25829	634	5730	5132	64205
111	531	8261	306	157	45	6190
450	2	388	2	79	78	-1031
832	12985	13147	29	13855	14325	24091
641	16391	13675	399	3880	3654	17922
2014	60927	46138	620	7237	7234	43575
	3157	17649	43	-212	-212	19946
5067	2499	7029	242	4736	4187	-4911
616	1647	5123	85	915	835	3559
12	283	1373	49	2399	2240	5366
768	2222	2295	439	1174	1106	3411
447	978	3515	154	463	445	-231
317	3260	1687	65	1779	2044	-1687
83305	860647	492818	23818	372264	344802	472101
8548	74764	231259	12021	120299	114514	156573
599	58149	40881	1235	12030	12140	44076
72	757	6995	74	-41	-42	-1656
139	4032	3074	11	4402	4381	7124
1	1073	2110	41	609	642	1338
2853	37756	44298	1796	33180	32241	-8281
31996	208643	587448	38242	341690	267100	148357
4954	54312	115849	8118	121542	115477	55308
71	1904	4798	560	2300	2241	2231
2104	19686	48984	2252	10798	12057	10614
8463	54688	224578	5170	30701	28264	93015
4215	23274	92359	2632	13300	13565	44911
2272	9286	26700	1696	10295	9892	7451
4876	9910	74999	4755	4458	19377	-4187
237	3873	11612	728	2709	2654	9407
	322	1153	73	-24	-25	-9
11376	5793	91602	9300	293996	298425	-215282
134		1159	78	275	302	-1247
299	4356	27358	1042	2918	2927	-11632

2-1-16 续表 24

指标名称	投资收益	补贴收入	营业外收入	营业外支出	利润总额	亏损企业亏损额
总　计	**351263**	**144389**	**322784**	**638711**	**5560012**	**1126004**
一、按轻重工业分						
轻工业	7631	13253	11007	32772	145135	31901
重工业	343632	131137	311777	605939	5414877	1094103
二、按登记注册类型分						
内资企业	**310760**	**135732**	**311062**	**616045**	**5058990**	**1014955**
国有企业	55663	36127	42682	93226	937884	251263
集体企业	1727	4728	16039	17764	196056	2809
股份合作企业	85	528	889	11164	30439	21210
联营企业	...		213	6194	9110	
集体联营企业			213	6092	3889	
其他联营企业	...		1	102	5221	
有限责任公司	210037	62183	203858	375904	2728747	494743
国有独资公司	154281	15831	41632	171004	875443	41530
其他有限责任公司	55755	46352	162226	204900	1853303	453213
股份有限公司	36296	18864	32207	24412	695413	140676
私营企业	6953	13303	15131	87376	461365	104143
私营独资企业			32	4753	6276	295
私营合伙企业					118	
私营有限责任公司	6246	13249	14880	80239	428507	103144
私营股份有限公司	707	54	220	2384	26464	704
其他企业			43	6	-24	113
港澳台商投资企业	**103**	**3362**	**3208**	**8650**	**-25452**	**71161**
与港澳台商合资经营企业	103	2585	721	8280	-16743	44293
与港澳台商合作经营企业			22	49	-2102	2102
港澳台商独资企业	...	332	1574	138	1299	16051
港澳台商投资股份有限公司		446	892	183	-7907	8715
外商投资企业	**40400**	**5296**	**8514**	**14016**	**526475**	**39888**
中外合资经营企业	39641	4205	6705	8295	455194	16431
中外合作经营企业	757		762	4725	82781	
外资企业	2	1090	1048	996	-11501	23457
三、按控股情况分						
国有控股	253388	95635	229562	375515	3269463	805971
集体控股	4299	5696	40438	41293	466310	27881
私人控股	70074	35793	46608	206772	1409677	260601
港澳台商控股	84	2811	1919	8327	17140	15225
外商控股	23418	4455	4130	6676	394252	15203
其他			126	130	3171	1124
四、按国民经济行业分						
采矿业	**237168**	**20335**	**142921**	**305667**	**4654607**	**63910**
煤炭开采和洗选业	237168	20335	142550	301733	4584053	62890
烟煤和无烟煤的开采洗选	237168	20335	142550	301733	4584053	62890
烟煤和无烟煤的开采洗选	237168	20335	142550	301733	4584053	62890
石油和天然气开采业			8	251	4509	
天然原油和天然气开采			8	251	4509	
天然原油和天然气开采			8	251	4509	

单位：个、万元、万人

应交所得税	利税总额	本年应付工资总额	本年应付福利费总额	本年应交增值税	本年进项税额	本年销项税额
1473744	**12080947**	**6077553**	**409420**	**5531286**	**8316687**	**13252306**
42605	416198	192958	13336	127192	225294	308964
1431139	11664749	5884595	396085	5404094	8091393	12943342
1405204	**11211900**	**5762783**	**380278**	**5209298**	**7884467**	**12516891**
248387	1795233	776497	61288	722735	1147974	1792393
45966	306798	116444	10868	94012	57687	115602
13808	129969	20569	989	93128	43640	118790
1873	18236	10225	1163	7795	5976	13771
953	10653	7140	776	5954	1522	7477
920	7582	3085	387	1840	4454	6294
810770	6362977	4129501	256267	3052349	5089713	7840241
151657	1991734	1483062	72896	944171	2182340	2988132
659114	4371243	2646440	183371	2108178	2907373	4852109
177893	1310825	440569	25183	528160	861010	1335191
106486	1287046	267756	24175	710359	676946	1298621
1127	25757	12184	1563	17534	6522	22933
38	412	360	4	214	300	514
99371	1181156	242231	21737	659700	629656	1204531
5950	79722	12982	871	32912	40469	70643
21	818	1222	346	762	1520	2282
5604	**65188**	**180867**	**16541**	**73213**	**133798**	**200471**
5584	63392	22633	3223	63870	78045	141835
	1114	1253	593	2216	5355	7563
17	5603	149349	12149	4304	49811	48994
3	-4922	7633	576	2824	586	2078
62936	**803859**	**133903**	**12602**	**248774**	**298422**	**534944**
59725	657422	99232	10479	177611	213986	385111
1995	138123	18889	801	53760	39904	93664
1215	8315	15782	1322	17403	44532	56170
983007	7140922	4786828	293912	3229212	5628329	8526222
115537	781720	271330	23483	264938	216543	435462
334647	3591684	777474	72439	1902954	2274390	3978767
1397	66361	146875	12000	39466	69947	102807
38022	490699	89418	7095	88653	89932	175739
1134	9562	5628	491	6063	37546	33310
1175769	**7679517**	**3774213**	**243284**	**2576018**	**1918945**	**4287598**
1160606	7577094	3738797	241538	2549612	1897438	4241027
1160606	7577094	3738797	241538	2549612	1897438	4241027
1160606	7577094	3738797	241538	2549612	1897438	4241027
1183	6321	2819	70	929	376	1303
1183	6321	2819	70	929	376	1303
1183	6321	2819	70	929	376	1303

2-1-16 续表 25

指标名称	投资收益	补贴收入	营业外收入	营业外支出	利润总额	亏损企业亏损额
黑色金属矿采选业			189	2037	62357	
铁矿采选			165	2009	55500	
铁矿采选			165	2009	55500	
其他黑色金属矿采选			24	28	6858	
其他黑色金属矿采选			24	28	6858	
有色金属矿采选业			14	1497	4708	
常用有色金属矿采选			9	249	3510	
铜矿采选			9	249	1195	
铝矿采选					2315	
贵金属矿采选			6	1248	1198	
金矿采选			6	1248	1198	
非金属矿采选业			159	148	-1020	1020
土砂石开采			159	148	-1020	1020
石灰石、石膏开采			159	148	-1020	1020
制造业	**107801**	**97741**	**156920**	**287252**	**1130353**	**650471**
农副食品加工业	140	1182	1693	957	25939	2340
饲料加工		524	55	278	1035	213
饲料加工		524	55	278	1035	213
植物油加工	12	161	59	21	4718	594
食用植物油加工	12	161	59	21	4718	594
屠宰及肉类加工	127	125	125	281	10332	
畜禽屠宰	127	125	124	268	9570	
肉制品及副产品加工			1	13	762	
蔬菜、水果和坚果加工			...	133	332	
蔬菜、水果和坚果加工			...	133	332	
其他农副食品加工	...	371	1454	244	9522	1533
淀粉及淀粉制品的制造	...	371	1454	244	9522	1533
食品制造业	18	1885	328	15022	5113	3653
焙烤食品制造		796	21	7	1448	
糕点、面包制造		10	11	7	661	
饼干及其他焙烤食品制造		786	10		787	
糖果、巧克力及蜜饯制造				366	668	
蜜饯制作				366	668	
方便食品制造		848	46	134	1766	
方便面及其他方便食品制造		848	46	134	1766	
液体乳及乳制品制造			18	14043	714	
液体乳及乳制品制造			18	14043	714	
罐头制造	1	232	2	84	3255	
肉、禽类罐头制造	1	187	2	84	3073	
蔬菜、水果罐头制造	...	45		1	181	
调味品、发酵制品制造		9	219	154	335	149
酱油、食醋及类似制品的制造		9	153	110	484	
其他调味品、发酵制品制造			65	44	-149	149
其他食品制造	17		23	234	-3073	3504
冷冻饮品及食用冰制造					431	
食品及饲料添加剂制造	17		23	234	-3504	3504

单位：个、万元、万人

应交所得税	利税总额	本年应付工资总额	本年应付福利费总额	本年应交增值税	本年进项税额	本年销项税额
13334	87609	22224	1518	21365	15928	37085
13333	79504	20466	1415	20164	13699	33909
13333	79504	20466	1415	20164	13699	33909
1	8105	1758	103	1201	2229	3176
1	8105	1758	103	1201	2229	3176
646	9142	8246	157	3773	4309	6948
319	7173	6741	157	3106	1028	3000
200	2810	1699	121	1426	886	2277
119	4362	5042	36	1680	142	723
327	1970	1505		667	3281	3948
327	1970	1505		667	3281	3948
	-649	2127		340	896	1236
	-649	2127		340	896	1236
	-649	2127		340	896	1236
280391	**4172382**	**1932187**	**142352**	**2541183**	**5520075**	**7723612**
3103	31584	15272	429	5175	35724	38447
8	1043	1675	97	8	2383	2258
8	1043	1675	97	8	2383	2258
	4759	1431	81	29	7975	8305
	4759	1431	81	29	7975	8305
415	12760	6912	90	2173	2063	2063
415	10679	4554	40	977	2063	2063
	2081	2358	50	1197		
62	471	716	53	131	492	315
62	471	716	53	131	492	315
2618	12551	4538	108	2834	22810	25505
2618	12551	4538	108	2834	22810	25505
933	12873	13291	831	6879	31098	35542
165	2530	1822	63	1000	2378	3322
165	1600	1391	63	858	1849	2647
	929	431		143	529	675
20	1046	884	61	346	309	563
20	1046	884	61	346	309	563
158	2967	1080		1091		
158	2967	1080		1091		
60	2649	3860	305	1825	16639	18216
60	2649	3860	305	1825	16639	18216
389	4230	1192	10	900	2954	4350
371	3845	724	10	697	2436	3629
17	384	467		203	518	721
141	1907	3270	201	1427	7353	8581
141	1674	2722	173	1046	6109	7150
	232	548	28	381	1243	1432
	-2454	1183	192	289	1465	510
	1008	266	37	289		
	-3463	917	155		1465	510

2-1-16 续表 26

指标名称	投资收益	补贴收入	营业外收入	营业外支出	利润总额	亏损企业亏损额
饮料制造业	1114	173	650	5143	40203	5788
酒的制造	1114	173	398	5040	32681	5788
白酒制造	1109	173	381	4502	38194	229
啤酒制造	5		17	538	-5512	5560
软饮料制造			252	103	7522	
碳酸饮料制造			234	83	1765	
果菜汁及果菜汁饮料制造			19	19	5757	
烟草制品业			48	41	19953	
卷烟制造			48	41	19953	
卷烟制造			48	41	19953	
纺织业	4	477	615	346	-4548	6073
棉、化纤纺织及印染精加工	4	467	615	313	-4670	6073
棉、化纤纺织加工	4	467	598	278	-4751	6073
棉、化纤印染精加工			18	34	81	
麻纺织		10		33	122	
麻纺织		10		33	122	
纺织服装、鞋、帽制造业	136	1926	1188	115	5634	259
纺织服装制造	136	1926	1188	115	5634	259
纺织服装制造	136	1926	1188	115	5634	259
木材加工及木、竹、藤、棕、草制品业					5366	
人造板制造					5366	
纤维板制造					5366	
造纸及纸制品业	4	215	717	362	3985	22
造纸		183	34	64	383	
机制纸及纸板制造		183	34	64	383	
纸制品制造	4	32	683	298	3601	22
纸和纸板容器的制造	4	32	683	298	3601	22
印刷业和记录媒介的复制	110		48	47	-120	927
印刷	110		42	46	-924	927
书、报、刊印刷	29		39	41	-603	606
包装装潢及其他印刷	81		3	5	-321	321
装订及其他印刷服务活动			6	1	805	
装订及其他印刷服务活动			6	1	805	
文教体育用品制造业	95	1218	1206	823	9	4
体育用品制造	95	1218	1206	823	9	4
训练健身器材制造	95	1218	1206	823	9	4
石油加工、炼焦及核燃料加工业	16797	17512	43238	85363	451144	180993
精炼石油产品的制造	681	2	29	408	5465	
原油加工及石油制品制造	681	2	29	408	5465	
炼焦	16116	17510	43209	84955	445678	180993
炼焦	16116	17510	43209	84955	445678	180993
化学原料及化学制品制造业	1331	41082	21274	48138	166351	32257
基础化学原料制造	564	5110	5335	39678	37848	7705
无机碱制造				38304	1024	476
无机盐制造		5	888	468	6525	
有机化学原料制造	564	5105	4447	601	5871	7229

单位：个、万元、万人

应交所得税	利税总额	本年应付工资总额	本年应付福利费总额	本年应交增值税	本年进项税额	本年销项税额
20068	125923	37368	1162	33134	25617	32448
19077	115670	33709	789	30554	8616	11387
19066	114468	30476	120	28060	4073	4283
12	1202	3233	670	2495	4544	7104
991	10253	3659	373	2580	17001	21061
138	3967	2924	324	2203	7885	10088
853	6286	735	49	377	9116	10973
5325	125094	10070	1405	22879	11988	34836
5325	125094	10070	1405	22879	11988	34836
5325	125094	10070	1405	22879	11988	34836
29	-634	11986	981	3585	13654	15245
25	-1465	9686	981	2946	12033	12986
13	-1782	7145	118	2764	6848	9066
12	316	2541	864	182	5185	3920
3	831	2300		639	1621	2260
3	831	2300		639	1621	2260
1177	8581	8098	341	2506	9775	13188
1177	8581	8098	341	2506	9775	13188
1177	8581	8098	341	2506	9775	13188
583	5599	536	26	209	2724	4944
583	5599	536	26	209	2724	4944
583	5599	536	26	209	2724	4944
1296	5418	3934	186	1287	10416	11704
101	846	1806	113	420	2506	2925
101	846	1806	113	420	2506	2925
1196	4571	2128	73	868	7911	8778
1196	4571	2128	73	868	7911	8778
202	1747	3564	239	1746	3550	5114
1	387	3048	234	1191	2604	3776
1	316	2606	186	834	1250	2078
...	71	442	49	358	1355	1698
201	1360	516	5	555	946	1338
201	1360	516	5	555	946	1338
4	2121	1682	116	1952	3010	4790
4	2121	1682	116	1952	3010	4790
4	2121	1682	116	1952	3010	4790
103251	1990204	347745	31122	1356943	1204843	2426774
1597	10768	5155	694	3928	7508	-1618
1597	10768	5155	694	3928	7508	-1618
101655	1979436	342591	30428	1353015	1197335	2428392
101655	1979436	342591	30428	1353015	1197335	2428392
40234	294736	183128	13718	116198	425588	538430
10639	79385	39135	1158	38007	134375	166683
868	16707	15853		13663	72105	85768
1551	11524	4716	201	4699	14259	18483
2196	19707	16785	823	12626	42028	49434

2-1-16 续表 27

指标名称	投资收益	补贴收入	营业外收入	营业外支出	利润总额	亏损企业亏损额
其他基础化学原料制造			...	305	24428	
肥料制造	-563	33675	11000	5637	120217	11629
氮肥制造	5534	33635	10785	4307	102078	11628
磷肥制造			...	7	-2	2
复混肥料制造	-6098	40	214	1323	18140	
涂料、油墨、颜料及类似产品制造	430		528	718	4689	
油墨及类似产品制造	87		12	33	781	
染料制造	343		516	685	3908	
合成材料制造			3193	950	-6699	9318
初级形态的塑料及合成树脂制造			2239	407	-4398	5408
合成橡胶制造			395	275	1609	
合成纤维单(聚合)体的制造			560	267	-3910	3910
专用化学产品制造	369	2297	1218	1156	8887	3605
化学试剂和助剂制造	3	1697	22	167	218	17
专项化学用品制造					234	
炸药及火工产品制造	22	600	1152	693	5140	3589
其他专用化学产品制造	344		45	296	3294	
日用化学产品制造	532				1410	
肥皂及合成洗涤剂制造	532				1410	
医药制造业	566	971	3125	2157	46190	516
化学药品原药制造	143		857	491	7427	
化学药品原药制造	143		857	491	7427	
化学药品制剂制造	371	965	1675	723	26766	384
化学药品制剂制造	371	965	1675	723	26766	384
中成药制造	14	6	137	649	7333	132
中成药制造	14	6	137	649	7333	132
生物、生化制品的制造			3	275	3779	
生物、生化制品的制造			3	275	3779	
卫生材料及医药用品制造	39		454	18	885	
卫生材料及医药用品制造	39		454	18	885	
化学纤维制造业	26		9	33	-1680	1680
纤维素纤维原料及纤维制造	26		9	33	-1680	1680
人造纤维(纤维素纤维)制造	26		9	33	-1680	1680
橡胶制品业		570	585	27	7712	
轮胎制造		550	581	15	4923	
车辆、飞机及工程机械轮胎制造		550	581	15	4923	
橡胶板、管、带的制造		20	4	12	2789	
橡胶板、管、带的制造		20	4	12	2789	
塑料制品业	369		3	3	1707	
塑料薄膜制造					1020	
塑料薄膜制造					1020	
塑料丝、绳及编织品的制造	369		3	3	687	
塑料丝、绳及编织品的制造	369		3	3	687	
非金属矿物制品业	-1113	1687	5984	4819	-6733	32411
水泥、石灰和石膏的制造	-1323	1293	4169	1516	-20505	25304
水泥制造	-1323	1293	4169	1516	-20505	25304

单位：个、万元、万人

应交所得税	利税总额	本年应付工资总额	本年应付福利费总额	本年应交增值税	本年进项税额	本年销项税额
6024	31447	1781	135	7019	5983	12999
25115	154650	68940	4919	30947	152695	191388
19149	124010	54832	3970	19950	122830	146302
…	408	318	8	373	133	483
5966	30232	13789	941	10624	29732	44603
291	7748	5656	635	2881	6172	10308
240	1731	3535	518	950	3736	4677
50	6017	2121	117	1932	2436	5632
875	17112	22812	2339	21747	97548	117336
272	3576	6434	691	7266	43717	50784
603	5426	6875	526	3421	16594	20000
	8109	9503	1122	11060	37237	46553
2990	27329	37907	3974	16477	20221	32036
	2431	967	11	2083	4176	6195
	644	412	57	386	617	660
2990	16360	34203	3873	9963	15427	25181
	7894	2325	34	4045		
324	8512	8679	695	6138	14577	20678
324	8512	8679	695	6138	14577	20678
7558	78952	34435	3586	30328	43791	66627
1246	11292	6723	592	3709	24755	21102
1246	11292	6723	592	3709	24755	21102
5013	40678	19039	2180	13145	13037	26118
5013	40678	19039	2180	13145	13037	26118
684	17603	5183	530	9312	3434	12718
684	17603	5183	530	9312	3434	12718
515	7056	1203	168	2849	580	3430
515	7056	1203	168	2849	580	3430
101	2324	2287	116	1313	1985	3259
101	2324	2287	116	1313	1985	3259
113	-1047	1064		550	3777	4327
113	-1047	1064		550	3777	4327
113	-1047	1064		550	3777	4327
675	10410	5127	256	2209	23459	25043
	6585	4255	231	1173	19921	20351
	6585	4255	231	1173	19921	20351
675	3825	873	25	1036	3538	4692
675	3825	873	25	1036	3538	4692
278	2618	3630	460	674	2151	2903
32	1045	1578	221	13	674	687
32	1045	1578	221	13	674	687
246	1574	2053	240	662	1476	2216
246	1574	2053	240	662	1476	2216
4191	31936	72825	4337	35398	62387	91895
803	-1545	20147	969	16887	17038	32816
803	-1545	20147	969	16887	17038	32816

2-1-16 续表 28

指标名称	投资收益	补贴收入	营业外收入	营业外支出	利润总额	亏损企业亏损额
水泥及石膏制品制造			66	17	461	
水泥制品制造			66	17	461	
砖瓦、石材及其他建筑材料制造		237	35	8	4754	1272
粘土砖瓦及建筑砌块制造					221	
建筑陶瓷制品制造		237	16	2	-805	1272
建筑用石加工			19	6	5338	
玻璃及玻璃制品制造		8	1296	238	-790	4298
平板玻璃制造					-3089	3089
技术玻璃制品制造			974	201	-1130	1130
日用玻璃制品及玻璃包装容器制造		8	322	36	3428	80
陶瓷制品制造	2		28	16	-165	165
日用陶瓷制品制造	2		28	16	-165	165
耐火材料制品制造	193		88	34	805	171
耐火陶瓷制品及其他耐火材料制造	193		88	34	805	171
石墨及其他非金属矿物制品制造	16	149	300	2991	8707	1201
石墨及碳素制品制造	16	149	300	2991	8636	1201
其他非金属矿物制品制造					71	
黑色金属冶炼及压延加工业	30500	2967	22410	79890	106419	238765
炼铁	-5755	1435	3017	27585	-3128	38401
炼铁	-5755	1435	3017	27585	-3128	38401
炼钢	-3162	589	2575	4295	-29934	40878
炼钢	-3162	589	2575	4295	-29934	40878
钢压延加工	39453	417	16096	46461	118214	144358
钢压延加工	39453	417	16096	46461	118214	144358
铁合金冶炼	-36	526	723	1549	21266	15127
铁合金冶炼	-36	526	723	1549	21266	15127
有色金属冶炼及压延加工业	26421	4623	15212	25015	60962	98816
常用有色金属冶炼	13510	4615	6075	16780	42526	98761
铜冶炼	1361	1637	2942	459	28411	15226
铅锌冶炼				3712	211	
铝冶炼	2588	687	2082	3413	-6682	75438
镁冶炼	9560	2291	1051	9196	20585	8097
贵金属冶炼	24		625	224	1721	
银冶炼	24		625	224	1721	
稀有稀土金属冶炼		8	140	55	8353	
稀土金属冶炼		8	140	55	8353	
有色金属合金制造	10			42	1421	
有色金属合金制造	10			42	1421	
有色金属压延加工	12877		8372	7913	6943	55
常用有色金属压延加工	12877		8263	7887	6640	55
稀有稀土金属压延加工			109	26	302	
金属制品业			20	1303	947	972
结构性金属制品制造			16	1280	1323	342
金属结构制造			16	1280	484	342
金属门窗制造					840	
金属工具制造				8	3	

单位：个、万元、万人

应交所得税	利税总额	本年应付工资总额	本年应付福利费总额	本年应交增值税	本年进项税额	本年销项税额
240	1483	1232	10	930	378	624
240	1483	1232	10	930	378	624
80	8603	13201	274	3756	3457	6263
	677	928	130	441		
80	-250	1422	105	521	809	1330
	8175	10851	39	2794	2649	4933
808	4430	19529	1827	4947	18846	19452
	-2585	884	1089	446	3515	3270
	647	3394	106	1706	9223	10929
808	6367	15252	632	2796	6108	5253
	562	1741	167	670	647	1184
	562	1741	167	670	647	1184
258	4901	7899	650	3775	4164	7820
258	4901	7899	650	3775	4164	7820
2002	13504	9076	441	4434	17856	23737
2002	13144	8831	406	4198	17856	23737
	360	245	34	236		
43532	860132	551152	24705	631942	2656894	3207449
10182	118320	50563	4756	98940	170332	254235
10182	118320	50563	4756	98940	170332	254235
2129	58482	47921	2227	69121	318579	383158
2129	58482	47921	2227	69121	318579	383158
26639	609408	435897	15304	426484	2092787	2469221
26639	609408	435897	15304	426484	2092787	2469221
4582	73922	16771	2418	37397	75196	100835
4582	73922	16771	2418	37397	75196	100835
26732	243758	150577	14282	162711	418460	541402
26342	219477	141341	13633	157553	387462	506469
944	55907	16947	1960	24895	65577	90434
70	2948	1279	175	2541	2659	5201
22552	98671	85158	8899	96148	251101	317958
2776	61951	37957	2599	33968	68124	92877
206	3182	1042	84	1085	497	1583
206	3182	1042	84	1085	497	1583
	10146	1815	254	1724	7434	9158
	10146	1815	254	1724	7434	9158
	2421	1515		913	1709	2622
	2421	1515		913	1709	2622
184	8532	4865	311	1437	21358	21570
180	7846	4578	262	1077	21051	20903
4	686	287	49	360	307	667
377	5543	6477	342	2563	17504	19653
361	2965	3108	342	1542	13237	14821
151	2077	2807	342	1500	11427	12969
210	888	301		42	1810	1852
1	238	1024		214	399	614

2-1-16 续表 29

指标名称	投资收益	补贴收入	营业外收入	营业外支出	利润总额	亏损企业亏损额
切削工具制造				8	3	
建筑、安全用金属制品制造			3	14	-379	630
建筑装饰及水暖管道零件制造			3	14	-379	630
通用设备制造业	512	2656	3012	3714	11811	3313
锅炉及原动机制造			2256	101	3111	
锅炉及辅助设备制造			101	-49	60	
内燃机及配件制造			2155	150	3051	
金属加工机械制造			7	48	9	
金属切削机床制造			7	48	9	
起重运输设备制造			35	26	36	
起重运输设备制造			35	26	36	
泵、阀门、压缩机及类似机械的制造	333	63	422	2305	278	1072
泵及真空设备制造			239	1326	794	148
阀门和旋塞的制造		63	149	8	217	
液压和气压动力机械及元件制造	333		34	972	-732	924
风机、衡器、包装设备等通用设备制造			14	66	...	
其他通用设备制造			14	66	...	
通用零部件制造及机械修理	179		94	128	766	446
机械零部件加工及设备修理	179		94	128	766	446
金属铸、锻加工		2593	184	1041	7611	1795
钢铁铸件制造		2224	184	789	5688	1795
锻件及粉末冶金制品制造		369	...	252	1923	
专用设备制造业	-454	10931	12748	11024	102475	14741
矿山、冶金、建筑专用设备制造	-3163	3944	5048	6037	81211	1636
采矿、采石设备制造	-3163	3914	4897	5797	71719	650
石油钻采专用设备制造			17	170	9827	
冶金专用设备制造		30	134	70	-334	986
化工、木材、非金属加工专用设备制造			2	188	3441	
炼油、化工生产专用设备制造			2	188	3441	
印刷、制药、日化生产专用设备制造	1		25	...	173	
印刷专用设备制造	1		25	...	173	
纺织、服装和皮革工业专用设备制造	-10		1730	306	-10742	10742
纺织专用设备制造	-10		1730	306	-10742	10742
电子和电工机械专用设备制造	2514	6987	5896	4466	27432	2363
电子工业专用设备制造		12	246	3	1706	
航空、航天及其他专用设备制造	100	1579	1672	1339	9030	
农、林、牧、渔专用机械制造	204		37	26	400	
拖拉机制造	204		37	26	400	
环保、社会公共安全及其他专用设备制造			10	2	559	
环境污染防治专用设备制造			10	2	559	
交通运输设备制造业	30031	3587	15342	1324	59826	2664
铁路运输设备制造	29949	498	3328	422	57494	42
铁路机车车辆及动车组制造	29833	81	92	71	29298	
铁路机车车辆配件制造	67	415	2846	193	21538	
铁路专用设备及器材、配件制造	4		368	31	1442	

单位：个、万元、万人

应交所得税	利税总额	本年应付工资总额	本年应付福利费总额	本年应交增值税	本年进项税额	本年销项税额
1	238	1024		214	399	614
15	2340	2345		807	3867	4218
15	2340	2345		807	3867	4218
1413	30364	46771	3936	16990	59394	71921
278	4115	12331	1366	874	11971	10845
19	846	3038		677	8166	6843
259	3269	9293	1366	198	3805	4002
2	301	1707	239	265	1724	1989
2	301	1707	239	265	1724	1989
23	398	1867	138	329	1460	1802
23	398	1867	138	329	1460	1802
235	3295	7609	991	2748	8879	10800
205	2368	4852	988	1437	4915	5819
30	551	1021		300	1167	1467
	376	1736	3	1011	2797	3514
…	301	1331		273	2068	2341
…	301	1331		273	2068	2341
187	5171	7450	170	3908	6161	10022
187	5171	7450	170	3908	6161	10022
689	16783	14476	1031	8592	27131	34121
344	11829	9693	961	5795	16132	21351
345	4954	4783	70	2798	10999	12770
9005	165679	157553	17785	55219	212848	260253
4842	129935	66954	5119	42612	170462	217288
2748	115521	57326	4603	38179	164310	212716
2094	12606	3906	312	2511		
	1808	5723	204	1923	6151	4573
140	4199	1670	150	655	5224	5836
140	4199	1670	150	655	5224	5836
	382	527		182	355	536
	382	527		182	355	536
91	-7761	12769	843	2639	5537	6334
91	-7761	12769	843	2639	5537	6334
3824	37843	74002	11569	9019	26855	25877
65	2186	1258	126	424	1651	2075
1412	10976	10441	8021	1552	6662	7542
100	504	856	70	97	2091	2140
100	504	856	70	97	2091	2140
8	578	774	34	16	2326	2240
8	578	774	34	16	2326	2240
5785	89955	68462	3911	25857	108684	128837
4927	79010	47738	2820	19907	76128	94988
65	35450	26454	1330	5326	40781	46493
4644	32122	8645	552	10289	9418	19472
218	3178	2985	92	1528	4460	5984

2-1-16 续表 30

指标名称	投资收益	补贴收入	营业外收入	营业外支出	利润总额	亏损企业亏损额
其他铁路设备制造及设备修理	44	2	23	127	5217	42
汽车制造	82	2790	11696	895	2021	2622
汽车整车制造		1000	1099	85	-842	842
改装汽车制造			8	3	218	
汽车零部件及配件制造	82	1790	10589	807	2644	1781
航空航天器制造		300	317	7	311	
飞机制造及修理		300	317	7	311	
电气机械及器材制造业	1121	1589	1594	685	9879	4877
电机制造	1103	69	1347	81	6185	1730
发电机及发电机组制造			8	18	-1730	1730
电动机制造	1103	69	1339	62	7915	
输配电及控制设备制造			…	1	-476	490
配电开关控制设备制造			…	1	-476	490
电线、电缆、光缆及电工器材制造	18		22	311	-819	2657
电线电缆制造	18			10	1214	625
光纤、光缆制造			22	301	-2033	2033
电池制造		1520	224	292	4989	
电池制造		1520	224	292	4989	
通信设备、计算机及其他电子设备制造业	-167	1509	3588	655	-188	19401
通信设备制造		114	1055	207	5103	10638
通信传输设备制造			…	139	851	
移动通信及终端设备制造		114	1054	69	4252	10638
雷达及配套设备制造	4	272	272	…	-193	193
雷达及配套设备制造	4	272	272	…	-193	193
电子计算机制造		950	2	6	-2783	2783
电子计算机整机制造		950	2	6	-2783	2783
电子器件制造	1			19	817	
光电子器件及其他电子器件制造	1			19	817	
电子元件制造	-171	172	2259	422	-3132	5788
电子元件及组件制造	-171	172	2259	422	-3132	5788
仪器仪表及文化、办公用机械制造业	240	864	2269	167	11952	
通用仪器仪表制造		442	1842	34	8425	
工业自动控制系统装置制造		442	1842	34	8425	
专用仪器仪表制造	240	421	428	133	3527	
导航、气象及海洋专用仪器制造	240	421	428	133	3527	
工艺品及其他制造业		120	16	82	46	
工艺美术品制造			…	11	31	
金属工艺品制造			…	11	31	
其他未列明的制造业		120	16	71	15	
其他未列明的制造业		120	16	71	15	
电力、燃气及水的生产和供应业	**6293**	**26313**	**22944**	**45793**	**-224948**	**411623**
电力、热力的生产和供应业	1839	22313	22682	39199	-214191	400411
电力生产	315	5381	13762	4141	-298975	393836
火力发电	277	5381	13760	3745	-308342	393836
水力发电	38		2	396	9367	
电力供应	1521		5976	33755	91356	

单位：个、万元、万人

应交所得税	利税总额	本年应付工资总额	本年应付福利费总额	本年应交增值税	本年进项税额	本年销项税额
	8260	9654	847	2764	21468	23039
767	10623	19619	987	5948	32513	33828
145	-839	1010	26		3543	2653
	218	989				
622	11244	17621	961	5948	28969	31175
91	322	1105	104	2	44	20
91	322	1105	104	2	44	20
1771	28259	24618	4748	15177	63613	69570
376	15056	21187	4575	7856	53334	57275
	-1689	4609	247	12	944	956
376	16745	16579	4328	7843	52390	56319
138	241	1631	114	651	550	896
138	241	1631	114	651	550	896
	5351	1416	6	6049	6398	7447
	7113	736		5809	5398	6207
	-1761	680	6	240	1000	1240
1257	7610	385	54	621	3331	3952
1257	7610	385	54	621	3331	3952
806	7104	159304	12725	6808	57222	58776
	7205	138134	11681	2102	44756	40152
	851	3480	100			8
	6354	134654	11581	2102	44756	40144
	-166	1085	115	25	129	137
	-166	1085	115	25	129	137
16	-2590	3299	199	174	291	465
16	-2590	3299	199	174	291	465
126	926	1138		99	197	157
126	926	1138		99	197	157
664	1728	15647	730	4408	11849	17865
664	1728	15647	730	4408	11849	17865
1939	15161	10809	511	2019	11248	12633
844	10344	5444	467	1226	9196	10400
844	10344	5444	467	1226	9196	10400
1095	4816	5365	44	793	2052	2233
1095	4816	5365	44	793	2052	2233
14	315	2709	211	245	658	863
10	235	1513	44	186	609	795
10	235	1513	44	186	609	795
4	80	1196	167	59	49	68
4	80	1196	167	59	49	68
17584	**229048**	**371152**	**23784**	**414085**	**877667**	**1241096**
17478	234936	352104	22119	409851	875878	1235837
8242	-41005	128997	10837	237595	291563	481460
5879	-59140	125560	10435	229477	291453	474510
2363	18134	3437	402	8118	110	6949
9236	281367	214938	10308	171367	581636	751532

2-1-16 续表 31

指标名称	投资收益	补贴收入	营业外收入	营业外支出	利润总额	亏损企业亏损额
电力供应	1521		5976	33755	91356	
热力生产和供应	4	16932	2945	1303	-6572	6575
热力生产和供应	4	16932	2945	1303	-6572	6575
燃气生产和供应业		440		10	-817	817
燃气生产和供应业		440		10	-817	817
燃气生产和供应业		440		10	-817	817
水的生产和供应业	4454	3560	262	6583	-9941	10395
自来水的生产和供应	4454	3560	262	6583	-9941	10395
自来水的生产和供应	4454	3560	262	6583	-9941	10395
五、按行业大类分						
煤炭开采和洗选业	237168	20335	142550	301733	4584053	62890
石油和天然气开采业			8	251	4509	
黑色金属矿采选业			189	2037	62357	
有色金属矿采选业			14	1497	4708	
非金属矿采选业			159	148	-1020	1020
农副食品加工业	140	1182	1693	957	25939	2340
食品制造业	18	1885	328	15022	5113	3653
饮料制造业	1114	173	650	5143	40203	5788
烟草制品业			48	41	19953	
纺织业	4	477	615	346	-4548	6073
纺织服装、鞋、帽制造业	136	1926	1188	115	5634	259
木材加工及木、竹、藤、棕、草制品业					5366	
造纸及纸制品业	4	215	717	362	3985	22
印刷业和记录媒介的复制	110		48	47	-120	927
文教体育用品制造业	95	1218	1206	823	9	4
石油加工、炼焦及核燃料加工业	16797	17512	43238	85363	451144	180993
化学原料及化学制品制造业	1331	41082	21274	48138	166351	32257
医药制造业	566	971	3125	2157	46190	516
化学纤维制造业	26		9	33	-1680	1680
橡胶制品业		570	585	27	7712	
塑料制品业	369		3	3	1707	
非金属矿物制品业	-1113	1687	5984	4819	-6733	32411
黑色金属冶炼及压延加工业	30500	2967	22410	79890	106419	238765
有色金属冶炼及压延加工业	26421	4623	15212	25015	60962	98816
金属制品业			20	1303	947	972
通用设备制造业	512	2656	3012	3714	11811	3313
专用设备制造业	-454	10931	12748	11024	102475	14741
交通运输设备制造业	30031	3587	15342	1324	59826	2664
电气机械及器材制造业	1121	1589	1594	685	9879	4877
通信设备、计算机及其他电子设备制造业	-167	1509	3588	655	-188	19401
仪器仪表及文化、办公用机械制造业	240	864	2269	167	11952	
工艺品及其他制造业		120	16	82	46	
电力、热力的生产和供应业	1839	22313	22682	39199	-214191	400411
燃气生产和供应业		440		10	-817	817
水的生产和供应业	4454	3560	262	6583	-9941	10395

单位：个、万元、万人

应交所得税	利税总额	本年应付工资总额	本年应付福利费总额	本年应交增值税	本年进项税额	本年销项税额
9236	281367	214938	10308	171367	581636	751532
	-5425	8169	975	890	2680	2845
	-5425	8169	975	890	2680	2845
	-363	1276		413	388	802
	-363	1276		413	388	802
	-363	1276		413	388	802
105	-5525	17773	1665	3820	1400	4458
105	-5525	17773	1665	3820	1400	4458
105	-5525	17773	1665	3820	1400	4458
1160606	7577094	3738797	241538	2549612	1897438	4241027
1183	6321	2819	70	929	376	1303
13334	87609	22224	1518	21365	15928	37085
646	9142	8246	157	3773	4309	6948
	-649	2127		340	896	1236
3103	31584	15272	429	5175	35724	38447
933	12873	13291	831	6879	31098	35542
20068	125923	37368	1162	33134	25617	32448
5325	125094	10070	1405	22879	11988	34836
29	-634	11986	981	3585	13654	15245
1177	8581	8098	341	2506	9775	13188
583	5599	536	26	209	2724	4944
1296	5418	3934	186	1287	10416	11704
202	1747	3564	239	1746	3550	5114
4	2121	1682	116	1952	3010	4790
103251	1990204	347745	31122	1356943	1204843	2426774
40234	294736	183128	13718	116198	425588	538430
7558	78952	34435	3586	30328	43791	66627
113	-1047	1064		550	3777	4327
675	10410	5127	256	2209	23459	25043
278	2618	3630	460	674	2151	2903
4191	31936	72825	4337	35398	62387	91895
43532	860132	551152	24705	631942	2656894	3207449
26732	243758	150577	14282	162711	418460	541402
377	5543	6477	342	2563	17504	19653
1413	30364	46771	3936	16990	59394	71921
9005	165679	157553	17785	55219	212848	260253
5785	89955	68462	3911	25857	108684	128837
1771	28259	24618	4748	15177	63613	69570
806	7104	159304	12725	6808	57222	58776
1939	15161	10809	511	2019	11248	12633
14	315	2709	211	245	658	863
17478	234936	352104	22119	409851	875878	1235837
	-363	1276		413	388	802
105	-5525	17773	1665	3820	1400	4458

2-1-16 续表 32

指标名称	全部从业人员年平均人数	产销率(%)	资产负债率(%)	成本费用利润率(%)	每百元资金实现利税(元)
总 计	**1720140**	**97.61**	**67.22**	**7.20**	**14.10**
一、按轻重工业分					
轻工业	107459	91.59	52.25	5.76	15.03
重工业	1612681	97.83	67.69	7.25	14.07
二、按登记注册类型分					
内资企业	**1603637**	**97.63**	**67.53**	**6.98**	**14.07**
国有企业	216312	99.42	66.71	9.25	14.55
集体企业	47044	107.08	67.91	21.21	30.68
股份合作企业	11657	93.12	78.08	4.42	17.45
联营企业	3417	91.56	62.42	11.15	26.87
集体联营企业	2394	99.69	66.16	8.37	22.10
其他联营企业	1023	78.58	50.27	14.82	38.58
有限责任公司	1022378	97.80	68.74	6.14	12.59
国有独资公司	294375	97.43	67.44	5.85	11.30
其他有限责任公司	728003	97.99	69.51	6.28	13.28
股份有限公司	148104	95.78	61.18	8.90	16.75
私营企业	154053	95.42	66.22	5.53	17.97
私营独资企业	3567	95.03	56.43	3.39	15.28
私营合伙企业	300	51.66	21.38	3.13	3.50
私营有限责任公司	142562	95.01	66.39	5.56	18.11
私营股份有限公司	7624	103.29	68.44	5.82	17.41
其他企业	672	84.62	56.93	-0.19	3.49
港澳台商投资企业	**69049**	**97.10**	**70.43**	**-1.49**	**3.04**
与港澳台商合资经营企业	11207	95.80	74.70	-1.99	6.12
与港澳台商合作经营企业	455	114.19	60.14	-4.83	3.20
港澳台商独资企业	53129	96.75	65.16	0.18	0.60
港澳台商投资股份有限公司	4258	107.63	83.04	-7.41	-3.57
外商投资企业	**47454**	**97.54**	**58.63**	**17.47**	**21.11**
中外合资经营企业	36345	99.13	59.09	21.51	26.44
中外合作经营企业	3795	98.46	48.56	17.23	15.37
外资企业	7314	87.44	74.23	-2.76	1.97
三、按控股情况分					
国有控股	1094008	98.57	67.12	6.82	12.30
集体控股	122043	101.09	67.34	16.55	23.60
私人控股	419738	95.62	68.64	5.80	16.74
港澳台商控股	52568	97.11	71.85	1.70	5.30
外商控股	28722	92.68	48.35	43.43	34.82
其他	3061	101.87	69.91	1.38	5.93
四、按国民经济行业分					
采矿业	**820446**	**98.38**	**64.39**	**20.76**	**23.67**
煤炭开采和洗选业	802516	98.39	64.33	20.84	23.79
烟煤和无烟煤的开采洗选	802516	98.39	64.33	20.84	23.79
烟煤和无烟煤的开采洗选	802516	98.39	64.33	20.84	23.79
石油和天然气开采业	742	100.00	80.41	5.92	8.61
天然原油和天然气开采	742	100.00	80.41	5.92	8.61
天然原油和天然气开采	742	100.00	80.41	5.92	8.61

单位：个、万元、万人

每百元固定资产原价实现利税（元）	每百元主营业务收入实现利税（元）	流动资产周转次数（次）	企业亏损面（%）	总资产贡献率（%）
18.03	**14.44**	**2.02**	**27.66**	**12.24**
22.01	14.99	1.79	29.31	13.75
17.91	14.42	2.03	27.46	12.19
18.10	**14.29**	**2.03**	**27.78**	**12.11**
14.23	16.00	2.30	32.84	12.36
60.39	27.02	1.77	6.45	24.74
27.92	17.98	2.00	38.46	17.14
48.26	19.03	2.35		22.23
31.63	18.67	2.22		18.01
184.66	19.56	2.57		35.94
17.10	13.32	1.93	27.80	10.94
14.96	12.37	1.73	22.73	9.40
18.30	13.80	2.06	28.29	11.86
18.48	15.35	2.17	32.91	13.77
32.32	14.39	2.14	29.00	16.09
37.83	13.12	1.61	11.11	14.70
3.37	10.41	2.53		3.01
32.57	14.34	2.16	30.90	16.03
28.89	15.80	2.10	16.67	18.02
3.93	6.32	1.31	50.00	8.55
3.74	**3.83**	**2.09**	**39.13**	**4.75**
7.52	7.52	2.10	33.33	8.14
4.23	2.55	3.09	100.00	7.96
0.71	0.78	2.37	40.00	2.27
-5.46	-5.01	1.03	50.00	-2.94
24.08	**22.95**	**1.92**	**18.60**	**18.87**
45.66	25.92	1.71	16.13	21.64
9.05	24.33	3.10		17.46
2.23	2.09	2.54	33.33	3.53
13.95	13.77	2.02	32.87	10.63
43.64	23.55	1.59	13.50	19.85
29.61	13.85	2.12	29.03	15.06
7.02	6.46	2.10	18.18	6.42
55.88	38.42	1.61	21.74	25.60
13.27	4.13	1.96	25.00	6.73
33.77	**27.81**	**1.70**	**7.29**	**17.84**
33.89	27.95	1.71	7.50	17.88
33.89	27.95	1.71	7.50	17.88
33.89	27.95	1.71	7.50	17.88
97.14	7.71	1.17		7.05
97.14	7.71	1.17		7.05
97.14	7.71	1.17		7.05

2-1-16 续表 33

指标名称	全部从业人员年平均人数	产销率(%)	资产负债率(%)	成本费用利润率(%)	每百元资金实现利税(元)
黑色金属矿采选业	13225	99.80	58.27	28.65	29.81
铁矿采选	12492	98.31	56.08	28.66	28.92
铁矿采选	12492	98.31	56.08	28.66	28.92
其他黑色金属矿采选	733	119.00	83.60	28.59	42.69
其他黑色金属矿采选	733	119.00	83.60	28.59	42.69
有色金属矿采选业	2905	93.03	81.97	3.67	4.26
常用有色金属矿采选	2260	92.51	89.19	3.26	3.75
铜矿采选	886	104.43	32.37	7.13	11.53
铝矿采选	1374	90.45	100.00	2.55	2.62
贵金属矿采选	645	95.63	14.25	5.79	8.34
金矿采选	645	95.63	14.25	5.79	8.34
非金属矿采选业	1058	88.66	39.34	-14.71	-4.26
土砂石开采	1058	88.66	39.34	-14.71	-4.26
石灰石、石膏开采	1058	88.66	39.34	-14.71	-4.26
制造业	**819044**	**96.75**	**68.28**	**2.39**	**9.70**
农副食品加工业	11599	96.55	55.61	4.41	7.19
饲料加工	1757	96.24	57.10	0.94	2.47
饲料加工	1757	96.24	57.10	0.94	2.47
植物油加工	1951	95.90	56.41	4.81	3.59
食用植物油加工	1951	95.90	56.41	4.81	3.59
屠宰及肉类加工	3573	99.13	49.53	5.87	12.37
畜禽屠宰	2932	99.03	48.88	6.32	11.47
肉制品及副产品加工	641	100.00	54.89	3.09	20.67
蔬菜、水果和坚果加工	887	96.37	37.84	1.84	3.38
蔬菜、水果和坚果加工	887	96.37	37.84	1.84	3.38
其他农副食品加工	3431	94.66	62.15	5.13	8.53
淀粉及淀粉制品的制造	3431	94.66	62.15	5.13	8.53
食品制造业	9178	77.88	55.09	2.23	6.12
焙烤食品制造	942	98.76	70.92	10.46	25.95
糕点、面包制造	460	98.99	84.95	6.59	22.68
饼干及其他焙烤食品制造	482	98.40	51.08	20.63	34.54
糖果、巧克力及蜜饯制造	730	89.06	40.36	7.59	7.10
蜜饯制作	730	89.06	40.36	7.59	7.10
方便食品制造	800	97.72	51.18	8.27	35.59
方便面及其他方便食品制造	800	97.72	51.18	8.27	35.59
液体乳及乳制品制造	2603	69.34	44.22	0.78	3.78
液体乳及乳制品制造	2603	69.34	44.22	0.78	3.78
罐头制造	887	74.87	55.63	13.11	24.19
肉、禽类罐头制造	460	73.03	45.42	14.80	30.64
蔬菜、水果罐头制造	427	85.79	69.08	4.46	7.79
调味品、发酵制品制造	2259	85.42	58.37	0.69	3.65
酱油、食醋及类似制品的制造	1764	87.78	59.40	1.33	4.22
其他调味品、发酵制品制造	495	79.08	55.41	-1.23	1.85
其他食品制造	957	86.38	82.88	-14.66	-6.49
冷冻饮品及食用冰制造	350	98.32	47.10	9.10	20.20
食品及饲料添加剂制造	607	82.69	89.55	-21.59	-10.55

单位：个、万元、万人

每百元固定资产原价实现利税（元）	每百元主营业务收入实现利税（元）	流动资产周转次数（次）	企业亏损面（%）	总资产贡献率（%）
50.37	31.28	1.64		26.06
48.84	31.05	1.62		25.80
48.84	31.05	1.62		25.80
72.60	33.77	1.89		29.04
72.60	33.77	1.89		29.04
5.05	6.77	1.24		4.01
4.55	6.41	1.09		3.45
9.96	15.39	1.75		8.44
3.37	4.66	1.01		2.51
8.38	8.48	3.82		9.18
8.38	8.48	3.82		9.18
-3.93	-10.16	0.86	100.00	-3.37
-3.93	-10.16	0.86	100.00	-3.37
-3.93	-10.16	0.86	100.00	-3.37
14.12	**8.57**	**2.12**	**37.12**	**9.46**
13.63	5.22	2.35	21.43	8.55
3.40	0.93	6.47	50.00	5.52
3.40	0.93	6.47	50.00	5.52
7.23	4.84	1.21	33.33	7.07
7.23	4.84	1.21	33.33	7.07
30.98	6.87	2.45		9.83
30.56	6.67	2.41		9.57
33.27	8.15	2.68		11.98
6.92	2.33	2.61		4.33
6.92	2.33	2.61		4.33
14.39	6.66	2.50	25.00	9.80
14.39	6.66	2.50	25.00	9.80
7.62	5.27	2.48	11.76	5.45
53.59	18.23	2.12		16.84
53.87	15.84	2.08		18.69
53.11	24.62	2.26		14.21
22.16	10.59	0.95		5.41
22.16	10.59	0.95		5.41
41.61	13.10	8.54		33.09
41.61	13.10	8.54		33.09
3.45	2.54	3.64		3.29
3.45	2.54	3.64		3.29
71.09	16.01	2.04		16.77
72.87	17.30	2.63		26.97
57.13	9.17	0.93		
5.14	3.90	1.89	33.33	4.06
6.52	4.53	1.88		4.02
2.04	1.94	1.95	100.00	4.20
-7.52	-13.36	1.60	50.00	-3.73
26.47	18.49	3.10		17.21
-12.01	-26.80	1.33	100.00	-7.65

2-1-16 续表 34

指标名称	全部从业人员年平均人数	产销率(%)	资产负债率(%)	成本费用利润率(%)	每百元资金实现利税(元)
饮料制造业	14852	89.42	56.03	9.60	28.70
酒的制造	12966	88.65	55.03	10.37	32.28
白酒制造	10132	87.50	50.67	14.06	37.10
啤酒制造	2834	95.31	79.12	-12.68	2.41
软饮料制造	1886	91.48	60.55	7.24	12.75
碳酸饮料制造	1168	98.69	72.29	3.91	12.60
果菜汁及果菜汁饮料制造	718	87.70	52.81	9.81	12.84
烟草制品业	1259	99.97	23.93	19.43	88.99
卷烟制造	1259	99.97	23.93	19.43	88.99
卷烟制造	1259	99.97	23.93	19.43	88.99
纺织业	13020	96.34	78.43	-3.48	-0.38
棉、化纤纺织及印染精加工	10705	94.18	81.64	-4.08	-0.97
棉、化纤纺织加工	9415	92.33	78.65	-6.17	-1.64
棉、化纤印染精加工	1290	98.51	88.01	0.22	0.74
麻纺织	2315	113.43	52.66	0.75	4.81
麻纺织	2315	113.43	52.66	0.75	4.81
纺织服装、鞋、帽制造业	5474	98.23	55.47	7.34	14.69
纺织服装制造	5474	98.23	55.47	7.34	14.69
纺织服装制造	5474	98.23	55.47	7.34	14.69
木材加工及木、竹、藤、棕、草制品业	330	96.35	52.05	14.96	10.32
人造板制造	330	96.35	52.05	14.96	10.32
纤维板制造	330	96.35	52.05	14.96	10.32
造纸及纸制品业	2868	102.12	42.87	6.15	9.15
造纸	1819	104.35	36.82	2.27	3.03
机制纸及纸板制造	1819	104.35	36.82	2.27	3.03
纸制品制造	1049	101.39	47.78	7.52	14.62
纸和纸板容器的制造	1049	101.39	47.78	7.52	14.62
印刷业和记录媒介的复制	2221	84.15	45.95	-0.37	3.74
印刷	1791	78.72	45.01	-3.94	1.45
书、报、刊印刷	1383	69.67	44.64	-4.58	1.87
包装装潢及其他印刷	408	90.51	45.70	-3.12	0.73
装订及其他印刷服务活动	430	100.00	47.29	9.28	6.80
装订及其他印刷服务活动	430	100.00	47.29	9.28	6.80
文教体育用品制造业	1472	109.41	58.69	0.03	5.02
体育用品制造	1472	109.41	58.69	0.03	5.02
训练健身器材制造	1472	109.41	58.69	0.03	5.02
石油加工、炼焦及核燃料加工业	166051	96.28	72.84	3.21	16.57
精炼石油产品的制造	1505	113.70	79.22	5.30	17.19
原油加工及石油制品制造	1505	113.70	79.22	5.30	17.19
炼焦	164546	96.24	72.80	3.19	16.57
炼焦	164546	96.24	72.80	3.19	16.57
化学原料及化学制品制造业	99915	98.27	62.35	4.32	6.64
基础化学原料制造	23705	98.31	63.13	3.70	7.05
无机碱制造	9454	100.50	64.40	0.20	2.77
无机盐制造	3166	93.23	48.44	5.39	23.86
有机化学原料制造	10587	96.99	67.77	1.68	5.34

单位：个、万元、万人

每百元固定资产原价实现利税（元）	每百元主营业务收入实现利税（元）	流动资产周转次数（次）	企业亏损面（%）	总资产贡献率（%）
51.01	24.87	1.67	45.45	25.99
59.78	29.18	1.52	62.50	28.80
79.25	32.23	1.48	33.33	33.45
2.45	2.91	1.99	80.00	3.13
19.21	9.32	2.55		13.31
12.29	8.72	4.20		11.11
29.79	9.75	2.00		14.76
135.56	61.06	3.04		91.04
135.56	61.06	3.04		91.04
135.56	61.06	3.04		91.04
-0.49	-0.54	1.31	54.55	1.83
-1.27	-1.45	1.29	60.00	1.38
-2.02	-2.61	1.27	75.00	0.30
1.18	0.97	1.32		3.69
6.11	5.03	1.49		5.45
6.11	5.03	1.49		5.45
30.12	10.66	2.06	25.00	13.20
30.12	10.66	2.06	25.00	13.20
30.12	10.66	2.06	25.00	13.20
30.76	13.85	1.11		7.19
30.76	13.85	1.11		7.19
30.76	13.85	1.11		7.19
11.63	8.01	2.74	16.67	10.27
4.08	4.91	2.03		4.29
4.08	4.91	2.03		4.29
17.70	9.07	3.12	50.00	15.12
17.70	9.07	3.12	50.00	15.12
3.43	5.59	1.12	50.00	4.38
1.26	1.77	1.55	66.67	2.84
1.38	2.64	1.57	50.00	2.43
0.90	0.72	1.52	100.00	3.59
6.74	14.38	0.68		6.59
6.74	14.38	0.68		6.59
6.98	7.56	1.35	50.00	7.24
6.98	7.56	1.35	50.00	7.24
6.98	7.56	1.35	50.00	7.24
29.90	13.55	2.12	40.79	15.34
43.92	9.75	2.33		13.03
43.92	9.75	2.33		13.03
29.85	13.58	2.12	41.06	15.36
29.85	13.58	2.12	41.06	15.36
7.24	7.39	2.16	32.35	7.20
8.83	7.49	2.22	23.81	7.19
3.84	3.31	1.85	50.00	3.44
25.87	8.97	4.96		18.98
7.07	5.62	1.98	36.36	6.21

2-1-16 续表 35

指标名称	全部从业人员年平均人数	产销率(%)	资产负债率(%)	成本费用利润率(%)	每百元资金实现利税(元)
其他基础化学原料制造	498	99.88	43.93	47.27	29.48
肥料制造	39231	97.81	65.02	7.19	7.85
氮肥制造	32182	97.57	69.72	7.39	7.68
磷肥制造	611	110.75	62.07	-0.03	5.53
复混肥料制造	6438	98.52	41.85	6.42	8.71
涂料、油墨、颜料及类似产品制造	1808	105.64	50.37	6.23	12.52
油墨及类似产品制造	336	106.29	31.08	2.92	9.87
染料制造	1472	105.13	57.03	8.05	13.56
合成材料制造	9166	98.63	61.10	-1.07	2.63
初级形态的塑料及合成树脂制造	3612	99.86	73.46	-1.43	1.44
合成橡胶制造	2823	95.01	72.32	2.72	7.84
合成纤维单(聚合)体的制造	2731	98.23	49.94	-1.51	2.43
专用化学产品制造	21006	98.22	58.87	2.59	6.35
化学试剂和助剂制造	692	98.39	59.26	0.59	10.26
专项化学用品制造	324	93.63	56.14	2.10	4.69
炸药及火工产品制造	17993	98.38	61.61	1.99	4.69
其他专用化学产品制造	1997	98.36	39.90	8.91	17.97
日用化学产品制造	4999	97.82	47.44	1.22	4.29
肥皂及合成洗涤剂制造	4999	97.82	47.44	1.22	4.29
医药制造业	16823	84.26	54.67	10.44	14.66
化学药品原药制造	4390	82.39	59.12	3.81	5.92
化学药品原药制造	4390	82.39	59.12	3.81	5.92
化学药品制剂制造	7918	78.73	51.86	19.44	20.23
化学药品制剂制造	7918	78.73	51.86	19.44	20.23
中成药制造	2591	99.53	56.40	11.07	18.88
中成药制造	2591	99.53	56.40	11.07	18.88
生物、生化制品的制造	692	90.95	56.81	14.54	27.99
生物、生化制品的制造	692	90.95	56.81	14.54	27.99
卫生材料及医药用品制造	1232	95.86	41.77	5.12	8.14
卫生材料及医药用品制造	1232	95.86	41.77	5.12	8.14
化学纤维制造业	1062	86.27	41.17	-6.29	-4.24
纤维素纤维原料及纤维制造	1062	86.27	41.17	-6.29	-4.24
人造纤维(纤维素纤维)制造	1062	86.27	41.17	-6.29	-4.24
橡胶制品业	2988	95.54	57.52	6.18	7.33
轮胎制造	2678	94.62	62.01	4.92	5.65
车辆、飞机及工程机械轮胎制造	2678	94.62	62.01	4.92	5.65
橡胶板、管、带的制造	310	99.02	29.34	11.23	15.09
橡胶板、管、带的制造	310	99.02	29.34	11.23	15.09
塑料制品业	2546	99.56	43.47	2.88	6.29
塑料薄膜制造	540	98.17	29.66	3.48	6.05
塑料薄膜制造	540	98.17	29.66	3.48	6.05
塑料丝、绳及编织品的制造	2006	101.27	56.11	2.30	6.47
塑料丝、绳及编织品的制造	2006	101.27	56.11	2.30	6.47
非金属矿物制品业	43796	95.72	77.29	-0.91	2.85
水泥、石灰和石膏的制造	12593	93.31	85.72	-8.59	-0.28
水泥制造	12593	93.31	85.72	-8.59	-0.28

单位：个、万元、万人

每百元固定资产原价实现利税(元)	每百元主营业务收入实现利税(元)	流动资产周转次数(次)	企业亏损面(%)	总资产贡献率(%)
22.35	41.20	50.19		28.03
7.45	8.76	2.36	33.33	8.62
7.81	8.55	2.70	31.82	8.47
9.04	5.69	1.78	100.00	9.17
6.26	9.83	1.48		9.37
23.14	9.72	1.88		13.92
15.83	6.31	1.92		9.75
26.68	11.51	1.85		15.36
2.76	2.75	2.58	50.00	3.61
1.83	1.19	2.83	50.00	4.25
8.46	9.11	1.90		3.77
2.26	3.10	2.54	100.00	3.19
8.65	7.91	1.58	46.67	6.57
14.42	6.84	2.82	50.00	11.91
5.46	5.26	3.56		7.01
6.46	6.36	1.44	54.55	4.66
23.12	19.39	1.67		17.36
6.63	7.26	1.00		4.61
6.63	7.26	1.00		4.61
20.29	16.21	1.78	13.04	13.61
6.45	5.59	3.16		7.38
6.45	5.59	3.16		7.38
33.26	25.07	1.41	9.09	16.40
33.26	25.07	1.41	9.09	16.40
32.79	23.57	1.32	40.00	17.52
32.79	23.57	1.32	40.00	17.52
46.99	23.17	1.48		26.00
46.99	23.17	1.48		26.00
10.10	13.07	1.01		7.33
10.10	13.07	1.01		7.33
-18.61	-4.17	1.18	100.00	-3.27
-18.61	-4.17	1.18	100.00	-3.27
-18.61	-4.17	1.18	100.00	-3.27
9.38	8.11	1.80		7.87
6.79	6.54	1.74		6.62
6.79	6.54	1.74		6.62
27.36	13.86	2.03		15.74
27.36	13.86	2.03		15.74
9.00	4.33	2.30		6.70
8.97	3.44	2.84		6.00
8.97	3.44	2.84		6.00
9.01	5.24	1.93		7.34
9.01	5.24	1.93		7.34
3.68	4.33	1.32	42.31	4.77
-0.31	-0.69	0.83	42.11	2.49
-0.31	-0.69	0.83	42.11	2.49

2-1-16 续表 36

指标名称	全部从业人员年平均人数	产销率(%)	资产负债率(%)	成本费用利润率(%)	每百元资金实现利税(元)
水泥及石膏制品制造	1145	102.85	59.41	2.58	6.25
水泥制品制造	1145	102.85	59.41	2.58	6.25
砖瓦、石材及其他建筑材料制造	4989	96.60	51.66	3.82	21.41
粘土砖瓦及建筑砌块制造	1160	92.97	78.26	4.13	23.11
建筑陶瓷制品制造	1643	99.40	105.36	-6.29	-2.23
建筑用石加工	2186	96.45	19.66	5.02	31.39
玻璃及玻璃制品制造	14204	95.57	76.43	-0.52	1.75
平板玻璃制造	1060	93.27	97.30	-11.03	-4.70
技术玻璃制品制造	2600	94.83	78.45	-1.73	0.44
日用玻璃制品及玻璃包装容器制造	10544	97.31	54.84	5.93	12.07
陶瓷制品制造	1710	102.01	95.64	-2.02	5.53
日用陶瓷制品制造	1710	102.01	95.64	-2.02	5.53
耐火材料制品制造	4233	87.85	76.33	1.73	6.28
耐火陶瓷制品及其他耐火材料制造	4233	87.85	76.33	1.73	6.28
石墨及其他非金属矿物制品制造	4922	100.49	52.47	5.68	8.57
石墨及碳素制品制造	4572	99.82	54.92	5.76	8.88
其他非金属矿物制品制造	350	204.93	4.04	2.04	3.74
黑色金属冶炼及压延加工业	153999	97.94	67.44	0.61	7.14
炼铁	33436	92.89	70.26	-0.16	8.92
炼铁	33436	92.89	70.26	-0.16	8.92
炼钢	21847	98.36	73.57	-1.10	4.58
炼钢	21847	98.36	73.57	-1.10	4.58
钢压延加工	89658	98.77	66.13	0.98	6.85
钢压延加工	89658	98.77	66.13	0.98	6.85
铁合金冶炼	9058	96.95	71.35	2.75	13.57
铁合金冶炼	9058	96.95	71.35	2.75	13.57
有色金属冶炼及压延加工业	72382	96.02	66.25	1.73	5.42
常用有色金属冶炼	67176	96.49	66.32	1.29	5.09
铜冶炼	9559	95.39	32.73	5.94	12.29
铅锌冶炼	1360	84.01	82.07	0.75	2.95
铝冶炼	35368	96.61	71.71	-0.30	2.93
镁冶炼	20889	97.55	61.13	3.39	15.97
贵金属冶炼	360	109.34	64.88	17.79	16.72
银冶炼	360	109.34	64.88	17.79	16.72
稀有稀土金属冶炼	720	105.49	74.15	15.22	40.36
稀土金属冶炼	720	105.49	74.15	15.22	40.36
有色金属合金制造	1046	89.23	102.19	9.89	203.60
有色金属合金制造	1046	89.23	102.19	9.89	203.60
有色金属压延加工	3080	82.30	61.89	5.07	6.07
常用有色金属压延加工	2660	82.27	61.00	4.99	5.93
稀有稀土金属压延加工	420	83.28	87.52	8.35	8.44
金属制品业	5234	96.36	83.27	0.82	5.17
结构性金属制品制造	1713	101.04	80.55	1.57	4.95
金属结构制造	1323	101.25	90.04	0.65	4.29
金属门窗制造	390	99.51	39.98	8.36	7.76
金属工具制造	736	10.09	86.07	0.09	1.30

单位：个、万元、万人

每百元固定资产原价实现利税（元）	每百元主营业务收入实现利税（元）	流动资产周转次数（次）	企业亏损面（%）	总资产贡献率（%）
7.38	8.19	1.61		6.01
7.38	8.19	1.61		6.01
36.53	6.67	6.01	20.00	23.00
44.79	12.29	2.22		15.07
-2.43	-2.12	3.45	50.00	1.92
69.55	7.32	7.18		35.13
2.79	2.96	1.17	62.50	3.06
-6.42	-10.37	1.42	100.00	-5.00
0.84	1.02	0.75	100.00	2.21
15.33	10.41	2.41	50.00	11.58
9.26	7.01	1.27	100.00	8.29
9.26	7.01	1.27	100.00	8.29
11.47	10.62	0.89	25.00	9.02
11.47	10.62	0.89	25.00	9.02
11.41	8.34	2.35	41.67	9.80
11.86	8.30	2.34	45.45	10.04
4.79	9.96	2.60		5.14
9.50	4.83	2.85	46.07	7.00
13.29	6.07	2.59	48.00	8.14
13.29	6.07	2.59	48.00	8.14
7.49	2.16	3.74	55.56	5.12
7.49	2.16	3.74	55.56	5.12
8.56	4.93	2.80	40.00	6.73
8.56	4.93	2.80	40.00	6.73
27.66	9.41	2.27	40.00	14.19
27.66	9.41	2.27	40.00	14.19
6.25	6.86	1.95	47.83	6.32
5.75	6.56	1.98	53.85	6.12
23.19	11.44	1.67	50.00	9.68
3.84	9.19	0.86		6.21
3.08	4.49	1.91	57.14	4.69
21.41	9.86	2.92	54.55	12.25
18.61	31.69	1.53		16.54
18.61	31.69	1.53		16.54
157.18	19.12	2.62		44.93
157.18	19.12	2.62		44.93
66.11	15.22	16.81		17.70
66.11	15.22	16.81		17.70
15.15	6.72	1.29	25.00	5.39
14.77	6.37	1.34	33.33	5.28
21.61	18.00	0.62		8.48
19.57	4.73	1.28	50.00	6.47
29.51	3.40	1.64	50.00	6.48
58.43	2.72	1.61	66.67	6.28
13.68	8.15	1.91		7.38
3.46	7.32	0.21		1.20

2-1-16 续表 37

指标名称	全部从业人员年平均人数	产销率(%)	资产负债率(%)	成本费用利润率(%)	每百元资金实现利税(元)
切削工具制造	736	10.09	86.07	0.09	1.30
建筑、安全用金属制品制造	2785	96.40	86.47	-1.38	8.06
建筑装饰及水暖管道零件制造	2785	96.40	86.47	-1.38	8.06
通用设备制造业	24899	97.52	73.27	2.31	4.84
锅炉及原动机制造	5398	92.18	70.08	2.59	1.77
锅炉及辅助设备制造	2142	89.37	86.71	0.13	0.79
内燃机及配件制造	3256	94.08	57.13	4.11	2.61
金属加工机械制造	989	83.37	85.69	0.06	1.17
金属切削机床制造	989	83.37	85.69	0.06	1.17
起重运输设备制造	800	77.51	81.82	0.34	5.54
起重运输设备制造	800	77.51	81.82	0.34	5.54
泵、阀门、压缩机及类似机械的制造	5760	99.44	69.30	0.34	3.19
泵及真空设备制造	3442	99.46	59.29	2.11	4.54
阀门和旋塞的制造	476	102.14	94.83	2.54	7.56
液压和气压动力机械及元件制造	1842	98.95	75.39	-2.04	0.86
风机、衡器、包装设备等通用设备制造	703	97.68	68.81	...	3.39
其他通用设备制造	703	97.68	68.81	...	3.39
通用零部件制造及机械修理	4000	118.40	88.17	1.06	7.37
机械零部件加工及设备修理	4000	118.40	88.17	1.06	7.37
金属铸、锻加工	7249	96.49	71.60	3.86	9.37
钢铁铸件制造	4701	96.58	71.10	4.58	10.19
锻件及粉末冶金制品制造	2548	96.35	72.50	2.64	7.86
专用设备制造业	65150	96.07	66.43	4.25	5.62
矿山、冶金、建筑专用设备制造	24184	96.78	69.01	6.04	8.20
采矿、采石设备制造	21223	96.57	68.64	6.15	7.97
石油钻采专用设备制造	1020	103.55	80.14	7.61	17.34
冶金专用设备制造	1941	90.17	67.95	-0.69	2.87
化工、木材、非金属加工专用设备制造	683	69.73	77.96	10.98	10.48
炼油、化工生产专用设备制造	683	69.73	77.96	10.98	10.48
印刷、制药、日化生产专用设备制造	304	93.16	63.80	5.76	14.44
印刷专用设备制造	304	93.16	63.80	5.76	14.44
纺织、服装和皮革工业专用设备制造	8269	108.81	72.64	-7.53	-4.05
纺织专用设备制造	8269	108.81	72.64	-7.53	-4.05
电子和电工机械专用设备制造	30311	95.56	62.08	3.24	3.51
电子工业专用设备制造	508	144.51	34.87	14.76	21.47
航空、航天及其他专用设备制造	3327	98.07	62.92	6.71	5.00
农、林、牧、渔专用机械制造	1000	79.40	35.17	1.39	1.82
拖拉机制造	1000	79.40	35.17	1.39	1.82
环保、社会公共安全及其他专用设备制造	399	105.74	53.00	3.81	2.49
环境污染防治专用设备制造	399	105.74	53.00	3.81	2.49
交通运输设备制造业	24436	99.35	75.96	7.39	10.15
铁路运输设备制造	12393	99.28	79.44	10.32	15.42
铁路机车车辆及动车组制造	4427	99.87	86.95	10.53	12.90
铁路机车车辆配件制造	3403	100.01	64.23	20.41	33.25
铁路专用设备及器材、配件制造	1107	93.37	51.52	4.18	7.84

单位：个、万元、万人

每百元固定资产原价实现利税(元)	每百元主营业务收入实现利税(元)	流动资产周转次数(次)	企业亏损面(%)	总资产贡献率(%)
3.46	7.32	0.21		1.20
20.57	8.78	1.15	66.67	10.08
20.57	8.78	1.15	66.67	10.08
8.26	5.79	1.34	30.77	5.75
3.35	3.36	0.86		3.40
3.61	1.85	0.51		2.50
3.28	4.25	1.47		4.10
2.93	1.96	0.78		0.97
2.93	1.96	0.78		0.97
6.02	3.98	5.27		1.75
6.02	3.98	5.27		1.75
5.15	3.50	1.40	42.86	3.31
6.42	6.21	1.27	50.00	4.58
22.86	6.39	1.28		7.24
1.53	0.79	1.57	50.00	1.27
7.00	2.22	1.74		4.75
7.00	2.22	1.74		4.75
14.42	7.36	1.54	25.00	7.20
14.42	7.36	1.54	25.00	7.20
13.58	8.44	1.87	40.00	11.60
13.89	9.53	1.93	66.67	12.99
12.91	6.62	1.77		9.10
12.13	6.58	1.21	27.27	5.38
26.98	9.02	1.13	18.75	7.24
27.98	9.23	1.05	8.33	6.85
44.97	9.04	3.29		20.37
4.44	3.74	1.01	66.67	4.95
30.12	12.09	1.08		9.34
30.12	12.09	1.08		9.34
25.26	12.31	1.43		5.41
25.26	12.31	1.43		5.41
-6.27	-5.94	0.99	100.00	-4.22
-6.27	-5.94	0.99	100.00	-4.22
5.24	4.37	1.43	30.00	3.74
61.49	17.82	1.47		19.87
10.42	7.67	0.93		6.65
3.14	1.74	2.44		3.02
3.14	1.74	2.44		3.02
9.12	3.79	0.83		4.03
9.12	3.79	0.83		4.03
21.11	11.29	1.24	34.78	10.14
42.98	14.25	1.36	12.50	13.72
42.82	13.73	1.12		11.67
56.06	27.13	1.94		31.75
30.93	8.96	1.04		6.38

2-1-16 续表 38

指标名称	全部从业人员年平均人数	产销率(%)	资产负债率(%)	成本费用利润率(%)	每百元资金实现利税(元)
其他铁路设备制造及设备修理	3456	99.57	83.60	3.76	8.23
汽车制造	11205	99.51	71.22	0.82	2.95
汽车整车制造	307	84.87	55.53	-4.95	-2.90
改装汽车制造	396	85.44	69.78	3.65	1.05
汽车零部件及配件制造	10502	101.13	73.35	1.18	3.62
航空航天器制造	838	100.00	51.98	5.80	2.48
飞机制造及修理	838	100.00	51.98	5.80	2.48
电气机械及器材制造业	12286	90.61	84.26	2.58	7.54
电机制造	9558	90.83	86.22	2.12	4.93
发电机及发电机组制造	1941	100.00	33.13	-11.14	-9.77
电动机制造	7617	90.40	88.91	2.87	5.81
输配电及控制设备制造	744	84.34	91.92	-2.27	1.39
配电开关控制设备制造	744	84.34	91.92	-2.27	1.39
电线、电缆、光缆及电工器材制造	1613	88.92	76.66	-1.54	14.72
电线电缆制造	818	87.37	55.62	2.89	35.34
光纤、光缆制造	795	100.21	109.27	-18.25	-10.85
电池制造	371	96.73	66.76	28.12	47.83
电池制造	371	96.73	66.76	28.12	47.83
通信设备、计算机及其他电子设备制造业	60553	96.64	72.56	-0.02	0.54
通信设备制造	47712	97.31	70.46	0.80	0.79
通信传输设备制造	913	100.00	82.02	7.28	0.81
移动通信及终端设备制造	46799	97.20	69.24	0.68	0.79
雷达及配套设备制造	658	80.55	124.71	-1.58	-1.17
雷达及配套设备制造	658	80.55	124.71	-1.58	-1.17
电子计算机制造	3328	104.30	111.96	-14.65	-4.45
电子计算机整机制造	3328	104.30	111.96	-14.65	-4.45
电子器件制造	597	100.00	17.06	22.37	18.63
光电子器件及其他电子器件制造	597	100.00	17.06	22.37	18.63
电子元件制造	8258	93.71	71.70	-2.18	0.54
电子元件及组件制造	8258	93.71	71.70	-2.18	0.54
仪器仪表及文化、办公用机械制造业	3467	99.64	58.82	12.55	7.36
通用仪器仪表制造	1405	97.53	59.87	13.32	7.69
工业自动控制系统装置制造	1405	97.53	59.87	13.32	7.69
专用仪器仪表制造	2062	105.47	57.15	11.04	6.74
导航、气象及海洋专用仪器制造	2062	105.47	57.15	11.04	6.74
工艺品及其他制造业	1184	69.98	22.34	0.42	1.09
工艺美术品制造	330	48.58	22.90	0.66	2.43
金属工艺品制造	330	48.58	22.90	0.66	2.43
其他未列明的制造业	854	97.85	21.99	0.24	0.41
其他未列明的制造业	854	97.85	21.99	0.24	0.41
电力、燃气及水的生产和供应业	**80650**	**100.64**	**72.81**	**-2.99**	**2.24**
电力、热力的生产和供应业	72668	100.66	73.72	-2.88	2.36
电力生产	36099	101.55	73.35	-8.84	-0.65
火力发电	35117	102.08	73.43	-9.22	-0.99
水力发电	982	81.47	71.81	24.51	5.84
电力供应	34042	100.00	74.21	2.30	8.21

单位：个、万元、万人

每百元固定资产原价实现利税(元)	每百元主营业务收入实现利税(元)	流动资产周转次数(次)	企业亏损面(%)	总资产贡献率(%)
24.69	5.81	1.74	50.00	7.66
4.69	4.49	1.03	50.00	4.66
-10.05	-5.53	0.54	100.00	-2.61
3.41	3.53	0.39		0.18
5.31	5.22	1.16	50.00	5.89
2.07	5.99	0.85		2.49
2.07	5.99	0.85		2.49
16.36	7.22	1.32	36.36	7.82
12.84	5.11	1.19	20.00	6.16
-16.53	-12.26	1.42	100.00	-9.14
15.65	5.96	1.18		6.93
4.20	1.18	1.37	50.00	1.34
4.20	1.18	1.37	50.00	1.34
16.27	10.10	2.16	66.67	10.20
52.41	16.36	3.51	50.00	20.70
-9.12	-18.54	0.78	100.00	-6.07
45.01	32.74	2.56		32.98
45.01	32.74	2.56		32.98
0.73	0.88	1.43	55.56	1.70
1.05	1.12	1.78	33.33	2.27
3.80	5.35	0.17		0.53
0.96	1.02	2.34	50.00	2.45
-2.04	-1.56	1.15	100.00	-0.39
-2.04	-1.56	1.15	100.00	-0.39
-4.53	-16.95	0.70	100.00	-2.33
-4.53	-16.95	0.70	100.00	-2.33
26.15	20.60	1.32		
26.15	20.60	1.32		
0.81	1.24	0.81	66.67	0.65
0.81	1.24	0.81	66.67	0.65
22.71	13.57	0.71		7.24
43.48	13.59	0.64		8.27
43.48	13.59	0.64		8.27
11.21	13.51	0.91		5.57
11.21	13.51	0.91		5.57
1.26	2.88	1.19		0.94
3.01	4.96	1.65		2.85
3.01	4.96	1.65		2.85
0.47	1.29	0.98		-0.27
0.47	1.29	0.98		-0.27
1.56	**3.11**	**3.46**	**62.96**	**4.00**
1.62	3.23	3.63	63.04	4.13
-0.44	-1.33	2.27	69.23	2.09
-0.66	-1.95	2.39	72.97	1.81
5.29	37.38	0.54		7.48
5.76	6.83	7.84		8.32

2-1-16 续表 39

指标名称	全部从业人员年平均人数	产销率(%)	资产负债率(%)	成本费用利润率(%)	每百元资金实现利税(元)
电力供应	34042	100.00	74.21	2.30	8.21
热力生产和供应	2527	99.52	77.02	-7.27	-2.11
热力生产和供应	2527	99.52	77.02	-7.27	-2.11
燃气生产和供应业	967	100.00	77.64	-13.87	-1.33
燃气生产和供应业	967	100.00	77.64	-13.87	-1.33
燃气生产和供应业	967	100.00	77.64	-13.87	-1.33
水的生产和供应业	7015	98.57	35.89	-10.90	-2.37
自来水的生产和供应	7015	98.57	35.89	-10.90	-2.37
自来水的生产和供应	7015	98.57	35.89	-10.90	-2.37
五、按行业大类分					
煤炭开采和洗选业	802516	98.39	64.33	20.84	23.79
石油和天然气开采业	742	100.00	80.41	5.92	8.61
黑色金属矿采选业	13225	99.80	58.27	28.65	29.81
有色金属矿采选业	2905	93.03	81.97	3.67	4.26
非金属矿采选业	1058	88.66	39.34	-14.71	-4.26
农副食品加工业	11599	96.55	55.61	4.41	7.19
食品制造业	9178	77.88	55.09	2.23	6.12
饮料制造业	14852	89.42	56.03	9.60	28.70
烟草制品业	1259	99.97	23.93	19.43	88.99
纺织业	13020	96.34	78.43	-3.48	-0.38
纺织服装、鞋、帽制造业	5474	98.23	55.47	7.34	14.69
木材加工及木、竹、藤、棕、草制品业	330	96.35	52.05	14.96	10.32
造纸及纸制品业	2868	102.12	42.87	6.15	9.15
印刷业和记录媒介的复制	2221	84.15	45.95	-0.37	3.74
文教体育用品制造业	1472	109.41	58.69	0.03	5.02
石油加工、炼焦及核燃料加工业	166051	96.28	72.84	3.21	16.57
化学原料及化学制品制造业	99915	98.27	62.35	4.32	6.64
医药制造业	16823	84.26	54.67	10.44	14.66
化学纤维制造业	1062	86.27	41.17	-6.29	-4.24
橡胶制品业	2988	95.54	57.52	6.18	7.33
塑料制品业	2546	99.56	43.47	2.88	6.29
非金属矿物制品业	43796	95.72	77.29	-0.91	2.85
黑色金属冶炼及压延加工业	153999	97.94	67.44	0.61	7.14
有色金属冶炼及压延加工业	72382	96.02	66.25	1.73	5.42
金属制品业	5234	96.36	83.27	0.82	5.17
通用设备制造业	24899	97.52	73.27	2.31	4.84
专用设备制造业	65150	96.07	66.43	4.25	5.62
交通运输设备制造业	24436	99.35	75.96	7.39	10.15
电气机械及器材制造业	12286	90.61	84.26	2.58	7.54
通信设备、计算机及其他电子设备制造业	60553	96.64	72.56	-0.02	0.54
仪器仪表及文化、办公用机械制造业	3467	99.64	58.82	12.55	7.36
工艺品及其他制造业	1184	69.98	22.34	0.42	1.09
电力、热力的生产和供应业	72668	100.66	73.72	-2.88	2.36
燃气生产和供应业	967	100.00	77.64	-13.87	-1.33
水的生产和供应业	7015	98.57	35.89	-10.90	-2.37

单位：个、万元、万人

每百元固定资产原价实现利税（元）	每百元主营业务收入实现利税（元）	流动资产周转次数（次）	企业亏损面（%）	总资产贡献率（%）
5.76	6.83	7.84		8.32
-1.85	-8.36	0.56	66.67	1.87
-1.85	-8.36	0.56	66.67	1.87
-1.29	-7.97	0.62	100.00	-0.17
-1.29	-7.97	0.62	100.00	-0.17
-1.29	-7.97	0.62	100.00	-0.17
-2.51	-6.92	0.70	57.14	-0.81
-2.51	-6.92	0.70	57.14	-0.81
-2.51	-6.92	0.70	57.14	-0.81
33.89	27.95	1.71	7.50	17.88
97.14	7.71	1.17		7.05
50.37	31.28	1.64		26.06
5.05	6.77	1.24		4.01
-3.93	-10.16	0.86	100.00	-3.37
13.63	5.22	2.35	21.43	8.55
7.62	5.27	2.48	11.76	5.45
51.01	24.87	1.67	45.45	25.99
135.56	61.06	3.04		91.04
-0.49	-0.54	1.31	54.55	1.83
30.12	10.66	2.06	25.00	13.20
30.76	13.85	1.11		7.19
11.63	8.01	2.74	16.67	10.27
3.43	5.59	1.12	50.00	4.38
6.98	7.56	1.35	50.00	7.24
29.90	13.55	2.12	40.79	15.34
7.24	7.39	2.16	32.35	7.20
20.29	16.21	1.78	13.04	13.61
-18.61	-4.17	1.18	100.00	-3.27
9.38	8.11	1.80		7.87
9.00	4.33	2.30		6.70
3.68	4.33	1.32	42.31	4.77
9.50	4.83	2.85	46.07	7.00
6.25	6.86	1.95	47.83	6.32
19.57	4.73	1.28	50.00	6.47
8.26	5.79	1.34	30.77	5.75
12.13	6.58	1.21	27.27	5.38
21.11	11.29	1.24	34.78	10.14
16.36	7.22	1.32	36.36	7.82
0.73	0.88	1.43	55.56	1.70
22.71	13.57	0.71		7.24
1.26	2.88	1.19		0.94
1.62	3.23	3.63	63.04	4.13
-1.29	-7.97	0.62	100.00	-0.17
-2.51	-6.92	0.70	57.14	-0.81

2-1-17 规模以上私营控股

指标名称	企业单位数	亏损企业	工业总产值（当年价格）	工业销售产值（当年价格）	出口交货值
总　计	**2967**	**832**	**39729409**	**38354622**	**1093647**
一、按轻重工业分					
轻工业	476	128	2536169	2365252	137467
重工业	2491	704	37193241	35989370	956180
二、按登记注册类型分					
内资企业	**2907**	**815**	**37581095**	**36221319**	**689607**
集体企业	15	5	94945	91975	
股份合作企业	29	7	596912	534203	112
联营企业	5	1	23124	30921	
集体联营企业	2	1	4989	4916	
其他联营企业	3		18135	26005	
有限责任公司	1106	333	17024521	16568370	194712
其他有限责任公司	1106	333	17024521	16568370	194712
股份有限公司	158	53	3363538	3085020	73015
私营企业	1580	411	16379809	15811550	421768
私营独资企业	237	53	1641273	1584866	3005
私营合伙企业	37	7	179104	172077	
私营有限责任公司	1202	324	13709186	13222771	363290
私营股份有限公司	104	27	850247	831836	55473
其他企业	14	5	98245	99279	
港澳台商投资企业	**26**	**10**	**540505**	**502858**	**85657**
与港澳台商合资经营企业	23	9	522715	484176	78042
与港澳台商合作经营企业	2		7619	7338	
港澳台商投资股份有限公司	1	1	10171	11345	7616
外商投资企业	**34**	**7**	**1607810**	**1630445**	**318383**
中外合资经营企业	32	7	1563558	1591525	318383
中外合作经营企业	1		32511	27313	
外资企业	1		11741	11607	
三、按国民经济行业分					
采矿业	**1110**	**198**	**10201939**	**10124918**	**87**
煤炭开采和洗选业	926	164	9139821	9141010	87
烟煤和无烟煤的开采洗选	926	164	9139821	9141010	87
烟煤和无烟煤的开采洗选	926	164	9139821	9141010	87
黑色金属矿采选业	170	30	973984	894660	
铁矿采选	159	29	915953	827980	
铁矿采选	159	29	915953	827980	
其他黑色金属矿采选	11	1	58030	66681	
其他黑色金属矿采选	11	1	58030	66681	
有色金属矿采选业	8	3	72248	73750	
常用有色金属矿采选	6	2	46533	49144	
铜矿采选	2		14991	15735	
铅锌矿采选	3	2	30074	31755	
铝矿采选	1		1468	1654	
贵金属矿采选	2	1	25715	24606	
金矿采选	2	1	25715	24606	
非金属矿采选业	6	1	15886	15498	
土砂石开采	6	1	15886	15498	
石灰石、石膏开采	2		1152	912	
建筑装饰用石开采	2		9083	9096	
粘土及其他土砂石开采	2	1	5650	5491	

工业企业主要经济指标

单位：个、万元、人

资产总计	流动资产合计	应收帐款	存货	产成品	流动资产年平均余额
39515537	**19452904**	**3407394**	**5946247**	**2951116**	**17825154**
3005123	1421258	256978	550257	289268	1307361
36510414	18031646	3150416	5395990	2661848	16517793
37268353	**18260557**	**3194446**	**5603220**	**2736781**	**16651617**
131278	52655	12218	9669	2407	45860
692483	340512	30593	98665	37283	271486
61002	23930	5401	3978	2953	19043
7331	4787	-343	179	9	3754
53671	19142	5745	3800	2943	15290
17780734	8318506	1385631	2574472	1193363	7672419
17780734	8318506	1385631	2574472	1193363	7672419
3499703	1904087	326915	474595	204200	1667367
15016762	7564207	1422061	2407807	1269572	6924341
955307	548031	102199	173126	101178	538519
137402	55731	10373	19374	11457	49621
13134448	6558403	1221362	2078507	1084792	5945521
789605	402042	88127	136800	72145	390681
86391	56662	11627	34035	27004	51101
566021	**265915**	**38235**	**93893**	**54673**	**262441**
542779	252350	35700	91319	53144	251045
9334	3748	1313	1014	814	3707
13908	9816	1223	1560	715	7689
1681163	**926432**	**174713**	**249133**	**159662**	**911096**
1569953	892261	171332	242199	155396	873230
108994	33680	3268	6678	4009	37170
2215	490	113	257	257	695
9138951	**4856540**	**1222384**	**736411**	**410102**	**4225714**
8136740	4319510	1104117	569424	305841	3727360
8136740	4319510	1104117	569424	305841	3727360
8136740	4319510	1104117	569424	305841	3727360
897528	488031	98561	154264	97196	448300
825043	437977	93041	125810	71725	405612
825043	437977	93041	125810	71725	405612
72485	50053	5519	28454	25471	42688
72485	50053	5519	28454	25471	42688
59583	26386	9971	10308	6165	25218
35182	21205	9971	7394	4933	18902
20108	11215	7602	2007	1218	9206
14444	9573	2172	5240	3573	9249
630	417	198	147	142	447
24402	5181		2914	1232	6317
24402	5181		2914	1232	6317
45100	22613	9735	2416	901	24835
45100	22613	9735	2416	901	24835
5815	2623	1692	387	323	1912
7014	6399	6240	160	160	6692
32271	13591	1803	1870	418	16232

2-1-17 续表 1

指标名称	企业单位数	亏损企业	工业总产值（当年价格）	工业销售产值（当年价格）	出口交货值
制造业	**1833**	**621**	**29447803**	**28150332**	**1093560**
农副食品加工业	115	25	924530	894102	18267
谷物磨制	14	2	29726	29086	
谷物磨制	14	2	29726	29086	
饲料加工	25	6	219176	215215	
饲料加工	25	6	219176	215215	
植物油加工	12	4	141357	136438	
食用植物油加工	11	4	137048	131998	
非食用植物油加工	1		4309	4439	
制糖	1	1	7412	4608	
制糖	1	1	7412	4608	
屠宰及肉类加工	26	6	243827	238272	1528
畜禽屠宰	10	3	195500	190994	1042
肉制品及副产品加工	16	3	48327	47278	486
蔬菜、水果和坚果加工	15	1	43749	42968	16572
蔬菜、水果和坚果加工	15	1	43749	42968	16572
其他农副食品加工	22	5	239283	227515	166
淀粉及淀粉制品的制造	17	4	233083	221686	
豆制品制造	1	1	969	978	
蛋品加工	1		1700	1700	
其他未列明的农副食品加工	3		3531	3151	166
食品制造业	69	8	410349	352106	2148
焙烤食品制造	10	1	21104	21527	
糕点、面包制造	5	1	9589	9541	
饼干及其他焙烤食品制造	5		11516	11986	
糖果、巧克力及蜜饯制造	9	1	27353	25600	
糖果、巧克力制造	1		1761	1709	
蜜饯制作	8	1	25592	23890	
方便食品制造	5		35030	34518	
米、面制品制造	2		6615	6200	
速冻食品制造	1		2269	2711	
方便面及其他方便食品制造	2		26147	25606	
液体乳及乳制品制造	18	1	192399	153054	
液体乳及乳制品制造	18	1	192399	153054	
罐头制造	9	1	46345	36975	2148
肉、禽类罐头制造	3		37523	29707	
蔬菜、水果罐头制造	6	1	8822	7268	2148
调味品、发酵制品制造	12	4	62021	56304	
酱油、食醋及类似制品的制造	11	4	58521	53829	
其他调味品、发酵制品制造	1		3500	2475	
其他食品制造	6		26097	24130	
营养、保健食品制造	3		5622	3486	
冷冻饮品及食用冰制造	1		5547	5454	
食品及饲料添加剂制造	2		14928	15190	

单位：个、万元、人

资产总计	流动资产合计	应收帐款	存货	产成品	流动资产年平均余额
30049197	**14526173**	**2177031**	**5202016**	**2540331**	**13533768**
904276	445376	61717	186967	113396	427388
40925	16418	3531	7096	3380	16488
40925	16418	3531	7096	3380	16488
96815	44605	6608	20598	6025	45428
96815	44605	6608	20598	6025	45428
201342	99169	6484	38224	31038	113247
199797	98214	6139	38078	30926	112325
1545	955	345	146	112	921
20062	14122	323	9512	7569	11089
20062	14122	323	9512	7569	11089
216888	123631	17474	49725	20434	110547
148457	92458	13742	36455	16468	79820
68431	31173	3732	13271	3966	30727
51962	23765	3462	9500	7188	22960
51962	23765	3462	9500	7188	22960
276282	123666	23836	52311	37761	107629
268022	120528	23323	50977	37653	104731
1032	773	6	309	16	436
355	213	101	81	9	205
6874	2152	406	945	84	2258
404807	165302	34912	62796	26449	142616
29743	17098	3687	4658	969	16371
18654	11303	1468	2238	393	10801
11089	5795	2219	2420	576	5570
42375	20284	6049	9482	2130	18487
3563	1533	636	752	317	1317
38812	18750	5413	8730	1813	17171
25218	9306	1154	3870	1083	8929
6410	2381	201	1702	815	2219
5791	3032	538	1085	64	2672
13018	3894	416	1084	204	4037
167494	51323	16162	21598	12281	41020
167494	51323	16162	21598	12281	41020
33086	17252	1612	9727	6501	16548
18759	10692	865	5089	2073	10105
14327	6560	746	4638	4429	6443
71600	35073	4217	7334	2237	27183
63074	31140	3924	5735	1651	23353
8526	3933	292	1599	587	3829
35291	14967	2032	6127	1248	14079
11082	3274	782	1013	72	2541
6544	1759	99	597	291	1759
17666	9934	1151	4517	885	9779

2-1-17 续表 2

指标名称	企业单位数	亏损企业	工业总产值(当年价格)	工业销售产值(当年价格)	出口交货值
饮料制造业	35	10	143424	139755	
酒精制造	4	2	21886	20186	
酒精制造	4	2	21886	20186	
酒的制造	14	3	50357	43840	
白酒制造	7		30054	25505	
啤酒制造	5	3	16622	14892	
其他酒制造	2		3681	3443	
软饮料制造	17	5	71181	75729	
碳酸饮料制造	1		743	781	
果菜汁及果菜汁饮料制造	10	3	64761	68900	
含乳饮料和植物蛋白饮料制造	5	2	4083	3698	
茶饮料及其他软饮料制造	1		1595	2350	
纺织业	30	17	137611	131313	23411
棉、化纤纺织及印染精加工	25	15	115305	109239	14133
棉、化纤纺织加工	21	14	68420	63119	55
棉、化纤印染精加工	4	1	46886	46120	14078
毛纺织和染整精加工	1		14807	15035	9277
毛纺织	1		14807	15035	9277
丝绢纺织及精加工	2	2	2272	2341	
缫丝加工	1	1	1305	1074	
绢纺和丝织加工	1	1	967	1267	
纺织制成品制造	2		5227	4699	
棉及化纤制品制造	1		1681	1489	
毛制品制造	1		3546	3210	
纺织服装、鞋、帽制造业	8		24339	22931	
纺织服装制造	7		23828	22429	
纺织服装制造	7		23828	22429	
纺织面料鞋的制造	1		511	502	
纺织面料鞋的制造	1		511	502	
木材加工及木、竹、藤、棕、草制品业	5	2	51764	49216	
锯材、木片加工	1	1	1740	1490	
木片加工	1	1	1740	1490	
人造板制造	3	1	48634	46385	
胶合板制造	1		737	727	
纤维板制造	2	1	47897	45658	
木制品制造	1		1390	1340	
建筑用木料及木材组件加工	1		1390	1340	
家具制造业	5	2	6241	5783	
木质家具制造	5	2	6241	5783	
木质家具制造	5	2	6241	5783	
造纸及纸制品业	25	5	109306	109071	
纸浆制造	1		3132	2989	
纸浆制造	1		3132	2989	
造纸	10	2	29103	29434	
机制纸及纸板制造	10	2	29103	29434	
纸制品制造	14	3	77071	76648	
纸和纸板容器的制造	13	3	76455	76047	

单位：个、万元、人

资产总计	流动资产合计	应收帐款	存货	产成品	流动资产年平均余额
236758	81445	8081	43099	24741	72695
46201	19650	832	9538	2082	18887
46201	19650	832	9538	2082	18887
66574	21896	3633	15058	7638	20341
25017	11113	809	9232	7038	9896
37512	9226	2457	4960	364	8877
4045	1557	367	866	236	1569
123983	39899	3616	18503	15021	33466
639	287	12	196	12	29
84921	31694	2189	17015	14400	25877
36216	6900	1119	1188	505	6555
2208	1019	297	104	104	1005
197571	101115	10715	65871	28995	100380
163017	86936	4838	59745	26513	82444
100643	57788	3523	39384	17489	54338
62374	29148	1315	20361	9024	28106
19659	9099	4974	3290	1403	12596
19659	9099	4974	3290	1403	12596
9337	3304	689	1846	671	2949
5679	1183	3	889	7	976
3658	2121	686	957	663	1973
5557	1777	215	990	408	2392
1978	564	107	401	303	1194
3579	1213	107	589	105	1198
31812	17429	7335	5612	2163	16460
29813	16360	7094	5145	2002	14672
29813	16360	7094	5145	2002	14672
1999	1069	240	467	161	1788
1999	1069	240	467	161	1788
136223	69655	8146	19453	3037	45935
7615	4153	1523	1285	180	3750
7615	4153	1523	1285	180	3750
124553	64583	6547	17394	2857	41394
4717	3525	17	722	356	3028
119836	61058	6531	16673	2501	38366
4055	919	75	774		791
4055	919	75	774		791
7058	3863	1056	2515	913	3196
7058	3863	1056	2515	913	3196
7058	3863	1056	2515	913	3196
119498	51517	10877	17553	5982	48748
5029	747	341	78	36	341
5029	747	341	78	36	341
54637	20194	7195	6499	2823	20523
54637	20194	7195	6499	2823	20523
59832	30576	3341	10976	3123	27884
59297	30357	3302	10824	3062	27681

2-1-17 续表 3

指标名称	企业单位数	亏损企业	工业总产值（当年价格）	工业销售产值（当年价格）	出口交货值
其他纸制品制造	1		616	601	
印刷业和记录媒介的复制	9	2	31145	29570	
印刷	9	2	31145	29570	
书、报、刊印刷	4		5628	5628	
包装装潢及其他印刷	5	2	25517	23941	
文教体育用品制造业	9	3	52828	54550	22252
体育用品制造	9	3	52828	54550	22252
体育器材及配件制造	3	1	9776	9163	3058
训练健身器材制造	6	2	43052	45387	19194
石油加工、炼焦及核燃料加工业	207	76	12438434	11837283	565162
精炼石油产品的制造	5	1	55588	56224	
原油加工及石油制品制造	5	1	55588	56224	
炼焦	202	75	12382846	11781060	565162
炼焦	202	75	12382846	11781060	565162
化学原料及化学制品制造业	187	78	1691750	1653698	59556
基础化学原料制造	86	42	568374	550495	31228
无机酸制造	8	5	40755	42447	2644
无机碱制造	3	1	10465	10320	311
无机盐制造	28	14	160724	149809	12664
有机化学原料制造	32	12	288487	280714	12431
其他基础化学原料制造	15	10	67943	67205	3179
肥料制造	26	5	439225	427544	
氮肥制造	16	3	406456	394567	
磷肥制造	2	1	11734	12271	
复混肥料制造	6	1	17346	17164	
有机肥料及微生物肥料制造	2		3689	3542	
农药制造	4	1	31331	28718	
化学农药制造	4	1	31331	28718	
涂料、油墨、颜料及类似产品制造	14	3	75154	74962	8199
涂料制造	6		15923	15765	
油墨及类似产品制造	4	2	24378	24804	
颜料制造	2	1	12418	12075	
染料制造	2		22436	22319	8199
合成材料制造	3	1	255766	254486	
初级形态的塑料及合成树脂制造	3	1	255766	254486	
专用化学产品制造	51	25	318802	314660	20129
化学试剂和助剂制造	23	15	142778	140710	3705
专项化学用品制造	2		2438	2438	
林产化学产品制造	12	2	21268	21847	4158
炸药及火工产品制造	3	1	93168	92441	1712
环境污染处理专用药剂材料制造	5	3	10134	9081	5538
动物胶制造	2	2	2103	1911	477
其他专用化学产品制造	4	2	46912	46232	4539
日用化学产品制造	3	1	3098	2834	
肥皂及合成洗涤剂制造	2	1	2185	1921	
香料、香精制造	1		913	913	
医药制造业	75	24	381433	331822	3163

单位：个、万元、人

资产总计	流动资产合计				流动资产年平均余额
		应收帐款	存货		
				产成品	
535	219	39	151	61	203
34108	16410	5201	5133	1758	16210
34108	16410	5201	5133	1758	16210
8682	4800	1141	1625	78	3711
25426	11610	4060	3508	1680	12500
95725	58283	18559	12161	6043	53703
95725	58283	18559	12161	6043	53703
7009	4668	1987	1235	1140	4337
88716	53615	16572	10926	4904	49366
12849291	6698496	824951	2156997	1225824	6107532
44593	23491	2501	12689	10378	19520
44593	23491	2501	12689	10378	19520
12804698	6675005	822450	2144308	1215446	6088012
12804698	6675005	822450	2144308	1215446	6088012
1708107	715600	117348	212285	99425	684176
442080	217748	34125	66321	29388	204945
24835	13272	1856	7574	904	11897
5402	2490	157	1255	613	2141
86951	44899	14596	10961	4882	42108
276403	139960	12588	41315	21025	130722
48489	17127	4928	5217	1965	18078
639301	234845	6345	64334	33502	219557
604255	216981	2271	56605	29691	203466
13387	6811	716	3532	2086	6345
18083	10254	2921	3904	1455	8677
3576	799	437	293	270	1069
23129	9612	1803	2245	593	8927
23129	9612	1803	2245	593	8927
63554	42998	16832	14020	6364	35530
13522	7524	4072	1706	701	6502
19262	12528	6568	4474	3345	12814
6392	4762	880	1677	1195	4896
24378	18184	5312	6163	1124	11318
152077	23875	1721	5804	2836	33559
152077	23875	1721	5804	2836	33559
381841	183850	55386	59233	26458	179091
134473	68849	18925	28510	14397	65664
882	565	165	212	31	643
50922	16492	2608	7350	1952	14457
111508	56011	20797	10101	7171	57212
11009	8251	2183	3473	2087	8134
2286	576	-142	649	554	637
70762	33106	10849	8939	266	32345
6125	2671	1137	328	285	2568
4969	1922	636	268	264	1879
1156	749	501	60	21	689
662384	325899	60100	82656	41602	290983

2-1-17 续表 4

指标名称	企业单位数	亏损企业	工业总产值（当年价格）	工业销售产值（当年价格）	出口交货值
化学药品原药制造	13	3	54879	54787	3163
化学药品原药制造	13	3	54879	54787	3163
化学药品制剂制造	27	10	200201	155018	
化学药品制剂制造	27	10	200201	155018	
中药饮片加工	5	3	9486	9267	
中药饮片加工	5	3	9486	9267	
中成药制造	18	5	80041	77973	
中成药制造	18	5	80041	77973	
兽用药品制造	6	2	6934	6739	
兽用药品制造	6	2	6934	6739	
生物、生化制品的制造	4	1	7500	6839	
生物、生化制品的制造	4	1	7500	6839	
卫生材料及医药用品制造	2		22392	21199	
卫生材料及医药用品制造	2		22392	21199	
化学纤维制造业	2	1	11784	10139	
合成纤维制造	2	1	11784	10139	
涤纶纤维制造	2	1	11784	10139	
橡胶制品业	13	3	31522	32012	
橡胶板、管、带的制造	6	1	7396	7960	
橡胶板、管、带的制造	6	1	7396	7960	
橡胶零件制造	2		10088	10132	
橡胶零件制造	2		10088	10132	
再生橡胶制造	4	2	10659	10591	
再生橡胶制造	4	2	10659	10591	
日用及医用橡胶制品制造	1		3379	3329	
日用及医用橡胶制品制造	1		3379	3329	
塑料制品业	32	10	152852	149959	38
塑料薄膜制造	5	1	39748	38478	
塑料薄膜制造	5	1	39748	38478	
塑料板、管、型材的制造	12	4	89667	89109	38
塑料板、管、型材的制造	12	4	89667	89109	38
塑料丝、绳及编织品的制造	9	3	13550	12913	
塑料丝、绳及编织品的制造	9	3	13550	12913	
泡沫塑料制造	1	1	3400	3232	
泡沫塑料制造	1	1	3400	3232	
塑料包装箱及容器制造	3	1	3856	3722	
塑料包装箱及容器制造	3	1	3856	3722	
其他塑料制品制造	2		2631	2506	
其他塑料制品制造	2		2631	2506	
非金属矿物制品业	321	113	1112766	1049977	89712
水泥、石灰和石膏的制造	92	31	285519	254724	16
水泥制造	89	29	281749	251035	16
石灰和石膏制造	3	2	3770	3689	
水泥及石膏制品制造	29	8	98963	101734	
水泥制品制造	26	6	92255	93313	
轻质建筑材料制造	2	2	2108	1933	
其他水泥制品制造	1		4600	6488	

单位：个、万元、人

资产总计	流动资产合计	应收帐款	存货	产成品	流动资产年平均余额
65947	33359	8617	8123	3500	27660
65947	33359	8617	8123	3500	27660
312714	155423	13495	33324	13943	133400
312714	155423	13495	33324	13943	133400
35535	21591	4269	4255	3072	20598
35535	21591	4269	4255	3072	20598
145625	75125	22007	25801	14894	71184
145625	75125	22007	25801	14894	71184
23527	7776	1518	1964	1097	7542
23527	7776	1518	1964	1097	7542
36354	10908	1028	4084	1400	9410
36354	10908	1028	4084	1400	9410
42682	21716	9167	5105	3695	21189
42682	21716	9167	5105	3695	21189
4226	4195	637	2387	2184	3405
4226	4195	637	2387	2184	3405
4226	4195	637	2387	2184	3405
31382	20748	11939	5910	1645	18834
7992	5926	2974	1305	785	5566
7992	5926	2974	1305	785	5566
9527	7739	6756	303	108	6215
9527	7739	6756	303	108	6215
7721	5951	1891	3851	437	5946
7721	5951	1891	3851	437	5946
6143	1133	319	451	315	1108
6143	1133	319	451	315	1108
132353	76611	17463	36744	22603	65389
47741	27337	6757	15417	8361	23300
47741	27337	6757	15417	8361	23300
58364	36435	6436	16459	11517	30256
58364	36435	6436	16459	11517	30256
13745	7097	2038	3181	2172	6050
13745	7097	2038	3181	2172	6050
2000	700	200	150	67	720
2000	700	200	150	67	720
6264	2719	736	826	129	2944
6264	2719	736	826	129	2944
4239	2323	1295	711	357	2120
4239	2323	1295	711	357	2120
1706591	789947	191321	312544	154115	738062
572402	210703	34078	85799	39151	198047
568514	208536	33317	85475	38958	195914
3888	2168	761	324	193	2133
162067	86760	35065	18480	3400	87681
148072	81911	33847	16934	2559	82894
4072	1160	-239	588	156	1098
9922	3689	1458	958	685	3689

2-1-17 续表 5

指标名称	企业单位数		工业总产值（当年价格）	工业销售产值（当年价格）	
		亏损企业			出口交货值
砖瓦、石材及其他建筑材料制造	21	1	77246	68635	
粘土砖瓦及建筑砌块制造	9	1	9546	8934	
建筑陶瓷制品制造	4		6195	5757	
建筑用石加工	1		1120	1011	
防水建筑材料制造	7		60385	52933	
玻璃及玻璃制品制造	44	21	214546	203033	55027
平板玻璃制造	1	1	26859	25053	
技术玻璃制品制造	1	1	67791	64286	
玻璃仪器制造	1		1530	1155	
日用玻璃制品及玻璃包装容器制造	38	18	115622	110018	55027
玻璃纤维及制品制造	1	1	666	689	
玻璃纤维增强塑料制品制造	2		2078	1832	
陶瓷制品制造	27	7	47165	45539	4945
特种陶瓷制品制造	6	4	8239	8888	
日用陶瓷制品制造	21	3	38926	36651	4945
耐火材料制品制造	66	26	199234	191518	21044
石棉制品制造	1		4844	4197	
耐火陶瓷制品及其他耐火材料制造	65	26	194390	187321	21044
石墨及其他非金属矿物制品制造	42	19	190093	184795	8681
石墨及碳素制品制造	34	14	165509	159316	6705
其他非金属矿物制品制造	8	5	24584	25479	1976
黑色金属冶炼及压延加工业	158	71	8174076	7934063	109472
炼铁	86	41	2402288	2245878	50447
炼铁	86	41	2402288	2245878	50447
炼钢	17	6	1609831	1611524	3436
炼钢	17	6	1609831	1611524	3436
钢压延加工	27	11	3305157	3246346	233
钢压延加工	27	11	3305157	3246346	233
铁合金冶炼	28	13	856799	830315	55355
铁合金冶炼	28	13	856799	830315	55355
有色金属冶炼及压延加工业	90	45	1659941	1554173	78685
常用有色金属冶炼	71	38	1422588	1338082	72837
铜冶炼	2		12395	12563	
铅锌冶炼	3	1	46072	40571	
铝冶炼	9	5	591109	528251	
镁冶炼	56	32	766609	751173	72837
其他常用有色金属冶炼	1		6403	5524	
稀有稀土金属冶炼	3		9250	9448	
稀土金属冶炼	2		7612	8129	
其他稀有金属冶炼	1		1638	1319	
有色金属合金制造	7	3	142266	137897	5848
有色金属合金制造	7	3	142266	137897	5848
有色金属压延加工	9	4	85837	68746	
常用有色金属压延加工	6	3	77571	61232	
贵金属压延加工	1	1	716	705	
稀有稀土金属压延加工	2		7551	6810	
金属制品业	68	28	225417	223965	14295

单位：个、万元、人

资产总计	流动资产合计	应收帐款	存货	产成品	流动资产年平均余额
54276	30233	14013	7478	2490	24507
12300	3677	841	988	353	3448
8376	2615	516	1719	619	2758
2000	1000				1001
31600	22942	12657	4771	1518	17300
336044	153867	25719	64233	35215	154560
52851	15508	343	6628	1955	17610
162195	84325	14341	29796	14730	84325
6058	823	52	327	173	889
112926	52204	10624	26945	18031	50832
476	353	96	251	237	353
1538	655	263	286	89	553
61742	32782	5863	17947	8569	28560
16842	11933	2788	4709	2338	11586
44900	20849	3074	13238	6231	16975
294389	162121	45615	64180	39913	142934
2122	1069	229	839	69	1069
292267	161053	45386	63340	39844	141866
225671	113481	30968	54429	25378	101773
177376	96903	26632	47631	21869	86320
48295	16577	4336	6797	3509	15453
6502424	2836092	308474	1368330	512704	2789054
1871427	860593	140665	436352	199679	823815
1871427	860593	140665	436352	199679	823815
1210463	501842	59818	209189	80085	544275
1210463	501842	59818	209189	80085	544275
2733454	1046812	24911	474618	95969	1008793
2733454	1046812	24911	474618	95969	1008793
687081	426846	83080	248172	136972	412171
687081	426846	83080	248172	136972	412171
2431511	909678	125582	214698	96483	878078
2291073	822507	111114	180214	72513	805810
29404	8368	462	3508	1657	7036
117973	37318	1878	11223	4947	40235
1521744	502895	54896	84380	33504	500513
620603	273282	53828	80571	31922	257341
1351	645	50	532	484	685
11672	7658	544	3637	1600	5800
9101	6687	463	2940	1600	4830
2571	970	81	697		970
62189	40501	6459	9349	4055	32912
62189	40501	6459	9349	4055	32912
66577	39013	7466	21499	18315	33556
45558	25846	4850	15522	12933	20431
10757	5821	5	1412	958	5706
10262	7346	2611	4565	4424	7419
206262	141417	38075	63753	27752	134104

2-1-17 续表 6

指标名称	企业单位数	亏损企业	工业总产值（当年价格）	工业销售产值（当年价格）	出口交货值
结构性金属制品制造	21	5	66494	66607	
金属结构制造	19	5	55940	56157	
金属门窗制造	2		10554	10450	
金属工具制造	2	2	1519	1474	512
切削工具制造	1	1	1007	962	
农用及园林用金属工具制造	1	1	512	512	512
集装箱及金属包装容器制造	9	4	18943	17429	
金属压力容器制造	3	1	6135	5451	
金属包装容器制造	6	3	12809	11978	
金属丝绳及其制品的制造	2	2	12799	12363	6785
金属丝绳及其制品的制造	2	2	12799	12363	6785
建筑、安全用金属制品制造	27	12	88197	91396	6998
建筑装饰及水暖管道零件制造	25	12	84159	82870	6998
安全、消防用金属制品制造	2		4038	8525	
金属表面处理及热处理加工	3	1	11365	11173	
金属表面处理及热处理加工	3	1	11365	11173	
不锈钢及类似日用金属制品制造	3	2	22050	20168	
金属制厨用器皿及餐具制造	1		11969	10740	
其他日用金属制品制造	2	2	10081	9429	
其他金属制品制造	1		4050	3356	
其他未列明的金属制品制造	1		4050	3356	
通用设备制造业	195	47	717381	701730	71118
锅炉及原动机制造	9	3	11991	11480	
锅炉及辅助设备制造	8	2	11095	10522	
内燃机及配件制造	1	1	896	958	
金属加工机械制造	14	2	43042	40955	2590
金属切削机床制造	2		8354	8354	1036
金属成形机床制造	1		3216	3001	692
铸造机械制造	5	2	11674	11022	
金属切割及焊接设备制造	1		2049	1612	862
机床附件制造	1		2707	2326	
其他金属加工机械制造	4		15042	14640	
起重运输设备制造	9	3	31880	36297	
起重运输设备制造	9	3	31880	36297	
泵、阀门、压缩机及类似机械的制造	22	6	79518	77442	509
泵及真空设备制造	8	1	38281	36409	509
液压和气压动力机械及元件制造	14	5	41237	41034	
轴承、齿轮、传动和驱动部件的制造	8	1	10284	9879	
轴承制造	5	1	5335	5537	
齿轮、传动和驱动部件制造	3		4948	4342	
烘炉、熔炉及电炉制造	2		7463	7392	
烘炉、熔炉及电炉制造	2		7463	7392	
风机、衡器、包装设备等通用设备制造	12	1	55252	54594	
风机、风扇制造	3		24142	23491	
制冷、空调设备制造	1		2027	2027	
喷枪及类似器具制造	1		4851	4850	
衡器制造	2		4626	4565	

单位：个、万元、人

资产总计	流动资产合计				流动资产年平均余额
		应收帐款	存货		
				产成品	
66995	42142	12721	16853	5278	41396
53139	35326	12366	14428	4223	34584
13855	6816	354	2425	1055	6813
4948	1818	365	1365	302	1700
4071	1589	364	1137	302	1501
877	228	1	227		199
22710	13741	2451	6805	1475	12602
8727	4314	-18	3567	123	3393
13984	9428	2469	3238	1352	9209
8612	5663	1062	3292	1596	7793
8612	5663	1062	3292	1596	7793
86039	64434	15833	31406	17860	61756
77360	57332	11983	29540	17226	55480
8680	7102	3850	1866	633	6276
5537	4888	2622	576	106	3741
5537	4888	2622	576	106	3741
8022	7249	2541	2575	644	4151
4183	3571	753	936	42	464
3838	3679	1788	1639	602	3686
3400	1483	481	881	491	966
3400	1483	481	881	491	966
667994	405983	133502	152792	66011	367850
21257	12622	2047	6295	2639	9048
19262	11376	1858	5783	2191	7771
1996	1246	189	512	448	1277
45763	27705	11390	8809	3838	27211
11968	8474	2747	2772	1163	6932
3510	1666	70	965	25	1772
14396	8063	2365	3820	1856	9824
1745	680	36	389	289	672
2972	1781	1195	330	250	1727
11173	7042	4978	533	256	6284
25464	18699	6716	5942	1107	20170
25464	18699	6716	5942	1107	20170
74740	51016	18535	19191	5562	44025
43039	31350	10517	14353	3458	23619
31700	19666	8018	4838	2104	20405
14595	7396	3302	1899	953	5912
6792	4338	1839	1054	584	3448
7803	3058	1463	845	369	2464
7734	5682	3069	1114	75	4333
7734	5682	3069	1114	75	4333
61268	38935	13240	9494	4965	31020
22467	16335	7677	4441	2707	15120
3496	1400	100	824	824	1204
1948	1313	401	35		1166
8282	3914	1208	1602	995	3890

2-1-17 续表 7

指标名称	企业单位数	亏损企业	工业总产值（当年价格）	工业销售产值（当年价格）	出口交货值
其他通用设备制造	5	1	19605	19661	
通用零部件制造及机械修理	6	4	17757	18848	7616
紧固件、弹簧制造	2	1	11991	13155	7616
机械零部件加工及设备修理	3	2	4995	4922	
其他通用零部件制造	1	1	771	771	
金属铸、锻加工	113	27	460195	444843	60403
钢铁铸件制造	71	25	258493	248744	23183
锻件及粉末冶金制品制造	42	2	201701	196099	37220
专用设备制造业	54	15	323971	308298	6227
矿山、冶金、建筑专用设备制造	27	5	215020	209504	2485
采矿、采石设备制造	16	3	129368	130099	
石油钻采专用设备制造	3		10024	9384	2485
建筑工程用机械制造	1	1	1534	1532	
建筑材料生产专用机械制造	1		1789	1789	
冶金专用设备制造	6	1	72305	66700	
化工、木材、非金属加工专用设备制造	2	1	4591	4194	
炼油、化工生产专用设备制造	1	1	969	890	
模具制造	1		3622	3305	
食品、饮料、烟草及饲料生产专用设备制造	1		1787	1584	
食品、饮料、烟草工业专用设备制造	1		1787	1584	
纺织、服装和皮革工业专用设备制造	13	5	34909	34916	3742
纺织专用设备制造	13	5	34909	34916	3742
电子和电工机械专用设备制造	6	2	18693	19302	
电工机械专用设备制造	3	2	12694	11607	
电子工业专用设备制造	3		5999	7695	
农、林、牧、渔专用机械制造	3	2	43551	34752	
拖拉机制造	1		37921	30110	
机械化农业及园艺机具制造	1	1	3170	3006	
其他农林牧渔业机械制造及机械修理	1	1	2460	1636	
医疗仪器设备及器械制造	1		449	477	
医疗诊断、监护及治疗设备制造	1		449	477	
环保、社会公共安全及其他专用设备制造	1		4971	3568	
环境污染防治专用设备制造	1		4971	3568	
交通运输设备制造业	54	19	320587	307864	25339
铁路运输设备制造	18	3	91178	83074	
铁路机车车辆及动车组制造	1		1748	1748	
工矿有轨专用车辆制造	2	1	6351	5788	
铁路机车车辆配件制造	8	1	23079	22572	
铁路专用设备及器材、配件制造	6		54621	48192	
其他铁路设备制造及设备修理	1	1	5380	4774	
汽车制造	35	15	228547	223875	25339
改装汽车制造	2	1	33850	32818	
汽车车身、挂车的制造	7	5	22185	22318	
汽车零部件及配件制造	22	7	162829	159044	25339
汽车修理	4	2	9684	9695	
交通器材及其他交通运输设备制造	1	1	861	915	
交通管理用金属标志及设施制造	1	1	861	915	

单位：个、万元、人

资产总计	流动资产合计	应收帐款	存货	产成品	流动资产年平均余额
25074	15972	3855	2592	439	9640
21821	14645	3370	2636	816	11570
14943	10532	1867	1594	732	8052
3847	2892	1067	650	84	2560
3031	1220	436	393		958
395353	229283	71833	97411	46058	214561
237768	134132	43874	59707	35137	126019
157585	95151	27958	37704	10921	88543
327177	214192	73050	57184	23910	178080
184610	124080	35862	30649	11067	105175
81699	50515	19150	16590	6677	46058
11179	7044	1507	2436	1857	7040
15726	12138	119	966	3	6902
2288	2069	678	677		1057
73719	52316	14409	9981	2530	44118
12664	6559	1248	2015	554	5079
664	328		170		298
12000	6231	1248	1845	554	4782
4247	3227	648	2190	2093	3227
4247	3227	648	2190	2093	3227
57260	38052	21187	10610	3254	31466
57260	38052	21187	10610	3254	31466
24722	18889	7126	4313	2978	17459
10651	8517	3967	1784	1135	7971
14071	10372	3160	2529	1843	9488
33310	15472	5493	6835	3500	12209
30549	13306	5320	5886	3292	11840
2490	2005	368	595		206
272	161	-194	355	208	163
697	247	80	142	36	247
697	247	80	142	36	247
9665	7665	1405	429	429	3216
9665	7665	1405	429	429	3216
356871	194549	49144	55964	27696	195253
92344	52834	17743	14578	5830	52562
1283	854	69	756	636	838
11116	4573	1585	1917	478	3609
13473	9019	4820	2457	977	8746
56798	35362	11619	8322	2613	36153
9674	3026	-351	1126	1126	3216
263200	141156	31144	41386	21866	142024
20356	7190	2685	1809	781	6791
40032	25289	2997	2331	529	16123
191416	101387	25110	34898	19863	111520
11397	7291	352	2349	693	7590
1327	560	257			667
1327	560	257			667

2-1-17 续表 8

指标名称	企业单位数	亏损企业	工业总产值(当年价格)	工业销售产值(当年价格)	出口交货值
电气机械及器材制造业	31	11	150743	131891	
电机制造	2	1	1924	1954	
电动机制造	2	1	1924	1954	
输配电及控制设备制造	12	3	44611	35328	
变压器、整流器和电感器制造	5	3	15955	14893	
配电开关控制设备制造	6		22363	13974	
电力电子元器件制造	1		6293	6461	
电线、电缆、光缆及电工器材制造	12	6	73458	67450	
电线电缆制造	11	6	72277	66050	
其他电工器材制造	1		1181	1400	
电池制造	1		24824	21326	
电池制造	1		24824	21326	
非电力家用器具制造	1		2201	2201	
燃气、太阳能及类似能源的器具制造	1		2201	2201	
照明器具制造	2	1	1245	1151	
照明灯具制造	1		650	642	
灯用电器附件及其他照明器具制造	1	1	595	509	
其他电气机械及器材制造	1		2481	2481	
其他未列明的电气机械制造	1		2481	2481	
通信设备、计算机及其他电子设备制造业	21	5	113164	92524	4661
通信设备制造	1		5379	5379	
通信传输设备制造	1		5379	5379	
广播电视设备制造	1		335	443	
应用电视设备及其他广播电视设备制造	1		335	443	
电子计算机制造	1		1487	1440	
电子计算机整机制造	1		1487	1440	
电子器件制造	3	1	15388	7660	3463
电子真空器件制造	1	1	10206	2865	
光电子器件及其他电子器件制造	2		5183	4795	3463
电子元件制造	14	4	89620	76845	1198
电子元件及组件制造	14	4	89620	76845	1198
其他电子设备制造	1		954	758	
其他电子设备制造	1		954	758	
仪器仪表及文化、办公用机械制造业	12		38977	36098	
通用仪器仪表制造	10		37044	34241	
工业自动控制系统装置制造	10		37044	34241	
专用仪器仪表制造	2		1933	1857	
导航、气象及海洋专用仪器制造	1		1300	1224	
电子测量仪器制造	1		633	633	
工艺品及其他制造业	3	1	11471	6442	57
工艺美术品制造	1		9780	4751	57
金属工艺品制造	1		9780	4751	57
其他未列明的制造业	2	1	1691	1691	
其他未列明的制造业	2	1	1691	1691	
电力、燃气及水的生产和供应业	**24**	**13**	**79668**	**79372**	
电力、热力的生产和供应业	21	12	77315	77019	
电力生产	11	6	56551	55856	

单位：个、万元、人

资产总计	流动资产合计	应收帐款	存货	产成品	流动资产年平均余额
127010	79468	26569	19471	9051	66459
4195	1221	846	188	117	1255
4195	1221	846	188	117	1255
47983	33071	12326	6585	4051	30339
22837	13914	3153	4932	3285	11697
21210	15644	7280	1065	472	15102
3936	3513	1894	587	293	3541
49122	28462	11267	10166	3377	20459
47599	27391	10763	10119	3373	19749
1524	1071	504	47	4	710
17721	11067		1740	1418	9429
17721	11067		1740	1418	9429
1606	805		218		818
1606	805		218		818
2916	2257	468	327	88	1548
416	262	165	97	88	262
2500	1995	304	229		1286
3468	2586	1662	248		2611
3468	2586	1662	248		2611
94713	56361	18281	27119	13343	48456
6185	1332	1153	179	179	426
6185	1332	1153	179	179	426
1925	1349	919	367		1246
1925	1349	919	367		1246
1481	1431	941	327	8	1431
1481	1431	941	327	8	1431
17901	13615	842	9873	8622	10305
14057	9981	940	8596	7550	6763
3844	3634	-99	1277	1073	3542
66477	37958	14331	15891	4505	34326
66477	37958	14331	15891	4505	34326
744	675	95	483	28	721
744	675	95	483	28	721
55006	42461	13071	9617	1046	37009
50130	38248	12143	9232	858	34022
50130	38248	12143	9232	858	34022
4876	4213	927	386	189	2987
3252	2820	491	10	10	1634
1625	1393	437	375	178	1353
18059	4082	928	2408	1459	3714
11960	3096	238	2369	1459	2866
11960	3096	238	2369	1459	2866
6099	987	690	39		848
6099	987	690	39		848
327389	**70191**	**7979**	**7820**	**683**	**65673**
301406	68753	7907	7773	683	64484
221924	36083	4475	2315	683	34788

2-1-17 续表 9

指标名称	企业单位数	亏损企业	工业总产值（当年价格）	工业销售产值（当年价格）	出口交货值
火力发电	11	6	56551	55856	
电力供应	1		6041	6440	
电力供应	1		6041	6440	
热力生产和供应	9	6	14724	14724	
热力生产和供应	9	6	14724	14724	
燃气生产和供应业	1		699	699	
燃气生产和供应业	1		699	699	
燃气生产和供应业	1		699	699	
水的生产和供应业	2	1	1654	1654	
自来水的生产和供应	2	1	1654	1654	
自来水的生产和供应	2	1	1654	1654	
四、按行业大类分					
煤炭开采和洗选业	926	164	9139821	9141010	87
黑色金属矿采选业	170	30	973984	894660	
有色金属矿采选业	8	3	72248	73750	
非金属矿采选业	6	1	15886	15498	
农副食品加工业	115	25	924530	894102	18267
食品制造业	69	8	410349	352106	2148
饮料制造业	35	10	143424	139755	
纺织业	30	17	137611	131313	23411
纺织服装、鞋、帽制造业	8		24339	22931	
木材加工及木、竹、藤、棕、草制品业	5	2	51764	49216	
家具制造业	5	2	6241	5783	
造纸及纸制品业	25	5	109306	109071	
印刷业和记录媒介的复制	9	2	31145	29570	
文教体育用品制造业	9	3	52828	54550	22252
石油加工、炼焦及核燃料加工业	207	76	12438434	11837283	565162
化学原料及化学制品制造业	187	78	1691750	1653698	59556
医药制造业	75	24	381433	331822	3163
化学纤维制造业	2	1	11784	10139	
橡胶制品业	13	3	31522	32012	
塑料制品业	32	10	152852	149959	38
非金属矿物制品业	321	113	1112766	1049977	89712
黑色金属冶炼及压延加工业	158	71	8174076	7934063	109472
有色金属冶炼及压延加工业	90	45	1659941	1554173	78685
金属制品业	68	28	225417	223965	14295
通用设备制造业	195	47	717381	701730	71118
专用设备制造业	54	15	323971	308298	6227
交通运输设备制造业	54	19	320587	307864	25339
电气机械及器材制造业	31	11	150743	131891	
通信设备、计算机及其他电子设备制造业	21	5	113164	92524	4661
仪器仪表及文化、办公用机械制造业	12		38977	36098	
工艺品及其他制造业	3	1	11471	6442	57
电力、热力的生产和供应业	21	12	77315	77019	
燃气生产和供应业	1		699	699	
水的生产和供应业	2	1	1654	1654	

单位：个、万元、人

资产总计	流动资产合计	应收帐款	存货	产成品	流动资产年平均余额
221924	36083	4475	2315	683	34788
3199	709		20		1069
3199	709		20		1069
76283	31960	3432	5438		28627
76283	31960	3432	5438		28627
6109	487		18		487
6109	487		18		487
6109	487		18		487
19875	952	72	29		702
19875	952	72	29		702
19875	952	72	29		702
8136740	4319510	1104117	569424	305841	3727360
897528	488031	98561	154264	97196	448300
59583	26386	9971	10308	6165	25218
45100	22613	9735	2416	901	24835
904276	445376	61717	186967	113396	427388
404807	165302	34912	62796	26449	142616
236758	81445	8081	43099	24741	72695
197571	101115	10715	65871	28995	100380
31812	17429	7335	5612	2163	16460
136223	69655	8146	19453	3037	45935
7058	3863	1056	2515	913	3196
119498	51517	10877	17553	5982	48748
34108	16410	5201	5133	1758	16210
95725	58283	18559	12161	6043	53703
12849291	6698496	824951	2156997	1225824	6107532
1708107	715600	117348	212285	99425	684176
662384	325899	60100	82656	41602	290983
4226	4195	637	2387	2184	3405
31382	20748	11939	5910	1645	18834
132353	76611	17463	36744	22603	65389
1706591	789947	191321	312544	154115	738062
6502424	2836092	308474	1368330	512704	2789054
2431511	909678	125582	214698	96483	878078
206262	141417	38075	63753	27752	134104
667994	405983	133502	152792	66011	367850
327177	214192	73050	57184	23910	178080
356871	194549	49144	55964	27696	195253
127010	79468	26569	19471	9051	66459
94713	56361	18281	27119	13343	48456
55006	42461	13071	9617	1046	37009
18059	4082	928	2408	1459	3714
301406	68753	7907	7773	683	64484
6109	487		18		487
19875	952	72	29		702

2-1-17 续表 10

指标名称	固定资产合计	固定资产原价	累计折旧(规上工业)	固定资产净值	固定资产净值年平均余额
总 计	**15831415**	**17213338**	**3883578**	**13329761**	**13140527**
一、按轻重工业分					
轻工业	1302955	1470457	350359	1120098	1110197
重工业	14528460	15742881	3533219	12209662	12030330
二、按登记注册类型分					
内资企业	**14951982**	**16252712**	**3645824**	**12606888**	**12429667**
集体企业	51974	48562	5387	43174	40999
股份合作企业	326646	376966	58557	318410	321462
联营企业	25778	25341	1214	24127	23983
集体联营企业	2387	2871	539	2331	2015
其他联营企业	23391	22471	675	21796	21968
有限责任公司	7422267	7902579	1772502	6130077	6143632
其他有限责任公司	7422267	7902579	1772502	6130077	6143632
股份有限公司	1179289	1387806	347087	1040719	1021053
私营企业	5921398	6489444	1457017	5032427	4854571
私营独资企业	338483	405041	85101	319940	284269
私营合伙企业	54234	61469	9977	51492	39327
私营有限责任公司	5207649	5653861	1267692	4386169	4260545
私营股份有限公司	321031	369073	94247	274826	270431
其他企业	24632	22014	4060	17954	23967
港澳台商投资企业	**278165**	**298288**	**67925**	**230363**	**237428**
与港澳台商合资经营企业	269066	287279	66005	221274	228335
与港澳台商合作经营企业	5016	5415	410	5005	5073
港澳台商投资股份有限公司	4084	5594	1511	4084	4020
外商投资企业	**601267**	**662339**	**169829**	**492510**	**473432**
中外合资经营企业	537484	584027	153616	430411	409384
中外合作经营企业	62442	76679	15922	60757	62673
外资企业	1342	1633	291	1342	1375
三、按国民经济行业分					
采矿业	**2921154**	**3160643**	**616610**	**2544033**	**2461160**
煤炭开采和洗选业	2568289	2715147	494407	2220740	2129672
烟煤和无烟煤的开采洗选	2568289	2715147	494407	2220740	2129672
烟煤和无烟煤的开采洗选	2568289	2715147	494407	2220740	2129672
黑色金属矿采选业	319005	395528	104139	291389	298735
铁矿采选	301620	371983	96760	275223	284361
铁矿采选	301620	371983	96760	275223	284361
其他黑色金属矿采选	17385	23544	7379	16165	14374
其他黑色金属矿采选	17385	23544	7379	16165	14374
有色金属矿采选业	29559	45194	16453	28741	29065
常用有色金属矿采选	10339	19353	9833	9520	9416
铜矿采选	5390	13817	9214	4603	4627
铅锌矿采选	4761	5323	594	4729	4592
铝矿采选	188	213	25	188	197
贵金属矿采选	19221	25841	6620	19221	19649
金矿采选	19221	25841	6620	19221	19649
非金属矿采选业	4301	4775	1612	3163	3689
土砂石开采	4301	4775	1612	3163	3689
石灰石、石膏开采	1209	1850	642	1209	1836
建筑装饰用石开采	615	866	316	550	569
粘土及其他土砂石开采	2478	2058	654	1404	1284

单位：个、万元、人

负债合计	流动负债合计	应付账款	长期负债合计	所有者权益合计	实收资本
26391008	**22099775**	**6315702**	**3729808**	**13124529**	**7136286**
1653435	1408803	288514	210944	1351688	748802
24737573	20690972	6027188	3518864	11772841	6387484
24844759	**20878220**	**5979748**	**3540102**	**12423594**	**6701172**
91140	82059	15143	7451	40139	39843
615570	502881	146440	111183	76913	62516
24449	19457	4430	992	36552	21515
4989	914	272	75	2342	1569
19460	18543	4158	917	34211	19946
12262829	10153958	2896531	1840579	5517906	3091984
12262829	10153958	2896531	1840579	5517906	3091984
2225693	1713470	524581	491881	1274010	545507
9554442	8336615	2363782	1087197	5462320	2924338
588211	537046	142363	42573	367097	253388
59521	55699	13430	2485	77880	27221
8450192	7332885	2042937	1013563	4684256	2444474
456518	410985	165052	28576	333087	199256
70637	69781	28839	819	15754	15468
357248	**288918**	**88049**	**68276**	**208774**	**122011**
344243	275957	83438	68276	198536	116566
4273	4229	1081		5061	4845
8732	8732	3529		5177	600
1189001	**932638**	**247905**	**121430**	**492161**	**313102**
1097988	851785	239564	111611	471966	280798
89448	79629	8137	9819	19547	31504
1566	1225	204		649	800
5694171	**4592413**	**1152675**	**871771**	**3444780**	**1702628**
5118744	4066688	1058909	829750	3017996	1520906
5118744	4066688	1058909	829750	3017996	1520906
5118744	4066688	1058909	829750	3017996	1520906
523703	477110	85014	39811	373825	148890
470060	424492	76172	38807	354983	140704
470060	424492	76172	38807	354983	140704
53643	52618	8842	1004	18842	8187
53643	52618	8842	1004	18842	8187
26097	24096	6503	1923	33487	18144
19481	17569	5508	1904	15700	1734
7275	5371	3116	1904	12833	162
11806	11798	2381		2637	1272
400	400	11		230	300
6615	6527	995	19	17787	16410
6615	6527	995	19	17787	16410
25628	24519	2249	288	19472	14689
25628	24519	2249	288	19472	14689
5316	4366	862	140	499	600
273	128	118	144	6741	6704
20039	20025	1269	4	12232	7385

2-1-17 续表 11

指标名称	固定资产合计	固定资产原价	累计折旧(规上工业)	固定资产净值	固定资产净值年平均余额
制造业	**12672736**	**13810339**	**3219024**	**10591315**	**10492547**
农副食品加工业	420447	444133	80407	363726	349069
谷物磨制	15498	16517	2035	14482	13793
谷物磨制	15498	16517	2035	14482	13793
饲料加工	45666	54011	10556	43455	39433
饲料加工	45666	54011	10556	43455	39433
植物油加工	99613	105611	20401	85210	85273
食用植物油加工	99037	104833	20134	84699	84763
非食用植物油加工	576	778	267	511	510
制糖	2103	17107	15073	2035	3512
制糖	2103	17107	15073	2035	3512
屠宰及肉类加工	88052	75419	14687	60732	58247
畜禽屠宰	54996	45224	10217	35006	35813
肉制品及副产品加工	33055	30195	4470	25726	22435
蔬菜、水果和坚果加工	23548	23509	4079	19430	20675
蔬菜、水果和坚果加工	23548	23509	4079	19430	20675
其他农副食品加工	145968	151960	13577	138383	128136
淀粉及淀粉制品的制造	141192	147106	13236	133870	123360
豆制品制造	259	383	124	259	511
蛋品加工	86	86	3	83	83
其他未列明的农副食品加工	4431	4386	214	4171	4181
食品制造业	185370	197000	43740	153259	143924
焙烤食品制造	9777	10816	1942	8874	8499
糕点、面包制造	4862	5522	1470	4051	4135
饼干及其他焙烤食品制造	4916	5294	472	4823	4364
糖果、巧克力及蜜饯制造	14879	13270	2376	10894	10870
糖果、巧克力制造	2030	2134	104	2030	2030
蜜饯制作	12849	11137	2272	8864	8840
方便食品制造	14929	15483	2273	13210	12490
米、面制品制造	3875	3520	108	3413	3283
速冻食品制造	2300	2126	537	1589	1501
方便面及其他方便食品制造	8755	9836	1628	8208	7706
液体乳及乳制品制造	80687	87803	21193	66610	57173
液体乳及乳制品制造	80687	87803	21193	66610	57173
罐头制造	13434	14607	2405	12202	10945
肉、禽类罐头制造	6838	7191	1522	5669	5658
蔬菜、水果罐头制造	6597	7416	882	6534	5286
调味品、发酵制品制造	33581	37066	8979	28087	30084
酱油、食醋及类似制品的制造	29988	35858	8585	27274	26441
其他调味品、发酵制品制造	3594	1208	395	813	3643
其他食品制造	18082	17955	4572	13383	13864
营养、保健食品制造	5566	5480	2284	3196	2945
冷冻饮品及食用冰制造	4784	3809	576	3233	3233
食品及饲料添加剂制造	7732	8665	1711	6954	7686

单位：个、万元、人

负债合计	流动负债合计	应付账款	长期负债合计	所有者权益合计	实收资本
20464764	**17318525**	**5122217**	**2816628**	**9584433**	**5347484**
486152	421738	77903	60541	418124	193699
16819	13012	3418	3807	24106	14814
16819	13012	3418	3807	24106	14814
41696	37703	5982	3728	55119	38700
41696	37703	5982	3728	55119	38700
117072	111561	2722	5511	84270	30951
116401	110893	2673	5508	83396	30636
671	668	49	4	874	315
16228	16228	4891		3835	5000
16228	16228	4891		3835	5000
112367	82402	10182	26988	104521	34633
75987	59956	2823	13144	72470	18064
36380	22446	7359	13844	32051	16569
23392	14581	1608	8222	28570	15898
23392	14581	1608	8222	28570	15898
158578	146253	49100	12286	117704	53703
155239	143446	48909	11754	112783	52278
708	708	57		324	260
32	31		1	322	10
2598	2069	135	530	4275	1155
165909	131177	29707	25308	238897	118923
17842	14163	1868	3678	11900	4664
15399	11720	1282	3678	3255	3064
2444	2443	586		8645	1600
21260	16661	2911	3380	21115	7720
2399	2134	853	265	1165	500
18861	14527	2058	3115	19951	7220
10206	9267	1801	938	15012	10076
1762	1762	238		4648	1756
2402	1464	217	938	3388	1000
6041	6041	1346		6976	7320
51201	39066	15866	8934	116293	58805
51201	39066	15866	8934	116293	58805
14897	13949	1338	948	18189	10559
7579	6849	527	730	11180	6937
7318	7100	811	218	7009	3622
33328	25875	3141	2453	38272	22471
30013	23660	2943	1353	33061	21471
3315	2215	198	1100	5211	1000
17175	12197	2783	4977	18116	4628
7456	4218	2672	3238	3626	2280
3082	1343	12	1739	3461	340
6637	6636	100		11029	2008

2-1-17 续表 12

指标名称	固定资产合计	固定资产原价	累计折旧(规上工业)	固定资产净值	固定资产净值年平均余额
饮料制造业	137363	139151	17496	121655	117148
酒精制造	24932	26888	2396	24493	23730
酒精制造	24932	26888	2396	24493	23730
酒的制造	37442	38234	10899	27335	25138
白酒制造	11453	12677	2436	10241	10168
啤酒制造	23562	22490	7824	14666	14339
其他酒制造	2427	3066	639	2427	631
软饮料制造	74989	74029	4201	69827	68280
碳酸饮料制造	352	732	380	352	352
果菜汁及果菜汁饮料制造	46433	46493	3182	43311	42256
含乳饮料和植物蛋白饮料制造	27015	25405	430	24975	24582
茶饮料及其他软饮料制造	1190	1400	210	1190	1090
纺织业	79874	99218	27839	71378	66930
棉、化纤纺织及印染精加工	67277	84251	23594	60657	56114
棉、化纤纺织加工	39792	53482	15345	38137	35398
棉、化纤印染精加工	27484	30769	8249	22520	20716
毛纺织和染整精加工	6568	9158	2608	6550	6565
毛纺织	6568	9158	2608	6550	6565
丝绢纺织及精加工	3402	2954	660	2294	2357
缫丝加工	2642	1573	38	1535	1521
绢纺和丝织加工	759	1382	622	759	836
纺织制成品制造	2628	2855	978	1877	1894
棉及化纤制品制造	722	704	493	211	671
毛制品制造	1906	2151	485	1666	1223
纺织服装、鞋、帽制造业	13601	17007	4141	12866	11332
纺织服装制造	12671	16079	4048	12031	10504
纺织服装制造	12671	16079	4048	12031	10504
纺织面料鞋的制造	929	928	94	835	829
纺织面料鞋的制造	929	928	94	835	829
木材加工及木、竹、藤、棕、草制品业	27556	31682	4218	27464	27574
锯材、木片加工	3355	3557	294	3263	3045
木片加工	3355	3557	294	3263	3045
人造板制造	22499	26181	3681	22499	22830
胶合板制造	993	997	4	993	832
纤维板制造	21506	25184	3677	21506	21999
木制品制造	1702	1944	242	1702	1699
建筑用木料及木材组件加工	1702	1944	242	1702	1699
家具制造业	3192	3643	1558	2085	1399
木质家具制造	3192	3643	1558	2085	1399
木质家具制造	3192	3643	1558	2085	1399
造纸及纸制品业	62343	77476	17967	59510	60388
纸浆制造	4282	4108	232	3876	3025
纸浆制造	4282	4108	232	3876	3025
造纸	33255	35118	4238	30881	31725
机制纸及纸板制造	33255	35118	4238	30881	31725
纸制品制造	24806	38249	13497	24753	25637
纸和纸板容器的制造	24491	37844	13407	24437	25335

单位：个、万元、人

负债合计	流动负债合计		长期负债合计	所有者权益合计	
		应付账款			实收资本
144851	127971	17733	16054	91907	77589
32030	26026	4447	6001	14171	12920
32030	26026	4447	6001	14171	12920
36066	32948	6475	2499	30508	26938
11477	9693	2470	1227	13541	8655
22208	21392	3352	755	15304	16957
2381	1863	653	518	1664	1326
76756	68996	6811	7554	47228	37732
378	378	260		260	222
54858	47453	4088	7205	30063	21666
21230	20881	2462	349	14985	14531
289	284	1		1919	1312
143623	128180	19620	14073	53948	49292
129715	115952	17906	12394	33302	28975
77701	73360	13962	2972	22942	14867
52014	42592	3944	9422	10360	14108
6412	6399	1292	14	13246	12520
6412	6399	1292	14	13246	12520
5577	4727	415	850	3760	6237
2083	1233	326	850	3596	3000
3494	3494	89		164	3237
1918	1102	7	816	3639	1560
844	844			1134	500
1074	258	7	816	2505	1060
11176	9732	862	1444	20636	13426
10081	8673	823	1407	19733	12626
10081	8673	823	1407	19733	12626
1095	1059	39	36	903	800
1095	1059	39	36	903	800
78154	62565	1825	15588	58069	5122
4149	3936	15	213	3466	1512
4149	3936	15	213	3466	1512
70789	55414	1391	15375	53764	2610
2878	2878			1838	500
67911	52535	1391	15375	51926	2110
3216	3216	419		839	1000
3216	3216	419		839	1000
3474	3473	1466		3585	2195
3474	3473	1466		3585	2195
3474	3473	1466		3585	2195
60742	49268	12129	10474	58756	28080
3893	2093	817	1800	1136	500
3893	2093	817	1800	1136	500
24099	18812	3089	5287	30538	11804
24099	18812	3089	5287	30538	11804
32750	28364	8223	3386	27082	15776
32296	27909	7848	3386	27002	15696

2-1-17 续表 13

指标名称	固定资产合计	固定资产原价	累计折旧(规上工业)	固定资产净值	固定资产净值年平均余额
其他纸制品制造	316	406	90	316	302
印刷业和记录媒介的复制	13151	23888	14336	9552	14833
印刷	13151	23888	14336	9552	14833
书、报、刊印刷	3878	5956	2238	3718	4204
包装装潢及其他印刷	9273	17932	12098	5834	10629
文教体育用品制造业	29564	35766	10747	25019	24394
体育用品制造	29564	35766	10747	25019	24394
体育器材及配件制造	851	1693	950	743	786
训练健身器材制造	28713	34073	9797	24276	23608
石油加工、炼焦及核燃料加工业	5045603	5245036	1070532	4174505	4084195
精炼石油产品的制造	7805	8510	1701	6809	7445
原油加工及石油制品制造	7805	8510	1701	6809	7445
炼焦	5037798	5236527	1068831	4167696	4076750
炼焦	5037798	5236527	1068831	4167696	4076750
化学原料及化学制品制造业	709155	950339	311997	638343	627097
基础化学原料制造	192100	221336	66595	154741	143947
无机酸制造	10884	17209	6761	10448	9839
无机碱制造	2854	4144	1418	2726	2617
无机盐制造	35359	48035	16927	31108	26694
有机化学原料制造	121301	122851	32388	90463	84587
其他基础化学原料制造	21703	29098	9102	19996	20211
肥料制造	233079	335466	121879	213587	216508
氮肥制造	218410	318352	116476	201876	205165
磷肥制造	6010	10216	4236	5980	6451
复混肥料制造	6313	4888	980	3908	2906
有机肥料及微生物肥料制造	2346	2011	187	1824	1986
农药制造	12258	15319	4233	11086	10491
化学农药制造	12258	15319	4233	11086	10491
涂料、油墨、颜料及类似产品制造	15183	17219	4644	12575	11255
涂料制造	3640	3098	1229	1869	1831
油墨及类似产品制造	3858	4437	1416	3021	1086
颜料制造	1596	2492	897	1596	1569
染料制造	6089	7191	1103	6089	6769
合成材料制造	111394	162105	50882	111223	117580
初级形态的塑料及合成树脂制造	111394	162105	50882	111223	117580
专用化学产品制造	142338	195125	62747	132377	124518
化学试剂和助剂制造	57408	68540	17897	50643	47232
专项化学用品制造	316	438	121	316	283
林产化学产品制造	27182	32024	7011	25013	18547
炸药及火工产品制造	34288	52782	18583	34199	34199
环境污染处理专用药剂材料制造	2752	3910	1836	2074	2252
动物胶制造	1617	1769	414	1355	1235
其他专用化学产品制造	18776	35661	16885	18776	20771
日用化学产品制造	2804	3770	1016	2753	2798
肥皂及合成洗涤剂制造	2397	3265	868	2397	2391
香料、香精制造	407	505	149	357	407
医药制造业	236535	280889	87718	193171	215833

单位：个、万元、人

负债合计	流动负债合计	应付账款	长期负债合计	所有者权益合计	实收资本
455	455	375		80	80
18890	18493	4266	300	15218	8151
18890	18493	4266	300	15218	8151
5799	5798	1383		2883	2293
13091	12695	2883	300	12335	5858
54221	49458	12232	4763	41504	15628
54221	49458	12232	4763	41504	15628
6239	6225	1543	14	770	2400
47982	43232	10689	4750	40734	13228
9418513	8246982	2454492	983531	3430778	1750404
16079	15490	3361	588	28514	10585
16079	15490	3361	588	28514	10585
9402434	8231492	2451131	982943	3402264	1739819
9402434	8231492	2451131	982943	3402264	1739819
1031321	786530	134379	235410	676786	392569
300647	226670	43225	70204	141433	108673
19211	18134	1777	1076	5624	7172
3925	3515	610	390	1477	1100
58218	49112	18554	7054	28733	21768
184894	136900	18398	47498	91510	67570
34399	19009	3887	14186	14089	11064
402788	314815	43348	84182	236513	139096
383761	299334	38005	80767	220494	131961
7894	6594	1171	1300	5494	2165
8474	6878	3145	1465	9609	4550
2659	2009	1028	650	917	420
7110	6798	1252	312	16019	6615
7110	6798	1252	312	16019	6615
29249	25909	9357	1583	34305	13198
8157	6590	3764	471	5365	4510
7460	6805	2371		11802	3668
5599	4486	2508	1113	793	630
8033	8028	715		16345	4390
85221	41846	7878	43375	66856	17729
85221	41846	7878	43375	66856	17729
202017	166481	28489	35477	179824	106138
83541	70114	14602	13428	50931	33503
641	641	460		241	165
19778	13731	4061	5988	31144	10262
63728	48678	2668	15050	47779	39439
7992	7762	3010	230	3017	3151
998	808	565	190	1287	1416
25338	24748	3123	590	45424	18201
4289	4011	831	278	1836	1120
4138	3860	809	278	831	620
151	151	22		1005	500
381430	319319	60138	49787	280954	160402

2-1-17 续表 14

指标名称	固定资产合计	固定资产原价	累计折旧(规上工业)	固定资产净值	固定资产净值年平均余额
化学药品原药制造	26646	25119	8249	16870	24059
化学药品原药制造	26646	25119	8249	16870	24059
化学药品制剂制造	99061	120094	35251	84843	90757
化学药品制剂制造	99061	120094	35251	84843	90757
中药饮片加工	13900	15476	4722	10754	13832
中药饮片加工	13900	15476	4722	10754	13832
中成药制造	48895	67205	22235	44971	48343
中成药制造	48895	67205	22235	44971	48343
兽用药品制造	9545	10714	1308	9406	8938
兽用药品制造	9545	10714	1308	9406	8938
生物、生化制品的制造	21045	15791	2221	13570	16574
生物、生化制品的制造	21045	15791	2221	13570	16574
卫生材料及医药用品制造	17442	26489	13732	12757	13330
卫生材料及医药用品制造	17442	26489	13732	12757	13330
化学纤维制造业	31	33	2	31	18
合成纤维制造	31	33	2	31	18
涤纶纤维制造	31	33	2	31	18
橡胶制品业	10071	11624	1884	9740	9600
橡胶板、管、带的制造	2035	2643	661	1982	1848
橡胶板、管、带的制造	2035	2643	661	1982	1848
橡胶零件制造	1266	1635	370	1266	1253
橡胶零件制造	1266	1635	370	1266	1253
再生橡胶制造	1761	2180	558	1621	1734
再生橡胶制造	1761	2180	558	1621	1734
日用及医用橡胶制品制造	5010	5166	295	4871	4766
日用及医用橡胶制品制造	5010	5166	295	4871	4766
塑料制品业	46248	56319	15415	40905	40932
塑料薄膜制造	16826	22024	5506	16518	14702
塑料薄膜制造	16826	22024	5506	16518	14702
塑料板、管、型材的制造	17149	19675	6523	13152	14892
塑料板、管、型材的制造	17149	19675	6523	13152	14892
塑料丝、绳及编织品的制造	6298	8398	2160	6239	6276
塑料丝、绳及编织品的制造	6298	8398	2160	6239	6276
泡沫塑料制造	1250	1470	290	1180	1280
泡沫塑料制造	1250	1470	290	1180	1280
塑料包装箱及容器制造	3044	3522	678	2844	2842
塑料包装箱及容器制造	3044	3522	678	2844	2842
其他塑料制品制造	1681	1231	259	972	941
其他塑料制品制造	1681	1231	259	972	941
非金属矿物制品业	821526	989149	295761	693389	730759
水泥、石灰和石膏的制造	333655	375890	95716	280174	274223
水泥制造	332085	374485	95547	278939	272723
石灰和石膏制造	1570	1405	170	1235	1500
水泥及石膏制品制造	66836	95907	30195	65712	65160
水泥制品制造	57715	83336	26506	56830	57356
轻质建筑材料制造	2911	2778	107	2671	1594
其他水泥制品制造	6210	9792	3582	6210	6210

单位：个、万元、人

负债合计	流动负债合计	应付账款	长期负债合计	所有者权益合计	实收资本
43264	28565	7480	11685	22682	12503
43264	28565	7480	11685	22682	12503
176480	147866	28533	22154	136234	65356
176480	147866	28533	22154	136234	65356
24022	23869	2508	153	11513	12765
24022	23869	2508	153	11513	12765
87546	80363	15326	4335	58079	30220
87546	80363	15326	4335	58079	30220
11993	11488	657	504	11535	9901
11993	11488	657	504	11535	9901
20529	13284	896	7245	15825	12414
20529	13284	896	7245	15825	12414
17596	13885	4738	3711	25086	17243
17596	13885	4738	3711	25086	17243
2493	1259	274	1234	1733	1700
2493	1259	274	1234	1733	1700
2493	1259	274	1234	1733	1700
19519	18247	6296	1272	11863	8915
4366	4366	1146		3626	2918
4366	4366	1146		3626	2918
7795	7393	2007	402	1732	1108
7795	7393	2007	402	1732	1108
5461	5398	2987	63	2260	2889
5461	5398	2987	63	2260	2889
1897	1090	157	807	4246	2000
1897	1090	157	807	4246	2000
68931	64722	14067	4200	63422	39191
17897	17806	1813	91	29844	17764
17897	17806	1813	91	29844	17764
34758	33507	8537	1250	23606	13468
34758	33507	8537	1250	23606	13468
7797	5614	2300	2177	5948	4159
7797	5614	2300	2177	5948	4159
1600	1600	7		400	370
1600	1600	7		400	370
4053	4052	976		2211	2450
4053	4052	976		2211	2450
2826	2143	436	683	1413	980
2826	2143	436	683	1413	980
1131129	919465	252925	198207	575462	438089
369113	280072	81114	84090	203290	142603
366058	277060	79905	84090	202456	141753
3055	3013	1209		833	850
100427	87529	25519	12497	61640	55968
93992	81284	24077	12308	54080	48798
1976	1786	-350	189	2097	2320
4459	4459	1792		5463	4850

2-1-17 续表 15

指标名称	固定资产合计	固定资产原价	累计折旧(规上工业)	固定资产净值	固定资产净值年平均余额
砖瓦、石材及其他建筑材料制造	22243	25443	4771	20672	20881
粘土砖瓦及建筑砌块制造	7670	8034	1011	7023	7506
建筑陶瓷制品制造	5575	5373	551	4823	4653
建筑用石加工	1000	1500	500	1000	1000
防水建筑材料制造	7998	10536	2709	7827	7722
玻璃及玻璃制品制造	161377	190290	75154	115137	145321
平板玻璃制造	37344	40273	4302	35971	37344
技术玻璃制品制造	72420	77075	45652	31423	61423
玻璃仪器制造	5236	5434	198	5236	2772
日用玻璃制品及玻璃包装容器制造	45372	66641	24765	41876	42726
玻璃纤维及制品制造	123	183	59	123	176
玻璃纤维增强塑料制品制造	883	685	178	508	880
陶瓷制品制造	23808	31000	9537	21463	21545
特种陶瓷制品制造	4331	5941	2395	3546	3533
日用陶瓷制品制造	19477	25059	7143	17916	18012
耐火材料制品制造	120885	154689	46031	108658	111429
石棉制品制造	684	1052	368	684	684
耐火陶瓷制品及其他耐火材料制造	120201	153636	45662	107974	110745
石墨及其他非金属矿物制品制造	92724	115931	34357	81574	92201
石墨及碳素制品制造	69652	87443	24652	62791	66266
其他非金属矿物制品制造	23072	28488	9705	18783	25936
黑色金属冶炼及压延加工业	3082786	3240808	808209	2432599	2397919
炼铁	936511	976390	221436	754954	641316
炼铁	936511	976390	221436	754954	641316
炼钢	683655	660708	123974	536734	528863
炼钢	683655	660708	123974	536734	528863
钢压延加工	1236148	1316339	388550	927788	1019496
钢压延加工	1236148	1316339	388550	927788	1019496
铁合金冶炼	226472	287372	74249	213122	208244
铁合金冶炼	226472	287372	74249	213122	208244
有色金属冶炼及压延加工业	1167540	1277961	217501	1060460	1072697
常用有色金属冶炼	1122393	1224263	204738	1019524	1037953
铜冶炼	6315	6810	1106	5705	4913
铅锌冶炼	67170	82028	16543	65485	67446
铝冶炼	766603	819167	123362	695806	766676
镁冶炼	282301	316251	63727	252523	198912
其他常用有色金属冶炼	6	7	1	6	6
稀有稀土金属冶炼	3566	7209	3927	3282	3023
稀土金属冶炼	1996	5562	3566	1996	1452
其他稀有金属冶炼	1570	1648	362	1286	1570
有色金属合金制造	16418	17377	3590	13787	10213
有色金属合金制造	16418	17377	3590	13787	10213
有色金属压延加工	25162	29112	5245	23867	21508
常用有色金属压延加工	19173	22179	3018	19161	17744
贵金属压延加工	4027	2894	43	2851	1519
稀有稀土金属压延加工	1962	4040	2184	1856	2245
金属制品业	55617	73034	20991	52043	52430

单位：个、万元、人

负债合计	流动负债合计	应付账款	长期负债合计	所有者权益合计	实收资本
24224	22391	7944	1816	30052	15756
5781	5575	223	207	6519	4080
3580	2408	983	1156	4797	1158
201	200			1799	1700
14663	14209	6738	453	16937	8818
254728	190639	49860	63883	81316	74845
51425	18636	3960	32789	1426	8000
127246	103246	24740	24000	34950	35250
5584	5584	4583		474	200
69324	62363	16382	6755	43602	30883
426	426	60		50	112
724	384	134	340	814	400
43497	31549	8025	9143	18245	16345
10634	9723	2606	874	6208	6380
32863	21826	5420	8270	12037	9965
206613	189456	45822	17137	87776	68449
652	650	326		1470	315
205961	188806	45496	17137	86306	68135
132527	117829	34643	9640	93144	64123
103860	94594	29646	4247	73516	41826
28667	23236	4997	5393	19628	22297
4465487	3952426	1492496	461331	2036937	1088290
1330913	1098766	497632	222702	540514	400774
1330913	1098766	497632	222702	540514	400774
919023	800836	471206	111243	291440	230499
919023	800836	471206	111243	291440	230499
1716440	1608364	365153	79611	1017014	324691
1716440	1608364	365153	79611	1017014	324691
499110	444460	158505	47776	187970	132326
499110	444460	158505	47776	187970	132326
1625324	966647	184367	645831	806187	520239
1530471	880112	151033	637941	760603	488106
13044	13037	8369	8	16359	4799
93202	83383	7756	9819	24771	34554
1027290	416163	62370	611126	494454	299892
396182	366776	71857	16988	224421	147861
753	753	682		598	1000
4072	3652	1415		7599	3427
3474	3474	1346		5627	2927
599	179	70		1972	500
42153	40513	9680	1640	20036	15569
42153	40513	9680	1640	20036	15569
48628	42370	22239	6250	17949	13138
32290	32289	18168		13269	7769
7658	1650	18	6000	3099	3300
8681	8431	4053	250	1581	2069
142473	132613	45166	7679	63789	46095

2-1-17 续表 16

指标名称	固定资产合计	固定资产原价	累计折旧（规上工业）	固定资产净值	固定资产净值年平均余额
结构性金属制品制造	20490	26356	7092	19264	18946
金属结构制造	14049	19022	5935	13088	12669
金属门窗制造	6441	7334	1158	6176	6277
金属工具制造	2356	2348	459	1890	2053
切削工具制造	1730	1803	378	1425	1425
农用及园林用金属工具制造	626	545	81	464	627
集装箱及金属包装容器制造	7595	8921	2331	6590	6141
金属压力容器制造	3067	3838	771	3067	3704
金属包装容器制造	4528	5084	1561	3523	2437
金属丝绳及其制品的制造	2608	5353	2759	2594	2408
金属丝绳及其制品的制造	2608	5353	2759	2594	2408
建筑、安全用金属制品制造	19399	26232	7696	18536	19850
建筑装饰及水暖管道零件制造	18375	25062	7168	17894	19284
安全、消防用金属制品制造	1024	1170	529	641	566
金属表面处理及热处理加工	532	780	249	531	450
金属表面处理及热处理加工	532	780	249	531	450
不锈钢及类似日用金属制品制造	735	1030	295	735	749
金属制厨用器皿及餐具制造	613	807	194	613	613
其他日用金属制品制造	123	223	101	123	136
其他金属制品制造	1903	2013	111	1903	1834
其他未列明的金属制品制造	1903	2013	111	1903	1834
通用设备制造业	231543	276701	67579	209122	214166
锅炉及原动机制造	5916	7470	2936	4534	5019
锅炉及辅助设备制造	5166	6148	2364	3784	4286
内燃机及配件制造	750	1321	572	750	733
金属加工机械制造	14988	17560	4442	13118	14270
金属切削机床制造	3483	3970	2274	1696	2799
金属成形机床制造	1361	1501	145	1356	1388
铸造机械制造	6015	6810	827	5983	6147
金属切割及焊接设备制造	65	98	34	65	72
机床附件制造	680	962	301	661	666
其他金属加工机械制造	3384	4219	862	3357	3200
起重运输设备制造	5915	6963	1125	5838	5444
起重运输设备制造	5915	6963	1125	5838	5444
泵、阀门、压缩机及类似机械的制造	18302	22798	7949	14850	14489
泵及真空设备制造	9861	12732	5300	7432	7530
液压和气压动力机械及元件制造	8442	10067	2649	7418	6959
轴承、齿轮、传动和驱动部件的制造	6782	7627	1270	6358	6143
轴承制造	2302	2960	670	2291	2015
齿轮、传动和驱动部件制造	4480	4667	600	4067	4128
烘炉、熔炉及电炉制造	681	1097	587	510	539
烘炉、熔炉及电炉制造	681	1097	587	510	539
风机、衡器、包装设备等通用设备制造	17969	21711	4918	16793	17564
风机、风扇制造	5998	7156	1180	5975	5700
制冷、空调设备制造	2008	2338	330	2008	3008
喷枪及类似器具制造	635	1412	777	635	630
衡器制造	3215	5030	1814	3215	3106

单位：个、万元、人

负债合计	流动负债合计		长期负债合计	所有者权益合计	
		应付账款			实收资本
38375	35862	12531	894	28620	21347
32468	29979	12041	872	20671	16140
5907	5883	490	22	7949	5207
4149	4149	1097		799	450
3338	3338	538		733	350
811	811	558		66	100
15405	10955	3211	3889	7306	6322
5702	4617	1743	1024	3025	1905
9703	6338	1468	2864	4281	4417
7713	7643	820	70	899	1051
7713	7643	820	70	899	1051
66826	63999	23175	2827	19214	11453
63836	61100	21542	2737	13524	8897
2989	2899	1633	90	5690	2556
3286	3285	437		2251	1772
3286	3285	437		2251	1772
4999	4999	2746		3023	2200
1581	1581	30		2603	1000
3418	3418	2716		420	1200
1722	1722	1150		1677	1500
1722	1722	1150		1677	1500
434433	394012	131095	33730	233562	144603
13287	11527	4006	308	7970	4912
12023	10267	3927	304	7239	4181
1264	1260	78	4	732	732
31274	30074	7551	1199	14489	10490
9637	9637	2772		2332	2043
2280	2280	607		1230	1010
8916	8898	780	16	5480	4158
196	196	164		1549	155
1681	498	211	1183	1291	600
8565	8565	3017		2608	2525
15387	15292	12133	85	10077	11002
15387	15292	12133	85	10077	11002
51673	49391	21026	2269	23066	21813
27519	25867	12462	1638	15521	14429
24155	23524	8564	631	7546	7384
6398	6317	2780	81	8197	5381
4651	4570	1850	81	2141	2573
1747	1747	930		6056	2808
3332	2850	1415	478	4402	1802
3332	2850	1415	478	4402	1802
31792	30434	12131	827	29476	17436
13286	13285	6291		9181	8327
2018	878	707	628	1478	500
1202	1202	135		746	363
3274	3106	11	149	5008	1246

2-1-17 续表 17

指标名称	固定资产合计	固定资产原价	累计折旧（规上工业）	固定资产净值	固定资产净值年平均余额
其他通用设备制造	6114	5777	817	4960	5120
通用零部件制造及机械修理	7146	8336	2008	6329	6182
紧固件、弹簧制造	4403	5913	1683	4231	4167
机械零部件加工及设备修理	954	366	40	326	454
其他通用零部件制造	1789	2058	286	1772	1561
金属铸、锻加工	153844	183138	42345	140793	144517
钢铁铸件制造	95260	111518	23328	88190	90085
锻件及粉末冶金制品制造	58584	71620	19017	52603	54433
专用设备制造业	83183	88917	26694	62223	67263
矿山、冶金、建筑专用设备制造	39558	36525	11210	25315	26072
采矿、采石设备制造	21688	24692	7480	17212	17968
石油钻采专用设备制造	3520	3646	473	3173	3200
建筑工程用机械制造	3025	1050	126	924	890
建筑材料生产专用机械制造	220	424	309	115	124
冶金专用设备制造	11106	6714	2823	3891	3889
化工、木材、非金属加工专用设备制造	6106	7004	1068	5935	5804
炼油、化工生产专用设备制造	336	409	73	336	336
模具制造	5769	6594	996	5599	5468
食品、饮料、烟草及饲料生产专用设备制造	1019	1653	714	939	939
食品、饮料、烟草工业专用设备制造	1019	1653	714	939	939
纺织、服装和皮革工业专用设备制造	13347	17621	6463	11158	12574
纺织专用设备制造	13347	17621	6463	11158	12574
电子和电工机械专用设备制造	5352	7241	2174	5067	3920
电工机械专用设备制造	1770	2946	1245	1701	1546
电子工业专用设备制造	3582	4296	929	3366	2374
农、林、牧、渔专用机械制造	15591	16868	4239	12628	16052
拖拉机制造	14996	16081	4048	12033	15893
机械化农业及园艺机具制造	485	640	155	485	49
其他农林牧渔业机械制造及机械修理	111	147	36	111	111
医疗仪器设备及器械制造	363	371	8	363	365
医疗诊断、监护及治疗设备制造	363	371	8	363	365
环保、社会公共安全及其他专用设备制造	1847	1636	818	818	1537
环境污染防治专用设备制造	1847	1636	818	818	1537
交通运输设备制造业	129279	151411	44489	106921	96429
铁路运输设备制造	28342	30233	8802	21431	16404
铁路机车车辆及动车组制造	422	630	207	422	422
工矿有轨专用车辆制造	5934	6175	1241	4934	3530
铁路机车车辆配件制造	4448	5242	2768	2474	2963
铁路专用设备及器材、配件制造	14019	14972	3730	11243	7233
其他铁路设备制造及设备修理	3519	3215	856	2359	2256
汽车制造	100169	120344	35327	85017	79553
改装汽车制造	8973	7135	2649	4487	5692
汽车车身、挂车的制造	10017	7092	2237	4855	6054
汽车零部件及配件制造	77263	100845	29052	71793	64058
汽车修理	3916	5272	1389	3883	3749
交通器材及其他交通运输设备制造	768	833	361	473	473
交通管理用金属标志及设施制造	768	833	361	473	473

单位：个、万元、人

负债合计	流动负债合计	应付账款	长期负债合计	所有者权益合计	实收资本
12013	11963	4986	50	13061	7000
14022	13992	4538		7798	1930
9388	9388	3601		5556	800
3311	3281	927		536	630
1324	1324	10		1707	500
267267	234136	65515	28483	128086	69837
163606	136082	39947	24837	74161	38266
103661	98054	25569	3646	53925	31572
197581	184986	61158	6338	129596	75332
123044	117559	32411	2083	61566	39302
53853	52158	17768	1695	27845	16610
7099	6976	1583	122	4080	3636
5416	2015	101		10310	11000
1506	1505	379		783	500
55171	54905	12580	266	18548	7556
4411	4410	1336		8254	5500
204	204	58		460	500
4206	4206	1278		7794	5000
679	265	47	414	3568	1108
679	265	47	414	3568	1108
40760	38305	22236	474	16500	11337
40760	38305	22236	474	16500	11337
12886	12012	4042	2	11836	9000
7738	7738	2884		2913	2643
5148	4273	1158	2	8923	6357
11902	10101	632	1801	21408	5780
10745	9369	249	1376	19804	5180
843	418	382	425	1646	500
314	314			-42	100
328	328	-19		370	300
328	328	-19		370	300
3571	2006	472	1565	6094	3005
3571	2006	472	1565	6094	3005
218707	186263	52511	25254	138164	86034
47540	41121	16999	2374	44804	27428
890	550	325	340	393	268
4940	4940	1129		6176	6188
8543	7720	3109	458	4930	4247
26233	24656	11180	1576	30565	15700
6935	3256	1256		2739	1026
170530	144504	35482	22880	92670	57756
10749	10749	1663		9607	4188
24633	19878	2885	1622	15399	12994
129260	108177	30243	21070	62156	35978
5888	5700	691	188	5509	4596
638	638	30		690	850
638	638	30		690	850

2-1-17 续表 18

指标名称	固定资产合计	固定资产原价	累计折旧(规上工业)	固定资产净值	固定资产净值年平均余额
电气机械及器材制造业	33009	39515	8851	30664	24942
电机制造	832	1026	194	832	825
电动机制造	832	1026	194	832	825
输配电及控制设备制造	10705	13043	2557	10486	10804
变压器、整流器和电感器制造	7627	8945	1328	7617	7590
配电开关控制设备制造	2655	3394	949	2446	2759
电力电子元器件制造	423	704	281	423	455
电线、电缆、光缆及电工器材制造	14115	17543	3984	13559	9496
电线电缆制造	13662	16971	3865	13106	9044
其他电工器材制造	453	573	120	453	452
电池制造	5160	6314	1894	4419	2453
电池制造	5160	6314	1894	4419	2453
非电力家用器具制造	801	921	121	800	801
燃气、太阳能及类似能源的器具制造	801	921	121	800	801
照明器具制造	514	565	54	511	516
照明灯具制造	19	17	...	17	19
灯用电器附件及其他照明器具制造	495	548	53	495	497
其他电气机械及器材制造	882	103	47	56	46
其他未列明的电气机械制造	882	103	47	56	46
通信设备、计算机及其他电子设备制造业	31649	39922	14981	24942	25598
通信设备制造	4853	5803	3191	2611	4500
通信传输设备制造	4853	5803	3191	2611	4500
广播电视设备制造	520	731	244	487	450
应用电视设备及其他广播电视设备制造	520	731	244	487	450
电子计算机制造	44	96	52	44	44
电子计算机整机制造	44	96	52	44	44
电子器件制造	3869	4524	721	3803	2817
电子真空器件制造	3659	4100	507	3594	2630
光电子器件及其他电子器件制造	210	424	214	210	188
电子元件制造	22294	28658	10731	17927	17726
电子元件及组件制造	22294	28658	10731	17927	17726
其他电子设备制造	69	111	42	69	61
其他电子设备制造	69	111	42	69	61
仪器仪表及文化、办公用机械制造业	9073	11852	3063	8789	8520
通用仪器仪表制造	8446	10868	2706	8162	7951
工业自动控制系统装置制造	8446	10868	2706	8162	7951
专用仪器仪表制造	627	984	357	627	570
导航、气象及海洋专用仪器制造	431	687	256	431	386
电子测量仪器制造	196	297	101	196	184
工艺品及其他制造业	7426	7867	912	6956	7161
工艺美术品制造	7031	7793	879	6914	6782
金属工艺品制造	7031	7793	879	6914	6782
其他未列明的制造业	394	75	33	42	379
其他未列明的制造业	394	75	33	42	379
电力、燃气及水的生产和供应业	**237525**	**242356**	**47943**	**194413**	**186820**
电力、热力的生产和供应业	212980	218900	45234	173666	166886
电力生产	178848	183365	39674	143690	136677

单位：个、万元、人

负债合计	流动负债合计	应付账款	长期负债合计	所有者权益合计	实收资本
65659	63257	28302	2401	61351	44471
1745	1745	376		2450	1813
1745	1745	376		2450	1813
24499	23936	11307	563	23484	16025
9421	9256	1949	165	13417	10691
13012	12700	7929	311	8198	5034
2067	1980	1429	87	1869	300
24269	22773	4384	1496	24854	18914
23463	21967	4374	1496	24136	18256
806	806	10		718	658
10905	10905	10272		6816	5300
10905	10905	10272		6816	5300
145	145			1461	300
145	145			1461	300
1802	1802	308		1114	1119
96	96			319	319
1706	1706	308		794	800
2294	1952	1655	342	1174	1000
2294	1952	1655	342	1174	1000
56100	44163	12380	9215	38614	22897
4252	1598	1598		1933	1507
4252	1598	1598		1933	1507
1517	1451			408	110
1517	1451			408	110
92	92	39		1389	1400
92	92	39		1389	1400
16715	9541	2451	7173	1186	1050
13949	6819	2438	7130	108	500
2765	2722	13	43	1079	550
33109	31142	8248	1967	33368	18530
33109	31142	8248	1967	33368	18530
414	340	45	75	330	300
414	340	45	75	330	300
33106	31050	12779	1865	21901	10358
30789	29506	12219	1093	19341	8158
30789	29506	12219	1093	19341	8158
2317	1545	561	772	2560	2200
1574	1044	493	530	1678	2000
743	501	68	242	882	200
5369	4529	1649	797	12690	5792
2739	2733	57	5	9222	2292
2739	2733	57	5	9222	2292
2630	1796	1592	792	3469	3500
2630	1796	1592	792	3469	3500
232073	**188837**	**40809**	**41409**	**95317**	**86174**
213379	182743	36982	28809	88027	78684
156263	131737	25805	24525	65661	57467

2-1-17 续表 19

指标名称	固定资产合计	固定资产原价	累计折旧(规上工业)	固定资产净值	固定资产净值年平均余额
火力发电	178848	183365	39674	143690	136677
电力供应	2461	2461	741	1720	1635
电力供应	2461	2461	741	1720	1635
热力生产和供应	31671	33075	4818	28256	28574
热力生产和供应	31671	33075	4818	28256	28574
燃气生产和供应业	5622	5709	88	5622	5621
燃气生产和供应业	5622	5709	88	5622	5621
燃气生产和供应业	5622	5709	88	5622	5621
水的生产和供应业	18924	17747	2622	15125	14313
自来水的生产和供应	18924	17747	2622	15125	14313
自来水的生产和供应	18924	17747	2622	15125	14313
四、按行业大类分					
煤炭开采和洗选业	2568289	2715147	494407	2220740	2129672
黑色金属矿采选业	319005	395528	104139	291389	298735
有色金属矿采选业	29559	45194	16453	28741	29065
非金属矿采选业	4301	4775	1612	3163	3689
农副食品加工业	420447	444133	80407	363726	349069
食品制造业	185370	197000	43740	153259	143924
饮料制造业	137363	139151	17496	121655	117148
纺织业	79874	99218	27839	71378	66930
纺织服装、鞋、帽制造业	13601	17007	4141	12866	11332
木材加工及木、竹、藤、棕、草制品业	27556	31682	4218	27464	27574
家具制造业	3192	3643	1558	2085	1399
造纸及纸制品业	62343	77476	17967	59510	60388
印刷业和记录媒介的复制	13151	23888	14336	9552	14833
文教体育用品制造业	29564	35766	10747	25019	24394
石油加工、炼焦及核燃料加工业	5045603	5245036	1070532	4174505	4084195
化学原料及化学制品制造业	709155	950339	311997	638343	627097
医药制造业	236535	280889	87718	193171	215833
化学纤维制造业	31	33	2	31	18
橡胶制品业	10071	11624	1884	9740	9600
塑料制品业	46248	56319	15415	40905	40932
非金属矿物制品业	821526	989149	295761	693389	730759
黑色金属冶炼及压延加工业	3082786	3240808	808209	2432599	2397919
有色金属冶炼及压延加工业	1167540	1277961	217501	1060460	1072697
金属制品业	55617	73034	20991	52043	52430
通用设备制造业	231543	276701	67579	209122	214166
专用设备制造业	83183	88917	26694	62223	67263
交通运输设备制造业	129279	151411	44489	106921	96429
电气机械及器材制造业	33009	39515	8851	30664	24942
通信设备、计算机及其他电子设备制造业	31649	39922	14981	24942	25598
仪器仪表及文化、办公用机械制造业	9073	11852	3063	8789	8520
工艺品及其他制造业	7426	7867	912	6956	7161
电力、热力的生产和供应业	212980	218900	45234	173666	166886
燃气生产和供应业	5622	5709	88	5622	5621
水的生产和供应业	18924	17747	2622	15125	14313

单位：个、万元、人

负债合计	流动负债合计	应付账款	长期负债合计	所有者权益合计	实收资本
156263	131737	25805	24525	65661	57467
1635	1634			1565	310
1635	1634			1565	310
55481	49372	11177	4284	20801	20907
55481	49372	11177	4284	20801	20907
4370	370		4000	1739	1380
4370	370		4000	1739	1380
4370	370		4000	1739	1380
14324	5724	3827	8600	5551	6110
14324	5724	3827	8600	5551	6110
14324	5724	3827	8600	5551	6110
5118744	4066688	1058909	829750	3017996	1520906
523703	477110	85014	39811	373825	148890
26097	24096	6503	1923	33487	18144
25628	24519	2249	288	19472	14689
486152	421738	77903	60541	418124	193699
165909	131177	29707	25308	238897	118923
144851	127971	17733	16054	91907	77589
143623	128180	19620	14073	53948	49292
11176	9732	862	1444	20636	13426
78154	62565	1825	15588	58069	5122
3474	3473	1466		3585	2195
60742	49268	12129	10474	58756	28080
18890	18493	4266	300	15218	8151
54221	49458	12232	4763	41504	15628
9418513	8246982	2454492	983531	3430778	1750404
1031321	786530	134379	235410	676786	392569
381430	319319	60138	49787	280954	160402
2493	1259	274	1234	1733	1700
19519	18247	6296	1272	11863	8915
68931	64722	14067	4200	63422	39191
1131129	919465	252925	198207	575462	438089
4465487	3952426	1492496	461331	2036937	1088290
1625324	966647	184367	645831	806187	520239
142473	132613	45166	7679	63789	46095
434433	394012	131095	33730	233562	144603
197581	184986	61158	6338	129596	75332
218707	186263	52511	25254	138164	86034
65659	63257	28302	2401	61351	44471
56100	44163	12380	9215	38614	22897
33106	31050	12779	1865	21901	10358
5369	4529	1649	797	12690	5792
213379	182743	36982	28809	88027	78684
4370	370		4000	1739	1380
14324	5724	3827	8600	5551	6110

2-1-17 续表 20

指标名称	主营业务收入	主营业务成本	主营业务税金及附加	其他业务收入	其他业务利润
总 计	**39201555**	**32530011**	**463527**	**451999**	**134849**
一、按轻重工业分					
轻工业	2369763	1983279	15210	20315	12877
重工业	36831792	30546732	448316	431684	121972
二、按登记注册类型分					
内资企业	**37002478**	**30718337**	**427637**	**439583**	**125571**
集体企业	93426	68475	1881	598	563
股份合作企业	541792	460776	6802	3988	1009
联营企业	33685	14544	1201		
集体联营企业	5401	2550	106		
其他联营企业	28283	11993	1095		
有限责任公司	16587222	13942142	157659	181787	54044
其他有限责任公司	16587222	13942142	157659	181787	54044
股份有限公司	3256335	2619132	43648	20826	10765
私营企业	16389676	13531647	215621	232383	59189
私营独资企业	1626458	1323794	38514	1548	1445
私营合伙企业	174854	131048	5009	21	
私营有限责任公司	13755442	11381311	155813	223179	51841
私营股份有限公司	832923	695494	16285	7636	5903
其他企业	100342	81622	826	1	1
港澳台商投资企业	**492639**	**433570**	**6521**	**1476**	**177**
与港澳台商合资经营企业	473144	415807	6473	543	177
与港澳台商合作经营企业	7251	6553	48	885	
港澳台商投资股份有限公司	12244	11210		49	
外商投资企业	**1706439**	**1378104**	**29368**	**10940**	**9101**
中外合资经营企业	1662748	1346425	29140	10940	9101
中外合作经营企业	32083	21429	196		
外资企业	11607	10250	33		
三、按国民经济行业分					
采矿业	**10249442**	**7306822**	**184710**	**41801**	**16480**
煤炭开采和洗选业	9236267	6586978	166513	39011	15788
烟煤和无烟煤的开采洗选	9236267	6586978	166513	39011	15788
烟煤和无烟煤的开采洗选	9236267	6586978	166513	39011	15788
黑色金属矿采选业	922829	644958	17525	2450	386
铁矿采选	854632	580472	16096	2426	386
铁矿采选	854632	580472	16096	2426	386
其他黑色金属矿采选	68197	64486	1429	24	
其他黑色金属矿采选	68197	64486	1429	24	
有色金属矿采选业	74936	61207	523	177	144
常用有色金属矿采选	50002	42130	410	177	144
铜矿采选	16370	10813	115	171	144
铅锌矿采选	31752	29547	277	4	
铝矿采选	1880	1770	19	3	
贵金属矿采选	24934	19078	113		
金矿采选	24934	19078	113		
非金属矿采选业	15410	13679	149	163	163
土砂石开采	15410	13679	149	163	163
石灰石、石膏开采	1130	939	12	163	163
建筑装饰用石开采	8763	8205	73		
粘土及其他土砂石开采	5518	4535	64		

单位：个、万元、人

营业费用	管理费用	税金	财务费用	利息支出	营业利润
1625758	**1515787**	**63643**	**803640**	**701324**	**2387423**
109398	110362	4462	60687	56083	121185
1516360	1405424	59182	742953	645241	2266238
1487188	**1447468**	**60950**	**753448**	**653948**	**2283385**
5203	7044	38	1540	1482	11413
32403	16482	3507	30197	28718	1392
1552	3095	1	314	290	13507
199	1605	1	70	70	1331
1353	1490	...	244	220	12176
589888	691559	30476	353704	299940	923157
589888	691559	30476	353704	299940	923157
153377	148252	6600	73673	63657	222046
695584	576320	20265	292489	259151	1107125
72843	58784	2675	14764	10478	115814
5837	11617	47	499	489	21542
593298	467861	16802	262177	236759	921440
23606	38058	742	15049	11425	48329
9180	4717	63	1532	711	4744
18318	**12030**	**672**	**6275**	**8148**	**16583**
17545	11262	655	6105	8005	16582
281	334	5	...	1	36
492	435	13	171	141	-35
120253	**56288**	**2021**	**43917**	**39228**	**87456**
119592	54532	2021	39577	35400	82431
631	1567		4337	3825	3923
30	189		3	3	1102
514724	**620781**	**17680**	**127700**	**104954**	**1484607**
498378	543466	15326	116497	95691	1303496
498378	543466	15326	116497	95691	1303496
498378	543466	15326	116497	95691	1303496
13925	68718	2133	10253	8317	170037
13829	66524	2081	9670	7926	160864
13829	66524	2081	9670	7926	160864
96	2194	52	583	391	9173
96	2194	52	583	391	9173
1970	8101	168	81	78	11067
1922	4736	73	20	20	8797
375	3423	39	-11	-11	1766
1547	1253	35	...	...	7029
	60		32	31	3
48	3365	95	61	58	2270
48	3365	95	61	58	2270
452	496	52	869	868	7
452	496	52	869	868	7
195	192	51	10	9	22
179	120		115	115	72
78	183	1	745	744	-87

2-1-17 续表 21

指标名称	主营业务收入	主营业务成本	主营业务税金及附加	其他业务收入	其他业务利润
制造业	**28861687**	**25137591**	**277283**	**408422**	**118098**
农副食品加工业	905253	822753	3755	5421	3591
谷物磨制	29863	26411	79	422	15
谷物磨制	29863	26411	79	422	15
饲料加工	219075	205763	9	874	842
饲料加工	219075	205763	9	874	842
植物油加工	146083	136559	154	551	311
食用植物油加工	141699	132190	149	551	311
非食用植物油加工	4384	4369	5		
制糖	4954	5625		510	33
制糖	4954	5625		510	33
屠宰及肉类加工	238726	212483	3021	715	707
畜禽屠宰	185713	167222	2810	715	707
肉制品及副产品加工	53013	45260	211		
蔬菜、水果和坚果加工	41384	34484	58	54	31
蔬菜、水果和坚果加工	41384	34484	58	54	31
其他农副食品加工	225168	201428	433	2295	1652
淀粉及淀粉制品的制造	219343	196513	368	2295	1652
豆制品制造	973	844	2		
蛋品加工	1700	1591	3		
其他未列明的农副食品加工	3151	2480	61		
食品制造业	359205	285459	1716	2620	1206
焙烤食品制造	27703	21364	132	955	474
糕点、面包制造	15459	11316	113	955	474
饼干及其他焙烤食品制造	12244	10048	18	...	
糖果、巧克力及蜜饯制造	24921	19457	113	1	...
糖果、巧克力制造	1583	808	2	1	...
蜜饯制作	23338	18649	111		
方便食品制造	35236	29447	131	180	
米、面制品制造	6201	5248	4		
速冻食品制造	3538	2711	11		
方便面及其他方便食品制造	25497	21487	116	180	
液体乳及乳制品制造	148560	119196	180	824	418
液体乳及乳制品制造	148560	119196	180	824	418
罐头制造	37306	29955	129	331	
肉、禽类罐头制造	29789	23729	108		
蔬菜、水果罐头制造	7518	6227	21	331	
调味品、发酵制品制造	59628	47366	713	328	313
酱油、食醋及类似制品的制造	57153	45134	713	328	313
其他调味品、发酵制品制造	2475	2232			
其他食品制造	25849	18673	317	1	1
营养、保健食品制造	5685	2030	18		
冷冻饮品及食用冰制造	5454	4371	289		
食品及饲料添加剂制造	14711	12272	10	1	1

单位：个、万元、人

营业费用	管理费用	税金	财务费用	利息支出	营业利润
1110519	**886547**	**45415**	**668177**	**589967**	**917526**
19765	27914	657	21651	21151	27312
979	1044	23	786	760	692
979	1044	23	786	760	692
2749	4550	130	3061	2224	2073
2749	4550	130	3061	2224	2073
1033	2519	14	5268	5941	5361
1029	2496	14	5223	5897	5380
4	23		44	44	-19
60	5248	132	-3	-4	-1743
60	5248	132	-3	-4	-1743
4208	5889	90	4314	4091	11586
1883	3172	24	3352	3349	9674
2325	2717	65	962	742	1912
991	1617	38	1541	1509	1353
991	1617	38	1541	1509	1353
9745	7047	231	6685	6629	7989
9531	6696	101	6404	6377	7990
136	71	6	256	230	-336
24	15		10		59
54	266	124	14	22	276
16987	13841	585	5699	5186	40491
2628	1718	30	398	315	2027
2257	1370	27	291	250	699
372	347	3	108	65	1329
1653	1106	47	395	379	2197
68	55		15	14	635
1585	1051	47	380	364	1562
2219	620	9	444	323	2232
87	108	9	138	37	615
84	225		163	144	343
2047	287		142	142	1274
4102	4369	368	1435	1428	25746
4102	4369	368	1435	1428	25746
2144	2062	15	555	554	3900
1741	1694		360	360	3728
402	368	15	195	194	171
3623	3298	116	1681	1402	2064
3623	3097	115	1429	1162	2275
	202	…	252	240	-211
620	669	1	790	785	2326
127	163		140	140	752
107	138		118	118	431
386	368	1	532	527	1144

2-1-17 续表 22

指标名称	主营业务收入	主营业务成本	主营业务税金及附加	其他业务收入	其他业务利润
饮料制造业	129826	101062	5135	601	432
酒精制造	17516	15436	600	98	96
酒精制造	17516	15436	600	98	96
酒的制造	39672	32064	2796	85	81
白酒制造	24312	20262	1391	3	
啤酒制造	11844	9399	1222	81	81
其他酒制造	3516	2403	183		
软饮料制造	72638	53562	1739	419	255
碳酸饮料制造	781	611	7	10	-12
果菜汁及果菜汁饮料制造	65627	48939	1308	401	260
含乳饮料和植物蛋白饮料制造	3880	2419	136	8	7
茶饮料及其他软饮料制造	2350	1595	290		
纺织业	128133	125220	288	5413	4726
棉、化纤纺织及印染精加工	109333	109227	244	5413	4761
棉、化纤纺织加工	64036	64243	164	53	-265
棉、化纤印染精加工	45298	44984	80	5360	5026
毛纺织和染整精加工	11707	10395			
毛纺织	11707	10395			
丝绢纺织及精加工	2320	2540	6		-35
缫丝加工	1054	1235			
绢纺和丝织加工	1267	1306	6		-35
纺织制成品制造	4773	3059	38		
棉及化纤制品制造	2029	1148	17		
毛制品制造	2744	1911	20		
纺织服装、鞋、帽制造业	22982	16310	172	21	7
纺织服装制造	22429	15948	169	21	7
纺织服装制造	22429	15948	169	21	7
纺织面料鞋的制造	553	362	4		
纺织面料鞋的制造	553	362	4		
木材加工及木、竹、藤、棕、草制品业	49103	39752	45	14	14
锯材、木片加工	1543	1372	3		
木片加工	1543	1372	3		
人造板制造	46219	37339	36	12	12
胶合板制造	561	381	2		
纤维板制造	45658	36958	35	12	12
木制品制造	1340	1042	6	2	2
建筑用木料及木材组件加工	1340	1042	6	2	2
家具制造业	5136	4252	23	19	19
木质家具制造	5136	4252	23	19	19
木质家具制造	5136	4252	23	19	19
造纸及纸制品业	105787	91973	298	1087	806
纸浆制造	2989	2589	19		
纸浆制造	2989	2589	19		
造纸	29336	26076	86	287	15
机制纸及纸板制造	29336	26076	86	287	15
纸制品制造	73463	63308	193	800	791
纸和纸板容器的制造	72819	62691	192	800	791

单位：个、万元、人

营业费用	管理费用	税金	财务费用	利息支出	营业利润
8727	6438	319	5178	3713	5335
98	593	81	1309	1300	200
98	593	81	1309	1300	200
1423	2066	175	742	718	953
543	840	93	438	430	1187
800	980	60	70	57	-602
79	246	22	234	232	369
7207	3778	62	3128	1694	4182
110	32		...		11
6731	2761	38	2973	1518	3990
308	869	25	106	127	-61
59	116		49	49	242
2023	5274	167	4541	3814	-3400
1245	3876	97	3765	3135	-3625
329	1736	59	1555	1422	-3618
916	2140	38	2210	1712	-7
214	459		630	534	10
214	459		630	534	10
174	432	37	71	71	-488
17	70		82	82	-350
157	363	37	-12	-12	-138
391	507	34	77	76	703
329	331		-2	-3	206
62	176	34	78	78	497
981	1639	14	970	891	2982
972	1566	13	967	888	2879
972	1566	13	967	888	2879
9	72	1	3	3	103
9	72	1	3	3	103
571	1961	50	2659	2501	4950
2	126		141	140	-99
2	126		141	140	-99
530	1599	50	2519	2361	5033
11	40	...	120	120	7
519	1559	50	2399	2240	5026
39	236		...		17
39	236		...		17
469	294	12	92	88	28
469	294	12	92	88	28
469	294	12	92	88	28
3006	3966	486	2509	2426	4724
34	29	2	26	26	293
34	29	2	26	26	293
492	1209	28	979	941	340
492	1209	28	979	941	340
2480	2728	457	1504	1459	4091
2480	2716	457	1492	1447	4090

2-1-17 续表 23

指标名称	主营业务收入	主营业务成本	主营业务税金及附加	其他业务收入	其他业务利润
其他纸制品制造	644	617	1		
印刷业和记录媒介的复制	28938	26819	103	180	107
印刷	28938	26819	103	180	107
书、报、刊印刷	5628	4744	27	1	1
包装装潢及其他印刷	23310	22075	75	178	106
文教体育用品制造业	56004	50410	178	318	317
体育用品制造	56004	50410	178	318	317
体育器材及配件制造	7029	6279	3	...	
训练健身器材制造	48974	44131	175	317	317
石油加工、炼焦及核燃料加工业	12556236	10495521	158023	241603	64556
精炼石油产品的制造	85922	66857	787	12	12
原油加工及石油制品制造	85922	66857	787	12	12
炼焦	12470314	10428664	157236	241591	64544
炼焦	12470314	10428664	157236	241591	64544
化学原料及化学制品制造业	1644661	1426892	5234	5813	3037
基础化学原料制造	533203	478684	1290	332	79
无机酸制造	38573	33657	157	10	-25
无机碱制造	10641	9499	33		
无机盐制造	151683	138043	525	67	...
有机化学原料制造	262353	232602	512	177	69
其他基础化学原料制造	69954	64884	63	77	34
肥料制造	426649	364115	565	2388	1530
氮肥制造	391923	335185	432	2036	1446
磷肥制造	14427	12389	78		
复混肥料制造	16672	13624	55	353	83
有机肥料及微生物肥料制造	3628	2918	1		
农药制造	36461	25233	16		
化学农药制造	36461	25233	16		
涂料、油墨、颜料及类似产品制造	77439	59048	213	584	501
涂料制造	17224	14791	79	303	300
油墨及类似产品制造	21477	12949	42	53	25
颜料制造	11994	11181	13		
染料制造	26745	20127	78	229	177
合成材料制造	251888	235153	700	836	770
初级形态的塑料及合成树脂制造	251888	235153	700	836	770
专用化学产品制造	316501	262254	2446	1673	158
化学试剂和助剂制造	140940	122545	844	1369	-79
专项化学用品制造	2438	2124	13		
林产化学产品制造	22807	19756	264	3	
炸药及火工产品制造	93560	72558	690	112	49
环境污染处理专用药剂材料制造	8964	6248	56	189	189
动物胶制造	1957	1814	1		
其他专用化学产品制造	45835	37208	580		
日用化学产品制造	2519	2404	5		
肥皂及合成洗涤剂制造	1883	1884	1		
香料、香精制造	636	521	4		
医药制造业	335344	216764	2617	3582	999

单位：个、万元、人

营业费用	管理费用	税金	财务费用	利息支出	营业利润
	12		12	12	1
548	1231	72	737	668	-409
548	1231	72	737	668	-409
67	503	8	250	213	39
481	727	65	487	454	-448
3833	2886	88	2452	2259	-2802
3833	2886	88	2452	2259	-2802
259	632	19	129	103	410
3574	2253	69	2324	2155	-3212
758033	398664	14796	330363	297214	432196
4444	2018	44	810	738	3418
4444	2018	44	810	738	3418
753589	396646	14753	329553	296476	428778
753589	396646	14753	329553	296476	428778
49455	60258	3993	31763	28835	59647
13244	18723	775	9848	8439	6591
976	1605	39	627	614	1497
217	269	13	193	192	-9
4857	4524	117	944	767	1154
5430	11023	545	7690	6481	3847
1764	1302	60	393	385	103
7526	16511	1450	8869	8083	32347
5938	14431	1247	8132	7440	30115
210	1128	156	364	364	250
1139	763	47	294	201	1779
239	190		79	79	203
150	496		294	293	1850
150	496		294	293	1850
2975	2793	122	1369	1285	5398
880	1182	6	175	169	405
490	549	84	128	104	1232
399	230	5	1		169
1206	832	27	1065	1011	3592
9090	4285	733	4187	4102	-773
9090	4285	733	4187	4102	-773
16429	16741	909	7189	6625	14302
8993	4896	103	4293	3771	1508
84	184	1	…		33
757	1250	196	281	264	804
4169	8036	465	593	502	7586
773	452	38	199	146	1237
48	114	8	34	33	-54
1606	1808	98	1790	1909	3188
41	709	5	9	8	-68
11	633		9	8	-73
30	76	5			5
40888	32174	1493	10979	10323	33687

2-1-17 续表 24

指标名称	主营业务收入	主营业务成本	主营业务税金及附加	其他业务收入	其他业务利润
化学药品原药制造	51401	42109	164		
化学药品原药制造	51401	42109	164		
化学药品制剂制造	162148	106913	1287	625	255
化学药品制剂制造	162148	106913	1287	625	255
中药饮片加工	9179	7753	17	277	211
中药饮片加工	9179	7753	17	277	211
中成药制造	80214	34934	934	138	86
中成药制造	80214	34934	934	138	86
兽用药品制造	6254	5275	22	467	417
兽用药品制造	6254	5275	22	467	417
生物、生化制品的制造	6591	4559	49	...	...
生物、生化制品的制造	6591	4559	49	...	...
卫生材料及医药用品制造	19559	15222	144	2075	30
卫生材料及医药用品制造	19559	15222	144	2075	30
化学纤维制造业	10039	9735	13	71	1
合成纤维制造	10039	9735	13	71	1
涤纶纤维制造	10039	9735	13	71	1
橡胶制品业	31923	27897	159	175	25
橡胶板、管、带的制造	8171	6530	37	168	20
橡胶板、管、带的制造	8171	6530	37	168	20
橡胶零件制造	9832	7145	53	2	...
橡胶零件制造	9832	7145	53	2	...
再生橡胶制造	10592	11374	67	5	5
再生橡胶制造	10592	11374	67	5	5
日用及医用橡胶制品制造	3329	2848	1		
日用及医用橡胶制品制造	3329	2848	1		
塑料制品业	140774	124953	435	749	325
塑料薄膜制造	42600	39157	26		
塑料薄膜制造	42600	39157	26		
塑料板、管、型材的制造	76109	65530	334	278	253
塑料板、管、型材的制造	76109	65530	334	278	253
塑料丝、绳及编织品的制造	12928	12144	47	304	-29
塑料丝、绳及编织品的制造	12928	12144	47	304	-29
泡沫塑料制造	3100	2940	5	78	78
泡沫塑料制造	3100	2940	5	78	78
塑料包装箱及容器制造	3531	3295	6	68	1
塑料包装箱及容器制造	3531	3295	6	68	1
其他塑料制品制造	2506	1888	18	22	22
其他塑料制品制造	2506	1888	18	22	22
非金属矿物制品业	1066816	883242	6303	11087	3178
水泥、石灰和石膏的制造	262897	211157	1896	1665	210
水泥制造	259145	207900	1876	1665	210
石灰和石膏制造	3753	3256	19		
水泥及石膏制品制造	102421	87760	1110	30	30
水泥制品制造	94002	80744	1009	30	30
轻质建筑材料制造	1931	1928	7	...	...
其他水泥制品制造	6488	5088	95		

单位：个、万元、人

营业费用	管理费用	税金	财务费用	利息支出	营业利润
1585	2587	87	1193	1168	3732
1585	2587	87	1193	1168	3732
10769	17766	762	5436	5302	21076
10769	17766	762	5436	5302	21076
487	937	80	477	222	-285
487	937	80	477	222	-285
25597	8158	449	2870	2629	8251
25597	8158	449	2870	2629	8251
290	613	13	349	349	-364
290	613	13	349	349	-364
272	606	61	284	284	821
272	606	61	284	284	821
1889	1507	41	370	370	456
1889	1507	41	370	370	456
80	110		93	93	8
80	110		93	93	8
80	110		93	93	8
1874	2237	27	545	526	242
756	573	11	223	213	93
756	573	11	223	213	93
850	1226	8	62	60	496
850	1226	8	62	60	496
180	293	7	13	13	-330
180	293	7	13	13	-330
88	145	2	247	241	-17
88	145	2	247	241	-17
4225	4541	160	2996	2789	4401
238	926	…	986	872	1268
238	926	…	986	872	1268
3419	2219	124	1514	1452	3333
3419	2219	124	1514	1452	3333
217	780	20	256	256	-343
217	780	20	256	256	-343
95	150		-4	-5	-8
95	150		-4	-5	-8
18	134		214	193	-18
18	134		214	193	-18
239	332	16	29	23	169
239	332	16	29	23	169
57719	54819	2222	29584	27271	26328
5448	17877	803	8371	8117	4667
5275	17621	803	8177	7923	4800
173	256	…	194	194	-133
4270	4884	73	3447	3002	3825
4151	4528	69	3075	2699	3463
83	125	3	137	137	-443
36	230	1	235	165	804

2-1-17 续表 25

指标名称	主营业务收入	主营业务成本	主营业务税金及附加	其他业务收入	其他业务利润
砖瓦、石材及其他建筑材料制造	65661	52633	460	1598	547
粘土砖瓦及建筑砌块制造	7827	5370	87		
建筑陶瓷制品制造	3538	3022	75		
建筑用石加工	1011	997	2		
防水建筑材料制造	53284	43243	296	1598	547
玻璃及玻璃制品制造	203305	178564	454	1174	356
平板玻璃制造	24937	23310	58	49	49
技术玻璃制品制造	63290	58496	71	996	265
玻璃仪器制造	1155	1000	11	1	…
日用玻璃制品及玻璃包装容器制造	111404	93653	298	129	41
玻璃纤维及制品制造	688	593	5		
玻璃纤维增强塑料制品制造	1832	1512	10		
陶瓷制品制造	44122	33553	287	100	71
特种陶瓷制品制造	8686	7018	56	3	3
日用陶瓷制品制造	35436	26535	231	97	69
耐火材料制品制造	199186	163004	1519	6091	1793
石棉制品制造	4253	4070	11		
耐火陶瓷制品及其他耐火材料制造	194933	158934	1509	6091	1793
石墨及其他非金属矿物制品制造	189225	156570	577	430	170
石墨及碳素制品制造	162692	133424	415	390	130
其他非金属矿物制品制造	26533	23146	162	40	40
黑色金属冶炼及压延加工业	7973517	7486856	70358	94567	21781
炼铁	2242881	2106223	26662	25045	6664
炼铁	2242881	2106223	26662	25045	6664
炼钢	1593866	1555641	7745	13462	4987
炼钢	1593866	1555641	7745	13462	4987
钢压延加工	3280226	3030733	17842	29784	10435
钢压延加工	3280226	3030733	17842	29784	10435
铁合金冶炼	856544	794260	18110	26276	-306
铁合金冶炼	856544	794260	18110	26276	-306
有色金属冶炼及压延加工业	1556753	1344548	13127	8034	3728
常用有色金属冶炼	1345864	1143827	12547	6399	3603
铜冶炼	14577	12775	171		
铅锌冶炼	44765	34102	219	116	
铝冶炼	529063	406361	3538	3384	1328
镁冶炼	751038	686147	8615	2900	2275
其他常用有色金属冶炼	6422	4442	4		
稀有稀土金属冶炼	8512	8026	138	651	10
稀土金属冶炼	6874	6707	8	651	10
其他稀有金属冶炼	1638	1319	131		
有色金属合金制造	135203	127044	369	500	51
有色金属合金制造	135203	127044	369	500	51
有色金属压延加工	67175	65652	72	484	64
常用有色金属压延加工	60199	59717	30	410	8
贵金属压延加工	527	527			
稀有稀土金属压延加工	6449	5408	42	75	56
金属制品业	233245	215212	1025	3629	492

单位：个、万元、人

营业费用	管理费用	税金	财务费用	利息支出	营业利润
6566	1652	8	592	519	2882
331	298	6	94	86	1045
32	258		64	53	87
	4				8
6203	1092	2	435	380	1742
10379	9545	318	5740	5258	-1147
2533	2221		-48	-57	-3089
1881	1844	77	3166	2932	-1903
9	85	1	47	47	3
5858	5236	226	2555	2316	3719
16	88	14	5	5	-18
83	71	1	15	14	140
2763	3082	139	1314	1309	3395
767	749	47	369	369	-447
1996	2332	92	944	940	3842
16795	10438	402	6929	6056	2822
36	46		3		172
16759	10392	402	6926	6056	2649
11498	7341	479	3191	3011	9884
8682	5750	452	2702	2535	11261
2816	1591	28	489	476	-1377
63049	136666	15504	124919	91177	165169
21832	46782	2408	26666	22913	27310
21832	46782	2408	26666	22913	27310
5101	18310	2437	20990	21046	-5493
5101	18310	2437	20990	21046	-5493
22486	52880	9844	65972	39077	113041
22486	52880	9844	65972	39077	113041
13631	18695	815	11291	8142	30312
13631	18695	815	11291	8142	30312
22774	46504	1164	63136	64557	77237
20598	42213	1058	60633	62245	73075
143	354	101	173	206	821
654	1832	18	4410	3897	3548
10799	21890	243	44982	47947	47887
9000	18111	692	11069	10195	18871
3	27	4	-1		1948
119	382	12	155	160	1211
59	323	12	94	100	658
60	58		61	60	552
1335	2677	67	1286	1133	2465
1335	2677	67	1286	1133	2465
722	1232	27	1062	1018	486
669	765	12	794	752	221
9	26		166	165	-201
44	442	15	102	102	466
3643	8816	402	3219	3004	2522

2-1-17 续表 26

指标名称	主营业务收入	主营业务成本	主营业务税金及附加	其他业务收入	其他业务利润
结构性金属制品制造	68600	61472	365	1779	287
金属结构制造	56760	51254	355	1779	287
金属门窗制造	11840	10218	10		
金属工具制造	1334	1313	2		
切削工具制造	822	829	2		
农用及园林用金属工具制造	512	484			
集装箱及金属包装容器制造	17667	16441	19	334	85
金属压力容器制造	5444	5028	11	177	3
金属包装容器制造	12223	11413	8	158	82
金属丝绳及其制品的制造	20745	19922	241	392	29
金属丝绳及其制品的制造	20745	19922	241	392	29
建筑、安全用金属制品制造	93199	87431	375	790	79
建筑装饰及水暖管道零件制造	84887	80928	302	783	72
安全、消防用金属制品制造	8313	6503	73	7	7
金属表面处理及热处理加工	10936	8971	5		
金属表面处理及热处理加工	10936	8971	5		
不锈钢及类似日用金属制品制造	17736	17543	1		
金属制厨用器皿及餐具制造	7788	7478			
其他日用金属制品制造	9948	10065	1		
其他金属制品制造	3028	2118	18	335	12
其他未列明的金属制品制造	3028	2118	18	335	12
通用设备制造业	686306	614770	3545	17750	6625
锅炉及原动机制造	9317	7052	83	242	193
锅炉及辅助设备制造	8434	6201	83	242	193
内燃机及配件制造	883	851			
金属加工机械制造	40691	36632	120	5968	560
金属切削机床制造	8809	8418	29	4996	26
金属成形机床制造	3006	2640	6	3	3
铸造机械制造	10520	9404	20		
金属切割及焊接设备制造	1052	712		460	460
机床附件制造	2657	2054	20	170	11
其他金属加工机械制造	14647	13405	46	340	61
起重运输设备制造	34314	32061	61	2032	324
起重运输设备制造	34314	32061	61	2032	324
泵、阀门、压缩机及类似机械的制造	74614	62826	201	619	159
泵及真空设备制造	33382	25849	50	410	105
液压和气压动力机械及元件制造	41233	36977	151	209	54
轴承、齿轮、传动和驱动部件的制造	9543	8386	25	156	26
轴承制造	5369	4567	21	75	5
齿轮、传动和驱动部件制造	4174	3820	5	81	21
烘炉、熔炉及电炉制造	6361	5125	32	1135	417
烘炉、熔炉及电炉制造	6361	5125	32	1135	417
风机、衡器、包装设备等通用设备制造	49081	44591	119	990	752
风机、风扇制造	23491	21940	32	...	...
制冷、空调设备制造	2027	1809	4	11	9
喷枪及类似器具制造	4254	4221	38	597	563
衡器制造	4660	3180	24	279	178

单位：个、万元、人

营业费用	管理费用	税金	财务费用	利息支出	营业利润
1130	3889	140	999	914	1130
789	3633	49	923	863	192
342	256	91	76	51	938
	159	10	159	159	-298
	97	10	159	159	-265
	62				-34
255	797	30	384	326	-85
97	302	6	27	25	38
157	495	24	356	301	-123
534	460	70	516	491	-897
534	460	70	516	491	-897
1552	2099	125	1113	1071	789
1108	1259	125	1064	1025	369
444	840		49	46	420
68	355	6	50	47	1484
68	355	6	50	47	1484
49	746	4	-1	-2	-138
49	309		-2	-2	1
	436	4	1	…	-138
55	312	19	…		537
55	312	19	…		537
27192	28816	1231	9777	8417	17916
470	934	53	54	5	1321
458	913	53	54	5	1322
12	21		…		-1
1382	2037	107	623	559	906
93	169	7	90	61	38
186	147	7	16	11	15
196	574	21	408	397	412
120	217	1	9	-2	391
175	342	3	49	37	30
613	587	69	52	54	21
436	1876	123	32	18	76
436	1876	123	32	18	76
3006	4158	117	922	831	4600
1842	1869	25	600	589	4551
1164	2290	93	322	242	49
136	508	61	36	36	446
121	365	54	32	32	268
15	143	7	4	4	179
487	761	20	53	34	433
487	761	20	53	34	433
2179	3190	112	951	947	692
644	738		91	99	639
47	124	110	1	1	50
	543		-4	-4	19
772	575		157	156	130

2-1-17 续表 27

指标名称	主营业务收入	主营业务成本	主营业务税金及附加	其他业务收入	其他业务利润
其他通用设备制造	14650	13441	22	104	2
通用零部件制造及机械修理	19576	18042	26	362	-72
紧固件、弹簧制造	14119	13026	3	61	3
机械零部件加工及设备修理	4686	4380	21	298	-78
其他通用零部件制造	771	636	2	3	3
金属铸、锻加工	442808	400055	2878	6246	4267
钢铁铸件制造	251637	230415	1608	1627	336
锻件及粉末冶金制品制造	191172	169640	1270	4619	3931
专用设备制造业	285237	255633	771	1588	1098
矿山、冶金、建筑专用设备制造	183944	168620	489	1415	947
采矿、采石设备制造	126694	115853	364	518	360
石油钻采专用设备制造	11042	9662	8	237	183
建筑工程用机械制造	1520	1586	1		
建筑材料生产专用机械制造	1789	1272	5	403	158
冶金专用设备制造	42900	40247	111	257	247
化工、木材、非金属加工专用设备制造	4135	3468	4	13	13
炼油、化工生产专用设备制造	890	828	3		
模具制造	3246	2640	1	13	13
食品、饮料、烟草及饲料生产专用设备制造	1584	1222	7		
食品、饮料、烟草工业专用设备制造	1584	1222	7		
纺织、服装和皮革工业专用设备制造	35024	30021	117	137	134
纺织专用设备制造	35024	30021	117	137	134
电子和电工机械专用设备制造	25065	21259	92	23	4
电工机械专用设备制造	10973	10483	32	22	3
电子工业专用设备制造	14093	10777	60	1	1
农、林、牧、渔专用机械制造	31850	29391	13		
拖拉机制造	28919	26849	7		
机械化农业及园艺机具制造	681	352	6		
其他农林牧渔业机械制造及机械修理	2250	2190			
医疗仪器设备及器械制造	557	447	2		
医疗诊断、监护及治疗设备制造	557	447	2		
环保、社会公共安全及其他专用设备制造	3077	1205	49		
环境污染防治专用设备制造	3077	1205	49		
交通运输设备制造业	294224	253693	2962	2727	1143
铁路运输设备制造	70831	61561	264	945	321
铁路机车车辆及动车组制造	597	495	2		
工矿有轨专用车辆制造	5235	4670	7		
铁路机车车辆配件制造	20234	17501	126	529	27
铁路专用设备及器材、配件制造	40039	34641	121	417	294
其他铁路设备制造及设备修理	4726	4255	9		
汽车制造	222323	191257	2692	1693	802
改装汽车制造	34156	32741	11	19	3
汽车车身、挂车的制造	20821	20033	29	24	17
汽车零部件及配件制造	158087	131371	2629	1593	780
汽车修理	9259	7112	24	57	2
交通器材及其他交通运输设备制造	1070	875	5	89	19
交通管理用金属标志及设施制造	1070	875	5	89	19

单位：个、万元、人

营业费用	管理费用	税金	财务费用	利息支出	营业利润
716	1209	2	706	696	-146
619	790	25	235	199	-179
508	471	14	171	141	-28
108	236	...	7		-143
3	83	10	57	57	-9
18477	14563	613	6872	5789	9622
10484	6887	447	4678	4272	1717
7993	7675	167	2194	1517	7905
7434	16384	494	3529	3196	4677
4318	9764	205	1812	1555	2254
2688	5919	177	1388	1348	1946
441	622	3	36	35	360
	361	2	258		-687
55	173	11	...	-1	39
1135	2689	12	131	173	596
...	309	8	376	373	603
...	71	...	2		-15
...	237	8	373	373	617
27	75		...		242
27	75		...		242
1374	2286	125	692	615	316
1374	2286	125	692	615	316
967	2197	47	142	155	722
106	183	1	133	119	39
861	2014	46	9	36	683
634	1028	92	445	440	120
561	892	82	426	420	185
61	74	10	16	16	-48
11	62	...	4	4	-17
19	31	5	16	15	42
19	31	5	16	15	42
95	694	11	45	43	379
95	694	11	45	43	379
9841	14867	982	6690	6289	7288
1581	5833	509	717	681	1276
18	69		10	10	5
34	323	7	183	175	18
660	1470	...	282	259	178
866	3472	502	237	236	1119
2	498		6	1	-44
8140	8927	472	5972	5606	6034
126	616	104	519	519	147
92	634	53	143	143	-202
7549	7302	308	5224	4862	4779
374	375	7	86	83	1310
121	107		2	2	-22
121	107		2	2	-22

2-1-17 续表 28

指标名称	主营业务收入	主营业务成本	主营业务税金及附加	其他业务收入	其他业务利润
电气机械及器材制造业	134373	119204	418	270	61
电机制造	3504	3295	12		
电动机制造	3504	3295	12		
输配电及控制设备制造	35459	29736	110	35	25
变压器、整流器和电感器制造	12608	10898	8	8	...
配电开关控制设备制造	17175	14913	77	27	27
电力电子元器件制造	5676	3925	26		-2
电线、电缆、光缆及电工器材制造	68925	62819	168	225	26
电线电缆制造	67525	61648	162	37	11
其他电工器材制造	1400	1171	6	188	15
电池制造	20682	18430	26	10	10
电池制造	20682	18430	26	10	10
非电力家用器具制造	2201	1805	82		
燃气、太阳能及类似能源的器具制造	2201	1805	82		
照明器具制造	1030	865	3		
照明灯具制造	521	406			
灯用电器附件及其他照明器具制造	509	459	3		
其他电气机械及器材制造	2572	2254	18		
其他未列明的电气机械制造	2572	2254	18		
通信设备、计算机及其他电子设备制造业	80335	65774	334	813	78
通信设备制造	3829	2885	7		
通信传输设备制造	3829	2885	7		
广播电视设备制造	1662	481	1		
应用电视设备及其他广播电视设备制造	1662	481	1		
电子计算机制造	746	593	2	22	22
电子计算机整机制造	746	593	2	22	22
电子器件制造	6468	4812	3	80	1
电子真空器件制造	2665	2459	1	44	-11
光电子器件及其他电子器件制造	3803	2353	1	35	12
电子元件制造	66887	56471	321	711	55
电子元件及组件制造	66887	56471	321	711	55
其他电子设备制造	743	533	1		
其他电子设备制造	743	533	1		
仪器仪表及文化、办公用机械制造业	35118	27353	227	203	-268
通用仪器仪表制造	33273	26556	225	172	-278
工业自动控制系统装置制造	33273	26556	225	172	-278
专用仪器仪表制造	1844	797	3	31	10
导航、气象及海洋专用仪器制造	1099	573			
电子测量仪器制造	746	223	3	31	10
工艺品及其他制造业	6424	5535	21	68	15
工艺美术品制造	4733	3955	18		
金属工艺品制造	4733	3955	18		
其他未列明的制造业	1691	1579	3	68	15
其他未列明的制造业	1691	1579	3	68	15
电力、燃气及水的生产和供应业	**90426**	**85598**	**1534**	**1777**	**271**
电力、热力的生产和供应业	88073	84091	1523	1771	265
电力生产	67123	61940	1405	18	5

单位：个、万元、人

营业费用	管理费用	税金	财务费用	利息支出	营业利润
3702	6796	235	1717	1235	3189
27	169	13	67	67	-66
27	169	13	67	67	-66
2511	2402	75	310	176	388
773	1133	10	271	146	-473
851	802	45	40	31	491
888	467	20	-1	-1	370
970	2411	91	1297	948	1964
870	2310	91	1297	948	1928
101	101				36
96	1473	53	1		666
96	1473	53	1		666
25	34		23	23	233
25	34		23	23	233
27	89	...	...	...	-12
9	46				1
18	43	...	...	...	-13
47	219	3	19	21	16
47	219	3	19	21	16
1638	5467	158	2018	1992	2162
333	339		96	96	170
333	339		96	96	170
47	159		...	...	7
47	159		...	...	7
12	124		...		63
12	124		...		63
148	1629	8	533	532	-655
65	313	8	539	539	-724
83	1315		-7	-7	69
1010	3100	150	1386	1362	2574
1010	3100	150	1386	1362	2574
87	116	1	3	1	3
87	116	1	3	1	3
1749	3566	63	254	248	1606
1477	2966	55	232	227	1446
1477	2966	55	232	227	1446
272	601	9	22	22	160
1	363	8	22	20	140
270	238	1	1	2	20
315	421	40	107	106	41
267	345	40	107	106	41
267	345	40	107	106	41
48	75		...		-1
48	75		...		-1
516	**8459**	**548**	**7764**	**6403**	**-14710**
80	8071	535	7240	5833	-14203
	6047	468	5085	3663	-8759

2-1-17 续表 29

指标名称	主营业务收入	主营业务成本	主营业务税金及附加	其他业务收入	其他业务利润
火力发电	67123	61940	1405	18	5
电力供应	6399	5196	26	40	
电力供应	6399	5196	26	40	
热力生产和供应	14551	16955	92	1712	261
热力生产和供应	14551	16955	92	1712	261
燃气生产和供应业	699	434	2		
燃气生产和供应业	699	434	2		
燃气生产和供应业	699	434	2		
水的生产和供应业	1654	1074	9	6	6
自来水的生产和供应	1654	1074	9	6	6
自来水的生产和供应	1654	1074	9	6	6
四、按行业大类分					
煤炭开采和洗选业	9236267	6586978	166513	39011	15788
黑色金属矿采选业	922829	644958	17525	2450	386
有色金属矿采选业	74936	61207	523	177	144
非金属矿采选业	15410	13679	149	163	163
农副食品加工业	905253	822753	3755	5421	3591
食品制造业	359205	285459	1716	2620	1206
饮料制造业	129826	101062	5135	601	432
纺织业	128133	125220	288	5413	4726
纺织服装、鞋、帽制造业	22982	16310	172	21	7
木材加工及木、竹、藤、棕、草制品业	49103	39752	45	14	14
家具制造业	5136	4252	23	19	19
造纸及纸制品业	105787	91973	298	1087	806
印刷业和记录媒介的复制	28938	26819	103	180	107
文教体育用品制造业	56004	50410	178	318	317
石油加工、炼焦及核燃料加工业	12556236	10495521	158023	241603	64556
化学原料及化学制品制造业	1644661	1426892	5234	5813	3037
医药制造业	335344	216764	2617	3582	999
化学纤维制造业	10039	9735	13	71	1
橡胶制品业	31923	27897	159	175	25
塑料制品业	140774	124953	435	749	325
非金属矿物制品业	1066816	883242	6303	11087	3178
黑色金属冶炼及压延加工业	7973517	7486856	70358	94567	21781
有色金属冶炼及压延加工业	1556753	1344548	13127	8034	3728
金属制品业	233245	215212	1025	3629	492
通用设备制造业	686306	614770	3545	17750	6625
专用设备制造业	285237	255633	771	1588	1098
交通运输设备制造业	294224	253693	2962	2727	1143
电气机械及器材制造业	134373	119204	418	270	61
通信设备、计算机及其他电子设备制造业	80335	65774	334	813	78
仪器仪表及文化、办公用机械制造业	35118	27353	227	203	-268
工艺品及其他制造业	6424	5535	21	68	15
电力、热力的生产和供应业	88073	84091	1523	1771	265
燃气生产和供应业	699	434	2		
水的生产和供应业	1654	1074	9	6	6

单位：个、万元、人

营业费用	管理费用	税金	财务费用	利息支出	营业利润
	6047	468	5085	3663	-8759
	1125	17	-3		95
	1125	17	-3		95
80	898	51	2158	2170	-5539
80	898	51	2158	2170	-5539
	121	7	3	3	140
	121	7	3	3	140
	121	7	3	3	140
435	268	6	521	567	-647
435	268	6	521	567	-647
435	268	6	521	567	-647
498378	543466	15326	116497	95691	1303496
13925	68718	2133	10253	8317	170037
1970	8101	168	81	78	11067
452	496	52	869	868	7
19765	27914	657	21651	21151	27312
16987	13841	585	5699	5186	40491
8727	6438	319	5178	3713	5335
2023	5274	167	4541	3814	-3400
981	1639	14	970	891	2982
571	1961	50	2659	2501	4950
469	294	12	92	88	28
3006	3966	486	2509	2426	4724
548	1231	72	737	668	-409
3833	2886	88	2452	2259	-2802
758033	398664	14796	330363	297214	432196
49455	60258	3993	31763	28835	59647
40888	32174	1493	10979	10323	33687
80	110		93	93	8
1874	2237	27	545	526	242
4225	4541	160	2996	2789	4401
57719	54819	2222	29584	27271	26328
63049	136666	15504	124919	91177	165169
22774	46504	1164	63136	64557	77237
3643	8816	402	3219	3004	2522
27192	28816	1231	9777	8417	17916
7434	16384	494	3529	3196	4677
9841	14867	982	6690	6289	7288
3702	6796	235	1717	1235	3189
1638	5467	158	2018	1992	2162
1749	3566	63	254	248	1606
315	421	40	107	106	41
80	8071	535	7240	5833	-14203
	121	7	3	3	140
435	268	6	521	567	-647

2-1-17 续表 30

指标名称	投资收益	补贴收入	营业外收入	营业外支出	利润总额	亏损企业亏损额
总 计	**70823**	**60516**	**63849**	**488118**	**2069684**	**386550**
一、按轻重工业分						
轻工业	966	11675	10606	21185	121496	22911
重工业	69857	48841	53243	466933	1948188	363640
二、按登记注册类型分						
内资企业	**54811**	**58904**	**62716**	**481495**	**1957737**	**374547**
集体企业		5	1	944	10470	1020
股份合作企业	-1723	578	864	6728	-5619	20264
联营企业			1	1305	12203	59
集体联营企业			1	792	541	59
其他联营企业				513	11663	
有限责任公司	40919	22408	29930	134891	868831	171009
其他有限责任公司	40919	22408	29930	134891	868831	171009
股份有限公司	7857	8508	9626	8566	238922	11449
私营企业	7752	27362	22271	328477	828700	170326
私营独资企业	159	1042	1443	10843	107116	9156
私营合伙企业		73	152	16165	5581	232
私营有限责任公司	6846	25357	19744	294548	672026	156999
私营股份有限公司	747	890	933	6921	43978	3938
其他企业	6	43	21	583	4232	419
港澳台商投资企业	**19**	**524**	**35**	**237**	**16924**	**1885**
与港澳台商合资经营企业	19	524	15	236	16904	1850
与港澳台商合作经营企业			20	1	55	
港澳台商投资股份有限公司				1	-35	35
外商投资企业	**15993**	**1088**	**1098**	**6386**	**95023**	**10118**
中外合资经营企业	15993	1088	1098	2675	93710	10118
中外合作经营企业				3712	211	
外资企业					1102	
三、按国民经济行业分						
采矿业	**14696**	**5746**	**6787**	**295346**	**1215535**	**39330**
煤炭开采和洗选业	15156	5718	5547	280560	1048433	30167
烟煤和无烟煤的开采洗选	15156	5718	5547	280560	1048433	30167
烟煤和无烟煤的开采洗选	15156	5718	5547	280560	1048433	30167
黑色金属矿采选业	-460	28	1151	13178	157547	8301
铁矿采选	-460	28	1048	13093	148356	7607
铁矿采选	-460	28	1048	13093	148356	7607
其他黑色金属矿采选			103	84	9192	693
其他黑色金属矿采选			103	84	9192	693
有色金属矿采选业			18	1607	9478	534
常用有色金属矿采选			12	193	8617	197
铜矿采选			3	187	1582	
铅锌矿采选				6	7023	197
铝矿采选			10		13	
贵金属矿采选			6	1415	861	337
金矿采选			6	1415	861	337
非金属矿采选业			71	1	77	328
土砂石开采			71	1	77	328
石灰石、石膏开采				1	22	
建筑装饰用石开采					72	
粘土及其他土砂石开采			71	…	-17	328

单位：个、万元、人

应交所得税	利税总额	本年应付工资总额	本年应付福利费总额	本年应交增值税	本年进项税额
487426	**5293054**	**1301417**	**116089**	**2759843**	**3203926**
19547	201363	143249	10031	64656	204120
467879	5091691	1158168	106058	2695186	2999807
470438	**5009220**	**1249925**	**109910**	**2623845**	**2986474**
3284	22398	5988	1306	10047	6191
2720	75852	14241	870	74670	30564
924	17313	4122	359	3909	250
150	1299	379	31	653	30
775	16015	3743	328	3257	220
226183	2123356	578118	54791	1096866	1449450
226183	2123356	578118	54791	1096866	1449450
47625	514691	96402	4872	232122	315010
189267	2242841	548787	47566	1198521	1180409
20518	260682	47163	5324	115052	92267
926	21529	6310	718	10939	9738
158870	1848662	463752	39400	1020823	1010256
8953	111969	31562	2125	51707	68148
435	12768	2268	147	7711	4602
4520	**55475**	**15440**	**2504**	**32030**	**53710**
4519	54691	14837	2499	31314	51587
	796	278	5	692	440
…	-11	325		24	1684
12468	**228358**	**36052**	**3675**	**103968**	**163742**
12399	224110	34313	3444	101261	161083
70	2948	1279	175	2541	2659
	1300	461	56	166	
296640	**2271572**	**418092**	**46225**	**871327**	**413947**
262144	2017460	366741	41609	802513	357544
262144	2017460	366741	41609	802513	357544
262144	2017460	366741	41609	802513	357544
33772	238890	47239	4364	63818	51459
33742	223537	42967	4208	59085	46687
33742	223537	42967	4208	59085	46687
29	15353	4273	156	4733	4773
29	15353	4273	156	4733	4773
627	13990	3166	59	3990	4553
300	12310	1481	34	3282	1272
298	2797	950	8	1100	1074
1	9361	488	26	2062	76
1	151	43		120	123
327	1681	1685	25	707	3281
327	1681	1685	25	707	3281
98	1232	946	193	1007	390
98	1232	946	193	1007	390
5	93	130	7	59	55
15	443	264	109	299	
78	696	552	77	648	336

2-1-17 续表 31

指标名称	投资收益	补贴收入	营业外收入	营业外支出	利润总额	亏损企业亏损额
制造业	**56121**	**52208**	**56479**	**192690**	**865791**	**333993**
农副食品加工业	861	4349	2590	1189	33619	7029
谷物磨制	...	355	115	63	1045	33
谷物磨制	...	355	115	63	1045	33
饲料加工	3	2278	465	319	4499	379
饲料加工	3	2278	465	319	4499	379
植物油加工	12	295	136	27	5742	1154
食用植物油加工	12	202	116	27	5647	1154
非食用植物油加工		94	20		95	
制糖	1300	9	1	1	-433	433
制糖	1300	9	1	1	-433	433
屠宰及肉类加工	318	439	287	318	12311	1119
畜禽屠宰	315	94	164	257	9991	581
肉制品及副产品加工	3	345	123	61	2321	538
蔬菜、水果和坚果加工		340	53	140	1607	110
蔬菜、水果和坚果加工		340	53	140	1607	110
其他农副食品加工	-772	633	1533	321	8849	3801
淀粉及淀粉制品的制造	-772	633	1533	318	8853	3465
豆制品制造				1	-337	337
蛋品加工					59	
其他未列明的农副食品加工				2	273	
食品制造业	-24	2758	537	15331	28432	722
焙烤食品制造	36	46	40	57	2094	90
糕点、面包制造		10	37	21	724	90
饼干及其他焙烤食品制造	36	36	4	35	1370	
糖果、巧克力及蜜饯制造			4	375	1825	7
糖果、巧克力制造			3	3	636	
蜜饯制作			...	373	1189	7
方便食品制造		848	86	134	3032	
米、面制品制造			40	...	655	
速冻食品制造					343	
方便面及其他方便食品制造		848	46	134	2033	
液体乳及乳制品制造		1043	136	14498	12427	76
液体乳及乳制品制造		1043	136	14498	12427	76
罐头制造	1	187	2	84	4006	177
肉、禽类罐头制造	1	187	2	84	3835	
蔬菜、水果罐头制造				...	171	177
调味品、发酵制品制造	-61	314	184	170	2330	372
酱油、食醋及类似制品的制造	-61	73	184	170	2300	372
其他调味品、发酵制品制造		241			30	
其他食品制造		320	85	13	2719	
营养、保健食品制造			...		752	
冷冻饮品及食用冰制造					431	
食品及饲料添加剂制造		320	85	13	1537	

单位：个、万元、人

应交所得税	利税总额	本年应付工资总额	本年应付福利费总额	本年应交增值税	本年进项税额
190501	**3025567**	**877644**	**69453**	**1882493**	**2784178**
4402	45470	22912	2364	8097	51180
115	1476	1950	1231	352	1716
115	1476	1950	1231	352	1716
665	5110	3766	360	602	2747
665	5110	3766	360	602	2747
25	6725	2305	160	828	11966
25	6487	2251	154	691	11368
	237	53	5	137	598
	-433	474	10		
	-433	474	10		
590	17187	5956	195	1855	7132
292	13108	2496	70	307	4729
298	4079	3460	126	1548	2403
267	2259	1769	169	594	1324
267	2259	1769	169	594	1324
2740	13147	6693	239	3865	26294
2689	12921	6325	221	3700	26088
	-313	172	7	22	135
	63	72	5	2	2
51	476	124	5	141	70
2799	38336	15589	896	8188	35499
182	3384	2887	113	1159	2976
175	1881	2081	87	1044	2347
7	1503	805	26	115	629
183	2681	1832	142	744	1420
9	738	82	5	101	12
174	1944	1750	137	643	1408
363	4498	1779	72	1335	756
34	860	330	32	200	316
86	354	232	33		
243	3285	1217	6	1135	440
629	15006	4630	297	2400	17108
629	15006	4630	297	2400	17108
595	5314	1633	65	1178	4313
513	4942	826	14	999	3419
82	372	807	52	179	894
654	3989	1872	149	945	7225
650	3958	1712	149	945	6779
4	30	160			447
194	3464	957	58	427	1701
194	815	543	11	45	144
	1008	266	37	289	
	1640	147	10	93	1557

2-1-17 续表 32

指标名称	投资收益	补贴收入	营业外收入	营业外支出	利润总额	亏损企业亏损额
饮料制造业	7	472	472	690	5596	1656
酒精制造		236	...	36	401	215
酒精制造		236	...	36	401	215
酒的制造	5		398	368	988	897
白酒制造			249	253	1182	
啤酒制造	5		149	114	-562	897
其他酒制造				1	368	
软饮料制造	2	236	74	286	4208	545
碳酸饮料制造			...	2	9	
果菜汁及果菜汁饮料制造	2	210	50	219	4032	330
含乳饮料和植物蛋白饮料制造		26	23	64	-76	215
茶饮料及其他软饮料制造			1	...	243	
纺织业	236	727	590	317	-2781	3839
棉、化纤纺织及印染精加工	4	544	571	100	-2992	3333
棉、化纤纺织加工	4	467	550	33	-3016	3212
棉、化纤印染精加工		78	21	67	24	121
毛纺织和染整精加工				...	10	
毛纺织				...	10	
丝绢纺织及精加工	232	177	20	216	-506	506
缫丝加工	1	177	19	220	-373	373
绢纺和丝织加工	230		1	-4	-133	133
纺织制成品制造		6		1	707	
棉及化纤制品制造		6			212	
毛制品制造				1	496	
纺织服装、鞋、帽制造业			3	7	2919	
纺织服装制造			3	7	2815	
纺织服装制造			3	7	2815	
纺织面料鞋的制造					103	
纺织面料鞋的制造					103	
木材加工及木、竹、藤、棕、草制品业	3	73	18	11	5033	371
锯材、木片加工		73	2	8	-33	33
木片加工		73	2	8	-33	33
人造板制造	3		16	3	5049	338
胶合板制造	3		11		21	
纤维板制造			5	3	5028	338
木制品制造					17	
建筑用木料及木材组件加工					17	
家具制造业				10	18	201
木质家具制造				10	18	201
木质家具制造				10	18	201
造纸及纸制品业	11	402	949	436	5650	405
纸浆制造					293	
纸浆制造					293	
造纸	1	367	265	132	841	40
机制纸及纸板制造	1	367	265	132	841	40
纸制品制造	10	35	684	304	4516	366
纸和纸板容器的制造	10	35	684	303	4515	366

单位：个、万元、人

应交所得税	利税总额	本年应付工资总额	本年应付福利费总额	本年应交增值税	本年进项税额
1609	15085	5247	464	4353	10025
	1187	548	13	186	1915
	1187	548	13	186	1915
572	5319	2124	186	1535	2264
375	3427	827	23	854	856
84	1239	1169	146	580	937
113	652	129	16	101	471
1037	8579	2575	266	2632	5847
2	83	132	3	67	67
844	7621	1625	206	2281	5328
27	182	756	14	123	241
165	693	62	42	161	211
205	1021	9456	1005	3514	16381
39	-299	8580	928	2449	14028
27	-797	4927	64	2055	7059
12	498	3653	864	394	6969
3	624	281	16	614	1366
3	624	281	16	614	1366
	-398	340	29	102	523
	-324	110	5	49	360
	-74	230	25	53	163
164	1094	255	31	349	465
	368	89	8	139	208
164	726	167	23	210	257
723	3754	1850	107	663	3081
697	3624	1767	105	640	3081
697	3624	1767	105	640	3081
26	130	83	2	23	
26	130	83	2	23	
588	5559	1298	43	481	3903
	18	210	2	49	214
	18	210	2	49	214
588	5471	988	41	385	3509
5	54	54	8	32	64
583	5416	933	33	353	3445
	70	101	1	48	180
	70	101	1	48	180
34	149	979		108	259
34	149	979		108	259
34	149	979		108	259
1483	8174	6699	413	2227	15241
5	332	99	10	21	43
5	332	99	10	21	43
127	1847	2725	157	920	4071
127	1847	2725	157	920	4071
1352	5995	3876	247	1287	11127
1352	5992	3756	247	1285	11040

2-1-17 续表 33

指标名称	投资收益	补贴收入	营业外收入	营业外支出	利润总额	亏损企业亏损额
其他纸制品制造				1	...	
印刷业和记录媒介的复制	174		10	39	-264	397
印刷	174		10	39	-264	397
书、报、刊印刷				22	17	
包装装潢及其他印刷	174		10	17	-281	397
文教体育用品制造业	-754	1218	1216	838	-1959	2703
体育用品制造	-754	1218	1216	838	-1959	2703
体育器材及配件制造			10	4	416	260
训练健身器材制造	-754	1218	1206	834	-2376	2443
石油加工、炼焦及核燃料加工业	18318	7178	21438	67343	403407	129808
精炼石油产品的制造		52	21	231	3261	118
原油加工及石油制品制造		52	21	231	3261	118
炼焦	18318	7125	21417	67113	400146	129690
炼焦	18318	7125	21417	67113	400146	129690
化学原料及化学制品制造业	11623	14079	5378	4840	83840	12926
基础化学原料制造	6	518	1423	1184	7352	5275
无机酸制造	...	5	232	248	1486	748
无机碱制造			1	5	-14	49
无机盐制造	2	45	120	116	1204	1041
有机化学原料制造	3	469	1047	769	4597	3166
其他基础化学原料制造			23	47	79	270
肥料制造	11270	10884	667	1091	54076	3981
氮肥制造	11270	10845	505	643	52091	3969
磷肥制造			158	22	386	2
复混肥料制造		39	5	426	1397	9
有机肥料及微生物肥料制造				...	202	
农药制造		133	2	...	1985	54
化学农药制造		133	2	...	1985	54
涂料、油墨、颜料及类似产品制造		34	613	691	5353	34
涂料制造		34	2	13	428	
油墨及类似产品制造			96	58	1271	14
颜料制造			1	4	166	20
染料制造			514	617	3489	
合成材料制造			2239	406	1061	44
初级形态的塑料及合成树脂制造			2239	406	1061	44
专用化学产品制造	347	2472	397	1438	14036	3474
化学试剂和助剂制造	3	2370	283	445	2019	2108
专项化学用品制造		5	...	1	37	
林产化学产品制造		56	3	4	859	74
炸药及火工产品制造			19	281	7323	446
环境污染处理专用药剂材料制造			...	409	828	476
动物胶制造				1	-55	55
其他专用化学产品制造	344	41	92	296	3024	314
日用化学产品制造		38	38	29	-22	65
肥皂及合成洗涤剂制造			38	29	-65	65
香料、香精制造		38			44	
医药制造业	429	1044	2661	1246	35956	3133

单位：个、万元、人

应交所得税	利税总额	本年应付工资总额	本年应付福利费总额	本年应交增值税	本年进项税额
	3	120		2	87
6	850	1534	115	1011	3132
6	850	1534	115	1011	3132
3	221	496	36	176	684
4	629	1038	79	834	2448
24	1268	3149	151	3049	6187
24	1268	3149	151	3049	6187
	613	885	13	194	654
24	655	2265	138	2855	5533
79699	1771244	231205	20598	1209814	963629
852	5041	8535	123	994	13438
852	5041	8535	123	994	13438
78848	1766203	222670	20475	1208820	950191
78848	1766203	222670	20475	1208820	950191
16217	139248	64667	5817	50174	171818
2169	25430	16505	1378	16788	69944
515	4413	1484	137	2770	3958
7	424	511	63	405	1439
425	6598	5595	448	4869	17877
1157	12700	6971	588	7590	37100
66	1295	1944	142	1153	9570
11982	60342	18203	1791	5700	34761
11576	57331	16069	1594	4808	34177
103	1229	675	58	766	238
254	1569	838	108	117	306
49	213	621	32	10	40
7	2032	316	34	32	237
7	2032	316	34	32	237
280	7077	4932	302	1511	8462
39	1102	1727	92	594	2011
193	1676	1404	149	363	2227
27	386	683	40	207	1832
21	3914	1118	22	347	2391
310	9010	5170	730	7250	35547
310	9010	5170	730	7250	35547
1469	35325	19453	1516	18844	22569
396	8749	5145	241	5886	16793
13	165	341	32	114	300
121	3487	1548	131	2365	509
905	13415	8668	1022	5402	3350
14	1569	728	11	685	781
	6	216	6	60	253
20	7934	2806	72	4331	584
	33	88	66	50	298
	-52	48	66	12	228
	85	40		38	70
6358	62116	28469	2353	23543	29817

2-1-17 续表 34

指标名称	投资收益	补贴收入	营业外收入	营业外支出	利润总额	亏损企业亏损额
化学药品原药制造		112	66	164	3546	310
化学药品原药制造		112	66	164	3546	310
化学药品制剂制造	373	729	1604	650	22749	1699
化学药品制剂制造	373	729	1604	650	22749	1699
中药饮片加工			2	8	-291	461
中药饮片加工			2	8	-291	461
中成药制造	17	35	43	386	7924	595
中成药制造	17	35	43	386	7924	595
兽用药品制造		52	491	18	161	52
兽用药品制造		52	491	18	161	52
生物、生化制品的制造		18	...	1	839	17
生物、生化制品的制造		18	...	1	839	17
卫生材料及医药用品制造	39	98	454	18	1029	
卫生材料及医药用品制造	39	98	454	18	1029	
化学纤维制造业				2	6	55
合成纤维制造				2	6	55
涤纶纤维制造				2	6	55
橡胶制品业	-62	739	7	65	862	90
橡胶板、管、带的制造	-62		7	10	29	5
橡胶板、管、带的制造	-62		7	10	29	5
橡胶零件制造		85	...	23	558	
橡胶零件制造		85	...	23	558	
再生橡胶制造		308		8	-30	85
再生橡胶制造		308		8	-30	85
日用及医用橡胶制品制造		346		24	305	
日用及医用橡胶制品制造		346		24	305	
塑料制品业	1	248	443	494	4444	999
塑料薄膜制造		27	8	11	1286	35
塑料薄膜制造		27	8	11	1286	35
塑料板、管、型材的制造	1	50	431	475	3340	382
塑料板、管、型材的制造	1	50	431	475	3340	382
塑料丝、绳及编织品的制造				2	-345	543
塑料丝、绳及编织品的制造				2	-345	543
泡沫塑料制造			4	1	-5	5
泡沫塑料制造			4	1	-5	5
塑料包装箱及容器制造		21		2	1	35
塑料包装箱及容器制造		21		2	1	35
其他塑料制品制造		150		3	167	
其他塑料制品制造		150		3	167	
非金属矿物制品业	-1659	4037	6379	5228	28918	18992
水泥、石灰和石膏的制造	-1726	2035	3482	2333	5588	5386
水泥制造	-1726	2035	3482	2333	5721	5254
石灰和石膏制造			1	...	-133	133
水泥及石膏制品制造		241	66	337	3575	1217
水泥制品制造		241	66	326	3224	774
轻质建筑材料制造					-443	443
其他水泥制品制造				11	793	

单位：个、万元、人

应交所得税	利税总额	本年应付工资总额	本年应付福利费总额	本年应交增值税	本年进项税额
416	5901	2602	273	2192	5624
416	5901	2602	273	2192	5624
4868	34393	17236	1330	10358	15429
4868	34393	17236	1330	10358	15429
	12	450	3	287	1802
	12	450	3	287	1802
704	17475	4651	513	8617	4068
704	17475	4651	513	8617	4068
43	474	446	37	292	655
43	474	446	37	292	655
225	1230	606	81	341	237
225	1230	606	81	341	237
101	2630	2478	116	1457	2001
101	2630	2478	116	1457	2001
22	105	584	-47	86	1632
22	105	584	-47	86	1632
22	105	584	-47	86	1632
123	2652	1945	50	1632	3824
4	536	746	44	470	947
4	536	746	44	470	947
12	1113	488	4	502	1170
12	1113	488	4	502	1170
32	637	527	2	600	1201
32	637	527	2	600	1201
76	366	185		60	506
76	366	185		60	506
1037	6887	8934	796	2008	15981
102	1452	1939	239	140	2022
102	1452	1939	239	140	2022
878	5044	5191	498	1371	11182
878	5044	5191	498	1371	11182
54	-61	1338	23	237	2010
54	-61	1338	23	237	2010
2	36	85	10	36	170
2	36	85	10	36	170
	48	178	7	41	355
	48	178	7	41	355
…	368	204	18	184	242
…	368	204	18	184	242
7315	96593	95833	6575	61372	91341
992	26910	19698	1504	19426	21420
992	26516	19540	1496	18919	21309
	393	158	9	507	111
968	8959	5152	361	4274	1566
770	7619	4715	317	3386	1008
	-305	253	15	131	128
198	1645	184	30	757	431

2-1-17 续表 35

指标名称	投资收益	补贴收入	营业外收入	营业外支出	利润总额	亏损企业亏损额
砖瓦、石材及其他建筑材料制造		65	65	47	2966	79
粘土砖瓦及建筑砌块制造		65	4		1114	79
建筑陶瓷制品制造				18	69	
建筑用石加工					8	
防水建筑材料制造			61	29	1775	
玻璃及玻璃制品制造		155	1778	369	418	5544
平板玻璃制造					-3089	3089
技术玻璃制品制造			974	201	-1130	1130
玻璃仪器制造		107		1	109	
日用玻璃制品及玻璃包装容器制造		48	803	166	4405	1308
玻璃纤维及制品制造			1	…	-17	17
玻璃纤维增强塑料制品制造					140	
陶瓷制品制造	25	545	389	91	4262	722
特种陶瓷制品制造		145	292	15	-25	331
日用陶瓷制品制造	25	400	97	76	4287	391
耐火材料制品制造	214	830	242	1834	2273	2647
石棉制品制造					172	
耐火陶瓷制品及其他耐火材料制造	214	830	242	1834	2101	2647
石墨及其他非金属矿物制品制造	-171	165	356	217	9836	3396
石墨及碳素制品制造	16	140	164	207	11218	1923
其他非金属矿物制品制造	-188	25	192	10	-1382	1474
黑色金属冶炼及压延加工业	16560	3693	7102	70017	114879	122163
炼铁	-5648	1601	3433	31309	-4779	46288
炼铁	-5648	1601	3433	31309	-4779	46288
炼钢	-4300	584	1882	5045	-12373	25085
炼钢	-4300	584	1882	5045	-12373	25085
钢压延加工	26460	916	1353	32179	102618	37258
钢压延加工	26460	916	1353	32179	102618	37258
铁合金冶炼	48	592	434	1484	29412	13531
铁合金冶炼	48	592	434	1484	29412	13531
有色金属冶炼及压延加工业	10394	3439	1454	14272	77241	13697
常用有色金属冶炼	10384	3439	1309	14170	74037	11552
铜冶炼	775		47	1	1642	
铅锌冶炼		194	5	3720	26	397
铝冶炼	3	426	105	260	48162	3201
镁冶炼	9605	2820	1078	9490	22884	7954
其他常用有色金属冶炼			75	700	1323	
稀有稀土金属冶炼			12	4	1219	
稀土金属冶炼			12	4	666	
其他稀有金属冶炼					552	
有色金属合金制造	10		23	60	2438	1016
有色金属合金制造	10		23	60	2438	1016
有色金属压延加工			109	37	-452	1128
常用有色金属压延加工				11	-801	928
贵金属压延加工					-201	201
稀有稀土金属压延加工			109	26	549	
金属制品业		393	173	400	3447	2671

单位：个、万元、人

应交所得税	利税总额	本年应付工资总额	本年应付福利费总额	本年应交增值税	本年进项税额
469	6064	2185	180	2639	5188
58	1525	973	55	324	85
18	332	423	16	188	367
	30	35		20	152
394	4177	753	110	2107	4584
1411	8435	31822	2599	7563	24591
	-2585	884	1089	446	3515
	647	3394	106	1706	9223
	233	119	34	113	83
1394	9890	27146	1346	5187	11481
	40	180	10	52	65
17	210	100	14	59	224
71	7222	8045	290	2672	2597
6	721	1035	52	689	681
65	6501	7010	238	1983	1916
538	21161	17857	1207	17369	13529
	523	40	6	340	
538	20638	17817	1201	17029	13529
2867	17844	11075	434	7431	22450
2860	17166	8434	338	5532	20316
7	678	2641	96	1898	2134
43971	551501	185076	16890	366263	976507
10958	141592	57931	5560	119709	185958
10958	141592	57931	5560	119709	185958
2299	49868	33041	1436	54496	204593
2299	49868	33041	1436	54496	204593
26787	270226	75536	7328	149766	501864
26787	270226	75536	7328	149766	501864
3928	89814	18569	2566	42293	84093
3928	89814	18569	2566	42293	84093
15734	173463	65335	4151	83095	161334
14999	166536	61255	3878	79952	128536
147	1953	346	2	140	2031
161	3182	1792	246	2937	4662
11805	89423	12705	416	37723	40246
2885	70586	46373	3214	39087	80571
1	1392	39		66	1026
250	1743	404	52	386	994
83	1010	356	40	336	994
167	733	48	12	50	
468	4707	2370	87	1900	20706
468	4707	2370	87	1900	20706
17	477	1307	134	857	11098
12	-416	750	46	355	10479
	-201	51	7		
5	1094	506	81	503	619
805	11113	16592	608	6641	28028

2-1-17 续表 36

指标名称	投资收益	补贴收入	营业外收入	营业外支出	利润总额	亏损企业亏损额
结构性金属制品制造		328	19	272	1204	530
金属结构制造		328	19	272	266	530
金属门窗制造					938	
金属工具制造			116	...	-182	182
切削工具制造			116	...	-149	149
农用及园林用金属工具制造					-34	34
集装箱及金属包装容器制造		65	1	9	-28	126
金属压力容器制造				3	34	22
金属包装容器制造		65	1	6	-62	105
金属丝绳及其制品的制造			1	8	-904	904
金属丝绳及其制品的制造			1	8	-904	904
建筑、安全用金属制品制造			21	105	1465	780
建筑装饰及水暖管道零件制造			21	101	290	780
安全、消防用金属制品制造				4	1176	
金属表面处理及热处理加工			2		1486	5
金属表面处理及热处理加工			2		1486	5
不锈钢及类似日用金属制品制造				4	-142	142
金属制厨用器皿及餐具制造					1	
其他日用金属制品制造				4	-142	142
其他金属制品制造			13	1	549	
其他未列明的金属制品制造			13	1	549	
通用设备制造业	-339	2579	1476	8341	13235	7112
锅炉及原动机制造	-270	44	53	600	508	26
锅炉及辅助设备制造	-270	44	53	600	509	25
内燃机及配件制造				...	-1	1
金属加工机械制造		121	31	491	562	253
金属切削机床制造			...	1	37	
金属成形机床制造		2		2	14	
铸造机械制造		5	...	480	-68	253
金属切割及焊接设备制造		76		...	467	
机床附件制造		38	5	1	72	
其他金属加工机械制造			26	7	40	
起重运输设备制造			34	50	59	76
起重运输设备制造			34	50	59	76
泵、阀门、压缩机及类似机械的制造	1	1	10	2125	2487	1016
泵及真空设备制造			7	1265	3293	67
液压和气压动力机械及元件制造	1	1	4	860	-806	950
轴承、齿轮、传动和驱动部件的制造			14	15	445	13
轴承制造			14	13	269	13
齿轮、传动和驱动部件制造				2	177	
烘炉、熔炉及电炉制造			47	33	447	
烘炉、熔炉及电炉制造			47	33	447	
风机、衡器、包装设备等通用设备制造		195	104	690	301	264
风机、风扇制造				620	19	
制冷、空调设备制造		195		4	242	
喷枪及类似器具制造				11	9	
衡器制造			31	54	107	

单位：个、万元、人

应交所得税	利税总额	本年应付工资总额	本年应付福利费总额	本年应交增值税	本年进项税额
289	3523	4047	265	1954	9044
54	2497	3650	252	1876	7108
235	1026	398	13	78	1935
	-163	198	4	17	140
	-130	164		17	140
	-34	34	4		
4	522	896	88	531	1998
	350	231	13	305	789
4	172	665	75	226	1209
1	-662	370	7	2	3204
1	-662	370	7	2	3204
359	5553	9277	119	3714	10214
210	3743	8867	94	3152	9545
148	1810	410	25	561	670
111	1719	588	8	228	237
111	1719	588	8	228	237
…	-111	446	40	29	2872
…	17	286	24	16	1139
	-128	161	16	13	1733
42	733	770	77	166	319
42	733	770	77	166	319
3637	36118	50104	3086	19338	89152
346	787	1279	79	197	1024
346	788	1260	79	197	1007
	-1	19	…		17
292	1968	3559	159	1286	6242
9	215	692	48	149	2021
11	67	321	9	47	420
57	388	867	29	437	1301
108	469	739	8	3	133
13	299	222	30	207	245
95	530	716	35	444	2122
22	736	1995	187	616	5586
22	736	1995	187	616	5586
592	4227	5626	653	1538	8731
554	3843	3048	406	500	4991
38	383	2577	247	1038	3739
2	767	794	69	296	1372
…	495	448	53	205	738
2	272	346	16	91	635
27	611	1403	73	132	753
27	611	1403	73	132	753
64	1569	5077	299	1149	5807
1	326	1685	74	274	2498
	246	515	30		143
2	423	1611	148	377	346
3	323	420	15	192	618

2-1-17 续表 37

指标名称	投资收益	补贴收入	营业外收入	营业外支出	利润总额	亏损企业亏损额
其他通用设备制造			73	3	-75	264
通用零部件制造及机械修理			1	39	-218	225
紧固件、弹簧制造				1	-28	35
机械零部件加工及设备修理			…	38	-181	181
其他通用零部件制造			1	1	-9	9
金属铸、锻加工	-69	2218	1182	4297	8643	5238
钢铁铸件制造	-184	1754	389	585	3079	4810
锻件及粉末冶金制品制造	115	464	793	3712	5564	428
专用设备制造业	234	3265	1352	313	6863	2231
矿山、冶金、建筑专用设备制造		2237	111	159	2235	1818
采矿、采石设备制造		2207	62	47	1961	1125
石油钻采专用设备制造			1	27	334	
建筑工程用机械制造			1	4	-690	690
建筑材料生产专用机械制造			41	6	74	
冶金专用设备制造		30	7	76	556	4
化工、木材、非金属加工专用设备制造	2		2	…	607	15
炼油、化工生产专用设备制造				…	-15	15
模具制造	2		2	…	621	
食品、饮料、烟草及饲料生产专用设备制造					242	
食品、饮料、烟草工业专用设备制造					242	
纺织、服装和皮革工业专用设备制造		1016	938	18	1336	237
纺织专用设备制造		1016	938	18	1336	237
电子和电工机械专用设备制造		12	246	53	1727	77
电工机械专用设备制造				50	-11	77
电子工业专用设备制造		12	246	3	1738	
农、林、牧、渔专用机械制造	232		47	54	317	84
拖拉机制造	204		37	26	400	
机械化农业及园艺机具制造	29		9	29	-67	67
其他农林牧渔业机械制造及机械修理					-17	17
医疗仪器设备及器械制造			5	2	44	
医疗诊断、监护及治疗设备制造			5	2	44	
环保、社会公共安全及其他专用设备制造			3	26	356	
环境污染防治专用设备制造			3	26	356	
交通运输设备制造业	89	633	1428	852	8586	1069
铁路运输设备制造	1	2	346	31	1594	56
铁路机车车辆及动车组制造				…	5	
工矿有轨专用车辆制造			1	1	17	6
铁路机车车辆配件制造			1	4	175	8
铁路专用设备及器材、配件制造	1		344	26	1439	
其他铁路设备制造及设备修理		2			-42	42
汽车制造	88	631	1082	817	7018	987
改装汽车制造		100	69	36	280	94
汽车车身、挂车的制造		7	5	27	-217	334
汽车零部件及配件制造	88	525	970	741	5620	481
汽车修理			39	13	1336	77
交通器材及其他交通运输设备制造				4	-26	26
交通管理用金属标志及设施制造				4	-26	26

单位：个、万元、人

应交所得税	利税总额	本年应付工资总额	本年应付福利费总额	本年应交增值税	本年进项税额
58	253	847	32	306	2202
2	99	1485	128	291	2656
2	43	411	6	68	1960
	30	934	122	190	597
	26	141	…	33	99
2291	25354	28886	1439	13833	56980
1592	13137	18129	1165	8450	29543
699	12217	10757	275	5383	27438
1096	13324	15067	855	5690	35583
704	6389	8423	437	3665	24265
584	4944	3813	259	2618	16717
88	429	448	44	88	699
	-677	288	3	12	301
	121	295		43	193
33	1572	3579	131	905	6355
	645	331	42	35	669
	13	151	16	25	126
	632	180	25	10	542
	340	231	24	91	178
	340	231	24	91	178
46	2437	1936	89	984	4659
46	2437	1936	89	984	4659
90	2597	2186	160	779	3532
17	356	653	30	336	1649
72	2242	1532	130	444	1882
187	451	1224	81	121	2136
100	504	856	70	97	2091
87	-47	87	8	14	
…	-6	282	3	11	46
4	60	65	1	14	47
4	60	65	1	14	47
65	405	672	22		98
65	405	672	22		98
1497	19652	20764	1277	8105	37030
377	3921	6783	186	2063	7652
5	17	105	8	10	91
6	146	506	7	121	768
40	1153	2065	56	852	1774
327	2558	3682	89	999	5019
	47	426	26	80	
1120	15713	13854	1073	6002	29236
56	321	339	38	31	5761
	-17	1020	100	171	3176
1056	13676	11299	803	5427	19816
8	1733	1196	132	374	483
	18	127	18	40	142
	18	127	18	40	142

2-1-17 续表 38

指标名称	投资收益	补贴收入	营业外收入	营业外支出	利润总额	亏损企业亏损额
电气机械及器材制造业	18	34	215	219	3218	781
电机制造				2	-69	73
电动机制造				2	-69	73
输配电及控制设备制造			4	9	383	477
变压器、整流器和电感器制造			4	6	-474	477
配电开关控制设备制造				1	490	
电力电子元器件制造				3	367	
电线、电缆、光缆及电工器材制造	18	25	191	108	2072	218
电线电缆制造	18	25	191	108	2036	218
其他电工器材制造			...	...	36	
电池制造		9	20	97	598	
电池制造		9	20	97	598	
非电力家用器具制造					233	
燃气、太阳能及类似能源的器具制造					233	
照明器具制造					-12	13
照明灯具制造					1	
灯用电器附件及其他照明器具制造					-13	13
其他电气机械及器材制造				2	14	
其他未列明的电气机械制造				2	14	
通信设备、计算机及其他电子设备制造业		175	470	45	2761	943
通信设备制造			40		210	
通信传输设备制造			40		210	
广播电视设备制造					7	
应用电视设备及其他广播电视设备制造					7	
电子计算机制造					63	
电子计算机整机制造					63	
电子器件制造				3	-658	724
电子真空器件制造					-724	724
光电子器件及其他电子器件制造				3	65	
电子元件制造		175	430	42	3137	219
电子元件及组件制造		175	430	42	3137	219
其他电子设备制造					3	
其他电子设备制造					3	
仪器仪表及文化、办公用机械制造业		674	120	137	1835	
通用仪器仪表制造		439	120	136	1466	
工业自动控制系统装置制造		439	120	136	1466	
专用仪器仪表制造		235		1	368	
导航、气象及海洋专用仪器制造		167			281	
电子测量仪器制造		68		1	87	
工艺品及其他制造业			...	11	30	1
工艺美术品制造			...	11	31	
金属工艺品制造			...	11	31	
其他未列明的制造业				1	-1	1
其他未列明的制造业				1	-1	1
电力、燃气及水的生产和供应业	**6**	**2562**	**583**	**83**	**-11642**	**13227**
电力、热力的生产和供应业	6	2558	579	83	-11143	12447
电力生产	6	458	70	64	-8289	8966

单位：个、万元、人

应交所得税	利税总额	本年应付工资总额	本年应付福利费总额	本年应交增值税	本年进项税额
183	11747	11562	394	8110	19133
2	53	201	20	109	490
2	53	201	20	109	490
44	1621	4729	194	1128	3563
1	-404	652	92	63	2210
40	1426	3219	84	859	590
3	599	858	18	206	763
44	8513	1761	75	6274	9641
35	8418	1696	75	6221	9424
9	95	65		53	217
	833	4581	80	209	5007
	833	4581	80	209	5007
92	617	95	13	303	72
92	617	95	13	303	72
	38	43	5	47	65
	27	10	…	26	
	11	33	5	22	65
2	72	153	7	41	296
2	72	153	7	41	296
821	5738	7303	239	2643	9578
	227	284	2	10	145
	227	284	2	10	145
	102	61	5	95	155
	102	61	5	95	155
8	70	139	5	5	122
8	70	139	5	5	122
1	-611	1168	32	44	730
	-708	731	21	14	450
1	97	436	11	30	280
811	5946	5398	180	2489	8300
811	5946	5398	180	2489	8300
1	4	253	16	1	126
1	4	253	16	1	126
104	4138	3623	173	2076	4033
104	3690	3430	164	1999	3984
104	3690	3430	164	1999	3984
	448	193	9	77	49
	281	106	9		
	167	87		77	49
10	263	1870	83	212	870
10	235	1513	44	186	609
10	235	1513	44	186	609
	29	357	39	26	261
	29	357	39	26	261
285	**-4085**	**5681**	**412**	**6023**	**5802**
249	-3686	5465	401	5934	5801
216	-1771	3724	329	5114	3958

2-1-17 续表 39

指标名称	投资收益	补贴收入	营业外收入	营业外支出	利润总额	亏损企业亏损额
火力发电	6	458	70	64	-8289	8966
电力供应				2	93	
电力供应				2	93	
热力生产和供应		2100	510	17	-2947	3480
热力生产和供应		2100	510	17	-2947	3480
燃气生产和供应业					140	
燃气生产和供应业					140	
燃气生产和供应业					140	
水的生产和供应业		5	4	...	-639	781
自来水的生产和供应		5	4	...	-639	781
自来水的生产和供应		5	4	...	-639	781
四、按行业大类分						
煤炭开采和洗选业	15156	5718	5547	280560	1048433	30167
黑色金属矿采选业	-460	28	1151	13178	157547	8301
有色金属矿采选业			18	1607	9478	534
非金属矿采选业			71	1	77	328
农副食品加工业	861	4349	2590	1189	33619	7029
食品制造业	-24	2758	537	15331	28432	722
饮料制造业	7	472	472	690	5596	1656
纺织业	236	727	590	317	-2781	3839
纺织服装、鞋、帽制造业			3	7	2919	
木材加工及木、竹、藤、棕、草制品业	3	73	18	11	5033	371
家具制造业				10	18	201
造纸及纸制品业	11	402	949	436	5650	405
印刷业和记录媒介的复制	174		10	39	-264	397
文教体育用品制造业	-754	1218	1216	838	-1959	2703
石油加工、炼焦及核燃料加工业	18318	7178	21438	67343	403407	129808
化学原料及化学制品制造业	11623	14079	5378	4840	83840	12926
医药制造业	429	1044	2661	1246	35956	3133
化学纤维制造业				2	6	55
橡胶制品业	-62	739	7	65	862	90
塑料制品业	1	248	443	494	4444	999
非金属矿物制品业	-1659	4037	6379	5228	28918	18992
黑色金属冶炼及压延加工业	16560	3693	7102	70017	114879	122163
有色金属冶炼及压延加工业	10394	3439	1454	14272	77241	13697
金属制品业		393	173	400	3447	2671
通用设备制造业	-339	2579	1476	8341	13235	7112
专用设备制造业	234	3265	1352	313	6863	2231
交通运输设备制造业	89	633	1428	852	8586	1069
电气机械及器材制造业	18	34	215	219	3218	781
通信设备、计算机及其他电子设备制造业		175	470	45	2761	943
仪器仪表及文化、办公用机械制造业		674	120	137	1835	
工艺品及其他制造业			...	11	30	1
电力、热力的生产和供应业	6	2558	579	83	-11143	12447
燃气生产和供应业					140	
水的生产和供应业		5	4	...	-639	781

单位：个、万元、人

应交所得税	利税总额	本年应付工资总额	本年应付福利费总额	本年应交增值税	本年进项税额
216	-1771	3724	329	5114	3958
23	328	617		209	879
23	328	617		209	879
10	-2243	1124	71	611	964
10	-2243	1124	71	611	964
…	183	92		41	1
…	183	92		41	1
…	183	92		41	1
36	-582	125	11	48	
36	-582	125	11	48	
36	-582	125	11	48	
262144	2017460	366741	41609	802513	357544
33772	238890	47239	4364	63818	51459
627	13990	3166	59	3990	4553
98	1232	946	193	1007	390
4402	45470	22912	2364	8097	51180
2799	38336	15589	896	8188	35499
1609	15085	5247	464	4353	10025
205	1021	9456	1005	3514	16381
723	3754	1850	107	663	3081
588	5559	1298	43	481	3903
34	149	979		108	259
1483	8174	6699	413	2227	15241
6	850	1534	115	1011	3132
24	1268	3149	151	3049	6187
79699	1771244	231205	20598	1209814	963629
16217	139248	64667	5817	50174	171818
6358	62116	28469	2353	23543	29817
22	105	584	-47	86	1632
123	2652	1945	50	1632	3824
1037	6887	8934	796	2008	15981
7315	96593	95833	6575	61372	91341
43971	551501	185076	16890	366263	976507
15734	173463	65335	4151	83095	161334
805	11113	16592	608	6641	28028
3637	36118	50104	3086	19338	89152
1096	13324	15067	855	5690	35583
1497	19652	20764	1277	8105	37030
183	11747	11562	394	8110	19133
821	5738	7303	239	2643	9578
104	4138	3623	173	2076	4033
10	263	1870	83	212	870
249	-3686	5465	401	5934	5801
…	183	92		41	1
36	-582	125	11	48	

2-1-17 续表 40

指标名称	本年销项税额	全部从业人员年平均人数	产销率(%)	资产负债率(%)	成本费用利润率(%)
总　计	**5703596**	**706309**	**96.54**	**66.79**	**5.67**
一、按轻重工业分					
轻工业	251066	101473	93.26	55.02	5.37
重工业	5452530	604836	96.76	67.75	5.69
二、按登记注册类型分					
内资企业	**5360959**	**675894**	**96.38**	**66.66**	**5.69**
集体企业	8075	2870	96.87	69.42	12.73
股份合作企业	86191	8673	89.49	88.89	-1.04
联营企业	4363	918	133.72	40.08	62.57
集体联营企业	702	183	98.55	68.06	12.22
其他联营企业	3661	735	143.40	36.26	77.33
有限责任公司	2445897	299953	97.32	68.97	5.58
其他有限责任公司	2445897	299953	97.32	68.97	5.58
股份有限公司	535883	54657	91.72	63.60	7.98
私营企业	2266978	307809	96.53	63.63	5.49
私营独资企业	198873	25327	96.56	61.57	7.29
私营合伙企业	20605	3984	96.08	43.32	3.75
私营有限责任公司	1932189	261017	96.45	64.34	5.29
私营股份有限公司	115310	17481	97.83	57.82	5.70
其他企业	13571	1014	101.05	81.76	4.36
港澳台商投资企业	**83649**	**9484**	**93.03**	**63.12**	**3.60**
与港澳台商合资经营企业	81939	9205	92.63	63.42	3.75
与港澳台商合作经营企业	1148	153	96.31	45.78	0.77
港澳台商投资股份有限公司	562	126	111.54	62.78	-0.29
外商投资企业	**258988**	**20931**	**101.41**	**70.72**	**5.94**
中外合资经营企业	253788	19501	101.79	69.94	6.01
中外合作经营企业	5201	1360	84.01	82.07	0.75
外资企业		70	98.86	70.70	10.52
三、按国民经济行业分					
采矿业	**1256628**	**174307**	**99.25**	**62.31**	**14.18**
煤炭开采和洗选业	1137543	145530	100.01	62.91	13.54
烟煤和无烟煤的开采洗选	1137543	145530	100.01	62.91	13.54
烟煤和无烟煤的开采洗选	1137543	145530	100.01	62.91	13.54
黑色金属矿采选业	110959	25861	91.86	58.35	21.35
铁矿采选	101731	23532	90.40	56.97	22.13
铁矿采选	101731	23532	90.40	56.97	22.13
其他黑色金属矿采选	9229	2329	114.91	74.01	13.65
其他黑色金属矿采选	9229	2329	114.91	74.01	13.65
有色金属矿采选业	6729	1752	102.08	43.80	13.28
常用有色金属矿采选	2740	987	105.61	55.37	17.66
铜矿采选	2135	602	104.96	36.18	10.84
铅锌矿采选	362	365	105.59	81.74	21.71
铝矿采选	243	20	112.65	63.49	0.68
贵金属矿采选	3989	765	95.69	27.11	3.82
金矿采选	3989	765	95.69	27.11	3.82
非金属矿采选业	1397	1164	97.56	56.82	0.49
土砂石开采	1397	1164	97.56	56.82	0.49
石灰石、石膏开采	114	135	79.11	91.42	1.62
建筑装饰用石开采	299	348	100.14	3.89	0.83
粘土及其他土砂石开采	984	681	97.19	62.10	-0.30

单位：个、万元、人

每百元资金实现利税(元)	每百元固定资产原价实现利税(元)	每百元主营业务收入实现利税(元)	流动资产周转次数(次/年)	企业亏损面(%)	总资产贡献率(%)
17.09	**30.75**	**13.50**	**2.20**	**28.04**	**15.17**
8.33	13.69	8.50	1.81	26.89	8.57
17.84	32.34	13.82	2.23	28.26	15.71
17.22	**30.82**	**13.54**	**2.22**	**28.04**	**15.20**
25.79	46.12	23.97	2.04	33.33	18.19
12.79	20.12	14.00	2.00	24.14	15.10
40.24	68.32	51.40	1.77	20.00	28.86
22.52	45.25	24.05	1.44	50.00	18.67
42.98	71.27	56.62	1.85		30.25
15.37	26.87	12.80	2.16	30.11	13.63
15.37	26.87	12.80	2.16	30.11	13.63
19.14	37.09	15.81	1.95	33.54	16.53
19.04	34.56	13.68	2.37	26.01	16.66
31.68	64.36	16.03	3.02	22.36	28.38
24.20	35.02	12.31	3.52	18.92	16.02
18.11	32.70	13.44	2.31	26.96	15.88
16.94	30.34	13.44	2.13	25.96	15.63
17.01	58.00	12.72	1.96	35.71	15.60
11.10	**18.60**	**11.26**	**1.88**	**38.46**	**11.24**
11.41	19.04	11.56	1.88	39.13	11.55
9.06	14.69	10.97	1.96		8.54
-0.10	-0.20	-0.09	1.59	100.00	0.93
16.49	**34.48**	**13.38**	**1.87**	**20.59**	**15.92**
17.47	38.37	13.48	1.90	21.88	16.53
2.95	3.84	9.19	0.86		6.21
62.82	79.64	11.20	16.69		58.83
33.97	**71.87**	**22.16**	**2.43**	**17.84**	**26.00**
34.45	74.30	21.84	2.48	17.71	25.97
34.45	74.30	21.84	2.48	17.71	25.97
34.45	74.30	21.84	2.48	17.71	25.97
31.98	60.40	25.89	2.06	17.65	27.54
32.40	60.09	26.16	2.11	18.24	28.05
32.40	60.09	26.16	2.11	18.24	28.05
26.91	65.21	22.51	1.60	9.09	21.72
26.91	65.21	22.51	1.60	9.09	21.72
25.77	30.96	18.67	2.97	37.50	23.61
43.47	63.60	24.62	2.65	33.33	35.05
20.22	20.25	17.09	1.78		13.86
67.63	175.85	29.48	3.43	66.67	
23.49	70.90	8.05	4.21		28.89
6.47	6.50	6.74	3.95	50.00	7.13
6.47	6.50	6.74	3.95	50.00	7.13
4.32	25.81	8.00	0.62	16.67	4.66
4.32	25.81	8.00	0.62	16.67	4.66
2.48	5.02	8.22	0.59		1.75
6.11	51.20	5.06	1.31		7.96
3.97	33.81	12.61	0.34	50.00	4.46

2-1-17 续表 41

指标名称	本年销项税额	全部从业人员年平均人数	产销率(%)	资产负债率(%)	成本费用利润率(%)
制造业	**4435161**	**527746**	**95.59**	**68.10**	**3.11**
农副食品加工业	55363	19394	96.71	53.76	3.77
谷物磨制	1992	994	97.85	41.10	3.58
谷物磨制	1992	994	97.85	41.10	3.58
饲料加工	3074	3012	98.19	43.07	2.08
饲料加工	3074	3012	98.19	43.07	2.08
植物油加工	11482	2853	96.52	58.15	3.95
食用植物油加工	10746	2811	96.32	58.26	4.01
非食用植物油加工	736	42	103.01	43.44	2.14
制糖		269	62.17	80.89	-3.97
制糖		269	62.17	80.89	-3.97
屠宰及肉类加工	7597	5204	97.72	51.81	5.43
畜禽屠宰	4898	3380	97.70	51.18	5.69
肉制品及副产品加工	2699	1824	97.83	53.16	4.53
蔬菜、水果和坚果加工	1400	2034	98.21	45.02	4.16
蔬菜、水果和坚果加工	1400	2034	98.21	45.02	4.16
其他农副食品加工	29818	5028	95.08	57.40	3.93
淀粉及淀粉制品的制造	29576	4699	95.11	57.92	4.04
豆制品制造	159	115	100.98	68.62	-25.75
蛋品加工	4	55	100.00	9.14	3.58
其他未列明的农副食品加工	80	159	89.25	37.80	9.71
食品制造业	42321	11948	85.81	40.98	8.83
焙烤食品制造	4109	1797	102.00	59.99	8.02
糕点、面包制造	3375	1037	99.50	82.55	4.75
饼干及其他焙烤食品制造	734	760	104.08	22.04	12.59
糖果、巧克力及蜜饯制造	2044	1816	93.59	50.17	8.07
糖果、巧克力制造	113	87	97.06	67.32	67.12
蜜饯制作	1931	1729	93.35	48.60	5.49
方便食品制造	833	1213	98.54	40.47	9.26
米、面制品制造	349	228	93.74	27.49	11.74
速冻食品制造		90	119.49	41.49	10.78
方便面及其他方便食品制造	483	895	97.93	46.41	8.48
液体乳及乳制品制造	19494	3005	79.55	30.57	9.63
液体乳及乳制品制造	19494	3005	79.55	30.57	9.63
罐头制造	5857	1431	79.78	45.03	11.54
肉、禽类罐头制造	4914	577	79.17	40.40	13.93
蔬菜、水果罐头制造	943	854	82.38	51.08	2.38
调味品、发酵制品制造	8145	2079	90.78	46.55	4.16
酱油、食醋及类似制品的制造	7724	1913	91.98	47.58	4.32
其他调味品、发酵制品制造	421	166	70.72	38.88	1.13
其他食品制造	1840	607	92.46	48.67	13.10
营养、保健食品制造	189	113	62.01	67.28	30.56
冷冻饮品及食用冰制造		350	98.32	47.10	9.10
食品及饲料添加剂制造	1650	144	101.75	37.57	11.34

单位：个、万元、人

每百元资金实现利税(元)	每百元固定资产原价实现利税(元)	每百元主营业务收入实现利税(元)	流动资产周转次数(次/年)	企业亏损面(%)	总资产贡献率(%)
12.59	**21.91**	**10.48**	**2.13**	**33.88**	**12.03**
5.86	10.24	5.02	2.12	21.74	7.37
4.87	8.94	4.94	1.81	14.29	5.46
4.87	8.94	4.94	1.81	14.29	5.46
6.02	9.46	2.33	4.82	24.00	7.58
6.02	9.46	2.33	4.82	24.00	7.58
3.39	6.37	4.60	1.29	33.33	6.29
3.29	6.19	4.58	1.26	36.36	6.20
16.58	30.50	5.42	4.76		18.19
-2.97	-2.53	-8.75	0.45	100.00	-2.18
-2.97	-2.53	-8.75	0.45	100.00	-2.18
10.18	22.79	7.20	2.16	23.08	9.81
11.34	28.99	7.06	2.33	30.00	11.09
7.67	13.51	7.69	1.73	18.75	7.05
5.18	9.61	5.46	1.80	6.67	7.25
5.18	9.61	5.46	1.80	6.67	7.25
5.58	8.65	5.84	2.09	22.73	7.16
5.66	8.78	5.89	2.09	23.53	7.20
-33.00	-81.70	-32.13	2.23	100.00	-8.04
21.85	73.43	3.71	8.28		17.75
7.39	10.84	15.09	1.40		7.24
13.38	19.46	10.67	2.52	11.59	10.75
13.61	31.29	12.22	1.69	10.00	12.44
12.59	34.07	12.17	1.43	20.00	11.42
15.13	28.39	12.27	2.20		14.14
9.13	20.21	10.76	1.35	11.11	7.22
22.05	34.58	46.60	1.20		21.11
7.47	17.45	8.33	1.36	12.50	5.95
21.00	29.05	12.77	3.95		19.12
15.63	24.43	13.87	2.79		13.99
8.48	16.65	10.01	1.32		8.60
27.97	33.39	12.88	6.32		26.33
15.28	17.09	10.10	3.62	5.56	9.81
15.28	17.09	10.10	3.62	5.56	9.81
19.33	36.38	14.24	2.25	11.11	17.74
31.35	68.73	16.59	2.95		28.26
3.17	5.01	4.94	1.17	16.67	3.95
6.96	10.76	6.69	2.19	33.33	7.53
7.95	11.04	6.93	2.45	36.36	8.12
0.41	2.52	1.23	0.65		3.17
12.40	19.29	13.40	1.84		12.04
14.86	14.87	14.34	2.24		8.62
20.20	26.47	18.49	3.10		17.21
9.39	18.93	11.15	1.50		12.27

2-1-17 续表 42

指标名称	本年销项税额	全部从业人员年平均人数	产销率(%)	资产负债率(%)	成本费用利润率(%)
饮料制造业	13240	4486	97.44	61.18	4.61
酒精制造	2008	525	92.23	69.33	2.30
酒精制造	2008	525	92.23	69.33	2.30
酒的制造	3359	2014	87.06	54.17	2.72
白酒制造	1278	606	84.86	45.87	5.35
啤酒制造	1546	1318	89.59	59.20	-5.00
其他酒制造	535	90	93.54	58.87	12.40
软饮料制造	7873	1947	106.39	61.91	6.22
碳酸饮料制造	134	58	105.09	59.25	1.14
果菜汁及果菜汁饮料制造	7065	1369	106.39	64.60	6.57
含乳饮料和植物蛋白饮料制造	332	482	90.57	58.62	-2.05
茶饮料及其他软饮料制造	342	38	147.39	13.10	13.36
纺织业	15992	8039	95.42	72.69	-2.03
棉、化纤纺织及印染精加工	13818	7122	94.74	79.57	-2.53
棉、化纤纺织加工	8590	5216	92.25	77.20	-4.44
棉、化纤印染精加工	5228	1906	98.37	83.39	0.05
毛纺织和染整精加工	916	192	101.54	32.62	0.09
毛纺织	916	192	101.54	32.62	0.09
丝绢纺织及精加工	539	500	103.05	59.73	-15.74
缫丝加工	325	170	82.29	36.68	-26.60
绢纺和丝织加工	215	330	131.07	95.51	-7.33
纺织制成品制造	719	225	89.90	34.52	17.54
棉及化纤制品制造	253	75	88.57	42.66	11.71
毛制品制造	466	150	90.53	30.02	22.27
纺织服装、鞋、帽制造业	3693	1942	94.21	35.13	14.67
纺织服装制造	3669	1862	94.13	33.81	14.47
纺织服装制造	3669	1862	94.13	33.81	14.47
纺织面料鞋的制造	23	80	98.28	54.80	23.19
纺织面料鞋的制造	23	80	98.28	54.80	23.19
木材加工及木、竹、藤、棕、草制品业	6381	918	95.08	57.37	11.20
锯材、木片加工	262	178	85.65	54.48	-2.01
木片加工	262	178	85.65	54.48	-2.01
人造板制造	5890	636	95.38	56.83	12.03
胶合板制造	95	95	98.52	61.02	3.80
纤维板制造	5795	541	95.33	56.67	12.14
木制品制造	228	104	96.43	79.31	1.26
建筑用木料及木材组件加工	228	104	96.43	79.31	1.26
家具制造业	291	314	92.67	49.21	0.35
木质家具制造	291	314	92.67	49.21	0.35
木质家具制造	291	314	92.67	49.21	0.35
造纸及纸制品业	17369	5448	99.79	50.83	5.57
纸浆制造	22	38	95.42	77.40	10.93
纸浆制造	22	38	95.42	77.40	10.93
造纸	4991	3052	101.14	44.11	2.93
机制纸及纸板制造	4991	3052	101.14	44.11	2.93
纸制品制造	12356	2358	99.45	54.74	6.45
纸和纸板容器的制造	12247	2258	99.47	54.46	6.51

单位：个、万元、人

每百元资金实现利税（元）	每百元固定资产原价实现利税（元）	每百元主营业务收入实现利税（元）	流动资产周转次数（次/年）	企业亏损面（%）	总资产贡献率（%）
7.95	10.84	11.62	1.79	28.57	7.94
2.78	4.41	6.77	0.93	50.00	5.38
2.78	4.41	6.77	0.93	50.00	5.38
11.70	13.91	13.41	1.95	21.43	9.07
17.08	27.03	14.10	2.46		15.42
5.34	5.51	10.46	1.33	60.00	3.45
29.65	21.28	18.55	2.24		21.85
8.43	11.59	11.81	2.17	29.41	8.29
21.73	11.31	10.59	27.22		12.99
11.19	16.39	11.61	2.54	30.00	10.76
0.59	0.72	4.70	0.59	40.00	0.85
33.08	49.52	29.49	2.34		33.61
0.61	1.03	0.80	1.28	56.67	2.45
-0.22	-0.35	-0.27	1.33	60.00	1.74
-0.89	-1.49	-1.24	1.18	66.67	0.62
1.02	1.62	1.10	1.61	25.00	3.54
3.26	6.82	5.33	0.93		5.89
3.26	6.82	5.33	0.93		5.89
-7.50	-13.48	-17.16	0.79	100.00	-3.50
-12.98	-20.61	-30.76	1.08	100.00	-4.26
-2.64	-5.36	-5.85	0.64	100.00	-2.35
25.52	38.30	22.91	2.00		21.05
19.72	52.24	18.13	1.70		18.45
29.98	33.73	26.45	2.29		22.46
13.51	22.07	16.34	1.40		14.60
14.40	22.54	16.16	1.53		15.13
14.40	22.54	16.16	1.53		15.13
4.97	14.01	23.52	0.31		6.65
4.97	14.01	23.52	0.31		6.65
7.56	17.55	11.32	1.07	40.00	5.92
0.27	0.52	1.19	0.41	100.00	2.07
0.27	0.52	1.19	0.41	100.00	2.07
8.52	20.90	11.84	1.12	33.33	6.29
1.41	5.46	9.70	0.19		3.69
8.97	21.51	11.86	1.19	50.00	6.39
2.82	3.62	5.24	1.69		1.73
2.82	3.62	5.24	1.69		1.73
3.25	4.09	2.90	1.61	40.00	3.36
3.25	4.09	2.90	1.61	40.00	3.36
3.25	4.09	2.90	1.61	40.00	3.36
7.49	10.55	7.73	2.17	20.00	8.87
9.86	8.08	11.11	8.76		7.12
9.86	8.08	11.11	8.76		7.12
3.54	5.26	6.30	1.43	20.00	5.10
3.54	5.26	6.30	1.43	20.00	5.10
11.20	15.67	8.16	2.63	21.43	12.46
11.30	15.83	8.23	2.63	23.08	12.55

2-1-17 续表 43

指标名称	本年销项税额	全部从业人员年平均人数	产销率(%)	资产负债率(%)	成本费用利润率(%)
其他纸制品制造	109	100	97.60	85.04	0.03
印刷业和记录媒介的复制	3887	1294	94.94	55.38	-0.90
印刷	3887	1294	94.94	55.38	-0.90
书、报、刊印刷	812	325	100.00	66.79	0.31
包装装潢及其他印刷	3075	969	93.83	51.49	-1.18
文教体育用品制造业	9123	2576	103.26	56.64	-3.29
体育用品制造	9123	2576	103.26	56.64	-3.29
体育器材及配件制造	848	461	93.73	89.01	5.70
训练健身器材制造	8275	2115	105.42	54.08	-4.54
石油加工、炼焦及核燃料加工业	2069655	130350	95.17	73.30	3.37
精炼石油产品的制造	14430	331	101.14	36.06	4.40
原油加工及石油制品制造	14430	331	101.14	36.06	4.40
炼焦	2055225	130019	95.14	73.43	3.36
炼焦	2055225	130019	95.14	73.43	3.36
化学原料及化学制品制造业	225022	41640	97.75	60.38	5.35
基础化学原料制造	83584	11902	96.85	68.01	1.41
无机酸制造	6663	1031	104.15	77.35	4.03
无机碱制造	1776	405	98.61	72.65	-0.14
无机盐制造	22299	4670	93.21	66.96	0.81
有机化学原料制造	42420	4143	97.31	66.89	1.79
其他基础化学原料制造	10426	1653	98.91	70.94	0.12
肥料制造	51028	11982	97.34	63.00	13.62
氮肥制造	49422	10258	97.07	63.51	14.32
磷肥制造	976	857	104.58	58.96	2.74
复混肥料制造	581	536	98.95	46.86	8.83
有机肥料及微生物肥料制造	49	331	96.01	74.36	5.91
农药制造	259	308	91.66	30.74	7.58
化学农药制造	259	308	91.66	30.74	7.58
涂料、油墨、颜料及类似产品制造	9913	1379	99.74	46.02	8.09
涂料制造	2589	475	99.01	60.32	2.51
油墨及类似产品制造	2598	246	101.75	38.73	9.00
颜料制造	2039	218	97.23	87.59	1.40
染料制造	2687	440	99.48	32.95	15.02
合成材料制造	43598	2150	99.50	56.04	0.42
初级形态的塑料及合成树脂制造	43598	2150	99.50	56.04	0.42
专用化学产品制造	36298	13533	98.70	52.91	4.64
化学试剂和助剂制造	22440	3308	98.55	62.13	1.43
专项化学用品制造	414	130	100.00	72.71	1.56
林产化学产品制造	2299	1319	102.72	38.84	3.90
炸药及火工产品制造	8600	5851	99.22	57.15	8.58
环境污染处理专用药剂材料制造	1436	504	89.60	72.60	10.79
动物胶制造	238	196	90.85	43.68	-2.72
其他专用化学产品制造	870	2225	98.55	35.81	7.13
日用化学产品制造	342	386	91.45	70.02	-0.69
肥皂及合成洗涤剂制造	234	353	87.88	83.27	-2.57
香料、香精制造	108	33	100.00	13.09	6.94
医药制造业	51077	15198	86.99	57.58	11.95

单位：个、万元、人

每百元资金实现利税(元)	每百元固定资产原价实现利税(元)	每百元主营业务收入实现利税(元)	流动资产周转次数(次/年)	企业亏损面(%)	总资产贡献率(%)
0.63	0.79	0.50	3.17		2.80
2.74	3.56	2.94	1.79	22.22	4.45
2.74	3.56	2.94	1.79	22.22	4.45
2.79	3.70	3.92	1.52		5.00
2.72	3.51	2.70	1.86	40.00	4.26
1.62	3.54	2.26	1.04	33.33	3.68
1.62	3.54	2.26	1.04	33.33	3.68
11.96	36.17	8.71	1.62	33.33	10.22
0.90	1.92	1.34	0.99	33.33	3.17
17.38	33.77	14.11	2.06	36.71	16.10
18.70	59.24	5.87	4.40	20.00	12.96
18.70	59.24	5.87	4.40	20.00	12.96
17.38	33.73	14.16	2.05	37.13	16.11
17.38	33.73	14.16	2.05	37.13	16.11
10.62	14.65	8.47	2.40	41.71	9.84
7.29	11.49	4.77	2.60	48.84	7.66
20.30	25.65	11.44	3.24	62.50	20.24
8.91	10.23	3.99	4.97	33.33	11.40
9.59	13.74	4.35	3.60	50.00	8.47
5.90	10.34	4.84	2.01	37.50	6.94
3.38	4.45	1.85	3.87	66.67	3.46
13.84	17.99	14.14	1.94	19.23	10.70
14.03	18.01	14.63	1.93	18.75	10.72
9.61	12.03	8.52	2.27	50.00	11.90
13.55	32.10	9.41	1.92	16.67	9.79
6.96	10.57	5.86	3.39		8.17
10.46	13.26	5.57	4.08	25.00	10.05
10.46	13.26	5.57	4.08	25.00	10.05
15.13	41.10	9.14	2.18	21.43	13.16
13.22	35.56	6.40	2.65		9.40
12.06	37.77	7.80	1.68	50.00	9.24
5.97	15.48	3.22	2.45	50.00	6.04
21.64	54.42	14.63	2.36		20.20
5.96	5.56	3.58	7.51	33.33	8.62
5.96	5.56	3.58	7.51	33.33	8.62
11.64	18.10	11.16	1.77	49.02	10.99
7.75	12.76	6.21	2.15	65.22	9.31
17.80	37.63	6.75	3.79		18.71
10.57	10.89	15.29	1.58	16.67	7.37
14.68	25.42	14.34	1.64	33.33	12.48
15.11	40.12	17.50	1.10	60.00	15.58
0.32	0.34	0.31	3.07	100.00	1.71
14.94	22.25	17.31	1.42	50.00	13.91
0.61	0.87	1.30	0.98	33.33	0.67
-1.22	-1.60	-2.77	1.00	50.00	-0.89
7.75	16.83	13.37	0.92		7.35
12.26	22.11	18.52	1.15	32.00	10.94

2-1-17 续表 44

指标名称	本年销项税额	全部从业人员年平均人数	产销率(%)	资产负债率(%)	成本费用利润率(%)
化学药品原药制造	7771	1995	99.83	65.61	7.47
化学药品原药制造	7771	1995	99.83	65.61	7.47
化学药品制剂制造	25370	7455	77.43	56.43	16.15
化学药品制剂制造	25370	7455	77.43	56.43	16.15
中药饮片加工	538	386	97.70	67.60	-3.02
中药饮片加工	538	386	97.70	67.60	-3.02
中成药制造	12465	3219	97.42	60.12	11.07
中成药制造	12465	3219	97.42	60.12	11.07
兽用药品制造	818	398	97.20	50.97	2.46
兽用药品制造	818	398	97.20	50.97	2.46
生物、生化制品的制造	554	339	91.18	56.47	14.67
生物、生化制品的制造	554	339	91.18	56.47	14.67
卫生材料及医药用品制造	3561	1406	94.67	41.22	5.42
卫生材料及医药用品制造	3561	1406	94.67	41.22	5.42
化学纤维制造业	1719	280	86.04	59.00	0.06
合成纤维制造	1719	280	86.04	59.00	0.06
涤纶纤维制造	1719	280	86.04	59.00	0.06
橡胶制品业	5456	1631	101.55	62.20	2.65
橡胶板、管、带的制造	1417	486	107.62	54.63	0.35
橡胶板、管、带的制造	1417	486	107.62	54.63	0.35
橡胶零件制造	1672	342	100.43	81.82	6.01
橡胶零件制造	1672	342	100.43	81.82	6.01
再生橡胶制造	1801	588	99.37	70.73	-0.25
再生橡胶制造	1801	588	99.37	70.73	-0.25
日用及医用橡胶制品制造	566	215	98.52	30.88	9.17
日用及医用橡胶制品制造	566	215	98.52	30.88	9.17
塑料制品业	18089	4059	98.11	52.08	3.25
塑料薄膜制造	2111	789	96.80	37.49	3.11
塑料薄膜制造	2111	789	96.80	37.49	3.11
塑料板、管、型材的制造	12851	1195	99.38	59.55	4.59
塑料板、管、型材的制造	12851	1195	99.38	59.55	4.59
塑料丝、绳及编织品的制造	2117	1590	95.30	56.73	-2.58
塑料丝、绳及编织品的制造	2117	1590	95.30	56.73	-2.58
泡沫塑料制造	206	71	95.05	80.00	-0.14
泡沫塑料制造	206	71	95.05	80.00	-0.14
塑料包装箱及容器制造	379	179	96.53	64.71	0.04
塑料包装箱及容器制造	379	179	96.53	64.71	0.04
其他塑料制品制造	426	235	95.23	66.67	6.69
其他塑料制品制造	426	235	95.23	66.67	6.69
非金属矿物制品业	140754	69657	94.36	66.28	2.82
水泥、石灰和石膏的制造	38196	15874	89.21	64.48	2.30
水泥制造	37578	15737	89.10	64.39	2.39
石灰和石膏制造	618	137	97.85	78.57	-3.42
水泥及石膏制品制造	4144	3242	102.80	61.97	3.56
水泥制品制造	2747	3043	101.15	63.48	3.49
轻质建筑材料制造	209	131	91.67	48.51	-19.48
其他水泥制品制造	1188	68	141.04	44.94	14.20

单位：个、万元、人

每百元资金实现利税(元)	每百元固定资产原价实现利税(元)	每百元主营业务收入实现利税(元)	流动资产周转次数(次/年)	企业亏损面(%)	总资产贡献率(%)
11.41	23.49	11.48	1.86	23.08	10.72
11.41	23.49	11.48	1.86	23.08	10.72
15.34	28.64	21.21	1.22	37.04	12.69
15.34	28.64	21.21	1.22	37.04	12.69
0.04	0.08	0.13	0.45	60.00	0.66
0.04	0.08	0.13	0.45	60.00	0.66
14.62	26.00	21.79	1.13	27.78	13.81
14.62	26.00	21.79	1.13	27.78	13.81
2.88	4.42	7.58	0.83	33.33	3.50
2.88	4.42	7.58	0.83	33.33	3.50
4.73	7.79	18.66	0.70	25.00	4.16
4.73	7.79	18.66	0.70	25.00	4.16
7.62	9.93	13.45	0.92		7.03
7.62	9.93	13.45	0.92		7.03
3.07	314.67	1.05	2.95	50.00	4.69
3.07	314.67	1.05	2.95	50.00	4.69
3.07	314.67	1.05	2.95	50.00	4.69
9.33	22.81	8.31	1.69	23.08	10.13
7.23	20.27	6.56	1.47	16.67	9.37
7.23	20.27	6.56	1.47	16.67	9.37
14.90	68.05	11.32	1.58		12.31
14.90	68.05	11.32	1.58		12.31
8.30	29.23	6.02	1.78	50.00	8.42
8.30	29.23	6.02	1.78	50.00	8.42
6.23	7.08	10.99	3.01		9.88
6.23	7.08	10.99	3.01		9.88
6.48	12.23	4.89	2.15	31.25	7.31
3.82	6.59	3.41	1.83	20.00	4.87
3.82	6.59	3.41	1.83	20.00	4.87
11.17	25.63	6.63	2.52	33.33	11.13
11.17	25.63	6.63	2.52	33.33	11.13
-0.49	-0.72	-0.47	2.14	33.33	1.42
-0.49	-0.72	-0.47	2.14	33.33	1.42
1.82	2.47	1.17	4.31	100.00	1.55
1.82	2.47	1.17	4.31	100.00	1.55
0.83	1.37	1.36	1.20	33.33	3.85
0.83	1.37	1.36	1.20	33.33	3.85
12.03	29.91	14.69	1.18		9.22
12.03	29.91	14.69	1.18		9.22
6.58	9.77	9.05	1.45	35.20	7.26
5.70	7.16	10.24	1.33	33.70	6.12
5.66	7.08	10.23	1.32	32.58	6.06
10.83	28.00	10.48	1.76	66.67	15.10
5.86	9.34	8.75	1.17	27.59	7.38
5.43	9.14	8.10	1.13	23.08	6.97
-11.34	-10.98	-15.80	1.76	100.00	-4.13
16.62	16.80	25.36	1.76		18.24

2-1-17 续表 45

指标名称	本年销项税额	全部从业人员年平均人数	产销率(%)	资产负债率(%)	成本费用利润率(%)
砖瓦、石材及其他建筑材料制造	7828	1794	88.85	44.63	4.83
粘土砖瓦及建筑砌块制造	408	609	93.59	47.00	18.28
建筑陶瓷制品制造	555	660	92.93	42.74	2.03
建筑用石加工	172	70	90.27	10.05	0.80
防水建筑材料制造	6693	455	87.66	46.40	3.48
玻璃及玻璃制品制造	27418	24111	94.63	75.80	0.20
平板玻璃制造	3270	1060	93.27	97.30	-11.03
技术玻璃制品制造	10929	2600	94.83	78.45	-1.73
玻璃仪器制造	196	105	75.47	92.17	9.57
日用玻璃制品及玻璃包装容器制造	12623	20134	95.15	61.39	4.11
玻璃纤维及制品制造	117	120	103.41	89.50	-2.48
玻璃纤维增强塑料制品制造	283	92	88.15	47.09	8.34
陶瓷制品制造	4725	7503	96.55	70.45	10.47
特种陶瓷制品制造	1326	733	107.88	63.14	-0.28
日用陶瓷制品制造	3399	6770	94.16	73.19	13.48
耐火材料制品制造	29550	10977	96.13	70.18	1.15
石棉制品制造		30	86.65	30.71	4.14
耐火陶瓷制品及其他耐火材料制造	29550	10947	96.36	70.47	1.09
石墨及其他非金属矿物制品制造	28893	6156	97.21	58.73	5.51
石墨及碳素制品制造	25456	4893	96.26	58.55	7.45
其他非金属矿物制品制造	3437	1263	103.64	59.36	-4.93
黑色金属冶炼及压延加工业	1293715	100054	97.06	68.67	1.47
炼铁	288222	38471	93.49	71.12	-0.22
炼铁	288222	38471	93.49	71.12	-0.22
炼钢	258872	17253	100.11	75.92	-0.77
炼钢	258872	17253	100.11	75.92	-0.77
钢压延加工	640092	35474	98.22	62.79	3.24
钢压延加工	640092	35474	98.22	62.79	3.24
铁合金冶炼	106529	8856	96.91	72.64	3.51
铁合金冶炼	106529	8856	96.91	72.64	3.51
有色金属冶炼及压延加工业	209015	41124	93.63	66.84	5.23
常用有色金属冶炼	173674	37993	94.06	66.80	5.84
铜冶炼	2006	327	101.35	44.36	12.22
铅锌冶炼	7376	1703	88.06	79.00	0.06
铝冶炼	53044	10104	89.37	67.51	9.95
镁冶炼	110157	25839	97.99	63.84	3.16
其他常用有色金属冶炼	1092	20	86.27	55.76	29.59
稀有稀土金属冶炼	1334	204	102.14	34.89	14.03
稀土金属冶炼	1284	164	106.79	38.17	9.27
其他稀有金属冶炼	50	40	80.53	23.29	36.87
有色金属合金制造	22588	1654	96.93	67.78	1.84
有色金属合金制造	22588	1654	96.93	67.78	1.84
有色金属压延加工	11419	1273	80.09	73.04	-0.66
常用有色金属压延加工	10303	646	78.94	70.88	-1.29
贵金属压延加工		102	98.48	71.19	-27.56
稀有稀土金属压延加工	1116	525	90.19	84.60	9.15
金属制品业	31468	11426	99.36	69.07	1.49

单位：个、万元、人

每百元资金实现利税(元)	每百元固定资产原价实现利税(元)	每百元主营业务收入实现利税(元)	流动资产周转次数(次/年)	企业亏损面(%)	总资产贡献率(%)
13.36	23.83	9.23	2.68	4.76	12.13
13.92	18.98	19.48	2.27	11.11	13.10
4.48	6.18	9.38	1.28		4.60
1.50	2.00	2.97	1.01		1.50
16.69	39.65	7.84	3.08		14.42
2.81	4.43	4.15	1.32	47.73	4.07
-4.70	-6.42	-10.37	1.42	100.00	-5.00
0.44	0.84	1.02	0.75	100.00	2.21
6.37	4.29	20.20	1.30		4.62
10.57	14.84	8.88	2.19	47.37	10.81
7.49	21.70	5.76	1.95	100.00	9.45
14.62	30.58	11.44	3.31		14.56
14.41	23.30	16.37	1.54	25.93	13.82
4.77	12.13	8.30	0.75	66.67	6.47
18.58	25.94	18.35	2.09	14.29	16.57
8.32	13.68	10.62	1.39	39.39	9.25
29.84	49.70	12.30	3.98		24.65
8.17	13.43	10.59	1.37	40.00	9.13
9.20	15.39	9.43	1.86	45.24	9.24
11.25	19.63	10.55	1.88	41.18	11.11
1.64	2.38	2.55	1.72	62.50	2.39
10.63	17.02	6.92	2.86	44.94	9.88
9.66	14.50	6.31	2.72	47.67	8.79
9.66	14.50	6.31	2.72	47.67	8.79
4.65	7.55	3.13	2.93	35.29	5.86
4.65	7.55	3.13	2.93	35.29	5.86
13.32	20.53	8.24	3.25	40.74	11.32
13.32	20.53	8.24	3.25	40.74	11.32
14.48	31.25	10.49	2.08	46.43	14.26
14.48	31.25	10.49	2.08	46.43	14.26
8.89	13.57	11.14	1.77	50.00	9.79
9.03	13.60	12.37	1.67	53.52	9.99
16.35	28.68	13.40	2.07		7.34
2.96	3.88	7.11	1.11	33.33	6.00
7.06	10.92	16.90	1.06	55.56	9.03
15.47	22.32	9.40	2.92	57.14	13.02
201.56	21415.38	21.68	9.38		103.03
19.75	24.17	20.47	1.47		16.30
16.07	18.15	14.69	1.42		12.20
28.86	44.50	44.76	1.69		30.84
10.92	27.09	3.48	4.11	42.86	9.39
10.92	27.09	3.48	4.11	42.86	9.39
0.87	1.64	0.71	2.00	44.44	2.25
-1.09	-1.88	-0.69	2.95	50.00	0.74
-2.78	-6.93	-38.04	0.09	100.00	-0.33
11.32	27.08	16.97	0.87		11.65
5.96	15.22	4.76	1.74	41.18	6.84

2-1-17 续表 46

指标名称	本年销项税额	全部从业人员年平均人数	产销率(%)	资产负债率(%)	成本费用利润率(%)
结构性金属制品制造	10698	2680	100.17	57.28	1.78
金属结构制造	8685	2190	100.39	61.10	0.47
金属门窗制造	2013	490	99.01	42.63	8.61
金属工具制造	124	185	97.04	83.84	-11.17
切削工具制造	124	143	95.54	81.99	-13.69
农用及园林用金属工具制造		42	100.00	92.43	-6.16
集装箱及金属包装容器制造	2095	544	92.01	67.83	-0.16
金属压力容器制造	654	203	88.86	65.34	0.63
金属包装容器制造	1441	341	93.52	69.39	-0.50
金属丝绳及其制品的制造	1959	195	96.60	89.56	-4.22
金属丝绳及其制品的制造	1959	195	96.60	89.56	-4.22
建筑、安全用金属制品制造	12659	6933	103.63	77.67	1.59
建筑装饰及水暖管道零件制造	11383	6707	98.47	82.52	0.34
安全、消防用金属制品制造	1276	226	211.14	34.44	15.00
金属表面处理及热处理加工	414	292	98.31	59.34	15.73
金属表面处理及热处理加工	414	292	98.31	59.34	15.73
不锈钢及类似日用金属制品制造	3018	447	91.47	62.32	-0.77
金属制厨用器皿及餐具制造	1324	279	89.73	37.79	0.01
其他日用金属制品制造	1694	168	93.53	89.05	-1.36
其他金属制品制造	502	150	82.86	50.66	22.08
其他未列明的金属制品制造	502	150	82.86	50.66	22.08
通用设备制造业	98265	28744	97.82	65.04	1.94
锅炉及原动机制造	1226	741	95.74	62.51	5.97
锅炉及辅助设备制造	1209	721	94.84	62.42	6.67
内燃机及配件制造	17	20	106.94	63.35	-0.15
金属加工机械制造	7277	1473	95.15	68.34	1.38
金属切削机床制造	2131	199	100.00	80.52	0.42
金属成形机床制造	397	220	93.31	64.95	0.48
铸造机械制造	1717	514	94.41	61.93	-0.65
金属切割及焊接设备制造	34	45	78.68	11.24	44.13
机床附件制造	451	120	85.92	56.56	2.75
其他金属加工机械制造	2547	375	97.33	76.66	0.27
起重运输设备制造	6126	1398	113.86	60.43	0.17
起重运输设备制造	6126	1398	113.86	60.43	0.17
泵、阀门、压缩机及类似机械的制造	9509	3823	97.39	69.14	3.51
泵及真空设备制造	4999	2359	95.11	63.94	10.92
液压和气压动力机械及元件制造	4509	1464	99.51	76.20	-1.98
轴承、齿轮、传动和驱动部件的制造	1623	711	96.07	43.83	4.91
轴承制造	908	426	103.78	68.48	5.28
齿轮、传动和驱动部件制造	715	285	87.76	22.38	4.44
烘炉、熔炉及电炉制造	1062	375	99.05	43.08	6.95
烘炉、熔炉及电炉制造	1062	375	99.05	43.08	6.95
风机、衡器、包装设备等通用设备制造	6718	2269	98.81	51.89	0.59
风机、风扇制造	2551	564	97.30	59.13	0.08
制冷、空调设备制造	126	500	100.00	57.71	12.20
喷枪及类似器具制造	723	653	99.97	61.69	0.18
衡器制造	810	282	98.68	39.53	2.28

单位：个、万元、人

每百元资金实现利税(元)	每百元固定资产原价实现利税(元)	每百元主营业务收入实现利税(元)	流动资产周转次数(次/年)	企业亏损面(%)	总资产贡献率(%)
5.84	13.37	5.14	1.66	23.81	6.62
5.28	13.13	4.40	1.64	26.32	6.32
7.84	13.99	8.67	1.74		7.77
-4.35	-6.95	-12.24	0.78	100.00	-0.08
-4.43	-7.19	-15.78	0.55	100.00	0.71
-4.07	-6.16	-6.56	2.58	100.00	-3.88
2.78	5.85	2.95	1.40	44.44	3.73
4.93	9.12	6.43	1.60	33.33	4.30
1.48	3.38	1.41	1.33	50.00	3.38
-6.49	-12.36	-3.19	2.66	100.00	-1.99
-6.49	-12.36	-3.19	2.66	100.00	-1.99
6.80	21.17	5.96	1.51	44.44	7.70
5.01	14.94	4.41	1.53	48.00	6.16
26.45	154.67	21.77	1.32		21.38
41.01	220.40	15.72	2.92	33.33	31.89
41.01	220.40	15.72	2.92	33.33	31.89
-2.27	-10.79	-0.63	4.27	66.67	-1.41
1.58	2.11	0.22	16.78		0.36
-3.35	-57.37	-1.29	2.70	100.00	
26.18	36.40	24.20	3.14		21.56
26.18	36.40	24.20	3.14		21.56
6.21	13.05	5.26	1.87	24.10	6.67
5.60	10.54	8.45	1.03	33.33	3.73
6.54	12.82	9.35	1.09	25.00	4.12
-0.06	-0.10	-0.15	0.69	100.00	-0.05
4.74	11.20	4.84	1.50	14.29	5.52
2.21	5.42	2.44	1.27		2.31
2.13	4.48	2.24	1.70		2.22
2.43	5.70	3.69	1.07	40.00	5.45
63.05	476.73	44.59	1.56		26.76
12.48	31.04	11.24	1.54		11.31
5.58	12.55	3.62	2.33		5.23
2.87	10.57	2.14	1.70	33.33	2.96
2.87	10.57	2.14	1.70	33.33	2.96
7.22	18.54	5.66	1.69	27.27	6.77
12.34	30.19	11.51	1.41	12.50	10.30
1.40	3.81	0.93	2.02	35.71	1.97
6.36	10.05	8.04	1.61	12.50	5.50
9.06	16.72	9.22	1.56	20.00	7.76
4.13	5.83	6.52	1.69		3.54
12.54	55.69	9.60	1.47		8.34
12.54	55.69	9.60	1.47		8.34
3.23	7.23	3.20	1.58	8.33	4.11
1.56	4.55	1.39	1.55		1.89
5.83	10.51	12.12	1.68		7.07
23.56	29.97	9.95	3.65		21.51
4.61	6.41	6.92	1.20		5.78

2-1-17 续表 47

指标名称	本年销项税额	全部从业人员年平均人数	产销率(%)	资产负债率(%)	成本费用利润率(%)
其他通用设备制造	2508	270	100.29	47.91	-0.47
通用零部件制造及机械修理	1754	583	106.14	64.26	-1.11
紧固件、弹簧制造	882	201	109.70	62.82	-0.20
机械零部件加工及设备修理	740	315	98.53	86.07	-3.82
其他通用零部件制造	132	67	100.00	43.67	-1.14
金属铸、锻加工	62970	17371	96.66	67.60	1.96
钢铁铸件制造	37058	12022	96.23	68.81	1.22
锻件及粉末冶金制品制造	25912	5349	97.22	65.78	2.97
专用设备制造业	40757	7919	95.16	60.39	2.43
矿山、冶金、建筑专用设备制造	27582	4063	97.43	66.65	1.21
采矿、采石设备制造	19153	2237	100.56	65.92	1.56
石油钻采专用设备制造	655	219	93.61	63.50	3.10
建筑工程用机械制造	258	198	99.91	34.44	-31.27
建筑材料生产专用机械制造	236	128	100.00	65.79	4.91
冶金专用设备制造	7281	1281	92.25	74.84	1.26
化工、木材、非金属加工专用设备制造	703	176	91.36	34.83	14.61
炼油、化工生产专用设备制造	151	74	91.82	30.75	-1.65
模具制造	552	102	91.23	35.05	19.12
食品、饮料、烟草及饲料生产专用设备制造	269	86	88.64	15.99	18.28
食品、饮料、烟草工业专用设备制造	269	86	88.64	15.99	18.28
纺织、服装和皮革工业专用设备制造	5414	1226	100.02	71.18	3.89
纺织专用设备制造	5414	1226	100.02	71.18	3.89
电子和电工机械专用设备制造	4121	990	103.26	52.12	7.03
电工机械专用设备制造	1869	426	91.44	72.65	-0.10
电子工业专用设备制造	2252	564	128.26	36.59	12.72
农、林、牧、渔专用机械制造	2210	1251	79.80	35.73	1.00
拖拉机制造	2140	1000	79.40	35.17	1.39
机械化农业及园艺机具制造	14	66	94.83	33.88	-13.27
其他农林牧渔业机械制造及机械修理	56	185	66.51	115.25	-0.74
医疗仪器设备及器械制造	61	62	106.17	46.99	8.65
医疗诊断、监护及治疗设备制造	61	62	106.17	46.99	8.65
环保、社会公共安全及其他专用设备制造	396	65	71.77	36.95	17.46
环境污染防治专用设备制造	396	65	71.77	36.95	17.46
交通运输设备制造业	41289	11999	96.03	61.28	3.01
铁路运输设备制造	9617	3232	91.11	51.48	2.29
铁路机车车辆及动车组制造	102	29	100.00	69.34	0.88
工矿有轨专用车辆制造	889	330	91.13	44.44	0.33
铁路机车车辆配件制造	2626	905	97.81	63.41	0.88
铁路专用设备及器材、配件制造	6001	1668	88.23	46.19	3.67
其他铁路设备制造及设备修理		300	88.73	71.69	-0.88
汽车制造	31490	8702	97.96	64.79	3.27
改装汽车制造	5810	130	96.95	52.81	0.82
汽车车身、挂车的制造	3266	612	100.60	61.53	-1.04
汽车零部件及配件制造	21579	7208	97.68	67.53	3.71
汽车修理	837	752	100.11	51.66	16.81
交通器材及其他交通运输设备制造	182	65	106.27	48.04	-2.36
交通管理用金属标志及设施制造	182	65	106.27	48.04	-2.36

单位：个、万元、人

每百元资金实现利税(元)	每百元固定资产原价实现利税(元)	每百元主营业务收入实现利税(元)	流动资产周转次数(次/年)	企业亏损面(%)	总资产贡献率(%)
1.71	4.37	1.72	1.52	20.00	3.78
0.56	1.19	0.51	1.69	66.67	1.37
0.35	0.72	0.30	1.75	50.00	1.23
1.01	8.29	0.65	1.83	66.67	0.78
1.04	1.27	3.39	0.80	100.00	2.74
7.06	13.84	5.73	2.06	23.89	7.88
6.08	11.78	5.22	2.00	35.21	7.32
8.55	17.06	6.39	2.16	4.76	8.72
5.43	14.99	4.67	1.60	27.78	5.05
4.87	17.49	3.47	1.75	18.52	4.30
7.72	20.02	3.90	2.75	18.75	7.70
4.19	11.77	3.89	1.57		4.15
-8.69	-64.47	-44.54	0.22	100.00	-4.30
10.28	28.62	6.79	1.69		5.24
3.27	23.41	3.66	0.97	16.67	2.37
5.93	9.21	15.60	0.81	50.00	8.04
2.07	3.20	1.47	2.99	100.00	1.96
6.17	9.58	19.47	0.68		8.38
8.17	20.60	21.49	0.49		8.01
8.17	20.60	21.49	0.49		8.01
5.53	13.83	6.96	1.11	38.46	5.33
5.53	13.83	6.96	1.11	38.46	5.33
12.15	35.87	10.36	1.44	33.33	11.13
3.74	12.07	3.24	1.38	66.67	4.46
18.90	52.19	15.91	1.49		16.19
1.60	2.67	1.42	2.61	66.67	2.67
1.82	3.14	1.74	2.44		3.02
-18.52	-7.37	-6.93	3.30	100.00	-1.24
-2.26	-4.23	-0.28	13.77	100.00	-0.74
9.83	16.24	10.82	2.25		10.76
9.83	16.24	10.82	2.25		10.76
8.52	24.76	13.16	0.96		4.64
8.52	24.76	13.16	0.96		4.64
6.74	12.98	6.68	1.51	35.19	7.27
5.69	12.97	5.54	1.35	16.67	4.98
1.36	2.72	2.86	0.71		2.10
2.04	2.36	2.79	1.45	50.00	2.89
9.85	21.99	5.70	2.31	12.50	10.48
5.90	17.08	6.39	1.11		4.92
0.86	1.46	0.99	1.47	100.00	0.50
7.09	13.06	7.07	1.57	42.86	8.10
2.57	4.50	0.94	5.03	50.00	4.13
-0.08	-0.24	-0.08	1.29	71.43	0.31
7.79	13.56	8.65	1.42	31.82	9.68
15.28	32.87	18.71	1.22	50.00	15.93
1.61	2.21	1.72	1.60	100.00	1.51
1.61	2.21	1.72	1.60	100.00	1.51

2-1-17 续表 48

指标名称	本年销项税额	全部从业人员年平均人数	产销率(%)	资产负债率(%)	成本费用利润率(%)
电气机械及器材制造业	22156	2802	87.49	51.70	2.45
电机制造	598	140	101.54	41.60	-1.93
电动机制造	598	140	101.54	41.60	-1.93
输配电及控制设备制造	4528	886	79.19	51.06	1.09
变压器、整流器和电感器制造	2239	514	93.34	41.25	-3.63
配电开关控制设备制造	1320	312	62.49	61.35	2.95
电力电子元器件制造	969	60	102.67	52.52	6.96
电线、电缆、光缆及电工器材制造	10890	1238	91.82	49.40	3.07
电线电缆制造	10621	1148	91.38	49.29	3.08
其他电工器材制造	270	90	118.50	52.90	2.64
电池制造	5216	260	85.91	61.54	2.99
电池制造	5216	260	85.91	61.54	2.99
非电力家用器具制造	374	187	100.00	9.03	12.36
燃气、太阳能及类似能源的器具制造	374	187	100.00	9.03	12.36
照明器具制造	112	55	92.45	61.81	-1.20
照明灯具制造	26	20	98.77	23.13	0.22
灯用电器附件及其他照明器具制造	87	35	85.55	68.23	-2.46
其他电气机械及器材制造	437	36	100.00	66.15	0.53
其他未列明的电气机械制造	437	36	100.00	66.15	0.53
通信设备、计算机及其他电子设备制造业	11981	3133	81.76	59.23	3.69
通信设备制造	156	110	100.00	68.75	5.75
通信传输设备制造	156	110	100.00	68.75	5.75
广播电视设备制造	48	18	132.21	78.82	0.95
应用电视设备及其他广播电视设备制造	48	18	132.21	78.82	0.95
电子计算机制造	127	36	96.81	6.19	8.67
电子计算机整机制造	127	36	96.81	6.19	8.67
电子器件制造	658	264	49.78	93.37	-9.25
电子真空器件制造	461	195	28.07	99.23	-21.43
光电子器件及其他电子器件制造	197	69	92.51	71.94	1.74
电子元件制造	10857	2649	85.74	49.81	5.06
电子元件及组件制造	10857	2649	85.74	49.81	5.06
其他电子设备制造	136	56	79.40	55.68	0.38
其他电子设备制造	136	56	79.40	55.68	0.38
仪器仪表及文化、办公用机械制造业	6004	991	92.61	60.19	5.57
通用仪器仪表制造	5867	902	92.43	61.42	4.70
工业自动控制系统装置制造	5867	902	92.43	61.42	4.70
专用仪器仪表制造	137	89	96.05	47.51	21.78
导航、气象及海洋专用仪器制造		28	94.13	48.41	29.32
电子测量仪器制造	137	61	100.00	45.71	11.91
工艺品及其他制造业	1082	380	56.16	29.73	0.47
工艺美术品制造	795	330	48.58	22.90	0.66
金属工艺品制造	795	330	48.58	22.90	0.66
其他未列明的制造业	287	50	100.00	43.13	-0.06
其他未列明的制造业	287	50	100.00	43.13	-0.06
电力、燃气及水的生产和供应业	**11807**	**4256**	**99.63**	**70.89**	**-11.38**
电力、热力的生产和供应业	11717	4145	99.62	70.79	-11.20
电力生产	9033	3351	98.77	70.41	-11.34

单位：个、万元、人

每百元资金实现利税(元)	每百元固定资产原价实现利税(元)	每百元主营业务收入实现利税(元)	流动资产周转次数(次/年)	企业亏损面(%)	总资产贡献率(%)
12.85	29.73	8.74	2.02	35.48	10.22
2.53	5.14	1.50	2.79	50.00	2.86
2.53	5.14	1.50	2.79	50.00	2.86
3.94	12.43	4.57	1.17	25.00	3.75
-2.09	-4.51	-3.20	1.08	60.00	-1.13
7.98	42.01	8.30	1.14		6.87
14.99	85.09	10.56	1.60		15.19
28.42	48.53	12.35	3.37	50.00	19.26
29.24	49.60	12.47	3.42	54.55	19.68
8.19	16.63	6.80	1.97		6.23
7.01	13.19	4.03	2.19		4.70
7.01	13.19	4.03	2.19		4.70
38.11	67.00	28.04	2.69		39.85
38.11	67.00	28.04	2.69		39.85
1.84	6.71	3.68	0.67	50.00	
9.48	156.47	5.11	1.99		6.49
0.63	2.06	2.22	0.40	100.00	
2.71	70.01	2.80	0.99		2.68
2.71	70.01	2.80	0.99		2.68
7.75	14.37	7.14	1.66	23.81	8.16
4.60	3.91	5.92	9.00		5.22
4.60	3.91	5.92	9.00		5.22
6.04	14.02	6.16	1.33		
6.04	14.02	6.16	1.33		
4.72	72.80	9.33	0.52		4.73
4.72	72.80	9.33	0.52		4.73
-4.66	-13.51	-9.45	0.63	33.33	-0.44
-7.54	-17.28	-26.58	0.39	100.00	-1.20
2.60	22.87	2.55	1.07		2.34
11.42	20.75	8.89	1.95	28.57	10.99
11.42	20.75	8.89	1.95	28.57	10.99
0.52	3.70	0.55	1.03		0.67
0.52	3.70	0.55	1.03		0.67
9.09	34.92	11.78	0.95		7.97
8.79	33.96	11.09	0.98		7.81
8.79	33.96	11.09	0.98		7.81
12.60	45.52	24.29	0.62		9.64
13.92	40.92	25.59	0.67		9.26
10.85	56.16	22.37	0.55		10.40
2.42	3.35	4.10	1.73	33.33	2.04
2.43	3.01	4.96	1.65		2.85
2.43	3.01	4.96	1.65		2.85
2.33	38.29	1.69	1.99	50.00	0.48
2.33	38.29	1.69	1.99	50.00	0.48
-1.62	**-1.69**	**-4.52**	**1.38**	**54.17**	**0.71**
-1.59	-1.68	-4.19	1.37	57.14	0.71
-1.03	-0.97	-2.64	1.93	54.55	0.85

2-1-17 续表 49

指标名称	本年销项税额	全部从业人员年平均人数	产销率(%)	资产负债率(%)	成本费用利润率(%)
火力发电	9033	3351	98.77	70.41	-11.34
电力供应	1088	187	106.61	51.09	1.48
电力供应	1088	187	106.61	51.09	1.48
热力生产和供应	1596	607	100.00	72.73	-14.67
热力生产和供应	1596	607	100.00	72.73	-14.67
燃气生产和供应业	42	31	100.00	71.54	25.12
燃气生产和供应业	42	31	100.00	71.54	25.12
燃气生产和供应业	42	31	100.00	71.54	25.12
水的生产和供应业	48	80	100.00	72.07	-27.80
自来水的生产和供应	48	80	100.00	72.07	-27.80
自来水的生产和供应	48	80	100.00	72.07	-27.80
四、按行业大类分					
煤炭开采和洗选业	1137543	145530	100.01	62.91	13.54
黑色金属矿采选业	110959	25861	91.86	58.35	21.35
有色金属矿采选业	6729	1752	102.08	43.80	13.28
非金属矿采选业	1397	1164	97.56	56.82	0.49
农副食品加工业	55363	19394	96.71	53.76	3.77
食品制造业	42321	11948	85.81	40.98	8.83
饮料制造业	13240	4486	97.44	61.18	4.61
纺织业	15992	8039	95.42	72.69	-2.03
纺织服装、鞋、帽制造业	3693	1942	94.21	35.13	14.67
木材加工及木、竹、藤、棕、草制品业	6381	918	95.08	57.37	11.20
家具制造业	291	314	92.67	49.21	0.35
造纸及纸制品业	17369	5448	99.79	50.83	5.57
印刷业和记录媒介的复制	3887	1294	94.94	55.38	-0.90
文教体育用品制造业	9123	2576	103.26	56.64	-3.29
石油加工、炼焦及核燃料加工业	2069655	130350	95.17	73.30	3.37
化学原料及化学制品制造业	225022	41640	97.75	60.38	5.35
医药制造业	51077	15198	86.99	57.58	11.95
化学纤维制造业	1719	280	86.04	59.00	0.06
橡胶制品业	5456	1631	101.55	62.20	2.65
塑料制品业	18089	4059	98.11	52.08	3.25
非金属矿物制品业	140754	69657	94.36	66.28	2.82
黑色金属冶炼及压延加工业	1293715	100054	97.06	68.67	1.47
有色金属冶炼及压延加工业	209015	41124	93.63	66.84	5.23
金属制品业	31468	11426	99.36	69.07	1.49
通用设备制造业	98265	28744	97.82	65.04	1.94
专用设备制造业	40757	7919	95.16	60.39	2.43
交通运输设备制造业	41289	11999	96.03	61.28	3.01
电气机械及器材制造业	22156	2802	87.49	51.70	2.45
通信设备、计算机及其他电子设备制造业	11981	3133	81.76	59.23	3.69
仪器仪表及文化、办公用机械制造业	6004	991	92.61	60.19	5.57
工艺品及其他制造业	1082	380	56.16	29.73	0.47
电力、热力的生产和供应业	11717	4145	99.62	70.79	-11.20
燃气生产和供应业	42	31	100.00	71.54	25.12
水的生产和供应业	48	80	100.00	72.07	-27.80

单位：个、万元、人

每百元资金实现利税（元）	每百元固定资产原价实现利税（元）	每百元主营业务收入实现利税（元）	流动资产周转次数（次/年）	企业亏损面（%）	总资产贡献率（%）
-1.03	-0.97	-2.64	1.93	54.55	0.85
12.13	13.33	5.13	5.99		10.25
12.13	13.33	5.13	5.99		10.25
-3.92	-6.78	-15.42	0.51	66.67	-0.10
-3.92	-6.78	-15.42	0.51	66.67	-0.10
2.99	3.20	26.16	1.43		3.04
2.99	3.20	26.16	1.43		3.04
2.99	3.20	26.16	1.43		3.04
-3.87	-3.28	-35.16	2.36	50.00	-0.08
-3.87	-3.28	-35.16	2.36	50.00	-0.08
-3.87	-3.28	-35.16	2.36	50.00	-0.08
34.45	74.30	21.84	2.48	17.71	25.97
31.98	60.40	25.89	2.06	17.65	27.54
25.77	30.96	18.67	2.97	37.50	23.61
4.32	25.81	8.00	0.62	16.67	4.66
5.86	10.24	5.02	2.12	21.74	7.37
13.38	19.46	10.67	2.52	11.59	10.75
7.95	10.84	11.62	1.79	28.57	7.94
0.61	1.03	0.80	1.28	56.67	2.45
13.51	22.07	16.34	1.40		14.60
7.56	17.55	11.32	1.07	40.00	5.92
3.25	4.09	2.90	1.61	40.00	3.36
7.49	10.55	7.73	2.17	20.00	8.87
2.74	3.56	2.94	1.79	22.22	4.45
1.62	3.54	2.26	1.04	33.33	3.68
17.38	33.77	14.11	2.06	36.71	16.10
10.62	14.65	8.47	2.40	41.71	9.84
12.26	22.11	18.52	1.15	32.00	10.94
3.07	314.67	1.05	2.95	50.00	4.69
9.33	22.81	8.31	1.69	23.08	10.13
6.48	12.23	4.89	2.15	31.25	7.31
6.58	9.77	9.05	1.45	35.20	7.26
10.63	17.02	6.92	2.86	44.94	9.88
8.89	13.57	11.14	1.77	50.00	9.79
5.96	15.22	4.76	1.74	41.18	6.84
6.21	13.05	5.26	1.87	24.10	6.67
5.43	14.99	4.67	1.60	27.78	5.05
6.74	12.98	6.68	1.51	35.19	7.27
12.85	29.73	8.74	2.02	35.48	10.22
7.75	14.37	7.14	1.66	23.81	8.16
9.09	34.92	11.78	0.95		7.97
2.42	3.35	4.10	1.73	33.33	2.04
-1.59	-1.68	-4.19	1.37	57.14	0.71
2.99	3.20	26.16	1.43		3.04
-3.87	-3.28	-35.16	2.36	50.00	-0.08

工业主要指标解释

1.工业总产值（当年价格）：指工业企业在本年内生产的以货币形式表现的工业最终产品和提供工业劳务活动的总价值量。

(1)工业总产值计算应遵循的原则

①工业生产的原则。即凡是企业在本年内生产的最终产品和提供的劳务，均应包括在内。其中的最终产品，不管是否在本年内销售，只要是本年内生产的，就应包括在内。凡不是工业生产的产品，均不得计入工业总产值。

②最终产品的原则。即企业生产的成品价值必须是本企业生产的，经检验合格不需再进行任何加工的最终产品。企业对外销售的半成品也应视为最终产品计入工业总产值。而在本企业内各车间转移的半成品和在制品只能计算其期末期初差额价值。

③“工厂法”原则。即以法人工业企业作为一个整体计算工业总产值，是其本年内生产的最终产品和提供劳务的总价值量。

(2)工业总产值的内容

包括三部分：生产的成品价值、对外加工费收入、自制半成品在制品期末期初差额价值。

①成品价值：指企业在本年内生产，并在本年内不再进行加工，经检验合格、包装入库的已经销售和准备销售的全部工业成品（包括半成品）价值合计。成品价值中包括企业生产的自制设备及提供给本企业在建工程、其他非工业部门和生活福利部门等单位使用的成品价值，但不包括用订货者来料加工的成品（半成品）价值。

工业总产值是按现行价格计算的。成品价值按成品实物量乘以本年不含应交增值税（销项税额）的产品实际销售平均单价计算。会计核算中按成本价格转帐的自制设备和自产自用的成品，按成本价格计算生产成品价值。

②对外加工费收入：指企业在报告期内完成的对外承做的工业品加工（包括用订货者来料加工生产）的加工费收入和对外工业品修理作业所收取的加工费收入和对内非工业部门提供的加工修理、设备安装等收入。对外加工费收入按不含应交增值税（销项税额）的价格计算。

对于以对外加工生产为主，对外加工费收入所占比重较大的企业，如果对外加工费收入出现跨年度支付的情况，为保证总产值生产口径计算的准确性，则应将对外加工费收入按实际情况调整，记录本年应实际收取的对外加工费收入。

③自制半成品在制品期末期初差额价值。为了使工业总产值与工业中间投入中的物耗价值一致，以便同口径地计算工业增加值，规定本指标的计算原则是：凡是企业会计产品成本核算中计算半成品、在制品成本，则工业总产值中须包括自制半成品在制品期末期初差额价值。反之则不包括。

自制半成品在制品期末期初差额价值等于自制半成品在制品期末价值减去期初价值后的余额，如果期末价值小于期初价值，该指标为负值，企业在计算产值时，应按负值计算，不能作为零处理。

(3)工业总产值计算的几种具体规定

①凡自备原材料（包括自备零部件）生产，不论其加工繁简程度如何，一律按全价，即包括自备原材料的价值，计算工业总产值。

②凡来料加工，加工企业只收取加工费，则加工企业一律按财务上结算的加工费计算工业总产值，即不包括定货者来料的价值。一般分两种情况：a.工业企业之间的来料加工，加工企业（即承包单位）按财务上结算的加工费计算工业总产值；委托加工的企业（即发包单位）按全价计算工业总产值。b.工业企业与非工业企业之间的来料加工，当工业企业作为加工企业时一律按加工费计算工业总产值。

③自制半成品、在制品期末期初差额价值，原则上应计入工业总产值，但如果会计产品成本核算中不计算自制半成品、在制品成本，则不计入工业总产值；如果会计产品成本核算中计算自制半成品、在制品成本的，则计入工业总产值。

区分来料加工与自备原材料生产的依据是加工企业与委托加工企业间的财务结算关系。如果委托企业提供原材料而不与加工企业结算，加工企业收取加工费，产品返回委托企业销售，则这种模式是来料加工；如果委托加工企业提供的原材料与加工企业是结算的，制成品由加工企业返给委托企业也是结算的，则这种模式是自备原材料生产。

2.工业销售产值（当年价格）：是以货币形式表现的，工业企业在本年内销售的本企业生产的工业产品或提供工业性劳务价值的总价值量。工业销售产值包括的内容为：

（1）销售成品价值：指企业在报告期内实际销售（包括本期生产和非本期生产）的全部成品、半成品的总价值，即按报告期产品的实际销售数量乘以不含增值税（销项税额）的产品实际销售平均单价计算。销售成品价值中包括企业生产的自制设备及提供给本企业在建工程、其他非工业部门和生活福利部门等单位使用的成品价值，但不包括用订货者来料加工，并且只收取加工费的成品（半成品）价值。

（2）对外加工费收入：指企业在报告期内完成的对外承接的工业品加工（包括用定货者来料加工的产品）的加工费收入；对外工业品修理作业可收取的加工费收入和对内非工业部门提供的加工修理、设备安装等收入。对外加工费收入按不含增值税（销项税额）的价格计算。

对于以对外加工生产为主，对外加工费收入所占比重较大的企业，如果对外加工费收入出现跨年度支付的情况，为保证总产值生产口径计算的准确性，则应将对外加工费收入按实际情况调整，记录本年应实际收取的对外加工费收入。

区分来料加工与自备原材料生产的依据同工业总产值中的规定。

3.出口交货值：指工业企业交给外贸部门或自营（委托）出口（包括销往香港、澳门、台湾），用外汇价格结算的产品价值，以及外商来样、来料加工、来件装配和补偿贸易等生产的产品价值。在计算出口交货值时，要把外汇价格按交易时的汇率折成人民币计算。

4.存货：指企业在日常生产经营过程中持有以备销售，或者仍然处在生产过程，或者在生产或提供劳务过程中将消耗的材料或物资等，包括各类材料、商品、在产品、半成品、产成品等。存货根据会计“资产负债表”中“存货”项目填列。其中：“年初存货”根据会计“资产负债表”中“存货”项的年初数填列；“年末存货”根据会计“资产负债表”中“存货”项的期末数填列。

5.流动资产合计：指企业可以在一年内或者超过一年的一个生产周期内变现或者耗用的资产，包括现金及各种存款、短期投资、应收及预付款项、存货等。根据会计“资产负债表”中“流动资产合计”项的期末数填列。

6.应收账款：指企业因销售商品、产品、提供劳务等，应向购货单位或接受劳务单位收取款项。该指标根据会计“资产负债表”中“应收账款”项的年末数填报。未执行2001年《企业会计制度》的企业，用“应收账款净额”期末数代替。

7.产成品：指企业报告期末已经加工生产并完成全部生产过程，可以对外销售的制成产品。根据企业会计“资产负债表”中“产成品”的期末数填报。

8.流动资产年平均余额：指企业在报告期内全部流动资产的平均余额。计算公式为：

$$流动资产年平均余额=\frac{1至12月各月流动资产平均余额之和}{12}$$

或

$$流动资产年平均余额=\frac{1至12月各月月初、月末流动资产之和}{24}$$

其中：

$$流动资产月平均余额=\frac{月初流动资产合计+月末流动资产合计}{2}$$

$$流动资产季平均余额=\frac{季内各月流动资产平均余额}{3}$$

9.固定资产合计：指企业使用期限超过一年的房屋、建筑物、机器、机械、运输工具以及其他与生产、经营有关的设备、器具、工具等。不属于生产经营主要设备的物品，单位价值在2000元以上，并且使用年限超过2年的，也应当作为固定资产。“固定资产合计”根据会计“资产负债表”中“固定资产合计”项的期末数填列。

10.固定资产原价：指企业在购置、自行建造、安装、改建、扩建、技术改造某项固定资产时所支出的全部支出总额。根据会计“资产负债表”中“固定资产原价”项目的期末数填列。执行2006年《企业会计准则》的企业，根据“资产负债表附表”中的“固定资产原价”项目的期末数填列。

11.固定资产折旧：指对固定资产由于磨损和损耗而转移到产品中去的那一部分价值的补偿。一般根据固定资产原价（选用双倍余额递减法计提折旧的企业，为固定资产帐面净值）和确定的折旧率计算。“累计折旧”：指企业在报告期末提取的历年固定资产折旧累计数。根据会计“资产负债表”中“累计折旧”项的年末数填列。“本年折旧”：指企业在报告期内提取的固定资产折旧合计数。根据会计核算中《资产减值准备、投资及固定资产情况表》内“当年计提的固定资产折旧总额”项本年增加数填列。

12.固定资产净值年平均余额：固定资产净值指固定资产原价减去累计折旧后的净额，其平均余额指报告期内余额的平均数。计算公式为：

$$固定资产净值平均余额=\frac{1至12月各月固定资产净值平均余额之和}{12}$$

或

$$固定资产净值年平均余额=\frac{1至12月各月月初、月末固定资产净值之和}{24}$$

其中：

$$固定资产净值月平均余额=\frac{月初固定资产净值+月末固定资产净额}{2}$$

$$固定资产净值季平均余额=\frac{季内各月固定资产净值平均余额}{3}$$

13.资产总计：指企业拥有或控制的能以货币计量的经济资源，包括各种财产、债权和其他权利。资产按其流动性（即资产的变现能力和支付能力）划分为：流动资产、长期投资、固定资产、无形资产、递延资产和其他资产。根据会计“资产负债表”中“资产总计”项的期末数填列。

14.流动负债合计：指企业在一年内或超过一年的一个营业周期内需要偿还的债务，包括短期借款、应付票据、应付账款、预收账款、应付工资、应交税金、应付利润、预提费用等。根据企业会计“资产负债表”中“流动负债合计”的期末数填报。

15.应付账款：根据会计“资产负债表”中的“应付账款”的期末贷方余额填报。

16.长期负债合计：指企业偿还期在一年以上或者超过一年的一个营业周期以上的债务，包括长期借款、长期应付款、应付债券等。根据会计“资产负债表”中的“长期负债合计”的期末数填报。执行2006年《企业会计准则》的企业，“长期负债合计”用“非流动负债合计”代替。

17.负债合计：指企业所承担的能以货币计量，将以资产或劳务偿付的债务，偿还形式包括货币、资产或提供劳务。负 债一般按偿还期长短分为流动负债和长期负债。根据会计“资产负债表”中“负债合计”的期末数填列。

18.所有者权益合计：所有者权益是指所有者在企业资产中享有的经济利益，它等于企业资产减去负债后的余额。包括实收资本（或股本）、资本公积、盈余公积和未分配利润等。根据"资产负债表"中的"所有者权益合计"项填列。

19.实收资本：指投资者按照企业章程，或合同、协议的约定，实际投入企业的资本。企业实收资本按照投资主体划分为国家资本、集体资本、法人资本、个人资本、港澳台资本和外商资本六种。根据"资产负债表"中的"实收资本"项填列。实收资本中如有以外币形式投入的资本，需折合成人民币形式填写。

20.国家资本：指有权代表国家投资的政府部门或机构以国有资产投入企业形成的资本。不论企业的资本是哪个政府部门或机构投入的，只要是以国家资金进行投资的，均作为国家资本。根据会计"实收资本"科目期末余额分析填列。

21.集体资本：指劳动群众集体所有的资产实际投人企业形成的资本。根据会计"实收资本"科目期末余额分析填列。

22.法人资本：指我国具有法人资格的单位以其依法可以支配的资产投入企业形成的资本。可根据会计"实收资本"科目期末余额分析填列。

23.个人资本：指我国公民以其合法财产投入企业形成的资本。根据会计"实收资本"科目期末余额分析填列。

24.港澳台资本：指我国香港、澳门和台湾地区投资者将所有的资产实际投入企业形成的资本。根据会计"实收资本"科目期末余额分析填列。

25.外商资本：指外国投资者（不包括我国香港、澳门和台湾地区投资者）将所有的资产实际投入企业形成的资本。根据会计"实收资本"科目期末余额分析填列。

26.主营业务收入：指企业经营主要业务所取得的收入总额。此项目应根据相关行业的、"商品销售收入"、"主营业务收入"、"营业收入"、"经营收入"、"工程结算收入"等科目发生额填列。执行2006年《企业会计准则》的企业，如果未设置该科目，则以营业收入发生额代替填列。执行2001年以前行业会计制度的企业，可以"产品销售收入"代替填列。

27.营业成本：指企业（单位）在报告期内从事销售商品、提供劳务等日常活动发生的各种耗费。根据会计"利润表"中对应指标计算填列。

28.主营业务成本：指企业经营主要业务发生的实际成本。根据会计"利润表"中对应指标计算填列。执行2006年《企业会计准则》的企业，如果未设置该科目，则以营业成本发生额代替填列。执行2001年以前行业会计制度的企业，可以"产品销售成本"代替填列。

29.营业收入：指企业（单位）在报告期内从事销售商品、提供劳务及转让资产使用权等日常活动中所形成的总收入，包括主营业务收入和其他业务收入。根据会计"利润表"中对应指标计算填列。

30.营业税金及附加：指企业与营业收入有关的，应由各项经营业务负担的税金及附加。根据会计"利润表"中"营业税金及附加"的本年累计数填列。

31.主营业务税金及附加：指企业经营主要业务应负担的营业税、消费税、城市维护建设税、资源税、土地增值税、教育费附加。根据会计"利润表"中对应指标"本年累计数"填列。执行2006年《企业会计准则》的企业，如未设置该项以营业税金及附加代替填列。执行2001年以前行业会计制度的企业，可以"产品销售税金及附加"代替填列。

32.主营业务利润：指企业经营主要业务实现的利润。根据会计"利润表"中对应指标本年累计数填列。执行2006年《企业会计准则》的企业，如果未设置该科目，则以营业利润发生额代替填列。执行2001年以前行业会计制度的企业，可以"产品销售利润"代替填列。

33.其他业务收入：是指企业主营业务以外的收入。根据会计"利润表"中对应指标的本年累计数填列。执行2006年《企业会计准则》的企业，如果未设置该科目，则在此处填0。

34.其他业务利润：指企业经营除主要业务以外的其它业务实现的利润。根据会计"利润表"中对应指标的本年累计数填列。执行2006年《企业会计准则》的企业，如果未设置该科目，则在此处填0。

35.营业费用、管理费用和财务费用合计：指企业报告期内营业费用、管理费用、财务费用三项费用的合计。

36.营业费用：指企业在销售商品过程中发生的各项费用，根据"利润表"中对应项目的"本年累计数"填列。未执行2001年《企业会计制度》的企业，用"产品销售费用"的本期累计数代替。

37.管理费用：指企业行政管理部门和企业的董事会为组织和管理企业生产经营活动而发生的各项费用，根据"利润表"中"管理费用"项的"本年累计数"填列。

38.财务费用：指企业为筹集生产经营所需资金等发生的费用，包括利息净支出、汇兑净损失（已减汇兑收益）、以及相关的手续费等，根据会计"利润表"中"财务费用"项的"本年累计数"填列。

39.管理费用中的税金：指企业按照规定从管理费用中支付的房产税、印花税、车船使用税和土地使用税。本指标根据"管理费用"科目中相关项目归纳填列。

40.利息支出：指企业短期借款利息、长期借款利息、应付票据利息、票据贴现利息、应付债券利息、长期应付引进国外设备款利息等利息支出（除资本化的利息外）减去银行存款等的利息收入后的净额。根据会计"财务费用明细资料"中的利息支出项目填列。

41.营业利润：指企业从事生产经营活动所取得的利润，即主营业务收入减主营业务成本和主营业务税金及附加，加上其他业务利润，减去营业费用、管理费用、财务费用后的金额。本指标根据会计"利润表"中对应指标的"本年累计数"填列。执行2006年《企业会计准则》的企业，同样根据会计"利润表"中对应指标的"本年累计数"直接填列。

42.投资收益：指企业以各种方式对外投资所取得的收益或发生的损失。根据"利润表"中的"投资收益"项填列。若为投资损失，应在本项目金额前加"－"号。

43.补贴收入：指企业实际收到的补贴收入，包括实际收到的先征后返的增值税；企业按销量或工作量等，依据国家规定的补助定额计算并按期给予的定额补贴。根据“补贴收入”的发生额分析填列。

44.营业外收入：根据企业会计“利润表”中“营业外收入”项的本年累计数填列。

45.营业外支出：根据企业会计“利润表”中“营业外支出”项的本年累计数填列。

46.利润总额：指企业在生产经营过程中各种收入扣除各种耗费后的盈余，反映企业在报告期内实现的亏盈总额，包括营业利润、补贴收入、投资净收益和营业外收支净额。根据会计“利润表”中的对应指标的本期累计数填列。

47.应交所得税：指企业按税法规定，应从生产经营等活动的所得中交纳的税金。根据会计“利润表”中的对应指标的本期累计数填列。

48.本年应付工资总额：指企业在报告期内支付给本单位职工的全部工资，它反映企业本期累计应付的工资总额，而不是会计“应付工资”科目的余额。根据会计“应付工资”科目的本期贷方累计发生额填列。

49.本年应付福利费总额：指企业在报告期内累计提取的福利费总额，它反映本期应付福利费的全部发生额，而不是会计“应付福利费”科目的余额。根据会计“应付福利费”科目的本期贷方累计发生额填列。

50.职工工资和福利费：职工工资和福利费包括职工工资总额和职工福利费两部分，是企业为获得职工提供服务而给予的各种形式的报酬以及其他相关支出。其中：工资总额是指企业在报告期内支付给本单位全部职工的劳动报酬，包括工资、奖金、津贴和补贴，它反映企业报告期内累计应付的工资总额。工资总额根据企业会计核算中“应付工资”科目的本期贷方累计发生额填列。职工福利费：指企业在报告期内根据国家有关规定开支的各项福利支出，包括企业为职工提存的基本养老保险基金、基本医疗保险费、失业保险费、工伤保险费、生育保险费、住房公积金、补充养老保险费和补充医疗保险费，以及从成本费用中列支的集体福利补贴、职工生活困难补助、房租补贴、上下班交通补贴、冬季取暖费，以及按规定发生的其他职工福利支出，它反映企业在报告期实际发生的各项福利费用。职工福利费根据企业会计成本和费用科目中的相关项目归纳计算填列。

51.本年应交增值税：指企业按税法规定，从事货物销售或提供加工、修理修配劳务等增加货物价值的活动本期应交纳的税金。指企业在报告期应交增值税额。计算公式为：

$$\begin{aligned}\text{本年应交增值税}=&\text{销项税额}-(\text{进项税额}-\text{进项税额转出})\\&-\text{出口抵减内销产品应纳税额}\\&-\text{减免税款}+\text{出口退税}\end{aligned}$$

根据企业会计“应交增值税明细表”计算填列。

52.本年进项税额：指工业企业在报告期内购入货物或接受应税劳务而支付的、准予从销项税额中抵扣的增值税额。

53.本年销项税额：指工业企业在报告期内销售货物或提供应税劳务应收取的增值税额。

54.资产减值损失：是指企业各项资产发生的减值损失。根据“利润表”中的“资产减值损失”填列。

55.公允价值变动收益：指企业应当计入当期损益的资产或负债公允价值变动收益。根据“利润表”中的“公允价值变动收益”填列，如为损失以“−”号记。

56.全部从业人员年平均人数：指企业单位年内各月平均拥有的人数，其计算公式为：

$$\text{全部从业人员年平均人数}=\frac{\text{1月平均人数}+\text{2月平均人数}+\cdots+\text{12月平均人数}}{12}$$

$$\text{月平均人数}=\frac{\text{月初从业人员数}+\text{月末从业人员数}}{2}$$

山西经济普查年鉴 2008

Shanxi Economic Census Yearbook

第二产业卷｜下册

山西省第二次全国经济普查领导小组办公室
山西省统计局　编

中国统计出版社
China Statistics Press

(京)新登字041号

图书在版编目（CIP）数据

山西经济普查年鉴. 2008 / 山西省第二次全国经济普查领导小组办公室、山西省统计局编. -- 北京：中国统计出版社，2010.11
ISBN 978-7-5037-6129-4

Ⅰ. ①山… Ⅱ. ①山… ②国… Ⅲ. ①经济－普查－山西省－2008－年鉴 Ⅳ. ①F127.25-54

中国版本图书馆CIP数据核字（2010）第209101号

山西经济普查年鉴—2008/第二产业卷(下)

作　　者/山西省第二次全国经济普查领导小组办公室　山西省统计局
责任编辑/徐　颖
装帧设计/黄俊杰　李雪燕
出版发行/中国统计出版社
通信地址/北京市西城区月坛南街57号
邮政编码/100826
办公地址/北京市丰台区西三环南路甲6号
网　　址/www.stats.gov.cn/tjshujia
电　　话/邮购（010）63376907　书店（010）68783172
印　　刷/河北天普润印刷厂
经　　销/新华书店
开　　本/880×1230毫米　1/16
字　　数/645千字
印　　张/21
版　　别/2011年1月第1版
版　　次/2011年1月第1次印刷
书　　号/ISBN 978-7-5037-6129-4/F・2965
定　　价/980.00元（全四册附光盘）

《山西经济普查年鉴—2008》编辑机构名单

编辑委员会

主　　任　牛仁亮

副 主 任　崔国红　杨文章　杨　波　李永平　张秋明
陈仲英　陈官虎　刘惠民　秦作栋　刘蓉华
王卫东　赵友亭　马　珩　贾新田　郝光亮
刘建光　马联社　王国强　董育中　翟振新
李太阳　于建刚　皮本固　王小平

委　　员　（以姓氏笔画为序）
卫永杰　方仲平　王利波　王瑞刚　王素琴
王德才　尹优平　白日成　闫立铭　闫清河
刘香兰　刘景雯　刘志才　孙春生　孙　文
陆　东　李　渊　李光烈　杨景隆　杨小平
杨丽平　杨锦耀　杨志刚　陈广慧　沈俊峥
吴素贤　张树秋　张晓东　张明峰　周礼仁
武晓勤　武忠生　赵丽华　赵健武　段晋峰
柳　淳　荆红社　侯广庆　侯晓远　高　晔
顾向红　郭炳亮　徐建中　温太隆　焦有梅
窦志达　曹乃珍　蔚崇通　潘志勇

编辑工作人员

总 编 辑　翟振新

副总编辑　方仲平　闫立铭　曹乃珍
张明峰　郝增国　黄云枫

编辑人员　（以姓氏笔画为序）
马双喜　马　忠　马　聪　文明佳　史美荣
阮井晶　刘瑞平　闫新江　杨艳文　张利云
张淑虹　杨　永　张　璇　张艳芳　郝志军
郭寨擘　徐永库　崔旭连　黄云枫　梁卫华
韩　燕　雷士伟

责任编辑　张明峰　马　忠　黄云枫

编者说明

《山西经济普查年鉴—2008》是一部全面反映山西省第二次全国经济普查成果的大型资料工具书。该书系根据山西省第二次全国经济普查结果，按照国家统计分类标准，对普查数据进行各种分组、加工汇总而形成的综合资料。

一、本资料的调查年度为2008年，调查时点为2008年12月31日。

二、本资料的汇总范围为山西省境内从事第二、第三产业活动的全部法人单位、产业活动单位和个体工商户。

三、本资料书共三卷，即综合卷、第二产业卷（上、下册）和第三产业卷。

综合卷为单位基本情况资料，共三篇。第一篇为综合篇，第二篇为企业篇，第三篇为事业、机关、社团、民办非企业篇。

第二产业卷分上下册，上册一篇，下册三篇，共四篇。第一篇为工业企业生产经营及财务状况，第二篇为企业水及能源消费情况，第三篇为工业企业科技情况，第四篇为建筑业企业生产经营及财务状况。

第三产业卷共五篇。第一篇为交通运输、仓储和邮政业生产经营及财务状况，第二篇为批发和零售业商品销售和财务状况，第三篇为住宿和餐饮业经营及财务状况，第四篇为房地产业生产经营及财务状况，第五篇为其他服务业生产经营及财务状况。

四、本资料表中的空格表示无该项统计指标数据，“…”表示该指标数值小，达不到计量单位标准。有关加工数据因小数取舍产生的误差未做人工调整。

五、农、林、牧、渔业为第二、三产业法人兼营的第一产业活动单位。因铁路部门数据以条组织普查，数据无法分解到省，故铁路运输业不包括铁路部门普查的企业数据。

第二次全国经济普查成果资料十分丰富，受时间、技术和水平所限，本资料尚不能涵盖普查成果的全部内容。目前，省经济普查办公室正在组织力量进行课题开发应用，力争有更多的普查资料成果公诸于世。

序

山西省人民政府副省长
山西省经济普查领导小组组长 牛仁亮

第二次全国经济普查是国务院决定开展的一项重大国情国力调查。2008年以来，省人民政府根据国务院的统一部署，组织进行了山西省第二次全国经济普查。在国务院经济普查领导小组的统一领导下，全省各级党委、政府高度重视经济普查工作，各有关部门密切配合，各级普查机构广泛动员，精心组织，科学实施。全省组织动员了20多万基层普查员和普查指导员，对山西境内从事第二、三产业的16万法人单位、24万产业活动单位以及近百万个体经营户，进行了“地毯式”的逐户上门清查和现场登记，并使用现代网络信息技术进行了超大规模的数据处理和审核评估工作。与第一次经普相比，这次普查正值我国经济社会发展极不平凡的时期，全国人民倾力抗击汶川特大地震灾害，倾力举办奥运会，倾力应对国际金融危机，特别是面对着近年来经济规模不断扩大、经济结构日趋复杂、经济形式日益多样的新形势，普查工作量成倍增

加，普查任务相当艰巨。

通过这次普查，我们不仅比较全面地摸清了第二、三产业的规模、速度、结构和效益，包括19个行业门类、90个行业大类、378个行业中类、875个行业小类的大量基础性信息，还填补了服务业、能源、信息化等常规统计数据的空白，进一步查实了我省GDP总量和结构，初步形成了全面反映第二、三产业状况的综合数据库、基本单位名录库。对于这次经济普查工作和成果，省委、省政府给予充分肯定和高度评价，同时也得到了国务院经普领导小组及国家统计局的充分肯定和表彰奖励。

回顾两年多来的历程，我省经济普查的圆满成功，主要得益于以下五个方面：一是各级党委和政府强有力的领导和支持；二是各有关部门的密切配合和通力合作；三是各级普查工作机构卓有成效的组织实施；四是全省广大普查人员的团结奋斗和无私奉献；五是社会各界和普查对象的积极参与和密切配合。历史将永远不会忘记那些为普查做出过贡献的人们！

为了充分发挥经济普查成果的作用，省经济普查办公室在较短时间内完成了普查数据的加工整理，编纂出版了《山西经济普查年鉴—2008》大型普查资料丛书。该丛书共分三卷、四册，是全省广大普查人员汗水和智慧的结晶，是一笔十分珍贵的信息资源和社会财富。该书的面世必将会为社会各界更好地认识省情、把握全局、规划未来，在全面加快山西转型跨越发展的伟大实践中发挥重要的基础信息作用。

二零一零年十月

第二产业卷(下)　目录

第二篇　工业企业水及能源消费情况

第三篇　工业企业科技情况

第四篇 建筑业企业生产经营及财务状况

A.总承包和专业承包建筑业企业

B.劳务分包建筑业企业

C.资质以外建筑业企业

第2篇

工业企业水及能源消费情况

2-2-1　规模以上工业企业分行业、分地区综合能源消费情况(当量值)

行业合计

地　区	企业数	综合能源消费量(万吨标准煤)	工业生产消费(万吨标准煤)	非工业生产消费(万吨标准煤)
全　省	**4340**	**12881.66**	**38350.34**	**305.35**
太原市	496	1940.49	7212.20	34.43
大同市	307	677.22	1015.23	105.59
阳泉市	204	542.74	810.54	8.54
长治市	422	1437.25	4123.22	26.26
晋城市	256	880.64	1211.57	14.36
朔州市	254	912.20	1181.92	8.77
晋中市	661	1061.51	4738.81	20.18
运城市	443	1685.64	3457.04	23.87
忻州市	325	510.02	1176.56	11.01
临汾市	497	1744.47	6557.05	44.41
吕梁市	475	1489.50	6866.20	7.92

2-2-1　续表 1

采矿业合计

地　区	企业数	综合能源消费量(万吨标准煤)	工业生产消费(万吨标准煤)	非工业生产消费(万吨标准煤)
全　省	**1725**	**2523.26**	**12206.47**	**166.78**
太原市	46	452.49	2639.82	9.57
大同市	120	176.57	253.12	89.90
阳泉市	82	190.83	247.97	6.10
长治市	194	137.64	1079.96	12.99
晋城市	121	121.82	121.82	12.55
朔州市	156	330.97	330.97	5.86
晋中市	325	307.65	2345.31	11.56
运城市	16	3.60	30.77	1.04
忻州市	173	54.99	349.99	9.78
临汾市	246	439.78	2734.02	1.58
吕梁市	246	306.91	2072.73	5.83

2-2-1 续表 2

煤炭开采和洗选业

地 区	企业数	综合能源消费量（万吨标准煤）	工业生产消费（万吨标准煤）	非工业生产消费（万吨标准煤）
全 省	**1518**	**2477.15**	**12154.19**	**165.55**
太原市	39	451.48	2638.81	9.34
大同市	92	166.75	243.30	89.77
阳泉市	82	190.83	247.97	6.10
长治市	165	132.99	1070.87	12.94
晋城市	121	121.82	121.82	12.56
朔州市	153	330.05	330.05	5.83
晋中市	318	297.36	2333.29	11.46
运城市	8	2.16	29.32	0.99
忻州市	73	40.07	335.06	9.16
临汾市	225	437.44	2731.68	1.57
吕梁市	242	306.20	2072.03	5.83

2-2-1 续表 3

黑色金属矿采选业

地 区	企业数	综合能源消费量（万吨标准煤）	工业生产消费（万吨标准煤）	非工业生产消费（万吨标准煤）
全 省	**184**	**39.74**	**45.90**	**1.03**
太原市	7	1.01	1.01	0.23
大同市	17	6.47	6.47	0.04
阳泉市				
长治市	29	4.65	9.10	0.05
晋城市				
朔州市	2	0.54	0.54	0.02
晋中市	6	10.28	12.00	0.11
运城市	5	0.93	0.93	0.00
忻州市	96	13.86	13.86	0.56
临汾市	19	1.39	1.39	0.01
吕梁市	3	0.60	0.60	0.00

2-2-1　续表 4

有色金属矿采选业

地　区	企业数	综合能源消费量（万吨标准煤）	工业生产消费（万吨标准煤）	非工业生产消费（万吨标准煤）
全　省	**10**	**3.25**	**3.25**	**0.18**
太原市				
大同市	4	1.88	1.88	0.07
阳泉市				
长治市				
晋城市				
朔州市				
晋中市				
运城市	2	0.20	0.20	0.06
忻州市	3	1.06	1.06	0.05
临汾市				
吕梁市	1	0.11	0.11	

2-2-1　续表 5

非金属矿采选业

地　区	企业数	综合能源消费量（万吨标准煤）	工业生产消费（万吨标准煤）	非工业生产消费（万吨标准煤）
全　省	**13**	**3.13**	**3.13**	**0.02**
太原市				
大同市	7	1.46	1.46	0.0[illegible]
阳泉市				
长治市				
晋城市				
朔州市	1	0.38	0.38	0.00
晋中市	1	0.02	0.02	
运城市	1	0.31	0.31	
忻州市	1	0.00	0.00	
临汾市	2	0.95	0.95	
吕梁市				

2-2-1 续表 6

制造业合计

地 区	企业数	综合能源消费量(万吨标准煤)	工业生产消费(万吨标准煤)	非工业生产消费(万吨标准煤)
全 省	**2484**	**7009.57**	**20817.90**	**129.45**
太原市	442	1150.49	3991.54	24.42
大同市	175	144.42	188.79	11.33
阳泉市	112	78.44	138.84	1.66
长治市	214	728.72	2134.51	13.23
晋城市	121	392.63	484.97	1.70
朔州市	82	155.26	176.81	1.58
晋中市	327	585.51	2135.93	8.24
运城市	414	1376.66	2973.18	21.45
忻州市	135	199.25	424.43	1.01
临汾市	241	1190.87	3650.44	42.73
吕梁市	221	1007.31	4518.44	2.09

2-2-1 续表 7

农副食品加工业

地 区	企业数	综合能源消费量(万吨标准煤)	工业生产消费(万吨标准煤)	非工业生产消费(万吨标准煤)
全 省	**140**	**27.18**	**27.18**	**0.39**
太原市	15	1.52	1.52	0.15
大同市	10	1.45	1.45	0.02
阳泉市	2	0.28	0.28	
长治市	21	11.47	11.47	0.08
晋城市	4	0.53	0.53	0.01
朔州市	6	2.17	2.17	0.03
晋中市	13	3.46	3.46	0.05
运城市	34	2.95	2.95	0.03
忻州市	14	2.47	2.47	0.01
临汾市	10	0.25	0.25	0.01
吕梁市	11	0.63	0.63	0.01

2-2-1　续表 8

食品制造业

地　区	企业数	综合能源消费量（万吨标准煤）		
			工业生产消费（万吨标准煤）	非工业生产消费（万吨标准煤）
全　省	**95**	**28.96**	**28.96**	**0.55**
太原市	15	2.65	2.65	0.11
大同市	3	0.17	0.17	0.02
阳泉市	4	2.72	2.72	0.00
长治市	7	0.39	0.39	0.03
晋城市	3	0.14	0.14	0.02
朔州市	10	12.68	12.68	0.14
晋中市	17	3.22	3.22	0.07
运城市	26	2.44	2.44	0.09
忻州市	3	0.22	0.22	
临汾市	2	4.27	4.27	0.02
吕梁市	5	0.08	0.08	0.05

2-2-1　续表 9

饮料制造业

地　区	企业数	综合能源消费量（万吨标准煤）		
			工业生产消费（万吨标准煤）	非工业生产消费（万吨标准煤）
全　省	**57**	**31.01**	**31.01**	**0.44**
太原市	5	0.55	0.55	0.06
大同市	3	0.40	0.40	0.17
阳泉市	1	0.05	0.05	
长治市	4	0.48	0.48	0.02
晋城市	3	0.29	0.29	0.02
朔州市	3	0.66	0.66	0.00
晋中市	6	4.89	4.89	0.06
运城市	11	5.64	5.64	0.02
忻州市	3	4.57	4.57	0.04
临汾市	6	0.50	0.50	0.03
吕梁市	12	12.98	12.98	0.02

2-2-1 续表 10

烟草制品业

地 区	企业数	综合能源消费量（万吨标准煤）	工业生产消费（万吨标准煤）	非工业生产消费（万吨标准煤）
全 省	**1**	**1.19**	**1.19**	**0.34**
太原市	1	1.19	1.19	0.34
大同市				
阳泉市				
长治市				
晋城市				
朔州市				
晋中市				
运城市				
忻州市				
临汾市				
吕梁市				

2-2-1 续表 11

纺织业

地 区	企业数	综合能源消费量（万吨标准煤）	工业生产消费（万吨标准煤）	非工业生产消费（万吨标准煤）
全 省	**36**	**8.99**	**8.99**	**0.58**
太原市	3	0.17	0.17	0.00
大同市	1	0.02	0.02	
阳泉市				
长治市				
晋城市	3	1.11	1.11	0.01
朔州市				
晋中市	4	1.31	1.31	0.33
运城市	15	4.93	4.93	0.04
忻州市	2	1.21	1.21	0.17
临汾市	8	0.24	0.24	0.02
吕梁市				

2-2-1　续表 12

纺织服装、鞋、帽制造业

地　区	企业数	综合能源消费量（万吨标准煤）		
			工业生产消费（万吨标准煤）	非工业生产消费（万吨标准煤）
全　省	**14**	**1.15**	**1.15**	**0.28**
太原市	2	0.07	0.07	0.00
大同市	1	0.03	0.03	0.00
阳泉市				
长治市	1	0.00	0.00	
晋城市	2	0.06	0.06	0.01
朔州市				
晋中市	1	0.41	0.41	0.00
运城市	5	0.56	0.56	0.25
忻州市				
临汾市	2	0.01	0.01	0.01
吕梁市				

2-2-1　续表 13

皮革、毛皮、羽毛(绒)等

地　区	企业数	综合能源消费量（万吨标准煤）		
			工业生产消费（万吨标准煤）	非工业生产消费（万吨标准煤）
全　省	**1**	**0.01**	**0.01**	
太原市				
大同市	1	0.01	0.01	
阳泉市				
长治市				
晋城市				
朔州市				
晋中市				
运城市				
忻州市				
临汾市				
吕梁市				

2-2-1 续表 14

木材加工及木、竹、藤等

地 区	企业数	综合能源消费量（万吨标准煤）	工业生产消费（万吨标准煤）	非工业生产消费（万吨标准煤）
全 省	**5**	**3.52**	**3.52**	**0.01**
太原市				
大同市				
阳泉市				
长治市	1	0.32	0.32	0.00
晋城市				
朔州市				
晋中市	1	0.01	0.01	
运城市	3	3.19	3.19	0.00
忻州市				
临汾市				
吕梁市				

2-2-1 续表 15

家具制造业

地 区	企业数	综合能源消费量（万吨标准煤）	工业生产消费（万吨标准煤）	非工业生产消费（万吨标准煤）
全 省	**6**	**0.03**	**0.03**	**0.00**
太原市	4	0.02	0.02	0.00
大同市	1	0.01	0.01	
阳泉市				
长治市				
晋城市				
朔州市				
晋中市	1	0.01	0.01	0.00
运城市				
忻州市				
临汾市				
吕梁市				

2-2-1　续表 16

造纸及纸制品业

地　区	企业数	综合能源消费量（万吨标准煤）	工业生产消费（万吨标准煤）	非工业生产消费（万吨标准煤）
全　省	**28**	**8.63**	**9.55**	**0.09**
太原市	5	3.47	4.39	0.06
大同市	1	0.00	0.00	
阳泉市				
长治市	1	0.25	0.25	0.01
晋城市	1	0.00	0.00	0.01
朔州市	1	0.10	0.10	0.00
晋中市	7	1.37	1.37	0.01
运城市	9	2.68	2.68	
忻州市				
临汾市	1	0.68	0.68	0.00
吕梁市	2	0.06	0.06	0.00

2-2-1　续表 17

印刷业和记录媒介的复制

地　区	企业数	综合能源消费量（万吨标准煤）	工业生产消费（万吨标准煤）	非工业生产消费（万吨标准煤）
全　省	**23**	**0.84**	**0.84**	**0.25**
太原市	12	0.31	0.31	0.15
大同市	2	0.03	0.03	0.02
阳泉市				
长治市	2	0.03	0.03	
晋城市	1	0.01	0.01	0.00
朔州市				
晋中市	1	0.01	0.01	0.00
运城市	3	0.43	0.43	0.05
忻州市				
临汾市	1	0.00	0.00	0.00
吕梁市	1	0.03	0.03	0.02

2-2-1 续表 18

文教体育用品制造业

地 区	企业数	综合能源消费量(万吨标准煤)	工业生产消费(万吨标准煤)	非工业生产消费(万吨标准煤)
全 省	**12**	**3.26**	**16.71**	**0.09**
太原市	1	0.01	0.01	0.00
大同市				
阳泉市				
长治市	4	0.18	0.18	0.04
晋城市	1	0.01	0.01	0.00
朔州市				
晋中市	3	0.22	0.22	
运城市	1	2.07	15.53	0.05
忻州市				
临汾市	2	0.76	0.76	
吕梁市				

2-2-1 续表 19

石油加工炼焦及核燃料

地 区	企业数	综合能源消费量(万吨标准煤)	工业生产消费(万吨标准煤)	非工业生产消费(万吨标准煤)
全 省	**240**	**2281.20**	**14469.19**	**43.39**
太原市	20	338.30	2586.33	1.29
大同市	7	10.20	45.53	0.02
阳泉市	4	16.00	76.41	0.08
长治市	36	194.86	1485.99	2.08
晋城市	3	19.20	108.50	0.00
朔州市	3	6.24	14.49	0.11
晋中市	26	394.24	1914.61	4.21
运城市	33	204.38	1483.18	1.23
忻州市	5	26.46	199.54	0.14
临汾市	52	461.28	2668.97	33.79
吕梁市	51	610.04	3885.65	0.43

2-2-1　续表 20

化学原料及化学制品制造

地　区	企业数	综合能源消费量（万吨标准煤）	工业生产消费（万吨标准煤）	非工业生产消费（万吨标准煤）
全　省	**269**	**1221.08**	**1396.14**	**20.86**
太原市	38	115.79	245.08	4.62
大同市	28	41.65	41.65	0.08
阳泉市	17	15.17	15.17	1.03
长治市	31	188.54	201.31	4.02
晋城市	23	294.56	296.00	1.17
朔州市	14	39.85	39.85	0.12
晋中市	21	80.95	84.81	0.61
运城市	45	267.80	267.80	8.78
忻州市	16	60.82	83.11	0.16
临汾市	13	84.43	84.43	0.12
吕梁市	23	31.53	36.94	0.17

2-2-1　续表 21

医药制造业

地　区	企业数	综合能源消费量（万吨标准煤）	工业生产消费（万吨标准煤）	非工业生产消费（万吨标准煤）
全　省	**102**	**27.38**	**27.38**	**1.35**
太原市	22	1.13	1.13	0.19
大同市	21	17.39	17.39	0.31
阳泉市	1	0.07	0.07	0.00
长治市	7	1.91	1.91	0.31
晋城市	3	0.03	0.03	0.02
朔州市	2	0.25	0.25	0.02
晋中市	13	1.19	1.19	0.02
运城市	17	3.83	3.83	0.41
忻州市	2	0.41	0.41	0.00
临汾市	11	0.78	0.78	0.04
吕梁市	3	0.39	0.39	0.03

2-2-1 续表 22

化学纤维制造业

地 区	企业数	综合能源消费量（万吨标准煤）	工业生产消费（万吨标准煤）	非工业生产消费（万吨标准煤）
全 省	**3**	**3.84**	**3.84**	**1.51**
太原市	2	0.46	0.46	
大同市	1	3.38	3.38	1.51
阳泉市				
长治市				
晋城市				
朔州市				
晋中市				
运城市				
忻州市				
临汾市				
吕梁市				

2-2-1 续表 23

橡胶制品业

地 区	企业数	综合能源消费量（万吨标准煤）	工业生产消费（万吨标准煤）	非工业生产消费（万吨标准煤）
全 省	**22**	**4.33**	**4.33**	**0.01**
太原市	3	2.36	2.36	0.00
大同市	2	0.06	0.06	
阳泉市	2	0.09	0.09	0.00
长治市	2	0.78	0.78	0.00
晋城市	1	0.07	0.07	
朔州市				
晋中市	4	0.79	0.79	0.00
运城市	4	0.12	0.12	0.00
忻州市	1	0.01	0.01	
临汾市	2	0.01	0.01	0.00
吕梁市	1	0.04	0.04	

2-2-1　续表 24

塑料制品业

地　区	企业数	综合能源消费量（万吨标准煤）	工业生产消费（万吨标准煤）	非工业生产消费（万吨标准煤）
全　省	**48**	**2.14**	**3.44**	**0.26**
太原市	15	0.42	0.42	0.17
大同市	1	0.01	0.01	
阳泉市				
长治市	3	0.35	0.35	
晋城市	5	0.12	0.12	0.00
朔州市				
晋中市	6	0.08	0.08	0.03
运城市	14	0.95	2.25	0.06
忻州市				
临汾市	2	0.11	0.11	0.00
吕梁市	2	0.10	0.10	

2-2-1　续表 25

非金属矿物制品业

地　区	企业数	综合能源消费量（万吨标准煤）	工业生产消费（万吨标准煤）	非工业生产消费（万吨标准煤）
全　省	**416**	**315.05**	**324.08**	**4.73**
太原市	37	38.38	38.38	0.81
大同市	42	28.47	37.51	0.53
阳泉市	48	24.30	24.30	0.26
长治市	24	22.90	22.90	0.77
晋城市	27	15.92	15.92	0.10
朔州市	34	23.36	23.36	0.46
晋中市	55	48.13	48.13	0.23
运城市	60	44.20	44.20	0.33
忻州市	15	9.95	9.95	0.19
临汾市	30	20.85	20.85	0.22
吕梁市	44	38.59	38.59	0.83

2-2-1 续表 26

黑色金属冶炼及压延

地 区	企业数	综合能源消费量（万吨标准煤）	工业生产消费（万吨标准煤）	非工业生产消费（万吨标准煤）
全 省	**180**	**2088.40**	**3296.19**	**15.22**
太原市	23	528.96	980.90	5.35
大同市	10	16.27	16.27	0.14
阳泉市	2	6.17	6.17	0.01
长治市	14	284.77	383.97	2.50
晋城市	15	56.81	58.41	0.06
朔州市	2	21.46	26.25	0.65
晋中市	9	20.74	41.57	0.01
运城市	16	287.89	435.84	0.20
忻州市	16	26.62	28.09	0.13
临汾市	44	589.66	841.48	6.04
吕梁市	29	249.04	477.24	0.13

2-2-1 续表 27

有色金属冶炼及压延

地 区	企业数	综合能源消费量（万吨标准煤）	工业生产消费（万吨标准煤）	非工业生产消费（万吨标准煤）
全 省	**119**	**806.27**	**1005.42**	**10.45**
太原市	22	54.78	54.78	0.71
大同市	6	11.08	11.08	0.04
阳泉市	2	11.39	11.39	0.25
长治市	8	13.43	13.43	0.09
晋城市	1	0.45	0.45	
朔州市	2	48.43	56.94	0.04
晋中市	7	6.95	12.32	0.03
运城市	51	531.05	686.07	8.76
忻州市	5	55.43	83.77	0.00
临汾市	6	11.60	11.60	0.28
吕梁市	9	61.66	63.58	0.25

2-2-1　续表 28

金属制品业

地　区	企业数	综合能源消费量(万吨标准煤)	工业生产消费(万吨标准煤)	非工业生产消费(万吨标准煤)
全　省	**96**	**7.76**	**7.76**	**0.65**
太原市	37	1.04	1.04	0.56
大同市	4	0.20	0.20	0.00
阳泉市	7	0.09	0.09	0.02
长治市	5	0.14	0.14	0.00
晋城市	3	0.19	0.19	0.01
朔州市				
晋中市	27	5.67	5.67	0.02
运城市	5	0.17	0.17	0.02
忻州市				
临汾市	3	0.05	0.05	0.01
吕梁市	5	0.22	0.22	0.02

2-2-1　续表 29

通用设备制造业

地　区	企业数	综合能源消费量(万吨标准煤)	工业生产消费(万吨标准煤)	非工业生产消费(万吨标准煤)
全　省	**269**	**41.79**	**42.02**	**3.89**
太原市	52	2.98	3.15	1.54
大同市	10	3.82	3.82	0.72
阳泉市	13	1.90	1.90	0.02
长治市	21	0.70	0.70	0.32
晋城市	11	0.88	0.88	0.07
朔州市	3	0.05	0.05	
晋中市	53	7.36	7.36	0.26
运城市	23	5.42	5.42	0.55
忻州市	46	10.51	10.51	0.01
临汾市	23	6.73	6.80	0.32
吕梁市	14	1.44	1.44	0.09

2-2-1 续表 30

专用设备制造业

地 区	企业数	综合能源消费量(万吨标准煤)		
			工业生产消费(万吨标准煤)	非工业生产消费(万吨标准煤)
全 省	**110**	**51.75**	**65.15**	**8.35**
太原市	33	37.51	48.22	1.42
大同市	3	0.05	0.05	0.07
阳泉市	4	0.10	0.10	0.00
长治市	10	6.20	8.89	2.86
晋城市	5	0.68	0.68	0.03
朔州市	1	0.00	0.00	0.01
晋中市	29	3.27	3.27	2.24
运城市	11	0.48	0.48	0.04
忻州市	4	0.40	0.40	0.11
临汾市	6	2.83	2.83	1.55
吕梁市	4	0.24	0.24	0.01

2-2-1 续表 31

交通运输设备制造业

地 区	企业数	综合能源消费量(万吨标准煤)		
			工业生产消费(万吨标准煤)	非工业生产消费(万吨标准煤)
全 省	**83**	**22.40**	**22.40**	**8.82**
太原市	25	3.03	3.03	0.55
大同市	11	9.15	9.15	7.42
阳泉市				
长治市	5	0.77	0.77	0.07
晋城市	3	0.99	0.99	0.14
朔州市	1	0.00	0.00	0.00
晋中市	13	0.94	0.94	0.03
运城市	14	2.25	2.25	0.47
忻州市				
临汾市	9	5.14	5.14	0.14
吕梁市	2	0.13	0.13	0.00

2-2-1　续表 32

电气机械及器材制造业

地　区	企业数	综合能源消费量 (万吨标准煤)		
			工业生产消费 (万吨标准煤)	非工业生产消费 (万吨标准煤)
全　省	**56**	**4.51**	**4.51**	**0.36**
太原市	9	0.39	0.39	0.20
大同市	4	0.42	0.42	0.00
阳泉市	4	0.03	0.03	
长治市	6	0.22	0.22	0.03
晋城市	2	0.02	0.02	0.00
朔州市				
晋中市	9	0.31	0.31	0.01
运城市	10	2.31	2.31	0.06
忻州市	3	0.19	0.19	0.03
临汾市	7	0.55	0.55	0.02
吕梁市	2	0.07	0.07	

2-2-1　续表 33

通信设备、计算机及其他

地　区	企业数	综合能源消费量 (万吨标准煤)		
			工业生产消费 (万吨标准煤)	非工业生产消费 (万吨标准煤)
全　省	**31**	**16.16**	**16.16**	**6.34**
太原市	22	14.40	14.40	6.03
大同市	2	0.16	0.16	0.27
阳泉市	1	0.07	0.07	
长治市	1	0.02	0.02	0.00
晋城市	1	0.60	0.60	
朔州市				
晋中市				
运城市	3	0.89	0.89	0.01
忻州市				
临汾市				
吕梁市	1	0.03	0.03	0.03

2-2-1 续表 34

仪器仪表及文化、办公用品

地 区	企业数	综合能源消费量(万吨标准煤)	工业生产消费(万吨标准煤)	非工业生产消费(万吨标准煤)
全 省	**18**	**0.52**	**0.52**	**0.11**
太原市	18	0.52	0.52	0.11
大同市				
阳泉市				
长治市				
晋城市				
朔州市				
晋中市				
运城市				
忻州市				
临汾市				
吕梁市				

2-2-1 续表 35

工艺品及其他制造业

地 区	企业数	综合能源消费量(万吨标准煤)	工业生产消费(万吨标准煤)	非工业生产消费(万吨标准煤)
全 省	**4**	**0.22**	**0.22**	**0.13**
太原市	1	0.08	0.08	0.00
大同市				
阳泉市				
长治市				
晋城市				
朔州市				
晋中市	1	0.00	0.00	0.01
运城市	1	0.01	0.01	
忻州市				
临汾市	1	0.13	0.13	0.12
吕梁市				

2-2-1　续表 36

电力、煤气及水的生产和供应

地　区	企业数	综合能源消费量（万吨标准煤）		
			工业生产消费（万吨标准煤）	非工业生产消费（万吨标准煤）
全　省	**129**	**3348.39**	**5325.54**	**9.11**
太原市	8	337.51	580.84	0.43
大同市	12	356.22	573.32	4.36
阳泉市	10	273.47	423.74	0.77
长治市	14	570.89	908.74	0.04
晋城市	12	365.75	604.34	0.11
朔州市	16	425.96	674.13	1.34
晋中市	9	168.35	257.57	0.37
运城市	13	305.37	453.09	1.38
忻州市	17	255.78	402.14	0.23
临汾市	10	113.81	172.59	0.09
吕梁市	8	175.28	275.03	

2-2-1　续表 37

电力、热力的生产和供应业

地　区	企业数	综合能源消费量（万吨标准煤）		
			工业生产消费（万吨标准煤）	非工业生产消费（万吨标准煤）
全　省	**97**	**3343.49**	**5318.41**	**8.83**
太原市	6	336.92	580.25	0.43
大同市	8	355.64	572.74	4.32
阳泉市	5	272.16	422.43	0.74
长治市	13	570.02	907.87	0.04
晋城市	8	365.29	601.66	0.06
朔州市	12	425.52	673.68	1.33
晋中市	8	168.22	257.44	0.24
运城市	9	305.26	452.99	1.37
忻州市	15	255.74	402.10	0.23
临汾市	8	113.62	172.39	0.08
吕梁市	5	175.10	274.85	

2-2-1 续表 38

燃气生产和供应业

地区	企业数	综合能源消费量（万吨标准煤）		
			工业生产消费（万吨标准煤）	非工业生产消费（万吨标准煤）
全 省	**7**	**0.24**	**2.46**	**0.01**
太原市				
大同市				
阳泉市	1	0.01	0.01	
长治市				
晋城市	2	0.20	2.42	0.00
朔州市	2	0.00	0.00	0.01
晋中市				
运城市				
忻州市	1	0.01	0.01	
临汾市				
吕梁市	1	0.01	0.01	

2-2-1 续表 39

水的生产和供应业

地区	企业数	综合能源消费量（万吨标准煤）		
			工业生产消费（万吨标准煤）	非工业生产消费（万吨标准煤）
全 省	**25**	**4.67**	**4.67**	**0.27**
太原市	2	0.59	0.59	
大同市	4	0.58	0.58	0.04
阳泉市	4	1.30	1.30	0.03
长治市	1	0.87	0.87	
晋城市	2	0.26	0.26	0.05
朔州市	2	0.45	0.45	0.00
晋中市	1	0.13	0.13	0.13
运城市	4	0.10	0.10	0.01
忻州市	1	0.03	0.03	0.00
临汾市	2	0.20	0.20	0.01
吕梁市	2	0.17	0.17	

2-2-2 规模以上工业分行业、分品种能源消费情况

行业合计

地 区	原煤（万吨）	洗精煤（万吨）	其他洗煤（万吨）	煤制品（万吨）	型煤（万吨）	水煤浆（万吨）
全 省	**32018.05**	**11099.64**	**692.36**	**134.66**	**28.98**	**0.46**
太原市	5814.99	1840.17	161.70	3.36	2.56	0.46
大同市	1313.35	3.44	72.45	0.08	0.08	
阳泉市	828.76	57.29	0.04			
长治市	2881.48	1474.81	30.69	84.62	8.01	
晋城市	1239.11	110.12		23.20	10.31	
朔州市	1719.96	0.45				
晋中市	4409.31	1405.53	96.78	0.84	0.65	
运城市	2377.06	1102.17	60.41	7.47	7.14	
忻州市	1207.99	187.40	40.96	3.19		
临汾市	4511.42	2516.14	104.14	4.92	0.24	
吕梁市	5714.62	2402.12	125.18	6.98		

2-2-2 续表 1

行业合计

地 区	煤粉（万吨）	焦炭（万吨）	其他焦化产品（万吨）	焦炉煤气（亿立方米）	高炉煤气（亿立方米）	其他煤气（亿立方米）
全 省	**104.94**	**1810.81**	**125.11**	**143.32**	**312.17**	**16.08**
太原市	0.12	300.14	31.30	30.03	107.75	9.50
大同市		63.50	0.79	0.66		0.45
阳泉市		10.83	1.64			0.33
长治市	76.61	236.53	1.38	14.01	48.44	
晋城市	12.89	45.54			0.87	1.42
朔州市		30.04	7.01			
晋中市	0.19	80.49	5.70	17.38	11.70	0.25
运城市	0.33	243.35	51.71	8.51	54.78	3.57
忻州市	3.19	69.30		0.42	1.02	
临汾市	4.61	512.21	24.16	44.85	67.55	0.47
吕梁市	6.98	218.89	1.44	27.45	20.07	0.10

2-2-2 续表 2

行业合计

地 区	天然气（亿立方米）	液化天然气（万吨）	汽油（万吨）	煤油（万吨）	柴油（万吨）	燃料油（万吨）
全 省	**5.94**	**0.14**	**16.67**	**3.68**	**66.15**	**11.88**
太原市	1.62	0.05	4.08	1.06	13.03	5.99
大同市	0.19		6.74	0.01	5.88	
阳泉市	0.43		0.57	0.01	2.65	
长治市			1.02	0.03	4.02	0.02
晋城市	1.48		0.66	0.10	1.91	0.44
朔州市	0.04		0.56		14.42	
晋中市	0.17	0.09	1.00	0.23	4.73	0.09
运城市	0.62		0.50	0.23	4.55	0.39
忻州市	0.84		0.31		3.80	
临汾市	0.02		0.57	0.30	5.20	0.29
吕梁市	0.52		0.66	1.70	5.97	4.66

2-2-2 续表 3

行业合计

地 区	液化石油气（万吨）	其他石油制品（万吨）	热力（百亿千焦）	电力（亿千瓦时）	其他燃料（万吨标准煤）
全 省	**1.46**	**6.94**	**7115.85**	**1002.31**	**367.84**
太原市	0.99	0.98	2133.74	150.50	32.19
大同市	0.07	0.01	388.28	72.70	0.10
阳泉市	0.01		136.26	66.46	54.93
长治市	0.03		383.09	103.69	56.58
晋城市	0.01	0.20	270.53	87.21	10.61
朔州市			18.94	67.31	34.74
晋中市	0.23	5.53	351.52	59.50	25.59
运城市	0.12		2471.60	212.06	40.97
忻州市		0.02	715.06	45.38	23.69
临汾市			173.32	75.98	18.18
吕梁市		0.19	73.53	61.53	70.26

2-2-2 续表 4

采矿业

地 区	原煤（万吨）	洗精煤（万吨）	其他洗煤（万吨）	煤制品（万吨）	型煤（万吨）	水煤浆（万吨）
全 省	**15111.63**	**248.92**	**343.39**	**47.83**	**10.31**	
太原市	3004.23	14.91	107.17			
大同市	289.77	3.28	71.07	0.01	0.01	
阳泉市	200.70		0.02			
长治市	1097.12	144.15	0.69	37.52	0.00	
晋城市	122.27			10.30	10.30	
朔州市	405.78	0.18				
晋中市	3198.20	29.80	36.56			
运城市	42.94					
忻州市	474.03					
临汾市	3624.37		78.73	0.00	0.00	
吕梁市	2652.23	56.59	49.16			

2-2-2 续表 5

采矿业

地 区	煤粉（万吨）	焦炭（万吨）	其他焦化产品（万吨）	焦炉煤气（亿立方米）	高炉煤气（亿立方米）	其他煤气（亿立方米）
全 省	**37.52**	**47.38**	**0.72**	**3.47**	**1.30**	**0.45**
太原市						
大同市		35.72	0.72	0.33		0.45
阳泉市		0.07				
长治市	37.52	0.14		0.44		
晋城市						
朔州市						
晋中市		5.08		0.15	1.30	
运城市						
忻州市		0.01				
临汾市				0.46		
吕梁市		6.36		2.10		

2-2-2 续表 6

采矿业

地 区	天然气(亿立方米)	液化天然气(万吨)	汽油(万吨)	煤油(万吨)	柴油(万吨)	燃料油(万吨)
全 省	**1.39**		**10.03**	**1.47**	**33.24**	**0.01**
太原市			0.55	0.80	2.22	
大同市			6.46		4.64	
阳泉市			0.40	0.01	1.93	
长治市			0.49	0.02	1.31	
晋城市	0.93		0.42		1.06	
朔州市			0.43		11.25	
晋中市			0.54	0.20	2.27	
运城市			0.01		0.24	
忻州市			0.14		3.38	
临汾市			0.25	0.30	2.78	
吕梁市	0.45		0.34	0.14	2.17	0.01

2-2-2 续表 7

采矿业

地 区	液化石油气(万吨)	其他石油制品(万吨)	热力(百亿千焦)	电力(亿千瓦时)	其他燃料(万吨标准煤)
全 省		**0.27**	**960.36**	**208.41**	**106.13**
太原市			229.28	18.88	31.14
大同市		0.01	329.49	26.85	
阳泉市			98.62	40.24	46.28
长治市			270.39	17.94	27.31
晋城市		0.12		23.47	
朔州市			18.94	24.33	
晋中市		0.02		15.19	
运城市				1.01	
忻州市		0.02		13.01	
临汾市			13.65	12.61	
吕梁市		0.11		14.87	1.39

2-2-2　续表 8

煤炭开采和洗选业

地　区	原煤(万吨)	洗精煤(万吨)	其他洗煤(万吨)	煤制品(万吨)	型煤(万吨)	水煤浆(万吨)
全　省	**15096.12**	**243.24**	**343.39**	**47.82**	**10.30**	
太原市	3004.20	14.91	107.17			
大同市	286.79	3.28	71.07			
阳泉市	200.70		0.02			
长治市	1094.35	138.93	0.69	37.52		
晋城市	122.27			10.30	10.30	
朔州市	404.92	0.18				
晋中市	3191.81	29.34	36.56			
运城市	42.86					
忻州市	472.68					
临汾市	3623.32		78.73			
吕梁市	2652.22	56.59	49.16			

2-2-2　续表 9

煤炭开采和洗选业

地　区	煤粉(万吨)	焦炭(万吨)	其他焦化产品(万吨)	焦炉煤气(亿立方米)	高炉煤气(亿立方米)	其他煤气(亿立方米)
全　省	**37.52**	**37.01**	**0.72**	**3.31**		**0.45**
太原市						
大同市		30.86	0.72	0.33		0.45
阳泉市		0.07				
长治市	37.52	0.14		0.29		
晋城市						
朔州市						
晋中市				0.15		
运城市						
忻州市						
临汾市				0.45		
吕梁市		5.96		2.10		

2-2-2 续表 10

煤炭开采和洗选业

地 区	天然气（亿立方米）	液化天然气（万吨）	汽油（万吨）	煤油（万吨）	柴油（万吨）	燃料油（万吨）
全 省	**1.39**		**9.84**	**1.45**	**28.13**	**0.01**
太原市			0.45	0.80	1.86	
大同市			6.45		3.89	
阳泉市			0.40	0.01	1.93	
长治市			0.45	0.02	1.03	
晋城市	0.93		0.42		1.06	
朔州市			0.43		11.22	
晋中市			0.53	0.20	2.19	
运城市					0.03	
忻州市			0.13		0.37	
临汾市			0.24	0.30	2.42	
吕梁市	0.45		0.34	0.12	2.14	0.01

2-2-2 续表 11

煤炭开采和洗选业

地 区	液化石油气（万吨）	其他石油制品（万吨）	热力（百亿千焦）	电力（亿千瓦时）	其他燃料（万吨标准煤）
全 省		**0.26**	**960.36**	**194.66**	**106.13**
太原市			229.28	18.44	31.14
大同市		0.01	329.49	25.24	
阳泉市			98.62	40.24	46.28
长治市			270.39	17.02	27.31
晋城市		0.12		23.47	
朔州市			18.94	24.10	
晋中市		0.02		14.86	
运城市				0.09	
忻州市				4.77	
临汾市			13.65	11.76	
吕梁市		0.11		14.68	1.39

2-2-2 续表 12

黑色金属矿采选业

地 区	原煤（万吨）	洗精煤（万吨）	其他洗煤（万吨）	煤制品（万吨）	型煤（万吨）	水煤浆（万吨）
全 省	**11.45**	**5.68**		**0.00**	**0.00**	
太原市	0.03					
大同市	0.81					
阳泉市						
长治市	2.77	5.22		0.00	0.00	
晋城市						
朔州市	0.33					
晋中市	6.39	0.46				
运城市	0.00					
忻州市	1.11					
临汾市	0.00			0.00	0.00	
吕梁市	0.01					

2-2-2 续表 13

黑色金属矿采选业

地 区	煤粉（万吨）	焦炭（万吨）	其他焦化产品（万吨）	焦炉煤气（亿立方米）	高炉煤气（亿立方米）	其他煤气（亿立方米）
全 省		**9.05**		**0.15**	**1.30**	
太原市						
大同市		3.56				
阳泉市						
长治市				0.15		
晋城市						
朔州市						
晋中市		5.08			1.30	
运城市						
忻州市		0.01				
临汾市						
吕梁市		0.41				

2-2-2 续表 14

黑色金属矿采选业

地　区	天然气（亿立方米）	液化天然气（万吨）	汽油（万吨）	煤油（万吨）	柴油（万吨）	燃料油（万吨）
全　省			**0.18**	**0.01**	**4.95**	
太原市			0.10		0.36	
大同市			0.01		0.68	
阳泉市						
长治市			0.04		0.28	
晋城市						
朔州市			0.00		0.03	
晋中市			0.01		0.07	
运城市			0.01		0.20	
忻州市			0.01		2.98	
临汾市			0.01		0.32	
吕梁市			0.00	0.01	0.03	

2-2-2 续表 15

黑色金属矿采选业

地　区	液化石油气（万吨）	其他石油制品（万吨）	热力（百亿千焦）	电力（亿千瓦时）	其他燃料（万吨标准煤）
全　省		**0.02**		**12.03**	
太原市				0.45	
大同市				1.21	
阳泉市					
长治市				0.91	
晋城市					
朔州市				0.23	
晋中市				0.33	
运城市				0.52	
忻州市		0.02		7.52	
临汾市				0.76	
吕梁市				0.11	

2-2-2　续表 16

有色金属矿采选业

地　区	原煤（万吨）	洗精煤（万吨）	其他洗煤（万吨）	煤制品（万吨）	型煤（万吨）	水煤浆（万吨）
全　省	**0.70**					
太原市						
大同市	0.38					
阳泉市						
长治市						
晋城市						
朔州市						
晋中市						
运城市	0.07					
忻州市	0.24					
临汾市						
吕梁市						

2-2-2　续表 17

有色金属矿采选业

地　区	煤粉（万吨）	焦炭（万吨）	其他焦化产品（万吨）	焦炉煤气（亿立方米）	高炉煤气（亿立方米）	其他煤气（亿立方米）
全　省		**1.31**				
太原市						
大同市		1.31				
阳泉市						
长治市						
晋城市						
朔州市						
晋中市						
运城市						
忻州市						
临汾市						
吕梁市						

2-2-2 续表 18

有色金属矿采选业

地 区	天然气(亿立方米)	液化天然气(万吨)	汽油(万吨)	煤油(万吨)	柴油(万吨)	燃料油(万吨)
全 省			**0.01**		**0.11**	
太原市						
大同市			0.00		0.07	
阳泉市						
长治市						
晋城市						
朔州市						
晋中市						
运城市			0.00		0.01	
忻州市			0.00		0.03	
临汾市						
吕梁市						

2-2-2 续表 19

有色金属矿采选业

地 区	液化石油气(万吨)	其他石油制品(万吨)	热力(百亿千焦)	电力(亿千瓦时)	其他燃料(万吨标准煤)
全 省				**1.21**	
太原市					
大同市				0.25	
阳泉市					
长治市					
晋城市					
朔州市					
晋中市					
运城市				0.16	
忻州市				0.72	
临汾市					
吕梁市				0.09	

2-2-2　续表 20

非金属矿采选业

地　区	原煤（万吨）	洗精煤（万吨）	其他洗煤（万吨）	煤制品（万吨）	型煤（万吨）	水煤浆（万吨）
全　省	**3.36**			**0.01**	**0.01**	
太原市						
大同市	1.79			0.01	0.01	
阳泉市						
长治市						
晋城市						
朔州市	0.52					
晋中市						
运城市						
忻州市						
临汾市	1.05					
吕梁市						

2-2-2　续表 21

非金属矿采选业

地　区	煤粉（万吨）	焦炭（万吨）	其他焦化产品（万吨）	焦炉煤气（亿立方米）	高炉煤气（亿立方米）	其他煤气（亿立方米）
全　省				**0.01**		
太原市						
大同市						
阳泉市						
长治市						
晋城市						
朔州市						
晋中市						
运城市						
忻州市						
临汾市				0.01		
吕梁市						

2-2-2 续表 22

非金属矿采选业

地 区	天然气 (亿立方米)	液化天然气 (万吨)	汽油 (万吨)	煤油 (万吨)	柴油 (万吨)	燃料油 (万吨)
全 省			**0.00**		**0.05**	
太原市						
大同市			0.00		0.00	
阳泉市						
长治市						
晋城市						
朔州市			0.00		0.00	
晋中市			0.00		0.01	
运城市						
忻州市					0.00	
临汾市					0.04	
吕梁市						

2-2-2 续表 23

非金属矿采选业

地 区	液化石油气 (万吨)	其他石油制品 (万吨)	热力 (百亿千焦)	电力 (亿千瓦时)	其他燃料 (万吨标准煤)
全 省				**0.51**	
太原市					
大同市				0.16	
阳泉市					
长治市					
晋城市					
朔州市				0.00	
晋中市				0.00	
运城市				0.25	
忻州市				0.00	
临汾市				0.09	
吕梁市					

2-2-2 续表 24

制造业

地 区	原煤（万吨）	洗精煤（万吨）	其他洗煤（万吨）	煤制品（万吨）	型煤（万吨）	水煤浆（万吨）
全 省	**9475.42**	**10850.57**	**277.98**	**86.82**	**18.67**	**0.46**
太原市	1967.06	1825.25	54.54	3.36	2.56	0.46
大同市	190.45		1.39	0.07	0.07	
阳泉市	70.77	57.29	0.02			
长治市	632.57	1330.66	0.53	47.09	8.00	
晋城市	368.86	110.12		12.90	0.01	
朔州市	160.43	0.27				
晋中市	882.97	1375.73	41.34	0.84	0.65	
运城市	1714.87	1102.17	60.41	7.47	7.14	
忻州市	179.16	187.40	37.63	3.19		
临汾市	658.61	2516.14	6.11	4.92	0.24	
吕梁市	2649.68	2345.53	76.02	6.98		

2-2-2 续表 25

制造业

地 区	煤粉（万吨）	焦炭（万吨）	其他焦化产品（万吨）	焦炉煤气（亿立方米）	高炉煤气（亿立方米）	其他煤气（亿立方米）
全 省	**67.42**	**1760.40**	**124.39**	**139.13**	**310.53**	**15.63**
太原市	0.12	300.14	31.30	30.03	107.75	9.50
大同市		24.74	0.07	0.17		
阳泉市		10.76	1.64			0.33
长治市	39.09	236.39	1.38	13.23	48.44	
晋城市	12.89	45.54			0.87	1.42
朔州市		30.04	7.01			
晋中市	0.19	75.41	5.70	17.14	10.40	0.25
运城市	0.33	243.35	51.71	8.51	54.78	3.57
忻州市	3.19	69.29		0.29	0.68	
临汾市	4.61	512.21	24.16	44.40	67.55	0.47
吕梁市	6.98	212.53	1.44	25.35	20.07	0.10

2-2-2 续表 26

制造业

地 区	天然气(亿立方米)	液化天然气(万吨)	汽油(万吨)	煤油(万吨)	柴油(万吨)	燃料油(万吨)
全 省	**4.03**	**0.14**	**5.98**	**2.21**	**27.00**	**10.49**
太原市	1.62	0.05	3.38	0.26	10.33	5.43
大同市	0.19		0.18	0.00	0.87	0.00
阳泉市	0.43		0.12	0.01	0.38	
长治市			0.41	0.01	1.92	0.02
晋城市	0.03		0.22	0.10	0.50	
朔州市	0.04		0.07		1.69	
晋中市	0.17	0.09	0.42	0.03	2.15	0.00
运城市	0.62	0.00	0.40	0.23	3.26	0.38
忻州市	0.84		0.17	0.00	0.36	
临汾市	0.02		0.31	0.00	2.40	
吕梁市	0.07	0.00	0.31	1.56	3.16	4.66

2-2-2 续表 27

制造业

地 区	液化石油气(万吨)	其他石油制品(万吨)	热力(百亿千焦)	电力(亿千瓦时)	其他燃料(万吨标准煤)
全 省	**1.46**	**6.67**	**6108.46**	**622.56**	**93.06**
太原市	0.99	0.98	1904.46	108.62	1.05
大同市	0.07		58.79	25.20	0.10
阳泉市	0.01		37.64	15.01	
长治市	0.03	0.00	65.67	60.74	
晋城市	0.01	0.09	270.53	45.24	0.68
朔州市				24.92	0.81
晋中市	0.23	5.52	351.52	34.35	2.46
运城市	0.12	0.00	2471.60	196.72	27.49
忻州市		0.00	715.06	19.52	1.94
临汾市	0.00		159.67	54.64	2.60
吕梁市		0.07	73.53	37.59	55.93

2-2-2　续表 28

农副食品加工业

地　区	原煤（万吨）	洗精煤（万吨）	其他洗煤（万吨）	煤制品（万吨）	型煤（万吨）	水煤浆（万吨）
全　省	**31.04**		**0.02**	**0.20**	**0.20**	
太原市	1.48			0.16	0.16	
大同市	0.44			0.01	0.01	
阳泉市	0.34					
长治市	15.13					
晋城市	0.58					
朔州市	2.56					
晋中市	4.27			0.04	0.04	
运城市	2.89					
忻州市	2.78					
临汾市	0.14		0.02			
吕梁市	0.41					

2-2-2　续表 29

农副食品加工业

地　区	煤粉（万吨）	焦炭（万吨）	其他焦化产品（万吨）	焦炉煤气（亿立方米）	高炉煤气（亿立方米）	其他煤气（亿立方米）
全　省		**0.32**	**0.01**			**0.04**
太原市			0.01			0.04
大同市		0.11				
阳泉市						
长治市						
晋城市						
朔州市		0.20				
晋中市						
运城市						
忻州市						
临汾市						
吕梁市						

2-2-2 续表 30

农副食品加工业

地 区	天然气 (亿立方米)	液化天然气 (万吨)	汽油 (万吨)	煤油 (万吨)	柴油 (万吨)	燃料油 (万吨)
全 省	**0.01**		**0.08**		**0.07**	**0.02**
太原市	0.01		0.03		0.02	
大同市			0.00			
阳泉市			0.00			
长治市			0.01		0.00	
晋城市			0.00		0.00	
朔州市			0.00		0.02	
晋中市			0.01		0.00	
运城市			0.00		0.01	0.02
忻州市			0.00		0.00	
临汾市			0.00		0.00	
吕梁市			0.01		0.01	

2-2-2 续表 31

农副食品加工业

地 区	液化石油气 (万吨)	其他石油制品 (万吨)	热力 (百亿千焦)	电力 (亿千瓦时)	其他燃料 (万吨标准煤)
全 省	**0.00**	**0.00**	**27.12**	**2.98**	
太原市				0.26	
大同市			27.12	0.08	
阳泉市				0.02	
长治市	0.00	0.00		0.59	
晋城市				0.10	
朔州市				0.12	
晋中市				0.34	
运城市				0.71	
忻州市				0.39	
临汾市			0.01	0.12	
吕梁市				0.25	

2-2-2　续表 32

食品制造业

地　区	原煤(万吨)	洗精煤(万吨)	其他洗煤(万吨)	煤制品(万吨)	型煤(万吨)	水煤浆(万吨)
全　省	**34.42**	**0.07**	**1.13**	**0.36**	**0.15**	
太原市	1.76	0.07	1.12	0.35	0.13	
大同市	0.16					
阳泉市	3.69					
长治市	0.42					
晋城市	0.17					
朔州市	16.29					
晋中市	3.51		0.01	0.02	0.02	
运城市	2.85					
忻州市	0.26					
临汾市	5.15					
吕梁市	0.15					

2-2-2　续表 33

食品制造业

地　区	天然气(亿立方米)	液化天然气(万吨)	汽油(万吨)	煤油(万吨)	柴油(万吨)	燃料油(万吨)
全　省	**0.02**		**0.10**		**0.07**	
太原市	0.00		0.03		0.03	
大同市			0.00			
阳泉市	0.00		0.00			
长治市			0.02		0.01	
晋城市			0.01			
朔州市			0.01		0.02	
晋中市			0.01		0.01	
运城市			0.01		0.00	
忻州市						
临汾市	0.02		0.00		0.00	
吕梁市			0.00		0.00	

2-2-2 续表 34

食品制造业

地 区	液化石油气(万吨)	其他石油制品(万吨)	热力(百亿千焦)	电力(亿千瓦时)	其他燃料(万吨标准煤)
全 省	**0.00**		**6.12**	**2.50**	**0.37**
太原市			6.12	0.30	
大同市				0.05	
阳泉市	0.00			0.06	
长治市				0.07	
晋城市				0.02	
朔州市				0.93	
晋中市				0.30	0.37
运城市	0.00			0.39	
忻州市				0.03	
临汾市				0.35	
吕梁市				0.01	

2-2-2 续表 35

饮料制造业

地 区	原煤(万吨)	洗精煤(万吨)	其他洗煤(万吨)	煤制品(万吨)	型煤(万吨)	水煤浆(万吨)
全 省	**40.30**			**0.08**		
太原市				0.08		
大同市	0.70					
阳泉市						
长治市	0.64					
晋城市	0.22					
朔州市	0.81					
晋中市	6.61					
运城市	7.21					
忻州市	6.19					
临汾市	0.54					
吕梁市	17.39					

2-2-2 续表 36

饮料制造业

地 区	煤粉 (万吨)	焦炭 (万吨)	其他焦化产品 (万吨)	焦炉煤气 (亿立方米)	高炉煤气 (亿立方米)	其他煤气 (亿立方米)
全 省						**0.01**
太原市						
大同市						
阳泉市						0.01
长治市						
晋城市						
朔州市						
晋中市						
运城市						
忻州市						
临汾市						
吕梁市						

2-2-2 续表 37

饮料制造业

地 区	天然气 (亿立方米)	液化天然气 (万吨)	汽油 (万吨)	煤油 (万吨)	柴油 (万吨)	燃料油 (万吨)
全 省			**0.05**		**0.04**	
太原市			0.01		0.01	
大同市			0.00		0.02	
阳泉市			0.00		0.00	
长治市			0.00		0.00	
晋城市			0.00		0.00	
朔州市			0.00			
晋中市			0.01		0.01	
运城市			0.00		0.00	
忻州市			0.00		0.00	
临汾市			0.00			
吕梁市			0.00		0.01	

2-2-2 续表 38

饮料制造业

地 区	液化石油气（万吨）	其他石油制品（万吨）	热力（百亿千焦）	电力（亿千瓦时）	其他燃料（万吨标准煤）
全 省			**10.20**	**1.71**	
太原市			10.20	0.16	
大同市				0.03	
阳泉市				0.00	
长治市				0.03	
晋城市				0.11	
朔州市				0.07	
晋中市				0.16	
运城市				0.41	
忻州市				0.16	
临汾市				0.12	
吕梁市				0.46	

2-2-2 续表 39

烟草制造业

地 区	原煤（万吨）	洗精煤（万吨）	其他洗煤（万吨）	煤制品（万吨）	型煤（万吨）	水煤浆（万吨）
全 省		**1.50**				
太原市		1.50				
大同市						
阳泉市						
长治市						
晋城市						
朔州市						
晋中市						
运城市						
忻州市						
临汾市						
吕梁市						

2-2-2　续表 40

烟草制造业

地　区	液化石油气（万吨）	其他石油制品（万吨）	热力（百亿千焦）	电力（亿千瓦时）	其他燃料（万吨标准煤）
全　省				**0.14**	
太原市				0.14	
大同市					
阳泉市					
长治市					
晋城市					
朔州市					
晋中市					
运城市					
忻州市					
临汾市					
吕梁市					

2-2-2　续表 41

纺织业

地　区	原煤（万吨）	洗精煤（万吨）	其他洗煤（万吨）	煤制品（万吨）	型煤（万吨）	水煤浆（万吨）
全　省	**6.72**			**0.14**	**0.14**	
太原市	0.04			0.14	0.14	
大同市	0.03					
阳泉市						
长治市						
晋城市	1.28					
朔州市						
晋中市	1.02					
运城市	2.75					
忻州市	1.57					
临汾市	0.03					
吕梁市						

2-2-2 续表 42

纺织业

地 区	天然气（亿立方米）	液化天然气（万吨）	汽油（万吨）	煤油（万吨）	柴油（万吨）	燃料油（万吨）
全 省			**0.02**	**0.00**	**0.03**	
太原市			0.00		0.00	
大同市						
阳泉市						
长治市						
晋城市			0.00	0.00		
朔州市						
晋中市			0.00	0.00	0.00	
运城市			0.01		0.03	
忻州市			0.00			
临汾市			0.00			
吕梁市						

2-2-2 续表 43

纺织业

地 区	液化石油气（万吨）	其他石油制品（万吨）	热力（百亿千焦）	电力（亿千瓦时）	其他燃料（万吨标准煤）
全 省	**0.02**		**58.06**	**2.13**	
太原市				0.06	
大同市				0.00	
阳泉市					
长治市					
晋城市				0.16	
朔州市					
晋中市			6.28	0.56	
运城市	0.02		51.78	0.93	
忻州市				0.21	
临汾市				0.20	
吕梁市					

2-2-2 续表 44

纺织服装、鞋、帽制造业

地　区	原煤 (万吨)	洗精煤 (万吨)	其他洗煤 (万吨)	煤制品 (万吨)	型煤 (万吨)	水煤浆 (万吨)
全　省	**1.68**			**0.04**	**0.04**	
太原市				0.04	0.04	
大同市	0.05					
阳泉市						
长治市						
晋城市	0.09					
朔州市						
晋中市	0.55					
运城市	0.97					
忻州市						
临汾市	0.01					
吕梁市						

2-2-2　续表 45

纺织服装、鞋、帽制造业

地　区	天然气 (亿立方米)	液化天然气 (万吨)	汽油 (万吨)	煤油 (万吨)	柴油 (万吨)	燃料油 (万吨)
全　省			**0.03**		**0.01**	
太原市			0.02		0.01	
大同市						
阳泉市						
长治市						
晋城市			0.00		0.00	
朔州市						
晋中市			0.00		0.00	
运城市			0.00		0.00	
忻州市						
临汾市			0.00		0.00	
吕梁市						

2-2-2 续表 46

纺织服装、鞋、帽制造业

地 区	液化石油气 (万吨)	其他石油制品 (万吨)	热力 (百亿千焦)	电力 (亿千瓦时)	其他燃料 (万吨标准煤)
全 省				**0.12**	
太原市				0.01	
大同市				0.00	
阳泉市					
长治市				0.00	
晋城市				0.00	
朔州市					
晋中市				0.01	
运城市				0.08	
忻州市					
临汾市				0.00	
吕梁市					

2-2-2 续表 47

皮革、毛皮、羽毛(绒)等

地 区	原煤 (万吨)	洗精煤 (万吨)	其他洗煤 (万吨)	煤制品 (万吨)	型煤 (万吨)	水煤浆 (万吨)
全 省	**0.01**					
太原市						
大同市	0.01					
阳泉市						
长治市						
晋城市						
朔州市						
晋中市						
运城市						
忻州市						
临汾市						
吕梁市						

2-2-2　续表 48

木材加工及木、竹、藤等

地　区	原煤（万吨）	洗精煤（万吨）	其他洗煤（万吨）	煤制品（万吨）	型煤（万吨）	水煤浆（万吨）
全　省	**3.76**					
太原市						
大同市						
阳泉市						
长治市	0.01					
晋城市						
朔州市						
晋中市						
运城市	3.75					
忻州市						
临汾市						
吕梁市						

2-2-2　续表 49

木材加工及木、竹、藤等

地　区	天然气（亿立方米）	液化天然气（万吨）	汽油（万吨）	煤油（万吨）	柴油（万吨）	燃料油（万吨）
全　省			**0.00**		**0.01**	
太原市						
大同市						
阳泉市						
长治市			0.00		0.00	
晋城市						
朔州市						
晋中市						
运城市			0.00		0.01	
忻州市						
临汾市						
吕梁市						

2-2-2 续表 50

木材加工及木、竹、藤等

地 区	液化石油气（万吨）	其他石油制品（万吨）	热力（百亿千焦）	电力（亿千瓦时）	其他燃料（万吨标准煤）
全 省				**0.67**	
太原市					
大同市					
阳泉市					
长治市				0.26	
晋城市					
朔州市					
晋中市				0.01	
运城市				0.41	
忻州市					
临汾市					
吕梁市					

2-2-2 续表 51

家具制造业

地 区	原煤（万吨）	洗精煤（万吨）	其他洗煤（万吨）	煤制品（万吨）	型煤（万吨）	水煤浆（万吨）
全 省	**0.00**			**0.01**	**0.01**	
太原市				0.01	0.01	
大同市	0.00					
阳泉市						
长治市						
晋城市						
朔州市						
晋中市						
运城市						
忻州市						
临汾市						
吕梁市						

2-2-2　续表 52

家具制造业

地　区	液化石油气（万吨）	其他石油制品（万吨）	热力（百亿千焦）	电力（亿千瓦时）	其他燃料（万吨标准煤）
全　省			**0.03**	**0.02**	
太原市			0.03	0.01	
大同市				0.00	
阳泉市					
长治市					
晋城市					
朔州市					
晋中市				0.00	
运城市					
忻州市					
临汾市					
吕梁市					

2-2-2　续表 53

造纸及纸制品业

地　区	原煤（万吨）	洗精煤（万吨）	其他洗煤（万吨）	煤制品（万吨）	型煤（万吨）	水煤浆（万吨）
全　省	**4.61**	**0.70**	**9.81**	**0.06**	**0.01**	
太原市		0.70	9.81	0.06	0.01	
大同市						
阳泉市						
长治市	0.31					
晋城市	0.01					
朔州市	0.05					
晋中市	1.39					
运城市	2.84					
忻州市						
临汾市						
吕梁市	0.01					

2-2-2 续表 54

造纸及纸制品业

地 区	煤粉 (万吨)	焦炭 (万吨)	其他焦化产品 (万吨)	焦炉煤气 (亿立方米)	高炉煤气 (亿立方米)	其他煤气 (亿立方米)
全 省	**0.05**			**0.10**		
太原市	0.05					
大同市						
阳泉市						
长治市						
晋城市						
朔州市						
晋中市						
运城市						
忻州市						
临汾市				0.10		
吕梁市						

2-2-2 续表 55

造纸及纸制品业

地 区	天然气 (亿立方米)	液化天然气 (万吨)	汽油 (万吨)	煤油 (万吨)	柴油 (万吨)	燃料油 (万吨)
全 省			**0.04**		**0.09**	
太原市			0.00		0.04	
大同市						
阳泉市						
长治市					0.00	
晋城市			0.00		0.00	
朔州市			0.00		0.00	
晋中市			0.03		0.04	
运城市					0.01	
忻州市						
临汾市			0.00			
吕梁市			0.00		0.00	

2-2-2　续表 56

造纸及纸制品业

地　区	液化石油气（万吨）	其他石油制品（万吨）	热力（百亿千焦）	电力（亿千瓦时）	其他燃料（万吨标准煤）
全　省				**1.68**	**0.85**
太原市				0.74	0.85
大同市				0.00	
阳泉市					
长治市				0.03	
晋城市				0.00	
朔州市				0.05	
晋中市				0.22	
运城市				0.52	
忻州市					
临汾市				0.07	
吕梁市				0.04	

2-2-2 续表 57

印刷业和记录媒介的复制

地　区	原煤（万吨）	洗精煤（万吨）	其他洗煤（万吨）	煤制品（万吨）	型煤（万吨）	水煤浆（万吨）
全　省	**0.54**		**0.18**	**0.05**	**0.05**	
太原市			0.18	0.05	0.05	
大同市	0.04					
阳泉市						
长治市						
晋城市						
朔州市						
晋中市						
运城市	0.50					
忻州市						
临汾市						
吕梁市						

2-2-2 续表 58

印刷业和记录媒介的复制

地 区	天然气（亿立方米）	液化天然气（万吨）	汽油（万吨）	煤油（万吨）	柴油（万吨）	燃料油（万吨）
全 省			**0.04**	**0.00**	**0.03**	
太原市			0.03		0.03	
大同市			0.00			
阳泉市						
长治市			0.00			
晋城市			0.00			
朔州市						
晋中市			0.00		0.00	
运城市			0.00		0.00	
忻州市						
临汾市						
吕梁市			0.00	0.00	0.00	

2-2-2 续表 59

印刷业和记录媒介的复制

地 区	液化石油气（万吨）	其他石油制品（万吨）	热力（百亿千焦）	电力（亿千瓦时）	其他燃料（万吨标准煤）
全 省	**0.00**	**0.00**	**3.25**	**0.30**	
太原市			2.82	0.13	
大同市				0.02	
阳泉市					
长治市			0.43	0.01	
晋城市	0.00			0.00	
朔州市					
晋中市				0.01	
运城市				0.10	
忻州市					
临汾市				0.00	
吕梁市		0.00		0.03	

2-2-2　续表 60

文教体育用品制造业

地　区	原煤（万吨）	洗精煤（万吨）	其他洗煤（万吨）	煤制品（万吨）	型煤（万吨）	水煤浆（万吨）
全　省	**11.34**	**8.58**				
太原市						
大同市						
阳泉市						
长治市	0.24					
晋城市	0.01					
朔州市						
晋中市	0.06					
运城市	11.00	8.58				
忻州市						
临汾市	0.04					
吕梁市						

2-2-2　续表 61

文教体育用品制造业

地　区	煤粉（万吨）	焦炭（万吨）	其他焦化产品（万吨）	焦炉煤气（亿立方米）	高炉煤气（亿立方米）	其他煤气（亿立方米）
全　省		**0.88**		**0.00**		
太原市						
大同市						
阳泉市						
长治市						
晋城市						
朔州市						
晋中市		0.14				
运城市				0.00		
忻州市						
临汾市		0.74				
吕梁市						

2-2-2 续表 62

文教体育用品制造业

地 区	天然气 (亿立方米)	液化天然气 (万吨)	汽油 (万吨)	煤油 (万吨)	柴油 (万吨)	燃料油 (万吨)
全 省			**0.01**	**0.02**	**0.04**	
太原市			0.00		0.00	
大同市						
阳泉市						
长治市			0.00		0.00	
晋城市					0.00	
朔州市						
晋中市			0.00		0.00	
运城市				0.02	0.03	
忻州市						
临汾市			0.00		0.00	
吕梁市						

2-2-2 续表 63

文教体育用品制造业

地 区	液化石油气 (万吨)	其他石油制品 (万吨)	热力 (百亿千焦)	电力 (亿千瓦时)	其他燃料 (万吨标准煤)
全 省	**0.00**			**0.13**	
太原市				0.01	
大同市					
阳泉市					
长治市				0.03	
晋城市				0.00	
朔州市					
晋中市				0.02	
运城市	0.00			0.05	
忻州市					
临汾市				0.01	
吕梁市					

2-2-2　续表 64

石油加工炼焦及核燃料

地　区	原煤（万吨）	洗精煤（万吨）	其他洗煤（万吨）	煤制品（万吨）	型煤（万吨）	水煤浆（万吨）
全　省	**6399.62**	**9973.19**	**189.39**	**7.35**		**0.46**
太原市	1569.98	1443.45	29.69	0.46		0.46
大同市	61.68					
阳泉市	36.77	54.86				
长治市	386.73	1277.37	0.50			
晋城市		110.12				
朔州市	18.05					
晋中市	680.82	1359.30	40.88			
运城市	728.84	993.30	58.22			
忻州市	51.60	179.85				
临汾市	474.01	2338.52				
吕梁市	2391.13	2216.40	60.10	6.90		

2-2-2　续表 65

石油加工炼焦及核燃料

地　区	煤粉（万吨）	焦炭（万吨）	其他焦化产品（万吨）	焦炉煤气（亿立方米）	高炉煤气（亿立方米）	其他煤气（亿立方米）
全　省	**6.90**	**70.80**	**49.91**	**96.51**	**17.40**	**0.80**
太原市				15.64		0.55
大同市				0.17		
阳泉市						
长治市		1.32	1.38	7.93	6.47	
晋城市						
朔州市						
晋中市		61.35	0.75	17.09	10.40	0.25
运城市		0.34	25.92	2.27		
忻州市						
临汾市		0.76	21.53	37.03		
吕梁市	6.90	7.02	0.33	16.38	0.53	

2-2-2 续表 66

石油加工炼焦及核燃料

地 区	天然气(亿立方米)	液化天然气(万吨)	汽油(万吨)	煤油(万吨)	柴油(万吨)	燃料油(万吨)
全 省			**0.71**	**1.96**	**8.29**	**0.03**
太原市			0.17	0.18	1.37	0.01
大同市			0.01		0.02	
阳泉市			0.00		0.08	
长治市			0.06	0.01	0.54	0.02
晋城市			0.01		0.06	
朔州市			0.01		0.23	
晋中市			0.11	0.02	0.84	0.00
运城市			0.02	0.20	1.52	
忻州市			0.03		0.06	
临汾市			0.13	0.00	1.21	
吕梁市			0.16	1.55	2.38	

2-2-2 续表 67

石油加工炼焦及核燃料

地 区	液化石油气(万吨)	其他石油制品(万吨)	热力(百亿千焦)	电力(亿千瓦时)	其他燃料(万吨标准煤)
全 省		**0.02**	**908.13**	**49.30**	**57.71**
太原市			259.95	7.37	0.20
大同市				0.35	
阳泉市				0.59	
长治市			0.15	3.88	
晋城市			270.53	0.06	
朔州市				1.11	
晋中市			345.23	6.88	1.95
运城市				7.25	9.10
忻州市				0.67	
临汾市				9.69	2.53
吕梁市		0.02	32.27	11.46	43.94

2-2-2　续表 68

化学原料及化学制品制造

地　区	原煤（万吨）	洗精煤（万吨）	其他洗煤（万吨）	煤制品（万吨）	型煤（万吨）	水煤浆（万吨）
全　省	**1073.75**	**113.26**	**53.55**	**21.90**	**9.58**	
太原市	69.33	106.07		1.01	1.01	
大同市	30.50					
阳泉市	7.94					
长治市	152.80			8.00	8.00	
晋城市	337.52			12.32		
朔州市	14.78					
晋中市	92.01			0.56	0.56	
运城市	280.20					
忻州市	26.20	7.19	37.63			
临汾市	50.44					
吕梁市	12.04		15.92			

2-2-2　续表 69

化学原料及化学制品制造

地　区	煤粉（万吨）	焦炭（万吨）	其他焦化产品（万吨）	焦炉煤气（亿立方米）	高炉煤气（亿立方米）	其他煤气（亿立方米）
全　省	**12.32**	**150.15**	**65.20**	**8.56**		**0.34**
太原市		10.80	31.29	2.23		0.24
大同市		13.60	0.07			
阳泉市		3.44	1.64			0.00
长治市		24.07		1.54		
晋城市	12.32	1.89				
朔州市		19.70	3.57			
晋中市			2.33			
运城市		0.07	22.73	0.97		
忻州市		49.25				
临汾市		26.86	2.62	2.07		
吕梁市		0.45	0.95	1.75		0.10

2-2-2 续表 70

化学原料及化学制品制造

地 区	天然气（亿立方米）	液化天然气（万吨）	汽油（万吨）	煤油（万吨）	柴油（万吨）	燃料油（万吨）
全 省	**0.14**		**0.49**	**0.05**	**1.30**	**2.69**
太原市	0.00		0.07	0.05	0.12	2.49
大同市			0.03		0.04	
阳泉市			0.01	0.00	0.03	
长治市			0.14		0.38	
晋城市			0.10	0.00	0.15	
朔州市			0.01		0.03	
晋中市	0.03		0.02	0.00	0.20	
运城市	0.11		0.03	0.00	0.23	0.20
忻州市			0.02	0.00	0.05	
临汾市			0.04		0.04	
吕梁市			0.03	0.00	0.04	

2-2-2 续表 71

化学原料及化学制品制造

地 区	液化石油气（万吨）	其他石油制品（万吨）	热力（百亿千焦）	电力（亿千瓦时）	其他燃料（万吨标准煤）
全 省		**0.14**	**566.30**	**151.62**	**8.07**
太原市			484.73	17.92	
大同市				4.40	
阳泉市			37.59	3.29	
长治市			2.73	28.39	
晋城市		0.09		36.60	
朔州市				5.90	
晋中市				11.97	
运城市				26.06	
忻州市				6.44	1.94
临汾市				6.37	
吕梁市		0.05	41.26	4.29	6.13

2-2-2　续表 72

医药制造业

地　区	原煤(万吨)	洗精煤(万吨)	其他洗煤(万吨)	煤制品(万吨)	型煤(万吨)	水煤浆(万吨)
全　省	**29.21**	**0.30**		**0.06**	**0.06**	
太原市	0.26	0.30		0.06	0.06	
大同市	17.51					
阳泉市	0.07					
长治市	2.85					
晋城市	0.05					
朔州市	0.21					
晋中市	1.28					
运城市	5.23					
忻州市	0.54					
临汾市	0.97					
吕梁市	0.26					

2-2-2　续表 73

医药制造业

地　区	煤粉(万吨)	焦炭(万吨)	其他焦化产品(万吨)	焦炉煤气(亿立方米)	高炉煤气(亿立方米)	其他煤气(亿立方米)
全　省		**0.11**		**0.00**		
太原市				0.00		
大同市		0.11				
阳泉市						
长治市						
晋城市						
朔州市						
晋中市						
运城市						
忻州市						
临汾市						
吕梁市						

2-2-2 续表 74

医药制造业

地 区	天然气（亿立方米）	液化天然气（万吨）	汽油（万吨）	煤油（万吨）	柴油（万吨）	燃料油（万吨）
全 省		**0.00**	**0.08**		**0.09**	
太原市		0.00	0.03		0.00	
大同市			0.01		0.00	
阳泉市			0.00		0.00	
长治市			0.01		0.00	
晋城市			0.00			
朔州市			0.00		0.00	
晋中市			0.01		0.01	
运城市		0.00	0.02		0.06	
忻州市						
临汾市			0.00		0.01	
吕梁市			0.00		0.00	

2-2-2 续表 75

医药制造业

地 区	液化石油气（万吨）	其他石油制品（万吨）	热力（百亿千焦）	电力（亿千瓦时）	其他燃料（万吨标准煤）
全 省			**19.00**	**5.20**	**0.14**
太原市			16.63	0.16	
大同市			2.37	4.05	
阳泉市				0.02	
长治市				0.14	
晋城市				0.01	
朔州市				0.10	
晋中市				0.22	
运城市				0.32	
忻州市				0.02	
临汾市				0.09	
吕梁市				0.08	0.14

2-2-2　续表 76

化学纤维制造业

地　区	原煤（万吨）	洗精煤（万吨）	其他洗煤（万吨）	煤制品（万吨）	型煤（万吨）	水煤浆（万吨）
全　省	**6.58**					
太原市	0.25					
大同市	6.32					
阳泉市						
长治市						
晋城市						
朔州市						
晋中市						
运城市						
忻州市						
临汾市						
吕梁市						

2-2-2　续表 77

化学纤维制造业

地　区	液化石油气（万吨）	其他石油制品（万吨）	热力（百亿千焦）	电力（亿千瓦时）	其他燃料（万吨标准煤）
全　省				**0.53**	
太原市				0.23	
大同市				0.30	
阳泉市					
长治市					
晋城市					
朔州市					
晋中市					
运城市					
忻州市					
临汾市					
吕梁市					

2-2-2 续表 78

橡胶制品业

地 区	原煤(万吨)	洗精煤(万吨)	其他洗煤(万吨)	煤制品(万吨)	型煤(万吨)	水煤浆(万吨)
全 省	**2.03**					
太原市	0.62					
大同市						
阳泉市	0.11					
长治市	0.92					
晋城市	0.09					
朔州市						
晋中市	0.18					
运城市	0.07					
忻州市						
临汾市						
吕梁市	0.05					

2-2-2 续表 79

橡胶制品业

地 区	煤粉(万吨)	焦炭(万吨)	其他焦化产品(万吨)	焦炉煤气(亿立方米)	高炉煤气(亿立方米)	其他煤气(亿立方米)
全 省				**0.23**		
太原市				0.23		
大同市						
阳泉市						
长治市						
晋城市						
朔州市						
晋中市						
运城市						
忻州市						
临汾市						
吕梁市						

2-2-2　续表 80

橡胶制品业

地　区	天然气（亿立方米）	液化天然气（万吨）	汽油（万吨）	煤油（万吨）	柴油（万吨）	燃料油（万吨）
全　省			**0.03**	**0.00**	**0.06**	
太原市			0.01	0.00	0.00	
大同市			0.01			
阳泉市			0.00		0.00	
长治市			0.00		0.00	
晋城市			0.00			
朔州市						
晋中市			0.00		0.05	
运城市			0.00			
忻州市						
临汾市			0.00			
吕梁市			0.00		0.00	

2-2-2　续表 81

橡胶制品业

地　区	液化石油气（万吨）	其他石油制品（万吨）	热力（百亿千焦）	电力（亿千瓦时）	其他燃料（万吨标准煤）
全　省			**0.60**	**1.10**	
太原市				0.41	
大同市			0.60	0.03	
阳泉市				0.00	
长治市				0.10	
晋城市				0.00	
朔州市					
晋中市				0.47	
运城市				0.06	
忻州市				0.01	
临汾市				0.01	
吕梁市				0.01	

2-2-2 续表 82

塑料制品业

地 区	原煤(万吨)	洗精煤(万吨)	其他洗煤(万吨)	煤制品(万吨)	型煤(万吨)	水煤浆(万吨)
全 省	**2.37**	**0.10**				
太原市	0.03	0.10				
大同市						
阳泉市						
长治市	0.04					
晋城市	0.03					
朔州市						
晋中市	0.06					
运城市	2.21					
忻州市						
临汾市						
吕梁市						

2-2-2 续表 83

塑料制品业

地 区	天然气(亿立方米)	液化天然气(万吨)	汽油(万吨)	煤油(万吨)	柴油(万吨)	燃料油(万吨)
全 省			**0.03**		**0.02**	
太原市			0.01		0.01	
大同市						
阳泉市						
长治市					0.01	
晋城市						
朔州市						
晋中市						
运城市			0.01			
忻州市						
临汾市						
吕梁市			0.01			

2-2-2　续表 84

塑料制品业

地　区	液化石油气（万吨）	其他石油制品（万吨）	热力（百亿千焦）	电力（亿千瓦时）	其他燃料（万吨标准煤）
全　省	**0.01**		**0.32**	**1.25**	
太原市			0.32	0.34	
大同市					
阳泉市					
长治市				0.25	
晋城市				0.08	
朔州市					
晋中市				0.05	
运城市				0.36	
忻州市					
临汾市				0.09	
吕梁市				0.08	

2-2-2　续表 85

非金属矿物制品业

地　区	原煤（万吨）	洗精煤（万吨）	其他洗煤（万吨）	煤制品（万吨）	型煤（万吨）	水煤浆（万吨）
全　省	**302.70**	**3.04**	**1.49**	**3.96**	**2.38**	
太原市	40.89	0.00	0.06	0.05	0.05	
大同市	45.25		1.39	0.06	0.06	
阳泉市	18.75	2.43				
长治市	26.32		0.03	0.51		
晋城市	14.17					
朔州市	24.34	0.27				
晋中市	43.88	0.20				
运城市	42.55			2.60	2.27	
忻州市	3.29			0.20		
临汾市	24.10		0.01	0.53		
吕梁市	19.17	0.14				

2-2-2 续表 86

非金属矿物制品业

地 区	煤粉（万吨）	焦炭（万吨）	其他焦化产品（万吨）	焦炉煤气（亿立方米）	高炉煤气（亿立方米）	其他煤气（亿立方米）
全 省	**1.55**	**8.32**	**5.68**	**3.26**		**1.74**
太原市				0.65		
大同市		1.07				
阳泉市		0.65				0.32
长治市	0.51	0.20				
晋城市						1.42
朔州市						
晋中市		0.23	2.62			
运城市	0.33	0.36	3.06	0.15		
忻州市	0.20	5.03		0.29		
临汾市	0.51			0.02		
吕梁市		0.79		2.14		

2-2-2 续表 87

非金属矿物制品业

地 区	天然气（亿立方米）	液化天然气（万吨）	汽油（万吨）	煤油（万吨）	柴油（万吨）	燃料油（万吨）
全 省	**0.71**	**0.11**	**0.27**	**0.01**	**3.77**	**7.58**
太原市		0.05	0.04	0.01	0.55	2.92
大同市			0.04	0.00	0.40	
阳泉市	0.43		0.04	0.00	0.23	
长治市			0.01		0.20	
晋城市	0.03		0.03		0.12	
朔州市	0.04		0.02		1.32	
晋中市	0.14	0.07	0.06	0.00	0.50	
运城市	0.00		0.01		0.08	
忻州市			0.00		0.04	
临汾市			0.00		0.20	
吕梁市	0.07		0.02		0.13	4.66

2-2-2　续表 88

非金属矿物制品业

地　区	液化石油气（万吨）	其他石油制品（万吨）	热力（百亿千焦）	电力（亿千瓦时）	其他燃料（万吨标准煤）
全　省	**0.31**	**5.52**	**1.10**	**34.50**	**1.67**
太原市			1.10	4.31	
大同市				2.75	0.10
阳泉市				1.93	
长治市	0.03			3.22	
晋城市	0.01	0.00		2.08	0.39
朔州市				2.43	0.81
晋中市	0.23	5.52		4.36	0.14
运城市	0.03	0.00		5.89	
忻州市				0.82	
临汾市				2.51	0.07
吕梁市				4.18	0.15

2-2-2　续表 89

黑色金属冶炼及压延

地　区	原煤（万吨）	洗精煤（万吨）	其他洗煤（万吨）	煤制品（万吨）	型煤（万吨）	水煤浆（万吨）
全　省	**557.49**	**730.13**	**10.53**	**46.06**	**0.19**	
太原市	202.43	265.08	4.45	0.00	0.00	
大同市	1.12					
阳泉市	0.03					
长治市	16.98	53.29		38.58		
晋城市	12.36			0.51		
朔州市	22.77					
晋中市	27.19	13.22				
运城市	40.92	91.58				
忻州市	7.80	0.35		2.64		
临汾市	83.23	177.62	6.08	4.33	0.19	
吕梁市	142.65	128.99				

2-2-2 续表 90

黑色金属冶炼及压延

地 区	煤粉（万吨）	焦炭（万吨）	其他焦化产品（万吨）	焦炉煤气（亿立方米）	高炉煤气（亿立方米）	其他煤气（亿立方米）
全 省	**45.82**	**1492.48**	**0.15**	**23.31**	**292.87**	**6.73**
太原市		288.23		9.29	107.54	6.26
大同市		9.74				
阳泉市		6.07				
长治市	38.58	210.50		3.29	41.97	
晋城市	0.51	43.05			0.87	
朔州市		6.35				
晋中市		3.11				
运城市		233.82		2.13	54.78	
忻州市	2.64	12.66			0.68	
临汾市	4.10	474.95		5.17	67.49	0.47
吕梁市		204.01	0.15	3.43	19.54	

2-2-2 续表 91

黑色金属冶炼及压延

地 区	天然气（亿立方米）	液化天然气（万吨）	汽油（万吨）	煤油（万吨）	柴油（万吨）	燃料油（万吨）
全 省	**1.60**		**0.67**	**0.00**	**10.11**	**0.00**
太原市	1.60		0.36	0.00	7.71	
大同市			0.00		0.05	
阳泉市	0.00		0.00		0.01	
长治市			0.07	0.00	0.68	
晋城市			0.03		0.10	
朔州市			0.00		0.05	
晋中市			0.01	0.00	0.05	
运城市			0.01		0.24	0.00
忻州市			0.09		0.09	
临汾市			0.05		0.68	
吕梁市			0.04		0.46	

2-2-2　续表 92

黑色金属冶炼及压延

地　区	液化石油气(万吨)	其他石油制品(万吨)	热力(百亿千焦)	电力(亿千瓦时)	其他燃料(万吨标准煤)
全　省		**0.00**	**895.28**	**166.15**	**1.65**
太原市			702.04	53.21	
大同市				4.95	
阳泉市				0.18	
长治市		0.00	33.58	21.75	
晋城市				4.79	0.29
朔州市				3.57	
晋中市		0.00		5.19	
运城市				22.49	1.36
忻州市				5.72	
临汾市			159.66	30.08	
吕梁市				14.23	

2-2-2　续表 93

有色金属冶炼及压延

地　区	原煤(万吨)	洗精煤(万吨)	其他洗煤(万吨)	煤制品(万吨)	型煤(万吨)	水煤浆(万吨)
全　省	**859.47**	**11.70**	**2.00**	**4.97**	**4.89**	
太原市	49.34					
大同市	8.67					
阳泉市	1.26					
长治市	14.53					
晋城市	0.62					
朔州市	60.53					
晋中市	7.55	3.01		0.02	0.02	
运城市	574.54	8.70	2.00	4.87	4.87	
忻州市	67.09					
临汾市	9.15					
吕梁市	66.18			0.09		

2-2-2 续表 94

有色金属冶炼及压延

地 区	煤粉 (万吨)	焦炭 (万吨)	其他焦化产品 (万吨)	焦炉煤气 (亿立方米)	高炉煤气 (亿立方米)	其他煤气 (亿立方米)
全 省	**0.09**	**18.14**	**3.44**	**6.16**	**0.21**	**3.57**
太原市				1.00	0.21	
大同市		0.09				
阳泉市		0.02				
长治市				0.47		
晋城市						
朔州市		3.78	3.44			
晋中市		2.53		0.05		
运城市		7.26		2.98		3.57
忻州市		2.04				
临汾市		2.43				
吕梁市	0.09			1.65		

2-2-2 续表 95

有色金属冶炼及压延

地 区	天然气 (亿立方米)	液化天然气 (万吨)	汽油 (万吨)	煤油 (万吨)	柴油 (万吨)	燃料油 (万吨)
全 省	**1.35**		**0.26**	**0.01**	**1.64**	
太原市			0.04	0.00	0.11	
大同市			0.03		0.20	
阳泉市			0.01	0.00	0.01	
长治市			0.00		0.02	
晋城市					0.01	
朔州市			0.00		0.01	
晋中市			0.00		0.02	
运城市	0.51		0.15	0.00	0.91	
忻州市	0.84		0.00		0.10	
临汾市	0.00		0.01	0.00	0.15	
吕梁市			0.01		0.11	

2-2-2　续表 96

有色金属冶炼及压延

地　区	液化石油气（万吨）	其他石油制品（万吨）	热力（百亿千焦）	电力（亿千瓦时）	其他燃料（万吨标准煤）
全　省	**0.01**	**0.00**	**3111.69**	**169.17**	**22.61**
太原市	0.00		0.25	11.39	
大同市				3.66	
阳泉市	0.01			8.68	
长治市				0.35	
晋城市				0.00	
朔州市				10.63	
晋中市				1.80	
运城市			2396.38	126.08	17.03
忻州市			715.06	3.30	
临汾市				2.21	
吕梁市		0.00		1.05	5.58

2-2-2　续表 97

金属制品业

地　区	原煤（万吨）	洗精煤（万吨）	其他洗煤（万吨）	煤制品（万吨）	型煤（万吨）	水煤浆（万吨）
全　省	**4.01**	**0.06**		**0.11**	**0.03**	
太原市	0.72	0.06		0.11	0.03	
大同市	0.21					
阳泉市	0.10					
长治市	0.04					
晋城市	0.04					
朔州市						
晋中市	2.70					
运城市	0.07					
忻州市						
临汾市	0.03					
吕梁市	0.09					

2-2-2 续表 98

金属制品业

地 区	煤粉 (万吨)	焦炭 (万吨)	其他焦化产品 (万吨)	焦炉煤气 (亿立方米)	高炉煤气 (亿立方米)	其他煤气 (亿立方米)
全 省	**0.08**	**3.71**		**0.01**		
太原市	0.08	0.30		0.01		
大同市						
阳泉市						
长治市						
晋城市						
朔州市						
晋中市		3.40				
运城市						
忻州市						
临汾市						
吕梁市		0.01				

2-2-2 续表 99

金属制品业

地 区	天然气 (亿立方米)	液化天然气 (万吨)	汽油 (万吨)	煤油 (万吨)	柴油 (万吨)	燃料油 (万吨)
全 省	**0.00**	**0.00**	**0.12**	**0.01**	**0.12**	
太原市			0.09		0.04	
大同市			0.00			
阳泉市			0.00		0.00	
长治市			0.00		0.00	
晋城市			0.00		0.00	
朔州市						
晋中市			0.01	0.00	0.06	
运城市			0.00		0.00	
忻州市						
临汾市	0.00		0.00		0.00	
吕梁市		0.00	0.00	0.01	0.00	

2-2-2 续表 100

金属制品业

地 区	液化石油气 (万吨)	其他石油制品 (万吨)	热力 (百亿千焦)	电力 (亿千瓦时)	其他燃料 (万吨标准煤)
全 省	**0.00**	**0.00**	**0.33**	**1.12**	
太原市			0.33	0.32	
大同市				0.04	
阳泉市				0.02	
长治市		0.00		0.09	
晋城市	0.00			0.13	
朔州市					
晋中市				0.28	
运城市				0.11	
忻州市					
临汾市				0.03	
吕梁市				0.10	

2-2-2 续表 101

通用设备制造业

地 区	原煤 (万吨)	洗精煤 (万吨)	其他洗煤 (万吨)	煤制品 (万吨)	型煤 (万吨)	水煤浆 (万吨)
全 省	**32.50**	**0.08**		**0.62**	**0.06**	
太原市	4.04	0.08		0.06	0.06	
大同市	4.42					
阳泉市	1.60					
长治市	0.83					
晋城市	0.35			0.01		
朔州市	0.03					
晋中市	2.81			0.19	0.01	
运城市	1.77					
忻州市	11.40			0.36		
临汾市	5.23					
吕梁市	0.02					

2-2-2 续表 102

通用设备制造业

地 区	煤粉（万吨）	焦炭（万吨）	其他焦化产品（万吨）	焦炉煤气（亿立方米）	高炉煤气（亿立方米）	其他煤气（亿立方米）
全 省	**0.56**	**9.67**		**0.01**	**0.05**	**0.10**
太原市		0.62		0.01		0.10
大同市		0.02				
阳泉市		0.58				
长治市		0.01				
晋城市	0.01	0.41				
朔州市		0.00				
晋中市	0.19	4.38		0.00		
运城市		0.89				
忻州市	0.36	0.32				
临汾市		2.16			0.05	
吕梁市		0.26				

2-2-2 续表 103

通用设备制造业

地 区	天然气（亿立方米）	液化天然气（万吨）	汽油（万吨）	煤油（万吨）	柴油（万吨）	燃料油（万吨）
全 省	**0.02**	**0.02**	**0.28**	**0.01**	**0.58**	**0.08**
太原市			0.08	0.00	0.06	0.00
大同市	0.02		0.01	0.00	0.08	
阳泉市			0.04		0.01	
长治市			0.02	0.00	0.01	
晋城市			0.01	0.00	0.03	
朔州市						
晋中市		0.02	0.05	0.01	0.29	
运城市			0.02		0.04	0.08
忻州市			0.02		0.02	
临汾市			0.02		0.04	
吕梁市			0.01		0.01	

2-2-2　续表 104

通用设备制造业

地　区	液化石油气（万吨）	其他石油制品（万吨）	热力（百亿千焦）	电力（亿千瓦时）	其他燃料（万吨标准煤）
全　省	**0.13**	**0.00**	**0.22**	**8.64**	
太原市	0.00	0.00	0.22	0.54	
大同市	0.06			0.72	
阳泉市				0.11	
长治市				0.30	
晋城市	0.00			0.19	
朔州市				0.02	
晋中市				0.54	
运城市	0.07			2.86	
忻州市				1.43	
临汾市				0.92	
吕梁市				1.01	

2-2-2　续表 105

专用设备制造业

地　区	原煤（万吨）	洗精煤（万吨）	其他洗煤（万吨）	煤制品（万吨）	型煤（万吨）	水煤浆（万吨）
全　省	**47.07**	**7.25**	**5.43**	**0.37**	**0.33**	
太原市	22.15	7.25	5.41	0.33	0.33	
大同市	0.12					
阳泉市	0.08		0.02			
长治市	13.19					
晋城市	0.72			0.03		
朔州市	0.01					
晋中市	5.95					
运城市	0.22					
忻州市	0.17					
临汾市	4.45					
吕梁市	0.02					

2-2-2 续表 106

专用设备制造业

地　区	煤粉 (万吨)	焦炭 (万吨)	其他焦化产品 (万吨)	焦炉煤气 (亿立方米)	高炉煤气 (亿立方米)	其他煤气 (亿立方米)
全　省	**0.03**	**0.25**		**0.87**		**2.31**
太原市		0.02		0.87		2.31
大同市						
阳泉市						
长治市		0.00		0.00		
晋城市	0.03					
朔州市						
晋中市		0.23				
运城市						
忻州市						
临汾市		0.00				
吕梁市						

2-2-2 续表 107

专用设备制造业

地　区	天然气 (亿立方米)	液化天然气 (万吨)	汽油 (万吨)	煤油 (万吨)	柴油 (万吨)	燃料油 (万吨)
全　省	**0.01**		**0.30**	**0.01**	**0.28**	
太原市	0.01		0.10	0.00	0.11	
大同市			0.00		0.00	
阳泉市			0.00	0.00	0.00	
长治市			0.04	0.00	0.05	
晋城市			0.01		0.02	
朔州市			0.00		0.00	
晋中市			0.04	0.01	0.04	
运城市			0.07		0.02	
忻州市			0.00		0.00	
临汾市			0.03	0.00	0.03	
吕梁市			0.00		0.01	

2-2-2　续表 108

专用设备制造业

地　区	液化石油气（万吨）	其他石油制品（万吨）	热力（百亿千焦）	电力（亿千瓦时）	其他燃料（万吨标准煤）
全　省	**0.00**	**0.98**	**263.82**	**8.17**	
太原市		0.98	235.07	4.71	
大同市	0.00			0.02	
阳泉市	0.00			0.03	
长治市		0.00	28.75	0.97	
晋城市				0.11	
朔州市				0.00	
晋中市				0.74	
运城市				0.20	
忻州市		0.00		0.31	
临汾市				0.90	
吕梁市				0.18	

2-2-2　续表 109

交通运输设备制造业

地　区	原煤（万吨）	洗精煤（万吨）	其他洗煤（万吨）	煤制品（万吨）	型煤（万吨）	水煤浆（万吨）
全　省	**16.45**	**0.14**	**3.15**	**0.18**	**0.16**	
太原市	0.32	0.14	2.69	0.09	0.09	
大同市	12.20					
阳泉市						
长治市	0.54					
晋城市	0.54			0.03	0.01	
朔州市	0.00					
晋中市	0.78		0.46	0.01	0.01	
运城市	1.84					
忻州市						
临汾市	0.20			0.06	0.06	
吕梁市	0.03					

2-2-2 续表 110

交通运输设备制造业

地 区	煤粉(万吨)	焦炭(万吨)	其他焦化产品(万吨)	焦炉煤气(亿立方米)	高炉煤气(亿立方米)	其他煤气(亿立方米)
全 省	**0.02**	**5.51**		**0.01**		
太原市		0.15		0.01		
大同市						
阳泉市						
长治市		0.22				
晋城市	0.02	0.19				
朔州市						
晋中市		0.03				
运城市		0.61		0.00		
忻州市						
临汾市		4.30				
吕梁市						

2-2-2 续表 111

交通运输设备制造业

地 区	天然气(亿立方米)	液化天然气(万吨)	汽油(万吨)	煤油(万吨)	柴油(万吨)	燃料油(万吨)
全 省	**0.17**	**0.00**	**0.11**	**0.12**	**0.19**	**0.00**
太原市			0.05	0.01	0.04	
大同市	0.17		0.03	0.00	0.05	0.00
阳泉市						
长治市			0.00		0.01	
晋城市			0.00	0.10	0.02	
朔州市			0.00			
晋中市			0.01		0.02	
运城市		0.00	0.01	0.00	0.02	
忻州市						
临汾市			0.00	0.00	0.02	
吕梁市			0.00		0.00	

2-2-2　续表 112

交通运输设备制造业

地　区	液化石油气（万吨）	其他石油制品（万吨）	热力（百亿千焦）	电力（亿千瓦时）	其他燃料（万吨标准煤）
全　省	**0.01**	**0.00**	**37.82**	**6.19**	
太原市		0.00	9.38	0.50	
大同市	0.01		28.44	3.66	
阳泉市					
长治市				0.18	
晋城市				0.29	
朔州市				0.00	
晋中市				0.14	
运城市				0.60	
忻州市					
临汾市	0.00			0.72	
吕梁市				0.09	

2-2-2　续表 113

电器机械及器材制造业

地　区	原煤（万吨）	洗精煤（万吨）	其他洗煤（万吨）	煤制品（万吨）	型煤（万吨）	水煤浆（万吨）
全　省	**3.53**	**0.13**				
太原市	0.45	0.13				
大同市	0.50					
阳泉市						
长治市	0.04					
晋城市	0.00					
朔州市						
晋中市	0.34					
运城市	1.25					
忻州市	0.28					
临汾市	0.60					
吕梁市	0.07					

2-2-2 续表 114

电器机械及器材制造业

地 区	煤粉 (万吨)	焦炭 (万吨)	其他焦化产品 (万吨)	焦炉煤气 (亿立方米)	高炉煤气 (亿立方米)	其他煤气 (亿立方米)
全 省		**0.06**				**0.00**
太原市						
大同市						
阳泉市						0.00
长治市		0.06				
晋城市						
朔州市						
晋中市						
运城市						
忻州市						
临汾市						
吕梁市						

2-2-2 续表 115

电器机械及器材制造业

地 区	天然气 (亿立方米)	液化天然气 (万吨)	汽油 (万吨)	煤油 (万吨)	柴油 (万吨)	燃料油 (万吨)
全 省			**0.05**	**0.00**	**0.05**	**0.09**
太原市			0.01	0.00	0.00	
大同市			0.00		0.01	
阳泉市			0.00		0.00	
长治市			0.01		0.00	
晋城市			0.00		0.00	
朔州市						
晋中市			0.00		0.00	
运城市			0.02	0.00	0.03	0.09
忻州市			0.00		0.00	
临汾市			0.00		0.00	
吕梁市						

2-2-2　续表 116

电器机械及器材制造业

地　区	液化石油气（万吨）	其他石油制品（万吨）	热力（百亿千焦）	电力（亿千瓦时）	其他燃料（万吨标准煤）
全　省			**23.86**	**0.87**	
太原市			0.07	0.11	
大同市			0.26	0.04	
阳泉市			0.05	0.02	
长治市			0.04	0.11	
晋城市				0.01	
朔州市					
晋中市				0.05	
运城市			23.44	0.38	
忻州市				0.02	
临汾市				0.11	
吕梁市				0.02	

2-2-2　续表 117

通信设备、计算机及其他

地　区	原煤（万吨）	洗精煤（万吨）	其他洗煤（万吨）	煤制品（万吨）	型煤（万吨）	水煤浆（万吨）
全　省	**3.82**	**0.33**	**1.23**	**0.38**	**0.38**	
太原市	2.86	0.33	1.04	0.38	0.38	
大同市	0.53					
阳泉市	0.03					
长治市	0.00					
晋城市						
朔州市						
晋中市						
运城市	0.39		0.19			
忻州市						
临汾市						
吕梁市	0.02					

2-2-2 续表 118

通信设备、计算机及其他

地 区	煤粉(万吨)	焦炭(万吨)	其他焦化产品(万吨)	焦炉煤气(亿立方米)	高炉煤气(亿立方米)	其他煤气(亿立方米)
全 省		**0.00**		**0.09**		**0.00**
太原市		0.00		0.08		0.00
大同市						
阳泉市						
长治市						
晋城市						
朔州市						
晋中市						
运城市						
忻州市						
临汾市						
吕梁市				0.00		

2-2-2 续表 119

通信设备、计算机及其他

地 区	天然气(亿立方米)	液化天然气(万吨)	汽油(万吨)	煤油(万吨)	柴油(万吨)	燃料油(万吨)
全 省		**0.00**	**2.17**	**0.00**	**0.07**	
太原市		0.00	2.17	0.00	0.05	
大同市					0.00	
阳泉市			0.00		0.00	
长治市			0.00		0.00	
晋城市						
朔州市						
晋中市						
运城市			0.00		0.02	
忻州市						
临汾市						
吕梁市			0.00		0.00	

2-2-2　续表 120

通信设备、计算机及其他

地　区	液化石油气 (万吨)	其他石油制品 (万吨)	热力 (百亿千焦)	电力 (亿千瓦时)	其他燃料 (万吨标准煤)
全　省	**0.98**		**163.63**	**6.20**	
太原市	0.98		163.63	5.13	
大同市				0.04	
阳泉市				0.04	
长治市				0.01	
晋城市				0.49	
朔州市					
晋中市					
运城市				0.46	
忻州市					
临汾市					
吕梁市				0.02	

2-2-2　续表 121

仪器仪表及文化、办公用品

地　区	原煤 (万吨)	洗精煤 (万吨)	其他洗煤 (万吨)	煤制品 (万吨)	型煤 (万吨)	水煤浆 (万吨)
全　省	**0.10**					
太原市	0.10					
大同市						
阳泉市						
长治市						
晋城市						
朔州市						
晋中市						
运城市						
忻州市						
临汾市						
吕梁市						

2-2-2 续表 122

仪器仪表及文化、办公用品

地 区	煤粉(万吨)	焦炭(万吨)	其他焦化产品(万吨)	焦炉煤气(亿立方米)	高炉煤气(亿立方米)	其他煤气(亿立方米)
全 省		**0.01**				
太原市		0.01				
大同市						
阳泉市						
长治市						
晋城市						
朔州市						
晋中市						
运城市						
忻州市						
临汾市						
吕梁市						

2-2-2 续表 123

仪器仪表及文化、办公用品

地 区	天然气(亿立方米)	液化天然气(万吨)	汽油(万吨)	煤油(万吨)	柴油(万吨)	燃料油(万吨)
全 省			**0.03**	**0.00**	**0.01**	
太原市			0.03	0.00	0.01	
大同市						
阳泉市						
长治市						
晋城市						
朔州市						
晋中市						
运城市						
忻州市						
临汾市						
吕梁市						

2-2-2　续表 124

仪器仪表及文化、办公用品

地　区	液化石油气（万吨）	其他石油制品（万吨）	热力（百亿千焦）	电力（亿千瓦时）	其他燃料（万吨标准煤）
全　省		**0.00**	**9.69**	**0.13**	
太原市		0.00	9.69	0.13	
大同市					
阳泉市					
长治市					
晋城市					
朔州市					
晋中市					
运城市					
忻州市					
临汾市					
吕梁市					

2-2-2　续表 125

工艺品及其他制造业

地　区	原煤（万吨）	洗精煤（万吨）	其他洗煤（万吨）	煤制品（万吨）	型煤（万吨）	水煤浆（万吨）
全　省	**0.31**					
太原市						
大同市						
阳泉市						
长治市						
晋城市						
朔州市						
晋中市	0.02					
运城市						
忻州市						
临汾市	0.30					
吕梁市						

2-2-2 续表 126

工艺品及其他制造业

地　区	天然气 (亿立方米)	液化天然气 (万吨)	汽油 (万吨)	煤油 (万吨)	柴油 (万吨)	燃料油 (万吨)
全　省			**0.00**		**0.01**	
太原市			0.00			
大同市						
阳泉市						
长治市						
晋城市						
朔州市						
晋中市			0.00			
运城市						
忻州市						
临汾市			0.00		0.01	
吕梁市						

2-2-2 续表 127

工艺品及其他制造业

地　区	液化石油气 (万吨)	其他石油制品 (万吨)	热力 (百亿千焦)	电力 (亿千瓦时)	其他燃料 (万吨标准煤)
全　省			**1.89**	**0.04**	
太原市			1.89	0.01	
大同市					
阳泉市					
长治市					
晋城市					
朔州市					
晋中市				0.00	
运城市				0.01	
忻州市					
临汾市				0.02	
吕梁市					

2-2-2　续表 128

电力、煤气及水的生产等

地　区	原煤(万吨)	洗精煤(万吨)	其他洗煤(万吨)	煤制品(万吨)	型煤(万吨)	水煤浆(万吨)
全　省	**7431.00**	**0.15**	**70.99**			
太原市	843.70					
大同市	833.12	0.15				
阳泉市	557.29					
长治市	1151.80		29.48			
晋城市	747.99					
朔州市	1153.75					
晋中市	328.14		18.88			
运城市	619.26					
忻州市	554.79		3.33			
临汾市	228.45		19.30			
吕梁市	412.71					

2-2-2　续表 129

电力、煤气及水的生产等

地　区	煤粉(万吨)	焦炭(万吨)	其他焦化产品(万吨)	焦炉煤气(亿立方米)	高炉煤气(亿立方米)	其他煤气(亿立方米)
全　省		**3.03**		**0.71**	**0.34**	
太原市						
大同市		3.03		0.16		
阳泉市						
长治市				0.34		
晋城市						
朔州市						
晋中市				0.09		
运城市						
忻州市				0.12	0.34	
临汾市						
吕梁市						

2-2-2 续表 130

电力、煤气及水的生产等

地 区	天然气（亿立方米）	液化天然气（万吨）	汽油（万吨）	煤油（万吨）	柴油（万吨）	燃料油（万吨）
全 省	**0.52**		**0.65**	**0.00**	**5.88**	**1.38**
太原市			0.15	0.00	0.48	0.57
大同市			0.10		0.37	
阳泉市			0.04		0.34	
长治市			0.12		0.79	
晋城市	0.52		0.01		0.32	0.44
朔州市			0.05		1.49	
晋中市			0.05		0.31	0.08
运城市			0.09		1.05	0.00
忻州市			0.00		0.06	
临汾市			0.02		0.03	0.29
吕梁市			0.01		0.64	0.00

2-2-2 续表 131

电力、煤气及水的生产等

地 区	液化石油气（万吨）	其他石油制品（万吨）	热力（百亿千焦）	电力（亿千瓦时）	其他燃料（万吨标准煤）
全 省			**47.03**	**171.05**	**168.66**
太原市				22.99	
大同市				20.65	
阳泉市				11.22	8.65
长治市			47.03	25.02	29.27
晋城市				18.19	9.94
朔州市			0.00	18.07	33.92
晋中市				9.95	23.13
运城市				14.32	13.48
忻州市				12.84	21.75
临汾市				8.73	15.57
吕梁市				9.07	12.93

2-2-2　续表 132

电力、热力的生产及供应业

地　区	原煤 (万吨)	洗精煤 (万吨)	其他洗煤 (万吨)	煤制品 (万吨)	型煤 (万吨)	水煤浆 (万吨)
全　省	**7426.56**	**0.15**	**70.99**			
太原市	843.70					
大同市	832.97	0.15				
阳泉市	557.16					
长治市	1151.57		29.48			
晋城市	744.77					
朔州市	1153.23					
晋中市	327.96		18.88			
运城市	619.25					
忻州市	554.78		3.33			
临汾市	228.45		19.30			
吕梁市	412.71					

2-2-2　续表 133

电力、热力的生产及供应业

地　区	煤粉 (万吨)	焦炭 (万吨)	其他焦化产品 (万吨)	焦炉煤气 (亿立方米)	高炉煤气 (亿立方米)	其他煤气 (亿立方米)
全　省		**3.03**		**0.71**	**0.34**	
太原市						
大同市		3.03		0.16		
阳泉市						
长治市				0.34		
晋城市						
朔州市						
晋中市				0.09		
运城市						
忻州市				0.12	0.34	
临汾市						
吕梁市						

2-2-2 续表 134

电力、热力的生产及供应业

地 区	天然气（亿立方米）	液化天然气（万吨）	汽油（万吨）	煤油（万吨）	柴油（万吨）	燃料油（万吨）
全 省	**0.52**		**0.59**	**0.00**	**5.86**	**1.38**
太原市			0.13	0.00	0.47	0.57
大同市			0.10		0.37	
阳泉市			0.03		0.34	
长治市			0.12		0.79	
晋城市	0.52		0.01		0.32	0.44
朔州市			0.05		1.49	
晋中市			0.04		0.31	0.08
运城市			0.09		1.05	0.00
忻州市			0.00		0.06	
临汾市			0.02		0.03	0.29
吕梁市			0.00		0.64	0.00

2-2-2 续表 135

电力、热力的生产及供应业

地 区	液化石油气（万吨）	其他石油制品（万吨）	热力（百亿千焦）	电力（亿千瓦时）	其他燃料（万吨标准煤）
全 省			**47.03**	**167.77**	**168.66**
太原市				22.55	
大同市				20.24	
阳泉市				10.22	8.65
长治市			47.03	24.44	29.27
晋城市				17.92	9.94
朔州市			0.00	18.00	33.92
晋中市				9.86	23.13
运城市				14.24	13.48
忻州市				12.82	21.75
临汾市				8.56	15.57
吕梁市				8.93	12.93

2-2-2　续表 136

燃气生产和供应业

地　区	原煤（万吨）	洗精煤（万吨）	其他洗煤（万吨）	煤制品（万吨）	型煤（万吨）	水煤浆（万吨）
全　省	**3.15**					
太原市						
大同市						
阳泉市						
长治市						
晋城市	3.15					
朔州市						
晋中市						
运城市						
忻州市						
临汾市						
吕梁市						

2-2-2　续表 137

燃气生产和供应业

地　区	天然气（亿立方米）	液化天然气（万吨）	汽油（万吨）	煤油（万吨）	柴油（万吨）	燃料油（万吨）
全　省			**0.01**		**0.00**	
太原市						
大同市						
阳泉市			0.00			
长治市						
晋城市			0.00			
朔州市			0.00		0.00	
晋中市						
运城市						
忻州市						
临汾市						
吕梁市						

2-2-2 续表 138

燃气生产和供应业

地 区	液化石油气（万吨）	其他石油制品（万吨）	热力（百亿千焦）	电力（亿千瓦时）	其他燃料（万吨标准煤）
全 省				**0.08**	
太原市					
大同市					
阳泉市				0.01	
长治市					
晋城市				0.05	
朔州市				0.00	
晋中市					
运城市					
忻州市				0.01	
临汾市					
吕梁市				0.01	

2-2-2 续表 139

水的生产和供应业

地 区	原煤（万吨）	洗精煤（万吨）	其他洗煤（万吨）	煤制品（万吨）	型煤（万吨）	水煤浆（万吨）
全 省	**1.29**					
太原市						
大同市	0.15					
阳泉市	0.13					
长治市	0.22					
晋城市	0.07					
朔州市	0.52					
晋中市	0.18					
运城市	0.01					
忻州市	0.01					
临汾市						
吕梁市						

2-2-2　续表 140

水的生产和供应业

地　区	天然气(亿立方米)	液化天然气(万吨)	汽油(万吨)	煤油(万吨)	柴油(万吨)	燃料油(万吨)
全　省			**0.05**		**0.01**	
太原市			0.02		0.01	
大同市			0.00		0.00	
阳泉市			0.01		0.00	
长治市			0.00		0.00	
晋城市			0.00			
朔州市			0.00			
晋中市			0.00			
运城市			0.00			
忻州市			0.00			
临汾市			0.00		0.00	
吕梁市			0.00			

2-2-2　续表 141

水的生产和供应业

地　区	液化石油气(万吨)	其他石油制品(万吨)	热力(百亿千焦)	电力(亿千瓦时)	其他燃料(万吨标准煤)
全　省				**3.19**	
太原市				0.44	
大同市				0.41	
阳泉市				0.99	
长治市				0.57	
晋城市				0.21	
朔州市				0.06	
晋中市				0.10	
运城市				0.08	
忻州市				0.02	
临汾市				0.17	
吕梁市				0.13	

2-2-3 规模以上工业企业分行业、分品种工业消费情况

行业合计

地 区	原煤 (万吨)	洗精煤 (万吨)	其他洗煤 (万吨)	煤制品 (万吨)	型煤 (万吨)	水煤浆 (万吨)
全 省	**31789.30**	**11098.19**	**690.19**	**133.53**	**28.44**	**0.46**
太原市	5798.22	1839.10	159.84	2.96	2.16	0.46
大同市	1214.67	3.23	72.45	0.08	0.08	
阳泉市	823.22	57.29	0.04			
长治市	2853.64	1474.81	30.69	84.62	8.01	
晋城市	1224.81	110.12		22.61	10.31	
朔州市	1708.97	0.27				
晋中市	4395.97	1405.53	96.78	0.79	0.60	
运城市	2358.95	1102.17	60.41	7.42	7.09	
忻州市	1195.02	187.40	40.96	3.19		
临汾市	4506.76	2516.14	103.83	4.86	0.19	
吕梁市	5709.08	2402.12	125.18	6.98		

2-2-3 续表 1

行业合计

地 区	煤粉 (万吨)	焦炭 (万吨)	其他焦化产品 (万吨)	焦炉煤气 (亿立方米)	高炉煤气 (亿立方米)	其他煤气 (亿立方米)
全 省	**104.35**	**1808.60**	**125.11**	**135.74**	**312.17**	**15.76**
太原市	0.12	300.09	31.30	29.96	107.75	9.49
大同市		63.43	0.79	0.66		0.45
阳泉市		10.82	1.64			0.33
长治市	76.61	236.52	1.38	13.67	48.44	
晋城市	12.30	45.52			0.87	1.42
朔州市		30.04	7.01			
晋中市	0.19	80.44	5.70	16.55	11.70	0.25
运城市	0.33	243.35	51.71	8.50	54.78	3.25
忻州市	3.19	69.30		0.42	1.02	
临汾市	4.61	510.19	24.16	38.82	67.55	0.47
吕梁市	6.98	218.89	1.44	27.16	20.07	0.10

2-2-3　续表 2

行业合计

地　区	天然气(亿立方米)	液化天然气(万吨)	汽油(万吨)	煤油(万吨)	柴油(万吨)	燃料油(万吨)
全　省	**5.53**	**0.14**	**5.16**	**3.66**	**56.93**	**11.88**
太原市	1.37	0.05	1.00	1.05	11.00	5.99
大同市	0.17		0.33	0.01	2.91	0.00
阳泉市	0.43		0.40	0.01	2.04	0.00
长治市	0.00		0.83	0.03	3.83	0.02
晋城市	1.34		0.45	0.10	1.74	0.44
朔州市	0.04		0.31		14.30	
晋中市	0.17	0.09	0.77	0.23	4.34	0.09
运城市	0.62	0.00	0.24	0.22	3.18	0.39
忻州市	0.84		0.18	0.00	3.56	
临汾市	0.02		0.32	0.30	4.65	0.29
吕梁市	0.52	0.00	0.34	1.70	5.36	4.66

2-2-3　续表 3

行业合计

地　区	液化石油气(万吨)	其他石油制品(万吨)	热力(亿万千焦)	电力(亿千瓦时)	其他燃料(万吨标准煤)
全　省	**1.42**	**6.91**	**6475.47**	**971.94**	**367.84**
太原市	0.94	0.98	2003.41	146.57	32.19
大同市	0.07	0.01	41.02	64.09	0.10
阳泉市	0.01		106.26	64.63	54.93
长治市	0.03	0.00	381.86	101.19	56.58
晋城市	0.01	0.20	270.53	85.54	10.61
朔州市			18.94	66.36	34.74
晋中市	0.23	5.53	351.52	55.48	25.59
运城市	0.12	0.00	2369.54	208.43	40.97
忻州市		0.02	715.06	44.39	23.69
临汾市			143.82	74.47	18.18
吕梁市		0.16	73.53	60.80	70.26

2-2-3 续表 4

采矿业

地 区	原煤(万吨)	洗精煤(万吨)	其他洗煤(万吨)	煤制品(万吨)	型煤(万吨)	水煤浆(万吨)
全 省	**14959.59**	**248.53**	**343.10**	**47.83**	**10.31**	
太原市	2999.08	14.91	107.17			
大同市	207.88	3.08	71.07	0.01	0.01	
阳泉市	196.64		0.02			
长治市	1082.48	144.15	0.69	37.52	0.00	
晋城市	109.11			10.30	10.30	
朔州市	398.34					
晋中市	3190.01	29.80	36.56			
运城市	41.51					
忻州市	462.32					
临汾市	3623.87		78.44			
吕梁市	2648.36	56.59	49.16			

2-2-3 续表 5

采矿业

地 区	煤粉(万吨)	焦炭(万吨)	其他焦化产品(万吨)	焦炉煤气(亿立方米)	高炉煤气(亿立方米)	其他煤气(亿立方米)
全 省	**37.52**	**47.38**	**0.72**	**3.07**	**1.30**	**0.45**
太原市						
大同市		35.72	0.72	0.33		0.45
阳泉市		0.07				
长治市	37.52	0.14		0.44		
晋城市						
朔州市						
晋中市		5.08		0.04	1.30	
运城市						
忻州市		0.01				
临汾市				0.46		
吕梁市		6.36		1.81		

2-2-3　续表 6

采矿业

地　区	天然气 (亿立方米)	液化天然气 (万吨)	汽油 (万吨)	煤油 (万吨)	柴油 (万吨)	燃料油 (万吨)
全　省	**1.25**		**2.44**	**1.46**	**28.53**	**0.01**
太原市			0.33	0.80	2.02	
大同市			0.22	0.00	1.83	
阳泉市			0.25	0.01	1.42	0.00
长治市	0.00		0.34	0.02	1.17	
晋城市	0.80		0.28	0.00	0.97	
朔州市			0.27		11.21	
晋中市			0.40	0.20	1.97	0.01
运城市			0.01	0.00	0.23	
忻州市			0.04		3.20	
临汾市			0.14	0.30	2.68	
吕梁市	0.45		0.15	0.14	1.81	0.00

2-2-3　续表 7

采矿业

地　区	液化石油气 (万吨)	其他石油制品 (万吨)	热力 (亿万千焦)	电力 (亿千瓦时)	其他燃料 (万吨标准煤)
全　省		**0.25**	**537.54**	**189.87**	**106.13**
太原市			137.83	17.43	31.14
大同市		0.01		20.66	
阳泉市			98.62	38.52	46.28
长治市		0.00	269.16	16.26	27.31
晋城市		0.12		22.07	
朔州市			18.94	23.73	
晋中市		0.02		11.58	
运城市				1.01	
忻州市		0.02		12.20	
临汾市			13.00	11.98	
吕梁市		0.09		14.43	1.39

2-2-3 续表 8

煤炭开采业和洗选煤

地 区	原煤（万吨）	洗精煤（万吨）	其他洗煤（万吨）	煤制品（万吨）	型煤（万吨）	水煤浆（万吨）
全 省	**14944.90**	**242.86**	**343.10**	**47.82**	**10.30**	
太原市	2999.08	14.91	107.17			
大同市	205.02	3.08	71.07			
阳泉市	196.64		0.02			
长治市	1079.74	138.93	0.69	37.52		
晋城市	109.11			10.30	10.30	
朔州市	397.51					
晋中市	3183.68	29.34	36.56			
运城市	41.51					
忻州市	461.44					
临汾市	3622.82		78.44			
吕梁市	2648.35	56.59	49.16			

2-2-3 续表 9

煤炭开采业和洗选煤

地 区	煤粉（万吨）	焦炭（万吨）	其他焦化产品（万吨）	焦炉煤气（亿立方米）	高炉煤气（亿立方米）	其他煤气（亿立方米）
全 省	**37.52**	**37.01**	**0.72**	**2.91**		**0.45**
太原市						
大同市		30.86	0.72	0.33		0.45
阳泉市		0.07				
长治市	37.52	0.14		0.29		
晋城市						
朔州市						
晋中市				0.04		
运城市						
忻州市						
临汾市				0.45		
吕梁市		5.96		1.81		

2-2-3　续表 10

煤炭开采业和洗选煤

地　区	天然气 (亿立方米)	液化天然气 (万吨)	汽油 (万吨)	煤油 (万吨)	柴油 (万吨)	燃料油 (万吨)
全　省	**1.25**		**2.39**	**1.45**	**23.55**	**0.01**
太原市			0.33	0.80	1.69	
大同市			0.22	0.00	1.09	
阳泉市			0.25	0.01	1.42	0.00
长治市	0.00		0.32	0.02	0.89	
晋城市	0.80		0.28	0.00	0.97	
朔州市			0.27		11.18	
晋中市			0.40	0.20	1.89	0.01
运城市				0.00	0.02	
忻州市			0.03		0.28	
临汾市			0.14	0.30	2.33	
吕梁市	0.45		0.15	0.12	1.78	0.00

2-2-3　续表 11

煤炭开采业和洗选煤

地　区	液化石油气 (万吨)	其他石油制品 (万吨)	热力 (亿万千焦)	电力 (亿千瓦时)	其他燃料 (万吨标准煤)
全　省		**0.23**	**537.54**	**176.33**	**106.13**
太原市			137.83	17.00	31.14
大同市		0.01		19.07	
阳泉市			98.62	38.52	46.28
长治市		0.00	269.16	15.35	27.31
晋城市		0.12		22.07	
朔州市			18.94	23.50	
晋中市		0.02		11.30	
运城市				0.08	
忻州市				4.07	
临汾市			13.00	11.13	
吕梁市		0.09		14.24	1.39

2-2-3 续表 12

黑色金属矿采选业

地 区	原煤(万吨)	洗精煤(万吨)	其他洗煤(万吨)	煤制品(万吨)	型煤(万吨)	水煤浆(万吨)
全 省	**10.86**	**5.68**		**0.00**	**0.00**	
太原市						
大同市	0.77					
阳泉市						
长治市	2.74	5.22		0.00	0.00	
晋城市						
朔州市	0.31					
晋中市	6.33	0.46				
运城市						
忻州市	0.70					
临汾市						
吕梁市	0.01					

2-2-3 续表 13

黑色金属矿采选业

地 区	煤粉(万吨)	焦炭(万吨)	其他焦化产品(万吨)	焦炉煤气(亿立方米)	高炉煤气(亿立方米)	其他煤气(亿立方米)
全 省		**9.05**		**0.15**	**1.30**	
太原市						
大同市		3.56				
阳泉市						
长治市				0.15		
晋城市						
朔州市						
晋中市		5.08			1.30	
运城市						
忻州市		0.01				
临汾市						
吕梁市		0.41				

2-2-3　续表 14

黑色金属矿采选业

地　区	天然气 (亿立方米)	液化天然气 (万吨)	汽油 (万吨)	煤油 (万吨)	柴油 (万吨)	燃料油 (万吨)
全　省			**0.05**	**0.01**	**4.83**	
太原市					0.33	
大同市			0.00		0.68	
阳泉市						
长治市			0.02		0.28	
晋城市						
朔州市					0.03	
晋中市			0.01		0.07	
运城市			0.01		0.20	
忻州市			0.01		2.89	
临汾市					0.32	
吕梁市			0.00	0.01	0.03	

2-2-3　续表 15

黑色金属矿采选业

地　区	液化石油气 (万吨)	其他石油制品 (万吨)	热力 (亿万千焦)	电力 (亿千瓦时)	其他燃料 (万吨标准煤)
全　省		**0.02**		**11.84**	
太原市				0.43	
大同市				1.20	
阳泉市					
长治市				0.91	
晋城市					
朔州市				0.23	
晋中市				0.28	
运城市				0.52	
忻州市		0.02		7.41	
临汾市				0.76	
吕梁市				0.11	

2-2-3 续表 16

有色金属矿采选业

地 区	原煤 (万吨)	洗精煤 (万吨)	其他洗煤 (万吨)	煤制品 (万吨)	型煤 (万吨)	水煤浆 (万吨)
全 省	**0.48**					
太原市						
大同市	0.31					
阳泉市						
长治市						
晋城市						
朔州市						
晋中市						
运城市						
忻州市	0.18					
临汾市						
吕梁市						

2-2-3 续表 17

有色金属矿采选业

地 区	煤粉 (万吨)	焦炭 (万吨)	其他焦化产品 (万吨)	焦炉煤气 (亿立方米)	高炉煤气 (亿立方米)	其他煤气 (亿立方米)
全 省		**1.31**				
太原市						
大同市		1.31				
阳泉市						
长治市						
晋城市						
朔州市						
晋中市						
运城市						
忻州市						
临汾市						
吕梁市						

2-2-3　续表 18

有色金属矿采选业

地　区	天然气（亿立方米）	液化天然气（万吨）	汽油（万吨）	煤油（万吨）	柴油（万吨）	燃料油（万吨）
全　省			**0.00**		**0.11**	
太原市						
大同市			0.00		0.07	
阳泉市						
长治市						
晋城市						
朔州市						
晋中市						
运城市					0.01	
忻州市			0.00		0.03	
临汾市						
吕梁市						

2-2-3　续表 19

有色金属矿采选业

地　区	液化石油气（万吨）	其他石油制品（万吨）	热力（亿万千焦）	电力（亿千瓦时）	其他燃料（万吨标准煤）
全　省				**1.20**	
太原市					
大同市				0.23	
阳泉市					
长治市					
晋城市					
朔州市					
晋中市					
运城市				0.16	
忻州市				0.72	
临汾市					
吕梁市				0.09	

2-2-3 续表 20

非金属矿采选业

地 区	原煤(万吨)	洗精煤(万吨)	其他洗煤(万吨)	煤制品(万吨)	型煤(万吨)	水煤浆(万吨)
全 省	**3.35**			**0.01**	**0.01**	
太原市						
大同市	1.79			0.01	0.01	
阳泉市						
长治市						
晋城市						
朔州市	0.52					
晋中市						
运城市						
忻州市						
临汾市	1.05					
吕梁市						

2-2-3 续表 21

非金属矿采选业

地 区	煤粉(万吨)	焦炭(万吨)	其他焦化产品(万吨)	焦炉煤气(亿立方米)	高炉煤气(亿立方米)	其他煤气(亿立方米)
全 省				**0.01**		
太原市						
大同市						
阳泉市						
长治市						
晋城市						
朔州市						
晋中市						
运城市						
忻州市						
临汾市				0.01		
吕梁市						

2-2-3　续表 22

非金属矿采选业

地　区	天然气 (亿立方米)	液化天然气 (万吨)	汽油 (万吨)	煤油 (万吨)	柴油 (万吨)	燃料油 (万吨)
全　省			**0.00**		**0.05**	
太原市						
大同市					0.00	
阳泉市						
长治市						
晋城市						
朔州市					0.00	
晋中市			0.00		0.01	
运城市						
忻州市					0.00	
临汾市					0.04	
吕梁市						

2-2-3　续表 23

非金属矿采选业

地　区	液化石油气 (万吨)	其他石油制品 (万吨)	热力 (亿万千焦)	电力 (亿千瓦时)	其他燃料 (万吨标准煤)
全　省				**0.50**	
太原市					
大同市				0.15	
阳泉市					
长治市					
晋城市					
朔州市				0.00	
晋中市				0.00	
运城市				0.25	
忻州市				0.00	
临汾市				0.09	
吕梁市					

2-2-3 续表 24

制造业

地 区	原煤（万吨）	洗精煤（万吨）	其他洗煤（万吨）	煤制品（万吨）	型煤（万吨）	水煤浆（万吨）
全 省	**9410.76**	**10849.50**	**276.11**	**85.70**	**18.13**	**0.46**
太原市	1956.11	1824.19	52.68	2.96	2.16	0.46
大同市	180.35	0.00	1.39	0.07	0.07	
阳泉市	70.18	57.29	0.02			
长治市	619.40	1330.66	0.53	47.09	8.00	
晋城市	367.78	110.12	0.00	12.31	0.01	
朔州市	158.69	0.28	0.00			
晋中市	878.24	1375.74	41.35	0.79	0.60	
运城市	1699.35	1102.17	60.41		7.09	
忻州市	178.23	187.40	37.64	3.19		
临汾市	654.46	2516.14	6.10	4.86	0.19	
吕梁市	2648.02	2345.54	76.02	6.98		

2-2-3 续表 25

制造业

地 区	煤粉（万吨）	焦炭（万吨）	其他焦化产品（万吨）	焦炉煤气（亿立方米）	高炉煤气（亿立方米）	其他煤气（亿立方米）
全 省	**66.83**	**1758.19**	**124.39**	**131.95**	**310.53**	**15.32**
太原市	0.12	300.09	31.30	29.96	107.75	9.49
大同市		24.68	0.07	0.17		
阳泉市		10.76	1.64			0.33
长治市	39.09	236.39	1.38	12.89	48.44	
晋城市	12.30	45.52			0.87	1.42
朔州市		30.04	7.01			
晋中市	0.19	75.36	5.70	16.43	10.40	0.25
运城市	0.33	243.35	51.71	8.50	54.78	3.25
忻州市	3.19	69.29		0.29	0.68	
临汾市	4.61	510.19	24.16	38.36	67.55	0.47
吕梁市	6.98	212.53	1.44	25.34	20.07	0.10

2-2-3　续表 26

制造业

地　区	天然气(亿立方米)	液化天然气(万吨)	汽油(万吨)	煤油(万吨)	柴油(万吨)	燃料油(万吨)
全　省	**3.76**	**0.14**	**2.28**	**2.20**	**22.70**	**10.49**
太原市	1.37	0.05	0.53	0.26	8.49	5.43
大同市	0.17		0.10	0.00	0.80	0.00
阳泉市	0.43		0.11	0.01	0.29	
长治市			0.37	0.01	1.87	0.02
晋城市	0.03		0.16	0.10	0.43	
朔州市	0.04		0.01		1.60	
晋中市	0.17	0.09	0.35	0.03	2.06	0.00
运城市	0.62	0.00	0.17	0.22	2.01	0.38
忻州市	0.84		0.13	0.00	0.30	
临汾市	0.02		0.17	0.00	1.94	
吕梁市	0.07	0.00	0.18	1.56	2.92	4.66

2-2-3　续表 27

制造业

地　区	液化石油气(万吨)	其他石油制品(万吨)	热力(亿万千焦)	电力(亿千瓦时)	其他燃料(万吨标准煤)
全　省	**1.42**	**6.67**	**5890.86**	**610.82**	**93.74**
太原市	0.94	0.98	1865.54	106.17	1.06
大同市	0.07		41.02	22.81	0.10
阳泉市	0.01		7.64	14.96	
长治市	0.03	0.00	65.67	59.67	0.26
晋城市	0.01	0.09	270.53	45.01	0.68
朔州市				24.81	0.81
晋中市	0.23	5.52	351.52	33.96	2.47
运城市	0.12	0.00	2369.54	192.98	27.89
忻州市		0.00	715.06	19.35	1.94
临汾市			130.82	53.81	2.60
吕梁市		0.07	73.53	37.29	55.93

2-2-3 续表 28

农副食品加工业

地 区	原煤(万吨)	洗精煤(万吨)	其他洗煤(万吨)	煤制品(万吨)	型煤(万吨)	水煤浆(万吨)
全 省	**30.70**		**0.02**	**0.16**	**0.16**	
太原市	1.34			0.16	0.16	
大同市	0.43			0.01	0.01	
阳泉市	0.34					
长治市	15.04					
晋城市	0.58					
朔州市	2.53					
晋中市	4.25					
运城市	2.86					
忻州市	2.78					
临汾市	0.13		0.02			
吕梁市	0.41					

2-2-3 续表 29

农副食品加工业

地 区	煤粉(万吨)	焦炭(万吨)	其他焦化产品(万吨)	焦炉煤气(亿立方米)	高炉煤气(亿立方米)	其他煤气(亿立方米)
全 省		**0.31**	**0.01**			**0.04**
太原市			0.01			0.04
大同市		0.11				
阳泉市						
长治市						
晋城市						
朔州市		0.20				
晋中市						
运城市						
忻州市						
临汾市						
吕梁市						

2-2-3　续表 30

农副食品加工业

地　区	天然气（亿立方米）	液化天然气（万吨）	汽油（万吨）	煤油（万吨）	柴油（万吨）	燃料油（万吨）
全　省	**0.01**		**0.04**		**0.06**	**0.02**
太原市	0.01		0.01		0.01	
大同市			0.00			
阳泉市			0.00			
长治市			0.01		0.00	
晋城市			0.00		0.00	
朔州市			0.00		0.02	
晋中市			0.00		0.00	
运城市			0.00		0.01	0.02
忻州市			0.00		0.00	
临汾市					0.00	
吕梁市			0.01		0.01	

2-2-3　续表 31

农副食品加工业

地　区	液化石油气（万吨）	其他石油制品（万吨）	热力（亿万千焦）	电力（亿千瓦时）	其他燃料（万吨标准煤）
全　省	**0.00**		**27.12**	**2.93**	
太原市				0.25	
大同市			27.12	0.08	
阳泉市				0.02	
长治市	0.00			0.57	
晋城市				0.09	
朔州市				0.11	
晋中市				0.33	
运城市				0.70	
忻州市				0.39	
临汾市			0.01	0.12	
吕梁市				0.25	

2-2-3 续表 32

食品制造业

地 区	原煤（万吨）	洗精煤（万吨）	其他洗煤（万吨）	煤制品（万吨）	型煤（万吨）	水煤浆（万吨）
全 省	**33.94**	**0.06**	**1.04**	**0.36**	**0.15**	
太原市	1.74	0.06	1.04	0.35	0.13	
大同市	0.14					
阳泉市	3.69					
长治市	0.39					
晋城市	0.17					
朔州市	16.14					
晋中市	3.43		0.01	0.02	0.02	
运城市	2.76					
忻州市	0.26					
临汾市	5.15					
吕梁市	0.08					

2-2-3 续表 33

食品制造业

地 区	天然气（亿立方米）	液化天然气（万吨）	汽油（万吨）	煤油（万吨）	柴油（万吨）	燃料油（万吨）
全 省	**0.02**		**0.04**		**0.03**	
太原市	0.00		0.01		0.00	
大同市			0.00			
阳泉市	0.00		0.00			
长治市			0.02		0.01	
晋城市						
朔州市			0.00		0.01	
晋中市			0.01		0.01	
运城市			0.00		0.00	
忻州市						
临汾市	0.01					
吕梁市			0.00		0.00	

2-2-3　续表 34

食品制造业

地　区	液化石油气（万吨）	其他石油制品（万吨）	热力（亿万千焦）	电力（亿千瓦时）	其他燃料（万吨标准煤）
全　省			**6.11**	**2.48**	**0.37**
太原市			6.11	0.29	
大同市				0.05	
阳泉市				0.06	
长治市				0.07	
晋城市				0.02	
朔州市				0.92	
晋中市				0.30	0.37
运城市				0.37	
忻州市				0.03	
临汾市				0.35	
吕梁市				0.01	

2-2-3　续表 35

饮料制造业

地　区	原煤（万吨）	洗精煤（万吨）	其他洗煤（万吨）	煤制品（万吨）	型煤（万吨）	水煤浆（万吨）
全　省	**39.91**					
太原市						
大同市	0.51					
阳泉市						
长治市	0.62					
晋城市	0.22					
朔州市	0.81					
晋中市	6.53					
运城市	7.21					
忻州市	6.13					
临汾市	0.52					
吕梁市	17.38					

2-2-3 续表 36

饮料制造业

地 区	煤粉(万吨)	焦炭(万吨)	其他焦化产品(万吨)	焦炉煤气(亿立方米)	高炉煤气(亿立方米)	其他煤气(亿立方米)
全 省						**0.01**
太原市						
大同市						
阳泉市						0.01
长治市						
晋城市						
朔州市						
晋中市						
运城市						
忻州市						
临汾市						
吕梁市						

2-2-3 续表 37

饮料制造业

地 区	天然气(亿立方米)	液化天然气(万吨)	汽油(万吨)	煤油(万吨)	柴油(万吨)	燃料油(万吨)
全 省			**0.03**		**0.02**	
太原市			0.01			
大同市						
阳泉市			0.00		0.00	
长治市			0.00		0.00	
晋城市			0.00		0.00	
朔州市						
晋中市			0.01		0.01	
运城市			0.00		0.00	
忻州市			0.00		0.00	
临汾市						
吕梁市			0.00		0.01	

2-2-3　续表 38

饮料制造业

地　区	液化石油气（万吨）	其他石油制品（万吨）	热力（亿万千焦）	电力（亿千瓦时）	其他燃料（万吨标准煤）
全　省			**10.20**	**1.66**	
太原市			10.20	0.16	
大同市				0.03	
阳泉市				0.00	
长治市				0.03	
晋城市				0.11	
朔州市				0.07	
晋中市				0.16	
运城市				0.39	
忻州市				0.16	
临汾市				0.11	
吕梁市				0.46	

2-2-3　续表 39

烟草制品业

地　区	原煤（万吨）	洗精煤（万吨）	其他洗煤（万吨）	煤制品（万吨）	型煤（万吨）	水煤浆（万吨）
全　省		**1.15**				
太原市		1.15				
大同市						
阳泉市						
长治市						
晋城市						
朔州市						
晋中市						
运城市						
忻州市						
临汾市						
吕梁市						

2-2-3 续表 40

烟草制品业

地 区	液化石油气(万吨)	其他石油制品(万吨)	热力(亿万千焦)	电力(亿千瓦时)	其他燃料(万吨标准煤)
全 省				**0.12**	
太原市				0.12	
大同市					
阳泉市					
长治市					
晋城市					
朔州市					
晋中市					
运城市					
忻州市					
临汾市					
吕梁市					

2-2-3 续表 41

纺织业

地 区	原煤(万吨)	洗精煤(万吨)	其他洗煤(万吨)	煤制品(万吨)	型煤(万吨)	水煤浆(万吨)
全 省	**6.02**			**0.14**	**0.14**	
太原市	0.04			0.14	0.14	
大同市	0.03					
阳泉市						
长治市						
晋城市	1.28					
朔州市						
晋中市	0.58					
运城市	2.71					
忻州市	1.36					
临汾市	0.02					
吕梁市						

2-2-3　续表 42

纺织业

地　区	天然气（亿立方米）	液化天然气（万吨）	汽油（万吨）	煤油（万吨）	柴油（万吨）	燃料油（万吨）
全　省			**0.02**	**0.00**	**0.03**	
太原市					0.00	
大同市						
阳泉市						
长治市						
晋城市			0.00	0.00		
朔州市						
晋中市			0.00	0.00	0.00	
运城市			0.01		0.03	
忻州市			0.00			
临汾市						
吕梁市						

2-2-3　续表 43

纺织业

地　区	液化石油气（万吨）	其他石油制品（万吨）	热力（亿万千焦）	电力（亿千瓦时）	其他燃料（万吨标准煤）
全　省	**0.02**		**58.06**	**2.07**	
太原市				0.06	
大同市				0.00	
阳泉市					
长治市					
晋城市				0.16	
朔州市					
晋中市			6.28	0.55	
运城市	0.02		51.78	0.93	
忻州市				0.19	
临汾市				0.18	
吕梁市					

2-2-3 续表 44

纺织服装、鞋、帽制造业

地 区	原煤（万吨）	洗精煤（万吨）	其他洗煤（万吨）	煤制品（万吨）	型煤（万吨）	水煤浆（万吨）
全 省	**1.36**			**0.04**	**0.04**	
太原市				0.04	0.04	
大同市	0.05					
阳泉市						
长治市						
晋城市	0.08					
朔州市						
晋中市	0.55					
运城市	0.68					
忻州市						
临汾市	0.00					
吕梁市						

2-2-3 续表 45

纺织服装、鞋、帽制造业

地 区	天然气（亿立方米）	液化天然气（万吨）	汽油（万吨）	煤油（万吨）	柴油（万吨）	燃料油（万吨）
全 省			**0.02**		**0.01**	
太原市			0.02		0.01	
大同市						
阳泉市						
长治市						
晋城市			0.00		0.00	
朔州市						
晋中市			0.00		0.00	
运城市			0.00			
忻州市						
临汾市						
吕梁市						

2-2-3　续表 46

纺织服装、鞋、帽制造业

地　区	液化石油气 (万吨)	其他石油制品 (万吨)	热力 (亿万千焦)	电力 (亿千瓦时)	其他燃料 (万吨标准煤)
全　省				**0.09**	
太原市				0.01	
大同市				0.00	
阳泉市					
长治市				0.00	
晋城市				0.00	
朔州市					
晋中市				0.01	
运城市				0.06	
忻州市					
临汾市				0.00	
吕梁市					

2-2-3　续表 47

皮革、毛皮、羽毛(绒)等

地　区	原煤 (万吨)	洗精煤 (万吨)	其他洗煤 (万吨)	煤制品 (万吨)	型煤 (万吨)	水煤浆 (万吨)
全　省	**0.01**					
太原市						
大同市	0.01					
阳泉市						
长治市						
晋城市						
朔州市						
晋中市						
运城市						
忻州市						
临汾市						
吕梁市						

2-2-3 续表 48

木材加工及木、竹、藤等

地 区	原煤(万吨)	洗精煤(万吨)	其他洗煤(万吨)	煤制品(万吨)	型煤(万吨)	水煤浆(万吨)
全 省	**3.76**					
太原市						
大同市						
阳泉市						
长治市	0.01					
晋城市						
朔州市						
晋中市						
运城市	3.75					
忻州市						
临汾市						
吕梁市						

2-2-3 续表 49

木材加工及木、竹、藤等

地 区	天然气(亿立方米)	液化天然气(万吨)	汽油(万吨)	煤油(万吨)	柴油(万吨)	燃料油(万吨)
全 省			**0.00**		**0.01**	
太原市						
大同市						
阳泉市						
长治市			0.00		0.00	
晋城市						
朔州市						
晋中市						
运城市			0.00		0.01	
忻州市						
临汾市						
吕梁市						

2-2-3　续表 50

木材加工及木、竹、藤等

地　区	液化石油气（万吨）	其他石油制品（万吨）	热力（亿万千焦）	电力（亿千瓦时）	其他燃料（万吨标准煤）
全　省					**0.67**
太原市					
大同市					
阳泉市					
长治市					0.26
晋城市					
朔州市					
晋中市					0.01
运城市					0.40
忻州市					
临汾市					
吕梁市					

2-2-3　续表 51

家具制造业

地　区	原煤（万吨）	洗精煤（万吨）	其他洗煤（万吨）	煤制品（万吨）	型煤（万吨）	水煤浆（万吨）
全　省	**0.00**			**0.01**	**0.01**	
太原市				0.01	0.01	
大同市	0.00					
阳泉市						
长治市						
晋城市						
朔州市						
晋中市						
运城市						
忻州市						
临汾市						
吕梁市						

2-2-3　续表 52

家具制造业

地　区	液化石油气(万吨)	其他石油制品(万吨)	热力(亿万千焦)	电力(亿千瓦时)	其他燃料(万吨标准煤)
全　省				**0.03**	**0.02**
太原市				0.03	0.01
大同市					0.00
阳泉市					
长治市					
晋城市					
朔州市					
晋中市					0.00
运城市					
忻州市					
临汾市					
吕梁市					

2-2-3　续表 53

造纸及纸制品业

地　区	原煤(万吨)	洗精煤(万吨)	其他洗煤(万吨)	煤制品(万吨)	型煤(万吨)	水煤浆(万吨)
全　省	**4.58**	**0.70**	**9.81**	**0.06**	**0.01**	
太原市		0.70	9.81	0.06	0.01	
大同市						
阳泉市						
长治市	0.30					
晋城市						
朔州市	0.05					
晋中市	1.38					
运城市	2.84					
忻州市						
临汾市						
吕梁市	0.01					

2-2-3　续表 54

造纸及纸制品业

地　区	煤粉 (万吨)	焦炭 (万吨)	其他焦化产品 (万吨)	焦炉煤气 (亿立方米)	高炉煤气 (亿立方米)	其他煤气 (亿立方米)
全　省	**0.04**			**0.10**		
太原市	0.04					
大同市						
阳泉市						
长治市						
晋城市						
朔州市						
晋中市						
运城市						
忻州市						
临汾市				0.10		
吕梁市						

2-2-3　续表 55

造纸及纸制品业

地　区	天然气 (亿立方米)	液化天然气 (万吨)	汽油 (万吨)	煤油 (万吨)	柴油 (万吨)	燃料油 (万吨)
全　省			**0.04**		**0.06**	
太原市			0.00		0.00	
大同市						
阳泉市						
长治市					0.00	
晋城市					0.00	
朔州市					0.00	
晋中市			0.03		0.04	
运城市					0.01	
忻州市						
临汾市						
吕梁市			0.00		0.00	

2-2-3 续表 56

造纸及纸制品业

地 区	液化石油气(万吨)	其他石油制品(万吨)	热力(亿万千焦)	电力(亿千瓦时)	其他燃料(万吨标准煤)
全 省				**1.68**	**0.85**
太原市				0.74	0.85
大同市				0.00	
阳泉市					
长治市				0.03	
晋城市				0.00	
朔州市				0.05	
晋中市				0.22	
运城市				0.52	
忻州市					
临汾市				0.07	
吕梁市				0.04	

2-2-3 续表 57

印刷业和记录媒介的复制

地 区	原煤(万吨)	洗精煤(万吨)	其他洗煤(万吨)	煤制品(万吨)	型煤(万吨)	水煤浆(万吨)
全 省	**0.46**			**0.03**	**0.03**	
太原市				0.03	0.03	
大同市	0.02					
阳泉市						
长治市						
晋城市						
朔州市						
晋中市						
运城市	0.45					
忻州市						
临汾市						
吕梁市						

2-2-3　续表 58

印刷业和记录媒介的复制

地　区	天然气 (亿立方米)	液化天然气 (万吨)	汽油 (万吨)	煤油 (万吨)	柴油 (万吨)	燃料油 (万吨)
全　省			**0.02**	**0.00**	**0.03**	
太原市			0.01		0.03	
大同市			0.00			
阳泉市						
长治市			0.00			
晋城市						
朔州市						
晋中市			0.00		0.00	
运城市					0.00	
忻州市						
临汾市						
吕梁市			0.00	0.00		

2-2-3　续表 59

印刷业和记录媒介的复制

地　区	液化石油气 (万吨)	其他石油制品 (万吨)	热力 (亿万千焦)	电力 (亿千瓦时)	其他燃料 (万吨标准煤)
全　省		**0.00**	**2.74**	**0.27**	
太原市			2.31	0.13	
大同市				0.02	
阳泉市					
长治市			0.43	0.01	
晋城市				0.00	
朔州市					
晋中市				0.01	
运城市				0.09	
忻州市					
临汾市				0.00	
吕梁市		0.00		0.02	

2-2-3 续表 60

文教体育用品制造业

地 区	原煤（万吨）	洗精煤（万吨）	其他洗煤（万吨）	煤制品（万吨）	型煤（万吨）	水煤浆（万吨）
全 省	**11.28**	**8.58**				
太原市						
大同市						
阳泉市						
长治市	0.19					
晋城市	0.00					
朔州市						
晋中市	0.06					
运城市	11.00	8.58				
忻州市						
临汾市	0.04					
吕梁市						

2-2-3 续表 61

文教体育用品制造业

地 区	煤粉（万吨）	焦炭（万吨）	其他焦化产品（万吨）	焦炉煤气（亿立方米）	高炉煤气（亿立方米）	其他煤气（亿立方米）
全 省		**0.88**				
太原市						
大同市						
阳泉市						
长治市						
晋城市						
朔州市						
晋中市		0.14				
运城市						
忻州市						
临汾市		0.74				
吕梁市						

2-2-3　续表 62

文教体育用品制造业

地　区	天然气（亿立方米）	液化天然气（万吨）	汽油（万吨）	煤油（万吨）	柴油（万吨）	燃料油（万吨）
全　省			**0.01**	**0.01**	**0.02**	
太原市			0.00		0.00	
大同市						
阳泉市						
长治市			0.00		0.00	
晋城市					0.00	
朔州市						
晋中市			0.00		0.00	
运城市				0.01	0.00	
忻州市						
临汾市			0.00		0.00	
吕梁市						

2-2-3　续表 63

文教体育用品制造业

地　区	液化石油气（万吨）	其他石油制品（万吨）	热力（亿万千焦）	电力（亿千瓦时）	其他燃料（万吨标准煤）
全　省				**0.12**	
太原市				0.01	
大同市					
阳泉市					
长治市				0.03	
晋城市				0.00	
朔州市					
晋中市				0.02	
运城市				0.04	
忻州市					
临汾市				0.01	
吕梁市					

2-2-3 续表 64

石油加工炼焦及核燃料

地 区	原煤（万吨）	洗精煤（万吨）	其他洗煤（万吨）	煤制品（万吨）	型煤（万吨）	水煤浆（万吨）
全 省	**6399.58**	**9973.19**	**189.39**	**7.35**		**0.46**
太原市	1569.98	1443.45	29.69	0.46		0.46
大同市	61.67					
阳泉市	36.77	54.86				
长治市	386.72	1277.37	0.50			
晋城市		110.12				
朔州市	18.05					
晋中市	680.82	1359.30	40.88			
运城市	728.83	993.30	58.22			
忻州市	51.60	179.85				
临汾市	474.01	2338.52				
吕梁市	2391.13	2216.40	60.10	6.90		

2-2-3 续表 65

石油加工炼焦及核燃料

地 区	煤粉（万吨）	焦炭（万吨）	其他焦化产品（万吨）	焦炉煤气（亿立方米）	高炉煤气（亿立方米）	其他煤气（亿立方米）
全 省	**6.90**	**70.80**	**49.91**	**89.64**	**17.39**	**0.80**
太原市				15.61		0.55
大同市				0.17		
阳泉市						
长治市		1.32	1.38	7.59	6.47	
晋城市						
朔州市						
晋中市		61.35	0.75	16.38	10.40	0.25
运城市		0.34	25.92	2.27		
忻州市						
临汾市		0.76	21.53	31.24		
吕梁市	6.90	7.02	0.33	16.38	0.53	

2-2-3　续表 66

石油加工炼焦及核燃料

地　区	天然气（亿立方米）	液化天然气（万吨）	汽油（万吨）	煤油（万吨）	柴油（万吨）	燃料油（万吨）
全　省			**0.43**	**1.96**	**6.66**	**0.03**
太原市			0.08	0.18	0.96	0.01
大同市			0.00		0.02	
阳泉市			0.00		0.02	
长治市			0.05	0.01	0.52	0.02
晋城市			0.01		0.06	
朔州市					0.17	
晋中市			0.09	0.01	0.79	0.00
运城市			0.00	0.20	0.77	
忻州市			0.00		0.05	
临汾市			0.08	0.00	1.15	
吕梁市			0.12	1.55	2.16	

2-2-3　续表 67

石油加工炼焦及核燃料

地　区	液化石油气（万吨）	其他石油制品（万吨）	热力（亿万千焦）	电力（亿千瓦时）	其他燃料（万吨标准煤）
全　省		**0.02**	**908.13**	**48.55**	**57.71**
太原市			259.95	7.09	0.20
大同市				0.35	
阳泉市				0.59	
长治市			0.15	3.79	
晋城市			270.53	0.06	
朔州市				1.11	
晋中市			345.23	6.84	1.95
运城市				7.19	9.10
忻州市				0.60	
临汾市				9.52	2.53
吕梁市		0.02	32.27	11.42	43.94

2-2-3 续表 68

化学原料及化学制品制造

地 区	原煤 (万吨)	洗精煤 (万吨)	其他洗煤 (万吨)	煤制品 (万吨)	型煤 (万吨)	水煤浆 (万吨)
全 省	**1051.34**	**113.26**	**53.55**	**21.33**	**9.58**	
太原市	64.88	106.07		1.01	1.01	
大同市	30.48					
阳泉市	7.94					
长治市	148.61			8.00	8.00	
晋城市	336.86			11.75		
朔州市	14.72					
晋中市	91.20			0.56	0.56	
运城市	268.26					
忻州市	26.09	7.19	37.63			
临汾市	50.38					
吕梁市	11.92		15.92			

2-2-3 续表 69

化学原料及化学制品制造

地 区	煤粉 (万吨)	焦炭 (万吨)	其他焦化产品 (万吨)	焦炉煤气 (亿立方米)	高炉煤气 (亿立方米)	其他煤气 (亿立方米)
全 省	**11.75**	**150.14**	**65.20**	**8.55**		**0.34**
太原市		10.80	31.29	2.23		0.23
大同市		13.60	0.07			
阳泉市		3.44	1.64			
长治市		24.07		1.54		
晋城市	11.75	1.89				
朔州市		19.70	3.57			
晋中市			2.33			
运城市		0.07	22.73	0.97		
忻州市		49.24				
临汾市		26.86	2.62	2.07		
吕梁市		0.45	0.95	1.74		0.10

2-2-3　续表 70

化学原料及化学制品制造

地　区	天然气(亿立方米)	液化天然气(万吨)	汽油(万吨)	煤油(万吨)	柴油(万吨)	燃料油(万吨)
全　省	**0.14**		**0.33**	**0.05**	**1.08**	**2.69**
太原市	0.00		0.04	0.05	0.11	2.49
大同市			0.01		0.02	
阳泉市			0.01	0.00	0.03	
长治市			0.11		0.36	
晋城市			0.07	0.00	0.14	
朔州市			0.01		0.02	
晋中市	0.03		0.01	0.00	0.19	
运城市	0.11		0.01	0.00	0.11	0.20
忻州市			0.02	0.00	0.05	
临汾市			0.02		0.02	
吕梁市			0.02	0.00	0.03	

2-2-3　续表 71

化学原料及化学制品制造

地　区	液化石油气(万吨)	其他石油制品(万吨)	热力(亿万千焦)	电力(亿千瓦时)	其他燃料(万吨标准煤)
全　省		**0.14**	**526.39**	**150.23**	**8.07**
太原市			474.82	17.09	
大同市				4.39	
阳泉市			7.59	3.29	
长治市			2.73	28.20	
晋城市		0.09		36.42	
朔州市				5.84	
晋中市				11.97	
运城市				26.01	
忻州市				6.37	1.94
临汾市				6.36	
吕梁市		0.05	41.26	4.28	6.13

2-2-3 续表 72

医药制造业

地 区	原煤(万吨)	洗精煤(万吨)	其他洗煤(万吨)	煤制品(万吨)	型煤(万吨)	水煤浆(万吨)
全 省	**27.99**	**0.24**		**0.06**	**0.06**	
太原市	0.20	0.24		0.06	0.06	
大同市	17.33					
阳泉市	0.07					
长治市	2.42					
晋城市	0.03					
朔州市	0.18					
晋中市	1.27					
运城市	4.81					
忻州市	0.54					
临汾市	0.92					
吕梁市	0.22					

2-2-3 续表 73

医药制造业

地 区	煤粉(万吨)	焦炭(万吨)	其他焦化产品(万吨)	焦炉煤气(亿立方米)	高炉煤气(亿立方米)	其他煤气(亿立方米)
全 省		**0.11**		**0.00**		
太原市				0.00		
大同市		0.11				
阳泉市						
长治市						
晋城市						
朔州市						
晋中市						
运城市						
忻州市						
临汾市						
吕梁市						

2-2-3　续表 74

医药制造业

地　区	天然气（亿立方米）	液化天然气（万吨）	汽油（万吨）	煤油（万吨）	柴油（万吨）	燃料油（万吨）
全　省		**0.00**	**0.04**		**0.03**	
太原市			0.01		0.00	
大同市			0.01		0.00	
阳泉市					0.00	
长治市			0.00		0.00	
晋城市			0.00			
朔州市					0.00	
晋中市			0.01		0.00	
运城市		0.00	0.00		0.01	
忻州市						
临汾市			0.00		0.01	
吕梁市					0.00	

2-2-3　续表 75

医药制造业

地　区	液化石油气（万吨）	其他石油制品（万吨）	热力（亿万千焦）	电力（亿千瓦时）	其他燃料（万吨标准煤）
全　省			**17.49**	**5.04**	**0.14**
太原市			15.11	0.15	
大同市			2.37	3.92	
阳泉市				0.02	
长治市				0.14	
晋城市				0.01	
朔州市				0.10	
晋中市				0.21	
运城市				0.31	
忻州市				0.02	
临汾市				0.09	
吕梁市				0.08	0.14

2-2-3 续表 76

化学纤维制造业

地 区	原煤 (万吨)	洗精煤 (万吨)	其他洗煤 (万吨)	煤制品 (万吨)	型煤 (万吨)	水煤浆 (万吨)
全 省	**4.65**					
太原市	0.25					
大同市	4.39					
阳泉市						
长治市						
晋城市						
朔州市						
晋中市						
运城市						
忻州市						
临汾市						
吕梁市						

2-2-3 续表 77

化学纤维制造业

地 区	液化石油气 (万吨)	其他石油制品 (万吨)	热力 (亿万千焦)	电力 (亿千瓦时)	其他燃料 (万吨标准煤)
全 省				**0.42**	
太原市				0.23	
大同市				0.19	
阳泉市					
长治市					
晋城市					
朔州市					
晋中市					
运城市					
忻州市					
临汾市					
吕梁市					

2-2-3 续表 78

橡胶制品业

地 区	原煤(万吨)	洗精煤(万吨)	其他洗煤(万吨)	煤制品(万吨)	型煤(万吨)	水煤浆(万吨)
全 省	**2.02**					
太原市	0.62					
大同市						
阳泉市	0.11					
长治市	0.92					
晋城市	0.09					
朔州市						
晋中市	0.17					
运城市	0.07					
忻州市						
临汾市						
吕梁市	0.05					

2-2-3 续表 79

橡胶制品业

地 区	煤粉(万吨)	焦炭(万吨)	其他焦化产品(万吨)	焦炉煤气(亿立方米)	高炉煤气(亿立方米)	其他煤气(亿立方米)
全 省				**0.23**		
太原市				0.23		
大同市						
阳泉市						
长治市						
晋城市						
朔州市						
晋中市						
运城市						
忻州市						
临汾市						
吕梁市						

2-2-3 续表 80

橡胶制品业

地 区	天然气 (亿立方米)	液化天然气 (万吨)	汽油 (万吨)	煤油 (万吨)	柴油 (万吨)	燃料油 (万吨)
全 省			**0.03**	**0.00**	**0.06**	
太原市			0.01	0.00	0.00	
大同市			0.01			
阳泉市			0.00		0.00	
长治市			0.00		0.00	
晋城市			0.00			
朔州市						
晋中市			0.00		0.05	
运城市			0.00			
忻州市						
临汾市			0.00			
吕梁市			0.00		0.00	

2-2-3 续表 81

橡胶制品业

地 区	液化石油气 (万吨)	其他石油制品 (万吨)	热力 (亿万千焦)	电力 (亿千瓦时)	其他燃料 (万吨标准煤)
全 省			**0.60**	**1.10**	
太原市				0.41	
大同市			0.60	0.03	
阳泉市				0.00	
长治市				0.10	
晋城市				0.00	
朔州市					
晋中市				0.47	
运城市				0.06	
忻州市				0.01	
临汾市				0.01	
吕梁市				0.01	

2-2-3　续表 82

塑料制品业

地　区	原煤 (万吨)	洗精煤 (万吨)	其他洗煤 (万吨)	煤制品 (万吨)	型煤 (万吨)	水煤浆 (万吨)
全　省	**2.26**					
太原市	0.03					
大同市						
阳泉市						
长治市	0.04					
晋城市	0.03					
朔州市						
晋中市	0.02					
运城市	2.15					
忻州市						
临汾市						
吕梁市						

2-2-3　续表 83

塑料制品业

地　区	天然气 (亿立方米)	液化天然气 (万吨)	汽油 (万吨)	煤油 (万吨)	柴油 (万吨)	燃料油 (万吨)
全　省	**0.00**		**0.02**		**0.02**	
太原市	0.00		0.00		0.01	
大同市			0.00			
阳泉市						
长治市			0.00		0.01	
晋城市						
朔州市						
晋中市			0.00		0.00	
运城市			0.00		0.00	
忻州市						
临汾市						
吕梁市			0.01			

2-2-3 续表 84

塑料制品业

地　区	液化石油气（万吨）	其他石油制品（万吨）	热力（亿万千焦）	电力（亿千瓦时）	其他燃料（万吨标准煤）
全　省	**0.01**	**0.00**	**0.29**	**1.20**	
太原市	0.00		0.29	0.29	
大同市				0.00	
阳泉市					
长治市	0.00	0.00		0.25	
晋城市				0.08	
朔州市					
晋中市				0.05	
运城市				0.36	
忻州市					
临汾市				0.09	
吕梁市				0.08	

2-2-3 续表 85

非金属矿物制品业

地　区	原煤（万吨）	洗精煤（万吨）	其他洗煤（万吨）	煤制品（万吨）	型煤（万吨）	水煤浆（万吨）
全　省	**297.83**	**3.04**	**1.48**	**3.91**	**2.34**	
太原市	40.13	0.00	0.06	0.05	0.05	
大同市	44.73		1.39	0.06	0.06	
阳泉市	18.51	2.43				
长治市	25.51		0.03	0.51		
晋城市	14.04					
朔州市	23.77	0.27				
晋中市	43.60	0.20				
运城市	42.22				2.22	
忻州市	3.09			0.20		
临汾市	24.10			0.53		
吕梁市	18.13	0.14				

2-2-3　续表 86

非金属矿物制品业

地　区	煤粉（万吨）	焦炭（万吨）	其他焦化产品（万吨）	焦炉煤气（亿立方米）	高炉煤气（亿立方米）	其他煤气（亿立方米）
全　省	**1.55**	**8.26**	**5.68**	**3.24**		**1.74**
太原市				0.65		
大同市		1.01				
阳泉市		0.65				0.32
长治市	0.51	0.20				
晋城市						1.42
朔州市						
晋中市		0.23	2.62			
运城市	0.33	0.36	3.06	0.15		
忻州市	0.20	5.03		0.29		
临汾市	0.51					
吕梁市		0.79		2.14		

2-2-3　续表 87

非金属矿物制品业

地　区	天然气（亿立方米）	液化天然气（万吨）	汽油（万吨）	煤油（万吨）	柴油（万吨）	燃料油（万吨）
全　省	**0.71**	**0.11**	**0.19**	**0.01**	**3.61**	**7.58**
太原市		0.05	0.02	0.01	0.48	2.92
大同市			0.02	0.00	0.39	
阳泉市	0.43		0.03	0.00	0.19	
长治市			0.01		0.20	
晋城市	0.03		0.03		0.12	
朔州市	0.04		0.00		1.32	
晋中市	0.14	0.07	0.06	0.00	0.50	
运城市	0.00		0.00		0.08	
忻州市			0.00		0.02	
临汾市			0.00		0.20	
吕梁市	0.07		0.00		0.12	4.66

2-2-3 续表 88

非金属矿物制品业

地 区	液化石油气（万吨）	其他石油制品（万吨）	热力（亿万千焦）	电力（亿千瓦时）	其他燃料（万吨标准煤）
全 省	**0.31**	**5.52**	**1.10**	**33.88**	**1.67**
太原市			1.10	4.18	
大同市				2.68	0.10
阳泉市				1.91	
长治市	0.03			3.06	
晋城市	0.01	0.00		2.08	0.39
朔州市				2.42	0.81
晋中市	0.23	5.52		4.35	0.14
运城市	0.03	0.00		5.85	
忻州市				0.82	
临汾市				2.45	0.07
吕梁市				4.08	0.15

2-2-3 续表 89

黑色金属冶炼及压延

地 区	原煤（万吨）	洗精煤（万吨）	其他洗煤（万吨）	煤制品（万吨）	型煤（万吨）	水煤浆（万吨）
全 省	**552.07**	**730.13**	**10.53**	**46.04**	**0.19**	
太原市	202.37	265.08	4.45			
大同市	0.95					
阳泉市	0.02					
长治市	13.88	53.29		38.58		
晋城市	12.35			0.49		
朔州市	21.92					
晋中市	27.19	13.22				
运城市	40.91	91.58				
忻州市	7.67	0.35		2.64		
临汾市	82.18	177.62	6.08	4.33	0.19	
吕梁市	142.64	128.99				

2-2-3　续表 90

黑色金属冶炼及压延

地　区	煤粉 (万吨)	焦炭 (万吨)	其他焦化产品 (万吨)	焦炉煤气 (亿立方米)	高炉煤气 (亿立方米)	其他煤气 (亿立方米)
全　省	**45.81**	**1490.44**	**0.15**	**23.09**	**292.87**	**6.73**
太原市		288.23		9.29	107.54	6.26
大同市		9.74				
阳泉市		6.07				
长治市	38.58	210.50		3.29	41.97	
晋城市	0.49	43.02			0.87	
朔州市		6.35				
晋中市		3.11				
运城市		233.82		2.13	54.78	
忻州市	2.64	12.66			0.68	
临汾市	4.10	472.93		4.95	67.49	0.47
吕梁市		204.01	0.15	3.43	19.54	

2-2-3　续表 91

黑色金属冶炼及压延

地　区	天然气 (亿立方米)	液化天然气 (万吨)	汽油 (万吨)	煤油 (万吨)	柴油 (万吨)	燃料油 (万吨)
全　省	**1.36**		**0.30**	**0.00**	**8.44**	**0.00**
太原市	1.36		0.07	0.00	6.51	
大同市			0.00		0.04	
阳泉市	0.00		0.00		0.01	
长治市			0.07	0.00	0.68	
晋城市			0.02		0.09	
朔州市					0.05	
晋中市			0.01	0.00	0.05	
运城市			0.01		0.19	0.00
忻州市			0.09		0.06	
临汾市			0.02		0.32	
吕梁市			0.00		0.45	

2-2-3 续表 92

黑色金属冶炼及压延

地 区	液化石油气（万吨）	其他石油制品（万吨）	热力（亿万千焦）	电力（亿千瓦时）	其他燃料（万吨标准煤）
全 省		**0.00**	**860.13**	**165.18**	**1.65**
太原市			695.74	53.02	
大同市				4.95	
阳泉市				0.18	
长治市		0.00	33.58	21.53	
晋城市				4.78	0.29
朔州市				3.54	
晋中市		0.00		5.19	
运城市				22.39	1.36
忻州市				5.72	
临汾市			130.81	29.72	
吕梁市				14.18	

2-2-3 续表 93

有色金属冶炼及压延

地 区	原煤（万吨）	洗精煤（万吨）	其他洗煤（万吨）	煤制品（万吨）	型煤（万吨）	水煤浆（万吨）
全 省	**857.42**	**11.70**	**2.00**	**4.97**	**4.89**	
太原市	49.12					
大同市	8.67					
阳泉市	0.94					
长治市	14.51					
晋城市	0.62					
朔州市	60.49					
晋中市	7.55	3.01		0.02	0.02	
运城市	573.63	8.70	2.00	4.87	4.87	
忻州市	67.09					
临汾市	8.94					
吕梁市	65.86			0.09		

2-2-3　续表 94

有色金属冶炼及压延

地　区	煤粉 (万吨)	焦炭 (万吨)	其他焦化产品 (万吨)	焦炉煤气 (亿立方米)	高炉煤气 (亿立方米)	其他煤气 (亿立方米)
全　省	**0.09**	**18.13**	**3.44**	**6.15**	**0.21**	**3.25**
太原市				1.00	0.21	
大同市		0.09				
阳泉市		0.01				
长治市				0.47		
晋城市						
朔州市		3.78	3.44			
晋中市		2.53		0.04		
运城市		7.26		2.98		3.25
忻州市		2.04				
临汾市		2.43				
吕梁市	0.09			1.65		

2-2-3　续表 95

有色金属冶炼及压延

地　区	天然气 (亿立方米)	液化天然气 (万吨)	汽油 (万吨)	煤油 (万吨)	柴油 (万吨)	燃料油 (万吨)
全　省	**1.35**		**0.10**	**0.01**	**1.38**	
太原市			0.00	0.00	0.09	
大同市			0.03		0.20	
阳泉市			0.01	0.00	0.01	
长治市			0.00		0.01	
晋城市					0.01	
朔州市					0.01	
晋中市			0.00		0.02	
运城市	0.51		0.03	0.00	0.68	
忻州市	0.84		0.00		0.10	
临汾市			0.01	0.00	0.15	
吕梁市			0.01		0.11	

2-2-3 续表 96

有色金属冶炼及压延

地 区	液化石油气（万吨）	其他石油制品（万吨）	热力（亿万千焦）	电力（亿千瓦时）	其他燃料（万吨标准煤）
全 省	**0.01**	**0.00**	**3009.44**	**165.73**	**22.61**
太原市			0.06	11.02	
大同市				3.63	
阳泉市	0.01			8.67	
长治市				0.31	
晋城市				0.00	
朔州市				10.63	
晋中市				1.80	
运城市			2294.32	123.20	17.03
忻州市			715.06	3.30	
临汾市				2.13	
吕梁市		0.00		1.03	5.58

2-2-3 续表 97

金属制品业

地 区	原煤（万吨）	洗精煤（万吨）	其他洗煤（万吨）	煤制品（万吨）	型煤（万吨）	水煤浆（万吨）
全 省	**3.42**			**0.10**	**0.02**	
太原市	0.22			0.10	0.02	
大同市	0.21					
阳泉市	0.08					
长治市	0.04					
晋城市	0.04					
朔州市						
晋中市	2.68					
运城市	0.06					
忻州市						
临汾市	0.01					
吕梁市	0.07					

2-2-3　续表 98

金属制品业

地　区	煤粉（万吨）	焦炭（万吨）	其他焦化产品（万吨）	焦炉煤气（亿立方米）	高炉煤气（亿立方米）	其他煤气（亿立方米）
全　省	**0.08**	**3.71**		**0.01**		
太原市	0.08	0.30		0.01		
大同市						
阳泉市						
长治市						
晋城市						
朔州市						
晋中市		3.40				
运城市						
忻州市						
临汾市						
吕梁市		0.01				

2-2-3　续表 99

金属制品业

地　区	天然气（亿立方米）	液化天然气（万吨）	汽油（万吨）	煤油（万吨）	柴油（万吨）	燃料油（万吨）
全　省	**0.00**	**0.00**	**0.05**	**0.01**	**0.11**	
太原市			0.03		0.04	
大同市			0.00			
阳泉市			0.00		0.00	
长治市			0.00		0.00	
晋城市						
朔州市						
晋中市			0.01	0.00	0.06	
运城市			0.00		0.00	
忻州市						
临汾市	0.00				0.00	
吕梁市		0.00	0.00	0.01	0.00	

2-2-3 续表 100

金属制品业

地 区	液化石油气（万吨）	其他石油制品（万吨）	热力（亿万千焦）	电力（亿千瓦时）	其他燃料（万吨标准煤）
全 省	**0.00**	**0.00**	**0.33**	**1.08**	
太原市			0.33	0.30	
大同市				0.04	
阳泉市				0.02	
长治市		0.00		0.09	
晋城市	0.00			0.13	
朔州市					
晋中市				0.28	
运城市				0.10	
忻州市					
临汾市				0.03	
吕梁市				0.10	

2-2-3 续表 101

通用设备制造业

地 区	原煤（万吨）	洗精煤（万吨）	其他洗煤（万吨）	煤制品（万吨）	型煤（万吨）	水煤浆（万吨）
全 省	**28.62**			**0.57**	**0.02**	
太原市	2.20			0.01	0.01	
大同市	4.10					
阳泉市	1.60					
长治市	0.46					
晋城市	0.33			0.01		
朔州市	0.03					
晋中市	2.51			0.19	0.00	
运城市	1.11					
忻州市	11.39			0.36		
临汾市	4.88					
吕梁市	0.01					

2-2-3 续表 102

通用设备制造业

地 区	煤粉(万吨)	焦炭(万吨)	其他焦化产品(万吨)	焦炉煤气(亿立方米)	高炉煤气(亿立方米)	其他煤气(亿立方米)
全 省	**0.56**	**9.61**		**0.01**	**0.05**	**0.10**
太原市		0.60		0.01		0.10
大同市		0.02				
阳泉市		0.58				
长治市		0.01				
晋城市	0.01	0.41				
朔州市		0.00				
晋中市	0.19	4.35		0.00		
运城市		0.89				
忻州市	0.36	0.32				
临汾市		2.16			0.05	
吕梁市		0.26				

2-2-3 续表 103

通用设备制造业

地 区	天然气(亿立方米)	液化天然气(万吨)	汽油(万吨)	煤油(万吨)	柴油(万吨)	燃料油(万吨)
全 省		**0.02**	**0.23**	**0.01**	**0.54**	**0.08**
太原市			0.06	0.00	0.06	0.00
大同市			0.00	0.00	0.08	
阳泉市			0.04		0.01	
长治市			0.02	0.00	0.01	
晋城市			0.01	0.00	0.01	
朔州市						
晋中市		0.02	0.05	0.01	0.29	
运城市			0.02		0.03	0.08
忻州市			0.02		0.02	
临汾市			0.02		0.03	
吕梁市			0.00		0.01	

2-2-3 续表 104

通用设备制造业

地 区	液化石油气（万吨）	其他石油制品（万吨）	热力（亿万千焦）	电力（亿千瓦时）	其他燃料（万吨标准煤）
全 省	**0.13**	**0.00**	**0.00**	**8.17**	
太原市	0.00	0.00	0.00	0.49	
大同市	0.06			0.53	
阳泉市				0.10	
长治市				0.26	
晋城市	0.00			0.17	
朔州市				0.02	
晋中市				0.54	
运城市	0.07			2.81	
忻州市				1.43	
临汾市				0.88	
吕梁市				0.95	

2-2-3 续表 105

专用设备制造业

地 区	原煤（万吨）	洗精煤（万吨）	其他洗煤（万吨）	煤制品（万吨）	型煤（万吨）	水煤浆（万吨）
全 省	**36.95**	**7.25**	**5.43**	**0.06**	**0.03**	
太原市	20.99	7.25	5.41	0.03	0.03	
大同市	0.03					
阳泉市	0.08		0.02			
长治市	9.27					
晋城市	0.68			0.03		
朔州市						
晋中市	3.35					
运城市	0.16					
忻州市	0.01					
临汾市	2.37					
吕梁市	0.02					

2-2-3　续表 106

专用设备制造业

地　区	煤粉(万吨)	焦炭(万吨)	其他焦化产品(万吨)	焦炉煤气(亿立方米)	高炉煤气(亿立方米)	其他煤气(亿立方米)
全　省	**0.03**	**0.24**		**0.87**		**2.31**
太原市		0.02		0.87		2.31
大同市						
阳泉市						
长治市		0.00		0.00		
晋城市	0.03					
朔州市						
晋中市		0.22				
运城市						
忻州市						
临汾市		0.00				
吕梁市						

2-2-3　续表 107

专用设备制造业

地　区	天然气(亿立方米)	液化天然气(万吨)	汽油(万吨)	煤油(万吨)	柴油(万吨)	燃料油(万吨)
全　省	**0.01**		**0.26**	**0.01**	**0.26**	
太原市	0.01		0.08	0.00	0.11	
大同市						
阳泉市			0.00	0.00	0.00	
长治市			0.04	0.00	0.05	
晋城市			0.01		0.02	
朔州市						
晋中市			0.03	0.01	0.03	
运城市			0.07		0.02	
忻州市			0.00		0.00	
临汾市			0.02	0.00	0.03	
吕梁市			0.00		0.01	

2-2-3 续表 108

专用设备制造业

地 区	液化石油气(万吨)	其他石油制品(万吨)	热力(亿万千焦)	电力(亿千瓦时)	其他燃料(万吨标准煤)
全 省	**0.00**	**0.98**	**258.48**	**7.61**	
太原市		0.98	229.74	4.53	
大同市	0.00			0.02	
阳泉市	0.00			0.03	
长治市		0.00	28.75	0.93	
晋城市				0.10	
朔州市				0.00	
晋中市				0.46	
运城市				0.20	
忻州市		0.00		0.31	
临汾市				0.85	
吕梁市				0.18	

2-2-3 续表 109

交通运输设备制造业

地 区	原煤(万吨)	洗精煤(万吨)	其他洗煤(万吨)	煤制品(万吨)	型煤(万吨)	水煤浆(万吨)
全 省	**9.24**	**0.14**	**2.66**	**0.11**	**0.09**	
太原市	0.32	0.14	2.21	0.08	0.08	
大同市	5.95					
阳泉市						
长治市	0.45					
晋城市	0.40			0.03	0.01	
朔州市						
晋中市	0.75		0.46			
运城市	1.27					
忻州市						
临汾市	0.07					
吕梁市	0.03					

2-2-3 续表 110

交通运输设备制造业

地 区	煤粉 (万吨)	焦炭 (万吨)	其他焦化产品 (万吨)	焦炉煤气 (亿立方米)	高炉煤气 (亿立方米)	其他煤气 (亿立方米)
全 省	**0.02**	**5.49**		**0.01**		
太原市		0.13		0.00		
大同市						
阳泉市						
长治市		0.22				
晋城市	0.02	0.19				
朔州市						
晋中市		0.03				
运城市		0.61		0.00		
忻州市						
临汾市		4.30				
吕梁市						

2-2-3 续表 111

交通运输设备制造业

地 区	天然气 (亿立方米)	液化天然气 (万吨)	汽油 (万吨)	煤油 (万吨)	柴油 (万吨)	燃料油 (万吨)
全 省	**0.17**	**0.00**	**0.07**	**0.11**	**0.15**	**0.00**
太原市			0.03	0.01	0.03	
大同市	0.17		0.01	0.00	0.05	0.00
阳泉市						
长治市			0.00		0.01	
晋城市				0.10		
朔州市			0.00			
晋中市			0.01		0.02	
运城市		0.00	0.01	0.00	0.02	
忻州市						
临汾市			0.00	0.00	0.02	
吕梁市					0.00	

2-2-3 续表 112

交通运输设备制造业

地 区	液化石油气（万吨）	其他石油制品（万吨）	热力（亿万千焦）	电力（亿千瓦时）	其他燃料（万吨标准煤）
全 省	**0.01**	**0.00**	**17.81**	**4.24**	
太原市		0.00	7.14	0.46	
大同市	0.01		10.67	1.82	
阳泉市					
长治市				0.18	
晋城市				0.29	
朔州市				0.00	
晋中市				0.14	
运城市				0.55	
忻州市					
临汾市				0.71	
吕梁市				0.09	

2-2-3 续表 113

电器机械及器材制造业

地 区	原煤（万吨）	洗精煤（万吨）	其他洗煤（万吨）	煤制品（万吨）	型煤（万吨）	水煤浆（万吨）
全 省	**3.33**					
太原市	0.35					
大同市	0.50					
阳泉市						
长治市	0.04					
晋城市	0.00					
朔州市						
晋中市	0.34					
运城市	1.22					
忻州市	0.23					
临汾市	0.58					
吕梁市	0.07					

2-2-3　续表 114

电器机械及器材制造业

地　区	煤粉 (万吨)	焦炭 (万吨)	其他焦化产品 (万吨)	焦炉煤气 (亿立方米)	高炉煤气 (亿立方米)	其他煤气 (亿立方米)
全　省		**0.06**				**0.00**
太原市						
大同市						
阳泉市						0.00
长治市		0.06				
晋城市						
朔州市						
晋中市						
运城市						
忻州市						
临汾市						
吕梁市						

2-2-3　续表 115

电器机械及器材制造业

地　区	天然气 (亿立方米)	液化天然气 (万吨)	汽油 (万吨)	煤油 (万吨)	柴油 (万吨)	燃料油 (万吨)
全　省			**0.03**	**0.00**	**0.03**	**0.09**
太原市			0.00	0.00		
大同市			0.00		0.01	
阳泉市			0.00		0.00	
长治市			0.01		0.00	
晋城市					0.00	
朔州市						
晋中市			0.00		0.00	
运城市			0.01	0.00	0.02	0.09
忻州市			0.00		0.00	
临汾市						
吕梁市						

2-2-3 续表 116

电器机械及器材制造业

地 区	液化石油气(万吨)	其他石油制品(万吨)	热力(亿万千焦)	电力(亿千瓦时)	其他燃料(万吨标准煤)
全 省			**23.79**	**0.84**	
太原市			0.01	0.11	
大同市			0.26	0.04	
阳泉市			0.05	0.02	
长治市			0.04	0.09	
晋城市				0.01	
朔州市					
晋中市				0.05	
运城市			23.44	0.38	
忻州市				0.02	
临汾市				0.11	
吕梁市				0.02	

2-2-3 续表 117

通信设备、计算机及其他

地 区	原煤(万吨)	洗精煤(万吨)	其他洗煤(万吨)	煤制品(万吨)	型煤(万吨)	水煤浆(万吨)
全 省	**1.79**	**0.06**	**0.19**	**0.38**	**0.38**	
太原市	1.21	0.06		0.38	0.38	
大同市	0.16					
阳泉市	0.03					
长治市	0.00					
晋城市						
朔州市						
晋中市						
运城市	0.38		0.19			
忻州市						
临汾市						
吕梁市						

2-2-3 续表 118

通信设备、计算机及其他

地 区	煤粉(万吨)	焦炭(万吨)	其他焦化产品(万吨)	焦炉煤气(亿立方米)	高炉煤气(亿立方米)	其他煤气(亿立方米)
全 省		**0.00**		**0.05**		**0.00**
太原市		0.00		0.05		0.00
大同市						
阳泉市						
长治市						
晋城市						
朔州市						
晋中市						
运城市						
忻州市						
临汾市						
吕梁市						

2-2-3 续表 119

通信设备、计算机及其他

地 区	天然气(亿立方米)	液化天然气(万吨)	汽油(万吨)	煤油(万吨)	柴油(万吨)	燃料油(万吨)
全 省			**0.01**	**0.00**	**0.07**	
太原市			0.01	0.00	0.05	
大同市					0.00	
阳泉市			0.00		0.00	
长治市						
晋城市						
朔州市						
晋中市						
运城市			0.00		0.01	
忻州市						
临汾市						
吕梁市			0.00		0.00	

2-2-3 续表 120

通信设备、计算机及其他

地 区	液化石油气(万吨)	其他石油制品(万吨)	热力(亿万千焦)	电力(亿千瓦时)	其他燃料(万吨标准煤)
全 省	**0.94**		**152.93**	**5.93**	
太原市	0.94		152.93	4.88	
大同市				0.04	
阳泉市				0.04	
长治市				0.01	
晋城市				0.49	
朔州市					
晋中市					
运城市				0.46	
忻州市					
临汾市					
吕梁市				0.02	

2-2-3 续表 121

仪器仪表及文化、办公用

地 区	原煤(万吨)	洗精煤(万吨)	其他洗煤(万吨)	煤制品(万吨)	型煤(万吨)	水煤浆(万吨)
全 省	**0.10**					
太原市	0.10					
大同市						
阳泉市						
长治市						
晋城市						
朔州市						
晋中市						
运城市						
忻州市						
临汾市						
吕梁市						

2-2-3　续表 122

仪器仪表及文化、办公用

地　区	煤粉（万吨）	焦炭（万吨）	其他焦化产品（万吨）	焦炉煤气（亿立方米）	高炉煤气（亿立方米）	其他煤气（亿立方米）
全　省		**0.01**				
太原市		0.01				
大同市						
阳泉市						
长治市						
晋城市						
朔州市						
晋中市						
运城市						
忻州市						
临汾市						
吕梁市						

2-2-3　续表 123

仪器仪表及文化、办公用

地　区	天然气（亿立方米）	液化天然气（万吨）	汽油（万吨）	煤油（万吨）	柴油（万吨）	燃料油（万吨）
全　省			**0.01**	**0.00**	**0.01**	
太原市			0.01	0.00	0.01	
大同市						
阳泉市						
长治市						
晋城市						
朔州市						
晋中市						
运城市						
忻州市						
临汾市						
吕梁市						

2-2-3 续表 124

仪器仪表及文化、办公用

地 区	液化石油气（万吨）	其他石油制品（万吨）	热力（亿万千焦）	电力（亿千瓦时）	其他燃料（万吨标准煤）
全 省		**0.00**	**7.83**	**0.12**	
太原市		0.00	7.83	0.12	
大同市					
阳泉市					
长治市					
晋城市					
朔州市					
晋中市					
运城市					
忻州市					
临汾市					
吕梁市					

2-2-3 续表 125

工业品及其他制造业

地 区	原煤（万吨）	洗精煤（万吨）	其他洗煤（万吨）	煤制品（万吨）	型煤（万吨）	水煤浆（万吨）
全 省	**0.15**					
太原市						
大同市						
阳泉市						
长治市						
晋城市						
朔州市						
晋中市						
运城市						
忻州市						
临汾市	0.15					
吕梁市						

2-2-3 续表 126

工业品及其他制造业

地 区	液化石油气（万吨）	其他石油制品（万吨）	热力（亿万千焦）	电力（亿千瓦时）	其他燃料（万吨标准煤）
全 省			**1.89**	**0.04**	
太原市			1.89	0.01	
大同市					
阳泉市					
长治市					
晋城市					
朔州市					
晋中市				0.00	
运城市				0.01	
忻州市					
临汾市				0.02	
吕梁市					

2-2-3 续表 127

电力、煤气及水的生产和供应

地 区	原煤（万吨）	洗精煤（万吨）	其他洗煤（万吨）	煤制品（万吨）	型煤（万吨）	水煤浆（万吨）
全 省	**7418.94**	**0.15**	**70.99**			
太原市	843.04					
大同市	826.44	0.15				
阳泉市	556.40					
长治市	1151.76		29.48			
晋城市	747.92					
朔州市	1151.95					
晋中市	327.72		18.88			
运城市	618.09					
忻州市	554.48		3.33			
临汾市	228.43		19.30			
吕梁市	412.71					

2-2-3 续表 128

电力、煤气及水的生产和供应

地 区	煤粉(万吨)	焦炭(万吨)	其他焦化产品(万吨)	焦炉煤气(亿立方米)	高炉煤气(亿立方米)	其他煤气(亿立方米)
全 省		**3.03**		**0.71**	**0.34**	
太原市						
大同市		3.03		0.16		
阳泉市						
长治市				0.34		
晋城市						
朔州市						
晋中市				0.09		
运城市						
忻州市				0.12	0.34	
临汾市						
吕梁市						

2-2-3 续表 129

电力、煤气及水的生产和供应

地 区	天然气(亿立方米)	液化天然气(万吨)	汽油(万吨)	煤油(万吨)	柴油(万吨)	燃料油(万吨)
全 省	**0.52**		**0.43**	**0.00**	**5.66**	**1.38**
太原市			0.14	0.00	0.48	0.57
大同市			0.00		0.28	
阳泉市			0.04		0.34	
长治市			0.12		0.79	
晋城市	0.52		0.00		0.31	0.44
朔州市			0.03		1.48	
晋中市			0.03		0.31	0.08
运城市			0.06		0.95	0.00
忻州市			0.00		0.06	
临汾市			0.00		0.03	0.29
吕梁市			0.01		0.64	0.00

2-2-3　续表 130

电力、煤气及水的生产和供应

地　区	液化石油气（万吨）	其他石油制品（万吨）	热力（亿万千焦）	电力（亿千瓦时）	其他燃料（万吨标准煤）
全　省			**47.03**	**170.30**	**168.66**
太原市				22.99	
大同市				20.61	
阳泉市				11.15	8.65
长治市			47.03	25.01	29.27
晋城市				18.16	9.94
朔州市			0.00	17.82	33.92
晋中市				9.92	23.13
运城市				14.03	13.48
忻州市				12.84	21.75
临汾市				8.68	15.57
吕梁市				9.07	12.93

2-2-3　续表 131

电力、热力的生产和供应

地　区	原煤（万吨）	洗精煤（万吨）	其他洗煤（万吨）	煤制品（万吨）	型煤（万吨）	水煤浆（万吨）
全　省	**7414.80**	**0.15**	**70.99**			
太原市	843.04					
大同市	826.29	0.15				
阳泉市	556.31					
长治市	1151.54		29.48			
晋城市	744.77					
朔州市	1151.43					
晋中市	327.72		18.88			
运城市	618.09					
忻州市	554.47		3.33			
临汾市	228.43		19.30			
吕梁市	412.71					

2-2-3 续表 132

电力、热力的生产和供应

地 区	煤粉(万吨)	焦炭(万吨)	其他焦化产品(万吨)	焦炉煤气(亿立方米)	高炉煤气(亿立方米)	其他煤气(亿立方米)
全 省		**3.03**		**0.71**	**0.34**	
太原市						
大同市		3.03		0.16		
阳泉市						
长治市				0.34		
晋城市						
朔州市						
晋中市				0.09		
运城市						
忻州市				0.12	0.34	
临汾市						
吕梁市						

2-2-3 续表 133

电力、热力的生产和供应

地 区	天然气(亿立方米)	液化天然气(万吨)	汽油(万吨)	煤油(万吨)	柴油(万吨)	燃料油(万吨)
全 省	**0.52**		**0.38**	**0.00**	**5.65**	**1.38**
太原市			0.12	0.00	0.47	0.57
大同市					0.28	
阳泉市			0.03		0.34	
长治市			0.11		0.79	
晋城市	0.52		0.00		0.31	0.44
朔州市			0.03		1.48	
晋中市			0.02		0.31	0.08
运城市			0.06		0.95	0.00
忻州市			0.00		0.06	
临汾市			0.00		0.03	0.29
吕梁市			0.00		0.64	0.00

2-2-3　续表 134

电力、热力的生产和供应

地　区	液化石油气（万吨）	其他石油制品（万吨）	热力（亿万千焦）	电力（亿千瓦时）	其他燃料（万吨标准煤）
全　省			**47.03**	**167.06**	**168.66**
太原市				22.55	
大同市				20.24	
阳泉市				10.15	8.65
长治市			47.03	24.44	29.27
晋城市				17.90	9.94
朔州市			0.00	17.76	33.92
晋中市				9.82	23.13
运城市				13.95	13.48
忻州市				12.82	21.75
临汾市				8.52	15.57
吕梁市				8.93	12.93

2-2-3　续表 135

燃气生产和供应业

地　区	原煤（万吨）	洗精煤（万吨）	其他洗煤（万吨）	煤制品（万吨）	型煤（万吨）	水煤浆（万吨）
全　省	**3.15**					
太原市						
大同市						
阳泉市						
长治市						
晋城市	3.15					
朔州市						
晋中市						
运城市						
忻州市						
临汾市						
吕梁市						

2-2-3 续表 136

燃气生产和供应业

地 区	天然气（亿立方米）	液化天然气（万吨）	汽油（万吨）	煤油（万吨）	柴油（万吨）	燃料油（万吨）
全 省			**0.00**			
太原市						
大同市						
阳泉市			0.00			
长治市						
晋城市			0.00			
朔州市						
晋中市						
运城市						
忻州市						
临汾市						
吕梁市						

2-2-3 续表 137

燃气生产和供应业

地 区	液化石油气（万吨）	其他石油制品（万吨）	热力（亿万千焦）	电力（亿千瓦时）	其他燃料（万吨标准煤）
全 省				**0.08**	
太原市					
大同市					
阳泉市				0.01	
长治市					
晋城市				0.05	
朔州市				0.00	
晋中市					
运城市					
忻州市				0.01	
临汾市					
吕梁市				0.01	

2-2-3　续表 138

水的生产和供应业

地　区	原煤 (万吨)	洗精煤 (万吨)	其他洗煤 (万吨)	煤制品 (万吨)	型煤 (万吨)	水煤浆 (万吨)
全　省	**0.99**					
太原市						
大同市	0.15					
阳泉市	0.09					
长治市	0.22					
晋城市						
朔州市	0.52					
晋中市						
运城市						
忻州市	0.01					
临汾市						
吕梁市						

2-2-3　续表 139

水的生产和供应业

地　区	天然气 (亿立方米)	液化天然气 (万吨)	汽油 (万吨)	煤油 (万吨)	柴油 (万吨)	燃料油 (万吨)
全　省			**0.05**		**0.01**	
太原市			0.02		0.01	
大同市			0.00			
阳泉市			0.01		0.00	
长治市			0.00		0.00	
晋城市			0.00			
朔州市						
晋中市			0.00			
运城市			0.00			
忻州市			0.00			
临汾市						
吕梁市			0.00			

2-2-3　续表 140

水的生产和供应业

地　区	液化石油气 (万吨)	其他石油制品 (万吨)	热力 (百亿千焦)	电力 (亿千瓦时)	其他燃料 (万吨标准煤)
全　省				**3.15**	
太原市				0.44	
大同市				0.38	
阳泉市				0.99	
长治市				0.57	
晋城市				0.21	
朔州市				0.06	
晋中市				0.10	
运城市				0.08	
忻州市				0.02	
临汾市				0.16	
吕梁市				0.13	

2-2-4 规模以上工业企业分地区取水总量(扣除自来水行业)

单位：万立方米

地 区	取水总量	比重(%)	金额(万元)	单价(元)	其中			
					地表水	比重(%)	金额(万元)	单价（元）
全 省	**93953**	**100**	**134422**	**1.43**	**20819**	**100**	**23913**	**1.15**
太原市	14135	15.04	34243	2.42	3332	16	4819	1.45
大同市	8567	9.12	19217	2.24	1020	4.9	2154	2.11
阳泉市	6941	7.39	15589	2.25	30	0.14	15	0.52
长治市	10433	11.1	11374	1.09	5051	24.26	4713	0.93
晋城市	8315	8.85	6689	0.8	3914	18.8	2616	0.67
朔州市	6749	7.18	8332	1.23	2585	12.42	4521	1.75
晋中市	5816	6.19	7940	1.37	757	3.64	896	1.18
运城市	11873	12.64	13228	1.11	2224	10.68	2554	1.15
忻州市	5959	6.34	3558	0.6	420	2.02	113	0.27
临汾市	9239	9.83	9362	1.01	838	4.02	897	1.07
吕梁市	5926	6.31	4890	0.83	651	3.13	615	0.94

2-2-4 续表

单位：万立方米

地 区	其中							
	地下水	比重(%)	金额(万元)	单价（元）	自来水	比重(%)	金额(万元)	单价（元）
全 省	**51787**	**100**	**55798**	**1.08**	**19068**	**100**	**52468**	**2.75**
太原市	4941	9.54	11995	2.43	5316	27.88	16054	3.02
大同市	3047	5.88	3001	0.98	4170	21.87	13548	3.25
阳泉市	1612	3.11	2282	1.42	5104	26.77	13288	2.6
长治市	4178	8.07	4680	1.12	678	3.56	1681	2.48
晋城市	3847	7.43	3535	0.92	235	1.23	530	2.25
朔州市	3979	7.68	3473	0.87	159	0.83	304	1.91
晋中市	4773	9.22	6161	1.29	286	1.5	882	3.08
运城市	7862	15.18	8677	1.1	1568	8.22	1991	1.27
忻州市	5210	10.06	2731	0.52	318	1.67	714	2.24
临汾市	7306	14.11	5330	0.73	1050	5.51	3134	2.98
吕梁市	5034	9.72	3934	0.78	183	0.96	341	1.86

2-2-5　规模以上工业分行业取水总量(扣除自来水行业)

单位：万立方米

指　标	取水总量	比重(%)	金额(万元)	单价(元)	其中			
					地表水	比重(%)	金额(万元)	单价(元)
总　计	**93953**	**100**	**134422**	**1.43**	**20819**	**100**	**23913**	**1.15**
采矿业	24491	26.07	42098	1.72	3045	14.62	5582	1.83
煤炭开采和洗选业	20996	22.35	40751	1.94	2625	12.61	5433	2.07
石油和天然气开采业	9	0.01	2	0.18				
黑色金属矿采选业	3232	3.44	1113	0.34	373	1.79	137	0.37
有色金属矿采选业	229	0.24	202	0.88	47	0.22	11	0.23
非金属矿采选业	23	0.02	31	1.33				3.01
其他采矿业								
制造业	44731	47.61	60757	1.36	9789	47.02	10328	1.05
农副食品加工业	389	0.41	383	0.99				0.34
食品制造业	497	0.53	1082	2.18	37	0.18	62	1.69
饮料制造业	726	0.77	1020	1.4	1		1	1.04
烟草制品业	39	0.04	100	2.58				
纺织业	365	0.39	404	1.11				0.52
纺织服装、鞋、帽制造业	43	0.05	52	1.21				
皮革、毛皮、羽毛(绒)等	1		5	9.01				
木材加工及木、竹、藤等	6	0.01	12	2.03				
家具制造业	4		12	2.86				
造纸及纸制品业	473	0.5	284	0.6	13	0.06	5	0.41
印刷业和记录媒介的复制	33	0.04	82	2.49				
文教体育用品制造业	51	0.05	24	0.47				
石油加工炼焦及核燃料	10468	11.14	11624	1.11	2011	9.66	2205	1.1
化学原料及化学制品制造	9740	10.37	11856	1.22	1872	8.99	1728	0.92
医药制造业	699	0.74	1410	2.02	5	0.02	20	4
化学纤维制造业	234	0.25	384	1.64	186	0.89	344	1.85
橡胶制品业	78	0.08	234	3.02				
塑料制品业	42	0.05	118	2.78				
非金属矿物制品业	1123	1.2	1705	1.52	71	0.34	87	1.24
黑色金属冶炼及压延	10977	11.68	16059	1.46	3829	18.39	3777	0.99
有色金属冶炼及压延	5863	6.24	6901	1.18	1598	7.67	1963	1.23
金属制品业	59	0.06	94	1.6				
通用设备制造业	397	0.42	733	1.85	2	0.01	3	1.44
专用设备制造业	906	0.96	2505	2.77	21	0.1	12	0.56
交通运输设备制造业	514	0.55	1038	2.02	144	0.69	121	0.85
电气机械及器材制造业	194	0.21	304	1.57				
通信设备、计算机及其他	743	0.79	2122	2.85				
仪器仪表及文化、办公用	42	0.05	131	3.09				
工艺品及其他制造业	26	0.03	79	3.02				
废弃资源和废旧材料回收								
电力、煤气及水的生产等	24731	26.32	31568	1.28	7985	38.35	8003	1
电力、热力的生产和供应	24705	26.3	31508	1.28	7985	38.35	8003	1
燃气生产和供应业	26	0.03	60	2.34				
水的生产和供应业								

2-2-5 续表 单位：万立方米

指 标	其 中							
	地下水	比重(%)	金额(万元)	单价(元)	自来水	比重(%)	金额(万元)	单价(元)
总 计	**51787**	**100**	**55798**	**1.08**	**19068**	**100**	**52468**	**2.75**
采矿业	14088	27.2	15585	1.11	6845	35.9	20918	3.06
煤炭开采和洗选业	11047	21.33	14453	1.31	6815	35.74	20856	3.06
石油和天然气开采业	9	0.02			1		2	2.1
黑色金属矿采选业	2834	5.47	927	0.33	25	0.13	48	1.91
有色金属矿采选业	182	0.35	191	1.05				
非金属矿采选业	16	0.03	13	0.81	4	0.02	12	2.85
其他采矿业								
制造业	25663	49.56	27103	1.06	8566	44.92	21944	2.56
农副食品加工业	355	0.69	279	0.79	33	0.17	104	3.13
食品制造业	192	0.37	174	0.91	267	1.4	846	3.17
饮料制造业	494	0.95	413	0.84	231	1.21	606	2.62
烟草制品业					39	0.2	100	2.58
纺织业	302	0.58	270	0.9	63	0.33	134	2.13
纺织服装、鞋、帽制造业	39	0.08	39	1.01	4	0.02	12	3.4
皮革、毛皮、羽毛(绒)等	1		5	9.01				
木材加工及木、竹、藤等	5	0.01	9	1.94	1	0.01	4	2.99
家具制造业				1.54	4	0.02	11	2.9
造纸及纸制品业	392	0.76	229	0.58	68	0.36	50	0.73
印刷业和记录媒介的复制	5	0.01	4	0.86	28	0.15	77	2.77
文教体育用品制造业	46	0.09	7	0.15	5	0.03	17	3.35
石油加工炼焦及核燃料	7706	14.88	7361	0.96	642	3.37	1592	2.48
化学原料及化学制品制造	7000	13.52	7734	1.1	493	2.58	1486	3.01
医药制造业	222	0.43	271	1.22	470	2.47	1114	2.37
化学纤维制造业	47	0.09	38	0.81	1		2	2.5
橡胶制品业	15	0.03	24	1.65	63	0.33	210	3.33
塑料制品业	4	0.01	7	2.01	38	0.2	110	2.93
非金属矿物制品业	803	1.55	992	1.24	246	1.29	626	2.55
黑色金属冶炼及压延	4239	8.19	4579	1.08	2715	14.24	7703	2.84
有色金属冶炼及压延	2963	5.72	3422	1.15	1302	6.83	1516	1.16
金属制品业	33	0.06	21	0.63	26	0.14	73	2.8
通用设备制造业	215	0.41	241	1.12	179	0.94	488	2.73
专用设备制造业	199	0.39	201	1.01	684	3.59	2292	3.35
交通运输设备制造业	213	0.41	452	2.12	158	0.83	464	2.95
电气机械及器材制造业	144	0.28	234	1.62	24	0.13	70	2.89
通信设备、计算机及其他	3	0.01	3	1.07	741	3.88	2119	2.86
仪器仪表及文化、办公用	6	0.01	26	4.27	36	0.19	105	2.9
工艺品及其他制造业	22	0.04	69	3.11	4	0.02	10	2.54
废弃资源和废旧材料回收								
电力、煤气及水的生产等	12036	23.24	13110	1.09	3657	19.18	9606	2.63
电力、热力的生产和供应	12036	23.24	13110	1.09	3632	19.05	9546	2.63
燃气生产和供应业				0.78	25	0.13	60	2.37
水的生产和供应业								

工业企业水及能源消费情况主要指标解释

1.能源消费量：指能源使用单位在报告期内实际消费的一次能源或二次能源的数量。工业企业的能源消费量包括工业企业在生产过程中作为燃料、动力、原料、辅助材料使用的能源以及工艺用能、非生产用能。作为能源加工转换企业，还要包括能源加工转换的投入量(这部分能源不能理解为用作原材料，用作原材料的概念见后面的解释)。

具体包括：

(1)用于本企业产品生产、工业性作业和其他生产性活动的能源；

(2)用于技术更新改造措施、新技术研究和新产品试制以及科学试验等方面的能源；

(3)用于经营维修、建筑及设备大修理、机电设备和交通运输工具等方面的能源；

(4)用于劳动保护的能源；

(5)生产交通运输工具的企业（如造船厂、汽车制造厂），向成品轮船、汽车中添加动力用油，应算作企业的能源消费，但不作为工业生产消费，应作为非工业生产消费和交通运输工具消费。

(6)其他非生产消费的能源。

2.工业生产能源消费：指工业企业为进行工业生产活动所使用的能源。

主要包括：

（1）用于本企业产品生产、工业性作业的能源，包括用作原料、材料、燃料、动力；作为能源加工转换企业，还包括用作加工转换的能源（这部分能源也不能理解为用作原材料，用作原材料的概念见后面的解释）。

（2）产品生产过程中作为辅助材料使用的能源。

（3）生产工艺过程使用的能源。

（4）新技术研究、新产品试制、科学试验使用的能源

（5）为了工业生产活动而在进行的各种修理过程中使用的能源。

（6）生产区内的劳动保护用能等。

3.非工业生产能源消费：指在工业企业能源消费中，除“工业生产能源消费”以外的能源消费，即非工业生产用能和工业企业附属的不从事工业生产活动的非独立核算单位用能。比如本企业施工单位进行技术更新改造、维修等过程用能，非生产区的劳动保护用能，科研单位、农场、车队、学校、医院、食堂、托儿所等单位用能。但是必须注意，上述单位如果是独立核算的，其用能既不能包括在“工业企业能源消费”中，亦不能包括在“非工业生产能源消费”。

生产交通运输工具的企业（如造船厂、汽车制造厂），向成品轮船、汽车中添加动力用油，应算作企业的非工业生产消费。

4.取水量：指工业企业法人单位从各种水源实际提取的新水量。取水源包括地表水、地下水、自来水、污水处理达标水、未达标污水、收集雨水利用、以及企业从市场购得的其他水或水的产品(如纯净水、矿泉水等)。工业取水量包括采盐业所取的海水、汲取的地下卤水、盐湖水，包括海水淡化企业所取的海水，包括自来水生产企业所取的地表水和地下水，包括污水处理厂处理的污水。

取水量不包括重复用水量；不包括企业采自河流、水库、湖泊、海洋的水用于冷却，不重复使用，又排回到河流、水库、湖泊、海洋的水，我们称之为河湖海冷却水；不包括水力发电厂的发电动力用水量。

取水量按取水企业和供水单位商定的结算水表的流量计算。如没有水表，应按取水企业和供水单位商定的、或有关管理部门规定的计算方法计算取水量。

第3篇

工业企业科技情况

2-3-1-1　按企业规模、登记注册类型和行业分组的规模以上工业企业基本情况

单位：个、人、万元

指标名称	企业数	从业人员年平均人数	主营业务收入	生产经营用机器设备原价	微电子控制设备原价
总　计	**4415**	**2149273**	**101306114**	**42778776**	**3148328**
一、按企业规模分					
大型企业	129	1034420	50509492	24837251	2219410
中型企业	934	685720	33133623	12830735	666073
小型企业	3352	429133	17662998	5110790	262846
二、按登记注册类型分					
内　资	**4238**	**2017744**	**95249599**	**39835907**	**2987083**
国　有	310	246437	12128028	9635342	424778
集　体	443	105672	2365520	506639	21793
股份合作企业	46	16453	901271	182952	7994
联营企业	25	6489	175470	51345	1547
国有联营	2	277	7488	856	
集体联营	18	4447	106277	31038	1454
其他联营	5	1765	61706	19451	93
有限责任公司	1572	1162485	53619421	21731951	1850493
国有独资公司	48	295489	16112165	7243920	1265458
其他有限责任公司	1524	866996	37507256	14488030	585035
股份有限公司	231	166590	9391287	4645072	539690
私营企业	1593	311450	16542296	3057065	139659
私营独资	237	25327	1626458	213546	5382
私营合伙	37	3984	174854	32224	481
私营有限责任公司	1214	263998	13827852	2633290	121420
私营股份有限公司	105	18141	913132	178005	12375
其　他	18	2168	126307	25542	1129
港澳台商投资	**64**	**74443**	**1871593**	**771694**	**24344**
与港澳台商合资经营	39	15214	939707	282401	21060
与港澳台商合作经营	3	608	50896	24126	508
港澳台商独资	18	54191	768754	395263	70
港澳台商投资股份有限公司	4	4430	112236	69904	2706
外商投资	**113**	**57086**	**4184922**	**2171176**	**136902**
中外合资经营	78	43530	3015355	737519	47898
中外合作经营	3	3795	567686	1036179	85649
外资企业	30	9358	506034	358569	3355
外商投资股份有限公司	2	403	95848	38909	
三、按国民经济行业(门类、大类、中类)分					
采矿业	**1788**	**985179**	**36659172**	**12958572**	**1555155**
煤炭开采和洗选业	1577	945918	35296478	12596386	1553220
烟煤和无烟煤的开采洗选	1577	945918	35296478	12596386	1553220
石油和天然气开采业	2	1030	92011	2618	223
天然原油和天然气开采	1	742	81952	1223	223
与石油和天然气开采有关的服务活动	1	288	10059	1395	
黑色金属矿采选业	185	30994	1061891	295787	320
铁矿采选	174	28665	993694	279837	315
其他黑色金属矿采选	11	2329	68197	15949	5
有色金属矿采选业	11	3784	177284	49133	

2-3-1-1 续表 1

指标名称	企业数	从业人员年平均人数	主营业务收入	生产经营用机器设备原价	微电子控制设备原价
常用有色金属矿采选	8	2707	149624	27275	
贵金属矿采选	3	1077	27659	21857	
非金属矿采选业	13	3453	31508	14649	1392
土砂石开采	13	3453	31508	14649	1392
制造业	**2497**	**1071513**	**56432711**	**17915605**	**1019457**
农副食品加工业	139	22433	998765	227087	33817
谷物磨制	26	1893	51329	17891	40
饲料加工	27	3338	244775	20778	3199
植物油加工	12	2853	146083	50024	1
制　糖	2	534	8604	1903	798
屠宰及肉类加工	31	6175	264035	45819	5302
蔬菜、水果和坚果加工	17	2392	55934	9339	467
其他农副食品加工	24	5248	228006	81332	24009
食品制造业	92	18742	578904	214364	5416
焙烤食品制造	12	2327	31987	7069	80
糖果、巧克力及蜜饯制造	9	1816	24921	8647	35
方便食品制造	6	1437	35664	10272	5
液体乳及乳制品制造	24	5404	286390	116275	3867
罐头制造	17	2733	66165	8489	2
调味品、发酵制品制造	16	3638	83566	25056	241
其他食品制造	8	1387	50210	38556	1187
饮料制造业	58	20591	744474	209400	6182
酒精制造	4	525	17516	11852	60
酒的制造	24	15030	437477	54404	1221
软饮料制造	30	5036	289481	143143	4901
烟草制品业	1	1259	204871	49801	26462
卷烟制造	1	1259	204871	49801	26462
纺织业	36	16926	173393	106752	12539
棉、化纤纺织及印染精加工	29	13300	135048	89963	12332
毛纺织和染整精加工	1	192	11707	2094	
麻纺织	1	2315	16539	9373	145
丝绢纺织及精加工	2	500	2320	1344	15
纺织制成品制造	2	225	4773	1962	
针织品、编织品及其制品制造	1	394	3006	2016	47
纺织服装、鞋、帽制造业	14	7275	95352	16225	351
纺织服装制造	13	7195	94799	15936	351
纺织面料鞋的制造	1	80	553	289	
皮革、毛皮、羽毛(绒)及其制品业	1	76	512	110	
毛皮鞣制及制品加工	1	76	512	110	
木材加工及木、竹、藤、棕、草制品业	5	918	49103	21117	222
锯材、木片加工	1	178	1543	2597	
人造板制造	3	636	46219	18197	133
木制品制造	1	104	1340	322	90
家具制造业	6	440	8898	2941	192
木质家具制造	6	440	8898	2941	192

2-3-1-1　续表 2

指标名称	企业数	从业人员年平均人数	主营业务收入	生产经营用机器设备原价	
					微电子控制设备原价
造纸及纸制品业	28	5641	109823	51666	3432
纸浆制造	1	38	2989	1205	13
造　纸	12	3098	32447	24199	1866
纸制品制造	15	2505	74387	26262	1553
印刷业和记录媒介的复制	23	5387	80363	44427	2208
印　刷	22	4957	70908	43305	2208
装订及其他印刷服务活动	1	430	9455	1122	
文教体育用品制造业	12	3313	65365	17334	1422
体育用品制造	12	3313	65365	17334	1422
石油加工、炼焦及核燃料加工业	242	180444	15913429	2835768	157201
精炼石油产品的制造	8	2141	227500	7351	23
炼　焦	234	178303	15685930	2828417	157177
化学原料及化学制品制造业	272	123655	4779027	2900166	270312
基础化学原料制造	121	35603	1498312	607782	14791
肥料制造	43	42351	1814898	1433950	78638
农药制造	4	308	36461	4126	
涂料、油墨、颜料及类似产品制造	18	3085	137343	30061	1276
合成材料制造	8	9476	642828	558734	141324
专用化学产品制造	74	27447	529372	226359	5065
日用化学产品制造	4	5385	119813	39154	29218
医药制造业	102	25595	657969	287957	21025
化学药品原药制造	17	5720	229743	135031	2782
化学药品制剂制造	42	11667	241232	89776	13805
中药饮片加工	5	386	9179	4324	
中成药制造	25	4987	114956	32407	4332
兽用药品制造	6	398	6254	2379	107
生物、生化制品的制造	5	1031	37047	20139	
卫生材料及医药用品制造	2	1406	19559	3900	
化学纤维制造业	3	1342	35150	3596	
纤维素纤维原料及纤维制造	1	1062	25111	3563	
合成纤维制造	2	280	10039	33	
橡胶制品业	22	5794	179896	48168	14266
轮胎制造	2	2678	100686	27399	5075
橡胶板、管、带的制造	11	1748	52969	15392	9102
橡胶零件制造	3	505	11634	843	28
再生橡胶制造	4	588	10592	1426	
日用及医用橡胶制品制造	2	275	4015	3108	62
塑料制品业	48	7625	203715	68082	1309
塑料薄膜制造	7	870	46495	15039	36
塑料板、管、型材的制造	15	1528	84266	15654	106
塑料丝、绳及编织品的制造	15	4294	48410	16648	373
泡沫塑料制造	1	71	3100	370	
塑料包装箱及容器制造	8	627	18938	19789	706
其他塑料制品制造	2	235	2506	584	88

2-3-1-1 续表 3

指标名称	企业数	从业人员年平均人数	主营业务收入	生产经营用机器设备原价	微电子控制设备原价
非金属矿物制品业	419	102270	1625197	952331	70488
水泥、石灰和石膏的制造	133	31398	497813	486134	50757
水泥及石膏制品制造	39	5408	136547	84463	10582
砖瓦、石材及其他建筑材料制造	46	11066	231488	63861	2833
玻璃及玻璃制品制造	44	24111	203305	100152	1827
陶瓷制品制造	31	8660	46415	14236	301
耐火材料制品制造	70	11870	203669	90019	2779
石墨及其他非金属矿物制品制造	56	9757	305959	113466	1409
黑色金属冶炼及压延加工业	184	167909	18810641	5854714	202585
炼　铁	92	40619	2356885	540649	24918
炼　钢	19	23523	2817183	516808	43700
钢压延加工	37	91781	12644138	4584120	132984
铁合金冶炼	36	11986	992435	213137	984
有色金属冶炼及压延加工业	119	83414	4051075	1999457	53043
常用有色金属冶炼	89	76049	3585955	1939411	45640
贵金属冶炼	1	360	10042	3000	
稀有稀土金属冶炼	4	924	61578	11224	5
有色金属合金制造	9	1879	167900	17707	1553
有色金属压延加工	16	4202	225600	28115	5845
金属制品业	97	18803	390922	55870	1345
结构性金属制品制造	35	5320	181785	24550	1067
金属工具制造	6	1509	7997	6450	258
集装箱及金属包装容器制造	11	957	23723	4329	
金属丝绳及其制品的制造	5	1001	29899	1071	
建筑、安全用金属制品制造	31	8873	110128	17367	13
金属表面处理及热处理加工	4	416	14469	548	2
搪瓷制品制造	1	130	2157	525	5
不锈钢及类似日用金属制品制造	3	447	17736	993	
其他金属制品制造	1	150	3028	37	
通用设备制造业	269	58095	1288999	345564	20709
锅炉及原动机制造	14	6524	136822	85476	1573
金属加工机械制造	18	2892	59243	15808	617
起重运输设备制造	14	2989	50005	7812	426
泵、阀门、压缩机及类似机械的制造	32	9366	145379	55551	7396
轴承、齿轮、传动和驱动部件的制造	9	845	11557	5673	36
烘炉、熔炉及电炉制造	2	375	6361	629	
风机、衡器、包装设备等通用设备制造	19	3456	75719	12584	21
通用零部件制造及机械修理	25	6895	144975	21877	483
金属铸、锻加工	136	24753	658938	140154	10158
专用设备制造业	110	74853	2784376	670287	82386
矿山、冶金、建筑专用设备制造	59	29624	1623899	291403	12901
化工、木材、非金属加工专用设备制造	4	1056	41867	3130	321
食品、饮料、烟草及饲料生产专用设备制造	1	86	1584	826	
印刷、制药、日化生产专用设备制造	1	304	3104	705	96

2-3-1-1　续表 4

指标名称	企业数	从业人员年平均人数	主营业务收入	生产经营用机器设备原价	微电子控制设备原价
纺织、服装和皮革工业专用设备制造	18	9795	170480	92447	1704
电子和电工机械专用设备制造	17	31118	885224	269879	65345
农、林、牧、渔专用机械制造	4	1531	33529	5130	2012
医疗仪器设备及器械制造	2	179	2398	2100	
环保、社会公共安全及其他专用设备制造	4	1160	22291	4667	7
交通运输设备制造业	84	33200	1008970	267212	8864
铁路运输设备制造	33	15684	634378	132767	1492
汽车制造	48	16524	367590	130808	7372
航空航天器制造	1	838	5377	3200	
交通器材及其他交通运输设备制造	2	154	1625	437	
电气机械及器材制造业	57	16745	558599	101849	13674
电机制造	8	9754	299443	58107	10805
输配电及控制设备制造	24	2930	106049	15445	1297
电线、电缆、光缆及电工器材制造	16	2918	96859	18060	678
电池制造	2	631	43929	5825	126
家用电力器具制造	2	146	5121	3674	768
非电力家用器具制造	1	187	2201	180	
照明器具制造	3	143	2425	546	
其他电气机械及器材制造	1	36	2572	13	
通信设备、计算机及其他电子设备制造业	31	62809	877692	522090	3840
通信设备制造	4	47822	645431	394250	150
雷达及配套设备制造	1	658	10612	2623	
广播电视设备制造	1	18	1662	219	33
电子计算机制造	2	3364	16023	10717	2874
电子器件制造	4	861	10963	5844	336
电子元件制造	18	10030	192259	108403	447
其他电子设备制造	1	56	743	33	
仪器仪表及文化、办公用机械制造业	18	4624	143798	18342	6162
通用仪器仪表制造	12	1827	97182	8835	1331
专用仪器仪表制造	5	2671	43395	9401	4831
光学仪器及眼镜制造	1	126	3221	107	
工艺品及其他制造业	5	1335	13433	22929	5
工艺美术品制造	2	431	5535	6911	2
其他未列明的制造业	3	904	7898	16018	3
电力、燃气及水的生产和供应业	**130**	**92581**	**8214231**	**11904600**	**573716**
电力、热力的生产和供应业	96	80534	8086616	11742783	572192
电力生产	65	41193	3841495	7232113	329936
电力供应	9	34753	4144592	4256430	237701
热力生产和供应	22	4588	100529	254240	4556
燃气生产和供应业	7	1863	15086	10152	40
燃气生产和供应业	7	1863	15086	10152	40
水的生产和供应业	27	10184	112530	151665	1484
自来水的生产和供应	25	10128	102371	150890	1337
污水处理及其再生利用	2	56	10159	775	147

2-3-1-2　按地区分组的规模以上工业企业基本情况

单位：个、人、万元

地　区	企业数	从业人员年平均人数	主营业务收入	生产经营用机器设备原价	微电子控制设备原价
总　计	**4415**	**2149273**	**101306114**	**42778776**	**3148328**
太原市	517	368025	22962761	12487632	552466
大同市	327	234325	6306084	3146035	78670
阳泉市	204	172683	4139590	3331882	12154
长治市	422	235084	11156935	3655848	737119
晋城市	255	177948	6896371	3680849	1007039
朔州市	260	78788	5358647	2529266	64754
晋中市	661	212199	8545811	2677613	77319
运城市	453	206144	9515711	4812842	148565
忻州市	332	83398	2932386	1798886	4322
临汾市	507	189624	12927549	2972813	307847
吕梁市	477	191055	10564270	1685112	158073

2-3-1-3　按企业规模、登记注册类型和行业分组的规模以上工业企业科技活动人员情况

单位：人

指标名称	科技活动人员合　计	#全时人员	#女性	#参加科技项目人员	科技管理和服务人员	#1.高中级技术职称人员	2.无高中级职称的大学本科及以上人员	#研究与实验发展人员
总　计	**90963**	**30326**	**17216**	**71540**	**19423**	**35236**	**18668**	**35862**
一、按企业规模分								
大型企业	75728	23509	13834	58983	16745	30015	13489	30482
中型企业	10731	4846	2448	8801	1930	3521	3533	3559
小型企业	4504	1971	934	3756	748	1700	1646	1821
二、按登记注册类型分								
内　资	**88810**	**29198**	**16714**	**69654**	**19156**	**34523**	**17845**	**34950**
国　有	5907	2911	1360	5071	836	3711	1221	2588
集　体	124	19	35	114	10	56	6	15
股份合作企业	201	172	61	154	47	79	86	
有限责任公司	72468	21733	13104	56550	15918	26935	13957	28643
国有独资公司	28469	14859	5926	22701	5768	10604	8584	12459
其他有限责任公司	43999	6874	7178	33849	10150	16331	5373	16184
股份有限公司	7052	2927	1655	5175	1877	2636	1321	2574
私营企业	2956	1376	492	2511	445	1090	1191	1051
私营独资	12	1	3	12		9	2	5
私营有限责任公司	2574	1238	448	2199	375	974	1003	930
私营股份有限公司	370	137	41	300	70	107	186	116
其　他	102	60	7	79	23	16	63	79
港澳台商投资	**817**	**441**	**235**	**683**	**134**	**356**	**232**	**675**
与港澳台商合资经营	120	74	27	104	16	20	49	101
与港澳台商合作经营	20	10	2	18	2	18		
港澳台商独资	129	57	6	98	31	16	82	30
港澳台商投资股份有限公司	548	300	200	463	85	302	101	544
外商投资	**1336**	**687**	**267**	**1203**	**133**	**357**	**591**	**237**
中外合资经营	1147	622	250	1030	117	317	500	175
外资企业	189	65	17	173	16	40	91	62
三、按国民经济行业(门类、大类、中类)分								
采矿业	**55095**	**13711**	**8983**	**42745**	**12350**	**19762**	**8946**	**21825**
煤炭开采和洗选业	55080	13704	8978	42740	12340	19761	8942	21810
烟煤和无烟煤的开采洗选	55080	13704	8978	42740	12340	19761	8942	21810
黑色金属矿采选业	15	7	5	5	10	1	4	15
铁矿采选	15	7	5	5	10	1	4	15
制造业	**33062**	**15549**	**7757**	**26148**	**6914**	**13286**	**9410**	**13390**
农副食品加工业	458	66	57	241	217	79	133	26
谷物磨制	28	13	3	25	3	7	13	10
饲料加工	43	35	12	31	12	27	7	16
植物油加工	5			5		5		
屠宰及肉类加工	315	10	39	113	202	21	89	
蔬菜、水果和坚果加工	67	8	3	67		19	24	
食品制造业	120	29	54	110	10	55	26	49
焙烤食品制造	9		4	8	1	3	5	
糖果、巧克力及蜜饯制造	11		6	11		3	8	11
方便食品制造	6		1	6		3	3	6
罐头制造	6			6		6		6
调味品、发酵制品制造	39	15	14	32	7	27	6	26
其他食品制造	49	14	29	47	2	13	4	
饮料制造业	713	431	316	592	121	203	139	495
酒的制造	553	347	265	472	81	187	101	411
软饮料制造	160	84	51	120	40	16	38	84
烟草制品业	59	29	42	52	7	41	2	21

2-3-1-3 续表 1

单位：人

指标名称	科技活动人员合　计	#全时人员	#女性	#参加科技项目人员	科技管理和服务人员	#1.高中级技术职称人员	2.无高中级职称的大学本科及以上人员	#研究与实验发展人员
卷烟制造	59	29	42	52	7	41	2	21
纺织业	352	67	103	214	138	82	45	15
棉、化纤纺织及印染精加工	53	6	8	46	7	34	16	15
麻纺织	186	30	46	80	106	25	2	
丝绢纺织及精加工	45	5	20	40	5	6	5	
纺织制成品制造	46	26	14	36	10	15	14	
针织品、编织品及其制品制造	22		15	12	10	2	8	
木材加工及木、竹、藤、棕、草制品业	21	10	6	21		16	5	
人造板制造	21	10	6	21		16	5	
造纸及纸制品业	32	17	3	30	2	8	5	30
造　纸	8	3	1	6	2	3	3	6
纸制品制造	24	14	2	24		5	2	24
印刷业和记录媒介的复制	47	22	19	44	3	7	37	
印　刷	47	22	19	44	3	7	37	
文教体育用品制造业	124	63	39	117	7	21	9	124
体育用品制造	124	63	39	117	7	21	9	124
石油加工、炼焦及核燃料加工业	2532	1231	450	2250	282	872	690	785
精炼石油产品的制造	65	36	16	58	7	39	25	31
炼　焦	2467	1195	434	2192	275	833	665	754
化学原料及化学制品制造业	5179	2409	1361	3389	1790	2243	1067	2036
基础化学原料制造	675	209	121	477	198	244	178	84
肥料制造	2072	574	269	1854	218	1021	425	1207
涂料、油墨、颜料及类似产品制造	58	35	14	35	23	19	16	21
合成材料制造	480	228	115	359	121	225	75	225
专用化学产品制造	979	663	513	531	448	485	201	499
日用化学产品制造	915	700	329	133	782	249	172	
医药制造业	1837	753	678	1290	547	530	481	152
化学药品原药制造	180	23	36	175	5	60	74	50
化学药品制剂制造	942	348	374	511	431	172	190	60
中药饮片加工	9		3	9		9		
中成药制造	438	270	148	350	88	172	149	42
兽用药品制造	37	10	3	30	7	13	24	
生物、生化制品的制造	231	102	114	215	16	104	44	
橡胶制品业	209	92	104	204	5	115	71	55
轮胎制造	154	50	96	154		98	56	52
橡胶板、管、带的制造	40	30	5	40		14	6	
橡胶零件制造	15	12	3	10	5	3	9	3
塑料制品业	45	15	16	32	13	12	26	
塑料板、管、型材的制造	28	6	15	21	7	7	21	
塑料包装箱及容器制造	2	1		2		2		
其他塑料制品制造	15	8	1	9	6	3	5	
非金属矿物制品业	1268	713	214	1081	187	466	374	695
水泥、石灰和石膏的制造	310	160	36	262	48	95	134	139
水泥及石膏制品制造	55	10	8	46	9	11	1	8
砖瓦、石材及其他建筑材料制造	53	23	8	50	3	16	14	11
玻璃及玻璃制品制造	348	275	48	328	20	129	92	304
陶瓷制品制造	96	28	13	73	23	50	21	20
耐火材料制品制造	225	87	82	168	57	103	49	71
石墨及其他非金属矿物制品制造	181	130	19	154	27	62	63	142
黑色金属冶炼及压延加工业	6702	3611	617	6050	652	2510	2288	3345
炼　铁	93	27	7	40	53	17	33	

2-3-1-3　续表 2　　单位：人

指标名称	科技活动人员合计	#全时人员	#女性	#参加科技项目人员	科技管理和服务人员	#1.高中级技术职称人员	2.无高中级职称的大学本科及以上人员	#研究与实验发展人员
炼　钢	788	501	57	754	34	326	200	449
钢压延加工	5683	3079	552	5122	561	2148	1955	2863
铁合金冶炼	138	4	1	134	4	19	100	33
有色金属冶炼及压延加工业	1365	539	300	1169	196	528	413	850
常用有色金属冶炼	1211	489	263	1028	183	475	343	825
有色金属合金制造	76	30	23	73	3	25	48	
有色金属压延加工	78	20	14	68	10	28	22	25
金属制品业	30	14	5	30		10	3	9
集装箱及金属包装容器制造	8		1	8				
建筑、安全用金属制品制造	22	14	4	22		10	3	9
通用设备制造业	2137	825	647	1859	278	875	634	865
锅炉及原动机制造	420	118	157	362	58	178	138	158
金属加工机械制造	199	92	22	176	23	52	73	125
起重运输设备制造	54	24	12	46	8	35	8	
泵、阀门、压缩机及类似机械的制造	798	374	287	695	103	305	251	522
烘炉、熔炉及电炉制造	20	3	1	10	10	5	5	7
风机、衡器、包装设备等通用设备制造	387	125	123	367	20	201	96	7
通用零部件制造及机械修理	14	6		14		5	9	3
金属铸、锻加工	245	83	45	189	56	94	54	43
专用设备制造业	5385	2613	1489	3986	1399	2641	1517	2213
矿山、冶金、建筑专用设备制造	2437	1171	611	1669	768	1298	779	676
化工、木材、非金属加工专用设备制造	85	2	9	72	13	58	27	
纺织、服装和皮革工业专用设备制造	780	460	287	630	150	397	156	663
电子和电工机械专用设备制造	2040	969	570	1583	457	868	553	863
农、林、牧、渔专用机械制造	7	2			7	4		
医疗仪器设备及器械制造	12	4	3	10	2	4	1	10
环保、社会公共安全及其他专用设备制造	24	5	9	22	2	12	1	1
交通运输设备制造业	1636	458	401	1221	415	780	508	514
铁路运输设备制造	650	177	225	492	158	424	166	317
汽车制造	986	281	176	729	257	356	342	197
电气机械及器材制造业	1547	923	482	1122	425	635	412	688
电机制造	1330	836	412	946	384	553	338	588
输配电及控制设备制造	134	32	50	103	31	54	40	35
电池制造	75	52	19	65	10	25	29	65
其他电气机械及器材制造	8	3	1	8		3	5	
通信设备、计算机及其他电子设备制造业	616	244	227	475	141	333	181	172
通信设备制造	170	57	32	107	63	29	79	77
雷达及配套设备制造	26		3	26		26		4
电子计算机制造	140	82	114	128	12	106	22	
电子器件制造	82	36	14	51	31	63	19	10
电子元件制造	179	50	56	146	33	91	60	64
其他电子设备制造	19	19	8	17	2	18	1	17
仪器仪表及文化、办公用机械制造业	648	375	127	569	79	224	344	251
通用仪器仪表制造	322	178	53	269	53	112	179	103
专用仪器仪表制造	286	157	66	272	14	104	152	120
光学仪器及眼镜制造	40	40	8	28	12	8	13	28
电力、燃气及水的生产和供应业	**2806**	**1066**	**476**	**2647**	**159**	**2188**	**312**	**647**
电力、热力的生产和供应业	2806	1066	476	2647	159	2188	312	647
电力生产	578	130	100	539	39	253	144	108
电力供应	2209	930	370	2089	120	1927	162	528
热力生产和供应	19	6	6	19		8	6	11

2-3-1-4 按地区分组的规模以上工业企业科技活动人员情况

单位：人

地 区	科技活动人员合计	#全时人员	#女性	#参加科技项目人员	科技管理和服务人员	#1.高中级技术职称人员	2.无高中级职称的大学本科及以上人员	#研究与实验发展人员
总 计	**90963**	**30326**	**17216**	**71540**	**19423**	**35236**	**18668**	**35862**
太原市	24016	9581	3779	21434	2582	11725	5045	9719
大同市	16514	698	4477	10360	6154	4964	772	5389
阳泉市	10704	1257	786	8506	2198	4658	1655	3563
长治市	13277	6151	2426	10838	2439	3702	5898	6389
晋城市	11620	5197	2373	8925	2695	4754	1417	3828
朔州市	497	319	64	399	98	292	121	174
晋中市	5101	3074	905	4527	574	1579	1651	3439
运城市	5018	2415	1373	2976	2042	1788	1162	1466
忻州市	341	185	117	194	147	121	95	124
临汾市	2404	707	548	2104	300	1202	492	1123
吕梁市	1471	742	368	1277	194	451	360	648

2-3-1-5　按企业规模、登记注册类型和行业分组的规模以上工业企业科技活动经费筹集情况

单位：万元

指标名称	科技活动经费筹集总额	企业资金	金融机构贷款	政府资金	国外资金	其他资金
总　计	**1627105**	**1519979**	**43274**	**48188**	**175**	**15489**
一、按企业规模分						
大型企业	1447269	1385191	16100	35302		10677
中型企业	128180	94366	22533	8906	175	2200
小型企业	51655	40421	4641	3981		2613
二、按登记注册类型分						
内　资	**1581071**	**1494625**	**25824**	**45798**	**175**	**14649**
国　有	160002	155590	290	4098		24
集　体	4410	4400		10		
股份合作企业	1470	1470				
有限责任公司	1245370	1185945	10530	35876	25	12994
国有独资公司	862866	847865		14444		558
其他有限责任公司	382504	338080	10530	21433	25	12436
股份有限公司	128277	113899	11072	2891	150	265
私营企业	41043	32972	3782	2923		1366
私营独资	147	97	50			
私营有限责任公司	37747	30857	3465	2915		509
私营股份有限公司	3150	2018	267	8		856
其　他	500	350	150			
港澳台商投资	**5457**	**4122**		**915**		**420**
与港澳台商合资经营	2094	1814		30		250
与港澳台商合作经营	320	120		30		170
港澳台商独资	488	488				
港澳台商投资股份有限公司	2555	1700		855		
外商投资	**40576**	**21231**	**17450**	**1475**		**420**
中外合资经营	39049	19916	17250	1463		420
外资企业	1527	1315	200	12		
三、按国民经济行业(门类、大类、中类)分						
采矿业	**536764**	**520732**	**1890**	**4149**	**25**	**9969**
煤炭开采和洗选业	536593	520561	1890	4149	25	9969
烟煤和无烟煤的开采洗选	536593	520561	1890	4149	25	9969
黑色金属矿采选业	171	171				
铁矿采选	171	171				
制造业	**996950**	**906786**	**40614**	**43879**	**150**	**5520**
农副食品加工业	2990	1573	1364	53		
谷物磨制	124	86		38		
饲料加工	220	220				
植物油加工	1817	438	1364	15		
屠宰及肉类加工	517	517				
蔬菜、水果和坚果加工	312	312				
食品制造业	2565	1543	37	140		845
焙烤食品制造	53	53				
糖果、巧克力及蜜饯制造	320	300		20		
方便食品制造	60	20	20	10		10
罐头制造	61	61				
调味品、发酵制品制造	618	486	17	110		5
其他食品制造	1453	623				830
饮料制造业	11304	9827	1204	261		12
酒的制造	8898	8834	20	32		12
软饮料制造	2406	993	1184	229		
烟草制品业	487	487				

2-3-1-5 续表 1

单位：万元

指标名称	科技活动经费筹集总额	企业资金	金融机构贷款	政府资金	国外资金	其他资金
卷烟制造	487	487				
纺织业	3023	2100	700	223		
棉、化纤纺织及印染精加工	270	220		50		
麻纺织	1915	1165	600	150		
丝绢纺织及精加工	250	150	100			
纺织制成品制造	480	457		23		
针织品、编织品及其制品制造	108	108				
木材加工及木、竹、藤、棕、草制品业	31	31				
人造板制造	31	31				
造纸及纸制品业	296	288	8			
造　纸	96	96				
纸制品制造	200	192	8			
印刷业和记录媒介的复制	867	747		120		
印　刷	867	747		120		
文教体育用品制造业	648	357		291		
体育用品制造	648	357		291		
石油加工、炼焦及核燃料加工业	68613	42028	21330	4705		550
精炼石油产品的制造	939	899		40		
炼　焦	67674	41129	21330	4665		550
化学原料及化学制品制造业	116117	106260	5000	4087	150	620
基础化学原料制造	18635	16789		1746		100
肥料制造	37873	32293	5000	180	150	250
涂料、油墨、颜料及类似产品制造	2361	2345		16		
合成材料制造	38192	37718		474		
专用化学产品制造	6280	5139		871		270
日用化学产品制造	12777	11977		800		
医药制造业	15780	13764	287	1526		202
化学药品原药制造	1657	1355	180	112		10
化学药品制剂制造	9411	8206		1125		80
中药饮片加工	150	50				100
中成药制造	3128	2897	57	162		12
兽用药品制造	108	58	50			
生物、生化制品的制造	1327	1200		127		
橡胶制品业	6668	6573		95		
轮胎制造	6200	6200				
橡胶板、管、带的制造	300	290		10		
橡胶零件制造	168	83		85		
塑料制品业	260	230		30		
塑料板、管、型材的制造	120	120				
塑料包装箱及容器制造	50	20		30		
其他塑料制品制造	90	90				
非金属矿物制品业	10146	8536	683	774		153
水泥、石灰和石膏的制造	2713	2323	250	140		
水泥及石膏制品制造	671	671				
砖瓦、石材及其他建筑材料制造	123	108	15			
玻璃及玻璃制品制造	2813	2413	200	200		
陶瓷制品制造	340	254		86		
耐火材料制品制造	2347	1748	118	328		153
石墨及其他非金属矿物制品制造	1138	1018	100	20		
黑色金属冶炼及压延加工业	498423	490170	4701	3432		120
炼　铁	638	638				

2-3-1-5　续表 2

单位：万元

指标名称	科技活动经费筹集总额	企业资金	金融机构贷款	政府资金	国外资金	其他资金
炼　钢	9268	4557	4701	10		
钢压延加工	483587	480205		3322		60
铁合金冶炼	4930	4770		100		60
有色金属冶炼及压延加工业	24027	19968	2350	1639		70
常用有色金属冶炼	21652	17753	2350	1549		
有色金属合金制造	768	628		70		70
有色金属压延加工	1608	1588		20		
金属制品业	565	515	50			
集装箱及金属包装容器制造	34	34				
建筑、安全用金属制品制造	531	481	50			
通用设备制造业	21416	14517	290	4923		1685
锅炉及原动机制造	8417	4705		3713		
金属加工机械制造	796	480	160	156		
起重运输设备制造	187	171		17		
泵、阀门、压缩机及类似机械的制造	4464	3737	30	353		344
烘炉、熔炉及电炉制造	258	258				
风机、衡器、包装设备等通用设备制造	934	909		25		
通用零部件制造及机械修理	30	19		10		1
金属铸、锻加工	6328	4238	100	650		1340
专用设备制造业	170284	151744	1000	17216		324
矿山、冶金、建筑专用设备制造	124236	120814	400	2952		70
化工、木材、非金属加工专用设备制造	360	357				3
纺织、服装和皮革工业专用设备制造	3640	2505	300	835		
电子和电工机械专用设备制造	41335	27355	300	13429		251
农、林、牧、渔专用机械制造	400	400				
医疗仪器设备及器械制造	20	20				
环保、社会公共安全及其他专用设备制造	293	293				
交通运输设备制造业	19043	16146	1500	1284		113
铁路运输设备制造	6231	5957		274		
汽车制造	12812	10189	1500	1010		113
电气机械及器材制造业	12342	11222		548		572
电机制造	9169	8559		510		100
输配电及控制设备制造	853	593		38		222
电池制造	2120	1870				250
其他电气机械及器材制造	200	200				
通信设备、计算机及其他电子设备制造业	3715	3151	100	458		6
通信设备制造	522	387	100	35		
雷达及配套设备制造	353	353				
电子计算机制造	102	22		80		
电子器件制造	852	652		200		
电子元件制造	1815	1666		143		6
其他电子设备制造	72	72				
仪器仪表及文化、办公用机械制造业	7343	5011	10	2075		247
通用仪器仪表制造	4520	3478		845		197
专用仪器仪表制造	2601	1311	10	1230		50
光学仪器及眼镜制造	223	223				
电力、燃气及水的生产和供应业	**93391**	**92461**	**770**	**160**		
电力、热力的生产和供应业	93391	92461	770	160		
电力生产	3611	2961	500	150		
电力供应	89496	89496				
热力生产和供应	284	4	270	10		

2-3-1-6 按地区分组的规模以上工业企业科技活动经费筹集情况

单位：万元

地　区	科技活动经费筹集总额	企业资金	金融机构贷款	政府资金	国外资金	其他资金
总　计	**1627105**	**1519979**	**43274**	**48188**	**175**	**15489**
太原市	854261	824356	2021	26737		1148
大同市	121012	115534	100	5365		13
阳泉市	78060	65616	363	1231		10850
长治市	174743	164215	5127	4643		758
晋城市	138676	132029	3110	3145	150	242
朔州市	38769	38575		194		
晋中市	70604	42111	25212	2550	25	706
运城市	55200	44465	7057	2452		1227
忻州市	3775	3556	84	135		
临汾市	74376	72000	200	1646		530
吕梁市	17629	17524		91		14

2-3-1-7　按企业规模、登记注册类型和行业分组的规模以上工业企业科技活动经费支出情况

单位：万元

指标名称	科技活动经费支出总额	内部支出合计				
			劳务费	原材料费	购买和自制设备支出	其他
总　计	**1746572**	**1576798**	**240403**	**624684**	**499947**	**52697**
一、按企业规模分						
大型企业	1552313	1390634	217100	574065	442243	42858
中型企业	130911	125764	16743	33256	43612	6393
小型企业	63347	60400	6560	17363	14092	3446
二、按登记注册类型分						
内　资	**1718528**	**1551133**	**237081**	**614940**	**492026**	**51775**
国　有	163049	110351	19698	30242	50730	5872
集　体	4970	4970	144	206	3949	111
股份合作企业	1478	1478	182	1286		2
有限责任公司	1364245	1260272	195923	533504	380376	39519
国有独资公司	948790	870760	101616	428363	240569	29265
其他有限责任公司	415456	389512	94307	105141	139807	10254
股份有限公司	122839	114602	16356	36893	42025	3678
私营企业	61484	58998	4690	12701	14706	2564
私营独资	529	529	20	10	95	
私营有限责任公司	57800	55346	4129	11307	13693	2432
私营股份有限公司	3155	3122	542	1384	919	132
其　他	463	463	88	107	241	28
港澳台商投资	**6106**	**5846**	**1402**	**1479**	**1770**	**302**
与港澳台商合资经营	1924	1924	225	732	777	140
与港澳台商合作经营	1164	1124	40	35	175	30
港澳台商独资	488	488	95	205	143	46
港澳台商投资股份有限公司	2531	2311	1042	506	675	87
外商投资	**21938**	**19818**	**1920**	**8266**	**6151**	**620**
中外合资经营	20767	18669	1563	7876	5865	584
外资企业	1171	1150	357	390	286	36
三、按国民经济行业(门类、大类、中类)分						
采矿业	**617049**	**508807**	**143115**	**103494**	**185145**	**8013**
煤炭开采和洗选业	616878	508636	143087	103463	185045	8001
烟煤和无烟煤的开采洗选	616878	508636	143087	103463	185045	8001
黑色金属矿采选业	171	171	28	31	100	12
铁矿采选	171	171	28	31	100	12
制造业	**1033772**	**1011615**	**87899**	**512683**	**280851**	**42603**
农副食品加工业	4527	4507	438	1168	1261	139
谷物磨制	341	341	33	90	17	
饲料加工	210	210	86	93	19	12
植物油加工	2627	2627	8	798	931	80
屠宰及肉类加工	639	639	240	86	191	
蔬菜、水果和坚果加工	710	690	71	102	103	47
食品制造业	2637	2161	245	1033	420	111
焙烤食品制造	103	103	11	2	38	2
糖果、巧克力及蜜饯制造	320	50	12	20	15	3
方便食品制造	60	60	10	20		30
液体乳及乳制品制造	50	50				
罐头制造	55	55	5	20	21	8
调味品、发酵制品制造	674	666	120	132	147	15
其他食品制造	1376	1178	87	839	200	53
饮料制造业	13499	13337	2614	2249	5732	391
酒的制造	10398	10247	2397	1912	4355	83
软饮料制造	3101	3091	218	337	1377	307
烟草制品业	487	487	154	210	124	

2-3-1-7 续表 1

单位：万元

指标名称	科技活动经费支出总额	内部支出合计	劳务费	原材料费	购买和自制设备支出	其他
卷烟制造	487	487	154	210	124	
纺织业	2732	2732	231	642	1583	225
棉、化纤纺织及印染精加工	70	70	25	30	10	5
麻纺织	1965	1965	60	210	1446	199
丝绢纺织及精加工	210	210	50	150		10
纺织制成品制造	460	460	84	237	127	12
针织品、编织品及其制品制造	27	27	12	15		
木材加工及木、竹、藤、棕、草制品业	31	31	12	15		4
人造板制造	31	31	12	15		4
造纸及纸制品业	326	291	58	27	185	16
造　纸	137	102	16	27	45	9
纸制品制造	189	189	42		140	7
印刷业和记录媒介的复制	563	563	50	435	28	50
印　刷	563	563	50	435	28	50
文教体育用品制造业	652	635	144	87	351	49
体育用品制造	652	635	144	87	351	49
石油加工、炼焦及核燃料加工业	51278	48626	6158	14752	20163	967
精炼石油产品的制造	939	939	98	157	677	7
炼　焦	50339	47688	6060	14595	19486	960
化学原料及化学制品制造业	121098	114435	13785	35850	36120	4899
基础化学原料制造	25156	22706	1593	3121	6698	949
肥料制造	39301	36656	7217	8175	9968	381
农药制造	18	18				
涂料、油墨、颜料及类似产品制造	1577	1577	163	761	642	12
合成材料制造	39704	39704	1759	19933	15851	279
专用化学产品制造	7088	6720	1123	2280	429	2797
日用化学产品制造	8253	7053	1929	1580	2531	481
医药制造业	16249	13543	2448	2894	4736	1434
化学药品原药制造	1164	1056	381	436	147	12
化学药品制剂制造	9632	7894	1275	1182	3686	263
中药饮片加工	17	17	6	11		
中成药制造	3696	3027	531	714	583	1096
兽用药品制造	142	142	35	34	13	
生物、生化制品的制造	1600	1408	221	519	307	62
橡胶制品业	5611	5589	743	3190	1336	160
轮胎制造	4987	4987	670	3028	1134	155
橡胶板、管、带的制造	460	460	45	90	160	5
橡胶零件制造	165	142	28	72	42	
塑料制品业	220	220	54	99	66	1
塑料板、管、型材的制造	120	120	21	67	31	1
塑料包装箱及容器制造	10	10	3	2	5	
其他塑料制品制造	90	90	30	30	30	
非金属矿物制品业	13325	12558	1500	3816	3539	545
水泥、石灰和石膏的制造	4805	4755	318	1225	893	169
水泥及石膏制品制造	671	646	39	24	563	20
砖瓦、石材及其他建筑材料制造	176	175	35	34	30	
玻璃及玻璃制品制造	3311	3311	557	1325	771	160
陶瓷制品制造	371	371	66	86	204	15
耐火材料制品制造	2771	2079	290	836	548	122
石墨及其他非金属矿物制品制造	1220	1220	195	286	530	59
黑色金属冶炼及压延加工业	509976	509259	27445	301416	166172	2188
炼　铁	615	615	118	185	240	72

2-3-1-7　续表 2

单位：万元

指标名称	科技活动经费支出总额	内部支出合计				
			劳务费	原材料费	购买和自制设备支出	其他
炼　钢	10996	10996	1391	1804	5630	242
钢压延加工	495436	494718	25656	298831	158448	1673
铁合金冶炼	2930	2930	280	596	1854	200
有色金属冶炼及压延加工业	30560	29462	3391	5854	7747	1558
常用有色金属冶炼	26234	25156	3106	4658	7284	1196
有色金属合金制造	2691	2684	74	103	410	98
有色金属压延加工	1635	1622	211	1093	53	265
金属制品业	565	565	110	287	136	32
集装箱及金属包装容器制造	34	34	10	20		4
建筑、安全用金属制品制造	531	531	100	267	136	28
通用设备制造业	21609	21026	2900	7173	6075	978
锅炉及原动机制造	8736	8620	929	3382	2972	394
金属加工机械制造	871	867	195	268	259	11
起重运输设备制造	409	409	50	99	51	10
泵、阀门、压缩机及类似机械的制造	4274	4132	958	1460	1370	118
烘炉、熔炉及电炉制造	258	258	49	182		26
风机、衡器、包装设备等通用设备制造	992	982	330	224	252	129
通用零部件制造及机械修理	66	66	16	14	21	15
金属铸、锻加工	6004	5692	373	1544	1150	275
专用设备制造业	191010	186404	17964	113456	17134	22951
矿山、冶金、建筑专用设备制造	142605	141214	9548	94281	5783	17853
化工、木材、非金属加工专用设备制造	522	466	154	31	121	…
纺织、服装和皮革工业专用设备制造	3591	3418	1155	1180	796	288
电子和电工机械专用设备制造	43629	40643	6983	17803	10106	4761
农、林、牧、渔专用机械制造	400	400	60	30	310	
医疗仪器设备及器械制造	40	40	14	7	18	1
环保、社会公共安全及其他专用设备制造	222	222	51	123		48
交通运输设备制造业	23953	23179	3006	5692	5893	3516
铁路运输设备制造	6382	6054	987	2192	1986	738
汽车制造	17571	17125	2019	3500	3908	2778
电气机械及器材制造业	12744	12156	2503	7326	958	643
电机制造	9888	9300	2065	5635	450	432
输配电及控制设备制造	806	806	258	406	123	12
电池制造	1900	1900	160	1235	335	169
其他电气机械及器材制造	150	150	20	50	50	30
通信设备、计算机及其他电子设备制造业	3992	3938	850	2365	560	149
通信设备制造	505	503	193	232	70	3
雷达及配套设备制造	353	353	86	244		23
电子计算机制造	524	524	136	363	23	3
电子器件制造	818	817	230	193	322	72
电子元件制造	1733	1682	186	1308	133	47
其他电子设备制造	59	59	20	25	12	2
仪器仪表及文化、办公用机械制造业	6129	5911	1096	2649	532	1597
通用仪器仪表制造	2786	2583	648	1353	376	169
专用仪器仪表制造	3121	3106	403	1230	56	1417
光学仪器及眼镜制造	223	223	45	66	100	12
电力、燃气及水的生产和供应业	**95751**	**56377**	**9390**	**8507**	**33952**	**2081**
电力、热力的生产和供应业	95751	56377	9390	8507	33952	2081
电力生产	3671	3607	550	557	2232	121
电力供应	91796	52486	8740	7930	31576	1940
热力生产和供应	284	284	100	20	144	20

2-3-1-7 续表 3　　　　单位：万元

指标名称	内部支出中R&D经费支出	内部支出中新产品开发经费支出	外部支出			用于科研的基建经费支出	
				对研究所及高等院校的支出	对其他企业支出		土建工程
总　计	**488855**	**564964**	**169774**	**81756**	**78311**	**159066**	**64173**
一、按企业规模分							
大型企业	438113	482860	161680	76505	76573	114367	36361
中型企业	31539	54062	5147	3829	937	25760	15449
小型企业	19202	28042	2947	1422	801	18939	12363
二、按登记注册类型分							
内　资	**481776**	**547355**	**167395**	**80971**	**78271**	**155311**	**62073**
国　有	32672	41228	52698	6915	41953	3809	2218
集　体	100	315				560	316
股份合作企业		71				7	7
有限责任公司	390162	423277	103973	67650	33942	110949	42890
国有独资公司	249184	325264	78029	53577	22214	70947	22421
其他有限责任公司	140978	98013	25944	14073	11728	40002	20469
股份有限公司	44018	58918	8237	5179	2011	15649	4959
私营企业	14362	23084	2487	1227	366	24337	11683
私营独资	4	104				405	202
私营有限责任公司	13196	20799	2454	1197	366	23786	11410
私营股份有限公司	1162	2181	33	30		146	70
其　他	463	463					
港澳台商投资	**4464**	**4660**	**260**	**220**		**894**	**554**
与港澳台商合资经营	1840	1874				50	40
与港澳台商合作经营		280	40			844	514
港澳台商独资	314	364					
港澳台商投资股份有限公司	2311	2142	220	220			
外商投资	**2614**	**12950**	**2119**	**564**	**40**	**2861**	**1546**
中外合资经营	2151	12159	2098	543	40	2781	1496
外资企业	464	791	21	21		80	50
三、按国民经济行业(门类、大类、中类)分							
采矿业	**149922**	**53041**	**108242**	**66077**	**41957**	**69040**	**17152**
煤炭开采和洗选业	149751	52870	108242	66077	41957	69040	17152
烟煤和无烟煤的开采洗选	149751	52870	108242	66077	41957	69040	17152
黑色金属矿采选业	171	171					
铁矿采选	171	171					
制造业	**336004**	**497938**	**22157**	**12363**	**4126**	**87580**	**46119**
农副食品加工业	333	2127	20	20		1501	1181
谷物磨制	123	100				202	1
饲料加工	210	210					
植物油加工		1817				810	810
屠宰及肉类加工						122	66
蔬菜、水果和坚果加工			20	20		367	304
食品制造业	464	1154	476	202		352	141
焙烤食品制造						50	15
糖果、巧克力及蜜饯制造	42		270				
方便食品制造	60	60					
液体乳及乳制品制造						50	40
罐头制造	55	55					
调味品、发酵制品制造	308	69	8	4		252	86
其他食品制造		970	198	198			
饮料制造业	10708	9708	161	151		2351	623
酒的制造	8867	7468	151	141		1500	
软饮料制造	1842	2240	10	10		851	623
烟草制品业	189	392					

2-3-1-7　续表 4　　　　　　　　　　　　　　　　　　单位：万元

指标名称	内部支出中R&D经费支出	内部支出中新产品开发经费支出	外部支出	对研究所及高等院校的支出	对其他企业支出	用于科研的基建经费支出	土建工程
卷烟制造	189	392					
纺织业	40	2291				50	20
棉、化纤纺织及印染精加工	40	30					
麻纺织		1915				50	20
丝绢纺织及精加工		210					
纺织制成品制造		126					
针织品、编织品及其制品制造		10					
木材加工及木、竹、藤、棕、草制品业		31					
人造板制造		31					
造纸及纸制品业	286	96	35	35		6	6
造　纸	97	96	35	35		6	6
纸制品制造	189						
印刷业和记录媒介的复制		113					
印　刷		113					
文教体育用品制造业	631	426	17		17	4	2
体育用品制造	631	426	17		17	4	2
石油加工、炼焦及核燃料加工业	16078	18467	2652	63	42	6587	3534
精炼石油产品的制造	789	86					
炼　焦	15289	18381	2652	63	42	6587	3534
化学原料及化学制品制造业	35346	54088	6663	4084	530	23782	9130
基础化学原料制造	2543	1787	2450	400		10345	5888
肥料制造	11569	13502	2645	2351	294	10916	1644
农药制造						18	18
涂料、油墨、颜料及类似产品制造	77	77					
合成材料制造	15939	31220				1881	1200
专用化学产品制造	5218	5803	368	133	235	90	80
日用化学产品制造		1699	1200	1200		532	300
医药制造业	1276	8742	2706	1703	874	2032	1519
化学药品原药制造	311	578	108	98	10	80	50
化学药品制剂制造	715	4761	1738	797	859	1488	1338
中药饮片加工		17					
中成药制造	250	2315	669	617	5	104	91
兽用药品制造		32				60	40
生物、生化制品的制造		1040	192	192		300	
橡胶制品业	2092	4475	23	23		160	
轮胎制造	1957	4039					
橡胶板、管、带的制造		300				160	
橡胶零件制造	136	136	23	23			
塑料制品业		130					
塑料板、管、型材的制造		120					
塑料包装箱及容器制造		10					
其他塑料制品制造							
非金属矿物制品业	3945	6626	767	159		3157	2374
水泥、石灰和石膏的制造	839	1607	50	50		2150	2120
水泥及石膏制品制造	60	646	25	25			
砖瓦、石材及其他建筑材料制造	38	33	1			76	44
玻璃及玻璃制品制造	1686	1660				498	
陶瓷制品制造	91	310					
耐火材料制品制造	161	1299	692	84		284	150
石墨及其他非金属矿物制品制造	1070	1070				150	60
黑色金属冶炼及压延加工业	171872	164816	717	687	30	12039	4440
炼　铁							

2-3-1-7 续表 5

单位：万元

指标名称	内部支出中R&D经费支出	内部支出中新产品开发经费支出	外部支出	对研究所及高等院校的支出	对其他企业支出	用于科研的基建经费支出	土建工程
炼　钢	5774	5916				1929	1370
钢压延加工	165768	158300	717	687	30	10110	3070
铁合金冶炼	330	600					
有色金属冶炼及压延加工业	14103	10290	1098	793	303	10912	5728
常用有色金属冶炼	12679	8872	1078	780	296	8911	3727
有色金属合金制造		546	7	7		2000	2000
有色金属压延加工	1424	872	13	6	7	1	1
金属制品业	431	561					
集装箱及金属包装容器制造		30					
建筑、安全用金属制品制造	431	531					
通用设备制造业	4197	12011	583	300	239	3901	1368
锅炉及原动机制造	1397	4268	115	115		943	461
金属加工机械制造	304	304	4	4		135	71
起重运输设备制造		55				200	200
泵、阀门、压缩机及类似机械的制造	1704	3240	142	131	11	226	41
烘炉、熔炉及电炉制造	158	258					
风机、衡器、包装设备等通用设备制造	10	489	10	5		47	43
通用零部件制造及机械修理	20	66					
金属铸、锻加工	604	3333	312	44	228	2349	552
专用设备制造业	54195	166761	4606	3092	1511	14899	12077
矿山、冶金、建筑专用设备制造	26362	125244	1392	97	1294	13749	11127
化工、木材、非金属加工专用设备制造		250	55	51	1	160	135
纺织、服装和皮革工业专用设备制造	2962	2689	173	88	85		
电子和电工机械专用设备制造	24844	38432	2986	2855	130	990	816
农、林、牧、渔专用机械制造							
医疗仪器设备及器械制造	24	26					
环保、社会公共安全及其他专用设备制造	4	120					
交通运输设备制造业	5343	15271	775	448	327	5071	3223
铁路运输设备制造	2262	5518	328	21	307	151	151
汽车制造	3081	9753	447	427	20	4920	3072
电气机械及器材制造业	9074	10501	588	588		726	726
电机制造	7018	8572	588	588		719	719
输配电及控制设备制造	156	799				7	7
电池制造	1900	980					
其他电气机械及器材制造		150					
通信设备、计算机及其他电子设备制造业	1053	3183	54	2	52	13	12
通信设备制造	197	322	2	2		5	3
雷达及配套设备制造	67	353					
电子计算机制造		34					
电子器件制造	65	752	1		1		
电子元件制造	665	1663	51		51	8	8
其他电子设备制造	59	59					
仪器仪表及文化、办公用机械制造业	4347	5680	218	16	202	37	17
通用仪器仪表制造	1613	2351	203	1	202	37	17
专用仪器仪表制造	2512	3106	15	15			
光学仪器及眼镜制造	223	223					
电力、燃气及水的生产和供应业	**2929**	**13986**	**39374**	**3316**	**32229**	**2446**	**902**
电力、热力的生产和供应业	2929	13986	39374	3316	32229	2446	902
电力生产	614	70	64	36	29	146	102
电力供应	2311	13636	39310	3280	32200	2300	800
热力生产和供应	4	280					

2-3-1-8　按地区分组的规模以上工业企业科技活动经费支出情况

单位：万元

地　区	科技活动经费支出总　额	内部支出合计	劳务费	原材料费	购买和自制设备支出	其他
总　计	**1746572**	**1576798**	**240403**	**624684**	**499947**	**52697**
太原市	898720	845758	86131	443966	239773	29895
大同市	129454	120786	35429	17164	54090	1776
阳泉市	77926	68812	11239	32486	23457	611
长治市	207352	144445	25093	40190	43117	6603
晋城市	185051	168151	50594	19161	58009	1925
朔州市	38920	26733	4659	7509	11288	3135
晋中市	57394	55589	8350	10621	22776	3299
运城市	46407	42236	7999	13326	10450	2112
忻州市	5065	4769	512	1714	926	166
临汾市	76592	76437	6885	33621	29703	2795
吕梁市	23692	23083	3512	4927	6358	381

2-3-1-8　续表

单位：万元

地　区	内部支出中R&D经费支出	内部支出中新产品开发经费支　出	外部支出	对研究所及高等院校的支出	对其他企业支出	用于科研的基建经费支出	土建工程
总　计	**488855**	**564964**	**169774**	**81756**	**78311**	**159066**	**64173**
太原市	231334	346384	52962	11114	35126	45993	28489
大同市	55620	17580	8668	61	8590	12327	2721
阳泉市	23408	18488	9114	7430	1684	1018	96
长治市	49091	66894	62907	48157	13163	29442	4441
晋城市	30805	9730	16901	7968	8933	38462	14508
朔州市	7704		12187	2741	9446	142	142
晋中市	31892	26157	1805	627	100	10543	7037
运城市	18898	21227	4171	3124	963	8349	3509
忻州市	1526	2674	295	108	188	1452	610
临汾市	27854	44486	155	155		3434	1854
吕梁市	10722	11345	609	270	120	7904	768

2-3-1-9 按企业规模、登记注册类型和行业分组的规模以上工业企业科技活动项目情况

单位：项、人、人年、万元

指标名称	科技项目数	新产品开发项目数	R&D项目数	科技项目参加人员合计	高中级技术职称人员	无高中级职称的大学本科及以上人员	科技项目经费内部支出合计	R&D项目支出
总　计	**3691**	**1939**	**1473**	**71540**	**35236**	**18668**	**1302034**	**456634**
一、按企业规模分								
大型企业	2632	1211	1102	58983	30015	13489	1167512	408047
中型企业	641	443	223	8801	3521	3533	94614	30072
小型企业	418	285	148	3756	1700	1646	39908	18516
二、按登记注册类型分								
内　资	**3567**	**1844**	**1401**	**69654**	**34523**	**17845**	**1280434**	**449954**
国　有	626	431	242	5071	3711	1221	106413	32523
集　体	10	4	2	114	56	6	4410	100
股份合作企业	2	1		154	79	86	1470	
有限责任公司	2367	1047	950	56550	26935	13957	1053309	363123
国有独资公司	1243	531	446	22701	10604	8584	727419	230130
其他有限责任公司	1124	516	504	33849	16331	5373	325890	132993
股份有限公司	304	196	114	5175	2636	1321	81416	40474
私营企业	256	163	91	2511	1090	1191	32954	13270
私营独资	2	2	1	12	9	2	104	4
私营有限责任公司	239	151	84	2199	974	1003	29873	12104
私营股份有限公司	15	10	6	300	107	186	2976	1162
其　他	2	2	2	79	16	63	463	463
港澳台商投资	**72**	**65**	**60**	**683**	**356**	**232**	**4932**	**4443**
与港澳台商合资经营	5	5	4	104	20	49	1873	1839
与港澳台商合作经营	1	1		18	18		280	
港澳台商独资	14	7	4	98	16	82	488	314
港澳台商投资股份有限公司	52	52	52	463	302	101	2291	2291
外商投资	**52**	**30**	**12**	**1203**	**357**	**591**	**16668**	**2238**
中外合资经营	38	22	11	1030	317	500	15624	1774
外资企业	14	8	1	173	40	91	1045	464
三、按国民经济行业(门类、大类、中类)分								
采矿业	**1084**	**215**	**422**	**42745**	**19762**	**8946**	**407886**	**135304**
煤炭开采和洗选业	1083	214	421	42740	19761	8942	407715	135133
烟煤和无烟煤的开采洗选	1083	214	421	42740	19761	8942	407715	135133
黑色金属矿采选业	1	1	1	5	1	4	171	171
铁矿采选	1	1	1	5	1	4	171	171
制造业	**2344**	**1543**	**982**	**26148**	**13286**	**9410**	**840431**	**318418**
农副食品加工业	9	4	3	241	79	133	2912	314
谷物磨制	3	2	2	25	7	13	119	104
饲料加工	1	1	1	31	27	7	210	210
植物油加工	1	1		5	5		1817	
屠宰及肉类加工	3			113	21	89	443	
蔬菜、水果和坚果加工	1			67	19	24	323	
食品制造业	18	10	8	110	55	26	1689	454
焙烤食品制造	2			8	3	5	53	
糖果、巧克力及蜜饯制造	1		1	11	3	8	42	42
方便食品制造	1	1	1	6	3	3	60	60
罐头制造	2	2	2	6	6		55	55
调味品、发酵制品制造	5	2	4	32	27	6	301	297
其他食品制造	7	5		47	13	4	1178	
饮料制造业	78	39	27	592	203	139	8595	8034
酒的制造	74	35	25	472	187	101	6996	6725
软饮料制造	4	4	2	120	16	38	1599	1309
烟草制品业	6	4	3	52	41	2	414	161

2-3-1-9　续表 1　　　　单位：项、人、人年、万元

指标名称	科技项目数	新产品开发项目数	R&D项目数	科技项目参加人员合计	高中级技术职称人员	无高中级职称的大学本科及以上人员	科技项目经费内部支出合计	R&D项目支出
卷烟制造	6	4	3	52	41	2	414	161
纺织业	15	13	1	214	82	45	2615	40
棉、化纤纺织及印染精加工	2	1	1	46	34	16	70	40
麻纺织	1	1		80	25	2	1915	
丝绢纺织及精加工	2	2		40	6	5	210	
纺织制成品制造	9	8		36	15	14	410	
针织品、编织品及其制品制造	1	1		12	2	8	10	
木材加工及木、竹、藤、棕、草制品业	1	1		21	16	5	30	
人造板制造	1	1		21	16	5	30	
造纸及纸制品业	2	1	2	30	8	5	285	285
造　纸	1	1	1	6	3	3	96	96
纸制品制造	1		1	24	5	2	189	189
印刷业和记录媒介的复制	2	1		44	7	37	393	
印　刷	2	1		44	7	37	393	
文教体育用品制造业	2	2	2	117	21	9	631	631
体育用品制造	2	2	2	117	21	9	631	631
石油加工、炼焦及核燃料加工业	91	11	47	2250	872	690	39129	15527
精炼石油产品的制造	11	2	5	58	39	25	939	789
炼　焦	80	9	42	2192	833	665	38190	14738
化学原料及化学制品制造业	212	120	111	3389	2243	1067	75422	32133
基础化学原料制造	36	8	10	477	244	178	11957	2192
肥料制造	72	37	53	1854	1021	425	13071	8854
涂料、油墨、颜料及类似产品制造	2	1	1	35	19	16	1577	77
合成材料制造	32	19	10	359	225	75	37823	15870
专用化学产品制造	50	45	37	531	485	201	6546	5140
日用化学产品制造	20	10		133	249	172	4448	
医药制造业	154	123	16	1290	530	481	10228	1255
化学药品原药制造	19	9	4	175	60	74	960	311
化学药品制剂制造	63	54	8	511	172	190	6350	695
中药饮片加工	1	1		9	9		17	
中成药制造	43	35	4	350	172	149	1762	249
兽用药品制造	2	2		30	13	24	32	
生物、生化制品的制造	26	22		215	104	44	1108	
橡胶制品业	34	28	14	204	115	71	4681	2090
轮胎制造	30	24	13	154	98	56	4239	1957
橡胶板、管、带的制造	1	1		40	14	6	300	
橡胶零件制造	3	3	1	10	3	9	142	133
塑料制品业	4	3		32	12	26	220	
塑料板、管、型材的制造	2	2		21	7	21	120	
塑料包装箱及容器制造	1	1		2	2		10	
其他塑料制品制造	1			9	3	5	90	
非金属矿物制品业	89	58	39	1081	466	374	8964	3845
水泥、石灰和石膏的制造	18	7	6	262	95	134	2602	780
水泥及石膏制品制造	9	9	1	46	11	1	646	60
砖瓦、石材及其他建筑材料制造	7	3	2	50	16	14	89	25
玻璃及玻璃制品制造	14	7	9	328	129	92	2623	1672
陶瓷制品制造	10	7	6	73	50	21	371	91
耐火材料制品制造	27	21	11	168	103	49	1562	148
石墨及其他非金属矿物制品制造	4	4	4	154	62	63	1070	1070
黑色金属冶炼及压延加工业	346	118	121	6050	2510	2288	446951	163457
炼　铁	6			40	17	33	532	

2-3-1-9 续表 2 单位：项、人、人年、万元

指标名称	科技项目数	新产品开发项目数	R&D项目数	科技项目参加人员合计	高中级技术职称人员	无高中级职称的大学本科及以上人员	科技项目经费内部支出合计	R&D项目支出
炼钢	30	28	20	754	326	200	9067	5606
钢压延加工	303	86	99	5122	2148	1955	434422	157521
铁合金冶炼	7	4	2	134	19	100	2930	330
有色金属冶炼及压延加工业	119	60	79	1169	528	413	18459	13433
常用有色金属冶炼	103	52	74	1028	475	343	16232	12009
有色金属合金制造	5	4		73	25	48	645	
有色金属压延加工	11	4	5	68	28	22	1582	1424
金属制品业	4	4	1	30	10	3	565	431
集装箱及金属包装容器制造	2	2		8			34	
建筑、安全用金属制品制造	2	2	1	22	10	3	531	431
通用设备制造业	304	216	118	1859	875	634	16178	4052
锅炉及原动机制造	103	78	65	362	178	138	7281	1311
金属加工机械制造	20	9	9	176	52	73	629	300
起重运输设备制造	5	2		46	35	8	181	
泵、阀门、压缩机及类似机械的制造	132	97	35	695	305	251	3635	1650
烘炉、熔炉及电炉制造	3	3	2	10	5	5	258	158
风机、衡器、包装设备等通用设备制造	21	8	1	367	201	96	935	10
通用零部件制造及机械修理	10	10	3	14	5	9	66	20
金属铸、锻加工	10	9	3	189	94	54	3194	604
专用设备制造业	516	433	235	3986	2641	1517	164208	52732
矿山、冶金、建筑专用设备制造	317	252	125	1669	1298	779	125818	24990
化工、木材、非金属加工专用设备制造	5	3		72	58	27	306	
纺织、服装和皮革工业专用设备制造	60	56	56	630	397	156	3327	2962
电子和电工机械专用设备制造	125	118	50	1583	868	553	34494	24753
农、林、牧、渔专用机械制造					4			
医疗仪器设备及器械制造	6	3	3	10	4	1	40	24
环保、社会公共安全及其他专用设备制造	3	1	1	22	12	1	222	4
交通运输设备制造业	122	103	41	1221	780	508	17509	5336
铁路运输设备制造	76	62	27	492	424	166	5755	2255
汽车制造	46	41	14	729	356	342	11755	3081
电气机械及器材制造业	103	102	70	1122	635	412	11362	9018
电机制造	87	87	65	946	553	338	8514	6962
输配电及控制设备制造	12	12	3	103	54	40	799	156
电池制造	2	1	2	65	25	29	1900	1900
其他电气机械及器材制造	2	2		8	3	5	150	
通信设备、计算机及其他电子设备制造业	43	29	12	475	333	181	3576	1036
通信设备制造	14	6	2	107	29	79	498	197
雷达及配套设备制造	5	5	1	26	26		353	67
电子计算机制造	3	2		128	106	22	483	
电子器件制造	4	3	1	51	63	19	681	65
电子元件制造	16	12	7	146	91	60	1502	648
其他电子设备制造	1	1	1	17	18	1	59	59
仪器仪表及文化、办公用机械制造业	70	60	32	569	224	344	5415	4156
通用仪器仪表制造	45	35	19	269	112	179	2357	1421
专用仪器仪表制造	24	24	12	272	104	152	2835	2512
光学仪器及眼镜制造	1	1	1	28	8	13	223	223
电力、燃气及水的生产和供应业	**263**	**181**	**69**	**2647**	**2188**	**312**	**53717**	**2913**
电力、热力的生产和供应业	263	181	69	2647	2188	312	53717	2913
电力生产	24	9	9	539	253	144	3247	609
电力供应	237	170	59	2089	1927	162	50186	2301
热力生产和供应	2	2	1	19	8	6	284	4

2-3-1-10　按地区分组的规模以上工业企业科技活动项目情况

单位：项、人、人年、万元

地　区	科　技项目数	新产品开发项目数	项目数	科技项目参加人员合计	高中级技术职称人员	无高中级职称的大学本科及以上人员	科技项目经费内部支出合计	项目支出
总　计	**3691**	**1939**	**1473**	**71540**	**35236**	**18668**	**1302034**	**456634**
太原市	1590	946	570	21434	11725	5045	736969	222054
大同市	222	60	66	10360	4964	772	101430	48398
阳泉市	229	95	107	8506	4658	1655	67320	23402
长治市	508	287	210	10838	3702	5898	91425	41438
晋城市	229	20	54	8925	4754	1417	126141	27864
朔州市	71		27	399	292	121	26591	7700
晋中市	309	206	180	4527	1579	1651	44115	31424
运城市	266	187	149	2976	1788	1162	31241	18148
忻州市	19	15	8	194	121	95	2949	1401
临汾市	136	64	70	2104	1202	492	60699	26635
吕梁市	112	59	32	1277	451	360	13155	8170

2-3-1-11 按企业规模、登记注册类型和行业分组的规模以上工业企业科技活动成果情况

单位：万元、件

指标名称	新产品产值	新产品销售收入		专利申请数		拥有发明专利数
			出口		发明专利	
总　计	**6776032**	**6677591**	**1403209**	**1238**	**401**	**603**
一、按企业规模分						
大型企业	6067571	5999041	1346067	785	219	350
中型企业	391559	381396	38947	201	68	93
小型企业	316902	297154	18195	252	114	160
二、按登记注册类型分						
内　资	**6520468**	**6431946**	**1370304**	**1178**	**376**	**577**
国　有	487997	543484	18389	276	49	80
集　体	2161	2051		1	1	5
有限责任公司	5292620	5174683	1328876	588	208	270
国有独资公司	2452344	2400623	521758	316	107	173
其他有限责任公司	2840276	2774060	807118	272	101	97
股份有限公司	538686	525358	10685	166	50	117
私营企业	199004	186371	12354	146	67	105
私营独资	59	57				1
私营有限责任公司	186624	173973	12354	141	65	103
私营股份有限公司	12321	12341		5	2	1
其　他				1	1	
港澳台商投资	**141834**	**142244**	**25191**	**54**	**21**	**10**
与港澳台商合资经营	7480	9385	3735	2	1	1
与港澳台商合作经营	240	240				
港澳台商独资	104417	104697		3	3	
港澳台商投资股份有限公司	29697	27922	21455	49	17	9
外商投资	**113730**	**103401**	**7715**	**6**	**4**	**16**
中外合资经营	45456	43499	547	5	3	15
外资企业		7167	7167	1	1	1
外商投资股份有限公司	68274	52734				
三、按国民经济行业（门类、大类、中类）分						
采矿业	**3076483**	**2871696**	**757913**	**137**	**47**	**67**
煤炭开采和洗选业	3076483	2871696	757913	133	46	66
烟煤和无烟煤的开采洗选	3076483	2871696	757913	133	46	66
黑色金属矿采选业				4	1	1
铁矿采选				4	1	1
制造业	**3699509**	**3805885**	**645296**	**1059**	**345**	**532**
农副食品加工业	16060	15723	1651	14	2	1
谷物磨制	2403	2098	450	9	1	1
饲料加工	11944	11944		3		
屠宰及肉类加工	1201	1201	1201			
蔬菜、水果和坚果加工	392	341		2	1	
其他农副食品加工	120	140				
食品制造业	75913	65906	7325	14	2	2
焙烤食品制造	1500	1500				
糖果、巧克力及蜜饯制造				3		
液体乳及乳制品制造	68274	52734				
罐头制造	628	7759	7167			
调味品、发酵制品制造	3669	3582	157	9		
其他食品制造	1842	331		2	2	2
饮料制造业	11828	145702		17	2	26
酒的制造	100	134026		6	2	25
软饮料制造	11728	11676		11		1

2-3-1-11 续表 1

单位：万元、件

指标名称	新产品产值	新产品销售收入		专利申请数		拥有发明专利数
			出口		发明专利	
烟草制品业						1
卷烟制造						1
纺织业	8130	8108	1669	19	9	12
棉、化纤纺织及印染精加工	1428	1398		5	5	4
麻纺织	4843	4688	1669	1	1	5
纺织制成品制造	1859	2022		13	3	3
纺织服装、鞋、帽制造业	128	89	1			
纺织面料鞋的制造	128	89	1			
印刷业和记录媒介的复制	417	417		3	3	2
印 刷	417	417		3	3	2
文教体育用品制造业	2305	2112	1710			
体育用品制造	2305	2112	1710			
石油加工、炼焦及核燃料加工业		8415		20	18	21
精炼石油产品的制造				5	5	7
炼 焦		8415		15	13	14
化学原料及化学制品制造业	535850	508231	18215	55	27	61
基础化学原料制造	65699	57784	300	5	5	5
肥料制造	194746	195386		32	9	10
农药制造	6314	6314				
涂料、油墨、颜料及类似产品制造	14726	9868		1	1	5
合成材料制造	141012	127985	3844	9	5	2
专用化学产品制造	60213	57713	12071	5	4	20
日用化学产品制造	53140	53181	2000	3	3	19
医药制造业	56658	49790	1316	73	23	48
化学药品原药制造	12784	11664	1315	3	1	1
化学药品制剂制造	9044	4599		58	13	40
中药饮片加工	28	28				
中成药制造	32530	31240		10	7	5
生物、生化制品的制造	2272	2258		2	2	2
橡胶制品业	25401	25111	6882	2		10
轮胎制造	23083	23083	6335			
橡胶板、管、带的制造	2000	1800	547			
橡胶零件制造	318	228		2		10
塑料制品业	15547	14653	39	7		
塑料板、管、型材的制造	14777	14199	39	7		
泡沫塑料制造	340	323				
塑料包装箱及容器制造	100	100				
其他塑料制品制造	330	30				
非金属矿物制品业	63232	54159	4312	25	14	7
水泥、石灰和石膏的制造	8287	7857		2	2	
水泥及石膏制品制造	12364	5635				
砖瓦、石材及其他建筑材料制造	19902	19902				
玻璃及玻璃制品制造	2980	3377	3377	4	2	
陶瓷制品制造	497	457	7			
耐火材料制品制造	5902	4405	928	17	8	6
石墨及其他非金属矿物制品制造	13300	12527		2	2	1
黑色金属冶炼及压延加工业	1259194	1259041	451613	214	53	50
炼 铁	550	550	550	7		4
炼 钢				6	1	6

2-3-1-11 续表 2

单位：万元、件

指标名称	新产品产值	新产品销售收入		专利申请数		拥有发明专利数
			出口		发明专利	
钢压延加工	1258644	1258491	451063	201	52	40
有色金属冶炼及压延加工业	92307	89320	2089	54	18	28
常用有色金属冶炼	55010	52330	839	39	15	21
有色金属合金制造	2200	1762	1250	2	1	2
有色金属压延加工	35097	35228		13	2	5
金属制品业	2600	6622		5	5	6
金属工具制造	84	78				
集装箱及金属包装容器制造	30	20				
建筑、安全用金属制品制造	2486	6524		5	5	5
金属表面处理及热处理加工						1
通用设备制造业	65172	78232	19534	40	14	20
锅炉及原动机制造	32026	26364	532	8	4	1
金属加工机械制造	7737	7191	1898	9	4	4
起重运输设备制造	1153	1064		3		
泵、阀门、压缩机及类似机械的制造	4855	24635	16650	8	2	8
烘炉、熔炉及电炉制造	699	653		2	1	4
风机、衡器、包装设备等通用设备制造	4129	3958		2	2	2
通用零部件制造及机械修理	50	40		1		
金属铸、锻加工	14525	14327	454	7	1	1
专用设备制造业	764459	739827	116551	218	90	98
矿山、冶金、建筑专用设备制造	472004	455341	62945	102	54	40
化工、木材、非金属加工专用设备制造	18600	16182	285			
纺织、服装和皮革工业专用设备制造	30078	28299	21455	39	18	38
电子和电工机械专用设备制造	240010	237013	31866	71	16	16
农、林、牧、渔专用机械制造	65	69				
医疗仪器设备及器械制造	120	180				
环保、社会公共安全及其他专用设备制造	3582	2743		6	2	4
交通运输设备制造业	355454	341720	9666	118	25	79
铁路运输设备制造	330283	315652		90	14	70
汽车制造	25171	26068	9666	28	11	9
电气机械及器材制造业	119445	174016	1790	112	25	14
电机制造	114474	167628	332	104	17	13
输配电及控制设备制造	3471	3380	1100			1
电池制造	1500	3008	358	8	8	
通信设备、计算机及其他电子设备制造业	175348	163411	935	9	5	6
通信设备制造	134117	122017		2	2	2
雷达及配套设备制造	490	490				
电子器件制造	1210	899	420			
电子元件制造	38826	39504	515	7	3	2
其他电子设备制造	706	503				2
仪器仪表及文化、办公用机械制造业	54061	55281		40	10	40
通用仪器仪表制造	50311	50562		17	4	13
专用仪器仪表制造	3750	4719		9	6	27
光学仪器及眼镜制造				14		
电力、燃气及水的生产和供应业	**40**	**10**		**42**	**9**	**4**
电力、热力的生产和供应业	40	10		42	9	4
电力生产				2	2	2
电力供应				40	7	2
热力生产和供应	40	10				

2-3-1-12　按地区分组的规模以上工业企业科技活动成果情况

单位：万元、件

地　区	新产品产值	新产品销售收入	出口	专利申请数	发明专利	拥有发明专利数
总　计	**6776032**	**6677591**	**1403209**	**1238**	**401**	**603**
太原市	2995693	2918821	599361	570	188	217
大同市	1729068	1730426	731950	90	23	74
阳泉市	368908	319164	935	56	12	23
长治市	283338	278743	3108	91	33	33
晋城市	746712	587418	5449	39	11	35
朔州市	82115	81865		8	5	2
晋中市	67727	78243	42083	107	61	64
运城市	290324	343664	13981	201	42	89
忻州市	4781	4518	274	8	3	13
临汾市	136689	137294	4203	51	19	22
吕梁市	70679	197436	1865	17	4	31

2-3-1-13 按企业规模、登记注册类型和行业分组的规模以上工业企业技术改造、技术获取及减免税情况

单位：万元

指标名称	技术改造经费支出	技术引进经费支出	消化吸收经费支出	购买国内技术经费支出	享受各级政府对技术开发减免税
总　计	**1986787**	**90417**	**20209**	**31945**	**54331**
一、按工业企业规模分					
大型企业	1551637	88864	17339	28409	50235
中型企业	363999	1536	1499	2902	3447
小型企业	71151	17	1371	634	649
二、按登记注册类型分					
内　资	**1896869**	**89661**	**19999**	**31645**	**53936**
国　有	202848	80	582	206	15533
集　体	17314		20		
股份合作企业	1453		10	10	
有限责任公司	1364977	86238	17758	19256	35030
国有独资公司	944853	40281	5231	4250	27617
其他有限责任公司	420124	45957	12526	15007	7413
股份有限公司	272980	2537	1055	11781	2398
私营企业	37297	806	574	392	974
私营独资	4214				
私营合伙	1722				
私营有限责任公司	30047	806	574	352	974
私营股份有限公司	1315			40	
港澳台商投资	**7222**				**69**
与港澳台商合资经营	788				69
与港澳台商合作经营	30				
港澳台商独资	30				
港澳台商投资股份有限公司	6374				
外商投资	**82697**	**756**	**210**	**300**	**326**
中外合资经营	24655	756	80		326
中外合作经营	25550				
外资企业	32492		130	300	
三、按国民经济行业(门类、大类、中类)分					
采矿业	**607613**	**82479**	**15168**	**16655**	**8113**
煤炭开采和洗选业	607088	82479	15118	16655	8113
烟煤和无烟煤的开采洗选	607088	82479	15118	16655	8113
黑色金属矿采选业	500		50		
铁矿采选	500		50		
非金属矿采选业	25				
土砂石开采	25				
制造业	**1115919**	**7534**	**4707**	**15028**	**31218**
农副食品加工业	718		211		
谷物磨制	380				
饲料加工	9				
屠宰及肉类加工	12		211		
蔬菜、水果和坚果加工	198				
其他农副食品加工	120				
食品制造业	1821		70		
焙烤食品制造	50				
糖果、巧克力及蜜饯制造	20		50		
液体乳及乳制品制造	70		20		
罐头制造	110				
调味品、发酵制品制造	215				
其他食品制造	1356				
饮料制造业	9141				8
酒的制造	4851				8

2-3-1-13 续表 1

单位：万元

指标名称	技术改造经费支出	技术引进经费支出	消化吸收经费支出	购买国内技术经费支出	享受各级政府对技术开发减免税
软饮料制造	4290				
纺织业	811				28
棉、化纤纺织及印染精加工	360				
麻纺织	420				28
纺织制成品制造	31				
纺织服装、鞋、帽制造业	110				
纺织面料鞋的制造	110				
造纸及纸制品业	137				
造 纸	67				
纸制品制造	70				
印刷业和记录媒介的复制	93				
印 刷	93				
文教体育用品制造业	80				
体育用品制造	80				
石油加工、炼焦及核燃料加工业	28190			2712	383
精炼石油产品的制造	39				
炼 焦	28151			2712	383
化学原料及化学制品制造业	135387	2537	1055	9996	1633
基础化学原料制造	22961			7	
肥料制造	81153	2537	969	9934	1090
涂料、油墨、颜料及类似产品制造	13				
合成材料制造	15455		5	25	
专用化学产品制造	5455		81	30	244
日用化学产品制造	10350				300
医药制造业	5747		502	1202	1060
化学药品原药制造	428		242	360	33
化学药品制剂制造	1816		260	842	1027
中成药制造	3039				
兽用药品制造	155				
生物、生化制品的制造	80				
卫生材料及医药用品制造	230				
橡胶制品业	1187	10	8		
轮胎制造	314				
橡胶板、管、带的制造	162	10	8		
橡胶零件制造	629				
再生橡胶制造	2				
日用及医用橡胶制品制造	82				
塑料制品业	95				
塑料板、管、型材的制造	13				
泡沫塑料制造	54				
塑料包装箱及容器制造	18				
其他塑料制品制造	10				
非金属矿物制品业	6071		185	59	9
水泥、石灰和石膏的制造	1069		145	59	
水泥及石膏制品制造	370				
砖瓦、石材及其他建筑材料制造	776				9
玻璃及玻璃制品制造	1563				
陶瓷制品制造	108		40		
耐火材料制品制造	1953				
石墨及其他非金属矿物制品制造	233				
黑色金属冶炼及压延加工业	671723		2113	190	16589
炼 铁	8915		883	20	

2-3-1-13 续表 2

单位：万元

指标名称	技术改造经费支出	技术引进经费支出	消化吸收经费支出	购买国内技术经费支出	享受各级政府对技术开发减免税
炼 钢	83807		550	50	
钢压延加工	575672		680	120	16589
铁合金冶炼	3328				
有色金属冶炼及压延加工业	69515	601		79	107
常用有色金属冶炼	69271	584		70	
有色金属合金制造	113	17			
有色金属压延加工	131			9	107
金属制品业	217				
结构性金属制品制造	6				
金属工具制造	72				
集装箱及金属包装容器制造	20				
建筑、安全用金属制品制造	119				
通用设备制造业	12371	325	185	160	659
锅炉及原动机制造	1312				
金属加工机械制造	977				
起重运输设备制造	81				
泵、阀门、压缩机及类似机械的制造	2624		106	27	659
风机、衡器、包装设备等通用设备制造	404		7		
通用零部件制造及机械修理	16				
金属铸、锻加工	6958	325	72	132	
专用设备制造业	135027	3629	63	34	9574
矿山、冶金、建筑专用设备制造	91674	2369	8	30	8144
化工、木材、非金属加工专用设备制造	1335			4	
纺织、服装和皮革工业专用设备制造	7393		50		
电子和电工机械专用设备制造	34583	1260			1430
医疗仪器设备及器械制造	31		5		
环保、社会公共安全及其他专用设备制造	12				
交通运输设备制造业	24824	302		502	728
铁路运输设备制造	23460	302		502	513
汽车制造	1314				216
航空航天器制造	50				
电气机械及器材制造业	10883	80	304	95	179
电机制造	9096	80	94	40	
输配电及控制设备制造	234		210	55	
电线、电缆、光缆及电工器材制造	152				
电池制造	400				179
家用电力器具制造	1000				
通信设备、计算机及其他电子设备制造业	1173	50	12		
通信设备制造	36				
电子计算机制造	314				
电子器件制造	730				
电子元件制造	92	50	12		
仪器仪表及文化、办公用机械制造业	598				261
通用仪器仪表制造	9				194
专用仪器仪表制造	589				67
电力、燃气及水的生产和供应业	**263255**	**404**	**333**	**262**	**15000**
电力、热力的生产和供应业	263055	404	333	262	15000
电力生产	131036	404	333	262	
电力供应	130943				15000
热力生产和供应	1075				
水的生产和供应业	200				
自来水的生产和供应	200				

2-3-1-14 按地区分组的规模以上工业企业技术改造、技术获取及减免税情况

单位：万元

地 区	技术改造经费支出	技术引进经费支出	消化吸收经费支出	购买国内技术经费支出	享受各级政府对技术开发减免税
总 计	**1986787**	**90417**	**20209**	**31945**	**54331**
太原市	926286	7880	2194	5637	43334
大同市	136726	39725	8470	9241	893
阳泉市	13172	404	403	377	3394
长治市	188716	29067	1169	8996	3897
晋城市	260960	11836	5431	3382	1203
朔州市	63764			450	
晋中市	189421	1100	101	49	
运城市	146217	200	112	755	893
忻州市	10344	205	205	176	
临汾市	39386		2124	2882	677
吕梁市	11796				41

2-3-1-15 按企业规模、登记注册类型和行业分组的规模以上工业企业办科技机构情况

单位：个、人、万元

指标名称	机构数	科技活动人员	博士毕业	硕士毕业	科技经费内部支出	仪器设备原价
总　计	**286**	**17510**	**269**	**1479**	**235164**	**311842**
一、按工业企业规模分						
大型企业	70	11845	166	1002	186952	214749
中型企业	110	3621	64	319	32080	74783
小型企业	106	2044	39	158	16132	22310
二、按登记注册类型分						
内　资	**266**	**16763**	**250**	**1418**	**228041**	**291866**
国　有	17	2076	15	197	51376	100023
集　体	2	20		1	4140	3880
股份合作企业	1	19			1400	2
有限责任公司	134	10163	136	901	135680	129071
国有独资公司	31	4162	61	454	78704	52471
其他有限责任公司	103	6001	75	447	56976	76600
股份有限公司	40	3340	71	208	27384	43266
私营企业	72	1145	28	111	8061	15626
私营独资	1	5			4	95
私营有限责任公司	67	1112	26	102	7646	15250
私营股份有限公司	4	28	2	9	411	281
港澳台商投资	**7**	**433**	**9**	**19**	**3314**	**15191**
与港澳台商合资经营	3	34	8	5	1046	6648
与港澳台商合作经营	1	19	1	2	280	175
港澳台商独资	1	14		1	30	4
港澳台商投资股份有限公司	2	366		11	1958	8364
外商投资	**13**	**314**	**10**	**42**	**3809**	**4785**
中外合资经营	11	291	9	38	3734	4429
外资企业	2	23	1	4	75	355
三、按国民经济行业(门类、大类、中类)分						
采矿业	**22**	**3253**	**93**	**486**	**82646**	**60136**
煤炭开采和洗选业	22	3253	93	486	82646	60136
烟煤和无烟煤的开采洗选	22	3253	93	486	82646	60136
制造业	**259**	**13737**	**175**	**907**	**148833**	**205816**
农副食品加工业	4	193	4	19	495	387
谷物磨制	2	19		2	95	195
饲料加工	1	11	2	9	46	76
屠宰及肉类加工	1	163	2	8	354	116
食品制造业	6	45		1	426	191
焙烤食品制造	1	3			12	24
方便食品制造	1	6			...	1
罐头制造	2	6			55	21
调味品、发酵制品制造	2	30		1	359	146
饮料制造业	5	316	1	10	5797	913
酒的制造	3	245		3	5443	314
软饮料制造	2	71	1	7	354	598
纺织业	6	271		2	2461	1197
棉、化纤纺织及印染精加工	2	46		1	70	715

2-3-1-15　续表 1　　　　单位：个、人、万元

指标名称	机构数	科技活动人员	博士毕业	硕士毕业	科技经费内部支出	仪器设备原价
麻纺织	1	186			1915	260
丝绢纺织及精加工	1	9			50	10
纺织制成品制造	2	30		1	426	212
木材加工及木、竹、藤、棕、草制品业	1	5	3	2	31	98
人造板制造	1	5	3	2	31	98
造纸及纸制品业	1	6	1	1	96	2
造　纸	1	6	1	1	96	2
印刷业和记录媒介的复制	1	38	1	1	113	83
印　刷	1	38	1	1	113	83
文教体育用品制造业	1	124			631	771
体育用品制造	1	124			631	771
石油加工、炼焦及核燃料加工业	12	340	5	26	2609	4283
精炼石油产品的制造	2	38	2	4	733	973
炼　焦	10	302	3	22	1875	3310
化学原料及化学制品制造业	26	2617	33	109	24115	27936
基础化学原料制造	5	218	1	7	1164	1306
肥料制造	4	1200	16	27	10612	6823
涂料、油墨、颜料及类似产品制造	2	51	1	3	155	172
合成材料制造	5	288	4	14	5497	12969
专用化学产品制造	9	429		13	4450	3386
日用化学产品制造	1	431	11	45	2237	3280
医药制造业	22	769	31	84	5189	11208
化学药品原药制造	4	54	4	7	206	491
化学药品制剂制造	6	432	7	40	3020	4240
中药饮片加工	1	7		1	10	13
中成药制造	7	115	2	13	1118	6128
兽用药品制造	2	25	2	3	32	12
生物、生化制品的制造	2	136	16	20	804	324
橡胶制品业	2	154		8	4987	1134
轮胎制造	2	154		8	4987	1134
塑料制品业	4	21		3	141	270
塑料板、管、型材的制造	2	11		2	120	208
塑料包装箱及容器制造	1	2			1	3
其他塑料制品制造	1	8		1	20	59
非金属矿物制品业	22	327	8	12	2304	1462
水泥、石灰和石膏的制造	4	73	1	4	871	771
水泥及石膏制品制造	1	8			60	38
砖瓦、石材及其他建筑材料制造	2	21			66	65
玻璃及玻璃制品制造	1	7			380	73
陶瓷制品制造	3	51			96	75
耐火材料制品制造	9	147	5	7	800	390
石墨及其他非金属矿物制品制造	2	20	2	1	31	50
黑色金属冶炼及压延加工业	11	1430	17	111	23660	22229
炼　铁	2	26			267	5930

2-3-1-15 续表 2　　　　单位：个、人、万元

指标名称	机构数	科技活动人员			科技经费内部支出	仪器设备原价
			博士毕业	硕士毕业		
炼　钢	3	63	1	21	520	696
钢压延加工	5	1336	16	90	22820	15602
铁合金冶炼	1	5			54	1
有色金属冶炼及压延加工业	15	675	14	41	4902	10052
常用有色金属冶炼	11	577	13	36	3400	8711
有色金属合金制造	1	73	1	1	78	16
有色金属压延加工	3	25		4	1424	1325
通用设备制造业	27	1029	13	46	7684	11884
锅炉及原动机制造	5	268	3	8	2995	3856
金属加工机械制造	3	73	1	6	382	234
起重运输设备制造	2	30			40	210
泵、阀门、压缩机及类似机械的制造	5	287	3	13	973	5305
烘炉、熔炉及电炉制造	1	19		10	258	50
风机、衡器、包装设备等通用设备制造	4	240	2	4	592	292
金属铸、锻加工	7	112	4	5	2444	1937
专用设备制造业	41	3225	8	228	39233	30505
矿山、冶金、建筑专用设备制造	19	1366	7	126	14149	9611
化工、木材、非金属加工专用设备制造	2	68			306	101
纺织、服装和皮革工业专用设备制造	6	486		13	2997	10126
电子和电工机械专用设备制造	12	1287		87	21656	10584
医疗仪器设备及器械制造	1	8			5	3
环保、社会公共安全及其他专用设备制造	1	10	1	2	120	80
交通运输设备制造业	16	802	13	52	9040	29889
铁路运输设备制造	5	437	10	21	5364	21720
汽车制造	11	365	3	31	3675	8169
电气机械及器材制造业	8	634	8	31	9196	18935
电机制造	4	529		27	8172	18313
输配电及控制设备制造	2	78			424	94
电池制造	1	20	8	4	580	328
其他电气机械及器材制造	1	7			20	200
通信设备、计算机及其他电子设备制造业	9	273	6	59	861	30680
通信设备制造	2	50	1	15	141	19748
电子计算机制造	3	128		21	524	250
电子器件制造	1	27		2	54	160
电子元件制造	3	68	5	21	142	10522
仪器仪表及文化、办公用机械制造业	19	443	9	61	4863	1708
通用仪器仪表制造	14	232	8	48	2347	821
专用仪器仪表制造	4	183		8	2512	780
光学仪器及眼镜制造	1	28	1	5	4	107
电力、燃气及水的生产和供应业	**5**	**520**	**1**	**86**	**3686**	**45890**
电力、热力的生产和供应业	5	520	1	86	3686	45890
电力生产	3	138		6	206	114
电力供应	1	374	1	79	3200	45698
热力生产和供应	1	8		1	280	78

2-3-1-16　按地区分组的规模以上工业企业办科技机构情况

单位：个、人、万元

地　区	机构数	科技活动人员	博士毕业	硕士毕业	科技经费内部支出	仪器设备原　价
总　计	**286**	**17510**	**269**	**1479**	**235164**	**311842**
太原市	98	5455	61	619	76238	149697
大同市	13	1243	24	69	9992	34445
阳泉市	22	960	13	44	5935	6183
长治市	41	3416	89	308	51472	15538
晋城市	14	831	12	120	18921	9803
朔州市	1	426		30	26105	8043
晋中市	40	1225	10	48	14090	23864
运城市	29	2441	30	129	15961	32383
忻州市	8	118		5	1024	7257
临汾市	15	1117	22	89	9459	18898
吕梁市	5	278	8	18	5968	5731

2-3-1-17 按企业规模、登记注册类型和行业分组的有科技活动工业企业基本情况

单位：个、人、万元

指标名称	企业数			从业人员年平均人数	主营业务收入	生产经营用机器设备原价	
		有R&D单位数	有新产品开发单位数				微电子控制设备原价
总　计	**442**	**215**	**282**	**978505**	**47908203**	**24362555**	**2078826**
一、按企业规模分							
大型企业	67	47	47	808034	39605754	21297782	1889425
中型企业	151	69	90	138393	7083903	2807672	166070
小型企业	224	99	145	32078	1218547	257102	23331
二、按登记注册类型分							
内　资	**409**	**198**	**258**	**905899**	**46064181**	**23582315**	**2036958**
国　有	28	16	19	75272	7235460	6237772	267195
集　体	12	2	2	3288	79958	15849	47
股份合作企业	3		1	5238	321805	74912	1371
有限责任公司	199	97	121	690824	31784880	14036566	1479240
国有独资公司	29	20	21	264487	15052553	6894248	1230673
其他有限责任公司	170	77	100	426337	16732327	7142318	248567
股份有限公司	42	20	33	86360	4376968	2948818	258305
私营企业	124	62	81	44593	2256632	259756	30801
私营独资	5	1	2	584	21805	2413	467
私营有限责任公司	107	55	72	41083	2055962	247794	30100
私营股份有限公司	12	6	7	2926	178866	9549	234
其　他	1	1	1	324	8477	8641	
港澳台商投资	**13**	**9**	**12**	**53087**	**681102**	**438777**	**3011**
与港澳台商合资经营	6	4	5	3093	60285	11441	198
与港澳台商合作经营	1		1	93	1944	930	90
港澳台商独资	4	3	4	45643	520642	361112	17
港澳台商投资股份有限公司	2	2	2	4258	98231	65294	2706
外商投资	**20**	**8**	**12**	**19519**	**1162921**	**341463**	**38857**
中外合资经营	16	7	9	15707	909390	104196	38854
外资企业	4	1	3	3812	253531	237268	3
三、按国民经济行业(门类、大类、中类)分							
采矿业	**58**	**22**	**15**	**480722**	**15800652**	**8654466**	**1183499**
煤炭开采和洗选业	57	21	14	480680	15799732	8654051	1183499
烟煤和无烟煤的开采洗选	57	21	14	480680	15799732	8654051	1183499
黑色金属矿采选业	1	1	1	42	920	415	
铁矿采选	1	1	1	42	920	415	
制造业	**373**	**187**	**263**	**456011**	**27206955**	**9664409**	**633207**
农副食品加工业	12	2	3	3856	199723	26997	4813
谷物磨制	3	1	1	297	5453	350	22
饲料加工	1	1	1	120	15036	425	63
植物油加工	1		1	65	16372	3040	
屠宰及肉类加工	4			2765	147821	21883	4657
蔬菜、水果和坚果加工	3			609	15042	1299	71
食品制造业	12	6	7	3475	102959	38044	1237
焙烤食品制造	1			460	10104	891	10
糖果、巧克力及蜜饯制造	1	1		300	6561	527	
方便食品制造	1	1	1	78	3514	450	
液体乳及乳制品制造	1			79	5520	225	5
罐头制造	2	2	2	510	26736	664	
调味品、发酵制品制造	3	2	2	1083	29057	6435	41
其他食品制造	3		2	965	21467	28851	1181
饮料制造业	9	5	7	10898	397114	25147	1624
酒的制造	5	4	4	10176	343535	7956	623
软饮料制造	4	1	3	722	53579	17191	1001
烟草制品业	1	1	1	1259	204871	49801	26462

2-3-1-17　续表 1　　　　单位：个、人、万元

指标名称	企业数	有R&D单位数	有新产品开发单位数	从业人员年平均人数	主营业务收入	生产经营用机器设备原价	微电子控制设备原价
卷烟制造	1	1	1	1259	204871	49801	26462
纺织业	7	1	5	3697	36411	20034	208
棉、化纤纺织及印染精加工	2	1	1	433	10826	5900	…
麻纺织	1		1	2315	16539	9373	145
丝绢纺织及精加工	1		1	330	1267	784	15
纺织制成品制造	2		1	225	4773	1962	
针织品、编织品及其制品制造	1		1	394	3006	2016	47
木材加工及木、竹、藤、棕、草制品业	1		1	330	40412	10390	75
人造板制造	1		1	330	40412	10390	75
造纸及纸制品业	2	2	1	760	6487	7869	2282
造　纸	1	1	1	380	3857	3511	1302
纸制品制造	1	1		380	2630	4358	980
印刷业和记录媒介的复制	2		1	515	10422	5672	1157
印　刷	2		1	515	10422	5672	1157
文教体育用品制造业	2	1	1	907	16602	9073	1280
体育用品制造	2	1	1	907	16602	9073	1280
石油加工、炼焦及核燃料加工业	21	14	6	56714	4009985	819727	44659
精炼石油产品的制造	2	2	1	252	78572	674	3
炼　焦	19	12	5	56462	3931413	819053	44656
化学原料及化学制品制造业	35	18	22	56370	2517668	1708889	210419
基础化学原料制造	11	5	5	11250	648344	187453	1765
肥料制造	6	3	3	20084	898639	795210	35818
农药制造	1			30	804	278	
涂料、油墨、颜料及类似产品制造	2	1	1	1202	41708	12100	
合成材料制造	6	3	5	9339	636486	558144	141324
专用化学产品制造	8	6	7	9466	174394	118878	2294
日用化学产品制造	1		1	4999	117294	36826	29218
医药制造业	31	9	24	12365	373882	149410	19108
化学药品原药制造	5	3	4	3409	143664	71544	2335
化学药品制剂制造	11	3	7	5110	114692	38966	13246
中药饮片加工	1		1	95	686	400	
中成药制造	10	3	9	2821	78939	17935	3528
兽用药品制造	2		1	148	3062	1750	
生物、生化制品的制造	2		2	782	32840	18816	
橡胶制品业	4	2	4	3248	136230	39170	13325
轮胎制造	2	1	2	2678	100686	27399	5075
橡胶板、管、带的制造	1		1	310	27600	11000	8250
橡胶零件制造	1	1	1	260	7944	771	
塑料制品业	3		2	406	51612	1220	453
塑料板、管、型材的制造	1		1	278	49715	235	
塑料包装箱及容器制造	1		1	73	1300	700	400
其他塑料制品制造	1			55	597	285	53
非金属矿物制品业	43	22	31	21807	312331	180005	29956
水泥、石灰和石膏的制造	10	4	5	5492	106195	109179	27960
水泥及石膏制品制造	2	1	2	798	20052	3289	101
砖瓦、石材及其他建筑材料制造	4	1	2	866	36641	5817	48
玻璃及玻璃制品制造	7	5	5	8599	53385	34920	217
陶瓷制品制造	4	2	3	1342	7225	1710	11
耐火材料制品制造	11	5	10	3133	48550	16477	1587
石墨及其他非金属矿物制品制造	5	4	4	1577	40284	8614	33
黑色金属冶炼及压延加工业	18	10	10	78200	12071252	4056842	131466
炼　铁	3			1996	53661	14315	7

2-3-1-17 续表 2

单位：个、人、万元

指标名称	企业数	有R&D单位数	有新产品开发单位数	从业人员年平均人数	主营业务收入	生产经营用机器设备原价	微电子控制设备原价
炼　钢	5	5	4	11947	1928022	306099	30917
钢压延加工	7	4	5	62250	9823178	3717559	100542
铁合金冶炼	3	1	1	2007	266391	18870	
有色金属冶炼及压延加工业	20	14	10	38920	2231625	1060810	32493
常用有色金属冶炼	14	11	7	37009	2150529	1051950	27314
有色金属合金制造	1		1	150	4946	1120	
有色金属压延加工	5	3	2	1761	76150	7740	5179
金属制品业	3	1	3	181	9976	526	13
集装箱及金属包装容器制造	1		1	103	2139	301	
建筑、安全用金属制品制造	2	1	2	78	7837	225	13
通用设备制造业	48	20	36	18616	355453	142779	7282
锅炉及原动机制造	7	3	5	5851	128798	81888	1380
金属加工机械制造	5	4	4	482	12958	1745	8
起重运输设备制造	4		2	1440	18298	2906	426
泵、阀门、压缩机及类似机械的制造	13	7	11	5803	90894	30733	162
烘炉、熔炉及电炉制造	1	1	1	197	4274	457	
风机、衡器、包装设备等通用设备制造	5	1	3	1515	24781	4143	
通用零部件制造及机械修理	2	1	2	186	4069	120	
金属铸、锻加工	11	3	8	3142	71381	20788	5306
专用设备制造业	39	24	33	59333	2378274	585120	79246
矿山、冶金、建筑专用设备制造	14	10	13	19853	1317916	244131	11879
化工、木材、非金属加工专用设备制造	3		1	859	38870	2275	321
纺织、服装和皮革工业专用设备制造	6	4	5	7385	141033	70619	1694
电子和电工机械专用设备制造	12	8	12	30636	872424	267196	65345
农、林、牧、渔专用机械制造	1			185	2250	57	
医疗仪器设备及器械制造	1	1	1	62	557	121	
环保、社会公共安全及其他专用设备制造	2	1	1	353	5224	721	7
交通运输设备制造业	20	8	19	17491	632362	164162	4739
铁路运输设备制造	7	4	7	9235	442249	80793	896
汽车制造	13	4	12	8256	190113	83369	3843
电气机械及器材制造业	11	7	9	8943	347288	57934	11084
电机制造	3	2	3	7066	271806	49782	10693
输配电及控制设备制造	5	3	4	1210	28981	2315	265
电池制造	2	2	1	631	43929	5825	126
其他电气机械及器材制造	1		1	36	2572	13	
通信设备、计算机及其他电子设备制造业	15	10	14	53838	637934	488493	3800
通信设备制造	3	1	3	41385	476986	380763	150
雷达及配套设备制造	1	1	1	658	10612	2623	
电子计算机制造	1		1	3328	15277	10621	2874
电子器件制造	2	1	1	632	7295	3656	336
电子元件制造	7	6	7	7779	127021	90797	440
其他电子设备制造	1	1	1	56	743	33	
仪器仪表及文化、办公用机械制造业	14	10	13	3882	126085	16295	6027
通用仪器仪表制造	9	7	8	1290	83148	7519	1196
专用仪器仪表制造	4	2	4	2466	39716	8669	4831
光学仪器及眼镜制造	1	1	1	126	3221	107	
电力、燃气及水的生产和供应业	**11**	**6**	**4**	**41772**	**4900597**	**6043681**	**262120**
电力、热力的生产和供应业	11	6	4	41772	4900597	6043681	262120
电力生产	9	4	2	10347	954475	1814822	24792
电力供应	1	1	1	30808	3936291	4227563	237328
热力生产和供应	1	1	1	617	9831	1296	

2-3-1-18　按地区分组的有科技活动工业企业基本情况

单位：个、人、万元

地　区	企业数	有R&D单位数	有新产品开发单位数	从业人员年平均人数	主营业务收入	生产经营用机器设备原价	微电子控制设备原价
总　计	**442**	**215**	**282**	**978505**	**47908203**	**24362555**	**2078826**
太原市	118	66	95	270047	17783916	10391547	471765
大同市	21	5	12	147653	4209321	2344202	76487
阳泉市	27	12	23	98756	2586023	2673894	2057
长治市	47	16	31	116605	5887055	1787190	648339
晋城市	23	7	13	54957	1558139	1026008	568722
朔州市	3	1		11947	2126196	1195346	
晋中市	109	62	50	100097	4034928	1445198	41200
运城市	37	19	24	66451	2951692	1753883	83437
忻州市	14	7	10	5101	151870	41134	822
临汾市	27	12	14	68049	4655702	1371410	175590
吕梁市	16	8	10	38842	1963362	332743	10408

2-3-1-19 按企业规模、登记注册类型和行业分组的有科技活动工业企业科技活动成果情况

单位：万元、件

指标名称	新产品产值	新产品销售收入	出口	专利申请数	发明专利	拥有发明专利数
总　计	**6663250**	**6580220**	**1394153**	**1231**	**400**	**594**
一、按企业规模分						
大型企业	6066101	5997801	1345677	784	219	350
中型企业	378145	368408	37449	201	68	89
小型企业	219003	214011	11027	246	113	155
二、按登记注册类型分						
内　资	**6478204**	**6396049**	**1368416**	**1171**	**375**	**568**
国　有	481640	537003	18389	276	49	80
集　体	2137	2027		1	1	1
有限责任公司	5278526	5165378	1328876	582	207	267
国有独资公司	2452344	2400623	521758	316	107	173
其他有限责任公司	2826182	2764755	807118	266	100	94
股份有限公司	530309	517486	9246	165	50	117
私营企业	185592	174155	11904	146	67	103
私营独资	59	57				
私营有限责任公司	173499	162007	11904	141	65	102
私营股份有限公司	12034	12091		5	2	1
其　他				1	1	
港澳台商投资	**141834**	**142244**	**25191**	**54**	**21**	**10**
与港澳台商合资经营	7480	9385	3735	2	1	1
与港澳台商合作经营	240	240				
港澳台商独资	104417	104697		3	3	
港澳台商投资股份有限公司	29697	27922	21455	49	17	9
外商投资	**43212**	**41927**	**547**	**6**	**4**	**16**
中外合资经营	43212	41927	547	5	3	15
外资企业				1	1	1
三、按国民经济行业(门类、大类、中类)分						
采矿业	**3075483**	**2870896**	**757913**	**137**	**47**	**67**
煤炭开采和洗选业	3075483	2870896	757913	133	46	66
烟煤和无烟煤的开采洗选	3075483	2870896	757913	133	46	66
黑色金属矿采选业				4	1	1
铁矿采选				4	1	1
制造业	**3587727**	**3709314**	**636240**	**1052**	**344**	**523**
农副食品加工业	15940	15583	1651	14	2	1
谷物磨制	2403	2098	450	9	1	1
饲料加工	11944	11944		3		
屠宰及肉类加工	1201	1201	1201			
蔬菜、水果和坚果加工	392	341		2	1	
食品制造业	7114	5494	157	14	2	2
焙烤食品制造	1500	1500				
糖果、巧克力及蜜饯制造				3		
罐头制造	103	81				
调味品、发酵制品制造	3669	3582	157	9		
其他食品制造	1842	331		2	2	2
饮料制造业	11828	145702		17	2	26
酒的制造	100	134026		6	2	25
软饮料制造	11728	11676		11		1

2-3-1-19　续表 1

单位：万元、件

指标名称	新产品产值	新产品销售收入	出口	专利申请数	发明专利	拥有发明专利数
烟草制品业						1
卷烟制造						1
纺织业	7532	7510	1669	19	9	12
棉、化纤纺织及印染精加工	830	800		5	5	4
麻纺织	4843	4688	1669	1	1	5
纺织制成品制造	1859	2022		13	3	3
印刷业和记录媒介的复制	417	417		3	3	2
印　刷	417	417		3	3	2
文教体育用品制造业	2305	2112	1710			
体育用品制造	2305	2112	1710			
石油加工、炼焦及核燃料加工业		8415		20	18	21
精炼石油产品的制造				5	5	7
炼　焦		8415		15	13	14
化学原料及化学制品制造业	522413	496856	18215	55	27	60
基础化学原料制造	62173	54391	300	5	5	4
肥料制造	192535	193843		32	9	10
涂料、油墨、颜料及类似产品制造	13340	9743		1	1	5
合成材料制造	141012	127985	3844	9	5	2
专用化学产品制造	60213	57713	12071	5	4	20
日用化学产品制造	53140	53181	2000	3	3	19
医药制造业	48147	45741	1316	73	23	46
化学药品原药制造	12784	11664	1315	3	1	1
化学药品制剂制造	2211	2130		58	13	40
中成药制造	30880	29689		10	7	3
生物、生化制品的制造	2272	2258		2	2	2
橡胶制品业	25401	25111	6882	2		10
轮胎制造	23083	23083	6335			
橡胶板、管、带的制造	2000	1800	547			
橡胶零件制造	318	228		2		10
塑料制品业	15207	14329	39	7		
塑料板、管、型材的制造	14777	14199	39	7		
塑料包装箱及容器制造	100	100				
其他塑料制品制造	330	30				
非金属矿物制品业	59638	50476	4312	25	14	7
水泥、石灰和石膏的制造	8287	7857		2	2	
水泥及石膏制品制造	9057	2202				
砖瓦、石材及其他建筑材料制造	19902	19902				
玻璃及玻璃制品制造	2980	3377	3377	4	2	
陶瓷制品制造	210	207	7			
耐火材料制品制造	5902	4405	928	17	8	6
石墨及其他非金属矿物制品制造	13300	12527		2	2	1
黑色金属冶炼及压延加工业	1259194	1259041	451613	214	53	50
炼　铁	550	550	550	7		4
炼　钢				6	1	6
钢压延加工	1258644	1258491	451063	201	52	40

2-3-1-19 续表 2

单位：万元、件

指标名称	新产品产值	新产品销售收入	出口	专利申请数	发明专利	拥有发明专利数
有色金属冶炼及压延加工业	89900	86894	1250	47	17	27
常用有色金属冶炼	52603	49905		38	15	21
有色金属合金制造	2200	1762	1250	2	1	2
有色金属压延加工	35097	35228		7	1	4
金属制品业	2492	6519		5	5	5
集装箱及金属包装容器制造	30	20				
建筑、安全用金属制品制造	2462	6499		5	5	5
通用设备制造业	53031	65984	19534	40	14	20
锅炉及原动机制造	32026	26364	532	8	4	1
金属加工机械制造	4777	4231	1898	9	4	4
起重运输设备制造	1153	1064		3		
泵、阀门、压缩机及类似机械的制造	4855	24635	16650	8	2	8
烘炉、熔炉及电炉制造	699	653		2	1	4
风机、衡器、包装设备等通用设备制造	4129	3958		2	2	2
通用零部件制造及机械修理	50	40		1		
金属铸、锻加工	5344	5039	454	7	1	1
专用设备制造业	764388	739748	116551	218	90	98
矿山、冶金、建筑专用设备制造	471998	455331	62945	102	54	40
化工、木材、非金属加工专用设备制造	18600	16182	285			
纺织、服装和皮革工业专用设备制造	30078	28299	21455	39	18	38
电子和电工机械专用设备制造	240010	237013	31866	71	16	16
医疗仪器设备及器械制造	120	180				
环保、社会公共安全及其他专用设备制造	3582	2743		6	2	4
交通运输设备制造业	353927	340671	8617	118	25	79
铁路运输设备制造	330283	315652		90	14	70
汽车制造	23644	25019	8617	28	11	9
电气机械及器材制造业	119445	174016	1790	112	25	10
电机制造	114474	167628	332	104	17	9
输配电及控制设备制造	3471	3380	1100			1
电池制造	1500	3008	358	8	8	
通信设备、计算机及其他电子设备制造业	175348	163411	935	9	5	6
通信设备制造	134117	122017		2	2	2
雷达及配套设备制造	490	490				
电子器件制造	1210	899	420			
电子元件制造	38826	39504	515	7	3	2
其他电子设备制造	706	503				2
仪器仪表及文化、办公用机械制造业	54061	55281		40	10	40
通用仪器仪表制造	50311	50562		17	4	13
专用仪器仪表制造	3750	4719		9	6	27
光学仪器及眼镜制造				14		
电力、燃气及水的生产和供应业	**40**	**10**		**42**	**9**	**4**
电力、热力的生产和供应业	40	10		42	9	4
电力生产				2	2	2
电力供应				40	7	2
热力生产和供应	40	10				

2-3-1-20　按地区分组的有科技活动工业企业科技活动成果情况

单位：万元、件

地　区	新产品产　值	新 产 品销售收入	出口	专　利申请数	发明专利	拥有发明专 利 数
总　计	**6663250**	**6580220**	**1394153**	**1231**	**400**	**594**
太原市	2912365	2856550	599361	570	188	217
大同市	1729068	1730426	731950	90	23	74
阳泉市	367788	318224	935	56	12	23
长治市	283338	278743	3108	91	33	33
晋城市	746425	587168	5449	39	11	35
朔州市	82115	81865		8	5	2
晋中市	57015	67454	42083	107	61	62
运城市	273116	320632	4926	194	41	82
忻州市	4781	4518	274	8	3	13
临汾市	136561	137204	4202	51	19	22
吕梁市	70679	197436	1865	17	4	31

2-3-1-21 按企业规模、登记注册类型和行业分组的有科技活动工业企业技术改造、技术获取及减免税情况

单位：万元

指标名称	技术改造经费支出	技术引进经费支出	消化吸收经费支出	购买国内技术经费支出	享受各级政府对技术开发减免税
总　计	**1797146**	**89671**	**19159**	**31395**	**54331**
一、按工业企业规模分					
大型企业	1523400	88864	17339	28409	50235
中型企业	259175	790	1352	2880	3447
小型企业	14571	17	468	106	649
二、按登记注册类型分					
内　资	**1747166**	**89661**	**18949**	**31095**	**53936**
国　有	168519	80	582	206	15533
集　体	884				
股份合作企业	1430		10	10	
有限责任公司	1295778	86238	16728	18706	35030
国有独资公司	939818	40281	5231	4250	27617
其他有限责任公司	355960	45957	11497	14456	7413
股份有限公司	267257	2537	1055	11781	2398
私营企业	13297	806	574	392	974
私营独资	405				
私营有限责任公司	12684	806	574	352	974
私营股份有限公司	209			40	
港澳台商投资	**6884**				**69**
与港澳台商合资经营	450				69
与港澳台商合作经营	30				
港澳台商独资	30				
港澳台商投资股份有限公司	6374				
外商投资	**43096**	**10**	**210**	**300**	**326**
中外合资经营	10605	10	80		326
外资企业	32492		130	300	
三、按国民经济行业(门类、大类、中类)分					
采矿业	**516656**	**82479**	**15166**	**16192**	**8113**
煤炭开采和洗选业	516656	82479	15116	16192	8113
烟煤和无烟煤的开采洗选	516656	82479	15116	16192	8113
黑色金属矿采选业			50		
铁矿采选			50		
制造业	**1068710**	**6788**	**3659**	**14942**	**31218**
农副食品加工业	481		211		
谷物磨制	380				
屠宰及肉类加工	12		211		
蔬菜、水果和坚果加工	89				
食品制造业	1691		50		
焙烤食品制造	50				
糖果、巧克力及蜜饯制造	20		50		
液体乳及乳制品制造	50				
罐头制造	...				
调味品、发酵制品制造	215				
其他食品制造	1356				

2-3-1-21　续表 1　　　　单位：万元

指标名称	技术改造经费支出	技术引进经费支出	消化吸收经费支出	购买国内技术经费支　出	享受各级政府对技术开发减免　税
饮料制造业	8516				8
酒的制造	4281				8
软饮料制造	4235				
纺织业	811				28
棉、化纤纺织及印染精加工	360				
麻纺织	420				28
纺织制成品制造	31				
造纸及纸制品业	30				
造　纸	30				
印刷业和记录媒介的复制	85				
印　刷	85				
文教体育用品制造业	80				
体育用品制造	80				
石油加工、炼焦及核燃料加工业	24616			2712	383
精炼石油产品的制造	39				
炼　焦	24577			2712	383
化学原料及化学制品制造业	124045	2537	1055	9996	1633
基础化学原料制造	21835			7	
肥料制造	76050	2537	969	9934	1090
合成材料制造	15455		5	25	
专用化学产品制造	354		81	30	244
日用化学产品制造	10350				300
医药制造业	2638		502	1202	1060
化学药品原药制造	428		242	360	33
化学药品制剂制造	1816		260	842	1027
中成药制造	195				
兽用药品制造	120				
生物、生化制品的制造	80				
橡胶制品业	1102	10	8		
轮胎制造	314				
橡胶板、管、带的制造	160	10	8		
橡胶零件制造	629				
塑料制品业	10				
其他塑料制品制造	10				
非金属矿物制品业	4513		40		9
水泥、石灰和石膏的制造	833				
水泥及石膏制品制造	291				
砖瓦、石材及其他建筑材料制造	11				9
玻璃及玻璃制品制造	1563				
陶瓷制品制造	90		40		
耐火材料制品制造	1573				
石墨及其他非金属矿物制品制造	153				
黑色金属冶炼及压延加工业	662333		1230	170	16589
炼　铁	718				

2-3-1-21 续表 2

单位：万元

指标名称	技术改造经费支出	技术引进经费支出	消化吸收经费支出	购买国内技术经费支出	享受各级政府对技术开发减免税
炼　钢	83807		550	50	
钢压延加工	575672		680	120	16589
铁合金冶炼	2136				
有色金属冶炼及压延加工业	67935	601		72	107
常用有色金属冶炼	67791	584		70	
有色金属合金制造	113	17			
有色金属压延加工	31			2	107
金属制品业	20				
集装箱及金属包装容器制造	20				
通用设备制造业	10038	325	185	160	659
锅炉及原动机制造	1312				
金属加工机械制造	67				
起重运输设备制造	81				
泵、阀门、压缩机及类似机械的制造	1870		106	27	659
风机、衡器、包装设备等通用设备制造	404		7		
金属铸、锻加工	6305	325	72	132	
专用设备制造业	123805	3185	63	34	9574
矿山、冶金、建筑专用设备制造	80451	1925	8	30	8144
化工、木材、非金属加工专用设备制造	1335			4	
纺织、服装和皮革工业专用设备制造	7393		50		
电子和电工机械专用设备制造	34583	1260			1430
医疗仪器设备及器械制造	31		5		
环保、社会公共安全及其他专用设备制造	12				
交通运输设备制造业	24483			502	728
铁路运输设备制造	23370			502	513
汽车制造	1113				216
电气机械及器材制造业	9708	80	304	95	179
电机制造	9096	80	94	40	
输配电及控制设备制造	211		210	55	
电池制造	400				179
通信设备、计算机及其他电子设备制造业	1173	50	12		
通信设备制造	36				
电子计算机制造	314				
电子器件制造	730				
电子元件制造	92	50	12		
仪器仪表及文化、办公用机械制造业	598				261
通用仪器仪表制造	9				194
专用仪器仪表制造	589				67
电力、燃气及水的生产和供应业	**211780**	**404**	**333**	**262**	**15000**
电力、热力的生产和供应业	211780	404	333	262	15000
电力生产	84892	404	333	262	
电力供应	126828				15000
热力生产和供应	60				

2-3-1-22　按地区分组的有科技活动工业企业技术改造、技术获取及减免税情况

单位：万元

地　区	技术改造经费支出	技术引进经费支出	消化吸收经费支出	购买国内技术经费支出	享受各级政府对技术开发减免税
总　计	**1797146**	**89671**	**19159**	**31395**	**54331**
太原市	895601	7436	2194	5637	43334
大同市	135657	39423	8470	9241	893
阳泉市	7227	404	383	377	3394
长治市	174513	29067	1024	8996	3897
晋城市	208200	11836	5431	3303	1203
朔州市	33503				
晋中市	169338	1100	101	49	
运城市	136135	200	112	748	893
忻州市	2779	205	203	162	
临汾市	24627		1241	2882	677
吕梁市	9568				41

2-3-2-1 按企业规模、登记注册类型和行业分组的规模以上大中型工业企业基本情况

单位：个、人、万元

	企业数	从业人员年平均人数	主营业务收入	生产经营用机器设备原价	微电子控制设备原价
总 计	**1063**	**1720140**	**83643115**	**37667987**	**2885482**
一、按企业规模分					
大型企业	129	1034420	50509492	24837251	2219410
中型企业	934	685720	33133623	12830735	666073
二、按登记注册类型分					
内 资	**997**	**1603637**	**78439897**	**35037715**	**2734308**
国 有	134	216312	11222610	8651858	361784
集 体	62	47044	1135512	230181	7080
股份合作企业	13	11657	722880	132765	7578
联营企业	7	3417	95819	22170	1133
集体联营	5	2394	57060	18995	1133
其他联营	2	1023	38759	3175	
有限责任公司	500	1022378	47769864	20128612	1742702
国有独资公司	44	294375	16095433	7231549	1264879
其他有限责任公司	456	728003	31674431	12897063	477822
股份有限公司	79	148104	8537921	4215117	527986
私营企业	200	154053	8942349	1646479	86046
私营独资	9	3567	196355	24373	1757
私营合伙	1	300	3953	9890	
私营有限责任公司	178	142562	8237472	1520398	82993
私营股份有限公司	12	7624	504568	91818	1297
其 他	2	672	12943	10533	
港澳台商投资	**23**	**69049**	**1700620**	**700790**	**23626**
与港澳台商合资经营	15	11207	843463	240206	20498
与港澳台商合作经营	1	455	43645	20354	418
港澳台商独资	5	53129	715281	374936	4
港澳台商投资股份有限公司	2	4258	98231	65294	2706
外商投资	**43**	**47454**	**3502598**	**1929482**	**127548**
中外合资经营	31	36345	2536274	572951	41642
中外合作经营	3	3795	567686	1036179	85649
外资企业	9	7314	398638	320352	257
三、按国民经济行业(门类、大类、中类)分					
采矿业	**384**	**820446**	**27616777**	**11521009**	**1511683**
煤炭开采和洗选业	360	802516	27113331	11370052	1511422
烟煤和无烟煤的开采洗选	360	802516	27113331	11370052	1511422
石油和天然气开采业	1	742	81952	1223	223
天然原油和天然气开采	1	742	81952	1223	223
黑色金属矿采选业	18	13225	280076	98396	38
铁矿采选	17	12492	256071	90304	38
其他黑色金属矿采选	1	733	24005	8093	
有色金属矿采选业	4	2905	135030	41571	
常用有色金属矿采选	3	2260	111809	23071	
贵金属矿采选	1	645	23221	18500	
非金属矿采选业	1	1058	6387	9766	
土砂石开采	1	1058	6387	9766	

2-3-2-1 续表 1

单位：个、人、万元

	企业数	从业人员年平均人数	主营业务收入	生产经营用机器设备原价	微电子控制设备原价
制造业	**625**	**819044**	**48673115**	**15672949**	**883434**
农副食品加工业	14	11599	604534	88078	7132
饲料加工	2	1757	111766	7348	2406
植物油加工	3	1951	98350	23138	1
屠宰及肉类加工	3	3573	185722	23354	3857
蔬菜、水果和坚果加工	2	887	20235	878	69
其他农副食品加工	4	3431	188462	33361	800
食品制造业	17	9178	244159	115549	1461
焙烤食品制造	2	942	13879	2517	10
糖果、巧克力及蜜饯制造	2	730	9873	2163	
方便食品制造	1	800	22655	7130	
液体乳及乳制品制造	5	2603	104090	57813	29
罐头制造	2	887	26424	717	
调味品、发酵制品制造	3	2259	48864	16751	241
其他食品制造	2	957	18374	28457	1181
饮料制造业	11	14852	506394	67886	2113
酒的制造	8	12966	396410	36655	1206
软饮料制造	3	1886	109983	31231	907
烟草制品业	1	1259	204871	49801	26462
卷烟制造	1	1259	204871	49801	26462
纺织业	11	13020	117508	82274	11411
棉、化纤纺织及印染精加工	10	10705	100968	72901	11266
麻纺织	1	2315	16539	9373	145
纺织服装、鞋、帽制造业	4	5474	80497	11774	235
纺织服装制造	4	5474	80497	11774	235
木材加工及木、竹、藤、棕、草制品业	1	330	40412	10390	75
人造板制造	1	330	40412	10390	75
造纸及纸制品业	6	2868	67632	31215	2364
造　纸	4	1819	17240	14165	1804
纸制品制造	2	1049	50392	17050	560
印刷业和记录媒介的复制	4	2221	31265	19255	1090
印　刷	3	1791	21810	18134	1090
装订及其他印刷服务活动	1	430	9455	1122	
文教体育用品制造业	2	1472	28046	8689	1420
体育用品制造	2	1472	28046	8689	1420
石油加工、炼焦及核燃料加工业	152	166051	14688112	2592652	144365
精炼石油产品的制造	1	1505	110403	3957	
炼　焦	151	164546	14577710	2588695	144365
化学原料及化学制品制造业	68	99915	3988272	2665882	258357
基础化学原料制造	21	23705	1059849	472863	8088
肥料制造	24	39231	1764486	1413616	76471
涂料、油墨、颜料及类似产品制造	3	1808	79713	21970	1031

2-3-2-1 续表 2

单位：个、人、万元

	企业数	从业人员年平均人数	主营业务收入	生产经营用机器设备原价	微电子控制设备原价
合成材料制造	4	9166	621317	558122	141324
专用化学产品制造	15	21006	345613	162486	2225
日用化学产品制造	1	4999	117294	36826	29218
医药制造业	23	16823	487024	216806	13208
化学药品原药制造	5	4390	201843	124664	305
化学药品制剂制造	11	7918	162253	61661	11942
中成药制造	5	2591	74691	14665	961
生物、生化制品的制造	1	692	30456	15016	
卫生材料及医药用品制造	1	1232	17780	800	
化学纤维制造业	1	1062	25111	3563	
纤维素纤维原料及纤维制造	1	1062	25111	3563	
橡胶制品业	3	2988	128287	38399	13325
轮胎制造	2	2678	100686	27399	5075
橡胶板、管、带的制造	1	310	27600	11000	8250
塑料制品业	4	2546	60428	17749	118
塑料薄膜制造	1	540	30378	6517	
塑料丝、绳及编织品的制造	3	2006	30050	11232	118
非金属矿物制品业	52	43796	737811	470151	44213
水泥、石灰和石膏的制造	19	12593	225258	285193	39570
水泥及石膏制品制造	2	1145	18107	8456	83
砖瓦、石材及其他建筑材料制造	5	4989	128891	12695	1325
玻璃及玻璃制品制造	8	14204	149410	82600	1588
陶瓷制品制造	2	1710	8011	144	
耐火材料制品制造	4	4233	46126	26552	1595
石墨及其他非金属矿物制品制造	12	4922	162009	54512	51
黑色金属冶炼及压延加工业	89	153999	17799808	5631940	187470
炼　铁	50	33436	1948401	472776	22349
炼　钢	9	21847	2702998	428434	32977
钢压延加工	15	89658	12362449	4548186	132033
铁合金冶炼	15	9058	785961	182545	111
有色金属冶炼及压延加工业	46	72382	3551092	1912893	44932
常用有色金属冶炼	39	67176	3345060	1886626	44431
贵金属冶炼	1	360	10042	3000	
稀有稀土金属冶炼	1	720	53066	5210	
有色金属合金制造	1	1046	15901	3662	
有色金属压延加工	4	3080	127023	14395	501
金属制品业	8	5234	117085	15475	218
结构性金属制品制造	4	1713	87188	5661	2
金属工具制造	1	736	3256	4118	216
建筑、安全用金属制品制造	3	2785	26641	5696	
通用设备制造业	26	24899	524605	179410	16243
锅炉及原动机制造	2	5398	122427	81133	1360
金属加工机械制造	1	989	15380	6461	450

2-3-2-1　续表 3　　　　单位：个、人、万元

	企业数	从业人员年平均人数	主营业务收入	生产经营用机器设备原价	
					微电子控制设备原价
起重运输设备制造	1	800	10002	1005	
泵、阀门、压缩机及类似机械的制造	7	5760	94091	42220	7382
风机、衡器、包装设备等通用设备制造	1	703	13564	3021	
通用零部件制造及机械修理	4	4000	70253	7771	78
金属铸、锻加工	10	7249	198887	37798	6973
专用设备制造业	33	65150	2518675	613722	80009
矿山、冶金、建筑专用设备制造	16	24184	1439823	256640	10895
化工、木材、非金属加工专用设备制造	1	683	34735	420	310
印刷、制药、日化生产专用设备制造	1	304	3104	705	96
纺织、服装和皮革工业专用设备制造	3	8269	130633	82145	1351
电子和电工机械专用设备制造	10	30311	866232	265838	65345
农、林、牧、渔专用机械制造	1	1000	28919	4500	2012
环保、社会公共安全及其他专用设备制造	1	399	15229	3474	
交通运输设备制造业	23	24436	796471	211952	6258
铁路运输设备制造	8	12393	554403	110143	485
汽车制造	14	11205	236691	98609	5773
航空航天器制造	1	838	5377	3200	
电气机械及器材制造业	11	12286	391437	73027	11803
电机制造	5	9558	294785	57212	10805
输配电及控制设备制造	2	744	20434	1873	245
电线、电缆、光缆及电工器材制造	3	1613	52971	12082	627
电池制造	1	371	23247	1860	126
通信设备、计算机及其他电子设备制造业	9	60553	810899	509459	3200
通信设备制造	3	47712	641602	394050	
雷达及配套设备制造	1	658	10612	2623	
电子计算机制造	1	3328	15277	10621	2874
电子器件制造	1	597	4495	3541	321
电子元件制造	3	8258	138913	98624	4
仪器仪表及文化、办公用机械制造业	4	3467	111740	13683	5954
通用仪器仪表制造	3	1405	76091	6756	1130
专用仪器仪表制造	1	2062	35649	6927	4824
工艺品及其他制造业	2	1184	10941	21277	
工艺美术品制造	1	330	4733	6812	
其他未列明的制造业	1	854	6207	14465	
电力、燃气及水的生产和供应业	**54**	**80650**	**7353224**	**10474029**	**490365**
电力、热力的生产和供应业	46	72668	7268779	10364268	489682
电力生产	39	36099	3083950	5893167	249165
电力供应	4	34042	4119917	4246091	237697
热力生产和供应	3	2527	64911	225010	2820
燃气生产和供应业	1	967	4551	2820	
燃气生产和供应业	1	967	4551	2820	
水的生产和供应业	7	7015	79894	106942	684
自来水的生产和供应	7	7015	79894	106942	684

2-3-2-2 按地区分组的规模以上大中型工业企业基本情况

单位：个、人、万元

地区	企业数	从业人员年平均人数	主营业务收入	生产经营用机器设备原价	微电子控制设备原价
总计	**1063**	**1720140**	**83643115**	**37667987**	**2885482**
太原市	105	321519	20965976	12001393	509876
大同市	59	193197	5286559	2878945	76754
阳泉市	50	146460	3612833	3155884	7205
长治市	130	195829	9645547	3361015	714619
晋城市	117	152985	6217227	3472171	984239
朔州市	41	50965	3791450	2142495	49422
晋中市	132	151361	6139051	2133885	68709
运城市	130	163243	7952961	3684671	125855
忻州市	47	51828	1937594	1319168	2669
临汾市	127	145202	10209694	2440065	269946
吕梁市	125	147551	7884224	1078295	76190

2-3-2-3　按企业规模、登记注册类型和行业分组的规模以上大中型工业企业科技活动人员情况

单位：人

指标名称	科技活动人员合　计	#全时人员	#女性	#参加科技项目人　员	科技管理和服务人员	#1.高中级技术职称人员	2.无高中级职称的大学本科及以上人员	#研究与实验发展人员
总　计	**86459**	**28355**	**16282**	**67784**	**18578**	**33536**	**17022**	**34041**
一、按企业规模分								
大型企业	75728	23509	13834	58983	16719	30015	13489	30482
中型企业	10731	4846	2448	8801	1859	3521	3533	3559
二、按登记注册类型分								
内　资	**84594**	**27338**	**15829**	**66137**	**18386**	**32911**	**16332**	**33249**
国　有	5780	2838	1340	4979	801	3654	1196	2544
集　体	116	12	35	106	10	49	6	7
股份合作企业	201	172	61	154	47	79	86	
有限责任公司	70352	20859	12622	54766	15586	26138	13217	27748
国有独资公司	28469	14859	5926	22701	5768	10604	8584	12459
其他有限责任公司	41883	6000	6696	32065	9818	15534	4633	15289
股份有限公司	6824	2838	1603	4986	1776	2583	1233	2470
私营企业	1219	559	161	1067	143	392	531	401
私营有限责任公司	1090	552	154	942	139	371	437	396
私营股份有限公司	129	7	7	125	4	21	94	5
其　他	102	60	7	79	23	16	63	79
港澳台商投资	**743**	**412**	**222**	**622**	**95**	**321**	**222**	**635**
与港澳台商合资经营	89	66	18	79	10	13	42	79
港澳台商独资	106	46	4	80		6	79	12
港澳台商投资股份有限公司	548	300	200	463	85	302	101	544
外商投资	**1122**	**605**	**231**	**1025**	**97**	**304**	**468**	**157**
中外合资经营	949	542	217	868	81	266	391	95
外资企业	173	63	14	157	16	38	77	62
三、按国民经济行业(门类、大类、中类)分								
采矿业	**54827**	**13532**	**8953**	**42532**	**12295**	**19707**	**8793**	**21668**
煤炭开采和洗选业	54827	13532	8953	42532	12295	19707	8793	21668
烟煤和无烟煤的开采洗选	54827	13532	8953	42532	12295	19707	8793	21668
制造业	**28896**	**13787**	**6861**	**22666**	**6133**	**11654**	**7963**	**11787**
农副食品加工业	367	16	39	165	202	38	100	
屠宰及肉类加工	300	8	36	98	202	19	76	
蔬菜、水果和坚果加工	67	8	3	67		19	24	
食品制造业	97	20	48	89	8	40	19	35
焙烤食品制造	9		4	8	1	3	5	
糖果、巧克力及蜜饯制造	11		6	11		3	8	11
罐头制造	3			3		3		3
调味品、发酵制品制造	32	10	11	27	5	22	5	21
其他食品制造	42	10	27	40	2	9	1	
饮料制造业	650	421	304	552	98	186	111	482
酒的制造	532	345	261	456	76	180	93	398

2-3-2-3 续表 1

单位：人

指标名称	科技活动人员合计	#全时人员	#女性	#参加科技项目人员	科技管理和服务人员	#1.高中级技术职称人员	2.无高中级职称的大学本科及以上人员	#研究与实验发展人员
软饮料制造	118	76	43	96	22	6	18	84
烟草制品业	59	29	42	52	7	41	2	21
卷烟制造	59	29	42	52	7	41	2	21
纺织业	219	35	49	110	109	45	12	15
棉、化纤纺织及印染精加工	33	5	3	30	3	20	10	15
麻纺织	186	30	46	80	106	25	2	
木材加工及木、竹、藤、棕、草制品业	21	10	6	21		16	5	
人造板制造	21	10	6	21		16	5	
造纸及纸制品业	8	3	1	6	2	3	3	6
造　纸	8	3	1	6	2	3	3	6
印刷业和记录媒介的复制	7	2	3	6	1	5	1	
印　刷	7	2	3	6	1	5	1	
文教体育用品制造业	124	63	39	117	7	21	9	124
体育用品制造	124	63	39	117	7	21	9	124
石油加工、炼焦及核燃料加工业	2415	1156	431	2153	262	823	637	715
炼　焦	2415	1156	431	2153	262	823	637	715
化学原料及化学制品制造业	4856	2337	1318	3130	1726	2115	967	1912
基础化学原料制造	508	185	109	332	176	167	111	29
肥料制造	2065	574	269	1847	218	1018	421	1207
涂料、油墨、颜料及类似产品制造	17	14	5	14	3	10	4	
合成材料制造	440	220	103	326	114	201	68	225
专用化学产品制造	911	644	503	478	433	470	191	451
日用化学产品制造	915	700	329	133	782	249	172	
医药制造业	1544	645	599	1034	510	397	369	49
化学药品原药制造	134	13	22	130	4	37	52	5
化学药品制剂制造	867	316	346	444	423	149	148	44
中成药制造	347	214	127	280	67	134	133	
生物、生化制品的制造	196	102	104	180	16	77	36	
橡胶制品业	194	80	101	194		112	62	52
轮胎制造	154	50	96	154		98	56	52
橡胶板、管、带的制造	40	30	5	40		14	6	
非金属矿物制品业	772	453	116	669	103	243	240	494
水泥、石灰和石膏的制造	159	71	10	131	28	31	80	79
水泥及石膏制品制造	42	3	5	38	4	10		
砖瓦、石材及其他建筑材料制造	1			1			1	
玻璃及玻璃制品制造	283	221	44	263	20	112	78	253
陶瓷制品制造	45	8	5	40	5	14	11	
耐火材料制品制造	99	40	38	77	22	43	13	55
石墨及其他非金属矿物制品制造	143	110	14	119	24	33	57	107
黑色金属冶炼及压延加工业	6664	3606	616	6014	641	2494	2275	3345

2-3-2-3　续表 2　　　　单位：人

指标名称	科技活动人员合计	#全时人员	#女性	#参加科技项目人员	科技管理和服务人员	#1.高中级技术职称人员	2.无高中级职称的大学本科及以上人员	#研究与实验发展人员
炼　铁	93	27	7	40	44	17	33	
炼　钢	788	501	57	754	34	326	200	449
钢压延加工	5645	3074	551	5086	559	2132	1942	2863
铁合金冶炼	138	4	1	134	4	19	100	33
有色金属冶炼及压延加工业	1050	394	247	922	128	460	255	689
常用有色金属冶炼	1015	391	246	892	123	450	245	689
有色金属压延加工	35	3	1	30	5	10	10	
通用设备制造业	1200	403	453	1045	155	493	334	601
锅炉及原动机制造	330	81	122	282	48	140	110	140
起重运输设备制造	9	3	3	7	2	6		
泵、阀门、压缩机及类似机械的制造	651	272	259	574	77	251	205	425
风机、衡器、包装设备等通用设备制造	108	12	35	98	10	44	6	7
金属铸、锻加工	102	35	34	84	18	52	13	29
专用设备制造业	4889	2405	1361	3573	1254	2440	1350	1947
矿山、冶金、建筑专用设备制造	2253	1092	570	1523	730	1227	713	607
化工、木材、非金属加工专用设备制造	75	2	8	62	13	55	20	
纺织、服装和皮革工业专用设备制造	574	372	228	451	123	316	86	500
电子和电工机械专用设备制造	1987	939	555	1537	388	842	531	840
交通运输设备制造业	1472	408	373	1073	399	711	460	459
铁路运输设备制造	583	150	213	430	153	396	141	311
汽车制造	889	258	160	643	246	315	319	148
电气机械及器材制造业	1451	858	456	1032	419	595	371	620
电机制造	1330	836	412	946	384	553	338	588
输配电及控制设备制造	86	10	37	61	25	36	25	7
电池制造	35	12	7	25	10	6	8	25
通信设备、计算机及其他电子设备制造业	418	183	161	342	50	242	134	43
通信设备制造	84	47	6	81	3	9	72	
雷达及配套设备制造	26		3	26		26		4
电子计算机制造	140	82	114	128	12	106	22	
电子器件制造	72	28	12	43	29	57	15	
电子元件制造	96	26	26	64	6	44	25	39
仪器仪表及文化、办公用机械制造业	419	260	98	367	52	134	247	178
通用仪器仪表制造	164	110	40	126	38	44	96	61
专用仪器仪表制造	255	150	58	241	14	90	151	117
电力、燃气及水的生产和供应业	**2736**	**1036**	**468**	**2586**	**150**	**2175**	**266**	**586**
电力、热力的生产和供应业	2736	1036	468	2586	150	2175	266	586
电力生产	508	100	92	478	30	240	98	47
电力供应	2209	930	370	2089	120	1927	162	528
热力生产和供应	19	6	6	19		8	6	11

2-3-2-4 按地区分组的规模以上大中型工业企业科技活动人员情况

单位：人

地 区	科技活动人员合计	#全时人员	#女性	#参加科技项目人员	科技管理和服务人员	#1.高中级技术职称人员	2.无高中级职称的大学本科及以上人员	#研究与实验发展人员
总 计	**86459**	**28355**	**16282**	**67784**	**18578**	**33536**	**17022**	**34041**
太原市	22312	8770	3355	19967	2283	10928	4398	9228
大同市	16480	694	4466	10335	6145	4945	768	5389
阳泉市	10363	1119	699	8219	2144	4522	1527	3379
长治市	12973	6045	2369	10591	2382	3576	5775	6331
晋城市	11386	5164	2312	8775	2585	4725	1340	3784
朔州市	487	319	64	391	96	286	119	174
晋中市	3707	2306	718	3304	403	1164	1131	2535
运城市	4854	2376	1352	2880	1974	1740	1143	1414
忻州市	218	127	76	115	103	95	53	71
临汾市	2301	705	524	2006	295	1146	451	1123
吕梁市	1378	730	347	1201	168	409	317	613

2-3-2-5　按企业规模、登记注册类型、隶属关系和行业分组的规模以上大中型工业企业科技活动经费筹集情况

单位：万元

指标名称	科技活动经费筹集总额	企业资金	金融机构贷款	政府资金	国外资金	其他资金
总　计	**1575450**	**1479558**	**38633**	**44208**	**175**	**12876**
一、按企业规模分						
大型企业	1447269	1385191	16100	35302		10677
中型企业	128180	94366	22533	8906	175	2200
二、按登记注册类型分						
内　资	**1533556**	**1457664**	**21233**	**42108**	**175**	**12376**
国　有	159302	155014	270	4018		
集　体	4320	4320				
股份合作企业	1470	1470				
有限责任公司	1223105	1168626	9241	34000	25	11212
国有独资公司	862866	847865		14444		558
其他有限责任公司	360239	320762	9241	19557	25	10654
股份有限公司	126032	112616	10442	2560	150	264
私营企业	18828	15268	1130	1530		900
私营有限责任公司	17328	14608	1130	1530		60
私营股份有限公司	1500	660				840
其　他	500	350	150			
港澳台商投资	**4311**	**3206**		**855**		**250**
与港澳台商合资经营	1578	1328				250
港澳台商独资	178	178				
港澳台商投资股份有限公司	2555	1700		855		
外商投资	**37583**	**18688**	**17400**	**1245**		**250**
中外合资经营	36106	17423	17200	1233		250
外资企业	1477	1265	200	12		
三、按国民经济行业(门类、大类、中类)分						
采矿业	**534195**	**518982**	**1140**	**4079**	**25**	**9969**
煤炭开采和洗选业	534195	518982	1140	4079	25	9969
烟煤和无烟煤的开采洗选	534195	518982	1140	4079	25	9969
制造业	**948354**	**868605**	**36723**	**39969**	**150**	**2908**
农副食品加工业	666	666				
屠宰及肉类加工	354	354				
蔬菜、水果和坚果加工	312	312				
食品制造业	1986	1032		122		832
焙烤食品制造	53	53				
糖果、巧克力及蜜饯制造	320	300		20		
罐头制造	35	35				
调味品、发酵制品制造	518	414		102		2
其他食品制造	1061	231				830
饮料制造业	10556	9224	1100	232		
酒的制造	8726	8694		32		

2-3-2-5 续表 1

单位：万元

指标名称	科技活动经费筹集总额	企业资金	金融机构贷款	政府资金	国外资金	其他资金
软饮料制造	1829	529	1100	200		
烟草制品业	487	487				
卷烟制造	487	487				
纺织业	1955	1205	600	150		
棉、化纤纺织及印染精加工	40	40				
麻纺织	1915	1165	600	150		
木材加工及木、竹、藤、棕、草制品业	31	31				
人造板制造	31	31				
造纸及纸制品业	96	96				
造 纸	96	96				
印刷业和记录媒介的复制	450	450				
印 刷	450	450				
文教体育用品制造业	648	357		291		
体育用品制造	648	357		291		
石油加工、炼焦及核燃料加工业	67174	40729	21230	4665		550
炼 焦	67174	40729	21230	4665		550
化学原料及化学制品制造业	114089	104904	5000	3514	150	520
基础化学原料制造	17188	15836		1352		
肥料制造	37703	32203	5000	100	150	250
涂料、油墨、颜料及类似产品制造	2284	2268		16		
合成材料制造	38035	37615		420		
专用化学产品制造	6102	5006		826		270
日用化学产品制造	12777	11977		800		
医药制造业	12767	11171	112	1404		80
化学药品原药制造	1283	1061	100	112		10
化学药品制剂制造	7991	6796		1125		70
中成药制造	2647	2495	12	140		
生物、生化制品的制造	847	820		27		
橡胶制品业	6500	6490		10		
轮胎制造	6200	6200				
橡胶板、管、带的制造	300	290		10		
非金属矿物制品业	5467	4742	480	233		12
水泥、石灰和石膏的制造	1632	1482	150			
水泥及石膏制品制造	611	611				
砖瓦、石材及其他建筑材料制造	20	20				
玻璃及玻璃制品制造	1958	1558	200	200		
陶瓷制品制造	100	100				
耐火材料制品制造	200	145	30	13		12
石墨及其他非金属矿物制品制造	946	826	100	20		
黑色金属冶炼及压延加工业	498013	489820	4701	3432		60

2-3-2-5　续表 2

单位：万元

指标名称	科技活动经费筹集总　额	企业资金	金融机构贷款	政府资金	国外资金	其他资金
炼　铁	638	638				
炼　钢	9268	4557	4701	10		
钢压延加工	483177	479855		3322		
铁合金冶炼	4930	4770		100		60
有色金属冶炼及压延加工业	20350	16801	2000	1549		
常用有色金属冶炼	20290	16741	2000	1549		
有色金属压延加工	60	60				
通用设备制造业	9305	5202		4058		45
锅炉及原动机制造	5776	2153		3623		
起重运输设备制造	99	99				
泵、阀门、压缩机及类似机械的制造	2037	1737		255		45
风机、衡器、包装设备等通用设备制造	410	410				
金属铸、锻加工	983	803		180		
专用设备制造业	165106	148179	300	16389		238
矿山、冶金、建筑专用设备制造	121988	119648		2340		
化工、木材、非金属加工专用设备制造	350	350				
纺织、服装和皮革工业专用设备制造	2025	1395		630		
电子和电工机械专用设备制造	40743	26786	300	13419		238
交通运输设备制造业	15637	13393	1200	1044		
铁路运输设备制造	5633	5359		274		
汽车制造	10004	8034	1200	770		
电气机械及器材制造业	10743	9683		540		520
电机制造	9169	8559		510		100
输配电及控制设备制造	374	174		30		170
电池制造	1200	950				250
通信设备、计算机及其他电子设备制造业	2494	2211		283		
通信设备制造	255	255				
雷达及配套设备制造	353	353				
电子计算机制造	102	22		80		
电子器件制造	752	552		200		
电子元件制造	1033	1030		3		
仪器仪表及文化、办公用机械制造业	3836	1733		2053		50
通用仪器仪表制造	1818	995		823		
专用仪器仪表制造	2018	738		1230		50
电力、燃气及水的生产和供应业	**92901**	**91971**	**770**	**160**		
电力、热力的生产和供应业	92901	91971	770	160		
电力生产	3121	2471	500	150		
电力供应	89496	89496				
热力生产和供应	284	4	270	10		

2-3-2-6　按地区分组的规模以上大中型工业企业科技活动经费筹集情况

单位：万元

地　区	科技活动经费筹集总额	企业资金	金融机构贷款	政府资金	国外资金	其他资金
总　计	**1575450**	**1479558**	**38633**	**44208**	**175**	**12876**
太原市	834809	808837	300	25112		560
大同市	120813	115348	100	5365		
阳泉市	74054	63301	270	696		9788
长治市	171573	161812	5000	4471		290
晋城市	135876	129911	2900	2915	150	
朔州市	38353	38353				
晋中市	56418	31416	22821	1660	25	496
运城市	54212	43506	7042	2452		1212
忻州市	2063	2023		40		
临汾市	70569	68373	200	1466		530
吕梁市	16710	16678		32		

2-3-2-7 按企业规模、登记注册类型和行业分组的规模以上大中型工业企业科技活动经费支出情况

单位：万元

指标名称	科技活动经费支出总额	内部支出合计	劳务费	原材料费	购买和自制设备支出	其他
总　计	**1683225**	**1516398**	**233843**	**607321**	**485856**	**49251**
一、按企业规模分						
大型企业	1552313	1390634	217100	574065	442243	42858
中型企业	130911	125764	16743	33256	43612	6393
二、按登记注册类型分						
内　资	**1659266**	**1494195**	**230935**	**598457**	**479042**	**48495**
国　有	162471	109788	19537	30082	50514	5847
集　体	4480	4480	124	156	3940	100
股份合作企业	1471	1471	182	1286		2
有限责任公司	1337751	1234927	193045	525798	375014	37895
国有独资公司	948690	870660	101616	428363	240569	29265
其他有限责任公司	389061	364267	91429	97435	134445	8629
股份有限公司	120524	112325	16056	35999	41354	3578
私营企业	32107	30742	1903	5029	7980	1046
私营独资	200	200				
私营有限责任公司	30407	29072	1673	4203	7666	946
私营股份有限公司	1500	1470	230	826	314	100
其　他	463	463	88	107	241	28
港澳台商投资	**4067**	**3847**	**1294**	**1175**	**1142**	**236**
与港澳台商合资经营	1358	1358	177	604	437	140
港澳台商独资	178	178	75	65	30	9
港澳台商投资股份有限公司	2531	2311	1042	506	675	87
外商投资	**19891**	**18355**	**1614**	**7689**	**5672**	**520**
中外合资经营	18771	17256	1269	7322	5401	484
外资企业	1121	1100	344	367	272	36
三、按国民经济行业(门类、大类、中类)分						
采矿业	**612867**	**504625**	**142696**	**102928**	**183947**	**7915**
煤炭开采和洗选业	612867	504625	142696	102928	183947	7915
烟煤和无烟煤的开采洗选	612867	504625	142696	102928	183947	7915
制造业	**975093**	**955883**	**81872**	**496049**	**268166**	**39255**
农副食品加工业	697	677	271	188	171	47
屠宰及肉类加工	354	354	200	86	68	
蔬菜、水果和坚果加工	343	323	71	102	103	47
食品制造业	2005	1730	206	895	352	72
焙烤食品制造	103	103	11	2	38	2
糖果、巧克力及蜜饯制造	320	50	12	20	15	3
罐头制造	28	28	2	10	11	4
调味品、发酵制品制造	520	515	105	109	130	15
其他食品制造	1034	1034	75	754	157	48
饮料制造业	12209	12077	2514	2009	5559	340

2-3-2-7 续表 1

单位：万元

指标名称	科技活动经费支出总额	内部支出合计	劳务费	原材料费	购买和自制设备支出	其他
酒的制造	10226	10095	2354	1879	4279	83
软饮料制造	1982	1982	160	130	1280	256
烟草制品业	487	487	154	210	124	
卷烟制造	487	487	154	210	124	
纺织业	2005	2005	75	220	1456	204
棉、化纤纺织及印染精加工	40	40	15	10	10	5
麻纺织	1965	1965	60	210	1446	199
木材加工及木、竹、藤、棕、草制品业	31	31	12	15		4
人造板制造	31	31	12	15		4
造纸及纸制品业	137	102	16	27	45	9
造　纸	137	102	16	27	45	9
印刷业和记录媒介的复制	450	450	10	390		50
印　刷	450	450	10	390		50
文教体育用品制造业	648	631	144	87	351	49
体育用品制造	648	631	144	87	351	49
石油加工、炼焦及核燃料加工业	49857	47205	5965	14481	19239	933
炼　焦	49857	47205	5965	14481	19239	933
化学原料及化学制品制造业	118769	112136	13505	35260	35176	4717
基础化学原料制造	23450	21030	1459	2781	5908	797
肥料制造	39131	36486	7197	8114	9888	371
涂料、油墨、颜料及类似产品制造	1500	1500	140	750	600	10
合成材料制造	39540	39540	1714	19827	15839	279
专用化学产品制造	6896	6528	1066	2208	410	2779
日用化学产品制造	8253	7053	1929	1580	2531	481
医药制造业	13070	11351	2001	2239	4172	1318
化学药品原药制造	790	760	317	295	68	
化学药品制剂制造	8224	7169	1124	915	3455	235
中成药制造	3238	2639	444	600	422	1071
生物、生化制品的制造	820	783	116	429	227	12
橡胶制品业	5447	5447	715	3118	1294	160
轮胎制造	4987	4987	670	3028	1134	155
橡胶板、管、带的制造	460	460	45	90	160	5
非金属矿物制品业	6032	5999	923	2076	2166	269
水泥、石灰和石膏的制造	1598	1598	172	1021	378	28
水泥及石膏制品制造	611	586	19	24	525	18
砖瓦、石材及其他建筑材料制造	2	2	1	1		
玻璃及玻璃制品制造	2096	2096	472	650	676	160
陶瓷制品制造	100	100	20	30	50	
耐火材料制品制造	566	557	77	160	37	5
石墨及其他非金属矿物制品制造	1059	1059	161	189	499	59

2-3-2-7　续表 2　　　　单位：万元

指标名称	科技活动经费支出总额	内部支出合计	劳务费	原材料费	购买和自制设备支出	其他
黑色金属冶炼及压延加工业	509604	508917	27415	301356	165983	2125
炼　铁	615	615	118	185	240	72
炼　钢	10996	10996	1391	1804	5630	242
钢压延加工	495064	494376	25626	298771	158259	1610
铁合金冶炼	2930	2930	280	596	1854	200
有色金属冶炼及压延加工业	21014	19938	2911	4316	6617	1196
常用有色金属冶炼	20908	19832	2866	4260	6613	1196
有色金属压延加工	106	106	45	56	4	
通用设备制造业	9391	8972	1824	2932	3172	161
锅炉及原动机制造	5151	5076	839	2016	2217	3
起重运输设备制造	99	99	12	68	9	10
泵、阀门、压缩机及类似机械的制造	2121	2010	724	423	619	18
风机、衡器、包装设备等通用设备制造	420	420	110	120	80	100
金属铸、锻加工	1600	1368	140	305	246	30
专用设备制造业	184185	180099	17047	111518	16265	22666
矿山、冶金、建筑专用设备制造	138746	137766	9268	93438	5613	17834
化工、木材、非金属加工专用设备制造	350	300	150	30	120	
纺织、服装和皮革工业专用设备制造	2052	1982	923	447	542	70
电子和电工机械专用设备制造	43037	40051	6706	17604	9990	4761
交通运输设备制造业	20527	19882	2546	4848	4628	2821
铁路运输设备制造	5785	5457	861	2082	1632	731
汽车制造	14742	14426	1685	2767	2996	2090
电气机械及器材制造业	11242	10654	2261	6320	821	534
电机制造	9888	9300	2065	5635	450	432
输配电及控制设备制造	374	374	106	185	71	12
电池制造	980	980	90	500	300	90
通信设备、计算机及其他电子设备制造业	2917	2866	645	1676	442	103
通信设备制造	255	255	113	112	30	
雷达及配套设备制造	353	353	86	244		23
电子计算机制造	524	524	136	363	23	3
电子器件制造	752	752	210	163	312	67
电子元件制造	1033	982	100	794	77	11
仪器仪表及文化、办公用机械制造业	4369	4227	714	1870	134	1480
通用仪器仪表制造	1547	1405	394	764	134	83
专用仪器仪表制造	2823	2823	319	1106		1398
电力、燃气及水的生产和供应业	**95264**	**55890**	**9275**	**8345**	**33743**	**2081**
电力、热力的生产和供应业	95264	55890	9275	8345	33743	2081
电力生产	3184	3120	435	395	2023	121
电力供应	91796	52486	8740	7930	31576	1940
热力生产和供应	284	284	100	20	144	20

2-3-2-7 续表 3

单位：万元

指标名称	内部支出中R&D经费支出	内部支出中新产品开发经费支出	外部支出			用于科研的基建经费支出	
				对研究所及高等院校的支出	对其他企业支出		土建工程
总　计	**469652**	**536922**	**166827**	**80333**	**77511**	**140127**	**51810**
一、按企业规模分							
大型企业	438113	482860	161680	76505	76573	114367	36361
中型企业	31539	54062	5147	3829	937	25760	15449
二、按登记注册类型分							
内　资	**463906**	**521094**	**165071**	**80092**	**77511**	**137267**	**50265**
国　有	32338	40753	52683	6900	41953	3809	2218
集　体	10	225				160	136
股份合作企业		71					
有限责任公司	383718	412504	102824	67238	33282	103176	36942
国有独资公司	249184	325264	78029	53577	22214	70847	22341
其他有限责任公司	134534	87240	24795	13661	11069	32329	14601
股份有限公司	42695	57187	8199	5141	2011	15338	4679
私营企业	4681	9892	1365	813	265	14784	6290
私营独资						200	200
私营有限责任公司	4666	8462	1335	783	265	14584	6090
私营股份有限公司	15	1430	30	30			
其　他	463	463					
港澳台商投资	**3673**	**3554**	**220**	**220**			
与港澳台商合资经营	1358	1358					
港澳台商独资	4	54					
港澳台商投资股份有限公司	2311	2142	220	220			
外商投资	**2074**	**12274**	**1536**	**21**		**2860**	**1545**
中外合资经营	1611	11534	1515			2780	1495
外资企业	464	741	21	21		80	50
三、按国民经济行业(门类、大类、中类)分							
采矿业	**148314**	**51741**	**108242**	**66077**	**41957**	**67139**	**15678**
煤炭开采和洗选业	148314	51741	108242	66077	41957	67139	15678
烟煤和无烟煤的开采洗选	148314	51741	108242	66077	41957	67139	15678
制造业	**318896**	**471195**	**19210**	**10941**	**3325**	**70542**	**35230**
农副食品加工业			20	20			
屠宰及肉类加工							
蔬菜、水果和坚果加工			20	20			
食品制造业	324	873	275	4		206	71
焙烤食品制造						50	15
糖果、巧克力及蜜饯制造	42		270				
罐头制造	28	28					
调味品、发酵制品制造	254	15	5	4		156	56
其他食品制造		830					
饮料制造业	10587	9143	131	121		1656	102

2-3-2-7　续表 4　　单位：万元

指标名称	内部支出中R&D经费支出	内部支出中新产品开发经费支出	外部支出	对研究所及高等院校的支出	对其他企业支出	用于科研的基建经费支出	土建工程
酒的制造	8745	7316	131	121		1500	
软饮料制造	1842	1826				156	102
烟草制品业	189	392					
卷烟制造	189	392					
纺织业	40	1915				50	20
棉、化纤纺织及印染精加工	40						
麻纺织		1915				50	20
木材加工及木、竹、藤、棕、草制品业		31					
人造板制造		31					
造纸及纸制品业	97	96	35	35		6	6
造　纸	97	96	35	35		6	6
印刷业和记录媒介的复制							
印　刷							
文教体育用品制造业	631	426	17		17		
体育用品制造	631	426	17		17		
石油加工、炼焦及核燃料加工业	14806	18381	2652	63	42	6587	3534
炼　焦	14806	18381	2652	63	42	6587	3534
化学原料及化学制品制造业	34374	53293	6633	4084	530	23478	9044
基础化学原料制造	1791	1445	2420	400		10085	5835
肥料制造	11569	13332	2645	2351	294	10916	1644
涂料、油墨、颜料及类似产品制造							
合成材料制造	15939	31181				1880	1200
专用化学产品制造	5076	5636	368	133	235	65	65
日用化学产品制造		1699	1200	1200		532	300
医药制造业	415	7039	1720	912	719	1622	1431
化学药品原药制造	15	282	30	30		80	50
化学药品制剂制造	400	4084	1054	253	719	1440	1290
中成药制造		1959	599	592		102	91
生物、生化制品的制造		715	37	37			
橡胶制品业	1957	4339				160	
轮胎制造	1957	4039					
橡胶板、管、带的制造		300				160	
非金属矿物制品业	2676	4070	34	27		566	208
水泥、石灰和石膏的制造	463	1184					
水泥及石膏制品制造		586	25	25			
砖瓦、石材及其他建筑材料制造		2					
玻璃及玻璃制品制造	1191	1165				138	
陶瓷制品制造		100					
耐火材料制品制造	112	123	9	2		278	148
石墨及其他非金属矿物制品制造	909	909				150	60

2-3-2-7 续表 5 单位：万元

指标名称	内部支出中R&D经费支出	内部支出中新产品开发经费支出	外部支出	对研究所及高等院校的支出	对其他企业支出	用于科研的基建经费支出	土建工程
黑色金属冶炼及压延加工业	171872	164474	687	687		12039	4440
炼铁							
炼钢	5774	5916				1929	1370
钢压延加工	165768	157958	687	687		10110	3070
铁合金冶炼	330	600					
有色金属冶炼及压延加工业	10969	7991	1076	780	296	4898	2528
常用有色金属冶炼	10969	7991	1076	780	296	4897	2527
有色金属压延加工						1	1
通用设备制造业	2090	6268	419	220	199	884	47
锅炉及原动机制造	1220	4164	75	75			
起重运输设备制造							
泵、阀门、压缩机及类似机械的制造	778	1159	112	101	11	226	41
风机、衡器、包装设备等通用设备制造	10	225				10	6
金属铸、锻加工	82	720	232	44	188	648	
专用设备制造业	52154	163931	4086	3063	1023	12603	9868
矿山、冶金、建筑专用设备制造	25667	123958	980	87	893	11613	9053
化工、木材、非金属加工专用设备制造		250	50	50			
纺织、服装和皮革工业专用设备制造	1911	1813	70	70			
电子和电工机械专用设备制造	24576	37911	2986	2855	130	990	816
交通运输设备制造业	3294	12166	645	338	307	5039	3202
铁路运输设备制造	2248	4957	328	21	307	151	151
汽车制造	1046	7209	317	317		4888	3051
电气机械及器材制造业	8000	9926	588	588		719	719
电机制造	7018	8572	588	588		719	719
输配电及控制设备制造	2	374					
电池制造	980	980					
通信设备、计算机及其他电子设备制造业	582	2248	51		51		
通信设备制造		135					
雷达及配套设备制造	67	353					
电子计算机制造		34					
电子器件制造		752					
电子元件制造	515	976	51		51		
仪器仪表及文化、办公用机械制造业	3840	4193	142		142	30	10
通用仪器仪表制造	1365	1371	142		142	30	10
专用仪器仪表制造	2475	2823					
电力、燃气及水的生产和供应业	**2442**	**13986**	**39374**	**3316**	**32229**	**2446**	**902**
电力、热力的生产和供应业	2442	13986	39374	3316	32229	2446	902
电力生产	127	70	64	36	29	146	102
电力供应	2311	13636	39310	3280	32200	2300	800
热力生产和供应	4	280					

2-3-2-8　按地区分组的规模以上工业企业科技活动经费支出情况

单位：万元

地　区	科技活动经费支出总额	内部支出合　　计				
			劳务费	原材料费	购买和自制设备支出	其他
总　计	**1683225**	**1516398**	**233843**	**607321**	**485856**	**49251**
太原市	874333	823398	83379	437261	236106	28824
大同市	129144	120476	35389	17039	54076	1768
阳泉市	74187	65168	10791	31102	22694	428
长治市	202799	140004	24754	39472	41349	6423
晋城市	183776	167105	50394	18748	57722	1817
朔州市	38504	26317	4650	7472	10930	3124
晋中市	41514	39988	6338	5905	17860	2053
运城市	41275	37120	7832	13076	9904	2102
忻州市	2722	2449	299	833	497	107
临汾市	72064	72064	6612	31967	28500	2272
吕梁市	22908	22309	3407	4446	6219	333

2-3-2-8　续表

单位：万元

地　区	内部支出中R&D经费支出	内部支出中新产品开发经费支出	外部支出			用于科研的基建经费支出	
				对研究所及高等院校的支出	对其他企业支出		土建工程
总　计	**469652**	**536922**	**166827**	**80333**	**77511**	**140127**	**51810**
太原市	225848	335550	50935	10164	34650	37829	21008
大同市	55620	17511	8668	61	8590	12204	2599
阳泉市	23097	16210	9019	7345	1674	154	35
长治市	48191	64757	62794	48132	13163	28006	3408
晋城市	30541	8839	16671	7948	8723	38425	14492
朔州市	7704		12187	2741	9446	142	142
晋中市	21636	18183	1527	479		7831	5240
运城市	18066	20313	4155	3118	958	4207	2223
忻州市	671	1429	273	85	188	713	65
临汾市	27854	43550				2713	1830
吕梁市	10423	10580	599	260	120	7904	768

2-3-2-9 按企业规模、登记注册类型和行业分组的规模以上大中型工业企业科技活动项目情况

单位：项、人、人年、万元

指标名称	科技项目数	新产品开发项目数	R&D项目数	科技项目参加人员合计
总计	**3273**	**1654**	**1325**	**67784**
一、按企业规模分				
大型企业	2632	1211	1102	58983
中型企业	641	443	223	8801
二、按登记注册类型分				
内资	**3173**	**1581**	**1261**	**66137**
国有	614	424	238	4979
集体	9	3	1	106
股份合作企业	2	1		154
有限责任公司	2205	941	893	54766
国有独资公司	1243	531	446	22701
其他有限责任公司	962	410	447	32065
股份有限公司	274	174	105	4986
私营企业	67	36	22	1067
私营有限责任公司	59	31	21	942
私营股份有限公司	8	5	1	125
其他	2	2	2	79
港澳台商投资	**65**	**58**	**55**	**622**
与港澳台商合资经营	2	2	2	79
港澳台商独资	11	4	1	80
港澳台商投资股份有限公司	52	52	52	463
外商投资	**35**	**15**	**9**	**1025**
中外合资经营	23	9	8	868
外资企业	12	6	1	157
三、按国民经济行业（门类、大类、中类）分				
采矿业	**1077**	**212**	**418**	**42532**
煤炭开采和洗选业	1077	212	418	42532
烟煤和无烟煤的开采洗选	1077	212	418	42532
制造业	**1934**	**1261**	**839**	**22666**
农副食品加工业	3			165
屠宰及肉类加工	2			98
蔬菜、水果和坚果加工	1			67
食品制造业	11	3	5	89
焙烤食品制造	2			8
糖果、巧克力及蜜饯制造	1		1	11
罐头制造	1	1	1	3
调味品、发酵制品制造	4	1	3	27
其他食品制造	3	1		40
饮料制造业	73	34	25	552
酒的制造	71	32	23	456

2-3-2-9　续表 1　　　　单位：项、人、人年、万元

指标名称	科 技项目数			科技项目参加人员合　计
		新产品开发项目数	R&D项目数	
软饮料制造	2	2	2	96
烟草制品业	6	4	3	52
卷烟制造	6	4	3	52
纺织业	2	1	1	110
棉、化纤纺织及印染精加工	1		1	30
麻纺织	1	1		80
木材加工及木、竹、藤、棕、草制品业	1	1		21
人造板制造	1	1		21
造纸及纸制品业	1	1	1	6
造　纸	1	1	1	6
印刷业和记录媒介的复制	1			6
印　刷	1			6
文教体育用品制造业	2	2	2	117
体育用品制造	2	2	2	117
石油加工、炼焦及核燃料加工业	79	9	41	2153
炼　焦	79	9	41	2153
化学原料及化学制品制造业	179	110	102	3130
基础化学原料制造	19	5	4	332
肥料制造	71	36	53	1847
涂料、油墨、颜料及类似产品制造	1			14
合成材料制造	21	17	10	326
专用化学产品制造	47	42	35	478
日用化学产品制造	20	10		133
医药制造业	125	94	7	1034
化学药品原药制造	16	6	1	130
化学药品制剂制造	50	41	6	444
中成药制造	34	26		280
生物、生化制品的制造	25	21		180
橡胶制品业	31	25	13	194
轮胎制造	30	24	13	154
橡胶板、管、带的制造	1	1		40
非金属矿物制品业	38	26	17	669
水泥、石灰和石膏的制造	10	4	2	131
水泥及石膏制品制造	8	8		38
砖瓦、石材及其他建筑材料制造	1	1		1
玻璃及玻璃制品制造	8	5	7	263
陶瓷制品制造	2	2		40
耐火材料制品制造	7	4	6	77
石墨及其他非金属矿物制品制造	2	2	2	119
黑色金属冶炼及压延加工业	342	114	121	6014

2-3-2-9 续表 2

单位：项、人、人年、万元

指标名称	科技项目数	新产品开发项目数	R&D项目数	科技项目参加人员合计
炼铁	6			40
炼钢	30	28	20	754
钢压延加工	299	82	99	5086
铁合金冶炼	7	4	2	134
有色金属冶炼及压延加工业	102	49	70	922
常用有色金属冶炼	99	49	70	892
有色金属压延加工	3			30
通用设备制造业	221	166	95	1045
锅炉及原动机制造	91	71	63	282
起重运输设备制造	1			7
泵、阀门、压缩机及类似机械的制造	121	88	30	574
风机、衡器、包装设备等通用设备制造	4	3	1	98
金属铸、锻加工	4	4	1	84
专用设备制造业	467	397	212	3573
矿山、冶金、建筑专用设备制造	300	237	119	1523
化工、木材、非金属加工专用设备制造	4	3		62
纺织、服装和皮革工业专用设备制造	47	47	46	451
电子和电工机械专用设备制造	116	110	47	1537
交通运输设备制造业	96	81	35	1073
铁路运输设备制造	65	53	26	430
汽车制造	31	28	9	643
电气机械及器材制造业	96	96	67	1032
电机制造	87	87	65	946
输配电及控制设备制造	8	8	1	61
电池制造	1	1	1	25
通信设备、计算机及其他电子设备制造业	30	20	4	342
通信设备制造	11	5		81
雷达及配套设备制造	5	5	1	26
电子计算机制造	3	2		128
电子器件制造	3	3		43
电子元件制造	8	5	3	64
仪器仪表及文化、办公用机械制造业	28	28	18	367
通用仪器仪表制造	11	11	7	126
专用仪器仪表制造	17	17	11	241
电力、燃气及水的生产和供应业	**262**	**181**	**68**	**2586**
电力、热力的生产和供应业	262	181	68	2586
电力生产	23	9	8	478
电力供应	237	170	59	2089
热力生产和供应	2	2	1	19

2-3-2-9　续表 3　　　　单位：项、人、人年、万元

指标名称	高中级技术职称人员	无高中级职称的大学本科及以上人员	参加项目人员实际工作时间	科技项目经费内部支出合计	R&D项目支出
总　计	**33536**	**17022**	**58093**	**1262127**	**438119**
一、按企业规模分					
大型企业	30015	13489	51166	1167512	408047
中型企业	3521	3533	6927	94614	30072
二、按登记注册类型分					
内　资	**32911**	**16332**	**56776**	**1243009**	**432769**
国　有	3654	1196	3821	105865	32190
集　体	49	6	101	4320	10
股份合作企业	79	86	154	1470	
有限责任公司	26138	13217	47549	1036121	356785
国有独资公司	10604	8584	21238	727419	230130
其他有限责任公司	15534	4633	26311	308702	126654
股份有限公司	2583	1233	4145	79451	39151
私营企业	392	531	940	15318	4170
私营有限责任公司	371	437	827	13848	4155
私营股份有限公司	21	94	114	1470	15
其　他	16	63	67	463	463
港澳台商投资	**321**	**222**	**517**	**3827**	**3653**
与港澳台商合资经营	13	42	79	1358	1358
港澳台商独资	6	79	52	178	4
港澳台商投资股份有限公司	302	101	386	2291	2291
外商投资	**304**	**468**	**800**	**15291**	**1698**
中外合资经营	266	391	678	14272	1234
外资企业	38	77	122	1020	464
三、按国民经济行业(门类、大类、中类)分					
采矿业	**19707**	**8793**	**37671**	**405613**	**133696**
煤炭开采和洗选业	19707	8793	37671	405613	133696
烟煤和无烟煤的开采洗选	19707	8793	37671	405613	133696
制造业	**11654**	**7963**	**18896**	**803283**	**301996**
农副食品加工业	38	100	164	603	
屠宰及肉类加工	19	76	97	280	
蔬菜、水果和坚果加工	19	24	67	323	
食品制造业	40	19	45	1404	313
焙烤食品制造	3	5	3	53	
糖果、巧克力及蜜饯制造	3	8	1	42	42
罐头制造	3		2	28	28
调味品、发酵制品制造	22	5	18	247	243
其他食品制造	9	1	22	1034	
饮料制造业	186	111	508	8153	7912
酒的制造	180	93	414	6844	6604

2-3-2-9 续表 4

单位：项、人、人年、万元

指标名称	高中级技术职称人员	无高中级职称的大学本科及以上人员	参加项目人员实际工作时间	科技项目经费内部支出合计	R&D项目支　出
软饮料制造	6	18	94	1309	1309
烟草制品业	41	2	31	414	161
卷烟制造	41	2	31	414	161
纺织业	45	12	64	1955	40
棉、化纤纺织及印染精加工	20	10	16	40	40
麻纺织	25	2	48	1915	
木材加工及木、竹、藤、棕、草制品业	16	5	20	30	
人造板制造	16	5	20	30	
造纸及纸制品业	3	3	3	96	96
造　纸	3	3	3	96	96
印刷业和记录媒介的复制	5	1	3	280	
印　刷	5	1	3	280	
文教体育用品制造业	21	9	112	631	631
体育用品制造	21	9	112	631	631
石油加工、炼焦及核燃料加工业	823	637	1944	37708	14256
炼　焦	823	637	1944	37708	14256
化学原料及化学制品制造业	2115	967	2640	73588	31166
基础化学原料制造	167	111	160	10561	1445
肥料制造	1018	421	1624	13041	8854
涂料、油墨、颜料及类似产品制造	10	4	14	1500	
合成材料制造	201	68	276	37660	15870
专用化学产品制造	470	191	443	6379	4997
日用化学产品制造	249	172	123	4448	
医药制造业	397	369	794	8549	395
化学药品原药制造	37	52	79	664	15
化学药品制剂制造	149	148	277	5695	380
中成药制造	134	133	273	1407	
生物、生化制品的制造	77	36	165	783	
橡胶制品业	112	62	127	4539	1957
轮胎制造	98	56	91	4239	1957
橡胶板、管、带的制造	14	6	36	300	
非金属矿物制品业	243	240	561	5140	2648
水泥、石灰和石膏的制造	31	80	79	1595	463
水泥及石膏制品制造	10		12	586	
砖瓦、石材及其他建筑材料制造		1	1	2	
玻璃及玻璃制品制造	112	78	262	1768	1177
陶瓷制品制造	14	11	32	100	
耐火材料制品制造	43	13	56	179	99
石墨及其他非金属矿物制品制造	33	57	119	909	909
黑色金属冶炼及压延加工业	2494	2275	4935	446659	163457

2-3-2-9 续表 5

单位：项、人、人年、万元

指标名称	高中级技术职称人员	无高中级职称的大学本科及以上人员	参加项目人员实际工作时间	科技项目经费内部支出合计	R&D项目支出
炼 铁	17	33	20	532	
炼 钢	326	200	697	9067	5606
钢压延加工	2132	1942	4098	434130	157521
铁合金冶炼	19	100	119	2930	330
有色金属冶炼及压延加工业	460	255	730	15018	10699
常用有色金属冶炼	450	245	713	14923	10699
有色金属压延加工	10	10	17	95	
通用设备制造业	493	334	889	7403	2080
锅炉及原动机制造	140	110	155	4679	1220
起重运输设备制造	6		5	99	
泵、阀门、压缩机及类似机械的制造	251	205	560	1583	768
风机、衡器、包装设备等通用设备制造	44	6	94	410	10
金属铸、锻加工	52	13	75	632	82
专用设备制造业	2440	1350	3077	160730	50725
矿山、冶金、建筑专用设备制造	1227	713	1288	124544	24326
化工、木材、非金属加工专用设备制造	55	20	3	300	
纺织、服装和皮革工业专用设备制造	316	86	389	1981	1911
电子和电工机械专用设备制造	842	531	1396	33906	24489
交通运输设备制造业	711	460	795	14245	3287
铁路运输设备制造	396	141	360	5157	2241
汽车制造	315	319	436	9088	1046
电气机械及器材制造业	595	371	822	9868	7944
电机制造	553	338	774	8514	6962
输配电及控制设备制造	36	25	24	374	2
电池制造	6	8	25	980	980
通信设备、计算机及其他电子设备制造业	242	134	279	2533	582
通信设备制造	9	72	59	255	
雷达及配套设备制造	26		8	353	67
电子计算机制造	106	22	128	483	
电子器件制造	57	15	43	616	
电子元件制造	44	25	41	826	515
仪器仪表及文化、办公用机械制造业	134	247	352	3738	3648
通用仪器仪表制造	44	96	123	1186	1173
专用仪器仪表制造	90	151	229	2552	2475
电力、燃气及水的生产和供应业	**2175**	**266**	**1526**	**53231**	**2427**
电力、热力的生产和供应业	2175	266	1526	53231	2427
电力生产	240	98	215	2761	122
电力供应	1927	162	1301	50186	2301
热力生产和供应	8	6	10	284	4

2-3-2-10 按地区分组的规模以上大中型工业企业科技活动项目情况

单位：项、人、人年、万元

地区	科技项目数	新产品开发项目数	项目数	科技项目参加人员合计
总计	**3273**	**1654**	**1325**	**67784**
太原市	1368	792	506	19967
大同市	213	57	66	10335
阳泉市	210	82	98	8219
长治市	480	266	203	10591
晋城市	218	11	51	8775
朔州市	70		27	391
晋中市	228	160	129	3304
运城市	249	171	142	2880
忻州市	9	6	3	115
临汾市	123	56	70	2006
吕梁市	105	53	30	1201

2-3-2-10 续表

单位：项、人、人年、万元

地区	高中级技术职称人员	无高中级职称的大学本科及以上人员	参加项目人员实际工作时间	科技项目经费内部支出合计	项目支出
总计	**33536**	**17022**	**58093**	**1262127**	**438119**
太原市	10928	4398	16793	722945	216735
大同市	4945	768	8079	101272	48398
阳泉市	4522	1527	6499	64765	23097
长治市	3576	5775	9554	88583	40538
晋城市	4725	1340	8565	125257	27625
朔州市	286	119	341	26175	7700
晋中市	1164	1131	3005	31641	21196
运城市	1740	1143	2212	30323	17730
忻州市	95	53	103	1484	594
临汾市	1146	451	1845	57187	26635
吕梁市	409	317	1096	12495	7871

2-3-2-11　按企业规模、登记注册类型和行业分组的规模以上大中型工业企业科技活动成果情况

单位：万元、件

指标名称	新产品产值	新产品销售收入	出口	专利申请数	发明专利	拥有发明专利数
总　计	**6459130**	**6380437**	**1385014**	**986**	**287**	**443**
一、按企业规模分						
大型企业	6067571	5999041	1346067	785	219	350
中型企业	391559	381396	38947	201	68	93
二、按登记注册类型分						
内　资	**6285142**	**6207208**	**1359277**	**932**	**267**	**427**
国　有	487891	543374	18389	261	48	79
集　体	2137	2027		1	1	5
有限责任公司	5167931	5056352	1325336	489	163	239
国有独资公司	2452344	2400623	521758	316	107	173
其他有限责任公司	2715587	2655729	803578	173	56	66
股份有限公司	532028	518782	10678	153	46	83
私营企业	95156	86673	4873	27	8	21
私营有限责任公司	95156	86673	4873	27	8	21
其　他				1	1	
港澳台商投资	**138594**	**138723**	**25190**	**49**	**17**	**9**
与港澳台商合资经营	4480	6385	3735			
港澳台商独资	104417	104417				
港澳台商投资股份有限公司	29697	27922	21455	49	17	9
外商投资	**35394**	**34505**	**547**	**5**	**3**	**7**
中外合资经营	35394	34505	547	4	2	6
外资企业				1	1	1
三、按国民经济行业（门类、大类、中类）分						
采矿业	**3076483**	**2871696**	**757913**	**128**	**41**	**65**
煤炭开采和洗选业	3076483	2871696	757913	128	41	65
烟煤和无烟煤的开采洗选	3076483	2871696	757913	128	41	65
制造业	**3382607**	**3508731**	**627101**	**817**	**238**	**375**
农副食品加工业	132	131		1	1	
蔬菜、水果和坚果加工	132	131		1	1	
食品制造业	5258	5051	157	12		
焙烤食品制造	1500	1500				
糖果、巧克力及蜜饯制造				3		
罐头制造	103	81				
调味品、发酵制品制造	3655	3470	157	9		
饮料制造业	11533	145509		16	1	25
酒的制造		133976		5	1	24
软饮料制造	11533	11533		11		1
烟草制品业						1
卷烟制造						1
纺织业	5441	5286	1669	1	1	7
棉、化纤纺织及印染精加工	598	598				2
麻纺织	4843	4688	1669	1	1	5
文教体育用品制造业	2305	2112	1710			
体育用品制造	2305	2112	1710			
石油加工、炼焦及核燃料加工业		8415		13	11	14
炼　焦		8415		13	11	14
化学原料及化学制品制造业	495563	474491	15754	44	22	50
基础化学原料制造	64053	56716	300	1	1	3
肥料制造	192535	193843		27	9	7
合成材料制造	141012	127985	3844	9	5	2
专用化学产品制造	44823	42766	9610	4	4	19
日用化学产品制造	53140	53181	2000	3	3	19
医药制造业	31131	29839		60	12	34
化学药品原药制造						1

2-3-2-11 续表 单位：万元、件

指标名称	新产品产值	新产品销售收入	出口	专利申请数	发明专利	拥有发明专利数
化学药品制剂制造	1151	862		52	7	30
中成药制造	29980	28977		7	4	2
生物、生化制品的制造				1	1	1
橡胶制品业	25083	24883	6882			
轮胎制造	23083	23083	6335			
橡胶板、管、带的制造	2000	1800	547			
非金属矿物制品业	28572	25638	4305	19	10	3
水泥、石灰和石膏的制造	8103	7707		1	1	
水泥及石膏制品制造	6673	5635				
玻璃及玻璃制品制造	2980	3377	3377	4	2	
耐火材料制品制造	3816	2419	928	12	5	2
石墨及其他非金属矿物制品制造	7000	6500		2	2	1
黑色金属冶炼及压延加工业	1255218	1255065	450353	214	53	50
炼　铁	550	550	550	7		4
炼　钢				6	1	6
钢压延加工	1254668	1254515	449803	201	52	40
有色金属冶炼及压延加工业	55034	52395	839	43	14	21
常用有色金属冶炼	54934	52295	839	37	13	20
有色金属压延加工	100	100		6	1	1
金属制品业	84	78				
金属工具制造	84	78				
通用设备制造业	45871	57927	17604	16	5	9
锅炉及原动机制造	31316	24053	500	3	2	
金属加工机械制造	2960	2960				
起重运输设备制造	72					
泵、阀门、压缩机及类似机械的制造	4283	24089	16650	5	1	7
风机、衡器、包装设备等通用设备制造	2137	2027		1	1	1
金属铸、锻加工	5104	4799	454	7	1	1
专用设备制造业	742332	716416	115951	154	67	55
矿山、冶金、建筑专用设备制造	455392	436663	62345	62	36	34
化工、木材、非金属加工专用设备制造	18600	16182	285			
纺织、服装和皮革工业专用设备制造	29697	27922	21455	31	15	5
电子和电工机械专用设备制造	238643	235649	31866	61	16	16
交通运输设备制造业	348296	334962	9666	110	18	76
铁路运输设备制造	328301	313910		90	14	68
汽车制造	19996	21052	9666	20	4	8
电气机械及器材制造业	119164	173736	1790	104	17	13
电机制造	114474	167628	332	104	17	13
输配电及控制设备制造	3190	3100	1100			
电池制造	1500	3008	358			
通信设备、计算机及其他电子设备制造业	170580	156615	420	5	1	1
通信设备制造	133917	120317				
雷达及配套设备制造	490	490				
电子器件制造	1210	899	420			
电子元件制造	34964	34911		5	1	1
仪器仪表及文化、办公用机械制造业	41010	40182		5	5	16
通用仪器仪表制造	37260	35463		2	2	9
专用仪器仪表制造	3750	4719		3	3	7
电力、燃气及水的生产和供应业	**40**	**10**		**41**	**8**	**3**
电力、热力的生产和供应业	40	10		41	8	3
电力生产				1	1	1
电力供应				40	7	2
热力生产和供应	40	10				

2-3-2-12　按地区分组的规模以上大中型工业企业科技活动成果情况

单位：万元、件

地　区	新产品产　值	新 产 品销售收入	出口	专　利申请数	发明专利	拥有发明专利数
总　计	**6459130**	**6380437**	**1385014**	**986**	**287**	**443**
太原市	2792881	2735942	594406	410	119	126
大同市	1726327	1727882	730300	87	20	72
阳泉市	361356	312055	928	50	10	21
长治市	265223	261427	3069	76	31	33
晋城市	745541	586712	5449	38	10	34
朔州市	82115	81865		7	4	1
晋中市	43066	58706	41482	69	35	23
运城市	244158	291811	4353	194	41	83
忻州市	3915	3790	274	1	1	1
临汾市	133214	132119	4202	39	12	18
吕梁市	61335	188127	550	15	4	31

2-3-2-13 按企业规模、登记注册类型和行业分组的规模以上大中型工业企业技术改造、技术获取及减免税情况

单位：万元

指标名称	技术改造经费支出	技术引进经费支出	消化吸收经费支出	购买国内技术经费支出	享受各级政府对技术开发减免税
总　计	**1915636**	**90400**	**18838**	**31311**	**53682**
一、按工业企业规模分					
大型企业	1551637	88864	17339	28409	50235
中型企业	363999	1536	1499	2902	3447
二、按登记注册类型分					
内　资	**1830468**	**89644**	**18648**	**31011**	**53287**
国　有	201560	80	582	206	15533
集　体	3006				
股份合作企业	1400				
有限责任公司	1340433	86238	16656	18667	34875
国有独资公司	944527	40281	5231	4250	27617
其他有限责任公司	395905	45957	11425	14418	7258
股份有限公司	270986	2537	1050	11756	2398
私营企业	13083	789	360	382	480
私营有限责任公司	13083	789	360	342	480
私营股份有限公司				40	
港澳台商投资	**7142**				**69**
与港澳台商合资经营	738				69
港澳台商独资	30				
港澳台商投资股份有限公司	6374				
外商投资	**78027**	**756**	**190**	**300**	**326**
中外合资经营	19985	756	60		326
中外合作经营	25550				
外资企业	32492		130	300	
三、按国民经济行业(门类、大类、中类)分					
采矿业	**559078**	**82479**	**15118**	**16194**	**8113**
煤炭开采和洗选业	558578	82479	15118	16194	8113
烟煤和无烟煤的开采洗选	558578	82479	15118	16194	8113
黑色金属矿采选业	500				
铁矿采选	500				
制造业	**1093991**	**7517**	**3386**	**14856**	**30568**
食品制造业	1579		50		
焙烤食品制造	50				
糖果、巧克力及蜜饯制造	20		50		
罐头制造	…				
调味品、发酵制品制造	209				
其他食品制造	1300				
饮料制造业	5913				8

2-3-2-13　续表 1

单位：万元

指标名称	技术改造经费支出	技术引进经费支出	消化吸收经费支出	购买国内技术经费支出	享受各级政府对技术开发减免税
酒的制造	4851				8
软饮料制造	1062				
纺织业	780				28
棉、化纤纺织及印染精加工	360				
麻纺织	420				28
造纸及纸制品业	67				
造　纸	67				
文教体育用品制造业	80				
体育用品制造	80				
石油加工、炼焦及核燃料加工业	27678			2712	383
炼　焦	27678			2712	383
化学原料及化学制品制造业	133803	2537	1050	9964	1390
基础化学原料制造	21908				
肥料制造	81114	2537	969	9934	1090
合成材料制造	15375				
专用化学产品制造	5056		81	30	
日用化学产品制造	10350				300
医药制造业	2439		422	1182	1027
化学药品原药制造	414		182	340	
化学药品制剂制造	1600		240	842	1027
中成药制造	195				
卫生材料及医药用品制造	230				
橡胶制品业	474	10	8		
轮胎制造	314				
橡胶板、管、带的制造	160	10	8		
非金属矿物制品业	3848		145		
水泥、石灰和石膏的制造	510		145		
水泥及石膏制品制造	368				
砖瓦、石材及其他建筑材料制造	50				
玻璃及玻璃制品制造	1563				
耐火材料制品制造	1278				
石墨及其他非金属矿物制品制造	80				
黑色金属冶炼及压延加工业	669861		1230	190	16589
炼　铁	7236			20	
炼　钢	83807		550	50	
钢压延加工	575552		680	120	16589
铁合金冶炼	3266				

2-3-2-13 续表 2 单位：万元

指标名称	技术改造经费支出	技术引进经费支出	消化吸收经费支出	购买国内技术经费支出	享受各级政府对技术开发减免税
有色金属冶炼及压延加工业	68027	584		72	
常用有色金属冶炼	68026	584		70	
有色金属压延加工	1			2	
金属制品业	72				
金属工具制造	72				
通用设备制造业	10718	325	168	150	659
锅炉及原动机制造	989				
金属加工机械制造	910				
泵、阀门、压缩机及类似机械的制造	2583		106	27	659
风机、衡器、包装设备等通用设备制造	204				
金属铸、锻加工	6033	325	62	122	
专用设备制造业	132726	3629	8		9559
矿山、冶金、建筑专用设备制造	90769	2369	8		8144
化工、木材、非金属加工专用设备制造	1000				
纺织、服装和皮革工业专用设备制造	6374				
电子和电工机械专用设备制造	34583	1260			1415
交通运输设备制造业	24546	302		502	728
铁路运输设备制造	23454	302		502	513
汽车制造	1042				216
航空航天器制造	50				
电气机械及器材制造业	9818	80	294	85	69
电机制造	9096	80	94	40	
输配电及控制设备制造	170		200	45	
电线、电缆、光缆及电工器材制造	152				
电池制造	400				69
通信设备、计算机及其他电子设备制造业	1114	50	12		
电子计算机制造	314				
电子器件制造	720				
电子元件制造	80	50	12		
仪器仪表及文化、办公用机械制造业	448				129
通用仪器仪表制造	1				129
专用仪器仪表制造	447				
电力、燃气及水的生产和供应业	**262568**	**404**	**333**	**262**	**15000**
电力、热力的生产和供应业	262568	404	333	262	15000
电力生产	130549	404	333	262	
电力供应	130943				15000
热力生产和供应	1075				

2-3-2-14　按地区分组的规模以上大中型工业企业技术改造、技术获取及减免税情况

单位：万元

地　区	技术改造经费支出	技术引进经费支出	消化吸收经费支出	购买国内技术经费支出	享受各级政府对技术开发减免税
总　计	**1915636**	**90400**	**18838**	**31311**	**53682**
太原市	924714	7863	2114	5617	42961
大同市	135697	39725	8255	9206	893
阳泉市	11530	404	333	370	3394
长治市	183988	29067	1122	8996	3897
晋城市	258502	11836	5431	3293	1203
朔州市	53998				
晋中市	161696	1100	96	49	
运城市	141886	200	112	744	650
忻州市	9354	205	145	154	
临汾市	24753		1230	2882	677
吕梁市	9519				8

2-3-2-15 按企业规模、登记注册类型和行业分组的规模以上大中型工业企业办科技机构情况

单位：个、人、万元

指标名称	机构数	科技活动人员	博士毕业	硕士毕业	科技经费内部支出	仪器设备原价
总 计	**180**	**15466**	**230**	**1321**	**219032**	**289532**
一、按工业企业规模分						
大型企业	70	11845	166	1002	186952	214749
中型企业	110	3621	64	319	32080	74783
二、按登记注册类型分						
内 资	**168**	**14832**	**214**	**1277**	**213251**	**279540**
国 有	14	2018	14	192	51310	99882
集 体	2	20		1	4140	3880
股份合作企业	1	19			1400	2
有限责任公司	98	9322	122	846	128653	124732
国有独资公司	31	4162	61	454	78704	52471
其他有限责任公司	67	5160	61	392	49949	72261
股份有限公司	34	3156	70	198	25734	40981
私营企业	19	297	8	40	2014	10064
私营有限责任公司	18	292	8	40	1974	10034
私营股份有限公司	1	5			40	30
港澳台商投资	**4**	**400**	**8**	**16**	**2568**	**8696**
与港澳台商合资经营	1	20	8	4	580	328
港澳台商独资	1	14		1	30	4
港澳台商投资股份有限公司	2	366		11	1958	8364
外商投资	**8**	**234**	**8**	**28**	**3213**	**1297**
中外合资经营	7	221	7	25	3163	944
外资企业	1	13	1	3	50	352
三、按国民经济行业(门类、大类、中类)分						
采矿业	**21**	**3178**	**93**	**481**	**81804**	**60008**
煤炭开采和洗选业	21	3178	93	481	81804	60008
烟煤和无烟煤的开采洗选	21	3178	93	481	81804	60008
制造业	**154**	**11768**	**136**	**754**	**133542**	**183635**
农副食品加工业	1	163	2	8	354	116
屠宰及肉类加工	1	163	2	8	354	116
食品制造业	4	36		1	399	181
焙烤食品制造	1	3			12	24
罐头制造	1	3			28	11
调味品、发酵制品制造	2	30		1	359	146
饮料制造业	3	305	1	9	5598	740
酒的制造	2	240		3	5413	314
软饮料制造	1	65	1	6	185	426
纺织业	2	216		1	1955	947
棉、化纤纺织及印染精加工	1	30		1	40	687
麻纺织	1	186			1915	260
木材加工及木、竹、藤、棕、草制品业	1	5	3	2	31	98
人造板制造	1	5	3	2	31	98
造纸及纸制品业	1	6	1	1	96	2
造 纸	1	6	1	1	96	2
文教体育用品制造业	1	124			631	771
体育用品制造	1	124			631	771
石油加工、炼焦及核燃料加工业	10	302	3	22	1875	3310
炼 焦	10	302	3	22	1875	3310
化学原料及化学制品制造业	20	2445	31	105	23760	27601
基础化学原料制造	3	116		7	973	1094
肥料制造	4	1200	16	27	10612	6823
涂料、油墨、颜料及类似产品制造	1	10			78	62
合成材料制造	4	276	4	14	5494	12968

2-3-2-15　续表

单位：个、人、万元

指标名称	机构数	科技活动人员			科技经费内部支出	仪器设备原价
			博士毕业	硕士毕业		
专用化学产品制造	7	412		12	4367	3373
日用化学产品制造	1	431	11	45	2237	3280
医药制造业	13	615	21	59	4636	7704
化学药品原药制造	3	39	1	3	188	462
化学药品制剂制造	5	391	5	30	2808	940
中成药制造	4	84	2	10	1006	6048
生物、生化制品的制造	1	101	13	16	634	254
橡胶制品业	2	154		8	4987	1134
轮胎制造	2	154		8	4987	1134
非金属矿物制品业	6	129	2	3	921	617
水泥、石灰和石膏的制造	1	22			400	398
玻璃及玻璃制品制造	1	7			380	73
陶瓷制品制造	1	20			20	30
耐火材料制品制造	2	68		3	98	81
石墨及其他非金属矿物制品制造	1	12	2		23	35
黑色金属冶炼及压延加工业	10	1425	17	111	23580	22054
炼　铁	2	26			267	5930
炼　钢	3	63	1	21	520	696
钢压延加工	4	1331	16	90	22740	15427
铁合金冶炼	1	5			54	1
有色金属冶炼及压延加工业	10	563	13	36	3092	8543
常用有色金属冶炼	9	558	13	36	3090	8541
有色金属压延加工	1	5			2	1
通用设备制造业	10	578	6	12	3789	8055
锅炉及原动机制造	2	218			2389	2239
泵、阀门、压缩机及类似机械的制造	4	276	3	10	938	5260
风机、衡器、包装设备等通用设备制造	1	12		1	230	13
金属铸、锻加工	3	72	3	1	232	542
专用设备制造业	26	2846	4	205	36994	27412
矿山、冶金、建筑专用设备制造	13	1223	4	111	13864	9049
化工、木材、非金属加工专用设备制造	1	62			300	100
纺织、服装和皮革工业专用设备制造	1	318		7	1742	7679
电子和电工机械专用设备制造	11	1243		87	21087	10584
交通运输设备制造业	10	718	12	48	7390	23669
铁路运输设备制造	4	411	10	21	4904	21714
汽车制造	6	307	2	27	2486	1955
电气机械及器材制造业	6	599	8	31	8814	18711
电机制造	4	529		27	8172	18313
输配电及控制设备制造	1	50			62	70
电池制造	1	20	8	4	580	328
通信设备、计算机及其他电子设备制造业	7	236	5	44	795	30640
通信设备制造	1	18			111	19738
电子计算机制造	3	128		21	524	250
电子器件制造	1	27		2	54	160
电子元件制造	2	63	5	21	106	10492
仪器仪表及文化、办公用机械制造业	11	303	7	48	3846	1332
通用仪器仪表制造	8	123	7	40	1371	554
专用仪器仪表制造	3	180		8	2475	778
电力、燃气及水的生产和供应业	**5**	**520**	**1**	**86**	**3686**	**45890**
电力、热力的生产和供应业	5	520	1	86	3686	45890
电力生产	3	138		6	206	114
电力供应	1	374	1	79	3200	45698
热力生产和供应	1	8		1	280	78

2-3-2-16 按地区分组的规模以上大中型工业企业办科技机构情况

单位：个、人、万元

地区	机构数	科技活动人员	博士毕业	硕士毕业	科技经费内部支出	仪器设备原价
总计	**180**	**15466**	**230**	**1321**	**219032**	**289532**
太原市	59	4425	32	509	70280	135630
大同市	10	1218	24	69	9939	34422
阳泉市	10	754	12	40	3756	4838
长治市	27	3252	86	293	50076	14649
晋城市	8	760	12	115	18728	9626
朔州市	1	426		30	26105	8043
晋中市	20	853	7	31	10281	20097
运城市	23	2367	30	128	15096	32191
忻州市	6	92		3	555	6896
临汾市	11	1041	19	85	8248	17411
吕梁市	5	278	8	18	5968	5731

2-3-2-17　按企业规模、登记注册类型和行业分组的有科技活动大中型工业企业基本情况

单位：个、人、万元

指标名称	企业数	有R&D单位数	有新产品开发单位数	从业人员年平均人数	主营业务收入	生产经营用机器设备原价	微电子控制设备原价
总　计	**218**	**116**	**137**	**946427**	**46689656**	**24105454**	**2055495**
一、按企业规模分							
大型企业	67	47	47	808034	39605754	21297782	1889425
中型企业	151	69	90	138393	7083903	2807672	166070
二、按登记注册类型分							
内　资	**200**	**106**	**124**	**876174**	**44905505**	**23384881**	**2014979**
国　有	21	13	14	73399	7222746	6231534	266386
集　体	5	1	1	2205	60407	10819	21
股份合作企业	2		1	4876	319761	74747	1351
有限责任公司	112	58	67	677630	31410457	13937399	1463101
国有独资公司	28	20	21	264222	15050976	6893828	1230663
其他有限责任公司	84	38	46	413408	16359481	7043570	232438
股份有限公司	31	17	24	84948	4294711	2938703	257558
私营企业	28	16	16	32792	1588946	183039	26564
私营独资	1			300	12753	380	10
私营有限责任公司	24	15	14	30685	1443211	180912	26494
私营股份有限公司	3	1	2	1807	132982	1747	60
其　他	1	1	1	324	8477	8641	
港澳台商投资	**6**	**5**	**6**	**51991**	**648036**	**431585**	**2898**
与港澳台商合资经营	2	2	2	2171	32361	5387	188
港澳台商独资	2	1	2	45562	517443	360904	4
港澳台商投资股份有限公司	2	2	2	4258	98231	65294	2706
外商投资	**12**	**5**	**7**	**18262**	**1136115**	**288988**	**37618**
中外合资经营	9	4	5	14482	882977	51728	37618
外资企业	3	1	2	3780	253139	237260	
三、按国民经济行业(门类、大类、中类)分							
采矿业	**37**	**18**	**12**	**477442**	**15647928**	**8632129**	**1182822**
煤炭开采和洗选业	37	18	12	477442	15647928	8632129	1182822
烟煤和无烟煤的开采洗选	37	18	12	477442	15647928	8632129	1182822
制造业	**171**	**93**	**121**	**427343**	**26149791**	**9462255**	**610552**
农副食品加工业	2			3007	154209	21316	3926
屠宰及肉类加工	1			2500	141746	20694	3857
蔬菜、水果和坚果加工	1			507	12463	622	69
食品制造业	6	3	3	3175	84029	36321	1232
焙烤食品制造	1			460	10104	891	10
糖果、巧克力及蜜饯制造	1	1		300	6561	527	
罐头制造	1	1	1	460	22231	314	
调味品、发酵制品制造	1	1	1	998	26759	6131	41
其他食品制造	2		1	957	18374	28457	1181
饮料制造业	3	3	2	10058	380436	11804	1465

2-3-2-17 续表 1

单位：个、人、万元

指标名称	企业数	有R&D单位数	有新产品开发单位数	从业人员年平均人数	主营业务收入	生产经营用机器设备原价	微电子控制设备原价
酒的制造	2	2	1	9648	335334	6162	623
软饮料制造	1	1	1	410	45102	5642	842
烟草制品业	1	1	1	1259	204871	49801	26462
卷烟制造	1	1	1	1259	204871	49801	26462
纺织业	2	1	1	2645	26478	9573	145
棉、化纤纺织及印染精加工	1	1		330	9938	200	
麻纺织	1		1	2315	16539	9373	145
木材加工及木、竹、藤、棕、草制品业	1		1	330	40412	10390	75
人造板制造	1		1	330	40412	10390	75
造纸及纸制品业	1	1	1	380	3857	3511	1302
造　纸	1	1	1	380	3857	3511	1302
印刷业和记录媒介的复制	1			408	9832	5313	1072
印　刷	1			408	9832	5313	1072
文教体育用品制造业	1	1	1	792	14546	8366	1278
体育用品制造	1	1	1	792	14546	8366	1278
石油加工、炼焦及核燃料加工业	18	11	5	56242	3923960	817638	44656
炼　焦	18	11	5	56242	3923960	817638	44656
化学原料及化学制品制造业	18	12	12	54553	2433187	1684806	208953
基础化学原料制造	3	2	2	10443	632618	183000	1662
肥料制造	5	3	2	20049	897989	795157	35818
涂料、油墨、颜料及类似产品制造	1			1092	26169	11844	
合成材料制造	4	3	3	9166	621317	558122	141324
专用化学产品制造	4	4	4	8804	137800	99857	931
日用化学产品制造	1		1	4999	117294	36826	29218
医药制造业	14	2	10	10639	340499	129418	12953
化学药品原药制造	3	1	2	3159	130992	67164	60
化学药品制剂制造	6	1	3	4674	107989	35137	11932
中成药制造	4		4	2114	71062	12101	961
生物、生化制品的制造	1		1	692	30456	15016	
橡胶制品业	3	1	3	2988	128287	38399	13325
轮胎制造	2	1	2	2678	100686	27399	5075
橡胶板、管、带的制造	1		1	310	27600	11000	8250
非金属矿物制品业	16	7	13	16648	207666	150571	28107
水泥、石灰和石膏的制造	4	1	3	4106	89309	101924	26940
水泥及石膏制品制造	1		1	558	14674	1089	83
砖瓦、石材及其他建筑材料制造	1		1	343	3950	5126	
玻璃及玻璃制品制造	4	3	3	7818	46607	33083	213
陶瓷制品制造	1		1	1000	4402	50	
耐火材料制品制造	2	1	2	1540	17341	6445	850
石墨及其他非金属矿物制品制造	3	2	2	1283	31384	2855	21

2-3-2-17　续表 2　　　　单位：个、人、万元

指标名称	企业数	有R&D单位数	有新产品开发单位数	从业人员年平均人数	主营业务收入	生产经营用机器设备原价	微电子控制设备原价
黑色金属冶炼及压延加工业	16	10	8	77858	11929124	4043978	130594
炼　铁	3			1996	53661	14315	7
炼　钢	5	5	4	11947	1928022	306099	30917
钢压延加工	5	4	3	61908	9681051	3704695	99670
铁合金冶炼	3	1	1	2007	266391	18870	
有色金属冶炼及压延加工业	10	7	4	37575	2134319	1044181	27314
常用有色金属冶炼	9	7	4	36120	2120416	1043496	27313
有色金属压延加工	1			1455	13903	685	1
通用设备制造业	11	5	10	12373	238045	121537	6697
锅炉及原动机制造	2	1	2	5398	122427	81133	1360
起重运输设备制造	1			800	10002	1005	
泵、阀门、压缩机及类似机械的制造	4	2	4	4019	63510	24506	153
风机、衡器、包装设备等通用设备制造	1	1	1	703	13564	3021	
金属铸、锻加工	3	1	3	1453	28541	11872	5184
专用设备制造业	20	13	20	56494	2296537	570272	76963
矿山、冶金、建筑专用设备制造	7	6	7	18788	1278656	237598	9958
化工、木材、非金属加工专用设备制造	1		1	683	34735	420	310
纺织、服装和皮革工业专用设备制造	2	1	2	6712	116915	66416	1351
电子和电工机械专用设备制造	10	6	10	30311	866232	265838	65345
交通运输设备制造业	11	5	10	15735	566646	154313	3946
铁路运输设备制造	4	3	4	8690	431284	78946	296
汽车制造	7	2	6	7045	135362	75367	3650
电气机械及器材制造业	6	4	6	8181	315487	53514	11064
电机制造	3	2	3	7066	271806	49782	10693
输配电及控制设备制造	2	1	2	744	20434	1873	245
电池制造	1	1	1	371	23247	1860	126
通信设备、计算机及其他电子设备制造业	7	3	7	53016	617805	484826	3200
通信设备制造	2		2	41275	473157	380563	
雷达及配套设备制造	1	1	1	658	10612	2623	
电子计算机制造	1		1	3328	15277	10621	2874
电子器件制造	1		1	597	4495	3541	321
电子元件制造	2	2	2	7158	114264	87478	4
仪器仪表及文化、办公用机械制造业	3	3	3	2987	99558	12408	5825
通用仪器仪表制造	2	2	2	925	63909	5481	1001
专用仪器仪表制造	1	1	1	2062	35649	6927	4824
电力、燃气及水的生产和供应业	**10**	**5**	**4**	**41642**	**4891938**	**6011070**	**262120**
电力、热力的生产和供应业	10	5	4	41642	4891938	6011070	262120
电力生产	8	3	2	10217	945816	1782211	24792
电力供应	1	1	1	30808	3936291	4227563	237328
热力生产和供应	1	1	1	617	9831	1296	

2-3-2-18　按地区分组的有科技活动大中型工业企业基本情况

单位：个、人、万元

地　区	企业数			从业人员年平均人数	主营业务收入	生产经营用机器设备原价	
		有R&D单位数	有新产品开发单位数				微电子控制设备原价
总　计	**218**	**116**	**137**	**946427**	**46689656**	**24105454**	**2055495**
太原市	44	27	36	261695	17345038	10340540	467093
大同市	13	5	9	146338	4179455	2338063	76315
阳泉市	12	5	11	96080	2552959	2650381	1338
长治市	28	12	19	113512	5667029	1768184	643086
晋城市	13	4	6	52980	1529691	1019434	568457
朔州市	2	1		11899	2125286	1195243	
晋中市	45	29	21	89977	3711097	1336386	37858
运城市	26	13	16	65244	2867947	1735544	78068
忻州市	6	2	4	4002	127987	35191	812
临汾市	18	12	10	67048	4634778	1359710	174699
吕梁市	11	6	5	37652	1948388	326777	7771

2-3-2-19 按企业规模、登记注册类型和行业分组的有科技活动大中型工业企业科技活动成果情况

单位：万元、件

指标名称	新产品产值	新产品销售收入	出口	专利申请数	发明专利	拥有发明专利数
总 计	**6444247**	**6366209**	**1383126**	**985**	**287**	**439**
一、按企业规模分						
大型企业	6066101	5997801	1345677	784	219	350
中型企业	378145	368408	37449	201	68	89
二、按登记注册类型分						
内 资	**6270259**	**6192980**	**1357389**	**931**	**267**	**423**
国 有	481540	536903	18389	261	48	79
集 体	2137	2027		1	1	1
有限责任公司	5163333	5052069	1325336	489	163	239
国有独资公司	2452344	2400623	521758	316	107	173
其他有限责任公司	2710989	2651446	803578	173	56	66
股份有限公司	530031	517293	9239	152	46	83
私营企业	93219	84688	4424	27	8	21
私营有限责任公司	93219	84688	4424	27	8	21
其 他				1	1	
港澳台商投资	**138594**	**138723**	**25190**	**49**	**17**	**9**
与港澳台商合资经营	4480	6385	3735			
港澳台商独资	104417	104417				
港澳台商投资股份有限公司	29697	27922	21455	49	17	9
外商投资	**35394**	**34505**	**547**	**5**	**3**	**7**
中外合资经营	35394	34505	547	4	2	6
外资企业				1	1	1
三、按国民经济行业(门类、大类、中类)分						
采矿业	**3075483**	**2870896**	**757913**	**128**	**41**	**65**
煤炭开采和洗选业	3075483	2870896	757913	128	41	65
烟煤和无烟煤的开采洗选	3075483	2870896	757913	128	41	65
制造业	**3368724**	**3495303**	**625213**	**816**	**238**	**371**
农副食品加工业	132	131		1	1	
蔬菜、水果和坚果加工	132	131		1	1	
食品制造业	5258	5051	157	12		
焙烤食品制造	1500	1500				
糖果、巧克力及蜜饯制造				3		
罐头制造	103	81				
调味品、发酵制品制造	3655	3470	157	9		
饮料制造业	11533	145509		16	1	25
酒的制造		133976		5	1	24
软饮料制造	11533	11533		11		1
烟草制品业						1
卷烟制造						1
纺织业	4843	4688	1669	1	1	7
棉、化纤纺织及印染精加工						2
麻纺织	4843	4688	1669	1	1	5
文教体育用品制造业	2305	2112	1710			
体育用品制造	2305	2112	1710			
石油加工、炼焦及核燃料加工业		8415		13	11	14
炼 焦		8415		13	11	14
化学原料及化学制品制造业	492563	471606	15754	44	22	50
基础化学原料制造	61053	53831	300	1	1	3
肥料制造	192535	193843		27	9	7
合成材料制造	141012	127985	3844	9	5	2
专用化学产品制造	44823	42766	9610	4	4	19
日用化学产品制造	53140	53181	2000	3	3	19

2-3-2-19 续表

单位：万元、件

指标名称	新产品产值	新产品销售收入	出口	专利申请数	发明专利	拥有发明专利数
医药制造业	31131	29839		60	12	34
化学药品原药制造						1
化学药品制剂制造	1151	862		52	7	30
中成药制造	29980	28977		7	4	2
生物、生化制品的制造				1	1	1
橡胶制品业	25083	24883	6882			
轮胎制造	23083	23083	6335			
橡胶板、管、带的制造	2000	1800	547			
非金属矿物制品业	25265	22205	4305	19	10	3
水泥、石灰和石膏的制造	8103	7707		1	1	
水泥及石膏制品制造	3366	2202				
玻璃及玻璃制品制造	2980	3377	3377	4	2	
耐火材料制品制造	3816	2419	928	12	5	2
石墨及其他非金属矿物制品制造	7000	6500		2	2	1
黑色金属冶炼及压延加工业	1255218	1255065	450353	214	53	50
炼　铁	550	550	550	7		4
炼　钢				6	1	6
钢压延加工	1254668	1254515	449803	201	52	40
有色金属冶炼及压延加工业	52627	49970		42	14	21
常用有色金属冶炼	52527	49870		36	13	20
有色金属压延加工	100	100		6	1	1
通用设备制造业	42911	54967	17604	16	5	9
锅炉及原动机制造	31316	24053	500	3	2	
起重运输设备制造	72					
泵、阀门、压缩机及类似机械的制造	4283	24089	16650	5	1	7
风机、衡器、包装设备等通用设备制造	2137	2027		1	1	1
金属铸、锻加工	5104	4799	454	7	1	1
专用设备制造业	742332	716416	115951	154	67	55
矿山、冶金、建筑专用设备制造	455392	436663	62345	62	36	34
化工、木材、非金属加工专用设备制造	18600	16182	285			
纺织、服装和皮革工业专用设备制造	29697	27922	21455	31	15	5
电子和电工机械专用设备制造	238643	235649	31866	61	16	16
交通运输设备制造业	346769	333913	8617	110	18	76
铁路运输设备制造	328301	313910		90	14	68
汽车制造	18468	20003	8617	20	4	8
电气机械及器材制造业	119164	173736	1790	104	17	9
电机制造	114474	167628	332	104	17	9
输配电及控制设备制造	3190	3100	1100			
电池制造	1500	3008	358			
通信设备、计算机及其他电子设备制造业	170580	156615	420	5	1	1
通信设备制造	133917	120317				
雷达及配套设备制造	490	490				
电子器件制造	1210	899	420			
电子元件制造	34964	34911		5	1	1
仪器仪表及文化、办公用机械制造业	41010	40182		5	5	16
通用仪器仪表制造	37260	35463		2	2	9
专用仪器仪表制造	3750	4719		3	3	7
电力、燃气及水的生产和供应业	**40**	**10**		**41**	**8**	**3**
电力、热力的生产和供应业	40	10		41	8	3
电力生产				1	1	1
电力供应				40	7	2
热力生产和供应	40	10				

2-3-2-20 按地区分组的有科技活动大中型工业企业科技活动成果情况

单位：万元、件

地 区	新产品产值	新产品销售收入	出口	专利申请数	发明专利	拥有发明专利数
总 计	**6444247**	**6366209**	**1383126**	**985**	**287**	**439**
太原市	2786530	2729471	594406	410	119	126
大同市	1726327	1727882	730300	87	20	72
阳泉市	360356	311255	928	50	10	21
长治市	265223	261427	3069	76	31	33
晋城市	745541	586712	5449	38	10	34
朔州市	82115	81865		7	4	1
晋中市	42468	58108	41482	69	35	23
运城市	237224	285452	2465	193	41	79
忻州市	3915	3790	274	1	1	1
临汾市	133214	132119	4202	39	12	18
吕梁市	61335	188127	550	15	4	31

2-3-2-21 按企业规模、登记注册类型、隶属关系和行业分组的有科技活动大中型工业企业技术改造、技术获取及减免税情况

单位：万元

指标名称	技术改造经费支出	技术引进经费支出	消化吸收经费支出	购买国内技术经费支出	享受各级政府对技术开发减免税
总　计	**1782575**	**89654**	**18691**	**31289**	**53682**
一、按工业企业规模分					
大型企业	1523400	88864	17339	28409	50235
中型企业	259175	790	1352	2880	3447
二、按登记注册类型分					
内　资	**1736265**	**89644**	**18501**	**30989**	**53287**
国　有	168453	80	582	206	15533
集　体	584				
股份合作企业	1400				
有限责任公司	1290898	86238	16509	18645	34875
国有独资公司	939668	40281	5231	4250	27617
其他有限责任公司	351230	45957	11278	14396	7258
股份有限公司	266973	2537	1050	11756	2398
私营企业	7956	789	360	382	480
私营有限责任公司	7956	789	360	342	480
私营股份有限公司				40	
港澳台商投资	**6804**				**69**
与港澳台商合资经营	400				69
港澳台商独资	30				
港澳台商投资股份有限公司	6374				
外商投资	**39506**	**10**	**190**	**300**	**326**
中外合资经营	7014	10	60		326
外资企业	32492		130	300	
三、按国民经济行业(门类、大类、中类)分					
采矿业	**513405**	**82479**	**15116**	**16192**	**8113**
煤炭开采和洗选业	513405	82479	15116	16192	8113
烟煤和无烟煤的开采洗选	513405	82479	15116	16192	8113
制造业	**1057390**	**6771**	**3241**	**14836**	**30568**
食品制造业	1579		50		
焙烤食品制造	50				
糖果、巧克力及蜜饯制造	20		50		
罐头制造	...				
调味品、发酵制品制造	209				
其他食品制造	1300				
饮料制造业	5343				8
酒的制造	4281				8
软饮料制造	1062				
纺织业	780				28
棉、化纤纺织及印染精加工	360				
麻纺织	420				28
造纸及纸制品业	30				
造　纸	30				
文教体育用品制造业	80				
体育用品制造	80				
石油加工、炼焦及核燃料加工业	24577			2712	383
炼　焦	24577			2712	383
化学原料及化学制品制造业	123302	2537	1050	9964	1390
基础化学原料制造	21510				
肥料制造	76011	2537	969	9934	1090
合成材料制造	15375				
专用化学产品制造	56		81	30	

2-3-2-21　续表

单位：万元

指标名称	技术改造经费支出	技术引进经费支出	消化吸收经费支出	购买国内技术经费支出	享受各级政府对技术开发减免税
日用化学产品制造	10350				300
医药制造业	2209		422	1182	1027
化学药品原药制造	414		182	340	
化学药品制剂制造	1600		240	842	1027
中成药制造	195				
橡胶制品业	474	10	8		
轮胎制造	314				
橡胶板、管、带的制造	160	10	8		
非金属矿物制品业	3140				
水泥、石灰和石膏的制造	360				
水泥及石膏制品制造	289				
玻璃及玻璃制品制造	1563				
耐火材料制品制造	928				
黑色金属冶炼及压延加工业	662213		1230	170	16589
炼　铁	718				
炼　钢	83807		550	50	
钢压延加工	575552		680	120	16589
铁合金冶炼	2136				
有色金属冶炼及压延加工业	67747	584		72	
常用有色金属冶炼	67746	584		70	
有色金属压延加工	1			2	
通用设备制造业	8902	325	168	150	659
锅炉及原动机制造	989				
泵、阀门、压缩机及类似机械的制造	1829		106	27	659
风机、衡器、包装设备等通用设备制造	204				
金属铸、锻加工	5881	325	62	122	
专用设备制造业	121526	3185	8		9559
矿山、冶金、建筑专用设备制造	79569	1925	8		8144
化工、木材、非金属加工专用设备制造	1000				
纺织、服装和皮革工业专用设备制造	6374				
电子和电工机械专用设备制造	34583	1260			1415
交通运输设备制造业	24261			502	728
铁路运输设备制造	23370			502	513
汽车制造	891				216
电气机械及器材制造业	9666	80	294	85	69
电机制造	9096	80	94	40	
输配电及控制设备制造	170		200	45	
电池制造	400				69
通信设备、计算机及其他电子设备制造业	1114	50	12		
电子计算机制造	314				
电子器件制造	720				
电子元件制造	80	50	12		
仪器仪表及文化、办公用机械制造业	448				129
通用仪器仪表制造	1				129
专用仪器仪表制造	447				
电力、燃气及水的生产和供应业	**211780**	**404**	**333**	**262**	**15000**
电力、热力的生产和供应业	211780	404	333	262	15000
电力生产	84892	404	333	262	
电力供应	126828				15000
热力生产和供应	60				

2-3-2-22 按地区分组的有科技活动大中型工业企业技术改造、技术获取及减免税情况

单位：万元

地区	技术改造经费支出	技术引进经费支出	消化吸收经费支出	购买国内技术经费支出	享受各级政府对技术开发减免税
总计	**1782575**	**89654**	**18691**	**31289**	**53682**
太原市	894152	7419	2114	5617	42961
大同市	135311	39423	8255	9206	893
阳泉市	6435	404	333	370	3394
长治市	174109	29067	977	8996	3897
晋城市	207819	11836	5431	3273	1203
朔州市	33503				
晋中市	159716	1100	96	49	
运城市	136021	200	112	744	650
忻州市	2050	205	143	152	
临汾市	23940		1230	2882	677
吕梁市	9519				8

工业企业科技情况主要指标解释

1.科技活动的概念：科技活动是指在自然科学、农业科学、医药科学、工程与技术科学、人文与社会科学领域(简称科学技术领域)中，与科技知识的产生、发展、传播和应用密切相关的有组织的活动。

科技活动的特点是连续的和有组织的，即科技活动应是系统的、体制化的活动。因此，在工业企业中只有列入企业工作计划的活动才予以统计，而独立发明人以及某些科研人员在企业外或计划外进行的科技活动不在科技统计范围之内。

为核算科技投入的需要，科技活动可分为研究与试验发展(简称 R&D)、研究与试验发展(R&D)成果应用及相关的科技服务三类活动。本次普查，工业企业的科技活动只统计研究与试验发展(R&D)及其成果应用两类活动，即通常讲的技术开发活动。技术开发活动是指工业企业内部开展的科学研究以及运用科学研究的结果和以经验为根据的知识，去创造新产品、新设计、新材料、新方法、新工艺流程和新装置，或对现有产品、材料、设计、工艺方法、工艺流程以及装置进行技术上的重大改进，使其在一项或者多项指标上有明显革新或创新。

2.科技活动的分类

（1）研究与试验发展(R&D)

研究与试验发展，简称 R&D，是指在科学技术领域，为增加知识总量、以及运用这些知识去创造新的应用进行的系统的创造性的活动。研究与实验发展活动按活动类型分为基础研究、应用研究和试验发展三类活动。在工业企业开展的研究与试验发展(R&D)活动中，较为普遍的和大量的活动属于试验发展活动。

①基础研究

基础研究是指为了获得关于现象和可观察事实的基本原理的新知识(揭示客观事物的本质、运动规律，获得新发现、新学说)而进行的实验性或理论性研究工作。基础研究是基础性理论知识研究，属于科学研究范畴。

基础研究的特点:

a.从研究目的看，以认识现象、发现和开拓新的知识领域为目的。是通过试验分析或理论性研究对事物的特性、结构和各种关系进行分析，加深对客观事物的认识，解释现象的本质，揭示物质运动的规律，或提出和验证各种设想、理论和定律。

b.没有任何专门或特定的应用或使用为目的，在研究时对其成果看不出、说不清有什么用处。

c.从研究结果看，基础研究的结果具有一般的或普遍的正确性，通常表现为一般的原则、理论和规律的形式，其成果以科学论文和科学著作为主要形式，向同行散发、向学术会议提交论文等方式进行交流。

②应用研究

应用研究是基础理论知识应用方向研究，指为获得新知识而进行的创造性研究，主要针对某一特定的目的或目标。应用研究也属于科学研究范畴。

应用研究的特点:

a.具有特定的实际目的或者应用目标，具体表现为　为了确定基础研究成果的可能用途，或是为达到预定的目标，探索应采取的新方法(原理性)或新途径。

b.在围绕特定目的或目标进行研究的过程中获取新的知识，为解决实际问题提供科学依据。

c.研究结果一般只影响科学技术的某些领域和有限范围，并具有专门的性质，因为他们都是针对具体的领域、问题或情况。其成果形式以科学论文、专著、原理性模型或发明专利等为主。

③试验发展

试验发展是指利用从基础研究、应用研究和实际经验所获得的现有知识，为产生新的产品、材料和装置，建立新的工艺、系统和服务，以及对已产生和建立的上述各项做实质性的改进而进行的系统性工作，其成果形式主要是专利、专有技术、新产品原型或样机样件等。如果新产品原型或样机成功通过了测试，那么 R&D 活动就此结束（即 R&D 与非 R&D 的分界点）。

产品、工艺和服务实质性改进的含义　产品、工艺和服务经过改进，凡能实现下列目标之一者，可视为实质性改进:

a.明显提高原材料性能、质量，延长使用寿命等;

b.明显提高生产效率;

c.明显降低能源、原材料消耗，降低单位生产成本;

d.明显减少环境污染;

e.产品、工艺水平从一般水平上升为国内同类产品、工艺先进水平;

f.引进的国外产品、工艺，经过改造后虽无上述明显成效，但填补了国内空白。

工业领域的试验发展包括以下几类活动:

a.为研制新产品(或新工艺)或对已有产品(或已有工艺)进行实质性改进所从事的技术调研、技术咨询和资料准备，设计及改进设计，工装模具准备，研制和检测用仪器设备的准备、制造及安装，原材料、元器件、零配件、辅助材料准备，样机试验和检测、试验车间(中间试验)建立和运行，论证鉴定等活动。

b.在工程设计、小批量试制、工业性试验及试生产过程中对新产品原型和新工艺本身做进一步改进所从事的相关活动。

c.对从国外引进的技术或从国内购买的技术做实质性改进及再创新所开展的相关活动，但不包括对这些技术的直接应用或仿制活动。

（2）研究与试验发展（R&D）成果应用

指为解决试验发展阶段产生的新产品、材料和装置、新工艺、系统和服务能够投入生产或在实际应用中所存在的技术问题而进行的系统性的工作。

这类活动的成果形式大多是可供生产和实际操作的带有技术和工艺参数的图纸、技术标准和操作规范。

其特点是:

①为使试验发展的成果用于实际解决有关技术问题。

②运用已有知识和技术，不具有创新成份。

③成果形式是可供生产和实际使用的带有技术、工艺参数规范的图纸、技术标准、操作规范等。

工业领域中为达到生产目的的工程与工装模具设计、小批量试制和工业性试验一般属于研究与试验发展成果应用活动。

①工程与工装模具设计指新产品原型能够投入批量生产而从事的工艺流程、设备及工艺装备、操作及质量检测规程等的设计活动。

②小批量试制和工业性试验内容包括标准化、系列化、通用化试验，新技术方法从设定的控制参数发展到不同条件下的验证试验，批量生产的质量稳定性与优化参数再现性试验，新技术的可靠性试验，生产检测、维护、安全等技术操作规范化试验，新旧生产系统结合部技术协调试验(含原材料、能源介质、辅助工具等系统的适应性试验)。

3.科技活动人员：指工业企业在报告年度直接从事或参与科技活动的人员，包括参加科技项目人员、从事科技活动管理和为科技活动提供直接服务的人员（包括工人）。科技活动人员不包括全年累计从事科技活动时间不足制度工作时间 10%的人员，也不包括为科技活动提供间接服务的保卫、医疗保健、司机、食堂人员、茶炉工、水暖工、清洁工等人员。

4.参加科技项目人员：指编入各类科技活动项目组并从事(或参与)项目研究开发活动的人员。

5.科技管理和服务人员：指企业中专门从事科技活动管理和为科技活动提供直接服务的人员。

科技管理人员包括有科技活动的工业企业中主管科技工作的负责人;企业科技管理部门(科研管理处、部、科等) 的工作人员；技术中心、科研院所、中试车间、试验基地、实验室等机构内的管理人员。

为科技活动提供直接服务的人员包括直接为科研和技术开发活动提供资料文献、材料供应、设备维护等服务的人员(含中试车间、试验基地的工人)。但不包括累计从事科技活动的时间占制度工作时间 10%以下的人员。也不包括为科技活动提供间接服务的保卫、医疗保健、司机、食堂人员、茶炉工、水暖工、清洁工等人员。为避免重复计算，该指标应扣除已计入参加科技项目的人员数。

6.女性：指企业科技活动人员中的女性人数。

7.全时人员：指企业科技活动人员中在报告年度实际从事科技活动的时间占制度工作时间 90%以上(含 90%)的人员。在企业科技管理部门(科研管理处、部、科等)专职从事科技管理工作的人员、企业所属常年有开发任务的科技机构中专职从事科技活动及其管理和直接服务的人员，以及上述人员以外在报告年度主要从事科技项目开发的人员可视作科技活动全时人员。

8.高中级技术职称人员：指企业科技活动人员中已评定高级和中级技术职称(职务)的人员。高级技术职称人员包括高级工程师、高级经济师、高级会计师、高级统计师、正副教授、正副研究员等；中级技术职称人员包括 工程师、经济师、会计师、统计师、讲师、助理研究员等。

9.无高中级技术职称的大学本科及以上学历人员：指企业科技活动人员中尚未评定高级和中级技术职称(职务)但拥有大学本科及以上学历的人员。

10.研究与试验发展(R&D)人员：指企业科技活动人员中从事基础研究、应用研究和试验发展三类活动的人员。包括直接参加上述三类项目活动的人员及这三类项目的管理和直接服务人员。上述三类项目的管理和直接服务人员，可按研究与试验发展(R&D)项目人员占全部科技项目人员的比重进行推算。

11.科技活动经费筹集总额:指企业在报告年度从各种渠道筹集到的计划用于科技活动的经费，包括企业资金、金融机构贷款、政府资金、国外资金、其他资金等。

12.企业资金：指报告年度本企业从自有资金中提取或接受在国内注册的其他企业委托获得的计划用于科技活动的经费。

13.金融机构贷款:指企业从各类金融机构获得的用于科技活动的贷款。

14.政府资金：指企业从各级政府部门获得的计划用于科技活动的经费，包括科技专项费、科研基建费、政府专项基金（如中小企业创新基金）等。

15.国外资金：指本企业从中国境外的企业、大学、国际组织、民间组织、金融机构及外国政府获得的计划用于科技活动的经费。不包括从在国内注册的外资企业获得的计划用于科技活动的经费。

国外资金不包括来自港、澳、台的计划用于科技活动的经费。

16.其他资金:指企业从上述渠道以外获得的计划用于科技活动的经费，如企业从独立的科研院所和高等学校等事业单位获得的计划用于科技活动的经费、来自民间非营利机构的资助和个人捐赠等。

17.科技活动经费支出总额:指企业在报告年度实际支出的全部科技活动费用，包括列入技术开发的经费支出以及技措技改等资金实际用于科技活动的支出。不包括生产性支出和归还贷款支出。科技活动经费支出总额分为企业内部开展科技活动的经费支出和委托外单位开展科技活动的经费支出。

18.企业内部开展科技活动经费支出:指企业在报告年度用于内部开展科技活动实际支出的费用，包括外协加工费。不包括委托研制或合作研制而支付给外单位的经费。科技活动经费内部支出按用途分为科技活动人员劳务费、原材料费、购买与自制设备支出和其他支出。

19.**劳务费(含工资)**：指以货币或实物形式直接或间接支付给科技活动人员的劳动报酬及各种补贴，包括各种形式的工资、补助工资、津贴、价格补贴、住房补贴、奖金、福利、失业保险、养老保险、医疗保险、工伤保险、人民助学金等。为科技活动提供间接服务人员的劳务费计入其他支出。

20.**原材料费**：指企业在报告年度开展科技活动实际消耗的原材料、辅助材料、备用配件、外购半成品、燃料、包装物及其他材料等。

21.**购买和自制设备的支出**：指企业使用非基建项目资金购买和自制用于科技活动的仪器设备等的费用支出。包括各类机器设备、试验测量仪器、运输工具、工装器具等的购买和制造时实际支付的货币和制造成本。不属于上述主要设备的物品，单位价值在2000元以上，使用期限超过二年的也作为固定资产，按购买时实际支付的货币额统计在内。这里购买和自制设备是指用于科技活动的仪器设备，不包括用于生产的仪器设备。科研与生产共用的仪器设备支出费用，按生产和科研活动占用时间比例进行分摊。

22.**其他支出**：包括科研项目前期论证费、调研差旅费、资料费、办公费、房租、水电费、维修费、印刷费、邮寄费、专题会议费、成果鉴定费等。提供间接服务的人员(如司机、保安人员、炊事人员、医疗保健人员等)的劳务费按其为科技活动提供服务的时间比例分摊计入本项支出。

23.**研究与试验发展(R&D)经费支出**：指报告年度在企业科技活动经费内部支出中用于基础研究、应用研究和试验发展三类项目以及这三类项目的管理和服务的费用支出。不论何种经费来源，只要实际用于上述三类项目的经费支出都应计算在内。具体计算办法 可将企业全部科技项目中确定为基础研究、应用研究和试验发展三类项目的经费支出加总，再加上按上述三类项目支出占全部科技项目经费支出比重计算分摊的科技管理和服务费用取得。上述三类项目经费支出包括的内容与科技活动经费内部支出按用途分组所列的支出项一致。

24.**新产品开发经费支出**：指报告年度内在企业科技活动经费内部支出中用于新产品研究开发的经费支出。包括新产品的研究、设计、模型研制、测试、试验等费用支出。

25.**委托外单位开展科技活动经费支出**：指企业在报告年度委托其他单位或与其他单位合作开展科技活动而支付给其他单位的经费。不包括外协加工费。

26.**对研究院所和高等学校的支出**：指报告年度内企业委托或与国内独立研究院所或高等学校合作开展研究开发活动而支付予其的经费。

27.**对其他企业支出**：指报告年度内企业委托或与国内其他企业合作开展研究开发活动而支付予其的经费。

28.**全部科技项目数**：指企业在报告年度当年立项并开展研制工作、以前年份立项仍继续进行研制的科技项目数，包括当年完成和年内研制工作已告失败的科技项目，但不包括委托外单位进行研制的科技项目。

29.**新产品开发项目数**：指企业在报告年度进行的全部科技项目中，属于新产品研制开发的项目数。

30.**研究与试验发展项目数**：指企业在报告年度进行的全部科技项目中，属于研究与试验发展的项目数。

31.**全部科技项目经费内部支出合计**：指报告年度本企业内部进行的全部科技项目的经费支出总额。包括外协加工费，但不包括因委托或与外单位合作而支付给对方的经费，也不包括企业科技管理部门的费用和用于科研目的基建支出，以及为科技活动提供间接服务人员的费用等。

32.**研究与试验发展项目经费支出**：指报告年度本企业内部进行的全部科技项目支出总额中用于基础研究、应用研究和试验发展三类项目的支出。可在全部科技项目中鉴别出上述三类项目，并加总这三类项目本年度的实际支出取得。

33.**企业办科技机构数**：企业办科技机构是指企业自办、或与外单位合办，管理上同生产系统相对独立、或者单独核算的专门科技活动机构，如企业开办的技术中心、研究院所、开发中心、开发部、实验室、中试车间、试验基地等。企业办科技机构经过资源整合，被国家或省级有关部门认定为国家级或省级技术中心的，可按一个机构填报。企业科技管理职能科室(如科研处、技术科等)一般不统计在内；若科研处、技术科等同时挂有科技机构牌子，视其报告年度内主要工作任务而定，主要任务是从事科技活动的可以统计，否则不统计。本指标不含企业在中国境外设立的科技机构数。

34.**机构科技活动人员**：指企业办科技机构中从事科技活动的人员数合计，与企业科技活动人员的统计口径一致。

35.**博士毕业**：指企业办科技机构从事科技活动的人员中具有博士学历或博士学位的人员。

36.**硕士毕业**：指企业办科技机构从事科技活动的人员中具有硕士学历或硕士学位的人员。

37.**机构内部开展科技活动经费支出**：指报告年度内企业办科技机构内部用于开展科技活动的经费支出。包括科技机构人员劳务费(含工资)支出、业务费支出、管理费支出、固定资产购建费及其他维持科技机构正常运转的日常费用等的支出总和。

38.**仪器设备原价**：指在报告年末企业办科技机构拥有的、用于科研和技术开发活动的各种仪器、设备原价总和。

39.**新产品产值**：指报告年度本企业生产的新产品的产值。新产品是指采用新技术原理、新设计构思研制、生产的全新产品，或在结构、材质、工艺等某一方面比原有产品有明显改进，从而显著提高了产品性能或扩大了使用功能的产品。若产品只在外观、颜色、图案、包装上有改变，或仅在技术上有较小的变化，不作为新产品进行统计。本报表中的新产品指标既包括经政府有关部门认定并在有效期内的新产品，也包括企业自行研制开发，未经政府有关部门认定，从投产之日起一年之内的新产品。

40.**新产品销售收入**：指报告年度本企业销售新产品实现的销售收入。

41.**新产品出口收入**：指报告年度本企业将新产品出售给外贸部门和直接出售给外商所实现的销售收入。

42.专利申请数：指企业在报告年度内向专利行政部门提出专利申请并被受理的件数。

43.发明专利申请数：指企业在报告年度内向专利行政部门提出发明专利申请并被受理的件数。

44.拥有发明专利数：指企业作为专利权人在报告年度拥有的、经国内外专利行政部门授权且在有效期内的发明专利件数。

45.技术改造经费支出：指本企业在报告年度进行技术改造而发生的费用支出。技术改造指企业在坚持科技进步的前提下，将科技成果应用于生产的各个领域(产品、设备、工艺等)，用先进技术改造落后技术，用先进工艺代替落后工艺、设备，实现以内涵为主的扩大再生产，从而提高产品质量、促进产品更新换代、节约能源、降低消耗，全面提高综合经济效益。

在技术改造经费支出中，属于研究与试验发展的经费支出，除了包含在本项外，还要计入企业研究与试验发展经费支出中。

46.引进国外技术经费支出：指企业在报告年度用于购买国外技术的费用支出，包括产品设计、工艺流程、图纸、配方、专利等技术资料的费用支出，以及购买关键设备、仪器、样机和样件等的费用支出。

47.引进技术的消化吸收经费支出：指本企业在报告年度对国外引进项目进行消化吸收所支付的经费。包括 人员培训费、测绘费、参加消化吸收人员的工资、工装、工艺开发费、必备的配套设备费、翻版费等。引进技术的消化吸收指对引进技术的掌握、应用、复制而开展的工作，以及在此基础上的创新。通过消化吸收国外技术，达到掌握引进技术，提高自我创新能力的目的。消化吸收经费支出中属于研究与试验发展的经费支出，除包含在本项外，还要计入企业研究与试验发展经费支出中。

48.购买国内技术经费支出：指本企业在报告年度购买国内其他单位科技成果的经费支出。包括购买产品设计、工艺流程、图纸、配方、专利、技术诀窍及关键设备的费用支出。

49.当年用于科研的基建经费支出：指企业在报告年度为改善科研条件，提高研制开发能力，使用基本建设资金、技措技改等资金进行新建、改建、扩建、购置、安装科研用固定资产、以及进行科研设备改造及大修理等的实际支出。科研与生产共用的基建项目，按企业计划用于科研的使用面积或使用时间进行分摊。

50.科研土建工程支出：指企业用于科研的基建经费支出中购置土地、建造科研楼、中试车间和试验场地，或对现有科研用房和固定设施进行更新改造等的经费支出。

51.生产经营用机器设备原价：指企业在年末拥有的直接服务于企业生产、经营过程的各种机器设备的原价。

52.微电子控制机器设备原价：指企业在年末拥有的、利用微电子技术(包括电子计算机、集成电路等)对生产过程进行控制、观察测量、测试等生产机器设备的原价。

53.享受各级政府对技术开发的减免税：指企业在报告年度享受各级政府为鼓励企业增加科技投入、开发新产品和新工艺而减免的各项税金总额。

54.企业在国外设立的科技机构：填报本企业出资在中国境外设立的科研机构数合计。

55.项目来源：按相应的分类填写代码。项目来源的分类及代码是 “1”为国家科技项目(包括各类国家科技计划项目，如国家自然科学基金项目、国家863计划项目、国家科技攻关计划项目、国家火炬计划项目、国家星火计划项目、国家攀登计划项目、国家社会科学基金项目等，也包括由中央政府部门下达的各类科技项目)；“2”为地方科技项目(包括各类地方科技计划项目以及由地方政府部门下达的各类科技项目)；“3”为其他企业委托科技项目；“4”为本企业自选科技项目；“5”为来自国外的科技项目；“6”为其他科技项目。

56.项目合作形式：按相应的分类填写代码。项目合作形式的分类及代码是 “1”为与境外机构合作；“2”为与国内高校合作；“3”为与国内独立研究院所合作；“4”为与境内注册的外商独资企业合作；“5”为与境内注册的其他企业合作；“6”为以本企业所办科技机构为主完成；“7”为由本企业有关部门组成联合攻关小组协作完成；“8”为其他。

57.项目活动类型：对所填项目活动类型进行判别（参考本填报指南第一和附录部分内容）并按相应的分类填写代码。项目活动类型的分类及代码是 “1”为基础研究；“2”为应用研究；“3”为试验发展；“4”为研究与试验发展成果应用。

58.技术经济目标：指项目立项时确定的技术经济目标。若一个项目有两个或以上目标，应选择其中最主要的目标填写。技术经济目标的分类及代码是 “1”为开发全新产品(仅指企业主营产品系列)；“2”为增加已有产品的功能；“3”为提高产品性能；“4”为提高劳动生产率；“5”为减少能源消耗；“6”为节省原材料；“7”为减少环境污染；“8”为其他。

59.项目起始日期：填写项目列入企业计划或签定协议后，有组织进行开发的年月，即开始对科技项目进行人力、物力、财力投入的年月，为6位编码。如项目起始时间为2008年2月，则在相应的栏目填写200802。

60.项目完成日期：填写项目技术鉴定的年月，为6位编码。如2008年9月完成并通过鉴定，则填写200809；如项目至2008年底仍在继续进行，填写预期完成时间；如项目年内以失败告终，填写000000；如项目未鉴定就投产，填写投产使用时间。

61.本年度参加项目人员：即当年编入企业科研与技术开发项目组人员合计，但不包括实际参加各类科技项目活动的时间(不包括加班时间)不足制度工作时间10%的人员。项目组一般指企业以及有关管理部门认定的从事科技活动的最小单元。参加项目人员不得重复计算，如某人同时担负几个项目的研究开发任务，则按其主要参加的项目填报，其他项目免填。专职负责项目管理， 并且是某些项目组的成员，视其主要隶属情况，归入某一项目填报，其他项目免填。一般科技管理人员，不填报在项目组内。开发项目在报告期内确认研究、开发工作失败，也应按实际情况填写参加本项目组活动的人员。项目组人员不包括外单位参加本企业研究项目的人员和临时协作人员。

按照上述原则进行统计，企业某些项目的项目组成员数可能为0。

62.本年度参加项目人员的实际工作时间：指报告年度项目组人员实际工作的时间，按月计算。同时参加两个及以上项目的人员，应按项目分别计算工作时间，但一人在报告年度内的累计实际工作时间不得超过12个月。

任何一个项目的人员实际工作时间必须大于0。

63.本年度项目经费内部支出：指本年度在本企业内部开展科技项目活动的经费支出，不包括委托研制或合作研制而支付外单位的经费。

第4篇

建筑业企业生产经营及财务状况

A.总承包和专业承包建筑业企业

2-4-1　全部建筑业企业主要经济指标

	合　计	总承包和专业承包企业	劳务分包企业	资质以外企业
企业个数（个）	4203	1936	102	2165
其中：有工作量企业(个)	3640	1774	91	1775
计算劳动生产率平均人数(人)	830473	779709	13235	37529
期末从业人数(人)	683596	627593	9298	46705
全部从业人员年平均人数(人)	862621	804215	13901	44505
自有机械设备总台数(台)	227228	227228	_	_
自有机械设备净值(千元)	9480213	9480213	_	_
自有机械设备总功率(千瓦)	4717404	4717404	_	_
建筑业总产值　（千元）	140947874	135544147	426992	4976735
竣工产值　（千元）	56129793	53755745	_	2374048
施工面积　（平方米）	58343340	57167094	_	1176246
竣工面积　（平方米）	23864791	23207211	_	657580
固定资产原价（千元）	29731555	26870012	84801	2776742
本年折旧（千元）	2124502	1844832	11108	268562
资产总计　（千元）	135784760	135491619	293141	_
负债合计　（千元）	102960428	102834892	125536	_
营业利润　（千元）	2615604	2244518	7149	363937
利润总额　（千元）	2322586	2317357	5229	_
税金总额　（千元）	4559627	4362915	12379	184333
应付工资总额(千元)	12608771	11831453	179787	597531
应付福利费总额(千元)	756076	756076	_	_
按总产值计算的劳动生产率(元/人)	169720	173839	32262	132610
竣工率(按产值计算)　(%)	39.8	39.7	_	47.7
技术装备率(元/人)	15287	15287	_	_
动力装备率(千瓦/人)	7.6	7.6	_	_
产值利润率　(%)	1.6	1.7	1.2	_
产值利税率　(%)	4.9	4.9	4.1	_

注：资质外企业应付工资总额用职工工资和福利费指标代替。

2-4-2 按各种分组的总承包和专业承包建筑企业签订合同情况

单位：千元

	签订的合同额	上年结转合同额	本年新签合同额
总　计	**267296671**	**107542892**	**159753779**
一、按登记注册类型分组			
内资企业	266484376	107384744	159099632
国有企业	57932760	23458708	34474052
集体企业	3807574	1024426	2783148
股份合作企业	56239		56239
联营企业			
有限责任公司	181407983	76991771	104416212
国有独资公司	7340534	3953934	3386600
其他有限责任公司	174067449	73037837	101029612
股份有限公司	1624085	354597	1269488
私营企业	21635154	5555242	16079912
私营独资企业	319848	28710	291138
私营合伙企业	13316	8100	5216
私营有限责任公司	19119639	5005574	14114065
私营股份有限公司	2182351	512858	1669493
其他企业	20581		20581
港、澳、台商投资企业	339537	68989	270548
合资经营企业(港或澳、台资)	339537	68989	270548
外商投资企业	472758	89159	383599
中外合资经营企业	472758	89159	383599
二、按国民经济行业分组			
房屋和土木工程建筑业	252991606	104498855	148492751
房屋工程建筑	65218956	22528095	42690861
土木工程建筑业	187772650	81970760	105801890
建筑安装业	9061355	2257780	6803575
建筑装饰业	2089791	265743	1824048
其他建筑业	3153919	520514	2633405
三、按隶属关系分组			
中央	167578700	77216901	90361799
省(自治区、直辖市)	40865212	14171461	26693751
地区(州、盟、省辖市)	14180049	4250692	9929357
县(区、市、旗)	6418137	1582537	4835600
四、按企业资质等级分组			
施工总承包	244988361	101510423	143477938
特级	69749603	23072690	46676913
一级	140240578	68565241	71675337
二级	19725367	6168197	13557170
三级及以下	15272813	3704295	11568518
专业承包	22308310	6032469	16275841
一级	10736728	4213185	6523543
二级	6092868	1141163	4951705
三级及以下	5478714	678121	4800593
五、按控股情况分组			
国有控股	221797011	95666851	126130160
集体控股	6718787	1435547	5283240
私人控股	36549298	10061660	26487638
港澳台商控股	336037	68989	267048
外商控股	422898	39299	383599
其他	1472640	270546	1202094

2-4-3 按各种分组的总承包和专业承包建筑企业承包工程完成情况

单位：千元

	直接从建设单位承揽工程完成的产值	自行完成施工产值	分包出去工程的产值	从建设单位以外承揽工程完成的产值
总　计	**134632749**	**133954229**	**678520**	**1589918**
一、按登记注册类型分组				
内资企业	133896067	133222747	673320	1581654
国有企业	35244385	34675752	568633	791824
集体企业	3091536	3063076	28460	111789
股份合作企业	57846	51046	6800	
联营企业				
有限责任公司	76229615	76177669	51946	329483
国有独资公司	3666024	3666024		
其他有限责任公司	72563591	72511645	51946	329483
股份有限公司	1047409	1046409	1000	100874
私营企业	18208295	18191814	16481	244084
私营独资企业	249021	249021		200
私营合伙企业	15433	15433		
私营有限责任公司	16407173	16390692	16481	219372
私营股份有限公司	1536668	1536668		24512
其他企业	16981	16981		3600
港、澳、台商投资企业	388422	388422		3064
合资经营企业(港或澳、台资)	388422	388422		3064
外商投资企业	348260	343060	5200	5200
中外合资经营企业	348260	343060	5200	5200
二、按国民经济行业分组				
房屋和土木工程建筑业	123401337	122776140	625197	1268569
房屋工程建筑	42237761	42227428	10333	149624
土木工程建筑业	81163576	80548712	614864	1118945
建筑安装业	6548982	6498483	50499	137989
建筑装饰业	1814252	1811701	2551	27082
其他建筑业	2868178	2867905	273	156278
三、按隶属关系分组				
中央	64747611	64190203	557408	838037
省(自治区、直辖市)	22946612	22899717	46895	128450
地区(州、盟、省辖市)	10755353	10709566	45787	217019
县(区、市、旗)	5654634	5651634	3000	103690
四、按企业资质等级分组				
施工总承包	118530239	117887804	642435	974279
特级	24358450	24358450		
一级	66409058	65851650	557408	525127
二级	15408975	15372530	36445	122407
三级及以下	12353756	12305174	48582	326745
专业承包	16102510	16066425	36085	615639
一级	5610453	5606887	3566	427042
二级	5393003	5383910	9093	99927
三级及以下	5099054	5075628	23426	88670
五、按控股情况分组				
国有控股	97947793	97343449	604344	1077744
集体控股	5699617	5658176	41441	111829
私人控股	29030433	29006007	24426	377862
港澳台商控股	384922	384922		3064
外商控股	328424	323224	5200	5200
其他	1241560	1238451	3109	14219

2-4-4 按各种分组的总承包和专业承包建筑企业总产值和竣工产值

单位：千元

	建筑业总产值	#装饰装修产值	#在外省完成的产值	按构成分组			竣工产值
				建筑工程产值	安装工程产值	其他产值	
总　计	**135544147**	**3752203**	**52472050**	**117296538**	**14086332**	**4161277**	**53755745**
一、按登记注册类型分组							
内资企业	134804401	3656883	52448548	116776649	14012257	4015495	53269034
国有企业	35467576	939365	10372965	29318915	5035488	1113173	15640457
集体企业	3174865	97175	6557	2622503	458307	94055	2066875
股份合作企业	51046			43346	7700		31390
联营企业							
有限责任公司	76507152	964833	40722532	69778178	5459407	1269567	23819222
国有独资公司	3666024	27092	176174	3254640	331779	79605	1971765
其他有限责任公司	72841128	937741	40546358	66523538	5127628	1189962	21847457
股份有限公司	1147283	26487	15950	819126	229504	98653	931504
私营企业	18435898	1628457	1330544	14194581	2801270	1440047	10759571
私营独资企业	249221	7270	596	171392	9386	68443	219676
私营合伙企业	15433	11423		11423		4010	10260
私营有限责任公司	16610064	1369796	1289878	12843142	2557680	1209242	9423894
私营股份有限公司	1561180	239968	40070	1168624	234204	158352	1105741
其他企业	20581	566			20581		20015
港、澳、台商投资企业	391486	93766		293014	62564	35908	205159
合资经营企业(港或澳、台资)	391486	93766		293014	62564	35908	205159
外商投资企业	348260	1554	23502	226875	11511	109874	281552
中外合资经营企业	348260	1554	23502	226875	11511	109874	281552
二、按国民经济行业分组							
房屋和土木工程建筑业	124044709	2034888	51179458	112574180	9359817	2110712	48605633
房屋工程建筑	42377052	1818960	4011259	38756956	3118022	502074	24871895
土木工程建筑业	81667657	215928	47168199	73817224	6241795	1608638	23733738
建筑安装业	6636472	125611	969296	2174299	4156777	305396	2814496
建筑装饰业	1838783	1572651	2073	1514388	236271	88124	775281
其他建筑业	3024183	19053	321223	1033671	333467	1657045	1560335
三、按隶属关系分组							
中央	65028240	260563	47790701	59809576	4736199	482465	13349322
省(自治区、直辖市)	23028167	1018493	2647997	19141271	2952634	934262	11776376
地区(州、盟、省辖市)	10926585	102769	298681	9150949	1444742	330894	6313007
县(区、市、旗)	5755324	176047	78332	5111887	368640	274797	3871349
四、按企业资质等级分组							
施工总承包	118862083	2047326	49833220	107729125	9218794	1914164	45683134
特级	24358450	134600	20718075	23814380	465180	78890	4884700
一级	66376777	1186843	28430237	59689861	5655938	1030978	21339169
二级	15494937	355069	673768	13481319	1651024	362594	10191326
三级及以下	12631919	370814	11140	10743565	1446652	441702	9267939
专业承包	16682064	1704877	2638830	9567413	4867538	2247113	8072611
一级	6033929	273291	2350405	4333410	1139619	560900	1783203
二级	5483837	949751	75548	2625777	2170729	687331	3414277
三级及以下	5164298	481835	212877	2608226	1557190	998882	2875131
五、按控股情况分组							
国有控股	98421193	1443076	50888541	88457804	8483543	1479846	31624107
集体控股	5770005	128618	25308	4380881	954580	434544	3145092
私人控股	29383869	2036602	1466751	22850371	4465023	2068475	17540228
港澳台商控股	387986	93766		289514	62564	35908	201659
外商控股	328424	1554	23502	209187	9363	109874	281552
其他	1252670	48587	67948	1108781	111259	32630	963107

2-4-5　按各种分组的总承包和专业承包建筑企业房屋建筑面积

单位：平方米

	房屋建筑施工面积	#本年新开工面积	#实行投标承包面积	#本年新开工
总　计	**57167094**	**28154247**	**50005616**	**24882490**
一、按登记注册类型分组				
内资企业	56791907	27927509	49727842	24655755
国有企业	21318297	8581868	19748740	8012891
集体企业	2903195	1761970	2187150	1357826
股份合作企业				
联营企业				
有限责任公司	21353122	10687192	19248612	9498420
国有独资公司	2293449	1870104	2293449	1870104
其他有限责任公司	19059673	8817088	16955163	7628316
股份有限公司	1006646	617497	553841	501081
私营企业	10210647	6278982	7989499	5285537
私营独资企业	179632	155399	179632	155399
私营合伙企业				
私营有限责任公司	9002191	5303103	6864540	4362683
私营股份有限公司	1028824	820480	945327	767455
其他企业				
港、澳、台商投资企业	155394	79920	79920	79920
合资经营企业(港或澳、台资)	155394	79920	79920	79920
外商投资企业	219793	146818	197854	146815
中外合资经营企业	219793	146818	197854	146815
二、按国民经济行业分组				
房屋和土木工程建筑业	56342916	27674701	49480366	24545571
房屋工程建筑	52440204	25986993	46289153	23098260
土木工程建筑业	3902712	1687708	3191213	1447311
建筑安装业	769408	431276	525250	336919
建筑装饰业				
其他建筑业	54770	48270		
三、按隶属关系分组				
中央	3916666	1587308	3903476	1574118
省(自治区、直辖市)	18797056	8289117	17685364	7739117
地区(州、盟、省辖市)	8657477	3477358	7893045	3144162
县(区、市、旗)	5944470	3864956	4813102	3445484
四、按企业资质等级分组				
施工总承包	55062134	26943287	48383331	24020906
特级	3207463	1449892	2854436	1207416
一级	27484430	10655100	26429153	10370232
二级	11822573	7223468	9299731	5991957
三级及以下	12547668	7614827	9800011	6451301
专业承包	2104960	1210960	1622285	861584
一级	1338997	648323	1338877	648323
二级	295605	211833	190001	127269
三级及以下	470358	350804	93407	85992
五、按控股情况分组				
国有控股	32048886	13719687	29885367	12820305
集体控股	3711489	2228328	2917517	1790782
私人控股	19938785	11092904	15970722	9182378
港澳台商控股	155394	79920	79920	79920
外商控股	168757	146818	146818	146815
其他	1143783	886590	1005272	862290

2-4-6 按各种分组的总承包和专业

	总计	房屋建筑			
		厂房、仓库	住宅	办公用房	批发和零售用房
总计	**23207211**	**1702438**	**16367559**	**1976655**	**210028**
一、按登记注册类型分组					
内资企业	22937364	1696533	16270102	1952965	210028
国有企业	6252700	631628	3930526	493284	72589
集体企业	1389004	93471	986940	164732	24624
股份合作企业					
联营企业					
有限责任公司	8866125	579569	6636650	727643	58121
国有独资公司	1367405	32445	1244084	24737	
其他有限责任公司	7498720	547124	5392566	702906	58121
股份有限公司	719411	30337	408375	205132	3896
私营企业	5710124	361528	4307611	362174	50798
私营独资企业	124567	4628	95445	6707	2788
私营合伙企业					
私营有限责任公司	5027069	325447	3888268	299433	36794
私营股份有限公司	558488	31453	323898	56034	11216
其他企业					
港、澳、台商投资企业	155394	5905	51676	800	
合资经营企业(港或澳、台资)	155394	5905	51676	800	
外商投资企业	114453		45781	22890	
中外合资经营企业	114453		45781	22890	
二、按国民经济行业分组					
房屋和土木工程建筑业	22819957	1619736	16114310	1949808	207048
房屋工程建筑	21368959	1313819	15592127	1580234	195136
土木工程建筑业	1450998	305917	522183	369574	11912
建筑安装业	382690	81082	253249	26847	2980
建筑装饰业					
其他建筑业	4564	1620			
三、按隶属关系分组					
中央	765783	273293	288271	130943	
省(自治区、直辖市)	5922546	365249	4193769	395077	28793
地区(州、盟、省辖市)	3202431	245011	2228045	273854	55522
县(区、市、旗)	3246787	116193	2214443	514927	38122
四、按企业资质等级分组					
施工总承包	22610931	1553653	16037155	1927958	190028
特级	1100292	81309	704371	52283	7786
一级	7841678	734313	5298720	763113	52523
二级	6332024	252299	4806698	462964	55669
三级及以下	7336937	485732	5227366	649598	74050
专业承包	596280	148785	330404	48697	20000
一级	159588	11370	126028	18440	
二级	185994	10080	141990		20000
三级及以下	250698	127335	62386	30257	
五、按控股情况分组					
国有控股	10077624	890522	6788582	909604	78477
集体控股	1827964	157909	1233954	176818	31249
私人控股	10177501	610092	7626365	765903	100302
港澳台商控股	155394	5905	51676	800	
外商控股	114453		45781	22890	
其他	854275	38010	621201	100640	

承包建筑企业房屋建筑竣工面积

单位：平方米

竣工面积						
住宿和餐饮用房	居民服务业用房	教育用房	文化、体育和娱乐用房	卫生医疗用房	科研用房	其他用房
450348	**291118**	**927516**	**295616**	**207161**	**74481**	**704291**
438348	276118	908754	285140	207161	74481	617734
130588	85447	341896	201758	97402	53488	214094
10728	3600	55184	7600	7491		34634
190157	107895	252465	47871	14858	20370	230526
66139						
124018	107895	252465	47871	14858	20370	230526
9075		30750	5996	9106		16744
97800	79176	228459	21915	78304	623	121736
3247	750	5022		2105	623	3252
75210	49426	183591	21415	34157		113328
19343	29000	39846	500	42042		5156
12000	15000	11895	174			57944
12000	15000	11895	174			57944
		6867	10302			28613
		6867	10302			28613
450348	291118	923316	295616	203061	74481	691115
373146	289996	884936	291036	201140	74481	572908
77202	1122	38380	4580	1921		118207
		4200		4100		10232
						2944
		32393		21236		19647
205484	58218	159071	163183	55524	53512	244666
38334	38424	147241	56432	31369	18999	69200
39947	25551	191820	23705	18932	100	63047
438801	291118	916706	282359	207161	74481	691511
	12183	27294	134604	17506		62956
241019	20768	316469	28832	108425	57992	219504
90959	143773	231540	95017	21875	14519	156711
106823	114394	341403	23906	59355	1970	252340
11547		10810	13257			12780
		3750				
		3360	4342			6222
11547		3700	8915			6558
255703	97024	397743	217270	110464	72611	259624
11988	4060	59484	11512	7491		133499
166807	115660	420327	56358	89206	1870	224611
12000	15000	11895	174			57944
		6867	10302			28613
3850	59374	31200				

2-4-7 按各种分组的总承包和专业承包

	竣工房屋价值				
	总 计	厂房、仓库	住宅	办公用房	批发和零售用房
总 计	**22972349**	**2408755**	**14779505**	**2265320**	**215485**
一、按登记注册类型分组					
内资企业	22754127	2400594	14692549	2236545	215485
国有企业	6986218	1148517	3723825	611014	89614
集体企业	1293931	79536	884564	165994	27629
股份合作企业					
联营企业					
有限责任公司	8735518	781775	6058261	945550	57546
国有独资公司	1123162	46126	941611	42287	
其他有限责任公司	7612356	735649	5116650	903263	57546
股份有限公司	517168	25930	328041	89723	5446
私营企业	5221292	364836	3697858	424264	35250
私营独资企业	90730	3256	70693	4442	1846
私营合伙企业					
私营有限责任公司	4473677	321250	3299105	296955	20024
私营股份有限公司	656885	40330	328060	122867	13380
其他企业					
港、澳、台商投资企业	86600	8161	42091	850	
合资经营企业(港或澳、台资)	86600	8161	42091	850	
外商投资企业	131622		44865	27925	
中外合资经营企业	131622		44865	27925	
二、按国民经济行业分组					
房屋和土木工程建筑业	22668523	2331867	14593328	2245521	212359
房屋工程建筑	20955376	1674209	14179915	1875232	196430
土木工程建筑业	1713147	657658	413413	370289	15929
建筑安装业	300386	73926	186177	19799	3126
建筑装饰业					
其他建筑业	3440	2962			
三、按隶属关系分组					
中央	1550547	748164	466903	247460	
省(自治区、直辖市)	6145794	572929	3707859	528147	40424
地区(州、盟、省辖市)	2996502	281299	1949818	325829	64241
县(区、市、旗)	2763763	100249	1902142	392001	36324
四、按企业资质等级分组					
施工总承包	22438014	2294207	14462968	2219181	211185
特级	1474990	131500	687010	85980	14060
一级	8803281	1448139	5038856	1096732	66064
二级	5730358	239634	4301498	527631	57136
三级及以下	6429385	474934	4435604	508838	73925
专业承包	534335	114548	316537	46139	4300
一级	155444	9130	124294	19020	
二级	170232	14552	134030		4300
三级及以下	208659	90866	58213	27119	
五、按控股情况分组					
国有控股	11088085	1633608	6367330	1215228	99259
集体控股	1709932	145875	1128043	175933	32929
私人控股	9317038	593975	6774510	725564	83297
港澳台商控股	86600	8161	42091	850	
外商控股	131622		44865	27925	
其他	639072	27136	422666	119820	

建筑企业房屋建筑竣工价值

单位：　千元

住宿和餐饮用房	居民服务业用房	教育用房	文化、体育和娱乐用房	卫生医疗用　房	科研用房	其他用房
451143	**265033**	**936174**	**501871**	**281696**	**64631**	**802736**
443649	248357	919896	488862	281696	64631	761863
114274	42800	342007	398270	145191	42188	328518
13984	4000	49848	9742	7774		50860
210173	107986	253725	51684	18367	22035	228416
93138						
117035	107986	253725	51684	18367	22035	228416
6985		27791	5157	8963		19132
98233	93571	246525	24009	101401	408	134937
2114	488	3474		1408	408	2601
74581	66933	201701	22014	54918		116196
21538	26150	41350	1995	45075		16140
7494	16676	7351	29			3948
7494	16676	7351	29			3948
		8927	12980			36925
		8927	12980			36925
451143	265033	932814	501871	278006	64631	791950
358449	263230	890852	493828	273998	64631	684602
92694	1803	41962	8043	4008		107348
		3360		3690		10308
						478
		59650		22430		5940
212637	56294	151460	375901	87594	46616	365933
40749	10970	135342	40147	49463	16663	81981
39956	22121	172033	18117	19539	85	61196
436761	265033	925494	488029	281696	64631	788829
	13450	28840	306250	37120		170780
255623	36117	368889	69951	152962	53116	216832
79145	87740	201922	76913	16783	10163	131793
101993	127726	325843	34915	74831	1352	269424
14382		10680	13842			13907
		3000				
		4000	7312			6038
14382		3680	6530			7869
270840	75397	394500	414924	162289	63364	391346
14779	4420	52848	13002	7774		134329
154180	124985	450503	60936	111633	1267	236188
7494	16676	7351	29			3948
		8927	12980			36925
3850	43555	22045				

2-4-8 按各种分组的总承包和专业承包建筑企业施工机械设备情况

	年末自有施工机械设备总功率（千瓦）	年末自有施工机械设备净值（千元）	年末自有施工机械设备总台数（台）	年末从业人数（人）	技术装备率（元/人）	动力装备率（千瓦/人）
总计	**4717404**	**9480213**	**227228**	**620164**	**15287**	**7.6**
一、按登记注册类型分组						
内资企业	4686166	9423560	225394	615822	15302	7.6
国有企业	1168236	2028226	48651	137784	14720	8.5
集体企业	206085	325237	17478	36854	8825	5.6
股份合作企业	467	27980	247	381	73438	1.2
联营企业						
有限责任公司	2186915	4437677	83610	302107	14689	7.2
国有独资公司	205898	340938	5928	22464	15177	9.2
其他有限责任公司	1981017	4096739	77682	279643	14650	7.1
股份有限公司	88436	164787	6491	13229	12456	6.7
私营企业	1028419	2439043	68533	125271	19470	8.2
私营独资企业	39181	57669	1037	2267	25438	17.3
私营合伙企业	401	4421	14	100	44210	4.0
私营有限责任公司	877169	2144813	59771	108504	19767	8.1
私营股份有限公司	111668	232140	7711	14400	16121	7.8
其他企业	7608	610	384	196	3112	38.8
港、澳、台商投资企业	28715	43441	1641	2428	17892	11.8
合资经营企业(港或澳、台资)	28715	43441	1641	2428	17892	11.8
外商投资企业	2523	13212	193	1914	6903	1.3
中外合资经营企业	2523	13212	193	1914	6903	1.3
二、按国民经济行业分组						
房屋和土木工程建筑业	4154853	8161670	188646	531187	15365	7.8
房屋工程建筑	1597473	2610716	125489	256912	10162	6.2
土木工程建筑业	2557380	5550954	63157	274275	20239	9.3
建筑安装业	300536	559781	19890	53888	10388	5.6
建筑装饰业	113471	179318	11881	17725	10117	6.4
其他建筑业	148544	579444	6811	17364	33370	8.6
三、按隶属关系分组						
中央	1452578	3095379	26507	186638	16585	7.8
省(自治区、直辖市)	765417	1396106	29937	92627	15072	8.3
地区(州、盟、省辖市)	512887	744417	25447	65844	11306	7.8
县(区、市、旗)	415042	699854	34325	62714	11159	6.6
四、按企业资质等级分组						
施工总承包	3966363	7789603	185243	515705	15105	7.7
特级	861191	1656669	12469	39221	42239	22.0
一级	1389588	2920762	45573	243522	11994	5.7
二级	923118	1683968	57386	108046	15586	8.5
三级及以下	792466	1528204	69815	124916	12234	6.3
专业承包	751041	1690610	41985	104459	16184	7.2
一级	133618	246720	5756	21672	11384	6.2
二级	298143	600678	17889	37510	16014	7.9
三级及以下	319280	843212	18340	45277	18623	7.1
五、按控股情况分组						
国有控股	2766536	5229391	82140	344218	15192	8.0
集体控股	302137	517896	21538	50066	10344	6.0
私人控股	1533777	3505323	116706	208928	16778	7.3
港澳台商控股	26815	41114	1621	2411	17053	11.1
外商控股	2064	12715	163	1705	7457	1.2
其他	86075	173774	5060	12836	13538	6.7

2-4-9　按各种分组的总承包和专业承包建筑企业劳动生产率

	计算劳动生产率的平均人数（人）	按总产值计算的劳动生产率（元/人）	人均竣工产值（元/人）
总　计	**779709**	**173839**	**68943**
一、按登记注册类型分组			
内资企业	774578	174036	68772
国有企业	184968	191750	84558
集体企业	42908	73992	48170
股份合作企业	359	142189	87437
联营企业			
有限责任公司	366759	208603	64945
国有独资公司	28150	130232	70045
其他有限责任公司	338609	215119	64521
股份有限公司	17007	67459	54772
私营企业	162381	113535	66261
私营独资企业	3367	74019	65244
私营合伙企业	100	154330	102600
私营有限责任公司	143089	116082	65860
私营股份有限公司	15825	98653	69873
其他企业	196	105005	102117
港、澳、台商投资企业	2858	136979	71784
合资经营企业(港或澳、台资)	2858	136979	71784
外商投资企业	2273	153216	123868
中外合资经营企业	2273	153216	123868
二、按国民经济行业分组			
房屋和土木工程建筑业	676286	183420	71871
房屋工程建筑	330159	128353	75333
土木工程建筑业	346127	235947	68569
建筑安装业	62131	106814	45299
建筑装饰业	19808	92830	39140
其他建筑业	21484	140764	72628
三、按隶属关系分组			
中央	223852	290497	59635
省(自治区、直辖市)	129613	177669	90858
地区(州、盟、省辖市)	87417	124994	72217
县(区、市、旗)	71312	80706	54287
四、按企业资质等级分组			
施工总承包	655333	181377	69710
特级	65032	374561	75112
一级	295299	224778	72263
二级	138742	111682	73455
三级及以下	156260	80839	59311
专业承包	124376	134126	64905
一级	30464	198068	58535
二级	43252	126788	78939
三级及以下	50660	101940	56753
五、按控股情况分组			
国有控股	432208	227717	73169
集体控股	60066	96061	52361
私人控股	268013	109636	65445
港澳台商控股	2823	137437	71434
外商控股	2081	157820	135296
其他	14518	86284	66339

2-4-10 按各种分组的总承包和专业承包建筑企业总产值

单位：千元

	企业总产值	#建筑业总产值	在境外完成的营业额
总　计	**141490843**	**135544147**	**1892122**
一、按登记注册类型分组			
内资企业	140750777	134804401	1892122
国有企业	36648797	35467576	403788
集体企业	3181865	3174865	
股份合作企业	57846	51046	
联营企业			
有限责任公司	80984589	76507152	1288276
国有独资公司	3671079	3666024	
其他有限责任公司	77313510	72841128	1288276
股份有限公司	1150979	1147283	
私营企业	18706120	18435898	200058
私营独资企业	251037	249221	
私营合伙企业	15433	15433	
私营有限责任公司	16864935	16610064	117068
私营股份有限公司	1574715	1561180	82990
其他企业	20581	20581	
港、澳、台商投资企业	391486	391486	
合资经营企业(港或澳、台资)	391486	391486	
外商投资企业	348580	348260	
中外合资经营企业	348580	348260	
二、按国民经济行业分组			
房屋和土木工程建筑业	129837188	124044709	1892122
房屋工程建筑	44670169	42377052	511603
土木工程建筑业	85167019	81667657	1380519
建筑安装业	6675403	6636472	
建筑装饰业	1862995	1838783	
其他建筑业	3115257	3024183	
三、按隶属关系分组			
中央	66253118	65028240	1241401
省(自治区、直辖市)	25322468	23028167	183200
地区(州、盟、省辖市)	11212584	10926585	
县(区、市、旗)	6436053	5755324	
四、按企业资质等级分组			
施工总承包	123799523	118862083	1781664
特级	25285850	24358450	692960
一级	69888638	66376777	858714
二级	15670270	15494937	195120
三级及以下	12954765	12631919	34870
专业承包	17691320	16682064	110458
一级	6773150	6033929	61490
二级	5597173	5483837	48968
三级及以下	5320997	5164298	
五、按控股情况分组			
国有控股	103792021	98421193	1692064
集体控股	5785957	5770005	
私人控股	29942055	29383869	200058
港澳台商控股	387986	387986	
外商控股	328744	328424	
其他	1254080	1252670	

2-4-11　按各种分组的总承包和专业承包建筑企业主要建筑材料消耗量

	钢材（吨）	木材（立方米）	水泥（吨）	平板玻璃（重量箱）	平板玻璃（平方米）	铝材（吨）
总　计	**5903687**	**747581**	**30222643**	**789516**	**5087436**	**120161**
一、按登记注册类型分组						
内资企业	5886639	731142	30096539	788535	5027906	120097
国有企业	1210677	190929	8132611	273222	1291667	25091
集体企业	103688	73601	385146	55902	487790	13435
股份合作企业	1938	71	7560	2	130	
联营企业						
有限责任公司	3738403	315161	18580670	285978	1832571	48191
国有独资公司	76581	61323	404324	19744	143109	1847
其他有限责任公司	3661822	253838	18176346	266234	1689462	46344
股份有限公司	331189	13599	304097	15602	364934	2891
私营企业	500744	137781	2686455	157829	1050814	30489
私营独资企业	3678	3009	241913	3694	20941	261
私营合伙企业			8500			
私营有限责任公司	449225	114066	2077711	144706	968390	29858
私营股份有限公司	47841	20706	358331	9429	61483	370
其他企业						
港、澳、台商投资企业	15267	15177	98695	630	24500	55
合资经营企业(港或澳、台资)	15267	15177	98695	630	24500	55
外商投资企业	1781	1262	27409	351	35030	9
中外合资经营企业	1781	1262	27409	351	35030	9
二、按国民经济行业分组						
房屋和土木工程建筑业	5664293	689405	28750560	621041	4158248	102841
房屋工程建筑	2073615	495020	6062501	523843	3603692	82090
土木工程建筑业	3590678	194385	22688059	97198	554556	20751
建筑安装业	158093	22769	270937	18616	127187	5425
建筑装饰业	17481	29056	71073	149777	797777	10565
其他建筑业	63820	6351	1130073	82	4224	1330
三、按隶属关系分组						
中央	3328001	152247	17494493	154843	811370	11525
省(自治区、直辖市)	601351	138782	5778789	77164	476550	14676
地区(州、盟、省辖市)	369881	116193	1150394	108753	578437	9788
县(区、市、旗)	647756	97284	1098154	92494	1083242	19641
四、按企业资质等级分组						
施工总承包	5578534	689982	28375996	615897	4095011	101667
特级	1811888	64152	10685989	71578	369860	1131
一级	2258920	257854	12922775	241319	1400979	34565
二级	592862	167331	2248948	121517	868377	30102
三级及以下	914864	200645	2518284	181483	1455795	35869
专业承包	325153	57599	1846647	173619	992425	18494
一级	77881	12630	331467	21663	122567	2047
二级	132380	24923	432527	105769	642651	7484
三级及以下	114892	20046	1082653	46187	227207	8963
五、按控股情况分组						
国有控股	4275258	394417	24558418	393421	1935136	33251
集体控股	186628	84067	677449	68897	552510	15976
私人控股	1368734	233741	4641708	317260	2448179	69831
港澳台商控股	15267	15172	98395	630	24500	55
外商控股	1072	1213	26010	351	35030	9
其他	56728	18971	220663	8957	92081	1039

2-4-12 按各种分组的总承包和专业承包建筑企业资产构成

单位：千元

	资产合计	流动资产	长期投资	固定资产合计	无形及递延资产
总 计	**135491619**	**108911052**	**5250150**	**18929135**	**1763677**
一、按登记注册类型分组					
内资企业	134844906	108405947	5227526	18812073	1763662
国有企业	30329587	24696484	669405	4262505	418981
集体企业	3550706	2509911	126724	844967	54301
股份合作企业	109927	77566	70	32291	
联营企业					
有限责任公司	79418437	65956900	3833900	8254040	1078296
国有独资公司	7203449	5921214	328121	920007	30079
其他有限责任公司	72214988	60035686	3505779	7334033	1048217
股份有限公司	1498772	1019551	149488	314686	15045
私营企业	19932682	14144211	447939	5100113	197039
私营独资企业	303803	129608	12045	160780	308
私营合伙企业	22617	15925		6689	3
私营有限责任公司	17860529	12833559	381852	4424103	184799
私营股份有限公司	1745733	1165119	54042	508541	11929
其他企业	4795	1324		3471	
港、澳、台商投资企业	541969	416581	20624	102854	3
合资经营企业(港或澳、台资)	541969	416581	20624	102854	3
外商投资企业	104744	88524	2000	14208	12
中外合资经营企业	104744	88524	2000	14208	12
二、按国民经济行业分组					
房屋和土木工程建筑业	120774271	97968117	4949941	15722824	1536430
房屋工程建筑	35978390	28138068	1192995	6084022	327126
土木工程建筑业	84795881	69830049	3756946	9638802	1209304
建筑安装业	7687947	5913348	122737	1469183	164500
建筑装饰业	2801370	2158320	64320	565875	8993
其他建筑业	4228031	2871267	113152	1171253	53754
三、按隶属关系分组					
中央	61547852	52505073	2895182	4668879	1097720
省(自治区、直辖市)	25892490	21495834	1147535	3083904	121015
地区(州、盟、省辖市)	11350431	8574804	278348	2263058	100246
县(区、市、旗)	4829082	3166625	155977	1394433	97464
四、按企业资质等级分组					
施工总承包	116419495	94613082	4847088	14858705	1524016
特级	34874924	29137187	2961769	2370905	201215
一级	54894909	46843141	1239043	5525760	1036894
二级	14898085	10541783	358768	3751964	168770
三级以下	11751577	8090971	287508	3210076	117137
专业承包	19072124	14297970	403062	4070430	239661
一级	5425104	4579673	39359	721179	49784
二级	6399639	4556978	216516	1518044	102825
三级以下	7247381	5161319	147187	1831207	87052
五、按控股情况分组					
国有控股	97401939	81464277	4246134	9863071	1273423
集体控股	5929639	4258129	255663	1322419	74444
私人控股	30095538	21685362	709355	7280061	363376
港澳台商控股	532773	411172	20624	100106	3
外商控股	96581	80991	2000	13578	12
其他	1435149	1011121	16374	349900	52419

2-4-13　按各种分组的总承包和专业承包建筑企业固定资产

单位：千元

	固定资产原价	#生产经营用	累计折旧	#本年折旧	在建工程
总　计	**26870012**	**21413893**	**9510290**	**1844832**	**1052916**
一、按登记注册类型分组					
内资企业	26612639	21188917	9369161	1826934	1052098
国有企业	6111098	4824460	2278729	336366	273062
集体企业	1059148	722563	318741	46349	64694
股份合作企业	45340	31900	13049	1371	
联营企业					
有限责任公司	12602871	10780135	4912385	1033287	409017
国有独资公司	1772951	1615460	902714	93095	25522
其他有限责任公司	10829920	9164675	4009671	940192	383495
股份有限公司	401410	292710	105884	24593	3001
私营企业	6388902	4536466	1739972	384833	302324
私营独资企业	191243	127525	31515	6220	710
私营合伙企业	8697	7087	2108	487	
私营有限责任公司	5602952	4022637	1560502	338905	274144
私营股份有限公司	586010	379217	145847	39221	27470
其他企业	3870	683	401	135	
港、澳、台商投资企业	234405	202008	132369	15836	818
合资经营企业(港或澳、台资)	234405	202008	132369	15836	818
外商投资企业	22968	22968	8760	2062	
中外合资经营企业	22968	22968	8760	2062	
二、按国民经济行业分组					
房屋和土木工程建筑业	22907380	18536577	8305050	1609707	703847
房屋工程建筑	7565751	5446784	2118311	417406	394881
土木工程建筑业	15341629	13089793	6186739	1192301	308966
建筑安装业	1713668	1332038	531620	105256	213635
建筑装饰业	640490	438292	186482	33532	96653
其他建筑业	1608474	1106986	487138	96337	38781
三、按隶属关系分组					
中央	7245436	6769810	2791344	720996	150956
省(自治区、直辖市)	5235107	4373097	2381540	250869	167599
地区(州、盟、省辖市)	3055503	2272873	1115332	200889	218336
县(区、市、旗)	1770217	1279847	488942	85021	77230
四、按企业资质等级分组					
施工总承包	21503111	17478183	7822236	1512140	788273
特级	3956383	3953085	1625382	336089	45173
一级	8568077	7155135	3552195	644236	403016
二级	4887830	3382978	1455848	310591	195821
三级以下	4090821	2986985	1188811	221224	144263
专业承包	5366901	3935710	1688054	332692	264643
一级	978538	723871	324231	75818	47536
二级	1997519	1524213	687655	107762	148411
三级以下	2390844	1687626	676168	149112	68696
五、按控股情况分组					
国有控股	15223058	13170786	6040349	1142480	470023
集体控股	1800951	1254651	603622	89709	66773
私人控股	9172894	6557277	2631918	565367	496053
港澳台商控股	201705	170185	102417	15139	818
外商控股	20631	20631	7053	1957	
其他	450773	240363	124931	30180	19249

2-4-14 按各种分组的总承包和专业承包建筑企业负债及所有者权益

单位：千元

	负债合计	流动负债	长期负债	所有者权益
总　计	**102834892**	**98324630**	**4510262**	**32656727**
一、按登记注册类型分组				
内资企业	102433803	97924021	4509782	32411103
国有企业	25530032	24921824	608208	4799555
集体企业	2226908	2143013	83895	1323798
股份合作企业	40137	39837	300	69790
联营企业				
有限责任公司	65463262	61933547	3529715	13955175
国有独资公司	5794200	4736914	1057286	1409249
其他有限责任公司	59669062	57196633	2472429	12545926
股份有限公司	779390	760780	18610	719382
私营企业	8393491	8124437	269054	11539191
私营独资企业	101299	92907	8392	202504
私营合伙企业	10847	10847		11770
私营有限责任公司	7570407	7324708	245699	10290122
私营股份有限公司	710938	695975	14963	1034795
其他企业	583	583		4212
港、澳、台商投资企业	345570	345570		196399
合资经营企业(港或澳、台资)	345570	345570		196399
外商投资企业	55519	55039	480	49225
中外合资经营企业	55519	55039	480	49225
二、按国民经济行业分组				
房屋和土木工程建筑业	95135122	90829389	4305733	25639149
房屋工程建筑	25432977	24201403	1231574	10545413
土木工程建筑业	69702145	66627986	3074159	15093736
建筑安装业	4411525	4290743	120782	3276422
建筑装饰业	1038848	1002487	36361	1762522
其他建筑业	2249397	2202011	47386	1978634
三、按隶属关系分组				
中央	54404030	52678717	1725313	7143822
省(自治区、直辖市)	21971317	20619564	1351753	3921173
地区(州、盟、省辖市)	8070804	7654876	415928	3279627
县(区、市、旗)	2380013	2311565	68448	2449069
四、按企业资质等级分组				
施工总承包	91939602	87666092	4273510	24479893
特级	29820905	27742840	2078065	5054019
一级	47478686	45942869	1535817	7416223
二级	8653228	8190205	463023	6244857
三级以下	5986783	5790178	196605	5764794
专业承包	10895290	10658538	236752	8176834
一级	4277889	4236693	41196	1147215
二级	3137941	3080882	57059	3261698
三级以下	3479460	3340963	138497	3767921
五、按控股情况分组				
国有控股	83984254	80016630	3967624	13417685
集体控股	3822161	3729281	92880	2107478
私人控股	13815061	13370015	445046	16280477
港澳台商控股	335399	335399		197374
外商控股	48543	48063	480	48038
其他	829474	825242	4232	605675

2-4-15　按各种分组的总承包和专业承包建筑企业实收资本

单位：千元

	实收资本	国家资本	集体资本	法人资本	个人资本	港澳台资本	外商资本
总　计	**25957066**	**10499827**	**1836123**	**4049073**	**9446797**	**97904**	**27342**
一、按登记注册类型分组							
内资企业	25718695	10466391	1836123	3982511	9433670		
国有企业	4405676	4262873		142803			
集体企业	1122739		1114317	8422			
股份合作企业	60000		48000	10500	1500		
联营企业							
有限责任公司	11314110	6199607	625654	1854394	2634455		
国有独资公司	1281685	1201964		79721			
其他有限责任公司	10032425	4997643	625654	1774673	2634455		
股份有限公司	459685	3911	48152	98779	308843		
私营企业	8352935			1864263	6488672		
私营独资企业	186368			21303	165065		
私营合伙企业	10005				10005		
私营有限责任公司	7188172			1653036	5535136		
私营股份有限公司	968390			189924	778466		
其他企业	3550			3350	200		
港、澳、台商投资企业	178977	21034		48712	11327	97904	
合资经营企业(港或澳、台资)	178977	21034		48712	11327	97904	
外商投资企业	59394	12402		17850	1800		27342
中外合资经营企业	59394	12402		17850	1800		27342
二、按国民经济行业分组							
房屋和土木工程建筑业	20051879	9764309	1525065	2599078	6099991	36314	27122
房屋工程建筑	8975559	2712304	780185	1477164	3988760	13198	3948
土木工程建筑业	11076320	7052005	744880	1121914	2111231	23116	23174
建筑安装业	2829495	410047	243213	822292	1352893	1050	
建筑装饰业	1531065	27699	13460	353500	1096646	39540	220
其他建筑业	1544627	297772	54385	274203	897267	21000	
三、按隶属关系分组							
中央	5230094	4547011	278943	395722	8418		
省(自治区、直辖市)	4323176	3818607	179877	206289	116605		1798
地区(州、盟、省辖市)	2663943	1241348	537173	251868	609160	1000	23394
县(区、市、旗)	1857498	467755	390353	295144	704246		
四、按企业资质等级分组							
施工总承包	18976895	9238986	1423233	2532819	5741595	36314	3948
特级	3689290	3170501	212568	301231	4990		
一级	5371412	4139251	110985	311623	809553		
二级	5158132	1138517	412455	1087238	2481458	36314	2150
三级以下	4758061	790717	687225	832727	2445594		1798
专业承包	6980171	1260841	412890	1516254	3705202	61590	23394
一级	983598	580053		99044	272581	31920	
二级	2817904	506030	183073	764563	1335618	28620	
三级以下	3178669	174758	229817	652647	2097003	1050	23394
五、按控股情况分组							
国有控股	11554742	10478995	222814	707664	142471	1000	1798
集体控股	1708333	3975	1603426	51211	49721		
私人控股	12072518	4823	9883	2835324	9222488		
港澳台商控股	158977	2034		48712	11327	96904	
外商控股	53394	10000		17850			25544
其他	409102			388312	20790		

2-4-16 按各种分组的总承包和专业承包建筑企业收入情况

单位： 千元

	工程结算收入	工程结算成本	工程结算税金及附加	工程结算利润	经营费用	其他业务收入	#其他业务利润
总 计	**141697547**	**128188322**	**4160222**	**8688925**	**660078**	**1497262**	**324845**
一、按登记注册类型分组							
内资企业	141085813	127625923	4145439	8667736	646715	1486849	325546
国有企业	35329674	32148388	1178234	1923290	79762	784326	165264
集体企业	3083992	2609348	111707	293696	69241	90583	27069
股份合作企业	57846	50312	2036	3588	1910	500	237
联营企业							
有限责任公司	83676895	77028867	2245909	4218138	183981	470933	98596
国有独资公司	3607309	3274210	100271	231748	1080	10370	759
其他有限责任公司	80069586	73754657	2145638	3986390	182901	460563	97837
股份有限公司	1030498	831544	36842	143308	18804	7569	6863
私营企业	17886625	14939261	569633	2085671	292060	132938	27517
私营独资企业	234680	178747	5915	34738	15280	1892	1468
私营合伙企业	15433	12863	552	1737	281		
私营有限责任公司	15893908	13198563	504443	1934087	256815	115395	24700
私营股份有限公司	1742604	1549088	58723	115109	19684	15651	1349
其他企业	20283	18203	1078	45	957		
港、澳、台商投资企业	273427	249978	7562	15342	545	22	-718
合资经营企业(港或澳、台资)	273427	249978	7562	15342	545	22	-718
外商投资企业	338307	312421	7221	5847	12818	10391	17
中外合资经营企业	338307	312421	7221	5847	12818	10391	17
二、按国民经济行业分组							
房屋和土木工程建筑业	130277885	118546890	3807812	7472642	450541	1236163	268914
房屋工程建筑	40351506	36429675	1307636	2380074	234121	380215	65786
土木工程建筑业	89926379	82117215	2500176	5092568	216420	855948	203128
建筑安装业	6567267	5653129	208444	601429	104265	192614	30682
建筑装饰业	1910608	1534906	63662	259261	52779	15764	2335
其他建筑业	2941787	2453397	80304	355593	52493	52721	22914
三、按隶属关系分组							
中央	72863130	67553234	1964082	3306232	39582	556924	115504
省(自治区、直辖市)	22970174	20976312	706136	1257226	30500	463309	86360
地区(州、盟、省辖市)	10246585	9126422	338636	719679	61848	165635	37356
县(区、市、旗)	5315474	4659716	175156	391829	88773	22557	11330
四、按企业资质等级分组							
施工总承包	124804382	113698394	3628213	7067681	410094	1111250	233054
特级	31592813	29812614	638398	1123578	18223	169116	31795
一级	66294411	60343779	2072148	3839248	39236	613281	87060
二级	14844626	13144514	506821	1022458	170833	225448	87713
三级以下	12072532	10397487	410846	1082397	181802	103405	26486
专业承包	16893165	14489928	532009	1621244	249984	386012	91791
一级	6496639	5877889	205569	397586	15595	60391	17361
二级	5105951	4210470	172316	613132	110033	151003	41150
三级以下	5290575	4401569	154124	610526	124356	174618	33280
五、按控股情况分组							
国有控股	106099717	97775695	3001967	5194063	127992	1168964	239825
集体控股	5650444	4893298	191694	488612	76840	98583	27857
私人控股	28227157	23977885	907445	2911919	429908	222703	57076
港澳台商控股	269927	246808	7457	15127	535	22	22
外商控股	328744	303263	6935	5738	12808	118	17
其他	1121558	991373	44724	73466	11995	6872	48

2-4-17　按各种分组的总承包和专业承包建筑企业费用情况

单位：千元

	管理费用	#税金	#财产保险费	#差旅费	#工会经费	财务费用	#利息支出
总　计	**6189661**	**202693**	**28581**	**333822**	**83547**	**617755**	**613436**
一、按登记注册类型分组							
内资企业	6175625	202462	28489	332367	83395	615402	613347
国有企业	1683831	56971	6564	114193	28424	118019	86999
集体企业	248879	11735	784	8473	3385	10530	4259
股份合作企业	2762	65		341	37	335	239
联营企业							
有限责任公司	3315570	97167	12894	141068	41183	287562	364871
国有独资公司	326643	7744	700	8132	5000	23854	17820
其他有限责任公司	2988927	89423	12194	132936	36183	263708	347051
股份有限公司	75144	3865	122	2846	562	9750	8616
私营企业	848797	32645	8122	65433	9804	189205	148362
私营独资企业	14763	1556	454	1353	117	7431	6996
私营合伙企业	379	134		73	14	71	19
私营有限责任公司	766355	26265	7076	57596	8762	173218	139415
私营股份有限公司	67300	4690	592	6411	911	8485	1932
其他企业	642	14	3	13		1	1
港、澳、台商投资企业	11049	144	85	1051	128	2329	76
合资经营企业(港或澳、台资)	11049	144	85	1051	128	2329	76
外商投资企业	2987	87	7	404	24	24	13
中外合资经营企业	2987	87	7	404	24	24	13
二、按国民经济行业分组							
房屋和土木工程建筑业	5292166	168419	23871	253910	73441	549104	563033
房屋工程建筑	1786672	74992	10981	103029	30181	267802	110171
土木工程建筑业	3505494	93427	12890	150881	43260	281302	452862
建筑安装业	470748	16819	1832	41938	5836	21483	15543
建筑装饰业	186244	9496	1201	21314	2117	14796	8537
其他建筑业	240503	7959	1677	16660	2153	32372	26323
三、按隶属关系分组							
中央	2466321	49441	10051	115548	35276	82168	295851
省(自治区、直辖市)	1437423	35672	3869	76926	19149	144816	98008
地区(州、盟、省辖市)	575933	31990	1560	27467	6161	29951	19545
县(区、市、旗)	240430	15740	949	15038	5236	32243	13222
四、按企业资质等级分组							
施工总承包	5048310	157693	23433	249977	71146	538956	552305
特级	953849	9025	5958	46965	9848	-85995	166919
一级	2745977	71126	8516	133481	40774	495555	317491
二级	711087	43208	5213	35799	10084	67148	33832
三级以下	637397	34334	3746	33732	10440	62248	34063
专业承包	1141351	45000	5148	83845	12401	78799	61131
一级	290513	15277	561	22449	2860	15210	10483
二级	443465	14892	1485	31785	5733	22174	16177
三级以下	407373	14831	3102	29611	3808	41415	34471
五、按控股情况分组							
国有控股	4408650	117986	15183	212685	60633	327340	407365
集体控股	332733	15544	1223	11902	4631	14203	7349
私人控股	1396088	65286	12016	105713	17743	261505	192408
港澳台商控股	9996	143	85	952	126	2329	76
外商控股	2380	75	7	358	22	24	13
其他	39814	3659	67	2212	392	12354	6225

2-4-18　按各种分组的总承包和专业承包建筑企业利润及税金情况

单位：千元

	利润总额	#应交所得税	税金总额	工程结算税金及附加	管理费用中的税金
总　计	**2317357**	**501890**	**4362915**	**4160222**	**202693**
一、按登记注册类型分组					
内资企业	2313553	500909	4347901	4145439	202462
国有企业	242718	64278	1235205	1178234	56971
集体企业	48707	12782	123442	111707	11735
股份合作企业	728	163	2101	2036	65
联营企业					
有限责任公司	909040	176789	2343076	2245909	97167
国有独资公司	19374	6832	108015	100271	7744
其他有限责任公司	889666	169957	2235061	2145638	89423
股份有限公司	84059	14516	40707	36842	3865
私营企业	1028267	232379	602278	569633	32645
私营独资企业	17099	1495	7471	5915	1556
私营合伙企业	1251	30	686	552	134
私营有限责任公司	983962	224794	530708	504443	26265
私营股份有限公司	25955	6060	63413	58723	4690
其他企业	34	2	1092	1078	14
港、澳、台商投资企业	1097	652	7706	7562	144
合资经营企业(港或澳、台资)	1097	652	7706	7562	144
外商投资企业	2707	329	7308	7221	87
中外合资经营企业	2707	329	7308	7221	87
二、按国民经济行业分组					
房屋和土木工程建筑业	1995226	422627	3976231	3807812	168419
房屋工程建筑	506669	121749	1382628	1307636	74992
土木工程建筑业	1488557	300878	2593603	2500176	93427
建筑安装业	135915	36255	225263	208444	16819
建筑装饰业	54847	15539	73158	63662	9496
其他建筑业	131369	27469	88263	80304	7959
三、按隶属关系分组					
中央	1005153	116938	2013523	1964082	49441
省(自治区、直辖市)	-189386	28011	741808	706136	35672
地区(州、盟、省辖市)	140450	37994	370626	338636	31990
县(区、市、旗)	121625	27032	190896	175156	15740
四、按企业资质等级分组					
施工总承包	1823016	394010	3785906	3628213	157693
特级	427387	18894	647423	638398	9025
一级	705479	209347	2143274	2072148	71126
二级	328186	78729	550029	506821	43208
三级以下	361964	87040	445180	410846	34334
专业承包	494341	107880	577009	532009	45000
一级	112902	24134	220846	205569	15277
二级	209770	45920	187208	172316	14892
三级以下	171669	37826	168955	154124	14831
五、按控股情况分组					
国有控股	855126	169786	3119953	3001967	117986
集体控股	178635	32867	207238	191694	15544
私人控股	1260380	295011	972731	907445	65286
港澳台商控股	2690	652	7600	7457	143
外商控股	3205	329	7010	6935	75
其他	17321	3245	48383	44724	3659

2-4-19　按各种分组的总承包和专业承包建筑企业营业利润

单位：千元

	营业利润	营业外收入	营业外支出
总　计	**2244518**	**312956**	**171538**
一、按登记注册类型分组			
内资企业	2240419	312943	171146
国有企业	222312	53367	35687
集体企业	61547	3846	4047
股份合作企业	728		
联营企业			
有限责任公司	815929	239290	106142
国有独资公司	-117965	149462	21645
其他有限责任公司	933894	89828	84497
股份有限公司	65277	5805	2788
私营企业	1075224	10635	22482
私营独资企业	14012	3741	574
私营合伙企业	1287		
私营有限责任公司	1019252	6488	20255
私营股份有限公司	40673	406	1653
其他企业	-598		
港、澳、台商投资企业	1246	3	152
合资经营企业(港或澳、台资)	1246	3	152
外商投资企业	2853	10	240
中外合资经营企业	2853	10	240
二、按国民经济行业分组			
房屋和土木工程建筑业	1939255	297206	153675
房屋工程建筑	394236	178021	33012
土木工程建筑业	1545019	119185	120663
建筑安装业	139192	8069	10197
建筑装饰业	60534	670	2796
其他建筑业	105537	7011	4870
三、按隶属关系分组			
中央	973560	70205	42403
省(自治区、直辖市)	-301050	195259	75995
地区(州、盟、省辖市)	150059	14461	12175
县(区、市、旗)	131786	6551	5964
四、按企业资质等级分组			
施工总承包	1760167	269260	139942
特级	439163	11300	24892
一级	580315	227834	87671
二级	332681	19897	16803
三级以下	408008	10229	10576
专业承包	484351	43696	31596
一级	100837	14114	9115
二级	188548	12834	15362
三级以下	194966	16748	7119
五、按控股情况分组			
国有控股	736321	282722	122189
集体控股	169234	5100	14614
私人控股	1311442	24875	33276
港澳台商控股	2824	3	137
外商控股	3351		230
其他	21346	256	1092

2-4-20 按各种分组的总承包和专业承包建筑企业工资和福利费总额

单位：千元

	本年应付工资总额	#主营业务应付工资	本年应付福利费总额	#主营业务应付福利费
总 计	**11831453**	**11382464**	**756076**	**729745**
一、按登记注册类型分组				
内资企业	11747287	11298398	750982	724651
国有企业	2703722	2593207	191927	185839
集体企业	461327	437925	38789	37460
股份合作企业	6092	6092	827	827
联营企业				
有限责任公司	6444271	6217028	343975	332794
国有独资公司	288224	173037	2429	2366
其他有限责任公司	6156047	6043991	341546	330428
股份有限公司	157047	155434	13375	12246
私营企业	1971821	1885705	161676	155072
私营独资企业	39571	39571	3887	3887
私营合伙企业	1042	1042	17	17
私营有限责任公司	1728229	1663961	146317	139972
私营股份有限公司	202979	181131	11455	11196
其他企业	3007	3007	413	413
港、澳、台商投资企业	24479	24379	996	996
合资经营企业(港或澳、台资)	24479	24379	996	996
外商投资企业	59687	59687	4098	4098
中外合资经营企业	59687	59687	4098	4098
二、按国民经济行业分组				
房屋和土木工程建筑业	10507015	10108581	664420	641770
房屋工程建筑	4378937	4124265	361356	347763
土木工程建筑业	6128078	5984316	303064	294007
建筑安装业	817004	785936	53292	51608
建筑装饰业	236667	228509	16919	16076
其他建筑业	270767	259438	21445	20291
三、按隶属关系分组				
中央	4744379	4707334	196768	194487
省(自治区、直辖市)	1866726	1656598	116931	113413
地区(州、盟、省辖市)	1198577	1157541	107421	103563
县(区、市、旗)	756922	739922	67910	65689
四、按企业资质等级分组				
施工总承包	10168225	9780626	630554	609516
特级	1300453	1300453	74460	74460
一级	5410081	5167874	282278	271370
二级	1741820	1665946	135364	130182
三级以下	1715871	1646353	138452	133504
专业承包	1663228	1601838	125522	120229
一级	511849	503067	34032	33337
二级	531815	505228	41325	38691
三级以下	619564	593543	50165	48201
五、按控股情况分组				
国有控股	7771717	7478026	424439	411192
集体控股	654233	628400	54553	52331
私人控股	3160415	3032728	263680	252849
港澳台商控股	24035	23935	996	996
外商控股	56842	56842	3702	3702
其他	164211	162533	8706	8675

2-4-21　各市总承包和专业承包建筑企业签订合同情况

单位：　千元

	签订的合同额	上年结转合同额	本年新签合同额
全　省	**267296671**	**107542892**	**159753779**
太原市	185405595	76780799	108624796
大同市	9150663	2974654	6176009
阳泉市	7090111	1543408	5546703
长治市	5423936	1559271	3864665
晋城市	2913501	874381	2039120
朔州市	5255381	1731681	3523700
晋中市	13422493	5795377	7627116
运城市	7678854	1659450	6019404
忻州市	4247519	953112	3294407
临汾市	23936851	12892607	11044244
吕梁市	2771767	778152	1993615

2-4-22　各市总承包和专业承包建筑企业承包工程完成情况

单位：　千元

	直接从建设单位承揽工程完成的产值	自行完成施工产值	分包出去工程的产值	从建设单位以外承揽工程完成的产值
全　省	**134632749**	**133954229**	**678520**	**1589918**
太原市	79044327	78569620	474707	883446
大同市	7075800	6920657	155143	67363
阳泉市	6962423	6962423		94885
长治市	3880540	3877431	3109	13268
晋城市	2350678	2347792	2886	3684
朔州市	3541089	3500616	40473	281715
晋中市	8203632	8203632		11000
运城市	7254771	7254771		56448
忻州市	3382609	3382609		111031
临汾市	10669286	10669286		52142
吕梁市	2267594	2265392	2202	14936

2-4-23 各市总承包和专业承包建筑企业总产值和竣工产值

单位：千元

	建筑业总产值	#装饰装修产值	#在外省完成的产值	按构成分组			竣工产值
				建筑工程产值	安装工程产值	其他产值	
全　省	**135544147**	**3752203**	**52472050**	**117296538**	**14086332**	**4161277**	**53755745**
太原市	79453066	2196449	40240836	69340127	8218239	1894700	23334654
大同市	6988020	214437	281319	5503194	1290834	193992	5145461
阳泉市	7057308	127162	882991	5800372	828888	428048	2976972
长治市	3890699	174421	60024	3508774	283749	98176	2624238
晋城市	2351476	32101		1903670	388074	59732	1867392
朔州市	3782331	95322	297163	2748019	558534	475778	3219072
晋中市	8214632	211090	3873983	7670849	350362	193421	2138460
运城市	7311219	257669	1274813	5973022	922093	416104	3265101
忻州市	3493640	68776	491585	2949055	361521	183064	2823716
临汾市	10721428	207011	5068226	9916684	631043	173701	4520120
吕梁市	2280328	167765	1110	1982772	252995	44561	1840559

2-4-24 各市总承包和专业承包建筑企业房屋建筑施工面积

单位：平方米

	房屋建筑施工面积	#本年新开工	#实行投标承包面积	#本年新开工
全　省	**57167094**	**28154247**	**50005616**	**24882490**
太原市	24258982	9668049	22846427	8938578
大同市	5431023	3569991	4663006	3115288
阳泉市	2802988	1227696	1584614	808775
长治市	3867883	1827771	3715964	1702032
晋城市	1627091	649663	1522749	574602
朔州市	1588770	1372352	1444238	1309567
晋中市	3656568	1839199	2483647	1530742
运城市	4416149	2386460	3759797	2108090
忻州市	2776756	1964460	2290733	1819810
临汾市	4111471	2018401	3462982	1583588
吕梁市	2629413	1630205	2231459	1391418

2-4-25 各市总承包和专业承包建筑企业房屋建筑竣工面积

单位：平方米

	房屋建筑竣工面积					
	总计	厂房、仓库	住宅	办公用房	批发和零售用房	住宿和餐饮用房
全省	**23207211**	**1702438**	**16367559**	**1976655**	**210028**	**450348**
太原市	6460152	575389	4108429	621529	54832	98388
大同市	3353142	166329	2853096	89000	20645	46340
阳泉市	1009760	124927	772146	41713		19402
长治市	1707137	143995	1140236	132889	13677	115479
晋城市	901618	24351	672407	108658	2980	
朔州市	1337432	61042	1058452	71797	8229	18480
晋中市	1393505	22597	1078375	114124	16140	22877
运城市	2191895	226341	1472849	210672	1200	17225
忻州市	1891593	44370	1426319	299981	17198	23744
临汾市	1366898	113422	816795	174110	33113	58885
吕梁市	1594079	199675	968455	112182	42014	29528

2-4-25 续表

单位：平方米

	居民服务业用房	教育用房	文化、体育和娱乐用房	卫生医疗用房	科研用房	其他用房
全省	**291118**	**927516**	**295616**	**207161**	**74481**	**704291**
太原市	66936	243803	171545	127621	57992	333688
大同市	18574	77748	8229	6015	100	67066
阳泉市	7760	29343		1321		13148
长治市	18761	107744	15127			19229
晋城市	26000	46116		7220		13886
朔州市		33794		600		85038
晋中市	10365	64495	8942	22508		33082
运城市	76272	96010	16610	7356		67360
忻州市	3600	59833	1940	2650		11958
临汾市	18313	104555	10541	3901	1870	31393
吕梁市	44537	64075	62682	27969	14519	28443

2-4-26 各市总承包和专业承包建筑企业房屋建筑竣工价值

单位：千元

	竣工房屋价值					
	总计	厂房、仓库	住宅	办公用房	批发和零售用房	住宿和餐饮用房
全 省	**22972349**	**2408755**	**14779505**	**2265320**	**215485**	**451143**
太原市	8237720	1040749	4559299	996145	69333	98813
大同市	2750213	357070	2086235	98885	4849	35473
阳泉市	1135082	202136	811596	46420		19960
长治市	1476737	148938	882936	138951	18404	109855
晋城市	890001	22292	643979	134959	3126	
朔州市	1396208	71647	1090009	85028	9405	20970
晋中市	1243625	17531	868947	140791	18437	30862
运城市	1584195	229581	1025306	152585	960	10629
忻州市	1687157	56211	1311033	184713	19288	38058
临汾市	1292605	87390	699874	199815	36111	65233
吕梁市	1278806	175210	800291	87028	35572	21290

2-4-26 续表

单位：千元

	居民服务业用房	教育用房	文化、体育和娱乐用房	卫生医疗用房	科研用房	其他用房
全 省	**265033**	**936174**	**501871**	**281696**	**64631**	**802736**
太原市	89165	300179	370356	189502	53116	471063
大同市	15494	74154	7940	7103	85	62925
阳泉市	14513	31665		3558		5234
长治市	14173	124814	15479			23187
晋城市	24000	40339		6140		15166
朔州市		36342		450		82357
晋中市	11413	61474	17612	37350		39208
运城市	60395	75325	11354	6620		11440
忻州市	4000	52057	2724	3313		15760
临汾市	17843	110630	30454	2677	1267	41311
吕梁市	14037	29195	45952	24983	10163	35085

2-4-27　各市总承包和专业承包建筑企业施工机械设备情况

	年末自有施工机械设备总功率（千瓦）	年末自有施工机械设备净值（千元）	年末自有施工机械设备总台数（台）	年末从业人数（人）	技术装备率（元/人）	动力装备率（千瓦/人）
全　省	**4717404**	**9480213**	**227228**	**620164**	**15287**	**7.6**
太原市	2194953	4738962	73110	284980	16629	7.7
大同市	212087	412712	18000	39188	10532	5.4
阳泉市	235060	409977	6637	36102	11356	6.5
长治市	160380	431901	11192	26777	16130	6.0
晋城市	126121	164534	7058	19239	8552	6.6
朔州市	173987	424245	9423	20300	20899	8.6
晋中市	418547	748506	21633	36734	20376	11.4
运城市	226939	493063	22553	49821	9897	4.6
忻州市	213945	444282	23315	34080	13036	6.3
临汾市	343727	757642	17144	51484	14716	6.7
吕梁市	411658	454389	17163	21459	21175	19.2

2-4-28　各市总承包和专业承包建筑企业劳动生产率

	计算劳动生产率的平均人数（人）	按总产值计算的劳动生产率（元/人）	人均竣工产值（元/人）
全　省	**779709**	**173839**	**68943**
太原市	356483	222880	65458
大同市	63590	109892	80916
阳泉市	43456	162401	68505
长治市	34741	111992	75537
晋城市	21407	109846	87233
朔州市	24722	152995	130211
晋中市	52638	156059	40626
运城市	54348	134526	60078
忻州市	45283	77151	62357
临汾市	57521	186392	78582
吕梁市	25520	89355	72122

2-4-29 各市总承包和专业承包建筑企业总产值

单位：千元

	企业总产值	#建筑业总产值	在境外完成的营业额
全 省	**141490843**	**135544147**	**1892122**
太原市	80804773	79453066	1167284
大同市	7339157	6988020	3030
阳泉市	8204178	7057308	212183
长治市	3902069	3890699	
晋城市	4456382	2351476	
朔州市	3877831	3782331	
晋中市	8247880	8214632	6210
运城市	8039868	7311219	32395
忻州市	3496231	3493640	
临汾市	10761266	10721428	471020
吕梁市	2361208	2280328	

2-4-30 各市总承包和专业承包建筑企业主要建筑材料消耗量

	钢材（吨）	木材（立方米）	水泥（吨）	平板玻璃（重量箱）	平板玻璃（平方米）	铝材（吨）
全 省	**5903687**	**747581**	**30222643**	**789516**	**5087436**	**120161**
太原市	3539091	288252	17282831	356850	1712644	45642
大同市	358233	116401	953745	11324	394225	4358
阳泉市	75499	16906	479932	79636	146706	1222
长治市	137817	27145	479038	83454	432695	5205
晋城市	57664	24927	315477	17551	155150	5737
朔州市	68295	29681	600285	8507	278679	8375
晋中市	354757	57691	6001834	41304	389614	3088
运城市	317361	25389	1041505	32132	602139	13499
忻州市	483058	30119	576188	54260	345898	10287
临汾市	425140	57636	2089522	87341	413547	13886
吕梁市	86772	73434	402286	17157	216139	8862

2-4-31　各市总承包和专业承包建筑企业资产构成

单位：千元

	资产合计	流动资产	长期投资	固定资产合计	无形及递延资产
全　省	**135491619**	**108911052**	**5250150**	**18929135**	**1763677**
太原市	84084774	70091582	3719309	8895495	998926
大同市	7150664	5533200	416108	1093770	84838
阳泉市	9305650	7719227	260546	1143136	110006
长治市	4536056	3452763	89236	946212	41017
晋城市	3244295	2378786	255348	562083	41904
朔州市	2634356	1833319	66606	650820	46100
晋中市	7030282	5401514	125873	1320386	151926
运城市	5341732	3745152	152799	1303355	130875
忻州市	2370745	1432010	8649	874605	44599
临汾市	7192135	5783863	86126	1227660	81768
吕梁市	2600930	1539636	69550	911613	31718

2-4-32　各市总承包和专业承包建筑企业固定资产情况

单位：千元

	固定资产原价		累计折旧		在建工程
		#生产经营用		#本年折旧	
全　省	**26870012**	**21413893**	**9510290**	**1844832**	**1052916**
太原市	13451080	11528482	5054839	1030510	401322
大同市	1587141	1157601	639283	89437	63643
阳泉市	1392461	1034827	520362	102141	227472
长治市	1195600	808506	309207	71562	47463
晋城市	746441	490671	258754	66105	36530
朔州市	948980	740595	354544	62109	46769
晋中市	1899611	1586518	693298	121451	100959
运城市	1555079	1175928	429813	63986	73498
忻州市	1197313	756425	351027	61772	10137
临汾市	1848362	1365807	660123	117062	1766
吕梁市	1047944	768533	239040	58697	43357

2-4-33 各市总承包和专业承包建筑企业负债及所有者权益

单位：千元

	负债合计	流动负债	长期负债	所有者权益
全 省	**102834892**	**98324630**	**4510262**	**32656727**
太原市	68291132	65443226	2847906	15793642
大同市	4632213	4457924	174289	2518451
阳泉市	6555506	5893981	661525	2750144
长治市	2953678	2875581	78097	1582378
晋城市	2308371	2193952	114419	935924
朔州市	1770482	1751703	18779	863874
晋中市	5176170	5137199	38971	1854112
运城市	3232977	3154597	78380	2108755
忻州市	863029	848065	14964	1507716
临汾市	5776958	5489457	287501	1415177
吕梁市	1274376	1078945	195431	1326554

2-4-34 各市总承包和专业承包建筑企业实收资本

单位：千元

	实收资本	国家资本	集体资本	法人资本	个人资本	港澳台资本	外商资本
全 省	**25957066**	**10499827**	**1836123**	**4049073**	**9446797**	**97904**	**27342**
太原市	13342471	6664447	754799	2111149	3749408	58720	3948
大同市	2204348	833565	135639	271766	963378		
阳泉市	1072351	432071	66786	206773	366721		
长治市	1364502	341282	84062	145882	789406	3870	
晋城市	640913	228495	105329	123969	183120		
朔州市	759487	216514	87682	42747	389370		23174
晋中市	1483949	558594	150288	326893	426058	22116	
运城市	1675219	512480	142930	277138	729473	13198	
忻州市	1032254	178810	165030	207427	480767		220
临汾市	1233333	411577	113677	110361	597718		
吕梁市	1148239	121992	29901	224968	771378		

2-4-35　各市总承包和专业承包建筑企业收入情况

单位：千元

	工程结算收入	工程结算成本	工程结算税金及附加	工程结算利润	经营费用	其他业务收入	#其他业务利润
全　省	**141697547**	**128188322**	**4160222**	**8688925**	**660078**	**1497262**	**324845**
太原市	86509375	79308746	2402656	4562992	234981	788759	131900
大同市	7405105	6759882	248682	352126	44415	204638	75421
阳泉市	7488864	6363791	218790	885393	20890	40157	15142
长治市	3831496	3375807	129372	298475	27842	46663	-890
晋城市	2780687	2483998	65662	205146	25881	86461	14050
朔州市	3804956	3241849	113797	374144	75166	62735	8139
晋中市	7927680	7151589	264011	492845	19235	36195	15122
运城市	5997948	5340064	172563	434360	50961	124013	37658
忻州市	3282758	2805675	122603	252312	102168	5241	1076
临汾市	10362436	9346399	339829	646203	30005	98925	24103
吕梁市	2306242	2010522	82257	184929	28534	3475	3124

2-4-36　各市总承包和专业承包建筑企业费用情况

单位：千元

	管理费用	#税金	#财产保险费	#差旅费	#工会经费	财务费用	#利息支出
全　省	**6189661**	**202693**	**28581**	**333822**	**83547**	**617755**	**613436**
太原市	3540773	99770	16283	218444	46383	153923	353744
大同市	461558	14946	2106	13652	7106	28782	18533
阳泉市	279787	11580	2400	6013	1841	211617	119331
长治市	222713	7179	843	13434	4968	29204	23710
晋城市	199387	10312	608	7272	3065	10907	10212
朔州市	176228	7125	1269	12000	2516	17283	13408
晋中市	359166	12637	1118	13157	4450	44091	25663
运城市	233177	16153	1513	20507	4998	56166	9459
忻州市	143635	5638	520	7742	4119	18043	10496
临汾市	466887	12100	700	12289	2901	31898	21684
吕梁市	106350	5253	1221	9312	1200	15841	7196

2-4-37 各市总承包和专业承包建筑企业利润及税金情况

单位：千元

	利润总额	#应交所得税	税金总额	工程结算税金及附加	管理费用中的税金
全　省	**2317357**	**501890**	**4362915**	**4160222**	**202693**
太原市	1116399	189736	2502426	2402656	99770
大同市	87309	31456	263628	248682	14946
阳泉市	371363	112480	230370	218790	11580
长治市	58452	17130	136551	129372	7179
晋城市	-47567	18060	75974	65662	10312
朔州市	125935	17569	120922	113797	7125
晋中市	108080	29636	276648	264011	12637
运城市	184033	15493	188716	172563	16153
忻州市	92734	20706	128241	122603	5638
临汾市	163385	33731	351929	339829	12100
吕梁市	57234	15893	87510	82257	5253

2-4-38 各市总承包和专业承包建筑企业营业利润

单位：千元

	营业利润	营业外收入	营业外支出
全　省	**2244518**	**312956**	**171538**
太原市	1111477	107635	109153
大同市	-62793	155959	6475
阳泉市	409131	9390	10301
长治市	45668	1498	2157
晋城市	-44697	4361	19752
朔州市	178572	6950	4246
晋中市	101850	6355	5155
运城市	182675	10086	2884
忻州市	91710	570	3389
临汾市	163763	8643	5929
吕梁市	67162	1509	2097

2-4-39　各市总承包和专业承包建筑企业工资和福利费总额

单位：千元

	本年应付工资总额	#主营业务应付 工资	本年应付福利费总额	#主营业务应付福利费
全　省	**11831453**	**11382464**	**756076**	**729745**
太原市	7065774	6972322	380533	374226
大同市	668192	507131	18826	16959
阳泉市	464188	451227	46731	41753
长治市	401169	386934	31673	30042
晋城市	347593	291865	27767	25256
朔州市	373561	363261	23761	23465
晋中市	496081	489839	40403	39749
运城市	528756	507958	41536	38962
忻州市	460197	438875	40636	39243
临汾市	744332	721781	87148	84929
吕梁市	281610	251271	17062	15161

B.劳务分包建筑业企业

2-4-40 按各种分组的劳务分包

指　　标	企业个数	其中：有工作量企业个数	建筑业总产值	其中：装饰装修产值
总　计	**102**	**91**	**426992**	**72805**
一、按登记注册类型分组				
内资企业	102	91	426992	72805
国有企业	1	1	703	
集体企业	7	7	8496	
有限责任公司	40	34	255274	67341
其他有限责任公司	40	34	255274	67341
股份有限公司	3	3	3328	
私营企业	51	46	159191	5464
私营独资企业	5	4	2671	1421
私营有限责任公司	41	38	146384	2852
私营股份有限公司	5	4	10136	1191
其他企业				
二、按国民经济行业分组				
房屋和土木工程建筑业	28	22	185126	61437
房屋工程建筑	17	12	94871	61437
土木工程建筑业	11	10	90255	
建筑安装业	35	35	60197	4853
建筑装饰业	5	4	2251	2196
其他建筑业	34	30	179418	4319
三、按隶属关系分组				
中央	1	1	894	
省(自治区、直辖市)	10	9	36909	
地区(州、盟、省辖市)	8	8	147516	60790
县(区、市、旗)	3	3	4680	920
四、按企业资质等级分组				
劳务分包	102	91	426992	72805
一级	58	51	195227	66978
二级	18	16	99691	2666
三级及以下	3	3	81262	
五、按控股情况分组				
国有控股	9	7	31027	
集体控股	15	15	111449	60790
私人控股	75	67	280756	12015
港澳台商控股				
外商控股				
其他	3	2	3760	

建筑企业业生产经营情况

单位：个、人、千元

从业人员(人)					全部从业人员年平均人数
计算建筑业劳动生产率的平均人数	年末从业人数	其中：管理人员	其中：工程技术人员	其中:现场施工工人	
13235	**8978**	**999**	**1201**	**7012**	**13901**
13235	8978	999	1201	7012	13901
6	7	3	2	2	7
296	292	39	48	223	301
8747	5394	627	821	4263	9341
8747	5394	627	821	4263	9341
256	363	14	12	338	268
3930	2922	316	318	2186	3984
64	81	18	10	53	64
3252	2228	268	296	1588	3304
614	613	30	12	545	616
5374	1988	156	222	1581	5414
4705	1320	70	71	1145	4735
669	668	86	151	436	679
1337	1330	211	184	907	1376
215	231	16	9	161	236
6309	5429	616	786	4363	6875
39	39	8	10	21	39
1586	1675	109	147	1463	1660
4733	1193	256	161	572	5217
440	442	143	368	399	450
13235	8978	999	1201	7012	13901
9457	6011	617	845	5139	9628
1300	1500	197	128	932	1770
284	280	40	76	159	284
1817	1895	148	143	1656	1894
4459	873	134	178	595	4482
6544	5788	577	515	4376	7100
415	422	140	365	385	425

2-4-41 按各种分组的劳务分

指 标	资产负债			
	固定资产原价	本年折旧	资产总计	负债合计
总 计	**84801**	**11108**	**293141**	**125536**
一、按登记注册类型分组				
内资企业	84801	11108	293141	125536
国有企业	160	50	1715	705
集体企业	6123	551	10052	2301
有限责任公司	29364	2434	183459	99729
其他有限责任公司	29364	2434	183459	99729
股份有限公司	2601	108	3913	438
私营企业	46553	7965	94002	22363
私营独资企业	429	120	1821	780
私营有限责任公司	45092	7688	89024	20575
私营股份有限公司	1032	157	3157	1008
其他企业				
二、按国民经济行业分组				
房屋和土木工程建筑业	37495	6199	70238	16350
房屋工程建筑	8020	594	27075	10755
土木工程建筑业	29475	5605	43163	5595
建筑安装业	16421	2172	61644	18816
建筑装饰业	2788	278	5983	452
其他建筑业	28097	2459	155276	89918
三、按隶属关系分组				
中央	649	298	1059	268
省(自治区、直辖市)	8937	358	29234	11633
地区(州、盟、省辖市)	8172	768	88576	69180
县(区、市、旗)	834	60	2000	762
四、按企业资质等级分组				
劳务分包	84801	11108	293141	125536
一级	37840	3582	118595	41608
二级	13036	1227	96132	66264
三级及以下	21656	5240	26150	3885
五、按控股情况分组				
国有控股	1567	219	10867	7163
集体控股	18665	1030	63510	28411
私人控股	64304	9828	217421	89224
港澳台商控股				
外商控股				
其他	265	31	1343	738

包建筑企业财务状况

单位：千元

实收资本	国家资本	集体资本	法人资本	个人资本
141713	**5047**	**21632**	**24826**	**90208**
141713	5047	21632	24826	90208
1000	1000			
3281		3281		
70550	4047	18351	18184	29968
70550	4047	18351	18184	29968
3000				3000
63882			6642	57240
830				830
61059			5142	55917
1993			1500	493
47721		11510	2538	33673
14371		1700	1500	11171
33350		9810	1038	22502
34654	661	2159	3640	28194
5280			500	4780
54058	4386	7963	18148	23561
166		166		
19263	2750	11828	2440	2245
17141	1986	5068	2124	7963
1100			560	540
141713	5047	21632	24826	90208
65069	5047	11909	12748	35365
27770		1410	8010	18350
13513		313	60	13140
8350	4736		2604	1010
25349		21632	1950	1767
107414	311		19712	87391
600			560	40

2-4-41 续表

指　标	损益			
	营业收入	其中：主营业务收入	主营业务成本	主营业务税金及附加
总　计	**527270**	**521516**	**440898**	**12379**
一、按登记注册类型分组				
内资企业	527270	521516	440898	12379
国有企业	703	703	390	29
集体企业	8724	8385	5995	660
有限责任公司	356302	352461	291380	5528
其他有限责任公司	356302	352461	291380	5528
股份有限公司	3298	3245	2729	119
私营企业	158243	156722	140404	6043
私营独资企业	2544	2543	2065	114
私营有限责任公司	145563	144044	129102	5566
私营股份有限公司	10136	10135	9237	363
其他企业				
二、按国民经济行业分组				
房屋和土木工程建筑业	185168	182499	132515	5420
房屋工程建筑	94871	92255	48201	1487
土木工程建筑业	90297	90244	84314	3933
建筑安装业	160397	158430	145841	1696
建筑装饰业	3428	2407	1881	110
其他建筑业	178277	178180	160661	5153
三、按隶属关系分组				
中央	1031	894	433	38
省(自治区、直辖市)	36930	36881	34508	651
地区(州、盟、省辖市)	147366	144733	98298	2912
县(区、市、旗)	4690	4680	4045	184
四、按企业资质等级分组				
劳务分包	527270	521516	440898	12379
一级	195592	191366	133366	3728
二级	199564	199560	190226	3298
三级及以下	81284	81242	76242	3605
五、按控股情况分组				
国有控股	31027	31019	29701	479
集体控股	211678	208821	159134	1659
私人控股	280805	277916	248738	10117
港澳台商控股				
外商控股				
其他	3760	3760	3325	124

单位：千元

及分配			从业人员劳动报酬	劳动、失业保险费	住房公积金及住房补贴
费用合计	营业利润	利润总额			
66844	**7149**	**5229**	**179787**	**5727**	**904**
66844	7149	5229	179787	5727	904
274	10	10	123	50	
1557	512	338	1430	254	20
55962	3432	3302	126492	4621	496
55962	3432	3302	126492	4621	496
307	143	145	2204	19	19
8744	3052	1434	49538	783	369
264	101	159	602	5	3
7971	2924	1248	38927	709	361
509	27	27	10009	69	5
46329	904	734	82616	3331	108
44483	700	695	78009	3180	91
1846	204	39	4607	151	17
9846	3014	1382	14567	842	235
775	662	660	1941	26	10
9894	2569	2453	80663	1528	551
559	1	1	250	145	
1590	181	175	23576	374	29
44878	1278	1161	72747	806	210
305	156	156	2800	11	11
66844	7149	5229	179787	5727	904
54232	4266	4124	142269	2197	707
5515	525	428	9408	3392	163
1241	196	36	1878	17	1
1022	-175	-185	27374	715	28
48772	2113	1914	70731	1177	271
16865	5085	3374	79282	3829	604
185	126	126	2400	6	1

2-4-42 各市劳务分包建筑企业生产经营情况

单位：个、千元

项 目	企业个数	其中：有工作量企业个数	建筑业总产值	其中：装饰装修产值
全 省	**102**	**91**	**426992**	**72805**
太原市	46	43	145060	4319
大同市	6	6	9117	2241
阳泉市	16	13	101966	2612
长治市	1	1	63303	60790
晋城市	4	4	3006	
朔州市	3	3	8681	
晋中市	13	11	7838	920
运城市	10	9	87521	1923
忻州市				
临汾市	2			
吕梁市	1	1	500	

2-4-42 续表

单位：人

项 目	计算建筑业劳动生产率的平均人数	从业人员				全部从业人员年平均人数
		年末从业人数	其中：管理人员	其中：工程技术人员	其中：现场施工工人	
全 省	**13235**	**8978**	**999**	**1201**	**7012**	**13901**
太原市	6064	5158	449	445	4232	6181
大同市	288	240	25	31	146	288
阳泉市	1324	1351	220	165	794	1796
长治市	3600	11	6	2	3	3611
晋城市	80	86	15	38	61	85
朔州市	248	247	28	22	215	255
晋中市	450	461	58	51	331	461
运城市	1172	1415	196	445	1224	1215
忻州市						
临汾市						
吕梁市	9	9	2	2	6	9

2-4-43　各市劳务分包建筑企业财务状况

单位：千元

项　目	资产负债								
	固定资产原价	本年折旧	资产总计	负债合计	实收资本	国家资本	集体资本	法人资本	个人资本
全　省	**84801**	**11108**	**293141**	**125536**	**141713**	**5047**	**21632**	**24826**	**90208**
太原市	29858	3076	124378	46862	69581	5047	13339	19114	32081
大同市	1910	135	14330	446	12113		313	1470	10330
阳泉市	10837	1436	91322	65717	16196		4200	1010	10986
长治市	738	47	4781	3181	1000		1000		
晋城市	2819	136	7422	4377	2925		1283	1080	562
朔州市	4671	193	9744	76	6207		1497	54	4656
晋中市	7238	568	16677	3188	12790			1538	11252
运城市	25130	5417	22527	1689	19201			560	18641
忻州市									
临汾市									
吕梁市	1600	100	1960		1700				1700

2-4-43　续表

单位：千元

项　目	损益及分配							从业人员劳动报　酬	劳动、失业保险费	住房公积金及住房补贴
	营业收入	其中：主营业务收入	主营业务成本	主营业务税金及附加	费用合计	营业利润	利润总额			
全　省	**527270**	**521516**	**440898**	**12379**	**66844**	**7149**	**5229**	**179787**	**5727**	**904**
太原市	244488	243860	225362	3566	13672	1888	1606	84639	1424	238
大同市	9138	8397	6044	350	2182	562	172	1614	49	11
阳泉市	101697	101568	92351	3566	4167	1613	1562	14683	786	233
长治市	63303	60790	20790	140	42366	7	7	62700	46	11
晋城市	3056	2866	1621	96	669	670	493	443	44	12
朔州市	8681	8505	6301	578	1380	422	422	3098	538	329
晋中市	7868	7855	6866	318	970	-286	-285	3047	142	24
运城市	88539	87175	81133	3745	1408	2253	1232	9520	2698	46
忻州市										
临汾市										
吕梁市	500	500	430	20	30	20	20	43		

C.资质以外建筑业企业

2-4-44 按各种分组的资质

指标	企业个数	有工作量企业个数	年末从业人员
总计	**2165**	**1775**	**43146**
一、按登记注册类型分组			
内资企业	2164	1774	43106
国有企业	102	88	5508
集体企业	141	113	4765
股份合作企业	14	14	284
联营企业	3	3	91
国有联营企业	1	1	11
集体联营企业	1	1	70
国有与集体联营企业	1	1	10
有限责任公司	243	199	5464
国有独资公司	3	3	32
其他有限责任公司	240	196	5432
股份有限公司	59	51	1721
私营企业	1577	1290	24945
私营独资企业	490	384	6704
私营合伙企业	78	61	1082
私营有限责任公司	943	787	16078
私营股份有限公司	66	58	1081
其他企业	25	16	328
港、澳、台商投资企业			
外商投资企业	1	1	40
中外合资经营企业	1	1	40
二、按国民经济行业分组			
房屋和土木工程建筑业	707	542	20933
房屋工程建筑	289	209	9742
土木工程建筑	418	333	11191
建筑安装业	378	318	8319
建筑装饰业	806	687	7647
其他建筑业	274	228	6247
三、按隶属关系分组			
中央	4	4	929
省(自治区、直辖市)	26	22	1426
地(区、市、州、盟)	125	108	3693
县(区、市、旗)	181	137	6515
四、按控股情况分组			
国有控股	131	115	6824
集体控股	160	132	5361
私人控股	1781	1454	29024
其他	93	74	1937

以外建筑企业生产情况

单位：个、人、平方米、千元

计算建筑业劳动生产率的平均人数	建筑业总产值	竣工产值	房屋建筑施工面积	房屋建筑竣工面积	全部从业人员年平均人数
37529	**4976735**	**2374048**	**1176246**	**657580**	**44505**
37381	4943738	2374048	1176246	657580	44355
4896	701343	376204	125355	85670	5559
4347	469375	227256	110747	65345	5014
226	20731	6787	1380		255
62	4087	4087			91
9	1532	1532			11
45	2100	2100			70
8	455	455			10
5329	555590	301523	85701	51676	6146
51	13800	600			64
5278	541790	300923	85701	51676	6082
1445	245067	112961	114326	62226	1648
20828	2913174	1332286	715227	377153	25362
5747	766966	550581	170000	152687	6835
882	79881	40818	32466	5200	1063
13345	1976535	710852	512351	218856	16402
854	89792	30035	410	410	1062
248	34371	12944	23510	15510	280
148	32997				150
148	32997				150
17970	2310648	1114532	792242	425304	21378
8474	913001	437171	691817	326969	10002
9496	1397647	677361	100425	98335	11376
7403	1248901	635640	160220	132280	8455
6642	774355	384398	154084	73696	8119
5514	642831	239478	69700	26300	6553
1094	98398	2208	4140		1136
1412	256056	169647	159511	124826	1506
3414	384533	215274	21800	1900	4069
5828	695802	341928	64575	54505	6710
6359	893324	437666	170251	126426	7146
4851	620047	317820	178747	81345	5622
24479	3275577	1558403	820548	446309	29559
1840	187787	60159	6700	3500	2178

2-4-45 按各种分组的资质

指　　标	固定资产原价	本年折旧	实收资本	营业收入	
					主营业务收入
总　计	**2776742**	**268562**	**3276609**	**4589618**	**4518898**
一、按登记注册类型分组					
内资企业	2772906	267983	3261609	4556621	4485901
国有企业	272466	18828	287866	687286	674344
集体企业	136402	14650	121776	487252	468983
股份合作企业	7609	557	26950	21460	21199
联营企业	5448	499	2810	4087	4087
国有联营企业	5040	385	2000	1532	1532
集体联营企业	300	70	300	2100	2100
国有与集体联营企业	108	44	510	455	455
有限责任公司	351987	25656	649957	575963	563685
国有独资公司	5971	1926	1221	6470	6470
其他有限责任公司	346016	23730	648736	569493	557215
股份有限公司	307472	45592	259583	245169	243950
私营企业	1676799	159936	1904151	2511553	2485802
私营独资企业	356650	40071	335166	702582	689242
私营合伙企业	49456	6398	76329	77743	77373
私营有限责任公司	1175800	105461	1389314	1645414	1635002
私营股份有限公司	94893	8006	103342	85814	84185
其他企业	14723	2265	8516	23851	23851
港、澳、台商投资企业					
外商投资企业	3836	579	15000	32997	32997
中外合资经营企业	3836	579	15000	32997	32997
二、按国民经济行业分组					
房屋和土木工程建筑业	1525387	160870	1725491	2314042	2280283
房屋工程建筑	413882	40845	803884	910617	906127
土木工程建筑	1111505	120025	921607	1403425	1374156
建筑安装业	476641	35019	441836	951710	935002
建筑装饰业	353357	34334	598284	739124	731854
其他建筑业	421357	38339	510998	584742	571759
三、按隶属关系分组					
中央	12709	1632	64000	98398	98398
省(自治区、直辖市)	190478	23740	98004	270627	269825
地(区、市、州、盟)	273907	15597	474460	380335	373018
县(区、市、旗)	246751	26893	276687	696444	669968
四、按控股情况分组					
国有控股	587678	60820	656708	871870	858499
集体控股	187011	23114	181418	643026	620782
私人控股	1891213	177542	2181160	2862491	2828024
其他	110840	7086	257323	212231	211593

以外建筑企业财务指标

单位：千元

营业成本	主营业务成本	主营业务税金及附加	营业费用、管理费用、财务费用合计	营业利润	主营业务利润	职工工资和福利费
3497188	**3450525**	**184333**	**576674**	**363937**	**894318**	**597531**
3472317	3425654	183343	573802	359673	887182	595581
543979	532176	30194	86221	37984	113876	84578
375255	365703	22656	55282	34265	80710	75867
14284	14006	918	2780	3526	6275	2779
2772	2772	206	667	884	1550	1682
1167	1167	51	291	23	314	162
1200	1200	10	11	880	890	1400
405	405	145	365	-19	346	120
448265	443087	17553	80047	30101	104014	84916
5620	5620	68	150	632	782	551
442645	437467	17485	79897	29469	103232	84365
209530	208487	10152	23951	2474	25329	29408
1860485	1841676	100791	322910	247152	550197	313442
486344	479910	37611	113993	74951	173376	87501
55469	51434	3319	8621	14499	22622	13114
1253966	1246998	56201	186576	153995	337006	199710
64706	63334	3660	13720	3707	17193	13117
17747	17747	873	1944	3287	5231	2909
24871	24871	990	2872	4264	7136	1950
24871	24871	990	2872	4264	7136	1950
1799392	1782306	98563	272066	163504	403219	303977
747542	744831	38444	78190	51743	122855	154487
1051850	1037475	60119	193876	111761	280364	149490
713846	699764	41661	144007	55512	196276	110584
540812	534121	22271	90268	91722	177951	98946
443138	434334	21838	70333	53199	116872	84024
95812	95812	3910	6527	-4112	-602	23772
219203	218548	6367	41807	4020	44927	29597
282003	278125	20187	51722	28499	75406	51236
546671	527862	27646	90478	40854	115849	79969
710127	698273	36021	104248	33105	126548	104062
498175	488383	27205	71560	43832	105848	94986
2120572	2096561	115135	369960	278255	623345	369600
168314	167308	5972	30906	8745	38577	23883

2-4-46 各市资质以外建筑企业生产情况

单位：个、人、平方米、千元

项 目	企业个数	有工作量企业个数	年末从业人员	计算建筑业劳动生产率的平均人数	建筑业总产值	竣工产值	房屋建筑施工面积	房屋建筑竣工面积	全部从业人员年平均人数
全 省	**2165**	**1775**	**43146**	**37529**	**4976735**	**2374048**	**1176246**	**657580**	**44505**
太原市	665	551	12842	11644	1668132	485211	299394	82613	13563
大同市	149	104	3343	3177	321372	192970	72265	69674	3966
阳泉市	114	87	1895	1717	217873	155564	57200	41000	1897
长治市	228	166	4042	3678	455195	365024	66845	67810	4131
晋城市	179	158	3146	2245	410210	246900	86680	33000	2966
朔州市	101	98	2598	2473	323305	228767	36950	21910	3076
晋中市	187	145	4912	4511	504845	258089	160824	101376	5126
运城市	149	147	3438	2203	359377	134385	131865	72680	2557
忻州市	73	47	1506	1395	145797	67342	52220	45620	1544
临汾市	247	214	4178	3553	389689	166181	141147	76041	4593
吕梁市	73	58	1246	933	180940	73615	70856	45856	1086

2-4-47　各市资质以外建筑企业财务指标

单位：千元

市　名	固定资产原价	本年折旧	实收资本	营业收入		营业成本	
					主营业务收入		主营业务成本
全　省	**2776742**	**268562**	**3276609**	**4589618**	**4518898**	**3497188**	**3450525**
太原市	914480	101422	1124352	1404003	1374920	1135371	1115845
大同市	140361	7192	189433	318818	317250	216517	215562
阳泉市	129844	3246	363617	195100	195024	141412	141375
长治市	248615	17657	220319	521220	501711	398148	387300
晋城市	328064	26355	264501	401986	399319	305820	301963
朔州市	178488	29314	118435	298510	298010	216116	216116
晋中市	144196	11656	150565	423613	416872	341357	338066
运城市	178715	34122	345395	274224	272360	214012	212464
忻州市	51022	6238	58449	161644	160947	102061	101508
临汾市	341768	25430	293041	383845	380173	281509	280846
吕梁市	121189	5930	148502	206655	202312	144865	139480

2-4-47　续表

单位：千元

市　名	主营业务税金及附加	营业费用、管理费用、财务费用合　计	营业利润	主营业务利润	职工工资和福利费
全　省	**184333**	**576674**	**363937**	**894318**	**597531**
太原市	47504	165448	58071	212868	177835
大同市	13287	87993	12751	92569	51875
阳泉市	14421	25788	15910	39277	23426
长治市	16113	67331	31471	98298	45029
晋城市	16825	50286	38502	81709	45088
朔州市	12181	25322	44442	69713	40223
晋中市	15230	48276	26371	64864	79320
运城市	9380	29958	24089	50521	48417
忻州市	11895	11103	36591	47544	14104
临汾市	15133	39812	50283	86402	56281
吕梁市	12364	25357	25456	50553	15933

建筑业主要指标解释

根据《第二次全国经济普查方案》的规定，建筑业普查资料中的建筑业企业分为资质内企业和资质外企业，资质内企业是指领取了《企业法人营业执照》的建筑业法人，经各级建设行政主管部门审核批准，获得总承包、专业承包和劳务分包《建筑业企业资质证书》的企业；资质外企业是指领取了《企业法人营业执照》的建筑业法人，但没有取得建筑业资质的企业。

本资料数据为2008年有工作量的建筑业企业汇总数。

1.签订的合同额： 指建筑业企业在报告期直接同建设单位签订合同的总价款和以前年度同建设单位签订合同的未完工程跨入本年度继续施工工程合同的总价款余额。

2.上年结转合同额： 指以前年度同建设单位签订合同的未完工程跨入本年度继续施工工程合同的总价款余额。

3.本年新签合同额： 指建筑业企业在报告期内同建设单位直接新签订的各种国内工程合同的总价款，不包括与其他建筑业企业新签的分包合同额。

4.直接从建设单位承揽工程完成的产值： 指总承包企业或专业承包企业直接与建设单位（业主）签订的承包合同（包括报告期及以往年度签订的合同，不包括无效合同和中途解除的合同），在报告期内完成的工程总值。包括企业向其他专业承包企业或劳务分包企业分包出去的工程所完成产值，还包括分包企业缴纳的管理费。

5.自行完成施工产值： 指总承包企业或专业承包企业直接与建设单位（业主）签订的总承包合同或专业承包合同中，自行完成的工程总值。包括总承包企业和专业承包企业自行完成的工作量和分包企业缴纳的管理费。

6.分包出去工程的产值： 指专业承包企业或劳务分包企业与总承包企业或专业承包企业签订的专业承包或劳务分包合同中在报告期所完成的产值。分包企业如果是一个独立核算的经济实体，其完成的产量产值，不包括在总承包企业或专业承包企业自行完成产值中。

7.从建设单位以外承揽工程完成的产值： 指总承包企业或专业承包企业从其他总承包企业或专业承包企业处承揽工程而完成的产值。不包括总承包企业或专业承包企业从建设单位承揽工程中自行完成的产值和分包企业缴纳的管理费。

8.建筑业总产值： 建筑业总产值是以货币表现的建筑业企业在一定时期内生产的建筑业产品和服务的总和。建筑业总产值包括建筑工程产值、安装工程产值和其他产值三部分内容。

9.装饰装修产值： 包括装饰、装修两部分产值。装修装饰指对新旧房屋及建筑物进行的内外装修装饰；对新建房屋及建筑物经过施工后，尚未完全达到使用标准，而进行的二次装修装饰；以及对原有房屋经使用若干年后进行的二次内外装饰。包括抹灰、门窗、玻璃、吊顶、隔断、饰面板(砖)、涂料、裱糊、刷浆、花饰等。

10.在外省完成的产值： 指建筑业企业在其他省份施工所完成的建筑业产值。

11.竣工产值： 一般是以单位工程为对象，当该工程按照设计所规定的工程内容全部完成，达到了设计规定的交工条件，经有关部门检查验收鉴定合格的单位工程价值，即为竣工产值。

12.房屋建筑施工面积： 指报告期内施过工的全部房屋建筑面积，它包括本期新开工的面积、上期跨入本期继续施工的房屋面积、上期停缓建在本期恢复施工的房屋面积、本期竣工的房屋面积以及本期施工后又停缓建的房屋面积。

13.房屋新开工面积： 指在报告期内新开工的各个房屋单位工程的建筑面积之和。它不包括在上期开工跨入报告期继续施工的房屋建筑面积和上期停缓建而在本期复工的建筑面积。

14.房屋建筑竣工面积： 指在报告期内房屋建筑按照设计要求已全部完工，达到了使用条件，经检查验收鉴定合格的房屋建筑面积。

15.年末自有施工机械设备净值： 指本企业（或单位）自有施工机械设备经过使用、磨损后实际存在的价值，即原值减去折旧后的净额。

16.年末自有施工机械设备总台数： 指年末本企业（或单位）自有的直接用于工程施工的各种机械设备的台数。但不包括附属辅助生产机械设备、运输机械设备、生产试验机械设备的台数。

17.年末自有施工机械设备总功率： 指年末本企业（或单位）自有的直接用于工程施工的各种机械设备年末总功率，按设定能力或查定能力计算。包括施工机械本身的动力和为该机械服务的单独动力设备，如电动机等。但不包括附属辅助生产机械设备、运输机械设备、生产试验机械设备的功率。计量单位用千瓦，动力换算可按1马力=0.735千瓦折合成千瓦数。电焊机、变压器、锅炉不计算动力。

18.计算建筑业劳动生产率的人数： 指建筑业企业(或单位)报告期实际拥有的、与建筑施工活动有关的人员的人数，包括参加本企业(或单位)建筑施工活动的非本企业(或单位)人员，但不包括企业内部社会服务性机构的人员以及由本企业支付工资但所从事的工作与本企业主营生产基本无关的人员。

19.全部从业人员年平均人数： 指年内每月平均拥有的人数，其计算公式为：

$$\text{全部从业人员年平均人数}=\frac{\text{1月平均从业人员数}+\text{2月平均从业人员数}+\cdots+\text{12月平均从业人员数}}{12}$$

$$月平均从业人员数=\frac{月初从业人员数+月末从业人员数}{2}$$

20.年末从业人员数: 指在本单位工作并取得劳动报酬或收入的年末实有人员数。从业人员包括在各单位工作的外方人员和港澳台方人员、兼职人员、再就业的离退休人员、借用的外单位人员和第二职业者。但不包括离开本单位仍保留劳动关系的职工。

21.企业总产值: 指建筑业企业在报告期内全部经济活动的最终成果的货币表现。在企业总产值中除包括建筑业总产值外,还包括建筑业企业从事其他经济活动所创造的价值(如工业产值、交通运输产值、商业服务业产值、其他产值收入和劳务收入等)。

22.境外完成的营业额: 指建筑业企业报告期内在国外及港、澳、台等区域所有经营活动的货币表现。

23.资产总计: 指企业拥有或控制的能以货币计量的经济资源，包括各种财产、债权和其他权利。资产按其流动性(即资产的变现能力和支付能力)划分为: 流动资产、长期投资、固定资产、无形资产、递延资产和其他资产。

24.负债合计: 指企业所承担的能以货币计量，将以资产或劳务偿付的债务，偿还形式包括货币、资产或提供劳务。负债一般按偿还期长短分为流动负债和长期负债。

25.实收资本: 指企业实际收到的投资人投入的资本。按照投资主体划分为国家资本、集体资本、法人资本、个人资本、港澳台资本和外商资本六种。

26.所有者权益合计: 是企业投资人对企业净资产的所有权，企业净资产等于企业全部资产减去全部负债后的余额。其中包括实收资本、资本公积、盈余公积和未分配利润四部分。

27.工程结算收入(主营业务收入): 指本企业承包工程实现的工程价款结算收入以及向发包单位收取的除工程价款以外按规定列作营业收入的各种款项，如临时设施费、劳动保险费、施工机构调迁费等以及向发包单位收取的各种索赔款。

28.工程结算成本(主营业务成本): 指在报告期内与发包单位办理工程价款结算的已完工程实际成本。

29.工程结算税金及附加(主营业务税金及附加): 指因从事建筑业生产活动，取得工程价款结算收入而按规定应该交纳的营业税、城市维护建设税等以及随同营业税金一并计算交纳的教育费附加等。

30.工程结算利润（主营业务利润): 指已结算工程实现的利润。其计算公式为:

$$\begin{aligned}工程结算利润 \geqslant &工程结算收入-工程结算成本\\&-工程结算税金及附加-经营费用\end{aligned}$$

31.费用合计: 指企业报告期内营业费用、管理费用、财务费用的合计。

32.经营费用（营业费用): 指企业从事施工生产活动过程中发生的各项费用。包括应由企业负担的运输费、装卸费、包装费、保险费、维修费、展览费、差旅费、广告费和其他经费。

33.管理费用: 指企业行政管理部门和企业的董事会为组织和管理企业生产经营活动而发生的各项费用。包括: 管理人员的工资福利费、折旧费、工会费、职工教育经费、业务招待费、房产税、车船使用税、土地使用税、印花税、技术转让费、无形资产摊销、咨询费、诉讼费、坏账损失、公司经费、劳动失业保险费、董事会会费等

34.营业利润: 指企业生产经营活动所实现的利润。分为主营业务利润和其他利润。

$$\begin{aligned}营业利润 \geqslant &工程结算收入-工程结算成本\\&-工程结算税金及附加-三项费用合计\end{aligned}$$

35.本年应付工资总额: 指企业在报告期内支付给本单位职工的全部工资，它反映企业本期累计应付的工资总额，而不是会计“应付工资”科目的余额。

36.本年应付福利费总额: 指企业报告期内提取的福利费，反映的是报告期的发生额。

山西经济普查年鉴

Shanxi Economic Census Yearbook

2008

第三产业卷

山西省第二次全国经济普查领导小组办公室
山西省统计局
编

中国统计出版社
China Statistics Press

(京)新登字041号

图书在版编目（CIP）数据

山西经济普查年鉴. 2008 / 山西省第二次全国经济普查领导小组办公室、山西省统计局编. -- 北京：中国统计出版社，2010.11
ISBN 978-7-5037-6129-4

Ⅰ. ①山… Ⅱ. ①山… ②国… Ⅲ. ①经济－普查－山西省－2008－年鉴 Ⅳ. ①F127.25-54

中国版本图书馆CIP数据核字（2010）第209101号

山西经济普查年鉴—2008/第三产业卷

作　　者/山西省第二次全国经济普查领导小组办公室　山西省统计局
责任编辑/徐　颖
装帧设计/黄俊杰　李雪燕
出版发行/中国统计出版社
通信地址/北京市西城区月坛南街57号
邮政编码/100826
办公地址/北京市丰台区西三环南路甲6号
网　　址/www.stats.gov.cn/tjshujia
电　　话/邮购（010）63376907　书店（010）68783172
印　　刷/河北天普润印刷厂
经　　销/新华书店
开　　本/880×1230毫米　1/16
字　　数/850千字
印　　张/27.75
版　　别/2011年1月第1版
版　　次/2011年1月第1次印刷
书　　号/ISBN 978-7-5037-6129-4/F・2965
定　　价/980.00元　（全四册附光盘）

《山西经济普查年鉴—2008》编辑机构名单

编者说明

《山西经济普查年鉴—2008》是一部全面反映山西省第二次全国经济普查成果的大型资料工具书。该书系根据山西省第二次全国经济普查结果，按照国家统计分类标准，对普查数据进行各种分组、加工汇总而形成的综合资料。

一、本资料的调查年度为2008年，调查时点为2008年12月31日。

二、本资料的汇总范围为山西省境内从事第二、第三产业活动的全部法人单位、产业活动单位和个体工商户。

三、本资料书共三卷，即综合卷、第二产业卷（上、下册）和第三产业卷。

综合卷为单位基本情况资料，共三篇。第一篇为综合篇，第二篇为企业篇，第三篇为事业、机关、社团、民办非企业篇。

第二产业卷分上下册，上册一篇，下册三篇，共四篇。第一篇为工业企业生产经营及财务状况，第二篇为企业水及能源消费情况，第三篇为工业企业科技情况，第四篇为建筑业企业生产经营及财务状况。

第三产业卷共五篇。第一篇为交通运输、仓储和邮政业生产经营及财务状况，第二篇为批发和零售业商品销售和财务状况，第三篇为住宿和餐饮业经营及财务状况，第四篇为房地产业生产经营及财务状况，第五篇为其他服务业生产经营及财务状况。

四、本资料表中的空格表示无该项统计指标数据，“…”表示该指标数值小，达不到计量单位标准。有关加工数据因小数取舍产生的误差未做人工调整。

五、农、林、牧、渔业为第二、三产业法人兼营的第一产业活动单位。因铁路部门数据以条组织普查，数据无法分解到省，故铁路运输业不包括铁路部门普查的企业数据。

第二次全国经济普查成果资料十分丰富，受时间、技术和水平所限，本资料尚不能涵盖普查成果的全部内容。目前，省经济普查办公室正在组织力量进行课题开发应用，力争有更多的普查资料成果公诸于世。

序

山西省人民政府副省长
山西省经济普查领导小组组长

第二次全国经济普查是国务院决定开展的一项重大国情国力调查。2008年以来，省人民政府根据国务院的统一部署，组织进行了山西省第二次全国经济普查。在国务院经济普查领导小组的统一领导下，全省各级党委、政府高度重视经济普查工作，各有关部门密切配合，各级普查机构广泛动员，精心组织，科学实施。全省组织动员了20多万基层普查员和普查指导员，对山西境内从事第二、三产业的16万法人单位、24万产业活动单位以及近百万个体经营户，进行了“地毯式”的逐户上门清查和现场登记，并使用现代网络信息技术进行了超大规模的数据处理和审核评估工作。与第一次经普相比，这次普查正值我国经济社会发展极不平凡的时期，全国人民倾力抗击汶川特大地震灾害，倾力举办奥运会，倾力应对国际金融危机，特别是面对着近年来经济规模不断扩大、经济结构日趋复杂、经济形式日益多样的新形势，普查工作量成倍增

加，普查任务相当艰巨。

通过这次普查，我们不仅比较全面地摸清了第二、三产业的规模、速度、结构和效益，包括19个行业门类、90个行业大类、378个行业中类、875个行业小类的大量基础性信息，还填补了服务业、能源、信息化等常规统计数据的空白，进一步查实了我省GDP总量和结构，初步形成了全面反映第二、三产业状况的综合数据库、基本单位名录库。对于这次经济普查工作和成果，省委、省政府给予充分肯定和高度评价，同时也得到了国务院经普领导小组及国家统计局的充分肯定和表彰奖励。

回顾两年多来的历程，我省经济普查的圆满成功，主要得益于以下五个方面：一是各级党委和政府强有力的领导和支持；二是各有关部门的密切配合和通力合作；三是各级普查工作机构卓有成效的组织实施；四是全省广大普查人员的团结奋斗和无私奉献；五是社会各界和普查对象的积极参与和密切配合。历史将永远不会忘记那些为普查做出过贡献的人们！

为了充分发挥经济普查成果的作用，省经济普查办公室在较短时间内完成了普查数据的加工整理，编纂出版了《山西经济普查年鉴—2008》大型普查资料丛书。该丛书共分三卷、四册，是全省广大普查人员汗水和智慧的结晶，是一笔十分珍贵的信息资源和社会财富。该书的面世必将会为社会各界更好地认识省情、把握全局、规划未来，在全面加快山西转型跨越发展的伟大实践中发挥重要的基础信息作用。

二零一零年十月

第三产业卷 目录

第一篇 交通运输、仓储和邮政业

第二篇　批发和零售业商品销售和财务情况

第三篇　住宿和餐饮业经营和财务状况

第四篇　房地产业生产经营及财务状况

第五篇　其他服务业生产经营及财务状况

第 1 篇

交通运输、仓储和邮政业

3-1-1 分行业交通运输、仓储和邮政业资产负债

单位：千元

行 业	固定资产原价	本年折旧	所有者权益
全省总计	**114396223**	**3050355**	**63527630**
铁路运输业	82635574	67164	43788465
铁路客货运输	81817983		43022083
铁路运输辅助活动	817591	67164	766382
道路运输业	18108625	1721687	10862267
公路旅客运输	1918462	202223	1101630
道路货物运输	3462849	373431	3139381
道路运输辅助活动	12727314	1146033	6621256
城市公共交通业	1769834	165874	831872
公共电汽车客运	1315629	111207	583218
轨道交通			
出租车客运	452880	54534	247039
城市轮渡			
其他城市公共交通	1325	133	1615
水上运输业	17872	1902	25010
水上旅客运输	4090	323	5920
水上货物运输	1022	234	5500
水上运输辅助活动	12760	1345	13590
航空运输业	4243988	403334	1387328
航空客货运输	18421	2697	15428
通用航空服务	617	37	1142
航空运输辅助活动	4224950	400600	1370758
管道运输业	7980	890	7980
管道运输业	7980	890	7980
装卸搬运和其他运输服务业	1704832	135167	818535
装卸搬运	257642	24986	266908
运输代理服务	1447190	110181	551627
仓储业	3216155	348595	2506811
谷物、棉花等农产品仓储	1875561	222551	1370502
其他仓储	1340594	126044	1136309
邮政业	1873772	138578	2532980
国家邮政	1854955	135882	2512467
其他寄递服务	18817	2696	20513

注：本年折旧不含铁路反馈折旧。铁路反馈累计折旧为21999655千元。

3-1-2 分行业交通运输、仓储和邮政业实收资本

单位：千元

行业	实收资本	国家资本	集体资本	法人资本	个人资本	港澳台资本	外商资本
全省总计	**30841322**	**21454947**	**3348586**	**1560884**	**3941769**	**116445**	**306371**
铁路运输业	14229396	14117076	15070		97250		
铁路客货运输	13908057	13908057					
铁路运输辅助活动	321339	209019	15070		97250		
道路运输业	9567233	3086579	3169631	451050	2459999	115545	284429
公路旅客运输	600765	178984	27441	62090	332250		
道路货物运输	2513199	270248	271967	255199	1695210	5100	15475
道路运输辅助活动	6453269	2637347	2870223	133761	432539	110445	268954
城市公共交通业	702280	297629	24752	34940	344959		
公共电汽车客运	464341	254591	9080	12651	188019		
轨道交通							
出租车客运	236324	41538	15657	22289	156840		
城市轮渡							
其他城市公共交通	1615	1500	15		100		
水上运输业	24030	6510	630		16890		
水上旅客运输	5920	5290	630				
水上货物运输	5500	200			5300		
水上运输辅助活动	12610	1020			11590		
航空运输业	1393729	655207		706940	13582		18000
航空客货运输	25125	5415		100	1610		18000
通用航空服务	1612	65			1547		
航空运输辅助活动	1366992	649727		706840	10425		
管道运输业	7980				7980		
管道运输业	7980				7980		
装卸搬运和其他运输服务业	720914	98880	81577	94384	444073		2000
装卸搬运	230096	29657	30328	59025	111086		
运输代理服务	490818	69223	51249	35359	332987		2000
仓储业	1916219	1042666	56426	269929	544606	900	1692
谷物、棉花等农产品仓储	948570	848861	8980	5183	85298		248
其他仓储	967649	193805	47446	264746	459308	900	1444
邮政业	1958202	1941381	500	3641	12430		250
国家邮政	1940381	1940381					
其他寄递服务	17821	1000	500	3641	12430		250

3-1-3　分行业交通运输、仓储和邮政业营业状况

行业类别	营业收入合计（千元）	主营业务收入（千元）	主营业务成本（千元）	主营业务税金及附加（千元）	费用合计（千元）	营业利润（千元）	年末从业人员合计（人）
全省总计	**28311981**	**27616336**	**21121348**	**886319**	**2897869**	**3018768**	**149189**
铁路运输业	368102	368102	201937	8934	40757	116829	2362
铁路客货运输	28670656	28423354	19266712	988009	2253943	9602407	
铁路运输辅助活动	368102	368102	201937	8934	40757	116829	2362
道路运输业	19597463	19288715	14419692	678288	1453745	2928066	68665
公路旅客运输	3282954	3253126	2737395	83097	197699	236960	17188
道路货物运输	12409192	12152538	10070492	444273	756074	1060457	38784
道路运输辅助活动	3905317	3883051	1611805	150918	499972	1630649	12693
城市公共交通业	1456902	1412882	1196904	40224	231462	-12001	28974
公共电汽车客运	1041207	997191	940460	18928	191828	-110506	20555
轨道交通							
出租车客运	414533	414529	255648	21177	39500	98392	8157
城市轮渡							
其他城市公共交通	1162	1162	796	119	134	113	262
水上运输业	13033	12833	10781	122	744	1356	159
水上旅客运输	3670	3470	2070	55	315	1190	64
水上货物运输	6907	6907	6680	33	308	-114	33
水上运输辅助活动	2456	2456	2031	34	121	280	62
航空运输业	876697	624969	562908	22121	205468	-164889	2066
航空客货运输	16521	16521	10402	488	1136	4495	108
通用航空服务	903	903	288	138	132	345	43
航空运输辅助活动	859273	607545	552218	21495	204200	-169729	1915
管道运输业	3190	3190	1500	190	200	1300	10
管道运输业	3190	3190	1500	190	200	1300	10
装卸搬运和其他运输服务业	1174799	1172974	741162	49295	170422	215283	13290
装卸搬运	378237	377992	228984	19124	48064	84257	8095
运输代理服务	796562	794982	512178	30171	122358	131026	5195
仓储业	3086403	3016432	2597047	65513	346311	55600	11321
谷物、棉花等农产品仓储	2175437	2117694	1909171	35414	238616	-33222	6421
其他仓储	910966	898738	687876	30099	107695	88822	4900
邮政业	1735392	1716239	1389417	21632	448760	-122776	22342
国家邮政	1681946	1662937	1359122	19493	444442	-139310	22013
其他寄递服务	53446	53302	30295	2139	4318	16534	329

注：年末从业人员合计不包括铁路客货运输从业人员数。

3-1-4 分地区交通运输、仓储和邮政业实收资本

单位：千元

地区	实收资本	国家资本	集体资本	法人资本	个人资本	港澳台资本	外商资本
全省	**16611926**	**7337871**	**3348586**	**1560884**	**3941769**	**116445**	**306371**
太原市	3665792	1792409	59783	908995	801947	15600	87058
大同市	2570886	1418044	284445	75180	631504		161713
阳泉市	746718	663509	7753	11926	63435		95
长治市	632089	251052	37646	25240	255151	63000	
晋城市	1346552	1084066	34135	52365	175944		42
朔州市	451625	174507	35970	17360	223788		
晋中市	3669050	290732	2691641	275715	318804	36945	55213
运城市	1120030	503880	21454	33331	558215	900	2250
忻州市	309387	149310	16958	18625	124494		
临汾市	1619652	905461	122999	78300	512892		
吕梁市	480145	104901	35802	63847	275595		

3-1-5 分地区铁路运输辅助活动业实收资本

单位：千元

地区	实收资本	国家资本	集体资本	法人资本	个人资本	港澳台资本	外商资本
全省	**321339**	**209019**	**15070**		**97250**		
太原市	34771	32771			2000		
大同市	109920	109900	20				
阳泉市	5990	990			5000		
长治市	500		500				
晋城市	7130	350	6780				
朔州市	14142	14142					
晋中市	42280		6980		35300		
运城市	42940	26550	490		15900		
忻州市	30000				30000		
临汾市	33616	24266	300		9050		
吕梁市	50	50					

3-1-6　分地区道路运输业实收资本

单位：千元

地　区	实收资本	国家资本	集体资本	法人资本	个人资本	港澳台资本	外商资本
全　省	**9567233**	**3086579**	**3169631**	**451050**	**2459999**	**115545**	**284429**
太原市	1007673	256582	40298	117910	508225	15600	69058
大同市	1181145	244549	218602	21289	534992		161713
阳泉市	673696	609306	6965	9639	47691		95
长治市	376596	69633	35171	18522	190270	63000	
晋城市	1135997	953083	18776	37315	126781		42
朔州市	214170	3517	20258	17360	173035		
晋中市	3181383	115403	2668161	119694	187659	36945	53521
运城市	310609	48925	9206	22941	229537		
忻州市	149189	61657	13085	13146	61301		
临汾市	1068782	703742	116719	59406	188915		
吕梁市	267993	20182	22390	13828	211593		

3-1-7　分地区城市公共交通业实收资本

单位：千元

地　区	实收资本	国家资本	集体资本	法人资本	个人资本	港澳台资本	外商资本
全　省	**702280**	**297629**	**24752**	**34940**	**344959**		
太原市	195999	134157	9357	500	51985		
大同市	77543	30511		1500	45532		
阳泉市	18137	11906		2287	3944		
长治市	29500	13596	15	1218	14671		
晋城市	100590	47073	3500	14950	35067		
朔州市	18160				18160		
晋中市	52050	3000	2600	3878	42572		
运城市	102974	10000	8300	1000	83674		
忻州市	16777	2000		4764	10013		
临汾市	32667	10286	980	1700	19701		
吕梁市	57883	35100		3143	19640		

3-1-8 分地区水上运输业实收资本

单位：千元

地 区	实收资本	国家资本	集体资本	法人资本	个人资本	港澳台资本	外商资本
全 省	**24030**	**6510**	**630**		**16890**		
太原市	10290	5290			5000		
大同市							
阳泉市							
长治市	610		610				
晋城市							
朔州市							
晋中市							
运城市	5040	1220	20		3800		
忻州市							
临汾市							
吕梁市	8090				8090		

3-1-9 分地区航空运输业实收资本

单位：千元

地 区	实收资本	国家资本	集体资本	法人资本	个人资本	港澳台资本	外商资本
全 省	**1393729**	**655207**		**706940**	**13582**		**18000**
太原市	1272682	583207		658940	12535		18000
大同市	120000	72000		48000			
阳泉市							
长治市	500				500		
晋城市							
朔州市							
晋中市							
运城市	547				547		
忻州市							
临汾市							
吕梁市							

3-1-10　分地区管道运输业实收资本

单位：千元

地　区	实收资本	国家资本	集体资本	法人资本	个人资本	港澳台资本	外商资本
全　省	**7980**				**7980**		
太原市							
大同市							
阳泉市							
长治市							
晋城市							
朔州市	7980				7980		
晋中市							
运城市							
忻州市							
临汾市							
吕梁市							

3-1-11　分地区装卸搬运和其他运输服务业实收资本

单位：千元

地　区	实收资本	国家资本	集体资本	法人资本	个人资本	港澳台资本	外商资本
全　省	**720914**	**98880**	**81577**	**94384**	**444073**		**2000**
太原市	205043	14900	1834	66811	121498		
大同市	77384	13600	51674	1200	10910		
阳泉市	2000	500			1500		
长治市	73160	21000	1350	5500	45310		
晋城市	13296	700	2950	100	9546		
朔州市	39548	14500	9317		15731		
晋中市	35648	19408	2712	1943	11585		
运城市	122212	300	3337	6840	109735		2000
忻州市	16994	5490	3786	8	7710		
临汾市	107699	7601	3790	11982	84326		
吕梁市	27930	881	827		26222		

3-1-12　分地区仓储业实收资本

单位：千元

地　区	实收资本	国家资本	集体资本	法人资本	个人资本	港澳台资本	外商资本
全　省	**1916219**	**1042666**	**56426**	**269929**	**544606**	**900**	**1692**
太原市	363217	196585	8294	64634	93704		
大同市	182680	132561	14149		35970		
阳泉市	36228	30140	788		5300		
长治市	101223	96823			4400		
晋城市	48089	41410	2129		4550		
朔州市	36849	22119	6395		8335		
晋中市	327741	122973	11188	150200	41688		1692
运城市	318346	199476	101	2300	115569	900	
忻州市	81077	64913	87	707	15370		
临汾市	319207	103565	710	5212	209720		
吕梁市	101562	32101	12585	46876	10000		

3-1-13　分地区邮政业实收资本

单位：千元

地　区	实收资本	国家资本	集体资本	法人资本	个人资本	港澳台资本	外商资本
全　省	**1958202**	**1941381**	**500**	**3641**	**12430**		**250**
太原市	576117	568917		200	7000		
大同市	822214	814923		3191	4100		
阳泉市	10667	10667					
长治市	50000	50000					
晋城市	41450	41450					
朔州市	120229	120229					
晋中市	29948	29948					
运城市	217909	217409		250			250
忻州市	15350	15250			100		
临汾市	57681	56001	500		1180		
吕梁市	16637	16587			50		

3-1-14　分地区交通运输、仓储和邮政业营业状况

单位：千元

地　区	营业收入合　计	主营业务收入	主营业务成　本	主营业务税金及附加	费用合计	营业利润
全　省	**28311981**	**27616336**	**21121348**	**886319**	**2897869**	**3018768**
太原市	7269636	6950620	5886427	198925	733428	332853
大同市	1701725	1684238	1123752	63821	289925	203725
阳泉市	1097244	966163	780400	24767	184701	-15221
长治市	3308717	3239456	2646941	115675	263013	240865
晋城市	2654895	2608330	2070860	68984	289892	202487
朔州市	461925	460151	319580	18554	179953	-54625
晋中市	3948096	3939563	2648373	137388	381895	785223
运城市	2098460	2095047	1278445	71988	134959	611585
忻州市	1996118	1948284	1245092	48643	154861	506232
临汾市	2988283	2955384	2583778	93596	184768	108193
吕梁市	786882	769100	537700	43978	100474	97451

3-1-15　分地区铁路运输辅助活动业营业状况

单位：千元

地　区	营业收入合　计	主营业务收入	主营业务成　本	主营业务税金及附加	费用合计	营业利润
全　省	**368102**	**368102**	**201937**	**8934**	**40757**	**116829**
太原市	33855	33855	23008	1849	7788	1210
大同市	26965	26965	7783	1286	5524	12372
阳泉市	77252	77252	60246	191	14649	2166
长治市	800	800	112	9	5	674
晋城市	6307	6307	3565	321	730	1781
朔州市	7347	7347	3110	402	800	3035
晋中市	13780	13780	12822	1166	2534	-2702
运城市	128750	128750	35320	1544	2089	89797
忻州市	500	500	300	50	100	100
临汾市	71614	71614	55038	2105	6517	8129
吕梁市	932	932	633	11	21	267

3-1-16 分地区道路运输业营业状况

单位：千元

地　区	营业收入合　计	主营业务收入	主营业务成　本	主营业务税金及附加	费用合计	营业利润
全　省	**19597463**	**19288715**	**14419692**	**678288**	**1453745**	**2928066**
太原市	4367087	4336073	3566006	147368	254979	490175
大同市	1115810	1101004	644918	41347	175113	236293
阳泉市	805003	674219	525642	18697	118209	20258
长治市	2584949	2520112	2047041	106354	153282	237288
晋城市	2182509	2151291	1705355	53168	225494	177455
朔州市	261309	260509	170447	13042	26471	52536
晋中市	3295981	3294539	2135193	117707	245598	806860
运城市	986635	985628	684278	33292	39480	227030
忻州市	1320394	1315734	669428	29740	79315	539726
临汾市	2259171	2235022	1991761	82025	86067	88290
吕梁市	418615	414584	279623	35548	49737	52155

3-1-17 分地区城市公共交通业营业状况

单位：千元

地　区	营业收入合　计	主营业务收入	主营业务成　本	主营业务税金及附加	费用合计	营业利润
全　省	**1456902**	**1412882**	**1196904**	**40224**	**231462**	**-12001**
太原市	478046	451577	505821	1340	94653	-150200
大同市	94878	93178	119182	3941	29644	-56817
阳泉市	111156	110859	100751	4792	25541	-19957
长治市	138344	135184	90920	4418	26024	15894
晋城市	183316	180416	130597	7287	29045	15453
朔州市	16735	16735	6920	704	1301	7810
晋中市	30768	30668	23642	1074	5761	211
运城市	208527	208516	103905	7993	9436	87303
忻州市	59651	59651	35471	6431	3132	14618
临汾市	74683	70132	44667	999	3870	20656
吕梁市	60798	55966	35028	1245	3055	53028

3-1-18　分地区水上运输业营业状况

单位：千元

地　区	营业收入合计	主营业务收入	主营业务成本	主营业务税金及附加	费用合计	营业利润
全　省	**13033**	**12833**	**10781**	**122**	**744**	**1356**
太原市	10001	9901	8495	27	393	1086
大同市						
阳泉市						
长治市	300	200	75	35	210	-60
晋城市						
朔州市						
晋中市						
运城市	2586	2586	2145	56	90	305
忻州市						
临汾市						
吕梁市	146	146	66	4	51	25

3-1-19　分地区航空运输业营业状况

单位：千元

地　区	营业收入合计	主营业务收入	主营业务成本	主营业务税金及附加	费用合计	营业利润
全　省	**876697**	**624969**	**562908**	**22121**	**205468**	**-164889**
太原市	869446	617718	550081	21774	202739	-156237
大同市	6668	6668	12659	224	2667	-8882
阳泉市						
长治市	103	103	3	3	2	95
晋城市						
朔州市						
晋中市						
运城市	480	480	165	120	60	135
忻州市						
临汾市						
吕梁市						

3-1-20 分地区管道运输业营业状况

单位：千元

地 区	营业收入合 计	主营业务收入	主营业务成 本	主营业务税金及附加	费用合计	营业利润
全 省	**3190**	**3190**	**1500**	**190**	**200**	**1300**
太原市						
大同市						
阳泉市						
长治市						
晋城市						
朔州市	3190	3190	1500	190	200	1300
晋中市						
运城市						
忻州市						
临汾市						
吕梁市						

3-1-21 分地区装卸搬运和其他运输服务业营业状况

单位：千元

地 区	营业收入合 计	主营业务收入	主营业务成 本	主营业务税金及附加	费用合计	营业利润
全 省	**1174799**	**1172974**	**741162**	**49295**	**170422**	**215283**
太原市	289331	288909	229020	6617	17746	35763
大同市	85127	85127	46036	3877	19519	16480
阳泉市	189	189	126	10	78	-25
长治市	25435	25435	12265	1485	7611	4074
晋城市	52229	52229	37786	3046	4007	7611
朔州市	72674	72674	41270	3111	6890	21803
晋中市	155799	155456	91452	7289	49176	8020
运城市	240767	240767	96330	14516	31947	98076
忻州市	108336	108336	78420	4704	21600	3507
临汾市	111184	110124	87416	3742	9669	9034
吕梁市	33728	33728	21041	898	2179	10940

3-1-22　分地区仓储业营业状况

单位：千元

地　区	营业收入合　计	主营业务收入	主营业务成　本	主营业务税金及附加	费用合计	营业利润
全　省	**3086403**	**3016432**	**2597047**	**65513**	**346311**	**55600**
太原市	634260	630039	554076	13605	69253	25569
大同市	202470	202470	147911	10659	26516	13165
阳泉市	44149	44149	39582	561	10553	-6547
长治市	460637	460637	405171	2468	54291	-1289
晋城市	150505	140437	117382	4253	11146	17387
朔州市	33235	33235	18417	471	9338	5009
晋中市	303720	297883	268208	9077	43057	-21209
运城市	369431	368832	282107	7750	30195	50469
忻州市	505454	462530	440123	7691	42682	-24043
临汾市	276472	276237	251831	3381	37298	-15648
吕梁市	106070	99983	72239	5597	11982	12737

3-1-23　分地区邮政业营业状况

单位：千元

地　区	营业收入合　计	主营业务收入	主营业务成　本	三营业务税金及附加	费用合计	营业利润
全　省	**1735392**	**1716239**	**1389417**	**21632**	**448760**	**-122776**
太原市	587610	582548	449920	6345	85877	85487
大同市	169807	168826	145263	2487	30942	-8886
阳泉市	59495	59495	54053	516	15671	-11116
长治市	98149	96985	91354	903	21588	-15811
晋城市	80029	77650	76175	909	19470	-17200
朔州市	66955	65981	77751	514	134893	-146253
晋中市	148048	147237	117056	1075	35769	-5957
运城市	161764	159968	74360	6837	21722	58605
忻州市	1783	1533	21350	27	8032	-27676
临汾市	195159	192255	153065	1344	41347	-2268
吕梁市	166593	163761	129070	675	33449	-31701

3-1-24 分地区交通运输、仓储和邮政业资产负债

单位：千元

地 区	固定资产原价	本年折旧	所有者权益合计
全 省	**31760649**	**2983191**	**19739165**
太原市	7909286	744936	4937571
大同市	1933011	156155	2973547
阳泉市	809448	61454	1092546
长治市	1482769	107908	981441
晋城市	3422142	327740	1420308
朔州市	452321	35088	549459
晋中市	10114100	935013	3647228
运城市	1804893	330302	1226079
忻州市	1567714	117994	434519
临汾市	1658175	105219	1907297
吕梁市	606790	61382	569170

3-1-25 分地区铁路运输辅助活动资产负债

单位：千元

地 区	固定资产原价	本年折旧	所有者权益合计
全 省	**817591**	**67164**	**766382**
太原市	16078	1348	38336
大同市	18010	1752	470148
阳泉市	4915	459	13097
长治市	75	5	500
晋城市	8369	995	8564
朔州市	4000	960	73298
晋中市	622676	44864	40433
运城市	74260	12514	45620
忻州市	15000	800	30000
临汾市	54076	3456	46336
吕梁市	132	11	50

3-1-26　分地区道路运输业资产负债

单位：千元

地　区	固定资产原价	本年折旧	所有者权益合计
全　省	**18108625**	**1721687**	**10862267**
太原市	1995509	194106	1703048
大同市	857916	68578	1198305
阳泉市	566643	42617	669954
长治市	935113	77331	667863
晋城市	2908981	243096	1163891
朔州市	223290	19448	247805
晋中市	8725553	835796	3175222
运城市	657503	131777	328041
忻州市	293811	34767	263696
临汾市	622355	43089	1140094
吕梁市	321951	31082	304348

3-1-27　分地区城市公共交通运输业资产负债

单位：千元

地　区	固定资产原价	本年折旧	所有者权益合计
全　省	**1769834**	**165874**	**831872**
太原市	672964	47753	202317
大同市	259785	18524	77933
阳泉市	130468	7854	55277
长治市	123758	8703	79059
晋城市	188836	34602	112768
朔州市	21432	1749	18230
晋中市	37899	3390	52539
运城市	131112	22943	110508
忻州市	45419	3948	24104
临汾市	91943	7359	41254
吕梁市	66218	9049	57883

3-1-28 分地区水上运输业资产负债

单位：千元

地 区	固定资产原价	本年折旧	所有者权益合计
全 省	**17872**	**1902**	**25010**
太原市	3722	304	10290
大同市			
阳泉市			
长治市	370	18	610
晋城市			
朔州市			
晋中市			
运城市	5720	1075	6020
忻州市			
临汾市			
吕梁市	8060	505	8090

3-1-29 分地区航空运输业资产负债

单位：千元

地 区	固定资产原价	本年折旧	所有者权益合计
全 省	**4243988**	**403334**	**1387328**
太原市	4008293	390371	1266751
大同市	235118	12931	120000
阳泉市			
长治市	30	2	30
晋城市			
朔州市			
晋中市			
运城市	547	30	547
忻州市			
临汾市			
吕梁市			

3-1-30　分地区管道运输业资产负债

单位：千元

地　区	固定资产原价	本年折旧	所有者权益合计
全　省	**7980**	**890**	**7980**
太原市			
大同市			
阳泉市			
长治市			
晋城市			
朔州市	7980	890	7980
晋中市			
运城市			
忻州市			
临汾市			
吕梁市			

3-1-31　分地区装卸搬运和其他运输服务业资产负债

单位：千元

地　区	固定资产原价	本年折旧	所有者权益合计
全　省	**1704832**	**135167**	**818535**
太原市	97489	9578	208750
大同市	67123	4992	100928
阳泉市	150	9	1820
长治市	75756	3853	66633
晋城市	25502	3065	36726
朔州市	55501	4304	41658
晋中市	81673	7037	64969
运城市	203530	37329	134917
忻州市	933878	52200	19605
临汾市	122019	6745	114329
吕梁市	42211	6055	28200

3-1-32 分地区仓储业资产负债

单位：千元

地　区	固定资产原价	本年折旧	所有者权益合计
全　省	**3216155**	**348595**	**2506811**
太原市	546311	72249	429657
大同市	191710	19044	183952
阳泉市	40857	5040	341731
长治市	210046	13042	116746
晋城市	184087	24709	56909
朔州市	53423	3081	39712
晋中市	521714	34818	284117
运城市	615234	112893	383064
忻州市	261056	24456	78764
临汾市	479373	27386	477461
吕梁市	112344	11877	114698

3-1-33 分地区邮政业资产负债

单位：千元

地　区	固定资产原价	本年折旧	所有者权益合计
全　省	**1873772**	**138578**	**2532980**
太原市	568920	29227	1078422
大同市	303349	30334	822281
阳泉市	66415	5475	10667
长治市	137621	4954	50000
晋城市	106367	21273	41450
朔州市	86148	4626	120229
晋中市	124585	9108	29948
运城市	117534	11771	217909
忻州市	18550	1823	18350
临汾市	288409	17184	87823
吕梁市	55874	2803	55901

交通运输、仓储和邮政业主要指标解释

1. **固定资产原价**：固定资产指使用期超过一年的房屋及建筑物、机器、机械、运输工具以及其他与生产经营有关的设备、器具、工具等。不属于生产经营主要设备的物品，单位价值在2000元以上，并且使用期超过两年的也包括在内。固定资产原价是指企业在购置、自行建造、安装、改建、扩建、技术改造某项固定资产时所支出的全部支出总额。未执行2006年《企业会计准则》的企业，根据会计“资产负债表”中“固定资产原价”项目的期末数填列。执行2006年《企业会计准则》的企业，根据会计“资产负债表”中“固定资产（净值）”项的期末数加上“累计折旧”和“固定资产减值准备” 期末余额后的金额填列。或根据“资产负债表附表”中的“固定资产原价”项目的期末数填列。

2. **固定资产折旧**：指对固定资产由于磨损和损耗而转移到产品中去的那一部分价值的补偿。一般根据固定资产原价（选用双倍余额递减法计提折旧的企业，为固定资产帐面净值）和确定的折旧率计算。 “本年折旧”：指企业在报告期内提取的固定资产折旧合计数。根据会计核算中《资产减值准备、投资及固定资产情况表》内“当年计提的固定资产折旧总额”项本年增加数填列。

3. **所有者权益合计**：所有者权益是指所有者在企业资产中享有的经济利益，它等于企业资产减去负债后的余额。包括实收资本（或股本）、资本公积、盈余公积和未分配利润等。根据“资产负债表”中的“所有者权益合计”项的期末数填列。

4. **实收资本**：指投资者按照企业章程，或合同、协议的约定，实际投入企业的资本。企业实收资本按照投资主体划分为国家资本、集体资本、法人资本、个人资本、港澳台资本和外商资本六种。根据“资产负债表”中的“实收资本”项的期末数填列。实收资本中如有以外币形式投入的资本，需折合成人民币形式填写。

5. **国家资本**：指有权代表国家投资的政府部门或机构以国有资产投入企业形成的资本。不论企业的资本是哪个政府部门或机构投入的，只要是以国家资金进行投资的，均作为国家资本。根据会计“实收资本”科目期末余额计算填列。

6. **集体资本**：指劳动群众集体所有的资产实际投入企业形成的资本。根据会计“实收资本”科目期末余额计算填列。

7. **法人资本**：指我国具有法人资格的单位以其依法可以支配的资产投入企业形成的资本。可根据会计“实收资本”科目期末余额计算填列。

8. **个人资本**：指我国公民以其合法财产投入企业形成的资本。根据会计“实收资本”科目期末余额计算填列。

9. **港澳台资本**：指我国香港、澳门和台湾地区投资者将所有的资产实际投入企业形成的资本。根据会计“实收资本”科目期末余额计算填列。

10. **外商资本**：指外国投资者（不包括我国香港、澳门和台湾地区投资者）将所有的资产实际投入企业形成的资本。根据会计“实收资本”科目期末余额计算填列。

11. **营业收入**：指企业（单位）在报告期内从事销售商品、提供劳务及转让资产使用权等日常活动中所形成的总收入，包括主营业务收入和其他业务收入。根据会计“利润表”中对应指标本年累计数计算填列。

12. **主营业务收入**：指企业经营主要业务活动所取得的收入总额。根据会计“利润表”中“主营业务收入”项的本期累计数填报。执行2006年《企业会计准则》的企业，此项以营业收入代替填报。

13. **营业成本**：指企业（单位）在报告期内从事销售商品、提供劳务等日常活动发生的各种耗费。包括主营业务成本和其他业务成本。根据会计“利润表”中对应指标本年累计数计算填列。

14. **主营业务成本**：指企业经营主要业务发生的实际成本。根据会计“利润表”中对应指标计算填列。执行2006年《企业会计准则》的企业，该项以营业成本代替填列。

15. **营业税金及附加**：指企业与营业收入有关的，应由各项经营业务负担的税金及附加。根据会计“利润表”中“营业税金及附加”的本年累计数填列。

16. **主营业务税金及附加**：指企业经营主要业务应负担的营业税、消费税、城市维护建设税、资源税、土地增值税、教育费附加。根据会计“利润表”中对应指标“本年累计数”填列。执行2006年《企业会计准则》的企业，此项以营业税金及附加代替填报。

17. **主营业务利润**：指企业经营主要业务实现的利润。根据会计“利润表”中对应指标本年累计数填列。计算公式为：

主营业务利润=主营业务收入－主营业务成本
－主营业务税金及附加

执行2006年《企业会计准则》的企业，该项以营业利润发生额代替填列。

18. **其他业务利润**：指企业经营除主要业务以外的其它业务实现的利润。根据会计“利润表”中对应指标的本年累计数填列。执行2006年《企业会计准则》的企业，该项填0。

19. **营业费用、管理费用和财务费用合计**：指企业报告期内营业费用、管理费用、财务费用三项费用的合计。

20. **营业费用**：指企业在经营主要业务过程中发生的各项费用，根据“利润表”中对应项目的“本年累计数”填列。

21. **管理费用**：指企业行政管理部门和企业的董事会为组织和管理企业生产经营活动而发生的各项费用，根据“利润表”中“管理费用”项的“本年累计数”填列。

22. **财务费用**：指企业为筹集生产经营所需资金等发生

的费用，包括利息净支出、汇兑净损失（已减汇兑收益）、以及相关的手续费等，根据会计“利润表”中“财务费用”项的“本年累计数”填列。

23. **税金**：指企业按照规定从管理费用中支付的房产税、印花税、车船使用税和土地使用税。本指标根据“管理费用”科目中相关项目归纳填列。

24. **利息支出**：指企业短期借款利息、长期借款利息、应付票据利息、票据贴现利息、应付债券利息、长期应付引进国外设备款利息等利息支出（除资本化的利息外）减去银行存款等的利息收入后的净额。根据会计“财务费用明细资料”中的利息支出项目填列。

25. **营业利润**：指企业从事生产经营活动所取得的利润。根据会计“利润表”中对应指标的“本年累计数”填列。未执行 2006 年《企业会计准则》的企业，计算公式为：营业利润=主营业务收入－主营业务成本－主营业务税金及附加＋其他业务利润－营业费用－管理费用－财务费用。执行 2006 年《企业会计准则》的企业，计算公式为：营业利润=营业收入－营业成本－营业税金及附加－营业费用－管理费用－财务费用－资产减值损失＋公允价值变动收益＋投资收益。

26. **职工工资和福利费**：职工工资和福利费包括职工工资总额和职工福利费两部分，是企业为获得职工提供服务而给予的各种形式的报酬以及其他相关支出。

工资总额是指企业在报告期内支付给本单位全部职工的劳动报酬，包括工资、奖金、津贴和补贴，反映的是报告期的发生额。根据会计“应付工资”科目的本期贷方累计发生额填报，或根据企业成本费用明细表中“工资”项本期累计发生额填报。应付工资总额不包括企业用净利润、福利基金支付的工资、奖励、福利等费用。

职工福利费是指企业在报告期内根据国家有关规定开支的各项福利支出，包括企业为职工提存的基本养老保险基金、基本医疗保险费、失业保险费、工伤保险费、生育保险费、住房公积金、补充养老保险费和补充医疗保险费，以及从成本费用中列支的集体福利补贴、职工生活困难补助、房租补贴、上下班交通补贴、冬季取暖费，以及按规定发生的其他职工福利支出，它反映企业在报告期实际发生的各项福利费用。根据企业成本和费用明细表中“福利费”项本期累计发生额填报。职工福利费不包括企业用净利润、福利基金支付的工资、奖励、福利等费用。

27. **本年应交增值税**：指企业按税法规定，从事货物销售或提供加工、修理修配劳务等增加货物价值的活动本期应交纳的税金。指企业在报告期应交增值税额。计算公式为：

本年应交增值税=销项税额－（进项税额－进项税额转出）

－出口抵减内销产品应纳税额

－减免税款＋出口退税

根据企业会计“应交增值税明细表”计算填列。

28. **全部从业人员年平均人数**：指企业单位年内各月平均拥有的人数。其计算公式为：

全部从业人员年平均人数＝（1 月平均人数＋2 月平均人数＋…＋12 月平均人数）/ 12

月平均人数＝（月初从业人员数＋月末从业人员数）/ 2

第2篇

批发和零售业商品销售和财务情况

3-2-1　按商品类别分组的批发和零售业商品销售情况

单位：万元

商品类别	销售额			批发额			零售额		
	合　计	限额以上	限额以下	合　计	限额以上	限额以下	合　计	限额以上	限额以下
总　计	**49505063**	**37538712**	**11966350**	**38263493**	**30191045**	**8072448**	**11241570**	**7347668**	**3893902**
1. 粮油、食品、饮料、烟酒类	4075950	2944727	1131223	2934684	2381502	553183	1140668	563225	577443
(1)粮油、食品类	1488411	618054	870357	697108	227424	469685	790854	390630	400224
其中：粮油类	748455	306354	442101	369384	121914	247470	377913	184440	193473
肉禽蛋类	165545	107405	58140	35271	10731	24540	130308	96675	33633
水产品类	21396	11562	9834	2887	1	2886	18512	11561	6950
蔬菜类	118536	16654	101882	58554	6796	51758	59302	9858	49444
干鲜果品类	91979	24246	67733	42993	6455	36538	49641	17792	31850
(2)饮料类	218906	114613	104293	67361	35626	31735	151436	78987	72449
(3)烟酒类	2368633	2212060	156573	2170214	2118451	51763	198379	93609	104770
2. 服装、鞋帽、针纺织品类	886703	524411	362292	110015	41082	68933	776672	483329	293343
(1)服装类	579606	342262	237344	77205	35386	41819	502470	306875	195595
(2)鞋帽类	153264	100052	53211	8093	3867	4225	145125	96185	48940
(3)针纺织品类	153834	82097	71737	24717	1829	22889	129077	80269	48809
3. 化妆品类	94015	49951	44065	6936	490	6445	87055	49461	37595
4. 金银珠宝类	206414	159354	47060	10942	5583	5359	195472	153771	41701
5. 日用品类	266520	112740	153780	58312	17797	40514	212474	94942	117532
其中：洗涤用品类	98985	50160	48825	12017	759	11257	87216	49401	37815
儿童玩具类	19086	11038	8048	1177	216	962	17896	10822	7074
6. 五金、电料类	328081	49158	278923	105111	9713	95398	223051	39445	183606
7. 体育、娱乐用品类	63679	42865	20814	34774	25737	9037	28913	17128	11785
8. 书报杂志类	233749	193959	39791	90496	76160	14337	143376	117799	25577
9. 电子出版物及音像制品类	34246	19297	14949	23035	15677	7358	11138	3620	7518
10. 家用电器和音像器材类	1025597	687398	338198	381255	257558	123697	644665	429840	214825
11. 中西药品类	948058	615836	332223	612854	461474	151379	336340	154362	181978
其中：西药类	580986	415862	165124	371068	312268	58801	210126	103594	106532
中草药及中成药类	208520	163105	45414	148041	128376	19665	60515	34730	25786
12. 文化办公用品类	365295	99168	266127	160609	66733	93876	205102	32435	172667
13. 家具类	54611	12151	42460	4086	4	4081	50698	12147	38551
14. 通讯器材类	259321	74478	184843	136816	59196	77620	122925	15282	107643
15. 煤炭及制品类	22471831	19160421	3311410	22130736	18981518	3149218	341155	178902	162252
16. 木材及制品类	61122	4460	56662	59734	4460	55274			
17. 石油及制品类	4450344	3942752	507592	1592937	1497306	95631	2857653	2445446	412207
18. 化工材料及制品类	1221672	820994	400678	1213901	820994	392907			
其中：化肥类	619493	464638	154856	615065	464638	150428			
19. 金属材料类	5585921	4212709	1373212	5575652	4212709	1362943			
20. 建筑及装潢材料类	831692	218311	613381	564400	173752	390647	267116	44559	222557
21. 机电产品及设备类	1186047	229115	956932	888670	194338	694332	299001	34777	264224
其中：农机类	124441	60954	63486	122205	60954	61251			
22. 汽车类	3533630	2704218	829412	680652	430669	249982	2853076	2273549	579528
23. 种子饲料类	40875	2646	38229	39983	2646	37337			
24. 棉麻类	17927		17927	12683		12683	5233		5233
25. 其他类	1262512	657594	604919	834222	453945	380278	1114460	203649	910811

3-2-2 按地区分组的批发和

地 区	法人单位数（个）			年末就业人员（人）		
	合 计	限额以上	限额以下	合 计	限额以上	限额以下
总 计	**28969**	**1497**	**27472**	**506410**	**178880**	**327530**
太原市	**8151**	**375**	**7776**	**120122**	**39603**	**80519**
小店区	2272	114	2158	32469	10846	21623
迎泽区	1731	99	1632	30224	11869	18355
杏花岭区	1375	60	1315	24047	10271	13776
尖草坪区	858	27	831	8326	1054	7272
万柏林区	1170	40	1130	15332	3542	11790
晋源区	262	14	248	2758	603	2155
清徐县	248	13	235	2837	563	2274
阳曲县	76	3	73	1185	98	1087
娄烦县	34		34	357		357
古交市	125	5	120	2587	757	1830
大同市	**2848**	**162**	**2686**	**66321**	**22119**	**44202**
大同市城区	993	107	886	35029	16228	18801
矿区	198	2	196	5398	263	5135
南郊区	511	27	484	10865	3661	7204
新荣区	27	2	25	1370	563	807
阳高县	187		187	1367		1367
天镇县	231		231	2793		2793
广灵县	107		107	1317		1317
灵丘县	107		107	1247		1247
浑源县	104		104	1611		1611
左云县	136	4	132	2606	475	2131
大同县	247	20	227	2718	929	1789
阳泉市	**1516**	**75**	**1441**	**23410**	**8560**	**14850**
城区	897	40	857	12176	4833	7343
矿区	144	11	133	2104	582	1522
郊区	237	3	234	3093	528	2565
平定县	121	8	113	2406	699	1707
盂县	117	13	104	3631	1918	1713
长治市	**2681**	**234**	**2447**	**37985**	**15082**	**22903**
长治市城区	1229	91	1138	18282	8468	9814
长治市郊区	258	40	218	3830	2171	1659
长治县	145	8	137	2755	839	1916
襄垣县	131	25	106	2552	1099	1453
屯留县	193	8	185	1816	339	1477
平顺县	59		59	629		629
黎城县	103	5	98	1075	137	938
壶关县	77	7	70	1002	343	659
长子县	92	9	83	1431	396	1035
武乡县	76	9	67	1050	430	620
沁县	83	9	74	929	246	683
沁源县	64	10	54	1058	294	764
潞城市	171	13	158	1576	320	1256

零售业商品销售情况

销售额（万元）			批发额（万元）			零售额（万元）		
合　计	限额以上	限额以下	合　计	限额以上	限额以下	合　计	限额以上	限额以下
49505063	**37538712**	**11966350**	**38263493**	**30191045**	**8072448**	**11241570**	**7347668**	**3893902**
18992990	**14693562**	**4299428**	**15227231**	**11917751**	**3309479**	**3765760**	**2775811**	**989949**
5433711	3751491	1682220	3541236	2415422	1125814	1892475	1336068	556407
2997026	2595225	401801	2325745	2012676	313069	671281	582550	88732
6267717	5214888	1052829	5790760	4874955	915805	476958	339933	137024
2342490	2001307	341183	2305914	2001209	304705	36577	99	36478
1483756	796058	687699	908861	354644	554216	574896	441413	133483
152772	92301	60471	87349	44739	42611	65423	47562	17860
137395	105459	31936	104192	78902	25290	33203	26557	6646
22476	8631	13845	14824	7731	7093	7652	900	6752
15103		15103	13327		13327	1776		1776
140545	128204	12341	135025	127475	7550	5520	729	4791
3806556	**2858748**	**947808**	**2474215**	**1986822**	**487394**	**1332341**	**871927**	**460414**
1851671	1657928	193743	1090689	1039728	50962	760981	618200	142782
158424	15945	142479	60524	12284	48240	97900	3661	94239
1125621	776219	349402	864110	587033	277078	261510	189187	72324
77064	15598	61466	56613	3407	53206	20451	12191	8260
13133		13133	9824		9824	3308		3308
29611		29611	10547		10547	19065		19065
13126		13126	3902		3902	9224		9224
22024		22024	8515		8515	13509		13509
19070		19070	10027		10027	9043		9043
147962	89355	58606	99148	89355	9793	48813		48813
348852	303703	45149	260316	255015	5301	88536	48689	39847
2242231	**1742543**	**499688**	**1680636**	**1482037**	**198599**	**561595**	**260506**	**301089**
983797	685210	298587	571983	465891	106092	411814	219319	192495
338615	303818	34798	304481	288650	15831	34134	15168	18966
260460	181598	78862	225842	181598	44244	34618		34618
102874	69640	33234	62078	53158	8920	40797	16482	24314
556485	502278	54207	516252	492742	23511	40233	9536	30697
5068512	**4019010**	**1049502**	**4297892**	**3455551**	**842340**	**770620**	**563459**	**207161**
1970298	1436938	533360	1413950	979045	434905	556348	457893	98455
956656	781937	174719	866648	713429	153219	90009	68509	21500
487386	459752	27635	472347	454334	18013	15039	5417	9622
457481	397286	60195	436696	386087	50610	20785	11199	9586
161697	95727	65970	149253	94752	54501	12443	974	11469
9875		9875	5386		5386	4489		4489
134513	60296	74217	129046	59920	69126	5467	376	5091
120914	109516	11398	109708	105182	4527	11206	4335	6872
155159	135030	20129	147160	132417	14743	7999	2613	5386
155139	146750	8389	152060	145988	6072	3079	762	2317
66920	49919	17001	60186	49088	11098	6734	831	5904
260450	248465	11985	251594	244893	6701	8856	3572	5284
132024	97395	34629	103858	90418	13440	28166	6978	21188

3-2-2 续表 1

地 区	法人单位数（个）			年末就业人员（人）		
	合 计	限额以上	限额以下	合 计	限额以上	限额以下
晋城市	**2171**	**97**	**2074**	**49271**	**19169**	**30102**
晋城市城区	909	47	862	25654	12776	12878
沁水县	163	3	160	2320	542	1778
阳城县	227	10	217	5842	1764	4078
陵川县	167	6	161	3073	448	2625
泽州县	230	21	209	4594	1777	2817
高平市	475	10	465	7788	1862	5926
朔州市	**1586**	**83**	**1503**	**29971**	**11934**	**18037**
朔城区	968	38	930	14993	5313	9680
平鲁区	58	6	52	1121	547	574
山阴县	201	9	192	3505	913	2592
应县	91	2	89	1369	248	1121
右玉县	34		34	743		743
怀仁县	234	28	206	8240	4913	3327
晋中市	**2014**	**136**	**1878**	**36903**	**14088**	**22815**
榆次区	714	44	670	13090	6424	6666
榆社县	54	1	53	574	75	499
左权县	123	7	116	2036	615	1421
和顺县	45	2	43	1403	513	890
昔阳县	102	3	99	3404	780	2624
寿阳县	138	14	124	2659	852	1807
太谷县	195	6	189	2108	307	1801
祁县	177	9	168	2536	464	2072
平遥县	102	4	98	2076	481	1595
灵石县	130	18	112	2924	1532	1392
介休市	234	28	206	4093	2045	2048
运城市	**2180**	**91**	**2089**	**36604**	**11390**	**25214**
盐湖区	624	38	586	14611	6540	8071
临猗县	100	5	95	1406	177	1229
万荣县	54	2	52	865	53	812
闻喜县	84	3	81	961	95	866
稷山县	47	4	43	572	202	370
新绛县	55	4	51	1147	153	994
绛县	96	3	93	1168	72	1096
垣曲县	137	3	134	1530	128	1402
夏县	101	3	98	1603	264	1339
平陆县	127	1	126	1542	25	1517
芮城县	112	3	109	3917	2244	1673
永济市	315	3	312	3315	184	3131
河津市	328	19	309	3967	1253	2714
忻州市	**1431**	**86**	**1345**	**34745**	**9402**	**25343**
忻府区	398	19	379	12620	4030	8590
定襄县	75	1	74	1216	21	1195
五台县	41	1	40	755	50	705

销售额（万元）			批发额（万元）			零售额（万元）		
合　计	限额以上	限额以下	合　计	限额以上	限额以下	合　计	限额以上	限额以下
3874896	**2884341**	**990555**	**3060465**	**2329309**	**731156**	**814431**	**555032**	**259399**
1638285	1173901	464384	990402	691737	298665	647883	482164	165719
211119	190863	20256	201206	189791	11415	9914	1072	8841
782927	478665	304262	738108	473394	264714	44819	5271	39548
62816	53113	9704	54286	49168	5118	8530	3945	4586
530667	448533	82134	459871	396969	62902	70796	51564	19232
649081	539267	109815	616592	528251	88341	32490	11016	21474
2899886	**2309937**	**589949**	**2475766**	**2137508**	**338258**	**424120**	**172429**	**251691**
1192723	1051420	141304	1057034	962714	94320	135689	88705	46984
112569	97407	15161	103255	95522	7733	9314	1886	7428
547411	485640	61771	506557	482451	24106	40854	3189	37666
31902	14447	17454	3278		3278	28624	14447	14177
47455		47455	44961		44961	2494		2494
967826	661023	306803	760680	596821	163860	207146	64202	142943
4134851	**3202111**	**932740**	**3258648**	**2531504**	**727144**	**876203**	**670607**	**205597**
1894780	1589647	305133	1350560	1081658	268902	544220	507989	36231
76153	4461	71691	68986	4461	64525	7167		7167
124770	96669	28101	91008	79326	11682	33762	17343	16419
99740	95273	4467	98246	95273	2973	1494		1494
243645	148715	94929	194547	147731	46815	49098	984	48114
625899	587083	38817	609365	582056	27309	16534	5027	11508
110128	40020	70108	80859	26905	53954	29269	13115	16154
122366	38182	84184	98122	31329	66794	24243	6853	17390
247503	197453	50050	238145	193605	44540	9359	3849	5510
268232	169587	98645	211484	145235	66249	56748	24352	32396
321636	235019	86617	217326	143924	73402	104310	91095	13215
2236575	**1370764**	**865811**	**1367309**	**862381**	**504928**	**869266**	**508383**	**360883**
1398950	1127985	270965	889634	726079	163555	509316	401907	107409
58827	13730	45097	27540	9176	18364	31287	4554	26733
31743	2544	29199	11474	1340	10134	20268	1204	19064
59959	22261	37699	38668	20327	18342	21291	1934	19357
26916	3293	23623	8476	437	8040	18440	2856	15584
47864	16098	31766	28053	8746	19307	19812	7352	12460
57875	11925	45950	40589	4527	36062	17286	7398	9888
40329	8085	32244	22666	7372	15294	17663	713	16951
23619	3006	20613	10430		10430	13189	3006	10183
18178	796	17382	6120		6120	12058	796	11262
98123	49535	48589	78082	47752	30331	20041	1783	18258
109150	7290	101860	65468	3637	61831	43683	3654	40029
265041	104217	160824	140108	32990	107119	124933	71228	53705
1518884	**1069233**	**449651**	**953276**	**680909**	**272367**	**565608**	**388324**	**177284**
621696	518953	102742	232623	181268	51355	389073	337685	51388
55006	717	54289	49436	106	49331	5570	612	4958
11078	2440	8638	8885	2440	6445	2193		2193

3-2-2 续表 2

地 区	法人单位数（个）			年末就业人员（人）		
	合 计	限额以上	限额以下	合 计	限额以上	限额以下
代县	70	9	61	1664	562	1102
繁峙县	97	7	90	1767	223	1544
宁武县	73	5	68	3077	1176	1901
静乐县	76		76	1761		1761
神池县	67	3	64	851	126	725
五寨县	77	9	68	1451	555	896
岢岚县	55	5	50	711	222	489
河曲县	92	6	86	1248	299	949
保德县	99	2	97	1436	29	1407
偏关县	30	1	29	494	83	411
原平市	181	18	163	5694	2026	3668
临汾市	**3358**	**93**	**3265**	**49674**	**17243**	**32431**
尧都区	1489	42	1447	26003	9871	16132
曲沃县	168	5	163	2011	149	1862
翼城县	210	5	205	2808	345	2463
襄汾县	79	3	76	886	155	731
洪洞县	301	5	296	2661	460	2201
古县	47	3	44	863	370	493
安泽县	61	2	59	605	135	470
浮山县	58	2	56	733	73	660
吉县	36	1	35	290	38	252
乡宁县	87	4	83	2349	1300	1049
大宁县	41		41	418		418
隰县	52		52	515		515
永和县	40		40	471		471
蒲县	41	3	38	1968	1555	413
汾西县	27	3	24	546	307	239
侯马市	498	9	489	4924	1748	3176
霍州市	123	6	117	1623	737	886
吕梁市	**1033**	**65**	**968**	**21404**	**10290**	**11114**
离石区	118	11	107	3772	1570	2202
文水县	109	5	104	821	165	656
交城县	111	4	107	1239	310	929
兴县	17	1	16	384	82	302
临县	67	1	66	879	45	834
柳林县	86	12	74	1855	815	1040
石楼县	22		22	287		287
岚县	35	1	34	555	125	430
方山县	28	3	25	1294	1078	216
中阳县	31	5	26	627	273	354
交口县	26	2	24	469	251	218
孝义市	200	12	188	7211	4971	2240
汾阳市	183	8	175	2011	605	1406

销售额（万元）			批发额（万元）			零售额（万元）		
合　计	限额以上	限额以下	合　计	限额以上	限额以下	合　计	限额以上	限额以下
83766	50972	32794	74295	44570	29725	9470	6402	3069
79589	44580	35010	60490	35324	25166	19099	9255	9844
99084	81236	17848	95239	81236	14003	3845		3845
5969		5969	2185		2185	3784		3784
21262	14221	7041	13843	11837	2007	7419	2384	5034
186688	135185	51503	184385	134491	49894	2303	694	1609
69670	62940	6730	68114	62940	5174	1556		1556
86560	73019	13541	77185	71300	5885	9376	1719	7657
25173	1099	24074	9931		9931	15242	1099	14143
15744	8927	6816	11837	8927	2910	3906		3906
157599	74944	82655	64827	46469	18358	92772	28475	64297
2993919	**1921492**	**1072426**	**2054740**	**1493197**	**561543**	**939179**	**428296**	**510883**
1725803	1076161	649642	1154743	752847	401895	571060	323314	247747
51298	13548	37750	27157	10599	16558	24141	2948	21192
62155	26757	35398	43435	23398	20037	18720	3359	15361
14427	3862	10565	6561	46	6515	7866	3816	4050
94529	14013	80516	25112	6300	18812	69417	7713	61704
257194	249115	8080	251930	248563	3367	5264	552	4713
47167	38177	8990	41039	37575	3465	6128	603	5526
12240	3086	9154	8626	2489	6137	3614	597	3017
49332	44262	5070	47383	44262	3122	1949		1949
186732	168957	17775	170331	167006	3324	16402	1951	14451
16912		16912	10977		10977	5935		5935
5043		5043	2771		2771	2272		2272
5410		5410	1792		1792	3618		3618
144933	137064	7869	137452	136434	1018	7481	630	6851
4816	3533	1283	3314	2589	725	1502	944	558
278109	126108	152001	104512	47488	57025	173596	78620	94976
37819	16850	20969	17604	13601	4003	20215	3249	16966
1735764	**1466972**	**268793**	**1413317**	**1314076**	**99241**	**322447**	**152896**	**169552**
234846	210230	24617	204799	193516	11283	30047	16714	13334
29958	6930	23029	7153	2226	4928	22805	4704	18101
38596	16303	22293	21226	11877	9349	17369	4425	12944
13688	9035	4653	10442	9035	1407	3246		3246
12869	1609	11260	7242		7242	5627	1609	4018
106758	89101	17657	90028	83260	6768	16730	5841	10889
3241		3241	735		735	2506		2506
29001	1864	27137				29001	1864	27137
54793	42745	12048	30027	29913	114	24766	12832	11934
45811	38836	6975	36137	33119	3018	9674	5717	3957
16059	11042	5017	14047	11042	3004	2012		2012
1082974	1007451	75523	947200	915193	32006	135774	92258	43516
67171	31827	35344	44281	24894	19387	22890	6933	15957

3-2-3 按商品类别分组的

商品类别	销售额		
	合 计	限额以上	限额以下
总 计	**38563250**	**30045555**	**8517695**
1. 粮油、食品、饮料、烟酒类	3064038	2396811	667227
(1)粮油、食品类	802868	234464	568404
其中：粮油类	430857	129541	301316
肉禽蛋类	39559	12253	27306
水产品类	3033		3033
蔬菜类	84830	6794	78036
干鲜果品类	50780	7942	42838
(2)饮料类	83231	43730	39501
(3)烟酒类	2177939	2118617	59322
2. 服装、鞋帽、针纺织品类	117092	42705	74387
(1)服装类	81229	36131	45098
(2)鞋帽类	9592	4099	5493
(3)针纺织品类	26271	2476	23795
3. 化妆品类	8627	977	7651
4. 金银珠宝类	15429	10306	5124
5. 日用品类	67735	18204	49530
其中：洗涤用品类	15967	1236	14731
儿童玩具类	2275	418	1857
6. 五金、电料类	112718	9650	103068
7. 体育、娱乐用品类	35310	26022	9288
8. 书报杂志类	90971	74861	16109
9. 电子出版物及音像制品类	24292	16817	7475
10. 家用电器和音像器材类	395825	254910	140915
11. 中西药品类	576146	411029	165118
其中：西药类	351852	280198	71654
中草药及中成药类	130991	110271	20720
12. 文化办公用品类	174671	69539	105132
13. 家具类	4514	353	4161
14. 通讯器材类	137565	59196	78369
15. 煤炭及制品类	22369791	19109848	3259944
16. 木材及制品类	58654	3860	54794
17. 石油及制品类	1520813	1413679	107134
18. 化工材料及制品类	1195253	817689	377565
其中：化肥类	598488	462165	136323
19. 金属材料类	5582273	4212709	1369564
20. 建筑及装潢材料类	626090	175641	450449
21. 机电产品及设备类	928627	195300	733327
其中：农机类	123267	60917	62350
22. 汽车类	542286	266978	275308
23. 种子饲料类	39204	2633	36571
24. 棉麻类	13396		13396
25. 其他类	861929	455837	406091

批发业商品销售情况

单位：万元

批发额			零售额		
合 计	限额以上	限额以下	合 计	限额以上	限额以下
37594773	**29576963**	**8017810**	**968477**	**468592**	**499885**
2920467	2374145	546323	143630	22666	120964
687852	221621	466231	115080	12843	102237
367200	121272	245929	62520	8270	54250
34127	9802	24325	5466	2451	3015
2881		2881	156		156
58548	6794	51754	26292		26292
42256	6314	35943	8509	1628	6881
65462	34961	30501	17687	8769	8917
2167154	2117563	49591	10863	1054	9810
107241	40896	66345	9851	1809	8042
75386	35371	40015	5903	760	5143
7819	3845	3974	1724	254	1470
24036	1680	22356	2224	796	1428
6782	475	6307	1845	501	1344
10482	5358	5124	4947	4947	
56642	16633	40009	11146	1571	9575
11826	657	11169	4411	579	3832
1142	209	932	1133	208	924
101625	9391	92234	11215	259	10956
34612	25737	8874	759	285	474
87372	73703	13669	3599	1158	2441
23003	15657	7347	1321	1160	161
376530	253845	122685	19317	1065	18252
552611	404583	148028	23736	6446	17290
333282	276159	57123	18672	4039	14633
126673	107875	18797	4318	2396	1923
154961	64780	90181	19289	4759	14530
3950	4	3946	564	349	215
135818	59196	76622	1799		1799
22126916	18977769	3149147	242936	132078	110857
58654	3860	54794			
1247741	1154351	93390	273091	259328	13763
1193835	817689	376146			
597842	462165	135677			
5574183	4212709	1361474			
559386	172541	386845	66303	3100	63203
887336	194184	693152	43448	1116	42332
121868	60917	60951			
494024	245180	248845	48362	21798	26564
39174	2633	36541			
12552		12552	843		843
828876	451643	377233	719241	4194	715046

3-2-4 按商品类别分组的

商品类别	销售额		
	合 计	限额以上	限额以下
总 计	**10941813**	**7493157**	**3448655**
1. 粮油、食品、饮料、烟酒类	1011912	547916	463996
(1)粮油、食品类	685543	383590	301953
其中：粮油类	317599	176813	140786
肉禽蛋类	125986	95152	30834
水产品类	18363	11562	6801
蔬菜类	33706	9860	23846
干鲜果品类	41199	16304	24895
(2)饮料类	135675	70883	64792
(3)烟酒类	190694	93443	97251
2. 服装、鞋帽、针纺织品类	769611	481706	287905
(1)服装类	498376	306131	192246
(2)鞋帽类	143672	95954	47718
(3)针纺织品类	127563	79622	47942
3. 化妆品类	85388	48974	36414
4. 金银珠宝类	190985	149048	41937
5. 日用品类	198786	94535	104250
其中：洗涤用品类	83017	48924	34093
儿童玩具类	16811	10620	6192
6. 五金、电料类	215363	39508	175856
7. 体育、娱乐用品类	28368	16843	11525
8. 书报杂志类	142779	119098	23681
9. 电子出版物及音像制品类	9954	2480	7474
10. 家用电器和音像器材类	629772	432488	197284
11. 中西药品类	371912	204807	167105
其中：西药类	229134	135663	93471
中草药及中成药类	77529	52834	24695
12. 文化办公用品类	190625	29629	160996
13. 家具类	50096	11798	38299
14. 通讯器材类	121756	15282	106474
15. 煤炭及制品类	102040	50573	51467
16. 木材及制品类	2468	600	1868
17. 石油及制品类	2929530	2529073	400458
18. 化工材料及制品类	26419	3305	23114
其中：化肥类	21006	2472	18533
19. 金属材料类	3648		3648
20. 建筑及装潢材料类	205602	42670	162932
21. 机电产品及设备类	257420	33815	223605
其中：农机类	1173	37	1136
22. 汽车类	2991344	2437240	554104
23. 种子饲料类	1671	14	1657
24. 棉麻类	4531		4531
25. 其他类	400584	201756	198827

零售业商品销售情况

单位：万元

批发额			零售额		
合　计	限额以上	限额以下	合　计	限额以上	限额以下
668720	**614082**	**54638**	**10273093**	**6879076**	**3394017**
14217	7357	6860	997038	540559	456479
9257	5803	3454	675774	377787	297987
2184	643	1541	315393	176170	139223
1144	929	216	124842	94223	30618
6	1	5	18356	11561	6794
5	2	4	33010	9858	23152
737	141	596	41132	16163	24969
1900	666	1234	133749	70217	63532
3061	888	2173	187515	92555	94960
2774	186	2588	766820	481520	285301
1819	15	1804	496567	306116	190451
274	22	251	143400	95931	47469
682	149	533	126853	79473	47380
154	15	139	85210	48959	36251
460	225	235	190525	148824	41701
1670	1164	505	201328	93371	107957
190	102	88	82805	48822	33983
35	6	29	16763	10614	6149
3486	321	3164	211837	39186	172650
162		162	28154	16843	11311
3124	2456	668	139777	116641	23136
32	20	12	9817	2460	7357
4725	3713	1012	625348	428775	196574
60243	56892	3351	312604	147915	164689
37787	36109	1678	191454	99555	91900
21368	20501	867	56197	32334	23863
5648	1953	3695	185813	27676	158136
136		136	50133	11798	38336
998		998	121126	15282	105844
3821	3749	72	98219	46824	51395
1080	600	480			
345196	342955	2241	2584562	2186117	398444
20066	3305	16761			
17224	2472	14751			
1469		1469			
5013	1211	3802	200812	41459	159353
1334	154	1180	255554	33661	221893
337	37	300			
186627	185490	1138	2804714	2251750	552964
809	14	795			
131		131	4390		4390
5347	2302	3045	395219	199455	195764

3-2-5 按登记注册类型分组的

登记注册类型	法人单位数（个）			年末就业人员（人）		
	合 计	限额以上	限额以下	合 计	限额以上	限额以下
总 计	**28969**	**1497**	**27472**	**506410**	**178880**	**327530**
其中：国有及国有控股	**2712**	**453**	**2259**	**138630**	**79441**	**59189**
内 资	**28922**	**1483**	**27439**	**504151**	**177096**	**327055**
国 有	2344	337	2007	107831	55513	52318
集 体	2394	86	2308	55133	9714	45419
股份合作企业	392	15	377	6564	1296	5268
联营企业	156	1	155	2039	222	1817
国有联营	18		18	249		249
集体联营	30		30	178		178
国有与集体联营	10	1	9	468	222	246
其他联营	98		98	1144		1144
有限责任公司	3194	369	2825	77340	39729	37611
国有独资公司	32	7	25	1953	811	1142
其他有限责任公司	3162	362	2800	75387	38918	36469
股份有限公司	1108	74	1034	40935	24481	16454
私营企业	18671	592	18079	207922	45493	162429
私营独资	6971	41	6930	50619	1882	48737
私营合伙	1038	13	1025	11104	1083	10021
私营有限责任公司	9693	503	9190	133588	39356	94232
私营股份有限公司	969	35	934	12611	3172	9439
其 他	663	9	654	6387	648	5739
港澳台商投资	**21**	**4**	**17**	**1040**	**805**	**235**
与港澳台商合资经营	6	2	4	345	278	67
港澳台商独资	10	2	8	660	527	133
港澳台商投资股份有限公司	5		5	35		35
外商投资	**26**	**10**	**16**	**1219**	**979**	**240**
中外合资经营	11	4	7	872	695	177
中外合作经营	2		2	19		19
外资企业	8	4	4	248	219	29
外商投资股份有限公司	5	2	3	80	65	15

批发业和零售业商品销售情况

销售额（万元）			批发额（万元）			零售额（万元）		
合　计	限额以上	限额以下	合　计	限额以上	限额以下	合　计	限额以上	限额以下
49505063	**37538712**	**11966350**	**38263493**	**30191045**	**8072448**	**11241570**	**7347668**	**3893902**
26657949	**24122264**	**2535686**	**23522585**	**21441383**	**2081202**	**3135365**	**2680881**	**454484**
49309612	**37367697**	**11941916**	**38136000**	**30080302**	**8055698**	**11173613**	**7287395**	**3886218**
18997662	17398671	1598991	17938264	16705436	1232828	1059398	693235	366163
1871892	1129363	742530	1366924	964122	402802	504968	165241	339727
279942	158094	121848	143501	66865	76636	136441	91229	45212
38594	3599	34995	24436	3599	20837	14158		14158
4290		4290	2627		2627	1663		1663
4852		4852	2304		2304	2548		2548
12475	3599	8876	11683	3599	8084	792		792
16978		16978	7823		7823	9155		9155
8412726	6130291	2282435	6580298	4759942	1820356	1832428	1370349	462079
578076	421753	156323	552269	420614	131655	25807	1139	24668
7834650	5708538	2126112	6028029	4339328	1688701	1806622	1369210	437411
4835672	4254949	580723	2483319	2074797	408522	2352353	2180152	172201
14722858	8271361	6451496	9514410	5491884	4022527	5208448	2779478	2428970
1772207	251862	1520345	876160	175744	700416	896047	76118	819929
494582	124842	369740	329442	110413	219029	165140	14429	150711
11712664	7548698	4163966	7812308	4966822	2845485	3900357	2581876	1318480
743405	345959	397446	496500	238904	257597	246905	107055	139850
150268	21370	128898	84848	13658	71190	65420	7712	57708
64755	**51728**	**13027**	**55932**	**45956**	**9976**	**8822**	**5772**	**3050**
41323	39787	1536	40187	39787	400	1136		1136
21120	11941	9179	14588	6169	8419	6532	5772	760
2311		2311	1157		1157	1154		1154
130696	**119287**	**11408**	**71561**	**64787**	**6774**	**59135**	**54500**	**4634**
50756	41260	9496	21477	16399	5078	29279	24862	4417
117		117	117		117			
70001	68497	1504	46364	44947	1417	23637	23550	87
9822	9530	292	3604	3442	162	6219	6089	130

3-2-6 按登记注册类型分组的

登记注册类型	法人单位数（个）			年末就业人员（人）		
	合 计	限额以上	限额以下	合 计	限额以上	限额以下
总 计	**13728**	**703**	**13025**	**248768**	**84213**	**164555**
其中：国有及国有控股	**1596**	**281**	**1315**	**91284**	**54184**	**37100**
内 资	**13702**	**696**	**13006**	**247651**	**83377**	**164274**
国 有	1395	221	1174	77392	44542	32850
集 体	907	41	866	26510	5859	20651
股份合作企业	177	7	170	2515	263	2252
联营企业	47	1	46	847	222	625
国有联营	7		7	147		147
集体联营	8		8	64		64
国有与集体联营	8	1	7	381	222	159
其他联营	24		24	255		255
有限责任公司	1613	157	1456	34682	14050	20632
国有独资公司	23	7	16	1740	811	929
其他有限责任公司	1590	150	1440	32942	13239	19703
股份有限公司	562	25	537	17300	8753	8547
私营企业	8740	240	8500	85925	9602	76323
私营独资	2670	15	2655	19012	559	18453
私营合伙	512	6	506	5756	491	5265
私营有限责任公司	5099	210	4889	55626	7501	48125
私营股份有限公司	459	9	450	5531	1051	4480
其 他	261	4	257	2480	86	2394
港澳台商投资	**13**	**3**	**10**	**870**	**726**	**144**
与港澳台商合资经营	4	2	2	291	278	13
港澳台商独资	6	1	5	556	448	108
港澳台商投资股份有限公司	3		3	23		23
外商投资	**13**	**4**	**9**	**247**	**110**	**137**
中外合资经营	5	1	4	136	49	87
中外合作经营	1		1	18		18
外资企业	5	2	3	43	16	27
外商投资股份有限公司	2	1	1	50	45	5

批发业商品销售情况

销售额（万元）			批发额（万元）			零售额（万元）		
合　计	限额以上	限额以下	合　计	限额以上	限额以下	合　计	限额以上	限额以下
38563250	**30045555**	**8517695**	**37594773**	**29576963**	**8017810**	**968477**	**468592**	**499885**
23616035	**21430061**	**2185974**	**23153846**	**21076867**	**2076978**	**462190**	**353194**	**108996**
38433863	**29934318**	**8499545**	**37467292**	**29466220**	**8001072**	**966571**	**468098**	**498473**
18017647	16709106	1308541	17807433	16577875	1229558	210214	131231	78983
1404166	984186	419980	1339243	956928	382316	64923	27259	37665
170640	89435	81205	142461	66313	76148	28179	23122	5057
25212	3599	21613	24106	3599	20507	1106		1106
2545		2545	2527		2527	18		18
3104		3104	2304		2304	800		800
11964	3599	8365	11683	3599	8084	281		281
7600		7600	7593		7593	7		7
6572823	4700473	1872351	6471035	4655550	1815486	101788	44923	56865
574204	421753	152452	552266	420614	131652	21939	1139	20800
5998619	4278720	1719899	5918770	4234936	1683834	79849	43784	36065
2501608	2078967	422641	2271772	1866059	405713	229836	212908	16928
9650741	5354896	4295846	9327867	5326240	4001627	322875	28656	294219
937596	176247	761349	869042	175744	693297	68554	503	68051
375058	110709	264349	328195	110413	217782	46863	296	46567
7825589	4821574	3004016	7635231	4801296	2833936	190358	20278	170080
512498	246366	266133	495399	238787	256612	17100	7579	9521
91026	13658	77369	83375	13658	69717	7651		7651
57344	**45956**	**11388**	**55932**	**45956**	**9976**	**1412**		**1412**
40273	39787	486	40187	39787	400	86		86
14990	6169	8821	14588	6169	8419	402		402
2081		2081	1157		1157	924		924
72043	**65281**	**6762**	**71549**	**64787**	**6762**	**494**	**494**	
21477	16399	5078	21477	16399	5078			
117		117	117		117			
46364	44947	1417	46364	44947	1417			
4085	3935	150	3592	3442	150	494	494	

3-2-7 按登记注册类型分组的

登记注册类型	法人单位数（个）			年末就业人员（人）		
	合 计	限额以上	限额以下	合 计	限额以上	限额以下
总 计	**15241**	**794**	**14447**	**257642**	**94667**	**162975**
其中：国有及国有控股	**1116**	**172**	**944**	**47346**	**25257**	**22089**
内 资	**15220**	**787**	**14433**	**256500**	**93719**	**162781**
国 有	949	116	833	30439	10971	19468
集 体	1487	45	1442	28623	3855	24768
股份合作企业	215	8	207	4049	1033	3016
联营企业	109		109	1192		1192
国有联营	11		11	102		102
集体联营	22		22	114		114
国有与集体联营	2		2	87		87
其他联营	74		74	889		889
有限责任公司	1581	212	1369	42658	25679	16979
国有独资公司	9		9	213		213
其他有限责任公司	1572	212	1360	42445	25679	16766
股份有限公司	546	49	497	23635	15728	7907
私营企业	9931	352	9579	121997	35891	86106
私营独资	4301	26	4275	31607	1323	30284
私营合伙	526	7	519	5348	592	4756
私营有限责任公司	4594	293	4301	77962	31855	46107
私营股份有限公司	510	26	484	7080	2121	4959
其 他	402	5	397	3907	562	3345
港澳台商投资	**8**	**1**	**7**	**170**	**79**	**91**
与港澳台商合资经营	2		2	54		54
港澳台商独资	4	1	3	104	79	25
港澳台商投资股份有限公司	2		2	12		12
外商投资	**13**	**6**	**7**	**972**	**869**	**103**
中外合资经营	6	3	3	736	646	90
中外合作经营	1		1	1		1
外资企业	3	2	1	205	203	2
外商投资股份有限公司	3	1	2	30	20	10

零售业商品销售情况

销售额（万元）			批发额（万元）			零售额（万元）		
合　计	限额以上	限额以下	合　计	限额以上	限额以下	合　计	限额以上	限额以下
10941813	**7493157**	**3448655**	**668720**	**614082**	**54638**	**10273093**	**6879076**	**3394017**
3041914	**2692203**	**349711**	**368739**	**364516**	**4223**	**2673175**	**2327687**	**345488**
10875749	**7433379**	**3442370**	**668708**	**614082**	**54626**	**10207041**	**6819297**	**3387744**
980015	689566	290450	130831	127562	3270	849184	562004	287180
467726	145176	322550	27681	7194	20487	440045	137982	302063
109302	68659	40643	1040	552	488	108262	68107	40155
13382		13382	330		330	13052		13052
1745		1745	100		100	1645		1645
1748		1748				1748		1748
511		511				511		511
9378		9378	230		230	9148		9148
1839902	1429818	410084	109262	104392	4870	1730640	1325426	405214
3871		3871	4		4	3868		3868
1836031	1429818	406213	109259	104392	4867	1726772	1325426	401346
2334064	2175982	158082	211547	208738	2809	2122517	1967244	155273
5072116	2916466	2155651	186543	165644	20900	4885573	2750822	2134751
834611	75615	758996	7119		7119	827492	75615	751877
119524	14133	105391	1247		1247	118277	14133	104144
3887075	2727125	1159950	177076	165527	11550	3709998	2561598	1148400
230907	99593	131314	1102	117	985	229805	99476	130329
59241	7712	51529	1473		1473	57769	7712	50056
7411	**5772**	**1639**				**7411**	**5772**	**1639**
1050		1050				1050		1050
6130	5772	358				6130	5772	358
231		231				231		231
58653	**54007**	**4646**	**12**		**12**	**58641**	**54007**	**4634**
29279	24862	4417				29279	24862	4417
23637	23550	87				23637	23550	87
5737	5595	142	12		12	5725	5595	130

3-2-8 按行业分组的

行 业	法人单位数（个）			年末就业人员（人）		
	合 计	限额以上	限额以下	合 计	限额以上	限额以下
总 计	**13728**	**703**	**13025**	**248768**	**84213**	**164555**
农畜产品批发	**1072**	**25**	**1047**	**13166**	**891**	**12275**
谷物、豆及薯类批发	510	23	487	6659	812	5847
种子、饲料批发	275	1	274	2545	16	2529
棉、麻批发	53		53	1364		1364
牲畜批发	17		17	159		159
其他农畜产品批发	217	1	216	2439	63	2376
食品、饮料及烟草制品批发	**1282**	**59**	**1223**	**30377**	**12197**	**18180**
米、面制品及食用油批发	378	12	366	5498	1419	4079
糕点、糖果及糖批发	51	1	50	840	120	720
果品、蔬菜批发	286	2	284	5250	77	5173
肉、禽、蛋及水产品批发	61	2	59	2115	186	1929
盐及调味品批发	133	9	124	3110	889	2221
饮料及茶叶批发	173	14	159	3594	1854	1740
烟草制品批发	43	14	29	7784	7371	413
其他食品批发	157	5	152	2186	281	1905
纺织、服装及日用品批发	**410**	**12**	**398**	**7507**	**790**	**6717**
纺织品、针织品及原料批发	83		83	1623		1623
服装批发	106	7	99	2789	602	2187
鞋帽批发	10	1	9	242	68	174
厨房、卫生间用具及日用杂货批发	72	1	71	911	24	887
化妆品及卫生用品批发	48		48	782		782
其他日用品批发	91	3	88	1160	96	1064
文化、体育用品及器材批发	**227**	**7**	**220**	**2750**	**775**	**1975**
文具用品批发	82	2	80	698	57	641
体育用品批发	17	1	16	241	58	183
图书批发	71	3	68	1164	592	572
报刊批发	3		3	57		57
音像制品及电子出版物批发	4		4	32		32
首饰、工艺品及收藏品批发	30	1	29	375	68	307
其他文化用品批发	20		20	183		183
医药及医疗器材批发	**350**	**34**	**316**	**11021**	**5471**	**5550**
西药批发	116	18	98	4602	2302	2300
中药材及中成药批发	78	15	63	5184	3151	2033
医疗用品及器材批发	156	1	155	1235	18	1217
矿产品、建材及化工产品批发	**6071**	**475**	**5596**	**132103**	**59003**	**73100**
煤炭及制品批发	1576	288	1288	77755	48964	28791
石油及制品批发	199	22	177	6305	3931	2374
非金属矿及制品批发	146	3	143	1814	160	1654
金属及金属矿批发	1393	92	1301	14452	2678	11774
建材批发	1660	34	1626	17095	906	16189
化肥批发	497	8	489	6727	534	6193
农药批发	121		121	923		923
农用薄膜批发	10	1	9	152	10	142
其他化工产品批发	469	27	442	6880	1820	5060
机械设备、五金交电及电子产品批发	**3242**	**70**	**3172**	**39729**	**3929**	**35800**
农业机械批发	220	9	211	3111	541	2570
汽车、摩托车及零配件批发	362	21	341	5767	834	4933
五金、交电批发	732	7	725	8520	305	8215
家用电器批发	133	11	122	2863	1411	1452
计算机、软件及辅助设备批发	229	2	227	2361	129	2232
通讯及广播电视设备批发	92	1	91	1078	80	998
其他机械设备及电子产品批发	1474	19	1455	16029	629	15400
贸易经纪与代理	**229**	**2**	**227**	**1997**	**40**	**1957**
贸易经纪与代理	229	2	227	1997	40	1957
其他批发	**845**	**19**	**826**	**10118**	**1117**	**9001**
再生物资回收与批发	512	9	503	5773	323	5450
其他未列明的批发	333	10	323	4345	794	3551

批发业商品销售情况

销售额（万元）			批发额（万元）			零售额（万元）		
合　计	限额以上	限额以下	合　计	限额以上	限额以下	合　计	限额以上	限额以下
38563250	**30045555**	**8517695**	**37594773**	**29576963**	**8017810**	**968477**	**468592**	**499885**
379716	**110041**	**269675**	**326225**	**105874**	**220351**	**53491**	**4167**	**49324**
243904	105266	138638	216155	101099	115056	27749	4167	23582
42789	2226	40563	39375	2226	37150	3413		3413
13525		13525	12337		12337	1188		1188
1118		1118	889		889	229		229
78381	2550	75831	57469	2550	54919	20912		20912
2765080	**2300487**	**464594**	**2667214**	**2277140**	**390074**	**97866**	**23346**	**74520**
237263	42287	194976	205631	39418	166213	31632	2870	28763
15870	5730	10140	13889	5730	8159	1981		1981
87953	11360	76593	68481	10546	57936	19472	814	18658
36099	15011	21089	32072	12560	19511	4028	2450	1577
102827	51947	50880	96861	51947	44914	5967		5967
272779	216078	56701	252844	206835	46009	19934	9243	10691
1919127	1906441	12687	1917144	1906441	10703	1984		1984
93162	51633	41528	80293	43664	36629	12869	7969	4899
219487	**100540**	**118946**	**207730**	**100540**	**107190**	**11756**		**11756**
24008		24008	23768		23768	240		240
66520	32546	33974	63939	32546	31393	2581		2581
8986	6926	2060	8195	6926	1269	791		791
28796	5228	23568	27301	5228	22073	1495		1495
11294		11294	9346		9346	1948		1948
79883	55840	24043	75181	55840	19341	4702		4702
202533	**146261**	**56272**	**192575**	**140079**	**52496**	**9958**	**6182**	**3776**
49237	29273	19964	48520	29273	19246	718		718
33761	25544	8217	33458	25544	7915	302		302
90969	81138	9831	88720	79903	8816	2249	1235	1014
5664		5664	4414		4414	1249		1249
948		948	683		683	265		265
16317	10306	6011	11297	5358	5938	5021	4947	73
5637		5637	5483		5483	154		154
609010	**414323**	**194688**	**584516**	**407650**	**176866**	**24494**	**6673**	**17821**
334516	259740	74776	320597	258971	61625	13919	768	13151
232976	151811	81165	224291	145906	78385	8685	5905	2780
41519	2773	38747	39628	2773	36856	1891		1891
31275846	**25643401**	**5632445**	**30647951**	**25241415**	**5406536**	**627895**	**401986**	**225909**
22218940	19100085	3118855	21980235	18964999	3015235	238706	135086	103620
1495026	1395772	99254	1223714	1136444	87270	271312	259328	11984
92242	27955	64287	90753	27955	62798	1489		1489
4395884	3142432	1253452	4347696	3142432	1205264	48188		48188
1883719	1180660	703060	1842148	1177560	664589	41571	3100	38471
633718	466087	167632	618181	466087	152094	15538		15538
20221		20221	19436		19436	785		785
18413	14370	4043	18404	14370	4035	9		9
517682	316042	201641	507384	311570	195815	10298	4472	5826
2374754	**956185**	**1418570**	**2246857**	**929948**	**1316909**	**127897**	**26237**	**101661**
160979	79715	81264	156565	79715	76850	4414		4414
536390	235291	301098	487449	216485	270963	48941	18806	30135
401007	167585	233421	380672	165765	214908	20334	1821	18514
321443	262683	58760	315279	261600	53679	6164	1083	5081
191183	39825	151359	160561	35298	125263	30622	4527	26096
108456	56712	51744	108111	56712	51398	346		346
655296	114373	540923	638221	114373	523848	17075		17075
83294	**33073**	**50221**	**81981**	**33073**	**48908**	**1313**		**1313**
83294	33073	50221	81981	33073	48908	1313		1313
653530	**341244**	**312286**	**639724**	**341244**	**298480**	**13805**		**13805**
280712	73312	207400	271175	73312	197864	9537		9537
372818	267932	104885	368549	267932	100617	4269		4269

3-2-9 按行业分组的

行 业	法人单位数（个）			年末就业人员（人）		
	合 计	限额以上	限额以下	合 计	限额以上	限额以下
总 计	**15241**	**794**	**14447**	**257642**	**94667**	**162975**
综合零售	**2373**	**173**	**2200**	**80213**	**41559**	**38654**
百货零售	1074	95	979	41555	22989	18566
超级市场零售	272	62	210	23876	16788	7088
其他综合零售	1027	16	1011	14782	1782	13000
食品、饮料及烟草制品专门零售	**1558**	**24**	**1534**	**20239**	**2881**	**17358**
粮油零售	573	7	566	7636	572	7064
糕点、面包零售	65	1	64	1286	468	818
果品、蔬菜零售	162	2	160	2578	222	2356
肉、禽、蛋及水产品零售	98	5	93	2424	1124	1300
饮料及茶叶零售	190	3	187	1582	137	1445
烟草制品零售	115	3	112	1037	98	939
其他食品零售	355	3	352	3696	260	3436
纺织、服装及日用品专门零售	**1456**	**31**	**1425**	**26253**	**5480**	**20773**
纺织品及针织品零售	181	3	178	3945	418	3527
服装零售	719	24	695	16831	4863	11968
鞋帽零售	96		96	1117		1117
钟表、眼镜零售	96	1	95	767	60	707
化妆品及卫生用品零售	172		172	944		944
其他日用品零售	192	3	189	2649	139	2510
文化、体育用品及器材专门零售	**829**	**79**	**750**	**10035**	**4167**	**5868**
文具用品零售	206	1	205	1523	144	1379
体育用品零售	68	1	67	469	32	437
图书零售	192	69	123	4572	3208	1364
报刊零售	4		4	52		52
音像制品及电子出版物零售	28		28	132		132
珠宝首饰零售	161	7	154	2229	753	1476
工艺美术品及收藏品零售	83		83	452		452
照相器材零售	24	1	23	189	30	159
其他文化用品零售	63		63	417		417
医药及医疗器材专门零售	**1024**	**40**	**984**	**14132**	**4361**	**9771**
药品零售	836	39	797	12933	4346	8587
医疗用品及器材零售	188	1	187	1199	15	1184
汽车、摩托车、燃料及零配件专门零售	**2505**	**335**	**2170**	**49667**	**27603**	**22064**
汽车零售	815	248	567	21465	13589	7876
汽车零配件零售	447	8	439	4350	619	3731
摩托车及零配件零售	174	4	170	1393	127	1266
机动车燃料零售	1069	75	994	22459	13268	9191
家用电器及电子产品专门零售	**1996**	**61**	**1935**	**21858**	**4779**	**17079**
家用电器零售	585	44	541	9741	4322	5419
计算机、软件及辅助设备零售	800	12	788	6387	273	6114
通信设备零售	301	5	296	3286	184	3102
其他电子产品零售	310		310	2444		2444
五金、家具及室内装修材料专门零售	**1890**	**29**	**1861**	**18216**	**1500**	**16716**
五金零售	1010	14	996	9403	585	8818
家具零售	205	5	200	3442	492	2950
涂料零售	44		44	400		400
其他室内装修材料零售	631	10	621	4971	423	4548
无店铺及其他零售	**1610**	**22**	**1588**	**17029**	**2337**	**14692**
流动货摊零售	10		10	72		72
邮购及电子销售	1		1	12		12
生活用燃料零售	244	4	240	3388	724	2664
花卉零售	74		74	570		570
旧货零售	15		15	151		151
其他未列明的零售	1266	18	1248	12836	1613	11223

零售业商品销售情况

销售额（万元）			批发额（万元）			零售额（万元）		
合　计	限额以上	限额以下	合　计	限额以上	限额以下	合　计	限额以上	限额以下
10941813	**7493157**	**3448655**	**668720**	**614082**	**54638**	**10273093**	**6879076**	**3394017**
1626007	**1156051**	**469957**	**31601**	**9851**	**21751**	**1594406**	**1146200**	**448206**
782148	565443	216706	16911	7608	9303	765237	557834	207403
569409	470002	99407	701	448	253	568708	469553	99155
274450	120607	153844	13989	1794	12195	260461	118813	141649
381815	**105645**	**276169**	**8047**	**4058**	**3989**	**373768**	**101588**	**272180**
123189	27836	95353	774		774	122414	27836	94579
19542	9591	9951	71		71	19471	9591	9880
35787	4124	31662	704	552	152	35083	3572	31511
61247	41376	19871	698	642	56	60549	40734	19815
45100	5770	39330	1228		1228	43872	5770	38102
25958	6414	19544	84		84	25874	6414	19460
70992	10534	60459	4488	2863	1625	66505	7671	58834
425392	**169608**	**255784**	**4581**	**1065**	**3516**	**420811**	**168543**	**252269**
25349	2924	22425	865	21	844	24484	2903	21581
293760	147551	146209	3257	1044	2213	290503	146507	143997
22620		22620	155		155	22464		22464
12658	2487	10171	31		31	12627	2487	10140
29967		29967	55		55	29912		29912
41039	16646	24392	217		217	40822	16646	24175
331991	**222847**	**109144**	**4051**	**2476**	**1575**	**327940**	**220370**	**107569**
34051	2270	31781	352		352	33699	2270	31429
6364	500	5864	54		54	6310	500	5810
146228	121227	25001	3144	2476	668	143083	118751	24333
345		345				345		345
3062		3062	12		12	3050		3050
122005	95255	26750	235		235	121770	95255	26515
5726		5726	46		46	5680		5680
5994	3594	2400				5994	3594	2400
8216		8216	208		208	8008		8008
377509	**211400**	**166109**	**60674**	**57060**	**3614**	**316836**	**154340**	**162496**
345951	209865	136086	59843	57060	2783	286109	152805	133303
31558	1535	30023	831		831	30727	1535	29192
5994548	**4961059**	**1033490**	**534506**	**529504**	**5002**	**5460042**	**4431555**	**1028487**
2953940	2420704	533237	186955	186207	749	2766985	2234497	532488
109659	18483	91176	533		533	109126	18483	90643
49900	7509	42392	127		127	49774	7509	42265
2881049	2514364	366686	346892	343297	3594	2534158	2171066	363091
816034	**404973**	**411061**	**10682**	**5506**	**5176**	**805352**	**399468**	**405884**
506789	379526	127263	4231	3661	570	502558	375865	126693
188728	19330	169398	5379	1845	3534	183349	17485	165864
63061	6118	56943	892		892	62169	6118	56051
57457		57457	180		180	57276		57276
396223	**75586**	**320637**	**6118**	**1155**	**4963**	**390105**	**74431**	**315674**
187676	20269	167408	3902		3902	183774	20269	163505
45557	10259	35298	153		153	45404	10259	35145
10240		10240	69		69	10171		10171
152751	45058	107693	1994	1155	839	150757	43903	106854
592293	**185988**	**406305**	**8460**	**3407**	**5053**	**583833**	**182581**	**401252**
540		540	30		30	510		510
111		111				111		111
103648	25288	78360	4555	3407	1148	99093	21881	77212
7678		7678	60		60	7619		7619
1940		1940	120		120	1820		1820
478376	160700	317675	3695		3695	474681	160700	313980

3-2-10 按行业分组的国有及国有

行业	法人单位数（个）			年末就业人员（人）		
	合计	限额以上	限额以下	合计	限额以上	限额以下
总计	**2712**	**453**	**2259**	**138630**	**79441**	**59189**
批发业	**1596**	**281**	**1315**	**91284**	**54184**	**37100**
农畜产品批发	341	22	319	5611	772	4839
谷物、豆及薯类批发	285	21	264	4357	709	3648
种子、饲料批发	25		25	468		468
棉、麻批发	6		6	105		105
牲畜批发	2		2	72		72
其他农畜产品批发	23	1	22	609	63	546
食品、饮料及烟草制品批发	333	33	300	15298	9983	5315
米、面制品及食用油批发	224	11	213	4010	1389	2621
糕点、糖果及糖批发	14	1	13	504	120	384
果品、蔬菜批发	23		23	667		667
肉、禽、蛋及水产品批发	16	1	15	872	166	706
盐及调味品批发	10		10	172		172
饮料及茶叶批发	13	6	7	1182	991	191
烟草制品批发	23	13	10	7588	7302	286
其他食品批发	10	1	9	303	15	288
纺织、服装及日用品批发	27		27	1305		1305
纺织品、针织品及原料批发	16		16	847		847
服装批发	3		3	295		295
厨房、卫生间用具及日用杂货批发	3		3	43		43
化妆品及卫生用品批发	1		1	31		31
其他日用品批发	4		4	89		89
文化、体育用品及器材批发	22	4	18	971	636	335
文具用品批发	7	1	6	186	44	142
体育用品批发	2		2	31		31
图书批发	10	3	7	692	592	100
报刊批发	2		2	52		52
首饰、工艺品及收藏品批发	1		1	10		10
医药及医疗器材批发	63	10	53	3923	1830	2093
西药批发	33	4	29	2337	1440	897
中药材及中成药批发	22	6	16	1409	390	1019
医疗用品及器材批发	8		8	177		177
矿产品、建材及化工产品批发	575	197	378	56791	39562	17229
煤炭及制品批发	337	160	177	45772	34372	11400
石油及制品批发	16	6	10	3229	3071	158
非金属矿及制品批发	10	1	9	648	94	554
金属及金属矿批发	54	10	44	1645	412	1233
建材批发	72	2	70	2135	90	2045
化肥批发	29	2	27	685	179	506
农药批发	8		8	95		95
农用薄膜批发	1		1	20		20
其他化工产品批发	48	16	32	2562	1344	1218
机械设备、五金交电及电子产品批发	128	7	121	4631	694	3937
农业机械批发	35	3	32	1415	424	991
汽车、摩托车及零配件批发	9	2	7	281	136	145
五金、交电批发	30	1	29	1421	84	1337
家用电器批发	3	1	2	74	50	24
计算机、软件及辅助设备批发	1		1	67		67
通讯及广播电视设备批发	2		2	12		12
其他机械设备及电子产品批发	48		48	1361		1361
贸易经纪与代理	24		24	491		491
贸易经纪与代理	24		24	491		491
其他批发	83	8	75	2263	707	1556
再生物资回收与批发	40	3	37	1044	112	932
其他未列明的批发	43	5	38	1219	595	624

控股批发和零售业商品销售情况

销售额（万元）			批发额（万元）			零售额（万元）		
合　计	限额以上	限额以下	合　计	限额以上	限额以下	合　计	限额以上	限额以下
26657949	**24122264**	**2535686**	**23522585**	**21441383**	**2081202**	**3135365**	**2680881**	**454484**
23616035	**21430061**	**2185974**	**23153846**	**21076867**	**2076978**	**462190**	**353194**	**108996**
195438	94822	100616	181624	90655	90968	13815	4167	9648
183183	92272	90910	169641	88105	81535	13542	4167	9375
6284		6284	6034		6034	250		250
154		154	154		154			
53		53	53		53			
5765	2550	3215	5742	2550	3192	23		23
2244757	2130949	113808	2222755	2124702	98053	22001	6247	15755
125117	37568	87550	109561	34698	74864	15556	2870	12686
8221	5730	2491	8078	5730	2348	143		143
5226		5226	4076		4076	1150		1150
15548	13691	1857	12757	11241	1516	2791	2450	341
5560		5560	4890		4890	670		670
171741	169673	2068	170796	168747	2049	946	927	19
1906471	1899917	6553	1905961	1899917	6043	510		510
6872	4369	2502	6636	4369	2267	236		236
11675		11675	9546		9546	2129		2129
6017		6017	5940		5940	77		77
1026		1026	726		726	300		300
5		5	5		5			
11		11	11		11			
4616		4616	2864		2864	1752		1752
119767	105021	14747	116709	103786	12923	3059	1235	1824
28103	23882	4221	28103	23882	4221			
185		185	185		185			
85857	81138	4718	84043	79903	4140	1814	1235	579
5438		5438	4193		4193	1245		1245
184		184	184		184			
129974	92915	37060	117835	87292	30543	12140	5623	6517
83514	61057	22457	78940	60948	17992	4574	109	4465
41994	31858	10136	35342	26344	8998	6652	5514	1138
4467		4467	3553		3553	913		913
20490400	18664848	1825551	20083546	18328927	1754619	406854	335922	70932
17625183	15919435	1705748	17478066	15833410	1644656	147117	86025	61092
1191871	1169160	22711	938729	923330	15399	253142	245830	7313
8347	4168	4179	8347	4168	4179			
999154	975138	24016	997978	975138	22841	1175		1175
71510	33853	37657	70550	33853	36697	960		960
332408	321698	10710	332116	321698	10418	293		293
2267		2267	2207		2207	60		60
1378		1378	1378		1378			
258281	241397	16884	254174	237330	16844	4107	4067	40
139684	102811	36874	137938	102811	35128	1746		1746
54782	48336	6446	54657	48336	6321	125		125
20454	17047	3407	20454	17047	3407			
11646	3563	8083	11165	3563	7602	481		481
33864	33864		33864	33864				
30		30	30		30			
18908		18908	17768		17768	1140		1140
11534		11534	11504		11504	30		30
11534		11534	11504		11504	30		30
272807	238696	34111	272390	238696	33695	417		417
59440	46270	13170	59414	46270	13144	26		26
213367	192426	20942	212976	192426	20551	391		391

3-2-10 续表

行业	法人单位数（个）			年末就业人员（人）		
	合计	限额以上	限额以下	合计	限额以上	限额以下
零售业	**1116**	**172**	**944**	**47346**	**25257**	**22089**
综合零售	193	33	160	10351	5222	5129
百货零售	140	28	112	8498	4778	3720
超级市场零售	9	4	5	579	428	151
其他综合零售	44	1	43	1274	16	1258
食品、饮料及烟草制品专门零售	348	13	335	7428	1374	6054
粮油零售	263	6	257	4741	556	4185
糕点、面包零售	5		5	125		125
果品、蔬菜零售	20	2	18	622	222	400
肉、禽、蛋及水产品零售	20	4	16	903	483	420
饮料及茶叶零售	14		14	187		187
烟草制品零售	7		7	334		334
其他食品零售	19	1	18	516	113	403
纺织、服装及日用品专门零售	64	4	60	2221	466	1755
纺织品及针织品零售	21		21	935		935
服装零售	28	4	24	1017	466	551
鞋帽零售	3		3	46		46
钟表、眼镜零售	5		5	103		103
其他日用品零售	7		7	120		120
文化、体育用品及器材专门零售	127	68	59	4141	3190	951
文具用品零售	14		14	333		333
体育用品零售	1		1	3		3
图书零售	102	68	34	3575	3190	385
报刊零售	2		2	38		38
珠宝首饰零售	2		2	38		38
工艺美术品及收藏品零售	4		4	103		103
照相器材零售	1		1	43		43
其他文化用品零售	1		1	8		8
医药及医疗器材专门零售	89	14	75	4462	2168	2294
药品零售	85	14	71	4386	2168	2218
医疗用品及器材零售	4		4	76		76
汽车、摩托车、燃料及零配件专门零售	99	29	70	13280	10861	2419
汽车零售	24	6	18	817	253	564
汽车零配件零售	13	1	12	209	26	183
摩托车及零配件零售	6	1	5	68	25	43
机动车燃料零售	56	21	35	12186	10557	1629
家用电器及电子产品专门零售	38	1	37	751	19	732
家用电器零售	20	1	19	365	19	346
计算机、软件及辅助设备零售	6		6	78		78
通信设备零售	6		6	70		70
其他电子产品零售	6		6	238		238
五金、家具及室内装修材料专门零售	64	4	60	1283	224	1059
五金零售	49	3	46	1127	211	916
家具零售	3		3	18		18
涂料零售	2		2	12		12
其他室内装修材料零售	10	1	9	126	13	113
无店铺及其他零售	94	6	88	3429	1733	1696
流动货摊零售	1		1	14		14
生活用燃料零售	25	2	23	989	563	426
花卉零售	2		2	38		38
旧货零售	3		3	57		57
其他未列明的零售	63	4	59	2331	1170	1161

销售额（万元）			批发额（万元）			零售额（万元）		
合 计	限额以上	限额以下	合 计	限额以上	限额以下	合 计	限额以上	限额以下
3041914	**2692203**	**349711**	**368739**	**364516**	**4223**	**2673175**	**2327687**	**345488**
173096	145437	27659	5878	4725	1153	167217	140712	26505
118101	97767	20334	5396	4725	671	112705	93041	19663
26590	26128	463				26590	26128	463
28404	21543	6861	482		482	27922	21543	6379
121036	48363	72673	2273	1798	475	118763	46565	72198
74912	27128	47784	458		458	74455	27128	47326
588		588				588		588
11872	4124	7748	553	552	…	11320	3572	7748
21769	15853	5917	642	642		21127	15210	5917
4725		4725				4725		4725
3354		3354				3354		3354
3814	1258	2556	621	604	17	3194	655	2539
31710	21794	9916	1589	1044	545	30121	20750	9371
2533		2533	197		197	2336		2336
27230	21794	5436	1292	1044	248	25938	20750	5188
991		991	100		100	891		891
293		293				293		293
663		663				663		663
137428	120643	16785	2879	2476	403	134549	118167	16383
2786		2786				2786		2786
15		15				15		15
133112	120643	12469	2871	2476	394	130241	118167	12075
330		330				330		330
556		556				556		556
558		558	8		8	549		549
4		4				4		4
68		68				68		68
186758	163817	22941	54944	53870	1075	131813	109947	21867
183931	163817	20115	54938	53870	1068	128993	109947	19047
2827		2827	7		7	2820		2820
2263323	2151030	112293	296190	296040	150	1967133	1854990	112143
46579	37327	9252				46579	37327	9252
4536	2208	2329				4536	2208	2329
3262	2864	398				3262	2864	398
2208946	2108632	100315	296190	296040	150	1912757	1812592	100165
13209	1185	12024	50		50	13159	1185	11974
6829	1185	5644				6829	1185	5644
2382		2382				2382		2382
1692		1692	50		50	1642		1642
2307		2307				2307		2307
20566	9204	11362	1155	1155		19410	8049	11362
14573	5353	9220				14573	5353	9220
630		630				630		630
346		346				346		346
5017	3851	1167	1155	1155		3862	2696	1167
94791	30731	64059	3781	3407	374	91010	27324	63686
28		28				28		28
36084	15598	20486	3507	3407	100	32577	12191	20386
942		942				942		942
344		344	20		20	324		324
57392	15133	42259	254		254	57139	15133	42006

3-2-11 按行业分组的国有批发和

行业	法人单位数（个）			年末就业人员（人）		
	合计	限额以上	限额以下	合计	限额以上	限额以下
总 计	**2344**	**337**	**2007**	**107831**	**55513**	**52318**
批发业	**1395**	**221**	**1174**	**77392**	**44542**	**32850**
农畜产品批发	332	22	310	5438	772	4666
谷物、豆及薯类批发	282	21	261	4323	709	3614
种子、饲料批发	23		23	447		447
棉、麻批发	5		5	90		90
牲畜批发	2		2	72		72
其他农畜产品批发	20	1	19	506	63	443
食品、饮料及烟草制品批发	297	26	271	13846	9011	4835
米、面制品及食用油批发	205	10	195	3659	1289	2370
糕点、糖果及糖批发	13	1	12	497	120	377
果品、蔬菜批发	19		19	605		605
肉、禽、蛋及水产品批发	15	1	14	860	166	694
盐及调味品批发	9		9	163		163
饮料及茶叶批发	7	2	5	236	168	68
烟草制品批发	22	12	10	7554	7268	286
其他食品批发	7		7	272		272
纺织、服装及日用品批发	26		26	1257		1257
纺织品、针织品及原料批发	15		15	799		799
服装批发	3		3	295		295
厨房、卫生间用具及日用杂货批发	3		3	43		43
化妆品及卫生用品批发	1		1	31		31
其他日用品批发	4		4	89		89
文化、体育用品及器材批发	20	3	17	528	201	327
文具用品批发	6	1	5	178	44	134
体育用品批发	2		2	31		31
图书批发	9	2	7	257	157	100
报刊批发	2		2	52		52
首饰、工艺品及收藏品批发	1		1	10		10
医药及医疗器材批发	58	8	50	3547	1522	2025
西药批发	30	3	27	2171	1316	855
中药材及中成药批发	20	5	15	1199	206	993
医疗用品及器材批发	8		8	177		177
矿产品、建材及化工产品批发	460	151	309	46041	31870	14171
煤炭及制品批发	267	128	139	39049	29841	9208
石油及制品批发	6	2	4	703	671	32
非金属矿及制品批发	8		8	552		552
金属及金属矿批发	45	8	37	1523	352	1171
建材批发	63	1	62	1575	5	1570
化肥批发	27	1	26	531	35	496
农药批发	6		6	65		65
农用薄膜批发	1		1	20		20
其他化工产品批发	37	11	26	2023	966	1057
机械设备、五金交电及电子产品批发	108	4	104	4250	508	3742
农业机械批发	30	3	27	1358	424	934
汽车、摩托车及零配件批发	6		6	133		133
五金、交电批发	28	1	27	1355	84	1271
家用电器批发	2		2	24		24
计算机、软件及辅助设备批发	1		1	67		67
通讯及广播电视设备批发	1		1	3		3
其他机械设备及电子产品批发	40		40	1310		1310
贸易经纪与代理	22		22	472		472
贸易经纪与代理	22		22	472		472
其他批发	72	7	65	2013	658	1355
再生物资回收与批发	36	2	34	934	63	871
其他未列明的批发	36	5	31	1079	595	484

零售业商品销售情况

销售额（万元）			批发额（万元）			零售额（万元）		
合　计	限额以上	限额以下	合　计	限额以上	限额以下	合　计	限额以上	限额以下
18997662	**17398671**	**1598991**	**17938264**	**16705436**	**1232828**	**1059398**	**693235**	**366163**
18017647	**16709106**	**1308541**	**17807433**	**16577875**	**1229558**	**210214**	**131231**	**78983**
193416	94822	98594	179621	90655	88966	13795	4167	9628
182889	92272	90616	169347	88105	81241	13542	4167	9375
5484		5484	5234		5234	250		250
130		130	130		130			
53		53	53		53			
4861	2550	2311	4858	2550	2308	3		3
2161524	2057542	103982	2141261	2052314	88947	20262	5228	15034
114678	34648	80029	99899	31910	67988	14779	2738	12041
6840	5730	1110	6697	5730	967	143		143
5147		5147	4012		4012	1135		1135
15547	13691	1856	12757	11241	1516	2791	2450	341
5242		5242	4622		4622	620		620
108945	106906	2038	108896	106867	2029	49	40	9
1903119	1896566	6553	1902609	1896566	6043	510		510
2006		2006	1770		1770	236		236
10975		10975	8846		8846	2129		2129
5317		5317	5240		5240	77		77
1026		1026	726		726	300		300
5		5	5		5			
11		11	11		11			
4616		4616	2864		2864	1752		1752
49951	36204	13747	47899	35976	11923	2052	228	1824
27103	23882	3221	27103	23882	3221			
185		185	185		185			
17040	12322	4718	16234	12094	4140	807	228	579
5438		5438	4193		4193	1245		1245
184		184	184		184			
61882	26963	34919	55679	26831	28848	6203	132	6071
35253	13708	21546	30719	13599	17120	4535	109	4426
22162	13255	8906	21407	13232	8175	754	23	731
4467		4467	3553		3553	913		913
15215452	14241646	973807	15051790	14120169	931621	163662	121476	42186
13581356	12684347	897009	13455950	12598500	857450	125405	85847	39558
434534	430520	4014	398855	394991	3864	35679	35529	150
4170		4170	4170		4170			
954770	941182	13588	953595	941182	12413	1175		1175
31899	3442	28457	30939	3442	27497	960		960
19909	9398	10510	19666	9398	10268	243		243
753		753	693		693	60		60
1378		1378	1378		1378			
186684	172757	13928	186544	172657	13888	140	100	40
84110	51899	32211	82409	51899	30510	1701		1701
54339	48336	6003	54214	48336	5878	125		125
1978		1978	1978		1978			
11190	3563	7627	10736	3563	7173	454		454
30		30	30		30			
16573		16573	15451		15451	1122		1122
11476		11476	11446		11446	30		30
11476		11476	11446		11446	30		30
228861	200029	28832	228481	200029	28451	381		381
19023	7604	11420	18997	7604	11394	26		26
209838	192426	17413	209483	192426	17057	355		355

3-2-11 续表

行 业	法人单位数（个）			年末就业人员（人）		
	合 计	限额以上	限额以下	合 计	限额以上	限额以下
零售业	**949**	**116**	**833**	**30439**	**10971**	**19468**
综合零售	160	22	138	7278	3080	4198
百货零售	117	19	98	5649	2782	2867
超级市场零售	6	3	3	432	298	134
其他综合零售	37		37	1197		1197
食品、饮料及烟草制品专门零售	331	11	320	6894	1155	5739
粮油零售	257	6	251	4603	556	4047
糕点、面包零售	5		5	125		125
果品、蔬菜零售	14	1	13	441	80	361
肉、禽、蛋及水产品零售	17	3	14	712	406	306
饮料及茶叶零售	13		13	181		181
烟草制品零售	7		7	334		334
其他食品零售	18	1	17	498	113	385
纺织、服装及日用品专门零售	53	1	52	1383	15	1368
纺织品及针织品零售	19		19	805		805
服装零售	21	1	20	337	15	322
鞋帽零售	1		1	18		18
钟表、眼镜零售	5		5	103		103
其他日用品零售	7		7	120		120
文化、体育用品及器材专门零售	105	56	49	3603	2770	833
文具用品零售	11		11	305		305
图书零售	86	56	30	3118	2770	348
报刊零售	2		2	38		38
珠宝首饰零售	2		2	38		38
工艺美术品及收藏品零售	3		3	96		96
其他文化用品零售	1		1	8		8
医药及医疗器材专门零售	72	7	65	2623	492	2131
药品零售	69	7	62	2589	492	2097
医疗用品及器材零售	3		3	34		34
汽车、摩托车、燃料及零配件专门零售	65	11	54	3835	1708	2127
汽车零售	16	1	15	516	36	480
汽车零配件零售	12	1	11	184	26	158
摩托车及零配件零售	6	1	5	68	25	43
机动车燃料零售	31	8	23	3067	1621	1446
家用电器及电子产品专门零售	25		25	573		573
家用电器零售	12		12	292		292
计算机、软件及辅助设备零售	4		4	64		64
通信设备零售	5		5	65		65
其他电子产品零售	4		4	152		152
五金、家具及室内装修材料专门零售	53	3	50	949	46	903
五金零售	42	2	40	817	33	784
家具零售	2		2	12		12
涂料零售	1		1	2		2
其他室内装修材料零售	8	1	7	118	13	105
无店铺及其他零售	85	5	80	3301	1705	1596
流动货摊零售	1		1	14		14
生活用燃料零售	23	2	21	965	563	402
花卉零售	1		1	8		8
旧货零售	3		3	57		57
其他未列明的零售	57	3	54	2257	1142	1115

销售额（万元）			批发额（万元）			零售额（万元）		
合　计	限额以上	限额以下	合　计	限额以上	限额以下	合　计	限额以上	限额以下
980015	**689566**	**290450**	**130831**	**127562**	**3270**	**849184**	**562004**	**287180**
117600	92891	24709	5618	4721	897	111982	88170	23812
88521	70098	18423	5392	4721	671	83128	65377	17752
23135	22793	342				23135	22793	342
5944		5944	226		226	5718		5718
110005	42923	67082	1721	1246	475	108284	41677	66607
73438	27128	46309	458		458	72980	27128	45852
588		588				588		588
9014	1917	7097	…		…	9014	1917	7097
15303	12620	2684	642	642		14661	11977	2684
4538		4538				4538		4538
3354		3354				3354		3354
3769	1258	2511	621	604	17	3149	655	2494
18077	11741	6336	197		197	17881	11741	6139
2461		2461	197		197	2264		2264
14651	11741	2909				14651	11741	2909
10		10				10		10
293		293				293		293
663		663				663		663
119882	104716	15167	2217	1861	356	117666	102855	14811
2250		2250				2250		2250
116299	104716	11583	2209	1861	347	114090	102855	11236
330		330				330		330
556		556				556		556
380		380	8		8	371		371
68		68				68		68
26542	8773	17768	3483	2409	1075	23058	6365	16694
25646	8773	16873	3477	2409	1068	22169	6365	15805
895		895	7		7	889		889
474362	390870	83492	112763	112763		361599	278107	83492
10050	7447	2603				10050	7447	2603
4085	2208	1878				4085	2208	1878
3262	2864	398				3262	2864	398
456966	378352	78614	112763	112763		344203	265589	78614
7147		7147	50		50	7097		7097
3743		3743				3743		3743
892		892				892		892
1349		1349	50		50	1299		1299
1164		1164				1164		1164
14891	7944	6948	1155	1155		13736	6788	6948
9663	4093	5570				9663	4093	5570
259		259				259		259
4		4				4		4
4965	3851	1115	1155	1155		3810	2696	1115
91509	29707	61802	3628	3407	221	87881	26300	61581
28		28				28		28
36023	15598	20425	3507	3407	100	32516	12191	20325
2		2				2		2
344		344	20		20	324		324
55111	14109	41002	101		101	55011	14109	40901

3-2-12 按行业分组的集体

行业	法人单位数（个）			年末就业人员（人）		
	合计	限额以上	限额以下	合计	限额以上	限额以下
总计	**2394**	**86**	**2308**	**55133**	**9714**	**45419**
批发业	**907**	**41**	**866**	**26510**	**5859**	**20651**
农畜产品批发	95		95	1696		1696
谷物、豆及薯类批发	35		35	372		372
种子、饲料批发	17		17	143		143
棉、麻批发	30		30	991		991
其他农畜产品批发	13		13	190		190
食品、饮料及烟草制品批发	156	9	147	3864	743	3121
米、面制品及食用油批发	14		14	170		170
糕点、糖果及糖批发	6		6	101		101
果品、蔬菜批发	33	1	32	915	39	876
肉、禽、蛋及水产品批发	7		7	131		131
盐及调味品批发	81	7	74	2198	635	1563
饮料及茶叶批发	3		3	64		64
烟草制品批发	2	1	1	89	69	20
其他食品批发	10		10	196		196
纺织、服装及日用品批发	35		35	1057		1057
纺织品、针织品及原料批发	6		6	154		154
服装批发	5		5	137		137
鞋帽批发	1		1	12		12
厨房、卫生间用具及日用杂货批发	12		12	406		406
化妆品及卫生用品批发	1		1	4		4
其他日用品批发	10		10	344		344
文化、体育用品及器材批发	12		12	183		183
文具用品批发	3		3	24		24
体育用品批发	1		1	3		3
图书批发	5		5	38		38
首饰、工艺品及收藏品批发	3		3	118		118
医药及医疗器材批发	7		7	208		208
西药批发	4		4	122		122
中药材及中成药批发	2		2	80		80
医疗用品及器材批发	1		1	6		6
矿产品、建材及化工产品批发	417	27	390	14122	4856	9266
煤炭及制品批发	115	24	91	7911	4489	3422
石油及制品批发	12		12	217		217
金属及金属矿批发	18		18	412		412
建材批发	33		33	394		394
化肥批发	178	2	176	4112	305	3807
农药批发	32		32	395		395
农用薄膜批发	4		4	59		59
其他化工产品批发	25	1	24	622	62	560
机械设备、五金交电及电子产品批发	81	1	80	2933	10	2923
农业机械批发	11		11	139		139
汽车、摩托车及零配件批发	7		7	320		320
五金、交电批发	31	1	30	439	10	429
计算机、软件及辅助设备批发	2		2	11		11
通讯及广播电视设备批发	2		2	23		23
其他机械设备及电子产品批发	28		28	2001		2001
贸易经纪与代理	5		5	170		170
贸易经纪与代理	5		5	170		170
其他批发	99	4	95	2277	250	2027
再生物资回收与批发	71	3	68	1654	158	1496
其他未列明的批发	28	1	27	623	92	531

批发和零售业商品销售情况

销售额（万元）			批发额（万元）			零售额（万元）		
合　计	限额以上	限额以下	合　计	限额以上	限额以下	合　计	限额以上	限额以下
1871892	**1129363**	**742530**	**1366924**	**964122**	**402802**	**504968**	**165241**	**339727**
1404166	**984186**	**419980**	**1339243**	**956928**	**382316**	**64923**	**27259**	**37665**
23555		23555	19777		19777	3778		3778
10035		10035	7217		7217	2818		2818
3171		3171	3171		3171			
8918		8918	8113		8113	806		806
1432		1432	1277		1277	155		155
101193	54173	47019	97347	54173	43174	3845		3845
1676		1676	1566		1566	110		110
1277		1277	1222		1222	55		55
16261	6794	9467	15400	6794	8606	861		861
1211		1211	1211		1211			
68183	40856	27327	65574	40856	24718	2609		2609
809		809	809		809			
8412	6523	1889	8412	6523	1889			
3365		3365	3154		3154	211		211
6654		6654	6077		6077	577		577
833		833	827		827	6		6
705		705	442		442	263		263
14		14	14		14			
3233		3233	2925		2925	308		308
550		550	550		550			
1321		1321	1321		1321			
1776		1776	1756		1756	20		20
684		684	684		684			
12		12	12		12			
905		905	885		885	20		20
175		175	175		175			
3093		3093	2653		2653	440		440
2181		2181	1741		1741	440		440
860		860	860		860			
52		52	52		52			
1147310	881254	266057	1099087	853995	245092	48224	27259	20965
887964	748367	139597	853852	721513	132338	34112	26854	7258
7187		7187	6773		6773	414		414
11296		11296	10846		10846	450		450
2795		2795	2792		2792	3		3
213583	128069	85515	201107	128069	73038	12477		12477
6965		6965	6730		6730	235		235
2266		2266	2257		2257	9		9
15255	4818	10437	14730	4413	10317	525	405	120
33231	2484	30747	28587	2484	26104	4644		4644
1613		1613	1406		1406	207		207
3464		3464	2604		2604	860		860
12412	2484	9929	10588	2484	8104	1825		1825
27		27	27		27			
1721		1721	1721		1721			
13994		13994	12241		12241	1753		1753
7833		7833	7833		7833			
7833		7833	7833		7833			
79520	46276	33245	76125	46276	29849	3396		3396
40713	13754	26959	38911	13754	25157	1802		1802
38807	32521	6286	37214	32521	4692	1594		1594

3-2-12 续表

行业	法人单位数（个）			年末就业人员（人）		
	合计	限额以上	限额以下	合计	限额以上	限额以下
零售业	**1487**	**45**	**1442**	**28623**	**3855**	**24768**
综合零售	872	15	857	15964	1715	14249
百货零售	367	8	359	7540	1065	6475
超级市场零售	8	1	7	459	220	239
其他综合零售	497	6	491	7965	430	7535
食品、饮料及烟草制品专门零售	141	4	137	2425	219	2206
粮油零售	56		56	805		805
果品、蔬菜零售	19		19	269		269
肉、禽、蛋及水产品零售	6		6	278		278
饮料及茶叶零售	5		5	39		39
烟草制品零售	15	3	12	299	98	201
其他食品零售	40	1	39	735	121	614
纺织、服装及日用品专门零售	105	3	102	4055	733	3322
纺织品及针织品零售	22	2	20	1289	266	1023
服装零售	25	1	24	1183	467	716
鞋帽零售	4		4	44		44
钟表、眼镜零售	2		2	27		27
化妆品及卫生用品零售	1		1	7		7
其他日用品零售	51		51	1505		1505
文化、体育用品及器材专门零售	20		20	249		249
文具用品零售	2		2	11		11
体育用品零售	3		3	10		10
图书零售	4		4	138		138
珠宝首饰零售	7		7	58		58
其他文化用品零售	4		4	32		32
医药及医疗器材专门零售	34		34	410		410
药品零售	30		30	364		364
医疗用品及器材零售	4		4	46		46
汽车、摩托车、燃料及零配件专门零售	111	17	94	2120	967	1153
汽车零售	9	5	4	702	610	92
汽车零配件零售	15	1	14	293	50	243
机动车燃料零售	87	11	76	1125	307	818
家用电器及电子产品专门零售	25		25	286		286
家用电器零售	15		15	245		245
计算机、软件及辅助设备零售	3		3	11		11
通信设备零售	2		2	11		11
其他电子产品零售	5		5	19		19
五金、家具及室内装修材料专门零售	89	5	84	1635	206	1429
五金零售	64	1	63	1091	10	1081
家具零售	9	1	8	238	158	80
涂料零售	1		1	129		129
其他室内装修材料零售	15	3	12	177	38	139
无店铺及其他零售	90	1	89	1479	15	1464
生活用燃料零售	17		17	226		226
花卉零售	1		1	21		21
旧货零售	1		1	10		10
其他未列明的零售	71	1	70	1222	15	1207

销售额（万元）			批发额（万元）			零售额（万元）		
合　计	限额以上	限额以下	合　计	限额以上	限额以下	合　计	限额以上	限额以下
467726	**145176**	**322550**	**27681**	**7194**	**20487**	**440045**	**137982**	**302063**
207674	31645	176029	21197	3542	17655	186477	28103	158374
110347	20753	89594	10314	2414	7901	100033	18340	81693
7955	5490	2465				7955	5490	2465
89372	5401	83971	10883	1128	9754	78490	4273	74217
51592	12190	39402	3382	2260	1123	48210	9930	38279
12756		12756	8		8	12748		12748
4225		4225	2		2	4223		4223
1953		1953				1953		1953
1411		1411				1411		1411
13509	6414	7095	17		17	13492	6414	7078
17738	5776	11962	3356	2260	1097	14382	3516	10866
24334	4679	19655	746	21	726	23588	4659	18929
5004	2204	2801	412	21	391	4592	2183	2409
8840	2476	6364	172		172	8668	2476	6192
2521		2521				2521		2521
260		260				260		260
12		12				12		12
7697		7697	162		162	7535		7535
4059		4059				4059		4059
240		240				240		240
200		200				200		200
1220		1220				1220		1220
2027		2027				2027		2027
372		372				372		372
3199		3199				3199		3199
2654		2654				2654		2654
545		545				545		545
117537	76688	40849	1372	1372		116165	75316	40849
54708	48270	6438				54708	48270	6438
4120	728	3392				4120	728	3392
58709	27690	31019	1372	1372		57337	26318	31019
5659		5659	5		5	5654		5654
4712		4712	5		5	4707		4707
89		89				89		89
347		347				347		347
512		512				512		512
30351	15899	14453	625		625	29727	15899	13828
13709	1167	12543	625		625	13084	1167	11918
4717	4256	461				4717	4256	461
390		390				390		390
11536	10476	1060				11536	10476	1060
23321	4076	19245	354		354	22967	4076	18892
6668		6668				6668		6668
35		35	10		10	25		25
108		108				108		108
16510	4076	12434	344		344	16166	4076	12091

3-2-13 按行业分组的股份合作企业

行　业	法人单位数（个）			年末就业人员（人）		
	合　计	限额以上	限额以下	合　计	限额以上	限额以下
总　计	**392**	**15**	**377**	**6564**	**1296**	**5268**
批发业	**177**	**7**	**170**	**2515**	**263**	**2252**
农畜产品批发	37		37	402		402
谷物、豆及薯类批发	14		14	241		241
种子、饲料批发	8		8	87		87
其他农畜产品批发	15		15	74		74
食品、饮料及烟草制品批发	23		23	277		277
米、面制品及食用油批发	3		3	32		32
果品、蔬菜批发	15		15	163		163
饮料及茶叶批发	1		1	2		2
其他食品批发	4		4	80		80
纺织、服装及日用品批发	3		3	56		56
纺织品、针织品及原料批发	2		2	51		51
其他日用品批发	1		1	5		5
文化、体育用品及器材批发	2		2	15		15
文具用品批发	2		2	15		15
医药及医疗器材批发	7		7	70		70
西药批发	1		1	20		20
中药材及中成药批发	3		3	24		24
医疗用品及器材批发	3		3	26		26
矿产品、建材及化工产品批发	71	6	65	1291	251	1040
煤炭及制品批发	21	5	16	553	218	335
石油及制品批发	5	1	4	77	33	44
非金属矿及制品批发	1		1	1		1
金属及金属矿批发	14		14	348		348
建材批发	17		17	220		220
化肥批发	9		9	61		61
其他化工产品批发	4		4	31		31
机械设备、五金交电及电子产品批发	28	1	27	250	12	238
农业机械批发	5		5	42		42
汽车、摩托车及零配件批发	5	1	4	52	12	40
五金、交电批发	8		8	85		85
计算机、软件及辅助设备批发	1		1	3		3
通讯及广播电视设备批发	1		1	5		5
其他机械设备及电子产品批发	8		8	63		63
贸易经纪与代理	1		1	35		35
贸易经纪与代理	1		1	35		35
其他批发	5		5	119		119
再生物资回收与批发	2		2	81		81
其他未列明的批发	3		3	38		38

批发和零售业商品销售情况

销售额（万元）			批发额（万元）			零售额（万元）		
合　计	限额以上	限额以下	合　计	限额以上	限额以下	合　计	限额以上	限额以下
279942	**158094**	**121848**	**143501**	**66865**	**76636**	**136441**	**91229**	**45212**
170640	**89435**	**81205**	**142461**	**66313**	**76148**	**28179**	**23122**	**5057**
3039		3039	2309		2309	730		730
647		647	557		557	90		90
749		749	749		749			
1643		1643	1003		1003	640		640
2661		2661	2123		2123	538		538
124		124	124		124			
1421		1421	891		891	531		531
30		30	30		30			
1085		1085	1078		1078	7		7
841		841	841		841			
721		721	721		721			
120		120	120		120			
122		122	122		122			
122		122	122		122			
2396		2396	1470		1470	926		926
1900		1900	980		980	920		920
120		120	120		120			
376		376	370		370	6		6
142367	84024	58343	116938	60902	56036	25429	23122	2307
88063	72623	15440	65993	52503	13490	22070	20120	1950
15377	11401	3977	12336	8399	3937	3042	3002	40
35		35	35		35			
28503		28503	28433		28433	70		70
6744		6744	6504		6504	240		240
3163		3163	3156		3156	7		7
482		482	482		482			
17082	5411	11672	16526	5411	11115	556		556
2012		2012	1940		1940	72		72
8290	5411	2879	7858	5411	2447	432		432
2287		2287	2243		2243	44		44
4		4	4		4			
1734		1734	1734		1734			
2754		2754	2746		2746	8		8
50		50	50		50			
50		50	50		50			
2082		2082	2082		2082			
246		246	246		246			
1837		1837	1837		1837			

3-2-13 续表

行业	法人单位数（个）			年末就业人员（人）		
	合计	限额以上	限额以下	合计	限额以上	限额以下
零售业	**215**	**8**	**207**	**4049**	**1033**	**3016**
综合零售	41	3	38	746	140	606
百货零售	23	3	20	499	140	359
超级市场零售	3		3	55		55
其他综合零售	15		15	192		192
食品、饮料及烟草制品专门零售	41	2	39	1236	610	626
粮油零售	9		9	57		57
糕点、面包零售	2	1	1	481	468	13
果品、蔬菜零售	20	1	19	641	142	499
肉、禽、蛋及水产品零售	1		1	3		3
烟草制品零售	3		3	22		22
其他食品零售	6		6	32		32
纺织、服装及日用品专门零售	15		15	875		875
服装零售	13		13	868		868
其他日用品零售	2		2	7		7
文化、体育用品及器材专门零售	10		10	97		97
图书零售	2		2	6		6
音像制品及电子出版物零售	1		1	2		2
珠宝首饰零售	5		5	72		72
照相器材零售	1		1	8		8
其他文化用品零售	1		1	9		9
医药及医疗器材专门零售	11		11	79		79
药品零售	10		10	69		69
医疗用品及器材零售	1		1	10		10
汽车、摩托车、燃料及零配件专门零售	39	2	37	501	190	311
汽车零售	12	1	11	291	178	113
汽车零配件零售	5		5	44		44
摩托车及零配件零售	3		3	23		23
机动车燃料零售	19	1	18	143	12	131
家用电器及电子产品专门零售	18	1	17	201	93	108
家用电器零售	9	1	8	141	93	48
计算机、软件及辅助设备零售	6		6	43		43
通信设备零售	2		2	14		14
其他电子产品零售	1		1	3		3
五金、家具及室内装修材料专门零售	20		20	182		182
五金零售	13		13	111		111
家具零售	2		2	21		21
其他室内装修材料零售	5		5	50		50
无店铺及其他零售	20		20	132		132
花卉零售	1		1	2		2
旧货零售	1		1	8		8
其他未列明的零售	18		18	122		122

销售额（万元）			批发额（万元）			零售额（万元）		
合　计	限额以上	限额以下	合　计	限额以上	限额以下	合　计	限额以上	限额以下
109302	**68659**	**40643**	**1040**	**552**	**488**	**108262**	**68107**	**40155**
12542	4899	7643	18		18	12524	4899	7625
10566	4899	5668	11		11	10555	4899	5657
208		208				208		208
1768		1768	7		7	1761		1761
18752	11799	6953	582	552	30	18170	11246	6923
1829		1829				1829		1829
10041	9591	450				10041	9591	450
5881	2207	3674	552	552		5329	1655	3674
73		73				73		73
205		205				205		205
722		722	30		30	692		692
2516		2516				2516		2516
2406		2406				2406		2406
111		111				111		111
1499		1499				1499		1499
201		201				201		201
60		60				60		60
1139		1139				1139		1139
63		63				63		63
37		37				37		37
1844		1844				1844		1844
1318		1318				1318		1318
527		527				527		527
60434	50751	9683				60434	50751	9683
53816	50243	3573				53816	50243	3573
1707		1707				1707		1707
213		213				213		213
4699	508	4191				4699	508	4191
5992	1211	4781				5992	1211	4781
2581	1211	1370				2581	1211	1370
3114		3114				3114		3114
297		297				297		297
3250		3250	40		40	3210		3210
2060		2060				2060		2060
164		164				164		164
1027		1027	40		40	987		987
2472		2472	400		400	2072		2072
6		6				6		6
21		21				21		21
2445		2445	400		400	2045		2045

3-2-14 按行业分组的有限责任公司

行业	法人单位数（个）			年末就业人员（人）		
	合计	限额以上	限额以下	合计	限额以上	限额以下
总计	**3194**	**369**	**2825**	**77340**	**39729**	**37611**
批发业	**1613**	**157**	**1456**	**34682**	**14050**	**20632**
农畜产品批发	60		60	790		790
谷物、豆及薯类批发	20		20	312		312
种子、饲料批发	28		28	228		228
棉、麻批发	6		6	67		67
其他农畜产品批发	6		6	183		183
食品、饮料及烟草制品批发	115	10	105	2672	1234	1438
米、面制品及食用油批发	26	1	25	455	100	355
糕点、糖果及糖批发	4		4	21		21
果品、蔬菜批发	17	1	16	199	38	161
肉、禽、蛋及水产品批发	9	1	8	137	20	117
盐及调味品批发	13		13	189		189
饮料及茶叶批发	26	6	20	1380	1011	369
烟草制品批发	2		2	20		20
其他食品批发	18	1	17	271	65	206
纺织、服装及日用品批发	51	5	46	665	169	496
纺织品、针织品及原料批发	13		13	123		123
服装批发	10	3	7	286	102	184
鞋帽批发	1		1	6		6
厨房、卫生间用具及日用杂货批发	10		10	70		70
化妆品及卫生用品批发	5		5	44		44
其他日用品批发	12	2	10	136	67	69
文化、体育用品及器材批发	24	3	21	725	516	209
文具用品批发	9	1	8	100	13	87
体育用品批发	1		1	4		4
图书批发	6	1	5	499	435	64
音像制品及电子出版物批发	1		1	1		1
首饰、工艺品及收藏品批发	4	1	3	105	68	37
其他文化用品批发	3		3	16		16
医药及医疗器材批发	34	10	24	3489	2947	542
西药批发	14	5	9	552	324	228
中药材及中成药批发	11	5	6	2840	2623	217
医疗用品及器材批发	9		9	97		97
矿产品、建材及化工产品批发	742	100	642	18398	7518	10880
煤炭及制品批发	220	58	162	10131	5712	4419
石油及制品批发	30	5	25	951	285	666
非金属矿及制品批发	23	3	20	373	160	213
金属及金属矿批发	201	17	184	2381	665	1716
建材批发	180	6	174	3017	242	2775
化肥批发	24	3	21	360	37	323
农药批发	9		9	112		112
农用薄膜批发	1		1	50		50
其他化工产品批发	54	8	46	1023	417	606
机械设备、五金交电及电子产品批发	466	22	444	6704	1496	5208
农业机械批发	36	3	33	456	60	396
汽车、摩托车及零配件批发	78	10	68	1630	524	1106
五金、交电批发	98	1	97	1139	73	1066
家用电器批发	19	2	17	710	538	172
计算机、软件及辅助设备批发	22		22	243		243
通讯及广播电视设备批发	7		7	78		78
其他机械设备及电子产品批发	206	6	200	2448	301	2147
贸易经纪与代理	28	1	27	259	20	239
贸易经纪与代理	28	1	27	259	20	239
其他批发	93	6	87	980	150	830
再生物资回收与批发	47	2	45	571	43	528
其他未列明的批发	46	4	42	409	107	302

批发和零售业商品销售情况

销售额（万元）			批发额（万元）			零售额（万元）		
合　计	限额以上	限额以下	合　计	限额以上	限额以下	合　计	限额以上	限额以下
8412726	**6130291**	**2282435**	**6580298**	**4759942**	**1820356**	**1832428**	**1370349**	**462079**
6572823	**4700473**	**1872351**	**6471035**	**4655550**	**1815486**	**101788**	**44923**	**56865**
12865		12865	11423		11423	1442		1442
4517		4517	3601		3601	916		916
5889		5889	5374		5374	515		515
139		139	128		128	11		11
2319		2319	2319		2319			
142562	97053	45509	128212	87251	40961	14350	9802	4548
18555	2919	15635	17689	2788	14901	866	132	734
1660		1660	1617		1617	43		43
7664	4566	3099	6066	3751	2314	1599	814	785
6619	1319	5299	6206	1319	4887	413		413
7257		7257	6738		6738	519		519
77266	72225	5041	75471	71338	4133	1795	887	908
496		496	496		496			
23046	16025	7022	13930	8056	5875	9116	7969	1147
82075	69173	12903	79926	69173	10753	2149		2149
2296		2296	2276		2276	20		20
18333	18107	226	18321	18107	214	12		12
1600		1600	835		835	765		765
3198		3198	3196		3196	2		2
912		912	798		798	115		115
55736	51066	4671	54501	51066	3435	1236		1236
92187	84513	7674	85935	78559	7376	6252	5954	297
7840	5391	2449	7840	5391	2449			
597		597	394		394	202		202
69450	68816	634	68348	67809	539	1102	1007	95
10		10	10		10			
12551	10306	2245	7603	5358	2245	4947	4947	
1739		1739	1739		1739			
233228	217904	15324	226451	212022	14429	6777	5882	895
126788	123284	3504	126740	123284	3456	48		48
102241	94620	7621	95617	88739	6878	6625	5882	743
4199		4199	4095		4095	104		104
5294465	3843270	1451195	5256279	3837611	1418668	38186	5659	32527
4360043	3277873	1082170	4334299	3277695	1056604	25744	178	25566
110574	100142	10432	108873	98629	10245	1701	1513	187
31438	27955	3483	31170	27955	3215	269		269
544117	307912	236204	541704	307912	233792	2412		2412
125869	54055	71814	122554	54055	68500	3315		3315
26766	10764	16003	26528	10764	15764	239		239
3016		3016	3016		3016			
352		352	352		352			
92291	64570	27721	87784	60603	27181	4507	3967	540
591318	307629	283689	558976	290003	268973	32343	17626	14717
41951	16933	25018	41189	16933	24257	761		761
281736	152215	129520	258179	135409	122770	23557	16806	6751
46244	3062	43182	42539	2242	40297	3705	820	2885
90184	84502	5682	89714	84502	5212	470		470
8108		8108	7218		7218	890		890
2196		2196	2196		2196			
120901	50917	69984	117941	50917	67025	2960		2960
40460	29913	10547	40454	29913	10541	6		6
40460	29913	10547	40454	29913	10541	6		6
83663	51017	32646	83379	51017	32362	284		284
33841	8032	25809	33711	8032	25679	130		130
49822	42985	6837	49669	42985	6684	154		154

3-2-14 续表

行业	法人单位数（个）			年末就业人员（人）		
	合计	限额以上	限额以下	合计	限额以上	限额以下
零售业	**1581**	**212**	**1369**	**42658**	**25679**	**16979**
综合零售	184	50	134	17016	13672	3344
百货零售	102	29	73	12854	11157	1697
超级市场零售	35	17	18	3208	2371	837
其他综合零售	47	4	43	954	144	810
食品、饮料及烟草制品专门零售	101	4	97	1851	835	1016
粮油零售	21	1	20	234	16	218
糕点、面包零售	5		5	30		30
果品、蔬菜零售	10		10	115		115
肉、禽、蛋及水产品零售	9	2	7	887	718	169
饮料及茶叶零售	22	1	21	302	101	201
烟草制品零售	6		6	49		49
其他食品零售	28		28	234		234
纺织、服装及日用品专门零售	134	5	129	2890	1021	1869
纺织品及针织品零售	16		16	277		277
服装零售	85	5	80	2309	1021	1288
鞋帽零售	8		8	112		112
钟表、眼镜零售	5		5	37		37
化妆品及卫生用品零售	6		6	54		54
其他日用品零售	14		14	101		101
文化、体育用品及器材专门零售	85	11	74	915	401	514
文具用品零售	26		26	155		155
体育用品零售	4		4	17		17
图书零售	19	10	9	458	343	115
报刊零售	1		1	2		2
音像制品及电子出版物零售	6		6	35		35
珠宝首饰零售	19	1	18	212	58	154
工艺美术品及收藏品零售	4		4	11		11
照相器材零售	3		3	12		12
其他文化用品零售	3		3	13		13
医药及医疗器材专门零售	114	18	96	3685	2303	1382
药品零售	92	17	75	3504	2288	1216
医疗用品及器材零售	22	1	21	181	15	166
汽车、摩托车、燃料及零配件专门零售	277	99	178	8262	5881	2381
汽车零售	159	81	78	6436	5064	1372
汽车零配件零售	38	3	35	510	128	382
摩托车及零配件零售	21	2	19	227	88	139
机动车燃料零售	59	13	46	1089	601	488
家用电器及电子产品专门零售	255	16	239	3410	1156	2254
家用电器零售	91	13	78	1836	1055	781
计算机、软件及辅助设备零售	100	1	99	904	15	889
通信设备零售	33	2	31	450	86	364
其他电子产品零售	31		31	220		220
五金、家具及室内装修材料专门零售	285	4	281	2826	178	2648
五金零售	190	1	189	1870	12	1858
家具零售	28	2	26	435	146	289
涂料零售	6		6	42		42
其他室内装修材料零售	61	1	60	479	20	459
无店铺及其他零售	146	5	141	1803	232	1571
邮购及电子销售	1		1	12		12
生活用燃料零售	12		12	332		332
花卉零售	6		6	79		79
旧货零售	1		1	4		4
其他未列明的零售	126	5	121	1376	232	1144

销售额（万元）			批发额（万元）			零售额（万元）		
合 计	限额以上	限额以下	合 计	限额以上	限额以下	合 计	限额以上	限额以下
1839902	**1429818**	**410084**	**109262**	**104392**	**4870**	**1730640**	**1325426**	**405214**
312885	264576	48308	1602	911	691	311283	263665	47617
161184	143055	18129	696	245	451	160488	142811	17677
103020	86618	16402				103020	86618	16402
48681	34903	13777	906	666	240	47775	34237	13537
55679	33631	22048	260		260	55419	33631	21788
3032	708	2324				3032	708	2324
1569		1569	54		54	1515		1515
2425		2425	150		150	2275		2275
33014	28757	4257				33014	28757	4257
8568	4167	4400	56		56	8511	4167	4344
1242		1242				1242		1242
5829		5829				5829		5829
41382	12470	28911	1292	1044	248	40089	11426	28663
3014		3014				3014		3014
32455	12470	19985	1292	1044	248	31163	11426	19737
2366		2366				2366		2366
488		488				488		488
653		653				653		653
2407		2407				2407		2407
29660	16250	13410	684	572	112	28976	15678	13298
5883		5883	65		65	5818		5818
777		777				777		777
15205	13063	2141	619	572	47	14586	12492	2094
7		7				7		7
1183		1183				1183		1183
5509	3186	2323				5509	3186	2323
51		51				51		51
527		527				527		527
518		518				518		518
192923	167755	25167	53299	52989	310	139624	114767	24857
184428	166220	18207	53199	52989	210	131229	113232	17997
8495	1535	6960	100		100	8395	1535	6860
898198	794973	103226	46975	45400	1575	851223	749572	101651
767357	700443	66914	27390	27390		739967	673053	66914
14204	6927	7277	4		4	14200	6927	7273
7972	4135	3837	11		11	7960	4135	3825
108666	83468	25198	19570	18011	1560	89096	65457	23639
158216	94914	63302	3902	3476	426	154314	91439	62876
119018	92167	26851	3688	3476	212	115331	88691	26639
24412	1009	23403	214		214	24199	1009	23189
9954	1738	8216				9954	1738	8216
4831		4831				4831		4831
74911	8517	66394	184		184	74727	8517	66210
40089	605	39484	184		184	39905	605	39300
7887	3503	4384				7887	3503	4384
2228		2228				2228		2228
24707	4410	20298				24707	4410	20298
76049	36731	39318	1064		1064	74985	36731	38254
111		111				111		111
4955		4955	15		15	4940		4940
1242		1242				1242		1242
460		460	100		100	360		360
69282	36731	32551	949		949	68333	36731	31602

3-2-15 按行业分组的股份有限

行业	法人单位数（个）			年末就业人员（人）		
	合计	限额以上	限额以下	合计	限额以上	限额以下
总计	**1108**	**74**	**1034**	**40935**	**24481**	**16454**
批发业	**562**	**25**	**537**	**17300**	**8753**	**8547**
农畜产品批发	34	1	33	415	16	399
谷物、豆及薯类批发	12		12	86		86
种子、饲料批发	13	1	12	161	16	145
其他农畜产品批发	9		9	168		168
食品、饮料及烟草制品批发	45	3	42	650	158	492
米、面制品及食用油批发	16		16	161		161
果品、蔬菜批发	6		6	74		74
肉、禽、蛋及水产品批发	1		1	33		33
盐及调味品批发	6		6	87		87
饮料及茶叶批发	7		7	74		74
烟草制品批发	1	1		34	34	
其他食品批发	8	2	6	187	124	63
纺织、服装及日用品批发	24		24	476		476
纺织品、针织品及原料批发	5		5	115		115
服装批发	6		6	250		250
厨房、卫生间用具及日用杂货批发	6		6	44		44
化妆品及卫生用品批发	6		6	59		59
其他日用品批发	1		1	8		8
文化、体育用品及器材批发	7		7	48		48
文具用品批发	5		5	33		33
图书批发	2		2	15		15
医药及医疗器材批发	13	2	11	269	120	149
西药批发	6	1	5	138	70	68
中药材及中成药批发	4	1	3	119	50	69
医疗用品及器材批发	3		3	12		12
矿产品、建材及化工产品批发	250	16	234	11777	8340	3437
煤炭及制品批发	64	8	56	7077	5661	1416
石油及制品批发	20	3	17	2669	2346	323
非金属矿及制品批发	5		5	58		58
金属及金属矿批发	55		55	369		369
建材批发	54	2	52	663	72	591
化肥批发	16	1	15	445	144	301
农药批发	3		3	18		18
农用薄膜批发	1		1	3		3
其他化工产品批发	32	2	30	475	117	358
机械设备、五金交电及电子产品批发	135	1	134	3001	50	2951
农业机械批发	10		10	71		71
汽车、摩托车及零配件批发	22		22	604		604
五金、交电批发	15		15	1269		1269
家用电器批发	8	1	7	87	50	37
计算机、软件及辅助设备批发	13		13	116		116
通讯及广播电视设备批发	8		8	306		306
其他机械设备及电子产品批发	59		59	548		548
贸易经纪与代理	20	1	19	183	20	163
贸易经纪与代理	20	1	19	183	20	163
其他批发	34	1	33	481	49	432
再生物资回收与批发	21	1	20	284	49	235
其他未列明的批发	13		13	197		197

公司批发和零售业商品销售情况

销售额（万元）			批发额（万元）			零售额（万元）		
合　计	限额以上	限额以下	合　计	限额以上	限额以下	合　计	限额以上	限额以下
4835672	**4254949**	**580723**	**2483319**	**2074797**	**408522**	**2352353**	**2180152**	**172201**
2501608	**2078967**	**422641**	**2271772**	**1866059**	**405713**	**229836**	**212908**	**16928**
11933	2226	9707	10903	2226	8677	1030		1030
3691		3691	3241		3241	450		450
6430	2226	4204	6250	2226	4024	180		180
1812		1812	1412		1412	400		400
37670	28076	9594	37295	28076	9219	375		375
5606		5606	5561		5561	45		45
1249		1249	1019		1019	230		230
254		254	254		254			
1061		1061	961		961	100		100
449		449	449		449			
3351	3351		3351	3351				
25700	24725	975	25700	24725	975			
13912		13912	13146		13146	766		766
5442		5442	5442		5442			
4258		4258	3578		3578	680		680
1293		1293	1293		1293			
1737		1737	1733		1733	4		4
1182		1182	1100		1100	82		82
2370		2370	2337		2337	33		33
2279		2279	2258		2258	21		21
91		91	79		79	12		12
34743	30338	4405	33411	30039	3373	1332	300	1032
16679	12879	3800	15419	12579	2840	1260	300	960
17944	17459	485	17892	17459	433	52		52
121		121	101		101	20		20
2246180	1942638	303542	2023110	1730029	293081	223070	212608	10462
1079561	873809	205753	1077860	873809	204051	1701		1701
726837	699929	26908	506018	487321	18697	220819	212608	8211
1433		1433	1433		1433			
14782		14782	14587		14587	195		195
42870	26081	16789	42735	26081	16654	135		135
320179	312300	7879	320100	312300	7800	80		80
371		371	251		251	120		120
15		15	15		15			
60133	30519	29614	60113	30519	29594	20		20
88348	33864	54484	85819	33864	51955	2529		2529
1850		1850	1740		1740	110		110
12156		12156	11083		11083	1073		1073
11388		11388	11284		11284	104		104
36023	33864	2160	35368	33864	1505	655		655
1272		1272	1272		1272			
2916		2916	2912		2912	4		4
22743		22743	22160		22160	583		583
4626	3160	1466	4329	3160	1169	297		297
4626	3160	1466	4329	3160	1169	297		297
61826	38666	23159	61422	38666	22756	403		403
55183	38666	16516	54785	38666	16119	397		397
6643		6643	6637		6637	6		6

3-2-15 续表

行业	法人单位数（个）			年末就业人员（人）		
	合计	限额以上	限额以下	合计	限额以上	限额以下
零售业	**546**	**49**	**497**	**23635**	**15728**	**7907**
综合零售	78	19	59	6990	4978	2012
百货零售	36	7	29	2095	850	1245
超级市场零售	29	12	17	4749	4128	621
其他综合零售	13		13	146		146
食品、饮料及烟草制品专门零售	42		42	550		550
粮油零售	9		9	108		108
糕点、面包零售	3		3	58		58
果品、蔬菜零售	3		3	132		132
肉、禽、蛋及水产品零售	6		6	81		81
饮料及茶叶零售	1		1	27		27
烟草制品零售	6		6	30		30
其他食品零售	14		14	114		114
纺织、服装及日用品专门零售	49		49	1174		1174
纺织品及针织品零售	9		9	444		444
服装零售	24		24	602		602
鞋帽零售	4		4	24		24
钟表、眼镜零售	4		4	38		38
化妆品及卫生用品零售	5		5	52		52
其他日用品零售	3		3	14		14
文化、体育用品及器材专门零售	36	3	33	576	322	254
文具用品零售	9		9	57		57
体育用品零售	1		1	4		4
图书零售	4	2	2	85	77	8
音像制品及电子出版物零售	1		1	6		6
珠宝首饰零售	11	1	10	331	245	86
工艺美术品及收藏品零售	7		7	73		73
其他文化用品零售	3		3	20		20
医药及医疗器材专门零售	35	1	34	371	31	340
药品零售	22	1	21	295	31	264
医疗用品及器材零售	13		13	76		76
汽车、摩托车、燃料及零配件专门零售	115	21	94	11160	9938	1222
汽车零售	47	8	39	687	227	460
汽车零配件零售	19		19	185		185
摩托车及零配件零售	7		7	41		41
机动车燃料零售	42	13	29	10247	9711	536
家用电器及电子产品专门零售	70	1	69	730	47	683
家用电器零售	19	1	18	311	47	264
计算机、软件及辅助设备零售	34		34	240		240
通信设备零售	6		6	23		23
其他电子产品零售	11		11	156		156
五金、家具及室内装修材料专门零售	59	4	55	1261	412	849
五金零售	35	3	32	865	398	467
家具零售	8		8	143		143
涂料零售	1		1	1		1
其他室内装修材料零售	15	1	14	252	14	238
无店铺及其他零售	62		62	823		823
流动货摊零售	2		2	35		35
生活用燃料零售	7		7	167		167
花卉零售	4		4	31		31
旧货零售	1		1	27		27
其他未列明的零售	48		48	563		563

销售额（万元）			批发额（万元）			零售额（万元）		
合　计	限额以上	限额以下	合　计	限额以上	限额以下	合　计	限额以上	限额以下
2334064	**2175982**	**158082**	**211547**	**208738**	**2809**	**2122517**	**1967244**	**155273**
239326	224000	15326	176	4	172	239149	223996	15153
70026	63514	6512	54	4	50	69972	63510	6462
167310	160486	6824				167310	160486	6824
1990		1990	122		122	1868		1868
5985		5985	64		64	5920		5920
713		713				713		713
502		502				502		502
569		569				569		569
1133		1133	38		38	1095		1095
99		99				99		99
81		81	1		1	80		80
2888		2888	25		25	2863		2863
8158		8158	115		115	8043		8043
1774		1774	5		5	1769		1769
4383		4383	110		110	4273		4273
330		330				330		330
737		737				737		737
810		810	…		…	810		810
125		125				125		125
47608	42696	4912	53	44	9	47555	42652	4903
1422		1422				1422		1422
33		33				33		33
2905	2864	41	44	44		2861	2820	41
13		13				13		13
41755	39832	1923				41755	39832	1923
827		827				827		827
652		652	9		9	643		643
6634	1111	5523	168		168	6466	1111	5355
4844	1111	3733	168		168	4676	1111	3565
1790		1790				1790		1790
1961007	1890357	70650	208912	208690	222	1752095	1681667	70428
80559	52171	28389				80559	52171	28389
4469		4469	72		72	4397		4397
1245		1245				1245		1245
1874734	1838186	36548	208840	208690	150	1665894	1629496	36398
19355	2580	16775	42		42	19313	2580	16733
10666	2580	8086	33		33	10634	2580	8054
5663		5663	10		10	5653		5653
593		593				593		593
2433		2433				2433		2433
30619	15238	15381	1840		1840	28778	15238	13540
17689	6913	10775	1840		1840	15848	6913	8935
2617		2617				2617		2617
…		…				…		…
10313	8325	1988				10313	8325	1988
15373		15373	176		176	15197		15197
224		224	10		10	214		214
1183		1183	11		11	1172		1172
585		585				585		585
29		29				29		29
13352		13352	155		155	13197		13197

3-2-16 按行业分组的私营企业

行业	法人单位数（个）			年末就业人员（人）		
	合计	限额以上	限额以下	合计	限额以上	限额以下
总计	**18671**	**592**	**18079**	**207922**	**45493**	**162429**
批发业	**8740**	**240**	**8500**	**85925**	**9602**	**76323**
农畜产品批发	475	2	473	4202	103	4099
谷物、豆及薯类批发	126	2	124	1211	103	1108
种子、饲料批发	178		178	1441		1441
棉、麻批发	11		11	202		202
牲畜批发	13		13	71		71
其他农畜产品批发	147		147	1277		1277
食品、饮料及烟草制品批发	599	10	589	8546	1006	7540
米、面制品及食用油批发	103	1	102	918	30	888
糕点、糖果及糖批发	28		28	221		221
果品、蔬菜批发	170		170	2964		2964
肉、禽、蛋及水产品批发	29		29	954		954
盐及调味品批发	23	2	21	464	254	210
饮料及茶叶批发	124	5	119	1770	630	1140
烟草制品批发	15		15	84		84
其他食品批发	107	2	105	1171	92	1079
纺织、服装及日用品批发	264	6	258	3459	173	3286
纺织品、针织品及原料批发	41		41	369		369
服装批发	78	3	75	1305	52	1253
鞋帽批发	8	1	7	224	68	156
厨房、卫生间用具及日用杂货批发	41	1	40	348	24	324
化妆品及卫生用品批发	34		34	643		643
其他日用品批发	62	1	61	570	29	541
文化、体育用品及器材批发	159	1	158	1191	58	1133
文具用品批发	56		56	303		303
体育用品批发	13	1	12	203	58	145
图书批发	47		47	340		340
报刊批发	1		1	5		5
音像制品及电子出版物批发	3		3	31		31
首饰、工艺品及收藏品批发	22		22	142		142
其他文化用品批发	17		17	167		167
医药及医疗器材批发	224	14	210	3377	882	2495
西药批发	59	9	50	1587	592	995
中药材及中成药批发	37	4	33	920	272	648
医疗用品及器材批发	128	1	127	870	18	852
矿产品、建材及化工产品批发	4001	169	3832	38786	5822	32964
煤炭及制品批发	846	63	783	12284	2772	9512
石油及制品批发	123	11	112	1629	596	1033
非金属矿及制品批发	102		102	753		753
金属及金属矿批发	1043	64	979	9259	1611	7648
建材批发	1296	24	1272	10919	562	10357
化肥批发	225	1	224	1098	13	1085
农药批发	51		51	260		260
农用薄膜批发	3	1	2	20	10	10
其他化工产品批发	312	5	307	2564	258	2306
机械设备、五金交电及电子产品批发	2359	37	2322	21471	1548	19923
农业机械批发	122	3	119	990	57	933
汽车、摩托车及零配件批发	233	9	224	2851	291	2560
五金、交电批发	545	4	541	4169	138	4031
家用电器批发	97	6	91	1492	545	947
计算机、软件及辅助设备批发	184	2	182	1883	129	1754
通讯及广播电视设备批发	71	1	70	639	80	559
其他机械设备及电子产品批发	1107	12	1095	9447	308	9139
贸易经纪与代理	150		150	841		841
贸易经纪与代理	150		150	841		841
其他批发	509	1	508	4052	10	4042
再生物资回收与批发	310	1	309	2099	10	2089
其他未列明的批发	199		199	1953		1953

批发和零售业商品销售情况

销售额（万元）			批发额（万元）			零售额（万元）		
合　计	限额以上	限额以下	合　计	限额以上	限额以下	合　计	限额以上	限额以下
14722858	**8271361**	**6451496**	**9514410**	**5491884**	**4022527**	**5208448**	**2779478**	**2428970**
9650741	**5354896**	**4295846**	**9327867**	**5326240**	**4001627**	**322875**	**28656**	**294219**
132881	12993	119887	100565	12993	87571	32316		32316
40896	12993	27902	31243	12993	18250	9653		9653
20955		20955	18486		18486	2468		2468
4337		4337	3966		3966	371		371
844		844	715		715	129		129
65849		65849	46155		46155	19695		19695
299906	59707	240199	243967	51884	192082	55940	7823	48117
87850	4720	83131	72296	4720	67576	15555		15555
6094		6094	4354		4354	1740		1740
51986		51986	38000		38000	13986		13986
12468		12468	11644		11644	824		824
20710	11091	9619	18691	11091	7600	2019		2019
79336	33012	46324	62268	25189	37079	17068	7823	9245
3742		3742	2268		2268	1474		1474
37721	10884	26837	34446	10884	23562	3274		3274
97214	25199	72015	91481	25199	66282	5733		5733
9399		9399	9262		9262	137		137
34391	8270	26121	33468	8270	25198	924		924
7373	6926	447	7347	6926	421	26		26
21068	5228	15840	19883	5228	14654	1186		1186
8075		8075	6246		6246	1829		1829
16908	4774	12134	15276	4774	10502	1632		1632
55956	25544	30413	54357	25544	28814	1599		1599
11130		11130	10434		10434	697		697
32967	25544	7423	32867	25544	7323	100		100
3391		3391	3086		3086	305		305
226		226	221		221	5		5
938		938	673		673	265		265
3407		3407	3334		3334	73		73
3898		3898	3744		3744	154		154
272549	139117	133432	263878	138758	125120	8671	360	8312
151435	109869	41565	144779	109510	35269	6656	360	6296
89633	26476	63158	88380	26476	61904	1254		1254
31481	2773	28708	30720	2773	27947	761		761
7094248	4586466	2507782	6969546	4574604	2394942	124702	11862	112840
2152413	1423069	729344	2124860	1420983	703878	27553	2087	25466
200096	153781	46315	190438	147105	43334	9658	6676	2982
53752		53752	52620		52620	1132		1132
2792029	1850780	941249	2748525	1850780	897745	43504		43504
1665615	1095533	570083	1630558	1092433	538125	35057	3100	31957
47837	5556	42280	45423	5556	39867	2413		2413
7202		7202	6923		6923	280		280
14402	14370	32	14402	14370	32			
160903	43378	117524	155797	43378	112418	5106		5106
1486686	500614	986073	1403024	492003	911021	83662	8611	75052
58649	14446	44203	55509	14446	41063	3140		3140
215583	66360	149222	192563	64360	128203	23019	2000	21019
316144	158476	157668	301950	157475	144475	14194	1001	13193
152912	104530	48382	148080	103447	44634	4832	1083	3749
178925	39825	139100	149209	35298	113911	29715	4527	25189
98397	56712	41685	98055	56712	41343	342		342
466077	60264	405813	457657	60264	397393	8420		8420
17642		17642	16692		16692	950		950
17642		17642	16692		16692	950		950
193660	5256	188404	184357	5256	179101	9303		9303
129802	5256	124546	122642	5256	117387	7159		7159
63858		63858	61715		61715	2144		2144

3-2-16 续表

行业	法人单位数（个）			年末就业人员（人）		
	合计	限额以上	限额以下	合计	限额以上	限额以下
零售业	**9931**	**352**	**9579**	**121997**	**35891**	**86106**
综合零售	909	61	848	29771	17195	12576
百货零售	387	27	360	11921	6302	5619
超级市场零售	177	28	149	14451	9685	4766
其他综合零售	345	6	339	3399	1208	2191
食品、饮料及烟草制品专门零售	846	3	843	6764	62	6702
粮油零售	200		200	1681		1681
糕点、面包零售	48		48	586		586
果品、蔬菜零售	84		84	756		756
肉、禽、蛋及水产品零售	58		58	462		462
饮料及茶叶零售	143	2	141	958	36	922
烟草制品零售	73		73	288		288
其他食品零售	240	1	239	2033	26	2007
纺织、服装及日用品专门零售	1058	18	1040	15144	3409	11735
纺织品及针织品零售	112	1	111	1107	152	955
服装零售	532	15	517	10973	3097	7876
鞋帽零售	73		73	882		882
钟表、眼镜零售	75	1	74	544	60	484
化妆品及卫生用品零售	156		156	784		784
其他日用品零售	110	1	109	854	100	754
文化、体育用品及器材专门零售	556	8	548	4359	564	3795
文具用品零售	157	1	156	992	144	848
体育用品零售	60	1	59	438	32	406
图书零售	76	1	75	764	18	746
音像制品及电子出版物零售	20		20	89		89
珠宝首饰零售	112	4	108	1381	340	1041
工艺美术品及收藏品零售	65		65	260		260
照相器材零售	17	1	16	114	30	84
其他文化用品零售	49		49	321		321
医药及医疗器材专门零售	718	14	704	6718	1535	5183
药品零售	575	14	561	5872	1535	4337
医疗用品及器材零售	143		143	846		846
汽车、摩托车、燃料及零配件专门零售	1810	185	1625	23137	8919	14218
汽车零售	561	152	409	12783	7474	5309
汽车零配件零售	340	3	337	2991	415	2576
摩托车及零配件零售	134	1	133	1020	14	1006
机动车燃料零售	775	29	746	6343	1016	5327
家用电器及电子产品专门零售	1557	41	1516	16347	3427	12920
家用电器零售	429	28	401	6840	3102	3738
计算机、软件及辅助设备零售	633	11	622	5017	258	4759
通信设备零售	242	2	240	2633	67	2566
其他电子产品零售	253		253	1857		1857
五金、家具及室内装修材料专门零售	1336	12	1324	10729	490	10239
五金零售	639	7	632	4423	132	4291
家具零售	148	1	147	2316	20	2296
涂料零售	32		32	198		198
其他室内装修材料零售	517	4	513	3792	338	3454
无店铺及其他零售	1141	10	1131	9028	290	8738
流动货摊零售	7		7	23		23
生活用燃料零售	171	1	170	1525	66	1459
花卉零售	59		59	404		404
旧货零售	8		8	45		45
其他未列明的零售	896	9	887	7031	224	6807

销售额（万元）			批发额（万元）			零售额（万元）		
合　计	限额以上	限额以下	合　计	限额以上	限额以下	合　计	限额以上	限额以下
5072116	**2916466**	**2155651**	**186543**	**165644**	**20900**	**4885573**	**2750822**	**2134751**
697992	518200	179792	1600	673	927	696392	517527	178865
317801	244394	73407	401	225	177	317400	244170	73230
262778	193503	69275	701	448	253	262078	193055	69022
117413	80303	37110	498		498	116915	80303	36612
133790	5103	128687	2014		2014	131776	5103	126673
29550		29550	294		294	29256		29256
6810		6810	17		17	6793		6793
11855		11855				11855		11855
9752		9752	18		18	9734		9734
29338	1603	27735	1171		1171	28166	1603	26563
7284		7284	66		66	7218		7218
39202	3500	35702	448		448	38755	3500	35255
291557	105800	185758	2127		2127	289431	105800	183631
13071	720	12351	251		251	12820	720	12100
209957	101609	108348	1679		1679	208278	101609	106669
16531		16531	55		55	16475		16475
10226	2487	7739	31		31	10195	2487	7708
27984		27984	55		55	27930		27930
13789	984	12805	55		55	13733	984	12749
126513	57329	69184	1098		1098	125415	57329	68086
24247	2270	21977	287		287	23960	2270	21690
5354	500	4854	54		54	5299	500	4799
10388	584	9804	274		274	10115	584	9530
1806		1806	12		12	1794		1794
68960	50381	18579	235		235	68724	50381	18344
4418		4418	37		37	4381		4381
5349	3594	1755				5349	3594	1755
5991		5991	199		199	5793		5793
143566	33761	109806	3719	1662	2057	139847	32098	107749
124282	33761	90521	2995	1662	1333	121287	32098	89189
19285		19285	725		725	18560		18560
2469703	1757421	712283	164474	161279	3195	2305229	1596142	709087
1985673	1562130	423543	159565	158817	749	1826108	1403314	422795
77731	8620	69111	447		447	77284	8620	68664
36673	510	36163	115		115	36557	510	36047
369626	186160	183466	4347	2462	1885	365279	183698	181581
612384	305246	307138	6671	2030	4641	605714	303217	302497
364508	283047	81461	505	185	320	364002	282862	81141
151907	18321	133586	5143	1845	3298	146764	16476	130288
48533	3879	44655	842		842	47691	3879	43813
47436		47436	180		180	47256		47256
233007	26054	206953	2243		2243	230764	26054	204710
100790	7492	93298	1223		1223	99567	7492	92075
27040	566	26474	152		152	26888	566	26322
6881		6881	69		69	6812		6812
98296	17997	80300	799		799	97498	17997	79501
363604	107552	256052	2598		2598	361006	107552	253454
288		288	20		20	268		268
45008	1768	43240	1023		1023	43985	1768	42218
5768		5768	50		50	5719		5719
979		979				979		979
311561	105785	205777	1506		1506	310055	105785	204271

3-2-17 按行业分组的港澳台商和

行业	法人单位数（个）			年末就业人员（人）		
	合计	限额以上	限额以下	合计	限额以上	限额以下
总计	**47**	**14**	**33**	**2259**	**1784**	**475**
批发业	**26**	**7**	**19**	**1117**	**836**	**281**
食品、饮料及烟草制品批发	3	1	2	70	45	25
米、面制品及食用油批发	2		2	25		25
饮料及茶叶批发	1	1		45	45	
纺织、服装及日用品批发	2	1	1	508	448	60
服装批发	2	1	1	508	448	60
医药及医疗器材批发	2		2	14		14
医疗用品及器材批发	2		2	14		14
矿产品、建材及化工产品批发	9	2	7	170	58	112
煤炭及制品批发	4	1	3	92	49	43
石油及制品批发	1		1	45		45
非金属矿及制品批发	1		1	18		18
金属及金属矿批发	2	1	1	11	9	2
其他化工产品批发	1		1	4		4
机械设备、五金交电及电子产品批发	10	3	7	355	285	70
汽车、摩托车及零配件批发	2	1	1	14	7	7
家用电器批发	2	2		278	278	
通讯及广播电视设备批发	2		2	24		24
其他机械设备及电子产品批发	4		4	39		39
零售业	**21**	**7**	**14**	**1142**	**948**	**194**
综合零售	1	1		383	383	
百货零售	1	1		383	383	
食品、饮料及烟草制品专门零售	2		2	67		67
饮料及茶叶零售	1		1	50		50
其他食品零售	1		1	17		17
纺织、服装及日用品专门零售	6	4	2	312	302	10
服装零售	4	2	2	273	263	10
其他日用品零售	2	2		39	39	
文化、体育用品及器材专门零售	1		1	1		1
工艺美术品及收藏品零售	1		1	1		1
汽车、摩托车、燃料及零配件专门零售	1		1	65		65
机动车燃料零售	1		1	65		65
家用电器及电子产品专门零售	3		3	12		12
计算机、软件及辅助设备零售	1		1	6		6
通信设备零售	1		1	4		4
其他电子产品零售	1		1	2		2
五金、家具及室内装修材料专门零售	3	1	2	187	168	19
五金零售	1		1	9		9
家具零售	1	1		168	168	
涂料零售	1		1	10		10
无店铺及其他零售	4	1	3	115	95	20
生活用燃料零售	2	1	1	99	95	4
其他未列明的零售	2		2	16		16

外商投资企业批发和零售业商品销售情况

销售额（万元）			批发额（万元）			零售额（万元）		
合　计	限额以上	限额以下	合　计	限额以上	限额以下	合　计	限额以上	限额以下
195450	**171015**	**24435**	**127493**	**110743**	**16750**	**67957**	**60272**	**7685**
129387	**111237**	**18150**	**127481**	**110743**	**16738**	**1905**	**494**	**1412**
10876	3935	6941	10383	3442	6941	494	494	
6941		6941	6941		6941			
3935	3935		3442	3442		494	494	
7771	6169	1602	7369	6169	1200	402		402
7771	6169	1602	7369	6169	1200	402		402
636		636	550		550	86		86
636		636	550		550	86		86
55235	50040	5195	55235	50040	5195			
21391	16399	4992	21391	16399	4992			
86		86	86		86			
117		117	117		117			
33642	33642		33642	33642				
54868	51093	3776	53945	51093	2852	924		924
11355	11305	50	11355	11305	50			
39787	39787		39787	39787				
1462		1462	1462		1462			
2264		2264	1340		1340	924		924
66064	**59779**	**6285**	**12**		**12**	**66052**	**59779**	**6273**
15005	15005					15005	15005	
15005	15005					15005	15005	
849		849				849		849
585		585				585		585
264		264				264		264
35055	34917	138				35055	34917	138
19393	19255	138				19393	19255	138
15662	15662					15662	15662	
7		7				7		7
7		7				7		7
229		229	12		12	217		217
12		12	12		12			
130		130				130		130
87		87				87		87
2146	1934	212				2146	1934	212
180		180				180		180
1934	1934					1934	1934	
32		32				32		32
12773	7922	4851				12773	7922	4851
8387	7922	465				8387	7922	465
4386		4386				4386		4386

3-2-18 按商品类别分组的国有及国有控股批发和零售业商品销售情况

单位：万元

商品类别	销售额			批发额			零售额		
	合 计	限额以上	限额以下	合 计	限额以上	限额以下	合 计	限额以上	限额以下
总 计	**26657949**	**24122264**	**2535686**	**23522585**	**21441383**	**2081202**	**3135365**	**2680881**	**454484**
1. 粮油、食品、饮料、烟酒类	2588436	2299846	288591	2396909	2216897	180012	191027	82949	108078
(1)粮油、食品类	473343	209551	263792	308172	138038	170134	164681	71512	93168
其中：粮油类	343819	151542	192277	241684	112768	128916	100989	38773	62215
肉禽蛋类	41818	32555	9264	13375	10715	2660	28473	21839	6633
水产品类	1862	286	1576	324		324	1542	286	1257
蔬菜类	9049	608	8441	737		737	8322	608	7714
干鲜果品类	6358	2062	4296	4309	1440	2868	2064	621	1443
(2)饮料类	9922	6381	3541	2295	1823	472	7627	4558	3069
(3)烟酒类	2105171	2083914	21257	2086441	2077036	9405	18719	6878	11841
2. 服装、鞋帽、针纺织品类	90584	64904	25680	7923	160	7763	82660	64744	17916
(1)服装类	47074	34648	12426	1504	7	1497	45569	34641	10929
(2)鞋帽类	22044	19529	2516	259	14	245	21785	19515	2271
(3)针纺织品类	21466	10728	10738	6160	140	6021	15306	10589	4717
3. 化妆品类	5367	4263	1103	72	15	57	5295	4248	1047
4. 金银珠宝类	14454	3164	11290	184		184	14270	3164	11106
5. 日用品类	23053	13054	10000	4132	1043	3090	18921	12011	6910
其中：洗涤用品类	7377	3275	4102	1297	102	1195	6080	3173	2907
儿童玩具类	2447	733	1713	594	6	588	1852	727	1125
6. 五金、电料类	21308	7047	14261	3511	275	3236	17797	6772	11025
7. 体育、娱乐用品类	1964	1540	424	245		245	1718	1540	178
8. 书报杂志类	213648	191607	22041	84887	76160	8727	128884	115447	13436
9. 电子出版物及音像制品类	9648	6891	2757	6410	6220	190	3238	671	2567
10. 家用电器和音像器材类	56848	48112	8735	35684	33916	1767	21464	14196	7268
11. 中西药品类	310498	252437	58061	170500	140736	29764	140198	111701	28497
其中：西药类	208289	176687	31602	115618	99896	15722	92656	76791	15865
中草药及中成药类	72520	61674	10846	44791	39337	5454	27744	22337	5408
12. 文化办公用品类	34997	26690	8307	27254	23990	3264	7843	2699	5143
13. 家具类	1066	217	849	4	4		1062	212	849
14. 通讯器材类	2077	278	1798	263		263	1913	278	1635
15. 煤炭及制品类	17578080	15849371	1728709	17383602	15729900	1653703	194477	119472	75006
16. 木材及制品类	11262	696	10566	11257	696	10561			
17. 石油及制品类	3424583	3294011	130571	1252103	1234566	17538	2172479	2059445	113034
18. 化工材料及制品类	626268	596130	30139	625591	596130	29462			
其中：化肥类	317572	314133	3439	317522	314133	3389			
19. 金属材料类	979519	956145	23374	979491	956145	23346			
20. 建筑及装潢材料类	151495	124578	26917	144425	120980	23446	7069	3598	3471
21. 机电产品及设备类	87294	57283	30012	77923	52097	25827	9446	5186	4260
其中：农机类	39426	36201	3225	39254	36201	3053			
22. 汽车类	83611	69501	14109	33170	29182	3988	50443	40319	10123
23. 种子饲料类	6469		6469	6469		6469			
24. 棉麻类	183		183	130		130	53		53
25. 其他类	335240	254498	80742	270444	222272	48172	64795	32226	32569

3-2-19　按商品类别分组的国有批发和零售业商品销售情况

单位：万元

商品类别	销售额			批发额			零售额		
	合　计	限额以上	限额以下	合　计	限额以上	限额以下	合　计	限额以上	限额以下
总　计	**18997662**	**17398671**	**1598991**	**17938264**	**16705436**	**1232828**	**1059398**	**693235**	**366163**
1．粮油、食品、饮料、烟酒类	2486345	2217937	268408	2313661	2144058	169603	172683	73880	98804
(1)粮油、食品类	444704	199346	245357	294159	133855	160305	150554	65492	85063
其中：粮油类	330270	147454	182816	231788	109769	122020	97336	37685	59650
肉禽蛋类	33962	28199	5763	13078	10574	2504	20913	17625	3288
水产品类	1740	176	1564	324		324	1420	176	1245
蔬菜类	8136	399	7738	695		695	7451	399	7053
干鲜果品类	6176	1990	4186	4309	1440	2868	1883	550	1333
(2)饮料类	6536	3726	2809	757	379	378	5779	3348	2431
(3)烟酒类	2035106	2014865	20241	2018745	2009824	8921	16350	5041	11310
2．服装、鞋帽、针纺织品类	63489	41269	22220	7184	131	7053	56304	41138	15166
(1)服装类	31408	20930	10478	1492		1492	29916	20930	8985
(2)鞋帽类	16362	14346	2015	240		240	16122	14346	1775
(3)针纺织品类	15719	5992	9727	5452	131	5321	10267	5861	4406
3．化妆品类	3830	2768	1062	56		56	3775	2768	1007
4．金银珠宝类	12894	1604	11290	184		184	12710	1604	11106
5．日用品类	15843	6369	9474	3260	181	3079	12583	6189	6395
其中：洗涤用品类	6235	2229	4006	1195		1195	5040	2229	2811
儿童玩具类	1906	413	1493	588		588	1318	413	905
6．五金、电料类	14895	5182	9713	3206		3206	11689	5182	6507
7．体育、娱乐用品类	1890	1486	405	245		245	1645	1486	159
8．书报杂志类	134295	113141	21154	22615	13935	8680	111803	99206	12597
9．电子出版物及音像制品类	3323	573	2750	210	20	190	3113	553	2560
10．家用电器和音像器材类	17537	11225	6312	1762		1762	15775	11225	4550
11．中西药品类	86749	36003	50746	57494	29425	28069	29255	6578	22677
其中：西药类	53366	24249	29118	34318	19698	14619	19033	4550	14483
中草药及中成药类	18994	10220	8774	13559	8224	5335	5451	1996	3455
12．文化办公用品类	32704	26278	6426	27144	23882	3262	5560	2396	3164
13．家具类	691	212	479				691	212	479
14．通讯器材类	1684	238	1446	254		254	1430	238	1192
15．煤炭及制品类	13758860	12839645	919215	13607037	12741895	865142	151823	97750	54073
16．木材及制品类	6258		6258	6253		6253			
17．石油及制品类	911456	821283	90173	526018	520165	5853	385439	301118	84321
18．化工材料及制品类	251558	227218	24340	251292	227218	24074			
其中：化肥类	5050	1833	3217	5050	1833	3217			
19．金属材料类	907563	894347	13216	907535	894347	13188			
20．建筑及装潢材料类	30170	4809	25361	23152	1211	21942	7017	3598	3419
21．机电产品及设备类	69746	43222	26524	60521	38036	22486	9300	5186	4114
其中：农机类	38983	36201	2782	38812	36201	2610			
22．汽车类	28854	22574	6280	14694	12135	2559	14163	10439	3723
23．种子饲料类	5241		5241	5241		5241			
24．棉麻类	183		183	130		130	53		53
25．其他类	151603	81288	70315	99115	58798	40317	52487	22490	29997

3-2-20 按商品类别分组的集体批发和零售业商品销售情况

单位：万元

商品类别	销售额			批发额			零售额		
	合 计	限额以上	限额以下	合 计	限额以上	限额以下	合 计	限额以上	限额以下
总 计	**1871892**	**1129363**	**742530**	**1366924**	**964122**	**402802**	**504968**	**165241**	**339727**
1. 粮油、食品、饮料、烟酒类	236171	71002	165168	110949	56978	53971	125282	14025	111257
(1)粮油、食品类	168653	56113	112540	97753	50354	47399	70959	5759	65201
其中：粮油类	53374	4006	49368	17147	3357	13790	36223	649	35574
肉禽蛋类	7731	295	7436	1583	2	1581	6152	293	5859
水产品类	1948	4	1944	852	1	851	1095	3	1092
蔬菜类	11949	6797	5152	9052	6795	2258	2897	2	2895
干鲜果品类	15432	164	15268	8126	146	7980	7297	18	7279
(2)饮料类	16523	689	15834	3196	35	3161	13328	654	12674
(3)烟酒类	50995	14200	36795	9999	6588	3411	40995	7612	33383
2. 服装、鞋帽、针纺织品类	68367	15367	53000	3263	64	3199	65104	15303	49801
(1)服装类	35998	8462	27536	2019	30	1989	33979	8432	25547
(2)鞋帽类	14817	3563	11255	850	11	839	13967	3551	10416
(3)针纺织品类	17552	3342	14209	395	23	371	17157	3319	13838
3. 化妆品类	6181	1416	4765	646	32	615	5535	1385	4150
4. 金银珠宝类	2488	114	2373	299		299	2189	114	2074
5. 日用品类	32439	1772	30667	3182	124	3058	29257	1648	27609
其中：洗涤用品类	10886	358	10527	151		151	10734	358	10376
儿童玩具类	2434	49	2385	8		8	2425	49	2377
6. 五金、电料类	37855	6491	31364	6168		6168	31689	6491	25198
7. 体育、娱乐用品类	1746	260	1486	47		47	1759	260	1499
8. 书报杂志类	2468	9	2459	885		885	1583	9	1574
9. 电子出版物及音像制品类	455	27	429	22		22	434	27	407
10. 家用电器和音像器材类	9484	1920	7563	485		485	8999	1920	7079
11. 中西药品类	6630		6630	2311		2311	4319		4319
其中：西药类	4236		4236	1375		1375	2861		2861
中草药及中成药类	1431		1431	825		825	606		606
12. 文化办公用品类	6033	211	5823	752		752	5011	211	4800
13. 家具类	6454	4712	1742	4		4	6451	4712	1738
14. 通讯器材类	5743	2530	3213	4456	2484	1972	1287	47	1241
15. 煤炭及制品类	895101	745653	149447	855610	718799	136811	39490	26854	12636
16. 木材及制品类	1795		1795	1445		1445			
17. 石油及制品类	69185	30401	38785	9454	4083	5371	59723	26318	33405
18. 化工材料及制品类	235697	133324	102373	233726	133324	100402			
其中：化肥类	220308	132035	88274	218337	132035	86302			
19. 金属材料类	13973		13973	13973		13973			
20. 建筑及装潢材料类	12209	5628	6582	2180		2180	10029	5628	4402
21. 机电产品及设备类	25324	4076	21249	15659		15659	9658	4076	5582
其中：农机类	1481		1481	1450		1450			
22. 汽车类	61470	48998	12471	2244		2244	59225	48998	10227
23. 种子饲料类	5431	40	5392	5430	40	5391			
24. 棉麻类	11765		11765	9915		9915	1839		1839
25. 其他类	117429	55412	62017	83820	48195	35625	33626	7218	26408

3-2-21　按商品类别分组的股份合作企业批发和零售业商品销售情况

单位：万元

商品类别	销售额			批发额			零售额		
	合　计	限额以上	限额以下	合　计	限额以上	限额以下	合　计	限额以上	限额以下
总　计	**279942**	**158094**	**121848**	**143501**	**66865**	**76636**	**136441**	**91229**	**45212**
1. 粮油、食品、饮料、烟酒类	27920	13383	14537	4191	451	3741	23729	12933	10796
(1)粮油、食品类	24996	12257	12739	3659	354	3306	21337	11903	9434
其中：粮油类	4611	1496	3115	694	212	481	3918	1284	2634
肉禽蛋类	870	656	214	221	141	80	649	515	134
水产品类	8		8				8		8
蔬菜类	1416		1416	217		217	509		509
干鲜果品类	4496		4496	911		911	4275		4275
(2)饮料类	765	528	237	74	44	30	691	484	207
(3)烟酒类	2160	598	1561	458	53	405	1701	545	1156
2. 服装、鞋帽、针纺织品类	5711	1044	4666	871	29	842	4839	1015	3824
(1)服装类	3432	460	2972	43	7	36	3389	453	2936
(2)鞋帽类	965	356	609	79	14	65	886	342	544
(3)针纺织品类	1313	228	1085	749	8	741	564	220	344
3. 化妆品类	283	130	154	19	15	4	264	115	150
4. 金银珠宝类	1309	135	1175				1309	135	1175
5. 日用品类	2247	387	1860	40	40		2208	347	1860
其中：洗涤用品类	1239	335	904	33	33		1205	302	904
儿童玩具类	148	43	105	6	6		142	36	105
6. 五金、电料类	1952	41	1910	578		578	1373	41	1332
8. 书报杂志类	201		201				201		201
9. 电子出版物及音像制品类	61		61				62		62
10. 家用电器和音像器材类	3987	1399	2588	46		46	3941	1399	2542
11. 中西药品类	3976	6	3970	1200		1200	2776	6	2770
其中：西药类	2726	6	2720	980		980	1752	6	1746
中草药及中成药类	392		392	100		100	292		292
12. 文化办公用品类	1958	52	1907	82	5	77	1875	46	1829
13. 家具类	409	35	374	15		15	394	35	359
14. 通讯器材类	2031		2031	1734		1734	297		297
15. 煤炭及制品类	110102	72623	37479	88272	52503	35769	21830	20120	1710
17. 石油及制品类	20012	11909	8104	12336	8399	3937	7915	3510	4405
18. 化工材料及制品类	5647		5647	5375		5375			
其中：化肥类	3218		3218	3186		3186			
19. 金属材料类	8399		8399	8399		8399			
20. 建筑及装潢材料类	4659		4659	3358		3358	1302		1302
21. 机电产品及设备类	8291		8291	6325		6325	1966		1966
其中：农机类	1640		1640	1640		1640			
22. 汽车类	62470	55654	6816	7496	5411	2085	54974	50243	4731
23. 种子饲料类	449		449	449		449			
24. 棉麻类	15		15				15		15
25. 其他类	7852	1298	6554	2715	13	2702	5131	1285	3846

3-2-22 按商品类别分组的有限责任公司批发和零售业商品销售情况

单位：万元

商品类别	销售额			批发额			零售额		
	合 计	限额以上	限额以下	合 计	限额以上	限额以下	合 计	限额以上	限额以下
总 计	**8412726**	**6130291**	**2282435**	**6580298**	**4759942**	**1820356**	**1832428**	**1370349**	**462079**
1. 粮油、食品、饮料、烟酒类	293928	200194	93734	129627	83223	46404	163704	116971	46733
(1)粮油、食品类	173885	106692	67193	48442	11049	37392	124847	95643	29204
其中：粮油类	55067	30820	24247	20971	3797	17175	34096	27023	7072
肉禽蛋类	54599	43872	10727	5034		5034	49565	43872	5693
水产品类	4167	3598	569	39		39	4127	3598	530
蔬菜类	7412	3569	3843	1859		1859	5553	3569	1984
干鲜果品类	13962	11871	2091	5243	4869	374	8719	7003	1717
(2)饮料类	23618	13724	9894	7654	4914	2741	15963	8810	7153
(3)烟酒类	96425	79778	16647	73531	67260	6271	22894	12518	10376
2. 服装、鞋帽、针纺织品类	167872	123831	44042	26237	19687	6550	141636	104144	37491
(1)服装类	108124	78693	29430	21506	17658	3847	86618	61035	25583
(2)鞋帽类	26977	20054	6922	1291	362	928	25697	19692	6005
(3)针纺织品类	32772	25083	7689	3441	1666	1775	29321	23417	5903
3. 化妆品类	11199	9299	1900	502	444	58	10697	8855	1842
4. 金银珠宝类	34804	27830	6974	7603	5358	2245	27201	22471	4729
5. 日用品类	47106	29288	17818	11434	7400	4034	35691	21888	13802
其中：洗涤用品类	17895	11598	6297	3668	726	2942	14227	10872	3355
儿童玩具类	3456	2816	640	214	209	5	3242	2606	636
6. 五金、电料类	70195	6579	63615	29467	4020	25447	40607	2560	38047
7. 体育、娱乐用品类	3812	1745	2067	394		394	3418	1745	1673
8. 书报杂志类	78632	75812	2820	62785	62181	604	15847	13631	2216
9. 电子出版物及音像制品类	9841	6741	3100	8098	6200	1898	1764	541	1222
10. 家用电器和音像器材类	228639	183800	44838	97906	89732	8173	131043	94068	36975
11. 中西药品类	418014	381355	36659	275272	264363	10908	142942	116992	25950
其中：西药类	274823	256664	18159	184884	177764	7121	89940	78901	11040
中草药及中成药类	113699	105944	7755	85927	82988	2940	27772	22956	4816
12. 文化办公用品类	35554	8301	27253	12908	5702	7206	22766	2599	20167
13. 家具类	8250	3379	4871	179	4	175	8174	3375	4799
14. 通讯器材类	18927	3211	15716	2930		2930	16408	3211	13197
15. 煤炭及制品类	4235497	3113971	1121525	4187203	3092250	1094953	48294	21721	26573
16. 木材及制品类	13652	3860	9792	13352	3860	9492			
17. 石油及制品类	222701	185913	36787	130157	119424	10733	92544	66490	26054
18. 化工材料及制品类	131408	79021	52387	130588	79021	51567			
其中：化肥类	24908	10196	14712	24417	10196	14221			
19. 金属材料类	588946	362792	226154	587974	362792	225182			
20. 建筑及装潢材料类	184936	124443	60493	145959	120033	25926	39080	4410	34670
21. 机电产品及设备类	190636	61817	128818	162117	56841	105277	28288	4977	23311
其中：农机类	27130	10307	16824	26960	10307	16654			
22. 汽车类	1063352	867577	195775	294595	171042	123553	768817	696535	72282
23. 种子饲料类	5718	381	5337	5718	381	5337			
24. 棉麻类	2441		2441	108		108	2333		2333
25. 其他类	346669	269150	77519	257188	205985	51203	89253	63165	26088

3-2-23　按商品类别分组的股份有限公司批发和零售业商品销售情况

单位：万元

商品类别	销售额			批发额			零售额		
	合　计	限额以上	限额以下	合　计	限额以上	限额以下	合　计	限额以上	限额以下
总　计	**4835672**	**4254949**	**580723**	**2483319**	**2074797**	**408522**	**2352353**	**2180152**	**172201**
1. 粮油、食品、饮料、烟酒类	179705	144733	34972	48322	28076	20247	131272	116657	14615
(1)粮油、食品类	101814	74014	27800	17615	110	17505	84174	73904	10270
其中：粮油类	68397	58478	9919	6650		6650	61733	58478	3255
肉禽蛋类	15869	12253	3616	2303		2303	13566	12253	1313
水产品类	1694	1329	365	130		130	1564	1329	236
蔬菜类	4638	937	3702	2567		2567	2071	937	1135
干鲜果品类	3880	615	3264	1998		1998	1871	615	1256
(2)饮料类	31130	27948	3182	1804	382	1422	29311	27566	1745
(3)烟酒类	46761	42771	3990	28903	27584	1320	17788	15187	2600
2. 服装、鞋帽、针纺织品类	50546	29713	20833	11109		11109	39406	29713	9693
(1)服装类	20528	9424	11105	4649		4649	15879	9424	6456
(2)鞋帽类	9187	7315	1872	469		469	8717	7315	1403
(3)针纺织品类	20831	12975	7856	5991		5991	14809	12975	1835
3. 化妆品类	8436	5784	2652	1390		1390	7021	5784	1237
4. 金银珠宝类	43459	41471	1988				43459	41471	1988
5. 日用品类	29584	23686	5898	2822		2822	31004	23686	7318
其中：洗涤用品类	19292	16319	2973	1972		1972	17320	16319	1002
儿童玩具类	4135	3731	403	131		131	3991	3731	260
6. 五金、电料类	24007	16355	7652	1330	4	1326	22687	16351	6336
7. 体育、娱乐用品类	1371	1119	252				1319	1119	200
8. 书报杂志类	3545	3348	197	123	44	79	3422	3304	118
9. 电子出版物及音像制品类	887	322	565	560		560	330	322	7
10. 家用电器和音像器材类	78031	63041	14990	35878	33864	2014	42155	29177	12978
11. 中西药品类	41752	31478	10274	33479	30039	3441	8273	1440	6834
其中：西药类	31560	23784	7776	25997	22800	3196	5493	983	4510
中草药及中成药类	8325	7675	650	7382	7238	144	933	436	497
12. 文化办公用品类	7710	2823	4887	2022		2022	5690	2823	2867
13. 家具类	2754	557	2197				2754	557	2197
14. 通讯器材类	6908	1655	5253	2594		2594	4316	1655	2661
15. 煤炭及制品类	1026258	803527	222731	1024602	803527	221075	1656		1656
16. 木材及制品类	822		822	822		822			
17. 石油及制品类	2602105	2538116	63989	714757	696011	18746	1887348	1842104	45244
18. 化工材料及制品类	370616	342819	27797	370266	342819	27447			
其中：化肥类	319185	312300	6885	319135	312300	6835			
19. 金属材料类	46378	26081	20297	45903	26081	19822			
20. 建筑及装潢材料类	25105	8325	16780	9360		9360	15715	8325	7390
21. 机电产品及设备类	26634		26634	17454		17454	9182		9182
其中：农机类	2035		2035	1554		1554			
22. 汽车类	101148	52171	48977	16393		16393	84755	52171	32585
23. 种子饲料类	6266	2226	4041	6250	2226	4024			
24. 棉麻类	150		150				150		150
25. 其他类	151496	115602	35894	137884	112108	25776	13613	3494	10119

3-2-24 按商品类别分组的私营企业批发和零售业商品销售情况

单位：万元

商品类别	销售额			批发额			零售额		
	合 计	限额以上	限额以下	合 计	限额以上	限额以下	合 计	限额以上	限额以下
总 计	**14722858**	**8271361**	**6451496**	**9514410**	**5491884**	**4022527**	**5208448**	**2779478**	**2428970**
1. 粮油、食品、饮料、烟酒类	798721	275784	522936	309410	65275	244136	489360	210510	278851
(1)粮油、食品类	536275	155942	380333	222152	31702	190450	314226	124240	189986
其中：粮油类	227440	60997	166444	89898	4780	85118	137547	56216	81331
肉禽蛋类	50395	20627	29768	12897	14	12883	37499	20614	16885
水产品类	10390	5211	5180	1542		1542	8847	5211	3636
蔬菜类	80602	3861	76741	42860	1	42859	37742	3860	33882
干鲜果品类	39394	8387	31007	16558		16558	22806	8387	14419
(2)饮料类	131725	62069	69656	50361	26431	23930	81270	35638	45632
(3)烟酒类	130721	57774	72947	36898	7142	29756	93865	50632	43233
2. 服装、鞋帽、针纺织品类	496847	287661	209186	53904	15003	38901	442958	272658	170300
(1)服装类	352970	202143	150827	40066	11523	28544	312974	190620	122354
(2)鞋帽类	81316	52517	28799	5147	3480	1667	76111	49037	27074
(3)针纺织品类	62562	33002	29560	8690		8690	53874	33002	20872
3. 化妆品类	58963	26509	32454	4309		4309	54654	26509	28145
4. 金银珠宝类	107572	84567	23004	2855	225	2631	104716	84343	20374
5. 日用品类	127848	42621	85227	37541	10053	27488	90312	32568	57745
其中：洗涤用品类	42174	18933	23241	4995		4995	37427	18933	18494
儿童玩具类	6747	3861	2887	230		230	6517	3861	2657
6. 五金、电料类	174405	14391	160015	64022	5689	58333	110565	8702	101863
7. 体育、娱乐用品类	54483	38144	16340	34088	25737	8350	20396	12406	7990
8. 书报杂志类	14486	1638	12847	4000		4000	10486	1638	8848
9. 电子出版物及音像制品类	19637	11598	8038	14141	9457	4684	5401	2142	3259
10. 家用电器和音像器材类	637354	384861	252493	200885	94175	106710	436480	290686	145794
11. 中西药品类	387145	166994	220151	242250	137648	104602	145830	29346	116484
其中：西药类	212474	111159	101314	123328	92005	31323	89434	19154	70280
中草药及中成药类	64762	39267	25494	40195	29926	10269	24597	9341	15256
12. 文化办公用品类	279177	61029	218147	117041	37143	79898	162700	23887	138814
13. 家具类	33199	1244	31955	3887		3887	29381	1244	28137
14. 通讯器材类	216767	66343	150424	120179	56712	63467	96594	9631	86963
15. 煤炭及制品类	2384336	1565003	819333	2309327	1552547	756780	75019	12457	62562
16. 木材及制品类	38595	600	37995	37863	600	37263			
17. 石油及制品类	608249	347208	261040	199195	149225	49971	409069	197984	211086
18. 化工材料及制品类	212559	37061	175498	209150	37061	172088			
其中：化肥类	41596	8275	33321	40215	8275	31941			
19. 金属材料类	3968098	2886932	1081166	3960165	2886932	1073233			
20. 建筑及装潢材料类	563732	75107	488625	374732	52509	322224	188750	22598	166152
21. 机电产品及设备类	847781	116445	731336	616566	96270	520296	233001	20175	212826
其中：农机类	52438	14446	37991	51133	14446	36687			
22. 汽车类	2198635	1645940	552696	331834	230777	101057	1866837	1415162	451674
23. 种子饲料类	17438		17438	16563		16563			
24. 棉麻类	3317		3317	2524		2524	793		793
25. 其他类	474266	133679	340587	247980	28847	219133	912679	104832	807848

3-2-25　按商品类别分组的港澳台商和外商投资企业批发和零售业商品销售情况

单位：万元

商品类别	销售额			批发额			零售额		
	合　计	限额以上	限额以下	合　计	限额以上	限额以下	合　计	限额以上	限额以下
总　计	**195450**	**171015**	**24435**	**127493**	**110743**	**16750**	**67957**	**60272**	**7685**
1．粮油、食品、饮料、烟酒类	26704	18914	7790	10383	3442	6941	16321	15472	849
(1)粮油、食品类	18920	11979	6941	6941		6941	11979	11979	
其中：粮油类	2452	2452					2452	2452	
肉禽蛋类	1000	1000					1000	1000	
水产品类	1000	1000					1000	1000	
蔬菜类	1000	1000					1000	1000	
干鲜果品类	4996	1000	3996	3996		3996	1000	1000	
(2)饮料类	6284	5435	849	3442	3442		2842	1994	849
(3)烟酒类	1500	1500					1500	1500	
2．服装、鞋帽、针纺织品类	26318	24578	1740	7369	6169	1200	18949	18410	540
(1)服装类	23586	21846	1740	7369	6169	1200	16217	15677	540
(2)鞋帽类	1501	1501					1501	1501	
(3)针纺织品类	1232	1232					1232	1232	
3．化妆品类	3617	3617					3617	3617	
4．金银珠宝类	1777	1777					1777	1777	
5．日用品类	8163	8156	7				8163	8156	7
儿童玩具类	58	58					58	58	
6．五金、电料类	251	71	180				251	71	180
7．体育、娱乐用品类	59	59					59	59	
10．家用电器和音像器材类	40700	40605	95	39882	39787	95	818	818	
11．中西药品类	636		636	550		550	86		86
12．文化办公用品类	442	430	12	12		12	430	430	
13．家具类	2011	2011					2011	2011	
14．通讯器材类	1790		1790	1569		1569	221		221
15．煤炭及制品类	16399	16399		16399	16399				
17．石油及制品类	8008	7922	86	86		86	7922	7922	
18．化工材料及制品类	4992		4992	4992		4992			
19．金属材料类	33759	33642	117	33759	33642	117			
20．建筑及装潢材料类	32		32				32		32
21．机电产品及设备类	4847	363	4484	98		98	4749	363	4386
22．汽车类	11355	11305	50	11355	11305	50			
25．其他类	3590	1165	2425	1040		1040	2550	1165	1385

3-2-26 按地区分组的国有及国有

地区	法人单位数（个）			年末就业人员（人）		
	合计	限额以上	限额以下	合计	限额以上	限额以下
总计	**2712**	**453**	**2259**	**138630**	**79441**	**59189**
太原市	**443**	**80**	**363**	**23750**	**13259**	**10491**
小店区	66	17	49	3374	2390	984
迎泽区	132	24	108	8168	4417	3751
杏花岭区	111	17	94	5885	3661	2224
尖草坪区	26	5	21	821	298	523
万柏林区	50	8	42	3479	1584	1895
晋源区	9	1	8	246	72	174
清徐县	20	3	17	669	233	436
阳曲县	17	2	15	386	78	308
娄烦县	6		6	154		154
古交市	6	3	3	568	526	42
大同市	**444**	**34**	**410**	**19038**	**7941**	**11097**
大同市城区	94	19	75	9498	4874	4624
矿区	36	1	35	1345	80	1265
南郊区	35	8	27	2642	1844	798
新荣区	10	2	8	996	563	433
阳高县	42		42	282		282
天镇县	59		59	998		998
广灵县	41		41	576		576
灵丘县	28		28	524		524
浑源县	26		26	478		478
左云县	35	2	33	963	260	703
大同县	38	2	36	736	320	416
阳泉市	**140**	**38**	**102**	**9266**	**6750**	**2516**
城区	79	21	58	5294	3814	1480
矿区	18	6	12	710	337	373
郊区	8	1	7	589	449	140
平定县	14	1	13	612	414	198
盂县	21	9	12	2061	1736	325
长治市	**290**	**70**	**220**	**9201**	**5999**	**3202**
长治市城区	71	15	56	3758	2773	985
长治市郊区	15	3	12	525	250	275
长治县	12	5	7	864	643	221
襄垣县	35	13	22	1006	761	245
屯留县	26	3	23	319	131	188
平顺县	15		15	127		127
黎城县	12	1	11	290	66	224
壶关县	17	3	14	446	269	177
长子县	14	5	9	425	289	136
武乡县	20	5	15	468	317	151
沁县	20	5	15	362	147	215
沁源县	13	6	7	310	230	80
潞城市	20	6	14	301	123	178

控股批发和零售业商品销售情况

销售额（万元）			批发额（万元）			零售额（万元）		
合　计	限额以上	限额以下	合　计	限额以上	限额以下	合　计	限额以上	限额以下
26657949	**24122264**	**2535686**	**23522585**	**21441383**	**2081202**	**3135365**	**2680881**	**454484**
9046945	**8187360**	**859585**	**8536461**	**7753736**	**782725**	**510484**	**433624**	**76860**
1826470	1610050	216420	1685583	1485203	200381	140887	124848	16040
1483911	1447180	36731	1341136	1312668	28467	142775	134512	8264
3973839	3644226	329614	3917757	3613878	303879	56083	30348	25735
838140	834502	3639	837431	834403	3028	710	99	611
661398	414505	246893	496420	273444	222976	164977	141061	23917
35749	33197	2552	35559	33197	2362	190		190
82977	77504	5473	81115	76376	4739	1862	1128	734
13044	6631	6413	11271	5731	5540	1773	900	873
11516		11516	11018		11018	498		498
119901	119566	335	119172	118837	335	729	729	
1835608	**1629695**	**205914**	**1460209**	**1320138**	**140071**	**375399**	**309557**	**65843**
1191488	1177925	13562	949072	944399	4673	242416	233526	8890
37666	12284	25382	20288	12284	8004	17378		17378
470893	346525	124368	395059	282686	112373	75835	63840	11995
17648	15598	2050	4052	3407	645	13596	12191	1405
3239		3239	3039		3039	200		200
3302		3302	1689		1689	1613		1613
3571		3571	1950		1950	1621		1621
9355		9355	1933		1933	7422		7422
2212		2212	2200		2200	13		13
24401	10511	13890	13175	10511	2664	11226		11226
71833	66851	4982	67753	66851	902	4080		4080
1608578	**1561753**	**46825**	**1410284**	**1388621**	**21662**	**198294**	**173132**	**25162**
594163	564751	29412	413924	399644	14280	180239	165108	15132
284658	281083	3575	279299	279180	119	5359	1903	3456
166717	163899	2818	163899	163899		2818		2818
56793	53158	3635	55589	53158	2431	1204		1204
506247	498863	7384	497573	492742	4832	8674	6121	2553
2837432	**2465617**	**371815**	**2590466**	**2236461**	**354005**	**246966**	**229156**	**17810**
1057773	764429	293344	836664	549985	286680	221109	214444	6665
292112	285633	6480	292060	285633	6427	53		53
355058	354072	986	354121	353135	986	937	937	
360179	352576	7603	351928	344937	6991	8251	7639	612
83812	66623	17189	82837	65648	17189	974	974	
3234		3234	2864		2864	370		370
19585	16541	3044	18874	16541	2333	711		711
74150	70225	3925	72217	69239	2977	1933	986	948
127408	116563	10845	126382	115569	10813	1026	994	32
120579	115640	4939	119469	114879	4590	1111	762	349
30633	22118	8515	26709	21287	5422	3924	831	3093
237427	235524	1903	236368	234872	1496	1059	652	407
75482	65674	9808	69973	64737	5237	5509	938	4571

3-2-26 续表 1

地 区	法人单位数（个）			年末就业人员（人）		
	合 计	限额以上	限额以下	合 计	限额以上	限额以下
晋城市	**207**	**38**	**169**	**11253**	**6205**	**5048**
晋城市城区	37	13	24	3333	1759	1574
沁水县	6	3	3	687	542	145
阳城县	38	5	33	2123	1368	755
陵川县	39	2	37	869	282	587
泽州县	43	11	32	1867	945	922
高平市	44	4	40	2374	1309	1065
朔州市	**118**	**28**	**90**	**5829**	**3749**	**2080**
朔城区	44	12	32	2672	2109	563
平鲁区	8	5	3	493	448	45
山阴县	29	4	25	540	302	238
应县	13	1	12	448	28	420
右玉县	7		7	421		421
怀仁县	17	6	11	1255	862	393
晋中市	**152**	**41**	**111**	**11774**	**8210**	**3564**
榆次区	38	13	25	5389	4258	1131
榆社县	6	1	5	211	75	136
左权县	7	2	5	333	248	85
和顺县	16	1	15	1087	488	599
昔阳县	13	3	10	1240	780	460
寿阳县	21	6	15	671	399	272
太谷县	5	1	4	134	25	109
祁县	14	2	12	287	39	248
平遥县	10	2	8	635	286	349
灵石县	10	5	5	861	803	58
介休市	12	5	7	926	809	117
运城市	**227**	**29**	**198**	**8519**	**4364**	**4155**
盐湖区	43	6	37	4659	3289	1370
临猗县	21		21	179		179
万荣县	18	2	16	205	53	152
闻喜县	6	1	5	153	33	120
稷山县	4	2	2	109	64	45
新绛县	4	1	3	138	28	110
绛县	4	1	3	112	26	86
垣曲县	18	3	15	244	128	116
夏县	20	1	19	253	26	227
平陆县	19	1	18	453	25	428
芮城县	25	1	24	570	23	547
永济市	33	2	31	729	86	643
河津市	12	8	4	715	583	132
忻州市	**348**	**37**	**311**	**17164**	**6580**	**10584**
忻府区	98	9	89	7637	3357	4280
定襄县	21	1	20	449	21	428
五台县	20	1	19	375	50	325

销售额（万元）			批发额（万元）			零售额（万元）		
合　计	限额以上	限额以下	合　计	限额以上	限额以下	合　计	限额以上	限额以下
2487437	**2233626**	**253811**	**2124543**	**1954082**	**170461**	**362894**	**279545**	**83350**
831639	760929	70710	511524	500635	10889	320115	260294	59821
191090	190863	227	189991	189791	200	1099	1072	27
487000	333522	153479	468855	331401	137454	18145	2120	16025
48106	46002	2103	46656	45255	1402	1449	748	702
405417	390489	14928	388140	379778	8363	17276	10711	6565
524186	511822	12364	519376	507223	12153	4810	4600	211
1492511	**1389827**	**102685**	**1399227**	**1316478**	**82749**	**93284**	**73349**	**19935**
898736	893342	5393	860397	855747	4651	38339	37596	743
66460	65488	972	64070	63602	468	2389	1886	504
346051	341071	4979	341688	339702	1986	4363	1369	2994
13533	7852	5680				13533	7852	5680
40093		40093	39472		39472	621		621
127640	82073	45567	93600	57427	36173	34040	24646	9394
2502230	**2354444**	**147786**	**2181159**	**2044605**	**136554**	**321071**	**309839**	**11232**
1173392	1146240	27152	900734	874346	26388	272658	271894	765
69863	4461	65402	68043	4461	63581	1820		1820
84558	81916	2642	71413	69964	1449	13145	11952	1193
96039	93723	2316	95271	93723	1548	768		768
167183	148715	18468	164139	147731	16408	3045	984	2061
521411	519816	1594	520540	518986	1553	871	830	41
2315	1107	1208	511		511	1804	1107	697
15901	5536	10365	12423	4369	8053	3479	1167	2312
157400	148819	8581	155007	146758	8249	2393	2061	332
149853	144708	5145	139751	135683	4068	10102	9025	1077
64316	59402	4913	53329	48583	4746	10987	10820	167
1036584	**921750**	**114834**	**710381**	**630965**	**79416**	**326203**	**290785**	**35418**
874438	833137	41301	630992	598560	32432	243446	234577	8869
10090		10090	6927		6927	3163		3163
11258	2544	8714	2579	1340	1239	8680	1204	7476
2395	1319	1076	250		250	2145	1319	826
3370	1752	1619	1164	437	728	2206	1315	891
5522	2180	3342	4354	1952	2402	1168	228	940
3319	836	2483	2483		2483	836	836	
10192	8085	2107	8917	7372	1545	1275	713	563
7161	897	6264	5159		5159	2002	897	1105
5800	796	5005	2020		2020	3780	796	2985
10140	1172	8969	5066		5066	5075	1172	3903
24455	3850	20605	17205	197	17008	7250	3654	3597
68443	65184	3259	23267	21108	2159	45177	44077	1100
736029	**630384**	**105645**	**402019**	**322382**	**79637**	**334011**	**308002**	**26009**
485458	453103	32355	204600	181268	23332	280857	271834	9023
13362	717	12644	12580	106	12474	782	612	170
6457	2440	4017	5647	2440	3207	810		810

3-2-26 续表 2

地区	法人单位数（个）			年末就业人员（人）		
	合计	限额以上	限额以下	合计	限额以上	限额以下
代县	16		16	415		415
繁峙县	20	2	18	557	56	501
宁武县	24	2	22	2307	959	1348
静乐县	23		23	814		814
神池县	6	2	4	229	111	118
五寨县	16	1	15	435	54	381
岢岚县	10	2	8	338	170	168
河曲县	18		18	379		379
保德县	13	1	12	352	13	339
偏关县	6	1	5	167	83	84
原平市	57	15	42	2710	1706	1004
临汾市	**221**	**32**	**189**	**12375**	**8612**	**3763**
尧都区	40	10	30	5827	4320	1507
曲沃县	20	2	18	429	75	354
翼城县	7	1	6	313	36	277
襄汾县	1	1		34	34	
洪洞县	11	1	10	401	49	352
古县	19	2	17	459	319	140
安泽县	20	2	18	235	135	100
浮山县	5	1	4	114	35	79
吉县	11	1	10	86	38	48
乡宁县	8	2	6	1285	1112	173
大宁县	17		17	242		242
隰县	18		18	105		105
永和县	10		10	84		84
蒲县	5	2	3	1567	1509	58
汾西县	7	3	4	392	307	85
侯马市	20	2	18	299	140	159
霍州市	2	2		503	503	
吕梁市	**122**	**26**	**96**	**10461**	**7772**	**2689**
离石区	17	5	12	1822	1172	650
文水县	3	1	2	134	34	100
交城县	11	3	8	320	162	158
兴县	5	1	4	135	82	53
临县	15	1	14	423	45	378
柳林县	5	2	3	521	309	212
石楼县	6		6	87		87
岚县	7		7	234		234
方山县	6	2	4	1142	1058	84
中阳县	4	3	1	192	189	3
交口县	8	1	7	331	218	113
孝义市	21	4	17	4694	4179	515
汾阳市	14	3	11	426	324	102

销售额（万元）			批发额（万元）			零售额（万元）		
合　计	限额以上	限额以下	合　计	限额以上	限额以下	合　计	限额以上	限额以下
7417		7417	6576		6576	842		842
14149	8257	5891	5089		5089	9060	8257	803
45916	37693	8223	45766	37693	8073	150		150
2713		2713	1699		1699	1014		1014
12930	11837	1094	12305	11837	459	625		625
46294	41304	4991	45075	41304	3771	1220		1220
16699	12910	3789	15983	12910	3073	716		716
2643		2643	1290		1290	1353		1353
5176	596	4580	3595		3595	1581	596	985
10414	8927	1487	9727	8927	800	687		687
66401	52600	13801	32086	25897	6189	34315	26703	7612
1748710	**1486505**	**262205**	**1536182**	**1323545**	**212638**	**212527**	**162960**	**49567**
1030009	821679	208330	847474	669439	178035	182535	152240	30295
13818	7687	6130	8838	6830	2008	4979	857	4122
5603	1300	4303	4410	107	4303	1193	1193	
2010	2010		46	46		1964	1964	
6531	2598	3933	3933		3933	2598	2598	
251941	248563	3378	250490	248563	1927	1451		1451
40949	38177	2772	38807	37575	1233	2141	603	1539
4061	2489	1572	3607	2489	1118	454		454
45158	44262	897	44875	44262	614	283		283
170402	167646	2757	168829	166751	2078	1573	895	678
16331		16331	10855		10855	5476		5476
3198		3198	1921		1921	1277		1277
923		923	529		529	394		394
137302	136434	869	136490	136434	56	813		813
4109	3533	576	3165	2589	576	944	944	
8705	2468	6237	5160	1709	3452	3545	759	2785
7660	7660		6752	6752		908	908	
1325886	**1261304**	**64582**	**1171654**	**1150370**	**21284**	**154232**	**110933**	**43298**
201279	196022	5257	195016	190953	4063	6263	5068	1195
2323	1499	824				2323	1499	824
15022	13255	1768	13269	11877	1392	1753	1377	376
10667	9035	1632	9624	9035	589	1043		1043
8567	1609	6958	5002		5002	3566	1609	1957
25695	24336	1359	23582	22826	756	2114	1510	604
2042		2042	230		230	1812		1812
23052		23052				23052		23052
19877	12832	7046	114		114	19763	12832	6931
16216	16096	120	11480	11360	120	4736	4736	
10394	8231	2163	9081	8231	850	1313		1313
966285	956327	9958	882002	875607	6395	84284	80721	3563
24465	22062	2403	22256	20481	1775	2209	1581	629

3-2-27 按地区分组的国有批发和

地区	法人单位数（个）			年末就业人员（人）		
	合计	限额以上	限额以下	合计	限额以上	限额以下
总计	**2344**	**337**	**2007**	**107831**	**55513**	**52318**
太原市	**344**	**54**	**290**	**16707**	**8371**	**8336**
小店区	42	10	32	1578	900	678
迎泽区	107	16	91	5219	2233	2986
杏花岭区	78	10	68	4250	2571	1679
尖草坪区	23	4	19	678	249	429
万柏林区	40	5	35	2995	1509	1486
晋源区	8	1	7	234	72	162
清徐县	19	3	16	659	233	426
阳曲县	15	2	13	372	78	294
娄烦县	6		6	154		154
古交市	6	3	3	568	526	42
大同市	**426**	**29**	**397**	**17070**	**6089**	**10981**
大同市城区	87	16	71	7772	3183	4589
矿区	34	1	33	1318	80	1238
南郊区	31	6	25	2448	1683	765
新荣区	10	2	8	996	563	433
阳高县	42		42	282		282
天镇县	58		58	996		996
广灵县	41		41	576		576
灵丘县	27		27	522		522
浑源县	24		24	473		473
左云县	35	2	33	963	260	703
大同县	37	2	35	724	320	404
阳泉市	**107**	**23**	**84**	**6576**	**4738**	**1838**
城区	58	10	48	3195	2135	1060
矿区	9	3	6	217	87	130
郊区	8	1	7	589	449	140
平定县	12	1	11	597	414	183
盂县	20	8	12	1978	1653	325
长治市	**249**	**47**	**202**	**6716**	**3829**	**2887**
长治市城区	55	6	49	1996	1158	838
长治市郊区	13	1	12	432	157	275
长治县	12	5	7	864	643	221
襄垣县	32	11	21	886	652	234
屯留县	25	2	23	305	117	188
平顺县	13		13	89		89
黎城县	11	1	10	276	66	210
壶关县	15	1	14	338	161	177
长子县	12	4	8	402	272	130
武乡县	16	3	13	288	162	126
沁县	19	4	15	346	131	215
沁源县	10	5	5	250	218	32
潞城市	16	4	12	244	92	152

零售业商品销售情况

销售额（万元）			批发额（万元）			零售额（万元）		
合　计	限额以上	限额以下	合　计	限额以上	限额以下	合　计	限额以上	限额以下
18997662	**17398671**	**1598991**	**17938264**	**16705436**	**1232828**	**1059398**	**693235**	**366163**
6590125	**5952505**	**637620**	**6322223**	**5742927**	**579296**	**267902**	**209578**	**58324**
1390622	1345873	44749	1384917	1342814	42103	5705	3059	2647
590566	561236	29330	544422	519383	25039	46144	41853	4291
2930970	2636563	294407	2881251	2612341	268911	49719	24222	25497
798669	795835	2834	797959	795737	2223	710	99	611
617801	376100	241701	457179	238512	218667	160622	137588	23034
34320	33197	1123	34130	33197	933	190		190
82777	77504	5273	80965	76376	4589	1812	1128	684
12982	6631	6352	11209	5731	5479	1773	900	873
11516		11516	11018		11018	498		498
119901	119566	335	119172	118837	335	729	729	
1510845	**1311989**	**198856**	**1354446**	**1219525**	**134921**	**156399**	**92464**	**63935**
930817	918011	12806	906250	901578	4673	24567	16433	8134
36785	12284	24501	20288	12284	8004	16498		16498
407952	288734	119218	332117	224895	107223	75835	63840	11995
17648	15598	2050	4052	3407	645	13596	12191	1405
3239		3239	3039		3039	200		200
3302		3302	1689		1689	1613		1613
3571		3571	1950		1950	1621		1621
9355		9355	1933		1933	7422		7422
2200		2200	2200		2200	1		1
24401	10511	13890	13175	10511	2664	11226		11226
71575	66851	4724	67753	66851	902	3822		3822
1018440	**982201**	**36240**	**955028**	**935184**	**19845**	**63412**	**47017**	**16395**
275332	255658	19674	228380	215914	12466	46953	39744	7208
14623	11375	3248	9588	9472	116	5036	1903	3132
166717	163899	2818	163899	163899		2818		2818
56273	53158	3115	55589	53158	2431	684		684
505495	498111	7384	497573	492742	4832	7922	5369	2553
1848901	**1773331**	**75570**	**1825347**	**1765607**	**59739**	**23554**	**7724**	**15831**
452821	442591	10230	446745	442591	4154	6076		6076
47447	40967	6480	47395	40967	6427	53		53
355058	354072	986	354121	353135	986	937	937	
293446	285844	7603	286148	279157	6991	7299	6687	612
82837	65648	17189	82837	65648	17189			
1248		1248	1248		1248			
19093	16541	2552	18827	16541	2286	266		266
63769	59844	3925	62821	59844	2977	948		948
117202	115569	1633	117170	115569	1601	32		32
82730	77959	4771	82449	77859	4590	281	100	181
29803	21287	8515	26709	21287	5422	3093		3093
235502	234872	630	235502	234872	630			
67945	58137	9808	63374	58137	5237	4571		4571

3-2-27 续表 1

地 区	法人单位数（个）			年末就业人员（人）		
	合 计	限额以上	限额以下	合 计	限额以上	限额以下
晋城市	**169**	**20**	**149**	**7401**	**2905**	**4496**
晋城市城区	26	5	21	2272	729	1543
沁水县	3	2	1	119	57	62
阳城县	30	3	27	886	254	632
陵川县	35	2	33	816	282	534
泽州县	35	7	28	1361	684	677
高平市	40	1	39	1947	899	1048
朔州市	**109**	**27**	**82**	**5439**	**3577**	**1862**
朔城区	42	12	30	2566	2039	527
平鲁区	8	5	3	493	448	45
山阴县	29	4	25	540	302	238
应县	12	1	11	403	28	375
右玉县	6		6	385		385
怀仁县	12	5	7	1052	760	292
晋中市	**125**	**32**	**93**	**8696**	**5835**	**2861**
榆次区	26	8	18	2878	2112	766
榆社县	6	1	5	211	75	136
左权县	5	2	3	305	248	57
和顺县	16	1	15	1087	488	599
昔阳县	10	2	8	954	680	274
寿阳县	20	6	14	649	399	250
太谷县	4	1	3	125	25	100
祁县	11	1	10	227	24	203
平遥县	9	1	8	595	246	349
灵石县	6	4	2	739	729	10
介休市	12	5	7	926	809	117
运城市	**198**	**23**	**175**	**6227**	**2304**	**3923**
盐湖区	33	4	29	2740	1462	1278
临猗县	20		20	176		176
万荣县	18	2	16	205	53	152
闻喜县	6	1	5	153	33	120
稷山县	4	2	2	109	64	45
新绛县	4	1	3	138	28	110
绛县	4	1	3	112	26	86
垣曲县	15	2	13	200	94	106
夏县	20	1	19	253	26	227
平陆县	19	1	18	453	25	428
芮城县	14	1	13	463	23	440
永济市	31	1	30	656	33	623
河津市	10	6	4	569	437	132
忻州市	**336**	**35**	**301**	**15879**	**5573**	**10306**
忻府区	93	8	85	6538	2404	4134
定襄县	21	1	20	449	21	428
五台县	20	1	19	375	50	325

销售额（万元）			批发额（万元）			零售额（万元）		
合　计	限额以上	限额以下	合　计	限额以上	限额以下	合　计	限额以上	限额以下
1416541	**1278654**	**137888**	**1312296**	**1257068**	**55228**	**104246**	**21586**	**82660**
430807	361770	69037	364000	354657	9343	66807	7113	59694
1453	1253	200	380	180	200	1072	1072	
78574	37223	41351	60612	35281	25332	17962	1942	16020
48036	46002	2033	46611	45255	1357	1424	748	677
338086	325184	12902	321316	314473	6843	16771	10711	6059
519587	507223	12364	519376	507223	12153	211		211
1468702	**1388849**	**79852**	**1402479**	**1332960**	**69520**	**66223**	**55890**	**10333**
914101	909824	4277	875799	872228	3571	38302	37596	706
66460	65488	972	64070	63602	468	2389	1886	504
346051	341071	4979	341688	339702	1986	4363	1369	2994
11130	7852	3277				11130	7852	3277
38396		38396	37775		37775	621		621
92565	64614	27951	83147	57427	25720	9419	7188	2231
2137154	**2019130**	**118024**	**2052225**	**1941916**	**110310**	**84929**	**77214**	**7715**
836991	825657	11334	794800	784196	10605	42191	41462	730
69863	4461	65402	68043	4461	63581	1820		1820
82526	81916	610	70114	69964	150	12412	11952	460
96039	93723	2316	95271	93723	1548	768		768
157411	145796	11615	156103	144944	11160	1308	852	456
521323	519816	1506	520452	518986	1465	871	830	41
1997	1107	890	243		243	1754	1107	647
8826	1167	7659	5947		5947	2879	1167	1712
155306	146726	8581	154974	146726	8249	332		332
142557	139358	3199	132949	130333	2616	9608	9025	583
64316	59402	4913	53329	48583	4746	10987	10820	167
405718	**304795**	**100923**	**341885**	**270151**	**71734**	**63833**	**34644**	**29189**
279982	246224	33758	272061	241097	30964	7921	5127	2795
9253		9253	6090		6090	3163		3163
11258	2544	8714	2579	1340	1239	8680	1204	7476
2395	1319	1076	250		250	2145	1319	826
3370	1752	1619	1164	437	728	2206	1315	891
5522	2180	3342	4354	1952	2402	1168	228	940
3319	836	2483	2483		2483	836	836	
6702	4733	1968	5535	4021	1515	1166	713	454
7161	897	6264	5159		5159	2002	897	1105
5800	796	5005	2020		2020	3780	796	2985
6248	1172	5076	1218		1218	5030	1172	3858
21141	2036	19105	15705	197	15508	5436	1840	3597
43566	40307	3259	23267	21108	2159	20300	19200	1100
485386	**383451**	**101935**	**358125**	**281079**	**77047**	**127261**	**102372**	**24889**
277932	247473	30459	202810	181268	21542	75122	66205	8917
13362	717	12644	12580	106	12474	782	612	170
6457	2440	4017	5647	2440	3207	810		810

3-2-27 续表 2

地 区	法人单位数（个）			年末就业人员（人）		
	合 计	限额以上	限额以下	合 计	限额以上	限额以下
代县	14		14	333		333
繁峙县	20	2	18	557	56	501
宁武县	24	2	22	2307	959	1348
静乐县	22		22	806		806
神池县	6	2	4	229	111	118
五寨县	15		15	381		381
岢岚县	10	2	8	338	170	168
河曲县	17		17	373		373
保德县	13	1	12	352	13	339
偏关县	5	1	4	147	83	64
原平市	56	15	41	2694	1706	988
临汾市	**169**	**22**	**147**	**7725**	**5479**	**2246**
尧都区	11	5	6	2139	1985	154
曲沃县	20	2	18	429	75	354
翼城县	6	1	5	305	36	269
襄汾县	1	1		34	34	
洪洞县	11	1	10	401	49	352
古县	17	2	15	420	319	101
安泽县	19	1	18	193	93	100
浮山县	4	1	3	102	35	67
吉县	9	1	8	75	38	37
乡宁县	8	2	6	1285	1112	173
大宁县	15		15	219		219
隰县	16		16	98		98
永和县	9		9	76		76
蒲县	4	1	3	1383	1325	58
汾西县	6	2	4	336	251	85
侯马市	12	1	11	206	103	103
霍州市	1	1		24	24	
吕梁市	**112**	**25**	**87**	**9395**	**6813**	**2582**
离石区	15	5	10	1807	1172	635
文水县	3	1	2	134	34	100
交城县	11	3	8	320	162	158
兴县	5	1	4	135	82	53
临县	14	1	13	386	45	341
柳林县	5	2	3	521	309	212
石楼县	6		6	87		87
岚县	7		7	234		234
方山县	4	2	2	1107	1058	49
中阳县	4	3	1	192	189	3
交口县	8	1	7	331	218	113
孝义市	19	3	16	3729	3220	509
汾阳市	11	3	8	412	324	88

销售额（万元）			批发额（万元）			零售额（万元）		
合　计	限额以上	限额以下	合　计	限额以上	限额以下	合　计	限额以上	限额以下
7114		7114	6576		6576	538		538
14149	8257	5891	5089		5089	9060	8257	803
45916	37693	8223	45766	37693	8073	150		150
2685		2685	1699		1699	986		986
12930	11837	1094	12305	11837	469	625		625
4991		4991	3771		3771	1220		1220
16699	12910	3789	15983	12910	3073	716		716
2155		2155	1290		1290	865		865
5176	596	4580	3595		3595	1581	596	985
9614	8927	687	8927	8927		687		687
66206	52600	13606	32086	25897	6189	34119	26703	7417
1175629	**1120540**	**55089**	**1142325**	**1108323**	**34002**	**33304**	**12217**	**21087**
479048	474270	4778	471524	471092	432	7524	3178	4346
13818	7687	6130	8838	6830	2008	4979	857	4122
5603	1300	4303	4410	107	4303	1193	1193	
2010	2010		46	46		1964	1964	
6531	2598	3933	3933		3933	2598	2598	
250709	248563	2146	249618	248563	1055	1091		1091
40346	37575	2772	38807	37575	1233	1539		1539
4061	2489	1572	3607	2489	1118	454		454
45158	44262	897	44875	44262	614	283		283
170402	167646	2757	168829	166751	2078	1573	895	678
15991		15991	10855		10855	5136		5136
2248		2248	1921		1921	327		327
868		868	474		474	394		394
127380	126512	869	126568	126512	56	813		813
3600	3024	576	2976	2400	576	624	624	
6949	1698	5251	5044	1698	3346	1905		1905
908	908					908	908	
940222	**883227**	**56994**	**871886**	**850697**	**21189**	**68336**	**32530**	**35805**
201094	196022	5073	195016	190953	4063	6078	5068	1010
2323	1499	824				2323	1499	824
15022	13255	1768	13269	11877	1392	1753	1377	376
10667	9035	1632	9624	9035	589	1043		1043
8567	1609	6958	5002		5002	3566	1609	1957
25695	24336	1359	23582	22826	756	2114	1510	604
2042		2042	230		230	1812		1812
23052		23052				23052		23052
13379	12832	547	114		114	13265	12832	433
16216	16096	120	11480	11360	120	4736	4736	
10394	8231	2163	9081	8231	850	1313		1313
587814	578251	9563	582233	575933	6300	5581	2318	3263
23955	22062	1893	22256	20481	1775	1699	1581	119

3-2-28 按地区分组的集体批发和

地区	法人单位数（个）			年末就业人员（人）		
	合计	限额以上	限额以下	合计	限额以上	限额以下
总计	**2394**	**86**	**2308**	**55133**	**9714**	**45419**
太原市	**345**	**15**	**330**	**7815**	**1251**	**6564**
小店区	38	3	35	844	195	649
迎泽区	79	5	74	2041	609	1432
杏花岭区	68	3	65	1419	208	1211
尖草坪区	36		36	717		717
万柏林区	36	2	34	740	27	713
晋源区	16	1	15	405	6	399
清徐县	23		23	303		303
阳曲县	16		16	208		208
娄烦县	6		6	55		55
古交市	27	1	26	1083	206	877
大同市	**344**	**14**	**330**	**11502**	**1866**	**9636**
大同市城区	62	4	58	4357	741	3616
矿区	16		16	1766		1766
南郊区	35	7	28	1925	850	1075
新荣区	3		3	220		220
阳高县	40		40	353		353
天镇县	35		35	901		901
广灵县	17		17	304		304
灵丘县	22		22	93		93
浑源县	18		18	284		284
左云县	66	2	64	1056	215	841
大同县	30	1	29	243	60	183
阳泉市	**124**	**5**	**119**	**2386**	**317**	**2069**
城区	36	2	34	665	138	527
矿区	12	2	10	298	96	202
郊区	29		29	363		363
平定县	21		21	447		447
盂县	26	1	25	613	83	530
长治市	**320**	**6**	**314**	**5984**	**882**	**5102**
长治市城区	56	1	55	1260	8	1252
长治市郊区	31	2	29	1101	834	267
长治县	26		26	680		680
襄垣县	25		25	473		473
屯留县	26		26	340		340
平顺县	30		30	372		372
黎城县	8		8	174		174
壶关县	22	1	21	202	8	194
长子县	25		25	646		646
武乡县	21		21	200		200
沁县	18	1	17	190	17	173
沁源县	7	1	6	59	15	44
潞城市	25		25	287		287

零售业商品销售情况

销售额（万元）			批发额（万元）			零售额（万元）		
合　计	限额以上	限额以下	合　计	限额以上	限额以下	合　计	限额以上	限额以下
1871892	**1129363**	**742530**	**1366924**	**964122**	**402802**	**504968**	**165241**	**339727**
314273	**201483**	**112789**	**239549**	**164270**	**75280**	**74724**	**37214**	**37510**
47696	23606	24090	34773	20839	13934	12924	2767	10157
167708	155809	11899	140005	131152	8853	27703	24657	3046
41297	12985	28312	24276	9469	14807	17022	3516	13505
13205		13205	10548		10548	2657		2657
24470	5186	19284	17302		17302	7168	5186	1982
5573	1088	4485	2558		2558	3015	1088	1927
6351		6351	5702		5702	649		649
1485		1485	562		562	923		923
653		653	100		100	553		553
5833	2810	3024	3724	2810	914	2110		2110
461231	**337651**	**123580**	**360044**	**290853**	**69190**	**101187**	**46798**	**54389**
16492	9907	6585	6931	3349	3582	9561	6558	3003
16322		16322	8335		8335	7987		7987
212749	207727	5021	168714	167488	1226	44035	40240	3795
51658		51658	48041		48041	3617		3617
2039		2039	1171		1171	868		868
952		952	942		942	9		9
3290		3290	388		388	2901		2901
2403		2403	902		902	1501		1501
2269		2269	1017		1017	1251		1251
106980	78844	28135	81784	78844	2940	25195		25195
46080	41173	4907	41819	41173	646	4261		4261
69793	**21165**	**48628**	**21273**	**2484**	**18789**	**48519**	**18681**	**29839**
20980	9173	11807	6008		6008	14972	9173	5800
12029	11240	789	2621	2484	137	9408	8756	651
5807		5807	905		905	4902		4902
15406		15406	3175		3175	12231		12231
15571	752	14819	8565		8565	7006	752	6254
97064	**31338**	**65726**	**63382**	**27693**	**35689**	**33682**	**3645**	**30037**
18406	1963	16443	12034		12034	6372	1963	4409
20911	16876	4035	20336	16876	3460	575		575
5967		5967	3210		3210	2757		2757
6288		6288	3099		3099	3189		3189
7316		7316	2857		2857	4458		4458
6009		6009	2275		2275	3734		3734
1243		1243	1157		1157	85		85
4672	1682	2990	1162		1162	3510	1682	1828
5443		5443	2740		2740	2703		2703
842		842	582		582	260		260
7067	6234	833	6642	6234	407	425		425
5671	4582	1089	4725	4582	143	945		945
7230		7230	2562		2562	4668		4668

3-2-28 续表 1

地 区	法人单位数（个）			年末就业人员（人）		
	合 计	限额以上	限额以下	合 计	限额以上	限额以下
晋城市	**257**	**12**	**245**	**6063**	**947**	**5116**
晋城市城区	35	4	31	1319	258	1061
沁水县	57		57	795		795
阳城县	51	2	49	1147	163	984
陵川县	15		15	393		393
泽州县	35	5	30	996	331	665
高平市	64	1	63	1413	195	1218
朔州市	**100**	**11**	**89**	**4237**	**2984**	**1253**
朔城区	20	4	16	1179	950	229
平鲁区	4	1	3	131	99	32
山阴县	15	2	13	422	264	158
应县	22		22	138		138
右玉县	10		10	142		142
怀仁县	29	4	25	2225	1671	554
晋中市	**147**	**8**	**139**	**2989**	**489**	**2500**
榆次区	16	2	14	429	120	309
榆社县	2		2	38		38
左权县	1		1	6		6
和顺县	2		2	33		33
昔阳县	33		33	780		780
寿阳县	27	1	26	418	27	391
太谷县	10		10	74		74
祁县	22	3	19	686	288	398
平遥县	20		20	328		328
灵石县	9	2	7	126	54	72
介休市	5		5	71		71
运城市	**221**	**5**	**216**	**4391**	**416**	**3975**
盐湖区	23	2	21	563	213	350
临猗县	9		9	238		238
万荣县	19		19	427		427
闻喜县	10		10	127		127
稷山县	10		10	76		76
新绛县	7	1	6	241	39	202
绛县	9		9	69		69
垣曲县	35		35	286		286
夏县	16		16	363		363
平陆县	16		16	206		206
芮城县	22	1	21	759	66	693
永济市	29	1	28	622	98	524
河津市	16		16	414		414
忻州市	**207**	**3**	**204**	**3982**	**69**	**3913**
忻府区	34		34	733		733
定襄县	23		23	340		340
五台县	13		13	256		256

销售额（万元）			批发额（万元）			零售额（万元）		
合　计	限额以上	限额以下	合　计	限额以上	限额以下	合　计	限额以上	限额以下
119871	**48469**	**71402**	**70787**	**27260**	**43528**	**49084**	**21209**	**27874**
43528	15966	27562	20573		20573	22955	15966	6988
6030		6030	2872		2872	3158		3158
32248	20424	11825	24853	19899	4953	7396	525	6871
2298		2298	1904		1904	395		395
19769	9776	9993	13599	7360	6239	6171	2416	3754
15997	2303	13694	6987	1	6986	9010	2302	6708
389528	**360660**	**28868**	**365814**	**348443**	**17371**	**23714**	**12217**	**11497**
76581	73486	3095	75706	72886	2820	875	600	275
32668	31920	748	32060	31920	140	608		608
105418	103912	1506	103487	103067	421	1931	846	1085
2564		2564	495		495	2069		2069
470		470	270		270	200		200
171828	151343	20485	153796	140570	13226	18032	10772	7260
92250	**19032**	**73218**	**51311**	**10771**	**40540**	**40939**	**8261**	**32678**
11205	7860	3345	6568	4360	2208	4637	3500	1137
560		560	73		73	487		487
386		386				386		386
280		280				280		280
33874		33874	21492		21492	12382		12382
19243	3701	15542	11560	3701	7859	7683		7683
1050		1050	389		389	662		662
11689	4938	6751	4583	686	3897	7106	4252	2854
3611		3611	1765		1765	1846		1846
9463	2533	6930	4703	2023	2680	4760	510	4250
889		889	177		177	711		711
111651	**16440**	**95211**	**66775**	**13735**	**53040**	**44876**	**2705**	**42171**
8652	5563	3089	4441	3469	972	4211	2094	2117
5765		5765	4219		4219	1546		1546
9409		9409	4467		4467	4941		4941
6050		6050	2408		2408	3642		3642
6667		6667	2877		2877	3791		3791
12253	6794	5459	11535	6794	4741	718		718
2538		2538	1428		1428	1110		1110
5751		5751	1541		1541	4210		4210
3963		3963	1104		1104	2859		2859
3784		3784	980		980	2804		2804
23690	643	23046	15042	32	15010	8648	612	8037
16085	3440	12645	11288	3440	7848	4796		4796
7045		7045	5445		5445	1599		1599
101027	**37909**	**63117**	**56749**	**35525**	**21224**	**44278**	**2384**	**41893**
9242		9242	2423		2423	6820		6820
6766		6766	3124		3124	3642		3642
3516		3516	3228		3228	288		288

3-2-28 续表 2

地区	法人单位数(个)			年末就业人员(人)		
	合计	限额以上	限额以下	合计	限额以上	限额以下
代县	13		13	303		303
繁峙县	6		6	100		100
宁武县	8		8	156		156
静乐县	19		19	391		391
神池县	18	1	17	281	15	266
五寨县	7	1	6	130	35	95
岢岚县	3	1	2	46	19	27
河曲县	13		13	88		88
保德县	15		15	322		322
偏关县	8		8	144		144
原平市	27		27	692		692
临汾市	**246**	**2**	**244**	**4213**	**160**	**4053**
尧都区	68	2	66	1072	160	912
曲沃县	26		26	492		492
翼城县	30		30	806		806
襄汾县	1		1	8		8
洪洞县	14		14	226		226
古县	5		5	104		104
安泽县	7		7	170		170
浮山县	12		12	258		258
吉县	6		6	47		47
乡宁县	21		21	331		331
大宁县	3		3	45		45
隰县	8		8	115		115
永和县	8		8	82		82
蒲县	9		9	105		105
汾西县	5		5	35		35
侯马市	11		11	206		206
霍州市	12		12	111		111
吕梁市	**83**	**5**	**78**	**1571**	**333**	**1238**
离石区	4	1	3	174	70	104
文水县	4		4	22		22
交城县	11		11	93		93
兴县	2		2	159		159
临县	11		11	176		176
柳林县	1		1	90		90
石楼县	7		7	54		54
岚县	3		3	23		23
方山县	1		1	6		6
中阳县	1		1	43		43
交口县	5		5	40		40
孝义市	23	2	21	540	151	389
汾阳市	10	2	8	151	112	39

销售额(万元)			批发额(万元)			零售额(万元)		
合　计	限额以上	限额以下	合　计	限额以上	限额以下	合　计	限额以上	限额以下
2767		2767	2040		2040	727		727
911		911	888		888	23		23
574		574	529		529	45		45
1060		1060	376		376	684		684
3452	2384	1068	497		497	2955	2384	571
16363	15001	1362	16342	15001	1341	21		21
20641	20524	117	20641	20524	117			
1044		1044	487		487	557		557
959		959	215		215	744		744
1832		1832	1337		1337	495		495
31900		31900	4623		4623	27277		27277
60083	**13850**	**46233**	**26851**	**3430**	**23421**	**33231**	**10419**	**22812**
24514	13850	10664	9435	3430	6005	15079	10419	4659
6537		6537	3366		3366	3171		3171
7076		7076	4904		4904	2172		2172
5338		5338	3473		3473	1865		1865
1152		1152	333		333	818		818
2771		2771	33		33	2739		2739
942		942	351		351	592		592
502		502	382		382	120		120
2610		2610	931		931	1679		1679
1		1	…		…	1		1
861		861	608		608	252		252
824		824	95		95	729		729
2571		2571				2571		2571
219		219	39		39	180		180
2052		2052	2051		2051	1		1
2113		2113	850		850	1263		1263
55124	**41366**	**13758**	**44390**	**39660**	**4730**	**10735**	**1706**	**9028**
4343	2563	1780	3713	2563	1150	630		630
1294		1294	300		300	994		994
1516		1516	380		380	1136		1136
399		399	239		239	160		160
559		559	496		496	63		63
389		389	389		389			
70		70				70		70
402		402				402		402
336		336				336		336
1712		1712	1387		1387	325		325
37632	33258	4374	33045	32684	361	4587	574	4013
6472	5546	926	4441	4413	28	2031	1133	899

3-2-29 按地区分组的股份合作

地　区	法人单位数（个）			年末就业人员（人）		
	合　计	限额以上	限额以下	合　计	限额以上	限额以下
总　计	**392**	**15**	**377**	**6564**	**1296**	**5268**
太原市	**109**	**3**	**106**	**1721**	**671**	**1050**
小店区	16	1	15	292	178	114
迎泽区	20	1	19	626	468	158
杏花岭区	25		25	158		158
尖草坪区	17		17	223		223
万柏林区	13		13	80		80
晋源区	2		2	24		24
清徐县	6		6	56		56
阳曲县	6		6	97		97
娄烦县	2		2	62		62
古交市	2	1	1	103	25	78
大同市	**22**	**1**	**21**	**1050**	**116**	**934**
大同市城区	4		4	633		633
矿区	2		2	73		73
南郊区	5	1	4	262	116	146
新荣区	1		1	10		10
灵丘县	3		3	15		15
浑源县	6		6	36		36
左云县	1		1	21		21
阳泉市	**24**	**3**	**21**	**576**	**136**	**440**
城区	7		7	318		318
矿区	7	2	5	205	124	81
郊区	6		6	30		30
平定县	2		2	7		7
盂县	2	1	1	16	12	4
长治市	**21**	**2**	**19**	**219**	**50**	**169**
长治市城区	1		1	7		7
长治市郊区	7	1	6	64	33	31
长治县	1		1	17		17
襄垣县	2		2	11		11
平顺县	2		2	10		10
沁县	3	1	2	78	17	61
潞城市	5		5	32		32
晋城市	**30**	**2**	**28**	**403**	**154**	**249**
晋城市城区	12	1	11	218	142	76
沁水县	2		2	11		11
阳城县	4		4	54		54
陵川县	9		9	99		99
泽州县	3	1	2	21	12	9
朔州市	**9**	**1**	**8**	**161**	**93**	**68**
朔城区	3	1	2	102	93	9
平鲁区	1		1	9		9
山阴县	2		2	20		20
应县	2		2	22		22
怀仁县	1		1	8		8
晋中市	**59**	**1**	**58**	**759**	**16**	**743**
榆次区	8		8	43		43
榆社县	2		2	14		14
左权县	19		19	266		266

企业批发和零售业商品销售情况

销售额（万元）			批发额（万元）			零售额（万元）		
合　计	限额以上	限额以下	合　计	限额以上	限额以下	合　计	限额以上	限额以下
279942	**158094**	**121848**	**143501**	**66865**	**76636**	**136441**	**91229**	**45212**
90283	**65662**	**24621**	**25074**	**5828**	**19247**	**65209**	**59834**	**5375**
53985	50243	3742	416		416	53569	50243	3327
14274	9591	4683	4110		4110	10164	9591	573
3219		3219	3051		3051	168		168
9111		9111	8719		8719	393		393
739		739	225		225	515		515
2025		2025	2025		2025			
65		65	22		22	43		43
846		846	641		641	205		205
152		152				152		152
5867	5828	40	5867	5828	40			
49881	**42978**	**6903**	**25076**	**22858**	**2218**	**24805**	**20120**	**4685**
1271		1271				1271		1271
4023		4023	1900		1900	2123		2123
43696	42978	719	22943	22858	85	20754	20120	634
175		175				175		175
3		3	3		3			
310		310	230		230	80		80
402		402				402		402
29323	**5016**	**24307**	**22273**		**22273**	**7050**	**5016**	**2034**
23022		23022	21830		21830	1191		1191
4788	4508	280				4788	4508	280
506		506	443		443	63		63
14		14				14		14
993	508	485				993	508	485
21670	**15808**	**5862**	**18077**	**12806**	**5271**	**3593**	**3002**	**591**
2224		2224	2224		2224			
14265	11401	2865	11264	8399	2865	3002	3002	
30		30				30		30
2		2	2		2			
4588	4407	181	4588	4407	181			
561		561				561		561
13627	**7618**	**6009**	**10105**	**5963**	**4142**	**3522**	**1655**	**1867**
4005	2207	1797	1032	552	480	2972	1655	1317
3160		3160	3160		3160			
698		698	307		307	391		391
194		194	155		155	39		39
5571	5411	160	5451	5411	40	120		120
3654	**1211**	**2442**	**1620**		**1620**	**2034**	**1211**	**822**
1267	1211	56				1267	1211	56
28		28				28		28
269		269				269		269
1620		1620	1620		1620			
470		470				470		470
16416	**390**	**16026**	**7140**		**7140**	**9276**	**390**	**8886**
445		445	210		210	235		235
30		30	30		30			
2552		2552	394		394	2158		2158

3-2-29 续表

地　　区	法人单位数（个）			年末就业人员（人）		
	合　计	限额以上	限额以下	合　计	限额以上	限额以下
和顺县	2		2	10		10
昔阳县	1		1	5		5
寿阳县	5		5	50		50
平遥县	2		2	13		13
灵石县	19	1	18	345	16	329
介休市	1		1	13		13
运城市	**36**	**1**	**35**	**682**	**30**	**652**
盐湖区	6		6	66		66
临猗县	6		6	20		20
闻喜县	2		2	39		39
稷山县	1		1	8		8
新绛县	2		2	10		10
绛县	5		5	45		45
垣曲县	3		3	104		104
夏县	2		2	275		275
平陆县	2		2	25		25
芮城县	1		1	20		20
永济市	4		4	35		35
河津市	2	1	1	35	30	5
忻州市	**45**	**1**	**44**	**506**	**30**	**476**
忻府区	28		28	307		307
定襄县	2		2	42		42
代县	2		2	15		15
宁武县	3		3	29		29
神池县	1		1	5		5
五寨县	3		3	22		22
河曲县	2	1	1	36	30	6
保德县	2		2	33		33
偏关县	1		1	4		4
原平市	1		1	13		13
临汾市	**22**		**22**	**342**		**342**
翼城县	6		6	205		205
襄汾县	2		2	18		18
洪洞县	4		4	44		44
古县	3		3	49		49
安泽县	1		1	5		5
吉县	1		1	3		3
隰县	1		1	4		4
侯马市	4		4	14		14
吕梁市	**15**		**15**	**145**		**145**
离石区	2		2	17		17
文水县	1		1	8		8
交城县	1		1	13		13
兴县	1		1	12		12
临县	2		2	29		29
柳林县	1		1	6		6
石楼县	1		1	20		20
交口县	2		2	10		10
汾阳市	4		4	30		30

销售额（万元）			批发额（万元）			零售额（万元）		
合 计	限额以上	限额以下	合 计	限额以上	限额以下	合 计	限额以上	限额以下
276		276				276		276
65		65	65		65			
39		39	32		32	7		7
12869	390	12479	6269		6269	6600	390	6210
140		140	140		140			
21029	**6783**	**14247**	**13170**	**6783**	**6387**	**7859**		**7859**
5106		5106	3329		3329	1777		1777
2630		2630	680		680	1950		1950
400		400				400		400
481		481				481		481
1426		1426	936		936	490		490
969		969	829		829	140		140
659		659				659		659
218		218	50		50	168		168
280		280				280		280
480		480				480		480
1145		1145	563		563	583		583
7235	6783	452	6783	6783		452		452
24640	**12628**	**12012**	**17022**	**12628**	**4394**	**7618**		**7618**
8958		8958	2755		2755	6203		6203
8		8				8		8
269		269	269		269			
981		981	981		981			
130		130				130		130
177		177	57		57	120		120
12806	12628	178	12628	12628		178		178
442		442				442		442
239		239				239		239
632		632	332		332	300		300
6645		**6645**	**3476**		**3476**	**3169**		**3169**
1249		1249	496		496	753		753
550		550	260		260	290		290
2659		2659	1800		1800	859		859
1068		1068	872		872	196		196
34		34	34		34			
197		197				197		197
869		869				869		869
19		19	15		15	4		4
2775		**2775**	**469**		**469**	**2306**		**2306**
522		522				522		522
10		10	10		10			
450		450				450		450
278		278				278		278
600		600				600		600
54		54				54		54
64		64	64		64			
135		135	95		95	40		40
662		662	300		300	362		362

3-2-30 按地区分组的有限责任公司

地　　区	法人单位数（个）			年末就业人员（人）		
	合　计	限额以上	限额以下	合　计	限额以上	限额以下
总　计	**3194**	**369**	**2825**	**77340**	**39729**	**37611**
太原市	**665**	**80**	**585**	**15936**	**8531**	**7405**
小店区	203	29	174	5191	3230	1961
迎泽区	105	21	84	4161	2757	1404
杏花岭区	151	12	139	3609	1634	1975
尖草坪区	37		37	536		536
万柏林区	132	10	122	1680	591	1089
晋源区	24	5	19	454	253	201
清徐县	5	3	2	213	66	147
阳曲县	4		4	34		34
娄烦县	1		1	1		1
古交市	3		3	57		57
大同市	**285**	**28**	**257**	**11132**	**6733**	**4399**
大同市城区	163	24	139	8895	6579	2316
矿区	16		16	194		194
南郊区	24	1	23	587	46	541
阳高县	12		12	66		66
天镇县	9		9	239		239
灵丘县	7		7	133		133
浑源县	7		7	183		183
左云县	33		33	552		552
大同县	14	3	11	283	108	175
阳泉市	**466**	**25**	**441**	**6081**	**2015**	**4066**
城区	369	21	348	4426	1740	2686
矿区	42	4	38	805	275	530
郊区	44		44	720		720
平定县	10		10	120		120
盂县	1		1	10		10
长治市	**180**	**43**	**137**	**4883**	**3229**	**1654**
长治市城区	55	17	38	2732	2120	612
长治市郊区	61	8	53	955	534	421
长治县	2		2	56		56
襄垣县	11	3	8	268	124	144
屯留县	2	2		34	34	
平顺县	5		5	60		60
黎城县	2	1	1	21	7	14
壶关县	3	3		145	145	
长子县	3	2	1	51	45	6
武乡县	8	2	6	223	155	68
沁县	4	1	3	40	16	24
沁源县	5	1	4	76	12	64
潞城市	19	3	16	222	37	185

批发和零售业商品销售情况

销售额（万元）			批发额（万元）			零售额（万元）		
合　计	限额以上	限额以下	合　计	限额以上	限额以下	合　计	限额以上	限额以下
8412726	**6130291**	**2282435**	**6580298**	**4759942**	**1820356**	**1832428**	**1370349**	**462079**
2805848	**2175339**	**630509**	**2189294**	**1646435**	**542858**	**616554**	**528903**	**87651**
848314	516349	331966	635646	351525	284122	212668	164824	47844
361236	333059	28177	188853	166913	21940	172384	166146	6238
1318150	1124247	193903	1262441	1077375	185066	55710	46872	8837
21692		21692	20164		20164	1528		1528
208946	169096	39850	69927	48097	21830	139019	120999	18020
33614	20499	13115	8213		8213	25401	20499	4902
12320	12090	230	2527	2527		9794	9564	230
113		113	62		62	52		52
1463		1463	1463		1463			
347963	**271827**	**76136**	**176880**	**152871**	**24009**	**171083**	**118956**	**52127**
173706	143440	30267	41486	34814	6672	132221	108626	23595
6388		6388	719		719	5669		5669
18887	8991	9896	15551	8991	6559	3336		3336
506		506	438		438	68		68
4460		4460	2265		2265	2194		2194
1575		1575	1397		1397	178		178
3693		3693	20		20	3673		3673
15714		15714	4189		4189	11525		11525
123035	119396	3639	110816	109066	1749	12219	10330	1889
754620	**582032**	**172588**	**593377**	**526671**	**66706**	**161244**	**55361**	**105883**
432472	305338	127135	293140	249977	43164	139332	55361	83971
285021	276694	8326	278407	276694	1712	6614		6614
30031		30031	20199		20199	9832		9832
6616		6616	1631		1631	4985		4985
481		481				481		481
951733	**561848**	**389885**	**805299**	**438454**	**366846**	**146434**	**123395**	**23039**
416525	124275	292250	314999	28122	286878	101526	96153	5373
318945	275546	43399	286059	256129	29930	32886	19418	13468
327		327	44		44	284		284
103175	69804	33371	102058	68852	33206	1117	952	165
4479	4479		3505	3505		974	974	
2166		2166	1796		1796	370		370
3052	2560	493	2607	2560	47	446		446
33925	33925		32939	32939		986	986	
11041	1830	9212	9212		9212	1830	1830	
38337	37681	655	37020	37020		1317	662	655
2715	831	1885	1424		1424	1291	831	461
3466	652	2814	2407		2407	1059	652	407
13580	10266	3314	11232	9329	1904	2348	938	1410

3-2-30 续表 1

地区	法人单位数（个）			年末就业人员（人）		
	合计	限额以上	限额以下	合计	限额以上	限额以下
晋城市	**195**	**31**	**164**	**8061**	**4556**	**3505**
晋城市城区	118	16	102	4162	1958	2204
沁水县	2	1	1	565	485	80
阳城县	33	4	29	1868	1275	593
陵川县	6	1	5	82	30	52
泽州县	13	4	9	548	261	287
高平市	23	5	18	836	547	289
朔州市	**207**	**12**	**195**	**3169**	**1195**	**1974**
朔城区	197	9	188	2884	1002	1882
平鲁区	2		2	15		15
山阴县	5	2	3	72	49	23
右玉县	1		1	36		36
怀仁县	2	1	1	162	144	18
晋中市	**410**	**66**	**344**	**9510**	**3979**	**5531**
榆次区	129	19	110	2988	1416	1572
榆社县	7		7	38		38
左权县	20	4	16	576	159	417
和顺县	4		4	85		85
昔阳县	12	1	11	604	100	504
寿阳县	22	4	18	777	316	461
太谷县	20	5	15	475	282	193
祁县	24	2	22	400	48	352
平遥县	13	2	11	529	195	334
灵石县	26	9	17	954	626	328
介休市	133	20	113	2084	837	1247
运城市	**224**	**31**	**193**	**7605**	**4909**	**2696**
盐湖区	137	22	115	3859	2366	1493
临猗县	6	3	3	170	117	53
万荣县	1		1	25		25
稷山县	2		2	26		26
新绛县	4		4	37		37
绛县	10	2	8	340	46	294
垣曲县	9		9	155		155
夏县	6	1	5	198	156	42
平陆县	1		1	71		71
芮城县	5	1	4	2238	2155	83
永济市	40	1	39	449	53	396
河津市	3	1	2	37	16	21
忻州市	**102**	**16**	**86**	**2185**	**916**	**1269**
忻府区	41	2	39	560	84	476
定襄县	6		6	90		90

销售额（万元）			批发额（万元）			零售额（万元）		
合　计	限额以上	限额以下	合　计	限额以上	限额以下	合　计	限额以上	限额以下
1238208	**1036049**	**202158**	**1090571**	**917141**	**173430**	**147636**	**118908**	**28728**
454988	346962	108027	320169	235303	84866	134820	111659	23161
189627	189610	17	189610	189610		17		17
481390	418392	62998	477801	418214	59587	3589	178	3410
1780	1507	273	160		160	1620	1507	113
85978	65305	20673	85703	65305	20398	275		275
24445	14274	10171	17129	8710	8419	7316	5564	1752
207156	**169328**	**37828**	**172041**	**143458**	**28583**	**35115**	**25871**	**9245**
76523	43471	33052	41780	17600	24180	34743	25871	8873
198		198				198		198
40613	39683	931	40439	39683	757	174		174
1696		1696	1696		1696			
88125	86175	1950	88125	86175	1950			
972418	**630885**	**341533**	**774184**	**481245**	**292940**	**198233**	**149641**	**48593**
474424	312827	161597	380345	227839	152506	94079	84988	9091
1124		1124	520		520	604		604
22240	13763	8477	13350	9265	4086	8890	4498	4391
1167		1167	1056		1056	110		110
24124	2919	21204	8591	2788	5803	15533	132	15401
68287	61142	7145	65448	59369	6079	2839	1773	1065
59349	38913	20436	47121	26905	20216	12228	12008	220
39558	3710	35848	35025	3173	31853	4533	537	3996
59721	48634	11087	57171	46846	10325	2550	1788	762
37925	23819	14106	24025	12879	11146	13900	10940	2961
184499	125158	59341	141532	92181	49350	42968	32976	9991
348482	**251157**	**97324**	**143268**	**77921**	**65347**	**205214**	**173236**	**31978**
215978	155614	60363	54154	16498	37656	161824	139116	22708
15073	12537	2536	10526	9176	1350	4547	3361	1186
1961		1961	1961		1961			
2011		2011	806		806	1205		1205
2281		2281	1320		1320	961		961
15783	11089	4693	8341	4527	3814	7442	6562	879
3976		3976	3471		3471	505		505
3086	840	2245	1900		1900	1186	840	345
450		450	450		450			
50000	47720	2280	49298	47720	1578	702		702
13624	1814	11810	8323		8323	5300	1814	3486
24261	21543	2718	2718		2718	21543	21543	
251794	**215469**	**36325**	**205532**	**182138**	**23394**	**46262**	**33331**	**12931**
41192	29731	11462	5837		5837	35355	29731	5625
704		704	505		505	199		199

3-2-30 续表 2

地　区	法人单位数（个）			年末就业人员（人）		
	合　计	限额以上	限额以下	合　计	限额以上	限额以下
代县	8	1	7	220	43	177
繁峙县	1	1		42	42	
宁武县	8	3	5	288	217	71
静乐县	1		1	8		8
神池县	3		3	21		21
五寨县	13	6	7	487	422	65
岢岚县	3		3	8		8
河曲县	6	1	5	77	17	60
保德县	1		1	6		6
偏关县	1		1	20		20
原平市	10	2	8	358	91	267
临汾市	**386**	**25**	**361**	**7231**	**3102**	**4129**
尧都区	34	9	25	2811	1453	1358
曲沃县	5	1	4	101	56	45
翼城县	11	3	8	281	155	126
襄汾县	7		7	180		180
洪洞县	9	2	7	391	286	105
古县	7	1	6	192	51	141
安泽县	2	1	1	50	42	8
浮山县	10	1	9	134	38	96
吉县	3		3	49		49
乡宁县	7		7	114		114
大宁县	4		4	40		40
隰县	2		2	147		147
永和县	12		12	129		129
蒲县	9	1	8	301	184	117
汾西县	2	1	1	57	56	1
侯马市	260	3	257	1749	276	1473
霍州市	2	2		505	505	
吕梁市	**74**	**12**	**62**	**1547**	**564**	**983**
离石区	11	2	9	181	64	117
文水县	3	1	2	60	40	20
交城县	7		7	94		94
临县	4		4	64		64
柳林县	16	5	11	488	283	205
石楼县	1		1	18		18
方山县	1	1		20	20	
中阳县	5		5	62		62
交口县	1	1		33	33	
孝义市	7		7	173		173
汾阳市	18	2	16	354	124	230

销售额（万元）			批发额（万元）			零售额（万元）		
合　计	限额以上	限额以下	合　计	限额以上	限额以下	合　计	限额以上	限额以下
13898	4875	9023	10177	1968	8209	3721	2907	814
4630	4630		4630	4630				
45256	43542	1714	44833	43542	1290	424		424
28		28				28		28
691		691				691		691
115241	110166	5075	114500	109472	5027	741	694	48
2947	1952	994	1952	1952		994		994
295		295				295		295
800		800	800		800			
26111	20572	5539	22299	20572	1726	3813		3813
424539	**153043**	**271496**	**339131**	**119265**	**219866**	**85408**	**33778**	**51630**
290717	87131	203586	243989	66353	177636	46728	20779	25950
2415	1010	1405	1405		1405	1010	1010	
26956	24494	2462	23820	23291	530	3136	1204	1932
697		697	537		537	160		160
11254	7763	3491	7991	6300	1691	3263	1463	1800
2655	552	2103	66		66	2589	552	2037
946	603	343	222		222	724	603	121
4130	597	3533	2760		2760	1369	597	773
938		938	863		863	75		75
1432		1432	12		12	1421		1421
340		340				340		340
572		572				572		572
2306		2306	607		607	1699		1699
11680	9922	1758	10212	9922	289	1469		1469
521	509	12	189	189		332	320	12
56789	10269	46520	36265	3017	33248	20524	7252	13272
10194	10194		10194	10194				
109965	**83312**	**26653**	**90721**	**74343**	**16378**	**19244**	**8969**	**10275**
3476	1352	2123	200		200	3276	1352	1923
1102	587	515				1102	587	515
6316		6316	5528		5528	788		788
342		342	342		342			
47715	45230	2485	43522	41619	1903	4192	3611	582
372		372				372		372
29913	29913		29913	29913				
1492		1492	555		555	937		937
2811	2811		2811	2811				
4653		4653	1502		1502	3150		3150
11775	3419	8356	6348		6348	5428	3419	2008

3-2-31 按地区分组的股份有限

地区	法人单位数（个）			年末就业人员（人）		
	合计	限额以上	限额以下	合计	限额以上	限额以下
总计	**1108**	**74**	**1034**	**40935**	**24481**	**16454**
太原市	**370**	**19**	**351**	**9450**	**4894**	**4556**
小店区	109	4	105	1686	614	1072
迎泽区	72	4	68	1883	572	1311
杏花岭区	73	5	68	3965	3376	589
尖草坪区	38	1	37	488	49	439
万柏林区	58	4	54	1170	239	931
晋源区	1		1	5		5
清徐县	10	1	9	111	44	67
阳曲县	5		5	112		112
古交市	4		4	30		30
大同市	**38**	**4**	**34**	**2310**	**1853**	**457**
大同市城区	16	3	13	1816	1738	78
矿区	2		2	7		7
南郊区	9	1	8	332	115	217
阳高县	1		1	4		4
广灵县	1		1	30		30
灵丘县	8		8	118		118
浑源县	1		1	3		3
阳泉市	**71**	**4**	**67**	**1505**	**505**	**1000**
城区	37	4	33	913	505	408
矿区	10		10	93		93
郊区	14		14	301		301
平定县	7		7	97		97
盂县	3		3	101		101
长治市	**10**	**4**	**6**	**1415**	**1346**	**69**
长治市城区	3	3		1266	1266	
长治市郊区	3		3	15		15
平顺县	2		2	38		38
潞城市	2	1	1	96	80	16
晋城市	**93**	**6**	**87**	**8032**	**5929**	**2103**
晋城市城区	52	4	48	7303	5660	1643
沁水县	1		1	1		1
阳城县	12		12	228		228
陵川县	6	1	5	74	8	66
泽州县	7	1	6	315	261	54
高平市	15		15	111		111
朔州市	**41**	**1**	**40**	**900**	**102**	**798**
朔城区	23		23	241		241
平鲁区	1		1	35		35
山阴县	6		6	276		276
应县	3		3	62		62
右玉县	2		2	64		64
怀仁县	6	1	5	222	102	120
晋中市	**120**	**11**	**109**	**4180**	**2544**	**1636**
榆次区	46	3	43	2490	1932	558
榆社县	3		3	35		35
左权县	6		6	96		96
和顺县	2		2	48		48
昔阳县	2		2	107		107
寿阳县	5	1	4	90	45	45
太谷县	10		10	81		81
祁县	8	2	6	144	81	63
平遥县	11	1	10	252	40	212
灵石县	18	2	16	406	107	299
介休市	9	2	7	431	339	92

公司批发和零售业商品销售情况

销售额（万元）			批发额（万元）			零售额（万元）		
合　计	限额以上	限额以下	合　计	限额以上	限额以下	合　计	限额以上	限额以下
4835672	**4254949**	**580723**	**2483319**	**2074797**	**408522**	**2352353**	**2180152**	**172201**
1307586	**1197333**	**110253**	**954295**	**865254**	**89041**	**353291**	**332080**	**21212**
221260	174640	46620	101814	63708	38106	119446	110932	8515
705000	691508	13492	700896	691208	9688	4105	300	3805
229380	211385	17995	43214	26968	16245	186167	184417	1749
55926	38666	17260	54469	38666	15803	1457		1457
88951	77834	11116	51562	44703	6859	37389	33132	4257
395		395				395		395
5865	3299	2565	2216		2216	3649	3299	350
759		759	125		125	634		634
50		50				50		50
327363	**311021**	**16342**	**94028**	**91622**	**2407**	**233335**	**219400**	**13935**
263639	262221	1418	43020	42821	199	220619	219400	1220
616		616				616		616
60717	48800	11917	50394	48800	1594	10323		10323
3		3				3		3
210		210				210		210
2178		2178	615		615	1564		1564
135239	**101105**	**34135**	**16185**		**16185**	**119054**	**101105**	**17949**
116396	101105	15291	5109		5109	111287	101105	10182
2498		2498	1955		1955	544		544
13888		13888	9122		9122	4767		4767
1475		1475				1475		1475
982		982				982		982
302741	**302592**	**149**	**97934**	**97934**		**204808**	**204659**	**149**
301195	301195		97934	97934		203261	203261	
44		44				44		44
99		99				99		99
1404	1397	7				1404	1397	7
551967	**383961**	**168006**	**269470**	**109432**	**160038**	**282496**	**274529**	**7967**
372832	340665	32167	126708	101108	25600	246124	239558	6567
133565		133565	132909		132909	656		656
3921	3914	7	3921	3914	7			
40237	39383	854	5265	4411	854	34972	34972	
1412		1412	668		668	744		744
68418	**17459**	**50959**	**18717**		**18717**	**49701**	**17459**	**32242**
4465		4465	1610		1610	2856		2856
498		498				498		498
19869		19869	2144		2144	17725		17725
2953		2953				2953		2953
3250		3250	3250		3250			
37383	17459	19924	11713		11713	25670	17459	8211
351023	**304845**	**46178**	**52380**	**17566**	**34814**	**298643**	**287279**	**11364**
259585	251024	8561	15905	10004	5901	243681	241020	2660
994		994	292		292	702		702
1491		1491	701		701	790		790
120		120	112		112	8		8
5785		5785	5000		5000	785		785
3305	1278	2027	2027		2027	1278	1278	
4825		4825	4795		4795	30		30
6163	5267	896	4769	4369	400	1393	898	496
9062	2094	6969	6299	33	6266	2763	2061	702
14691	3487	11204	6033		6033	8659	3487	5172
45003	41696	3307	6448	3160	3288	38555	38536	19

3-2-31 续表

地　区	法人单位数（个）			年末就业人员（人）		
	合　计	限额以上	限额以下	合　计	限额以上	限额以下
运城市	**148**	**9**	**139**	**4832**	**2497**	**2335**
盐湖区	61	3	58	3099	1837	1262
临猗县	5	1	4	252	48	204
闻喜县	3		3	70		70
稷山县	1		1	8		8
新绛县	5	1	4	136	66	70
绛县	7		7	81		81
垣曲县	13	1	12	141	34	107
夏县	2	1	1	97	82	15
平陆县	1		1	58		58
芮城县	18		18	151		151
永济市	24		24	222		222
河津市	8	2	6	517	430	87
忻州市	**93**	**3**	**90**	**2898**	**987**	**1911**
忻府区	44	3	41	2142	987	1155
定襄县	3		3	38		38
五台县	2		2	9		9
代县	1		1	40		40
宁武县	3		3	39		39
静乐县	3		3	254		254
神池县	1		1	14		14
五寨县	6		6	63		63
岢岚县	10		10	75		75
河曲县	4		4	27		27
保德县	8		8	46		46
偏关县	1		1	4		4
原平市	7		7	147		147
临汾市	**82**	**7**	**75**	**3320**	**2344**	**976**
尧都区	1	1		1287	1287	
翼城县	6	1	5	228	154	74
襄汾县	7	1	6	113	31	82
洪洞县	8		8	54		54
古县	3		3	46		46
安泽县	2		2	51		51
浮山县	1		1	10		10
吉县	4		4	39		39
乡宁县	5	1	4	171	65	106
大宁县	1		1	19		19
蒲县	4	1	3	107	46	61
汾西县	1		1	3		3
侯马市	33	2	31	1140	761	379
霍州市	6		6	52		52
吕梁市	**42**	**6**	**36**	**2093**	**1480**	**613**
离石区	6	1	5	304	120	184
文水县	2	1	1	74	16	58
交城县	1	1		148	148	
兴县	1		1	34		34
柳林县	7		7	111		111
岚县	2		2	25		25
方山县	2		2	36		36
中阳县	5	1	4	85	50	35
交口县	1		1	6		6
孝义市	7	2	5	1207	1146	61
汾阳市	8		8	63		63

销售额（万元）			批发额（万元）			零售额（万元）		
合　计	限额以上	限额以下	合　计	限额以上	限额以下	合　计	限额以上	限额以下
673328	**602820**	**70508**	**404937**	**360814**	**44123**	**268391**	**242006**	**26384**
620580	588467	32113	372970	357463	15507	247611	231005	16606
3873	557	3316	2346		2346	1527	557	970
1100		1100	200		200	900		900
480		480				480		480
7348	4690	2658	1923		1923	5425	4690	735
5663		5663	5663		5663			
6887	3351	3535	4526	3351	1174	2361		2361
1473	1269	204	204		204	1269	1269	
489		489	50		50	439		439
7123		7123	6484		6484	639		639
9906		9906	8301		8301	1605		1605
8405	4485	3920	2270		2270	6135	4485	1650
260988	**216504**	**44484**	**29911**		**29911**	**231077**	**216504**	**14573**
230633	216504	14129	6267		6267	224366	216504	7862
145		145				145		145
317		317				317		317
505		505				505		505
326		326				326		326
314		314				314		314
22043		22043	22033		22033	10		10
325		325	57		57	268		268
1222		1222	734		734	488		488
2345		2345	251		251	2094		2094
191		191				191		191
2622		2622	570		570	2052		2052
426995	**407229**	**19765**	**218860**	**208518**	**10342**	**208134**	**198711**	**9423**
308706	308706		176809	176809		131897	131897	
3130	963	2167	827		827	2303	963	1341
1552	1111	441	116		116	1436	1111	325
3481		3481	900		900	2581		2581
800		800	610		610	190		190
907		907	907		907			
245		245	245		245			
715		715	253		253	462		462
2089	678	1411				2089	678	1411
1844	630	1214	651		651	1193	630	563
103061	95141	7920	37317	31709	5608	65743	63432	2311
466		466	226		226	240		240
430024	**410079**	**19945**	**326601**	**323658**	**2943**	**103423**	**86421**	**17002**
2620	1660	960				2620	1660	960
3426	2226	1200	2926	2226	700	500		500
3048	3048					3048	3048	
71		71	33		33	38		38
1404		1404	293		293	1112		1112
455		455				455		455
6352		6352				6352		6352
22699	21759	939	22262	21759	503	436		436
80		80	60		60	20		20
386948	381386	5563	300427	299673	754	86521	81712	4809
2921		2921	600		600	2321		2321

3-2-32 按地区分组的私营企业

地　区	法人单位数（个）			年末就业人员（人）		
	合　计	限额以上	限额以下	合　计	限额以上	限额以下
总　计	**18671**	**592**	**18079**	**207922**	**45493**	**162429**
太原市	**6154**	**195**	**5959**	**65977**	**14768**	**51209**
小店区	1819	64	1755	22168	5442	16726
迎泽区	1307	49	1258	15721	5013	10708
杏花岭区	951	28	923	9830	1955	7875
尖草坪区	700	22	678	5651	756	4895
万柏林区	864	19	845	8470	1176	7294
晋源区	206	7	199	1613	272	1341
清徐县	180	5	175	1390	134	1256
阳曲县	28	1	27	316	20	296
娄烦县	18		18	82		82
古交市	81		81	736		736
大同市	**1673**	**81**	**1592**	**22228**	**4839**	**17389**
大同市城区	650	55	595	10882	3364	7518
矿区	119	1	118	1973	183	1790
南郊区	390	11	379	5127	851	4276
新荣区	12		12	139		139
阳高县	85		85	621		621
天镇县	125		125	633		633
广灵县	45		45	400		400
灵丘县	37		37	353		353
浑源县	45		45	625		625
左云县	1		1	14		14
大同县	164	14	150	1461	441	1020
阳泉市	**684**	**15**	**669**	**5978**	**849**	**5129**
城区	377	3	374	2550	315	2235
矿区	59		59	444		444
郊区	124	2	122	1026	79	947
平定县	65	7	58	1100	285	815
盂县	59	3	56	858	170	688
长治市	**1872**	**130**	**1742**	**18387**	**5529**	**12858**
长治市城区	1055	63	992	10840	3748	7092
长治市郊区	132	28	104	1220	613	607
长治县	101	3	98	1128	196	932
襄垣县	60	11	49	903	323	580
屯留县	139	4	135	1133	188	945
平顺县	6		6	59		59
黎城县	82	3	79	604	64	540
壶关县	37	2	35	317	29	288
长子县	52	3	49	332	79	253
武乡县	30	3	27	290	64	226
沁县	39	2	37	275	65	210
沁源县	35	3	32	591	49	542
潞城市	104	5	99	695	111	584

批发和零售业商品销售情况

销售额（万元）			批发额（万元）			零售额（万元）		
合　计	限额以上	限额以下	合　计	限额以上	限额以下	合　计	限额以上	限额以下
14722858	**8271361**	**6451496**	**9514410**	**5491884**	**4022527**	**5208448**	**2779478**	**2428970**
7705209	**4982587**	**2722622**	**5348331**	**3394751**	**1953580**	**2356878**	**1587836**	**769042**
2781104	1567351	1213752	1293560	563107	730453	1487544	1004245	483299
1116446	811850	304596	721754	485331	236423	394692	326519	68173
1716119	1217767	498352	1554815	1142633	412181	161305	75134	86171
1442340	1166806	275534	1412986	1166806	246180	29354		29354
528128	167841	360287	303212	23333	279879	224917	144508	80408
76436	37517	38919	40047	11541	28505	36390	25976	10414
28549	11455	17095	12754		12754	15795	11455	4341
5908	2000	3908	2222	2000	222	3685		3685
2772		2772	2203		2203	569		569
7407		7407	4779		4779	2628		2628
1058917	**551372**	**507544**	**451725**	**207561**	**244164**	**607191**	**343811**	**263380**
432852	292439	140413	91470	55634	35836	341382	236805	104577
87319	3661	83658	27334		27334	59986	3661	56325
374323	178989	195334	268207	114002	154205	106116	64987	41129
7584		7584	4520		4520	3064		3064
7107		7107	4938		4938	2169		2169
20278		20278	5375		5375	14903		14903
5939		5939	1527		1527	4412		4412
4678		4678	1865		1865	2813		2813
10537		10537	6560		6560	3977		3977
465		465				465		465
107834	76284	31551	39929	37925	2004	67905	38359	29547
227855	**51025**	**176830**	**71712**	**17699**	**54014**	**156142**	**33326**	**122817**
112136	13936	98199	16762		16762	95373	13936	81437
19547		19547	11891		11891	7656		7656
42129	17699	24431	31261	17699	13562	10868		10868
22971	16482	6489	1684		1684	21287	16482	4805
31072	2907	28165	10114		10114	20958	2907	18051
1826087	**1315761**	**510326**	**1471214**	**1096660**	**374554**	**354873**	**219101**	**135772**
777061	564981	212080	540004	410399	129605	237057	154582	82475
554461	437147	117314	501412	391058	110354	53049	46089	6960
125970	105680	20290	114973	101199	13774	10997	4481	6516
54541	41638	12903	45392	38078	7314	9149	3560	5589
67060	25599	41461	60049	25599	34450	7011		7011
351		351	65		65	286		286
111126	41195	69930	106455	40819	65636	4671	376	4295
18548	14065	4483	12785	12398	387	5763	1667	4096
21473	17632	3841	18039	16848	1191	3434	784	2651
16832	14711	2121	15610	14711	900	1222		1222
22747	17160	5588	20823	17160	3663	1924		1924
14614	8359	6255	8918	5439	3478	5696	2920	2776
41304	27595	13709	26690	22952	3738	14614	4643	9971

3-2-32 续表 1

地区	法人单位数（个）			年末就业人员（人）		
	合计	限额以上	限额以下	合计	限额以上	限额以下
晋城市	**1344**	**26**	**1318**	**17871**	**4678**	**13193**
晋城市城区	656	17	639	10332	4029	6303
沁水县	79		79	490		490
阳城县	89	1	88	1459	72	1387
陵川县	71	2	69	1220	128	1092
泽州县	124	3	121	1088	228	860
高平市	325	3	322	3282	221	3061
朔州市	**1105**	**29**	**1076**	**15723**	**3730**	**11993**
朔城区	673	11	662	7933	1198	6735
平鲁区	42		42	438		438
山阴县	141	1	140	2147	298	1849
应县	51	1	50	740	220	520
右玉县	15		15	116		116
怀仁县	183	16	167	4349	2014	2335
晋中市	**1095**	**16**	**1079**	**10358**	**1175**	**9183**
榆次区	458	12	446	4065	844	3221
榆社县	30		30	197		197
左权县	71	1	70	783	208	575
和顺县	13		13	87		87
昔阳县	43		43	947		947
寿阳县	52	1	51	616	40	576
太谷县	147		147	1341		1341
祁县	111	1	110	1076	23	1053
平遥县	45		45	326		326
灵石县	51		51	352		352
介休市	74	1	73	568	60	508
运城市	**1190**	**20**	**1170**	**11269**	**1170**	**10099**
盐湖区	319	5	314	3671	598	3073
临猗县	52	1	51	542	12	530
万荣县	16		16	208		208
闻喜县	58	2	56	529	62	467
稷山县	27	2	25	320	138	182
新绛县	32	1	31	543	20	523
绛县	51		51	447		447
垣曲县	60		60	637		637
夏县	55		55	417		417
平陆县	7		7	43		43
芮城县	50		50	267		267
永济市	186		186	1323		1323
河津市	277	9	268	2322	340	1982
忻州市	**601**	**28**	**573**	**8943**	**1827**	**7116**
忻府区	152	6	146	2261	555	1706
定襄县	18		18	253		253
五台县	6		6	115		115

销售额（万元）			批发额（万元）			零售额（万元）		
合　计	限额以上	限额以下	合　计	限额以上	限额以下	合　计	限额以上	限额以下
523494	**129590**	**393904**	**302059**	**12445**	**289614**	**221434**	**117145**	**104290**
331356	106331	225025	157431	117	157314	173925	106214	67711
8092		8092	4041		4041	4050		4050
54394	2627	51768	41137		41137	13258	2627	10631
5576	1690	3885	1162		1162	4414	1690	2724
36965	3475	33491	25857	10	25847	11109	3465	7644
87111	15467	71644	72432	12318	60114	14679	3149	11529
755451	**368330**	**387121**	**510226**	**309050**	**201176**	**245226**	**59280**	**185946**
117185	22927	94258	60868		60868	56317	22927	33390
12718		12718	7125		7125	5592		5592
34424	974	33450	18798		18798	15625	974	14651
13626	6595	7031	1163		1163	12463	6595	5868
3643		3643	1970		1970	1673		1673
573856	337833	236023	420301	309050	111251	153555	28784	124772
557281	**225757**	**331523**	**317553**	**78457**	**239096**	**239728**	**147300**	**92427**
307815	192279	115536	150691	55259	95431	157124	137019	20105
3132		3132	23		23	3109		3109
15256	990	14266	6449	97	6352	8806	893	7914
584		584	256		256	328		328
22170		22170	3355		3355	18814		18814
13080	625	12456	9752		9752	3329	625	2704
42825		42825	28235		28235	14590		14590
56128	23100	33027	47795	23100	24694	8333		8333
19256		19256	17792		17792	1463		1463
50247		50247	37505		37505	12742		12742
26790	8764	18026	15699		15699	11090	8764	2327
626939	**174766**	**452174**	**376037**	**129535**	**246502**	**250902**	**45230**	**205672**
241609	118114	123494	172899	104110	68789	68710	14005	54705
21309	636	20673	2786		2786	18524	636	17888
9115		9115	2468		2468	6647		6647
47064	20942	26123	34535	20327	14209	12529	615	11914
13012	1541	11471	3630		3630	9382	1541	7841
17534	2434	15100	6784		6784	10750	2434	8316
28031		28031	21147		21147	6884		6884
15809		15809	7563		7563	8246		8246
7718		7718	2012		2012	5706		5706
412		412	255		255	157		157
8843		8843	4300		4300	4543		4543
47118		47118	21287		21287	25831		25831
169366	31099	138267	96371	5099	91272	72995	26000	46995
388608	**203272**	**185337**	**282708**	**169539**	**113168**	**105901**	**33732**	**72168**
52630	25245	27385	12091		12091	40540	25245	15294
34022		34022	33227		33227	795		795
1104		1104	10		10	1094		1094

3-2-32 续表 2

地 区	法人单位数（个）			年末就业人员（人）		
	合 计	限额以上	限额以下	合 计	限额以上	限额以下
代县	32	8	24	753	519	234
繁峙县	69	4	65	1065	125	940
宁武县	24		24	248		248
静乐县	21		21	251		251
神池县	29		29	226		226
五寨县	33	2	31	368	98	270
岢岚县	28	2	26	239	33	206
河曲县	46	4	42	631	252	379
保德县	58	1	57	656	16	640
偏关县	14		14	175		175
原平市	71	1	70	1702	229	1473
临汾市	**2414**	**36**	**2378**	**26031**	**5848**	**20183**
尧都区	1372	25	1347	18622	4986	13636
曲沃县	115	2	113	796	18	778
翼城县	149		149	975		975
襄汾县	55	1	54	444	90	354
洪洞县	250	2	248	1525	125	1400
古县	9		9	33		33
安泽县	25		25	116		116
浮山县	31		31	229		229
吉县	13		13	77		77
乡宁县	42	1	41	413	123	290
大宁县	18		18	95		95
隰县	25		25	151		151
永和县	11		11	184		184
蒲县	13		13	56		56
汾西县	11		11	104		104
侯马市	173	2	171	1280	298	982
霍州市	102	3	99	931	208	723
吕梁市	**539**	**16**	**523**	**5157**	**1080**	**4077**
离石区	71	2	69	1025	144	881
文水县	95	2	93	520	75	445
交城县	79		79	566		566
兴县	8		8	44		44
临县	32		32	194		194
柳林县	41	4	37	504	203	301
石楼县	7		7	108		108
岚县	22	1	21	266	125	141
方山县	19		19	121		121
中阳县	15	1	14	205	34	171
交口县	9		9	49		49
孝义市	129	5	124	1470	454	1016
汾阳市	12	1	11	85	45	40

销售额（万元）			批发额（万元）			零售额（万元）		
合　计	限额以上	限额以下	合　计	限额以上	限额以下	合　计	限额以上	限额以下
59401	46097	13304	55234	42602	12632	4167	3495	672
59897	31692	28204	49881	30694	19187	10016	998	9018
5373		5373	3115		3115	2258		2258
1438		1438				1438		1438
3072		3072	816		816	2256		2256
27874	10018	17856	27683	10018	17665	191		191
31995	29505	2490	31423	29505	1917	573		573
66387	58439	7949	60094	56720	3374	6294	1719	4575
15166	503	14664	5684		5684	9482	503	8979
3069		3069	774		774	2295		2295
27181	1772	25408	2677		2677	24504	1772	22732
890510	**223107**	**667404**	**321717**	**53660**	**268057**	**568793**	**169446**	**399347**
622117	192204	429913	252870	35164	217706	369247	157040	212207
28487	4851	23636	13506	3769	9737	14981	1082	13899
17913		17913	8954		8954	8958		8958
7992	741	7251	4192		4192	3799	741	3058
64025	3652	60373	6628		6628	57397	3652	53745
584		584	204		204	380		380
1582		1582	883		883	699		699
2862		2862	1663		1663	1199		1199
1822		1822	1009		1009	812		812
9305	633	8671	558	256	303	8746	378	8368
580		580	121		121	459		459
494		494	242		242	252		252
1413		1413	616		616	797		797
1340		1340	10		10	1330		1330
468		468	110		110	358		358
105390	15276	90114	23816	11064	12752	81574	4212	77362
24139	5749	18390	6335	3408	2927	17804	2341	15463
162508	**45795**	**116712**	**61128**	**22526**	**38602**	**101380**	**23270**	**78110**
20361	8633	11728	5071		5071	15290	8633	6657
21773	2618	19155	3888		3888	17886	2618	15268
12173		12173	1999		1999	10174		10174
2273		2273	546		546	1727		1727
2739		2739	1403		1403	1335		1335
24109	16343	7766	17198	15623	1575	6910	720	6190
694		694	442		442	252		252
5092	1864	3228				5092	1864	3228
4567		4567				4567		4567
5004	980	4024	1840		1840	3165	980	2185
926		926	612		612	314		314
61618	14557	47061	28114	6903	21211	33504	7654	25849
1181	800	381	16		16	1165	800	365

3-2-33 按地区分组的港澳台商和

地　区	法人单位数（个）			年末就业人员（人）		
	合　计	限额以上	限额以下	合　计	限额以上	限额以下
总　计	**47**	**14**	**33**	**2259**	**1784**	**475**
太原市	**30**	**7**	**23**	**1368**	**1005**	**363**
小店区	13	3	10	453	287	166
迎泽区	11	2	9	315	191	124
杏花岭区	2	2		527	527	
尖草坪区	1		1	4		4
万柏林区	3		3	69		69
大同市	**6**	**3**	**3**	**525**	**498**	**27**
大同市城区	5	3	2	515	498	17
南郊区	1		1	10		10
长治市	**2**	**2**		**217**	**217**	
长治市城区	1	1		168	168	
武乡县	1	1		49	49	
运城市	**3**	**2**	**1**	**68**	**64**	**4**
盐湖区	2	2		64	64	
闻喜县	1		1	4		4
忻州市	**1**		**1**	**2**		**2**
定襄县	1		1	2		2
临汾市	**4**		**4**	**78**		**78**
尧都区	3		3	72		72
洪洞县	1		1	6		6
吕梁市	**1**		**1**	**1**		**1**
孝义市	1		1	1		1

外商投资企业批发和零售业商品销售情况

销售额（万元）			批发额（万元）			零售额（万元）		
合　计	限额以上	限额以下	合　计	限额以上	限额以下	合　计	限额以上	限额以下
195450	**171015**	**24435**	**127493**	**110743**	**16750**	**67957**	**60272**	**7685**
133295	**110158**	**23137**	**107524**	**90903**	**16621**	**25771**	**19255**	**6516**
85806	73429	12376	85806	73429	12376			
30767	24788	5979	15464	11305	4159	15303	13483	1820
11941	11941		6169	6169		5772	5772	
130		130				130		130
4652		4652	86		86	4566		4566
28641	**28522**	**119**				**28641**	**28522**	**119**
28641	28522	119				28641	28522	119
18333	**18333**		**16399**	**16399**		**1934**	**1934**	
1934	1934					1934	1934	
16399	16399		16399	16399				
14467	**14002**	**465**	**3442**	**3442**		**11026**	**10561**	**465**
14002	14002		3442	3442		10561	10561	
465		465				465		465
714		**714**	**129**		**129**	**585**		**585**
702		702	117		117	585		585
12		12	12		12			

3-2-34 按登记注册类型、控股情况和

指标名称	年初存货	年末存货	固定资产原价	所有者权益合计	实收资本	
						国家资本
总　计	**3180734**	**3604190**	**5237786**	**7369467**	**5054657**	**1083203**
一、按登记注册类型分						
内　资	**3170567**	**3592438**	**5205954**	**7310958**	**4997774**	**1081189**
国　有	820666	1087085	1572959	2204582	783647	718154
集　体	209210	189597	352240	317822	235624	2347
股份合作企业	25633	22402	44605	47379	44232	3845
联营企业	5894	6007	16460	11149	11357	2301
国有联营	1109	447	5837	2432	1599	1194
集体联营	442	374	1962	2210	2542	
国有与集体联营	1842	1625	3142	2288	2737	1087
其他联营	2501	3561	5519	4220	4478	20
有限责任公司	507786	557588	687148	1250365	919794	163760
国有独资公司	11579	29627	24512	97986	45047	37256
其他有限责任公司	496207	527962	662636	1152378	874748	126504
股份有限公司	190420	221789	627564	641217	386080	185565
私营企业	1393931	1493610	1864639	2786283	2568743	3894
私营独资	182185	202679	352132	488678	459919	
私营合伙	77437	39731	77861	104606	98478	8
私营有限责任公司	1066456	1171347	1358664	2053824	1895046	3886
私营股份有限公司	67852	79854	75982	139175	115301	
其　他	17028	14360	40340	52162	48298	1323
港澳台商投资	**1824**	**4739**	**954**	**23938**	**24856**	**2**
与港澳台商合资经营	87	42	657	621	1510	2
港澳台商独资	1282	4138	257	22520	22566	
港澳台商投资股份有限公司	455	559	39	798	780	
外商投资	**8344**	**7013**	**30878**	**34571**	**32027**	**2012**
中外合资经营	4685	4658	30067	24698	23014	2012
中外合作经营				70	70	
外资企业	3474	2221	291	8595	7990	
外商投资股份有限公司	184	135	521	1208	954	
二、按控股情况分						
国有控股	1027739	1345144	2200552	2913715	1171457	1053799
集体控股	255802	253262	475497	650559	401106	2775
私人控股	1665681	1787073	2208938	3340791	3085924	5008
港澳台商控股	1821	4746	12488	45007	45413	1100
外商控股	5492	4167	9044	14560	16120	
其　他	224199	209799	331267	404836	334636	20521
三、按国民经济行业(门类、大类、中类、小类)分						
批发和零售业	**3180734**	**3604190**	**5237786**	**7369467**	**5054657**	**1083203**
批发业	2099116	2438461	2872089	5094828	3171128	865218
农畜产品批发	136476	190760	123852	114277	93840	30558
谷物、豆及薯类批发	105158	159675	69299	42686	35977	23374
种子、饲料批发	11452	10622	21684	34243	30027	5002
棉、麻批发	14838	14494	10850	9703	5400	60
牲畜批发	64	74	1202	1367	1013	73
其他农畜产品批发	4965	5895	20816	26278	21424	2049
食品、饮料及烟草制品批发	214613	273018	403622	698604	170673	70384
米、面制品及食用油批发	72541	97501	75297	59152	39816	27789
糕点、糖果及糖批发	2058	1923	4064	5887	5404	2361
果品、蔬菜批发	8222	4344	47307	39760	31488	3348
肉、禽、蛋及水产品批发	4386	4059	21816	32060	12474	7098

行业分组的全部批发和零售业财务状况

单位：万元

集体资本	法人资本	个人资本	港澳台资本	外商资本	本年折旧	主营业务收入	主营业务成本
421769	**483910**	**2991971**	**47672**	**26133**	**308180**	**47920190**	**42802826**
420830	**483808**	**2990044**	**19928**	**1976**	**307039**	**47728670**	**42636318**
3960	57221	4312			106614	18608407	16871893
227164	1641	4472			20771	1855454	1556142
9997	6463	23898	30		2920	264527	224703
4577	3842	637			439	37575	22731
	405				113	4154	2556
2542					26	4814	3208
1276	375				42	12472	10926
759	3062	637			258	16135	6041
133587	240035	364702	15768	1943	40247	8118956	7345222
	7791				2221	542681	463721
133587	232244	364702	15768	1943	38026	7576275	6881501
30508	40886	124977	4110	33	26920	4421825	3915240
9268	106816	2448765			105870	14278260	12588239
1300	7178	451440			22106	1716577	1290897
50	4326	94094			3083	479641	389485
7898	85180	1798082			76041	11350818	10267907
20	10132	105149			4639	731224	639951
1768	26905	18281	20		3260	143666	112149
2	**102**	**305**	**24444**	**1**	**43**	**64539**	**56549**
2	102	285	1119	1	13	41138	38307
			22566		28	21099	17916
		20	760		2	2301	326
937		**1622**	**3300**	**24156**	**1099**	**126982**	**109959**
937		1000	3300	15765	981	50662	44411
		19		51		100	20
		500		7490	62	66578	58961
		103		850	56	9642	6567
15929	88882	12159		688	129430	25756242	23391261
372700	7682	7891	20	10039	27974	2661703	2294374
9205	141900	2929748	11	53	134196	16478062	14419766
	300	303	43711		74	49704	42071
199		600		15321	404	100634	83786
23735	245146	41271	3930	33	16103	2873845	2571568
421769	**483910**	**2991971**	**47672**	**26133**	**308180**	**47920190**	**42802826**
290387	330315	1625481	35419	24308	193486	37565079	33898815
7570	6247	49465			6918	374032	325272
1490	899	10213			4058	244027	216784
2092	3937	18996			1801	41163	32292
3092	51	2197			448	13319	11203
	14	926			50	1138	427
897	1346	17132			562	74386	64566
25294	6910	67767	113	206	31647	2496413	1933375
576	1180	10158	113		5282	231539	204944
675	112	2257			129	15608	13497
4759	2228	21152			3776	87266	69826
1526	292	3559			1259	37005	29523

3-2-34 续表 1

指标名称	年初存货	年末存货	固定资产原价	所有者权益合计	实收资本	国家资本
盐及调味品批发	12856	17570	27531	26528	19741	2133
饮料及茶叶批发	37343	31873	41300	34546	30076	10579
烟草制品批发	66881	102191	176451	485049	17784	15977
其他食品批发	10326	13558	9856	15623	13890	1098
纺织、服装及日用品批发	26161	37980	40044	96055	87950	6875
纺织品、针织品及原料批发	4827	4969	8070	18625	20096	5325
服装批发	11447	22495	16544	46380	39732	1036
鞋帽批发	474	911	175	527	415	
厨房、卫生间用具及日用杂货批发	2976	2852	7960	10893	10008	129
化妆品及卫生用品批发	2179	1696	785	3427	2507	
其他日用品批发	4258	5058	6509	16203	15193	385
文化、体育用品及器材批发	23988	23367	25272	62925	41070	20195
文具用品批发	5659	6260	7462	8339	6934	2202
体育用品批发	978	1237	378	4514	4216	91
图书批发	11607	8833	9223	33442	21945	17250
报刊批发	176	267	5077	7303	628	390
音像制品及电子出版物批发	280	303	196	1185	1139	
首饰、工艺品及收藏品批发	3768	5363	1986	6879	5002	263
其他文化用品批发	1520	1104	951	1265	1206	
医药及医疗器材批发	70077	73097	103077	69455	65506	8856
西药批发	30779	44106	30664	30929	30030	4822
中药材及中成药批发	13592	21909	19476	26121	23464	3226
医疗用品及器材批发	25706	7081	52937	12406	12012	808
矿产品、建材及化工产品批发	1174424	1422252	1846954	3404025	2129622	687530
煤炭及制品批发	613660	756885	1261668	2218274	1156407	535174
石油及制品批发	77772	132982	143555	101573	91281	29665
非金属矿及制品批发	4037	5419	13471	26432	22035	1961
金属及金属矿批发	241455	297306	142538	616875	456941	67815
建材批发	143494	148061	152412	297707	280207	25115
化肥批发	56283	44252	41289	53563	47230	14388
农药批发	3640	2698	5609	8944	6978	741
农用薄膜批发	429	512	726	751	565	23
其他化工产品批发	33655	34138	85686	79905	67978	12648
机械设备、五金交电及电子产品批发	396366	365657	245625	532849	472340	24929
农业机械批发	25555	26090	29101	31648	23667	5209
汽车、摩托车及零配件批发	58562	55777	42836	110027	101064	3261
五金、交电批发	39404	40452	62188	114104	104791	7901
家用电器批发	30988	36285	6682	20599	23357	100
计算机、软件及辅助设备批发	13088	15013	10174	45448	32559	
通讯及广播电视设备批发	8256	12685	2776	10330	9382	505
其他机械设备及电子产品批发	220512	179356	91869	200693	177519	7952
贸易经纪与代理	6532	10462	23517	38139	34234	2865
贸易经纪与代理	6532	10462	23517	38139	34234	2865
其他批发	50480	41869	60127	78498	75894	13028
再生物资回收与批发	14780	17059	30506	38812	33597	3336
其他未列明的批发	35700	24810	29620	39686	42297	9692
零售业	1081617	1165729	2365697	2274640	1883529	217984
综合零售	143195	198270	707498	296813	279423	21862
百货零售	61788	92563	303870	156388	125864	17283
超级市场零售	58697	76360	341236	84774	102379	1229
其他综合零售	22710	29347	62392	55651	51180	3350

单位：万元

					本年折旧	主营业务收入	主营业务成本
集体资本	法人资本	个人资本	港澳台资本	外商资本			
14588	470	2550			2489	100711	70484
2165	890	16242		200	1325	272315	232517
271	1020	516			16797	1660292	1234900
734	718	11333		6	590	91676	77684
5915	8143	45547	21471		2007	214811	185718
2574	229	11969			745	23785	14825
704	214	16307	21471		535	65046	70365
3	30	382			10	9006	8373
1084	161	8634			291	28581	19275
1	215	2291			112	11131	8223
1549	7294	5965			316	77261	64658
1452	1440	17978		6	2439	195992	172783
249	378	4106			1220	45937	41531
10		4110		6	74	33840	31571
233	562	3901			494	87707	76664
		238			361	5664	3869
	500	639			18	948	415
960		3779			135	16302	14599
		1206			137	5595	4134
5234	3358	47798	200	60	2453	589333	517232
5135	393	19680			1303	322399	289307
42	2675	17521			543	225812	195532
57	290	10596	200	60	607	41122	32393
210326	238898	957199	12215	23454	124067	30629168	28095707
103490	136106	358707		22929	89453	21903141	19949687
4491	18432	38682		12	8015	1326510	1213323
100	3083	16890		1	732	87590	65116
79487	49814	247498	11828	500	7715	4269353	4054833
2368	22214	230499		11	10028	1867379	1736770
15819	1416	15607			2957	635321	599194
1220	216	4751	50	1	408	19369	13192
336	48	158			69	18396	17727
3016	7569	44408	338		4691	502110	445864
18062	53340	374008	1420	582	17526	2312617	2036531
1225	1899	15314		20	1292	155896	136991
5335	20550	71859		60	3665	521553	481507
4749	7135	84994	10	2	3962	389829	330940
300	4035	18422	500		624	316462	288678
587	2244	29728			772	174911	161754
170	250	7897	60	500	260	108124	101270
5697	17226	145794	850		6951	645842	535391
1463	8416	21490			2217	106947	70051
1463	8416	21490			2217	106947	70051
15071	3564	44231			4213	645768	562146
11814	1766	16681			1440	274680	234784
3257	1799	27550			2773	371088	327362
131382	153595	1366490	12253	1825	114694	10355111	8904011
49798	26510	180733	20	500	28095	1465551	1203745
26885	11725	69471		500	8940	687101	552401
2645	12818	85688			16310	517663	438257
20269	1968	25574	20		2845	260787	213087

3-2-34 续表 2

指标名称	年初存货	年末存货	固定资产原价	所有者权益合计	实收资本	
						国家资本
食品、饮料及烟草制品专门零售	75399	79268	130959	108280	92443	26797
粮油零售	50818	49056	62562	34897	34635	20932
糕点、面包零售	1639	1811	5503	4435	3839	102
果品、蔬菜零售	2093	2444	13006	9196	8719	1561
肉、禽、蛋及水产品零售	5797	7677	15855	18060	11201	1411
饮料及茶叶零售	5491	6078	6870	12683	10254	868
烟草制品零售	2383	2574	8409	7919	4289	680
其他食品零售	7179	9627	18754	21089	19508	1243
纺织、服装及日用品专门零售	69062	57585	165109	146486	152573	4317
纺织品及针织品零售	22018	9030	26400	15311	14414	2023
服装零售	32929	33950	117759	102492	103621	2083
鞋帽零售	3545	3497	6128	7130	6503	9
钟表、眼镜零售	2852	2481	2844	5163	11686	114
化妆品及卫生用品零售	2339	2586	3279	6473	6216	
其他日用品零售	5379	6041	8699	9917	10132	89
文化、体育用品及器材专门零售	95974	74050	90197	140619	98568	17598
文具用品零售	6354	5744	7083	25886	17186	1233
体育用品零售	1696	1787	2809	4295	4194	
图书零售	54250	25136	48480	39619	17095	9248
报刊零售	161	125	5	1029	787	735
音像制品及电子出版物零售	608	515	407	1495	1495	
珠宝首饰零售	26411	33013	20164	50025	41165	600
工艺美术品及收藏品零售	3839	4229	7248	9574	8871	5705
照相器材零售	1107	967	1915	2638	2379	10
其他文化用品零售	1549	2533	2086	6058	5396	67
医药及医疗器材专门零售	43215	52482	56969	88195	87142	18496
药品零售	39593	47998	51763	76852	76770	18251
医疗用品及器材零售	3622	4484	5205	11344	10372	245
汽车、摩托车、燃料及零配件专门零售	418383	456521	790667	903922	685065	109472
汽车零售	267045	319325	268704	433307	414400	7710
汽车零配件零售	22666	25188	37829	50931	48828	1064
摩托车及零配件零售	8796	9322	9944	14595	13264	105
机动车燃料零售	119877	102686	474190	405089	208573	100593
家用电器及电子产品专门零售	105477	104697	152202	203294	185290	5549
家用电器零售	64977	59332	98894	81896	74976	2551
计算机、软件及辅助设备零售	19824	22236	26642	61081	57436	401
通信设备零售	11023	11836	11103	29450	23942	336
其他电子产品零售	9653	11293	15564	30867	28936	2262
五金、家具及室内装修材料专门零售	55501	62594	123236	171660	143622	5107
五金零售	30540	33496	49580	73817	66388	3795
家具零售	7599	9780	33470	29682	22405	68
涂料零售	888	990	1275	2324	2171	127
其他室内装修材料零售	16474	18329	38912	65837	52658	1118
无店铺及其他零售	75411	80263	148860	215371	159402	8786
流动货摊零售	78	177	113	202	202	31
邮购及电子销售	57	78	49	85	200	
生活用燃料零售	5494	6257	37957	33621	28214	2692
花卉零售	494	522	3021	8555	3427	111
旧货零售	446	445	1069	627	486	69
其他未列明的零售	68842	72785	106651	172281	126874	5883

单位：万元

					本年折旧	主营业务收入	主营业务成本
集体资本	法人资本	个人资本	港澳台资本	外商资本			
12898	4302	48204	243		6052	373735	310043
2926	712	10064			2246	121802	109271
1223	30	2484			114	19428	12402
1602	1120	4436			347	34583	27411
4382	317	5091			1316	60949	51372
120	989	8198	80		425	43592	35098
432	77	3100			613	25875	21395
2213	1057	14831	163		991	67505	53094
13298	9857	124309	235	558	10271	414354	288446
2752	1632	8008			1819	25434	18527
7207	4648	89441	235	8	7323	286072	197312
211	290	5994			396	22413	13135
21	2955	8597			112	12589	8460
20	116	6080			231	29496	21334
3088	216	6189		550	391	38350	29679
5875	3502	71439	154		5432	317716	235410
76	1619	14258			559	32727	22394
48	160	3986			106	6303	3644
298	608	6941			3764	134499	95436
	2	50				245	77
	80	1415			43	3017	2415
5223	875	34467			580	121334	96951
30	43	2939	154		86	5657	3384
	14	2355			120	5928	5114
200	100	5029			174	8005	5995
2742	7106	58768	30		3896	338627	268264
2593	6527	49369	30		3547	308261	245541
148	579	9399			349	30366	22723
28300	66413	476946	3930	4	37665	5714089	5167869
11911	54089	336760	3930		17352	2876690	2690497
3056	3650	41059			2262	104676	82499
5	310	12845			452	49037	36762
13328	8365	86283		4	17600	2683686	2358111
2836	16650	160104		151	9771	766528	642583
2508	12637	57280		1	5246	464911	401283
125	2106	54804			2154	182742	154036
75	653	22778		100	765	62123	45323
129	1254	25242		50	1606	56751	41941
11049	9092	117567	280	527	5945	392588	303978
3308	3615	55389	280		2420	187668	144621
3829	1403	16609		497	2017	44796	33812
200	243	1571		30	62	10207	7592
3712	3831	43998			1447	149917	117953
4585	10164	128420	7361	86	7568	571925	483674
		171			11	530	351
	200					111	78
1024	975	20220	3301	1	1512	92079	71516
67	697	2552			188	7611	5251
148	20	250			87	1864	877
3347	8272	105228	4060	85	5770	469730	405602

3-2-34 续表 3

指标名称	主营业务税金及附加	主营业务利润	其他业务利润	营业费用、管理费用、财务费用合计
总计	**288462**	**4242973**	**334295**	**2877570**
一、按登记注册类型分				
内资	**284652**	**4222809**	**328066**	**2858799**
国有	76793	1600007	102935	957162
集体	16041	243106	10170	186138
股份合作企业	2595	29451	1697	24113
联营企业	543	4706	825	2408
国有联营	122	814	577	922
集体联营	38	310	1	142
国有与集体联营	297	1141	120	560
其他联营	86	2441	127	785
有限责任公司	49051	674338	62933	551623
国有独资公司	5634	71037	35798	44881
其他有限责任公司	43417	603302	27135	506742
股份有限公司	23922	358389	15005	251949
私营企业	113231	1289568	133024	875583
私营独资	24100	283120	9909	106733
私营合伙	5251	74429	1987	42113
私营有限责任公司	79210	872557	116521	683618
私营股份有限公司	4671	59462	4608	43119
其他	2477	23244	1479	9822
港澳台商投资	**54**	**7823**	**139**	**6417**
与港澳台商合资经营	12	2806	41	3379
港澳台商独资	13	2972	20	2978
港澳台商投资股份有限公司	29	2045	78	59
外商投资	**3756**	**12342**	**6090**	**12354**
中外合资经营	161	6140	5896	8737
中外合作经营	10	70		10
外资企业	3549	4068	194	3066
外商投资股份有限公司	36	2063		541
二、按控股情况分				
国有控股	109383	2118179	147410	1285393
集体控股	19491	294021	17225	232087
私人控股	137219	1556478	155586	1105972
港澳台商控股	49	7038	4294	7759
外商控股	3731	12064	221	8601
其他	18589	255194	9560	237758
三、按国民经济行业(门类、大类、中类、小类)分				
批发和零售业	**288462**	**4242973**	**334295**	**2877570**
批发业	207906	3089059	247115	2047882
农畜产品批发	2723	39155	3863	32821
谷物、豆及薯类批发	654	18892	1239	24155
种子、饲料批发	1052	7525	1974	3349
棉、麻批发	258	3155	530	2240
牲畜批发	4	191	10	166
其他农畜产品批发	756	9392	110	2910
食品、饮料及烟草制品批发	15817	494145	8607	175436
米、面制品及食用油批发	1229	23498	2291	17972
糕点、糖果及糖批发	425	1684	372	768
果品、蔬菜批发	485	11419	2278	5648
肉、禽、蛋及水产品批发	234	6782	203	4285

单位：万元

#税金	#利息支出	营业利润	职工工资和福利费	本年应交增值税	全部从业人员年平均人数（人）
74961	**142765**	**1795054**	**737322**	**966557**	**485030**
74619	**142665**	**1789144**	**732236**	**962311**	**482911**
20601	48817	800168	236235	353595	100498
5108	4341	96445	53963	87475	51848
1047	744	11864	9508	9945	6302
160	140	3430	1614	1062	2007
33	9	641	316	15	239
8	1	198	154	199	171
55	36	638	447	703	468
64	93	1952	598	144	1129
10452	22605	207942	116951	138965	76599
512	733	32652	4443	23463	1835
9940	21873	175290	112507	115501	74764
6446	16522	144544	63425	54397	38003
29998	48917	507194	245025	314653	201976
7783	6584	181860	49205	25927	49331
1265	1147	36327	10886	62351	10709
19012	39354	264504	169472	211486	129827
1939	1832	24503	15461	14890	12109
806	580	17559	5516	2221	5678
17	**7**	**-214**	**2679**	**963**	**1001**
7	1	-509	1518	555	300
	6	268	1100	391	661
10		28	61	18	40
325	**93**	**6123**	**2407**	**3283**	**1118**
286	318	3344	1702	770	793
		60	2	17	2
31	-225	1197	502	2400	243
8		1522	200	96	80
25509	67804	1006943	299325	440416	128075
6688	6535	111906	68992	97063	63575
37588	60588	603481	306435	309834	256195
31	200	2125	2619	646	1044
95	-130	3697	1584	3060	1032
5050	7769	66901	58365	115538	35109
74961	**142765**	**1795054**	**737322**	**966557**	**485030**
44990	93514	1344426	453622	811254	235313
792	8343	14937	11775	4150	11937
275	7771	-967	5934	1636	6036
154	163	6577	2376	1525	2342
73	93	2351	1010	90	1171
53	33	77	94	1	147
237	283	6900	2361	899	2241
4013	6186	334433	72249	79336	29588
502	4039	10677	7966	1745	5549
45	30	1244	735	70	852
302	553	9993	3293	558	4943
19	189	3141	1540	259	1705

3-2-34 续表 4

指标名称	主营业务税金及附加	主营业务利润	其他业务利润	营业费用、管理费用、财务费用合计
盐及调味品批发	1086	20583	1098	14671
饮料及茶叶批发	5867	32067	797	18338
烟草制品批发	6019	387096	1392	106797
其他食品批发	471	11017	177	6956
纺织、服装及日用品批发	2034	14182	1210	23633
纺织品、针织品及原料批发	536	7620	338	2654
服装批发	503	-9343	309	9915
鞋帽批发	6	440		1195
厨房、卫生间用具及日用杂货批发	280	4873	58	2627
化妆品及卫生用品批发	99	2206	3	2050
其他日用品批发	610	8385	502	5193
文化、体育用品及器材批发	982	21961	378	20200
文具用品批发	183	4762	149	4497
体育用品批发	57	2047	118	1691
图书批发	233	10569	58	9751
报刊批发	57	738	46	1828
音像制品及电子出版物批发	1	8		7
首饰、工艺品及收藏品批发	183	3321	19	2108
其他文化用品批发	268	516	-12	319
医药及医疗器材批发	2490	61246	2324	39731
西药批发	1290	27135	105	13280
中药材及中成药批发	787	27885	2022	22206
医疗用品及器材批发	413	6226	197	4246
矿产品、建材及化工产品批发	158216	2170308	158295	1562220
煤炭及制品批发	123585	1731139	141365	1210201
石油及制品批发	2875	104394	1240	66544
非金属矿及制品批发	2558	12194	171	5770
金属及金属矿批发	16997	140468	8783	129808
建材批发	6734	98753	6063	77828
化肥批发	2554	33555	-1109	31520
农药批发	530	4580	122	1114
农用薄膜批发	75	506		308
其他化工产品批发	2309	44720	1659	39127
机械设备、五金交电及电子产品批发	18863	213771	66960	145013
农业机械批发	1449	14836	516	7895
汽车、摩托车及零配件批发	3283	29599	966	20021
五金、交电批发	3397	43056	2482	26616
家用电器批发	532	23922	958	23017
计算机、软件及辅助设备批发	3680	8307	578	13406
通讯及广播电视设备批发	912	5341	222	3489
其他机械设备及电子产品批发	5610	88710	61237	50570
贸易经纪与代理	846	13049	904	10441
贸易经纪与代理	846	13049	904	10441
其他批发	5935	61243	4575	38387
再生物资回收与批发	1468	21947	552	9274
其他未列明的批发	4466	39297	4023	29113
零售业	80556	1153914	87180	829688
综合零售	15304	205765	38298	186229
百货零售	8252	110158	14286	88878
超级市场零售	4145	67538	19826	78412
其他综合零售	2907	28069	4186	18939

单位：万元

#税金	#利息支出	营业利润	职工工资和福利费	本年应交增值税	全部从业人员年平均人数（人）
507	351	8422	5111	1191	3142
465	1224	14172	6273	3477	3590
1909	-534	282013	44863	71147	7722
264	335	4772	2469	890	2085
1145	592	-3135	6712	3718	6589
58	24	6107	1030	149	1257
282	517	-18102	2362	830	2532
3	4	5	188	24	125
140	40	2458	762	587	851
109		761	861	70	774
553	8	5637	1010	2056	1050
392	939	4190	4028	2600	2624
174	148	819	960	257	676
27	683	707	219	1173	177
27		1071	1755	587	1133
3		-44	114	429	125
		1	29		32
91	60	1315	742	110	302
69	49	321	209	44	179
639	836	27480	13817	6245	10206
202	540	14386	5513	2423	4000
303	286	10276	6638	3156	5001
135	10	2819	1666	666	1205
31412	72525	838346	279269	674210	124789
20960	47734	684519	209674	524798	72148
1050	2280	43434	9464	43848	6306
221	300	7533	1968	1468	1735
3856	12796	31008	20860	77307	14348
2440	7160	39465	20522	14781	15946
871	844	16651	5193	2966	6476
98	162	3551	678	571	832
18	1	152	184	72	150
1898	1248	12032	10727	8398	6848
4858	3339	85620	51536	26316	38136
516	430	8250	3476	1241	2872
874	1191	12647	7437	2191	6229
736	532	20752	9746	5729	7997
291	100	2526	6899	3438	2773
429	135	-3549	3453	4018	2287
290		2367	1417	581	1032
1722	952	42628	19108	9118	14946
306	80	10493	2531	2778	1782
306	80	10493	2531	2778	1782
1434	675	32061	11707	11902	9662
412	257	16414	4914	3098	5592
1022	418	15647	6792	8804	4070
29971	49251	450628	283699	155303	249717
5543	13504	68904	69395	30387	78335
3223	6200	44303	30641	13131	39667
1047	6930	9404	28029	12893	24438
1274	373	15198	10725	4364	14230

3-2-34 续表 5

指标名称	主营业务税金及附加	主营业务利润	其他业务利润	营业费用、管理费用、财务费用合计
食品、饮料及烟草制品专门零售	3936	53734	3014	45334
粮油零售	1109	13263	858	11841
糕点、面包零售	426	5545	674	5191
果品、蔬菜零售	414	6210	130	2101
肉、禽、蛋及水产品零售	543	7113	377	5365
饮料及茶叶零售	521	6636	465	3244
烟草制品零售	226	3963	54	9879
其他食品零售	697	11006	456	7712
纺织、服装及日用品专门零售	6438	88379	4177	56007
纺织品及针织品零售	432	6292	765	4463
服装零售	5093	60803	2982	43373
鞋帽零售	267	6779	149	1933
钟表、眼镜零售	137	2020	24	2072
化妆品及卫生用品零售	179	5571	23	1421
其他日用品零售	330	6913	234	2746
文化、体育用品及器材专门零售	5236	60153	1680	39455
文具用品零售	509	6125	66	3451
体育用品零售	233	2007	42	744
图书零售	1710	32189	1130	24669
报刊零售	2	18		16
音像制品及电子出版物零售	115	361	104	180
珠宝首饰零售	2367	16189	98	7874
工艺美术品及收藏品零售	117	1171	147	1010
照相器材零售	53	694	3	386
其他文化用品零售	132	1399	90	1127
医药及医疗器材专门零售	3287	51694	1929	33994
药品零售	2787	46355	1339	30871
医疗用品及器材零售	500	5340	590	3123
汽车、摩托车、燃料及零配件专门零售	25960	465066	4914	312593
汽车零售	14784	168938	1794	143781
汽车零配件零售	1943	15413	269	8889
摩托车及零配件零售	924	9160	777	2278
机动车燃料零售	8309	271555	2073	157645
家用电器及电子产品专门零售	6862	85205	15932	64107
家用电器零售	2719	41266	13293	38396
计算机、软件及辅助设备零售	2177	22661	1678	12832
通信设备零售	978	11292	549	5789
其他电子产品零售	988	9986	412	7090
五金、家具及室内装修材料专门零售	7319	73749	9647	37149
五金零售	3010	30112	1145	18714
家具零售	966	8280	324	4661
涂料零售	73	2511	228	538
其他室内装修材料零售	3270	32846	7950	13236
无店铺及其他零售	6214	70168	7590	54819
流动货摊零售	19	153		66
邮购及电子销售	1	33		46
生活用燃料零售	1368	13639	5623	10401
花卉零售	129	1612	13	867
旧货零售	74	422	60	238
其他未列明的零售	4623	54310	1894	43202

单位：万元

#税金	#利息支出	营业利润	职工工资和福利费	本年应交增值税	全部从业人员年平均人数（人）
1303	2759	24700	19273	7422	19894
473	2306	5022	5485	2213	7075
59	45	1372	2484	893	1290
157	67	4133	1909	261	2588
96	30	2383	2435	2219	2462
143	49	2904	2039	626	2024
46	16	2195	1404	423	991
328	246	6691	3517	788	3464
2622	2058	31265	23631	6813	25584
140	62	3145	2918	821	3836
2003	1716	17352	16233	4891	16523
119	178	4243	1007	247	1094
121	27	1027	768	195	705
141	21	1714	849	120	911
98	55	3784	1856	540	2515
2057	427	25610	17745	11245	10277
286	8	3413	1529	661	1505
93	29	1355	647	186	531
860	199	10932	10692	4025	4686
1		9	78		49
27		254	164	15	242
292	164	8023	3496	6000	2249
103	17	475	492	197	449
5	1	314	192	37	175
391	9	835	456	123	391
1173	1148	23412	15571	5311	13854
988	1100	20358	14127	4577	12692
185	48	3054	1445	735	1162
9395	23901	164012	73285	59843	46215
4606	13808	31357	35456	22436	20937
979	1012	8566	4563	1759	4287
277	111	5724	1549	891	1316
3533	8971	118365	31717	34757	19675
2786	1391	43305	27611	18029	21586
1157	969	19779	13497	14275	9825
823	184	13188	7993	1949	6239
401	73	6884	3111	790	3175
405	165	3454	3010	1015	2347
2626	1905	34537	18202	5583	17559
1423	592	16910	9314	2649	8935
417	613	4896	3302	838	3336
12	64	1123	425	179	397
773	637	11608	5162	1917	4891
2466	2159	34884	18986	10670	16413
3		95	77		74
			17	4	12
586	508	9507	4557	3628	3300
237	21	1120	515	183	543
27	1	283	109	9	146
1613	1629	23878	13710	6846	12338

3-2-35 按地区分组的全部

指标名称	年初存货	年末存货	固定资产原价	所有者权益合计	实收资本	国家资本
总计	**3180734**	**3604190**	**5237786**	**7369467**	**5054657**	**1083203**
太原市	**1423395**	**1611368**	**1760877**	**3008882**	**2134703**	**480466**
小店区	404088	452187	524513	802343	659794	109009
迎泽区	282401	285942	339060	581171	420139	130851
杏花岭区	332878	424190	592681	1115439	612745	159861
尖草坪区	217071	289784	63525	212125	195553	53172
万柏林区	122400	120113	161203	206016	166690	19389
晋源区	17027	19129	23462	31815	27890	1322
清徐县	8546	10513	19810	21528	19914	4389
阳曲县	2589	1727	14467	8892	8873	1714
娄烦县	31578	1933	3384	2661	2336	550
古交市	4817	5852	18773	26893	20771	210
大同市	**279073**	**307726**	**581845**	**687942**	**460408**	**113408**
大同市城区	134101	155063	304566	388139	237545	45429
矿区	15970	11769	32535	33137	33239	3992
南郊区	70212	73736	136285	91885	84337	20749
新荣区	426	4180	7136	7781	3947	619
阳高县	6612	5381	5026	4232	3398	906
天镇县	2677	3917	10790	12948	13461	1722
广灵县	1769	7096	5412	3932	3769	1311
灵丘县	3121	5696	13318	8213	6271	1371
浑源县	3643	3293	3573	4632	4538	510
左云县	14050	10490	40417	22211	15780	3608
大同县	26492	27105	22788	110832	54123	33191
阳泉市	**78681**	**109017**	**223927**	**261676**	**174597**	**61797**
城区	47806	53933	127652	146065	83311	20008
矿区	7335	23281	27708	43880	39523	31695
郊区	10855	12800	18467	28642	27543	2856
平定县	6943	7498	22870	16135	10488	3474
盂县	5742	11505	27231	26955	13732	3765
长治市	**191832**	**307187**	**398009**	**606730**	**412710**	**112578**
长治市城区	88809	136923	211222	309248	220479	66195
长治市郊区	26412	26921	37084	66101	56683	8713
长治县	9558	22956	17873	28564	15461	2785
襄垣县	24880	52629	28251	66560	26852	13240
屯留县	9456	9686	15226	33020	24690	6161
平顺县	902	1320	3019	2327	1787	801
黎城县	4150	10368	28479	7588	6642	847
壶关县	2983	8566	5763	17361	10413	2858
长子县	6328	9077	9699	17181	8582	4470
武乡县	4766	7174	17142	25362	17321	2842
沁县	1808	6024	4083	4753	4865	844
沁源县	3649	4550	9042	13611	3807	1133
潞城市	8131	10994	11126	15054	15128	1692

批发和零售业财务状况

单位：万元

集体资本	法人资本	个人资本	港澳台资本	外商资本	本年折旧	主营业务收入	主营业务成本
421769	**483910**	**2991971**	**47672**	**26133**	**308180**	**47920190**	**42802826**
166655	**178141**	**1261936**	**35848**	**11656**	**122730**	**18900680**	**17313358**
31644	52130	454948	1219	10844	37433	5414710	5005214
28248	24542	222661	13177	660	15732	2892684	2579107
87707	72485	271519	21173		48817	6265524	5713387
2836	1307	138138		100	4095	2337806	2191731
6706	17874	122388	280	53	11115	1523736	1410082
1368	6878	18322			1820	152433	137302
793	2200	12532			1512	136061	122976
1348	705	5106			1427	22358	15382
113	20	1653			248	15282	12079
5892		14669			532	140086	126100
38739	**30613**	**272596**	**3335**	**1718**	**20107**	**3724314**	**3198620**
10906	14710	162135	3335	1030	9490	1822563	1554091
2972	2794	23481			885	125575	72979
13356	3288	46257		688	6360	1123310	1019583
1172	20	2137			809	69505	50875
462	316	1714			33	13168	10599
856	640	10243			349	28489	22493
628	781	1049			299	12484	9609
1111	476	3313			737	21837	25811
270	416	3343			177	19014	15133
6439	5560	173			312	147862	139676
569	1612	18751			656	340510	277771
17566	**29375**	**59889**	**4060**	**1909**	**8142**	**2197899**	**1983404**
9026	24119	30154		5	4809	958659	823355
1188	637	6003			993	326606	295502
1126	3668	13929	4060	1904	805	253957	241244
1633	197	5184			1061	102186	127133
4593	755	4619			475	556491	496170
35821	**14339**	**239468**		**10504**	**21314**	**4655806**	**4276158**
7417	4915	141455		497	8829	1741097	1588597
6987	4944	36032		7	2126	890268	851213
546	2214	9916			4691	444551	409891
7078	120	6414			954	444855	391171
729	1275	16526			180	151626	142404
701		284			36	9435	4468
126		5669			943	123600	101291
5796		1759			302	109089	94728
895	4	3214			359	137741	127082
968	457	3055		10000	876	154744	143032
982	23	3015			160	60651	55354
887	307	1481			619	259060	247275
2707	80	10649			1240	129090	119652

3-2-35 续表 1

指标名称	年初存货	年末存货	固定资产原价	所有者权益合计	实收资本	国家资本
晋城市	**157735**	**183320**	**376342**	**515922**	**283667**	**75427**
晋城市城区	100840	121900	237535	267970	169695	43186
沁水县	4532	4539	12031	11529	9652	633
阳城县	18020	23416	35837	33823	23579	5976
陵川县	5094	4914	11581	14074	8775	1815
泽州县	9903	9984	36978	32553	27482	10315
高平市	19347	18567	42380	155975	44485	13503
朔州市	**213144**	**234769**	**330391**	**358215**	**288260**	**51956**
朔城区	96837	95699	138061	183203	142110	36023
平鲁区	5691	16592	36801	6620	11635	3095
山阴县	42686	50056	34593	18769	14675	1045
应县	10852	14005	14003	13435	13033	2101
右玉县	179	245	3435	2660	2639	806
怀仁县	56900	58172	103499	133528	104167	8886
晋中市	**221205**	**209680**	**319183**	**422166**	**277932**	**36120**
榆次区	119576	98166	158531	220293	121339	13070
榆社县	8366	9119	6652	3467	1645	965
左权县	3574	4232	17204	18485	12614	1994
和顺县	4826	3443	5464	6457	3211	362
昔阳县	8349	12113	23800	45574	39987	7900
寿阳县	8807	8600	21358	23158	13614	5028
太谷县	7254	7351	8613	7960	7002	124
祁县	11220	12220	16153	19380	16566	1661
平遥县	8625	11312	15884	26763	20834	1717
灵石县	21819	12306	21409	17411	15827	1572
介休市	18792	30818	24117	33216	25292	1727
运城市	**161778**	**162612**	**361739**	**472649**	**344539**	**41480**
盐湖区	75639	76956	183804	241176	143887	26401
临猗县	6210	13589	24827	16739	13227	2772
万荣县	4293	5795	10291	10376	7350	851
闻喜县	4966	4469	9537	8826	8859	171
稷山县	1390	2218	5323	3894	3237	102
新绛县	3762	4069	14889	19373	18609	1706
绛县	2108	3301	8507	4125	3703	29
垣曲县	11243	9716	12709	9825	7050	1758
夏县	6398	5487	11166	5742	4842	896
平陆县	3463	3752	13677	12025	10060	748
芮城县	11732	6792	12235	10503	7737	1365
永济市	13432	12495	21326	28012	20886	1508
河津市	17141	13974	33447	102035	95092	3174
忻州市	**124564**	**154648**	**273791**	**274983**	**162631**	**40903**
忻府区	48231	57530	113620	135665	43955	13755
定襄县	9250	9863	6039	6199	4278	1144
五台县	731	735	2962	4875	4832	2723

单位：万元

集体资本	法人资本	个人资本	港澳台资本	外商资本	本年折旧	主营业务收入	主营业务成本
49637	**28245**	**126409**	**3950**		**15615**	**3727057**	**3271846**
23409	17755	81416	3930		9778	1510313	1351207
4037	2762	2200	20		338	210774	184432
6945	2252	8407			1863	780222	691409
881	326	5753			141	62499	51840
8809	1619	6740			1096	531439	467284
5558	3532	21893			2399	631811	525673
26171	**21140**	**188993**			**16701**	**2863164**	**2501967**
3839	10994	91254			5070	1183770	1036943
2615		5925			1789	110114	88926
1437	1186	11007			5409	547411	480778
2084		8849			1051	31504	16151
289	590	954			343	47451	43398
15907	8370	71003			3039	942913	835770
32670	**54474**	**154668**			**16589**	**3852028**	**3541387**
3150	24704	80415			6905	1703596	1545798
58	67	555			401	75415	69803
451	3325	6844			1030	124677	112394
383	1109	1357			313	116159	113531
19263	519	12305			1032	223748	205579
953	3159	4474			2448	599564	568229
379	1160	5339			464	100931	94293
763	1821	12321			1321	121344	115965
1282	11496	6340			551	247489	214063
5209	378	8668			656	263610	246704
780	6735	16050			1469	275495	255029
19282	**53540**	**229906**	**51**	**280**	**41333**	**2079832**	**1626770**
3864	38218	75076	50	279	19759	1280794	1093008
1704	390	8361			2309	52370	37823
1334	3	5163			230	32465	19890
365	437	7884	1	1	1099	58398	48718
435	448	2252			134	26916	25133
2906	1255	12742			272	50754	36899
71	146	3457			623	58865	42343
1177	440	3675			1822	32018	18691
296	30	3619			1905	20353	11838
757	5336	3219			2553	14397	8519
1088	1533	3751			1962	89604	60150
1898	1559	15921			3710	101476	61685
3386	3745	84787			4955	261422	162073
12807	**19762**	**89151**		**8**	**13731**	**1498299**	**1239870**
3871	3231	23097			5082	597029	490762
604	1222	1308			133	54931	52827
1080		1029			136	11078	8518

3-2-35 续表 2

指标名称	年初存货	年末存货	固定资产原价	所有者权益合计	实收资本	国家资本
代县	6645	14251	7118	11438	10289	247
繁峙县	5664	5072	16148	19144	16868	481
宁武县	6318	8839	26814	5521	9902	3772
静乐县	590	710	1974	2175	2052	659
神池县	1797	1255	5708	2145	972	585
五寨县	12163	12031	23117	27343	23762	6825
岢岚县	5363	8537	3581	11992	4347	808
河曲县	5991	4747	6224	14165	11763	874
保德县	3018	4200	22055	6450	6402	1341
偏关县	1806	1700	3901	3559	2680	786
原平市	16997	25179	34530	24312	20531	6903
临汾市	**250603**	**244686**	**390580**	**492362**	**395390**	**44990**
尧都区	150389	144347	223359	333125	255746	23917
曲沃县	12019	8644	15150	13266	10804	1967
翼城县	6160	4478	18341	18279	17384	3169
襄汾县	2442	2463	4990	4470	3692	10
洪洞县	26470	20334	21130	20654	17664	2349
古县	1097	2558	4466	3740	2503	1465
安泽县	1656	4903	6199	5270	4542	1843
浮山县	2377	1326	4902	8013	8535	279
吉县	969	1119	3660	2068	1376	172
乡宁县	3953	5010	23804	15788	9028	3031
大宁县	1580	1617	656	1090	648	644
隰县	2993	2312	2344	-1127	1100	198
永和县	2029	1781	2232	1947	1793	272
蒲县	10999	13752	15893	7743	3443	3039
汾西县	1281	2533	3629	2426	2147	767
侯马市	20232	22966	29789	45756	44471	868
霍州市	3958	4544	10038	9853	10516	1000
吕梁市	**78724**	**79178**	**221102**	**267941**	**119821**	**24079**
离石区	12658	18333	41835	65864	17345	7173
文水县	2190	1123	8344	2718	2347	42
交城县	1732	1147	7821	7556	4874	1209
兴县	1860	1585	11974	10936	10787	764
临县	1726	1564	4130	2186	2352	1002
柳林县	8604	8017	17480	25000	14514	1153
石楼县	410	377	1257	554	483	242
岚县	773	1218	5477	2688	1719	120
方山县	3076	7596	7780	24342	5723	126
中阳县	2193	5952	5311	9719	6326	723
交口县	1328	1025	6408	5693	3424	2062
孝义市	32853	19364	77111	94859	35413	8353
汾阳市	9320	11878	26174	15826	14512	1111

单位：万元

集体资本	法人资本	个人资本	港澳台资本	外商资本	本年折旧	主营业务收入	主营业务成本
643	773	8626			404	80240	74574
138	1628	14621			394	80388	71719
294	2174	3662			2073	99027	86639
564	266	562			159	6091	3496
227	133	26			57	21240	16457
656	6092	10189			1376	195041	135955
25	902	2612			288	69842	58310
293	1504	9092			212	86540	69980
866	186	4008			879	24222	18631
176	176	1542			204	15740	13425
3368	1475	8777		8	2334	156890	138576
16805	**30501**	**302660**	**428**	**7**	**17506**	**2834166**	**2464332**
6410	988	224001	428	1	10295	1574982	1342907
942	201	7693			654	50881	45447
1701	1350	11164			548	62092	50439
554	84	3044			109	13814	10090
1587	970	12757			859	94491	86127
265	43	729			67	257279	251416
192	940	1567			688	47128	45068
216	8	8032			67	11037	9199
238	311	656			43	49186	47854
900	941	4157			1065	179239	163979
		4			27	16912	16472
252		650			16	5027	4410
284	587	650			21	5551	4079
23	23	359			986	146033	128794
42	78	1260			187	5891	5061
2595	23927	17075		6	1594	277229	226876
603	50	8862			280	37395	26116
5616	**23781**	**66295**		**50**	**14415**	**1586947**	**1385115**
1837	380	7955			8113	208415	159658
5	1000	1300			56	29756	22606
182	10	3472			259	36076	24027
29	85	9910			143	15969	10728
144	351	855			172	12223	8154
15	3356	9990			629	106414	96813
66		176			72	2796	2130
8	524	1067			260	26662	22860
	4100	1497			135	83203	59799
6	103	5496			201	42952	39292
98		1264			199	16008	12640
2962	1063	22986		50	2569	940634	877062
265	12809	328			1609	65841	49347

3-2-35 续表 3

指标名称	主营业务税金及附加	主营业务利　　润	其他业务利　　润	营业费用、管理费用、财务费用合计
总　计	**288462**	**4242973**	**334295**	**2877570**
太原市	**109753**	**1362861**	**147213**	**1074300**
小店区	20681	375640	83067	281720
迎泽区	26564	282250	15599	233041
杏花岭区	41283	491638	26698	367865
尖草坪区	2925	73065	7335	76994
万柏林区	11948	102667	12766	88411
晋源区	2084	13140	269	8259
清徐县	536	8195	1277	5763
阳曲县	2772	2290	148	1599
娄烦县	110	1640	15	715
古交市	850	12337	40	9934
大同市	**17295**	**392650**	**11687**	**331883**
大同市城区	5820	169072	7187	128090
矿区	1027	48717	161	21236
南郊区	6932	93255	1971	97879
新荣区	445	10992	1727	12671
阳高县	282	2214	28	962
天镇县	270	5312	116	2256
广灵县	241	2076	21	1785
灵丘县	103	4186	296	2118
浑源县	146	3405	24	3747
左云县	880	10177		7401
大同县	1149	43244	156	53738
阳泉市	**13490**	**167653**	**13853**	**140613**
城区	7192	103224	5884	78118
矿区	5189	24807	911	21993
郊区	389	12938	410	15637
平定县	266	8008	2311	6982
盂县	455	18676	4338	17883
长治市	**9417**	**356877**	**13868**	**241517**
长治市城区	4597	146020	6208	97358
长治市郊区	598	32564	3390	24602
长治县	380	34829	358	30197
襄垣县	702	52252	676	19241
屯留县	672	8064	157	5287
平顺县	19	1113	36	1022
黎城县	475	21834	49	21137
壶关县	568	13794	29	11024
长子县	216	10438	19	6099
武乡县	242	11470	1740	8256
沁县	107	4971	39	4682
沁源县	440	10495	249	5117
潞城市	402	9032	919	7495

单位：万元

#税金	#利息支出	营业利润	职工工资和福利费	本年应交增值税	全部从业人员年平均人数（人）
74961	**142765**	**1795054**	**737322**	**966557**	**485030**
18591	**79353**	**443431**	**214684**	**225347**	**118885**
6365	18701	125832	61893	46692	32085
3874	11593	98200	53330	50113	29984
3131	39912	162634	50880	34925	24199
1438	4589	10657	10129	57604	7826
2339	2870	32451	24420	22664	15527
363	694	4914	4088	8806	2526
255	986	3793	2887	935	2675
346	32	1204	2014	342	1183
13	1	626	462	98	356
467	-23	3121	4581	3168	2524
9150	**8276**	**137064**	**69459**	**149591**	**65362**
1819	2737	78812	36825	28951	36449
478	86	42389	4630	2130	5697
6334	3511	2057	14676	62837	9300
68	4	61	1659	8433	1307
36	184	1398	681	29	1179
106	424	3586	1364	407	2691
2	336	497	826	65	1284
14	206	2397	628	266	934
44	144	1207	672	141	1170
127	360	3629	4136	10902	2600
123	286	1032	3312	35433	2751
5356	**3311**	**61932**	**40856**	**20342**	**22329**
4401	1322	45810	22398	10692	11732
432	421	4461	2936	2617	2109
167	592	812	3884	2992	2901
51	358	4722	3746	1056	2083
306	619	6126	7892	2986	3504
4515	**8478**	**129690**	**60269**	**120263**	**34840**
2400	2556	58677	28540	35709	17385
399	1471	6835	6768	3153	3577
152	46	5024	6190	2941	2297
144	937	34003	4176	8268	2220
297	1414	3420	1912	1036	1430
168	81	336	443	96	529
66	86	746	926	57297	913
106	520	2798	2143	3229	921
234	90	4358	1903	3032	1347
103	43	4954	2189	2076	1019
185	489	310	1059	1143	818
200	215	5772	1793	1086	987
61	532	2457	2228	1198	1397

3-2-35 续表 4

指标名称	主营业务税金及附加	主营业务利润	其他业务利润	营业费用、管理费用、财务费用合计
晋城市	**15233**	**383716**	**10433**	**184086**
晋城市城区	6063	130851	7465	106336
沁水县	724	25257	71	5468
阳城县	1444	55174	400	29238
陵川县	274	10370	194	4240
泽州县	1618	61321	1288	12584
高平市	5111	100744	1015	26220
朔州市	**35635**	**325623**	**15030**	**162778**
朔城区	9419	141175	13659	68826
平鲁区	1481	19476	17	10368
山阴县	2426	63887	196	40558
应县	858	14046	243	1876
右玉县	206	1490	220	848
怀仁县	21245	85550	695	40302
晋中市	**14944**	**281752**	**24555**	**196566**
榆次区	5114	140560	11656	85904
榆社县	932	10919	8129	2644
左权县	1186	11097	13	6161
和顺县	117	5117	37	3670
昔阳县	2447	15722	257	10290
寿阳县	1056	30278	378	26801
太谷县	664	5715	245	3117
祁县	207	5096	227	7149
平遥县	1352	21734	715	17731
灵石县	919	15998	512	11161
介休市	951	19515	2386	21938
运城市	**26356**	**330834**	**12060**	**115834**
盐湖区	16981	133178	-1824	66010
临猗县	469	13921	134	2724
万荣县	62	2405	74	1459
闻喜县	846	9953	455	2971
稷山县	113	1561	93	1408
新绛县	459	17848	9910	1357
绛县	115	3009	263	1514
垣曲县	432	8911	480	3003
夏县	61	8354	832	2460
平陆县	110	5835	327	1616
芮城县	1141	28318	264	12079
永济市	902	38209	329	6528
河津市	4666	59332	723	12705
忻州市	**18176**	**196555**	**6588**	**149448**
忻府区	5833	77451	1630	45488
定襄县	94	2151	714	2215
五台县	94	2460	573	1089

单位：万元

#税金	#利息支出	营业利润	职工工资和福利费	本年应交增值税	全部从业人员年平均人数（人）
4837	**8439**	**226495**	**83319**	**63730**	**47363**
2210	7255	46609	43488	24039	24408
70	103	19942	4629	546	2115
447	939	27099	8491	10109	5914
50	32	6406	2508	1039	3061
1327	493	50629	6881	11167	4470
734	-384	75811	17322	16830	7395
2961	**3295**	**177096**	**49396**	**113825**	**29262**
1630	1680	85319	26622	53936	14420
311	129	9132	2029	4889	1085
174	318	23683	4719	14361	3508
113	95	12438	1182	118	1173
111	3	627	1177	733	746
622	1070	45897	13668	39787	8330
6840	**9883**	**100927**	**48283**	**60501**	**34514**
2252	5777	72334	21030	29146	11779
118	580	230	652	401	575
797	714	4949	2268	1647	2019
1372	111	2029	1886	969	1209
426	380	5690	3195	5418	3380
387	-9	3856	3605	6225	2334
194	40	2845	1832	677	1943
133	891	-1685	1815	865	2556
683	204	5341	2184	7899	1980
260	554	5375	4445	1578	2940
219	641	-36	5361	5677	3799
5493	**7631**	**232021**	**39544**	**25189**	**34845**
2345	3697	65179	19735	12603	12761
213	203	16646	1337	324	1416
85	515	1363	639	216	849
64	106	8126	711	806	961
21	168	248	495	115	574
184	16	25966	1413	983	1122
124	149	2647	971	1957	1180
89	540	6225	1275	390	1527
86	290	5472	887	162	2115
35	280	4546	926	84	1520
302	859	16703	4200	1755	3875
63	347	31761	2843	869	3234
1881	461	47140	4112	4927	3711
4987	**5895**	**72946**	**38113**	**36375**	**32149**
2429	1432	45910	16163	6998	11242
302	475	1312	1225	724	1028
11	19	1921	802	73	538

3-2-35 续表 5

指标名称	主营业务 税金及附加	主营业务 利 润	其他业务 利 润	营业费用、 管理费用、 财务费用合计
代县	791	4872	336	4851
繁峙县	2364	6160	83	4818
宁武县	712	11549	-2	8817
静乐县	80	464	51	538
神池县	138	2884	68	1117
五寨县	1341	33089	568	34848
岢岚县	2647	17613	82	16674
河曲县	721	15840	351	14290
保德县	824	4598	134	782
偏关县	278	1456	69	1336
原平市	2259	15969	1931	12586
临汾市	**19910**	**324984**	**38684**	**179248**
尧都区	12480	215044	36169	110603
曲沃县	588	4699	178	3288
翼城县	982	9793	302	3992
襄汾县	431	3069	55	883
洪洞县	328	8221	31	4043
古县	229	2612	6	2582
安泽县	285	2125	107	1560
浮山县	30	957	1	1065
吉县	56	1276	-202	694
乡宁县	216	15009	229	12348
大宁县	65	299	211	897
隰县	3	604	71	616
永和县	487	1944		367
蒲县	786	13524	13	11767
汾西县	76	748	37	1472
侯马市	1264	35494	908	19948
霍州市	1603	9569	571	3123
吕梁市	**8254**	**119469**	**40324**	**101297**
离石区	1486	9997	244	6331
文水县	332	1618	16	561
交城县	621	7907	2923	3173
兴县	91	4745	1013	2684
临县	363	3970	295	2009
柳林县	417	12354	582	14090
石楼县	11	518	15	239
岚县	1304	2559	599	1751
方山县	655	3361	164	6548
中阳县	130	1726	2541	2472
交口县	208	1999	10	2856
孝义市	2029	64463	31682	53175
汾阳市	607	4253	240	5409

单位：万元

#税金	#利息支出	营业利润	职工工资和福利费	本年应交增值税	全部从业人员年平均人数（人）
116	764	327	1539	1041	1597
207	727	2827	2314	1922	2259
66	2	2778	3614	1694	3081
126	21	212	247	54	1321
39	26	1977	653	1265	632
139	651	3518	1667	6300	1340
287	242	616	875	5788	634
269	181	1901	1285	4559	1083
171	2	4059	1567	496	1226
59	168	449	643	1172	456
765	1187	5139	5517	4291	5712
8924	**6363**	**141991**	**64589**	**123772**	**47897**
4780	2563	109355	39294	70499	25532
229	367	1714	1528	859	1975
108	203	6203	2700	1795	2751
137	114	2242	699	152	816
554	371	4211	2155	2168	2633
41	19	778	1578	42126	838
133	213	983	652	289	526
39	183	55	497	136	701
13	49	379	412	209	289
133	87	2753	4956	322	2439
	43	36	191	527	255
89	35	62	312	…	515
226	131	3407	393	40	454
27	40	1526	1980	577	1470
37	35	-731	619	493	544
1149	1799	1940	4725	2681	4679
1230	111	7079	1899	901	1480
3306	**1842**	**71460**	**28810**	**27622**	**17584**
705	447	5117	3158	2033	3283
30	6	1078	850	285	804
28	46	8046	1645	662	1146
881	12	3476	492	777	276
53	29	2246	980	303	819
153	174	-1266	5640	3672	1774
10	13	327	228	61	246
52	92	2378	679	456	506
21	33	2784	1425	4303	1258
60	66	2313	1029	849	575
131	6	877	806	567	465
952	340	42746	9940	9871	4499
229	580	1339	1938	3784	1933

3-2-36 按登记注册类型、控股情况和

登记注册类型	年初存货	流动资产合计	#应收账款	#存货	流动资产年平均余额	长期投资合计
总 计	**1641831**	**9208623**	**2028599**	**2055584**	**6577848**	**632636**
一、按登记注册类型分						
内 资	**1635132**	**9171403**	**2022251**	**2047952**	**6537369**	**630636**
国 有	577481	4410152	1102040	827231	3398207	290521
集 体	117067	299150	56300	90165	149418	7109
股份合作企业	9383	32040	5467	10237	31307	657
联营企业	1173	1536		1173		
国有与集体联营	1173	1536		1173		
有限责任公司	317641	1508825	318368	364369	1146441	87435
国有独资公司	9137	79282	9614	27099	58117	5530
其他有限责任公司	308504	1429543	308754	337270	1088324	81905
股份有限公司	116861	576531	91753	145492	407567	89139
私营企业	492923	2336488	444753	607759	1397640	154191
私营独资	16254	80586	46066	17052	45858	2344
私营合伙	10813	16495	2128	10422	4273	415
私营有限责任公司	449087	2190266	382777	567724	1326312	149534
私营股份有限公司	16770	49141	13783	12561	21196	1898
其 他	2602	6681	3571	1527	6789	1585
港澳台商投资	**88**	**8547**	**2418**	**2598**	**22998**	
与港澳台商合资经营	76	4116	730	32	542	
港澳台商独资	12	4431	1689	2566	22456	
外商投资	**6610**	**28673**	**3929**	**5034**	**17481**	**2000**
中外合资经营	3422	20398	2869	3187	11666	2000
外资企业	3164	8269	1061	1842	5797	
外商投资股份有限公司	24	6		5	18	
二、按控股情况分						
国有控股	757710	5431572	1344454	1063668	4192187	402247
集体控股	147156	455546	84782	135291	252015	11230
私人控股	576849	2721284	504003	714801	1735486	184711
港澳台商控股	12	12754	2465	2566	22998	
外商控股	4668	12488	1102	3574	6608	
其 他	155435	574979	91794	135684	368552	34449
三、按国民经济行业(门类、大类、中类、小类)分						
批发和零售业	**1641831**	**9208623**	**2028599**	**2055584**	**6577848**	**632636**
批发业	1126290	7356705	1810852	1457399	5422639	539576
农畜产品批发	64777	129368	13651	93322	62218	278
谷物、豆及薯类批发	63602	127674	13648	92093	61112	278
种子、饲料批发						
其他农畜产品批发	1175	1694	3	1229	1106	
食品、饮料及烟草制品批发	128462	510517	56098	181738	442204	9774
米、面制品及食用油批发	30953	70383	8184	46533	59676	1
糕点、糖果及糖批发	68	43	12	32		

行业分组的限额以上批发和零售业财务状况

单位：万元

固定资产合计	固定资产原价	累计折旧	#本年折旧	资产总计	流动负债合计	#应付账款	长期负债合计	负债合计	所有者权益合计	实收资本
2081847	**2758717**	**692659**	**154093**	**13240385**	**8429815**	**2535453**	**765648**	**9733576**	**3506808**	**1817244**
2060389	**2735991**	**691391**	**153302**	**13156951**	**8385392**	**2521692**	**765648**	**9689149**	**3467803**	**1777340**
777781	1084085	313230	79608	6103066	3655403	1161139	484032	4277215	1825852	481507
84882	140812	56008	9096	409719	269105	86649	19630	294637	115082	64350
9685	13088	3513	955	46730	30276	4922	2110	33665	13065	10925
1095	1299	205	3	2631	2168			2168	463	463
1095	1299	205	3	2631	2168			2168	463	463
263001	345581	87474	15320	2009573	1471937	479230	75669	1592317	417256	364119
8472	11888	3417	102	100688	57747	35472	1800	60636	40052	27909
254529	333693	84057	15218	1908885	1414190	443759	73869	1531681	377204	336210
356073	470910	115943	15617	1220842	636933	154881	69787	773450	447391	212925
567095	678714	114294	32420	3354522	2311379	630297	114040	2707124	647398	642401
12441	14843	2402	656	108752	72597	24979	2342	83736	25016	24205
20687	21750	1080	357	38294	22408	1835	1111	23547	14748	12178
521789	622754	103584	30281	3126684	2164974	575205	101933	2534200	592484	586012
12178	19367	7227	1126	80792	51400	28279	8655	65642	15150	20005
777	1503	725	282	9870	8190	4573	380	8573	1297	651
146	**197**	**50**	**24**	**26463**	**6119**	**1625**		**6119**	**20344**	**21743**
2	2			4118	4917	895		4917	-800	600
144	194	50	24	22345	1202	730		1202	21143	21143
21311	**22529**	**1218**	**767**	**56971**	**38304**	**12136**		**38309**	**18662**	**18162**
20952	21909	957	660	47545	31562	10623		31562	15983	16262
95	235	140	55	8371	6742	1513		6746	1625	1100
264	385	121	52	1054					1054	800
1172816	1605817	443618	95450	7806600	4645806	1447453	578144	5429892	2376707	786190
115012	174700	59785	11754	608505	414979	145195	22438	443678	164827	107357
623950	767257	146761	39956	3932225	2749978	777152	136645	3181750	750475	761339
10943	10994	50	24	44927	17564	4500		17564	27363	26043
4276	4886	610	160	18291	15048	2890		15053	3238	3096
154849	195062	41836	6750	829838	586441	158263	28421	645640	184198	133220
2081847	**2758717**	**692659**	**154093**	**13240385**	**8429815**	**2535453**	**765648**	**9733576**	**3506808**	**1817244**
1118990	1537117	425300	103599	9818168	6373665	2029314	602664	7212761	2605408	1174973
17698	27510	9812	2058	154219	125578	4743	3944	132947	21273	13328
17384	27057	9673	2058	151593	123930	4645	3944	131276	20317	12776
				523				23	500	500
315	453	138		2103	1647	98		1647	455	53
203106	260398	59193	19118	799033	225255	72193	19747	246383	552650	58919
17588	22749	5161	293	95926	75143	5263	9725	84917	11010	8478
466	501	35	25	5000	1209	877	744	3189	1811	1500

3-2-36 续表 1

登记注册类型	年初存货	流动资产合计	#应收账款	#存货	流动资产年平均余额	长期投资合计
果品、蔬菜批发	1075	971	162	391	909	
肉、禽、蛋及水产品批发	2947	13594	573	2588	11929	2415
盐及调味品批发	6594	16180	3213	11082	6508	752
饮料及茶叶批发	25751	40676	6252	18693	43518	6310
烟草制品批发	58821	357547	36128	98192	318481	200
其他食品批发	2252	11123	1575	4228	1185	96
纺织、服装及日用品批发	3465	30982	7850	14554	37778	134
服装批发	2069	19477	3204	12224	31138	
鞋帽批发	338	1331	343	737	1024	
厨房、卫生间用具及日用杂货批发	4	1351	75	5		
其他日用品批发	1054	8822	4228	1589	5617	134
文化、体育用品及器材批发	12688	72310	23219	11927	62416	4847
文具用品批发	2357	10107	2175	3553	8512	523
体育用品批发	5	14613	13227	5	12495	1525
图书批发	8960	43742	7818	6460	41409	2480
首饰、工艺品及收藏品批发	1365	3847		1909		319
医药及医疗器材批发	27660	200948	112053	42820	88426	4560
西药批发	20275	140803	77945	34534	53097	803
中药材及中成药批发	6916	58821	33504	7777	34111	3757
医疗用品及器材批发	469	1323	604	510	1218	
矿产品、建材及化工产品批发	792554	6041743	1499098	1008692	4448535	484063
煤炭及制品批发	455785	4352151	1214033	594517	3170956	412225
石油及制品批发	59762	173554	20433	116511	73046	16329
非金属矿及制品批发	240	2593	1607	270	1077	
金属及金属矿批发	162127	1078162	177492	213345	896486	46942
建材批发	58821	244756	58095	43692	204887	2722
化肥批发	40646	128563	8744	25630	76712	654
农用薄膜批发	21	563	554	8		
其他化工产品批发	15152	61401	18140	14720	25372	5192
机械设备、五金交电及电子产品批发	79787	307330	78605	86919	117448	33929
农业机械批发	6446	18941	2181	8185	13204	313
汽车、摩托车及零配件批发	24308	56791	13304	18837	40963	4113
五金、交电批发	8861	92849	21926	8623	11016	25645
家用电器批发	20513	46733	5975	23871	11314	
计算机、软件及辅助设备批发	2013	6113	1838	2504	833	
通讯及广播电视设备批发	1889	9166	402	6927	11110	
其他机械设备及电子产品批发	15756	76738	32979	17972	29009	3858
贸易经纪与代理	2366	17189	3309	6825	11854	
贸易经纪与代理	2366	17189	3309	6825	11854	
其他批发	14533	46319	16969	10602	151758	1993
再生物资回收与批发	1322	10526	4413	4438	4036	16
其他未列明的批发	13211	35793	12557	6164	147722	1977

单位：万元

固定资产合计	固定资产原价	累计折旧	#本年折旧	资产总计	流动负债合计	#应付账款	长期负债合计	负债合计	所有者权益合计	实收资本
3768	3877	109	74	5171	1557		395	2048	3123	350
5605	8705	3101	242	24606	3068			3068	21538	5022
10320	15978	5658	1605	30236	11169	2433	1601	12771	17465	11955
28969	34733	5764	572	88301	66384	25516	7261	73645	14656	16022
135733	172580	38748	16216	537337	56123	33642		56123	481215	14189
657	1275	619	92	12456	10601	4463	21	10622	1833	1402
2111	2481	369	183	50797	17141	9705		18441	32356	31989
1740	1975	235	132	38379	12993	7385		14293	24086	23894
49	56	8	6	1381	1218	790		1218	163	200
63	123	59	14	1415	940	666		940	475	500
260	327	67	31	9622	1990	864		1990	7632	7395
4761	8088	3327	122	89472	54290	38143	1800	56090	33382	20413
782	1389	607	103	11412	9887	5834		9887	1525	960
59	72	13	7	17597	14559	14559		14559	3038	3000
3490	5890	2400	13	55866	27416	17191	1800	29216	26650	15866
431	737	307		4597	2428	559		2428	2169	588
20382	26571	6190	661	246689	193081	115048	3626	218186	28502	29539
8179	11985	3806	335	152658	136014	89824	1504	138651	14006	15670
12106	14459	2353	317	92611	55931	24177	2122	78399	14212	13769
96	127	31	9	1419	1136	1047		1136	284	100
831377	1158606	332488	78711	8008668	5419078	1663467	531163	6143265	1865403	955599
681193	965199	286925	69315	6017379	3820749	1434228	523842	4465532	1551847	639481
96104	123593	27489	5611	338936	200551	24791	875	261102	77835	69695
2043	2336	293	76	4767	2391	1643	200	2591	2176	2107
24392	29577	6993	1702	1168922	992136	122533	3431	1005686	163236	163369
10451	14068	3809	978	260437	217556	30983	134	218600	41837	55939
4302	6718	2416	180	134822	120567	16870	398	120965	13857	12452
				563				455	107	100
12892	17116	4563	849	82842	65129	32420	2283	68335	14507	12457
29677	38027	8362	2178	392823	282219	88730	41418	336366	56457	56057
7935	9907	1971	188	28330	20090	7966	170	21614	6717	2865
8077	10435	2358	636	75437	59902	10908	205	60112	15325	18288
1984	3529	1551	775	129369	70338	31207	37555	116151	13219	12601
651	970	325	93	47426	45126	11543	170	47997	-571	2355
25	29	5		6137	4264	499		4264	1874	2000
22	31	9	4	9188	8913	649		8913	275	
10983	13126	2143	483	96937	73587	25959	3318	77317	19619	17949
359	700	342	80	17749	13797	12894	876	14673	3076	3066
359	700	342	80	17749	13797	12894	876	14673	3076	3066
9519	14736	5217	488	58719	43228	24391	90	46410	12309	6063
5149	7893	2744	212	15806	7348	1920		9481	6325	3007
4370	6843	2473	276	42913	35880	22472	90	36929	5984	3056

3-2-36 续表 2

登记注册类型	年初存货	流动资产合计	#应收账款	#存货	流动资产年平均余额	长期投资合计
零售业	515540	1851918	217747	598185	1155209	93060
综合零售	86475	461614	28604	133996	287270	19924
百货零售	35505	146122	12942	64117	63752	5518
超级市场零售	44934	287337	8177	58351	211992	13213
其他综合零售	6036	28155	7485	11529	11525	1194
食品、饮料及烟草制品专门零售	13614	38425	3042	18486	27313	731
粮油零售	6515	17082	1099	10197	10894	434
糕点、面包零售	1026	4896	758	1059	4682	181
果品、蔬菜零售	980	745	83	625		
肉、禽、蛋及水产品零售	3739	10823	713	5323	8445	116
饮料及茶叶零售	676	1424	131	180	1554	
烟草制品零售	377	810	159	82	305	
其他食品零售	301	2644	99	1021	1433	
纺织、服装及日用品专门零售	8572	47824	5156	8662	24881	218
纺织品及针织品零售	415	1170	296	464		
服装零售	7522	45236	4817	7589	24563	40
钟表、眼镜零售	31	95	44	51		178
其他日用品零售	605	1323		558	318	
文化、体育用品及器材专门零售	32633	83548	8588	37125	50024	6744
文具用品零售	1012	1564	217	683	1582	
体育用品零售	300	100	100			
图书零售	17881	46303	7840	18773	25906	1200
珠宝首饰零售	13128	34843	306	17269	21900	5544
照相器材零售	312	738	125	400	636	
医药及医疗器材专门零售	17836	87790	34204	21197	70526	2434
药品零售	17765	87060	33695	21157	69967	2434
医疗用品及器材零售	70	730	508	41	559	
汽车、摩托车、燃料及零配件专门零售	294512	899691	107459	326061	523626	57811
汽车零售	209063	740159	95256	252006	425645	41786
汽车零配件零售	4647	12777	821	4575	8214	1478
摩托车及零配件零售	1065	1891	66	1075	1311	
机动车燃料零售	79737	144863	11317	68405	88455	14547
家用电器及电子产品专门零售	45474	161185	9527	38633	113356	3609
家用电器零售	42442	150192	4870	34889	104377	3316
计算机、软件及辅助设备零售	2238	9548	4586	2769	8081	290
通信设备零售	794	1446	71	975	899	2
五金、家具及室内装修材料专门零售	4739	13089	3567	3696	9298	567
五金零售	1991	6093	2797	1195	2241	564
家具零售	565	3594	309	825	3177	
其他室内装修材料零售	2183	3403	461	1676	3880	3
无店铺及其他零售	11686	58754	17600	10329	48916	1023
生活用燃料零售	55	11549	5651	4		
其他未列明的零售	11631	47205	11950	10325	48916	1023

单位：万元

固定资产合计	固定资产原价	累计折旧	#本年折旧	资产总计	流动负债合计	#应付账款	长期负债合计	负债合计	所有者权益合计	实收资本
962858	1221600	267359	50494	3422216	2056150	506139	162984	2520816	901401	642271
422251	502181	84854	19315	1018659	629458	170528	57630	891311	127347	123731
151094	189907	40999	4905	359289	251405	89017	32327	296097	63192	42832
259073	297749	41413	13987	614467	345759	76460	23480	559442	55025	72941
12084	14526	2442	423	44902	32294	5051	1823	35772	9130	7958
19773	28057	8284	530	68599	39425	9408	6648	54464	14135	12150
8280	11543	3263	129	27687	16680	1220	4073	27633	54	4496
2189	2971	782		9246	6232	1900	1623	7855	1391	1063
668	794	126	44	3727	929	534		2203	1525	1596
7082	9138	2056	167	19969	11050	4456	531	11582	8387	3902
328	736	408	49	1788	1018	100	227	1244	544	387
144	252	107	19	980	111			111	869	160
1083	2624	1542	122	5202	3405	1197	194	3838	1365	547
21911	28807	8097	2351	85380	51782	28885	16338	73448	11932	25915
3869	6394	2526	170	12564	11395	10906	1	12017	547	640
17862	22056	5394	2124	69918	39119	17929	16338	59617	10301	17162
67	76	9	7	792	46	24		586	206	7390
113	281	168	50	2106	1223	26		1228	878	723
31084	46773	15839	3065	146496	75868	38969	2641	86326	60170	31709
9	9			1573	1090	349		1090	483	501
5	6	1		110				100	10	10
26893	40054	13311	2790	88050	54020	34904	1609	58345	29704	10200
4142	6613	2470	264	55990	20513	3716	1032	26545	29445	20498
35	92	57	11	773	245			245	528	500
8132	13370	5238	851	109989	81924	38467	4155	87783	22206	23545
8132	13370	5238	851	109258	81298	38096	4155	87157	22101	23535
				730	626	372		626	105	10
409074	541980	134268	22410	1648017	926703	152998	75347	1057770	590247	383474
140301	180858	41720	10833	1067689	751273	119808	17180	789600	278090	261566
802	1601	799	77	18538	11379	3132	12	12259	6279	5813
468	591	123	16	2360	1857	661		1857	502	700
267502	358930	91627	11484	559430	162194	29397	58155	254054	305376	115394
15951	18480	3331	747	199039	167891	32263	101	173961	25078	21411
14280	16206	2727	540	185443	160390	29339	101	166407	19036	16652
818	1077	259	54	10937	6617	2746		6667	4270	4269
853	1198	345	153	2659	885	178		887	1772	490
14714	17951	3290	509	39733	16201	5916	20	25221	14512	8912
2506	3225	718	81	18538	8683	2865		15190	3348	3619
10169	12154	1985	355	15321	6237	2779		6373	8948	3367
2039	2573	587	73	5874	1281	272	20	3657	2217	1927
19967	24000	4159	716	106306	66898	28704	105	70532	35774	11425
12383	13622	1238	187	28061	19584	9337		19638	8424	4950
7584	10379	2921	529	78245	47315	19367	105	50894	27351	6475

3-2-36 续表 3

登记注册类型	国家资本	集体资本	法人资本	个人资本	港澳台资本	外商资本
总　计	**770172**	**135321**	**173276**	**697306**	**28873**	**12297**
一、按登记注册类型分						
内　资	**769072**	**134456**	**173176**	**696706**	**3930**	
国　有	459869	3960	13366	4312		
集　体	2347	56499	1033	4472		
股份合作企业	567	5664	1930	2764		
联营企业	260	203				
国有与集体联营	260	203				
有限责任公司	130879	37084	80972	111254	3930	
国有独资公司	26285		1624			
其他有限责任公司	104594	37084	79347	111254	3930	
股份有限公司	171257	21698	1327	18643		
私营企业	3894	9268	74504	554734		
私营独资		1300	1730	21175		
私营合伙	8	50	1002	11118		
私营有限责任公司	3886	7898	63534	510694		
私营股份有限公司		20	8238	11748		
其　他		80	44	527		
港澳台商投资			**100**		**21643**	
与港澳台商合资经营			100		500	
港澳台商独资					21143	
外商投资	**1100**	**865**		**600**	**3300**	**12297**
中外合资经营	1100	865			3300	10997
外资企业				500		600
外商投资股份有限公司				100		700
二、按控股情况分						
国有控股	742635	13534	20156	9865		
集体控股	2348	89937	487	4584		10000
私人控股	4035	8663	98154	650487		
港澳台商控股	1100				24943	
外商控股		199		600		2297
其　他	20054	22988	54479	31769	3930	
三、按国民经济行业(门类、大类、中类、小类)分						
批发和零售业	**770172**	**135321**	**173276**	**697306**	**28873**	**12297**
批发业	638903	90003	106830	306945	21543	10750
农畜产品批发	11696		73	1559		
谷物、豆及薯类批发	11644		73	1059		
种子、饲料批发				500		
其他农畜产品批发	53					
食品、饮料及烟草制品批发	38465	13301	1281	5673		200
米、面制品及食用油批发	8158	58		263		
糕点、糖果及糖批发	1500					

单位：万元

主营业务收入	主营业务成本	主营业务税金及附加	主营业务利润	其他业务收入	其他业务利润	营业费用	管理费用	#税金	#差旅费	#工会经费
36358597	**33329361**	**142623**	**2718636**	**218194**	**138328**	**1081321**	**714098**	**28302**	**19572**	**4400**
36191672	**33183051**	**139014**	**2702405**	**209418**	**132192**	**1071093**	**707282**	**28213**	**19480**	**4343**
17046093	15552612	54430	1391876	98892	81729	357535	368514	12350	7702	2397
1143651	994439	5796	134333	13649	2346	60192	50209	2017	660	263
147118	133382	805	12932	7505	845	9929	3654	49	74	15
3599	3355	24	220			23	125			
3599	3355	24	220			23	125			
5942843	5475743	26448	415741	20231	10597	249264	107278	4436	3210	576
407059	375898	4629	24779	584	194	14088	6835	204	135	19
5535784	5099846	21819	390962	19647	10403	235177	100443	4233	3075	557
3851746	3496930	17813	288277	12678	8191	137526	50740	3751	2740	425
8034256	7507672	33566	456387	56431	28453	255727	125967	5596	5043	653
248295	232535	687	15804	550	422	9664	4525	314	326	8
124940	110926	638	13376	41	17	7536	3103	194	93	7
7315613	6848778	30929	410800	55115	27876	226170	113052	4692	4239	634
345408	315433	1312	16407	725	139	12358	5287	396	385	4
22367	18918	133	2640	31	31	896	796	14	51	15
51715	**47107**		**4608**	**53**	**53**	**3505**	**2228**	**7**		**22**
39787	37322		2465	41	41	1527	1746	7		3
11928	9785		2143	13	13	1977	482			19
115210	**99202**	**3609**	**11623**	**8723**	**6083**	**6724**	**4588**	**82**	**91**	**36**
41186	35525	42	5719	8509	5889	4055	3715	51	67	32
65074	57622	3544	3908	214	194	2188	853	31	25	4
8950	6055	23	1996			482	20			
23324316	21338569	77490	1829112	107394	84092	536653	445587	16547	10588	3014
1620379	1465344	6876	139092	18276	5689	74076	58753	2389	878	295
9003555	8340186	41677	568711	72370	38081	340791	155262	7194	6535	838
36737	32949		3788	6767	4208	2282	4265	21	51	49
90889	77158	3591	9365	214	194	5181	1331	62	40	6
2282721	2075155	12989	168570	13173	6063	122337	48900	2089	1479	199
36358597	**33329361**	**142623**	**2718636**	**218194**	**138328**	**1081321**	**714098**	**28302**	**19572**	**4400**
29308892	27015798	113751	2092916	120372	88053	764425	539951	18286	13578	2966
109840	103646	99	6095	63	40	3932	4028	40	95	16
105358	100771	1	4586	63	40	3650	3528	35	62	13
2226	1836	87	303			51	6		2	
2257	1039	10	1207			231	493	5	32	3
2040448	1562913	11546	429566	2849	2193	48913	91209	2832	1697	700
42060	39892	12	2156	967	863	1748	3464	207	74	20
5648	5200	327	121	82	11	27	19	10	4	5

3-2-36 续表 4

登记注册类型	国家资本	集体资本	法人资本	个人资本	港澳台资本	外商资本
果品、蔬菜批发		136		214		
肉、禽、蛋及水产品批发	4022			1000		
盐及调味品批发	1496	10387		72		
饮料及茶叶批发	10015	2079	25	3702		200
烟草制品批发	13263	221	706			
其他食品批发	10	420	550	422		
纺织、服装及日用品批发		400	7120	3426	21043	
服装批发		400	50	2401	21043	
鞋帽批发				200		
厨房、卫生间用具及日用杂货批发				500		
其他日用品批发			7070	325		
文化、体育用品及器材批发	16814	500		3099		
文具用品批发	948			11		
体育用品批发				3000		
图书批发	15866					
首饰、工艺品及收藏品批发		500		88		
医药及医疗器材批发	4139	4835	2245	18320		
西药批发	2359	4835		8477		
中药材及中成药批发	1781		2145	9843		
医疗用品及器材批发			100			
矿产品、建材及化工产品批发	560175	68304	86385	230234		10500
煤炭及制品批发	445570	55006	36855	92050		10000
石油及制品批发	27468	3174	15160	23894		
非金属矿及制品批发			1824	283		
金属及金属矿批发	59479	8492	22534	72364		500
建材批发	10001	243	6526	39169		
化肥批发	10782	1350	150	170		
农用薄膜批发				100		
其他化工产品批发	6876	39	3337	2205		
机械设备、五金交电及电子产品批发	4475	759	6611	43662	500	50
农业机械批发	2001		34	830		
汽车、摩托车及零配件批发	1818	629	1850	13941		50
五金、交电批发	56	30		12515		
家用电器批发	100		400	1355	500	
计算机、软件及辅助设备批发			510	1490		
通讯及广播电视设备批发						
其他机械设备及电子产品批发	500	100	3817	13532		
贸易经纪与代理			3000	66		
贸易经纪与代理			3000	66		
其他批发	3138	1904	115	906		
再生物资回收与批发	1413	1468	65	60		
其他未列明的批发	1725	436	50	846		

单位：万元

主营业务收入	主营业务成本	主营业务税金及附加	主营业务利润	其他业务收入	其他业务利润	营业费用	管理费用	#税金	#差旅费	#工会经费
11360	10669		691			61	88			
16814	12007	56	4751		-10	80	2641	1	3	7
50373	36501	144	13729	417	379	3621	5846	308	206	48
216386	188369	5253	22666	413	99	9635	4012	353	78	71
1648490	1225080	5721	381365	957	837	32096	74227	1844	1203	520
49318	45197	34	4088	15	15	1645	913	110	129	30
100527	111647	456	-11576	19	19	6161	1572	40	101	1
32533	47662	213	-15342	13	13	3062	1046	35	36	
6926	6493	3	431			203	236	2	22	
5228	4887		342			291	80	2		
55840	52606	240	2993	6	6	2605	210	1	44	1
143290	130657	255	12377	106	106	5251	5742	42	32	8
29273	27824	4	1445	37	37	490	808	41	14	5
25544	24476	35	1033			374	113			
78167	69028	132	9008	50	50	3598	4779	2	14	3
10306	9329	85	892	19	19	789	43		4	
404041	364844	738	38543	475	116	16762	7754	365	556	238
252872	233959	413	18579	262	-85	4651	3666	126	317	191
148396	128344	317	19739	213	201	11975	4085	238	237	46
2773	2541	7	225			136	3	1	2	
25180036	23502749	97577	1549512	113947	83193	639441	409336	13847	10296	1903
18897011	17440308	85675	1343052	104771	79263	535321	360515	11129	8065	1745
1225493	1131321	1549	92676	36	8	38837	13107	662	505	53
24534	22326	815	1393	129	11	714	625	16	73	5
3051564	2971981	6732	71794	7588	6171	35647	19724	1400	808	38
1177992	1159657	618	17655	40	24	12559	6063	296	417	16
482991	475058	1405	6528	94	-2763	8358	1844	54	3	7
14370	14302	2	66			1	58	3	4	
306081	287797	781	16348	1289	479	8005	7400	286	422	40
930873	883747	1066	46028	2010	1518	28206	14124	434	570	64
76572	73307	6	3260	363	320	1170	1964	159	131	9
226103	219121	107	6910	421	328	3761	3047	121	108	30
167140	158027	647	8400	295	281	1852	2178	46	53	5
262708	245328	177	17203	426	303	15526	3280	28	65	14
27732	27027	5	700	2	2	115	364		4	
56712	55128	20	1565			645	489			
113905	105809	105	7991	503	284	5137	2804	79	209	7
59141	38926	168	187	8	5	4857	335	14	33	
59141	38926	168	187	8	5	4857	335	14	33	
340697	316668	1846	22184	895	863	10902	5852	672	199	35
72765	69549	13	3202	49	40	443	855	80	10	1
267932	247119	1833	18981	846	823	10460	4997	592	189	35

3-2-36 续表 5

登记注册类型	国家资本	集体资本	法人资本	个人资本	港澳台资本	外商资本
零售业	131269	45318	66446	390361	7330	1547
综合零售	5602	7064	12938	97626		500
百货零售	4272	4096	5655	28308		500
超级市场零售	830	1642	7103	63365		
其他综合零售	500	1326	180	5953		
食品、饮料及烟草制品专门零售	5164	5824	579	583		
粮油零售	4362		50	84		
糕点、面包零售		1063				
果品、蔬菜零售	567	500	529			
肉、禽、蛋及水产品零售	235	3667				
饮料及茶叶零售				387		
烟草制品零售		160				
其他食品零售	1	434		112		
纺织、服装及日用品专门零售	746	4247	4279	15994	100	550
纺织品及针织品零售		560	80			
服装零售	746	3688	1721	10908	100	
钟表、眼镜零售			2478	4912		
其他日用品零售				173		550
文化、体育用品及器材专门零售	8639	4903	768	17399		
文具用品零售				501		
体育用品零售				10		
图书零售	8639	70	456	1035		
珠宝首饰零售		4833	312	15353		
照相器材零售				500		
医药及医疗器材专门零售	14117	785	1382	7261		
药品零售	14117	785	1382	7251		
医疗用品及器材零售				10		
汽车、摩托车、燃料及零配件专门零售	93160	17548	38413	230422	3930	
汽车零售	4980	10526	37038	205093	3930	
汽车零配件零售	613	150	1000	4050		
摩托车及零配件零售	50		100	550		
机动车燃料零售	87517	6872	275	20730		
家用电器及电子产品专门零售	8	1705	6444	13254		
家用电器零售	8	1705	6314	8625		
计算机、软件及辅助设备零售			130	4139		
通信设备零售				490		
五金、家具及室内装修材料专门零售	1728	3232	100	3355		497
五金零售	1260	60	70	2229		
家具零售		2772	30	68		497
其他室内装修材料零售	469	400		1058		
无店铺及其他零售	2105	10	1543	4467	3300	
生活用燃料零售	1500			150	3300	
其他未列明的零售	605	10	1543	4317		

单位：万元

主营业务收入	主营业务成本	主营业务税金及附加	主营业务利润	其他业务收入	其他业务利润	营业费用	管理费用	#税金	#差旅费	#工会经费
7049705	6313563	28872	625721	97821	50275	316896	174147	10017	5993	1435
1028652	878304	7032	135915	50441	28264	68425	52569	2974	1029	486
480865	396259	4224	76739	13856	10668	26116	30836	2006	508	369
431164	373232	2311	51871	26692	14497	38233	17849	594	471	112
116622	108813	497	7305	9894	3099	4076	3884	374	50	4
103743	91872	425	11448	7385	1342	5718	5711	110	47	34
27513	26606	10	900	92	72	784	731	29	7	1
9591	6975	72	2545	6481	616	2043	893	8	16	12
4213	3705	63	445	67	67	89	266	1	6	1
41155	36826	177	4152	231	221	1718	1767	5	2	2
5241	4185	30	1026	47	4	338	492	8	5	9
6414	5684	12	718	9	5	6	427	3	4	4
9616	7892	61	1663	458	358	740	1136	56	7	7
163092	121997	2523	26415	5515	1776	18545	11138	240	145	52
3324	2109	18	1197	30		585	153	2	7	
142241	106307	2482	22119	5379	1685	17051	10167	168	136	51
2487	2487		53			34	757	65		
15040	11094	24	3047	106	91	876	61	6	2	1
212991	162550	3034	37007	2787	777	17718	8922	698	398	148
2270	1926	2	342			252	89		13	3
500	300	50	150	20		80	30			
111367	79601	1271	27078	2632	1021	14441	6426	655	293	132
95260	77313	1709	9256	135	-244	2803	2345	43	92	13
3594	3410	2	181			142	32		1	
179208	157172	389	19918	277	-40	10540	7437	303	341	72
177673	155781	386	19778	277	-40	10449	7391	303	335	72
1535	1391	4	140			91	46		6	
4735185	4339029	13062	351081	8228	991	156141	70166	5065	3322	540
2369686	2233206	9362	125724	7392	513	54731	45955	2520	2213	251
18154	16137	79	1925	38	-19	875	790	75	65	1
7499	7253	135	111	29	28	223	101	13	3	1
2339846	2082433	3486	223321	768	469	100312	23320	2457	1041	287
369586	338018	815	20575	15195	12381	20032	9161	259	297	26
344851	314896	767	19435	14915	12295	19271	8356	253	261	20
18814	17664	10	795	174	16	512	489	4	27	6
5921	5458	39	344	106	69	249	316	1	9	
75758	64509	981	9744	615	279	4754	2687	246	92	26
21051	19216	144	1284	167	133	634	892	54	31	5
9649	8868	101	681	416	387	136	560	79	22	4
45058	36426	736	7780	31	-242	3984	1235	114	38	16
181492	160112	612	13618	7380	4506	15024	6357	122	322	52
18301	8195	31	2924	7013	4237	1739	2318	35	65	40
163191	151917	581	10694	367	269	13284	4039	86	257	12

3-2-36 续表 6

登记注册类型	财务费用	#利息支出	营业利润	营业外收入	利润总额	应交所得税
总 计	**159698**	**96360**	**962331**	**24685**	**902580**	**294631**
一、按登记注册类型分						
内 资	**159165**	**96303**	**957541**	**22327**	**900623**	**294268**
国 有	54166	33986	703157	13644	673328	238454
集 体	3039	1963	33026	387	24583	5920
股份合作企业	554	246	-361	299	-359	114
联营企业	36	36	37		37	6
国有与集体联营	36	36	37		37	6
有限责任公司	24834	15923	68025	3951	81636	24841
国有独资公司	338	279	4278	1513	7075	1846
其他有限责任公司	24497	15645	63747	2437	74561	22995
股份有限公司	17305	12635	105264	1599	95488	6216
私营企业	59030	31315	47615	2376	25834	18711
私营独资	1690	1293	483	21	-705	135
私营合伙	398	310	2397	2	1695	275
私营有限责任公司	55353	28777	45858	2162	26369	17435
私营股份有限公司	1589	935	-1123	192	-1525	866
其 他	202	199	778	72	78	7
港澳台商投资	**2**	**-8**	**-1073**	**2**	**-1108**	**14**
与港澳台商合资经营	1		-769	2	-767	11
港澳台商独资	1	-8	-304		-341	3
外商投资	**531**	**64**	**5863**	**2356**	**3065**	**349**
中外合资经营	664	289	3173	2355	1408	148
外资企业	-134	-225	1196	1	1198	196
外商投资股份有限公司	1		1494		460	5
二、按控股情况分						
国有控股	75555	50465	865924	17287	836091	263289
集体控股	5241	2840	15782	981	26138	6497
私人控股	65708	37383	58922	2734	30845	19795
港澳台商控股	195	186	1254	2345	-519	5
外商控股	-25	-130	3071	11	2016	237
其 他	13023	5616	17377	1326	8009	4809
三、按国民经济行业(门类、大类、中类、小类)分						
批发和零售业	**159698**	**96360**	**962331**	**24685**	**902580**	**294631**
批发业	105708	63419	810619	17769	792480	281387
农畜产品批发	4629	3920	-6027	2656	591	208
谷物、豆及薯类批发	4558	3849	-6685	2631	-42	43
种子、饲料批发			245		245	23
其他农畜产品批发	70	70	412	25	388	142
食品、饮料及烟草制品批发	2947	2338	289038	3197	277657	73162
米、面制品及食用油批发	1571	1243	-3764	298	-889	25
糕点、糖果及糖批发			85			

单位：万元

劳动、失业保险费	养老保险和医疗保险费	住房公积金和住房补贴	本年应付工资总额	#主营业务应付工资总额	本年应付福利费总额	#主营业务应付福利费总额	本年应交增值税	全部从业人员年平均人数(人)
9584	**29513**	**9602**	**333228**	**245916**	**22404**	**16351**	**707673**	**173633**
9539	**29202**	**9546**	**329446**	**242730**	**22162**	**16155**	**703684**	**171866**
7320	16766	6360	144668	112194	9981	7572	329149	52964
878	1834	622	16544	8664	1424	596	71577	9535
15	241	37	3600	1387	116	30	8266	1296
			230				24	222
			230				24	222
951	5051	915	61154	45690	4663	3180	90426	40107
15	172	23	1752	1693	186	177	3026	811
936	4879	892	59402	43997	4477	3003	87400	39296
225	3675	1513	38511	28225	1690	1466	47217	21223
150	1613	99	63799	45799	4267	3311	156780	45931
1	5		2931	1416	194	50	3529	2825
	8		1314	466	44	36	6595	1064
137	1545	99	54536	41502	3930	3171	135688	38847
12	54		5018	2416	99	55	10968	3195
	21		942	771	21		245	588
	106		**2146**	**1997**	**26**	**26**	**794**	**805**
	79		1377	1377	26	26	530	278
	27		769	620			264	527
45	**205**	**56**	**1636**	**1190**	**216**	**171**	**3195**	**962**
20	189	42	1098	975	146	146	700	678
1	15	6	399	108	54	9	2399	219
24	1	8	139	108	16	16	96	65
7842	22298	7959	185042	144661	13704	10348	388872	74032
938	2321	697	23141	13179	1722	957	74957	13607
349	3012	214	86347	56919	5372	4061	134972	66316
	27		1994	1845	83	83	476	737
45	205	56	830	384	81	36	3006	815
410	1650	676	35874	28929	1442	867	105390	18126
9584	**29513**	**9602**	**333228**	**245916**	**22404**	**16351**	**707673**	**173633**
8019	18990	7763	220859	171214	15598	11457	601773	81359
50	443	3	1444	1133	126	122	1872	906
50	384	3	1342	1032	111	107	1401	827
			17	17			87	16
	59		85	85	15	15	384	63
2371	4536	3181	42276	35714	4078	3853	74793	12801
1457	637		1548	1454	63	63	390	1629
			115	98	25		2	120

3-2-36 续表 7

登记注册类型	财务费用	#利息支出	营业利润	营业外收入	利润总额	应交所得税
果品、蔬菜批发	226	226	316		203	
肉、禽、蛋及水产品批发	158	156	1862		-1244	335
盐及调味品批发	110	102	4545	23	1853	475
饮料及茶叶批发	1145	1064	8054	692	1328	401
烟草制品批发	-384	-544	276519	2172	276320	71905
其他食品批发	122	91	1422	12	87	20
纺织、服装及日用品批发	47	-5	-19337		666	116
服装批发	43	-7	-19480		492	64
鞋帽批发			-8		-12	
厨房、卫生间用具及日用杂货批发			-29		-21	
其他日用品批发	4	2	180		206	52
文化、体育用品及器材批发	681	604	810	3	808	115
文具用品批发	29	29	155	1	160	13
体育用品批发	590	580	-44		-10	
图书批发	57	-6	624		582	83
首饰、工艺品及收藏品批发	5		75	3	77	19
医药及医疗器材批发	1711	696	12668	225	4488	1399
西药批发	610	438	9579	125	1423	464
中药材及中成药批发	1100	258	3004	100	2979	914
医疗用品及器材批发			85		85	21
矿产品、建材及化工产品批发	87978	54681	527605	11148	507642	205250
煤炭及制品批发	49081	37893	506630	10145	483125	202269
石油及制品批发	5307	2042	36300	308	37193	324
非金属矿及制品批发	20	5	45		49	15
金属及金属矿批发	24320	8882	-1713	176	-3256	1298
建材批发	8416	5196	-8794	300	-11080	221
化肥批发	217	112	-6655	209	-181	141
农用薄膜批发					7	2
其他化工产品批发	616	550	1792	10	1784	980
机械设备、五金交电及电子产品批发	6597	1047	-1041	336	-1714	553
农业机械批发	571	335	-125	198	47	1
汽车、摩托车及零配件批发	835	511	-129	90	-670	51
五金、交电批发	4238	127	478	3	413	190
家用电器批发	46	-134	-1344	18	-1486	133
计算机、软件及辅助设备批发	199		24		24	
通讯及广播电视设备批发	94		337		337	89
其他机械设备及电子产品批发	614	207	-281	26	-378	89
贸易经纪与代理	248	19	535	19	-36	28
贸易经纪与代理	248	19	535	19	-36	28
其他批发	872	120	6369	185	2378	556
再生物资回收与批发	515	25	1431	2	311	5
其他未列明的批发	356	96	4938	183	2067	551

单位：万元

劳动、失业保险费	养老保险和医疗保险费	住房公积金和住房补贴	本年应付工资总额	#主营业务应付工资总额	本年应付福利费总额	#主营业务应付福利费总额	本年应交增值税	全部从业人员年平均人数(人)
			28	23			23	77
5	7		372	372			43	521
64	218	149	2340	1051	214	65	617	948
25	399	119	3587	3229	177	142	2364	1857
812	3230	2912	33786	29123	3545	3529	70987	7352
8	45		500	363	54	54	366	297
			1158	686	49	29	2488	787
			779	480	41	22	489	602
			129	129	7	7	24	65
			29					24
			221	77			1975	96
7	13	48	1483	1483	122	122	1527	729
	2	18	240	240	22	22	25	57
			35	35			1153	12
1	2	2	1037	1037	89	89	266	592
6	8	28	171	171	11	11	82	68
159	270	62	7111	5580	695	609	3850	5076
159	131	23	2724	1929	221	172	1339	1983
1	139	39	4356	3620	470	433	2452	3075
			31	31	4	4	59	18
5151	12942	4380	156885	118174	9519	5879	500324	55924
4993	11195	3769	139848	105077	7932	4719	383553	45861
21	763	307	4879	4352	533	477	42428	3666
15	72	21	299	161	32	23	204	162
15	278	103	5285	3399	416	327	63620	2883
5	82	14	2072	1743	332	170	3626	946
11	160		676	217	32	28	1989	534
			15	15			15	10
92	393	166	3811	3209	241	135	4890	1862
21	645	68	8552	7116	469	392	6954	3969
	253	16	706	603	15	15	57	546
18	82	11	1376	1085	71	70	551	843
	84	33	478	107	36	12	2791	288
	169		4560	4304	258	237	2729	1513
			124	12	16	...	42	129
			353	353	18	18	171	80
3	57	8	955	652	55	41	614	570
2	7		28	25	14	14	2204	50
2	7		28	25	14	14	2204	50
258	134	22	1922	1303	527	438	7762	1117
	45	3	412	380	12	12	873	328
258	90	19	1510	922	516	426	6889	789

3-2-36 续表 8

登记注册类型	财务费用	#利息支出	营业利润	营业外收入	利润总额	应交所得税
零售业	53990	32941	151712	6916	110100	13243
综合零售	17881	11031	30037	1751	4429	4240
百货零售	9214	4273	26974	975	5416	2633
超级市场零售	8451	6707	790	757	-2669	1171
其他综合零售	216	51	2273	20	1682	437
食品、饮料及烟草制品专门零售	978	427	419	461	1588	186
粮油零售	589	396	-1138	444	-19	2
糕点、面包零售	137		87	10	107	25
果品、蔬菜零售	-1	-2	158	2	160	
肉、禽、蛋及水产品零售	221	6	667	3	716	
饮料及茶叶零售	20	17	219	2	221	49
烟草制品零售	2	...	291		289	80
其他食品零售	11	10	135	1	115	31
纺织、服装及日用品专门零售	1220	921	-214	105	-1894	943
纺织品及针织品零售			459		-19	560
服装零售	1151	921	-2786	104	-2929	276
钟表、眼镜零售	41		-61		-86	
其他日用品零售	27		2174	1	1141	107
文化、体育用品及器材专门零售	717	302	11985	302	6316	1414
文具用品零售			2		2	
体育用品零售	8	8	32	5	37	
图书零售	189	153	8601	143	1908	570
珠宝首饰零售	517	141	3347	154	4365	843
照相器材零售	2		4		4	1
医药及医疗器材专门零售	1122	791	921	516	461	444
药品零售	1122	791	917	516	461	439
医疗用品及器材零售			4			4
汽车、摩托车、燃料及零配件专门零售	28271	17933	98804	942	92510	5334
汽车零售	17618	11328	11793	606	8607	4438
汽车零配件零售	61	51	144	4	179	33
摩托车及零配件零售	50	49	-235	46	-61	
机动车燃料零售	10542	6505	87102	287	83785	863
家用电器及电子产品专门零售	1649	462	3640	359	3859	549
家用电器零售	1617	465	3804	354	3919	544
计算机、软件及辅助设备零售	10	-15	-71	3	-59	4
通信设备零售	22	12	-93	1	-1	2
五金、家具及室内装修材料专门零售	975	214	2046	109	2517	51
五金零售	22	-1	219	107	121	10
家具零售	108	103	263	3	257	40
其他室内装修材料零售	845	112	1563		2138	2
无店铺及其他零售	1180	860	4074	2371	314	83
生活用燃料零售	198	194	2479	2344	1527	31
其他未列明的零售	982	666	1595	27	-1213	53

单位：万元

劳动、失业保险费	养老保险和医疗保险费	住房公积金和住房补贴	本年应付工资总额	#主营业务应付工资总额	本年应付福利费总额	#主营业务应付福利费总额	本年应交增值税	全部从业人员年平均人数（人）
1565	10523	1839	112370	74702	6805	4894	105900	92274
838	2812	162	36291	18409	1565	1237	24528	41236
558	1992	98	14299	7668	793	583	10785	22306
281	725	64	19933	10653	761	647	10904	17218
	95		2059	88	11	6	2838	1712
34	731	92	4261	2191	150	75	4703	2989
17	209		387	213	35		1489	572
	194	34	1391				799	468
			362	140	5	2	199	342
3	169	6	1094	1006	18	7	1677	1127
	102	41	502	502			249	136
15	11	7	203	52	20		113	98
	47	4	323	278	73	66	178	246
89	356	6	5808	3378	392	202	4113	5349
4	41		404	104	7		576	392
83	300		5220	3160	368	190	3138	4790
	3		40		5		6	28
1	13	6	144	113	12	12	394	139
187	1105	367	9153	6940	635	404	9156	4404
			161	161	23	23	20	144
			46	46			52	32
184	1003	364	7151	5867	457	368	3553	3350
3	93	4	1734	805	155	13	5509	848
	10		61	61			21	30
32	1078	114	4908	4460	312	271	2485	4314
32	1077	114	4869	4421	312	271	2455	4299
	1		40	40			30	15
303	3844	1082	38777	30094	3033	2413	42960	25098
115	799	86	23253	17395	1720	1187	13364	13587
1	25	6	567	361	75	71	305	606
4	9		143	86	9	3	19	119
183	3012	990	14816	12253	1228	1153	29273	10786
13	321	3	8064	5604	258	136	12331	5061
13	304	3	7542	5242	212	90	12190	4603
	13		344	256	39	39	100	273
	4		178	106	7	7	42	185
46	179	3	1870	793	70	50	1354	1504
40	96	3	880	291	28	12	457	589
5	70		446	422	29	29	120	492
1	13		544	81	14	9	778	423
23	96	11	3237	2834	391	107	4270	2319
5	44		1249	1159	334	82	1580	727
18	52	11	1988	1674	57	25	2689	1592

3-2-37 按地区分组的限额以上

地 区	年初存货	流动资产合计	#应收账款	#存货	流动资产年平均余额	长期投资合计	固定资产合计	固定资产原价
总 计	**1641831**	**9208623**	**2028599**	**2055584**	**6577848**	**632636**	**2081847**	**2758717**
太原市	**799385**	**4758013**	**963786**	**991096**	**3655716**	**351325**	**783026**	**1010703**
小店区	158713	909636	177976	207048	644765	72648	337813	402248
迎泽区	174575	899699	204525	191810	594974	112439	85998	126955
杏花岭区	242467	1876344	443790	305714	1596793	123480	292790	385827
尖草坪区	149656	830475	81975	224708	676319	36886	13930	20966
万柏林区	61813	144260	12975	47765	74359	4420	39310	54034
晋源区	6168	39521	14348	8546	12533	175	4002	5472
清徐县	3748	21750	9111	4551	21777		3783	5201
阳曲县	845	1540	781	44	1200		199	243
古交市	1400	34788	18307	911	32995	1278	5202	9758
大同市	**170096**	**690167**	**209945**	**175889**	**488800**	**23892**	**214420**	**294581**
大同市城区	98709	384209	104091	118988	240743	16761	142243	182865
矿区	376	2129	124	410	953	310	575	996
南郊区	45118	158325	62743	37632	154347	5107	57145	82151
新荣区	5	6236	5604	4			1458	2697
左云县	4555	8158	3344	602		670	5580	14201
大同县	21332	131112	34039	18252	92756	1045	7419	11672
阳泉市	**38669**	**307845**	**72504**	**63280**	**192143**	**38421**	**109436**	**138204**
城区	29824	119862	28274	35337	95691	23294	78006	95459
矿区	3458	71349	22003	19327	48703	3	16317	19111
郊区	850	56825	6714	1657	3340	7387	2827	5555
平定县	817	10862	4370	712	4449	165	2102	2416
盂县	3721	48948	11143	6247	39961	7572	10183	15664
长治市	**117321**	**868620**	**223616**	**215374**	**680206**	**75875**	**185441**	**240935**
长治市城区	44991	389494	93866	86406	296521	30856	121794	147769
长治市郊区	20227	128852	31858	19620	119511	8144	20627	26728
长治县	7117	44846	5995	20411	29565	19157	5696	10892
襄垣县	20622	109586	25463	46664	78403	5338	10956	16792
屯留县	4991	24988	12895	5468	22915	755	4293	4771
黎城县	2256	17117	11410	4966	3317		1591	3028
壶关县	1934	39308	6339	7364	26187	913	1776	2598
长子县	4146	20768	9293	6525	11587		2461	4845
武乡县	3217	28140	6968	4545	28207	5651	10189	12341
沁县	948	13953	5117	4024	14657		1293	2298
沁源县	1812	19407	2283	2530	20368	3430	1887	2840
潞城市	5062	32162	12130	6854	28970	1631	2877	6031
晋城市	**72838**	**460413**	**47116**	**84371**	**299179**	**42733**	**130303**	**176966**
晋城市城区	57127	258244	35915	71119	150736	21155	100738	132082
沁水县	296	8516	585	257	574	4000	1218	1569

批发和零售业财务状况

单位：万元

累计折旧	#本年折旧	资产总计	流动负债合计	#应付账款	长期负债合计	负债合计	所有者权益合计	实收资本
692659	**154093**	**13240385**	**8429815**	**2535453**	**765648**	**9733576**	**3506808**	**1817244**
228355	**67546**	**6647006**	**4469506**	**1169757**	**545680**	**5285485**	**1361521**	**818876**
64571	21871	1522787	936601	275548	80680	1203915	318872	258600
41448	6317	1158087	791481	315132	70428	871835	286252	174980
93037	33973	2755536	1761698	471406	392167	2183865	571671	229180
7072	1806	886382	771154	56210	152	771989	114393	108868
14724	2945	203915	114799	15479	1409	159263	44652	28426
1470	270	51598	42110	13145		42110	9489	8828
1423	145	25618	19871	4231	285	20156	5462	5137
55	5	1777	1283	822	13	1296	481	699
4556	215	41306	30509	17783	547	31055	10251	4160
80167	**10538**	**1058348**	**583314**	**213091**	**38849**	**680014**	**378335**	**174533**
40628	5537	647422	353189	107369	25857	423265	224157	91971
422	25	3790	3077	1259		3077	712	1105
25005	4096	228167	167733	77541	12993	180726	47441	37590
1238	187	8303	7040	6461		7094	1209	400
8621	266	14519	4900	1796		4900	9619	3430
4253	426	156148	47375	18666		60951	95196	40037
34740	**4412**	**473701**	**291207**	**131929**	**24137**	**325028**	**148673**	**74186**
23119	3625	234696	137989	35430	3861	151017	83679	30543
3096	239	87740	51920	35405	104	52024	35716	32635
2728	209	69447	40489	24571	20000	60489	8957	3914
317	135	13385	8777	5428	168	9451	3934	3698
5480	204	68433	52032	31095	4	52046	16387	3396
57216	**14761**	**1168619**	**776428**	**299939**	**6704**	**794117**	**374503**	**244136**
25975	5021	565328	370743	162966	3134	374361	190967	128464
7625	1586	160019	113804	31148	383	114187	45832	41564
5196	4578	69796	49745	18119	810	50564	19232	6605
5836	667	127189	89566	21561	475	93052	34137	13884
478	75	31673	17360	2471	198	20225	11448	13628
1437	127	18708	16051	15244	947	16998	1710	1195
822	177	42860	28656	11736	20	28706	14155	7946
2583	270	25807	13097	7559		13097	12710	4993
2153	832	44566	21989	8344		21989	22577	13910
1005	137	15933	12335	1224	135	12470	3464	2744
953	189	29880	14305	5517	279	19344	10536	1596
3154	1102	36859	28778	14053	324	29124	7735	7607
48414	**7628**	**691684**	**337373**	**95478**	**18194**	**380679**	**311005**	**92044**
32932	5721	414030	232251	61506	15573	251877	162153	68670
351	113	13863	11560	2216		11584	2279	633

3-2-37 续表 1

地　区	年初存货	流动资产合　计	#应收账款	#存货	流动资产年平均余额	长期投资合　计	固定资产合　计	固定资产原　价
阳城县	4420	69886	3699	4600	61224	575	7107	13021
陵川县	890	13494	301	744	842	1825	660	1005
泽州县	4474	10951	1611	4393	2930	125	11336	13281
高平市	5632	99320	5006	3258	82872	15053	9244	16008
朔州市	**105855**	**532463**	**139712**	**138847**	**293527**	**21339**	**154577**	**212116**
朔城区	39187	278219	89707	51688	174095	12889	58382	79742
平鲁区	2623	34247	6501	12190	20159		20976	32322
山阴县	21076	64424	17293	28665	15266		10943	15189
应县	310	788	381	291	920		113	191
怀仁县	42659	154786	25832	46013	83087	8449	64163	84673
晋中市	**101281**	**471294**	**136866**	**117721**	**174459**	**24612**	**145209**	**194830**
榆次区	53333	244661	77937	64626	85496	17701	99669	131552
榆社县	5530	8954	2046	5971			2100	3018
左权县	1824	8779	415	2679	7963	1168	6815	8111
和顺县	2662	20975	2965	2812	13764	2700	1949	2738
昔阳县	414	9883	2237	4076		407	4732	5699
寿阳县	6534	82404	18757	5497	28870	1039	6849	11685
太谷县	2721	4861	122	2689	1510		2557	4290
祁县	1285	8176	566	799	5137	74	1935	2376
平遥县	1137	15899	8850	3085	13627	15	1258	1521
灵石县	17406	21811	5083	6335	8229	763	8621	11349
介休市	8436	44892	17888	19153	9862	745	8725	12490
运城市	**61195**	**260229**	**32871**	**65060**	**132691**	**6567**	**86867**	**124789**
盐湖区	42900	198956	13735	42357	97449	5940	63603	94210
临猗县	1134	2853	349	1953	2550		1999	2248
万荣县	3603	6015	139	5010	4695		1379	1540
闻喜县	1873	4091	810	1958	3126	510	786	991
稷山县	472	1135	152	696	895		1007	1260
新绛县	776	2959	693	1103	1053	64	1150	1234
绛县	338	962	602	129	825		298	394
垣曲县	3983	8040	1532	4573	3579		976	1846
夏县	371	1125	231	534	712		861	987
平陆县	106	132	20	90			101	199
芮城县	434	8809	4008	432	7113		552	801
永济市	264	1735	336	230	1359		2120	2954
河津市	4941	23417	10266	5994	9335	53	12036	16126
忻州市	**40450**	**238685**	**45834**	**56830**	**114395**	**23912**	**81585**	**105373**
忻府区	13793	77282	11431	16545	46630	761	43947	57518
定襄县	30	14	14				166	260

单位：万元

累计折旧	#本年折旧	资产总计	流动负债合　　计	#应付账款	长期负债合　　计	负债合计	所 有 者权益合计	实收资本
5914	650	77914	62021	21504	1722	63981	13933	5695
345	11	16003	7689	6574	135	7850	8154	917
2107	331	44205	10843	2635	126	31524	12681	10410
6764	803	125669	13010	1044	638	13863	111806	5719
57540	**10707**	**766064**	**525263**	**250408**	**53826**	**614722**	**151342**	**100308**
21360	3766	369746	273443	124281	7522	300826	68919	38245
11346	1753	82471	49084	31278	33709	84638	-2167	4226
4245	2431	76079	67772	37321	14	70585	5494	4279
78	19	925	818	548		861	64	224
20510	2737	236844	134147	56980	12580	157812	79032	53333
49620	**8723**	**674828**	**464648**	**131812**	**17617**	**485217**	**189611**	**95831**
31883	4605	389242	257368	62098	9857	267807	121435	58068
917	13	11238	9416	4	293	9709	1529	100
1297	274	17865	10047	933	927	11069	6796	2284
790	177	26118	22684	990	815	23499	2619	465
967	12	15714	12756	1292		12794	2919	1159
4837	2221	90552	71477	33864	1002	72800	17753	6418
1733	330	8134	5595	3284	1570	7323	811	1057
441	54	10675	7218	385	458	7720	2956	3056
263	148	17172	8164	4670	104	8268	8904	7578
2728	465	32100	24052	6230	316	24577	7523	6162
3766	423	56018	35871	18063	2176	39652	16366	9486
37921	**6910**	**419073**	**219700**	**40948**	**13643**	**267000**	**152074**	**65357**
30608	5073	304418	159105	27275	11287	190003	114415	37942
249	35	9071	4576	2796		4577	4494	1315
160	71	7463	5866	219	231	6137	1325	258
204	41	5704	5072	593	330	5402	302	504
254	20	2404	675	162	45	920	1483	1207
84	17	5648	3820	590		3820	1828	1614
97	28	1302	902	667		957	345	122
870	50	9114	8667	332	490	9165	-51	643
126		2013	1041	505	75	1115	897	564
97	10	258	3	3		106	153	5
249	34	9796	7680	3224		7694	2102	1250
834	41	4030	2627	1138	100	2727	1303	626
4090	1491	57854	19667	3445	1085	34377	23477	19309
23788	**2911**	**407621**	**207278**	**68499**	**24857**	**264854**	**142767**	**53325**
13571	1476	172187	47916	11861	8914	78373	93814	12847
94	17	539	306	238		330	209	41

3-2-37 续表 2

地 区	年初存货	流动资产合 计	#应收账款	#存货	流动资产年平均余额	长期投资合 计	固定资产合 计	固定资产原 价
五台县		768	518		452		280	347
代县	1270	6875	668	5255	2744	695	2655	2810
繁峙县	542	7941	2340	1925	2171	10	2620	3055
宁武县	3646	34760	6405	5126	6179	86	2012	5284
神池县	978	3122	2529	351	233		1571	1934
五寨县	5322	40458	7373	7857	21543	245	14929	16562
岢岚县	4186	14857	2867	6639	1750		882	1108
河曲县	3553	23640	2956	2910	19848	21828	2117	2675
保德县	151	309	81	126			96	145
偏关县	670	2357	1215	430		25	593	935
原平市	6309	26302	7436	9667	12845	262	9717	12742
临汾市	**89433**	**390309**	**96664**	**102185**	**363658**	**10102**	**108681**	**150588**
尧都区	62659	210297	36891	76754	182685	2582	71912	97985
曲沃县	2262	8272	287	2034	7607	143	2308	3854
翼城县	1837	5688	2845	743	5413	550	1368	1755
襄汾县	516	1002		512	1008		403	537
洪洞县	1637	9493	592	1720	8332	129	844	1599
古县	52	53214	33953	61	68341	961	578	2485
安泽县	63	7803	13	52	7771		547	790
浮山县	51	531	123	56	556		118	232
吉县	352	1259	256	456	900		183	249
乡宁县	519	18878	37	442	17856	2884	9558	12961
蒲县	9644	36052	14184	12014	31227	772	10303	14874
汾西县	353	1118	454	202	1526	1602	1172	2508
侯马市	6756	27868	3506	4638	21886		6060	5882
霍州市	2734	8835	3523	2501	8551	478	3328	4878
吕梁市	**45306**	**230585**	**59685**	**44933**	**183076**	**13859**	**82302**	**109633**
离石区	6679	35535	459	11581	30690	200	23505	28216
文水县	482	208	7	55			338	215
交城县	869	5939	552	368	5497	63	1442	2279
兴县	896	2368	1040	559		35	807	1090
临县	455	1201	484	550			35	89
柳林县	7396	44402	25284	6533	13137	118	7457	11832
岚县	126	1324		168			286	363
方山县	2524	27773	6920	6932	49464	160	3893	4917
中阳县	1310	13865	1182	3628	2123	236	1786	2530
交口县	989	9011	432	799	6218	1160	2145	3714
孝义市	20930	81203	22787	9744	73351	11197	38188	50296
汾阳市	2650	7757	537	4017	2595	691	2420	4091

单位：万元

累计折旧	#本年折旧	资产总计	流动负债合　计	#应付账款	长期负债合　计	负债合计	所有者权益合计	实收资本
67	6	1048	935	614	9	944	104	373
155	55	11676	2732	673		3080	8596	4886
435	77	12555	6903	2658		6903	5652	5257
3272	637	36922	32857	15719		42560	-5639	2525
363	41	4805	3549	1783		3784	1022	595
1632	206	57709	32415	19853	11980	45154	12555	10681
226	30	20023	10031	2120		10031	9992	2714
557	90	49574	37964	1945	1071	39034	10540	7780
49	9	426	182	110		207	219	205
343	36	2985	2570	1258		2570	415	155
3024	231	37172	28919	9666	2884	31883	5288	5266
44039	**8901**	**558090**	**363862**	**73496**	**16840**	**424128**	**133962**	**70122**
26074	5796	321899	175468	50410	10159	228477	93422	41240
1548	171	10851	7647	310	40	7686	3165	1399
709	138	8817	2912	2159		2971	5847	5550
134	15	1614	1146	712		1190	424	150
755	70	11188	7703	4165	149	7940	3248	2881
1907	50	54843	52326	2487	22	52348	2495	1394
243	63	8471	7112	62	57	7169	1303	1350
114	22	771	560	334	60	620	151	54
66	13	1442	1303	22		1303	139	22
3403	768	32451	22480	368	1484	23991	8461	2787
4571	937	51603	43915	2881	202	44117	7486	3300
1336	126	4012	2749	1119	356	3105	907	711
1630	472	36867	27612	6672	4251	32172	4695	6397
1550	262	13261	10931	1796	61	11041	2221	2887
30858	**11057**	**375350**	**191236**	**60096**	**5302**	**212335**	**163015**	**28525**
7912	6939	61249	11386	4731	1168	12554	48696	4634
80		3978	207			1287	2692	2342
837	147	9371	4427	1866	1930	6357	3014	631
283		3209	2693	1560		2727	482	516
54		1246			58	1147	100	24
4376	507	60788	51034	19009	86	51262	9526	3359
77	48	1610	1035	243	311	1346	265	200
1110	91	45055	21242	19887	100	22342	22713	4100
744	136	16240	5591	2791	209	11032	5208	1823
1569	126	12440	8877	901		8877	3563	1355
12108	1892	148979	78614	7901	1065	84804	64175	7934
1709	1170	11186	6130	1207	376	8602	2584	1609

3-2-37 续表 3

地　　区							主营业务收　　入	主营业务成　　本
	国家资本	集体资本	法人资本	个人资本	港澳台资本	外商资本		
总　计	**770172**	**135321**	**173276**	**697306**	**28873**	**12297**	**36358597**	**33329361**
太原市	**384457**	**45304**	**53917**	**313006**	**21643**	**550**	**14648316**	**13652489**
小店区	96687	20241	24526	116146	500	500	3770043	3523284
迎泽区	91713	11610	7397	64210		50	2501740	2267615
杏花岭区	133591	9058	16486	48901	21143		5204441	4809801
尖草坪区	51953	180	50	56685			1996361	1949496
万柏林区	8154	40	275	19957			841001	786758
晋源区	500	108	3350	4870			92438	86456
清徐县	1150		1833	2154			105459	102691
阳曲县	616			83			8631	8220
古交市	93	4068					128204	118169
大同市	**70207**	**14380**	**15801**	**69845**	**3300**	**1000**	**2818493**	**2478789**
大同市城区	23502	3277	12825	48067	3300	1000	1628979	1425493
矿区	100			1005			17936	17124
南郊区	13586	9793	870	13341			778493	715084
新荣区	400						8611	
左云县	1119	1300	1011				89355	84235
大同县	31500	10	1095	7432			295119	236852
阳泉市	**51956**	**7742**	**6919**	**7570**			**1703585**	**1606967**
城区	14548	6123	6502	3370			658396	588255
矿区	30970	1067		598			291562	264917
郊区	2447		300	1167			181798	177851
平定县	1701	302		1696			69494	88661
盂县	2290	250	117	739			502334	487284
长治市	**100406**	**16381**	**9282**	**107571**		**10497**	**3705836**	**3451502**
长治市城区	60200	2744	3452	61572		497	1254479	1144696
长治市郊区	8384	6106	4340	22734			740193	713657
长治县	2583			4022			420149	387060
襄垣县	11870		100	1914			390247	362537
屯留县	5837	30	1255	6506			88553	84326
黎城县	505			690			59930	57134
壶关县	2146	5333		468			98224	84894
长子县	4230	53		710			119435	110003
武乡县	1944	666		1300		10000	146750	135906
沁县	444	500		1800			44245	40418
沁源县	898	500	85	113			248092	240001
潞城市	1365	450	50	5742			95540	90871
晋城市	**38514**	**20999**	**12307**	**16294**	**3930**		**2762695**	**2453162**
晋城市城区	29560	12500	8065	14615	3930		1054499	942365
沁水县	633						190863	168754

单位：万元

主营业务税金及附加	主营业务利润	其他业务收入	其他业务利润	营业费用	管理费用			
						#税金	#差旅费	#工会经费
142623	**2718636**	**218194**	**138328**	**1081321**	**714098**	**28302**	**19572**	**4400**
54415	**941411**	**72926**	**52674**	**377216**	**234841**	**5832**	**5823**	**1135**
9390	237369	20146	16977	118930	54910	1674	2475	376
19449	214676	15842	8907	69010	56899	1502	1364	378
22367	372273	28855	19106	131223	96401	1147	1112	178
916	45949	6142	6070	25783	8518	862	170	13
969	53274	735	555	24413	10201	348	425	47
754	5227	1	-36	1740	1675	52	38	39
78	2690	1080	1080	1185	2080	125	87	67
61	350			228	379	17	76	2
432	9603	124	15	4706	3778	107	77	37
9652	**227281**	**21016**	**6924**	**135717**	**75700**	**2683**	**1368**	**364**
3281	119625	8441	5238	55575	40159	1175	1032	241
198	614			375	414		12	4
4473	58775	1610	1603	32031	25186	1381	244	89
25	1436	300	82	1399	94	15	14	9
660	6995			3180	3608	85	22	8
1015	39837	10666		43157	6240	27	43	13
7050	**111501**	**15935**	**10452**	**42186**	**43350**	**1640**	**953**	**167**
1837	68305	8911	3859	20307	24700	1050	804	126
4647	21998	712	438	14639	3509	366	53	6
213	3734	7	6	493	2567	15	1	1
67	2700	2020	2020	1703	1928	10	25	17
286	14765	4286	4129	5043	10646	198	70	16
4385	**249197**	**15951**	**6843**	**92744**	**74836**	**2232**	**1974**	**544**
1859	107924	8938	3567	37932	30278	1118	739	181
355	25959	3226	340	9784	8241	279	432	190
278	32613	116	114	18920	8487	131	227	17
453	27156	981	302	8866	6661	67	81	15
64	4163	110	110	674	1408	14	31	9
231	2566			1597	913	1	9	3
467	12864			7616	2210	26	58	25
173	9259	7	-10	816	4423	202	69	29
181	10663	1796	1734	2823	4146	96	168	37
60	3767			1432	1521	133	64	11
112	7748	177	91	889	2979	129	40	17
152	4516	600	596	1396	3570	35	57	10
8247	**287878**	**7864**	**4416**	**49645**	**55728**	**2955**	**1202**	**406**
3879	90564	4421	3426	27547	32823	1237	806	112
258	21851	24	20	102	4708	2	47	48

3-2-37 续表 4

地区	国家资本	集体资本	法人资本	个人资本	港澳台资本	外商资本	主营业务收入	主营业务成本
阳城县	1714	2046	1920	15			476915	448322
陵川县	627			290			52921	43631
泽州县	2517	6314	800	779			449418	393252
高平市	3463	139	1522	595			538079	456839
朔州市	**36137**	**17521**	**12629**	**34021**			**2279458**	**2023821**
朔城区	30013	2956	3423	1853			1042636	943416
平鲁区	2475	1751					97407	81182
山阴县	198	1001	1000	2080			485640	439307
应县	124			100			14447	3851
怀仁县	3326	11814	8206	29988			639327	556065
晋中市	**18115**	**6738**	**18285**	**52694**			**2945511**	**2745558**
榆次区	8190	1787	6214	41877			1398243	1278655
榆社县	51			49			4461	4410
左权县	1075		515	694			96669	89421
和顺县	298		44	123			111747	106925
昔阳县	1159						130793	127477
寿阳县	4153	150	1120	995			563252	535236
太谷县	34	185	800	37			35162	32339
祁县	194	181	83	2598			37733	36646
平遥县	322		7040	216			197453	183473
灵石县	1346	4179	153	483			168483	162161
介休市	1293	255	2316	5622			201515	188814
运城市	**18162**	**1668**	**21039**	**24239**		**250**	**1275710**	**1149824**
盐湖区	12874	1371	19286	4160		250	1037104	942324
临猗县				1315			13730	13005
万荣县	258						3317	2088
闻喜县	4		300	200			19093	17575
稷山县	74		448	685			3293	2720
新绛县	606	136		872			16209	15158
绛县	22			100			11925	11527
垣曲县	643						7699	6279
夏县	34			530			3006	2442
平陆县	5						796	770
芮城县	200	50	1000				49535	39511
永济市	478	111		37			7290	6489
河津市	2964		5	16340			102715	89936
忻州市	**14449**	**614**	**11290**	**26973**			**1045626**	**888124**
忻府区	7261		1472	4114			492262	416702
定襄县	41						612	462

单位：万元

主营业务税金及附加	主营业务利润	其他业务收入	其他业务利润	营业费用	管理费用			
						#税金	#差旅费	#工会经费
861	32015	115	73	2603	6754	30	64	42
129	9161	43	26	1221	1898	11	58	23
1208	54959	928	709	4652	3412	1215	78	35
1912	79329	2335	164	13520	6131	460	150	147
26776	**228860**	**13871**	**13530**	**86650**	**54658**	**1857**	**1266**	**250**
4591	94629	13122	12845	28032	29795	1076	864	148
481	15745			6102	3797	309	46	5
1879	44455		-6	30627	6661	160	43	41
356	10240			199	171	5	4	1
19470	63792	748	691	21690	14235	306	310	54
6385	**193568**	**7567**	**6779**	**79632**	**44168**	**4645**	**1201**	**525**
3279	116308	4234	4053	32537	24548	1382	507	162
1	50			79	160	20	4	2
799	6449	80	13	1337	2572	672	167	269
80	4743	31	31	1076	1637	1330	4	1
256	3060	54	52	1025	1747		3	2
678	27337	202	-4	19667	4146	353	178	29
20	2803	74	74	696	528	6		
54	1032	57	45	839	443	13	7	3
694	13286			10872	938	538	42	11
141	6181	558	403	2481	2796	248	39	22
383	12318	2277	2114	9024	4652	83	249	25
13172	**112715**	**3494**	**-4155**	**42755**	**21960**	**2104**	**1018**	**170**
10558	84222	1681	-4354	24471	16678	1546	394	99
20	705	23	22	210	188	20	3	2
	1229	3		180	148	2	6	2
214	1304	214		1476	35	2	4	1
54	518	60	60	228	259	20	16	2
24	1027			375	179	28	4	
	398			137	146	1	2	1
19	1401			699	576	2	284	2
4	561	10	10	351	174	5	9	1
	25			147	27			
199	9825			8562	696		145	17
9	793			299	114	12		2
2072	10707	1504	107	5621	2741	465	151	40
5160	**139956**	**7708**	**1340**	**75795**	**28145**	**1439**	**1192**	**340**
2132	61195	6206	203	15436	15222	390	481	285
	150	105		46	76	3	17	1

3-2-37 续表 5

地 区							主营业务收入	主营业务成本
	国家资本	集体资本	法人资本	个人资本	港澳台资本	外商资本		
五台县	372			1			2440	2296
代县			566	4320			49512	47716
繁峙县	2		500	4756			45341	42332
宁武县	1363		662	500			81236	74845
神池县	481	114					14221	12523
五寨县	255	500	5905	4021			139518	108017
岢岚县	427		776	1511			62989	45795
河曲县			1000	6780			73119	58124
保德县	77		8	120			1025	807
偏关县	155						8927	8052
原平市	4016		400	850			74424	70455
临汾市	**25499**	**3144**	**4585**	**36894**			**1847480**	**1694787**
尧都区	14266	1531	230	25212			1003090	902153
曲沃县	819		180	400			13301	12369
翼城县	93		1073	4384			27498	25090
襄汾县	10			140			3307	2675
洪洞县	158			2723			13575	11662
古县	1250			144			249115	246785
安泽县	1280			70			38097	36779
浮山县	31	23					2643	1959
吉县	22						44117	43369
乡宁县	2460	252		75			169155	156927
蒲县	3020			280			137064	123645
汾西县	655	4	52				4714	4154
侯马市	434	1333	3050	1580			125446	112393
霍州市	1000			1887			16361	14826
吕梁市	**12271**	**830**	**7224**	**8200**			**1325887**	**1184338**
离石区	2424	420	300	1490			183947	140102
文水县	42		1000	1300			6737	5242
交城县	581			50			16303	12460
兴县	516						9035	7333
临县	24						1351	1095
柳林县	1103	15	714	1528			89029	78638
岚县				200			1864	1702
方山县			4100				71684	48288
中阳县	723			1100			35983	34292
交口县	855			500			11042	9668
孝义市	5274	271	660	1729			866273	815039
汾阳市	731	124	450	304			32641	30478

单位：万元

主营业务税金及附加	主营业务利润	其他业务收入	其他业务利润	营业费用	管理费用			
						#税金	#差旅费	#工会经费
6	139				130		11	1
375	1512			16	911	96	168	
59	2805	94	1	2060	685	51	31	12
235	6155			4273	2381	49	60	7
67	1631			151	376	12	32	5
812	30599			27496	1782	35	188	7
452	16742	57	57	12688	1321	267	47	2
611	14384	37	36	10990	1698	230	57	5
	106	15	11	97	31	3	2	
41	834			433	316			
368	3704	1195	1033	2110	3219	302	98	14
3633	**149061**	**9364**	**1445**	**45103**	**51269**	**1265**	**1996**	**310**
1696	99240	7351	1100	25207	27465	995	766	198
38	895	172	171	472	362	30	9	2
158	2250			1110	821	23	27	9
4	628	2		28	173	3	28	4
15	1898	2	2	874	550	7	22	3
157	2172			566	1227	8	7	7
55	1262			49	710	35	22	5
11	673			92	511	32	16	2
25	722		-217		440		34	2
76	12152			317	10622	21	369	36
783	12635			6085	5065	22	183	17
55	505	29	24	196	955	36	39	7
398	12655	1657	227	9553	1645	33	398	4
162	1373	152	138	554	725	20	76	14
3751	**77208**	**42499**	**38079**	**53878**	**29444**	**1651**	**1578**	**191**
107	6998	168	118	738	3117	85	136	16
228	1267	193	13	338	167		5	
55	468	3049	2878	346	1383	14	52	13
67	1231	997	997	1471	916	865	44	6
	256			132	104			2
309	10082	440	426	8774	3844	25	217	28
28	134			47	30		4	
641	2895	159	159	5145	892	14	84	5
73	1366	2853	2321	746	804	18	69	7
132	1242	1657		638	2076	79	44	6
1681	49553	32983	31167	34168	14093	529	667	103
431	1715			1336	2022	22	257	5

3-2-37 续表 6

地 区	财务费用	#利息支出	营业利润	营业外收入	利润总额	应交所得税	劳动、失业保险费
总 计	**159698**	**96360**	**962331**	**24685**	**902580**	**294631**	**9584**
太原市	**98996**	**63469**	**283032**	**8010**	**275050**	**153959**	**2273**
小店区	17863	14488	62643	958	46664	16976	106
迎泽区	18708	9746	78966	1210	72879	21677	8
杏花岭区	42716	34153	121038	5045	138332	113738	2014
尖草坪区	16572	3073	1146	90	-1618	780	1
万柏林区	2345	1378	16871	696	16521	238	51
晋源区	733	610	1044	3	1023	76	
清徐县	65	59	440	6	324	58	94
阳曲县	2		-259		-260		
古交市	-8	-36	1142	2	1185	416	
大同市	**7334**	**4128**	**51170**	**3296**	**50686**	**12965**	**873**
大同市城区	4807	2031	49439	3003	47974	11742	453
矿区	12	10	-12	6	-9		
南郊区	1745	1620	99	250	168	528	157
新荣区	4				926	31	5
左云县	319	318	754	29	816	232	256
大同县	447	149	889	8	811	433	2
阳泉市	**3706**	**1437**	**32885**	**588**	**33217**	**6226**	**1053**
城区	2688	904	24493	150	24522	4129	854
矿区	127	83	4160	36	3783	1004	23
郊区	375	12	304	364	1856	328	12
平定县	137	73	1102	9	1071	258	
盂县	379	365	2826	31	1986	506	165
长治市	**10760**	**4954**	**78754**	**4831**	**84366**	**19531**	**784**
长治市城区	3387	1711	40275	610	41970	8198	192
长治市郊区	2557	1237	5964	1629	7506	2199	
长治县	1557	15	3856	11	3546	1316	557
襄垣县	1021	325	11043	2393	13870	3342	17
屯留县	246	177	1945	33	2029	548	
黎城县	17	-1	40		55	15	
壶关县	510	510	2528	11	2325	898	1
长子县	65	65	3945	42	3913	1041	
武乡县	326	-36	5102	96	5504	860	5
沁县	323	319	491		232	58	
沁源县	316	204	3855	4	3391	865	
潞城市	435	428	-290	1	24	191	12
晋城市	**6461**	**3934**	**189560**	**1334**	**155112**	**37342**	**1775**
晋城市城区	6529	4267	37243	1100	38661	8244	1479
沁水县	2	2	17059		17148	4400	

单位：万元

养老保险和医疗保险费	住房公积金和住房补贴	本年应付工资总额	#主营业务应付工资总额	本年应付福利费总额	#主营业务应付福利费总额	本年应交增值税	全部从业人员年平均人数（人）
29513	**9602**	**333228**	**245916**	**22404**	**16351**	**707673**	**173633**
6628	**2139**	**93392**	**64189**	**5559**	**3690**	**168971**	**40613**
974	279	25777	19568	1924	1481	25347	11560
2211	1182	26140	21167	1898	1564	44118	12011
2064	350	27651	14478	898	267	28075	10192
73	39	2756	965	136	71	52541	1053
642	209	6804	5461	323	212	7946	3811
73	25	1119	1112	42	42	7239	603
270	5	931	903	15	9	658	552
12		174	64	110		227	98
309	50	2040	472	213	44	2821	733
2023	**803**	**29903**	**24331**	**2109**	**1198**	**128881**	**23386**
1611	727	18957	13699	1383	950	27982	17470
4		211	211	9		1712	243
343	30	6980	6756	166	163	51685	3703
44		563	563	252		1447	563
	40	1612	1594	193	9	10876	474
21	6	1580	1508	106	76	35179	933
2896	**1022**	**18824**	**13058**	**1225**	**1004**	**16761**	**8175**
1777	607	9975	6011	449	358	9121	4712
244	52	1320	1147	76	38	2216	604
134	118	984	68	72	7	1862	482
50	40	1900	1464	225	222	719	537
692	205	4645	4367	404	380	2843	1840
3526	**832**	**32356**	**32101**	**2990**	**2920**	**51494**	**14942**
2072	448	13659	13563	1446	1439	27448	8319
372	140	4170	4120	528	527	2800	2082
206	23	4151	4102	110	78	2874	923
130	43	2882	2840	248	224	4764	1107
58	1	779	766	48	48	757	322
33	6	125	125	7	7	2429	143
112		1513	1513	125	125	3043	355
265	108	873	873	121	121	2698	390
168	54	1503	1503	159	159	1953	425
55	1	525	525	56	56	821	246
16	4	1139	1139	81	81	1020	297
40	4	1038	1034	61	55	887	333
2177	**995**	**45951**	**40398**	**2102**	**1356**	**53554**	**18231**
1015	637	23365	20469	734	643	19450	11843
5	22	2368	75	603	10	372	528

3-2-37 续表 7

地 区	财务费用	#利息支出	营业利润	营业外收入	利润总额	应交所得税	劳动、失业保险费
阳城县	239	147	21437	15	26178	6508	21
陵川县	-85	-86	6152		6142	1503	
泽州县	328	197	47276	5	1217	245	69
高平市	-553	-594	60393	214	65767	16441	205
朔州市	**4647**	**2486**	**96436**	**825**	**75860**	**17028**	**1109**
朔城区	2446	1245	47202	485	44585	7178	432
平鲁区	120	57	5726	1	967	8	140
山阴县	874	205	6288	1	5341	2137	451
应县			9870	7	224	15	
怀仁县	1207	979	27351	331	24743	7691	86
晋中市	**11161**	**7315**	**65386**	**1183**	**51363**	**11081**	**816**
榆次区	7824	5188	55452	655	43042	8837	8
榆社县	513	513	-702	23	-293		2
左权县	1047	572	1506	27	712	135	86
和顺县	91	91	1969	3	1263	377	
昔阳县	341	294		232	260	139	8
寿阳县	-229	-241	3749	188	3593	892	21
太谷县	65	2	1588		103	3	
祁县	147	145	-352		-352	20	56
平遥县	226		1250	1	896	226	184
灵石县	566	498	741	12	1064	258	429
介休市	570	254	186	43	1077	195	23
运城市	**5212**	**3576**	**38633**	**2514**	**35573**	**10324**	**682**
盐湖区	3645	2520	35074	2113	33524	9823	518
临猗县	103	101	226	46	115		
万荣县	268	268	633		765	7	53
闻喜县	132		-339	4	-336	8	1
稷山县	54	33	37	35	82	16	12
新绛县	53		420	7	314	9	1
绛县	6	5	110		15	4	
垣曲县	302	302	-175	1	-136		35
夏县	13	13	32	6	17	4	1
平陆县			-148		25	6	
芮城县	117		450	22	469	295	
永济市	52	42	328		10	3	62
河津市	466	293	1986	282	710	150	1
忻州市	**4061**	**1629**	**37523**	**275**	**43384**	**7065**	**14**
忻府区	2214	113	33331	140	38111	5744	
定襄县	1	1	24		23	7	

单位：万元

养老保险和医疗保险费	住房公积金和住房补贴	本年应付工资总额	#主营业务应付工资总额	本年应付福利费总额	#主营业务应付福利费总额	本年应交增值税	全部从业人员年平均人数（人）
314	87	4091	4082	297	297	6690	1781
120	49	1232	1232	111	111	916	449
260	53	3821	3744	177	169	10553	1768
464	148	11075	10796	179	126	15574	1862
3678	**882**	**21508**	**11273**	**1128**	**415**	**105817**	**11879**
2496	557	11141	8006	591	292	53307	5275
185		926	413	43		4863	545
211	118	822	639	155	19	11027	919
11	3	126	78	11	11	28	178
775	205	8494	2139	328	94	36593	4962
2938	**745**	**22556**	**14551**	**1368**	**1097**	**48752**	**13122**
2079	557	11278	9222	754	664	27404	5511
30		82	82	11	11	9	75
14		786	746	166	162	1513	617
11	26	1284	410			932	513
42		1288	82	8	8	2692	780
209	65	1985	727	152	79	5641	818
2		286	62	13	7	414	307
51	18	287	207	20	17	191	455
8	12	659	116	64	13	5924	481
129	43	1780	878	79	65	999	1551
363	25	2842	2020	101	71	3033	2014
728	**385**	**15096**	**6782**	**1072**	**748**	**17070**	**10219**
525	332	9426	2058	616	366	9831	5593
35		172	124	16	16	37	166
	5	120	120	10	10	166	53
20	2	127	36			269	95
15	6	161	152	15	13	79	202
2	2	275	115			98	153
		114	87	2	2	1444	72
2		138	87	8	8	291	134
9	5	175	132	8	8	37	264
9	2	65	65	8	8	20	22
		2748	2748	85	84	1524	2233
21	8	189	177	28	6		184
89	23	1387	883	278	229	3273	1048
1105	**305**	**12870**	**8909**	**959**	**853**	**27140**	**8655**
578	263	6688	5304	650	598	6454	3242
1	2	46				25	21

3-2-37 续表 8

地 区	财务费用	#利息支出	营业利润	营业外收入	利润总额	应交所得税	劳动、失业保险费
五台县	-2	-2	9		9		
代县	233	134	352		150	3	
繁峙县	459	446	995		133	57	14
宁武县	33	-6	-532		311	84	
神池县	14		1092		805	201	
五寨县	432	403	1292	16	1058	294	
岢岚县	194	177	242		231	35	
河曲县	151	50	1581	53	2182	561	
保德县			99	2	101	7	
偏关县	-2	-2	87	5	92	18	
原平市	332	316	-1049	60	179	54	
临汾市	**5935**	**2860**	**48199**	**420**	**47379**	**10632**	**56**
尧都区	4390	1577	43279	138	41395	9349	
曲沃县	156	156	75		69	28	
翼城县	112	111	207	20	277	14	
襄汾县	8		419		138	39	
洪洞县	129	129	346	9	148	42	
古县	6		375	30	392	104	
安泽县	15		487	10	496	214	31
浮山县	7		64		16	11	
吉县	-3	-3	68	6	74	18	
乡宁县	72		1142	89	1141	326	
蒲县	94	38	1392	15	1309	439	
汾西县	29	4	-651	27	-622		
侯马市	842	838	843	75	2770	26	26
霍州市	79	13	154	1	-224	22	
吕梁市	**1426**	**572**	**40754**	**1409**	**50590**	**8480**	**149**
离石区	3	2	3677	12	3717	312	53
文水县	-1	-1	777		747	75	
交城县	29	27	1915	92	1857	447	8
兴县	3	1	97		89	27	
临县			21		21	6	6
柳林县	109	67	-2219	318	5444	2066	28
岚县	30	30	28		28		
方山县	247	18	2554	29	229	38	16
中阳县	230	39	2134	46	2599	669	1
交口县	-9	-9	193	59	189	47	12
孝义市	406	21	32053	266	35390	4596	16
汾阳市	379	376	-477	588	282	196	10

单位：万元

养老保险和医疗保险费	住房公积金和住房补贴	本年应付工资总额	#主营业务应付工资总额	本年应付福利费总额	#主营业务应付福利费总额	本年应交增值税	全部从业人员年平均人数（人）
8		71	71			73	50
		566	566	5	5	272	562
	8	365	323	30	20	1092	229
65	15	1784	498	60	60	1159	1176
2	15	173	90	25	10	1167	126
		829	829	89	89	5527	580
71		292	48	14	4	4787	227
16		460	409	33	33	4388	291
1	2	47	47			30	28
20		156				338	83
342		1392	724	53	35	1831	2040
2497	**813**	**25083**	**24652**	**2979**	**2769**	**64654**	**16587**
895	632	15399	15138	1826	1769	16720	9881
17	4	332	332	39	39	600	153
8	5	473	473	39	25	1420	350
15		149	139	26	25	136	155
16	7	431	431	41	36	150	442
28	44	572	572	519	519	42050	370
61	11	235	235	16		204	64
9		140	140	19	13	96	73
26		107	107	20	20	145	38
708	1	3249	3190	288	274	22	1297
137		1445	1445			524	1034
19	5	389	375	8	6	411	305
358	101	1709	1621	50	42	1314	1688
201	3	455	455	87		860	737
1315	**681**	**15690**	**5672**	**915**	**303**	**24579**	**7824**
100	53	1142	959	92	71	1329	1598
		281	59			228	165
55	36	721	28	34	7	632	228
61		141		13		691	82
21		97				54	45
369	151	3954	1171	370	56	3527	902
		61	61			2	125
12	5	1158	1155			4210	1053
61	26	576	480	54	54	683	273
117		442	442	10	10	547	251
414	400	6375	1078	306	99	9415	2492
107	10	742	240	36	6	3260	610

3-2-38 按登记注册类型、控股情况和

登记注册类型	年初存货	年末存货	固定资产原价	所有者权益合计	实收资本	
						国家资本
总　计	**1538903**	**1548606**	**2479069**	**3862659**	**3237413**	**313030**
一、按登记注册类型分						
内　资	**1535435**	**1544486**	**2469963**	**3843155**	**3220435**	**312116**
国　有	243185	259854	488874	378730	302141	258285
集　体	92142	99432	211429	202741	171274	
股份合作企业	16250	12166	31517	34315	33307	3279
联营企业	4721	4834	15161	10686	10894	2041
国有联营	1109	447	5837	2432	1599	1194
集体联营	442	374	1962	2210	2542	
国有与集体联营	669	452	1843	1825	2275	827
其他联营	2501	3561	5519	4220	4478	20
有限责任公司	190145	193219	341567	833109	555676	32881
国有独资公司	2442	2527	12624	57934	17138	10971
其他有限责任公司	187703	190692	328943	775174	538538	21910
股份有限公司	73559	76297	156653	193826	173155	14308
私营企业	901007	885852	1185925	2138885	1926342	
私营独资	165931	185627	337289	463662	435713	
私营合伙	66625	29309	56112	89859	86300	
私营有限责任公司	617370	603623	735909	1461340	1309034	
私营股份有限公司	51082	67293	56615	124025	95295	
其　他	14426	12833	38838	50865	47648	1323
港澳台商投资	**1735**	**2141**	**757**	**3594**	**3113**	**2**
与港澳台商合资经营	11	10	655	1420	910	2
港澳台商独资	1270	1571	63	1377	1423	
港澳台商投资股份有限公司	455	559	39	798	780	
外商投资	**1733**	**1980**	**8349**	**15909**	**13865**	**912**
中外合资经营	1263	1471	8157	8715	6752	912
中外合作经营				70	70	
外资企业	310	379	56	6970	6890	
外商投资股份有限公司	160	130	136	154	154	
二、按控股情况分						
国有控股	270029	281476	594735	537007	385267	311164
集体控股	108646	117971	300797	485732	293750	427
私人控股	1088832	1072272	1441681	2590316	2324585	973
港澳台商控股	1809	2179	1494	17644	19371	
外商控股	824	593	4158	11322	13024	
其　他	68764	74116	136204	220638	201416	467
三、按国民经济行业(门类、大类、中类、小类)分						
批发和零售业	**1538903**	**1548606**	**2479069**	**3862659**	**3237413**	**313030**
批发业	972826	981063	1334972	2489420	1996156	226315
农畜产品批发	71699	97438	96342	93005	80512	18861
谷物、豆及薯类批发	41556	67583	42242	22369	23201	11730
种子、饲料批发	11452	10622	21684	33743	29527	5002
棉、麻批发	14838	14494	10850	9703	5400	60
牲畜批发	64	74	1202	1367	1013	73
其他农畜产品批发	3789	4665	20364	25823	21371	1996
食品、饮料及烟草制品批发	86151	91280	143224	145954	111754	31919
米、面制品及食用油批发	41588	50968	52548	48142	31338	19631
糕点、糖果及糖批发	1990	1891	3563	4076	3904	861
果品、蔬菜批发	7147	3953	43430	36636	31138	3348
肉、禽、蛋及水产品批发	1439	1471	13111	10522	7452	3076

行业分组的限额以下批发和零售业财务状况

单位：万元

集体资本	法人资本	个人资本	港澳台资本	外商资本	本年折旧	营业收入	#主营业务收入	营业成本
286448	**310634**	**2294665**	**18799**	**13836**	**154087**	**11693063**	**11561594**	**9669869**
286375	**310632**	**2293338**	**15998**	**1976**	**153737**	**11668417**	**11536998**	**9649434**
	43855				27006	1587248	1562315	1333113
170666	608				11676	723498	711803	573830
4333	4532	21134	30		1965	119849	117409	100431
4374	3842	637			436	34626	33976	19605
	405				113	4710	4154	2573
2542					26	4816	4814	3209
1073	375				39	8873	8873	7571
759	3062	637			258	16226	16135	6251
96503	159063	253448	11838	1943	24926	2203020	2176113	1897665
	6167				2118	135645	135623	88410
96503	152897	253448	11838	1943	22808	2067374	2040491	1809255
8810	39559	106334	4110	33	11303	573623	570079	462061
	32311	1894031			73450	6302353	6244004	5168709
	5448	430265			21450	1493648	1468283	1074196
	3323	82976			2726	358921	354701	280573
	21646	1287388			45760	4061189	4035205	3486023
	1894	93401			3513	388594	385816	327918
1688	26861	17755	20		2977	124201	121299	94020
2	**2**	**305**	**2802**	**1**	**19**	**12854**	**12824**	**9678**
2	2	285	619	1	12	1351	1351	985
			1423		5	9171	9171	8281
		20	760		2	2331	2301	412
72		**1022**		**11859**	**331**	**11791**	**11772**	**10756**
72		1000		4768	321	9496	9477	8886
		19		51		100	100	20
				6890	7	1504	1504	1339
		3		150	4	692	692	512
2395	68727	2293		688	33980	2462276	2431926	2109092
282763	7195	3307	20	39	16220	1069202	1041324	857938
542	43746	2279260	11	53	94241	7540015	7474508	6188330
	300	303	18768		50	13002	12967	9364
				13024	244	12033	9745	6628
748	190667	9502		33	9353	596534	591124	498517
286448	**310634**	**2294665**	**18799**	**13836**	**154087**	**11693063**	**11561594**	**9669869**
200384	223486	1318536	13876	13558	89887	8345802	8256187	7012426
7570	6174	47906			4860	265696	264192	223089
1490	826	9154			2000	139288	138669	116632
2092	3937	18496			1801	39621	38937	30891
3092	51	2197			448	13447	13319	11203
	14	926			50	1149	1138	432
897	1346	17132			562	72192	72129	63931
11993	5629	62094	113	6	12529	461427	455965	376502
518	1180	9895	113		4989	191987	189479	166368
675	112	2257			104	10004	9960	8308
4623	2228	20938			3702	76630	75907	59881
1526	292	2559			1017	20198	20191	17517

3-2-38 续表 1

登记注册类型	年初存货	年末存货	固定资产原价	所有者权益合计	实收资本	国家资本
盐及调味品批发	6263	6488	11552	9063	7785	637
饮料及茶叶批发	11592	13180	6567	19890	14055	564
烟草制品批发	8059	3999	3871	3834	3595	2714
其他食品批发	8073	9329	8581	13790	12488	1088
纺织、服装及日用品批发	22695	23426	37563	63699	55962	6875
纺织品、针织品及原料批发	4827	4969	8070	18625	20096	5325
服装批发	9378	10272	14569	22293	15839	1036
鞋帽批发	135	174	119	365	215	
厨房、卫生间用具及日用杂货批发	2972	2847	7838	10418	9508	129
化妆品及卫生用品批发	2179	1696	785	3427	2507	
其他日用品批发	3204	3469	6182	8571	7798	385
文化、体育用品及器材批发	11300	11440	17184	29544	20657	3381
文具用品批发	3302	2706	6073	6814	5975	1253
体育用品批发	973	1232	306	1476	1216	91
图书批发	2647	2373	3333	6792	6080	1384
报刊批发	176	267	5077	7303	628	390
音像制品及电子出版物批发	280	303	196	1185	1139	
首饰、工艺品及收藏品批发	2403	3454	1248	4710	4414	263
其他文化用品批发	1520	1104	951	1265	1206	
医药及医疗器材批发	42418	30276	76506	40953	35966	4716
西药批发	10505	9573	18679	16923	14359	2463
中药材及中成药批发	6676	14133	5017	11908	9695	1445
医疗用品及器材批发	25237	6571	52810	12122	11912	808
矿产品、建材及化工产品批发	381870	413560	688348	1538622	1174023	127355
煤炭及制品批发	157875	162368	296470	666427	516926	89605
石油及制品批发	18010	16471	19963	23739	21587	2197
非金属矿及制品批发	3797	5150	11135	24256	19928	1961
金属及金属矿批发	79328	83961	112961	453639	293572	8335
建材批发	84673	104369	138344	255870	224268	15114
化肥批发	15637	18621	34570	39706	34778	3607
农药批发	3640	2698	5609	8944	6978	741
农用薄膜批发	408	504	726	643	465	23
其他化工产品批发	18503	19418	68571	65398	55520	5772
机械设备、五金交电及电子产品批发	316580	278739	207598	476392	416283	20453
农业机械批发	19109	17905	19195	24931	20803	3208
汽车、摩托车及零配件批发	34255	36940	32401	94702	82776	1443
五金、交电批发	30543	31829	58659	100885	92190	7845
家用电器批发	10475	12413	5712	21170	21002	
计算机、软件及辅助设备批发	11074	12509	10144	43574	30559	
通讯及广播电视设备批发	6367	5759	2745	10055	9382	505
其他机械设备及电子产品批发	204756	161384	78742	181074	159571	7452
贸易经纪与代理	4166	3636	22816	35064	31168	2865
贸易经纪与代理	4166	3636	22816	35064	31168	2865
其他批发	35947	31267	45391	66188	69831	9890
再生物资回收与批发	13458	12621	22613	32486	30590	1923
其他未列明的批发	22489	18646	22777	33702	39241	7967
零售业	566077	567544	1144097	1373239	1241257	86715
综合零售	56720	64274	205317	169466	155692	16260
百货零售	26283	28447	113963	93196	83032	13011
超级市场零售	13764	18009	43487	29749	29439	399
其他综合零售	16674	17818	47866	46521	43222	2850

单位：万元

					本年折旧	营业收入		营业成本
							#主营业务收入	
集体资本	法人资本	个人资本	港澳台资本	外商资本				
4201	470	2478			884	50641	50338	36915
86	865	12540			753	56436	55929	44293
50	315	516			581	13160	11802	10524
314	168	10911		6	499	42369	42357	32697
5515	1023	42121	428		1824	116982	114283	77043
2574	229	11969			745	23858	23785	15746
304	164	13906	428		403	32701	32513	23264
3	30	182			4	2080	2080	1881
1084	161	8134			277	23353	23353	15652
1	215	2291			112	11144	11131	8232
1549	224	5640			285	23846	21421	12268
952	1440	14879		6	2316	52935	52703	42962
249	378	4095			1117	16697	16664	13725
10		1110		6	67	8311	8296	7113
233	562	3901			482	9637	9540	7843
		238			361	5742	5664	3901
	500	639			18	948	948	415
460		3691			135	5997	5996	5271
		1206			137	5603	5595	4695
399	1113	29478	200	60	1792	185854	185293	153609
300	393	11203			968	69800	69527	55572
42	530	7678			226	77631	77416	67684
57	190	10596	200	60	598	38424	38350	30354
142022	152512	726965	12215	12954	45356	5506091	5449132	4675793
48484	99251	266658		12929	20138	3044346	3006130	2560519
1318	3273	14788		12	2404	101717	101017	85531
100	1259	16607		1	656	63538	63055	43713
70995	27280	175134	11828		6013	1221897	1217789	1095252
2124	15688	191331		11	9050	699382	689387	588272
14469	1266	15437			2777	152936	152330	125650
1220	216	4751	50	1	408	19390	19369	13303
336	48	58			69	4027	4027	3514
2976	4232	42203	338		3842	198859	196028	160039
17303	46729	330345	920	532	15348	1398885	1381744	1182903
1225	1865	14484		20	1105	79623	79323	63858
4706	18700	57918		10	3029	299702	295450	263590
4719	7135	72480	10	2	3187	230390	222689	177749
300	3635	17067			531	53903	53754	43673
587	1734	28238			772	147438	147179	135018
170	250	7897	60	500	256	51448	51412	46367
5597	13410	132262	850		6468	536381	531937	452648
1463	5416	21424			2137	48115	47806	32342
1463	5416	21424			2137	48115	47806	32342
13167	3449	43325			3725	309816	305071	248184
10346	1701	16621			1228	205573	201915	166674
2821	1749	26704			2497	104243	103156	81510
86064	87149	976129	4923	278	64200	3347261	3305406	2657443
42734	13572	83107	20		8780	454948	436899	345322
22789	6070	41163			4035	210759	206235	161282
1003	5714	22323			2323	99409	86499	75182
18943	1788	19621	20		2422	144780	144165	108858

3-2-38 续表 2

登记注册类型	年初存货	年末存货	固定资产原价	所有者权益合计	实收资本	
						国家资本
食品、饮料及烟草制品专门零售	61785	60782	102901	94145	80294	21633
粮油零售	44303	38859	51020	34844	30139	16570
糕点、面包零售	613	752	2533	3044	2776	102
果品、蔬菜零售	1113	1819	12212	7671	7123	995
肉、禽、蛋及水产品零售	2058	2354	6717	9673	7299	1177
饮料及茶叶零售	4815	5898	6134	12139	9867	868
烟草制品零售	2006	2492	8157	7050	4129	680
其他食品零售	6878	8607	16129	19724	18961	1243
纺织、服装及日用品专门零售	60490	48923	136302	134554	126658	3572
纺织品及针织品零售	21603	8566	20005	14765	13775	2023
服装零售	25406	26361	95703	92191	86460	1338
鞋帽零售	3545	3497	6128	7130	6503	9
钟表、眼镜零售	2821	2430	2769	4957	4296	114
化妆品及卫生用品零售	2339	2586	3279	6473	6216	
其他日用品零售	4775	5483	8418	9039	9408	89
文化、体育用品及器材专门零售	63341	36925	43425	80449	66859	8959
文具用品零售	5342	5061	7074	25403	16685	1233
体育用品零售	1396	1787	2804	4285	4184	
图书零售	36369	6363	8427	9915	6894	609
报刊零售	161	125	5	1029	787	735
音像制品及电子出版物零售	608	515	407	1495	1495	
珠宝首饰零售	13283	15744	13552	20580	20667	600
工艺美术品及收藏品零售	3839	4229	7248	9574	8871	5705
照相器材零售	795	567	1823	2111	1879	10
其他文化用品零售	1549	2533	2086	6058	5396	67
医药及医疗器材专门零售	25379	31285	43599	65990	63597	4379
药品零售	21828	26841	38393	54751	53235	4134
医疗用品及器材零售	3552	4444	5205	11239	10362	245
汽车、摩托车、燃料及零配件专门零售	123871	130460	248687	313675	301592	16312
汽车零售	57982	67320	87845	155218	152834	2730
汽车零配件零售	18019	20612	36228	44652	43015	451
摩托车及零配件零售	7731	8247	9353	14093	12564	55
机动车燃料零售	40139	34281	115261	99713	93179	13076
家用电器及电子产品专门零售	60003	66064	133721	178216	163879	5541
家用电器零售	22536	24444	82688	62860	58324	2543
计算机、软件及辅助设备零售	17586	19466	25565	56811	53167	401
通信设备零售	10228	10861	9905	27679	23452	336
其他电子产品零售	9653	11293	15564	30867	28936	2262
五金、家具及室内装修材料专门零售	50763	58898	105285	157148	134710	3379
五金零售	28549	32301	46355	70469	62769	2536
家具零售	7034	8955	21316	20734	19039	68
涂料零售	888	990	1275	2324	2171	127
其他室内装修材料零售	14291	16653	36339	63620	50732	649
无店铺及其他零售	63725	69934	124860	179597	147977	6681
流动货摊零售	78	177	113	202	202	31
邮购及电子销售	57	78	49	85	200	
生活用燃料零售	5440	6252	24336	25197	23264	1192
花卉零售	494	522	3021	8555	3427	111
旧货零售	446	445	1069	627	486	69
其他未列明的零售	57211	62460	96272	144930	120399	5278

单位：万元

集体资本	法人资本	个人资本	港澳台资本	外商资本	本年折旧	营业收入	#主营业务收入	营业成本
7074	3722	47621	243		5522	269887	269992	219607
2926	662	9981			2117	94777	94288	83361
160	30	2484			114	9903	9837	5464
1102	591	4436			303	30389	30371	23791
715	317	5091			1148	19820	19794	13922
120	989	7811	80		377	37397	38352	30972
272	77	3100			594	19461	19461	15769
1779	1057	14719	163		869	58140	57890	46329
9051	5578	108315	135	8	7920	253095	251262	173014
2192	1552	8008			1649	22966	22111	16830
3519	2927	78532	135	8	5199	144594	143830	96764
211	290	5994			396	22442	22413	13165
21	477	3685			105	10105	10102	6051
20	116	6080			231	29515	29496	21449
3088	216	6016			341	23473	23310	18756
973	2734	54040	154		2366	105518	104725	73780
76	1619	13757			559	30469	30457	20714
48	160	3976			106	5807	5803	3399
228	152	5905			974	23415	23132	16246
	2	50				245	245	86
	80	1415			43	3026	3017	2416
390	563	19114			316	26188	26075	19733
30	43	2939	154		86	5667	5657	3486
	14	1855			109	2334	2334	1704
200	100	5029			174	8367	8005	5996
1956	5725	51507	30		3044	160023	159418	112010
1808	5145	42118	30		2695	131084	130588	90663
148	579	9389			349	28939	28831	21347
10752	28000	246524		4	15255	990759	978904	845146
1386	17051	131667			6519	510276	507003	465676
2906	2650	37009			2185	86883	86523	66554
5	210	12295			436	41639	41538	29687
6456	8090	65553		4	6115	351960	343841	283229
1131	10206	146850		151	9024	399600	396942	310084
803	6323	48655		1	4705	121031	120060	88278
125	1976	50665			2100	165161	163928	139351
75	653	22288		100	612	56361	56202	40051
129	1254	25242		50	1606	57048	56751	42404
7817	8992	114212	280	30	5437	318027	316830	242458
3248	3545	53160	280		2339	167240	166617	127341
1057	1373	16541			1662	35372	35147	25844
200	243	1571		30	62	10244	10207	7597
3312	3831	42940			1375	105170	104859	81675
4575	8621	123953	4061	86	6852	395404	390433	336023
		171			11	530	530	351
	200					111	111	78
1024	975	20070	1	1	1325	76379	73779	64574
67	697	2552			188	7635	7611	5414
148	20	250			87	2107	1864	920
3337	6729	100911	4060	85	5241	308642	306538	264687

3-2-38 续表 3

登记注册类型	#主营业务成本	营业税金及附加	#主营业务税金及附加	主营业务利润	其他业务利润
总 计	**9473466**	**173655**	**145839**	**1524337**	**195967**
一、按登记注册类型分					
内 资	**9453267**	**173448**	**145639**	**1520404**	**195875**
国 有	1319281	25267	22363	208130	21206
集 体	561703	12531	10245	108773	7824
股份合作企业	91321	2080	1791	16520	852
联营企业	19376	554	519	4486	825
国有联营	2556	154	122	814	577
集体联营	3208	41	38	310	1
国有与集体联营	7571	273	273	921	120
其他联营	6041	86	86	2441	127
有限责任公司	1869479	25541	22603	258598	52336
国有独资公司	87823	1058	1005	46258	35604
其他有限责任公司	1781655	24483	21598	212340	16732
股份有限公司	418310	6473	6109	70112	6814
私营企业	5080568	98412	79665	833181	104571
私营独资	1058362	26801	23413	267317	9487
私营合伙	278559	5048	4613	61053	1970
私营有限责任公司	3419129	62811	48281	461757	88645
私营股份有限公司	324518	3751	3359	43055	4469
其 他	93231	2591	2345	20604	1448
港澳台商投资	**9442**	**60**	**54**	**3215**	**85**
与港澳台商合资经营	985	12	12	341	
港澳台商独资	8131	13	13	829	7
港澳台商投资股份有限公司	326	36	29	2045	78
外商投资	**10756**	**147**	**147**	**719**	**7**
中外合资经营	8886	119	119	422	7
中外合作经营	20	10	10	70	
外资企业	1339	5	5	160	
外商投资股份有限公司	512	13	13	67	
二、按控股情况分					
国有控股	2052692	35103	31893	289067	63318
集体控股	829030	15065	12615	154929	11537
私人控股	6079580	116265	95542	987768	117504
港澳台商控股	9122	58	49	3250	85
外商控股	6628	141	141	2699	27
其 他	496413	7024	5600	86625	3496
三、按国民经济行业(门类、大类、中类、小类)分					
批发和零售业	**9473466**	**173655**	**145839**	**1524337**	**195967**
批发业	6883017	113057	94155	996144	159062
农畜产品批发	221626	2773	2624	33059	3823
谷物、豆及薯类批发	116014	686	652	14306	1199
种子、饲料批发	30456	979	965	7223	1974
棉、麻批发	11203	280	258	3155	530
牲畜批发	427	6	4	191	10
其他农畜产品批发	63527	822	745	8185	110
食品、饮料及烟草制品批发	370461	4709	4270	64580	6415
米、面制品及食用油批发	165052	1240	1218	21341	1428
糕点、糖果及糖批发	8297	104	97	1563	361
果品、蔬菜批发	59157	665	485	10728	2278
肉、禽、蛋及水产品批发	17516	288	178	2031	213

单位：万元

营业费用、管理费用、财务费用合计	#税金	#利息支出	营业利润	职工工资和福利费	本年应交增值税	全部从业人员年平均人数(人)
922453	**46658**	**46405**	**832723**	**332991**	**258884**	**311397**
921260	**46406**	**46362**	**831603**	**332341**	**258628**	**311045**
176947	8251	14831	97010	51140	24447	47534
72698	3091	2378	63419	32660	15898	42313
9977	998	498	12225	5498	1679	5006
2224	160	104	3393	1384	1037	1785
922	33	9	641	316	15	239
142	8	1	198	154	199	171
376	55		602	217	679	246
785	64	93	1952	698	144	1129
170248	6016	6682	139917	44218	48539	36492
23621	309	454	28374	2296	20438	1024
146627	5707	6228	111543	41922	28102	35468
46379	2695	3887	39280	17811	7180	16780
434859	24402	17602	459579	175098	157873	156045
90855	7469	5290	181376	46074	22398	46506
31076	1071	837	33930	9520	55756	9645
289043	14320	10578	218646	109225	75798	90980
23886	1543	897	25627	10279	3922	8914
7929	792	381	16781	4532	1975	5090
682	**10**	**15**	**859**	**402**	**169**	**196**
105		1	260	36	25	22
518		14	572	305	126	134
59	10		28	61	18	40
512	**243**	**29**	**261**	**249**	**88**	**156**
304	235	29	171	207	70	115
10			60	2	17	2
159			1	28	1	24
39	8		28	12		15
227597	8962	17338	141019	62479	51545	54043
94017	4299	3695	96124	40174	22106	49968
544211	30394	23205	544559	211141	174862	189879
1017	10	14	871	516	169	307
2113	33		626	368	55	217
53498	2961	2153	49524	18314	10148	16983
922453	**46658**	**46405**	**832723**	**332991**	**258884**	**311397**
637798	26704	30095	533807	182393	209481	153954
20233	752	4423	20965	9709	2278	11031
12419	241	3922	5718	4044	235	5209
3292	154	163	6331	2359	1438	2326
2240	73	93	2351	1010	90	1171
166	53	33	77	94	1	147
2115	232	213	6488	2202	515	2178
32367	1181	3848	45395	15807	4543	16787
11190	295	2796	14441	4262	1355	3920
722	36	30	1159	595	68	732
5273	301	327	9677	3265	534	4866
1406	19	33	1279	1155	216	1184

3-2-38 续表 4

登记注册类型	#主营业务成本	营业税金及附加	#主营业务税金及附加	主营业务利润	其他业务利润
盐及调味品批发	33984	968	943	6854	718
饮料及茶叶批发	44149	642	614	9401	699
烟草制品批发	9820	300	299	5732	555
其他食品批发	32488	503	437	6929	163
纺织、服装及日用品批发	74071	1676	1578	25757	1192
纺织品、针织品及原料批发	14825	572	536	7620	338
服装批发	22703	315	290	5999	297
鞋帽批发	1881	3	3	10	
厨房、卫生间用具及日用杂货批发	14388	302	280	4531	58
化妆品及卫生用品批发	8223	106	99	2206	3
其他日用品批发	12052	378	370	5391	496
文化、体育用品及器材批发	42126	748	727	9584	272
文具用品批发	13707	186	179	3318	112
体育用品批发	7095	22	22	1015	118
图书批发	7636	109	102	1562	8
报刊批发	3869	57	57	738	46
音像制品及电子出版物批发	415	1	1	8	
首饰、工艺品及收藏品批发	5270	105	99	2428	
其他文化用品批发	4134	268	268	516	-12
医药及医疗器材批发	152388	1983	1753	22703	2208
西药批发	55348	902	877	8556	190
中药材及中成药批发	67188	474	470	8145	1820
医疗用品及器材批发	29853	607	406	6002	197
矿产品、建材及化工产品批发	4592958	75887	60639	620796	75102
煤炭及制品批发	2509379	47719	37910	388087	62101
石油及制品批发	82002	1381	1325	11718	1232
非金属矿及制品批发	42790	2210	1743	10801	161
金属及金属矿批发	1082853	10751	10265	68674	2612
建材批发	577113	9697	6116	81098	6039
化肥批发	124136	1343	1149	27027	1655
农药批发	13192	538	530	4580	122
农用薄膜批发	3425	93	73	439	
其他化工产品批发	158068	2157	1527	28373	1180
机械设备、五金交电及电子产品批发	1152784	20283	17797	167744	65442
农业机械批发	63684	1452	1443	11576	196
汽车、摩托车及零配件批发	262387	3469	3177	22689	638
五金、交电批发	172913	3352	2750	34657	2201
家用电器批发	43350	950	354	6719	655
计算机、软件及辅助设备批发	134727	3753	3675	7607	576
通讯及广播电视设备批发	46142	960	892	3776	222
其他机械设备及电子产品批发	429582	6347	5506	80719	60953
贸易经纪与代理	31125	715	678	12862	898
贸易经纪与代理	31125	715	678	12862	898
其他批发	245478	4284	4089	39060	3711
再生物资回收与批发	165235	1578	1455	18744	512
其他未列明的批发	80243	2706	2634	20315	3200
零售业	2590449	60599	51684	528193	36905
综合零售	325441	10218	8273	69850	10034
百货零售	156142	4671	4028	33419	3618
超级市场零售	65024	2538	1834	15667	5329
其他综合零售	104275	3009	2411	20763	1086

单位：万元

营业费用、管理费用、财务费用合计	#税金	#利息支出	营业利润	职工工资和福利费	本年应交增值税	全部从业人员年平均人数(人)
5095	199	249	3877	2124	574	2194
3547	112	160	6118	1965	1112	1733
859	66	10	5494	578	159	370
4275	154	243	3350	1863	524	1788
15853	1105	597	16202	5506	1230	5802
2654	58	24	6107	1030	149	1257
5764	247	525	1377	2041	341	1930
756		4	14	52	1	60
2256	138	40	2487	733	587	827
2050	109		761	861	70	774
2374	553	5	5457	789	82	954
8526	350	336	3380	2355	1074	1895
3169	134	119	664	677	232	619
614	27	103	751	184	20	165
1317	26	6	447	624	321	541
1828	3		-44	114	429	125
7			1	29		32
1273	91	60	1240	518	28	234
319	69	49	321	209	44	179
13505	274	140	14812	5520	2395	5130
4353	75	102	4807	2257	1084	2017
5046	65	28	7272	1633	704	1926
4106	134	10	2733	1631	607	1187
425465	17564	17843	310741	90393	173886	68865
265285	9831	9840	177889	41937	141246	26287
9294	388	238	7134	2960	1420	2640
4411	205	295	7488	1531	1264	1573
50117	2456	3914	32721	14764	13687	11465
50791	2144	1964	48259	18016	11155	15000
21100	817	731	23306	4314	977	5942
1114	98	162	3551	678	571	832
249	14	1	152	170	58	140
23105	1612	697	10240	6024	3508	4986
96086	4424	2292	86661	41780	19362	34167
4190	357	94	8375	2486	1184	2326
12378	752	680	12775	5879	1640	5386
18348	690	405	20274	9114	2938	7709
4166	263	233	3870	1912	709	1260
12728	429	135	-3573	3313	3976	2158
2261	290		2030	1046	411	952
42016	1642	745	42910	18030	8505	14376
5001	293	61	9958	2480	574	1732
5001	293	61	9958	2480	574	1732
20761	762	554	25693	8844	4140	8545
7462	332	232	14984	4443	2224	5264
13300	430	322	10709	4401	1916	3281
284655	19954	16310	298916	150598	49403	157443
47355	2570	2473	38867	27727	5860	37099
22712	1217	1927	17328	12902	2346	17361
13879	453	224	8614	6265	1988	7220
10764	900	322	12925	8561	1526	12518

3-2-38 续表 5

登记注册类型	#主营业务成本	营业税金及附加	#主营业务税金及附加	主营业务利润	其他业务利润
食品、饮料及烟草制品专门零售	218171	4045	3511	42286	1672
粮油零售	82665	1184	1099	12363	787
糕点、面包零售	5427	358	354	3000	58
果品、蔬菜零售	23706	364	351	5765	63
肉、禽、蛋及水产品零售	14546	379	366	2961	156
饮料及茶叶零售	30913	602	491	5610	461
烟草制品零售	15711	247	214	3244	49
其他食品零售	45202	912	635	9343	99
纺织、服装及日用品专门零售	166449	5159	3914	61964	2401
纺织品及针织品零售	16418	432	414	5096	765
服装零售	91005	3754	2612	38684	1297
鞋帽零售	13135	290	267	6779	149
钟表、眼镜零售	5973	146	136	1967	24
化妆品及卫生用品零售	21334	200	179	5571	23
其他日用品零售	18585	336	306	3866	143
文化、体育用品及器材专门零售	72860	2739	2202	23146	903
文具用品零售	20467	710	507	5783	66
体育用品零售	3344	210	183	1857	42
图书零售	15835	684	439	5111	109
报刊零售	77	2	2	18	
音像制品及电子出版物零售	2415	129	115	361	104
珠宝首饰零售	19639	686	658	6934	342
工艺美术品及收藏品零售	3384	122	117	1171	147
照相器材零售	1704	55	51	513	3
其他文化用品零售	5995	142	132	1399	90
医药及医疗器材专门零售	111093	3254	2898	31776	1970
药品零售	89760	2613	2401	26577	1380
医疗用品及器材零售	21333	641	497	5199	590
汽车、摩托车、燃料及零配件专门零售	828839	14359	12899	113985	3923
汽车零售	457290	5574	5422	43214	1281
汽车零配件零售	66362	1962	1865	13488	288
摩托车及零配件零售	29509	825	789	9049	749
机动车燃料零售	275678	5998	4823	48234	1605
家用电器及电子产品专门零售	304566	6939	6048	64631	3551
家用电器零售	86387	2364	1952	21831	997
计算机、软件及辅助设备零售	136372	2403	2167	21865	1663
通信设备零售	39865	1110	940	10948	480
其他电子产品零售	41941	1063	988	9986	412
五金、家具及室内装修材料专门零售	239469	7564	6338	64005	9368
五金零售	125405	3909	2866	28828	1012
家具零售	24945	947	865	7600	-64
涂料零售	7592	74	73	2511	228
其他室内装修材料零售	81527	2633	2534	25066	8192
无店铺及其他零售	323563	6322	5602	56551	3084
流动货摊零售	351	19	19	153	
邮购及电子销售	78	1	1	33	
生活用燃料零售	63321	1533	1338	10715	1386
花卉零售	5251	181	129	1612	13
旧货零售	877	74	74	422	60
其他未列明的零售	253685	4516	4042	43617	1625

单位：万元

营业费用、管理费用、财务费用合计	#税金	#利息支出	营业利润	职工二资和福利费	本年应交增值税	全部从业人员年平均人数（人）
32927	1193	2331	24282	14005	2719	16905
9736	444	1909	6160	4838	724	6503
2118	51	45	1285	865	93	822
1747	157	69	3975	1543	63	2246
1660	92	24	1716	1147	542	1335
2396	135	32	2685	1395	377	1888
9444	43	16	1904	1149	311	893
5827	272	237	6556	3069	609	3218
25104	2382	1137	31479	16980	2700	20235
3725	138	62	2686	2462	245	3444
15004	1835	794	20137	10262	1753	11733
1933	119	178	4243	1007	247	1094
1240	56	27	1088	720	189	677
1421	141	21	1714	849	120	911
1782	92	55	1611	1680	146	2376
12098	1359	125	13625	6297	2089	5873
3111	285	8	3411	1344	641	1361
626	93	21	1323	601	134	499
3612	205	47	2331	1534	472	1336
16	1		9	78		49
180	27		254	164	15	242
2210	249	23	4677	1507	491	1401
1010	103	17	475	492	197	449
209	5	1	310	121	16	145
1127	391	9	835	456	123	391
14896	870	357	22490	9127	2826	9540
11910	685	309	19441	7723	2121	8393
2987	185	48	3050	1404	705	1147
58017	4329	5968	65208	26245	16882	21117
25478	2086	2480	19564	9483	9072	7350
7163	904	961	8422	3888	1454	3681
1904	264	61	5959	1386	872	1197
23471	1076	2466	31263	11489	5484	8889
33266	2527	929	39665	18953	5698	16525
9153	904	504	15975	5424	2085	5222
11821	819	199	13259	7598	1850	5966
5202	400	60	6977	2921	749	2990
7090	405	165	3454	3010	1015	2347
28733	2379	1691	32491	16034	4229	16055
17166	1369	593	16691	8267	2192	8346
3856	338	510	4633	2752	718	2844
538	12	64	1123	425	179	397
7173	660	525	10045	4590	1139	4468
32259	2345	1299	30810	15229	6400	14094
66	3		95	77		74
46				17	4	12
6146	551	314	7028	2925	2047	2573
867	237	21	1120	515	183	543
238	27	1	283	109	9	146
24897	1526	963	22283	11586	4157	10746

3-2-39 按地区分组的限额

地　　区	年初存货	年末存货	固定资产原　　价	所有者权益合计	实收资本	国家资本
总　计	**1538903**	**1548606**	**2479069**	**3862659**	**3237413**	**313030**
太原市	**624010**	**620272**	**750174**	**1647361**	**1315827**	**96009**
小店区	245375	245139	122265	483471	401194	12321
迎泽区	107826	94132	212106	294919	245160	39138
杏花岭区	90411	118476	206854	543768	383565	26270
尖草坪区	67415	65076	42559	97732	86685	1219
万柏林区	60587	72348	107169	161364	138263	11235
晋源区	10859	10583	17990	22326	19062	822
清徐县	4798	5962	14610	16067	14777	3239
阳曲县	1744	1682	14224	8411	8174	1098
娄烦县	31578	1933	3384	2661	2336	550
古交市	3417	4941	9015	16643	16611	118
大同市	**108977**	**131837**	**287264**	**309607**	**285875**	**43200**
大同市城区	35392	36075	121701	163982	145574	21927
矿区	15593	11359	31539	32425	32134	3892
南郊区	25094	36105	54134	44443	46747	7162
新荣区	421	4175	4440	6572	3547	219
阳高县	6612	5381	5026	4232	3398	906
天镇县	2677	3917	10790	12948	13461	1722
广灵县	1769	7096	5412	3932	3769	1311
灵丘县	3121	5696	13318	8213	6271	1371
浑源县	3643	3293	3573	4632	4538	510
左云县	9494	9887	26216	12592	12350	2490
大同县	5159	8853	11116	15635	14086	1691
阳泉市	**40012**	**45737**	**85723**	**113003**	**100411**	**9841**
城区	17982	18596	32193	62386	52768	5460
矿区	3877	3954	8597	8164	6889	725
郊区	10006	11143	12912	19685	23628	408
平定县	6127	6786	20454	12201	6790	1773
盂县	2021	5259	11567	10568	10336	1475
长治市	**74511**	**91814**	**157074**	**232227**	**168574**	**12172**
长治市城区	43818	50517	63452	118281	92016	5995
长治市郊区	6186	7302	10356	20269	15120	329
长治县	2441	2545	6981	9332	8856	201
襄垣县	4259	5965	11459	32423	12968	1370
屯留县	4465	4218	10455	21573	11062	324
平顺县	902	1320	3019	2327	1787	801
黎城县	1894	5402	25451	5878	5447	342
壶关县	1050	1202	3165	3207	2466	712
长子县	2182	2552	4854	4472	3589	240
武乡县	1550	2629	4800	2785	3411	898
沁县	860	2000	1785	1289	2121	401
沁源县	1837	2021	6202	3075	2211	234
潞城市	3068	4141	5095	7318	7520	326

以下批发和零售业财务状况

单位：万元

集体资本	法人资本	个人资本	港澳台资本	外商资本	本年折旧	营业收入	#主营业务收入	营业成本
286448	**310634**	**2294665**	**18799**	**13836**	**154087**	**11693063**	**11561594**	**9669869**
121351	**124224**	**948930**	**14206**	**11106**	**55183**	**4283616**	**4252364**	**3727584**
11404	27604	338802	719	10344	15562	1649127	1644667	1504043
16639	17145	158451	13177	610	9415	400578	390944	321304
78649	55999	222617	30		14845	1067610	1061084	918221
2656	1257	81453		100	2289	341656	341445	255345
6666	17599	102431	280	53	8170	692166	682735	627978
1260	3528	13452			1550	60108	59995	50903
793	367	10378			1367	30901	30602	20481
1348	705	5023			1423	13733	13727	7162
113	20	1653			248	15555	15282	13847
1825		14669			316	12183	11883	8301
24359	**14811**	**202751**	**35**	**718**	**9569**	**942058**	**905821**	**733035**
7629	1885	114069	35	30	3953	193910	193584	135191
2972	2794	22476			860	142430	107639	58843
3563	2418	32916		688	2264	345480	344817	306665
1172	20	2137			622	60894	60894	50875
462	316	1714			33	13273	13168	10628
856	640	10243			349	28686	28489	22493
628	781	1049			299	12507	12484	10154
1111	476	3313			737	21901	21837	26061
270	416	3343			177	19070	19014	15323
5139	4549	173			45	58506	58506	55451
559	517	11319			230	45401	45391	41351
9825	**22457**	**52319**	**4060**	**1909**	**3730**	**500893**	**494314**	**390172**
2903	17617	26783		5	1184	301401	300263	243200
122	637	5406			754	35075	35044	30972
1126	3368	12762	4060	1904	596	77046	72159	65402
1331	197	3489			926	33124	32692	39690
4343	638	3880			271	54248	54157	10908
19440	**5057**	**131897**		**7**	**6553**	**951559**	**949970**	**832706**
4674	1463	79884			3808	487425	486619	447798
882	604	13298		7	540	150465	150075	139543
546	2214	5894			113	24409	24402	22843
7078	20	4500			286	54725	54607	28760
699	20	10020			105	63137	63073	58236
701		284			36	9452	9435	5882
126		4979			815	63710	63669	44179
464		1291			125	10895	10865	9869
842	4	2503			90	18356	18306	17140
302	457	1755			44	7994	7994	7126
482	23	1215			23	16415	16406	15002
387	222	1368			430	11008	10968	7547
2257	30	4907			138	33569	33551	28781

3-2-39 续表 1

地 区	年初存货	年末存货	固定资产原价	所有者权益合计	实收资本	国家资本
晋城市	**84897**	**98949**	**199377**	**204917**	**191623**	**36912**
晋城市城区	43713	50781	105454	105816	101025	13626
沁水县	4236	4282	10462	9250	9019	
阳城县	13600	18816	22816	19890	17884	4262
陵川县	4204	4170	10576	5921	7858	1188
泽州县	5429	5591	23697	19871	17072	7798
高平市	13716	15308	26372	44169	38766	10040
朔州市	**107289**	**95922**	**118275**	**206872**	**187952**	**15820**
朔城区	57650	44011	58319	114284	103865	6010
平鲁区	3068	4402	4479	8787	7409	620
山阴县	21610	21391	19404	13275	10396	847
应县	10541	13714	13812	13372	12809	1977
右玉县	179	245	3435	2660	2639	806
怀仁县	14241	12159	18826	54496	50834	5560
晋中市	**119924**	**91959**	**124353**	**232555**	**182101**	**18005**
榆次区	66243	33540	26979	98859	63271	4880
榆社县	2836	3149	3634	1938	1545	914
左权县	1750	1553	9092	11689	10330	919
和顺县	2164	631	2726	3838	2746	63
昔阳县	7935	8037	18100	42655	38829	6742
寿阳县	2272	3103	9673	5406	7196	875
太谷县	4533	4661	4323	7149	5945	89
祁县	9935	11421	13777	16425	13510	1467
平遥县	7488	8228	14363	17859	13256	1395
灵石县	4413	5971	10060	9888	9665	226
介休市	10356	11665	11627	16850	15806	434
运城市	**100582**	**97553**	**236951**	**320576**	**279182**	**23319**
盐湖区	32739	34600	89594	126761	105946	13526
临猗县	5076	11636	22579	12245	11912	2772
万荣县	689	785	8752	9050	7092	593
闻喜县	3093	2511	8547	8524	8355	167
稷山县	918	1522	4063	2411	2030	28
新绛县	2986	2966	13655	17545	16996	1100
绛县	1770	3172	8113	3780	3581	7
垣曲县	7260	5143	10863	9875	6407	1115
夏县	6027	4953	10180	4845	4278	863
平陆县	3357	3661	13478	11872	10055	743
芮城县	11299	6360	11434	8401	6487	1165
永济市	13168	12265	18372	26709	20260	1030
河津市	12200	7979	17321	78558	75783	210
忻州市	**84113**	**97818**	**168418**	**132216**	**109305**	**26454**
忻府区	34437	40986	56102	41850	31108	6494
定襄县	9220	9863	5780	5990	4237	1103
五台县	731	735	2615	4770	4459	2351

单位：万元

集体资本	法人资本	个人资本	港澳台资本	外商资本	本年折旧	营业收入	#主营业务收入	营业成本
28638	**15938**	**110115**	**20**		**7986**	**982080**	**964362**	**875803**
10909	9690	66801			4057	467859	455814	424310
4037	2762	2200	20		225	20082	19911	15914
4899	332	8392			1214	303367	303307	279464
881	326	5463			130	9731	9579	8284
2495	819	5961			765	82890	82020	75089
5419	2010	21298			1595	98152	93731	72742
8649	**8511**	**154972**			**5993**	**591127**	**583706**	**480794**
884	7571	89401			1304	148199	141134	95714
864		5925			35	13059	12707	8089
436	186	8927			2978	61771	61771	41471
2084		8749			1031	17056	17056	12307
289	590	954			343	47455	47451	43403
4093	165	41016			302	303586	303586	279810
25932	**36190**	**101974**			**7866**	**918183**	**906517**	**808622**
1362	18490	38538			2299	308270	305353	271435
58	67	506			388	71687	70954	66319
451	2810	6150			756	28008	28008	22986
383	1065	1235			136	4450	4412	6646
19263	519	12305			1020	95483	92955	80883
803	2039	3480			227	36336	36313	33076
194	360	5302			133	65942	65768	62048
582	1738	9723			1267	83676	83612	79422
1282	4456	6123			403	50052	50036	30592
1030	225	8185			191	95137	95127	84543
525	4419	10428			1046	79143	73980	70674
17614	**32501**	**205667**	**51**	**30**	**34424**	**807438**	**804121**	**479736**
2493	18932	70915	50	29	14686	244776	243691	152453
1704	390	7046			2274	38662	38640	24838
1334	3	5163			160	29149	29149	17900
365	137	7684	1	1	1058	39915	39305	31179
435		1567			114	23623	23623	22413
2770	1255	11870			255	34892	34544	21741
71	146	3357			595	46942	46940	31170
1177	440	3675			1772	24367	24319	12596
296	30	3089			1905	16530	17347	9347
757	5336	3219			2543	15127	13602	7768
1038	533	3751			1928	40170	40069	20639
1787	1559	15884			3669	94210	94186	55556
3386	3740	68447			3464	159076	158707	72137
12193	**8473**	**62178**		**8**	**10820**	**456621**	**452673**	**361211**
3871	1759	18983			3606	105054	104767	75007
604	1222	1308			117	54323	54318	52618
1080		1028			129	8638	8638	6222

3-2-39 续表 2

地　区	年初存货	年末存货	固定资产原　价	所有者权益合计	实收资本	国家资本
代县	5376	8996	4308	2842	5403	247
繁峙县	5122	3147	13093	13493	11610	479
宁武县	2672	3713	21530	11160	7377	2409
静乐县	590	710	1974	2175	2052	659
神池县	819	904	3775	1123	376	104
五寨县	6841	4174	6556	14788	13081	6570
岢岚县	1176	1898	2473	2000	1633	381
河曲县	2439	1837	3549	3626	3983	874
保德县	2867	4073	21911	6231	6197	1264
偏关县	1136	1269	2965	3144	2525	631
原平市	10688	15513	21789	19024	15265	2887
临汾市	**161170**	**142501**	**239992**	**358399**	**325268**	**19491**
尧都区	87731	67592	125373	239703	214506	9651
曲沃县	9757	6610	11295	10101	9405	1149
翼城县	4323	3735	16586	12432	11834	3075
襄汾县	1926	1951	4453	4046	3542	
洪洞县	24833	18614	19532	17406	14783	2191
古县	1045	2497	1981	1244	1108	215
安泽县	1593	4851	5409	3968	3192	563
浮山县	2326	1270	4670	7862	8481	249
吉县	618	663	3411	1929	1354	149
乡宁县	3434	4569	10843	7327	6241	571
大宁县	1580	1617	656	1090	648	644
隰县	2993	2312	2344	-1127	1100	198
永和县	2029	1781	2232	1947	1793	272
蒲县	1355	1738	1018	258	143	19
汾西县	929	2331	1121	1519	1436	112
侯马市	13475	18328	23907	41061	38073	433
霍州市	1224	2043	5160	7632	7629	
吕梁市	**33418**	**34245**	**111469**	**104926**	**91296**	**11808**
离石区	5979	6752	13620	17169	12711	4749
文水县	1709	1069	8129	26	5	
交城县	864	779	5541	4542	4243	629
兴县	964	1026	10884	10454	10272	248
临县	1271	1014	4041	2086	2328	979
柳林县	1208	1484	5648	15473	11155	50
石楼县	410	377	1257	554	483	242
岚县	647	1050	5115	2424	1519	120
方山县	552	664	2862	1630	1623	126
中阳县	883	2324	2781	4512	4504	
交口县	339	226	2694	2130	2070	1207
孝义市	11923	9620	26815	30685	27479	3079
汾阳市	6670	7861	22083	13242	12903	380

单位：万元

					本年折旧	营业收入	#主营业务收入	营业成本
集体资本	法人资本	个人资本	港澳台资本	外商资本				
643	207	4306			349	30915	30728	26858
138	1128	9865			316	35104	35047	29660
294	1512	3162			1436	17791	17791	11794
564	266	562			159	6499	6091	4817
113	133	26			16	7019	7019	4326
156	187	6168			1170	56951	55524	28815
25	126	1101			258	6898	6853	16529
293	504	2312			122	13848	13421	11967
866	178	3888			871	23974	23197	18510
176	176	1542			168	6819	6813	5474
3368	1075	7927		8	2103	82789	82466	68615
13661	**25915**	**265766**	**428**	**7**	**8605**	**994542**	**986686**	**775827**
4879	758	198789	428	1	4499	578618	571892	443141
942	21	7293			483	37580	37580	33160
1701	277	6781			410	34669	34594	26061
554	84	2904			95	10507	10507	7445
1587	970	10034			788	80916	80916	74465
265	43	585			17	8165	8165	4893
192	940	1497			625	9194	9031	8510
193	8	8032			45	8441	8394	7366
238	311	656			30	5069	5069	4485
648	941	4082			297	10515	10084	7485
		4			27	16912	16912	16565
252		650			16	5428	5027	4821
284	587	650			21	5551	5551	4079
23	23	79			50	8969	8969	4585
38	26	1260			62	1188	1178	907
1262	20877	15495		6	1122	151786	151782	116560
603	50	6976			19	21035	21035	11299
4786	**16557**	**58095**		**50**	**3358**	**264947**	**261059**	**204380**
1417	80	6466			1174	24490	24468	19604
5					56	23065	23019	17391
182	10	3422			112	19773	19773	11567
29	85	9910			143	6968	6934	3395
144	351	855			172	11154	10872	7780
	2643	8462			121	17385	17385	19237
66		176			72	3444	2796	2248
8	524	867			212	27137	24798	21621
		1497			44	11522	11520	11626
6	103	4396			64	7075	6969	5865
98		764			72	4966	4966	2971
2691	403	21257		50	677	74728	74361	62108
141	12359	24			439	33239	33200	18967

3-2-39 续表 3

地　　区	#主营业务成本	营业税金及附加	#主营业务税金及附加	主营业务利润	其他业务利润
总　计	**9473466**	**173655**	**145839**	**1524337**	**195967**
太原市	**3660869**	**60660**	**55338**	**421450**	**94539**
小店区	1481930	12272	11291	138271	66091
迎泽区	311492	8653	7115	67575	6691
杏花岭区	903587	20651	18916	119365	7592
尖草坪区	242235	2496	2009	27116	1265
万柏林区	623324	11308	10979	49393	12210
晋源区	50845	1346	1330	7913	306
清徐县	20285	464	458	5505	197
阳曲县	7162	2716	2711	1940	148
娄烦县	12079	281	110	1640	15
古交市	7931	472	418	2734	25
大同市	**719831**	**9879**	**7643**	**165370**	**4763**
大同市城区	128598	2835	2539	49447	1949
矿区	55855	2434	828	48104	161
南郊区	304499	2569	2459	34480	368
新荣区	50875	425	420	9556	1644
阳高县	10599	285	282	2214	28
天镇县	22493	270	270	5312	116
广灵县	9609	427	241	2076	21
灵丘县	25811	127	103	4186	296
浑源县	15133	146	146	3405	24
左云县	55441	220	220	3182	
大同县	40919	141	135	3407	156
阳泉市	**376437**	**7341**	**6441**	**56151**	**3401**
城区	235101	5855	5355	34919	2025
矿区	30585	559	542	2809	474
郊区	63393	329	176	9204	403
平定县	38472	223	199	5308	291
盂县	8886	374	169	3911	209
长治市	**824656**	**6283**	**5033**	**107680**	**7025**
长治市城区	443902	3523	2739	38096	2642
长治市郊区	137556	357	243	6605	3051
长治县	22831	133	102	2216	244
襄垣县	28634	258	249	25096	373
屯留县	58079	633	609	3901	46
平顺县	4468	26	19	1113	36
黎城县	44157	269	244	19268	49
壶关县	9834	101	101	930	29
长子县	17079	87	43	1180	28
武乡县	7126	61	61	807	6
沁县	14936	210	47	1205	39
沁源县	7274	373	327	2747	158
潞城市	28781	253	250	4517	324

单位：万元

营业费用、管理费用、财务费用合计	#税金	#利息支出	营业利润	职工工资和福利费	本年应交增值税	全部从业人员年平均人数（人）
922453	**46658**	**46405**	**832723**	**332991**	**258884**	**311397**
363247	**12759**	**15884**	**160400**	**104695**	**56375**	**78272**
90017	4691	4213	63189	32834	21345	20525
88424	2373	1847	19234	21891	5995	17973
97525	1984	5760	41595	17903	6850	14007
26121	576	1516	9510	7124	5063	6773
51453	1991	1492	15580	16391	14718	11716
4112	312	84	3870	2829	1567	1923
2432	130	927	3353	1573	277	2123
990	329	32	1463	1718	115	1085
715	13	1	626	462	98	356
1458	360	13	1979	1969	347	1791
113132	**6467**	**4148**	**85895**	**33749**	**20711**	**41976**
27549	645	706	29373	13694	969	18979
20436	478	76	42401	4407	418	5454
38917	4952	1891	1958	7000	11152	5597
11174	53	4	61	795	6986	744
962	36	184	1398	681	29	1179
2256	106	424	3586	1364	407	2691
1785	2	336	497	826	65	1284
2118	14	206	2397	628	266	934
3747	44	144	1207	672	141	1170
294	42	41	2874	2085	27	2126
3894	95	137	142	1597	254	1818
51372	**3716**	**1874**	**29047**	**15835**	**3582**	**14154**
30423	3350	418	21317	8736	1571	7020
3718	65	338	301	1222	401	1505
12202	152	580	509	2564	1130	2419
3214	41	285	3620	1531	337	1546
1815	108	254	3300	1782	142	1664
63177	**2283**	**3524**	**50937**	**19782**	**68769**	**19898**
25760	1282	845	18402	10724	8261	9066
4021	119	233	871	1559	353	1495
1233	21	31	1168	1143	67	1374
2693	77	612	22960	856	3504	1113
2959	284	1237	1475	1026	279	1108
1022	168	81	336	443	96	529
18611	65	87	707	755	54869	770
689	79	11	270	392	186	566
794	31	24	414	536	334	957
962	7	78	-148	300	122	594
1406	52	170	-182	422	322	572
934	71	11	1918	553	66	690
2094	25	104	2746	1073	311	1064

3-2-39 续表 4

地　区	#主营业务成　本	营业税金及附加	#主营业务税金及附加	主营业务利　润	其他业务利　润
晋城市	**818684**	**8686**	**6986**	**95838**	**6017**
晋城市城区	408842	3418	2184	40288	4039
沁水县	15678	472	466	3406	52
阳城县	243088	595	583	23158	328
陵川县	8209	148	145	1210	168
泽州县	74033	827	410	6362	579
高平市	68834	3227	3200	21415	852
朔州市	**478146**	**10139**	**8859**	**96763**	**1500**
朔城区	93527	5052	4828	46546	814
平鲁区	7744	1053	1000	3731	17
山阴县	41471	548	548	19433	202
应县	12300	529	502	3806	243
右玉县	43398	948	206	1490	220
怀仁县	279705	2010	1775	21758	4
晋中市	**795829**	**9838**	**8560**	**88184**	**17775**
榆次区	267143	1767	1834	24252	7603
榆社县	65393	936	931	10869	8129
左权县	22973	390	387	4649	
和顺县	6606	39	37	374	6
昔阳县	78101	3448	2192	12662	205
寿阳县	32993	378	378	2941	382
太谷县	61954	644	644	2912	171
祁县	79319	162	152	4064	182
平遥县	30590	662	658	8448	715
灵石县	84543	778	778	9817	109
介休市	66215	634	568	7197	273
运城市	**476946**	**14488**	**13185**	**218119**	**16215**
盐湖区	150684	7262	6423	48956	2530
临猗县	24818	495	450	13216	112
万荣县	17802	116	62	1177	74
闻喜县	31144	683	631	8649	455
稷山县	22413	62	58	1043	34
新绛县	21741	435	435	16821	9910
绛县	30816	207	115	2611	263
垣曲县	12412	428	413	7510	480
夏县	9397	104	57	7793	822
平陆县	7749	135	110	5810	327
芮城县	20639	945	942	18494	264
永济市	55196	893	893	37416	329
河津市	72137	2724	2594	48625	617
忻州市	**351746**	**20741**	**13016**	**56599**	**5248**
忻府区	74060	4166	3701	16256	1427
定襄县	52365	958	94	2001	714
五台县	6222	89	89	2321	573

单位：万元

营业费用、管理费用、财务费用合计	#税金	#利息支出	营业利润	职工工资和福利费	本年应交增值税	全部从业人员年平均人数（人）
72253	**1882**	**4505**	**36935**	**30320**	**10175**	**29132**
39437	973	2988	9366	16260	4589	12565
656	68	102	2883	1631	174	1587
19642	417	792	5662	3680	3418	4133
1205	39	118	254	996	123	2612
4191	113	296	3354	2502	615	2702
7122	274	210	15418	5251	1257	5533
16823	**1104**	**809**	**80660**	**21090**	**8007**	**17383**
8554	553	435	38117	11405	629	9145
349	2	72	3406	735	26	540
2397	15	113	17395	2962	3334	2589
1506	108	95	2568	1031	90	995
848	111	3	627	1177	733	746
3170	316	91	18547	3780	3194	3368
61605	**2195**	**2568**	**35541**	**19860**	**11750**	**21392**
20996	870	589	16882	6355	1743	6268
1892	98	67	932	537	392	500
1205	124	142	3443	1216	134	1402
866	42	20	60	565	37	696
7178	426	87	5690	1850	2726	2600
3217	34	233	107	1174	584	1516
1828	188	38	1257	1531	263	1636
5720	120	746	-1333	1383	674	2101
5694	145	204	4092	1257	1975	1499
5318	12	57	4635	1986	579	1389
7692	136	386	-222	2008	2644	1785
45908	**3388**	**4055**	**193388**	**21580**	**8119**	**24626**
21216	799	1178	30105	8320	2771	7168
2223	193	102	16419	1114	287	1250
864	83	247	730	451	50	796
1328	62	106	8465	561	537	866
867	2	136	211	285	35	372
750	156	16	25546	1133	885	969
1226	123	145	2538	855	512	1108
1426	87	238	6401	1093	99	1393
1921	81	277	5440	689	125	1851
1442	35	280	4694	842	64	1498
2704	302	859	16253	1368	231	1642
6064	50	305	31433	2536	868	3050
3877	1416	168	45154	2334	1654	2663
41447	**3549**	**4266**	**35423**	**22860**	**9236**	**23494**
12617	2040	1319	12580	7984	544	8000
2093	299	475	1289	1176	700	1007
960	11	20	1912	722		488

3-2-39 续表 5

地 区	#主营业务成本	营业税金及附加	#主营业务税金及附加	主营业务利润	其他业务利润
代县	26858	530	416	3360	336
繁峙县	29388	2308	2305	3355	83
宁武县	11794	476	476	5394	-2
静乐县	3496	84	80	464	51
神池县	3935	368	70	1253	68
五寨县	27938	564	529	2490	568
岢岚县	12515	8057	2195	871	26
河曲县	11855	116	110	1456	315
保德县	17824	865	824	4492	123
偏关县	5374	242	237	622	69
原平市	68121	1918	1891	12265	898
临汾市	**769546**	**20323**	**16277**	**175923**	**37239**
尧都区	440754	14158	10783	115804	35068
曲沃县	33078	568	551	3804	7
翼城县	25350	863	824	7543	302
襄汾县	7415	438	427	2441	55
洪洞县	74465	351	313	6323	29
古县	4631	81	72	440	6
安泽县	8289	738	230	862	107
浮山县	7240	29	19	284	1
吉县	4485	31	31	554	15
乡宁县	7052	155	140	2857	229
大宁县	16472	65	65	299	211
隰县	4410	5	3	604	71
永和县	4079	487	487	1944	
蒲县	5149	3	3	888	13
汾西县	907	24	22	243	12
侯马市	114482	884	867	22839	681
霍州市	11290	1444	1441	8196	433
吕梁市	**200778**	**5278**	**4503**	**42261**	**2245**
离石区	19556	1433	1379	2999	126
文水县	17364	104	104	351	3
交城县	11567	667	566	7439	45
兴县	3395	25	25	3515	16
临县	7059	374	363	3715	295
柳林县	18175	501	108	2271	156
石楼县	2130	48	11	518	15
岚县	21158	1281	1276	2424	599
方山县	11511	16	14	466	5
中阳县	4999	101	57	360	220
交口县	2971	86	76	757	10
孝义市	62023	464	348	14910	515
汾阳市	18868	180	177	2538	240

单位：万元

营业费用、管理费用、财务费用合计			营业利润	职工工资和福利费	本年应交增值税	全部从业人员年平均人数（人）
	#税金	#利息支出				
3691	20	631	-25	968	769	1035
1614	156	281	1832	1898	830	2030
2130	17	8	3310	1690	535	1905
538	126	21	212	247	54	1321
576	27	26	885	436	98	506
5138	104	248	2226	749	773	760
2471	20	65	374	499	1001	407
1451	39	131	320	776	172	792
654	168	2	3960	1518	466	1198
589	59	170	362	466	834	373
6925	463	871	6187	3730	2460	3672
76941	**7659**	**3503**	**93792**	**33161**	**59119**	**31310**
53542	3785	987	66075	20542	53779	15651
2298	200	212	1638	1135	259	1822
1949	85	92	5996	2176	375	2401
674	134	114	1823	509	16	661
2489	547	242	3865	1661	2018	2191
785	32	19	403	415	76	468
786	98	213	496	298	85	462
456	6	183	-9	329	40	628
257	13	52	312	259	64	251
1338	112	87	1611	710	300	1142
897		43	36	191	527	255
616	89	35	62	312		515
367	226	131	3407	393	40	454
524	5	2	134	398	53	436
291	1	32	-80	197	82	239
7909	1116	961	1097	2482	1366	2991
1765	1210	98	6926	1154	41	743
16550	**1656**	**1271**	**30707**	**10060**	**3043**	**9760**
2474	621	445	1440	1718	704	1685
58	30	7	301	569	58	639
1416	15	19	6131	791	30	918
295	16	11	3378	278	86	194
1774	53	29	2226	856	249	774
1364	128	107	953	769	145	872
239	10	13	327	228	61	246
1644	52	62	2350	618	454	381
265	7	15	231	234	93	205
691	42	27	179	312	165	302
151	53	14	683	225	20	214
4509	423	319	10693	2430	455	2007
1672	207	203	1817	1033	524	1323

批发和零售业主要指标解释

一、经营情况指标解释

1.商品销售额：指对本单位以外的单位和个人出售的商品金额（包括售给本单位消费用的商品，含增值税），本指标反映批发和零售业在国内市场上销售商品以及出口商品的总量。具体包括：（1）售给城乡居民和社会集团消费用的商品；（2）售给农业、工业、建筑业、运输邮电业、服务业、公用事业等国民经济各行业用于生产、经营用的商品，包括售予批发和零售业作为转卖或加工后转卖的商品；（3）对国（境）外直接出口的商品。

2.批发额：指售给国民经济各行业用于生产、经营用的商品金额。主要包括：（1） 售给农业、工业、建筑业等行业用于生产的各种机器设备、工具、原料、材料、燃料、建筑材料，售给农民的农业生产资料，售给交通运输、仓储和邮政业用于业务活动的设备、车辆和燃料等；（2）售给计算机服务和软件业、科研和地质勘查业、水利环境和公共设施管理业等行业用于生产经营、勘察设计、科研试验等业务经营使用的商品，售给批发和零售业、住宿和餐饮业使用的各种设备、工具、原材料、燃料、仓储运输用的商品；（3）售给居民服务业和其他服务业各种营业用品，如售给理发业的理发工具、毛巾等，日用品修理业的设备、工具、材料、零配件等，售给民政部门救灾用的商品等；（4）售给批发和零售业作为转卖用的商品；售给餐饮业用于烹饪、调制加工后出售的商品和转卖的商品；售给服务业转卖的商品；（5）出口的商品。

3.零售额：指售给城乡居民用于生活消费和社会集团用于公共消费的商品金额。零售额具体包括：（1）售给城乡居民的各种生活消费品，售给入境旅游的外国人、华侨、港澳台同胞的各类商品；（2）售给行政事业单位、社会团体、军队和武警等机构的商品，以及以零售方式售给各类企业的商品。具体包括：用于非生产和社会交往的办公用品，如通讯设备、计算器具和设备、电讯网络设备、文印设备、音像视听器材和设备、纸张、本册、文具及装订文印材料、家具、日用电器、针纺织品、清洁卫生用品、文体用品、奖品、纪念品、礼品等；供内部人员乘坐的交通工具和燃料；用于办公设施修缮的各类配件、材料、工具等；用于取暖和防暑降温的设备、燃料、材料及食品等；专用于教学的用品和设备；非营利医疗机构的中、西药品、中药材和医疗设备器材；非专用的劳动保护用品；不对外营业的内部食堂用的餐具、炊具、设备、清洁卫生工具和食品、燃料等；军队、武警用于其人员生活的衣着品和个人用品；其他各类非生产性设备和用品。

4.商品分类：指根据商品的主要用途和性质所进行的分类。通过对商品分类统计，反映市场对各类商品的需求情况。

5.粮油、食品、饮料、烟酒类：指供人们食用的各种粮油食品、饮料、酒和烟草加工品。

6.粮油、食品类：指供人们食用的各种食品，如粮油、肉禽蛋、水产品、干鲜蔬果、食糖、糖果糕点、豆制品、滋补食品、食盐、调味品、罐头食品、奶及奶制品及其他食品加工制品等。

7.肉禽蛋类：指供人们食用的肉类、禽类、蛋类商品。其中，肉类，指供食用的活猪、活牛、活羊、家兔及其鲜（冻）肉和肉制品（不含各种肉罐头，统计在其他食品类）；禽类，指供人们食用的活鸡、活鸭、活鹅和其他人工饲养的活禽类及其鲜（冻） 、腌制和卤熟制品；蛋类，指鸡、鸭、鹅和其他禽类的鲜蛋、再制蛋。

8.饮料类：指供人们食用的各种饮料，包括液体型饮料，如汽水、果菜汁、矿泉水等； 冷冻饮品；固体饮料；茶叶、咖啡、可可和其他饮料。

9.烟酒类：包括酒和烟草加工品。酒，包括白酒、啤酒、黄酒、果露酒等。烟草加工品，包括卷烟、雪茄烟、烟丝、莫合烟、鼻烟等烟草加工品，不包括烤烟、晒烟等烟草加工原料（统计在“其他类”）。

10.服装、鞋帽、针纺织品类：指服装、鞋帽、针织品和纺织品的集合。

11.服装类：指以棉布、棉化纤混纺布、化纤布、麻布、呢绒、绸缎、裘皮、化纤针织面料等为原料缝制的各种男、女、成人、儿童的单、夹、棉、皮等各种服装（包括内衣裤、外衣裤、衬衣、衬裤、胸罩、裙子等），包括以毛线、丝线、麻线和各种混纺线编织的各种服装，如毛衣、毛衫、毛裤。

12.鞋帽类：鞋，指皮鞋、胶鞋、布鞋和全塑料鞋等，包括各种材料制作的靴子、凉鞋、便鞋、拖鞋、运动鞋、旅游鞋、春秋鞋等；帽，指各种面料、各种款式的男、女、童、婴儿帽子。

13.针、纺织品类：针织品，指纯棉、纯化纤、化纤与棉（包括短涤纶）混纺的针棉织品、毛毯、线毯、地毯、毛巾、毛线、毛织物等纯纺、纯化纤、混纺针织品及化纤针织面料；纺织品，指布（包括棉布、棉花化纤混纺布、化纤布等外棉棉布、玻璃纤维布、再生纤维布、野杂纤维布、土纺布、无纺布、漆布等），呢绒（包括涤纶混纺物），绸缎，麻布，纱类（包括棉纱、等外棉棉纱、玻璃纤维纱、再生纤维纱、野条纤维纱、废纱、土纱、麻绒等纺织品）。针、纺织品包括除服装外的制成品，如床上用品、袜子、针纺织手套、窗帘等。

14.化妆品类：指洁肤护肤美容用品、洁发护发美发用品、药物美容美体用品等。

洁肤护肤美容用品，包括洁面乳、霜、油等洁肤用品，霜、香脂、乳液、润肤油、爽身粉等护肤品，香粉（粉饼）、胭脂、唇膏、眼影、眉笔、指甲油、各种化妆盒、假发等美容品；洁发护发美发用品，包括洗发香波、洗发膏、洗发精、浴液、剃须膏、发油、发露、发腊、发宝、营养发水、护发素、发胶、摩丝、各种染发剂等；药物美容美体用品，包括花露水、腋下香、香水、防秃生发水、浓眉露、止痒水（粉）、祛斑霜、粉刺露、防晒剂、痒子粉（水）、减肥霜等；其他化妆用品。

15.金银珠宝类：指以金、银、铂等金属及钻石、宝（玉）石、翡翠、珍珠、水晶、象牙、骨角等为原料，经加工和连接组合、镶嵌等方法，制成各种图案造型的装饰品、饰品、工艺品等。包括首饰，如项链、戒指、耳环、手镯、脚链、挂件、别针、发卡等，珠宝饰品，如宝（玉）石、宝（玉）石饰品、钻石镶嵌、珍珠镶嵌以及其他金银珠宝饰品等。

16.日用品类：指日用金属制品、日用搪瓷制品、日用塑料制品、天然皮革和人造皮革制品、玻璃器皿、日用百货、燃气灶具、儿童玩具、日用化工产品、照明器具、日用杂品、钟表眼镜及配件、各种工艺品、烟花炮竹、人力或助动车类及配件等。其中，日用金属制品，包括精铝、铸铝、铝合金家用器皿，不锈钢制餐具，家用厨房用具及其他不锈钢制器皿等，不包括工业建筑的通用金属器皿（统计在“金属材料类”）；日用搪瓷制品，包括单瓷、双瓷的面盆、口杯及其他搪瓷制品等，不包括工业建筑的通用搪瓷制品（统计在“建筑及装潢材料类”）；日用百货，包括如缝纫机、保温瓶、雨衣、理发用具、剃须刀具、火柴、打火机、电池、腰带、刀、剪、锁、钳、卫生纸、卫生巾等；日用化工产品，包括洗涤用品、杀虫剂、花肥等；燃气灶具，包括燃气热水器、各种灶具等；照明器具，包括各种灯具、灯泡、灯管、手电筒等；日用杂品，包括铁锅、笼屉、瓷碗、碟等餐具和炊事用具，竹、木、藤、柳编制品，炉子、烟筒和取暖设备等；钟包括各种机械、石英电子的闹钟、挂钟、座钟等，表包括各种机械、石英电子手表、怀表、秒表、其他表、钟表零配件等，眼镜包括成品眼镜、眼镜架、眼镜片、眼镜毛坯、眼镜零配件等；各种工艺品，包括雕塑工艺品、人造花卉工艺品、天然植物工艺品、纤维编织工艺品、刺绣工艺品、抽纱工艺品等。其中，雕塑工艺品包括玉雕、牙雕、金属工艺品、漆器工艺品、画类工艺品等，天然植物工艺品、纤维编织工艺品包括竹编工艺品、藤编工艺品、草编工艺品等；人力或助动车类及配件，包括自行车、助动自行车、三轮车、残疾人座车（无论是否装有发动机）、婴儿推车和手推车等及配件。

17.洗涤用品类：包括洗衣粉、肥皂、香皂、浴皂、药皂、牙膏及各种清洁洗涤剂（膏、液、粉）等日用洗涤用品。

18.儿童玩具类：包括各种材质制作的玩具。

19.五金、电料类：指五金工具、电工工具、工具配件、水暖器材、各种专用工具、五金杂品等，以及木瓦工具、电工电讯器材及配件等各类商品，如各种榔头、钳子、扳手、锉刀、泥刀、自来水管、各种水龙头、暖气片、阀门、螺丝、螺母、水表、电表、插座、插头、开关、电线、铁丝、镇流器、灯架、灯罩等。

20.体育、娱乐用品类：指体育用品、健身器材、游艺器材、棋牌、戏装道具、乐器、照相器材及用品等。其中，体育用品，包括球类、球类器材、体操运动器材、举重运动器材、田径运动器材、水上运动器材、冰雪运动器材、射击、射箭、击剑器材、场地器材、航空、航海模型材料、运动保护用具、钓鱼用具等；健身器材，指各种用于达到锻炼身体、提高身体素质目的器材，包括侧重于肌肉训练的，如扩胸机、举重床、自重式健力器、哑铃组合架、坐式后拉器、卧式后屈腿训练器等；包括侧重于身体素质训练的，如跑步机、健步器、骑马机、滑雪器、健骑机等以及集消除疲劳、减肥健身为一体的各种按摩机（非电动）、健腹器等；游艺器材，包括游戏机、插卡式电脑学习机、儿童运动游艺器材等；棋牌，包括象棋、国际象棋、围棋、克郎棋、军棋、跳棋、扑克牌、麻将牌等；乐器，包括中西乐器、电子乐器、乐器辅助用品及配件，如钢琴、提琴、手风琴、吉他等；照相器材，包括摄影用品、暗房用品、修相用品和其他照相器材，如摄影用品，包括照相机、座机、外拍机、胶卷胶片、相纸、放大机、照相镜头、摄像灯具照相零配件及其他摄影用品，上光机、反拍机、翻版机、冲片机等，修相油、上光用品、修底版用具等，洗相药品，如显影液、定影液等，不包括X光胶片和工业胶片（统计在“化工材料及制品类”）。

21.书报杂志类：指各种以纸介质形态出版发行的中外文的书籍、工具书、课本、教材、图片、报纸和杂志等。

22.电子出版物及音像制品类：指电子出版物和音像制品。其中，电子出版物，指以数字方式将图文音像等信息编辑加工后存储在磁、光、电介质上，通过计算机或者具有类似功能的设备读取使用，用以表达思想、普及知识和积累文化，并可复制发行的大众传播媒介，其媒体形态包括软磁盘（FD）、只读光盘（CD-ROM）、交互式光盘（CD-Ⅰ）、照片光盘（PHOTO-ROM）、高密度只读光盘（DVD-ROM）、集成电路卡（IC CARD）及其他媒体形态；音像制品，指各种磁、光、电介质的录音、录像的磁带、光盘（CD、LD、VCD、DVD）等，包括各种空白的录音带、录像带、光盘。

23.家用电器和音像器材类：指洗涤电器、制冷电器、清洁电器、小家电、家用厨房电器具、家用保健电器和各类音像器材等。其中，洗涤电器，包括洗衣机、甩干机等；制冷电器，包括电冰箱、电冰柜、房间空调器等；清洁电器，包括吸尘器、加湿器、空气净化器等；小家电，包括电熨斗、电风扇、电淋浴器等；家用厨房电器具，包括食品加工机、抽排油烟机、微波炉、电饭堡、电烤箱、洗碗机、消毒柜等；家用保健电器，包括电取暖器、电动按摩器等；音像器材，包括电视机、录音机、录像机、摄像机、收音机、幻灯机、组合音响、影碟机（LD、CD、VCD、DVD等）、专业音响器材、专业声像器材以及配件等，不包括照相器材及用具（统计在“体育、娱乐用品类”）。

24.中西药品类：指人用各种中西药品、中药材以及各种小型医疗用品、敷料，不包括医疗用的各种大型设备，如CT机、核磁共振器等，和兽用的各种药品、医疗器材（统计在“其他类”）。

25.西药类：指以化学物质为原料根据药典或处方生产的

用于预防、治疗、诊断人体的疾病，有目的地调节人体的生理机能并规定有适应症、用法和用量的物质，包括化学药品制剂、放射性药品、血清疫苗、血液制品和诊断药品等，但不包括化学试剂（统计在“化工材料及制品类”）。

26.中草药及中成药类：指以天然的活性物质群为原料，根据中医药典或处方生产或配置，用于预防、治疗人体的疾病，有目的地调节人体的生理机能并规定有适应症、用法和用量的物质。包括中药材、中药饮片、中成药。其中，中药材，指在自然界中天然生长或人工种植、养殖、采掘的可用于加工中药饮片和中成药的物质，包括各种植物、动物、矿物等；中药饮片，指以中药材（包括各种药用植物、动物、矿物）为原料用于预防、治疗人体的疾病，有目的地调节人体的生理机能并规定有适应症、用法和用量的物质；中成药，指以中药材（包括各种药用植物、动物、矿物）为原料根据药典或处方生产的用于预防、治疗人体的疾病，有目的地调节人体的生理机能并规定有适应症、用法和用量的制剂，包括各种剂型（丸、散、膏、丹、胶、药酒、露、冲剂及改良剂型）的中成药。

27.文化办公用品类：指学习用品、办公用品和计算机及其配套产品。其中，学习和办公用品，包括学习和办公用的纸张、本册、打字机、油印机、速印机、复印机、计算器、快译通、电子笔记本、算盘、文具、普通测绘仪器、印刷材料以及教学用的设备、器材、标本、模型等；计算机及其配套产品，包括CPU在80186以上的大、中、小、微型、便携式电子计算机（包括多媒体计算机）和计算机的辅助设备，如服务器、打印机、扫描仪、不间断电源、多媒体配件、专用设备和零配件，计算机用键盘、鼠标、网卡、U盘、内存条、软盘、磁带、打印机用纸、色带、墨盒、硒鼓等，不包括单板机、插卡式电脑学习机（统计在“体育、娱乐用品类”），也不包括各种电子计算机软件（统计在“电子出版物及音像制品类”，随机附赠品除外）。

28.家具类：指用木材、金属、塑料、藤、竹等为主要原料制成的供人们生活、学习、工作、休息用的各种普通家具和具有特定用途的专用家具，包括家用就寝、就餐、起居、书房使用的床、柜、箱、架、沙发、桌、椅、凳、茶几、屏风，以及成套或组合家具，也包括医院、学校、图书馆、旅游、办公等专用的办公桌椅、文件柜、书柜等家具。

29.通讯器材类：指有线、无线通讯使用的各种器材和设备，包括电话机（普通电话机、无绳电话机、移动电话、小灵通等）、对讲机、寻呼机、传真机等以及配套产品。

30.煤炭及制品类：包括原煤、煤炭和煤制品，如洗煤、筛选块煤、筛选混煤及混末煤、焦炭、石油焦、半焦、煤饼（块）、煤球等。

31.木材及制品类：指木、竹采伐产品和木材、竹非生活制品等。此类商品销售一律按批发计算。其中，木、竹采伐产品，包括原木、小规模木材、薪炭木材、毛竹、篙竹等；木材、竹非生活制品，包括锯材、板材、人造板、木材防腐制品，木、竹工业、建筑业用品，藤、棕、柳条工业制品等。

32.石油及制品类：包括原油、炼厂气体、汽油、煤油、柴油、燃料油、工业燃料、溶剂油、润滑油、石蜡、地腊、专用腊、凡士林、洗涤剂原料、石油腊类、石油沥青、标准油、白色油、软麻油、原料油、润滑脂、石油酸、石油皂、液化石油气等。

33.化工材料及制品类：指化学矿采选品、化工产品、橡胶制品、塑料制品等。此类商品销售一律按批发计算。其中，化学矿采选品，包括硫铁矿、磷矿、硼矿、钾矿、天然硫磺、钙芒硝矿、芒硝矿、蛇纹矿、天然矿、重晶石、督重石、天青石、雄黄石、明矾石等；化工产品，不包括日用化工产品（统计在“日用品类”或“化妆品类”），包括无机化学品、化学肥料、化学农药、有机化学品、颜料、染料、催化剂、助剂、添加剂、粘合剂、高分子聚合物、信息用化学品、化学试剂、X光胶片、工业用胶片等；橡胶制品，不包括日用橡胶制品（统计在“日用品类”），包括如橡胶运输带、橡胶类传输带、橡胶三角带、橡胶风扇带、橡胶胶管、再生胶、橡胶导风管、橡胶浮筒、橡胶杂品、乳胶制品、橡胶密封制品、特种橡胶制品、软胶壳、微孔橡胶隔板、胶绳、胶筋、胶液、密封腻子等； 塑料制品，不包括日用塑料制品（统计在“日用品类”），包括塑料薄膜、塑料板材、塑料管、塑料棒、塑料异型材、塑料丝、塑料人造革、塑料合成革、泡沫塑料、塑料工业配件、塑料包装箱及容器等塑料原料。

34.化肥类：指氮肥、磷肥、钾肥、复合肥，不包括家庭使用的花肥（统计在“日用品类”）。此类商品销售一律按批发计算。其中，氮肥，包括液氮、尿素、硝酸铵、氯化铵、硫酸铵、氨水等；磷肥，包括重过磷酸钙、普通过磷酸钙等；钾肥，包括氯化钾、硫酸钾、窑灰钾、钾镁肥等；复合肥，包括氮磷肥、氮钾肥、磷钾肥、氮磷钾肥、硝酸磷、氮钾混合肥、铵磷钾、磷酸铵等。不包括磷矿粉肥和“土法”生产的各种化学肥料，如硫磺脚渣提炼的硫磺铵、硝酸钾、土制过磷酸钙和磷酸钾，也不包括微量元素的化学肥料（如钾酸铵）。

35.金属材料类：指黑色金属矿采选品和黑色金属冶炼及其压延产品、有色金属矿采选产品和有色金属冶炼及其压延产品。此类商品销售一律按批发计算。其中，黑色金属矿采选品，包括铁矿石原矿、铁矿石成品矿、人造富铁矿、锰矿石原矿、锰矿石成品矿、人造富锰矿、铬矿石原矿、铬矿石成品矿等；黑色金属冶炼及其压延产品，包括钢、生铁、铁合金、钢材、钢坯、钎子钢、轧制钢球、重熔钢、炼铁副产品、球墨铸铁、金属化球团、海棉铁、钒渣和粗末冶金原料、钢板网等；有色金属矿采选产品，包括重有色金属矿采选产品、轻有色金属矿采选产品、贵金属矿采选产品、稀有金属矿采选产品等；有色金属矿冶炼及其压延产品，包括有色金属矿冶炼产品、轻有色金属矿冶炼产品、稀土金属冶炼产品。稀散金属及半金属冶炼产品、高纯及超纯有色金属、重有色金属合金、硬质合金、稀有稀土金属合金、稀有放射性金属冶炼产品、重有色金属加工材、双金属材、轻有色金属加工材、贵金属加工材、稀有金属加工材、有色金属加工材、半导体材料等。

36.建筑及装潢材料类：指非金属矿采选成品、建筑材料及其他非金属矿物制品和各种办公或家庭用的室内装饰材料等。其中，非金属矿采选成品，包括土砂石矿品、耐火土石开采及其初加工品、工艺美术品用非金属矿、石棉、工业原料用云母、石墨、石膏、工业原料滑石、滑石粉、金刚石、水晶、冰洲石、次土、膨润土及其初加工品、长石、叶腊石、蛭石、硅线石、凹凸奉石、海泡石、浮石、沸石、珍珠岩、霞石正方岩、刚玉、硅藻石、硅石灰石等；建筑材料及其他非金属矿物制品，包括水泥、无熟料水泥、水泥熟料、水泥混凝土制品、水泥预制构件、纤维增强水泥制品、砖、瓦、建筑砌砖、石灰、轻质建筑材料、建筑用石材加工品、建筑防水材料、建筑保温材料、建筑用玻璃制品、平板玻璃、压延玻璃、磨砂玻璃、喷花玻璃、中空玻璃、热反射玻璃、吸热玻璃、玻璃砖、泡沫玻璃、工业技术玻璃、特种玻璃、玻璃纤维及其制品，石英玻璃及其制品、光学玻璃、玻璃仪器、绝缘玻璃、玻璃保温容器（不包括日用玻璃保温容器，统计在“日用百货类”）、普通陶瓷制品（不包括陶瓷餐具，统计在“日用品类”）、工业陶瓷、高压绝缘子、低压绝缘子耐火材料制品、玻璃窑专用耐火材料、石墨及碳素制品、碳化纤维、石墨热交换器。石棉制品、云母制品、磨料和磨具、铸石、化学石膏、人造水晶、合成云母、人造金刚石、晶体材料、晶体镀膜材料等；办公和家庭用的室内装饰材料，包括地板、地板革、墙纸、墙布、涂料、乳胶漆及各种装饰用具等，但不包括家具（统计在“家具类”）、清洁电器和家用厨房电器具（统计在“家用电器和音响器材类”）。

37.机电产品及设备类：指普通机械、交通运输机械、电器机械及器材、电子产品及通讯设备、各种农林牧渔业机械等。其中，普通机械，包括锅炉及原动机、金属加工机械、通用机械、铸锻件及通用零部件、工业专用设备、建筑工程机械、钻探机械等；交通运输机械，包括铁路运输设备、飞行器、工矿设备、船舶及其辅机、摩托车，不包括汽车、汽车底盘及汽车配件（统计在“汽车类”）；电器机械及器材，包括电机、输变电设备、电工器材等；电子产品及通讯设备，包括雷达和无线电导航设备、通讯设备、广播电视设备、电子原件、电子器件、仪器仪表、计量标准仪具及量具、衡器，不包括家用电脑机及其各种配套产品（统计在“文化办公用品类”）、电话机、移动电话、BP 机等（统计在“通讯器材类”），也不包括家用电视机、录音机、录像机、摄像机等（统计在“家用电器和音像器材类”）。

38.农机类：指各种农林牧渔业机械。包括农机具、农药具、农用车、农用动力机械等，如拖拉机、收割机、机引犁、机引耙、机引播种机、机动三轮车、拖车、机动植保机械、机动畜牧机械、机动脱粒机、内燃发动机组、水泵、喷灌机；以及各种零配件，如电动机、柴油机、手推车车轮等。此类商品销售一律按批发计算。

39.汽车类：指由动力装置驱动，具有四个或以上车轮的非轨道无架线的车辆及其零配件，包括汽车、汽车底盘和汽车配件等。

其中，汽车包括载货汽车、越野汽车、自卸汽车、牵引汽车、专用汽车、客车、轿车等。

40.种子饲料类：指各种农业或公共园艺使用的种子、种苗和饲养牲畜的草料、杂粮、杂豆等，不包括家庭使用的花种、种苗等，以及人们以娱乐、休闲为目的而饲养各种动物的从专门商店购买的宠物食品（统计在“其他类”）。此类商品销售一律按批发计算。

41.棉麻类：指棉麻产品、蚕茧等。其中，棉，包括籽棉、细绒棉、长绒棉、絮棉、棉短绒；麻，包括黄麻、红麻、苎麻、大麻、亚麻、剑麻；蚕茧，包括桑蚕茧、柞蚕茧、蓖蚕茧和其他蚕茧等。

42.其他类：指以上未包括的商品类别，如大型医疗器材，文物、古董、邮票、硬币、现代绘画作品，土特产品和畜产品、禽畜或宠物用的药品、宠物食品、花鸟鱼虫，消防器材及设施，废旧物资等；其中，畜产品包括各种牛皮、羊皮、猪皮及其他动物皮革，以及种畜、幼畜、幼禽绒毛、羽毛、鬃毛、肠衣等。

43.年末零售营业面积：指批发和零售企业用于零售的对外营业的门店建筑面积，不包括其办公用房、仓库和加工场地。该指标按年末实有建筑面积统计。

二、财务状况表指标

1．存货：指企业在日常生产经营过程中持有以备销售，或者仍然处在生产过程，或者在生产或提供劳务过程中将消耗的材料或物资等，包括各类材料、商品、在产品、半成品、产成品等。

2.流动资产合计：指企业可以在一年内或者超过一年的一个生产周期内变现或者耗用的资产，包括现金及各种存款、短期投资、应收及预付款项、存货等。

3.应收账款：指企业因销售商品、产品、提供劳务等，应向购货单位或接受劳务单位收取款项

4.固定资产合计：指企业使用期限超过一年的房屋、建筑物、机器、机械、运输工具以及其他与生产、经营有关的设备、器具、二具等。不属于生产经营主要设备的物品，单位价值在 2000 元以上，并且使用年限超过 2 年的，也应当作为固定资产。

5.固定资产原价：指企业在购置、自行建造、安装、改建、扩建、技术改造某项固定资产时所支出的全部支出总额。

6.固定资产折旧：指对固定资产由于磨损和损耗而转移到产品中去的那一部分价值的补偿。一般根据固定资产原价(选用双倍余额递减法计提折旧的企业，为固定资产账面净值)和确定的折旧率计算。

7.累计折旧：指企业在报告期末提取的历年固定资产折旧累计数。

8.本年折旧：指企业在报告年度内提取的固定资产折旧合计数。

9.资产总计：指企业拥有或控制的能以货币计量的经济资源，包括各种财产、债权和其他权利。资产按其流动性(即资产的变现能力和支付能力)划分为：流动资产、长期投资、固定资产、无形资产、递延资产和其他资产。

10.负债合计：指企业所承担的能以货币计量，将以资产

或劳务偿付的债务，偿还形式包括货币、资产或提供劳务。负债一般按偿还期长短分为流动负债和长期负债。根据会计“资产负债表”中“负债合计”的期末数填列。

11.所有者权益合计：指企业投资人对企业净资产的所有权。企业净资产为企业全部资产与企业全部负债的差额，包括实收资本、资本公积、盈余公积、未分配利润等。根据会计“资产负债表”中“所有者权益”项的期末数填列。

12.实收资本：指投资者按照企业章程，或合同、协议的约定，实际投入企业的资本。企业实收资本按照投资主体划分为国家资本、集体资本、法人资本、个人资本、港澳台资本和外商资本六种。

13.国家资本：指有权代表国家投资的政府部门或机构以国有资产投入企业形成的资本。不论企业的资本是哪个政府部门或机构投入的，只要是以国家资金进行投资的，均作为国家资本。

14.集体资本：指劳动群众集体所有的资产实际投人企业形成的资本。

15.法人资本：指我国具有法人资格的单位以其依法可以支配的资产投入企业形成的资本。

16.个人资本：指我国公民以其合法财产投入企业形成的资本。

17.港澳台资本：指我国香港、澳门和台湾地区投资者将所有的资产实际投入企业形成的资本。

18.外商资本：指外国投资者（不包括我国香港、澳门和台湾地区投资者）将所有的资产实际投入企业形成的资本。

19.主营业务收入：指企业在销售商品、提供劳务等日常活动中所产生的收入总额。

20.管理费用：指企业行政管理部门为组织和管理生产经营活动而发生的各项费用。

21.税金：指企业按规定从管理费用中支付的各种税金，包括房产税、土地使用税、车船使用税、印花税等。

22.财务费用：指企业为筹集生产经营所需资金等而发生的费用，包括利息支出、汇兑损失以及相关的金融机构手续费等。

23.利息支出：指企业在生产经营期间利息支出扣除利息收入后的净额。

24.营业利润：指企业从事生产经营活动所产生的利润，即主营业务利润加其他业务利润扣除管理费用、财务费用后的净额。

25.利润总额：指企业在生产经营过程中各种收入扣除各种耗费后的盈余，反映企业在报告期内实现的亏盈总额，包括营业利润、补贴收入、投资净收益和营业外收支净额。

26.应交所得税：指企业按税法规定，应从生产经营等活动的所得中交纳的税金。

27.劳动、失业保险费：指企业向社会保障部门和保险公司为本单位职工支付的劳动保险、失业保险的费用。

28.本年应付工资总额：指企业在报告期内应支付给本单位职工的全部工资，它反映企业本期累计应付的工资总额，而不是会计“应付工资”科目的余额。

29.本年应付福利费总额：指企业在报告期内累计提取的福利费总额，它反映本期应付福利费的全部发生额，而不是会计“应付福利费”科目的余额。

30.本年应交增值税：指企业按税法规定，从事货物销售或提供加工、修理修配劳务等增加货物价值的活动本期应交纳的税金。指企业在报告期应交增值税额。计算公式为：

本年应交增值税＝销项税额－（进项税额-进项税额转出）－出口抵减内销产品应纳税额－减免税款＋出口退税

31.全部从业人员年平均人数：指年内各月平均拥有的人数，其计算公式为：

全部从业人员平均人数＝（1月平均人数＋2月平均人数＋…＋12月平均人数）/ 12

月平均人数＝（月初从业人员数＋月末从业人员数）/ 2

第3篇

住宿和餐饮业经营和财务状况

3-3-1 按登记注册类型分组的

登记注册类型	法人单位数(个)			年末就业人员(人)			营业额(万元)		
	合 计	限额以上	限额以下	合 计	限额以上	限额以下	合 计	限额以上	限额以下
总 计	**2855**	**619**	**2236**	**160699**	**93959**	**66740**	**1122951**	**809922**	**313028**
其中: 国有及国有控股	**387**	**139**	**248**	**27782**	**18738**	**9044**	**195190**	**160808**	**34382**
内 资	**2824**	**603**	**2221**	**154733**	**88797**	**65936**	**1042531**	**733590**	**308942**
国 有	360	128	232	26293	17527	8766	160941	129415	31526
集 体	231	26	205	7482	2895	4587	38921	20682	18239
股份合作企业	44	7	37	2573	1383	1190	16053	12111	3942
联营企业	15		15	194		194	835		835
集体联营	6		6	50		50	196		196
国有与集体联营	3		3	80		80	409		409
其他联营	6		6	64		64	230		230
有限责任公司	257	82	175	19425	13465	5960	150641	125516	25124
其他有限责任公司	257	82	175	19425	13465	5960	150641	125516	25124
股份有限公司	110	23	87	7172	3369	3803	35978	21679	14298
私营企业	1740	329	1411	88392	48159	40233	619764	410165	209599
私营独资	917	107	810	29050	10169	18881	164000	72805	91196
私营合伙	121	9	112	3789	899	2890	22121	6651	15471
私营有限责任公司	629	194	435	50795	34582	16213	399662	307395	92267
私营股份有限公司	73	19	54	4758	2509	2249	33981	23315	10665
其 他	67	8	59	3202	1999	1203	19401	14022	5379
港澳台商投资	**14**	**7**	**7**	**1637**	**1219**	**418**	**13825**	**12288**	**1536**
与港澳台商合资经营	4	4		603	603		6977	6977	
与港澳台商合作经营	3	2	1	581	536	45	5471	4671	800
港澳台商独资	4	1	3	373	80	293	1121	640	480
港澳台商投资股份有限公司	3		3	80		80	256		256
外商投资	**17**	**9**	**8**	**4329**	**3943**	**386**	**66595**	**64044**	**2550**
中外合资经营	9	6	3	1319	1174	145	14375	13861	515
外资企业	7	3	4	2985	2769	216	52029	50184	1846
外商投资股份有限公司	1		1	25		25	190		190

住宿和餐饮业经营状况

#客房收入(万元)			#餐费收入(万元)			#商品销售额(万元)		
合　计	限额以上	限额以下	合　计	限额以上	限额以下	合　计	限额以上	限额以下
301164	**214336**	**86828**	**740355**	**536665**	**203691**	**46960**	**31985**	**14975**
96960	**81667**	**15293**	**86194**	**69934**	**16260**	**4381**	**2575**	**1806**
292537	**206157**	**86380**	**669769**	**469716**	**200052**	**46872**	**31898**	**14975**
79658	65327	14331	71624	56720	14904	3874	2404	1471
17126	7645	9481	19132	11369	7764	1335	695	639
6162	4061	2102	9102	7378	1724	166	73	93
418		418	368		368	35		35
74		74	122		122			
239		239	130		130	30		30
106		106	116		116	5		5
44951	35654	9297	93977	79709	14268	6127	5095	1032
44951	35654	9297	93977	79709	14268	6127	5095	1032
10754	6180	4574	22502	13430	9073	1461	1132	329
130535	85997	44538	438399	289720	148680	32760	21549	11211
32613	12232	20380	118413	54909	63505	9533	4099	5434
4501	1544	2958	16585	4964	11621	659	31	628
83807	66062	17745	280738	213871	66867	22136	16998	5139
9614	6160	3455	22663	15976	6687	433	422	11
2932	1293	1640	14664	11392	3272	1115	949	166
4843	**4794**	**49**	**7832**	**6345**	**1487**	**86**	**86**	
2304	2304		3970	3970		60	60	
2067	2067		2984	2185	800			
473	424	49	622	190	431	26	26	
			256		256			
3784	**3385**	**399**	**62754**	**60603**	**2151**	**1**	**1**	
3594	3385	209	10726	10421	305			
			52028	50183	1846	1	1	
190		190						

3-3-2 按地区分组的住宿和

登记注册类型	法人单位数(个)			年末就业人员(人)			营业额(万元)		
	合 计	限额以上	限额以下	合 计	限额以上	限额以下	合 计	限额以上	限额以下
总 计	**2855**	**619**	**2236**	**160699**	**93959**	**66740**	**1122951**	**809922**	**313028**
太原市	**799**	**162**	**637**	**51273**	**31299**	**19974**	**454908**	**358447**	**96460**
小店区	200	32	168	12586	6399	6187	107255	68254	39001
迎泽区	308	73	235	20890	14745	6145	205685	182636	23049
杏花岭区	126	27	99	7765	4256	3509	82813	64288	18524
尖草坪区	24		24	368		368	2426		2426
万柏林区	91	24	67	7110	4394	2716	40405	30997	9408
晋源区	17	2	15	1436	1104	332	10887	9879	1008
清徐县	13	2	11	491	215	276	2362	1212	1150
阳曲县	6	1	5	139	56	83	1122	422	700
娄烦县	3		3	52		52	210		210
古交市	11	1	10	436	130	306	1744	759	985
大同市	**298**	**64**	**234**	**21246**	**13909**	**7337**	**130181**	**99048**	**31134**
大同市城区	159	47	112	14933	11571	3362	99024	86837	12187
矿区	39	6	33	1878	962	916	11660	6114	5546
南郊区	26	5	21	1583	600	983	7443	2580	4863
新荣区	1		1	73		73	132		132
阳高县	8		8	211		211	502		502
天镇县	16		16	413		413	929		929
广灵县	6		6	142		142	759		759
灵丘县	10		10	489		489	1709		1709
浑源县	16	2	14	820	406	414	4592	1564	3029
左云县	12	2	10	484	263	221	2638	1491	1147
大同县	5	2	3	220	107	113	794	462	332
阳泉市	**171**	**29**	**142**	**8015**	**4874**	**3141**	**46624**	**27699**	**18926**
城区	95	18	77	4805	3581	1224	32801	20444	12357
矿区	14	2	12	373	120	253	1863	839	1025
郊区	23	3	20	1055	517	538	5166	3655	1511
平定县	18	2	16	966	250	716	2722	960	1762
盂县	21	4	17	816	406	410	4073	1801	2272
长治市	**224**	**73**	**151**	**10808**	**7466**	**3342**	**76286**	**65065**	**11221**
长治市城区	123	47	76	7048	5265	1783	54013	47699	6314
长治市郊区	22	3	19	517	199	318	2911	1960	951
长治县	10	3	7	365	201	164	1464	989	475
襄垣县	11	6	5	771	690	81	8101	7957	144
屯留县	5	2	3	169	93	76	914	539	375
平顺县	3	1	2	139	70	69	349	281	69
黎城县	13		13	357		357	851		851
壶关县	5	2	3	206	151	55	773	614	159
长子县	3	1	2	105	72	33	502	229	274
武乡县	9	2	7	351	221	130	2572	1825	747
沁县	5	1	4	155	65	90	883	437	446
沁源县	7	2	5	186	80	106	804	565	240
潞城市	8	3	5	439	359	80	2148	1971	177

餐饮业经营状况

单位：个、人、万元

#客房收入(万元)			#餐费收入(万元)			#商品销售额(万元)		
合　计	限额以上	限额以下	合　计	限额以上	限额以下	合　计	限额以上	限额以下
301164	**214336**	**86828**	**740355**	**536665**	**203691**	**46960**	**31985**	**14975**
122145	**98813**	**23333**	**314679**	**244944**	**69736**	**8070**	**6114**	**1956**
26357	21099	5259	76216	43320	32896	3009	2565	444
49978	41428	8550	147695	134537	13158	2997	2408	589
26657	22700	3957	53278	39433	13846	1530	869	661
1088		1088	1298		1298	30		30
10705	8157	2548	28055	21479	6576	402	248	154
4902	4483	420	5212	4779	433	75		75
853	369	484	1465	800	665	20	20	…
581	131	450	539	289	250			
64		64	144		144	3		3
961	446	515	776	307	469	6	5	1
27011	**19680**	**7331**	**87237**	**68631**	**18606**	**12243**	**8653**	**3590**
20778	17187	3591	68136	59682	8455	8164	8064	101
1409	1025	384	7666	4805	2861	2519	217	2302
2205	1045	1160	3524	1518	2006	417	17	400
10		10	121		121			
25		25	477		477			
129		129	749		749			
213		213	541		541			
1010		1010	590		590	30		30
791	236	555	2596	994	1601	994	256	738
425	181	244	2135	1252	883	54	34	20
16	6	10	702	380	322	65	65	
9791	**4432**	**5359**	**34343**	**21823**	**12520**	**1168**	**771**	**397**
6949	2726	4223	25010	17435	7575	66		66
8		8	1090	282	809	755	557	198
879		287	3555	2592	963	200	82	118
656	336	319	1974	532	1443	92	92	
1299	778	521	2714	983	1731	55	40	15
19814	**15331**	**4483**	**51527**	**45220**	**6307**	**2394**	**2154**	**240**
13469	10757	2712	36722	33342	3380	1982	1853	129
567	270	297	1935	1303	633			
578	286	292	712	600	112	167	100	67
2112	2108	4	5895	5755	140			
481	230	251	252	128	124	181	181	
134	130	4	215	150	65			
197		197	606		606	44		44
281	193	88	483	411	71			
166	61	105	336	168	168			
754	433	321	1795	1392	403			
208	131	77	522	198	324			
178	132	46	627	433	193			
689	601	88	1429	1340	89	21	21	

3-3-2 续表 1

登记注册类型	法人单位数(个)			年末就业人员(人)			营业额(万元)		
	合 计	限额以上	限额以下	合 计	限额以上	限额以下	合 计	限额以上	限额以下
晋城市	**185**	**28**	**157**	**10887**	**5125**	**5762**	**71068**	**41555**	**29513**
晋城市城区	96	13	83	6347	2584	3763	47840	27086	20755
沁水县	19	2	17	811	312	499	3555	1993	1562
阳城县	20	4	16	1530	914	616	8344	5318	3026
陵川县	14	3	11	548	313	235	1770	1155	615
泽州县	14	4	10	885	742	143	4682	4102	580
高平市	22	2	20	766	260	506	4877	1901	2975
朔州市	**116**	**42**	**74**	**7135**	**5361**	**1774**	**39333**	**31847**	**7486**
朔城区	65	19	46	3642	2457	1185	22352	17957	4395
平鲁区	6	2	4	289	207	82	1356	1196	161
山阴县	16	5	11	1060	845	215	3407	2120	1287
应县	5	5		426	426		2784	2784	
右玉县	8		8	219		219	723		723
怀仁县	16	11	5	1499	1426	73	8711	7791	920
晋中市	**242**	**50**	**192**	**11899**	**5781**	**6118**	**64541**	**41737**	**22804**
榆次区	77	20	57	5436	3268	2168	31578	24136	7442
榆社县	3		3	106		106	234		234
左权县	8	2	6	308	183	125	1799	1177	623
和顺县	6		6	250		250	381		381
昔阳县	13	2	11	744	148	596	2987	427	2560
寿阳县	8	2	6	186	48	138	660	408	253
太谷县	18	6	12	927	670	257	5426	4268	1158
祁县	16	2	14	591	183	408	3052	1035	2017
平遥县	26	4	22	1051	275	776	4073	2224	1850
灵石县	33	3	30	1125	256	869	7639	2833	4805
介休市	34	9	25	1175	750	425	6712	5230	1481
运城市	**214**	**46**	**168**	**10355**	**5521**	**4834**	**50566**	**34476**	**16090**
盐湖区	70	17	53	4214	2171	2043	18504	13227	5277
临猗县	7	1	6	212	86	126	1283	790	492
万荣县	11		11	330		330	1139		1139
闻喜县	8	3	5	327	252	75	2142	1702	440
稷山县	6	1	5	357	170	187	1446	1032	414
新绛县	6		6	177		177	1088		1088
绛县	8	1	7	229	89	140	836	204	632
垣曲县	7	1	6	237	112	125	564	315	249
夏县	7	3	4	313	240	73	1130	950	180
平陆县	12	1	11	247	80	167	504	300	204
芮城县	7		7	238		238	418		418
永济市	31	9	22	1575	1108	467	5528	3437	2091
河津市	34	9	25	1899	1213	686	15986	12519	3467
忻州市	**171**	**37**	**134**	**9280**	**4411**	**4869**	**56756**	**32340**	**24416**
忻府区	65	16	49	4733	2398	2335	29707	16793	12914
定襄县	7		7	136		136	438		438

#客房收入(万元)			#餐费收入(万元)			#商品销售额(万元)		
合　计	限额以上	限额以下	合　计	限额以上	限额以下	合　计	限额以上	限额以下
19208	**10054**	**9154**	**42799**	**24107**	**18691**	**3984**	**3426**	**558**
11764	6197	5567	29550	15330	14219	2902	2717	185
1355	678	676	2155	1315	840	20		20
2069	983	1086	4690	3101	1588	541	262	279
580	415	165	948	501	447	179	179	
1496	1214	282	2932	2669	263	208	205	3
1946	567	1379	2525	1192	1333	134	64	70
10574	**7588**	**2986**	**27153**	**23056**	**4097**	**438**	**267**	**172**
5911	4291	1620	15232	12695	2537	231	104	127
729	584	145	623	611	12	4		4
873	392	481	2469	1672	798	48	47	1
739	739		1868	1868		116	116	
309		309	321		321	2		2
2013	1582	431	6639	6210	429	38		38
17838	**11959**	**5879**	**39604**	**24687**	**14917**	**3891**	**2214**	**1677**
7915	6513	1402	19200	13609	5590	2174	1865	309
103		103	82		82			
627	418	210	1033	748	285	128		128
131		131	250		250			
1096	153	943	1461	258	1202	393	14	378
155		155	452	363	89	11	8	3
1657	1554	103	3706	2664	1042	2		2
828	233	595	2047	647	1400	90	80	10
2097	1150	947	1800	915	885	151	133	18
1277	637	640	5650	2037	3613	635	83	552
1952	1302	650	3926	3446	480	307	31	276
16021	**11300**	**4721**	**29709**	**19308**	**10401**	**2680**	**2097**	**583**
5054	3350	1704	13073	9604	3469	289	197	92
327	124	203	943	667	277	11		11
380		380	716		716	38		38
742	592	150	1081	853	228	76	29	47
642	507	135	756	494	262			
413		413	506		506	97		97
154	123	31	463		463			
243	107	136	303	203	100	4	4	
536	446	90	532	442	90	2	2	
143	100	43	331	200	131			
123		123	295		295			
1660	1229	431	3616	1956	1660	82	82	
5606	4723	883	7096	4890	2206	2081	1782	299
24075	**11476**	**12600**	**29596**	**18244**	**11352**	**1382**	**1086**	**296**
13168	4687	8481	13960	9716	4245	1070	980	90
111		111	254		254	73		73

3-3-2 续表 2

登记注册类型	法人单位数(个)			年末就业人员(人)			营业额(万元)		
	合　计	限额以上	限额以下	合　计	限额以上	限额以下	合　计	限额以上	限额以下
五台县	34	6	28	1614	803	811	10545	6762	3783
代县	3		3	87		87	238		238
繁峙县	8	2	6	228	125	103	956	614	342
宁武县	10		10	271		271	852		852
静乐县	4		4	172		172	980		980
神池县	2		2	49		49	187		187
五寨县	6	1	5	224	64	160	956	560	396
岢岚县	3		3	139		139	480		480
河曲县	7	4	3	275	251	24	1984	1582	402
保德县	5	2	3	214	136	78	1347	832	515
偏关县	2	1	1	82	70	12	296	276	20
原平市	15	5	10	1056	564	492	7791	4922	2869
临汾市	**318**	**59**	**259**	**13000**	**6714**	**6286**	**95769**	**48808**	**46961**
尧都区	161	26	135	8331	4199	4132	62552	27193	35358
曲沃县	16	2	14	508	301	207	2797	1536	1261
翼城县	15	4	11	589	340	249	2997	1996	1001
襄汾县	6	2	4	244	183	61	1238	845	393
洪洞县	22	4	18	485	224	261	9016	7224	1792
古县	6	2	4	190	156	34	911	764	148
安泽县	6	1	5	113	51	62	509	255	254
浮山县	3		3	69		69	165		165
吉县	7		7	153		153	414		414
乡宁县	9	5	4	387	300	87	2613	2523	90
大宁县	5	1	4	106	50	56	254	199	55
隰县	2	1	1	78	58	20	319	319	
永和县	3		3	70		70	258		258
蒲县	6	1	5	155	42	113	833	311	522
汾西县	2	1	1	111	80	31	420	400	20
侯马市	32	5	27	1042	527	515	6719	3582	3137
霍州市	17	4	13	369	203	166	3754	1661	2093
吕梁市	**117**	**29**	**88**	**6801**	**3498**	**3303**	**36918**	**28900**	**8018**
离石区	30	8	22	2478	1311	1167	10713	8632	2081
文水县	3	2	1	145	120	25	514	504	10
交城县	11	2	9	496	241	255	3086	2382	704
兴县	3		3	96		96	379		379
临县	4		4	168		168	274		274
柳林县	13	2	11	917	250	667	3098	2031	1067
石楼县	3		3	91		91	425		425
岚县	2		2	78		78	415		415
交口县	1		1	13		13	262		262
孝义市	31	11	20	1789	1275	514	13903	12000	1903
汾阳市	16	4	12	530	301	229	3848	3351	497

#客房收入(万元)			#餐费收入(万元)			#商品销售额(万元)		
合　计	限额以上	限额以下	合　计	限额以上	限额以下	合　计	限额以上	限额以下
6825	4320	2505	3635	2360	1275	2		2
82		82	156		156			
276	186	90	680	428	252			
360		360	484		484	4		4
123		123	847		847	10		10
65		65	120		120			
225	115	110	679	445	234	50		50
123		123	357		357			
617	370	247	1255	1160	95	70	10	60
341	210	131	998	621	377	8		8
106	86	20	186	186		4	4	
1654	1502	152	5984	3327	2657	92	92	
23135	**15089**	**8046**	**60229**	**27954**	**32276**	**9242**	**3881**	**5360**
12217	6900	5317	39240	15407	23833	8146	3186	4960
601	371	229	2048	1082	965	149	83	67
1108	1005	103	1606	761	845	225	177	48
451	405	46	753	410	343	33	30	3
2459	2181	278	6415	4901	1514	142	142	
304	218	86	459	405	54	149	141	8
278	128	150	231	127	104			
78		78	87		87			
144		144	252		252	13		13
1638	1607	32	962	916	46	11		11
140	100	40	114	99	15			
154	154		165	165				
172		172	78		78	9		9
235	105	130	598	206	392			
94	90	4	276	260	16	50	50	
2440	1400	1040	3816	1979	1837	317	74	243
622	425	197	3132	1236	1896			
11554	**8615**	**2939**	**23477**	**18690**	**4787**	**1469**	**1324**	**145**
2776	2234	542	7688	6258	1430	50	21	29
271	266	5	243	238	5			
1386	1239	147	1233	681	552	462	462	
149		149	169		169	46		46
215		215	59		59			
1347	795	551	1730	1236	495	20		20
89		89	336		336			
185		185	230		230			
122		122	140		140			
4087	3306	781	9086	8051	1036	537	491	46
927	775	153	2562	2226	336	355	350	5

3-3-3 按登记注册类型

指标名称	法人单位数(个)			年末就业人员(人)			营业额(万元)		
	合　计	限额以上	限额以下	合　计	限额以上	限额以下	合　计	限额以上	限额以下
总　计	**1282**	**302**	**980**	**75242**	**46499**	**28743**	**482493**	**359146**	**123347**
其中：国有及国有控股	**297**	**111**	**186**	**22071**	**15370**	**6701**	**159279**	**134513**	**24766**
内　资	**1271**	**294**	**977**	**73201**	**44825**	**28376**	**464876**	**342035**	**122841**
国　有	276	101	175	21296	14754	6542	130544	108116	22428
集　体	170	21	149	5735	2440	3295	31504	18024	13480
股份合作企业	25	4	21	1732	1103	629	11818	9394	2424
联营企业	9		9	158		158	682		682
集体联营	4		4	36		36	74		74
国有与集体联营	3		3	80		80	409		409
其他联营	2		2	42		42	199		199
有限责任公司	123	38	85	8578	5920	2658	67586	57075	10512
其他有限责任公司	123	38	85	8578	5920	2658	67586	57075	10512
股份有限公司	50	12	38	3528	1889	1639	19158	13283	5874
私营企业	591	116	475	31190	18340	12850	198354	133690	64665
私营独资	322	31	291	9159	3003	6156	41715	13533	28182
私营合伙	41	4	37	1049	239	810	5649	1719	3930
私营有限责任公司	199	75	124	18936	14226	4710	139551	111044	28507
私营股份有限公司	29	6	23	2046	872	1174	11440	7395	4045
其　他	27	2	25	984	379	605	5231	2453	2777
港澳台商投资	**7**	**6**	**1**	**1376**	**1116**	**260**	**11811**	**11704**	**107**
与港澳台商合资经营	3	3		500	500		6393	6393	
与港澳台商合作经营	2	2		536	536		4671	4671	
港澳台商独资	2	1	1	340	80	260	747	640	107
外商投资	**4**	**2**	**2**	**665**	**558**	**107**	**5807**	**5407**	**399**
中外合资经营	3	2	1	640	558	82	5617	5407	209
外商投资股份有限公司	1		1	25		25	190		190

分组的住宿业经营状况

#客房收入(万元)			#餐费收入(万元)			#商品销售额(万元)			床位数(个)		
合　计	限额以上	限额以下	合　计	限额以上	限额以下	合　计	限额以上	限额以下	合　计	限额以上	限额以下
231079	**162099**	**68979**	**205989**	**163156**	**42833**	**19783**	**12779**	**7005**	**136548**	**58179**	**78369**
85892	**71792**	**14100**	**63368**	**54723**	**8646**	**2912**	**1769**	**1144**	**40703**	**22300**	**18403**
222451	**153920**	**68531**	**198200**	**155425**	**42775**	**19697**	**12692**	**7005**	**134623**	**56472**	**78151**
71010	57871	13138	51536	43814	7722	2548	1654	894	38190	20329	17861
16205	7340	8866	14168	10138	4030	546	266	279	14730	4188	10542
5793	3957	1836	5340	4805	535	77	37	40	2832	949	1883
417		417	224		224	30		30	918		918
74		74							214		214
239		239	130		130	30		30	457		457
105		105	94		94				247		247
32488	25765	6723	29536	26741	2794	1768	1149	619	14408	7101	7307
32488	25765	6723	29536	26741	2794	1768	1149	619	14408	7101	7307
8692	5233	3458	8366	6343	2023	995	771	224	5272	2301	2971
85521	53002	32518	86535	61989	24545	13627	8708	4919	56991	21262	35729
21253	5263	15990	16486	7021	9465	2389	430	1959	22296	3194	19102
3135	919	2216	2095	727	1368	197	31	166	3210	490	2720
55230	43836	11394	63127	50443	12684	11030	8247	2783	27604	16574	11030
5902	2984	2918	4827	3799	1029	11		11	3881	1004	2877
2326	752	1574	2497	1594	902	107	107		1282	342	940
4843	**4794**	**49**	**5821**	**5763**	**58**	**86**	**86**		**1155**	**1105**	**50**
2304	2304		3388	3388		60	60		453	453	
2067	2067		2185	2185					522	522	
473	424	49	248	190	58	26	26		180	130	50
3784	**3385**	**399**	**1968**	**1968**					**770**	**602**	**168**
3594	3385	209	1968	1968					700	602	98
190		190							70		70

3-3-4 按登记注册类型分组

指标名称	法人单位数(个)			年末就业人员(人)			营业额(万元)		
	合 计	限额以上	限额以下	合 计	限额以上	限额以下	合 计	限额以上	限额以下
总 计	**1573**	**317**	**1256**	**85457**	**47460**	**37997**	**640457**	**450776**	**189681**
其中：国有及国有控股	**90**	**28**	**62**	**5711**	**3368**	**2343**	**35910**	**26295**	**9615**
内 资	**1553**	**309**	**1244**	**81532**	**43972**	**37560**	**577655**	**391555**	**186101**
国 有	84	27	57	4997	2773	2224	30396	21299	9098
集 体	61	5	56	1747	455	1292	7417	2658	4759
股份合作企业	19	3	16	841	280	561	4235	2717	1518
联营企业	6		6	36		36	153		153
集体联营	2		2	14		14	122		122
其他联营	4		4	22		22	31		31
有限责任公司	134	44	90	10847	7545	3302	83054	68442	14613
其他有限责任公司	134	44	90	10847	7545	3302	83054	68442	14613
股份有限公司	60	11	49	3644	1480	2164	16820	8396	8424
私营企业	1149	213	936	57202	29819	27383	421409	276475	144934
私营独资	595	76	519	19891	7166	12725	122286	59272	63014
私营合伙	80	5	75	2740	660	2080	16472	4932	11541
私营有限责任公司	430	119	311	31859	20356	11503	260110	196351	63759
私营股份有限公司	44	13	31	2712	1637	1075	22541	15921	6620
其 他	40	6	34	2218	1620	598	14170	11568	2602
港澳台商投资	**7**	**1**	**6**	**261**	**103**	**158**	**2014**	**584**	**1430**
与港澳台商合资经营	1	1		103	103		584	584	
与港澳台商合作经营	1		1	45		45	800		800
港澳台商独资	2		2	33		33	374		374
港澳台商投资股份有限公司	3		3	80		80	256		256
外商投资	**13**	**7**	**6**	**3664**	**3385**	**279**	**60788**	**58637**	**2151**
中外合资经营	6	4	2	679	616	63	8759	8453	305
外资企业	7	3	4	2985	2769	216	52029	50184	1846

的餐饮业经营状况

#客房收入(万元)			#餐费收入(万元)			#商品销售额(万元)			床位数(个)		
合　计	限额以上	限额以下	合　计	限额以上	限额以下	合　计	限额以上	限额以下	合　计	限额以上	限额以下
70086	**52237**	**17849**	**534367**	**373509**	**160858**	**27177**	**19207**	**7970**	**37469**	**19488**	**17981**
11068	**9876**	**1193**	**22825**	**15211**	**7614**	**1468**	**806**	**662**	**5261**	**4104**	**1157**
70086	**52237**	**17849**	**471568**	**314291**	**157277**	**27175**	**19205**	**7970**	**37469**	**19488**	**17981**
8648	7456	1193	20088	12906	7182	1327	750	577	4803	3646	1157
921	306	615	4964	1231	3734	789	429	360	1036	219	817
369	104	266	3762	2572	1190	89	36	53	410	92	318
1		1	144		144	5		5	13		13
			122		122						
1		1	22		22	5		5	13		13
12463	9890	2573	64441	52968	11474	4358	3945	413	5271	3218	2053
12463	9890	2573	64441	52968	11474	4358	3945	413	5271	3218	2053
2063	947	1116	14137	7087	7050	466	361	105	1350	322	1028
45014	32995	12019	351865	227730	124134	19134	12841	6292	24236	11737	12499
11359	6969	4390	101928	47888	54040	7144	3669	3475	9094	3117	5977
1366	624	742	14490	4237	10253	462		462	1101	280	821
28577	22226	6351	217611	163428	54183	11106	8751	2355	12471	7191	5280
3713	3176	537	17836	12177	5659	422	422		1570	1149	421
607	540	66	12168	9798	2370	1008	843	166	350	254	96
			2012	**582**	**1430**						
			582	582							
			800		800						
			374		374						
			256		256						
			60787	**58636**	**2151**	**1**	**1**				
			8759	8453	305						
			52028	50183	1846	1	1				

3-3-5 按行业分组的住宿业经营状况

指标名称	合 计	旅游饭店	一般旅馆	其他住宿服务
法人单位数（个）	1282	353	845	84
限额以上	302	193	98	11
限额以下	980	160	747	73
年末就业人员（人）	75242	42559	29520	3163
限额以上	46499	34949	10092	1458
限额以下	28743	7610	19428	1705
营业额（万元）	482493	311455	150267	20771
限额以上	359146	280821	66605	11721
限额以下	123347	30633	83663	9051
客房收入（万元）	231079	142713	76500	11866
限额以上	162099	125731	30082	6286
限额以下	68979	16981	46418	5580
餐费收入（万元）	205989	136773	61700	7516
限额以上	163156	127250	31452	4454
限额以下	42833	9524	30248	3062
商品销售额（万元）	19783	13247	6377	159
限额以上	12779	10972	1679	129
限额以下	7005	2276	4699	30
客房数(间)	68840	30882	34558	3400
限额以上	31532	22808	7871	853
限额以下	37308	8074	26687	2547
床位数(个)	136548	59038	69612	7898
限额以上	58179	41929	14781	1469
限额以下	78369	17109	54831	6429
餐位数(位)	173777	98037	70774	4966
限额以上	110781	78143	31058	1580
限额以下	62996	19894	39716	3386

3-3-6 按行业分组的餐饮业经营状况

指标名称	合 计	正餐服务	快餐服务	饮料及冷饮服务	其他餐饮服务
法人单位数（个）	1573	1382	95	27	69
限额以上	317	306	7		4
限额以下	1256	1076	88	27	65
年末就业人员（人）	85457	78644	4756	274	1783
限额以上	47460	44098	3049		313
限额以下	37997	34546	1707	274	1470
营业额（万元）	640457	569471	59884	2639	8463
限额以上	450776	397817	49690		3270
限额以下	189681	171654	10195	2639	5193
客房收入（万元）	70086	67655	605	8	1818
限额以上	52237	50848	226		1162
限额以下	17849	16806	379	8	656
餐费收入（万元）	534367	467955	58105	2089	6217
限额以上	373509	322928	48632		1949
限额以下	160858	145027	9473	2089	4268
商品销售额（万元）	27177	25681	1094	88	314
限额以上	19207	18313	760		133
限额以下	7970	7368	334	88	181

3-3-7　按星级分组的住宿业经营状况

指标名称	合 计	五 星	四 星	三 星	二 星	一 星	其 他
法人单位数（个）	1282	8	51	124	119	10	970
限额以上	302	6	41	95	78		82
限额以下	980	2	10	29	41	10	888
年末就业人员（人）	75242	3710	12497	18811	8608	197	31419
限额以上	46499	3054	11576	17010	7045		7814
限额以下	28743	656	921	1801	1563	197	23605
营业额（万元）	482493	44636	99462	127518	50476	957	159445
限额以上	359146	43448	97134	119888	43926		54749
限额以下	123347	1187	2328	7630	6549	957	104695
客房收入（万元）	231079	20156	45107	57910	22260	410	85237
限额以上	162099	19679	43681	53922	18222		26595
限额以下	68979	476	1426	3987	4038	410	58642
餐费收入（万元）	205989	18922	45295	58478	24202	323	58770
限额以上	163156	18372	44597	55475	21923		22789
限额以下	42833	550	697	3004	2279	323	35981
商品销售额（万元）	19783	2683	3250	4110	1958	205	7578
限额以上	12779	2683	3137	3738	1824		1397
限额以下	7005		114	372	134	205	6180
客房数(间)	68840	2051	6866	12910	7802	256	38955
限额以上	31532	1689	6347	11421	5748		6327
限额以下	37308	362	519	1489	2054	256	32628
床位数(个)	136548	3396	12144	24185	15390	438	80995
限额以上	58179	2792	11228	21288	11333		11538
限额以下	78369	604	916	2897	4057	438	69457
餐位数(位)	173777	5821	23843	41185	28797	375	73756
限额以上	110781	5421	23263	38139	22901		21057
限额以下	62996	400	580	3046	5896	375	52699

3-3-8 按行业分组的国有及

行业	法人单位数(个)			营业额(万元)			#客房收入(万元)		
	合计	限额以上	限额以下	合计	限额以上	限额以下	合计	限额以上	限额以下
总计	**387**	**139**	**248**	**195190**	**160808**	**34382**	**96960**	**81667**	**15293**
住宿业	**297**	**111**	**186**	**159279**	**134513**	**24766**	**85892**	**71792**	**14100**
旅游饭店	102	71	31	114994	107224	7770	61340	57723	3618
一般旅馆	174	37	137	40026	25129	14897	21372	12316	9055
其他住宿服务	21	3	18	4260	2161	2099	3180	1753	1427
餐饮业	**90**	**28**	**62**	**35910**	**26295**	**9615**	**11068**	**9876**	**1193**
正餐服务	82	28	54	34899	26295	8604	11015	9876	1140
快餐服务	2		2	116		116			
饮料及冷饮服务	1		1	545		545			
其他餐饮服务	5		5	352		352	53		53

3-3-9 按行业分组的国有住宿

行业	法人单位数(个)			营业额(万元)			#客房收入(万元)		
	合计	限额以上	限额以下	合计	限额以上	限额以下	合计	限额以上	限额以下
总计	**360**	**128**	**232**	**160941**	**129415**	**31526**	**79658**	**65327**	**14331**
住宿业	**276**	**101**	**175**	**130544**	**108116**	**22428**	**71010**	**57871**	**13138**
旅游饭店	88	63	25	89063	83349	5714	47753	45173	2579
一般旅馆	170	37	133	38808	24121	14687	21234	12052	9182
其他住宿服务	18	1	17	2673	646	2027	2023	646	1377
餐饮业	**84**	**27**	**57**	**30396**	**21299**	**9098**	**8648**	**7456**	**1193**
正餐服务	77	27	50	29385	21299	8086	8595	7456	1140
快餐服务	1		1	116		116			
饮料及冷饮服务	1		1	545		545			
其他餐饮服务	5		5	352		352	53		53

国有控股住宿和餐饮业经营状况

#餐费收入(万元)			#商品销售额(万元)			床位数(个)			餐位数(位)		
合　计	限额以上	限额以下	合　计	限额以上	限额以下	合　计	限额以上	限额以下	合　计	限额以上	限额以下
86194	**69934**	**16260**	**4381**	**2575**	**1806**	**45964**	**26404**	**19560**	**97797**	**69021**	**28776**
63368	**54723**	**8646**	**2912**	**1769**	**1144**	**40703**	**22300**	**18403**	**54744**	**39607**	**15137**
46602	43533	3070	1880	1105	774	18951	15651	3300	31720	28185	3535
15797	10852	4946	1003	637	366	19509	6087	13422	21969	11242	10727
969	338	630	30	26	4	2243	562	1681	1055	180	875
22825	**15211**	**7614**	**1468**	**806**	**662**	**5261**	**4104**	**1157**	**43053**	**29414**	**13639**
21867	15211	6656	1468	806	662	5101	4104	997	42443	29414	13029
116		116							160		160
545		545							350		350
298		298				160		160	100		100

和餐饮业经营状况

#餐费收入(万元)			#商品销售额(万元)			床位数(个)			餐位数(位)		
合　计	限额以上	限额以下	合　计	限额以上	限额以下	合　计	限额以上	限额以下	合　计	限额以上	限额以下
71624	**56720**	**14904**	**3874**	**2404**	**1471**	**42993**	**23975**	**19018**	**92037**	**64781**	**27256**
51536	**43814**	**7722**	**2548**	**1654**	**894**	**38190**	**20329**	**17861**	**49582**	**35235**	**14347**
35690	33471	2219	1791	1017	774	16489	13936	2553	26248	23823	2425
15238	10344	4895	753	637	116	19887	6220	13667	22459	11412	11047
608		608	4		4	1814	173	1641	875		875
20088	**12906**	**7182**	**1327**	**750**	**577**	**4803**	**3646**	**1157**	**42455**	**29546**	**12909**
19130	12906	6224	1327	750	577	4643	3646	997	41845	29546	12299
116		116							160		160
545		545							350		350
298		298				160		160	100		100

3-3-10 按行业分组的集体

行业	法人单位数(个)			营业额(万元)			#客房收入(万元)		
	合计	限额以上	限额以下	合计	限额以上	限额以下	合计	限额以上	限额以下
总计	**231**	**26**	**205**	**38921**	**20682**	**18239**	**17126**	**7645**	**9481**
住宿业	**170**	**21**	**149**	**31504**	**18024**	**13480**	**16205**	**7340**	**8866**
旅游饭店	25	10	15	13034	9008	4025	7090	4426	2663
一般旅馆	130	10	120	14473	6297	8177	7348	2085	5263
其他住宿服务	15	1	14	3997	2719	1278	1768	828	940
餐饮业	**61**	**5**	**56**	**7417**	**2658**	**4759**	**921**	**306**	**615**
正餐服务	55	5	50	6972	2658	4314	887	306	581
快餐服务	2		2	183		183	2		2
其他餐饮服务	4		4	262		262	32		32

3-3-11 按行业分组的股份合作

行业	法人单位数(个)			营业额(万元)			#客房收入(万元)		
	合计	限额以上	限额以下	合计	限额以上	限额以下	合计	限额以上	限额以下
总计	**44**	**7**	**37**	**16053**	**12111**	**3942**	**6162**	**4061**	**2102**
住宿业	**25**	**4**	**21**	**11818**	**9394**	**2424**	**5793**	**3957**	**1836**
旅游饭店	11	3	8	10332	8952	1380	4815	3757	1058
一般旅馆	13	1	12	1384	443	941	875	200	675
其他住宿服务	1		1	103		103	103		103
餐饮业	**19**	**3**	**16**	**4235**	**2717**	**1518**	**369**	**104**	**266**
正餐服务	17	3	14	4199	2717	1483	369	104	266
快餐服务	2		2	36		36			

住宿和餐饮业经营状况

#餐费收入(万元)			#商品销售额(万元)			床位数(个)			餐位数(位)		
合　计	限额以上	限额以下	合　计	限额以上	限额以下	合　计	限额以上	限额以下	合　计	限额以上	限额以下
19132	**11369**	**7764**	**1335**	**695**	**639**	**15766**	**4407**	**11359**	**21409**	**8939**	**12470**
14168	**10138**	**4030**	**546**	**266**	**279**	**14730**	**4188**	**10542**	**13839**	**7579**	**6260**
5385	4332	1053	200	23	176	5567	2915	2652	7359	4690	2669
6569	3916	2654	341	243	98	8253	1153	7100	5925	2589	3336
2214	1891	324	5		5	910	120	790	555	300	255
4964	**1231**	**3734**	**789**	**429**	**360**	**1036**	**219**	**817**	**7570**	**1360**	**6210**
4674	1231	3444	668	429	239	961	219	742	7135	1360	5775
60		60	121		121	6		6	40		40
230		230				69		69	395		395

企业住宿和餐饮业经营状况

#餐费收入(万元)			#商品销售额(万元)			床位数(个)			餐位数(位)		
合　计	限额以上	限额以下	合　计	限额以上	限额以下	合　计	限额以上	限额以下	合　计	限额以上	限额以下
9102	**7378**	**1724**	**166**	**73**	**93**	**3242**	**1041**	**2201**	**5747**	**2753**	**2994**
5340	**4805**	**535**	**77**	**37**	**40**	**2832**	**949**	**1883**	**3368**	**2248**	**1120**
4888	4583	305	49	37	12	1710	891	819	2255	1948	307
452	223	230	28		28	992	58	934	1113	300	813
						130		130			
3762	**2575**	**1190**	**89**	**36**	**53**	**410**	**92**	**318**	**2379**	**505**	**1874**
3727	2572	1154	89	36	53	410	92	318	2339	505	1834
36		36							40		40

3-3-12 按行业分组的有限责任

行业	法人单位数(个)			营业额(万元)			#客房收入(万元)		
	合计	限额以上	限额以下	合计	限额以上	限额以下	合计	限额以上	限额以下
总计	**257**	**82**	**175**	**150641**	**125516**	**25124**	**44951**	**35654**	**9297**
住宿业	**123**	**38**	**85**	**67586**	**57075**	**10512**	**32488**	**25765**	**6723**
旅游饭店	45	29	16	54052	51270	2782	25385	23536	1849
一般旅馆	72	7	65	11169	3862	7307	6117	1566	4551
其他住宿服务	6	2	4	2366	1942	424	986	663	324
餐饮业	**134**	**44**	**90**	**83054**	**68442**	**14613**	**12463**	**9890**	**2573**
正餐服务	119	44	75	81316	68442	12875	12438	9890	2548
快餐服务	8		8	1048		1048			
饮料及冷饮服务	1		1	65		65			
其他餐饮服务	6		6	625		625	25		25

3-3-13 按行业分组的股份有限

行业	法人单位数(个)			营业额(万元)			#客房收入(万元)		
	合计	限额以上	限额以下	合计	限额以上	限额以下	合计	限额以上	限额以下
总计	**110**	**23**	**87**	**35978**	**21679**	**14298**	**10754**	**6180**	**4574**
住宿业	**50**	**12**	**38**	**19158**	**13283**	**5874**	**8692**	**5233**	**3458**
旅游饭店	18	8	10	13110	11187	1922	5891	4553	1338
一般旅馆	29	4	25	5477	2096	3381	2537	680	1857
其他住宿服务	3		3	571		571	264		264
餐饮业	**60**	**11**	**49**	**16820**	**8396**	**8424**	**2063**	**947**	**1116**
正餐服务	54	11	43	16156	8396	7760	1728	947	781
快餐服务	4		4	175		175	80		80
其他餐饮服务	2		2	489		489	255		255

公司住宿和餐饮业经营状况

#餐费收入(万元)			#商品销售额(万元)			床位数(个)			餐位数(位)		
合　计	限额以上	限额以下	合　计	限额以上	限额以下	合　计	限额以上	限额以下	合　计	限额以上	限额以下
93977	**79709**	**14268**	**6127**	**5095**	**1032**	**19679**	**10319**	**9360**	**58356**	**37752**	**20604**
29536	**26741**	**2794**	**1768**	**1149**	**619**	**14408**	**7101**	**7307**	**21398**	**15848**	**5550**
24075	23512	564	1414	1093	322	7439	5489	1950	14550	12730	1820
4238	2029	2208	317	19	298	6438	1273	5165	6408	2678	3730
1223	1201	22	37	37		531	339	192	440	440	
64441	**52968**	**11474**	**4358**	**3945**	**413**	**5271**	**3218**	**2053**	**36958**	**21904**	**15054**
62728	52968	9761	4358	3945	413	5171	3218	1953	35747	21904	13843
1048		1048							655		655
65		65							120		120
600		600				100		100	436		436

公司住宿和餐饮业经营状况

#餐费收入(万元)			#商品销售额(万元)			床位数(个)			餐位数(位)		
合　计	限额以上	限额以下	合　计	限额以上	限额以下	合　计	限额以上	限额以下	合　计	限额以上	限额以下
22502	**13430**	**9073**	**1461**	**1132**	**329**	**6622**	**2623**	**3999**	**21231**	**10215**	**11016**
8366	**6343**	**2023**	**995**	**771**	**224**	**5272**	**2301**	**2971**	**8486**	**5418**	**3068**
5519	4994	525	760	736	24	2775	1732	1043	5078	3948	1130
2539	1349	1190	235	35	200	2319	569	1750	3206	1470	1736
308		308				178		178	202		202
14137	**7087**	**7050**	**466**	**361**	**105**	**1350**	**322**	**1028**	**12745**	**4797**	**7948**
13829	7087	6743	466	361	105	1090	322	768	12317	4797	7520
95		95				70		70	198		198
212		212				190		190	230		230

3-3-14 按行业分组的私营企业

行业	法人单位数(个)			营业额(万元)			#客房收入(万元)		
	合计	限额以上	限额以下	合计	限额以上	限额以下	合计	限额以上	限额以下
总计	**1740**	**329**	**1411**	**619764**	**410165**	**209599**	**130535**	**85997**	**44538**
住宿业	**591**	**116**	**475**	**198354**	**133690**	**64665**	**85521**	**53002**	**32518**
旅游饭店	152	72	80	113721	100281	13440	42778	35852	6926
一般旅馆	403	38	365	74277	27282	46995	36593	13156	23438
其他住宿服务	36	6	30	10357	6127	4230	6149	3994	2155
餐饮业	**1149**	**213**	**936**	**421409**	**276475**	**144934**	**45014**	**32995**	**12019**
正餐服务	1011	204	807	403424	270617	132807	43317	31833	11484
快餐服务	67	5	62	9631	2589	7043	246		246
饮料及冷饮服务	23		23	2015		2015	8		8
其他餐饮服务	48	4	44	6340	3270	3070	1443	1162	281

3-3-15 按行业分组的港澳台商和

行业	法人单位数(个)			营业额(万元)			#客房收入(万元)		
	合计	限额以上	限额以下	合计	限额以上	限额以下	合计	限额以上	限额以下
总计	**31**	**16**	**15**	**80419**	**76333**	**4087**	**8628**	**8179**	**448**
住宿业	**11**	**8**	**3**	**17617**	**17111**	**506**	**8628**	**8179**	**448**
旅游饭店	8	7	1	14714	14607	107	7886	7837	49
一般旅馆	2	1	1	2713	2504	209	551	342	209
其他住宿服务	1		1	190		190	190		190
餐饮业	**20**	**8**	**12**	**62802**	**59221**	**3581**			
正餐服务	15	7	8	15837	13626	2211			
快餐服务	4	1	3	46769	45595	1174			
其他餐饮服务	1		1	196		196			

住宿和餐饮业经营状况

#餐费收入(万元)			#商品销售额(万元)			床位数(个)			餐位数(位)		
合　计	限额以上	限额以下	合　计	限额以上	限额以下	合　计	限额以上	限额以下	合　计	限额以上	限额以下
438399	**289720**	**148680**	**32760**	**21549**	**11211**	**81227**	**32999**	**48228**	**293739**	**128805**	**164934**
86535	**61989**	**24545**	**13627**	**8708**	**4919**	**56991**	**21262**	**35729**	**71740**	**41168**	**30572**
52903	48687	4216	8841	7873	968	22883	15137	7746	39107	28329	10778
30600	12071	18529	4673	744	3929	30069	5384	24685	29899	12109	17790
3031	1231	1800	113	91	22	4039	741	3298	2734	730	2004
351865	**227730**	**124134**	**19134**	**12841**	**6292**	**24236**	**11737**	**12499**	**221999**	**87637**	**134362**
336737	223193	113544	18524	12708	5816	22995	11257	11738	209590	84620	124970
9172	2589	6583	208		208	223		223	6044	1805	4239
1465		1465	88		88	100		100	591		591
4491	1949	2542	314	133	181	918	480	438	5774	1212	4562

外商投资企业住宿和餐饮业经营状况

#餐费收入(万元)			#商品销售额(万元)			床位数(个)			餐位数(位)		
合　计	限额以上	限额以下	合　计	限额以上	限额以下	合　计	限额以上	限额以下	合　计	限额以上	限额以下
70586	**66948**	**3638**	**88**	**88**		**1925**	**1707**	**218**	**13614**	**11599**	**2015**
7788	**7731**	**58**	**86**	**86**		**1925**	**1707**	**218**	**3005**	**2775**	**230**
6267	6210	58	86	86		1633	1583	50	2455	2275	180
1521	1521					222	124	98	500	500	
						70		70	50		50
62798	**59218**	**3581**	**1**	**1**					**10609**	**8824**	**1785**
15834	13623	2211	1	1					4244	2873	1371
46769	45595	1174							6245	5951	294
196		196							120		120

3-3-16 按地区分组的国有及

地区	法人单位数(个)			年末就业人员(人)			营业额(万元)		
	合计	限额以上	限额以下	合计	限额以上	限额以下	合计	限额以上	限额以下
总计	**387**	**139**	**248**	**27782**	**18738**	**9044**	**195190**	**160808**	**34382**
太原市	**124**	**50**	**74**	**11747**	**8947**	**2800**	**101088**	**90643**	**10444**
小店区	19	5	14	1863	1159	704	16759	12511	4248
迎泽区	70	30	40	6858	5364	1494	49450	45310	4140
杏花岭区	23	9	14	1835	1421	414	26551	25018	1533
万柏林区	9	5	4	1019	907	112	7600	7215	385
清徐县	1	1		96	96		590	590	
阳曲县	1		1	16		16	80		80
古交市	1		1	60		60	59		59
大同市	**37**	**7**	**30**	**1782**	**586**	**1196**	**8416**	**4079**	**4337**
大同市城区	17	5	12	799	401	398	3401	2468	933
矿区	8	1	7	547	160	387	2406	1385	1021
南郊区	1		1	59		59	92		92
新荣区	1		1	73		73	132		132
阳高县	3		3	39		39	4		4
天镇县	2		2	73		73	99		99
广灵县	1		1	1		1			
浑源县	1		1	142		142	1899		1899
左云县	2		2	24		24	157		157
大同县	1	1		25	25		226	226	
阳泉市	**16**	**5**	**11**	**689**	**266**	**423**	**4012**	**2493**	**1519**
城区	10	4	6	307	200	107	3138	2207	932
矿区	1		1	7		7	56		56
郊区	1		1	47		47	116		116
平定县	2		2	245		245	244		244
盂县	2	1	1	83	66	17	458	286	172
长治市	**34**	**21**	**13**	**2387**	**2173**	**214**	**19925**	**19126**	**798**
长治市城区	12	10	2	1281	1239	42	11274	11147	127
长治市郊区	2		2	21		21	39		39
长治县	1	1		86	86		270	270	
襄垣县	2	2		186	186		3585	3585	
屯留县	1	1		42	42		339	339	
平顺县	2	1	1	99	70	29	349	281	69
黎城县	2		2	16		16	130		130
壶关县	1	1		79	79		410	410	
长子县	1	1		72	72		229	229	
武乡县	4	1	3	218	160	58	1727	1398	329
沁县	1	1		65	65		437	437	
沁源县	2	1	1	61	58	3	261	258	2
潞城市	3	1	2	161	116	45	875	774	101

国有控股住宿和餐饮业经营状况

#客房收入(万元)			#餐费收入(万元)			#商品销售额(万元)		
合　计	限额以上	限额以下	合　计	限额以上	限额以下	合　计	限额以上	限额以下
96960	**81667**	**15293**	**86194**	**69934**	**16260**	**4381**	**2575**	**1806**
58272	**52641**	**5631**	**37152**	**33109**	**4043**	**1022**	**757**	**265**
8754	6296	2458	7755	6134	1621	65	65	
28129	26052	2077	17567	15906	1661	416	344	72
17025	16370	655	8353	7671	682	508	318	190
4106	3759	347	3031	2997	34	33	30	4
164	164		402	402				
60		60	20		20			
34		34	25		25			
3281	**2174**	**1107**	**3923**	**1768**	**2155**	**1183**	**108**	**1075**
1953	1320	633	1323	1025	299	104	103	1
868	848	21	1158	533	625	376		376
92		92						
10		10	121		121			
4		4						
2		2	97		97			
290		290	912		912	698		698
56		56	101		101			
6	6		210	210		5	5	
958	**627**	**331**	**3022**	**1866**	**1157**	**1**		**1**
769	525	244	2368	1682	687	1		1
			56		56			
10		10	75		75			
75		75	169		169			
104	102	2	354	184	170			
7880	**7414**	**467**	**10727**	**10421**	**306**	**279**	**279**	
4851	4724	127	5530	5530		92	92	
28		28	8		8			
89	89		181	181				
1421	1421		2079	2079				
104	104		54	54		181	181	
134	130	4	215	150	65			
39		39	92		92			
130	130		270	270				
61	61		168	168				
501	276	225	1204	1122	81			
131	131		198	198				
109	107	2	151	151				
282	241	41	577	517	60	6	6	

3-3-16 续表 1

地　区	法人单位数(个)			年末就业人员(人)			营业额(万元)		
	合　计	限额以上	限额以下	合　计	限额以上	限额以下	合　计	限额以上	限额以下
晋城市	**22**	**8**	**14**	**2089**	**1364**	**725**	**13925**	**9233**	**4692**
晋城市城区	7	3	4	1174	761	413	9421	6469	2952
阳城县	2	1	1	264	155	109	1829	950	878
陵川县	6	3	3	406	313	93	1366	1155	210
泽州县	2	1	1	139	135	4	692	658	34
高平市	5		5	106		106	617		617
朔州市	**11**	**3**	**8**	**576**	**404**	**172**	**3798**	**2881**	**916**
朔城区	7	1	6	284	176	108	2094	1504	590
应县	1	1		28	28		289	289	
右玉县	1		1	56		56	136		136
怀仁县	2	1	1	208	200	8	1278	1088	190
晋中市	**25**	**9**	**16**	**1503**	**902**	**601**	**7864**	**5946**	**1918**
榆次区	5	3	2	416	225	191	2195	1566	629
左权县	1	1		102	102		667	667	
和顺县	2		2	92		92	80		80
昔阳县	2	1	1	172	90	82	517	207	310
太谷县	4	2	2	405	361	44	2957	2748	209
祁县	1		1	40		40	164		164
平遥县	3		3	47		47	141		141
灵石县	2		2	55		55	354		354
介休市	5	2	3	174	124	50	790	760	30
运城市	**28**	**8**	**20**	**1730**	**1066**	**664**	**8214**	**6273**	**1940**
盐湖区	7	3	4	744	577	167	3613	3087	527
临猗县	2		2	63		63	210		210
闻喜县	1		1	8		8	30		30
稷山县	3		3	116		116	230		230
新绛县	1		1	57		57	178		178
垣曲县	1		1	35		35	35		35
平陆县	1		1	29		29	8		8
芮城县	2		2	65		65	155		155
永济市	7	4	3	469	429	40	2596	2286	310
河津市	3	1	2	144	60	84	1159	901	258
忻州市	**49**	**13**	**36**	**2566**	**1311**	**1255**	**15025**	**9816**	**5209**
忻府区	15	5	10	1100	633	467	6731	4689	2042
定襄县	2		2	14		14			

#客房收入(万元)			#餐费收入(万元)			#商品销售额(万元)		
合　计	限额以上	限额以下	合　计	限额以上	限额以下	合　计	限额以上	限额以下
4279	**3139**	**1139**	**8720**	**5576**	**3144**	**404**	**179**	**225**
2552	2042	510	6445	4164	2281			
723	423	300	863	527	336	224		224
494	415	79	632	501	131	179	179	
291	259	32	385	385		1		1
219		219	396		396			
1727	**1291**	**436**	**1972**	**1492**	**480**			
996	770	226	1001	636	364			
289	289							
80		80	56		56			
362	232	130	916	856	60			
3092	**2364**	**728**	**4335**	**3245**	**1090**	**141**	**131**	**10**
715	427	288	1274	1023	251	116	116	
218	218		448	448				
30		30	50		50			
283	93	190	218	98	120	14	14	
1408	1379	29	1499	1319	180			
59		59	105		105	1		1
71		71	70		70			
42		42	303		303	10		10
266	248	18	369	358	12			
3664	**2722**	**943**	**3871**	**2973**	**899**	**330**	**285**	**45**
1809	1592	217	1798	1495	304			
89		89	121		121			
30		30						
122		122	92		92			
65		65	40		40	41		41
35		35						
8		8						
50		50	105		105			
1044	810	234	1354	1278	76	65	65	
412	320	92	362	200	162	224	220	4
8194	**4944**	**3251**	**6137**	**4303**	**1834**	**223**	**171**	**52**
3515	2013	1502	2537	2106	431	211	171	40

3-3-16 续表 2

地 区	法人单位数(个)			年末就业人员(人)			营业额(万元)		
	合 计	限额以上	限额以下	合 计	限额以上	限额以下	合 计	限额以上	限额以下
五台县	18	5	13	842	453	389	5435	3726	1710
代县	3		3	87		87	238		238
宁武县	1		1	47		47	188		188
静乐县	2		2	97		97	601		601
神池县	1		1	45		45	167		167
五寨县	1		1	68		68	126		126
岢岚县	1		1	37		37	85		85
河曲县	3	1	2	60	56	4	424	372	52
保德县	1	1		66	66		380	380	
原平市	1	1		103	103		650	650	
临汾市	**29**	**9**	**20**	**1453**	**807**	**646**	**6605**	**4662**	**1943**
尧都区	6	2	4	387	296	91	2443	1739	705
曲沃县	1	1		160	160		1018	1018	
翼城县	1		1	92		92			
襄汾县	1	1		80	80		303	303	
洪洞县	1		1	13		13	116		116
古县	2	1	1	78	76	2	548	544	4
安泽县	3		3	37		37	201		201
浮山县	1		1	52		52	88		88
乡宁县	1		1	55		55			
大宁县	2	1	1	58	50	8	211	199	12
隰县	2	1	1	78	58	20	319	319	
永和县	1		1	41		41	148		148
蒲县	2	1	1	112	42	70	501	311	190
汾西县	1		1	31		31	20		20
侯马市	3		3	134		134	460		460
霍州市	1	1		45	45		230	230	
吕梁市	**12**	**6**	**6**	**1260**	**912**	**348**	**6319**	**5654**	**665**
离石区	5	4	1	840	717	123	3709	3663	46
交城县	1	1		145	145		1646	1646	
临县	1		1	110		110	180		180
石楼县	1		1	63		63	174		174
岚县	1		1	33		33			
交口县	1		1	13		13	262		262
孝义市	1		1	6		6	3		3
汾阳市	1	1		50	50		346	346	

#客房收入(万元)			#餐费收入(万元)			#商品销售额(万元)		
合　计	限额以上	限额以下	合　计	限额以上	限额以下	合　计	限额以上	限额以下
3814	2485	1328	1622	1240	381			
82		82	156		156			
86		86	102		102			
104		104	487		487	10		10
59		59	106		106			
28		28	96		96	2		2
10		10	75		75			
200	148	52	224	224				
150	150		230	230				
147	147		503	503				
2958	**2123**	**835**	**3223**	**2308**	**914**	**363**	**230**	**133**
1241	1014	227	1079	724	356	72		72
268	268		668	668		83	83	
145	145		151	151		7	7	
			116		116			
187	187		220	216	4	141	141	
150		150	51		51			
46		46	42		42			
110	100	10	101	99	2			
154	154		165	165				
80		80	68		68			
215	105	110	286	206	80			
4		4	16		16			
209		209	180		180	61		61
150	150		80	80				
2655	**2229**	**426**	**3112**	**2873**	**239**	**436**	**436**	
1398	1352	46	2194	2194				
823	823		387	387		436	436	
180		180						
75		75	99		99			
122		122	140		140			
3		3						
54	54		292	292				

3-3-17 按地区分组的国有

地区	法人单位数(个)			年末就业人员(人)			营业额(万元)		
	合计	限额以上	限额以下	合计	限额以上	限额以下	合计	限额以上	限额以下
总计	**360**	**128**	**232**	**26293**	**17527**	**8766**	**160941**	**129415**	**31526**
太原市	**111**	**41**	**70**	**9480**	**6692**	**2788**	**71797**	**62267**	**9530**
小店区	16	3	13	1240	579	661	10168	6116	4052
迎泽区	62	24	38	5718	4231	1487	39441	35459	3982
杏花岭区	21	8	13	1269	817	452	11543	10571	972
万柏林区	7	3	4	295	183	112	1909	1524	385
晋源区	1	1		730	730		7586	7586	
清徐县	1	1		96	96		590	590	
阳曲县	2	1	1	72	56	16	502	422	80
古交市	1		1	60		60	59		59
大同市	**34**	**7**	**27**	**1706**	**586**	**1120**	**7896**	**4079**	**3817**
大同市城区	15	5	10	754	401	353	3057	2468	589
矿区	7	1	6	516	160	356	2231	1385	846
南郊区	1		1	59		59	92		92
新荣区	1		1	73		73	132		132
阳高县	3		3	39		39	4		4
天镇县	2		2	73		73	99		99
广灵县	1		1	1		1			
浑源县	1		1	142		142	1899		1899
左云县	2		2	24		24	157		157
大同县	1	1		25	25		226	226	
阳泉市	**15**	**5**	**10**	**2028**	**1608**	**420**	**4502**	**2983**	**1519**
城区	9	4	5	1646	1542	104	3628	2697	931
矿区	1		1	7		7	56		56
郊区	1		1	47		47	116		116
平定县	2		2	245		245	244		244
盂县	2	1	1	83	66	17	458	286	172
长治市	**32**	**20**	**12**	**2078**	**1893**	**185**	**17608**	**16878**	**729**
长治市城区	11	9	2	1001	959	42	9026	8899	127
长治市郊区	2		2	21		21	39		39
长治县	1	1		86	86		270	270	
襄垣县	2	2		186	186		3585	3585	
屯留县	1	1		42	42		339	339	
平顺县	1	1		70	70		281	281	
黎城县	2		2	16		16	130		130
壶关县	1	1		79	79		410	410	
长子县	1	1		72	72		229	229	
武乡县	4	1	3	218	160	58	1727	1398	329
沁县	1	1		65	65		437	437	
沁源县	2	1	1	61	58	3	261	258	2
潞城市	3	1	2	161	116	45	875	774	101

住宿和餐饮业经营状况

#客房收入(万元)			#餐费收入(万元)			#商品销售额(万元)		
合　计	限额以上	限额以下	合　计	限额以上	限额以下	合　计	限额以上	限额以下
79658	**65327**	**14331**	**71624**	**56720**	**14904**	**3874**	**2404**	**1471**
42570	**37141**	**5429**	**24792**	**21216**	**3576**	**710**	**665**	**45**
5512	3207	2305	4437	2859	1578	36	36	
22965	20990	1974	13667	12006	1651	323	282	42
8256	7547	709	2558	2301	257	318	318	
1504	1157	347	370	336	34	33	30	4
3945	3945		3024	3024				
164	164		402	402				
191	131	60	309	289	20			
34		34	25		25			
2937	**2174**	**763**	**3823**	**1768**	**2055**	**1107**	**108**	**999**
1609	1320	289	1323	1025	299	104	103	1
868	848	21	1058	533	525	300		300
92		92						
10		10	121		121			
4		4						
2		2	97		97			
290		290	912		912	698		698
56		56	101		101			
6	6		210	210		5	5	
1718	**1388**	**330**	**2741**	**1585**	**1157**	**1**		**1**
1530	1286	244	2087	1400	687	1		1
			56		56			
10		10	75		75			
75		75	169		169			
104	102	2	354	184	170			
7138	**6676**	**463**	**9844**	**9603**	**241**	**244**	**244**	
4113	3986	127	4712	4712		57	57	
28		28	8		8			
89	89		181	181				
1421	1421		2079	2079				
104	104		54	54		181	181	
130	130		150	150				
39		39	92		92			
130	130		270	270				
61	61		168	168				
501	276	225	1204	1122	81			
131	131		198	198				
109	107	2	151	151				
282	241	41	577	517	60	6	6	

3-3-17 续表 1

地 区	法人单位数(个)			年末就业人员(人)			营业额(万元)		
	合 计	限额以上	限额以下	合 计	限额以上	限额以下	合 计	限额以上	限额以下
晋城市	**22**	**8**	**14**	**2071**	**1384**	**687**	**14585**	**10210**	**4375**
晋城市城区	7	3	4	1136	761	375	9104	6469	2635
沁水县	1	1		138	138		1324	1324	
阳城县	2	1	1	264	155	109	1829	950	878
陵川县	5	2	3	288	195	93	1019	809	210
泽州县	2	1	1	139	135	4	692	658	34
高平市	5		5	106		106	617		617
朔州市	**13**	**5**	**8**	**804**	**632**	**172**	**4777**	**3861**	**916**
朔城区	8	2	6	404	296	108	2314	1724	590
应县	2	2		136	136		1049	1049	
右玉县	1		1	56		56	136		136
怀仁县	2	1	1	208	200	8	1278	1088	190
晋中市	**23**	**8**	**15**	**1479**	**893**	**586**	**7210**	**5484**	**1726**
榆次区	5	3	2	416	225	191	2195	1566	629
左权县	1	1		102	102		667	667	
和顺县	2		2	92		92	80		80
昔阳县	2	1	1	172	90	82	517	207	310
太谷县	4	2	2	405	361	44	2957	2748	209
祁县	1		1	40		40	164		164
平遥县	3		3	47		47	141		141
灵石县	1		1	40		40	162		162
介休市	4	1	3	165	115	50	328	298	30
运城市	**24**	**7**	**17**	**1350**	**818**	**532**	**5906**	**4439**	**1467**
盐湖区	3	2	1	482	447	35	2351	2297	54
临猗县	2		2	63		63	210		210
闻喜县	1		1	8		8	30		30
稷山县	3		3	116		116	230		230
新绛县	1		1	57		57	178		178
垣曲县	2	1	1	147	112	35	350	315	35
平陆县	1		1	29		29	8		8
芮城县	2		2	65		65	155		155
永济市	6	3	3	239	199	40	1236	926	310
河津市	3	1	2	144	60	84	1159	901	258

#客房收入(万元)			#餐费收入(万元)			#商品销售额(万元)		
合　计	限额以上	限额以下	合　计	限额以上	限额以下	合　计	限额以上	限额以下
4462	**3299**	**1163**	**9417**	**6452**	**2965**	**345**	**121**	**225**
2576	2042	533	6266	4164	2102			
356	356		968	968				
723	423	300	863	527	336	224		224
298	219	79	540	409	131	121	121	
291	259	32	385	385		1		1
219		219	396		396			
2011	**1575**	**436**	**2668**	**2188**	**480**			
1115	889	226	1101	737	364			
454	454		595	595				
80		80	56		56			
362	232	130	916	856	60			
2945	**2217**	**728**	**3837**	**2930**	**907**	**131**	**131**	**1**
715	427	288	1274	1023	251	116	116	
218	218		448	448				
30		30	50		50			
283	93	190	218	98	120	14	14	
1408	1379	29	1499	1319	180			
59		59	105		105	1		1
71		71	70		70			
42		42	120		120			
119	101	18	54	42	12			
2737	**1982**	**756**	**2620**	**2002**	**619**	**334**	**289**	**45**
1173	1143	30	1178	1154	24			
89		89	121		121			
30		30						
122		122	92		92			
65		65	40		40	41		41
142	107	35	203	203		4	4	
8		8						
50		50	105		105			
645	411	234	520	444	76	65	65	
412	320	92	362	200	162	224	220	4

3-3-17 续表 2

地 区	法人单位数(个)			年末就业人员(人)			营业额(万元)		
	合 计	限额以上	限额以下	合 计	限额以上	限额以下	合 计	限额以上	限额以下
忻州市	**48**	**13**	**35**	**2618**	**1344**	**1274**	**14127**	**9208**	**4919**
忻府区	16	5	11	1213	666	547	6123	4081	2043
定襄县	2		2	14		14			
五台县	16	5	11	781	453	328	5145	3726	1420
代县	3		3	87		87	238		238
宁武县	1		1	47		47	188		188
静乐县	2		2	97		97	601		601
神池县	1		1	45		45	167		167
五寨县	1		1	68		68	126		126
岢岚县	1		1	37		37	85		85
河曲县	3	1	2	60	56	4	424	372	52
保德县	1	1		66	66		380	380	
原平市	1	1		103	103		650	650	
临汾市	**25**	**8**	**17**	**1325**	**765**	**560**	**6015**	**4351**	**1664**
尧都区	6	2	4	387	296	91	2443	1739	705
曲沃县	1	1		160	160		1018	1018	
翼城县	1		1	92		92			
襄汾县	1	1		80	80		303	303	
洪洞县	1		1	13		13	116		116
古县	2	1	1	78	76	2	548	544	4
安泽县	3		3	37		37	201		201
浮山县	1		1	52		52	88		88
乡宁县	1		1	55		55			
大宁县	2	1	1	58	50	8	211	199	12
隰县	1	1		58	58		319	319	
永和县	1		1	41		41	148		148
蒲县	1		1	70		70	190		190
汾西县	1		1	31		31	20		20
侯马市	1		1	68		68	181		181
霍州市	1	1		45	45		230	230	
吕梁市	**13**	**6**	**7**	**1354**	**912**	**442**	**6517**	**5654**	**863**
离石区	6	4	2	934	717	217	3907	3663	244
交城县	1	1		145	145		1646	1646	
临县	1		1	110		110	180		180
石楼县	1		1	63		63	174		174
岚县	1		1	33		33			
交口县	1		1	13		13	262		262
孝义市	1		1	6		6	3		3
汾阳市	1	1		50	50		346	346	

#客房收入(万元)			#餐费收入(万元)			#商品销售额(万元)		
合　计	限额以上	限额以下	合　计	限额以上	限额以下	合　计	限额以上	限额以下
7692	**4629**	**3064**	**5734**	**4003**	**1731**	**232**	**180**	**52**
3200	1698	1502	2237	1806	431	220	180	40
3627	2485	1141	1519	1240	278			
82		82	156		156			
86		86	102		102			
104		104	487		487	10		10
59		59	106		106			
28		28	96		96	2		2
10		10	75		75			
200	148	52	224	224				
150	150		230	230				
147	147		503	503				
2694	**2018**	**676**	**2937**	**2102**	**834**	**333**	**230**	**103**
1241	1014	227	1079	724	356	72		72
268	268		668	668		83	83	
145	145		151	151		7	7	
			116		116			
187	187		220	216	4	141	141	
150		150	51		51			
46		46	42		42			
110	100	10	101	99	2			
154	154		165	165				
80		80	68		68			
110		110	80		80			
4		4	16		16			
50		50	100		100	31		31
150	150		80	80				
2753	**2229**	**524**	**3212**	**2873**	**339**	**436**	**436**	
1496	1352	144	2294	2194	100			
823	823		387	387		436	436	
180		180						
75		75	99		99			
122		122	140		140			
3		3						
54	54		292	292				

3-3-18 按地区分组的集体

地区	法人单位数(个)			年末就业人员(人)			营业额(万元)		
	合计	限额以上	限额以下	合计	限额以上	限额以下	合计	限额以上	限额以下
总计	**231**	**26**	**205**	**7482**	**2895**	**4587**	**38921**	**20682**	**18239**
太原市	**59**	**3**	**56**	**1920**	**494**	**1426**	**6107**	**1266**	**4842**
小店区	2		2	30		30	35		35
迎泽区	32		32	653		653	2867		2867
杏花岭区	11		11	351		351	899		899
万柏林区	6	3	3	716	494	222	1438	1266	172
晋源区	2		2	53		53	226		226
清徐县	2		2	24		24	180		180
阳曲县	1		1	10		10	190		190
古交市	3		3	83		83	272		272
大同市	**24**	**1**	**23**	**671**	**120**	**551**	**2230**	**446**	**1783**
大同市城区	9		9	272		272	710		710
矿区	2		2	56		56	365		365
南郊区	3	1	2	219	120	99	658	446	212
阳高县	1		1	1		1			
天镇县	3		3	47		47			
浑源县	1		1	8		8	5		5
左云县	4		4	47		47	381		381
大同县	1		1	21		21	110		110
阳泉市	**17**	**2**	**15**	**427**	**160**	**267**	**2075**	**853**	**1222**
城区	7		7	86		86	938		938
矿区	3	1	2	132	80	52	611	529	82
郊区	3		3	36		36	105		105
平定县	2	1	1	102	80	22	324	324	
盂县	2		2	71		71	97		97
长治市	**21**	**5**	**16**	**580**	**324**	**256**	**2881**	**2203**	**678**
长治市城区	5	1	4	116	50	66	619	467	152
长治市郊区	7		7	98		98	281		281
长治县	2	1	1	100	65	35	415	365	50
襄垣县	1	1		86	86		967	967	
屯留县	1	1		51	51		200	200	
黎城县	2		2	28		28	30		30
壶关县	1	1		72	72		204	204	
武乡县	1		1	18		18	120		120
潞城市	1		1	11		11	45		45
晋城市	**32**	**4**	**28**	**1504**	**581**	**923**	**7316**	**3483**	**3833**
晋城市城区	11	2	9	809	269	540	3751	1806	1946
沁水县	8		8	180		180	724		724
阳城县	4	1	3	274	184	90	1489	1105	384
陵川县	2		2	11		11	7		7
泽州县	3	1	2	175	128	47	776	572	204
高平市	4		4	55		55	568		568

住宿和餐饮业经营状况

#客房收入(万元)			#餐费收入(万元)			#商品销售额(万元)		
合　计	限额以上	限额以下	合　计	限额以上	限额以下	合　计	限额以上	限额以下
17126	**7645**	**9481**	**19132**	**11369**	**7764**	**1335**	**695**	**639**
3635	**821**	**2814**	**2130**	**404**	**1726**	**161**	**23**	**138**
5		5	30		30			
1790		1790	798		798	128		128
240		240	636		636	10		10
941	821	120	456	404	52	23	23	
226		226						
180		180						
120		120	70		70			
132		132	140		140			
845	**200**	**645**	**1151**	**246**	**905**	**177**		**177**
179		179	502		502	10		10
100		100	100		100	165		165
372	200	172	246	246		2		2
5		5						
188		188	193		193			
			110		110			
637	**10**	**627**	**1063**	**472**	**591**	**373**	**371**	**2**
581		581	355		355			
4		4	236	158	79	371	371	
8		8	98		98			
10	10		314	314				
35		35	60		60	2		2
765	**477**	**288**	**2022**	**1655**	**368**	**66**	**58**	**8**
278	144	134	331	323	8			
88		88	192		192			
108	96	12	238	208	30	66	58	8
49	49		908	908				
126	126		74	74				
9		9	18		18			
63	63		141	141				
			120		120			
45		45						
3677	**851**	**2826**	**2710**	**1787**	**922**	**144**	**98**	**46**
2166	462	1704	802	597	206	36		36
323		323	401		401			
351	205	146	1124	900	223	10		10
5		5						
284	184	100	374	291	83	98	98	
548		548	9		9			

3-3-18 续表

地区	法人单位数(个)			年末就业人员(人)			营业额(万元)		
	合计	限额以上	限额以下	合计	限额以上	限额以下	合计	限额以上	限额以下
朔州市	**5**		**5**	**94**		**94**	**647**		**647**
朔城区	2		2	53		53	170		170
山阴县	1		1	10		10	132		132
怀仁县	2		2	31		31	345		345
晋中市	**19**	**2**	**17**	**546**	**291**	**255**	**2954**	**1977**	**977**
榆次区	3	1	2	223	210	13	1537	1467	70
左权县	1	1		81	81		510	510	
昔阳县	2		2	28		28	112		112
寿阳县	1		1	4		4	8		8
太谷县	4		4	30		30	94		94
祁县	2		2	53		53	115		115
平遥县	3		3	61		61	197		197
灵石县	2		2	36		36	307		307
介休市	1		1	30		30	74		74
运城市	**7**	**4**	**3**	**473**	**391**	**82**	**2160**	**1942**	**218**
盐湖区	2	1	1	67	57	10	292	292	
万荣县	2		2	72		72	218		218
夏县	2	2		204	204		850	850	
河津市	1	1		130	130		800	800	
忻州市	**8**	**1**	**7**	**482**	**350**	**132**	**3471**	**3036**	**435**
忻府区	1		1	20		20	162		162
定襄县	1		1	15		15	30		30
五台县	3	1	2	382	350	32	3254	3036	218
繁峙县	1		1	8		8	4		4
宁武县	1		1	7		7	1		1
原平市	1		1	50		50	20		20
临汾市	**31**	**3**	**28**	**635**	**146**	**489**	**7684**	**4452**	**3231**
尧都区	18	1	17	386	50	336	2367	303	2064
曲沃县	2		2	12		12	112		112
洪洞县	2	2		96	96		4149	4149	
浮山县	2		2	17		17	77		77
乡宁县	1		1	19		19	86		86
大宁县	1		1	25		25	43		43
蒲县	1		1	6		6	70		70
霍州市	4		4	74		74	780		780
吕梁市	**8**	**1**	**7**	**150**	**38**	**112**	**1399**	**1025**	**374**
离石区	1		1	3		3	5		5
交城县	1		1	10		10	36		36
孝义市	5	1	4	119	38	81	1330	1025	305
汾阳市	1		1	18		18	28		28

#客房收入(万元)			#餐费收入(万元)			#商品销售额(万元)		
合　计	限额以上	限额以下	合　计	限额以上	限额以下	合　计	限额以上	限额以下
287		**287**	**345**		**345**	**5**		**5**
50		50	120		120			
32		32	100		100			
205		205	125		125	5		5
1130	**694**	**436**	**1624**	**1104**	**520**	**136**	**126**	**10**
561	494	67	804	804		129	126	3
200	200		300	300				
21		21	91		91			
			8		8			
34		34	47		47	2		2
51		51	60		60	5		5
121		121	76		76			
68		68	239		239			
74		74						
997	**847**	**150**	**1083**	**1033**	**50**	**18**		**18**
150	150		142	142				
150		150	50		50	18		18
397	397		392	392				
300	300		500	500				
2073	**1834**	**239**	**1316**	**1120**	**196**			
62		62	100		100			
30		30						
1971	1834	137	1201	1120	81			
1		1	3		3			
1		1						
8		8	12		12			
2417	**1467**	**950**	**4955**	**2966**	**1989**	**254**	**19**	**235**
901	132	769	1167	152	1016	244	19	224
12		12	100		100			
1335	1335		2814	2814				
32		32	45		45			
27		27	46		46	11		11
30		30	13		13			
			70		70			
80		80	700		700			
665	**444**	**221**	**734**	**581**	**153**			
5		5						
36		36						
610	444	166	720	581	139			
14		14	14		14			

3-3-19 按地区分组的股份合作

地 区	法人单位数(个)			年末就业人员(人)			营业额(万元)		
	合 计	限额以上	限额以下	合 计	限额以上	限额以下	合 计	限额以上	限额以下
总 计	**44**	**7**	**37**	**2573**	**1383**	**1190**	**16053**	**12111**	**3942**
太原市	**11**	**1**	**10**	**749**	**530**	**219**	**6539**	**5891**	**648**
小店区	4	1	3	601	530	71	6156	5891	264
迎泽区	4		4	122		122	302		302
尖草坪区	1		1	18		18	21		21
万柏林区	1		1	4		4	11		11
古交市	1		1	4		4	50		50
大同市	**2**		**2**	**205**		**205**	**200**		**200**
灵丘县	1		1	200		200	200		200
浑源县	1		1	5		5			
阳泉市	**5**		**5**	**87**		**87**	**311**		**311**
城区	1		1	30		30	190		190
郊区	2		2	30		30	71		71
盂县	2		2	27		27	50		50
长治市	**1**		**1**	**8**		**8**	**28**		**28**
长治市城区	1		1	8		8	28		28
晋城市	**4**	**1**	**3**	**231**	**65**	**166**	**569**	**309**	**261**
晋城市城区	2	1	1	67	65	2	312	309	4
沁水县	1		1	132		132	164		164
阳城县	1		1	32		32	93		93
朔州市	**1**		**1**	**12**		**12**	**134**		**134**
右玉县	1		1	12		12	134		134
晋中市	**5**		**5**	**138**		**138**	**443**		**443**
榆次区	2		2	43		43	255		255
寿阳县	1		1	52		52	96		96
太谷县	1		1	38		38	80		80
祁县	1		1	5		5	12		12
运城市	**3**	**1**	**2**	**161**	**85**	**76**	**795**	**550**	**245**
盐湖区	2	1	1	106	85	21	597	550	47
万荣县	1		1	55		55	198		198
忻州市	**5**	**1**	**4**	**573**	**460**	**113**	**4202**	**2788**	**1414**
忻府区	3	1	2	553	460	93	4092	2788	1304
宁武县	1		1	15		15	100		100
静乐县	1		1	5		5	10		10
临汾市	**5**	**2**	**3**	**159**	**113**	**46**	**824**	**715**	**109**
翼城县	2	1	1	51	35	16	502	443	59
吉县	1		1	20		20			
侯马市	2	1	1	88	78	10	322	272	50
吕梁市	**2**	**1**	**1**	**250**	**130**	**120**	**2008**	**1858**	**150**
离石区	1	1		130	130		1858	1858	
柳林县	1		1	120		120	150		150

企业住宿和餐饮业经营状况

#客房收入(万元)			#餐费收入(万元)			#商品销售额(万元)		
合　计	限额以上	限额以下	合　计	限额以上	限额以下	合　计	限额以上	限额以下
6162	**4061**	**2102**	**9102**	**7378**	**1724**	**166**	**73**	**93**
3064	**2890**	**173**	**3444**	**3001**	**443**	**23**		**23**
2890	2890		3249	3001	247	12		12
123		123	175		175			
			21		21			
						11		11
50		50						
180		**180**	**20**		**20**			
180		180	20		20			
25		**25**	**268**		**268**	**13**		**13**
			190		190			
8		8	62		62	1		1
17		17	16		16	12		12
18		**18**				**7**		**7**
18		18				7		7
249	**104**	**146**	**249**	**174**	**75**	**65**	**27**	**38**
107	104	4	174	174		27	27	
124		124	20		20	20		20
18		18	55		55	18		18
80		**80**	**54**		**54**			
80		80	54		54			
76		**76**	**362**		**362**			
9		9	246		246			
50		50	46		46			
10		10	70		70			
7		7						
147		**147**	**648**	**550**	**98**			
47		47	550	550				
100		100	98		98			
1963	**814**	**1149**	**1665**	**1400**	**265**			
1923	814	1109	1595	1400	195			
30		30	70		70			
10		10						
261	**253**	**8**	**494**	**405**	**90**	**49**	**37**	**12**
208	200	8	262	223	40	12		12
53	53		232	182	50	37	37	
100		**100**	**1898**	**1848**	**50**	**10**	**10**	
			1848	1848		10	10	
100		100	50		50			

3-3-20 按地区分组的有限责任

地区	法人单位数(个)			年末就业人员(人)			营业额(万元)		
	合计	限额以上	限额以下	合计	限额以上	限额以下	合计	限额以上	限额以下
总计	**257**	**82**	**175**	**19425**	**13465**	**5960**	**150641**	**125516**	**25124**
太原市	**54**	**22**	**32**	**6047**	**4806**	**1241**	**65038**	**59397**	**5641**
小店区	13	6	7	1544	1218	326	17868	16800	1068
迎泽区	23	9	14	2278	1710	568	21455	18655	2799
杏花岭区	7	1	6	733	604	129	14871	14447	424
万柏林区	10	5	5	1362	1144	218	10086	8736	1350
古交市	1	1		130	130		759	759	
大同市	**33**	**8**	**25**	**3194**	**2201**	**993**	**19858**	**15738**	**4120**
大同市城区	23	6	17	2538	1895	643	15909	13721	2189
矿区	4	2	2	359	306	53	2368	2018	350
南郊区	1		1	53		53	265		265
浑源县	1		1	94		94	707		707
左云县	4		4	150		150	609		609
阳泉市	**26**	**6**	**20**	**1021**	**581**	**440**	**7258**	**4556**	**2702**
城区	20	5	15	737	411	326	6188	3920	2269
矿区	4		4	106		106	385		385
郊区	1		1	8		8	49		49
平定县	1	1		170	170		636	636	
长治市	**18**	**3**	**15**	**1078**	**517**	**561**	**6110**	**4575**	**1535**
长治市城区	2	2		500	500		4352	4352	
长治市郊区	3	1	2	75	17	58	392	222	170
襄垣县	2		2	55		55	120		120
屯留县	1		1	22		22	179		179
黎城县	5		5	259		259	470		470
武乡县	1		1	25		25	180		180
沁县	1		1	42		42	179		179
沁源县	3		3	100		100	237		237
晋城市	**19**	**6**	**13**	**1494**	**1018**	**476**	**8035**	**5589**	**2447**
晋城市城区	10	2	8	788	420	368	4713	2462	2251
阳城县	4	1	3	268	180	88	1309	1163	146
陵川县	2	1	1	131	118	13	361	347	14
泽州县	2	1	1	187	180	7	741	706	35
高平市	1	1		120	120		911	911	

公司住宿和餐饮业经营状况

#客房收入(万元)			#餐费收入(万元)			#商品销售额(万元)		
合　计	限额以上	限额以下	合　计	限额以上	限额以下	合　计	限额以上	限额以下
44951	**35654**	**9297**	**93977**	**79709**	**14268**	**6127**	**5095**	**1032**
22290	**19553**	**2737**	**39015**	**36326**	**2690**	**1818**	**1651**	**168**
2490	2046	444	13534	12948	587	1546	1521	25
6231	4425	1806	14206	13345	851	162	63	100
9125	8823	302	5490	5371	120	1		1
3999	3814	185	5478	4355	1123	104	62	42
446	446		307	307		5	5	
4256	**3045**	**1211**	**13498**	**10939**	**2559**	**1648**	**1428**	**220**
4021	2992	1029	10210	9086	1124	1352	1316	36
52	52		2053	1853	200	263	113	150
			259		259			
183		183	387		387	14		14
			589		589	20		20
1279	**738**	**541**	**5719**	**3722**	**1998**	**138**	**92**	**46**
950	411	538	5075	3504	1571	46		46
3		3	378		378			
			49		49			
327	327		217	217		92	92	
2013	**1644**	**368**	**2781**	**1691**	**1090**	**78**	**34**	**44**
1432	1432		1691	1691		34	34	
212	212		170		170			
			120		120			
115		115	64		64			
118		118	306		306	44		44
15		15	165		165			
77		77	72		72			
44		44	193		193			
1984	**1019**	**964**	**5358**	**3880**	**1479**	**122**	**122**	
1209	313	897	3504	2150	1355			
88	70	19	659	535	124			
210	196	14	92	92		59	59	
209	174	35	531	531				
267	267		572	572		64	64	

3-3-20 续表

地区	法人单位数(个)			年末就业人员(人)			营业额(万元)		
	合计	限额以上	限额以下	合计	限额以上	限额以下	合计	限额以上	限额以下
朔州市	**12**	**4**	**8**	**775**	**586**	**189**	**4264**	**3415**	**849**
朔城区	11	3	8	645	456	189	3653	2804	849
山阴县	1	1		130	130		611	611	
晋中市	**41**	**15**	**26**	**2422**	**1663**	**759**	**16568**	**12951**	**3617**
榆次区	13	5	8	1023	731	292	6238	4956	1282
左权县	1		1	8		8	89		89
祁县	1	1		113	113		654	654	
平遥县	1		1	70		70	192		192
灵石县	10	3	7	435	256	179	3991	2833	1157
介休市	15	6	9	773	563	210	5405	4508	897
运城市	**15**	**6**	**9**	**1409**	**988**	**421**	**9372**	**8670**	**702**
盐湖区	8	3	5	920	559	361	5458	4855	604
万荣县	1		1	13		13	15		15
芮城县	1		1	12		12	3		3
永济市	4	2	2	301	266	35	1514	1434	81
河津市	1	1		163	163		2382	2382	
忻州市	**14**	**3**	**11**	**697**	**382**	**315**	**5751**	**3810**	**1941**
忻府区	6	3	3	501	382	119	4752	3810	942
定襄县	1		1	40		40	186		186
五台县	4		4	97		97	605		605
宁武县	2		2	37		37	194		194
五寨县	1		1	22		22	15		15
临汾市	**17**	**5**	**12**	**493**	**347**	**146**	**2659**	**1701**	**959**
尧都区	2	1	1	110	90	20	320	220	100
曲沃县	1		1	16		16	70		70
襄汾县	1	1		103	103		542	542	
安泽县	1	1		51	51		255	255	
乡宁县	2	2		103	103		683	683	
隰县	1		1	20		20			
永和县	1		1	24		24	18		18
侯马市	8		8	66		66	771		771
吕梁市	**8**	**4**	**4**	**795**	**376**	**419**	**5728**	**5116**	**612**
离石区	2	1	1	260	180	80	1584	1546	38
柳林县	1		1	238		238	100		100
孝义市	2	1	1	212	151	61	1929	1563	366
汾阳市	3	2	1	85	45	40	2116	2007	108

#客房收入(万元)			#餐费收入(万元)			#商品销售额(万元)		
合　计	限额以上	限额以下	合　计	限额以上	限额以下	合　计	限额以上	限额以下
1327	**852**	**475**	**2851**	**2553**	**298**			
1188	713	475	2388	2090	298			
139	139		463	463				
4437	**3428**	**1009**	**10062**	**7962**	**2100**	**1553**	**1109**	**443**
2098	1649	449	3161	2357	803	978	948	30
35		35	54		54			
151	151		356	356		72	72	
73		73	119		119			
749	637	112	2903	2037	866	263	83	180
1332	991	341	3470	3212	258	241	7	234
1923	**1803**	**120**	**6910**	**6337**	**573**	**199**	**195**	**4**
324	224	100	5133	4631	502	2		2
8		8				2		2
1		1	2		2			
457	445	11	919	850	69	5	5	
1134	1134		856	856		190	190	
2589	**1366**	**1223**	**2805**	**2167**	**638**	**139**	**63**	**76**
2064	1366	698	2411	2167	244	63	63	
25		25	88		88	73		73
403		403	201		201			
93		93	99		99			
4		4	6		6	3		3
1318	**903**	**415**	**1200**	**684**	**516**	**66**	**38**	**28**
140	130	10	80		80	25	15	10
40		40	30		30			
260	260		259	259		23	23	
128	128		127	127				
385	385		298	298				
			10		10	9		9
365		365	397		397	9		9
1535	**1303**	**233**	**3778**	**3450**	**328**	**365**	**361**	**4**
487	465	22	1073	1067	6	15	11	4
50		50	50		50			
520	382	138	1368	1181	187			
479	455	23	1287	1202	85	350	350	

3-3-21 按地区分组的股份有限

地 区	法人单位数(个)			年末就业人员(人)			营业额(万元)		
	合 计	限额以上	限额以下	合 计	限额以上	限额以下	合 计	限额以上	限额以下
总 计	**110**	**23**	**87**	**7172**	**3369**	**3803**	**35978**	**21679**	**14298**
太原市	**30**	**5**	**25**	**1916**	**745**	**1171**	**12176**	**6080**	**6096**
小店区	4		4	193		193	2305		2305
迎泽区	8	3	5	636	543	93	5545	5262	283
杏花岭区	10	1	9	562	122	440	2843	489	2354
万柏林区	4	1	3	298	80	218	1038	329	709
晋源区	1		1	105		105	199		199
清徐县	1		1	97		97	139		139
古交市	2		2	25		25	108		108
大同市	**8**		**8**	**398**		**398**	**1134**		**1134**
大同市城区	5		5	194		194	554		554
灵丘县	3		3	204		204	580		580
阳泉市	**3**	**3**		**718**	**718**		**3918**	**3918**	
城区	2	2		608	608		3418	3418	
盂县	1	1		110	110		500	500	
长治市	**6**		**6**	**209**		**209**	**417**		**417**
长治市城区	1		1	3		3			
长治县	1		1	65		65	119		119
平顺县	2		2	69		69	69		69
壶关县	1		1	50		50	142		142
沁县	1		1	22		22	87		87
晋城市	**5**		**5**	**190**		**190**	**1214**		**1214**
晋城市城区	1		1	7		7	17		17
沁水县	1		1	28		28	180		180
阳城县	2		2	145		145	859		859
高平市	1		1	10		10	158		158
朔州市	**4**		**4**	**111**		**111**	**350**		**350**
朔城区	2		2	40		40	100		100
右玉县	2		2	71		71	250		250
晋中市	**14**	**1**	**13**	**697**	**198**	**499**	**2155**	**958**	**1197**
榆次区	7	1	6	324	198	126	1931	958	972
左权县	1		1	7		7	20		20
和顺县	1		1	50		50	120		120
昔阳县	1		1	63		63	37		37
太谷县	1		1	13		13	15		15
灵石县	2		2	232		232	20		20
介休市	1		1	8		8	13		13
运城市	**17**	**6**	**11**	**1108**	**808**	**300**	**6657**	**5264**	**1393**
盐湖区	8	3	5	332	180	152	2095	1432	663
稷山县	1	1		170	170		1032	1032	
新绛县	2		2	58		58	367		367
垣曲县	1		1	32		32	48		48
平陆县	1	1		80	80		300	300	
芮城县	1		1	13		13	70		70
永济市	2		2	45		45	245		245
河津市	1	1		378	378		2500	2500	
忻州市	**9**	**2**	**7**	**960**	**422**	**538**	**3542**	**1672**	**1870**
忻府区	5	2	3	826	422	404	3044	1672	1372
五台县	3		3	100		100	369		369
原平市	1		1	34		34	130		130
临汾市	**6**	**4**	**2**	**382**	**354**	**28**	**3118**	**3028**	**90**
乡宁县	2	2		142	142		1046	1046	
大宁县	1		1	18		18			
蒲县	1	1		42	42		311	311	
侯马市	2	1	1	180	170	10	1761	1671	90
吕梁市	**8**	**2**	**6**	**483**	**124**	**359**	**1297**	**760**	**537**
离石区	4	1	3	328	54	274	717	460	257
文水县	1	1		70	70		300	300	
孝义市	2		2	75		75	230		230
汾阳市	1		1	10		10	50		50

公司住宿和餐饮业经营状况

#客房收入(万元)			#餐费收入(万元)			#商品销售额(万元)		
合　计	限额以上	限额以下	合　计	限额以上	限额以下	合　计	限额以上	限额以下
10754	**6180**	**4574**	**22502**	**13430**	**9073**	**1461**	**1132**	**329**
3393	**2132**	**1261**	**7998**	**3428**	**4570**	**411**	**197**	**214**
			2305		2305			
1781	1643	138	3244	3099	145	197	197	
1029	489	540	1624		1624	190		190
440		440	576	329	247			
97		97	49		49	24		24
9		9	130		130			
38		38	70		70			
554		**554**	**496**		**496**	**51**		**51**
164		164	336		336	51		51
390		390	160		160			
280	**280**		**3598**	**3598**		**40**	**40**	
			3418	3418				
280	280		180	180		40	40	
87		**87**	**257**		**257**	**54**		**54**
			61		61	54		54
4		4	65		65			
83		83	59		59			
			73		73			
591		**591**	**611**		**611**			
17		17						
10		10	170		170			
405		405	441		441			
158		158						
140		**140**	**125**		**125**	**5**		**5**
65		65	30		30	5		5
75		75	95		95			
357	**285**	**72**	**1731**	**673**	**1058**			
297	285	13	1603	673	930			
8		8	13		13			
40		40	80		80			
			15		15			
12		12	8		8			
			13		13			
2225	**1664**	**561**	**3058**	**2284**	**773**	**703**	**703**	
562	295	267	1329	939	390	166	166	
507	507		494	494				
203		203	124		124			
13		13	21		21			
100	100		200	200				
32		32	38		38			
46		46	200		200			
762	762		651	651		537	537	
1365	**222**	**1144**	**1983**	**1256**	**727**	**193**	**193**	
1207	222	985	1643	1256	387	193	193	
159		159	210		210			
			130		130			
1483	**1448**	**35**	**1630**	**1580**	**50**	**5**		**5**
517	517		529	529				
105	105		206	206				
861	826	35	895	845	50	5		5
280	**150**	**130**	**1017**	**610**	**407**			
60		60	657	460	197			
150	150		150	150				
55		55	175		175			
15		15	35		35			

3-3-22 按地区分组的私营企业

地　区	法人单位数(个)			年末就业人员(人)			营业额(万元)		
	合　计	限额以上	限额以下	合　计	限额以上	限额以下	合　计	限额以上	限额以下
总　计	**1740**	**329**	**1411**	**88392**	**48159**	**40233**	**619764**	**410165**	**209599**
太原市	**494**	**76**	**418**	**24394**	**12123**	**12271**	**212649**	**146952**	**65698**
小店区	147	18	129	7972	3346	4626	59955	31025	28929
迎泽区	166	30	136	7656	4519	3137	78632	66275	12357
杏花岭区	72	15	57	4344	2517	1827	48439	34901	13538
尖草坪区	21		21	332		332	2165		2165
万柏林区	59	11	48	3091	1248	1843	18256	11835	6421
晋源区	13	1	12	548	374	174	2876	2293	583
清徐县	7	1	6	208	119	89	1190	623	568
阳曲县	3		3	57		57	430		430
娄烦县	3		3	52		52	210		210
古交市	3		3	134		134	496		496
大同市	**191**	**47**	**144**	**14872**	**10966**	**3906**	**96340**	**77015**	**19325**
大同市城区	104	35	69	11106	9239	1867	76651	68879	7772
矿区	24	3	21	826	496	330	6331	2711	3620
南郊区	21	4	17	1252	480	772	6428	2134	4294
阳高县	4		4	171		171	498		498
天镇县	11		11	293		293	830		830
广灵县	5		5	141		141	759		759
灵丘县	6		6	85		85	929		929
浑源县	11	2	9	561	406	155	1966	1564	402
左云县	2	2		263	263		1491	1491	
大同县	3	1	2	174	82	92	457	236	221
阳泉市	**100**	**11**	**89**	**3480**	**1575**	**1905**	**25993**	**13100**	**12893**
城区	53	6	47	1619	960	659	17257	9426	7831
矿区	6	1	5	128	40	88	811	310	501
郊区	14	2	12	759	345	414	3440	2350	1090
平定县	13		13	449		449	1518		1518
盂县	14	2	12	525	230	295	2968	1015	1953
长治市	**142**	**44**	**98**	**6619**	**4522**	**2097**	**45731**	**37921**	**7810**
长治市城区	102	34	68	5210	3546	1664	36499	30492	6007
长治市郊区	10	2	8	323	182	141	2199	1738	461
长治县	6	1	5	114	50	64	660	354	306
襄垣县	3	3		418	418		3405	3405	
屯留县	2		2	54		54	196		196
黎城县	4		4	54		54	221		221
壶关县	2		2	5		5	17		17
长子县	2		2	33		33	274		274
武乡县	3	1	2	90	61	29	544	427	117
沁县	2		2	26		26	180		180
沁源县	2	1	1	25	22	3	307	307	
潞城市	4	2	2	267	243	24	1228	1197	31

住宿和餐饮业经营状况

单位：个、人、万元

#客房收入(万元)			#餐费收入(万元)			#商品销售额(万元)		
合　计	限额以上	限额以下	合　计	限额以上	限额以下	合　计	限额以上	限额以下
130535	**85997**	**44538**	**438399**	**289720**	**148680**	**32760**	**21549**	**11211**
40283	**30306**	**9977**	**165005**	**111338**	**53668**	**4100**	**2732**	**1368**
12208	9703	2506	45262	19460	25802	1355	948	407
14539	12077	2461	61962	52646	9316	1426	1107	319
7495	5418	2078	39291	28331	10959	985	525	460
898		898	1228		1228	30		30
3612	2366	1246	13718	8747	4970	230	133	98
635	538	97	2139	1755	384	51		51
302	205	97	869	398	470	20	20	
270		270	160		160			
64		64	144		144	3		3
261		261	234		234	1		1
18225	**14261**	**3964**	**65907**	**53910**	**11997**	**9093**	**7115**	**1978**
14805	12875	1930	53622	47802	5820	6646	6643	3
389	125	264	4255	2419	1836	1626	105	1521
1741	845	896	3019	1272	1747	415	17	398
21		21	477		477			
127		127	652		652			
213		213	541		541			
440		440	410		410	30		30
299	236	63	1297	994	303	282	256	26
181	181		1252	1252		34	34	
10		10	381	170	211	60	60	
5521	**1706**	**3815**	**19169**	**10860**	**8309**	**528**	**193**	**335**
3889	1029	2860	12703	8129	4575	19		19
2		2	419	124	295	384	186	198
522	281	241	2669	1988	681	124	7	117
245		245	1274		1274			
863	396	467	2104	619	1485	1		1
8143	**4889**	**3255**	**34760**	**30428**	**4332**	**1945**	**1818**	**127**
5983	3550	2433	28144	24773	3372	1883	1761	122
239	58	181	1566	1303	263			
381	102	280	232	211	21	47	42	5
638	638		2767	2767				
136		136	60		60			
31		31	190		190			
5		5	13		13			
105		105	168		168			
238	157	81	307	270	37			
			180		180			
25	25		282	282				
362	360	2	852	823	29	15	15	

3-3-22 续表 1

地区	法人单位数(个)			年末就业人员(人)			营业额(万元)		
	合计	限额以上	限额以下	合计	限额以上	限额以下	合计	限额以上	限额以下
晋城市	**99**	**8**	**91**	**4833**	**1778**	**3055**	**35172**	**19799**	**15373**
晋城市城区	62	5	57	3275	1069	2206	27931	16040	11891
沁水县	8	1	7	333	174	159	1163	669	494
阳城县	7	1	6	547	395	152	2766	2100	666
陵川县	5		5	118		118	383		383
泽州县	6		6	85		85	308		308
高平市	11	1	10	475	140	335	2622	990	1632
朔州市	**80**	**33**	**47**	**5319**	**4143**	**1176**	**29082**	**24572**	**4510**
朔城区	41	14	27	2480	1705	775	16035	13429	2606
平鲁区	6	2	4	289	207	82	1356	1196	161
山阴县	14	4	10	920	715	205	2664	1509	1155
应县	3	3		290	290		1735	1735	
右玉县	4		4	80		80	203		203
怀仁县	12	10	2	1260	1226	34	7088	6703	385
晋中市	**129**	**22**	**107**	**6243**	**2521**	**3722**	**31838**	**17655**	**14184**
榆次区	40	9	31	3132	1712	1420	16409	12685	3724
榆社县	2		2	83		83	84		84
左权县	4		4	110		110	514		514
和顺县	2		2	105		105	180		180
昔阳县	8	1	7	481	58	423	2321	220	2101
寿阳县	5	1	4	107	25	82	349	200	149
太谷县	8	4	4	441	309	132	2280	1520	759
祁县	11	1	10	380	70	310	2107	381	1726
平遥县	18	4	14	823	275	548	3543	2224	1320
灵石县	18		18	382		382	3159		3159
介休市	13	2	11	199	72	127	893	425	468
运城市	**131**	**20**	**111**	**5362**	**2221**	**3141**	**23966**	**12536**	**11430**
盐湖区	41	6	35	2041	713	1328	6501	3013	3488
临猗县	5	1	4	149	86	63	1073	790	283
万荣县	7		7	190		190	708		708
闻喜县	7	3	4	319	252	67	2112	1702	410
稷山县	2		2	71		71	184		184
新绛县	3		3	62		62	543		543
绛县	8	1	7	229	89	140	836	204	632
垣曲县	3		3	56		56	166		166
夏县	4	1	3	79	36	43	260	100	160
平陆县	2		2	24		24	2		2
芮城县	3		3	148		148	190		190
永济市	18	3	15	910	563	347	2245	790	1455
河津市	28	5	23	1084	482	602	9146	5937	3209

#客房收入(万元)			#餐费收入(万元)			#商品销售额(万元)		
合　计	限额以上	限额以下	合　计	限额以上	限额以下	合　计	限额以上	限额以下
7149	**4184**	**2965**	**21642**	**10352**	**11290**	**3201**	**2952**	**250**
5189	3276	1913	17454	8247	9207	2839	2690	149
542	323	219	596	346	249			
484	285	198	1549	1139	410	290	262	28
67		67	315		315			
115		115	180		180	3		3
753	300	453	1549	620	929	70		70
6729	**5161**	**1568**	**21031**	**18316**	**2715**	**428**	**267**	**162**
3493	2688	805	11513	9868	1645	226	104	122
729	584	145	623	611	12	4		4
702	253	449	1907	1209	698	48	47	1
286	286		1273	1273		116	116	
74		74	116		116	2		2
1445	1349	96	5598	5354	244	33		33
8429	**4993**	**3437**	**19778**	**10298**	**9480**	**2063**	**840**	**1223**
3843	3316	527	10132	7231	2900	951	675	276
33		33	52		52			
167		167	219		219	128		128
60		60	120		120			
792	60	732	1151	160	991	378		378
105		105	199	164	35	3		3
204	175	29	2076	1346	730			
561	82	479	1526	291	1235	13	9	5
1832	1150	682	1535	915	620	151	133	18
407		407	2381		2381	372		372
427	210	217	389	192	198	66	24	42
7334	**4401**	**2934**	**14368**	**6629**	**7738**	**1426**	**910**	**516**
2339	1089	1250	3990	1848	2142	121	31	90
238	124	114	823	667	156	11		11
122		122	568		568	18		18
712	592	120	1081	853	228	76	29	47
13		13	171		171			
145		145	342		342	56		56
154	123	31	463		463			
88		88	79		79			
129	49	80	130	50	80	2	2	
1		1	2		2			
40		40	150		150			
357	217	140	1844	529	1315	12	12	
2998	2207	791	4727	2683	2044	1130	836	295

3-3-22 续表 2

地 区	法人单位数(个)			年末就业人员(人)			营业额(万元)		
	合 计	限额以上	限额以下	合 计	限额以上	限额以下	合 计	限额以上	限额以下
忻州市	**84**	**17**	**67**	**3858**	**1453**	**2405**	**24984**	**11827**	**13157**
忻府区	32	5	27	1540	468	1072	10874	4442	6432
定襄县	3		3	67		67	222		222
五台县	8		8	254		254	1172		1172
繁峙县	7	2	5	220	125	95	952	614	338
宁武县	5		5	165		165	370		370
静乐县	1		1	70		70	369		369
神池县	1		1	4		4	20		20
五寨县	4	1	3	134	64	70	815	560	255
岢岚县	2		2	102		102	395		395
河曲县	4	3	1	215	195	20	1560	1210	350
保德县	4	1	3	148	70	78	967	452	515
偏关县	1	1		70	70		276	276	
原平市	12	4	8	869	461	408	6992	4273	2719
临汾市	**227**	**37**	**190**	**9904**	**4989**	**4915**	**74811**	**34561**	**40250**
尧都区	135	22	113	7448	3763	3685	57421	24931	32490
曲沃县	12	1	11	320	141	179	1597	518	1079
翼城县	12	3	9	446	305	141	2496	1554	942
襄汾县	4		4	61		61	393		393
洪洞县	18	2	16	366	128	238	4623	3075	1548
古县	4	1	3	112	80	32	364	220	144
安泽县	2		2	25		25	53		53
吉县	5		5	129		129	374		374
乡宁县	3	1	2	68	55	13	798	794	5
大宁县	1		1	5		5			
永和县	1		1	5		5	92		92
蒲县	3		3	37		37	262		262
汾西县	1	1		80	80		400	400	
侯马市	14	3	11	552	279	273	3194	1639	1555
霍州市	12	3	9	250	158	92	2744	1431	1313
吕梁市	**63**	**14**	**49**	**3508**	**1868**	**1640**	**19197**	**14229**	**4968**
离石区	16	1	15	823	230	593	2643	1105	1538
文水县	2	1	1	75	50	25	214	204	10
交城县	9	1	8	341	96	245	1404	736	668
兴县	3		3	96		96	379		379
临县	1		1	12		12	14		14
柳林县	8	1	7	429	200	229	2510	1773	737
石楼县	2		2	28		28	251		251
岚县	1		1	45		45	415		415
孝义市	17	9	8	1351	1086	265	10238	9412	826
汾阳市	4	1	3	308	206	102	1129	998	131

#客房收入(万元)			#餐费收入(万元)			#商品销售额(万元)		
合　计	限额以上	限额以下	合　计	限额以上	限额以下	合　计	限额以上	限额以下
7913	**2611**	**5301**	**15894**	**8298**	**7595**	**818**	**650**	**169**
4253	587	3666	5775	3088	2688	594	544	50
56		56	166		166			
665		665	505		505	2		2
275	186	89	677	428	249			
151		151	213		213	4		4
9		9	360		360			
6		6	14		14			
193	115	78	577	445	132	45		45
113		113	282		282			
417	222	195	1031	936	95	70	10	60
191	60	131	768	391	377	8		8
86	86		186	186		4	4	
1499	1355	144	5340	2825	2515	92	92	
14762	**9000**	**5762**	**48596**	**20217**	**28378**	**8505**	**3557**	**4948**
9934	5623	4311	36914	14532	22382	7805	3151	4653
281	104	177	1250	415	835	67		67
901	805	96	1343	538	805	213	177	36
46		46	343		343	3		3
1125	846	278	3357	2087	1270	142	142	
117	31	86	239	189	50	8		8
			53		53			
144		144	212		212	13		13
710	705	5	89	89				
92		92						
20		20	242		242			
90	90		260	260		50	50	
911	521	390	1942	952	990	205	37	168
392	275	117	2352	1156	1196			
6047	**4487**	**1560**	**12250**	**9074**	**3176**	**654**	**517**	**137**
728	416	312	1816	689	1127	25		25
121	116	5	93	88	5			
526	416	110	846	294	552	26	26	
149		149	169		169	46		46
5		5	9		9			
1164	792	371	1326	981	345	20		20
14		14	237		237			
185		185	230		230			
2859	2481	378	6691	6289	402	537	491	46
296	266	30	833	733	101			

3-3-23 按地区分组的港澳台商和

地 区	法人单位数(个)			年末就业人员(人)			营业额(万元)		
	合 计	限额以上	限额以下	合 计	限额以上	限额以下	合 计	限额以上	限额以下
总 计	**31**	**16**	**15**	**5966**	**5162**	**804**	**80419**	**76333**	**4087**
太原市	**22**	**12**	**10**	**5211**	**4594**	**617**	**70498**	**67781**	**2717**
小店区	9	4	5	946	726	220	10576	8422	2154
迎泽区	9	6	3	3727	3672	55	55726	55479	247
杏花岭区	3	2	1	456	196	260	3987	3881	107
万柏林区	1		1	82		82	209		209
大同市	**3**	**1**	**2**	**69**	**36**	**33**	**2143**	**1770**	**374**
大同市城区	3	1	2	69	36	33	2143	1770	374
长治市	**1**	**1**		**210**	**210**		**3489**	**3489**	
长治市城区	1	1		210	210		3489	3489	
晋城市	**1**		**1**	**20**		**20**	**800**		**800**
晋城市城区	1		1	20		20	800		800
晋中市	**2**	**1**	**1**	**242**	**192**	**50**	**2504**	**2504**	
榆次区	1	1		192	192		2504	2504	
平遥县	1		1	50		50			
运城市	**2**	**1**	**1**	**214**	**130**	**84**	**985**	**789**	**196**
盐湖区	2	1	1	214	130	84	985	789	196

外商投资企业住宿和餐饮业经营状况

#客房收入(万元)			#餐费收入(万元)			#商品销售额(万元)		
合　计	限额以上	限额以下	合　计	限额以上	限额以下	合　计	限额以上	限额以下
8628	**8179**	**448**	**70586**	**66948**	**3638**	**88**	**88**	
6191	**5743**	**448**	**63744**	**61475**	**2269**	**86**	**86**	
3252	3252		7206	5052	2154	60	60	
2257	2067	190	53050	52993	57			
473	424	49	3488	3431	58	26	26	
209		209						
			2142	**1768**	**374**	**1**	**1**	
			2142	1768	374	1	1	
1646	**1646**		**1843**	**1843**				
1646	1646		1843	1843				
			800		**800**			
			800		800			
342	**342**		**1521**	**1521**				
342	342		1521	1521				
449	**449**		**537**	**341**	**196**			
449	449		537	341	196			

3-3-24 按登记注册类型、控股情况和

指标名称	年初存货	年末存货	固定资产原价	所有者权益合计	实收资本
总计	**71662**	**69059**	**1376498**	**770013**	**789472**
一、按登记注册类型分					
内资	**68788**	**66208**	**1303036**	**740443**	**762175**
国有	10826	12943	339126	180717	197326
集体	2692	2408	73947	30915	32518
股份合作企业	579	690	18597	10982	9078
联营企业	39	52	536	835	834
集体联营	27	28	367	495	495
国有与集体联营			107	245	245
其他联营	12	24	62	96	95
有限责任公司	14865	9064	228593	100297	86496
其他有限责任公司	14865	9064	228593	100297	86496
股份有限公司	3064	3188	73076	20383	34506
私营企业	36129	37221	562101	387710	396085
私营独资	9258	9855	153743	135365	127452
私营合伙	899	872	18090	15016	13497
私营有限责任公司	23601	24152	351210	201801	234798
私营股份有限公司	2371	2342	39059	35528	20337
其他	595	643	7061	8604	5332
港澳台商投资	**390**	**350**	**41835**	**16478**	**12329**
与港澳台商合资经营	189	195	9180	789	2950
与港澳台商合作经营	148	97	28006	13263	5930
港澳台商独资	44	45	3899	2167	3190
港澳台商投资股份有限公司	8	13	749	259	259
外商投资	**2484**	**2502**	**31627**	**13092**	**14968**
中外合资经营	552	628	13781	2191	12086
外资企业	1932	1871	17783	10856	2831
外商投资股份有限公司		2	63	45	50
二、按控股情况分					
国有控股	10347	12169	421537	187984	183412
集体控股	3460	3722	91224	40167	40684
私人控股	40346	41021	637548	450027	437479
港澳台商控股	105	114	1674	1177	1589
外商控股	1880	1853	18607	11021	3629
其他	15524	10180	205888	79637	122680
三、按国民经济行业(门类、大类、中类、小类)分					
住宿和餐饮业	**71662**	**69059**	**1376498**	**770013**	**789472**
住宿业	29886	34077	958119	434376	513411
旅游饭店	18437	21595	689299	277309	341383
一般旅馆	10207	11167	244919	147577	157039
其他住宿服务	1242	1315	23900	9490	14989
餐饮业	41776	34982	418379	335638	276061
正餐服务	38183	31482	386083	308184	256225
快餐服务	2959	2888	22599	18321	10264
饮料及冷饮服务	85	85	968	844	867
其他餐饮服务	548	527	8729	8289	8704

行业分组的全部住宿和餐饮业财务状况

单位：万元

国家资本	集体资本	法人资本	个人资本	港澳台资本	外商资本	本年折旧	主营业务收入	主营业务成本
213016	**42124**	**91875**	**432447**	**5314**	**4696**	**74658**	**1112755**	**799960**
211572	**42124**	**89409**	**419071**			**71102**	**1032343**	**767918**
189833	1151	3910	2432			14525	158769	225900
	31033	10	1475			2751	39208	58964
3106	365	1818	3789			397	16016	27056
225	545	50	15			28	816	745
	495					10	196	170
195	50					6	409	226
30		50	15			12	212	349
16625	2811	34821	32240			15757	148874	67525
16625	2811	34821	32240			15757	148874	67525
1278	4664	3920	24644			4196	35757	16261
200		42769	353116			32346	614194	362184
		3685	123767			7253	162229	134753
		542	12955			990	22378	13369
200		36912	197686			22477	396657	197843
		1630	18707			1625	32930	16220
306	1555	2111	1360			1102	18709	9283
		2466	**4549**	**5314**		**1827**	**13818**	**5089**
		2025		925		420	6974	2698
		441	4500	989		1125	5466	1851
				3190		256	1121	436
			49	210		26	256	104
1445			**8827**		**4696**	**1729**	**66595**	**26953**
1445			8827		1815	1096	14375	6049
					2831	631	52029	20903
					50	2	190	
170384	1185	8024	2789		1029	24897	193346	236803
559	39186	779	159			3504	51047	63060
40	51	23999	412627	450	312	34064	669071	407074
		441	49	1099		127	4370	2227
374					3255	626	52751	21141
41659	1701	58632	16823	3765	100	11439	142151	69648
213016	**42124**	**91875**	**432447**	**5314**	**4696**	**74658**	**1112755**	**799960**
194872	31390	62382	218954	4694	1119	52201	481523	426736
151378	11468	46984	125956	4569	1029	40966	309986	125685
38599	18528	13825	85921	125	40	9877	150596	292181
4895	1394	1574	7077		50	1357	20941	8869
18144	10734	29493	213493	620	3577	22457	631232	373224
17896	10484	26587	199630	490	1138	21183	561303	343436
46	75	1046	6728	130	2239	820	59398	24410
50		70	747			63	2672	1781
152	175	1790	6388		200	392	7860	3597

3-3-24 续表

指标名称	主营业务税金及附加	主营业务利润	其他业务利润	营业费用、管理费用、财务费用合计
总计	**58068**	**474399**	**7870**	**486921**
一、按登记注册类型分				
内资	**54154**	**430094**	**7792**	**447986**
国有	7925	73739	2283	83890
集体	1602	15909	265	16543
股份合作企业	1781	4546	38	2906
联营企业	53	109		332
集体联营	14	62		51
国有与集体联营	4	35		27
其他联营	35	12		254
有限责任公司	7952	64944	439	79739
其他有限责任公司	7952	64944	439	79739
股份有限公司	1924	16926	418	18453
私营企业	31890	245598	4339	238366
私营独资	7756	55516	3420	41741
私营合伙	1070	7558	206	5415
私营有限责任公司	21043	168613	889	176644
私营股份有限公司	2022	13912	-177	14567
其他	1027	8324	10	7758
港澳台商投资	**694**	**8191**	**7**	**9547**
与港澳台商合资经营	352	3924	4	4173
与港澳台商合作经营	240	3376	3	4254
港澳台商独资	91	794		1008
港澳台商投资股份有限公司	11	97		112
外商投资	**3220**	**36113**	**71**	**29387**
中外合资经营	634	7692	71	9226
外资企业	2576	28486		19941
外商投资股份有限公司	10	-65		220
二、按控股情况分				
国有控股	10289	95292	2330	103914
集体控股	2264	22363	265	23067
私人控股	35896	265399	4722	265923
港澳台商控股	219	2081	4	2051
外商控股	2543	28758	10	20594
其他	6858	60503	538	71372
三、按国民经济行业(门类、大类、中类、小类)分				
住宿和餐饮业	**58068**	**474399**	**7870**	**486921**
住宿业	23972	226784	5922	251010
旅游饭店	15858	164562	859	186948
一般旅馆	7237	52485	4921	54569
其他住宿服务	876	9737	142	9493
餐饮业	34096	247615	1948	235911
正餐服务	30772	211618	1693	210734
快餐服务	2828	31915	6	22004
饮料及冷饮服务	159	600	81	385
其他餐饮服务	336	3481	169	2788

单位：万元

#税金	#利息支出	营业利润	职工工资和福利费	本年应交增值税	全部从业人员年平均人数（人）
12058	**16363**	**38589**	**188060**	**4780**	**156110**
11481	**15806**	**32820**	**179002**	**4670**	**150334**
2565	1357	-1771	35560	375	25107
437	1617	2474	7238	134	7330
362	201	1161	1960	120	2448
34	1	31	117	1	197
3		12	60		50
	1	15	17		83
31	1	4	40	1	64
1255	2462	726	26472	787	19362
1255	2462	726	26472	787	19362
476	280	-74	8537	83	6820
6127	9678	29002	95825	3155	86340
2398	2038	22872	26547	992	28034
405	89	2858	3353	125	3693
3095	7376	2852	60443	1961	49968
229	174	420	5482	77	4645
225	211	1270	3294	18	2730
269	**618**	**-1405**	**2702**	**54**	**1617**
80	506	-245	1044	32	593
172	112	-875	1205	20	581
		-315	376		373
18		29	78	3	70
308	**-61**	**7175**	**6355**	**56**	**4159**
291	50	-1463	2217	44	1204
17	-111	8703	4092	12	2934
		-65	46		21
3622	2578	106	40590	417	27604
531	1844	3095	12083	170	9392
6780	9338	32866	106612	3631	96876
24	1	-22	832	38	695
19	-68	8553	4208	51	3004
1082	2671	-6009	23717	463	18509
12058	**16363**	**38589**	**188060**	**4780**	**156110**
6580	10746	-3105	90821	1281	72928
3818	9169	-16460	57760	581	41336
2119	1412	11875	29437	533	28469
644	166	1481	3624	167	3123
5478	5617	41694	97239	3500	83182
5187	5592	30523	89958	3418	76589
167	-9	9942	5268	24	4712
29	1	339	291	3	239
95	33	891	1723	54	1642

3-3-25 按地区分组的全部

地　　区	年初存货	年末存货	固定资产原　　价	所有者权益合计	实收资本	国家资本
总　计	**71662**	**69059**	**1376498**	**770013**	**789472**	**213016**
太原市	**32783**	**23548**	**542195**	**286457**	**295377**	**128180**
小店区	4919	6368	68760	50591	58200	12928
迎泽区	18898	9126	233330	79249	101778	46101
杏花岭区	4085	4091	141292	58480	58696	24604
尖草坪区	145	155	1628	2931	2678	
万柏林区	1843	1872	58456	39296	22401	6767
晋源区	2218	1306	24080	43473	39524	37349
清徐县	418	452	8340	7069	6837	253
阳曲县	58	26	1047	760	760	178
娄烦县	13	12	225			
古交市	187	140	5038	4610	4502	
大同市	**8662**	**9115**	**120740**	**67011**	**68267**	**3439**
大同市城区	5715	6139	82231	44207	47140	1690
矿区	848	805	5792	5830	6058	1406
南郊区	546	579	3707	2579	2500	100
新荣区			68			
阳高县			597	120	120	
天镇县	112	186	6062	4668	4297	31
广灵县	36	40	135	187	164	1
灵丘县	11		2506	2632	2632	
浑源县	316	308	5886	4387	3083	
左云县	1039	1022	13048	1836	1838	132
大同县	40	36	709	565	435	80
阳泉市	**2841**	**2649**	**35018**	**19453**	**23449**	**4663**
城区	1842	1871	17002	7656	11754	4170
矿区	155	114	468	430	366	
郊区	465	426	8978	5754	6630	57
平定县	198	156	2352	1143	1484	116
盂县	182	82	6218	4469	3216	320
长治市	**3649**	**3598**	**82638**	**53147**	**52072**	**15722**
长治市城区	2351	2548	51243	29736	30012	10918
长治市郊区	125	104	5179	7947	7093	100
长治县	117	118	3252	3185	3055	917
襄垣县	505	342	6272	3777	3281	1692
屯留县	9	3	1004	995	610	30
平顺县	14	22	244	112	130	69
黎城县	119	134	1802	1500	1416	125
壶关县	27	19	3142	616	881	158
长子县	12	16	404	370	304	144
武乡县	143	109	3302	1897	1340	714
沁县	96	72	923	94	268	20
沁源县	4	25	2463	1580	1524	394
潞城市	127	86	3408	1337	2160	441

住宿和餐饮业财务状况

单位：万元

集体资本	法人资本	个人资本	港澳台资本	外商资本	本年折旧	主营业务收入	主营业务成本
42124	**91875**	**432447**	**5314**	**4696**	**74658**	**1112755**	**799960**
8554	**28336**	**123042**	**4509**	**2757**	**34736**	**453675**	**390494**
1205	2207	41126	430	305	6912	107546	54835
2855	12184	37581	1019	2039	12656	205050	83266
1418	11724	17518	3060	374	11000	81789	186684
		2678			93	2426	1462
2792	1589	11213		40	3497	40457	55837
50	20	2106			280	10872	4686
33	480	6072			152	2461	1024
100		482			45	1120	596
					21	210	72
103	132	4267			82	1744	2033
4168	**5138**	**55182**	**130**	**210**	**4192**	**127591**	**62321**
1526	1670	41914	130	210	3285	96920	44155
400	200	4052			468	11594	5653
1049		1352			167	7335	3271
						132	19
		120				512	303
20		4246			43	929	508
	1	162			1	649	494
	170	2462			10	1539	2688
118	2437	528			195	4592	2592
1012	660	34			11	2638	2318
43		312			11	752	322
2412	**2482**	**13892**			**1223**	**47150**	**25916**
285	2137	5162			427	33870	19177
53	200	113			32	1713	1189
1526		5047			382	4599	2544
300		1068			149	2722	1525
248	146	2502			233	4247	1481
7360	**7936**	**20504**	**550**		**3826**	**75533**	**39474**
5398	2150	10995	550		1727	54192	26144
372	2600	4021			298	2898	1938
838	150	1150			30	1466	685
600	100	889			1286	7294	4622
34	60	486			15	914	766
11	50					349	328
33	21	1236			66	827	502
22		700			77	773	632
		160				482	391
36	104	487			37	2572	1358
	198	50			108	810	517
	1000	130			4	803	410
16	1503	200			179	2151	1179

3-3-25 续表 1

地　　区	年初存货	年末存货	固定资产原　价	所有者权益合计	实收资本	国家资本
晋城市	**3561**	**6919**	**97537**	**38269**	**41916**	**13150**
晋城市城区	2463	3941	69970	22100	28445	10645
沁水县	194	1362	5241	5167	4067	619
阳城县	419	911	10446	3776	4436	275
陵川县	47	73	1714	1009	921	656
泽州县	212	365	3466	1202	1735	122
高平市	227	267	6701	5015	2312	833
朔州市	**2543**	**3131**	**40566**	**27958**	**18705**	**1216**
朔城区	1557	1715	18007	13295	8952	531
平鲁区	100	47	165	265	372	
山阴县	227	546	4174	239	907	
应县	58	214	1654	374	1471	35
右玉县	27	40	1970	1954	1954	450
怀仁县	574	570	14597	11831	5049	200
晋中市	**4070**	**4540**	**102978**	**58928**	**59829**	**2977**
榆次区	1847	1759	22288	15648	19049	722
榆社县		3	1450	80	80	
左权县	2	266	1987	1590	1439	499
和顺县	69	64	995	1495	503	300
昔阳县	352	390	6128	4548	4184	121
寿阳县	30	30	590	547	292	
太谷县	141	147	12389	2885	1256	143
祁县	177	340	4041	2717	2282	3
平遥县	326	254	13697	10053	10118	20
灵石县	565	657	28596	16085	17192	570
介休市	562	629	10817	3280	3434	599
运城市	**2510**	**3805**	**104475**	**63565**	**63092**	**5404**
盐湖区	1031	1361	38837	22754	21989	3358
临猗县	36	30	1891	1571	1477	978
万荣县	3	22	2919	1714	1714	
闻喜县	65	123	749	-24	500	30
稷山县	15	346	6604	425	1898	33
新绛县	6	5	1713	1610	1610	350
绛县	24	21	1172	734	734	
垣曲县	313		2392	828	843	
夏县	43	33	2507	559	558	
平陆县			925	543	536	96
芮城县	44	55	1896	5302	5194	99
永济市	336	836	12331	9437	3650	429
河津市	594	974	30541	18111	22387	31
忻州市	**2638**	**3712**	**100294**	**67817**	**68511**	**27537**
忻府区	1262	1538	52444	29854	38830	14835
定襄县	12	12	410	428	428	

单位：万元

集体资本	法人资本	个人资本	港澳台资本	外商资本	本年折旧	主营业务收入	主营业务成本
5782	**11328**	**11156**		**500**	**7287**	**71932**	**34566**
1891	8376	7034		500	6008	48710	21221
1750	258	1440			438	3512	2292
1504	1650	1007			266	8343	5009
7		258			98	1770	1066
291	945	378			251	4713	2434
340	100	1039			226	4884	2544
382	**2747**	**14360**			**2648**	**38856**	**22350**
23	1263	7135			1363	21990	12179
		372				1356	856
9		898			395	3407	2037
	1350	86			13	2783	1263
	134	1370			197	608	260
350		4499			680	8711	5755
2815	**7607**	**46305**	**125**		**3541**	**61341**	**31205**
402	1075	16726	125		1269	29873	13561
		80				234	111
299		641			111	1798	1049
		203			83	381	104
380		3683			115	3007	1524
2		290			14	654	435
53		1060			603	5248	2439
299		1980			26	3039	2024
874	3352	5872			236	3508	1431
445	1598	14579			700	6991	4504
61	1583	1191			384	6610	4025
3905	**6016**	**46537**		**1229**	**7610**	**49498**	**29169**
136	3748	13519		1229	3002	18622	8905
		499			284	1270	481
505	280	929			119	1132	834
	100	370			24	1780	853
1588	197	80			226	1446	629
		1260			100	1088	722
		734			82	836	372
97	133	613			309	551	337
295		264			182	1136	558
110	229	102			244	392	111
		5095			25	438	249
1175	350	1697			557	5426	2993
	980	21376			2458	15381	12125
1654	**14462**	**24858**			**3576**	**55900**	**26591**
	14389	9607			1910	29576	13191
290	38	100			2	438	241

3-3-25 续表 2

地　区	年初存货	年末存货	固定资产原　价	所有者权益合计	实收资本	国家资本
五台县	994	1596	29218	21355	15084	11052
代　县	5	5	913	270	202	202
繁峙县	37	220	6839	5216	5181	
宁武县	53	71	2831	2322	2307	357
静乐县	20	17	524	120	120	120
神池县	1	1	450	15		
五寨县	5	6	664	1267	979	402
岢岚县	54	39	1066	1204	1127	127
河曲县	11	28	1111	1116	908	392
保德县	42	27	1671	627	622	50
偏关县	15	15	430	524	470	
原平市	127	136	1724	3499	2255	2
临汾市	**5855**	**5493**	**104483**	**63241**	**75716**	**5196**
尧都区	3830	3949	63372	31730	44408	1204
曲沃县	201	192	4325	3601	2692	1578
翼城县	225	177	8617	7656	7541	10
襄汾县	43	15	649	294	235	55
洪洞县	150	57	4515	3950	3255	46
古县	44	36	98	555	533	28
安泽县	18	13	1040	491	491	10
浮山县	4	3	1544	1540	1540	1500
吉县	2	2	1690	475	395	
乡宁县	270	338	2532	2957	3144	
大宁县			585	390	390	270
隰县	628	170	57	148	58	58
永和县	22	30	369	238	238	78
蒲县	3	6	426	69	59	45
汾西县	17		131	140	140	80
侯马市	259	321	10548	5141	6855	234
霍州市	141	187	3988	3867	3742	
吕梁市	**2551**	**2550**	**45572**	**24168**	**22539**	**5533**
离石区	1215	1100	14470	5591	5467	3578
文水县		7	1050	3087	3000	
交城县	63	17	2200	1645	659	
兴县	21	21	683	255	255	
临县	112	122	978	581	530	530
柳林县	95	153	6470	1804	2183	
石楼县			267	85	85	47
岚县	8	9	136	50	50	
交口县			379	379	379	379
孝义市	947	1001	15319	9032	8039	989
汾阳市	91	121	3619	1659	1892	9

单位：万元

					本年折旧	主营业务收入	主营业务成本
集体资本	法人资本	个人资本	港澳台资本	外商资本			
1016		3016			1197	10347	4397
					21	238	189
100		5081			28	956	680
96	30	1824			156	867	477
					23	711	411
						187	94
		577			4	951	664
		1000			15	480	213
		516			14	1777	1138
	5	567			60	1286	647
150		320				296	167
2		2251			146	7790	4083
3307	**2394**	**64818**			**4365**	**95724**	**58789**
2329		40875			3039	62673	39671
235		878			301	2797	1543
	168	7363			95	2993	1974
5	5	170			12	1208	722
129	7	3073			22	8874	6236
		505				911	711
		481			2	442	298
40						165	132
	20	375			64	411	195
84		3060			136	2611	1317
120						308	446
						319	227
	130	30				263	186
		14			6	833	218
		60			4	416	159
50	2064	4507			672	6746	2444
315		3427			13	3754	2311
1784	**3430**	**11792**			**1654**	**35556**	**79086**
51	49	1789			624	10565	5383
	2000	1000				514	421
50		609			65	2218	1441
		255			31	592	199
					15	402	243
	380	1803			569	2987	59776
		38				421	301
	20	30			23	185	85
					10	195	63
1683	801	4566			289	13812	9127
	180	1703			29	3665	2048

3-3-25 续表 3

地　区	主营业务税金及附加	主营业务利　润	其他业务利　润	营业费用、管理费用、财务费用合计
总　计	**58068**	**474399**	**7870**	**486921**
太原市	**24640**	**225740**	**4292**	**217380**
小店区	5731	46850	3069	42765
迎泽区	11790	106552	899	107301
杏花岭区	4253	45157	193	38040
尖草坪区	78	514		460
万柏林区	2404	19576	82	21932
晋源区	140	6046	6	5483
清徐县	91	895	32	958
阳曲县	52	472	2	300
娄烦县	2	137	1	8
古交市	100	-458	8	134
大同市	**6887**	**49374**	**411**	**67505**
大同市城区	5247	38078	280	56758
矿区	742	4434	10	3678
南郊区	460	3707	36	4093
新荣区		112	31	138
阳高县	31	179		37
天镇县	31	390		53
广灵县	15	201		151
灵丘县	3	13	23	39
浑源县	250	1738		1811
左云县	74	334		623
大同县	35	189	30	125
阳泉市	**2302**	**16347**	**213**	**17509**
城区	1696	11355	35	12083
矿区	78	446	6	507
郊区	228	1302	54	3106
平定县	120	847		1138
盂县	179	2397	119	675
长治市	**4312**	**31520**	**208**	**30741**
长治市城区	3148	24868	131	23687
长治市郊区	133	795	8	840
长治县	61	479		541
襄垣县	385	2287	2	2130
屯留县	141	76		28
平顺县	13	8		170
黎城县	60	265	23	327
壶关县	29	112		142
长子县	14	77		61
武乡县	139	1074		939
沁县	39	262	2	354
沁源县	38	355		337
潞城市	111	861	42	1184

单位：万元

#税金	#利息支出	营业利润	职工工资和福利费	本年应交增值税	全部从业人员年平均人数（人）
12058	**16363**	**38589**	**188060**	**4780**	**156110**
4815	**4765**	**18124**	**74305**	**2469**	**50135**
1089	320	7453	19210	2106	12119
2324	1510	4599	32418	82	20696
745	2049	7258	11056	151	7722
4		233	234	1	364
506	857	-2080	7490	86	6697
35	12	574	2869	15	1436
15	1	339	498	25	495
35	15	174	103		140
	1	130	17		52
62		-554	411	2	414
848	**1769**	**3394**	**21547**	**233**	**21157**
552	1543	861	15367	172	14635
78	3	1967	2326	…	2041
143		-330	1904	27	1646
		6	80		70
3		142	123		212
13	36	337	246	34	411
1	5	49	115		120
5		17	65		488
44	179	-14	765		804
3	1	236	403		484
6	2	122	155		246
1261	**1150**	**2234**	**8015**	**131**	**6690**
1069	685	512	3730	…	3718
		-58	299		367
142	450	-321	1355	1	1005
5	15	227	1016		718
44		1873	1616	130	882
966	**1997**	**1651**	**13387**	**97**	**10810**
778	1651	1289	8818	3	7187
10	14	321	715		513
14		118	290		353
20	164	160	1235	16	692
	15	48	501		155
1	7	-12	82		99
4	74	-40	205	1	352
15		-30	200		218
2	10	16	131		108
83	57	135	300	4	358
11	5	-92	105	61	149
3		19	183		187
26		-281	623	11	439

3-3-25 续表 4

地　区	主营业务税金及附加	主营业务利　润	其他业务利　润	营业费用、管理费用、财务费用合计
晋城市	**3939**	**27587**	**471**	**35438**
晋城市城区	2346	19537	362	27766
沁水县	472	723	5	639
阳城县	417	2707	22	2514
陵川县	118	587		585
泽州县	251	2028	1	2462
高平市	335	2006	81	1471
朔州市	**1309**	**15222**	**164**	**11806**
朔城区	970	9067	158	7560
平鲁区	70	430		200
山阴县	77	1293		1124
应县	49	1472		696
右玉县	37	105	6	104
怀仁县	106	2855		2122
晋中市	**3353**	**24882**	**264**	**25989**
榆次区	1768	12582	-16	14694
榆社县	57	28		2
左权县	60	689	8	492
和顺县	24	24		2
昔阳县	136	1347	64	1334
寿阳县	24	194		96
太谷县	264	2545	1	2591
祁县	76	861	6	831
平遥县	244	2418	45	2049
灵石县	304	2004	56	1547
介休市	396	2189	98	2352
运城市	**2506**	**17995**	**1286**	**18319**
盐湖区	1481	8354	909	8456
临猗县	37	752	1	436
万荣县	50	100	28	36
闻喜县	165	763		1178
稷山县	21	797		527
新绛县	20	347		17
绛县	34	286		330
垣曲县	3	117	70	160
夏县	62	435	20	368
平陆县	21	845	8	231
芮城县	16	137	16	76
永济市	287	2174	32	2909
河津市	309	2889	202	3595
忻州市	**2980**	**23429**	**435**	**21623**
忻府区	1720	12329	255	11440
定襄县	30	168	78	113

单位：万元

		营业利润	职工工资和福利费	本年应交增值税	全部从业人员年平均人数（人）
#税金	#利息支出				
631	**1500**	**-1175**	**14138**	**98**	**10618**
421	1305	-1188	7953	81	6218
101	15	114	636		701
39	98	-320	3218	5	1546
1	16	2	536	12	551
50	50	-398	1059		839
19	17	616	737		763
164	**144**	**3612**	**7147**	**114**	**6976**
80	70	1685	4157	19	3610
		231	325	11	283
	3	169	579	63	1060
2	45	776	249		426
11	1	19	289	2	159
72	26	733	1547	20	1438
483	**1336**	**228**	**12134**	**240**	**11443**
141	868	-802	6137	2	5175
1		11	61		106
46	4	205	229		323
		23	114		200
3	233	78	409		711
		98	130		153
8	10	-45	987	66	885
44	3	22	558		584
55	53	158	1007	69	996
24	48	544	1301	70	1139
161	117	-65	1203	33	1171
542	**619**	**493**	**9435**	**602**	**9977**
244	403	974	4614	287	3997
37	28	317	153		214
2		136	223	22	326
5	3	-416	364	16	283
	2	270	388		355
2		329	173	29	141
18	3	106	213	27	226
5		2	102	12	224
32	16	61	183	11	317
8		13	151	2	248
30	3	77	77	22	232
9	70	-749	1321	78	1548
147	92	-629	1473	98	1866
1067	**1017**	**4228**	**9387**	**127**	**9315**
754	2	2839	5217	102	4773
70		56	73		92

3-3-25 续表 5

地区	主营业务税金及附加	主营业务利润	其他业务利润	营业费用、管理费用、财务费用合计
五台县	403	5394		5801
代县	5	31		17
繁峙县	57	212		167
宁武县	55	336		520
静乐县	20	40		249
神池县	24	67	1	11
五寨县	12	204		70
岢岚县	60	133		100
河曲县	53	586	50	488
保德县	77	560	36	247
偏关县	9	120		32
原平市	457	3250	15	2369
临汾市	**3773**	**31270**	**72**	**27830**
尧都区	2685	20208	14	18532
曲沃县	75	1169	20	1014
翼城县	154	875	2	676
襄汾县	59	426		421
洪洞县	4	2634		1706
古县	42	376		434
安泽县	11	185		155
浮山县	5	17		3
吉县	8	208		104
乡宁县	145	1151		1158
大宁县	10	23		50
隰县	4	89		7
永和县	13	57		13
蒲县	16	110		122
汾西县	15	242	6	192
侯马市	258	2328	28	2546
霍州市	271	1172	2	699
吕梁市	**2068**	**11034**	**54**	**12783**
离石区	1219	2664	26	5909
文水县	17	71		48
交城县	69	304	5	489
兴县	15	378	7	10
临县	32	127	7	34
柳林县	130	1497		1555
石楼县	7	113		71
岚县	9	91		21
交口县	19	64		48
孝义市	418	4248	9	2840
汾阳市	133	1477		1759

单位：万元

#税金	#利息支出	营业利润	职工工资和福利费	本年应交增值税	全部从业人员年平均人数
82	969	-345	1508		1680
		13	98		87
1	1	9	173	6	240
10		-185	157		271
3	30	46	115	3	172
1	1	57	6		49
39		85	250		224
2		33	126		138
46	14	148	345		267
19		481	209	17	196
4		89	67		82
36	2	901	1045		1044
968	**1612**	**3893**	**12505**	**401**	**12537**
451	1542	1802	8293	173	7937
33		175	524	3	519
38	3	201	377	64	556
28		6	237		244
93	10	928	415	106	485
3		27	147		190
		24	109		106
1		14	65		74
3	3	105	116		150
12	9	-1	549		386
		11	39		108
4		82	15		58
1	7	58	40		68
1			102		137
40		56	60		111
80	32	-70	918	8	1041
180	7	476	498	46	367
313	**454**	**1908**	**6060**	**268**	**6452**
143	277	-327	2018	24	2363
2		39	88		198
		244	398		455
3	6	374	22	10	93
		100	121		162
66	16	48	708	6	853
		-35	81		91
		70	13		45
19			33		13
38	153	1371	2228		1748
42	2	26	350	228	431

3-3-26 按登记注册类型、控股情况和

指标名称	年初存货	流动资产合计			流动资产年平均余额	长期投资合计
			#应收账款	#存货		
总　计	**52768**	**430209**	**85182**	**47959**	**268179**	**18654**
一、按登记注册类型分						
内　资	**50129**	**407492**	**82098**	**45350**	**255803**	**18487**
国　有	8006	70809	16163	9206	36125	1510
集　体	1036	16058	5795	1140	8626	102
股份合作企业	195	2372	553	310	823	
有限责任公司	12690	60951	10921	6687	42519	6387
其他有限责任公司	12690	60951	10921	6687	42519	6387
股份有限公司	1709	15787	5623	2142	16962	2012
私营企业	26061	236773	42584	25442	149330	7731
私营独资	4478	29531	7491	4898	16321	271
私营合伙	504	3648	444	381	2000	
私营有限责任公司	19284	191545	32883	18567	124069	7460
私营股份有限公司	1795	12049	1766	1595	6940	
其　他	432	4742	458	423	1418	744
港澳台商投资	**335**	**7861**	**1528**	**293**	**8159**	**167**
与港澳台商合资经营	189	4170	166	195	4561	
与港澳台商合作经营	133	2191	1235	84	3599	167
港澳台商独资	13	1500	128	14		
外商投资	**2304**	**14857**	**1556**	**2316**	**4217**	
中外合资经营	525	8397	1478	608	4188	
外资企业	1780	6459	78	1708	29	
二、按控股情况分						
国有控股	7404	78531	15968	8274	48347	1696
集体控股	1411	17971	6168	2020	8737	102
私人控股	27992	240835	47399	27070	155865	15960
港澳台商控股	51	496	24	57	311	
外商控股	1727	7159	257	1688	965	
其　他	14184	85218	15365	8851	53954	896
三、按国民经济行业(门类、大类、中类、小类)分						
住宿和餐饮业	**52768**	**430209**	**85182**	**47959**	**268179**	**18654**
住宿业	21088	226259	48389	24814	147644	9402
旅游饭店	16370	180866	38844	19616	113298	8511
一般旅馆	4300	40886	8657	4681	25203	835
其他住宿服务	418	4507	888	517	9143	56
餐饮业	31680	203950	36792	23145	120535	9252
正餐服务	29750	193873	36128	21270	116924	9252
快餐服务	1749	8101	125	1814	1771	
其他餐饮服务	182	1977	539	61	1840	

行业分组的限额以上住宿和餐饮业财务状况

单位：万元

固定资产合计	固定资产原价	累计折旧	#本年折旧	资产总计	流动负债合计	#应付账款	长期负债合计	负债合计	所有者权益合计	实收资本
719053	**971675**	**256332**	**51991**	**1390209**	**712777**	**139300**	**159273**	**943595**	**446615**	**490506**
670946	**900800**	**233563**	**48666**	**1314014**	**678826**	**132039**	**146530**	**894941**	**419073**	**464931**
179089	266346	89459	9554	297793	109047	29217	36305	155871	141922	162098
20994	26176	5193	793	49296	24634	4718	13222	40414	8882	12117
7031	8421	1478	256	13415	6276	1909	3	8827	4588	4430
154294	194448	40222	14239	241604	144287	25976	19645	167839	73765	61995
154294	194448	40222	14239	241604	144287	25976	19645	167839	73765	61995
35488	49636	14148	2957	72144	41996	9221	26453	71468	676	17089
272276	352728	81794	20041	630245	349819	58857	50901	447688	182556	203778
35978	41446	5855	1506	84462	35207	7638	9727	51476	32986	32817
4661	5036	375	166	9234	4159	682	40	4305	4929	3761
213574	284229	71593	17289	486798	290075	47371	36715	364620	122178	158846
18063	22017	3971	1081	49751	20378	3167	4419	27288	22463	8354
1775	3046	1271	825	9518	2766	2143		2834	6683	3425
29485	**40781**	**11296**	**1753**	**39880**	**12458**	**979**	**11653**	**24111**	**15769**	**11690**
7054	9180	2126	420	11862	4499	650	6575	11074	789	2950
20612	27926	7314	1115	24077	6217	147	4677	10894	13183	5850
1819	3675	1856	219	3940	1741	183	402	2143	1797	2890
18621	**30094**	**11473**	**1573**	**36316**	**21494**	**6282**	**1090**	**24543**	**11774**	**13885**
7484	13569	6085	996	16792	12307	4424	1090	14937	1855	11836
11137	16525	5388	577	19524	9187	1358		9605	9919	2049
245180	348674	104012	19820	357603	165919	30797	38012	214809	142795	142249
26853	33626	6783	1198	58874	31666	4912	12574	47237	11637	15455
297366	387322	91289	20226	671420	350353	69118	54735	455592	215828	218510
250	621	371	53	1008	540	49		540	468	950
11130	17226	6096	561	20452	10116	2652		10534	9918	2696
138274	184207	47782	10134	280852	154183	31772	53953	214882	65970	110646
719053	**971675**	**256332**	**51991**	**1390209**	**712777**	**139300**	**159273**	**943595**	**446615**	**490506**
528700	721651	194814	38985	899989	441191	66439	131714	627031	272958	366104
460439	627426	168778	35292	762506	376019	55372	118042	531243	231263	304616
61267	82512	21249	2861	124593	54670	9219	11019	82283	42310	56144
6994	11712	4787	833	12890	10503	1848	2654	13505	-615	5345
190353	250025	61519	13006	490220	271585	72861	27559	316564	173657	124402
174703	228345	55489	12326	456439	257321	68890	22816	297377	159062	116672
11997	17722	5725	599	21442	10548	3124	270	10998	10443	2930
3653	3958	305	81	12340	3716	846	4472	8189	4152	4800

3-3-26 续表 1

指标名称	国家资本	集体资本	法人资本	个人资本	港澳台资本	外商资本
总　计	**178227**	**17562**	**67773**	**218520**	**4724**	**3701**
一、按登记注册类型分						
内　资	**176782**	**17562**	**65307**	**205281**		
国　有	157486	1151	1030	2432		
集　体		10642		1475		
股份合作企业	3106		954	370		
有限责任公司	15946	2161	21527	22362		
其他有限责任公司	15946	2161	21527	22362		
股份有限公司	45	2108	2732	12203		
私营企业	200		37492	166085		
私营独资			2546	30271		
私营合伙			500	3261		
私营有限责任公司	200		33297	125349		
私营股份有限公司			1150	7204		
其　他		1500	1571	354		
港澳台商投资			**2466**	**4500**	**4724**	
与港澳台商合资经营			2025		925	
与港澳台商合作经营			441	4500	909	
港澳台商独资					2890	
外商投资	**1445**			**8739**		**3701**
中外合资经营	1445			8739		1653
外资企业						2049
二、按控股情况分						
国有控股	136294	1175	1079	2673		1029
集体控股		14635	764	56		
私人控股		51	18076	199682	450	250
港澳台商控股			441		509	
外商控股	374					2322
其　他	41559	1701	47412	16109	3765	100
三、按国民经济行业(门类、大类、中类、小类)分						
住宿和餐饮业	**178227**	**17562**	**67773**	**218520**	**4724**	**3701**
住宿业	167162	13629	47243	132518	4524	1029
旅游饭店	145402	7333	43445	103008	4399	1029
一般旅馆	18294	6227	2749	28750	125	
其他住宿服务	3467	69	1049	760		
餐饮业	11065	3933	20530	86002	200	2672
正餐服务	11065	3933	18530	82010	200	934
快餐服务			500	692		1739
其他餐饮服务			1500	3300		

单位：万元

主营业务收入	主营业务成本	主营业务税金及附加	主营业务利润	其他业务收入	其他业务利润	营业费用	管理费用			
								#税金	#差旅费	#工会经费
799456	**374669**	**43629**	**368096**	**6666**	**2073**	**241935**	**135996**	**6897**	**2003**	**1004**
723130	**345129**	**39880**	**325083**	**6598**	**2006**	**215959**	**125093**	**6359**	**1908**	**980**
127634	56202	6487	63995	1458	1243	38615	32429	1852	559	538
20792	10976	732	8854	1207	10	5021	2893	120	43	36
12115	7845	1569	3119			868	978	254	7	8
123696	55867	6780	55810	600	136	41041	25643	1001	235	103
123696	55867	6780	55810	600	136	41041	25643	1001	235	103
21561	9062	1128	11371	396	387	6919	5587	166	98	24
404266	198584	22465	176395	2311	230	117939	56922	2885	938	265
71799	40429	3698	25460	576	119	16060	6999	595	111	73
6736	3918	435	2005			1583	1024	173	14	5
303100	143226	16886	138993	1645	372	92683	46141	2015	796	167
22631	11012	1445	9937	91	-261	7613	2758	101	17	20
13065	6593	719	5540	626		5557	640	81	28	7
12281	**3964**	**617**	**7700**	**8**	**7**	**4573**	**3863**	**245**	**53**	**8**
6974	2698	352	3924	4	4	2642	1010	80	41	1
4667	1181	233	3253	4	3	1737	2284	166	12	6
640	85	32	523			194	569			1
64044	**25576**	**3132**	**35313**	**60**	**60**	**21403**	**7041**	**294**	**42**	**16**
13861	5809	611	7441	60	60	5965	2895	291	23	16
50184	19767	2522	27872			15439	4146	3	20	
159100	65437	8670	83691	1721	1330	41736	46625	2803	680	605
26771	12518	1029	12994	93	10	8305	3769	184	94	38
431337	212442	25016	186579	2266	376	131941	60797	3072	859	258
2833	1102	142	1589	4	4	1498	88			
50605	19964	2474	28144			16182	3812	5	1	5
128811	63206	6298	55099	2582	354	42273	20904	834	369	97
799456	**374669**	**43629**	**368096**	**6666**	**2073**	**241935**	**135996**	**6897**	**2003**	**1004**
357562	150993	18224	183388	4506	1882	106600	90143	4439	1248	773
278733	111850	14269	148764	1478	658	82728	74848	3363	1046	697
67112	34659	3488	28751	2999	1222	19281	12874	543	168	71
11716	4484	466	5874	29	2	4592	2421	534	35	5
441894	223676	25405	184707	2160	192	135335	45853	2458	755	231
389952	204579	22787	154481	2112	152	118391	41370	2430	753	213
49331	18335	2509	28486	9		16033	4001	28	2	18
2611	762	109	1740	39	39	911	481			

3-3-26 续表 2

指标名称	财务费用	#利息支出	营业利润	营业外收入	利润总额	应交所得税
总 计	**23218**	**14298**	**-5689**	**2572**	**-11578**	**6596**
一、按登记注册类型分						
内 资	**22450**	**13765**	**-11279**	**2494**	**-17002**	**4590**
国 有	1893	1168	-5757	1334	-4746	355
集 体	1558	1542	-107	158	-65	47
股份合作企业	210	188	317	11	170	46
有限责任公司	3218	2058	-231	380	-359	1457
其他有限责任公司	3218	2058	-231	380	-359	1457
股份有限公司	1160	215	-1908	37	-1948	138
私营企业	14189	8389	-3915	552	-10321	2372
私营独资	1885	1316	3477	85	389	546
私营合伙	23	2	-287	4	-2022	87
私营有限责任公司	11934	6991	-6372	451	-7990	1706
私营股份有限公司	348	80	-734	14	-699	33
其 他	222	205	322	23	268	176
港澳台商投资	**656**	**618**	**-1385**	**34**	**-1546**	**10**
与港澳台商合资经营	521	506	-245	22	-294	3
与港澳台商合作经营	133	112	-898	2	-1021	7
港澳台商独资	2		-242	11	-231	
外商投资	**112**	**-85**	**6975**	**44**	**6971**	**1996**
中外合资经营	199	50	-1558	7	-1525	
外资企业	-87	-135	8533	37	8496	1996
二、按控股情况分						
国有控股	3284	2405	-4456	1310	-3779	1032
集体控股	1744	1720	-312	148	-219	63
私人控股	13434	7742	-1676	512	-7971	3172
港澳台商控股	9	1	-3	3	-2	7
外商控股	-77	-92	8385	39	8355	1983
其 他	4825	2522	-7627	560	-7962	339
三、按国民经济行业(门类、大类、中类、小类)分						
住宿和餐饮业	**23218**	**14298**	**-5689**	**2572**	**-11578**	**6596**
住宿业	14712	9644	-21988	1997	-22008	1552
旅游饭店	13563	8755	-19232	1289	-19484	1241
一般旅馆	946	763	-2052	699	-1857	288
其他住宿服务	203	126	-704	8	-667	22
餐饮业	8506	4654	16299	575	10430	5044
正餐服务	8305	4719	7662	516	1870	3049
快餐服务	-45	-66	8498	57	8452	1983
其他餐饮服务	247	1	140	2	109	12

单位：万元

劳动、失业保险费	养老保险和医疗保险费	住房公积金和住房补贴	本年应付工资总额	#主营业务应付工资总额	本年应付福利费总额	#主营业务应付福利费总额	本年应交增值税	全部从业人员年平均人数（人）
241	**3809**	**1114**	**115636**	**82996**	**7429**	**5129**	**1599**	**92190**
201	**3503**	**915**	**108139**	**76566**	**7204**	**4962**	**1539**	**87150**
66	2286	745	22786	14833	2020	1080	212	16888
8	109	14	2830	2260	177	137		2914
	1	4	1075	415	57	36	105	1347
52	555	112	19609	14639	901	611	314	13519
52	555	112	19609	14639	901	611	314	13519
	18	34	4480	2584	546	276	7	3183
75	533	7	55409	39943	3443	2763	896	47578
1	63	1	9996	6944	454	363	136	10066
1			837	666	10	3		878
73	445	6	41440	30045	2748	2199	749	34207
1	25		3135	2287	230	198	11	2427
	1		1950	1893	60	60	6	1721
	231	**19**	**2009**	**1522**	**69**	**26**	**32**	**1209**
	37		980	870	26	26	32	593
	194	19	882	578	43			536
			147	74				80
39	**74**	**180**	**5488**	**4908**	**156**	**141**	**28**	**3831**
39	46	29	1919	1537	76	61	28	1059
	28	151	3569	3371	80	80		2772
138	2554	772	26813	18121	2168	1198	228	19254
1	145	56	6047	5400	340	281	34	3763
58	683	28	59467	45013	3602	2756	1134	50823
			414		43		16	287
3	72	157	3547	3085	75	62	28	2788
41	355	100	19347	11377	1201	832	160	15275
241	**3809**	**1114**	**115636**	**82996**	**7429**	**5129**	**1599**	**92190**
185	3042	833	56870	40305	4671	3205	595	45720
111	2154	768	43766	29947	3746	2417	368	34300
74	870	59	11448	9368	726	624	165	9961
	18	6	1656	990	199	164	62	1459
56	767	281	58766	42691	2758	1924	1004	46470
55	721	130	54935	39310	2684	1850	1003	43108
1	46	151	3379	3340	74	73	1	3049
			452	42				313

3-3-27 按地区分组的限额

地　区	年初存货	流动资产合计	#应收账款	#存货	流动资产年平均余额	长期投资合计	固定资产合计	固定资产原价
总　计	**52768**	**430209**	**85182**	**47959**	**268179**	**18654**	**719053**	**971675**
太原市	**25360**	**184498**	**28210**	**15640**	**118032**	**10062**	**303347**	**441204**
小店区	2906	25816	4340	3557	14055	5992	26079	37884
迎泽区	16604	98235	16316	7072	78581	2121	113194	197343
杏花岭区	2386	37683	4436	2236	20048	563	95961	128172
万柏林区	1125	15111	1249	1440	3826	1387	43831	52061
晋源区	2133	6112	771	1194			22117	23381
清徐县	63	580	201	78	585		762	851
阳曲县	32						143	187
古交市	111	961	898	63	937		1259	1326
大同市	**6401**	**41404**	**6977**	**6835**	**21947**	**345**	**60205**	**81082**
大同市城区	5292	36459	6037	5731	18983	15	55361	74229
矿区	513	1826	214	516	272	228	904	1131
南郊区	289	1771	151	300	1681	102	1117	1990
浑源县	220	1172	573	216	1012		2539	3079
左云县	69	150	2	57			94	154
大同县	18	25		15			190	500
阳泉市	**2206**	**9885**	**2849**	**1887**	**4610**	**1162**	**16760**	**21456**
城区	1526	7802	2238	1393	4073	1162	10659	14120
矿区	15	108	2	15			54	213
郊区	419	1348	236	380			3258	4044
平定县	77	168	64	29	189		778	952
盂县	170	459	308	71	348		2012	2127
长治市	**2892**	**26927**	**7928**	**2760**	**25345**	**245**	**49711**	**63324**
长治市城区	1881	18346	5063	1994	18007	43	36091	45455
长治市郊区	77	2695	66	75	2659		2557	2902
长治县	89	240	79	89	291		1799	1864
襄垣县	504	2638	1175	341	1724	202	4163	6238
屯留县	6	87	68	1	87		113	123
平顺县	14	457	144	22	457		141	158
壶关县	25	283	102	17	386		1093	1302
长子县		615	520		51		72	72
武乡县	113	493	306	81	493		1166	1780
沁县	79	363	55	53	331		33	57
沁源县		197	68	17	197		362	369
潞城市	105	511	283	69	661		2121	3004
晋城市	**1940**	**26342**	**4663**	**4893**	**10242**	**887**	**48248**	**61293**
晋城市城区	1272	16468	1912	2500	4762	118	37679	48569
沁水县	178	2289	1034	1255			864	1274
阳城县	144	2171	914	619	1056	25	4848	5448
陵川县	36	572	168	64	433		735	740
泽州县	194	2276	133	341	1634	744	1896	2799
高平市	116	2566	502	114	2357		2226	2464
朔州市	**1713**	**19669**	**5744**	**2416**	**11819**	**1191**	**26933**	**30564**
朔城区	957	11784	3304	1180	7609	1061	11199	12940
平鲁区	99	209	163	46			46	46
山阴县	58	1187	479	441	478		1157	1858
应县	58	687	307	214	6	67	1683	1654
怀仁县	540	5802	1491	535	3726	63	12847	14067

以上住宿和餐饮业财务状况

单位：万元

累计折旧	#本年折旧	资产总计	流动负债合计	#应付账款	长期负债合计	负债合计	所有者权益合计	实收资本
256332	**51991**	**1390209**	**712777**	**139300**	**159273**	**943595**	**446615**	**490506**
138206	**25902**	**593596**	**324434**	**72409**	**66942**	**398296**	**195300**	**211207**
11805	2821	71657	46200	16544	880	48258	23399	34065
84432	10111	254113	155514	35323	40629	198996	55117	78881
32276	9778	140466	87067	13001	12090	102030	38436	40467
8229	2898	75279	28520	3886	11925	40445	34834	17780
1263	215	48360	4406	2565	1203	5609	42751	38849
89	7	1343	827	658	215	1042	300	703
44	5	143				16	126	126
68	68	2236	1900	433		1900	337	337
20877	**3372**	**123527**	**63460**	**15322**	**15636**	**87384**	**36143**	**40357**
18867	3124	112276	56885	13685	15234	79883	32393	36188
227	31	3505	2525	895	46	2996	508	1566
873	105	3146	2048	505	326	2374	772	481
540	92	3711	1645	124		1645	2067	1847
60	11	339	146	113		246	93	94
310	9	551	211		30	241	310	180
6338	**780**	**36775**	**27544**	**2583**	**2575**	**30485**	**6290**	**10823**
5066	262	25381	20975	1547	1846	22825	2556	7135
159	13	187	58	33		59	128	58
814	326	6280	5006	851		5006	1274	2200
184	68	992	543	74		543	449	800
115	111	3935	962	79	729	2052	1883	630
13615	**3253**	**94110**	**37764**	**9705**	**9488**	**55409**	**38701**	**40388**
9364	1530	69920	28163	5901	8996	44425	25495	25970
346	164	5375	271	262		271	5104	5030
65	18	2427	304	94		781	1647	2337
2076	1283	7869	3899	1238	15	4149	3720	3223
10		239	38	18		204	34	64
18		598	89	66	473	562	36	69
209	77	1377	1461			1461	-84	181
		686	505	91		505	181	144
614		1747	370	234	4	374	1372	954
24	8	396	527			527	-131	20
8	3	575	153	133		153	422	435
882	170	2901	1983	1667		1996	905	1961
13205	**4970**	**87143**	**59698**	**6204**	**4463**	**65820**	**21323**	**24975**
11047	4177	63443	45580	3551	3905	49485	13957	19760
414	414	3851	774	478	177	2100	1752	709
600	41	7689	5274	961	48	5711	1978	2666
5	5	1335	712	157		712	623	481
902	241	5754	5032	917		5151	603	1209
237	92	5072	2327	140	334	2661	2411	150
3807	**1961**	**52789**	**19286**	**4776**	**6169**	**31579**	**21209**	**12523**
1740	1052	27159	11262	2826	5012	17445	9715	5806
		349	166	143		166	183	290
701	218	2716	1361	844		2919	-203	587
146	13	3703	8	8		3328	374	1471
1220	678	18863	6489	955	1158	7722	11141	4369

3-3-27 续表 1

地区	年初存货	流动资产合计	#应收账款	#存货	流动资产年平均余额	长期投资合计	固定资产合计	固定资产原价
晋中市	**2322**	**25929**	**5896**	**2479**	**17490**	**1002**	**39344**	**52158**
榆次区	1402	15034	2311	1293	12476	1002	11589	18587
左权县		552	256	263			883	1152
昔阳县	40	349	321	11			615	931
寿阳县	2	17	12	3	10		50	52
太谷县	97	4819	948	105			8808	11055
祁县	27	330	227	57	1553		1516	1819
平遥县	153	1796	439	64	1813		4513	5021
灵石县	236	1500	397	261	1206		6416	8069
介休市	366	1534	985	422	432		4956	5473
运城市	**2091**	**23189**	**5544**	**3246**	**9595**	**821**	**55268**	**70733**
盐湖区	920	10926	2092	1147	6862	816	14760	23306
临猗县	29	265	161	24	210		239	415
闻喜县	54	516	171	110	298		190	194
稷山县		619	99	338			4563	5480
绛县		7	1	3	6		614	650
垣曲县	313	350	235				252	960
夏县	23	331	83	23			1669	2177
平陆县							150	300
永济市	254	2564	756	740	2046	5	9112	10404
河津市	497	7613	1947	862	173		23719	26849
忻州市	**1929**	**17899**	**8748**	**2338**	**10626**	**323**	**43082**	**57094**
忻府区	1136	7932	2003	1356	3873		22002	33581
五台县	612	6625	4351	611	6379	320	14358	16657
繁峙县	32	305	40	213	200		5082	5118
五寨县								
河曲县	11	201	162	27	64	3	905	972
保德县	16	132	78				136	146
偏关县		57	17		2		320	320
原平市	123	2646	2098	131	109		280	301
临汾市	**4420**	**42003**	**5762**	**3947**	**34578**	**2584**	**53220**	**66930**
尧都区	2868	33352	2623	2774	29111	494	33855	43277
曲沃县	137	1091	686	143	1084		2044	2535
翼城县	148	568	439	115	246	2000	6275	6792
襄汾县	38	228	62	9	229		395	445
洪洞县		449	350		357		677	927
古县	43	351	207	36	29		9	9
安泽县	18	65	45	13	95		385	586
乡宁县	267	1298	460	335	1201		1942	2500
大宁县		59			59		57	57
隰县	628	416	146	170	299		57	57
蒲县	3	78	6	6	87		300	412
汾西县	17						50	51
侯马市	193	3312	496	263	1262	90	5030	7139
霍州市	61	737	241	84	521		2143	2143
吕梁市	**1494**	**12462**	**2860**	**1521**	**3894**	**33**	**22935**	**25837**
离石区	951	6689	1033	807	1847	33	9964	11981
文水县		59	3	6			1705	1042
交城县	52	1051	315	6	830		1907	1952
柳林县	3	1369	216	58			1732	2870
孝义市	447	2967	1231	586	1149		4247	4534
汾阳市	42	327	63	57	68		3379	3459

单位：万元

累计折旧	#本年折旧	资产总计	流动负债合计	#应付账款	长期负债合计	负债合计	所有者权益合计	实收资本
12813	**2237**	**79730**	**33089**	**5121**	**16678**	**53385**	**26345**	**29003**
6998	1108	31603	19530	2460	947	20478	11126	14311
269	35	1733	608	514	8	914	819	798
316	28	974	373	281		470	504	146
2	1	107	20	20		20	87	45
2247	566	13781	1350	223	9767	11117	2663	1080
304	3	1845	1073	20		1073	773	702
508	25	13730	3624	849	4662	8305	5425	5490
1653	434	8582	3725	303	815	4540	4042	5261
517	37	7375	2787	453	480	6469	906	1170
15465	**3461**	**85599**	**39808**	**3852**	**4204**	**57864**	**27735**	**32131**
8546	1075	30036	9991	1517	1605	24037	5999	9706
176	81	505	286	35		286	218	150
4	2	753	987	203		1067	-314	210
917		5353	4313	71	483	4796	557	1785
36	19	621	321	66		321	300	300
708		602				519	83	97
507	160	2372	1514		39	1833	539	538
150	150	150				40	110	110
1292	344	12008	3666	600	646	4387	7621	2336
3129	1630	33200	18730	1360	1432	20578	12622	16898
14011	**1798**	**70109**	**18990**	**6055**	**12634**	**33252**	**36857**	**40317**
11579	1194	37924	13451	3280	4649	19668	18257	28460
2299	563	21304	3543	1714	7930	11473	9831	4840
36	27	5460	425	337	55	480	4980	4980
		560				60	500	252
67	6	1216	201	81		201	1016	808
10	3	343					343	337
		377	3	3		3	374	320
21	5	2926	1368	641		1368	1557	321
13755	**3530**	**122779**	**69218**	**8297**	**12412**	**101145**	**21635**	**35094**
9421	2610	87712	62420	5034	6923	82647	5065	18174
491	195	3255	822	212		962	2293	1628
516	69	9706	179	109		3542	6165	6150
50	7	624	548	323		548	75	65
251	12	1970	764	719	56	1056	914	299
		760	308	202	40	348	412	390
201	2	450			116	122	327	327
558	136	4288	1263	285	110	1376	2912	3099
8		250					250	250
8		780				632	148	58
112	4	378	323	319		323	55	45
1	1	61	1	1		1	60	60
2110	489	8732	1356	567	4590	7777	955	2670
28	6	3816	1235	525	577	1812	2004	1879
4241	**727**	**44053**	**19486**	**4976**	**8071**	**28975**	**15078**	**13689**
2219	561	18766	11236	1318	3198	14434	4332	4298
		3176	56		33	89	3087	3000
437	45	2959	688	127		1496	1463	480
1138		3150	728	86	2635	3363	-212	250
359	112	12243	5669	2662	1012	7291	4952	3971
90	10	3758	1110	783	1193	2303	1455	1689

3-3-27 续表 2

地　　区							主营业务收　　入	主营业务成　　本
	国家资本	集体资本	法人资本	个人资本	港澳台资本	外商资本		
总　计	**178227**	**17562**	**67773**	**218520**	**4724**	**3701**	**799456**	**374669**
太原市	**118404**	**3649**	**19518**	**63124**	**4049**	**2462**	**356713**	**149571**
小店区	9782	1038	1562	21333	250	100	67949	33232
迎泽区	41175	346	7617	26845	909	1989	182201	73463
杏花岭区	23238		8386	5580	2890	374	63219	23238
万柏林区	6482	2266	1503	7530			31074	13455
晋源区	37349			1500			9879	4132
清徐县	253		450				1212	482
阳曲县	126						420	212
古交市				337			759	1357
大同市	**1058**	**149**	**2877**	**36064**		**210**	**96848**	**45390**
大同市城区	970		1020	33988		210	84677	38124
矿区	8			1559			6116	3326
南郊区		149		332			2580	1623
浑源县			1797	50			1564	705
左云县			60	34			1491	1491
大同县	80			100			420	122
阳泉市	**3682**	**1850**	**1100**	**4191**			**27008**	**14372**
城区	3502		1050	2583			20256	10855
矿区		50		8			838	612
郊区		1500		700			3030	1636
平定县		300		500			960	308
盂县	180		50	400			1924	961
长治市	**15104**	**6477**	**6353**	**11904**	**550**		**64503**	**33389**
长治市城区	10866	5000	2150	7404	550		47999	23161
长治市郊区			2600	2430			1950	1356
长治县	917	820		600			991	420
襄垣县	1692	600	100	832			7150	4485
屯留县	30	34					539	418
平顺县	69						281	286
壶关县	158	22					614	587
长子县	144						229	212
武乡县	536			419			1825	1010
沁县	20						393	183
沁源县	355			80			565	232
潞城市	318		1503	140			1968	1039
晋城市	**11610**	**1061**	**10719**	**1586**			**41703**	**19751**
晋城市城区	10180	160	7984	1436			27213	11314
沁水县	619		90				1993	1507
阳城县	217	800	1650				5318	3183
陵川县	481						1155	600
泽州县	113	101	895	100			4113	2177
高平市			100	50			1911	970
朔州市	**637**		**2413**	**9473**			**31659**	**18373**
朔城区	452		1063	4291			17768	10019
平鲁区				290			1196	791
山阴县				587			2120	1108
应县	35		1350	86			2783	1263
怀仁县	150			4219			7791	5192

单位：万元

主营业务税金及附加	主营业务利　润	其他业务收　入	其他业务利　润	营业费用	管理费用			
						#税金	#差旅费	#工会经费
43629	**368096**	**6666**	**2073**	**241935**	**135996**	**6897**	**2003**	**1004**
19586	**187556**	**1280**	**523**	**112485**	**61160**	**3083**	**721**	**577**
3921	30796	245	7	21136	8482	402	111	40
10482	98256	867	428	59681	31632	1818	162	124
3241	36740	124	66	15750	13632	611	331	403
1775	15844	43	20	10222	6928	245	113	9
69	5678			4915	295			
39	691			535	169			
7	201	2	2	247	11	8	2	1
52	-650				12		3	
5568	**36469**	**223**	**129**	**36091**	**19129**	**596**	**347**	**83**
4876	33346	171	80	33499	17373	502	325	70
380	1437			1122	1170	5	13	7
140	818	19	19	400	379	80	5	2
86	772			539	116	8	3	4
67	21			497	88		1	
19	74	32	30	35	4	1	1	
1545	**10878**	**751**	**48**	**8843**	**3306**	**448**	**29**	**10**
1174	8227			5867	2481	270	22	5
30	196			197	16			1
182	998	626		1977	329	136	2	
53	599			440	264		1	2
107	857	125	48	363	217	41	4	2
3601	**27258**	**232**	**100**	**14754**	**10002**	**789**	**129**	**63**
2717	22121	218	90	12406	6984	653	95	51
115	480	11	7	377	159	1		2
54	261			119	278	14	2	1
383	2283			948	1007	20	1	1
66	55			5	7			1
7	-12				150			
20	7				49	7		2
7	9				21	1	1	
80	735			121	542	74	21	
24	186			127	69		4	
32	301			196	105	3	4	2
97	833	3	3	454	631	16		5
2654	**18690**	**1225**	**112**	**14046**	**7413**	**321**	**184**	**39**
1527	13764	108	108	9824	6050	170	43	21
409	78			145	207	88	114	
293	1841	15	4	1264	289		6	6
74	482			269	269	1	3	3
227	1709	1102		1576	538	49	8	6
124	817			969	60	13	10	3
1003	**12283**	**301**		**6486**	**3456**	**129**	**74**	**11**
769	6980	300		3895	2197	57	59	10
55	350			157	37		4	
52	960			731	308		7	1
49	1472			385	196	2		
79	2521			1318	718	70	4	

3-3-27 续表 3

地　　区							主营业务收　　入	主营业务成　　本
	国家资本	集体资本	法人资本	个人资本	港澳台资本	外商资本		
晋中市	**1651**	**450**	**4251**	**22527**	**125**		**39030**	**18558**
榆次区	525	151	379	13131	125		22207	9772
左权县	499	299					1175	697
昔阳县	46			100			427	320
寿阳县				45			401	280
太谷县	50			1030			4105	1681
祁县				702			1020	630
平遥县			2080	3411			1698	312
灵石县			1563	3698			2833	1621
介休市	531		229	410			5165	3247
运城市	**2768**	**3400**	**2605**	**22328**		**1029**	**33568**	**19163**
盐湖区	2435	136	2308	3798		1029	13379	6077
临猗县				150			790	305
闻喜县			100	110			1341	554
稷山县		1588	197				1032	379
绛县				300			204	19
垣曲县		97					310	228
夏县		295		244			956	505
平陆县		110					200	
永济市	333	1175		829			3345	1544
河津市				16898			12010	9553
忻州市	**17005**	**110**	**13914**	**9288**			**31767**	**14390**
忻府区	11852		13909	2699			16531	7062
五台县	4730	110					6564	2818
繁峙县				4980			614	386
五寨县				252			560	470
河曲县	372			436			1530	947
保德县	50		5	282			771	368
偏关县				320			276	157
原平市	2			319			4921	2183
临汾市	**2820**	**346**	**1173**	**30755**			**48890**	**25628**
尧都区	824	153		17197			27336	13864
曲沃县	1578			50			1536	613
翼城县			168	5982			1999	1245
襄汾县	55	5	5				815	412
洪洞县		129		170			7082	4722
古县	10			380			764	350
安泽县				327			255	95
乡宁县		59		3040			2523	1256
大宁县	250						253	221
隰县	58						319	227
蒲县	45						311	186
汾西县				60			400	147
侯马市			1000	1670			3635	1235
霍州市				1879			1661	1056
吕梁市	**3488**	**71**	**2850**	**7280**			**27768**	**16086**
离石区	3478	51	49	720			8574	4305
文水县			2000	1000			504	418
交城县				480			1560	987
柳林县				250			2031	714
孝义市		20	801	3150			11913	8020
汾阳市	9			1680			3186	1641

单位：万元

主营业务税金及附加	主营业务利润	其他业务收入	其他业务利润	营业费用	管理费用			
						#税金	#差旅费	#工会经费
2272	**18200**	**122**	**113**	**11054**	**5848**	**292**	**126**	**26**
1372	11063	1	1	6462	3851	95	93	7
34	445	1		329	99	21	6	2
18	88			40	20			
12	110			4	39		2	
203	2220			1782	450		8	9
27	364	15	6	148	156	19		
92	1295	39	39	633	252	8		
206	1007			783	252	21	9	7
309	1610	66	66	873	728	128	8	2
1880	**12525**	**1798**	**920**	**9864**	**5633**	**218**	**94**	**49**
1236	6066	1183	860	4701	2258	140	46	21
4	481			112	243			
118	669			1076	65		1	
11	643			303	72			
12	173			157	20	2		1
	82			25	66	5		
62	389	2		144	195	32	2	1
10	190			125	91			1
180	1622	91	16	1722	893		19	4
248	2209	522	44	1500	1731	38	26	21
1573	**14708**	**281**	**92**	**9575**	**6651**	**562**	**55**	**63**
855	7519	85	51	5518	3962	437	33	27
243	3503	82		2362	1482	23	13	36
51	178			105	48		7	
	90				40	39		
53	530	52	11	268	154	46	2	1
55	348	60	29	72	164	13		
9	110				4	4		
308	2431	1	1	1251	798			
2216	**21046**	**230**	**27**	**11437**	**9998**	**376**	**200**	**70**
1454	12019	193	-1	7053	6410	141	151	64
48	875	20	20	458	350	4		
115	639			297	209	37	7	2
45	357			217	190	16		
	2360			1360	165	88		
38	376			49	300		1	1
11	149			56	86			
140	1127			544	573	11	19	
10	23				23			
4	89				7	4		
15	110			63	25			
15	238	11	6	100	92	40		
231	2169	2	1	934	1376	36	1	2
91	514	4	2	306	192		22	
1731	**8484**	**225**	**9**	**7300**	**3398**	**85**	**45**	**13**
1104	2176	49		2796	2299	45	34	7
17	70			39	7	1	5	
56	100			347	125			
104	1212	22		962	277	5	6	
356	3536	155	9	1832	570	24	1	6
94	1390			1324	120	11		

3-3-27 续表 4

地　区	财务费用	#利息支出	营业利润	营业外收入	利润总额	应交所得税
总　计	**23218**	**14298**	**-5689**	**2572**	**-11578**	**6596**
太原市	**8827**	**4260**	**5607**	**1495**	**6206**	**5051**
小店区	912	298	274	78	1117	697
迎泽区	3996	1274	3376	902	3557	2824
杏花岭区	2921	1886	4504	180	3447	1247
万柏林区	964	802	-2251	82	-2153	268
晋源区	34		434	191	527	
清徐县			-13		298	14
阳曲县			-55			
古交市	1		-662	63	-587	
大同市	**2141**	**1608**	**-736**	**52**	**-2520**	**279**
大同市城区	2038	1523	-971	42	-2845	180
矿区	5		100		105	93
南郊区			58	1	102	
浑源县	82	82	35		35	
左云县	10	1	-45	2	-21	
大同县	6	2	88	6	104	6
阳泉市	**1392**	**1116**	**-1177**	**17**	**-1874**	**337**
城区	944	682	-1066	8	-1292	279
矿区			-17		-30	
郊区	447	434	-533	6	-529	29
平定县	2		112	1	-103	10
盂县			326	3	81	19
长治市	**2576**	**1739**	**118**	**267**	**464**	**205**
长治市城区	2382	1575	107	254	600	191
长治市郊区	1		40		40	
长治县	21		23	4	28	
襄垣县	171	164	159	5	166	5
屯留县			42		4	4
平顺县			-12		-12	
壶关县			-42	3	-98	
长子县			-12		-12	
武乡县			73		73	6
沁县			-10		-10	
沁源县				1		
潞城市	1		-250	1	-314	
晋城市	**1560**	**1262**	**-3920**	**206**	**-4765**	**1**
晋城市城区	1422	1200	-2539	154	-2291	
沁水县	67		-341	5		
阳城县	1		-296	14	-288	
陵川县	11	11	-67	1	-20	
泽州县	54	50	-460	30	-371	
高平市	4	2	-216	2	-1796	1
朔州市	**405**	**111**	**1936**	**91**	**-114**	**96**
朔城区	234	39	654	46	-584	43
平鲁区	5		151		138	
山阴县	3	3	-82	7	-76	
应县	115	45	776		59	5
怀仁县	49	25	436	38	349	48

单位：万元

劳动、失业保险费	养老保险和医疗保险费	住房公积金和住房补贴	本年应付工资总额	#主营业务应付工资总额	本年应付福利费总额	#主营业务应付福利费总额	本年应交增值税	全部从业人员年平均人数(人)
241	**3809**	**1114**	**115636**	**82996**	**7429**	**5129**	**1599**	**92190**
39	**1961**	**880**	**46187**	**34561**	**3184**	**2123**	**664**	**30923**
	61	42	9594	6784	481	385	476	6235
36	1105	743	22166	16308	2087	1411	39	14839
3	552	37	6856	4304	383	121	149	4248
	35	16	5025	4660	111	87		4099
	154	42	2102	2102	90	90		1104
	55		249	249	20	20		221
			28	28				57
			167	125	13	9		120
47	**151**		**14536**	**8357**	**758**	**448**	**167**	**13673**
39	151		12185	6108	536	284	167	11317
			1080	1080	149	93		959
			611	568	39	39		587
			356	356	32	32		414
			228	170	1	1		263
8			75	75	1			133
2	**37**	**10**	**4534**	**2799**	**443**	**188**	**130**	**3888**
1	13	10	2478	1362	5	1		2527
1	24		87	39				124
			784	509	80	75		517
			334	334	47	47		250
			851	555	311	65	130	470
19	**604**	**40**	**9369**	**9248**	**690**	**679**	**71**	**7661**
7	448	25	6294	6223	506	495		5477
	18	3	348	348	48	48		199
	4		167	159	3	3		199
3	39	10	1121	1105	29	29	16	651
	1		432	432	10	10		93
	10		56	56	1	1		70
	9		119	119	20	20		164
	13		78	78	2	2		70
	43		122	122	3	3		228
	1		50	50	3	3	44	65
			121	121	26	26		86
9	20	2	460	435	39	38	11	359
16	**226**	**16**	**7774**	**5645**	**556**	**365**	**72**	**5092**
5	112	9	3782	2196	320	181	72	2584
			189					312
6	30	7	2396	2116	103	64		928
5	21		291	218	52	45		315
	63		793	793	74	74		693
			323	323	7			260
	37	**2**	**5416**	**3435**	**173**	**133**	**16**	**5289**
	37	2	3032	2021	148	120	4	2455
			259	94	2	2	11	207
			395	345	14	11	1	845
			249					426
			1481	976	9			1356

3-3-27 续表 5

地　区	财务费用	#利息支出	营业利润	营业外收入	利润总额	应交所得税	劳动、失业保险费
晋中市	**1246**	**885**	**165**	**87**	**-1393**	**266**	**22**
榆次区	760	741	-9	59	-159	132	
左权县			17	1	16		
昔阳县	20		8		8		
寿阳县			66		1		
太谷县	58	-2	-69	3	-84		
祁县			66	6	71	11	
平遥县	239	1	209		58		5
灵石县	43	42	-72	11	-782	48	17
介休市	126	103	-52	6	-522	75	
运城市	**478**	**380**	**-2531**	**90**	**-2081**	**75**	**95**
盐湖区	285	226	-318	41	-390	58	67
临猗县	8		118	2	48	12	
闻喜县	2		-474	19	50		
稷山县	1	1	266	5	271		
绛县	3	3	-7		-7		
垣曲县	1		-10		-10		
夏县	25	16	26	1	-16		
平陆县			-26				
永济市	71	64	-1047	5	-1111	5	27
河津市	83	70	-1060	18	-917		
忻州市	**1178**	**973**	**-2364**	**203**	**-1829**	**113**	
忻府区	132	-6	-1846	51	-1712	63	
五台县	990	965	-1331	110	-815		
繁峙县	6		-20		18	8	
五寨县							
河曲县	24	14	95		92		
保德县			273		81		
偏关县	23		84		84	7	
原平市	2		381	42	421	34	
临汾市	**2922**	**1561**	**-3284**	**41**	**-3599**	**111**	
尧都区	2720	1530	-4164	16	-4216	1	
曲沃县	32		55	11	65		
翼城县	94	3	38	4	48	15	
襄汾县			-50		-50		
洪洞县	19	8	817		451	73	
古县			27	2	8	2	
安泽县	6		1		1		
乡宁县	9	9	2	4	-5	9	
大宁县							
隰县			82				
蒲县	22				42	11	
汾西县			52				
侯马市	10	4	-150	5	60	1	
霍州市	11	7	8		-3		
吕梁市	**493**	**405**	**497**	**24**	**-73**	**61**	
离石区	316	252	-530	12	-459	2	
文水县			34		34	1	
交城县	1		45	2	7		
柳林县			-26		-7		
孝义市	175	153	968	8	360	55	
汾阳市			7	2	-8	3	

单位：万元

养老保险和医疗保险费	住房公积金和住房补贴	本年应付工资总额	#主营业务应付工资总额	本年应付福利费总额	#主营业务应付福利费总额	本年应交增值税	全部从业人员年平均人数（人）
120	**6**	**7174**	**5065**	**420**	**278**	**65**	**5638**
114	6	4210	3158	274	257	1	3152
		85		11			198
4		104	48	8	4		135
1		72	72				48
		714	627	63		64	630
		186	177	5	3		174
		421	50	2	2		269
		546	120	56	9		278
		836	814	2	2		754
284	**31**	**5369**	**3280**	**291**	**225**	**44**	**5348**
276	23	2250	1498	169	137		2060
		42					86
1		322	322			3	217
		263	263	38	38		170
		45		6		27	89
		65	65			12	112
		146	11	8			240
		60	56				80
8	8	989	592	41	31		1099
		1188	474	29	19	3	1195
113	**100**	**4347**	**2505**	**292**	**140**	**8**	**4534**
32	76	2481	1345	219	96	8	2478
72	23	677	625	68	45		874
		97	94				125
		109	109				64
9		309	195				243
		110	15				128
		61	61				70
		503	60	5			552
178	**23**	**7320**	**6986**	**432**	**393**	**112**	**6703**
139	23	4557	4400	325	309		4217
15		350	350				312
		248	224	11	10	59	304
20		154	154	15	15		183
		262	262				227
4		112	104	10	9		156
		68	68	5	5		51
		497	451	18	15		299
		32	32				50
		15	15				58
		16	16	2	2		36
		40					80
		680	619	14	6	7	527
		291	291	32	22	46	203
99	**7**	**3610**	**1117**	**191**	**157**	**252**	**3441**
94	6	1103	290	34	24	18	1275
		83	35				173
		192					226
		356	354	110	110	6	248
		1648	237	46	22		1260
5	1	229	201	1	1	228	259

3-3-28 按登记注册类型、控股情况和

指标名称	年初存货	年末存货	固定资产原价	所有者权益合计	实收资本	国家资本
总计	**18893**	**21100**	**404823**	**323398**	**298966**	**34790**
一、按登记注册类型分						
内资	**18660**	**20858**	**402236**	**321371**	**297244**	**34790**
国有	2819	3737	72780	38795	35228	32347
集体	1656	1268	47771	22033	20401	
股份合作企业	384	380	10177	6395	4648	
联营企业	39	52	536	835	834	225
集体联营	27	28	367	495	495	
国有与集体联营			107	245	245	195
其他联营	12	24	62	96	95	30
有限责任公司	2175	2377	34145	26532	24501	679
其他有限责任公司	2175	2377	34145	26532	24501	679
股份有限公司	1355	1046	23440	19707	17418	1232
私营企业	10068	11779	209373	205154	192307	
私营独资	4780	4957	112297	102379	94636	
私营合伙	395	491	13055	10087	9736	
私营有限责任公司	4317	5585	66981	79623	75952	
私营股份有限公司	576	747	17041	13065	11983	
其他	163	220	4015	1920	1907	306
港澳台商投资	**54**	**57**	**1054**	**709**	**639**	
与港澳台商合作经营	15	14	80	80	80	
港澳台商独资	31	31	225	370	300	
港澳台商投资股份有限公司	8	13	749	259	259	
外商投资	**180**	**185**	**1533**	**1319**	**1083**	
中外合资经营	27	20	212	336	250	
外资企业	153	163	1258	938	783	
外商投资股份有限公司		2	63	45	50	
二、按控股情况分						
国有控股	2943	3895	72863	45189	41162	34090
集体控股	2049	1703	57598	28530	25228	559
私人控股	12354	13951	250226	234200	218969	40
港澳台商控股	54	57	1054	709	639	
外商控股	153	165	1381	1104	933	
其他	1341	1329	21681	13667	12034	100
三、按国民经济行业(门类、大类、中类、小类)分						
住宿和餐饮业	**18893**	**21100**	**404823**	**323398**	**298966**	**34790**
住宿业	8798	9263	236468	161418	147308	27710
旅游饭店	2067	1979	61873	46046	36768	5976
一般旅馆	5907	6486	162407	105267	100895	20306
其他住宿服务	824	798	12188	10105	9645	1428
餐饮业	10095	11837	168355	161981	151658	7079
正餐服务	8433	10212	157738	149122	139553	6832
快餐服务	1210	1074	4877	7878	7334	46
饮料及冷饮服务	85	85	968	844	867	50
其他餐饮服务	366	466	4771	4137	3904	152

行业分组的限额以下住宿和餐饮业财务状况

单位：万元

集体资本	法人资本	个人资本	港澳台资本	外商资本	本年折旧	营业收入	#主营业务收入	营业成本
24562	**24103**	**213927**	**590**	**995**	**22666**	**320381**	**313300**	**430116**
24562	**24103**	**213790**			**22437**	**316270**	**309213**	**427614**
	2880				4971	31562	31135	170553
20391	10				1959	18461	18416	48246
365	864	3419			141	3986	3901	19316
545	50	15			28	836	816	745
495					10	196	196	170
50					6	409	409	226
	50	15			12	231	212	349
650	13294	9878			1518	25490	25178	11801
650	13294	9878			1518	25490	25178	11801
2556	1188	12441			1239	14271	14196	7291
	5277	187031			12304	215993	209928	165973
	1139	93497			5748	94736	90431	95725
	42	9694			825	15949	15642	9556
	3616	72337			5188	94649	93557	55285
	480	11503			544	10659	10299	5408
55	540	1006			277	5671	5644	3691
		49	**590**		**74**	**1536**	**1536**	**1125**
			80		10	800	800	670
			300		38	480	480	350
		49	210		26	256	256	104
		88		**995**	**156**	**2574**	**2550**	**1377**
		88		162	100	515	515	240
				783	54	1846	1846	1136
				50	2	214	190	
11	6945	116			5078	34634	34246	172743
24551	15	103			2306	24341	24276	50825
	5923	212945		62	13838	244193	237734	197276
		49	590		74	1536	1536	1125
				933	65	2170	2146	1177
	11220	714			1304	13487	13340	6964
24562	**24103**	**213927**	**590**	**995**	**22666**	**320381**	**313300**	**430116**
17762	15140	86436	170	90	13215	128073	123961	278295
4136	3539	22947	170		5674	31460	31253	14985
12301	11077	57172		40	7017	87332	83483	258717
1325	525	6317		50	524	9281	9225	4593
6800	8963	127491	420	905	9451	192308	189338	151820
6550	8057	117619	290	205	8857	174202	171351	140962
75	546	6037	130	500	220	10134	10067	6202
	70	747			63	2672	2672	1781
175	290	3088		200	311	5299	5248	2875

3-3-28 续表

指标名称	#主营业务成本	营业税金及附加	#主营业务税金及附加	主营业务利润	其他业务利润
总　计	**425291**	**15988**	**14439**	**106303**	**5796**
一、按登记注册类型分					
内　资	**422789**	**15784**	**14274**	**105011**	**5786**
国　有	169699	1534	1437	9745	1040
集　体	47988	1079	870	7054	255
股份合作企业	19210	226	212	1427	38
联营企业	745	53	53	109	
集体联营	170	14	14	62	
国有与集体联营	226	4	4	35	
其他联营	349	35	35	12	
有限责任公司	11658	1307	1172	9135	303
其他有限责任公司	11658	1307	1172	9135	303
股份有限公司	7199	825	796	5555	31
私营企业	163600	10441	9426	69203	4109
私营独资	94324	4627	4057	30055	3301
私营合伙	9451	703	635	5553	206
私营有限责任公司	54617	4467	4157	29620	517
私营股份有限公司	5208	644	577	3975	84
其　他	2690	319	308	2784	10
港澳台商投资	**1125**	**77**	**77**	**491**	
与港澳台商合作经营	670	6	6	124	
港澳台商独资	350	59	59	271	
港澳台商投资股份有限公司	104	11	11	97	
外商投资	**1377**	**128**	**88**	**801**	**10**
中外合资经营	240	23	23	252	10
外资企业	1136	95	55	614	
外商投资股份有限公司		10	10	-65	
二、按控股情况分					
国有控股	171366	1733	1619	11601	1000
集体控股	50542	1456	1235	9369	255
私人控股	194632	12003	10880	78820	4346
港澳台商控股	1125	77	77	491	
外商控股	1177	109	69	615	10
其　他	6442	610	560	5404	185
三、按国民经济行业(门类、大类、中类、小类)分					
住宿和餐饮业	**425291**	**15988**	**14439**	**106303**	**5796**
住宿业	275743	6346	5748	43396	4040
旅游饭店	13835	1877	1589	15798	201
一般旅馆	257522	4038	3749	23734	3699
其他住宿服务	4385	431	410	3864	140
餐饮业	149548	9642	8691	62908	1757
正餐服务	138857	8858	7986	57137	1540
快餐服务	6075	387	319	3429	6
饮料及冷饮服务	1781	161	159	600	81
其他餐饮服务	2834	236	227	1742	130

单位：万元

营业费用、管理费用、财务费用合计			营业利润	职工工资和福利费	本年应交增值税	全部从业人员年平均人数（人）
	#税金	#利息支出				
85771	**5161**	**2066**	**44278**	**59832**	**3181**	**63920**
84485	**5123**	**2042**	**44098**	**59040**	**3130**	**63184**
10954	713	189	3986	7657	162	8219
7071	317	75	2581	4101	134	4416
850	108	13	844	824	15	1101
332	34	1	31	117	1	197
51	3		12	60		50
27		1	15	17		83
254	31	1	4	40	1	64
9838	254	404	957	5244	474	5843
9838	254	404	957	5244	474	5843
4788	310	65	1834	3459	76	3637
49315	3242	1289	32917	36357	2259	38762
16797	1803	722	19394	16031	857	17968
2784	232	88	3145	2505	125	2815
25886	1080	385	9224	15731	1211	15761
3848	127	95	1154	2091	66	2218
1339	144	6	949	1283	12	1009
455	**24**		**-20**	**374**	**23**	**408**
100	6		24	68	20	45
243			-73	229		293
112	18		29	78	3	70
831	**14**	**24**	**200**	**418**	**28**	**328**
168			94	108	16	145
444	14	24	170	264	12	162
220			-65	46		21
12268	819	172	4562	8147	190	8350
9249	347	124	3407	5493	137	5629
59752	3708	1596	34542	42773	2497	46053
455	24		-20	374	23	408
677	14	24	168	354	23	216
3370	248	149	1618	2673	303	3234
85771	**5161**	**2066**	**44278**	**59832**	**3181**	**63920**
39554	2141	1102	18883	25220	685	27208
15809	455	414	2772	7214	212	7036
21469	1576	649	13927	16260	368	18508
2277	110	40	2185	1746	105	1664
46217	3020	963	25395	34612	2496	36712
42668	2757	872	22861	31433	2415	33481
2015	139	58	1444	1617	23	1663
385	29	1	339	291	3	239
1149	95	33	752	1271	54	1329

3-3-29 按地区分组的限额

地　区	年初存货	年末存货	固定资产原价	所有者权益合计	实收资本		
						国家资本	集体资本
总　计	**18893**	**21100**	**404823**	**323398**	**298966**	**34790**	**24562**
太原市	**7423**	**7908**	**100991**	**91157**	**84170**	**9775**	**4905**
小店区	2013	2811	30876	27192	24136	3146	167
迎泽区	2293	2054	35987	24132	22898	4926	2509
杏花岭区	1698	1855	13120	20044	18229	1366	1418
尖草坪区	145	155	1628	2931	2678		
万柏林区	719	431	6396	4462	4620	285	527
晋源区	85	112	699	722	675		50
清徐县	355	374	7489	6769	6135		33
阳曲县	26	26	860	634	634	52	100
娄烦县	13	12	225				
古交市	77	77	3712	4273	4165		103
大同市	**2261**	**2281**	**39658**	**30868**	**27910**	**2381**	**4019**
大同市城区	423	409	8003	11813	10952	720	1526
矿区	335	289	4661	5322	4491	1398	400
南郊区	258	279	1717	1807	2019	100	900
新荣区			68				
阳高县			597	120	120		
天镇县	112	186	6062	4668	4297	31	20
广灵县	36	40	135	187	164	1	
灵丘县	11		2506	2632	2632		
浑源县	96	92	2807	2320	1236		118
左云县	970	965	12895	1744	1744	132	1012
大同县	22	21	209	255	255		43
阳泉市	**635**	**762**	**13563**	**13163**	**12626**	**981**	**562**
城区	316	478	2881	5101	4619	668	285
矿区	140	99	256	302	308		3
郊区	46	46	4934	4480	4430	57	26
平定县	121	127	1400	694	684	116	
盂县	12	11	4092	2586	2586	140	248
长治市	**757**	**839**	**19314**	**14447**	**11684**	**618**	**884**
长治市城区	470	554	5789	4241	4042	52	398
长治市郊区	48	29	2276	2843	2063	100	372
长治县	28	29	1388	1538	718		18
襄垣县			34	57	57		
屯留县	3	3	880	961	546		
平顺县			86	76	61		11
黎城县	119	134	1802	1500	1416	125	33
壶关县	2	2	1840	700	700		
长子县	12	15	332	189	160		
武乡县	30	28	1522	524	386	178	36
沁县	17	19	867	226	248		
沁源县	4	8	2094	1158	1089	39	
潞城市	22	17	404	432	199	123	16

以下住宿和餐饮业财务状况

单位：万元

法人资本	个人资本	港澳台资本	外商资本	本年折旧	营业收入	#主营业务收入	营业成本
24103	**213927**	**590**	**995**	**22666**	**320381**	**313300**	**430116**
8818	**59917**	**460**	**295**	**8834**	**100136**	**96963**	**241717**
645	19793	180	205	4092	42338	39597	21685
4568	10735	110	50	2545	23239	22849	10113
3338	11938	170		1222	18580	18570	163564
	2678			93	2426	2426	1502
86	3683		40	599	9414	9384	42543
20	606			65	994	994	554
30	6072			145	1249	1249	626
	482			40	700	700	384
				21	212	210	72
132	3930			14	985	985	676
2261	**19119**	**130**		**819**	**31749**	**30744**	**17238**
650	7926	130		161	12283	12244	6057
200	2493			438	6125	5477	2513
	1019			62	4793	4755	1678
					132	132	19
	120				512	512	303
	4246			43	929	929	508
1	162			1	759	649	558
170	2462			10	1709	1539	2688
640	478			102	3029	3029	1887
600					1147	1147	827
	212			2	332	332	200
1382	**9701**			**444**	**20262**	**20142**	**11758**
1087	2579			166	13685	13614	8339
200	105			20	874	874	576
	4347			56	1618	1569	1031
	568			81	1762	1762	1217
96	2102			122	2322	2322	596
1583	**8600**			**574**	**11256**	**11030**	**6302**
	3591			197	6317	6193	3136
	1591			133	951	948	588
150	550			12	475	475	265
	57			3	144	144	138
60	486			15	375	375	348
50					69	69	43
21	1236			66	902	827	536
	700				159	159	45
	160				274	254	204
104	68			37	747	747	348
198	50			101	422	417	334
1000	50			1	239	239	178
	60			9	183	183	140

3-3-29 续表 1

地区	年初存货	年末存货	固定资产原价	所有者权益合计	实收资本	国家资本	集体资本
晋城市	**1621**	**2025**	**36244**	**16945**	**16941**	**1540**	**4721**
晋城市城区	1191	1441	21401	8143	8685	465	1731
沁水县	16	107	3966	3415	3358		1750
阳城县	276	292	4998	1798	1770	59	704
陵川县	10	10	974	387	440	175	7
泽州县	18	24	668	599	526	9	190
高平市	111	153	4237	2604	2162	833	340
朔州市	**830**	**716**	**10002**	**6749**	**6182**	**579**	**382**
朔城区	600	535	5067	3581	3146	79	23
平鲁区	1	1	119	82	82		
山阴县	169	105	2316	442	320		9
右玉县	27	40	1970	1954	1954	450	
怀仁县	34	35	530	690	680	50	350
晋中市	**1748**	**2061**	**50821**	**32583**	**30826**	**1326**	**2365**
榆次区	445	466	3701	4522	4738	197	251
榆社县		3	1450	80	80		
左权县	2	3	835	771	641		
和顺县	69	64	995	1495	503	300	
昔阳县	313	379	5198	4043	4038	75	380
寿阳县	28	27	538	460	247		2
太谷县	44	42	1334	222	176	93	53
祁县	150	283	2222	1945	1580	3	299
平遥县	173	191	8677	4628	4627	20	874
灵石县	329	397	20528	12044	11931	570	445
介休市	195	207	5344	2374	2264	69	61
运城市	**419**	**559**	**33742**	**35830**	**30961**	**2636**	**505**
盐湖区	111	215	15531	16755	12284	923	
临猗县	8	6	1476	1352	1327	978	
万荣县	3	22	2919	1714	1714		505
闻喜县	11	14	555	290	290	30	
稷山县	15	7	1124	-132	113	33	
新绛县	6	5	1713	1610	1610	350	
绛县	24	19	522	434	434		
垣曲县			1432	746	746		
夏县	20	10	330	20	20		
平陆县			625	433	426	96	
芮城县	44	55	1896	5302	5194	99	
永济市	82	95	1927	1817	1314	97	
河津市	97	112	3692	5489	5489	31	

单位：万元

法人资本	个人资本	港澳台资本	外商资本	本年折旧	营业收入	#主营业务收入	营业成本
610	**9570**		**500**	**2317**	**30644**	**30228**	**16692**
392	5598		500	1831	21877	21497	11559
168	1440			24	1539	1519	785
	1007			225	3038	3024	1990
	258			93	615	615	467
50	278			11	600	600	257
	989			134	2975	2973	1634
334	**4887**			**687**	**7912**	**7198**	**4073**
200	2844			311	4821	4222	2180
	82				161	161	65
	311			177	1287	1287	929
134	1370			197	723	608	336
	280			2	920	920	563
3356	**23779**			**1303**	**22467**	**22311**	**13193**
696	3595			161	7693	7667	3979
	80				234	234	111
	641			76	627	623	394
	203			83	381	381	304
	3583			87	2590	2580	1246
	245			13	253	253	156
	30			37	1157	1144	777
	1279			23	2019	2019	1394
1272	2461			211	1850	1810	1143
35	10881			265	4181	4157	2885
1354	781			347	1483	1445	804
3411	**24209**		**200**	**4150**	**16073**	**15930**	**10128**
1440	9721		200	1927	5279	5243	2838
	349			202	492	480	176
280	929			119	1139	1132	834
	260			22	440	440	349
	80			226	414	414	250
	1260			100	1088	1088	722
	434			63	632	632	353
133	613			309	258	240	131
	20			22	180	180	53
229	102			94	209	192	117
	5095			25	438	438	249
350	868			213	2081	2081	1450
980	4478			828	3422	3371	2606

3-3-29 续表 2

地　区	年初存货	年末存货	固定资产原　价	所有者权益合计	实收资本		
						国家资本	集体资本
忻州市	**709**	**1374**	**43200**	**30959**	**28195**	**10532**	**1544**
忻府区	126	183	18864	11597	10370	2983	
定襄县	12	12	410	428	428		290
五台县	383	985	12561	11524	10244	6322	906
代县	5	5	913	270	202	202	
繁峙县	5	8	1721	236	201		100
宁武县	53	71	2831	2322	2307	357	96
静乐县	20	17	524	120	120	120	
神池县	1	1	450	15			
五寨县	5	6	664	767	727	402	
岢岚县	54	39	1066	1204	1127	127	
河曲县		1	139	100	100	20	
保德县	27	27	1525	285	285		
偏关县	15	15	110	150	150		150
原平市	4	6	1423	1942	1934		2
临汾市	**1435**	**1546**	**37553**	**41607**	**40622**	**2376**	**2962**
尧都区	961	1175	20095	26665	26235	380	2177
曲沃县	64	49	1790	1308	1063		235
翼城县	76	62	1825	1491	1391	10	
襄汾县	5	6	203	219	170		
洪洞县	150	57	3588	3037	2956	46	
古县	1		89	143	143	18	
安泽县			454	164	164	10	
浮山县	4	3	1544	1540	1540	1500	40
吉县	2	2	1690	475	395		
乡宁县	3	3	32	45	45		25
大宁县			528	140	140	20	120
永和县	22	30	369	238	238	78	
蒲县		1	14	14	14		
汾西县			80	80	80	80	
侯马市	66	58	3408	4186	4186	234	50
霍州市	80	102	1845	1863	1863		315
吕梁市	**1057**	**1029**	**19735**	**9091**	**8850**	**2045**	**1713**
离石区	265	293	2490	1259	1169	100	
文水县			8				
交城县	11	11	248	182	179		50
兴县	21	21	683	255	255		
临县	112	122	978	581	530	530	
柳林县	92	95	3601	2016	1933		
石楼县			267	85	85	47	
岚县	8	9	136	50	50		
交口县			379	379	379	379	
孝义市	500	415	10786	4080	4068	989	1663
汾阳市	49	64	160	204	203		

单位：万元

法人资本	个人资本	港澳台资本	外商资本	本年折旧	营业收入	#主营业务收入	营业成本
548	**15570**			**1777**	**24553**	**24133**	**12515**
480	6908			715	13045	13045	6130
38	100			2	438	438	241
	3016			634	3783	3783	1679
				21	238	238	189
	101			1	342	342	303
30	1824			156	867	867	477
				23	771	711	511
				…	187	187	94
	325			4	391	391	194
	1000			15	685	480	213
	80			8	402	247	296
	285			57	515	515	279
					20	20	10
	1932			141	2869	2869	1901
1221	**34064**			**835**	**46979**	**46835**	**33311**
	23678			429	35438	35337	25871
	828			105	1261	1261	929
	1381			27	1001	994	730
	170			5	393	393	310
7	2903			10	1792	1792	1514
	125				148	148	362
	154				187	187	203
					165	165	132
20	375			64	414	411	198
	20			1	90	88	61
					55	55	226
130	30				263	263	186
	14			2	522	522	32
				3	20	16	14
1064	2838			182	3137	3110	1289
	1548			7	2093	2093	1256
580	**4512**			**926**	**8350**	**7787**	**63188**
	1069			63	2011	1991	1088
					10	10	3
	129			20	708	658	484
	255			31	592	592	199
				15	402	402	243
380	1553			569	1159	956	59106
	38				421	421	302
20	30			23	415	185	185
				10	195	195	63
	1416			177	1939	1899	1109
180	23			19	498	479	407

3-3-29 续表 3

地　区	#主营业务成　本	营业税金及附加	#主营业务税金及附加	主营业务利　润	其他业务利　润	营业费用、管理费用、财务费用合计
总　计	**425291**	**15988**	**14439**	**106303**	**5796**	**85771**
太原市	**240923**	**5308**	**5055**	**38184**	**3769**	**34907**
小店区	21603	1825	1810	16054	3062	12236
迎泽区	9803	1417	1308	8295	471	11992
杏花岭区	163445	1095	1012	8417	127	5738
尖草坪区	1462	103	78	514		460
万柏林区	42382	645	629	3732	62	3818
晋源区	554	71	71	369	6	239
清徐县	542	52	51	204	32	254
阳曲县	384	46	46	270		42
娄烦县	72	2	2	137	1	8
古交市	676	51	47	192	8	122
大同市	**16931**	**1472**	**1319**	**12906**	**282**	**10144**
大同市城区	6031	415	371	4732	201	3847
矿区	2327	459	361	2997	10	1381
南郊区	1648	324	320	2889	17	3314
新荣区	19			112	31	138
阳高县	303	31	31	179		37
天镇县	508	31	31	390		53
广灵县	494	21	15	201		151
灵丘县	2688	3	3	13	23	39
浑源县	1887	166	163	965		1074
左云县	827	7	7	313		29
大同县	200	16	16	115		81
阳泉市	**11544**	**843**	**757**	**5469**	**165**	**3967**
城区	8323	558	522	3128	35	2791
矿区	576	49	49	249	6	294
郊区	908	69	47	304	54	354
平定县	1217	84	68	248		433
盂县	521	83	72	1540	70	96
长治市	**6085**	**778**	**711**	**4262**	**108**	**3409**
长治市城区	2983	463	432	2747	41	1915
长治市郊区	582	34	18	316	1	303
长治县	265	13	7	218		123
襄垣县	138	2	2	5	2	4
屯留县	348	75	75	21		15
平顺县	43	6	6	20		20
黎城县	502	71	60	265	23	327
壶关县	45	10	10	105		93
长子县	179	7	7	68		40
武乡县	348	60	60	339		277
沁县	334	17	15	76	2	158
沁源县	178	6	6	54		36
潞城市	140	15	14	28	39	98

单位：万元

		营业利润	职工工资和福利费	本年应交增值税	全部从业人员年平均人数(人)
#税金	#利息支出				
5161	**2066**	**44278**	**59832**	**3181**	**63920**
1732	**505**	**12517**	**22054**	**1805**	**19212**
687	22	7179	9031	1630	5884
505	237	1223	6281	43	5857
135	163	2754	3227	2	3474
4		233	234	1	364
262	55	171	2303	86	2598
35	12	140	481	15	332
15	1	352	175	25	274
27	15	229	75		83
	1	130	17		52
62		108	231	2	294
252	**161**	**4130**	**6055**	**66**	**7484**
51	21	1832	2456	5	3318
73	3	1867	1096		1082
63		-388	1254	27	1059
		6	80		70
3		142	123		212
13	36	337	246	34	411
1	5	49	115		120
5		17	65		488
36	97	-50	377		390
3		281	174		221
5		35	70		113
814	**34**	**3411**	**2989**	**1**	**2802**
800	3	1577	1221		1191
		-41	187		243
7	15	212	491	1	488
5	15	116	635		468
3		1547	454		412
177	**259**	**1533**	**2665**	**25**	**3149**
125	76	1182	1539	3	1710
9	14	281	297		314
		95	116		154
			34		41
	15	6	58		62
1	7		15		29
4	74	-40	205	1	352
9		12	52		54
	10	28	38		38
9	57	62	132	4	130
11	5	-82	51	18	84
		19	36		101
10		-31	93		80

3-3-29 续表 4

地 区	#主营业务成本	营业税金及附加	#主营业务税金及附加	主营业务利润	其他业务利润	营业费用、管理费用、财务费用合计
晋城市	**14815**	**1628**	**1284**	**8896**	**360**	**12419**
晋城市城区	9907	1150	819	5773	254	10471
沁水县	785	64	64	645	5	220
阳城县	1826	137	124	865	18	960
陵川县	467	44	44	105		36
泽州县	257	24	24	319	1	293
高平市	1574	210	210	1189	81	439
朔州市	**3977**	**379**	**307**	**2939**	**164**	**1459**
朔城区	2160	272	201	2087	158	1234
平鲁区	65	15	15	81		1
山阴县	929	26	26	333		83
右玉县	260	39	37	105	6	104
怀仁县	563	28	28	335		38
晋中市	**12647**	**1284**	**1081**	**6681**	**151**	**7840**
榆次区	3789	553	396	1519	-17	3621
榆社县	111	57	57	28		2
左权县	352	26	26	244	8	64
和顺县	104	25	24	24		2
昔阳县	1203	118	118	1259	64	1254
寿阳县	156	12	12	85		53
太谷县	758	61	61	325	1	302
祁县	1394	69	49	497		526
平遥县	1119	153	152	1124	6	924
灵石县	2882	103	98	998	56	468
介休市	778	108	88	579	33	625
运城市	**10006**	**687**	**625**	**5470**	**366**	**2343**
盐湖区	2828	257	245	2288	49	1212
临猗县	176	34	33	271	1	73
万荣县	834	65	50	100	28	36
闻喜县	299	47	47	94		35
稷山县	250	10	10	154		150
新绛县	722	20	20	347		17
绛县	353	23	23	113		150
垣曲县	109	20	3	35	70	68
夏县	53			46	20	5
平陆县	111	11	11	655	8	15
芮城县	249	16	16	137	16	76
永济市	1450	107	107	552	16	224
河津市	2573	78	60	680	158	282

单位：万元

		营业利润	职工工资和福利费	本年应交增值税	全部从业人员年平均人数（人）
#税金	#利息支出				
311	**238**	**2745**	**5550**	**27**	**5526**
252	105	1351	3725	10	3634
13	15	455	446		389
39	98	-24	675	5	618
	6	69	167	12	236
1		63	129		146
6	15	832	407		503
35	**33**	**1676**	**1519**	**99**	**1687**
22	31	1030	939	15	1155
		79	63		76
		250	170	62	215
11	1	19	289	2	159
2	1	297	58	20	82
191	**452**	**63**	**4393**	**176**	**5805**
46	127	-792	1532	2	2023
1		11	61		106
25	4	188	133		125
		23	114		200
3	233	69	293		576
		32	57		105
8	12	24	211	2	255
25	3	-43	367		410
47	53	-51	580	69	727
2	6	616	682	70	861
34	15	-14	364	33	417
324	**239**	**3024**	**3366**	**558**	**4629**
104	177	1292	1830	287	1937
37	28	199	111		128
2		136	223	22	326
5	3	58	42	13	66
		4	87		185
2		329	173	29	141
16		113	162		137
		11	37		112
		35	29	11	77
8		39	91	2	168
30	3	77	77	22	232
9	6	298	249	78	449
109	22	432	256	95	671

3-3-29 续表 5

地　区	#主营业务成本	营业税金及附加	#主营业务税金及附加	主营业务利润	其他业务利润	营业费用、管理费用、财务费用合计
忻州市	**12201**	**1465**	**1407**	**8721**	**343**	**4219**
忻府区	6130	888	865	4811	204	1828
定襄县	241	30	30	168	78	113
五台县	1579	164	160	1891		968
代县	189	19	5	31		17
繁峙县	294	6	6	34		8
宁武县	477	55	55	336		520
静乐县	411	24	20	40		249
神池县	94	24	24	67	1	11
五寨县	194	12	12	114		30
岢岚县	213	60	60	133		100
河曲县	191	12		56	39	42
保德县	279	24	22	212	6	10
偏关县	10			10		5
原平市	1901	149	149	819	14	318
临汾市	**33161**	**1747**	**1557**	**10224**	**45**	**3473**
尧都区	25808	1377	1231	8188	15	2349
曲沃县	929	40	27	294		173
翼城县	729	40	39	236	2	75
襄汾县	310	14	14	69		14
洪洞县	1514	4	4	274		162
古县	362	4	4			85
安泽县	203	1		37		7
浮山县	132	11	5	17		3
吉县	195	8	8	208		104
乡宁县	61	5	5	24		33
大宁县	226	4				27
永和县	186	13	13	57		13
蒲县	32	1	1			13
汾西县	12			4		
侯马市	1209	48	27	159	27	226
霍州市	1256	179	179	658		190
吕梁市	**63000**	**399**	**337**	**2550**	**45**	**1593**
离石区	1077	124	115	488	26	499
文水县	3	1		1		2
交城县	454	25	13	204	5	15
兴县	199	15	15	378	7	10
临县	243	32	32	127	7	34
柳林县	59061	26	26	285		316
石楼县	301	7	7	113		71
岚县	85	25	9	91		21
交口县	63	19	19	64		48
孝义市	1107	85	61	712		262
汾阳市	406	39	39	88		315

单位：万元

#税金	#利息支出	营业利润	职工工资和福利费	本年应交增值税	全部从业人员年平均人数（人）
506	**45**	**6592**	**4537**	**120**	**4781**
317	7	4685	2409	95	2295
70		56	73		92
59	5	986	568		806
		13	98		87
1	1	30	76	6	115
10		-185	157		271
3	30	46	115	3	172
1	1	57	6		49
		85	141		160
2		33	126		138
		53	27		24
6		208	99	17	68
		5	6		12
36	2	521	538		492
592	**51**	**7176**	**4552**	**289**	**5834**
311	12	5966	3250	173	3720
29		120	160	3	207
1		163	118	5	252
12		56	48		61
5	2	112	154	106	258
3			20		34
		23	36		55
1		14	65		74
3	3	105	116		150
		-3	35		87
		11	6		58
1	7	58	40		68
1			83		101
		4	20		31
44	28	80	225	1	514
180		468	175		164
228	**50**	**1411**	**2154**	**17**	**3011**
99	26	202	781	6	1088
1		5	5		25
		199	207		229
3	6	374	22	10	93
		100	121		162
61	16	74	242		605
		-35	81		91
		70	13		45
19			33		13
14		403	534		488
31	2	19	115	1	172

住宿和餐饮业主要指标解释

一、经营情况指标解释

1.**营业额**：指住宿和餐饮业单位在经营活动中因提供服务或销售商品等取得的全部收入，包括：客房收入、餐费收入、商品销售额（含增值税）和其他收入。不包括法人企业附营的其他行业产业活动单位的餐费收入、商品销售收入等各项收入。

2.**客房收入**：指住宿和餐饮业单位在经营活动中因提供住宿服务取得的收入。不包括法人企业附营的其他行业产业活动单位的客房收入。

3.**餐费收入**：指住宿和餐饮业单位因为顾客提供就餐服务取得的收入。包括：经烹饪、调制加工后出售的各种食品，如主食、炒菜、凉拌菜等的收入。不包括法人企业附营的其他行业产业活动单位的餐费收入。

4.**商品销售额**：指住宿和餐饮业单位出售商品的销售总额（含增值税）。不包括法人企业附营的其他行业产业活动单位的商品销售额。

5.**其他收入**：指营业额中除客房收入、餐费收入、商品销售额（含增值税）以外的其他收入。

二、财务状况表指标

1. **存货**：指企业在日常生产经营过程中持有以备销售，或者仍然处在生产过程，或者在生产或提供劳务过程中将消耗的材料或物资等，包括各类材料、商品、在产品、半成品、产成品等。

2.**流动资产合计**：指企业可以在一年内或者超过一年的一个生产周期内变现或者耗用的资产，包括现金及各种存款、短期投资、应收及预付款项、存货等。

3.**应收账款**：指企业因销售商品、产品、提供劳务等，应向购货单位或接受劳务单位收取款项

4.**固定资产合计**：指企业使用期限超过一年的房屋、建筑物、机器、机械、运输工具以及其他与生产、经营有关的设备、器具、工具等。不属于生产经营主要设备的物品，单位价值在2000元以上，并且使用年限超过2年的，也应当作为固定资产。

5.**固定资产原价**：指企业在购置、自行建造、安装、改建、扩建、技术改造某项固定资产时所支出的全部支出总额。

6.**固定资产折旧**：指对固定资产由于磨损和损耗而转移到产品中去的那一部分价值的补偿。一般根据固定资产原价(选用双倍余额递减法计提折旧的企业，为固定资产账面净值)和确定的折旧率计算。

7.**累计折旧**：指企业在报告期末提取的历年固定资产折旧累计数。

8.**本年折旧**：指企业在报告年度内提取的固定资产折旧合计数。

9.**资产总计**：指企业拥有或控制的能以货币计量的经济资源，包括各种财产、债权和其他权利。资产按其流动性(即资产的变现能力和支付能力)划分为：流动资产、长期投资、固定资产、无形资产、递延资产和其他资产。

10.**负债合计**：指企业所承担的能以货币计量，将以资产或劳务偿付的债务，偿还形式包括货币、资产或提供劳务。负债一般按偿还期长短分为流动负债和长期负债。根据会计“资产负债表”中“负债合计”的期末数填列。

11.**所有者权益合计**：指企业投资人对企业净资产的所有权。企业净资产为企业全部资产与企业全部负债的差额，包括实收资本、资本公积、盈余公积、未分配利润等。根据会计“资产负债表”中“所有者权益”项的期末数填列。

12.**实收资本**：指投资者按照企业章程，或合同、协议的约定，实际投入企业的资本。企业实收资本按照投资主体划分为国家资本、集体资本、法人资本、个人资本、港澳台资本和外商资本六种。

13.**国家资本**：指有权代表国家投资的政府部门或机构以国有资产投入企业形成的资本。不论企业的资本是哪个政府部门或机构投入的，只要是以国家资金进行投资的，均作为国家资本。

14.**集体资本**：指劳动群众集体所有的资产实际投入企业形成的资本。

15.**法人资本**：指我国具有法人资格的单位以其依法可以支配的资产投入企业形成的资本。

16.**个人资本**：指我国公民以其合法财产投入企业形成的资本。

17.**港澳台资本**：指我国香港、澳门和台湾地区投资者将所有的资产实际投入企业形成的资本。

18.**外商资本**：指外国投资者（不包括我国香港、澳门和台湾地区投资者）将所有的资产实际投入企业形成的资本。

19.**主营业务收入**：指企业在销售商品、提供劳务等日常活动中所产生的收入总额。

20.**管理费用**：指企业行政管理部门为组织和管理生产经营活动而发生的各项费用。

21.**税金**：指企业按规定从管理费用中支付的各种税金，包括房产税、土地使用税、车船使用税、印花税等。

22.**财务费用**：指企业为筹集生产经营所需资金等而发生的费用，包括利息支出、汇兑损失以及相关的金融机构手续费等。

23.**利息支出**：指企业在生产经营期间利息支出扣除利息收入后的净额。

24.**营业利润**：指企业从事生产经营活动所产生的利润，即主营业务利润加其他业务利润扣除管理费用、财务费用后

的净额。

25.利润总额：指企业在生产经营过程中各种收入扣除各种耗费后的盈余，反映企业在报告期内实现的亏盈总额，包括营业利润、补贴收入、投资净收益和营业外收支净额。

26.应交所得税：指企业按税法规定，应从生产经营等活动的所得中交纳的税金。

27.劳动、失业保险费：指企业向社会保障部门和保险公司为本单位职工支付的劳动保险、失业保险的费用。

28.本年应付工资总额：指企业在报告期内应支付给本单位职工的全部工资，它反映企业本期累计应付的工资总额，而不是会计"应付工资"科目的余额。

29.本年应付福利费总额：指企业在报告期内累计提取的福利费总额，它反映本期应付福利费的全部发生额，而不是会计"应付福利费"科目的余额。

30.本年应交增值税：指企业按税法规定，从事货物销售或提供加工、修理修配劳务等增加货物价值的活动本期应交纳的税金。指企业在报告期应交增值税额。计算公式为：

本年应交增值税＝销项税额－（进项税额－进项税额转出）－出口抵减内销产品应纳税额－减免税款＋出口退税

31.全部从业人员年平均人数：指年内各月平均拥有的人数。其计算公式为：

全部从业人员平均人数＝（1月平均人数＋2月平均人数＋…＋12月平均人数）/ 12

月平均人数＝（月初从业人员数＋月末从业人员数）/ 2

第4篇

房地产业生产经营及财务状况

3-4-1 分市按登记注册

地　区	总计	内资	国有	集体	股份合作	国有联营
全　省	**1836**	**1813**	**127**	**25**	**8**	
太原市	618	601	38	6	1	
大同市	193	193	17	8		
阳泉市	98	98	12	1	1	
长治市	168	167	13	1		
晋城市	81	81	8	2	2	
朔州市	77	76	2			
晋中市	106	106	10		2	
运城市	171	167	3	2		
忻州市	110	110	6		2	
临汾市	136	136	6	3		
吕梁市	78	78	12	2		

3-4-1　续表

地　区	私营有限责任公司	私营股份有限公司	其他内资企　业	港澳台商投　资	合资经营	合作经营
全　省	**922**	**75**	**15**	**20**	**12**	**1**
太原市	419	35	4	14	9	
大同市	77	6	2			
阳泉市	23	6	2			
长治市	104	5		1		
晋城市	25	1	2			
朔州市	56	2		1		
晋中市	20	2				
运城市	87	3	2	4	3	1
忻州市	19	3	1			
临汾市	71	2	1			
吕梁市	21	10	1			

类型分房地产开发企业个数

单位：个

集体联营	国有与集体联营	其他联营	国有独资公司	其他有限责任公司	股份有限公司	私营独资	私营合伙
			4	**528**	**72**	**25**	**12**
			3	79	3	7	6
				65	15	2	1
				46	5	2	
				42	1	1	
				33	6	1	1
			1	14	1		
				60	10	2	
				62	5	2	1
				69	8	2	
				41	6	5	1
				17	12	1	2

单位：个

独资	股份有限	外商投资	合资经营	合作经营	独资	股份有限
7		**3**	**3**			
5		3	3			
1						
1						

3-4-2 分市按资质等级分房地产开发企业个数

单位：个

地　区	总计	一级	二级	三级	四级	暂定	其他
全　省	**1836**	**8**	**100**	**309**	**857**	**553**	**9**
太原市	618	3	57	112	223	218	5
大同市	193	2	11	36	111	33	
阳泉市	98	1	10	15	55	17	
长治市	168		4	13	89	62	
晋城市	81		2	15	41	23	
朔州市	77		3	17	27	30	
晋中市	106	1	2	24	57	22	
运城市	171	1	7	41	97	25	
忻州市	110		1	6	66	37	
临汾市	136		1	9	51	73	2
吕梁市	78		2	21	40	13	2

3-4-3　分市按登记注册类型分

地　区	总计	内资				
			国有	集体	股份合作	国有联营
全　省	**41723**	**40583**	**4276**	**565**	**172**	
太原市	13622	12871	1300	95	39	
大同市	3915	3915	534	136		
阳泉市	3121	3121	439	132	9	
长治市	2960	2931	306	17		
晋城市	1921	1921	435	52	55	
朔州市	2019	1965	158			
晋中市	2976	2976	434		47	
运城市	3942	3636	55	27		
忻州市	2805	2805	96		22	
临汾市	2378	2378	210	28		
吕梁市	2064	2064	309	78		

3-4-3　续表

地　区				港澳台商		
	私营有限	私营股份	其他内资		合资经营	合作经营
全　省	**18281**	**1280**	**358**	**1092**	**877**	**56**
太原市	8294	603	65	703	627	
大同市	1487	103	38			
阳泉市	802	140	115			
长治市	1358	60		29		
晋城市	524	43	36			
朔州市	1222	38		54		
晋中市	626	51				
运城市	1848	83	66	306	250	56
忻州市	346	48	21			
临汾市	1249	14	15			
吕梁市	525	97	2			

房地产开发企业年末从业人数

单位：人

国有与集体	国有与集体联营	其他联营	国有独资	其他有限	股份有限	私营独资	私营合伙
			82	**13231**	**1720**	**345**	**273**
			70	2154	54	81	116
				1266	295	44	12
				1280	168	36	
				1147	35	8	
				631	105	14	26
			12	532	3		
				1519	284	15	
				1349	118	30	60
				2079	169	24	
				696	41	87	38
				578	448	6	21

单位：人

独资	股份有限	外商投资	合资经营	合作经营	独资	股份有限
159		**48**	**48**			
76		48	48			
29						
54						

3-4-4　分市按资质等级分房地产开发企业年末从业人数

单位：人

地　区	总计	一级	二级	三级	四级	暂定	其他
全　省	**41723**	**583**	**5828**	**9801**	**17933**	**7494**	**84**
太原市	13622	312	2899	3326	3997	3066	22
大同市	3915	82	421	959	2016	437	
阳泉市	3121	29	855	601	1406	230	
长治市	2960		223	554	1644	539	
晋城市	1921		161	539	979	242	
朔州市	2019		529	503	555	432	
晋中市	2976	74	174	893	1542	293	
运城市	3942	86	418	1099	2033	306	
忻州市	2805		40	105	2151	509	
临汾市	2378		32	373	874	1083	16
吕梁市	2064		76	849	736	357	46

3-4-5　分市按用途分房地产开发企业房屋施工面积

单位：平方米

地　区	施工房屋面　积	住宅			办公楼	商业营业用　房	其他
			经济适用房屋	别墅、高档公寓			
全　省	**38959471**	**32746425**	**2805209**	**532079**	**1029797**	**4037839**	**1145410**
太原市	13101449	10539863	972241	388111	507565	1626872	427149
大同市	2311663	2057238	530578		39612	104655	110158
阳泉市	2904227	2340936	273647	39383	101092	398869	63330
长治市	2601920	2255851	72619	30239	37879	256367	51823
晋城市	1804470	1639288	123353		33988	81246	49948
朔州市	1315867	1202399	1185		21532	84986	6950
晋中市	3180641	2856985	213638		95175	190128	38353
运城市	5957768	4636099	84200	47346	90619	948642	282408
忻州市	1527390	1449514	34120		741	54678	22457
临汾市	2579766	2251113		27000	47880	198672	82101
吕梁市	1674310	1517139	499628		53714	92724	10733

3-4-6 分市按用途分房地产开发企业房屋竣工面积

单位：平方米

地　区	竣工房屋面积	住宅			办公楼	商业营业用房	其他
			经济适用房屋	别墅、高档公寓			
全　省	**9205159**	**7812003**	**587884**	**134447**	**73160**	**1002659**	**317337**
太原市	1793479	1584490	48838	93951	25325	95659	88005
大同市	485267	441349	164401			11918	32000
阳泉市	510236	445377	42746		6295	25576	32988
长治市	769987	597278	52236			135277	37432
晋城市	261808	246976	32222			5945	8887
朔州市	415380	388324				20106	6950
晋中市	864774	781375	46647		8833	65933	8633
运城市	2431593	1799740	47805	40496	24913	538257	68683
忻州市	779669	736952	29358		741	25823	16153
临汾市	497949	414473				65870	17606
吕梁市	395017	375669	123631		7053	12295	

3-4-7 分市按用途分房地产开发企业房屋新开工面积

单位：平方米

地　区	新开工房屋面积	住宅			办公楼	商业营业用房	其他
			经济适用房屋	别墅、高档公寓			
全　省	**14147536**	**12464493**	**630940**	**28056**	**324070**	**986138**	**372835**
太原市	2441179	2195800	66438	5010	58944	140883	45552
大同市	1042834	893376	215950		35452	66074	47932
阳泉市	945195	873041	107000		21802	45012	5340
长治市	1283723	1232718	20383		2710	31854	16441
晋城市	930476	813290	66152		31195	55740	30251
朔州市	798907	715861	1185		21532	61514	
晋中市	1533584	1390980	21000		60102	70202	12300
运城市	2308904	1822839		23046	30645	305764	149656
忻州市	678832	640786	5597			30855	7191
临汾市	1381520	1197973			15027	121081	47439
吕梁市	802382	687829	127235		46661	57159	10733

3-4-8 分市按资质等级分房地产开发企业房屋施工面积

单位：平方米

地　区	总计	一级	二级	三级	四级	暂定	其他
全　省	**38959471**	**678260**	**6659988**	**11507195**	**14874168**	**5194499**	**45361**
太原市	13101449	221200	3555366	3901292	3341717	2052628	29246
大同市	2311663	31054	125990	850153	1071266	233200	
阳泉市	2904227	25484	1193462	646621	874665	163995	
长治市	2601920		147466	231733	1759326	463395	
晋城市	1804470			868887	802038	133545	
朔州市	1315867		191393	403353	318400	402721	
晋中市	3180641		329290	1222203	1388743	240405	
运城市	5957768	400522	814863	2217571	2404023	120789	
忻州市	1527390		49198	335035	1037949	105208	
临汾市	2579766		186912	314903	1046531	1015305	16115
吕梁市	1674310		66048	515444	829510	263308	

3-4-9 分市按资质等级分房地产开发企业房屋竣工面积

单位：平方米

地　区	总计	一级	二级	三级	四级	暂定	其他
全　省	**9205159**	**145248**	**1268837**	**2805534**	**4296415**	**689125**	
太原市	1793479		598594	138923	872371	183591	
大同市	485267		110100	97972	173195	104000	
阳泉市	510236		211030	1100	226656	71450	
长治市	769987		40591	124589	539158	65649	
晋城市	261808			242640	19168		
朔州市	415380		20000	221855	117825	55700	
晋中市	864774		69803	400427	338351	56193	
运城市	2431593	145248	193719	1099695	977931	15000	
忻州市	779669			153153	601582	24934	
临汾市	497949		25000	155423	275926	41600	
吕梁市	395017			169757	154252	71008	

3-4-10 分市按资质等级分房地产开发企业房屋新开工面积

单位：平方米

地区	总计	一级	二级	三级	四级	暂定	其他
全省	**14147536**	**205534**	**1885034**	**3975317**	**5386209**	**2682442**	**13000**
太原市	2441179		401947	722412	520162	796658	
大同市	1042834	24754	7000	466599	375281	169200	
阳泉市	945195	25484	443663	38782	368253	69013	
长治市	1283723		71738	86734	898315	226936	
晋城市	930476			457547	339384	133545	
朔州市	798907		99093	181498	177536	340780	
晋中市	1533584		231372	660349	518517	123346	
运城市	2308904	155296	407000	881256	799711	65641	
忻州市	678832		49198	158448	431030	40156	
临汾市	1381520		161912	78170	554134	574304	13000
吕梁市	802382		12111	243522	403886	142863	

3-4-11 分市按用途分房地产开发企业房屋竣工价值

单位：万元

地区	竣工房屋价值	住宅			办公楼	商业营业用房	其他
			经济适用房屋	别墅、高档公寓			
全省	**1331125**	**1114899**	**63512**	**29195**	**16450**	**147610**	**52166**
太原市	395426	339731	9589	21742	7978	26051	21666
大同市	62831	55555	13918			701	6575
阳泉市	70023	59363	4233		736	4221	5703
长治市	74927	52382	4007			20012	2533
晋城市	27662	24987	2674			1475	1200
朔州市	63198	58003				4125	1070
晋中市	128992	111623	7338		2396	13495	1478
运城市	283791	213621	4645	7453	3616	58498	8056
忻州市	102403	96317	2277		666	4204	1216
临汾市	75949	60680				12600	2669
吕梁市	45923	42637	14831		1058	2228	

3-4-12　分市房地产开发企业建造的房屋面积和造价

地　区	施工房屋面积(平方米)	竣工房屋面积(平方米)	房屋建筑面积竣工率(%)	竣工房屋价值(万元)	竣工房屋造价(元/平方米)
全　省	**38959471**	**9205159**	**23.6**	**1331125**	**1446**
太原市	13101449	1793479	13.7	395426	2205
大同市	2311663	485267	21.0	62831	1295
阳泉市	2904227	510236	17.6	70023	1372
长治市	2601920	769987	29.6	74927	973
晋城市	1804470	261808	14.5	27662	1057
朔州市	1315867	415380	31.6	63198	1521
晋中市	3180641	864774	27.2	128992	1492
运城市	5957768	2431593	40.8	283791	1167
忻州市	1527390	779669	51.0	102403	1313
临汾市	2579766	497949	19.3	75949	1525
吕梁市	1674310	395017	23.6	45923	1163

3-4-13　分市按用途分房地产开发企业商品房屋实际销售面积

单位：平方米

地　区	商品房销售面积	住宅			办公楼	商业营业用房	其他
			经济适用房屋	别墅、高档公寓			
全　省	**9947073**	**8931029**	**579228**	**185650**	**134471**	**762639**	**118934**
太原市	1829384	1621115	1334	154859	96297	61940	50032
大同市	697764	664337	207975	3555	1160	30007	2260
阳泉市	803556	717887	54120		23400	54162	8107
长治市	707721	653549	60619	878	195	38648	15329
晋城市	384161	371145	1600			8675	4341
朔州市	476552	437256	950			37691	1605
晋中市	1405778	1330955	73232		7024	59897	7902
运城市	1944331	1534378	30619	26358	6395	398666	4892
忻州市	722493	684074	42943			21058	17361
临汾市	611223	600078				9345	1800
吕梁市	364110	316255	105836			42550	5305

3-4-14 分市按资质等级分房地产开发企业商品房实际销售面积

单位：平方米

地 区	总计	一级	二级	三级	四级	暂定	其他
全 省	**9947073**	**422263**	**1090110**	**2963418**	**4471241**	**1000041**	
太原市	1829384	69836	261283	471753	800661	225851	
大同市	697764		122477	220548	332739	22000	
阳泉市	803556		248127	276714	256629	22086	
长治市	707721		39257	94816	479918	93730	
晋城市	384161			172591	202978	8592	
朔州市	476552		86998	151356	184974	53224	
晋中市	1405778	301891	134876	403115	444041	121855	
运城市	1944331	50536	188905	759545	941854	3491	
忻州市	722493			175192	486677	60624	
临汾市	611223			48385	215050	347788	
吕梁市	364110		8187	189403	125720	40800	

3-4-15 分市按用途分房地产开发企业商品房预售面积

单位：平方米

地 区	商品房预售面积	住宅			办公楼	商业营业用房	其他
			经济适用房屋	别墅、高档公寓			
全 省	**5614462**	**5310280**	**269691**	**142688**	**41570**	**231339**	**31273**
太原市	1246992	1196136	1334	141810	18610	32246	
大同市	437829	413964	93516			23865	
阳泉市	348322	302635	7977		22960	18234	4493
长治市	365322	349410	1320	878		13723	2189
晋城市	330550	319794				6415	4341
朔州市	333200	311174				20421	1605
晋中市	720475	710711	61892			9764	
运城市	662449	610989	1854			51460	
忻州市	477407	446054	15562			18013	13340
临汾市	466218	458805				7413	
吕梁市	225698	190608	86236			29785	5305

3-4-16　分市按用途分房地产开发企业商品房出租面积

单位：平方米

地　区	商品房出租面积	住宅			办公楼	商业营业用房	其他
			经济适用房屋	别墅、高档公寓			
全　省	**248763**	**9494**			**85854**	**151412**	**2003**
太原市	93502				69654	23848	
大同市	13950				1900	12050	
阳泉市	9494	9494					
长治市	92030				14300	75727	2003
晋城市	25500					25500	
朔州市	2232					2232	
晋中市	4200					4200	
运城市	6067					6067	
忻州市	1075					1075	
临汾市							
吕梁市	713					713	

3-4-17　分市按用途分房地产开发企业商品房销售额

单位：万元

地　区	商品房销售额	住宅			办公楼	商业营业用房	其他
			经济适用房屋	别墅、高档公寓			
全　省	**2342907**	**2011783**	**84900**	**106579**	**82233**	**218623**	**30268**
太原市	734084	606856	400	97229	65553	43918	17757
大同市	157167	141379	32563	1097	140	15236	412
阳泉市	194048	151616	8286		13406	27303	1723
长治市	143705	125786	7330	449	79	16234	1606
晋城市	108568	99235	290			7378	1955
朔州市	88275	76729	125			11225	321
晋中市	276819	249033	12075		2330	22822	2634
运城市	300053	244025	3709	7804	725	54636	667
忻州市	131088	122416	4751			6784	1888
临汾市	148958	144557				3901	500
吕梁市	60142	50151	15371			9186	805

3-4-18 分市按资质等级分房地产开发企业商品房销售额

单位：万元

地　区	总计	一级	二级	三级	四级	暂定	其他
全　省	**2342907**	**115385**	**282861**	**724064**	**960768**	**259829**	
太原市	734084	34813	118361	199993	291989	88928	
大同市	157167		32919	61594	59574	3080	
阳泉市	194048		38909	98039	52020	5080	
长治市	143705		14033	13324	94887	21461	
晋城市	108568			39436	67974	1158	
朔州市	88275		12560	31494	34420	9801	
晋中市	276819	70604	27530	80369	79247	19069	
运城市	300053	9968	37169	119625	132868	423	
忻州市	131088			34503	85214	11371	
临汾市	148958			11287	43572	94099	
吕梁市	60142		1380	34400	19003	5359	

3-4-19 分市按用途分商品房屋平均销售价格

单位：元/平方米

地　区	房屋销售价格	住宅			办公楼	商业营业用房	其　他
			经济适用房屋	别墅、高档公寓			
全　省	**2355**	**2253**	**1466**	**5741**	**6115**	**2867**	**2545**
太原市	4013	3743	2999	6279	6807	7090	3549
大同市	2252	2128	1566	3086	1207	5077	1823
阳泉市	2415	2112	1531		5729	5041	2125
长治市	2031	1925	1209	5114	4051	4200	1048
晋城市	2826	2674	1813			8505	4504
朔州市	1852	1755	1316			2978	2000
晋中市	1969	1871	1649		3317	3810	3333
运城市	1543	1590	1211	2961	1134	1370	1363
忻州市	1814	1790	1106			3222	1087
临汾市	2437	2409				4174	2778
吕梁市	1652	1586	1452			2159	1517

3-4-20　分市房地产开发企业商品房屋待售情况

单位：平方米

地　区	待售面积合　计	待售一年至三年（含一年）	待售三年以上（含三年）	待售三年以上（含三年）占比重(%)
全　省	**3355608**	**1715563**	**135486**	**4.0**
太原市	461188	397110	56078	12.2
大同市	298575	112997	6054	2.0
阳泉市	45376	35561	3115	6.9
长治市	414664	52069	8434	2.0
晋城市	11177	5400	640	5.7
朔州市	313915	128762	23380	7.4
晋中市	385837	26664	32713	8.5
运城市	1127814	909874	3998	0.4
忻州市	14053	7853		
临汾市	156994	13273	1074	0.7
吕梁市	126015	26000		

3-4-21　分市按用途分房地产开发企业商品房屋待售情况

单位：平方米

地　区	房屋待售面积合计	住宅			办公楼	商业营业用　房	其他
			经济适用房屋	别墅、高档公寓			
全　省	**3355608**	**2486673**	**136218**	**46689**	**31356**	**732803**	**104776**
太原市	461188	149424		26209	23458	268239	20067
大同市	298575	277529	54869	5480	1621	16308	3117
阳泉市	45376	38723				4833	1820
长治市	414664	240842	114		2505	145959	25358
晋城市	11177	10069	5400			838	270
朔州市	313915	282073				31297	545
晋中市	385837	379619				6218	
运城市	1127814	847337	31295	15000	3772	223606	53099
忻州市	14053	14053					
临汾市	156994	121217				35277	500
吕梁市	126015	125787	44540			228	

3-4-22 分市房地产开发企业土地开发及其购置情况

地 区	本年完成开发土地面积（平方米）	待开发土地面积（平方米）	本年购置土地面积（平方米）	本年土地成交价款（万元）
全 省	**5508278**	**4439036**	**7646087**	**738526**
太原市	1790044	1306595	2481764	311175
大同市	277108	82180	949612	181194
阳泉市	176441	297149	235907	20026
长治市	59695	104984	346487	16880
晋城市	332021	284755	299605	33859
朔州市	394184	263490	636667	39386
晋中市	404812	326596	173837	16164
运城市	989630	978621	885306	27165
忻州市	410031	163849	680319	29317
临汾市	441807	520246	490508	35405
吕梁市	232505	110571	466075	27955

3-4-23　分市按登记注册类型

地　区	总　计	内资				
			国有	集体	股份合作	国有联营
全　省	**114488951**	**109070463**	**7453411**	**782272**	**649518**	
太原市	55679280	51553219	3173122	205571	208002	
大同市	8074184	8074184	485026	155221		
阳泉市	8786683	8786683	495766	47199	18556	
长治市	6530467	6364374	338481	7240		
晋城市	4446919	4446919	1036543	124857	113351	
朔州市	3744339	3480739	572516			
晋中市	6566287	6566287	441293		272611	
运城市	9188296	8325562	36025	36608		
忻州市	2559246	2559246	407524		36998	
临汾市	6536950	6536950	103334	132076		
吕梁市	2376300	2376300	363781	73500		

3-4-23　续表

地　区				港澳台商投资		
	私营有限责任公司	私营股份有限公司	其他内资企业		合资经营	合作经营
全　省	**57171359**	**3200023**	**704405**	**5048379**	**3550016**	**137378**
太原市	35008879	2018442	227980	3755952	2824660	
大同市	3506114	240530	96554			
阳泉市	3080072	239327	8356			
长治市	2878237	153513		166093		
晋城市	1130180	167388	216107			
朔州市	1948090	36630		263600		
晋中市	1568353	39671				
运城市	4110117	187463	104924	862734	725356	137378
忻州市	405520	16000	26784			
临汾市	3090854	8000	4158			
吕梁市	444943	93059	19542			

分房地产开发企业资产总计

单位：千元

集体联营	国有与集体联营	其他联营	国有独资公司	其他有限责任公司	股份有限公司	私营独资	私营合伙
			208461	**33964982**	**3604672**	**915811**	**415549**
			200461	9905317	380492	76540	148413
				2861264	582485	122917	24073
				4606726	277818	12863	
				2904021	72882	10000	
				1407329	190747	7892	52525
			8000	910503	5000		
				2625227	1530971	88161	
				3624060	155004	65591	5770
				1570229	54394	41797	
				2607419	31693	471986	87430
				942887	323186	18064	97338

单位：千元

独资	股份有限	外商投资	合资经营	合作经营	独资	股份有限
1360985		**370109**	**370109**			
931292		370109	370109			
166093						
263600						

3-4-24　分市按登记注册类型

地　区	总　计	内资	国有	集体	股份合作	国有联营
全　省	**87960714**	**83502952**	**6601757**	**547229**	**645942**	
太原市	43659171	40178627	2962607	148658	196996	
大同市	5844989	5844989	297152	90582		
阳泉市	7836570	7836570	425286	46647	10556	
长治市	4442447	4295939	203580	7200		
晋城市	3416736	3416736	922535	49787	100035	
朔州市	2550140	2416540	495559			
晋中市	5224299	5224299	419008		307276	
运城市	6590614	5893504	26780	20159		
忻州市	1891477	1891477	445987		31079	
临汾市	4934344	4934344	91195	120276		
吕梁市	1569927	1569927	312068	63920		

3-4-24　续表

地　区	私营有限责任公司	私营股份有限公司	其他内资企业	港澳台商投资	合资经营	合作经营
全　省	**42159074**	**2289496**	**555741**	**4090765**	**2907778**	**128262**
太原市	26529051	1599997	203115	3113547	2338930	
大同市	2526634	140084	83554			
阳泉市	2781788	180881	3576			
长治市	1521611	22408		146508		
晋城市	735047	120622	188247			
朔州市	1192543	21030		133600		
晋中市	1281062	27233				
运城市	2941438	123586	52599	697110	568848	128262
忻州市	244618		21284			
临汾市	2151710	5200	3158			
吕梁市	253572	48455	208			

分房地产开发企业负债合计

单位：千元

集体联营	国有与集体联营	其他联营	国有独资公司	其他有限责任公司	股份有限公司	私营独资	私营合伙
			161855	**26824643**	**2777552**	**601979**	**337684**
			161855	7940766	320297	17498	97787
				2193900	498065	1083	13935
				4129266	252120	6450	
				2504330	36810		
				1098787	151434		50242
				707408			
				1938065	1173444	78211	
				2580047	106551	41774	570
				1106844	13083	28582	
				2057195	376	419324	85910
				568035	225372	9057	89240

单位：千元

独　资	股份有限	外商投资	合资经营	合作经营	独　资	股份有限
1054725		**366997**	**366997**			
774617		366997	366997			
146508						
133600						

3-4-25 分市按登记注册类型

地 区	总 计	内资				
			国有	集体	股份合作	国有联营
全 省	**26528237**	**25567511**	**851654**	**235043**	**3576**	
太原市	12020109	11374592	210515	56913	11006	
大同市	2229195	2229195	187874	64639		
阳泉市	950113	950113	70480	552	8000	
长治市	2088020	2068435	134901	40		
晋城市	1030183	1030183	114008	75070	13316	
朔州市	1194199	1064199	76957			
晋中市	1341988	1341988	22285		-34665	
运城市	2597682	2432058	9245	16449		
忻州市	667769	667769	-38463		5919	
临汾市	1602606	1602606	12139	11800		
吕梁市	806373	806373	51713	9580		

3-4-25 续表

地 区				港澳台商投 资		
	私营有限责任公司	私营股份有限公司	其他内资企 业		合资经营	合作经营
全 省	**15012285**	**910527**	**148664**	**957614**	**642238**	**9116**
太原市	8479828	418445	24865	642405	485730	
大同市	979480	100446	13000			
阳泉市	298284	58446	4780			
长治市	1356626	131105		19585		
晋城市	395133	46766	27860			
朔州市	755547	15600		130000		
晋中市	287291	12438				
运城市	1168679	63877	52325	165624	156508	9116
忻州市	160902	16000	5500			
临汾市	939144	2800	1000			
吕梁市	191371	44604	19334			

分房地产开发企业所有者权益

单位：千元

集体联营	国有与集体联营	其他联营	国有独资公司	其他有限责任公司	股份有限公司	私营独资	私营合伙
			46606	**7140339**	**827120**	**313832**	**77865**
			38606	1964551	60195	59042	50626
				667364	84420	121834	10138
				477460	25698	6413	
				399691	36072	10000	
				308542	39313	7892	2283
			8000	203095	5000		
				687162	357527	9950	
				1044013	48453	23817	5200
				463385	41311	13215	
				550224	31317	52662	1520
				374852	97814	9007	8098

单位：千元

独资	股份有限	外商投资	合资经营	合作经营	独资	股份有限
306260		**3112**	**3112**			
156675		3112	3112			
19585						
130000						

3-4-26　分市房地产开发企业主营业务收入及其构成

单位：千元

地　区	主营业务收入总计	土地转让收　入	商品房屋销售收入	房屋出租收　入	其他收入
全　省	**19259192**	**59384**	**18133793**	**154925**	**911090**
太原市	5941272	6526	5603325	129931	201490
大同市	1660297		1449086	2940	208271
阳泉市	1009537	1400	980277	787	27073
长治市	1238890		1222402	13718	2770
晋城市	889229		867150	2299	19780
朔州市	991236		667249	183	323804
晋中市	2075783	41079	2021757	1512	11435
运城市	2552204	240	2489546	2879	59539
忻州市	1114245	10139	1066260	430	37416
临汾市	1318304		1315796		2508
吕梁市	468195		450945	246	17004

3-4-27 分市按登记注册类型

地　区	总　计	内资	国有	集体	股份合作	国有联营
全　省	**-229597**	**-209152**	**6588**	**4459**	**-1922**	
太原市	-145590	-245747	16888	-507	1544	
大同市	-118458	-118458	-10505	-1032		
阳泉市	-140689	-140689	1059	3340	-390	
长治市	-29376	-32719	-3739	573		
晋城市	27718	27718	21227	638	85	
朔州市	-1360	-10098	1048			
晋中市	166769	166769	76		-3090	
运城市	-37	132646	464	998		
忻州市	1351	1351	-15339		-71	
临汾市	8925	8925	47	377		
吕梁市	1150	1150	-4638	72		

3-4-27　续表

地　区	私营有限责任公司	私营股份有限公司	其他内资企业	港澳台商投资	合资经营	合作经营
全　省	**-87773**	**-37332**	**-22677**	**-19583**	**-36771**	**-2639**
太原市	3586	-24840	-5859	101019	93273	
大同市	-42813	-1005	-28521			
阳泉市	-54942	-3521	56			
长治市	-16289	-257		3343		
晋城市	-9761	-3982	4158			
朔州市	-37000	-1822		8738		
晋中市	-4126	-722				
运城市	80756	2437	5856	-132683	-130044	-2639
忻州市	-9743		1633			
临汾市	-2197	26				
吕梁市	4756	-3646				

分房地产开发企业营业利润

单位：千元

集体联营	国有与集体联营	其他联营	国有独资公司	其他有限责任公司	股份有限公司	私营独资	私营合伙
			-5189	**-197920**	**156520**	**-16861**	**-7045**
			-5048	-227500	-137	-870	-3004
				-30750	-3184	-781	133
				-89618	3584	-257	
				-16888	3996	-115	
				13644	2400	52	-743
			-141	27854	-37		
				21819	152759	53	
				44036	-1149	-1186	434
				21284	1080	2507	
				29423		-16148	-2603
				8776	-2792	-116	-1262

单位：千元

独　资	股份有限	外商投资	合资经营	合作经营	独　资	股份有限
19827		**-862**	**-862**			
7746		-862	-862			
3343						
8738						

3-4-28 分市按登记注册类型

地区	总计	内资				
			国有	集体	股份合作	国有联营
全省	**-139011**	**-114346**	**6478**	**1692**	**-1841**	
太原市	-89870	-190712	16499	-507	1518	
大同市	-117347	-117347	-9587	-428		
阳泉市	-145981	-145981	1156	-14	-397	
长治市	-34449	-37793	-4006	573		
晋城市	25373	25373	20737	638	85	
朔州市	32769	24031	782			
晋中市	173801	173801	-439		-2966	
运城市	4851	142440	462	981		
忻州市	3788	3788	-15499		-81	
临汾市	7287	7287	44	377		
吕梁市	767	767	-3671	72		

3-4-28 续表

地区				港澳台商投资		
	私营有限责任公司	私营股份有限公司	其他内资企业		合资经营	合作经营
全省	**5930**	**-38500**	**-25979**	**-23799**	**-40956**	**-2671**
太原市	53344	-25646	-7572	101708	93962	
大同市	-46779	-1156	-28521			
阳泉市	-56146	-3467	56			
长治市	-17266	-267		3344		
晋城市	-5901	-4234	4158			
朔州市	4004	-1822		8738		
晋中市	-3384	-723				
运城市	88432	2437	5856	-137589	-134918	-2671
忻州市	-9648		44			
临汾市	-5139	26				
吕梁市	4413	-3648				

分房地产开发企业利润总额

单位：千元

集体联营	国有与集体联营	其他联营	国有独资公司	其他有限责任公司	股份有限公司	私营独资	私营合伙
			9238	**-206188**	**155594**	**-14264**	**-6506**
			9379	-233287	-74	-1370	-2996
				-26867	-3266	-798	55
				-90367	3294	-96	
				-20688	3976	-115	
				13433	-3543		
			-141	21245	-37		
				22413	159055	-155	
				44997	-1159		434
				23356	1080	4536	
				30864		-16148	-2737
				8713	-3732	-118	-1262

单位：千元

		外商投资				
独　资	股份有限		合资经营	合作经营	独　资	股份有限
19828		**-866**	**-866**			
7746		-866	-866			
3344						
8738						

3-4-29 分市按登记注册类型

地区	总计	内资	国有	集体	股份合作	国有联营
全省	**1056**	**1054**	**69**	**72**	**8**	**1**
太原市	347	345	41	31	2	
大同市	104	104	3	7	1	1
阳泉市	35	35	7	8		
长治市	112	112	4	6	2	
晋城市	57	57	2	9		
朔州市	65	65				
晋中市	65	65		1		
运城市	80	80	2	3		
忻州市	47	47	1	1		
临汾市	110	110	7	4		
吕梁市	34	34	2	2	3	

3-4-29 续表

地区	私营有限责任公司	私营股份有限公司	其他内资企业	港澳台商投资	合资经营	合作经营
全省	**424**	**38**	**26**			
太原市	193	18	3			
大同市	14	2	2			
阳泉市	1		1			
长治市	64	3				
晋城市	16	2	5			
朔州市	16	2	5			
晋中市	16	4	2			
运城市	23	4	5			
忻州市	17	2	1			
临汾市	53					
吕梁市	11	1	2			

分物业管理企业个数

单位：个

集体联营	国有与集体联营	其他联营	国有独资公司	其他有限责任公司	股份有限公司	私营独资	私营合伙
1		**5**	**1**	**252**	**49**	**93**	**15**
1			1	29	1	20	5
				64	7	1	2
				16	1	1	
				28	1	3	1
				15	3	4	1
		3		13	7	19	
		1		21	11	6	3
				24	11	7	1
				7	5	11	2
		1		30		15	
				5	2	6	

单位：个

独 资	股份有限	外商投资	合资经营	合作经营	独 资	股份有限
		2	**1**		**1**	
		2	1		1	

3-4-30 分市按登记注册类型

地区	总计	内资	国有	集体	股份合作	国有联营
全省	**29661**	**29602**	**3495**	**1926**	**303**	**27**
太原市	13973	13914	2435	791	63	
大同市	3691	3691	207	181	33	27
阳泉市	1632	1632	219	192		
长治市	1771	1771	31	27	153	
晋城市	1387	1387	149	489		
朔州市	1019	1019				
晋中市	1375	1375		9		
运城市	1876	1876	123	110		
忻州市	882	882	120	58		
临汾市	1507	1507	173	29		
吕梁市	548	548	38	40	54	

3-4-30 续表

地区	私营有限责任公司	私营股份有限公司	其他内资企业	港澳台商投资	合资经营	合作经营
全省	**9911**	**988**	**426**			
太原市	5919	630	11			
大同市	466	62	46			
阳泉市	36		30			
长治市	1008	25				
晋城市	219	132	136			
朔州市	350	47	37			
晋中市	391	40	10			
运城市	391	34	96			
忻州市	234	10	10			
临汾市	816					
吕梁市	81	8	50			

分物业管理企业年末从业人数

单位：人

集体联营	国 有 与 集体联营	其他联营	国有独资 公　　司	其他有限 责任公司	股份有限 公　　司	私营独资	私营合伙
9		**44**	**78**	**8744**	**1074**	**1378**	**1199**
9			78	2341	24	510	1103
				2387	252	3	27
				1128	17	10	
				482	9	30	6
				187	35	37	3
		19		236	98	232	
		15		479	302	97	32
				812	232	73	5
				126	83	218	23
		10		374		105	
				192	22	63	

单位：人

独　资	股份有限	外商投资	合资经营	合作经营	独　资	股份有限
		59	**8**		**51**	
		59	8		51	

3-4-31 分市按资质等级分物业管理企业个数

单位：个

地　区	总计	一级	二级	三级	其他
全　省	**1056**	**8**	**29**	**474**	**545**
太原市	347	2	15	107	223
大同市	104		5	64	35
阳泉市	35			22	13
长治市	112		1	79	32
晋城市	57			26	31
朔州市	65	3	3	27	32
晋中市	65	1		32	32
运城市	80	1	3	42	34
忻州市	47			44	3
临汾市	110	1	1	17	91
吕梁市	34		1	14	19

3-4-32 分市按资质等级分物业管理企业年末从业人员数

单位：人

地　区	总计	一级	二级	三级	其他
全　省	**29661**	**125**	**2814**	**14382**	**12340**
太原市	13973	72	2095	5350	6456
大同市	3691		345	1742	1604
阳泉市	1632			1268	364
长治市	1771		70	1288	413
晋城市	1387			697	690
朔州市	1019	29	46	445	499
晋中市	1375	14		1015	346
运城市	1876	5	247	1062	562
忻州市	882			842	40
临汾市	1507	5	5	357	1140
吕梁市	548		6	316	226

3-4-33　分市物业管理企业主要指标完成情况

单位：平方米

地　区	在管物业占地面积	在管房屋建筑面积	住宅	办公用房	商业营业用房	厂房
全　省	**44336859**	**101043912**	**81004638**	**6490284**	**4119937**	**1934734**
太原市	22404364	42099368	32970680	5459067	1789467	1880154
大同市	4926605	10557320	8313387	415494	284506	
阳泉市	3046699	20794494	18554432	65030	379495	
长治市	2878454	6818159	4986985	141597	322318	40080
晋城市	923945	1701352	1177509	75114	82156	12780
朔州市	1913151	3324340	1729334	20254	241433	
晋中市	2569381	4477291	4025822	25300	350872	
运城市	2563691	5089615	3863681	34181	173226	500
忻州市	1049697	1856387	1649310	142410	64667	
临汾市	1512436	3557189	3051311	44315	418543	1220
吕梁市	548436	768397	682187	67522	13254	

3-4-34　分市物业管理企业资产负债情况

单位：千元

地　区	固定资产原价	本年折旧	实收资本
全　省	**1531235**	**76263**	**1692822**
太原市	775997	47456	902000
大同市	109220	8948	203021
阳泉市	4337	124	27406
长治市	149519	6171	84843
晋城市	183872	4944	110017
朔州市	49302	312	47244
晋中市	48275	1611	40490
运城市	73824	1216	107819
忻州市	16431	1094	28468
临汾市	106942	3997	128418
吕梁市	13516	390	13096

3-4-35 分市按登记注册类型

地 区	总 计	内资	国有	集体	股份合作	国有联营
全 省	**-34430**	**-34095**	**7479**	**3078**	**-6430**	**-1173**
太原市	17752	18087	9274	505	86	
大同市	-47771	-47771	-1531	2628	-667	-1173
阳泉市	-2919	-2919	-145	-744		
长治市	-14578	-14578	-739	-229	-7321	
晋城市	-18519	-18519	-1149	-432		
朔州市	6222	6222				
晋中市	-6614	-6614		50		
运城市	17508	17508	804	123		
忻州市	2559	2559	-444	524		
临汾市	7166	7166	239	113		
吕梁市	4764	4764	1170	540	1472	

3-4-35 续表

地 区	私营有限责任公司	私营股份有限公司	其他内资企业	港澳台商投资	合资经营	合作经营
全 省	**14787**	**1651**	**958**			
太原市	15278	-1514	8			
大同市	203	1163	-1491			
阳泉市	-839					
长治市	-2466	-39				
晋城市	-12095	259	1204			
朔州市	1323	427	608			
晋中市	-5462	181	2			
运城市	9816	873	-427			
忻州市	508	1	1030			
临汾市	7761					
吕梁市	760	300	24			

分物业管理企业营业利润

单位：千元

集体联营	国有与集体联营	其他联营	国有独资公司	其他有限责任公司	股份有限公司	私营独资	私营合伙
204		**199**	**49**	**-56273**	**-1497**	**2058**	**815**
204			49	-6448	-1174	1454	365
				-47161	-126	15	369
				-2380	-11	1200	
				-3964		160	20
				-1387	-52	-4867	
		83		1472	127	2182	
		-10		-570	-888	140	-57
				5573	215	576	-45
				226	360	191	163
		126		-1804		731	
				170	52	276	

单位：千元

独　资	股份有限	外商投资	合资经营	合作经营	独　资	股份有限
		-335	**-372**		**37**	
		-335	-372		37	

3-4-36 分市按资质等级分物业管理企业主营业务利润

单位：千元

地　区	总计	一级	二级	三级	其他
全　省	**284842**	**350**	**25785**	**122557**	**136150**
太原市	180508	96	21917	52551	105944
大同市	23203		1024	22490	-311
阳泉市	8383			8840	-457
长治市	1307		-1175	3597	-1115
晋城市	4750			6197	-1447
朔州市	8782	130	295	3781	4576
晋中市	1889	139		-742	2492
运城市	25185	-35	3214	13075	8931
忻州市	8671			8578	93
临汾市	16081	20	110	1890	14061
吕梁市	6083		400	2300	3383

3-4-37 分市按资质等级分物业管理企业营业利润

单位：千元

地　区	总计	一级	二级	三级	其他
全　省	**-34430**	**-198**	**7888**	**-11837**	**-30283**
太原市	17752	-5	7811	-11	9957
大同市	-47771		272	-7756	-40287
阳泉市	-2919			-2156	-763
长治市	-14578		-1473	-5243	-7862
晋城市	-18519			-5806	-12713
朔州市	6222	80	124	2540	3478
晋中市	-6614	49		-6781	118
运城市	17508	-332	754	9017	8069
忻州市	2559			2495	64
临汾市	7166	10	100	434	6622
吕梁市	4764		300	1430	3034

3-4-38　分市按登记注册类型

地　区	总　计	内资				
			国有	集体	股份合作	国有联营
全　省	**301**	**301**	**5**	**10**	**8**	
太原市	145	145		6	2	
大同市	32	32	1			
阳泉市	8	8		1		
长治市	28	28	1		1	
晋城市	15	15				
朔州市	12	12				
晋中市	15	15	2		2	
运城市	10	10				
忻州市	8	8	1			
临汾市	18	18			2	
吕梁市	10	10		3	1	

3-4-38　续表

地　区				港澳台商投　资		
	私营有限责任公司	私营股份有限公司	其他内资企　业		合资经营	合作经营
全　省	**174**	**13**	**5**			
太原市	110	9				
大同市	9	1	1			
阳泉市	2					
长治市	21		1			
晋城市	4	1	1			
朔州市	8	1	1			
晋中市	4		1			
运城市	2	1				
忻州市	5					
临汾市	7					
吕梁市	2					

分房地产中介服务企业个数

单位：个

集体联营	国有与集体联营	其他联营	国有独资公司	其他有限责任公司	股份有限公司	私营独资	私营合伙
				47	**8**	**23**	**8**
				7		10	1
				17	1		2
				5			
				3		1	
				5	2	2	
				1		1	
				2	2	1	1
				2	3	1	1
				1		1	
				2		4	3
				2		2	

单位：个

独　资	股份有限	外商投资	合资经营	合作经营	独　资	股份有限

3-4-39　分市按登记注册类型

地　区	总　计	内资				
			国有	集体	股份合作	国有联营
全　省	**3124**	**3124**	**51**	**289**	**51**	
太原市	1996	1996		248	16	
大同市	197	197	20			
阳泉市	70	70		25		
长治市	207	207	14		8	
晋城市	100	100				
朔州市	100	100				
晋中市	112	112	13		9	
运城市	72	72				
忻州市	54	54	4			
临汾市	157	157			15	
吕梁市	59	59		16	3	

3-4-39　续表

地　区				港澳台商投　资		
	私营有限责任公司	私营股份有限公司	其他内资企　业		合资经营	合作经营
全　省	**1968**	**129**	**41**			
太原市	1459	103				
大同市	57	3	10			
阳泉市	16					
长治市	149		7			
晋城市	30	13	3			
朔州市	64	6	15			
晋中市	58		6			
运城市	10	4				
忻州市	36					
临汾市	75					
吕梁市	14					

分房地产中介服务企业年末从业人数

单位：人

集体联营	国 有 与 集体联营	其他联营	国有独资 公　　司	其他有限 责任公司	股份有限 公　　司	私营独资	私营合伙
				339	**59**	**147**	**50**
				109		53	8
				99	3		5
				29			
				17		12	
				14	21	19	
				6		9	
				15	7	1	3
				14	28	8	8
				11		3	
				18		23	26
				7		19	

单位：人

独　资	股份有限	外商投资	合资经营	合作经营	独　资	股份有限

3-4-40　分市中介服务企业主要指标完成情况

地　区	房屋代理销售			房屋代理出租		
	成交合同面积(平方米)	成交合同数(个)	成交合同金额(千元)	成交合同面积(平方米)	成交合同数(个)	成交合同金额(千元)
全　省	**332508**	**1723**	**1164505**	**818801**	**2342**	**36090**
太原市	286257	1112	1076860	123429	1333	26738
大同市	3000	100	2500			
阳泉市	1305	15	2604	1000	15	50
长治市	21802	257	46014	6258	84	6883
晋城市	3964	31	11080	5570	58	363
朔州市	2721	34	5600	666234	678	1294
晋中市	9955	105	18500			
运城市						
忻州市				16100	171	753
临汾市	1204	51	1299	210	3	9
吕梁市	2300	18	48			

3-4-41 分市按登记注册类型

地　区	总　计	内资				
			国有	集体	股份合作	国有联营
全　省	**36883**	**36883**	**-4666**	**563**	**1713**	
太原市	38178	38178		268	1053	
大同市	-297	-297	552			
阳泉市	205	205				
长治市	-25	-25	200		-17	
晋城市	-1021	-1021				
朔州市	1599	1599				
晋中市	-5428	-5428	-5458		72	
运城市	356	356				
忻州市	213	213	40			
临汾市	1693	1693			-39	
吕梁市	1410	1410		295	644	

3-4-41　续表

地　区				港澳台商投　资		
	私营有限责任公司	私营股份有限公司	其他内资企　业		合资经营	合作经营
全　省	**35376**	**2785**	**266**			
太原市	36276	1174				
大同市	-2671	1519	29			
阳泉市	-26					
长治市	-70		46			
晋城市	-257	67	14			
朔州市	1185	5	281			
晋中市	4		-104			
运城市	93	20				
忻州市	127					
临汾市	664					
吕梁市	51					

分中介服务企业营业利润

单位：千元

集体联营	国有与集体联营	其他联营	国有独资公司	其他有限责任公司	股份有限公司	私营独资	私营合伙
				620	**-813**	**1065**	**-26**
				-540		178	-231
				267	7		
				231			
				6		-190	
				66	-976	65	
				11		117	
				25	31		2
				75	125	23	20
				46			
				34		851	183
				399		21	

单位：千元

		外商投资				
独　资	股份有限		合资经营	合作经营	独　资	股份有限

3-4-42 分市按登记注册类型

地　区	总　计	内资				
			国有	集体	股份合作	国有联营
全　省	**693**	**691**	**205**	**171**	**8**	
太原市	159	157	26	25	1	
大同市	79	79	36	26		
阳泉市	22	22	7	6	2	
长治市	120	120	47	39	2	
晋城市	36	36	4	5	1	
朔州市	7	7	2			
晋中市	57	57	13	9	1	
运城市	25	25	9	5		
忻州市	33	33	18	12		
临汾市	97	97	27	10	1	
吕梁市	58	58	16	34		

3-4-42　续表

地　区				港澳台商投资		
	私营有限责任公司	私营股份有限公司	其他内资企　业		合资经营	合作经营
全　省	**162**	**14**	**1**	**1**		
太原市	64	10		1		
大同市	8					
阳泉市	4					
长治市	17					
晋城市	15	2				
朔州市	4					
晋中市	5	1				
运城市	2	1	1			
忻州市	1					
临汾市	42					
吕梁市						

分其它房地产企业个数

单位：个

集体联营	国有与集体联营	其他联营	国有独资公司	其他有限责任公司	股份有限公司	私营独资	私营合伙
1			**5**	**65**	**16**	**37**	**6**
				13	2	15	1
1				3	1	2	2
			1	1		1	
			3	2	3	7	
				3	3	3	
				1			
				21	4	2	1
				6		1	
					1		1
			1	14		2	
				1	2	4	1

单位：个

独　资	股份有限	外商投资	合资经营	合作经营	独　资	股份有限
1		**1**			**1**	
1		1			1	

3-4-43 分市按登记注册类型

地　区	总　计	内资	国有	集体	股份合作	国有联营
全　省	**14248**	**14179**	**4843**	**3616**	**130**	
太原市	3102	3033	920	556	5	
大同市	1286	1286	440	697		
阳泉市	1300	1300	297	706	50	
长治市	1461	1461	511	493	39	
晋城市	448	448	46	73	5	
朔州市	186	186	52			
晋中市	892	892	182	76	13	
运城市	513	513	191	243		
忻州市	1838	1838	1361	463		
临汾市	2685	2685	576	108	18	
吕梁市	537	537	267	201		

3-4-43 续表

地　区	私营有限责任公司	私营股份有限公司	其他内资企业	港澳台商投资	合资经营	合作经营
全　省	**2513**	**314**	**5**	**22**		
太原市	923	277		22		
大同市	84					
阳泉市	24					
长治市	214					
晋城市	218	23				
朔州市	131					
晋中市	82	4				
运城市	8	10	5			
忻州市	7					
临汾市	822					
吕梁市						

分其它房地产企业年末从业人数

单位：人

集体联营	国有与集体联营	其他联营	国有独资公司	其他有限责任公司	股份有限公司	私营独资	私营合伙
2			**387**	**1774**	**142**	**383**	**70**
				133	30	185	4
2				11	16	14	22
			214	1		8	
			147	9	22	26	
				23	40	20	
				3			
				462	19	15	39
				48		8	
					3		4
			26	1047		88	
				37	12	19	1

单位：人

独　资	股份有限	外商投资	合资经营	合作经营	独　资	股份有限
22		**47**			**47**	
22		47			47	

3-4-44 分市按登记注册类型

地 区	总 计	内资	国有	集体	股份合作	国有联营
全 省	**80730**	**84488**	**-1514**	**-3670**	**32**	
太原市	5834	9592	-9374	2126		
大同市	10435	10435	10905	-1753		
阳泉市	-6312	-6312	-4421	-647		
长治市	16285	16285	716	5090	-67	
晋城市	-1360	-1360	444	-338	6	
朔州市	24452	24452				
晋中市	3422	3422	-287	-9464	93	
运城市	1523	1523	472	433		
忻州市	439	439	200	89		
临汾市	24429	24429	202	855		
吕梁市	1583	1583	-371	-61		

3-4-44 续表

地 区	私营有限责任公司	私营股份有限公司	其他内资企业	港澳台商投资	合资经营	合作经营
全 省	**71786**	**961**		**-93**		
太原市	14563	739		-93		
大同市	631					
阳泉市	105					
长治市	10632					
晋城市	-1204	-65				
朔州市	24398					
晋中市	3117	287				
运城市	280					
忻州市						
临汾市	19264					
吕梁市						

分其它房地产企业营业利润

单位：千元

集体联营	国有与集体联营	其他联营	国有独资公司	其他有限责任公司	股份有限公司	私营独资	私营合伙
			-1098	**10650**	**3831**	**481**	**3029**
				-507	3374	-1422	93
				300		56	296
			-1349				
			151	-178	-549	490	
				50	-503	250	
				54			
				6570	694	-88	2500
				338			
					10		140
			100	3963		45	
				60	805	1150	

单位：千元

独　资	股份有限	外商投资	合资经营	合作经营	独　资	股份有限
-93		**-3665**			**-3665**	
-93		-3665			-3665	

房地产业主要指标解释

一、经营情况指标解释

1.房屋施工面积：指报告期内施工的全部房屋（包括地下室、半地下室以及配套房屋）建筑面积。包括本期新开工的面积和上年开工跨入本期继续施工的房屋面积，以及上期已停建在本期恢复施工的房屋面积。

2.房屋新开工面积：指在报告期内新开工建设的房屋面积。不包括上期跨入报告期继续施工的房屋面积和上期停缓建而在本期恢复施工的房屋面积。房屋的开工应以房屋正式开始破土刨槽(地基处理或打永久桩)的日期为准。

3.房屋竣工面积：指报告期内房屋建筑按照设计要求已全部完工，达到住人和使用条件，经验收鉴定合格或达到竣工验收标准，可正式移交使用的各栋房屋建筑面积的总和。

4.竣工房屋价值：指在报告期内竣工房屋本身的建造价值。竣工房屋的价值一般按房屋设计和预算规定的内容计算。包括竣工房屋本身的基础、结构、屋面、装修以及水、电、卫等附属工程的建筑价值，也包括作为房屋建筑组成部分而列入房屋建筑工程预算内的设备(如电梯、通风设备等)的购置和安装费用；不包括厂房内的工艺设备、工艺管线的购置和安装，工艺设备基础的建造；办公和生活用家具的购置等费用；购置土地的费用；迁移补偿费和场地平整的费用及城市建设配套投资。竣工房屋价值一般按结算价格计算。

5.出租房屋面积：指在报告期期末房屋开发单位出租的商品房屋的全部面积。

6.商品房销售面积：指报告期内出售商品房屋的合同总面积(即双方签署的正式买卖合同中所确定的建筑面积)。

7.商品房销售额：指报告期内出售商品房屋的合同总价款(即双方签署的正式买卖合同中所确定的合同总价)。

8.待售面积：指报告期末已竣工的可供销售或出租的商品房屋建筑面积中，尚未销售或出租的商品房屋建筑面积，包括以前年度竣工和本期竣工的房屋面积，但不包括报告期已竣工的拆迁还建、统建代建、公共配套建筑、房地产公司自用及周转房等不可销售或出租的房屋面积。

9.在管物业占地面积：指报告期末物业管理单位正在进行管理的物业所占用的全部土地面积。

10.在管房屋建筑面积：指报告期末物业管理单位正在进行管理的已竣工交付使用的全部房屋建筑面积。

11.房屋代理销售成交合同面积：指经房地产中介服务机构代理，并签订销售合同的商品房及以外的所有房屋的成交面积。

12.房屋代理销售成交合同数：指房地产中介服务机构代理销售商品房及以外的所有房屋，并签订销售合同的业务笔数。

13.房屋代理销售成交合同金额：指房地产中介服务机构对商品房及以外的所有房产进行销售，并签订销售合同的商品房成交金额。

14.房屋代理出租成交合同面积：指经房地产中介服务机构代理，并签订租赁合同的商品房及以外的所有出租房屋的总面积。

15.房屋代理出租成交合同数：指房地产中介服务机构代理出租商品房及以外的所有房屋，并签订租赁合同的业务笔数。

16.房屋代理出租成交合同金额：指房地产中介服务机构对商品房及以外的所有房产进行租赁，并签订租赁合同的商品房租赁金额（按月度计算）。

二、财务状况指标解释

1.资产总计：指企业拥有或控制的能以货币计量的经济资源，包括各种财产、债权和其他权利。资产按其流动性（即资产的变现能力和支付能力）划分为：流动资产、长期投资、固定资产、无形资产、递延资产和其他资产。

2.负债合计：指企业所承担的能以货币计量，将以资产或劳务偿付的债务，偿还形式包括货币、资产或提供劳务。负债一般按偿还期长短分为流动负债和长期负债。

3.所有者权益合计：指企业投资人对企业净资产的所有权。所有者权益等于企业总资产减去负债后的余额，一般包括实收资本（或股本）、资本公积、盈余公积和未分配利润等四部分。

4.主营业务收入：指房地产开发企业（单位）从事对外转让、销售商品房屋、代建工程结算和出租开发产品等日常主要业务活动所得到的收入总额。

5.营业利润：指企业从事生产经营活动所取得的利润，即主营业务收入减主营业务成本和主营业务税金及附加，加上其他业务利润，扣除管理费用、财务费用后的净额。

6.利润总额：指企业在生产经营过程中各种收入扣除各种耗费后的盈余，反映企业在报告期内实现的亏盈总额，包括营业利润、补贴收入、投资净收益和营业外收支净额。

第5篇

其他服务业生产经营及财务状况

3-5-1 按登记注册类型和行业

指标名称	法人单位	年初存货	年末存货	固定资产原价	本年折旧
总 计	**13935**	**235837**	**297612**	**9053914**	**987950**
一、按登记注册类型分					
内 资	**13885**	**230936**	**294406**	**8070563**	**867216**
国 有	1041	78534	92118	3279922	366965
集 体	861	11890	11909	234256	21226
股份合作企业	245	1488	1901	38083	4087
联营企业	41	187	202	13291	1238
国有联营	6	78	71	4964	356
集体联营	16	105	125	1142	219
国有与集体联营	4			3012	182
其他联营	15	4	6	4173	481
有限责任公司	1548	31227	72575	806766	64842
国有独资公司	49	8659	46622	132124	7602
其他有限责任公司	1499	22568	25953	674642	57240
股份有限公司	899	29656	25007	2632833	279213
私营企业	8676	76422	89182	925640	113240
私营独资	3884	13203	14932	243681	29998
私营合伙	578	2819	3310	39111	4187
私营有限责任公司	3812	54573	64431	586584	72478
私营股份有限公司	402	5827	6509	56264	6577
其 他	574	1533	1511	139773	16406
港澳台商投资	**15**	**1328**	**1286**	**287921**	**23961**
与港澳台商合资经营	5	635	608	119492	9355
与港澳台商合作经营	3			174	37
港澳台商独资	4	689	673	168110	14554
港澳台商投资股份有限公司	3	4	5	145	15
外商投资	**35**	**3573**	**1920**	**695430**	**96772**
中外合资经营	17	68	68	2348	210
中外合作经营	1		.	1	...
外资企业	12	3452	1769	586791	67120
外商投资股份有限公司	5	53	82	106290	29442
二、按国民经济行业(门类、大类、中类)分					
信息传输、计算机服务和软件业	**2338**	**55664**	**43614**	**5720763**	**656744**
电信和其他信息传输服务业	486	41937	30101	5623030	642627
电 信	207	37376	27063	5515319	627664
互联网信息服务	241	3691	1988	75369	11771
广播电视传输服务	35	824	772	32282	3179
卫星传输服务	3	46	277	60	13
计算机服务业	1570	8695	8805	83579	12274
计算机系统服务	167	5583	5357	10549	1325
数据处理	6	20	11	81	8
计算机维修	37	259	360	1061	117
其他计算机服务	1360	2832	3077	71889	10825
软件业	282	5033	4708	14154	1844
公共软件服务	240	4540	4292	13062	1727
其他软件服务	42	493	417	1092	117

中类分组的服务业企业财务状况

单位：万元、人

营业收入	营业成本	营业税金及附加	营业费用、管理费用、财务费用合计	税金	利息支出	营业利润
5699932	**3206496**	**196809**	**987888**	**43465**	**35274**	**1633612**
5213580	**2962286**	**183433**	**900285**	**41375**	**34513**	**1537934**
1480773	894414	53537	316356	9797	26270	581980
145359	80129	6069	28351	1681	656	35137
37226	27490	1759	3908	272	218	4075
35439	9975	1921	4007	111	1425	19291
826	418	16	133	1		9
1203	485	105	194	45	4	430
600	234	65	82	8	8	227
32810	8838	1736	3598	57	1413	18625
710736	526998	23066	77910	5093	6042	79650
246479	201959	7807	14121	129	748	17920
464257	325039	15259	63789	4965	5294	61730
1810658	806367	50347	336305	4346	-4520	613994
928911	580095	44068	122823	19205	3747	188219
242647	133409	13220	32853	5315	1309	64570
58726	39453	2423	5537	892	160	11680
559064	362690	26151	73497	11563	1838	101104
68475	44545	2274	10936	1436	440	10865
64478	36819	2668	10625	868	675	15588
54656	**53808**	**1315**	**25304**	**999**	**797**	**-27260**
29441	19082	796	5759	205	4	1141
173	71	5	45	4		52
24986	34604	512	19485	790	793	-28441
56	50	2	16			-12
431696	**190402**	**12061**	**62300**	**1091**	**-36**	**122938**
9845	784	449	-1364	5		-24926
10	5	1	5			-1
267835	131962	7303	37158	921	-36	82320
154007	57652	4308	26501	165		65544
3082487	**1518866**	**88634**	**588201**	**9539**	**3597**	**860358**
2917455	1408407	82100	567530	7042	3045	829363
2852956	1366780	79265	559419	6658	2759	817568
49718	31555	2426	5288	312	133	11062
14419	9899	390	2723	64	153	662
361	173	18	99	8		71
111566	72814	4935	10151	1702	498	26763
49467	40997	1647	3847	448	150	5058
232	938	14	30		1	61
4385	3817	189	192	12	3	209
57482	27062	3085	6083	1242	344	21435
53466	37645	1600	10520	795	54	4232
47489	32916	1471	9833	755	55	3802
5978	4729	128	687	40	-1	431

3-5-1 续表 1

指标名称	法人单位	年初存货	年末存货	固定资产原价	本年折旧
金融业	**686**				
银行业	230				
中央银行	2				
商业银行	217				
其他银行	11				
证券业	13				
证券市场管理	1				
证券经纪与交易	10				
证券投资	1				
证券分析与咨询	1				
保险业	230				
人寿保险	72				
非人寿保险	101				
保险辅助服务	57				
其他金融活动	213	1426	2890	59184	4744
金融信托与管理	15	1	1	7986	469
金融租赁	2			4541	648
财务公司	2			350	74
邮政储蓄	7			80	8
典　当	72	1320	2785	18434	1725
其他未列明的金融活动	115	104	104	27793	1822
租赁和商务服务业	**4857**	**82892**	**99611**	**1931018**	**181428**
租赁业	298	5019	4607	94534	9127
机械设备租赁	291	4833	4454	93771	9043
文化及日用品出租	7	186	153	763	84
商务服务业	4559	77873	95004	1836484	172300
企业管理服务	756	50886	67528	1271046	111943
法律服务	100	36	28	4440	490
咨询与调查	1022	9090	8002	101748	10959
广告业	983	7941	7264	49899	6326
知识产权服务	28	20	9	1015	154
职业中介服务	144	1584	1175	9357	973
市场管理	342	4085	4128	227687	24464
旅行社	640	1330	2019	63399	5764
其他商务服务	544	2901	4852	107893	11228
科学研究、技术服务和地质勘查业	**1872**	**33218**	**70620**	**301362**	**34690**
研究与试验发展	194	4998	4874	44016	3817
自然科学研究与试验发展	20	46	26	1579	219
工程和技术研究与试验发展	116	3789	3765	33617	2918
农业科学研究与试验发展	40	1120	1057	7630	526
医学研究与试验发展	17	43	26	1191	154
社会人文科学研究与试验发展	1				
专业技术服务业	1178	20955	56646	178542	23802
气象服务	15	...	26	397	54
地震服务	3	13	12	117	10

单位：万元、人

营业收入	营业成本	营业税金及附加	营业费用、管理费用、财务费用合计			营业利润
				税金	利息支出	
48211	22675	2235	7239	726	1445	13671
5716	2078	417	1964	385	11	1256
6329	3665	323	1405	10	1296	934
14265	5170	533	1025	20		7536
92	13	5	40			34
5968	3306	310	981	170	128	1375
15841	8444	648	1824	142	11	2536
1189939	**682926**	**49255**	**203872**	**17299**	**25933**	**588982**
68530	49515	2261	7975	844	523	9514
68286	49359	2251	7941	835	523	9471
244	157	10	34	9		43
1121409	633411	46995	195897	16455	25410	579468
542166	302178	20296	105464	4628	22277	444846
10585	5279	703	1708	186	11	3009
102604	54662	4755	17524	2869	543	25859
78653	45516	3990	11368	2401	457	18489
3369	1188	204	487	110	7	1512
21062	13291	901	4049	246	8	2807
70082	30392	4097	11913	1967	736	25451
157156	120384	4560	14472	2331	931	18302
135733	60521	7490	28913	1717	441	39192
741596	**564826**	**29710**	**87498**	**5970**	**1368**	**72372**
48463	32008	1816	8650	634	180	6019
2746	2100	55	309	1	6	258
38819	24924	1425	7554	539	157	4988
5890	4293	293	587	65	18	698
1008	691	43	200	29	…	75
559463	427070	24000	64752	4521	182	51899
721	435	40	171	3	…	77
155	116	8	26			5

3-5-1 续表 2

指标名称	法人单位	年初存货	年末存货	固定资产原价	本年折旧
测绘服务	74	82	82	4138	538
技术检测	170	399	567	28827	4150
环境监测	23	283	200	1102	103
工程技术与规划管理	671	13077	48458	83264	11642
其他专业技术服务	222	7101	7302	60697	7305
科技交流和推广服务业	424	5577	7096	38494	4144
技术推广服务	318	3680	5161	25337	2894
科技中介服务	53	946	898	11332	1039
其他科技服务	53	951	1038	1826	212
地质勘查业	76	1688	2005	40310	2927
矿产地质勘查	29	967	1034	23719	1558
基础地质勘查	17	440	442	10994	967
地质勘查技术服务	30	281	529	5596	402
水利、环境和公共设施管理业	**530**	**12803**	**24554**	**471401**	**37631**
水利管理业	78	1522	3336	121357	8049
防洪管理	2	34	34	3441	896
水资源管理	35	320	1909	112644	6588
其他水利管理	41	1168	1393	5273	565
环境管理业	92	322	203	12900	1543
自然保护	12			261	27
环境治理	80	322	203	12639	1516
公共设施管理业	360	10960	21015	337143	28039
市政公共设施管理	41	295	317	48379	5295
城市绿化管理	149	10156	19673	13128	1324
游览景区管理	170	509	1025	275636	21421
居民服务和其他服务业	**2227**	**26653**	**31506**	**236944**	**34174**
居民服务业	1043	7446	9386	107468	12002
家庭服务	39	75	59	2147	150
托儿所	2			90	11
洗染服务	64	74	527	3565	280
理发及美容保健服务	204	562	520	4744	408
洗浴服务	259	2459	3082	54754	5796
婚姻服务	62	134	140	1115	108
殡葬服务	26	1769	1875	9793	902
摄影扩印服务	169	1137	1938	19596	3143
其他居民服务	218	1236	1246	11665	1205
其他服务业	1184	19207	22120	129476	22172
修理与维护	815	12821	14640	47761	5234
清洁服务	130	407	599	6127	661
其他未列明的服务	239	5978	6882	75589	16277
教　育	**480**	**2317**	**2564**	**70172**	**9667**
教　育	480	2317	2564	70172	9667
学前教育	68	693	539	2918	231
初等教育	13			4620	586
中等教育	34	37	78	21327	2960
高等教育	3	1	1	173	16
其他教育	362	1586	1946	41134	5873

单位：万元、人

营业收入	营业成本	营业税金及附加	营业费用、管理费用、财务费用合计			营业利润
				税金	利息支出	
7614	3812	398	1532	46	-46	1810
21212	10919	1083	4135	545	147	5403
1523	1094	62	291	9	…	129
453062	347145	19685	50187	3268	-2	38078
75176	63549	2725	8409	650	82	6397
53569	40934	1127	5815	375	975	6903
42188	33023	737	3869	240	966	5907
8045	5633	301	1219	122	9	907
3336	2278	89	726	14	…	90
80101	64814	2767	8282	440	31	7551
40819	31949	1131	1416	97	…	6367
30890	27192	1229	5378	25	30	410
8392	5673	407	1488	319		774
103916	**82848**	**3892**	**15900**	**873**	**1238**	**1344**
23523	28414	468	3206	278	593	-8380
45	21	7	3	1		15
18879	25372	203	2577	259	543	-9185
4599	3021	259	626	19	50	790
9896	7363	334	1406	26	51	791
632	365	14	108	6	8	147
9264	6998	320	1299	21	44	644
70497	47072	3089	11288	568	594	8933
11027	7761	448	2414	122	373	361
35263	25890	1923	2999	362	37	4480
24207	13421	718	5876	84	184	4092
240676	**161385**	**9891**	**32341**	**4916**	**964**	**37770**
85762	49108	4162	15330	2140	629	17162
4186	1782	137	1801	18	1	458
148	85	12	22	3	1	30
1785	938	97	297	78	2	458
6984	3327	377	1416	233	7	1922
34755	17976	1989	6894	837	463	7798
1550	753	79	240	32	4	498
6031	3777	285	1223	70	62	697
11722	7286	594	1624	426	47	2256
18600	13183	592	1813	442	42	3047
154915	112278	5729	17011	2776	335	20609
85232	59200	3342	9533	1809	207	13408
11085	6479	521	1978	439	25	2111
58598	46599	1866	5500	528	103	5090
50664	**31090**	**2241**	**8170**	**609**	**68**	**10219**
50664	31090	2241	8170	609	68	10219
2881	1516	145	609	32	4	644
3051	1747	81	665	3	18	558
7976	5054	276	972	73	3	1754
141	62	5	57	52		19
36615	22711	1735	5868	450	44	7244

3-5-1 续表 3

指标名称	法人单位	年初存货	年末存货	固定资产原价	本年折旧
卫生、社会保障和社会福利业	**387**	**6798**	**6983**	**78734**	**8639**
卫 生	365	6794	6979	75579	8316
医 院	170	5974	5656	59655	6626
卫生院及社区医疗活动	63	263	406	5832	495
门诊部医疗活动	85	386	369	1795	170
计划生育技术服务活动	4	2	2	45	5
妇幼保健活动	6	15	12	384	72
专科疾病防治活动	8	66	72	1285	173
疾病预防控制及防疫活动	1			11	1
其他卫生活动	28	87	463	6573	775
社会保障业	9			255	30
社会保障业	9			255	30
社会福利业	13	4	3	2900	294
提供住宿的社会福利	10	4	3	2799	294
不提供住宿的社会福利	3	1	1	101	
文化、体育和娱乐业	**558**	**14067**	**15270**	**184336**	**20233**
新闻出版业	39	10649	11270	67281	7814
新闻业	3	389	608	7961	337
出版业	36	10261	10662	59320	7477
广播、电视、电影和音像业	90	576	1105	50943	4556
广 播	5	11	12	30185	2212
电 视	21	339	518	10213	1081
电 影	35	185	481	7797	883
音像制作	29	40	94	2748	380
文化艺术业	137	339	323	14073	1090
文艺创作与表演	45	33	19	2191	242
艺术表演场馆	8	2	16	828	95
文物及文化保护	14	70	70	1915	80
博物馆	8			2983	187
烈士陵园、纪念馆	1	166	148	2978	201
群众文化活动	19	60	60	875	132
文化艺术经纪代理	10			1288	68
其他文化艺术	32	8	10	1014	85
体 育	33	902	319	3640	302
体育组织	12	30	53	1000	123
体育场馆	16	872	265	2617	172
其他体育	5		2	23	7
娱乐业	259	1602	2254	48400	6471
室内娱乐活动	167	1160	1299	33687	4440
游乐园	10			5138	935
休闲健身娱乐活动	64	417	912	8268	941
其他娱乐活动	18	26	43	1308	156

注：本表按有填写财务表的服务业企业统计，不包括交通运输、仓储和邮政业、批发、零售、住宿、餐饮、银行、证券、保险和房地产业。

单位：万元、人

营业收入	营业成本	营业税金及附加	营业费用、管理费用、财务费用合计	税金	利息支出	营业利润
84904	**46362**	**4461**	**14816**	**1229**	**173**	**19944**
84389	46056	4431	14676	1224	173	19899
70012	36067	3834	12644	1070	154	18177
3916	2786	213	639	70	5	318
3280	1939	126	552	63	3	654
72	48	4	9	1		12
225	123	32	28	1		42
1303	1022	51	70	…		145
30	5	2	3	3		21
5551	4065	168	732	17	10	532
194	92	13	74	3		15
194	92	13	74	3		15
322	215	17	67	2		31
321	211	16	66	1		35
1	4	1	1	1		-4
157539	**95518**	**6490**	**29852**	**2304**	**489**	**28950**
89312	65195	2001	17912	874	75	7053
15040	9734	157	4546	52	2	936
74272	55460	1844	13366	822	74	6117
23398	10157	983	4414	418	193	8043
7493	1317	210	1872	208	122	4094
10159	5086	480	1343	74	44	3257
3185	1909	179	741	115	23	629
2561	1845	114	458	21	4	63
8847	3669	668	847	120	-110	3579
3764	1324	104	191	40	6	2160
177	91	12	22	10		63
807	371	39	97	14	-4	301
1050	764	21	41	12	2	223
1171	131	290	241			386
677	275	125	87	3	-120	192
372	276	26	41	1	5	36
829	437	52	126	41	2	219
2524	1116	121	828	69	4	452
352	207	16	50	2		73
2153	903	104	772	67	4	371
20	6	1	6			8
33458	15382	2718	5851	823	328	9824
27807	12566	2246	4841	691	239	8505
827	362	94	176	21	2	196
4291	2178	323	752	99	87	1003
533	276	55	83	12		120

3-5-1 续表 4

指标名称	职工工资和福利费	本年应交增值税	所有者权益合计	实收资本
总　计	**636007**	**44277**	**12577024**	**9449249**
一、按登记注册类型分				
内　资	**597005**	**40362**	**11152487**	**7571374**
国　有	198558	8643	5415605	3732583
集　体	36943	3267	217248	166090
股份合作企业	6409	128	43284	34522
联营企业	1442	36	20995	12286
国有联营	201	...	956	581
集体联营	318	36	1734	1724
国有与集体联营	63		6000	6000
其他联营	860		12305	3981
有限责任公司	85529	2936	2361954	1642110
国有独资公司	19135	170	1299908	782101
其他有限责任公司	66394	2766	1062046	860009
股份有限公司	87604	15415	1507978	711795
私营企业	160261	8819	1474289	1174178
私营独资	53242	1574	363040	242496
私营合伙	10748	151	42254	37040
私营有限责任公司	86467	6128	1006352	838564
私营股份有限公司	9803	965	62643	56078
其　他	20259	1118	111135	97810
港澳台商投资	**12438**	**197**	**-72685**	**353219**
与港澳台商合资经营	3419	82	11171	11160
与港澳台商合作经营	35		8184	8184
港澳台商独资	8942	115	-94459	332371
港澳台商投资股份有限公司	43		2420	1504
外商投资	**26565**	**3719**	**1497221**	**1524657**
中外合资经营	1027	3	986312	1014290
中外合作经营	5		1500	1500
外资企业	16355	3716	368603	368061
外商投资股份有限公司	9178		140806	140806
二、按国民经济行业(门类、大类、中类)分				
信息传输、计算机服务和软件业	**189265**	**21416**	**2798864**	**2280390**
电信和其他信息传输服务业	164800	19319	2638235	2137994
电　信	159350	19095	2547866	2090354
互联网信息服务	3683	211	65351	24638
广播电视传输服务	1700	12	24834	22797
卫星传输服务	67	1	184	206
计算机服务业	17713	734	110186	104846
计算机系统服务	4067	349	35685	32826
数据处理	62		296	286
计算机维修	277	7	1682	1676
其他计算机服务	13307	377	72523	70058
软件业	6752	1363	50443	37550
公共软件服务	6019	1334	46656	34484
其他软件服务	734	29	3787	3066

单位：万元、人

国家资本	集体资本	法人资本	个人资本	港澳台资本	外商资本	全部就业人员年平均人数
4751181	**250925**	**1170484**	**1598971**	**881190**	**796499**	**279994**
4751118	**250447**	**680874**	**1598903**	**9968**	**280064**	**273179**
3700205		32378				72507
	163817	2273				23722
2658	4015	9114	16402	2312	20	3988
6039	3523	938	1786			980
577		4				127
	1372	353				279
5450	550					36
12	1601	582	1786			538
997757	55327	358057	222426	7452	1090	38080
782101						2716
215656	55327	358057	222426	7452	1090	35364
42099	16119	199575	175571	38	278393	24337
		29073	1145105			98294
		5375	237121			35632
		2887	34153			6794
		20152	818413			49741
		660	55418			6127
2361	7646	49466	37612	165	560	11271
		11730	**67**	**341222**	**200**	**3385**
		7620	3	3337	200	1384
		4110	64	4010		23
				332371		1941
				1504		37
63	**477**	**477880**	**1**	**530000**	**516236**	**3430**
63	477	477060	1	530000	6689	332
		820			680	4
					368061	2175
					140806	919
940940	**3887**	**110717**	**157181**	**332357**	**735308**	**52559**
939066	3414	97481	30619	332351	735064	37985
929960	2483	77304	13293	332251	735064	34442
5708		3685	15246			2419
3398	931	16463	1905	100		1081
		30	176			43
1136	353	10005	93346	7		11127
150	347	8487	23843			1871
93			194			40
4		557	1108	7		211
890	6	960	68202			9005
738	120	3231	33216		244	3447
731	120	3074	30406		154	3069
8		157	2811		90	378

3-5-1 续表 5

指标名称	职工工资和福利费	本年应交增值税	所有者权益合计	实收资本
金融业				
银行业				
中央银行				
商业银行				
其他银行				
证券业				
证券市场管理				
证券经纪与交易				
证券投资				
证券分析与咨询				
保险业				
人寿保险				
非人寿保险				
保险辅助服务				
其他金融活动	3548	60	334945	299691
金融信托与管理	332		22727	10668
金融租赁	56		59072	53500
财务公司	384		58529	51000
邮政储蓄	27		50	50
典　当	1180	26	45199	44204
其他未列明的金融活动	1570	34	149369	140270
租赁和商务服务业	**199294**	**12046**	**7916705**	**5655030**
租赁业	6649	177	123307	85003
机械设备租赁	6416	172	122437	84133
文化及日用品出租	232	5	870	870
商务服务业	192645	11869	7793398	5570027
企业管理服务	86633	6431	7065522	5029806
法律服务	3833	13	4854	3683
咨询与调查	21392	454	135630	105443
广告业	13102	560	79421	70293
知识产权服务	377	3	2598	2620
职业中介服务	7274	49	10967	8450
市场管理	14209	2395	149992	130483
旅行社	12241	323	99676	89113
其他商务服务	33584	1643	244738	130138
科学研究、技术服务和地质勘查业	**109341**	**3553**	**612755**	**537114**
研究与试验发展	6596	751	142526	121196
自然科学研究与试验发展	603	20	4423	3729
工程和技术研究与试验发展	5152	142	123498	103895
农业科学研究与试验发展	653	587	12316	11899
医学研究与试验发展	188	2	2289	1672
社会人文科学研究与试验发展				
专业技术服务业	86248	2337	334871	289065
气象服务	137		291	269
地震服务	23		125	116

单位：万元、人

国家资本	集体资本	法人资本	个人资本	港澳台资本	外商资本	全部就业人员年平均人数
121484	5589	72470	99930	217		1715
9585	775		308			189
50000			3500			45
1000		50000				37
50						25
1112	1291	6423	35378			636
59737	3523	16047	60745	217		783
3305531	**175915**	**833101**	**788414**	**540329**	**11741**	**100819**
10326	7839	24293	42544			4222
10326	7839	24275	41693			4131
		18	852			91
3295205	168075	808808	745869	540329	11741	96597
3217911	106881	738086	428423	537076	1430	36589
118	17	458	3090			1987
16626	3243	16464	65111	3150	850	11963
1469	2790	7937	58093		4	8068
1671		194	755			187
1603	1089	1188	4570			4670
8542	33098	9652	79190			9171
9479	11845	10000	57762	3	24	8572
37786	9113	24829	48876	100	9434	15390
191180	**11687**	**71331**	**213863**	**1673**	**47380**	**40603**
6501	2731	34462	57504		19997	3381
1216	203	50	2260			383
4485	1186	31956	46272		19997	2411
600	1220	2362	7717			457
200	122	95	1255			130
142979	7179	29885	107356	1363	303	29166
49	48	71	101			111
100	5	5	6			21

3-5-1 续表 6

指标名称	职工工资和福利费	本年应交增值税	所有者权益合计	实收资本
测绘服务	1346	152	4413	3457
技术检测	5553	123	22344	18074
环境监测	405	33	1501	1494
工程技术与规划管理	66291	1150	163077	133685
其他专业技术服务	12492	880	143118	131971
科技交流和推广服务业	6695	415	93597	85344
技术推广服务	4834	369	54496	48499
科技中介服务	1298	11	27843	26006
其他科技服务	564	36	11259	10839
地质勘查业	9802	49	41761	41509
矿产地质勘查	1574	29	30117	29782
基础地质勘查	6464	20	6190	6530
地质勘查技术服务	1765	…	5455	5197
水利、环境和公共设施管理业	**19937**	**1528**	**279548**	**271525**
水利管理业	2943	1091	88871	96638
防洪管理	370	1	595	595
水资源管理	1715	1054	82868	91224
其他水利管理	858	36	5408	4819
环境管理业	2501	99	23997	18615
自然保护	122		5502	5501
环境治理	2379	99	18495	13114
公共设施管理业	14493	338	166680	156272
市政公共设施管理	1262	210	19671	22947
城市绿化管理	4241	101	31003	29440
游览景区管理	8990	27	116007	103885
居民服务和其他服务业	**49287**	**2031**	**316346**	**185437**
居民服务业	25372	328	196162	82940
家庭服务	408	1	801	766
托儿所	89		103	102
洗染服务	831	4	3428	3333
理发及美容保健服务	2951	24	5922	5354
洗浴服务	11948	124	145896	36601
婚姻服务	473	7	1343	1283
殡葬服务	1933	11	7923	7249
摄影扩印服务	3104	63	14907	13989
其他居民服务	3635	94	15840	14264
其他服务业	23916	1703	120184	102497
修理与维护	13547	1193	61082	52394
清洁服务	4607	96	6525	6166
其他未列明的服务	5762	413	52577	43937
教　育	**15683**	**835**	**58528**	**54082**
教　育	15683	835	58528	54082
学前教育	1684	5	3836	3294
初等教育	1923	15	3513	3513
中等教育	2900	1	20874	18920
高等教育	48	1	137	135
其他教育	9128	813	30168	28220

单位：万元、人

						全部就业人员年平均人数
国家资本	集体资本	法人资本	个人资本	港澳台资本	外商资本	
490	59	329	2579			778
3429	3606	1284	9475		280	3076
66	10	40	1378			272
51932	2748	17503	61479		23	20672
86912	703	10653	32340	1363		4236
32306	1100	6465	44374	310	790	3928
21086	1022	5188	20664	310	230	2917
11195	7	1063	13181		560	560
25	71	214	10529			451
9394	676	519	4630		26291	4128
2357	408	40	686		26291	1041
5251	268		1011			2247
1786		479	2933			840
129888	**22358**	**26502**	**92720**		**57**	**13534**
90605	3069	293	2671			1639
545	50					133
88645	1265	19	1296			849
1415	1754	275	1376			657
4623	1277	5153	7563			2073
	126	5000	376			193
4623	1151	153	7187			1880
34660	18013	21057	82485		57	9822
5710	1948	12956	2293		40	1096
650	373	2146	26254		17	2765
28300	15691	5955	53938			5961
20795	**12463**	**24515**	**125014**	**2534**	**115**	**33902**
11461	8235	12658	50581		5	16711
356	95	19	296			292
30			72			62
213	96	92	2932			526
152	38	206	4958			1985
6185	4063	4980	21374			8465
	7	26	1250			461
2914	240	592	3502			454
519	371	6075	7019		5	1982
1093	3325	669	9178			2484
9334	4228	11857	74433	2534	110	17191
1953	1564	4688	41555	2524	110	9604
178	777	557	4654			4094
7203	1887	6612	28224	10		3493
4170	**4904**	**15732**	**29270**		**6**	**10421**
4170	4904	15732	29270		6	10421
254	274	234	2532			1310
600		800	2113			890
29	530	13403	4958			1834
	15		120			19
3287	4085	1295	19547		6	6368

3-5-1 续表 7

指标名称	职工工资和福利费	本年应交增值税	所有者权益合计	实收资本
卫生、社会保障和社会福利业	**24464**	**150**	**75151**	**65117**
卫 生	24182	150	70789	61877
医 院	19531	75	59395	52392
卫生院及社区医疗活动	1686	7	2377	2277
门诊部医疗活动	1343	27	1980	1840
计划生育技术服务活动	22		151	148
妇幼保健活动	93		333	324
专科疾病防治活动	227		2274	1698
疾病预防控制及防疫活动	8		20	20
其他卫生活动	1272	41	4260	3179
社会保障业	102		838	768
社会保障业	102		838	768
社会福利业	180	...	3524	2473
提供住宿的社会福利	168	...	3415	2371
不提供住宿的社会福利	12		109	102
文化、体育和娱乐业	**25188**	**2660**	**184182**	**100863**
新闻出版业	8913	2375	70661	14504
新闻业	1010		18617	520
出版业	7903	2375	52044	13984
广播、电视、电影和音像业	4248	52	25447	14625
广 播	1422		10898	2165
电 视	780	26	4889	3873
电 影	1471	9	6524	5926
音像制作	575	17	3137	2661
文化艺术业	2443	18	14146	13867
文艺创作与表演	1067	6	3041	2791
艺术表演场馆	147	1	763	763
文物及文化保护	179	...	1675	1569
博物馆	278	8	2830	2830
烈士陵园、纪念馆	199		2014	2014
群众文化活动	180	1	1140	1135
文化艺术经纪代理	119		466	561
其他文化艺术	274	1	2218	2204
体 育	456	44	12461	4422
体育组织	185	16	1903	1552
体育场馆	246	29	10452	2764
其他体育	25		106	106
娱乐业	9129	172	61466	53445
室内娱乐活动	7129	107	35529	32263
游乐园	365		11905	11905
休闲健身娱乐活动	1417	65	12472	7717
其他娱乐活动	218	...	1560	1560

注：本表按有填写财务表的服务业企业统计，不包括交通运输、仓储和邮政业、批发、零售、住宿、餐饮、银行、证券、保

单位：万元、人

国家资本	集体资本	法人资本	个人资本	港澳台资本	外商资本	全部就业人员年平均人数
17467	**5648**	**8145**	**29814**	**4041**	**2**	**12786**
17236	5184	7110	28304	4041	2	12532
14212	4329	6623	23187	4041		9921
1041	642	191	403			1043
408	151	91	1190			707
		5	143			15
			324			77
500			1198			169
20						4
1055	61	200	1860		2	596
29	53		686			101
29	53		686			101
202	412	1035	824			153
100	412	1035	824			141
102						12
19725	**8474**	**7972**	**62765**	**38**	**1890**	**13655**
11125	599	80	2700			3784
500			20			634
10625	599	80	2680			3150
5689	2346	1365	3397	38	1790	2410
50	1015	1000	100			464
2087	241	100	1116	38	290	485
3210	752		464		1500	1042
342	338	265	1717			419
931	1531	1769	9536		100	1838
37	219	80	2454			880
500	48		215			82
190	127	1060	92		100	96
100			2730			139
14	900		1100			198
	12		1123			160
90			471			69
	225	629	1350			214
371	2	126	3923			317
359		53	1141			133
10		73	2681			162
2	2		102			22
1609	3996	4633	43208			5306
170	3662	3781	24650			3811
570	324		11011			249
656		852	6209			1076
213	10		1338			170

险和房地产业。

3-5-2 按地区分组的

地 区	法人单位	年初存货	年末存货	固定资产原 价	本年折旧
总 计	**13935**	**235837**	**297612**	**9053914**	**987950**
太原市	5021	140816	197163	4757858	525011
大同市	1163	11887	11435	513161	53972
阳泉市	708	3933	4371	242212	23106
长治市	999	8659	8286	630495	45211
晋城市	1019	9335	9670	591720	51092
朔州市	553	15669	14501	242961	17442
晋中市	855	12727	10808	514272	39446
运城市	1235	13846	20881	570782	106392
忻州市	431	6117	5725	245323	22187
临汾市	1564	9391	11547	458784	62091
吕梁市	387	3458	3225	286346	41999

注：本表按有填写财务表的服务业企业统计，不包括交通运输、仓储和邮政业、批发、零售、住宿、餐饮、银行、证券、保

3-5-2 续表

地 区	职工工资和福利费	本年应交增 值 税	所 有 者权益合计		
				实收资本	
					国家资本
总 计	**636007**	**44277**	**12577024**	**9449249**	**4751181**
太原市	301286	32303	8134150	6070359	3016671
大同市	51455	1088	667458	520232	354384
阳泉市	21690	265	178925	170449	49131
长治市	42246	3045	745560	411953	255971
晋城市	31002	1754	536181	359985	122188
朔州市	21656	1720	266845	257328	104271
晋中市	29551	292	575107	449461	202231
运城市	62772	2089	632668	406143	214829
忻州市	14615	68	250794	237166	205304
临汾市	37110	1528	353327	336584	163189
吕梁市	22625	127	236010	229589	63012

服务业企业财务状况

单位：个、万元、人

营业收入	营业成本	营业税金及附加	营业费用、管理费用、财务费用合计	#税金	#利息支出	营业利润
5551153	**3206496**	**196809**	**987888**	**43465**	**35274**	**1633612**
3071340	1771365	108357	549838	30439	19497	1012238
346367	194666	13980	62568	1299	1246	76879
153029	85029	5631	32980	1580	515	26291
319261	166341	12464	78364	1006	908	87304
271149	194391	7963	37403	1289	8676	45510
199500	95000	6010	14896	216	686	87563
269735	157278	8935	49602	1112	751	61214
270158	193852	10165	39769	2223	1496	73823
150579	98748	5589	27629	628	524	20938
311362	166335	11499	61071	3137	268	75391
188674	83491	6216	33771	536	709	66461

险和房地产业。

单位：个、万元、人

集体资本	法人资本	个人资本	港澳台资本	外商资本	全部就业人员年平均人数
250925	**1170484**	**1598971**	**881190**	**796499**	**279994**
63480	803742	856727	841052	488686	106558
30945	44182	90584		138	27919
14094	30651	31555	29436	15582	11759
19219	58308	78436		19	19387
55109	78339	75161	2889	26299	22144
12982	68931	61713		9431	10995
9498	45310	63655	217	128550	16410
13802	25340	151150	340	683	28162
5135	3457	22995	255	20	8029
15701	9892	139081	7000	1722	20944
10961	2333	27915		125369	7687

3-5-3 按登记注册类型和行业

指标名称	法人单位	固定资产原价	本年收入合计	财政拨款	事业收入
总计	**32054**	**10445568**	**11586474**	**8110710**	**2015502**
一、按登记注册类型分					
内资	**32054**	**10445567**	**11586446**	**8110696**	**2015488**
国有	30071	10040705	11249543	7939055	1925571
集体	1127	137028	126301	59230	38169
股份合作企业	14	13817	3842	1044	1827
联营企业	22	11979	2293	793	1145
国有联营	8	9465	1668	661	842
集体联营	8	1908	477	115	223
国有与集体联营	2				
其他联营	4	606	148	18	81
有限责任公司		1319	2314	868	86
国有独资公司					
其他有限责任公司		1319	2314	868	86
股份有限公司					
私营企业		18319	6394	545	2615
私营独资		17212	5946	385	2615
私营合伙		1107	448	160	
私营有限责任公司					
私营股份有限公司					
其他	820	222401	195759	109161	46074
港澳台商投资					
与港澳台商合资经营					
外商投资		**1**	**28**	**14**	**14**
中外合资经营					
中外合作经营		1	28	14	14
外资企业					
外商投资股份有限公司					
二、按国民经济行业(门类、大类、中类)分					
信息传输、计算机服务和软件业	**84**	**54888**	**37505**	**26896**	**6495**
电信和其他信息传输服务业	58	50791	29607	19408	6333
电信	3	13	9	9	
互联网信息服务	7	631	771	626	2
广播电视传输服务	47	50078	28715	18662	6331
卫星传输服务	1	69	111	111	
计算机服务业	19	3753	7268	6927	92
计算机系统服务	8	2770	1223	1053	92
数据处理	3	455	5301	5240	
计算机维修	2	456	718	618	
其他计算机服务	6	72	26	16	
软件业	7	344	630	561	69
公共软件服务	6	164	612	561	51
其他软件服务	1	181	18		18
金融业	**25**	**355484**	**59860**	**40934**	**1632**
银行业	20	351189	57070	40304	1632
中央银行	20	351189	57070	40304	1632

注：本表按有填写财务表且执行行政事业会计制度的单位统计。

中类分组的行政事业单位财务状况

单位：个、万元、人

经营收入	本年支出合计	工资福利支出	商品和服务支出	取暖费(降温费)	劳务费	差旅费
537439	**10596213**	**3909253**	**3293802**	**205878**	**134331**	**115543**
537439	**10596185**	**3909239**	**3293788**	**205878**	**134331**	**115540**
500570	10297265	3756657	3206967	196912	126509	112866
19307	115356	56143	38117	3226	4357	935
637	3675	1664	1372	132	227	19
221	2232	1203	890	128	66	69
43	1672	889	701	95	62	59
133	417	209	153	30	3	10
45	144	105	35	4	…	…
1360	642	511	45	5		5
1360	642	511	45	5		5
2626	6164	3104	1952	315	348	78
2595	5779	2795	1925	295	346	73
31	386	309	27	20	2	5
12718	170851	89957	44444	5159	2825	1568
	28	**14**	**14**			**3**
	28	14	14			3
2039	**35543**	**6801**	**15652**	**2594**	**123**	**259**
1908	27650	5396	12106	2518	97	192
	9	9	…	…		
3	530	96	134	1		2
1905	27007	5223	11949	2513	97	190
	104	68	23	4		1
131	7222	1043	3313	70	18	64
61	1260	502	587	30	3	27
60	5300	363	2288	31		13
	645	165	438	8	16	25
10	17	12	1	…		
	671	362	233	6	7	2
	636	328	231	5	7	2
	36	34	2	2		
8801	**140084**	**46921**	**39858**	**1808**	**287**	**2650**
8111	138049	46214	39091	1789	280	2503
8111	138049	46214	39091	1789	280	2503

3-5-3 续表 1

指标名称	法人单位	固定资产原价	本年收入合计	财政拨款	事业收入
证券业	1	2907	617	617	
证券市场管理	1	2907	617	617	
保险业	1	660	1338		
保险辅助服务	1	660	1338		
其他金融活动	3	728	835	13	
金融信托与管理	2	727	831	9	
其他未列明的金融活动	1	1	4	4	
租赁和商务服务业	**1204**	**112300**	**236834**	**189699**	**24218**
租赁业	4	302	914	42	247
机械设备租赁	4	302	914	42	247
商务服务业	1200	111998	235921	189657	23972
企业管理服务	469	56848	178091	158412	9332
法律服务	239	2566	8232	2883	946
咨询与调查	193	13889	16375	13150	1352
广告业	3	3028	2452	615	1837
知识产权服务	8	123	200	139	43
职业中介服务	142	4754	9963	5700	2680
市场管理	48	4126	4577	1372	2758
旅行社	9	561	671	595	76
其他商务服务	89	26105	15360	6792	4946
科学研究、技术服务和地质勘查业	**1790**	**403357**	**589617**	**320388**	**89994**
研究与试验发展	202	186829	126578	64581	34331
自然科学研究与试验发展	21	48422	38023	14557	16813
工程和技术研究与试验发展	36	105108	47648	12848	15501
农业科学研究与试验发展	92	30223	32147	29285	1400
医学研究与试验发展	15	1403	1616	1125	432
社会人文科学研究与试验发展	38	1673	7144	6766	185
专业技术服务业	913	126414	263606	171555	41737
气象服务	123	14828	18216	11719	747
地震服务	99	13348	9345	9113	74
海洋服务	1				
测绘服务	41	8314	12490	7797	3766
技术检测	205	29643	25911	11414	6173
环境监测	96	19905	21134	15464	3638
工程技术与规划管理	263	30571	144831	99024	25606
其他专业技术服务	85	9805	31679	17024	1734
科技交流和推广服务业	616	30834	36247	28570	2666
技术推广服务	493	25076	28967	23791	1817
科技中介服务	80	3884	5304	3342	490
其他科技服务	43	1874	1976	1437	359
地质勘查业	59	59280	163187	55683	11260
矿产地质勘查	17	39027	55028	22996	6660
基础地质勘查	24	14232	37600	15585	4019
地质勘查技术服务	18	6021	70559	17101	581
水利、环境和公共设施管理业	**1127**	**575254**	**308911**	**239226**	**32772**
水利管理业	619	383868	73774	41244	13059
防洪管理	55	14325	4143	3273	663
水资源管理	378	355256	46895	21111	10861
其他水利管理	186	14288	22736	16860	1535

单位：个、万元、人

经营收入	本年支出合计	工资福利支出	商品和服务支出	取暖费(降温费)	劳务费	差旅费
	485	197	277	4	1	76
	485	197	277	4	1	76
	1334	313	471	14		69
	1334	313	471	14		69
690	216	197	19		6	3
690	212	193	19		6	3
	4	4				
12594	**230670**	**47256**	**33293**	**2157**	**1860**	**1577**
625	906	198	137	17	100	7
625	906	198	137	17	100	7
11969	229764	47058	33157	2140	1760	1570
6303	172255	22953	15806	1477	480	771
954	4881	2640	1276	106	214	87
808	19500	10489	5411	302	216	285
	2337	847	250	11	80	70
18	144	113	20	1	1	3
1327	9027	4106	3642	117	115	157
344	4606	1247	2962	32	3	16
	656	226	349	4	6	20
2214	16358	4436	3442	92	645	161
102075	**420639**	**134593**	**118435**	**6452**	**9881**	**6066**
18738	111101	34146	34117	1798	1935	1599
5212	34206	8150	11780	402	1014	880
13345	37872	11431	9766	487	143	208
36	30636	11128	9376	670	375	272
1	1493	770	392	23	4	9
144	6895	2668	2805	216	400	229
39494	163770	55305	41934	2902	4676	2985
1957	18057	6454	3742	313	117	302
	8998	3499	2994	168	98	217
784	11332	2124	7100	45	559	97
6688	19688	9525	6097	433	206	709
368	17313	6786	5017	243	231	245
19123	67431	22755	12888	1514	2976	1185
10574	20952	4162	4096	187	488	230
1821	33827	16711	7553	476	251	420
572	26942	13847	5965	366	204	314
1115	4935	2029	1216	90	45	84
134	1951	835	372	21	2	22
42021	111941	28431	34830	1275	3019	1062
24044	52059	12951	17321	599	2622	332
17668	41200	9957	11081	291	15	248
309	18682	5523	6429	385	381	483
16797	**279822**	**92211**	**101779**	**3308**	**7561**	**1325**
13488	58029	25275	18298	924	870	519
50	3733	1741	1019	52	87	48
11081	39681	18488	13022	666	659	367
2357	14614	5045	4258	206	124	104

3-5-3 续表 2

指标名称	法人单位	固定资产原价	本年收入合计	财政拨款	事业收入
环境管理业	242	92976	111055	97321	9084
自然保护	54	19132	8336	6144	1822
环境治理	188	73844	102719	91177	7262
公共设施管理业	266	98410	124081	100662	10629
市政公共设施管理	88	50292	55845	42844	5251
城市绿化管理	90	11157	37330	35500	952
游览景区管理	88	36961	30905	22317	4427
居民服务和其他服务业	**124**	**16071**	**14330**	**4716**	**7499**
居民服务业	71	12774	9536	1603	6884
家庭服务					
托儿所	3	112	120	114	
理发及美容保健服务	1		2		2
洗浴服务					
婚姻服务	6	25	94	70	1
殡葬服务	31	10170	6785	735	5819
摄影扩印服务	1	163	49		
其他居民服务	29	2304	2485	684	1063
其他服务业	53	3297	4794	3113	615
修理与维护	9	738	837	658	38
清洁服务	4	226	250	164	
其他未列明的服务	40	2334	3708	2292	577
教　育	**6256**	**3486428**	**2378885**	**1667637**	**556913**
教　育	6256	3486428	2378885	1667637	556913
学前教育	324	51688	50554	32134	12251
初等教育	2795	563584	595272	529584	27847
中等教育	2318	1382128	1024793	731968	233367
高等教育	173	1364986	599052	310007	258483
其他教育	646	124044	109214	63945	24964
卫生、社会保障和社会福利业	**3664**	**1294558**	**1486060**	**397215**	**863495**
卫　生	2885	1228654	1342582	289343	844700
医　院	521	1006392	1086688	171613	742972
卫生院及社区医疗活动	1494	102576	111020	37659	46585
门诊部医疗活动	170	10506	14006	3753	6849
计划生育技术服务活动	270	12033	17243	14543	2014
妇幼保健活动	127	31112	42630	20527	20413
专科疾病防治活动	29	11073	16341	6899	9021
疾病预防控制及防疫活动	156	29556	33691	26737	4445
其他卫生活动	118	25408	20965	7611	12403
社会保障业	500	24184	96655	78499	4986
社会保障业	500	24184	96655	78499	4986
社会福利业	279	41719	46824	29373	13809
提供住宿的社会福利	184	32845	29509	26020	1397
不提供住宿的社会福利	95	8875	17315	3354	12412

单位：个、万元、人

经营收入	本年支出合计	工资福利支出	商品和服务支出			
				取暖费(降温费)	劳务费	差旅费
969	103666	34128	38843	964	1905	314
249	7505	3228	3813	249	152	63
719	96161	30901	35030	715	1753	251
2341	118127	32808	44637	1420	4786	491
1653	51170	13860	15512	445	1488	183
298	37111	9659	18647	655	2558	155
390	29845	9289	10478	320	740	153
1209	**14118**	**4279**	**6427**	**286**	**191**	**116**
764	9797	2390	5061	250	119	64
5	122	85	15	6	…	…
	2	2	…	…		
9	94	62	24	2		2
86	6900	1536	3551	97	113	53
49	47	47				
615	2631	658	1471	145	6	9
445	4321	1889	1366	36	72	52
12	845	452	233	3	2	2
58	181	174	4			1
375	3295	1264	1130	33	70	50
23940	**2264520**	**1169193**	**553406**	**80094**	**29971**	**16652**
23940	2264520	1169193	553406	80094	29971	16652
1685	48731	29592	11476	1357	553	306
3201	576650	382531	104234	19672	5686	2763
9893	989445	518701	258012	38992	16231	6920
3687	555219	193762	153873	17326	6611	5756
5475	94475	44607	25811	2748	891	908
160548	**1436223**	**425031**	**702434**	**21963**	**11204**	**6545**
159480	1289422	394573	678305	20353	10750	5808
132803	1047831	291008	583747	13744	6221	3200
21433	105430	44798	41871	3559	2720	1056
2775	12758	6075	5257	286	106	59
231	14948	6373	4037	421	181	298
1463	40571	17390	14982	985	544	244
163	15594	5435	8168	182	86	200
236	32635	15923	11215	863	443	473
376	19655	7571	9028	315	449	279
892	90546	19703	16548	603	286	440
892	90546	19703	16548	603	286	440
176	56255	10755	7581	1007	169	297
174	30460	9026	5897	978	140	213
1	25795	1730	1684	29	29	84

3-5-3 续表 3

指标名称	法人单位	固定资产原价	本年收入合计	财政拨款	事业收入
文化、体育和娱乐业	**1426**	**288353**	**254751**	**138015**	**59578**
新闻出版业	214	59079	53847	11130	13463
新闻业	85	9431	10425	6156	1658
出版业	129	49648	43422	4973	11805
广播、电视、电影和音像业	258	81432	65329	29579	17287
广　播	55	11210	13554	7603	1588
电　视	100	47634	45191	18830	15008
电　影	101	22454	6498	3060	692
音像制作	2	134	85	85	
文化艺术业	821	84347	114499	85264	21375
文艺创作与表演	165	13953	22311	15307	4834
艺术表演场馆	27	7415	7993	5894	983
图书馆与档案馆	196	16112	15372	13711	477
文物及文化保护	123	18453	28201	18394	8912
博物馆	57	10798	10760	5641	4012
烈士陵园、纪念馆	44	6316	3598	2706	624
群众文化活动	135	10163	9899	7907	1103
文化艺术经纪代理	5	16	107	6	101
其他文化艺术	69	1121	16257	15698	329
体　育	87	45388	12682	10482	1273
体育组织	31	18312	7722	6666	579
体育场馆	22	21776	2388	1528	474
其他体育	34	5300	2572	2289	219
娱乐业	46	18107	8396	1561	6181
室内娱乐活动	26	2039	1419	700	486
游乐园	2	8	149	134	15
休闲健身娱乐活动	10	11260	1671	714	561
其他娱乐活动	8	4800	5156	13	5119
公共管理和社会组织	**16354**	**3858875**	**6219720**	**5085985**	**372906**
中国共产党机关	1624	106302	216934	207152	1749
中国共产党机关	1624	106302	216934	207152	1749
国家机构	14475	3684092	5887381	4793754	348387
国家权力机构	283	64422	111141	101507	555
国家行政机构	13731	3385710	5547496	4483565	341363
人民法院和人民检察院	296	169186	185430	175551	160
其他国家机构	165	64774	43314	33131	6309
人民政协和民主党派	255	19392	32965	31509	819
人民政协	146	17832	28695	27395	817
民主党派	109	1560	4270	4114	2
群众团体、社会团体和宗教组织		49089	81507	53319	21943
群众团体		30896	42143	29464	10035
社会团体		18135	39243	23735	11908
宗教组织		59	120	120	…
基层群众自治组织			933	252	8
社区自治组织			158	141	3
村民自治组织			776	111	5

单位：个、万元、人

经营收入	本年支出合计	工资福利支出	商品和服务支出	取暖费(降温费)	劳务费	差旅费
38150	**252011**	**85442**	**68823**	**3574**	**3475**	**3227**
27652	50369	15245	11778	245	605	447
1378	10030	3637	3658	80	174	134
26275	40339	11609	8120	165	431	313
6130	63284	25894	16870	1064	783	618
2778	13219	7629	3574	352	479	171
1437	43418	15168	12015	570	270	378
1915	6567	3051	1262	143	32	67
	80	46	19		2	2
3496	119207	36063	33597	1639	1932	1485
1095	21962	10949	6912	506	892	407
710	6012	1991	2857	85	7	28
165	13485	6568	2914	209	129	178
231	19080	5051	6562	254	545	508
742	8224	3606	3298	200	124	91
78	3386	1006	1413	132	44	37
458	9206	4914	2154	224	84	74
	115	112				
17	37737	1867	7487	30	107	162
354	12580	5903	4196	522	114	543
	7734	3920	2865	231	92	463
354	2243	844	743	230	4	42
	2603	1140	587	61	18	38
518	6570	2337	2384	104	42	134
97	1640	618	290	18	12	8
	141	80	61			
397	838	495	288	13	29	6
24	3951	1143	1745	73	1	120
171288	**5522584**	**1897527**	**1653695**	**83642**	**69778**	**77127**
828	231786	75099	93965	2151	1630	5360
828	231786	75099	93965	2151	1630	5360
169258	5177800	1780652	1516219	80058	66749	69263
77	123727	36750	39959	2028	778	1658
166915	4841020	1655332	1408041	73021	63619	62847
636	178103	71729	57515	3670	1841	4160
1630	34950	16841	10704	1339	511	598
	34334	12936	13328	440	261	1309
	30285	11154	11956	334	205	1162
	4049	1782	1372	106	55	147
575	78261	28611	30074	989	1122	1189
50	40981	15055	15060	571	416	585
525	37158	13517	14958	417	706	602
	123	40	56	1	…	1
627	404	229	110	4	17	7
	187	113	38	3	2	1
627	217	116	72	1	15	6

3-5-3 续表 4

指标名称				
				对个人和家庭的补助
	出国费	工会经费	福利费	
总 计	**4195**	**25379**	**78037**	**1083643**
一、按登记注册类型分				
内 资	**4195**	**25379**	**78036**	**1083643**
国 有	4028	24740	73963	1061046
集 体	108	234	1578	7626
股份合作企业	27	2	61	74
联营企业	2	5	31	46
国有联营	2		22	16
集体联营		5	5	31
国有与集体联营				
其他联营			4	
有限责任公司		2	6	
国有独资公司				
其他有限责任公司		2	6	
股份有限公司				
私营企业		16	109	406
私营独资		16	109	406
私营合伙				
私营有限责任公司				
私营股份有限公司				
其 他	32	380	2289	14445
港澳台商投资				
与港澳台商合资经营				
外商投资			**1**	
中外合资经营				
中外合作经营			1	
外资企业				
外商投资股份有限公司				
二、按国民经济行业(门类、大类、中类)分				
信息传输、计算机服务和软件业		**53**	**228**	**4286**
电信和其他信息传输服务业		45	192	1590
电 信				
互联网信息服务			3	3
广播电视传输服务		45	189	1573
卫星传输服务		...		13
计算机服务业		8	16	2687
计算机系统服务		6	5	145
数据处理		...	11	2500
计算机维修		2		42
其他计算机服务				
软件业		...	20	9
公共软件服务		...	20	9
其他软件服务				
金融业	**33**	**435**	**2977**	**3492**
银行业	32	425	2918	3415
中央银行	32	425	2918	3415

单位：个、万元、人

						经营支出	经营税金	全部就业人员年平均人数
	抚恤金	生活补助	救济费	助学金	退职(役)费			
	49597	**132639**	**50701**	**81830**	**41572**	**483494**	**16769**	**1739883**
	49597	**132639**	**50701**	**81830**	**41572**	**483494**	**16769**	**1739811**
	48945	130153	50337	78089	39382	460146	15297	1332497
	264	1144	166	884	698	13576	454	32792
		3	1	8		496	7	4479
		9	15	8		121		1390
		4		8		7		495
		5	15	…		107		306
								231
						7		358
						51		750
								10
						51		740
								706
	10	42	…	340	1	1442	1	20638
	10	42	…	340	1	1428	1	16988
						13		3126
								436
								88
	378	1288	181	2502	1490	7663	1010	346559
								53
								53
								19
								5
								7
								4
								3
	34	**213**	**2**		**5**	**418**	**17**	**2502**
	33	211	2			328	13	2162
								49
						3		92
	33	211	2			325	13	1997
								24
	1	3			5	90	4	272
	…	2			5	31	1	151
						56	3	60
	1	…						30
						4		31
								68
								53
								15
	21	**10**	**16**		**89**	**48518**	**40**	**5029**
	21	10	16		89	47793	1	4837
	21	10	16		89	47793	1	4837

3-5-3 续表 5

指标名称	出国费	工会经费	福利费	对个人和家庭的补助
证券业	1	4	29	10
证券市场管理	1	4	29	10
保险业		6	31	66
保险辅助服务		6	31	66
其他金融活动				
金融信托与管理				
其他未列明的金融活动				
租赁和商务服务业	**44**	**204**	**1186**	**10736**
租赁业		...	5	3
机械设备租赁		...	5	3
商务服务业	44	204	1181	10732
企业管理服务	21	88	495	7132
法律服务	3	11	78	391
咨询与调查	19	42	150	2457
广告业				40
知识产权服务		1	2	10
职业中介服务		34	180	176
市场管理		2	46	56
旅行社			8	28
其他商务服务	1	27	223	443
科学研究、技术服务和地质勘查业	**210**	**1380**	**5685**	**45693**
研究与试验发展	84	586	2639	15367
自然科学研究与试验发展	58	355	1490	5134
工程和技术研究与试验发展		63	836	2792
农业科学研究与试验发展		133	258	6008
医学研究与试验发展		4	9	268
社会人文科学研究与试验发展	26	31	47	1166
专业技术服务业	63	415	1256	10847
气象服务	1	22	66	1808
地震服务	4	17	53	1479
海洋服务				
测绘服务	1	4	34	494
技术检测	7	84	347	1809
环境监测	1	55	159	1459
工程技术与规划管理	50	202	451	1443
其他专业技术服务		32	146	2357
科技交流和推广服务业	1	87	226	4165
技术推广服务	1	68	150	3351
科技中介服务	...	17	70	663
其他科技服务		2	6	152
地质勘查业	62	292	1563	15314
矿产地质勘查	11	166	575	6546
基础地质勘查	42	57	846	3611
地质勘查技术服务	8	69	142	5157
水利、环境和公共设施管理业	**458**	**588**	**1752**	**11371**
水利管理业	8	109	476	1824
防洪管理		10	24	256
水资源管理	4	76	315	809
其他水利管理	4	24	137	760

单位：个、万元、人

抚恤金	生活补助	救济费	助学金	退职(役)费	经营支出	经营税金	全部就业人员年平均人数
							42
							42
							68
							68
					725	39	82
					725	39	80
							2
288	**868**	**42**	**4**	**290**	**9997**	**1616**	**22564**
					540	4	130
					540	4	130
288	868	42	4	290	9457	1613	22434
205	650	20	1	229	4221	258	9486
4	16	…	3	7	366	43	2487
59	94	4	…	39	497	944	4319
4	…	2				100	291
					8	1	58
3	51	15	…	16	1717	70	1968
3	20				126	35	1527
	8						115
10	28	2			2522	163	2183
857	**3923**	**275**	**285**	**2244**	**131922**	**5391**	**47907**
298	429	110	253	397	15910	370	10615
14	44	103	253	16	2550	178	2436
142	14			32	13075	182	2913
79	259	8		345	34		3755
10	18				107	2	718
53	94			4	144	8	793
235	821	74	6	289	28430	4174	18371
18	189	12		61	1990	115	1583
13	43	1		8			1131
3	38			15	513	63	671
51	117	16	3	59	3634	596	3006
61	121	26		8	249	28	2115
51	201	17	3	29	12189	3274	6389
38	112	2		109	9855	99	3476
58	398	1	…	126	1547	52	8906
50	376	…	…	115	329	12	7005
6	21	…		11	1032	34	1295
1	1				186	6	606
267	2275	90	27	1433	86036	796	10015
108	891	5		1042	52635	402	4627
136	693	85			33198	367	3183
23	691		27	391	203	27	2205
260	**750**	**56**	**29**	**402**	**12374**	**545**	**47010**
102	168	27	5	41	9900	310	13122
5	70	…	…		36	1	881
72	73	12	2	37	8451	236	9659
24	25	14	3	4	1413	73	2582

3-5-3 续表 6

指标名称				
	出国费	工会经费	福利费	对个人和家庭的补助
环境管理业	4	281	762	3173
自然保护		122	42	199
环境治理	4	159	720	2974
公共设施管理业	446	197	514	6374
市政公共设施管理	...	86	172	2155
城市绿化管理	446	58	201	2118
游览景区管理	...	54	142	2101
居民服务和其他服务业		**18**	**138**	**634**
居民服务业		10	83	509
家庭服务				
托儿所			...	6
理发及美容保健服务				
洗浴服务				
婚姻服务		2	4	
殡葬服务		5	42	316
摄影扩印服务				
其他居民服务		4	37	187
其他服务业		7	55	126
修理与维护		2	3	78
清洁服务			3	
其他未列明的服务		6	49	48
教　育	**1169**	**5112**	**20133**	**267474**
教　育	1169	5112	20133	267474
学前教育	4	101	463	3066
初等教育	122	1072	4695	52770
中等教育	397	2327	10516	92787
高等教育	638	1388	3449	106922
其他教育	8	225	1011	11928
卫生、社会保障和社会福利业	**108**	**5073**	**10437**	**114273**
卫　生	88	4946	9774	48564
医　院	28	4208	6744	34230
卫生院及社区医疗活动	30	369	1539	5011
门诊部医疗活动		9	185	478
计划生育技术服务活动	17	72	135	1925
妇幼保健活动	4	85	495	2628
专科疾病防治活动		37	76	1016
疾病预防控制及防疫活动	10	77	382	2589
其他卫生活动		89	219	688
社会保障业	6	87	326	49475
社会保障业	6	87	326	49475
社会福利业	14	40	337	16233
提供住宿的社会福利		35	281	14036
不提供住宿的社会福利	14	5	56	2198

单位：个、万元、人

抚恤金	生活补助	救济费	助学金	退职(役)费	经营支出	经营税金	全部就业人员年平均人数
77	222	17	23	147	717	149	21568
4	13		1	3	209	76	1364
73	208	17	23	145	508	73	20204
81	361	12		214	1757	86	12320
37	105	1		158	1397	58	4864
19	152	…		17	215	7	4142
25	104	11		39	146	21	3314
154	**77**	**9**		**6**	**823**	**20**	**3718**
147	58	3			543	5	2542
							13
					1		95
							100
							46
					5	2	76
147	56	…			49		542
					21	2	16
…	2	3			467	1	1654
7	19	6		6	280	16	1176
1	…			4	4	1	231
					46	3	157
6	19	6		2	230	12	788
4213	**14493**	**931**	**74176**	**12240**	**19556**	**520**	**492872**
4213	14493	931	74176	12240	19556	520	492872
45	179	42	2	165	719	21	23407
1188	4824	171	1893	6570	1587	20	168606
1602	6788	514	25938	4937	8292	29	225760
996	1539	18	44416	279	5305	89	49199
382	1163	187	1927	289	3654	361	25900
3176	**6466**	**1269**	**33**	**2594**	**90303**	**259**	**163230**
965	3058	295	24	2360	89960	259	151888
705	1651	148	15	899	73181	118	95395
127	771	102	5	993	12991	115	31677
17	104			104	1759	…	4413
6	87	10	2	7	142	6	2915
29	213	6	2	98	1175		6712
9	10			101	99	…	1856
64	159	30		150	212	11	5763
9	65			8	401	9	3157
222	2220	615	5	93	104		6608
222	2220	615	5	93	104		6608
1989	1187	358	4	141	238		4734
874	1144	196	4	138	116		3704
1115	43	163		3	122		1030

3-5-3 续表 7

指标名称				对个人和家庭的补助
	出国费	工会经费	福利费	
文化、体育和娱乐业	**78**	**430**	**1980**	**14873**
新闻出版业	24	51	482	1543
新闻业	3	20	84	478
出版业	21	31	399	1065
广播、电视、电影和音像业	20	92	578	2506
广　播	3	15	105	701
电　视	16	60	389	1605
电　影	1	16	81	185
音像制作		...	3	15
文化艺术业	28	259	775	7984
文艺创作与表演	11	14	167	2462
艺术表演场馆		21	35	897
图书馆与档案馆	1	28	122	1441
文物及文化保护	1	41	119	789
博物馆	7	22	205	460
烈士陵园、纪念馆		4	22	208
群众文化活动		123	63	1127
文化艺术经纪代理				
其他文化艺术	9	7	41	601
体　育	5	26	106	1879
体育组织		16	88	695
体育场馆	5	3	6	502
其他体育		7	12	682
娱乐业	2	2	39	962
室内娱乐活动		2	13	275
游乐园				
休闲健身娱乐活动			3	52
其他娱乐活动	2		22	634
公共管理和社会组织	**2095**	**12086**	**33521**	**610812**
中国共产党机关	78	469	1011	30033
中国共产党机关	78	469	1011	30033
国家机构	1870	10254	31761	568624
国家权力机构	61	131	396	10568
国家行政机构	1684	9530	30272	542754
人民法院和人民检察院	80	529	828	12321
其他国家机构	45	64	266	2981
人民政协和民主党派	14	49	110	3595
人民政协	8	36	96	3107
民主党派	6	13	14	488
群众团体、社会团体和宗教组织	133	1314	612	8554
群众团体	31	1255	377	4820
社会团体	102	58	233	3733
宗教组织		...	3	...
基层群众自治组织		1	28	7
社区自治组织		1	27	3
村民自治组织			1	4

单位：个、万元、人

抚恤金	生活补助	救济费	助学金	退职(役)费	经营支出	经营税金	全部就业人员年平均人数
334	**650**	**63**	**420**	**302**	**26692**	**2477**	**40967**
11	56	34	1	32	20281	1298	6697
4	29				922	95	1635
6	28	34	1	32	19359	1203	5062
63	151	10	42	75	3198	544	10221
19	10	...	42	37	312	231	1913
39	136	10		29	1341	232	5978
4	5			10	1545	81	2285
							45
224	424	19	13	111	2420	297	19425
65	190	4		69	905	56	7935
19	9			1	378	19	1223
38	56	1		9	235	7	2650
25	31	11	3	6	212	16	2345
16	3		10		590	148	1440
17	18	3		2	32	1	505
18	85	...		18	52	45	2335
							140
27	33			6	17	6	852
29	7	1	365	85	297	123	3701
11	1		205	85		...	2916
16	...		50		297	123	300
2	5	1	109				485
8	12				496	214	923
8	11				61	34	384
							78
					397	15	287
	1				38	165	174
40260	**105189**	**48038**	**6883**	**23399**	**142892**	**5883**	**914084**
1801	1686	476	178	1379	721	40	22292
1801	1686	476	178	1379	721	40	22292
38212	102943	46961	5605	21738	131458	5771	603741
603	450	232	10	445	51		9572
37168	101357	46476	5594	20682	129683	4869	568849
394	881	249	...	559	600	820	20525
48	255	5	1	52	1123	82	4795
67	178	2	7	102			3712
50	76	1	4	100			3043
16	102	...	3	2			669
180	379	598	1093	181	10236	72	74484
131	193	398	1029	66	21	37	16579
49	186	200	64	114	10215	35	43846
							14059
...	2	1	...		478		209855
	2	...					17546
...	1	1	...		478		192309

3-5-4 按地区分组的

地区	法人单位	固定资产原价	本年收入合计		
				财政拨款	事业收入
总计	**30284**	**10445568**	**11586474**	**8110710**	**2015502**
太原市	3582	3462622	3114107	2011332	752905
大同市	2841	741159	1094452	763748	219204
阳泉市	1243	368823	421857	295339	71157
长治市	2712	772918	1008743	744093	157915
晋城市	1993	643350	595520	421815	119283
朔州市	1834	312285	674846	597740	38359
晋中市	2651	849797	951676	698533	155890
运城市	3080	898576	839083	533131	129544
忻州市	3303	702285	740613	566749	90208
临汾市	4427	895882	1151837	772406	145624
吕梁市	2618	797872	993740	705826	135415

注：本表按有填写财务表且执行行政事业会计制度的单位统计。

3-5-4 续表

地区				对个人和家庭的补助	
	出国费	工会经费	福利费		抚恤金
总计	**4195**	**25379**	**78037**	**1083643**	**49597**
太原市	1753	6708	21563	292284	8660
大同市	144	2569	4848	93082	2110
阳泉市	45	907	2075	43938	2080
长治市	449	1968	8751	108809	7676
晋城市	102	2238	5932	50296	3286
朔州市	94	387	2820	68784	3212
晋中市	165	2808	5839	111446	4602
运城市	221	1450	6407	56329	5369
忻州市	231	1855	5923	97661	4839
临汾市	739	3137	9341	90941	3823
吕梁市	254	1350	4538	70074	3941

行政事业单位财务状况

单位：个、万元、人

经营收入	本年支出合计	工资福利支出	商品和服务支出	取暖费(降温费)	劳务费	差旅费
537439	**10596213**	**3909253**	**3293802**	**205878**	**134331**	**115543**
155128	2818589	849038	987991	50482	30389	26274
22932	1040323	399168	253386	19075	8779	7687
21532	376381	137630	114587	6659	3491	3015
40761	931051	331152	318789	18504	14577	11061
12756	565447	232157	201530	9193	11213	11275
17331	641893	205274	197030	10900	8580	6303
32440	932042	313327	293997	18932	10954	7448
72430	767777	351597	215641	19824	9903	9964
29925	696409	298170	197317	17056	10674	10217
36437	982403	437003	262485	17790	19042	13337
95768	843899	354737	251050	17463	6729	8961

单位：个、万元、人

生活补助	救济费	助学金	退职(役)费	经营支出	经营税金	全部就业人员年平均人数
132639	**50701**	**81830**	**41572**	**483494**	**16769**	**1739883**
17992	8854	34355	3139	117601	8517	281413
9314	1290	3827	4298	47875	716	159408
3968	3905	739	1122	16059	850	75626
14205	4292	9038	6008	31524	1819	150609
6909	4387	2814	3900	9055	565	114962
13564	5602	3243	2544	12297	108	90207
14832	6403	9850	3681	38029	745	149156
7110	1430	6045	3905	61409	1095	194836
14052	2359	4290	5642	34579	1283	151992
18339	4559	3235	5169	36290	716	207118
12356	7620	4393	2165	78777	355	164556

3-5-5 按登记注册类型和行业中类分组

指标名称	单位法人	固定资产原价	本年收入合计	捐赠收入
总 计	**40699**	**3781545**	**2059003**	**54060**
一、按登记注册类型分				
内 资	**40692**	**3781025**	**2058186**	**54045**
国 有	2721	690772	1081518	6670
集 体	251	8549	9029	143
股份合作企业	97	15269	10950	13
联营企业	40	5050	1516	
国有联营	9	287	190	
集体联营	6	281	355	
国有与集体联营	4	3093	676	
其他联营	21	1389	296	
有限责任公司	103	9251	3999	
国有独资公司	2	20	35	
其他有限责任公司	101	9231	3964	
股份有限公司	43	14135	6224	13
私营企业	1395	113866	49322	88
私营独资	1020	98786	40534	86
私营合伙	236	11840	7227	2
私营有限责任公司	123	1995	1195	
私营股份有限公司	16	1245	366	
其 他	36042	2924134	895629	47118
港澳台商投资	**1**	**500**	**800**	
与港澳台商合资经营	1	500	800	
外商投资	**6**	**21**	**17**	**15**
中外合资经营	2		1	
中外合作经营	1			
外资企业	2	20	15	15
外商投资股份有限公司	1	1	1	
二、按国民经济行业(门类、大类、中类)分				
信息传输、计算机服务和软件业	**181**	**407**	**180**	
电信和其他信息传输服务业	47	287	125	
电 信	13	133	69	
互联网信息服务	31	134	35	
广播电视传输服务	3	20	21	
卫星传输服务				
计算机服务业	125	120	55	
计算机系统服务	8	15	30	
数据处理				
计算机维修	2			
其他计算机服务	115	105	25	
软件业	9			
公共软件服务	8			
其他软件服务	1			
金融业	**20**			
银行业	1			
中央银行				
商业银行	1			

注：本表按有填写财务表且执行民间非营利组织及其他会计制度的单位统计。

的社会团体和其他单位财务状况

单位：个、万元、人

会费收入	提供服务收入	政府补助收入	本年费用合计	业务活动成本	人员费用
33178	**328802**	**1248024**	**1714668**	**824904**	**362528**
33178	**328801**	**1248024**	**1714649**	**824894**	**362525**
8977	13998	1035263	854558	393147	140835
839	6496	924	6772	4196	2812
191	6325	3590	10795	5943	3552
11	1252	104	1592	852	519
	188	2	194	137	37
	270	2	261	189	122
	597	79	820	298	247
11	197	22	317	228	113
5	3869	33	2360	1476	528
	35		33	15	12
5	3834	33	2328	1461	516
1	6169	10	5538	3178	866
254	33621	1472	46441	30824	17309
215	28045	1255	37900	25160	13979
39	5022	72	6924	4667	2775
	548	145	1286	745	403
	7		331	252	152
22900	257072	206628	786592	385278	196104
			4	**2**	**1**
			4	2	1
	1		**15**	**8**	**3**
	1		1	…	
			14	7	3
			…	…	…
	130	**18**	**270**	**174**	**71**
	75	18	238	156	54
	56	10	63	55	29
	19	8	154	90	16
			20	11	10
	55	…	32	18	16
	30		10	6	4
	25	…	22	12	12

3-5-5 续表 1

指标名称	单位法人	固定资产原价	本年收入合计	捐赠收入
证券业				
证券市场管理				
保险业	7			
人寿保险	1			
非人寿保险	2			
保险辅助服务	4			
其他金融活动	12			
金融信托与管理	1			
典　当	4			
其他未列明的金融活动	7			
租赁和商务服务业	**554**	**13181**	**15414**	**27**
租赁业	18	51	22	
机械设备租赁	16	51	22	
文化及日用品出租	2			
商务服务业	536	13130	15393	27
企业管理服务	85	7031	6470	1
法律服务	175	1830	4660	5
咨询与调查	114	1971	3406	
广告业	53	29	53	
知识产权服务	2			
职业中介服务	22	103	73	
市场管理	13	73	64	
旅行社	33	1420	104	4
其他商务服务	39	671	563	17
科学研究、技术服务和地质勘查业	**295**	**3759**	**12256**	**8**
研究与试验发展	96	1412	2385	1
自然科学研究与试验发展	5	18	32	…
工程和技术研究与试验发展	15	46	358	
农业科学研究与试验发展	33	762	881	
医学研究与试验发展	37	573	1109	
社会人文科学研究与试验发展	6	14	5	1
专业技术服务业	68	1036	8967	
气象服务	1	2	47	
地震服务				
测绘服务	4			
技术检测	10	52	100	
环境监测	4	80	50	
工程技术与规划管理	38	883	8746	
其他专业技术服务	11	20	24	
科技交流和推广服务业	128	1264	838	7
技术推广服务	93	693	506	7
科技中介服务	18	148	93	
其他科技服务	17	423	239	
地质勘查业	3	47	66	
矿产地质勘查	1	47	66	
基础地质勘查	2			
地质勘查技术服务				

单位：个、万元、人

会费收入	提供服务收入	政府补助收入	本年费用合计	业务活动成本	人员费用
830	**11750**	**648**	**14799**	**7429**	**3015**
	20		128	106	12
	20		128	106	12
830	11730	648	14671	7323	3003
7	5520	443	6805	2705	875
173	3476	76	4676	2454	1421
629	2041	94	2407	1597	468
	30		24	12	8
			…	…	
	32	33	84	49	31
21	4	1	41	25	24
	100		99	83	74
…	527	2	535	398	104
81	**3157**	**7599**	**11365**	**9126**	**1325**
58	1673	246	1803	914	564
…	31	…	33	22	17
24	261	59	364	79	33
18	473	62	491	278	264
11	908	124	906	529	245
4	…		9	7	5
	998	7056	8767	7749	468
	47		47	33	7
			2	2	
	86		97	42	13
	30	20	66	20	1
	826	7036	8540	7644	441
	9		16	9	7
23	419	297	744	422	254
9	203	220	431	221	117
14	51	3	130	64	29
	165	74	184	138	109
	66		50	40	40
	66		50	40	40

3-5-5 续表 2

指标名称	单位法人	固定资产原价	本年收入合计	捐赠收入
水利、环境和公共设施管理业	**63**	**7566**	**3012**	**6**
水利管理业	28	1448	839	
防洪管理	2			
水资源管理	19	1331	174	
其他水利管理	7	117	666	
环境管理业	11	5208	1092	
自然保护	3	23	76	
环境治理	8	5185	1016	
公共设施管理业	24	909	1081	6
市政公共设施管理	2	95	254	
城市绿化管理	5		2	
游览景区管理	17	814	825	6
居民服务和其他服务业	**334**	**7021**	**7882**	**24**
居民服务业	247	6615	5450	24
家庭服务	7	20	41	
托儿所	5	31	77	
洗染服务	4			
理发及美容保健服务	26	74	67	
洗浴服务	18	111	85	
婚姻服务	15	77	63	
殡葬服务	8	2895	2033	
摄影扩印服务	12			
其他居民服务	152	3407	3085	24
其他服务业	87	406	2432	
修理与维护	41	99	307	
清洁服务	9	...	11	
其他未列明的服务	37	307	2114	
教　育	**2267**	**508971**	**198189**	**2169**
教　育	2267	508971	198189	2169
学前教育	696	62171	23420	105
初等教育	268	74967	27886	61
中等教育	488	307080	100081	1783
高等教育	27	26454	12604	119
其他教育	788	38299	34198	100
卫生、社会保障和社会福利业	**1241**	**82595**	**51394**	**884**
卫　生	1038	74644	46565	98
医　院	247	54293	34332	12
卫生院及社区医疗活动	247	5255	5186	41
门诊部医疗活动	471	6679	3131	7
计划生育技术服务活动	4	6	20	
妇幼保健活动	3	215	121	
专科疾病防治活动	23	1038	775	
疾病预防控制及防疫活动	2	55	64	
其他卫生活动	41	7104	2937	38
社会保障业	13	140	169	
社会保障业	13	140	169	
社会福利业	190	7811	4660	786
提供住宿的社会福利	139	7264	2582	134
不提供住宿的社会福利	51	547	2079	652

单位：个、万元、人

会费收入	提供服务收入	政府补助收入	本年费用合计	业务活动成本	
					人员费用
30	**757**	**1925**	**3346**	**2572**	**882**
	503	110	1094	748	500
	70	8	143	67	47
	433	102	951	680	453
	18	1008	1303	935	295
	14	62	75	47	44
	3	946	1228	888	251
30	236	808	950	890	87
29	225		123	101	52
1	1		2	2	1
	10	808	825	787	34
44	**5292**	**236**	**6718**	**5165**	**3012**
34	3017	209	4464	3057	1140
	41		36	30	30
	77		62	51	14
25	36		55	34	32
	5		11	8	3
4	59		66	21	17
	1833	…	1250	858	499
5	965	209	2985	2055	545
11	2275	27	2254	2108	1872
	307		298	224	14
11			10	…	…
	1968	27	1947	1884	1858
6796	**126874**	**20587**	**181625**	**108566**	**64534**
6796	126874	20587	181625	108566	64534
72	19618	448	22508	14736	7599
536	15193	2070	27447	17792	10794
4524	61893	9413	92693	53749	34766
	11632	422	9350	5741	1589
1665	18538	8234	29628	16548	9786
172	**34865**	**3035**	**47746**	**29281**	**13626**
132	33717	1687	44089	26871	12482
12	25136	397	33241	18650	9302
86	3357	1021	4449	3324	1424
4	2550	226	2495	1780	916
	10	10	15	12	10
	117	4	89	16	14
	574		718	416	262
	60		45	37	7
30	1913	28	3038	2637	549
	30	134	135	90	31
	30	134	135	90	31
41	1118	1215	3522	2321	1112
32	849	1094	2689	1831	816
8	269	121	833	490	296

3-5-5 续表 3

指标名称	单位法人	固定资产原价	本年收入合计	捐赠收入
文化、体育和娱乐业	**315**	**635404**	**1004554**	**449**
新闻出版业	14	838	1004	
新闻业	4	14	52	
出版业	10	824	952	
广播、电视、电影和音像业	5	630432	1000068	
广　播				
电　视				
电　影	3	402	45	
音像制作	2	630030	1000023	
文化艺术业	113	2228	2648	335
文艺创作与表演	38	714	883	60
艺术表演场馆				
图书馆与档案馆	3	9	4	
文物及文化保护	25	822	247	190
博物馆	4	105	14	
烈士陵园、纪念馆	3	123	106	
群众文化活动	29	204	460	6
文化艺术经纪代理	2	9	12	
其他文化艺术	9	242	922	80
体　育	117	610	514	60
体育组织	105	474	414	60
体育场馆	5	70	28	
其他体育	7	66	73	
娱乐业	66	1296	320	54
室内娱乐活动	40	203	101	3
游乐园		67	42	
休闲健身娱乐活动	22	1020	150	51
其他娱乐活动	4	5	27	
公共管理和社会组织	**35429**	**2522643**	**766121**	**50493**
中国共产党机关		256	103	1
中国共产党机关		256	103	1
国家机构		4255	3854	364
国家权力机构		9	22	
国家行政机构		4187	3713	353
人民法院和人民检察院			4	
其他国家机构		59	116	11
人民政协和民主党派		10	141	45
人民政协				
民主党派		10	141	45
群众团体、社会团体和宗教组织	5460	319595	93179	26486
群众团体	990	14833	25756	636
社会团体	3748	27729	58618	19596
宗教组织	722	277034	8805	6254
基层群众自治组织	29969	2198526	668844	23598
社区自治组织	1781	107672	40523	448
村民自治组织	28188	2090854	628320	23150

单位：个、万元、人

会费收入	提供服务收入	政府补助收入	本年费用合计	业务活动成本	
					人员费用
309	**1430**	**1000663**	**784984**	**353499**	**121577**
2		49	1171	772	230
		49	52	46	46
2			1119	727	185
	35	1000000	780062	350031	120021
	35		45	22	12
		1000000	780017	350009	120009
229	1075	423	2651	1977	1107
39	382	163	787	580	440
		2	5	2	2
…	15	33	271	156	29
		14	14	8	2
	80	24	95	60	42
36	139	38	562	486	251
	7	5	13	7	4
154	452	145	904	679	338
58	211	154	744	562	144
58	132	141	511	364	112
	20	8	173	172	10
	60	5	59	26	22
20	109	37	356	157	76
14	51	3	123	58	29
			55	12	1
6	52	13	151	77	36
	6	22	27	10	10
24916	**144548**	**213313**	**663816**	**309092**	**154488**
4		70	96	74	58
4		70	96	74	58
41	891	1143	5560	3537	1480
		22	23	18	13
41	859	1117	5433	3442	1400
		4	4		
	33		101	77	67
		50	52	46	42
			…	…	
		50	52	46	42
18102	10027	23904	83220	50296	28732
4739	315	12627	26083	13687	8903
12786	8763	10756	46725	29895	17379
577	949	522	10412	6714	2450
6770	133630	188146	574887	255138	124175
2240	19007	9159	29980	15983	10562
4530	114623	178987	544908	239155	113613

3-5-5 续表 4

指标名称	日常费用	固定资产折旧	税费	管理费用
总　计	**129127**	**20584**	**3344**	**299406**
一、按登记注册类型分				
内　资	**129126**	**20583**	**3343**	**299396**
国　有	9536	569	521	42548
集　体	918	148	63	2223
股份合作企业	1183	109	27	1787
联营企业	236	23	9	624
国有联营	97			57
集体联营	56	7	4	71
国有与集体联营	51			414
其他联营	33	16	5	81
有限责任公司	460	132	13	819
国有独资公司	3			18
其他有限责任公司	457	132	13	802
股份有限公司	150	313	3	2360
私营企业	8420	1880	157	13415
私营独资	6945	1500	66	11626
私营合伙	1273	324	73	1391
私营有限责任公司	151	16	8	345
私营股份有限公司	51	40	10	53
其　他	108224	17410	2551	235620
港澳台商投资	**1**	**1**	**1**	**2**
与港澳台商合资经营	1	1	1	2
外商投资	**…**	**…**		**8**
中外合资经营				…
中外合作经营				
外资企业		…		7
外商投资股份有限公司	…			…
二、按国民经济行业(门类、大类、中类)分				
信息传输、计算机服务和软件业	**36**	**61**	**3**	**96**
电信和其他信息传输服务业	35	60	3	82
电　信	22	…	2	8
互联网信息服务	13	60	1	64
广播电视传输服务				10
卫星传输服务				
计算机服务业	1	1		14
计算机系统服务	1	1		4
数据处理				
计算机维修				
其他计算机服务				10
软件业				
公共软件服务				
其他软件服务				
金融业				
银行业				
中央银行				
商业银行				

单位：个、万元、人

				净资产变动额	全部就业人员年平均人数
人员费用	日常费用	固定资产折旧	税费		
154702	**83891**	**17482**	**1258**	**118569**	**1739883**
154696	**83888**	**17481**	**1258**	**118568**	**1739811**
18981	4844	479	80	8087	1332497
1249	571	17	4	535	32792
1158	397	46	59	1336	4479
167	113	144	4	-108	1390
7	40	10		-5	495
32	24	15			306
78	27	113		-107	231
50	22	6	4	4	358
135	663	11	…	1732	750
6	12				10
130	651	11	…	1732	740
634	827	488	10	1520	706
7597	4296	608	43	2259	20638
6541	3818	550	20	1641	16988
829	375	57	10	519	3126
177	100	1	13	99	436
51	2				88
124775	72178	15688	1058	103206	346559
1	**1**	**1**	**1**		**53**
1	1	1	1		53
5	**2**	**…**		**…**	**19**
					5
					7
5	2	…			4
…				…	3
38	**5**	**51**		**70**	**2502**
27	5	50		70	2162
8					49
9	5	50		70	92
10					1997
					24
10	1	1			272
1	…				151
					60
					30
9	…	1			31
					68
					53
					15
					5029
					4837
					4837

3-5-5 续表 5

指标名称				管理费用
	日常费用	固定资产折旧	税费	
证券业				
证券市场管理				
保险业				
人寿保险				
非人寿保险				
保险辅助服务				
其他金融活动				
金融信托与管理				
典　当				
其他未列明的金融活动				
租赁和商务服务业	**1445**	**214**	**133**	**6837**
租赁业			3	20
机械设备租赁			3	20
文化及日用品出租				
商务服务业	1445	214	130	6817
企业管理服务	155	103	4	4097
法律服务	570	78	89	1979
咨询与调查	659	21	23	587
广告业	4			13
知识产权服务	...			
职业中介服务	17	1		36
市场管理	2			15
旅行社	8		1	15
其他商务服务	31	11	12	78
科学研究、技术服务和地质勘查业	**593**	**121**	**60**	**1465**
研究与试验发展	257	72	5	863
自然科学研究与试验发展				10
工程和技术研究与试验发展	41	1	3	275
农业科学研究与试验发展	4	2		199
医学研究与试验发展	211	69	2	377
社会人文科学研究与试验发展	1	...		2
专业技术服务业	249	32	51	300
气象服务	23			15
地震服务	2			
测绘服务				
技术检测	26		3	49
环境监测	18	1	1	2
工程技术与规划管理	178	30	47	228
其他专业技术服务	1	1		7
科技交流和推广服务业	87	17	5	292
技术推广服务	69	5	1	180
科技中介服务	8	8	4	66
其他科技服务	10	4	...	46
地质勘查业				10
矿产地质勘查				10
基础地质勘查				
地质勘查技术服务				

单位：个、万元、人

人员费用	日常费用	固定资产折旧	税费	净资产变动额	全部就业人员年平均人数
					42
					42
					68
					68
					82
					80
					2
3384	**2307**	**554**	**101**	**946**	**22564**
8			1		130
8			1		130
3376	2307	554	100	946	22434
1841	1377	455		247	9486
1029	741	68	91	70	2487
387	156	29	10	613	4319
11	1	1			291
					58
26	9	1		10	1968
14	1	1			1527
14	1			6	115
55	23			…	2183
703	**455**	**124**	**18**	**43**	**47907**
318	327	96	14	20	10615
7				…	2436
66	186		13	12	2913
103	13	1			3755
142	127	95	1	8	718
1	1				793
137	90	19	3	2	18371
3	11				1583
					1131
					671
27	17	4		…	3006
1	1	1	1		2115
102	60	13	3	2	6389
5	1	1			3476
238	38	10	1	21	8906
156	17	1	…	8	7005
47	18	1	1	1	1295
35	3	8		13	606
10					10015
10					4627
					3183
					2205

3-5-5 续表 6

指标名称				管理费用
	日常费用	固定资产折旧	税费	
水利、环境和公共设施管理业	**1306**	**287**	**5**	**721**
水利管理业	154	3		294
防洪管理				
水资源管理	11	3		23
其他水利管理	143			271
环境管理业	355	284	…	368
自然保护	2			28
环境治理	353	284	…	340
公共设施管理业	797	…	5	60
市政公共设施管理	44		5	22
城市绿化管理	1			
游览景区管理	752	…		38
居民服务和其他服务业	**879**	**401**	**37**	**1289**
居民服务业	852	393	36	1178
家庭服务				6
托儿所	5	…		11
洗染服务				
理发及美容保健服务	1			22
洗浴服务	1		4	2
婚姻服务	3	1		45
殡葬服务	174	185		392
摄影扩印服务				
其他居民服务	668	207	32	701
其他服务业	27	7	1	111
修理与维护	3	7	…	41
清洁服务				7
其他未列明的服务	25	…	1	63
教　育	**26126**	**5293**	**399**	**56980**
教　育	26126	5293	399	56980
学前教育	2122	772	52	6388
初等教育	5095	669	19	8287
中等教育	11728	2763	87	29536
高等教育	2165	422	6	2891
其他教育	5016	667	235	9879
卫生、社会保障和社会福利业	**9522**	**1916**	**525**	**14501**
卫　生	8841	1799	524	13575
医　院	5489	1288	65	11245
卫生院及社区医疗活动	1314	103	59	985
门诊部医疗活动	523	134	42	613
计划生育技术服务活动	2			1
妇幼保健活动	2	1		60
专科疾病防治活动	24	27	10	293
疾病预防控制及防疫活动	8	1	1	9
其他卫生活动	1479	246	348	369
社会保障业	52	1		32
社会保障业	52	1		32
社会福利业	629	116	1	894
提供住宿的社会福利	513	107	1	733
不提供住宿的社会福利	116	9		161

单位：个、万元、人

人员费用	日常费用	固定资产折旧	税费	净资产变动额	全部就业人员年平均人数
310	**327**	**62**		**1886**	**47010**
141	81	52			13122
					881
17	2				9659
124	79	52			2582
133	225	9		1884	21568
18	10				1364
115	216	9		1884	20204
36	21	2		1	12320
11	8	2		1	4864
					4142
25	13				3314
635	**502**	**137**	**13**	**19**	**3718**
539	488	137	13	1	2542
6					13
3	5	1		…	95
22					100
2	1				46
25	20			1	76
141	237	3	11		542
					16
341	226	133	2		1654
96	14	…		18	1176
36	3			…	231
…	7			4	157
60	3	…		14	788
34095	**14523**	**4111**	**194**	**41776**	**492872**
34095	14523	4111	194	41776	492872
3441	1217	1453	72	959	23407
4262	2913	336	34	1788	168606
19883	6032	1412	35	25053	225760
633	1862	300		13631	49199
5875	2499	610	53	346	25900
8110	**4985**	**402**	**50**	**2410**	**163230**
7538	4727	352	48	1466	151888
6031	4316	281	36	1109	95395
639	225	9	2	32	31677
423	105	17	1	435	4413
1					2915
40	5	2			6712
231	28	21	2	77	1856
7	1	1	1		5763
166	47	22	8	-187	3157
10	19	1	2	42	6608
10	19	1	2	42	6608
562	239	49		902	4734
466	179	48		811	3704
96	60	1		91	1030

3-5-5 续表 7

指标名称	日常费用	固定资产折旧	税费	管理费用
文化、体育和娱乐业	**926**	**91**	**50**	**23355**
新闻出版业	36		37	398
新闻业				7
出版业	36		37	392
广播、电视、电影和音像业	10			22029
广　播				
电　视				
电　影	10			24
音像制作				22005
文化艺术业	730	67	4	594
文艺创作与表演	130	3	3	191
艺术表演场馆				
图书馆与档案馆				2
文物及文化保护	108			65
博物馆	6			6
烈士陵园、纪念馆	15			36
群众文化活动	164	60	...	66
文化艺术经纪代理	1			6
其他文化艺术	306	3	1	221
体　育	127	8	3	161
体育组织	114	7	2	132
体育场馆	8	1	...	1
其他体育	4	...		28
娱乐业	23	17	5	174
室内娱乐活动	17	8	1	42
游乐园		9	3	43
休闲健身娱乐活动	6		2	72
其他娱乐活动				17
公共管理和社会组织	**88295**	**12201**	**2132**	**194162**
中国共产党机关	5	...		22
中国共产党机关	5	...		22
国家机构	922	76	276	1462
国家权力机构	3	...		4
国家行政机构	911	76	274	1432
人民法院和人民检察院				2
其他国家机构	8		2	24
人民政协和民主党派	3			6
人民政协	...			
民主党派	3			6
群众团体、社会团体和宗教组织	13200	1133	336	23932
群众团体	3621	218	3	8062
社会团体	6215	362	328	13050
宗教组织	3365	553	5	2820
基层群众自治组织	74165	10992	1519	168741
社区自治组织	3436	807	41	9952
村民自治组织	70729	10185	1478	158789

单位：个、万元、人

人员费用	日常费用	固定资产折旧	税费	净资产变动额	全部就业人员年平均人数
6298	**343**	**16**	**6**	**396**	**40967**
53	143				6697
3	4				1635
51	139				5062
5613	13	2			10221
					1913
					5978
10	11	2			2285
5603	2				45
422	131	5		384	19425
154	24	3		367	7935
					1223
2	1				2650
39	13			12	2345
2	4				1440
13	11				505
54	12	1			2335
4	2				140
155	65	1		5	852
108	43	6	2	13	3701
79	42	6	2	8	2916
1				5	300
27	…				485
101	13	2	4	-2	923
32	3	2	4		384
1					78
52	10			-2	287
17					174
101130	**60445**	**12024**	**876**	**71025**	**914084**
12	8				22292
12	8				22292
879	307	10	33	207	603741
3	1	…			9572
852	305	10	33	207	568849
	2				20525
23		…			4795
5	1				3712
					3043
5	1				669
13691	7612	527	141	10264	74484
5932	1587	70	3	4140	16579
6862	4437	389	131	5861	43846
897	1588	68	8	263	14059
86544	52516	11487	702	60554	209855
6726	2023	274	12	380	17546
79818	50494	11214	690	60174	192309

3-5-6 按地区分组的社会团体和

地　区	单位法人	固定资产原　价	本年收入合　计	捐赠收入
总　计	**39064**	**3781545**	**2059003**	**54060**
太原市	3236	926035	1181699	16390
大同市	3523	181336	71174	3319
阳泉市	1395	136374	51693	746
长治市	4173	471396	115483	6208
晋城市	2928	387830	140239	2209
朔州市	2197	133141	47289	1825
晋中市	3577	231366	81488	3945
运城市	4409	319419	84280	1807
忻州市	5725	426496	51468	3919
临汾市	4196	325061	130141	3899
吕梁市	3705	243090	104050	9793

注：本表按有填写财务表且执行民间非营利组织及其他会计制度的单位统计。

3-5-6　续表

地　区	日常费用	固定资产折旧	税费	管理费用
总　计	**129127**	**20584**	**3344**	**299406**
太原市	25648	5107	800	69928
大同市	7852	1105	114	23598
阳泉市	3069	613	409	13521
长治市	14754	2033	525	30608
晋城市	14115	1951	446	24797
朔州市	4488	660	78	13286
晋中市	8898	713	143	16865
运城市	16519	2159	432	24835
忻州市	8484	3031	108	19426
临汾市	11315	1590	122	35199
吕梁市	13986	1622	167	27344

其他单位财务状况

单位：个、万元、人

会费收入	提供服务收入	政府补助收入	本年费用合计	业务活动成本	人员费用
33178	**328802**	**1248024**	**1714668**	**824904**	**362528**
10729	95062	1030000	936094	444820	167538
1102	19797	13901	70655	31910	19943
994	4482	7441	35780	17904	10655
1153	30733	34227	102408	55096	27028
4524	30713	26911	92096	52650	19557
4446	16877	17586	44291	24165	14911
1906	22653	17610	65172	27756	12915
1050	29768	19944	121034	48081	24987
1289	16099	18122	50949	28654	13697
4993	38674	41344	108799	53943	33024
992	23945	20939	87391	39925	18274

单位：个、万元、人

人员费用	日常费用	固定资产折旧	税费	净资产变动额	全部就业人员年平均人数
154702	**83891**	**17482**	**1258**	**118569**	**1739883**
29221	16857	3996	343	21096	281413
12462	8499	737	22	1759	159408
8345	2742	135	144	13777	75626
16461	10332	1603	96	10596	150609
11978	8449	929	186	8811	114962
9046	2402	150	26	21215	90207
8748	6050	443	66	6453	149156
13430	8713	1074	109	10353	194836
9950	6100	2375	68	5259	151992
21304	9072	1240	108	9073	207118
13757	4674	4800	92	10178	164556

其他服务业主要指标解释

一、各类法人单位指标解释

1.**企业**：包括①领取《企业法人营业执照》的各类企业；②个人独资企业、合伙企业；③由其他行政主管部门依据有关法律法规审批成立，且具备法人条件的企业；④未经有关部门批准、但实际从事生产经营活动的企业；⑤经各级工商行政管理部门核准登记，领取《营业执照》的各类企业产业活动单位或经营单位；⑥符合产业活动单位条件的企业法人的本部及分支机构。

2.**事业单位**：包括①经机构编制部门批准成立和登记或备案，领取《事业单位法人证书》，取得法人资格的单位；②由其他行政主管部门依据有关法律法规审批成立，且具备法人条件的事业单位；③事业法人单位的本部及分支机构或派出机构。

3.**机关**：包括国家权力机关、国家行政机关、国家司法机关、政党机关、政协组织、人民解放军、武警部队和其他机关；还包括机关法人单位的本部，以及国家权力机关分支机构、国家行政机关分支或派出机构、人民法院分支机构、人民检察院分支机构等。

①国家权力机关：指全国人民代表大会及其常务委员会、地方各级人民代表大会及其常务委员会和办事机构。

②国家行政机关：指国务院和地方各级人民政府及其工作部门，以及地区行政行署。

③国家司法机关：指国家审判机关和检察机关。

④政党机关：指中国共产党各级机关和所属办事机构、各民主党派各级机关和办事机构。

⑤政协组织：指中国人民政治协商会议全国委员会和地方各级别委员会及其办事机构。

4.**社会团体**：指中国公民自愿组成，为实现会员共同意愿，按照其章程开展活动的非营利性社会组织。包括①经各级民政部门核准登记，领取《社会团体法人证书》的各类社会团体；②由各级机构编制管理部门直接管理其机关机构编制的群众团体；③经国务院批准可以免于登记的社会团体；④由其他行政主管部门依据有关法律法规审批成立，不需要进行登记的具备法人条件的社会团体；⑤社团法人单位的本部，以及经各级民政部门核准登记，领取《社会团体分支机构登记证书》或《社会团体代表机构登记证书》的社会团体分支机构或代表机构。

5.**民办非企业单位**：指企业单位、事业单位、社会团体和其他社会力量以及公民个人利用非国有资产举办的，从事非营利性社会服务的社会组织。包括①经各级民政部门核准登记，领取《民办非企业单位（法人）登记证书》的民办非企业单位。②由其他行政主管部门依据有关法律法规审批成立，不需要进行登记的具备法人条件的民办非企业单位。民办非企业法人不得设立分支机构。

6.**基金会**：包括①民政部和省级民政部门核准登记的，颁发《基金会法人登记证书》的基金会；②基金会的本部及分支机构和境外基金会代表机构。

7.**居民委员会**：由不设区的市、市辖区的人民政府决定设立的社区（居委会）。

8.**村民委员会**：由乡、民族乡、镇的人民政府提出，经村民会议讨论同意后，报县级人民政府批准，设立的村民委员会。

9.**其他组织机构**：指除企业、事业单位、机关、社会团体、民办非企业单位、基金会、居委会和村民委员会以外的其他符合法人和产业活动单位条件的机构。

二、企业法人主要指标解释

1.**存货**：指企业在日常生产经营过程中持有以备销售，或者仍然处在生产过程，或者在生产或提供劳务过程中将消耗的材料或物资等，包括各类材料、商品、在产品、半成品、产成品等。存货根据会计“资产负债表”中“存货”项目填列。其中：“年初存货”根据会计“资产负债表”中“存货”项的年初数填列；“年末存货”根据会计“资产负债表”中“存货”项的期末数填列。

2.**固定资产原价**：固定资产指使用期超过一年的房屋及建筑物、机器、机械、运输工具以及其他与生产经营有关的设备、器具、工具等。不属于生产经营主要设备的物品，单位价值在2000元以上，并且使用期超过两年的也包括在内。固定资产原价是指企业在购置、自行建造、安装、改建、扩建、技术改造某项固定资产时所支出的全部支出总额。未执行2006年《企业会计准则》的企业，根据会计“资产负债表”中“固定资产原价”项目的期末数填列。执行2006年《企业会计准则》的企业，根据会计“资产负债表”中“固定资产（净值）”项的期末数加上“累计折旧”和“固定资产减值准备” 期末余额后的金额填列。或根据“资产负债表附表”中的“固定资产原价”项目的期末数填列。

3.**固定资产折旧**：指对固定资产由于磨损和损耗而转移到产品中去的那一部分价值的补偿。一般根据固定资产原价（选用双倍余额递减法计提折旧的企业，为固定资产帐面净值）和确定的折旧率计算。“本年折旧”：指企业在报告期内提取的固定资产折旧合计数。根据会计核算中《资产减值准备、投资及固定资产情况表》内“当年计提的固定资产折旧总额”项本年增加数填列。

4.**所有者权益合计**：所有者权益是指所有者在企业资产中享有的经济利益，它等于企业资产减去负债后的余额。包括实收资本（或股本）、资本公积、盈余公积和未分配利润等。根据“资产负债表”中的“所有者权益合计”项的期末数填列。

5.实收资本：指投资者按照企业章程，或合同、协议的约定，实际投入企业的资本。企业实收资本按照投资主体划分为国家资本、集体资本、法人资本、个人资本、港澳台资本和外商资本六种。根据“资产负债表”中的“实收资本”项的期末数填列。实收资本中如有以外币形式投入的资本，需折合成人民币形式填写。

6.国家资本：指有权代表国家投资的政府部门或机构以国有资产投入企业形成的资本。不论企业的资本是哪个政府部门或机构投入的，只要是以国家资金进行投资的，均作为国家资本。根据会计“实收资本”科目期末余额计算填列。

7.集体资本：指劳动群众集体所有的资产实际投人企业形成的资本。根据会计“实收资本”科目期末余额计算填列。

8.法人资本：指我国具有法人资格的单位以其依法可以支配的资产投入企业形成的资本。可根据会计“实收资本”科目期末余额计算填列。

9.个人资本：指我国公民以其合法财产投入企业形成的资本。根据会计“实收资本”科目期末余额计算填列。

10.港澳台资本：指我国香港、澳门和台湾地区投资者将所有的资产实际投入企业形成的资本。根据会计“实收资本”科目期末余额计算填列。

12.外商资本：指外国投资者（不包括我国香港、澳门和台湾地区投资者）将所有的资产实际投入企业形成的资本。根据会计“实收资本”科目期末余额计算填列。

13.营业收入：指企业（单位）在报告期内从事销售商品、提供劳务及转让资产使用权等日常活动中所形成的总收入，包括主营业务收入和其他业务收入。根据会计“利润表”中对应指标本年累计数计算填列。

14.主营业务收入：指企业经营主要业务活动所取得的收入总额。根据会计“利润表”中“主营业务收入”项的本期累计数填报。执行2006年《企业会计准则》的企业，此项以营业收入代替填报。

15.营业成本：指企业（单位）在报告期内从事销售商品、提供劳务等日常活动发生的各种耗费。包括主营业务成本和其他业务成本。根据会计“利润表”中对应指标本年累计数计算填列。

16.主营业务成本：指企业经营主要业务发生的实际成本。根据会计“利润表”中对应指标计算填列。执行2006年《企业会计准则》的企业，该项以营业成本代替填列。

17.营业税金及附加：指企业与营业收入有关的，应由各项经营业务负担的税金及附加。根据会计“利润表”中“营业税金及附加”的本年累计数填列。

18.主营业务税金及附加：指企业经营主要业务应负担的营业税、消费税、城市维护建设税、资源税、土地增值税、教育费附加。根据会计“利润表”中对应指标“本年累计数”填列。执行2006年《企业会计准则》的企业，此项以营业税金及附加代替填报。

19.主营业务利润：指企业经营主要业务实现的利润。根据会计“利润表”中对应指标本年累计数填列。计算公式为：

主营业务利润=主营业务收入－主营业务成本
－主营业务税金及附加

执行2006年《企业会计准则》的企业，该项以营业利润发生额代替填列。

20.其他业务利润：指企业经营除主要业务以外的其它业务实现的利润。根据会计“利润表”中对应指标的本年累计数填列。执行2006年《企业会计准则》的企业，该项填0。

21.营业费用、管理费用和财务费用合计：指企业报告期内营业费用、管理费用、财务费用三项费用的合计。

22.营业费用：指企业在经营主要业务过程中发生的各项费用，根据“利润表”中对应项目的“本年累计数”填列。

23.管理费用：指企业行政管理部门和企业的董事会为组织和管理企业生产经营活动而发生的各项费用，根据“利润表”中“管理费用”项的“本年累计数”填列。

24.财务费用：指企业为筹集生产经营所需资金等发生的费用，包括利息净支出、汇兑净损失（已减汇兑收益）、以及相关的手续费等，根据会计“利润表”中“财务费用”项的“本年累计数”填列。

25.税金：指企业按照规定从管理费用中支付的房产税、印花税、车船使用税和土地使用税。本指标根据“管理费用”科目中相关项目归纳填列。

26.利息支出：指企业短期借款利息、长期借款利息、应付票据利息、票据贴现利息、应付债券利息、长期应付引进国外设备款利息等利息支出（除资本化的利息外）减去银行存款等的利息收入后的净额。根据会计“财务费用明细资料”中的利息支出项目填列。

27.营业利润：指企业从事生产经营活动所取得的利润。根据会计“利润表”中对应指标的“本年累计数”填列。未执行2006年《企业会计准则》的企业，计算公式为：营业利润=主营业务收入－主营业务成本－主营业务税金及附加＋其他业务利润－营业费用－管理费用－财务费用。执行2006年《企业会计准则》的企业，计算公式为：营业利润=营业收入－营业成本－营业税金及附加－营业费用－管理费用－财务费用－资产减值损失＋公允价值变动收益＋投资收益。

28.职工工资和福利费：职工工资和福利费包括职工工资总额和职工福利费两部分，是企业为获得职工提供服务而给予的各种形式的报酬以及其他相关支出。

工资总额是指企业在报告期内支付给本单位全部职工的劳动报酬，包括工资、奖金、津贴和补贴，反映的是报告期的发生额。根据会计“应付工资”科目的本期贷方累计发生额填报，或根据企业成本 费用明细表中“工资”项本期累计发生额填报。应付工资总额不包括企业用净利润、福利基金支付的工资、奖励、福利等费用。

职工福利费是指企业在报告期内根据国家有关规定开支的各项福利支出，包括企业为职工提存的基本养老保险基金、基本医疗保险费、失业保险费、工伤保险费、生育保险费、住房公积金、补充养老保险费和补充医疗保险费，以及从成本费用中列支的集体福利补贴、职工生活困难补助、房租补贴、上下班交通补贴、冬季取暖费，以及按规定发生的其他职工福利支出，它反映企业在报告期实际发生的各项福利费用。根据企业成本和费用明细表中“福利费”项本期累计发生额填报。职工福利费不包括企业用净利润、福利基金支付的工资、奖励、福利等费用。

29.本年应交增值税：指企业按税法规定，从事货物销售或提供加工、修理修配劳务等增加货物价值的活动本期应交纳的税金。指企业在报告期应交增值税额。计算公式为：

本年应交增值税=销项税额－（进项税额－进项税额转出）
－出口抵减内销产品应纳税额
－减免税款＋出口退税

根据企业会计“应交增值税明细表”计算填列。

30.全部从业人员年平均人数：指企业单位年内各月平均拥有的人数。其计算公式为：

全部从业人员年平均人数＝（1月平均人数＋2月平均人数＋…＋12月平均人数）/ 12

月平均人数＝（月初从业人员数＋月末从业人员数）/ 2

以下三个指标限执行2006年《企业会计准则》企业填写：

31.资产减值损失：是指企业各项资产发生的减值损失。根据“利润表”中的“资产减值损失”填列。

32.公允价值变动收益：指企业应当计入当期损益的资产或负债公允价值变动收益。根据“利润表”中的“公允价值变动收益”填列，如为损失以“－”号记。

33.投资收益：指企业以各种方式对外投资所取得的收益或发生的损失。根据“利润表”中的“投资收益”项填列。若为投资损失，应在本项目金额前加“－”号。

三、行政事业单位财务指标解释

1.固定资产原价：指使用年限在一年以上，单位价值在规定标准以上，并在使用过程中基本保持原来物质形态的资产。包括：房屋和建筑物、专用设备、一般设备、文物和陈列品、图书、其他固定资产等。根据“资产负债表”中的“固定资产原值”科目中的年末数填报。

2.本年收入合计：指行政事业单位从各种渠道获得的收入。包括：财政拨款、行政单位预算外资金收入、上级补助收入、事业收入、事业单位经营收入、附属单位缴款和其他收入。根据行政事业单位“收入支出决算总表”中的“本年收入合计”科目填报。

3.财政拨款：指单位本年度实际收到的本级财政拨款，含一般预算拨款和基金预算拨款。根据行政事业单位“收入支出决算总表”中的“财政拨款”项目填报。

4.事业收入：指事业单位开展专业业务活动及辅助活动取得的收入。根据“收入支出总表”中的“事业收入”项目填报。

5.经营收入：填报行政事业单位在专业业务活动及辅助活动之外开展非独立核算经营活动取得的收入。根据行政事业单位“收入支出决算总表”中的“经营收入”科目填报。

6.本年支出合计：指行政事业单位在业务活动中发生的各项资产耗费和损失等支出情况。根据行政事业单位“收入支出决算总表”中的“本年支出合计”科目填报。

7.工资福利支出：指单位支付给在职职工和临时聘用人员的各种劳动报酬，以及为上述人员缴纳的各项社会保险费等。包括：基本工资、津贴补贴、奖金、社会保障缴费及上述科目未包括的人员支出。根据“支出决算明细表”中的“工资福利支出”的对应项填报。

8.商品和服务支出：指单位在开展业务活动中购买商品和劳务的支出。包括：办公费、印刷费、水电费、邮电费、取暖费、交通费、差旅费、会议费、培训费、招待费、福利费、劳务费、就业补助费、租赁费、物业管理费、维修费、专用材料费、办公设备购置费、专用设备购置费、交通工具购置费、图书资料购置费及上述科目未包括的日常公用支出。根据“支出决算明细表”中的“商品和服务支出”的对应项填报。

9.取暖费（降温费）：指单位取暖用燃料费、热力费、炉具购置费、锅炉临时工工资、节煤奖以及由单位统一支付的在职职工和离退休人员宿舍取暖费等。根据“支出决算明细表”中的“商品和服务支出”的对应项填报。

10.劳务费：指支付给单位和个人的劳务费用。包括：翻译费、咨询费和手续费等。根据“支出决算明细表”中的“商品和服务支出”的对应项填报。

11.差旅费：指单位工作人员出差的住宿费、伙食补助费、杂费、干部及大中专学生调遣费、调干家属旅费补助等。根据“支出决算明细表”中的“商品和服务支出”的对应项填报。

12.出国费：指单位工作人员出国的住宿费、旅费、伙食补助费、杂费等支出。根据“支出决算明细表”中的“商品和服务支出”的对应项填报。

13.工会经费：指按职工工资总额（扣除按规定标准发放的住房补贴）的2%计提并拨交给工会使用的经费。根据“支出决算明细表”中的“商品和服务支出”的对应项填报。

14.福利费：指单位按国家规定提取的福利费。根据“支出决算明细表”中的“商品和服务支出”的对应项填报。

15.对个人和家庭的补助：指政府对个人和家庭的无偿性补助支出。包括：离休费、退休费、退职（役）费、抚恤和生活补助、医疗费、住房补贴、助学金及上述科目未包括的对个人和家庭的补助支出等。根据“支出决算明细表”中的“对个人和家庭的补助”的对应项填报。

16.抚恤金：指按规定支付给烈士家属、牺牲病故人员家属的一次性和定期抚恤金，革命残疾人员的抚恤金，离退休人员等其他人员的各项抚恤金。根据“支出决算明细表”中的“对个人和家庭的补助”的对应项填报。

17.生活补助：指按规定支付给优抚对象、退伍军人的生活补助费，行政事业单位职工和家属生活补助，因公负伤等住院治疗、住疗养院期间的伙食补助费，长期赡养人员补助费等。根据“支出决算明细表”中的“对个人和家庭的补助”的对应项填报。

18.救济费：指按规定开支的城乡贫困人员、灾民、归侨、外侨及其他人员的生活救济费。包括：城市居民最低生活保障费，随同资源枯竭矿山破产但未参加养老保险统筹的矿山所属集体企业退休人员按最低生活保障标准发放的生活费，农村五保供养对象、贫困户、麻风病人的生活救济费，精简退职老弱残职工救济费，福利、救助机构发生的收养费以及救助支出等。实物形式的救济也在此科目反映。根据“支出决算明细表”中的“对个人和家庭的补助”的对应项填报。

19.助学金：指支付给各类学校学生助学金、奖学金、学生贷款贴息、出国留学（实习）人员生活费，青少年业余体校学员伙食补助费和生活费补贴，以及按协议由我方负担或享受我方奖学金的来华留学生、进修生生活费等。根据“支出决算明细表”中的“对个人和家庭的补助”的对应项填报。

20.退职（役）费：指行政事业单位退职人员的生活补贴，一次性支付给职工或军官、军队无军籍退职职工、运动员的退职补助，一次性支付给军官、文职干部、士官、义务兵的退役费，按月支付给自主择业的军队转业干部的退役金等。根据“支出决算明细表”中的“对个人和家庭的补助”的对应项填报。

21.经营支出：填报行政事业单位在专业业务活动及辅助活动之外开展非独立核算经营活动发生的支出。根据行政事业单位“收入支出决算总表”中的“经营支出”项目填报。

22.经营税金：指事业单位提供劳务或销售产品应负担的税金及附加。包括：营业税、城市维护建设税、资源税和教育费附加。根据实际情况计算填列。

23.全部从业人员年平均人数：指年内每月平均拥有的人数。其计算公式为：

全部从业人员年平均人数=（1月平均从业人数＋2月平均从业人数＋…＋12月平均从业人数）/12

月平均从业人数=（月初从业人数＋月末从业人数）/2

四、社团及其他单位财务指标解释

1.固定资产原价：指使用年限在一年以上，单位价值在规定标准以上，并在使用过程中基本保持原来物质形态的资产。包括：房屋和建筑物、专用设备、一般设备、文物和陈列品、图书、其他固定资产等。根据“资产负债表”中的“固定资产原值”年末数填报。

2.本年收入合计：指民间非营利组织从各种渠道获得的收入。包括：捐赠收入、会费收入、提供服务收入、政府补助收入、商品销售收入、投资收益和其他收入。根据会计“业务活动表”中“收入合计”科目的发生额填报。

3.捐赠收入：指因接受赠送带来的资金流入。根据会计“业务活动表”中“捐赠收入”科目的发生额填报。

4.会费收入：指民间非营利组织根据章程等的规定向会员收取的会费收入。根据会计“业务活动表”中“会费收入”科目的发生额填报。

5.提供服务收入：指民间非营利组织根据章程等的规定向其服务对象提供服务取得的收入总额。根据会计“业务活动表”中“提供服务收入”科目的发生额填报。

6.政府补助收入：指民间非营利组织接受政府拨款或者政府机构给予的补助而取得的收入总额。根据会计“业务活动表”中“政府补助收入”科目的发生额填报。

7.本年费用合计：指民间非营利组织为完成各种目标所发生的费用。包括：业务活动成本、管理费用、筹资费用和其他费用。根据会计“业务活动表”中“费用合计”科目的发生额填报。

8.业务活动成本：指民间非营利组织为了实现其业务活动目标、开展其项目活动或者提供服务所发生的费用。根据会计“费用明细表”中“业务活动成本”科目的发生额填报。

人员费用：根据会计“费用明细表”中“业务活动成本”科目下对应的指标本年累计数填报。

日常费用：根据会计“费用明细表”中“业务活动成本”科目下对应的指标本年累计数填报。

固定资产折旧：根据会计“费用明细表”中“业务活动成本”科目下对应的指标本年累计数填报。

税费：根据会计“费用明细表”中“业务活动成本”科目下对应的指标本年累计数填报。

9.管理费用：指民间非营利组织为组织和管理其业务活动所发生的各项费用总额。根据“费用明细表”中“管理费用”科目的发生额填报。

人员费用：根据会计“费用明细表”中“管理费用”科目下对应的指标本年累计数填报。

日常费用：根据会计“费用明细表”中“管理费用”科目下对应的指标本年累计数填报。

固定资产折旧：根据会计“费用明细表”中“管理费用”科目下对应的指标本年累计数填报。

税费：根据会计“费用明细表”中“管理费用”科目下对应的指标本年累计数填报。

10.净资产变动额：根据会计“业务活动表”中“净资产变动额”科目下对应的指标本年累计数填报。